Wissen aus erster Hand

Immer gut informiert

News, Service, Updates unter:

www.microsoft-press.de
www.twitter.com/mspress_de

Thomas Joos

Microsoft Windows Server 2008 R2 – Das Handbuch

2. Auflage

Thomas Joos: Microsoft Windows Server 2008 R2 – Das Handbuch, 2. Auflage
Microsoft Press Deutschland, Konrad-Zuse-Str. 1, D-85716 Unterschleißheim

Kommentare und Fragen können Sie gerne an uns richten:
Microsoft Press Deutschland
Konrad-Zuse-Straße 1
85716 Unterschleißheim
E-Mail: *mspressde@oreilly.de*

15 14 13 12 11 10 9 8 7 6 5 4 3 2 1
13 12 11

ISBN 978-3-86645-139-1

Balthasarstr. 81, 50670 Köln

Fachlektorat: Georg Weiherer, Münzenberg
Korrektorat: Karin Baeyens, Dorothee Klein, Siegen
Layout und Satz: Gerhard Alfes, mediaService, Siegen (www.mediaservice.tv)
Umschlaggestaltung: Hommer Design GmbH, Haar (www.HommerDesign.com)
Gesamtherstellung: Kösel, Krugzell (www.KoeselBuch.de)

Thomas Joos

Microsoft Windows Server 2008 R2 – Das Handbuch

2. Auflage

Übersicht

Inhaltsverzeichnis

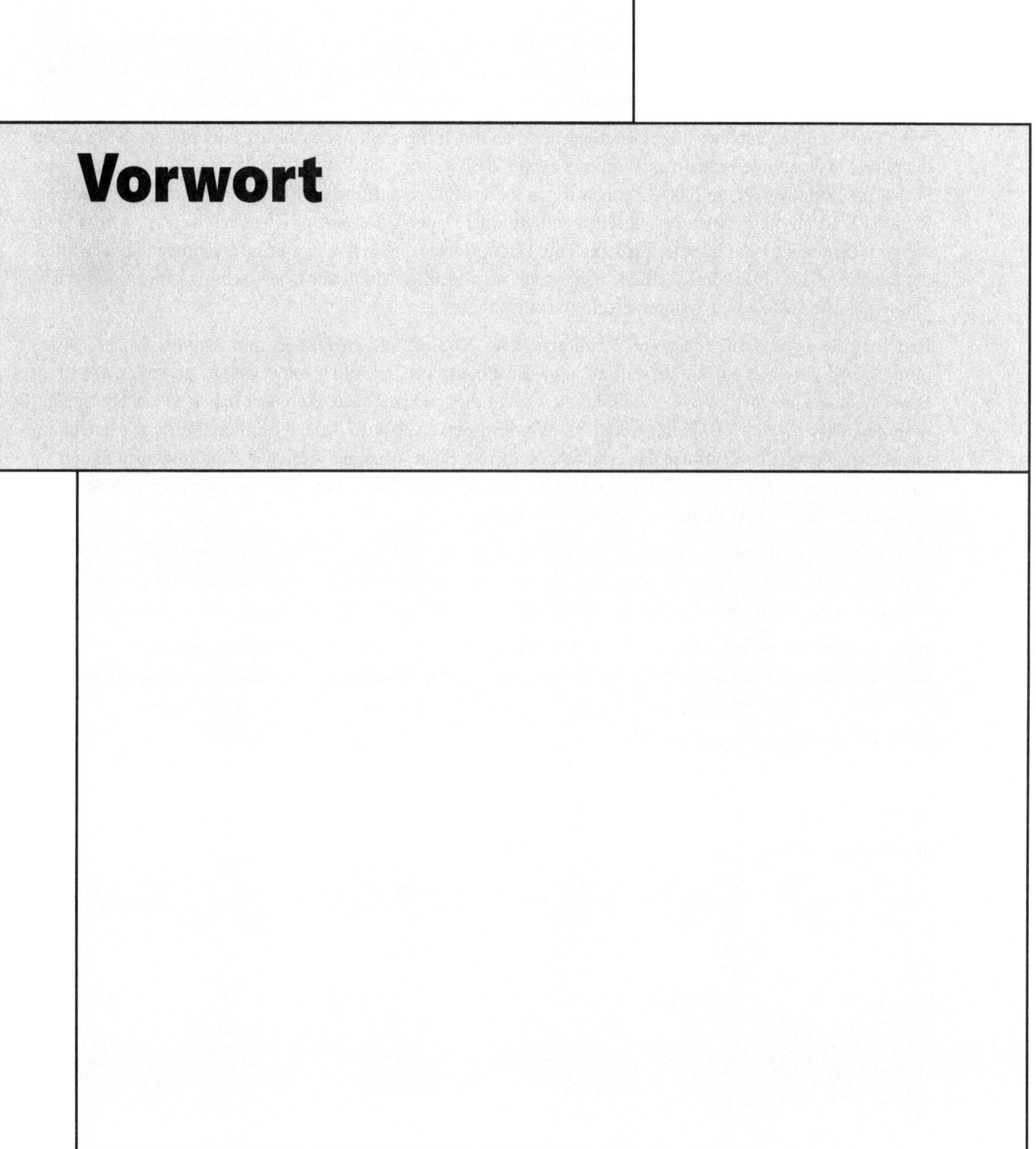

Vorwort

Mit Windows Server 2008 R2 bietet Microsoft extrem viele Neuerungen für Unternehmen an. Vergleichen Sie den Versionssprung von Windows Server 2003 auf Windows Server 2003 R2 nicht mit der Aktualisierung von Windows Server 2008 auf Windows Server 2008 R2. Aus meiner Sicht hätte die neue Version eher die Bezeichnung Windows Server 2011 verdient gehabt.

Microsoft hat in der Version 2008 R2 haufenweise Neuerungen und Verbesserungen integriert, die eine Aktualisierung oder den Paralleleinsatz im Unternehmen sinnvoll machen. Neben BranchCache, DirectAccess, verwalteten Dienstkonten (Managed Service Accounts) und den Verbesserungen im Bereich Active Directory finden Sie an einer Vielzahl anderer Stellen ebenfalls Verbesserungen. Wir sind mit diesem Buch an die Grenze gestoßen, was die bindbare Seitenanzahl angeht und konnten dennoch nicht alle Themen bis ins Detail vorstellen. Hier behandeln wir aber alle wichtigen Bereiche von Windows Server 2008 R2 und zeigen Ihnen die Installation, Verwaltung, Virtualisierung mit Hyper-V R2, Livemigration und vieles mehr an anschaulichen Praxisbeispielen.

Wir erläutern Ihnen auch wichtige Grundlagen, geben Ihnen Informationen zur Lizenzierung und beschreiben die effiziente Zusammenarbeit von Windows Server 2008 R2 mit Windows 7. Auf die Neuerungen im Service Pack 1 für Windows Server 2008 R2 gehen wir in dieser Auflage ausführlich ein. Wir erläutern Ihnen, wie Sie RemoteFX und Dynamic Memory einsetzen und optimal Hyper-V betreiben. Neben Service Pack 1 behandeln wir auch den Betrieb von Internet Explorer 9 auf Servern sowie die Verteilung im Unternehmen über das Internet Explorer Administration Kit (IEAK). Sie lernen wichtige Zusatztools zur Überwachung kennen und erfahren, wie Sie die kostenlosen Sysinternals-Tools sinnvoll nutzen.

Hier lernen Sie alle Neuerungen von Windows Server 2008 R2 SP1 im Praxiseinsatz kennen. Einen Schwerpunkt haben wir auch auf die Verwaltung und den Einsatz von Active Directory gelegt, und alles was es im Bereich Active Directory zu wissen gibt, können Sie in diesem Handbuch lesen. Wir haben so viel Stoff aufgenommen, dass ein Active Directory-Buch zu Windows Server 2008 R2 keinen Sinn ergibt, da wir bereits im Handbuch alle Inhalte vermitteln. Sie erhalten mit diesem Buch sozusagen zwei in einem. Zusätzlich finden Sie auf dem Begleitmedium eine vollständige E-Book-Version dieses Buchs mit zwei Bonuskapiteln zu SharePoint Services 3.0 mit SP2 und SharePoint Foundation 2010.

Berücksichtigt werden auch Umsteiger von Windows Server 2008 und von Windows Server 2003 (R2) sowie Windows 2000 Server. Das Buch stellt so auch eine gute Lernunterlage für die Zertifizierungsprüfungen für Windows Server 2008 und Windows Server 2008 R2 (Examen 70-640, 70-622, 70-642, 70-643 und 70-647) dar.

Alles in allem hat es mir sehr viel Spaß gemacht, mich mit Windows Server 2008 R2 SP1 zu beschäftigen. Danken möchte ich an dieser Stelle Georg Weiherer, meinem Fachlektor, sowie Florian Helmchen, meinem Lektor bei Microsoft Press. Beide helfen mir, meine Bücher besser zu machen, was ich sehr schätze.

Ich hoffe, Ihnen gefällt unser Werk!

Ihr Thomas Joos
Bad Wimpfen im Mai 2011

Teil A

Grundlagen, Installation und Virtualisierung mit Hyper-V

In diesem Teil:

Kapitel 1

Neuerungen, Editionen und Lizenzierung

In diesem Kapitel:

Mit Windows Server 2008 R2 liefert Microsoft eine neue Version seines Serverbetriebssystems aus. In diesem Buch zeigen wir Ihnen, welche Neuerungen in Windows Server 2008 R2 im Vergleich zum Vorgänger Windows Server 2003 (SP2 und R2) und Windows Server 2008 enthalten sind und wie Windows Server 2008 R2 produktiv im Netzwerk eingesetzt wird. Windows Server 2008 R2 enthält zahlreiche neue Funktionen, und auch an der Sicherheit hat Microsoft einiges optimiert. Windows Server 2008 R2 ist das Serverbetriebssystem von Windows 7. Windows Server 2008 R2 und Windows 7 basieren auf dem gleichen Kernel, allerdings wurden in Windows Server 2008 R2 zahlreiche Verbesserungen integriert. Aus diesem Grund ist Windows Server 2008 R2 ausschließlich als 64-Bit-System verfügbar. Durch zahlreiche Verbesserungen im Kernel arbeiten die beiden neuen Betriebssysteme wesentlich schneller und energiesparender als Windows Server 2008 und Windows Vista. Der Wechsel von Windows Server 2008 auf Windows Server 2008 R2 ist wesentlich komplexer und umfangreicher, als es der Wechsel von Windows Server 2003 auf Windows Server 2003 R2 war.

TIPP Obwohl wir in diesem Buch so viel relevantes Wissen wie nur möglich aufgenommen haben, bietet Microsoft noch zahlreiche weitere Informationen in Form von kostenlosen Whitepapers und eBooks. Wir haben auf dem Begleitmedium zu diesem Buch eine sehr ausführliche Sammlung dieser Whitepapers und eBooks für Sie zusammengestellt, die weiterführende Informationen zu den Kapiteln dieses Buches enthalten.

Die verschiedenen Editionen von Windows Server 2008 R2

Wie bereits dessen Vorgänger ist Windows Server 2008 R2 in verschiedenen Editionen erhältlich. Abhängig von der Edition werden verschiedene Rollen und Funktionen unterstützt. Folgende Editionen stehen zur Verfügung:

- Windows Server 2008 R2 Foundation x64 – 1 CPU, maximal 8 GB RAM
- Windows Server 2008 R2 Standard x64 – 4 CPUs, maximal 32 GB RAM
- Windows Server 2008 R2 Enterprise x64 – 8 CPUs, maximal 2 TB RAM
- Windows Server 2008 R2 Datacenter x64 – 64 CPUs, maximal 2 TB RAM
- Windows Web Server 2008 R2 x64 – 4 CPUs, maximal 32 GB RAM
- Windows Server 2008 R2 für Itanium-basierte Systeme – 64 CPUs, maximal 2 TB RAM

Windows Server 2008 R2-Editionen im Überblick

Die Installation von Windows Server 2008 R2 kann, wie bei Exchange Server 2007/2010 auch, rollenbasiert erfolgen (siehe Kapitel 5 und 8). Für die Installation wird mindestens ein 1,4-GHz-Prozessor und 512 MB Arbeitsspeicher sowie mindestens 10 GB freier Festplattenplatz vorausgesetzt, empfohlen sind mindestens 40 GB freier Speicherplatz auf der Festplatte. Der Server muss 64-Bit-fähig sein, das gilt auch für die komplette Hardware und alle Treiber. Allerdings sollten nur in Testumgebungen solche kleinen Festplatten verwendet werden. Auf produktiven Servern empfiehlt Microsoft mindestens 40 bis 80 GB. Die Grafikkarte und der Monitor müssen eine SVGA-Auflösung mit mindestens 800x600 Bildpunkten unterstützen.

HINWEIS Windows Server 2008 R2 gibt es in allen Editionen, also Windows Server 2008 R2 Standard Edition, Windows Server 2008 R2 Enterprise Edition, Windows Server 2008 R2 Datacenter Edition und Windows Server 2008 R2 für Itanium-basierte Systeme **nur als 64-Bit**, Windows Server 2008 R2 ist **nicht mehr**

als 32-Bit-System verfügbar. Auch die kleinste Version mit der Bezeichnung Windows Server 2008 R2 Foundation ist nur als 64-Bit-System verfügbar. Insgesamt unterstützt Windows Server 2008 R2 auch Mehrkernprozessoren (Multicore) bis zu 256 Prozessorkernen. Virtuelle Computer können in Hyper-V R2 bis zu 64 Kerne nutzen.

Tabelle 1.1 Funktionsmerkmale der verschiedenen Editionen von Windows Server 2008 R2

Ausstattung ✓ = In der Edition enthalten	Windows Server 2008 R2 Foundation	Windows Server 2008 R2 Standard	Windows Server 2008 R2 Enterprise	Windows Web Server 2008 R2	Windows Server 2008 R2 Datacenter	Windows Server 2008 R2 für Itanium-basierte Systeme
Maximales RAM	8 GB	32 GB	2 TB	32 GB	2 TB	2 TB
Maximale Anzahl Prozessoren	1	4	8	4	64	64
Active Directory-Rechteverwaltung	✓	✓	✓		✓	
BranchCache Content Server	✓	✓	✓	✓	✓	
BranchCache Hosted Server			✓		✓	
DirectAccess		✓	✓		✓	
Hyper-V		✓	✓		✓	
IIS 7.5	✓	✓	✓	✓	✓	✓
Netzwerkzugriffsschutz (NAP)	✓	✓	✓		✓	
Remotedesktopdienste	Maximal 50 RDP-Sitzungen	Maximal 250 RDP-Sitzungen	✓		✓	
Core-Server-Installation		✓	✓	✓	✓	
Windows-Bereitstellungsdienste	✓	✓	✓		✓	
Active Directory-Zertifikatdienste	Nur Zertifizierungsstelle, kein NDES oder Online-Responder-Dienst	Nur Zertifizierungsstelle, kein NDES oder Online-Responder-Dienst	✓		✓	
Active Directory-Domänendienste	✓	✓	✓		✓	
Active Directory-Verbunddienste			✓		✓	
Active Directory Lightweight Directory Services	✓	✓	✓		✓	

Tabelle 1.1 Funktionsmerkmale der verschiedenen Editionen von Windows Server 2008 R2 *(Fortsetzung)*

Ausstattung ✓ = In der Edition enthalten	Windows Server 2008 R2 Foundation	Windows Server 2008 R2 Standard	Windows Server 2008 R2 Enterprise	Windows Web Server 2008 R2	Windows Server 2008 R2 Datacenter	Windows Server 2008 R2 für Itanium-basierte Systeme
DHCP-Server	✓	✓	✓		✓	
RAS-Verbindungen	Maximal 50, 10 IAS	Maximal 250, 50 IAS und 2 IAS-Servergruppen	Unbegrenzt		Unbegrenzt	
Clusterunterstützung			✓ (16 Knoten)		✓ (16 Knoten)	✓ (8 Knoten)
Hot-Add-Speicher			✓		✓	✓
Hot-Add/Replace-Prozessoren					✓	✓
Hot-Replace-Speicher					✓	✓
IA64-RAM						2 TB
IA64-Sockel						64
Netzwerkzugriffs-verbindungen (RRAS)	50	250	Unbegrenzt		Unbegrenzt	
Netzwerkzugriffs-verbindungen (IAS)	10	50	Unbegrenzt		Unbegrenzt	2
Remotedesktop-gateway	50	250	Unbegrenzt		Unbegrenzt	
Nutzungsrechte für Virtualisierung		Host + 1 VM	Host + 4 VM	Nur Gast	Unbegrenzt	Unbegrenzt
Unterstützung von Solid-State-Laufwerken (SSD)	✓	✓	✓	✓	✓	✓

Windows Server 2008 R2 Foundation für kleine Unternehmen

Die neue Edition Windows Server 2008 R2 Foundation stellt eine Einsteigerversion für kleine Unternehmen dar. Im Gegensatz zu Small Business Server 2008 oder Essential Business Server 2008 gibt es keine eigene Konsole. Die Verwaltung des Servers ist identisch mit der herkömmlichen Verwaltung von Windows Server 2008 R2. Hyper-V ist bei dieser Edition nicht integriert, aber Sie können Windows Server 2008 R2 Foundation als Hyper-V-Gast installieren. Die Edition ist nur als OEM-Version erhältlich. Eine Lizenz ermöglicht die Installation auf einer physischen Maschine. Im Gegensatz zu den anderen Editionen dürfen Sie keine weiteren virtuellen Maschinen mit einer Lizenz installieren. Auf die Edition dürfen nur maximal 15 Benutzer zugreifen, dafür benötigen Anwender keine CAL (Clientzugriffslizenz) für den Zugriff; diese sind in das Betriebssystem bereits integriert. Windows Server-CALs benötigen Unternehmen daher beim Einsatz von Windows Server 2008 R2 Foundation keine. Setzen Sie die Edition als Remotdesktopserver ein, dürfen sich ebenfalls nur 15 Benutzer mit dem Server verbinden. Die neue, offizielle Bezeichnung für Terminalserver ist Remotedesktop-Sitzungshost. Der Einfachheit halber bezeichnen wir in diesem Buch einen Remotedesktop-Sitzungshost auch als Remotedesktopserver, da sich dieser Begriff bei Administratoren am meisten durchsetzt. Für Benutzer sind allerdings RDS-CALs notwendig, denn diese sind nicht im Betriebssystem integriert. Setzen Unternehmen Windows Server 2008 R2 Foundation in Active Directory ein, dürfen in dieser Domäne nur maximal 15 Benutzerkonten angelegt sein. Der Server darf nicht dazu verwendet werden, untergeordnete Domänen zu erstellen. Stellt der Server Lizenzverstöße fest, fährt er automatisch nach 11 Tagen herunter. Die Version lässt sich auf die Standard-Edition aktualisieren, ohne den Server neu installieren zu müssen.

Neuerungen (nicht nur) im Vergleich zu Windows Server 2003

Da viele Unternehmen noch auf Windows Server 2003 setzen, zeigen wir Ihnen in diesem Kapitel auch die Neuerungen, die Windows Server 2008 R2 im Vergleich zu Windows Server 2003 bietet. Die Änderungen zu Windows Server 2008 erläutern wir Ihnen ebenfalls ausführlich. Die Neuerungen in Windows Server 2008 R2 im Vergleich zu Windows Server 2003 bieten teilweise auch Detailverbesserungen im Vergleich zu Windows Server 2008. Beispiele hierfür sind die verbesserten Zertifikatdienste oder Neuerungen im Server-Manager, zum Beispiel die Remoteverwaltung anderer Server. Aus diesem Grund bietet Ihnen der folgende Abschnitt auch dann interessante Informationen, wenn Sie bereits Windows Server 2008 einsetzen.

Netzwerk- und Freigabecenter – Optimale Verwaltung des Netzwerks

Die Konfiguration und Verwaltung von Netzwerkfunktionen wurden in 2008 ebenfalls verbessert (siehe Kapitel 7). Die Konfiguration der Netzwerkfunktionen in Windows Server 2008 R2 sind in das neue *Netzwerk- und Freigabecenter* integriert. Alle netzwerkrelevanten Einstellungen können in diesem Center verwaltet werden. Sie erreichen dieses am besten über die Systemsteuerung oder durch einen Klick mit der rechten Maustaste auf das Netzwerksymbol unten rechts im Infobereich der Taskleiste. Im *Netzwerk und Freigabecenter* kann auch eine detaillierte Karte des Netzwerks angezeigt werden und Sie erkennen, an welcher Position des Netzwerks sich Ihr Server befindet. Windows Vista- und Windows 7-Arbeitsstationen werden automatisch angezeigt, auf Windows XP-Rechnern muss zur Anzeige zunächst ein Patch installiert werden. Dieser wird auf der Seite *http://go.microsoft.com/fwlink/?LinkId=70582* zum Download angeboten. Es gibt zahlreiche neue Assistenten, um die Konfiguration der verschiedenen Netzwerkeinstellungen zu optimieren und zu konfigurieren. Die Konfiguration der Netzwerkverbindungen finden Sie ebenfalls im Netzwerk- und Freigabecenter. Sie erreichen die Eigenschaften der Netzwerkverbindungen aber am schnellsten über *Start/Ausführen/ncpa.cpl.* Mehr zu diesem Thema und ausführliche Anleitungen zur Anbindung von Windows Server 2008 R2 an ein Netzwerk finden Sie in Kapitel 7. In Windows Server 2008 R2 werden Netzwerke einer der folgenden Kategorien zugeordnet:

- Domänennetzwerk
- Firmennetzwerk
- Öffentliches Netzwerk

Firewallregeln und die Konfiguration der Freigaben lassen sich getrennt für die einzelnen Kategorien zuweisen. Verschiedene Netzwerkkarten in Windows Server 2008 R2 können daher unterschiedlichen Netzwerkkategorien zugewiesen sein. Auch die Windows-Firewall behandelt die Regeln für eingehenden Datenverkehr, die Regeln für ausgehenden Datenverkehr und die Sicherheitsregeln für jedes Netzwerkprofil getrennt.

HINWEIS Windows Server 2008 R2 unterstützt TCP-Chimneyabladung (TCP Chimney Offload). Bei dieser Technik lassen sich Berechnungen für den Netzwerkverkehr vom Prozessor zur den Netzwerkkarten delegieren, was die Leistung des Rechners für Anwendungen und im Netzwerk erheblich beschleunigen kann.

Abbildg. 1.1 Das Netzwerk- und Freigabecenter in Windows Server 2008 R2

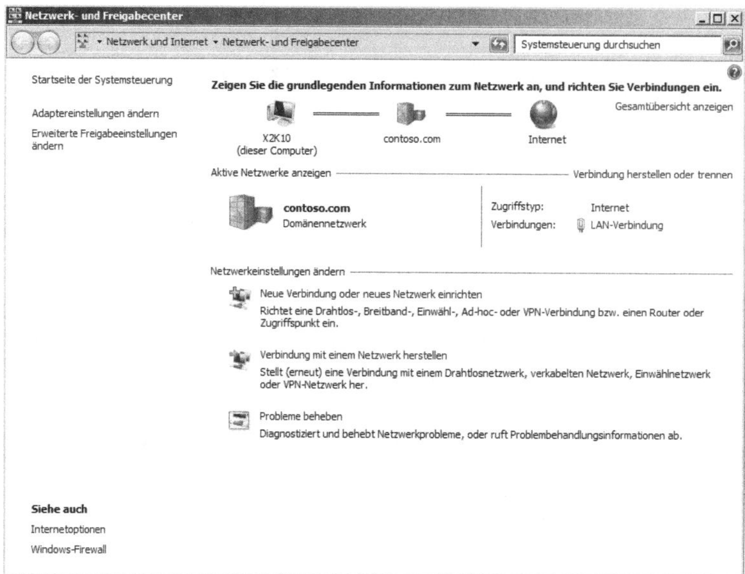

Der neue Server-Manager

Der Server-Manager ist vielen Administratoren vom Namen her noch aus Windows NT-Zeiten bekannt, hatte aber in dieser Version noch nicht die vielfältigen Möglichkeiten, die das Programm unter Windows Server 2008 R2 bietet. Mit dieser Verwaltungsoberfläche, die Sie auch in der Schnellstartleiste finden, können Sie die Funktionen von Windows Server 2008 R2 zentral verwalten. Sie können den Server-Manager auch über *Start/Ausführen/servermanager.msc* starten. Alle wichtigen Funktionen eines Servers finden Sie an dieser Stelle. Die Bedienung der Oberfläche erinnert etwas an die Serververwaltungskonsole in Small Business Server, die ebenfalls alle relevanten Verwaltungsaufgaben in einer Verwaltungsoberfläche bündelt. Installieren Sie zusätzliche Rollen oder Features, werden diese automatisch in den Server-Manager integriert. Zur Verwaltung eines Netzwerks unter Windows Server 2008 R2 wird daher außer dem Server-Manager fast kein anderes Tool mehr benötigt. Es ist jedoch auch weiterhin möglich, eigene Managementkonsolen zu bauen.

Abbildg. 1.2 Der neue Server-Manager in Windows Server 2008 R2

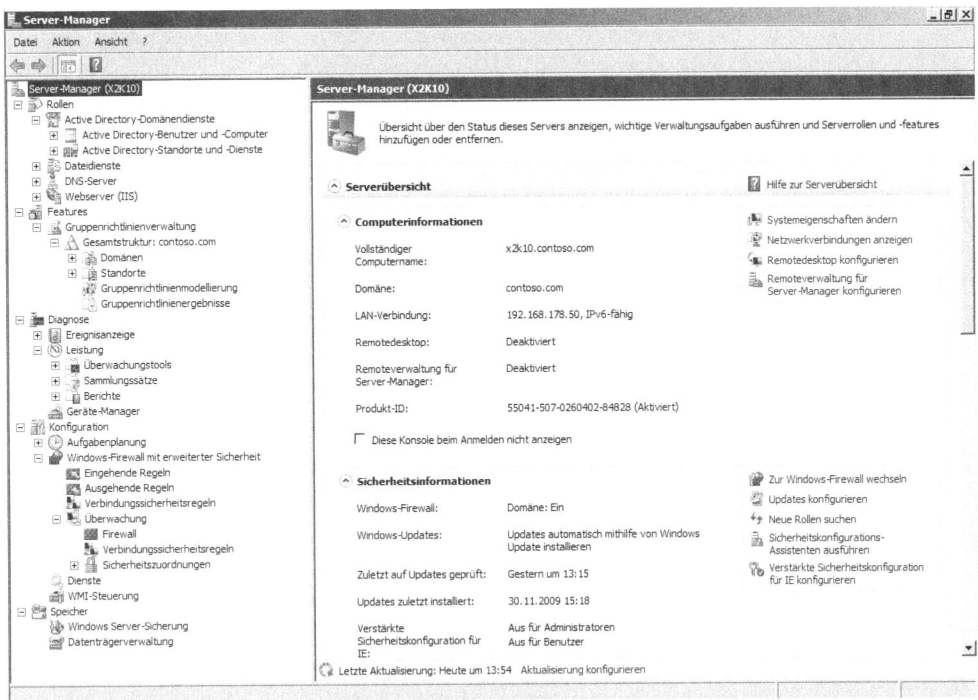

HINWEIS Der Server-Manager in Windows Server 2008 R2 kann jetzt auch eine Verbindung mit anderen Computern im Netzwerk herstellen. Dazu müssen Sie aber zunächst wiederum auf den Windows Server 2008 R2-Computern den Zugriff der Remoteverwaltung für den Server-Manager aktivieren (siehe Kapitel 4).

Der neue Server-Manager ersetzt nicht die verschiedenen Snap-Ins für die Verwaltung des Servers, sondern dient hauptsächlich der zusätzlichen zentralen Konfiguration und Überwachung des Servers. Auch zusätzliche Serverrollen- oder Features werden über den Server-Manager konfiguriert oder installiert. Fügen Sie neue Windows-Komponenten hinzu, findet dies nicht mehr über die Systemsteuerung statt, sondern über den neuen Server-Manager. Es gibt zwar noch den entsprechenden Link in der Systemsteuerung. Dieser stellt jedoch nur eine Verknüpfung zum Server-Manager dar. Installieren Sie über den Server-Manager zusätzliche Features, werden diese bereits standardmäßig mit maximaler Sicherheit installiert. Der Sicherheitskonfigurations-Assistent (Security Configuration Wizard, SCW) von Windows Server 2003 wird nicht mehr zwingend benötigt. Mit dem neuen Tool wird die Verwaltung von Windows-Servern wesentlich verbessert. Der Server-Manager hat hauptsächlich folgende Aufgaben:

- Installation und Konfiguration der verschiedenen Serverrollen und -funktionen
- Verwaltung der lokalen Benutzerkonten
- Dienste starten und stoppen
- Serverüberwachung und Kontrolle der Ereignisanzeigen

Serverrollen und Serverfunktionen

Microsoft hat die verschiedenen Rollen eines Windows-Servers in Serverrollen aufgeteilt, die einzeln oder gemeinsam auf einem Server installiert werden können (siehe Kapitel 4). Features erweitern die Serverrollen um zusätzliche Funktionen. Serverrollen definieren die primäre Funktion eines Servers, zum Beispiel Domänencontroller oder Dateiserver. Features erweitern diese Rollen. Auf einem Windows-Server werden dadurch nur noch jene Funktionen installiert, die tatsächlich benötigt werden. Alle anderen Serverrollen werden aus Sicherheitsgründen nicht installiert. Dies hat den Vorteil, dass durch diese Minimalinstallationen mögliche Angriffe auf nicht benötigte Funktionen oder Rollen unterbunden werden.

Abbildg. 1.3 Zusätzliche Installation von Serverrollen auf einem Server

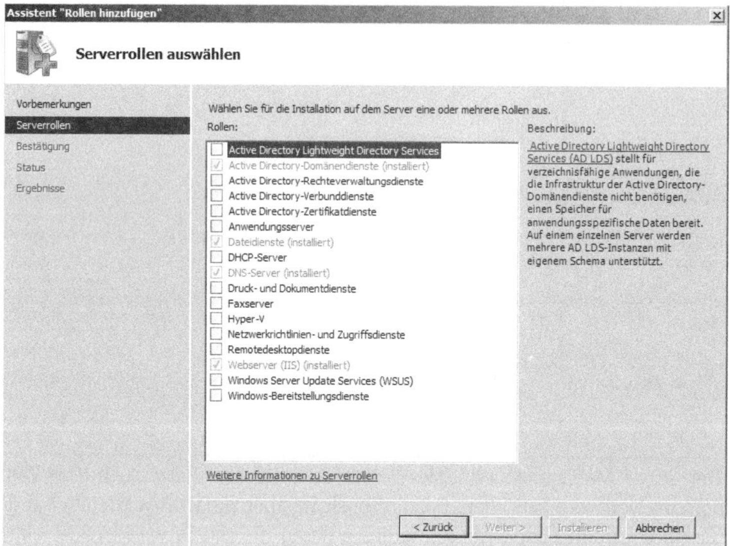

Windows-Bereitstellungsdienste

Windows Vista und Windows 7 sowie Windows Server 2008 R2 können nicht über den Remoteinstallationsdienst (Remote Installation Service, RIS) von Windows Server 2000/2003 installiert werden. Der Nachfolger von RIS sind die Windows-Bereitstellungsdienste (Windows Deployment Services, WDS), die auch unter Windows Server 2003 nachträglich installiert werden können (siehe Kapitel 42). Verwechseln Sie die Windows-Bereitstellungsdienste (WDS) nicht mit den automatisierten Bereitstellungsdiensten (Automated Deployment Services, ADS) für Windows Server 2003. Die automatisierten Bereitstellungsdienste unterstützen Sie bei der Verteilung von Windows Server-Betriebssystemen in großen Umgebungen. Mit den WDS können auch Windows Server 2003, Windows XP und Windows 2000 installiert werden, vor allem aber Windows Vista und Windows Server 2008 R2. Die Installation von Windows Vista und auch Windows Server 2008 R2 findet Abbild-basiert über das neue Windows-Abbildformat (Windows Image, WIM) statt und wird so deutlich schneller abgeschlossen als die Installation von Windows Server 2003 oder Windows XP. Die WDS können über das kostenlose Windows Automated Installation Kit (WAIK) auf einem Windows Server 2003 installiert werden. In Windows Server 2008 R2 werden die WDS bereits als Serverrolle implementiert. Da RIS keine WIM-Abbilder lesen kann, besteht keine Möglichkeit, Windows Vista oder Windows Server 2008 R2 über RIS zu verteilen. Eine Verteilung über das Netzwerk per Booten auf PXE-Basis (Preboot Execution Environment) kann nur noch über

WDS erfolgen. WDS ist ebenfalls für den neuen System Center Configuration Manager 2007, den Nachfolger des SMS 2003 optimiert. In WDS lassen sich detaillierte Einstellungen über die PXE-Funktionalität vornehmen (siehe Kapitel 42). WDS unterstützt Active Directory und es können Einstellungen vorgenommen werden, wie die installierten Clients bezeichnet werden sollen. In die WDS können direkt WIM-Abbilder integriert werden. Auch Windows PE (Preinstallation Environment) lässt sich über WDS verteilen. Mehr dazu erfahren Sie im Kapitel 42. Dadurch können Clients, die über das Netzwerk mit PXE booten, Windows PE starten und über dieses Windows PE dann Windows Vista, Windows 7 oder Windows Server 2008 R2 installieren. Auf dem Client kann die Auswahl getroffen werden, welches Abbild vom WDS-Server gezogen werden soll und wo dieses installiert wird. WDS kann auch 64-Bit-Betriebssysteme verteilen. Durch die effiziente grafische Oberfläche der WDS können in den Eigenschaften von WIM-Abbilder Dateien integriert oder auch andere Antwortdateien zugewiesen werden. Sie können in den Einstellungen von WDS festlegen, dass die Abbilder entweder vollkommen automatisiert installiert werden, oder dass einzelnen Anwendern die Möglichkeit gegeben wird, das Abbild selbst auszuwählen. Wenn der Anwender sein Abbild selbst auswählen darf, sieht die Installation über WDS aus wie die Installation von Windows Vista bzw. Windows 7 mit der DVD, mit dem Unterschied, dass weniger Auswahlmöglichkeiten existieren. Der Anwender kann beim Booten selbst auswählen, welches WIM-Abbild er auf seinem Computer installieren will.

Abbildg. 1.4 Verwaltung der WDS auf Windows Server 2008 R2

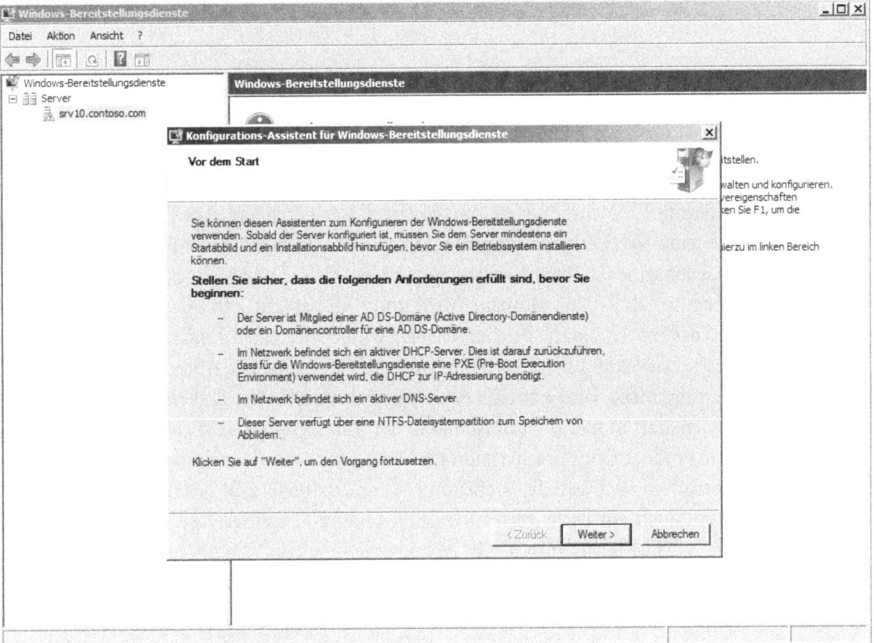

Damit Sie PCs oder Server über die WDS installieren können, muss im Netzwerk neben dem ohnehin notwendigen DNS-Server auch ein DHCP-Server eingerichtet sein. Auf diesem müssen ein aktivierter Bereich (Scope) und entsprechende Optionen erstellt werden. Fehler aus RIS wurden behoben, wie zum Beispiel das instabile Verhalten bei großen Installationen.

Abbildg. 1.5 Windows Server 2008 R2 und Windows Vista/Windows 7 können über die Windows-Bereitstellungsdienste im Netzwerk verteilt werden

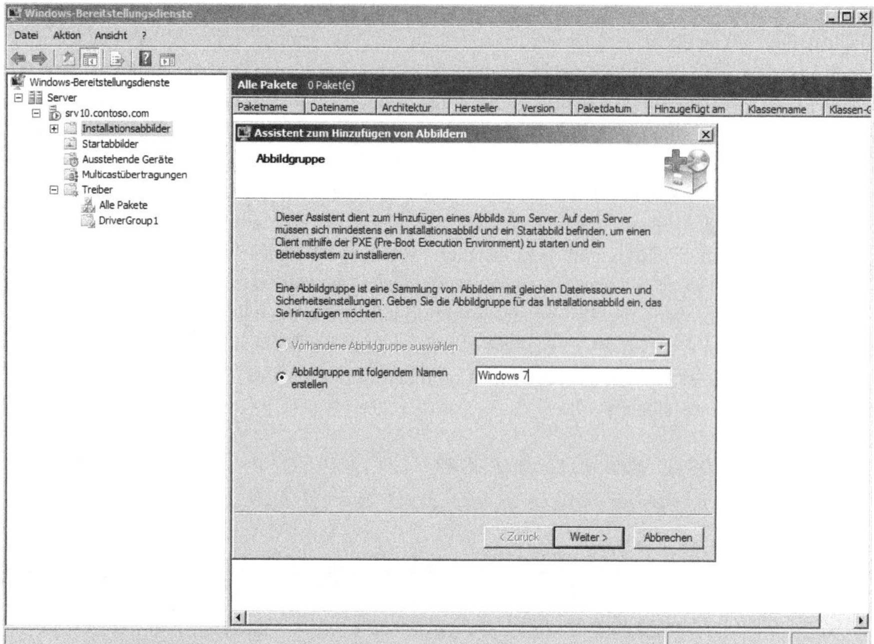

Ein Clientcomputer mit PXE wird im Netzwerk gestartet. Nach dem Laden des BIOS sendet das PXE-ROM auf der Netzwerkkarte eine Netzwerkdienstanforderung an den nächstgelegenen DHCP-Server. Mit der Anforderung sendet der Client seine GUID (Globally Unique Identifier). Der DHCP-Server erteilt dem Client eine IP-Lease mit Optionen für DNS (006), Domäne (015) und PXE-Server (060). Als Nächstes startet das Startabbild mit Windows PE, das in den Hauptspeicher geladen wird. Über einen Eintrag in der Antwortdatei wird die Festplatte angepasst. Das Setup führt die in der Antwortdatei enthaltene Anmeldung an den WDS-Server aus. Existiert dieser Eintrag nicht, wird um eine Authentifizierung gebeten. Soll eine unbeaufsichtigte Installation durchgeführt werden, darf immer nur ein Abbild in der Abbildgruppe existieren. Wurde die Antwortdatei mit Informationen wie Product Key, Sprachversion und Domänenkonto korrekt konfiguriert, läuft die Installation vollkommen automatisch ab. Das Befehlszeilentool *wdsutil.exe* bietet eine erweiterte Funktionalität. Außerdem kann mit dem Tool auch ein bestehendes RIPREP-Abbild zu einem WIM-Abbild konvertiert werden. Der Umgang mit dem WDS ist recht einfach. Zur Abbildverteilung von Windows Vista/Windows 7 und Windows Server 2008 R2 stehen zwei Möglichkeiten zur Verfügung:

- Die Verwendung eines kompletten Abbilds, bei dem keine Anpassungen mehr durchgeführt werden.
- Die Verwendung eines Abbilds, welches noch über eine Antwortdatei angepasst werden muss (siehe Kapitel 42). Ein komplettes Windows Vista oder Windows 7-Abbild kann über die Tools ImageX oder Sysprep erstellt werden. Diese kompletten Abbilder können dann auch weitere Applikationen beinhalten.

Neue Failover-Clusterunterstützung

Wollen Kunden ein ausfallsicheres Serversystem einführen, ist der Einsatz eines Failoverclusters oft der beste Weg (siehe auch Kapitel 33). Mit Windows Server 2008 R2 hat Microsoft die Clustertechnologie des Betriebssystems weiter verbessert, die Installation erleichtert und die Stabilität erhöht. Der Microsoft Product Support Service (PSS) und die unabhängige Gartner-Group haben festgestellt, dass die meisten Probleme in Clusterumgebungen durch Fehler in der Konfiguration oder der Verwaltung verursacht werden. Aus diesem Grund scheuen sich viele Unternehmen, einen Cluster einzusetzen, aus Furcht, dass der Aufwand für die Verwaltung und die Kosten der Installation zu hoch sind. Häufige Probleme in Clusterkonfigurationen sind eine fehlerhafte Verkabelung, unpassende oder fehlende Treiber und Hotfixes und falsche Einstellungen. Aus diesem Grund führt Microsoft mit Windows Server 2008 R2 das *Cluster Validation Tool* ein. Mit diesem Tool können Clusterverwalter, ähnlich wie beim Exchange Best Practice Analyzer (ExBPA), einen Cluster vor der Installation effizient mit einem von Microsoft zusammengestellten Regelwerk für die korrekte Konfiguration überprüfen. So lassen sich Fehler in der Hardware und der Konfiguration aufdecken, noch bevor der Cluster in Produktion geht. Selbst bereits erstellte Cluster können mit diesem Tool überprüft werden, sodass Microsoft-Partner auch Kunden, die bereits einen Cluster einsetzen oder planen, ihre Cluster auf Windows Server 2008 R2 zu migrieren, effizient beraten können, ob die Hardware und Konfiguration kompatibel und vor allem stabil ist. Das Tool führt verschiedene Tests durch, um den Stand des Betriebssystems, der installierten Patches, der Systemkonfiguration, der Netzwerkeinstellungen und -verbindungen sowie der Datenträger zu überprüfen.

Abbildg. 1.6 Failoverclusterverwaltung in Windows Server 2008 R2

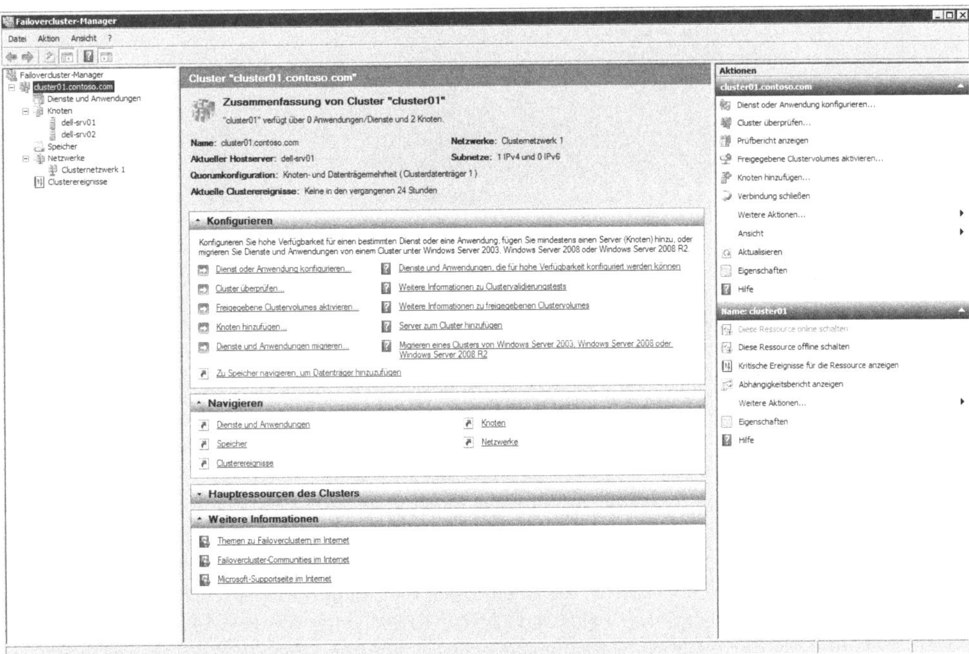

Auch die Erstellung eines Clusters wird mit Windows Server 2008 R2 extrem vereinfacht. Microsoft hat dazu die grafische Oberfläche zur Clusterverwaltung überarbeitet und optimiert. Mit Windows Server 2008 R2 ist es möglich, einen Cluster skriptbasiert und vollständig automatisiert zu installieren. Ein Cluster wird unter Windows Server 2008 R2 in einem Schritt erstellt. Es ist nicht mehr notwendig, erst einen Knoten, dann die restlichen zu installieren. Früher mussten die Clusterknoten dem Cluster einzeln zugewiesen werden. Unter Windows Server 2008 R2 können Sie mehrere Server gleichzeitig in einen Cluster integrieren. Dies hat den Vorteil, dass die Konsistenz und die Stabilität der einzelnen Clusterknoten bereits bei der Installation sichergestellt werden kann und keine komplexen Installationsprozesse mehr ablaufen müssen. Auch die Assistenten zur Erstellung eines Clusters wurden vereinfacht und verbessert. Mit diesen Assistenten können Clusterressourcen von Clustern unter Windows Server 2003 auch zu Windows Server 2008 R2 migriert werden. Auch auf diesen Sachverhalt gehen wir in Kapitel 33 ein.

Abbildg. 1.7 Virtuelle Maschinen unter Hyper-V im Cluster betreiben

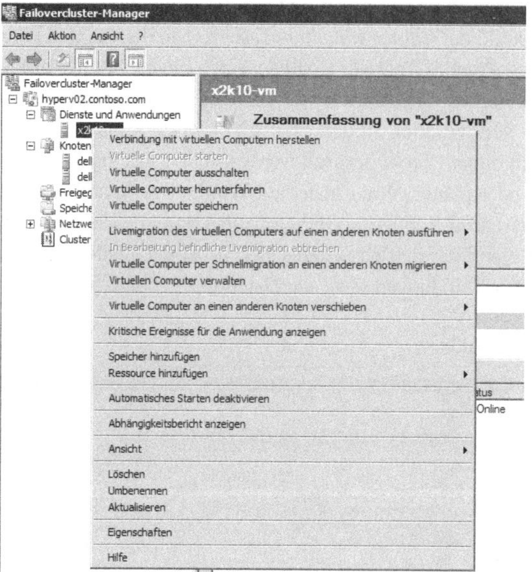

Windows-Firewall mit erweiterter Sicherheit

Die neue Firewall mit erweiterter Sicherheit ist Bestandteil sowohl von Windows Server 2008 R2 als auch von Windows Vista. Die wesentlichen Neuerungen sind, dass die Firewall jetzt auch ausgehenden Datenverkehr überprüfen kann und dass die Verwaltung von IPsec-Richtlinien jetzt in die Verwaltung der Firewall integriert worden sind. Die Verwaltungsoberfläche der neuen Firewall können Sie über *Start/Ausführen/wf.msc* starten. Die Firewall für erweiterte Sicherheit ersetzt die verschiedenen Verwaltungskonsolen für IPsec-Richtlinien.

HINWEIS Im Gegensatz zu Windows Server 2003 ist die Firewall in Windows Server 2008 R2 standardmäßig nach der Installation bereits aktiviert. Administratoren müssen daher bei älteren Anwendungen darauf achten, dass entsprechende Firewallregeln erstellt werden, um die Kommunikation mit dem Netzwerk zu erlauben. Aktualisieren Sie einen Server mit Windows Server 2003 auf Windows Server 2008 R2, bleibt die Firewall deaktiviert. Nur wenn Sie die Firewall unter Windows Server 2003, zum Beispiel mit dem Sicherheitskonfigurations-Assistenten (Security Configuration Wizard, SCW), aktiviert haben, wird diese bei der Installation ebenfalls aktiviert. Microsoft empfiehlt jedoch, die Firewall unter Windows Server 2008 R2 in jedem Fall zu aktivieren. Installieren Sie eine der Standardfunktionen von Windows Server 2008 R2, wie zum Beispiel IIS 7.5 oder Dateiserver, werden entsprechende Regeln automatisch erstellt und Ports freigeschaltet.

Abbildg. 1.8 Die Verwaltung der neuen Windows-Firewall mit erweiterter Sicherheit

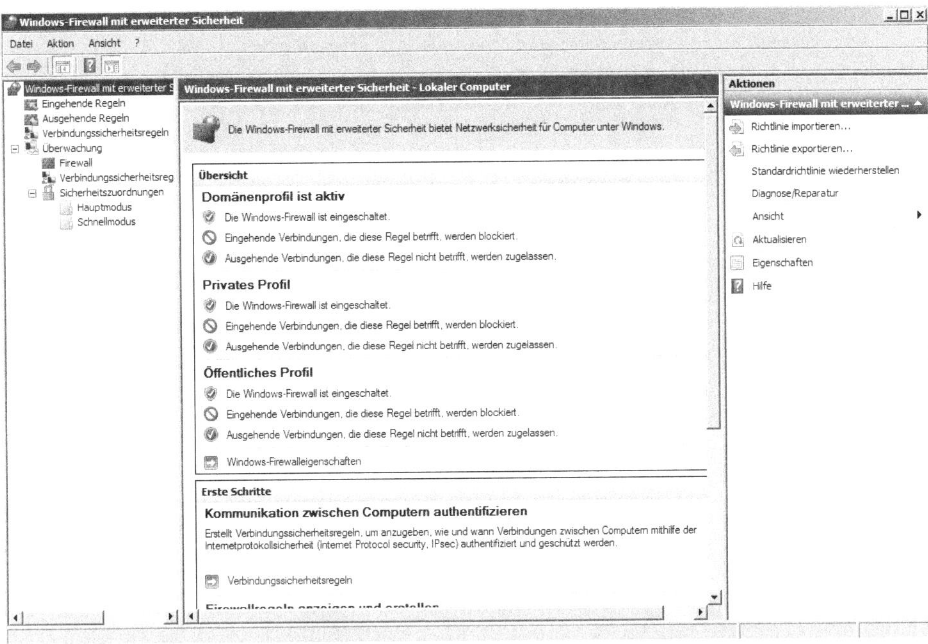

Die neue Windows-Firewall mit erweiterter Sicherheit kann auch über den Befehl *netsh advfirewall* in der Befehlszeile verwaltet werden.

Abbildg. 1.9 Verwalten der neuen Windows-Firewall mit erweiterter Sicherheit in der Befehlszeile

```
Administrator: C:\Windows\system32\cmd.exe
Microsoft Windows [Version 6.1.7600]
Copyright (c) 2009 Microsoft Corporation. Alle Rechte vorbehalten.

C:\Users\administrator.CONTOSO>netsh advfirewall

Folgende Befehle sind verfügbar:

Befehle in diesem Kontext:
?              - Zeigt eine Liste der Befehle an.
consec         - Wechselt zum "netsh advfirewall consec"-Kontext.
dump           - Zeigt ein Konfigurationsskript an.
export         - Exportiert die aktuelle Richtlinie in eine Datei.
firewall       - Wechselt zum "netsh advfirewall firewall"-Kontext.
help           - Zeigt eine Liste der Befehle an.
import         - Importiert eine Richtliniendatei in den aktuellen Speicher.
mainmode       - Wechselt zum "netsh advfirewall mainmode"-Kontext.
monitor        - Wechselt zum "netsh advfirewall monitor"-Kontext.
reset          - Setzt die Richtlinie auf die standardmäßige Richtlinie zurück.
set            - Legt die profilbezogenen oder globalen Einstellungen fest.
show           - Zeigt Profil- bzw. globale Eigenschaften an.

Folgende Unterkontexte sind verfügbar:
 consec firewall mainmode monitor

Geben Sie den Befehl, gefolgt von einem Leerzeichen und ? ein, um Hilfe
bezüglich des entsprechenden Befehls zu erhalten.

C:\Users\administrator.CONTOSO>_
```

Die neue Windows-Firewall filtert den ein- und ausgehenden IPv4- und auch IPv6-Verkehr. Außerdem können Sie vielfältige Regeln basierend auf Port, IPv4-Adresse, IPv6-Adresse, Pfad und Name der Applikation oder IPsec-Richtlinien erstellen. Sie können mit der grafischen Verwaltungsoberfläche *wf.msc* sowie mit der Befehlszeile *netsh advfirewall* die Einstellungen der lokalen Firewall und die Einstellungen von anderen Servern im Netzwerk konfigurieren. In der Systemsteuerung gibt es zwar auch ein Symbol für die Windows-Firewall, allerdings können hier nur sehr rudimentäre Einstellungen vorgenommen werden. Die verschiedenen Regeln lassen sich nur über die erweiterte Verwaltung konfigurieren.

Abbildg. 1.10 Verwalten der Windows-Firewall über die Systemsteuerung

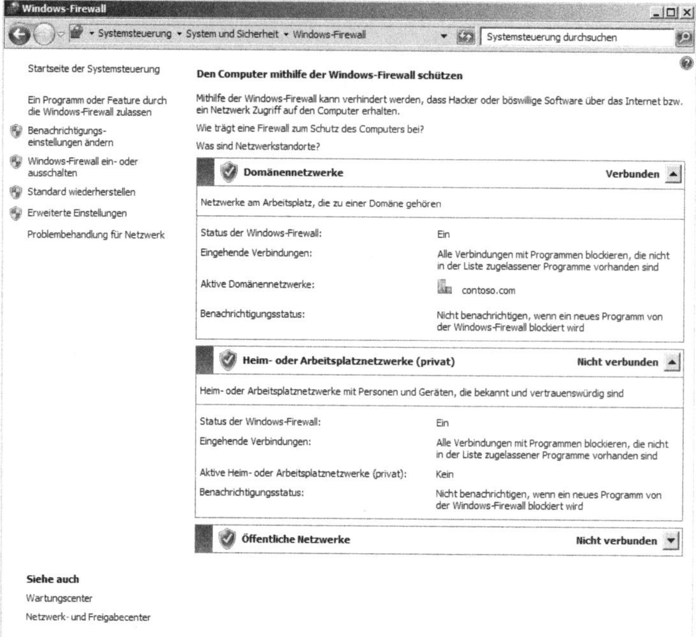

Die Windows-Firewall unter Windows Server 2008 R2 und Windows Vista/Windows 7 unterstützt verschiedene Regeln, abhängig vom jeweiligen Netzwerkprofil. Dabei unterscheidet die Firewall, ob sich der Server aktuell in einer Domäne oder in einem privaten oder öffentlichen Netzwerk befindet.

Abbildg. 1.11 Verwenden von Firewallregeln abhängig vom Netzwerkprofil

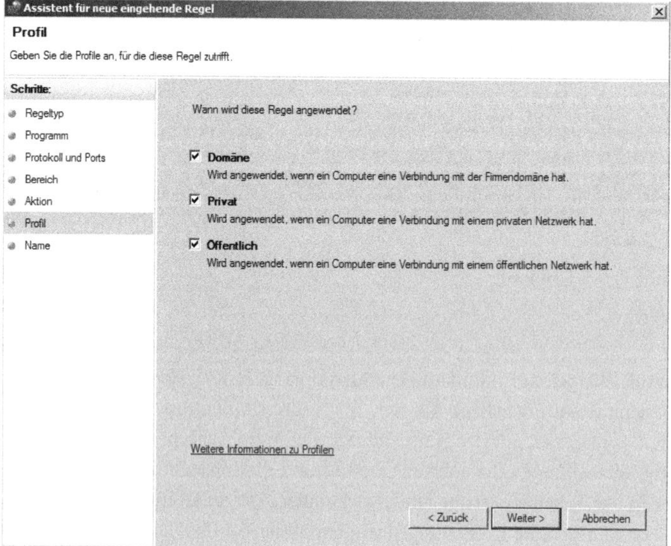

Da sich ein Windows-Server eher selten bewegt, sollten Sie bei der Erstellung von Firewallregeln möglichst immer alle drei Profile auswählen.

IPsec-Verbesserungen

Unter Windows Server 2003 war die Konfiguration von IPsec noch eine relativ komplexe Angelegenheit. Durch die Integration der IPsec-Verwaltung in die Firewall-Konsole wird diese Konfiguration enorm vereinfacht. Verwenden Sie mit Windows Server 2008 R2 IPsec-Richtlinien, verhalten sich die Server wie folgt: Ein Server, für den IPsec aktiviert wurde, sendet Pakete über IPsec. Antwortet der empfangende Server ebenfalls mit IPsec, wird der Datenverkehr verschlüsselt. Unterstützt der empfangende Server kein IPsec, wird der Datenverkehr nicht verschlüsselt. Dieser Datenverkehr findet gleichzeitig statt. Unter Windows Server 2003 wurden zunächst IPsec-Pakete verschickt, dann drei Sekunden gewartet und dann erst die unverschlüsselten Pakete gesendet. So konnten oft starke Performance-Probleme auftreten, die durch das gleichzeitige Versenden der Pakete in 2008 vermieden werden. Durch diese Funktion können Server IPsec-Verkehr unterstützen, aber nicht mehr zwingend voraussetzen, um eine möglichst sichere Verbindung zu erstellen. Bisher hat IPsec unter Windows nur den Internetschlüsselaustausch (Internet Key Exchange, IKE) unterstützt. Windows Vista und Windows Server 2008 R2 unterstützen eine neue Funktion, die Authenticated IP (AuthIP) genannt wird. Diese neue Funktion unterstützt weitergehende Authentifizierungsfunktionen als IKE, zum Beispiel die Gültigkeit von Zertifikaten, die Bestandteil des neuen Netzwerkzugriffsschutzes (Network Access Protection, NAP) in Windows Server 2008 R2 sind (NAP wird in Kapitel 26 und 27 im Rahmen der Einrichtung eines Remotedesktop-Sitzungshosts ausführlicher besprochen).

Abbildg. 1.12 Konfiguration von IPsec in der erweiterten Firewallkonsole

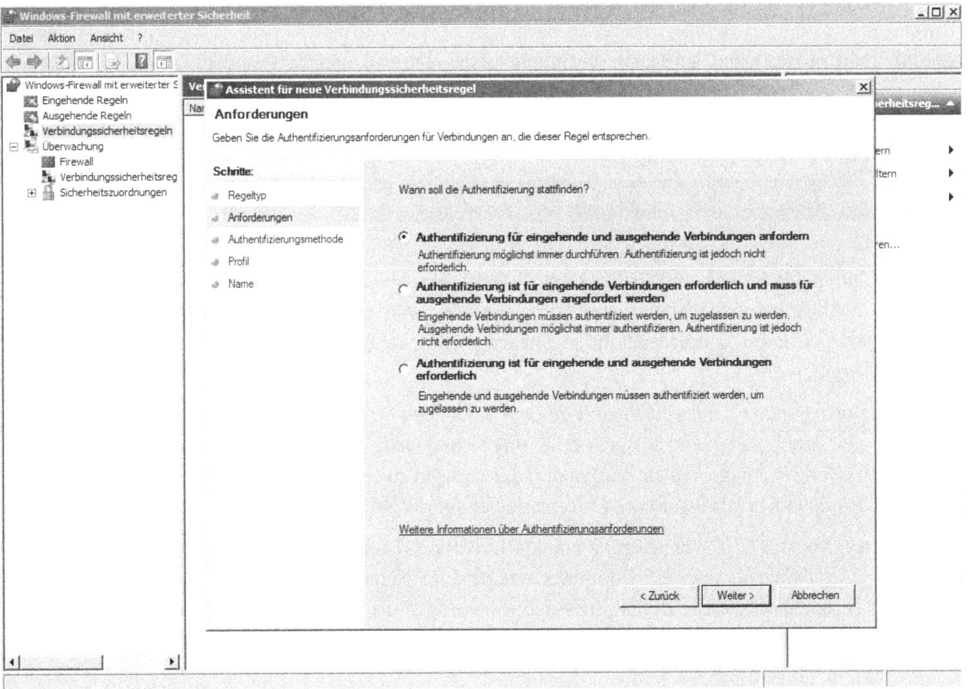

Netzwerkzugriffsschutz (NAP)

Windows Server 2008 R2 enthält den sogenannten Next Generation TCP/IP-Stack, der deutlich stabiler und schneller ist und vor allem IPv6 unterstützt (siehe Kapitel 7). Ein neues Sicherheitsfeature stellt der Netzwerkzugriffsschutz (Network Access Protection, NAP) dar. Über diesen Netzwerkzugriffsschutz können Unternehmen anhand entsprechender Richtlinien sicherstellen, dass nur solche Clients Zugang zum Firmennetz erhalten, die bestimmten Sicherheitskriterien genügen (siehe Kapitel 27). Die Zertifikatdienste von Windows Server 2008 R2 arbeiten wesentlich effizienter mit dem Netzwerkzugriffsschutz zusammen als die Version in Windows Server 2008.

Abbildg. 1.13 Windows Server 2008 R2 kann Netzwerkrichtlinien für den Zugriff verwenden

Die für NAP erforderliche Clientsoftware ist in Vista/Windows 7 und Windows Server 2008 und R2 bereits enthalten, sowie eingeschränkt für Windows XP SP3. Ein NAP-Server kann feststellen, ob Remote-PCs, die über ein virtuelles privates Netzwerk (VPN) eine Verbindung mit dem Firmennetz herstellen möchten oder auch Computer im Netzwerk, die Sicherheitsrichtlinien des Unternehmens einhalten. Trifft dies nicht zu, lehnt der VPN-Server die Verbindung ab. Genauso kann der Netzwerkzugriffsschutz ermitteln, ob ein im LAN befindlicher Computer die gesetzten Sicherheitskriterien erfüllt und ihm damit Zugang zum Firmennetz gewähren oder verweigern.

Abbildg. 1.14 Nicht konformen Clients kann der Zugriff auf das Netzwerk untersagt werden

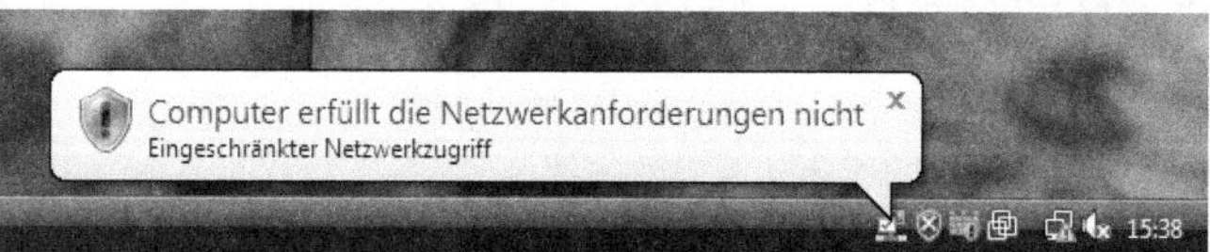

Durch den Einsatz von NAP können Sie feststellen, ob Sicherheitspatches aufgespielt sind oder der Computer durch eine Antiviren- sowie eine Antispyware-Software geschützt wird. Erfüllt ein Client diese Kriterien nicht, weist NAP ihn ab oder leitet ihn in eine eingeschränkte Umgebung um, wo er automatisch aktualisiert werden kann.

Dort können Clients von einem FTP-Server oder den Windows Server Update Services (WSUS) Aktualisierungen herunterladen und aufspielen, um ihre Sicherheitskonfiguration auf den neuesten Stand zu bringen und so die von NAP aufgestellten Zugangsvoraussetzungen zu erfüllen. Windows Server 2008 R2 und Windows Vista/Windows 7 beinhalten folgende Technologien für die NAP-Erzwingung:

- Mit der *DHCP-Erzwingung* können DHCP-Server Richtlinien für Integritätsanforderungen immer dann erzwingen, wenn ein Computer versucht, im Netzwerk eine IP-Adresskonfiguration zu leasen oder zu erneuern. Bei der DHCP-Erzwingung handelt es sich um die einfachste Erzwingung für die Bereitstellung, da sämtliche DHCP-Clientcomputer IP-Adressen leasen müssen.

Abbildg. 1.15 Windows 7 überprüft, ob der lokale Computer den Richtlinien im Netzwerk entspricht

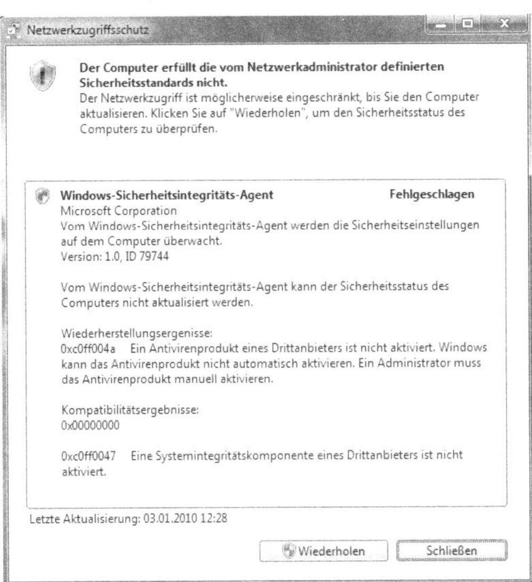

- Mithilfe der *802.1X-Erzwingung* weist ein Netzwerkrichtlinienserver (Network Policy Server, NPS) einen 802.1X-basierten Zugriffspunkt (ein Ethernet-Switch oder ein drahtloser Zugriffspunkt) an, für den 802.1X-Client so lange ein eingeschränktes Zugriffsprofil zu verwenden, bis eine Reihe von Korrekturfunktionen ausgeführt wurden. NPS ist die Microsoft-Implementierung eines Remote Authentication Dial-In User Service-(RADIUS-)Servers und -Proxys. NPS ersetzt den Internetauthentifizierungsdienst (Internet Authentication Service, IAS) von Windows Server 2003. Der Dienst führt sämtliche Funktionen von IAS in Windows Server 2003 für die VPN- und 802.1X-basierte drahtlose und verdrahtete Verbindungsauthentifizierung durch. Zusätzlich werden eine Integritätsprüfung und das Gewähren von uneingeschränktem oder eingeschränktem Zugriff auf NPS-Clients durchgeführt. NPS unterstützt außerdem das Senden von RADIUS-Verkehr über IPv6 (gemäß RFC 3162). Ein eingeschränktes Zugriffsprofil kann aus einer Reihe von IP-Paketfiltern oder einer virtuellen LAN-ID bestehen, mit der der Verkehr eines 802.1X-Clients eingeschränkt wird. Die 802.1X-Erzwingung bietet einen sicheren eingeschränkten Netzwerkzugriff für alle Computer, die auf das Netzwerk über eine 802.1X-Verbindung zugreifen.
- Mithilfe der *IPsec-Erzwingung* kann die Kommunikation in einem Netzwerk auf kompatible Computer beschränkt werden. Da IPsec verwendet wird, können Sie Anforderungen für eine geschützte Kommunikation mit kompatiblen Clients definieren. Dies kann für einzelne IP-Adressen oder pro TCP/UDP-Portnummer erfolgen. Anders als bei der DHCP-, VPN- und 802.1X-Erzwingung beschränkt die IPsec-Erzwingung die Kommunikation auf kompatible Computer, nachdem diese erfolgreich eine Verbindung hergestellt und eine gültige IP-Adresskonfiguration abgerufen haben. Bei der IPsec-Erzwingung handelt es sich um die sicherste Form eines eingeschränkten NAP-Netzwerkzugriffs.
- Über die *Remotedesktopgateway-Erzwingung* optimieren Sie die Anbindung an ein Remotedesktopgateway (siehe Kapitel 26)

Im Vergleich zu Windows Server 2008 hat Microsoft in Windows Server 2008 R2 einige Neuerungen in den Netzwerkrichtlinien integriert. Für Systemintegritätsprüfungen können Sie jetzt mehrere verschiedene Versionen einsetzen. So lassen sich in den Integritätsrichtlinien auch unterschiedliche Systemintegritätsprüfungen nutzen, die verschiedene Bereiche der Computer überprüfen. Eine Konfiguration kann zum Beispiel für bestimmte Rechner den Virenschutz und Patches abprüfen, während eine andere Prüfung nur die Firewall überprüft. Dadurch können Unternehmen wesentlich flexibler mit dem Netzwerkzugriffsschutz arbeiten.

Abbildg. 1.16 Windows Server 2008 R2 kennt jetzt mehrere Integritätsverifizierungen, nicht nur eine, wie Windows Server 2008

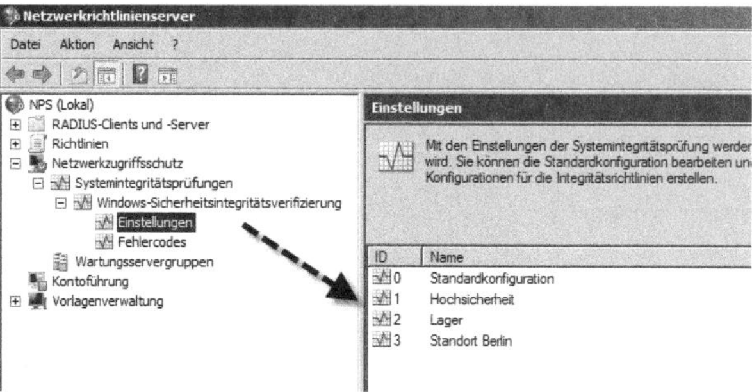

Vorteil dieser neuen Möglichkeit ist, dass die Netzwerkrichtlinien jetzt unterschiedliche Rechnerkonfigurationen überprüfen kann, zum Beispiel Rechner im Intranet und VPN-Rechner. Serverkonfigurationen in den NPS sowie die Anbindung von RADIUS lassen sich als Vorlage speichern. Setzen Sie mehrere NPS-Server ein, können Sie diese Vorlagen exportieren und dadurch die Einrichtung wesentlich beschleunigen.

Neue Funktionen in Active Directory im Vergleich zu Windows Server 2003

Auch im Bereich Active Directory bietet Windows Server 2008 R2 zahlreiche Neuerungen. In den Kapiteln 9 bis 13 besprechen wir diese Funktionen noch ausführlicher als in dieser Einführung.

Schreibgeschützter Domänencontroller

Für Unternehmen, die sich um die Datensicherheit in ihren Außenstellen sorgen, bietet Windows Server 2008 R2 den Domänencontrollertyp »Schreibgeschützter Domänencontroller« (Read-Only Domain Controller, RODC) an (siehe Kapitel 12). Hierbei wird auf dem Domänencontroller ein Replikat der Active Directory-Datenbank gespeichert, die keinerlei Änderungen akzeptiert.

Abbildg. 1.17 Installieren eines schreibgeschützten Domänencontrollers

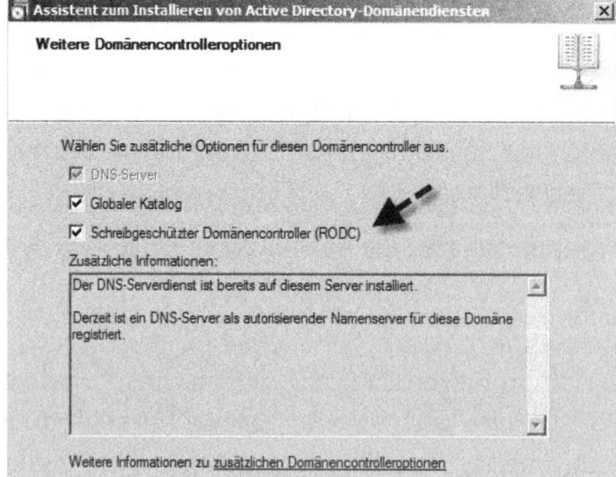

Außerdem lässt sich die Berechtigung zur RODC-Verwaltung an einen beliebigen Domänenbenutzer delegieren, um beispielsweise Aktualisierungen von Gerätetreibern vor Ort rasch durchführen zu können. Schreibende Domänencontroller richten keine Replikationsverbindung zu RODCs ein, da eine Replikation nur von normalen Domänencontrollern zu RODCs erfolgen kann. RODCs richten Replikationsverbindungen zu den schreibenden Domänencontrollern ein, die Sie bei der Heraufstufung angeben. Bei RODCs handelt es sich um keine Wiederbelebung der Backup-Domänencontroller (BDC) von Windows NT 4.0, sondern um eine vollständige Neuentwicklung, die viele Möglichkeiten offenbart.

Abbildg. 1.18 Schreibgeschützte Domänencontroller verwenden

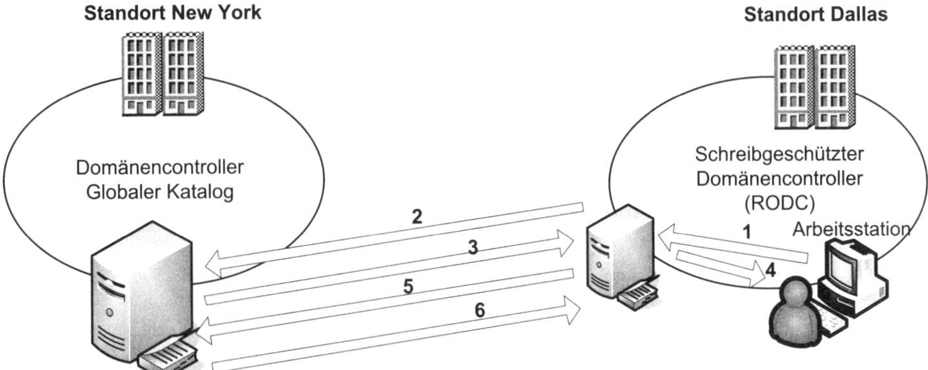

1. Die Arbeitsstation in der Niederlassung will sich an der Domäne anmelden Am Standort gibt es einen RODC Die Station stellt einen TGT (Ticket Granting Ticket) Antrag an den Domänencontroller.
2. Der RODC hat das Kennwort des Anwenders noch nicht zwischengespeichert und gibt die TGT-Anfrage an einen Windows Server 2008-Domänencontroller weiter.
3. Der Domänencontroller authentifiziert den Anwender, stellt ein Ticket Granting Ticket (TGT) aus und weist dieses dem RODC zu.
4. Der RODC teilt dem Anwender das Ergebnis mit und sendet das TGT an die Arbeitsstation weiter.
5. Nachdem das TGT an den Anwender ausgestellt wurde, fragt der RODC beim schreibenden Domänencontroller nach, ob das Kennwort für zukünftige Authentifizierungen auf dem RODC zwischengespeichert werden darf. Der Domänencontroller überprüft die Replikationsrichtlinie für Kennwörter ob das Kennwort repliziert werden darf
6. Entspricht die Replikation den Richtlinien, darf das Kennwort auf dem RODC zwischengespeichert werden und der RODC speichert das Kennwort für zukünftige Zwecke

Neue Gruppenrichtlinien

Eine sehr wichtige Neuerung für Unternehmen sind die neuen Gruppenrichtlinienfunktionen in Windows Server 2008 R2 (siehe Kapitel 16). Natürlich lassen sich die meisten dieser Funktionen erst im Zusammenspiel mit Windows Vista oder Windows 7 einsetzen. USB-Speichersticks sind die Achillesferse in den meisten Sicherheitskonzepten. Die bisherigen Windows-Versionen bringen keine Verwaltung für die mobilen Speicher mit. Ein böswilliger Nutzer kann damit problemlos Daten in das Firmennetz einschleusen oder entwenden. Windows Vista, Windows 7 und Windows Server 2008 R2 gehen dieses Problem direkt in den Gruppenrichtlinien an. Je nach Einstellung können Administratoren künftig den Zugriff auf USB-Geräte sperren oder einen reinen Lese- oder Schreibzugriff gewähren. Administratoren können jetzt entscheiden, wer USB-Sticks nutzen darf.

Unter Windows XP und Windows Server 2003 gab es für unterschiedliche Sprachversionen von Windows unterschiedliche Versionen der Vorlagendateien (*.adm*-Dateien). Da dies vor allem für internationale Unternehmen nicht sehr effizient ist, hat Microsoft das Design der Vorlagendateien angepasst. Änderungen in Gruppenrichtlinien müssen dadurch nicht in jeder Sprachversion eingestellt werden, sondern nur noch einmal zentral im Unternehmen. Die alten Vorlagendateien (*.adm*) können unter Windows Server 2008 R2 weiterhin verwendet werden. Windows Server 2008 R2 verwendet für seine neuen Vorlagendateien sprachneutrale *.admx*-Dateien. Diese bauen auf XML auf. Diese *.admx*-Dateien werden nicht mehr für jede einzelne Gruppenrichtlinie hinterlegt, sondern zentral im *Policy*-Ordner (siehe Kapitel 16).

Richtlinien für Kennwörter

Unter Windows Server 2008 R2 können mehrere Richtlinien für Kennwörter definiert werden, sodass besonders sensiblen Bereichen des Unternehmens komplexere Kennwörter zugewiesen werden, als anderen. Kennwortrichtlinien können jetzt auch einzelnen OUs zugewiesen werden. Wichtig für diese neue Funktion ist die OU *Passwort Setting Container*, der unterhalb der OU *System* im Snap-In *Active Directory-Benutzer und -Computer* angezeigt wird. In dieser OU werden nach Erstellung die Kennworteinstellungsobjekte (Password Settings Objects, PSO) gespeichert. Ein PSO enthält alle notwendigen Einstellungen zur Konfiguration von Kennwortrichtlinien. Sicherheitsrichtlinien für Kennwörter können jetzt auch globalen Sicherheitsgruppen zugewiesen werden. Spezielle Kennwortrichtlinien, die einzelnen Anwendern, Gruppen oder OUs zugewiesen werden, überschreiben automatisch die Einstellungen in der Standarddomänenrichtlinie (Default Domain Policy). Damit diese neue Funktion genutzt werden kann, muss sich die Domäne im Betriebsmodus Windows Server 2008 R2 befinden.

Active Directory-Dienst manuell starten und stoppen

Unter Windows Server 2008 R2 ist es möglich, den Systemdienst für Active Directory im laufenden Betrieb zu stoppen und wieder zu starten. Durch diese Funktion kann Active Directory auf einem Server auch neu gestartet werden, während die anderen Dienste des Servers weiter funktionieren. Dies kann zum Beispiel für die Offlinedefragmentierung der Active Directory-Datenbank sinnvoll sein oder für die Installation von Updates.

Active Directory Snapshot-Viewer

Mit dem neuen Active Directory Snapshot-Viewer können versehentlich gelöschte Objekte der Domäne angezeigt werden. Mit dieser Funktion lassen sich zwar keine Objekte wiederherstellen, Sie erkennen aber, welche Objekte versehentlich gelöscht worden sind. Dazu kann unter Windows Server 2008 R2 mit *Ntdsutil.exe* ein Snapshot von Active Directory durchgeführt und mit dem Snapshot-Viewer dieses auf gelöschte Objekte untersucht werden.

Einheitliche Bezeichnung der Active Directory-Komponenten

Microsoft hat in Windows Server 2008 auch die Bezeichnung der Komponenten angepasst, die zur Identitätsverwaltung verwendet werden. Alle diese Funktionen und Serverrollen erhalten vor der eigentlichen Bezeichnung zusätzlich noch das Präfix »Active Directory«. So wird schnell ersichtlich, welche der Dienste direkt auf Active Directory aufbauen oder mit Active Directory einen erweiterten Funktionsumfang erhalten. Die *Active Directory-Zertifikatdienste* (Active Directory Certificate Services, AD CS) stellen die neue Version die Zertifikatdienste unter Windows Server 2003 dar (siehe Kapitel 29). *Active Directory-Domänendienste* (Active Directory Domain Services, AD DS) ist die Serverrolle, mit der ein Server zum Domänencontroller heraufgestuft werden kann, um entweder einer Gesamtstruktur beizutreten oder eine neue zu erstellen (siehe Kapitel 9). Die *Active Directory-Verbunddienste* (Active Directory Federation Services, AD FS) bieten eine webbasierte Infrastruktur für einmaliges Anmelden (Single Sign-On, SSO) (siehe Kapitel 32). Mit den *Active Directory-Rechteverwaltungsdiensten* (Active Directory Rights Management Services, AD RMS) werden Daten mit digitalen Signaturen versehen, um sie vor unerwünschtem Zugriff zu sichern (siehe Kapitel 31).

Active Directory Lightweight Directory Services (AD LDS)

Mit AD LDS können unter anderem spezielle Anforderungen von Applikationen an einen Verzeichnisdienst abgebildet werden. Einer Applikation kann zum Beispiel ein eigenes Verzeichnis mit eigenem Schema zur Verfügung gestellt werden, ohne andere Anwendungen oder die Anmeldungen im Unternehmen zu beeinträchtigen. Die Verwaltung eines Extranets und die damit verbundene Identitätsverwaltung lassen sich ebenfalls mit AD LDS verbessern. Sollen X.500/LDAP-Verzeichnisdienste migriert werden, bietet AD LDS eine optimale Schnittstelle zum Verzeichnis des Unternehmens. Auch zur Identitätsverwaltung in kleineren Niederlassungen oder in DMZs (demilitarisierten Zonen) können die AD LDS wertvolle Dienste leisten. Die AD LDS verfügen dazu, genauso wie ein normales Active Directory, über eine eigene Benutzerverwaltung. Mit AD LDS können aber auch lokale Benutzerkonten und Gruppen genauso verwendet werden, wie Benutzer und Gruppen aus Active Directory. Dazu wird die Authentifizierung mit diesen Objekten automatisch entweder zur lokalen Maschine oder einem Active Directory-Domänencontroller umgeleitet und anschließend der Zugriff auf die Daten innerhalb der AD LDS gestattet.

Windows Server-Sicherung

Das Datensicherungsprogramm wurde ebenfalls komplett überarbeitet (siehe Kapitel 37). Bandlaufwerke werden vom Serverbackup nicht mehr unterstützt. Das standardmäßige Datensicherungsprogramm von Windows Server 2008 R2 wird nicht mehr automatisch installiert, sondern muss manuell als Feature nachinstalliert werden. Die Sicherung unterstützt jetzt besser die Schattenkopien (siehe Kapitel 6 und 37) sowie die integrierten Sicherungsfunktionen von SQL Server 2005/2008 und SharePoint Server 2007/2010. Die Verwaltung der Sicherung findet über die Microsoft Management Console (MMC) statt.

Abbildg. 1.19 Das neue Datensicherungsprogramm in Windows Server 2008 R2

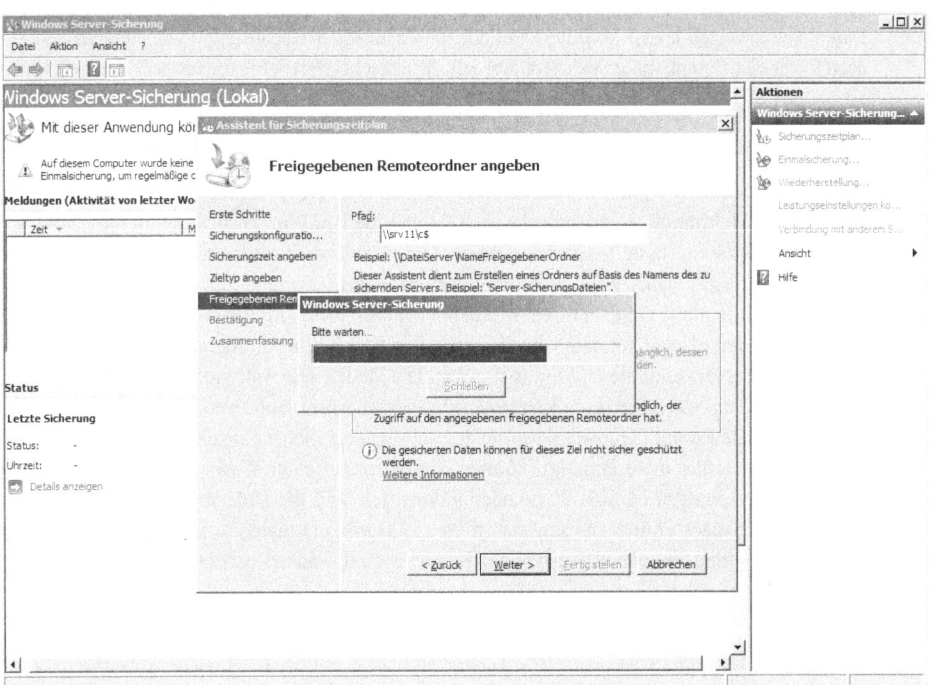

So können Sie auch über das Netzwerk mit der MMC die Datensicherung von mehreren Servern verwalten. Interessant sind die Unterstützung für DVD-Brenner sowie die automatische Überwachung des freien Festplattenplatzes auf dem Sicherungsmedium. Datensicherungen, die Sie mit älteren Versionen von *Ntbackup.exe* erstellt haben, sind nicht mehr kompatibel zur neuen Windows Server-Sicherung. Sollten Sie eine solche Sicherung benötigen, stellt Microsoft kostenlos die Vorgängerversion von *Ntbackup.exe* auf der Internetseite *http://go.microsoft.com/fwlink/?LinkId=82917* zur Verfügung.

Verbesserungen im NTFS-Dateisystem

Korruptionen im Dateisystem konnten bisher nur über das Befehlszeilentool *Chkdsk.exe* behoben werden. Unter Windows Server 2008 R2 erkennt das Dateisystem selbst korrupte Bereiche und repariert diese automatisch. Verbesserungen an der NTFS-Kernelcodebasis berichtigen erkannte Probleme, während das System läuft. Transactional NTFS ermöglicht transacted Filesystem-Operationen im NTFS. Dadurch sind NTFS und die Registry in der Lage, ihre Arbeit in einer Transaktion zu koordinieren. Transactional NTFS wendet transaktionale Datenbankkonzepte am Dateisystem an. Das Dateisystem wird dadurch wesentlich stabiler. Durch diese Funktion kann Windows Server 2008 R2 auch besser mit SQL Server 2008 zusammenarbeiten. Heutzutage speichern viele Anwendungen die Daten nicht mehr relational. SharePoint speichert zum Beispiel seine Daten in SQL-Datenbanken, was in sehr großen Datenbanken resultiert, abhängig von den gespeicherten Dateien. SQL Server 2008 unterstützt die transaktionale Speicherung von Dateien auf dem Dateisystem, die aber weiterhin mit der Datenbank verbunden sind. Auch wenn die Daten auf dem Dateisystem gespeichert werden, verhalten sich diese so, als ob sie ausschließlich in der Datenbank gespeichert sind, und können daher auch transaktional verwendet werden. Damit diese Funktion stabil und sicher funktioniert, wird das transaktionale Dateisystem von Windows Server 2008 R2 verwendet. Der Lese- und Schreibzugriff erfolgt dadurch mit NTFS-Performance und mit SQL-Sicherheit. Es gibt 2D- und 3D-Daten, also ortsabhängige Verknüpfungen in SQL Server 2008. Sie können zum Beispiel alle geografischen Punkte in einem gewissen Bereich von Daten einer Datenbank anzeigen lassen und diese mit Virtual Earth sogar visualisieren. Die geografischen Daten werden dazu mit in der Datenbank gespeichert, was zum Beispiel bei Vertriebsgebieten sehr sinnvoll ist.

Änderungen in den Remotedesktopdiensten

Die weiterentwickelte Version des Remotedesktopprotokolls (RDP) unterstützt Auflösungen im Breitbildformat und den Multimonitorbetrieb (siehe auch Kapitel 26). Auf Wunsch stellt der Remotedesktop für Windows Vista und Windows 7-basierte Clients die Aero-Oberfläche bereit. Eine weitere wichtige Funktion der Terminaldienste wird als *RemoteApps* bezeichnet. Sie ermöglicht es, eine auf dem Remotedesktop-Sitzungshost befindliche Anwendung auf dem Client in einem normalen Programmfenster ablaufen zu lassen. Dies geschieht parallel zu anderen, lokal auf dem Client installierten Anwendungen. Remotedesktop-Sitzungshost mit Citrix Presentation Server kennt diesen Modus als »Seamless Mode«. Der Anwender kann nicht unterscheiden, ob die Anwendung lokal oder über einen Remotedesktop-Sitzungshost läuft. Neu sind auch die Möglichkeiten, über ein HTTPS-Gateway auf Remotedesktop-Sitzungshost zuzugreifen, sowie das neue Web Access für die Remotedesktopdienste. Über diese Funktion können Anwender auf einer Weboberfläche auf den Server zugreifen. Weitere Verbesserungen bei den Remotedesktopdiensten sind die Unterstützung von deutlich höheren Auflösungen, einmaliges Anmelden (Single Sign-On, SSO) und die Integration der Remotedesktopdienste in den Windows-Systemressourcen-Manager (siehe Kapitel 26 und weitere Abschnitte in diesem Kapitel).

Abbildg. 1.20 Die neue Weboberfläche der Remotedesktopdienste

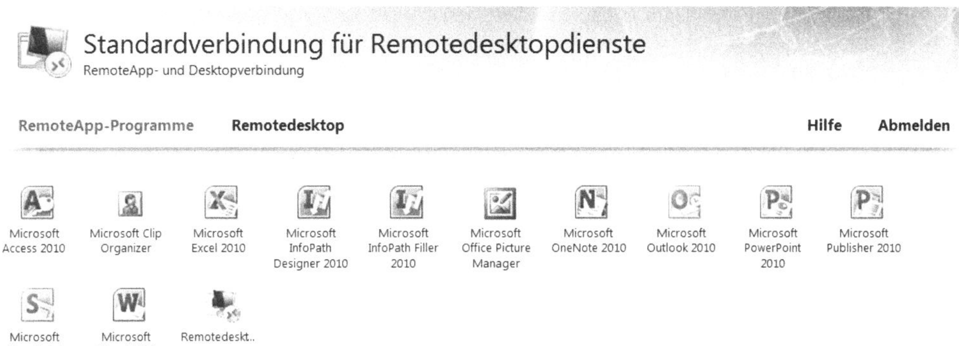

Windows-Systemressourcen-Manager (WSRM)

Der Windows-Systemressourcen-Manager (WSRM) erlaubt es, die CPU-Zeit und Speichergröße individuell einer Anwendung zuzuordnen, ohne dass die Einstellungen vom Benutzer geändert werden können. Hauptzweck ist die kontrollierte Verwaltung der Ressourcen auf einem Server mit vielen Anwendungen und Benutzern. Das Tool weist zum Beispiel mehreren Anwendungen oder Remotedesktopbenutzern auf einem Server unter Windows CPU- und Arbeitsspeicherressourcen zu (siehe auch Kapitel 26). Der Windows-Systemressourcen-Manager (Windows System Resource Manager, WSRM) ist eine Verbesserung der Version für Windows Server 2003. Das Produkt kann nur für Windows Server 2003 Enterprise Edition eingesetzt werden, Windows Server 2003 Standard und Web Edition werden nicht unterstützt. In Windows Server 2008 R2 ist der WSRM bereits standardmäßig integriert und deutlich erweitert worden. Um die Ressourcen auf einem Remotedesktop-Sitzungshost zu verwalten, dienen hauptsächlich die beiden Ressourcezuweisungsrichtlinien *Equal_Per_User* und *Equal_Per_Session*. Die Richtlinie *Equal_Per_Session* ist neu seit Windows Server 2008. Idealerweise setzen Sie diese Richtlinie ein, um die Ressourcen auf einem Remotedesktop-Sitzungshost zu steuern. In diesem Fall erhalten die Anwender und deren gestartete Prozesse gleichmäßig CPU und Speicher zugeteilt. Mehr zu diesem Thema erfahren Sie ausführlich in Kapitel 26.

Neue Installationsmechanismen – WIM-Abbilder

Die Windows Server 2008 R2-Installationsoberfläche ist deutlich effizienter als die Variante unter Windows Server 2003. Windows Server 2008 R2 verwendet zur Installation jetzt standardmäßig WinPE 3.0 (Microsoft Windows Pre-Installation Environment), genauso wie Windows 7. Im Gegensatz zur Windows XP-PE-Version ist die Windows Server 2008 R2-Variante für jedermann erhältlich. WinPE kommt bei der Installation, bei Recovery-Funktionen und beim Troubleshooting zum Einsatz. Es enthält sämtliche Kernfunktionen von Windows Server 2008 R2 und ist damit den bisherigen Notfallkonsolen deutlich überlegen. So kann WinPE unter anderem auf Netzwerklaufwerke zugreifen und enthält alle Netzwerktreiber, die auch Vista beiliegen. Sollten Treiber fehlen, lassen sich diese nachladen – egal, ob von USB, CD/DVD oder einer Freigabe. WinPE unterstützt neben der 32- auch die 64-Bit-Architektur. Der größte Vorteil ist allerdings, dass sich Win32-Anwendungen direkt aus WinPE starten lassen. Damit stehen beispielsweise auch unter einem Notfallsystem dieselben Anwendungen zur Verfügung, wie direkt unter Windows Server 2008 R2. Ein weiterer Vorteil ist, dass WinPE sowohl Multithreading als auch Multitasking unterstützt. Die Windows Server 2008 R2-Bereitstellung basiert auf Abbildern (siehe Kapitel 2, 3 und 42). Aus diesem Grund läuft die Installation von Windows Server 2008 R2 deutlich schneller ab, als in den Vorgängerversionen, da keine einzelnen Daten übertragen werden müssen, sondern nur ein komplettes Abbild. Windows Vista, Windows 7 und Windows Server 2008 R2 arbeiten mit dem WIM-Abbildformat (Microsoft Windows Imaging). Statt eines sektorbasierten Abbildformats, wie es heutzutage fast überall existiert, ist das WIM-Format dateibasiert. Dies hat mehrere Vorteile:

- WIM ist hardwareunabhängig. Dies bedeutet, Sie brauchen nur ein Abbild für verschiedene Hardwarekonfigurationen.
- Mit WIM können mehrere Abbilder in einer Datei gespeichert werden. Sie können Abbilder mit und ohne Anwendungen in einer Datei speichern.
- WIM nutzt eine Kompression und ein Einzelinstanzverfahren (Single Instancing). So wird die Größe von Abbilddateien deutlich reduziert. Einzelinstanz ist eine Technologie, bei der jede Datei nur einmal gespeichert wird. Wenn zum Beispiel Abbild 1, 2 und 3 alle die Datei A enthalten, sorgt das Einzelinstanzverfahren dafür, dass Datei A nur einmal tatsächlich gespeichert wird.
- WIM ermöglicht die Offlinebearbeitung von Abbildern. Sie können Betriebssystemkomponenten, Patches und Treiber hinzufügen oder löschen, ohne ein neues Abbild erstellen zu müssen.
- Mit WIM können Abbilder auf Partitionen jeder Größe installiert werden. Sektorbasierte Abbildformate benötigen eine Partition der gleichen Größe oder eine größere Partition.
- Windows Server 2008 R2 stellt eine API (Application Programming Interface) für das WIM-Abbildformat zur Verfügung, die WIMGAPI. Diese kann von Entwicklern für die Arbeit mit WIM-Abbilddateien genutzt werden.
- Mit WIM können auf dem Zielvolumen vorhandene Daten beibehalten werden. Das Einrichten eines Abbilds löscht nicht zwingend alle vorhandenen Daten auf der Festplatte.

Core-Server-Installation

Während der Installation von Windows Server 2008 R2 können Sie auswählen, ob Sie den Server komplett oder eine Core-Version installieren wollen (siehe Kapitel 2). Nach der Installation bietet ein Core-Server allerdings nicht die gewohnte grafische Benutzeroberfläche. Die Verwaltung eines solchen Servers findet über die Befehlszeile statt. Es gibt kein Startmenü, keine Systemsteuerung, keine Snap-Ins für die MMC. Es besteht aber die Möglichkeit, einen solchen Server über das Netzwerk mit den Snap-Ins auf anderen Servern zu verwalten. Die Server Core-Installation dient der Installation eines Servers, der nur die folgenden Rollen annehmen kann:

- Dateiserver
- Druckserver
- Streaming Media-Dienste
- Domänencontroller
- Active Directory Lightweight Directory Services (AD LDS, unter Windows Server 2003 ADAM genannt)
- DNS-Server
- DHCP-Server

Alle anderen Rollen können auf einem Core-Server nicht installiert werden. Allerdings haben Sie unter Server Core gegenüber der vollständigen Installation einige Vorteile:

- Es werden nur die notwendigen Komponenten installiert. Dadurch erhöht sich die Sicherheit, weil kein Angriff auf unnötige Funktionen stattfinden kann.
- Die Stabilität des Servers wird erhöht, weil nicht benötigte Komponenten keinen Absturz verursachen.
- Die Installation benötigt deutlich weniger Platz.

Core-Server als Domänencontroller

Soll auf einem Core-Server Active Directory installiert werden, muss eine Antwortdatei erstellt und diese bei der Heraufstufung verwendet werden. Die unbeaufsichtigte Installation von Active Directory kann auch auf herkömmlichen Servern durchgeführt werden, zum Beispiel als Skript, um Server in Niederlassungen zu Domänencontrollern heraufzustufen. Um Active Directory unbeaufsichtigt zu installieren, wird in der Befehlszeile *dcpromo /answer:<Antwortdatei>* oder *dcpromo /unattend:<Antwortdatei>* eingegeben. Die Antwortdatei ist eine normale Textdatei. Alle möglichen Variablen für die unbeaufsichtigte Installation von Active Directory unter Windows Server 2008 R2 werden über den Befehl *dcpromo /?:unattend* mit ausführlicher Hilfe angezeigt.

Internetinformationsdienste (IIS 7.0/7.5)

Mit jeder neuen Serverversion bringt Microsoft auch eine neue Version der Internetinformationsdienste (Internet Information Services, IIS) auf den Markt. In Windows Server 2008 R2 ist IIS 7.5 integriert, die gegenüber IIS 6.0 von Windows Server 2003 deutlich verbessert wurde (siehe Kapitel 25). Die meisten Anwendungen, die auf Basis von ASP, ASP.NET 1.1 oder ASP.NET 2.0 entwickelt wurden, sollten auch problemlos unter IIS 7.0 und höher laufen. Auch die Verwaltungsoberfläche für IIS sieht unter Windows Server 2008 R2 anders aus. Die Verwaltung der Webanwendungen ist zwar ähnlich zu den Vorgängern, allerdings sind viele Aufgaben an eine andere Stelle gewandert. Bei der Installation von einzelnen Komponenten können jetzt noch detaillierter die Funktionen ausgewählt werden, die tatsächlich gebraucht werden. Alle anderen Komponenten werden nicht installiert. Vor allem im Bereich der Webanwendungen ist dies ein deutlicher Sicherheitsfortschritt. Die Konfiguration des Webservers und dessen Anwendungen wird in XML-Dateien gespeichert, was die Verwaltung deutlich vereinfacht. Es besteht seit IIS 7.0 die Möglichkeit, die Verwaltung von einzelnen Webseiten und Anwendungen an andere Administratoren zu delegieren. Dies geschieht durch die neuen Verwaltungswerkzeuge, die für Administratoren deutlich mehr Möglichkeiten bieten, als noch bei den Vorgängerversionen.

Abbildg. 1.21 FTP-Server in Windows Server 2008 R2 beherrschen jetzt SSL

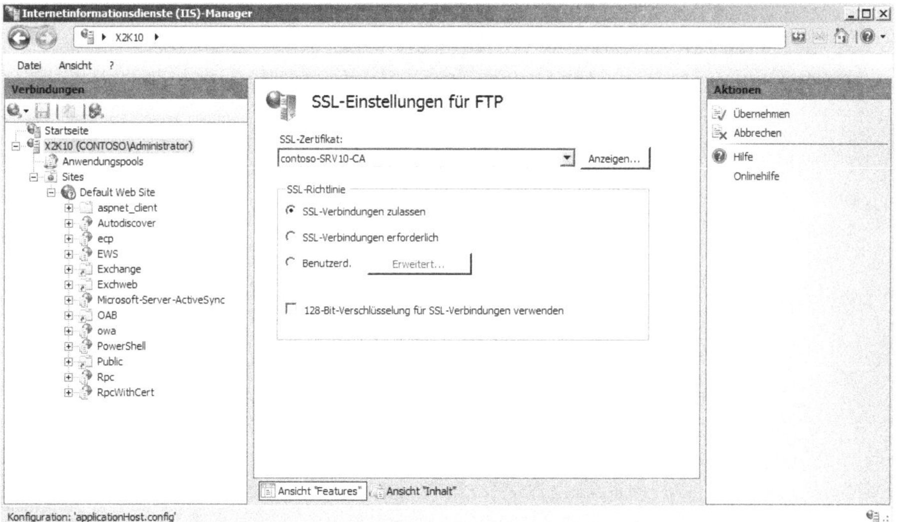

Im Vergleich zu IIS 7.0 in Windows Server 2008 hat Microsoft in der neuen Version 7.5 von Windows Server 2008 R2 einige Änderungen integriert. Diese Änderungen stellen aber keinen so großen Sprung wie von IIS 6.0

zu 7.0/7.5 dar. ASP.NET sowie .NET generell ist jetzt auch auf Core-Servern verfügbar. Wichtiger Bestandteil ist der neue FTP-Server, den Microsoft zum Download auch für Windows Server 2008 SP2 zur Verfügung stellt. Die wichtigste Neuerung ist die Unterstützung von SSL (Secure Sockets Layer) für den FTP-Server. Mit dem neuen FTP-Server lässt sich jetzt ein virtueller Hostname für eine FTP-Site festlegen. Dadurch können Sie mehrere FTP-Sites erstellen, die zwar dieselbe IP-Adresse verwenden, aber auf Basis ihrer eindeutigen virtuellen Hostnamen unterschieden werden. Die Verwaltungswerkzeuge hat Microsoft verbessert und die Integration in den Server-Manager deutlich optimiert. Die neue PowerShell 2.0 bietet darüber hinaus eine verbesserte Verwaltung von IIS 7.5 auch für Automatisierungsaufgaben. Mit dem neuen Konfigurations-Editor lassen sich Einstellungen der IIS für jene Stellen vornehmen, die bisher nur durch die Bearbeitung über XML-Dateien möglich war. Änderungen in der Konfiguration erfasst IIS jetzt in einem eigenen Protokoll, sodass sich diese nachvollziehen lassen.

Neuerungen im Vergleich zu Windows Server 2008

Windows Server 2008 R2 ist die Servervariante von Windows 7 und arbeitet optimal mit dem neuen Clientbetriebssystem von Microsoft zusammen. Vor allem Unternehmen profitieren von der Zusammenarbeit von Windows 7 und Windows Server 2008 R2. Nach der Installation fällt zunächst die neue Oberfläche auf, die bereits von Windows 7 bekannt ist. Zu Testzwecken bietet Microsoft eine Version kostenlos zum Download an. Windows Server 2008 R2 gibt es nicht mehr als 32-Bit-Version, sondern nur noch für x64-Systeme.

Abbildg. 1.22 Neue Oberfläche und nur noch als 64-Bit-Betriebssystem verfügbar

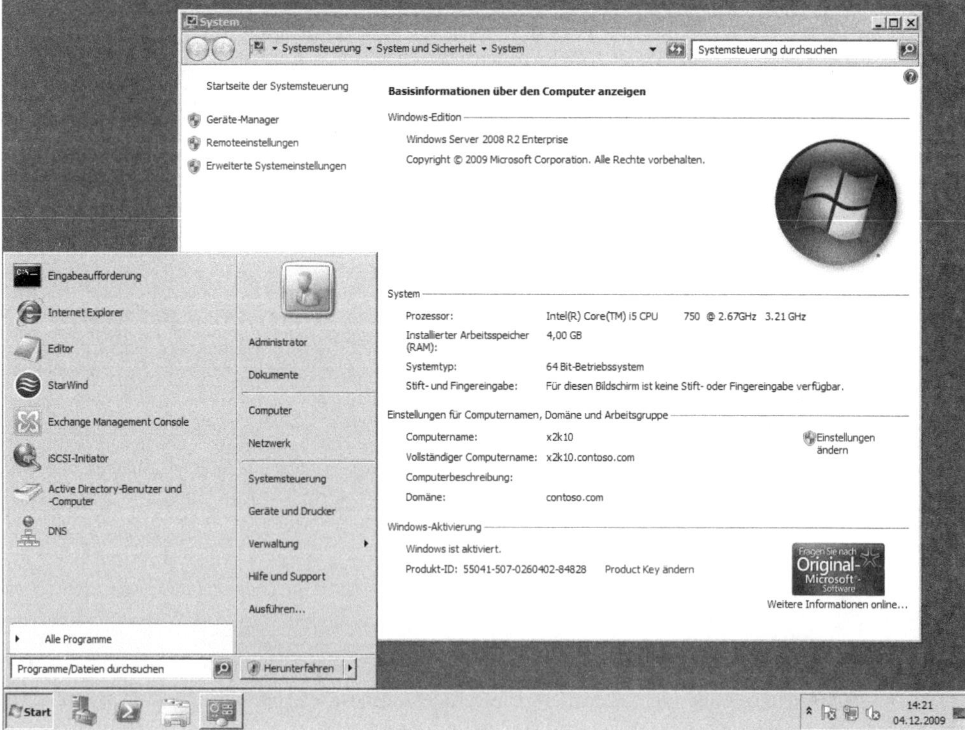

Daher steht auch die Testversion nur als 64-Bit-Version zur Verfügung. Als Systemvoraussetzungen nennt Microsoft einen 64-Bit-Prozessor mit mindestens 1,4 GHz, 512 MB Arbeitsspeicher und mindestens 10 GB freiem Festplattenplatz. Die Standard-Edition von Windows Server 2008 R2 unterstützt maximal 32 GB Arbeitsspeicher, bei den Enterprise- oder Datacenter-Editionen können Unternehmen bis zu 2 TB betreiben. Windows Server 2008 R2 kann bis zu 256 Prozessorkerne in einer Instanz verwalten, virtuelle Maschinen mit Hyper-V 2.0 immerhin 64 Prozessorkerne jeweils pro Maschine.

Virtualisierung mit dem neuen Hyper-V 2.0

Hauptsächlich im Bereich der Virtualisierung hat Microsoft in Windows Server 2008 R2 Verbesserungen eingebaut. Hyper-V, das Virtualisierungfeature von Windows Server 2008, kann in der neuen Version R2 virtuelle Server im laufenden Betrieb auf andere Hosts umsiedeln. Die Anwender bemerken die Aktion, Livemigration genannt, nicht und können ungestört weiter arbeiten. Hier zieht Microsoft dem Konkurrenten VMware nach, der diese Technik schon länger beherrscht. Microsoft ermöglicht Livemigration durch neue Funktionen in der Clustererstellung von Windows Server 2008 R2. Hyper-V betreiben Unternehmen dann zukünftig in Failoverclustern mit Windows Server 2008 R2 Enterprise oder Datacenter. Die Clusterfunktion von Windows Server 2008 hat Microsoft dafür auch in anderen Bereichen optimiert, sodass virtuelle Server optimal integriert und abgesichert sind. Der neue Server arbeitet dazu mit freigegebenen Clustervolumes (Cluster Shared Volumes, CSV).

Abbildg. 1.23 Hyper-V-Manager in Windows Server 2009 R2

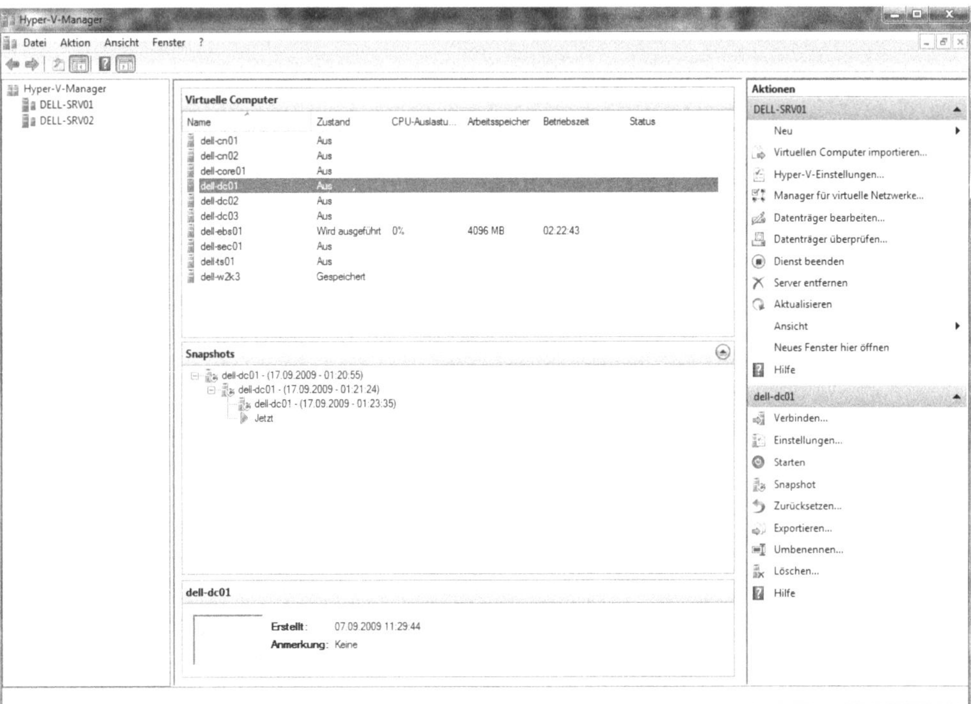

Freigegebene Clustervolumes (CSV) ermöglichen dem Hypervisor, mehrere virtuelle Maschinen unter einer einzigen logischen Gerätenummer (Logical Unit Number, LUN) zu erstellen. Da nicht mehr jede virtuelle Maschine eine eigene LUN benötigt, vereinfacht sich die Verwaltung von hochverfügbaren virtuellen Umgebungen deutlich. Für die einzelnen virtuellen Maschinen sieht die Umgebung so aus, als ob sie jeweils eine eigene LUN haben. Der Vorteil dieser Technik ist, dass die *.vhd*-Dateien der einzelnen virtuellen Maschinen auf einem gemeinsamen Datenträger des Clusters liegen können. Die einzelnen Clusterknoten erhalten dazu jeweils ein eigenes Unterverzeichnis auf dem Datenträger, über den der Clusterdienst diese verbindet.

Abbildg. 1.24 Die neuen freigegebenen Clustervolumes für Hyper-V-Cluster

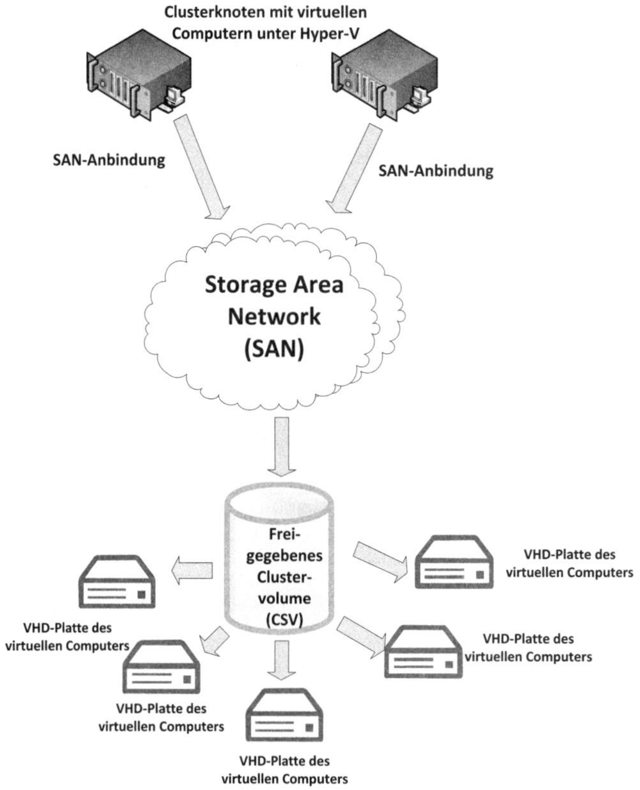

Ebenfalls optimiert hat Microsoft den Datenverkehr im Cluster. Mit der Funktion *Dynamic I/O* kann ein Cluster mit Windows Server 2008 R2 eine ausgefallene Verbindung eines Clusterknotens zum SAN (Storage Aera Network) kompensieren, in dem der Dienst den Datenverkehr automatisch über einen anderen Knoten leitet. Dies erhöht deutlich die Verfügbarkeit auch bei Ausfall von Datenleitungen in SANs. Bevor Unternehmen diese neuen Funktionen nutzen können, sollten ausführliche Tests und Konzepte stehen.

Abbildg. 1.25 Dynamic I/O im Praxiseinsatz

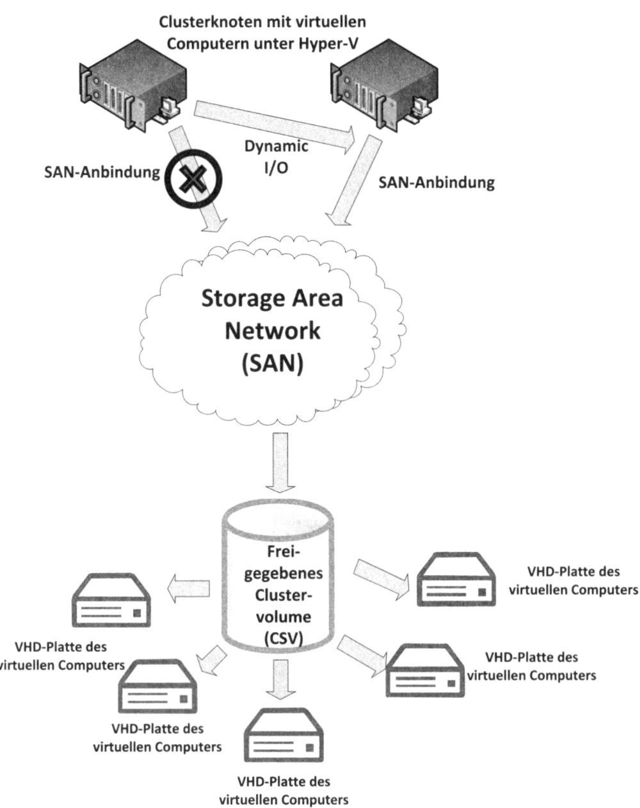

Die neuen Hyper-V-Techniken funktionieren nur mit bestimmten Prozessoren, in Failoverclustern mit Windows Server 2008 R2 mit SAN-Umgebungen, und sind abhängig von den eingesetzten Komponenten im SAN.

Abbildg. 1.26 Virtuelle Maschinen im Cluster betreiben

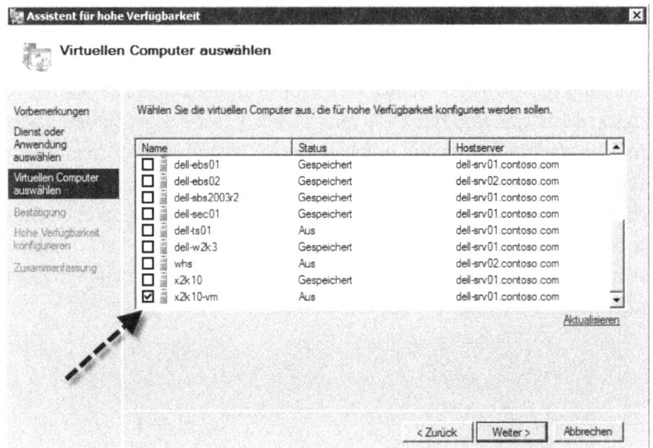

Virtual Desktop Infrastructure (VDI)

Neu in Hyper-V ist die Möglichkeit, auch Desktops für Anwender in einer virtuellen Umgebung zur Verfügung zu stellen. Bei der Presentation Virtualization handelt es sich um eine Verbesserung der Remotedesktopdienste in Windows Server 2008 R2, genauer gesagt der RemoteApps, bei der sich auch Anwendungen so virtualisieren lassen, dass sich diese wie normal installierte Anwendungen auf den Desktopclients verhalten. Die Terminal Services (Terminaldienste) heißen in Windows Server 2008 R2 Remote Desktop Services (Remotedesktopdienste), um die Verbesserungen auch im Namen deutlich zu machen. Die meisten Techniken der Terminaldienste und deren Funktion sind in Windows Server 2008 R2 ebenfalls enthalten, haben aber einen neuen Namen. Terminal Services (Remotedesktopdienste) heißen Remote Desktop Services (Remotedesktopdienste), Terminal Services-(Terminaldienste)-RemoteApp haben als Bezeichnung nur noch RemoteApp. Das Terminal Services (Terminaldienste)-Gateway trägt die Bezeichnung Remote Desktop Gateway, Terminal Services Session Broker ist jetzt der Remote Desktop Connection Broker oder auch Remotedesktop-Verbindungsbroker. Terminal Services Web Access finden Sie unter Remote Desktop Web Access, Terminal Services CAL heißen Remote Desktop CAL und Terminal Services Easy Print Remote Desktop Easy Print. Veröffentlichte Anwendungen in den Remote Desktop Services stellt die RemoteApp-Funktion zur Verfügung. Windows 7-Anwender bekommen Verknüpfungen der veröffentlichten Anwendungen im Startmenü in einem eigenen Bereich angezeigt.

Abbildg. 1.27 Virtuelle Desktops lassen sich zentral bereitstellen

Die Anwendungen verhalten sich wie lokal installierte Programme, auch wenn diese auf dem Remotedesktopdienst laufen. Die Oberfläche der veröffentlichten Anwendungen orientieren sich an der grafischen Oberfläche von Windows 7, das gilt auch für die veröffentlichten Desktops. Windows Server 2008 R2 ermöglicht die neuen Funktionen über ein verbessertes Remotedesktopprotokoll (RDP). Ebenfalls neu ist die Media Redirection. Bei dieser Technik leitet der Server Multimediadaten ungerendert und unbearbeitet direkt an den Client weiter. Die Multimediadateien bearbeitet dann der Client mit seiner eigenen Hardware. Dies entlastet den Server, verbessert die Darstellung von Multimediadateien und nutzt Clienthardware besser aus. Außerdem lassen sich Remotedesktopsitzungen auf zehn Monitore ausweiten, die beliebige Auflösungen haben dürfen. Anwender, die mit mehreren Monitoren arbeiten, werden sich freuen. Die Verwaltung der Remotedesktopdienste sind in Windows Server 2008 R2 erheblich erleichtert, wenn Anwender mit Windows 7 arbeiten. Hier gibt es eine eigene Oberfläche eigens für Remotedesktopverbindungen. Windows XP und Windows Vista lassen sich weiterhin anbinden, allerdings nicht so effizient und einfach wie Windows 7. Benutzerprofile sind ebenfalls verbessert und lassen sich besser in der Größe beschränken, auch über Gruppenrichtlinien.

Abbildg. 1.28 Windows 7 lässt sich mit Hyper-V virtualisieren und über Remotedesktopdienste zur Verfügung stellen

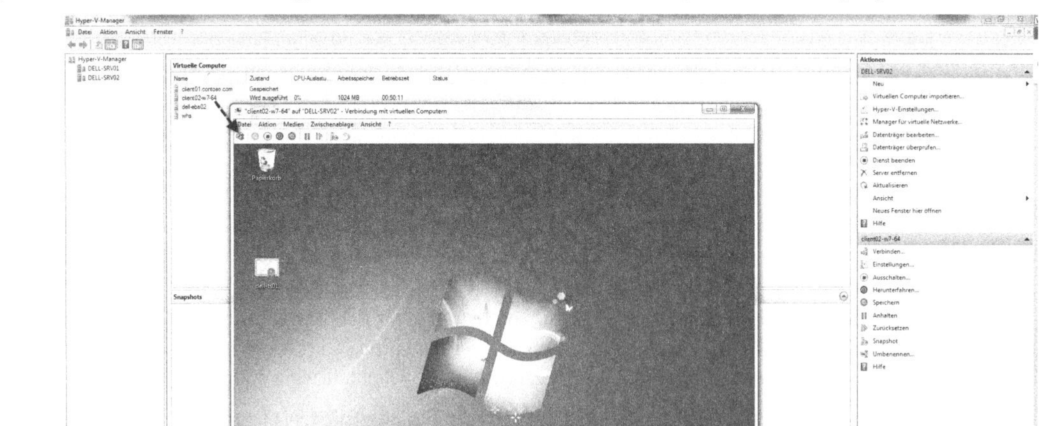

Hyper-V und schnelle Bereitstellung

Physische und virtuelle Datenspeicher lassen sich virtuellen Maschinen in Hyper-V 2.0 im laufenden Betrieb zuweisen oder von diesen Maschinen abtrennen. Auch dies erhöht die Verfügbarkeit und Administratoren sind nicht gezwungen, virtuelle Server zeitweise für Wartungsarbeiten vom Netz zu nehmen. Diese Technik funktioniert sowohl bei den virtuellen VHD-Festplatten als auch über Festplatten, die zwar am Host physisch angeschlossen, aber nur in den virtuellen Servern konfiguriert sind. Hyper-V ermöglicht dies über einen neuen virtuellen SCSI-Controller.

Eine wichtige Neuerung in Windows Server 2008 R2, die übrigens auch für Windows 7 gilt, ist die Möglichkeit, Computer direkt über virtuelle VHD-Festplatten zu booten, ohne dass dazu auf dem Gerät eine physische Festplatte eingebaut sein muss. Durch diese neue Technik lassen sich neue Server und Arbeitsstationen wesentlich schneller und effizienter im Unternehmen verteilen. Das neue Werkzeug dazu hat die Bezeichnung »Windows Image to Virtual Hard Disk Converter (WIM2VHD)«. Mit diesem Tool lassen sich WIM-Systemabbilder von Windows 7 oder Windows Server 2008 zu virtuellen Computern migrieren. Die Anzahl der Gastsysteme hat Microsoft nicht sehr erhöht, so unterstützt Hyper-V 2.0 zwar die meisten Windows-Versionen, vor allem die neueren ab Windows XP SP2, aber nur sehr wenige Linux-Distributionen. Offiziell unterstützt Windows Server 2008 R2 im Bereich Linux eigentlich nur Novell SUSE Linux Enterprise Server 10 (32 und 64 Bit). Red Hat funktioniert ab Version RHEL 5.x auch mit Hyper-V. Darüber hinaus kann Windows Server 2008 R2 stromsparender arbeiten, indem das Betriebssystem nicht benötigte CPU-Kerne zeitweise abschalten kann. Diese Funktion, auch Core-Parking genannt, verwaltet vor allem Prozessoren mit vier Kernen sehr effizient, indem sie nur jene Kerne aktiviert, die der Server zur effizienten Arbeit benötigt.

PowerShell 2.0 und verbesserte Verwaltung

In Windows Server 2008 R2 integriert Microsoft die neue Version 2.0 seiner PowerShell die mehr Befehle kennt, als die Version 1.0. Die neue PowerShell lässt sich jetzt auch problemlos auf einem Core-Server integrieren. Diese Servervariante lässt sich nur in der Befehlszeile oder über grafische Oberflächen von anderen Rechnern im Netzwerk verwalten. Auch die Grundbefehle hat Microsoft deutlich erhöht. So bietet die PowerShell 2.0 über 240 Befehle, sogenannte Cmdlets. Auch Hyper-V lässt sich lokal und über das Netzwerk über die PowerShell konfigurieren und verwalten. Die PowerShell erhält eine grafische Oberfläche, über die Systemverwalter Skripts erstellen können, ähnlich dem Umgang mit Visual Studio. Dies ermöglicht Administratoren, die gerne mit Skripts arbeiten, neue Möglichkeiten der Systemwartung. Das neue Cmdlet *Out-GridView* zeigt das Ergebnis von anderen Cmdlets in einer interaktiven Tabelle an, in der Sie suchen, sortieren, gruppieren und die Ergebnisse bearbeiten können. Der Einsatz ist zum Beispiel sinnvoll, wenn Sie mit *Get-Process* Prozesse auswerten oder über *Get-EventLog* die Ereignisanzeigen über die PowerShell überprüfen möchten. Alle neuen grafischen Komponenten der PowerShell benötigen Microsoft .NET Framework 3.0.

Neben der neuen PowerShell hat Microsoft weitere Verwaltungswerkzeuge überarbeitet und vor allem auf einen Netzwerkbetrieb ausgelegt, bei dem Administratoren von einer zentralen Stelle aus, mehrere Server verwalten können. An vielen Stellen verwenden die einzelnen Verwaltungswerkzeuge, zum Beispiel das Active Directory-Verwaltungscenter (Active Directory Administrative Center), angepasste Cmdlets aus der PowerShell auch in der grafischen Oberfläche. Ähnliche Funktionen sind bereits von Exchange Server 2007 bekannt. Auch hier führt die grafische Oberfläche im Grunde genommen nur Skripts aus der PowerShell aus. Mit dem Server-Manager lassen sich jetzt auch andere Server im Netzwerk verwalten, nicht mehr nur die lokale Maschine.

Abbildg. 1.29 Mit der PowerShell Server in Windows Server 2008 R2 verwalten

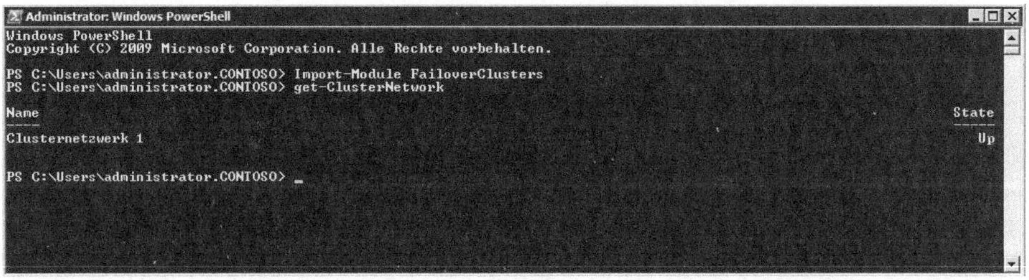

```
Administrator: Windows PowerShell
Windows PowerShell
Copyright (C) 2009 Microsoft Corporation. Alle Rechte vorbehalten.

PS C:\Users\administrator.CONTOSO> Import-Module FailoverClusters
PS C:\Users\administrator.CONTOSO> get-ClusterNetwork

Name                                                          State
----                                                          -----
Clusternetzwerk 1                                             Up

PS C:\Users\administrator.CONTOSO> _
```

Die neue PowerShell-Version bietet jetzt über 30 neue Befehle zur Verwaltung von Active Directory. Allerdings sind die Cmdlets auch in der neuen Version der PowerShell nicht gerade einfach und intuitiv einzusetzen, sondern hier gehört etwas Übung dazu, die sich aber lohnt. Die wichtigsten Befehle zur Verwaltung von Active Directory über die PowerShell finden Sie in folgender Auflistung. Geben Sie in der PowerShell *<Befehl> /help* ein, erhalten Sie ausführliche Informationen, was der Befehl kann und wie die Syntax des Befehls lautet. Die Aufgaben der meisten Befehle sind bereits aus dem Namen klar ersichtlich. Nachdem Sie Active Directory installiert haben (hier gibt es im Vergleich zu Windows Server 2008 keine Unterschiede), müssen Sie in PowerShell 2.0 zunächst das Active Directory-Modul laden, um alle Befehle nutzen zu können. Geben Sie dazu den Befehl *import-module activedirectory* in der PowerShell ein, gefolgt vom Befehl *get-module*. Mit dem Befehl *get-command *ad** zeigt die PowerShell die entsprechende Aufstellung der Befehle an. Windows Server 2008 R2 stellt in der Programmgruppe *Verwaltung* eine Verknüpfung direkt zu dem Modul bereit.

Abbildg. 1.30 Anzeigen der PowerShell-Befehle für Active Directory

Ebenfalls neu ist die Oberfläche zur Erstellung von Skripts und Ausführung von Befehlen für die Windows-PowerShell 2.0, die sogenannte Windows PowerShell Integrated Scripting Environment (ISE). Diese Umgebung installiert Windows Server 2008 R2 allerdings nicht standardmäßig, Sie müssen dieses Feature über *Features/Features hinzufügen/Windows PowerShell Integrated Scripting Environment (ISE)* erst installieren.

Abbildg. 1.31 Die neue grafische Oberfläche für die Windows PowerShell

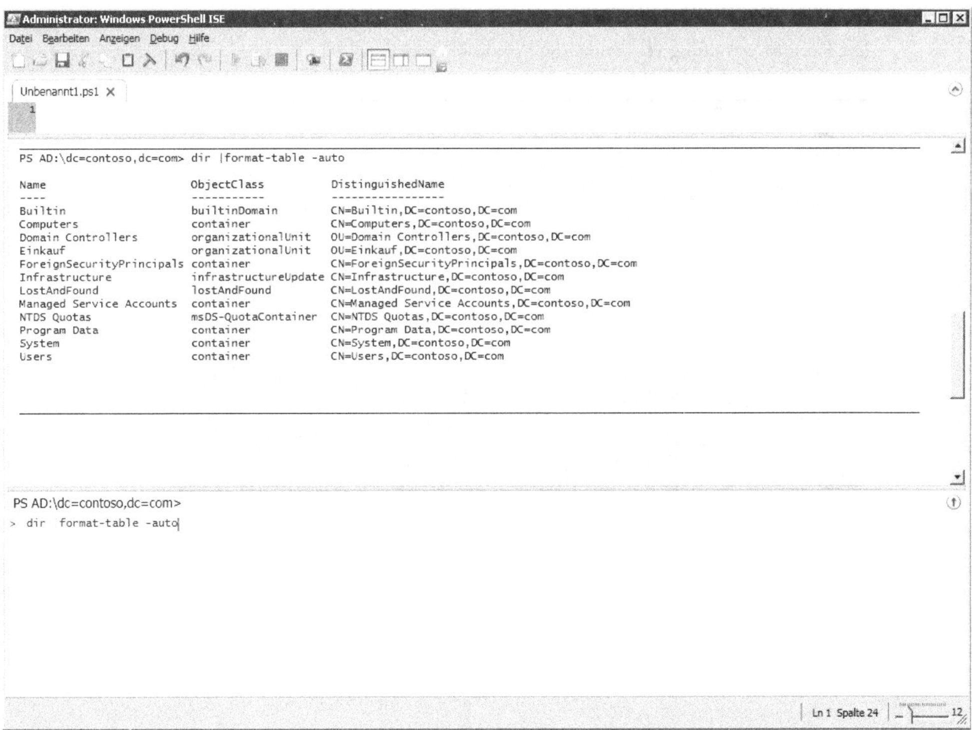

Anschließend sehen Sie in der Gruppe *Alle Programme/Zubehör/Windows PowerShell* eine neue Verknüpfung für diese Oberfläche. Öffnen Sie diese, lädt die PowerShell nur einige wenige Cmdlets zur Verwaltung des Betriebssystems. Wollen Sie andere Cmdlets zur Verwaltung von Rollen nachladen, müssen Sie dazu Befehle in die ISE eingeben und Module hinzufügen. Wollen Sie zum Beispiel die Active Directory-Befehle laden, geben Sie in der ISE im Ausführungsfenster ganz unten den Befehl *import-module activedirectory* ein. Durch Eingabe des Befehls *get-module* zeigt die ISE dann die entsprechend geladenen Module an. Auch hier erhalten Sie über *get-command *ad** weitgehend alle Active Directory-Befehle angezeigt. Damit Sie die Befehle des Moduls nutzen können, müssen Sie zunächst mit dem Befehl *cd ad:* in den Kontext von Active Directory wechseln. Mit *cd "dc=<Domänen>,dc=<Top-Level-Domäne>"* wechseln Sie in den Kontext Ihrer Domäne, zum Beispiel *cd "dc=contoso,dc=com"*, wenn die Domäne die Bezeichnung *contoso.com* hat. Mit *dir* lassen Sie sich den Inhalt der Domäne anzeigen. Über *dir |format-table –auto* können Sie die Ausgabe als Tabelle formatieren. Mit dem Befehl *cd cn=users* können Sie noch in die Ebene der Benutzer wechseln. Auch hier lässt sich wieder mit dem Befehl *dir* und den verschiedenen Optionen arbeiten.

Sie können Windows PowerShell auch zur Remoteverwaltung einsetzen, müssen allerdings sicherstellen, dass die Windows-Remoteverwaltung auf dem Zielcomputer und dem Quellcomputer aktiviert ist. Verwenden Sie dazu den Befehl *winrm quickconfig*. Auch mit dem Server-Manager können Sie verschiedene Remoteverwaltungsaufgaben durchführen, wenn die Computer derselben Domäne angehören oder Sie in einer Arbeitsgruppe die einzelnen Computer als vertrauenswürdige Hosts hinzufügen:

- Anzeigen und Verwalten von Rollen, Rollendiensten und Features (aber nicht Hinzufügen oder Entfernen)
- Windows-Firewall mit erweiterter Sicherheit
- Verwalten der Leistungsüberwachung
- Verwalten geplanter Aufgaben
- Verwalten von Datenträgern

Die Remoteverwaltung verwendet die Windows PowerShell.

Abbildg. 1.32 Aktivieren der Remoteverwaltung unter Windows Server 2008 R2

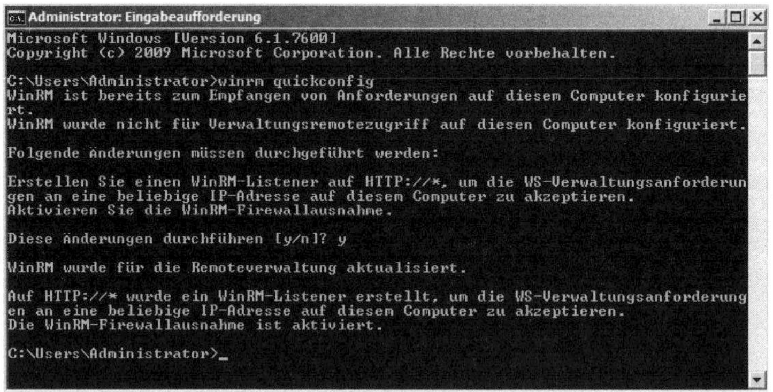

PowerShell-Skripts lassen sich unter Windows Server 2008 R2 auch als Skripts beim Computerstart oder beim Anmelden von Benutzern hinterlegen. Auf dem Clientsystem muss allerdings Windows 7 oder Windows Server 2008 R2 installiert sein.

Abbildg. 1.33 PowerShell-Skripts lassen sich als Anmelde- oder Startskript für Computer verwenden

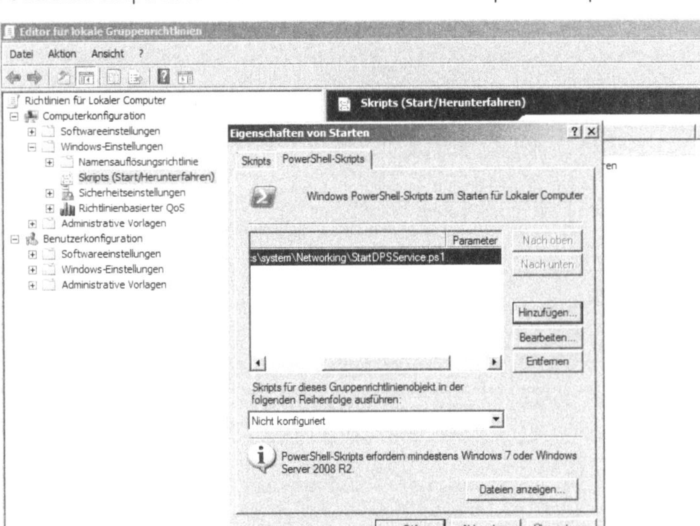

Best Practice Analyzer – Überprüfung von Active Directory und mehr

Eine weitere Neuerung ist die Integration von Best Practice Analyzer für Active Directory in den Server-Manager von Windows Server 2008 R2. Sobald die Active Directory-Domänendienste installiert und eingerichtet sind, finden Sie im Server-Manager unter *Rollen/Active Directory-Domänendienste* in der Mitte der Konsole den Bereich *Best Practice Analyzer*. Dieser ermöglicht eine schnelle Konsistenzüberprüfung von Active Directory und dem lokalen Server. Vor allem den DNS-Bereich überprüft das Tool umfangreich. Während der Tests führt der Best Practice Analyzer unter anderem folgende Überprüfungen durch:

- Konsistenz der SRV-Records der Domänencontroller
- Schemamaster und Domänennamenmaster sind auf dem gleichen Domänencontroller positioniert
- RDC und PDC sind auf dem gleichen Domänencontroller positioniert
- Korrekter Computername der Domänencontroller
- Anzahl der Domänencontroller in der Domäne
- LDAP-Anbindung der Domänencontroller
- Globale Kataloge und deren Funktionalität

Alle Tests zeigt das Tool im Server-Manager an, sowie deren Status. Sie können die Tests auch jederzeit wiederholen lassen, wenn Sie eine Diagnose durchführen wollen. Sie starten den Analyzer durch Auswahl der Option *Diese Rolle überprüfen* im Server-Manager unter *Rollen/Active Directory-Domänendienste*. Klicken Sie doppelt auf eine der Meldungen im Best Practice Analyzer, erhalten Sie ausführlichere Informationen über den Test. Den Best Practice Analyzer gibt es übrigens nicht nur für Active Directory, sondern für jede Rolle, die Windows Server 2008 R2 bereitstellt.

Abbildg. 1.34 Den neuen integrierten Best Practice Analyzer verwenden

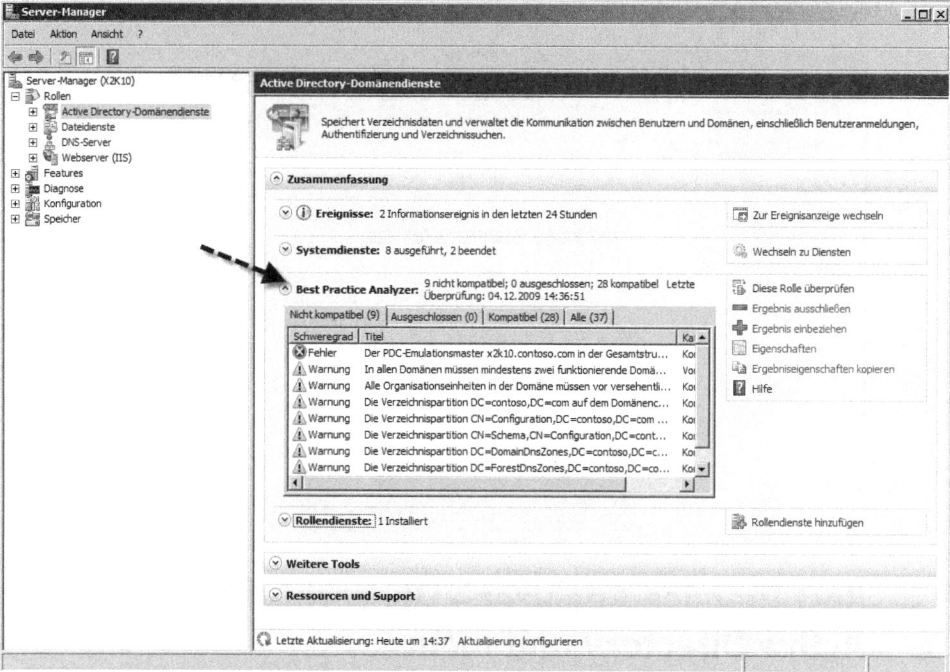

Active Directory-Verwaltungscenter

Mit der neuen Verwaltungsoberfläche bietet Microsoft eine zentrale Anlaufstelle für alle Routineaufgaben im Active Directory in einer einzelnen Oberfläche. Der Aufbau der Konsole ist stark aufgabenorientiert. Im Gegensatz zu den anderen Verwaltungstools basieren die Aufgaben im Active Directory-Verwaltungscenter auf Befehlen aus der PowerShell, ähnlich wie die Exchange-Verwaltungskonsole von Exchange Server 2007 Befehle aus der Exchange-Verwaltungsshell umsetzt. Sie finden die Verknüpfung zur neuen Verwaltungsoberfläche in der Programmgruppe Verwaltung. Die Standard-Verwaltungskonsolen für Active Directory, zum Beispiel *Active Directory-Benutzer und -Computer* sind immer noch verfügbar. Hier haben sich im Vergleich zu Windows Server 2008 keine Änderungen ergeben. Das gilt auch für die Snap-Ins *Active Directory-Standorte und -Dienste* und *Active Directory-Domänen und -Vertrauensstellungen*. Auch das Active Directory-Verwaltungscenter bietet nicht alle Möglichkeiten der anderen beschriebenen Snap-Ins, sondern dient vor allem der Abarbeitung von Routineaufgaben wie das Zurücksetzen von Kennwörtern oder das Anlegen von neuen Objekten. Das Snap-In verbindet sich dazu mit allen Domänen in der Gesamtstruktur, um Routineaufgaben durchführen zu können, ohne zu wissen, in welcher Domäne die jeweiligen Objekte gespeichert sind. Entsprechende Rechte werden vorausgesetzt. Erstellen Sie neue Objekte wie beispielsweise Organisationseinheiten, zeigt das Verwaltungscenter übersichtlichere und leicht verständlichere Formulare an, als andere Assistenten. Die Formulare sind vor allem für Systemadministratoren oder Supportmitarbeiter entwickelt, die sich weniger um die interne Verwaltung der Domänen kümmern, sondern Benutzer und Organisationseinheiten möglichst benutzerfreundlich pflegen wollen.

Abbildg. 1.35 Das neue Active Directory-Verwaltungscenter

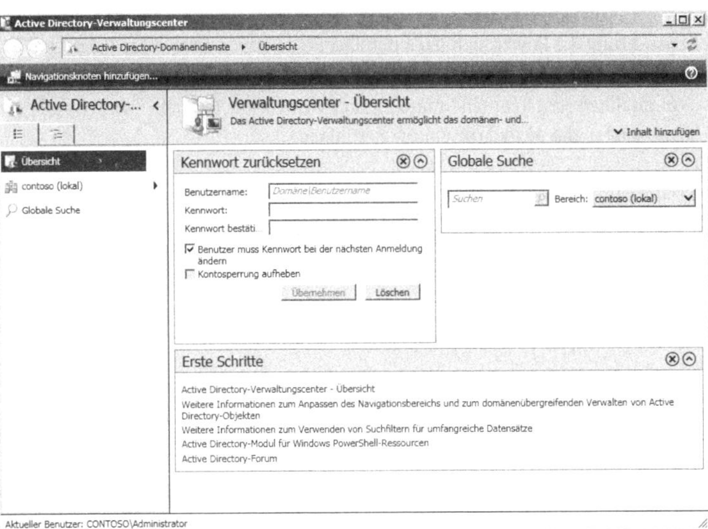

Papierkorb für Active Directory und neue Funktionsebene

Neu ist die Einführung eines Papierkorbs in Active Directory, über den sich gelöschte Objekte ohne Zusatzwerkzeuge wiederherstellen lassen. Windows Server 2008 R2 bietet eine neue Funktionsebene für Active Directory an. Diese Funktionsebene benötigen Unternehmen, um die neuen Active Directory-Verbesserungen nutzen zu können, zum Beispiel auch den Papierkorb. Der Papierkorb steht erst dann zur Verfügung, wenn ein Benutzer mit Enterprise-Administrator-Rechten diesen aktiviert. Da der Papierkorb ein optionales Feature ist, sollten Sie dieses auch erst dann aktivieren, wenn Sie diese Funktion auch produktiv nutzen wollen. Die Aktivierung erfolgt über das Active Directory-Modul der PowerShell. Dieses starten Sie in der Programmgruppe *Verwaltung* über den Link *Active Directory Module für Windows PowerShell*. Geben Sie in der PowerShell nach dem Start den Befehl *Get-ADOptionalFeature* ein. Anschließend fragt Sie die Befehlszeile nach dem Filter. Hier verwenden Sie am besten den Platzhalter *. Als Nächstes zeigt die PowerShell Informationen zu den optionalen Features an. Im Bereich *EnabledScopes* zeigt die Shell den Wert *{ }* an, was bedeutet, dass das Feature noch deaktiviert ist.

Abbildg. 1.36 Überprüfen Sie in der PowerShell, ob der Active Directory-Papierkorb aktiv ist

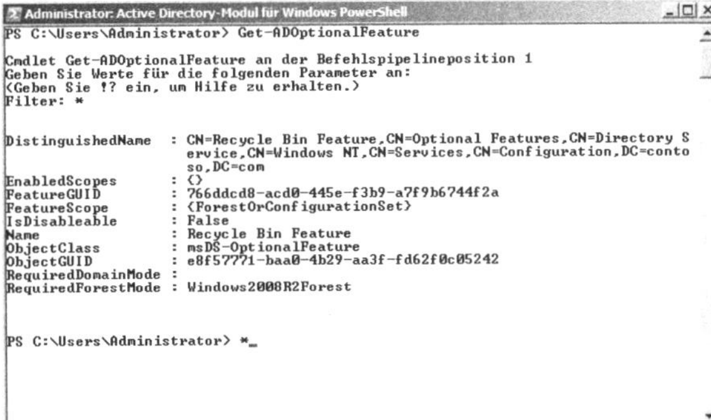

Wichtig ist, dass der Wert bei *RequiredForestMode* auf *WindowsServer2008R2Forest* steht und dieser Wert auch aktiviert ist. Um den Papierkorb zu aktivieren, geben Sie den Befehl *Enable-ADOptionalFeature "Recycle Bin Feature"* ein. Anschließend fragt die PowerShell nach dem Scope. Hier verwenden Sie *ForestOrConfigurationSet*. Als Nächstes benötigen Sie das Target. Geben Sie hier als Wert die Bezeichnung Ihrer Gesamtstruktur ein, genauer gesagt den vollqualifizierten Domänennamen (Fully-qualified Domain Name, FQN), zum Beispiel *contoso.com*. Danach müssen Sie die Aktivierung noch bestätigen.

Abbildg. 1.37 Aktivieren des Active Directory-Papierkorbs in der PowerShell

```
PS C:\Users\Administrator> Enable-ADOptionalFeature  "Recycle Bin Feature"

Cmdlet Enable-ADOptionalFeature an der Befehlspipelineposition 1
Geben Sie Werte für die folgenden Parameter an:
Scope: ForestOrConfigurationSet
Target: contoso.com
WARNUNG: Das Aktivieren von "Recycle Bin Feature" auf
"CN=Partitions,CN=Configuration,DC=contoso,DC=com" kann nicht rückgängig
gemacht werden. Wenn Sie den Vorgang fortsetzen, können Sie "Recycle Bin
Feature" auf "CN=Partitions,CN=Configuration,DC=contoso,DC=com" nicht
deaktivieren.

Bestätigung
Möchten Sie diese Aktion wirklich ausführen?
Ausführen des Vorgangs "Enable" für das Ziel "Recycle Bin Feature".
[J] Ja  [A] Ja, alle  [N] Nein  [K] Nein, keine  [H] Anhalten  [?] Hilfe
(Standard ist "J"):j
PS C:\Users\Administrator>
```

Rufen Sie als Nächstes noch mal mit dem Befehl *Get-ADOptionalFeature* den Status ab, wird das Feature als aktiv gekennzeichnet. Die Aktivierung ist übrigens einmalig, sie lässt sich nicht mehr rückgängig machen. Dies bedeutet, dass Sie die entsprechende Domäne oder die Gesamtstruktur löschen und neu erstellen müssen, um die Funktion wieder zu deaktivieren. Um die Funktion zu testen, legen Sie eine neue Organisationseinheit ein, zum Beispiel mit dem Active Directory-Verwaltungscenter. Klicken Sie dazu mit der rechten Maustaste auf die Domäne, wählen Sie *Neu* und dann *Organisationseinheit*. Sie können diese durch Drücken der [Entf]-Taste oder über den Kontextmenübefehl *Löschen* entfernen. Wollen Sie den Inhalt des Papierkorbs anzeigen, verwenden Sie im Active Directory-Modul der PowerShell, das Sie über die Programmgruppe *Verwaltung* starten, den Befehl *Get-ADObject ?SearchBase "CN=Deleted Objects,DC=<Domänenname>,DC=<Top-Level-Domänenname>" ?ldapFilter "(objectClass=*)" ?includeDeletedObjects*. Die Option *–includeDeletedObjects* stellt sicher, dass nicht nur alle herkömmlichen Objekte angezeigt werden, sondern dass die PowerShell gelöschte Objekte berücksichtigt. Die Anzeige erfolgt allerdings nicht nur im Klartext, sondern die PowerShell zeigt die GUID des entsprechenden Objekts an. Diese GUID benötigen Sie für die Wiederherstellung. Über den Menübefehl *Bearbeiten/Markieren* können Sie die GUID in die Zwischenablage kopieren und mit dem Befehl *Restore-ADObject –Identity <GUID>* wiederherstellen. Um Benutzerkonten oder Domänen wiederherzustellen, benötigen Sie das ehemalige übergeordnete Objekt des gelöschten Objekts. Diese Info erhalten Sie über die Option *–Properties lastKnownParent* des Befehls *Get-ADObject*.

TIPP Generell können Sie verhindern, dass Objekte versehentlich gelöscht werden, wenn Sie bei der Erstellung die Option *Container vor zufälliger Löschung schützen* aktivieren. Standardmäßig sehen Sie diese Option nicht in den Eigenschaften erstellter Objekte. Sie können aber im Snap-In *Active Directory-Benutzer und -Computer* über *Ansicht* die Option *Erweiterte Features* aktivieren. Erst dann zeigt das Snap-In alle Möglichkeiten der Konsole an. Nach der Aktivierung sehen Sie auch in den Eigenschaften von Objekten mehr Registerkarten, beispielsweise die Registerkarte *Objekt*. Hier finden Sie die gleiche Option, um die Organisationseinheit vor dem Löschen zu schützen, wie bei der Erstellung durch den Assistenten. Diese Funktion gibt es auch in Windows Server 2008

Offline-Domänenbeitritt

Ebenfalls neu ist die Möglichkeit, dass Serveranwendungen, die Systemdienste mit einer Anmeldung benötigen, selbstständig Kennwörter anpassen können, wenn die Richtlinien des Unternehmens das voraussetzen. Bisher war es nicht möglich einen Client in die Domäne aufzunehmen, ohne dass dieser eine Netzwerkverbindung zur Domäne hat. Zwar konnten Sie das Konto vor der Aufnahme in der Domäne erstellen, aber zur endgültigen Aufnahme beim Client musste dieser einen Domänencontroller erreichen können. Das ist jetzt nicht mehr notwendig. Unternehmen die Windows 7 im Unternehmen verteilen, können Computer in die Domäne aufnehmen, ohne dass eine Verbindung zum Domänencontroller besteht. Bei der ersten Anmeldung suchen solche Computer den Controller und melden sich an der Domäne ordnungsgemäß an. Der Ablauf bei einer solchen Aktion besteht generell aus zwei Schritten. Im ersten Schritt erstellen Sie ein Computerkonto in der Domäne ohne dass der entsprechende Computer jedoch verfügbar sein muss. Anschließend speichern Sie die Informationen in einer Datei. Im zweiten Schritt verwenden Sie diese Datei auf dem entsprechenden Computer zur Domänenaufnahme. Sie verwenden für diese Aufgabe die herkömmliche Befehlszeile in Windows Server 2008 R2. Zum Erstellen des Computerkontos und der ansprechenden Erstellung der Datei verwenden Sie den Befehl *djoin*. Ein Befehl könnte beispielsweise so aussehen:

```
DJOIN /Provision /domain <Domänenname> /Machine <Computername> /SaveFile <Dateiname>.DJoin
```

Abbildg. 1.38 Erstellen eines Computerkontos in der Befehlszeile

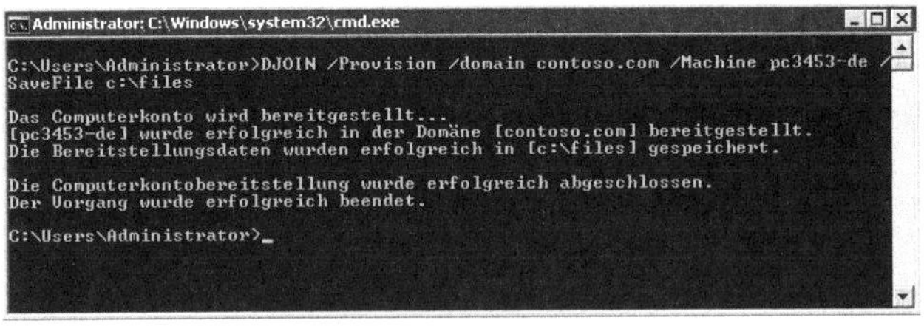

```
Administrator: C:\Windows\system32\cmd.exe

C:\Users\Administrator>DJOIN /Provision /domain contoso.com /Machine pc3453-de /
SaveFile c:\files

Das Computerkonto wird bereitgestellt...
[pc3453-de] wurde erfolgreich in der Domäne [contoso.com] bereitgestellt.
Die Bereitstellungsdaten wurden erfolgreich in [c:\files] gespeichert.

Die Computerkontobereitstellung wurde erfolgreich abgeschlossen.
Der Vorgang wurde erfolgreich beendet.

C:\Users\Administrator>_
```

Der Inhalt der Datei ist verschlüsselt, sodass hier keine Sicherheitsgefahr besteht. Sie können sich die Datei mit einem Editor, zum Beispiel Notepad, anzeigen lassen und stellen fest, dass keine verwertbaren Informationen zu lesen sind. Nach der Ausführung des Befehls sehen Sie das erstellte Computerkonto in der OU des Computers innerhalb der Domäne. Als Nächstes müssen Sie die Datei auf dem entsprechenden Clientcomputer verfügbar machen.

Mit dem Befehl

```
DJOIN /Requestodj /LoadFile <Dateiname> /windowspath <Pfad zu Windows>
```

nehmen Sie den Computer in die Domäne auf, ohne dass eine Verbindung zur Domäne bestehen muss.

Verbesserte Gruppenrichtlinien in Windows Server 2008 R2

In Windows Server 2008 und Windows Server 2008 R2 hat Microsoft zahlreiche Neuerungen im Bereich der Verwaltung von Gruppenrichtlinien eingeführt. Eine wichtige Aufgabe bei der Administration eines Servers ist die Verwaltung von Benutzer- und Computereinstellungen. Damit sind nicht nur Desktop-Einstellungen gemeint, sondern auch sicherheitsrelevante Einstellungen und die Konfiguration von Programmen wie Internet Explorer, Windows-Explorer oder Office-Programmen. Für diese Verwaltungsarbeiten stehen die lokalen Sicherheitsrichtlinien und in Domänen die Gruppenrichtlinien zur Verfügung. Mit diesen lassen sich zahlreiche Einstellungen auf einem Server oder PC automatisch vorgeben.

Neuerungen in Windows Server 2008 R2 und Windows 7

Viele Einstellungen der Gruppenrichtlinien in Windows Server 2008 R2 funktionieren nur auf Clients mit Windows 7, zum Beispiel die Einstellungen von BranchCache und DirectAccess, die meisten Einstellungen übernehmen aber auch Arbeitsstationen mit Windows Vista. Beim Zusammenspiel von Windows Server 2008 R2 und Windows 7 lassen sich jetzt auch Gruppenrichtlinien automatisch anwenden, wenn sich ein Client per VPN mit dem Netzwerk verbindet. Dafür sorgt die neue DirectAccess-Technik in Windows 7 und Windows Server 2008 R2. Damit Sie die Gruppenrichtlinienverwaltung von Windows Server 2008 R2 auf einem Computer mit Windows 7 ausführen können, benötigen Sie die Remoteserver-Verwaltungstools (RSAT), die Sie von der Microsoft-Website herunterladen können (*http://www.microsoft.com/downloads/details.aspx?familyid=7D2F6AD7-656B-4313-A005-4E344E43997D&displaylang=en*). Über diese Tools lassen sich unter anderem die Richtlinien verwalten. Damit Richtlinien angewendet werden, benötigen Clients keine zusätzliche Software. Die beiden neuen Microsoft-Betriebssysteme bieten auch die Möglichkeit, Gruppenrichtlinien über die Windows-PowerShell zu verwalten. Dazu steht das neue PowerShell-Modul *grouppolicy* zur Verfügung, das Sie mit dem Befehl *import-module grouppolicy* zum Beispiel in die Windows-PowerShell ISE importieren können. Die PowerShell 2.0 ist bei Windows Server 2008 R2 und Windows 7 automatisch installiert, die grafische Oberfläche (ISE) dazu müssen Sie aber über Features manuell nachinstallieren.

Abbildg. 1.39 Gruppenrichtlinien in der PowerShell verwalten

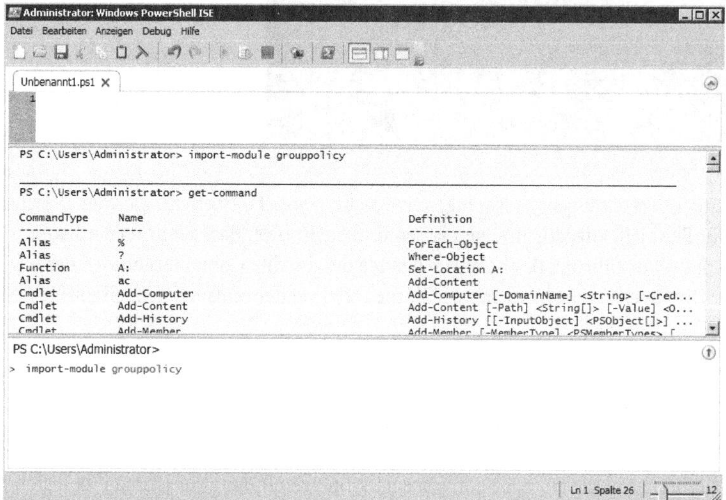

Gruppenrichtlinien-Preferences effizient einsetzen

Neu in der Bearbeitung der Richtlinien ist im Bereich der Richtlinienverwaltung der neue Menüpunkt *Einstellungen (Preferences)* unter den Richtlinieneinstellungen. Zwar gab es diese Funktion schon in Windows Server 2008. Diese hat Microsoft aber in Windows Server 2008 R2 deutlich optimiert und für Windows 7 weiter verbessert. Über diese Funktion definieren Sie Einstellungsvorschläge, die Anwender aber nicht zwingend übernehmen müssen. Gruppenrichtlinien wiederum sind feste Vorgaben, die Anwender auch zwingend übernehmen müssen. Setzen Sie in den Gruppenrichtlinien Anpassungen um, können Anwender auf ihren Computern entweder gar keine Änderungen in diesem Bereich mehr vornehmen, da diese ausgegraut sind, oder die Einstellungen werden beim Neustart wieder durch die Richtlinien überschrieben. Über den Menüpunkt *Einstellungen* (englisch: Preferences) lassen sich hingegen Einstellungen festlegen, welche von den Clientcomputern auch übernommen werden, genauso wie herkömmliche Richtlinien.

Abbildg. 1.40 Einsetzen der Gruppenrichtlinien-Einstellungen in Windows Server 2008 R2

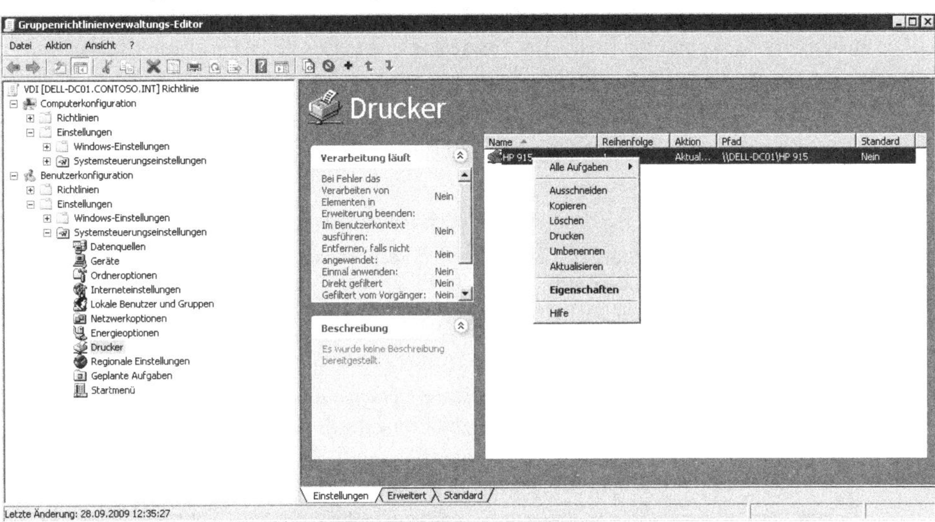

Allerdings können Anwender diese Einstellungen an ihre Bedürfnisse anpassen. Beachten Sie aber, dass Sie in Gruppenrichtlinien zwar Einstellungen vorgeben und diese wieder rückgängig machen können, aber diese Funktion über die Preferences nicht zur Verfügung steht. Nehmen Sie Einstellungen in den Preferences vor, bleiben diese auch dann auf den Rechnern erhalten, wenn Sie die Einstellungen in der Richtlinie wieder entfernen. Anwender können solche Einstellungen aber selbst lokal anpassen. Nehmen Sie im Menüpunkt *Einstellungen* (Preferences) im Gruppenrichtlinienverwaltungs-Editor Einstellungen vor, verwendet dieser Editor die gleiche grafische Oberfläche, wie die entsprechende Einstellung auf dem Computer. Sie wählen die Einstellungen aus, klicken mit der rechten Maustaste in den Ergebnisbereich und wählen *Neu*. Anschließend können Sie Einstellungen vorgeben, welche an die Computer übergeben werden. Im Gegensatz zu herkömmlichen Gruppenrichtlinien können Anwender diese Einstellungen jedoch nachträglich lokal anpassen. Über die Einstellungen können Sie beispielsweise auch neue Ordner oder Dateien im Dateisystem auf den Rechnern anlegen lassen. Über die Registerkarte *Gemeinsame Optionen* einer solchen Preference können Sie darüber hinaus über Filter exakt festlegen, auf welcher Art von Rechnern die Richtlinie angewendet werden soll.

Abbildg. 1.41 Setzen von Filtern für Gruppenrichtlinien-Einstellungen

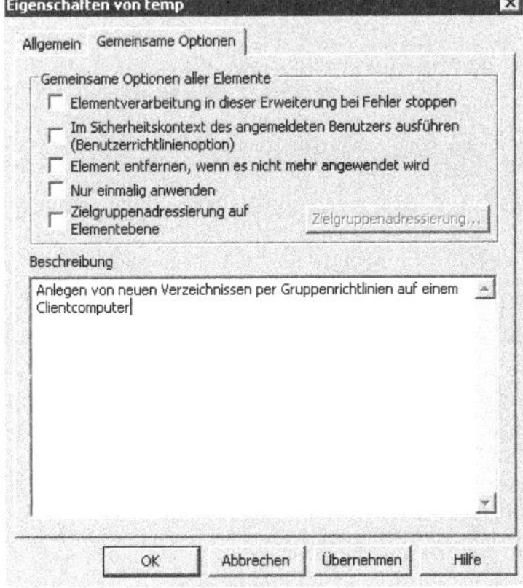

Über diese Einstellungen können Sie beispielsweise auch Netzwerkfreigaben verbinden lassen. Die Übernahme dieser Einstellungen funktioniert neben Windows 7 auch bei Windows Vista sowie bei Windows XP. Die Einstellungen sind alle selbsterklärend. Um Preferences zu erstellen, gehen Sie folgendermaßen vor:

1. Starten Sie die Gruppenrichtlinienverwaltung.
2. Klicken Sie auf Gruppenrichtlinienobjekte mit der rechten Maustaste und wählen Sie *Neu.*
3. Erstellen Sie eine neue Gruppenrichtlinie, klicken Sie diese mit der rechten Maustaste an und wählen Sie *Bearbeiten.*
4. Klicken Sie unter *Computerkonfiguration* oder *Benutzerkonfiguration* auf *Einstellungen.*
5. Wählen Sie die Einstellung aus, die Sie auf den Rechnern vorgeben, bei denen Sie die Richtlinie anwenden wollen.
6. Klicken Sie im rechten Bereich des Fensters, dann mit der rechten Maustaste und wählen Sie *Neu.*
7. Erstellen Sie die Einstellung und nehmen Sie Ihre Änderungen vor.
8. Wählen Sie auf der Registerkarte *Gemeinsame Optionen* über die Schaltfläche *Zielgruppenadressierung* die Filterung aus, auf deren Basis Sie die Durchführung der Richtlinie starten wollen.

Abbildg. 1.42 Die Anwendung von Gruppenrichtlinien-Einstellungen lassen sich sehr genau filtern

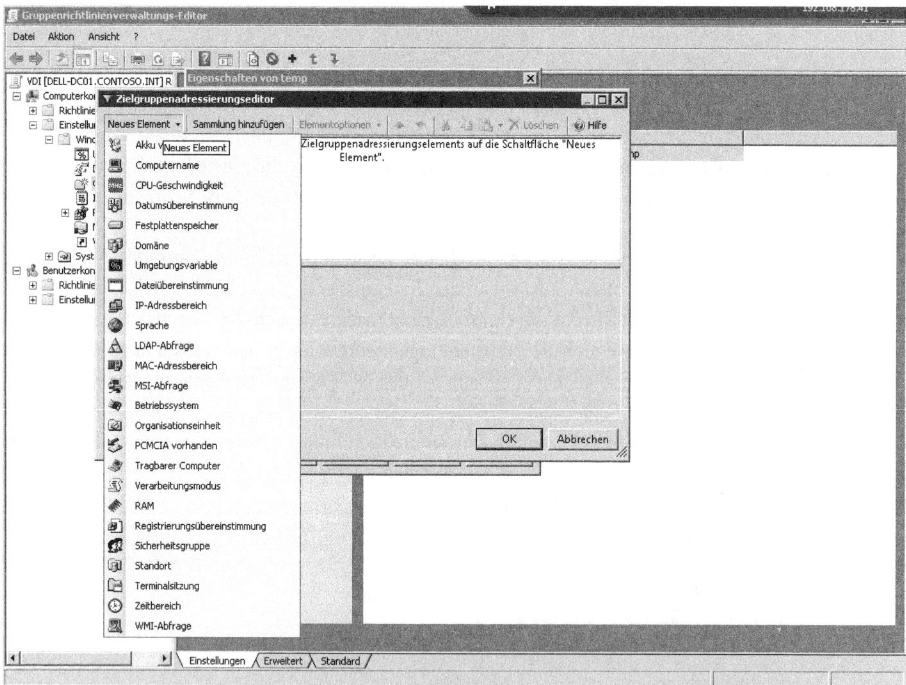

Virtuelle Festplatten mit Windows 7 und Windows Server 2008 R2

Windows 7 und Windows Server 2008 R2 bieten die Möglichkeit, über die Festplattenverwaltung virtuelle Festplatten zu erstellen und diese in das Betriebssystem einzubinden. Das funktioniert in allen Editionen. Über eine solche *.vhd*-Datei lässt sich Windows 7 und Windows Server 2008 R2 sogar booten. Sie können virtuelle Festplatten, die als physische Datei auf normalen Datenträgern liegen, wie eine normale Festplatte verwenden. Sämtliche Daten dieser Festplatte befinden sich in einer einzigen Datei und der Computer bootet von dieser virtuellen Festplatte wie gewohnt. Daher kann nur immer eine Instanz von Windows gestartet sein. Kopieren Sie einfach diese Datei, haben Sie damit das komplette System gesichert. Die Leistung ist dabei unmerklich eingeschränkt. Im Internet kursieren dazu Werte zwischen 1% und 5% Leistungsminderung, was kaum auffällt und gegen die erlangten Vorteile eher vernachlässigt werden kann. BitLocker und Ruhezustand funktionieren in solchen virtuellen Festplatten nicht. Das VHD-Format verwenden zum Beispiel auch Virtual PC oder auch Hyper-V in Windows Server 2008 und Windows Server 2008 R2. Neben der Möglichkeit zum Booten lassen sich solche Festplatten auch als normaler Datenträger einbinden. Und auch hier haben Sie den Vorteil, durch das Sichern einzelner Dateien die komplette Festplatte sichern zu können.

Abbildg. 1.43 Erstellen von virtuellen Festplatten

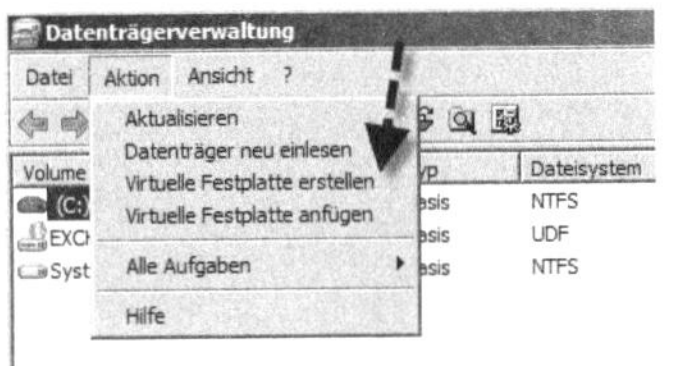

Die Steuerung und Erstellung von virtuellen Festplatten finden Sie in der Datenträgerverwaltung über das Menü *Aktion*. Die Datenträgerverwaltung starten Sie entweder über die Computerverwaltung oder indem Sie den Befehl *diskmgmt.msc* in das Suchfeld des Startmenüs eingeben. Rufen Sie den Menübefehl *Aktion/Virtuelle Festplatte erstellen* auf, um den Assistenten zu starten. Im Assistenten legen Sie fest, wo Sie die *.vhd*-Datei der Festplatte speichern wollen und wie groß die Festplatte sein soll. An dieser Stelle definieren Sie zusätzlich, ob die Festplatte anwachsen darf oder ob Sie eine feste Größe verwenden wollen. Wählen Sie den Befehl *Aktion/Virtuelle Festplatte anfügen* aus, können Sie bereits bestehende Datenträger an den Computer anbinden. Virtuelle Festplatten müssen mindestens eine Größe von 3 MB haben und außerdem immer als Basisplatten konfiguriert sein. Nachdem Sie virtuelle Festplatten angelegt, in der Datenträgerverwaltung initialisiert und formatiert haben, stehen diese im Explorer, wie alle anderen Laufwerke auch, zur Verfügung. Das Verbinden und Trennen von bereits existierenden virtuellen Festplatten lässt sich alternativ auch in der Befehlszeile mit *diskpart.exe* durchführen:

```
diskpart
select vdisk file=c:\windows7.vhd
attach vdisk
select volume <Volumenummer, mit list volume abfragen>
assign letter=v
exit
```

Interessant ist diesbezüglich auch die Möglichkeit, mit dem neuen kostenlosen Sysinternals-Tool *Disk2vhd* aus herkömmlichen Partitionen *.vhd*-Dateien zu generieren und diese in Windows Server 2008 R2 einzubinden. Wie Sie virtuelle Festplatten mit *diskpart* erstellen und diese verwalten, zeigen wir Ihnen im Kapitel 6.

BranchCache – Datenzugriff beschleunigen

Windows 7 zusammen mit Windows Server 2008 R2 ermöglicht wesentlich schnelleren Zugriff auf Freigaben von Dateiservern, wenn diese durch langsame WAN-Leitungen verbunden sind. Standardmäßig verwenden zwar auch die beiden neuen Betriebssysteme für den Datenzugriff noch Server Message Block Version 2 (SMBv2), allerdings lässt sich der Datenzugriff erheblich beschleunigen. Windows 7 kann über das Netzwerk kopierte Dateien automatisch auf der Festplatte cachen. Beim erneuten Zugriff auf die gleiche Datei muss Windows 7 nur noch eventuell neue Daten laden. Alles, was bereits übertragen wurde, bleibt auf der Festplatte im Cache gespeichert und ist durch Zugriffsberechtigungen gesichert. Dies gilt auch für den Zugriff über DirectAccess oder andere VPN-Szenarien. Allein dadurch beschleunigt sich der Datenzugriff enorm. Diese Technik funktioniert auch ohne Windows Server 2008 R2.

Abbildg. 1.44 BranchCache in Windows Server 2008 R2

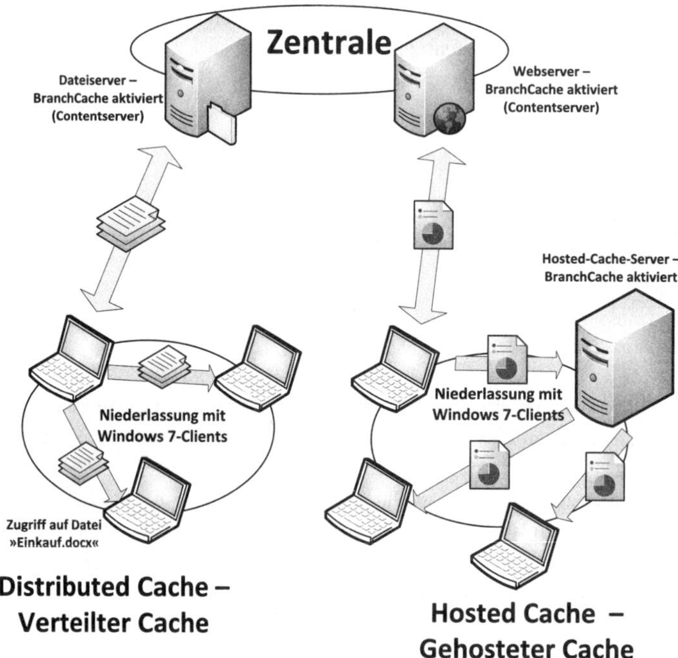

Setzen Unternehmen aber auch noch die neue Version des Windows-Servers ein, erhalten diese weitere Vorteile. Windows Server 2008 R2 unterstützt ebenfalls BranchCache. Die beiden Betriebssysteme können diese Technik miteinander verbinden. Die Datenübermittlung zwischen Windows Server 2008 R2 und Windows 7 beschleunigt sich dadurch enorm. Auch die Autorisierung findet in einem solchen Szenario beschleunigt statt. Diese Technik ist natürlich verschlüsselt und lässt sich nicht so leicht aushebeln. Befindet sich in einer Niederlassung mit Windows 7-Computern zusätzlich ein Server mit Windows Server 2008 R2, lassen sich auf diesem Server zentral Daten cachen, sodass der Zugriff von allen Clientcomputern unter Windows 7 aus erheblich beschleunigt wird, ohne dass die Sicherheit darunter leidet. Die Konfiguration dieser Technik erfolgt in den Gruppenrichtlinien. Sie finden die Einstellungen unter *Computerkonfiguration/Richtlinien/Administrative Vorlagen/Netzwerke*. Über *LanMan-Server* nehmen Sie Einstellungen für die Server vor und die Clientkonfiguration erfolgt über *BranchCache*.

Abbildg. 1.45 Konfiguration von BranchCache über Gruppenrichtlinien mit Windows Server 2008 R2

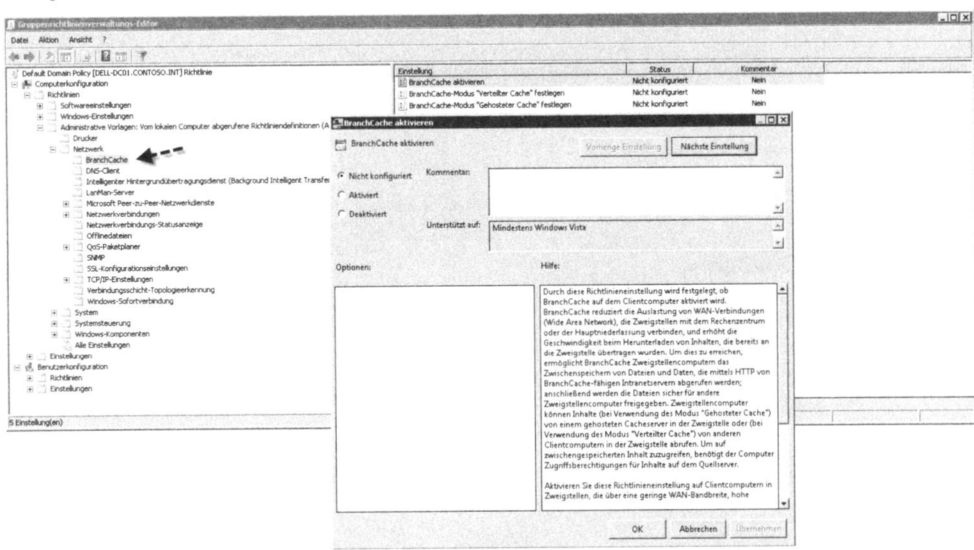

Microsoft empfiehlt die Konfiguration über eine getrennte Richtlinie. Über Richtlinien lassen sich auch genauere Einstellungen für die Energieverwaltung einstellen, wenn Sie Windows Server 2008 R2 zusammen mit Windows 7 betreiben. Auf dem Server in der Niederlassung müssen Sie das Feature *BranchCache* installieren, damit dieser mit den anderen Clients der Niederlassung und den zentralen Dateiservern zusammenarbeiten kann. In den Gruppenrichtlinien legen Sie genau fest, wie viel Bandbreite zur Verfügung stehen muss, damit das Feature Daten zwischenlagert. Ist das Netzwerk zu langsam, soll es durch solche Funktionen nicht ausgebremst werden.

Abbildg. 1.46 BranchCache installieren Sie als Feature auf einem Server mit Windows Server 2008 R2

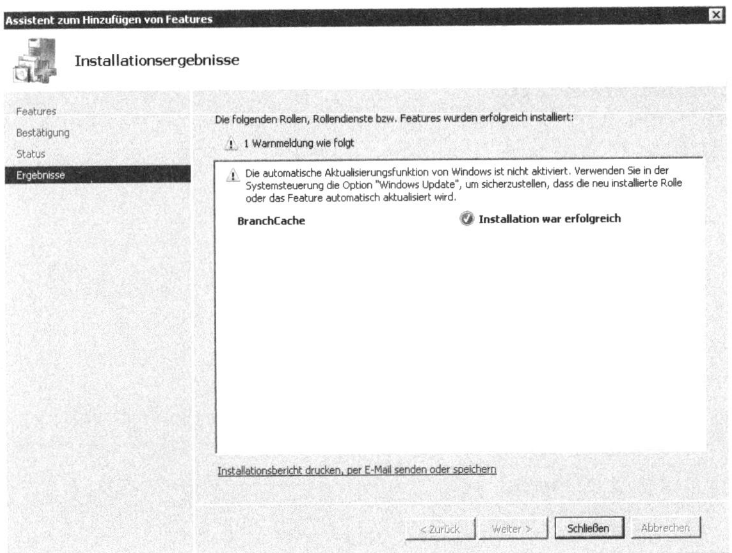

Auf dem zentralen Dateiserver installieren Sie dazu noch den Rollendienst *BranchCache für Netzwerkdateien*, der zur Rolle *Dateidienste* gehört.

Abbildg. 1.47 Auf Dateiservern benötigen Sie einen zusätzlichen Rollendienst für den Betrieb von BranchCache

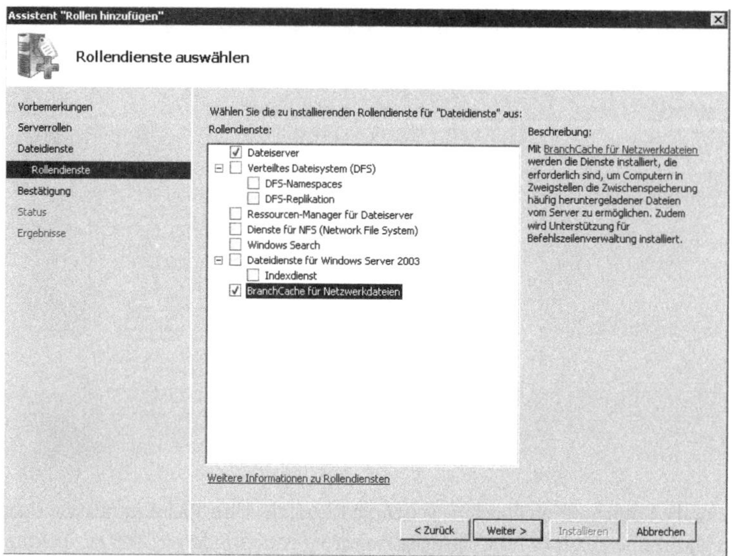

Standardmäßig verwendet Windows Server 2008 R2 BranchCache nicht für alle Freigaben. Sie können die Einstellung für jede Freigabe getrennt vornehmen. Starten Sie dazu auf dem Dateiserver unter Windows Server 2008 R2 die Freigabe- und Speicherverwaltung in der Programmgruppe *Verwaltung*. Rufen Sie dann die Eigenschaften der Freigabe auf, für die Sie BranchCache aktivieren wollen. Über die Schaltfläche *Erweitert* und die Registerkarte *Zwischenspeichern* steuern Sie jetzt den BranchCache-Zugriff der Anwender.

Abbildg. 1.48 Konfiguration von BranchCache in den erweiterten Eigenschaften einer Freigabe

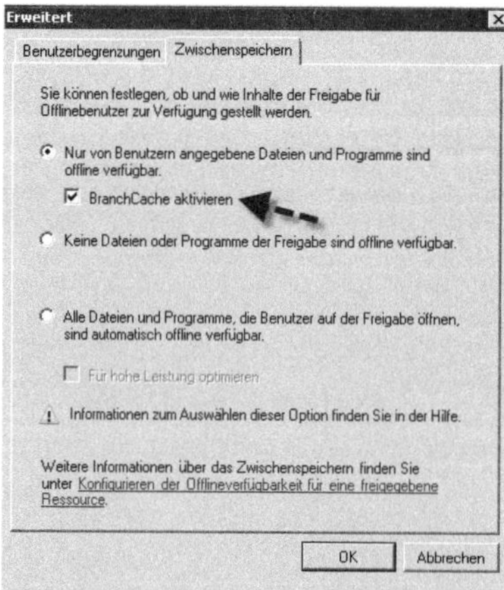

DirectAccess – Voller Netzwerkzugriff über das Internet

Setzen Sie im Unternehmen Windows Server 2008 R2 und Windows 7 in einem VPN ein, können Clientrechner auf alle Funktionen im Netzwerk zugreifen, genauso wie beim internen Zugriff. Dies hat zum Beispiel den Vorteil, dass jetzt auch Gruppenrichtlinien auf eingewählte VPN-Clients funktionieren. Das war bisher noch nicht möglich. Damit dieser Zugriff funktioniert, muss der DirectAccess-Server im internen Netzwerk unter Windows Server 2008 R2 laufen. Dieser Server ist sozusagen der neue VPN-Server, den Sie in das Netzwerk integrieren. Die Verbindung zwischen Client und Server funktioniert über ein IPsec-gesichertes VPN. Die Kommunikation erfolgt dazu mittels IPv6 zwischen Windows 7 und dem DirectAccess-Server unter Windows Server 2008 R2. Sobald sich der Client mit dem Netzwerk verbunden hat, kommuniziert dieser weiter mit IPv4; die IPv6-Verbindung endet aus Sicherheitsgründen am DirectAccess-Server. Verwenden Sie im Unternehmen IPv6, kann der IPsec-Datenverkehr auch im internen Netzwerk fortgeführt werden. Auf dem DirectAccess-Server legen Sie auch fest, auf welche internen Server der Zugriff erfolgen darf. Diese Technik ist nicht in Windows Vista verfügbar und eine Integration durch ein zukünftiges Service Pack ist aktuell nicht geplant, sondern ausschließlich nur in Windows 7. Die Domänencontroller müssen unter Windows Server 2008 laufen, hier ist R2 nicht vorgeschrieben. Für den vollständigen Einsatz von DirectAccess in einer hochsicheren Umgebung benötigen Sie jedoch auch auf den Domänencontrollern Windows Server 2008 R2. Die Verwaltung erfolgt über die DirectAccess-Verwaltungskonsole, die Sie unter Windows Server 2008 R2 als Feature installieren. Die Einrichtung unterstützt Windows Server 2008 R2 mit Assistenten und einigen Hilfedateien. Während der Einrichtung legen Sie fest, ob Sie eine interne Zertifizierungsstelle verwenden wollen, ob Sie IPv6 auch intern nutzen und welche externen Geräte Zugriff erhalten sollen. Für Anwender ist die Anbindung genauso transparent wie die Arbeit im lokalen Netzwerk.

Abbildg. 1.49 Die Verwaltung von DirectAccess erfolgt über eine eigene Konsole, die Sie als Feature unter Windows Server 2008 R2 installieren

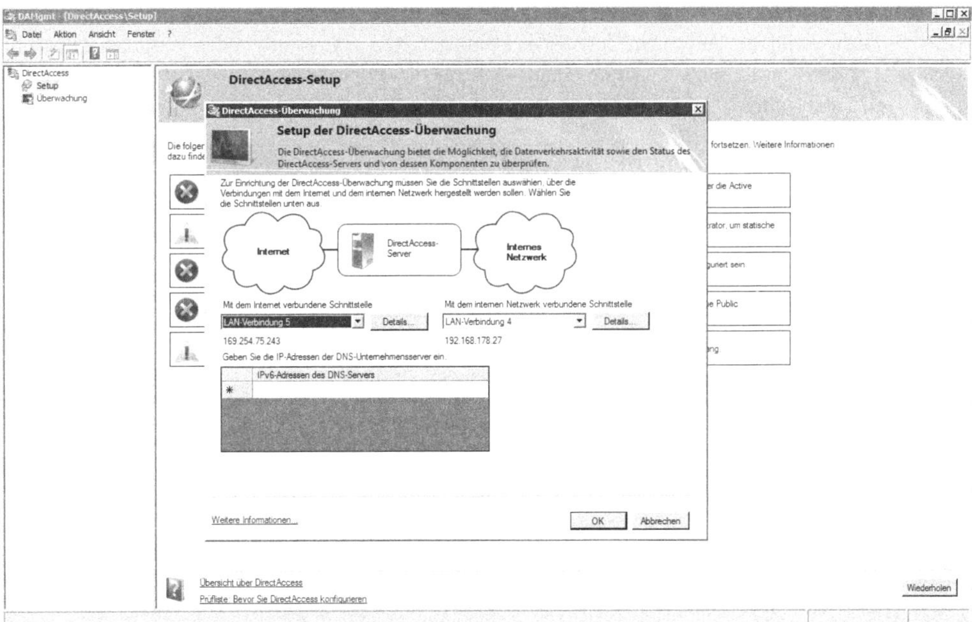

Dateiklassifizierungsdienste

Die neuen Dateiklassifizierungsdienste (File Classification Infrastructure, FCI) stellen eine wesentliche Neuerung für Dateiserver dar. Die Dienste können bestehende Dokumente untersuchen, Inhalte feststellen und entsprechende Richtlinien anwenden. Dazu können Sie Dokumenten zusätzliche Eigenschaften zuweisen, wie in SharePoint. Die Eigenschaften liegen direkt im Dokument, nicht im NTFS-Dateisystem. Die Dateiklassifizierungsdienste gehören zum Rollendienst *Ressourcen-Manager für Dateiserver*. Sie verwalten daher diese neue Funktion auch über die Verwaltungskonsole vom Ressourcen-Manager für Dateiserver (FSRM). Über den Knoten *Klassifizierungsverwaltung* verwalten Sie die Dateiklassifizierung.

Abbildg. 1.50 Verwalten der Dateiklassifizierungsdienste in Windows Server 2008 R2

HINWEIS Die Dateiklassifizierung funktioniert auch in Failoverclustern und bei eingescannten Dokumenten, die per OCR bearbeitet sind. Dateien innerhalb von Archiven, zum Beispiel *.zip*-Dateien oder virtuelle Festplatten, lassen sich nicht klassifizieren.

Verbesserter Core-Server in Windows Server 2008 R2

Der Core-Modus wurde in Windows Server 2008 R2 ebenfalls deutlich verbessert und die Verwaltung wesentlich vereinfacht. Auf einem Core-Server steht jetzt .NET Framework in den Versionen 2.0, 3.0 und 3.5, sowie ASP.NET auch in IIS 7.5 zur Verfügung. Auch die PowerShell lässt sich auf Core-Servern mit Windows Server 2008 R2 nutzen.

HINWEIS Zwar ist .NET Framework 3.5 und ASP.NET auf Core-Servern verfügbar, jedoch werden nicht alle Namensräume unterstützt. Folgende Namensräume sind *nicht* verfügbar:

System.Data.Design	*System.Deployment.Application*	*System.Diagnostics.Design*
System.Media	*System.Messaging.**	*System.Speech.**
*System.Web.UI.Design.**	*System.Windows.**	*UIAutomationClientsideProviders*
Microsoft.Aspnet.Snapin	*Microsoft.Ink*	*Microsoft.ManagementConsole.**
*Microsoft.StylusInput.**	*Microsoft.VisualBasic.Compatibility.VB6*	*Microsoft.Windows.Themes*
Microsoft.WindowsCE.Forms	*Microsoft.WindowsMobile.DirectX.**	*System.ComponentModel.Design.**

Abbildg. 1.51 Core-Server in Windows Server 2008 R2 bieten mehr Möglichkeiten

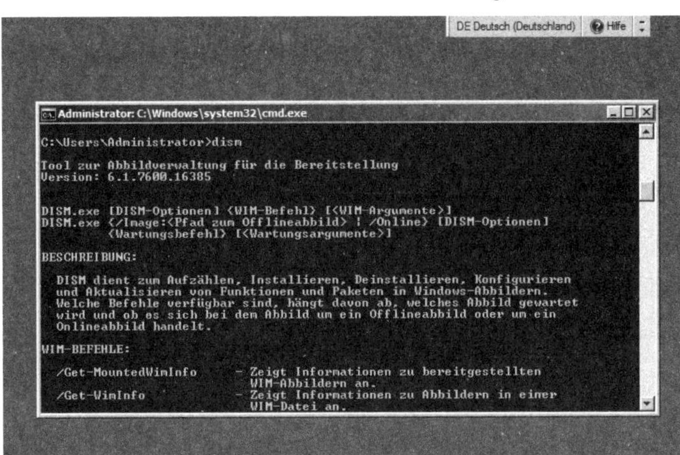

Verfügbar sind zum Beispiel die Cmdlets zur Verwaltung des Servers über Funktionalitäten des Server-Managers oder die verschiedenen Cmdlets für den Best Practice Analyzer der verschiedenen Serverrollen. Core-Server können als Zertifizierungsstelle konfiguriert werden und auch der Ressourcen-Manager für Dateiserver (File Server Resource Manager, FSRM) ist verfügbar. Das Tool *Depolyment Image Servcing and Management (dism.exe)* zur besseren Automatisierung der Einrichtung und Installation von Serverrollen ist jetzt auch auf Core-Servern verfügbar. Das Tool bietet mit den beiden Optionen */online /get-features* die gleichen Möglichkeiten wie bisher *oclist.exe*, wurden jedoch an Windows Server 2008 R2 angepasst und von der Oberfläche her verbessert. Webserver im Core-Modus lassen sich wesentlich effizienter über das Netzwerk verwalten (siehe Kapitel 4, 34 und 25). Mit der neuen Verwaltungsoberfläche *Serverkonfiguration*, die Sie durch Eingabe von *sconfig* in der Befehlszeile starten, lassen sich Core-Server wesentlich leichter verwalten als noch in Windows Server 2008.

Abbildg. 1.52 Die neue Verwaltungsoberfläche auf Core-Servern unter Windows Server 2008 R2

```
Administrator: C:\Windows\system32\cmd.exe - sconfig

===============================================================================
                              Serverkonfiguration
===============================================================================

1) Domäne/Arbeitsgruppe:                    Arbeitsgruppe:  WORKGROUP
2) Computername:                            WIN-DLIM1IQUU8C
3) Lokalen Administrator hinzufügen
4) Remoteverwaltung konfigurieren

5) Windows Update-Einstellungen:            Manuell
6) Updates herunterladen u. installieren
7) Remotedesktop:                           Deaktiviert

8) Netzwerkeinstellungen
9) Datum und Uhrzeit

10) Benutzer abmelden
11) Server neu starten
12) Server herunterfahren
13) Zur Befehlszeile wechseln

Geben Sie eine Zahl ein, um eine Option auszuwählen: _
```

Programme sperren mit AppLocker

Interessant ist die Möglichkeit, einzelne Applikationen per Richtlinien zu sperren. Diese Richtlinien unterstützen Clients mit Windows 7. Windows AppLocker ersetzt die Softwarebeschränkungsrichtlinien. Mit AppLocker können Administratoren steuern, ob Benutzer ausführbare Dateien, DLLs, Skripts und Windows Installer-Dateien verwenden können. AppLocker ermöglicht die Definition von Regeln über Gruppenrichtlinien, die festlegen, welche Dateien ausgeführt werden dürfen. Auch neue Versionen solcher gesperrter Anwendungen sind dann gesperrt. Der Schutz lässt sich nicht so leicht aushebeln. Um ein Programm vor der Ausführung zu sperren, gehen Sie folgendermaßen vor:

1. Geben Sie im Suchfeld des Startmenüs den Befehl *gpedit.msc* ein. Es öffnet sich der Editor für lokale Gruppenrichtlinien.
2. Navigieren Sie zu *Computerkonfiguration/Windows-Einstellungen/Sicherheitseinstellungen/Anwendungssteuerungsrichtlinien.*
3. Klicken Sie auf den Konsoleneintrag *AppLocker.*

Abbildg. 1.53 Sperren von Anwendungen über Richtlinien

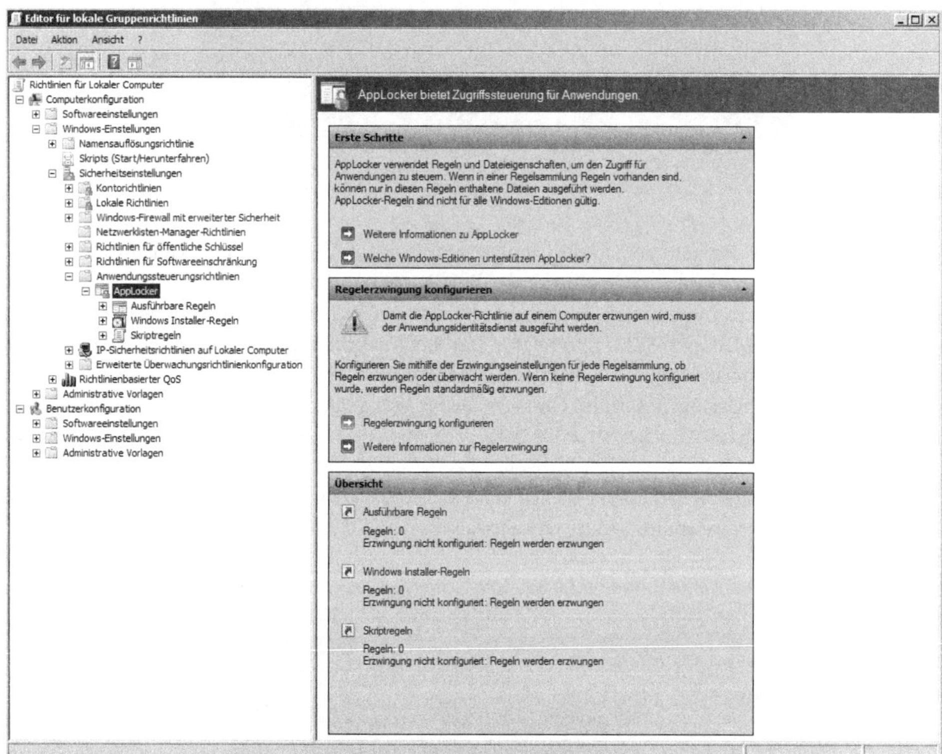

4. Klicken Sie mit der rechten Maustaste auf *Ausführbare Regeln.*
5. Wählen Sie im Kontextmenü den Eintrag *Neue Regel erstellen* aus.
6. Überspringen Sie die Startseite des Assistenten.
7. Wählen Sie auf der nächsten Seite *Verweigern* als Grundlage für die Regel aus.
8. Wählen Sie im Dropdownmenü die Gruppe oder den Benutzer aus, für die bzw. den Sie den Zugriff sperren wollen.
9. Auf der nächste Seite wählen Sie aus, ob Sie die ausführbaren Dateien eines Herstellers (Herausgeber), alle Programme in einem bestimmten Verzeichnis (Pfad) oder nicht signierte Dateien (Dateihash) sperren wollen.
10. Wählen Sie am einfachsten *Herausgeber* aus.

Abbildg. 1.54 Auswählen der zu sperrenden Datei oder Herausgeber

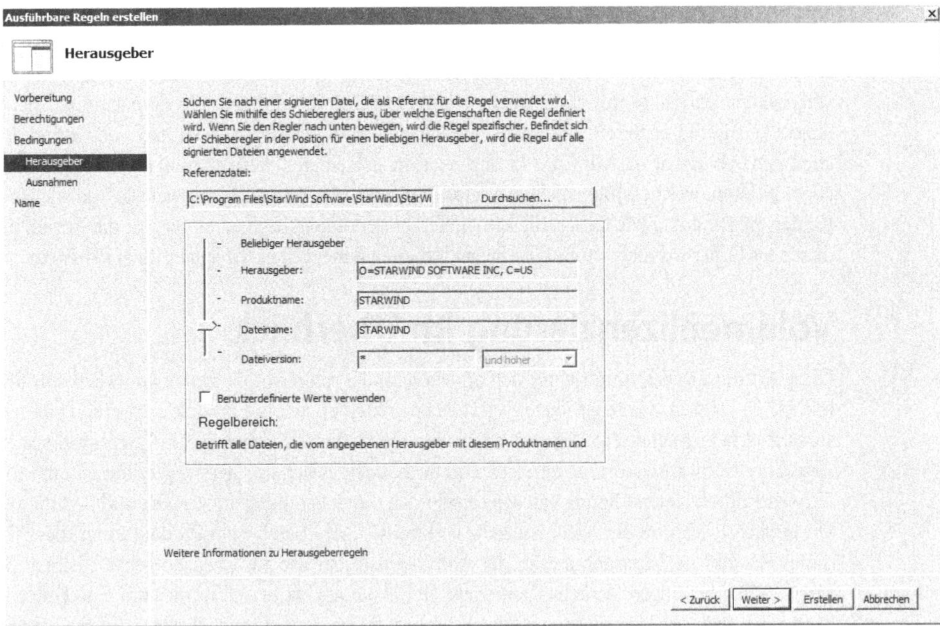

11. Klicken Sie im nächsten Fenster auf *Durchsuchen* und wählen Sie die ausführbare Datei aus, die AppLocker sperren soll.
12. Per Schieberegler legen Sie fest, ob Sie nur die Version des Programms sperren wollen, oder generell das komplette Programm unabhängig von der Version. Per Regler lässt sich auch festlegen, ob Sie alle Programme des Herstellers sperren wollen.
13. Auf der nächsten Seite legen Sie fest, ob Sie bestimmte Ausnahmen des Herstellers genehmigen wollen oder nicht. Schließen Sie den Assistenten ab.

Microsoft-Lizenzierung mit Windows Server 2008 R2

Die Lizenzierung von Microsoft-Produkten ist oft keine einfache Sache und stellt Unternehmen häufig vor zahlreiche Rätsel. In diesem Abschnitt bringen wir Licht ins Dunkel, was Sie bei der Lizenzierung beachten müssen und welche Möglichkeiten es gibt. Wir klären auch die verschiedenen Fachbegriffe und weisen Sie auf Punkte hin, die Sie beim Abschluss berücksichtigen müssen.

Clientzugriffslizenzen und Serverlizenzen verstehen

Lizenzieren Sie ein bestimmtes Serverprodukt, zum Beispiel Windows Server 2008 (R2) oder Exchange Server 2007/2010, benötigen Sie zunächst eine Serverlizenz, die Sie zur Installation berechtigt. Diese Lizenz können Sie über eines der beschriebenen Lizenzprogramme erwerben oder einzeln über Fachhändler. Außer der entsprechenden Serverlizenz müssen Sie bei Produkten, die mit Clientzugriffslizenzen (Client Access Licenses, CALs) lizenziert werden, zum Beispiel Windows Server oder Exchange Server, für jeden Benutzer oder Computer eine zusätzliche Lizenz erwerben, die berechtigt, dass der Anwender auf den Dienst zugreifen darf. Eine CAL ist nur eine Lizenz, keine Software. Sie gestattet es Benutzern oder PCs, auf einen Server zuzugreifen und dessen Dienste zu nutzen, zum Beispiel Datei- und Druckdienste oder das Exchange-Postfach. Neben einzelnen CALs für den Zugriff auf die verschiedenen Server bietet Microsoft auch CAL-Pakete an, die den Zugriff auf mehrere verschiedene Produkte mit einer Lizenz erlauben. Diese CALs tragen die Bezeichnung Microsoft Core Client Access License. Lizenzieren Sie Produkte, fragen Sie beim Händler explizit nach, ob für Ihre Produkte eine solche Lizenz verfügbar ist. Mit Core-Lizenzen lassen sich einige Kosten sparen. In den folgenden Abschnitten zeigen wir Ihnen, welche Möglichkeiten es gibt, Produkte bei Microsoft zu erwerben und wie Sie diese lizenzieren. Kaufen Sie Produkte wie Office, die keinen Server benötigen, lizenzieren Sie nur die Anzahl der Computer, auf denen Sie Office installieren. Auf die Besonderheiten dabei gehen wir später noch näher ein.

Volumenlizenzierung im Überblick

Diese Art der Lizenzierung richtet sich an Kunden, die zahlreiche Produkte von Microsoft für viele Anwender lizenzieren müssen. Microsoft bietet verschiedene Arten an, wie Sie Produkte erwerben können, die Sie bei entsprechend berechtigten Partnern erwerben können: License, License & Software Assurance Package, Software Assurance, Software Assurance Services. Hierbei handelt es sich im Grunde genommen um Produktlizenzen, die Sie weder durch Unterstützung von Microsoft noch durch Schulungen, Support und Beratung ergänzen können. Die einfachste Version der Volumenlizenz ist License. Erwerben Sie ein Produkt unter dieser Lizenz, dürfen Sie dieses Produkt im Unternehmen in der Anzahl einsetzen, wie Sie Lizenzen gekauft haben. Bei dieser Art der Lizenzierung benötigen Sie keine Vorversion des Produkts, da es sich immer um eine Vollversion handelt. Die nächste Stufe dieser Lizenzierung ist das License & Software Assurance Package. Da Sie bei diesem Paket regelmäßige Zahlungen vornehmen, erhalten Sie das Recht, immer die aktuellste Version des im Vertrag enthaltenen Produkts einzusetzen. Unternehmen, die beispielsweise ein solches Paket für Windows XP abgeschlossen haben, dürfen sowohl Windows Vista als auch Windows 7 einsetzen. In viele Verträge integriert Microsoft darüber hinaus noch die Möglichkeit, vergünstigt an Schulungen teilzunehmen oder kostenlos den Produktsupport anzurufen. Microsoft bietet verschiedene Stufen der Software Assurance an, die Sie auch unterschiedlich bezahlen müssen. Meistens handelt es sich dabei um Zusatzleistungen zu den erworbenen Produkten. Auf Basis dieser Grundlage entscheiden Sie, welches Programm der Volumenlizenz Sie verwenden, um Lizenzen zu kaufen. Die einzelnen Volumenlizenzprogramme behandeln wir im nächsten Abschnitt. Diese umfassen die Volumenlizenzen und Zusatzprodukte, also nur License oder Software Assurance in verschiedenen Stufen.

Open License, Select License – Der Einstieg in die Volumenlizenz

Ab der Anzahl von fünf Lizenzen können Sie für verschiedene Produkte Open License einsetzen. Die Anzahl der Lizenzen bedeutet nicht die Anzahl der PCs oder Mitarbeiter, sondern wie viele Microsoft-Produkte Sie einsetzen. Bei zwei Computern, auf denen Sie Windows und Office installieren, haben Sie so bereits vier Lizenzen im Einsatz. Die Vertragslaufzeit beträgt dabei normalerweise zwei Jahre und Sie müssen die Lizenz sofort in einer Summe bezahlen. Unter diesem Programm können Sie Lizenzen der bereits erwähnten Programme License, License & Software Assurance Package erwerben. Der Vorteil bei dieser Lösung ist, dass Sie auch neue Produkte nachkaufen können, wenn Sie Open License für bereits eingesetzte Produkte verwenden. Die Preise sind dabei meist deutlich niedriger als bei anderen Lizenzformen. Ein Angebot einzuholen lohnt also auch für kleine Unternehmen. Microsoft bietet abhängig von den gekauften Lizenzen Nachlässe auf Basis eines Punktesystems. Daher sollten Sie vor dem Erwerb von Lizenzen eine genaue Aufstellung machen, welche Produkte Sie unter der Lizenz kaufen wollen. Wie das Punktesystem funktioniert, erfahren Sie auf der Webseite *www.microsoft.com/germany/lizenzen/ueberblick/pur*.

Sie verwalten die eingesetzten Lizenzen und deren Anzahl über eine eigene Internetseite, die Microsoft zur Verfügung stellt. Dieses Portal mit der Bezeichnung eOpen finden Sie auf der Seite *https://eopen.microsoft.com*. Die Produkte unter Open License können Sie nach Erwerb entweder herunterladen oder Sie bestellen auf der eOpen-Webseite die Datenträger direkt bei Microsoft. Ab 500 Lizenzen können Unternehmen auch auf Select License umsteigen. Bei diesem Produkt erhalten Unternehmen noch bessere Vertragskonditionen und günstigere Preise, müssen sich allerdings statt zwei Jahre, wie bei Open License, für drei Jahre binden. Microsoft ermöglicht bei diesem Produkt eine Ratenzahlung, die abhängig von den erworbenen Produkten ist. Auch hier legt Microsoft wieder ein Punktesystem zugrunde, das Sie sich für Ihr Unternehmen am besten von einem Partner ausrechnen lassen, der zum Verkauf von Open License oder Select License berechtigt ist. Sehr große internationale Unternehmen mit mehreren Niederlassungen und zahlreichen Mitarbeitern können auf das nächst größere Modell Select Plus setzen. Die Vertragslaufzeit ist unbegrenzt.

Ratenkauf oder Software mieten mit Open Value und Enterprise Agreement

Vor allem mittelständische Unternehmen haben oft hohe Lizenzkosten, die sich mit Open Value aber durch Ratenzahlungen abfedern lassen. Microsoft bietet Open Value für Unternehmen bis 500 PCs an. Bei einem Enterprise Agreement für Unternehmen ab 250 PCs nutzen Sie ebenfalls die Vorteile des Ratenkaufs. Sie zahlen die erworbenen Lizenzen über drei Jahre verteilt in drei Raten. Neben dem Kauf bietet Microsoft auch Mietmodelle unter Open Value an. Dieses Programm trägt die Bezeichnung Open Value-Abonnement. Microsoft bietet verschiedene Preisstufen für Open Value an. Ab 250 PCs erhalten Unternehmen verbesserte Konditionen. Open Value enthält automatisch immer Software Assurance. Dies bedeutet, dass Sie immer das neueste Produkt einsetzen dürfen, das Sie lizenziert haben.

Die große Version von Open Value mit der Bezeichnung Enterprise Agreement ist vor allem für größere Unternehmen ab 250 PCs gedacht und bietet bei drei Jahren Laufzeit verbesserte Konditionen. Auch hier bietet Microsoft verschiedene Rabattmodelle an, die abhängig von den PCs im Unternehmen sind. Unternehmen sind klug beraten, hier zu verhandeln, da Microsoft und dessen Partner hier oft flexibler sind, als im Internet zu lesen. Mit den beiden Programmen Open Value Subscription (bis 500 PCs) oder Enterprise Agreement Subscription (ab 250 PCs) erhalten Unternehmen die Möglichkeit, Software zu mieten. Der Ablauf ist der gleiche wie beim Kauf. Der große Unterschied besteht zum Ende der Laufzeit. Hier können Unternehmen die Software entweder günstig erwerben oder den Mietvertrag verlängern. Alternativ können Sie den Vertrag auflösen, müssen die Software dann aber deinstallieren. Auch hier ist die Zahlung auf jährliche Raten verteilt, die sich über drei Jahre erstrecken. Basis für Open Value und Enterprise Agreement ist nicht die Anzahl der Lizenzen oder Software, die Sie einsetzen, sondern Vertragsgrundlage ist die Anzahl der PCs im Unternehmen. Steigt diese Anzahl an, müssen Sie den Vertrag zur nächsten Jahresrate anpassen. Im aktuellen Jahr sind keine weiteren Kosten für neue PCs zu berücksichtigen.

Lizenzen finanzieren

Microsoft ermöglicht den Erwerb von Lizenzen auch über eine Finanzierung. Im Gegensatz zum Ratenkauf oder der Miete nehmen Sie bei dieser Art des Produktkaufs einen Kredit von Microsoft in Anspruch. Microsoft bietet solche Kredite für die verschiedenen Lizenzprogramme an, auch für Hardwareprodukte, die Sie bei Drittherstellern erwerben und auf denen Microsoft-Produkte installiert sind. Die Höhe des Kredits und die Zahlungsmodalitäten klären Sie am besten direkt mit Microsoft ab, für die Inanspruchnahme gibt es eine Mindesthöhe von aktuell 10.000 Euro. Unternehmen haben die Möglichkeit, die Rückzahlung der Raten flexibel zu gestalten; auch Zahlungsaufschübe und Zahlpausen sind möglich. Mehr Informationen zu diesem Thema erfahren Sie auf der Webseite *http://www.microsoft.com/germany/financing*.

Re-Imaging, Downgrade, Zweitkopie und Cross-Language

Neben den herkömmlichen Produktlizenzen in Zusammenhang mit Benutzerlizenzen bietet Microsoft für viele Produkte auch Sonderrechte an, die vor allem für Volumenlizenzkunden interessant sind. Downgrade-Rechte bietet Microsoft für die meisten Produkte an. Mit diesem Recht haben Sie die Möglichkeit, ein aktuelles Produkt zu erwerben, zum Beispiel Windows Server 2008 R2, aber eine ältere Version einzusetzen, zum Beispiel Windows Server 2003. Der Vorteil dabei ist, dass Sie bei der zukünftigen Migration zu dem neuen Produkt keine neuen Lizenzen kaufen müssen, sondern bereits die aktuelle Version des Produkts lizenziert haben. Setzen Sie aber keine Volumenlizenz ein, sondern eine Original Equipment Manufacturer (OEM)-Lizenz, müssen Sie überprüfen, ob ein Downgrade im Vertrag explizit erlaubt ist. Re-Imaging-Rechte sind für Betriebssystemlizenzen auf Arbeitsstationen wichtig. Diese Rechte ermöglichen das Erstellen eines Rechnerabbilds und dessen Verteilung im Unternehmen. Planen Sie die Verteilung eines Produkts per Abbild, sollten Sie vorher sicherstellen, dass der Lizenzvertrag dies auch erlaubt. Cross-Language-Lizenzen setzen vor allem internationale Unternehmen ein. Diese Lizenz ermöglicht die Installation eines Produkts in einer anderen Sprache. So können Sie beispielsweise ein französisches Office-Paket erwerben und eine deutsche Version von Office installieren.

Interessant ist vor allem das Recht der Zweitkopie. Setzen Unternehmen beispielsweise Office 2007 auf den Arbeitsstationen ein, besteht das Recht, Office 2007 auch auf mobilen Computern zu installieren, wenn auf dem PC des entsprechenden Anwenders Office 2007 lizenziert ist. So müssen Unternehmen nicht doppelt lizenzieren, wenn Mitarbeiter mit zwei Computern arbeiten. Alle Produkte der Volumenlizenzverträge erlauben das. Setzen Sie OEM-Versionen ein oder andere Lizenzen, müssen Sie zuvor in den Lizenzbestimmungen überprüfen, ob das Recht integriert ist. Allerdings darf laut dem Microsoft-Lizenzvertrag nur der sogenannte primäre Benutzer die Zweitkopie benutzen. Das ist der Benutzer, der an dem PC die meiste Zeit verbringt. Das Recht der Zweitkopie gilt allerdings nicht für Betriebssysteme, sondern nur für Office und andere Clientprodukte. Ein Cold-Backup-Notfallwiederherstellungskonzept dient dazu, einen ausgefallenen Server auf einem Ersatzgerät wiederherzustellen. Solange der Ersatzserver, auch Cold-Backup-Server genannt, im laufenden Betrieb nicht eingeschaltet wird, können Sie in der Regel Softwaretitel, die Sie lizenziert haben, auf diesem Server installieren. Bei einem Ausfall des produktiven Servers kann der Cold-Backup-Server zur Wiederherstellung genutzt werden. Sie sollten allerdings bei Ihrem Händler dieses Lizenzrecht überprüfen lassen, da es nicht in allen Verträgen enthalten ist.

Gerätelizenzen (Device CALs) oder Benutzerlizenzen (User CALs)

Microsoft bietet für viele Produkte die beiden Lizenzvarianten »Gerätelizenzen« und »Benutzerlizenzen« an. Die beiden Lizenzen unterscheiden sich preislich nicht voneinander. Sie müssen bereits bei der Bestellung Ihrer Lizenzen im Voraus planen, welchen Lizenztyp Sie einsetzen wollen. Sie können auch die verschiedenen Lizenzen miteinander mischen, je nach optimaler Lizenzierung. Es ist jedoch nicht erlaubt, die einzeln erhältlichen Lizenzpacks in Geräte- und Benutzerlizenzen aufzusplitten. Sie dürfen also ein 5er-Pack Gerätelizenzen und ein 5er-Pack Benutzerlizenzen kaufen und lizenzieren. Es ist aber nicht erlaubt, dass Sie diese Pakete aufsplitten und zum Beispiel als 2er-Gerätelizenz und 8er-Benutzerlizenz verwenden. Wenn Sie mit Geräte-CALs lizenzieren, müssen Sie für jeden PC, der auf diesen Server zugreift, eine Lizenz kaufen, unabhängig davon, wie viele Benutzer an diesem PC arbeiten.

Wenn Sie PCs betreiben, zum Beispiel im Schichtbetrieb, an denen zu unterschiedlichen Zeiten unterschiedliche Benutzer arbeiten, benötigen Sie für diese PCs nur jeweils eine Geräte-CAL. Im umgekehrten Fall, wenn also ein Benutzer mit mehreren PCs, Notebook oder Smartphones auf den Server zugreift, benötigen Sie für diesen Benutzer mehrere Geräte-CALs, da dieser Benutzer mit mehreren PCs auf den Server zugreift. Alternativ können Sie auch eine Benutzer-CAL kaufen. Jeder Benutzer mit einer Benutzer-CAL kann an beliebig vielen PCs eine Verbindung mit einem Server aufbauen. Die CALs müssen eindeutig zugewiesen werden. Sie können daher nicht nur so viele CALs kaufen, wie gleichzeitig Benutzer arbeiten, sondern müssen die Gesamtzahl Ihrer Arbeitsstationen, Pocket-PCs und sonstiger Geräte lizenzieren, wenn Sie Gerätelizenzen kaufen. Bei Benutzerlizenzen müssen diese genau der Anzahl der Benutzer zugewiesen werden, die insgesamt mit dem Server arbeiten.

Szenario: Lizenzen bei weniger PCs als Mitarbeiter

In Ihrem Unternehmen sind beispielsweise 100 Mitarbeiter beschäftigt, von denen jedoch lediglich 63 mit PCs am Server arbeiten. Da im Lieferumfang von vielen Produkten, zum Beispiel Exchange Server 2007/2010, bereits Lizenzen enthalten sind, benötigen Sie noch fehlende Lizenzen für die PCs, wenn Lizenzen enthalten sind. Wenn Sie Geräte-CALs kaufen, wird jede gekaufte Lizenz einem bestimmten PC zugeordnet. Mit diesen PCs können sich jetzt beliebig viele Mitarbeiter mit Server verbinden, wenn sich diese zum Beispiel PCs im Schichtbetrieb teilen. Wenn neue PCs hinzukommen, müssen Sie für diese PCs weitere Gerätelizenzen kaufen.

Szenario: Lizenzen bei mehr PCs als Mitarbeiter

Im nächsten Beispiel gehen wir von einer IT-Firma aus, in der 40 Mitarbeiter beschäftigt sind. Von diesen 40 Mitarbeitern arbeiten 25 mit der Windows-Domäne. Jeder dieser Mitarbeiter hat einen PC und ein Notebook mit denen er arbeitet, um Dateien auszutauschen oder auf sein Postfach zurückzugreifen. Obwohl in diesem Unternehmen nur 40 Mitarbeiter beschäftigt sind, verbinden sich 50 PCs mit dem Server. Es müssen in diesem Beispiel daher 50 Gerätelizenzen erworben werden. Wenn das Unternehmen seine Lizenzen jedoch als Benutzerlizenz erwirbt, werden lediglich 25 Lizenzen benötigt, da nur 25 Benutzer mit dem Server arbeiten.

Szenario: Anbindung von Firmen-PCs und Heimarbeitsplätzen

In einem Unternehmen gibt es 45 PCs. Von diesen 45 PCs werden 30 PCs im Schichtbetrieb von jeweils zwei Mitarbeitern geteilt. Zusätzlich gibt es 15 Mitarbeiter die berechtigt sind, sich zu Hause ins Netzwerk einzuwählen und auf den Server zugreifen, um E-Mails abzurufen oder Dateien zu öffnen. Diese Mitarbeiter können auch mit Smartphones über das Internet auf den Exchange-Server zugreifen. Diese 15 Mitarbeiter arbeiten jeweils an einem der 45 PCs des Unternehmens. Da zum Lieferumfang eventuell fünf Lizenzen dazugehören, sollten diese bei der Lizenzierung berücksichtigt werden. Die beste Lizenzierung in diesem Beispiel sieht folgendermaßen aus:

- Das Unternehmen deklariert die enthaltenen fünf Lizenzen als Benutzerlizenzen für fünf der Heimarbeitsplatzbenutzer.
- Zusätzlich werden weitere zehn Benutzerlizenzen erworben und den Heimarbeitsplätzen zugewiesen. Mit diesen Lizenzen dürfen jetzt diese Heimarbeitsplatzbenutzer sowohl von zu Hause mit ihrem PC, als auch mit dem Smartphone und dem PC am Arbeitsplatz auf den Server zugreifen.
- Für die restlichen 30 PCs werden Gerätelizenzen erworben, die es einer beliebigen Anzahl von Benutzern erlaubt, von den 30 fest definierten PCs auf den Server zuzugreifen

In diesem Beispiel ist also ein Mischbetrieb der Lizenzierung sinnvoll.

Abbildg. 1.55 Benutzer- und Geräte-CALs im Überblick

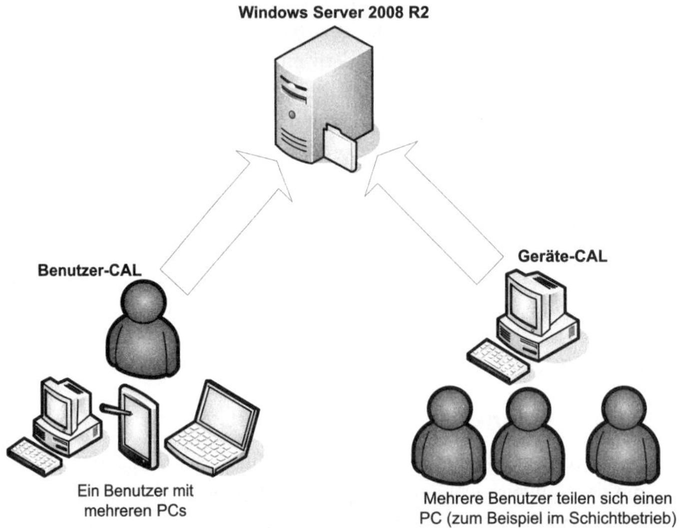

Lizenzierung von Terminalservern (Remotedesktop)

Wenn Sie einen Remotedesktop-Sitzungshost integrieren, müssen Sie für diesen Server eine normale Windows Server 2003/2008-Lizenz kaufen. Diese Lizenz berechtigt auch zur Installation eines Remotedesktop-Sitzungshosts. Zusätzlich benötigen Sie für jeden Benutzer, der mit dem Remotedesktop-Sitzungshost arbeitet, eine Remotedesktoplizenz (RDS-CAL). Seit dem Erscheinen von Windows Server 2008 R2 heißen TS-CALs jetzt RDS-CALs, da die Terminaldienste in Remotedesktopdienste umbenannt wurden. Sie benötigen für einen Terminalserver (Remotedesktopserver oder Remotedesktop-Sitzungshost) außerdem zusätzliche Benutzer-CALs für den Benutzerzugriff, nicht nur TS-(RDS-)CALs (Quelle: *http://support.microsoft.com/kb/823313*). Diese Lizenz wird pro PC oder pro Benutzer vergeben, die mit dem Server ständig arbeiten, und gilt also nicht pro Zugriff. Das heißt, Sie müssen nicht so viele Lizenzen kaufen, wie gleichzeitig Benutzer mit dem Remotedesktop-Sitzungshost arbeiten, sondern so viele Lizenzen, wie Benutzer überhaupt mit dem Remotedesktop-Sitzungshost innerhalb eines Zeitraums arbeiten. Wenn Sie nicht genügend Lizenzen einspielen, können Benutzer nur begrenzte Zeit mit einem Remotedesktop-Sitzungshost arbeiten. Wenn Sie einen Windows Server 2003/2008-Terminalserver einsetzen, sind keine Lizenzen für Windows integriert. Diese müssen, wie bei den anderen Betriebssystemen auch, erworben werden. Bei Windows 2000 Server war das noch anders, wurde aber mit Windows Server 2003 geändert.

Microsoft bietet für die Lizenzierung der RD-CALs die gleichen Lizenzierungsmöglichkeiten wie bei den normalen Server-CALs. Es gibt RD-Geräte-CALs und RD-Benutzer-CALs mit den bereits beschriebenen Möglichkeiten. Es gibt auch eine External Connector-Lizenz für RD-CALs. Bei dieser Lizenzierung können sich alle Geschäftspartner oder Lieferanten mit einem Remotedesktop-Sitzungshost verbinden und benötigen keine zusätzlichen RD-CALs. Dies gilt aber nur für Außenstehende, nicht für Mitarbeiter des Unternehmens. Wenn Sie zusätzlich auf einem Remotedesktop-Sitzungshost Citrix einsetzen, benötigen Sie darüber hinaus eine Citrix Presentation Server-Produktlizenz sowie Verbindungslizenzen für Citrix. Die Verbindungslizenzen bei Citrix gelten meist pro Zugriff. Sie müssen also nur so viele Lizenzen kaufen, wie sich Benutzer gleichzeitig mit dem Server verbinden. Wenn die Benutzer sich vom Remotedesktop-Sizuungshost abmelden, wird die Lizenz wieder freigegeben.

Das ist bei den Microsoft-Lizenzen nicht so. Diese Lizenzen bleiben auf dem Benutzer-PC erhalten, auch wenn sich der Benutzer vom Server abgemeldet hat. Auch wenn Ihre Benutzer ausschließlich mit dem Citrix-Client per ICA auf den Remotedesktop-Sitzungshost zugreifen, werden für alle Benutzer zusätzlich zu den Citrix-Lizenzen RD-CALs benötigt. Sie müssen daher den Einsatz von Citrix immer als Zusatzkosten sehen. Arbeiten Sie im Administrator-Modus für den Remotedesktop, verwendet dieser zwar auch die Remotedesktoptechnik, lässt aber nur zwei gleichzeitige Verbindungen zu. Bei diesen Verbindungen benötigen Sie keine Remotedesktopzugriffslizenzen. Installieren Sie Office auf einem Remotedesktop-Sitzungshost, benötigen Sie so viele Lizenzen, wie Anwender mit den Terminaldiensten arbeiten. Allerdings lassen sich nicht alle Editionen und Lizenzen von Office auf einem Remotedesktop-Sitzungshost installieren. Sie benötigen dazu Volumenlizenzen, ansonsten bricht die Installation von Office 2007/2010 ab. Mehr Informationen zu diesem Thema finden Sie über den Link *http://support.microsoft.com/default.aspx/kb/924622/en-us.*

Aktivierung für Unternehmenskunden – Volume Activation (VA) 2.0

Für Windows Vista, Windows Server 2008 und Windows 7 gibt es keine Seriennummern, welche die notwendige Aktivierung übergehen. Bei den Vorgängerversionen hat Microsoft noch die Volume Activation 1.0 eingesetzt. Bei dieser Aktivierung haben Unternehmenskunden Seriennummern erhalten, die keine Aktivierung benötigten. Bei der neuen Volume Activation 2.0 gibt es solche Möglichkeiten nicht mehr. Alle Produkte, die unter die VA 2.0 fallen, müssen immer aktiviert werden. Microsoft stellt aber Tools und Funktionen wie das Tool für Volumenaktivierungsverwaltung (Volume Activation Management Tool, VAMT) oder den Schlüsselverwaltungsdienst (Key Management Service, KMS) zur Verfügung, über welche sich die Aktivierung automatisiert abwickeln lässt. Auch wenn Sie einen aktivierten Windows-PC klonen wollen, müssen Sie die installierten Klone erneut aktivieren. Das gilt auch für Windows Server 2008 R2 und Windows 7. Unternehmen stellt Microsoft für die Aktivierung eine neue Serverfunktionalität zur Verfügung, sodass sich die Aktivierung der Arbeitsstationen nicht über das Internet, sondern automatisiert über das Netzwerk abwickeln lässt. Dieser Dienst kann auch auf einem Windows-PC installiert werden, setzt aber voraus, dass es im Netzwerk mindestens 25 PCs oder fünf Windows Server 2008-Computer gibt, wobei der Dienst bei Windows Server 2008 virtuelle Maschinen nicht mitrechnet. Die Lizenzschlüssel für Unternehmen laufen auch nach Aktivierung nicht mehr unbegrenzt, sie erlauben aber eine mehrfache Aktivierung.

Mit Volume Activation 2.0 steht für Microsoft das Verhindern des Missbrauchs von Volumenlizenzschlüsseln im Vordergrund. Heute können sich Unternehmen nicht wirksam dagegen wehren, wenn ein Mitarbeiter, Dienstleister oder Dritte die eigenen Schlüssel weitergeben oder im Internet veröffentlichen. Zukünftig sind derartige Schlüssel wertlos, da nur der Originalinhaber die Verwendung der mit dem Schlüssel abgedeckten Lizenzen festlegen kann. Für Office 2007 gelten diese Einschränkungen nicht. Office 2007 fällt noch unter das Volume Activation 1.0. Hier erhalten Unternehmenskunden eine Seriennummer, die keine Aktivierung erfordert. Volume Activation 2.0 unterstützt die zentrale Verwaltung der Volumenlizenzen über einen Schlüsselverwaltungsdienst (Key Management Service, KMS) oder über Mehrfachaktivierungsschlüssel (Multiple Activation Keys, MAK). Der KMS-Dienst wird auf einem Computer mit einem eigenen Schlüssel aktiviert, welcher lediglich auf dem KMS-Host und nicht auf jedem einzelnen Computer zu finden ist. Der MAK ist auf den einzelnen Computern gespeichert, jedoch verschlüsselt und in einem vertrauenswürdigen Speicher, sodass Benutzer diesen Schlüssel nie zu sehen bekommen und auch nicht nachträglich auslesen können. Als Schlüssel verwendet Microsoft Cipher Block Chaining Message Authentication Code (CBC-MAC) mit dem Advanced Encryption Standard (AES) als grundlegende Verschlüsselungstechnologie. Dabei können Unternehmen zwischen zwei verschiedenen Arten von Schlüsseln (MAK und KMS) und drei Aktivierungsmethoden (MAK Proxy Activation, MAK Independent Activation und KMS Activation ab 25 Windows-Clients) wählen.

Für die Verwaltung und die Abfrage von Lizenzinformationen auf Windows Vista/Windows 7- und Windows Server 2008-Computern stellt Microsoft das Skript *slmgr.vbs* zur Verfügung, welches Sie über *Start/Ausführen* aufrufen. Neben diesen Aktivierungsmethoden gibt es weiterhin die OEM-Aktivierung und die Aktivierung für die Einzelhandelsversion: Bei der OEM-Aktivierung erfolgt eine Aktivierung vorab durch den OEM-Hersteller. Man kann an dem Computer beliebige Änderungen vornehmen. Lediglich das BIOS des Mainboards muss die OEM-spezifischen Informationen enthalten. Es wird nie eine Aktivierung erforderlich. Die Aktivierung für die Einzelhandelsversion kann ebenfalls durch den OEM erfolgen – in der Praxis führt diese aber der Endbenutzer durch. Er übermittelt während der Aktivierung die Product ID und einen Hardwarehash von unterschiedlichen Teilen des PCs, die einzeln gewichtet werden. Im Gegensatz zu Windows XP ist bei Windows Vista und Windows 7 keine Neuaktivierung erforderlich, solange Sie die Festplatte nicht wechseln. Bei der MAK-Aktivierung findet ein ähnlicher Prozess statt, wie bei MSDN- oder Action Pack-Versionen für Microsoft Partner. Jeder Produktschlüssel lässt sich für eine bestimmte Anzahl von Computern verwenden. Die MAK-Aktivierung müssen Sie nur einmal durchführen. Sie erlaubt beliebige Änderungen an der Hardware des Computers. Bei der Schlüsselverwaltungsdienst-Aktivierung können Sie die Aktivierung der eingesetzten Windows-Computer über einen lokalen Server durchführen. Eine Verbindung zu Microsoft ist nicht notwendig. Die Clients müssen sich nach Aktivierung alle 180 Tage erneut beim KMS-Server reaktivieren.

Besonderheiten bei der Windows Server 2008 R2-Lizenzierung

Windows Server 2008 R2 gibt es in den Editionen Standard, Enterprise, Datacenter, für Itanium-basierte Systeme, Windows Web Server 2008 R2 und Windows Server 2008 R2 Foundation. Windows Server 2008 R2 Foundation ist eine neue Edition, die ausschließlich als OEM-Lizenz verfügbar ist. Jede Serverlizenz berechtigt dazu, einen Server zu installieren, außerdem dürfen nur 15 Benutzer mit dem Server arbeiten, weitere Lizenzen, auch Benutzer-CALs, benötigen Sie bei dieser Edition nicht. Lizenzen müssen Sie einzelnen Benutzerkonten fest zuweisen. Lizenzierte Nutzer der Foundation-Edition dürfen mit ihren Lizenzen nur auf den Foundation-Server zugreifen, keinen anderen Windows-Server. Für Windows Server 20008 R2 Foundation benötigen Sie keine Server-CALs. Nutzen Sie allerdings die Active Directory-Rechteverwaltung, benötigen Sie für die Anwender auch CALs für die Rechteverwaltung. Beim Verwenden als Remotedesktop-Sitzungshost benötigen Anwender eine eigene RDS-CAL. Die Foundation-Edition kann in einer Domäne betrieben werden, allerdings darf diese maximal 15 Benutzer enthalten und muss die Stammdomäne der Gesamtstruktur sein. Der Betrieb in einer untergeordneten Domäne ist nicht erlaubt. Bemerkt der Server einen Lizenzverstoß, fährt dieser nach elf Tagen selbstständig herunter. Serverlizenzen für Windows Server 2008 berechtigen nicht zur Installation von Windows Server 2008 R2, Sie benötigen jeweils eigene Serverlizenzen für die Betriebssysteme. Benutzer-CALs für Windows Server 2008 gelten aber auch für Windows Server 2008 R2 und umgekehrt.

Alle Editionen enthalten jetzt eine Hyper-V-Lizenz; es gibt keine Versionen mehr ohne Hyper-V, wie noch bei Windows Server 2008. Für Windows Server 2008 R2 Foundation, Standard und Enterprise benötigen Sie für jeden Server eine Serverlizenz. Die Standard-Edition deckt mit einer solchen Lizenz die Installation auf einem Host und eine virtuelle Maschine unter Hyper-V ab. Bei der Enterprise-Edition dürfen Sie mit einer Lizenz bis zu vier virtuelle Maschinen mit Hyper-V installieren. Windows Web Server 2008 R2 enthält nur die Installation als Gast, Windows Server 2008 R2 Foundation nur eine Hostinstallation. Bei den Editionen Datacenter und Windows Server 2008 R2 für Itanium-basierte Systeme dürfen Sie unbegrenzt virtuelle Maschinen erstellen; die Lizenzierung bei diesen Versionen ist prozessorbasiert. Betreiben Sie Windows Server 2008 R2 Standard Edition mit einer Serverlizenz als Host für eine virtuelle Maschine, dürfen Sie auf dem Host keine anderen Serverdienste als Hyper-V ausführen, die gleichen Einschränkungen gelten für die Enterprise-Edition, nur dürfen Sie hier bis zu vier virtuelle Maschinen betreiben. Bei den Editionen Datacenter und Enterprise müssen Sie alle physischen Prozessoren lizenzieren, nicht die enthaltenen Prozessorkerne. Die Mindestlizenz beträgt zwei Prozessoren, darunter dürfen Sie die Datacenter-Edition nicht installieren. Windows Web Server 2008 R2 dürfen Sie nur als Frontend-Server über das Internet zur Verfügung stellen.

Für Benutzerzugriffe benötigen Sie aber weiterhin Benutzer-CALs und CALs für die Remotedesktopdienste (RD-CALs). Microsoft bietet auch für Windows Server 2008 keine TS-CALs an, durch die Umbenennung der Terminaldienste in Remotdesktopdienste tragen diese CALs die Bezeichnung RD-CALs. Für den Zugriff auf die Microsoft Application Virtualization (App-V) für Terminaldienste benötigen Sie keine App-V-CAL für Terminaldienste mehr, die Lizenzierung ist jetzt durch die RD-CALs abgedeckt. Externe Anwender dürfen Sie auch über eine External Connector-Lizenz anbinden. Anwender, die sich über das Internet mit einem Server verbinden, benötigen keine Lizenz, wenn keine Authentifizierung am Server stattfindet, zum Beispiel bei öffentlichen Webseiten. Diese Benutzerzugriffe müssen Sie also nicht lizenzieren. Auch bis zu zwei Administratoren, die einen Server nur verwalten, benötigen keine Benutzer-CAL. Für Server, die nur als Hyper-V im Einsatz sind, benötigen Unternehmen ebenfalls keine Benutzer-CAL, allerdings für die virtuellen Maschinen auf dem Hyper-V-Server.

Zur Aktivierung von Windows 7 und Windows Server 2008 R2 müssen Sie KMS 1.2 verwenden, also die Version in Windows Server 2008 R2 und Windows 7. Die Version 1.0, die in Windows Server 2008 enthalten ist, kann Windows Server 2008 R2 oder Windows 7 nicht aktivieren. Die Version in Windows Vista ist Version 1.0. Die Version 1.2 berücksichtigt virtuelle Maschinen mit gleichem Gewicht wie physische Maschinen, in den Vorgängerversionen war die Anzahl der virtuellen Maschinen eingeschränkt. Für Windows Server 2008 R2 verwenden Sie die Version 1.2, das gilt auch für Windows 7.

Microsoft-Kunden mit aktiver Software Assurance mit Windows Server 2008-Lizenzen dürfen auf Windows Server 2008 R2 aktualisieren. Kunden ohne Assurance müssen für Windows Server 2008 R2 neue Lizenzen erwerben, Serverlizenzen für Windows Server 2008 sind bei Windows Server 2008 R2 nicht gültig. Wer Windows Server 2003 einsetzt, benötigt neue Benutzerlizenzen. Benutzer-CALs für Windows Server 2008 sind auch für Windows Server 2008 R2 gültig.

Windows 7 zusammen mit Windows Server 2008 R2 betreiben

Windows Server 2008 R2 ist die Serverversion von Windows 7 und arbeitet vor allem in Unternehmen am besten auch mit der neuen Clientversion zusammen. In Windows Server 2008 R2 sind Gruppenrichtlinieneinstellungen enthalten, die nur auf Windows 7-Clients umsetzbar und filterbar sind (siehe Kapitel 16). Vor allem sind auch die neuen Möglichkeiten der Energiespareinstellungen interessant, die sich bei Windows Server 2008 R2 auch für Windows 7 bereitstellen lassen. Wollen Sie Anwendungen auf den Clients mit AppLocker sperren, benötigen Sie ebenfalls Windows 7. Auch wenn Sie PowerShell-Skripts zum Anmelden, Abmelden, Starten oder Herunterfahren einsetzen wollen, ist Windows 7 auf dem Client eine Voraussetzung, genauso wie die Remoteverwaltung von Servern über die PowerShell von Windows 7. In Windows 7 enthalten ist die neue Version von RDP 7.0 ebenso wie in Windows Server 2008 R2. Zusammen mit den neuen Remotedesktopdiensten (ehemals Terminaldienste) lassen sich Windows 7 und Windows Server 2008 R2 optimal gemeinsam betreiben. Beispielsweise können Unternehmen veröffentlichte Anwendungen der Remotedesktopdienste, die RemoteApps, direkt in das Startmenü von Windows 7-Clients einbinden und zwar vollkommen automatisch (siehe Kapitel 26).

Generell arbeiten Remotedesktopserver wesentlich schneller und effizienter mit Windows 7-Clients zusammen, als mit anderen Clients. Die neue Möglichkeit, mit BranchCache Daten in Niederlassungen zwischenzuspeichern, lässt sich ebenfalls nur mit Windows 7 und Windows Server 2008 R2 zusammen betreiben. Auch die neuen Möglichkeiten, Clientcomputer über DirectAccess über das Internet zuverlässig und sicher mit dem Netzwerk zu verbinden, sind nur im Zusammenspiel von Windows 7 und Windows Server 2008 R2 möglich.

Mit der Möglichkeit, Computer zu virtualisieren, lassen sich mit Virtual Desktop Infrastructure (VDI) vor allem Windows 7-Computer virtualisieren und über Remotedesktopdienste zur Verfügung stellen.

Wollen Sie Computer offline zu Domänen hinzufügen, zum Beispiel beim Bereitstellen oder Rollout von neuen Rechnern, der Anbindung von Niederlassungen oder der automatischen Anbindung von neuen Computern, ist der Einsatz von Windows 7 ebenfalls Pflicht, denn auch dies beherrschen Windows Vista- oder Windows XP-Computer nicht. In Windows 7 und Windows Server 2008 R2 lassen sich *.vhd*-Dateien direkt in den Windows-Explorer als Laufwerk einbinden. Verwenden Sie das kostenlose Sysinternals-Tool Disk2vhd zum Exportieren von physischen Festplatten zu *.vhd*-Dateien, können Sie diese virtuellen Festplatten als Datensicherungsplattform verwenden (siehe Kapitel 8). Dies ist allerdings nur in Windows 7 möglich. Das gesicherte System kann aber auch Windows XP, Windows Server 2003 oder Windows Server 2008 sein. Windows 7 und Windows Server 2008 R2 können über BitLocker jetzt auch USB-Sticks verschlüsseln. So lassen sich Daten von mobilen Anwendern per Verschlüsselung vor Diebstahl sichern.

Abbildg. 1.56 RemoteApps direkt in das Startmenü von Windows 7 einbinden

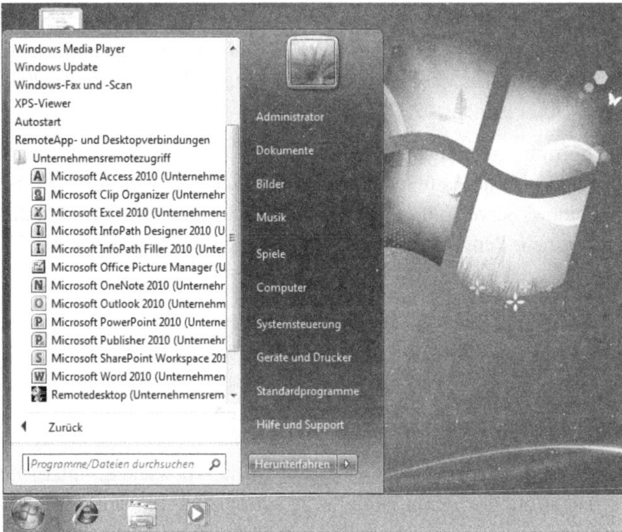

In Windows 7 ist der Netzwerkzugriffsschutz direkt in das Active Directory-Wartungscenter integriert, was für Administratoren und Endanwender den Überblick deutlich erhöht. Die Einrichtung erfolgt zwar immer noch über die Konsole, die Sie mit *napclcfg.msc* starten, aber die Anzeige und Lösungen von Problemen sind in das Active Directory-Wartungscenter integriert, das, im Gegensatz zu Windows Vista, auch in Domänen automatisch aktiviert ist.

Abbildg. 1.57 In Windows 7 ist der Netzwerkzugriffsschutz direkt integriert

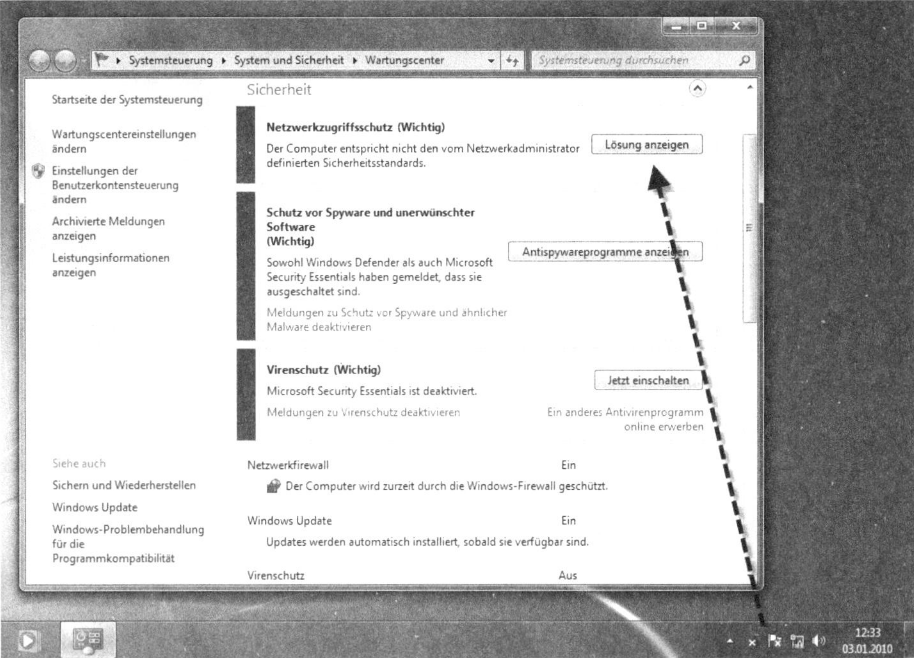

Zusammenfassung

In diesem Kapitel haben wir Ihnen die Neuerungen in Windows Server 2008 R2 im Vergleich zu Windows Server 2003/2008 aufgezeigt. Zu vielen Themen finden Sie bereits in diesem Kapitel zahlreiche Tricks zur Umsetzung und viele Querverweise. Auch das Thema Lizenzierung im Netzwerk sowie der Funktionsumfang der verschiedenen Editionen wurde erläutert. Im nächsten Kapitel gehen wir ausführlicher auf die Installation und Aktualisierung von Windows Server 2008 R2 ein.

Kapitel 2

Installation, Treiberverwaltung und Aktivierung

In diesem Kapitel:

In diesem Kapitel gehen wir mit Ihnen die Installation von Windows Server 2008 R2 durch. Die Installation verläuft sehr ähnlich wie jene von Windows Vista/Windows 7. Außerdem erfahren Sie, welche ersten Schritte nach der Installation des Servers durchzuführen sind. Windows Server 2008 R2 verwendet, wie auch Windows Vista bzw. Windows 7, ein Abbild-basiertes Setup. Außerdem ist der Anschluss eines Diskettenlaufwerks an den Server, um beispielsweise gerätespezifische Zusatztreiber für Festplatten- oder Netzwerkadapter zu installieren, nicht mehr erforderlich. Windows Server 2008 R2 kann Treiberdateien direkt von CD/DVD oder von einem USB-Stick einbinden. Installieren Sie Windows Server 2008 R2 neu oder möchten Sie eine bereits vorhandene Windows Server 2003-Installation löschen und Windows Server 2008 R2 neu installieren, legen Sie die Windows Server 2008 R2-DVD in Ihr DVD-Laufwerk ein, stellen sicher, dass im BIOS das Booten von DVD/CD möglich ist, und starten den Rechner von der DVD. Im Anschluss wird der Installations-Assistent aufgerufen, mit dessen Hilfe Sie die Installation durchführen können.

HINWEIS Windows Server 2003 (R2) lässt sich nicht direkt auf Windows Server 2008 R2 aktualisieren, ohne dass Sie vorher SP2 für Windows Server 2003 installiert haben. Dieses Service Pack wird für die Aktualisierung zu Windows Server 2008 R2 zwingend vorausgesetzt. Andernfalls müssen Sie Windows Server 2008 R2 neu installieren. Da Windows Server 2008 R2 ausschließlich als 64-Bit-System zur Verfügung steht, können Sie nur von Windows Server 2008 x64 oder Windows Server 2003 SP2 (R2) x64 direkt auf Windows Server 2008 R2 aktualisieren. Abhängig von der eingesetzten Edition stehen verschiedene Aktualisierungspfade zur Verfügung. Diese zeigen wir Ihnen in der Tabelle 2.1. Die Aktualisierung von Versionen mit unterschiedlichen Sprachen werden nicht unterstützt.

Die Oberfläche des Installations-Assistenten basiert auf Windows PE 3.0 (siehe auch Kapitel 42). Einen textorientierten Teil wie bei Windows Server 2003 gibt es seit Windows Server 2008 nicht mehr. Hier noch einige wichtige Hinweise, die Sie vor der Installation beachten sollten:

- Sie sollten Windows Server 2008 R2 nur auf Servern mit mindestens 512 MB Arbeitsspeicher, besser 1 GB und mehr installieren, abhängig vom Nutzungszweck des Servers. Bei dem Server sollte es sich um ein aktuelles Modell handeln, das mindestens einem 1.4-GHz-Prozessor ausgestattet ist. Die genauen Systemvoraussetzungen erfahren Sie in Kapitel 1.

HINWEIS Microsoft empfiehlt, vor der Installation eine eventuell vorhandene unterbrechungsfreie Stromversorgung (USV) vom Server zu trennen. Damit ist nicht der Stromanschluss an die USV gemeint, sondern ein eventuell vorhandener serieller oder USB-Anschluss, über den die USV gesteuert werden kann. Windows Server 2008 R2 versucht während der Installation über eine solche serielle Schnittstelle auf das Gerät zuzugreifen, womit einige USVs mangels Kompatibilität Probleme haben.

- Sie sollten auf der Festplatte, auf der Sie Windows Server 2008 R2 installieren, mindestens 32 GB freien Festplattenplatz haben, besser deutlich mehr. Das gilt auch für Testumgebungen.
- Außerdem muss die Partition als aktiv und primär konfiguriert sein (siehe Kapitel 6). Wenn Sie vorher von dieser Partition auch Windows Server 2003 gestartet haben, sollte es keine Probleme geben, auch nicht bei Neuinstallationen.
- Vermeiden Sie Partitionierungstools von Drittherstellern, die nur für Windows XP oder Windows Server 2003 konzipiert sind.
- Achten Sie darauf, wenn Sie Windows Server 2008 R2 installieren, dass Sie in diesem Fall auch 64-Bit-kompatible Programme und 64-Bit-kompatible Treiber benötigen. Viele Hardwarehersteller bieten derzeit noch keine 64-Bit-Treiber an, Windows Server 2008 R2 ist allerdings nicht mehr als 32-Bit-Version verfügbar.

Tabelle 2.1 Mögliche Upgradepfade der Windows Server 2008 R2-Installation

Vorversion von Windows Server 2008 R2	Unterstützter Aktualisierungspfad
Windows Server 2003 SP2 (R2) Datacenter	Windows Server 2008 R2 Datacenter
Windows Server 2003 SP2 (R2) Enterprise	Windows Server 2008 R2 Enterprise Windows Server 2008 R2 Datacenter
Windows Server 2003 SP2 (R2) Standard	Windows Server 2008 R2 Enterprise Windows Server 2008 R2 Standard
Windows Server 2008 (RTM, SP1, SP2) Datacenter	Windows Server 2008 R2 Datacenter
Windows Server 2008 (RTM, SP1, SP2) Datacenter Core	Windows Server 2008 R2 Datacenter Core
Windows Server 2008 (RTM, SP1, SP2) Enterprise	Windows Server 2008 R2 Enterprise Windows Server 2008 R2 Datacenter
Windows Server 2008 (RTM, SP1, SP2) Enterprise Core	Windows Server 2008 R2 Enterprise Core Windows Server 2008 R2 Datacenter Core
Windows Server 2008 (RTM, SP1, SP2) Standard	Windows Server 2008 R2 Standard Windows Server 2008 R2 Enterprise
Windows Server 2008 (RTM, SP1, SP2) Standard Core	Windows Server 2008 R2 Standard Core Windows Server 2008 R2 Enterprise Core
Windows Web Server 2008	Windows Web Server 2008 R2 Windows Server 2008 R2 Standard
Windows Web Server 2008 Core	Windows Web Server 2008 R2 Core Windows Server 2008 R2 Standard Core
Windows Server 2008 R2 Datacenter	Windows Server 2008 R2 Datacenter
Windows Server 2008 R2 Datacenter Core	Windows Server 2008 R2 Datacenter Core
Windows Server 2008 R2 Enterprise	Windows Server 2008 R2 Enterprise Windows Server 2008 R2 Datacenter
Windows Server 2008 R2 Enterprise Core	Windows Server 2008 R2 Enterprise Core Windows Server 2008 R2 Datacenter Core
Windows Server 2008 R2 Standard	Windows Server 2008 R2 Standard Windows Server 2008 R2 Enterprise
Windows Server 2008 R2 Standard Core	Windows Server 2008 R2 Standard Core Windows Server 2008 R2 Enterprise Core
Windows Web Server 2008 R2	Windows Web Server 2008 R2 Windows Server 2008 R2 Standard
Windows Web Server 2008 R2 Core	Windows Web Server 2008 R2 Core Windows Server 2008 R2 Standard Core

HINWEIS **Systemvoraussetzungen für die Installation von Windows Server 2008 R2**

- Mindestens 1,4-GHz-Prozessor x64
- Itanium 2-Prozessor für Windows Server 2008 R2 für Itanium-basierte Systeme
- Mindestens 512 MB RAM

- Genügend Festplattenplatz, unter 8 GB bricht die Installation mit einem Fehler ab. Um auch Serverrollen installieren und testen zu können, sollten Sie mindestens 30-40 GB verwenden, auf produktiven Servern natürlich entsprechend mehr.
- Bildschirmauflösung mindestens 800x600

Windows Server 2008 R2 virtuell und physisch neu installieren

Für eine Neuinstallation von Windows Server 2008 R2 legen Sie zunächst die Boot-DVD ein, booten den Server mit dieser DVD und wählen den Start der Installation aus. Anschließend öffnet sich die Installationsoberfläche, die sich ähnlich zu Windows Vista bzw. Windows 7 verhält. Zur Installation in einer Hyper-V-Umgebung (siehe Kapitel 8) müssen Sie auf dem Host zunächst Hyper-V als Serverrolle installieren und konfigurieren, wie in Kapitel 8 erläutert.

HINWEIS Für die Installation von Windows Server 2008 R2 und Windows 7 benötigen Sie zunächst keinen Product Key. Diesen müssen Sie erst nach der Installation eingeben.

Um eine neue virtuelle Maschine zu erstellen, gehen Sie dann folgendermaßen vor. Wollen Sie einen physischen Server installieren, können Sie die Schritte zur Konfiguration in Hyper-V überspringen oder zum besseren Verständnis mitlesen, aber auf Ihrem zu installierenden Server nicht ausführen.

1. Bauen Sie zunächst eine Verbindung mit dem Server auf, zum Beispiel mit dem Hyper-V-Manager auch von einer Arbeitsstation aus.

Abbildg. 2.1 Auswählen des Speicherorts von neuen Maschinen über den Hyper-V-Manager unter Windows 7

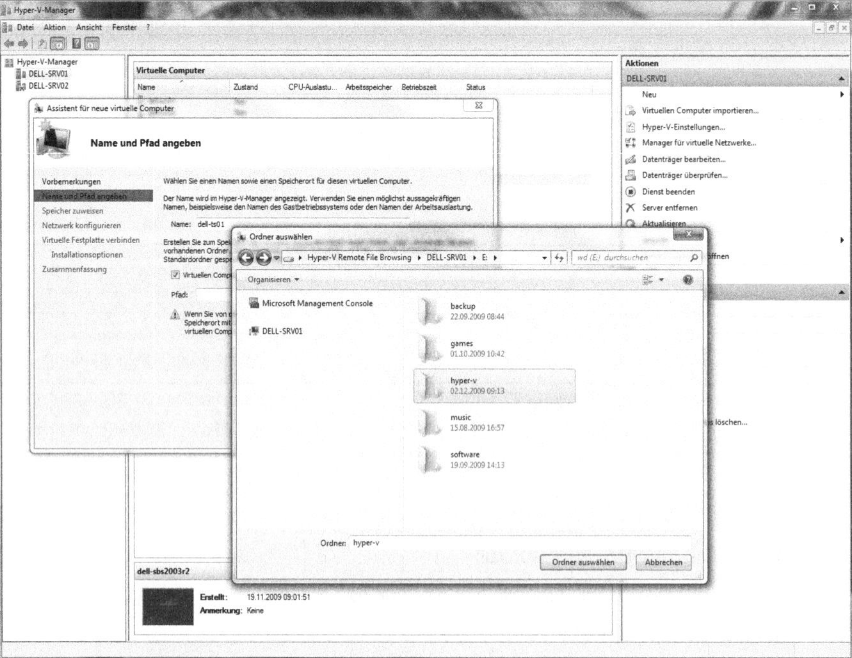

2. Klicken Sie auf *Neu/Virtueller Computer.*
3. Geben Sie den Namen des Servers ein. Der Name hat an dieser Stelle nichts mit dem späteren Namen unter Windows zu tun, sollte aber aus Übersichtsgründen identisch gewählt werden.
4. Wählen Sie im Fenster, in dem Sie auch den Namen festlegen, den Speicherort der virtuellen Maschine. Mit dem Hyper-V-Manager können Sie auch von einer Arbeitsstation mit Windows 7 Verzeichnisse auf dem Hyper-V-Server auswählen. Dies funktioniert selbst dann, wenn diese nicht als Netzlaufwerk verbunden sind.
5. Legen Sie als Nächstes den Arbeitsspeicher für die virtuelle Maschine fest.
6. Auf der nächsten Seite wählen Sie die Netzwerkverbindung aus, die Sie bei der Installation der Hyper-V-Serverrolle für virtuelle Netzwerke konfiguriert haben.
7. Anschließend bestimmen Sie auf der nächsten Seite den Speicherort der virtuellen Festplatte auf dem Host. Achten Sie darauf, hier das gleiche Verzeichnis zu wählen, in dem Sie auch die Konfigurationsdateien der virtuellen Maschine abgelegt haben.

Abbildg. 2.2 Auswählen des Speicherortes und der Größe der virtuellen Festplatte für den neuen virtuellen Server

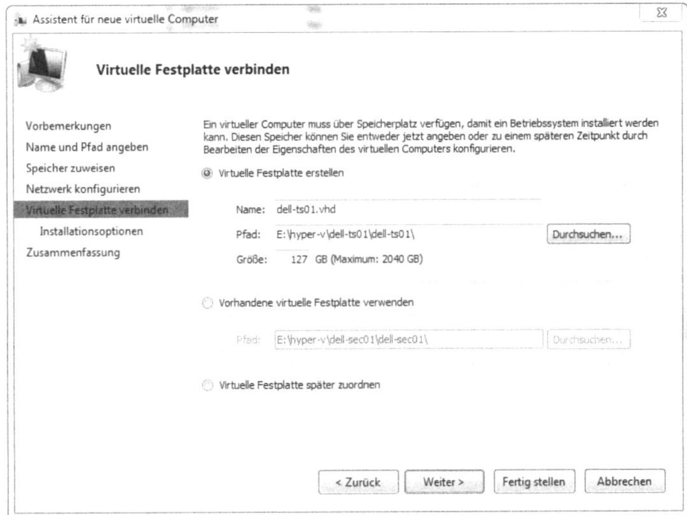

8. Anschließend wählen Sie aus, ob die Installation des Betriebssystems über eine DVD erfolgen soll, oder Sie mounten eine ISO-Datei, was beim Einsatz von Hyper-V und der Verwaltung über das Netzwerk sicherlich der beste Weg ist. Auch hier können Sie wieder auf die lokalen Datenträger des Hyper-V-Servers zugreifen, wenn Sie mit dem Hyper-V-Manager von einem Admin-PC aus arbeiten (siehe die Erläuterungen zur Einrichtung in Kapitel 8).
9. Schließen Sie die Erstellung der virtuellen Maschine ab.

Abbildg. 2.3 Festlegen einer ISO-Datei als Startlaufwerk zur Installation von Windows Server 2008 R2

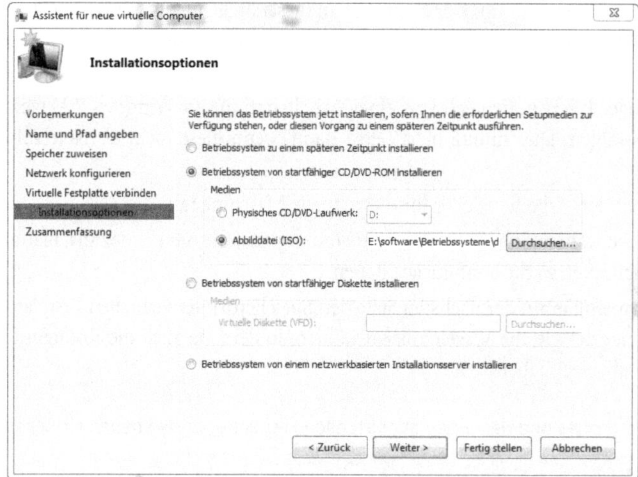

Nach der Erstellung der virtuellen Maschine wird diese im Hyper-V-Manager angezeigt. Per Doppelklick auf den Computer rufen Sie die Fernwartung zum Server auf und starten den Server mit der Startschaltfläche. Anschließend bootet der Server von der ISO-Datei oder DVD, die Sie bei der Erstellung festgelegt haben. Über das Kontextmenü können Sie die Einstellungen aufrufen und diese entsprechend Ihren Wünschen anpassen (siehe Kapitel 8).

Abbildg. 2.4 Verbindungsaufbau und Start eines virtuellen Computers

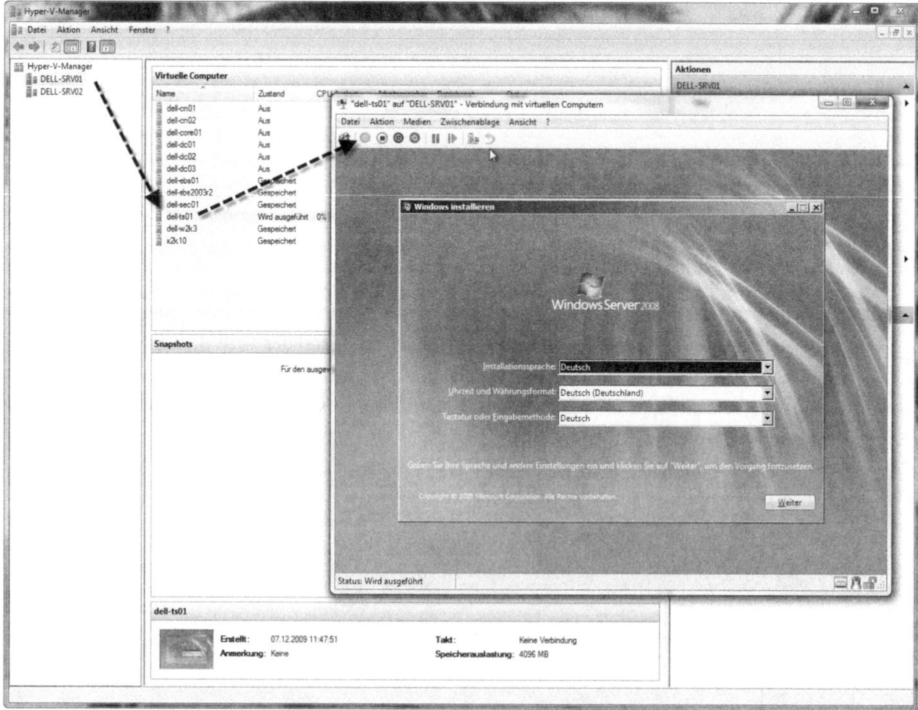

Die Installation ab dieser Stelle läuft identisch ab zu der Installation in anderen Virtualisierungslösungen oder auf physischen Servern. Wählen Sie die notwendigen Daten aus und klicken Sie auf *Weiter*, um die Installation fortzusetzen. Die Installation von Windows Server 2008 R2 findet bereits beim Starten in einer grafischen Oberfläche statt, es gibt keinen textorientierten Teil mehr. Die Installation von Windows Server 2008 R2 ist weit weniger aufwändig, als noch unter Windows Server 2003. Es gibt weniger Fenster und es sind weniger Eingaben für die Installation erforderlich. Außerdem werden die meisten Eingaben bereits vor Beginn der Installation durchgeführt, sodass der Server während der Installation nicht die ganze Zeit beaufsichtigt werden muss.

Auf der nächsten Seite des Assistenten können Sie neben dem Fortführen der Installation die *Computerreparaturoptionen* aufrufen, um eine vorhandene Windows Server 2008 R2-Installation zu reparieren. Dazu werden verschiedene Reparaturprogramme zur Verfügung gestellt. Klicken Sie auf die Schaltfläche *Jetzt installieren*, um die Installation fortzusetzen.

Abbildg. 2.5 Start der Installation oder Auswahl der Computerreparaturoptionen

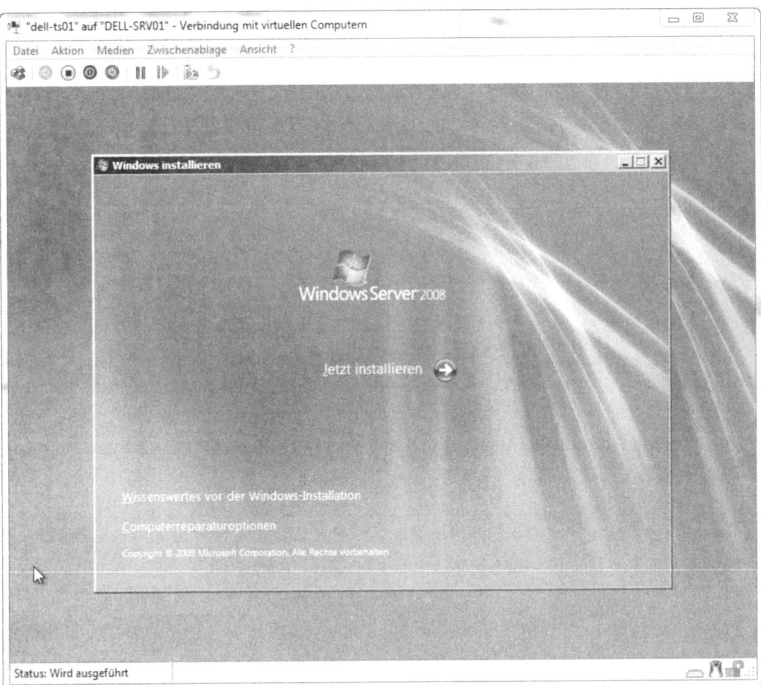

Klicken Sie auf *Computerreparaturoptionen*, können Sie entweder eine Eingabeaufforderung starten, um ein bestehendes Betriebssystem zu reparieren, oder Sie können den Arbeitsspeicher des Servers testen. Außerdem lässt sich mit der Funktion *Systemabbild-Wiederherstellung* ein Abbild des Servers aus einer Sicherung über den Server installieren.

Abbildg. 2.6 Auswahl der Systemwiederherstellungsoptionen

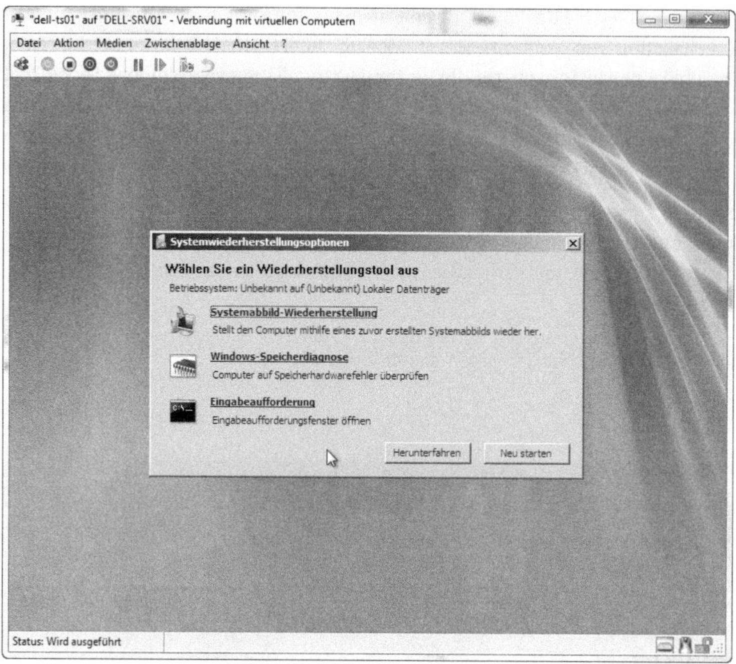

Core-Server oder herkömmliche Installation

Auf der nächsten Seite des Setup-Assistenten legen Sie die Installationsvariante fest. Falls Sie die *Server Core-Installation* auswählen, erhalten Sie ein Betriebssystem, das bis auf rudimentäre Anzeigen wie zum Beispiel den Task-Manager und Notepad-Editor komplett ohne grafische Benutzeroberfläche auskommt und über die Befehlszeile verwaltet wird.

HINWEIS Wählen Sie eine Core-Installation aus, können Sie später nicht zu einer herkömmlichen Version von Windows Server 2008 R2 aktualisieren. Dies gilt auch umgekehrt.

Wir kommen zu den einzelnen Funktionen dieser Neuheit noch ausführlicher in diesem und den nächsten beiden Kapiteln zu sprechen. Wird diese Variante ausgewählt, findet die gesamte Installation und Konfiguration über die Befehlszeile in einer Eingabeaufforderung oder von einem Remoteserver aus statt. Mit dieser Version steht Ihnen eine kompakte Servervariante zur Verfügung. Ein Core-Server ermöglicht auf diese Weise den Betrieb von Systemen, die als DHCP- und DNS-Server, Domänencontroller oder Dateiserver konfiguriert sind. Bei Bedarf können noch ausgewählte optionale Features wie Datensicherung, Failovercluster, Netzwerklastenausgleich usw. zusätzlich installiert werden. In diesen Fällen werden lediglich die für diese Rollen erforderlichen Systemdateien auf dem Server installiert, wobei die grafische Benutzeroberfläche nicht dazu zählt. Dieser Ansatz bietet mehrere Vorteile: Da nur sehr wenige Dienste zur Verfügung stehen, reduziert sich der Konfigurationsaufwand auf die damit verbundenen Rollen. Des Weiteren bietet der Core-Modus Hackern und Viren nur minimale Angriffsflächen, was potenzielle Sicherheitsrisiken ebenfalls deutlich verringern kann. Installieren Sie die Core-Variante des Servers, stehen allerdings nicht alle Rollen nach der Installation zur Verfügung (siehe Kapitel 4 und Kapitel 5). Ein Core-Server wird über die Befehlszeile verwaltet und unterstützt nur folgende Serverrollen:

- Dateiserver (siehe die Kapitel 4, 6 und 17 bis 20)
- Druckserver (siehe die Kapitel 4 und 21)
- Streaming Media-Dienste (*http://www.microsoft.com/windows/windowsmedia/forpros/serve/prodinfo2008.aspx*)
- Domänencontroller (siehe die Kapitel 4, 5 und 9 bis 13)
- Active Directory Lightweight Directory Services (AD LDS, unter Windows Server 2003 ADAM genannt, siehe Kapitel 30)
- DNS-Server (siehe Kapitel 4, 5 und 23)
- DHCP-Server (siehe Kapitel 4, 5 und 22)
- Hyper-V (siehe Kapitel 8)

Ein Core-Server verfügt über keine grafische Oberfläche, keine Shell, keine Mediafunktionen, keinerlei Zusatzkomponenten, außer den notwendigen Serverdiensten. Die Anmeldemaske sieht allerdings identisch aus, Sie müssen sich nach der Installation über die Tastenkombination `Strg`+`Alt`+`Entf` anmelden. Sobald Sie sich angemeldet haben, sehen Sie nur eine Befehlszeile. Zur Bearbeitung des Servers können Sie den Editor (*Notepad.exe*) öffnen, aber zum Beispiel keinen Windows-Explorer oder Internet Explorer und keinen Registrierungs-Editor (*Regedit.exe*). Durch diese Funktion können die beschriebenen Standardfunktionen von Windows Server 2008 R2 betrieben werden, ohne dass der Server durch unwichtige Komponenten belastet oder kompromittiert werden kann.

Abbildg. 2.7 Auswahl der zu installierenden Edition, wenn ein Product Key eingegeben wird

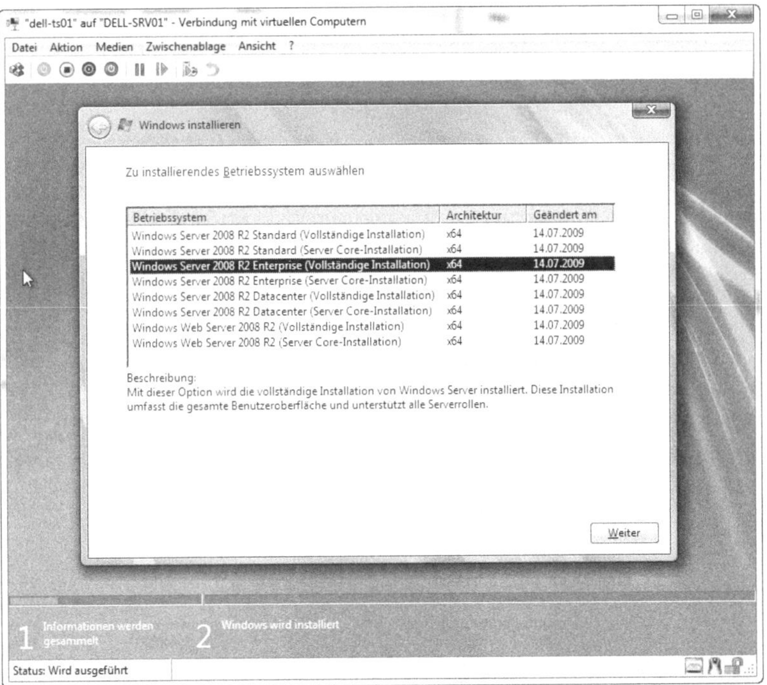

TIPP Über den Befehl *setup /unattend:<Pfad>\unattend.xml* können Sie auch einen Core-Server unbeaufsichtigt installieren. Eine *unattend.xml*-Datei erstellen Sie mit dem Windows-Systemabbild-Manager (Windows System Image Manager) aus dem Windows Automated Installation Kit (WAIK). Mehr zu diesem Thema finden Sie in Kapitel 42). Speziell für Windows Server 2008 R2 und Windows 7 gibt es eine neue Version von WAIK.

Neben der eingeschränkten Möglichkeit der Rolleninstallation, können auf einem Core-Server auch nicht alle Funktionen installiert werden. Ein Core-Server unterstützt nur folgende Features, die nachträglich installiert werden können (siehe die Kapitel 4 und 5):

- Windows-Server-Sicherung
- BitLocker-Laufwerkverschlüsselung
- Failover-Clusterunterstützung
- Multipfad-E/A
- Netzwerklastenausgleich
- Wechselmedien
- Simple Network Management Protocol (SNMP)
- Subsystem für UNIX-basierte Anwendungen
- Telnet-Client
- QWAVE
- Windows Internet Name Service (WINS)
- .NET Framework 2.0, 3.0 und 3.5

HINWEIS Es gibt keine Möglichkeit, von einem Core-Server zu einem normalen Windows Server 2008 R2 zu aktualisieren. Der umgekehrte Weg ist ebenfalls nicht möglich. Es muss immer neu installiert werden. Auch die Aktualisierung von Windows Server 2003 zu einem Windows Server 2008 R2-Core-Server ist nicht möglich. Die Anbindung eines Core-Servers an System Center Configuration Manager 2007 R2 und SP2 (Nachfolger von SMS 2003) ist genauso möglich, wie die Anbindung an Microsoft System Center Operations Manager (SCOM) über die jeweiligen Agenten der Server, damit der Server überwacht werden kann. Sie müssen für SCCM 2007 allerdings SP2 installieren, damit Sie Server mit Windows Server 2008 R2 anbinden können. Für SCOM stellt Microsoft eigene Management Packs für Windows Server 2008 R2 und Windows 7 zur Verfügung.

Nachdem Sie ausgewählt haben, ob Sie eine Vollinstallation oder nur die Core-Version installieren wollen, gelangen Sie mit *Weiter* zur nächsten Seite des Assistenten. Hier bestätigen Sie die Lizenzbedingungen.

Abbildg. 2.8 Bestätigen der Lizenzbedingungen

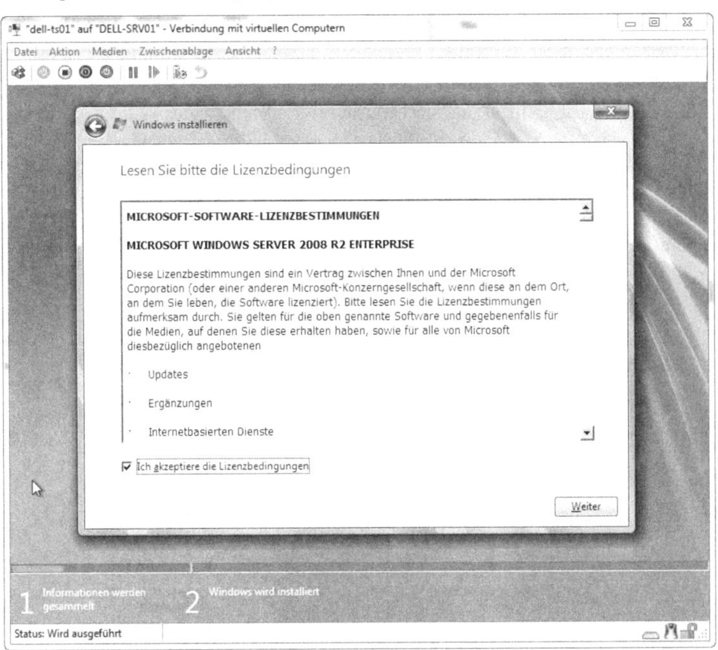

Nachdem Sie die Lizenzbedingungen bestätigt haben, gelangen Sie mit *Weiter* zur nächsten Seite des Assistenten.

Abbildg. 2.9 Auswählen der Installationsart

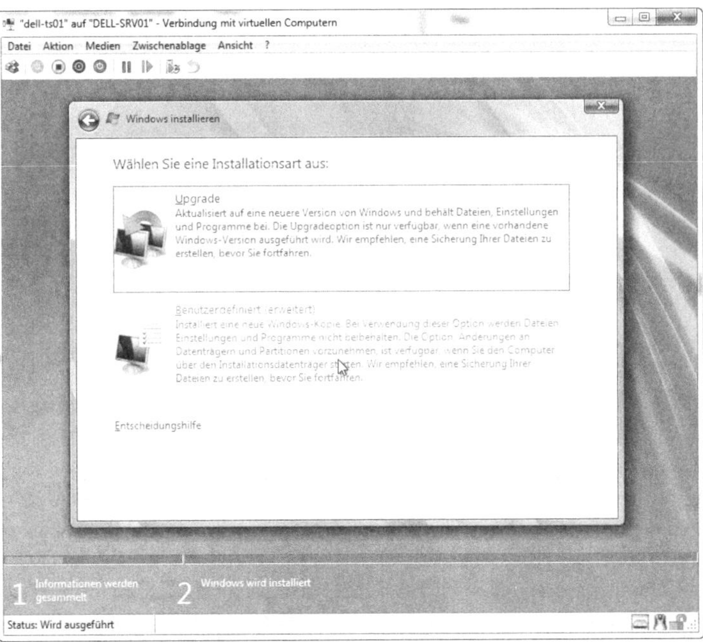

Hier wählen Sie aus, ob Sie einen Server auf Windows Server 2008 R2 aktualisieren oder eine Neuinstallation durchführen möchten. Wollen Sie eine Neuinstallation durchführen, klicken Sie auf *Benutzerdefiniert (erweitert)*. Durch diese Auswahl haben Sie auch die Möglichkeit, erweiterte Einstellungen für die Partitionierung durchzuführen. Die Option *Upgrade* steht nur dann zur Verfügung, wenn Sie das Setupprogramm aus jener Windows-Installation heraus starten, die aktualisiert werden soll. Rufen Sie das Windows Server 2008-Installationsprogramm von DVD auf, können Sie nur die Option *Benutzerdefiniert* auswählen.

Nachdem Sie die Installationsart ausgewählt haben, gelangen Sie zum nächsten Fenster der Installationsoberfläche. Hier wählen Sie die Partition aus, auf der Windows Server 2008 R2 installiert werden soll. In diesem Fenster können Sie auch zusätzliche Treiber laden, wenn die Controller für die Festplatten nicht erkannt werden. Im Gegensatz zu Windows Server 2003 benötigen Sie diese Treiber nicht mehr in Diskettenform, sondern können diese direkt per CD/DVD oder USB-Stick in die Installation einbinden. Klicken Sie dazu auf den Link *Treiber laden*.

Abbildg. 2.10 Auswählen der Partition für die Installation

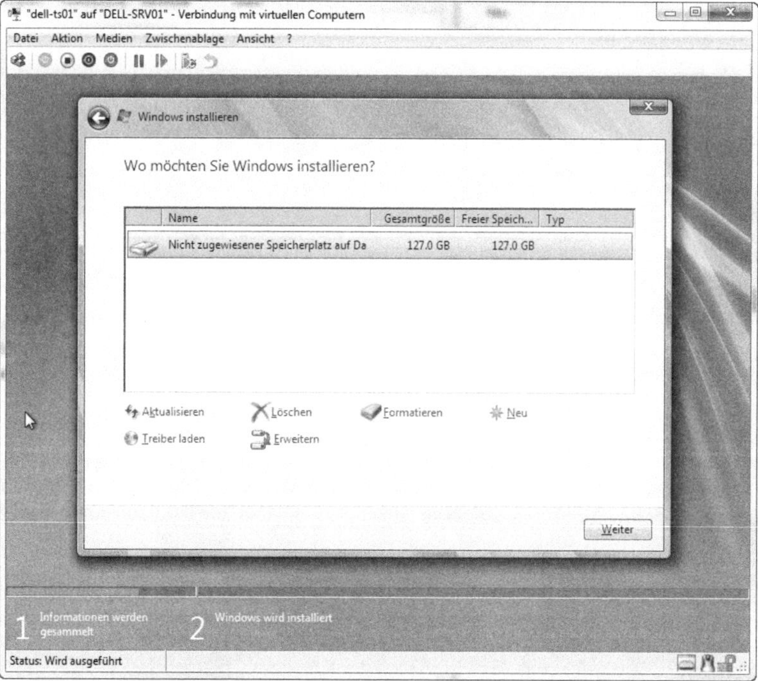

Wollen Sie die Partitionierung ändern oder eine Partition zunächst löschen, klicken Sie auf *Laufwerkoptionen (erweitert)*. In diesem Fall erscheinen weitere Menüs. Mit diesen neuen Optionen können Sie bequem Partitionen auf Ihren Laufwerken erstellen, Partitionen löschen und bestehende Partitionen auf zusätzlichen Festplattenplatz erweitern. Anschließend beginnt die Installation. Diese ist wie bei Windows Vista bzw. Windows 7 Abbild-basiert und kann so deutlich schneller durchgeführt werden, als noch die Installation von Windows Server 2003. Abhängig von der Leistung des Rechners startet die Installationsroutine den Server nach 10 bis 20 Minuten automatisch neu. Sie müssen keine Eingaben machen und keine Taste drücken. Sollten Sie versehentlich eine Taste gedrückt haben und die Installation startet erneut von der DVD, schalten Sie den Rechner aus und erneut ein. Der Computer bootet und es wird ein Fenster geöffnet, über das Sie informiert werden, dass der Rechner für den ersten Start von Windows vorbereitet wird. Lassen Sie den Rechner am besten ungestört weiterarbeiten. Es kann sein, dass der Bildschirm während der Installation der Monitor- und Grafikkartentreiber ein paar Mal flackert oder schwarz wird. Dies ist normal und muss Sie nicht beunruhigen.

Abbildg. 2.11 Die Installation von Windows Server 2008 R2 läuft Abbild-basiert ab und ist schnell abgeschlossen

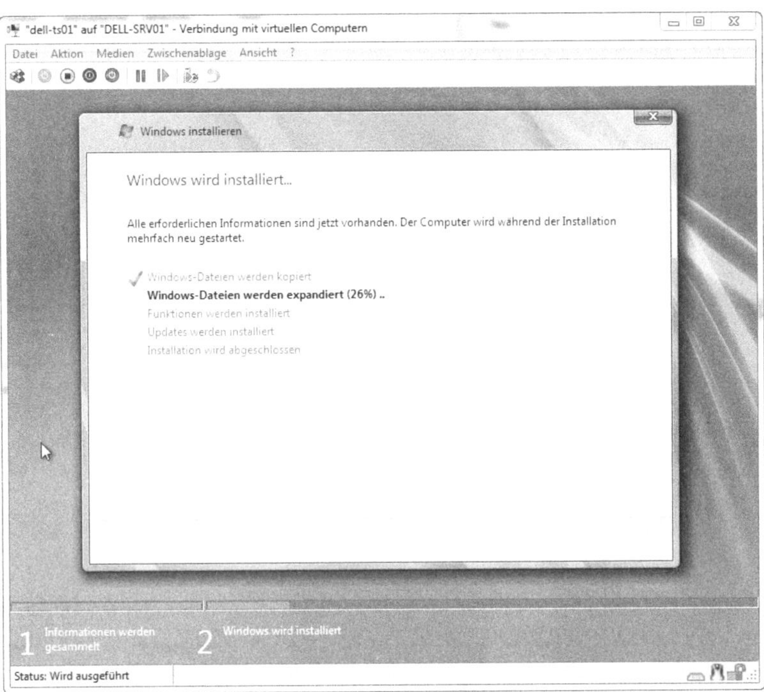

Nach der Installation muss zunächst ein Kennwort für den Administrator festgelegt werden. Erst dann ist eine Anmeldung möglich. Bestätigen Sie die Meldung. Legen Sie ein Kennwort für den Administrator fest, damit die erste Anmeldung erfolgen kann. Standardmäßig sind bereits die Komplexitätsvoraussetzungen für Kennwörter aktiviert und müssen beachtet werden. Im Kennwort sollten daher auch Zeichen in Groß- und Kleinschreibung sowie Zahlen berücksichtigt werden. Sie werden daraufhin angemeldet und können mit den ersten Schritten zur Serverkonfiguration beginnen.

Verschiedene Startoptionen des Setupprogramms

Wenn Sie die Installation von Windows Server 2008 R2 über die Datei *Setup.exe* auf der DVD starten, können Sie noch zusätzliche Optionen angeben, die das Setupverhalten beeinflussen. Diese Optionen können Sie zum Beispiel auch verwenden, wenn Sie einen Windows Server 2003-Computer aktualisieren. Rufen Sie die Setupdatei der DVD mit *setup /?* auf, um Informationen und Hilfe zu den Optionen zu erhalten. Die wichtigsten Optionen sind:

- **/m:<Ordnername>** Legt fest, dass Treiber erst aus diesem Verzeichnis installiert werden sollen.
- **/tempdrive:<Laufwerkspfad>** Laufwerk und Pfad, auf dem temporäre Dateien abgelegt werden sollen.
- **/unattend:<Antwortdatei>** Die Installation wird ohne Benutzereingaben durchgeführt. Alle Benutzereingaben werden von der Antwortdatei bezogen.

Abbildg. 2.12 Setupoptionen der Windows Server 2008 R2-Installation

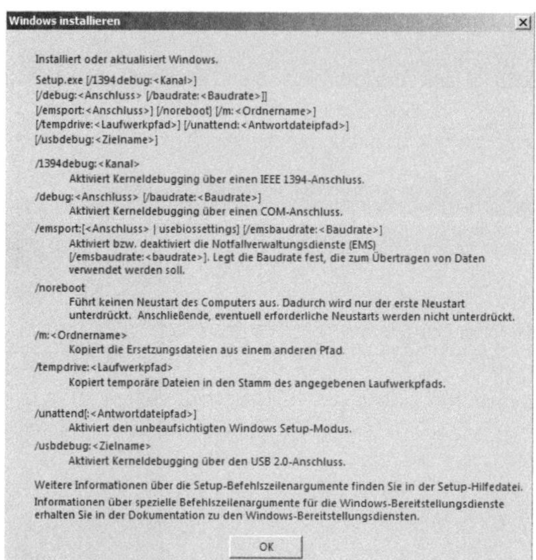

Treiber und Hardware installieren und verwalten

Auch wenn Windows Server 2008 R2, wie alle neuen Betriebssysteme von Microsoft, bereits Treiber für eine Vielzahl von Geräten mitbringt, müssen einige Anwender manuell ins System eingreifen, um die Treiber anzupassen oder neue Treiber zu installieren. Ein Gerät, das an den PC angeschlossen ist, funktioniert erst dann, wenn es Windows bekannt gemacht wurde und im Geräte-Manager angezeigt wird. Sie sollten aus Performance- und Stabilitätsgründen immer die wichtigsten Treiber, also Chipsatz, Grafikkarte und Netzwerkkarte direkt vom jeweiligen Hersteller herunterladen und verwenden. Diese Treiber sind meist besser an das System angepasst, als jene, die das Betriebssystem mitbringt. Sie finden die entsprechenden Treiber entweder auf den Herstellerseiten oder übersichtlicher unter den folgenden Internetadressen:

- *www.heise.de/ct/treiber*
- *www.treiber.de*

Sobald Sie eine neue Komponente mit dem Server verbinden, startet der Assistent für die Installation von Hardware. Kann Windows keinen Treiber finden, erhalten Sie ein Informationsfenster angezeigt, über das Sie auswählen können, wie Windows mit der Komponente verfahren soll. In diesem Fenster stehen Ihnen drei Optionen zur Verfügung:

- *Treibersoftware suchen und installieren (empfohlen)*
- *Später nachfragen*
- *Diese Meldung nicht noch einmal für dieses Gerät anzeigen*

Wählen Sie die Option *Treibersoftware suchen und installieren* aus, versucht Windows noch einmal einen passenden Treiber zu installieren. Findet Windows keinen internen Treiber, fordert der Assistent Sie auf, Windows einen Treiber bereitzustellen. Laden Sie in diesem Fall einen passenden Treiber aus dem Internet beim Hersteller des Gerätes herunter. Achten Sie aber darauf, möglichst einen Windows Server 2008-Treiber zu verwenden. Windows Server 2008 R2 kommt zwar auch teilweise mit Windows Server 2003-Treibern zurecht, diese sollten Sie aber aus Performance- und Stabilitätsgründen nur dann verwenden, wenn kein Windows Server 2008-Treiber zur Verfügung steht. Wählen Sie die Option *Später nachfragen* aus, installiert Windows keinen Treiber und zeigt auch keine weiteren Warnungen an. Erst beim nächsten Systemstart oder dem Suchen von neuer Hardware fordert Sie Windows dazu auf, einen Treiber bereitzustellen. Verwenden Sie die Option *Diese Meldung nicht noch einmal für dieses Gerät anzeigen*, kennzeichnet Windows das Gerät als nicht vorhanden. Es erscheint eine Meldung, die Sie darauf hinweist, dass Sie das Gerät nicht verwenden können. Für die weiteren Aktionen mit dieser neuen Hardware verwenden Sie den Geräte-Manager, den wir im nächsten Abschnitt ausführlicher besprechen.

TIPP Wenn in Windows Server 2008 R2 kein Treiber für eine Hardwarekomponente enthalten ist und Sie auch keinen Treiber auf der Herstellerseite finden, haben Sie unter Umständen Chancen, bei einem Windows-Update über das Internet einen Treiber zu finden. Ein manuelles Windows-Update können Sie zum Beispiel in der Systemsteuerung über *System und Sicherheit/Windows Update* starten.

Die Konfiguration des Downloads von Treibern über Windows-Update können Sie über *Start/Systemsteuerung/System und Sicherheit/System/Erweiterte Systemeinstellungen*, Registerkarte *Hardware*, Schaltfläche *Geräteinstallationseinstellungen* steuern. Standardmäßig lädt Windows Server 2008 R2 keine Treiber automatisch bei Microsoft herunter. Über die gleiche Registerkarte können Sie auch den Geräte-Manager starten. Zum *System*-Fenster gelangen Sie auch, wenn Sie mit der rechten Maustaste im Startmenü oder dem Desktop auf *Computer* klicken und *Eigenschaften* auswählen. Das *Computer*-Symbol kann nach einem Klick mit der rechten Maustaste darauf und der Auswahl des Eintrags *Auf dem Desktop anzeigen* im Kontextmenü auf dem Desktop angezeigt werden.

Abbildg. 2.13 Konfigurieren des automatischen Treiberdownloads über Windows Update

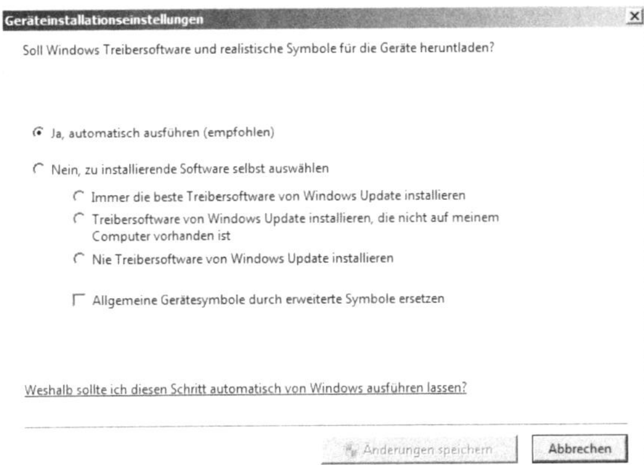

Der Geräte-Manager

Neue Treiber, installierte Hardware und auch die Fehlerbehebung von Treibern und Hardware werden über den Geräte-Manager integriert und verwaltet. Der Geräte-Manager kann über verschiedene Wege gestartet werden:

- Durch Eingabe von *devmgmt.msc* im Suchfeld des Startmenüs.
- Per Aufruf des Kontextmenübefehls *Eigenschaften* zum *Computer*-Symbol im Startmenü.

Der Geräte-Manager sollte nach der Installation alle Hardwarekomponenten des Computers in der entsprechenden Kategorie anzeigen. Wenn ganz oben im Geräte-Manager noch einzelne Geräte als *Andere Geräte* angezeigt werden, können Sie diese in Windows Server 2008 R2 nicht verwenden. Erst wenn ein Treiber für die Komponente installiert ist und Windows diesen akzeptiert, lässt sich das entsprechende Gerät verwenden.

Abbildg. 2.14 Verwalten der Hardware des Servers im Geräte-Manager

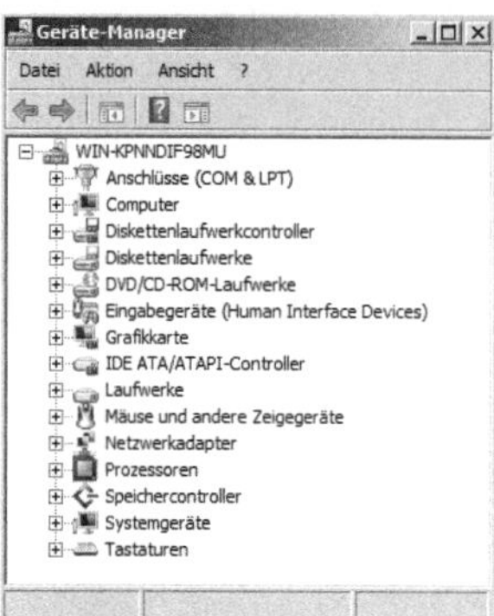

Im Geräte-Manager nach neuer Hardware suchen

Normalerweise beginnt Windows Server 2008 R2 automatisch einen Treiber zu installieren oder anzufordern, wenn Sie ein Gerät mit dem Computer verbinden. In manchen Fällen startet diese Suche allerdings nicht automatisch. Trifft das bei Ihnen zu, können Sie im Geräte-Manager den Namen Ihres Computers ganz oben im Navigationsbereich auswählen und anschließend in der Symbolleiste des Geräte-Managers die Schaltfläche *Nach geänderter Hardware suchen* anklicken. Alternativ starten Sie diese Aktion auch über den Menübefehl *Aktion/Nach geänderter Hardware suchen.* Sobald Sie diese Aktion gestartet haben, beginnt der Installationsassistent nach neuer Hardware zu suchen und installiert entweder automatisch einen Windows-Treiber oder fordert Sie auf, einen Treiber bereitzustellen.

TIPP Über den Befehl *driverquery* in der Befehlszeile wird eine Liste aller aktuell geladenen Treiber angezeigt. Mit dem Befehl *driverquery >c:\treiber.txt* werden alle Treiber in die Textdatei *treiber.txt* geschrieben, die Sie mit Windows-Notepad bearbeiten und überprüfen können.

Einzelne Hardwarekomponenten im Geräte-Manager verwalten

Um eine Komponente zu entfernen, markieren Sie diese und drücken die `Entf`-Taste. Alternativ können Sie das Gerät auch mit der rechten Maustaste anklicken und im Kontextmenü den Eintrag *Deinstallieren* wählen oder die entsprechende Schaltfläche im Geräte-Manager anklicken, die angezeigt wird, sobald ein Gerät markiert ist. Nachdem Sie die Deinstallation des Gerätes veranlasst haben, erscheint ein Warnfenster mit dem Hinweis, dass das Gerät entfernt wird. Bestätigen Sie diese Meldung. Im Anschluss wird das Gerät entfernt und nicht mehr im Geräte-Manager angezeigt.

Deaktivieren von Komponenten

Sie können Komponenten auch lediglich deaktivieren. In diesem Fall wird die Komponente weiterhin im Geräte-Manager angezeigt, aber als nicht aktiv markiert. Sie werden nicht dazu aufgefordert, einen Treiber für das Gerät zu installieren. Wenn Sie die Deaktivierung verwenden, erhalten Sie zunächst eine Warnmeldung, dass das Gerät im Anschluss nicht mehr funktioniert. Nach der Deaktivierung wird das Gerät mit einem entsprechenden Hinweissymbol im Geräte-Manager versehen. Deaktivierte Geräte können jederzeit wieder aktiviert werden, indem Sie die Komponente im Geräte-Manager mit der rechten Maustaste anklicken und im zugehörigen Kontextmenü den Eintrag *Aktivieren* auswählen.

Abbildg. 2.15 Deaktivieren von Geräten im Geräte-Manager

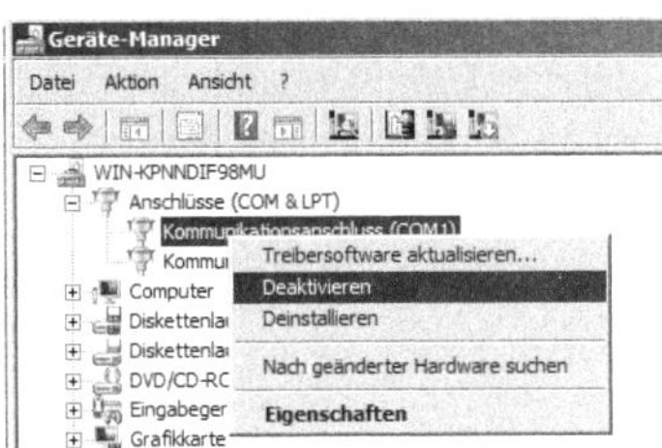

Treiber aktualisieren

Sie können im Kontextmenü zu einem Geräteeintrag die Option *Treibersoftware aktualisieren* auswählen. Im Anschluss werden Sie aufgefordert, die Option für die Aktualisierung des Treibers zu wählen. Auch wenn die Hardwarekomponente in Windows Server 2008 R2 erkannt und der Treiber ordnungsgemäß installiert ist, sollten Sie für wichtige Komponenten wie Netzwerkkarte, Controller oder auch Drucker möglichst einen aktuellen Treiber verwenden. Zwei Möglichkeiten stehen Ihnen zur Auswahl:

- Automatisch nach aktueller Treibersoftware suchen
- Auf dem Computer nach Treibersoftware suchen

Wenn Sie den Treiber beim Hersteller heruntergeladen haben, sollten Sie die Option *Auf dem Computer nach Treibersoftware suchen* verwenden, da die automatische Suche auch nur nach internen Treibern fahndet. Wenn Sie den Speicherplatz des Treibers kennen, ist die manuelle Installation immer der bessere Weg. Viele Hersteller bieten eigene Installationsroutinen für ihre Treiber. Diese müssen nur noch selten über den Geräte-Manager installiert werden, sondern lassen sich bequem über ein eigenständiges Setup-Programm einrichten. Haben Sie die Option *Auf dem Computer nach Treibersoftware suchen* ausgewählt, erscheint ein neues Fenster, in dem Sie den Pfad zum Treiber auswählen.

Abbildg. 2.16 Aktualisieren eines Treibers

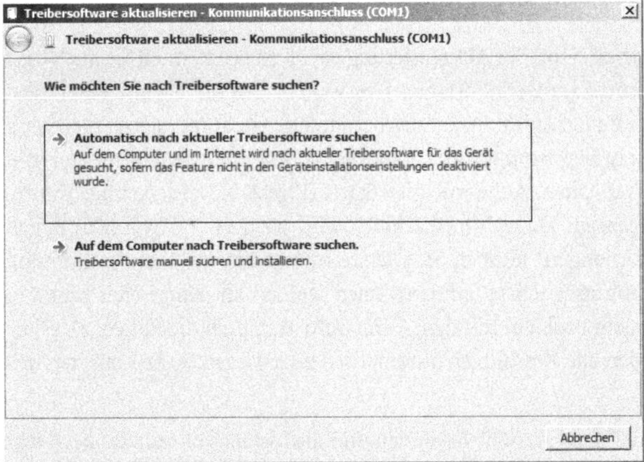

Auch hier stehen Ihnen verschiedene Möglichkeiten zur Verfügung. Sie können entweder den Ordner und zugehörigen Unterordner auswählen, in dem sich der Treiber befinden soll, oder aus einer Liste auswählen. Normalerweise verwenden Sie diese Option zur Installation und wählen den Ordner aus, in dem Sie den Treiber gespeichert haben. Wenn Sie auf die Option *Aus einer Liste von Gerätetreibern auf dem Computer auswählen*

klicken, öffnet Windows Server 2008 R2 ein neues Fenster, in dem Sie den Hersteller und das genaue Produkt auswählen können. Ist das Kontrollkästchen *Kompatible Hardware anzeigen* aktiviert, werden nur die Treiber angezeigt, die mit dem Gerät kompatibel sind. Über die Schaltfläche *Datenträger* können Sie direkt einen Treiber auswählen. Diese Option ist dann sinnvoll, wenn Sie über die Suche in einem Verzeichnis keinen Erfolg haben. Sie können über diese Schaltfläche bis zur *.inf*-Datei des Treibers navigieren und diesen zur Installation auswählen. Nachdem Sie den Treiber ausgewählt haben, werden die notwendigen Treiberdateien automatisch mit den jeweils zutreffenden Einstellungen installiert.

Abbildg. 2.17 Auswählen des Gerätetyps für die Aktualisierung des Treibers

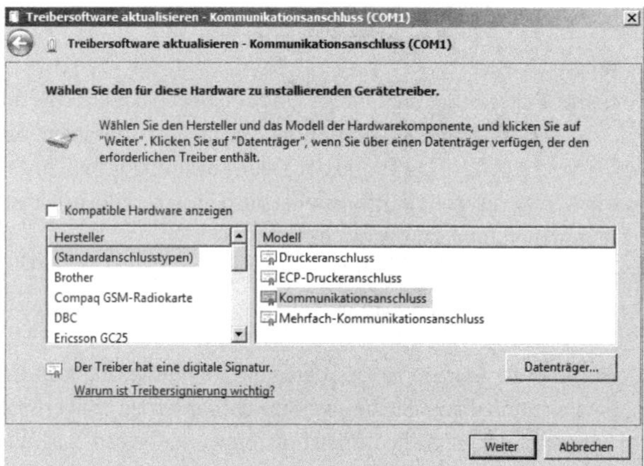

Nach der Auswahl wird das Gerät in der Treiberauswahl angezeigt. Markieren Sie das passende Gerät und klicken Sie auf *Weiter*. Anschließend beginnt Windows mit der Installation.

Eigenschaften von Hardwarekomponenten verwalten und Treiber reparieren

Neben der Installation neuer Hardware und der Aktualisierung von Treibern können Sie auch die Eigenschaften der einzelnen Hardwarekomponenten im Geräte-Manager verwalten. Um die Eigenschaften des Treibers bzw. des Geräts aufzurufen, klicken Sie im Geräte-Manager das betreffende Gerät mit der rechten Maustaste an und rufen im Kontextmenü den Eintrag *Eigenschaften* auf. Anschließend können Sie auf mehreren Registerkarten (abhängig vom Gerät) das Gerät verwalten. Auf der Registerkarte *Allgemein* werden einige Informationen über das Gerät und dessen Status angezeigt. Diese Informationen sind weniger wertvoll. Auf den Registerkarten *Details* und *Ressourcen* (sofern vorhanden) können Sie weitere Informationen über die Komponente und der einzelnen Bereiche des Gerätes abfragen. Diese Informationen werden allerdings eher selten gebraucht und wenn überhaupt, nur dann, wenn ein Problem mit dem Gerät auftritt. Durch die Plug & Play-Funktionalitäten in Windows Server 2008 R2 werden alle Ressourcen automatisch zugewiesen, sodass ein manuelles Eingreifen nur selten notwendig ist.

Konflikte treten dann auf, wenn das automatische Erkennen und die Installation von Treibern fehlschlagen und Windows ein und dieselbe Ressource mehreren Geräten zuweist. Da die meisten aktuellen Geräte ebenfalls Plug & Play unterstützen und notwendige Informationen bei der Verbindung an Windows schicken, sollten keine Probleme auftreten. Windows untersucht bei der Anbindung eines neuen Gerätes zwei Informationen, die vom angeschlossenen Gerät übermittelt werden. Auf Basis dieser Informationen kann Windows entscheiden, ob ein eigener Treiber installiert werden kann, oder ob der Treiber des Drittherstellers verwendet werden soll. Auch zusätzliche Funktionen der Endgeräte können dadurch aktiviert werden. Diese beiden Informationen zur Installation von Gerätetreibern sind die *Geräte-Identifikations-Strings* und die *Geräte-Setup-Klasse.* Diese Informationen werden benötigt, wenn zum Beispiel die Installation von spezieller Hardware verhindert werden soll. Das kann in Windows Server 2008 R2 und Windows Vista bzw. Windows 7 über Gruppenrichtlinien durchgeführt werden (siehe Kapitel 16).

Abbildg. 2.18 Konfigurieren der Eigenschaften eines Gerätes im Geräte-Manager

Geräte-Identifikations-String

Ein Gerät verfügt normalerweise über mehrere *Geräte-Identifikations-Strings*, die der Hersteller festlegt. Dieser String wird auch in der *.inf*-Datei des Treibers mitgegeben. Auf dieser Basis entscheidet Windows, welchen Treiber es installieren soll. Es gibt zwei Arten von Geräte-Identifikations-Strings:

- **Hardware-IDs** Diese Strings liefern eine detaillierte und spezifische Information über ein bestimmtes Gerät. Hier wird der genaue Name, das Modell und die Version des Gerätes als sogenannte Geräte-ID festgelegt. Teilweise werden nicht alle Informationen, zum Beispiel die Version, mitgeliefert. In diesem Fall kann Windows selbst entscheiden, welche Version des Treibers installiert wird.
- **Kompatible IDs** Diese IDs werden verwendet, wenn Windows keinen passenden Treiber zum Gerät finden kann. Diese Informationen sind allerdings optional und sehr allgemein. Wenn diese ID zur Treiberinstallation verwendet wird, können zumindest die Grundfunktionen des Geräts verwendet werden.

Windows weist Treiberpaketen einen gewissen Rang zu. Je niedriger der Rang, umso besser passt der Treiber zum Gerät. Der beste Rang für einen Treiber ist 0. Je höher der Rang, umso schlechter passt der Treiber.

Geräte-Setup-Klasse

Die *Geräte-Setup-Klassen* sind eigene Arten von Identifikations-Strings. Auch auf diesen String wird im Treiberpaket verwiesen. Alle Geräte, die sich in einer gemeinsamen Klasse befinden, werden auf die gleiche Weise installiert, unabhängig von ihrer eindeutigen Hardware-ID. Das heißt, alle DVD-Laufwerke werden auf exakt die gleiche Weise installiert und alle Netzwerkkarten auch. Die Geräte-Setup-Klasse wird durch einen *Globally Unique Identifier (GUID)* angegeben. Vor allem auf der Registerkarte *Details* können Sie über ein Dropdown-Menü ausführliche Informationen abrufen und in Richtlinien verwenden, um neben der Installation von speziellen Geräten auch allgemein die Installation verschiedener Hardware zu unterbinden, zum Beispiel USB-Sticks. Sollten Ressourcen-Konflikte auftreten, können Sie auf der Registerkarte *Ressourcen* einzelne Systemressourcen unter Umständen manuell zuordnen.

Treiberverwaltung im Geräte-Manager

Interessant ist die Registerkarte *Treiber*. Hier stehen verschiedene Optionen zur Verfügung, um den Treiber eines Gerätes zu verwalten oder zu reparieren. Auf dieser Registerkarte können Sie das Datum und die genaue Versionsnummer des Treibers ermitteln. So lässt sich exakt feststellen, ob es mittlerweile einen neueren Treiber für das Gerät gibt, wie der Hersteller des Treibers heißt (ob also der Treiber auch tatsächlich vom Hersteller oder von Microsoft stammt), und ob der Treiber signiert ist. Neben diesen Informationen können Sie auf dieser Registerkarte über die Schaltfläche *Treiberdetails* noch genauere Informationen über jede einzelne Datei des Treibers beziehen. Über die Schaltfläche *Treiber aktualisieren* erhalten Sie die gleichen Möglichkeiten wie im Kontextmenü des Gerätes. Auch die beiden Schaltflächen *Deinstallieren* und *Deaktivieren* haben die gleiche Bedeutung wie im Kontextmenü.

TIPP Wertvoll ist die Schaltfläche *Vorheriger Treiber*. Diese dient dem Zweck der Systemherstellung. Wenn Sie zum Beispiel für eine Netzwerkkarte einen neuen Treiber installieren und feststellen, dass der Computer danach entweder nicht mehr richtig funktioniert oder die Netzwerkverbindung doch nicht so optimal ist, können Sie durch diese Funktion den vorherigen Treiber wiederherstellen. Der neue Treiber wird anschließend wieder vom System entfernt.

Startet nach der Installation des Treibers der Computer überhaupt nicht mehr, können Sie auch die Option *Letzte als funktionierend bekannte Konfiguration* anstatt des abgesicherten Modus starten, wenn beim Start des Computers die F8-Taste gedrückt wird. In diesem Fall wird der Computer ebenfalls mit dem alten Treiber gestartet und der neue deaktiviert. Diese Option funktioniert aber nur dann, wenn der Computer direkt nach einer Treiberinstallation überhaupt nicht mehr hochfährt.

Weitere Möglichkeiten im Geräte-Manager

Über das Menü *Ansicht* können Sie die Sortierreihenfolge des Geräte-Managers anpassen. Sie können die Standardansicht *Geräte nach Typ* wählen oder nach *Ressourcen nach Verbindungen* suchen lassen. Über den Menüpunkt *Ausgeblendete Geräte anzeigen* lassen sich Komponenten anzeigen, die zwar installiert wurden, aber nicht mehr im System enthalten sind. Dadurch besteht die Möglichkeit, nicht mehr benötigte Gerätetreiber vom Computer zu entfernen, da diese das System unnötig belasten. Wählen Sie den Menüpunkt *Ausgeblendete Geräte anzeigen* aus, werden allerdings nur die Systemkomponenten angezeigt, die Windows Server 2008 R2 zum Schutz des Systems vor dem Anwender versteckt. Damit auch jene Geräte angezeigt werden, die im System installiert wurden, aber nicht mehr vorhanden sind, müssen Sie den Geräte-Manager über einen speziellen Weg aufrufen. Gehen Sie dazu folgendermaßen vor:

1. Öffnen Sie über *Start/Eingabeaufforderung* ein Befehlszeilenfenster.
2. Tippen Sie den Befehl *set devmgr_show_nonpresent_devices=1* ein.
3. Starten Sie im Fenster der Eingabeaufforderung über den Befehl *start devmgmt.msc* den Geräte-Manager.
4. Rufen Sie den Menübefehl *Ansicht/Ausgeblendete Geräte anzeigen* auf. Sofern ältere Treiber auf dem PC vorhanden sind, werden diese jetzt angezeigt. Diese Gerätesymbole erscheinen transparent.

Im Anschluss können Sie nach den nicht mehr benötigten Geräten suchen und diese aus dem Geräte-Manager entfernen.

Ältere Hardware mit dem Geräte-Manager installieren

Manche Unternehmen setzen unter Umständen noch Hardware ein, die kein Plug & Play unterstützen und daher nicht automatisch von Windows installiert werden. Sofern es für diese Geräte einen Windows-Treiber oder einen Treiber des Herstellers gibt, können Sie auch diese in Windows Server 2008 R2 integrieren:

1. Um das Gerät ordnungsgemäß zu installieren, schließen Sie es am Computer an und starten den Geräte-Manager.
2. Markieren Sie im Geräte-Manager den Namen Ihres Computers ganz oben im Baum.
3. Klicken Sie mit der rechten Maustaste auf den Namen des Computers und wählen Sie im Kontextmenü die Option *Legacyhardware hinzufügen*. Daraufhin wird der Assistent gestartet, um die ältere Hardware zu installieren.
4. Auf der nächsten Seite des Assistenten können Sie auswählen, ob Windows Server 2008 R2 die Hardware automatisch suchen und installieren soll, oder ob Sie die Hardware selbst auswählen möchten. Sie sollten immer zuerst probieren, ob sich die Hardware durch die automatische Suche in Windows finden lässt.
5. Wenn das Gerät nicht gefunden werden kann, können Sie anschließend die Option *Hardware manuell aus einer Liste wählen und installieren* wählen. Im nächsten Fenster können Sie dann festlegen, welche Hardware Sie installieren wollen.
6. Nach Auswahl der Hardwarekomponente öffnet sich ein Fenster, in dem Sie den Hersteller und das genaue Gerät auswählen können. Hier haben Sie auch die Möglichkeit, über die Schaltfläche *Datenträger* den Treiber des Gerätes manuell auszuwählen und zu installieren, wenn Sie diesen vom Hersteller direkt bezogen haben.

Abbildg. 2.19 Installieren von nicht Plug & Play-fähiger Hardware

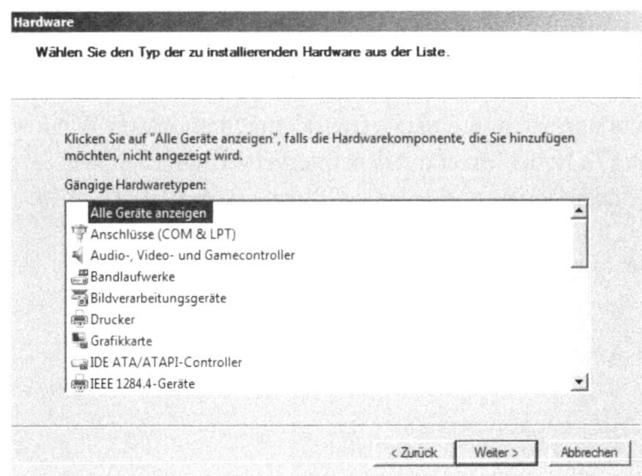

Windows Server 2008 R2 aktivieren

Nach der Installation des Betriebssystems, auch auf einem virtuellen Computer, müssen Sie diesen aktivieren. Bei der Aktivierung von virtuellen Maschinen müssen Sie beachten, dass die Hardware in virtuellen Maschinen ebenfalls virtualisiert ist. Das spielt eine Rolle, wenn Sie Maschinen zwischen verschiedenen Clusterknoten in einem Hyper-V-Cluster verschieben (siehe Kapitel 8 und Kapitel 33). Ein wichtiger Punkt der bei der Aktivierung berücksichtigt wird, ist die MAC-Adresse der Netzwerkkarte. Verschieben Sie einen virtuellen Computer auf einen anderen Host, ändert sich dessen MAC-Adresse. Die Aktivierungsroutine zählt Hardwareänderungen und berücksichtigt dabei Änderungen. Sobald sieben Änderungen vorgenommen wurden, müssen Sie das System neu aktivieren. Vor allem berücksichtigt Windows Server 2008 R2 dabei folgende Komponenten:

- Grafikkarte
- SCSI-Adaper
- IDE-Adapter der Hauptplatine

- Netzwerkkarte (hier zählt jede Änderung gleich dreifach)
- Größe des Arbeitsspeichers
- Prozessortyp
- Seriennummer des Prozessors
- Festplatte
- CD/DVD-Laufwerk

Die meisten Hardwaregeräte bekommen einen Punkt, manche, wie die Soundkarte, erhalten keinen Punkt. Die Netzwerkkarten sind mit drei Punkten bewertet. Die Aktivierung kann natürlich weiterhin über den Schlüsselverwaltungsdienst (Key Management Service, KMS) erfolgen.

HINWEIS Zur Aktivierung von Windows 7 und Windows Server 2008 R2 müssen Sie KMS 1.2 verwenden, also die Version in Windows Server 2008 R2 und Windows 7. Die Version 1.0, die in Windows Server 2008 enthalten ist, kann kein Windows Server 2008 R2 oder Windows 7 aktivieren. Die Version in Windows Vista Version 1.0. Die Version 1.2 berücksichtigt virtuelle Maschinen mit gleichem Gewicht wie physische Maschinen, in den Vorgängerversionen war die Anzahl der virtuellen Maschinen eingeschränkt. Für Windows 7 und Windows Server 2008 R2 verwenden Sie die neue Version 1.2.

Wird Windows Server 2008 R2 nicht aktiviert bzw. der Testzeitraum nicht verlängert, wird der Betrieb nach 60 Tagen faktisch eingestellt. Sie können Windows Server 2008 R2 entweder über das Internet aktivieren oder per Telefon. Wollen Sie Windows Server 2008 R2 über das Internet aktivieren, sollten Sie zunächst den Server an das Internet anbinden. Dazu muss normalerweise die Netzwerkkonfiguration von Windows Server 2008 R2 durchgeführt werden (siehe Kapitel 7). Ist der Server mit dem Internet verbunden, finden Sie den Aktivierungslink von Windows Server 2008 R2 über *Start/Systemsteuerung/System und Sicherheit/System.*

Abbildg. 2.20 Eingeben des Product Key nach der Installation von Windows Server 2008 R2

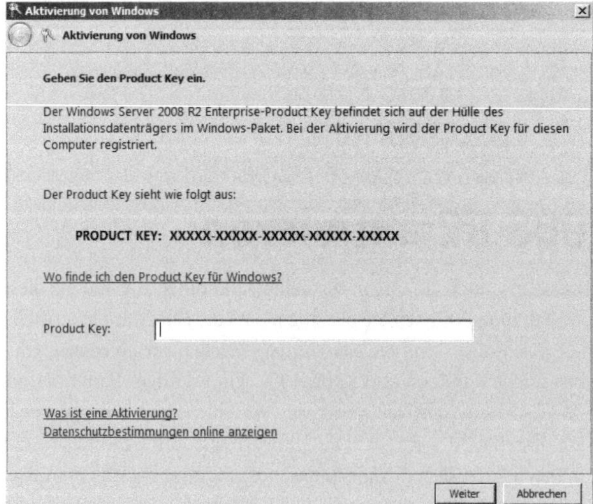

HINWEIS Bei Windows Server 2008 R2 geben Sie während der Installation meist zunächst keinen Product Key ein. In diesem Fall müssen Sie nach der Installation diesen Product Key angeben, um den Server zu aktivieren. Um den Product Key einzugeben, klicken Sie auf *Start/Systemsteuerung/System und Sicherheit/System* oder rufen die Eigenschaften von *Computer* im Startmenü auf. Klicken Sie unten im Fenster auf *Product Key ändern*, um den zum Produkt gehörenden Key einzugeben. Nach der Eingabe versucht sich Windows Server 2008 R2 automatisch über das Internet oder einen KMS zu aktivieren. Gelingt dies nicht, müssen Sie die Aktivierung über die anderen Wege durchführen, die wir auf den folgenden Seiten beschreiben.

Klicken Sie dazu auf den Link zur *Aktivierung* im unteren Bereich des Fensters, wenn Sie den Product Key bereits eingegeben haben. Im Anschluss öffnet sich das Windows-Aktivierungsfenster. Klicken Sie auf den Link *Windows jetzt online aktivieren*. Bei der Aktivierung per Telefon werden Sie mit einem automatischen Telefonsystem verbunden. Folgen Sie den Anweisungen des Sprachcomputers. Wählen Sie bei der Aktivierung über das Telefon die Option *Andere Aktivierungsmethoden anzeigen*.

TIPP Wenn die Auswahl zur Aktivierung nicht angezeigt wird, schließen Sie alle Fenster und starten Sie die Aktivierung über *Start/Ausführen/slui 0x5*.

Im nächsten Fenster wählen Sie die Option *Automatisches Telefonsystem verwenden* und danach im Listenfeld den Eintrag *Deutschland* aus. Als Nächstes erhalten Sie die zur Aktivierung notwendigen Informationen. Wählen Sie die gebührenfreie Rufnummer *0800-2848283*. Der Telefoncomputer fordert Sie auf, die angezeigte Installations-ID anzugeben. Geben Sie *slui 4* ein, erscheint direkt das Aktivierungsfenster für Deutschland mit den entsprechenden Telefonnummern. Im Anschluss teilt Ihnen der Telefoncomputer die Zahlenreihenfolge mit, die Sie ganz unten im Fenster eingeben müssen. Wenn Sie eine Zahl nicht verstehen, ist es nicht schlimm, da Sie sich die ganze Zahlenkolonne nochmals vorlesen lassen können. Klicken Sie danach auf *Weiter*, um die Aktivierung abzuschließen. Im Anschluss aktiviert Windows das Betriebssystem auf Basis dieser Nummer. Nach einigen Sekunden wird das Betriebssystem als aktiviert angezeigt und Sie können das Fenster schließen. Sollten Sie Probleme bei der Aktivierung bekommen, überprüfen Sie die Uhrzeit und die Zeitzone Ihres Servers. Sind die entsprechenden Einstellungen nicht korrekt, können Sie Windows nicht aktivieren.

TIPP Sie können das Programm zur Aktivierung auch über den Befehl *slui* starten, den sie im Suchfeld des Startmenüs eingeben. Dieser Weg hilft oft, wenn die herkömmliche Vorgehensweise zur Aktivierung nicht funktioniert. Oft liegt hier ein Problem mit dem Produktschlüssel vor. Über diesen Weg können Sie einen neuen Schlüssel eingeben. Über den Befehl *slui 0x03* wird ein Dialogfeld geöffnet, um einen neuen Produktschlüssel einzugeben, während der Befehl *slui 0x05* die Produktaktivierung startet. Über *slui 0x5* erhalten Sie darüber hinaus noch die Möglichkeit, auch alternative Aktivierungsmethoden auszuwählen.

Weitere Möglichkeit der Anwendung sind:

- slui.exe 4 Öffnet die Auswahl der Aktivierungshotlines
- slui.exe 8 Nach diesem Befehl erhalten Sie die Meldung, Windows Server 2008 R2 neu zu aktivieren
- slui.exe 7 Damit aktivieren Sie wieder den Timerwert, der vor dem Aufruf der Option 8 gegolten hat

Aktivierung per Skript durchführen und verwalten – *slmgr.vbs*

Für die Verwaltung und die Abfrage von Lizenzinformationen auf Windows Vista/Windows 7-PCs sowie Windows Server 2008 und R2 stellt Microsoft das Skript *slmgr.vbs* zur Verfügung, welches Sie über das Suchfeld im Startmenü aufrufen können. Diese Optionen für das Lizenzmanagement-Skript *cscript c:\windows\system32\slmgr.vbs* sollten Sie kennen:

- **–ato** Windows online aktivieren
- **–rearm** Mit dieser Option können Sie den Testzeitraum dreimal verlängern, in denen Sie mit Windows Server 2008 R2 ohne Aktivierung arbeiten können, also von 60 auf bis zu 240 Tage
- **–dli** Zeigt die aktuellen Lizenzinformationen an
- **–dlv** Zeigt noch mehr Lizenzdetails an
- **–dlv all** Zeigt detaillierte Infos für alle installierten Lizenzen

Status der Aktivierung anzeigen

Möchten Sie den Status der Aktivierung von Windows Server 2008 R2 anzeigen, geben Sie den Befehl *slmgr.vbs –dli* ein. Anschließend werden der Name und die Beschreibung des Betriebssystems, aber auch ein Teil des Product Keys und der Lizenzstatus angezeigt.

Abbildg. 2.21 Abrufen der Aktivierungsinformationen für Windows Server 2008

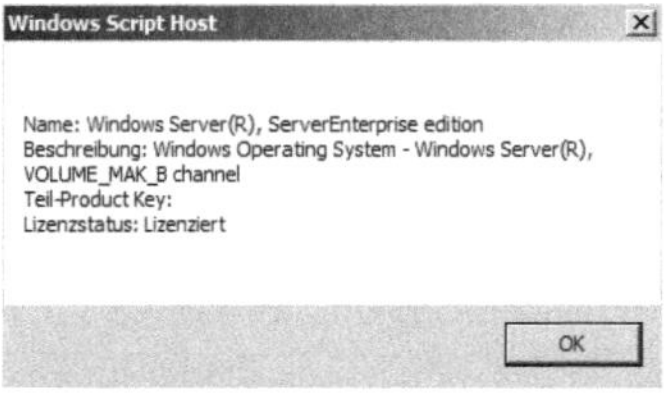

HINWEIS Die verschiedenen Editionen von Windows Server 2008 R2 bieten verschiedene Möglichkeiten zur Verlängerung des Testzeitraums an:

- Windows Server 2008 R2 Testversion – 10 Tage + 180 Tage + 5 x 10 Tage = 240 Tage
- Windows Server 2008 R2 OEM – 30 Tage + 3 x 30 Tage = 120 Tage (ohne Aktivierung 240 Tage)
- Windows Server 2008 R2 Volumenlizenz = 30 Tage + 3 x 30 Tage = 120 Tage (ohne Aktivierung 240 Tage).

Die Aktivierung über Mehrfachaktivierungsschlüssel (Multiple Activation Key, MAK) und Schlüsselverwaltungsdienst (Key Management Service, KMS) behandeln wir im Kapitel 42.

Core-Server aktivieren

Da ein Core-Server über keine grafische Oberfläche verfügt, müssen Sie einen solchen Server über die Befehlszeile aktivieren. Eine automatische Aktivierung ist für Core-Server nicht möglich. Verwenden Sie zur lokalen Aktivierung des Servers den Befehl *slmgr.vbs –ato*. Nach Eingabe des Befehls wird die Aktivierung durchgeführt, aber Sie erhalten keine Rückinfo in der Befehlszeile. Sie können einen Windows Server 2008 R2 auch remote über das Netzwerk aktivieren. Verwenden Sie dazu den Befehl *slmgr.vbs <ServerName> <Benutzername> <Kennwort>:–ato*. Um einen Server lokal über das Telefon zu aktivieren, verwenden Sie den Befehl *slmgr –dti*. Notieren Sie sich die ID, die generiert wird, und rufen Sie die Aktivierungsnummer von Microsoft an. Geben Sie über die Telefontasten die ID ein und Sie erhalten vom Telefoncomputer eine Aktivierungs-ID. Diese geben Sie mit dem Befehl *slmgr –atp <Aktivierungs-ID>* ein. Mehr zur Aktivierung eines Core-Servers finden Sie in Kapitel 4. Dort gehen wir die ersten Schritte nach der Installation für einen Core-Server ausführlich durch. Sie können die Edition eines Core-Servers auch aktualisieren, indem Sie in der Befehlszeile Änderungen vornehmen:

- **Anzeigen der aktuell installierten Edition** *DISM /online /Get-CurrentEdition*
- **Mögliche Editionen zur Aktualisierung** *DISM /online /Get-TargetEditions*

- **Aktualisierung zur Zielversion durchführen** *DISM /online /Set-Edition:<edition ID> /ProductKey:<Seriennummer>*

Unterstützte Aktualisierungspfade sind:

Windows Server 2008 R2 Standard Server Core > Windows Server 2008 R2 Enterprise Server Core >

Windows Server 2008 R2 Datacenter Server Core

Windows Server 2008 R2-Startoptionen

Wenn Windows nicht mehr ordnungsgemäß startet, können Sie beim Starten des Servers mit der Taste F8 die erweiterten Startoptionen von Windows Server 2008 R2 aufrufen, die teilweise bei Startproblemen helfen können. Nach dem Aufruf der erweiterten Startoptionen stehen Ihnen verschiedene Funktionen zur Verfügung. Bei manchen Optionen, wie zum Beispiel im abgesicherten Modus, wird Windows in einem eingeschränkten Zustand gestartet, bei dem lediglich die absolut notwendigen Funktionen verfügbar sind. Werden nicht alle Optionen angezeigt, drücken Sie zunächst die Entf-Taste, bis Windows Server 2008 R2 zum Booten vorgeschlagen wird und dann auf F8. Falls ein Problem nach dem Starten im abgesicherten Modus nicht mehr auftritt, können die Standardeinstellungen und die Basisgerätetreiber als mögliche Ursache ausgeschlossen werden:

- **Computer reparieren** Mit diesem Modus starten Sie die Systemwiederherstellung von Windows Server 2008 R2. Diese starten Sie auch durch Auswahl der *Computerreparaturoptionen*, wenn Sie mit der Windows Server 2008 R2-DVD booten.
- **Abgesicherter Modus** Startet Windows mit den mindestens erforderlichen Treibern und Diensten. Eine Anbindung an das Netzwerk findet bei diesem Modus nicht statt.
- **Abgesicherter Modus mit Netzwerktreibern** Startet Windows im abgesicherten Modus zusammen mit den für den Zugriff auf das Internet oder auf andere Computer im Netzwerk erforderlichen Netzwerktreibern und -diensten.
- **Abgesicherter Modus mit Eingabeaufforderung** Startet Windows im abgesicherten Modus mit einem Eingabeaufforderungsfenster anstelle der normalen Windows-Benutzeroberfläche.
- **Startprotokollierung aktivieren** Erstellt die Datei *Ntbtlog.txt*, in der alle Treiber aufgelistet werden, die beim Starten installiert werden und für die erweiterte Problembehandlung nützlich sein können.
- **Anzeige mit niedriger Auflösung aktivieren** Startet Windows mithilfe des aktuellen Videotreibers und niedrigen Einstellungen für Auflösung und Aktualisierungsrate. Mithilfe dieses Modus können Sie die Anzeigeeinstellungen zurücksetzen.
- **Letzte als funktionierend bekannte Konfiguration** Startet Windows mit der letzten funktionsfähigen Registrierungs- und Treiberkonfiguration.
- **Verzeichnisdienstwiederherstellung** Mit dieser Option können Sie auf einem Domänencontroller Wiederherstellungsvorgänge durchführen.
- **Debugmodus** Startet Windows in einem erweiterten Problembehandlungsmodus.
- **Automatischen Neustart bei Systemfehler deaktivieren** Verhindert, dass Windows nach einem durch einen Fehler von Windows verursachten Absturz automatisch neu gestartet wird. Wählen Sie diese Option nur aus, wenn Windows in einer Schleife festgefahren ist, die aus Absturz, Neustart und erneutem Absturz besteht.
- **Erzwingen der Treibersignatur deaktivieren** Ermöglicht, dass Treiber mit ungültigen Signaturen installiert werden.
- **Windows normal starten** Startet Windows im normalen Modus.

Normalerweise werden diese Startoptionen nur selten benötigt. Wenn Sie möglichst immer nur aktuelle und kompatible Software installieren, ausschließlich signierte Treiber verwenden und lediglich dann Änderungen am System durchführen, wenn Sie genau wissen, was Sie tun, läuft Windows Server 2008 R2 deutlich stabiler als seine Vorgänger.

Anmeldeprobleme im abgesicherten Modus umgehen

Starten Sie den Server im abgesicherten Modus, kann es unter manchen Umständen passieren, dass die Anmeldung verweigert wird und Sie eine Meldung erhalten, dass der Server nicht aktiviert ist. Dieses Problem können Sie mit dem Hilfsprogramm *msconfig.exe* beheben. Das Problem wird durch den Plug & Play-Dienst verursacht. Gehen Sie zur Behebung des Problems folgendermaßen vor:

1. Starten Sie den Computer im normalen Modus.
2. Geben Sie im Suchfeld des Startmenüs den Befehl *msconfig.exe* ein.
3. Wechseln Sie auf die Registerkarte *Allgemein*.
4. Aktivieren Sie die Option *Diagnosesystemstart*.
5. Klicken Sie auf die Registerkarte *Dienste*.
6. Wählen Sie den Dienst *Plug & Play* aus.
7. Klicken Sie auf *OK* und lassen Sie dann den Server neu starten.

Können Sie den Server nicht neu starten und befinden Sie sich bereits im Diagnosemodus, können Sie einfach Windows im eingeschränkten Modus starten. In diesem Modus wird nur der Internet Explorer ausgeführt. Geben Sie in der Adressleiste den Befehl *%windir%\system32\msconfig.exe* ein und aktivieren Sie auf der Registerkarte *Allgemein* den normalen Systemstart.

Letzte als funktionierend bekannte Konfiguration im Detail

Der abgesicherte Modus und die ergänzenden Startoptionen sind der einfachste Ansatz, um Windows Server 2008 R2 im Fehlerfall neu zu starten. Diese Option ist die erste Wahl, wenn Windows Server 2008 R2 nach einer Konfigurationsänderung nicht mehr startet, da damit auf die Konfiguration zurückgegriffen werden kann, die zuletzt einen korrekten Systemstart erlaubt hat. Erst nach dieser Option sollten die anderen Optionen getestet werden. Die beiden Registryunterschlüssel *ControlSet001* und *ControlSet002* sind jeweils Sicherungen der Dienste und Einstellungen, damit in einem Fehlerfall mittels *Letzte als funktionierend bekannte Konfiguration* im abgesicherten Modus wieder gestartet werden kann.

Unter *HKEY_LOCAL_MACHINE\SYSTEM\Select* sehen Sie, welcher Eintrag gerade aktuell verwendet und in *CurrentControlSet* gespiegelt wird. Zum Beispiel ist der Unterschlüssel *ControlSet001* als *CurrentControlSet* gespiegelt worden. Beim Herunterfahren wird er dann in *ControlSet002* gespiegelt und als *LastKnownGood* eingetragen – dieser wird dann genutzt, wenn Sie wie oben beschrieben über *Letzte als funktionierend bekannte Konfiguration laden* starten. *ControlSet001* wird dann nicht gelöscht, sondern künftig *ControlSet003* als Sicherung verwendet, der zuvor *ControlSet002* war.

Abbildg. 2.22 Anzeigen der Informationen für die letzte als funktionierend bekannte Konfiguration unter Windows Server 2008 R2

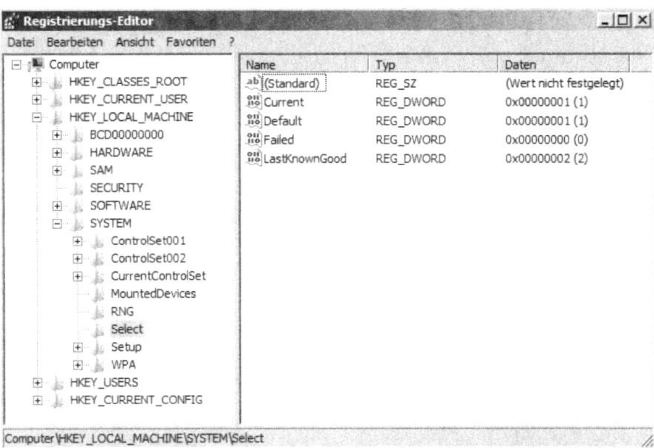

Select-Werte

- **Current** Der Konfigurationsdatensatz, der für einen Systemstart verwendet und dann nach *CurrentControlSet* kopiert wird. Änderungen in der Systemsteuerung oder in der Registrierung werden im Zweig *CurrentControlSet* abgespeichert.
- **Default** Der Konfigurationsdatensatz, der für den nächsten Systemstart verwendet werden soll, wenn kein Fehler auftritt und der Benutzer nicht manuell auf die letzte als funktionierend bekannte Konfiguration zurückschaltet hat, diese Informationen werden beim Herunterfahren gespeichert. In der Regel enthalten die Einträge *Default* und *Current* die gleichen Werte. Der *Default*-Wert kann durch den Wert *LastKnownGood* außer Kraft gesetzt werden.
- **Failed** Dies ist der Konfigurationsdatensatz, mit dem Windows nicht gestartet werden konnte. Hier ist der Wert enthalten, der nach dem Start mit *LastKnownGood* als fehlgeschlagener Wert gekennzeichnet worden ist. Solange Windows problemlos läuft, steht hier der Wert *0*.
- **LastKnownGood** Hier steht die Kopie des Bereiches, der beim letzten erfolgreichen Start von Windows verwendet wurde. Ist die Anmeldung erfolgreich verlaufen, wird *Clone* in den Wert *LastKnownGood* kopiert, also die *Letzte als funktionierend bekannte Konfiguration*.

Hat *Current* den Wert *0x1*, zeigt *CurrentControlSet* auf *ControlSet001*. Ist der Wert von *LastKnownGood* auf *0x2* gesetzt, zeigt dieser auf den Steuersatz *ControlSet002*. Für den Start von Windows existieren also stets zwei Sätze – *Default* und *LastKnownGood*. *Clone* ist eine Kopie des *Default*- oder *LastKnownGood*-Wertes, der für die Initialisierung des Rechners verwendet wird.

Hintergrundinformationen zum Installationsmechanismus

Mit dem Windows-Systemabbild-Manager (Windows SIM) können auf einfache Weise Antwortdateien auf XML-Basis erstellt werden (siehe auch Kapitel 42). Auch Netzwerkfreigaben lassen sich so konfigurieren, dass diese Konfigurationen zur Verteilung von Windows Vista bzw. Windows 7 oder Windows Server 2008 R2 enthalten. Mit Windows SIM kann auf einem Computer eine Antwortdatei auf XML-Basis erstellt werden, auf deren Basis sich wiederum ein Installationsabbild anlegen lässt. Dieses Abbild kann entweder über Netzwerkfreigaben auf Zielcomputern installiert oder durch die Windows-Bereitstellungsdienste (Windows Deployment Services, WDS) im

Unternehmen verteilt werden (siehe Kapitel 42). Die Antwortdatei enthält alle vordefinierten Optionen, die bei der Installation von Windows Server 2008 R2 gefordert sind. Dadurch lassen sich Angaben wie Servernamen, Product Key und weitere Eingaben in einer Datei vorgeben, sodass während der Installation keinerlei Eingaben mehr erfolgen müssen. Die Katalogdatei eines Abbilds (*.clg*) enthält die Einstellungen und Pakete, die in einem Abbild auf WIM-Basis (Windows Imaging, siehe Kapitel 42) enthalten sind. Da auch die normale Installation von Windows Server 2008 R2 auf einem WIM-Abbild basiert, finden Sie auf der Installations-DVD von Windows Server 2008 R2 im Verzeichnis *sources* die *.clg*-Dateien der verschiedenen Windows-Editionen. WIM-Abbilder haben als Dateityp die Bezeichnung *.wim*. Die Standardinstallationsdatei hat die Bezeichnung *install.wim*. Für jede Windows Server 2008 R2-Edition gibt es eine entsprechende Katalogdatei (*.clg*).

Abbildg. 2.23 Anzeigen der *.clg*-Dateien und des WIM-Abbilds der Windows Server 2008-Installation

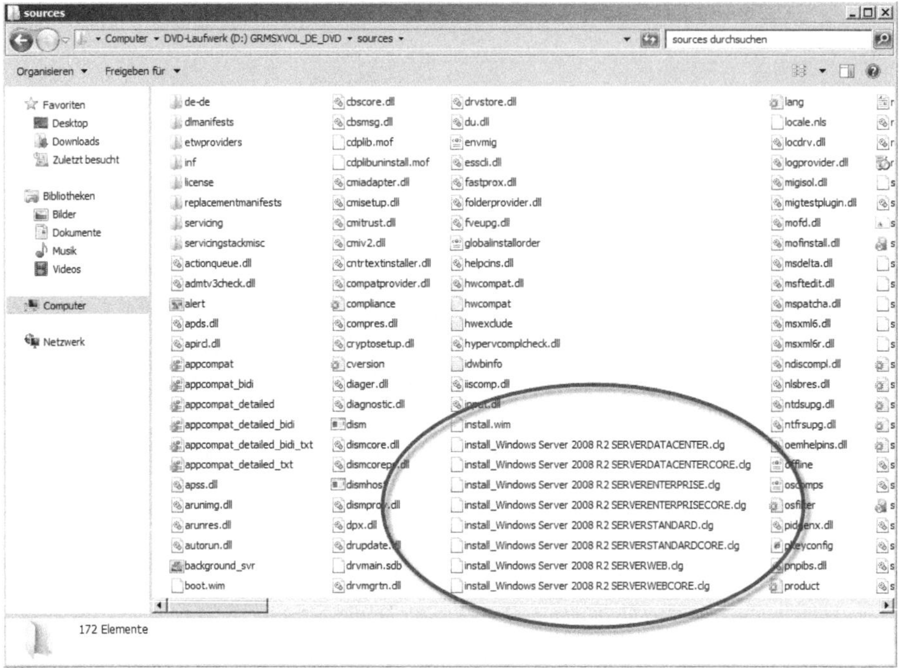

In Kapitel 42 gehen wir ausführlicher auf die Möglichkeiten der automatisierten Installation von Windows Vista/Windows 7 und Windows Server 2008 R2 ein.

Multi User Interface (MUI)

Windows XP und Windows Server 2003 unterstützten unterschiedliche Sprachen auf zwei Weisen. Sie konnten entweder lokalisierte Versionen von Windows, bei denen für jede Sprache ein anderes Abbild erforderlich war, oder eine englische MUI-Version (Multilanguage User Interface) mit zusätzlichen Sprachpaketen bereitstellen. Jeder Ansatz hatte seine Vor- und Nachteile, doch entschieden sich Unternehmen, in denen mehrere Sprachen unterstützt werden mussten, in den meisten Fällen für den MUI-Weg und mussten so die Einschränkungen in Kauf nehmen, die sich aus der Ausführung eines Betriebssystems ergaben, dessen Kern im Grunde Englisch war. Unternehmen, in denen nur mit einer Sprache gearbeitet wurde, entschieden sich in der Regel für die Nutzung lokalisierter Versionen. Bei Windows Server 2008 R2 ist das ganze Betriebssystem sprachneutral. Diesem sprachneutralen Kern werden ein oder mehrere Sprachpakete hinzugefügt. Mit Windows-Sprachpaketen können Sie die Oberfläche von Windows Server 2008 R2 auf eine andere Sprache umstellen, ohne Windows neu zu installieren. Es gibt zwei Arten von Windows-Sprachdateien: Windows Multilingual User Interface Pack (MUI Pack) und Windows-Benutzeroberflächen-Sprachpakete (LIP). MUIs stellen eine übersetzte Version des größten Teils der Windows-Benutzeroberfläche und LIPs eine übersetzte Version der am häufigsten benutzten Bereiche der Windows-Benutzeroberfläche zur Verfügung. Über *Zeit, Sprache und Region* in der Systemsteuerung können Sie nach dem Herunterladen und Installieren die Sprache ändern. Die Wartung von Windows Server 2008 R2 ist ebenfalls sprachneutral, in vielen Fällen ist nur ein Sicherheitsupdate für alle Sprachen erforderlich. Auch die Konfiguration ist sprachneutral, eine einzige *unattend.xml* kann für alle Sprachen verwendet werden. Für die Integration von MUI-Sprachpaketen während der Installation wird zur Anpassung das bereits weiter vorne in diesem Kapitel erwähnte Windows Automated Installation Kit (WAIK) verwendet. Sprachpakete für Windows Vista/Windows 7 und Windows Server 2008 R2 liegen als *.cab*-Dateien vor und enthalten die notwendigen Ressourcen und Schriftarten.

Abbildg. 2.24 Sprachpakete in Windows Server 2008 R2 installieren

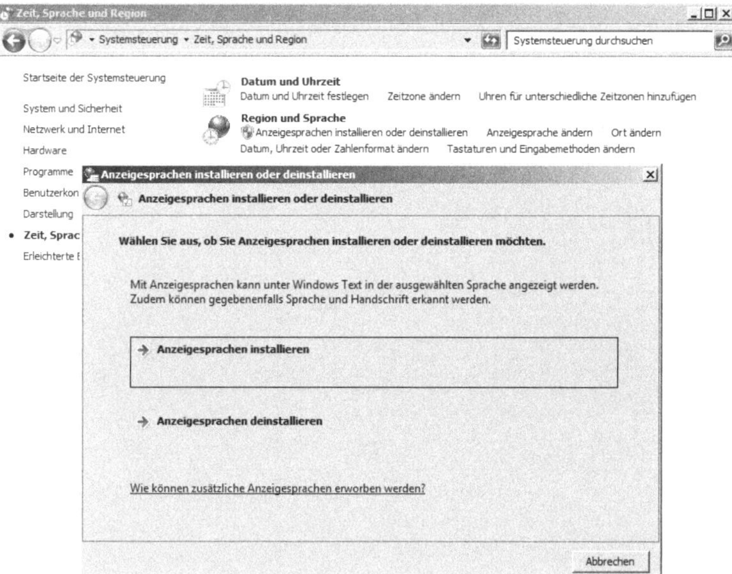

Auf Windows Server 2008 R2 aktualisieren

Sichern Sie vor der Neuinstallation des Computers am besten alle Daten, damit diese später zur Verfügung stehen. Wenn Sie ein bestehendes Windows Server 2003/2008-System zu Windows Server 2008 R2 aktualisieren wollen, müssen Sie zunächst Windows starten. Windows Server 2003 können Sie direkt auf Windows Server 2008 R2 aktualisieren, wenn Sie das Service Pack 2 für Windows Server 2003 installiert haben bzw. vorher noch installieren. Alle möglichen Aktualisierungspfade finden Sie in der Tabelle 2.1 auf Seite 99. Wollen Sie Windows Server 2003/2008 direkt zu Windows Server 2008 R2 aktualisieren, sollten Sie möglichst vorher ein Windows-Update durchführen. Sie können nur die x64-Editionen von Windows Server 2003/2008 auf Windows Server 2008 R2 aktualisieren.

Gehen Sie zur Aktualisierung wie folgt vor: Entweder öffnet sich nach dem Einlegen der Windows Server 2008 R2-DVD das Autostartmenü oder Sie klicken doppelt auf die Datei *setup.exe*, um die Installation zu starten. Es öffnet sich das Menü zur Installation. Stellen Sie sicher, dass für alle notwendigen Geräte geeignete Treiber zur

Verfügung stehen, bevor Sie Ihr Windows aktualisieren. Es ist durchaus wahrscheinlich, dass für die eine oder andere Komponente kein Treiber gefunden werden kann. In diesem Fall sollten Sie überprüfen, ob es sich um ein kritisches Gerät oder nur um eine zusätzliche Komponente handelt, die für das System keine Rolle spielt. Wenn Sie sicher sind, dass Windows Server 2008 R2 alle wichtigen Komponenten unterstützt, können Sie die Aktualisierung auf Windows Server 2008 R2 starten.

Nachdem Sie die Installation gestartet haben, erscheinen ähnliche Fenster, wie bereits bei der Neuinstallation von Windows Server 2008 R2 beschrieben. Als Erstes wird jedoch ein Fenster angezeigt, in dem Sie entscheiden müssen, ob zunächst aus dem Internet die aktuellsten Installationsdateien heruntergeladen werden sollen oder ob Sie die Installation mit der bestehenden Installationsroutine installieren möchten. Wenn Sie die Installationsroutine aktualisieren lassen, werden verfügbare Sicherheitsupdates direkt in die Installation eingebunden sowie aktuellere Treiber heruntergeladen. Sie sollten die Option wählen, damit zunächst nach aktuellen Dateien im Internet gesucht wird. Während der Aktualisierung können Sie entscheiden, ob Sie die bestehende Windows-Installation aktualisieren oder ob Sie lieber eine parallele Neuinstallation von Windows durchführen wollen. Wählen Sie die entsprechende Option, damit die Installation fortgesetzt werden kann. Wenn Sie als Installationsmethode *Upgrade* ausgewählt haben, überprüft ein Assistent, ob alle Applikationen auf dem Computer auch kompatibel zu Windows Server 2008 R2 sind.

Abbildg. 2.25 Aktualisieren eines Windows-Servers

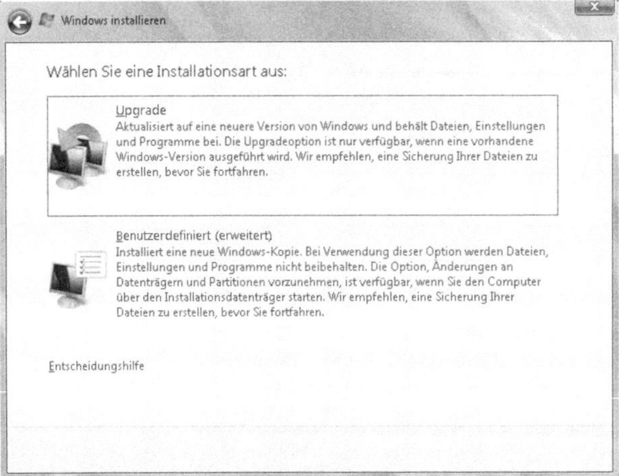

Sie sollten vor allem Programme, die stark mit dem System interagieren, wie zum Beispiel Virenscanner, Optimierungstools etc., zunächst auf die neueste Version aktualisieren oder deinstallieren. Wenn es sich nicht um hochsensible Programme handelt, können Sie die Installation fortsetzen. Ideal ist sicherlich, wenn Sie zuvor die inkompatiblen Programme entfernen oder aktualisieren. Wenn Sie die Installation fortsetzen, wird diese ähnlich zur Neuinstallation durchgeführt. Gehen Sie Schritt für Schritt vor, und schließen Sie die Installation ab.

Abbildg. 2.26 Während der Aktualisierung übernimmt Windows Server 2008 R2 Daten aus Windows Server 2003

TIPP Vor der Aktualisierung sollten Sie Folgendes beachten:

- Bevor Sie einen Server von Windows Server 2003/2008 direkt auf Windows Server 2008 R2 aktualisieren, sollten Sie zunächst installierte Sicherheitsprogramme und Antivirenschutzprogramme deaktivieren.
- Arbeiten Sie mit Netzwerküberwachungsprogrammen, sollten Sie beachten, dass Sie den zu aktualisierenden Computer in den Wartungsmodus versetzen.
- Achten Sie darauf, dass alle installierten Anwendungen, Management Packs für Netzwerküberwachungsprogramme und Tools kompatibel zu Windows Server 2008 R2 sind. Bringen Sie die Programme nach der Aktualisierung zu Windows Server 2008 R2 auf den neuesten Stand.
- Achten Sie darauf, dass die Windows-Firewalleinstellungen Verbindungen zu anderen Servern nicht blockieren oder bestimmte IPsec-Regeln gesetzt sind.
- Aktualisieren Sie einen Domänencontroller, beachten Sie, dass Sie zuvor Active Directory für Windows Server 2008 R2 vorbereiten müssen (siehe Kapitel 9). Sie benötigen dazu das Tool *Adprep* aus dem Verzeichnis *\Support\Adprep* von der Windows Server 2008 R2-DVD.

Windows Server 2003 und Windows Server 2008 R2 parallel installieren

Unter manchen Umständen kann es sinnvoll sein, Windows Server 2008 R2 parallel zu Windows Server 2003 zu installieren, zum Beispiel, wenn Sie Daten übernehmen wollen, das System erst testen möchten oder beide Systeme parallel betrieben werden sollen. Dies ist auch dann möglich, wenn im Rechner nur eine einzige Festplatte vorhanden ist. Sie können mit der Windows Server 2008 R2-DVD den Computer so vorbereiten, dass beide Betriebssysteme parallel nebeneinander funktionieren. Lesen Sie sich zu diesem Thema auch die Anleitungen zur Verwendung von virtuellen Festplatten in Kapitel 5 durch. Das einfache Mittel der Partitionsverkleinerung steht in Windows Server 2003 nicht zur Verfügung. Hier müssen Sie anders vorgehen:

1. Starten Sie den Computer mit der Windows Server 2008 R2-DVD.
2. Klicken Sie anstatt auf *Jetzt installieren* auf *Computerreparaturoptionen*.

3. Klicken Sie im Fenster *Systemwiederherstellungsoptionen* auf *Weiter*, damit Sie zu den Tools gelangen, die Windows Server 2008 R2 zur Verfügung stellt.
4. Startet der Assistent für die Windows-Wiederherstellung, brechen Sie diesen ab, bis das Fenster mit den Systemwiederherstellungstools erscheint.
5. Wählen Sie bei den Systemwiederherstellungsoptionen die *Eingabeaufforderung* aus.
6. Tippen Sie in der Eingabeaufforderung den Befehl *diskpart* ein und bestätigen Sie. Anschließend wechselt die Eingabeaufforderung in die *DISKPART*-Eingabe.
7. Geben Sie *list disk* ein, um die im System vorhandenen Festplatten aufzulisten.
8. Geben Sie *select disk 0* ein, wenn es sich um die Festplatte 0 des Systems handelt, also der ersten Festplatte im Rechner.
9. Geben Sie *list partition* ein.

Abbildg. 2.27 Befehlszeilenverwaltung von Festplatten auf der Windows Server 2008 R2-DVD starten

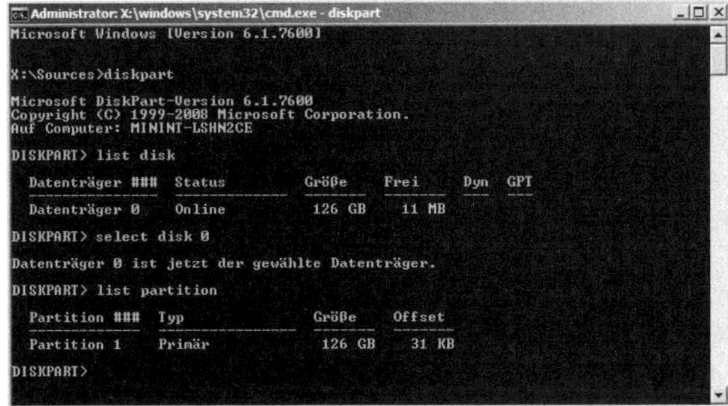

10. Geben Sie *select partition 1* ein.
11. Geben sie *shrink minimum=20000* ein, damit Sie genügend Festplattenplatz zur Verfügung haben.
12. Nach der Verkleinerung starten Sie den Rechner neu und booten von der Windows Server 2008 R2-DVD.
13. Starten Sie die normale Installation über *Jetzt installieren*. Wählen Sie im Fenster zur Installationsauswahl aber nicht *Upgrade* aus, sondern *Benutzerdefiniert*.
14. Wählen Sie im nächsten Fenster den freien Speicherplatz aus, den Sie zuvor von der Windows Server 2003-Systempartition verkleinert haben.
15. Anschließend beginnt Windows Server 2008 R2 mit der Installation. Schließen Sie diese ab und booten Sie den Rechner neu, bis das neue Systemstartmenü erscheint.

Windows Server 2008 und Windows Server 2008 R2 parallel betreiben

Wollen Sie auf einem Rechner Windows Server 2008 R2 parallel zu Windows Server 2008 betreiben, können Sie das Betriebssystem entweder auf eine neue Partition installieren oder diese verkleinern, wenn Sie nur eine Partition zur Verfügung haben. Wir zeigen Ihnen in diesem Abschnitt, wie Sie Windows Server 2008 so vorbereiten, dass sich Windows Server 2008 R2 parallel installieren lässt. Gehen Sie dazu folgendermaßen vor:

1. Starten Sie Windows Server 2008 R2 und öffnen Sie den Festplatten-Manager. Am besten geht das, wenn Sie *diskmgmt.msc* im Suchfeld des Startmenüs eingeben.
2. Klicken Sie die Systempartition mit der rechten Maustaste an und wählen Sie *Volume verkleinern* aus.
3. Es startet ein Assistent, der für Sie die maximale Verkleinerung errechnet. Der verkleinerte Platz dient dann der Windows Server 2008 R2-Installation als Systempartition.
4. Nach der Verkleinerung starten Sie den Rechner neu und booten von der Windows Server 2008 R2-DVD.
5. Starten Sie die normale Installation über *Jetzt installieren*. Wählen Sie im Fenster zur Installationsauswahl aber nicht *Upgrade* aus, sondern *Benutzerdefiniert*.
6. Wählen Sie im nächsten Fenster den freien Speicherplatz aus, den Sie zuvor von der Windows Server 2008-Systempartition verkleinert haben.
7. Anschließend beginnt Windows Server 2008 R2 mit der Installation. Schließen Sie diese ab und booten Sie den Rechner neu, bis das neue Systemstartmenü erscheint. Hier lässt sich dann bei jedem Start auswählen, welches Betriebssystem Sie starten wollen.

ACHTUNG Haben Sie Windows Server 2008 R2 parallel zu Windows Server 2003 oder Windows Server 2008 installiert, stehen die installierten Anwendungen auf dem jeweils anderen Betriebssystem nicht zur Verfügung. Sie müssen diese immer parallel installieren. Bei manchen Programmen besteht die Möglichkeit, dass Sie diese auf beiden Betriebssystemen in den gleichen Verzeichnissen installieren. Dadurch lässt sich häufig Speicherplatz sparen.

Zusammenfassung

Nachdem Sie die grundlegende Installation und Aktualisierung von Windows Server 2008 R2 (auch im Core-Server-Modus und als Arbeitsstation) kennengelernt sowie Details zur Treiberinstallation und Aktivierung erfahren haben, können Sie sich näher mit dem Server befassen. Wir haben Ihnen in diesem Kapitel auch viele Informationen zu den technischen Hintergründen der Installation und Aktivierung vermittelt. Auch die Installation eines Servers mit Hyper-V konnten Sie in diesem Kapitel nachlesen. Im nächsten Kapitel gehen wir auf weitere, teilweise experimentelle Installationsmethoden ein. Sie lesen in Kapitel 3 zum Beispiel, wie Sie Windows Server 2008 R2 auf einer virtuellen Festplatte installieren oder als Arbeitsstation betreiben. Auch die Verwaltung des Start-Managers lernen Sie im nächsten Kapitel kennen.

Kapitel 3

Start-Manager verwalten, Virtualisierung und Experimente

In diesem Kapitel:

In diesem Kapitel zeigen wir Ihnen, wie Sie den neuen Start-Manager von Windows Server 2008 R2 verwalten und welche erweiterten Installationsmöglichkeiten Ihnen zur Verfügung stehen. Außerdem gehen wir darauf ein, wie Sie Windows Server 2008 R2 auf einer virtuellen Festplatte installieren und das Installationsmedium auf einen USB-Stick auslagern. Auch über den Betrieb von Windows Server 2008 R2 als Arbeitsstation können Sie sich in diesem Kapitel informieren.

Windows Server 2008 R2-Start-Manager verwalten

Unter manchen Umständen kann es durchaus passieren, dass der Start-Manager von Windows Server 2008 R2 nicht mehr funktioniert oder bei einer parallelen Installation nicht mehr alle Betriebssysteme anzeigt. Meist tritt ein derartiges Problem auf, wenn auf einem PC nach der Installation von Windows Server 2008 R2 nochmals Windows Server 2003 oder Windows Server 2008 installiert wird. Windows Server 2003 lässt sich daraufhin zwar problemlos starten, allerdings wird der Windows-Start-Manager nicht mehr angezeigt.

Start-Manager reparieren

Legen Sie in diesem Fall die Installations-DVD von Windows Server 2008 R2 ein, starten den Rechner von dieser DVD und wählen die *Computerreparaturoptionen*. Nachdem Sie die Reparaturoptionen ausgewählt haben, wird ein Dialogfeld geöffnet, das Ihnen die Auswahl unter mehreren Optionen ermöglicht. Um den Start-Manager von Windows Server 2008 R2 zu reparieren, wählen Sie die Option *Systemstartreparatur*. Durch diese Auswahl wird der Start-Manager von Windows Server 2008 R2 repariert. Nach der Reparatur des Start-Managers wird allerdings höchstwahrscheinlich Windows Server 2003 nicht mehr angezeigt. Um Windows Server 2003 nachträglich in den Start-Manager zu integrieren, starten Sie zunächst Windows Server 2008 R2 und gehen dann folgendermaßen vor:

1. Klicken Sie auf *Start/Alle Programme/Zubehör* und anschließend mit der rechten Maustaste auf *Eingabeaufforderung*.
2. Wählen Sie im Kontextmenü den Eintrag *Als Administrator* ausführen.
3. Geben Sie die folgenden Befehle ein. Mit diesen Befehlen können Sie in den Start-Manager von Windows Server 2008 R2 Ihr installiertes Windows Server 2003 integrieren.

```
bcdedit /create {legacy} /d "Windows Server 2003"
bcdedit /set {legacy} device boot
bcdedit /set {legacy} path \ntldr
bcdedit /displayorder {legacy} /addlast
```

Im Anschluss sollten sich Windows Server 2008 R2 und auch das frühere Windows-System wieder fehlerfrei starten lassen.

Systemstartmenü anpassen

Wenn Sie Windows Server 2008 R2 parallel zu Windows Server 2008 oder Windows Server 2003 installieren, legt Windows automatisch ein Systemstartmenü an. Beim Booten von Windows Server 2008 R2 oder Windows Server 2008 wird nicht mehr der unter Windows Server 2003 verwendete NTLDR (NT-Loader) verwendet, sondern ein Start-Manager. Sie können die Einträge aber bearbeiten, wenn Sie *msconfig* in das Suchfeld des Startmenüs eintragen und nach dem Aufruf zur Registerkarte *Start* wechseln. Hier können Sie Standardeinträge ändern oder alte Einträge entfernen.

Abbildg. 3.1 Start-Manager von Windows Server 2008 R2 in der Systemkonfiguration bearbeiten

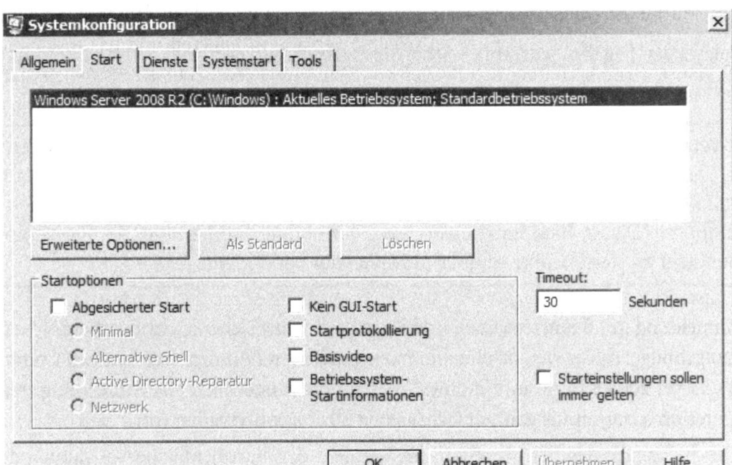

Den Start-Manager *bootmgr* von Windows Server 2008 sehen Sie in Windows Server 2008 R2 nicht mehr. Dieser ist jetzt in einer versteckten Systempartition untergebracht. Haben Sie Windows Server 2008 R2 parallel zu Windows Server 2003 installiert, wird zunächst der Start-Manager von Windows Server 2008 R2 angezeigt. Wollen Sie Windows Server 2003 starten, müssen Sie den Eintrag *Frühere Windows Version* auswählen. Anschließend startet der *Ntldr*, die Startdatei von Windows Server 2003.

Start-Manager mit *bcdedit.exe* verwalten

Beim Starten des Computers wird automatisch Windows Server 2008 R2 geladen. Unter Windows Server 2008 R2 ist es nicht mehr möglich, einfach die Datei *boot.ini* zu ändern, um den Start-Manager anzupassen. Diese Möglichkeit gibt es nur bei Windows Server 2003 oder Windows 2000 Server. Die neuen Bootoptionen werden in einer speziellen Datenbank, dem Startkonfigurations-Datenspeicher (Boot Configuration Data Store), abgelegt. Windows Server 2008 R2 bietet zur Konfiguration des Systemstartmenüs das Befehlszeilenprogramm *bcdedit.exe* an. Die wichtigsten Optionen des Programms sind folgende:

- **bcdedit /?** Informationen über die Parameter
- **bcdedit /enum all** Zeigt die aktuelle Konfiguration an
- **bcdedit /export <Dateiname>** Erstellt eine Sicherung der aktuellen Konfiguration
- **bcdedit /import <Dateiname>** Stellt den Start-Manager aus einer erstellten Sicherung wieder her
- **bcdedit /timeout 10** Wartezeit bis zum automatischen Starten des Standardbetriebssystems. Diese Option kann allerdings auch in der grafischen Oberfläche eingestellt werden.
- **bcdedit /default <Bezeichner>** Diese Option legt das Standardbetriebssystem fest. (*{current}* = Windows Server 2008 R2 und *{legacy}* = Windows Server 2003). Wenn Sie also Windows Server 2003 als Standardsystem festlegen wollen, verwenden Sie die Option *bcdedit /default {legacy}*. Die Einstellung lässt sich auch in der grafischen Oberfläche vornehmen. Geben Sie dazu *msconfig* in das Suchfeld des Startmenüs ein und wechseln Sie nach dem Aufruf zur Registerkarte *Start*.
- **bcdedit /set {legacy} Description "<Text wie zum Beispiel Windows Server 2003 – SAP-Test>"** Ändert die Beschreibung des alten Betriebssystems

- **bcdedit /set {current} Description "<Text wie zum Beispiel Windows Server 2008 R2 – SAP-Produktiv>"** Ändert die Beschreibung des neuen Betriebssystems, also von Windows Server 2008 R2
- **bcdedit /displayorder {legacy} {current}** Setzt die Startreihenfolge auf das frühere und dann das neue Betriebssystem

TIPP Wenn Sie eine Fehlermeldung erhalten, dass Sie nicht über genügend Berechtigungen verfügen, sollten Sie die Befehlszeile per Rechtsklick auf den Eintrag *Eingabeaufforderung* im Menü *Start/Alle Programme/Zubehör* ausführen. Wählen Sie im daraufhin geöffneten Kontextmenü den Eintrag *Als Administrator ausführen*. Dieser Trick funktioniert auch für andere Programme, die Probleme haben, mit dem aktuellen Benutzer zu starten, und administrative Rechte benötigen.

Auch wenn die Anmeldung mit Benutzernamen und Kennwort relativ sicher ist, bringt diese Sicherheitseinstellung in den Testumgebungen nicht viel, da ohnehin nur ein oder zwei Administratoren den Computer nutzen. Auch in Windows Server 2008 R2 und in Windows 7 besteht die Möglichkeit, die Anmeldung zu automatisieren. Diese Konfiguration ist eigentlich ganz einfach. Gehen Sie folgendermaßen vor:

1. Öffnen Sie durch Eingabe des Befehls *regedit* im Suchfeld des Startmenüs die Verwaltung der Registrierungsdatenbank von Windows.
2. Navigieren Sie zum Schlüssel *HKEY_LOCAL_MACHINE\SOFTWARE\Microsoft\Windows NT\CurrentVersion\Winlogon*. Auf der rechten Seite des Schlüssels sehen Sie jetzt verschiedene Werte.
3. Klicken Sie zunächst doppelt auf den REG_SZ-Wert *AutoAdminLogon*, und setzen Sie diesen von 0 auf 1. Wenn der Wert nicht vorhanden ist, erstellen Sie ihn einfach. Gehen Sie dazu genauso vor, wie im nächsten Schritt beschrieben.
4. Klicken Sie anschließend mit der rechten Maustaste in den rechten Fensterbereich des Registrierungs-Editors, und wählen Sie *Neu/Zeichenfolge*. Geben Sie diesem neuen Zeichenfolge-Wert (REG_SZ) die Bezeichnung *DefaultUserName*. Achten Sie auf die Groß- und Kleinschreibung.
5. Klicken Sie doppelt auf den erstellten Wert, und geben Sie in das Textfeld den Anmeldenamen Ihres Kontos ein. Achten Sie auf die Groß- und Kleinschreibung.
6. Erstellen Sie über *Neu/Zeichenfolge* einen weiteren REG_SZ-Wert mit der Bezeichnung *DefaultPassword*.
7. Weisen Sie diesem Wert das Kennwort im Klartext zu, das Sie bei der Anmeldung angegeben haben, in diesem Beispiel »hallo« (ohne die Anführungszeichen). Achten Sie auch hier auf Groß- und Kleinschreibung.
8. Schließen Sie den Registrierungs-Editor, und starten Sie den Computer neu. Die Anmeldung müsste jetzt automatisch erfolgen. Funktioniert diese noch nicht, überprüfen Sie die Eingaben nochmals.

Windows Server 2008 R2 auf einer virtuellen Festplatte installieren

Windows Server 2008 R2 bietet, wie Windows 7, die Möglichkeit, über die Festplattenverwaltung virtuelle Festplatten zu erstellen und diese in das Betriebssystem einzubinden. Über eine solche *.vhd*-Datei lässt sich Windows Server 2008 R2 sogar booten. Sie können virtuelle Festplatten, die als physische Datei auf normalen Datenträgern liegen, wie eine normale Festplatte verwenden. Alle Daten dieser Festplatte liegen in einer einzigen Datei und der Computer bootet von dieser virtuellen Festplatte wie gewohnt.

ACHTUNG Die Konfiguration, virtuelle Festplatten als Startsystem zu nutzen, ist offiziell nicht unterstützt und funktioniert auch nicht bei jedem System. Aus diesem Grund sollten Sie nur bei Testsystemen mit einer solchen Virtualisierung arbeiten oder wenn Sie extrem viel testen. Generell ist bei Virtualisierungen der Einsatz von *.vhd*-Dateien zum Booten nicht empfohlen. Zum Experimentieren mit dieser neuen Möglichkeit eignen sich aber Windows 7 und Windows Server 2008 R2 hervorragend. Aus diesem Grund zeigen wir in den folgenden Abschnitten die Möglichkeiten im Überblick und mit der Empfehlung, diese nur zu Testzwecken zu verwenden. Darüber hinaus zeigen wir Ihnen parallel den Umgang mit dem Befehlszeilentool *Diskpart* und der Verwendung von *.vhd*-Dateien nicht nur zu Startzwecken.

Es kann nur immer eine Instanz von Windows gestartet sein. Kopieren Sie einfach diese Datei, haben Sie damit das komplette System gesichert. Die Leistung ist dabei unmerklich eingeschränkt. BitLocker und der Ruhezustand funktionieren in solchen virtuellen Festplatten nicht. Das VHD-Format verwenden zum Beispiel auch Microsoft Virtual PC oder auch Hyper-V. Neben der Möglichkeit zum Booten lassen sich solche Festplatten auch als normaler Datenträger einbinden. Und auch hier haben Sie den Vorteil, durch das Sichern einzelner Dateien die komplette Festplatte sichern zu können. Mit den hier beschriebenen Möglichkeiten können Sie auch leicht Windows Server 2008 R2 parallel zu einem anderen Betriebssystem installieren, indem Sie bereits im Windows-Setup diese Virtualisierung konfigurieren. Wir zeigen Ihnen in den folgenden Abschnitten, wie dies funktioniert. Stellen Sie sicher, dass auf dem Computer, auf dem Sie Windows Server 2008 R2 parallel auf einer virtuellen Festplatte installieren wollen, noch mindestens 12 bis 15 GB Festplattenplatz frei ist:

1. Legen Sie die Windows Server 2008 R2-DVD in das Laufwerk und booten Sie den Computer. Bestätigen Sie die Installationssprache sowie das Tastaturlayout und klicken Sie auf *Weiter*.
2. Auf der nächsten Seite des Installations-Assistenten starten Sie mit der Tastenkombination ⇧+F10 eine Befehlszeile.
3. Geben Sie den Befehl *diskpart* ein und bestätigen Sie. Das Aufrufen des Programms kann etwas dauern.
4. Geben Sie den Befehl *list disk* ein, um sich die eingebauten Festplatten anzeigen zu lassen.
5. Geben Sie den Befehl *list volume* ein, um sich die erstellten Partitionen anzeigen zu lassen.

Abbildg. 3.2 Aufrufen der Informationen der Festplatten mit *diskpart*

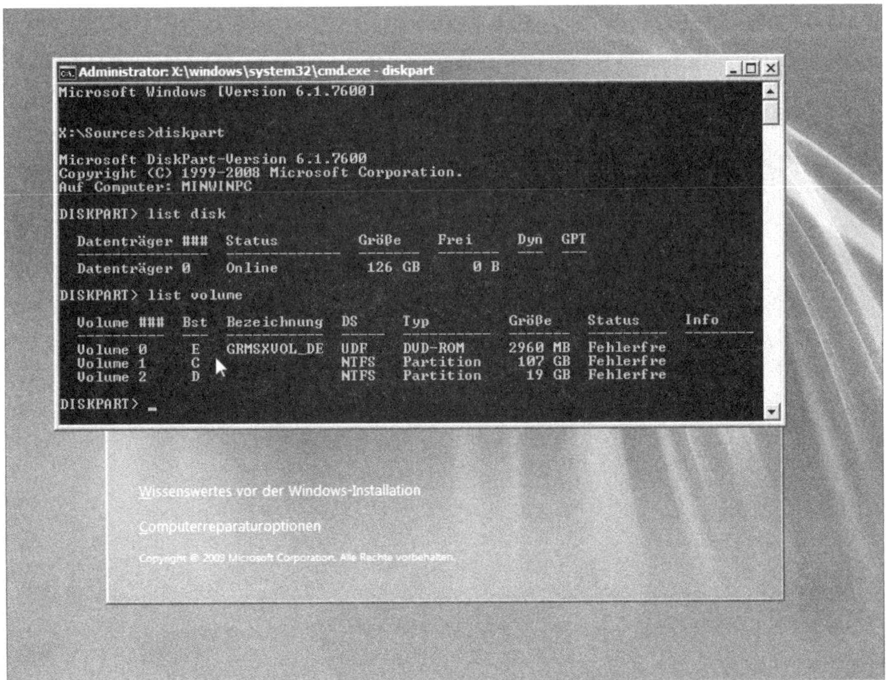

6. Als Nächstes erstellen Sie mit dem Befehl *create vdisk file=c:\w2k8r2.vhd type=expandable maximum=25000* eine neue virtuelle Festplatte. Die Festplatte kann eine Größe von 25 GB haben, ist zu Beginn noch leer, kann aber durch die Option *expandable* noch wachsen. Bevor Sie die Datei erstellen, achten Sie aber darauf, dass Sie diese auch auf der Partition erstellen, die über genügend Festplattenplatz verfügt. Die C:-Partition Ihres Computers muss bei der Boot-DVD von Windows Server 2008 R2 nicht unbedingt den Buchstaben C: erhalten. Sie können das testen, indem Sie mit C:, D: E: die verschiedenen Partitionen testen und mit dem Befehl *dir* anzeigen lassen, welches die richtige Partition ist. Erstellen Sie die virtuelle Festplatte am besten direkt auf der Festplatte, auf der Ihr bisheriges Betriebssystem installiert ist.
7. Im nächsten Schritt wählen Sie die virtuelle Festplatte mit *select vdisk file=c:\w2k8r2.vhd* aus.
8. Danach aktivieren Sie diese mit dem Befehl *attach vdisk* für die Installation.

Abbildg. 3.3 Erstellen einer virtuellen Festplatte zur Installation

```
Administrator: X:\windows\system32\cmd.exe - diskpart
DISKPART> select vdisk file=c:\w2k8r2.vhd
Die Datei für virtuelle Datenträger wurde von DiskPart erfolgreich ausgewählt.
DISKPART> attach vdisk
  100 Prozent bearbeitet
Die Datei für virtuelle Datenträger wurde von DiskPart erfolgreich angefügt.
DISKPART>
```

9. Geben Sie anschließend zweimal den Befehl *exit* ein, um Diskpart und dann die Befehlszeile zu verlassen.
10. Klicken Sie dann auf *Jetzt installieren*, um das Setup zu starten.
11. Wählen Sie das Betriebssystem zur Installation aus.
12. Bestätigen Sie die *Lizenzbedingungen*.
13. Wählen Sie als Installationsvariante *Benutzerdefiniert*.
14. Als Festplatte wählen Sie den neuen Festplattenplatz aus, der als *Nicht zugewiesen* definiert ist.

Abbildg. 3.4 Installieren von Windows auf einer virtuellen Festplatte

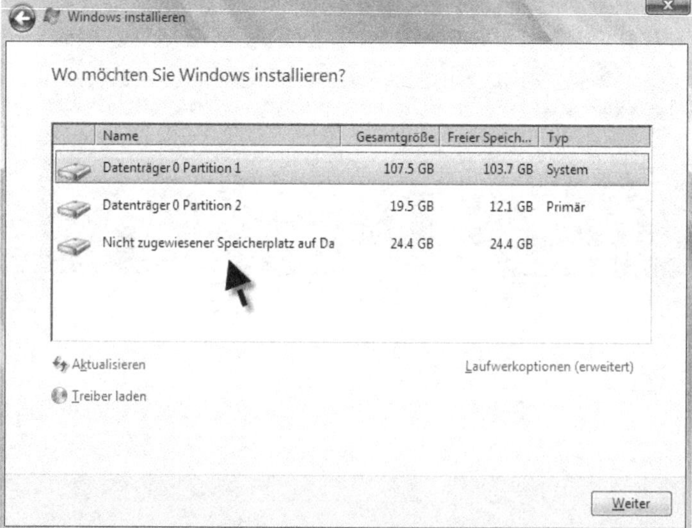

Setzen Sie die Installation wie gewohnt fort. Die Fehlermeldung spielt keine Rolle. Wichtig ist nur, dass Sie die virtuelle Festplatte auf einem Datenträger erstellt haben, der über genügend Plattenplatz verfügt und auf den der Installations-Assistent auch zugreifen kann.

Anschließend passt der Installations-Assistent den Start-Manager automatisch an. Bei der virtuellen Festplatte mit Windows Server 2008 R2 handelt es sich um das Laufwerk C, während Windows Server 2008 jetzt auf D: liegt. Booten Sie mit Windows Server 2008, hat wiederum Windows den Buchstaben C: und die virtuelle Festplatte mit Windows Server 2008 R2 den Buchstaben D:.

Windows Server 2008 R2 ausschließlich virtuell booten

Windows Server 2008 R2 bietet auch die Möglichkeit, ausschließlich als *.vhd*-Datei zu booten, ohne dass auf dem Computer ein Betriebssystem installiert ist. Diese Möglichkeit ist zum Beispiel für Testzwecke sinnvoll oder auch für den einen oder anderen Test-Server im Unternehmen. Dazu erstellen Sie eine voll funktionsfähige Installation von Windows Server 2008 R2 auf einer virtuellen Festplatte und konfigurieren den Computer, von dieser Festplatte zu booten. Auf den Zielsystemen muss dazu nichts installiert sein, sondern das Booten findet ausschließlich virtuell statt. Die Geschwindigkeit des Betriebssystems ist bei aktueller Hardware kaum von einer physischen Installation zu unterscheiden. Was Sie dazu brauchen, ist das kostenlose Windows Automated Installation Kit (WAIK) für Windows Server 2008 R2 und Windows 7 von der Seite *http://tinyurl.com/krnrdd*. Der Download ist allerdings knapp 1,7 GB groß (siehe auch Kapitel 42). Installieren Sie zunächst auf einem Computer das WAIK, um die in diesem Abschnitt besprochenen Punkte durchführen zu können.

Virtuelle Festplatte für den Bootvorgang erstellen

Der erste Schritt besteht darin, dass Sie eine virtuelle Quellfestplatte erstellen, auf der Sie dann Windows Server 2008 R2 integrieren. Der schnellste Weg dazu führt über das Befehlszeilentool *Diskpart*. Starten Sie eine Befehlszeile, geben Sie *diskpart* ein und verwenden Sie dann anschließend die folgenden Befehle, um eine Festplatte mit einer festen Größe von 25 GB zu erstellen, der Sie den Laufwerksbuchstaben *R* zuweisen. Der Buchstabe ist natürlich beliebig:

```
diskpart
create vdisk file=c:\w2k8r2.vhd maximum=25600 type=fixed
select vdisk file=c:\w2k8r2.vhd
attach vdisk
create partition primary
assign letter=r
format quick label=vhd
exit
```

Diese Festplatte ist die Grundlage für die weitere Windows Server 2008 R2-Installation.

Abbildg. 3.5 Erstellen und bearbeiten einer bootfähigen virtuellen Festplatte für Windows Server 2008 R2

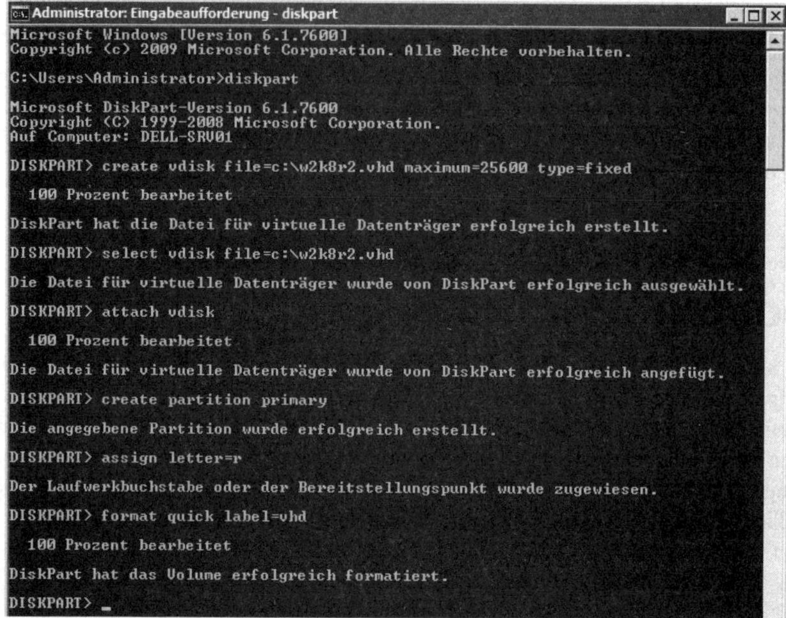

```
Administrator: Eingabeaufforderung - diskpart
Microsoft Windows [Version 6.1.7600]
Copyright (c) 2009 Microsoft Corporation. Alle Rechte vorbehalten.

C:\Users\Administrator>diskpart

Microsoft DiskPart-Version 6.1.7600
Copyright (C) 1999-2008 Microsoft Corporation.
Auf Computer: DELL-SRV01

DISKPART> create vdisk file=c:\w2k8r2.vhd maximum=25600 type=fixed

  100 Prozent bearbeitet

DiskPart hat die Datei für virtuelle Datenträger erfolgreich erstellt.

DISKPART> select vdisk file=c:\w2k8r2.vhd

Die Datei für virtuelle Datenträger wurde von DiskPart erfolgreich ausgewählt.

DISKPART> attach vdisk

  100 Prozent bearbeitet

Die Datei für virtuelle Datenträger wurde von DiskPart erfolgreich angefügt.

DISKPART> create partition primary

Die angegebene Partition wurde erfolgreich erstellt.

DISKPART> assign letter=r

Der Laufwerkbuchstabe oder der Bereitstellungspunkt wurde zugewiesen.

DISKPART> format quick label=vhd

  100 Prozent bearbeitet

DiskPart hat das Volume erfolgreich formatiert.

DISKPART> _
```

Windows Server 2008 R2-Abbild auf Festplatte übertragen

Im nächsten Schritt übertragen Sie ein bestehendes Abbild einer Windows Server 2008 R2-Installation als *.wim*-Datei. Mehr zu diesem Thema finden Sie in den Kapiteln 2 und 42. Im Kapitel 42 zeigen wir Ihnen, wie Sie eine *.wim*-Datei von einem bestehenden System mithilfe des Tools ImageX erstellen. ImageX ist Bestandteil des WAIK.

1. Wechseln Sie mit dem Befehl *cd /d "c:\program files\<Pfad zum WAIK>\Tools\<Architecture>\"* in das Verzeichnis, in dem das Tool ImageX liegt.
2. Geben Sie *imagex /apply <Pfad zur .wim-Datei> 1 r:* ein. Anschließend schreibt der Assistent den Inhalt der *.wim*-Datei auf die virtuelle Festplatte mit der Beschreibung. Mehr Informationen erhalten Sie noch im Kapitel 42.

Abbildg. 3.6 Anwenden einer Abbilddatei auf eine virtuelle Festplatte

```
Administrator: Eingabeaufforderung für Bereitstellungstools - imagex /apply e:\software\betriebssys...

C:\Program Files\Windows AIK\Tools\x86>imagex /apply e:\software\betriebssysteme
\install.wim 1 r:\

ImageX Tool for Windows
Copyright (C) Microsoft Corp. All rights reserved.
Version: 6.1.7600.16385


[   0% ] Applying progress _
```

Nachdem Sie die Daten übertragen haben, trennen Sie die virtuelle Festplatte vom Computer. Verwenden Sie dazu wieder Diskpart mit den folgenden Befehlen:

```
diskpart
select vdisk file=c:\w2k8r2.vhd
detach vdisk
exit
```

Sie können jetzt die virtuelle Festplatte, also die *.vhd*-Datei mit Windows Server 2008 R2, entweder über das Netzwerk zur Verfügung stellen oder Sie kopieren diese auf eine externe USB-Festplatte, um einen Zielcomputer damit zu starten.

Abbildg. 3.7 Anwenden eines Abbilds und Trennen einer virtuellen Festplatte von einem Computer

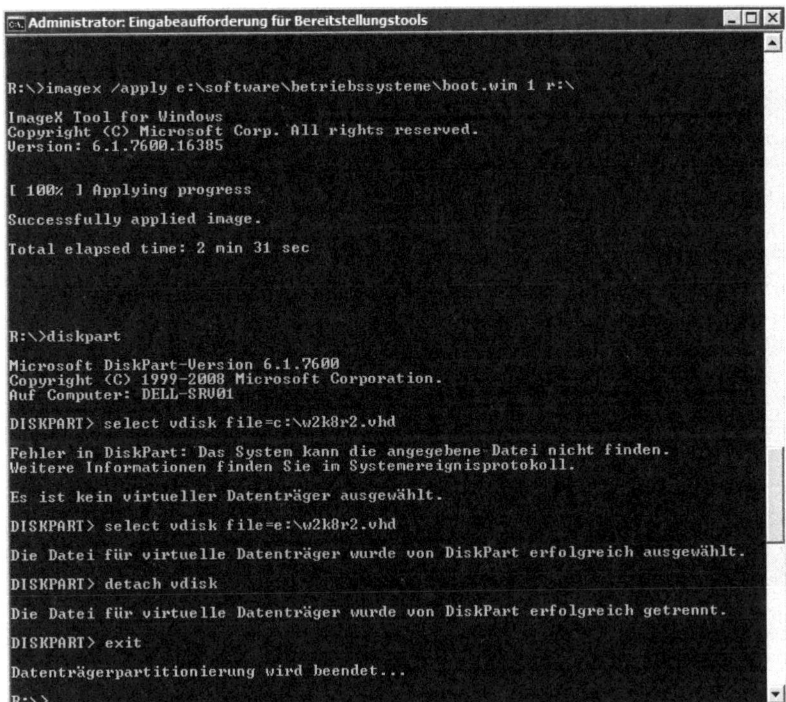

Zielcomputer bereinigen und vorbereiten

Idealerweise sollten Sie auf dem Zielcomputer, auf dem Sie die virtuelle Festplatte als System einrichten wollen, alle Daten entfernen. Sie können dazu den Computer mit einer Windows Server 2008-DVD starten und eine Befehlszeile öffnen, indem Sie im Fenster mit den Computerreparaturoptionen die Tastenkombination ⇧+F10 drücken. Wir haben diese Schritte im vorangegangenen Abschnitt bereits behandelt. In der Befehlszeile starten Sie zunächst wieder Diskpart und löschen mit den folgenden Befehlen eventuell bereits vorhandene Daten:

```
diskpart
sel disk 0
clean
```

Im Anschluss können Sie eine Systempartition erstellen, in der später der Start-Manager untergebracht wird. Hier reicht eine Größe von etwa 200 MB aus. Sie erstellen die Partition am schnellsten über Diskpart mit den folgenden Befehlen:

```
diskpart
create partition primary size=200
format quick fs=ntfs
assign letter=s
active
```

Beenden Sie Diskpart noch nicht, Sie benötigen das Tool noch einmal, um eine weitere Partition zu erstellen. Die Systempartition wird so auch gleich aktiv geschaltet. Nur dann ist das Booten möglich. Als Nächstes erstellen Sie eine primäre Partition C:, auf der Sie später die *.vhd*-Datei kopieren. Auf der Festplatte wird nichts installiert, sondern die *.vhd*-Datei wird als Systemplatte hinterlegt. Physisch liegt diese Datei auf der Festplatte C:, sodass keine Geschwindigkeitsnachteile entstehen. Sie verwenden dazu im bereits geöffneten Diskpart-Fenster diese Befehle:

```
create partition primary
format quick fs=ntfs
assign letter=c
exit
```

Im letzten Schritt stellen Sie jetzt die virtuelle Festplatte auf dem Zielcomputer bereit. Dazu kopieren Sie die Datei auf den Computer in das Stammverzeichnis der Festplatte C:. Anschließend aktivieren Sie in Diskpart die virtuelle Festplatte mit den folgenden Befehlen:

```
diskpart
select vdisk file=c:\w2k8r2.vhd
attach vdisk
```

Anschließend müssen Sie mit dem Befehl *list volume* den Laufwerksbuchstaben in Erfahrung bringen, den Windows der virtuellen Festplatte zugewiesen hat. Der nächste Schritt besteht darin, dass Sie den Start-Manager für das neue System erstellen. Dazu benötigen Sie das Tool *BCDboot*, welches Sie im Verzeichnis *\System32* der virtuellen Festplatte für Windows 7 finden. Verwenden Sie folgende Befehle:

```
cd d:\windows\system32
bcdboot d:\windows /s s:
```

Statt D: verwenden Sie den Laufwerksbuchstaben, den Windows Ihrer virtuellen Festplatte zugewiesen hat. Anschließend trennen Sie die virtuelle Festplatte wieder mit Diskpart:

```
diskpart
select vdisk file=c:\windows7.vhd
detach vdisk
exit
```

Booten Sie jetzt den Computer neu. Das Betriebssystem sollte nun fehlerfrei von der *.vhd*-Datei starten.

Windows Server 2008 R2 über USB-Stick installieren

Wollen Sie Windows Server 2008 R2 über einen USB-Stick installieren, können Sie zum Beispiel auch die Antwortdatei hinterlegen. Diese wendet der Installations-Assistent dann automatisch an. Gehen Sie zur Installation folgendermaßen vor:

1. Verbinden Sie den USB-Stick mit einem Windows Server 2008 R2-Computer. Sie benötigen für den Betrieb das Befehlszeilentool *Diskpart*. Die Versionen in Windows Server 2003 und Windows Server 2008 unterstützen keine Bearbeitung von USB-Sticks in der Art, wie Sie der Bootvorgang benötigt.
2. Starten Sie eine Befehlszeile über das Kontextmenü im Administratormodus
3. Starten Sie die Festplattenverwaltung in der Befehlszeile mit *Diskpart*.
4. Geben Sie *list disk* ein.
5. Geben Sie den Befehl *select disk <Nummer des USB-Sticks aus list disk>* ein.
6. Geben Sie *clean* ein.
7. Geben Sie *create partition primary* ein.
8. Geben Sie *active* ein, um die Partition zu aktivieren. Dies ist für den Bootvorgang erforderlich.
9. Formatieren Sie den Datenträger mit *format fs=fat32 quick*.
10. Geben Sie den Befehl *assign* ein.
11. Beenden Sie *Diskpart* mit *exit*.
12. Wechseln Sie in der Befehlszeile in das Verzeichnis *\boot* der Windows Server 2008 R2-DVD.
13. Geben Sie optional den Befehl *bootsect /nt60 <Laufwerksbuchstabe des USB-Sticks>* ein. Unbedingt notwendig ist das nicht in jedem Fall.
14. Kopieren Sie den Inhalt der Windows Server 2008 R2-DVD in das Stammverzeichnis des USB-Sticks.
15. Verbinden Sie den USB-Stick mit dem Zielgerät und stellen Sie im BIOS oder dem Systemstartmenü die Option ein, dass der Rechner von USB bootet.
16. Starten Sie den Rechner und stellen Sie sicher, dass der Bootvorgang über USB startet. Arbeiten Sie mit einer Antwortdatei (siehe Kapitel 42), kopieren Sie diese ebenfalls in das Verzeichnis.

Windows Server 2008 R2 als Arbeitsstation für Administratoren

Neben dem Betrieb als Server im Netzwerk lässt sich Windows Server 2008 R2 auch als Arbeitsstation für Administratoren betreiben. Die Oberfläche und die Funktionen lassen sich so anpassen, dass diese identisch mit Windows 7 sind. Der Vorteil ist, dass Administratoren mehr Erfahrungen mit dem Server sammeln, wenn diese auch als Arbeitsstation mit Windows Server 2008 R2 arbeiten. Außerdem ist die Verwaltung anderer Server im Netzwerk von einem Server aus schneller und effizienter, als mit den Remoteserver-Verwaltungstools (Remote Server Administration Tools, RSAT). Ein weiterer Vorteil ist die Möglichkeit, Hyper-V auf der Arbeitsstation zu nutzen, um so Testsysteme zu installieren. Mit dem lokalen Hyper-V-Manager lassen sich dann auch gleich die produktiven Hyper-V-Server verwalten. Umgekehrt ist auch der Zugriff von produktiven Hyper-V-Servern auf die Testrechner möglich. Da sich die Testversion von Windows Server 2008 R2 bis zu 240 Tage kostenlos nutzen lässt, erhalten interessierte Administratoren ein Windows 7/Windows Server 2008 R2-Testsystem. Im folgenden Abschnitt gehen wir auf die Konfiguration des Servers ein. Windows Server 2008 R2 lässt sich auch parallel zu einem bereits existierenden Betriebssystem installieren, selbst wenn nur eine Partition vorhanden ist. Wie dies funktioniert, ist in den vorangegangenen Abschnitten dieses Buchs beschrieben. Die Tipps und Anleitungen der folgenden Abschnitte sind auch für den Betrieb von Windows Server 2008 R2 im normalen Ablauf interessant und eine Lektüre wert, selbst wenn Sie nicht beabsichtigen, Windows Server 2008 R2 als Arbeitsstation zu verwenden.

HINWEIS Diese Punkte sollten Sie wissen, wenn Sie Windows Server 2008 R2 als Arbeitsstation einsetzen wollen:

- Windows Server 2008 R2 steht nur als 64-Bit-System zur Verfügung. Das heißt, der Computer, auf dem Sie Windows Server 2008 R2 installieren, muss 64-Bit-fähig sein.
- Minianwendungen sind in Windows Server 2008 R2 nicht verfügbar. Es gibt zwar Quellen im Internet, über die Sie die Windows Vista-Sidebar in Windows Server 2008 R2 installieren können, allerdings hinterlässt die Installation das System oft in einem instabilen Zustand.
- Unter Windows Server 2008 R2 laufen zwar die meisten Anwendungen und sogar Spiele, aber längst nicht alle. Testen Sie daher die Anbindung zuerst.
- Beachten Sie, dass Sie einen serverbasierten Virenschutz installieren sollten. Die meisten Antivirenlösungen sind nicht zu Windows Server 2008 R2 kompatibel; Sie benötigen einen speziellen Servervirenschutz. Einige kostenlose Virenscanner eignen sich auch für den Einsatz unter Windows Server 2008 R2, allerdings sollten Sie diese nur in Testumgebungen oder privaten Umgebungen testen. Folgende Virenscanner sind kompatibel und kostenlos. Allerdings sind nicht alle Lösungen auch für Unternehmen kostenlos, achten Sie bitte auf die Lizenzbedingungen. Außerdem ist keines der Produkte für Windows Server 2008 R2 offiziell zugelassen.
  - **Comodo Antivirus** (Firewall nicht installieren) *http://www.comodo.com/home/internet-security/antivirus.php*
  - **Avast Home** *http://www.avast.com*
  - **Rising Antivirus Free Edition** *http://www.freerav.com*
  - **Clamwin Free Antivirus** *http://de.clamwin.com*

Als Arbeitsstation installieren

Der erste Schritt, um Windows Server 2008 R2 als Arbeitsstation zu betreiben, liegt zunächst in der Installation des Betriebssystems. Die Installation läuft so ab wie die Installation von Windows 7 und ist ähnlich zu Windows Vista. Wir gehen in den folgenden Abschnitten von der Installation der Testversion aus, die 240 Tage lauffähig ist. Natürlich können Sie auch eine lizenzierte Version verwenden. Der einzige Unterschied dabei ist, dass Sie nach der Installation bei der lizenzierten Version Ihre Seriennummer in den Eigenschaften von *Computer* eintragen und das System aktivieren. Bei der Testversion benötigen Sie keine Seriennummer und auch keine Aktivierung. Die Installation läuft in wenigen Schritten ab:

1. Laden Sie sich die ISO-Datei herunter oder verwenden Sie einen fertigen Datenträger mit Windows Server 2008 R2. ISO-Dateien können Sie entweder per Doppelklick unter Windows 7 mit dem integrierten Brennprogramm für ISO-Dateien brennen oder Sie verwenden kostenlose Programme wie CDBurner XP (*http://cdburnerxp.se*, läuft auch unter Windows 7, Windows Server 2008 R2).
2. Booten Sie von der Windows Server 2008 R2-DVD.
3. Auf der ersten Seite bestätigen Sie die Sprache der Installation.
4. Auf der zweiten Seite klicken Sie auf *Jetzt installieren.*
5. Als Nächstes wählen Sie die Edition aus, die Sie installieren wollen. Für eine Arbeitsstation taugen die Standard- und die Enterprise-Edition, wobei die Enterprise-Edition mehr Funktionen zur Verfügung stellt.

6. Wählen Sie eine vollständige Installation aus, keine Server Core-Installation, die nur eine Befehlszeile, keine grafische Oberfläche enthält.
7. Bestätigen Sie den Lizenzvertrag auf der nächsten Seite.
8. Wählen Sie als Installationsoption *Benutzerdefiniert* aus und verwenden Sie entweder die ganze Partition oder, wenn Sie bereits ein System installiert haben, verkleinern Sie die bereits existierende Partition entsprechend.
9. Schließen Sie die Installation ab.
10. Nach erfolgreicher Installation, müssen Sie zunächst ein Kennwort für den Administrator vergeben und sich anmelden.
11. Aktivieren Sie auf dem ersten Fenster *Aufgaben der Erstkonfiguration* die Option *Dieses Fenster bei der Anmeldung nicht mehr anzeigen.*

Abbildg. 3.8 Deaktivieren der Aufgaben der Erstkonfiguration

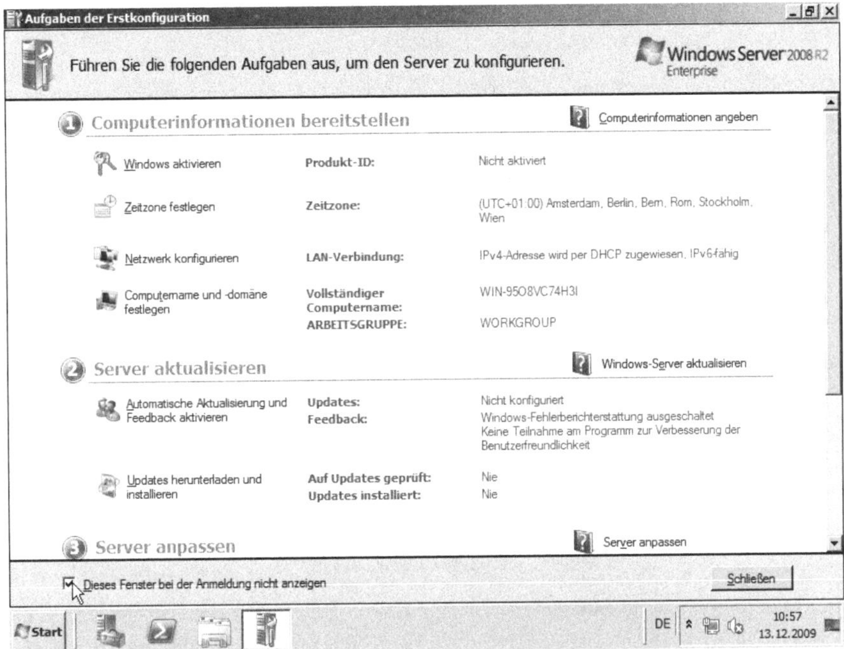

12. Nach der Anmeldung und dem Schließen des Fensters *Aufgaben der Erstkonfiguration* startet der Server-Manager immer automatisch. Auf Arbeitsstationen sollten Sie die Option *Diese Konsole beim Anmelden nicht anzeigen* aktivieren.

HINWEIS Für die Installation von Treibern benötigen Sie normalerweise den Internet Explorer. Bei Windows Server 2008 R2 ist automatisch die verstärkte Sicherheit des Internet Explorers aktiv, was beim Herunterladen von Treibern durchaus stören kann. Sie können die erweiterte Sicherheit des Internet Explorers im Server-Manager deaktivieren:

1. Öffnen Sie den Server-Manager über dessen Symbol in der Taskleiste.
2. Klicken Sie in der Mitte der Konsole im Abschnitt *Sicherheitsinformationen* auf den Link *Verstärkte Sicherheitskonfiguration für IE konfigurieren.*
3. Deaktivieren Sie die Option für alle Benutzer bzw. nur für Administratoren.

Abbildg. 3.9 Deaktivieren der Autostartfunktion des Server-Managers

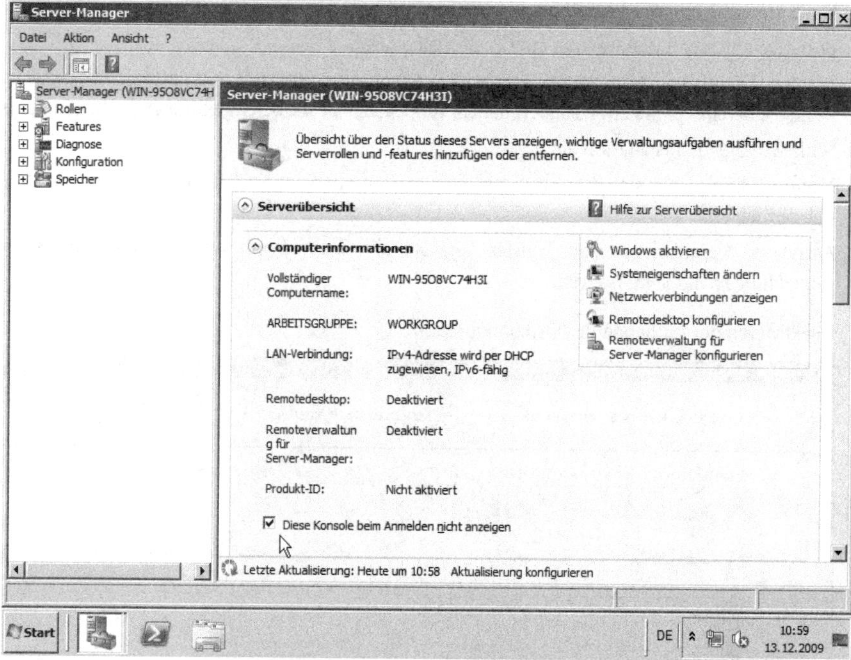

Abbildg. 3.10 Verstärkte Sicherheit des Internet Explorers im Server-Manager deaktivieren

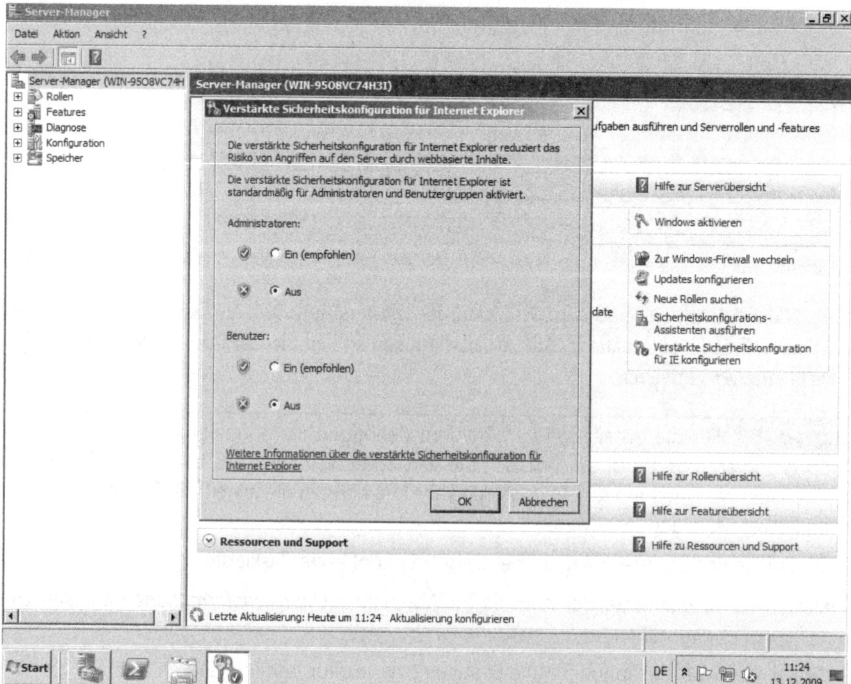

Computernamen festlegen

Im Gegensatz zu Windows 7 oder Windows Vista erscheint beim Abschließen der Installation von Windows Server 2008 R2 kein Assistent, der Sie den Computernamen festlegen lässt. Sie müssen den Computernamen nach der Installation manuell festlegen. Gehen Sie dazu folgendermaßen vor:

1. Rufen Sie im Startmenü die Eigenschaften von *Computer* auf.
2. Klicken Sie auf *Erweiterte Systemeinstellungen*.
3. Holen Sie die Registerkarte *Computername* in den Vordergrund und klicken Sie auf *Ändern*.
4. Geben Sie den neuen Namen des Computers ein und starten Sie den Rechner neu.

Abbildg. 3.11 Computername von Windows Server 2008 R2 anpassen

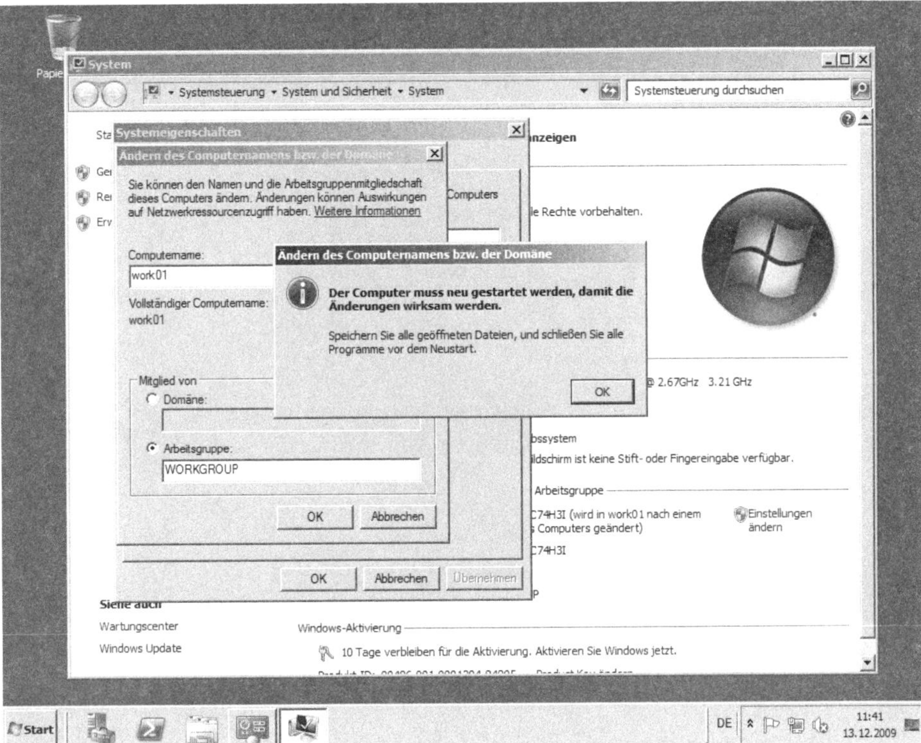

Treiber installieren

Die Installation von Treibern läuft bei Windows Server 2008 R2 als Arbeitsstation generell genauso ab, wie bei einer Installation von Windows 7. Sie sollten für alle wichtigen Geräte wie Netzwerkkarte, Grafikkarte und Soundkarte möglichst einen Treiber des Herstellers verwenden und diesen installieren. Dazu können Sie die 64-Bit-Treiber von Windows 7, notfalls die Treiber für Windows Vista x64 verwenden, aber keinesfalls ältere 32-Bit-Treiber. Viele Treiberinstallationen, zum Beispiel von NVIDIA- oder ATI-Grafikkarten, laufen mittlerweile als Setupdatei. Solche Installationen brechen unter Windows Server 2008 R2 teilweise ab oder lassen sich gar nicht erst starten. Zwar sind die Treiber von Windows Vista und Windows 7 in 64-Bit-Versionen voll kompatibel zu Windows Server 2008 R2, aber die Hersteller fragen häufig das Betriebssystem ab. Hier meldet sich Windows Server 2008 R2 anders als Windows 7 oder Windows Vista. In diesem Fall entpacken Sie das Archiv des

Treibers mit einem Entpackprogramm (zum Beispiel 7-Zip von *http://www.7-zip.org*). Rufen Sie anschließend das entsprechende Gerät im Geräte-Manager auf und aktualisieren Sie den Treiber über das Kontextmenü oder die Eigenschaften des Gerätes. Wählen Sie dann den Speicherort zur *.inf*-Datei des Treibers aus, um diese abzuschließen. Stellen Sie vor weiteren Schritten der Einrichtung sicher, dass im Geräte-Manager, den Sie über den Befehl *devmgmt.msc* im Suchfeld des Startmenüs starten, alle Geräte installiert und eingerichtet sind. Aktuelle Treiber finden Sie am schnellsten über die beiden Webseiten:

- *www.treiber.de*
- *www.heise.de/ct/treiber*

Abbildg. 3.12 Treiberinstallation nach der Installation von Windows Server 2008 R2

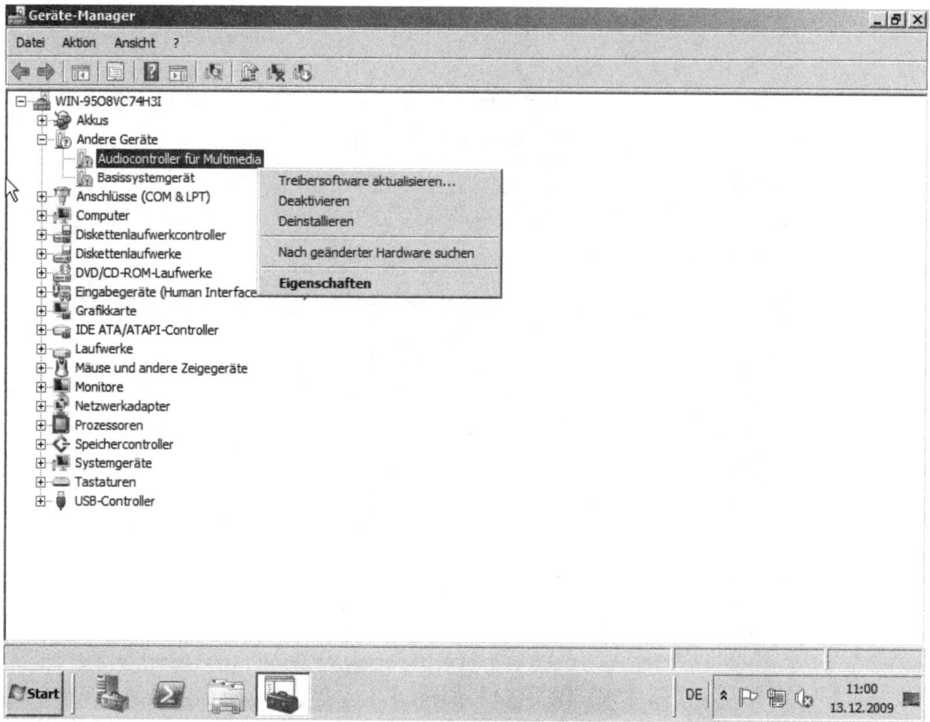

Treiberaktualisierung über Windows Update

Microsoft stellt über Windows Update für viele Geräte regelmäßig Treiber zur Verfügung. Auf Arbeitsstationen mit Windows Vista und Windows 7 ist die Option automatisch aktiviert, sodass Treiber auch über Windows Update installiert werden können. Bei Windows Server 2008 R2 ist diese Option standardmäßig deaktiviert. Betreiben Sie Windows Server 2008 R2 als Arbeitsstation, sollten Sie diese Option jedoch aktivieren. Gehen Sie dazu folgendermaßen vor:

1. Klicken Sie auf *Start/Systemsteuerung/System und Sicherheit/System.*
2. Wählen Sie auf der linken Seite *Erweiterte Systemeinstellungen* aus.

3. Aktivieren Sie die Registerkarte *Hardware.*
4. Klicken Sie auf die Schaltfläche *Geräteinstallationseinstellungen.*
5. Aktivieren Sie die Option *Ja, automatisch ausführen* und bestätigen Sie mit *Änderungen speichern.*

Abbildg. 3.13 Treiber lassen sich auch bei Windows Server 2008 R2 über Windows Update beziehen

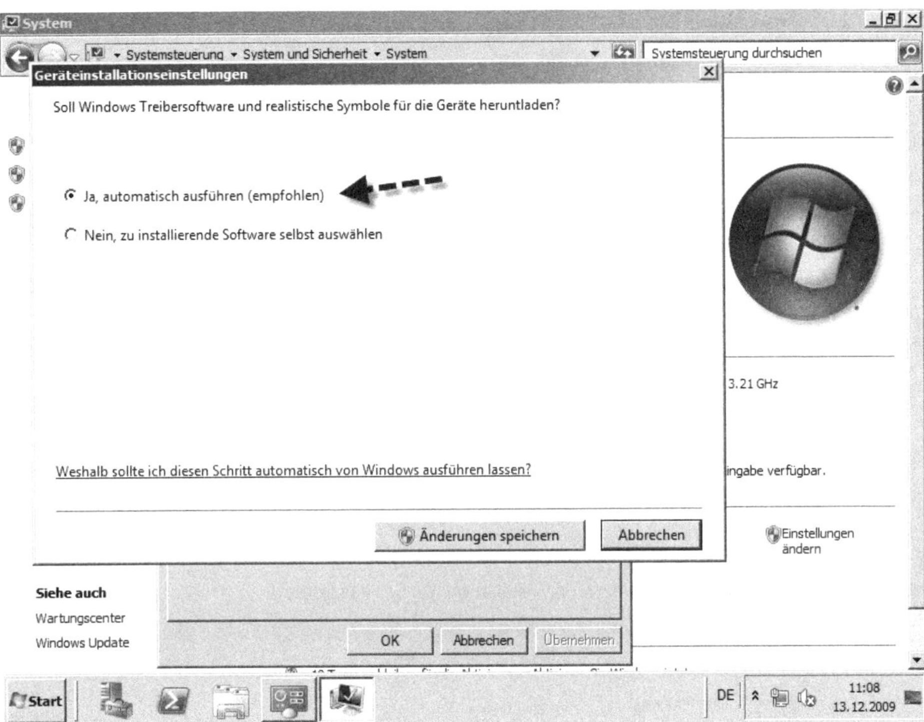

HINWEIS Wissen Sie nicht, welche Hardware im Computer verbaut ist, laden Sie sich die Testversion von *Everest Corporate Edition* von der Internetseite *http://www.lavalys.com* herunter. Mit dem Tool können Sie den Typ jeder Hardware und der eingebauten Hauptplatine auslesen. Finden Sie immer noch nicht alle Treiber, können Sie es auch mit dem Tool *DriverAgent* von der Webseite *http://www.driveragent.com* versuchen. Das Tool durchsucht den Computer und zeigt Ihnen an, welche Treiber Sie installieren oder aktualisieren sollten.

Windows Update aktivieren

Im nächsten Schritt sollten Sie, unabhängig davon, ob Sie Treiber manuell oder über Windows Update installieren wollen, die Windows Update-Funktion in der Systemsteuerung aufrufen. Klicken Sie auf *Automatische Updates aktivieren,* wenn diese Funktion noch nicht aktiviert ist. Diese Funktion ist bei Windows 7 automatisch aktiv, aber bei Windows Server 2008 R2 nicht.

Lassen Sie nach der Installation und der erfolgreichen Treiberinstallation auf jeden Fall einmal Windows Update nach Aktualisierungen suchen und installieren Sie diese Aktualisierungen auf dem Rechner (Abbildung 3.15). Aktivieren Sie auch optionale Updates, wenn diese verfügbar sind.

Abbildg. 3.14 Aktivieren der automatischen Update-Suche in Windows Server 2008 R2

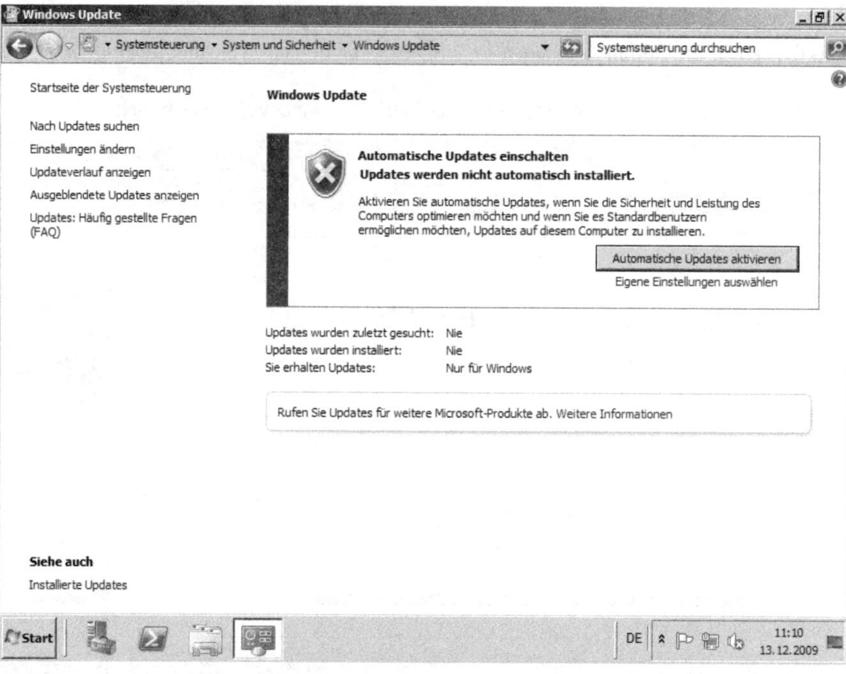

Abbildg. 3.15 Installieren von Updates nach der Installation des Betriebssystems

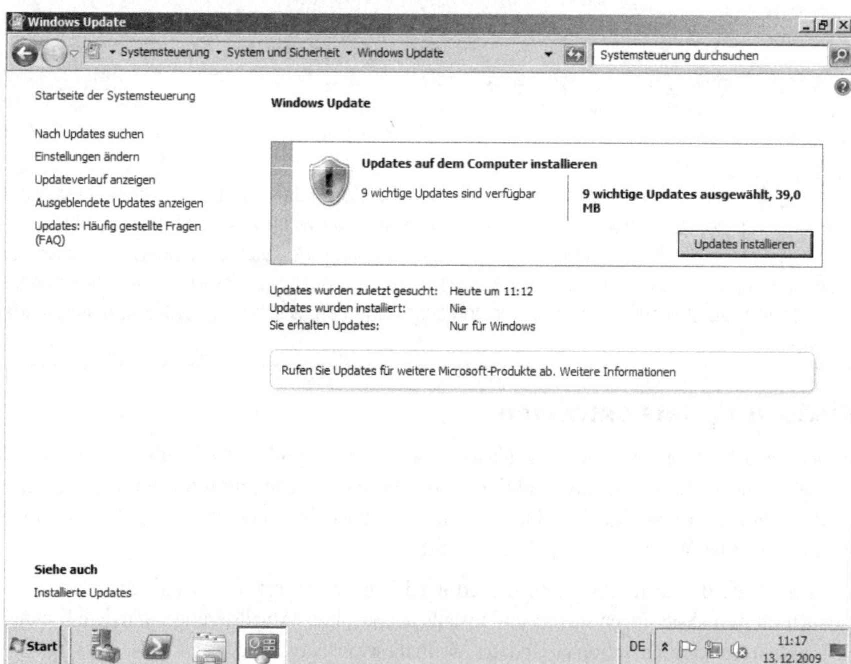

Systemeinstellungen anpassen

Nach der Installation sollten Sie zunächst einige Systemeinstellungen anpassen, um den Server als lokale Arbeitsstation betreiben zu können.

Testzeitraum verlängern

Die Testversion von Windows Server 2008 R2 können Sie bis zu 240 Tage uneingeschränkt und kostenlos einsetzen. Allerdings müssen Sie hierzu einiges beachten. Geben Sie im Suchfeld des Startmenüs den Befehl *slmgr.vbs –dli* oder *–dlv* ein, um Informationen zu erhalten, wie lange der Testzeitraum noch andauert. Mit dem Befehl *slmgr.vbs –rearm* können Sie die Testzeitdauer bis zu fünfmal wieder zurücksetzen. Für das Zurücksetzen müssen Sie allerdings eine Befehlszeile im Administratormodus starten. Die einzelnen Editionen von Windows Server 208 R2 bieten verschiedene Testzeiträume an:

- Windows Server 2008 R2 Testversion – 10 Tage + 180 Tage + 5 x 10 Tage = 240 Tage
- Windows Server 2008 R2 OEM – 30 Tage + 3 x 30 Tage = 120 Tage
- Windows Server 2008 R2 Volumenlizenz – 30 Tage + 3x 30 Tage = 120 Tage

Abbildg. 3.16 Anzeigen des restlichen Testzeitraums

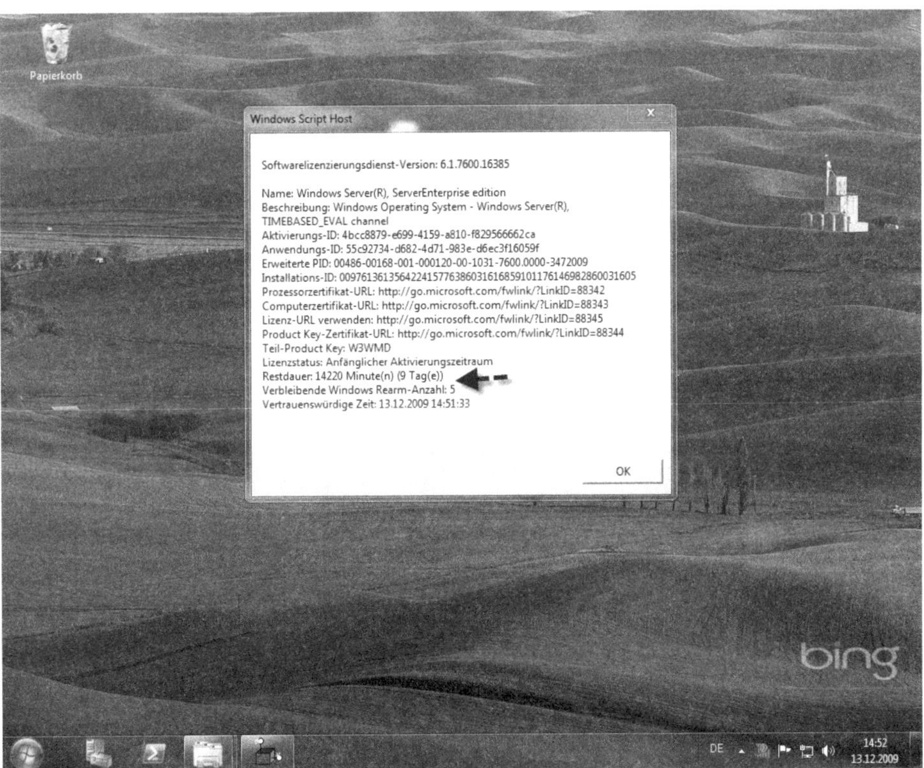

Auslagerungsdatei optimieren

Zunächst sollten Sie die Auslagerungsdatei auf eine andere physische Festplatte des Servers verschieben, damit Schreibzugriffe auf die Auslagerungsdatei nicht von Schreibzugriffen auf der Festplatte ausgebremst werden. Wenn keine zweite physische Festplatte zur Verfügung steht, ergibt ein Verschieben keinen Sinn, da die Auslagerung auf eine Partition, die auf derselben Platte liegt, keine positiven Auswirkungen hat. Zusätzlich sollten Sie die Größe der Auslagerungsdatei auf das 2,5-fache des tatsächlichen Arbeitsspeichers legen. Damit wird die Fragmentierung der Datei minimiert:

1. Die Einstellungen für die Auslagerungsdatei finden Sie über *Start/Systemsteuerung/System und Sicherheit/System/Erweiterte Systemeinstellungen/Leistung/Einstellungen/Erweitert/Virtueller Arbeitsspeicher/Ändern.*
2. Deaktivieren Sie das Kontrollkästchen *Auslagerungsdateigröße für alle Laufwerke automatisch verwalten.*
3. Aktivieren Sie die Option *Benutzerdefinierte Größe.*
4. Setzen Sie bei *Anfangsgröße* und bei *Maximale Größe* in etwa das 2,5-fache Ihres Arbeitsspeichers ein. Dadurch ist sichergestellt, dass die Datei nicht fragmentiert wird, da sie immer die gleiche Größe hat. Setzen Sie die Größe der Auslagerungsdatei für Laufwerk C: auf 0.
5. Klicken Sie auf *Festlegen.*
6. Schließen Sie alle Fenster und starten Sie den Server neu.

Abbildg. 3.17 Konfiguration der Auslagerungsdatei

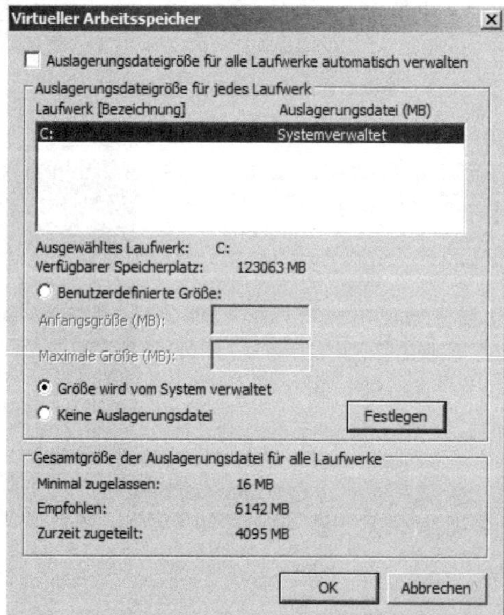

Prozessorzeitplanung anpassen

Standardmäßig ist Windows Server 2008 R2 darauf optimiert, Hintergrunddienste zu beschleunigen. Wenn Sie den Server als Arbeitsstation nutzen, sollten Sie aber die Optimierung auf Anwendungen einstellen, damit Benutzer möglichst performant arbeiten können. Diese Einstellung sowie die Konfiguration der Auslagerungsdatei finden Sie an der gleichen Stelle wie die Konfiguration des virtuellen Arbeitsspeichers. Wählen Sie für die Prozessorzeitplanung die Option *Programme* aus.

Abbildg. 3.18 Optimieren der Prozessorzeitplanung

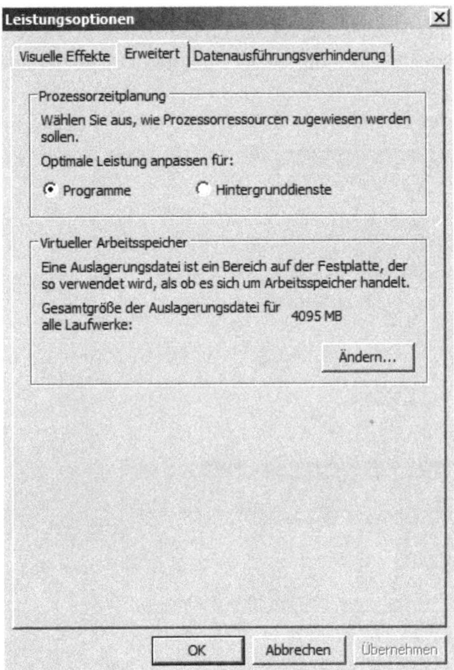

Benutzer anlegen und verwalten

Nach der Installation von Windows Server 2008 R2 arbeiten Sie mit vollwertigen Administratorrechten. Wollen Sie später mit einem normalen Benutzerkonto in der Domäne arbeiten, ist das möglich. Wollen Sie lokal mit einem Benutzer arbeiten, können Sie über die Eingabe des Befehls *lusrmgr.msc* im Suchfeld des Startmenüs den lokalen Benutzer-Manager starten und einen eingeschränkten Benutzer anlegen. Haben Sie einen Benutzer angelegt, ist dieser Mitglied der lokalen Gruppe *Benutzer*. Administratorrechte erteilen Sie dem Benutzer, wenn Sie ihn in die lokale Gruppe *Administratoren* aufnehmen.

Richtlinien anpassen

Da Sie mit einem Server arbeiten, müssen Sie bei der Anmeldung mit einem normalen Benutzerkonto auch Richtlinien auf dem Server ändern:

1. Geben Sie dazu *gpedit.msc* in das Suchfeld des Startmenüs ein.
2. Navigieren Sie zu *Computerkonfiguration/Windows-Einstellungen/Sicherheitseinstellungen/Lokale Richtlinien/Zuweisen von Benutzerrechten.*
3. Hier können Sie über verschiedene Einstellungen festlegen, welche Benutzer welche Rechte auf dem lokalen System haben.
4. Wichtig ist die Einstellung *Herunterfahren des Systems.* Geben Sie am besten den Benutzer *Interaktiv* an. Damit haben alle Benutzer die sich am System anmelden dürfen auch das Recht dieses herunterzufahren.

Abbildg. 3.19 Festlegen von Rechten zum Herunterfahren des Computers

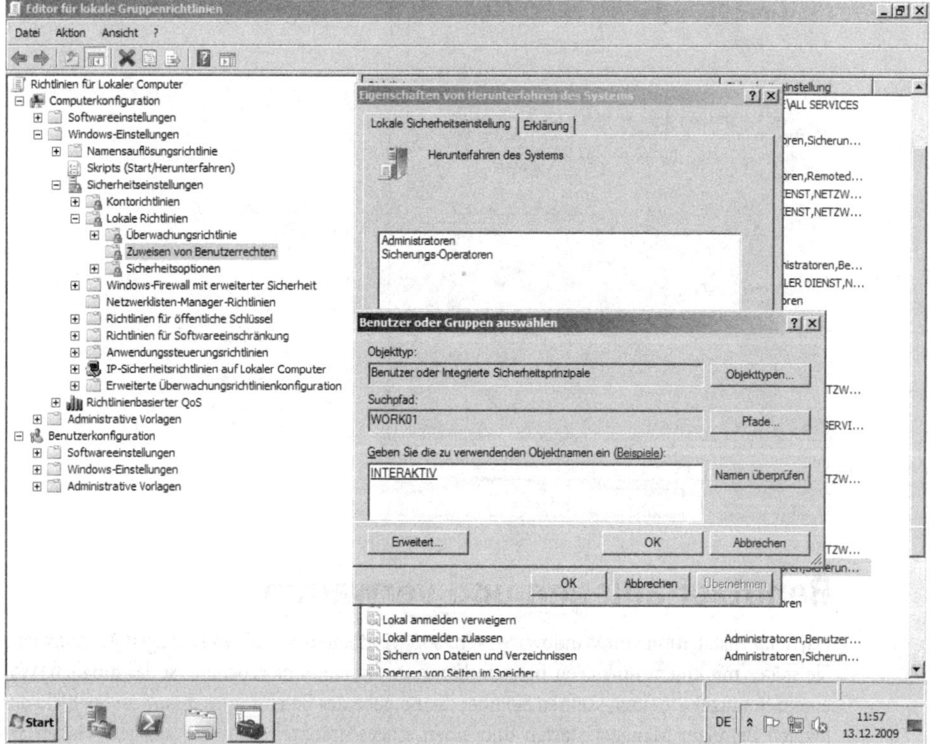

Fahren Sie Windows Server 2008 R2 herunter, müssen Sie für den Vorgang eine Begründung eingeben. Sie können diese Konfiguration aber auch abschalten. Auch dazu verwenden Sie den Editor für lokale Gruppenrichtlinien:

1. Navigieren Sie zu *Computerkonfiguration/Administrative Vorlagen/System.*
2. Klicken Sie doppelt auf *Ereignisprotokollierung für Herunterfahren anzeigen.*
3. Deaktivieren Sie die Richtlinie.

Abbildg. 3.20 Deaktivieren von Meldungen beim Herunterfahren eines Servers

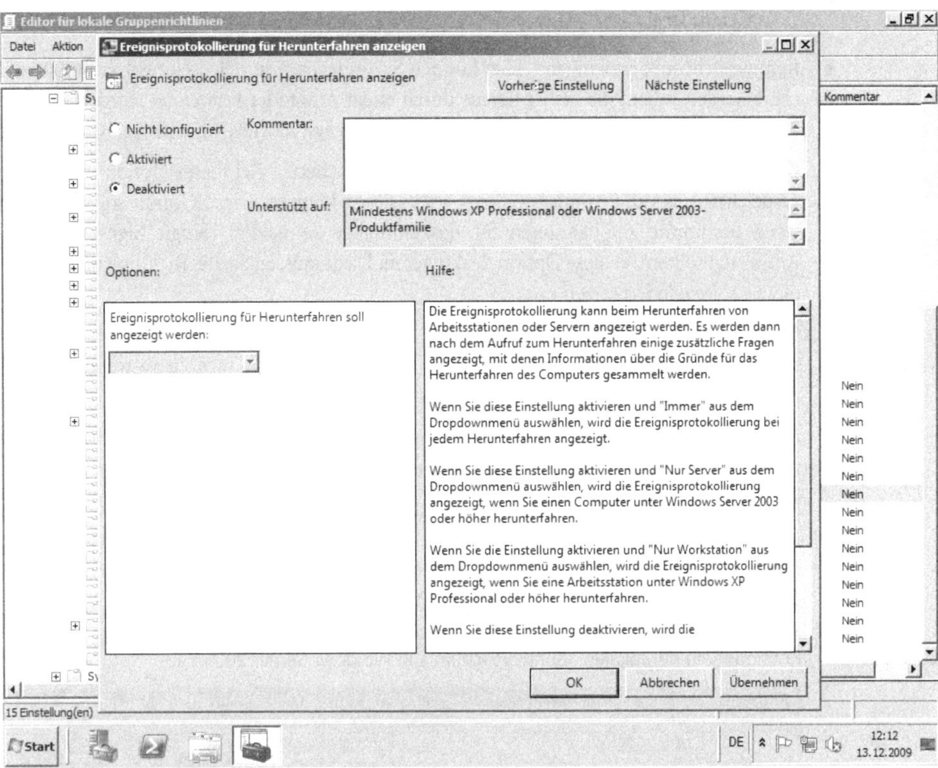

Kennwortrichtlinie unter Windows Server 2008 R2 festlegen

Kennwörter in Windows Server 2008 R2 müssen besonderen Richtlinien entsprechen. Auch diese Richtlinien können Sie lokal anpassen:

1. Navigieren Sie zu den Einstellungen der Kennwörter unter *Computerkonfiguration/Windows-Einstellungen/Sicherheitseinstellungen/Kontorichtlinien/Kennwortrichtlinien.*
2. Geben Sie für diese Einstellungen jeweils die Option *Diese Richtlinieneinstellung definieren* und die empfohlenen Werte für sichere Kennwörter ein. In Windows Server 2008 R2 gibt es sechs Einstellungen, die Sie zur Konfiguration von sicheren Kennwörtern verwenden können:

- **Kennwort muss Komplexitätsvoraussetzungen entsprechen** Bei dieser Option muss das Kennwort mindestens sechs Zeichen lang sein. Microsoft empfiehlt, diese Einstellung zu aktivieren. Wenn Sie die Komplexitätsvoraussetzungen für Kennwörter aktivieren, sollten Sie vorher am besten eine E-Mail an alle Mitarbeiter schicken und diese darüber informieren, wie zukünftig die Kennwörter aufgebaut werden sollen. Dieser Hinweis kann im Intranet hinterlegt werden. Das Kennwort darf maximal zwei Zeichen enthalten, die auch in der Zeichenfolge des Benutzernamens vorkommen Außerdem müssen drei der fünf Kriterien von komplexen Kennwörtern erfüllt sein:
  - Großbuchstaben (A bis Z)
  - Kleingeschriebene Buchstaben (a bis z)
  - Ziffern (0 bis 9)

- Sonderzeichen (zum Beispiel !, &, /, %)
- Unicodezeichen (?, @, ®)

- **Kennwortchronik erzwingen** Hier können Sie festlegen, wie viele Kennwörter in Active Directory gespeichert werden sollen, die bisher bereits durch einen Anwender verwendet wurden. Wenn Sie diese Option wie empfohlen auf 24 setzen, darf sich ein Kennwort erst nach 24 Änderungen wiederholen.
- **Kennwörter mit umkehrbarer Verschlüsselung speichern** Bei dieser Option werden die Kennwörter so gespeichert, dass die Administratoren sie auslesen können. Diese Option sollte nur verwendet werden, wenn bestimmte Applikationen für das einmalige Anmelden (Single Sign-On, SSO) dies erfordern. Ansonsten sollten Sie diese Option deaktivieren. Dazu müssen Sie die Richtlinieneinstellung definieren und diese auf *Deaktiviert* setzen.
- **Maximales Kennwortalter** Hier legen Sie fest, wie lange ein Kennwort gültig bleibt, bis der Anwender es selbst ändern muss. Microsoft empfiehlt, Kennwörter für 42 Tage zu verwenden und erst danach eine Änderung durchzuführen.
- **Minimale Kennwortlänge** Hier wird festgelegt, wie viele Zeichen ein Kennwort mindestens enthalten muss. Dafür wird ein Wert von acht Zeichen empfohlen.
- **Minimales Kennwortalter** Hier wird festgelegt, wann ein Kennwort frühestens geändert werden darf, also wie lange es mindestens aktuell sein muss. Diese Option ist zusammen mit der Kennwortchronik sinnvoll, damit die Anwender das Kennwort nicht so oft ändern, dass sie wieder ihr altes verwenden können. Microsoft empfiehlt an dieser Stelle einen Wert von 2.

Abbildg. 3.21 Konfigurieren der lokalen Kennwortrichtlinie in Windows Server 2008 R2

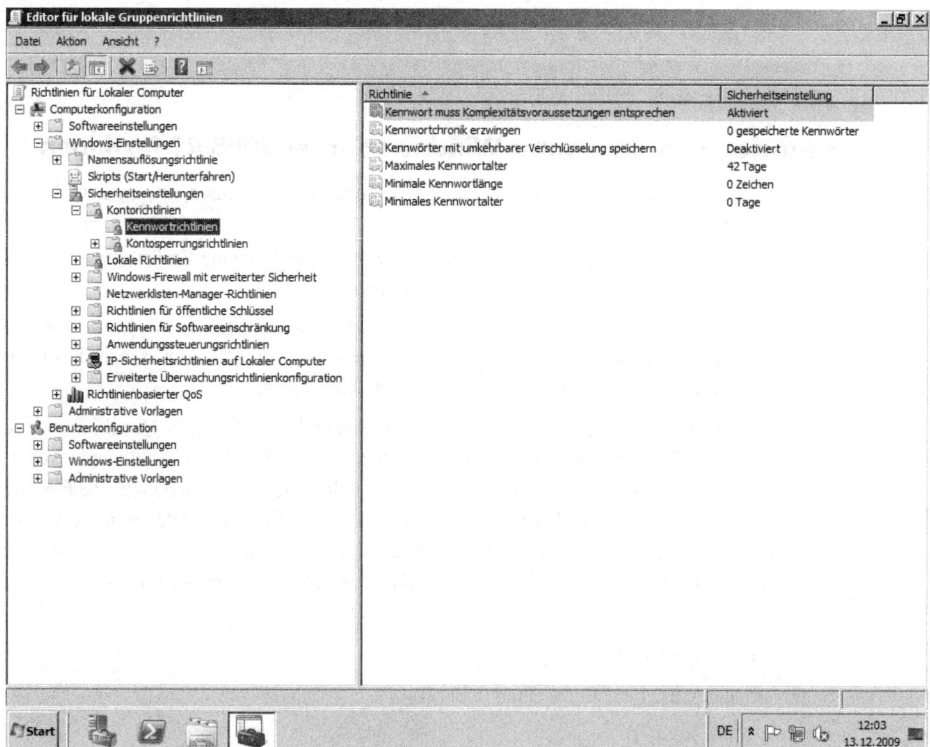

STRG+ALT+ENTF deaktivieren

Bei Windows 7 und Windows Vista können Sie sich direkt am System anmelden. Windows Server 2008 R2 zeigt vor dem eigentlichen Anmeldebildschirm aber noch die Option an, dass Sie `Strg`+`Alt`+`Entf` drücken müssen. Wollen Sie nicht gleich die automatische Anmeldung durchführen, wie im nächsten Abschnitt besprochen, können Sie zumindest diese Anzeige deaktivieren:

1. Melden Sie sich dazu am Computer an.
2. Klicken Sie auf *Start/Verwaltung/Lokale Sicherheitsrichtlinie.*
3. Navigieren Sie zu *Lokale Richtlinien/Sicherheitsoptionen.*
4. Aktivieren Sie die Richtlinie *Interaktive Anmeldung: Kein STRG+ALT+ENTF erforderlich.*
5. Auf Wunsch bearbeiten Sie weitere Richtlinien, die Sie benötigen.

Abbildg. 3.22 Bearbeiten der lokalen Sicherheitsrichtlinien in Windows Server 2008 R2

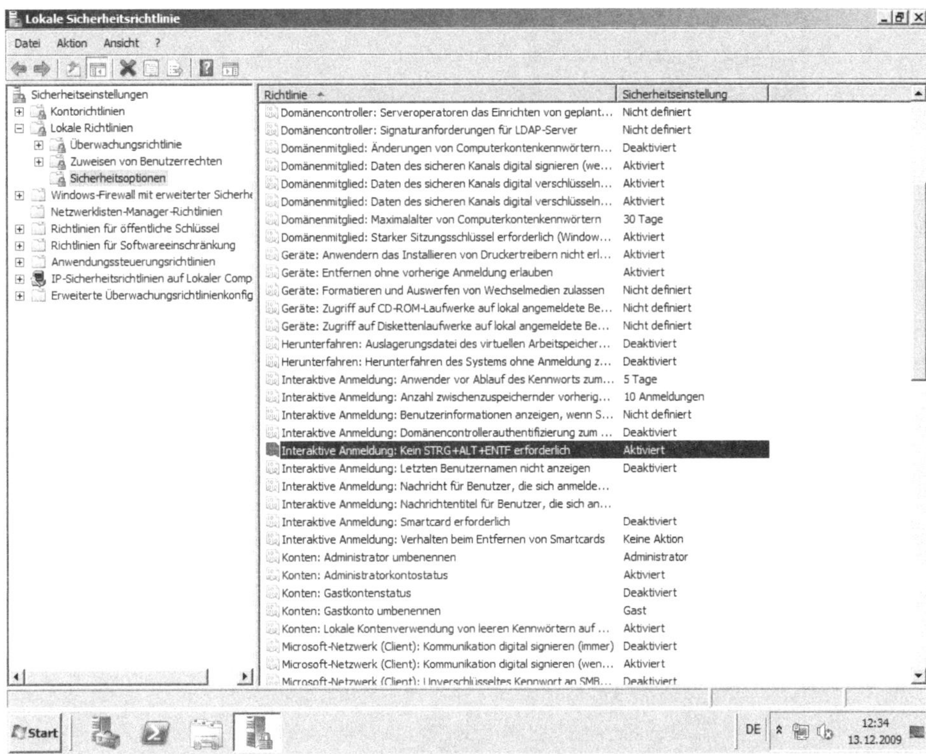

Automatische Anmeldung konfigurieren

Auch in Windows 7 und Windows Server 2008 R2 besteht die Möglichkeit, die Anmeldung zu automatisieren. Diese Konfiguration ist eigentlich ganz einfach. Gehen Sie folgendermaßen vor:

1. Öffnen Sie über den Befehl *regedit* im Suchfeld des Startmenüs die Verwaltung der Registrierungsdatenbank.
2. Navigieren Sie zum Schlüssel *HKEY_LOCAL_MACHINE\SOFTWARE\Microsoft\Windows NT\CurrentVersion\Winlogon.* Auf der rechten Seite des Schlüssels sehen Sie jetzt verschiedene Werte.

3. Klicken Sie zunächst doppelt auf den REG_SZ-Wert *AutoAdminLogon*, und setzen Sie diesen von 0 auf 1. Wenn der Wert nicht vorhanden ist, erstellen Sie ihn einfach. Gehen Sie dazu genauso vor, wie im nächsten Schritt beschrieben.
4. Klicken Sie im Anschluss mit der rechten Maustaste auf den rechten Fensterbereich im Registrierungs-Editor, und wählen Sie *Neu/Zeichenfolge*. Geben Sie diesem neuen Zeichenfolgewert (REG_SZ) die Bezeichnung *DefaultUserName*. Achten Sie auf die Groß- und Kleinschreibung.
5. Klicken Sie doppelt auf den erstellten Wert, und geben Sie in das Textfeld den Anmeldenamen Ihres Kontos ein. Achten Sie auf die Groß- und Kleinschreibung.
6. Erstellen Sie über *Neu/Zeichenfolge* einen weiteren REG_SZ-Wert mit der Bezeichnung *DefaultPassword*.
7. Weisen Sie diesem Wert das Kennwort im Klartext zu, das Sie bei der Anmeldung angegeben haben, in diesem Beispiel »hallo« (ohne die Anführungszeichen). Achten Sie auch hier auf Groß- und Kleinschreibung.
8. Schließen Sie den Registrierungs-Editor, und starten Sie den PC neu. Die Anmeldung müsste jetzt automatisch erfolgen. Funktioniert diese noch nicht, überprüfen Sie die Eingaben nochmals.

Abbildg. 3.23 Konfigurieren der automatischen Anmeldung in Windows Server 2008 R2

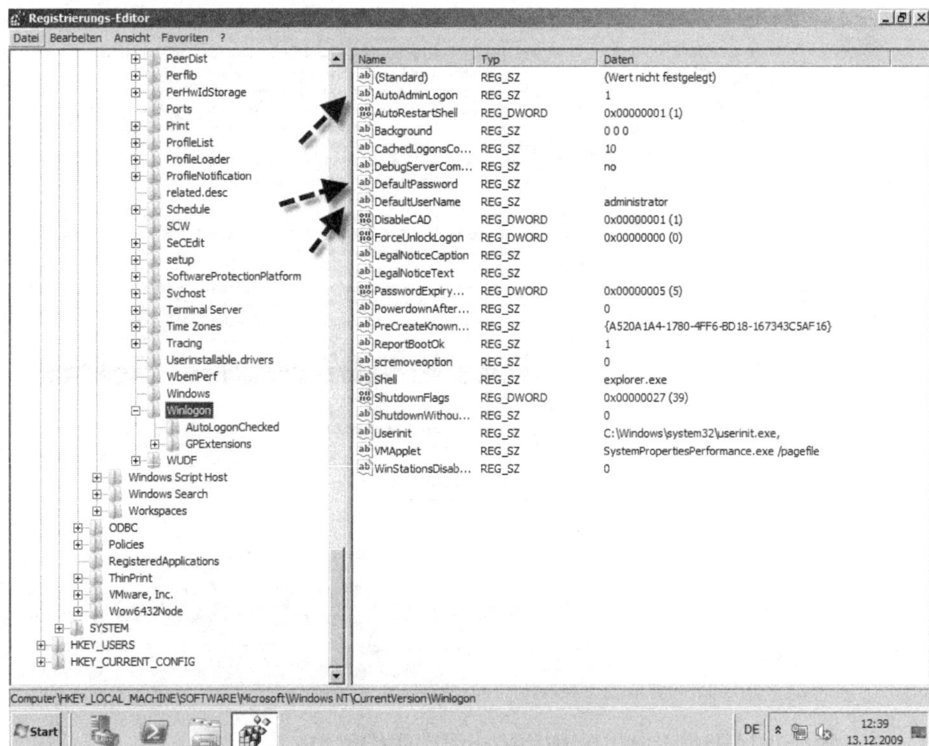

Standby und Ruhezustand konfigurieren

Wollen Sie den Server mit einem Symbol auf dem Desktop in den Sleepmodus versetzen, legen Sie über das Kontextmenü am besten eine neue Verknüpfung an. Als Befehl verwenden Sie den folgenden Befehl, inklusive den Anführungszeichen:

```
"%windir%\System32\rundll32.exe powrprof.dll,SetSuspendState Standby"
```

Funktioniert der Befehl nicht, was abhängig von der Hauptplatine ist, verwenden Sie den Befehl:

```
"%windir%\System32\rundll32.exe powrprof.dll,SetSuspendState Sleep"
```

Den Ruhezustand aktivieren Sie mit dem Befehl:

```
"%windir%\System32\rundll32.exe powrprof.dll,SetSuspendState Hibernate"
```

Wollen Sie den Ruhezustand aktivieren oder deaktivieren und die damit verbundene Systemdatei löschen oder anlegen, verwenden Sie den Befehl *powercfg –h off* zum Deaktivieren und *powercfg –h on* zum Aktivieren. Sie müssen dazu eine Befehlszeile mit Administratorrechten über das Kontextmenü öffnen.

WLAN-Anbindung von Windows Server 2008 R2

Sie können einen Server mit Windows Server 2008 R2 auch an WLANs anbinden. Zuvor müssen Sie über den Server-Manager das Feature *WLAN-Dienst* installieren.

Abbildg. 3.24 WLAN-Dienst unter Windows Server 2008 R2 installieren

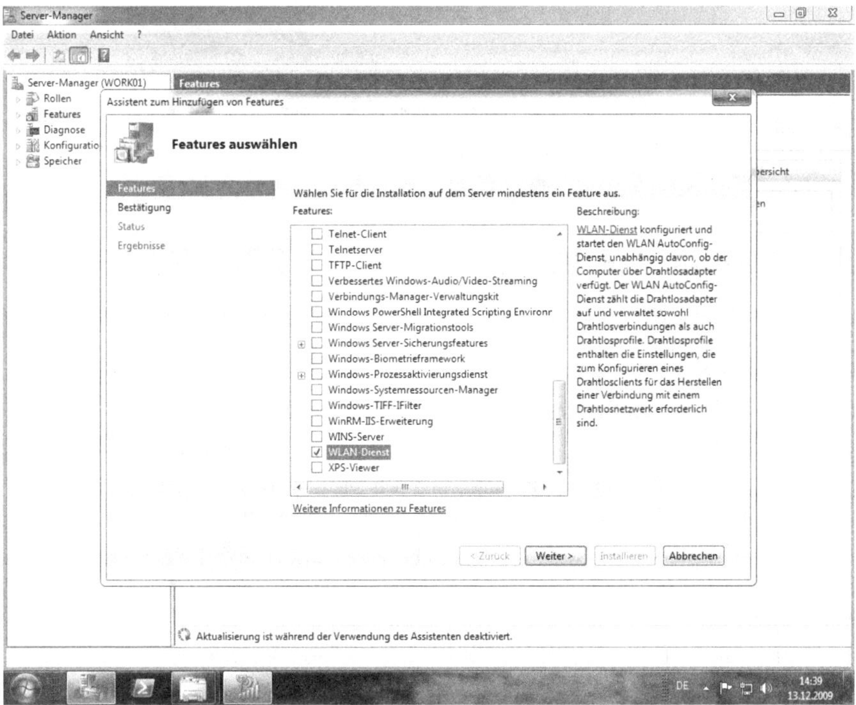

Arbeiten Sie mit einem WLAN-USB-Stick, zum Beispiel von AVM, können Sie auch mit dem 64-Bit-Treiber von Windows 7 arbeiten und diesen auf dem Server installieren. Die Anbindung erfolgt dann über den Treiber des USB-Stick-Herstellers.

Abbildg. 3.25 Windows Server 2008 R2 lässt sich auch mit Windows 7-Treibern an WLANs anbinden

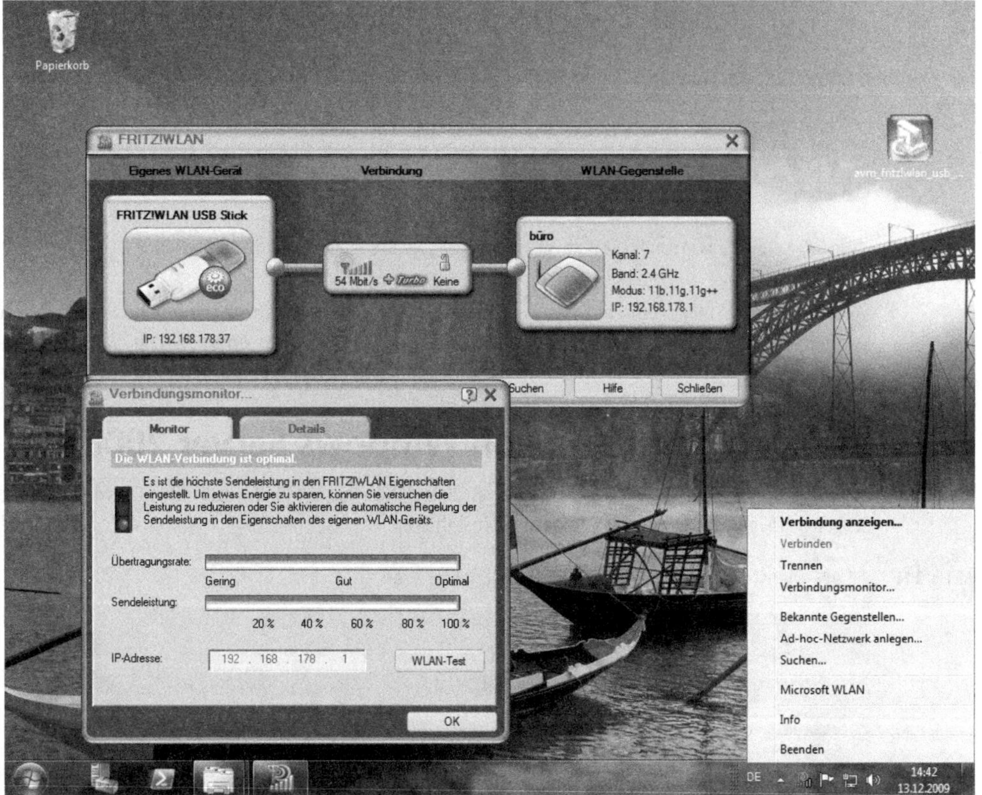

Multimedia und Windows Server 2008 R2

In diesem Abschnitt gehen wir auf die Aktivierung und Konfiguration der Multimedia-Funktionen von Windows Server 2008 R2 ein.

Audio in Windows Server 2008 R2 aktivieren

Damit Sie Sound in Windows Server 2008 R2 nutzen können, müssen Sie den Systemdienst *Windows-Audio* aktivieren, als Starttyp *Automatisch* auswählen und den Dienst starten (Abbildung 3.26). Geben Sie dazu im Suchfeld des Startmenüs *Dienste* ein und starten Sie die Diensteverwaltung.

Anschließend müssen Sie in der Systemsteuerung über *Hardware/Sound* in den Eigenschaften der aktiven Lautsprecher auf der Registerkarte *Erweitert* noch das Kontrollkästchen *Anwendungen im exklusiven Modus haben Priorität* deaktivieren.

Abbildg. 3.26 Aktivieren der Soundfunktion in Windows Server 2008 R2

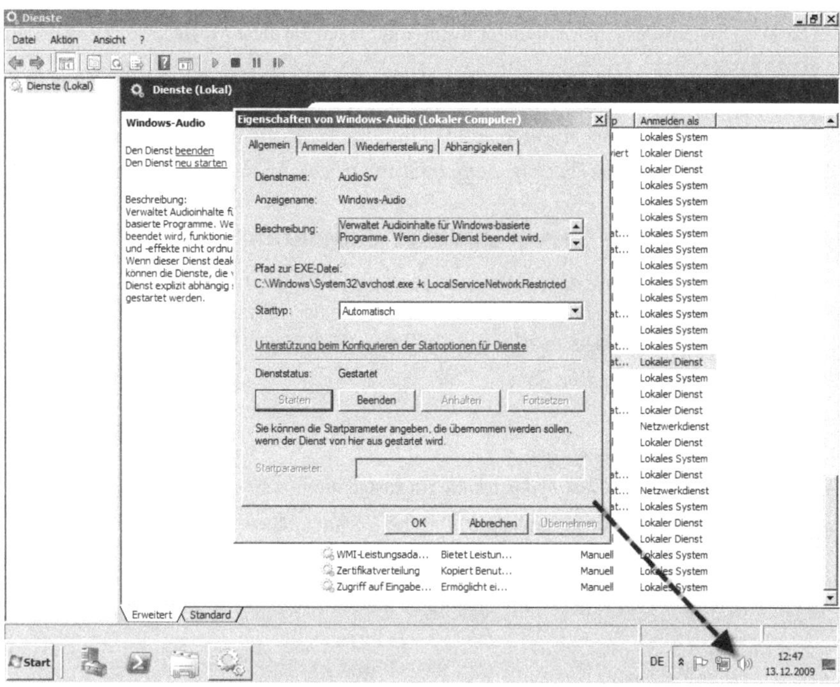

Abbildg. 3.27 Konfigurieren der Audioausgabe in Windows Server 2008 R2

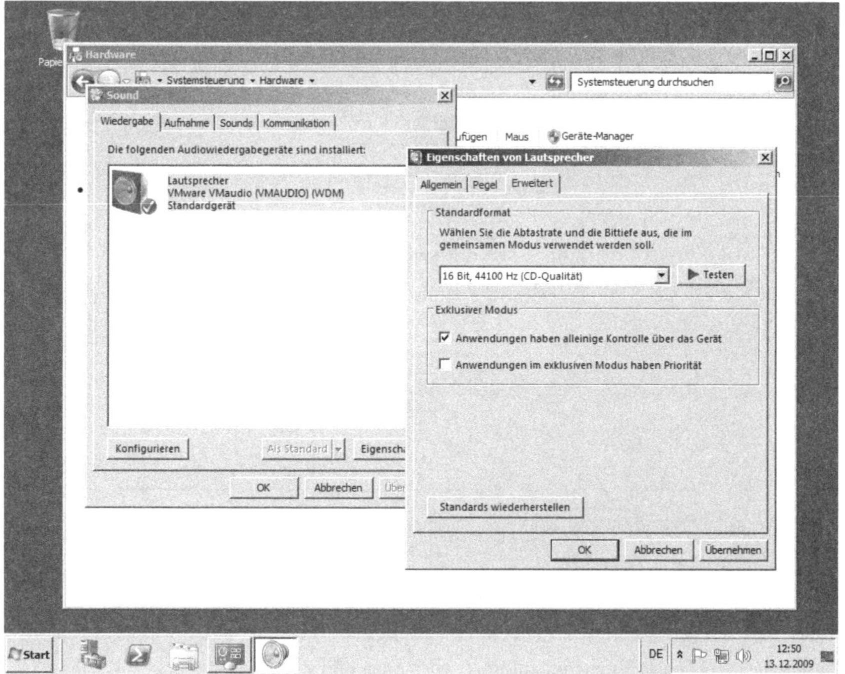

Windows-Startsound aktivieren

Wollen Sie beim Systemstart eine Audiodatei abspielen, müssen Sie diese Möglichkeit erst in den lokalen Richtlinien aktivieren:

1. Rufen Sie dazu wieder mit *gpedit.msc* die Konfiguration der lokalen Richtlinie auf.
2. Navigieren Sie zu *Computerkonfiguration/Administrative Vorlagen/System/Anmelden.*
3. Bearbeiten Sie die Richtlinie *Windows-Startsound deaktivieren* und setzen Sie diese auf *Deaktiviert.*

Aero unter Windows Server 2008 R2 aktivieren

Sicherlich der wichtigste Schritt, damit Windows Server 2008 R2 wie Windows 7 aussieht, ist die Aktivierung der Aero-Oberfläche und des entsprechenden Designs (Themes). Dazu müssen Sie die notwendigen Daten zunächst über den Server-Manager installieren:

1. Starten Sie den Server-Manager.
2. Navigieren Sie zu *Features.*
3. Klicken Sie auf *Features hinzufügen.*
4. Aktivieren Sie das Feature *Desktopdarstellung* zur Installation.
5. Schließen Sie die Installation ab und starten Sie den Rechner neu.

Abbildg. 3.28 Installieren der Desktopdarstellung in Windows Server 2008 R2

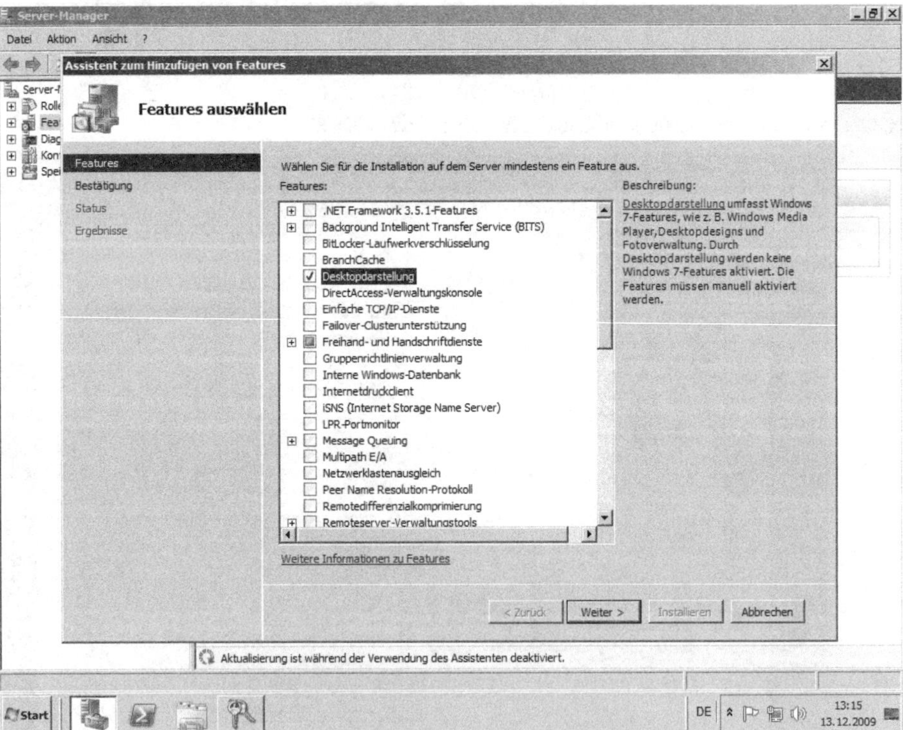

6. Rufen Sie nach dem Neustart die Diensteverwaltung auf dem Server auf.
7. Setzen Sie den Dienst *Designs* auf automatischen Start und starten Sie diesen.

Benutzeroberfläche als Aero-Design konfigurieren

In diesem Abschnitt widmen wir uns den Einstellungen des Betriebssystems hinsichtlich der Benutzeroberfläche und deren grafischen Möglichkeiten. Hier zeigen wir Ihnen auch einige Tipps, wie Sie schnell und einfach das Betriebssystem an Ihre Bedürfnisse anpassen. Microsoft hat an der Oberfläche im Vergleich zu Windows Vista deutlich nachgelegt.

Abbildg. 3.29 Der neue Desktop ist noch ansprechender und effektiver

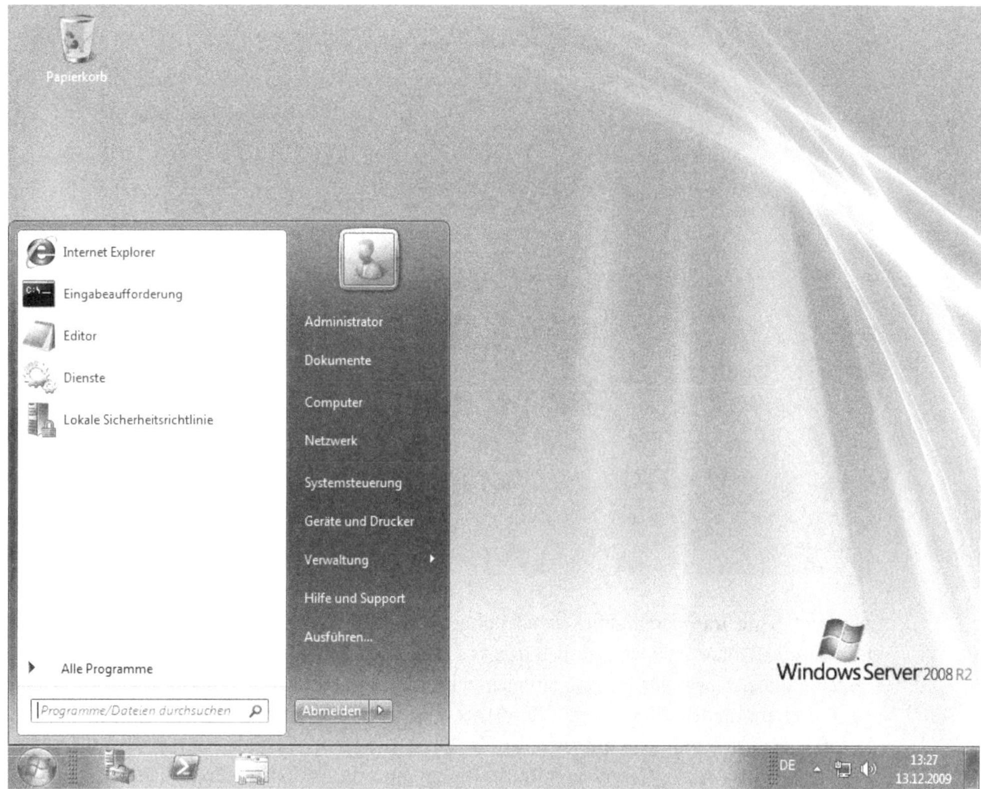

TIPP Microsoft stellt auf der Internetseite *http://windows.microsoft.com/de-de/windows/downloads/personalize?T1=themes* zusätzliche Designs (Themes) zur Verfügung. Laden Sie sich ein Design herunter und aktivieren Sie dieses auf dem Server. Sie können das Design direkt beim Herunterladen aktivieren.

Desktop anpassen – Aero-Glas-Effekte

Wenn Sie mit der rechten Maustaste auf den Desktop klicken, können Sie über den Kontextmenübefehl *Anpassen* dessen Eigenschaften aufrufen. Hauptsächlich sind die Links *Fensterfarbe* und die jeweiligen Designs für das Aussehen von Aero zuständig. Sie können vorgefertigte Designs aktivieren oder ein Design nachträglich anpassen oder über den erwähnten Link installieren. Dazu stehen unten im Fenster die Links Desktophintergrund, Fensterfarbe, Sounds und Bildschirmschoner zur Verfügung. Passen Sie Hintergrundbilder, Bildschirmschoner, Sounds und weitere Einstellungen eines Designs an, können Sie dieses per Design speichern.

Abbildg. 3.30 Windows 7 stellt zahlreiche Möglichkeiten zur Verfügung, den Desktop an die eigenen Bedürfnisse anzupassen

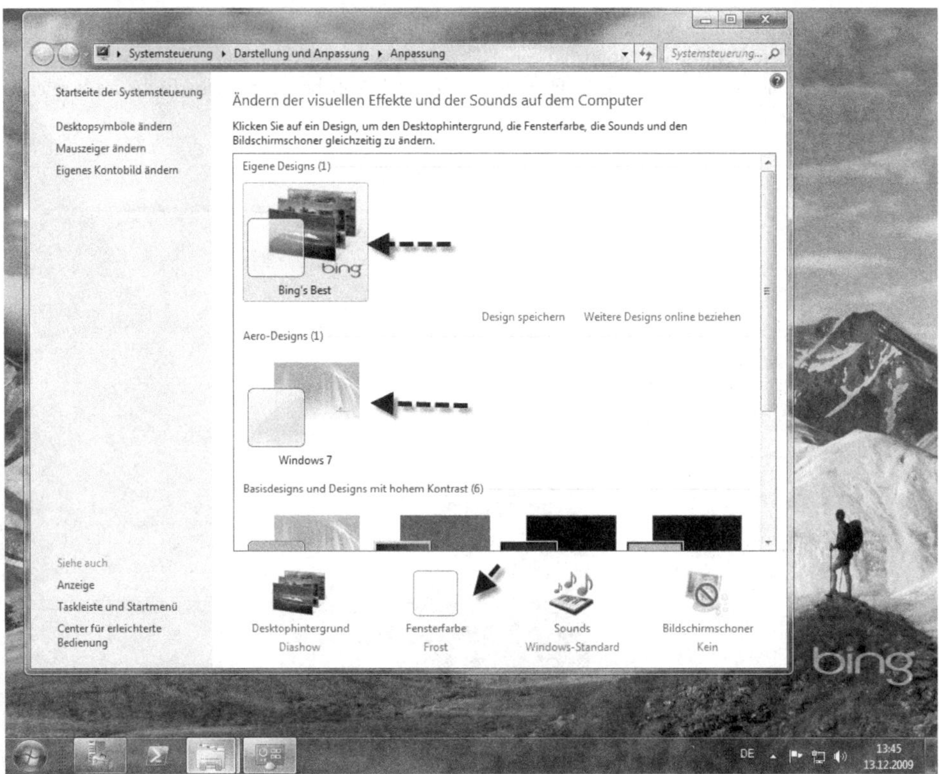

Aero gibt es mit Transparenz-Effekten oder ohne, je nachdem welche Unterstützung die Grafikkarte des PCs bietet. Im Aero-Modus stellt sie dem Benutzer frei skalierbare Anwendungsfenster mit Schattenwurf, halbtransparenten Rahmen sowie flüssige Animationen beim Minimieren, Maximieren, Schließen und Öffnen zur Verfügung. Der transparente Modus von Aero wird allerdings nur dann zuverlässig dargestellt, wenn der PC die Voraussetzungen erfüllt, also mit aktueller Hardware sowie einer Grafikkarte mit mindestens 64 MB RAM und DirectX 9-Unterstützung ausgestattet ist. Außerdem muss die Grafikkarte Pixel-Shader 2.0 unterstützen, was bei den meisten aktuellen Grafikkarten aber der Fall ist. Wenn Sie den Monitor mit einer Auflösung von 1.024 x 768 Bildpunkten betreiben, sollte die Grafikkarte über 128 MB RAM verfügen, beim Einsatz von 1.600 x 1.200 Bildpunkten sind 256 MB angebracht. Zusätzlich muss ein Windows Display Driver Model (WDDM)-Treiber installiert sein. Bei dieser Art von Treiber laufen große Teile im Benutzermodus, nicht im Kernel des Betriebssystems. Durch diese neue Technik ist sichergestellt, dass Abstürze aufgrund des Grafiktreibers vermieden werden.

Wenn der PC diesen Voraussetzungen nicht entspricht, wird zwar trotzdem die neue Oberfläche angezeigt, allerdings ohne die Transparenz-Effekte. Der Treiber der Grafikkarte muss Aero ebenfalls unterstützen. Über den Link *Fensterfarbe* können Sie die Aero-Oberfläche von Windows 7 und Windows Server 2008 R2 anpassen. Sie können einstellen, welche Farben die Fenster haben sollen, ob diese transparent sein sollen und eigene Farbmischungen kreieren. Auch die detaillierte Transparenz der Fenster kann an dieser Stelle angepasst werden. Alle Einstellungen, die Sie an dieser Stelle vornehmen, werden sofort auf Windows angewendet. Sie müssen nicht erst mit OK bestätigen, um die Änderungen zu sehen. Wenn Sie das Kontrollkästchen *Transparenz aktivieren* abschalten, werden die Fensterrahmen nicht mehr transparent angezeigt. Über den Link *Erweiterte Darstellungseinstellungen* können Sie weitere Einstellungen vornehmen, um die Anzeige der Fenster anzupassen.

Abbildg. 3.31 In den Optionen des Desktops stellen Sie die Farbe für die Fenster ein

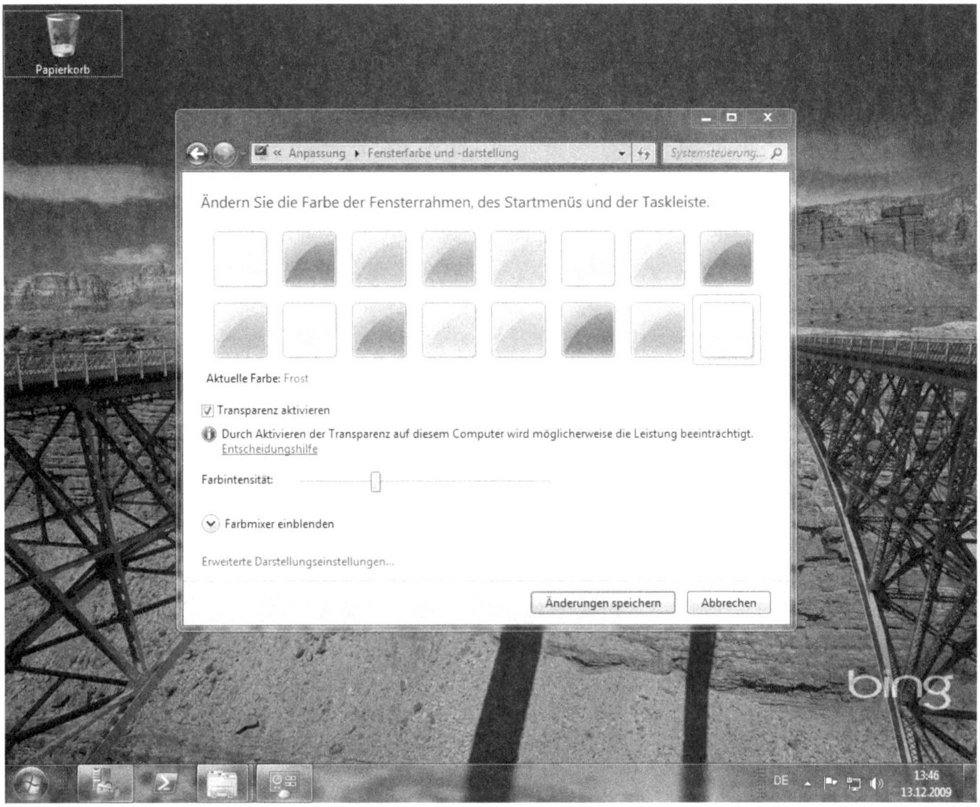

Aero Snap, Aero Peek, Aero Shake – Fenster schneller anordnen

Was beim Bedienen auffällt, sind die erweiterten Möglichkeiten zur Fenstersteuerung, die Windows 7 und Windows Server 2008 R2 mit Aero-Glas bieten. Schieben Sie ein Fenster an den rechten oder linken Fensterrand (der Mauszeiger muss den Rand berühren), halbiert es sich automatisch und nimmt die Hälfte des Bildschirms in Anspruch. So lassen sich beispielsweise zwei Fenster exakt nebeneinander anordnen. Diese Technik nennt Microsoft *Aero Snap*. Diese Technik funktioniert am rechten und am linken Bildschirmrand gleichermaßen. Vor der Größenanpassung zeigt Windows noch eine Vorschau an, damit Sie erkennen, wie das Fenster angepasst wird, wenn Sie die Maus loslassen. Ziehen Sie ein Fenster an den oberen Rand des Bildschirms, wird es maximiert. Auch hier sehen Sie vorab eine Vorschau. Neben dem Ziehen an den oberen Bildschirmrand können Sie auch ein Fenster per Doppelklick auf die Titelleiste maximieren oder indem Sie das *Maximieren*-Symbol oben rechts im Fenster auswählen. Klicken Sie noch mal doppelt auf die Titelleiste des Fensters, lässt sich die Einstellung wiederherstellen. Halten Sie mit der Maus die Titelleiste des Fensters fest und ziehen dieses nach unten, lässt sich ein maximiertes Fenster ebenfalls wieder verkleinern.

Abbildg. 3.32 Aktivieren zusätzlicher Designs unter Windows Server 2008 R2 mit Aero-Glas-Effekten

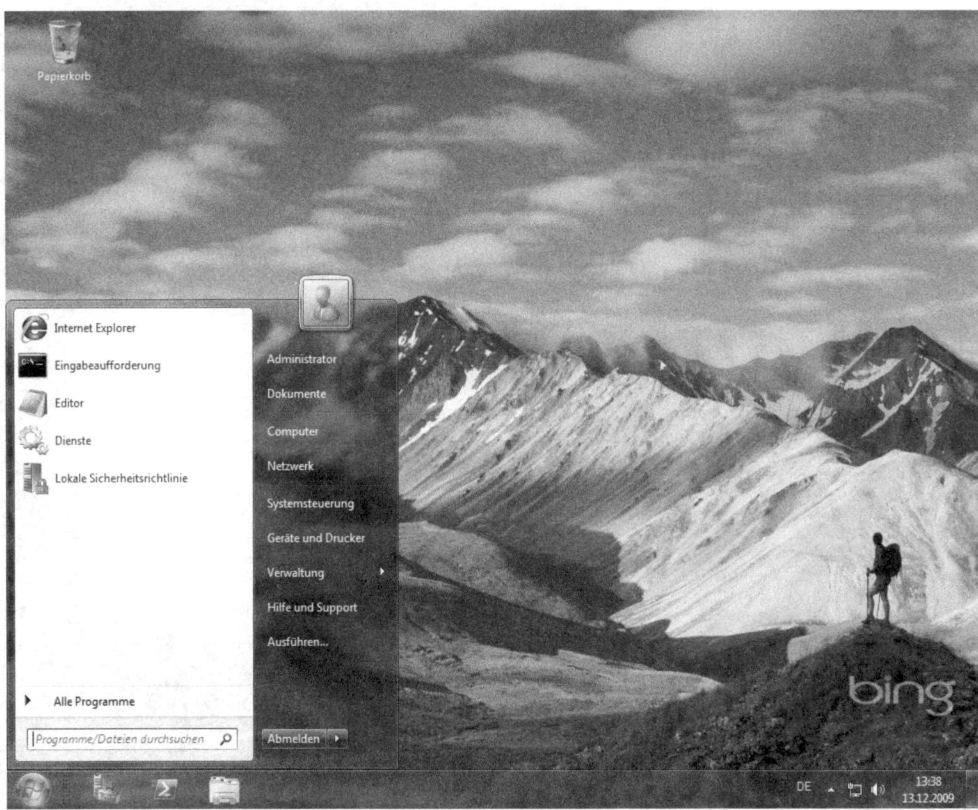

Klicken Sie auf die kleine Schaltfläche am rechten Rand der Taskleiste neben der Uhr, blendet Windows alle Fenster aus und zeigt den Desktop an. Klicken Sie noch mal auf die Schaltfläche, blendet Windows alle Fenster wieder an der ursprünglichen Stelle ein. Fahren Sie mit der Maus über die Schaltfläche, blendet Windows alle Fenster vorübergehend aus und zeigt eine Vorschau des Desktops an. Diese Funktion nennt Microsoft Aero Peek. Die Vorschau des Desktops zeigen aber nicht alle Grafikkarten an, sondern ist abhängig von der Einstellung. Klicken Sie mit der rechten Maustaste auf die Schaltfläche zum Anzeigen des Desktops, können Sie an dieser Stelle durch Auswahl der Option *Vorschau für Desktop* diese Vorschau aktivieren. Fahren Sie mit der Maus über ein geöffnetes Programm in der Taskleiste, zeigt Windows eine Vorschau an.

Sie sehen an dieser Stelle alle geöffneten Instanzen eines Programms. Fahren Sie mit der Maus über ein solches Vorschaufenster, blendet der Windows-Explorer alle anderen Fenster aus, und Sie sehen das Fenster in Originalgröße. Soll das Fenster dauerhaft auf dem Desktop angezeigt werden, klicken Sie einfach auf das gewünschte Vorschaufenster. Haben Sie mehrere Fenster geöffnet und wollen mit einem einzelnen Fenster arbeiten, klicken Sie auf die entsprechende Titelleiste und halten Sie die Maustaste gedrückt. Bewegen Sie das Fenster jetzt schnell hin und her, schütteln es also, minimiert Windows alle anderen Fenster. Schütteln Sie das Fenster noch mal, stellt Windows alle Fenster wieder in Originalgröße her.

Die neuen Tastaturkürzel

Für die neuen Funktionen der Oberfläche in Windows 7 und Windows Server 2008 R2 stellt Microsoft auch neue Tastenkombinationen zur Verfügung, welche die Bedienung vereinfachen. In diesem Abschnitt zeigen wir Ihnen die wichtigsten Tastenkürzel für Windows 7. Die meisten Tastenkombinationen funktionieren natürlich auch in Windows Server 2008 R2

Tabelle 3.1 Wichtige Tastenkombinationen für Windows 7 und Windows Server 2008 R2

Tastenkombination	Auswirkung
[Windows]+[G]	Öffnen oder schließen des Startmenüs
[Windows]+[Pause]	Anzeigen des Dialogfelds *Systemeigenschaften*
[Windows]+[D]	Anzeigen des Desktops
[Windows]+[M]	Minimieren aller Fenster
[Windows]+[⇧]+[M]	Wiederherstellen minimierter Fenster auf dem Desktop
[Windows]+[E]	Öffnen von *Computer*
[Windows]+[F]	Suchen nach einer Datei oder einem Ordner
[Strg]+[Windows]+[F]	Suchen nach Computern (wenn Sie sich in einem Netzwerk befinden)
[Windows]+[L]	Sperren des Computers
[Windows]+[R]	Öffnen des Dialogfelds *Ausführen*
[Windows]+[T]	Umschalten zwischen Programmen auf der Taskleiste
[Windows]+[Tab]	Umschalten zwischen Programmen auf der Taskleiste mithilfe von Windows Flip-3D
[Strg]+[Windows]+[Tab]	Verwenden der Pfeiltasten zum Umschalten zwischen Programmen auf der Taskleiste mithilfe von Windows Flip-3D
[Windows]+[U]	Öffnen des Centers für die erleichterte Bedienung
[Windows]+[X]	Öffnen des Windows-Mobilitätscenters
[Strg]+[C]	Kopieren
[Strg]+[O]	Öffnen
[Strg]+[P]	Drucken
[Strg]+[S]	Speichern
[Strg]+[V]	Einfügen
[Strg]+[X]	Ausschneiden
[Strg]+[Z]	Rückgängig
[F1]	Hilfe anzeigen
[⇧]+[F1]	Kontextbezogene Hilfefunktion aktivieren (Direkthilfe)
[⇧]+[F10]	Kontextmenü zum momentan aktiven Element anzeigen
[Leertaste] und markieren	Markieren (entspricht einem einfachen Mausklick)
[Esc]	Abbrechen

Tabelle 3.1 Wichtige Tastenkombinationen für Windows 7 und Windows Server 2008 R2 *(Fortsetzung)*

Tastenkombination	Auswirkung
Alt	Menüleiste aktivieren oder deaktivieren
Alt + Tab	Nächstes Hauptfenster anzeigen
Alt + Esc	Nächstes Fenster anzeigen
Alt + Leertaste	Systemmenü für Fenster anzeigen
Alt + -	Systemmenü für das aktive untergeordnete Fenster anzeigen
Alt + ↵	Eigenschaften anzeigen
Alt + F4	Aktives Fenster schließen
Alt + F6	Zum nächsten Fenster innerhalb der Anwendung wechseln
Alt + Druck	Aktiven Fensterinhalt in die Zwischenablage kopieren
Druck	Desktopinhalt in die Zwischenablage kopieren
Strg + Esc	Schaltfläche *Start* in der Taskleiste aktivieren
F2	Umbenennen
F3	Suchen
Entf	Löschen
⇧ + Entf	Datei endgültig löschen (ohne Papierkorb)
Alt +Doppelklick	Eigenschaften anzeigen
Strg +Klick mit rechter Maustaste	Zusätzliche Befehle in einem Kontextmenü anzeigen (*Öffnen mit*)
⇧ +Doppelklick	Objekt im Windows-Explorer anzeigen. Ist das Objekt nicht definiert, wird die Standardaktion ausgelöst (normalerweise *Öffnen*).
Strg + F6	Nächstes untergeordnetes Fenster anzeigen
Strg + Tab	Nächste Registerkarte oder nächstes untergeordnetes Fenster anzeigen
F4	Kombinationsfeld im Windows-Explorer öffnen und Eingabefokus in die Liste setzen
F5	Anzeige aktualisieren
Strg + A	Alles markieren
Rücktaste	Zum übergeordneten Ordner wechseln
Windows + T	Durchschalten der Vorschau von geöffneten Programmen in der Taskleiste
Windows + ⇧ + T	Durchschalten der Vorschau von geöffneten Programmen in der Taskleiste in umgekehrter Reihenfolge
Windows + 1 bis 9	Aktivieren des entsprechenden Programms in der Taskleiste

Zusammenfassung

In diesem Kapitel haben wir Ihnen erweiterte Installationsmethoden für Windows Server 2008 R2 gezeigt, zum Beispiel wie Sie den Server auf einer virtuellen Festplatte installieren oder als Arbeitsstation betreiben. Auch wichtige Tastenkombinationen und die Verwaltung des Start-Managers waren Thema dieses Kapitels. Im nächsten Kapitel zeigen wir Ihnen den ersten Umgang mit Windows Server 2008 R2, erläutern den Server-Manager näher und bieten Ihnen zahlreiche Anleitungen für den Core-Server-Modus.

Kapitel 4

Erste Schritte und Core-Server

In diesem Kapitel:

Nachdem Sie den Server installiert haben, können Sie sich mit der Verwaltung vertraut machen. In diesem Kapitel zeigen wir Ihnen die ersten Schritte, die zur Verwaltung eines Windows Server 2008 R2 notwendig sind. Eine der wichtigsten Neuerungen zur Verwaltung in Windows Server 2008 R2 ist der verbesserte Server-Manager sowie die Aufgaben der Erstkonfiguration. Mit diesen Funktionen wird die Verwaltung eines Servers erheblich erleichtert und übersichtlicher gestaltet. Der Server-Manager ist das zentrale Verwaltungsinstrument von Windows Server 2008 R2. Die Aufgaben der Erstkonfiguration (Initial Configuration Tasks, ICT) werden nach der Installation automatisch gestartet und dienen der Einrichtung der wichtigsten Funktionen eines Servers direkt nach dem Start. Im nächsten Kapitel gehen wir auf die Installation von Serverrollen auf Servern ein.

Erste Schritte nach der Installation

Nach der Installation des Servers werden in den *Aufgaben der Erstkonfiguration (Initial Configuration Tasks, ICT)* die gegenwärtigen Einstellungen angezeigt. Zusätzlich können Sie hier die Konfiguration verändern und zugehörige Informationen aus der Onlinehilfe aufrufen. Bei dieser Verwaltungsoberfläche handelt es sich um ein wertvolles Instrument zur ersten Einrichtung eines Servers. Im Gegensatz zu Windows Server 2003 sind keine verschiedenen Werkzeuge zur ersten Einrichtung notwendig, sondern alle Aufgaben können jetzt direkt über die ICT durchgeführt werden. Nach der Installation des Servers werden in den Aufgaben der Erstkonfiguration (ICT) die gegenwärtigen Einstellungen angezeigt. Hier können Einstellungen verändert und zugehörige Informationen aus der Onlinehilfe aufgerufen werden. An dieser Stelle kann zum Beispiel der Name des Servers festgelegt oder das Netzwerk konfiguriert werden. Beide Bereiche steuern Sie nicht mehr direkt im Rahmen der Installation, sondern erst danach. Auch zusätzliche Rollen und Features lassen sich auf diesem Weg direkt nach der Installation aktivieren und konfigurieren. Während der Installation legt Windows Server 2008 R2 automatisch einen Namen für den Server fest, der nachträglich angepasst werden sollte. Auch diese Aufgabe kann direkt nach der Installation in den Aufgaben der Erstkonfiguration durchgeführt werden. Über die ICT kann die Netzwerkkonfiguration vorgenommen und der Server gleich in die Domäne aufgenommen werden. Auch der Remotedesktop und die Einstellungen für Windows Update sind direkt nach der Installation aktivier- und konfigurierbar. Die Links in den Aufgaben der Erstkonfiguration sind bewusst einfach gehalten und es werden entsprechende Assistenten gestartet, die Administratoren bei der Einrichtung unterstützen. Die Bedienung von Windows Server 2008 R2 ist ähnlich zu Windows 7. Beispielsweise enthält das Startmenü ein Suchfeld, über das Sie Menüeinträge schneller finden können. Mit dem überarbeiteten Windows-Explorer ist auch beim Serversystem der Wechsel zu häufig benötigten Ordnern über den linken Favoritenbereich möglich. Im Unterschied zu Windows 7 erfolgt die Anzeige der Benutzeroberfläche beim Server aber standardmäßig nicht im Look der Aero-Oberfläche mit durchsichtigen Fensterrahmen, sondern hier zeigt das System die von Windows Server 2008 gewohnte Ansicht.

TIPP Aktivieren Sie die Option unten im Fenster *Dieses Fenster bei der Anmeldung nicht anzeigen*, wenn Sie mit den Aufgaben der Erstkonfiguration fertig sind. Ansonsten erscheint bei jedem Neustart das Fenster und danach automatisch der Server-Manager.

Abbildg. 4.1 Aufgaben der Erstkonfiguration nach der Installation

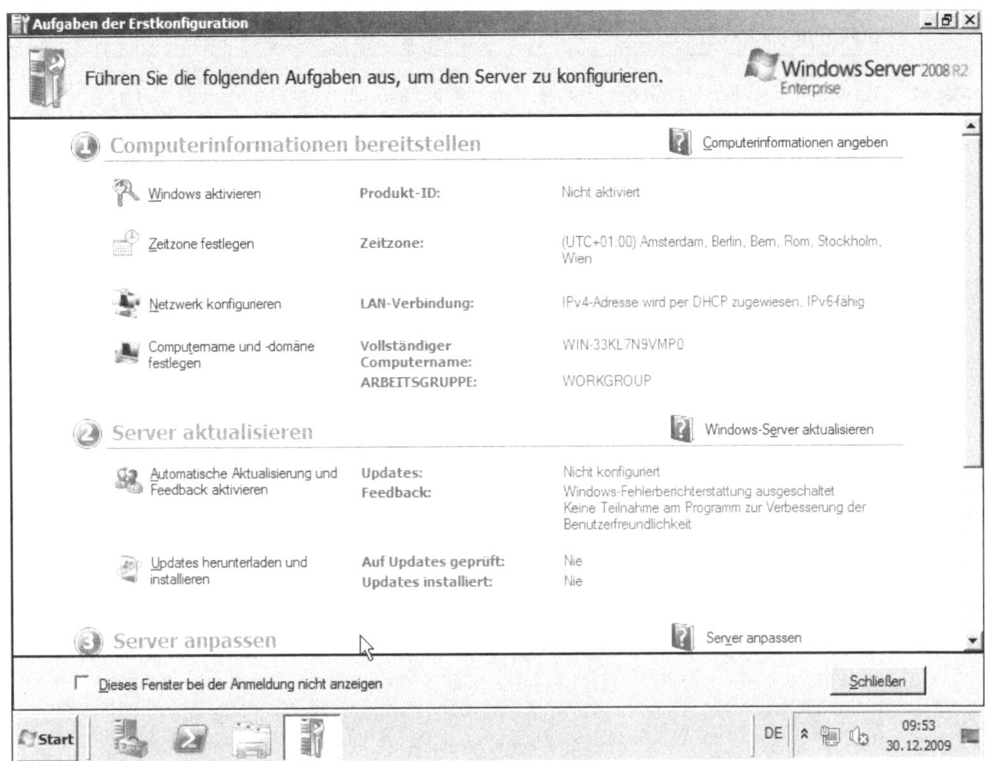

Mit dem Server-Manager arbeiten

Der Server-Manager ist das einheitliche Verwaltungsportal von Windows Server 2008 R2, das mit der zusätzlichen Installation von Rollen und Features mitwächst. Nach dem Start erhalten Administratoren sofort einen Überblick über alle Rollen und Features eines Servers. Über dieses Portal kann der Server vollständig überwacht und verwaltet werden. Auch die Fehlerdiagnose mit den einzelnen Diagnoseprogrammen kann über dieses zentrale Verwaltungsinstrument gestartet werden. Im Vergleich zu Windows Server 2003 haben die Entwickler hier einige Veränderungen im Server-Manager vorgenommen: Im Detailbereich der Verwaltungskonsole zeigt der Server-Manager unter anderem grundlegende Informationen über den Server, dessen Sicherheitskonfiguration sowie die installierten Funktionen an. Der Server-Manager listet zudem auf, welche Rollen das System derzeit ausübt und integriert notwendige Snap-Ins für die Verwaltung automatisch. Solche Rollen haben bei Windows Server 2008 R2 eine große Bedeutung. Mit ihrer Hilfe sind Administratoren in der Lage, einen Server für bestimmte Aufgaben zu konfigurieren. Dadurch entfällt die separate Installation und Einrichtung der für eine Rolle erforderlichen Komponenten, was gleichzeitig zur Vereinfachung der Verwaltung beiträgt. Werden zusätzliche Rollen oder Funktionen installiert, werden die zusätzlichen Verwaltungsoberflächen automatisch in den Server-Manager integriert. Administratoren müssen daher nicht für jeden Server manuell eine Microsoft Management Console (MMC) erstellen, sondern können bequem über eine einheitliche Verwaltungsoberfläche arbeiten, die alle notwendigen Programme enthält. Der Server-Manager wird nach der Anmeldung automatisch gestartet.

TIPP Sie können den Server-Manager entweder über das Symbol in der Taskleiste, über die Programmgruppe *Verwaltung* oder über *Start/Ausführen/servermanager.msc* starten.

Abbildg. 4.2 Verwalten eines Servers mit dem Server-Manager und aktivieren der Remoteverbindung

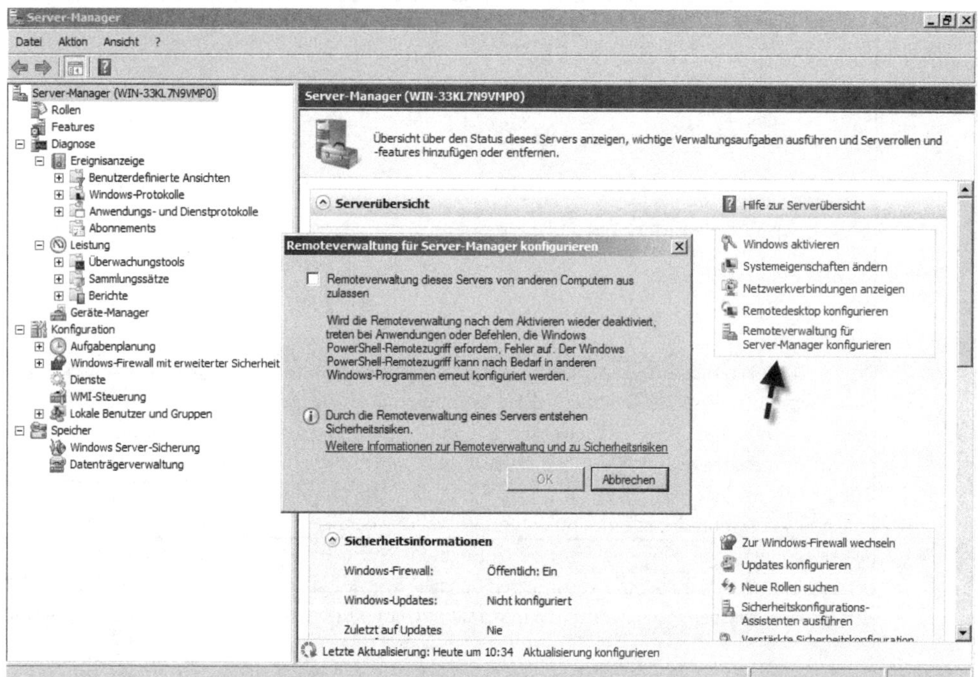

HINWEIS Der Server-Manager in Windows Server 2008 kann immer nur zur Verwaltung des lokalen Servers verwendet werden. Es ist keine Verbindung zu anderen Servern im Netzwerk möglich. In Windows Server 2008 R2 können Sie sich auch mit anderen Computern im Netzwerk über den Server-Manager verbinden. Sie müssen dazu die Verbindung auf dem Server aber erst mit dem Menüpunkt *Remoteverwaltung für Server-Manager konfigurieren* die Verbindung erlauben. Anschließend können Sie über die Navigationsleiste auf der linken Seite oder über das Menü *Aktion* eine Verbindung zu einem Server aufbauen. Über eine Remoteverbindung mit dem Server-Manager in Windows Server 2008 R2 lassen sich auf Servern, mit denen Sie über das Netzwerk verbunden sind, aber keine Rollen oder Features installieren. Auch die Treiberinstallation ist nicht möglich. Diese Bereiche können Sie aus Sicherheitsgründen weiterhin nur mit dem lokalen Server-Manager durchführen.

Administratoren sehen im Server-Manager auf einen Blick, ob die einzelnen Rollen des Servers funktionieren, und es werden Fehlermeldungen aus den Ereignisanzeigen angezeigt, die diese Rolle betreffen. Neben der Überwachung können die installierten Rollen und Funktionen auch optimal verwaltet werden, da die entsprechenden Snap-Ins automatisch hinzugefügt werden. Im mittleren Bereich des Server-Managers wird eine Zusammenfassung angezeigt, über welche die wichtigsten Informationen zum Server an zentraler Stelle angezeigt werden. Die Informationen in der Mitte des Server-Managers untergliedern sich in verschiedene Bereiche. Diese Bereiche können zur besseren Übersicht ein- und ausgeklappt werden.

Abbildg. 4.3 Die Serverübersicht im Server-Manager

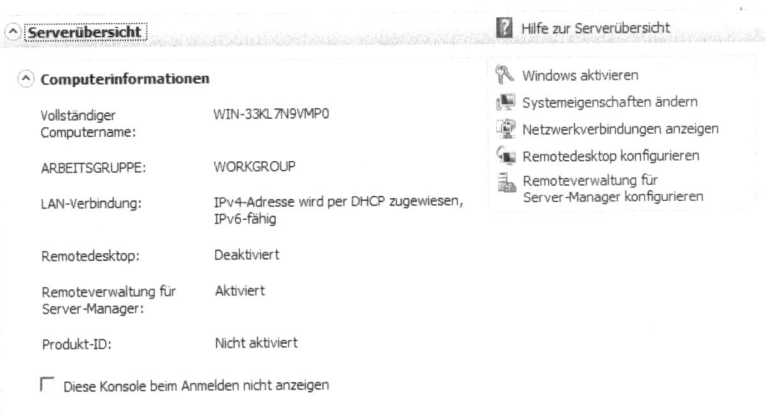

Der Bereich *Serverübersicht* untergliedert sich in die beiden Bereiche *Computerinformationen* und *Sicherheitsinformationen*. An dieser Stelle sehen Sie den Computernamen, die IP-Adresse, Domäne, Netzwerkverbindungen und die Produkt-ID. Über diesen Bereich können auch die dazugehörigen Konfigurationsfenster geöffnet werden, um die Servereinstellungen zu verwalten. Die Remoteverwendung des Server-Managers aktivieren Sie hier genauso wie die erweiterte Sicherheit des Internet Explorers auf dem Server. Durch diese neue Struktur wird eine perfekte Symbiose von Einrichtung und Verwaltung der Serverrollen erreicht. Die Sicherheitsinformationen zeigen die aktivierte Windows-Firewall und Windows-Updates an. Auch die Konfiguration dieser wichtigen Serverfunktionen können direkt über diesen Bereich vorgenommen werden. Mit dem kleinen Pfeilsymbol neben den Informationsbereichen werden die Informationen und Konfigurationsmenüs ein- oder ausgeblendet.

Abbildg. 4.4 Anzeigen der Sicherheitsinformationen eines Servers im Server-Manager

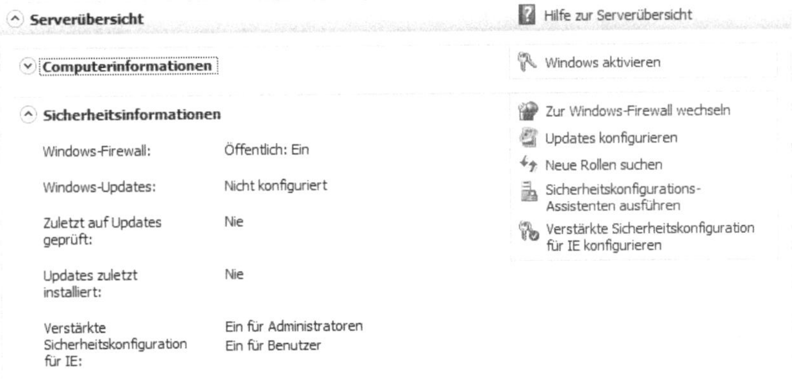

Neben der Serverübersicht sind die beiden Bereiche *Rollenübersicht* und *Featureübersicht* dafür zuständig, die auf dem Server installierten Rollen und die zusätzlichen Funktionen anzuzeigen. Über diese beiden Bereiche können auch zusätzliche Rollen oder Features hinzugefügt werden (siehe Kapitel 5). Serverrollen bestimmen den primären Verwendungszweck eines Servers. Mit den Features im Server-Manager werden untergeordnete Funktionen zu Rollen hinzugefügt. Features erweitern installierte Serverrollen um zusätzliche Möglichkeiten.

Zum Beispiel kann das Feature *Failover-Clusterunterstützung* auch nach der Installation der Serverrolle *Dateidienste* installiert werden. Es stehen, neben den verschiedenen Rollen, über 40 verschiedene Features zur Verfügung. Manche Rollen haben nur ein Konfigurationsfenster, andere Rollen, wie zum Beispiel die Dateidienste, müssen ausführlicher konfiguriert werden und werden im Server-Manager daher mit mehreren Snap-Ins repräsentiert. Mithilfe des Assistenten zur Installation einer Rolle können weitere untergeordnete Rollendienste und Features hinzugefügt werden. Werden Rollendienste ausgewählt, die von anderen abhängig sind, werden diese ebenfalls automatisch zur Installation vorgeschlagen.

Zusätzlich wird in diesen beiden Bereichen ein Überblick angezeigt, aus dem schnell ersichtlich wird, ob eine Rolle fehlerfrei funktioniert oder ob Fehlermeldungen in den Ereignisanzeigen protokolliert werden. Weist eine Rolle Fehler auf, wird diese in der Rollenübersicht als fehlerhaft dargestellt. Entsprechende Ereignisse können dann direkt über den Server-Manager angezeigt und Verwaltungsaufgaben durchgeführt werden. Administratoren können entweder über den entsprechenden Link die Ereignisanzeige gefiltert nach Ereignissen dieser Rolle anzeigen oder über den Menüpunkt *Verwalten* die jeweilige Rolle konfigurieren, um die Fehler zu beseitigen. Es sind keine verschiedenen Werkzeuge dazu mehr notwendig, sondern alle diese Aufgaben können direkt im Server-Manager durchgeführt werden. Im Bereich *Ressourcen und Support* können die Fehlerberichterstattung und die Einstellungen für das Programm zur Verbesserung der Benutzerfreundlichkeit konfiguriert werden. Außerdem lässt sich über diesen Bereich direkt die Microsoft TechNet-Seite von Windows Server 2008 R2 öffnen, um zum Beispiel Informationen über bestimmte Ereignisse in der Ereignisanzeige zu überprüfen.

Abbildg. 4.5 Anzeigen und verwalten der installierten Rollen und Funktionen auf dem Server

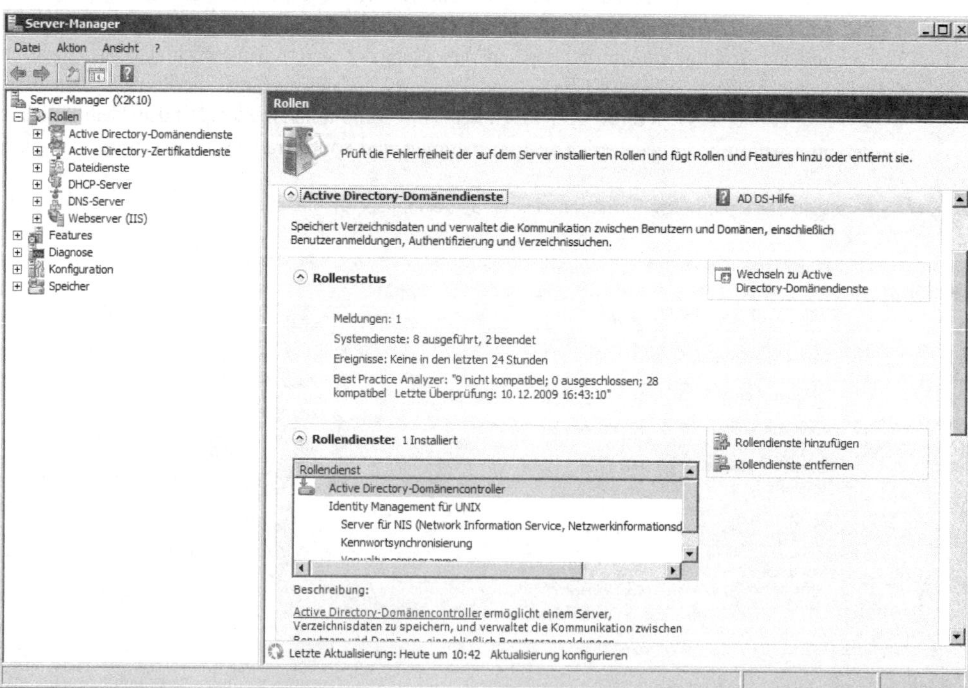

Neben den Rollen und Features lassen sich im Server-Manager auch die Diagnoseprogramme sowie die Systemkonfiguration an zentraler Stelle vornehmen. Zur Diagnose von Windows Server 2008 R2 kommen wir noch ausführlich in Kapitel 39 zurück. Da Windows Server 2008 R2 bereits standardmäßig sehr ressourcenschonend installiert wird, sind noch keinerlei Serverrollen und Features installiert.

TIPP Für jede Serverrolle in Windows Server 2008 R2 steht im Server-Manager die Option *Diese Rolle überprüfen* zur Verfügung. Wählen Sie diesen Menüpunkt aus, überprüft der Best Practice Analyzer für diese Rolle die installierten Rollendienste auf Fehler, zeigt diese an und bietet auch gleich entsprechende Hilfen an.

Abbildg. 4.6 Der Server-Manager bietet eine Überprüfung der installierten Rollen an

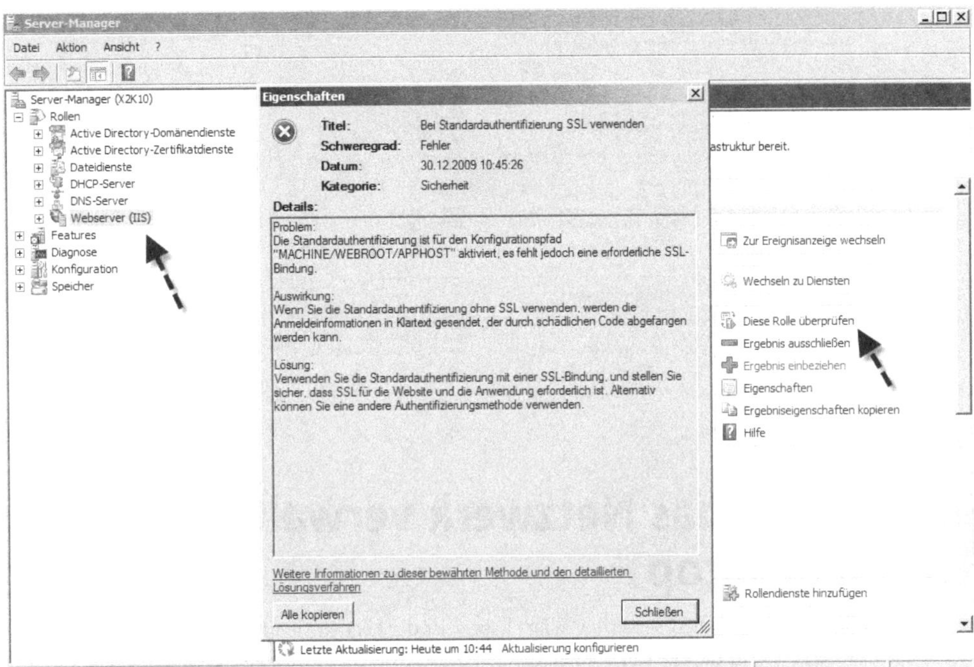

Server-Manager in der Befehlszeile und PowerShell verwenden

Neben der grafischen Oberfläche bietet der neue Server-Manager auch eine Befehlszeilenoberfläche, über die Sie Rollen und Features in der Befehlszeile und skriptbasiert installieren können. Das Tool hat die Bezeichnung *ServerManagerCMD.exe*. Mit dem Tool können Sie unbeaufsichtigte Installationen von Serverrollen und Features durchführen. Antwortdateien können mit XML übergeben werden. Mit dem Server-Manager können Sie sich auch die installierten Rollen und Features eines Servers anzeigen lassen. Mit dem Befehl *servermanager-cmd –query* können Sie sich eine Übersicht des Servers in der Befehlszeile anzeigen lassen. Die Rollen werden anschließend in der grafischen Oberfläche des Server-Managers angezeigt.

Eine weitere Möglichkeit ist die Verwendung der Cmdlets für den Server-Manager in der PowerShell. Allerdings sind standardmäßig die Cmdlets für den Server-Manager noch nicht aktiv. Sie müssen erst mit dem Befehl *import-module servermanager* die Cmdlets über das entsprechende Modul in die PowerShell laden. Interessant sind vor allem die Cmdlets *Add-WindowsFeature*, *Get-WindowsFeature* und *Remove-WindowsFeature*. Hilfe zu den Cmdlets erhalten Sie wie immer über *help <Befehlname> –detailed*.

Abbildg. 4.7 Befehle für den Server-Manager in der PowerShell

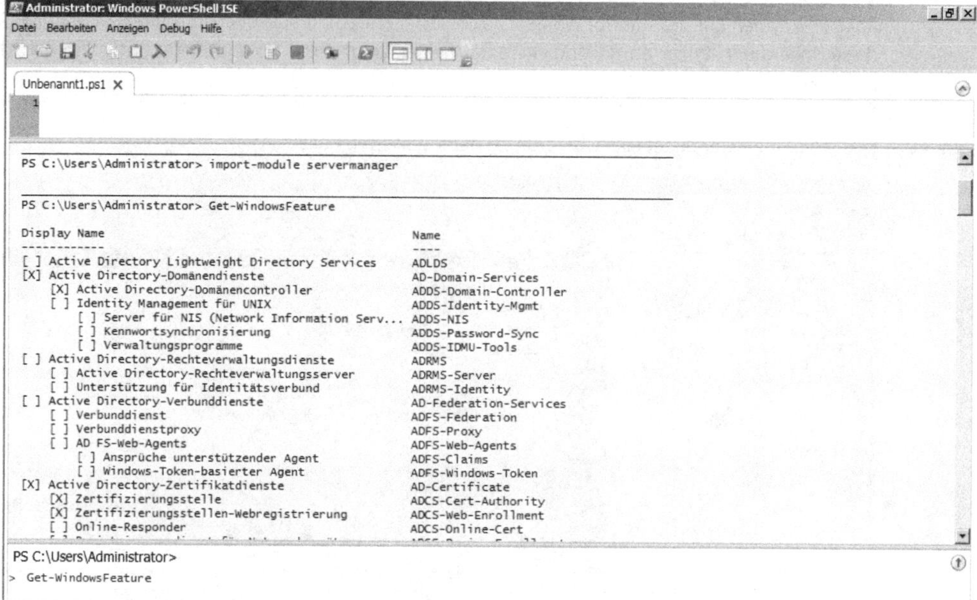

Server über das Netzwerk verwalten – Remotedesktop

Sobald Sie einen neuen Server installiert haben, ist der bequemste und effizienteste Weg die Verwaltung über das Netzwerk. In diesem Fall können Sie den Server von Ihrem Arbeitsplatz aus verwalten und müssen nicht vor dem Server sitzen, um einzelne Einstellungen vorzunehmen. Damit Sie über das Netzwerk auf einen Server effizient zugreifen können, müssen Sie nach der Installation zunächst noch eine Maßnahme durchführen. In Windows Server 2008 R2 wurde der Remotedesktop von Windows 7 integriert. Aktivieren Sie diesen Remotedesktop, können Sie mit einem Zusatzprogramm unter Windows XP oder Windows Vista und Windows 7 bequem auf den Server zugreifen. Wenn Sie sich mit einem Remotedesktop über das Netzwerk verbinden, ist die Geschwindigkeit beinahe so schnell, als wenn Sie direkt vor dem Server am Bildschirm sitzen würden. Bei Windows Server 2008 R2 besteht keine Notwendigkeit mehr, unbedingt ein Fernwartungstool zu verwenden. Die Bordmittel sind dazu vollkommen ausreichend.

Remotedesktop aktivieren

Um sich mit einem Server verbinden zu können, aktivieren Sie daher zunächst die Funktion des Remotedesktop über die Systemsteuerung. Klicken Sie auf *Systemsteuerung* und dann unter *System und Sicherheit/System* auf *Remotezugriff zulassen.*

Abbildg. 4.8 Remotezugriff aktivieren

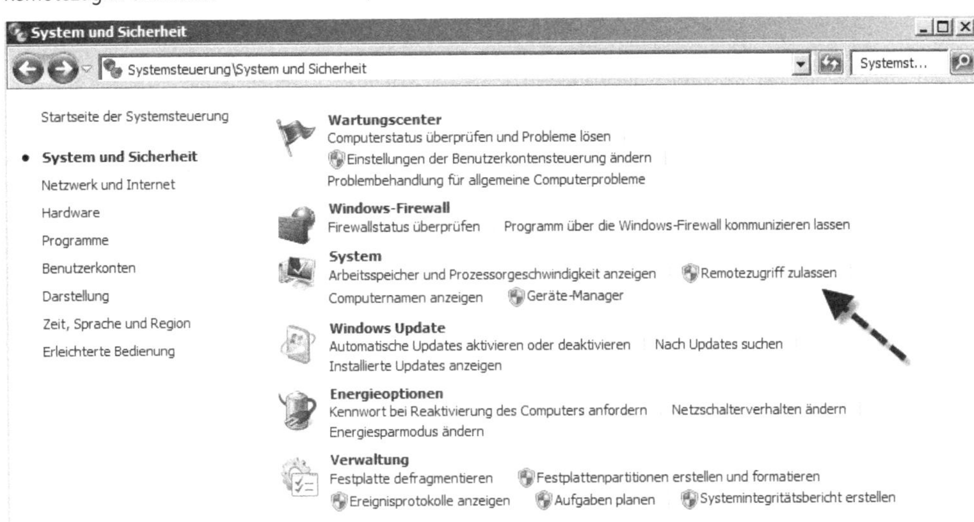

Aktivieren Sie im Dialogfeld *Systemeigenschaften* im Bereich *Remotedesktop* die Option *Verbindungen von Computern zulassen, auf denen eine beliebige Version von Remotedesktop ausgeführt wird.* Bei der anderen Option dürfen nur PCs mit Windows Vista und Windows 7 oder Server unter Windows Server 2008 oder Windows Server 2008 R2 auf den Server zugreifen. Nachdem Sie eine Sicherheitsmeldung bestätigt und das Dialogfeld über *OK* verlassen haben, ist der Server für den Zugriff über das Netzwerk bereit. Standardmäßig dürfen sich die Benutzer verbinden, die entweder in der lokalen Gruppe *Administratoren* oder *Remotedesktopbenutzer* Mitglied sind (siehe auch Kapitel 26).

Abbildg. 4.9 Aktivieren von Remotedesktop unter Windows Server 2008 R2

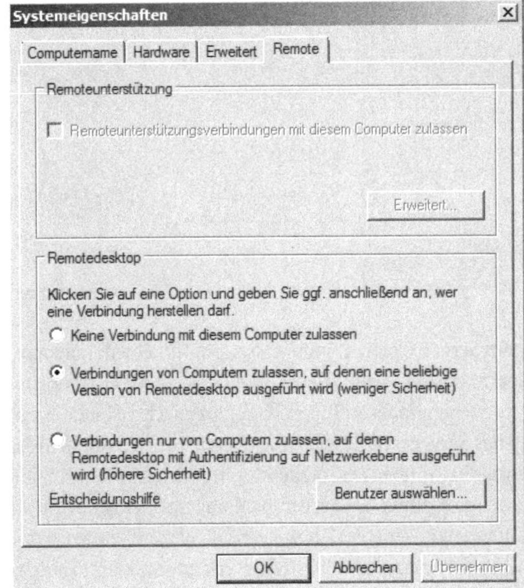

Verbindungsaufbau über Remotedesktop

Wenn Sie den Remotedesktop aktiviert haben, können Sie auf einem Windows XP-, Windows Vista- oder Windows 7-PC aus oder über einen anderen Server mit Windows Server 2008 oder Windows Server 2008 R2 über *Start/Alle Programme/Zubehör/Kommunikation/Remotedesktopverbindung* das entsprechende Clientprogramm starten. Alternativ können Sie das Programm auch über *Start/Ausführen/mstsc.exe* starten. Über die Schaltfläche *Optionen* können Sie zahlreiche weitere Optionen einstellen (siehe Kapitel 26). Für die Verwaltung eines Servers reicht die Standardeinstellung hier allerdings vollkommen aus. Wenn Sie im Eingabefeld die IP-Adresse des Servers eingeben, können Sie sich direkt mit dem Server verbinden. Sie müssen sich in der Anmeldemaske authentifizieren, damit die Verbindung aufgebaut wird. Windows Server 2008 R2 erlaubt standardmäßig nicht die gleichzeitige Verbindung von zwei Sitzungen des gleichen Benutzers auf einem Server. Wenn an der Konsole ein Administrator angemeldet war, wird der Bildschirm durch den Verbindungsaufbau mit der Remotedesktopkonsole automatisch gesperrt. Diese Option kann aber im Verwaltungsprogramm *Konfiguration des Remotedesktop-Sitzungshosts* (ehemals *Terminaldienstekonfiguration)* angepasst werden. Entsperrt ein Administrator an der Konsole den Bildschirm wieder, wird die Remotedesktopsitzung wiederum getrennt. Es kann daher standardmäßig immer nur ein Administrator an der Konsole arbeiten.

Abbildg. 4.10 Konfigurieren der Remotedesktopverbindung

Wollen Sie mit mehreren Sitzungen auf einem Server arbeiten, müssen Sie sich mit einem anderen Administrator-Konto anmelden oder die Konfiguration anpassen (siehe auch Kapitel 26). Diese Sitzung ist vollkommen unabhängig vom Desktop auf dem Server. Sie sehen daher in dieser Sitzung zunächst keinerlei Fehlermeldungen, die unter Umständen auf dem Desktop des Servers angezeigt werden, wenn Sie sich mit dem Administrator anmelden, also der Konsole. Wenn ein Administrator über Remotedesktop mit dem Server verbunden ist, kann er die gleichen Aufgaben durchführen, als wenn er direkt am Server lokal angemeldet ist. Seine Tätigkeit wird allerdings nicht am Bildschirm des Servers angezeigt, wenn er sich mit einem eigenen Benutzerkonto anmeldet. Melden sich mehr als zwei verschiedene Administratoren über das Netzwerk an, und ein dritter versucht eine

Verbindung aufzubauen, erscheint bei der letzten Anmeldung eine Warnmeldung, da die maximale Anzahl der Verbindungen erreicht ist. In der oberen Bildschirmhälfte wird Ihnen eine Menüleiste angezeigt, mit der Sie die Sitzung minimieren können. Diese Leiste können Sie über das entsprechende Symbol auch ausblenden lassen. Standardmäßig wird die Sitzung im Vollbild aufgebaut. Sie können eine Remotedesktopsitzung parallel zu mehreren Servern aufbauen. In dieser Hinsicht gibt es keinerlei Einschränkungen. Wenn Sie die Arbeit im Remotedesktop beendet haben, können Sie sich regulär über das Startmenü abmelden. Von dieser Abmeldung ist nur Ihre Sitzung betroffen, nicht die Sitzungen der anderen Administratoren oder der Konsole.

Trennen Sie nur die Sitzung, also schließen Sie das Remotefenster einfach, bleibt die Sitzung auf dem Server aktiv. Beachten Sie, dass in diesem Fall die Sitzung zu den maximalen Sitzungen auf dem Server dazuzählt. Wenn auf dem Server mehr als zwei getrennte Sitzungen laufen, können Sie sich von einem anderen Computer nicht mehr per Remotedesktop verbinden, da der Server Sie nicht mit der laufenden Sitzung verbindet, sondern eine neue aufbauen will. Wenn Sie daher aus Bequemlichkeit Sitzungen immer nur trennen lassen, besteht die Möglichkeit, dass Sie sich selbst vom Server aussperren. Sie können getrennte Sitzungen auf dem Server wieder freigeben und auch Einstellungen für den Remotedesktop auf dem Server vornehmen.

Getrennte Verbindungen zurücksetzen

Sie können die Sitzungen eines Servers mithilfe des Verwaltungsprogramms (Aufruf über *Start/Verwaltung/Remotedesktopdienste/Remotedesktopdienste-Manager*) steuern. Allerdings müssen dazu die Verwaltungstools der Terminaldienste installiert werden. Installieren Sie dazu am besten auf einem Server das Feature *Remoteserver-Verwaltungstools*, wenn das Verwaltungsprogramm für die Remotedesktopdienste noch nicht installiert ist. Hier kann ausgewählt werden, welche Verwaltungswerkzeuge installiert werden sollen.

Abbildg. 4.11 Anzeige der Sitzungen auf einem Server

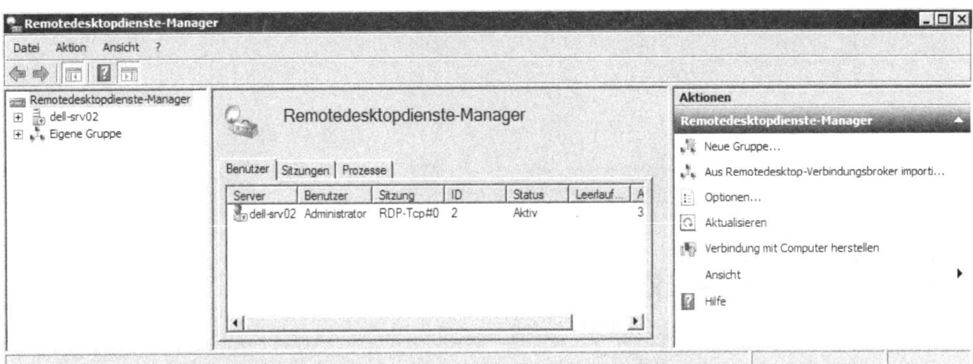

Wenn Sie im *Remotedesktopdienste-Manager* den lokalen Server markieren, werden Ihnen alle Sitzungen angezeigt. Die getrennten Sitzungen werden mit dem Status *Getrennt* oder *Disconnected* angezeigt. Klicken Sie die Sitzung mit der rechten Maustaste an, können Sie diese Sitzung im Kontextmenü über die Option *Zurücksetzen* wieder freigeben. In diesem Fall ist die Lizenz sofort wieder frei und Administratoren können sich wieder mit dem Server über einen Remotedesktop verbinden. Sie können sich auch mit dem *Remotedesktopdienste-Manager* von einem Server mit einem anderen Server verbinden lassen und dort Sitzungen freigeben. Klicken Sie dazu in der Konsolenstruktur mit der rechten Maustaste auf *Remotedesktopdienste-Manager* und wählen Sie die Option *Verbindung mit Computer herstellen*. Wenn Sie über genügend Rechte auf dem anderen Server verfügen, können Sie auf diese Weise die Sitzungen auf mehreren Servern wieder freigeben.

Verbindungsmöglichkeiten konfigurieren

Sie können aber auch generelle Einstellungen vornehmen, damit Sitzungen nach gewisser Zeit automatisch freigegeben werden. Denken Sie aber daran, dass auch die Programme beendet werden, die in dieser Sitzung erstellt worden sind. Sie finden diese Konfiguration über *Start/Verwaltung/Remotedesktopdienste/Konfiguration des Remotedesktop-Sitzungshosts*. Rufen Sie mit der rechten Maustaste die Eigenschaften der Verbindung *RDP-Tcp* auf. Sie finden an dieser Stelle zahlreiche Verwaltungsmöglichkeiten. Auf der Registerkarte *Sitzungen* können Sie das Zeitlimit für getrennte Sitzungen aktivieren und diese nach einem Tag automatisch beenden lassen. Sie können hier auch Zeitlimits für verbundene und aktive Sitzungen sowie für Sitzungen, die zwar verbunden sind, über die aber kein Netzwerkverkehr läuft, festlegen.

Abbildg. 4.12 Konfigurieren der Verbindungseinstellungen über RDP

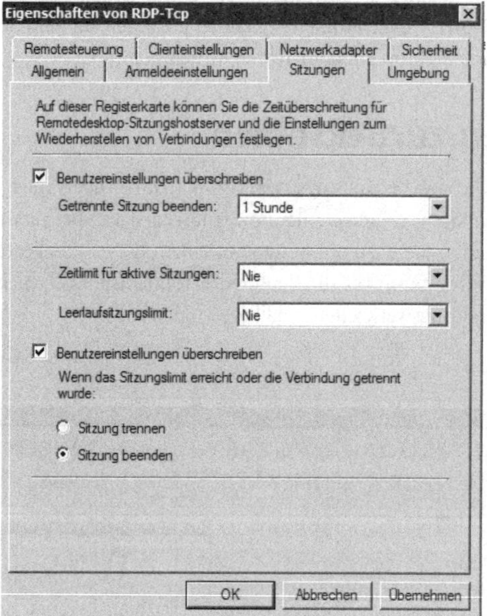

Core-Server verwalten

Die Verwaltung eines Core-Servers läuft hauptsächlich über die Befehlszeile ab. Mit dem Befehls *start cmd /separate* öffnen Sie ein paralleles Befehlszeilenfenster, wenn Sie zwei Fenster benötigen. Wird das eine Fenster geschlossen, lässt sich über den Task-Manager durch Erstellen eines neuen Tasks mit dem Befehl *cmd* ein neues Fenster starten, aber mit einem zweiten Fenster ersparen Sie sich diese Arbeit und können bei der Arbeit mit einem Skript parallel mit einer zweiten Oberfläche arbeiten. Alle Tools, die eine grafische Oberfläche verwenden oder sogar den Windows-Explorer benötigen, funktionieren auf einem Core-Server nicht. Aus diesem Grund werden auch keine Meldungen angezeigt, wenn neue Updates zur Verfügung stehen oder das Kennwort eines Benutzers abgelaufen ist. Einige Fenster funktionieren auch auf einem Core-Server, so kann zum Beispiel der Editor (*notepad.exe*) verwendet werden, um Skripts oder Dateien zu bearbeiten. Mit Notepad können Sie das Dateisystem durchsuchen und Skripts bearbeiten. Der Task-Manager steht ebenfalls zur Verfügung. Diesen können Sie zum Beispiel über *taskmgr.exe* starten oder über `Strg`+`Alt`+`Entf`. Im Kapitel 2 sind wird bereits auf wichtige Bereiche von Core-Servern eingegangen. Im Kapitel 34 gehen wir auf die Verwaltung von Core-Servern mit der PowerShell ein. In Kapitel 5 zeigen wir Ihnen die Installation von Serverrollen, auch auf Core-Servern.

Abbildg. 4.13 Befehlszeile, Task-Manager und das Erstellen eines neuen Tasks auf einem Core-Server

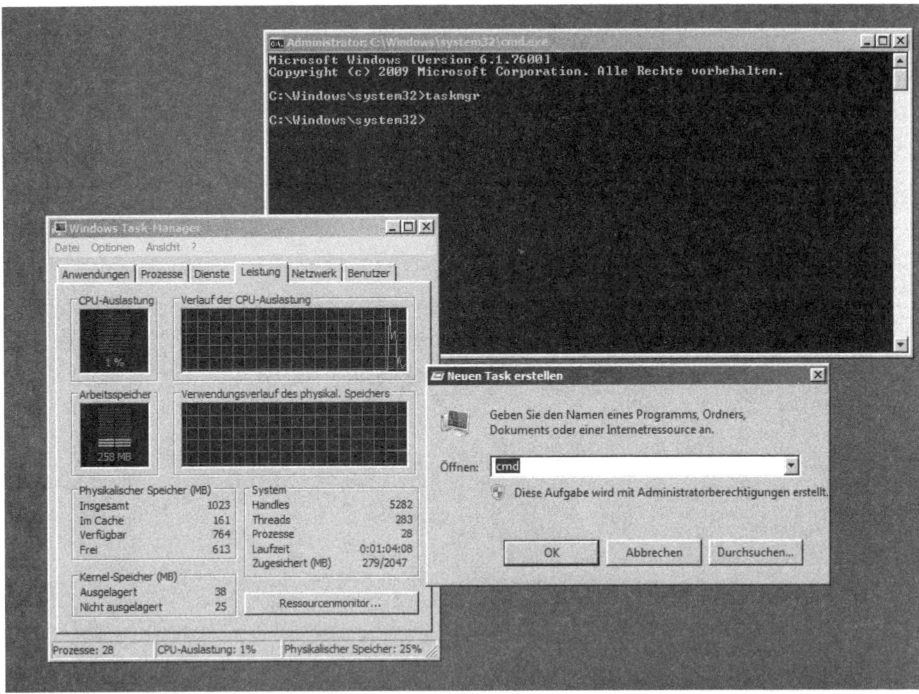

TIPP Sie können auch einen Core-Server über die Remotedesktopdienste verwalten. In diesem Fall wird in der Sitzung als Shell ebenfalls die Befehlszeile angezeigt.

Abbildg. 4.14 Verwalten eines Core-Servers über die Befehlszeile

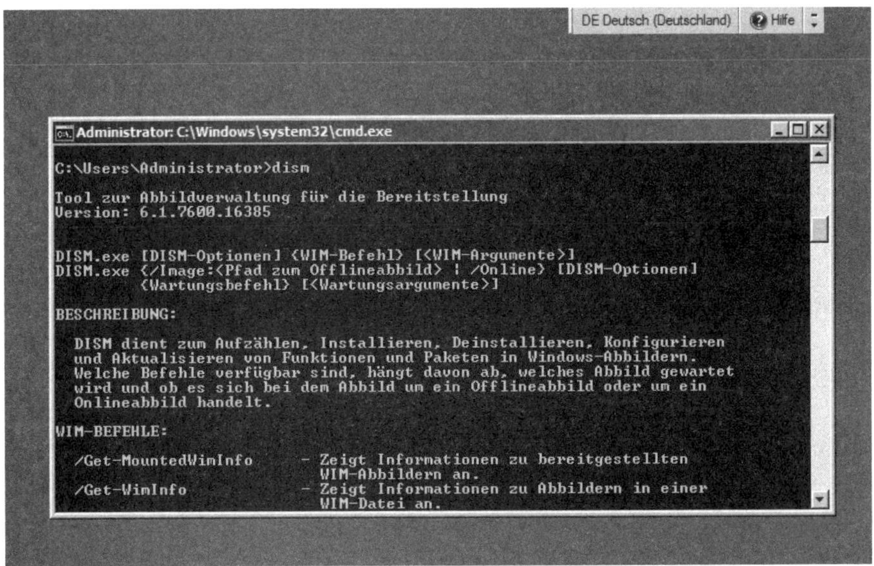

HINWEIS Als Befehlszeilenfenster für einen Core-Server wird zum größten Teil nicht die PowerShell verwendet, sondern die herkömmliche Befehlszeile, die auch unter Windows Server 2003/2008 verwendet wird. In Windows Server 2008 R2 steht aber auch die PowerShell auf Core-Servern zur Verfügung (siehe Kapitel 34).

Ebenfalls neu ist die Konfigurationsoberfläche *Serverkonfiguration*; diese starten Sie durch Eingabe von *sconfig* in der Befehlszeile. Auf diese Weise lassen sich einige Einstellungen auf Core-Servern einfacher vorgeben, als über die Befehlszeile.

Abbildg. 4.15 Mit dem neuen Tool *sconfig* lassen sich Einstellungen auf Core-Servern einfacher vornehmen

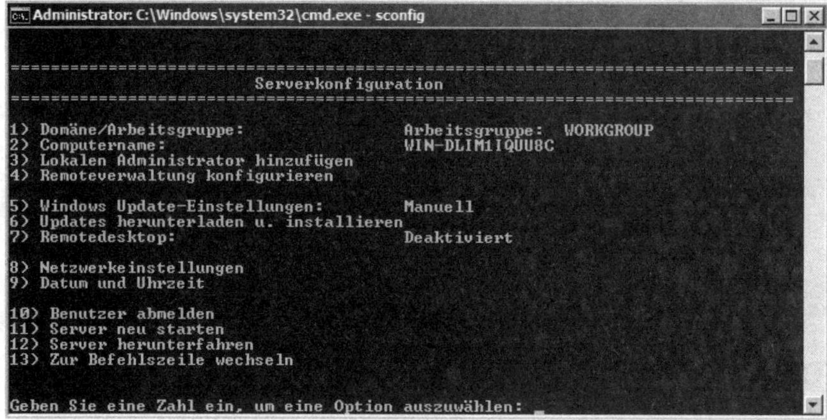

Grundlegende Optionen müssen zunächst direkt auf dem System gesetzt werden, damit dieses über das Netzwerk ansprechbar ist. Neben einem sicheren Kennwort für das Adminkonto gehören dazu der Servername und natürlich die IP-Adresse. Eine Auflistung aller Netzwerkadapter können Sie mit *netsh interface ipv4 show interface* durchführen.

Abbildg. 4.16 Anzeigen der Netzwerkverbindung auf einem Core-Server

```
Administrator: C:\Windows\system32\cmd.exe

C:\Windows\system32>netsh interface ipv4 show interface

Idx     Met         MTU          State                Name
---  ----------  ----------  ------------  ---------------------------
  3          10        1500  connected     LAN-Verbindung
  1          50  4294967295  connected     Loopback Pseudo-Interface 1

C:\Windows\system32>_
```

Die LAN-Anbindung lässt sich zum Beispiel durch folgende Befehle durchführen:

```
netsh interface ipv4
set address "LAN-Verbindung"
static 192.168.178.101 255.255.255.0 192.168.178.1
```

Den Namen in Anführungszeichen, also die Bezeichnung der Netzwerkverbindung, sehen Sie, wenn Sie *netsh interface ipv4 show interface* ausführen. Auf dieselbe Weise lassen sich DNS- und WINS-Server eintragen. Die Onlinehilfe von *netsh* gibt die nötigen Auskünfte. Alternativ zu diesen Befehlen starten Sie *sconfig* und navigieren durch die einzelnen Bereiche des Menüs.

Abbildg. 4.17 Festlegen der IP-Adresse eines Servers über *sconfig*

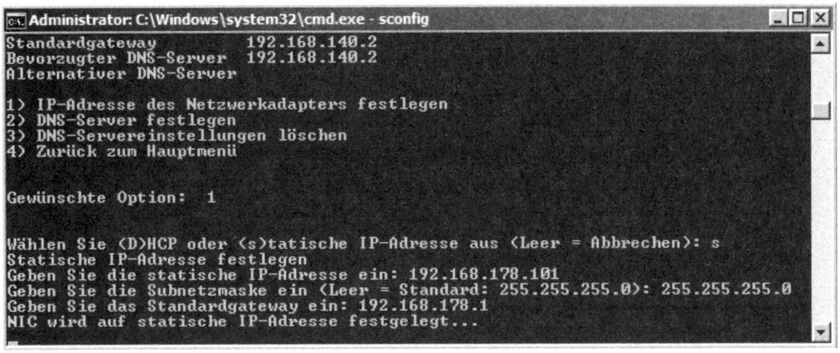

```
Administrator: C:\Windows\system32\cmd.exe - sconfig
Standardgateway          192.168.140.2
Bevorzugter DNS-Server   192.168.140.2
Alternativer DNS-Server

1) IP-Adresse des Netzwerkadapters festlegen
2) DNS-Server festlegen
3) DNS-Servereinstellungen löschen
4) Zurück zum Hauptmenü

Gewünschte Option:  1

Wählen Sie (D)HCP oder (s)tatische IP-Adresse aus (Leer = Abbrechen): s
Statische IP-Adresse festlegen
Geben Sie die statische IP-Adresse ein: 192.168.178.101
Geben Sie die Subnetzmaske ein (Leer = Standard: 255.255.255.0): 255.255.255.0
Geben Sie das Standardgateway ein: 192.168.178.1
NIC wird auf statische IP-Adresse festgelegt...
```

Um den Server umzubenennen, verwenden Sie *netdom* in der Befehlszeile oder wieder die Konfigurationsoberfläche *sconfig*. Ein Beispiel könnte sein:

```
netdom renamecomputer  <ALTER NAME> /newname:<NEUER NAME> /force /reboot:30
```

Die Systemsteuerung beruht auf dem normalen Windows-Explorer und ist daher nicht verfügbar. Ausnahme ist die Zeitzone, welche sich über *control timedate.cpl* aufrufen lässt. Auch die Regions- und Sprachoptionen können Sie mit *control intl.cpl* setzen. Haben Sie sich für die Installation eines Core-Servers entschieden, helfen Ihnen die folgenden Internetseiten weiter, auf denen Sie ausführliche Informationen zur Verwaltung des Servers in der Befehlszeile erhalten:

- **Befehlszeilenreferenz** *http://go.microsoft.com/fwlink/?LinkId=20331*. Alle diese Befehle können auch in der Befehlszeile eines Core-Servers verwendet werden.
- Netsh-**Befehl zur Konfiguration der Netzwerkeinstellungen** *http://go.microsoft.com/fwlink/?LinkId=49654*

Wichtige Administrationsaufgaben

Für die Einrichtung eines Servers sollten Sie noch einige Punkte anpassen. Im folgenden Abschnitt gehen wir genauer auf diese wichtigen ersten Konfigurationsmaßnahmen ein.

Sprach- und Zeiteinstellungen konfigurieren

Da es für die Konfiguration der Spracheinstellungen noch keine Möglichkeit in der Befehlszeile gibt, steht für diese Konfiguration eine grafische Oberfläche zur Verfügung. Geben Sie zur Konfiguration der Sprach- oder Tastatureinstellungen in der Befehlszeile den Befehl *control intl.cpl* ein. Anschließend öffnet sich ein Fenster, über das die Spracheinstellungen vorgenommen werden.

TIPP Sind auf einem Server mehrere Sprachen installiert, kann mit der Tastenkombination ⇧+Alt die jeweilige Sprache umgeschaltet werden.

Die Zeiteinstellungen werden über *control timedate.cpl* eingestellt. Auch hier steht eine grafische Oberfläche zur Konfiguration der Uhrzeit, des Datums und der Zeitzone zur Verfügung.

Abbildg. 4.18 Für Uhrzeit, Datum, Zeitzone und installierte Sprachen stehen auch auf einem Core-Server grafische Möglichkeiten zur Verfügung

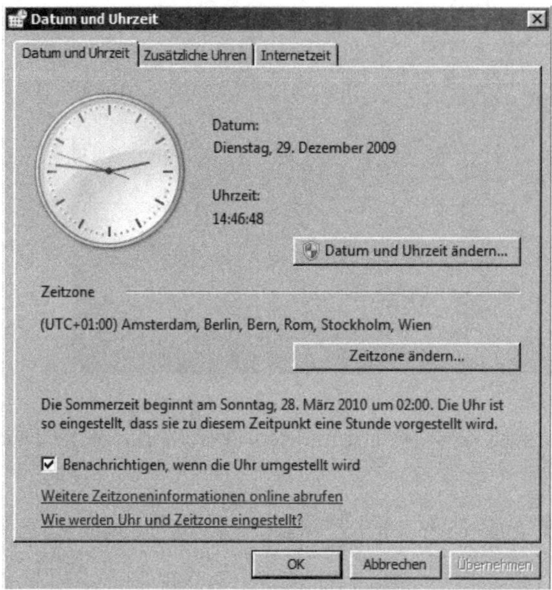

Administratorkennwort ändern

Um das lokale Administratorkennwort eines Servers anzupassen, gehen Sie folgendermaßen vor:

1. Geben Sie in der Befehlszeile den Befehl *net user administrator* * ein. Durch die Eingabe des Platzhalters * wird das eingegebene Kennwort nicht in Klartext angezeigt.
2. Geben Sie das neue Kennwort ein und bestätigen Sie.
3. Geben Sie das Kennwort nochmal ein und bestätigen Sie erneut.

Statische IP-Adresse konfigurieren

Eine weitere wichtige Aufgabe besteht darin, dem Core-Server eine statische IP-Adresse zuzuweisen. Standardmäßig wird dem Server eine dynamische IP-Adresse per DHCP zugewiesen. Verwenden Sie entweder die folgenden Befehle in der Befehlszeile oder das bereits erwähnte Tool *Serverkonfiguration*, welches Sie über *sconfig* starten.

1. Lassen Sie sich die Konfiguration der Netzwerkkarte anzeigen:

```
netsh interface ipv4 show interfaces
```

2. Notieren Sie sich in der Spalte *Idx* die ID der Netzwerkkarte, deren Konfiguration Sie anpassen wollen.
3. Um eine statische IP-Adresse zuzuweisen, geben Sie den folgenden Befehl ein:

```
netsh interface ipv4 set address name="<ID>" source=static address=<IP-Adresse>
mask=<Subnetzmaske> gateway=<Standardgateway>
```

4. Geben Sie als Nächstes den folgenden Befehl ein:

```
netsh interface ipv4 add dnsserver name="<ID>" address=<DNS-Server IP-Adresse> index=1
```

Wollen Sie weitere DNS-Server hinterlegen, gehen Sie analog vor und erhöhen jeweils den Index abhängig davon, in welcher Reihenfolge die DNS-Server befragt werden sollen. Erhalten Sie eine Fehlermeldung, dass der Server keinen DNS-Server abfragen kann, starten Sie mit *net start dns-client* den DNS-Clientdienst auf dem Core-Server.

Abbildg. 4.19 Konfiguration der Netzwerkverbindung für einen Core-Server in der Befehlszeile

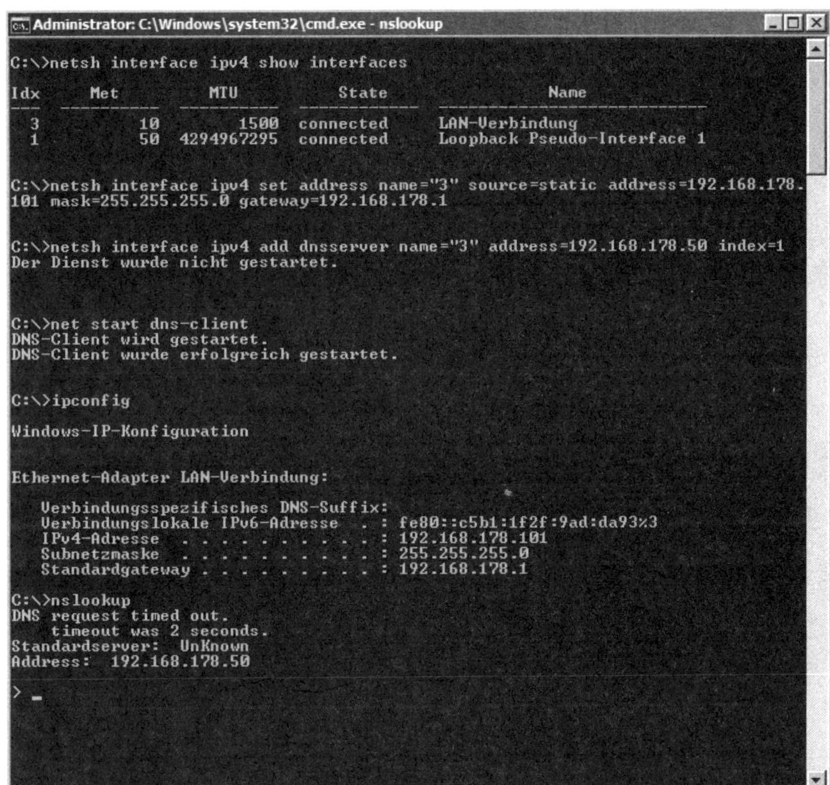

Mit dem Befehl *netsh interface ipv4 set address name="<ID>" source=dhcp* setzen Sie diese Konfiguration wieder zurück. Nachdem Sie die IP-Konfiguration vorgenommen haben, sollten Sie mit *nslookup* überprüfen, ob Sie den DNS-Server erreichen können und Namen aufgelöst werden. Zusätzlich sollten Sie den Domänencontroller oder andere Server im gleichen Netzwerk per Ping erreichen können.

HINWEIS Nachdem Sie einen Core-Server installiert haben, können Sie zwar ohne Weiteres auf andere Server im Netzwerk zugreifen, aber der eingehende Netzwerkverkehr, einschließlich Ping, wird durch den Core-Server blockiert. Damit Sie mit den verschiedenen Verwaltungsprogrammen über das Netzwerk zugreifen können, müssen Sie auf dem Core-Server zunächst die Firewall so konfigurieren, dass die Verwaltungswerkzeuge über das Netzwerk zugelassen werden. Verwenden Sie dazu wieder *sconfig* oder in der Befehlszeile den Befehl *netsh advfirewall set allprofiles settings remotemanagement enable* oder den

Befehl *netsh advfirewall firewall set rule group="remoteverwaltung" new enable=yes*. Auf englischen Servern heißen die Regeln *"Remote Administration"*. Den kompletten Netzwerkverkehr auf einem Core-Server können Sie über *netsh advfirewall set allprofiles firewallpolicy allowinbound,allowoutbound* freischalten. Um die Firewallregeln für Core-Server zu steuern, bietet es sich an, dass Sie den Core-Server in eine eigene OU legen, auf die Sie eine Gruppenrichtlinie verknüpfen. In dieser Richtlinie können Sie die Regeln für die Firewall hinterlegen, damit die Kommunikation funktioniert. Anschließend kann zum Beispiel das Snap-In *Computerverwaltung* auf einem anderen Server so konfiguriert werden, dass der Core-Server verwaltet werden kann.

Abbildg. 4.20 Damit von anderen Servern mit Verwaltungswerkzeugen auf den Core-Server zugegriffen werden kann, müssen erst die Firewallregeln angepasst werden

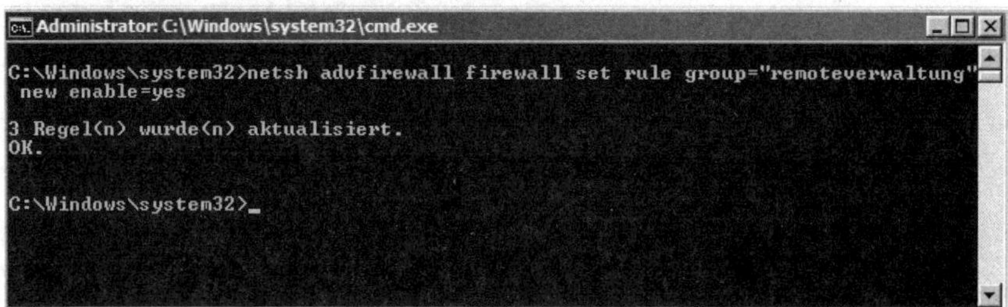

Remotedesktop und die Freischaltung des Server-Managers nehmen Sie über *sconfig* vor.

Abbildg. 4.21 Aktivierung des Remotezugriffs und Überprüfung der Konfiguration über sconfig

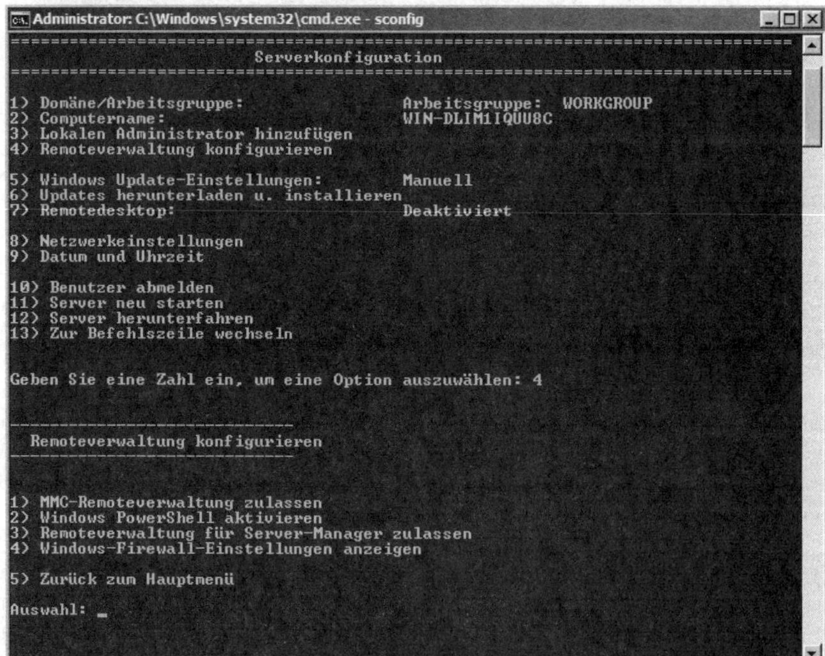

Die *Computerverwaltung* starten Sie zum Beispiel über das Snap-In *Active Directory-Benutzer und -Computer*. Klicken Sie den Core-Server in der Konsole mit der rechten Maustaste an und wählen Sie im Kontextmenü den Eintrag *Verwalten*. Anschließend kann der Server über eine grafische Oberfläche konfiguriert werden. Über diesen Weg lassen sich zum Beispiel wesentlich einfacher Freigaben und Systemdienste verwalten, als über die Befehlszeile des Core-Servers.

Abbildg. 4.22 Nach dem Anpassen der Firewallregeln auf dem Core-Server kann die Computerverwaltung über das Netzwerk gestartet werden

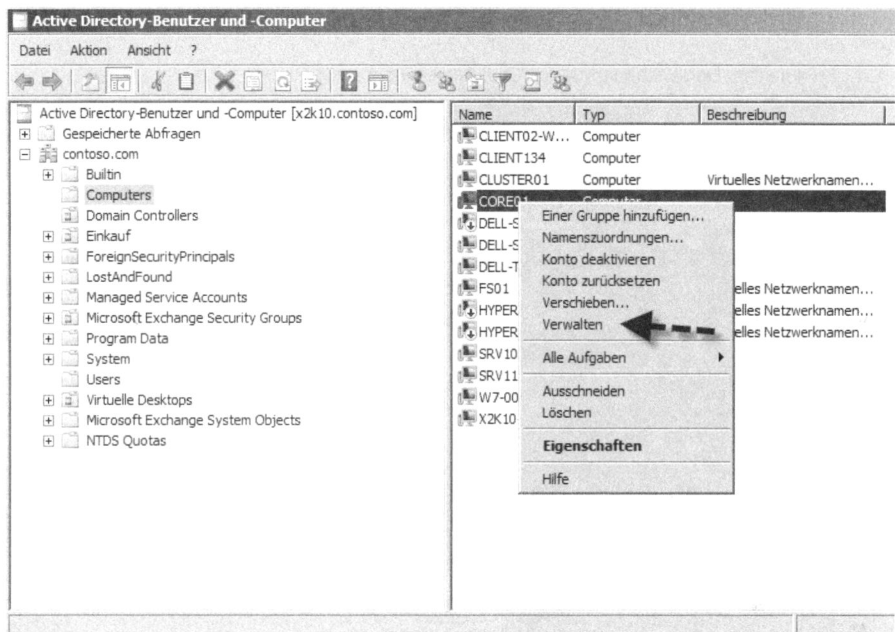

Mit einem Core-Server einer Domäne beitreten

Ein weiterer wichtiger Schritt ist das Beitreten zu einer Windows-Domäne. Auch diese Aufgabe müssen Sie über die Befehlszeile durchführen. Zunächst sollten Sie sicherstellen, dass Sie, wie im vorangegangenen Abschnitt besprochen, die IP-Adresse richtig einstellen und mit *Ping* und *Nslookup* überprüfen, ob der Domänencontroller und DNS-Server erreicht werden kann. Ist dies gewährleistet, können Sie der Domäne beitreten. Gehen Sie dazu folgendermaßen vor:

1. Geben Sie den Befehl *hostname* ein und notieren Sie sich den standardmäßig gesetzten Namen. Diesen können Sie später umbenennen. Alternativ können Sie auch *set c* eingeben. Dann erscheint auch der Computername. Auch über *ipconfig /all* oder *Systeminfo* kann der Name angezeigt werden.
2. Geben Sie den folgenden Befehl ein:

```
netdom join <Computername> /domain:<NetBIOS-Domänen-Namen> /userd:<Domäne>\<Benutzernamen> /
passwordd:*
```

   Wollen Sie später einen Server wieder aus der Domäne entfernen, verwenden Sie den Befehl *netdom remove*. Alternativ können Sie auch über *sconfig* einer Domäne beitreten.

3. Verwenden Sie *netdom* statt *sconfig*, müssen Sie das Kennwort für den Administrator eingeben, mit dem Sie den Server in die Domäne aufgenommen haben. Nach einigen Sekunden sollte der erfolgreiche Domänenbeitritt angezeigt werden. Sollten Sie hier eine Fehlermeldung erhalten, überprüfen Sie zunächst, ob Sie mit Ping den Domänencontroller mit NetBIOS-Namen und IP-Adressen erreichen können, damit sichergestellt ist, dass die IP-Konfiguration stimmt. Da Sie für den Domänenbeitritt auch den Namen des Servers angeben müssen, sollten Sie überprüfen, ob Sie diesen richtig eingegeben haben. In der Befehlszeile wird oft die Null »0« mit einem großen »O« verwechselt. Sie können überprüfen, ob Sie den Namen richtig eingegeben haben, indem Sie lokal auf dem Server den Befehl *ping <Servername>* eingeben. Wird auf den Ping erfolgreich geantwortet, haben Sie den korrekten Namen verwendet.

Abbildg. 4.23 Erfolgreicher Domänenbeitritt eines Core-Servers über *sconfig*

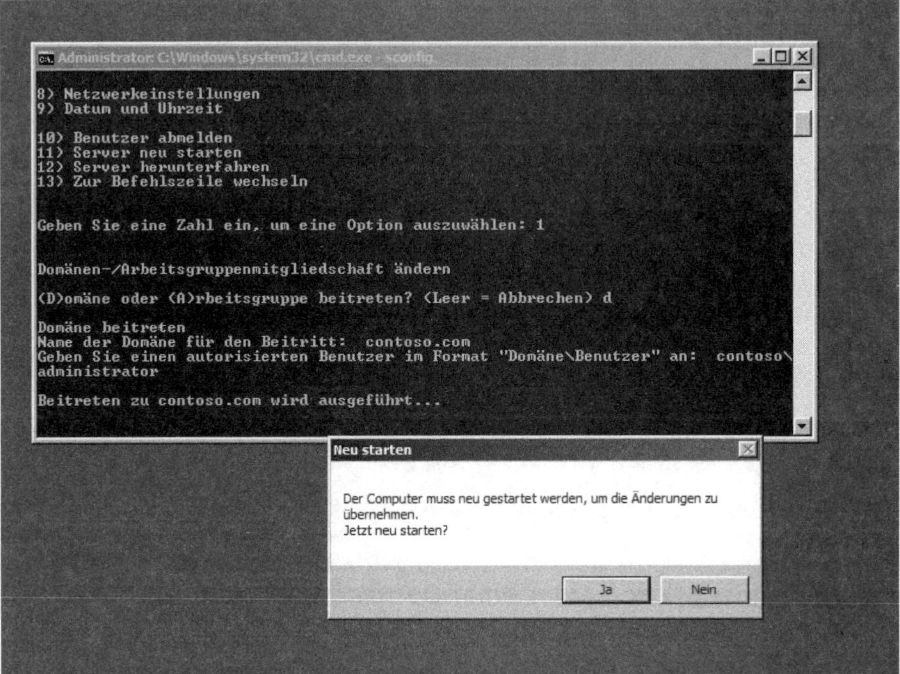

4. Nach der erfolgreichen Aufnahme in die Domäne müssen Sie den Server neu starten. Geben Sie dazu den Befehl *shutdown /r /t 0* ein, wenn Sie *netdom* verwendet haben, bei *sconfig* erscheint automatisch das Fenster zum Neustart. Mit dem Befehl wird der Server neu gestartet. Weitere Optionen zum Herunterfahren zeigen wir Ihnen im nächsten Abschnitt.

5. Nach dem Neustart können Sie sich über die Schaltfläche *Anderer Benutzer* an der Domäne anmelden. Sie können über den Befehl *set* in der Befehlszeile überprüfen, ob die Domänenaufnahme funktioniert hat. Mit *nslookup* können Sie überprüfen, ob sich der Server korrekt in die DNS-Zone eingetragen hat.

Abbildg. 4.24 Überprüfen der Domänenmitgliedschaft mit dem Befehl *set*

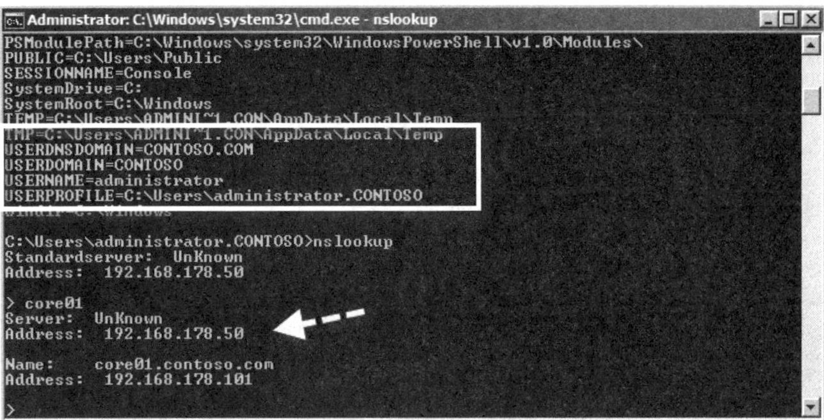

Server über die Befehlszeile umbenennen

Nachdem Sie der Domäne mit dem Standardnamen des Servers beigetreten sind, können Sie den Namen des Servers ändern:

1. Geben Sie in der Befehlszeile den folgenden Befehl ein:

```
netdom renamecomputer <Alter Computername> /newname:<Neuer Computername>
```

   Mit *hostname* lassen Sie sich den aktuellen Namen anzeigen. Bestätigen Sie das Umbenennen mit der Taste [Y], wenn die Taste [J] nicht funktioniert.

2. Starten Sie den Server mit *shutdown /r /t 0* neu.

Abbildg. 4.25 Umbenennen eines Core-Servers in der Befehlszeile

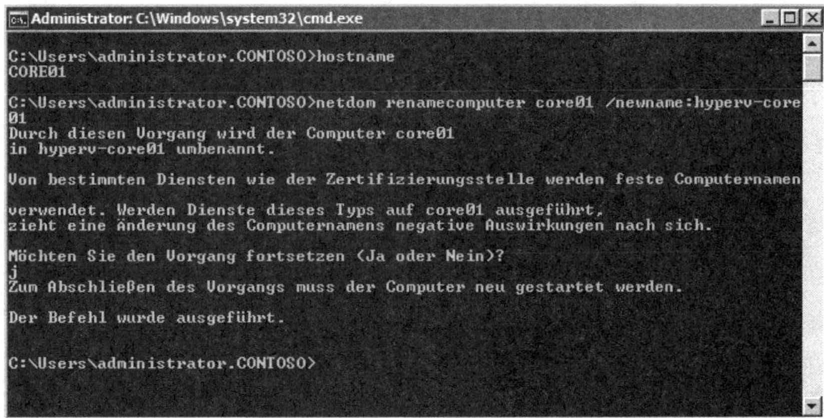

Sie können auch über *sconfig* einen Computer umbenennen. Allerdings funktioniert das oft nicht fehlerfrei, wenn der Computer bereits Mitglied der Domäne ist. In diesem Fall ist *netdom* der schnellere Weg, um einen Computer umzubenennen.

Gruppenmitgliedschaften in der Befehlszeile konfigurieren

Nehmen Sie einen Server in die Domäne auf, wird die Domänengruppe der Domänen-Admins automatisch in die lokale Administratorgruppe aufgenommen. Wollen Sie neben dieser Gruppe einzelne Benutzerkonten oder zusätzliche Gruppen aufnehmen, können Sie diese Aufgabe ebenfalls in der Befehlszeile durchführen. Mit dem Befehl *net localgroup administratoren /add <Domäne>\<Benutzername>* wird der konfigurierte Benutzer der lokalen Administratorgruppe auf dem Server hinzugefügt. Mit dem Befehl *net localgroup administratoren* können Sie sich alle Gruppenmitglieder anzeigen lassen. Die Aufnahme funktioniert auch über *sconfig*, lässt sich aber mit der Befehlszeile schneller durchführen.

Abbildg. 4.26 Überprüfen und konfigurieren der lokalen Administratorgruppe auf einem Core-Server

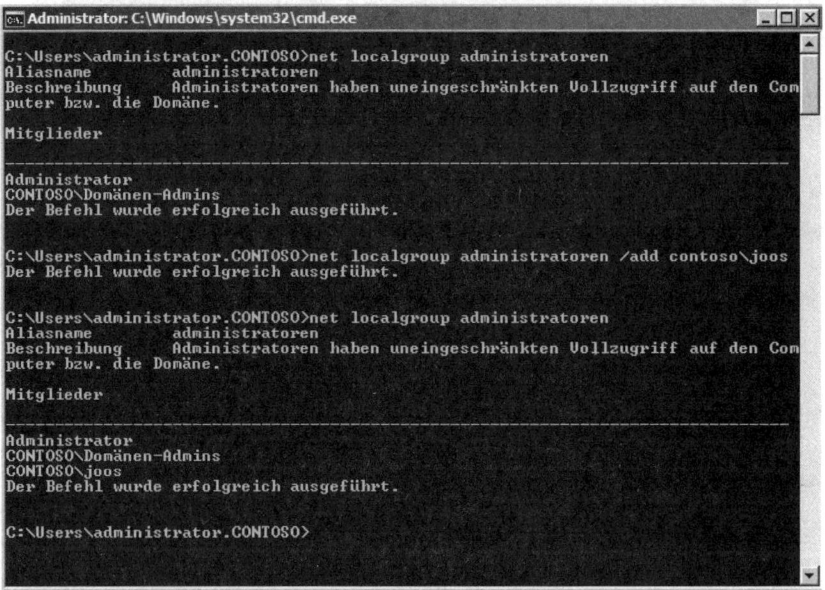

```
Administrator: C:\Windows\system32\cmd.exe

C:\Users\administrator.CONTOSO>net localgroup administratoren
Aliasname        administratoren
Beschreibung     Administratoren haben uneingeschränkten Vollzugriff auf den Com
puter bzw. die Domäne.

Mitglieder

-------------------------------------------------------------------------------
Administrator
CONTOSO\Domänen-Admins
Der Befehl wurde erfolgreich ausgeführt.

C:\Users\administrator.CONTOSO>net localgroup administratoren /add contoso\joos
Der Befehl wurde erfolgreich ausgeführt.

C:\Users\administrator.CONTOSO>net localgroup administratoren
Aliasname        administratoren
Beschreibung     Administratoren haben uneingeschränkten Vollzugriff auf den Com
puter bzw. die Domäne.

Mitglieder

-------------------------------------------------------------------------------
Administrator
CONTOSO\Domänen-Admins
CONTOSO\joos
Der Befehl wurde erfolgreich ausgeführt.

C:\Users\administrator.CONTOSO>
```

Abbildg. 4.27 Anzeigen der lokalen Benutzergruppen auf dem Server

```
Administrator: C:\Windows\system32\cmd.exe

C:\Users\administrator.CONTOSO>net localgroup

Gruppen für \\HYPERV-CORE01

-------------------------------------------------------------------------------
*Administratoren
*Benutzer
*Distributed COM-Benutzer
*Druck-Operatoren
*Ereignisprotokollleser
*Gäste
*Hauptbenutzer
*IIS_IUSRS
*Kryptografie-Operatoren
*Leistungsprotokollbenutzer
*Leistungsüberwachungsbenutzer
*Netzwerkkonfigurations-Operatoren
*Remotedesktopbenutzer
*Replikations-Operator
*Sicherungs-Operatoren
*Zertifikatdienst-DCOM-Zugriff
Der Befehl wurde erfolgreich ausgeführt.

C:\Users\administrator.CONTOSO>_
```

Mit dem Befehl *net localgroup* können Sie sich alle lokalen Gruppen auf dem Server anzeigen lassen (Abbildung 4.27). So können Sie mit diesem Befehl schnell feststellen, welche Gruppen es gibt und welche Benutzerkonten enthalten sind. Außerdem können Sie neue Benutzerkonten hinzufügen. Sie können die Benutzerverwaltung auch über die grafische Oberfläche von einem anderen Server aus durchführen, wenn Sie die Remoteverwaltung auf dem Server aktiviert haben.

Mit dem Befehl *net localgroup administratoren /delete <Domäne>\<Benutzername>* entfernen Sie ein Benutzerkonto wieder aus der Gruppe.

Server mit *shutdown.exe* herunterfahren

Zum Herunterfahren oder Neustarten wird der Befehl *shutdown* verwendet. Der Computer fährt daraufhin nach 30 Sekunden herunter und startet wieder. Wird der Befehl *shutdown /r /f /t 0* verwendet, fährt der Computer sofort herunter. Die Option */f* zwingt den Computer zum Beenden der laufenden Anwendungen, auch wenn nicht gespeichert wurde. Der Befehl *shutdown /s /f* fährt den Computer herunter und startet ihn nicht neu. Mit dem Befehl *shutdown /a* kann der aktuelle Herunterfahren-Vorgang abgebrochen werden, wenn der Computer noch nicht mit dem Herunterfahren begonnen hat, sondern die Zeit noch läuft. Die wichtigsten Optionen des *shutdown*-Befehls sind:

- /g Startet den Computer neu und startet registrierte Anwendungen automatisch nach dem Neustart
- /i Zeigt eine grafische Benutzeroberfläche an. Dies muss die erste Option sein.
- /l Meldet den aktuellen Benutzer ab. Diese Option kann nicht zusammen mit den Optionen */m* oder */d* verwendet werden.
- /s Fährt den Computer herunter
- /r Fährt den Computer herunter und startet ihn neu
- /a Bricht das Herunterfahren des Systems ab
- /p Schaltet den lokalen Computer ohne Zeitlimitwarnung aus. Kann mit den Option */d* und */f* verwendet werden.
- /h Versetzt den lokalen Computer in den Ruhezustand
- /m \\<Computer> Legt den Zielcomputer fest
- /t xxx Stellt die Zeit vor dem Herunterfahren auf xxx Sekunden ein. Der gültige Bereich ist von 0 bis 600, der Standardwert ist 30. Die Verwendung von */t* setzt voraus, dass die Option */f* verwendet wird.
- /c "Kommentar" Kommentar bezüglich des Neustarts bzw. Herunterfahrens. Es sind maximal 512 Zeichen zulässig.
- /f Erzwingt das Schließen ausgeführter Anwendungen ohne Vorwarnung der Benutzer. */f* wird automatisch angegeben, wenn die Option */t* verwendet wird.
- /d [p|u:]xx:yy Gibt die Ursache für den Neustart oder das Herunterfahren an. *p* gibt an, dass der Neustart oder das Herunterfahren geplant ist. *u* gibt an, dass die Ursache vom Benutzer definiert ist. Wenn weder *p* noch *u* angegeben ist, ist das Neustarten oder Herunterfahren nicht geplant.

Rechner über das Netzwerk herunterfahren – PSShutdown

Mit dem Befehlszeilentool *psshutdown.exe* aus der PSTools-Sammlung von Sysinternals können Computer über das Netzwerk ebenfalls neu gestartet oder heruntergefahren werden. Die Sammlung und die anderen Sysinternals-Tools erreichen Sie am schnellsten über den Link *www.sysinternals.com*. Das Tool entspricht dem Bordmittel *shutdown.exe*, bietet zusätzliche Optionen und Möglichkeiten. Die Option *–m* bekommt als Parameter die

Meldung zum Herunterfahren in Anführungszeichen. Mit dem Schalter *–t* kann der Standardwert für das Timeout verändert werden. Es ist möglich, einen Wert in Sekunden anzugeben oder den Zeitpunkt festzulegen, zu dem das Herunterfahren ausgeführt werden soll. Der Zeitpunkt wird dabei durch die Verwendung der 24-Stunden-Schreibweise festgelegt. Im folgenden Beispiel wird das lokale System um 23:00 Uhr neu starten und dabei den Anwendern mitteilen, weshalb dies geschieht:

```
psshutdown –m "System muss neu gestartet werden, da Protokolldateien gelöscht werden müssen" –t
23:00 -r
```

Mit *–c* wird dem Meldungsfeld eine *Abbrechen*-Schaltfläche hinzugefügt. Als Zusatz zu den Standardmöglichkeit stellt PSShutdown zwei Operationen zur Verfügung, die zum Bereich der Desktopverwaltung gehören: *lock* und *logoff*. Mit ihrer Hilfe kann ebenfalls lokal oder über das Netz ein Anwender zwangsweise abgemeldet oder der Bildschirm gesperrt werden. Sie können auch gleichzeitig mehrere Systeme neu starten: *psshutdown –r \computer1,computer2,computer3*. Alternativ können die Rechnernamen auch in eine Textdatei aufgenommen werden: *psshutdown –r @rechnerliste.txt*. In dieser Datei darf in jeder Zeile nur ein Computername aufgelistet sein.

Beispiele:

- **Neustart** *psshutdown.exe –r –c –t 5 –m "Neustart in 5 Sekunden"*
- **Ausschalten** *psshutdown.exe –k –f –c –t 5 –m "Herunterfahren in 5 Sekunden"*
- **Abbruch** *psshutdown.exe –a*

Core-Server aktivieren

Ein wichtiger Schritt, der auch bei einem Core-Server nicht vergessen werden sollte, ist das Aktivieren. Über den Befehl *slmgr.vbs –ato* können Sie den Server aktivieren, wenn dieser über eine funktionsfähige Internetverbindung verfügt.

TIPP Haben Sie keine direkte Internetverbindung auf dem Server und verwenden einen Proxy, können Sie diesen über die Anweisung *netsh winhttp set proxy <Proxy>:<Port>* auf dem Server eintragen.

Wollen Sie den Server über einen Schlüsselverwaltungsdienst (Key Management Service, KMS) aktivieren, verwenden Sie den Befehl:

```
cscript windows\system32\slmgr.vbs <Servername> <Benutzername> <Kennwort>:-ato
```

Die wichtigsten Optionen für das Programm sind:

- **–ato** Windows online aktivieren
- **–rearm** Mit dieser Option können Sie den anfänglichen Testzeitraum von 60 Tagen zusätzlich dreimal auf insgesamt 240 Tage verlängern. Während dieser Zeit können Sie mit Windows Server 2008 R2 ohne Aktivierung uneingeschränkt arbeiten.
- **–dli** Zeigt die aktuellen Lizenzinformationen an
- **–dlv** Zeigt noch mehr Lizenzdetails an
- **–dlv all** Zeigt detaillierte Infos für alle installierten Lizenzen

Um einen Server lokal über das Telefon zu aktivieren, verwenden Sie den Befehl *slmgr –dti*. Notieren Sie sich die ID, die generiert wird, und rufen Sie die Aktivierungsnummer von Microsoft an. Wählen Sie die gebührenfreie Rufnummer *0800-284 828 3*.

Abbildg. 4.28 Anzeigen der Aktivierungs-ID für die telefonische Aktivierung

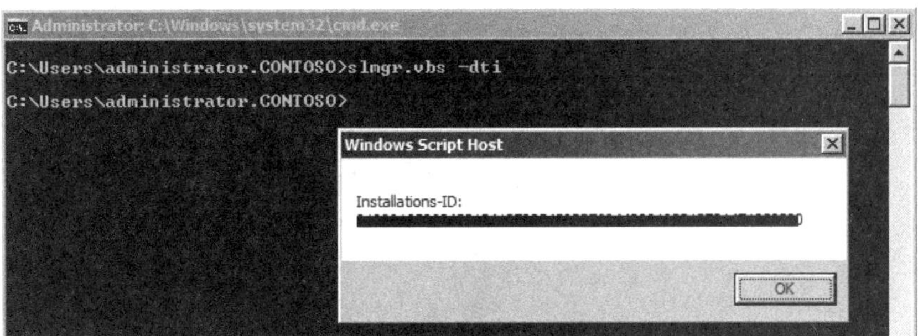

Der Telefoncomputer fordert Sie auf, die angegebene Installations-ID anzugeben Nach Ihrer Angabe der ID erhalten Sie vom Telefoncomputer eine Aktivierungs-ID. Diese geben Sie mit dem Befehl *slmgr –atp <Aktivierungs-ID>* ein.

1. Haben Sie während der Installation keine Produkt-ID eingegeben, können Sie diese über den Befehl *slmgr –ipk <Produkt-ID>* eingeben.
2. Anschließend lassen Sie sich über den Befehl *slmgr –dti* die dazugehörige Aktivierungs-ID anzeigen. Im Gegensatz zu einem normalen Server wird die Aktivierungs-ID nicht in sechs Blöcken dargestellt, sodass die Anzeige etwas verwirrt. Bevor Sie also einen Core-Server über *slmgr* aktivieren, sollten Sie die Aktivierungs-ID notieren und in Sechserblöcke unterteilen.
3. Anschließend erhalten Sie vom Telefoncomputer die notwendige ID und tragen diese über *slmgr –atp* ein.

Die Installation und die Verwaltung von zusätzlichen Serverrollen erläutern wir Ihnen in Kapitel 5. In diesem Kapitel zeigen wir Ihnen auch die Installation und Verwaltung von Serverrollen auf herkömmlichen Servern.

Schnellanleitung zur Installation von Serverrollen und Features auf einem Core-Server

In diesem Abschnitt zeigen wir Ihnen lediglich in einem schnellen Überblick, wie Sie bei der Rollen- oder Featureinstallation vorgehen. Auf die Installation von Serverollen und Features auf einem Core-Server gehen wir im nächsten Kapitel ausführlicher ein. Rollen und Features können Sie nicht über *sconfig* installieren. Sie benötigen dazu die beiden Befehlszeilenbefehle *oclist* und *ocsetup*. Der Befehl *oclist* zeigt die verfügbaren Rollen und Features an und ob diese schon installiert sind. Mit *ocsetup* installieren Sie dann die entsprechende Rolle oder das Feature.

Abbildg. 4.29 Anzeigen der installierten Features und Rollen auf einem Core-Server

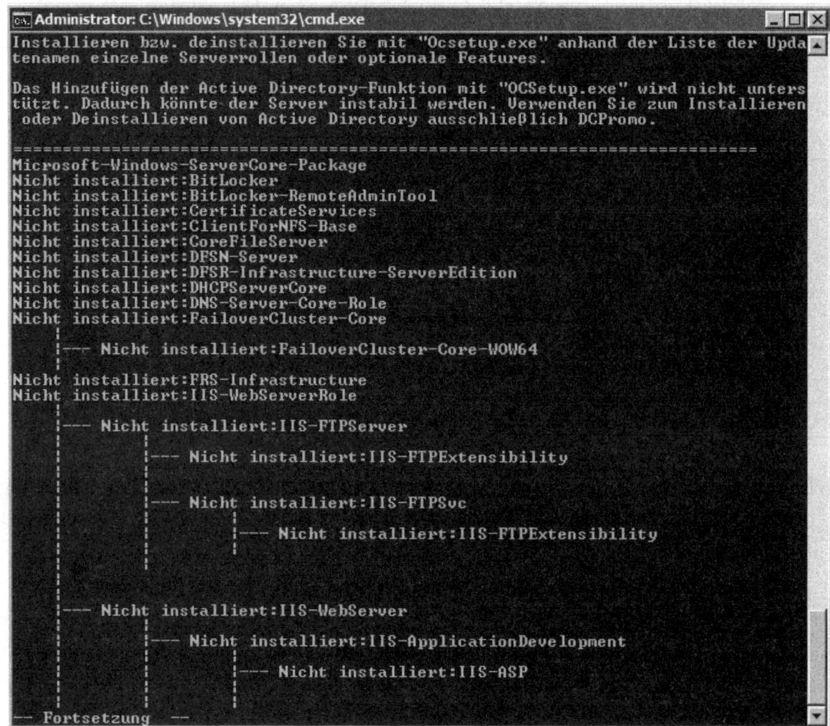

```
Administrator: C:\Windows\system32\cmd.exe
Installieren bzw. deinstallieren Sie mit "Ocsetup.exe" anhand der Liste der Updatenamen einzelne Serverrollen oder optionale Features.

Das Hinzufügen der Active Directory-Funktion mit "OCSetup.exe" wird nicht unterstützt. Dadurch könnte der Server instabil werden. Verwenden Sie zum Installieren oder Deinstallieren von Active Directory ausschließlich DCPromo.

===========================================================================
Microsoft-Windows-ServerCore-Package
Nicht installiert:BitLocker
Nicht installiert:BitLocker-RemoteAdminTool
Nicht installiert:CertificateServices
Nicht installiert:ClientForNFS-Base
Nicht installiert:CoreFileServer
Nicht installiert:DFSN-Server
Nicht installiert:DFSR-Infrastructure-ServerEdition
Nicht installiert:DHCPServerCore
Nicht installiert:DNS-Server-Core-Role
Nicht installiert:FailoverCluster-Core
        |
        |--- Nicht installiert:FailoverCluster-Core-WOW64
        |
Nicht installiert:FRS-Infrastructure
Nicht installiert:IIS-WebServerRole
        |
        |--- Nicht installiert:IIS-FTPServer
        |           |
        |           |--- Nicht installiert:IIS-FTPExtensibility
        |           |
        |           |
        |           |--- Nicht installiert:IIS-FTPSvc
        |           |           |
        |           |           |--- Nicht installiert:IIS-FTPExtensibility
        |           |           |
        |           |
        |
        |
        |--- Nicht installiert:IIS-WebServer
        |           |
        |           |--- Nicht installiert:IIS-ApplicationDevelopment
        |           |           |
        |           |           |--- Nicht installiert:IIS-ASP
        |           |           |
-- Fortsetzung --
```

Wollen Sie eine automatische Pause der Anzeige, wenn das Eingabeaufforderungs-Fenster voll ist, verwenden Sie den Befehl *oclist |more*. Möchten Sie nach einem bestimmten Feature oder einer Rolle suchen, hilft *oclist |find <Name der Rolle oder des Features>*, also zum Beispiel *oclist |find "PowerShell"*. Den Namen des Features können Sie anschließend mit der Maus markieren, in die Zwischenablage kopieren und dann mit *ocsetup <Name des Features oder der Rolle>* installieren.

Abbildg. 4.30 Anzeigen von gesuchten Features oder Rollen

```
Administrator: C:\Windows\system32\cmd.exe

C:\Users\Administrator>oclist |find "PowerShell"
        |--- Nicht installiert:MicrosoftWindowsPowerShell
        |           |--- Nicht installiert:ActiveDirectory-PowerShell
        |           |--- Nicht installiert:MicrosoftWindowsPowerShell-WOW64
        |           |--- Nicht installiert:MicrosoftWindowsPowerShell-WOW64
        |           |--- Nicht installiert:ActiveDirectory-PowerShell
        |--- Nicht installiert:MicrosoftWindowsPowerShell-WOW64
        |           |--- Nicht installiert:MicrosoftWindowsPowerShell-WOW64

C:\Users\Administrator>
```

Sie können die Ausgabe von *oclist* auch mit *oclist >oclist.txt* in eine Textdatei umleiten und mit Notepad auf dem Server öffnen. Anschließend lässt sich das entsprechende Feature oder die Rolle in die Zwischenablage kopieren und über *ocsetup* installieren.

Core-Server remote verwalten

Neben der lokalen Administration können Sie, wie bei herkömmlichen Windows Server 2008 R2-Servern auch über das Netzwerk auf einen Core-Server zugreifen. Dazu stehen mehrere Möglichkeiten zur Verfügung, die wir Ihnen auf den folgenden Seiten zeigen. Die Installation von Serverrollen und Funktionen auf einem Core-Server zeigen wir Ihnen in Kapitel 5. Zur Verwaltung der installierten Serverrollen können Sie auch die MMC-Snap-Ins auf anderen Servern verwenden und sich über das Snap-In mit dem Core-Server verbinden. Die Administration ist in diesem Fall identisch mit der Verwaltung eines lokalen Servers. Achten Sie darauf, vorher das Remotemanagement in der Firewall freizuschalten. Verwenden Sie dazu den Befehl *netsh advfirewall set allprofiles settings remotemanagement enable*. Den kompletten Netzwerkverkehr auf einem Core-Server können Sie über *netsh advfirewall set allprofiles firewallpolicy allowinbound,allowoutbound* freischalten. Anschließend können Sie über die einzelnen MMCs, zum Beispiel auch direkt über die Computerverwaltung, auf die Funktionen des Core-Servers zugreifen und diesen verwalten. Wollen Sie die Verwaltung über Remotedesktop oder den Server-Manager aktivieren, müssen Sie über *sconfig* die Remoteverwaltung dieser Bereiche aktivieren.

Abbildg. 4.31 Remoteverwaltung von Core-Servern über *sconfig*

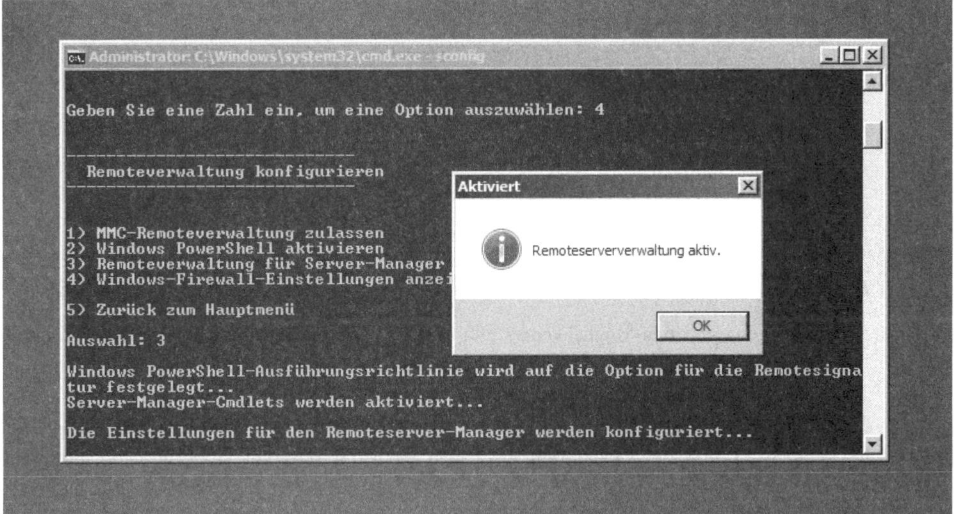

TIPP Die Computerverwaltung auf einem Server starten Sie am besten über *Start/Ausführen/compmgmt.msc*. Um sich mit einem anderen Server zu verbinden, zum Beispiel einem Core-Server, klicken Sie mit der rechten Maustaste auf den obersten Eintrag *Computerverwaltung* und wählen im Kontextmenü den Eintrag *Verbindung mit einem anderen Computer herstellen* aus. Anschließend können Sie sich mit jedem anderen Server der Domäne verbinden, auch mit Core-Servern.

Abbildg. 4.32 Verwalten eines Core-Servers über den Server-Manager eines herkömmlichen Servers

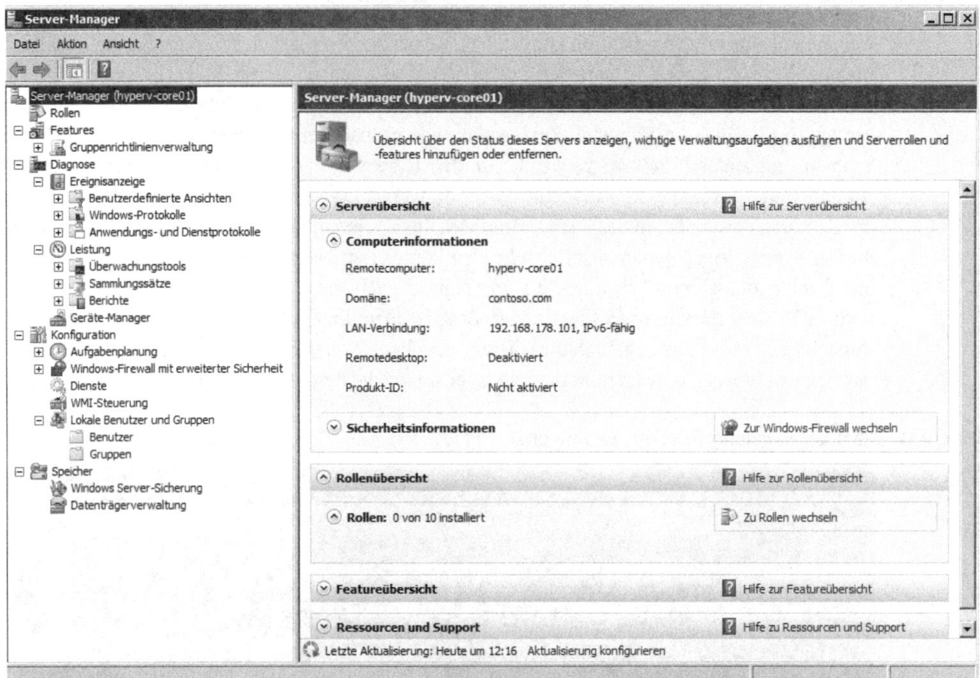

Zusatztools für Core-Server – Core Configurator

Neben den beschriebenen Möglichkeiten, gibt es für die Verwaltung von Core-Servern auch einige kostenlose Zusatztools, die auf die PowerShell von Windows Server 2008 R2 aufbauen. Laden Sie sich zum Beispiel das Tool *Core Configurator* von der Internetseite *http://www.codeplex.com/CoreConfig* herunter, steht Ihnen auf dem Core-Server eine grafische Oberfläche zur Verwaltung zur Verfügung. Diese bietet mehr Möglichkeiten als *sconfig* und ist nicht nur befehlszeilenorientiert. Laden Sie die ISO-Datei des Tools herunter und brennen Sie diese auf CD oder kopieren Sie den Inhalt auf den Core-Server. Sie starten die Oberfläche durch Eingabe des Befehls *start_coreconfig.ws.* Als Inhalt der ISO-Datei sehen Sie auch die verschiedenen PowerShell-Skripts. Damit Sie den Core Configurator verwenden können, sollten Sie zuvor die PowerShell aktivieren. Über das Tool können Sie alle Einstellungen vornehmen, die Sie auch in der Befehlszeile vorfinden. Eine Installation ist nicht notwendig, die *.swf*-Datei verwendet die *.ps1*-Skripts im Verzeichnis.

Neben den standardmäßigen Möglichkeiten zur Konfiguration der verschiedenen Einstellungen wie Netzwerk, Remoteverwaltung, Domänenmitgliedschaft, etc. können Sie über den Core Configurator auch Rollen und Features installieren, ohne die Befehlszeile verwenden zu müssen (Abbildung 4.34).

Abbildg. 4.33 Core-Server mit dem Core Configurator verwalten

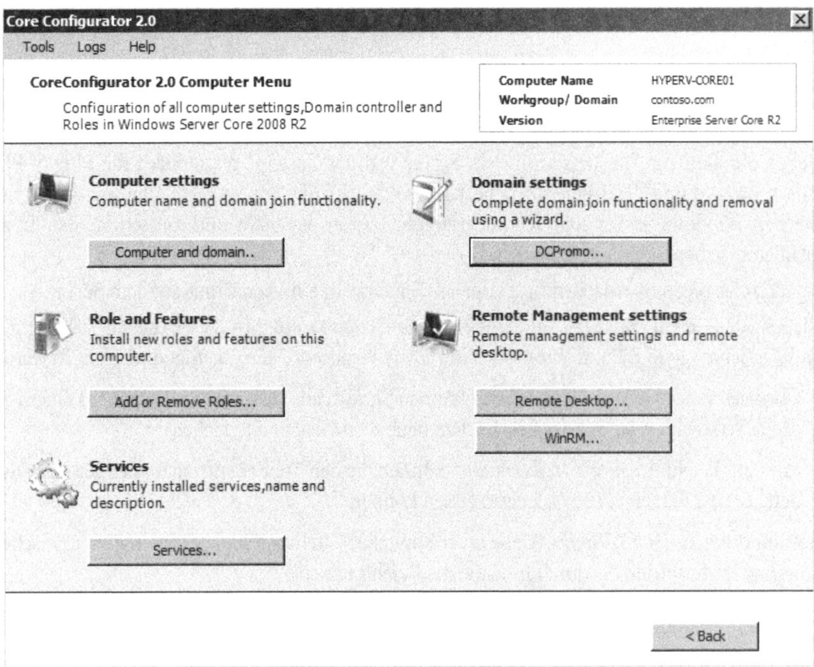

Abbildg. 4.34 Firewalleinstellungen und Treiberinstallation mit dem Core Configurator

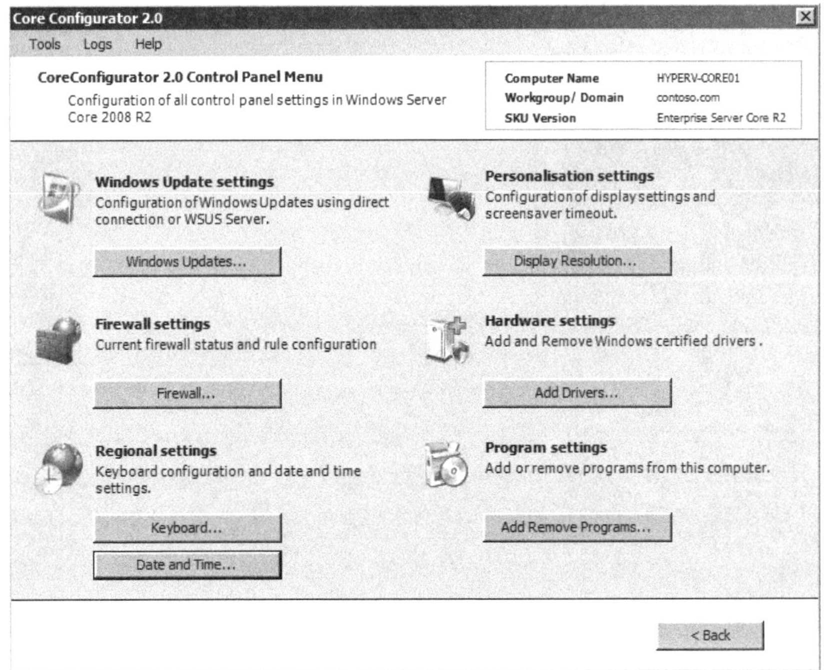

Hardware und iSCSI über die Befehlszeile installieren

Installieren Sie neue Hardware auf einem Windows Server 2008 R2, können Sie wahlweise die grafische Oberfläche oder die Befehlszeile verwenden. Auf Core-Servern bleibt Ihnen lediglich der Umweg über die Befehlszeile. Haben Sie die neue Hardware mit dem Server verbunden, wird diese durch die Plug & Play-Funktion automatisch erkannt und der Treiber installiert, das gilt auch auf Core-Servern. Allerdings muss in diesem Fall der Treiber in Windows Server 2008 R2 integriert sein. Ist er das nicht und müssen Sie den Treiber manuell nachinstallieren, gehen Sie folgendermaßen vor:

1. Entpacken Sie die Treiberdateien und kopieren Sie diese in ein Verzeichnis auf dem Server.
2. Geben Sie den Befehl *pnputil –i –a <*.inf-Datei des Treibers>* ein. Mit diesem neuen Tool können Treiber in Windows Server 2008 R2 und Windows Vista sowie Windows 7 hinzugefügt und entfernt werden.
   - Über den Befehl *sc query type= driver* können Sie sich alle installierten Treiber auf einem Server anzeigen lassen (achten Sie auf das Leerzeichen nach dem Gleichheitszeichen).
   - Mit dem Befehl *sc delete <Treibername>* können Sie den Treiber entfernen, den Sie sich zuvor über den Befehl *sc query type= driver* anzeigen lassen können.

Für die Anbindung an iSCSI-Targets (siehe auch Kapitel 33) steht auf Core-Servern eine grafische Oberfläche zur Verfügung. Diese starten Sie durch Eingabe des Befehls *iscsicpl*.

Abbildg. 4.35 Anbindung eines Core-Servers an iSCSI-Geräte

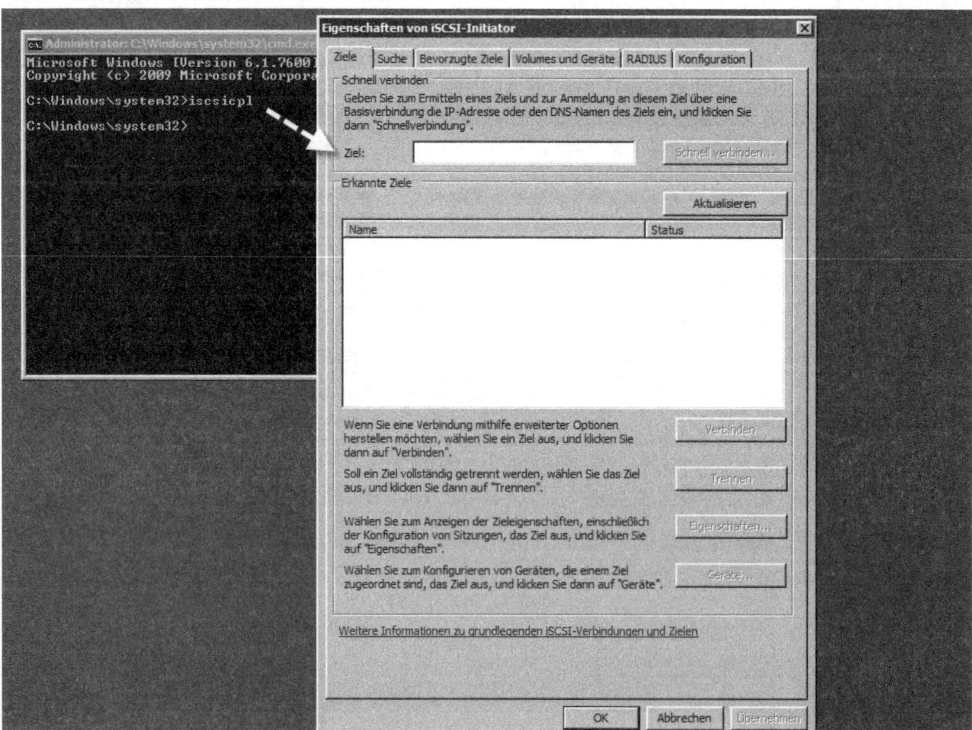

Für die Anbindung von Core-Servern an iSCSI-Targets steht auch der Befehl *iSCSICli* zur Verfügung. Über *iSCSICli /?* erhalten Sie eine ausführliche Hilfe für den Befehl.

Abbildg. 4.36 Anbindung von iSCSI-Zielen über die Befehlszeile

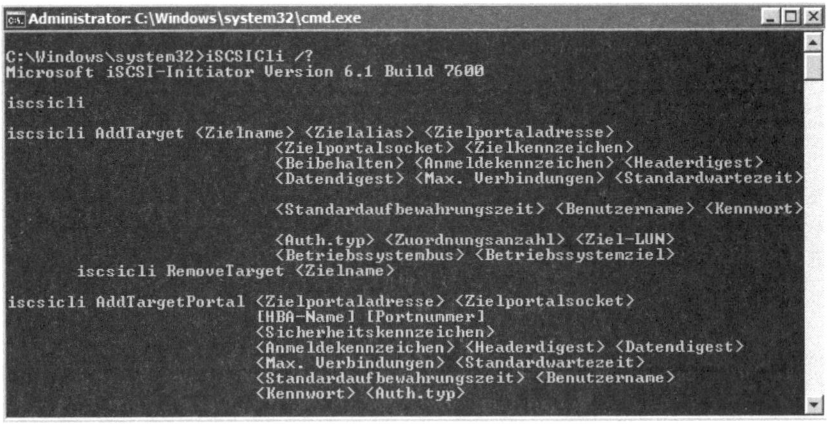

```
Administrator: C:\Windows\system32\cmd.exe

C:\Windows\system32>iSCSICli /?
Microsoft iSCSI-Initiator Version 6.1 Build 7600

iscsicli

iscsicli AddTarget <Zielname> <Zielalias> <Zielportaladresse>
                   <Zielportalsocket> <Zielkennzeichen>
                   <Beibehalten> <Anmeldekennzeichen> <Headerdigest>
                   <Datendigest> <Max. Verbindungen> <Standardwartezeit>

                   <Standardaufbewahrungszeit> <Benutzername> <Kennwort>

                   <Auth.typ> <Zuordnungsanzahl> <Ziel-LUN>
                   <Betriebssystembus> <Betriebssystemziel>
        iscsicli RemoveTarget <Zielname>

iscsicli AddTargetPortal <Zielportaladresse> <Zielportalsocket>
                   [HBA-Name] [Portnummer]
                   <Sicherheitskennzeichen>
                   <Anmeldekennzeichen> <Headerdigest> <Datendigest>
                   <Max. Verbindungen> <Standardwartezeit>
                   <Standardaufbewahrungszeit> <Benutzername>
                   <Kennwort> <Auth.typ>
```

Zusammenfassung

Wie Sie gelesen haben, wurde die Bedienung von Windows Server 2008 R2 im Vergleich zu Windows Server 2003 deutlich verbessert. Mit dem neuen Server-Manager können Server einfacher und effizienter verwaltet werden. Auch die Aktivierung von Windows ist weniger kompliziert, als viele denken. Im nächsten Kapitel zeigen wir Ihnen, welche neue Serverrollen und -features es gibt, und geben kurze Einblicke, welchen Nutzen diese haben. In den weiteren Kapiteln dieses Buches gehen wir dann detaillierter auf die Möglichkeiten von Windows Server 2008 R2 ein.

Kapitel 5

Serverrollen und Serverfunktionen

In diesem Kapitel:

In diesem Kapitel zeigen wir Ihnen, welche verschiedenen Serverrollen und Serverfunktionen es gibt und wie Sie diese installieren. Microsoft hat in Windows Server 2008 R2 den Ansatz von Exchange Server 2007 fortgeführt, bei dem Sie einem Server speziell die Rollen zuweisen können, die dieser benötigt. Alle anderen Rollen werden nicht installiert und bieten daher Angreifern keine unnötige Fläche. Serverrollen beschreiben die primäre Funktion eines Servers, zum Beispiel Webserver. In den weiteren Kapiteln dieses Buchs setzen wir uns im Detail mit der Verwaltung und dem Betrieb der einzelnen Serverrollen auseinander.

Serverrollen auf einem Server installieren

Auf einem Server können Sie mehrere Rollen parallel und gleichzeitig über den Assistenten installieren. Über den Eintrag *Rollen* und einem anschließenden Klick auf den Link *Rollen hinzufügen* im Server-Manager startet ein Assistent, über den Sie einzelne Rollen auswählen und installieren können. In den einzelnen Fenstern des Assistenten werden deutlich mehr Informationen angezeigt, als noch bei der Installation von Systemkomponenten von Windows Server 2003. Rollen sind meist in mehrere Rollendienste aufgeteilt, die Sie auch nachträglich noch hinzufügen können.

Abbildg. 5.1 Serverrollen werden über einen Assistenten installiert

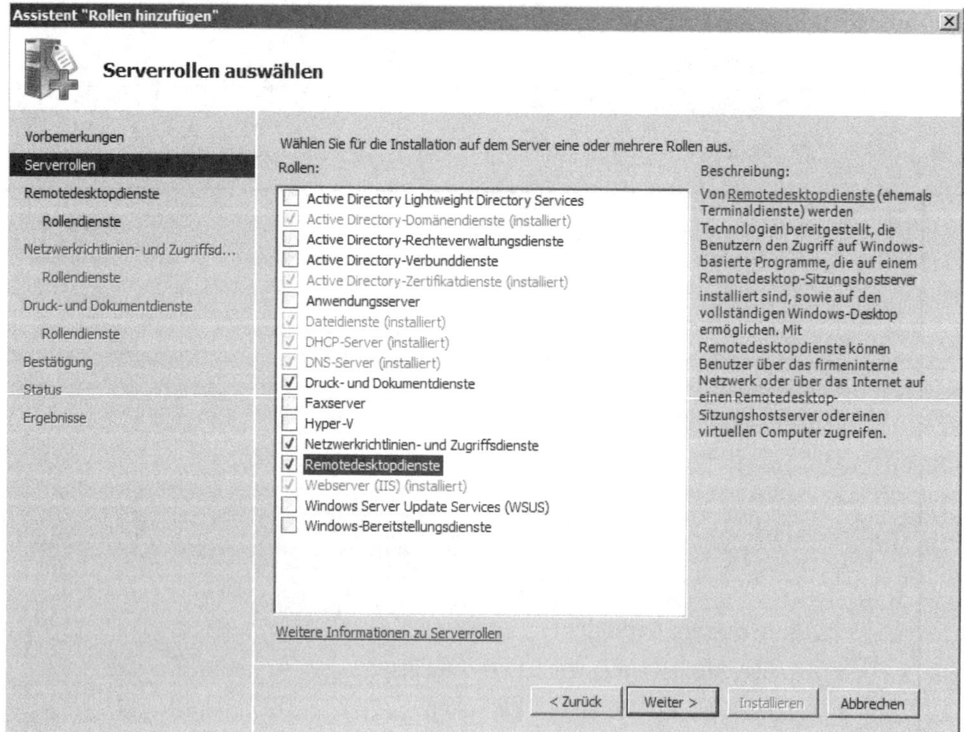

Wählen Sie eine Rolle zur Installation aus, zeigt der Assistent alle abhängigen Rollendienste und Features an, die durch Auswahl dieser Rolle auf dem Server ebenfalls notwendig sind. So erkennen Sie schnell, ob die Installation einer Rolle vielleicht doch nicht gewünscht ist, weil noch andere abhängige Komponenten installiert werden müssen. Der Installations-Assistent kann dann wieder abgebrochen werden. Folgende Rollen stehen für Windows Server 2008 R2 zur Verfügung:

- **Active Directory Lightweight Directory Services (AD LDS)** Mit diesen Diensten können Applikationen, welche Informationen in einem Verzeichnis speichern, arbeiten. Im Gegensatz zu den Active Directory-Domänendiensten wird das Verzeichnis nicht als Dienst ausgeführt. Diese Dienste benötigen keinen reinen Domänencontroller. Auf einem Server können mehrere Instanzen laufen. Bei AD LDS handelt es sich sozusagen um ein »Mini«-Active Directory ohne große Verwaltungsfunktionen. Unter Windows Server 2003 wurden diese Dienste noch Active Directory-Anwendungsmodus (Active Directory Application Mode, ADAM) genannt. AD LDS ist eine Low End-Variante von Active Directory. Es basiert auf der gleichen Technologie und unterstützt ebenfalls Replikation. Mit AD LDS können LDAP-Verzeichnisse für Anwendungen erstellt werden, die wiederum mit Active Directory synchronisiert werden können und dieses auch für die Authentifizierung nutzen können. Es können mehrere Instanzen parallel auf einem Server betrieben werden. AD LDS ist eine Alternative zu den Anwendungsverzeichnispartitionen (Application Directory Partitions) in Active Directory. Der Dienst wurde für Organisationen entwickelt, die eine flexible Unterstützung verzeichnisfähiger Anwendungen benötigen. AD LDS ist ein LDAP-Verzeichnisdienst (Lightweight Directory Access-Protokoll), der als Benutzerdienst und nicht als Systemdienst ausgeführt wird. Mit dem Dienst können Unternehmen zum Beispiel andere LDAP-Verzeichnisse in Testumgebungen installieren, ohne auf Software eines Drittanbieters zurückgreifen zu müssen.
- **Active Directory-Domänendienste (Active Directory Domain Services, AD DS)** Hierbei handelt es sich um die Rolle eines Domänencontrollers für das Active Directory. Bevor Sie einen Server zum Domänencontroller für das Active Directory heraufstufen können, muss diese Rolle installiert sein. Wir haben dieser Rolle ein eigenes Kapitel gewidmet (siehe die Kapitel 9 bis 13).
- **Active Directory-Rechteverwaltungsdienste (Active Directory Rights Management Services, AD RMS)** Mit dieser Technologie werden Daten mit digitalen Signaturen versehen, um sie vor unerwünschtem Zugriff zu sichern. Besitzer von Dateien können basierend auf Benutzerinformationen exakt festlegen, was andere Benutzer mit den Dateien machen dürfen. Dokumente können als »Nur Lesen« konfiguriert werden. Die Konfiguration ist allerdings nicht ganz trivial und es werden nur die Microsoft Office-Versionen 2003/2007/2010 sowie Clients mit dem Internet Explorer unterstützt. Installieren Sie diese Rolle, können Sie über den Server-Manager zusätzliche Anleitungen aufrufen.
- **Active Directory-Verbunddienste (Active Directory Federation Services, AD FS)** Mit AD FS können Sie eine webbasierte Infrastruktur für einmaliges Anmelden (Single Sign-On, SSO) aufbauen (siehe Kapitel 32). An der Verwaltung von AD FS hat sich im Vergleich zu Windows Server 2003/2008 nicht viel geändert. Nur die Verwaltungsoberfläche und die Installation der Rolle wurde angepasst. Profitieren sollen hauptsächlich unternehmensinterne Verbände (auch mit mehreren Gesamtstrukturen) sowie B2B-Plattformen. Diese Dienste dienen der Vereinfachung von Anmeldeprozeduren bei verteilten Sitzungen auf Umkreisnetzwerke mit Verbindung zum Internet. Der Identitätsverbund ermöglicht es zwei Unternehmen, die in Active Directory gespeicherten Identitätsinformationen eines Benutzers auf sichere Weise über Verbundvertrauensstellungen gemeinsam zu nutzen, wodurch die Zusammenarbeit erheblich vereinfacht werden soll.
- **Active Directory-Zertifikatdienste (Active Directory Certificate Services, AD CS)** Diese Rolle ersetzt die Zertifikatdienste unter Windows Server 2003. Sie können mit dieser Rolle eine Public Key-Infrastruktur (PKI) aufbauen. Die Verwaltung ist noch sehr ähnlich zu den Zertifikatdiensten von Windows Server 2003 und identisch mit der Verwaltung in Windows Server 2008. Hauptsächlich wurden Verbesserungen im Bereich der automatischen Verteilung von Zertifikaten eingeführt (siehe Kapitel 29 und 28). Außerdem können Sie jetzt auch Netzwerkgeräten wie Router und Firewalls Zertifikate zuteilen, ohne dass diese über ein Netzwerkkonto verfügen müssen. Die Verwaltung dieser Rolle findet über das bekannte Verwaltungsprogramm in der MMC statt. Nach der Installation der Rolle wird diese auch in den Server-Manager integriert.

Abbildg. 5.2 Verwalten der Zertifikatdienste in Windows Server 2008 R2

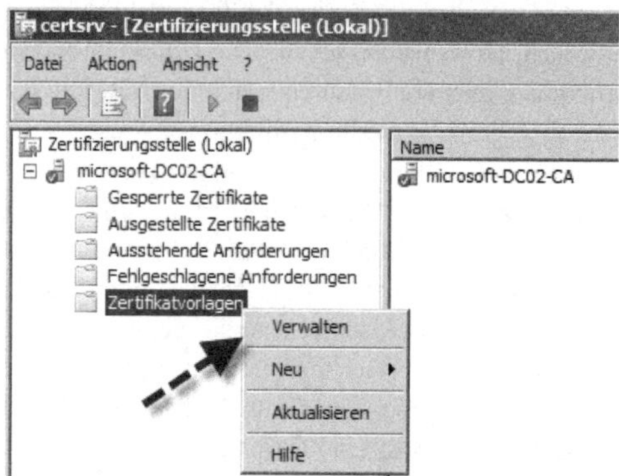

Auch unter Windows Server 2008 R2 können Sie über einen Browser auf die Zertifizierungsstelle zugreifen. Diese Funktionalität wird allerdings nicht mehr automatisch installiert, sondern muss über den Rollendienst *Zertifizierungsstellen-Webregistrierung* installiert werden. Nach der Installation des Rollendienstes steht auch die Webseite der Zertifizierungsstelle wie bei Windows Server 2003 zur Verfügung. Die Adresse ist die gleiche wie bei Windows Server 2003, *http://<Servername>/certsrv*. Mehr zu diesem Thema erfahren Sie in Kapitel 29.

Abbildg. 5.3 Die Webseite der Zertifikatdienste von Windows Server 2008 R2

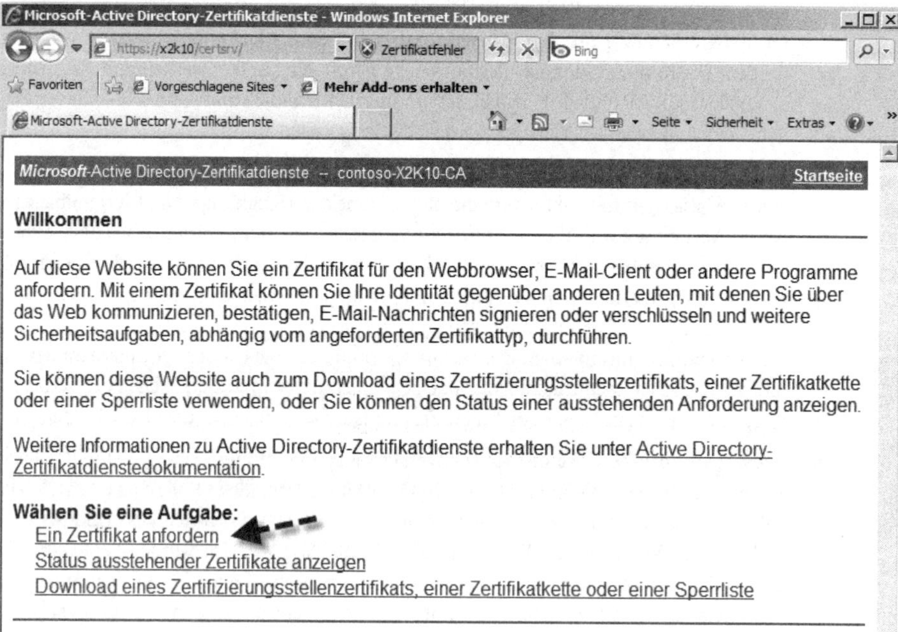

- **Anwendungsserver (Application Server)** Bei dieser Rolle wird .NET Framework, Unterstützung für Webserver, Messaging Queueing und andere Funktionen installiert. Die Rolle ist für alle Editionen von Windows Server 2008 R2 verfügbar, außer der Windows Webserver 2008 R2-Edition. Sie können der Rolle weitere Dienste und Funktionen hinzufügen. Beim Anwendungsserver werden nur die standardmäßig hinterlegten Rollen installiert. Wählen Sie die Rolle zur Installation aus, können Sie mithilfe des Assistenten diese zusätzlichen Rollen und Funktionen auswählen.

Abbildg. 5.4 Installieren der Rolle eines Anwendungsservers unter Windows Server 2008 R2

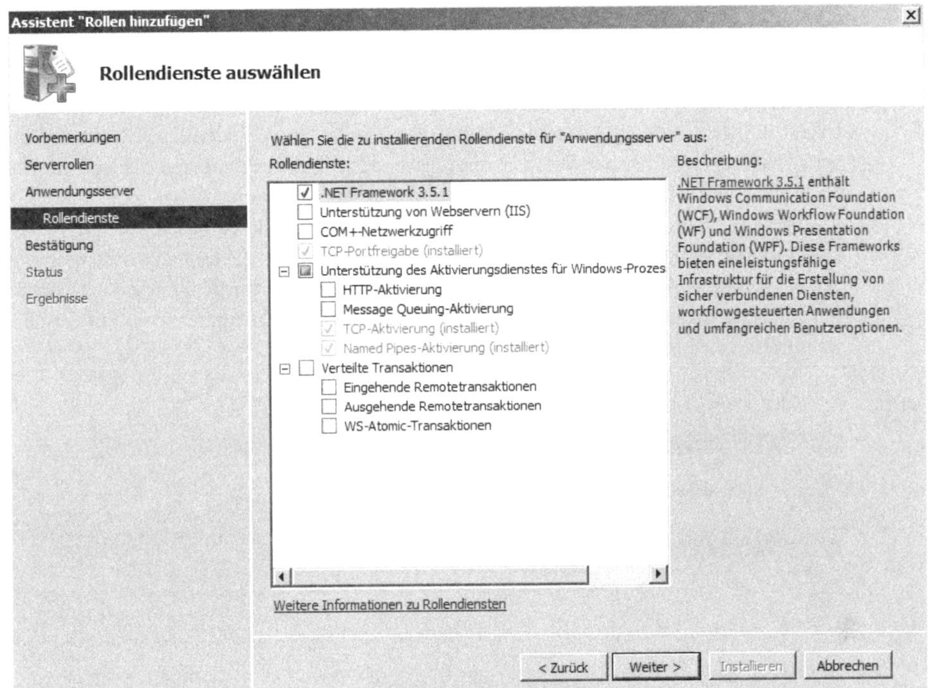

- **Dateidienste (File Services)** Installieren Sie diese Rolle, können Sie den Server als Dateiserver verwenden, um Freigaben zu erstellen. Die Verwaltung eines Dateiservers hat sich im Vergleich zu Windows Server 2003/2008 nicht großartig verändert (siehe hierzu auch die Kapitel 6 und 17 bis 20). Die Dateidienste beinhalten die gleichen Funktionen wie Windows Server 2003 R2 und Erweiterungen wie die Dateiklassifizierungsdienste (siehe Kapitel 18). Neu in diesem Bereich ist seit Windows Server 2008 die Funktion *Speicher-Manager für SANs*, mit dem Sie Storage Aera Networks (SANs), die über Fibre Channel oder iSCSI angebunden sind, besser verwalten können. Eine weitere Neuerung in Windows Server 2008 im Vergleich zu Windows Server 2003 ist der neue *Ressourcen-Manager für Dateiserver (Fileserver Resource Manager, FSRM)*. Der FSRM ist allerdings Bestandteil von Windows Server 2003 R2. In Windows Server 2008 R2 sind die Dateiklassifizierungsdienste Bestandteil des FSRM.

Abbildg. 5.5 Verwalten eines Dateiservers mit dem *Ressourcen-Manager für Dateiserver*

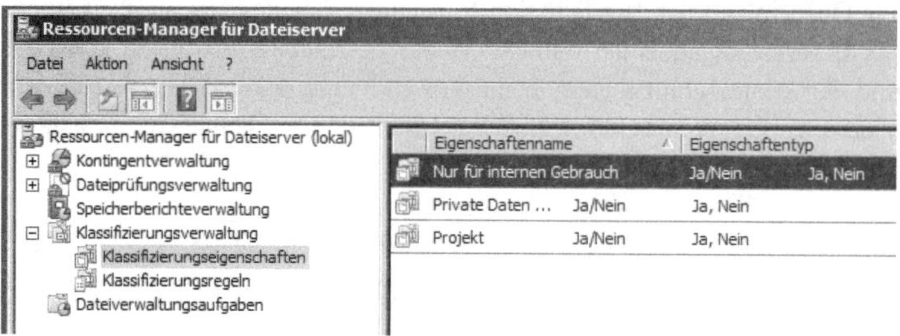

Mit diesem Tool lassen sich an zentraler Stelle alle Dateiserver eines Unternehmens konfigurieren und Datenträgerkontingente (Quotas) steuern. Sie können Anwender daran hindern, unerwünschte Dateien auf den Servern abzulegen, zum Beispiel MP3-Dateien oder Bilder. Mit dem Ressourcen-Manager für Dateiserver können Sie detaillierte Berichte und Vorlagen für Quotas erstellen. Außerdem können Sie sich diese Berichte und auch Alarme der Quotas als E-Mail über den Exchange Server zuschicken lassen. Auch das Network File System (NFS) ist eine Funktion dieser Rolle. Mit dieser Funktion können Sie Daten zwischen Servern unter Windows Server 2008 R2 und UNIX-Servern austauschen. Diese Funktion wurde für Windows Server 2008 R2 aktualisiert. Integriert wurde vor allem die Active Directory-Suche in Zusammenarbeit mit der UNIX-Identitätsverwaltung und die Unterstützung von 64-Bit-Prozessoren.

Abbildg. 5.6 Anbindung von UNIX-Geräten mit NFS

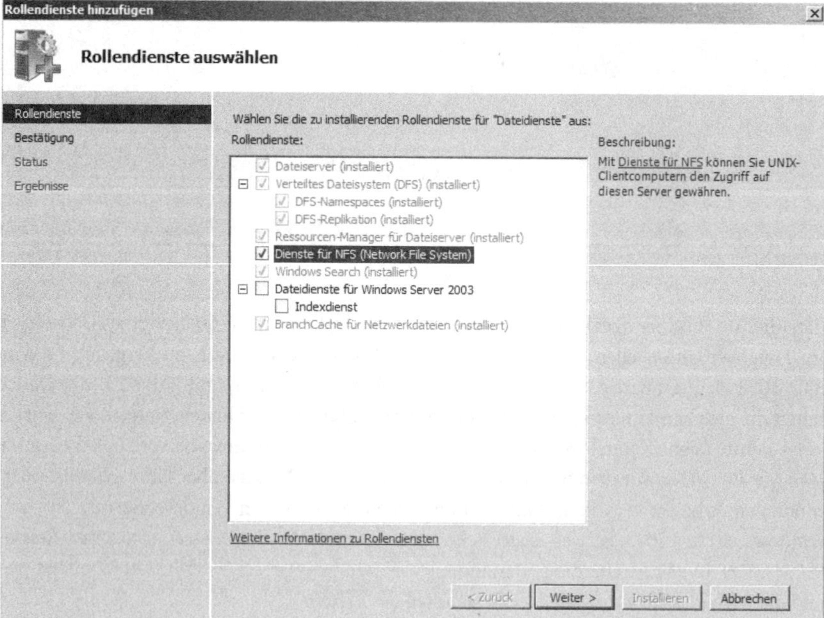

- **DHCP-Server** Diese Rolle beinhaltet die Funktion eines DHCP-Servers. Unter Windows Server 2008 R2 kann der DHCP-Server auch IPv6-Adressen verteilen, ist also vollständig DHCPv6-kompatibel. Bereits bei der Installation dieser Rolle können Sie die wichtigsten Einstellungen für die Rolle vornehmen. Die sonstige Verwaltung der Rolle hat sich aber im Vergleich zu Windows Server 2008 nicht verändert. Im Gegensatz zu Windows Server 2003 können Sie neben den IPv4-Bereichen auch IPv6-Bereiche einrichten, wovon hauptsächlich Clients mit Windows Vista und Windows 7 und Windows Server 2008 R2 profitieren. Mehr zu diesem Thema lesen Sie in Kapitel 22.

Abbildg. 5.7 Der DHCP-Server in Windows Server 2008 R2 unterstützt jetzt auch IPv6

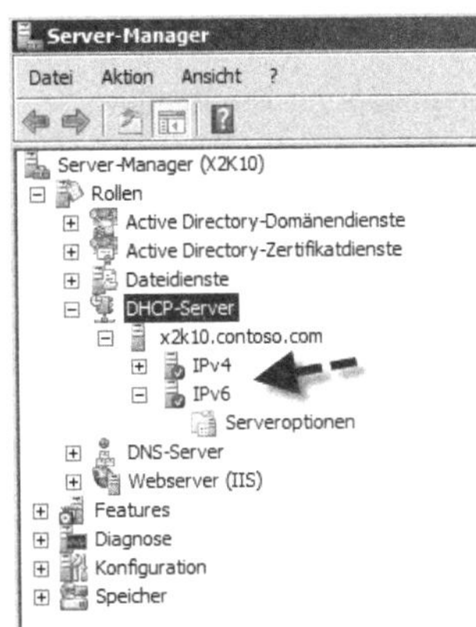

- **DNS-Server** Installieren Sie diese Rolle, erhält der Server die Möglichkeit, DNS-Zonen zu verwalten (siehe die Kapitel 9 und 23). Die Verwaltung und Installation dieser Rolle hat sich nicht grundlegend geändert. Lediglich die Verwaltung der bedingten Weiterleitungen findet jetzt in einem eigenen Menüpunkt statt. Wichtige Neuerungen dieser Rolle sind die Unterstützung für IPv6 und das Laden der Zonen im Hintergrund. Durch dieses Laden im Hintergrund kann ein DNS-Server schneller antworten. Außerdem können Sie IPv6-Reverse-Lookup-Zonen erstellen. DNS-Server und -Clients mit Windows Server 2008 R2 bieten auch eine Unterstützung für die *Domain Name System-Sicherheitserweiterungen (Domain Name System Security Extensions, DNSSEC)*. Sie können DNSSEC-signierte Zonen hosten, um Sicherheit für die DNS-Infrastruktur bereitzustellen.

Abbildg. 5.8 Verwalten eines DNS-Servers unter Windows Server 2008 R2 und aktivieren von DNSSEC

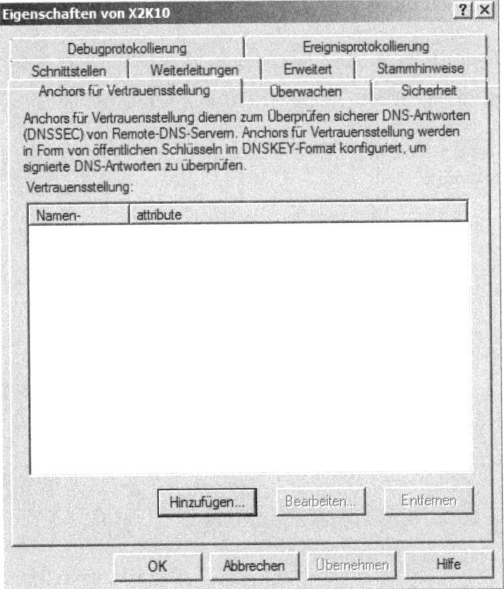

- **Druck- und Dokumentdienste** Mit dieser Rolle ermöglichen Sie die Verwaltung von mehreren lokal angeschlossenen Druckern an einem Server (Druckserver). Die Drucker können an diesen Server auch per LAN angeschlossen werden. Außerdem können Sie mit dieser Rolle auch Scanner im Netzwerk bereitstellen. Dokumente lassen sich durch Installation dieser Rolle auch an SharePoint-Websites weiterleiten.
- **Faxserver** Diese Server senden und empfangen Faxe. Auch die Verwaltung von Faxressourcen über das Netzwerk wird durch diese Rolle installiert.
- **Hyper-V** Bei Hyper-V handelt es sich um die Virtualisierungslösung von Windows Server 2008 R2. Über die Lösung können Sie virtuelle Computer und Server bereitstellen (siehe Kapitel 8 und 33).
- **Netzwerkrichtlinien- und Zugriffsdienste (Network Policy and Access Services)** Hierbei handelt es sich um die RAS-Funktion von Windows Server 2008 R2. Mit dieser Rolle können Sie Benutzern Zugriff auf verschiedene Netzwerksegmente gewähren (siehe auch Kapitel 27). Mit dieser Rolle können Sie zum Beispiel auch einen VPN-Server oder einen RADIUS-Server zur Verwendung des Verbindungs-Manager-Verwaltungskits konfigurieren. Auch wenn Sie einen Server als Router zwischen verschiedenen Netzwerken einsetzen, verwenden Sie diese Rolle. Über diese Rolle können Sie die neuen Richtlinien für den Netzwerkzugriffsschutz (Network Access Protection, NAP) erstellen und verwalten.

Abbildg. 5.9 Verwenden von Netzwerkrichtlinien in Windows Server 2008 R2 zusammen mit Windows Vista und Windows 7

- **Remotedesktopdienste** Bei dieser Funktion werden die Remotedesktopdienste im Anwendungsmodus installiert. Mehr zu den Remotedesktopdiensten erfahren Sie in Kapitel 26.
- **Webserver (IIS)** Installieren Sie diese Rolle, werden die Internetinformationsdienste (Internet Information Services, IIS) auf dem Server aktiviert (siehe auch die Kapitel 1 und 25). Mit Windows Server 2008 R2 wird die neue Version IIS 7.5 installiert. Die Verwaltung dieser Rolle hat sich im Vergleich zu Windows Server 2008 etwas geändert, es gibt aber noch immer den Internetinformationsdienste-Manager, über den die Verwaltung stattfindet. Lediglich die einzelnen Aufgaben für die Verwaltung sind an eine andere Stelle gewandert.

Abbildg. 5.10 Verwalten eines Webservers unter Windows Server 2008 R2 mit dem Internetinformationsdienste-Manager

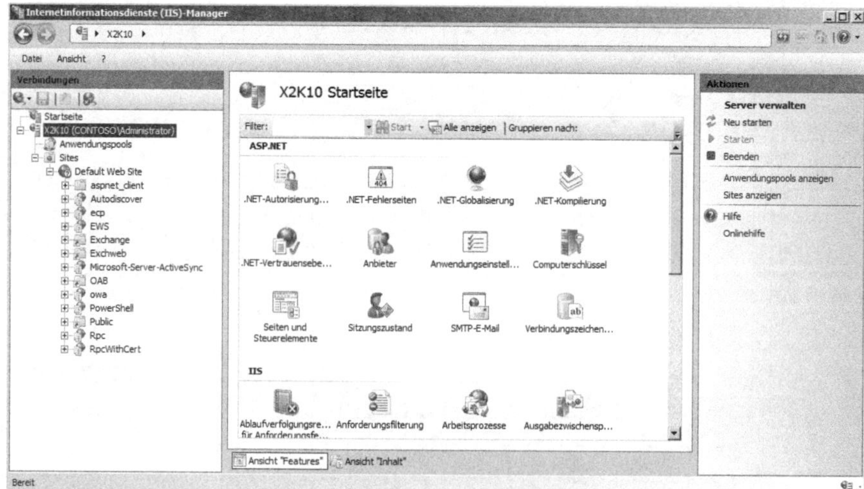

- **Windows Server Update Services (WSUS)** WSUS 3.0 SP2 ist fest in Windows Server 2008 R2 integriert. Mit dem Dienst verteilen Sie Updates und Patches automatisch im Netzwerk (siehe Kapitel 36).
- **Windows-Bereitstellungsdienste (Windows Deployment Services, WDS)** Bei den WDS handelt es sich um den Nachfolger der Remoteinstallationsdienste (Remote Installation Services, RIS) von Windows Server 2003. Mit WDS können Sie WIM-basierte Abbilder von Windows Vista und Windows 7 verteilen (siehe Kapitel 42). Der RIS-Server unterstützt kein Windows Vista und Windows 7.

Nachdem Sie die Rollen ausgewählt haben, die Sie auf dem Server installieren wollen, können Sie mit dem Assistenten zur Konfiguration dieser Rollen die einzelnen Dienste und Funktionen für diese Rolle hinzufügen und konfigurieren.

Abbildg. 5.11 Auswählen der zu installierenden Rollendienste auf dem Server

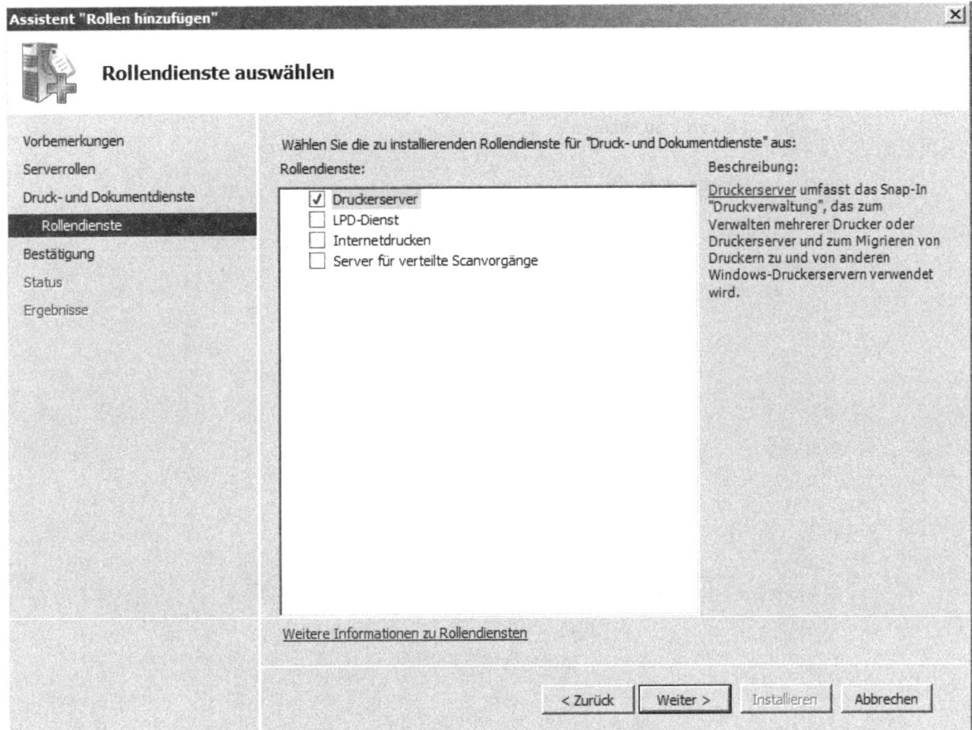

Manche Rollen haben nur ein Konfigurationsfenster, andere Rollen, wie zum Beispiel die Dateidienste müssen ausführlicher konfiguriert werden. Sie können mithilfe des Assistenten zur Installation der Rolle weitere Rollendienste und -features hinzufügen. Wählen Sie Rollendienste aus, die von anderen abhängig sind, werden diese ebenfalls automatisch zur Installation vorgeschlagen

Features installieren und verwalten

Serverrollen bestimmen den primären Verwendungszweck eines Servers. Mit den Features im Server-Manager werden untergeordnete Funktionen zu Rollen hinzugefügt. Features erweitern installierte Serverrollen um zusätzliche Möglichkeiten. Verwechseln Sie Features nicht mit Rollendiensten. Features sind einzelne Funktionen, die einen Server erweitern. Auch die Features werden über den Server-Manager installiert. Die Installation von zusätzlichen Features wird im Server-Manager über *Features/Features hinzufügen* durchgeführt. Die Installation von Funktionen läuft analog zur Installation von Serverrollen ab. Folgende Features stehen zur Verfügung.

- **.NET Framework 3.5.1-Features** Dieses Feature erweitert den Server um die neuen Funktionen von .NET Framework 3.5. Unter Windows Server 2003 auch mit R2 wird noch .NET Framework 2.0 installiert. Windows Server 2008 R2 wird mit .NET Framework 3.5.1 ausgeliefert.

Abbildg. 5.12 Installation von zusätzlichen Features

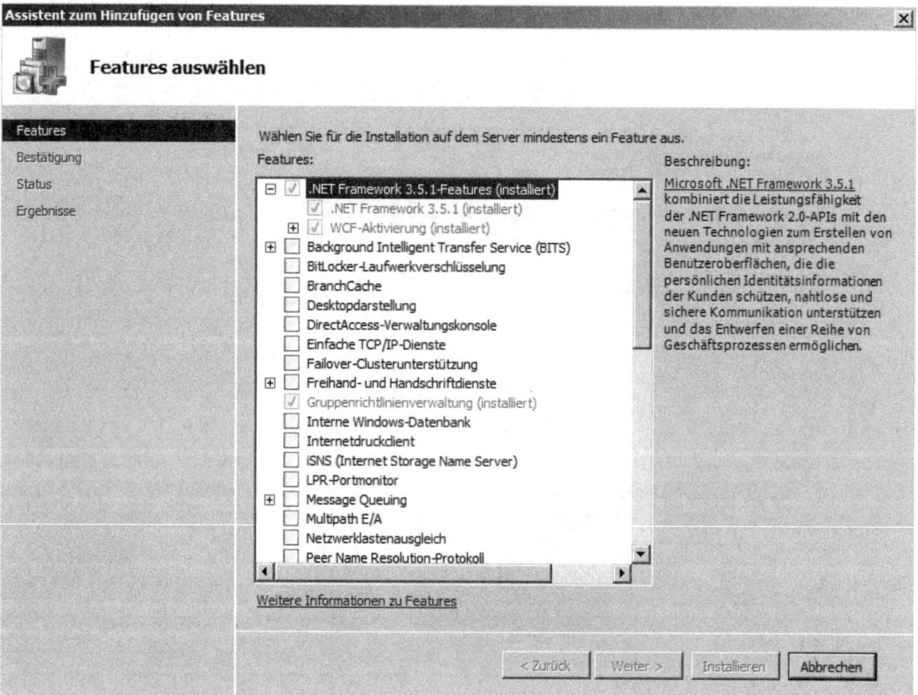

- **Background Intelligent Transfer Service (BITS)** Bei dieser Technologie kann ein Server im Hintergrund Daten empfangen, ohne die Bandbreite im Vordergrund zu beeinträchtigen. Ein Server kann dadurch – zum Beispiel bei installiertem WSUS – Patches aus dem Internet herunterladen. Dazu wird nur so viel Bandbreite verwendet, wie derzeit bei dem Server ungenutzt ist. Andere Netzwerkanwendungen können so auf einem Server weiterhin auf die volle Netzwerkperformance zugreifen.
- **BitLocker-Laufwerkverschlüsselung** BitLocker wurde bereits mit Windows Vista und Windows 7 eingeführt und stellt sicher, dass die komplette Partition der Festplatte verschlüsselt wird. BitLocker bietet im Gegensatz zum verschlüsselten Dateisystem (Encrypting File System, EFS) auch Schutz vor Diebstahl oder dem Ausbau des Datenträgers. BitLocker schützt komplette Partitionen, auch temporäre Dateien und die

Auslagerungsdatei, welche ebenfalls vertrauliche Informationen enthalten können. Im Idealfall nutzt das Feature TPM 1.2 (Trusted Platform Module), um die Daten des Benutzers zu schützen. TPM ist ein Mikrochip, der die Nutzung erweiterter Sicherheitsfeatures auf dem Computer ermöglicht. TPM ist in einigen neueren Computern integriert. Ein Computer mit TPM kann Verschlüsselungsschlüssel erstellen, die nur mit TPM entschlüsselt werden können. Der Bootloader von Windows Server 2008 R2 ist in der Lage, die Register des TPM-Chips in jedem Schritt des Bootprozesses richtig zu setzen, sodass der TPM den Schlüssel für die vollständige Volumeverschlüsselung (Volume Encryption Key) herausgibt, der für die Entschlüsselung der Festplatte benötigt wird. Deshalb ersetzt Windows Server 2008 R2 bei der Installation auch einen eventuell vorhandenen Master Boot Record (MBR) mit seinem eigenen. Zwar wäre auch der Einsatz eines anderen, TPM-fähigen, Bootloaders theoretisch denkbar. Dies ist aber selten praktikabel.

Wenn Sie nicht wissen, ob Ihr PC einen TPM-Chip verbaut hat, können Sie die TPM-Verwaltungskonsole über *Start/Ausführen/tpm.msc* starten. Hier erhalten Sie eine entsprechende Meldung. TPM schützt Verschlüsselungsschlüssel durch einen eigenen Speicherstammschlüssel. Das Speichern des Speicherstammschlüssels im TPM-Chip anstatt auf der Festplatte bietet einen höheren Schutz vor Angriffen, die auf die Verschlüsselungsschlüssel ausgerichtet sind. Wenn Sie einen Computer starten, der über TPM verfügt, überprüft TPM das Betriebssystem auf Bedingungen, die ein Sicherheitsrisiko darstellen können. Zu diesen Bedingungen können Datenträgerfehler, Änderungen am BIOS oder sonstigen Startkomponenten oder ein Hinweis, dass die Festplatte aus einem Computer entfernt und in einem anderen Computer gestartet wurde, gehören. Erkennt TPM eines dieser Sicherheitsrisiken, sperrt BitLocker die Systempartition so lange, bis Sie ein BitLocker-Wiederherstellungskennwort zum Aufheben der Sperrung eingeben. BitLocker verbessert den Datenschutz, indem es zwei wichtige Aufgaben zusammenführt: Die vollständige Verschlüsselung von Laufwerken und die Integritätsüberprüfung von Komponenten beim Systemstart. BitLocker kann auch auf Computern ohne ein kompatibles TPM verwendet werden. In diesem Fall können Sie mit BitLocker zwar die Funktionen zur Volumeverschlüsselung verwenden, Sie erhalten jedoch nicht die zusätzliche Sicherheit durch die frühe Integritätsüberprüfung der Startdatei. Stattdessen wird die Identität des Benutzers beim Starten mithilfe eines USB-Sticks überprüft. Die Laufwerkverschlüsselung schützt die Daten, indem sie verhindert, dass nicht autorisierte Benutzer diese Daten lesen. Sie erreicht dies, indem sie den gesamten Windows-Datenträger verschlüsselt – inklusive der Auslagerungsdatei und der Datei für den Ruhezustand. Die Integritätsprüfung beim Systemstart führt dazu, dass eine Datenentschlüsselung nur dann stattfindet, wenn die entsprechenden Komponenten unverändert und nicht kompromittiert sind und sich das verschlüsselte Laufwerk im entsprechenden Computer befindet.

BitLocker ist eng in Windows Server 2008 R2 integriert und stellt so eine nahtlose, sichere und einfach zu verwaltende Lösung für den Schutz von Daten in Unternehmen dar. BitLocker nutzt beispielsweise vorhandene Active Directory-Domänendienste, um Wiederherstellungsschlüssel zu hinterlegen. Außerdem steht eine Wiederherstellungskonsole zur Verfügung, die in die Bootkomponenten integriert ist. BitLocker nutzt AES mit einer konfigurierbaren Länge von 128 oder 256 Bit. Die Konfiguration kann über Gruppenrichtlinien durchgeführt werden. Der erweiterte Verschlüsselungsstandard (Advanced Encryption Standard, AES) ist eine Form der Verschlüsselung. AES bietet eine sicherere Verschlüsselung als der zuvor verwendete Datenverschlüsselungsstandard (Data Encryption Standard, DES). Mehr zum Thema BitLocker erfahren Sie in Kapitel 35.

- **BranchCache** Durch die Aktivierung von BranchCache als Feature kann ein Server als Client für BranchCache dienen. Um BranchCache als Server einzusetzen, müssen Sie noch den Rollendienst für BranchCache aus der Serverrolle der Dateidienste installieren. BranchCache bietet eine Zwischenspeicherung von Dateien für den schnelleren Zugriff von Windows 7-Computern in Niederlassungen (siehe Kapitel 20).

- **Desktopdarstellung** Installieren Sie diese Funktion, werden die grafischen Funktionen von Windows 7 sowie der Media Player und Desktopdesigns auf dem Server installiert. Durch die Installation dieser Funktion werden die grafischen Erweiterungen von Windows 7 nicht aktiviert. Diese müssen unter Windows Server 2008 R2 nach der Installation manuell aktiviert werden (siehe Kapitel 3 und 26). Hauptsächlich benötigen Sie diese Funktion auf Remotedesktop-Sitzungshosts. Die Anwender erhalten dadurch in den Sitzungen die gleiche Oberfläche wie unter Windows 7. Bei Windows Server 2008 war die Oberfläche an Windows Vista orientiert.
- **DirectAccess-Verwaltungskonsole** Mit dieser Verwaltungskonsole können Sie die neue DirectAccess-Funktion von Windows Server 2008 R2 verwalten. Dieses Feature ermöglicht die Anbindung von Windows 7-Computern über das Internet an das interne Netzwerk, ohne dass dabei ein virtuelles privates Netzwerk (VPN) notwendig ist. Der Verbindungsaufbau erfolgt verschlüsselt per IPsec mit IPv6-Technologien (siehe Kapitel 28).
- **Einfache TCP/IP-Dienste** Installieren Sie diese Funktionen, werden auf dem Server noch einige zusätzliche Dienste für TCP/IP aktiviert. Sie sollten diese Dienste nur dann installieren, wenn diese von einer speziellen Applikation benötigt werden. Folgende Funktionen sind in den einfachen TCP/IP-Diensten enthalten: *Zeichengenerator (CHARGEN)*. Dieser sendet Daten, die sich aus einer Folge von 95 druckbaren ASCII-Zeichen zusammensetzen. Dieses Protokoll wird als Debuggingtool zum Testen oder zur Problembehandlung bei Zeilendruckern verwendet. *Daytime* zeigt Meldungen mit Wochentag, Monat, Tag, Jahr, aktueller Uhrzeit (im Format HH:MM:SS) und Informationen zur Zeitzone an. Einige Programme können die Ausgabe dieses Dienstes zum Debuggen oder Überwachen von Abweichungen der Systemuhr oder auf einem anderen Host verwenden. *Discard* verwirft alle über diesen Anschluss empfangenen Meldungen, ohne dass eine Antwort oder Bestätigung gesendet wird. Die Funktion kann als Nullanschluss für den Empfang und die Weiterleitung von TCP/IP-Testnachrichten während der Netzwerkinstallation und -konfiguration verwendet werden. *Echo* erzeugt Echorückmeldungen zu allen über diesen Serveranschluss empfangenen Nachrichten. Echo kann als Debugging- und Überwachungstool in Netzwerken eingesetzt werden. Das *Zitat des Tages (QUOTE)* gibt ein Zitat in Form eines ein- oder mehrzeiligen Texts in einer Meldung zurück. Die Zitate werden nach dem Zufallsprinzip aus der folgenden Datei ausgewählt: *C:\Windows\System32\Drivers\Etc\Quotes*. Eine Beispieldatei mit Zitaten wird mit den einfachen TCP/IP-Diensten installiert. Falls diese Datei fehlt, kann der Zitatdienst nicht ausgeführt werden.
- **Failover-Clusterunterstützung** Mit dieser Funktion installieren Sie die Clusterfunktionalität von Windows Server 2008 R2 (siehe auch die Kapitel 1 und 33). Auch die Erstellung eines Clusters wird mit Windows Server 2008 R2 extrem vereinfacht. Microsoft hat dazu die grafische Oberfläche zur Clusterverwaltung überarbeitet und optimiert. Für die Verwendung von Hyper-V-Hochverfügbarkeit über Livemigration benötigen Sie einen Cluster (Abbildung 5.13).
- **Freihand- und Handschriftdienste** Dieses Feature ist neu in Windows Server 2008 R2 und dient der Unterstützung von Touchpads
- **Gruppenrichtlinienverwaltung** Mit dieser Funktion installieren Sie die Gruppenrichtlinienverwaltungskonsole (Group Policy Management Console, GPMC), mit der Sie die Gruppenrichtlinien in Active Directory verwalten können (siehe Kapitel 16).

Abbildg. 5.13 Die Clusterkonsole in Windows Server 2008 R2

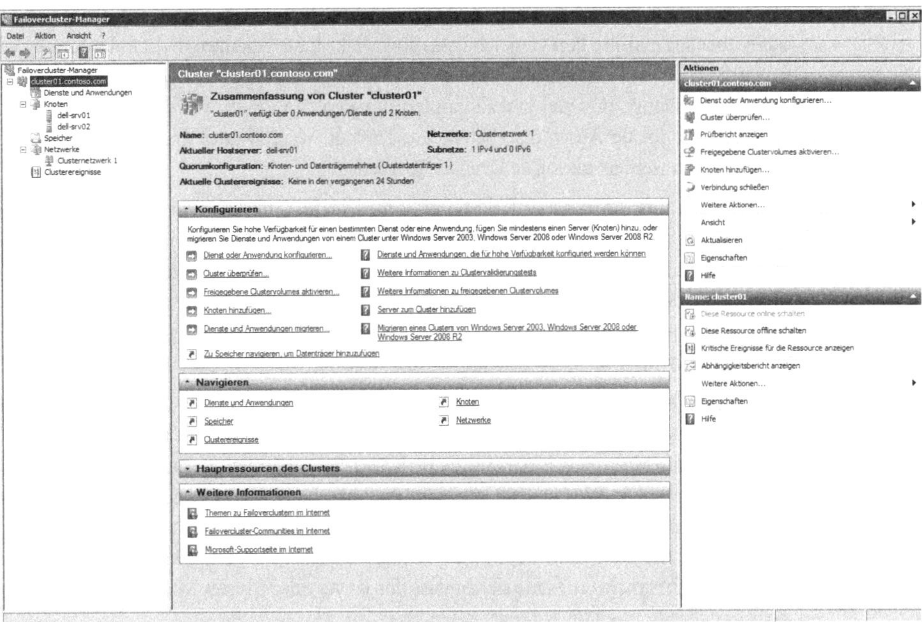

- **Interne Windows-Datenbank** Hierbei handelt es sich um eine kostenlose relationale Datenbank, die zum Beispiel für die SharePoint Services 3.0 oder für WSUS verwendet wird. Die Datenbank kann allerdings nicht von Drittthersteller-Produkten verwendet werden, sondern nur von den Funktionen und Rollen in Windows Server 2008 R2, also neben den SharePoint Services 3.0 noch WSUS, der Windows Systemressourcen-Manager und die Rechteverwaltung.
- **Internetdruckclient** Mit diesem Feature können Sie über das HTTP-Protokoll auf die Drucker des Servers zugreifen. Dadurch können Anwender über das Internet auf die Drucker zugreifen. Diese Funktion ist zum Beispiel für mobile Mitarbeiter sinnvoll, die Dokumente von unterwegs in der Firma ausdrucken wollen, zum Beispiel Ausdrucke für Aufträge oder Ähnliches.
- **iSNS (Internet Storage Name Server)** Diese Funktion benötigen Unternehmen, die mit iSCSI-Geräten als Speichergerät arbeiten. Ein großer Nachteil von NAS-Systemen ist die Problematik, dass die Anbindung über das LAN erfolgt. Manche Anwendungen haben Probleme damit, wenn der Datenspeicher im Netzwerk bereitgestellt und mittels IP auf die Daten zugegriffen wird, anstatt den blockbasierten Weg über SCSI oder Fibrechannel zu gehen. Zu diesem Zweck gibt es die iSCSI-Technologie. iSCSI ermöglicht den Zugriff auf NAS-Systeme mit dem bei lokalen Datenträgern üblichen Weg als normales lokales Laufwerk. Die Nachteile der IP-Kommunikation werden kompensiert. iSCSI verpackt dazu die SCSI-Daten in TCP/IP-Pakete. Mit iSNS können auf iSCSI-basierte SAN-Systeme an Windows Server 2008 R2 angebunden werden. Mit dem iSNS-Protokoll werden die verschiedenen Konfigurationen der iSCSI-Geräte und der Geräte von Speichernetzen (SAN) in einem IP-Speichernetz zentralisiert. Das Konzept kennt den Namensdienst (Name Service), mit dem alle Geräte registriert werden, die Bereitstellung von Domain-Namen für das Internet-Fiberkanalprotokoll (Internet Fibre Channel Protocol, iFCP) und die Discovery-Domäne (DD), die die Geräte in Gruppen unterteilt.

- **LPR-Portmonitor** Windows-Betriebssysteme unterscheiden zwischen lokalen und Netzwerkdruckern. Für andere Druckprotokolle, also auch für das LPR-Druckprotokoll, werden die Verbindungen zu Druckern über sogenannte Ports (Anschlüsse) abgewickelt. Sie ergänzen die standardmäßig vorhandenen lokalen Ports. Die Druckerports für das LPR-Protokoll werden LPR-Ports genannt. Jeder LPR-Port verweist auf eine Warteschlange (Queue) eines Remotedruckservers. LPR-Ports werden also unter Windows-Betriebssystemen wie lokale Anschlüsse behandelt. Deshalb werden auch Drucker, die über das LPR-Protokoll angesprochen werden, als lokale Drucker angesehen.
- **Message Queuing** Mit dieser Funktion können Nachrichten gesichert und überwacht zwischen Applikationen auf dem Server ausgetauscht werden. Nachrichten können priorisiert werden und es gibt eine Vielzahl an Möglichkeiten, um die Konfiguration anzupassen. Message Queuing (auch als MSMQ bezeichnet) ist sowohl eine Kommunikationsinfrastruktur als auch ein Entwicklungswerkzeug. Sowohl für Systemadministratoren als auch für Softwareentwickler bietet Message Queuing interessante Möglichkeiten (Installation und Verwaltung der Infrastruktur, Entwicklung von Nachrichtenanwendungen).
- **Multipath E/A** Durch Multipath E/A wird die Verfügbarkeit erhöht, weil mehrere Pfade (Pfad-Failover) von einem Server oder Cluster zu einem Speichersubsystem zugelassen werden. Unterstützt ein Server im SAN Microsoft Multipath E/A (Multipath IO, MPIO), können Sie mehr als einen Pfad zum Lesen und Schreiben für eine LUN (Logical Unit Number, logische Gerätenummer) aktivieren, indem Sie auf diesem Server mehrere Fiberkanalports oder iSCSI-Adapter derselben LUN zuweisen. Dies gilt auch für das Zugreifen auf die LUN von einem Cluster. Stellen Sie zum Vermeiden von Datenverlust vor dem Aktivieren von Zugriff über mehrere Pfade sicher, dass der Server oder Cluster Multipath E/A unterstützt.
- **Netzwerklastenausgleich** Mit dieser Funktion können Sie einen Lastenausgleich zwischen mehreren Servern im Netzwerk bereitstellen (siehe hierzu auch Kapitel 33). Zu den Anwendungen, die vom Netzwerklastenausgleich profitieren können, zählen IIS, Forefront Threat Management Gateway-Server sowie virtuelle private Netzwerke, Windows Media-Dienste, Mobile Information Server-Dienste und Terminaldienste. Mithilfe des Netzwerklastenausgleichs können Sie außerdem die Serverleistung skalieren, sodass der Server mit den steigenden Anforderungen der Internetclients Schritt halten kann. Ausgefallene oder offline geschaltete Computer werden automatisch erkannt und wiederhergestellt. Die Netzwerklast wird nach dem Hinzufügen oder Entfernen von Hosts automatisch umverteilt (siehe auch Kapitel 33).
- **Peer Name Resolution-Protokoll** PNRP ermöglicht die verteilte Auflösung eines Namens in eine IPv6-Adresse und Portnummer. Windows Vista und Windows 7 wird ebenfalls mit PNRP Version 2 ausgeliefert. Einfach betrachtet ist PNRP eine P2P-Anwendung, die die Form eines Windows-Dienstes annimmt. PNRP baut auf IPv6 auf.
- **Remotedifferenzialkomprimierung** Dieses Feature ermöglicht die verbesserte Übertragung von geänderten Daten in schmalbandigen Netzwerken. Ist zum Beispiel ein Server über ein langsames WAN angebunden, erkennt dieses Feature, wenn Änderungen an Dateien vorgenommen wurden, und kopiert nur die geänderten Daten über das Netzwerk, nicht die komplette Datei. Diese Funktion wird zum Beispiel von DFS verwendet (siehe auch Kapitel 18).
- **Remoteserver-Verwaltungstools** Diese Funktion wird auf normal installierten Servern automatisch installiert. Sie können mit diesen Tools die Funktionen von Windows Server 2003 und Windows Server 2008 über das Netzwerk auf einem Windows Server 2008 R2 verwalten.
- **Remoteunterstützung** Installieren Sie diese Funktion, können Sie an Kollegen eine Remoteunterstützungsanforderung schicken, damit sich diese per RDP auf den Server verbinden können. Diese Funktion wird normalerweise eher für Arbeitsstationen verwendet, als auf Servern. Es spielt keine Rolle, ob die Verbindung mit dem entfernten Rechner über das Netzwerk, Internet oder via Modem per Telefonleitung erfolgt.

- **RPC-über-HTTP-Proxy** Mit RPC über HTTP werden RPC-Anfragen in HTTP-Pakete gekapselt. Durch diese Funktion können Anwender zum Beispiel über das Internet mit Outlook auf den Exchange-Server im Unternehmen zugreifen. Unter Exchange Server 2007/2010 wird diese Funktion *Outlook Anywhere* genannt. Die Remotedesktopgateway-Rolle baut ebenfalls auf diese Funktion auf.
- **SMTP-Server** Über diese Funktion installieren Sie einen Mailserver auf dem Server. Unter Exchange Server 2003 haben Sie noch den Windows-internen SMTP-Dienst benötigt. Exchange Server 2007/2010 verwendet seinen eigenen SMTP-Dienst. Manche Mail-Relay-Anwendungen bauen noch auf den lokalen SMTP-Dienst von Windows Server 2008 R2 auf.
- **SNMP-Dienst** Das Simple Network Management Protocol (SNMP) ist ein Standard, mit dem SNMP-fähige Applikationen, hauptsächlich Überwachungsprogramme für Server, Informationen von einem Server abfragen können. Hierbei handelt es sich um einen optionalen Dienst, der im Anschluss an eine erfolgreiche Konfiguration des TCP/IP-Protokolls installiert werden kann. Der SNMP-Dienst stellt einen SNMP-Agenten bereit, der eine zentrale Remoteverwaltung von Computern ermöglicht. Wenn Sie auf die vom SNMP-Agent-Dienst bereitgestellten Informationen zugreifen möchten, benötigen Sie eine Softwareanwendung des SNMP-Verwaltungssystems. Der SNMP-Dienst unterstützt zwar SNMP-Verwaltungssoftware, diese ist jedoch derzeit noch nicht im Lieferumfang enthalten.
- **Speicher-Manager für SANs** Der Speicher-Manager für SANs eröffnet IT-Administratoren grundlegende SAN-Funktionalität. Mit dem Speicher-Manager für SANs lassen sich die folgenden Aufgaben durchführen:
  - Erkennen von Speichergeräten
  - Speicherplatzbereitstellung einschließlich der Erstellung, Erweiterung und Entfernung von LUNs
  - Allokieren von SAN-Speicherplatzressourcen für Server
  - Microsoft Multipath E/A (MPIO)-Verwaltung
- **Subsystem für UNIX-basierte Anwendungen** Das Subsystem für UNIX-basierte Anwendungen (SUA) ist die Weiterentwicklung des Interix-Subsystems, das früher mit Windows Services für UNIX 3.5 ausgeliefert wurde. SUA ist eine UNIX-Umgebung für mehrere Benutzer, die auf Computern unter Windows ausgeführt wird. Subsystem für UNIX-basierte Anwendungen und die dazugehörigen Dienstprogramme stellen Ihnen eine Umgebung zur Verfügung, die jedem anderen UNIX-System gleicht. Enthalten sind die Berücksichtigung von Groß-/Kleinschreibung bei Dateinamen, die Auftragssteuerung, Kompilierungstools und die Verwendung von mehr als 300 UNIX-Befehlen und -Dienstprogrammen sowie Shellskripts. Da das Subsystem für UNIX-basierte Anwendungen auf einer Schicht über dem Windows-Kernel angesiedelt ist, bietet es echte UNIX-Funktionen ohne Emulation. Ein Computer, auf dem SUA ausgeführt wird, bietet zwei verschiedene Befehlszeilenumgebungen: die UNIX-Umgebung und die Windows-Umgebung. Anwendungen werden auf bestimmten Subsystemen und in spezifischen Umgebungen ausgeführt. Wird das Subsystem für UNIX-basierte Anwendungen geladen, verwenden Sie eine UNIX-Umgebung. Werden Anwendungen im Windows-Subsystem ausgeführt, verwenden Sie eine Windows-Umgebung.
- **Telnet-Client** Mit dem Telnet-Client können Sie sich per Telnet auf einen anderen Server verbinden. Standardmäßig ist dieser Client unter Windows Server 2008 R2 nicht mehr installiert.
- **Telnetserver** Bei dieser Funktion handelt es sich um das Gegenstück des Telnet-Clients. Aktivieren Sie diese Funktion, können Sie den lokalen Server per Telnet verwalten.
- **TFTP-Client** Bei dieser Funktion handelt es sich um einen eingeschränkten FTP-Client, der hauptsächlich für die Updates von Firmware oder das Übertragen von Informationen zu Systemen gedacht ist, auf denen ein TFTP-Server läuft.
- **Verbessertes Windows-Audio/Video-Streaming** Diese Funktion ist für die Verteilung von Audio- oder Videostreams in Netzwerken gedacht. Mit dieser Funktion können Streams auch überwacht und konfiguriert werden.

- **Verbindungs-Manager-Verwaltungskit** Mit dieser Funktion können Sie Dienstprofile für den Verbindungs-Manager erstellen. Der Verbindungs-Manager unterstützt lokale Verbindungen und Remoteverbindungen mit dem Dienst über ein Netzwerk von Zugriffspunkten, die weltweit zur Verfügung stehen. Falls der Dienst sichere Verbindungen über das Internet erfordert, können Sie mit dem Verbindungs-Manager VPN-Verbindungen einrichten. Wenn Sie eine VPN-Datei einbinden und VPN-Einträge konfigurieren, können die Benutzer auswählen, welchen VPN-Server sie zum Herstellen einer Verbindung verwenden möchten. Protokolldateien für eine Verbindung können erstellt, gelöscht und vom Benutzer angezeigt werden. Die Benutzer können die Eigenschaften einer Verbindung definieren, diese Einstellungen für die spätere Verwendung speichern und den gewünschten Favoriten über die Benutzeroberfläche des Verbindungs-Managers auswählen. Ein Benutzer kann zum Beispiel Standorteigenschaften und Wählregeln für die Verbindung zwischen Büro und Heim und für eine häufig bei Geschäftsreisen verwendete Adresse herstellen. Ein Administrator kann die Felder *Benutzernamen* und *Kennwort* für ein Verbindungs-Manager-Profil im Vorfeld ausfüllen.
- **Windows PowerShell Integrated Scripting Environment (ISE)** Hierbei handelt es sich um die Entwicklungsumgebung für die PowerShell, welche den Umgang mit der PowerShell erheblich erleichtert. Im Gegensatz zur PowerShell 2.0 ist die ISE standardmäßig nicht installiert und muss erst nachinstalliert werden.
- **Windows Server-Migrationstools** Auch dieses Feature ist neu in Windows Server 2008 R2. Die Migrationstools unterstützen bei der Migration von Windows Server 2003 oder Windows 2000 Server. Zum Migrieren von Rollen, Features und Daten über die Windows Server-Migrationstools müssen Sie die Tools auch auf den Quellservern installieren, von denen Sie Daten migrieren wollen. Auf der Seite *http://go.microsoft.com/fwlink/?LinkId=134763* finden Sie mehr Informationen zu den Tools.
- **Windows Server-Sicherungsfeatures** Das standardmäßige Datensicherungsprogramm von Windows Server wird nicht mehr automatisch installiert, sondern muss manuell nachinstalliert werden. Das Programm wurde für Windows Server 2008 R2 überarbeitet. Die Sicherung unterstützt jetzt besser die Schattenkopien sowie die integrierten Sicherungsfunktionen von SQL Server 2005/2008. Die Verwaltung der Sicherung findet über die MMC oder die Befehlszeile statt. So können Sie auch über das Netzwerk mit der MMC die Datensicherung von mehreren Servern verwalten (siehe auch Kapitel 37).
- **Windows-Biometrieframework** Bietet die Unterstützung von Geräten zum Erfassen von biometrischen Daten in Windows-Netzwerken (zum Beispiel Fingerabdruckscanner).
- **Windows-Prozessaktivierungsdienst** Bei der Installation der IIS in Windows Server 2008 R2 fordert Windows als Grundlage die Installation des Windows-Prozessaktivierungsdienstes (Windows Process Activation Service, WPAS). WPAS ist in der neuen Windows-Generation der Systembaustein, der für die IIS die Anwendungspools und Prozesse verwaltet. Die Basic- und Starter-Edition haben nur eine minimale Variante von IIS, die gleichbedeutend ist mit dem Windows-Prozessaktivierungsdienst (WPAS), den die Microsoft Windows Communication Foundation (WCF) benötigt (siehe auch Kapitel 25).
- **Windows-Systemressourcen-Manager** WSRM erlaubt, die CPU-Zeit und Speichergröße individuell einer Anwendung zuzuordnen, ohne dass die Einstellungen vom Benutzer geändert werden können. Hauptzweck ist die kontrollierte Verwaltung der Ressourcen auf einem Server mit vielen Anwendungen und Benutzern (siehe Kapitel 26).
- **Windows TIFF-IFilter** Dieses Feature benötigen Sie für die OCR-Erkennung von eingescannten Dokumenten im Zusammenspiel mit der verbesserten Suche und der Indexierung. Eingescannte Dokumente lassen sich so automatisch indexieren und über Windows Search (Rollendienst der Dateidienste) besser durchsuchen.
- **WinRM-IIS-Erweiterung** Hierbei handelt es sich um die Erweiterung von IIS zur Remoteverwaltung der Dienste im Netzwerk.
- **WINS-Server** Der Windows Internet Naming Service (WINS) spielt auch unter Windows Server 2008 R2 noch eine Rolle. Funktioniert die Namensauflösung per DNS zum Beispiel nicht mehr, kann der interne

Replikationsdienst von Active Directory auf WINS zurückgreifen. WINS dient hauptsächlich der Namensauflösung von NetBIOS-Namen.

- **WLAN-Dienst** Möchten Sie einen Server über ein Drahtlosnetzwerk in das Netzwerk einbinden, müssen Sie diese Funktion installieren. In diesem Fall kann parallel zu einer kabelgebundenen Netzwerkanbindung der Server auch über ein Drahtlosnetzwerk angebunden werden. Der WLAN AutoConfig-Dienst steuert in diesem Fall den Zugriff des Servers auf das Netzwerk.
- **XPS-Viewer** Der Viewer ermöglicht das Lesen von XPS-Dokumenten auf dem Server.

Rollen und Features lassen sich über den jeweiligen Assistenten hinzufügen, verwalten und wieder entfernen. In Windows Server 2008 R2 können Sie mehrere Rollen und Features auf einmal installieren, indem Sie diese markieren und den Assistenten zur Installation fortsetzen. Unter Windows Server 2003 mussten Serverfunktionen noch hintereinander installiert werden.

Remoteserver-Verwaltungstools

Wollen Sie auf einem Server im Server-Manager lediglich die Snap-Ins zur Verwaltung installieren, nicht die Rolle selbst, stehen Ihnen die Remoteserver-Verwaltungstools (Remote Server Administration Tools, RSAT) zur Verfügung. Diese können für Windows XP und Windows Vista und Windows 7 auch im Downloadcenter von Microsoft heruntergeladen werden (siehe Kapitel 8). Unter Windows Server 2008 R2 können diese Tools als Feature hinzugefügt werden. Sie finden diese im Server-Manager über *Features/Features hinzufügen/Remoteserver-Verwaltungstools*. Nach der Installation der Tools kann mit diesen jede Rolle eines Windows Server 2008 R2 verwaltet werden, auch wenn die entsprechende Rolle lokal nicht installiert ist.

Abbildg. 5.14 Installieren der Remoteserver-Verwaltungstools

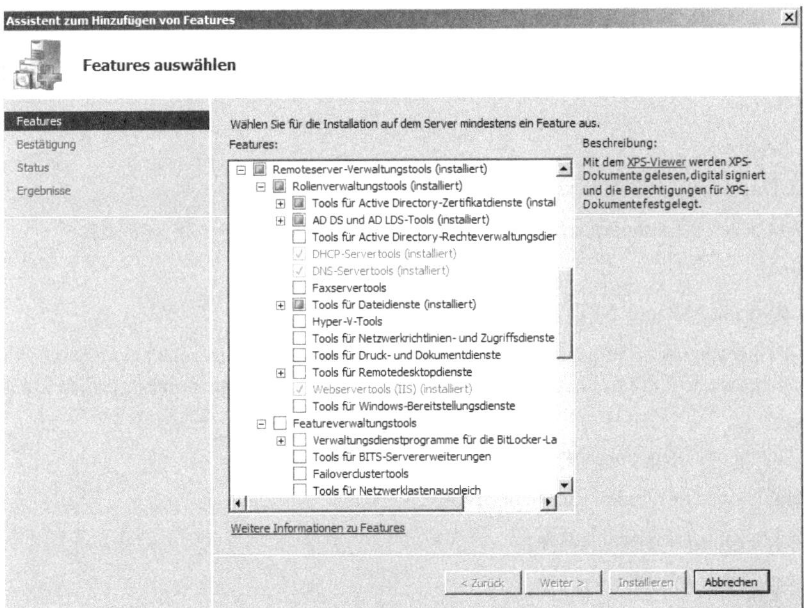

Neben RSAT und der Microsoft Management Console in Windows Server 2008 R2 sowie dem Server-Manager können Sie auch in der PowerShell andere Server über das Netzwerk verwalten (siehe Kapitel 34).

Serverrollen und Features auf einem Core-Server installieren

Da auf einem Core-Server keine grafische Benutzeroberfläche zur Verfügung steht, läuft die Installation von zusätzlichen Serverrollen und Features auf einem Core-Server anders ab. Auch diese Aufgaben führen Sie in der Befehlszeile durch. Auf den folgenden Seiten zeigen wir Ihnen, wie Sie Serverrollen und Funktionen über die Befehlszeile installieren können. Ein Core-Server verwaltet und unterstützt folgende Serverrollen:

- **Dateiserver**
- **Druckserver** Sie können einen Druckserver auch remote von einem Computer mit Windows Vista und Windows 7 und der Druckerverwaltungskonsole verwalten. Lokal steht auf einem Core-Server diese Funktion nicht zur Verfügung.
- **Streaming Media-Dienste** Diese Rolle müssen Sie getrennt herunterladen. Mit der Rolle können Sie Multimediadaten zentral für Clients zur Verfügung stellen. Auf der Seite *http://technet.microsoft.com/de-de/library/cc772186%28WS.10%29.aspx* finden Sie mehr Informationen zu diesem Thema.
- **Active Directory-Domänendienste** Für diese Serverrolle können Sie nicht den grafischen Assistenten über *dcpromo.exe* verwenden, sondern müssen eine Antwortdatei erstellen und mit dieser den Server zum Domänencontroller heraufstufen (siehe Kapitel 9). Nachdem Active Directory auf einem Server installiert ist, startet der Server automatisch neu. Sie können dieses Verhalten mit der Option *RebootOnCompletion=No* in der Antwortdatei anpassen.

HINWEIS Die Installation der Active Directory-Domänendienste auf einem Core-Server erläutern wir Ihnen in Kapitel 9. In diesem Kapitel wird auch die Installation und Verwaltung von Active Directory auf herkömmlichen Servern besprochen.

- Active Directory Lightweight Directory Services (AD LDS, unter Windows Server 2003 ADAM genannt)
- DNS-Server
- DHCP-Server
- Active Directory-Zertifikatdienste
- BranchCache – Gehosteter Cache (siehe Kapitel 20, neu in Windows Server 2008 R2)
- Hyper-V
- Webserver mit ASP und .NET (neu in Windows Server 2008 R2)

Neben der eingeschränkten Möglichkeit der Rolleninstallation können auf einem Core-Server nicht alle Features installiert werden. Ein Core-Server unterstützt nur folgende Features, die nachträglich installiert werden können:

- Windows Server-Sicherungsfeatures
- PowerShell (neu in Windows Server 2008 R2)
- BitLocker-Laufwerkverschlüsselung
- Failover-Clusterunterstützung
- Multipath E/A

- Netzwerklastenausgleich
- Wechselmedien-Manager
- SNMP-Dienst
- Subsystem für UNIX-basierte Anwendungen
- Telnet-Client
- WINS-Server

TIPP Mit dem Befehl *oclist.exe* können Sie sich in der Befehlszeile eines Core-Servers alle verfügbaren Serverrollen anzeigen lassen. Mit *oclist >oclist.txt* lassen Sie die Ausgabe umleiten. Die *.txt*-Datei können Sie dann mit dem Windows-Editor öffnen. Hier sehen Sie auch, welche dieser Rollen installiert worden ist. Über den Befehl *ocsetup.exe* können Sie Serverrollen installieren.

Abbildg. 5.15 Anzeige der verfügbaren Serverrollen auf einem Core-Server über die Befehlszeile mit *oclist.exe*

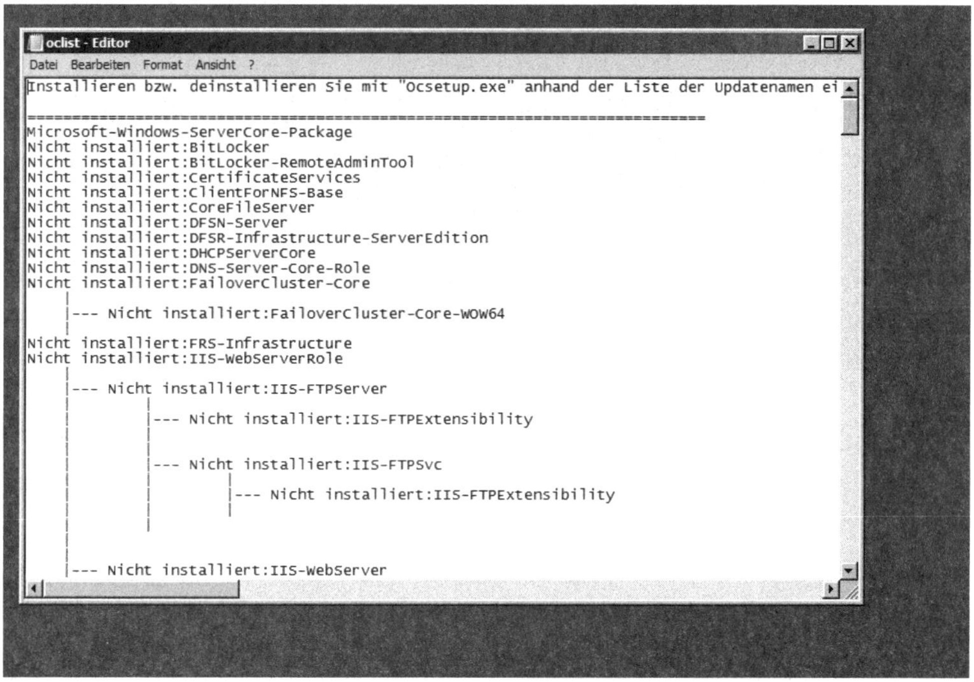

```
oclist - Editor
Datei  Bearbeiten  Format  Ansicht  ?
Installieren bzw. deinstallieren Sie mit "Ocsetup.exe" anhand der Liste der Updatenamen ei

===========================================================================
Microsoft-Windows-ServerCore-Package
Nicht installiert:BitLocker
Nicht installiert:BitLocker-RemoteAdminTool
Nicht installiert:CertificateServices
Nicht installiert:ClientForNFS-Base
Nicht installiert:CoreFileServer
Nicht installiert:DFSN-Server
Nicht installiert:DFSR-Infrastructure-ServerEdition
Nicht installiert:DHCPServerCore
Nicht installiert:DNS-Server-Core-Role
Nicht installiert:FailoverCluster-Core
     |
     |--- Nicht installiert:FailoverCluster-Core-WOW64
     |
Nicht installiert:FRS-Infrastructure
Nicht installiert:IIS-WebServerRole
     |
     |--- Nicht installiert:IIS-FTPServer
     |         |
     |         |--- Nicht installiert:IIS-FTPExtensibility
     |         |
     |         |
     |         |--- Nicht installiert:IIS-FTPSvc
     |         |         |
     |         |         |--- Nicht installiert:IIS-FTPExtensibility
     |         |         |
     |         |
     |
     |
     |--- Nicht installiert:IIS-WebServer
```

TIPP Neben *oclist.exe* und *ocsetup.exe* können Sie auf einem Core-Server auch den Befehl *dism* zur Installation von Rollen und Features verwenden. Eine Übersicht der verfügbaren Rollen erhalten Sie durch Eingabe des Befehls:

```
dism /online /get-features /format:table
```

Abbildg. 5.16 Anzeigen und installieren der verfügbaren Serverrollen mit *dism*

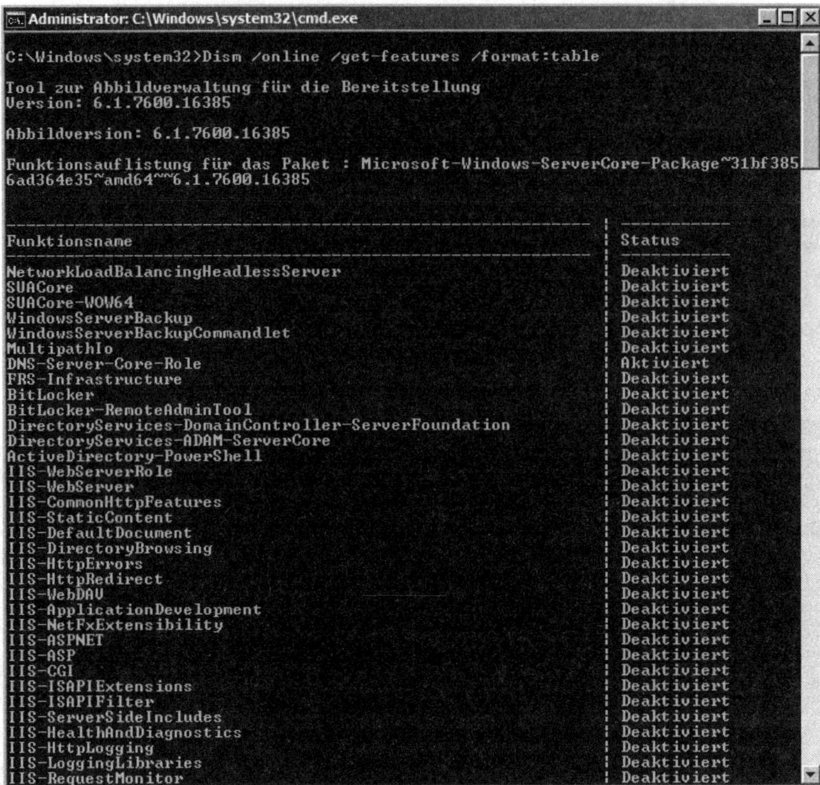

Serverrollen auf einem Core-Server installieren

In den folgenden Abschnitten zeigen wir Ihnen die Installation und Deinstallation von Serverrollen auf einem Core-Server mit den Tools *oclist.exe, ocsetup.exe* und *dism.exe.*

TIPP Sie können die Serverrollen auch mit der PowerShell verwalten. Dazu müssen Sie zunächst die PowerShell mit dem folgenden Befehl auf dem Core-Server installieren:

```
dism /online /enable-feature /featurename:MicrosoftWindowsPowerShell
```

Starten Sie die PowerShell mit dem Befehl:

```
\windows\system32\WindowsPowerShell\v1.0\powershell.exe
```

Hyper-V installieren

Für die Installation von Hyper-V verwenden Sie den Befehl:

```
start /w ocsetup Microsoft-Hyper-V
```

oder

```
dism /online /enable-feature /featurename:Microsoft-Hyper-V
```

Für die Verwaltung von Hyper-V aktivieren Sie die Remoteverwaltung (siehe Kapitel 3) und installieren auf einem Client den Hyper-V-Manager (siehe Kapitel 8).

Webserver installieren

Wollen Sie den Webserver mit den Standardoptionen installieren, verwenden Sie den Befehl:

```
start /w pkgmgr /iu:IIS-WebServerRole;WAS-WindowsActivationService;WAS-ProcessModel
```

Wollen Sie alle verfügbaren Möglichkeiten von IIS auf einem Core-Server installieren, verwenden Sie den Befehl:

```
start /w pkgmgr /iu:IIS-WebServerRole;IIS-WebServer;IIS-CommonHttpFeatures;IIS-StaticContent;IIS-DefaultDocument;IIS-DirectoryBrowsing;IIS-HttpErrors;IIS-HttpRedirect;IIS-ApplicationDevelopment;IIS-ASP;IIS-CGI;IIS-ISAPIExtensions;IIS-ISAPIFilter;IIS-ServerSideIncludes;IIS-HealthAndDiagnostics;IIS-HttpLogging;IIS-LoggingLibraries;IIS-RequestMonitor;IIS-HttpTracing;IIS-CustomLogging;IIS-ODBCLogging;IIS-Security;IIS-BasicAuthentication;IIS-WindowsAuthentication;IIS-DigestAuthentication;IIS-ClientCertificateMappingAuthentication;IIS-IISCertificateMappingAuthentication;IIS-URLAuthorization;IIS-RequestFiltering;IIS-IPSecurity;IIS-Performance;IIS-HttpCompressionStatic;IIS-HttpCompressionDynamic;IIS-WebServerManagementTools;IIS-ManagementScriptingTools;IIS-IIS6ManagementCompatibility;IIS-Metabase;IIS-WMICompatibility;IIS-LegacyScripts;IIS-FTPPublishingService;IIS-FTPServer;WAS-WindowsActivationService;WAS-ProcessModel
```

Mit dem folgenden Befehl deinstallieren Sie IIS auf dem Core-Server wieder:

```
start /w pkgmgr /uu:IIS-WebServerRole;WAS-WindowsActivationService;WAS-ProcessModel
```

Wollen Sie ASP.NET über *dism.exe* installieren, verwenden Sie den Befehl:

```
dism /online /enable-feature /featurename:WAS-NetFxEnvironment /featurename:IIS-ISAPIExtensions /featurename:IIS-ISAPIFilter /featurename:IIS-NetFxExtensibility /featurename:IIS-ASPNET
```

Damit Sie den Webserver über die PowerShell verwalten können, müssen Sie zuvor mit *import-module WebAdministration* das Modul für IIS laden. Die verfügbaren Cmdlets lassen Sie sich mit *get-command –pssnapin WebAdministration* anzeigen.

Wollen Sie IIS remote verwalten, müssen Sie noch mit *dism /online /enable-feature /featurename:IIS-ManagementService* den Verwaltungsdienst installieren.

Außerdem müssen Sie die Remoteverwaltung über die Registrierungsdatenbank auf dem Core-Server aktivieren. Navigieren Sie zu *HKEY_LOCAL_MACHINE\SOFTWARE\Microsoft\WebManagement\Server* und ändern Sie den Wert *EnableRemoteManagement* auf *1*.

Starten Sie den Verwaltungsdienst mit

```
net start wmsvc
```

Wollen Sie auf einem Core-Server .NET 3.0 und 3.5 installieren, verwenden Sie den Befehl:

```
Start /w ocsetup NetFx3-ServerCore
```

Benötigen Sie nur .NET 2.0, verwenden Sie den Befehl:

```
Start /w ocsetup  NetFx2-ServerCore
```

Wollen Sie auch 32-Bit-Support bieten, müssen Sie erst WoW64 und dann .NET 2.0 WoW64-Support installieren. Dazu müssen Sie die beiden folgenden Befehle eingeben:

```
Start /w ocsetup ServerCore-WOW64
Start /w ocsetup NetFx3-ServerCore-WOW64
```

DNS-Serverrolle auf einem Core-Server installieren

Um auf einem Core-Server die DNS-Serverrolle zu installieren, gehen Sie folgendermaßen vor: Geben Sie in der Befehlszeile den Befehl *start /w ocsetup DNS-Server-Core-Role* ein. Achten Sie darauf, dass der Befehl *ocsetup.exe* case-sensitive ist, also die Eingabe von Groß- und Kleinbuchstaben unterstützt. Durch die Eingabe der Option / *w* wird verhindert, dass die Befehlszeile Befehle entgegennimmt, bevor die Installation der Rolle abgeschlossen worden ist. Sie erhalten keinerlei Rückmeldung nach der Installation. Nach Abschluss der Installation können Sie sich über den Befehl *oclist.exe* die erfolgreiche Installation der Rolle anzeigen lassen. Die Verwaltung eines DNS-Servers auf einem Core-Server nehmen Sie entweder über die Befehlszeile mit dem Befehl *dnscmd.exe* vor, oder Sie verwalten den Server mit einem DNS-Server-Snap-In von einem herkömmlichen Windows Server 2008 R2. Die Verwaltung von DNS-Servern zeigen wir Ihnen in den Kapiteln 9 und 23. Mit dem Befehl *start /w ocsetup DNS-Server-Core-Role /uninstall* deinstallieren Sie die DNS-Serverrolle auf dem Core-Server wieder.

Abbildg. 5.17 Installieren der DNS-Serverrolle mit *ocsetup.exe* und verifizieren der Installation über *oclist.exe*

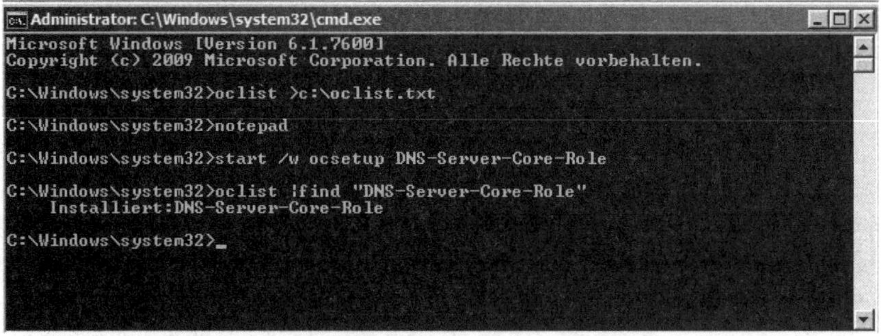

```
Administrator: C:\Windows\system32\cmd.exe
Microsoft Windows [Version 6.1.7600]
Copyright (c) 2009 Microsoft Corporation. Alle Rechte vorbehalten.

C:\Windows\system32>oclist >c:\oclist.txt

C:\Windows\system32>notepad

C:\Windows\system32>start /w ocsetup DNS-Server-Core-Role

C:\Windows\system32>oclist |find "DNS-Server-Core-Role"
    Installiert:DNS-Server-Core-Role

C:\Windows\system32>_
```

Eine weitere Möglichkeit, DNS auf einem Core-Server zu installieren, ist der Befehl

```
dism /online /enable-feature /featurename:DNS-Server-Core-Role
```

Mit dem Befehl

```
dism /online /disable-feature /featurename:DNS-Server-Core-Role
```

deinstallieren Sie die Rolle wieder.

DHCP-Serverrolle auf einem Core-Server installieren

Die Installation der DHCP-Serverrolle läuft ähnlich zur Installation eines DNS-Servers ab. Hier verwenden Sie den Befehl *start /w ocsetup DHCPServerCore*. Die Überprüfung der Installation können Sie wieder mit *oclist.exe* überprüfen. Denken Sie daran, dass Sie den DHCP-Server noch authentifizieren müssen. Die Verwaltung eines DHCP-Servers nehmen Sie entweder von einem herkömmlichen DHCP-Server und dessen Verwaltungskonsole vor, oder Sie verwenden das Befehlszeilentool *netsh.exe* (siehe Kapitel 4 und 22). Mit dem Befehl *start / w ocsetup DHCPServerCore /uninstall* deinstallieren Sie die Rolle wieder.

Abbildg. 5.18 DHCP-Rolle auf einem Core-Server installieren

```
C:\Windows\system32>start /w ocsetup DHCPServerCore

C:\Windows\system32>oclist |find "DHCPServerCore"
    Installiert:DHCPServerCore
```

Eine weitere Möglichkeit zur Installation ist der Befehl:

```
dism /online /enable-feature /featurename:DHCPServerCore
```

Die Deinstallation erfolgt mit:

```
dism /online /disable-feature /featurename:DHCPServerCore
```

Geben Sie anschließend noch die beiden Befehle ein:

```
sc config dhcpserver start= auto
net start dhcpserver
```

Dateiserverrolle auf einem Core-Server installieren

Im Gegensatz zur DNS- oder DHCP-Serverrolle können Sie die Dateiserverrolle etwas detaillierter konfigurieren. Auch ohne die Installation dieser Rolle stehen auf dem Server Freigaben zum Beispiel für administrative Tools zur Verfügung. Nur wenn Sie zusätzliche Funktionen nutzen wollen, um einen Dateiserver zu betreiben, müssen Sie diese manuell nachinstallieren. Dazu stehen folgende Rollen zur Verfügung:

- **Dateireplikationsdienst (File Replication Service, FRS)** *start /w ocsetup FRS-Infrastructure* oder *dism / online /enable-feature /featurename:FRS-infrastructure*
- **Verteiltes Dateisystem (Distributed File System, DFS)** *start /w ocsetup DFSN-Server.* Der DFS-Dienst integriert ungleiche Dateifreigaben, die sich in einem LAN oder WAN (Wide Area Network) befinden, in einen einzelnen logischen Namespace. Der DFS-Dienst wird für Active Directory-Domänencontroller benötigt, um den freigegebenen *SYSVOL*-Ordner zu synchronisieren.
- **DFS-Replikation (Distributed File System Replication, DFSR)** *start /w ocsetup DFSR-Infrastructure-ServerEdition.* Der DFSR-Dienst (Distributed File System Replication) ist eine Replikationsengine, die automatisch Updates zu Dateien und Ordnern zwischen Computern kopiert, die Mitglied einer gemeinsamen Replikationsgruppe sind. Alternativ verwenden Sie *dism /online /enable-feature /featurename:DFSN-Server.*
- **Network File System (NFS)** *start /w ocsetup ServerForNFS-Base und start /w ocsetup ClientForNFS-Base.* Alternativ stehen die beiden Befehle *dism /online /enable-feature /featurename:ServerForNFS-Base* und *dism /online /enable-feature /featurename:ClientForNFS-Base* zur Verfügung.

Auch diese Rollen können Sie wieder mit der Option */uninstall* deinstallieren, wenn Sie *ocsetup* verwenden, beziehungsweise *disable-feature* beim Einsatz von *dism.*

TIPP Wollen Sie die Datenträgerverwaltung eines Core-Servers über das entsprechende MMC-Snap-In von einem anderen Server aus durchführen, müssen Sie auf dem Core-Server den Dienst für virtuelle Datenträger (Virtual Disk Service, VDS) starten. Geben Sie dazu auf dem Core-Server den Befehl *net start vds* ein.

Druckserverrolle auf einem Core-Server installieren

Um die Druckserverrolle auf einem Core-Server zu installieren, stehen Ihnen zwei verschiedene Funktionen zur Verfügung:

- Die Installation der Standardrolle eines Druckservers führen Sie mit dem folgenden Befehl durch:

  ```
  start /w ocsetup Printing-ServerCore-Role
  ```

- Den LPD-Dienst (Line Printer Daemon) installieren Sie über den Befehl:

  ```
  start /w ocsetup Printing-LPDPrintService
  ```

  Der TCP/IP-Druckserver-Dienst ermöglicht das Drucken auf TCP/IP-Grundlage mithilfe des LPD-Protokolls (Line Printer Daemon). Der LPD-Dienst auf dem Server erhält Dokumente von LPR-Dienstprogrammen (Line Printer Remote), die zum Beispiel auf UNIX-Computern ausgeführt werden.

Alternativ verwenden Sie:

```
dism /online /enable-feature /featurename:Printing-ServerCore-Role
dism /online /enable-feature /featurename:Printing-LPDPrint-Service
```

Für 32-Bit-Support installieren Sie noch:

```
dism /online /enable-feature /featurename:Printing-ServerCore-Role-WOW64
```

Active Directory Lightweight Directory Services (AD LDS) installieren

Die AD LDS sind der Nachfolger von ADAM. Dabei handelt es sich um eine Low End-Variante von Active Directory (siehe auch Kapitel 30). Diese Dienste basieren auf der gleichen Technologie und unterstützt ebenfalls Replikation. Mit AD LDS können LDAP-Verzeichnisse für Anwendungen erstellt werden, die wiederum mit Active Directory synchronisiert werden können und dieses auch für die Authentifizierung nutzen können. Es können mehrere AD LDS-Instanzen parallel auf einem Server betrieben werden. AD LDS ist ein LDAP-Verzeichnisdienst (Lightweight Directory Access Protocol), der als Benutzerdienst und nicht als Systemdienst ausgeführt wird. Mit dem Dienst können Unternehmen zum Beispiel andere LDAP-Verzeichnisse in Testumgebungen installieren, ohne auf Software eines Drittanbieters zurückgreifen zu müssen. Um diese Rolle zu installieren, verwenden Sie den Befehl:

```
start /w ocsetup DirectoryServices-ADAM-ServerCore
```

Mit dem Befehl

```
start /w ocsetup DirectoryServices-ADAM-ServerCore /uninstall
```

deinstallieren Sie die Rolle wieder.

Alternativ stehen die beiden folgenden Befehle zur Verfügung:

- **Installieren** *dism /online /enable-feature /featurename:DirectoryServices-ADAM-ServerCore*
- **Deinstallieren** *dism /online /disable-feature /featurename:DirectoryServices-ADAM-ServerCore*

Active Directory-Zertifikatdienste installieren

Installieren Sie diese Rolle über:

```
dism /online /enable-feature /featurename:CertificateServices
```

Deinstallieren können Sie diese Rolle über:

```
dism /online /disable-feature /featurename:CertificateServices
```

Streaming Media-Diensterolle installieren

Um diese Rolle zu installieren, müssen Sie zuvor von einer Arbeitsstation aus die dazugehörige Installationsdatei herunterladen. Sie finden diese auf der Seite.

1. Kopieren Sie die Datei *.msi*-Datei auf den Core-Server.
2. Starten Sie die *.msi*-Datei.
3. Führen Sie anschließend den Befehl *start /w ocsetup MediaServer* aus.

Zur Konfiguration dieser Rolle sollten Sie das entsprechende Snap-In auf einem herkömmlichen Windows Server 2008 R2-Server verwenden.

Zusätzliche Features installieren

Die Installation von zusätzlichen Features läuft ähnlich ab wie die Installation von Serverrollen. Auch hier verwenden Sie zur Auflistung *oclist.exe* und zur Installation *ocsetup.exe.* Um ein Feature zu installieren, geben Sie den Befehl *start /w ocsetup <Feature>* ein. Um ein Feature wieder zu deinstallieren, verwenden Sie den Befehl *start /w ocsetup <Feature> /uninstall.*

Zur Installation der einzelnen Features verwenden Sie die folgenden Optionen:

- Failover-Clusterunterstützung *FailoverCluster-Core*
- Netzwerklastenausgleich *NetworkLoadBalancingHeadlessServer*
- Subsystem für UNIX-basierte Anwendungen *SUACore*
- Multipath E/A *MultipathIo*
- Wechselmedien-Manager *Microsoft-Windows-RemovableStorageManagementCore*
- BitLocker-Laufwerkverschlüsselung *BitLocker*
- Verwaltungstool für BitLocker *BitLocker-RemoteAdminTool*
- Windows Server-Sicherungsfeatures *WindowsServerBackup*
- SNMP-Dienst *SNMP-SC*
- WINS-Server *WINS-SC*
- Telnet-Client *TelnetClient*
- PowerShell *MicrosoftWindowsPowerShell* (siehe Kapitel 34)

Serverrollen und Features in der Befehlszeile verwalten

Die Installation und Verwaltung von Serverrollen findet hauptsächlich über den Server-Manager statt. Neben der grafischen Oberfläche für dieses Tool gibt es auch ein Befehlszeilentool des Server-Managers mit der Bezeichnung *ServerManagerCMD.exe*. Mit diesem Tool lassen sich alle Funktionen ausführen, die auch in der grafischen Oberfläche durchgeführt werden können. Der Vorteil von *ServerManagerCMD* liegt darin, dass die Installation und Konfiguration von Rollen und Funktionen auch skriptbasiert in der Befehlszeile durchgeführt werden können. Eine ausführliche Übersicht erhalten Sie über *servermanagercmd –help*. Das Tool steht allerdings nicht auf Core-Servern zur Verfügung. Statt den Befehl *ServerManagerCMD* sollten Sie die Cmdlets für die PowerShell verwenden. Eine weitere Möglichkeit ist die Verwendung der Cmdlets für den Server-Manager in der PowerShell. Allerdings sind standardmäßig die Cmdlets für den Server-Manager noch nicht aktiv. Sie müssen erst mit dem Befehl *import-module servermanager* die Cmdlets über das entsprechende Modul in die PowerShell laden. Interessant sind vor allem die Cmdlets *Add-WindowsFeature*, *Get-WindowsFeature* und *Remove-WindowsFeature*. Hilfe zu den Cmdlets erhalten Sie wie immer über *help <Befehlname> –detailed*.

Rollen und Features in der Befehlszeile installieren oder deinstallieren

Neben der Anzeige von bereits installierten Rollen und Features können über *ServerManagerCMD.exe* auch Komponenten installiert werden. Dazu stehen verschiedene Optionen zur Verfügung, die miteinander kombiniert werden können:

- Zur Installation gibt es den Befehl *servermanagercmd –install <Rolle oder Feature>*. Jede Rolle, jeder Rollendienst und jedes Feature besitzt eine eigenständige ID, über welche die Installation gestartet werden kann. Über den Befehl *servermanagercmd –remove <Rolle oder Feature>* wird die entsprechende Rolle oder das Feature deinstalliert.
- Wird zusätzlich noch die Option *–allSubFeatures* angefügt, werden auch alle untergeordneten Rollendienste einer Rolle installiert.
- Das Ergebnis der Installation kann durch die zusätzliche Option *–resultPath <XML-Datei>* in eine XML-Datei ausgegeben werden.
- Eine weitere zusätzliche Option ist *–restart*. Benötigt eine der zu installierenden Rollen oder Features einen Neustart, wird dieser automatisch im Anschluss durchgeführt.
- Alternativ zu *–resultPath*, kann mit der Option *–whatIf* angezeigt werden, was passieren würde, wenn der Befehl ausgeführt wird. Installiert wird dabei nichts, es wird nur simuliert.
- Der Server-Manager führt über die Vorgänge standardmäßig eine Protokolldatei, die unter *C:\Windows\Temp\servermanager.log* abgelegt wird. Dieser Pfad kann über die Option *–logPath <Datei>.txt* angepasst werden.

Im folgenden Abschnitt gehen wir auf die wichtigsten IDs zur Installation der Rollen und Features ein. Diese IDs können nicht nur für die Installation über die Befehlszeile verwendet werden, sondern auch als ID für die XML-Antwortdateien (siehe den nächsten Abschnitt »Rollen und Features unbeaufsichtigt installieren«).

- Active Directory-Domänendienste (Active Directory Domain Services, AD DS) *ADDS-Domain-Controller*
- DHCP-Server *DHCP*
- DNS-Server *DNS*
- IIS *Web-Server*

Rollen und Features unbeaufsichtigt installieren

Eine der Möglichkeiten von *ServerManagerCMD* ist die Möglichkeit, Serverrollen und Features unbeaufsichtigt über eine Antwortdatei zu installieren. Dazu wird der Befehl *servermanagercmd –inputPath <Antwortdatei als XML>* verwendet. Die Antwortdatei sollte möglichst als XML-Datei vorliegen. Erstellte Antwortdateien müssen dazu der vorgeschriebenen Syntax entsprechen. Sollen Antwortdateien erstellt werden, bietet sich daher etwas Wissen um den Aufbau von XML-Dateien an. XML-Dateien bearbeiten Sie am besten mit speziellen Editoren für XML. Es funktioniert zwar auch die Bearbeitung der Antwortdateien über normale Editoren, aber XML-Editoren bieten den Vorteil die Anzeige XML-optimiert darzustellen und vor allem das XML-Schema zu validieren.

HINWEIS Genau wie in der grafischen Oberfläche werden auch bei der Installation von Rollen und Funktionen über die Befehlszeile alle abhängigen Komponenten automatisch installiert, wenn diese benötigt werden. Das gilt auch für die untergeordneten Elemente, die auch über die grafische Oberfläche automatisch installiert werden. Ist eine benötigte Rolle oder Feature bereits installiert, wird diese übersprungen. Wird eine Rolle oder Feature über eine Antwortdatei unbeaufsichtigt deinstalliert, werden automatisch auch alle abhängigen Rollen und Features entfernt. Über die Option *–whatIf* können Sie sich diese Komponenten anzeigen lassen, bevor Sie den Befehl aktivieren.

XML-Notepad 2007

Mit XML Notepad 2007 von Microsoft können XML-Dokumente durchsucht und editiert werden. XML (Extensible Markup Language) ist der übergeordnete Standard aller Web-Autoren-Sprachen. Dabei unterstützt das kostenlos herunterladbare Programm den Benutzer bei der Eingabe der Daten und hilft Fehler zu vermeiden. XML-Dokumente werden in einer Baumstruktur dargestellt. Um das XML Notepad 2007 nutzen zu können, muss .NET Framework auf Ihrem Rechner installiert sein. Sie können das Tool auf der Internetseite *http://www.microsoft.com/downloads/details.aspx?FamilyID=72D6AA49-787D-4118-BA5F-4F30FE913628&displaylang=en* herunterladen. Ausführliche Anleitungen zu dem Tool finden Sie auf der Internetseite *http://www.microsoft.com/germany/msdn/library/data/xml/DesignvonXMLNotepad2006.mspx?mfr=true.* Um eine Antwortdatei zu erstellen, müssen nicht immer solche komplexen Skripts erstellt werden. Oft reichen kurze Texte aus, um das gewünschte Ergebnis zu erzielen. Dieser Text kann ohne Weiteres auch in Notepad erstellt werden. Wird der Zeilenumbruch aktiviert, können die einzelnen Zeilen auch angepasst werden. Nach der Bearbeitung kann die Datei einfach als *C:\answer.xml* gespeichert werden. Über den Befehl *servermanagercmd –inputpath c:\answer.xml* wird diese zur Installation verwendet. Da auf dem Server im Beispiel bereits DNS installiert ist, wird diese Rolle übersprungen. Anschließend arbeitet der Installationsassistent alle Rollen und Funktionen ab und meldet die erfolgreiche Installation. Durch den Befehl *Remove* anstelle des Befehls *Install* in der Antwortdatei werden die entsprechenden Rollen oder Funktionen wieder deinstalliert. Dazu können Sie in einer Testumgebung einfach die bereits erstellte XML-Datei öffnen und den Befehl von *Install* auf *Remove* ändern. Nachdem Sie auch diesen Befehl über *servermanagercmd –inputpath c:\answer.xml* gestartet haben, beginnt der Assistent mit der Deinstallation entsprechender Komponenten. Nicht installierte Komponenten werden dabei übersprungen, ohne dass der Vorgang abbricht.

Zusammenfassung

In diesem Kapitel haben Sie erfahren, welche Serverrollen und Features es gibt, was deren Funktion ist und wie diese installiert werden. Ab den nächsten Kapiteln dieses Buchs steigen wir etwas tiefer in die Thematik ein und erläutern Ihnen, wie Sie Windows Server 2008 R2 produktiv einsetzen. Den Anfang macht das folgende Kapitel 6 mit der Verwaltung der Datenträger und des Dateisystems. Hier erfahren Sie auch, wie Sie VHD-Dateien direkt in das Betriebssystem einbinden, eine neue Funktion in Windows Server 2008 R2 und Windows 7. Auch den Aufbau eines internen Software-RAID und dessen Reparatur zeigen wir Ihnen im nächsten Kapitel.

Kapitel 6

Datenträgerverwaltung

In diesem Kapitel:

Microsoft hat auch bezüglich der Datenträgerverwaltung einige Neuerungen in Windows Server 2008 R2 integriert. Die Verwaltung der Datenträger finden Sie am besten im Server-Manager unter *Speicher/Datenträgerverwaltung*. Sie können die Datenträgerverwaltung ohne Umwege auch über *Start/Ausführen/diskmgmt.msc* aufrufen.

Abbildg. 6.1 Datenträger in Windows Server 2008 R2 verwalten

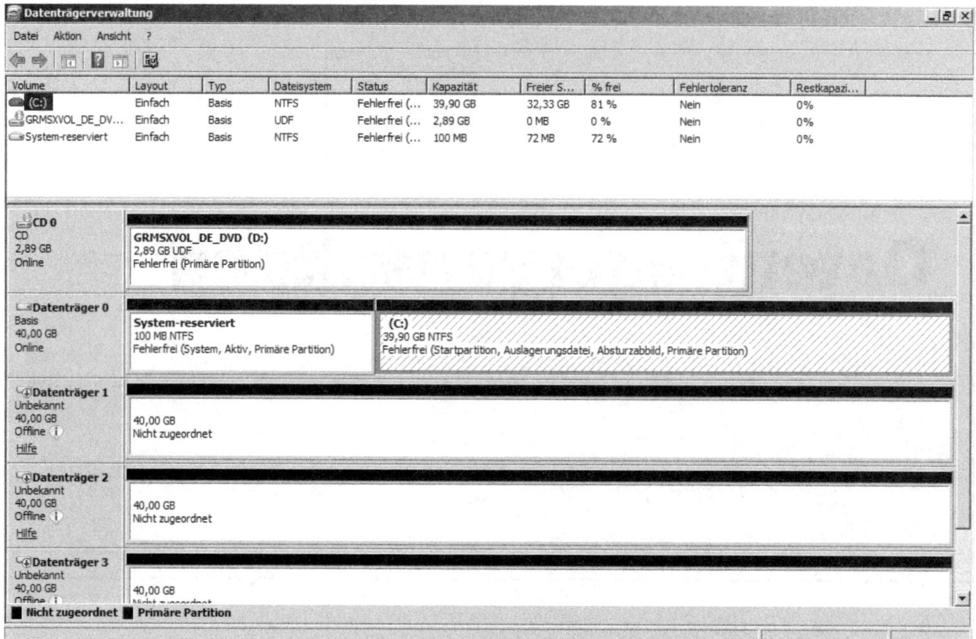

Sie finden die Datenträgerverwaltung auch in der *Systemsteuerung* über *System und Sicherheit/Verwaltung/Computerverwaltung*. Als weitere Möglichkeit bietet sich der Aufruf über *Start/Ausführen/compmgmt.msc* an. Physische Festplatten und die darauf erstellten Partitionen werden in Windows Server 2008 R2 ähnlich verwaltet wie unter Windows Server 2003/2008. Bereits mit Bordmitteln kann Windows Server 2008 R2 softwarebasierte RAID-Systeme erstellen oder Datenträger auf mehrere physische Festplatten ausdehnen, die dann in Windows Server 2008 R2 wie eine einzelne Festplatte in Erscheinung treten. Wenn Sie die Datenträgerverwaltung in dieser Konsole starten, werden im oberen Dialogfeldbereich alle konfigurierten Datenträger im Sinne von logischen Laufwerken angezeigt. Im unteren Bereich sind dagegen die physischen Datenträger inklusive Wechselmedien zu sehen. Bei Festplatten wird angezeigt, auf welchen der installierten Festplatten sich die logischen Laufwerke befinden und welcher Platz noch nicht zugeordnet ist. Im Bereich der Datenträgerverwaltung werden oft viele Fachbegriffe verwendet, die bei der Konfiguration von Datenträgern eine wichtige Rolle spielen. Eine *Partition*, auch als *Volume* bezeichnet, ist ein Bereich auf einer Festplatte, der mit einem Dateisystem formatiert und mit einem Buchstaben des Alphabets identifiziert werden kann. Beispielsweise stellt das Laufwerk *C:* auf den meisten Computern unter Windows eine *Partition* dar. Eine *Festplatte* muss *partitioniert* und *formatiert* werden, bevor Daten darauf gespeichert werden können. Auf vielen Computern wird nur eine einzelne Partition eingerichtet, die der Größe der Festplatte entspricht. Es ist nicht erforderlich, eine Festplatte in mehrere kleinere Partitionen aufzuteilen.

Datenträger einrichten

Wird eine zusätzliche Festplatte eingebaut, müssen Sie diese in Windows einbinden. Zunächst müssen Sie festlegen, wie die Festplatte initialisiert werden soll. Unter Windows Server 2008 R2 werden neue Festplatten als »Offline« angezeigt. Sie erkennen dies an dem roten Pfeil, der nach unten zeigt. Bevor Sie eine Festplatte verwenden können, müssen Sie diese zunächst per Klick mit der rechten Maustaste online schalten.

Abbildg. 6.2 Datenträger unter Windows Server 2008 R2 online schalten

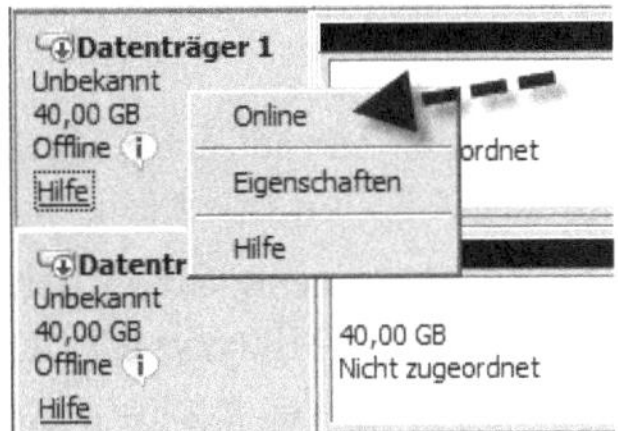

Anschließend müssen Sie die Datenträger wiederum mit einem Klick der rechten Maustaste initialisieren.

Abbildg. 6.3 Datenträger unter Windows Server 2008 R2 initialisieren

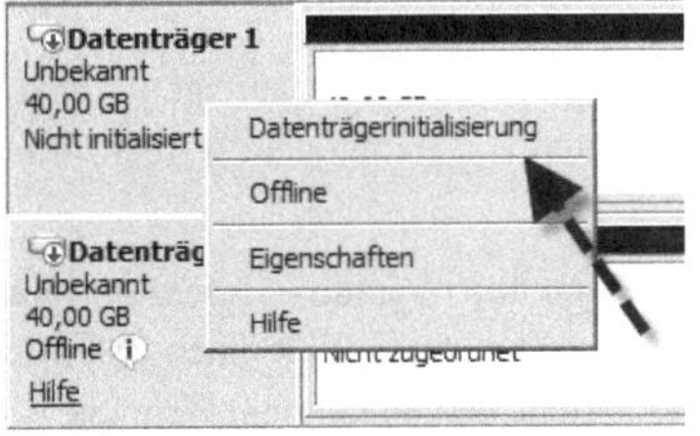

Bestätigen Sie den Vorschlag, MBR (Master Boot Record) oder GPT (GUID-Partitionstabelle) zu verwenden. Bei MBR handelt es sich um einen Code, der sich im ersten Sektor einer Festplatte befindet und Informationen zu den Partitionen auf dem Datenträger enthält.

Abbildg. 6.4 Partitionsstil auswählen

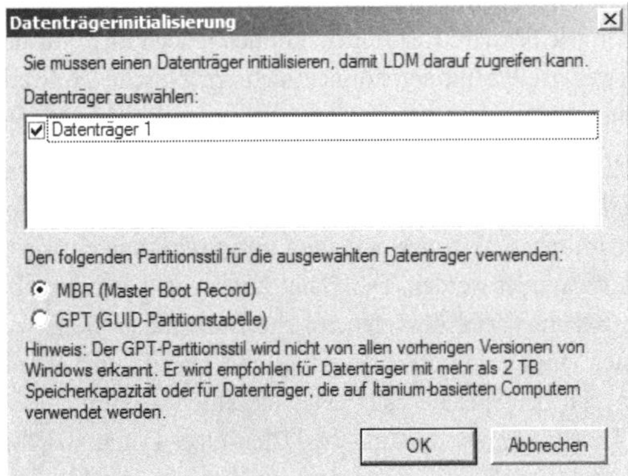

Mit dem MBR beginnt der Startvorgang des Computers. Das Datenträgerpartitionsformat MBR unterstützt Volumes mit einer Größe von bis zu zwei Terabyte und bis zu vier Primärpartitionen pro Datenträger (oder drei Primärpartitionen, eine erweiterte Partition und eine unbegrenzte Anzahl logischer Laufwerke). Im Vergleich dazu unterstützt das GPT-Partitionsformat Volumes mit einer Größe von bis zu 18 Exabyte und bis zu 128 Partitionen pro Datenträger. Anders als bei Datenträgern mit dem MBR-Partitionsformat werden Daten, die für den Betrieb der Plattform zwingend erforderlich sind, in Partitionen abgelegt und nicht in Sektoren ohne Partition oder in versteckten Sektoren. Außerdem besitzen Datenträger mit dem GPT-Partitionsformat redundante Primär- und Sicherungspartitionstabellen, wodurch die Integrität der Partitionsdatenstruktur verbessert wird. Auf GPT-Datenträgern können Sie dieselben Aufgaben wie auf MBR-Datenträgern durchführen. Dabei gelten folgende Ausnahmen:

- Auf Computern unter Windows Server 2008 R2 muss sich das Betriebssystem auf einem MBR-Datenträger befinden. Alle weiteren Festplatten können wahlweise mit MBR oder GPT formatiert sein.
- Auf Itanium-basierten Computern müssen das Ladeprogramm des Betriebssystems und die Startpartition auf einem GPT-Datenträger gespeichert sein. Alle weiteren Festplatten können mit MBR oder GPT formatiert sein.
- Sie können einen GPT-Datenträger mit einer Itanium-basierten Version von Windows von einem Itanium-basierten Computer nicht auf einen x86-basierten Computer unter Windows Server 2003 mit SP1 oder auf x64-basierte Computer transferieren und dann das betreffende Betriebssystem starten. In Nicht-Itanium-basierten-Computern verwendete GPT-Datenträger dürfen nur für die Datenspeicherung verwendet werden.
- Die Konvertierung eines MBR-Datenträgers in einen GPT-Datenträger und umgekehrt kann nur durchgeführt werden, wenn der Datenträger leer ist.

Nach der Initialisierung werden die Datenträger in der Datenträgerverwaltung angezeigt und können konfiguriert werden. Die leeren Festplatten können in dynamische Datenträger umgestellt werden. Windows Server 2008 R2 unterscheidet zwischen zwei Arten von Festplatten:

- **Basisdatenträger** Werden genauso behandelt wie Festplatten unter Windows NT. Das Modell ist weitgehend vergleichbar mit dem, das bereits zu DOS-Zeiten verwendet wurde. Es können feste Partitionen eingerichtet werden, in denen wiederum logische Laufwerke erstellt werden können. Wenn Sie Partitionen auf einer Basisfestplatte erstellen, sind die ersten drei Partitionen, die Sie erstellen, primäre Partitionen. Diese können für den Start eines Betriebssystems verwendet werden. Eine primäre Partition kann ein Betriebssystem hosten und verhält sich wie ein physischer separater Datenträger. Auf einem Basisdatenträger können bis zu vier primäre Partitionen erstellt werden. Wenn Sie mehr als drei Partitionen erstellen möchten, wird die vierte Partition als erweiterte Partition erstellt. Eine erweiterte Partition bietet eine Möglichkeit, eine Beschränkung der möglichen Anzahl von primären Partitionen auf einer Basisfestplatte zu umgehen. Eine erweiterte Partition ist ein Container, der ein oder mehrere logische Laufwerke enthalten kann. Logische Laufwerke haben dieselbe Funktion wie primäre Partitionen, können jedoch nicht für den Start eines Betriebssystems verwendet werden. Erweiterte Partitionen können mehrere logische Laufwerke enthalten, die formatiert werden können und denen Laufwerkbuchstaben zugewiesen werden.
- **Dynamische Datenträger** Lassen sich sehr viel einfacher verwalten als die Basisdatenträger. Das betrifft die Veränderung der logischen Laufwerke ohne einen Neustart des Systems. Dynamische Datenträger können eine unbegrenzte Anzahl von dynamischen Volumes enthalten und funktionieren wie die primären Partitionen, die auf Basisdatenträgern verwendet werden. Der Hauptunterschied zwischen Basisdatenträgern und dynamischen Datenträgern besteht darin, dass dynamische Datenträger Daten zwischen zwei oder mehreren dynamischen Festplatten eines Computers freigeben und Daten auf mehrere Festplatten verteilen können. Beispielsweise kann sich der Speicherplatz eines einzelnen dynamischen Volumes auf zwei separaten Festplatten befinden. Zudem können dynamische Datenträger Daten zwischen zwei oder mehreren Festplatten duplizieren, um dem Ausfall einer einzelnen Festplatte vorzubeugen. Diese Fähigkeit erfordert mehr Festplatten, erhöht jedoch die Zuverlässigkeit.

Um einen vorhandenen Basisdatenträger in einen dynamischen Datenträger umzuwandeln, müssen Sie im unteren Bereich der Datenträgerverwaltung beim Eintrag der Festplatte über das Kontextmenü den Befehl *In dynamischen Datenträger konvertieren* aufrufen. Es wird ein Dialogfeld angezeigt, in dem die zu aktualisierenden Basisfestplatten ausgewählt werden können. Es können also in einem Schritt alle noch vorhandenen Basisfestplatten in einem System aktualisiert werden.

Abbildg. 6.5 Datenträger konvertieren

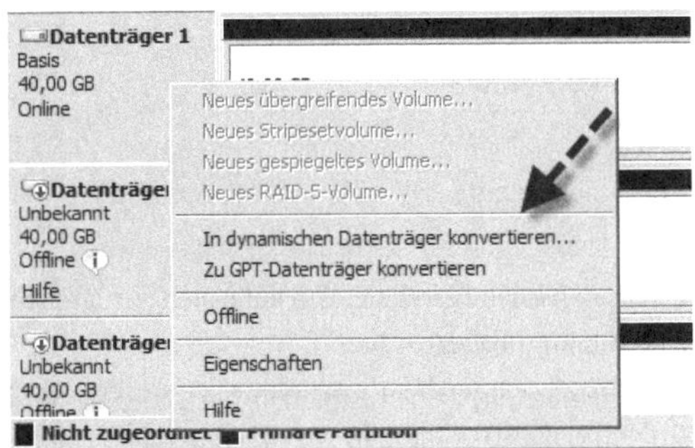

Nach der Auswahl der Festplatten wird ein zweites Dialogfeld angezeigt, in dem die gewählten Festplatten noch einmal aufgeführt sind. Hier können Sie entscheiden, welche der neuen Festplatten in dynamische Datenträger umgewandelt werden können. Sobald der Assistent die Festplatten initialisiert und in dynamische Datenträger umgewandelt hat, stehen diese im System zur Verfügung. Unter Windows Server 2003 musste ein PC während der Konvertierung zu dynamischen Datenträgern noch bis zu zweimal neu gestartet werden. Ein solcher Neustart ist unter Windows Server 2008 R2 nicht mehr notwendig. Basisdatenträger können jederzeit wieder in dynamische Datenträger umgewandelt werden. Wenn Sie Datenträgerkonfigurationen, wie zum Beispiel die Erweiterung eines Laufwerks (siehe später in diesem Kapitel), durchführen wollen, und Sie den Datenträger noch nicht zu einem dynamischen Datenträger konvertiert haben, schlägt der Assistent die Konvertierung vor.

Laufwerke erstellen, erweitern und reparieren

Sobald die Datenträger eingerichtet sind, können auf diesen logische Laufwerke eingerichtet werden. Wenn Sie pro Laufwerk einen einzelnen Datenträger erstellen wollen, ist es nicht notwendig, eine Konvertierung durchzuführen.

Einfache Volumes und Software-RAIDS erstellen

Solche logischen Laufwerke, bei Windows Server 2008 R2 auch als *Datenträger* bezeichnet, werden mit dem Befehl *Neues einfaches Volume* angelegt. Dazu muss entweder ein freier Bereich auf einem Datenträger oder die Festplatte, auf der das neue logische Laufwerk erstellt werden soll, mit der rechten Maustaste angeklickt werden. Klicken Sie mit der rechten Maustaste allerdings direkt auf den Datenträger und nicht auf einen freien Bereich, wird Ihnen die Option *Neues einfaches Volume* nicht angezeigt, sondern nur die erweiterten Optionen wie zum Beispiel *Neues übergreifendes Volume* und *Neues Stripesetvolume*.

Abbildg. 6.6 Neue Volumes unter Windows Server 2008 R2 erstellen

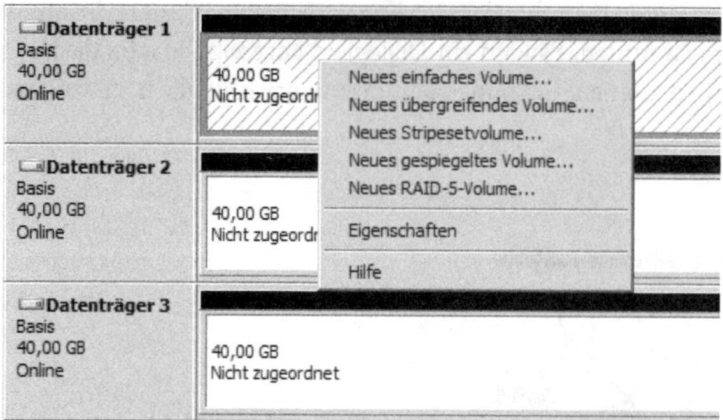

- Ein *einfaches Volume* hält Daten nur auf einer physischen Festplatte. Um auf Daten zuzugreifen, muss mindestens ein einfaches Volume auf einem Datenträger angelegt sein.
- Ein *übergreifendes Volume* erstreckt sich über mehrere physische Festplatten. Die Daten darauf werden fortlaufend gespeichert. Wenn der konfigurierte Speicherplatz auf dem ersten physischen Datenträger voll ist, werden weitere Informationen auf dem nächsten konfigurierten Datenträger gespeichert. Dieser Ansatz ist nur sinnvoll, wenn sehr große logische Datenträger benötigt werden, die größer als die vorhandenen physischen Datenträger sind. Er könnte genutzt werden, wenn die Spiegelung oder RAID der verwendeten Datenträger über die Hardware erfolgt.
- Ein *Stripesetvolume* geht einen Schritt weiter. Bei dieser Variante sind mehrere physische Festplatten beteiligt. Auf jeder dieser Festplatten wird der gleiche Speicherplatz belegt. Die Daten werden in Blöcken von 64 KB zunächst auf der ersten Festplatte, der zweiten und so weiter gespeichert. Wenn eine Datei nur 8 KB groß ist, wird trotzdem ein 64 KB-Block verwendet, die restlichen 56 KB sind dann verschwendet, da diese nicht von anderen Dateien verwendet werden können. Sie werden also über die Festplatten verteilt. Dieser Ansatz bietet keine Fehlertoleranz. Durch die Verteilung der Informationen über mehrere Festplatten wird eine deutlich verbesserte Performance erreicht, allerdings sind die Daten auf dem Datenträger verloren, wenn einer der physischen Datenträger ausfällt.
- Eine fehlertolerante Variante davon ist das *RAID-5-Volume*. Dabei werden ebenfalls mindestens drei und bis zu 32 Festplatten verwendet. Dazu muss auf allen physischen Datenträgern gleich viel Platz belegt werden. Wenn drei Festplatten verwendet werden, werden auf die 64 KB-Blöcke der ersten und zweiten Platte Daten geschrieben und auf der dritten Platte Paritätsinformationen, mit denen sich die Daten im Fehlerfall wiederherstellen lassen. Die nächsten Blöcke von Daten werden auf die zweite und dritte Festplatte geschrieben, während die Paritätsinformationen auf die erste Festplatte gelegt werden. Dieser Ansatz bietet ein Optimum an Fehlertoleranz und gute Performance bei vergleichsweise geringem Verlust an Plattenplatz. Bei einem RAID-5-System mit drei Datenträgern werden 33% des Plattenplatzes für die Informationen zur Wiederherstellung verwendet, bei fünf Festplatten sind es sogar nur noch 20%. Allerdings sind RAID-Systeme als Softwarelösung nur eingeschränkt sinnvoll, da sie zum einen keine optimale Performance bieten, da die Paritätsinformationen nicht von einem dedizierten Prozessor berechnet werden und weil sie zum anderen kein Hot Swap unterstützen. Hot Swap bezeichnet den Wechsel von Festplatten im laufenden Betrieb. Es wird daher empfohlen, auf Hardwarelösungen für RAID-Systeme auszuweichen.

- Schließlich gibt es noch die *Plattenspiegelung*. Dort werden alle Informationen auf zwei Festplatten geschrieben. Von gespiegelten Festplatten kann auch gebootet werden. Dieser Ansatz lässt sich bei einer reinen Softwarelösung sinnvoll realisieren, weil das System selbst dadurch kaum belastet wird.

Falls ein Datenträger erzeugt wird, der sich über mehr als eine physische Festplatte erstreckt, müssen bei der Definition des Datenträgertyps im nächsten Schritt die Festplatten ausgewählt werden, die beteiligt werden sollen.

Abbildg. 6.7 Auswahl der physischen Datenträger für das übergreifende Volume

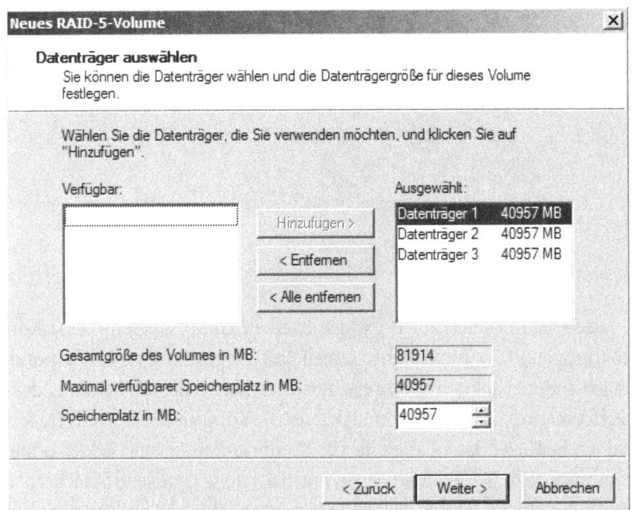

Der nächste generell erfolgende Schritt ist die Zuordnung von Laufwerkbuchstaben und -pfaden. Dieser Schritt kann jederzeit später über den Befehl *Laufwerkbuchstaben und -pfade ändern* im Kontextmenü des entsprechenden Laufwerks durchgeführt werden. Hier finden sich drei Optionen:

- Dem Laufwerk kann ein Laufwerkbuchstabe fest zugeordnet werden.
- Das Laufwerk kann in einem leeren Ordner eines NTFS-Systems bereitgestellt werden. Damit können bestehende Datenträger erweitert werden. Diese Erweiterung kann im laufenden Betrieb erfolgen und ist sinnvoll, wenn neue Verzeichnisstrukturen geschaffen werden müssen, die viel Platz erfordern werden. Dem Laufwerk wird kein eigener Laufwerkbuchstabe zugewiesen, sondern Sie können ein bestimmtes Verzeichnis auswählen, das auf einem bereits konfigurierten Laufwerk liegt. Werden Daten in diesem Verzeichnis gespeichert, lagert Windows diese Daten auf den neuen Datenträger aus.
- Es kann auch auf die Zuordnung von Laufwerkbuchstaben verzichtet werden. Dieses Laufwerk kann dazu verwendet werden, um von einem Ordner einer Festplatte auf einen Ordner einer anderen Festplatte zu gelangen. Dafür können sowohl der Windows-Explorer als auch der Befehl *cd* in der Befehlszeile verwendet werden. Dieser Befehl stammt noch aus der DOS-Zeit und ermöglicht das Wechseln zwischen Verzeichnissen in der Befehlszeile. Die ausführliche Syntax erfahren Sie, wenn Sie in der Befehlszeile *cd /?* eingeben.

Die letzten Festlegungen betreffen die Formatierung des Datenträgers. Der Datenträger kann formatiert werden, wobei grundsätzlich das NTFS-Dateisystem als Datenträger verwendet werden sollte.

Abbildg. 6.8 Laufwerkbuchstabe für das neue Volume festlegen

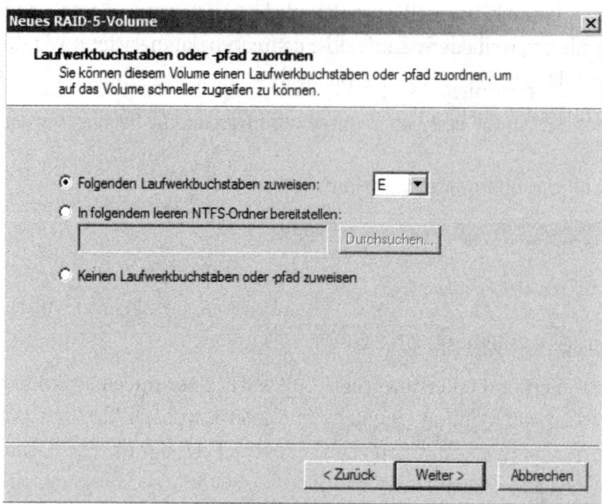

Um Speicherplatz zu sparen, lassen sich Dateien auf NTFS-Laufwerken komprimieren. Diese Komprimierung erfolgt für den Benutzer völlig transparent. Er muss keine zusätzlichen Programme verwenden und arbeitet mit den Dateien genauso wie mit allen anderen auf dem Laufwerk. Beachten Sie bei der Verwendung der Komprimierung, dass dies zu Lasten der Performance des Servers geht, da dieser die Komprimierung und Dekomprimierung der Dateien übernimmt, sobald ein Benutzer darauf zugreift. Die Komprimierung kann jedoch ohne Weiteres für spezielle Archivierungsordner sinnvoll sein. In Zeiten, in denen normalerweise genügend Speicherplatz zur Verfügung steht, sollte die Komprimierung nur für Archivdateien verwendet werden, die ansonsten Speicherplatz verschwenden würden. Sie können auf einem NTFS-Datenträger einzelne Ordner oder Dateien komprimieren, während andere Ordner unkomprimiert bleiben. Die Komprimierung können Sie in den Eigenschaften eines Ordners auswählen. Komprimierte Ordner werden durch eine blaue Farbe der Beschriftung gekennzeichnet. Im Regelfall kann bei der Formatierung die Standardzuordnungseinheit belassen werden. Diese wird in Abhängigkeit von der Größe des Laufwerks gesetzt und ist damit in den meisten Situationen korrekt gewählt. Nur wenn feststeht, dass ausschließlich mit sehr großen Dateien gearbeitet wird, ist es sinnvoll, einen höheren Wert manuell zu setzen.

Abbildg. 6.9 Assistent zum Erstellen eines neuen Laufwerks abschließen

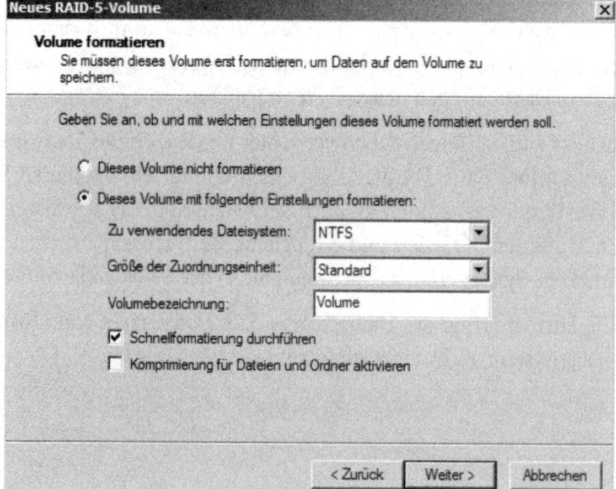

Anschließend erscheint noch eine Zusammenfassung und Windows weißt Sie darauf hin, dass die beteiligten Datenträger noch konvertiert werden müssen, wenn Basislaufwerke beteiligt sind. Anschließend wird das Volume angezeigt. Volumes, die sich über verschiedene Laufwerke erstrecken, kennzeichnet Windows farblich. Über die Befehle im Kontextmenü von Datenträgern können Sie nach der Erstellung noch weitere Funktionen ausführen. Windows Server 2008 R2 nutzt das NTFS-Dateisystem, um Festplatten anzusprechen. Windows Server 2008 R2 versteht auch das alte FAT-Format. Benutzer sollten das FAT-Dateisystem jedoch recht schnell vergessen und sich auf NTFS konzentrieren. NTFS ist stabiler, schneller und bietet vor allem Zugriffsbeschränkungen, die in FAT nicht angedacht waren. Die Wahl des geeigneten Dateisystems für Windows 7 gestaltet sich heute sehr einfach, da ein Anwender nur theoretisch die Wahl zwischen zwei verschiedenen Formaten, NTFS und FAT, hat. Um die Kompatibilität zu älteren Betriebssystemversionen zu wahren, unterstützt Windows Server 2008 R2 noch immer das klassische FAT-Format, das seinerzeit mit MS-DOS eingeführt wurde. Dieses Format beschränkte die Größe eines Laufwerks allerdings auf 2 Gbyte.

Mit Windows 95 wurde das Format erweitert und unterstützt mit FAT32 Partitionen mit einer Größe von bis zu 32 Gbyte. Um den Anwendern den Umstieg von Windows 95/98 zu erleichtern, wurde FAT32 mit Windows 2000 auch Anwendern in Unternehmen verfügbar gemacht, während Windows NT 4.0 nur das ältere, heute als FAT16 bezeichnete Format unterstützte. Die FAT32-Unterstützung in Windows 2000 war allerdings schwerpunktmäßig für Workstations gedacht, die von Windows 95/98 umgestellt werden sollten. So war es nicht nur möglich, beide Systeme parallel zu betreiben und die Daten des jeweils anderen Systems zu nutzen, es konnte auch ein direktes Update durchgeführt werden, ohne dass zuvor die Festplatten neu formatiert werden mussten. Um Speicherplatz zu sparen, können Dateien auf NTFS-Laufwerken auch komprimiert werden. Diese Komprimierung erfolgt für den Benutzer völlig transparent, er muss keine zusätzlichen Programme verwenden und arbeitet mit den Dateien genauso, wie mit allen anderen auf dem Laufwerk. Beachten Sie bei der Verwendung der Komprimierung, dass dies zu Lasten der Performance des PCs geht, da dieser die Komprimierung und Dekomprimierung der Dateien übernimmt, sobald ein Benutzer darauf zugreift. Die Komprimierung kann jedoch ohne Weiteres für spezielle Archivierungsordner sinnvoll sein. In Zeiten, in denen normalerweise genügend Speicherplatz zur Verfügung steht, sollte die Komprimierung nur für Archivdateien verwendet werden, die ansonsten Speicherplatz verschwenden würden. Sie können auf einem NTFS-Datenträger einzelne Ordner oder Dateien komprimieren, während andere Ordner unkomprimiert bleiben. Die Komprimierung können Sie in den Eigenschaften eines Verzeichnisses auswählen. Komprimierte Ordner werden durch eine blaue Farbe gekennzeichnet.

Auch wenn die Festplatten immer größer werden, haben viele Anwender das Problem, dass der Platz irgendwann knapp wird. Windows Server 2008 R2 bietet die erwähnte Funktion, um Ordner auf der Festplatte zu komprimieren. Der Vorteil dabei ist, dass Sie auf die Daten normal zugreifen können, diese aber deutlich weniger Platz auf der Platte verbrauchen. Dateien, mit denen Sie arbeiten, sollten Sie nicht komprimieren, da der Zugriff auf diese Daten etwas langsamer sein kann. Archive oder Verzeichnisse mit Bildern im BMP-Format, auf die Sie nicht häufig zugreifen, lassen sich deutlich verkleinern. Die Funktion steht nur auf NTFS-Datenträgern zur Verfügung. Diese sollten Sie aber aus Geschwindigkeits- und Stabilitätsgründen ohnehin verwenden. FAT-Laufwerke lassen sich in der Befehlszeile mit dem Befehl *convert <Laufwerk> /fs:ntfs* leicht umwandeln. Die Komprimierung von einzelnen Verzeichnissen aktivieren Sie folgendermaßen. Auf dem gleichen Weg können Sie das ganze Laufwerk komprimieren:

1. Rufen Sie die Eigenschaften des Ordners auf, den Sie komprimieren wollen.
2. Klicken Sie auf der Registerkarte *Allgemein* auf *Erweitert.*
3. Aktivieren Sie die Option *Inhalt komprimieren, um Speicherplatz zu sparen.*
4. Beim Bestätigen kann ausgewählt werden, ob auch die Unterordner im Verzeichnis komprimiert werden können.

5. Anschließend werden die Ordner und Dateien komprimiert.
6. Die komprimierten Daten werden anschließend blau dargestellt. Ist das nicht gewünscht, kann diese Einstellung im Windows-Explorer über *Organisieren/Ordner- und Suchoptionen* auf der Registerkarte *Ansicht* eingestellt werden. Dazu wird das Kontrollkästchen *Verschlüsselte oder komprimierte NTFS-Dateien in anderer Farbe anzeigen* aktiviert.

Die Platzersparnis können Sie in den Eigenschaften des Ordners leicht nachprüfen. Dort wird auf der Registerkarte *Allgemein* die originale Größe und der tatsächliche Plattenverbrauch angezeigt. Die Komprimierung lässt sich jederzeit wieder deaktivieren. Bereits komprimierte Dateien wie MP3s, JPG-Dateien oder Archive wie ZIP-Dateien profitieren natürlich nicht von der Komprimierung und werden nicht weiter verkleinert. Auch bei verschlüsselten Dateien müssen Sie beachten, dass die Verschlüsselung nicht immer greift. Werden neue Dateien in bereits komprimierte Ordner verschoben, müssen sie gegebenenfalls nachträglich komprimiert werden, da die Funktion nicht automatisch auf neue Dateien überprüft.

Abbildg. 6.10 Komprimierung kann in Windows Server 2008 R2 und Windows 7 einiges an Festplattenplatz sparen

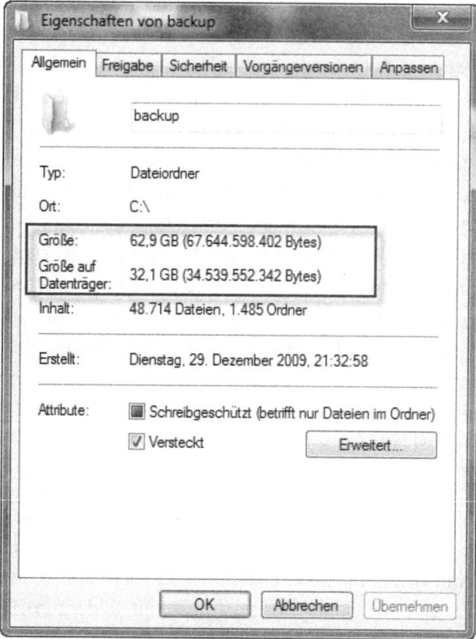

Software-RAIDs und übergreifende Volumes konfigurieren und reparieren

Haben Sie zum Beispiel ein Volume erstellt, das sich über mehrere Datenträger erstreckt, können Sie über das Kontextmenü das Volume reparieren, wenn einer der Datenträger defekt ist und Sie ihn ausgetauscht haben. Bei übergreifenden Datenträgern müssen Sie in diesem Fall noch nacharbeiten. Sind bei übergreifenden Datenträgern Aufgaben notwendig, kennzeichnet Windows diese in der Datenträgerverwaltung entsprechend.

Abbildg. 6.11 Fehlerhafte Laufwerke kennzeichnet Windows in der Datenträgerverwaltung

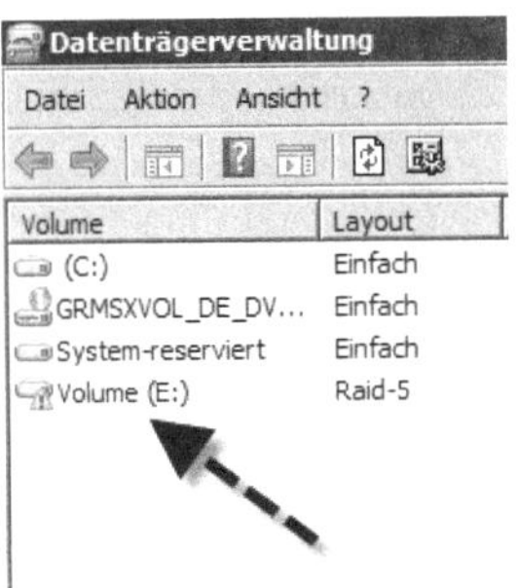

In diesem Fall zeigt das Kontextmenü des Datenträgers im unteren Bereich weitere Einstellungsmöglichkeiten. Das Kontextmenü ist abhängig vom Datenträger, den Sie erstellt haben. Es werden nicht immer alle möglichen Optionen angezeigt.

Abbildg. 6.12 Kontextmenü mit weiteren Optionen für Datenträger

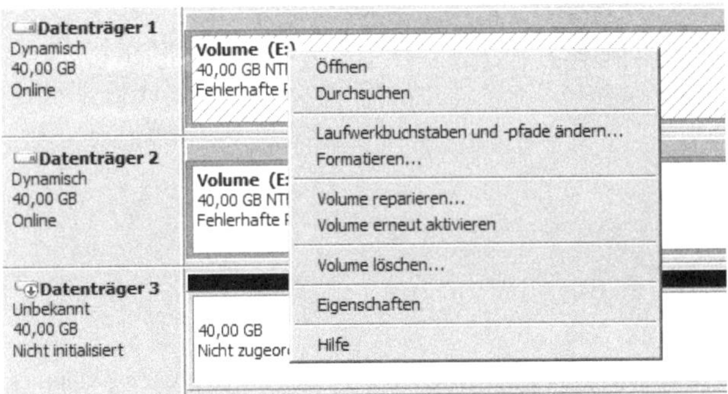

- **Öffnen/Durchsuchen** Zeigt den Inhalt im Windows-Explorer an
- **Laufwerkbuchstaben und -pfade ändern** Anpassen des Laufwerkbuchstabens nach der Erstellung des Datenträgers
- **Formatieren** Datenträger können erstmals oder erneut formatiert werden. Bei der Formatierung gehen alle vorhandenen Daten verloren.
- **Volume reparieren** Ist ein erweiterter Datenträger defekt, weil nicht mehr auf eine physische Festplatte zugegriffen werden kann, erscheint diese Option, wenn Windows noch einen leeren Datenträger findet, mit dem sich das erweiterte Volume reparieren lässt. Wählen Sie diesen Menüpunkt aus, schlägt Windows automatisch den physischen Datenträger vor, mit dem das übergreifende Volume repariert werden kann. Ist also eine physische Festplatte eines RAID-5-Volumes defekt, tauschen Sie das Laufwerk aus, starten Windows neu und wählen dann im Kontextmenü *Volume reparieren* aus. Sie müssen dazu den Datenträger nicht initialisieren, ihn aber online schalten.

Abbildg. 6.13 Defektes RAID-5-Volume reparieren

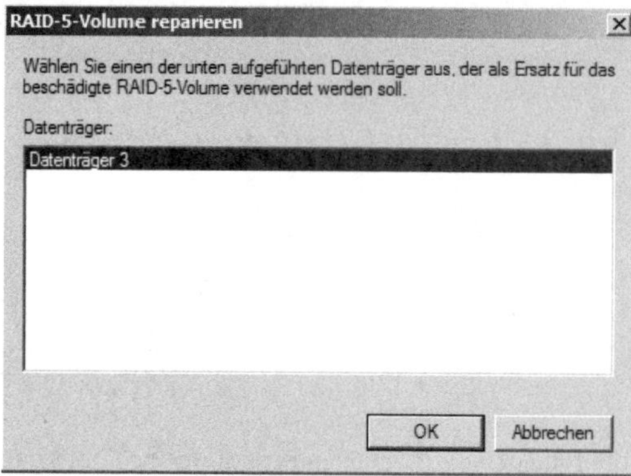

Haben Sie eine physische Festplatte nur kurzzeitig vom System getrennt und verbinden Sie diese wieder mit dem Computer, müssen Sie nicht das Volume reparieren, sondern können über das Kontextmenü des Datenträgers diesen wieder reaktivieren.

Abbildg. 6.14 Ausgetauschtes Laufwerk erneut aktivieren

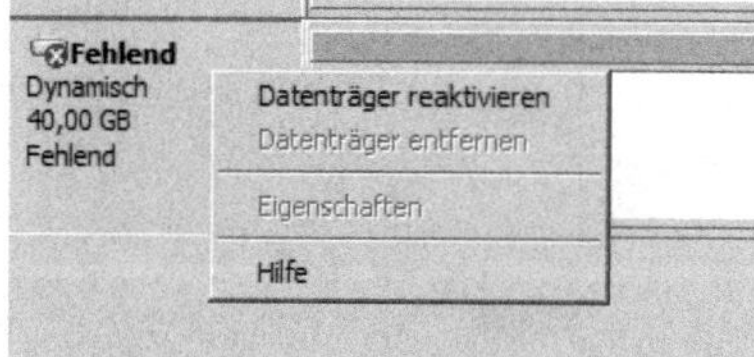

- **Volume erneut aktivieren** Fehlt ein physischer Datenträger eines übergreifenden Volumes, deaktiviert Windows das entsprechende Laufwerk im Windows-Explorer, wenn ein technischer Zugriff nicht mehr möglich ist. Mit diesem Menüpunkt können Sie den Datenträger in diesem Fall wieder aktivieren, um zum Beispiel Daten auszulagern.

Abbildg. 6.15 Kontextmenü eines Laufwerks, das noch nicht gespiegelt ist

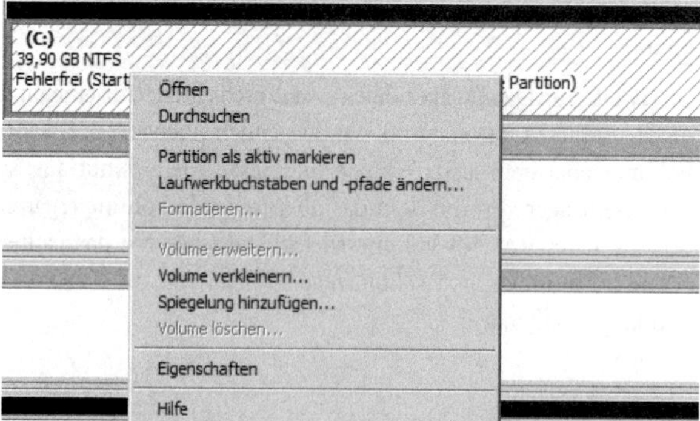

- **Volume erweitern** Datenträger können erweitert werden. Damit kann bei dynamischen Datenträgern im laufenden Betrieb weiterer, nicht konfigurierter Platz hinzugefügt werden. Die Erweiterung eines Datenträgers kann dabei auf andere physische Festplatten erfolgen. Damit wird ein übergreifender Datenträger erzeugt. Diese Vorgehensweise ist sinnvoll, wenn mehr Platz in einer bestehenden Verzeichnisstruktur benötigt wird und diese nicht umgestellt werden soll. Wir kommen in diesem Kapitel noch ausführlicher auf diese Möglichkeit zu sprechen.
- **Volume verkleinern** Datenträger können verkleinert werden. Nicht verwendeter Speicherplatz wird in diesem Fall freigegeben. Wir gehen in einem eigenen Abschnitt noch ausführlich auf dieses Thema ein.
- **Spiegelung hinzufügen** Für Datenträger kann die Spiegelung eingerichtet werden, was bereits bei der Erstellung möglich war.

Datenträger verkleinern und erweitern

Ein Datenträger kann unter Windows Server 2008 R2 auch erweitert oder verkleinert werden. Beim Verkleinern von Laufwerken wird der konfigurierte Speicherplatz, den Sie freigeben wollen, als neuer unpartitionierter Bereich angezeigt. Dieser kann für einen anderen Datenträger verwendet werden, der sich ausschließlich auf diesen freien Bereich erstreckt, oder der Bereich wird zusammen mit einem weiteren Bereich als übergreifender Datenträger verwendet. Es stehen Ihnen verschiedene Möglichkeiten zur Verfügung, um Datenträger zu verbinden. Der verkleinerte Bereich wird genauso angezeigt, als wäre er nie partitioniert gewesen.

Partitionen verkleinern

Beim Verkleinern einer Partition werden nicht verschiebbare Dateien (zum Beispiel die Auslagerungsdatei oder der Schattenkopiespeicherbereich) nicht automatisch verschoben, und Sie können den reservierten Speicherplatz nicht über den Punkt hinaus verkleinern, an dem sich die nicht verschiebbaren Dateien befinden. Wenn Sie die Partition weiter verkleinern müssen, verschieben Sie die Auslagerungsdatei auf einen anderen Datenträger, löschen die gespeicherten Schattenkopien, verkleinern das Volume, und verschieben die Auslagerungsdatei dann zurück auf den Datenträger. Sie können nur primäre Partitionen und logische Laufwerke auf unformatierten Partitionen oder Partitionen mit dem NTFS-Dateisystem verkleinern.

Abbildg. 6.16 Volume verkleinern

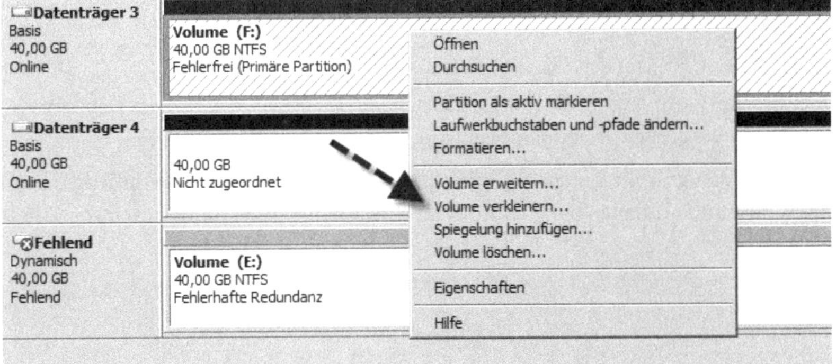

Haben Sie die Verkleinerungsoption ausgewählt, legen Sie fest, wie weit Sie den Datenträger verkleinern wollen.

Abbildg. 6.17 Datenträger unter Windows Server 2008 R2 verkleinern

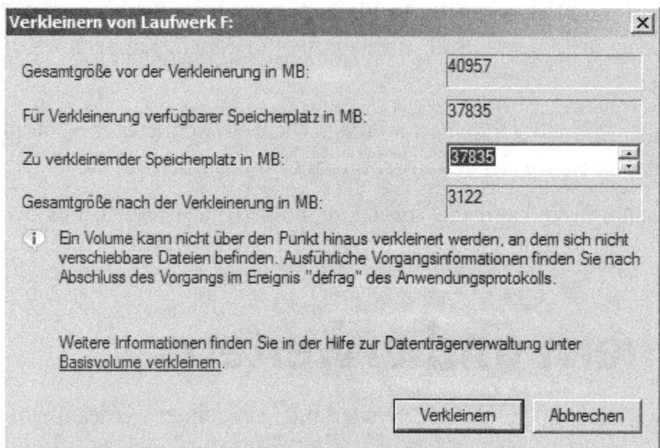

Partitionen erweitern

Vorhandenen primären Partitionen und logischen Laufwerken können Sie mehr Speicherplatz hinzufügen, indem Sie sie auf angrenzenden, verfügbaren Speicherplatz auf demselben Datenträger erweitern oder auch einen weiteren physischen Datenträger anfügen, wenn bereits der komplette Platz eines Datenträgers verbraucht ist. Zum Erweitern eines Basisvolumes muss dieses unformatiert oder mit dem NTFS-Dateisystem formatiert sein. Sie können ein logisches Laufwerk innerhalb von zusammenhängendem freien Speicherplatz in der erweiterten Partition, die dieses Laufwerk enthält, erweitern. Wenn Sie ein logisches Laufwerk über den in der erweiterten Partition verfügbaren Speicherplatz erweitern, wird die erweiterte Partition zur Unterbringung des logischen Laufwerks vergrößert. Bei logischen Laufwerken, Start- oder Systemvolumes können Sie das Volume nur innerhalb von zusammenhängendem freien Speicherplatz erweitern, und nur dann, wenn der Datenträger zu einem dynamischen Datenträger aktualisiert werden kann. Bei anderen Volumes können Sie das Volume auch innerhalb von nicht zusammenhängendem Speicherplatz erweitern, werden aber aufgefordert, den Datenträger in einen dynamischen Datenträger zu konvertieren. Um ein Basisvolume zu erweitern, gehen Sie folgendermaßen vor:

1. Klicken Sie in der Datenträgerverwaltung mit der rechten Maustaste auf das Basisvolume, das Sie erweitern möchten.
2. Wählen Sie im Kontextmenü den Eintrag *Volume erweitern.*
3. Wenn die Partition zuvor mit dem NTFS-Dateisystem formatiert wurde, wird das Dateisystem automatisch so erweitert, dass die größere Partition belegt wird. Es gehen keine Daten verloren.

Es ist nicht möglich, die aktuellen System- oder Startpartitionen zu erweitern. Systempartitionen und Startpartitionen sind Namen für Partitionen oder Volumes auf einer Festplatte, die zum Starten von Windows verwendet werden.

Abbildg. 6.18 Auswahl des Datenträgers, mit dem Sie Ihren ausgewählten Datenträger erweitern können

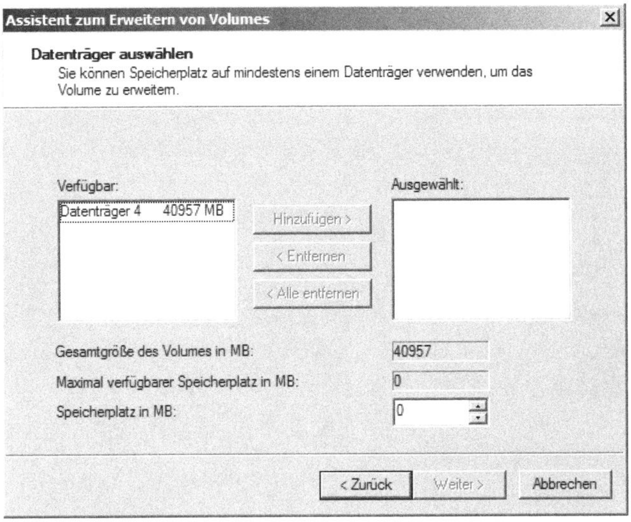

Die Systempartition enthält die hardwarebezogene Dateien, die einem Computer mitteilen, von wo aus Windows gestartet werden kann. Eine Startpartition ist eine Partition, die die Windows-Betriebssystemdateien enthält, die sich im Windows-Dateiordner befinden. Im Allgemeinen handelt es sich bei der Systempartition und der Startpartition um die gleiche Partition, insbesondere wenn auf dem Computer nur ein Betriebssystem installiert ist. Wenn Sie einen Computer mit Multiboot-Konfiguration besitzen, verfügen Sie über mindestens zwei Startpartitionen. Mit einem weiteren Begriff, der *aktiven Partition*, wird beschrieben, welche Systempartition (und daher welches Betriebssystem) der Computer zum Starten verwendet. Wenn Sie den Computer einschalten, werden die auf der Systempartition verwendeten Informationen zum Starten des Computers verwendet. Auf einem Windows-basierten Computer ist nur eine Systempartition vorhanden, auch wenn auf dem Computer verschiedene Windows-Betriebssysteme installiert sind. Nicht-Windows-Betriebssysteme verwenden andere Systemdateien. Wenn auf einem Multiboot-Computer ein Nicht-Windows-Betriebssystem installiert ist, befinden sich die dazugehörigen Systemdateien auf einer eigenen Partition, getrennt von der Windows-Systempartition. Wenn Sie einen Multiboot-Computer besitzen, auf dem beispielsweise Windows Server 2008 R2 und Windows Server 2003 installiert ist, ist jedes dieser Volumes eine Startpartition.

Datenträger verwalten

Sie können erstellte Datenträger mit der rechten Maustaste anklicken und im Kontextmenü den Eintrag *Eigenschaften* wählen. Daraufhin stehen Ihnen verschiedene Registerkarten zur Verfügung.

Auf der Registerkarte *Allgemein* sehen Sie den freien und belegten Speicher. Außerdem können Sie hier die Bezeichnung des Datenträgers festlegen und den gesamten Datenträger komprimieren. Auf dieser Registerkarte legen Sie auch fest, ob das Laufwerk für die Windows-Suche indexiert werden soll.

Abbildg. 6.19 Allgemeine Einstellungen für erstellte Datenträger

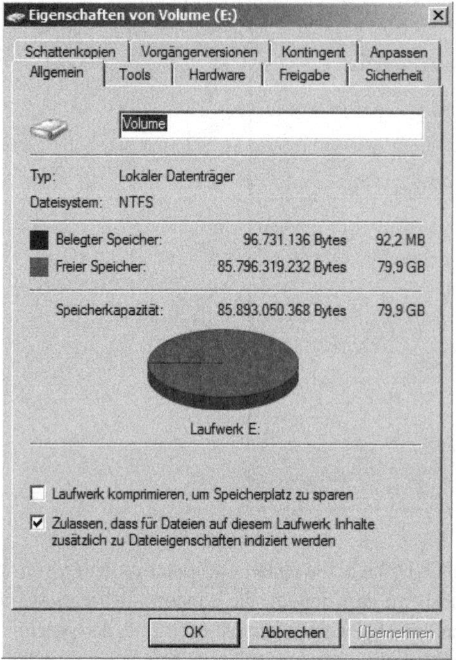

Auf der Registerkarte *Tools* stehen die Optionen *Fehlerüberprüfung* und *Defragmentierung* zur Verfügung. Hier können Sie außerdem den Datenträger mit der Windows-Sicherung auch sichern lassen. Die Defragmentierung adressiert ein Problem, das vor allem entsteht, wenn Dateien vergrößert, zusätzliche Dateien erstellt oder vorhandene gelöscht werden. Die meisten Dateien werden in Form eines Extents nicht direkt in der MFT (Master File Table) gespeichert, sondern in einem oder mehreren zusätzlichen Blöcken, auf die aus der MFT verwiesen wird. NTFS versucht dabei möglichst zusammenhängende Speicherblöcke zu wählen. Wenn eine Datei vergrößert wird, kann es vorkommen, dass am Ende des bisherigen Extents kein weiterer Speicherplatz mehr frei ist. Damit muss die Datei in mehreren Blöcken gespeichert werden, sie wird also fragmentiert. Durch die Fragmentierung werden wiederum Zugriffe auf Datenträger deutlich verlangsamt, denn nun sind mehr einzelne Zugriffe und Neupositionierungen des Schreib-/Lesekopfs der Festplatte erforderlich, um auf die Datei zuzugreifen. Eine regelmäßige Defragmentierung kann daher zu deutlichen Verbesserungen der Performance führen.

Das Defragmentierungsprogramm von Windows Server 2008 R2 ist zeitlich gesteuert, da die Defragmentierung relativ viel Rechenzeit benötigt und durch die logischerweise intensiven Zugriffe auf die Festplatte in diesem Bereich zu einer Beeinträchtigung der Performance führt. Sinnvoll ist das nur, wenn viele Dateien oft in der Größe geändert oder gelöscht werden. Die Defragmentierung kann auch über *defrag* in einer Befehlszeile gestartet werden. Achten Sie aber darauf, diesen Befehl mit Administratorberechtigungen zu öffnen. Bei der Eingabe des Befehls werden alle Optionen angezeigt, die möglich sind. Da die Defragmentierung in der Befehlszeile durchgeführt wird, kann diese auch sehr gut über Skripts gestartet werden. Der Befehl *defrag –c* defragmentiert alle Festplatten eines Server, mit *defrag <Laufwerkbuchstabe>* nur die angegebene Partition. Die Einstellungen der automatischen Defragmentierung der Festplatten können Sie so abändern, dass diese

Defragmentierung nicht mehr automatisch startet. Das ist beispielsweise dann sinnvoll, wenn Sie auf ein Defragmentierungsprogramm eines anderen Herstellers setzen. Geben Sie dazu den Befehl *dfrgui* in das Suchfeld des Startmenüs ein. Klicken Sie dann auf die Schaltfläche *Planung aktivieren*. Dort können Sie den Haken bei Ausführung nach Zeitplan entfernen. Wollen Sie einen Bericht über die Defragmentierung aufrufen, geben Sie den Befehl *defrag c: –a* in das Suchfeld des Startmenüs ein.

Abbildg. 6.20 Defragmentierung in Windows Server 2008 R2

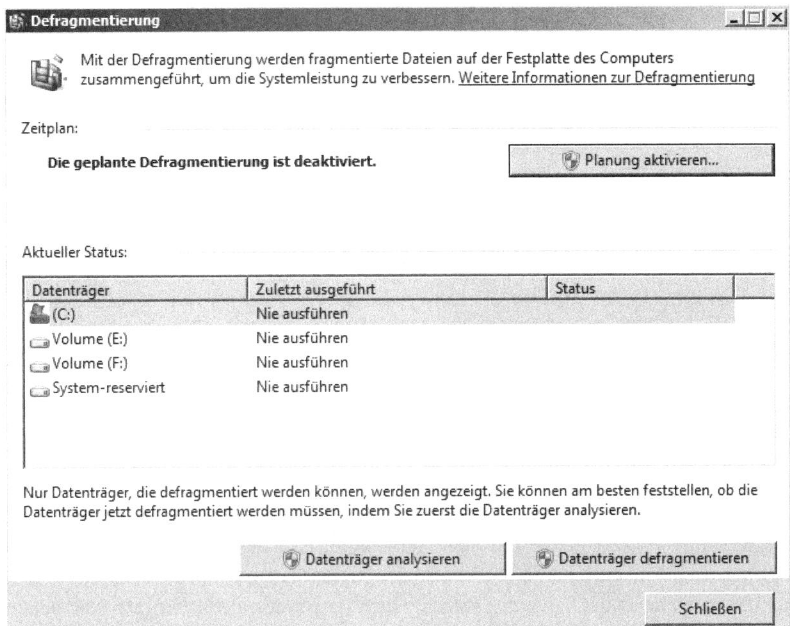

Schattenkopien verwenden

Eine wichtige Funktionalität zur Datensicherung von Windows Server 2008 R2 sind die Schattenkopien. Die Idee ist, dass Änderungen auf einem Datenträger regelmäßig erfasst und gesichert werden. Auf diese Weise entstehen sozusagen *Schnappschüsse* des Systems zu unterschiedlichen Zeitpunkten. Damit lassen sich das System und einzelne Dateien wiederherstellen (siehe Kapitel 37). Benutzer können wieder auf frühere Versionen von Dateien zurückgreifen, indem sie diese aus einer Schattenkopie wiederherstellen. Dafür gibt es einen speziellen Client, der auf Windows XP-Arbeitsstationen installiert werden muss, aber in Windows Vista und Windows 7 bereits standardmäßig enthalten ist. Schattenkopien werden bei den Eigenschaften von Datenträgern auf der Registerkarte *Schattenkopien* in den Eigenschaften von Datenträgern konfiguriert. Sie können die Datenträger auswählen, für die Schattenkopien erzeugt werden sollen.

Abbildg. 6.21 Schattenkopien für einen Datenträger aktivieren

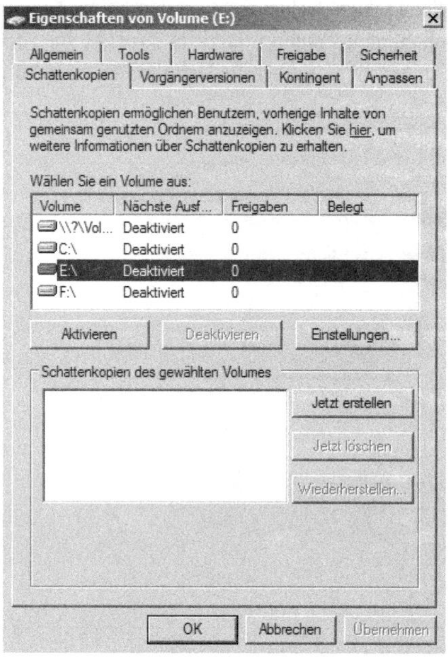

Konfigurieren Sie zunächst die Datenträger über die Schaltfläche *Einstellungen*, bevor Sie sie aktivieren. Bei der Nutzung von Schattenkopien müssen Sie berücksichtigen, dass dafür einiges an Speicherplatz erforderlich ist, da alle Änderungen gespeichert werden müssen. Wenn Sie zusätzliche Datenträger einbauen, müssen Sie die Schattenkopien zunächst manuell konfigurieren. Bei den Eigenschaften der Schattenkopien können Sie zudem ein Limit für den maximal dadurch belegten Platz auf dem Datenträger definieren. Darüber hinaus können Sie einen Zeitplan für die Erstellung von Schattenkopien erstellen, können diese aber auch jederzeit manuell über die Schaltfläche *Jetzt erstellen* erzeugen. Der hauptsächliche Nutzen der Schattenkopien liegt darin, dass versehentlich gelöschte oder veränderte Dateien sehr schnell wiederhergestellt werden können.

Abbildg. 6.22 Schattenkopien konfigurieren

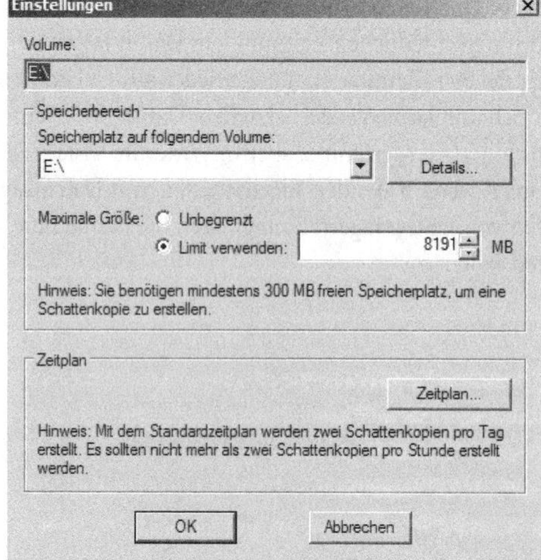

Wenn ein Benutzer den Administrator darüber informiert, dass eine Datei gelöscht oder fehlerhaft bearbeitet wurde, kann dieser mit wenigen Mausklicks ältere Versionen der Dateien wiederherstellen. Es muss kein Band in ein Laufwerk gelegt werden, es wird kein Sicherungsprogramm benötigt, sondern der Administrator, oder auch der Anwender selbst, braucht nur in den Eigenschaften des Verzeichnisses, in dem sich die besagte Datei befindet, eine ältere Version der Sicherung wiederherzustellen. Je nach Berechtigungsstruktur kann auch jeder Benutzer selbst seine Dateien wiederherstellen. In jedem Fall wird viel Zeit gespart und Nerven werden geschont. Die Schattenkopien belegen auch bei relativ großen Datenträgern nur eine begrenzte Menge an Speicherplatz. Bevor Sie Schattenkopien einführen, sollten Sie sich Gedanken über die folgenden Punkte machen:

- Schattenkopien werden immer für komplette Laufwerke erstellt. Komprimierte und verschlüsselte Dateien werden ebenfalls gesichert. Damit Sie Schattenkopien verwenden können, muss der Datenträger mit NTFS formatiert sein.
- Wenn Sie Schattenkopien für ein Laufwerk aktivieren, werden standardmäßig 10% des Datenträgers reserviert (was Sie auf der Registerkarte *Einstellungen* ändern können). Wenn diese 10% belegt sind, werden die ältesten Versionen der gesicherten Dateien automatisch überschrieben.
- Während einer Sicherung reagiert die entsprechende Platte aufgrund von Schreibvorgängen eventuell etwas langsamer.
- Passen Sie den Zeitplan für die Erstellung der Schattenkopien Ihren Bedürfnissen an. Standardmäßig erstellt Windows Server 2008 R2 an jedem Wochentag (Montag bis Freitag) um 07:00 Uhr und um 12:00 Uhr eine Schattenkopie. Je öfter Schattenkopien erstellt werden, umso mehr Versionen der Dateien stehen folglich zur Verfügung und können von Ihren Benutzern oder Administratoren wiederhergestellt werden. Maximal können 64 Schattenkopien eines Datenträgers hergestellt werden. Mit steigender Anzahl von Schattenkopien steigt auch der Speicherplatzbedarf.

Damit auf die Schattenkopien zugegriffen werden kann, muss auf dem jeweiligen PC ein zusätzliches Programm, der Schattenkopieclient, installiert werden. Nur Anwender, auf deren PCs der Schattenkopieclient installiert wurde, können auf Schattenkopien zurückgreifen, um Dateien wiederherstellen zu können. In Windows Vista und Windows 7 ist dieser Client bereits standardmäßig installiert und aktiviert. Für Windows XP und Windows Server 2003 müssen Sie diesen herunterladen und installieren. Der Client wird auf der Seite *http://www.microsoft.com/downloads/details.aspx?displaylang=de&familyid=e382358f-33c3-4de7-acd8-a33ac92d295e* zur Verfügung gestellt. Wie Sie auf der Clientseite mit den Schattenkopien arbeiten, zeigen wir Ihnen im Kapitel 37.

Befehlszeilentools zur Datenträgerverwaltung nutzen

Windows Server 2008 R2 besitzt eine verbesserte Infrastruktur für das Dateisystem. Eines der Schlüsselelemente dieser Infrastruktur ist der Dienst VDS (Virtual Disk Service), den Microsoft zur Vereinfachung des Laufwerks- und Datenmanagements entwickelt hat. In Verbindung mit VDS bietet Microsoft in Windows Server 2008 R2 drei Werkzeuge für die Arbeit mit Laufwerken unterschiedlicher Hersteller: die Befehlszeilentools *diskraid.exe* und *diskpart.exe* sowie das Snap-In für die Microsoft Management Console (MMC). Die Anwendung *diskpart.exe* kann für die Verwaltung von einzelnen Datenträgern und Aufgaben wie die Partitionierung eingesetzt werden (siehe auch Kapitel 8 und 35). *diskraid.exe* wird für die Konfiguration von RAID-Subsystemen benötigt. Mehr zu *Diskpart* finden Sie bei der Einrichtung von BitLocker in Kapitel 14 und in Kapitel 25 zum Thema Hyper-V.

Festplattenverwaltung in der Befehlszeile mit *Diskpart*

Mit dem Befehlszeilentool *Diskpart* können Sie Partitionen auch in der Eingabeaufforderung verwalten. Mithilfe dieses Programms können Speichermedien (Datenträger, Partitionen oder Volumes) via Remotesitzung, Skripts oder Befehlszeilen verwaltet werden. Um Befehle mit *Diskpart* auszuführen, müssen die entsprechenden Objekte vorher mit einem sogenannten Fokus versehen werden. Dies bedeutet, ein gewünschtes Objekt muss vorher aufgelistet und ausgewählt werden. Ist das Objekt ausgewählt, werden alle eingegebenen Befehle darauf angewandt. Mithilfe der Befehle *list disk, list partition* und *list volume* werden verfügbare Objekte aufgelistet und die Nummer oder der Laufwerkbuchstabe des Objekts ermittelt. Die Befehle *list disk* und *list volume* zeigen alle Datenträger und Volumes auf dem Computer an, *list partition* jedoch nur Partitionen auf dem Datenträger, der den Fokus hat. In den Kapiteln 3, 8 und 35 finden Sie einige praktische Workshops zum Thema *Diskpart.*

Abbildg. 6.23 Eingebaute Festplatten mit *diskpart.exe* anzeigen und verwalten

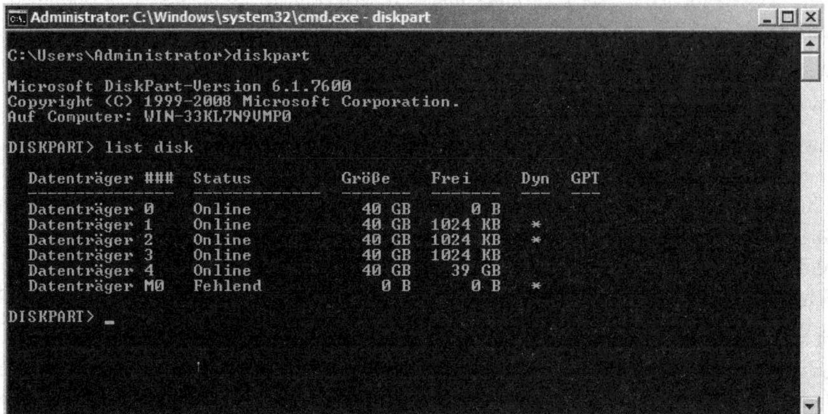

Ein Objekt wird anhand der Nummer oder des Laufwerkbuchstabens ausgewählt, zum Beispiel. Datenträger 0, Partition 1, Volume 3 oder Volume C. Haben Sie ein Objekt ausgewählt, verbleibt der Fokus darauf, bis ein anderes Objekt ausgewählt wird. Wenn der Fokus beispielsweise auf Datenträger 0 festgelegt ist und Sie Volume 1 auf Datenträger 1 auswählen, wechselt der Fokus von Datenträger 0 zu Datenträger 1, Volume 1. Wird eine neue Partition angelegt, wird der Fokus automatisch gewechselt. Sie können nur einer Partition auf dem ausgewählten Datenträger den Fokus geben. Verfügt eine Partition über den Fokus, besitzt das gegebenenfalls zugehörige Volume ebenfalls den Fokus. Verfügt ein Volume über den Fokus, verfügen der zugehörige Datenträger und die zugehörigen Partitionen ebenfalls über den Fokus, wenn das Volume einer bestimmten Partition zugeordnet ist. Eine neue Möglichkeit ist die Verwaltung von virtuellen Festplatten mit Diskpart. Diesen Umgang zeigen wir Ihnen in einem eigenen Abschnitt.

Befehlssyntax von *Diskpart*

Über die Eingabe von *help* in der Befehlszeile werden Ihnen alle Optionen von DiskPart angezeigt. Im Knowledge Base-Artikel auf der Internetseite *http://support.microsoft.com/kb/300415/de* finden Sie eine ausführliche Anleitung für Windows XP, die auch für Windows Server 2008 R2 gilt. Häufig werden vor allem die nachfolgenden Optionen verwendet:

- **assign** Weist einen Laufwerkbuchstaben zu. Gibt man keinen Laufwerkbuchstaben oder Bereitstellungspunkt an, wird der nächste verfügbare Laufwerkbuchstabe zugewiesen.
- **convert basic** Konvertiert einen leeren dynamischen Datenträger in einen Basisdatenträger

- **convert dynamic** Konvertiert einen Basisdatenträger in einen dynamischen Datenträger. Alle auf dem Datenträger vorhandenen Partitionen werden in einfache Volumes konvertiert.
- **create volume simple** Erstellt ein einfaches Volume. Nachdem Sie das Volume erstellt haben, wechselt der Fokus automatisch zum neuen Volume.
- **create volume stripe** Erstellt ein Stripeset mit mindestens zwei angegebenen dynamischen Datenträgern. Nachdem das Volume erstellt wurde, wird der Fokus automatisch an das neue Volume übergeben.
- **delete disk** Löscht einen fehlenden dynamischen Datenträger aus der Datenträgerliste
- **delete partition** Löscht auf einem Basisdatenträger die Partition, die über den Fokus verfügt. Es ist nicht möglich, die Systempartition, die Startpartition oder eine Partition zu löschen, die die aktive Auslagerungsdatei oder ein Absturzabbild (Speicherabbild) enthält.
- **delete volume** Löscht das ausgewählte Volume. Es ist nicht möglich, die System- oder die Startpartition oder ein Volume zu löschen, das die aktive Auslagerungsdatei oder ein Speicherabbild enthält.
- **detail disk** Zeigt die Eigenschaften des ausgewählten Datenträgers und der Volumes auf diesem Datenträger an
- **detail partition** Zeigt die Eigenschaften der ausgewählten Partition an
- **detail volume** Zeigt die Datenträger an, auf denen sich das aktuelle Volume befindet
- **exit** Beendet Diskpart
- **extend** Erweitert das Volume, das über den Fokus verfügt, auf den nachfolgenden, nicht reservierten Speicherplatz. Wenn die Partition zuvor mit dem NTFS-Dateisystem formatiert wurde, wird das Dateisystem automatisch erweitert, um die größere Partition zu belegen. Ein Datenverlust tritt nicht auf. Wenn die Partition zuvor mit einem anderen als dem NTFS-Dateisystem formatiert wurde, schlägt der Befehl fehl, und an der Partition wird keine Änderung vorgenommen. Es ist nicht möglich, die aktuellen System- oder Startpartitionen zu erweitern.
- **list disk** Zeigt eine Liste mit Datenträgern und Informationen zu den Datenträgern an
- **list partition** Zeigt die Partitionen an, die in der Partitionstabelle des aktuellen Datenträgers aufgelistet sind
- **list volume** Zeigt eine Liste der Basisvolumes und dynamischen Volumes auf allen Datenträgern an
- **remove** Entfernt einen Laufwerkbuchstaben oder einen Bereitstellungspunkt von dem Volume, das über den Fokus verfügt. Wurde kein Laufwerkbuchstabe oder Bereitstellungspunkt angegeben, entfernt Diskpart den ersten Laufwerkbuchstaben oder Bereitstellungspunkt, der gefunden wird. Mithilfe des Befehls remove können Sie den Laufwerkbuchstaben ändern, der einem austauschbaren Datenträger zugeordnet ist.
- **rescan** Sucht nach neuen Datenträgern, die eventuell zum Computer hinzugefügt wurden
- **select disk** Wählt den angegebenen Datenträger aus und verlagert den Fokus auf den Datenträger
- **select partition** Wählt die angegebene Partition aus und verlagert den Fokus auf die Partition. Wurde keine Partition angegeben, wird durch select die Partition aufgeführt, die momentan über den Fokus verfügt. Man kann die Partition anhand ihrer Nummer angeben. Mithilfe des Befehls *list partition* können Sie die Nummern aller Partitionen auf dem aktuellen Datenträger anzeigen. Bevor Sie eine Partition auswählen können, müssen Sie zuerst einen Datenträger mithilfe des Befehls *select disk* auswählen.

Bei Verwendung des Befehls Diskpart als Teil eines Skripts wird empfohlen, alle Diskpart-Vorgänge zusammen als Teil eines einzigen Diskpart-Skripts zu vervollständigen. Man kann aufeinanderfolgende Diskpart-Skripts ausführen, sollte aber zwischen den Skriptausführungen mindestens 15 Sekunden verstreichen lassen, bevor man den Diskpart-Befehl erneut ausführt, damit jedes Skript vollständig beendet wird. Andernfalls schlägt das nachfolgende Skript fehl. Zwischen den aufeinanderfolgenden Diskpart-Skripts lässt sich eine Pause einfügen, indem der Befehl *Sleep* (aus dem Windows Server 2003 Ressource Kit, welches kostenlos bei *www.microsoft.de* heruntergeladen werden kann) zur Batchdatei zusammen mit den Diskpart-Skripts hinzufügt wird. Der beste Weg ist aber, wenn Sie zwischen den Aufrufen der Diskpart-Befehle noch den Befehl *127.0.0.1 -n 10>nul* einbauen. Der Befehl ruft Daten von der internen Netzwerkschnittstelle ab und wartet 10 Sekunden. Die Ausgabe wird gleich gelöscht durch *>nul*. Statt *10* können Sie auch jeden anderen beliebigen Wert in Sekunden eingeben. Neben dieser Möglichkeit können Sie auch Zusatztools verwenden, die ein System zum Warten zwingen. Leider sind in Windows solche Tools nicht als Bordmittel enthalten, der einfachste Weg ist also mit Ping.

Um ein Diskpart-Skript aufzurufen, tippen Sie in der Eingabeaufforderung Folgendes ein: *diskpart /s <Skriptname.txt>*, wobei *Skriptname.txt* der Name der Textdatei ist, die das Skript enthält. Um die Skriptausgabe von Diskpart in eine Datei umzuleiten, tippen Sie in der Eingabeaufforderung Folgendes ein: *diskpart /s Skriptname.txt > Protokolldatei.txt*. Dabei ist *Protokolldatei.txt* der Name der Textdatei, in die die Ausgabe von Diskpart geschrieben wird. Wenn DiskPart gestartet wird, werden die Diskpart-Version und der Computername an der Eingabeaufforderung angezeigt. Im Kapitel 8 finden Sie am Ende des Kapitels ein Beispielskript von Diskpart zur Datensicherung über das kostenlose Sysinternals-Tool *Disk2Vhd*. Wenn Diskpart beim Versuch, einen Skripttask auszuführen, einen Fehler ermittelt, beendet Diskpart die Verarbeitung des Skripts und zeigt einen Fehlercode an:

- 0 Es sind keine Fehler aufgetreten. Das gesamte Skript wurde ohne Fehler ausgeführt.
- 1 Es ist eine schwerwiegende Ausnahme aufgetreten. Möglicherweise liegt ein ernstes Problem vor.
- 2 Die für einen Diskpart-Befehl angegebenen Parameter waren falsch.
- 3 Diskpart konnte die angegebene Skript- oder Ausgabedatei nicht öffnen.
- 4 Einer der von Diskpart verwendeten Dienste hat einen Fehler zurückgegeben.
- 5 Es liegt ein Befehlssyntaxfehler vor. Das Skript ist fehlgeschlagen, da ein Objekt nicht ordnungsgemäß ausgewählt wurde oder nicht mit diesem Befehl verwendet werden kann.

Um die aktuelle Festplattenkonfiguration Ihres PCs anzuzeigen, öffnen Sie zunächst mit *Start/Ausführen/cmd* eine Eingabeaufforderung. Geben Sie als Nächstes *diskpart* ein, um die Konsole für die Verwaltung von Partitionen aufzurufen. Mit dem Befehl *list disk* werden die eingebauten Festplatten angezeigt.

Geöffnete Dateien in der Befehlszeile anzeigen – *openfiles.exe*

Mit dem Befehlszeilenprogramm *openfiles.exe* können Administratoren Dateien und Ordner, die auf einem System geöffnet wurden, auflisten bzw. trennen. Vor jedem Dateinamen sehen Sie eine ID und den Namen des jeweiligen Benutzers. Greifen mehrere Benutzer gleichzeitig auf eine Datei zu, zeigt Openfiles diese Datei unter zwei unterschiedlichen ID-Kennungen entsprechend zweimal an. Damit geöffnete Dateien angezeigt werden, müssen Sie zunächst das Systemflag *maintain objects list* aktivieren. Mit dem Befehl *openfiles /local on* wird das Systemflag eingeschaltet. Der Befehl *openfiles /local off* schaltet ihn aus.

Abbildg. 6.24 Systemflag *maintain object list* aktivieren

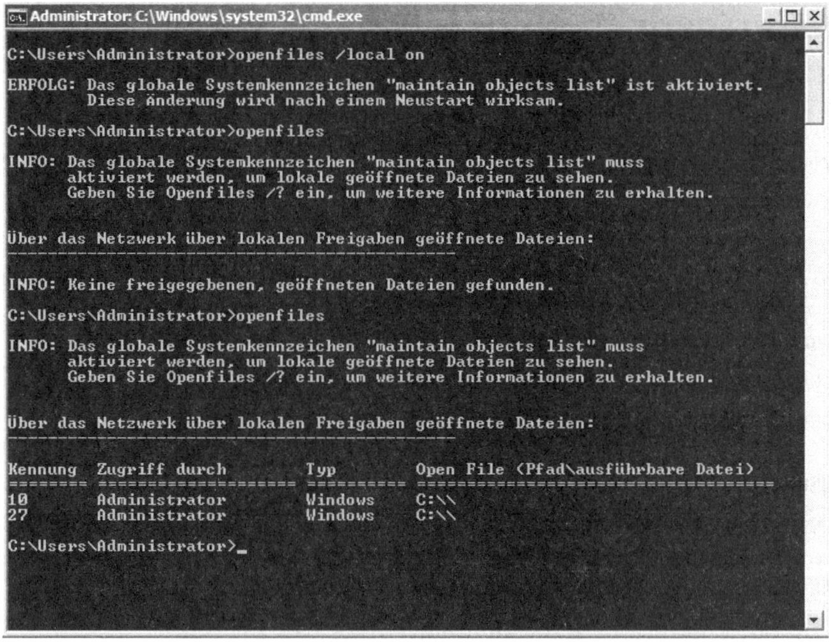

```
Administrator: C:\Windows\system32\cmd.exe

C:\Users\Administrator>openfiles /local on

ERFOLG: Das globale Systemkennzeichen "maintain objects list" ist aktiviert.
        Diese Änderung wird nach einem Neustart wirksam.

C:\Users\Administrator>openfiles

INFO: Das globale Systemkennzeichen "maintain objects list" muss
      aktiviert werden, um lokale geöffnete Dateien zu sehen.
      Geben Sie Openfiles /? ein, um weitere Informationen zu erhalten.


Über das Netzwerk über lokalen Freigaben geöffnete Dateien:
---------------------------------------------------------

INFO: Keine freigegebenen, geöffneten Dateien gefunden.

C:\Users\Administrator>openfiles

INFO: Das globale Systemkennzeichen "maintain objects list" muss
      aktiviert werden, um lokale geöffnete Dateien zu sehen.
      Geben Sie Openfiles /? ein, um weitere Informationen zu erhalten.


Über das Netzwerk über lokalen Freigaben geöffnete Dateien:
---------------------------------------------------------

Kennung  Zugriff durch        Typ        Open File (Pfad\ausführbare Datei)
======== ==================== ========== =====================================
10       Administrator        Windows    C:\\
27       Administrator        Windows    C:\\

C:\Users\Administrator>_
```

Erst nach der Aktivierung dieses Flags werden mit *openfiles* geöffnete Dateien angezeigt. Nachdem Sie das Flag gesetzt haben, müssen Sie den Server neu starten. Wenn Sie nach dem Neustart in der Befehlszeile *openfiles* eingeben, werden die geöffneten Dateien angezeigt. Möchten Sie feststellen, welche Dateien auf einem Datenträger geöffnet sind, empfiehlt sich der Befehl *openfiles | find /i "z:"*, wobei *z:* der Buchstabe des Laufwerks ist. Wenn Sie noch offene Dateien auf Ihrem System vorfinden und diese schließen möchten, verwenden Sie den Befehl *openfiles /disconnect /id <id>* oder *openfiles /disconnect /a <Benutzer>*. Als *<id>* wird die von *openfiles* mitgeteilte ID eingetragen, als *<Benutzer>* die mitgeteilte Nutzerkennung.

Weitere Befehlszeilentools für die Datenträgerverwaltung

Neben den bereits beschriebenen Möglichkeiten werden für die Verwaltung von Datenträger über die Befehlszeile weitere Tools zur Verfügung gestellt. Sie erhalten in der Befehlszeile zu jedem Tool eine ausführliche Hilfe.

- **Diskraid** Verwalten von RAID-Systemen
- **Defrag** Datenträger defragmentieren
- **Convert <Laufwerkbuchstaben> /FS:NTFS** Datenträger von FAT zu NTFS formatieren
- **Vssadmin** Verwalten der Schattenkopien
- **Fsutil** Verwalten des Dateisystems
- **Sigverif** Verifizieren der Signatur einer Datei
- **Icacls** Besitz eines Verzeichnisses übernehmen

Sysinternals-Tools zur Verwaltung von Dateien und Datenträgern

Microsoft hat die komplette Toolsammlung von Sysinternals in einer einzigen Datei zum Download bereitgestellt. So können Sie sich das lästige Herunterladen der einzelnen Programme sparen. Zu den Tools gehören etwa *AutoRuns, Diskmon, Filemon, Portmon, Regmon* und der *Process Explorer*, mit denen sich die Aktivitäten eines Rechners und der darauf laufenden Anwendungen sehr gut beobachten lassen. Auch der *RootkitRevealer* zum Aufspüren von Rootkits gehört zu der Sammlung.

HINWEIS Auf den folgenden Internetseiten erhalten Sie ausführliche Informationen zu den Tools:

- *http://technet.microsoft.com/de-de/sysinternals/default.aspx*
- *http://forum.sysinternals.com*
- *http://www.microsoft.com/technet/sysinternals/utilities/sysinternalssuite.mspx*
- *http://www.ryanvm.net/forum/viewtopic.php?t=1735*

Berechtigungen auf Datei- oder Verzeichnisebene verwalten und überwachen

Mit *AccessChk* wird in der Befehlszeile eine ausführliche Liste ausgegeben, welche Rechte ein Benutzer auf Dateien, Dienste oder die Registry hat. Mit dem Tool kann schnell ein Überblick erlangt werden, wie bestimmte Zugriffsrechte für einzelne Benutzer aussehen. Die Syntax lautet:

```
accesschk [-s][-i|-e][-r][-w][-n][-v][[-k][-c]|[-d]] <Benutzername> <Datei, Verzeichnis,
Registryschlüssel oder Dienst>
```

- –c Diese Option wird verwendet, wenn es sich um einen Dienst handelt. Wird der Platzhalter * verwendet, werden die Rechte für alle Systemdienste angezeigt.
- –d Verarbeitet nur Verzeichnisse
- –k Diese Option wird verwendet, wenn es sich um einen Registryschlüssel handelt, zum Beispiel *HKLM\SOFTWARE*
- –n Zeigt nur Objekte an, für die kein Zugriff besteht
- –r Zeigt nur Leserechte an
- –w Zeigt nur Schreibrechte an

Wird ein Benutzer oder eine Gruppe ausgewählt, werden die effektiven Rechte für diesen Account angezeigt.

Beispiele

Sollen die Rechte des Benutzers *Administrator* für ein Verzeichnis angezeigt werden, wird der Befehl *accesschk administrator c:\windows\system32* verwendet. Bei jeder Datei erhalten Sie die Information, ob Leserechte (R), Schreibrechte (W) oder beides (RW) bestehen. Sollen die Zugriffsberechtigungen für einen Benutzer für einen bestimmten Registryschlüssel abgeprüft werden, wird beispielsweise der Befehl *accesschk –kns contoso\tami hklm\software* verwendet. Das Tool eignet sich daher hervorragend, um Server auf Sicherheitsschwachstellen zu untersuchen. Auch innerhalb von Skripts mit der Option *|more* kann die Ausgabe seitenweise aufgeteilt werden. Über *>Datei.txt* lässt sich die Ausgabe in eine Datei umleiten.

AccessEnum bietet eine grafische Oberfläche mit der für eine komplette Verzeichnisstruktur die Berechtigungen eines Benutzers angezeigt werden. Bei *AccessEnum* handelt es sich um die grafische Oberfläche von *AccessChk*. Der Download enthält beide Dateien, da *AccessEnum* das Programm *AccessChk* zur Überprüfung der Berechtigungen nutzt. Die Bedienung ist sehr einfach und ideal für das Aufdecken von Sicherheitslücken aufgrund mangelhaft gesetzter Berechtigungen. Sie können sich in der Oberfläche ein Verzeichnis aussuchen und dieses auf Berechtigungen scannen lassen. Hier werden auch Verweigerungsrechte angezeigt.

Abbildg. 6.25 *AccessEnum* zeigt in einer grafischen Oberfläche die Berechtigungsstruktur für einzelne Verzeichnisse an

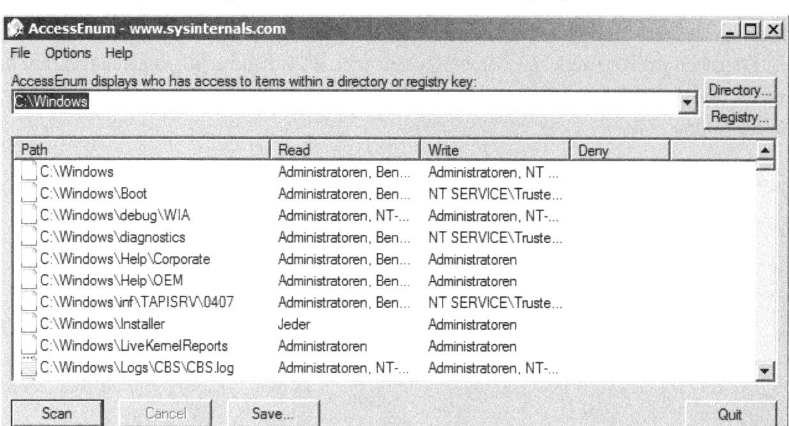

Der Verzeichnisname wird in der Spalte *Path* angezeigt, während der Eintrag für das Anwenderkonto in der Spalte *Read* zu finden ist. Ein Anwender, der beispielsweise die Schreibrechte auf das Verzeichnis *Windows\System32* und alle darunter liegenden Verzeichnisse besitzt, aber über kein Schreibrecht auf das Verzeichnis *Windows* verfügt, wird mit dem Eintrag *Windows\Systems32* und dem Namen des Kontos in der Spalte *Write* dargestellt. Durch diese Art und Weise der verdichteten Darstellung wird erreicht, dass Konten im Zusammenhang mit der entsprechenden Gruppenzugehörigkeit dargestellt werden. Besitzt beispielsweise eine Gruppe den Lesezugriff auf ein Verzeichnis, während sie aber dieses Leserecht auf das übergeordnete Verzeichnis nicht hat, werden eines oder mehrere Gruppenmitglieder, auf die genau diese Konstellation zutrifft, nicht separat in der *Read*-Spalte dargestellt. Hier wird nur die entsprechende Gruppe auftauchen. Das Menü stellt zwei Einstellmöglichkeiten zur Verfügung. Die erste Option mit der Bezeichnung *Show Local System Account* ist standardmäßig ausgewählt. Wird diese Option deaktiviert, ignoriert das Tool die Zugriffsrechte, die sich auf den lokalen Systemaccount beziehen. Dieses Konto wird nur von den Windows-Diensten und den Kernkomponenten des Betriebssystems verwendet. Die zweite Option, die hier zur Verfügung gestellt wird, trägt die Bezeichnung *File Display Options*. Durch Auswahl dieser Option wird es möglich, dass Dateien und Verzeichnisse so behandelt werden, dass eine Datei grundsätzlich immer dann angezeigt wird, wenn die Zugriffsrechte von denen des übergeordneten Verzeichnisses abweichen. Mit einem Klick auf die Spaltenüberschriften können die Einträge auf- oder absteigend sortiert werden. Über die Schaltfläche *Registry* wird innerhalb der Registry nach Berechtigungen gescannt.

ShareEnum – Die Netzwerkversion von AccessEnum

ShareEnum ist ein ähnliches Tool wie AccessEnum und hat die Funktion, alle Freigaben und deren Sicherheitseinstellungen anzuzeigen. Auf diese Weise können alle Freigaben eines Servers auf einen Blick angezeigt werden. Das Tool kann entweder einen IP-Bereich oder alle PCs und Server einer Domäne (oder aller Domänen) auf Freigaben scannen. Damit das Tool auch zuverlässig alle Informationen anzeigt, sollte die Anmeldung mit Domänenadmin-Konto erfolgen, da nur dieses Konto Rechte auf allen PCs und Servern der Domäne hat. Das Tool zeigt nicht nur die Freigaben an, sondern auch den lokalen Pfad der Freigabe auf dem Server. Über die Schaltfläche *Refresh* wird ein neuer Scanvorgang gestartet. Soll nur ein einzelner Server gescannt werden, geben Sie als IP-Bereich als Start- und Endadresse die gleiche IP-Adresse an. Mit dem Tool werden in einem einzelnen Fenster alle Freigaben im Netzwerk mit den entsprechenden Zugriffsberechtigungen angezeigt. In Verbindung mit AccessChk und AccessEnum ist ShareEnum daher eine wertvolle Ergänzung für die Toolsammlung eines jeden Administrators.

Abbildg. 6.26 Verfügbare Freigaben in einem Netzwerk anzeigen

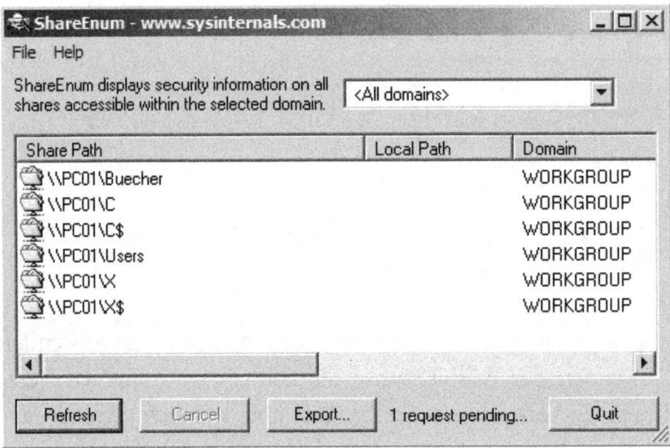

Datenträger- und Partitionsverwaltung

Vor allem auf Servern auf denen viele Partitionen eingerichtet wurden, die sich über mehrere physische Festplatten erstrecken, kann *Diskext.exe* extrem hilfreich sein. Das Tool zeigt an, über welche Festplatten sich eine Partition erstreckt und wo auf der Festplatte die Partition angelegt worden ist. Bei dem Tool handelt es sich um ein einfaches Befehlszeilentool. Die Ausgabe kann zum Beispiel in eine Textdatei umgeleitet werden, wenn bei der Einrichtung eines Servers eine Dokumentation erstellt werden soll.

Mit *Diskmon* werden alle Aktivitäten der Festplatte in einem Fenster angezeigt. Es werden detaillierte Informationen über die Nutzung der Festplatten im Server angezeigt. In einem Ausgabefenster werden dabei Aktion, Sektor, Zeit, Dauer und Festplatte angegeben. Zu Diagnosezwecken kann dieses Tool sehr nützlich sein, da schnell erkannt wird, welche Abläufe auf den Platten durchgeführt werden. Neben der Echtzeitanzeige der Festplattenkapazität, bei der mit verschiedenen Optionen und Filtern gearbeitet wird, besteht auch die Möglichkeit, das Programm in die Taskleiste zu minimieren und es an dieser Stelle als Festplattenaktivitäts-LED zu verwenden. Aktivieren Sie dazu über *Options* die Funktion *Minimize to Tray Disk Light*. Wird das Programm minimiert, wird neben der Uhr ein kleines Symbol angezeigt, welches die Aktivität der Festplatte anzeigt, wie die Leuchte der Festplatte direkt am Server. Wenn in einen Serverschrank viele Server eingebaut sind, von denen man oft auch die Lampen der Festplattennutzung nicht sieht, kann mit diesem Tool schnell erkannt werden, ob und wie stark aktuell auf die Festplatte des Servers zugegriffen wird.

Abbildg. 6.27 Festplattenkapazität eines Servers mit *Disk Monitor* von Sysinternals anzeigen

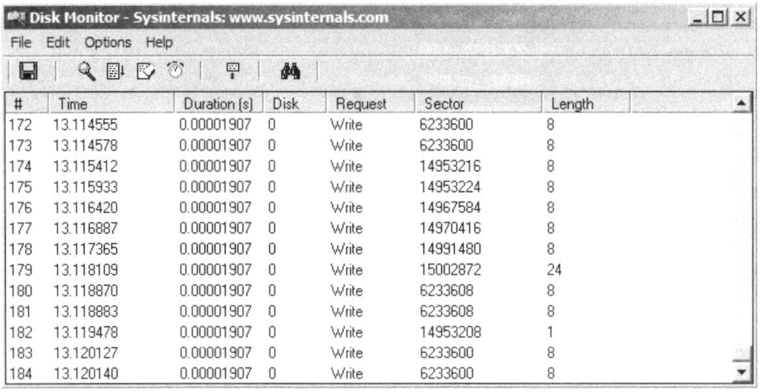

Disk Monitor - Sysinternals: www.sysinternals.com

File Edit Options Help

#	Time	Duration (s)	Disk	Request	Sector	Length
172	13.114555	0.00001907	0	Write	6233600	8
173	13.114578	0.00001907	0	Write	6233600	8
174	13.115412	0.00001907	0	Write	14953216	8
175	13.115933	0.00001907	0	Write	14953224	8
176	13.116420	0.00001907	0	Write	14967584	8
177	13.116887	0.00001907	0	Write	14970416	8
178	13.117365	0.00001907	0	Write	14991480	8
179	13.118109	0.00001907	0	Write	15002872	24
180	13.118870	0.00001907	0	Write	6233608	8
181	13.118883	0.00001907	0	Write	6233608	8
182	13.119478	0.00001907	0	Write	14953208	1
183	13.120127	0.00001907	0	Write	6233600	8
184	13.120140	0.00001907	0	Write	6233600	8

Dateien automatisiert ersetzen und löschen

Mit *PendMoves* und *MoveFile* können Sie konfigurieren, dass bestimmte Dateien beim nächsten Neustart ersetzt oder gelöscht werden sollen. Vor allem wenn Dateien, die aktuell im Zugriff sind, ausgetauscht werden müssen, aber der Server nicht neu gestartet werden kann, kann dadurch der Austausch auf die Abendstunden gelegt werden. Diese Aktionen werden vom Microsoft Sitzungs-Manager durchgeführt. Dazu werden die einzelnen Maßnahmen und Konfigurationen aus dem Registryschlüssel *HKLM\System\CurrentControlSet\Control\Session Manager\PendingFileRenameOperations* ausgelesen.

Mit *PendMoves* wird angezeigt, welche Dateien beim nächsten Neustart gelöscht oder verschoben werden sollen. Mit dem zweiten Tool, *MoveFile*, wird ein solcher Vorgang konfiguriert. Die Syntax dazu lautet: *movefile <Quelle> <Ziel>*. Wird als Ziel "" eingegeben, wird die Datei gelöscht.

Der neue Windows-Explorer und die neue Windows-Suche

Der Windows-Explorer ist noch immer die Schaltzentrale von Windows zur Navigation innerhalb von Verzeichnissen und der Verwaltung von Dateien. Microsoft hat gerade innerhalb des Windows-Explorers in Windows 7 und Windows Server 2008 R2 einige Änderungen vorgenommen, die auch bei der Verwaltung eines Dateiservers eine Rolle spielen. Oben links im Explorer-Fenster wird eine Vor- und Zurückschaltfläche eingeblendet. Mit diesen kann zum vorher geöffneten Verzeichnis zurückgewechselt werden. Diese Funktion wurde vom Internet Explorer übernommen und erleichtert deutlich die Navigation. Die Adressleiste zeigt den genauen Standort des derzeitig geöffneten Verzeichnisses an. Sie können entweder direkt auf einen übergeordneten Ordner klicken, um diesen zu öffnen, oder über das kleine Symbol neben jedem Ordner dessen Unterordner anzeigen und zu diesen navigieren. Klicken Sie auf den ersten Pfeil in der Adressleiste, werden Ihnen einige Standardordner des Betriebssystems angezeigt. Klicken Sie mit der rechten Maustaste auf die Adressleiste, können Sie den derzeitigen Pfad in die Zwischenablage kopieren und in einem anderen Programm wieder einfügen. Mit einem Klick auf den leeren Bereich der Adressleiste wechselt die Ansicht in ein Eingabefeld und Sie können den Pfad manuell eintragen, der im Windows-Explorer angezeigt werden soll. Wie beim Internet Explorer kann auch beim Windows-Explorer die Ansicht durch F5 oder per Klick auf die *Aktualisieren*-Schaltfläche neben der Adressleiste aktualisiert werden.

Abbildg. 6.28 Der neue Explorer in Windows Server 2008 R2

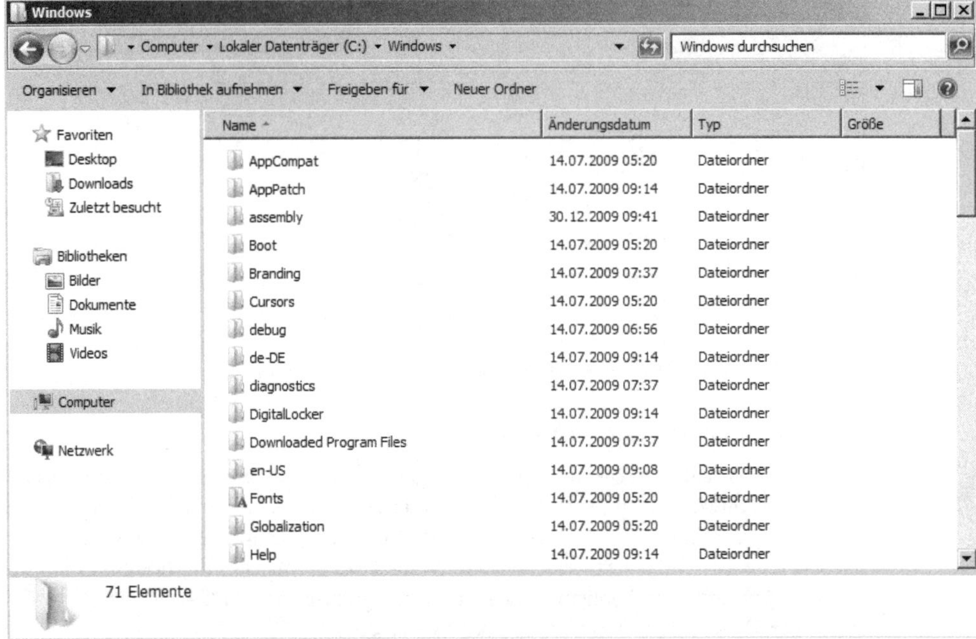

Das Feld *Suchen* befindet sich oben rechts in jedem Ordner. Es filtert die aktuelle Ansicht auf der Grundlage des von Ihnen eingegebenen Texts. Mit dem Feld *Suchen* können Sie Dateien anhand von Text im Dateinamen, von Text innerhalb der Datei, von Markierungen und von anderen gängigen Dateieigenschaften suchen, die Sie an die Datei angefügt haben. Darüber hinaus schließt die Suche den aktuellen Ordner und alle Unterordner ein. Wenn Sie beispielsweise eine Datei mit dem Titel *Einkaufskonditionen 2010* erstellt haben, werden, sobald Sie »Eink« in das Feld *Suchen* eingeben, die meisten Dateien im Ordner nicht mehr angezeigt, sondern nur die dazu passenden. Wenn Sie beispielsweise die Datei *Rechnung November.xls* suchen, können Sie »Nov« oder »Rech« eingeben.

Virtuelle Festplatten erstellen und verwalten

Windows 7 und Windows Server 2008 R2 können *.vhd*-Dateien direkt in das Betriebssystem einbinden und diese wie normale Laufwerke nutzen. Die Steuerung dieser virtuellen Festplatten finden Sie in der Festplattenverwaltung über das Menü *Aktion.*

Abbildg. 6.29 Virtuelle Festplatten verwalten

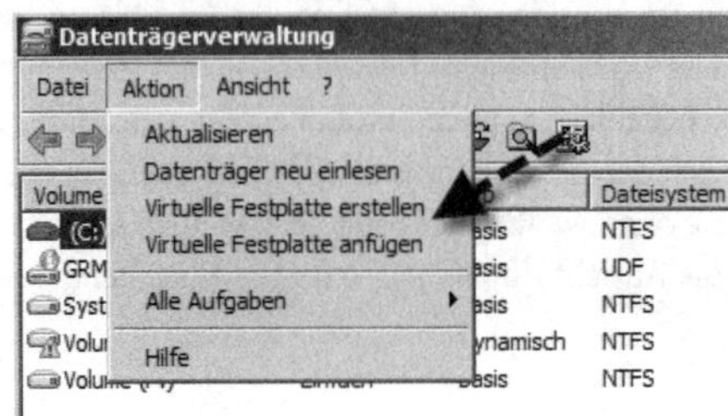

Klicken Sie auf den Menüpunkt *Virtuelle Festplatte erstellen*, um den Assistenten zu starten. Im Assistenten legen Sie fest, wo Sie die *.vhd*-Datei der Festplatte speichern wollen und wie groß die Festplatte sein soll. An dieser Stelle legen Sie auch fest, ob die Festplatte anwachsen darf, oder ob Sie eine feste Größe verwenden wollen. Wählen Sie den Befehl *Virtuelle Festplatte anfügen* aus, können Sie bereits bestehende Datenträger an den Computer anbinden. Virtuelle Festplatten müssen mindestens eine Größe von 3 MB haben, außerdem sind diese Festplatten immer als Basisplatten konfiguriert. Nachdem Sie virtuelle Festplatten angelegt, in der Datenträgerverwaltung initialisiert und formatiert haben, stehen diese im Windows-Explorer, wie alle anderen Laufwerke auch, zur Verfügung. Das Verbinden und Trennen von virtuellen Festplatten lässt sich alternativ auch in der Befehlszeile mit *Diskpart.exe* durchführen:

```
diskpart
select vdisk file=c:\windows7.vhd
attach vdisk
select volume <Volumenummer, mit list volume abfragen>
assign letter=v
exit
```

Abbildg. 6.30 Daten einer virtuellen Festplatte konfigurieren

Nachdem Sie die virtuelle Festplatte erstellt haben, zeigt Windows die Installation des Treibers an, um virtuelle Festplatten ansprechen zu können.

Abbildg. 6.31 Windows Server 2008 R2 installiert den Treiber für virtuelle Festplatten

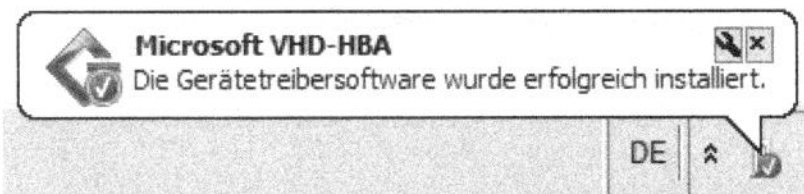

TIPP Mit dem kostenlosen Tool Disk2vhd von Sysinternals (*www.sysinternals.com*), können Sie über eine grafische Oberfläche mit einem Klick ein Abbild von physischen Festplatten in eine *.vhd*-Datei erstellen. Der Computer kann dabei problemlos weiterlaufen, der Abbildprozess findet im Hintergrund statt. Eine ausführliche Anleitung finden Sie am Ende von Kapitel 8.

Abbildg. 6.32 Virtuelle Festplatten erstellen

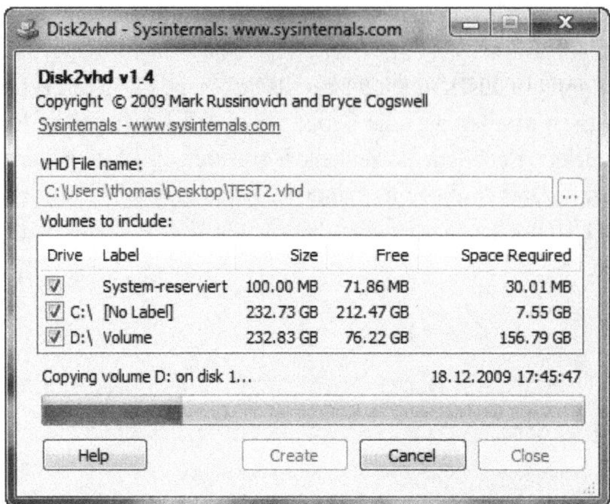

Abhängig von der Größe dauert die Erstellung einige Minuten. Anschließend steht der virtuelle Datenträger in Windows wie jeder andere Datenträger zur Verfügung. Bei der Verwendung gibt es keine Unterschiede zu physischen Datenträgern, aber alle Daten der Festplatte liegen in der beschriebenen *.vhd*-Datei. Nachdem Sie den Datenträger angelegt haben, müssen Sie diesen, wie jeden anderen Datenträger auch, initialisieren und formatieren. Klicken Sie dazu nach dem Anlegen der Festplatte mit der rechten Maustaste auf den freien Speicherplatz.

Abbildg. 6.33 Virtuelle Festplatten verwenden Sie wie physische Festplatten

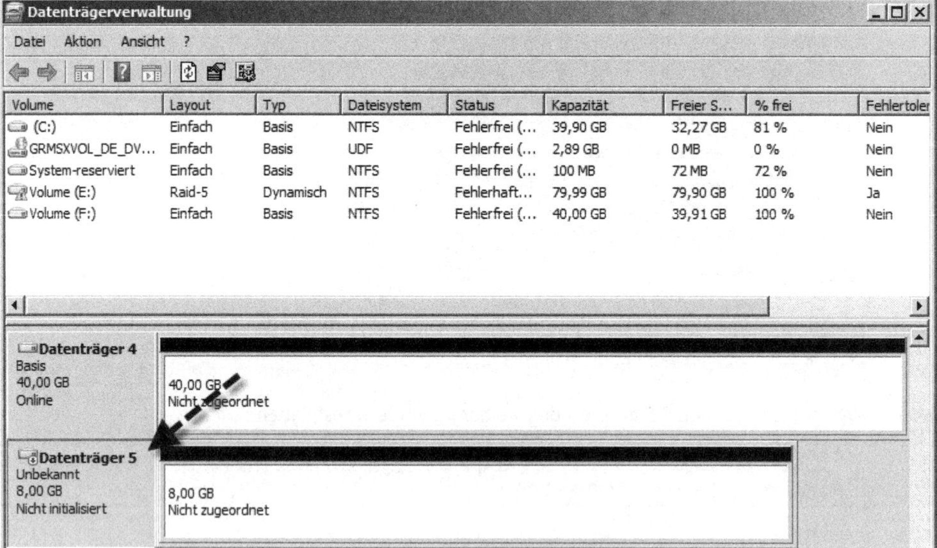

Über das Kontextmenü des virtuellen Datenträgers können Sie diesen zeitweise offline schalten, also für die Verwendung deaktivieren. Oder Sie können den Datenträger wieder vom System entfernen.

Abbildg. 6.34 Über das Kontextmenü der virtuellen Festplatte trennen Sie diese vom Computer

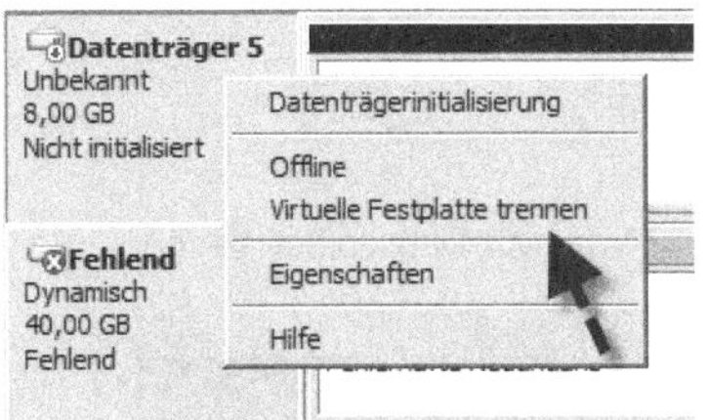

Sie können *.vhd*-Dateien, die Sie in Windows Server 2008 R2 oder Windows 7 erstellt haben, sehr leicht bootfähig machen. Dazu müssen Sie lediglich eine solche Festplatte erstellen und diese im Start-Manager eintragen. Stellen Sie sicher, dass sich die *.vhd*-Datei direkt im Stammverzeichnis von C: befindet und Sie die Festplatte mit dem System verbunden haben, zum Beispiel mit:

```
diskpart
select vdisk file=c:\windows7.vhd
attach vdisk
select volume <Volumenummer, mit list volume abfragen>
assign letter=v
```

Zur Anbindung an das Systemstartmenü verwenden Sie das Verwaltungstool *bcdedit.exe*, das Sie über eine Befehlszeile steuern. Allerdings ist der Befehl nicht gerade einfach. Bevor Sie jedoch Änderungen am Bootspeicher vornehmen, sollten Sie diesen über die Option */export* sichern (siehe Kapitel 2), zum Beispiel mit dem Befehl *bcdedit /export c:\backup*.

Abbildg. 6.35 Start-Manager von Windows Server 2008 R2 sichern

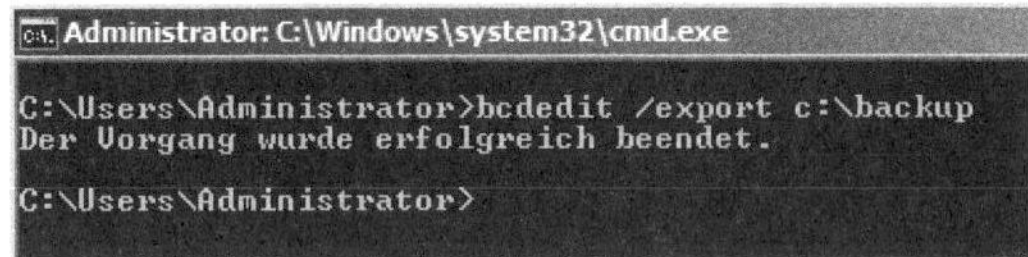

Anschließend können Sie den Bootspeicher bearbeiten. Der erste Befehl kopiert dazu den Eintrag einer bestehenden Installation und fügt dem Start-Manager einen neuen Eintrag hinzu.

```
bcdedit /copy {current} /d "Booten von VHD"
```

Abbildg. 6.36 Vorhandenen Booteintrag für das Booten von virtueller Festplatte kopieren

```
Administrator: C:\Windows\system32\cmd.exe
C:\Users\Administrator>bcdedit /copy {current} /d "Booten von VHD"
Der Eintrag wurde erfolgreich in {4a4967fc-f51d-11de-8137-f0ec436a8ab0} kopiert.

C:\Users\Administrator>
```

Diesen neuen Eintrag bearbeiten Sie als Nächstes. Als Bezeichner-ID verwenden Sie die Daten, die der erste Befehl ausgibt. Klicken Sie oben links auf das kleine Symbol, können Sie mit *Bearbeiten/Markieren* die GUID des Eintrags in die Zwischenablage kopieren, inklusive der geschweiften Klammern. Markieren Sie dazu den Eintrag und klicken Sie die Eingabetaste.

```
bcdedit /set <Bezeichner-ID> osdevice vhd=[C:]\<Datei>.vhd
bcdedit /set <Bezeichner-ID> device vhd=[C:]\< Datei>.vhd
```

Abbildg. 6.37 Start-Manager von Windows Server 2008 für die Unterstützung von *.vhd*-Dateien bearbeiten

```
Administrator: C:\Windows\system32\cmd.exe

C:\Users\Administrator>bcdedit /set {4a4967fc-f51d-11de-8137-f0ec436a8ab0} osdev
ice vhd=[C:]\c:\test.vhd
Der Vorgang wurde erfolgreich beendet.

C:\Users\Administrator>bcdedit /set {4a4967fc-f51d-11de-8137-f0ec436a8ab0} devic
e vhd=[C:]\c:\test.vhd
Der Vorgang wurde erfolgreich beendet.

C:\Users\Administrator>
```

Starten Sie den Computer, sehen Sie den neuen Eintrag im Systemstartmenü. Dieser Eintrag bootet dann von der virtuellen Festplatte. Erhalten Sie einen Fehler angezeigt, können Sie den Computer mit *sysprep.exe* wieder auf den Ursprungszustand zurücksetzen. Den *Sysprep*-Befehl finden Sie im Verzeichnis *\Windows\System32\Sysprep*. Wählen Sie die Option *Out-of-Box-Experience* und dann *Verallgemeinern*. Booteinträge löschen Sie auch, wenn Sie *msconfig* in das Suchfeld des Startmenüs eingeben. Auf der Registerkarte *Start* sehen Sie alle Einträge des Start-Managers und können Einträge auch wieder löschen.

Abbildg. 6.38 Start-Manager von Windows Server 2008 R2 mit *msconfig* bearbeiten

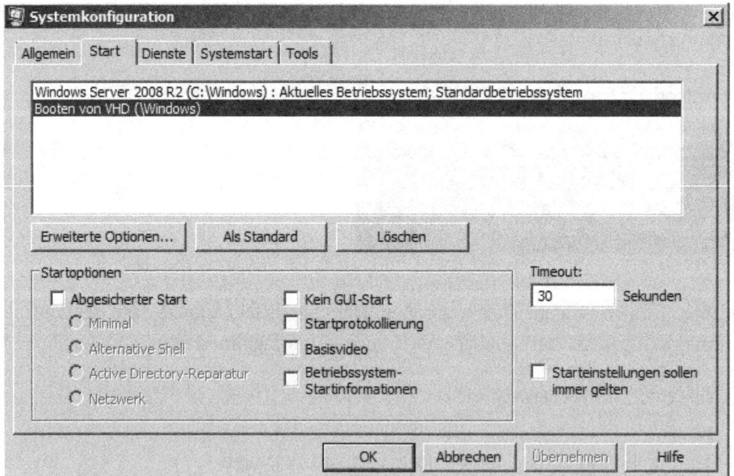

Bibliotheken in Windows 7 und Windows Server 2008 R2 verstehen

Eine neue Funktion in Windows 7 und Windows Server 2008 R2 sind die Bibliotheken. Diese sind im Grunde genommen wie Verzeichnisse, nur virtuell. Bibliotheken enthalten mehrere physische Verzeichnisse auf dem Rechner und zeigen im Windows-Explorer den Inhalt dieser Verzeichnisse so an, als ob es sich um ein einzelnes Verzeichnis handelt. Bibliotheken können Sie auch über Netzlaufwerke zu Dateiservern hin erweitern.

Bibliotheken im Überblick

In diesem Abschnitt zeigen wir Ihnen, wie Sie mit dieser neuen Art der Dateiverwaltung umgehen. Öffnen Sie den Windows-Explorer über das Symbol in der Taskleiste, zeigt dieser alle angelegten Bibliotheken auf einen Blick an.

Abbildg. 6.39 Bibliotheken im Windows-Explorer anzeigen

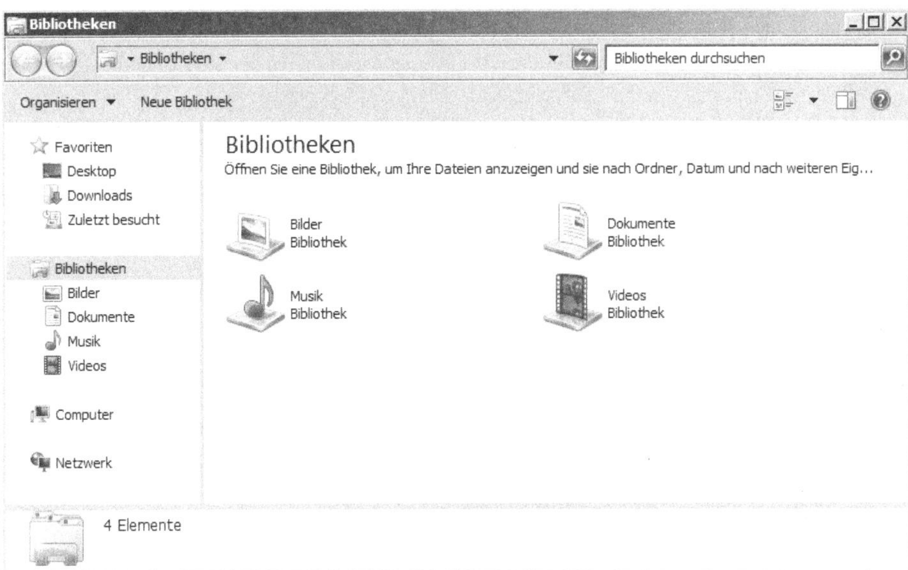

Ansonsten können Sie die Bibliotheken auch öffnen, indem Sie im Navigationsbereich auf Bibliotheken klicken. Die drei wichtigsten Bibliotheken *Bilder, Musik* und *Dokumente* erreichen Sie in Windows 7 auch direkt über das Startmenü. Bei Windows Server 2008 R2 sind diese Bibliotheken ausgeblendet, lassen sich über die Eigenschaften des Startmenüs aber einblenden. Weitere Bibliotheken, zum Beispiel *Videos*, können Sie ebenfalls in den Eigenschaften des Startmenüs einblenden lassen. Auch die Anzeige dieser Bibliotheken können Sie in den Eigenschaften des Startmenüs steuern. In Windows 7 und Windows Server 2008 R2 gibt es den Ordner *Eigene Dateien* nicht mehr. Aus Kompatibilitätsgründen wird dieser Ordner nur noch als Verknüpfung dargestellt, verweist aber auf das Verzeichnis *Eigene Dokumente*. Windows 7 und Windows Server 2008 R2 arbeiten mit mehreren Ordnern, die alle im Ordner *C:\Benutzer\<Benutzername>* gespeichert sind. Die wichtigsten Ordner in diesem Bereich sind auch über das Startmenü erreichbar.

- **<Benutzername>** Wenn Sie im Startmenü auf diesen Eintrag klicken, wird Ihnen der Inhalt des Profilordners des Benutzers angezeigt. Dieser Ordner entspricht dem Pfad *C:\Benutzer\<Benutzername>*.
- **Dokumente** Dieser Eintrag im Startmenü entspricht dem Pfad *C:\Benutzer\<Benutzername>\Eigene Dokumente* und *C:\Benutzer\Öffentlich\Öffentliche Dokumente*

Bei den Einträgen im Startmenü handelt es sich nicht nur um ein Verzeichnis, sondern um eine Bibliothek. Rufen Sie zum Beispiel die Eigenschaften von *Dokumente* auf, sehen Sie, welche Verzeichnisse in dieser Bibliothek enthalten sind. Sie können den Speicherplatz des Ordners *Dokumente* anpassen, indem Sie im Startmenü den Eintrag mit der rechten Maustaste anklicken und im zugehörigen Kontextmenü den Befehl *Eigenschaften* auswählen. Anschließend können Sie neue Verzeichnisse in die Bibliothek aufnehmen oder Verzeichnisse entfernen.

Abbildg. 6.40 Verzeichnisse einer Bibliothek anpassen

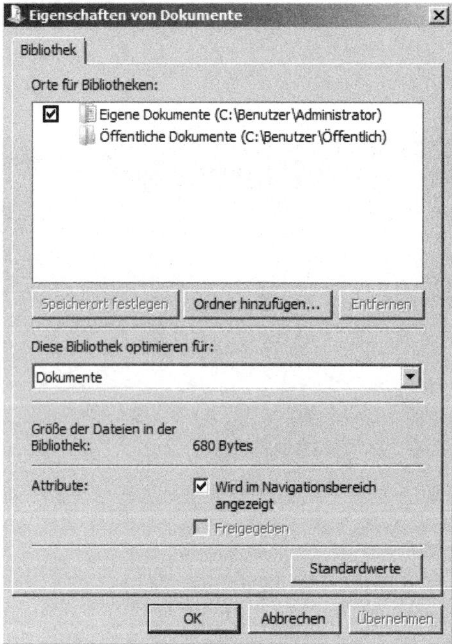

- **Bilder** Dieser Eintrag im Startmenü entspricht dem Ordner *C:\Benutzer\<Benutzername>\Eigene Bilder* und *C:\Benutzer\Öffentlich\Öffentliche Bilder*. In den Eigenschaften zu diesem Eintrag können Sie die Bibliothek ebenfalls anpassen.
- **Musik** Dieser Eintrag im Startmenü entspricht dem Ordner *C:\Benutzer\<Benutzername>\Eigene Musik* und *C:\Benutzer\Öffentlich\Öffentliche Musik*. In den Eigenschaften zu diesem Eintrag können Sie die Bibliothek ebenfalls anpassen.

Haben Sie versehentlich eine der Standardbibliotheken falsch konfiguriert oder gelöscht, können Sie die Einstellungen wiederherstellen, wenn Sie im Navigationsbereich des Windows-Explorers mit der rechten Maustaste auf den Eintrag *Bibliotheken* klicken und im Kontextmenü den Befehl *Standardbibliotheken wiederherstellen* auswählen.

Abbildg. 6.41 Standardbibliotheken im Windows-Explorer wiederherstellen

Eigene Bibliotheken anlegen und verwalten

Neben den standardmäßig vorhandenen Bibliotheken besteht auch die Möglichkeit, eigene anzulegen. Wollen Sie eine eigene Bibliothek erstellen, klicken Sie entweder im Navigationsbereich des Explorers mit der rechten Maustaste auf den Eintrag *Bibliotheken* und wählen im Kontextmenü den Befehl *Neu/Bibliothek*. Oder Sie klicken auf die Schaltfläche *Neue Bibliothek*, wenn Sie sich bereits in der Ansicht der Bibliotheken befinden.

Abbildg. 6.42 Eigene Bibliotheken erstellen

Weisen Sie als Erstes der Bibliothek einen übergeordneten Namen zu. Anschließend klicken Sie diese mit der rechten Maustaste an und wählen *Eigenschaften* aus. Im folgenden Fenster können Sie verschiedene Optionen festlegen. Über die Schaltfläche *Ordner hinzufügen* wählen Sie zunächst aus, welche Ordner auf dem Dateisystem in die Bibliothek aufgenommen werden sollen. Haben Sie einen Ordner ausgewählt, können Sie diesen mit der Schaltfläche *Entfernen* wieder aus der Bibliothek löschen.

HINWEIS Speichern Sie Dateien in einer Bibliothek, müssen diese nicht nur virtuell irgendwo auf der Festplatte gespeichert werden, sondern Sie müssen ein Verzeichnis auf dem Dateisystem auswählen. Diese Auswahl nehmen Sie in den Eigenschaften der Bibliothek vor. Wählen Sie das entsprechende Verzeichnis aus und klicken Sie dann auf *Speicherort festlegen*. Immer wenn Sie im Windows-Explorer diese Bibliothek als Speicherort auswählen, speichert das jeweilige Programm die Datei im ausgewählten physischen Verzeichnis.

Abbildg. 6.43 Verzeichnisse und Standardspeicher der Bibliothek festlegen

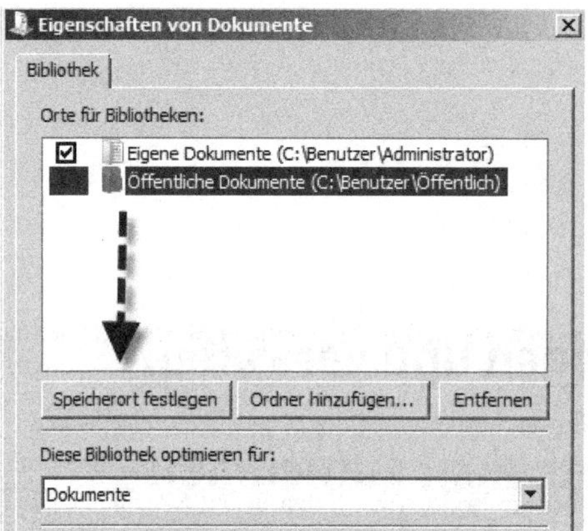

Per Rechtsklick auf die Verzeichnisse im Eigenschaftenfenster können Sie auch die Reihenfolge festlegen. Die Windows-Suche durchsucht die Ordner einer Bibliothek in der Reihenfolge, die Sie in den Eigenschaften festlegen.

Abbildg. 6.44 Suchreihenfolge für die Bibliothek festlegen

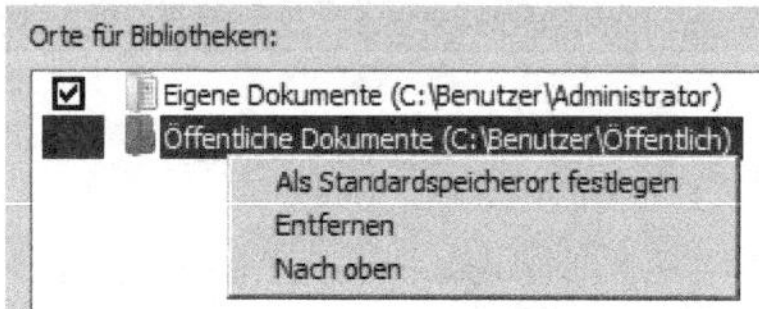

Als Nächstes wählen Sie im mittleren Bereich des Eigenschaftenfenster aus, welche Art von Dateien Sie in der Bibliothek größtenteils speichern.

Abbildg. 6.45 Eine Bibliothek optimieren

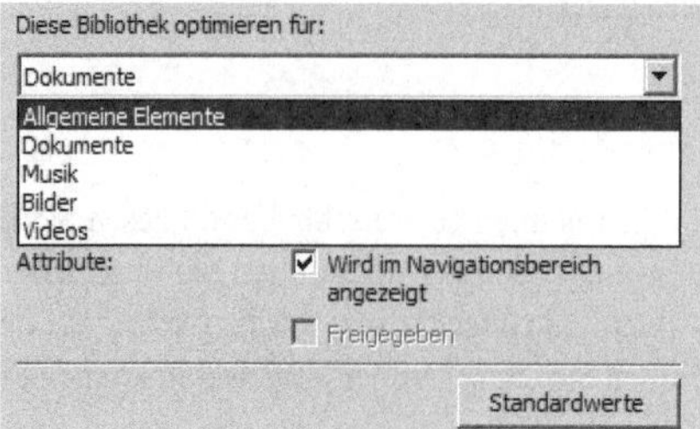

Im unteren Bereich des Fensters legen Sie anschließend fest, ob die Bibliothek zusammen mit den anderen Bibliotheken in der Navigationsliste angezeigt werden soll. Außerdem können Sie hier die Gesamtgröße aller Dateien anzeigen, die in der Bibliothek enthalten sind. Klicken Sie eine Bibliothek doppelt an, um diese im Windows-Explorer zu öffnen. Im Inhaltsfenster zeigt der Windows-Explorer auch an, wie viele Verzeichnisse die Bibliothek insgesamt enthält.

Abbildg. 6.46 Der Windows-Explorer zeigt die integrierten Verzeichnisse einer Bibliothek im Inhaltsfenster an

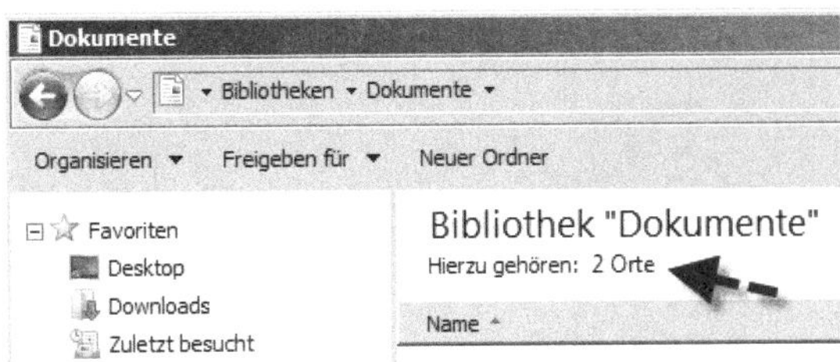

Klicken Sie auf den Link mit den enthaltenen Verzeichnissen, öffnet sich ein neues Fenster, über das Sie Ordner hinzufügen oder entfernen können. Auch die Suchreihenfolge der Ordner legen Sie an dieser Stelle fest.

Netzwerkpfade in Bibliotheken aufnehmen

Die Bibliotheken in Windows 7 basieren auf indexierten Daten. Nur mit einem Index lassen sich Verzeichnisse schnell durchsuchen. Nicht indexierte Verzeichnisse lassen sich nicht in Bibliotheken anbinden. Sie erhalten in diesem Fall eine entsprechende Fehlermeldung. Netzwerklaufwerke können Sie daher nur dann einer Bibliothek zuordnen, wenn sie indexiert werden. Das kann entweder serverseitig durch einen Indexdienst auf dem Computer, von dem die Freigabe stammt, erfolgen. Hier unterstützt Windows 7 als Schnittstelle Windows Desktop Search 4.0. Alternativ indexieren Sie die Netzlaufwerke am Client. Dazu stellen Sie manuell über das Kontextmenü des Netzwerklaufwerks am Client die Offlineverfügbarkeit ein (siehe Kapitel 19 und 20).

Windows-Explorer anpassen

In diesem Abschnitt zeigen wir Ihnen, wie Sie den Windows-Explorer auf dem Server und auf den Clients anpassen können.

Alle Dateien im Windows-Explorer anzeigen

Der Windows-Explorer blendet standardmäßig viele wichtige Dateien aus. Für Profianwender kann es notwendig sein, dass alle Dateien, also auch die versteckten und die Systemdateien, angezeigt werden. Gehen Sie dazu folgendermaßen vor:

1. Öffnen Sie den Windows-Explorer.
2. Klicken Sie auf *Organisieren/Ordner- und Suchoptionen.*
3. Wechseln Sie zur Registerkarte *Ansicht.*
4. Deaktivieren Sie das Kontrollkästchen *Erweiterungen bei bekannten Dateien ausblenden.* In diesem Fall werden auch die Endungen der Dateien angezeigt.

5. Deaktivieren Sie das Kontrollkästchen *Geschützte Systemdateien ausblenden.*
6. Aktivieren Sie die Option *Ausgeblendete Dateien, Ordner und Laufwerke anzeigen* im Bereich *Versteckte Dateien und Ordner.*

Abbildg. 6.47 Ordneroptionen für den Windows-Explorer konfigurieren

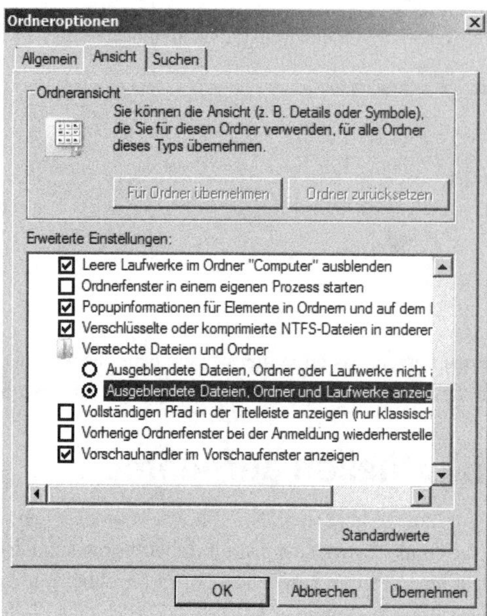

Allerdings versteckt Windows noch immer einige Dateien. Damit wirklich alle angezeigt werden, müssen Sie einen Registrywert erstellen. Gehen Sie dazu folgendermaßen vor:

1. Starten Sie durch Eingabe von *regedit* im Suchfeld des Startmenüs den Registrierungs-Editor.
2. Navigieren Sie zum Schlüssel *HKEY_CURRENT_USER/Software/Microsoft/Windows/CurrentVersion/Explorer/Advanced.*
3. Erstellen Sie, falls noch nicht vorhanden, einen neuen DWORD-Wert mit der Bezeichnung *ShowSuperHidden* und weisen diesem den Wert 1 zu. Jetzt werden wirklich alle Dateien angezeigt.

Senden an-Menü erweitern

Klicken Sie einen Ordner oder eine Datei mit der rechten Maustaste an, zeigt Windows eine Auswahl an Laufwerken und Verzeichnissen an, in welche Sie die Datei jetzt bequem kopieren können. Diese Einträge lassen sich auch leicht erweitern. Erstellen Sie im Verzeichnis *C:\Users\<Benutzername>\AppData\Roaming\Microsoft\Windows\SendTo* einfach eine Verknüpfung zum entsprechenden Ordner, und schon wird diese im *Senden an*-Menü angezeigt. Damit der Ordner angezeigt wird, müssen die Systemdateien und versteckten Dateien zunächst über *Organisieren/Ordner- und Suchoptionen* angezeigt werden.

Abbildg. 6.48 *Senden an*-Menü anpassen

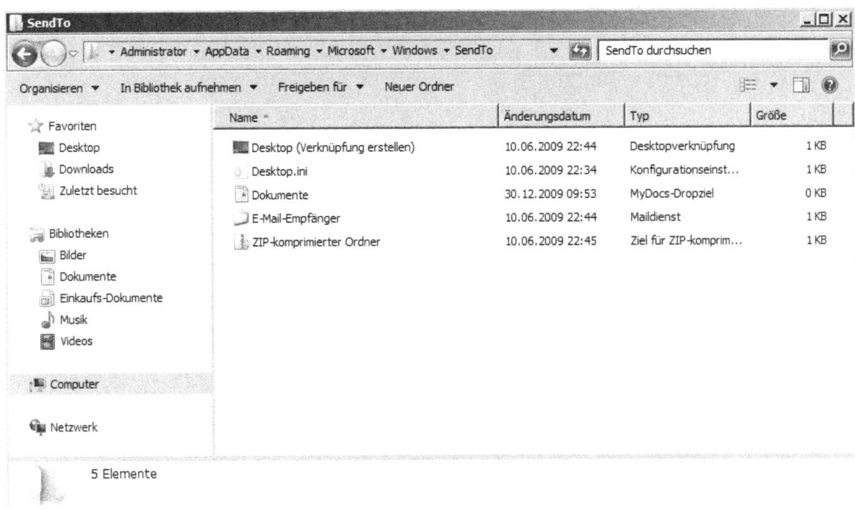

Kontextmenü von Dateien und Ordnern mit »In Ordner kopieren« erweitern

Das Kontextmenü von Ordnern und Dateien im Windows-Explorer können Sie mit dem Befehl *In Ordner kopieren* erweitern. Gehen Sie dazu folgendermaßen vor:

1. Rufen Sie den Registrierungs-Editor auf.
2. Wechseln Sie zu *HKEY_CLASSES_ROOT/AllFilesystemObjects/shellex/ContextMenuHandlers*.
3. Erstellen Sie hier einen neuen Schlüssel mit der Bezeichnung *CopyTo*.
4. Markieren Sie den neuen Schlüssel und setzen Sie den Wert *Standard* auf der rechten Seite auf *{C2FBB630-2971-11D1-A18C-00C04FD75D13}*.

Abbildg. 6.49 Erweitern der Registry für einen neuen Eintrag im Kontextmenü des Explorers

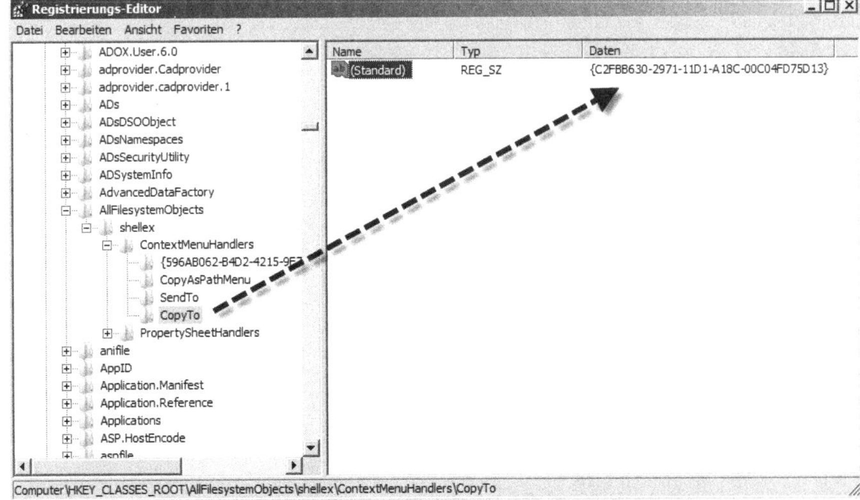

Nachdem dieser Eintrag vorgenommen wurde, können Sie diesen überprüfen, indem Sie auf einen Ordner oder eine Datei im Windows-Explorer mit der rechten Maustaste klicken. Hier erscheint jetzt der neue Eintrag.

Abbildg. 6.50 Neuen Eintrag im Kontextmenü anzeigen

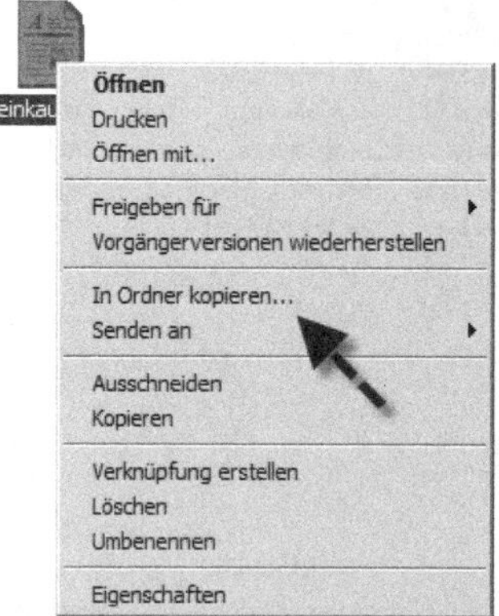

Zusätzlich können Sie noch den Eintrag *In Ordner verschieben* erzeugen. Wollen Sie beide Einträge erstellen, bietet es sich an, eine neue Textdatei zu erzeugen und diese mit der Endung *.reg* in eine Registrierungsdatei umzuwandeln. Nehmen Sie in dieser Datei die folgenden Zeilen auf:

```
Windows Registry Editor Version 5.00
[HKEY_CLASSES_ROOT\AllFilesystemObjects\shellex\ContextMenuHandlers]
[HKEY_CLASSES_ROOT\AllFilesystemObjects\shellex\ContextMenuHandlers\In Ordner kopieren]
@="{C2FBB630-2971-11D1-A18C-00C04FD75D13}"
[HKEY_CLASSES_ROOT\AllFilesystemObjects\shellex\ContextMenuHandlers\In Ordner verschieben]
@="{C2FBB631-2971-11D1-A18C-00C04FD75D13}"
```

Speichern Sie die Datei ab und klicken Sie dann doppelt darauf. Lassen Sie die Einträge importieren.

Abbildg. 6.51 Kontextmenü von Dateien und Ordnern erweitern

Kontextmenü von Dateien erweitern, damit diese mit Notepad geöffnet werden

Oft ist es sinnvoll, bestimmte Dateien mit oder ohne eine Endung mit Notepad zu öffnen, vor allem auf einem Server. Leider ist dieser Eintrag standardmäßig nicht im Kontextmenü von Dateien enthalten. Um diesen hinzuzufügen, gehen Sie folgendermaßen vor:

1. Erstellen Sie per Rechtsklick auf den Desktop und Auswahl von *Neu* im Kontextmenü eine neue Textdatei.
2. Geben Sie der Datei die Endung *.reg*, damit sich diese in eine Registrierungsdatei verwandelt.
3. Bestätigen Sie das Ändern der Datei.
4. Fügen Sie die Zeilen aus dem folgenden Listing in die Datei ein und speichern Sie diese.

```
Windows Registry Editor Version 5.00
[HKEY_CLASSES_ROOT\*\shell\Mit Notepad öffnen]
@=""
[HKEY_CLASSES_ROOT\*\shell\Mit Notepad öffnen\command]
@="notepad.exe %1"
```

5. Klicken Sie doppelt auf die Datei und lassen Sie den Inhalt in die Registrierungsdatenbank importieren.

Abbildg. 6.52 Über das Kontextmenü Dateien mit Notepad öffnen

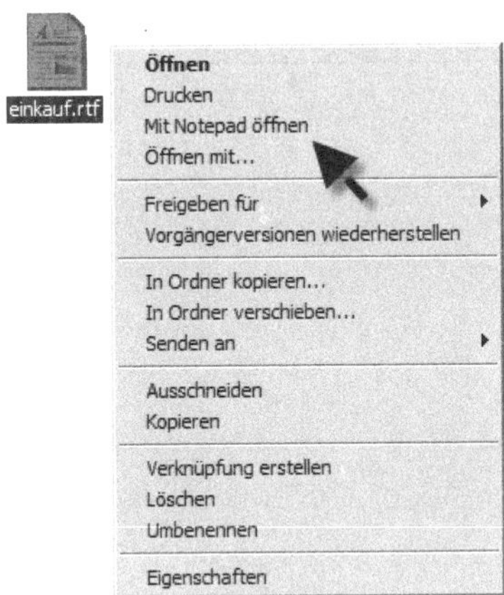

Dateien mit anderen Programmen öffnen und Standardprogramme festlegen

Wenn Sie auf eine Datei doppelklicken, öffnet der Explorer diese mit dem zugehörigen Standardprogramm. Manchmal wollen Sie jedoch eine Datei nicht mit dem Standardprogramm öffnen, sondern mit einem anderen Programm. Vor allem bei Grafikprogrammen ist es nicht erwünscht, eine bestimmte Datei immer mit demselben Programm zu öffnen, sondern zum Beispiel zur Bearbeitung mit einem anderen Bildverarbeitungsprogramm. Auch bei anderen Programmen, zum Beispiel Office-Dateien, ist es unter Umständen notwendig, einzelne Dateien mit unterschiedlich installierten Versionen von Office zu öffnen (zum Beispiel Office 2007/2010 und Office 2003). Um eine Datei mit einem anderen Programm als dem Standardprogramm zu öffnen, klicken Sie diese mit der rechten Maustaste an und wählen im Kontextmenü den Eintrag *Öffnen mit* aus. Wenn Sie auf *Öffnen mit* geklickt haben, öffnet sich ein weiteres Menü, in dem jene Programme aufgelistet sind, mit denen

Sie bisher die Datei geöffnet haben. Möchten Sie ein anderes Programm auswählen, rufen Sie den Untermenüeintrag *Standardprogramm auswählen* auf. Im daraufhin geöffneten Fenster können Sie die ausführbare Datei des neuen Standardprogramms auswählen. In diesem Fenster stehen Ihnen verschiedene Möglichkeiten zur Verfügung.

Zunächst ist das Fenster in die beiden Bereiche *Empfohlene Programme* und *Andere Programme* unterteilt. Wenn Sie auf den kleinen Pfeil rechts in der Mitte des Fensters klicken, werden die anderen Programme angezeigt. Ist das Programm, mit dem Sie die Datei öffnen wollen, in der Liste aufgeführt, wählen Sie dieses per Doppelklick aus oder markieren es mit der linken Maustaste und klicken auf *OK*. Standardmäßig ist das Kontrollkästchen *Dateityp immer mit dem ausgewählten Programm öffnen* aktiviert. In diesem Fall wird zukünftig die Datei immer mit dem hier ausgewählten Programm geöffnet. Wenn Sie aber nur dieses eine Mal die Datei mit dem neuen Programm öffnen und ansonsten das Standardprogramm verwenden wollen, deaktivieren Sie das entsprechende Häkchen. In diesem Fall wird die Datei nur diesmal mit dem ausgewählten Programm geöffnet und beim nächsten Doppelklick wieder mit dem Standardprogramm. Ist das gewünschte Programm nicht in der Liste enthalten, können Sie mit der Schaltfläche *Durchsuchen* die ausführbare Datei der Anwendung auf der Festplatte suchen.

Abbildg. 6.53 Dateien mit verschiedenen Programmen öffnen

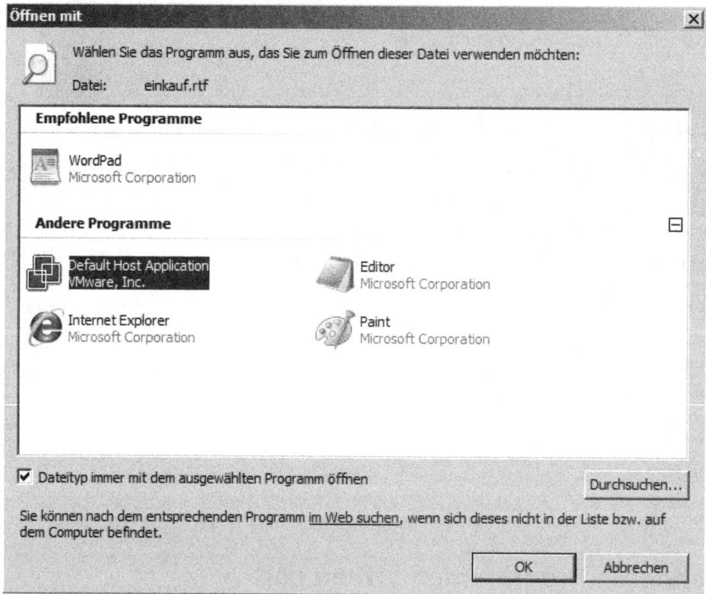

Halten Sie die [⇧]-Taste gedrückt, wenn Sie mit der rechten Maustaste auf eine Datei klicken, erscheinen abhängig vom Dateityp weitere Befehle, die Windows normalerweise nicht anzeigt:

Bei Verzeichnissen können Sie so über den Befehl *Eingabeaufforderung hier öffnen* eine Befehlszeile öffnen, die bereits den Fokus auf dem jeweiligen Ordner hat.

Durch Auswahl der Option *Als Pfad kopieren* übernimmt Windows den Pfad zur Datei in die Zwischenablage, sodass Sie diesen weiterverwenden können.

Abbildg. 6.54 Erweitertes Kontextmenü von Dateien, Laufwerken oder Verzeichnissen

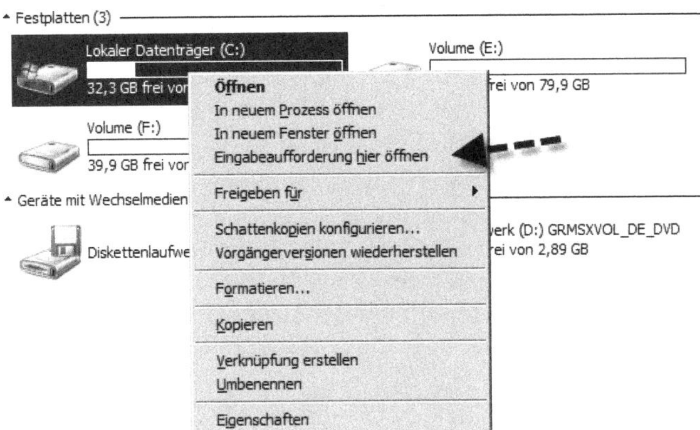

Zusammenfassung

Im Vergleich zu Windows Server 2003/2008 hat sich bei der Datenträgerverwaltung des Dateisystems wenig verändert. Die Anbindung von *.vhd*-Dateien direkt in das Betriebssystem ist dabei einer der wichtigsten Punkte. Neuerungen wie das Verkleinern oder Vergrößern von Partitionen sind kleine, aber wertvolle Möglichkeiten, mit den wachsenden Datenmengen im Unternehmen zurechtzukommen. Wir haben Ihnen in diesem Kapitel die verschiedenen Fachbegriffe, deren Bedeutung, aber auch den Umgang damit in der Praxis gezeigt. Im nächsten Kapitel gehen wir darauf ein, wie Sie Windows Server 2008 R2 in ein Netzwerk einbinden können, da hier die Grundlage für die Serverdienste liegt.

Kapitel 7

Netzwerke mit Windows Server 2008 R2

In diesem Kapitel:

Microsoft hat im Bereich der Konfiguration der Netzwerkschnittstellen einige Verbesserungen vorgenommen, um die Anbindung von Windows Server 2008 R2 an ein Netzwerk effizienter zu gestalten. Die wichtigste Neuerung im Vergleich zu Windows Server 2003 ist, dass sowohl in Windows Server 2008 R2 als auch in Windows Vista und Windows 7 standardmäßig IPv6 installiert und aktiviert ist. Windows Server 2008 R2 und Windows Vista und Windows 7 versuchen untereinander möglichst immer mit IPv6 zu kommunizieren. Gelingt dies nicht, wird für die Kommunikation IPv4 verwendet. Für Anwender und Administratoren ändert sich dabei nichts, denn diese Kommunikation läuft transparent ab. Windows Server 2008 R2 beinhaltet eine aktualisierte Implementierung des TCP/IP-Stacks mit signifikanten Verbesserungen, die sich speziell an mehrere wichtige Netzwerkprobleme richten und Verbesserungen bei Leistung und Durchsatz, eine allgemeine Wi-Fi-Achitektur und APIs zur Inspizierung von Netzwerkpaketen bieten.

Die Maximierung der Netzwerkauslastung erfordert eine komplexe Optimierung der TCP/IP-Konfigurationseinstellungen. In Windows Server 2008 R2 müssen Sie dies nicht mehr manuell erledigen, sondern die Netzwerkbedingungen werden automatisch erkannt und die Leistung selbstständig optimiert. Wenn Windows Server 2008 R2 auf den Domänencontroller über das Netzwerk zugreifen kann, wechselt es automatisch in das Domänenprofil. Dank Netzwerk-Awareness können Anwendungen, wie die Windows-Firewall, mit erweiterter Sicherheit unterschiedliche Konfigurationen verwenden. Grundlage ist der Netzwerktyp, mit dem gegenwärtig eine Verbindung besteht. Die Firewall kann automatisch zwischen den Konfigurationen wechseln, wenn sich der Netzwerktyp ändert (siehe Kapitel 1 und 35). In Windows Server 2008 R2 kann auch die Gruppenrichtlinie das Netzwerk erkennen: sie erkennt automatisch, wenn sich der Computer am Domänennetzwerk befindet und beginnt mit der Verarbeitung aller neuen Gruppenrichtlinieneinstellungen, ohne auf den nächsten Aktualisierungszyklus zu warten. Dies bedeutet, dass Windows Server 2008 R2 automatisch überprüft, ob neue Einstellungen der Gruppenrichtlinie vorliegen, sobald eine Verbindung mit dem Domänennetzwerk hergestellt wird. Administratoren sind dadurch in der Lage, Sicherheitseinstellungen schneller bereitzustellen. Windows Server 2008 R2 verwendet auch den Server Message Block (SMB) in der Version 2.0. Die Kommunikation zwischen Windows Server 2008 R2- und Windows Vista- sowie Windows 7-Computern wird dadurch extrem beschleunigt, wenn auf Daten zugegriffen wird.

Netzwerkfeatures in Windows Server 2008 R2 und Windows 7

Windows Server 2008 R2 und Windows Vista und Windows 7 bringen zahlreiche neue Netzwerkfeatures mit, die in den einzelnen Kapiteln dieses Buches noch ausführlicher besprochen werden. Die wichtigsten Neuerungen im Vergleich zu Windows Server 2003 sind zusammenfassend folgende Punkte:

- **TCP/IP-Stack der nächsten Generation** Der TCP/IP-Stack der nächsten Generation ist sowohl für IPv4 als auch für IPv6 eine vollständige Neuentwicklung. Durch einen besseren Durchsatz wird die Nutzung der Netzwerkbandbreite verbessert. Bei der Unerreichbarkeitserkennung handelt es sich um ein Feature von IPv6, bei dem der Server verfolgt, ob ein benachbarter Knoten erreichbar ist. Dies ermöglicht eine bessere Fehlererkennung und Korrektur. Diese Erkennung wird in Windows Server 2008 R2 auch für das IPv4-Protokoll genutzt, sodass ausgefallene Netzwerkknoten schneller erkannt werden können. Der TCP/IP-Stack unterstützt eine Architektur mit einer doppelten IP-Schicht, in der die IPv4- und IPv6-Implementierungen gemeinsame Transportebenen verwenden. In der Standardeinstellung ist sowohl IPv4 als auch IPv6 aktiviert. Für eine IPv6-Unterstützung muss keine separate Komponente installiert werden. IPv6 kann für Verbindungen deaktiviert werden. Konfigurieren lässt sich IPv6 über die grafische Oberfläche und in der Befehlszeile mit *netsh interface ipv6*. Windows Server 2008 R2 und Windows Vista und Windows 7 beinhalten einen DHCPv6-fähigen DHCP-Client, der einen DHCPv6-Server unterstützt. Windows Server 2008 R2 beinhaltet einen DHCPv6-fähigen DHCP-Serverdienst.

- **QoS (Quality of Service)** Windows Server 2008 R2 und Windows Vista sowie Windows 7 verfügen über neue Möglichkeiten für die Verwaltung des Netzwerkverkehrs. Die QoS-Richtlinien ermöglichen es, die Senderate für ausgehenden Netzwerkverkehr zu priorisieren oder zu verwalten. Die QoS-Richtlinieneinstellungen sind Teil der Gruppenrichtlinien.
- **Http.sys-Erweiterungen** Bei *Http.sys* handelt es sich um neue Funktionen für IIS 7.5 von Windows Server 2008 R2. Diese Neuerungen werden ausführlich im Kapitel 25 besprochen.
- **WinInet-Erweiterungen** Bei diesen Erweiterungen handelt es sich zum größten Teil ebenfalls um Funktionen für die Webkomponente von Windows Server 2008 R2. Zu den Erweiterungen der WinInet-API in Windows Server 2008 R2 gehören hauptsächlich die Unterstützung für IPv6-Literale und Bereichs-IDs, die Unterstützung für HTTP-Dekomprimierung, die Unterstützung für internationalisierte Domänennamen, die Unterstützung für die Ergebnisablaufverfolgung für Windows (Event Tracing for Windows, ETW) sowie die IPv6-Unterstützung in Web Proxy Auto-Discovery-Skripts. So kann durch IPv6-literale IDs ein Benutzer mit einem WinInet-basierten Webbrowser (zum Beispiel dem Internet Explorer 8) die Adresse *http://[3ffe:ffff:100:2a5f::1]* eingeben, um eine Verbindung mit dem Webserver unter der IPv6-Adresse *3ffe:ffff:100:2a5f::1* herzustellen. WinInet beinhaltet eine integrierte Unterstützung für Codierungsschemas zur gzip- und deflate-Komprimierung.
- **Windows Sockets-Erweiterungen** Windows Server 2008 R2 beinhaltet die neue Schnittstelle *Winsock Kernel (WSK)*. WSK erleichtert Softwareherstellern die Entwicklung von Protokolltreibern in Windows. WSK beinhaltet eine neue Socket-API im Kernelmodus.
- **Windows Peer-zu-Peer-Netzwerkumgebungserweiterungen** Hierbei handelt es sich einfach gesagt um Funktionen, die andere Windows Server 2008 R2- oder Windows Vista- und Windows 7-Computer im Netzwerk erkennen und entsprechend reagieren können.
- **Windows-Firewall-Erweiterungen** Diese neuen Funktionen werden vor allem in Kapitel 35 besprochen.
- **IPsec-Verbesserungen** IPsec wurde deutlich erweitert. Wir widmen uns ausführlich in den Kapiteln 27 und 35 diesem Thema.

Das Netzwerk- und Freigabecenter

Die Konfiguration der Netzwerkeinstellungen von Windows Server 2008 R2 nehmen Sie im neuen Netzwerk- und Freigabecenter vor. Wenn Sie mit der rechten Maustaste auf das Netzwerksymbol im Infobereich der Taskleiste klicken, öffnet sich ein Kontextmenü, und Sie können das *Netzwerk- und Freigabecenter* öffnen (Abbildung 7.1).

Unter Windows Server 2008 R2 erkennen Sie bereits an diesem Symbol die Netzwerkverbindung:

- Wird ein Computer mit einem gelben Ausrufezeichen angezeigt, ist das ein Hinweis darauf, dass der Server mit dem Netzwerk verbunden ist und über eine IP-Adresse verfügt, aber keine Verbindung zum Internet hat.
- Wird ein Computer mit einem roten Kreuz angezeigt, wurde der Server physisch nicht mit dem Netzwerk verbunden.
- Wird ein Computer ohne Fehlermeldung angezeigt, ist der Computer mit dem Netzwerk und dem Internet verbunden (Abbildung 7.2).

Abbildg. 7.1 Öffnen des Netzwerk- und Freigabecenters

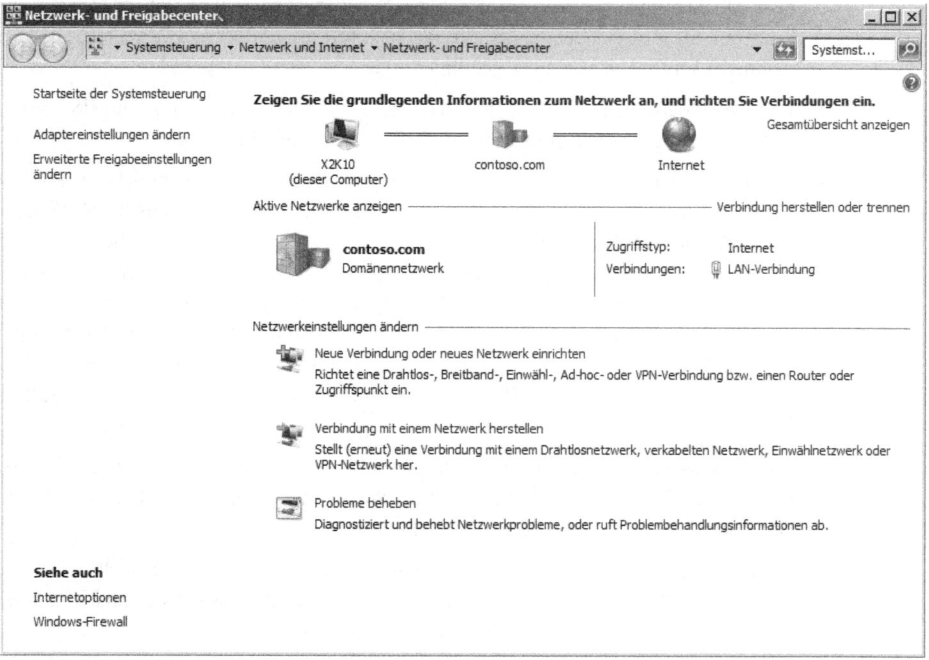

Abbildg. 7.2 Anzeigen der erfolgreichen Internetverbindung eines Computers

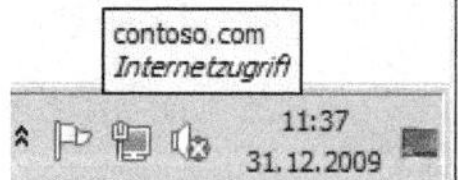

Netzwerkverbindungen verwalten

Haben Sie das Netzwerk- und Freigabecenter geöffnet, sehen Sie bereits die Netzwerkverbindung des Servers oder müssen feststellen, dass diese nicht hergestellt werden konnte. Sie müssen zunächst die Netzwerkverbindung richtig konfigurieren. Klicken Sie dazu links im Fenster im Bereich *Aufgaben* auf den Link *Adaptereinstellungen ändern* und rufen dann im neuen Fenster mit der rechten Maustaste die Eigenschaften Ihrer LAN-Verbindung auf. Es öffnet sich ein neues Fenster, in dem Sie die Eigenschaften der Netzwerkverbindung konfigurieren können. Die Konfiguration an dieser Stelle ist wiederum nahezu identisch mit Windows Server 2003/2008.

HINWEIS Sie können die Verwaltung der Netzwerkverbindungen auch über *Start/Ausführen/ncpa.cpl* starten.

Abbildg. 7.3 Konfigurieren der Netzwerkverbindungen in Windows Server 2008 R2

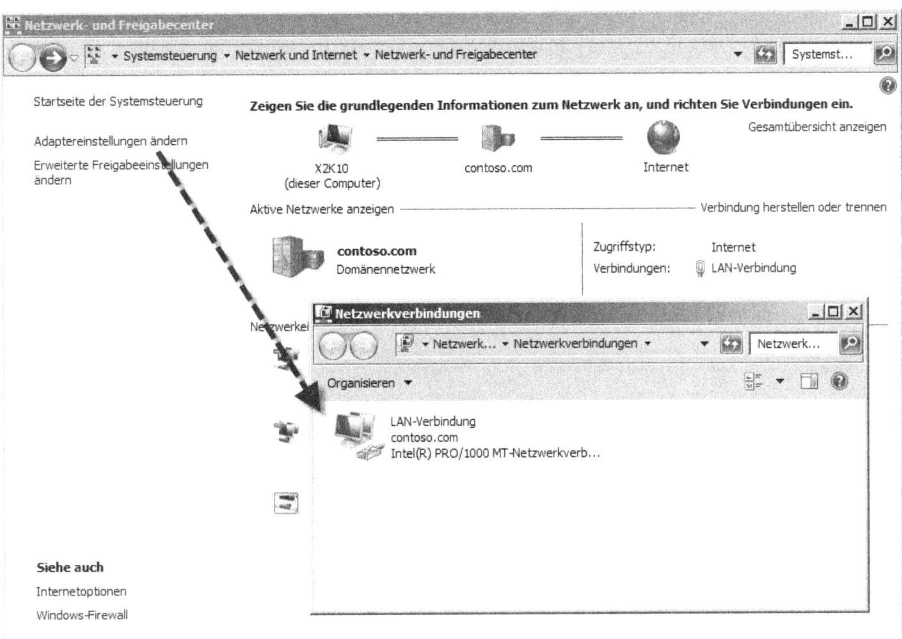

Markieren Sie als Nächstes den Eintrag *Internetprotokoll Version 4 (TCP/IPv4)*, und klicken Sie auf die Schaltfläche *Eigenschaften*. Hier können Sie jetzt eine ordnungsgemäße IP-Adresse zuweisen. Wenn Sie die IP-Adresse manuell festlegen, aktivieren Sie die Option *Folgende IP-Adresse verwenden* sowie die Option *Folgende DNS-Serveradressen verwenden* und tragen die notwendigen Daten ein. In diesem Beispiel hat der DNS-Server die IP-Adresse *192.168.178.50*.

Abbildg. 7.4 Konfigurieren der IP-Einstellungen für einen Computer unter Windows Server 2008 R2

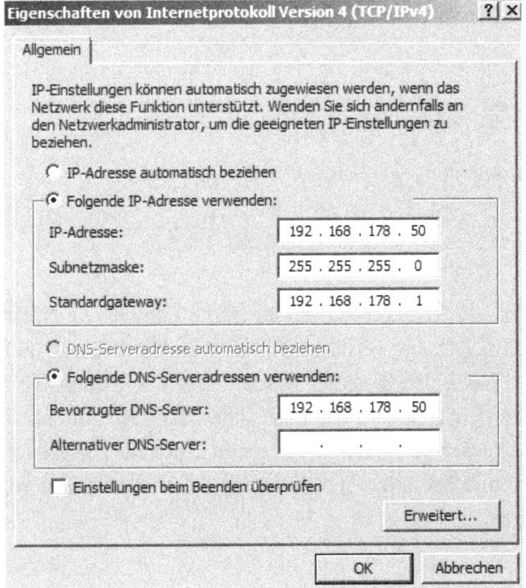

Im Anschluss öffnet sich meistens ein neues Fenster für den Netzwerkstandort, und Sie müssen auswählen, wo Sie den Server betreiben, wenn keine Active Directory-Domäne im Netzwerk gefunden wird. Wählen Sie die entsprechende Option aus, und schließen Sie dieses Fenster. In Unternehmen wählen Sie entweder die Option *zu Hause* oder *Arbeitsplatz* aus. Wird der Server in eine Domäne aufgenommen, wird der Netzwerkplatz automatisch auf den Domänenbetrieb umgestellt. Abhängig von diesen Einstellungen können Daten auf dem Server im Netzwerk freigegeben werden. Wollen Sie auf dem Server Freigaben erstellen, müssen Sie diese noch im Bereich *Erweiterte Freigabeeinstelllungen ändern* aktivieren (siehe Kapitel 17). Erst dann ist der Zugriff über das Netzwerk möglich. Der Assistent aktiviert dazu in den Ausnahmen der Windows-Firewall den Zugriff auf den Server über Dateifreigaben. Diese Einstellungen werden auch vorgenommen, wenn Sie die Rolle eines Dateiservers installieren.

Abbildg. 7.5 Aktivieren der Dateifreigaben unter Windows Server 2008 R2

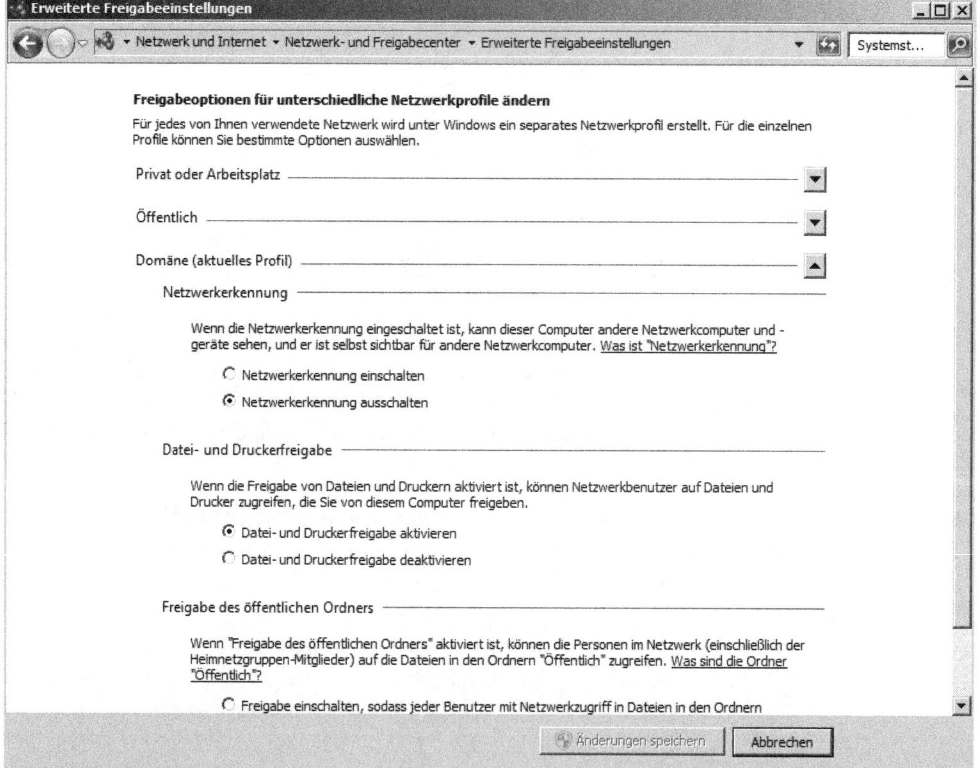

Neben Dateien können auch Drucker im Netzwerk freigegeben werden (siehe Kapitel 17). Normalerweise ist ein Drucker meistens direkt mit einem Server im Netzwerk verbunden. Damit andere Benutzer auf diesen Drucker zugreifen können, muss dieser auf dem Server freigegeben werden. Dazu schließen Sie den Drucker zunächst an einem Rechner an und installieren den Treiber. Stellen Sie sicher, dass der Drucker lokal drucken kann. Im nächsten Schritt können Sie diesen Drucker im Netzwerk freigeben. Auch die Freigabe von Druckern müssen Sie im Netzwerk- und Freigabecenter zunächst aktivieren. Diese Einstellungen werden vorgenommen, wenn Sie die Rolle eines *Druckservers* installieren.

Netzwerkstandorte verwalten

Bei der Einrichtung der Netzwerkverbindung haben Sie festgelegt, mit welcher Art von Netzwerk sich Ihr Server verbunden hat. Sie konnten festlegen, ob es sich um ein privates Netzwerk oder ein öffentliches Netzwerk handelt. Diese Einstellungen können nachträglich angepasst werden. Über das entsprechende Symbol im Bereich der Netzwerkstandorte lässt sich festlegen, um welches Netzwerk es sich handelt.

Abbildg. 7.6 Verschiedene Netzwerkverbindungen beim Einsatz mehrerer Netzwerkkarten

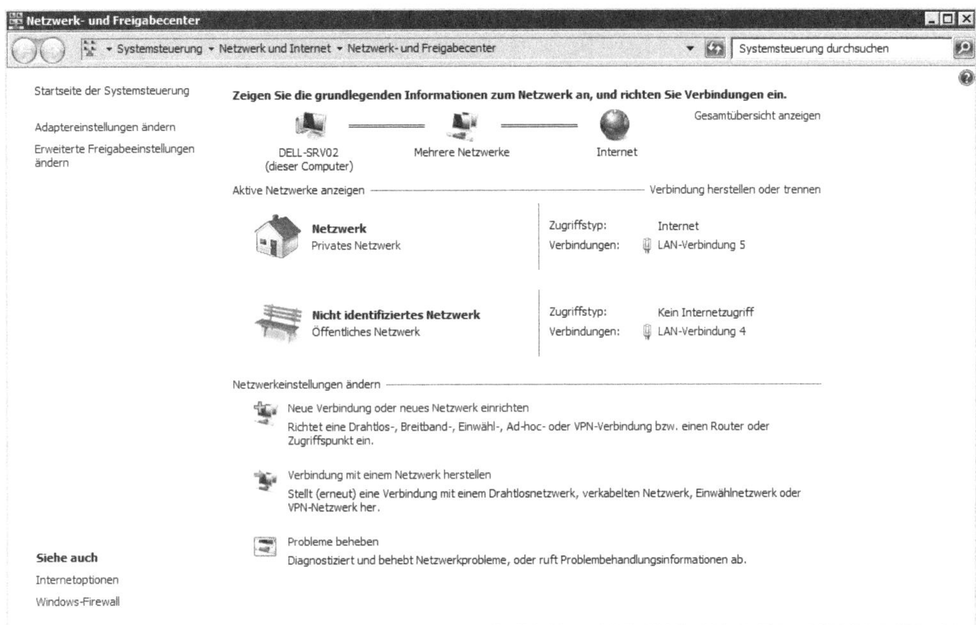

Ist der Server Mitglied einer Domäne, müssen Sie in diesem Bereich keine Anpassungen vornehmen, da der Netzwerkstandort automatisch für eine Windows-Domäne konfiguriert wird. Symbol und einzelne Netzwerkverbindungen können Sie auf Wunsch anpassen (Abbildung 7.7).

Über den Link *Gesamtübersicht anzeigen* öffnet sich ein neues Fenster, in dem alle Server und Netzwerkgeräte angezeigt werden, sofern Ihr Server diese im Netzwerk findet. Dieser Bereich ist hilfreich, wenn Sie auf einem Server Netzwerk- oder Verbindungsprobleme untersuchen wollen. Allerdings können Sie sich nur dann eine Gesamtansicht anzeigen lassen, wenn die Netzwerkerkennung im Netzwerk- und Freigabecenter aktiviert worden ist. Solche Einstellungen werden in Domänen üblicherweise in den Gruppenrichtlinien vorgenommen. Die dazu notwendigen Einstellungen finden sich unter *Computerkonfiguration/Administrative Vorlagen/Netzwerk/Verbindungsschicht-Topologieerkennung*. Die Einstellungen sind selbsterklärend (Abbildung 7.8).

Abbildg. 7.7 Anpassen und überprüfen des Netzwerkstandorts

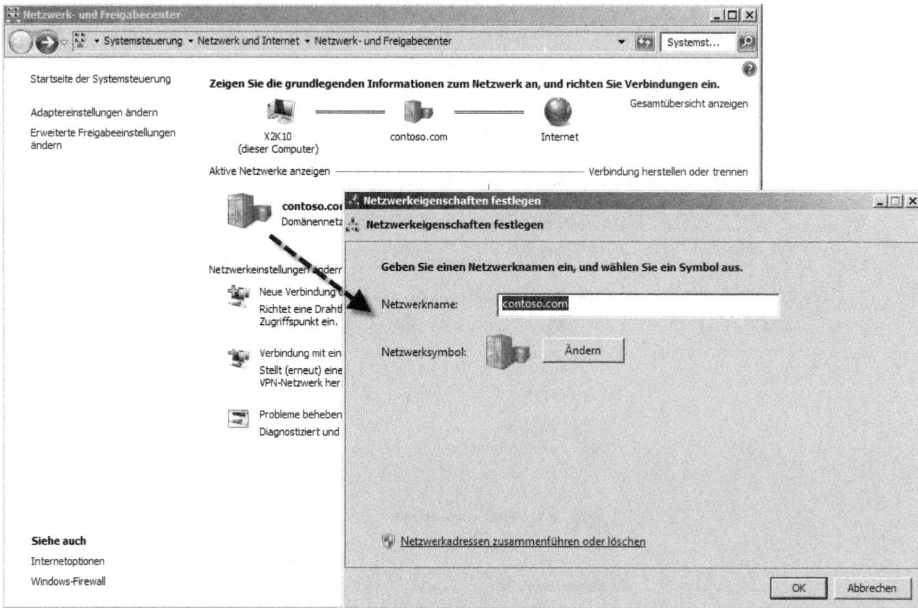

Abbildg. 7.8 Aktivieren der Topologieerkennung

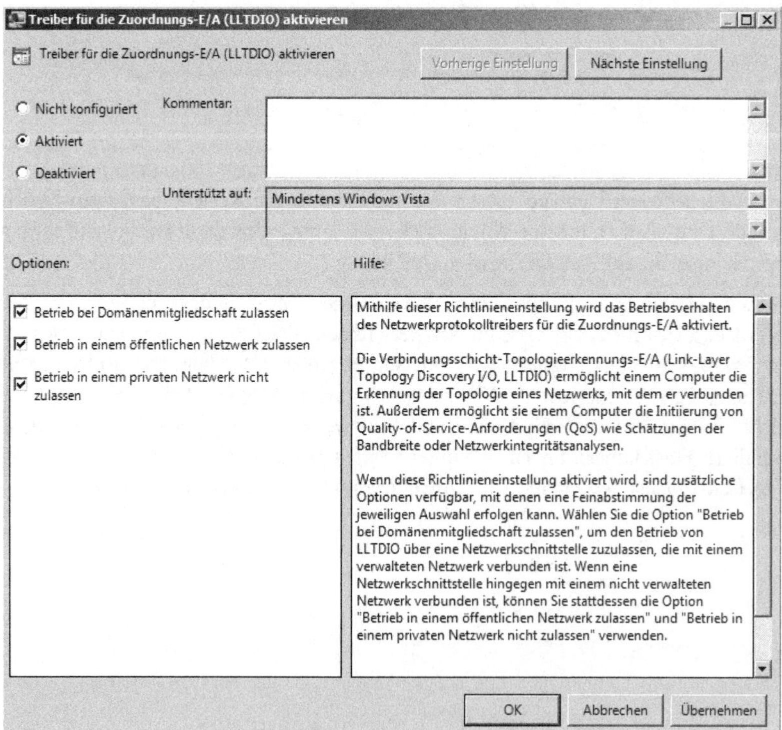

Haben Sie die beiden Einstellungen aktiviert, erstellt der Server automatisch die Übersicht und zeigt diese an, wenn Sie im Netzwerk- und Freigabecenter auf den Link *Gesamtübersicht anzeigen* klicken.

Abbildg. 7.9 Anzeigen einer Gesamtübersicht in einem Netzwerk

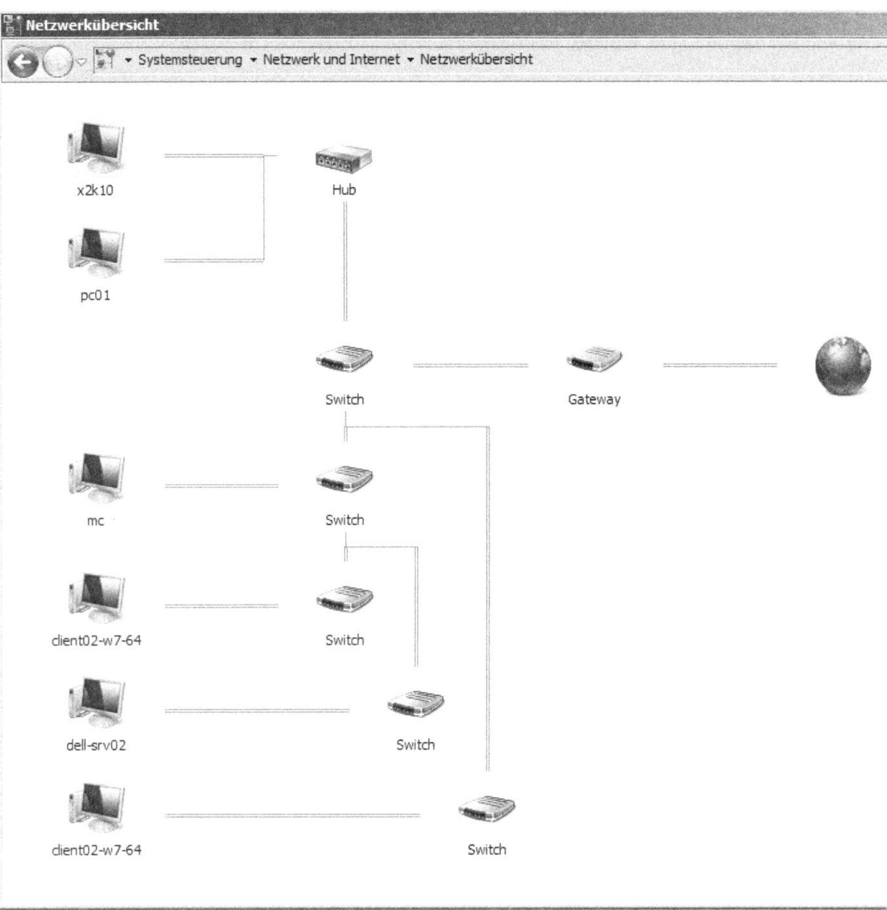

Über den Link *Probleme beheben* können Sie eventuell vorhandene Fehler von Windows überprüfen lassen und erhalten Hilfestellungen oder Vorschläge zur Behebung von Fehlern. Klicken Sie im Netzwerk- und Freigabecenter auf die einzelnen Symbole, welche die Verbindungen in Ihrem Netzwerk darstellen, können Sie direkt die notwendigen Programme starten, um den Teil des Netzwerks zu durchsuchen. Klicken Sie zum Beispiel auf das Symbol *Internet*, öffnet sich der Internet Explorer mit der Startseite. So können Sie schnell überprüfen, ob die Verbindung zum Internet tatsächlich hergestellt werden kann. Ein Klick auf das *Computer*-Symbol öffnet den Windows-Explorer, ein Klick auf das *Netzwerk*-Symbol öffnet die Netzwerkumgebung.

Erweiterte Verwaltung der Netzwerkverbindungen

Wenn eine Netzwerkverbindung aktiviert ist, aber keine Netzwerkverbindung herstellen kann, wird die entsprechende Verbindung mit einem roten X angezeigt. Sie sollten beim Einsatz mehrerer Netzwerkverbindungen diese entsprechend benennen, da Windows die Bezeichnung nur durchnummeriert. Der Name einer Netzwerkverbindung beeinflusst nicht deren Konnektivität, sondern lediglich deren Bezeichnung und Überblick in Windows. Sie können die Bezeichnung von Netzwerkverbindungen über das Kontextmenü ändern. Klicken Sie eine Netzwerkverbindung mit der rechten Maustaste an, stehen Ihnen verschiedene Möglichkeiten zur Verfügung. Grundsätzlich gibt es an dieser Stelle verschiedene Möglichkeiten:

Abbildg. 7.10 Netzwerkverbindungen über das Kontextmenü verwalten

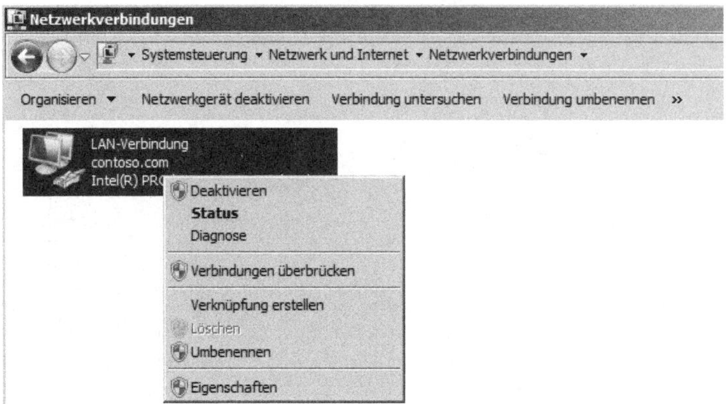

- **Deaktivieren** Wählen Sie diese Option aus, wird die Verbindung vom Netzwerk getrennt, auch wenn sie konfiguriert wurde und Verbindung hat. Die Verbindung verursacht keinerlei Fehlermeldungen mehr und die entsprechende Netzwerkkarte wird im Geräte-Manager deaktiviert. Die Karte verhält sich so, als ob sie nicht installiert ist.
- **Status** Wenn Sie diesen Menüpunkt auswählen, werden Ihnen ausführliche Informationen über die Konfiguration der Netzwerkverbindung angezeigt, sowie die Datenpakete die über das Netzwerk gesendet wurden. Wollen Sie eine Netzwerkverbindung ausführlicher überprüfen, bietet sich dieser Menüpunkt an. Es öffnet sich ein neues Fenster, über das Sie zahlreiche Informationen erhalten und Konfigurationen vornehmen können. Sie erkennen zunächst, mit welcher Geschwindigkeit die Verbindung aufgebaut worden ist, wie lange die Netzwerkverbindung besteht und wie viele Datenpakete empfangen und gesendet wurden (Abbildung 7.11).

Klicken Sie auf die Schaltfläche *Details*, werden Ihnen ausführlichere Informationen über die Konfiguration der Netzwerkverbindung angezeigt. Sie erkennen die IP-Adresse, die physikalische (MAC)-Adresse sowie eine Vielzahl weiterer Informationen, die vor allem bei der Fehlersuche hilfreich sein können. Neben dieser Schaltfläche stehen Ihnen noch drei weitere Schaltflächen zur Verfügung, über die Sie die Netzwerkverbindung konfigurieren können:

- *Eigenschaften*
- *Deaktivieren*
- *Diagnose*

Abbildg. 7.11 Status von Netzwerkverbindungen anzeigen

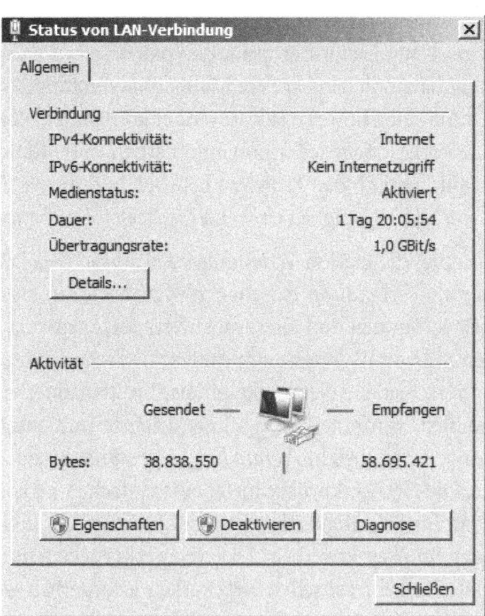

Die beiden Schaltflächen *Eigenschaften* und *Deaktivieren* erfordern administrative Berechtigungen, was durch das Windows-Schutzschild auf den Schaltflächen symbolisiert wird. Zu den Eigenschaften der Netzwerkverbindung gelangen Sie auch über das Kontextmenü. Die Schaltfläche *Deaktivieren* hat die gleiche Auswirkung wie die Auswahl der entsprechenden Option aus dem Kontextmenü.

Abbildg. 7.12 Anzeigen der Details einer Netzwerkverbindung

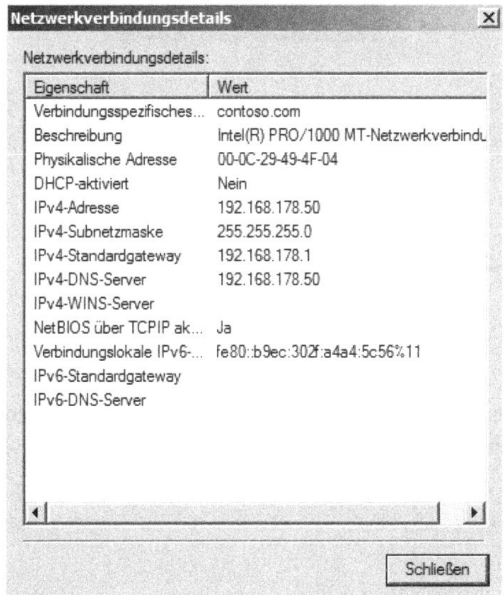

Klicken Sie im *Status*-Dialogfeld auf die Schaltfläche *Diagnose*, versucht Windows Server 2008 R2 festzustellen, warum eine bestimmte Netzwerkverbindung nicht funktioniert. Auch diese Option ist über das Kontextmenü der Verbindung zu erreichen. Sobald Sie die Diagnose gestartet haben, schlägt Windows eine Fehlerbehebungsmaßnahme vor. Lesen Sie sich die Meldung durch, bevor Sie eine andere Maßnahme durchführen, und überprüfen Sie, ob der entsprechende Fehler bereits durch die Hinweise gelöst werden können. Sie können auf die einzelnen Optionen der Diagnose klicken, um die vorgeschlagene Option automatisch durchführen zu lassen. Im Anschluss versucht Windows Server 2008 R2 automatisch den Fehler zu beheben und die Netzwerkverbindung wiederherzustellen. Oft liegt beim Einsatz von DHCP lediglich ein Fehler in dessen Konfiguration vor.

Wenn Sie im Kontextmenü einer Netzwerkverbindung die Option *Verbindungen überbrücken* auswählen, können Sie den Windows Server 2008 R2-Computer als Verbindung zwischen zwei Netzwerken einsetzen. Dazu wird eine Netzwerkkarte mit dem einen Netzwerk verbunden und eine zweite Netzwerkkarte mit einem anderen Netzwerk. Die beiden Netzwerkverbindungen müssen IP-Adressen in unterschiedlichen Subnetzen haben. Um eine Netzwerkbrücke aufzubauen, also zwei verschiedene Netzwerke physisch miteinander zu verbinden, müssen Sie zunächst die erste Verbindung auswählen, dann die `Strg`-Taste drücken und anschließend die zweite Verbindung auswählen. Mit Aufruf des Kontextmenübefehls *Verbindungen überbrücken* startet Windows den Assistent zum Aufbau einer Netzwerkbrücke. Die Netzwerkbrücke bietet eine einfache und kostengünstige Möglichkeit zur Verbindung von LAN-Segmenten. Eine Konfiguration ist nicht erforderlich, und Sie müssen auch keine zusätzliche Hardware wie Router oder Brücken erwerben. Die Netzwerkbrücke automatisiert die Konfiguration, die für die Weiterleitung von Datenverkehr zwischen Netzwerken erforderlich ist. Die Netzwerkbrücke kann den Datenverkehr von einem LAN-Segment zu einem anderen LAN-Segment weiterleiten und ermöglicht so, dass alle Computer miteinander kommunizieren können.

Abbildg. 7.13 Erstellen von Netzwerkbrücken in Windows Server 20078 R2

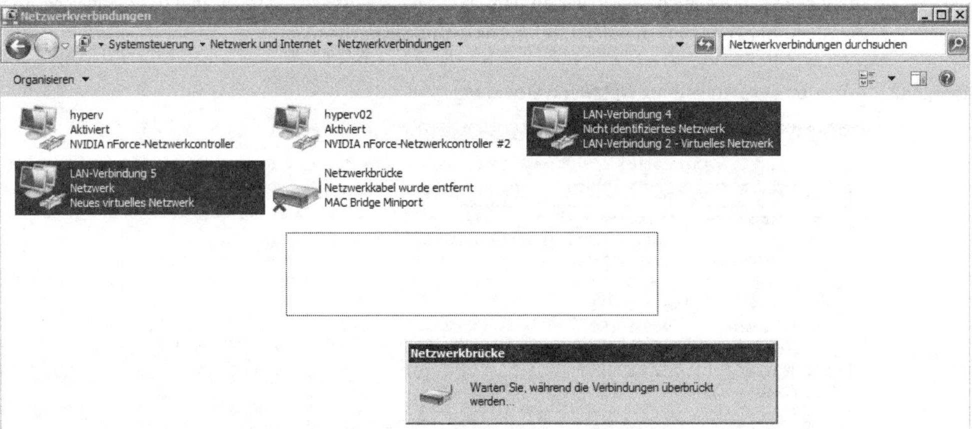

Nach der Erstellung können Sie die Netzwerkbrücke über die Eigenschaften verwalten und weitere Netzwerkverbindungen hinzufügen. Über das Kontextmenü von Netzwerkverbindungen entfernen Sie diese wieder aus der Netzwerkbrücke.

Abbildg. 7.14 Verwalten von Netzwerkbrücken

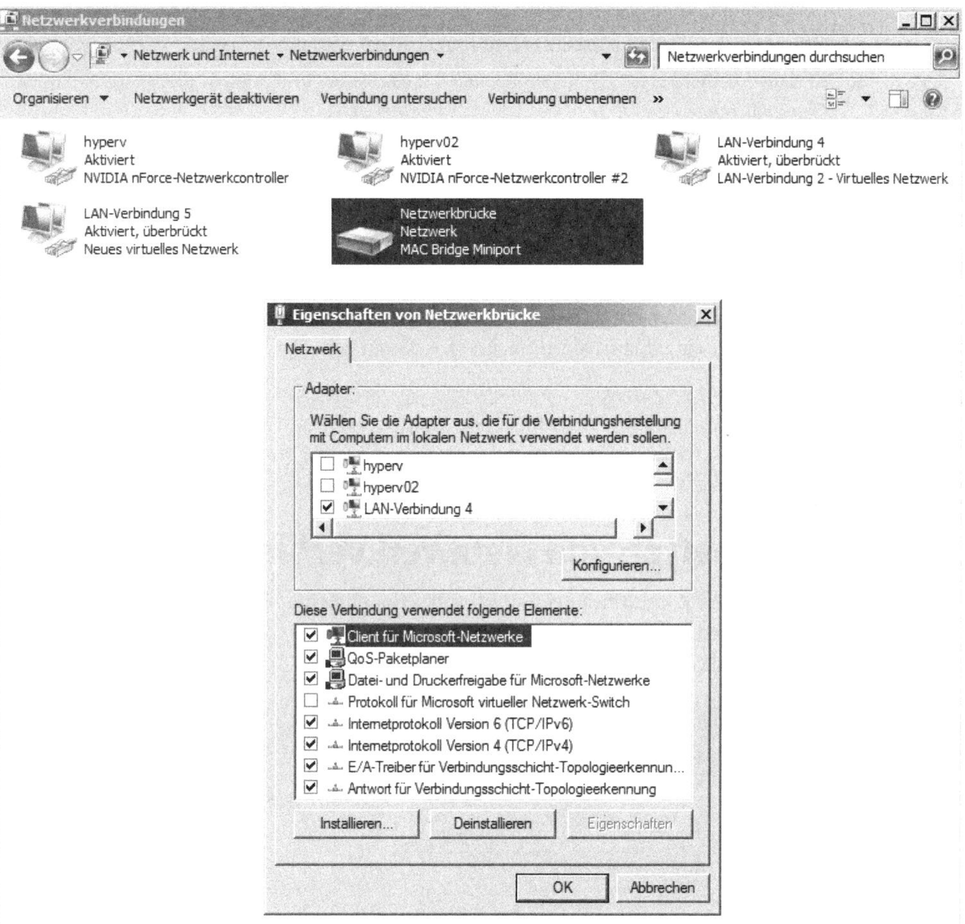

Neuinstallation von TCP/IP v4

Unter manchen Umständen kann es sinnvoll sein, das TCP/IP-Protokoll neu installieren zu lassen, zum Beispiel wenn Änderungen vorgenommen worden sind, die nicht mehr nachvollziehbar sind, das Protokoll beschädigt ist oder Sie alle anderen Möglichkeiten ausgetestet haben. Microsoft empfiehlt die Deinstallation von TCP/IP nicht. Wenn Sie das Protokoll dennoch deinstallieren wollen, besteht die Gefahr, dass der Computer oder einzelne Netzwerkanwendungen nicht mehr funktionsfähig sind. Sie sollten den Weg der Deinstallation von TCP/IP v4 daher nur dann wählen, wenn auf einem Server alle anderen Möglichkeiten zur Fehlerbehebung ausgeschöpft worden sind. Wenn Sie in den Eigenschaften der Netzwerkverbindung das TCP/IP-Protokoll anklicken, wird die Schaltfläche zur Deinstallation inaktiv. Sie müssen daher einen anderen Weg wählen, als die Standarddeinstallation:

1. Um das Protokoll zu deinstallieren, müssen Sie zunächst den Geräte-Manager aufrufen. Der schnellste Weg geht über *Start/Ausführen/devmgmt.msc.*
2. Im Anschluss müssen Sie die ausgeblendeten Geräte anzeigen lassen. Hierüber versteckt Windows Server 2008 R2 Geräte, die zum Systemkern gehören und eigentlich nicht deinstalliert werden sollen. Sie können die Anzeige der ausgeblendeten Geräte über den Menübefehl *Ansicht/Ausgeblendete Geräte anzeigen* aktivieren.

3. Nachdem Sie die Ansicht der ausgeblendeten Geräte aktiviert haben, suchen Sie als Nächstes nach der Gerätegruppe *Nicht-PnP-Treiber.*
4. Öffnen Sie den Knoten *Nicht-PnP-Treiber* und suchen Sie nach dem Gerät *TCP/IP-Protokolltreiber.*
5. Klicken Sie dieses Gerät mit der rechten Maustaste an und wählen Sie im Kontextmenü den Eintrag *Deinstallieren.*
6. Nachdem Sie die Deinstallation ausgewählt haben, erscheint ein Fenster, über das Sie die Deinstallation bestätigen müssen. Daraufhin wird das Protokoll vom Computer ohne weitere Meldung entfernt.
7. Nachdem das Protokoll entfernt wurde, müssen Sie den Computer neu starten. Während des Startvorgangs wird das Protokoll automatisch wieder installiert und die alten Einstellungen werden aus der Registry übernommen.

Wollen Sie die Einstellungen der TCP/IP-Konfiguration ebenfalls zurücksetzen, geben Sie in der Befehlszeile die folgenden Befehle ein und bestätigen Sie diese jeweils mit der [↵]-Taste:

```
netsh
int
tcp
reset
```

Eigenschaften von Netzwerkverbindungen

Wenn Sie aus dem Kontextmenü einer Netzwerkverbindung die *Eigenschaften* aufrufen oder über den Status einer Netzwerkverbindung zur gleichen Konfiguration gelangen, können Sie das Verhalten der Netzwerkverbindung ausführlich konfigurieren.

Abbildg. 7.15 Verwalten der Eigenschaften einer Netzwerkverbindung

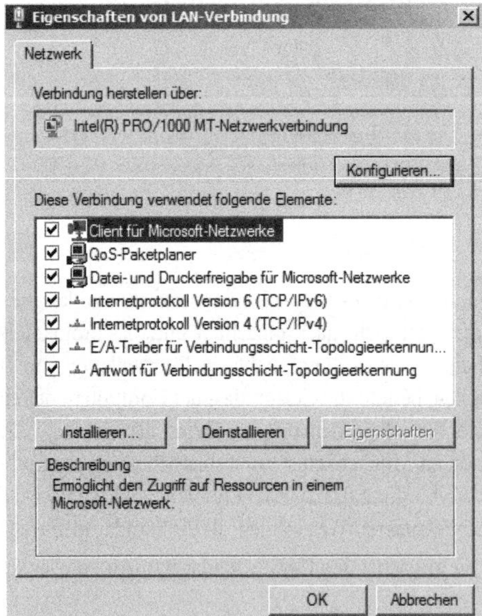

Über die Schaltfläche *Konfigurieren* können Sie die Einstellungen der Netzwerkkarte anpassen. Diese Einstellungen haben zunächst nichts mit den Netzwerkprotokollen zu tun, sondern ausschließlich mit dem Verhalten der Netzwerkkarte im Netzwerk. Normalerweise müssen an dieser Stelle keine Einstellungen vorgenommen werden. Wenn Sie Anpassungen vornehmen, sollten Sie genau wissen, was Sie tun, da Experimente an dieser Stelle schnell zu einem Ausfall der Netzwerkverbindung führen können. Sie stellen hier zum Beispiel ein, wie hoch die Netzwerkgeschwindigkeit in Ihrem Netzwerk ist. Nachdem Sie auf die Schaltfläche *Konfigurieren* geklickt haben, erscheint ein neues Fenster mit mehreren Registerkarten:

- Die Registerkarte *Allgemein* ist zunächst weniger interessant, da hier nur ein paar Informationen zur Netzwerkkarte angezeigt werden.
- Auf der Registerkarte *Erweitert* werden die Einstellungen angezeigt, die der Treiber der Netzwerkkarte unterstützt. Die angezeigten Optionen und Einstellungsmöglichkeiten sind je nach installierter Netzwerkkarte und zugehörigem Treiber unterschiedlich. Die wichtigste Einstellung auf dieser Registerkarte sind die Optionen des Duplexmodus und der Geschwindigkeit des Netzwerks. Die Bezeichnung der Menüs und die einstellbaren Werte sehen bei den verschiedenen Treibern der Netzwerkkarte unterschiedlich aus, aber Sie können immer zwischen Standardwerten auswählen. Standardmäßig steht die Erkennung der Netzwerkgeschwindigkeit auf *Automatisch.* Wenn Sie hier Einstellungen ändern, mit denen andere Netzwerkgeräte nicht funktionieren, kann der Server keine Verbindung mehr zum Netzwerk herstellen. Wenn Sie daher Verbindungsprobleme bei einem Computer feststellen, und die IP-Konfiguration korrekt ist, sollten Sie überprüfen, welche Netzwerkgeschwindigkeit für die Karte eingestellt ist. Die wichtigste Einstellung in diesem Bereich ist der Duplexmodus. Dieser legt fest, wie die Daten im Netzwerk von diesem PC aus empfangen und gesendet werden können.

Abbildg. 7.16 Konfigurieren der erweiterten Einstellungen für Netzwerkkarten

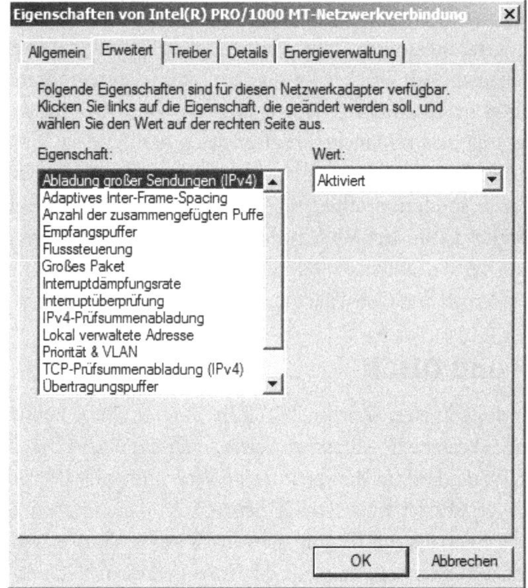

Grundsätzlich können Netzwerkkarten in zwei verschiedenen Modi betrieben werden:

- **Vollduplex** Bei diesem Modus kann der Computer gleichzeitig Daten aus dem Netzwerk empfangen und Daten an das Netzwerk senden. Diese Übertragungsvariante ist die schnellste, wird aber nicht von allen Netzwerkgeräten, vor allem älteren, unterstützt.
- **Halbduplex** Bei diesem Modus können keine Daten gleichzeitig empfangen und gesendet werden, sondern immer nur jeweils in eine Richtung. Da die Daten zwar auch in beide Richtungen fließen können, aber nicht gleichzeitig, ist die Geschwindigkeit etwas geringer.

- Auf der Registerkarte *Energieverwaltung* können Sie konfigurieren, ob Windows Server 2008 R2 das Gerät zeitweise deaktivieren kann, wenn es nicht benötigt wird. Standardmäßig darf Windows Geräte ausschalten, um Energie zu sparen, zum Beispiel auch, um in den Energiesparmodus zu wechseln. Ansonsten sind bei der Konfiguration von Netzwerkkarten keine weiteren Einstellungen zu beachten. Interessanter sind hier die Einstellungen der einzelnen Netzwerkprotokolle und -dienste, die für eine Netzwerkverbindung standardmäßig bereits aktiviert sind.

HINWEIS An dieser Stelle sollten Sie keine Dienste oder Protokolle deinstallieren, ohne zu wissen, wofür diese benötigt werden. Teilweise werden auch Dienste und Protokolle in den anderen Netzwerkverbindungen deinstalliert, wenn Sie diese für eine bestimmte Netzwerkverbindung deinstallieren. Wenn Sie Computer untereinander vernetzen und Dateien oder Drucker freigeben, werden die beiden Dienste *Client für Microsoft-Netzwerke* und *Datei- und Druckerfreigabe für Microsoft-Netzwerke* dringend benötigt und sollten keinesfalls deinstalliert werden.

Sie können neben der Deinstallation von Diensten oder Protokollen auch einen Dienst für eine einzelne Netzwerkkarte deaktivieren. In diesem Fall müssen Sie in den Eigenschaften der Netzwerkverbindung nur das Häkchen bei dem betreffenden Dienst entfernen. Der Dienst *QoS-Paketplaner* (Quality of Service) ist dafür zuständig, dass der Computer immer genügend Ressourcen zur Verfügung stellt, um auf Netzwerkpakete zu antworten. Wenn Sie zum Beispiel viele Downloads gleichzeitig aus dem Internet durchführen und parallel eine große Datenmenge auf andere Computer im Netzwerk verteilen, sorgt der QoS-Paketplaner dafür, dass eine Mindestgröße an Bandbreite zur Verfügung bleibt. Manche Experten raten dazu, diesen Dienst zu deinstallieren, da er eine gewisse Bandbreite selbst verbraucht. Allerdings benötigen die wenigsten Unternehmen heutzutage wirklich jede kleine Menge Bandbreite, sondern profitieren besser davon, dass die Verbindung stabil bleibt. Wenn Sie das Gefühl haben, Ihr Computer ist im Netzwerk zu langsam, wird die Geschwindigkeit sicherlich nicht dadurch steigen, indem Sie diesen Dienst deaktivieren oder deinstallieren. Sie können dies aber ohne Probleme selbst testen und bei Leitungsproblemen den QoS-Paketplaner testweise deaktivieren.

Eigenschaften von TCP/IP und DHCP

Das wichtigste Protokoll für die Verbindung in Netzwerke stellt TCP/IP dar. Sie können entweder eine manuelle Konfiguration durchführen, also eine statische IP-Adresse zuweisen, oder mit einem DHCP-Server arbeiten (siehe Kapitel 22). DHCP ist ein TCP/IP-Standard für die vereinfachte Verwaltung der IP-Konfiguration und -Zuweisung in einem Netzwerk. DHCP verwendet einen DHCP-Server zum dynamischen Zuweisen von IP-Adressen. DHCP-Server enthalten eine Datenbank mit IP-Adressen, die Hosts im Netzwerk zugewiesen werden können. Um DHCP in einem Netzwerk zu verwenden, muss für die Hosts in diesem Netzwerk DHCP aktiviert sein. Zum Aktivieren von DHCP müssen Sie im Eigenschaftenfenster für das Internetprotokoll die Option *IP-Adresse automatisch beziehen* aktivieren. Über Protokolle wie BOOTP oder DHCP können IP-Adressen beim Hochfahren des Rechners über einen entsprechenden Server zugewiesen werden. Auf dem Server wird dazu vom Administrator ein Bereich von IP-Adressen definiert, aus dem sich weitere Rechner beim Hochfahren eine Adresse entnehmen können. Diese Adresse wird an den Rechner geleast, also für eine bestimmte Zeit vergeben.

Rechner, die feste Adressen benötigen, können im Ethernet-Netzwerk über ihre MAC-Adresse (in Windows auch als »Physikalische Adresse« bezeichnet) identifiziert werden und eine dauerhafte Adresse erhalten. Vorteil hierbei ist die zentrale Verwaltung der Adressen. Mit DHCP kann einem Computer, der auch als DHCP-Client bezeichnet wird, aus einer dem Subnetz zugewiesenen Adressdatenbank automatisch eine IP-Adresse zugewiesen werden. Wenn ein Computer für einen bestimmten Zeitraum offline ist, kann DHCP dessen IP-Adresse anderweitig vergeben.

Abbildg. 7.17 Funktionsweise von DHCP im Netzwerk

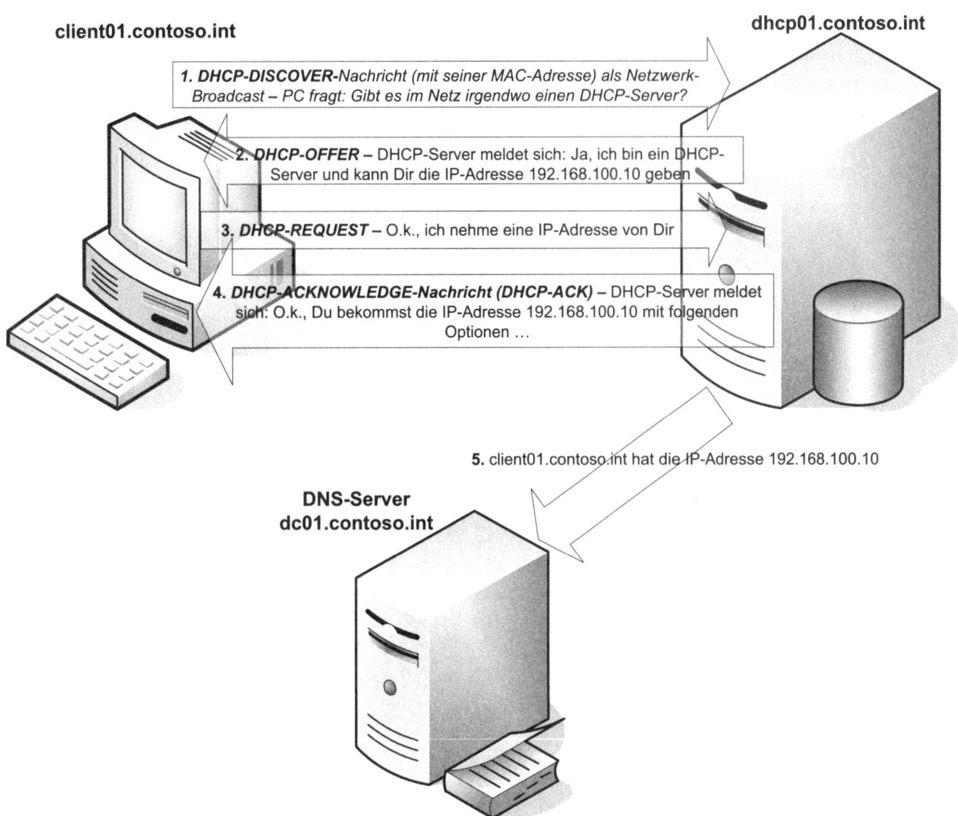

APIPA (Automatic Private IP Addressing)

Für den Fall, dass kein DHCP-Server für das automatische Zuweisen einer IP-Adresse erreicht werden kann, bestimmt Windows Server 2008 R2 eine Adresse in der für Microsoft reservierten IP-Adressierungsklasse, die von 169.254.0.1 bis 169.254.255.254 reicht. Diese Adresse wird verwendet, bis ein DHCP-Server gefunden wird. Diese Methode des Bezugs einer IP-Adresse wird als automatische IP-Adressierung (APIPA) bezeichnet. Bei dieser Methode wird kein DNS, WINS oder Standardgateway zugewiesen, da diese Methode nur für ein kleines Netzwerk mit einem einzigen Netzwerksegment entworfen wurde. Dafür können alle Computer in einem Netzwerk, die eine APIPA-Adresse verwenden, miteinander kommunizieren.

Anzeigen der IP-Adresse

Es können Situationen auftreten, in denen Sie die IP-Adressinformationen für einen bestimmten Computer anzeigen müssen. Dies ist der Fall, wenn Ihr Computer beispielsweise nicht mit anderen Computern im Netzwerk kommuniziert oder wenn andere Computer nicht mit Ihrem Computer kommunizieren können. In solchen Situationen müssen Sie die IP-Adresse der anderen Computer kennen, um die Ursache des Problems bestimmen zu können. Im Dialogfeld *Eigenschaften von Internetprotokoll (TCP/IP)* können Sie statische TCP/IP-Informationen anzeigen. Windows Server 2008 R2 enthält ein Befehlszeilentool mit der Bezeichnung *Ipconfig*, um TCP/IP-Informationen anzuzeigen. Mit *ipconfig* werden die TCP/IP-Konfigurationsoptionen auf einem Host überprüft, aber nicht festgelegt. Zu diesen Optionen zählen die IP-Adresse, die Subnetzmaske und das Standardgateway. Starten Sie das Programm am besten über eine Befehlszeile. Ausführlichere Informationen erhalten Sie, wenn Sie die Option */all* mit angeben. Geben Sie an der Eingabeaufforderung *ipconfig /all* ein. Auf dem Bildschirm werden die Informationen zu allen TCP/IP-Konfigurationsoptionen angezeigt.

Abbildg. 7.18 Anzeige ausführlicher IP-Informationen in der Befehlszeile

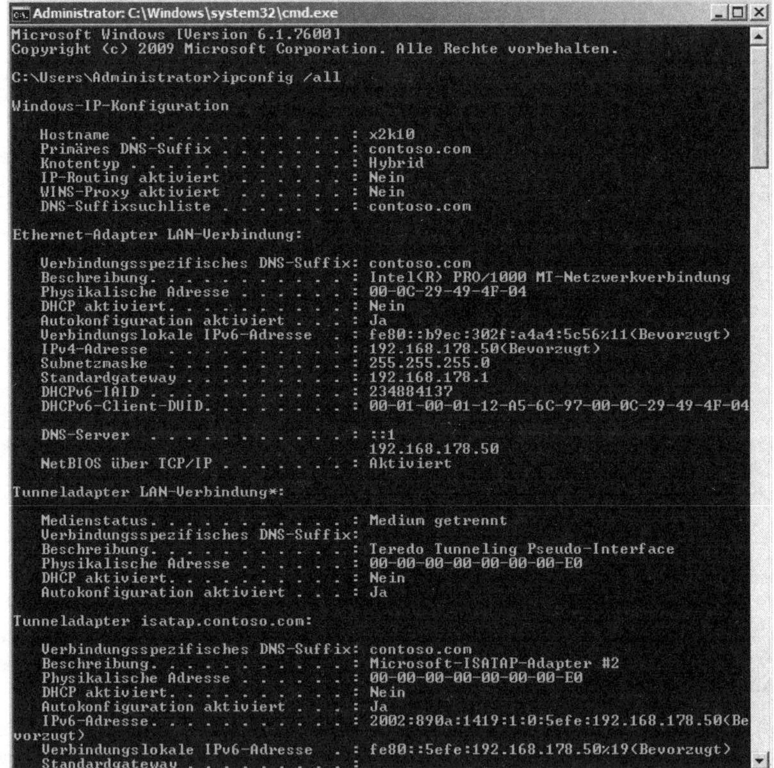

Zusätzlich lassen sich beim Aufruf von *ipconfig* noch die beiden Optionen */renew* und */release* angeben:

- **ipconfig /release** - Entfernt die IP-Adresse vom Client und fordert keine neue an. Wenn ein Client Probleme hat, eine Verbindung mit einem DHCP-Server herzustellen, sollten Sie immer zuerst die IP-Adresse beim Client zurücksetzen.
- **ipconfig /renew** Fordert vom DHCP-Server eine erneute Verlängerung des Lease oder eine neue IP-Adresse an. Sollte der Befehl nicht funktionieren, geben Sie zunächst *ipconfig /release* ein.

Bindungsreihenfolge der Netzwerkverbindungen konfigurieren

Wenn Sie mehrere Netzwerkkarten in Ihrem Computer eingebaut haben, werden Netzwerkpakete nicht immer an alle Netzwerkkarten gleichzeitig verschickt, sondern immer in einer bestimmten Reihenfolge. Damit die Antwortzeiten im Netzwerk optimiert werden, bietet es sich natürlich an, wenn Sie die Reihenfolge so konfigurieren, dass Ihre produktive Netzwerkkarte (meistens wird sowieso nur eine verwendet) in der Reihenfolge ganz oben steht. Damit Sie diese Reihenfolge festlegen können, gehen Sie folgendermaßen vor:

1. Klicken Sie zunächst im Netzwerk- und Freigabecenter auf den Link *Adaptereinstellungen ändern.*
2. Aktivieren Sie anschließend über *Organisieren/Layout* die Menüleiste. Alternativ können Sie temporär die Menüleiste über die `Alt`-Taste einblenden.
3. Rufen Sie den Menübefehl *Erweitert/Erweiterte Einstellungen* auf.

Es öffnet sich ein neues Fenster, über das Sie unter anderem die Bindungsreihenfolge der Netzwerkkarten einstellen können. Klicken Sie dazu auf der Registerkarte *Adapter und Bindungen* im Bereich *Verbindungen* auf die ausgewählte LAN-Verbindung und dann auf die Schaltflächen mit den Pfeilen, damit die gewünschte Verbindung ganz nach oben gesetzt wird.

Abbildg. 7.19 Konfigurieren der Bindungsreihenfolge der Netzwerkverbindungen

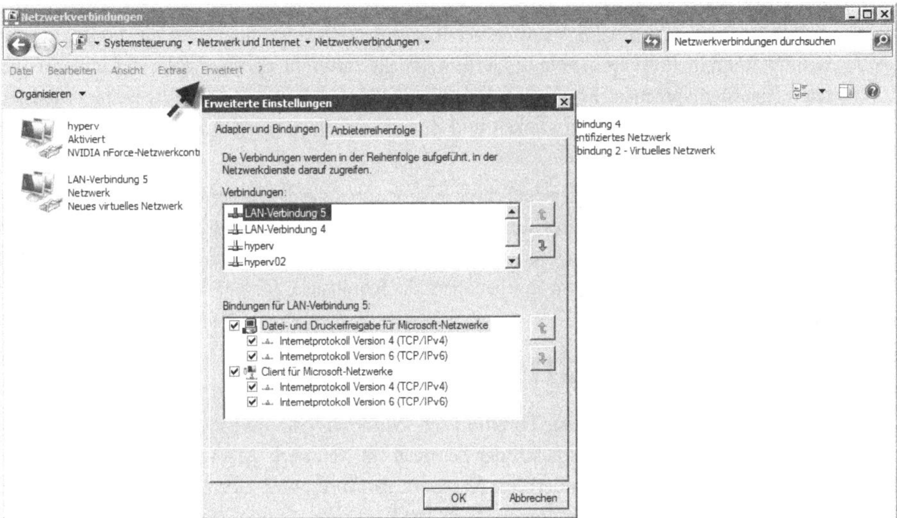

IP-Routing – Manuelle Routen erstellen

Sie können in den IP-Eigenschaften von Netzwerkkarten immer nur ein Standardgateway festlegen. Wenn IP-Pakete zu Hosts geschickt werden sollen, die außerhalb des konfigurierten Subnetzes liegen, werden diese von Windows immer an das konfigurierte Standardgateway geschickt. Auch wenn in einen Computer mehrere Netzwerkkarten eingebaut sind, kann immer nur ein Standardgateway festgelegt werden. Wenn Sie aber Pakete zu unterschiedlichen Netzwerken schicken wollen, können Sie in Windows manuelle Routen erstellen. Diese Routen werden mit dem Befehl *route* in der Befehlszeile erstellt. Für IPv6 müssen Sie den Befehl *netsh interface ipv6 add route* verwenden, um manuelle Routen zu erstellen. Das Standardgateway können Sie entweder über DHCP mitgeben, oder auf einer der eingebauten Netzwerkkarten manuell festlegen. Alle Netzwerkpakete, die nicht an das interne Netzwerk gesendet werden können und für die keine manuelle Route hinterlegt ist, werden zum Standardgateway geschickt. Das Standardgateway muss sich im gleichen Subnetz befinden, wie die IP-Adresse des

Computers. Die zweite Schnittstelle des Standardgateways bzw. weitere Schnittstellen befinden sich in anderen Subnetzen. Um manuelle Routen zu erstellen, wird der Befehl *Route.exe* in der folgenden Syntax verwendet:

route –p add <ziel> MASK <netzmaske> <gateway> METRIC <metrik> IF <schnittstelle>.

Die einzelnen Parameter haben folgende Funktionen:

- **–p** Über diese Option wird festgelegt, dass die Route auch nach dem Booten des PCs noch vorhanden ist. Standardmäßig werden die Routen beim Neustart wieder gelöscht.
- **add** Diese Option fügt eine Route hinzu, mit *del* kann eine Route gelöscht werden.
- **ziel** Das Ziel kann entweder eine IP-Adresse oder ein Subnetzprefix, eine IP-Adresse für eine Hostroute oder 0.0.0.0 für die Standardroute sein.
- **MASK** Die Netzmaske kann entweder die korrekte Subnetzmaske für eine IP-Adresse oder ein Subnetzprefix, 255.255.255.255 für eine Hostroute oder 0.0.0.0 für die Standardroute, sein. Wenn keine Angabe gemacht wird, wird die Subnetzmaske 255.255.255.255 verwendet.
- **gateway** Gibt die Weiterleitungs-IP-Adresse oder die IP-Adresse des nächsten Hops an, über die die durch das Netzwerkziel und die Subnetzmaske definierten Adressen erreichbar sind. Bei Remoterouten, die über mindestens einen Router erreichbar sind, ist die Gatewayadresse die direkt erreichbare IP-Adresse eines angrenzenden Routers.
- **metrik** Gibt eine ganzzahlige Kostenmetrik (im Bereich von 1 bis 9.999) für die Route an. Sie wird verwendet, wenn mehrere Routen in der Routingtabelle zur Wahl stehen, die der Zieladresse eines weitergeleiteten Pakets entsprechen. Es wird die Route mit der niedrigsten Metrik ausgewählt. Die Metrik kann die Anzahl der Hops, die Geschwindigkeit und Zuverlässigkeit des Pfads, den Pfaddurchsatz oder administrative Eigenschaften widerspiegeln.
- **IF** Gibt den Schnittstellenindex der Schnittstelle an, über die das Ziel erreichbar ist. Eine Liste der Schnittstellen und ihrer Schnittstellenindizes können Sie mit dem Befehl *route print* anzeigen. Sie können für den Schnittstellenindex sowohl Dezimal- als auch Hexadezimalwerte verwenden. Stellen Sie Hexadezimalwerten 0x voran. Wenn Sie den *IF*-Parameter nicht angeben, wird die Schnittstelle anhand der Gatewayadresse ermittelt.

Der öffentliche Ordner

Der öffentliche Ordner ist eine neue Funktion seit Windows Vista und Windows Server 2008 und dient dem unkomplizierten Informationsaustausch der Benutzer im Netzwerk. Alle Ordner und Dateien im öffentlichen Ordner stehen sofort allen Anwendern im Netzwerk zur Verfügung. Der Zugriff auf den öffentlichen Ordner muss im Netzwerk- und Freigabecenter ebenfalls erst konfiguriert und gestattet werden.

Abbildg. 7.20 Konfigurieren des öffentlichen Ordners in Windows Server 2008 R2

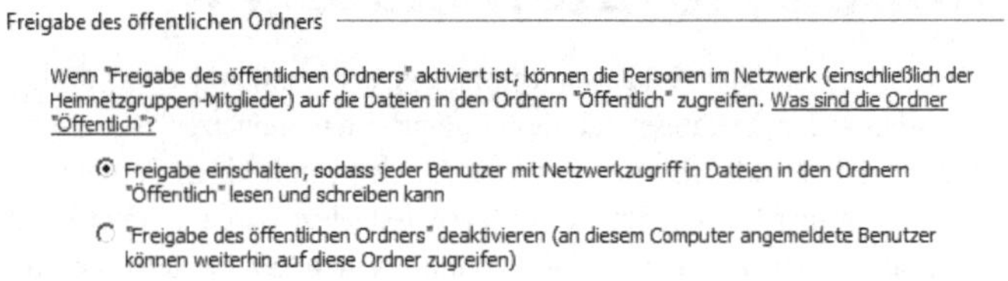

Freigabe des öffentlichen Ordners

Wenn "Freigabe des öffentlichen Ordners" aktiviert ist, können die Personen im Netzwerk (einschließlich der Heimnetzgruppen-Mitglieder) auf die Dateien in den Ordnern "Öffentlich" zugreifen. Was sind die Ordner "Öffentlich"?

(•) Freigabe einschalten, sodass jeder Benutzer mit Netzwerkzugriff in Dateien in den Ordnern "Öffentlich" lesen und schreiben kann

( ) "Freigabe des öffentlichen Ordners" deaktivieren (an diesem Computer angemeldete Benutzer können weiterhin auf diese Ordner zugreifen)

Der Ordner *Öffentlich* befindet sich im Verzeichnis *C:\Benutzer*. Hier können auch nachträglich Anpassungen an den Berechtigungen und der Freigabe vorgenommen werden. Wenn andere Anwender die Freigabe als Netzlaufwerk anbinden, oder direkt auf die Freigabe zugreifen wollen, können diese den Pfad *\\<Servername-Name>\Users* verwenden.

Netzwerkeinstellungen für Active Directory-Domänen

Die meisten Unternehmen werden Windows Server 2008 R2 in einer Windows-Domäne aufnehmen oder als Domänencontroller betreiben (siehe Kapitel 9). In einem Unternehmensnetzwerk können die Hauptvorteile der Microsoft-Betriebssysteme, sei es auf Ebene der Server oder der Clients, erst sinnvoll ausgespielt werden, wenn eine Active Directory-Domäne gebildet wird. Der erste Schritt, einen Windows Server 2008 R2 in eine Windows-Domäne als Mitgliedsserver aufzunehmen, ist, den Server mit dem Netzwerk zu verbinden und zu überprüfen, ob ein Domänencontroller mit dem Ping-Befehl, ganz ohne Namensauflösung erreicht werden kann. Erst wenn sichergestellt ist, dass der Domänencontroller auf Netzwerkebene erreicht werden kann, sollten Sie weitere Schritte durchführen. Dieser Test ist vor allem in Verbindung mit der Windows-Firewall sinnvoll. Der nächste wichtige Schritt ist das Eintragen eines DNS-Servers in den IP-Einstellungen eines Windows Server 2008 R2-Servers. Erst wenn ein DNS-Server eingetragen wurde, der die DNS-Zone der Active Directory-Domäne auflösen kann, ist eine Aufnahme in eine Windows-Domäne möglich. Diese Einstellung erfolgt in den Netzwerkeinstellungen der LAN-Verbindung. Sie finden diese, indem Sie das Netzwerk- und Freigabecenter aufrufen.

Windows Internet Name Service (WINS)

WINS steht für *Windows Internet Name Service* und ist der Vorgänger der dynamischen DNS-Aktualisierung. Während DNS für die Namensauflösung mit voll qualifizierten Domänennamen zuständig ist, werden mit WINS NetBIOS-Namen aufgelöst.

Abbildg. 7.21 WINS steht auch noch in Windows Server 2008 R2 als Feature zur Verfügung

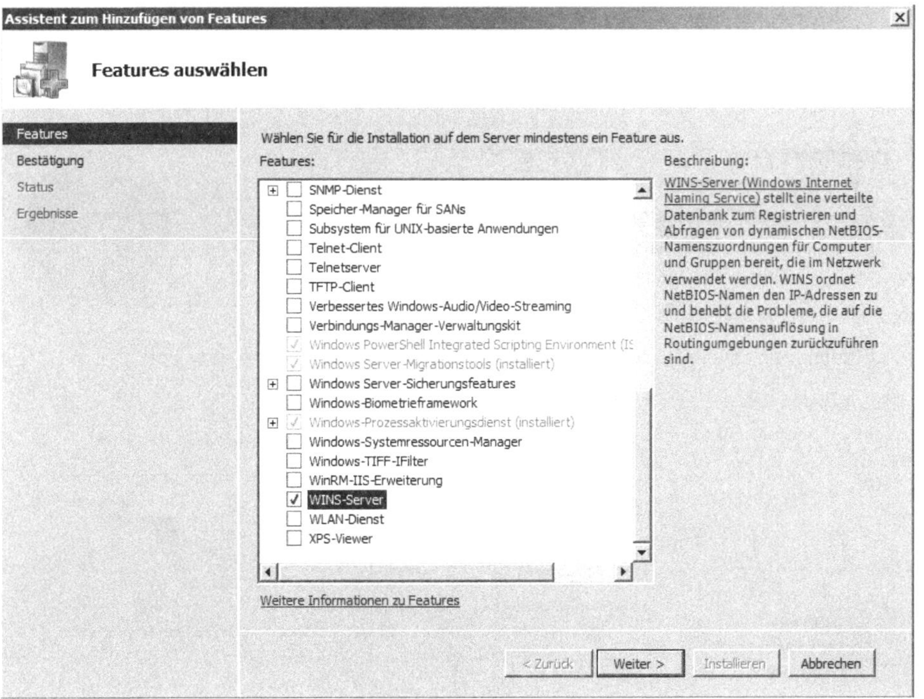

Die Namensauflösung in Active Directory ist überaus wichtig. Sie können auf den Domänencontrollern neben DNS auch ohne Weiteres den WINS-Dienst installieren, da dieser so gut wie keine Auswirkungen auf das System hat. DNS kann darüber hinaus eng mit WINS zusammenarbeiten. Seit Windows Server 2003 SP1 wurden Erweiterungen eingebaut, welche die Namensauflösung zur Replikation von Active Directory über WINS abwickeln können, falls DNS Probleme hat. Auch Windows Server 2008 R2 unterstützt noch WINS. Damit sich die Server bei WINS registrieren und Daten aus WINS abfragen können, müssen Sie in den IP-Einstellungen die WINS-Server eintragen. Auf den Arbeitsstationen können Sie diese Einstellungen auch mithilfe eines DHCP-Servers verteilen. WINS kann als Feature über den Server-Manager installiert werden (siehe Kapitel 22). Auch die Replikation zwischen WINS-Servern unter Windows Server 2003/2008 und Windows Server 2008 R2 ist möglich.

TIPP Wollen Sie die einzelnen Computer im Netzwerk über ihren Namen erreichen, können Sie auf jedem Client die Datei *hosts* mit einem Editor bearbeiten. Sie müssen die Datei aber mit Administratorrechten öffnen, da ansonsten kein Speichern möglich ist. Sie finden die Datei im Verzeichnis *C:\Windows\System32\drivers\etc* auf jedem Windows-Computer. In der Datei hinterlegen Sie die IP-Adresse, drücken einmal die [Tab]-Taste und geben den Namen ein. Es genügt, wenn Sie die Datei einmal bearbeiten und auf jeden Client kopieren.

Computerkonto für den Server in der Domäne erstellen

Nachdem Sie die IP-Einstellungen korrekt vorgenommen haben, besteht der nächste Schritt darin, dass Sie für den Server in der Windows-Domäne ein Domänenkonto erstellen.

Abbildg. 7.22 Anpassen des Computernamens für die Domänenmitgliedschaft

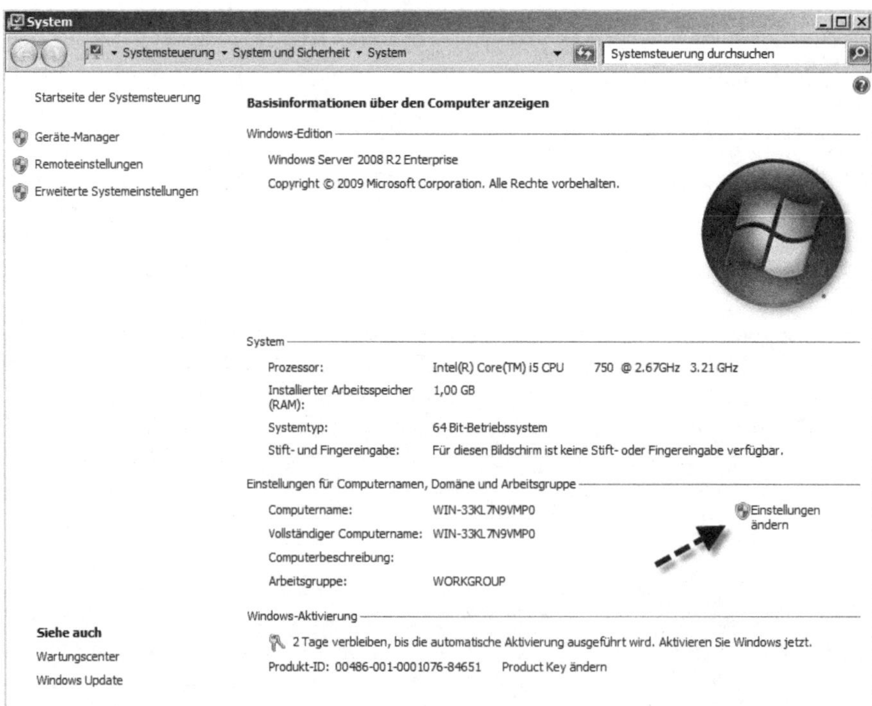

Dieses Konto kann ohne Weiteres auch direkt auf dem Windows Server 2008 R2 erstellt werden, es ist dazu lediglich eine Authentifizierung eines Benutzerkontos notwendig, welches berechtigt ist, Computerkonten in der Domäne zu erstellen. Um einen Windows Server 2008 R2-Server in eine Windows-Domäne aufzunehmen, öffnen Sie am besten zunächst das Startmenü, klicken mit der rechten Maustaste auf den Eintrag *Computer* und wählen im daraufhin geöffneten Kontextmenü den Befehl *Eigenschaften* aus. Es öffnet sich ein neues Fenster, über das Sie die Domänenmitgliedschaft des Servers anpassen können. Klicken Sie dazu im Bereich *Einstellungen für Computernamen, Domäne und Arbeitsgruppe* auf den Link *Einstellungen ändern.* Wie Sie sehen, wird neben dieser Einstellung das bekannte Schild in den Windows-Farben anzeigt. Dieses Symbol wird immer angezeigt, wenn für die Ausführung der besagten Aufgabe administrative Berechtigungen benötigt werden.

Nachdem Sie diese Meldung bestätigt haben, werden die Eigenschaften des Computers angezeigt und die Anzeige wechselt automatisch zur Registerkarte *Computername.*

Abbildg. 7.23 Ändern der Domänenmitgliedschaft

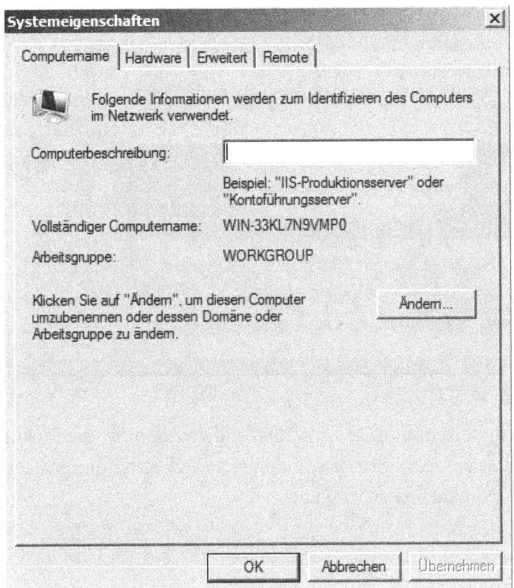

Auf der Registerkarte *Computername* können Sie eine Beschreibung des Servers eintragen, die auch in den Verwaltungswerkzeugen von Active Directory angezeigt wird. Über die Schaltfläche *Ändern* können Sie am effizientesten einer Domäne beitreten oder den Namen des Servers ändern. Wichtig ist an dieser Stelle, dass Sie den Namen der Domäne eingeben, in die der Server aufgenommen wird. Im Anschluss versucht der Server eine Verbindung zu der Domäne aufzubauen. Gelingt dies nicht, erscheint eine Fehlermeldung, die Sie detailliert darüber informiert, warum eine Domänenaufnahme nicht möglich ist. Meistens liegt ein solcher Fehler darin begründet, dass der DNS-Server in den IP-Einstellungen nicht stimmt, oder der Server keine Verbindung zum Domänencontroller herstellen kann, weil der Netzwerkverkehr blockiert wird, oder die IP-Adresse des Servers nicht stimmt. Überprüfen Sie daher an dieser Stelle diese Einträge.

Abbildg. 7.24 Aufnehmen eines Computers in die Domäne

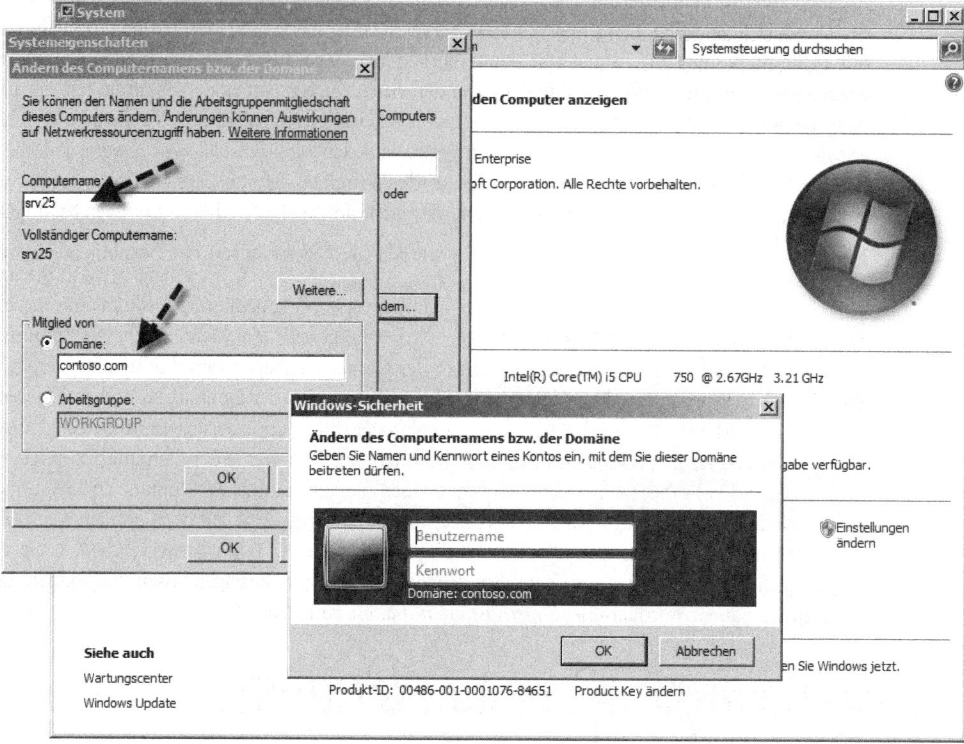

Authentifizieren Sie sich, damit die Aufnahme funktioniert. Anschließend erhalten Sie die Meldung, dass die Aufnahme funktioniert hat. Wichtig ist, dass ein DNS-Server von den Netzwerkverbindungen gefunden wird, der eine Verbindung zur Active Directory-Domäne herstellen kann.

Abbildg. 7.25 Erfolgreiche Domänenaufnahme

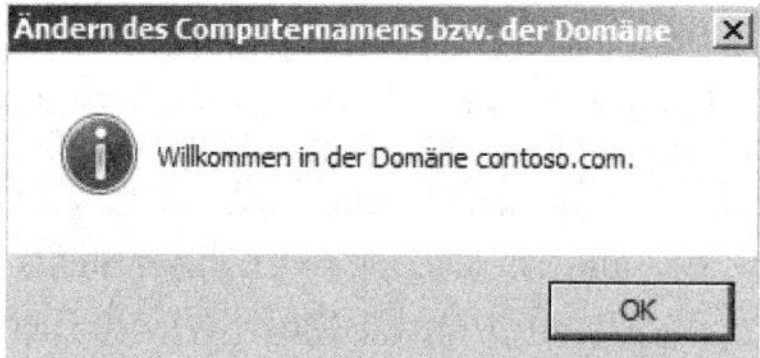

Nachdem Ihr Server neu gestartet ist, erhalten Sie die Meldung, dass Sie die Tastenkombination `Strg`+`Alt`+`Entf` auf der Tastatur drücken müssen, damit das Anmeldefenster erscheint. Erst wenn Sie diese Tastenkombination auf der Tastatur gedrückt haben, erscheint das bekannte Anmeldefenster von Windows Server 2008 R2. Im Anschluss authentifiziert sich der Server an der Domäne und ein ganz neues Benutzerprofil wird erstellt. Wenn Sie sich das nächste Mal am Server anmelden, hat sich der Server die Anmeldung an der Domäne gemerkt und zeigt diese auch in der Anmeldemaske an. An dieser Stelle reicht jetzt die Angabe des Kennwortes, und Sie werden an der Domäne angemeldet. Wenn Sie sich an Ihrem Server lokal anmelden wollen, wählen Sie einfach wieder die Anmeldung am lokalen Server aus.

Erste Schritte in der Windows-Domäne

Haben Sie sich an der Domäne angemeldet, können Sie über den bereits beschriebenen Weg die Eigenschaften des Computerkontos aufrufen. Sie erkennen am Servernamen, dass dieser automatisch mit dem primären DNS-Suffix der Active Directory-Domäne ergänzt wurde. Außerdem sehen Sie auf der Registerkarte *Computername* zusätzlich, welcher Domäne Ihr Server beigetreten ist. Sie können die Domänenmitgliedschaft jederzeit wieder rückgängig machen und aus der Domäne austreten. Dazu können Sie den gleichen Weg verwenden, den Sie bereits zur Aufnahme in die Domäne durchgeführt haben. Im Anschluss daran können Sie überprüfen, ob die Domänenbenutzergruppen in die lokalen Gruppen des Servers aufgenommen worden sind. Wird ein Server in eine Domäne aufgenommen, wird automatisch die Gruppe *Domänen-Admins* in die lokale Gruppe *Administratoren* aufgenommen. Die Domänenbenutzergruppe *Domänen-Benutzer* wird in die lokale Gruppe *Benutzer* aufgenommen. Sie können die lokale Benutzerverwaltung über *Start/Ausführen/lusrmgr.msc* aufrufen. Durch die Aufnahme dieser beiden Gruppen wird sichergestellt, dass zum einen die Administratoren der Domäne über administrative Berechtigungen in der Domäne verfügen und die Benutzerkonten der Domäne die Möglichkeit erhalten, sich an den einzelnen Arbeitsstationen der Domäne zu authentifizieren. Fahren Sie mit der linken Maustaste über das Netzwerksymbol in der Informationsleiste, wird Ihnen angezeigt, an welcher Domäne der Server angeschlossen ist. Hier wird Ihnen der DNS-Name der Domäne angezeigt. Wenn Sie das Netzwerk- und Freigabecenter öffnen, wird zum einen die Verbindung zur Domäne angezeigt und zum anderen die Netzwerkverbindung zum Domänennetzwerk erklärt. Rufen Sie auf dem Domänencontroller im Snap-In *Active Directory-Benutzer und -Computer* die Eigenschaften eines Windows Server 2008 R2-Servers auf, können Sie sich auf der Registerkarte *Betriebssystem* auch die Edition anzeigen lassen. Sie können dieses Snap-In auf dem Domänencontroller über *Start/Ausführen/dsa.msc* aufrufen.

Internetprotokoll Version 6 (IPv6)

IPv6 spielt in Windows Server 2008 R2 an vielen Stellen eine Rolle, zum Beispiel beim Einsatz von DirectAccess. Sie können im Unternehmen ohne Weiteres IPv4 und IPv6 parallel einsetzen. Der Datenverkehr zwischen IPv4 und IPv6-Adressen wird im Windows Server 2008 R2-Netzwerk automatisch umgesetzt. Dazu setzen Sie einen ISATAP-Router mit Windows Server 2008 oder Windows Server 2008 R2 ein. ISATAP wird im Kapitel 28 ausführlicher behandelt. Bei ISATAP-Adressen werden die IPv4-Adressen der Rechner in die IPv6-Adressen eingebaut. Eine weitere Technik in diesem Bereich ist 6to4. Bei dieser Technik können einzelne Clients ausschließlich mit IPv6-Adresen ausgerüstet sein. Das Routing übernimmt ein 6to4-Router (siehe Kapitel 28) IPv6, das Internet Protocol Version 6 (auch IPnG, Internet Protocol Next Generation) ist der Nachfolger des gegenwärtig im Internet noch überwiegend verwendeten Internet Protocol in der Version 4. Beide Protokolle sind Standards für die Netzwerkschicht des OSI-Modells und regeln die Adressierung und das Routing von Datenpaketen durch ein Netzwerk.

Das alte IPv4 bietet einen Adressraum von etwas über 4,3 Milliarden IP-Adressen (232), mit denen Computer und andere Geräte angesprochen werden können. In den Anfangstagen des Internet, als es nur wenige Rechner gab, die eine IP-Adresse brauchten, galt dies weit mehr als ausreichend. Daher wurde mit den Adressen extrem freizügig umgegangen. So bekam etwa die University of California in Berkeley (UCB) rund 16,8 Millionen IP-Adressen zugewiesen. Viele IPv4-Adressen liegen daher ungenutzt in Datenbanken, können aber durch den immensen Aufwand nicht umstrukturiert werden. Nach neuesten Schätzungen werden spätestens 2012 die IPv4-Adressen vollständig zugewiesen sein. Spätestens zu diesem Zeitpunkt, wahrscheinlich weit vorher, wird sich IPv6 im Markt durchgesetzt haben. Windows Vista und Windows 7 sowie Windows Server 2008 R2 können zwar weiterhin über IPv4 kommunizieren, verwenden als primäres Protokoll aber möglichst IPv6. Die neue Version des IP-Protokolls ist bereits seit 1995 in Entwicklung, als klar wurde, dass die IPv4-Adressen irgendwann ausgehen würden.

Abbildg. 7.26 Windows Server 2008 R2 unterstützt bereits standardmäßig IPv6

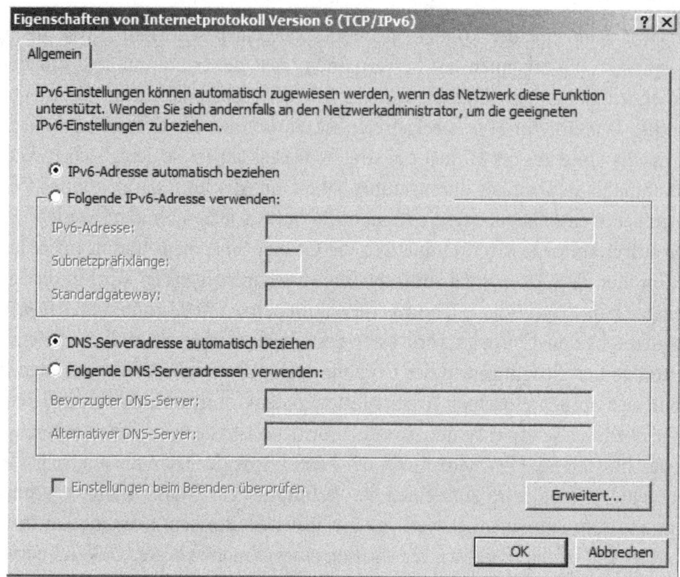

Für den Einsatz im internen LAN sind die meisten Switches schon ausgelegt, sodass keine besonderen Vorkehrungen getroffen werden müssen, um die neue Kommunikation zu nutzen. Lediglich zur Kommunikation zwischen Netzwerken müssen Router entsprechend konfiguriert sein.

Vorteile von IPv6 gegenüber IPv4

Eine IPv6-Adresse ist 128 Bit lang (IPv4: 32 Bit). Damit gibt es etwa 3,4128 (340,28 Sextillionen) IPv6-Adressen. IPv6 bietet aber neben der riesigen Anzahl zusätzlicher IP-Adressen auch weitere Vorteile, wie eine deutlich bessere Auto-IP-Konfiguration, die auf Basis der MAC-Adresse durchgeführt wird. In einem IPv6-Netzwerk wird nicht mehr gezwungenermaßen ein DHCPv6-Server benötigt, auch wenn in Windows Server 2008 R2 diese Funktion integriert ist. Weitere Vorteile von IPv6 sind die deutlich erweiterte Paketgröße von bis zu 4 Gigabyte, schnelleres Routing und bessere Unterstützung von IPsec.

Aufbau und Grundlagen von IPv6

IPv6 wurde so entworfen, dass es einfacher als IPv4 zu konfigurieren ist. IPv6-Adressen werden in hexadezimaler Notation mit Doppelpunkten geschrieben, die die Adresse in acht Blöcke mit einer Länge von jeweils 16 Bit unterteilen. Als Trennzeichen dient der Doppelpunkt. Die ersten vier Blöcke (64 Bit) werden für das Routing genutzt und bilden das Netzprefix. Die weiteren 64 Bit (die letzten vier Blöcke) dienen der Adressierung des Hosts. IPv6 kann sich automatisch selbst konfigurieren, auch ohne DHCPv6 (Dynamic Host Configuration Protocol for IPv6).

Nachfolgend einige Beispiele dazu:

```
fe80::490a:1dba:f2d1:2a65%13
```

Nullen müssen nicht zwingend dargestellt werden und können durch Doppelpunkte abgekürzt werden. Eine oder mehrere 16-Bit-Gruppen mit dem Wert *0000* können durch zwei aufeinanderfolgende Doppelpunkte ersetzt werden. Sie dürfen in einer Adresse aber nur einmal zwei Doppelpunkte schreiben. So wird über *::1* der lokale Host dargestellt, dessen Adresse richtigerweise *0:0:0:0:1* heißen müsste. Die entsprechende IPv4-Variante wäre *127.0.0.1*. Werden IPv6-Adressen als URL im Internet Explorer verwendet, kollidieren die Doppelpunkte mit der Bezeichnung des Ports. Aus diesem Grund werden IPv6-Adressen in einem Browser in eckige Klammern gesetzt:

```
http://[fe80::490a:1dba:f2d1:2a65%13]:80/
```

Die resultierende Adresse darf höchstens einmal zwei aufeinanderfolgende Doppelpunkte enthalten. *2001:0db8::1428:57ab* ist gleichbedeutend mit *2001:0db8:0000:0000:0000:0000:1428:57ab* aber *2001::25de::cade* ist nicht korrekt, da nicht nachvollzogen werden kann, wie viele 16-Bit-Gruppen durch die zwei Doppelpunkte jeweils ersetzt wurden. Führende Nullen einer 16-Bit-Gruppe dürfen ausgelassen werden, *2001:db8::28:b* ist gleichbedeutend mit *2001:0db8::0028:000b*. Beim Starten weist sich jede Netzwerkverbindung, die IPv6 unterstützt, eine sogenannte verbindungslokale Adresse zu, mit der auch eine Kommunikation im Netzwerk stattfinden kann. Diese Adresse beginnt immer mit *fe80::*. Die nächsten drei Blöcke bestehen aus Nullen, sodass diese verbindungslokale Adresse richtigerweise *fe80:0000:0000:000* heißen würde, daher die beiden Doppelpunkte am Ende von *fe80*. Diese Adressen können nur zur Kommunikation mit benachbarten Knoten verwendet werden. Sie werden nicht im DNS registriert. Für die zweiten 64 Bit wird die MAC-Adresse der Netzwerkschnittstelle in das Nummerierungssystem EUI-64 (Extended Unique Identifier) des IEEE umgewandelt. Ein Beispiel für diese Adresse ist dann: *fe80::490a:1dba:f2d1:2a65%13*. Bevor ein Client eine IP-Adresse verwendet, überprüft er, ob im Netzwerk bereits eine solche vorhanden ist. Diese Möglichkeit ist aber extrem unwahrscheinlich, da durch die Einbeziehung der einzigartigen MAC-Adresse in die IPv6-Adresse schon ein Alleinstellungsmerkmal erreicht wird. Die automatische Konfiguration kann aber keine DNS-Server zuweisen. Sollen diese auch automatisch zugewiesen werden, wird ein DHCPv6-Server benötigt, wie er in Windows Server 2008 R2 integriert ist.

Abbildg. 7.27 Konfigurieren eines IPv6-Bereiches unter Windows Server 2008 R2

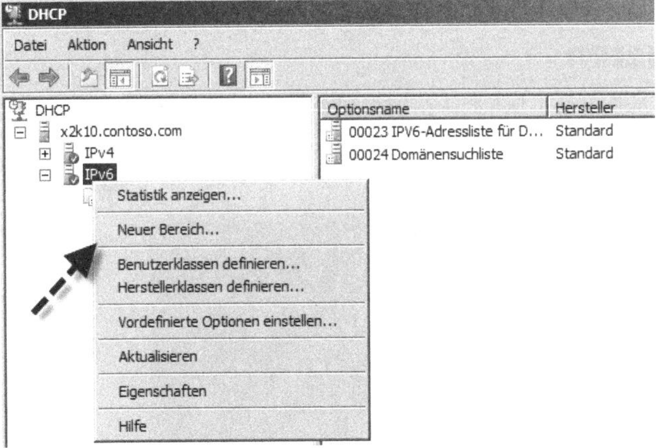

Windows Server 2008 R2 und Windows 7 nutzen IPv6

Windows Server 2008 R2 und Windows Vista bzw. Windows 7 nutzen beide den Next Generation TCP/IP-Stack. Vor allem für die Unterstützung von DirectAccess ist eine IPv6-Infrastruktur notwendig. Hierbei handelt es sich um einen neu entworfenen TCP/IP-Protokollstack, in den sowohl IPv4 (Internet Protocol version 4) als auch IPv6 (Internet Protocol version 6) integriert sind. Wenn eine DNS-Abfrage beispielsweise eine IPv6- und IPv4-Adresse zurückgibt, versucht der Stack zuerst über IPv6 zu kommunizieren. Die Bevorzugung von IPv6 gegenüber IPv4 bietet IPv6-fähigen Anwendungen eine bessere Netzwerkkonnektivität. IPv6-Verbindungen sind in der Lage, IPv6-Technologien wie Teredo zu nutzen. Teredo ist eine IPv6-Technologie, die durch ein oder mehrere NATs voneinander getrennte IPv6/IPv4-Knoten eine End-To-End-Kommunikation mit globalen IPv6-Adressen ermöglicht. IPv6-Netzwerkverkehr auf Basis von Teredo kann ein NAT ohne eine Neukonfiguration oder eine Änderung der Anwendungsprotokolle passieren. Teredo ist in Windows XP Service Pack 2 und Windows Server 2003 ab Service Pack 1 enthalten und auf Domänencomputern aktiviert. Bei Teredo-Netzwerkverkehr handelt es sich um IPv6-Pakete, die in IPv4-UDP-Nachrichten gekapselt wurden. Die standardmäßige Aktivierung von IPv6 und die Bevorzugung von IPv6 haben keine negativen Auswirkungen auf die IPv4-Konnektivität. In Netzwerken, in denen keine IPv6-DNS-Einträge zur Verfügung stehen, wird beispielsweise nicht über IPv6-Adressen kommuniziert. Um die Vorteile einer IPv6-Konnektivität zu nutzen, müssen Netzwerkanwendungen aktualisiert werden. Windows Server 2008 R2 unterstützt bereits nach der Installation das neue IP-Protokoll Version 6 (IPv6). Wenn Sie die Eigenschaften der Netzwerkverbindung anzeigen lassen, sehen Sie, dass IPv6 automatisch mit den Netzwerkverbindungen verknüpft wird. Wenn Sie einen Server mit Windows Server 2008 R2 für IPv6 konfigurieren, sind folgende automatische Einstellungen möglich:

- Ein IPv6-Host sendet eine Multicastnachricht und empfängt eine oder mehrere Routernachrichten. In diesen Routernachrichten finden sich Subnetzprefixe (diese nutzt der IPv6-Host zum Festlegen weiterer IPv6-Adressen und zum Hinzufügen von Routen zur IPv6-Routingtabelle) und weitere Konfigurationsparameter (zum Beispiel das Standardgateway).
- Über DHCPv6 erhält der IPv6-Host Subnetzprefixe und andere Konfigurationsparameter. Oft wird DHCPv6 bei IPv6-Hosts unter Windows zum Beispiel dazu genutzt, die IPv6-Adressen der DNS-Server zu konfigurieren, was über die Routererkennung nicht möglich ist.

IPv6 konfigurieren

Neben der automatischen Konfiguration ist auch eine manuelle Konfiguration von IPv6 möglich.

Abbildg. 7.28 Konfiguration von IPv6 in Windows Server 2008 R2

```
Administrator: Eingabeaufforderung
Microsoft Windows [Version 6.1.7600]
Copyright (c) 2009 Microsoft Corporation. Alle Rechte vorbehalten.

C:\Users\Administrator>netsh interface ipv6

Folgende Befehle sind verfügbar:

Befehle in diesem Kontext:
6to4           - Wechselt zum "netsh interface ipv6 6to4"-Kontext.
?              - Zeigt eine Liste der Befehle an.
add            - Fügt einen Konfigurationseintrag zu einer Tabelle hinzu.
delete         - Löscht einen Konfigurationseintrag aus einer Tabelle.
dump           - Zeigt ein Konfigurationsskript an.
help           - Zeigt eine Liste der Befehle an.
isatap         - Wechselt zum "netsh interface ipv6 isatap"-Kontext.
reset          - Setzt die IP-Konfigurationen zurück.
set            - Legt Konfigurationsinformationen fest.
show           - Zeigt Informationen an.

Folgende Unterkontexte sind verfügbar:
 6to4 isatap

Geben Sie den Befehl, gefolgt von einem Leerzeichen und ? ein, um Hilfe
bezüglich des entsprechenden Befehls zu erhalten.

C:\Users\Administrator>_
```

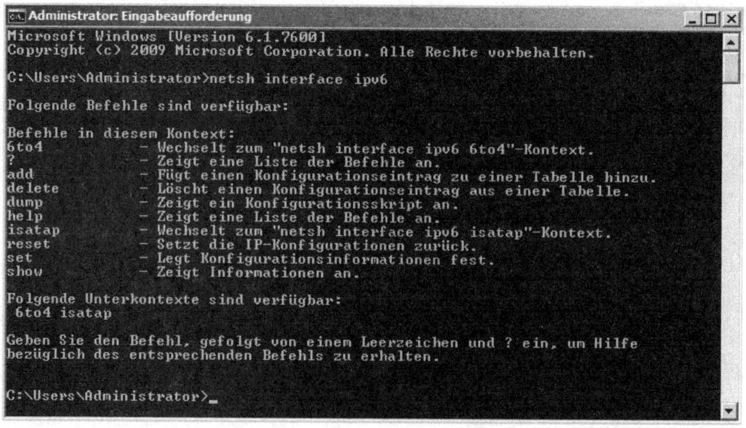

Windows Server 2008 R2 stellt dazu eine grafische Oberfläche bereit, unterstützt aber auch die Konfiguration in der Befehlszeile über den Befehl *netsh*. Wenn Sie in den Eigenschaften der Netzwerkverbindung die Eigenschaften von IPv6 aufrufen, können Sie verschiedene Einstellungen vornehmen.

Bei Verwendung einer zufällig abgeleiteten Schnittstellen-ID ist die Chance einer Duplizierung der verbindungslokalen Adresse äußerst gering. Computer, auf denen Windows Vista und Windows 7 oder Windows Server 2008 R2 ausgeführt wird, generieren standardmäßig zufällige Schnittstellen-IDs für nichttemporäre, automatisch konfigurierte IPv6-Adressen. Eine öffentliche IPv6-Adresse ist eine globale Adresse, die im DNS registriert ist und in der Regel von Serveranwendungen für eingehende Verbindungen, beispielsweise einen Webserver, verwendet wird. Sie können dieses Standardverhalten mit dem Befehl *netsh interface ipv6 set global randomizeidentifiers=disabled* deaktivieren. Bei Deaktivierung verwendet IPv6 EUI-64-basierte Schnittstellen-IDs.

- **IPv6-Adresse automatisch beziehen** Hier wird konfiguriert, dass die IPv6-Adressen für diese Verbindung oder diesen Adapter automatisch festgelegt werden
- **Folgende IPv6-Adresse verwenden** IPv6-Adresse und das Standardgateway für diese Verbindung oder diesen Adapter manuell festlegen
- **IPv6-Adresse** Hier können Sie eine IPv6-Unicastadresse angeben
- **Subnetzprefixlänge** Hier können Sie die Länge des Subnetzprefix für die IPv6-Adresse festlegen. Bei IPv6-Unicastadressen sollte dies 64 sein (der Standardwert).
- **Standardgateway** Hier können Sie die IPv6-Unicastadresse des Standardgateways angeben
- **DNS-Serveradresse automatisch beziehen** Hier wird konfiguriert, dass die IPv6-Adresse des DNS-Servers im Netzwerk über DHCPv6 bezogen wird
- **Folgende DNS-Serveradressen verwenden** Hier können Sie die Adressen des primären und sekundären DNS-Servers manuell festlegen

Über die Schaltfläche *Erweitert* kommen Sie, wie bei IPv4, zu weiteren Einstellmöglichkeiten für IPv6. Auf der Registerkarte *IP-Einstellungen* können Sie die IPv6-Adressierung des Servers detaillierter spezifizieren:

- Für jede IPv6-Unicastadresse müssen Sie eine IPv6-Adresse und eine Subnetzprefixlänge angeben. Die Schaltfläche *Hinzufügen* steht nur dann zur Verfügung, wenn die Option *Folgende IPv6-Adresse verwenden* bei den Einstellungen für die IPv6-Adresse gesetzt ist.
- Für jedes Standardgateway müssen Sie eine IPv6-Adresse angeben. Außerdem müssen Sie angeben ob die Metrik für dieses Gateway über die Verbindungsgeschwindigkeit beziehungsweise über die Geschwindigkeit des Adapters ermittelt werden soll oder ob Sie die Metrik selbst festlegen möchten. Die Schaltfläche *Hinzufügen* steht nur dann zur Verfügung, wenn die Option *Folgende IPv6-Adresse verwenden* aktiviert wurde.
- Sie können festlegen, ob eine bestimmte Metrik für die IPv6-Adressen oder die Standardgateways verwendet werden soll oder ob diese über die Verbindungsgeschwindigkeit oder die Geschwindigkeit des Adapters ermittelt werden soll. Die Metrik wird verwendet, wenn mehrere Routen in der Routingtabelle zur Wahl stehen, die der Zieladresse eines weitergeleiteten Pakets entsprechen. Es wird die Route mit der niedrigsten Metrik ausgewählt. Die Metrik kann die Anzahl der Hops, die Geschwindigkeit und Zuverlässigkeit des Pfads, den Pfaddurchsatz oder administrative Eigenschaften widerspiegeln.
- Auf der Registerkarte *DNS* können im Grunde genommen die gleichen Einstellungen vorgenommen werden, wie auf der entsprechenden Registerkarte für IPv4.

IPv6 in der Befehlszeile mit *netsh.exe* konfigurieren

Neben der Möglichkeit, IPv6 in der grafischen Oberfläche zu konfigurieren, besteht zusätzlich die Möglichkeit, die Konfiguration über die Befehlszeile durchzuführen. Für diese Konfiguration wird *netsh.exe* verwendet. Installieren Sie zum Beispiel einen Core-Server, steht die grafische Oberfläche nicht zur Verfügung und Sie können ausschließlich *netsh.exe* verwenden.

Mit dem Befehl *netsh interface ipv6 add address* können Sie IPv6-Adressen konfigurieren. Hierbei gilt die folgende Syntax:

```
netsh interface ipv6 add address interface=<Schnittstellenname_oder_Index> address=<IPv6_Adresse>/
<Länge_Prefix> type=<unicast>|anycast validlifetime=<Zeit>|infinite
preferredlifetime=<Zeit>|infinite store=active|persistent
```

Die einzelnen Optionen haben folgende Bedeutung:

- **interface** Der Name der Verbindung oder des Adapters oder der Index der Schnittstelle
- **address** IPv6-Adresse (optional gefolgt von der Länge des Subnetzprefix – standardmäßig 64)
- **type** Typ der IPv6-Adresse: Unicast (Standard) oder Anycast
- **validlifetime** Die Lebensdauer, für die die Adresse gültig ist. Dieser Zeitraum kann in Tagen, Stunden, Minuten und Sekunden angegeben werden (zum Beispiel 1d2h3m4s). Standardmäßig ist die Lebensdauer unbegrenzt.
- **preferredlifetime** Der Zeitraum, über den die Adresse bevorzugt wird. Er kann in Tagen, Stunden, Minuten und Sekunden angegeben werden (zum Beispiel 1d2h3m4s). Standardwert für diese Einstellung ist *unbegrenzt.*
- **store** Wie die IPv6-Adresse gespeichert werden soll – entweder aktiv (die Adresse wird beim Systemneustart entfernt) oder persistent (die Adresse bleibt beim Systemneustart erhalten, was auch die Standardeinstellung ist)

Mit dem folgenden Befehl können Sie zum Beispiel die IPv6-Unicastadresse *2001:0db8:85a3:08d3:1319:8a2e:0370:7344* für die Schnittstelle *LAN* persistent und mit unbegrenzter Lebensdauer konfigurieren:

```
netsh interface ipv6 add address "LAN" 2001:0db8:85a3:08d3:1319:8a2e:0370:7344
```

Mit dem Befehl *netsh interface ipv6 add route* können Sie ein Standardgateway konfigurieren und eine Standardroute (::/0) hinzufügen. Die Syntax dieses Befehls finden Sie im Abschnitt *Erstellen von manuellen Routen für IPv6.* Auch die DNS-Server können für eine IPv6-Verbindung manuell festgelegt werden. Um DNS-Server hinzuzufügen, nutzen Sie den Befehl *netsh interface ipv6 add dnsserver.* Dabei verwenden Sie folgende Syntax:

```
netsh interface ipv6 add dnsserver interface=<Schnittstellenname> address=<IPv6-Adresse>
index=<Reihenfolge>
```

Standardmäßig wird der DNS-Server an das Ende der Liste gesetzt. Wenn Sie jedoch hier einen Wert angeben, wird der DNS-Server an die entsprechende Position der Liste gesetzt. Um zum Beispiel einen DNS-Server mit der Adresse *1002:db6::281d:1283::1* und der Schnittstelle *LAN* hinzuzufügen, verwenden Sie den folgenden Befehl:

```
netsh interface ipv6 add dnsserver "LAN" 2001:0db8:85a3:08d3:1319:8a2e:0370:7344
```

Wie für IPv4 können auch für IPv6 manuelle Routen erstellt werden. Allerdings wird beim Erstellen von manuellen Routen für IPv4 der Befehl *route.exe* verwendet, während für IPv6 der Befehl *netsh* verwendet wird. Die Syntax zur Erstellung einer manuellen Route für IPv6 ist:

```
netsh interface ipv6 add route prefix=<IPv6-Adresse>/<ganze Zahl> interface=<Zeichenfolge>
nexthop=<IPv6-Adresse> siteprefixlength=<ganze Zahl> metric=<ganze Zahl> publish=<Wert>
validlifetime=<ganze Zahl>|infinite preferredlifetime=<ganze Zahl> store=<Wert>
```

Die einzelnen Optionen dieses Befehls haben folgende Funktion:

- **prefix** Adresse oder Subnetzprefix, für die oder das eine Route hinzugefügt wird
- **interface** Schnittstellenname oder -index
- **nexthop** Gatewayadresse, wenn das Prefix nicht auf Verbindung ist
- **siteprefixlength** Prefixlänge für die ganze Website, falls sie auf Verbindung ist
- **metric** Metrische Route
- **publish** Stellt einen der folgenden Werte dar. Wenn *publish* auf *age* festgelegt wird, enthält die Routenankündigung die verbleibende Gültigkeitsdauer bis zum Löschen. Wenn *publish* auf *yes* festgelegt wird, wird die Route niemals gelöscht, unabhängig vom Wert der Gültigkeitsdauer, und jede Routenankündigung enthält dieselbe angegebene Gültigkeitsdauer. Wenn *publish* auf *no* oder *age* festgelegt wird, wird die Route nach Ablauf der Gültigkeitsdauer gelöscht.
  - **no** Nicht in Routenankündigungen angekündigt (Standard)
  - **age** In Routenankündigungen angekündigt mit sinkender Gültigkeitsdauer
  - **yes** In Routenankündigungen angekündigt mit unveränderter Gültigkeitsdauer
- **validlifetime** Die Gültigkeitsdauer einer Route in Tagen, Stunden, Minuten und Sekunden (zum Beispiel *1d2h3m4s*). Der Standardwert ist *infinite.*
- **preferredlifetime** Die bevorzugte Gültigkeitsdauer der Route. Standardmäßig entspricht dieser Wert der Gültigkeitsdauer.
- **store** Stellt einen der folgenden Werte dar:
  - **active** Änderung wird nur bis zum nächsten Starten beibehalten
  - **persistent** Änderung ist dauerhaft (Standard)

IPv6 deaktivieren

Unter Windows Server 2008 R2 ist es nicht möglich, IPv6 zu deinstallieren. Sie können IPv6 jedoch deaktivieren:

- Sie können in den Eigenschaften der Netzwerkverbindung das Häkchen bei IPv6 entfernen, um IPv6 zu deaktivieren.
- Alternativ können Sie in der Registry einen neuen DWORD-Wert mit der Bezeichnung *DisabledComponents* und dem Wert *0xFF* erstellen. Legen Sie diesen Wert im folgenden Schlüssel an:

  ```
  HKEY_LOCAL_MACHINE\SYSTEM\CurrentControlSet\Services\Tcpip6\Parameters
  ```

  Durch diese Aktion wird IPv6 für alle LAN-Schnittstellen deaktiviert.

- Um IPv6 für eine Schnittstelle zu deaktivieren, können Sie auch den folgenden Befehl verwenden:

  ```
  netsh netio add bindingfilter framing ipv6 f168 block persistent
  ```

  Um IPv6 wieder zu aktivieren, verwenden Sie den Befehl:

  ```
  netsh netio delete bindingfilter framing ipv6 f168 persistent
  ```

Starten Sie den Rechner nach der Eingabe neu.

Netzwerkdiagnoseframework (NDF)

Um Netzwerkprobleme optimaler untersuchen zu können, bringt Windows Server 2008 R2 das Netzwerkdiagnoseframework (Network Diagnostics Framework, NDF) mit. Mit dem NDF lassen sich Probleme innerhalb der Anwendung untersuchen, die gerade im Einsatz war, als das Problem auftrat. Als Teil der übergeordneten Windows-Diagnoseinfrastruktur (Windows Diagnostics Infrastructure, WDI) sorgt es dafür, dass die Ursachen für Netzwerkprobleme schneller und zielgenauer beseitigt werden können. Während der Diagnose analysiert das NDF, warum die Aufgabe fehlgeschlagen ist, und zeigt eine Lösung oder mögliche Ursachen für das Problem an. Die Problemlösung kann möglicherweise automatisch ausgeführt werden. Es kann jedoch auch sein, dass der Benutzer eine von mehreren möglichen Lösungen auswählen oder bestimmte Schritte selbst durchführen muss. Bei TCP/IP-basierter Kommunikation fordert das Netzwerkdiagnoseframework den Benutzer über verschiedene Optionen auf, mögliche Ursachen zu entfernen, bis die zugrunde liegende Ursache des Problems identifiziert oder sämtliche möglichen Ursachen ausgeräumt sind. Folgende Probleme im Zusammenhang mit TCP/IP können vom Netzwerkdiagnoseframework diagnostiziert werden:

- Falsche IP-Adressen
- Standardgateway (Router) ist nicht verfügbar
- Falscher Standardgateway
- Namensauflösungsfehler bei NetBIOS (Network Basic Input/Output System) über TCP/IP (NetBT)
- Falsche DNS-Einstellungen
- Lokaler Port wird bereits verwendet
- DHCP-Clientdienst wird nicht ausgeführt
- Kein Remotelistener
- Medium ist nicht verbunden
- Der lokale Port ist gesperrt
- Unzureichender Speicher

Drahtlosnetzwerke (WLANs) mit Windows Server 2008 R2

Die Verwaltung und Anbindung von Drahtlosnetzwerken (Wireless LANs, WLANs) wurden in Windows Server 2008 R2 wesentlich vereinfacht und besser in das System integriert. Damit Sie einen Server mit Windows Server 2008 R2 an Drahtlosnetzwerke anbinden können, müssen Sie das Feature *WLAN-Dienst* installieren.

Abbildg. 7.29 Erst durch die Installation des WLAN-Dienstes kann Windows Server 2008 R2 an Drahtlosnetzwerken teilnehmen

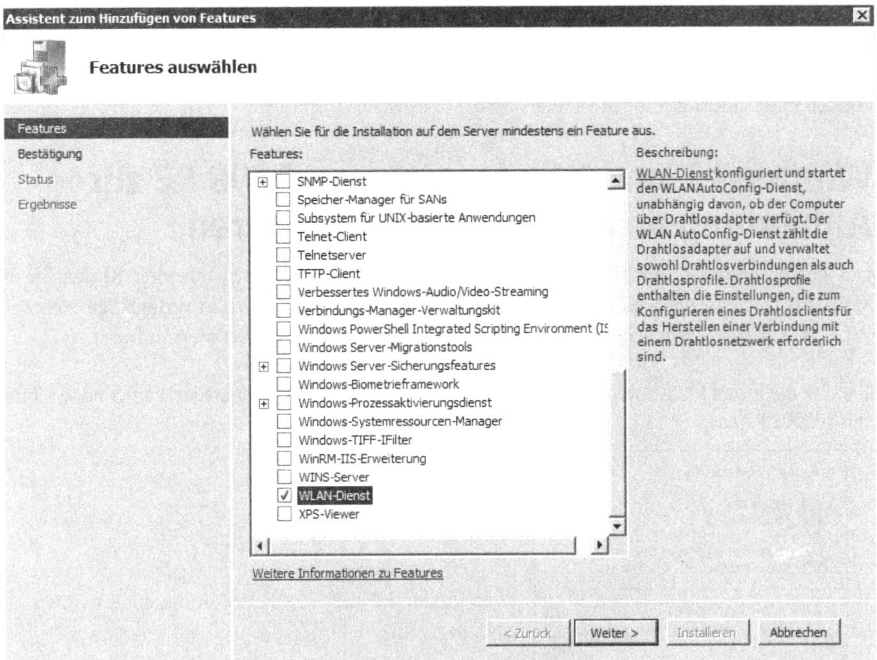

Microsoft bezeichnet in Windows 7 und Windows Server 2008 R2 WLANs als Drahtlosnetzwerke. Da immer mehr Unternehmen WLAN einsetzen, hat Microsoft auch diese Funktion in Windows 7 und Windows Server 2008 R2 bereits bei der Produktentwicklung integriert und nicht, wie bei Windows XP, quasi erst mit dem Service Pack 2 nachgereicht. Die Konfiguration der WLAN-Anbindung ist in Windows 7 und Windows Server 2008 R2 wesentlich vereinfacht, und es sind zusätzliche Dialogfelder hinzugekommen. Um Windows 7 und Windows Server 2008 R2 mit einem WLAN zu verbinden, muss eine WLAN-fähige Netzwerkkarte im Computer eingebaut und installiert werden.

Allgemeine Informationen zur Verwendung von WLANs mit Windows 7 und Windows Server 2008 R2

In diesem Abschnitt gehen wir kurz auf die wichtigsten Informationen ein, die Sie für einen sicheren und stabilen Betrieb eines Drahtlosnetzwerks kennen sollten. Jeder WLAN-Adapter unterstützt zwei verschiedene Betriebsmodi. Ähnlich wie beim kabelgebundenen Netzwerk müssen Computer nicht unbedingt über einen Switch miteinander verbunden sein, sondern können sich direkt miteinander unterhalten. Diese Betriebsart wird *Ad-hoc-Modus* genannt. Wird das WLAN mit einem oder mehreren Zugriffspunkten (Access Point, AP) betrieben, spricht man vom Infrastrukturmodus. Nähern sich zwei Computer mit WLAN-Adaptern im Ad-hoc-Modus, können diese ohne weitere Maßnahmen miteinander kommunizieren. Der Datenverkehr wird nicht wie beim Infrastrukturmodus durch einen Zugriffspunkt geregelt, sondern erfolgt von Computer zu Computer. Dementsprechend verhält es sich mit der Performance von WLANs im Ad-hoc-Modus. Werden mehr als drei WLAN-Geräte miteinander verbunden, kann es aufgrund von WLAN-spezifischen Funkkanalzugriffsmethoden zu Verbindungsabbrüchen im WLAN kommen. Die Reichweite von Ad-hoc-Netzwerken ist im Regelfall (abhängig von Hindernissen und Witterungsverhältnissen) auf ca. 30 m begrenzt. Anders als bei Ad-hoc-Netzen besteht bei WLANs im Infrastrukturmodus keine direkte Verbindung zwischen zwei oder mehreren Computern. Ein Zugriffspunkt regelt den Datenverkehr zwischen den verschiedenen Clientcomputern. Ein solcher Zugriffspunkt kann beliebig viele Computer bedienen. Jeder Zugriffspunkt besitzt einen SSID (Service Set Identifier). Diese Stationskennung können Sie im Zugriffspunkt eingeben und frei wählen. Zugriffspunkte können miteinander gekoppelt werden, um die Reichweite zu erhöhen.

Windows 7 und Windows Server 2008 R2 zur Anbindung an ein WLAN konfigurieren

Um die Konfiguration durchzuführen, öffnen Sie das Netzwerk- und Freigabecenter. Klicken Sie mit der linken Maustaste auf das Netzwerksymbol in der Taskleiste, zeigt Windows alle verfügbaren Netzwerke an, auch WLANs. Außerdem sehen Sie sofort, welchen Sicherheitsstandard das Netzwerk aufweist.

Abbildg. 7.30 Ein Klick der linken Maustaste auf das Netzwerksymbol zeigt die Drahtlosnetzwerke in Windows 7 und Windows Server 2008 R2 an

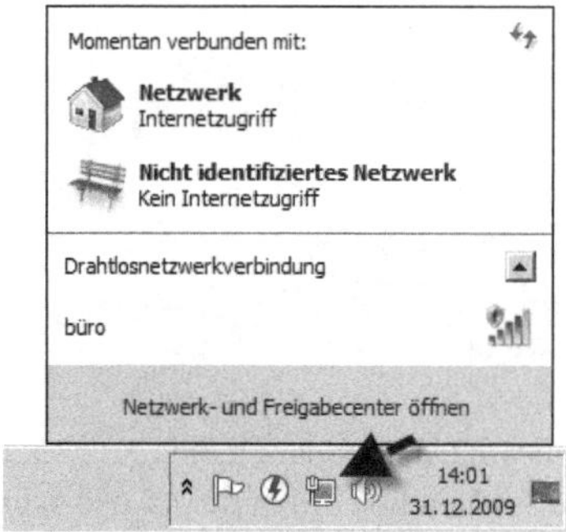

Nicht sichere Netzwerke erhalten ein Ausrufezeichen. Klicken Sie auf eine solche Verbindung, sehen Sie weitere Informationen zum Drahtlosnetzwerk und können sich mit dem Netzwerk verbinden.

Abbildg. 7.31 Verbinden mit einem Drahtlosnetzwerk und Anzeigen von Sicherheitsproblemen

Klicken Sie im Aufgabenbereich des Netzwerk- und Freigabecenters auf den Link *Verbindung mit einem Netzwerk herstellen* oder wählen Sie das neue Netzwerk in der Netzwerkliste aus. Anschließend lässt sich leicht eine Verbindung herstellen. Wollen Sie die Eigenschaften der Netzwerkverbindung aufrufen, klicken Sie diese mit der rechten Maustaste an, und wählen Sie im Kontextmenü den Eintrag *Status* aus.

Abbildg. 7.32 Status eines Drahtlosnetzwerks anzeigen

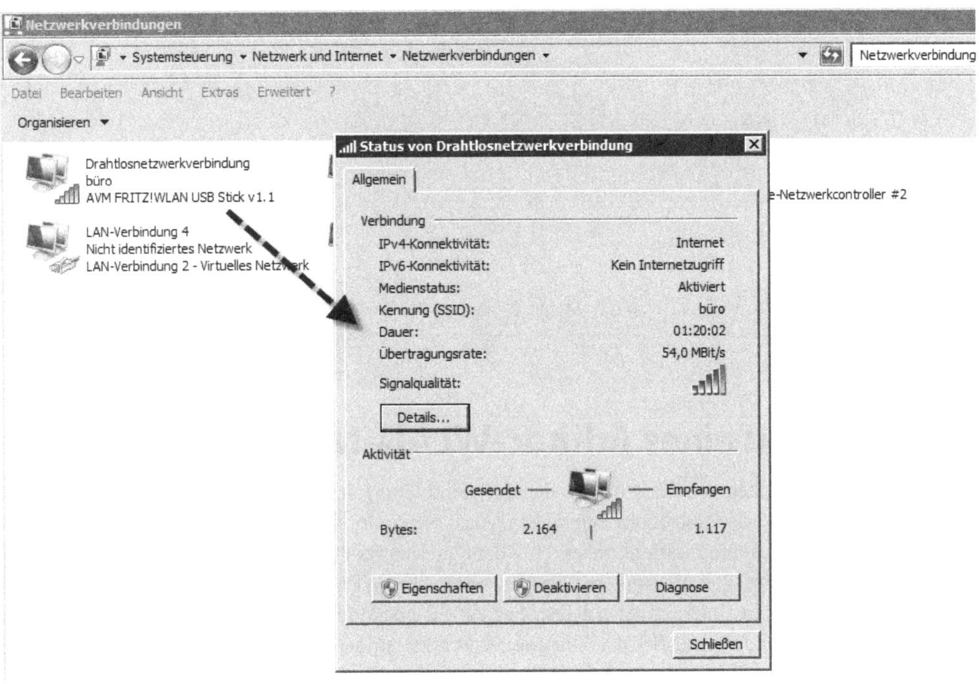

Zeigt Windows Ihren Zugriffspunkt nicht an, klicken Sie im Netzwerk- und Freigabecenter auf den Link *Neue Verbindung oder neues Netzwerk einrichten*. Es erscheint ein neues Fenster, in dem Sie mehrere Möglichkeiten haben, ein Netzwerk einzurichten, wenn Sie zum Beispiel mit Verschlüsselung oder einer versteckten SSID arbeiten:

- *Verbindung mit dem Internet herstellen*
- *Ein neues Netzwerk einrichten*
- *Manuell mit einem Drahtlosnetzwerk verbinden*
- *Verbindung mit dem Arbeitsplatz herstellen*
- *Wählverbindung einrichten*

Um sich mit einem WLAN zu verbinden, wählen Sie die Option *Manuell mit einem Drahtlosnetzwerk verbinden*. Es erscheint wiederum ein neues Fenster, in dem Sie die Daten zu Ihrem WLAN eintragen können. Im Feld *Netzwerkname* tragen Sie die SSID Ihres WLAN ein. Im Feld *Verschlüsselungstyp* tragen Sie die Verschlüsselungsvariante ein, die Sie auch auf dem Zugriffspunkt konfiguriert haben. Bevor Sie fortfahren, lesen Sie zunächst am besten den Abschnitt »Sicherheit in WLANs« ab Seite 311 durch, um mehr über die Sicherheit in Drahtlosnetzwerken zu erfahren.

Abbildg. 7.33 Eingeben der Daten zur Verbindung mit dem WLAN

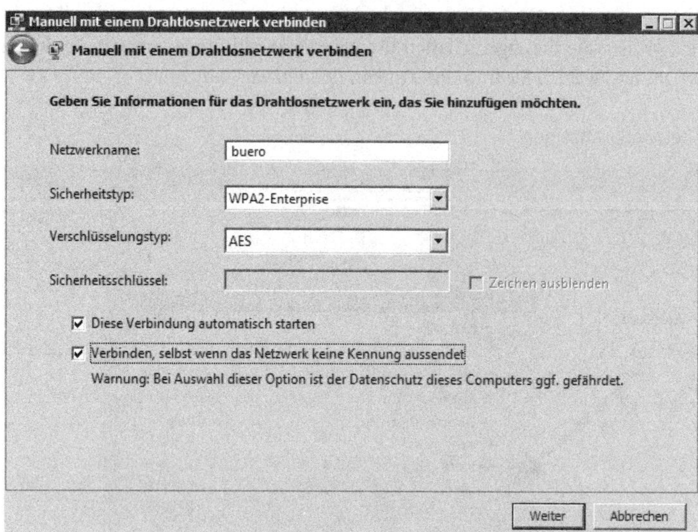

Aufbau eines Ad-hoc-WLAN-Netzwerks

Viele Anwender, vor allem mobile Benutzer, sind häufig auf den Informationsaustausch zwischen mehreren Computern oder Notebooks angewiesen. Auch wenn ein Notebook oder Computer über UMTS (Universal Mobile Telecommunications System) mit dem Internet verbunden ist, besteht die Möglichkeit, dass sich andere Anwender mit ihren Computern oder Notebooks über WLAN mit dem UMTS-Computer verbinden, um eine Verbindung ins Internet herzustellen. Für ein Ad-hoc-WLAN-Netzwerk wird außerdem kein Zugriffspunkt benötigt, sondern lediglich die Drahtlosnetzwerkkarten der einzelnen Computer. Damit eine solche Verbindung funktioniert, muss der Anwender, mit dem sich die anderen Computer oder Notebooks per WLAN verbinden wollen, ein Ad-hoc-Netzwerk erstellen. Dazu gehen Sie auf dem Quellcomputer folgendermaßen vor:

1. Rufen Sie zunächst über das Netzwerksymbol in der Informationsleiste das Netzwerk- und Freigabecenter auf.
2. Klicken Sie in der linken Fensterspalte auf den Link *Drahtlosnetzwerke verwalten.*
3. Klicken Sie auf *Hinzufügen.*
4. Klicken Sie auf *Ad-hoc-Netzwerk erstellen.*
5. Im Anschluss startet der Assistent, mit dessen Hilfe Sie ein Ad-hoc-Netzwerk erstellen können (Abbildung 7.34).
6. Bestätigen Sie das Begrüßungsfenster des Assistenten mit *Weiter*, und geben Sie zunächst die Bezeichnung des Ad-hoc-Netzwerks ein.
7. Legen Sie im Anschluss den Sicherheitstyp sowie den Sicherheitsschlüssel fest (Abbildung 7.35).
8. Nachdem Sie die Daten eingetragen haben, wird eine Zusammenfassung angezeigt, und Sie können die Erstellung abschließen. Im Abschlussfenster können Sie festlegen, ob Sie auch die gemeinsame Internetverbindung für den Rechner verwenden wollen. Computer, die sich mit dem Ad-hoc-Netzwerk verbinden, können dann die Internetverbindung des Rechners verwenden, auf dem Sie das Netzwerk aktiviert haben. Startet der Assistent nicht automatisch, können Sie die Einstellungen auch auf der Registerkarte *Freigabe* in den Eigenschaften der drahtlosen Netzwerkverbindung aufrufen (nicht von dem drahtlosen Ad-hoc-Netzwerk, sondern der tatsächlichen Netzwerkverbindung).

Abbildg. 7.34 Erstellen eines Ad-hoc-Netzwerks

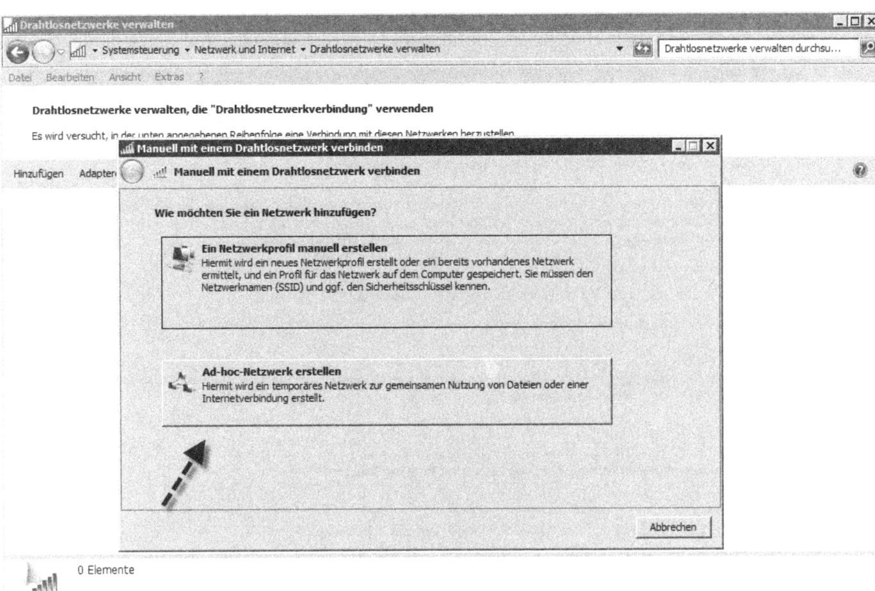

Abbildg. 7.35 Ad-hoc-Netzwerk für das Internet nutzen

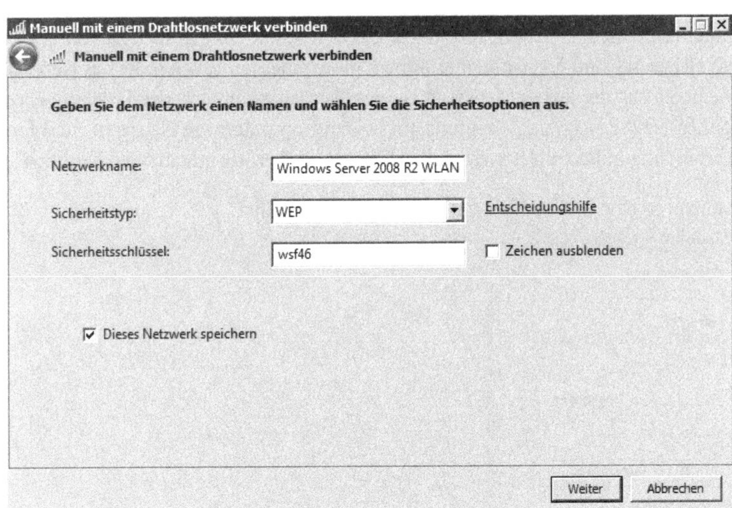

Wenn Sie das Ad-hoc-Netzwerk dazu verwenden, um eine DFÜ-Verbindung auf einem Computer zum Internet für andere Computer freizugeben (ISDN, DSL oder UMTS), sollen Sie darauf achten, dass Sie die Bindungsreihenfolge der Netzwerkverbindungen so einstellen, dass die RAS-Verbindungen ganz oben stehen:

1. Sie finden diese Einstellungen über *Start/Ausführen/ncpa.cpl.*
2. Wählen Sie im Anschluss in der Menüleiste die Option *Erweitert* und dann *Erweiterte Einstellungen.* Wenn die Menüleiste nicht eingeblendet wird, können Sie diese kurzfristig anzeigen lassen, indem Sie die Alt-Taste drücken.

3. Auf der Registerkarte *Adapter und Bindungen* können Sie die Bindungsreihenfolge anpassen.

Abbildg. 7.36 Über Windows Server 2008 R2 als Zugriffspunkt lässt sich auch die Internetverbindung nutzen

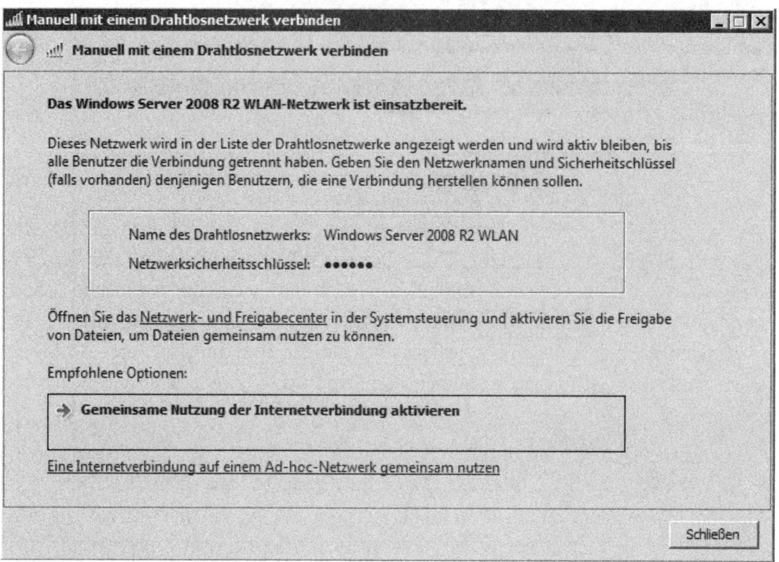

Wenn Sie auf dem Computer das Ad-hoc-Netzwerk eingerichtet haben, können sich andere Anwender mit ihrem Computer mit diesem Netzwerk verbinden. Um den Verbindungsaufbau zu konfigurieren, sollten diese Anwender das Netzwerk- und Freigabecenter öffnen. In den meisten Fällen sollte das Netzwerk aber bereits zu sehen sein, wenn Sie mit der linken Maustaste auf das Netzwerksymbol in der Taskleiste klicken. Funktioniert das nicht, können Sie die Netzwerkerkennung auf beiden Computern im Netzwerk- und Freigabecenter aktivieren. Die Verbindung mit dem Netzwerk stellen Sie genauso her wie mit anderen Drahtlosnetzwerken.

Abbildg. 7.37 Verbindungsaufbau zu einem Windows Server 2008 R2-Zugriffspunkt

Sicherheit in WLANs

Aufgrund der Problematik, dass bei einem drahtlosen Netzwerk die Daten durch sich frei ausbreitende Funkwellen übertragen werden, sollten Sie der Absicherung Ihres WLAN besondere Aufmerksamkeit schenken. Durch den Einsatz von Funkwellen muss ein Angreifer nicht bis in Ihre Firma vordringen. In der Regel reicht die Sendeleistung eines WLAN über den gewünschten Abdeckungsbereich hinaus. Die Art eines Netzwerkangriffs, bei der nicht in das entsprechende Gebäude eingedrungen werden muss, wird als *Parking Lot Attack* (Parkplatzattacke) bezeichnet. Durch das Plug & Play-Networking bei WLANs entstehen weitere Probleme. Die Anbindung, Authentifizierung und Identifizierung der WLAN-Teilnehmer sollen möglichst automatisiert erfolgen. Derzeit sind fast alle gängigen WLAN-Geräte mit Sicherheitsmechanismen ausgestattet, doch haben diese erhebliche Sicherheitslücken oder sind in der Grundeinstellung der Geräte deaktiviert. Untersuchungen zeigen immer wieder, dass noch ein sehr großer Teil von WLANs durch keinen der derzeit bekannten Sicherheitsmechanismen geschützt ist. Zunächst sollten Sie sich darüber Gedanken machen, welche Möglichkeiten ein unerwünschter Teilnehmer an Ihrem WLAN hat. Hat es ein Angreifer geschafft, sich mit Ihrem Wireless LAN zu verbinden, wird dieser grundsätzlich als normales Netzwerkmitglied Ihres WLAN behandelt. Dies hat zur Folge, dass Informationen, die Sie anderen Benutzern im Netzwerk bereitstellen, eingesehen, manipuliert oder im schlimmsten Fall vernichtet werden können.

Auch ohne eine direkte Teilnahme an Ihrem bestehenden Windows-Netzwerk wird es dem Angreifer aufgrund niedriger Sicherheitsstandards relativ einfach gemacht, auf nicht freigegebene Dateien zuzugreifen. Ein Angreifer könnte zum Beispiel mit einem Protokollierungstool den gesamten Datenverkehr aufzeichnen und die gesammelten Daten zu einem späteren Zeitpunkt auslesen. Es wird relativ schnell deutlich, dass die Absicherung und richtige Konfiguration in Bezug auf die Sicherheit extrem wichtig sind. Funktionen wie SSID-Übertragung der Drahtloszugriffspunkte machen es unerwünschten Teilnehmern besonders einfach, drahtlose Netzwerke aufzuspüren und sich mit diesen zu verbinden. Die gezielte Suche nach drahtlosen Netzwerken, um diese abzuhören oder in sie einzubrechen, wird als *Wardriving* bezeichnet. Der Begriff Wardriving ist namentlich angelehnt an den Begriff Wardialing, eine beliebte Hackermethode der 80er-Jahre, bei der per Zufallsprinzip verschiedene Telefonnummern angerufen wurden, um zu überprüfen, ob auf der Gegenseite ein Computer die Verbindung entgegennimmt.

Inzwischen haben sich in Hackerkreisen Gruppen gebildet, die sich auf das Aufspüren unverschlüsselter Drahtlosnetzwerke spezialisiert haben. Beim *Wardriving* versucht der Angreifer zunächst ein WLAN ausfindig zu machen. Bei der Fahrt durch ein Industrie- oder Wohngebiet dauert es in der Regel nicht besonders lange, bis die ersten Netzwerke auf dem Bildschirm angezeigt werden. Ist es dem Wardriver gelungen, ein Netzwerk aufzuspüren, beginnt er in der Regel damit, den Datenstrom abzulauschen. Im Anschluss daran wird er sich eine Schwachstelle suchen, um eine Verbindung mit dem Netzwerk herzustellen. Bei vollständig unverschlüsselten Netzwerken braucht der Angreifer nicht nach einer Lücke im System zu suchen, sondern kann sofort und ohne Umwege am Netzwerk teilnehmen. Entsprechend sollten Sie sich gegen Wardriving und andere unerwünschte Zugriffe auf Ihr Wireless LAN unbedingt schützen. Es liegt auf der Hand, dass es zwingend erforderlich ist, die verfügbaren Sicherheitsmechanismen korrekt zu konfigurieren und zu aktivieren, um sich vor Übergriffen und Missbrauch zu schützen.

WEP-Protokoll

Für die Absicherung eines Drahtlosnetzwerks wird oft das WEP-Protokoll (Wired Equivalent Privacy) verwendet. Das Protokoll hat jedoch einige Sicherheitslücken und kann durch Auslesen der Verschlüsselung in wenigen Sekunden geknackt werden. Das WEP-Protokoll ist dennoch eine wichtige Sicherheitskomponente; geringer Schutz ist besser als gar keiner. Bei der Verschlüsselung mit WEP legt der Anwender auf seinem Zugriffspunkt einen WEP-Key fest. Ein WEP-Key ist eine Zeichenkette von Zahlen und Buchstaben. Gültige Zeichen beim WEP-Key sind die Zahlen 0 bis 9 und die Buchstaben a bis f sowie A bis F. Grundlage für die

Berechnung der Zufallszahlen ist der vom Anwender festgelegte WEP-Key, ein rein statischer Schlüssel, der auf allen Zugriffspunkten und Clients zum Einsatz kommt. Dieses Verfahren birgt Sicherheitsrisiken, denn ein Angreifer kann versuchen, den Schlüssel rechnerisch zu rekonstruieren. Nur sehr wenige WLAN-Lösungen sehen für jeden Client einen eigenen Schlüssel vor. Der WEP-Key wird vom Benutzer definiert und sollte möglichst aus einer komplexen Zahlen- und Buchstabenreihe bestehen. Um die Sicherheit zu erhöhen, sollte der definierte WEP-Key in regelmäßigen Abständen geändert werden. Nachteilig wirkt sich allerdings der sinkende Datendurchsatz aus, der durch den Ver- und Entschlüsselungsvorgang verursacht wird. Der verwendete WEP-Key muss jeder Station im drahtlosen Netzwerk bekannt sein, sonst kann kein Zugriff erfolgen.

Für den Fall, dass Ihr Zugriffspunkt oder einer Ihrer Computer keine Verschlüsselung mit WPA (siehe den folgenden Abschnitt) unterstützt, können Sie die ältere WEP-(Wireless Equivalent Privacy-)Verschlüsselung nutzen. Sie können Ihr Netzwerk mit WEP weitgehend vor Attacken schützen, allerdings erreichen Sie nie denselben Schutz wie mit WPA. Aus diesem Grund ist es empfehlenswert, schon vor der Anschaffung zu überprüfen, ob die gewünschte Hardware WPA-tauglich ist oder noch besser WPA2-tauglich (siehe den folgenden Abschnitt). Bei der Eingabe des WEP-Schlüssels gilt es zu beachten, dass Sie nur die Zeichen a bis f bzw. A bis F und 0 bis 9 verwenden dürfen. Bei einer 128-Bit-Verschlüsselung muss der Schlüssel zudem exakt 26 Zeichen lang sein. Bei der Vergabe des WEP-Schlüssels sollten Sie auf sich wiederholende Zeichen verzichten und den Key so komplex wie möglich gestalten. Ein WEP-Key für eine 128-Bit-Verschlüsselung wäre zum Beispiel F384baCe13D61bfA95deE38c7c. WEP kann mit aktuellen Computern und entsprechenden Programmen in Sekundenschnelle gehackt werden.

WPA-Protokoll

Die Abkürzung WPA steht für Wi-Fi Protected Access. Mithilfe der WPA-Verschlüsselung können Sie Ihr drahtloses Netzwerk relativ unkompliziert und schnell absichern. Der Pre-Shared Key (PSK) ist ein Schlüssel, der dem Zugriffspunkt und allen WLAN-Teilnehmern zur Verfügung stehen muss. Mithilfe dieses Masterschlüssels ändert der Zugriffspunkt in regelmäßigen Intervallen die Verschlüsselung. Dieser Vorgang wird dynamischer Schlüsselwechsel genannt. Wie beim Verwaltungskennwort für den Zugriffspunkt empfiehlt es sich, für den PSK eine komplexe Reihe aus Buchstaben, Zahlen und Sonderzeichen zu wählen. Der PSK sollte zudem aus mindestens 20 Zeichen bestehen. Zum Aktivieren von WPA mit PSK am Zugriffspunkt öffnen Sie dessen Verwaltungswebseite. Wenn Sie die WPA-Verschlüsselung erfolgreich aktiviert haben, erhöht sich die Sicherheit Ihres drahtlosen Netzwerks um ein Vielfaches. Zusammen mit den anderen Methoden haben Sie Ihr WLAN bestmöglich abgesichert.

WPA2-Protokoll

WPA2 stellt eine deutlich verbesserte Variante seiner Vorgängerversion WPA dar. Durch ein neu aufgenommenes Verschlüsselungsverfahren mit der Bezeichnung AES-CCM (Advanced Encryption Standard – Counter with CBC-MAC) konnte die Sicherheit gegenüber WPA nochmals erheblich verbessert werden. Das Verfahren stellt allerdings auch deutlich höhere Anforderungen an die Hardware, sodass Geräte, die mit WPA umgehen können, nicht unbedingt auch WPA2 beherrschen. Klicken Sie im Anschluss doppelt auf das WLAN. Anschließend werden Sie mit dem WLAN verbunden, und auch die Signalstärke wird angezeigt. Die Konfiguration des WLAN können Sie im Netzwerk- und Freigabecenter über den Link *Adaptereinstellungen ändern* in der linken Fensterspalte durchführen. Im daraufhin geöffneten Fenster können Sie die Konfiguration des WLAN-Adapters in Windows 7 und Windows Server 2008 R2 genauso vornehmen wie die Konfiguration des normalen Netzwerkadapters.

Um die Eigenschaften eines WLAN zu konfigurieren, klicken Sie links im Aufgabenbereich auf Drahtlosnetzwerke verwalten. Hier können Sie die Einstellungen anpassen, die Sie bei der Einrichtung vorgenommen haben. Sie können sich an mehrere WLANs anbinden und jeweils auswählen, mit welchem Netzwerk Sie aktuell verbunden werden wollen, wenn Sie zum Beispiel häufig mit einem Notebook unterwegs sind.

Abbildg. 7.38 Verwalten von WLANs in Windows Server 2008 R2

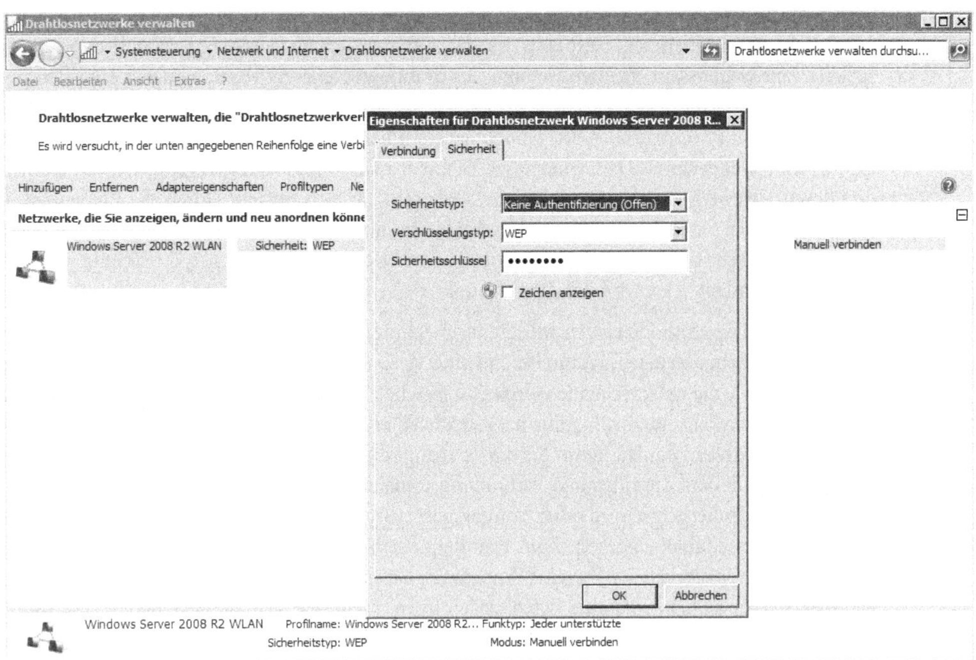

Zusätzliche Sicherheitsmaßnahmen beim Einsatz eines WLAN

Im ersten Schritt sollten Sie den DHCP-Server des Zugriffspunkts möglichst deaktivieren. DHCP ist für die automatische Vergabe von IP-Adressen zuständig. Ein Angreifer wird zunächst versuchen, eine IP-Adresse zu bekommen. Diese Aktion reduziert die Angriffsfläche und ist ein wichtiger Bestandteil für den Schutz eines WLAN. Bevor Sie den DHCP-Server deaktivieren, sollten Sie auf allen Computer zunächst eine statische IP-Adresse eintragen. In größeren Unternehmen ist das natürlich schlecht umsetzbar. Der SSID (Service Set Identifier) steht für den Namen Ihres drahtlosen Netzwerks. Abhängig vom Hersteller werden im Auslieferungszustand Standardnamen vergeben. Der SSID kann bei eingeschalteter automatischer SSID-Übertragung von jedem eingesehen werden. Der Name des Netzwerks sollte aber in keinem Fall Rückschlüsse auf die Herkunft oder sonstige Informationen des Netzwerks zulassen. Am besten vergeben Sie einen kryptischen Namen, der keinerlei Rückschlüsse auf Sie bzw. Ihr Netzwerk zulässt. Durch die SSID-Übertragung wird der Name des Netzwerks vom Zugriffspunkt in regelmäßigen Intervallen im Netzwerk veröffentlicht. Im Auslieferungszustand ist die SSID-Übertragung auf den Zugriffspunkten fast immer aktiviert. Aus diesem Grund sollten Sie die Übertragung auf dem Zugriffspunkt nachträglich deaktivieren. So ist das Netzwerk quasi unsichtbar.

Nachdem die SSID-Übertragung deaktiviert wurde, können sich nur noch Geräte mit dem drahtlosen Netzwerk verbinden, denen der Netzwerkname bekannt ist. Um die SSID-Übertragung zu deaktivieren, stellen Sie eine Verbindung mit der Verwaltungswebseite des Zugriffspunkts her. Achten Sie in diesem Fall darauf, dass in Windows 7 oder Windows Server 2008 R2 der SSID Ihres WLANs manuell eingetragen ist und nicht automatisch gesucht wird. Zusätzlich sollten Sie grundsätzlich das Standardkennwort am Zugriffspunkt durch ein komplexes Kennwort ersetzen, das Sie möglichst regelmäßig ändern sollten. Verzichten Sie bei der Wahl des Kennworts auf Wörter, die in Wörterbüchern stehen. Ein Angreifer könnte ein solches Kennwort mit einem sogenannten Brute-Force-Angriff (Wörterbuchattacke) knacken und sich Zugriff verschaffen. Bei einem Brute-Force-Angriff gibt ein Hackerprogramm alle bekannten Wörter in sehr kurzer Zeit ein und kann sich dadurch recht schnell Zugriff verschaffen. Zusätzlich sollten Sie auf Namen oder Geburtstage verzichten, da diese Kennwörter relativ schnell erraten werden können. Es empfiehlt sich, ein Kennwort aus Buchstaben, Zahlen und Sonderzeichen zu generieren, beispielsweise »DNiz98%s!«, gebildet aus dem Satz »Dieses Netzwerk ist zu 98% sicher!«. Eine weitere sehr effektive Methode, ein drahtloses Netzwerk vor unbefugten Zugriffen zu schützen, ist die Filterung von MAC-Adressen. Jedes Netzwerkgerät, jeder Computer, jede Netzwerkkarte, jeder Druckserver oder Zugriffspunkt verfügt über eine eindeutige Nummer. Diese Nummer wird MAC-Adresse (Media-Access-Control-Adresse) genannt. Diese eindeutige Nummer macht jedes Netzwerkgerät weltweit einmalig. In einem drahtlosen Netzwerk können Sie diese MAC-Adressen für sich nutzen. Durch die Eindeutigkeit von MAC-Adressen können Sie Ihren Zugriffspunkt veranlassen, nur die Verbindung mit einem vordefinierten Satz von MAC-Adressen zu erlauben. Meldet sich eine MAC-Adresse am Zugriffspunkt, die nicht in der Liste der erlaubten Adressen enthalten ist, wird der Zugriffspunkt die Verbindung verweigern.

Leider bietet diese Methode keinen vollständigen Schutz, da es diverse Möglichkeiten gibt, MAC-Adressen zu fälschen. Kennt ein potenzieller Angreifer nur eine MAC-Adresse auf der Liste der erlaubten Adressen, ist es ein Leichtes für ihn, die entsprechende Adresse zu fälschen und eine Verbindung mit dem WLAN aufzubauen. Doch als zusätzliche Schutzmaßnahme hat sich die Filterung von MAC-Adressen durchaus bewährt und sollte in jedem Fall aktiviert werden. Bevor Sie die Filterung von MAC-Adressen aktivieren, sollten Sie sich alle MAC-Adressen, die mit dem Zugriffspunkt Verbindung aufnehmen sollen, notieren. Gehen Sie in diesem Punkt sehr sorgfältig vor, da Sie sich schnell selbst vom System aussperren können, wenn Sie auch nur eine einzige Ziffer der MAC-Adresse falsch eingeben. Zum Ermitteln der MAC-Adressen Ihrer Netzwerkkarten können Sie den Befehl *ipconfig* verwenden. Die korrekte Syntax wäre *ipconfig /all*. Um diesen Befehl eingeben zu können, sollten Sie über *Start/Ausführen/cmd* eine Befehlszeile öffnen. Wenn Sie sich alle benötigten MAC-Adressen notiert haben, können Sie mit der Konfiguration des Zugriffspunkts beginnen und dort die Adressen eintragen.

TIPP Mit der Batchdatei *getmac.bat*, die Sie auf der Seite *http://www.wintotal.de/Software/index.php?id=2574* im Internet herunterladen können, werden alle MAC-Adressen in einem Netzwerk in der Befehlszeile ausgelesen. Geben Sie dazu den Befehl *getmac <Subnetz Startadresse> <Endadresse>* ein. In diesem Beispiel werden mit *getmac 10.0.0 1 20* die MAC-Adressen aller Rechner im Subnetz *10.0.0* von der IP-Adresse *10.0.0.1* bis zur Adresse *10.0.0.20* ausgelesen. Danach werden die Ergebnisse in der Textdatei *used_ips.txt* ausgegeben, die im gleichen Verzeichnis angelegt wird, aus dem Sie *getmac.bat* starten. Mit diesem kostenlosen Tool erhalten Sie schnell alle verfügbaren MAC-Adressen in einem IP-Bereich.

Fast alle Zugriffspunkte bieten eine Remoteverwaltungsfunktion an. Diese Funktion erlaubt es, den Zugriffspunkt von jedem beliebigen Computer über das Internet zu verwalten. Natürlich wird für diese Verwaltung ein Kennwort benötigt, was aber für einen Angreifer mit genügend Ausdauer kein großes Problem darstellt. Um wirklich alle Lücken zu schließen, sollten Sie diese Funktion am Zugriffspunkt unbedingt deaktivieren. Häufig ist diese Funktion bereits von den Herstellern deaktiviert und kann bei Bedarf aktiviert werden. Eine sehr interessante Ausführung über Sicherheit in WLANs finden Sie auf der Internetseite *http://www.microsoft.com/germany/technet/technetmag/issues/2005/11/guide_to_wlan_security.mspx.*

Remoteunterstützung mit Freeware – TeamViewer versus CrossLoop

Software für die Fernwartung gibt es zuhauf. Viele Lösungen wie die verschiedenen VNC-Varianten sind kostenlos, bieten dafür aber oft weniger Leistung als professionelle Lösungen wie Dameware oder Radmin. Aber unabhängig vom Preis hat fast jede Software das gleiche Problem: Der Zugriff über das interne Netzwerk stellt kein Problem dar. Soll aber über das Internet, eine Firewall oder einen Proxyserver per HTTPS auf einen Rechner zugegriffen werden, zum Beispiel für den Anwendersupport für kleinere Niederlassungen oder Heimarbeitsplätze, spielen die wenigsten Anwendungen mit. Hier setzen die beiden Freeware-Programme TeamViewer und CrossLoop an. Beide ermöglichen mit sehr schlanken Clients Fernwartungszugriffe auf Rechner im internen Netzwerk, aber auch über das Internet, selbst durch Firewalls und Proxyserver hindurch. In diesem Abschnitt zeigen wir Ihnen die Möglichkeiten der beiden Tools auf.

TeamViewer

Bei der für Privatanwender kostenlosen Anwendung TeamViewer handelt es sich um eine Fernwartungssoftware oder auch Desktop-Sharing-Software genannt. Der Preis für Unternehmen ist angesichts der Leistungen durchaus verschmerzbar und in verschiedene Bereiche untergliedert. Die Software ist ein Traum für alle Administratoren, die regelmäßig Support über das Internet oder geroutete und durch Firewall geschützte Netzwerke geben müssen, also kleinere Niederlassungen oder Heimarbeitsplätze betreuen. Die Software kann so installiert werden, dass ein Anwender diese erst starten muss, bevor ein Zugriff erfolgen kann. Diese Variante ist vor allem als Supportlösung interessant, weil so keine Überwachung der Mitarbeiter stattfinden kann. So lassen sich Betriebsräte leichter überzeugen, die Software zu genehmigen. Es gibt aber auch die Möglichkeit, während der Installation den sogenannten Hostmodus zu verwenden. In diesem Fall startet die Anwendung automatisch als Systemdienst, und der Zugriff auf den Rechner ist auch möglich, ohne dass ein Anwender angemeldet ist. So kann zum Beispiel auf Heimarbeitsplätze oder Server zugegriffen werden, vor denen nicht ständig ein Mitarbeiter sitzt.

Die Verwendung der Software ist denkbar einfach. Zunächst muss eine kleine Anwendung von der Internetseite *www.teamviewer.com* heruntergeladen und auf dem Computer installiert oder direkt gestartet werden, auf den zugegriffen werden soll. Auch auf dem Computer, der über das Internet zugreift, muss die Anwendung installiert oder direkt gestartet werden. Eine Installation ist nicht zwingend vorgeschrieben, der Start ist auch ohne vorherige Installation möglich. Dadurch kann die Anwendung auch von einem USB-Stick aus betrieben werden. Die ausführbare Datei und das Installationspaket sind identisch. Beim Start der Anwendung kann der Modus ausgewählt werden. Für beide Varianten reichen normale Benutzerrechte aus. Ein Administratorkonto wird nicht benötigt, da keine Treiber ausgetauscht oder Systemdateien verändert werden. Auch Firewall, Proxyserver oder DSL-Router müssen nicht angepasst werden, der Verkehr darf problemlos passieren. Nach der Installation beziehungsweise dem Start der Anwendung, wird automatisch von einem zentralen Server beim Hersteller eine ID und ein Kennwort generiert. Beim ersten Start erhalten Sie eine Fehlermeldung der Firewall und müssen die Blockierung aufheben.

Auf dem zugreifenden Computer kann jetzt über die Schaltfläche *Mit Partner verbinden* eine Sitzung zum anderen Computer aufgebaut werden. Dabei werden die ID und das Kennwort der aktuellen Sitzung auf dem Host benötigt. Nach wenigen Sekunden wird das Fenster aufgebaut und die Fernwartung beginnt. Das Programm erkennt automatisch, ob die Verbindung über ein Netzwerk oder das Internet hergestellt wird, und stellt die Datenübertragung entsprechend der Bandbreite ein, sodass immer eine optimale Leistung bei der Fernwartung erzielt wird. Auf der Internetseite des Herstellers gibt es ausführliche Hilfen, wenn die Computer zum Beispiel hinter hochsicher konfigurierten Firewalls positioniert sind. Auch hier ist der Zugriff grundsätzlich möglich. Über ein Chat-Fenster können die beiden Teilnehmer miteinander kommunizieren. Auch Dateien lassen sich zwischen den beiden Computern austauschen. Damit keine ungewollten Daten ausgetauscht werden, muss der Client-PC dem Datenaustausch zustimmen. Aber auch das kann in den Einstellungen des Hosts vorgegeben werden. Bricht der Datenaustausch während der Übertragung ab, muss mit dem Datenfluss nicht neu begonnen werden, sondern der Client überträgt die restlichen Daten bei der nächsten Verbindung. Sind am Computer, auf den über die Fernwartung zugegriffen wird, mehrere Monitore angeschlossen, kann in TeamViewer zwischen diesen Monitoren umgeschaltet werden. Wird nach dem Beenden der Sitzung die Anwendung beendet, kann kein Anwender über TeamViewer auf den Computer zugreifen, bis erneut eine Sitzung erstellt und die ID und das Kennwort weitergegeben wurden. Natürlich kann diese Konfiguration angepasst werden, damit auch eine Fernwartung auf Server stattfinden kann. In diesem Fall erfolgt der Zugriff nicht über eine ID, sondern eine entsprechende Authentifizierung muss stattfinden. Der Zugriff funktioniert auch, wenn der zugreifende Computer über einen Proxyserver mit dem Internet verbunden ist. Dazu wird die Proxykonfiguration aus dem Internet Explorer ausgelesen. Wer einen anderen Browser einsetzt, zum Beispiel Mozilla Firefox, muss die Daten manuell in die Software eintragen. Dazu steht beim Start unten im Fenster ein Symbol zur sogenannten DynGate-Konfiguration zur Verfügung.

Abbildg. 7.39 Nach dem Verbindungsaufbau kann ein Administrator sehr effizient und bequem die Fernwartung durchführen

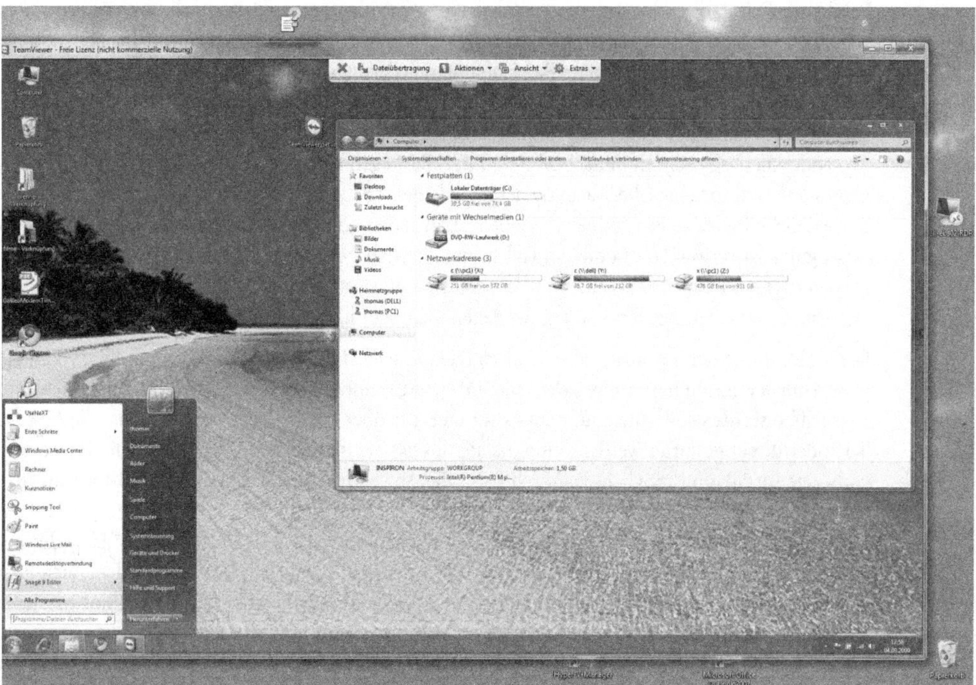

TeamViewer kommuniziert mit einer RSA Public-/Private Key Exchange-Verschlüsselung und RC4 Session Encoding. Der Datenverkehr kann daher nicht von Dritten mitgeschnitten werden. Die Software kann auch zu Präsentationszwecken genutzt werden. Dazu wird einfach der eigene Desktop kurzfristig freigegeben, und Kunden greifen über das Internet auf den Rechner zu. Vor allem Vertriebsmitarbeiter erleichtern sich dadurch das Leben, und diese Funktion ist schnell eingerichtet, ohne dass ein IT-Spezialist vor Ort sein muss. Entsprechende Meldungen werden an den zugreifenden Rechner geschickt, der diese dann bestätigen kann, ohne dass die Fernwartung unterbrochen wird.

CrossLoop

Das kostenlose Programm CrossLoop von der Internetseite *http://www.crossloop.com/* funktioniert ähnlich wie TeamViewer. Auch hier erfolgt der Zugriff problemlos über das Internet, ohne dass Einstellungen auf Routern oder der Firewall vorgenommen werden müssen. Die Anwendung basiert grundsätzlich auf TightVNC, was auch durch das Symbol beim Starten der Anwendung verdeutlicht wird. Im Gegensatz zu TeamViewer ermöglicht CrossLoop keinen direkten Start ohne Installation, kann also auch nicht über einen USB-Stick gestartet werden. Nach dem Start des Clients stehen zwei Registerkarten zur Verfügung. Über *Zugriff* wird eine Sitzung auf einem anderen Computer aufgebaut, über *Zugang* kann ein Anwender eines anderen Computers auf den Computer zugreifen. Schnell fällt auf, dass die Bedienung und der Umgang wesentlich unkomfortabler sind als bei TeamViewer. Bei unseren Tests mussten wir mehrere Anläufe unternehmen, um eine Sitzung aufzubauen, während bei TeamViewer dieser Vorgang wesentlich schneller abgeschlossen ist. Bevor eine Verbindung aufgebaut werden kann, muss auf beiden Seiten auf *Verbinden* geklickt werden. Bei TeamViewer macht die Oberfläche einen professionelleren und vor allem Windows-konformen Eindruck. Der zugreifende Anwender braucht für den Zugriff die Daten auf der Registerkarte *Zugang* des Host-PC. Sind beide Computer mit dem CrossLoop-Server im Internet verbunden, erfolgt der Aufbau des Desktops.

Abbildg. 7.40 Nach dem Start von CrossLoop stehen zwei Registerkarten für die Verwaltung der Anwendung zur Verfügung

Auch bei CrossLoop wird der Datenverkehr verschlüsselt, hier mit 128 Bit. Wie beim TeamViewer sind für den Zugriff auf den Host-PC ein Benutzername und ein Kennwort notwendig. Im Falle von CrossLoop ist dieser Zugangscode sogar zwölfstellig. Unbedarfte Anwender werden hier schnell verschreckt. Die Geschwindigkeit von CrossLoop ist ähnlich zu TeamViewer, wobei nach unseren Tests auch hier TeamViewer die Nase etwas vorne hat, vor allem bei langsamen Verbindungen. CrossLoop bietet die Möglichkeit, ein eigenes Konto beim Hersteller anzulegen, über das zum Beispiel eine Historie des Zugriffs und weitere Funktionen zur Verfügung gestellt werden. Leider fehlen bei CrossLoop die Möglichkeiten eines Chatfensters. Dieses Problem kann aber auch notfalls über ein geöffnetes Notepad-Fenster gelöst werden. So ist der Chat zwar nicht so bequem, aber immerhin möglich. Datenaustausch ist über ein Symbol im Fenster möglich. Auch hier kann der Anwender entscheiden, ob die Datei empfangen werden soll oder blockiert wird. Durch eine Schaltfläche im Client kann die Fernwartung, wie bei TeamViewer auch, umgekehrt werden. So kann der Host zum zugreifenden Computer werden. Auf diese Weise können sich Anwender schnell gegenseitig bei Problemen helfen. Für jede Sitzung lässt sich konfigurieren, ob der zugreifende Rechner nur beobachten darf oder ihm auch Maus und Tastatur zur Verfügung stehen. Über die Einstellungen im Programm kann auch der Zugriff über einen Proxyserver konfiguriert werden.

Fazit

Beide Lösungen bieten ihre Vorteile und erfüllen ihren Zweck. Wer auf TeamViewer setzt, kann die Anwendung erst ohne Kosten testen und dann lizenzieren, wenn die Leistung stimmt. Wer eine schnelle Verbindungsmöglichkeit zu Fernwartungszwecken sucht, die auch von ungeübten Anwendern bedient werden kann, findet mit beiden Lösungen zufriedenstellende Ergebnisse, auch wenn TeamViewer etwas besser gefällt. Da TeamViewer sehr rasch einsatzbereit ist, eignet sich die Software auch für einen schnellen Ad-hoc-Zugriff auf einen Rechner und erspart so manche Fahrt zum Kunden. Bei unseren Tests hat TeamViewer die Nase vorne, da der Umgang mit der Software intuitiver und stabiler ist. Während sich TeamViewer auch auf professionelle Anwender konzentriert, liegt der Schwerpunkt bei CrossLoop klar bei Privatanwendern. Dafür steht CrossLoop kostenlos zur Verfügung, während Unternehmen für TeamViewer bezahlen müssen. Durch die Möglichkeit, als Systemdienst zu starten beziehungsweise gar nicht erst installiert werden zu müssen, eignet sich TeamViewer auch zur Fernwartung von Servern und unbeaufsichtigten Heimarbeitsplätzen. Auch hier scheidet CrossLoop aus. Neben TeamViewer und CrossLoop ist *LogMeIn* (*www.logmein.com*) eine weitere Lösung in diesem Bereich.

Zusammenfassung

Nachdem wir Ihnen gezeigt haben, wie Windows Server 2008 R2 im Netzwerk funktioniert und mit welchen Tricks Sie den Server optimal im Netzwerk betreiben, gehen wir im übernächsten Kapitel 9 ausführlich darauf ein, wie Sie mit Windows Server 2008 R2 Active Directory betreiben. Gerade in diesem Bereich stecken viele neue Funktionen. Im folgenden Kapitel 8 zeigen wir Ihnen zunächst, wie Sie Windows Server 2008 R2 mit Hyper-V virtualisieren, und geben Ihnen dazu zahlreiche Praxisanleitungen und Tipps.

Kapitel 8

Virtualisierung mit Hyper-V R2

In diesem Kapitel:

Mit Hyper-V R2 bietet Microsoft eine in das Betriebssystem integrierte Lösung zur Virtualisierung an. Mit Windows Server 2008 R2, Hyper-V R2 und optional noch mit dem System Center Virtual Machine Manager (SCVMM) 2008 R2 bietet Microsoft die Möglichkeit, Virtualisierung im Unternehmen ohne Programme von Drittanbietern durchzuführen. Virtuelle Rechner erstellen Administratoren mit Hyper-V unter Windows Server 2008 R2. Mithilfe von SCVMM lassen sich diese dann verwalten und mit System Center Operations Manager überwachen.

Hyper-V bietet mit der Hypervisor-Technologie eine direkte Verbindung mit den Virtualisierungsfunktionen der aktuellen AMD- und Intel-Prozessoren. Hyper-V bietet keine Virtualisierung von COM-Ports. Wenn Sie also ein Peripheriegerät an einen COM-Port auf dem physischen System anschließen, ist dieses Peripheriegerät für die anderen Gastbetriebssysteme nicht verfügbar. In Kapitel 43 gehen wir ausführlich auf die neuen Funktionen Dynamic Memory und RemoteFX des Service Pack 1 für Windows Server 2008 R2 ein.

TIPP Auf der Seite *http://blogs.technet.com/germanvirtualizationblog/* erhalten Sie interessante Informationen und Neuerungen zu Hyper-V. SAP unterstützt ebenfalls eine Virtualisierung mit Hyper-V. Über den Link *http://download.microsoft.com/download/9/9/0/990A0669-8EEA-4B30-BB39-A2CD0F0D761B/BestPracticeforSAPonHyper-VWhitePaperv1.9.docx* können Sie ein entsprechendes Whitepaper für den Betrieb von SAP auf Hyper-V herunterladen.

Grundlagen und Neuerungen von Hyper-V R2

Hyper-V besteht aus einer kleinen hochspezialisierten Softwareschicht, dem sogenannten Hypervisor, die direkt zwischen der Serverhardware und den virtuellen Computern positioniert ist.

HINWEIS Auch der kostenlose Microsoft Hyper-V Server 2008 R2 kann die Livemigration und alle Funktionen von Hyper-V nutzen. Bei Hyper-V Server 2008 R2 handelt es sich um eine Core-Installation von Windows Server 2008 R2 Enterprise Edition mit allen Möglichkeiten und Funktionen der Enterprise Edition bezüglich Hyper-V. Auch Clusterunterstützung und Hardwarevoraussetzungen sind zwischen den beiden Editionen identisch. Mit Microsoft Hyper-V Server 2008 R2 lässt sich ausschließlich nur Hyper-V betreiben, ebenfalls mit den neuen Funktionen für Cluster Shared Volumes (CSV), die Voraussetzung für die Livemigration ist.

Hyper-V im Überblick

Die Software partitioniert die Hardwareressourcen eines Servers. Dabei lassen sich übergeordnete und untergeordnete Partitionen, sogenannte Parent-VMs und Child-VMs, erstellen. Während in der Parent-VM die Prozesse der virtuellen Maschine, der WMI-Provider und der VM-Dienst läuft, sind in den Child-VMs die Anwendungen positioniert. Die Parent-VM verwaltet auch die Treiber der Computer. Hyper-V benötigt im Gegensatz zu vielen anderen Virtualisierungslösungen keine speziellen Treiber für aktuelle Hardware. Die Parent-VM ist sozusagen das eigentliche Hostsystem, während die Child-VMs die virtuellen Computer darstellen. Dabei tauscht nur die Parent-VM Informationen mit Hyper-V direkt aus.

Untergeordnete Partitionen stellen die Anwendungen im Benutzermodus zur Verfügung, während der Kernelmodus nur die Virtualization Service Clients (VSC) und den Windows-Kernel betreibt. Dadurch steigert sich in der Theorie neben der Geschwindigkeit auch die Stabilität der Computer. Damit die virtuellen Computer funktionieren, nimmt Hyper-V kleinere Änderungen am Kernel der Gastsysteme vor, ähnlich wie auch XEN es tut. Installieren Sie die Hyper-V-Serverrolle, setzt Windows die Boot Configuration Database (BCD)-Einstellung *hypervisorimagelaunchtypeboot* auf *auto* (automatisch) und konfiguriert den Gerätetreiber *Hvboot.sys*, um beim Start des Betriebssystems sehr früh zu starten. Das System ist dadurch auf die Virtualisierung vorbereitet und lädt entweder *%SystemRoot%\System32\Hvax64.exe* (AMD-V) oder *%SystemRoot%\System32\Hvix64.exe* (Intel VT-CPU) in den Speicher.

Nach dem Start von Hyper-V verwendet der Treiber die Virtualisierungserweiterungen. Benutzermodusanwendungen verwenden die Berechtigungsstufe Ring 3 des x64-Prozessors, der Kernel den Ring 0. Hypervisor arbeitet auf der Berechtigungsstufe darunter, denn er kann Code, der auf dem Ring 0 ausgeführt wird, kontrollieren. Verwenden Sie nach der Installation die Hyper-V-Verwaltungskonsole, um eine untergeordnete Partition zu erstellen, verwendet diese den Treiber *%SystemRoot%\System32\Drivers\Winhv.sys*. Durch die enge Kooperation von Microsoft mit den XEN-Entwicklern ist viel Know-how dieser Virtualisierungslösung auch in Hyper-V eingeflossen.

Hyper-V unterstützt die AMD- und Intel-Virtualisierungsfunktionen für x64-Server-Prozessoren und setzt diese für den Einsatz sogar voraus. Dies bedeutet, dass x86-Computer von der Virtualisierung, zumindest als Hostsystem ausgeschlossen sind. Hyper-V lässt sich daher nur auf x64-Bit-Servern mit Intel VT oder AMD-V Erweiterungen installieren.

Technologische Basis von Hyper-V ist eine 64-Bit-Softwareschicht, die zwischen der Hardware und dem Betriebssystem platziert ist und die die Hardwareressourcen des physischen Windows Server 2008 R2-Hostsystems auf die einzelnen virtuellen Rechner verteilt. Administratoren ordnen die Ressourcen, zum Beispiel CPU und Arbeitsspeicher des Hostsystems, den virtuellen Betriebssystemsitzungen exakt zu. Hyper-V verwendet synthetische Gerätetreiber, sodass für I/O-Zugriffe keine Softwareemulation erforderlich ist. Die Geschwindigkeit der virtuellen Computer wird durch diese Funktion stark gesteigert. Microsoft setzt übrigens bereits selbst auf Hyper-V. Die Entwicklerseiten von TechNet und MSDN laufen seit einiger Zeit auf mit Hyper-V virtualisierten Servern.

Wie Virtual Server 2005 R2 unterstützt auch Hyper-V Linux als Gastbetriebssystem. So ist es beispielsweise möglich, auf einem Hostsystem mit Windows Server 2008 R2 einen virtuellen 64-Bit-Server, einen 32-Bit-Server und ein Linux-System parallel zu betreiben. Offiziell unterstützt Hyper-V vor allem Suse Linux Enterprise Server 10 mit SP1.

HINWEIS Microsoft unterstützt für viele Serverprodukte die Virtualisierung mit Hyper-V, zum Beispiel auch für SharePoint Server 2010. Eine vollständige, offizielle Liste erhalten Sie auf der Seite *http://www.windowsservercatalog.com/svvp.aspx*. Microsoft stellt auf der Seite *http://go.microsoft.com/fwlink/?LinkId=187741* ein Whitepaper zur Verfügung, welches ausführlich auf die Lizenzierung von virtuellen Servern eingeht. Rechenbeispiele und -hilfen, wie Sie bei der Virtualisierung sparen, finden Sie auf der Seite *http://go.microsoft.com/fwlink/?LinkId=187742.*

Neuerungen von Hyper-V R2 in Windows Server 2008 R2

Hauptsächlich im Bereich der Virtualisierung hat Microsoft in Windows Server 2008 R2 Verbesserungen eingebaut. Hyper-V kann in der Version R2 virtuelle Server im laufenden Betrieb auf andere Hosts umsiedeln. Die Anwender bemerken nichts von dieser Aktion, Livemigration genannt, und können ungestört weiter arbeiten.

HINWEIS Unterstützt Ihre bisherige Umgebung Hyper-V V1 und Schnellmigration, können Sie ohne Änderung der Hardware auch Hyper-V V2 und Livemigration nutzen. Windows Server 2008 R2 beherrscht neben der neuen Livemigration auch die Schnellmigration (Quick Migration). Bei der Schnellmigration schreibt Hyper-V den Inhalt des Arbeitsspeichers der virtuellen Maschine auf Festplatte, pausiert die Maschine, verschiebt diese auf den anderen Clusterknoten und schreibt den Inhalt von Festplatte wieder in den virtuellen Arbeitsspeicher der Maschine. Die Schnellmigration unterbricht die Anwender bei ihrer Arbeit, eine Livemigration nicht. Der Ausfall bei einer Livemigration dauert in etwa 200 bis 300 Millisekunden, ist also für die meisten Anwendungen nicht bemerkbar.

Microsoft ermöglicht die Livemigration durch neue Funktionen in der Clustererstellung von Windows Server 2008 R2. Hyper-V betreiben Unternehmen dann zukünftig in Failoverclustern mit Windows Server 2008 R2

Enterprise oder Datacenter. Die Clusterfunktion von Windows Server 2008 hat Microsoft dafür auch in anderen Bereichen optimiert, sodass virtuelle Server optimal integriert und abgesichert sind.

Der neue Server arbeitet dazu mit den Cluster Shared Volumes (CSV). Diese ermöglichen dem Hypervisor, mehrere virtuelle Maschinen unter einer einzigen Logical Unit Number (LUN) zu erstellen. Da nicht mehr jede virtuelle Maschine eine eigene LUN benötigt, vereinfacht sich die Verwaltung von hochverfügbaren virtuellen Umgebungen deutlich. Für die einzelnen virtuellen Maschinen sieht die Umgebung so aus, als ob sie jeweils eine eigene LUN haben.

Vorteil dieser Technik ist, dass die *.vhd*-Dateien der einzelnen virtuellen Maschinen auf einem gemeinsamen Datenträger des Clusters liegen können. Die einzelnen Clusterknoten erhalten dazu jeweils ein eigenes Unterverzeichnis auf dem Datenträger, über den der Clusterdienst diese verbindet. Ebenfalls optimiert hat Microsoft dazu den Datenverkehr im Cluster. Mit der Funktion Dynamic I/O kann ein Cluster mit Windows Server 2008 R2 eine ausgefallene Verbindung eines Clusterknotens zum SAN (Storage Area Network) kompensieren, indem der Dienst den Datenverkehr automatisch über einen anderen Knoten leitet. Dadurch erhöht sich deutlich die Verfügbarkeit auch bei Ausfall von Datenleitungen in SANs.

Neu in Hyper-V ist die Möglichkeit, auch Desktops für Anwender in einer virtuellen Umgebung zur Verfügung zu stellen. Bei der Presentation Virtualization handelt es sich um eine Verbesserung der Terminaldienste in Windows Server 2008 R2, genauer gesagt der RemoteApps, bei der sich auch Anwendungen so virtualisieren lassen, dass sich diese wie normal installierte Anwendungen auf den Desktopclients verhalten.

Physische und virtuelle Datenspeicher lassen sich virtuellen Maschinen in Hyper-V 2.0 im laufenden Betrieb zuweisen oder von diesen Maschinen abtrennen. So lassen sich Pass-Through-Festplatten, also die Anbindung von physischem Datenspeicher an virtuelle Maschinen ohne Beeinträchtigung der Benutzer anbinden. Dies gilt auch für herkömmliche virtuelle Festplatten. Auch das erhöht die Verfügbarkeit und Administratoren sind nicht gezwungen, virtuelle Server zeitweise für Wartungsarbeiten vom Netz zu nehmen. Diese Technik funktioniert sowohl bei den virtuellen VHD-Festplatten, als auch über Festplatten, die zwar am Host physisch angeschlossen, aber nur in den virtuellen Servern konfiguriert sind. Hyper-V ermöglicht dies über einen neuen virtuellen SCSI-Controller.

Eine wichtige Neuerung in Windows Server 2008 R2, die übrigens auch für Windows 7 gilt, ist die Möglichkeit, Computer direkt über virtuelle VHD-Festplatten zu booten, ohne dass dazu im Rechner eine physische Festplatte eingebaut sein muss. Durch diese neue Technik lassen sich neue Server und Arbeitsstationen wesentlich schneller und effizienter im Unternehmen verteilen. Das neue Werkzeug dazu hat die Bezeichnung *Windows Image to Virtual Hard Disk Converter (WIM2VHD)*. Mit dem Tool lassen sich WIM-Systemabbilder von Windows 7 oder Windows Server 2008 zu virtuellen Computern migrieren.

HINWEIS Mit Disk2vhd von Sysinternals (*http://technet.microsoft.com/de-de/sysinternals/ee656415*) können Sie physische Festplatten in *.vhd*-Dateien überführen und diese für Hyper-V nutzen. Disk2vhd ist kostenlos. *.vhd*-Dateien lassen sich in laufende virtuelle Maschinen einbinden.

Die Anzahl der Gastsysteme hat Microsoft erhöht. So unterstützt Hyper-V 2.0 die meisten Windows-Versionen und einige Linux-Distributionen. Offiziell unterstützt Windows Server 2008 R2 im Bereich Linux Novell SUSE Linux Enterprise Server 10 (32 und 64 Bit). Red Hat funktioniert ab Version RHEL 5.x auch mit Hyper-V. Darüber hinaus kann Windows Server 2008 R2 stromsparender arbeiten, indem das Betriebssystem nicht benötigte CPU-Kerne zeitweise abschalten kann. Diese Funktion, auch Core-Parking genannt, verwaltet vor allem Prozessoren mit vier Kernen sehr effizient, indem sie nur jene Kerne aktiviert, die der Server zur effizienten Arbeit benötigt.

In Windows Server 2008 R2 hat Microsoft die Version 2.0 seiner PowerShell integriert, die mehr Befehle kennt als die Version 1.0. Die neue PowerShell lässt sich jetzt auch problemlos auf einem Core-Server integrieren.

Diese Servervariante lässt sich nur in der Eingabeaufforderung oder über grafische Oberflächen von anderen Rechnern im Netzwerk verwalten. Auch die Grundbefehle hat Microsoft deutlich erhöht. So bietet die PowerShell 2.0 weit über 200 Befehle, sogenannte Cmdlets. Auch Hyper-V lässt sich lokal und über das Netzwerk über die PowerShell konfigurieren und verwalten.

Hyper-V und SANs

Eine Neuerung in Hyper-V R2 ist es auch, dass Sie beim Verwenden von Pass-Through-Disks, also dem Verwenden von physischen Festplatten für virtuelle Server, zum Beispiel auf SANs, die Daten der Festplatte und der LUN sowie der freie Festplattenplatz bei der Auswahl der Platte angezeigt wird. So lassen sich, vor allem bei SANs, physische Festplatten übersichtlicher hinzufügen.

HINWEIS In Kapitel 26 zeigen wir Ihnen die Möglichkeit, Hyper-V mit den neuen Remotedesktopdiensten zu verbinden. So können Sie virtuelle Computer Mitarbeitern über Pools oder einzeln zugewiesen zur Verfügung stellen. Mit dieser Virtual Desktop Infrastructure erhöhen Sie die Flexibilität der Benutzeranbindung enorm. Über diese Präsentationsvirtualisierung können Anwender von überall auf ihre Daten und Anwendungen zugreifen.

Hyper-V installieren und verwalten

Die Installation von Hyper-V nehmen Sie als Serverrolle über den Server-Manager vor. Außerdem müssen Sie sicherstellen, dass vor der Installation im BIOS des Servers die Virtualisierungsfunktionen des Prozessors aktiviert sind. Damit Sie Hyper-V über Windows 7 verwalten können, sind auf der Arbeitsstation noch Installationen und Einrichtungen. Dies ist dann wichtig, wenn Sie Hyper-V als Rolle auf einem Core-Server installieren. Auf Core-Servern steht die grafische Verwaltungsoberfläche nicht zur Verfügung. Die Installation erfolgt identisch zu anderen Serverrollen in Windows Server 2008 R2.

Abbildg. 8.1 Installieren und Verwalten von Hyper-V im Server-Manager von Windows Server 2008 R2

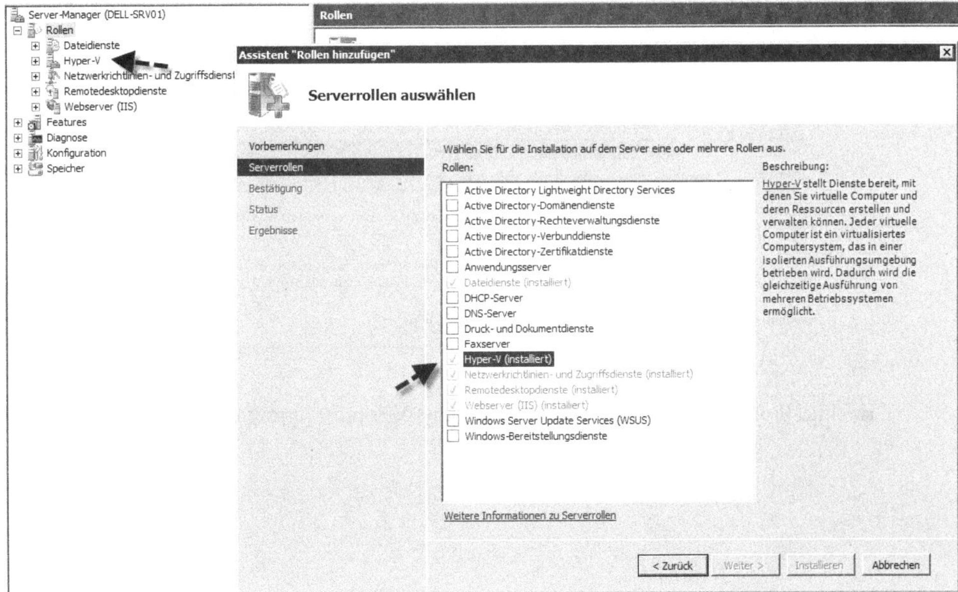

TIPP Microsoft bietet kostenlos Hyper-V Server 2008 R2 an. Hierbei handelt es sich um einen Core-Server, auf dem Sie nur Hyper-V betreiben können. Die Möglichkeiten sind identisch mit der Enterprise-Edition von Windows Server 2008 R2 als Core-Installation und der Einschränkung, nur Hyper-V einsetzen zu können. Der Download unter *http://technet.microsoft.com/de-de/evalcenter/dd776191* und der Betrieb ist vollkommen kostenlos. Haben Sie einen solchen Server installiert und wollen Sie diesen verwalten, gehen Sie wie bei der herkömmlichen Installation und Verwaltung eines Core-Servers vor (siehe Kapitel 2 und 4).

Voraussetzungen für den Einsatz von Hyper-V

In diesem Abschnitt gehen wir in Stichpunkten auf die einzelnen Voraussetzungen ein, die Sie erfüllen müssen, um Hyper-V einzusetzen.

HINWEIS Konfigurieren Sie Ihren Virenscanner auf dem Hyper-V-Server so, dass die *.vhd*- und Konfigurationsdateien der virtuellen Computer nicht gescannt werden. Vor allem beim Einsatz der Livemigration ist dies absolut notwendig, da ansonsten die Leistung des Servers leidet oder virtuelle Maschinen beschädigt werden können.

- **Server mit x64-Prozessor und entsprechender 64-Bit-Ausstattung** AMD-Prozessoren tragen die Bezeichnung *AMD Virtualization (AMD-V)*, Intel-Prozessoren die Bezeichnung *Intel Virtualization Technology (Intel VT)*. Insgesamt unterstützt Hyper-V R2 bis zu acht physische Prozessoren. Microsoft stellt für die Überprüfung der Prozessoren Tools zur Verfügung. Sie müssen diese lediglich herunterladen und ausführen. Anschließend erhalten Sie eine Meldung, ob der Prozessor kompatibel mit Hyper-V ist.
- **AMD Hyper-V Compatibility Check Utility** *http://go.microsoft.com/fwlink/?LinkId=150561*

Abbildg. 8.2 Testen der Prozessorkompatibilität für Hyper-V für AMD-Prozessoren

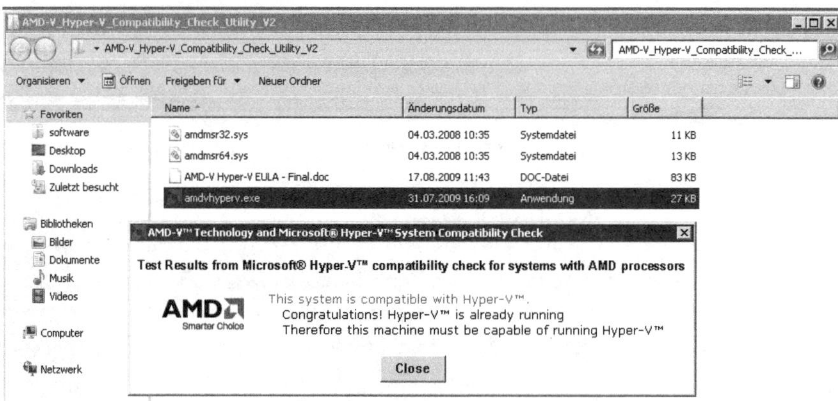

- **Intel Processor Identification Utility (Windows-Version)** *http://go.microsoft.com/fwlink/?LinkId=150562*

Abbildg. 8.3 Intel-Prozessoren auf Hyper-V-Kompatibilität überprüfen

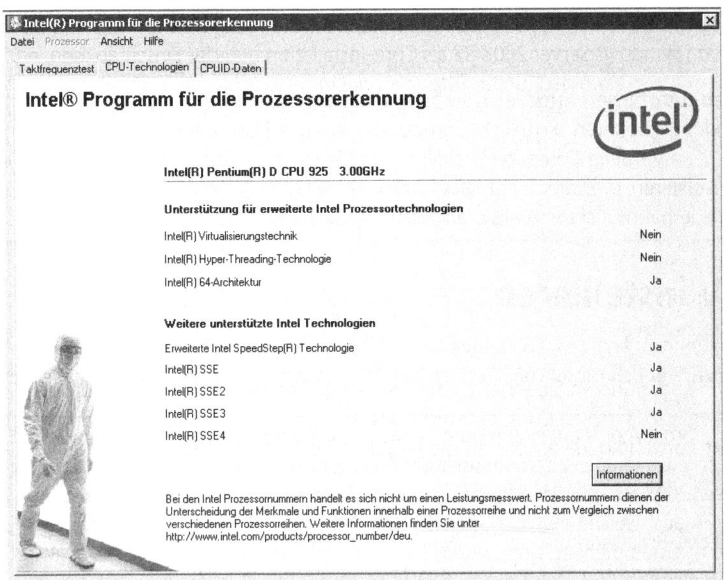

Der Prozessor muss Data Execution Prevention (DEP) unterstützen. Diese muss im BIOS auch aktiviert sein. Die Bezeichnung dafür ist Intel XD bit (Execute Disable Bit) oder AMD NX bit (No Execute Bit).

- Der Host muss so viel Arbeitsspeicher enthalten, wie Sie den virtuellen Computern zuweisen können. Die maximale Größe ist an das Betriebssystem gebunden. Für Hyper-V gelten daher nur die Einschränkungen des Betriebssystems. Windows Server 2008 R2 Enterprise Edition unterstützt bis zu 2 Terabyte (TB) Arbeitsspeicher. Damit Sie Hyper-V überhaupt installieren können, muss der Server über mindestens 512 MB Speicher verfügen. Virtuellen Computern können Sie bis zu 64 GB Arbeitsspeicher zuweisen. Windows Server 2008 R2 Standard Edition unterstützt bis zu 32 GB Arbeitsspeicher.
- Zur Remoteverwaltung von Hyper-V bietet sich die Aufnahme in eine Windows-Domäne an, allerdings ist das nicht zwangsläufig notwendig. Im Abschnitt »Hyper-V-Manager auf Windows 7 installieren« ab Seite 357 zeigen wir Ihnen, wie Sie den Hyper-V-Manager unter Windows 7 (x86 und x64) installieren und einrichten. Zusätzlich bietet Microsoft ein Konfigurations-Skript mit der Bezeichnung *Hyper-V Remote Management Configuration Utility* auf der Seite *http://code.msdn.microsoft.com/HVRemote* an.
- Hyper-V R2 unterstützt bis zu 64 logische Prozessoren pro Host. Setzen Sie zum Beispiel vier Dual-Core-Prozessoren auf dem Server ein, entspricht das acht logischen Prozessoren.
- Windows Server 2008 R2 x64 Standard Edition, Enterprise Edition oder Datacenter Edition muss als Betriebssystem für den physischen Host eingesetzt werden. Als kostenlose Alternative steht Hyper-V Server 2008 R2 zur Verfügung. Dieser Server entspricht der Enterprise Edition als Core-Installation.
- Die maximale Festplattengröße für virtuelle Festplatten beträgt 2.040 GB. Jeder virtuelle Computer kann mehrere Festplatten mit einer Gesamtgröße von bis zu 512 TB verwalten.
- Jeder virtuelle Computer unterstützt bis zu vier IDE-Controller und vier SCSI-Controller. Jeder SCSI-Controller unterstützt bis zu 64 Festplatten. Insgesamt können Sie also 256 virtuelle Festplatten mit einem virtuellen Computer betreiben.
- Sie können bis zu drei DVD-Laufwerke mit einem virtuellen Computer verbinden.
- Virtuelle Computer können maximal zwei COM-Port sowie ein virtuelles Diskettenlaufwerk nutzen.

- Auf jedem Host können maximal 384 virtuelle Computer mit bis zu 512 zugewiesenen virtuellen Prozessoren gleichzeitig gestartet sein.

HINWEIS Setzen Sie Windows Server 2008 R2 Standard Edition ein, dürfen Sie mit der Lizenz den Host und einen zusätzlichen virtuellen Computer erstellen. Die Enterprise Edition berechtigt zur Installation des Hosts und vier weiteren virtuellen Computern. Bei der Datacenter oder der Itanium-based-Edition dürfen Sie so viele virtuelle Computer erstellen, wie Sie wollen. Windows Web Server 2008 R2 dürfen Sie nur als Gast installieren, die Edition enthält ohnehin keine Hyper-V-Rolle. Windows Server 2008 R2 Foundation lässt sich überhaupt nicht virtualisieren, auch nicht als Gast.

Hyper-V installieren

Für die Installation von Hyper-V verwenden Sie den Server-Manager und fügen Hyper-V wie andere Rollen als Serverrolle hinzu. Auf herkömmlichen Servern startet der Assistent zum Hinzufügen von neuen Serverrollen.

TIPP Um Hyper-V auf einem Core-Server zu installieren, verwenden Sie den Befehl *Start /w ocsetup Microsoft-Hyper-V*. Um Hyper-V remote über das Netzwerk zu verwalten, benötigen Sie einen Computer mit Windows Server 2008 R2 oder Windows 7 sowie die Remoteverwaltungstools für Hyper-V. Auf der zweiten Seite wählen Sie aus, welche Netzwerkkarten Hyper-V in den virtuellen Computern zur Verfügung stellen kann. Generell ist zu empfehlen, eine weitere Netzwerkkarte im System zu integrieren, welche ausschließlich der Verwaltung dient.

Nachdem Sie die Netzwerkkarten ausgewählt haben, welche die virtuellen Computer nutzen dürfen, bestätigen Sie auf der nächsten Seite die Installation von Hyper-V. Nach der erfolgreichen Installation müssen Sie in der Regel den Server neu starten. Melden Sie sich nach dem Neustart mit dem gleichen Benutzerkonto an, mit dem Sie auch die Installation durchgeführt haben. Nach der Anmeldung führt der Assistent weitere Aufgaben durch und schließt die Installation ab. Hyper-V ist jetzt erfolgreich auf dem Server installiert.

Abbildg. 8.4 Verwalten von Hyper-V im Server-Manager

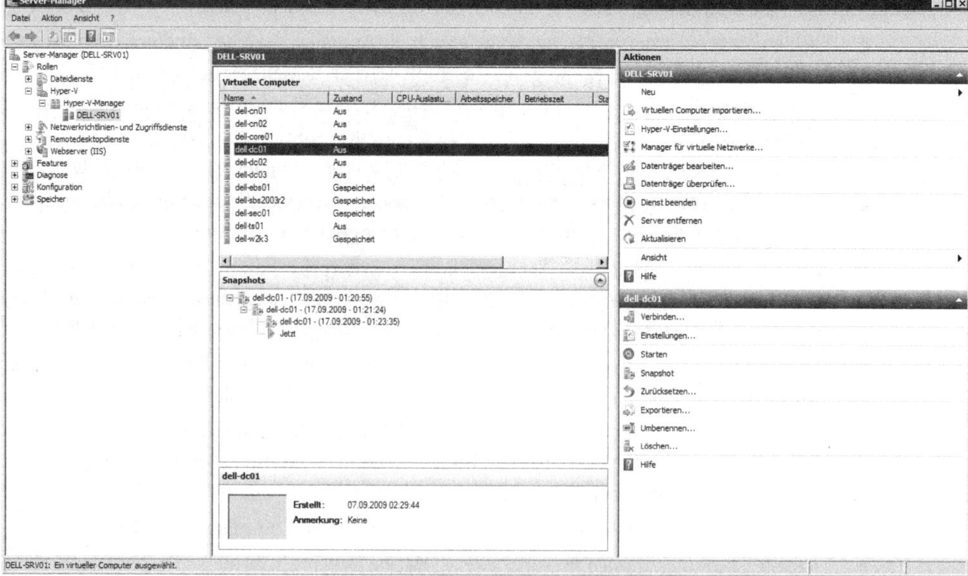

Nach der Installation finden Sie im Server-Manager über *Rollen/Hyper-V* den *Hyper-V-Manager*, mit dem Sie virtuelle Computer erstellen und verwalten. In der Mitte der Konsole sehen Sie nach der Erstellung die verschiedenen virtuellen Computer. Auf der rechten Seite stehen die verschiedenen Befehle zur Verwaltung der virtuellen Computer zur Verfügung. Über den Link *Neu* erstellen Sie einen neuen virtuellen Computer. Nach der Erstellung können Sie das Betriebssystem auf dem neuen Server entweder mit einer CD/DVD oder über eine *.iso*-Datei installieren, die als CD/DVD-Laufwerk mit dem Computer verknüpft wird.

TIPP Betreiben Sie Hyper-V auf einer Arbeitsstation, zum Beispiel einer Testumgebung wie in Kapitel 3 beschrieben, ist es unter Umständen sinnvoll, Hyper-V zeitweise deaktivieren zu können, ohne die Rolle zu installieren. So lassen sich Systemressourcen einsparen. Sie deaktivieren Hyper-V mit dem Befehl *bcdedit /set hypervisorlaunchtype off.* Zum Aktivieren von Hyper-V verwenden Sie *bcdedit /set hypervisorlaunchtype auto|on.*

Server im Netzwerk virtualisieren – Grundlagen und Voraussetzungen

Im nächsten Abschnitt zeigen wir Ihnen zunächst, wie Sie einen neuen virtuellen Server mit dem Hyper-V-Manager erstellen sowie den Arbeitsspeicher, die Netzwerkverbindung und virtuelle Festplatten festlegen. Nach der Erstellung des virtuellen Computers gehen wir ausführlicher auf die Installation und Verwaltung von neuen virtuellen Computern ein. Sie können mehrere Server auf einem einzelnen physischen Host oder auf mehreren physischen Hosts virtualisieren. Der generelle Ablauf bei der Installation der Server in einer Hyper-V-Umgebung ist Folgender:

1. Sie erstellen virtuelle Netzwerke.
2. Sie erstellen und konfigurieren die virtuellen Server.
3. Sie installieren das Betriebssystem auf den virtuellen Servern.

Virtuelle Netzwerke ersetzen und verwalten

Nachdem Sie den physischen Host (siehe Kapitel 2 und 3) und die Hyper-V-Rolle auf dem Server installiert haben (siehe vorangegangene Abschnitte), sollten Sie vor der Installation der virtuellen Server zunächst die virtuellen Netzwerke konfigurieren. Virtualisieren Sie zum Beispiel einen Router oder einen Firewallserver mit Forefront Threat Management Gateway (TMG), können Sie auch zwei oder mehr Netzwerke konfigurieren. Ein Netzwerk dient der Kommunikation mit dem internen Netzwerk, das andere für die Kommunikation mit dem Internet oder einem anderen Netzwerk. Microsoft empfiehlt eine dedizierte Verbindung für die Kommunikation zur Verwaltung des Hostsystems.

Hyper-V stellt verschiedene Arten von Netzwerken zur Verfügung:

- **Externe virtuelle Netzwerke** Diese Netzwerke erlauben eine Kommunikation der virtuellen Server mit dem Rest Ihres Netzwerks und zwischen allen anderen und virtuellen Servern
- **Interne virtuelle Netzwerke** Diese Netzwerke erlauben lediglich eine Kommunikation der virtuellen Server auf dem physischen Host. Die Server können nicht mit dem Rest des Netzwerks kommunizieren, aber mit dem Server, auf dem sie installiert sind.
- **Private virtuelle Netzwerke** Diese Netzwerke erlauben lediglich eine Kommunikation zwischen den virtuellen Servern auf dem Host. Die Kommunikation mit dem Host selbst ist nicht erlaubt.

Im folgenden Abschnitt zeigen wir Ihnen an diesem Beispiel, wie Sie virtuelle Netzwerke mit dem Hyper-V-Manager erstellen. Gehen Sie dazu folgendermaßen vor:

1. Starten Sie den *Hyper-V-Manager* über die Programmgruppe *Verwaltung*. Haben Sie Hyper-V auf einem Core-Server installiert, müssen Sie den Hyper-V-Manager über einen anderen Computer starten und sich in der Konsole mit dem Server verbinden.
2. Klicken Sie als Nächstes auf den Link *Manager für virtuelle Netzwerke*.
3. Wählen Sie dann *Neues virtuelles Netzwerk* aus und achten Sie darauf, dass *Extern* ausgewählt ist.
4. Klicken Sie auf *Hinzufügen*, um das Netzwerk zu erstellen.

Abbildg. 8.5 Erstellen eines neuen virtuellen Netzwerks

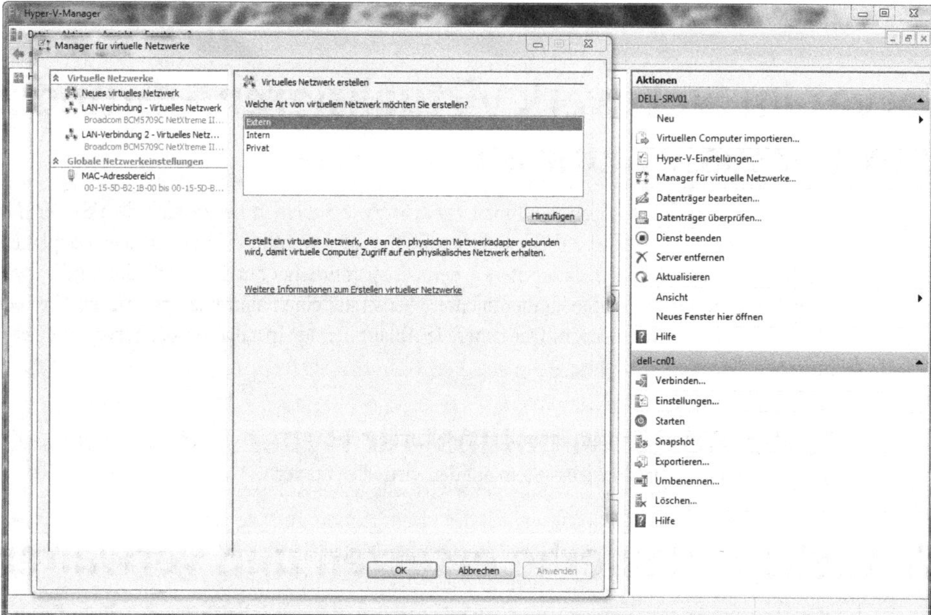

5. Im nächsten Fenster legen Sie den Namen des Netzwerks fest. Wählen Sie hier einen Namen, aus dem hervorgeht, dass mit diesem Netzwerk die virtuellen Server untereinander und mit den anderen Servern und Clients im Netzwerk kommunizieren.
6. Wählen Sie die physische Netzwerkverbindung aus, die dieses virtuelle Netzwerk nutzen soll.
7. Klicken Sie dann auf *OK*, damit der Hyper-V-Manager das Netzwerk erstellen kann.

Abbildg. 8.6 Auswählen der physischen Netzwerkverbindung für das neue virtuelle Netzwerk

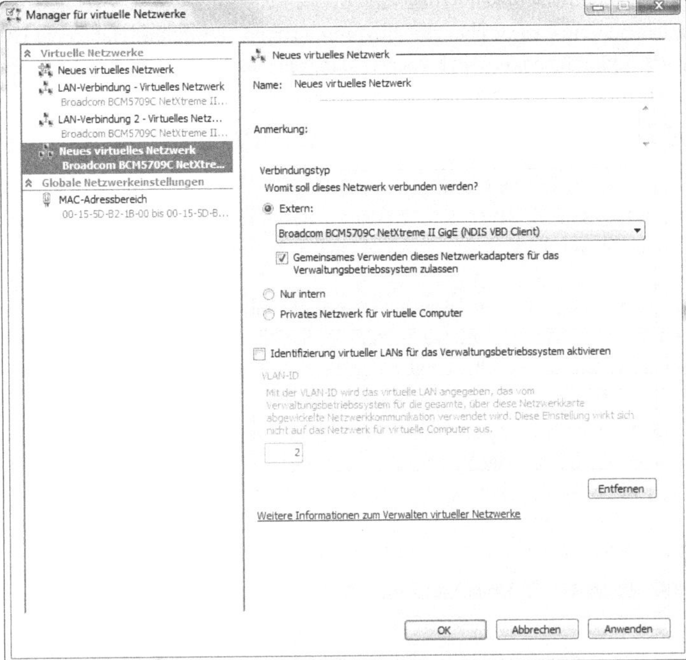

MAC-Adressen optimal für Hyper-V konfigurieren

Extrem wichtig sind die Einstellungen für virtuelle MAC-Adressen in den Einstellungen der virtuellen Netzwerkkarten. Hier müssen Sie bezüglich der Livemigration und vor allem der Aktivierung des Betriebssystems auf jeden Fall Einstellungen vornehmen, da Sie ansonsten ständig die Server neu aktivieren müssen. Außerdem spielen diese Einstellungen vor allem in NLB-Clustern mit Exchange Server 2010 und auch für SharePoint Server 2010 eine sehr wichtige Rolle.

Abbildg. 8.7 Vorsicht bei der Konfiguration von dynamischen MAC-Adressen in Hyper-V

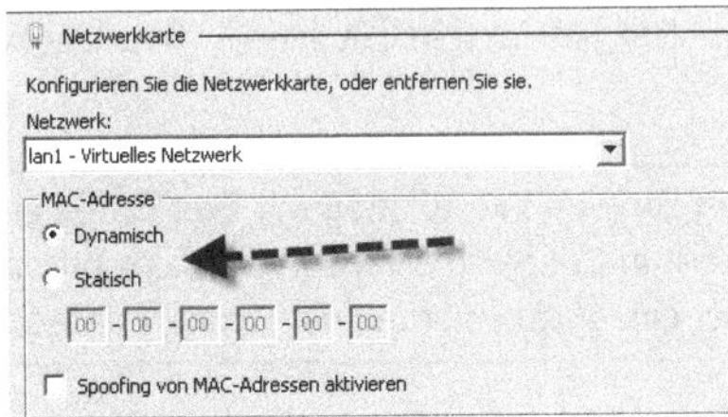

Verschieben Sie einen virtuellen Server mit aktivierten dynamischen MAC-Adressen im Cluster auf einen anderen Host, ändert sich dessen MAC-Adresse beim nächsten Start dieser virtuellen Maschine. Im MSDN-Beitrag auf der Seite *http://blogs.msdn.com/b/virtual_pc_guy/archive/2010/05/14/hyper-v-and-dynamic-mac-address-regeneration.aspx* finden Sie dazu umfangreiche Informationen. Jeder Hyper-V-Host hat einen eigenen Pool aus dynamischen MAC-Adressen. Eine solche Änderung wirkt sich an vielen Stellen aus.

Es kann sein, dass Sie das Betriebssystem neu aktivieren müssen, oder ein virtueller NLB-Cluster funktioniert nicht mehr. Microsoft beschreibt diesen Fehler auf der Webseite *http://support.microsoft.com/kb/953828/en-us* noch genauer. Aus diesem Grund ist es sehr empfehlenswert, die statische Zuordnung von MAC-Adressen zu aktivieren. Sie finden diese Einstellung im Bereich *Netzwerkkarte* der einzelnen virtuellen Server im Hyper-V-Manager

Virtuelles Netzwerk für weitere Verbindungen erstellen

Im nächsten Schritt erstellen Sie, falls gewünscht, eine weitere Netzwerkverbindung, wenn virtuelle Server mehrere Netzwerke nutzen sollen. Achten Sie auch darauf, dass Sie eine andere Netzwerkkarte für die neue Verbindung verwenden, als Sie für die Verbindung der virtuellen Server konfiguriert haben.

HINWEIS Sie können im Hyper-V-Manager immer nur ein virtuelles Netzwerk pro verfügbarer Netzwerkkarte erstellen. Interne virtuelle Netzwerke können Sie allerdings beliebig oft anlegen, da diese nicht mit einer Netzwerkkarte verbunden sind, sondern nur der internen Kommunikationen dienen.

Nach der Erstellung der virtuellen Netzwerke finden Sie auf dem Host in den Netzwerkverbindungen die erstellten Verbindungen wieder. Um die Netzwerkverbindungen anzuzeigen, verwenden Sie entweder das Netzwerk- und Freigabecenter oder Sie geben *ncpa.cpl* im Suchfeld des Startmenüs ein.

Abbildg. 8.8 Virtuelle Netzwerke finden Sie auch in den Netzwerkverbindungen des physischen Hosts

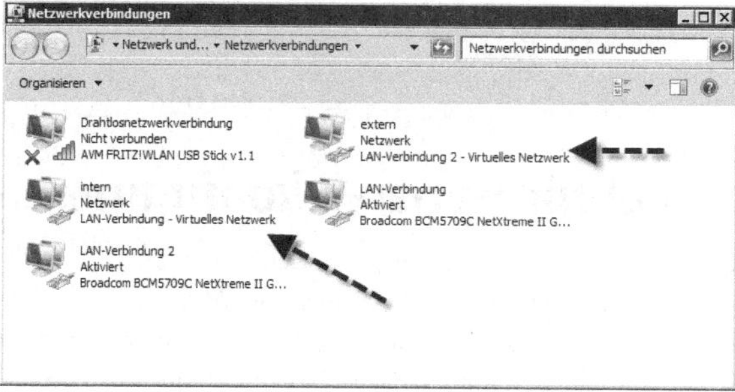

Virtuelle Server erstellen und installieren

Nachdem Sie die virtuellen Netzwerke für Ihre Server erstellt haben, erstellen Sie die virtuellen Server, die Sie virtualisieren wollen.

TIPP Sie sollten die Festplatten der virtuellen Server als Festplatten mit fixer Größe erstellen, nicht als dynamische Festplatten. Dies erhöht deutlich die Leistung der virtuellen Server. Microsoft empfiehlt eine solche Konfiguration auch für Exchange Server 2010, der eine Virtualisierung mit Hyper-V unterstützt.

Per Hyper-V-Manager virtuelle Maschinen erstellen

Bei der Erstellung der virtuellen Server können Sie als Installationsmedium entweder eine DVD auswählen oder eine *.iso*-Datei. Um virtuelle Server zu erstellen, gehen Sie vor, wie nachfolgend besprochen:

1. Starten Sie den *Hyper-V-Manager* über die Programmgruppe *Verwaltung*. Haben Sie Hyper-V auf einem Core-Server installiert, müssen Sie den Hyper-V-Manager über einen anderen Computer starten und sich in der Konsole mit dem Server verbinden.

2. Klicken Sie dann auf *Neu/Virtueller Computer* oder verwenden Sie das Kontextmenü des Hosts zum Erstellen eines virtuellen Computers.

Abbildg. 8.9 Starten des Assistenten zur Erstellung von virtuellen Servern

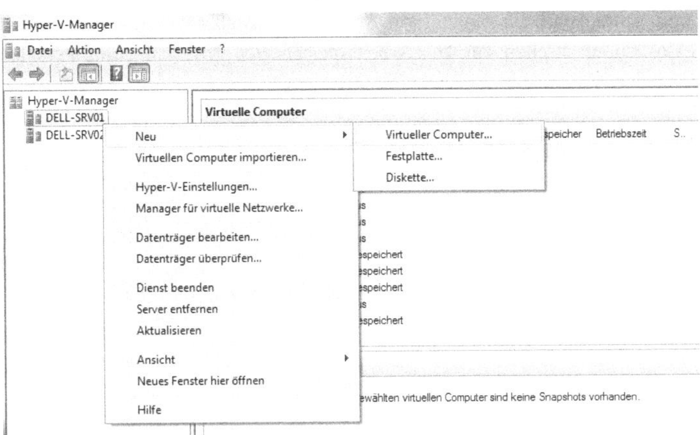

3. Bestätigen Sie die Meldungen der Startseite des Assistenten.
4. Geben Sie auf der nächsten Seite den Namen des Servers ein. Der Name hat nichts mit dem eigentlichen Computernamen zu tun. Hierbei handelt es sich lediglich um den Namen in der Konsole.
5. Aktivieren Sie die Option *Virtuellen Computer an einem anderen Speicherort speichern*. Standardmäßig speichert der Assistent die Daten des Computers im Installationsverzeichnis von Hyper-V. Sie können dieses Verzeichnis im Hyper-V-Manager über *Hyper-V-Einstellungen* festlegen. Hier nehmen Sie darüber hinaus weitere Einstellungen vor, die für Hyper-V selbst und alle virtuellen Computer gemeinsam gelten.

Abbildg. 8.10 Auswählen des Namens sowie des Speicherorts für den virtuellen Server

6. Wählen Sie das Verzeichnis aus, in dem Sie die Daten des virtuellen Servers speichern wollen. Sie sollten für jeden Server einen eigenen Pfad verwenden. Für Testumgebungen können Sie auch eine gemeinsame Festplatte verwenden.
7. Wählen Sie auf der nächsten Seite aus, wie viel Arbeitsspeicher Sie dem Server zuweisen wollen. Generell sollten Sie darauf achten, dass der gemeinsame Arbeitsspeicher aller virtuellen Server nicht den physischen Speicher des Hosts überschreiten soll. Der Arbeitsspeicher des virtuellen Computers lässt sich auch nach der Installation jederzeit anpassen.

Abbildg. 8.11 Festlegen des Arbeitsspeichers für den neuen Server

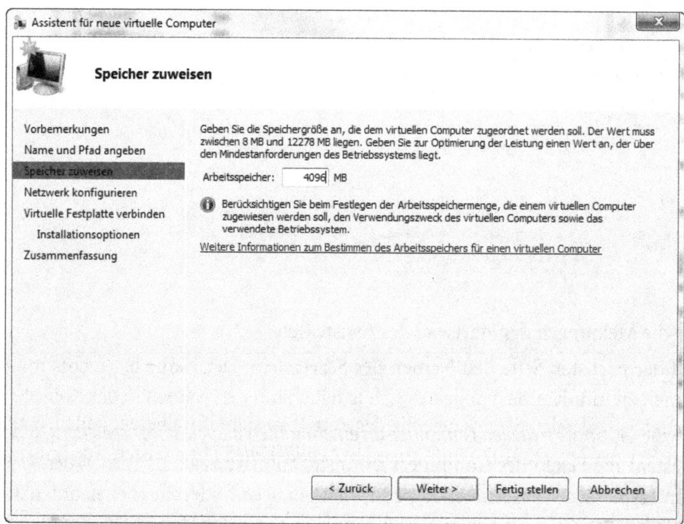

8. Wählen Sie auf der nächsten Seite das Netzwerk aus, das Sie für die virtuellen Server erstellt haben.

Abbildg. 8.12 Auswählen des Netzwerks für den neuen virtuellen Server

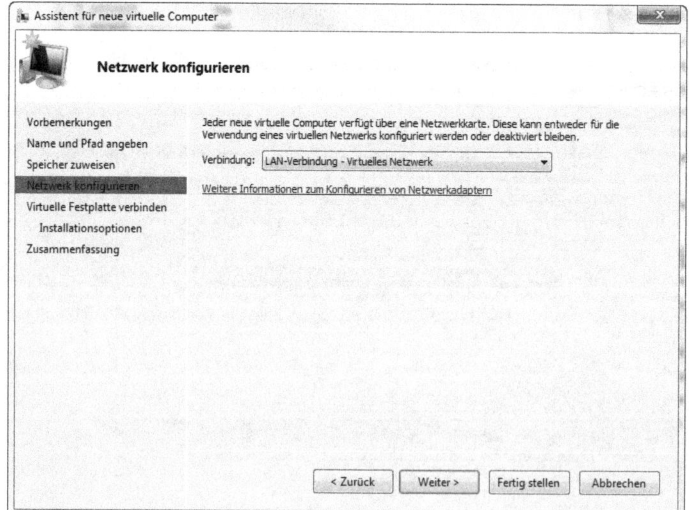

9. Auf der nächsten Seite aktivieren Sie die Option *Virtuelle Festplatte erstellen* und wählen den Pfad und die Größe aus.

Abbildg. 8.13 Konfigurieren der virtuellen Festplatte

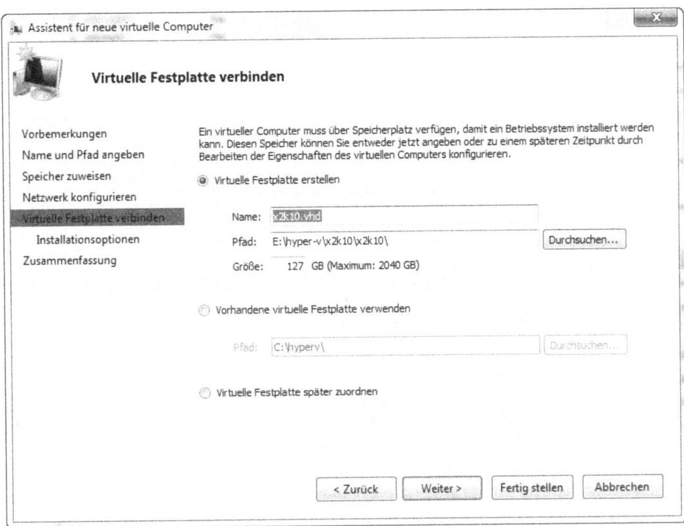

10. Auf der nächsten Seite wählen Sie aus, wie Sie das Betriebssystem installieren wollen. Am besten aktivieren Sie die Option *Physisches CD/DVD-Laufwerk* oder *Abbild-Datei*. Die meisten Administratoren werden die Installation über das physische Laufwerk bevorzugen.
11. Schließen Sie auf der nächsten Seite die Erstellung der virtuellen Maschine ab, lassen Sie diese aber nicht starten.

TIPP Von der Seite *http://technet.microsoft.com/de-de/sysinternals/ee656415* können Sie sich das kostenlose Zusatztool *Disk2vhd* von Microsoft herunterladen, welches physische Festplatten in *.vhd*-Dateien kopieren kann. Dazu nutzt das Tool den Schattenkopiendienst. Sie führen das Tool auf dem Computer durch, auf dem Sie die *.vhd*-Datei erstellen wollen. Das Tool läuft ab Windows XP SP2 auch in 64-Bit-Umgebungen. Neben einer grafischen Oberfläche können Sie Disk2vhd auch über die Eingabeaufforderung starten. Die Syntax lautet *disk2vhd <[drive: [drive:]...]|[*]> <vhdfile>*, zum Beispiel *disk2vhd * c:\vhd\cplatte.vhd*.

Haben Sie den ersten virtuellen Server erstellt, gehen Sie für die anderen virtuellen Server identisch vor und erstellen auch für diese jeweils eine eigene Konfiguration. Achten Sie darauf, dass Microsoft empfiehlt, alle virtuellen Server auf getrennten physischen Datenträgern zu speichern, am besten jeweils geschützt durch ein RAID-System.

Alle Server verwenden das virtuell erstellte Netzwerk für die Verbindung der Server mit dem internen Netzwerk. Nach der Erstellung der virtuellen Server zeigt der Hyper-V-Manager diese in seiner Verwaltungsoberfläche an.

Einstellungen von virtuellen Servern optimieren

Nach der erfolgreichen Erstellung der virtuellen Server können Sie im Hyper-V-Manager weitere Einstellungen vornehmen:

1. Rufen Sie im Kontextmenü zum Server den Eintrag *Einstellungen* auf.
2. Klicken Sie in den Einstellungen des Servers auf *Hardware hinzufügen*, wenn Sie zusätzliche Hardware zur virtuellen Maschine hinzufügen wollen.
3. Wählen Sie zum Beispiel *Netzwerkkarte* aus und klicken Sie auf *Hinzufügen*, um weitere Netzwerkverbindungen hinzuzufügen.

Abbildg. 8.14 Hinzufügen weiterer Hardware zu einem virtuellen Server

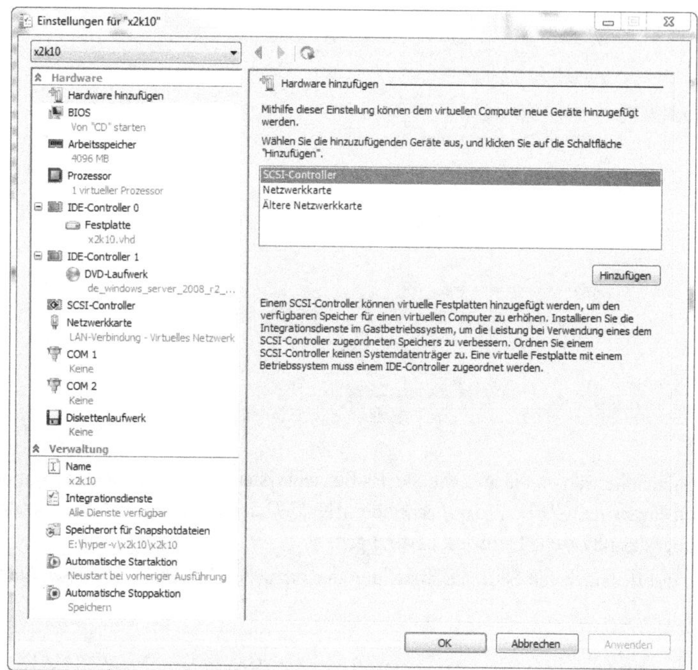

ACHTUNG Sie sollten für die Installation der Server noch die Zeitsynchronisierung der Server anpassen. Rufen Sie dazu für jeden Server die *Einstellungen* auf und klicken Sie auf *Integrationsdienste*. Hier können Sie bestimmen, ob sich die virtuellen Server mit dem Host synchronisieren sollen. Den Host lassen Sie am besten mit einer Atomuhr im Internet oder einer Funkuhr synchronisieren. Klicken Sie auf die Uhr im Infobereich der Taskleiste, zeigt Windows den Kalender und eine Uhr an. Erst wenn Sie auf den Link *Datum- und Uhrzeiteinstellungen ändern* klicken, können Sie die Uhrzeit und das Datum von Windows ändern.

Auf der Registerkarte *Internetzeit* bei der Konfiguration des Datums und der Uhrzeit können Sie über die Schaltfläche *Einstellungen ändern* erkennen, dass Windows seine Zeit vom Server *time.windows.com* erhält. Dieser Server steht allerdings nicht immer zuverlässig zur Verfügung. Sie können an dieser Stelle auch den Server *ptbtime1.ptb.de* der Physikalisch-Technischen Bundesanstalt Braunschweig eintragen. Wenn Sie auf die Schaltfläche *Jetzt aktualisieren* klicken, können Sie testen, ob der Verbindungsaufbau funktioniert.

Virtuelle Server installieren

Um einen virtuellen Server zu installieren, gehen Sie folgendermaßen vor:

1. Legen Sie die Installations-DVD in das Laufwerk des physischen Hosts oder laden Sie die *.iso*-Datei in den Einstellungen des virtuellen Computers.
2. Klicken Sie im Hyper-V-Manager den virtuellen Server mit der rechten Maustaste an.
3. Wählen Sie im Kontextmenü den Eintrag *Starten* aus.

Abbildg. 8.15 Starten eines virtuellen Servers für die Installation

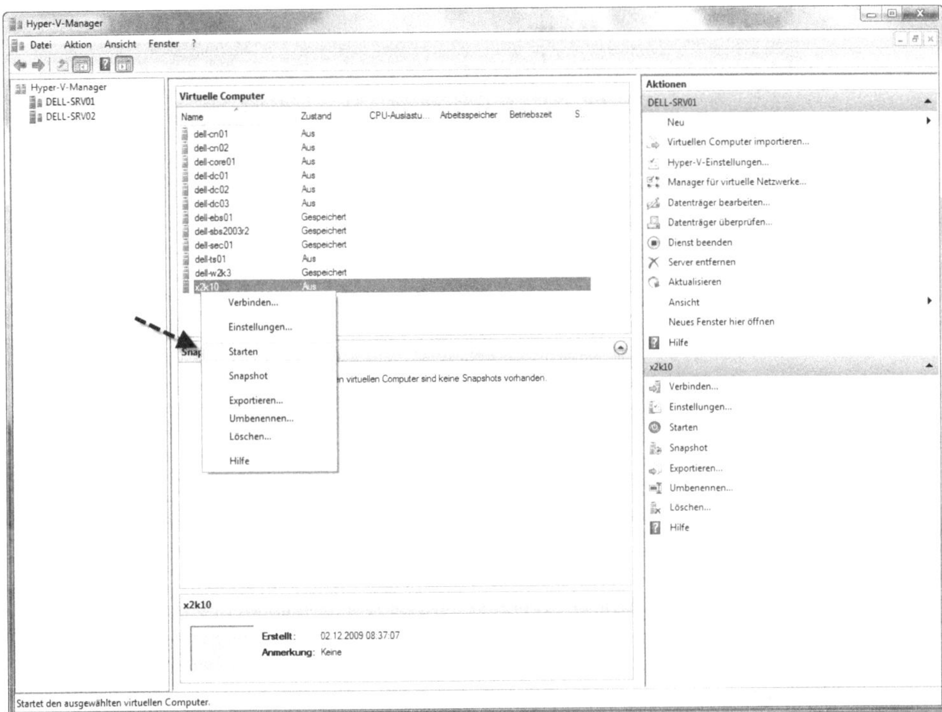

4. Um sich mit der virtuellen Maschine zu verbinden, klicken Sie im Hyper-V-Manager im Kontextmenü der virtuellen Maschine auf *Verbinden*. Anschließend startet der Installations-Assistent den Server.

Abbildg. 8.16 Nach einem Doppelklick auf das Startfenster des virtuellen Servers oder über das Kontextmenü zeigt der Server die Installationsoberfläche an

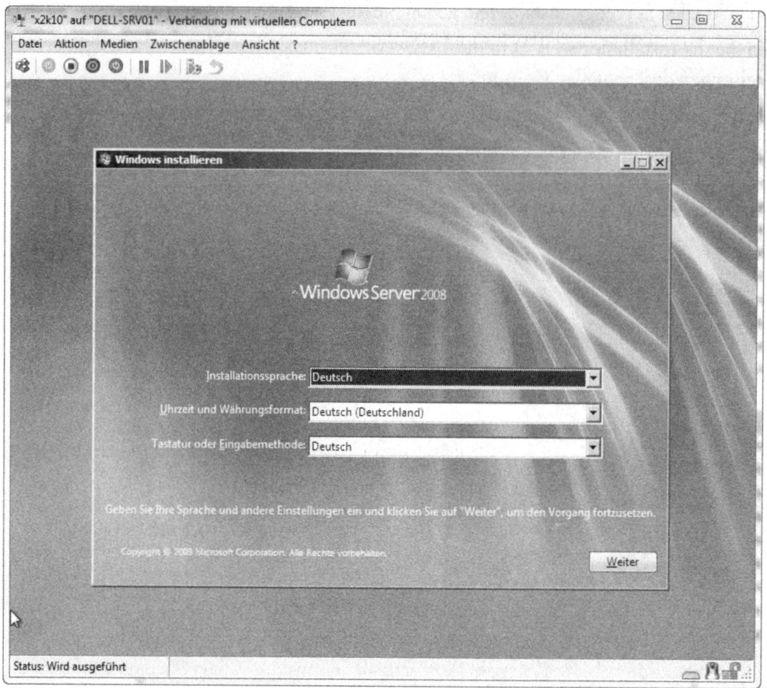

5. Die weiteren Schritte entsprechen der Installation eines herkömmlichen Servers, die wir in Kapitel 2 behandelt haben.

HINWEIS Auch virtuelle Computer müssen Sie aktivieren. Bei der Aktivierung gelten generell die gleichen Bedingungen wie bei herkömmlichen Computern. Sobald sieben Änderungen an der Hardware vorliegen, müssen Sie Windows neu aktivieren. Netzwerkkarten haben dabei drei Stimmen. Das heißt, ändern Sie die Netzwerkkarte, haben Sie schon drei der sieben Stimmen verbraucht.

Virtuelle Server aktivieren

Nach der Installation des Betriebssystems auf einem virtuellen Computer müssen Sie auch diesen aktivieren. Beachten Sie bei der Aktivierung, dass die Hardware in virtuellen Maschinen ebenfalls virtualisiert ist. Dies spielt eine Rolle, wenn Sie Maschinen zwischen verschiedenen Clusterknoten in einem Hyper-V-Cluster verschieben.

Ein wichtiger Punkt, der bei der Aktivierung berücksichtigt wird, ist die MAC-Adresse der Netzwerkkarte. Verschieben Sie einen virtuellen Computer auf einen anderen Host, ändern sich dessen MAC-Adressen. Die Aktivierungsroutine zählt Hardwareänderungen und berücksichtigt dabei alle Änderungen. Sobald sieben Änderungen vorgenommen wurden, müssen Sie das System neu aktivieren. Vor allem berücksichtigt Windows Server 2008 R2 dabei folgende Komponenten:

- Grafikkarte
- SCSI-Adaper

- IDE-Adapter der Hauptplatine
- Netzwerkkarte (mit drei Stimmen, das heißt jede Änderung zählt gleich dreifach)
- Größe des Arbeitsspeichers (0 bis 64, 64 bis 128 usw.)
- Prozessortyp
- Seriennummer des Prozessors
- Festplatte
- CD/DVD-ROM

Die meisten Hardwaregeräte bekommen eine Stimme, manche, wie die Soundkarte, gar keine. Die Netzwerkkarten haben drei Stimmen. Die Aktivierung kann weiterhin über den Key Management Service (KMS) erfolgen.

HINWEIS Zur Aktivierung von Windows 7 und Windows Server 2008 R2 müssen Sie KMS 1.2 verwenden, also die Version in Windows Server 2008 R2 und Windows 7. Die Version 1.0, die in Windows Server 2008 enthalten ist, kann kein Windows Server 2008 R2 oder Windows 7 aktivieren. Die Version in Windows Vista ist Version 1.0. Die Version 1.2 berücksichtigt virtuelle Maschinen mit gleichem Gewicht wie physische Maschinen. In den Vorgängerversionen war die Anzahl der virtuellen Maschinen eingeschränkt.

Virtuelle Server verwalten

Nach der Erstellung eines virtuellen Computers besteht der nächste Schritt darin, das Betriebssystem sowie die »Integration Services«, welche den virtuellen Server für den Betrieb optimieren und beschleunigen, zu installieren. Nach der Erstellung eines oder mehrerer virtueller Computer sehen Sie diese Server im Hyper-V-Manager in der Mitte der Konsole. Standardmäßig sind diese Server nach der Erstellung noch ausgeschaltet.

Um das Betriebssystem zu installieren, klicken Sie in der Mitte der Konsole auf den Server und wählen entweder im Kontextmenü oder in der Aktionsleiste den Befehl *Verbinden* aus. Anschließend öffnet sich ein neues Fenster, mit dem Sie den virtuellen Computer steuern. Durch das Verbinden bleibt der Computer aber ausgeschaltet. Um diesen einzuschalten, rufen Sie entweder den Menübefehl *Aktion/Starten* auf oder klicken auf die Schaltfläche zum Start des Servers.

Nach dem Start verbindet sich der virtuelle Server sofort mit der Installations-DVD des Betriebssystems und startet das Setupprogramm. Haben Sie im BIOS die Virtualisierungsfunktion des Prozessors nicht aktiviert, erhalten Sie unter Umständen eine Fehlermeldung, dass Hyper-V nicht starten kann. Fahren Sie in diesem Fall den Host herunter und überprüfen Sie im BIOS, ob diese Funktion tatsächlich aktiviert ist.

Nach erfolgreicher Aktivierung lässt sich der virtuelle Computer starten und die Installation beginnt. Sie müssen übrigens während der Installation das Fenster des virtuellen Computers nicht geöffnet lassen. Schließen Sie das Verwaltungsfenster des virtuellen Servers, bleibt dieser gestartet und führt die Installation fort. Sie sehen dann im Hyper-V-Manager den aktuellen CPU-Verbrauch des Servers. Klicken Sie auf den Server, sehen Sie im unteren Bereich des Hyper-V-Managers den aktuellen Bildschirm. Per Doppelklick oder indem Sie wiederum im zugehörigen Kontextmenü den Eintrag *Verbinden* auswählen, startet erneut das Fenster des Servers.

Führen Sie die Installation des Betriebssystems über eine Remotedesktopverbindung durch, steht die Maus im Fenster des virtuellen Computers während der Installation noch nicht zur Verfügung. Sie können in diesem Fall aber problemlos über Tastatureingaben die Installation durchführen.

Abbildg. 8.17 Status der virtuellen Computer im Hyper-V-Manager

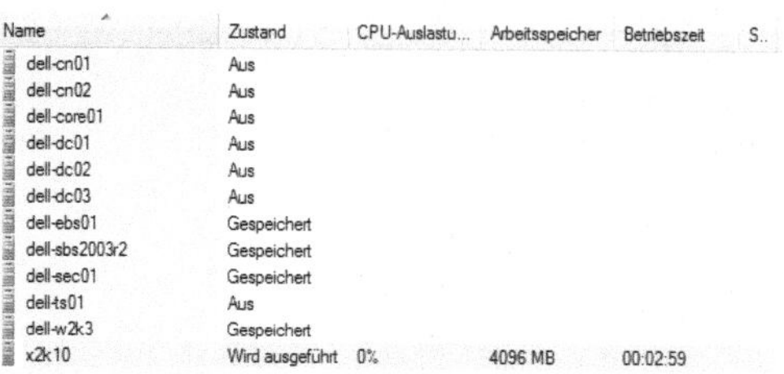

Name	Zustand	CPU-Auslastu...	Arbeitsspeicher	Betriebszeit	S..
dell-cn01	Aus				
dell-cn02	Aus				
dell-core01	Aus				
dell-dc01	Aus				
dell-dc02	Aus				
dell-dc03	Aus				
dell-ebs01	Gespeichert				
dell-sbs2003r2	Gespeichert				
dell-sec01	Gespeichert				
dell-ts01	Aus				
dell-w2k3	Gespeichert				
x2k10	Wird ausgeführt	0%	4096 MB	00:02:59	

HINWEIS Nach der Installation des Betriebssystems sollten Sie auf dem Server noch die Integrationsdienste installieren. Diese Dienste entsprechen den VMware-Tools oder den Add-Ons von Virtual PC und beschleunigen jeden virtuellen Computer, den Sie unter Hyper-V installieren. Erst durch die Installation dieser Integrationsdienste ist der virtuelle Server einsatzbereit. Sie installieren die Dienste, indem Sie nach der Installation des Betriebssystems im Menü *Aktion* den Befehl *Installationsdatenträger für Integrationsdienste einlegen* auswählen. Vorher müssen Sie sich noch mit einem Administratorbenutzerkonto am Server anmelden.

Normalerweise startet der Installations-Assistent automatisch. Ist das bei Ihnen nicht der Fall, können Sie die Installation auch manuell starten. Der Assistent verbindet den Installationsdatenträger der Integrationsdienste als herkömmliches CD/DVD-Laufwerk, welches im Explorer des virtuellen Computers zur Verfügung steht. Nach der Installation der Integrationsdienste steht der virtuelle Server zur produktiven Nutzung zur Verfügung.

Abbildg. 8.18 Nach der Installation des Betriebssystems erfolgt die Installation der Integrationsdienste

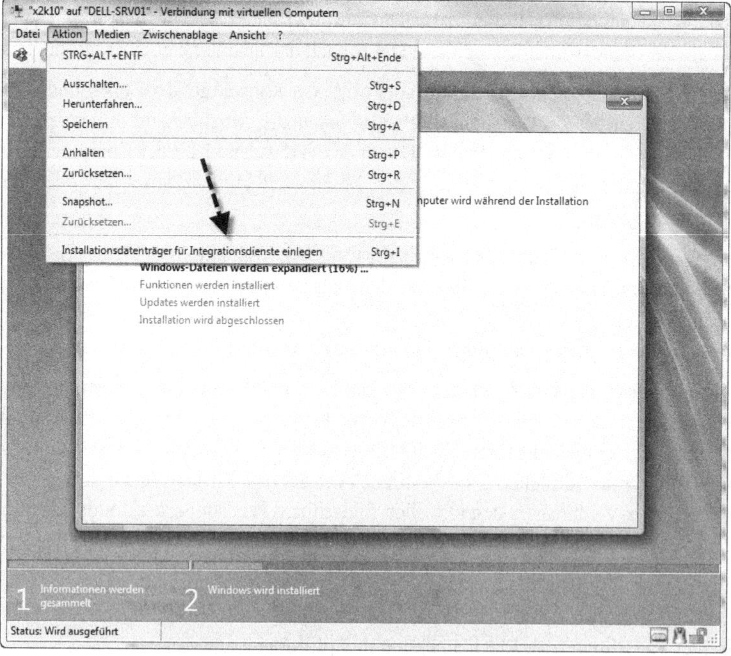

Im Fernwartungsfenster des virtuellen Computers stehen neben den herkömmlichen Möglichkeiten und dem Herunterfahren noch zwei weitere interessante Punkte zur Verfügung:

- **Anhalten** Einer laufenden VM werden sämtliche CPU-Ressourcen entzogen, sie friert im aktuellen Zustand ein. Der RAM-Inhalt, und damit der aktuelle Zustand der Maschine, bleibt erhalten und die VM läuft nach dem Fortsetzen sofort weiter.
- **Zustand speichern** Mit dieser Option wird der RAM-Inhalt in einer Datei auf dem Host abgespeichert und der Gast dann abgeschaltet. Beim späteren Starten wird dieser Status aus der Datei erneut in den Arbeitsspeicher geladen und die Maschine steht schnell wieder zur Verfügung.

Abbildg. 8.19 Symbolleiste für virtuelle Computer in Hyper-V

Einstellungen von virtuellen Servern anpassen

Über das Kontextmenü oder den *Aktionen*-Bereich lassen sich die verschiedenen Einstellungen der virtuellen Computer anpassen. Hierüber passen Sie zum Beispiel die Anzahl der Prozessoren, den Arbeitsspeicher, BIOS-Einstellungen und die Schnittstellen an. Auch neue Hardware fügen Sie über diesen Bereich hinzu. In diesem Abschnitt gehen wir auf die einzelnen Möglichkeiten ein.

Hardware zu virtuellen Computern hinzufügen

Wollen Sie einem virtuellen Computer neue Hardware hinzufügen, also eine neue Netzwerkkarte, einen SCSI-Controller usw., klicken Sie den virtuellen Computer mit der rechten Maustaste an, wählen *Einstellungen* und klicken dann auf *Hardware hinzufügen*. Im rechten Bereich wählen Sie die Hardware aus, die Sie hinzufügen wollen, und klicken auf *Hinzufügen*. Beim Hinzufügen eines Festplattencontrollers besteht zusätzlich die Möglichkeit, noch weitere Festplatten hinzuzufügen. Dazu klicken Sie den Controller im Einstellungsmenü an, wählen *Festplatte* aus und klicken auf *Hinzufügen*.

Abbildg. 8.20 Hinzufügen einer neuen Festplatte oder eines neuen SCSI-Controllers

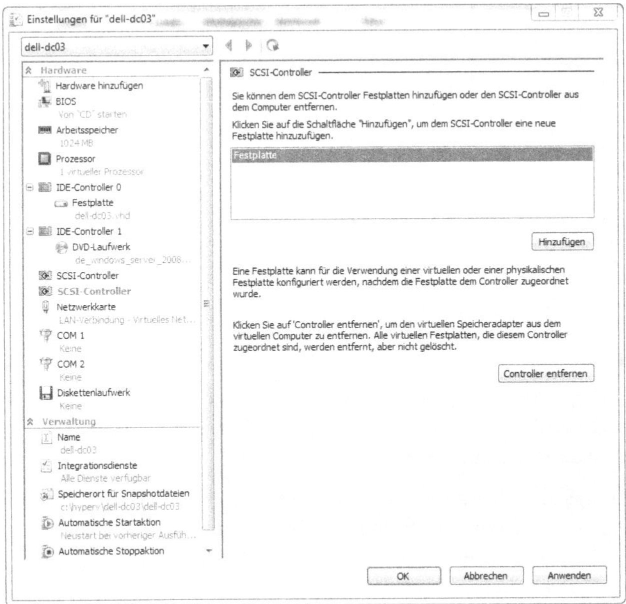

Einmal hinzugefügte Geräte lassen sich übrigens über die Schaltfläche *Entfernen* wieder vom virtuellen Computer trennen. Nachdem Sie einem Controller eine Festplatte hinzugefügt haben, können Sie als Nächstes auswählen, welche SCSI-ID die Festplatte haben soll und ob Sie eine neue oder bereits vorhandene *.vhd*-Datei verwenden möchten.

BIOS-Einstellungen, Arbeitsspeicher und Prozessoranzahl von virtuellen Computern anpassen

Ein weiterer Bereich in den Einstellungen von virtuellen Computern sind die BIOS-Einstellungen. Die meisten Einstellungen lassen sich aber nur dann anpassen, wenn der virtuelle Computer ausgeschaltet ist. Hierüber legen Sie fest, ob die Num-Taste beim Starten automatisch aktiviert ist und welche Bootreihenfolge der Server beachten soll. Über den Menübefehl *Arbeitsspeicher* bestimmen Sie die Größe des Arbeitsspeichers des virtuellen Computers.

Ausführlichere Möglichkeiten bietet die Prozessorsteuerung von virtuellen Computern. Über den Menübefehl *Prozessor* in den Eigenschaften eines virtuellen Servers legen Sie die Anzahl der Prozessoren sowie eine Gewichtung der Ressourcen fest, die dem Prozessor zugewiesen sind.

Abbildg. 8.21 Konfigurieren der Prozessoreinstellungen von virtuellen Computern

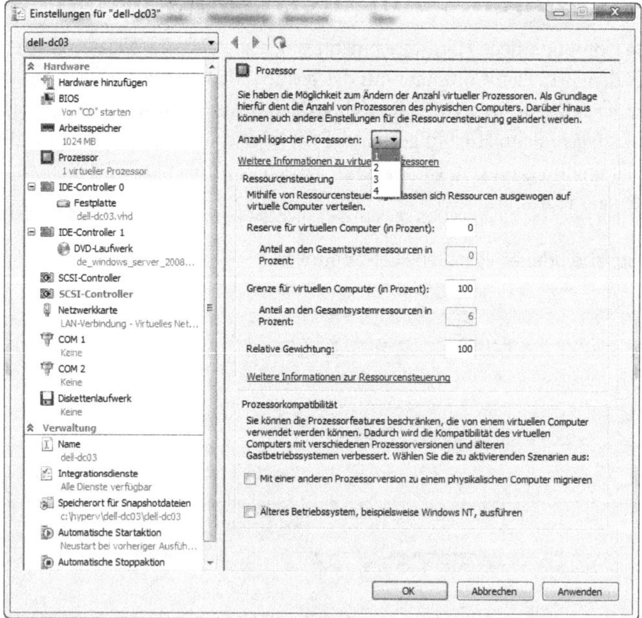

Neben der eigentlichen Anzahl an physischen Prozessoren, die dem virtuellen Computer zugewiesen sind, steuern Sie hier, wie viel Prozessorzeit diesem virtuellen Computer zur Verfügung steht. Hier stehen mehrere Möglichkeiten zur Verfügung, die Sie über Prozentangaben steuern:

- **Reserve für virtuellen Computer** Hiermit legen Sie fest, welche Ressourcen dem virtuellen Computer mindestens zur Verfügung stehen. Der eigentliche Wert darf niemals unter diesen Wert sinken. Achten Sie aber darauf, dass die reservierte Prozessorzeit sich auch auf andere virtuelle Computer auswirkt und deren maximale Anzahl auf dem Host beschränkt.

- **Grenze für virtuellen Computer** Dieser Wert in Prozent gibt an, wie viel Prozessorzeit dem virtuellen Computer maximal zur Verfügung steht
- **Relative Gewichtung** Beim Einsatz mehrerer virtueller Computer auf dem Server, die identische Einstellungen im Ressourcenbereich haben, legt dieser Wert fest, in welcher Relation dieser Computer bevorzugt wird. Ein Computer, dem Sie eine relative Gewichtung von 200 zuweisen, erhält doppelt so viel Zugriff auf die CPU wie ein Computer mit einer Gewichtung von 100. Es handelt sich bei diesem Wert also nicht um eine Prozentzahl, sondern einer benutzerdefinierten Gewichtung. Wichtige Server lassen sich dadurch bevorzugen und es ist sichergestellt, dass diese nicht zu wenig Ressourcen zugewiesen bekommen.

Allgemeine Einstellungen von virtuellen Computern verwalten

Im unteren Bereich der Einstellungen von virtuellen Computern legen Sie den von Hyper-V verwendeten Namen sowie die freigeschalteten Funktionen der Integrationsdienste fest. Haben Sie für einen Computer noch keinen Snapshot erstellt, also eine Sicherung des Betriebssystemzustands zu einem bestimmten Zeitpunkt, lässt sich an dieser Stelle noch der Speicherort der Dateien des virtuellen Computers anpassen.

Nach der Erstellung eines Snapshots ist keine Änderung des Speicherorts mehr möglich. Über den Menübefehl *Automatische Startaktion* legen Sie fest, wie sich der virtuelle Computer bei einem Neustart des Hosts verhalten soll. Der Bereich *Automatische Stoppaktion* dient der Konfiguration des Verhaltens, wenn der Host heruntergefahren wird.

Virtuelle Festplatten von Servern verwalten und optimieren

Im *Aktionen*-Bereich des Hyper-V-Managers finden Sie auf der rechten Seite die beiden Menübefehle *Datenträger bearbeiten* und *Datenträger überprüfen*.

Abbildg. 8.22 Verwalten der Optionen von virtuellen Servern in Hyper-V

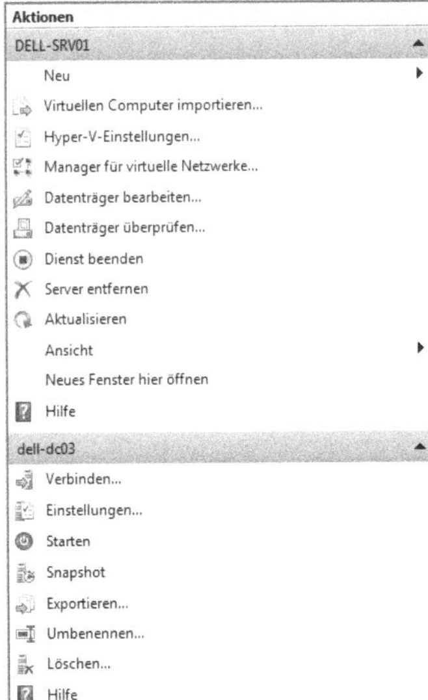

Mit *Datenträger überprüfen* starten Sie einen Scanvorgang einer beliebigen dynamischen Festplatte. Anschließend öffnet sich ein neues Fenster und zeigt die Daten dieser Festplatte an. So erfahren Sie, ob es sich um eine dynamisch erweiterbare Festplatte oder eine Festplatte mit fester Größe handelt. Auch die maximale Größe sowie die aktuelle Datenmenge zeigt das Fenster an. Über *Datenträger bearbeiten* stehen Ihnen verschiedene Möglichkeiten zur Verfügung, um die aktuell ausgewählte Festplatte anzupassen:

- **Komprimieren** Diese Aktion steht nur bei dynamisch erweiterbaren Festplatten zur Verfügung. Der Vorgang löscht leere Bereiche in der *.vhd*-Datei, sodass diese deutlich verkleinert wird. Allerdings ergibt dieser Vorgang nur dann Sinn, wenn viele Daten von der Festplatte gelöscht wurden.
- **Konvertieren** Mit diesem Vorgang wandeln Sie dynamisch erweiterbare Festplatten in Festplatten mit fester Größe um oder umgekehrt
- **Erweitern** Dieser Befehl hilft dabei, den maximalen Festplattenplatz einer *.vhd*-Datei zu vergrößern
- **Zusammenführen** Der Assistent zeigt diesen Befehl nur dann an, wenn Sie eine differenzierende Festplatte auswählen, zum Beispiel die *.avhd*-Datei eines Snapshots. Da diese Datei nur die aktuellen Unterschiede zu der *.vhd*-Quelldatei enthält und auf diese verifiziert ist, lassen sich die Daten zu einer gemeinsamen *.vhd*-Datei zusammenführen, die alle Daten enthält. Die beiden Quellfestplatten bleiben bei diesem Vorgang erhalten, der Assistent erstellt eine neue virtuelle Festplatte.
- **Verbindung wiederherstellen** Für eine differenzierende Festplatte ist es wichtig, dass die Quelldatei der verifizierten *.vhd*-Datei gefunden ist. Eine differenzierende Festplatte kann aber auch in einer Kette auf eine andere differenzierende Datei verweisen, die dann wiederum auf die *.vhd*-Datei verweist. Dies kommt zum Beispiel dann vor, wenn mehrere Snapshots aufeinander aufbauen. Ist die Kette zerstört, zum Beispiel weil sich der Pfad einer Festplatte geändert hat, lässt sich mit diesem Befehl die Verbindung wiederherstellen.

Abbildg. 8.23 Virtuelle Festplatten bearbeiten

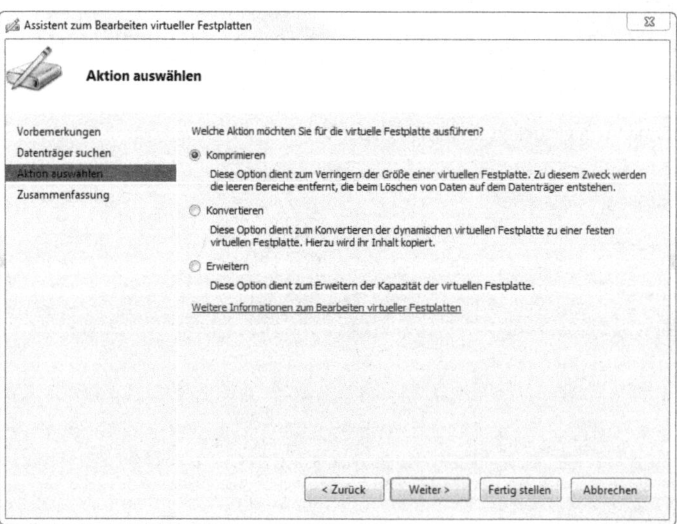

Virtuelle Festplatten lassen sich auch ohne dazugehörigen Computer erstellen und so später zuweisen, indem Sie im *Aktionen*-Bereich des Hyper-V-Managers den Befehl *Neu* auswählen. Es startet ein Assistent, über den Sie auswählen können, welche Art von virtueller Festplatte Sie erstellen wollen:

- **Dynamisch erweiterbare virtuelle Festplatte** Dieser Typ wird am häufigsten verwendet. Die hinterlegte Datei der Festplatte kann dynamisch mit dem Inhalt mitwachsen.
- **Virtuelle Festplatte mit fester Größe** Bei dieser Variante wählen Sie eine feste Größe aus, welche die virtuelle Festplatte des virtuellen Servers nicht überschreiten darf.
- **Differenzierende virtuelle Festplatte** Wenn Sie diese Festplatte auswählen, wird auf Basis einer bereits vorhandenen virtuellen Festplatte eine neue Festplatte erstellt. Damit können Sie von bereits vorhandenen virtuellen Festplatten ein Abbild erzeugen. Microsoft empfiehlt, die übergeordnete virtuelle Festplatte mit einem Schreibschutz zu versehen, damit diese nicht versehentlich überschrieben wird. In der Differenzplatte liegen nur die Änderungen, die das Gastsystem an der virtuellen Platte vorgenommen hat. Dazu werden alle Schreibzugriffe des Gasts auf die Differenzplatte umgeleitet. Lesezugriffe kombinieren den Inhalt der Differenzplatte und den Inhalt der zugrunde liegenden virtuellen Festplatte, ohne dass der Gast etwas davon bemerkt. Die zugrunde liegende Festplatte wird nicht mehr verändert, und die Differenzplatte bleibt relativ klein, da sie nur Änderungen enthält. Eine fertige Basisinstallation kann von mehreren virtuellen Maschinen (VMs) gleichzeitig verwendet werden, indem Sie mehrere Differenzplatten erstellen, die dieselbe virtuelle Festplatte verwenden. Dadurch sparen Sie sich viel Zeit und Platz beim Klonen von virtuellen Maschinen.

Abbildg. 8.24 Erstellen einer virtuellen Festplatte in Hyper-V

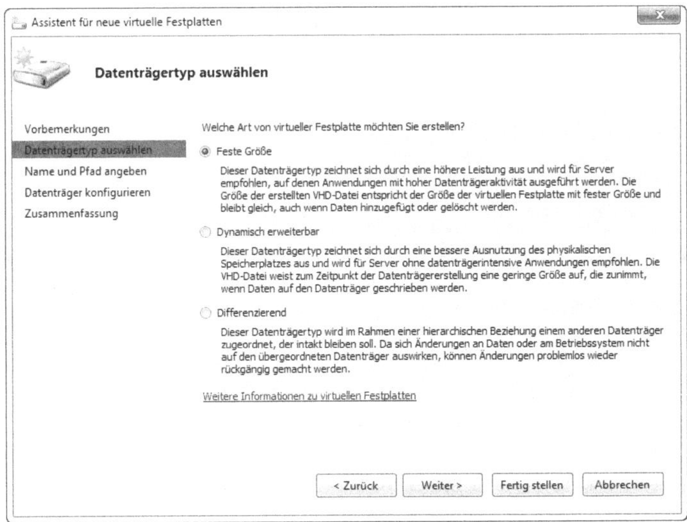

Im laufenden Betrieb haben Sie die Möglichkeit, zusätzliche SCSI-Controller zuzuordnen und Festplatten zuzuweisen. Auf diesem Weg haben Sie auch die Möglichkeit, nicht nur *.vhd*-Dateien zuzuordnen, sondern auch physische Festplatten. Die beste Leistung erhalten Sie, wenn Sie physische Festplatten verwenden. Physische SCSI-Controller sind zwar deutlich schneller als IDE-Controller, diese Einschränkung gilt aber keineswegs in Hyper-V, da beide Techniken nur emuliert sind. Daher spielt es für die Leistung von virtuellen Servern keinerlei Rolle, ob Sie IDE- oder SCSI-Controller verwenden. Am leistungsfähigsten sind angebundene physische Festplatten, gefolgt von *.vhd*-Dateien mit fester Größe.

Wollen Sie das nicht, sollten Sie zumindest virtuelle Festplatten mit fester Größe zuordnen. Weisen Sie dynamisch wachsende Festplatten zu, kann die Leistung von Servern deutlich einbrechen. Neben SCSI-Controllern können Sie zwei IDE-Controller mit jeweils zwei Festplatten zuordnen. Als Startfestplatte für das Betriebssystem müssen Sie ein Laufwerk verwenden, das an einen IDE-Controller angeschlossen ist. Dabei kann es sich um eine virtuelle Festplatte oder um eine physische Festplatte handeln.

Zusätzlich können Sie jeder virtuellen Maschine bis zu vier SCSI-Controller zuteilen, die bis zu 64 Festplatten unterstützen, also insgesamt 256 virtuelle Festplatten. SCSI-Festplatten verwenden zur Anbindung eine andere Technik als IDE-Controller. Diese Technik verhindert, dass SCSI-Festplatten zum Starten des Betriebssystems verwendet werden können. Vorteil der Verwendung virtueller SCSI-Controller ist die Möglichkeit, im laufenden Betrieb Festplatten zuordnen zu können.

Datensicherung von Hyper-V

Unternehmen, die über Hyper-V mit Windows Server 2008 R2 virtuelle Server zur Verfügung stellen, müssen das Datensicherungskonzept der virtuellen Maschinen und der zugrunde liegenden Hosts in die Sicherungsstrategie mit einbinden. Die Sicherung des Hosts sowie der installierten virtuellen Server verlangt andere Herangehensweisen als die Sicherung herkömmlicher physischer Server.

Die meisten Unternehmen setzen ohnehin auf kommerzielle Zusatzsoftware bei der Datensicherung. Hier bieten mittlerweile viele Hersteller Unterstützung speziell für Hyper-V an. Diese Lösungen sichern die Server und den Host auf Ebene des Hypervisors. Ein Beispiel für eine solche Lösung ist Data Protection Manager (DPM) 2010 von Microsoft oder Symantec Backup Exec 2010. DPM 2010 beherrscht auch die Onlinesicherung von Hyper-V-Hosts und den laufenden virtuellen Servern.

Abbildg. 8.25 Symantec Backup Exec 2010 unterstützt Hyper-V

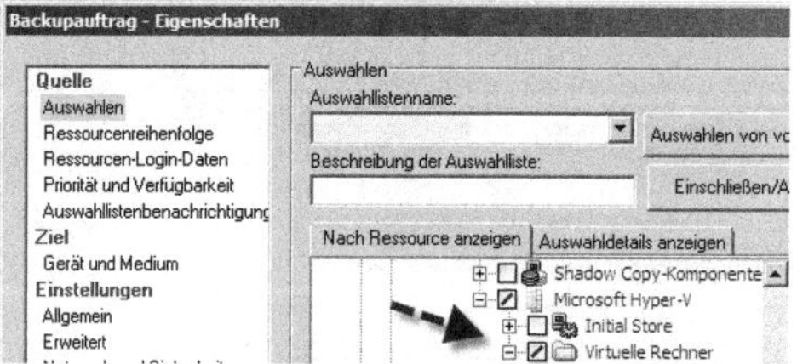

Auch virtuelle Server lassen sich mit herkömmlichen Sicherungsstrategien sichern. Dazu müssen Sie lediglich auf den virtuellen Servern die Agenten der entsprechenden Sicherungslösung installieren. Dadurch behandelt das Datensicherungsprogramm diese Server genauso wie normale physische Server. Allerdings belastet diese Art der Sicherung den Host, da die virtuellen Server die Hardware des Hosts vor allem bei Datensicherungen schnell überlasten.

Bei einer solchen Sicherung behandelt die Datensicherung die virtuellen Server genauso wie herkömmliche Server. Allerdings sichert diese Art der Datensicherung nicht die Konfiguration der virtuellen Maschine und verwendet auch nicht die optimierten Methoden, die Hyper-V zur Verfügung stellt. Die Agenten nutzen außerdem nicht den Hypervisor und können daher weder die Schattenkopien noch Schnappschüsse zur Sicherung nutzen. Dies erhöht die zu sichernde Datenmenge und die Dauer der Datensicherung.

Datensicherungen, die Hyper-V unterstützen, bauen auf den Hyper-V-Host auf und sichern den Server auf Ebene des Hypervisors. Das heißt, die Software nutzt Schnittstellen von Hyper-V zur optimalen Sicherung. In diesem Zusammenhang kann die Software Snapshots der virtuellen Server zur Sicherung sowie den Schattenkopiedienst verwenden. Dies ist wesentlich effizienter, schneller und auch stabiler als herkömmliche Sicherungen. Die Anwendung erstellt Snapshots im laufenden Betrieb automatisch, und die virtuellen Server stehen weiterhin den Anwendern zur Verfügung. Solche Onlinesicherungen belasten die Hardware des Hosts nicht und ermöglichen auch Sicherungen während der Arbeitszeit.

Müssen Sie mehrere virtuelle Server auf einem Host sichern, kann eine kompatible Lösung auch gemeinsame Dateien erkennen und muss diese nicht doppelt sichern. Laufen auf einem Hyper-V-Host zum Beispiel zehn Server mit Windows Server 2008 R2, identifiziert dies die Software und sichert die Daten nicht doppelt, sondern erkennt identische Systemdateien und sichert nur unterschiedliche Dateien. Dies ist nicht möglich, wenn Sie mit einem Agenten innerhalb der virtuellen Maschine arbeiten. Hier weiß die Sicherungssoftware nichts von anderen Servern und sichert daher bei allen Servern auch alle Daten. Dadurch vergrößert sich die zu sichernde Datenmenge enorm und verlängert auch die Dauer der Datensicherung.

Windows Server-Sicherung für das Hyper-V-Backup nutzen

Bei der Sicherung von Hyper-V spielt der Schattenkopiedienst eine wichtige Rolle, da die Sicherung auf Schnappschüsse des Servers und der virtuellen Server aufbaut. Mit aktiviertem Schattenkopiendienst lassen sich Hyper-V-Server sichern, inklusive der laufenden virtuellen Server. Im Microsoft-Knowledge-Base-Artikel unter *http://support.microsoft.com/kb/958662* lesen Sie, wie Sie die Einstellungen zur Sicherung mit der Windows-Sicherung vornehmen und die Registry des Hosts anpassen.

Weitere Artikel, die sich ausführlich mit dem Thema beschäftigen, sind der Microsoft-Blog im TechNet (*http://blogs.msdn.com/b/virtual_pc_guy/archive/2009/03/11/backing-up-hyper-v-with-windows-server-backup.aspx*) und des Microsoft Enterprise Support-Teams (*http://blogs.technet.com/b/askcore/archive/2008/08/20/how-to-enable-windows-server-backup-support-for-the-hyper-v-vss-writer.aspx*). Mit diesen Anleitungen können Sie einen Hyper-V-Host direkt mit der Windows-Server-Sicherung sichern. Der Webcast (*http://technet.microsoft.com/en-us/virtualization/dd775213.aspx*) des Virtualisierungsteams von Microsoft zeigt Ihnen ebenfalls interessante Tipps zur Sicherung von Hyper-V.

Setzen Sie keine Hyper-V-kompatible Datensicherung ein, haben Sie zum Beispiel die Möglichkeit, den Hyper-V-Host mit der Windows-Server-Sicherung in eine Datei zu sichern und diese Datei dann mit Ihrer Datensicherungssoftware zu sichern. Auf diese Weise nutzen Sie die Vorteile von Hyper-V, ohne zusätzliche Anwendungen erwerben zu müssen. Besser ist die Sicherung mit einer Hyper-V-kompatiblen Datensicherung.

Ein Beispiel für eine kompatible Sicherungssoftware für Hyper-V ist Symantec Backup Exec. Die Anwendung kann den Host und direkt die virtuellen Server sichern. Die Sicherung umfasst die *.vhd*-Dateien und die Konfigurationsdateien der virtuellen Server. Symantec stellt eine Testversion (*http://www.symantec.com/de/de/business/backup-exec-for-windows-servers*) zur Verfügung. Das kostenlose Microsoft Assessment and Planning (MAP) Toolkit for Hyper-V (*http://technet.microsoft.com/en-us/solutionaccelerators/dd537570.aspx*) können Sie im Rahmen der Datensicherung dazu verwenden, die Last von Hyper-V-Hosts zu messen. Das Tool misst die Leistung von Servern über einen festgelegten Zeitraum, zum Beispiel während der Sicherung.

Data Protection Manager (DPM) 2010

Eine weitere Lösung zur Sicherung von Hyper-V-Servern ist der vorhin bereits erwähnte Data Protection Manager (DPM) 2010. Mit DPM 2010 bietet Microsoft eine eigene Lösung zur Datensicherung von Hyper-V-Hosts an. Natürlich kann DPM 2010 auch andere Anwendungen sichern, bietet aber im Bereich Hyper-V vor allem mit Windows Server 2008 R2 eine optimale Unterstützung. DPM 2010 fertigt im laufenden Betrieb Snapshots an, sichert die Daten dieser Onlinesnapshots auf ein Festplattensystem und legt diese Daten dann wiederum auf Band ab. Die gesicherten Serverlösungen stehen weiterhin den Anwendern zur Verfügung.

Auch die direkte Sicherung auf Bandlaufwerke ist möglich, ohne den Umweg über Festplatten, oder auch parallel dazu. Damit DPM eine Sicherung durchführen kann, installieren Sie auf dem Hyper-V-Host einen Agenten, der mit dem DPM-Server eine Verbindung aufbaut. Die Clients lassen sich über die Verwaltungskonsole von DPM im Netzwerk verteilen.

Abbildg. 8.26 Installieren des DPM-Agenten über die Verwaltungskonsole

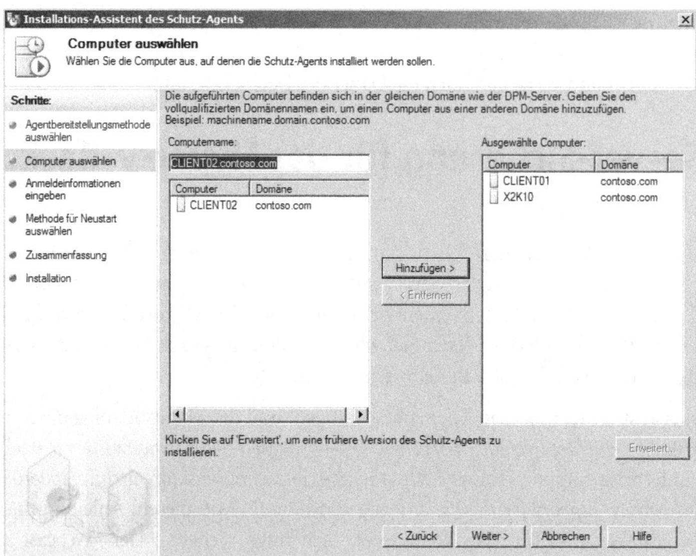

Neben den herkömmlichen Daten kann DPM auch den Systemstatus der Server sichern, also eine Komplettsicherung durchführen. Gemeinsame Systemdaten mehrerer Server fasst DPM automatisch zusammen und sichert nur beim ersten Server das komplette Betriebssystem.

Dies hat vor allem bei der Sicherung von Hyper-V-Hosts den Vorteil, dass sich Server wiederherstellen lassen, aber doppelte Datenmengen in der Datensicherung vermieden werden. DPM 2010 kann auch die neuen Cluster Shared Volumes (CSV) sichern, die Hyper-V R2 für die Livemigration von virtuellen Computern zwischen Clusterknoten benötigt.

Bei der Livemigration von Windows Server 2008 R2 verlieren Anwender nicht die Verbindung zu den virtuellen Computern. Die virtuellen Computer laufen dabei als Clusterressourcen. Ebenfalls möglich ist die Wiederherstellung einzelner Daten innerhalb von virtuellen Festplatten (VHD). Virtuelle Computer lassen sich nicht nur auf der ursprünglichen Hostmaschine wiederherstellen, sondern auf jedem anderen Hyper-V-Host in der Infrastruktur.

DPM 2010 arbeitet bei der Sicherung mit speziellen Regeln, mit denen sich Server zu einzelnen Gruppen zusammenfassen lassen. Diese Gruppen tragen die Bezeichnung *Schutzgruppen* und haben einen gemeinsamen Regelsatz, zum Beispiel alle Hyper-V-Hosts im Unternehmen. In diesen Regeln legen Sie beispielsweise fest, wie oft Sie den Server sichern wollen oder wie lange die Daten rückwirkend auf dem Server verfügbar sein sollen. Nicht erwünschte Dateien lassen sich außerdem von der Sicherung ausschließen.

Data Protection Manager (DPM) 2010 integriert sich in die anderen Produkte der System Center-Reihe und ist auch Bestandteil der Server Management Suite. So kann zum Beispiel System Center Operations Manager einen Disaster-Recovery-Vorgang starten, wenn ein Management Pack einen Ausfall bemerkt.

Abbildg. 8.27 Die Sicherung erfolgt durch Definition von Schutzgruppen

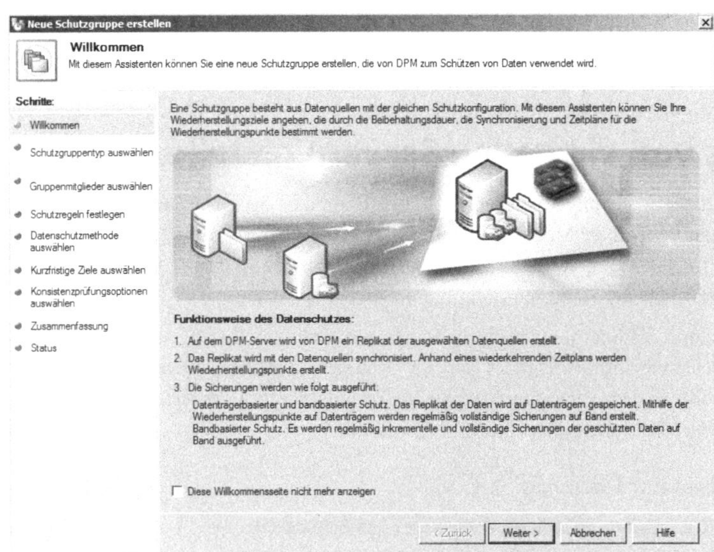

Um DPM 2010 zu lizenzieren, benötigen Unternehmen eine Serverlizenz für System Center Data Protection Manager 2010. Für jeden gesicherten Server ist eine Enterprise-Lizenz für DPM notwendig. Die Lösung ist allerdings nur in reinen Microsoft-Netzwerken sinnvoll, da Produkte anderer Hersteller nicht effizient unterstützt werden.

Haben Sie virtuelle Server nicht mit einer Hyper-V-kompatiblen Sicherung gesichert, müssen Sie bei einer Wiederherstellung des Hosts alle virtuellen Server manuell wiederherstellen und die Datensicherung der einzelnen Server zurückspielen. Bei der Sicherung über eine kompatible Anwendung wie DPM 2010 vereinfachen und beschleunigen Sie diese Vorgänge, da die Anwendungen Host und virtuelle Server wiederherstellen können. In DPM lassen sich einzelne Dateien, Verzeichnisse oder der komplette Systemstatus des Servers wiederherstellen.

Müssen Sie über Data Protection Manager einen kompletten Server wiederherstellen, bietet die Serverlösung ein spezielles Tool an, über das Sie eine bootfähige CD/DVD erstellen. Auch das Booten über Netzwerk ist mit DPM möglich. DPM bietet auch eine skriptbasierte Verwaltung auf Basis der Windows PowerShell an. Zusätzlich können Sie auf diese Weise virtuelle Server zur Sicherung exportieren und mit Skripts auch die Verwaltung von DPM automatisieren.

Abbildg. 8.28 DPM lässt sich auch über die PowerShell verwalten

```
DPM-Verwaltungsshell

PS C:\Program Files\Microsoft DPM\DPM\bin> get-command |more

CommandType     Name                          Definition
-----------     ----                          ----------
Alias           %                             ForEach-Object
Alias           ?                             Where-Object
Function        A:                            Set-Location A:
Alias           ac                            Add-Content
Cmdlet          Add-BackupNetworkAddress      Add-BackupNetworkAddress [-D...
Cmdlet          Add-ChildDatasource           Add-ChildDatasource [-Protec...
Cmdlet          Add-Computer                  Add-Computer [-DomainName] <...
Cmdlet          Add-Content                   Add-Content [-Path] <String[...
Cmdlet          Add-DPMDisk                   Add-DPMDisk [-DPMDisk] <Disk...
Cmdlet          Add-DPMRecoveryItem           Add-DPMRecoveryItem [-DpmRol...
Cmdlet          Add-DPMRecoveryTarget         Add-DPMRecoveryTarget [-DpmR...
Cmdlet          Add-DPMSecurityGroup          Add-DPMSecurityGroup [-DpmRo...
Cmdlet          Add-History                   Add-History [[-InputObject] ...
Cmdlet          Add-Member                    Add-Member [-MemberType] <PS...
Cmdlet          Add-PSSnapin                  Add-PSSnapin [-Name] <String...
Cmdlet          Add-Tape                      Add-Tape [-DPMLibrary] <Libr...
Cmdlet          Add-Type                      Add-Type [-TypeDefinition] <...
Alias           asnp                          Add-PSSnapIn
Function        B:                            Set-Location B:
Function        Bye                           ...
```

DPM 2010 kann auch Daten von virtuellen Computern sichern, die zur Livemigration vorgesehen sind. Ebenfalls möglich ist die Wiederherstellung einzelner Daten innerhalb von virtuellen Festplatten (VHD). Virtuelle Computer lassen sich nicht nur auf der ursprünglichen Hostmaschine wiederherstellen, sondern auf jeden anderen Hyper-V-Host in der Infrastruktur.

Snapshots von virtuellen Servern erstellen

Hyper-V ermöglicht die Erstellung von Snapshots auch ohne dass Sie Zusatzanwendungen installieren. Die Snapshots bieten zum Beispiel die Möglichkeit, einen Server vor einer Konfigurationsänderung zu sichern. Sie können für jeden virtuellen Computer in Hyper-V maximal 50 Snapshots erstellen. Den entsprechenden Befehl finden Sie im Kontextmenü der virtuellen Computer im Hyper-V-Manager.

Während der Erstellung des Snapshots bleibt der Computer online und steht weiterhin den Anwendern zur Verfügung. Die erstellten Snapshots zeigt der Hyper-V-Manager im mittleren Bereich der Konsole an. Hyper-V speichert die Snapshots in dem Verzeichnis, das Sie in den Einstellungen des virtuellen Computers im Bereich *Speicherort für Snapshotdateien* angeben.

Abbildg. 8.29 Festlegen des Speicherorts von Snapshots

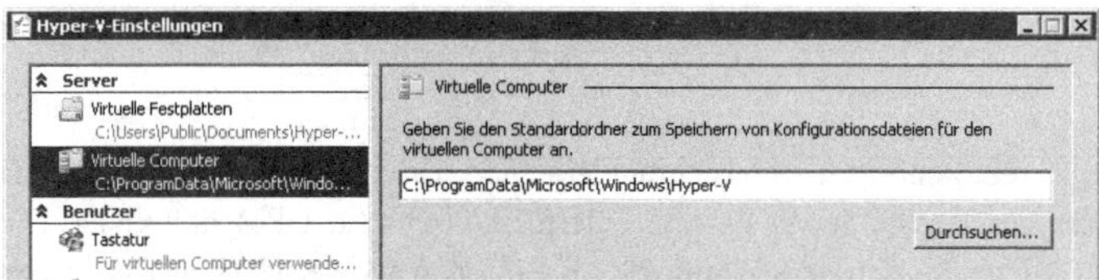

Standardmäßig handelt es sich um das Verzeichnis *C:\ProgramData\Microsoft\Windows\Hyper-V\Snapshots*. Rufen Sie den Befehl *Zurücksetzen* im Kontextmenü des virtuellen Computers auf, wendet Hyper-V den letzten erstellten Snapshot an und setzt den Computer auf diesen Stand zurück. Snapshots ersetzen allerdings keine Datensicherung, sondern bieten nur eine Rückversicherung vor einer Konfigurationsänderung auf dem Server.

Auch für die einzelnen Snapshots steht ein Kontextmenü zur Verfügung, über das Sie diese steuern. Setzen Sie eine Hyper-V-kompatible Datensicherung ein, kann diese ebenfalls automatisiert einen solchen Snapshot erstellen und dessen Daten sichern.

Im Kontextmenü von Snapshots stehen verschiedene Möglichkeiten zur Verfügung:

- **Einstellungen** Hierüber rufen Sie die Einstellungen des virtuellen Computers auf, zu dem dieser Snapshot gehört
- **Anwenden** Wählen Sie diese Option aus, setzt der Assistent den virtuellen Computer wieder auf den Stand zurück, an dem Sie diesen Snapshot erstellt haben. Vorher erscheint aber ein Abfragefenster, das Sie auf die Folgen hinweist. Außerdem können Sie vorher noch mal einen aktuellen Snapshot erstellen.
- **Umbenennen** Mit dieser Option geben Sie dem Snapshot einen anderen Namen. Hyper-V verwendet als Namen normalerweise Datum und Uhrzeit. Über diesen Menübefehl können Sie zum Beispiel noch Informationen hinzufügen, warum Sie den Snapshot erstellt haben.
- **Snapshot löschen** Löscht den Snapshot und die dazugehörigen Daten vom Server
- **Snapshot-Unterstruktur löschen** Diese Option löscht den aktuellen Snapshot sowie alle Sicherungen, die Sie nach dem Snapshot erstellt haben und auf diesen aufbauen

Abbildg. 8.30 Verwalten der Snapshots von virtuellen Servern

Nach der Erstellung eines Snapshots finden Sie in diesem Verzeichnis mehrere Dateien, darunter eine *.xml*-Datei für jeden Snapshot. Achten Sie beim Zurückspielen von Snapshots auf virtuellen Domänencontrollern darauf, dass Active Directory beim Verwenden von Snapshots sehr empfindlich ist, da Daten verloren gehen können. Grundsätzlich speichert ein Snapshot den aktuellen Zustand des Computers.

Standardmäßig besteht ein virtueller Computer aus einer *.vhd*-Datei (seiner Festplatte), einer *.xml*-Datei, welche die Einstellungen des Servers enthält, sowie aus den Statusdateien mit den Endungen *.bin* und *.vsv*. Erstellen Sie einen Snapshot, legt der Hyper-V-Manager zunächst eine neue virtuelle Platte (eine *.avhd*-Datei) an. Eine solche Datei verwendet als Basis die herkömmliche *.vhd*-Datei, welche die eigentlichen Daten des Servers enthält. Der Snapshot schreibt nur Änderungen in diese *.avhd*-Datei. Zukünftig verweist dann die *.xml*-Datei des virtuellen Servers auf die *.avhd*-Datei, welche die Änderungen seit dem Snapshot enthält.

Setzen Sie den Snapshot zurück, benötigt Hyper-V die *.avhd*-Datei nicht mehr und verwendet wieder die originale *.vhd*-Datei. Sie sehen den Verweis zu der *.avhd*-Datei auch in der *.xml*-Konfigurationsdatei der virtuellen Maschine. Ein Snapshot eines virtuellen Servers enthält also zunächst die *.bin*- und *.vsv*-Dateien mit der Konfiguration des Servers zum Zeitpunkt des Snapshots. Auf diese Dateien verweist die *.xml*-Datei des Snapshots.

Im Gegensatz zu Hyper-V 1.0 in Windows Server 2008 liegt die *.avhd*-Datei, also die differenzierende Festplatte, im Verzeichnis der produktiven virtuellen Festplatte (*.vhd*) des Servers. Das heißt, ein Snapshot eines virtuellen Servers enthält folgende Dateien:

- Eine neue *.xml*-Datei, die auf die Statusdateien (*.vsv* und *.bin*) verweist
- Eine neue *.vsv*-Datei und eine neue *.bin*-Datei
- Eine neue differenzierende Festplatte (*.avhd*), welche die produktive Festplatte des Servers (*.vhd*) als Quelle nutzt

Erstellen Sie einen weiteren Schnappschuss, der auf dem ersten Schnappschuss aufbaut, erhält dieser ebenfalls eine neue differenzierende Festplatte (*.avhd*). Diese erhält als Quelle aber nicht die produktive virtuelle Festplatte des Servers (*.vhd*), sondern die *.avhd*-Datei des vorherigen Schnappschusses. Das liegt daran, dass der neue Schnappschuss auf dem alten Schnappschuss aufbaut, daher muss hier ein stufenweiser Aufbau erfolgen. Das heißt, je mehr Schnappschüsse eines Servers Sie erstellen, umso mehr differenzierende Festplatten (*.avhd*) setzen Sie ein, die aufeinander aufbauen. Durch diesen Aufbau kann die Leistung eines Servers stark einbrechen.

Bewahren Sie Schnappschüsse also nur so lange auf, wie es sein muss. Löschen Sie einen Schnappschuss, löscht Hyper-V auch die erstellten *.xml*, *.vsv-* und *.bin*-Dateien. Die differenzierenden Festplatten (*.avhd*) schreibt Hyper-V aber erst dann in die produktive virtuelle Festplatte (*.vhd*), wenn Sie den Server einmal ausschalten nachdem Sie den Schnappschuss gelöscht haben.

TIPP Löschen Sie einen oder mehrere Schnappschüsse eines virtuellen Servers, fahren Sie den Server einmal herunter und schalten Sie ihn aus. Bei diesem Vorgang schreibt Hyper-V die Daten der differenzierenden virtuellen Festplatten (*.avhd*) in die produktive Festplatte (*.vhd*) und löscht anschließend die *.vhd*-Datei. Erst nach diesem Vorgang steigt die Leistung des virtuellen Servers wieder an. Löschen Sie mehrere Schnappschüsse auf einmal, kann das Herunterfahren und Ausschalten eines Servers auch länger dauern.

Hyper-V durch PowerShell-Export sichern

Die Sicherung von Hyper-V-Hosts besteht vor allem in der Sicherung der einzelnen virtuellen Server, die Sie auf dem Host betreiben. In der Verwaltungskonsole von Hyper-V haben Sie noch die Möglichkeit, die virtuellen Server zu exportieren. Solche exportierten Server können Sie auch wieder importieren. Das funktioniert auf dem gleichen Hyper-V-Host, aber auch auf einem anderen Server. Der Befehl zum Exportieren steht über das Kontextmenü vom virtuellen Server zur Verfügung.

Diese Möglichkeit steht aber nur dann zur Verfügung, wenn der virtuelle Server nicht gestartet ist. Das heißt, Sie können mit dem Export keine Onlinesicherung durchführen, sondern den Server nur sichern, wenn er ausgeschaltet und angehalten ist. Aus diesem Grund bietet es sich an, diesen Export nachts durchzuführen, wenn keine Anwender mit dem Server arbeiten. Bei gestarteten Servern steht der Export im Kontextmenü nicht zur Verfügung. Der Exportvorgang umfasst die *.vhd*-Dateien, Snapshots und die Einstellungen des virtuellen Servers.

Die Größe der Exportdateien entspricht der Größe der Quelldateien. Das bedeutet, dass Sie beim Exportieren von mehreren Servern entsprechend Speicherplatz bereitstellen müssen. Sie haben auch die Möglichkeit, die virtuellen Server über das Exportieren per PowerShell-Skript zu sichern. Auch hier gilt aber wieder, dass Sie den Server herunterfahren oder anhalten müssen. Auf der Seite *http://www.hyper-v-server.de/tools/hyper-v-sicherung-mittels-powershell-script/#comments* erhalten Sie ein PowerShell-Skript und eine ausführliche Anleitung und Diskussion, wie Sie solche Exportvorgänge vollständig über Skripts automatisieren können.

Zwar ist eine solche Sicherung nicht als Ersatz für echte Sicherung geeignet, aber als Zusatzsicherung kann ein Export eine zusätzliche Sicherheit bieten. Vor allem bei zusätzlichen nächtlichen Sicherungen haben Sie auf diese Weise die Möglichkeit, sich ein weiteres Sicherungsstandbein zu erstellen. Mit dem Skript von der Seite fahren Sie virtuelle Server automatisch herunter, exportieren den Server in eine Datei und starten den Server wieder. Es ist auch möglich, die Sicherungsdateien auf eine Netzfreigabe zu kopieren, nachdem Sie den virtuellen Server wieder gestartet haben.

Sie benötigen für das Skript zusätzlich die *PSHyperv Library* von James O'Neill. Diese können Sie sich kostenlos von der Seite *http://www.codeplex.com/psHyperV* herunterladen. Die Library enthält zusätzliche Cmdlets, welche die Verwaltung von Hyper-V in der PowerShell deutlich erleichtern. Das Skript zur Datensicherung von Hyper-V-Servern baut auf diese Cmdlets auf.

Laden Sie sich die Datei *HyperV_Install.zip* herunter. Zusätzlich benötigen Sie noch das Skript, welches auf die Library aufbaut. Dieses finden Sie auf der Seite *http://www.hyper-v-server.de/tools/hyper-v-sicherung-mittels-powershell-script/#comments*. Ein weiteres Tool, welches Sie benötigen, ist *Streams* von Sysinternals. Dieses laden Sie sich von der Seite *http://technet.microsoft.com/de-de/sysinternals/bb897440* herunter.

Der erste Schritt besteht darin, dass Sie mit dem Sysinternals-Tool *Streams.exe* Datenströme von der PSHyperv Library-Installationsdatei entfernen müssen. Dazu entpacken Sie das *Streams*-Archiv und kopieren die Datei *streams.exe* und die Datei *HyperV_Install.zip* in ein Verzeichnis auf der Festplatte des Hyper-V-Hosts. Starten Sie dann eine Eingabeaufforderung und geben Sie den Befehl *streams –d HyperV_Install.zip* ein. Extrahieren Sie dann die *.zip*-Datei und installieren Sie die Library per Klick mit der rechten Maustaste auf *install.cmd* und der Auswahl von *Als Administrator ausführen* im Kontextmenü.

Installieren Sie das Skript nicht auf einem Windows Server 2008 R2-Core-Server, sondern auf einer vollständigen Installation von Windows Server 2008 R2, erhalten Sie zwei Fehlermeldungen, die Sie aber ignorieren können. Ist die Installation, während der der Assistent auch Einträge in der Registry vornimmt, abgeschlossen, startet die PowerShell. Rufen Sie den Befehl *Get-Command –module HyperV* auf, um die Installation zu überprüfen. Das Fenster zeigt Ihnen anschließend die verfügbaren PowerShell-Cmdlets an, auf denen das PowerShell-Sicherungsskript aufbaut. Diese Befehle können Sie unabhängig vom entsprechenden Skript nutzen.

Abbildg. 8.31 Erweiterte Cmdlets zur Verwaltung von Hyper-V

```
Administrator: C:\Windows\System32\WindowsPowerShell\v1.0\powershell.exe
PS C:\temp\HyperV_Install> get-command -module HyperV

CommandType     Name                              Definition
-----------     ----                              ----------
Alias           Add-NewVMHardDisk                 Add-VMNewHardDisk
Function        Add-VMDisk                        # .ExternalHelp  MAML-VMDisk.XML...
Function        Add-VMDrive                       # .ExternalHelp  MAML-VMDisk.XML...
Function        Add-VMFloppyDisk                  # .ExternalHelp  MAML-VMDisk.XML...
Function        Add-VMKVP                         # .ExternalHelp  MAML-VMConfig.XML...
Function        Add-VMNewHardDisk                 # .ExternalHelp  MAML-VMDisk.XML...
Function        Add-VMNIC                         # .ExternalHelp  MAML-VMNetwork.XML...
Function        Add-VMPassThrough                 # .ExternalHelp  MAML-VMDisk.XML...
Function        Add-VMRASD                        # .ExternalHelp  MAML-VMConfig.XML...
Function        Add-VMSCSIController              # .ExternalHelp  MAML-VMDisk.XML...
Function        Add-ZIPContent                    <#...
Alias           Apply-Snapshot                    Restore-VMsnapshot
Alias           Choose-List                       Select-List
Alias           Choose-Tree                       Select-Tree
Alias           Choose-VM                         Select-VM
Alias           Choose-VMExternalEthernet         Select-VMExternalEthernet
Alias           Choose-VMNIC                      Select-VMNIC
Alias           Choose-VMPhysicalDisk             Select-VMPhysicalDisk
Alias           Choose-VMSnapshot                 Select-VMSnapshot
Alias           Choose-VMSwitch                   Select-VMSwitch
Alias           compact-VHD                       Compress-VHD
Function        Compress-VHD                      # .ExternalHelp  MAML-VMDisk.XML    ...
Function        Connect-VHDParent                 # .ExternalHelp  MAML-VMDisk.XML    ...
Function        Convert-DiskIDtoDrive             #  .ExternalHelp  Maml-Helper.XML...
Function        ConvertTo-Enum                    ...
Function        Convert-VHD                       # .ExternalHelp  MAML-VMDisk.XML...
Function        Convert-VMState                   ...
Function        Copy-ZipContent                   <#...
Function        Dismount-VHD                      # .ExternalHelp  MAML-VMDisk.XML...
Function        Expand-VHD                        # .ExternalHelp  MAML-VMDisk.XML...
Function        Export-VM                         # .ExternalHelp  MAML-VM.XML...
Function        Get-FirstAvailableDriveLetter     #  .ExternalHelp  Maml-Helper.XML...
Function        Get-VHD                           # .ExternalHelp  MAML-VMDisk.XML...
Function        Get-VhdDefaultPath                # .ExternalHelp  MAML-VMDisk.XML...
Function        Get-VHDInfo                       # .ExternalHelp  MAML-VMDisk.XML...
Function        Get-VHDMountPoint                 # .ExternalHelp  MAML-VMDisk.XML...
Function        Get-VM                            # .ExternalHelp  MAML-VM.XML...
Function        Get-VMBuildScript                 # .ExternalHelp  MAML-VM.XML...
Function        Get-VMByMACAddress                # .ExternalHelp  MAML-VMNetwork.XML...
Function        Get-VMClusterGroup                ...
Function        Get-VMCPUCount                    # .ExternalHelp  MAML-VMConfig.XML...
Function        Get-VMDisk                        # .ExternalHelp  MAML-VMDisk.XML...
```

Im nächsten Schritt laden Sie die aktuelle Version des Sicherungsskripts *HyperV-Backup.ps1* von der bereits erwähnten Seite herunter. Entpacken Sie das Downloadarchiv in ein Verzeichnis auf dem Hyper-V-Host. Wenden Sie aber auch hier vorher den Befehl *streams –d hyperV-Backup-V0.91.zip* an.

Nach der einfachen Installation können Sie alle Server auf einem Host schnell und einfach herunterfahren und sichern sowie anschließend wieder hochfahren. Das Skript hinterlegen Sie als Aufgabe auf dem Hyper-V-Host oder können es auch manuell starten. Die Sicherung läuft vollkommen unabhängig von der Windows-Server-Sicherung und erstellt vollständige Exportdateien, die sich auch auf anderen Hyper-V-Hosts schnell und einfach wieder integrieren lassen. Allerdings kann das Skript keine Onlinesicherungen durchführen, sondern Server nur im ausgeschalteten oder gespeicherten Zustand sichern.

Um sich eine Hilfe anzuzeigen, geben Sie den Befehl *<Pfad>\HyperV-Backup.ps1 –?* ein. Sie sehen in der PowerShell dann die verschiedenen Optionen und Beispiele zur Verwendung.

Abbildg. 8.32 Anzeigen einer Hilfe zur Datensicherung von Hyper-V-Hosts

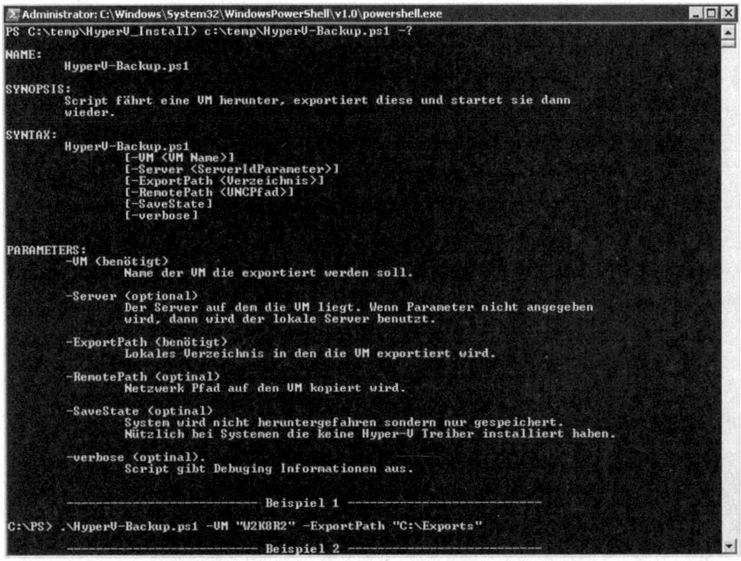

```
Administrator: C:\Windows\System32\WindowsPowerShell\v1.0\powershell.exe
PS C:\temp\HyperV_Install> c:\temp\HyperV-Backup.ps1 -?

NAME:
        HyperV-Backup.ps1

SYNOPSIS:
        Script fährt eine VM herunter, exportiert diese und startet sie dann
        wieder.

SYNTAX:
        HyperV-Backup.ps1
                [-VM <VM Name>]
                [-Server <ServerIdParameter>]
                [-ExportPath <Verzeichnis>]
                [-RemotePath <UNCPfad>]
                [-SaveState]
                [-verbose]

PARAMETERS:
        -VM (benötigt)
                Name der VM die exportiert werden soll.

        -Server (optional)
                Der Server auf dem die VM liegt. Wenn Parameter nicht angegeben
                wird, dann wird der lokale Server benutzt.

        -ExportPath (benötigt)
                Lokales Verzeichnis in den die VM exportiert wird.

        -RemotePath (optinal)
                Netzwerk Pfad auf den VM kopiert wird.

        -SaveState (optinal)
                System wird nicht heruntergefahren sondern nur gespeichert.
                Nützlich bei Systemen die keine Hyper-V Treiber installiert haben.

        -verbose (optinal).
                Script gibt Debuging Informationen aus.

        -------------------------- Beispiel 1 --------------------------

C:\PS> .\HyperV-Backup.ps1 -VM "W2K8R2" -ExportPath "C:\Exports"

        -------------------------- Beispiel 2 --------------------------
```

Wollen Sie zum Beispiel auf dem Hyper-V-Host die virtuelle Maschine *sql* exportieren, verwenden Sie den Befehl *<Pfad>\HyperV-Backup.ps1 –VM sql –ExportPath <Pfad>*. Nach der Eingabe beginnt der Befehl mit dem Exportvorgang. Ist die Maschine gestartet, fährt das Skript den virtuellen Server herunter, exportiert die virtuelle Maschine und startet die VM wieder.

Wollen Sie zusätzlich die Sicherung noch im Netzwerk speichern, verwenden Sie den Befehl *<Pfad>\HyperV-Backup.ps1 –VM <Name des Servers> –ExportPath <Lokaler Exportpfad> –RemotePath \\<UNC der Freigabe> –verbose*. Starten Sie das Skript automatisiert, können Sie die Option *–verbose* weglassen. Bei diesem Befehl geht das Skript genauso vor wie bei einer lokalen Sicherung und kopiert nach dem Start der exportierten VM die Sicherungsdatei in die Freigabe auf dem Netzwerk. Während des langwierigen Kopiervorgangs über das Netzwerk läuft der virtuelle Server also bereits wieder.

TIPP Haben Sie einen Server heruntergefahren haben Sie auch die Möglichkeit, Patches auf dem Server zu installieren. Das bietet sich vor allem nach der Sicherung an. Haben Sie den Server gesichert, können Sie gefahrlos aktualisieren. Mit *Virtual Machine Servicing Tool 3.0* lassen sich virtuelle Maschinen auch dann mit Patches versorgen, wenn diese ausgeschaltet sind, zum Beispiel nach der Sicherung.

Das Tool kann ausgeschaltete Server, die über den System Center Virtual Machine Manager angebunden sind, an die Windows Server Update Services anbinden und Patches auch offline installieren. Der Download (*http://www.microsoft.com/downloads/details.aspx?FamilyID=8408ecf5-7afe-47ec-a697-eb433027df73&DisplayLang=en*) enthält neben dem Tool auch Anleitungen und Hilfen für den Einsatz.

Neben der manuellen Exportmöglichkeit können Sie diese Sicherung auch automatisieren. Dazu erstellen Sie auf dem Server eine neue Aufgabe im Aufgabenplaner von Windows Server 2008 R2. Diesen starten Sie am schnellsten, indem Sie *aufgabe* im Suchfeld des Startmenüs eingeben.

Als Aktion für die Aufgabe verwenden Sie *Programm starten*. Bei *Programm/Skript* müssen Sie direkt den Pfad zur PowerShell eingeben. Standardmäßig lautet dieser *C:\Windows\System32\WindowsPowerShell\v1.0\powershell.exe*. Anschließend geben Sie im Feld *Argumente hinzufügen* den Befehl in der Syntax ein, mit der Sie den Server auch manuell sichern würden.

Abbildg. 8.33 Erstellen einer Aufgabe für eine automatische Sicherung von Hyper-V

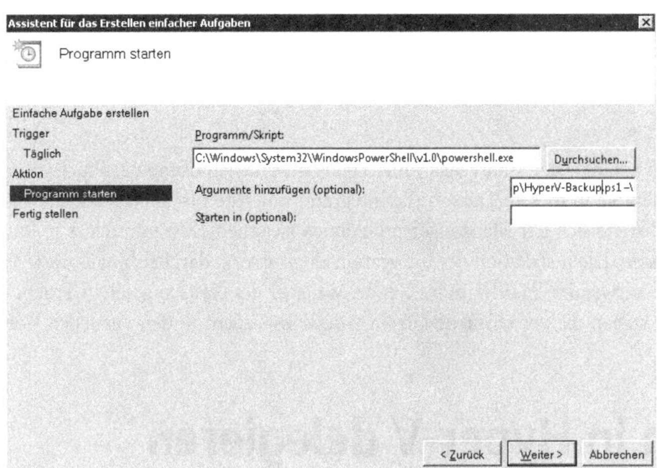

Lassen Sie nach der Erstellung der Aufgabe die Eigenschaften dieser Aufgabe öffnen, da Sie noch Änderungen vornehmen müssen. Aktivieren Sie auf der Registerkarte *Allgemein* die Option *Unabhängig von der Benutzeranmeldung ausführen*. Zusätzlich aktivieren Sie das Kontrollkästchen *Mit höchsten Privilegien ausführen*.

Auf der Registerkarte *Einstellungen* können Sie noch bei *Aufgabe beenden, falls sie länger ausgeführt wird als ?* einen Zeitraum auswählen, nach dem der Server die Aufgabe beenden soll. Das ist wichtig, damit nach einer erfolglosen Sicherung die Anwender morgens wieder mit dem Server arbeiten können. Unabhängig von diesem Sicherungsskript enthält die Library für Hyper-V noch Cmdlets, die auch für andere Sicherungsprogramme oder Zwecke interessant sein können.

Sie haben zum Beispiel die Möglichkeit, virtuelle Server in der PowerShell herunterzufahren (*Shutdown-VM*), zu starten (*Start-VM*) oder zu pausieren (*Suspend-VM*). Auf der Seite für den Download der Library finden Sie erweiterte Hilfen und auch auf der Skriptseite für das PowerShell-Skript finden Sie noch weitere Anregungen und Möglichkeiten der Erweiterung.

Fehler in Hyper-V finden und beheben

Nach der Installation von Hyper-V erstellt der Assistent im Ereignisprotokoll des Servers eine neue Ansicht, welche nur die Hyper-V-Ereignisse enthält. Sie finden diese Ereignisse über *Benutzerdefinierte Ansichten/Serverrollen/Hyper-V*.

TIPP Ein häufiges Problem beim Ausführen von virtuellen Maschinen ist es, wenn die Virtualisierungsfunktionen des Prozessors im BIOS nicht eingeschaltet sind. In diesem Fall erhalten Sie beim Starten von virtuellen Computern eine entsprechende Fehlermeldung. Solche Fehler treten zum Beispiel auf, wenn Sie das BIOS auf dem physischen Host aktualisiert haben und die Standardeinstellungen verwenden. Die meisten BIOS-Versionen aktivieren die Virtualisierungsunterstützung nicht automatisch.

Abbildg. 8.34 Windows Server 2008 R2 protokolliert Hyper-V-Ereignisse im Ereignisprotokoll und erstellt automatisch eine Ansicht

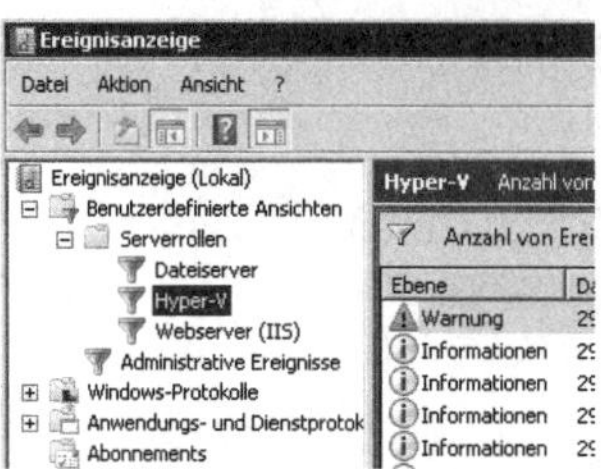

Oft tritt auch das Problem auf, dass der Mauszeiger innerhalb von virtuellen Computern nicht ordnungsgemäß angezeigt wird. Überprüfen Sie in diesem Fall, ob die Integrationsdienste installiert sind und installieren Sie diese nach. Anschließend sollte sich der Mauszeiger problemlos zwischen Host und den einzelnen virtuellen Computern navigieren lassen. Die Installation der Integrationsdienste sorgt darüber hinaus auch dafür, dass die Treiber des Hosts und die verwendete Hardware im Geräte-Manager des Gasts angezeigt werden. Ohne installierte Integrationsdienste stehen die verschiedenen Treiber des Hosts nicht in den virtuellen Computern zur Verfügung.

Berechtigungen in Hyper-V delegieren

Hyper-V bietet die Möglichkeit, auf Basis der Windows-Gruppenzugehörigkeit oder des Benutzernamens bestimmte Rechte an Administratoren zu delegieren. Dies ist zum Beispiel sinnvoll, wenn nicht jeder Administrator alle Rechte an einem Server haben soll. Um diese Rechte zu delegieren, verwenden Sie den Autorisierungs-Manager von Windows Server 2008 R2. Diesen starten Sie am schnellsten, indem Sie den Befehl *azman.msc* in das Suchfeld des Startmenüs eintippen. Alternativ können Sie den Autorisierungs-Manager auch als Snap-In in einer MMC öffnen.

Abbildg. 8.35 Öffnen eines Autorisierungsspeichers für den Autorisierungs-Manager

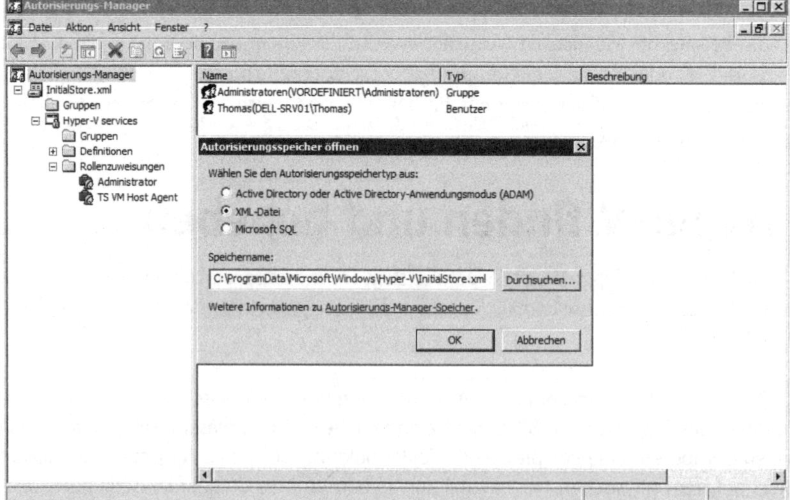

Der nächste Schritt besteht darin, dass Sie einen Autorisierungsspeicher öffnen. Dazu klicken Sie mit der rechten Maustaste auf den Eintrag *Autorisierungs-Manager* und wählen *Autorisierungsspeicher öffnen* aus.

Im Anschluss navigieren Sie in das Verzeichnis *C:\ProgramData\Microsoft\Windows\Hyper-V* und öffnen die Datei *InitialStore.xml*. Diese Datei enthält den Autorisierungsspeicher von Hyper-V, mit dem Sie alle notwendigen Aufgaben delegieren können.

Achten Sie darauf, dass dazu die versteckten Systemdateien angezeigt werden müssen. Jetzt öffnet sich der Speicher. Anschließend lassen sich über das Fenster definierte Rollen erstellen und Befehle zuweisen.

Abbildg. 8.36 Hyper-V Aufgaben mit dem Autorisierungs-Manager delegieren

Klicken Sie zunächst auf *Aufgabendefinitionen* und dann auf *Neue Aufgabendefinition*. Anschließend klicken Sie im neuen Fenster auf *Hinzufügen* und bestätigen das Informationsfenster. Auf der Registerkarte *Vorgänge* sehen Sie alle Aufgaben, die sich an Benutzer oder Gruppen verteilen lassen.

Abbildg. 8.37 Der Autorisierungsspeicher bietet mehrere Definitionen an, um Aufgaben zu delegieren

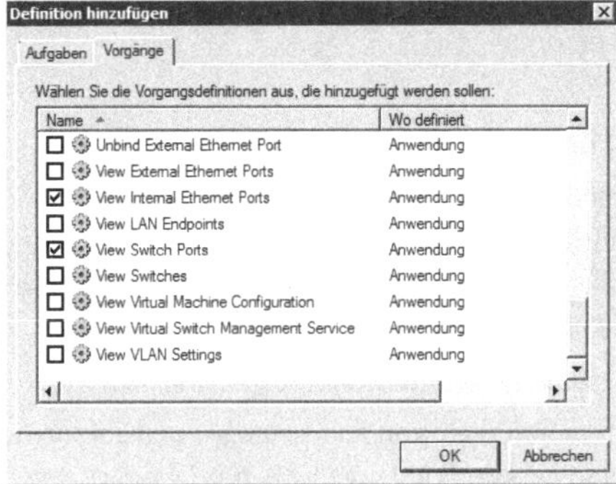

Über den Menübefehl *Rollenzuweisung* können Sie basierend auf diesen Aufgaben einzelnen Anwendern oder Gruppen Rechte zuweisen. Anstatt jedoch den Standardbereich zur Zuweisung zu verwenden, ist es besser, einen eigenen Bereich zu erstellen.

Klicken Sie dazu mit der rechten Maustaste auf *Microsoft Hyper-V services* und wählen im Kontextmenü den Eintrag *Neuer Bereich* aus. Geben Sie anschließend einen Namen ein. In der Konsole sehen Sie jetzt die gleichen Menüs für den Standardbereich und können Delegationen konfigurieren, ohne die Standardeinstellungen zu verändern.

Schritt-für-Schritt-Anleitung für die Delegation

In diesem Abschnitt zeigen wir Ihnen an einem Beispiel, wie Sie bei der Delegation von Rechten am besten vorgehen:

1. Öffnen Sie den Autorisierungs-Manager mit *azman.msc*.
2. Öffnen Sie die Datei *InitialStore.xml* im Verzeichnis *C:\ProgramData\Microsoft\Windows\Hyper-V*.
3. Klicken Sie mit der rechten Maustaste unterhalb von *Microsoft Hyper-V services/Definitionen* auf *Rollendefinitionen* und wählen Sie im Kontextmenü den Befehl *Neue Rollendefinition* aus.

Abbildg. 8.38 Erstellen einer neuen Rollendefinition für Hyper-V

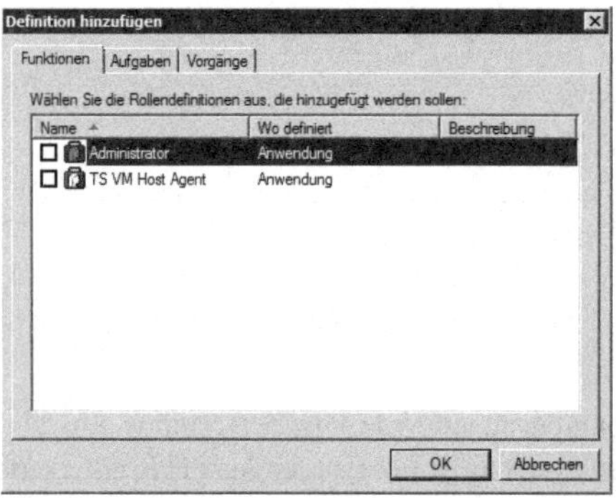

4. Fügen Sie im neuen Fenster einen Namen für die neue Rolle hinzu, zum Beispiel *Hyper-V-Manager*.
5. Klicken Sie auf die Schaltfläche *Hinzufügen*.
6. Es öffnet sich das neue Fenster *Definition hinzufügen*.
7. Wechseln Sie auf die Registerkarte *Vorgänge*.
8. Wählen Sie die Aufgaben aus, die diese Rolle durchführen darf, und bestätigen Sie diese.
9. Nachdem Sie eine neue Rolle definiert und deren Berechtigungen konfiguriert haben, legen Sie fest, welche Windows-Benutzer mit dieser Rolle arbeiten dürfen. Legen Sie dazu am besten eine Windows-Gruppe an, der Sie anschließend die Rolle zuweisen. Klicken Sie dazu im Autorisierungs-Manager mit der rechten Maustaste auf *Rollenzuweisung* und wählen Sie *Rollen zuweisen*.
10. Wählen Sie im neuen Fenster zunächst Ihre erstellte Rollendefinition *Hyper-V-Manager* aus.
11. Klicken Sie als Nächstes mit der rechten Maustaste unterhalb von *Rollenzuweisungen* auf Ihre erstellte Rolle und wählen Sie *Benutzer und Gruppen zuweisen* sowie *Von Windows und Active Directory* aus.

- Legen Sie anschließend die Gruppe oder den Benutzer fest, dem Sie diese Rolle zuweisen wollen. Nach der Auswahl zeigt die Konsole auf der rechten Seite die Gruppe an, wenn Sie die entsprechende Rollendefinition anklicken. Die Benutzer können jetzt bei der Anmeldung an ihrem Computer genau die Aufgaben durchführen, die Sie konfiguriert haben.

Hyper-V-Manager auf Windows 7 installieren

Unternehmen, die Hyper-V einsetzen und ihre Virtualisierungshosts über das Netzwerk verwalten wollen, haben die Möglichkeit, den Hyper-V-Manager auch auf einer Admin-Arbeitsstation zu installieren. Das hat den Vorteil, dass Administratoren nicht nur mit Remotedesktop arbeiten können, sondern von der Arbeitsstation aus alle Einstellungen von Hyper-V und den virtuellen Servern verwalten und die Fernwartungsmöglichkeiten des Hyper-V-Managers nutzen können.

Die Installation funktioniert auch problemlos unter Windows 7, wie wir Ihnen nachfolgend beschreiben. Allerdings ist die Einrichtung nicht gerade einfach. Dies insbesondere dann, wenn es sich beim fernwartenden Rechner um einen Computer handelt, der nicht Mitglied der Domäne ist, beispielsweise bei Heimarbeitsplätzen, Notebooks oder bei Testumgebungen, in denen der Client in einer anderen Domäne ist. In diesen Fällen müssen Sie einige Einstellungen vornehmen, um eine sichere und performante Verbindung herzustellen.

Neben der Möglichkeit, manuell entsprechende Konfigurationen vorzunehmen, bietet Microsoft ein Konfigurationsskript mit der Bezeichnung Hyper-V Remote Management Configuration Utility auf der Seite *http://code.msdn.microsoft.com/HVRemote* an. Allerdings handelt es sich hier um ein Skript, und nicht jedes Unternehmen möchte auf Servern und Arbeitsstationen fremde Skripts ausführen, auch wenn sie von Microsoft sind. Die manuelle Konfiguration dauert nicht lange und Sie haben den Vorteil, die Änderungen nachvollziehen und wieder rückgängig machen zu können.

Remoteserver-Verwaltungstools installieren

Damit sich von einem Computer mit Windows 7 oder auch Windows Vista Serverdienste von Windows Server 2008 (R2) verwalten lassen, müssen Sie zunächst die Remoteserver-Verwaltungstools (Remote Server Administration Tools, RSAT) installieren. Diese stellt Microsoft für Windows Vista und Windows 7 zum Download zur Verfügung.

In den folgenden Abschnitten gehen wir von der Installation unter Windows 7 aus, um Hyper-V 2 für Windows Server 2008 R2 zu verwalten. Die Installation unter Windows Vista läuft aber weitgehend analog ab. Die Tools stehen als 32-Bit- und als 64-Bit-Version zur Verfügung. Zwar setzt Hyper-V zur Installation des Serverdienstes zwingend 64-Bit-Computer voraus, das Verwaltungsprogramm lässt sich aber auch auf 32-Bit-Computern installieren. Laden Sie sich daher zunächst die Remoteserver-Verwaltungstools (RSAT) herunter und installieren Sie diese. Die aktuelle Version für Windows 7 SP1 finden Sie auf der Seite *http://www.microsoft.com/downloads/de-de/details.aspx?FamilyID=7d2f6ad7-656b-4313-a005-4e344e43997d*.

Während der Installation des Updates fügt das Betriebssystem allerdings noch keine Snap-Ins hinzu, diese müssen Sie nach der Installation der Aktualisierung manuell einfügen. Wechseln Sie dazu in der Systemsteuerung zu *Programme* und wählen Sie den Link *Windows-Funktionen aktivieren oder deaktivieren*.

ACHTUNG Aktivieren Sie für virtuelle Server Dynamic Memory oder RemoteFX aus dem Service Pack 1 für Windows Server 2008 R2 (siehe Kapitel 43), können Sie diese Server nicht mehr mit den RSAT verwalten. Sie benötigen dazu eine neue Version von RSAT, die kompatibel mit dem SP1 für Windows Server 2008 R2 ist.

Haben Sie das SP1 für Windows 7 installiert, können Sie RSAT nicht installieren. Ein Workaround in diesem Fall ist die Deinstallation des SP1 und dann die Installation von RSAT. Anschließend können Sie das SP1 wieder installieren. Mit der alten Version von RSAT für Windows 7 können Sie allerdings keine virtuellen Server verwalten, auf denen Sie Dynamic Memory oder RemoteFX aktiviert haben.

Abbildg. 8.39 Hinzufügen von internen Windows-Funktionen in der Systemsteuerung

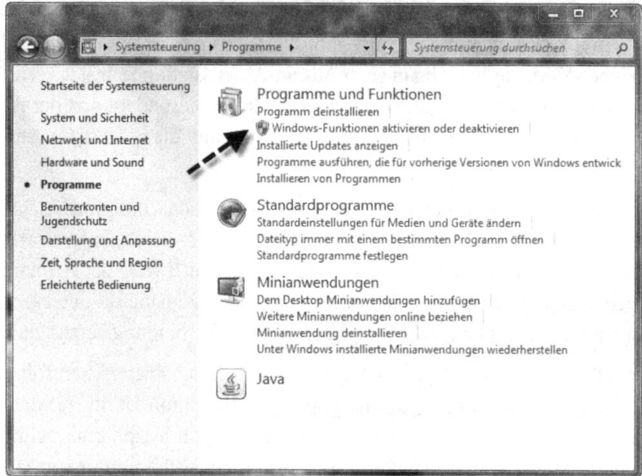

Nach der Installation der RSAT finden Sie hier einen neuen Bereich mit der Bezeichnung *Remoteserver-Verwaltungstools* vor. Sie können an dieser Stelle die Snap-Ins installieren, die Sie zur Verwaltung nutzen wollen, zum Beispiel Hyper-V-Tools zur Verwaltung von Hyper-V.

Abbildg. 8.40 Hinzufügen einzelner Verwaltungskonsolen

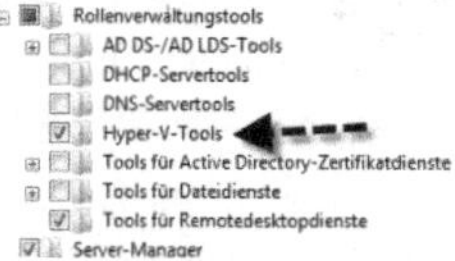

Nach der Installation sind im Startmenü unter *Alle Programme/Verwaltung* die entsprechenden Snap-Ins aufgeführt. Starten Sie den Hyper-V-Manager und stellen Sie eine Verbindung her, verweigert der Hyper-V-Server diese zunächst. Um die Verbindung herstellen zu können, sind jetzt verschiedene Schritte notwendig.

Benutzerkonto, Firewalleinstellungen und Namensauflösung konfigurieren

Im ersten Schritt legen Sie auf dem Clientcomputer und auf dem Server einen lokalen Benutzer mit identischem Kennwort fest. Das Benutzerkonto muss kein Administratorkonto auf dem Server sein, sondern es genügt ein normales Benutzerkonto. Wichtig ist nur, dass Benutzername und Kennwort identisch sind und das Konto auf dem Client über Adminrechte verfügt.

Den lokalen Benutzer-Manager rufen Sie auf, indem Sie im Suchfeld des Startmenüs *lusrmgr.msc* eingeben. Am besten legen Sie auf dem Server das Benutzerkonto fest, mit dem Sie sich am Clientrechner zur Verwaltung von Hyper-V anmelden wollen. Auch die Namensauflösung ist wichtig. Kann der Client den Server nicht mit Namen auflösen, können Sie hierzu auch die Datei *\Windows\System32\drivers\etc\hosts* verwenden.

Als Nächstes müssen Sie auf dem Server Firewallregeln freischalten, welche die Remoteverwaltung zulassen. Standardmäßig blockiert die Firewall von Windows Server 2008 (R2) diesen Verbindungsaufbau. Verwenden

Sie dazu am besten die Eingabeaufforderung, da sich so auch die Einstellungen auf Core-Servern anpassen lassen. Verwenden Sie dazu auf dem Hyper-V-Server den folgenden Befehl, um die vier Regeln zu aktualisieren:

```
netsh advfirewall firewall set rule group="Windows-Verwaltungsinstrumentation (WMI)" new enable=yes
```

Auf englischen Servern verwenden Sie diesen Befehl:

```
netsh advfirewall firewall set rule group="Windows Management Instrumentation (WMI)" new enable=yes
```

Abbildg. 8.41 Freischalten der Firewall zur Remoteverwaltung

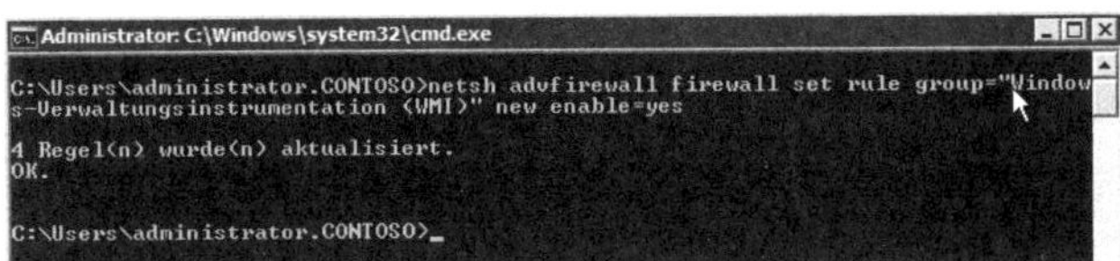

Sie können sich die grafische Verwaltungsoberfläche auch anzeigen lassen, indem Sie *wf.msc* in das Suchfeld des Startmenüs eintippen. Unter *Eingehende Regeln* finden Sie dann die aktivierten Regeln, die den Zugriff jetzt gestatten.

Sollten die Befehle in der Eingabeaufforderung nicht funktionieren, aktivieren Sie die entsprechenden WMI-Regeln direkt über die grafische Verwaltungsoberfläche. Wählen Sie dazu die drei eingehenden und die eine ausgehende Firewallregel aus und aktivieren Sie diese über das Kontextmenü dieser Regeln.

Abbildg. 8.42 Anzeigen der grafischen Oberfläche der Firewall unter Windows Server 2008 R2

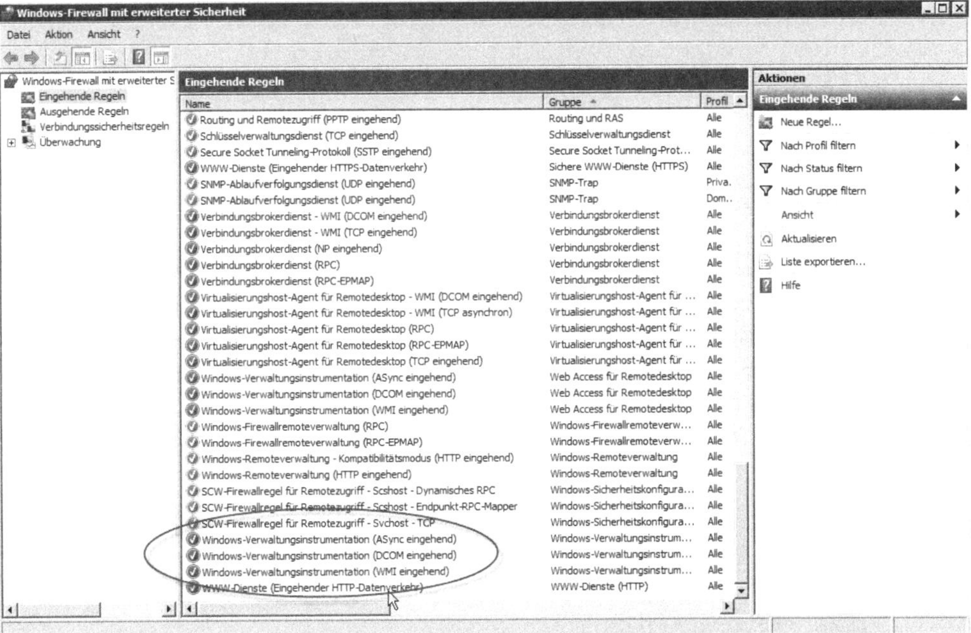

Komponentendienste bearbeiten

Als Nächstes bearbeiten Sie die Komponentendienste auf dem Server (DCOM). Hier tragen Sie die Rechte für den angelegten Benutzer auf dem Server ein, sodass dieser Administratorrechte unter Hyper-V, nicht aber auf andere Dienste des Servers hat:

1. Tippen Sie dazu den Befehl *dcomcnfg* in das Suchfeld des Startmenüs ein.
2. Navigieren Sie dann zu *Komponentendienste/Computer/Arbeitsplatz* und rufen Sie die Eigenschaften von *Arbeitsplatz* auf.
3. Wechseln Sie zur Registerkarte *COM-Sicherheit.*
4. Klicken Sie im unteren Bereich bei *Start- und Aktivierungsberechtigungen* auf *Limits bearbeiten.*

Abbildg. 8.43 Bearbeiten der Komponentendienste für den Remotezugriff auf die Hyper-V-Verwaltung

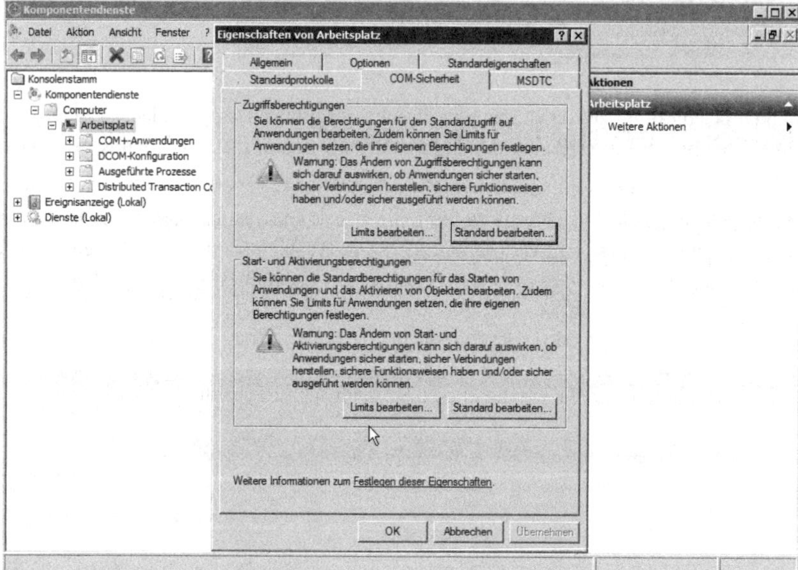

5. Klicken Sie dann auf *Hinzufügen*, um den Rechten einen neuen Benutzer hinzuzufügen.
6. Wählen Sie den lokal angelegten Benutzer auf dem Server aus, den Sie für die Verwaltung von Hyper-V angelegt haben.
7. Aktivieren Sie anschließend für den Benutzer die Rechte *Lokaler Start*, *Remotestart*, *Lokale Aktivierung* und *Remoteaktivierung*.
8. Bestätigen Sie alle Fenster und schließen Sie die Verwaltung der Komponentendienste.

Abbildg. 8.44 Aktivieren der notwendigen Rechte für die Verwaltung von Hyper-V über das Netzwerk

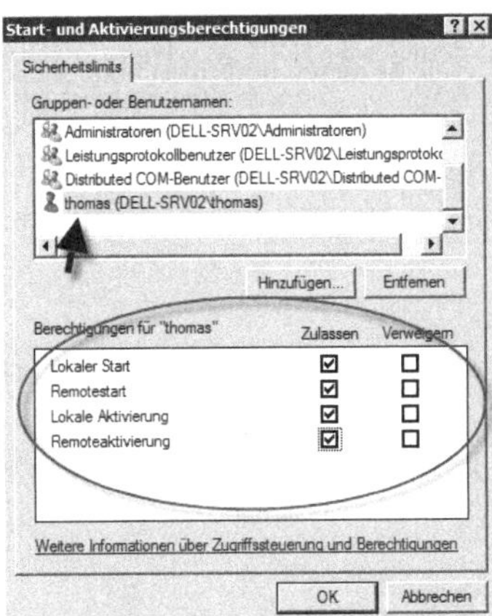

WMI-Steuerung konfigurieren

Nach der Bearbeitung der Komponentendienste rufen Sie die Computerverwaltung auf dem Server auf:

1. Tippen Sie dazu beispielsweise den Befehl *compmgmt.msc* in das Suchfeld des Startmenüs ein.
2. Navigieren Sie zu *Dienste und Anwendungen*.
3. Klicken Sie mit der rechten Maustaste auf *WMI-Steuerung* und rufen Sie im Kontexmenü den Eintrag *Eigenschaften* auf.
4. Wechseln Sie zur Registerkarte *Sicherheit*.
5. Navigieren Sie zu *Root/CIMV2* und klicken Sie dann auf die Schaltfläche *Sicherheit*.

Abbildg. 8.45 Einstellen der WMI-Rechte auf dem Hyper-V-Server

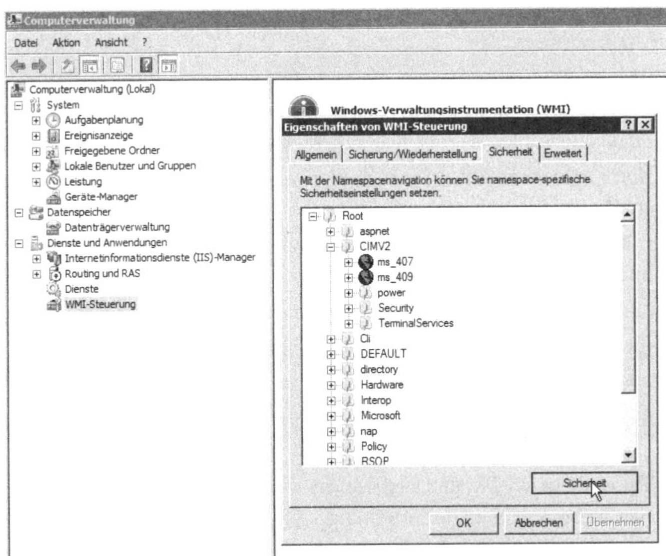

6. Klicken Sie auf *Hinzufügen* und wählen Sie auch hier wieder den Benutzer aus, den Sie auf dem Server angelegt haben, um Hyper-V zu verwalten.
7. Nachdem Sie den Benutzer hinzugefügt haben, markieren Sie diesen und rufen über die Schaltfläche *Erweitert* die erweiterten Rechte für den Benutzer auf.
8. Klicken Sie dann auf *Bearbeiten*, um die erweiterten Rechte des Benutzers anzupassen.
9. Wählen Sie im Dropdownmenü bei *Übernehmen für* den Eintrag *Dieser und untergeordnete Namespaces* aus.
10. Klicken Sie bei *Remoteaktivierung* auf *Zulassen*.
11. Aktivieren Sie das Kontrollkästchen *Berechtigungen nur für Objekte und/oder Container in diesem Container übernehmen*.
12. Klicken Sie bei allen Fenstern auf *OK* und wechseln Sie wieder zur Registerkarte *Sicherheit* der Eigenschaften von WMI-Steuerung in der Computerverwaltung.

Abbildg. 8.46 Setzen von erweiterten Rechten für das neue Benutzerkonto

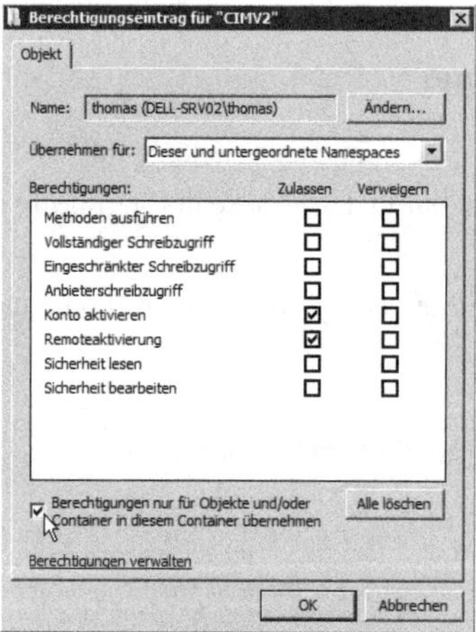

13. Klicken Sie auf der Registerkarte *Sicherheit* der Eigenschaften von WMI-Steuerung in der Computerverwaltung auf *virtualization* und wählen Sie auch hier *Sicherheit* aus.
14. Klicken Sie auf *Hinzufügen* und wählen Sie auch hier wieder den Benutzer aus, den Sie auf dem Server angelegt haben, um Hyper-V zu verwalten.
15. Nachdem Sie den Benutzer hinzugefügt haben, markieren Sie diesen und rufen Sie über die Schaltfläche *Erweitert* die erweiterten Rechte für den Benutzer auf.
16. Klicken Sie dann auf *Bearbeiten*, um die erweiterten Rechte des Benutzers anzupassen.
17. Wählen Sie im Dropdownmenü bei *Übernehmen für* den Eintrag *Dieser und untergeordnete Namespaces* aus.
18. Klicken Sie bei *Remoteaktivierung* auf *Zulassen*.
19. Aktivieren Sie das Kontrollkästchen *Berechtigungen nur für Objekte und/oder Container in diesem Container übernehmen*.
20. Klicken Sie bei allen Fenstern auf *OK*, und wechseln Sie wieder zur Registerkarte *Sicherheit* der Eigenschaften von WMI-Steuerung in der Computerverwaltung.
21. Schließen Sie die Eingaben ab und beenden Sie die Computerverwaltung. Die WMI-Steuerung ist jetzt ordnungsgemäß angepasst.

Hyper-V-Rechte im Autorisierungs-Manager setzen

Der nächste Schritt besteht darin, die Rechte für Hyper-V im Autorisierungs-Manager von Windows Server 2008 R2 zu setzen. Tippen Sie dazu den Befehl *azman.msc* in das Suchfeld des Startmenüs ein. Anschließend setzen Sie die Rechte wie nachfolgend beschrieben:

1. Klicken Sie in der Verwaltungskonsole mit der rechten Maustaste auf *Autorisierungs-Manager* und wählen Sie im Kontextmenü den Eintrag *Autorisierungsspeicher öffnen*.
2. Belassen Sie die Einstellung auf *XML-Datei* und klicken Sie auf *Durchsuchen*.
3. Navigieren Sie in das Verzeichnis *C:\ProgramData*. Das Verzeichnis sehen Sie aber erst, wenn Sie über *Organisieren/Ordner- und Suchoptionen* die versteckten und Systemdateien anzeigen lassen.
4. Wechseln Sie dann zu *C:\ProgramData\Microsoft\Windows\Hyper-V* und wählen Sie die Datei *InitialStore.xml* aus. Hier lassen sich Berechtigungen für die Verwaltung von Hyper-V setzen.
5. Navigieren Sie nach dem Öffnen im Autorisierungs-Manager zu *InitialStore.XML/Hyper-V services/Rollenzuweisungen/Administrator*.
6. Klicken Sie in den rechten Bereich mit der rechten Maustaste und wählen Sie die Option *Benutzer und Gruppen zuweisen/Von Windows und Active Directory*.

Abbildg. 8.47 Hinzufügen eines neuen Administrator-Benutzerkontos zur Hyper-V-Verwaltung

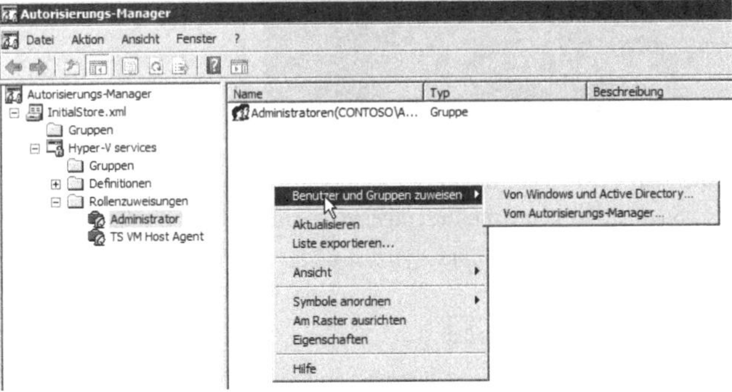

7. Wählen Sie an dieser Stelle das lokale Benutzerkonto aus, das Sie auf dem Server angelegt haben.
8. Starten Sie den Server neu.
9. Schließen Sie alle Fenster. Die Einstellungen auf dem Server für den Remotezugriff sind abgeschlossen.

Clientcomputer für den Remotezugriff auf Hyper-V konfigurieren

Nachdem Sie die Remoteserver-Verwaltungstools auf dem Client installiert und den Hyper-V-Manager ebenfalls aktiviert haben, müssen Sie auf dem Client noch weitere Einstellungen vornehmen, damit der Verbindungsaufbau gelingt.

Der erste Schritt besteht darin, auch auf dem Client die entsprechenden Firewallregeln zu setzen. Verwenden Sie dazu auf dem Client den folgenden Befehl, um die Regeln zu aktualisieren:

```
netsh advfirewall firewall set rule group="Windows-Verwaltungsinstrumentation (WMI)" new enable=yes
```

Auf englischen Clients verwenden Sie diesen Befehl:

```
netsh advfirewall firewall set rule group="Windows Management Instrumentation (WMI)" new enable=yes
```

Hier aktiviert der Client bis zu acht Regeln. Sie können sich auch die grafische Verwaltungsoberfläche anzeigen lassen, wenn sie *wf.msc* in das Suchfeld des Startmenüs eingeben.

Unter *Eingehende Regeln* finden Sie dann die sechs aktivierten Regeln, die den Zugriff jetzt gestatten, unter *Ausgehende Regeln* finden Sie zwei. Sollten die Befehle in der Eingabeaufforderung nicht funktionieren, aktivieren Sie die entsprechenden WMI-Regeln direkt über die grafische Verwaltungsoberfläche. Wählen Sie dazu die sechs eingehenden und die zwei ausgehenden Firewallregeln aus und aktivieren Sie diese über das Kontextmenü dieser Regeln.

Als Nächstes müssen Sie noch eine Ausnahme in der Firewall für die Verwaltungskonsole eintragen. Auch dazu können Sie eine Eingabeaufforderung verwenden. Geben Sie dazu den folgenden Befehl ein:

```
netsh firewall add allowedprogram=%windir%\system32\mmc.exe name="Microsoft Management Console"
```

Abhängig vom Patchstand erhalten Sie auch hier eine Fehlermeldung. Fügen Sie dann die Datei *mmc.exe* aus dem Verzeichnis *C:\Windows\System32* manuell zu den Ausnahmen der Firewall über *Start/Systemsteuerung/System und Sicherheit/Programm über die Firewall kommunizieren lassen* hinzu.

Abbildg. 8.48 Erstellen einer Ausnahme in der Windows-Firewall für die Verwaltungskonsole

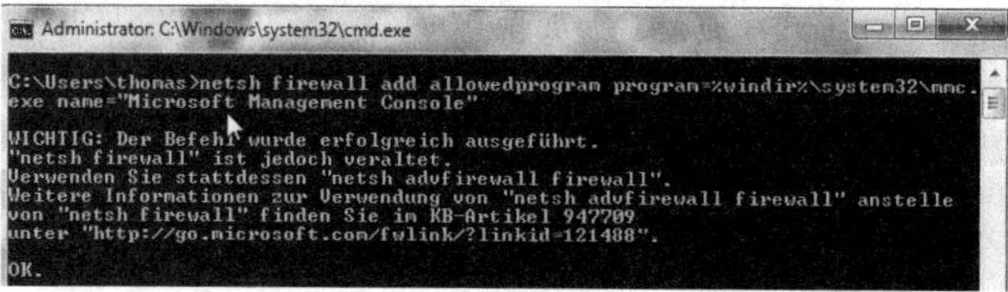

Anschließend rufen Sie auch auf dem Client die Verwaltungskonsole der Komponentendienste auf, indem Sie den Befehl *dcomcnfg* in das Suchfeld des Startmenüs eingeben. Gehen Sie dann folgendermaßen vor:

1. Navigieren Sie zu *Komponentendienste/Computer/Arbeitsplatz* und rufen Sie die *Eigenschaften* von *Arbeitsplatz* auf.
2. Wechseln Sie zur Registerkarte *COM-Sicherheit.*
3. Klicken Sie im oberen Bereich bei *Zugriffsberechtigungen* auf *Limits bearbeiten.*
4. Klicken Sie dann auf *ANONYMOUS-ANMELDUNG.*
5. Aktivieren Sie anschließend für den Benutzer die Rechte *Lokaler Zugriff* und *Remotezugriff.*

Abbildg. 8.49 Aktivieren der notwendigen Rechte auf dem Client für die Verwaltung von Hyper-V über das Netzwerk

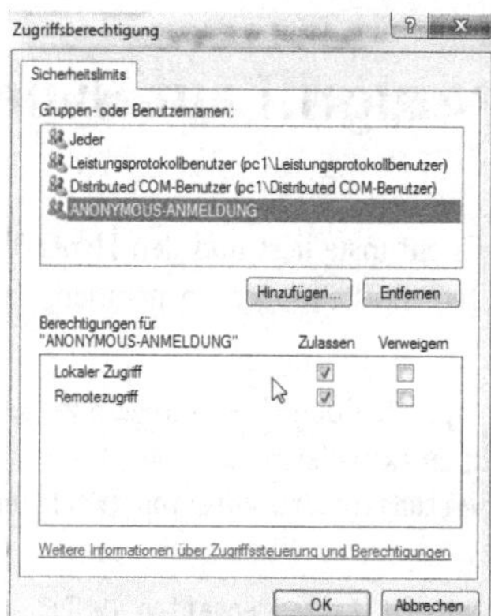

6. Bestätigen Sie alle Fenster und schließen Sie die Verwaltung der Komponentendienste.
7. Im Anschluss können Sie den Hyper-V-Manager starten und eine Verbindung zum Server aufbauen. Geben Sie den Namen des Servers ein. Die Verbindung sollte jetzt problemlos hergestellt werden.

Links

RSAT Windows Vista *http://www.microsoft.com/downloads/de-de/details.aspx?FamilyID=9FF6E897-23CE-4A36-B7FC-D52065DE9960*

RSAT Windows 7 SP1 *http://www.microsoft.com/downloads/de-de/details.aspx?FamilyID=7d2f6ad7-656b-4313-a005-4e344e43997d*

Hyper-V-Minianwendung für Windows 7

Auf der Internetseite *http://hypervmonitor.codeplex.com/* können Sie sich eine Minianwendung namens Hyper-V Monitor herunterladen, mit der Sie von einer Windows 7-Arbeitsstation aus auf einen Blick Ihre Hyper-V-Server überwachen können. Das Tool bietet die Möglichkeit, eine RDP-Sitzung auf die virtuellen Server zu starten oder Konfigurationen auf den Servern vorzunehmen. Das Tool nutzt dazu einige Teile des Hyper-V-Managers, sodass Sie die Einstellungen, die wir in den vorangegangenen Abschnitten besprochen haben, ebenfalls durchgehen sollten.

Außerdem müssen mindestens die Remote Server Administration Tools (RSAT) installiert und der Hyper-V-Manager aktiviert sein. Alle notwendigen Einstellungen lesen Sie in den vorangegangenen Abschnitten. Laden Sie sich die Installationsdatei des Gadgets herunter und integrieren Sie diese in Ihre Minianwendungen.

Abbildg. 8.50 Integrieren des Hyper-V-Monitors in die Minianwendungen

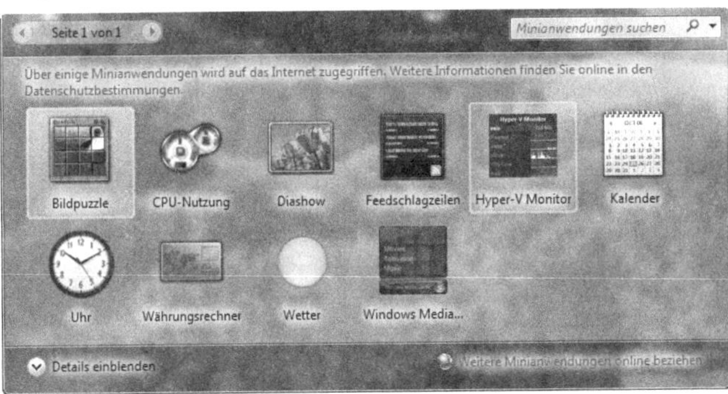

Starten Sie den Hyper-V Monitor, können Sie sich alle Hyper-V-Server sowie deren aktuellen Zustand anzeigen lassen.

Abbildg. 8.51 Anzeigen des Hyper-V-Monitors auf dem Desktop

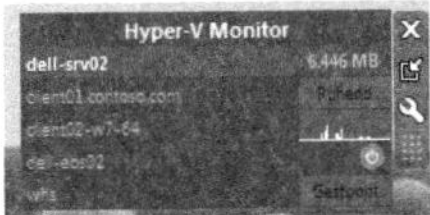

In den Einstellungen des Tools geben Sie zunächst die Server an, mit denen Sie sich verbinden wollen. Zusätzlich legen Sie hier verschiedene Einstellungen fest. Alles in allem ist die Einrichtung schnell abgeschlossen. Sie

können sich mit mehreren Servern verbinden und zentral über die Minianwendung Server starten oder andere Verwaltungsaufgaben durchführen.

Abbildg. 8.52 Konfigurieren von Hyper-V Monitor

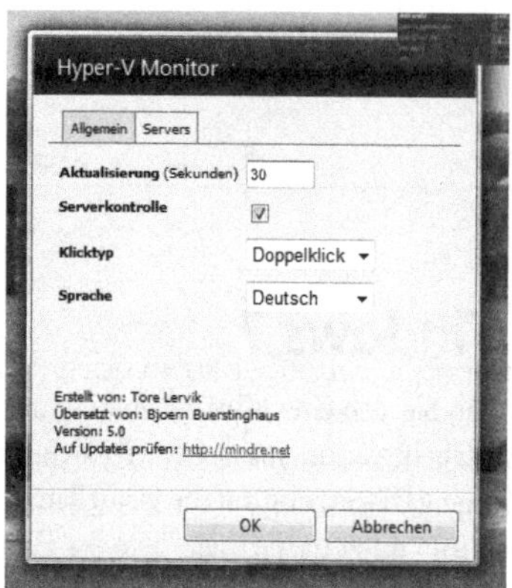

Hyper-V im Cluster – Livemigration in der Praxis

Ein weiterer sehr wichtiger Punkt beim Einsatz von Hyper-V ist die Clusterunterstützung. Betreiben Sie Hyper-V in einem Cluster, können Sie sicherstellen, dass beim Ausfall eines physischen Hosts alle virtuellen Server durch einen weiteren Host automatisch übernommen werden. Um Hyper-V in einem Cluster zu betreiben, installieren Sie zunächst einen herkömmlichen Cluster (siehe Kapitel 33).

Die Installation unterscheidet sich dabei nicht von jener auf einem allein stehenden Server. Achten Sie aber bei der Erstellung des virtuellen Netzwerks für Hyper-V darauf, dass die Bezeichnung dieser Verbindung auf beiden Knoten exakt identisch sein muss. Anschließend erstellen Sie einen neuen Cluster. Legen Sie anschließend neue virtuelle Maschinen an, müssen Sie darauf achten, dass die Dateien der virtuellen Server auf dem gemeinsamen Datenträger des Clusters liegen. Fällt der aktive Knoten aus, kann auf diesem Weg der passive Knoten die Dienste der virtuellen Server übernehmen. Auf dem gemeinsamen Datenträger müssen auch die virtuellen Festplatten der virtuellen Server liegen.

Bevor Sie einen virtuellen Computer in einem Cluster betreiben können, müssen Sie noch einige Einstellungen vornehmen. Zunächst rufen Sie die Eigenschaften des virtuellen Computers auf und wechseln zu *Verwaltung/Automatische Startaktion*. Stellen Sie sicher, dass *Keine Aktion* ausgewählt ist. Die Ausfallsicherheit konfigurieren Sie später. Die Ausfallsicherheit eines virtuellen Servers stellen Sie über die Failovercluster-Verwaltung sicher.

TIPP Auf der Seite *http://technet.microsoft.com/en-us/library/dd446679(WS.10).aspx* erhalten Sie in englischer Sprache und auf *http://technet.microsoft.com/de-de/library/dd446679(WS.10).aspx* in deutscher Sprache Informationen zu Hyper-V R2 und Szenarien zur Livemigration.

Livemigration und Schnellmigration im Überblick

Bei der Livemigration können Sie virtuelle Computer von einem Host auf einen anderen Host übertragen, ohne dass Benutzer Daten verlieren oder von den Servern getrennt werden. Die Server sind während der Übertragung zwischen den Clusterknoten weiterhin aktiv. Damit die Übertragung funktioniert, müssen die Hostsysteme aber in einem gemeinsamen Cluster zusammengeschaltet sein. Die Übertragung ohne Cluster oder zwischen verschiedenen Clustern funktioniert nicht. Die *.vhd*-Dateien müssen außerdem auf dem gleichen gemeinsamen Datenträger (CSV) liegen.

Der große Unterschied zur Schnellmigration in Hyper-V V1 ist, dass die Maschinen während der Übertragung aktiv bleiben und auch der Arbeitsspeicherinhalt zwischen den Servern übertragen wird. Bei der Schnellmigration werden die Maschinen erst deaktiviert, kein Arbeitsspeicher zwischen den Knoten kopiert und dann verschoben. Windows Server 2008 R2 beherrscht neben der Livemigration auch weiterhin die Schnellmigration. Beide Clusterknoten müssen eine identische Hardware aufweisen und vor allem die gleiche Prozessorvariante. Unterstützt werden AMD und Intel, aber in allen Clusterknoten muss die gleiche Marke verbaut sein. Basis der Technik ist ein Cluster mit Windows Server 2008 R2. Daher können nur die Enterprise-Edition und die Datacenter-Edition von Windows Server 2008 R2 dazu verwendet werden.

Durch die Möglichkeit, laufenden virtuellen Maschinen Hardware hinzuzufügen, lassen sich diese leichter zwischen Hosts verschieben. Hyper-V R2 ist optimiert für die neuen Prozessoren von Intel und AMD, welche Second-Level Address Translation (SLAT) und CPU Core Parking unterstützen. SLAT nutzt spezielle Erweiterungen in Intel- und AMD-Prozessoren, welche die Verwaltung des virtuellen Arbeitsspeichers beschleunigen. Dies beschleunigt VMs und spart zudem noch Arbeitsspeicher und CPU-Zeit, die der Hypervisor benötigt.

Besonders wichtig für Livemigration sind die Cluster Shared Volumes (CSV), eine neue Funktion von Clustern in Windows Server 2008 R2. Diese ermöglichen es, dass mehrere Server in einem SAN gleichzeitig auf einen gemeinsamen Datenträger zugreifen und damit dieselbe LUN verwenden können. Während die Schnellmigration ebenfalls ermöglicht, VMs zu verschieben, werden bei dieser Technik Anwender vom Server getrennt, da dieser kurze Zeit nicht nur Verfügung steht. Die Livemigration übernimmt dagegen auch den Inhalt des Arbeitsspeichers auf den anderen Host, sodass Anwender weiterarbeiten können.

Wichtige Voraussetzung dafür ist, dass alle Knoten im Cluster vollkommen identisch sind. Bereits Windows Server 2008 unterstützt die Schnellmigration. Jedoch nur Hyper-V in Windows Server 2008 R2 kennt die Schnell- und die Livemigration. Der wichtigste Punkt bei der Livemigration ist die Echtzeitübertragung des Arbeitsspeicherinhalts zwischen den Clusterknoten. Daher ist es auch extrem wichtig, dass es sich um die gleichen Prozessoren gleichen Typs handelt.

TIPP Neben der Enterprise- und Datacenter-Edition von Windows Server 2008 unterstützt auch Hyper-V-Server 2008 R2 die Livemigration.

Durch die Livemigration können einzelne Clusterknoten effizient gewartet werden, da sich die VMs leicht und problemlos verschieben lassen. Dadurch lassen sich Erweiterungen, Softwareupdates und der Hardwareaustausch sehr schnell und effizient bewerkstelligen, ohne die Anwender zu beeinträchtigen.

Start und Ablauf einer Livemigration

Der Start einer Livemigration kann entweder über die Clusterkonsole erfolgen, per Skript (auch PowerShell) oder über den System Center Virtual Machine Manager (SCVMM) 2008 R2. Während des ganzen folgenden Ablaufs läuft die VM uneingeschränkt weiter und Anwender können ungestört mit dem virtuellen Server arbeiten. Der Prozess der Livemigration lässt sich jederzeit abbrechen:

1. Beim Start einer solchen Migration baut der Quellserver eine Verbindung zum Zielserver auf, der die virtuelle Maschine in Echtzeit erhalten soll.
2. Anschließend überträgt der Quellserver die Konfiguration der VM auf den Zielserver.
3. Der Zielserver erstellt auf Basis dieser leeren Konfiguration eine neue VM, die der zu verschiebenden VM entspricht.

4. Anschließend überträgt der Quellserver die einzelnen Seiten des Arbeitsspeichers zur Ziel-VM in einer Standardgröße von etwa 4 Kbyte. In diesem Schritt zeigt sich die Geschwindigkeit des Netzwerks. Je schneller das Netzwerk, umso schneller wird der Inhalt des Arbeitsspeichers übertragen.
5. Als Nächstes übernimmt der Zielserver die virtuellen Festplatten des Quellservers für die zu übertragende virtuelle Maschine.
6. Anschließend setzt der Zielserver die virtuelle Maschine online.
7. Als Nächstes wird die virtuelle Hyper-V-Switch informiert, dass Netzwerkverkehr jetzt zur MAC-Adresse des Zielservers gesendet werden soll.

HINWEIS Die Livemigration setzt voraus, dass der Clusterknoten, der die VM hostet, noch läuft. Dies liegt daran, dass die Livemigration den Arbeitsspeicher des Hosts auslesen und zum Zielserver übertragen muss. Fällt ein Host aus, verwendet Hyper-V R2 eine normale Übertragung der virtuellen Maschinen auf andere Knoten. Die VMs müssen dazu neu starten.

Livemigration einrichten

In den nächsten Abschnitten zeigen wir Ihnen ausführlich, wie die Livemigration funktioniert. Die Einrichtung erfolgt in wenigen Schritten:

1. Installation von Hyper-V und des Clusterfeatures auf den Clusterknoten.
2. Installation eines Clusters.
3. Aktivieren von CSV.
4. Erstellen von virtuellen Maschinen mit dem Hyper-V-Manager. Dateien der VMs liegen auf dem gemeinsamen Datenträger, der als CSV konfiguriert ist.
5. Integration der VM in den Failovercluster.

Voraussetzungen für Livemigration

Damit Sie die Livemigration nutzen können, müssen Sie verschiedene Voraussetzungen beachten. Sie sind beim Einsatz der Livemigration aber nicht in der Auswahl der Gastsysteme beschränkt. Alle Systeme, die mit Hyper-V laufen, lassen sich mit der Livemigration absichern. Um die Livemigration zu nutzen, müssen Sie weder Änderungen am Speichercontroller oder SAN, Netzwerkkarte oder am Gastbetriebssystem vornehmen.

Gleichzeitig können Sie die Hälfte aller beteiligten Clusterknoten als Livemigration durchführen. Das heißt, in einem Cluster mit zwei Knoten können Sie gleichzeitig nur eine Livemigration durchführen, bei Clustern mit vier Knoten können Sie zwei gleichzeitig durchführen:

- Auf dem Host muss Windows Server 2008 R2 Enterprise Edition, Datacenter Edition oder Hyper-V-Server 2008 R2 installiert sein
- Alle Server müssen zu einem Cluster zusammengefasst sein, der maximal 16 Knoten unterstützt
- Der Cluster sollte für die Kommunikation für Livemigration ein dediziertes Netzwerk mit eigenen Netzwerkverbindungen verwenden. Microsoft empfiehlt dazu eine Geschwindigkeit von mindestens 1 Gigabit.
- In allen Hosts müssen die gleichen Prozessoren eingebaut sein. Hyper-V R2 bietet allerdings einen Processor Compatibility Mode, der verschiedene Features von Prozessoren ausschalten kann, wenn in Servern unterschiedliche Prozessoren zum Einsatz kommen. Für Produktivumgebungen ist diese Vorgehensweise aber nicht empfehlenswert. Verwenden Sie das Feature nur während einer Livemigration. Auch beim Processor Compatibiliy Mode muss der Hersteller des Prozessors identisch sein. Der Modus lässt sich nur akti-

vieren, wenn eine VM ausgeschaltet ist. Sie finden diese Option über *Einstellungen/Prozessor* im Bereich *Prozessorkompatibilität* für virtuelle Maschinen.

HINWEIS Aktivieren Sie die Prozessorkompatibilität, deaktiviert Hyper-V R2 verschiedene Techniken für Prozessoren. Folgende Techniken werden deaktiviert:

AMD-basierte Prozessoren:

SSSE3, SSE4.1, SSE4.A, SSE5, POPCNT, LZCNT, Misaligned SSE, AMD 3DNow!, Extended AMD 3DNow!

Intel-basierte Prozessoren:

SSSE3, SSE4.1, SSE4.2, POPCNT, Misaligned SSE, XSAVE, AVX

Abbildg. 8.53 Verwenden der Prozessorkompatibilität für die Livemigration

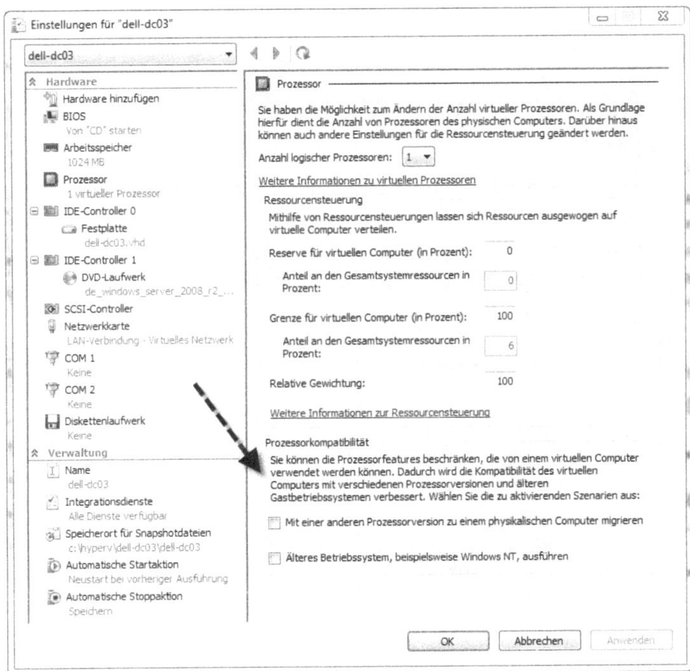

- Alle Hosts müssen sich im gleichen TCP/IP-Subnetz befinden, damit virtuellen Maschinen nach der Livemigration zum Zielserver die gleiche IP-Adresse wie auf dem Quellserver zugewiesen werden kann
- Alle Hosts müssen Zugriff auf den gemeinsamen Datenträger haben, den Sie als CSV konfiguriert haben
- Auf allen Knoten muss der Laufwerksbuchstabe für die Systemfestplatte identisch sein
- Alle Knoten müssen NTLM für die Authentifizierung unterstützten

HINWEIS Die offizielle Supportrichtlinie von Microsoft für Clustersysteme finden Sie auf der Seite *http://support.microsoft.com/default.aspx?scid=kb;de-de;943984*. Den offiziellen Katalog und die unterstützten Systeme, um Hyper-V in einem Cluster zu betreiben, finden Sie auf der Seite *http://go.microsoft.com/fwlink/?LinkId=111228*.

Datensicherung und Snapshots bei Hyper-V im Cluster

Setzen Sie Hyper-V im Cluster ein, um beispielsweise die Livemigration zu nutzen, müssen Sie bei der Datensicherung und der Erstellung von Snapshots einige wichtige Punkte beachten. Sie sollten es möglichst vermeiden, Snapshots von laufenden virtuellen Maschinen in Clustern zu erstellen. Setzen Sie nämlich einen solchen Snapshot zurück, setzt dieser nicht nur den Inhalt der virtuellen Festplatte zurück, sondern auch den des Arbeitsspeichers der VM. Dieser Umstand macht vor allem im Zusammenhang mit der Livemigration Probleme. Wenn Sie also Snapshots von VMs in einem Cluster durchführen wollen, fahren Sie die VM herunter. Auch wenn Sie einen Snapshot auf eine VM anwenden wollen, sollten Sie die Maschine dazu herunterfahren.

Sichern Sie einen Server über die Schattenkopiedienste und verschieben Sie eine VM während der Sicherung, kann es sein, dass die Sicherung auf dem Zielserver nicht gestartet ist, sondern nur auf dem Quellserver läuft. Die Sicherung greift in diesem Fall weiter auf den gemeinsamen Datenträger zu und sichert die VM zu Ende, allerdings nur als Kopie. Dies kann bei einer Wiederherstellung ebenfalls zu Problemen führen. Aus diesem Grund sollten Sie eine Livemigration möglichst nicht gleichzeitig mit einer Datensicherung durchführen.

Freigegebene Clustervolumes – Cluster Shared Volumes (CSV) aktivieren

Um Hyper-V mit Livemigration in einem Cluster zu betreiben, müssen Sie die neuen *Cluster Shared Volumes* für den Cluster aktivieren. Eine solches freigegebenes Laufwerk in einem Cluster ermöglicht den gleichzeitigen Zugriff aller Clusterknoten. Normalerweise darf nur der aktuelle Besitzer des Clusters und der Laufwerksressource darauf zugreifen. Für die Livemigration ist der gleichzeitige Zugriff jedoch unerlässlich. Damit das Laufwerk bei einem solchen gleichzeitigen Zugriff nicht zerstört wird, koordinieren die einzelnen Knoten im Cluster untereinander die Kommunikation.

Abbildg. 8.54 CSV für Hyper-V im Cluster

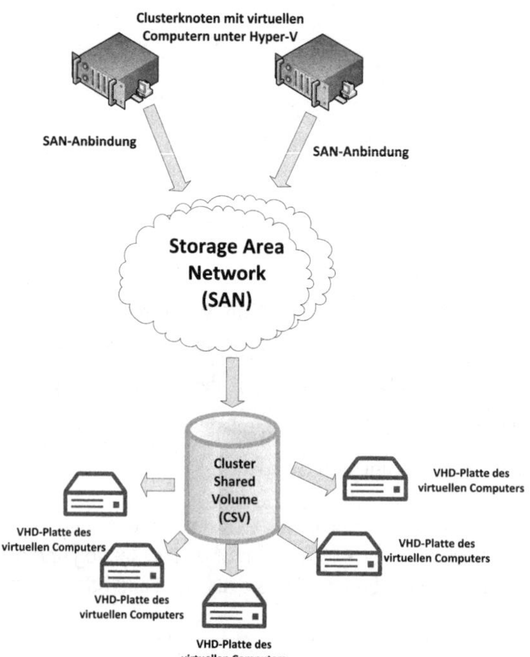

Aus diesem Grund muss das Betriebssystem auf allen Clusterknoten auf dem gleichen Laufwerksbuchstaben installiert sein, da der Cluster in diesem Laufwerk im Verzeichnis *ClusterStorage* wichtige Daten ablegt. Das Verzeichnis zeigt auf den gemeinsamen Datenträger und enthält auch dessen Daten. Diese liegen aber nicht tatsächlich auf der Festplatte C: des Clusters, sondern auf dem gemeinsamen Datenträger, dessen Abruf auf das Verzeichnis *C:\ClusterStorage* umgeleitet wird.

Die *.vhd*-Dateien der von Ihnen erstellten ausfallsicheren VMs liegen in diesem Verzeichnis und sind daher von allen Knoten gleichzeitig und in Echtzeit zugreifbar, ohne Gefahr zu laufen, dass Datenträger zerstört werden.

HINWEIS Fällt eine Netzwerkverbindung zum SAN von einem Knoten aus, verwendet der Knoten alternative Strecken, zum Beispiel über andere Knoten. Die virtuellen Maschinen, deren Dateien im CSV liegen, laufen uneingeschränkt weiter.

CSV aktivieren

Um CSV für einen Cluster zu aktivieren, gehen Sie folgendermaßen vor:

1. Starten Sie das Verwaltungsprogramm für den Failovercluster.
2. Klicken Sie mit der rechten Maustaste auf den Namen des Clusters.
3. Wählen Sie die Option *Freigegebene Clustervolumes aktivieren* aus.
4. Bestätigen Sie den Warnhinweis und klicken Sie dann auf *OK*.
5. Anschließend finden Sie in der Verwaltung für den Failovercluster den neuen Menübefehl *Freigegebene Clustervolumes*. Hier müssen Sie anschließend noch die Volumes hinterlegen.

Abbildg. 8.55 Aktivieren von CSV für einen Cluster

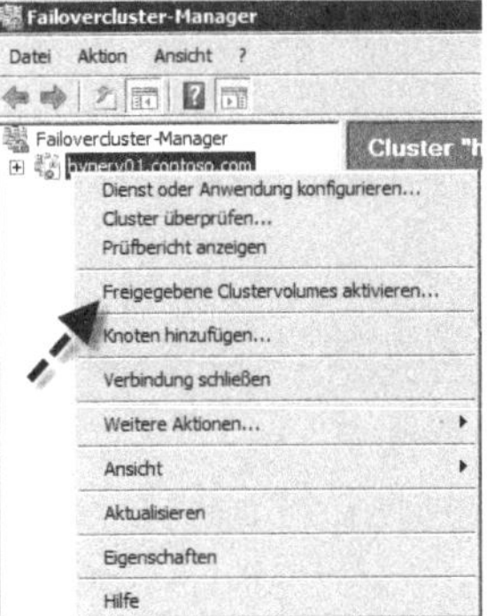

Laufwerke zum CSV hinzufügen

Um ein Laufwerk dem CSV hinzuzufügen, gehen Sie folgendermaßen vor:

1. Klicken Sie mit der rechten Maustaste auf *Freigegebene Clustervolumes* und wählen Sie im Kontextmenü den Befehl *Speicher hinzufügen*.
2. Wählen Sie das oder die Laufwerke aus, die Sie hinzufügen wollen. Achten Sie darauf, dass der Assistent nur die Laufwerke anzeigt, die Sie dem Cluster hinzugefügt haben.
3. Klicken Sie auf *OK*, damit der Assistent die Laufwerke hinzufügen kann.

Abbildg. 8.56 Anzeigen der freigegebenen Clustervolumes in der Clusterverwaltung

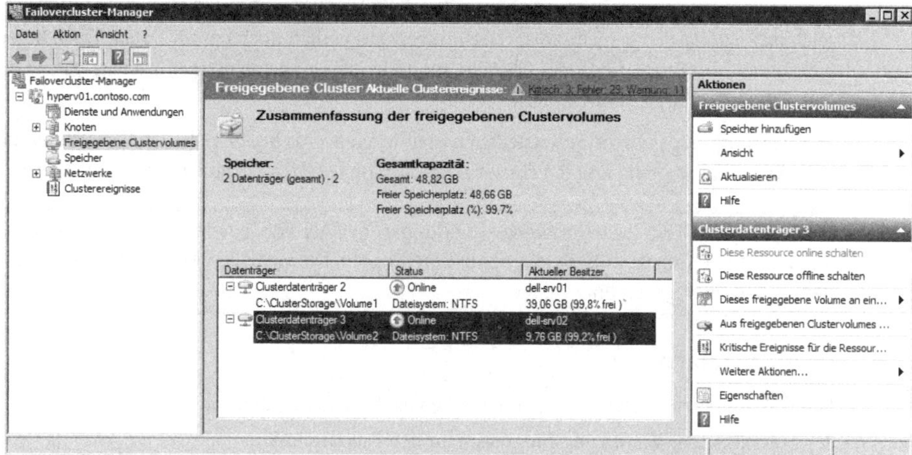

Cluster in Windows Server 2008 R2 beherrschen Dynamic I/O. Das heißt, wenn die SAN-Verbindung eines Knotens ausfällt, kann der Cluster den Datenverkehr, der für die Kommunikation zu den virtuellen Computern im SAN notwendig ist, automatisch über die Leitungen des zweiten Knotens routen, ohne dazu ein Failover durchführen zu müssen.

Abbildg. 8.57 Verwenden von Dynamic I/O im Cluster

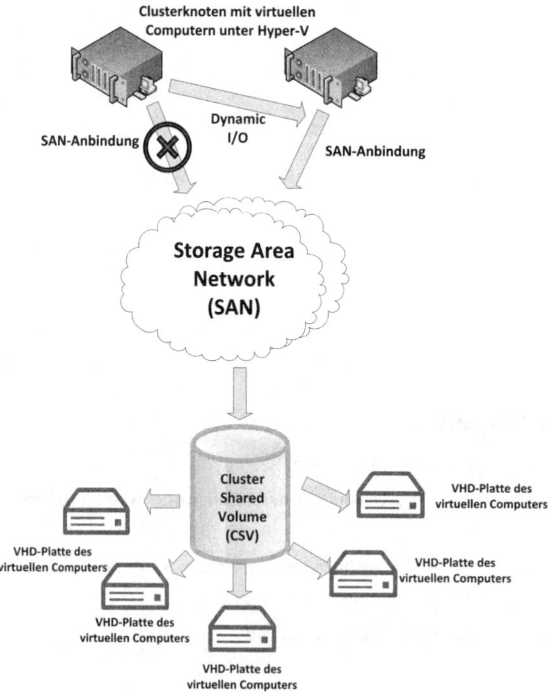

Netzwerkverbindungen für CSV konfigurieren

Sie können einen Cluster mit Windows Server 2008 R2 so konfigurieren, dass die Clusterknoten den Netzwerkverkehr zwischen den Knoten und zu den CSV priorisiert. Für einen schnellen Überblick, welche Netzwerkeinstellungen der Cluster zur Kommunikation mit dem CSV nutzt, starten Sie eine PowerShell-Sitzung auf dem Server und rufen das Cmdlet *Get-ClusterNetwork* auf. Allerdings funktioniert das Cmdlet erst dann, wenn Sie die Befehle zur Clusterverwaltung mit dem Befehl *Add-Module FailoverClusters* in die PowerShell integrieren.

Abbildg. 8.58 Anzeigen der Clusternetzwerke in der PowerShell

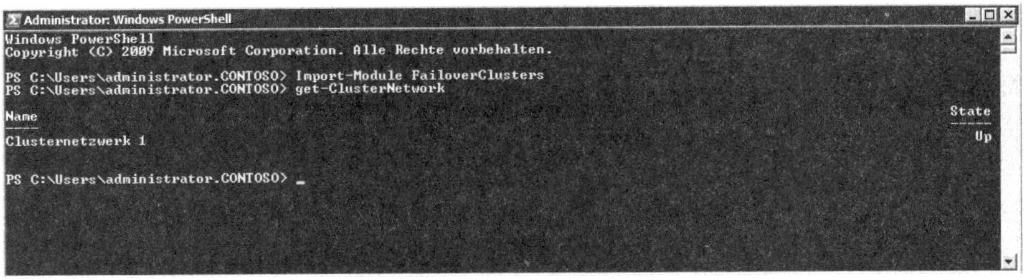

```
Administrator: Windows PowerShell
Windows PowerShell
Copyright (C) 2009 Microsoft Corporation. Alle Rechte vorbehalten.

PS C:\Users\administrator.CONTOSO> Import-Module FailoverClusters
PS C:\Users\administrator.CONTOSO> get-ClusterNetwork

Name                                                     State
----                                                     -----
Clusternetzwerk 1                                           Up

PS C:\Users\administrator.CONTOSO> _
```

Sie sehen auch in der Verwaltungskonsole des Clusters, welche Netzwerke vorhanden sind und der Server nutzen kann.

Hyper-V im Cluster betreiben – Livemigration vorbereiten

Damit Sie die Livemigration nutzen können, müssen Sie zunächst auf allen Clusterknoten Hyper-V installieren, genauso wie auf herkömmlichen Servern, auf denen Sie Hyper-V betreiben wollen. Microsoft empfiehlt die Installation von Hyper-V und der Einrichtung des virtuellen Netzwerks vor der Einrichtung des Clusters. Die Installation von Hyper-V und die Festlegung der Netzwerke ändert einige Einstellungen der Netzwerkverbindungen.

TIPP Auf Core-Servern installieren Sie Hyper-V mit dem Befehl *Start /w ocsetup Microsoft-Hyper-V.*

Generell ist es empfehlenswert, dass Sie als Clusternetzwerk eine eigene Netzwerkverbindung einsetzen, die der Cluster nicht zur Kommunikation benötigt, sondern die Sie dediziert für Hyper-V einsetzen. Sie erstellen die virtuelle Maschine im Hyper-V-Manager wie jede andere Maschine auf einem herkömmlichen Server in Hyper-V.

Wir gehen in den folgenden Abschnitten ausführlicher auf eine solche virtuelle Maschine am Beispiel eines Servers mit Exchange Server 2010 ein. Die neue Exchange-Version ist offiziell von Microsoft für die Installation unter Hyper-V vorgesehen.

Exchange Server 2010 als virtuelle Maschine für Livemigration installieren

In den folgenden Abschnitten gehen wir auf die Installation und Einrichtung einer neuen virtuellen Maschine ein, die wir später mit der Livemigration im Cluster absichern. Installieren Sie dazu auf dem Knoten Hyper-V und erstellen Sie einen Cluster, wie in Kapitel 33 beschrieben.

Als Nächstes aktivieren Sie CSV, wie im vorangegangenen Abschnitt beschrieben. Anschließend können Sie eine neue virtuelle Maschine mit Exchange Server 2010 installieren. Auf der Seite *http://www.microsoft.com/exchange/2010/de/de* können Sie sich dazu eine Testversion von Exchange Server 2010 herunterladen.

Virtuelle Maschine erstellen am Beispiel von Exchange Server 2010

Um eine virtuelle Maschine in einem Cluster zu erstellen, verwenden Sie den Hyper-V-Manager, wie auf normalen Servern auch:

1. Klicken Sie auf *Neu/Virtueller Computer* und starten Sie den Assistenten.
2. Geben Sie den Namen des neuen Computers ein.
3. Aktivieren Sie das Kontrollkästchen *Virtuellen Computer an einem anderen Speicherort speichern.*
4. Klicken Sie auf *Durchsuchen* und wählen Sie auf der Festplatte C: des Servers das Volume aus, das Sie als CSV zur Verfügung gestellt haben.

Abbildg. 8.59 Auswählen des Namens und des CSV zur Ablage der virtuellen Maschine

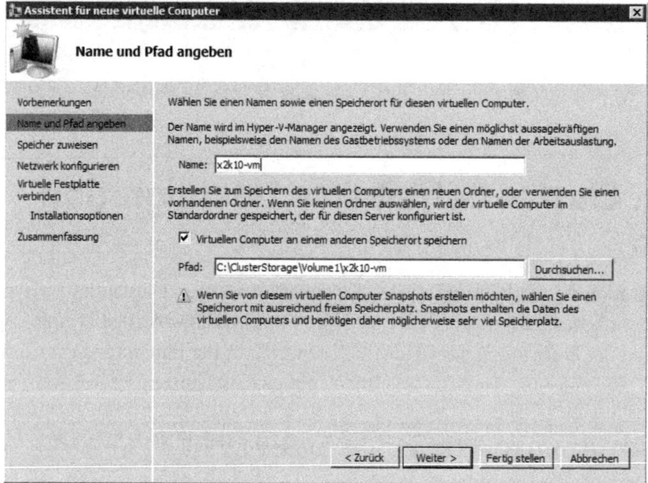

5. Auf der nächsten Seite legen Sie den Arbeitsspeicher fest, den Sie dem virtuellen Server zur Verfügung stellen wollen.
6. Als Nächstes wählen Sie die virtuelle Netzwerkverbindung aus, mit welcher sich der Server mit dem Netzwerk verbindet.
7. Anschließend wählen Sie den Namen, die Größe und den Speicherort der virtuellen Festplatte aus. Achten Sie darauf, dass sich diese ebenfalls im freigegebenen CSV-Laufwerk befindet.
8. Als Nächstes wählen Sie die Option *Betriebssystem zu einem späteren Zeitpunkt installieren* aus.
9. Schließen Sie die Erstellung der virtuellen Maschine ab.
10. Starten Sie die Maschine noch nicht, die Konfiguration ist noch nicht abgeschlossen.

Virtuelle Maschine für den Clusterbetrieb anpassen

Rufen Sie anschließend über das Kontextmenü der neuen virtuellen Maschine die Einstellungen auf und klicken Sie auf *Automatische Startaktion*. Aktivieren Sie die Option *Keine Aktion*, da diese Einstellung für den Clusterbetrieb optimal ist.

Abbildg. 8.60 Konfiguration für die automatische Startaktion einer virtuellen Maschine

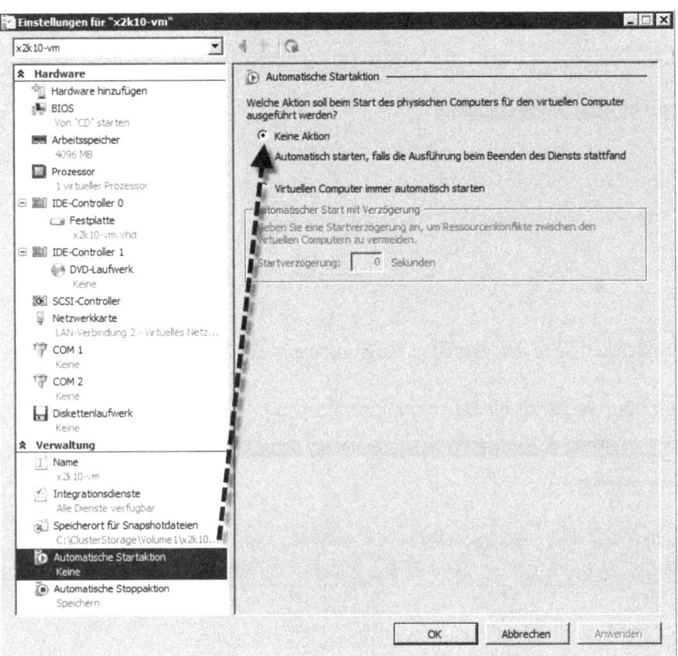

Virtuelle Maschine hochverfügbar konfigurieren und starten

Nachdem Sie die virtuelle Maschine erstellt haben, müssen Sie diese noch in der Verwaltungskonsole des Failoverclusters als hochverfügbar konfigurieren, also im Cluster hinterlegen. Gehen Sie dazu folgendermaßen vor:

1. Starten Sie das Verwaltungsprogramm für Failovercluster.
2. Klicken Sie mit der rechten Maustaste auf *Dienste und Anwendungen* und wählen Sie im Kontextmenü den Eintrag *Dienst oder Anwendung konfigurieren*.
3. Wählen Sie als Dienst oder Anwendung die Option *Virtueller Computer* aus.

Abbildg. 8.61 Virtuelle Computer als Dienst in einem Cluster hinterlegen

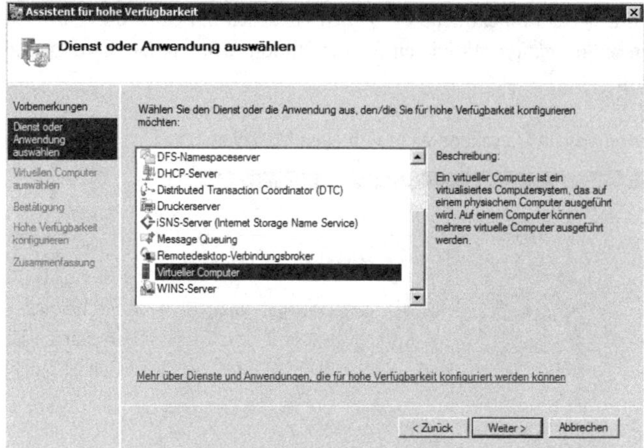

4. Wählen Sie auf der nächsten Seite die virtuellen Maschinen aus, die Sie im Cluster hinterlegen wollen.

Abbildg. 8.62 Auswählen der Computer, die Sie für die Livemigration vorsehen

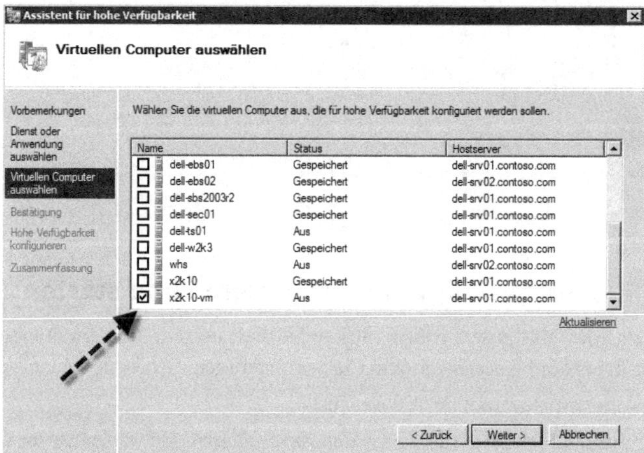

5. Schließen Sie den Assistenten ab.
6. Mit der Schaltfläche *Bericht anzeigen* können Sie sich die Konfiguration der virtuellen Maschine im Cluster anzeigen lassen.

Abbildg. 8.63 Hinterlegen einer virtuellen Maschine mit Hyper-V in einem Cluster

7. Klicken Sie mit der rechten Maustaste auf den virtuellen Computer, sehen Sie, dass im Failovercluster-Manager auch die Steuerung der virtuellen Maschinen hinterlegt ist. Wählen Sie *Virtuelle Computer starten* aus. Dadurch wird die Ressource online geschaltet und die virtuelle Maschine startet. Über das Kontextmenü können Sie sich jetzt mit dem virtuellen Computer verbinden und das Betriebssystem installieren.

Abbildg. 8.64 Virtuelle Computer im Failovercluster-Manager verwalten

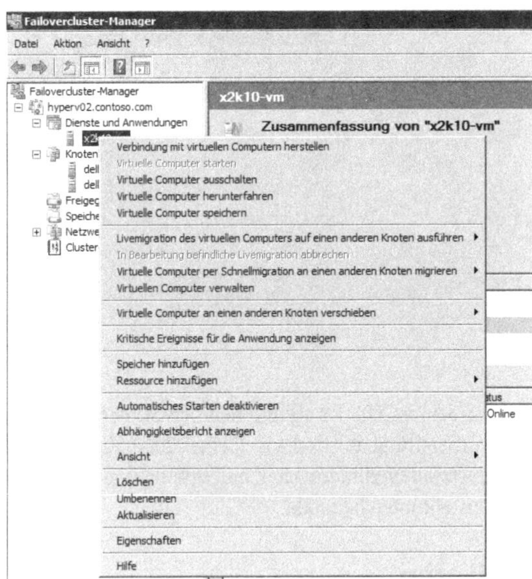

Virtuellen Computer im Cluster mit Windows Server 2008 R2 installieren

Nachdem Sie sich mit Hyper-V mit dem Computer verbunden haben, installieren Sie das Betriebssystem. Wollen Sie Exchange Server 2010 betreiben, empfehlen wir die Installation von Windows Server 2008 R2.

Abbildg. 8.65 Windows Server 2008 R2 in einer Livemigration-kompatiblen Hyper-V-Maschine installieren

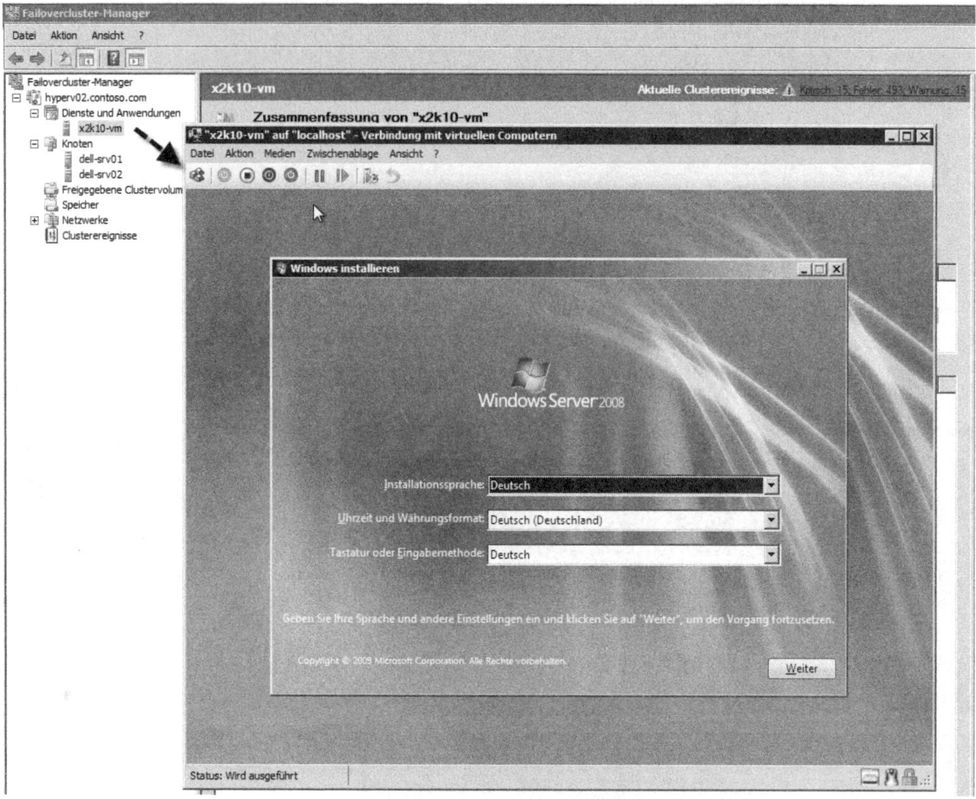

Schließen Sie die Installation von Windows Server 2008 R2 ab und nehmen Sie den Server als Mitglied in die Domäne auf. Anschließend beginnt die Vorbereitung auf Exchange Server 2010. Zunächst müssen Sie jedoch Windows Server 2008 R2 installieren, die Netzwerkverbindungen konfigurieren und den Server in die Domäne aufnehmen, in der sich auch die beiden Clusterknoten befinden.

Exchange Server 2010 installieren

Nachdem Sie den virtuellen Computer installiert, konfiguriert und in die Domäne aufgenommen haben, können Sie sich an die Vorbereitungen für Exchange Server 2010 machen.

Exchange Server 2010 – Installation und Migration

In diesem Abschnitt zeigen wir Ihnen, wie Sie Exchange Server 2010 installieren, migrieren und einen ersten Blick auf den Server werfen können. Exchange Server 2010 unterstützt kein Inplace-Update von Exchange Server 2007, das heißt Sie müssen den Server immer neu installieren. Es besteht aber die Möglichkeit, Exchange Server 2010 in eine bestehende Organisation mit Exchange Server 2007 zu installieren und zusammen mit Exchange Server 2007 zu betreiben. In diesem Fall müssen Sie aber das Service Pack 2 für Exchange Server 2007 auf allen beteiligten Servern installieren.

Empfehlenswert ist auch die Installation des Rollup Package 1 für das Service Pack 2 für Exchange Server 2007. Grundsätzlich ist es empfehlenswert, Exchange Server 2010 auf einem Server mit Windows Server 2008 R2 zu installieren, da die neue Exchange-Version optimiert für Windows Server 2008 R2 ist. Für die Installation unter Windows Server 2008 müssen Sie zuvor das Service Pack 2 für Windows Server 2008 installieren.

Active Directory können Sie auch unter Windows Server 2003/2008 betreiben, Active Directory mit Windows 2000 Server unterstützt Exchange Server 2010 nicht. Der Schemamaster in Active Directory muss auf einem Server mit mindestens Windows Server 2003 SP1 positioniert sein, die Funktionsebene der Gesamtstruktur muss mindestens auf Windows Server 2003 gestellt sein, besser Windows Server 2008 oder Windows Server 2008 R2. Für eine Testinstallation können Sie Exchange auch auf einem Domänencontroller installieren. Wichtig ist, dass auf allen Servern das aktuellste Service Pack für das Betriebssystem installiert ist.

Erste Überlegungen zur Installation

Für die Installation in einer Testumgebung können Sie zum Beispiel einen Domänencontroller unter Windows Server 2008 R2 installieren und einrichten. Anschließend machen Sie sich an die Vorbereitungen für die Installation von Exchange Server 2010 und dann an die eigentliche Installation selbst. Für eine Testumgebung können Sie die typische Installation von Exchange Server 2010 wählen. Diese installiert die Serverrollen *Hub-Transport*, *Postfach* und *Clientzugriff*. Exchange Server 2010 setzt, wie Exchange Server 2007, auf einzelne Rollen, die sich getrennt auf Servern, aber auch zusammen installieren lassen. Achten Sie jedoch darauf, dass die Installation einzelner Rollen, zum Beispiel *Edge-Transport*, die Installation anderer Rollen ausschließt.

Für Testumgebungen und typische Installationen sind in den meisten Fällen nur die drei Rollen *Hub-Transport* für den Mailtransport, *Clientzugriff* für den Postfachzugriff der Anwender, und *Postfach*, dem Informationsspeicher, notwendig. Wollen Sie die neue ausfallsichere Speicherlösung *Database Availability Group* (DAG) von Exchange Server 2010 verwenden, müssen Sie als Serverbetriebssystem die Enterprise Edition von Windows Server 2008 R2 oder Windows Server 2008 SP2 installieren. Nach der Installation des Betriebssystems können Sie dieses allerdings nicht von der Standard- auf die Enterprise-Edition aktualisieren.

Systemvoraussetzungen für Exchange Server 2010

In den folgenden Abschnitten zu diesem Thema gehen wir noch auf die Voraussetzungen des Betriebssystems ein, um Exchange Server 2010 zu installieren. Der nächste Abschnitt befasst sich mit den Systemvoraussetzungen von Exchange. Diese müssen Sie vor der Installation genauso sicherstellen, wie die Voraussetzungen von Windows Server 2008 und Windows Server 2008 R2.

Microsoft unterstützt die Installation und den Betrieb von Exchange Server 2003 nicht in der Funktionsebene von Windows Server 2008. Dies spielt bei der Migration zu Exchange Server 2010 eine wichtige Rolle. Für eine Testumgebung möglich, in produktiven Umgebungen aber nicht empfohlen, ist die Installation von Exchange Server 2010 auf einem Domänencontroller. Nach der Installation von Exchange Server 2010 lässt sich ein Domänencontroller aber nicht mehr deinstallieren. Auch die Heraufstufung eines Servers mit Exchange Server 2010 zu einem Domänencontroller ist nicht möglich.

Exchange Server 2010 lässt sich in Organisationen mit Exchange Server 2003/2007 installieren, auch ein Mischbetrieb ist möglich. Eine Koexistenz mit Exchange 2000 Server wird jedoch nicht unterstützt, hier müssen Sie zunächst auf Exchange Server 2003/2007 migrieren oder eine getrennte Organisation erstellen. Exchange Server 2010 ist nur noch als 64-Bit-System verfügbar; dies gilt auch für Testumgebungen. Hier gab es für Exchange Server 2007 noch eine 32-Bit-Version. Die Installation von Exchange Server 2010 wird daher nur in den Standard- und Enterprise-Editionen von Windows Server 2008 SP2 x64 und Windows Server 2008 R2 x64 unterstützt. Windows Server 2008 R2 gibt es ohnehin nur noch als 64-Bit-Version.

Exchange Server 2010 virtualisieren

Exchange Server 2010 ist die erste Version, welche offiziell eine Virtualisierung unterstützt. Microsoft empfiehlt hierzu die Verwendung von Hyper-V, am besten Hyper-V R2 von Windows Server 2008 R2 oder dem kostenlos verfügbaren Hyper-V-Server 2008 R2. Weitere unterstützte Produkte zur Virtualisierung finden Sie auf der Webseite *http://www.windowsservercatalog.com/svvp.aspx?svvppage=svvp.htm.*

Die Unified Messaging-Serverrolle von Exchange Server 2010 ist für die Virtualisierung allerdings nicht geeignet. Solche Server müssen Sie immer in einer physischen Umgebung installieren. Achten Sie darauf, dass Sie die Partition, in der Sie die Exchange-Datenbanken ablegen, als virtuelle Festplatte mit fester Größe konfigurieren, da dynamische oder differenzierende virtuelle Festplatten nicht unterstützt sind.

Wie bereits seine Vorgänger unterstützt auch Exchange Server 2010 keine NAS-Systeme, da der Speicherplatz blockbasiert, zum Beispiel herkömmliche RAID-Systeme oder SAN-Systeme, sein muss. Bei hochverfügbaren Lösungen mit Database Availability Groups (DAG) müssen Sie ebenfalls auf die Clusterstuktur achten, da diese nicht komplett virtualisiert sein sollte.

Vorbereitungen für Windows Server 2008

Wollen Sie Exchange auf einem Server mit Windows Server 2008 installieren – auch dies ist virtualisiert möglich, selbst wenn die Installation mit Windows Server 2008 R2 empfohlen ist –, müssen Sie zunächst das Service Pack 2 für Windows Server 2008 installieren. Anschließend gehen Sie folgendermaßen weiter vor:

1. Installieren Sie Microsoft .NET Framework 3.5 Service Pack 1 von der Internetseite *http://www.microsoft.com/downloads/de-de/details.aspx?FamilyID=AB99342F-5D1A-413D-8319-81DA479AB0D7.*
2. Als Nächstes installieren Sie das Update für .NET Framework 3.5 von der Internetseite *http://support.microsoft.com/kb/959209.*
3. Der nächste wichtige Bereich ist Windows Remote Management (WinRM) 2.0 sowie die Windows PowerShell V2 (*Windows6.0-KB968930.msu*). Die Installationsdateien finden Sie auf der Seite *https://connect.microsoft.com/windowsmanagement/Downloads.* Sie benötigen für den Download eine Windows Live-ID
4. Für eine typische Installation oder der Installation der Serverrollen *Hub-Transport* oder *Postfach* benötigen Sie noch das Microsoft Filter Pack. Dieses finden Sie auf der Seite *http://www.microsoft.com/downloads/de-de/details.aspx?FamilyID=60C92A37-719C-4077-B5C6-CAC34F4227CC.*
5. Anschließend öffnen Sie über das Kontextmenü eine Eingabeaufforderung mit Administratorrechten und wechseln in das Verzeichnis *Scripts* des Exchange Server 2010-Installationsmediums. Für eine typische Installation von Exchange Server 2010 mit *Hub-Transport, Clientzugriff* und *Postfach* geben Sie die beiden folgende Befehle ein:
   - `sc config NetTcpPortSharing start=auto`
   - `ServerManagerCmd -ip Exchange-Typical.xml -Restart`

Wollen Sie noch Unified Messaging installieren, müssen Sie stattdessen die drei folgenden Befehle eingeben:

- `sc config NetTcpPortSharing start=auto`
- `ServerManagerCmd -i Desktop-Experience`
- `ServerManagerCmd -ip Exchange-Typical.xml -Restart`

Vorbereitungen für die Installation von Exchange Server 2010 auf einem Server mit Windows Server 2008 R2

Installieren Sie Exchange Server 2010 auf einem Server mit Windows Server 2008 R2, sind die Vorbereitungen etwas unterschiedlich zu denen unter Windows Server 2008 SP2:

1. Für eine typische Installation oder der Installation der Serverrollen *Hub-Transport* oder *Postfach* benötigen Sie das Microsoft Filter Pack. Dieses finden Sie auf der Seite *http://www.microsoft.com/downloads/de-de/details.aspx?FamilyID=60C92A37-719C-4077-B5C6-CAC34F4227CC.*

Abbildg. 8.66 Die Installation von Exchange Server 2010 benötigt das Microsoft Filter Pack

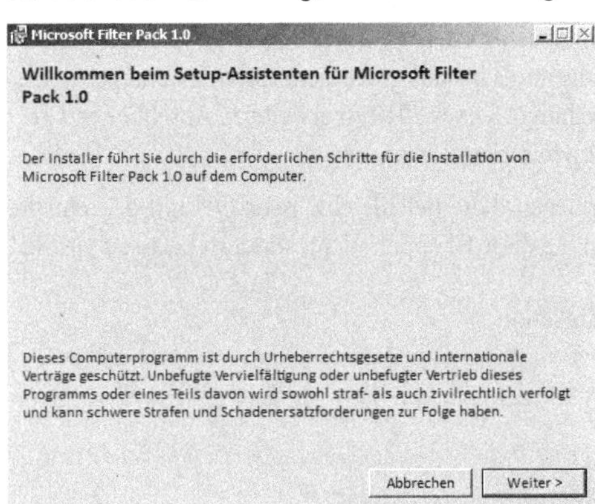

2. Als Nächstes öffnen Sie die Windows PowerShell auf dem Server und rufen den Befehl *Import-Module ServerManager* auf. Unter Windows Server 2008 R2 ist die PowerShell standardmäßig bereits installiert.
3. Für eine typische Installation geben Sie den folgenden Befehl ein, um die notwendigen Serverrollen und -funktionen zu installieren:

```
Add-WindowsFeature NET-Framework,RSAT-ADDS,Web-Server,Web-Basic-Auth,Web-Windows-Auth,Web-
Metabase,Web-Net-Ext,Web-Lgcy-Mgmt-Console,WAS-Process-Model,RSAT-Web-Server,Web-ISAPI-Ext,Web-
Digest-Auth,Web-Dyn-Compression,NET-HTTP-Activation,RPC-Over-HTTP-Proxy –Restart.
```

4. Wollen Sie zusätzlich zu den Rollendiensten *Clientzugriff*, *Hub-Transport* und *Postfach* noch *Unified Messaging* installieren, verwenden Sie stattdessen den Befehl:

```
Add-WindowsFeature NET-Framework,RSAT-ADDS,Web-Server,Web-Basic-Auth,Web-Windows-Auth,Web-
Metabase,Web-Net-Ext,Web-Lgcy-Mgmt-Console,WAS-Process-Model,RSAT-Web-Server,Web-ISAPI-Ext,Web-
Digest-Auth,Web-Dyn-Compression,NET-HTTP-Activation,RPC-Over-HTTP-Proxy,Desktop-Experience –
Restart.
```

5. Nach dem Neustart des Servers melden Sie sich an und öffnen wieder eine Konsole der Windows PowerShell. Geben Sie dann den Befehl *Set-Service NetTcpPortSharing –StartupType Automatic* an, damit dieser Dienst automatisch gestartet wird.
6. Führen Sie anschließend über die Systemsteuerung ein Windows-Update durch und lassen Sie alle notwendigen Patches installieren

Vorbereitungen für Active Directory und Migration

Wollen Sie eine typische Installation von Exchange Server 2010 durchführen, müssen Sie nach der Installation der Vorbereitungen nur noch das Setupprogramm durchlaufen lassen. Die notwendigen Vorbereitungen für Active Directory nimmt der Installations-Assistent automatisch vor. Wollen Sie die Installation in komplexeren Umgebungen aber anpassen, sind vor der Installation von Exchange noch Vorbereitungen zu treffen.

Wollen Sie Exchange Server 2010 in eine bestehende Organisation mit Exchange Server 2003/2007 integrieren, müssen Sie in jeder Domäne der Gesamtstruktur den Befehl *Setup /PrepareLegacyExchangePermissions* des Exchange-Installationsprogramms starten, damit notwendige Rechte in Active Directory eingetragen und Sicherheitsgruppen angelegt werden.

Installieren Sie eine neue Organisation und wollen die Vorbereitungen auf einem Server mit Windows Server 2008 vornehmen, müssen Sie in einer Eingabeaufforderung zuerst noch *ServerManagerCmd –i RSAT-ADDS* eingeben, damit die notwendigen Verwaltungstools installiert werden. Anschließend geben Sie den Befehl *Setup /PrepareSchema* ein, um das Schema für Exchange Server 2010 zu erweitern. Anschließend geben Sie den Befehl *Setup /PrepareAD /OrganizationName: <Organisationsname>* ein.

Neben Schemaerweiterungen und Rechten legen diese Befehle eine neue OU mit den entsprechenden Sicherheitsgruppen für Exchange an. Verschieben Sie diese Gruppen nicht, sondern belassen Sie die OU wie sie ist.

Abbildg. 8.67 Exchange Server 2010 in einer typischen Installation

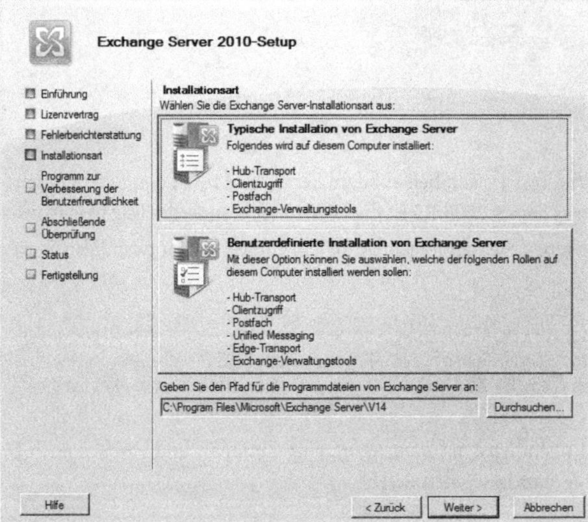

Clusternetzwerke für Livemigration konfigurieren

Standardmäßig kann die Livemigration schon nach der Installation eines Clusters und der Integration von virtuellen Computern verwendet werden. Um das Clusternetzwerk für die optimale Unterstützung durch die Livemigration zu konfigurieren, rufen Sie über das Kontextmenü des virtuellen Computers im Failovercluster-Manager die Eigenschaften auf. Hier können Sie eine Priorisierung der Netzwerke auswählen, welche die Livemigration nutzen soll.

Führen Sie eine Livemigration durch, verwendet der Assistent die Netzwerke in der hier festgelegten Reihenfolge. Generell sollten Sie in einer Livemigration-Umgebung nur Netzwerke verwenden, die kein Standardgateway eingetragen haben. Einstellungen, die Sie für eine virtuelle Maschine vornehmen, sind für alle anderen virtuellen Maschinen ebenso gültig.

Livemigration mit dem Failovercluster-Manager durchführen

Wollen Sie schließlich eine Livemigration durchführen. Klicken Sie den virtuellen Computer mit der rechten Maustaste an, rufen im Kontextmenü den Eintrag *Livemigration des virtuellen Computers auf einen anderen Knoten ausführen* und wählen den Knoten aus.

HINWEIS Sie können zwar mehrere Livemigrationen gleichzeitig durchführen, allerdings sollten Sie zwischen dem Start der einzelnen Migrationen immer einige Sekunden warten.

Abbildg. 8.68 Starten einer Livemigration

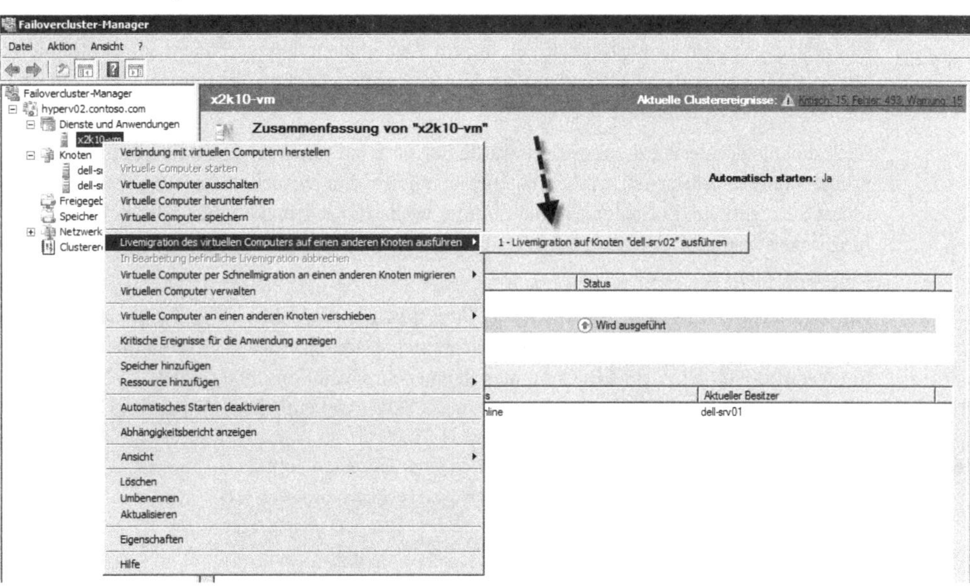

HINWEIS Bevor der virtuelle Computer auf dem Quellserver bei einer Livemigration offline geschaltet wird, stellt der Cluster-Manager sicher, dass die Livemigration funktioniert hat. Ist die Livemigration nicht erfolgreich durchgelaufen, bleibt der virtuelle Computer auf dem Quellserver aktiv.

Livemigration mit der Windows PowerShell durchführen

Sie können auch die PowerShell 2.0 in Windows Server 2008 R2 für die Verwendung einer Livemigration verwenden. Öffnen Sie dazu eine PowerShell und laden mit dem Befehl *Add-Module FailoverClusters* zunächst die notwendigen Befehle für die Verwaltung von Clustern. Anschließend können Sie mit dem folgenden Befehl eine Livemigration im Cluster starten:

```
Get-Cluster "<Clustername>" | Move-ClusterVirtualMachineRole –Name "<VM>" –Node "<Zielknoten>"
```

System Center Virtual Machine Manager 2008 R2

Mit dem System Center Virtual Machine Manager (SCVMM) 2008 R2 bietet Microsoft eine zentrale Verwaltungsoberfläche für virtuelle Infrastrukturen. Unternehmen haben mit SCVMM die Möglichkeit, nicht nur die Virtualisierungstechniken von Microsoft zu verwalten, sondern auch virtuelle Server in VMware-Infrastrukturen.

Grundlagen zu SCVMM 2008 R2

Durch neue Mechanismen und Tools ist die Migration von physischen zu virtuellen Servern (P2V) sehr einfach und nahezu ohne Ausfallzeiten durchzuführen. Auch das Übertragen von virtuellen Computern zwischen den verschiedenen Virtualisierungsinfrastukturen (V2V) ist problemlos möglich. Rechte zum Erstellen von virtuellen Maschinen lassen sich delegieren. Auf diesem Weg erhalten untergeordnete Administratoren die Möglichkeit, virtuelle Server zu erstellen oder deren Einstellungen zu ändern. Systemweite Einstellungen von SCVMM sind so vor Änderungen geschützt.

Auch die intelligente Platzierung von virtuellen Servern auf physische Hosts übernimmt SCVMM, ohne dass Administratoren jedes Mal manuell eingreifen müssen. Für virtuelle Server lassen sich Vorlagen erstellen, sodass Sie identische Einstellungen nicht immer wieder für jeden Computer vornehmen müssen. Neben der Möglichkeit, virtuelle Computer zu verwalten, unterstützt SCVMM auch verschiedene VMware-Virtualisierungsumgebungen.

Für Unternehmen ist dabei sicherlich die Unterstützung von VMware ESX mit dem Virtual Center und VMware Virtual Infrastructure 3 (VI3) am wichtigsten. Dadurch erhalten Organisationen eine zentrale Verwaltungsplattform für alle virtuellen Computer. In einer einzelnen Konsole verwaltet SCVMM nicht nur die physischen Hosts der virtuellen Umgebung, sondern auch alle darin enthaltenen virtuellen Computer.

Abbildg. 8.69 Verwalten von Hosts und virtuellen Maschinen in einer einzelnen Konsole

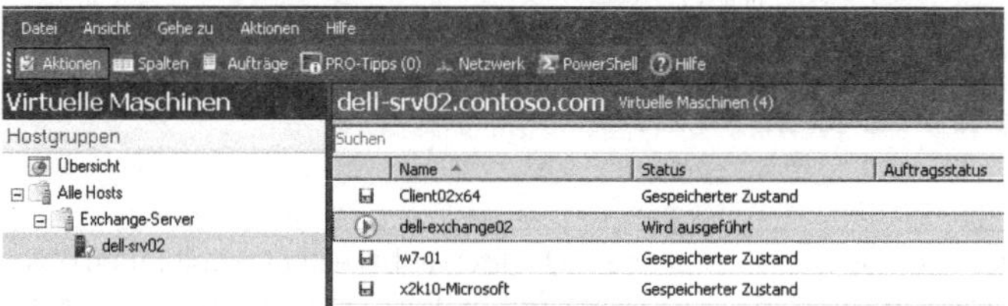

Allerdings ist der Einsatz nur dann sinnvoll, wenn Unternehmen neben VMware-Produkten auch Microsoft-Technologien zur Virtualisierung einsetzen oder zumindest Microsoft-Technologien auf mehreren Servern verwalten.

Durch diese Zentralisierung ist auch eine Migration von virtuellen Computern unterhalb der verschiedenen Systeme möglich. Dazu verwendet System Center Virtual Machine Manager VMware Motion, um virtuelle Server zu VMware ESX- oder VI3-Systemen zu portieren oder die Schnellmigration von Microsoft für die Migration zu Hyper-V. Auf diesem Weg verschieben Sie auch virtuelle Maschinen zwischen den verschiedenen Hosts, und zwar nahezu ohne Ausfallzeit. Verwenden Unternehmen VMware Motion gibt es keinerlei Ausfallzeiten. Auch die Migration von physischen zu virtuellen Servern (P2V) ist mit SCVMM möglich. Hier verwendet SCVMM eine sehr schnelle blockbasierte Übertragung und unterstützt auch den Schattenkopiedienst von Windows Server 2008 R2.

Durch die vollständige Kompatibilität zu Hyper-V R2 und Windows Server 2008 R2 unterstützt der System Center Virtual Machine Manager auch 64-Bit-Betriebssysteme als Host und Gast und ist Failovercluster-fähig. Dadurch lassen sich hochverfügbare virtuelle Infrastrukturen erstellen, die Unternehmen eine bessere Ausfallsicherheit bieten. Die beste Grundlage dafür stellt Windows Server 2008 R2 dar. Hier erkennt SCVMM automatisch ausgefallene oder neu hinzugefügte Clusterknoten und handelt entsprechend. SCVMM unterstützt aber auch Vmware-Hostcluster, bei denen die Clusterknoten unter VMware ESX-Server laufen.

Außerdem unterstützt SCVMM vollständig die Windows-PowerShell. Für die PowerShell gibt es beispielsweise Skripts, mit denen sich zahlreiche Aufgaben automatisieren lassen, und zwar unabhängig von der virtuellen Plattform. Durch die Installation von SCVMM werden zahlreiche neue Cmdlets in die PowerShell integriert, welche die Automatisierung und Verwaltung der virtuellen Maschinen erheblich erleichtern. Alle Funktionen, die in der grafischen Oberfläche zur Verfügung stehen, lassen sich so auch per Skript steuern.

Vor allem Systemverwalter, die gerne automatisieren oder Skripts zur Vereinheitlichung der Konfiguration schreiben, erhalten dadurch ein breites Spektrum an Möglichkeiten. Ein Vorteil von System Center Virtual Machine Manager ist die Integration in andere Produkte aus dem System Center. Zwar ist der Betrieb dieser Lösungen keine Voraussetzung, allerdings steigert sich der Nutzen von SCVMM vor allem durch den Einsatz von System Center Operations Manager erheblich.

Durch die Funktion *Performance and Resource Optimization* (PRO) erhalten Sie die Möglichkeit, Richtlinien und Regeln zu hinterlegen, bei denen SCVMM Daten aus dem System Center Operations Manager verwendet, um die Verfügbarkeit und Leistung der virtuellen Computer zu verbessern und die Hardware der physischen Hosts besser auszunutzen. Optimal ist auch die Möglichkeit, die Verwaltungsrechte zu delegieren. Nicht jeder Administrator braucht für jeden virtuellen Computer vollständige administrative Rechte. Diese Funktion lässt sich in SCVMM einstellen.

Durch das neue Rechtemodell sind übergeordnete Administratoren in der Lage, einzelne Aufgaben oder die Verwaltung einzelner virtueller Computer an andere Administratoren zu delegieren. Auch die Weboberfläche von SCVMM hat Microsoft überarbeitet und die Möglichkeit integriert, dass die PowerShell aus der Weboberfläche heraus verfügbar ist.

Für große Unternehmen stellt Microsoft den System Center Virtual Machine Manager 2008 R2 als Teil der Server Management Suite Enterprise (SMSE) zur Verfügung. Diese enthält neben SCVMM noch System Center Operations Manager (SCOM) und System Center Configuration Manager. Die SMSE enthält außerdem noch die Datensicherungslösung Data Protection Manager (DPM) 2010.

Für mittelständische Unternehmen bietet Microsoft eine Workgroup-Edition von SCVMM. Diese ermöglicht die Verwaltung von bis zu fünf physischen Hosts. System Center Virtual Machine Manager besteht aus mehreren Komponenten. Der wichtigste Teil ist der Virtual Machine Manager (VMM)-Server. Bei diesem handelt es sich um den Kernprozess, der für die Kommunikation mit den einzelnen Hosts zuständig ist. Der Server muss auf einem Computer mit 64-Bit-Prozessor und Windows Server 2008, besser 2008 R2 betrieben werden. Auf dem VMM-Server darf Hyper-V nicht installiert sein.

Administratoren verwalten den VMM-Server mit der Administratorkonsole. Diese stellt die grafische Oberfläche für den VMM-Server zur Verfügung und unterstützt die PowerShell-Cmdlets. Diese Cmdlets lassen sich mit der PowerShell aber auch ohne die Konsole verwenden, zum Beispiel für Skripts und zur Automatisierung. Zusätzlich bietet System Center Virtual Machine Manager noch ein Webportal. Mit diesem können zum Beispiel Administratoren, denen bestimmte Rechte delegiert wurden, selbst neue virtuelle Computer erstellen.

Die Systemvoraussetzungen von SCVMM sind Server mit 64-Bit-Prozessor, 2 GB RAM und mindestens 200 GB freiem Festplattenplatz. Als Betriebssystem für SCVMM müssen Unternehmen Windows Server 2008 inklusive Hyper-V betreiben, besser Windows Server 2008 R2. Außerdem benötigt SCVMM .NET Framework 2.0 und .NET Framework 3.0. Diese integriert der Installations-Assistent von SCVMM automatisch auf dem Server. In dieser Datenbank speichert der VMM-Server beispielsweise die Leistungs- und Konfigurationsdatei und die Einstellungen der einzelnen virtuellen Computer.

Für größere Umgebungen unterstützt der SCVMM aber auch die Standard- oder Enterprise-Edition von Microsoft SQL Server 2008. In diesem Fall müssen Systemverwalter SQL Server 2008 aber auf einer eigenständigen Maschine installieren und lizenzieren. Da SCVMM auch die Windows-PowerShell unterstützt, muss diese ebenfalls auf dem Server installiert sein. Gleiches gilt auch für das Microsoft Windows Remote Management (WinRM).

Für das Webportal von SCVMM benötigen Unternehmen außerdem die Internetinformationsdienste (IIS) 7.0/ 7.5, die in Windows Server 2008 (R2) enthalten sind. Für den Einsatz von SCVMM muss das Unternehmen außerdem über Active Directory verfügen. SCVMM verwendet die Authentifizierungsinformationen von Active Directory. Hier reichen auch Umgebungen mit Windows Server 2003. SCVMM setzt nicht die Migration der Domänencontroller zu Windows Server 2008 R2 voraus. Virtual Machine Manager und der Operations Manager lassen sich parallel auf einem Server betreiben. Allerdings ist das nur für Testumgebungen aufgrund der Auslastung ratsam.

In Produktivumgebungen sollten Systemverwalter getrennte Server verwenden. In diesem Fall muss auf dem VMM-Server auch die Operations Manager-Konsole installiert sein. Auf dem Server, der den Operations Manager ausführt, wählen Sie die Option *Operations Manager konfigurieren* im Setup aus.

Abbildg. 8.70 SCVMM 2008 R2 unterstützt die PowerShell in Windows Server 2008 R2

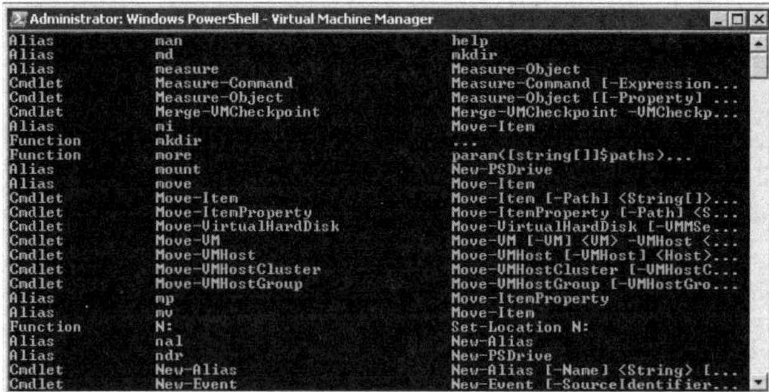

Die Administrationskonsole von SCVMM basiert auf Windows PowerShell-Objekten, daher sind alle damit durchgeführten Aktionen mit der Windows PowerShell möglich. Für eine verbesserte Leistung im Netzwerk sorgt Virtual Machine Queue (VMQ), eine neue Funktion in Windows Server 2008 R2, die auch SCVMM 2008 R2 unterstützt. Der Host in Hyper-V in Windows Server 2008 R2 ist in der Lage, Pakete von physischen Netzwerkkarten direkt in den Arbeitsspeicherbereich der virtuellen Netzwerkkarte zu kopieren. Dies erhöht deutlich die Geschwindigkeit im Netzwerk. Dazu müssen die Netzwerkkarten und deren Treiber Virtual Machine Queue (VMQ) unterstützen.

Ebenfalls neu ist die Möglichkeit, virtuelle Festplatten (VHD) im laufenden Betrieb virtuellen Computern hinzuzufügen oder zu trennen. Die Migration innerhalb von SANs und zu Clusterumgebungen sind in SCVMM 2008 R2 problemlos möglich. Virtuelle Computer lassen sich mit SCVMM 2008 R2 in einen Wartungsmodus schalten und so vom Netzwerk trennen, ohne Anwender zu beeinträchtigen. Unternehmen, die auf Veritas Storage Foundation 5.1 for Windows (SFW) setzen, erhalten mit SCVMM 2008 R2 ebenfalls Unterstützung. Auch virtuelle Computer in VMware vSphere 4-Umgebungen lassen sich mit SCVMM 2008 R2 verwalten. Setzen Sie parallel auf VMware ESX-Server, freuen Sie sich auf die Unterstützung von VMware Port Groups for Virtual Switches.

System Center Virtual Machine Manager 2008 R2 installieren und betreiben

Die Installation von SCVMM 2008 R2 ist keine große Angelegenheit und auch ohne Einarbeitung möglich. Die eigentliche Verwaltung der Hyper-V-Server und der beteiligten Hosts findet über die Adminkonsole statt. Hier finden Administratoren alle Möglichkeiten in einer übersichtlichen Oberfläche mit einer Vielzahl an Assistenten. Auch das Kontextmenü wird durchgehend unterstützt.

Abbildg. 8.71 Zentrale Verwaltung von Hosts und physischen Maschinen in einer Oberfläche

Vor allem beim Einsatz zahlreicher Hosts und vieler virtueller Maschinen zeigt SCVMM seine Vorteile. Sie können alle beteiligten Hosts und die installierten Maschinen in einer zentralen Oberfläche verwalten. Dabei lassen sich in der Konsole alle virtuellen Server aller Hosts in einem einzelnen Fenster anzeigen, was die Verwaltung wesentlich vereinfacht.

Arbeiten Sie mit dem Hyper-V-Manager, können Sie sich zwar ebenfalls mit allen Hosts verbinden, müssen aber zur Anzeige der einzelnen installierten virtuellen Maschinen durch die Hosts klicken. Ein großer Vorteil von SCVMM im Vergleich zum Hyper-V-Manager ist die Möglichkeit, auch Vorlagen zu erstellen, auf deren Basis Administratoren schnell und einfach neue virtuelle Maschinen erstellen können. Sie finden diese Möglichkeit über den Menübefehl *Bibliotheken/VMs und Vorlagen/Neue Vorlage*. So lässt sich sicherstellen, dass neue virtuelle Maschinen einem Standard entsprechen, aber sich dennoch schnell und einfach erstellen lassen, und zwar auf jedem angebundenen Host.

Virtuelle Maschinen auf angebundenen Hosts lassen sich auch zwischen Hosts verschieben. Dies ist mit dem Hyper-V-Manager nur über Umwege möglich. In der Konsole lassen sich darüber hinaus umfangreiche Berichte erstellen sowie eine Übersicht aller laufenden virtuellen Maschinen und deren Hosts anzeigen. Administratoren erhalten dadurch eine ständige Übersicht zu den virtuellen Maschinen und dem Zustand der Hosts.

Abbildg. 8.72 Erstellen von Vorlagen im SCVMM 2008 R2

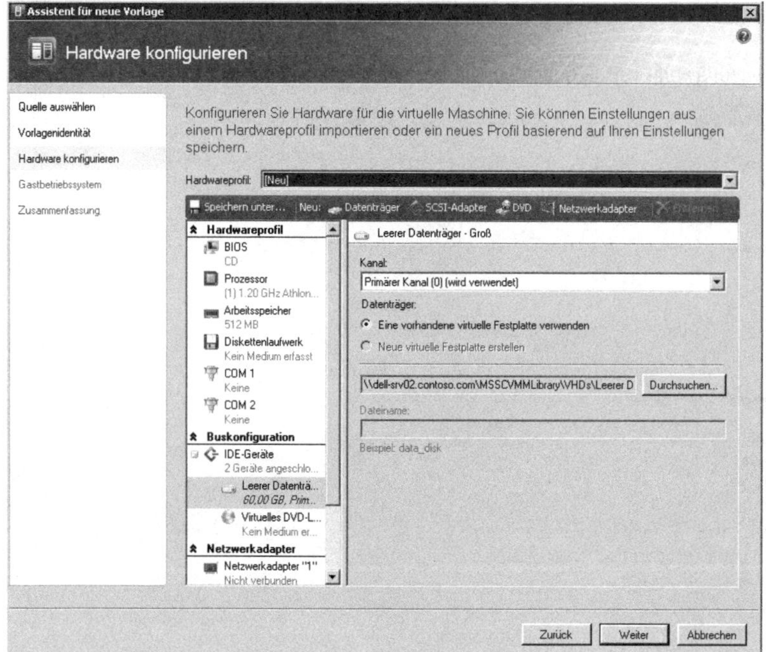

Über den Menübefehl *Physischen Server konvertieren* startet ein Assistent, der Sie bei der Migration von physischen Hosts zu virtuellen Maschinen unterstützt. Während der Migration installiert SCVMM den Agenten zur Verwaltung auf der physischen Maschine, scannt die Hardware und unterstützt bei der Erstellung der virtuellen Maschine und der Datenübernahme.

Während der Migration können Sie auch auswählen, auf welchem angebundenen physischen Host der Assistent die VM erstellen soll. Über das Kontextmenü virtueller Maschinen können Sie in SCVMM 2008 R2 auch einen Klonvorgang starten, der die Maschine im gespeicherten Zustand klonen und den Klon auf einem beliebigen Host bereitstellen kann.

Während des Klonens lässt sich auch die Hardware des Servers anpassen, genauso wie beim Erstellen von neuen Vorlagen. Geklonte Vorlagen lassen sich automatisiert bereitstellen oder für eine spätere Verwendung auch in der Bibliothek speichern.

Abbildg. 8.73 Virtuelle Server lassen sich über das Kontextmenü auch klonen

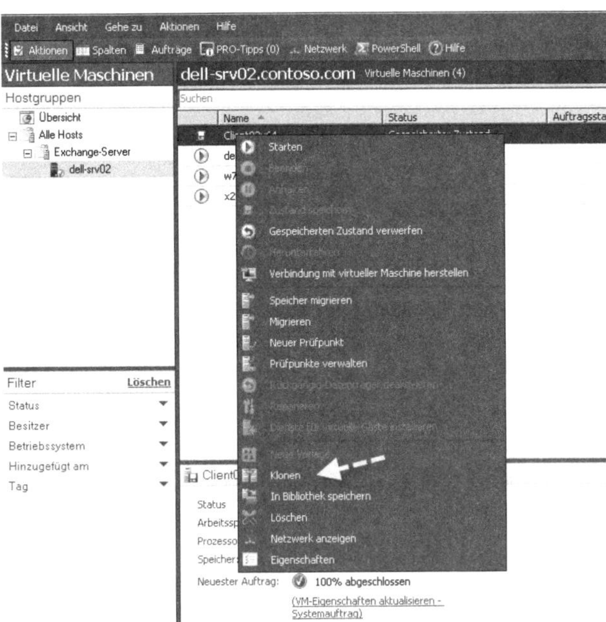

Vor allem für skriptbegeisterte Administratoren bietet SCVMM die Möglichkeit, über Dutzende zusätzliche Cmdlets die Verwaltung von virtuellen Maschinen über die PowerShell durchzuführen. Sie verwenden für diese Befehle aber nicht das Standard-UI für die PowerShell, sondern die Verknüpfung *Windows-PowerShell-Virtual Machine Manager*. Mit dem Cmdlet *Get-Command* erhalten Sie eine umfassende Liste aller Befehle. Generell ist der Umgang mit der PowerShell nicht sehr kompliziert. Geben Sie *Get-Command* ein, sehen Sie alle Befehle, welche die Shell zur Verfügung stellt.

Die wenigsten Administratoren kennen alle Cmdlets, die SCVMM zur Verfügung stellt. Die PowerShell bietet jedoch eine ausgereifte Hilfe an. Haben Sie nur den Teil eines Befehls in Erinnerung, können Sie mit dem Platzhalter * arbeiten. Der Befehl *Get-Command *vm* zeigt zum Beispiel alle Cmdlets an, die etwas mit virtuellen Maschinen zu tun haben.

Abbildg. 8.74 Anzeigen von Befehl über den Platzhalter *

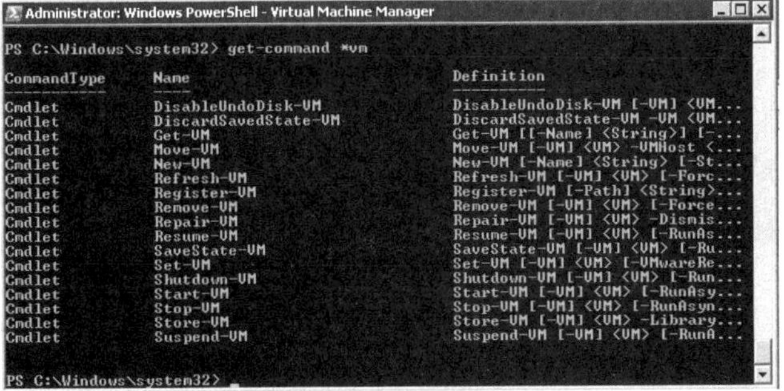

Ist der gesuchte Befehl nicht dabei, können Sie auch mehrere Platzhalter verwenden, zum Beispiel den Befehl *Get-Command *vm**. Dieser Befehl zeigt alle Befehle an, in denen das Wort »VM« irgendwo vorkommt. Haben Sie das gewünschte Cmdlet gefunden, unterstützt Sie die PowerShell aber mit weiteren Möglichkeiten.

Für nahezu alle Cmdlets gilt die Regel, dass diese in vier Arten vorliegen: Es gibt Cmdlets mit dem Präfix *New-*, um etwas zu erstellen, zum Beispiel *New-VM*. Das gleiche Cmdlet gibt es dann immer noch mit *Remove-*, um etwas zu löschen, zum Beispiel *Remove-VM*. Wollen Sie das Objekt anpassen, gibt es das Präfix *Set-*, zum Beispiel *Set-VM*. Als Letztes gibt es noch das Cmdlet *Get-*, zum Beispiel *Get-VM*, um Informationen zum Objekt abzurufen.

Neben diesen Cmdlets gibt es noch viele andere, zum Beispiel *Start-* und *Stop-* oder *Export-* und *Import*-Cmdlets. Allerdings bestehen die meisten Administrationsausgaben aus den erwähnten *New-*, *Remove-*, *Set-* und *Get*-Cmdlets. Geben Sie nur diese Befehl ein, passiert entweder überhaupt nichts, das Cmdlet zeigt alle Objekte der Organisation an oder Sie werden nach der Identität des Objekts gefragt.

So zeigt das Cmdlet *Get-VM* alle VMs auf einem Host an. Damit dieser Befehl funktioniert, müssen Sie sich aber erst mit dem Host verbinden. Dazu geben Sie in der PowerShell für SCVMM das Cmdlet *Get-VMMServer* ein. Anschließend fragt Sie das Cmdlet nach dem Host, den Sie verwalten wollen. Geben Sie an dieser Stelle den Servernamen ein, um sich zu verbinden. Anschließend zeigt das Cmdlet alle wichtigen Informationen zum Host an und Sie können den Host und die installierten VMs verwalten.

Abbildg. 8.75 Verbindungsaufbau mit einem physischen VMM-Host *

```
Administrator: Windows PowerShell - Virtual Machine Manager
PS C:\Windows\system32> get-vmmserver

Cmdlet Get-VMMServer an der Befehlspipelineposition 1
Geben Sie Werte für die folgenden Parameter an:
ComputerName: dell-srv02


Name                             : dell-srv02
IsConnected                      : True
ServerInterfaceVersion           : 2.1.0
Profile                          : Administrator
FullyQualifiedDomainName         : dell-srv02.contoso.com
FQDN                             : dell-srv02.contoso.com
Channel                          : Microsoft.VirtualManager.Remoting.IVirtualManage
                                   rService
ObjectCache                      : Microsoft.SystemCenter.VirtualMachineManager.Cli
                                   entCache
MOMReportingEnabled              : False
OpsMgrReportingEnabled           : False
MOMReportingServerURL            :
OpsMgrReportingServerURL         :
OpsMgrServer                     :
SelfServiceContactEmail          :
PlacementGoal                    : LoadBalance
MemoryPriority                   : 8
DiskIOPriority                   : 2
CPUPriority                      : 8
NetworkPriority                  : 2
CEIPOptIn                        : False
VMRCAccessAccount                :
VMRCDefaultPort                  : 5900
VMConnectDefaultPort             : 2179
MinimumSupportedAgentVersion     : 2.0.3444.0
LibraryRefresherEnabled          : True
LibraryRefresherFrequency        : 1
PROMonitoringLevel               : Off
PROAutomationLevel               : Off
PhysicalAddressRangeStart        : 00:1D:D8:B7:1C:00
PhysicalAddressRangeEnd          : 00:1D:D8:F4:1F:FF
DatabaseServerName               : dell-srv02.contoso.com
DatabaseInstanceName             : MICROSOFT$VMM$
DatabaseName                     : VirtualManagerDB
UserName                         : Windows-Benutzer
CompanyName                      :
ProductVersion                   : 2.0.4273.0
ProductID                        : 02024-110-8022126-75240
IsEvaluationVersion              : False
IsWorkgroupEdition               : False
EvaluationDaysLeft               : 0


PS C:\Windows\system32> _
```

Haben Sie sich verbunden, können Sie alle virtuellen Maschinen mit *Get-VM* anzeigen oder weitere Maßnahmen direkt mit den VMs auf dem Host durchführen. Wollen Sie nur ein einzelnes Objekt bearbeiten (*Set-*), löschen (*Remove-*), anzeigen (*Get-*) oder erstellen (*New-*), müssen Sie noch den Namen des Objekts angeben. Tun Sie das nicht, erhalten Sie entweder eine Fehlermeldung, die Sie darüber informiert, welche Optionen fehlen, was ebenfalls eine Hilfe sein kann, oder die PowerShell fragt nach und nach die notwendigen Optionen ab und legt das Objekt an. In den meisten Fällen müssen Sie das Cmdlet aber mit den notwendigen Optionen angeben. Das Gleiche gilt für die anderen *Set-*, *Remove-* und *Get-*Cmdlets.

Wollen Sie aber lieber alle notwendigen Informationen und Optionen in einer Eingabeaufforderung angeben, anstatt diese nach und nach einzugeben, bietet die Verwaltungsshell eine ausführliche Hilfe an. Mit dem Befehl *Help <Cmdlet>* erhalten Sie zunächst eine Hilfe, zum Beispiel *Help New-VM*. Für viele Cmdlets gibt es noch die Option *Help <Cmdlet> –detailed*. Dieser Befehl bietet noch mehr Informationen. Mit dem Befehl *Help <Cmdlet> –examples* lassen Sie sich Beispiel für den Befehl anzeigen. Auch dies funktioniert für alle Befehle in der PowerShell.

Mit *Get-*Cmdlets lassen Sie sich Informationen zu Objekten anzeigen. Diese Informationen sind in der Verwaltungsshell wesentlich umfangreicher als in der Verwaltungskonsole. Mit der Option *|fl* lassen Sie die Ausgabe formatieren. Auch hier sehen Sie, wie viele Informationen die PowerShell zur Verfügung stellt. Wollen Sie aber nicht alle Informationen anzeigen, sondern nur einzelne Parameter, können Sie diese nach der Option *|fl* anordnen. Wollen Sie zum Beispiel für eine virtuelle Maschine den Namen, den Host, den Status und den Pfad der Hostgruppe anzeigen, verwenden Sie den Befehl *Get-VM <Name> |fl computername, vmhost, status, HostGroupPath*. Groß- und Kleinschreibung spielen für die Cmdlets keine Rolle.

Abbildg. 8.76 Informationen über eine virtuelle Maschine im SCVMM

```
Administrator: Windows PowerShell - Virtual Machine Manager
PS C:\Windows\system32> get-vm dell-exchange02 |fl computername, vmhost, status,
 HostGroupPath

ComputerName  : dell-exchange02.contoso.com
VMHost        : dell-srv02.contoso.com
Status        : Running
HostGroupPath : Alle Hosts\Exchange-Server\dell-exchange02


PS C:\Windows\system32> _
```

Der Befehl *Get-VM | ft Name, VMHost, HostGroupPath, Status –auto* gibt eine Liste aller VMs an, die entsprechend sortiert ist. *Get-VMCheckpoint | ft VM, AddedTime, Name –auto* zeigt die erstellten Snapshots an, *Get-VM | Get-VirtualNetworkAdapter | ft Name,EthernetAddress* liefert Informationen zu den Netzwerkverbindungen der virtuellen Server.

Der Befehl *Get-VMCheckpoint –MostRecent –VM <VMName> | Restore-VMCheckpoint* stellt den letzten Snapshot für eine VM wieder her. Von der Seite *http://www.microsoft.com/downloads/details.aspx?FamilyID=08a9eeb9-86ff-4a4f-8dfa-165bd701aba9&displaylang=en* können Sie eine Word-Datei mit allen möglichen Cmdlets und Befehlen für die PowerShell herunterladen.

Neben der Möglichkeit, Hyper-V in Windows Server 2008 und Hyper-V R2 in Windows Server 2008 R2 zu verwalten, können Sie mit SCVMM auch VMware ESX-Server ab Version 3.0 verwalten. Auch ältere Virtualisierungslösungen mit Windows Server 2003/2008 x86 und Virtual Server 2005 SP1 können Sie verwalten. In diesem Fall empfiehlt sich aber die Migration zu Windows Server 2008 R2 mit Hyper-V R2 oder der Einsatz des kostenlosen Hyper-V-Servers 2008 R2. XEN Hyper-Visor unterstützt SCVM aktuell noch nicht.

Die verwalteten Server sollten sich am besten in einer Active Directory-Domäne befinden. Sie können durch Hinterlegen der entsprechenden Berechtigungen aber auch Server anbinden, die nicht Mitglied der Domäne sind. SCVMM muss allerdings zwingend in einer Domäne installiert sein. Wollen Sie einzelne Hosts zu Clustern zusammenfassen, müssen aber alle Server Mitglied der gleichen Domäne sein. Ein wesentlicher Vorteil von

SCVMM ist die Verbindung aller physischen Hosts miteinander und das intelligente Platzieren von neuen VMs auf einer noch nicht ausgelasteten Hostmaschine.

Sie können aber in den Eigenschaften von Hosts auf der Registerkarte *Status* die Option *Dieser Host ist zur Platzierung verfügbar* deaktivieren. In diesem Fall erstellt SCVMM auf diesem Server keine VMs mehr automatisch. Diese Technik funktioniert allerdings nicht beim Einsatz von VMware. Hier müssen Sie den Server in den Wartungsmodus versetzen, damit VMware keine virtuellen Maschinen auf dem Host platziert.

Abbildg. 8.77 Das intelligente Platzieren von virtuellen Maschinen lässt sich deaktivieren

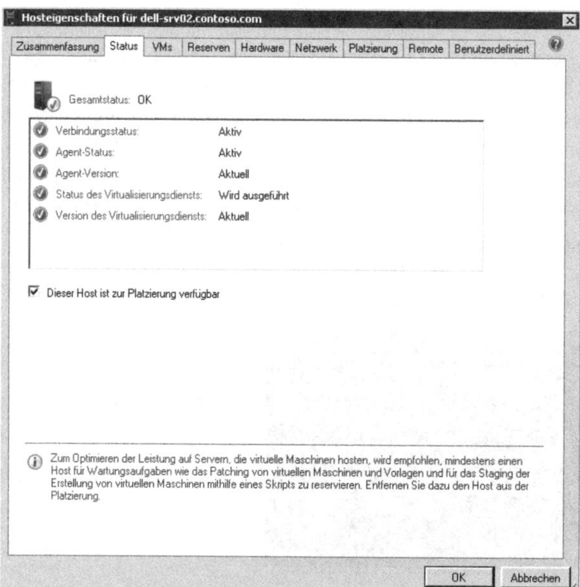

Die Eigenschaften können Sie über die rechte Maustaste aufrufen. Auf der Registerkarte *Zusammenfassung* zeigt die Konsole wichtige Informationen zur Hardware und eingesetzten Virtualisierungssoftware auf dem Server an. Auf den restlichen Registerkarten können Sie die Einbindung des Hosts an die virtuelle Infrastruktur genau planen.

Zusatzsoftware für Hyper-V

Zur Virtualisierung für Hyper-V gibt es einige interessante, teilweise kostenlose Tools. In diesem Abschnitt verweisen wir auf Freeware-Produkte, welche die Arbeit mit Hyper-V erleichtern und auf die Administratoren einen Blick werfen sollten. Achten Sie beim Einsatz des Service Pack 1 für Windows Server 2008 R2 darauf, dass einige der Tools oder verschiedene Funktionen der Tools nicht immer funktionieren. Vor allem wenn Sie Dynamic Memory oder RemoteFX nutzen, sollten Sie regelmäßig auf den Webseiten der Entwickler nach neuen Versionen suchen und diese installieren.

Hyper-V-Minianwendung für Windows 7

Auf der Internetseite *http://mindre.net* können Sie sich eine Minianwendung herunterladen, mit der Sie von einer Windows 7-Arbeitsstation aus auf einen Blick Ihre Hyper-V-Server überwachen können. Das Tool bietet die Möglichkeit, eine RDP-Sitzung auf den virtuellen Server zu starten oder Konfigurationen auf den Servern vorzunehmen. Das Tool nutzt dazu einige Teile des Hyper-V-Managers. Außerdem müssen mindestens die *Remote Server Administration Tools (RSAT)* installiert und der Hyper-V-Manager aktiviert sein.

Starten Sie den Monitor, können Sie sich alle Hyper-V-Server sowie deren aktuellen Zustand anzeigen lassen. Ändern Sie den Namen der Installationsdatei ab, können Sie die Minianwendung mehrmals installieren und auch mehrmals starten. Auf diese Weise können Sie mehrere Hyper-V-Server verwalten. Teilweise hat die Minianwendung Probleme mit Windows 7 x64. In diesem Fall kopieren Sie das Tool von *C:\Programme\Hyper-V* nach *C:\Programme (x86)\Hyper-V*.

Abbildg. 8.78 Anzeigen des Hyper-V-Monitors auf dem Desktop

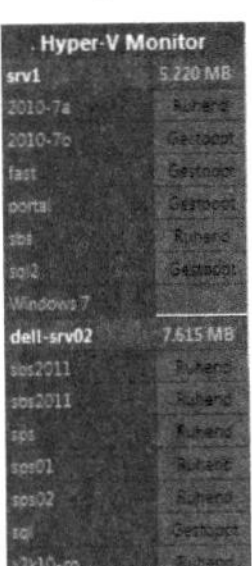

In den Einstellungen des Tools geben Sie zunächst die Server an, mit denen Sie sich verbinden wollen. Zusätzlich geben Sie hier verschiedene Einstellungen vor. Alles in allem ist die Einrichtung schnell abgeschlossen. Sie können sich mit mehreren Servern verbinden und zentral über die Minianwendung Server starten oder andere Verwaltungsaufgaben durchführen.

Abbildg. 8.79 Konfigurieren der Server für die Anbindung der Minianwendung

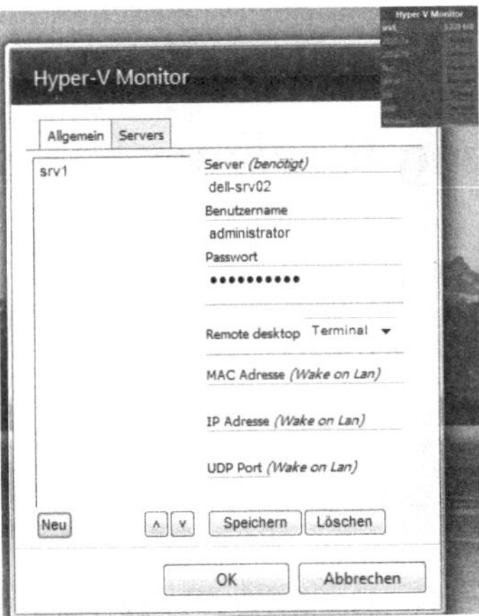

Hyper-V Manager und VHDCopy

Ebenfalls interessant ist die Freeware Hyper-V Manager von Jerry Orman. Diese bindet eine kleine Kopie des Hyper-V-Managers in die Taskleiste ein. So lassen sich virtuelle Server über PCs oder Notebooks mit Windows 7 leichter verwalten. Über das Kontextmenü erhalten Sie eine Übersicht zu den virtuellen Maschinen und können diese auch starten oder beenden. Das Tool steht auf der Seite *http://blogs.msdn.com/jorman/archive/2010/01/24/hyper-v-manager.aspx* zum Download zur Verfügung. Hier laden Sie nicht nur das Tool herunter, sondern auch den Sourcecode auf Basis von Visual Studio 2008.

Das Tool geht davon aus, dass Hyper-V lokal installiert ist, zum Beispiel wenn Sie Windows Server 2008 R2 als Arbeitsstation nutzen. Wollen Sie remote einen Server verwalten, müssen Sie die Datei *Hyper-V Manager.exe.config* bearbeiten. Fügen Sie bei der Adresse im Bereich \\.\ den Servernamen ein, zum Beispiel *\\dell-srv02*.

Sie müssen Hyper-V Manager nicht installieren, es reicht aus, wenn Sie die *.exe*-Datei starten. Über das Kontextmenü können Sie die installierten VMs starten, stoppen, speichern oder anhalten. Das Tool arbeitet auch mit Windows Server 2008 R2 zusammen.

Abbildg. 8.80 Virtuelle Server über die Taskleiste verwalten

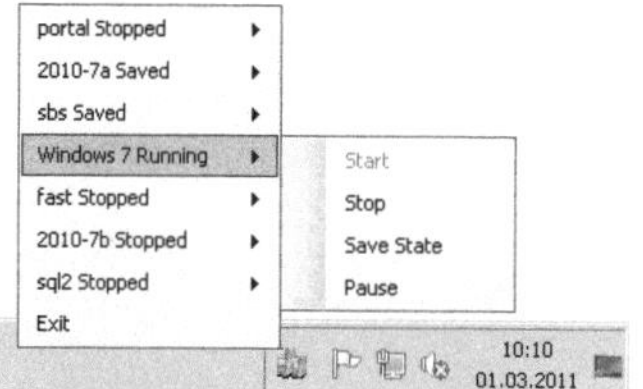

Auf der Seite *http://blogs.technet.com/mattmcspirit/archive/2010/01/25/cool-tools-vhdcopy-vhdcopee-and-vmprov.aspx* finden Sie verschiedene Tools zum Kopieren von *.vhd*-Dateien. *VHDCopy* kann *.vhd*-Dateien zwischen Servern kopieren. Der Vorteil bei der Verwendung dieses Tools ist, dass es besser als andere Tools mit leeren Bereichen in den *.vhd*-Dateien umgehen und Sie auf diesem Weg *.vhd*-Dateien sehr viel schneller kopieren können. Dies spielt vor allem bei *.vhd*-Dateien mit fixer Größe eine Rolle, bei denen der meiste Platz leer ist.

Mit dem Tool *VMProv* von der gleichen Seite können Sie die Bereitstellung von VMs beschleunigen, da es den Kopiervorgang von *.vhd*-Dateien über einen zentralen Bibliothekserver verwalten und die neue VM bereits bereitstellen kann, während der Kopiervorgang der *.vhd*-Datei noch andauert. Die Tools arbeiten auch mit System Center Virtual Machine Manager 2008 R2 zusammen.

HyperV_Mon – Leistungsmessung für Hyper-V

Die Freeware HyperV_Mon (*http://www.tmurgent.com/tools.aspx*) zeigt detaillierte Informationen zum aktuellen Leistungsverbrauch gestarteter virtueller Server an. Das Tool greift dabei auf Leistungsindikatoren der Leistungsüberwachung zu. Sie müssen das Tool nicht installieren, sondern können es direkt ausführen. Der Download enthält auch eine *.pdf*-Datei, die den Umgang erläutert.

Starten Sie das Tool, zeigt es alle gestarteten virtuellen Server sowie deren aktuellen Leistungsverbrauch an. Über die Schaltfläche *Configure* stellen Sie das Tool ein und verbinden es mit dem Hyper-V-Server. Der Start des Tools kann durchaus bis zu einer Minute dauern, starten Sie es daher nur einmal.

Microsoft Assessment and Planning (MAP) Toolkit for Hyper-V

Das kostenlose MAP Toolkit for Hyper-V (*http://technet.microsoft.com/en-us/solutionaccelerators/dd537570.aspx*) können Sie im Rahmen einer Migration von physischen Servern zu virtuellen Servern dazu verwenden, die Last von Hyper-V-Hosts zu messen. Auf der Downloadseite erhalten Sie auch kostenlose Anleitungen zum Umgang mit dem Tool.

Das Tool misst die Leistung von physischen Servern über einen festgelegten Zeitraum, zum Beispiel mehrere Tage. Anschließend erhalten Sie eine Empfehlung, ob Sie den entsprechenden Server zu Hyper-V migrieren können, oder ob dessen Leistungsverbrauch zu hoch ist. Außerdem lassen sich auch virtuelle Server auf Basis von VMware dahingehend untersuchen, ob eine Migration zu Hyper-V möglich wäre.

StarWind V2V Converter

Mit dem StarWind V2V Converter (*http://www.starwindsoftware.com/converter*) konvertieren Sie die virtuellen Festplatten vom VMware-Virtual Machine Disk Format (VMDK) zum Microsoft-Format Virtual Hard Disk (VHD). Auch Citrix verwendet VHD, daher können Sie den Converter auch für die Migration zu Citrix verwenden. Die Software steht kostenlos zur Verfügung.

Abbildg. 8.81 Konvertieren von virtuellen VMware-Festplatten

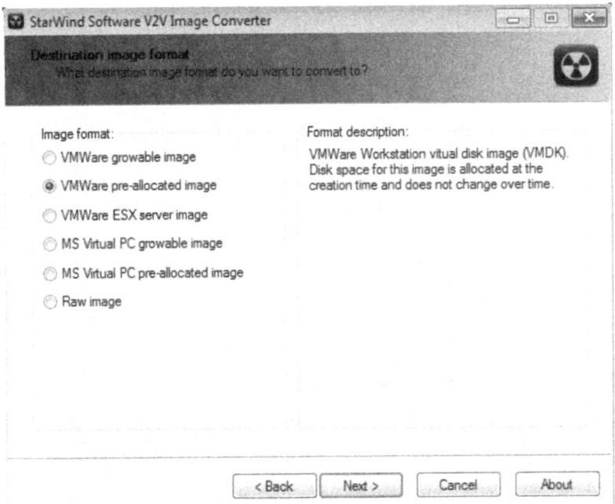

Zur Konvertierung laden Sie das Tool herunter, installieren es und starten es anschließend. Wählen Sie dann die *.vmdk*-Datei aus, die Sie konvertieren wollen. Auf der nächsten Seite wählen Sie das Zielformat aus. Als Letztes legen Sie den Pfad fest, in den das Tool die konvertierte Datei ablegen soll. Anschließend beginnt der StarWind V2V Converter mit seiner Arbeit.

Citrix Essentials for Hyper-V Express Edition

Mit Citrix Essentials for Hyper-V Express Edition (*http://deliver.citrix.com/go/citrix/ehvexpress*) stellt Citrix eine kostenlose Verwaltungssoftware für Hyper-V zur Verfügung. Mit der Lösung verwalten Sie die Speichersysteme der Hyper-V-Server. Die Software enthält verschiedene Funktionen zur Verwaltung der Hyper-V-Server. Mit dem *StorageLink Gateway* können Sie Speichersysteme wie DAS, NAS, SAN, iSCSI und Fibre Channel automatisch erkennen lassen. Der *StorageLink Resource Manager* kann Datenträger partitionieren, Snapshots und Sicherungen erstellen sowie Daten replizieren.

Mit dem *StorageLink Image Manager* lassen sich Abbilder von virtuellen Maschinen zentral speichern und diese über Citrix XenServer oder Hyper-V bereitstellen und klonen. StorageLink Connect kann über eine API Datensicherungslösungen und andere Anwendungen anbinden. Die kostenlose Express-Edition kann maximal zwei Hyper-V-Hostserver und ein Speichersystem verwalten. Sie können aber bei Bedarf die beiden größeren Editionen Enterprise oder Platinum aktualisieren.

Hyper-V Network Command Line Tool für Core-Server

Mit dem kostenlosen Tool *NVSPBIND* (*http://blogs.technet.com/b/virtualization/archive/2010/01/26/hyper_2d00_v-network-command-line-tool-nvspbind-now-available-externally.aspx*) können Administratoren, die Hyper-V auf einem Core-Server betreiben, die einzelnen Bindungen für Netzwerkprotokolle auf den Netzwerkkarten der Hyper-V-Server verwalten. Das Tool stammt von den Hyper-V-Entwicklern und funktioniert auf Core-Servern und für Hyper-V Server 2008 sowie Hyper-V Server 2008 R2. Mit *VM2DMP* (*http://code.msdn.microsoft.com/vm2dmp*) können Sie Fehler aus Dumpdateien auslesen, wenn ein virtueller Server nicht mehr funktioniert.

Das Tool konvertiert dazu die Datei, sodass Sie diese mit den Microsoft Debugging Tools (*http://www.microsoft.com/whdc/devtools/debugging/default.mspx*) untersuchen können. Die Dateien lassen sich dann auch auf anderen Servern oder Computern analysieren. Das Tool unterstützt Windows 7 und Windows Server 2008 R2.

Mit dem Tool *NVSPSCRUB* (*http://code.msdn.microsoft.com/nvspscrub*) können Sie alle Hyper-V-Netzwerke und -Verbindungen löschen. Vor allem beim Betrieb von Hyper-V auf Core-Servern ist das Tool hilfreich, wenn der Hyper-V-Manager nicht zur Verfügung steht. Folgende Optionen stehen für *nvspscrub.js* zur Verfügung:

- /? Zeigt die Hilfe an
- /v Löscht deaktivierte virtuelle Netzwerke
- /p Löscht Einstellungen der virtuellen Netzwerke
- /n Löscht ein spezielles Netzwerk

Disk2vhd – Physische Festplatten in VHDs exportieren

Mit dem kostenlosen Tool Disk2vhd von Microsoft-Sysinternals (*www.sysinternals.com*) können Sie über eine grafische Oberfläche mit einem Klick ein Image von physischen Festplatten in eine *.vhd*-Datei erstellen. Dabei kann problemlos mit dem Computer weitergearbeitet werden, da der Imageprozess im Hintergrund stattfindet.

Nach dem Download starten Sie das Tool ohne Installation. Wählen Sie den Pfad der *.vhd*-Datei aus, legen Sie fest, welche physischen Festplatten enthalten sein sollen, und klicken Sie auf *Create*. Anschließend erstellt der Assistent die *.vhd*-Datei. Diese lässt sich in alle Virtualisierungslösungen einbinden, die mit *.vhd*-Dateien umgehen können, vor allem Virtual PC und Hyper-V. Im Startfenster sehen Sie auch, welche Größe die *.vhd*-Datei nach dem Erstellen haben wird.

HINWEIS Disk2vhd unterstützt Windows ab XP SP2, also auch Windows Vista, Windows 7, Windows Server 2008 und Windows Server 2008 R2. Neben 32-Bit- können Sie das System auch unter 64-Bit-Betriebssystemen einsetzen.

Abbildg. 8.82 Mit Disk2vhd physische Festplatten in *.vhd*-Dateien umwandeln

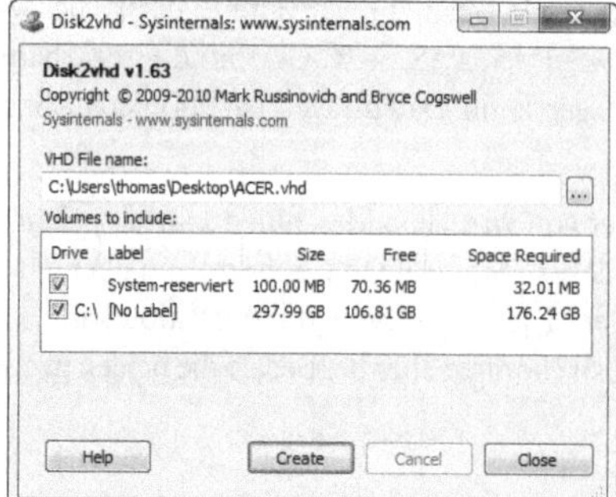

Sobald Sie auf *Create* klicken, beginnt der Assistent mit seiner Arbeit und kopiert den Inhalt der Festplatte im laufenden Betrieb in die ausgewählte *.vhd*-Datei.

HINWEIS Suchen Sie ein Tool, mit dem Sie *.vhd*-Dateien (Hyper-V, Virtual PC oder Windows 7 und Windows Server 2008 R2) in virtuelle VMware-Festplatten (*.vmdk*) oder umgekehrt umwandeln wollen, können Sie die bereits weiter vorne erwähnte Freeware *StarWind (V2V) Converter* von der Internetseite *http://www.starwindsoftware.com/converter* verwenden.

Abbildg. 8.83 Nach dem Startvorgang beginnt Disk2vhd mit seiner Arbeit

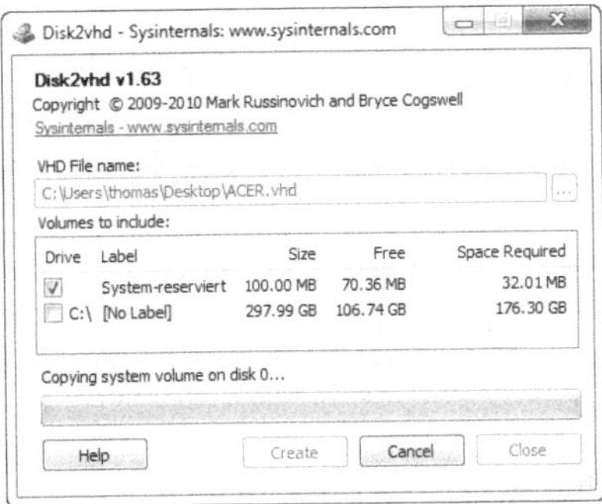

Einer der größten Vorteile des Tools ist, dass das zu sichernde System normal laufen kann. Bei vielen anderen Tools müssen Sie den Rechner kompliziert mit Boot-CDs booten. Das Tool baut auf den Windows-Schattenkopien auf, um einen konsistenten Snapshot eines Computers erstellen zu können.

Erstellen Sie mehrere Images gleichzeitig von mehreren eingebauten Festplatten, erstellt Disk2vhd für jede physische Festplatte eine eigene *.vhd*-Datei. Sie können Festplatten auch abwählen und so beispielsweise nur Systempartitionen sichern und Datenpartitionen auslassen.

Abbildg. 8.84 Disk2vhd meldet den erfolgreichen Export in eine *.vhd*-Datei

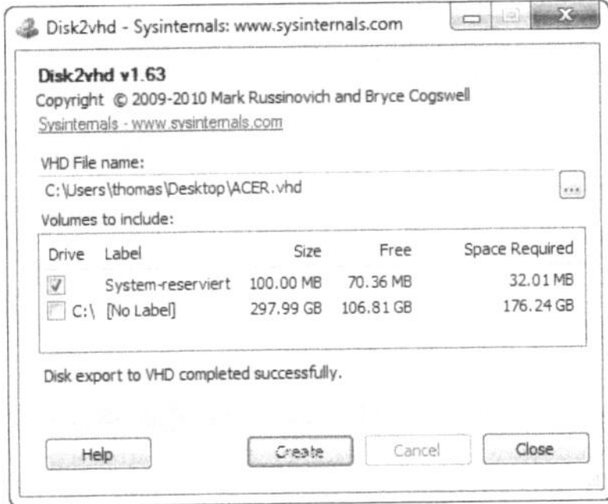

HINWEIS Achten Sie darauf dass Virtual PC nur Festplatten mit einer Größe von maximal 127 GB einbinden kann. Außerdem unterstützt Virtual PC im Gegensatz zu Hyper-V keine Mehrprozessorsysteme. Bei Hyper-V sind Sie in dieser Richtung nicht begrenzt. Unter Windows 7 und Windows Server 2008 R2 können Sie die *.vhd*-Dateien ebenfalls direkt in das Betriebssystem einbinden (siehe die Kapitel 3 und 6).

Allerdings sollten Sie auf einem Computer nicht die *.vhd*-Datei booten, die der Systempartition des Rechners entspricht. Ansonsten besteht die Gefahr, dass das Betriebssystem mit den Signaturen der Festplatten durcheinander kommt. Verwenden Sie zum Booten der Festplatte statt Hyper-V Virtual PC, sollten Sie für die virtuelle Maschine, für die Sie die *.vhd*-Datei verwenden, die Option *Fix up HAL for Virtual PC* setzen. So wird sichergestellt, dass für den virtuellen PC eigens ein HAL (Windows Hardware Abstraction Layer) erstellt wird.

Sie sollten die *.vhd*-Dateien möglichst als IDE-Festplatten in das System einbinden. Nach der Einbindung der Festplatte in ein virtuelles System müssen Sie noch die Integrationsdienste installieren, damit die Festplatte optimal mit Hyper-V oder Virtual PC funktioniert.

TIPP Sie können Disk2vhd auch über die Eingabeaufforderung starten. Die Syntax dafür lautet: *disk2vhd <[drive: [drive:]...]|[*]> <.vhd-Datei>*, zum Beispiel *disk2vhd * c:\vhd\snapshot.vhd*. Verwenden Sie statt einem Laufwerksbuchstaben den Platzhalter *, sichert das Tool alle Festplatten des Computers.

Kopieren Sie die Festplatte auf einen Computer mit Windows 7 und Windows Server 2008 R2, können Sie über die Festplattenverwaltung und den Menübefehl *Aktion/Virtuelle Festplatte anfügen* die *.vhd*-Datei bereitstellen. So erhalten Sie Zugriff auf den Inhalt über den normalen Explorer und können die *.vhd*-Datei als Datensicherung nutzen.

Abbildg. 8.85 Anbinden einer virtuellen Festplatte direkt in das Betriebssystem unter Windows 7 oder Windows Server 2008 R2

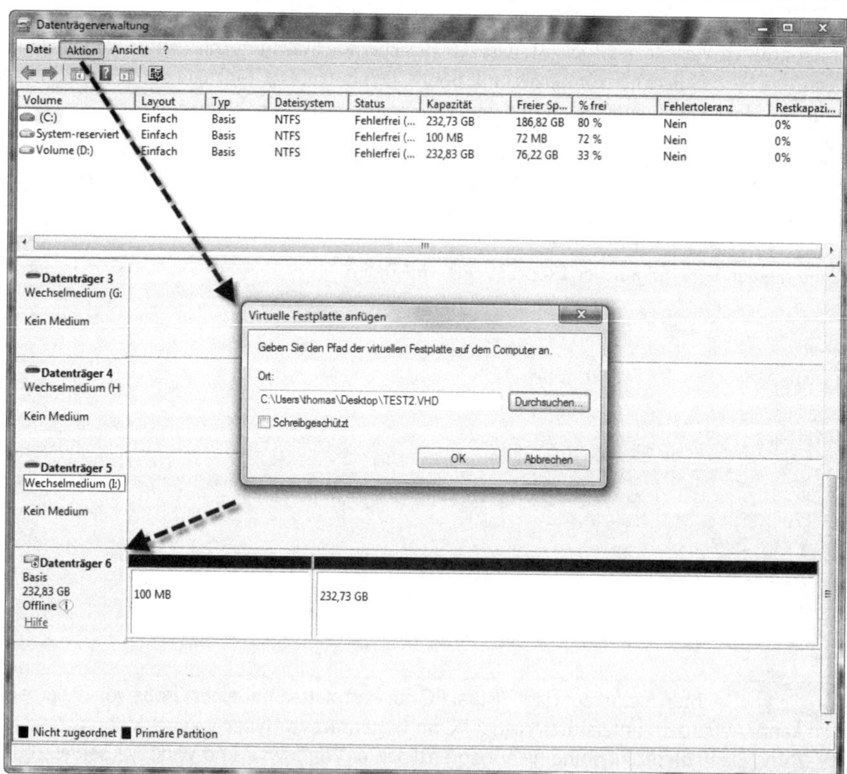

Anschließend muss die Festplatte über das Kontextmenü noch online geschaltet werden. Der Explorer richtet daraufhin ein Laufwerk ein, über das Sie auf den Inhalt zugreifen können. Enthält die Festplatte mehrere Partitionen, legt Windows für jede Partition ein eigenes Laufwerk im Explorer an.

Wollen Sie die Festplatte als Laufwerk für eine Datensicherung verwenden, müssen Sie diese zunächst wieder vom Computer trennen, bevor Sie die *.vhd*-Datei erneut erstellen können. Verwenden Sie dazu ein Skript, können Sie zum Beispiel über Diskpart (siehe die Kapitel 3 und 6) die Platte trennen lassen, die Sicherung erstellen und die Platte wieder erneut mit dem System verbinden. Speichern Sie die Datei auf einer externen Festplatte, erhalten Sie so immer eine aktuelle Datensicherung des Systems, das als Laufwerk am Computer verbunden ist.

Abbildg. 8.86 Zugreifen auf virtuelle Festplatten über den Windows-Explorer

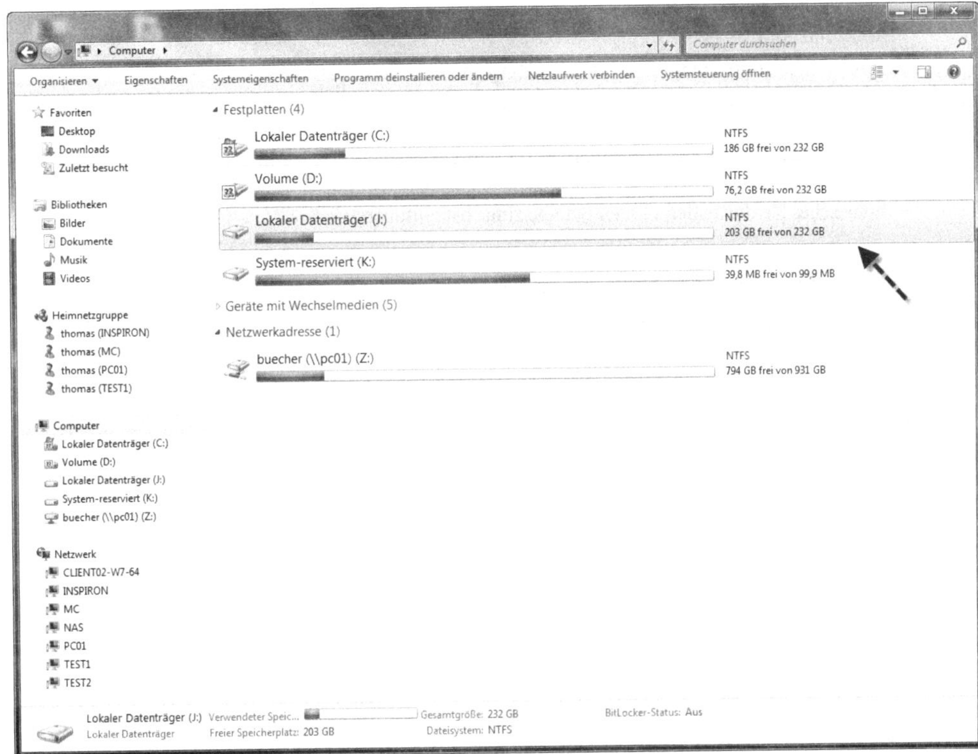

Neben der Möglichkeit, aus physischen Festplatten *.vhd*-Dateien zu erstellen, zum Beispiel für Migrationen oder für Testzwecke, können Sie das Tool Disk2vhd auch zur Datensicherung verwenden. Dazu können Sie beispielsweise in Windows 7 oder Windows Server 2008 R2 die erstellte *.vhd*-Datei des eigenen Rechners als Laufwerk einbinden.

Der Vorteil ist, dass diese Laufwerke eine komplette Datensicherung Ihres produktiven Rechners oder eben eines anderen Rechners darstellen. Dazu schreiben Sie ein Skript, welches automatisiert, zum Beispiel über die Aufgaben in Windows, eine solche *.vhd*-Datei erstellt. Hierbei können Sie auch andere Rechner sichern, denn zur Sicherung unterstützt Disk2vhd nicht nur Windows 7 und Windows Server 2008 R2, sondern auch Windows XP (ab SP2), Windows Server 2003 und 2008. Die erstellte *.vhd*-Datei können Sie dann entweder in Hyper-V, Virtual PC oder eben direkt in Windows 7 in den Explorer einbinden.

Der Ablauf dazu ist denkbar simpel: Sie erstellen zunächst eine Batchdatei, welche die notwendigen Befehle zusammenfasst. Wenn Sie bereits eine Sicherung erstellt und diese als *.vhd*-Datei direkt in Windows 7 oder Windows Server 2008 R2 eingebunden haben, können Sie diese Datei zunächst nicht wieder für eine weitere Sicherung verwenden, da diese in Benutzung durch das Betriebssystem ist. Die Ausnahme ist, wenn der entsprechende Rechner, auf dem die *.vhd*-Datei verknüpft ist, nicht gestartet, aber die Datei dennoch verfügbar ist.

Der erste Schritt bei einer solchen Batchdatei ist daher zunächst die *.vhd*-Datei vom Rechner zu trennen. Am besten eignet sich dazu das Befehlszeilentool *diskpart.exe*. Mit den beiden folgenden Befehlen trennen Sie im laufenden Betrieb eine *.vhd*-Datei vom Explorer. Diese Befehle stehen nur in Windows 7 und Windows Server 2008 R2 zur Verfügung:

```
select vdisk file=<Pfad und Dateiname> (Beispiel: select vdisk file=x:\pc01-c.vhd)
detach vdisk
```

Durch diese beiden Befehle wird die virtuelle Festplatte vom Betriebssystem getrennt und steht zur Datensicherung zur Verfügung. Allerdings lassen sich Diskpart-Befehle nicht direkt in Batchdateien einbauen. Sie müssen Diskpart-Befehle in *.txt*-Dateien ablegen und diese Datei dann direkt in eine Batchdatei einbinden, zum Beispiel mit dem Befehl *diskpart /s disk2vhd1.txt*. Dieser Befehl startet durch die Option */s* das Skript *disk2vhd1.txt*, in welches Sie die beiden oberen Befehle zunächst einfügen.

Da die virtuelle Festplatte jetzt vom System getrennt ist, können Sie diese mit Disk2vhd überschreiben, indem Sie das Tool in der Eingabeaufforderung zusammen mit der Batchdatei starten. Die Syntax in diesem Beispiel ist *disk2vhd c: x:\pc01-c.vhd*. Der Befehl sichert die Festplatte C: des Rechners in die Datei *pc01-c.vhd* auf das externe Laufwerk *x*.

Nachdem Sie die Sicherung abgeschlossen haben, können Sie als nächsten Befehl wieder über Diskpart die Festplatte an das System anbinden. Dazu sind die drei folgenden Befehle notwendig:

```
select vdisk file=x:\pc01-c.vhd
attach vdisk
online disk
```

Neue virtuelle Festplatten werden zunächst offline geschaltet. Das heißt, wenn Sie diese anbinden, müssen Sie diese zunächst über den Befehl *online disk* online schalten. Da es sich bei diesen Befehlen wieder um Diskpart-Befehle handelt, müssen Sie auch diese in eine eigene *.txt*-Datei speichern und dann mit dem Befehl *diskpart* aufrufen, zum Beispiel über *diskpart /s disk2vhd2.txt*.

Damit diese Festplatte aber im System und auch im Explorer angezeigt wird, müssen Sie einen Laufwerksbuchstaben zuweisen. Auch dazu verwenden Sie wieder Diskpart mit den Befehlen:

```
select volume 10
assign letter=r
```

Welche Volumenummer die *.vhd*-Dateien auf einzelnen Systemen haben, müssen Sie vorab einmal manuell mit dem Befehl *list volume* abfragen. Dazu müssen Sie in der Eingabeaufforderung *diskpart* eingeben und danach *list volume*. Diese Nummer des Laufwerks bleibt dann so lange gleich, bis Sie ein weiteres Laufwerk an diesem Rechner anbinden. In diesem Fall müssen Sie die neue Nummer erneut abfragen. Auch diese beiden Befehle schreiben Sie wieder in eine Textdatei und rufen diese über *diskpart /s* in der Batchdatei ab, zum Beispiel mit *diskpart /s disk2vhd3.txt*.

Wenn Sie mehrere Diskpart-Befehle hintereinander ablaufen lassen wollen, sollten Sie sie möglichst in mehrere Skriptdateien einbauen und zwischen den Dateien etwas Zeit vergehen lassen. Der beste Weg dazu ist, wenn Sie zwischen den Aufrufen der Diskpart-Befehle noch den Befehl *ping 127.0.0.1 –n 10>nul* einbauen. Der Befehl ruft Daten von der internen Netzwerkschnittstelle ab und wartet 10 Sekunden. Die Ausgabe wird durch *>nul* sofort wieder gelöscht. Statt »10« können Sie auch jeden anderen beliebigen Wert in Sekunden eingeben. Neben dieser Möglichkeit können Sie auch Zusatztools verwenden, die ein System zum Warten zwingen. Leider sind in Windows solche Tools nicht als Bordmittel enthalten, der einfachste Weg ist also der Einsatz des Ping-Befehls.

In der Batchdatei können Sie dann noch die Festplatte R:, also die Datensicherung, ebenfalls entsprechend umbenennen. Dazu verwenden Sie den Befehl *label R: Backup*. Dieser Befehl ist kein Diskpart-Befehl, sondern steht in der Eingabeaufforderung zur Verfügung.

Sichern Sie die Festplatte C: eines Rechners mit Windows 7 oder Windows Server 2008 R2, enthält diese noch den Systembereich mit dem Boot-Manager. Dieser wird durch Diskpart ebenfalls automatisch in den Explorer eingebunden, allerdings lässt sich darauf nicht zugreifen. Mit den beiden folgenden Diskpart-Befehlen trennen Sie das Laufwerk:

```
select volume 9
remove letter=j
```

Laufwerksbuchstabe und Volumenummer variieren auf jedem System. Hier müssen Sie manuell nacharbeiten. Das fertige Skript sieht dann folgendermaßen in dieser Beispielumgebung aus, den Inhalt der Diskpart-Skripts finden Sie im vorangegangenen Text:

Listing 8.1 Beispielskript zur Sicherung eines Laufwerks mit Disk2vhd

```
diskpart /s disk2vhd1.txt <- Trennt die virtuelle Festplatte
disk2vhd c: x:\pc01-c.vhd <- Führt die Sicherung aus
ping 127.0.0.1 -n 10>nul <- Wartet 10 Sekunden
diskpart /s disk2vhd2.txt  <- Verbindet die .vhd-Datei wieder mit dem Computer
ping 127.0.0.1 -n 10>nul <- Wartet 10 Sekunden
diskpart /s disk2vhd3.txt <- Legt Laufwerksbuchstaben fest
label R: Backup <- Benennt das Laufwerk in "Backup" um
ping 127.0.0.1 -n 10>nul <- Wartet 10 Sekunden
diskpart /s disk2vhd4.txt  <- Löscht das Laufwerk mit der Systempartition aus dem Explorer
shutdown /s <- Fährt den Rechner herunter
```

Auf diesem Weg steht auf dem Rechner immer ein Laufwerk mit dem Buchstaben *R* und der Bezeichnung *Backup* zur Verfügung. Natürlich ist dieses Skript nur ein primitiver Weg und Sie können mit Skriptprogrammen, der PowerShell oder über andere Wege ebenfalls das gleiche Ziel erreichen. Sie sehen an diesem Beispiel aber, welche Möglichkeiten Sie mit Windows 7, Windows Server 2008 R2 und Disk2vhd haben.

Windows XP Mode installieren, verteilen und einsetzen

Im Bereich der Virtualisierung spielt auch der Windows XP Mode in Windows 7 eine wichtige Rolle. Dieser Modus bietet einen virtuellen Computer auf Windows XP-Basis, der allen Windows 7-Nutzern mit den Editionen Professional, Enterprise und Ultimate zur Verfügung steht.

HINWEIS Installation im Schnelldurchlauf:

1. Laden Sie die Installationsprogramme für Windows Virtual PC und Windows XP Mode von der Windows Virtual PC-Website (*http://go.microsoft.com/fwlink/?LinkID=160479*) herunter.
2. Installieren Sie Windows XP Mode, indem Sie auf die Datei *WindowsXPMode_nn-NN.exe* doppelklicken (*nn-NN* steht für den Gebietsschemacode, z. B. de-DE).
3. Installieren Sie Windows Virtual PC, indem Sie wahlweise auf die Datei *Windows6.1-KB958559-x86.msu* oder *Windows6.1-KB958559-x64.msu* klicken.
4. Starten Sie den Computer erneut.
5. Klicken Sie nach dem Neustart des Computers auf *Start/Alle Programme/Windows Virtual PC/Windows XP Mode*.
6. Führen Sie den folgenden Assistenten aus. Achten Sie darauf, sich das Kennwort zu merken, das Sie während des Setupvorgangs eingeben. Sie benötigen es für die Anmeldung beim virtuellen Computer. Das Kennwort entspricht nicht der Anmeldung am lokalen Windows 7-Computer.

Der Windows XP Mode ist eine echte Alternative zu Virtual Desktop Infrastructure (VDI, siehe Kapitel 26) zusammen mit Hyper-V und den Remotedesktopdiensten. Der Windows XP Mode basiert auf Windows Virtual PC, dem Nachfolger von Virtual PC 2007. Wollen Sie Windows XP Mode einsetzen, sollten Sie Virtual PC 2007 unter Windows 7 deinstallieren.

Bereits vorhandene virtuelle Maschinen lassen sich auch in der neuen Version einsetzen. Nur die neue Version kann Anwendungen so für den Benutzer darstellen, als ob diese lokal installiert sind, auch wenn sie in Virtual PC laufen. Auch die Unterstützung von USB-Geräten ist jetzt in Virtual PC effizienter möglich, als noch in den Vorgängerversionen. Auch die Zusammenarbeit der Zwischenablage der Taskleiste und der Laufwerke ist in der neuen Version effizient möglich.

HINWEIS Der Windows XP Mode steht in einer 32-Bit- und 64-Bit-Version zur Verfügung, der virtuelle PC des Windows XP Mode aber ausschließlich für 32 Bit. Zur Installation muss der Prozessor des physischen Hosts die Hardwarevirtualisierung von AMT und Intel unterstützen, ähnlich zu Hyper-V. In den meisten Fällen ist diese Unterstützung deaktiviert. Sie müssen vor der Installation des Windows XP Mode diese Unterstützung im BIOS des Rechners aktivieren.

Ist eine solche Option nicht verfügbar, suchen Sie ein Update für das BIOS und überprüfen Sie, ob die Aktivierung jetzt funktioniert. Über die Downloadseite des XP-Modus können Sie auch eine Aktualisierung herunterladen, mit der Sie den Modus auch dann einsetzen können, wenn Ihr Prozessor keine Virtualisierung unterstützt. 3D-Anwendungen funktionieren unter Virtual PC nicht, das gilt auch für die meisten Spiele und Anwendungen, die DirectX benötigen. Das Hostsystem benötigt beim Einsatz des Windows XP Mode mindestens 2 GB RAM, bei einem 64-Bit-Hostsystem benötigen Sie mindestens 3 GB RAM. Auf der lokalen Festplatte muss noch mindestens 15 GB frei sein, ist das nicht der Fall, können Sie den Windows XP Mode nicht installieren.

Wir zeigen Ihnen im folgenden Abschnitt, wie Sie den Windows XP Mode einsetzen können. Standardmäßig ist der Windows XP Mode nicht in den Betriebssystemen integriert. Sie müssen zuvor Virtual PC für Windows 7 und die dazugehörige virtuelle Maschine herunterladen. Der Vorteil beim Einsatz des Windows XP Mode ist, dass Anwender mit dem virtuellen PC beziehungsweise den integrierten Anwendungen so arbeiten, als ob diese lokal unter Windows 7 installiert sind. Die Anwendungen erscheinen sogar im Startmenü von Windows 7.

Neben der möglichen Verteilung über Windows Server Update Services können Sie den Windows XP Mode auch direkt über das Internet herunterladen und installieren. Die Seite dazu ist *http://www.microsoft.com/win-*

dows/virtual-pc/download.aspx oder *http://www.microsoft.com/germany/windows/virtual-pc/default.aspx*. Installieren Sie die beiden Installationsdateien für Windows Virtual PC und den eigentlichen Windows XP-Modus und führen Sie den Einrichtungs-Assistenten durch.

Abbildg. 8.87 Herunterladen des Windows XP Mode

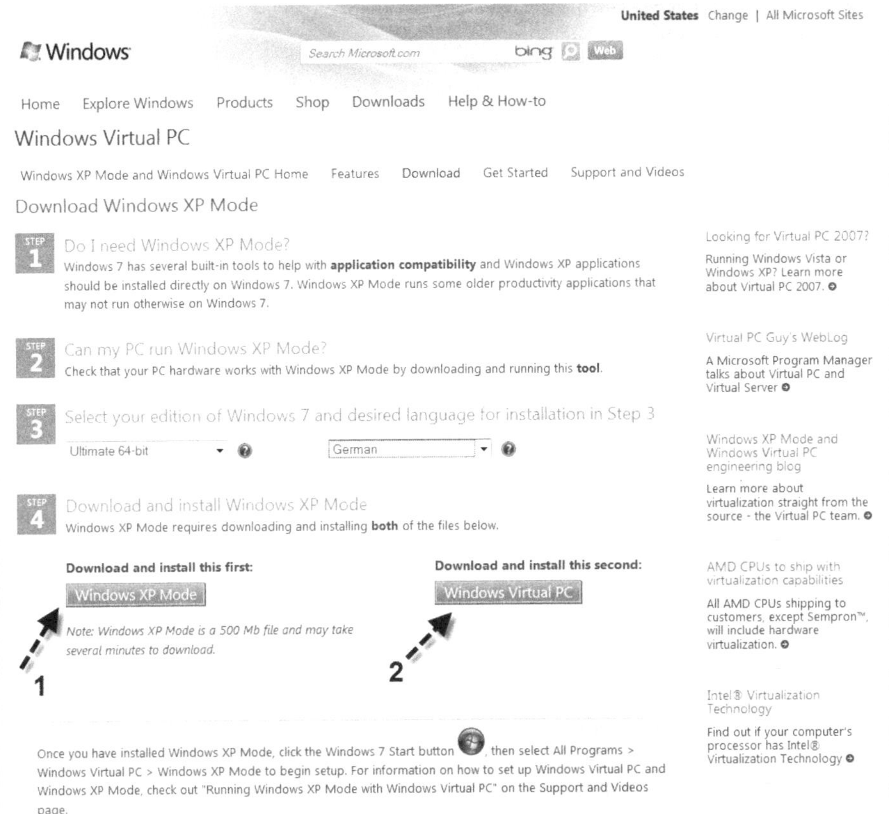

Laden Sie sich zunächst den Windows XP Mode herunter, bevor Sie Virtual PC auf dem Computer installieren. Der Download hat etwa eine Größe von 500 MB. Nachdem Sie den Windows XP Mode heruntergeladen haben, installieren Sie diesen auf dem Computer.

Möchten Sie den Windows XP Mode auf mehreren Rechnern bereitstellen, bietet es sich an, auf einem Testcomputer die Installation und Einrichtung durchzuführen und die virtuelle Maschine dann auf die Rechner zu verteilen. Große Unternehmen verwenden zum Verteilen des Windows XP Mode auf vielen Rechnern am besten das *Microsoft Enterprise Desktop Virtualization (MED-V)* von der Webseite *http://www.microsoft.com/windows/enterprise/products/mdop/med-v.aspx*.

Über den Link *http://go.microsoft.com/fwlink/?LinkID=167125* können Sie neben einer Anleitung zum Deployment des Windows XP Mode auch Skripts herunterladen, mit denen Sie den Modus unbeaufsichtigt und automatisiert installieren. Enthalten sind die beiden Skripts *InstallWindowsVirtualPC.wsf* und *InstallAndCreateWindowsXPMode.wsf*:

- Über *InstallWindowsVirtualPC.wsf* können Sie Windows Virtual PC unbeaufsichtigt installieren. Verwenden Sie dazu in einer Eingabeaufforderung mit Adminrechten den folgenden Befehl

```
cscript InstallWindowsVirtualPC.wsf -p:<Pfad zur .msu-Datei>
```

- Mit dem folgenden Befehl installieren Sie den Windows XP Mode ebenfalls über eine Eingabeaufforderung mit Adminrechten

```
InstallAndCreateWindowsXPMode.wsf -p:<Pfad zur Windows XP Mode .exe file> [-i:<Installationspfad>]
```

- Mit dem folgenden Befehl erstellen Sie eine neue virtuelle Maschine mit der entsprechenden *.vhd*-Datei, die Sie vorbereiten können:

```
cscript CreateVirtualMachine.wsf -p:<.vhd-Datei> -vn:<Name der virtuellen Maschine>
```

Zur Verteilung können Sie auch einfach Windows XP einmal einrichten, den virtuellen Computer mit Sysprep für die Verteilung vorbereiten und dann die *.vhd*-Datei auf die anderen Computer verteilen und in Virtual PC einbinden. Damit Sie den Windows XP Mode nutzen können, müssen Sie, neben der *.vhd*-Datei, auch Virtual PC auf den Rechnern installieren.

TIPP Sie finden die *.vhd*-Datei für den Windows XP Mode im Verzeichnis *%ProgramFiles%\Windows XP Mode*. Die Datei hat die Bezeichnung *Windows XP Mode base.vhd*. Ändern Sie Einstellungen der virtuellen Maschine und installieren zusätzliche Anwendungen, legt Windows XP Mode eine differenzierende Festplatte an, die auf der originalen Festplatte aufbaut. Diese findet sich im Verzeichnis *C:\Users\<Benutzername>\AppData\Local\Microsoft\Windows Virtual PC*. In diesem Verzeichnis liegen auch die Einstellungen der virtuellen Maschine. Wollen Sie den Windows XP Mode deinstallieren, müssen Sie diese Dateien manuell löschen. Dies gilt auch, wenn Sie Vorgängerversionen wie Beta oder RC einsetzen.

Für Testzwecke müssen Sie den Windows XP Mode auf einem physischen Computer installieren. Eine Testumgebung in einer virtuellen Maschine ist nicht möglich, da der Windows XP Mode selbst eine virtuelle Maschine darstellt und eine doppelte Virtualisierung nicht möglich ist.

Abbildg. 8.88 Installieren des Windows XP Mode

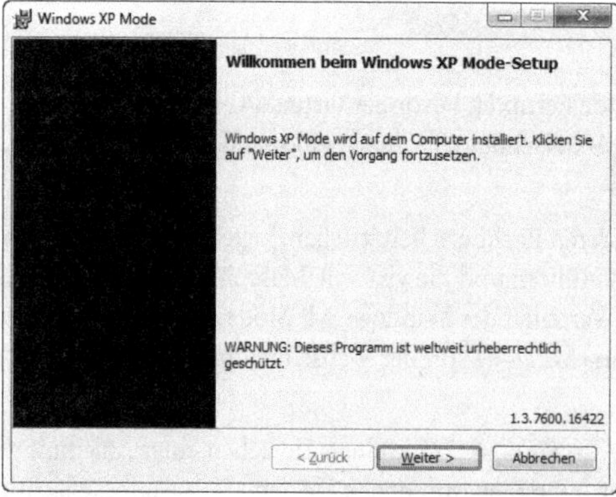

Bestätigen Sie bei der Installation einfach alle jeweils angezeigten Fenster und installieren Sie nach dem Setup des Windows XP Mode schließlich Virtual PC auf dem Rechner. Führen Sie auch den Assistenten zur Einrichtung des Windows XP Mode durch. Nach der Installation startet der Einrichtungs-Assistent für Windows XP. Sie legen das Kennwort des Benutzers sowie das Updateverhalten des virtuellen Computers fest.

Bei der Einrichtung können Sie bestimmen, ob beim Start automatisch eine Anmeldung am Rechner erfolgen soll, oder ob Sie sich manuell am Windows XP-Rechner anmelden wollen. Alle Einstellungen betreffen nur die virtuelle Maschine, der Windows 7-Rechner ist bei der Einstellung nicht betroffen.

HINWEIS Wollen Sie nicht die Festplatte des Windows XP Mode nutzen, sondern eine eigene Festplatte erstellen, müssen Sie über eine eigene Windows XP-Lizenz oder über einen Softwarevertrag mit Microsoft verfügen. Damit Anwendungen in dieser Maschine ebenfalls im Startmenü von Windows 7 auftauchen, müssen Sie in der virtuellen Maschine das *Update für Windows® XP SP3 zum Aktivieren von RemoteApp* von der Seite *http://go.microsoft.com/fwlink/?LinkId=140339* installieren. In Windows XP Mode ist diese Aktualisierung bereits vorhanden.

Abbildg. 8.89 Einrichten des Windows XP Mode

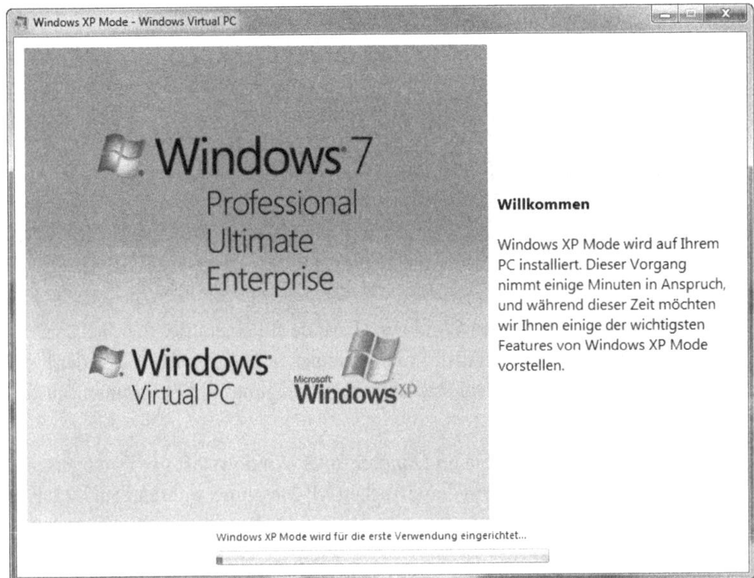

Bevor Sie Windows XP, auch den Windows XP Mode oder dessen Festplatte, im Netzwerk verteilen, sollten Sie das Betriebssystem noch von persönlichen Einstellungen bereinigen, indem Sie die Systemvorbereitungstools für Windows XP SP3 von Microsoft benutzen. Sie finden die Tools über *http://www.microsoft.com/downloads/details.aspx?familyid=673A1019-8E3E-4BE0-AC31-70DD21B5AFA7&displaylang=en*:

1. Laden Sie die Datei *deploy.cab* vom genannten Link herunter.
2. Entpacken Sie den Inhalt in das Verzeichnis *C:\Sysprep*.
3. Rufen Sie *Sysprep.exe* auf.
4. Wählen Sie *Don't reset grace period for activation* und *Use Mini-Setup*.
5. Klicken Sie auf *Reseal*.

Abbildg. 8.90 Vorbereiten des Windows XP Mode für die Verteilung

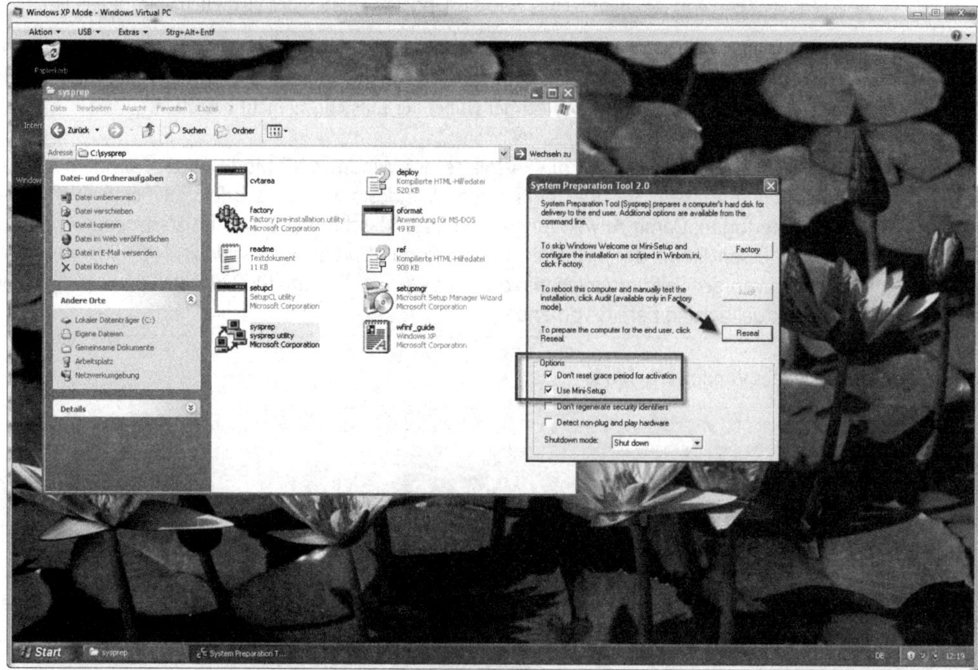

Sie benötigen Sysprep nur dann, wenn Sie den Windows XP Mode auf einem Rechner installieren, vorkonfigurieren und dann die *.vhd*-Datei des Computers auf andere Rechner verteilen wollen. Nach der Einrichtung steht der virtuelle Computer schließlich auf der Arbeitsstation zur Verfügung und Sie können mit dem Computer arbeiten.

Auch lokale Laufwerke des Host-PCs sehen Sie im Explorer unter Windows XP, um Daten auszutauschen. Systemdateien der Anwendung liegen dann nur in der virtuellen XP-Maschine, während Sie Daten auch auf Ihren herkömmlichen Laufwerken speichern können.

TIPP Installieren Sie auf dem virtuellen Windows XP-Computer eine Anwendung, finden Sie diese auch im Startmenü Ihres Windows 7-Computer über *Alle Programme/Windows Virtual PC/Windows XP Mode-Anwendungen*. Sie können die Verknüpfungen beliebig im Startmenü oder dem Desktop anordnen. Starten Benutzer eine solche Anwendung, arbeiten diese mit dem Programm genauso, als ob dieses lokal installiert ist. Eine eigene Schulung oder besondere Workshops müssen Sie nicht durchführen. Die Arbeit mit dem Computer und den Anwendungen ist vollkommen transparent. Selbst Popups und Fehlermeldungen erscheinen unter Windows 7.

Abbildg. 8.91 Desktop des Windows XP-Computers

Neben dem Desktop können Anwender auch nur mit den einzelnen Programmen des Windows XP Mode arbeiten. Diese lassen sich maximieren und verhalten sich im Fenstermodus so, als ob die Anwendung unter Windows 7 installiert ist. Daten lassen sich von Programmen im Windows XP Mode auch auf Windows 7-Laufwerken speichern und so von der normalen Datensicherung berücksichtigen.

USB-Laufwerke oder andere Geräte lassen sich über das Menü *USB* in der virtuellen Maschine vom physischen Host auf die virtuelle Maschine durchschleifen. Sie können entweder mit einer installierten Applikation arbeiten oder mit dem kompletten Desktop des Windows XP Mode, beides gleichzeitig ist nicht möglich. Die Installation von Anwendungen erfolgt durch eine herkömmliche Installation innerhalb der virtuellen Maschine.

Damit installierte Anwendungen der virtuellen Maschine im lokalen Startmenü unter Windows 7 angezeigt werden, sorgt die Funktion *Integrationsfeature* für eine Verbindung. Installieren Sie unter Virtual PC weitere Betriebssysteme, zum Beispiel Windows Vista oder einen Windows 7-Testrechner, werden auch die hier installierten Anwendungen im Startmenü auf dem Host angezeigt.

HINWEIS Das Betriebssystem des XP Mode ist Windows XP Professional SP3, eine Domänenaufnahme ist also möglich. Achten Sie auch darauf, dass Sie entsprechende Aktualisierung für Windows XP auf dem Computer installieren müssen. Sie können den Namen und die Domänenmitgliedschaft des Computers wie bei jedem Windows XP-Rechner anpassen. Gleiches gilt auch für die Netzwerkverbindungen.

Verfügt der lokale Computer über eine Internetverbindung, können Sie diese auch auf dem virtuellen Computer nutzen. Neben dem Standardbenutzer können Sie sich an der virtuellen Maschine auch problemlos mit einem Domänenbenutzer anmelden. Sie können Benutzeranmeldedaten für den Windows XP Mode speichern. Wollen Sie die Daten löschen, können Sie dies über die Einstellungen der virtuellen Windows XP-Maschine erledigen.

Abbildg. 8.92 Starten von virtuellen Anwendungen unter Windows 7

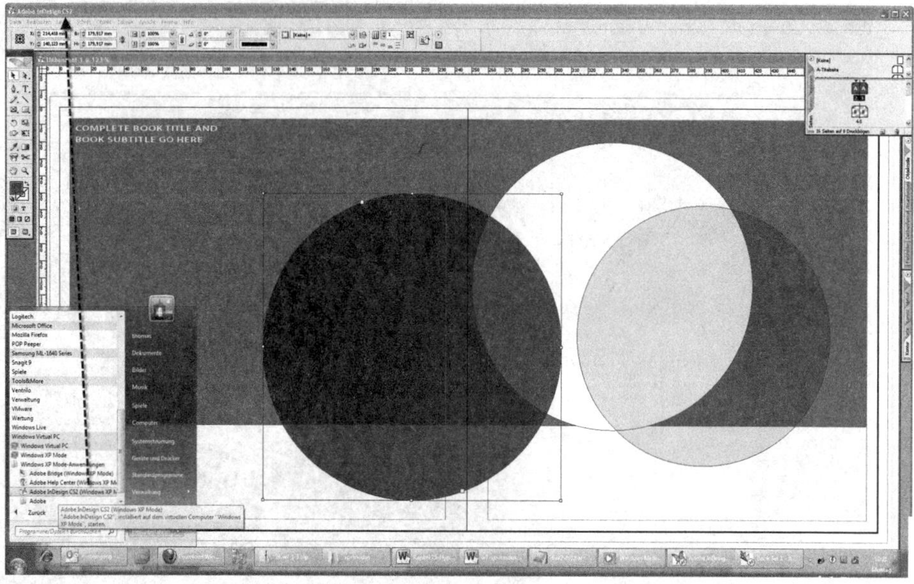

Sie können den virtuellen Computer beliebig konfigurieren und an die Bedürfnisse des Windows 7-Anwenders anpassen. Beendet ein Anwender den virtuellen Computer, wird dieser in den Ruhezustand versetzt. Der Arbeitsspeicher wird auf die Festplatte geschrieben und der Rechner dann ausgeschaltet. Beim Neustart wird der Computer aus dem Ruhezustand wieder aufgeweckt und steht genauso zur Verfügung wie vor dem Beenden.

Abbildg. 8.93 Anpassen der Einstellungen für den Windows XP Mode

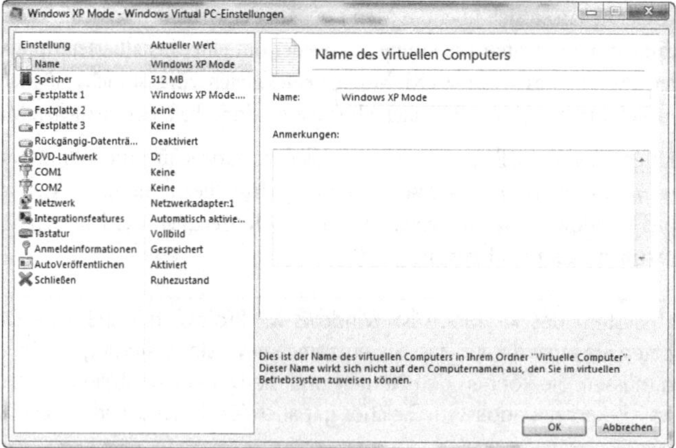

Wollen Sie Einstellungen des virtuellen Computers beenden, müssen Sie diesen herunterfahren, Änderungen vornehmen und dann erneut starten. Die Änderungen sind dann zukünftig implementiert. Die meisten Einstellungen für den virtuellen Computer lassen sich nicht während des Ruhezustands anpassen. Nach dem Herunterfahren können Sie die Einstellungen ändern, wenn Sie im Startmenü *Alle Programme/Windows Virtual PC/Windows Virtual PC* aufrufen, die virtuelle Maschine markieren und auf *Einstellungen* klicken.

HINWEIS Arbeiten Sie mit neuen Anwendungen im Windows XP Mode, sollten Sie auch auf dem virtuellen Computer einen Virenschutz installieren. Liegen Ihre Daten auf den herkömmlichen Laufwerken, die bereits virengeschützt sind, benötigen Sie keinen Virenschutz, wenn Sie mit herkömmlichen Anwendungen arbeiten. Sicher schadet ein zusätzlicher Virenschutz nicht, wenn Sie produktiv mit dem Windows XP Mode arbeiten.

Funktioniert eine Hardware unter Windows 7 nicht, zum Beispiel ältere Scanner, können Sie USB-Geräte zum virtuellen Windows XP-Computer umleiten. Das funktioniert auch unter Windows 7 x64 zu Windows XP SP3 x32. In diesem Fall installieren Sie dann den 32-Bit-Treiber für Windows XP in der virtuellen Maschine, lassen das USB-Gerät durchschleifen und können das Gerät und die dazu notwendigen Anwendungen problemlos weiternutzen.

Abbildg. 8.94 Verwenden von USB-Geräten im Windows XP Mode

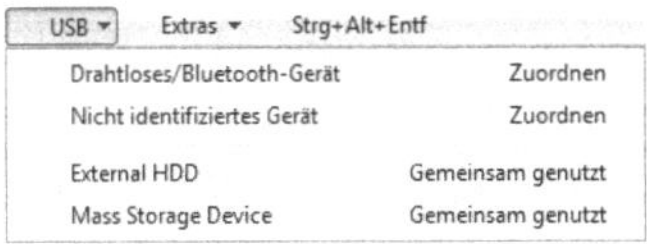

Mit dem *Microsoft Enterprise Desktop Virtualization-Tool* aus dem MDOP können Unternehmen komplette virtuelle Computer mit Windows 2000 oder Windows XP im Unternehmen bereitstellen. MED-V geht bei der Virtualisierung einen Schritt weiter und bietet zum Beispiel auch Richtlinien, eine zentrale Verwaltungskonsole und die Anbindung an Windows 7-Domänen.

Abbildg. 8.95 Anwendungen lassen sich aus dem MED-V auch direkt in Windows 7 aufrufen

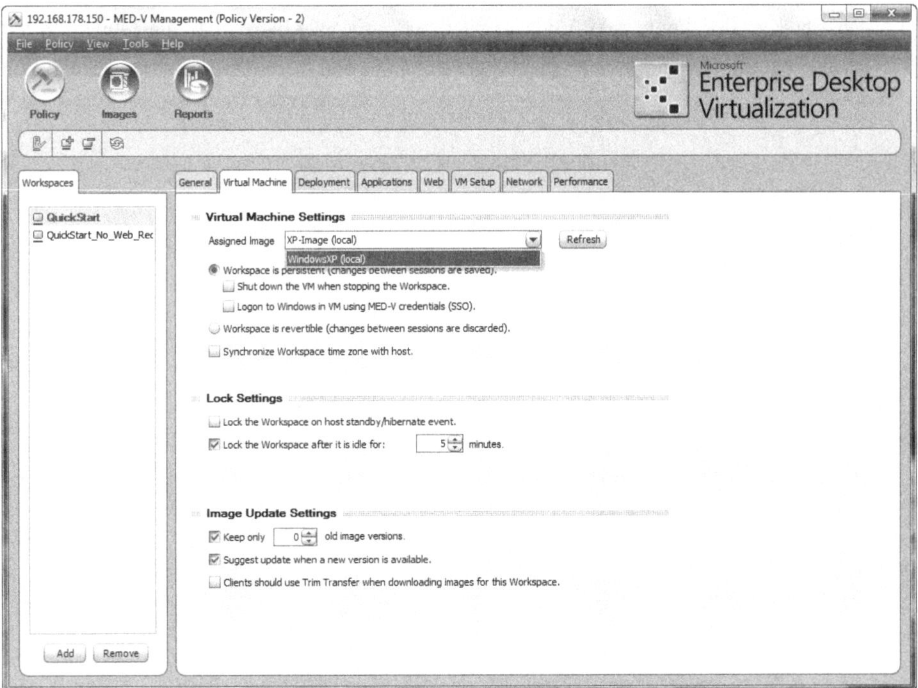

Einfach ausgedrückt handelt es sich bei MED-V um einen zentral verwalteten Windows XP Mode für Active Directory-Domänen bis zu 5.000 Clients mit allen Vorteilen des Windows XP Mode und einigen sehr interessanten Erweiterungen.

Die virtuellen Windows XP-Computer lassen sich so konfigurieren, dass sich Anwender an Active Directory authentifizieren müssen, genauso wie an normalen PCs. Auf diese Weise lassen sich dann auch Gruppenrichtlinien auf virtuelle Computer anwenden, Applikationen automatisch installieren und eine Verbindung mit dem Netzwerk herstellen.

Auch spezielle Richtlinien, die Sie mit MED-V verteilen, unterstützen diese Computer. Für Anwender ist der Betrieb also vollkommen transparent, es sind keine Schulungen notwendig und der Umgang ist sehr einfach, da sich die Anwendungen genauso wie andere Programme verhalten.

Im Gegensatz zum Windows XP Mode verfügt MED-V über eine zentrale Verwaltungskonsole und der Möglichkeit, virtuelle Computer automatisch zu installieren, und zwar über Netzwerk, DVD, USB-Stick oder eine Webseite. Außerdem lassen sich Richtlinien hinterlegen, welche über die Möglichkeiten von Gruppenrichtlinien hinausgehen. Darüber hinaus ist diese Lösung Active Directory-basiert, während der Windows XP Mode auf einer alleinstehenden virtuellen Maschine aufbaut.

Zusammenfassung

In diesem Kapitel haben wir Ihnen gezeigt, wie Sie Betriebssysteme, auch Windows Server 2008 R2, mit der neuen Hyper-V-Version in R2 virtualisieren. Sie fanden hier zahlreiche Tricks, Zusatztools und Praxisanleitungen zur Virtualisierung von Servern im Unternehmen. Auch die Möglichkeit, Hyper-V zentral im Netzwerk von einer Windows 7-Arbeitsstation aus zu verwalten, sowie zahlreiche Tools zur Verwaltung waren Thema dieses Kapitels. Ebenfalls eingegangen sind wir auf Datensicherung von virtuellen Servern sowie die Möglichkeit, Exchange optimal ausfallsicher zu konfigurieren, indem Sie einen Cluster mit Windows Server 2008 R2 verwenden. Und auch den Windows XP Mode für Windows 7 haben wir Ihnen in diesem Kapitel erläutert.

Ab dem nächsten Kapitel widmen wir uns der Erstellung von Active Directory-Domänen in Windows Server 2008 R2.

Teil B

Active Directory

In diesem Teil:

Kapitel 9

Active Directory – Grundlagen und Neuerungen

In diesem Kapitel:

Windows Server 2008 R2 bringt einige Änderungen in der Verwaltung von Active Directory mit. Die generelle Verwaltung sowie die Funktionen von Active Directory sind noch weitgehend identisch mit Windows Server 2003. Im Kapitel 1 haben wir Ihnen bereits Neuerungen seit Windows Server 2008 und Neuerungen im Vergleich zu Windows Server 2008 gezeigt. In diesem Kapitel gehen wir auf den praktischen Nutzen dieser Änderungen ein. Außerdem zeigen wir Ihnen die Neuerungen in Active Directory im Vergleich zu Windows Server 2003 und Windows Server 2008. In den weiteren Kapiteln gehen wir dann ausführlicher auf die technischen Hintergründe dieser Neuerungen ein.

TIPP Im Kapitel 34 zeigen wir Ihnen die Verwaltung von Active Directory mit der PowerShell sowie interessante Zusatztools für die PowerShell zur Active Directory-Verwaltung.

Neue Möglichkeiten in Active Directory im Vergleich zu Windows Server 2003

In diesem Abschnitt zeigen wir Ihnen die Neuigkeiten im Vergleich zu Windows Server 2003. Die meisten Funktionen stehen auch in Windows Server 2008 zur Verfügung, wurden in Windows Server 2008 R2 aber weiter verbessert.

Richtlinien für Kennwörter

Unter Windows Server 2003 konnte in einer Domäne nur eine einzige Richtlinie für Kennwörter existieren, die als Gruppenrichtlinie direkt dem Domänenobjekt zugewiesen werden musste. Unter Windows Server 2008 R2 können mehrere Richtlinien für Kennwörter definiert werden, sodass sich besonders sensiblen Bereichen des Unternehmens komplexere Kennwörter zuweisen lassen, als anderen. Diese Funktion steht aber nur zur Verfügung, wenn Sie die Domäne in den Funktionsmodus *Windows Server 2008* versetzen. Die Domänenfunktionsebene können Sie über den Server-Manager heraufsetzen, indem Sie die Domäne im Snap-In *Active Directory-Benutzer und -Computer* mit der rechten Maustaste anklicken (Abbildung 9.1). Haben Sie während der Installation für die Gesamtstruktur die Funktionsebene *Windows Server 2008 R2* ausgewählt, sind die Domänen ebenfalls automatisch in diesem Modus. Kennwortrichtlinien können Sie einzelnen Organisationseinheiten (Organizational Units, OUs) zuweisen. Microsoft hat für diese Funktion zwei neue Objektklassen in das Schema von Active Directory eingeführt:

- *Password Settings Container*
- *Password Settings*

Abbildg. 9.1 Konfiguration der Domänenfunktionsebene

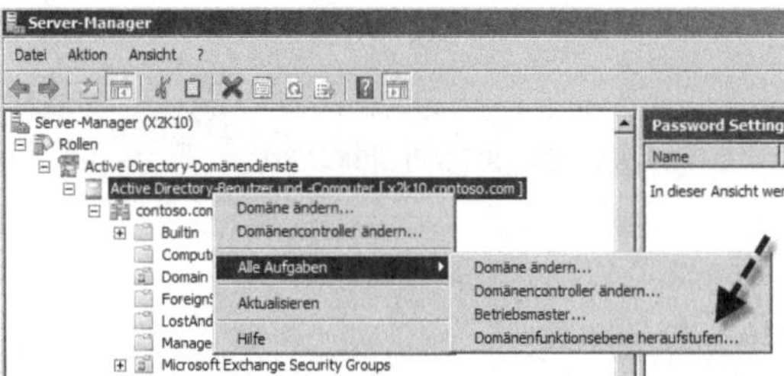

Ebenfalls wichtig für diese neue Funktion ist die OU *Password Settings Container*, die unterhalb der OU *System* im Snap-In *Active Directory-Benutzer und -Computer* angezeigt wird. Damit diese Objekte angezeigt werden, müssen Sie für das Snap-In zunächst die Ansicht der erweiterten Features aktivieren. Klicken Sie dazu im Server-Manager auf das Snap-In *Active Directory-Benutzer und -Computer* und rufen Sie anschließend den Menübefehl *Ansicht/Erweiterte Features* auf.

Abbildg. 9.2 Aktivieren der erweiterten Funktionen für das Snap-In *Active Directory-Benutzer und -Computer*

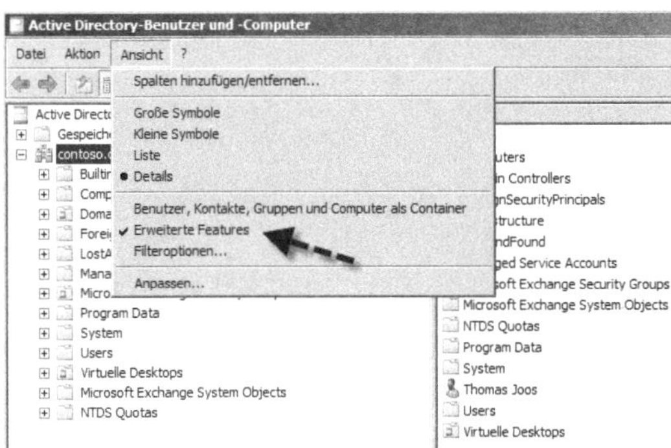

Nachdem Sie die erweiterten Funktionen aktiviert haben, werden im Snap-In *Active Directory-Benutzer und -Computer* deutlich mehr OUs angezeigt, die standardmäßig ausgeblendet werden, darunter auch der Container *Password Settings Container.* In dieser OU werden nach der Erstellung die Kennworteinstellungsobjekte (Password Settings Objects, (PSO) gespeichert. Ein PSO enthält alle notwendigen Einstellungen zur Konfiguration von Kennwortrichtlinien.

Schreibgeschützte Domänencontroller

Eine weitere Möglichkeit sind die schreibgeschützten Domänencontroller (Read-only Domain Controller, RODC). Diese Domänencontroller erhalten die replizierten Informationen von den normalen Domänencontrollern und nehmen selbst keine Änderungen entgegen. Durch dieses neue Feature können auch Domänencontroller in kleineren Niederlassungen betrieben werden, ohne dass das Sicherheitskonzept eines Unternehmens beeinträchtigt wird, weil die Domänencontroller in den Niederlassungen nicht so geschützt sind, wie die in der Zentrale und dadurch sehr leicht kompromittiert werden können. Ein RODC schützt Active Directory davor, dass Kennwörter ausspioniert werden können. Ein RODC kennt zwar alle Objekte in Active Directory, speichert aber nur die Kennwörter der Benutzer, die Sie explizit festlegen. Wird ein solcher Domänencontroller gestohlen und versucht ein Angreifer die Kennwörter aus der Datenbank des Controllers auszulesen, sind die Konten der restlichen Domäne geschützt. Während der Heraufstufung eines Domänencontrollers können Sie diesen zum RODC deklarieren. In diesem Fall repliziert sich der Domänencontroller von anderen Domänencontrollern, gibt aber selbst keine Änderungen weiter.

Damit Sie diese Funktion nutzen können, muss der PDC-Emulator der Domäne auf einem Server mit Windows Server 2008 oder besser Windows Server 2008 R2 installiert sein. Ein RODC nimmt keinerlei Änderungen an der Datenbank von Active Directory an, ein lesender Zugriff ist allerdings erlaubt. Schreibende Domänencontroller richten keine Replikationsverbindung zu RODCs ein, da eine Replikation nur von normalen Domänencontrollern (DCs) zu RODCs erfolgen kann. RODCs richten Replikationsverbindungen zu den schreibenden Domänencontrollern ein, die Sie bei der Heraufstufung angeben. Klicken Sie im Snap-In *Active Directory-Benutzer und -Computer* mit der rechten Maustaste auf die OU *Domain Controllers*, können Sie im zugehörigen Kontextmenü den Eintrag *Konto für schreibgeschützten Domänencontroller vorbereiten* auswählen. In diesem Fall führen Sie in der Zentrale den Assistenten zum Erstellen eines neuen Domänencontrollers aus und weisen diesem ein Computerkonto zu. In der Niederlassung kann anschließend ein Administrator diesen Server installieren. Der Server bekommt automatisch die Funktion des RODCs zugewiesen. Auch wenn diese Rolle ähnliche Funktionen hat, wie ein Reservedomänencontroller (Backup Domain Controller, BDC) unter Windows NT 4.0, hat diese nichts mit dieser früheren Funktion gemeinsam, sondern ist eine komplette Neuentwicklung.

Abbildg. 9.3 Vorbereiten eines Computerkontos für einen neuen RODC

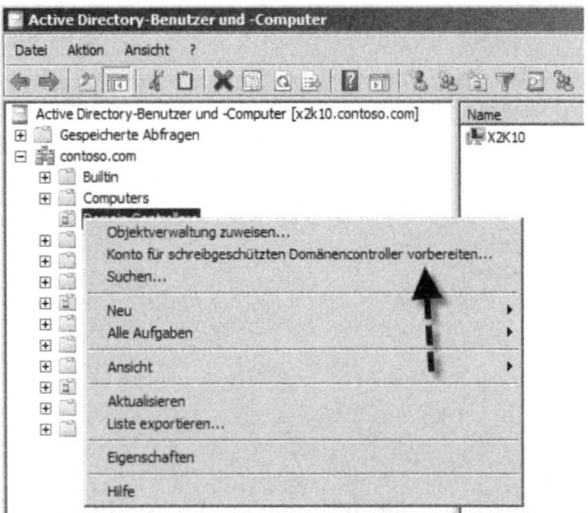

Bei einem Reservedomänencontroller (BDC) unter Windows NT 4.0 wurden die Benutzernamen und Kennwörter zusätzlich gespeichert, um Anmeldungen zu ermöglichen. Ein RODC bietet ein vollständiges Active Directory, allerdings ohne gespeicherte Kennwörter. Dieses Verzeichnis auf dem RODC ist, wie der Name schon sagt, schreibgeschützt (read only), also nur lesbar. Zwar kann auch ein RODC Kennwörter speichern, aber nur genau diejenigen, die ein Administrator angibt. Bei der Verwendung von RODCs werden folgende Abläufe beim Anmelden eines Benutzers abgewickelt:

1. Ein Anwender meldet sich am Standort des RODC an.
2. Der RODC überprüft, ob das Kennwort des Anwenders auf den Server repliziert wurde. Falls ja, wird der Anwender angemeldet.
3. Ist das Kennwort nicht auf dem RODC verfügbar, wird die Anmeldeanfrage an einen vollwertigen DC weitergeleitet.
4. Wird die Anmeldung erfolgreich durchgeführt, wird dem RODC ein Kerberos-Ticket zugewiesen.
5. Der RODC stellt dem Anwender jetzt noch ein eigenes Kerberos-Ticket aus, mit dem dieser Anwender arbeitet. Gruppenmitgliedschaften und Gruppenrichtlinien werden übrigens nicht über die WAN-Leitung gesendet. Diese Informationen werden auf dem RODC gespeichert.
6. Als Nächstes versucht der RODC, das Kennwort dieses Anwenders in seine Datenbank von einem vollwertigen DC zu replizieren. Ob dies gelingt oder nicht, hängt von der jeweiligen Gruppenmitgliedschaft ab, die wir noch ausführlich in Kapitel 12 beschreiben.
7. Bei der nächsten Anmeldung dieses Anwenders beginnt der beschriebene Prozess von vorne.

HINWEIS Die Kennwörter von Administratorkonten in Active Directory werden in keinem Fall auf einem schreibgeschützten Domänencontroller gespeichert. Diese Kennwörter sind durch ihre Wichtigkeit von der möglichen Replikation zum schreibgeschützten Domänencontroller ausgeschlossen. Geht die WAN-Verbindung in der Niederlassung mit dem RODC zu einem normalen DC verloren, findet keine Anmeldung mehr an der Domäne statt. Der RODC verhält sich dann wie ein normaler Mitgliedsserver und es ist nur die lokale Anmeldung am Server möglich.

Schreibgeschützter Domänennamensserver (DNS)

Installieren Sie auf einem RODC den DNS-Dienst (Domain Name System, DNS), wird dieser Server zum schreibgeschützten DNS-Server. Hier gelten die gleichen Einschränkungen für einen RODC. Ein schreibgeschützter DNS-Server nimmt nur Änderungen von normalen DNS-Servern entgegen und akzeptiert selbst keine Änderungen. Ein schreibgeschützter DNS-Server steht für Benutzer als normaler DNS-Server für Abfragen zur Verfügung, unterstützt aber keine dynamische DNS-Registrierung. Versucht sich ein Client zu registrieren, erhält er vom DNS-Server eine Rückmeldung, dass keine Aktualisierung akzeptiert wird. Im Hintergrund kann der Client versuchen, sich an einem normalen DNS-Server zu registrieren, der die Änderungen dann wieder zum schreibgeschützten DNS-Server repliziert.

Active Directory-Domänendienste manuell starten und stoppen

Unter Windows Server 2008 R2 ist es möglich, den Active Directory-Dienst im laufenden Betrieb zu stoppen und wieder zu starten. Durch diese Funktion kann Active Directory auf einem Server auch neu gestartet werden, während die anderen Dienste des Servers weiter funktionieren. Dies kann zum Beispiel für die Offlinedefragmentierung der Active Directory-Datenbank sinnvoll sein, oder für die Installation von Updates. Sie finden den dazugehörigen Systemdienst *Active Directory-Domänendienste* in der Dienstesteuerung. Diese können Sie ausführen, wenn Sie *services.msc* bzw. *Dienste* im Suchfeld des Startmenüs eingeben. Der Dienst kann auch, wie alle anderen Dienste, über die Befehlszeile mit *net stop* gestoppt und mit *net start* wieder gestartet werden.

Active Directory Snapshot-Viewer

Mit dem Active Directory Snapshot-Viewer können versehentlich gelöschte Objekte der Domäne angezeigt werden. Sie können mit dieser Funktion zwar keine Objekte wiederherstellen, erkennen aber, welche Objekte versehentlich gelöscht worden sind. Dazu kann unter Windows Server 2008 R2 ein Snapshot von Active Directory durchgeführt werden und dieser mit dem Snapshot-Viewer auf gelöschte Objekte untersucht werden. Um die Funktion nutzen zu können, gehen Sie folgendermaßen vor:

1. Erstellen Sie eine Aufgabe, die mithilfe von *ntdsutil.exe* regelmäßig Snapshots von Active Directory erstellt.
2. Über *ntdsutil.exe* können Sie sich alle Snapshots anzeigen lassen.
3. Mit dem Befehl *dsamain.exe* können Sie einen Snapshot als LDAP-Server bereitstellen.
4. Jetzt können Sie mit *ldp.exe* den Snapshot genauso untersuchen wie einen normalen Onlinedomänencontroller.

Versehentliches Löschen von Objekten in Active Directory verhindern

In Windows Server 2008 R2 sind Active Directory-Objekte vor dem versehentlichen Löschen geschützt. Dieser Schutz ist standardmäßig aktiviert. Nachdem über das Menü *Ansicht* die Anzeige der erweiterten Features aktiviert wurde, finden Sie auf der Registerkarte *Objekt* die Option *Objekt vor zufälligem Löschen schützen.*

Durch diese Option werden die Berechtigungen auf der Registerkarte *Sicherheit* gesteuert. Der Gruppe *Jeder* wird der Eintrag *Löschen* verweigert. Dies äußert sich darin, dass ein Administrator vor dem Löschen eines solchen geschützten Objekts zunächst das Kontrollkästchen *Objekt vor zufälligem Löschen schützen* deaktivieren muss, bevor das Objekt gelöscht werden kann. Wird das Kontrollkästchen nicht deaktiviert, erhalten auch Administratoren eine Fehlermeldung, dass der Zugriff verweigert wird.

Abbildg. 9.4 In Windows Server 2008 R2 sind Active Directory-Objekte vor dem versehentlichen Löschen geschützt

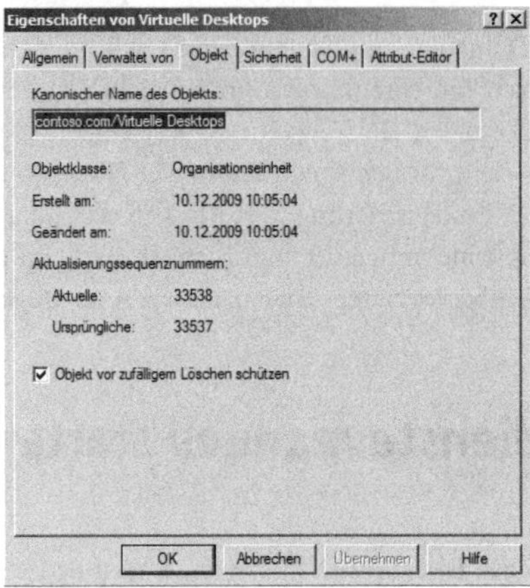

Abbildg. 9.5 Geschützte Objekte in Active Directory können auch durch Administratoren nicht gelöscht werden

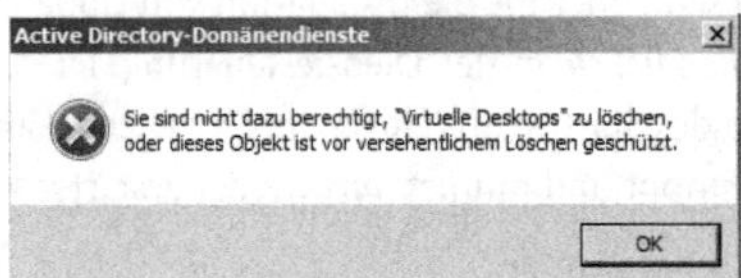

Verschiedene Rollen für Active Directory

Bezüglich Active Directory kann ein Windows Server 2008 R2 verschiedene Rollen einnehmen, die Sie über den Server-Manager als Rolle installieren:

- **Active Directory-Zertifikatdienste (Active Directory Certificate Services, AD CS)** Diese Rolle ersetzt die Zertifikatdienste unter Windows Server 2003 und ist auch in Windows Server 2008 verfügbar. Sie können mit dieser Rolle eine Public Key-Infrastruktur (PKI) aufbauen.
- **Active Directory-Domänendienste (Active Directory Domain Services, AD DS)** Hierbei handelt es sich um die Rolle eines Domänencontrollers für Active Directory. Bevor Sie einen Server zum Domänencontroller für Active Directory heraufstufen können, muss diese Rolle installiert sein.
- **Active Directory-Verbunddienste (Active Directory Federation Services, AD FS)** Mit den AD FS können Sie eine webbasierte Infrastruktur für einmaliges Anmelden (Single Sign-On, SSO) aufbauen, zwischen Gesamtstrukturen in verschiedenen Unternehmen.
- **Active Directory Lightweight Directory Services (AD LDS)** Mit diesen Diensten können Applikationen arbeiten, welche Informationen in einem Verzeichnis speichern. Im Gegensatz zu den Active Directory-Domänendiensten wird das Verzeichnis nicht als Dienst ausgeführt. Diese Dienste benötigen keinen reinen Domänencontroller. Auf einem Server können mehrere Instanzen laufen. Bei AD LDS handelt es sich sozusagen um ein Mini-Active Directory ohne große Verwaltungsfunktionen. Unter Windows Server 2003 wurden diese Dienste noch Active Directory Application Mode (ADAM) genannt.

Abbildg. 9.6 Active Directory-Serverrollen im Überblick

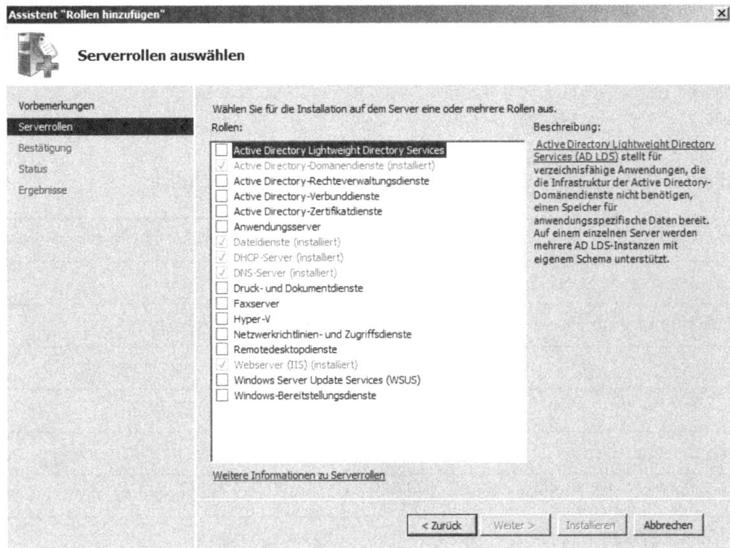

- **Active Directory-Rechteverwaltungsdienste (Active Directory Rights Management Services, AD RMS)** Mit dieser Technologie werden Daten mit digitalen Signaturen versehen, um sie vor unerwünschtem Zugriff zu sichern. Besitzer von Dateien können, basierend auf Benutzerinformationen, exakt festlegen, was andere Benutzer mit den Dateien machen dürfen. Dokumente können zum Beispiel als schreibgeschützt konfiguriert werden.

Active Directory-Neuerungen in Windows Server 2008 R2

Zusammen mit Windows 7 hat Microsoft auch Windows Server 2008 R2 fertig gestellt. Auch im Bereich von Active Directory hat Microsoft einige Verbesserungen und Neuerungen in das Betriebssystem integriert.

Mehr Möglichkeiten in der PowerShell

Windows Server 2008 R2 verfügt über die neue Version 2.0 der PowerShell, die standardmäßig bereits installiert ist. Die neue Version der PowerShell bietet jetzt über 30 neue Befehle zur Verwaltung von Active Directory. Die wichtigsten Befehle zur Verwaltung von Active Directory über die PowerShell finden Sie in folgender Auflistung. Standardmäßig ist das Modul für Active Directory aber nicht in der PowerShell enthalten. Starten Sie dazu am besten die PowerShell über den Link *Active Directory-Modul für Windows-PowerShell* in der Programmgruppe *Verwaltung*.

TIPP Auf der Internetseite *http://technet.microsoft.com/en-us/library/ee617195.aspx* erhalten Sie ausführliche Informationen zur Syntax der genannten Befehle.

Geben Sie in der PowerShell *<Befehl> /help* oder *get-help <Befehl> –detailed* ein, erhalten Sie ausführliche Informationen, wofür der Befehl zuständig ist und wie die Syntax des Befehls lautet. Weitere Möglichkeiten, eine Hilfestellung zu den Befehlen zu erhalten, sind die folgenden Aufrufe:

```
get-help <cmdlet name> –Full
get-help <cmdlet name> –Examples
```

Die Aufgaben der meisten Befehle sind bereits aus dem Namen klar ersichtlich:

Add-ADComputerServiceAccount	Add-ADDomainControllerPasswordReplicationPolicy
Add-ADFineGrainedPasswordPolicySubject	Add-ADGroupMember
Add-ADPrincipalGroupMembership	Clear-ADAccountExpiration
Disable-ADAccount	Disable-ADOptionalFeature
Enable-ADAccount	Enable-ADOptionalFeature
Get-ADAccountAuthorizationGroup	Get-ADAccountResultantPasswordReplicationPolicy
Get-ADComputer	Get-ADComputerServiceAccount
Get-ADDefaultDomainPasswordPolicy	Get-ADDomain
Get-ADDomainController	Get-ADDomainControllerPasswordReplicationPolicy
Get-ADDomainControllerPasswordReplicationPolicyUsage	Get-ADFineGrainedPasswordPolicy
Get-ADFineGrainedPasswordPolicySubject	Get-ADForest
Get-ADGroup	Get-ADGroupMember
Get-ADObject	Get-ADOptionalFeature
Get-ADOrganizationalUnit	Get-ADPrincipalGroupMembership
Get-ADRootDSE	Get-ADServiceAccount
Get-ADUser	Get-ADUserResultantPasswordPolicy
Install-ADServiceAccount	Move-ADDirectoryServer
Move-ADDirectoryServerOperationMasterRole	Move-ADObject
New-ADComputer	New-ADFineGrainedPasswordPolicy
New-ADGroup	New-ADObject
New-ADOrganizationalUnit	New-ADServiceAccount
New-ADUser	Remove-ADComputer
Remove-ADComputerServiceAccount	Remove-ADDomainControllerPasswordReplicationPolicy
Remove-ADFineGrainedPasswordPolicy	Remove-ADFineGrainedPasswordPolicySubject
Remove-ADGroup	Remove-ADGroupMember
Remove-ADObject	Remove-ADOrganizationalUnit
Remove-ADPrincipalGroupMembership	Remove-ADServiceAccount
Remove-ADUser	Rename-ADObject ▶

Reset-ADServiceAccountPassword	Restore-ADObject
Search-ADAccount	Set-ADAccountControl
Set-ADAccountExpiration	Set-ADAccountPassword
Set-ADComputer	Set-ADDefaultDomainPasswordPolicy
Set-ADDomain	Set-ADDomainMode
Set-ADFineGrainedPasswordPolicy	Set-ADForest
Set-ADForestMode	Set-ADGroup
Set-ADObject	Set-ADOrganizationalUnit
Set-ADServiceAccount	Set-ADUser
Uninstall-ADServiceAccount	Unlock-ADAccount

Nachdem Sie Active Directory installiert haben (hier gibt es im Vergleich zu Windows Server 2008 R2 keine Unterschiede), müssen Sie in der PowerShell 2.0 zunächst das Active Directory-Modul laden, um alle Befehle nutzen zu können. Geben Sie dazu den Befehl *import-module ActiveDirectory* in der PowerShell ein, gefolgt vom Befehl *get-module*. Mit dem Befehl *get-command *ad** zeigt die PowerShell die entsprechende Aufstellung der Befehle an. Windows Server 2008 R2 stellt in der Programmgruppe *Verwaltung* des Startmenüs eine Verknüpfung direkt zu dem Modul bereit. Ebenfalls neu ist die Oberfläche zur Erstellung von Skripts und Ausführung von Befehlen für die Windows-PowerShell 2.0, die sogenannte *Windows PowerShell Integrated Scripting Environment (ISE)*. Diese Umgebung installiert Windows Server 2008 R2 allerdings nicht standardmäßig, Sie müssen dieses Feature über *Features/Features hinzufügen/Windows PowerShell Integrated Scripting Environment (ISE)* zunächst installieren. Anschließend sehen Sie in der Programmegruppe *Alle Programme/Zubehör/Windows PowerShell* eine neue Verknüpfung für diese Oberfläche. Öffnen Sie diese, lädt die PowerShell nur einige wenige Cmdlets zur Verwaltung des Betriebssystems. Wollen Sie andere Cmdlets zur Verwaltung von Rollen nachladen, müssen Sie dazu Befehle in das ISE eingeben und Module hinzufügen. Wollen Sie zum Beispiel die Active Directory-Befehle laden, geben Sie im Ausführungsfenster des ISE ganz unten den Befehl *import-module ActiveDirectory* ein.

Abbildg. 9.7 Verwalten von Active Directory über die PowerShell

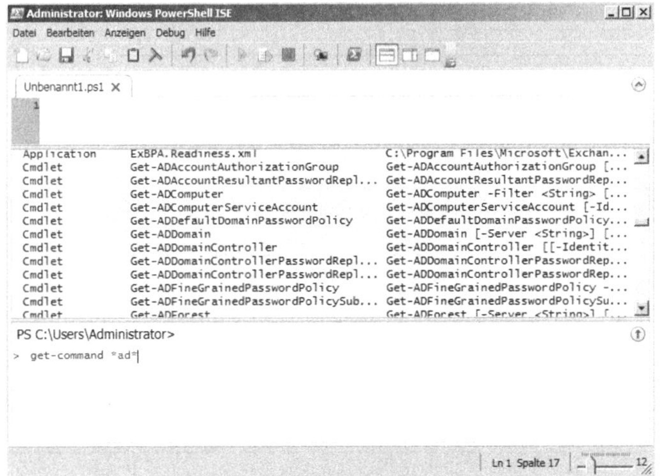

Durch Eingabe des Befehls *get-module* zeigt das ISE dann die entsprechend geladenen Module an. Auch hier erhalten Sie über *get-command *ad** weitgehend alle Active Directory-Befehle angezeigt. Damit Sie die Befehle des Moduls nutzen können, müssen Sie zunächst mit dem Befehl *cd ad:* in den Kontext von Active Directory wechseln. Mit *cd dc=<Domänen>,dc=<Top-Level-Domäne>* wechseln Sie in den Kontext Ihrer Domäne, zum Beispiel *cd dc=contoso,dc=com*, wenn die Domäne die Bezeichnung *contoso.com* hat. Mit *dir* lassen Sie sich den Inhalt der Domäne anzeigen. Über *dir |format-table –auto* lassen Sie die Ausgabe als Tabelle formatieren. Mit dem Befehl *cd cn=users* können Sie noch in die Ebene der Benutzer wechseln. Auch hier können Sie wieder mit *dir* und den verschiedenen Optionen arbeiten. In der folgenden Tabelle finden Sie einige Beispiele für wichtige Befehle in der PowerShell zur Verwaltung von Active Directory. In Kapitel 34 gehen wir auf zahlreiche weitere Möglichkeiten und Zusatztools zur PowerShell ein.

Tabelle 9.1 Beispiele für die Verwaltung von Active Directory über die PowerShell

Aufgabe für die PowerShell	Befehl
Active Directory-Modul laden	*Import-module ActiveDirectory* *Get-Module*
Active Directory-Befehle anzeigen	*Get-Command *ad**
Domäne in der PowerShell durchsuchen	*cd AD:* *pwd* *dir | Format-Table -Auto* *cd "DC=domain_name,_name DC=top_level_doman"* *dir | ft –a* Mit der Tab-Taste können Sie die Befehle vervollständigen
Alle Benutzer anzeigen	*cd CN=Users* *dir | ft –a* *Get-ADObject –Filter {name -like "*"}* *Get-ADUser –Filter {name -like "*"}* *Get-ADUser –Filter {name -like "*"} | Select Name, Enabled | Format-Table –Auto*
Gastbenutzer aktivieren	*Enable-ADAccount –Identity Guest* *Get-ADUser –Filter {name –like "*"} | Select Name, Enabled | Format-Table –Auto*
Informationen zu einer Gruppe anzeigen, zum Beispiel für die Domänen-Admins	*Get-ADGroup -SearchBase "DC=domain_name,DC=top_level_domain" –SearchScope Subtree –Filter {Name –Like "*Domain Admins*"} –Properties Extended*
Informationen über eine Domäne anzeigen	*Get-ADDomain domain_name*
Informationen zur Kennwortrichtlinie der Domäne anzeigen	*Get-ADDefaultDomainPasswordPolicy domain_name*
Neue OU erstellen	*New-ADOrganizationalUnit –Name "Europe" –Path "DC=domain_name,DC=top_level_domain"*
Informationen zu einer OU anzeigen	*Get-ADOrganizationalUnit "OU=Europe,DC=domain_name,DC=top_level_domain" –Properties Extended*
Löschen einer OU	*cd AD:* *cd "DC=domain_name,DC=top_level_domain"* *Set-ADorganizationalUnit Europe –ProtectedFromAccidentalDeletion $False* *Remove-ADOrganizationalUnit Europe*

Best Practice Analyzer – Überprüfung von Active Directory

Eine weitere Neuerung ist die Integration von Best Practice Analyzer für Active Directory in den Server-Manager von Windows Server 2008 R2. Sobald die Active Directory-Domänendienste installiert und eingerichtet sind, finden Sie im Server-Manager unter *Rollen/Active Directory-Domänendienste* in der Mitte der Konsole den Bereich *Best Practice Analyzer.* Dieser ermöglicht eine schnelle Konsistenzüberprüfung von Active Directory und dem lokalen Server. Vor allem den DNS-Bereich überprüft das Tool umfangreich. Während der Tests stellt der Best Practice Analyzer unter anderem folgende Überprüfungen an:

- Konsistenz der SRV-Records der Domänencontroller
- Schemamaster und Domänennamenmaster sind auf dem gleichen Domänencontroller positioniert
- RDC und PDC sind auf dem gleichen Domänencontroller positioniert
- Korrekter Computername der Domänencontroller
- Anzahl der Domänencontroller in der Domäne
- LDAP-Anbindung der Domänencontroller
- Globale Kataloge und deren Funktionalität

Abbildg. 9.8 Überprüfen von Active Directory mit dem eingebauten Best Practice Analyzer

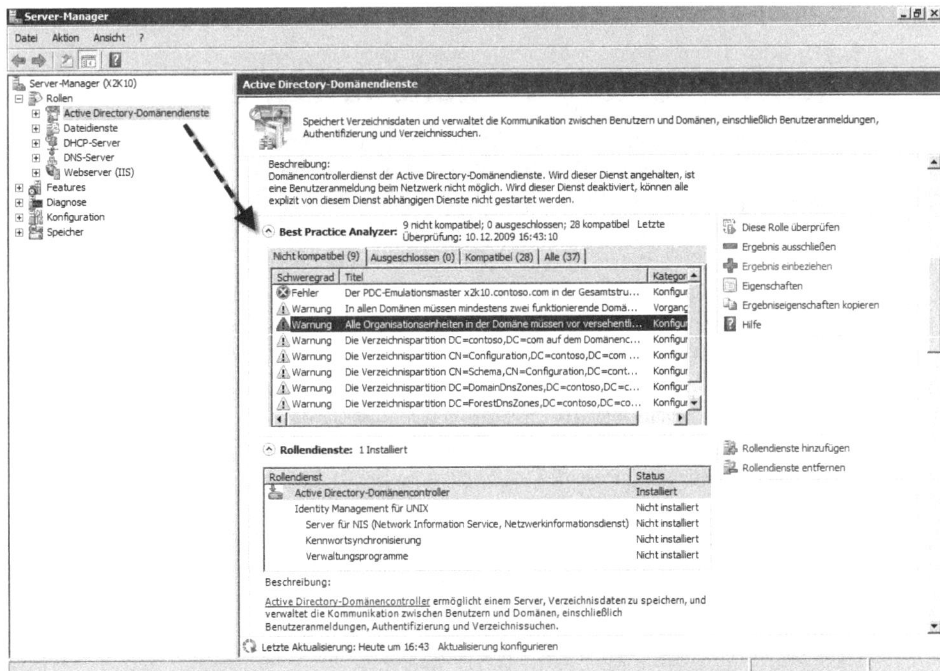

Alle Tests sowie deren Status zeigt das Tool im Server-Manager an. Sie können die Tests auch jederzeit wiederholen lassen, wenn Sie eine Diagnose durchführen wollen. Sie starten den Analyzer durch auswählen der Option *Diese Rolle überprüfen* im Server-Manager unter *Rollen/Active Directory-Domänendienste.* Klicken Sie doppelt auf eine der Meldungen des Best Practice Analyzers, erhalten Sie ausführlichere Informationen über den Test. Den Best Practice Analyzer gibt es übrigens nicht nur für Active Directory, sondern für jede Rolle, die Windows Server 2008 R2 bereitstellt.

Abbildg. 9.9 Anzeigen von Fehlern und deren Lösung im Server-Manager von Windows Server 2008 R2

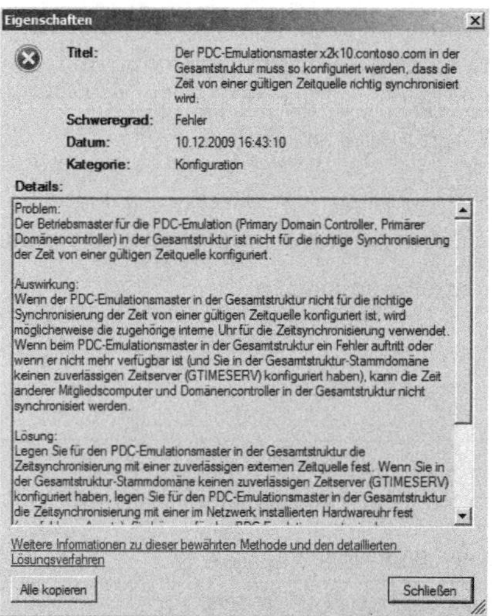

Active Directory-Verwaltungscenter

Mit der neuen Verwaltungsoberfläche bietet Microsoft eine zentrale Anlaufstelle für alle Routineaufgaben in Active Directory in einer einzelnen Oberfläche. Der Aufbau der Konsole ist stark aufgabenorientiert. Im Gegensatz zu den anderen Verwaltungstools basieren die Aufgaben im Verwaltungscenter auf Befehlen aus der PowerShell. Sie finden die Verknüpfung zur neuen Verwaltungsoberfläche in der Programmgruppe *Verwaltung*. Die Standardverwaltungskonsolen für Active Directory, zum Beispiel *Active Directory-Benutzer und -Computer* sind immer noch verfügbar. Hier haben sich im Vergleich zu Windows Server 2008 keine Änderungen ergeben. Das gilt auch für die Snap-Ins *Active Directory-Standorte und -Dienste* und *Active Directory-Domänen und -Vertrauensstellungen*. Das Active Directory-Verwaltungscenter bietet allerdings nicht alle Möglichkeiten der anderen beschriebenen Snap-Ins, sondern dient vor allem der Abarbeitung von Routineaufgaben wie das Zurücksetzen von Kennwörtern oder das Anlegen von neuen Objekten. Das Snap-In verbindet sich dazu mit allen Domänen in der Gesamtstruktur, um Routineaufgaben durchführen zu können, ohne zu wissen, in welcher Domäne die jeweiligen Objekte gespeichert sind. Entsprechende Rechte werden natürlich vorausgesetzt. Erstellen Sie neue Objekte wie beispielsweise Organisationseinheiten, zeigt das Active Directory-Verwaltungscenter übersichtlichere und leicht verständliche Formulare an, als andere Assistenten. Die Formulare wurden vor allem für Systemadministratoren oder Supportmitarbeiter entwickelt, die sich weniger um die interne Verwaltung der Domänen kümmern, sondern Benutzer und Organisationseinheiten möglichst benutzerfreundlich pflegen wollen.

Abbildg. 9.10 Verwalten von Active Directory im neuen Verwaltungscenter

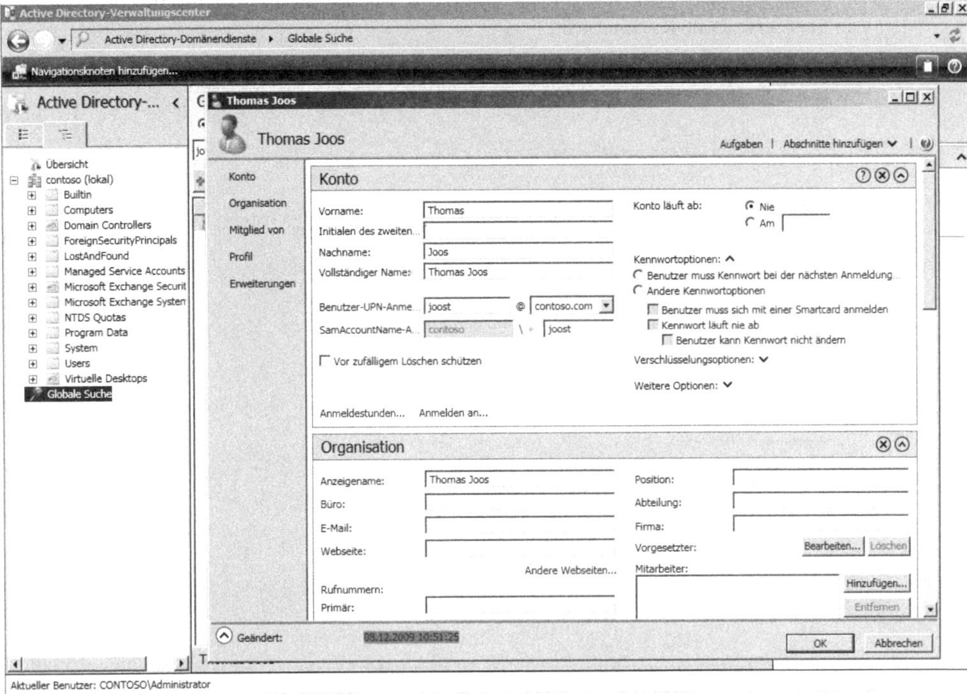

Im folgenden Kapitel 10 zeigen wir Ihnen weitere Möglichkeiten zur Verwaltung von Benutzern mit dem Active Directory-Verwaltungscenter.

Papierkorb für Active Directory und neue Funktionsebene

Neu ist die Einführung eines Papierkorbs in Active Directory, über den sich gelöschte Objekte ohne Zusatzwerkzeuge wiederherstellen lassen. Windows Server 2008 R2 bietet eine neue Funktionsebene für Active Directory an. Diese Funktionsebene benötigen Unternehmen, um die neuen Active Directory-Verbesserungen nutzen zu können, zum Beispiel auch den Papierkorb. Der Papierkorb steht erst dann zur Verfügung, wenn ein Benutzer mit Enterprise-Administratorrechten diesen aktiviert. Da der Papierkorb ein optionales Feature ist, sollten Sie dieses auch erst dann aktivieren, wenn Sie diese Funktion auch produktiv nutzen wollen. Die Aktivierung erfolgt über das Active Directory-Modul der PowerShell:

1. Dieses starten Sie in der Programmgruppe *Verwaltung* über den Link *Active Directory-Modul für Windows PowerShell.*
2. Geben Sie in der PowerShell nach dem Start den Befehl *get-adoptionalfeature* ein.
3. Anschließend fragt Sie die Befehlszeile nach dem Filter. Hier verwenden Sie am besten den Platzhalter *.
4. Als Nächstes zeigt die PowerShell Informationen zu den optionalen Features an. Im Bereich *EnabledScopes* zeigt die Shell den Wert *{ }* an, was bedeutet, dass das Feature noch deaktiviert ist. Wichtig ist, dass der Wert bei *RequiredForestMode* auf *WindowsServer2008R2Forest* steht und dieser Wert auch aktiviert ist.

Abbildg. 9.11 Anzeigen des Papierkorbstatus in der PowerShell

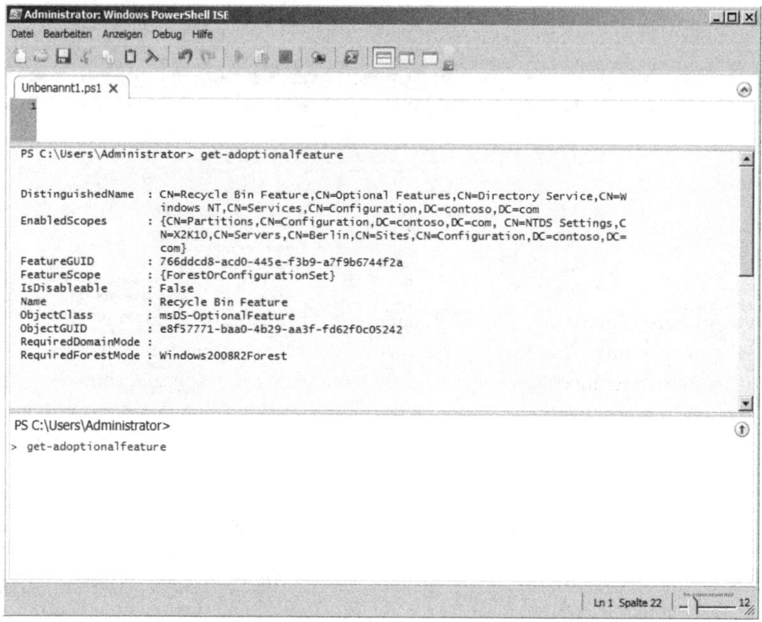

5. Um den Papierkorb zu aktivieren, geben Sie den Befehl *enable-adoptionalfeature "Recycle Bin Feature"* ein.
6. Anschließend fragt die PowerShell nach dem Scope. Hier verwenden Sie *ForestOrConfigurationSet.*
7. Als Nächstes benötigen Sie das Target. Geben Sie hier als Wert die Bezeichnung Ihrer Gesamtstruktur ein, genauer gesagt den FQDN, zum Beispiel *contoso.com.*
8. Danach müssen Sie die Aktivierung noch bestätigen. Rufen Sie als Nächstes noch mal mit dem Befehl *Get-ADOptionalFeature* den Status ab, wird das Feature als aktiv gekennzeichnet.

Die Aktivierung ist übrigens einmalig, sie lässt sich nicht mehr rückgängig machen. Das bedeutet, dass Sie die entsprechende Domäne oder die Gesamtstruktur löschen und neu erstellen müssen, um die Funktion wieder zu deaktivieren. Um die Funktion zu testen, legen Sie eine neue Organisationseinheit an, zum Beispiel mit dem Active Directory-Verwaltungscenter. Klicken Sie dazu mit der rechten Maustaste auf die Domäne, wählen Sie *Neu* und dann *Organisationseinheit.* Sie können diese durch Drücken der `Entf`-Taste auf der Tastatur löschen oder durch das Kontextmenü und Auswählen von *Löschen.* Vorher müssen Sie aber in den Objekteigenschaften das Löschen erst wieder erlauben. Wollen Sie den Inhalt des Papierkorbs anzeigen, verwenden Sie im Active Directory-Modul der PowerShell, das Sie über die Programmgruppe *Verwaltung* starten, den Befehl *Get-ADObject ?SearchBase ?CN=Deleted Objects,DC=<Domänenname>,DC=<Top-Level-Domänenname>" ?ldapFilter ?(objectClass=*)? ?includeDeletedObjects.* Die Option *–includeDeletedObjects* stellt sicher, dass nicht nur alle herkömmlichen Objekte angezeigt werden, sondern dass die PowerShell gelöschte Objekte berücksichtigt. Die Anzeige erfolgt allerdings nicht nur in Klartext, sondern die PowerShell zeigt die GUID des entsprechenden Objekts an. Diese GUID benötigen Sie für die Wiederherstellung. Über das Menü und dann Auswahl von *Bearbeiten/Markieren* können Sie die GUID in die Zwischenablage kopieren und mit dem Befehl *Restore-ADObject –Identity* <*GUID*> wiederherstellen. Um Benutzerkonten oder Domänen wiederherzustellen, benötigen Sie das ehemalige übergeordnete Objekt des gelöschten Objekts. Diese Info erhalten Sie über die Option *–properties lastknownparent* des Befehls *Get-ADObject.*

Offline-Domänenbeitritt

Ebenfalls neu ist die Möglichkeit, dass Serveranwendungen, die Systemdienste mit einer Anmeldung benötigen, selbstständig Kennwörter anpassen können, wenn die Richtlinien des Unternehmens das voraussetzen. Bisher war es nicht möglich, einen Client in die Domäne aufzunehmen, ohne dass dieser eine Netzwerkverbindung zur Domäne hat. Zwar konnten Sie das Konto vor der Aufnahme in der Domäne erstellen, aber zur endgültigen Aufnahme beim Client musste dieser einen Domänencontroller erreichen können. Das ist jetzt nicht mehr notwendig. Unternehmen, die Windows 7 im Unternehmen verteilen, können Computer in die Domäne aufnehmen, ohne dass eine Verbindung zum Domänencontroller besteht. Bei der ersten Anmeldung suchen solche Computer den Controller und melden sich an der Domäne ordnungsgemäß an. Der Ablauf bei einer solchen Aktion besteht generell aus zwei Schritten.

Im ersten Schritt erstellen Sie ein Computerkonto in der Domäne, ohne dass der entsprechende Computer jedoch verfügbar sein muss. Anschließend speichern Sie die Informationen in einer Datei. Im zweiten Schritt verwenden Sie diese Datei auf dem entsprechenden Computer zur Domänenaufnahme. Sie verwenden für diese Aufgabe die herkömmliche Befehlszeile in Windows Server 2008 R2. Zum Erstellen des Computerkontos und der entsprechenden Erstellung der Datei verwenden Sie den Befehl *djoin*. Ein Befehl könnte beispielsweise so aussehen:

```
djoin /Provision /domain <Domänenname> /Machine <Computername> /SaveFile <Dateiname>.djoin
```

Der Inhalt der Datei ist verschlüsselt, sodass hier keine Sicherheitsgefahr besteht. Sie können sich die Datei mit einem Editor, zum Beispiel Notepad, anzeigen lassen und stellen fest, dass keine verwertbaren Informationen zu lesen sind. Nach der Ausführung des Befehls sehen Sie das erstellte Computerkonto in der OU *Computers* innerhalb der Domäne. Als Nächstes müssen Sie die Datei auf dem entsprechenden Clientcomputer verfügbar machen. Mit dem folgenden Befehl nehmen Sie den Computer in die Domäne auf, ohne dass eine Verbindung zur Domäne bestehen muss:

```
djoin /Requestodj /LoadFile <Dateiname> /windowspath <Pfad zu Windows>
```

Active Directory-Webdienste

Die *Active Directory-Webdienste (ADWS)* stellen einen Systemdienst dar, über dessen Schnittstelle Verwaltungstools wie das Active Directory-Verwaltungscenter oder das Active Directory-Modul für Windows PowerShell auf Active Directory zugreifen. Ist der Dienst beendet, funktionieren diese Verwaltungsprogramme nicht mehr.

HINWEIS Die *Active Directory-Webdienste* verwenden den TCP-Port 9389 auf dem Domänencontroller. Schließen Sie diesen Port, können Tools wie das Active Directory-Verwaltungscenter oder das Active Directory-Modul für Windows PowerShell nicht mehr auf Active Directory zugreifen

Sie können ADWS mit *net stop ADWS* beenden und mit *net start ADWS* starten. Die Konfiguration der Daten finden Sie im Verzeichnis *%WINDIR%\ADWS* in der Datei *Microsoft.ActiveDirectory.WebServices.exe.config*. Hier können Sie Konfigurationsparameter anpassen. Alle Änderungen wirken sich nur auf dem lokalen Domänencontroller aus. Sie sollten die Standardwerte nur ändern, wenn die Werte Sie daran hindern, von ADWS unterstützte Verzeichnisdienstinstanzen mit dem Active Directory-Modul oder dem Active Directory-Verwaltungscenter effizient zu verwalten.

Authentifizierungsmechanismussicherung

Die Authentifizierungsmechanismussicherung ist ein neues Feature in Windows Server 2008 R2 und standardmäßig nicht aktiviert. Sie müssen die Domänenfunktionsebene auf Windows Server 2008 R2 sowie eine zertifikatbasierte Authentifizierungsinfrastruktur einsetzen. Beim Aktivieren wird über Authentifizierungsmechanismussicherung dem Zugriffstoken eines Benutzers eine vom Administrator festgelegte universelle Gruppenmitgliedschaft hinzugefügt, wenn die Anmeldeinformationen des Benutzers während der Anmeldung mithilfe einer zertifikatbasierten Anmeldemethode authentifiziert werden. So können Administratoren den Zugriff auf Ressourcen steuern, abhängig davon, ob sich der Benutzer über eine zertifikatbasierte Anmeldemethode anmeldet, sowie vom Zertifikattyp, der für die Anmeldung verwendet wird. Meldet sich beispielsweise ein Benutzer mit einer Smartcard an, können Sie für den Benutzer eine andere Art von Zugriff auf die Ressourcen im Netzwerk festzulegen als ohne Verwendung der Smartcard. Zusammen mit den Active Directory-Verbunddiensten (Active Directory Federation Services, AD FS) ist dieses Feature für Organisationen durchaus interessant. Die Zertifikate für die Anmeldung müssen Sie über eine Zertifikatausstellungsrichtlinie verteilen (siehe auch Kapitel 28 und 29). Weitere Informationen zum Implementieren der Authentifizierungsmechanismussicherung finden Sie in den folgenden Anleitungen:

- Schrittweise Anleitung zu AD FS unter Windows Server 2008 R2 *(http://go.microsoft.com/fwlink/?LinkId=133009)*
- Schrittweise Anleitung zur Authentifizierungsmechanismussicherung für AD FS unter Windows Server 2008 R2 *(http://go.microsoft.com/fwlink/?LinkId=135968)*

LDAP und Active Directory im Überblick

Wenn Sie mit dem Active Directory arbeiten, ist das Wissen über einzelne wichtige Begriffe und die Grundstruktur unerlässlich.

Multimaster-Domänencontroller in Active Directory

Im Gegensatz zu Windows NT 4.0 gibt es in Active Directory kein PDC/BDC-Modell mehr. Die Abkürzung PDC steht dabei für Primary Domain Controller (primärer Domänencontroller) und die Abkürzung BDC für Backup Domain Controller (Reservedomänencontroller). Windows NT hat die Benutzer- und Computerinformationen nicht in einer Datenbank gespeichert, sondern in der Registry der Domänencontroller. Die Daten einer Domäne liegen auf dem primären Domänencontroller dem PDC in der sogenannten Sicherheitskontenverwaltung (Security Account Manager, SAM). Die Sicherheitskontenverwaltung enthielt alle Informationen über den Benutzer und die Computer einer Windows-Domäne. Wenn ein Administrator Änderungen durchführt, zum Beispiel das Anlegen eines neuen Benutzers, wird er immer zum PDC verbunden. Eine Änderung auf den BDCs ist nicht möglich, da diese nur Replikate der Änderungen erhalten, aber selbst keine weitergeben können. Weitere Untergliederungen oder Container gab es nicht. Es war möglich, Vertrauensstellungen zwischen Domänen herzustellen. Beide Domänen hatten danach aber immer noch getrennte Benutzerdatenbanken.

Im Gegensatz zum alten PCD/BDC-Modell sind alle Domänencontroller in einem Active Directory untereinander nahezu gleich. Es können sich unterschiedliche Administratoren an verschiedenen Domänencontrollern anmelden und Änderungen durchführen. Die jeweiligen Änderungen werden automatisch an die anderen Domänencontroller repliziert. Durch diese neue Technik ist eine Domäne nicht mehr anfällig für den Ausfall des PDCs.

Abbildg. 9.12 PCD/BDC-Modell in einer Windows NT 4.0-Domäne

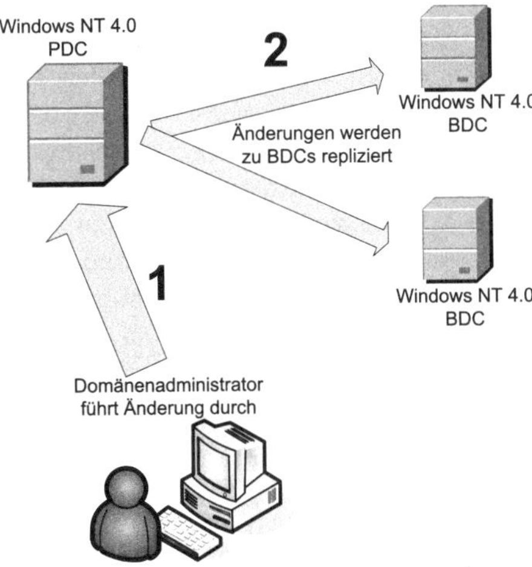

Abbildg. 9.13 Multimaster-Domänencontroller in Active Directory

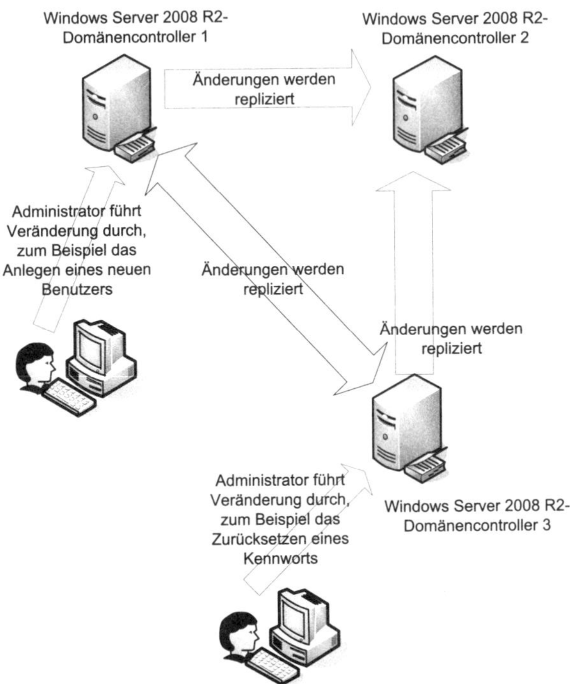

Alle Domänencontroller in Active Directory sind berechtigt, Änderungen an Objekten oder Attributen durchzuführen. Einzelne Domänencontroller in Active Directory verfügen über eine Kopie ihrer Partition von Active Directory, die sie verwalten. Partitionen sind Bereiche, welche ein LDAP-Verzeichnis untergliedern. Active Directory ist ein LDAP-Verzeichnis, die Domänen sind die einzelnen Partitionen.

Protokolle in Active Directory

Alle Verzeichnisdienste, auch Active Directory, arbeiten nach Standards. Innerhalb dieser Standards sind Protokolle und technische Begriffe definiert, die auch zur Planung von Active Directory notwendig sind. Außer dem Begriff Verzeichnis sollten Sie auch die beiden Begriffe X.500 und LDAP kennen. Wenn Sie ein Active Directory planen oder administrieren, werden Sie ständig auf diese beiden Begriffe stoßen. X.500 beschreibt einen Standard, wie Verzeichnisse aufgebaut sein müssen. Damit ein Verzeichnis, oft auch Verzeichnisdienst genannt, funktioniert und globale Zugriffe erfolgen können, ist es extrem wichtig, einen gemeinsamen Standard zu verwenden, der den Aufbau des Verzeichnisdienstes vorgibt. Active Directory arbeitet nach dem X.500-Standard. Genauere Informationen dazu finden Sie unter *http://verzeichnisdienst.de*. X.500 gibt vor, wie das Verzeichnis aufgebaut sein muss.

Alle Verzeichnisse, die sich nach dem X.500-Standard richten, sind in etwa gleich aufgebaut. X.500-Verzeichnisse sind hierarchisch in einer Baumstruktur angelegt. Aus diesem Grund werden die einzelnen Komponenten eines solchen Verzeichnisses oft mit Bezeichnungen belegt, die mit Bäumen zu tun haben. Man liest von der bereits erwähnten Baumstruktur, welche die Verästelung der Datenbank verdeutlichen soll. Es gibt Äste und es gibt Blätter. Auch Microsoft verwendet in Active Directory Begriffe wie Forest (Gesamtstruktur) und Tree (Struktur). Und auch der Begriff Wurzel (im Englischen Root genannt) wird verwendet. Die Root ist die Grundlage, die Basis eines Verzeichnisses. Wenn Sie im Zusammenhang mit dem Active Directory von einer Rootdomäne lesen, ist damit die Ursprungsdomäne von Active Directory gemeint. Hierbei handelt es sich um die erste installierte Domäne in Active Directory. Ein Verzeichnis wird meist durch mehrere Server verwaltet. Diese Verwaltung übernehmen in Active Directory die Domänencontroller.

Da Active Directory recht kompliziert aufgebaut sein kann, können einzelne Domänencontroller für verschiedene Bereiche von Active Directory zuständig sein. Diese untergliederten Bereiche in Verzeichnisdiensten wie Active Directory werden Partitionen genannt. Active Directory kann aus mehreren Domänen bestehen. Jede dieser Domänen hat eigene Domänencontroller und ist eine eigene Partition.

Lightweight Directory Access Protocol (LDAP)

Außer einem Standard, wie der Verzeichnisdienst aufgebaut sein muss, muss es auch Netzwerkprotokolle geben, die definieren, wie Anwender oder Programme zur Authentifizierung auf ein solches Verzeichnis zugreifen. Das Protokoll LDAP regelt die Abfrage von Verzeichnisdiensten. Auch Active Directory arbeitet mit LDAP. Der Zugriff auf Verzeichnisdienste ist ebenfalls im X.500-Standard definiert. Die Struktur eines Verzeichnisses wird Schema genannt. In einem Schema ist genau definiert, welche Informationen auf welche Art gespeichert sind. Jede relationale Datenbank hat ein solches Schema. Da ein Verzeichnisdienst wie Active Directory möglichst viele Informationen speichern soll, ist es unerlässlich, dass definiert ist, welche Informationen wo im Verzeichnis gespeichert sind. Es muss festgelegt sein, ob manche Informationen zwingend vorhanden sein müssen und ob andere Informationen nur optional sind. Sie können sich Active Directory als große leere Lagerhalle vorstellen. Damit diese gefüllt werden kann, muss es Regale (Regeln) und Anweisungen (Definitionen) geben, wo Waren gelagert werden sollen und wie die Arbeitsprozesse für diese Lagerung definiert sind. Active Directory speichert die Daten, das Schema definiert, wie sie gespeichert werden. Der Aufbau des Schemas ist recht einfach. Es gibt Objekte und es gibt Attribute. Die Attribute sind Objekten zugeordnet. Jeder Verzeichniseintrag ist ein Objekt.

Am Beispiel von Active Directory sind Objekte also Benutzer oder Computer. Active Directory verfügt über ein erweiterbares Schema. Dieses gibt die Möglichkeit, flexibel zusätzliche Informationen im Verzeichnis zu speichern. Dadurch können neue Anwendungen wie zum Beispiel Exchange Server ihre speziellen Informationen im Verzeichnis ablegen. Jeder Benutzer, jeder Computer und Drucker ist ein Objekt. Die Informationen, die für einzelne Benutzer hinterlegt sind, zum Beispiel Vornamen, Nachnamen, Anmeldenamen, Telefonnummer usw. bezeichnet man als Attribute. Das Schema definiert genau, welche Objekte mit welchen Attributen sich in Active Directory anlegen lassen. Ohne das Schema wäre ein Active Directory ein wilder Haufen von Informationen, die unmöglich abgefragt werden könnten. Durch das erweiterbare Schema lassen sich jederzeit zusätzliche Objekteigenschaften hinzufügen. Diese Funktion nutzt beispielsweise Microsoft Exchange Server. Alle notwendigen Informationen zu einem E-Mail-Postfach legt der Server in Active Directory ab. Bei der Installation von Exchange Server erweitert der Installations-Assistent dazu das Schema um die notwendigen Attribute und Klassen. Active Directory kennt standardmäßig Hunderte von Objektklassen und Attributtypen. Zu den wichtigsten gehören:

- **User** Dieses Objekt definiert einen bestimmten Benutzer in einer Domäne. Zu den Attributen, die sich für das Objekt definieren lassen, gehören beispielsweise der Benutzername, der Vor- und Nachname des Benutzers, seine Adresse und Telefonnummer oder ein Bild des Benutzers.
- **Computer** Dieses Objekt identifiziert Computersysteme, die zu einer Domäne gehören. Zu den Attributen gehören zum Beispiel das Betriebssystem und installierte Service Packs, DNS-Name oder die Rolle des Systems in der Domäne.

Für jedes Objekt, das in Active Directory gespeichert ist, gibt es eine Zugriffssteuerungsliste (Access Control List, ACL), die differenziert angibt, wer in welcher Form mit diesem Objekt umgehen darf. Hier sind genaue Berechtigungen definiert, die vorgeben, wer ein Objekt verändern, löschen oder neu anlegen darf. Objekte unterscheidet Active Directory noch in Klassen. Ein Objekt kann durchaus mehreren Klassen zugeordnet sein, muss aber mindestens zu einer Klasse gehören. In allen Verzeichnisdiensten, auch in Active Directory, gibt es Objekte, die andere Objekte beinhalten können. Diese Objekte bezeichnet man als Container. In Active Directory sind Container zum Beispiel Domänen oder Organisationseinheiten (Organizational Units, OUs). Objekte, die ausschließlich aus Informationen, den Attributen, bestehen, wie zum Beispiel Benutzer oder Computer, werden auch als Blattobjekte bezeichnet.

Abbildg. 9.14 Aufbau eines LDAP-Verzeichnisses und der dazugehörigen Baumstruktur

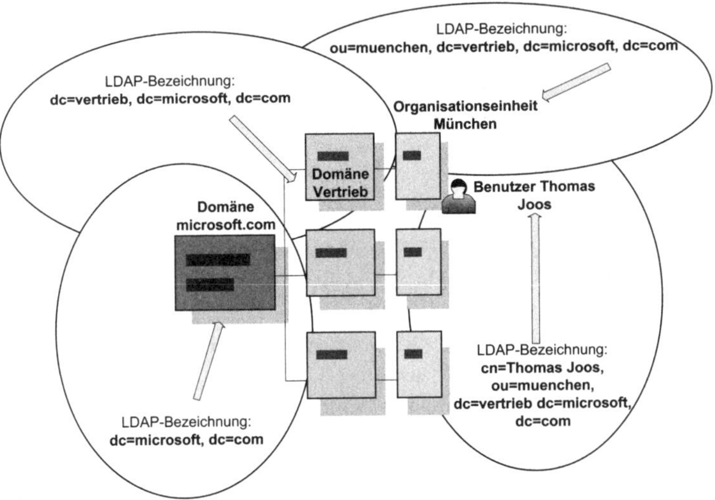

Damit sich die Objekte innerhalb eines Verzeichnisdienstes nicht nur korrekt speichern, sondern auch finden lassen, gibt es Protokolle, wie das bereits beschriebene LDAP-Protokoll. Damit LDAP die Daten im Verzeichnis finden kann, muss ein Standard zur Adressierung dieser Objekte verfügbar sein. Jedes Objekt in einem Verzeichnis erhält eine eindeutige Adressierung. Diese Adressierung wird *Definierter Name (Distinguished Name, DN)* genannt. Die Adressierung gibt nicht nur die Bezeichnung eines Objekts im Verzeichnis wieder, sondern auch dessen Speicherort. Ein Beispiel für einen solchen definierten Name in Active Directory ist folgender:

cn=Thomas Joos, ou=muenchen, dc=vertrieb, dc=microsoft, dc=com

Die Bezeichnung eines Objekts wird immer vom Ursprungsort, der Root, bis zur eigentlichen Bezeichnung fortgeführt. Domänen tragen *dc* als Abkürzung, Organisationseinheiten *ou* und die Blattobjekte schließlich *cn* für *common name*. Jedes Objekt in Active Directory hat einen solchen eindeutigen Namen, der durch entsprechende LDAP-kompatible Programme gesucht werden kann.

Die Funktionsweise von Kerberos

Kerberos ist ein Protokoll, das die Identität des Benutzers und die des authentifizierenden Servers feststellt. Kerberos arbeitet mit einem sogenannten Ticket-System, um Benutzer zu authentifizieren. Kennwörter werden in Active Directory niemals über das Netzwerk übertragen.

Abbildg. 9.15 Kerberos in Active Directory

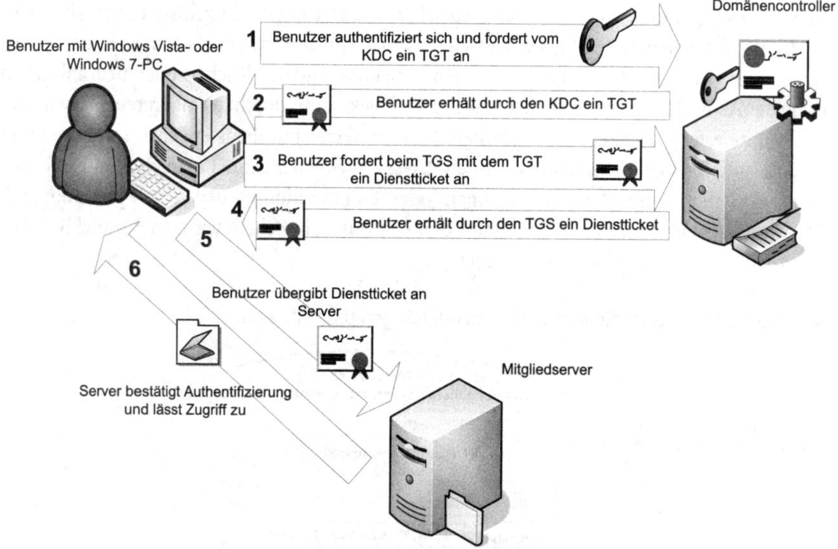

Damit sich ein Benutzer an einem Server authentifizieren kann, um zum Beispiel auf dessen Daten auf dem Dateiserver zuzugreifen, arbeitet Kerberos ausschließlich mit verschlüsselten Tickets. Ein wesentlicher Bestandteil der Kerberosauthentifizierung ist das Schlüsselverteilungscenter (Kerberos Key Distribution Center, KDC). Dieser Dienst wird auf allen Windows Server 2008 R2-Domänencontrollern ausgeführt und ist für die Ausstellung der Authentifizierungstickets zuständig. Der zuständige Kerberos-Client läuft auf allen Windows 2000, XP, Vista und Windows 7-Arbeitsstationen sowie auch unter Windows Server 2003/2008 und Windows Server 2008 R2. Meldet sich ein Benutzer an einer Arbeitsstation in Active Directory an, muss er sich zunächst an einem Domänencontroller und dem dazugehörigen KDC authentifizieren. Im nächsten Schritt erhält der Client ein Ticket-genehmigendes Ticket (TGT) vom KDC ausgestellt. Hat der Client dieses TGT erhalten, fordert er beim KDC mithilfe dieses TGT ein Ticket für den Zugriff auf den Dateiserver an. Diese Authentifizierung führt der Ticket-genehmigende Dienst (Ticket Granting Service, TGS) auf dem KDC aus. Nach der erfolgreichen Authentifizierung des TGT durch den TGS stellt dieser ein Dienstticket aus und übergibt dieses an den Client. Dieses Dienstticket gibt der Client an den Server weiter, auf den er zugreifen will, in diesem Beispiel den Mailbox-Server. Durch dieses Ticket kann der Server sicher sein, dass sich kein bösartiger Benutzer mit einem gefälschten Benutzernamen anmeldet. Durch das Dienstticket wird sowohl der authentifizierende Domänencontroller als auch der Benutzer authentifiziert. Sollten Probleme mit dem Schlüsselverteilungscenter oder Kerberos im Allgemeinen auftreten, besteht unter Umständen noch ein Problem bei der Kerberosauthentifizierung. Kerberos ist für die Anmeldung in Active Directory von existenzieller Wichtigkeit.

Aufbau von Active Directory

Zwei Begriffe aus dem klassischen Domänenmodell finden sich in Active Directory wieder: Es gibt Active Directory-Domänen und Domänencontroller. Die Domäne ist weiterhin die grundlegende Strukturierungseinheit. Allerdings kann sie in eine komplexere Struktur eingebunden werden. Domänencontroller finden sich ebenfalls in Active Directory. Die Domänencontroller übernehmen die Verwaltung der Verzeichnisinformationen innerhalb einer Domäne. Die Benutzer-, Computer-, Freigaben-, und Druckerinformationen werden in einer Datenbank gespeichert. Diese Datenbank ist eine JET-Datenbank (Joint-Engine-Technologie), die Microsoft auch bei Exchange Server einsetzt. Ein Active Directory kann aus mehreren selbstständigen Domänen bestehen, die dennoch zu einer großen gemeinsamen Organisation gehören. Alle verbundenen Active Directory-Domänen teilen sich eine Datenbank und ein Schema. Diese Domänen bilden eine Gesamtstruktur, im Englischen auch Forest genannt. Ein Forest ist die Grenze des Verzeichnisdienstes eines Unternehmens, in dem einheitliche Berechtigungen vergeben und delegiert werden können.

Abbildg. 9.16 Aufbau einer Active Directory-Gesamtstruktur

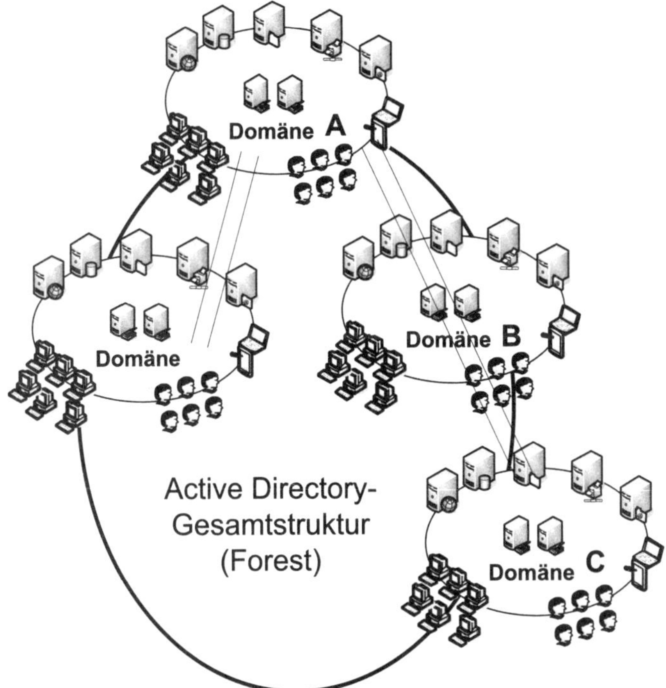

In den einzelnen Domänen von Active Directory existieren Domänencontroller und Domänen-Administratoren. Für Anwender ändert sich beim Umgang mit der Domäne so gut wie nichts. Sie können mehrere Domänen in einer Gesamtstruktur hierarchisch aufbauen. Jede Domäne in einem Active Directory ist eine eigene Partition im Verzeichnis, die automatisch angelegt wird. Jede Partition wird von unterschiedlichen Domänencontrollern verwaltet. Diese Partitionierung erfolgt automatisch. Zusätzlich gibt es die Möglichkeit, mit Zusatztools wie *ldp.exe,* das zum Lieferumfang von Windows Server 2008 R2 gehört, zusätzliche Partitionen zu erstellen. Das Namensmodell von Active Directory orientiert sich stark am DNS. Domänen werden in Active Directory zu Strukturen (Trees) zusammengefasst. Eine Struktur muss über einen einheitlichen Namensraum verfügen.

Hier wird mit DNS-Namen gearbeitet. Wenn eine Struktur beispielsweise *contoso.com* heißt, kann es innerhalb dieser Struktur weitere Einheiten geben, die beispielsweise *sales.contoso.com*, *marketing.contoso.com* und *dallas.marketing.contoso.com* heißen.

In einer Struktur (Tree) werden gegenseitige Vertrauensstellungen zwischen den beteiligten Domänen automatisch erzeugt. Darüber hinaus kann in einer Struktur eine Suche über mehrere Domänen hinweg erfolgen. Ein Globaler Katalog-Server enthält die Informationen der Gesamtstruktur und kann Anfragen an die verantwortlichen Domänencontroller der jeweiligen Domäne weiterleiten. Eine Active Directory-Gesamtstruktur (Forest) kann aus mehreren Strukturen (Trees) zusammengesetzt sein. Jedes Active Directory muss aus mindestens einer Struktur bestehen. Der ersten Active Directory-Domäne kommt eine besondere Bedeutung zu. Da sie die erste Domäne ist, bildet sie zugleich die erste Struktur von Active Directory und ist gleichzeitig die Rootdomäne der Gesamtstruktur. Wenn Sie Active Directory mit nur einer Domäne planen, bildet diese Domäne die Gesamtstruktur, die erste und einzige Struktur und die Rootdomäne von Active Directory. Die Domänen einer Struktur (Tree) teilen sich einen sogenannten Namensraum. Unter Windows NT hatten Domänen lediglich einen NetBIOS-Namen mit bis zu 15 Zeichen. In Active Directory gibt es diese NetBIOS-Namen auch noch. Wichtiger sind jedoch die DNS-Namen, die jede Domäne eindeutig einem DNS-Namensraum zuweist. Als Struktur wird ein Namensraum bezeichnet, der vollkommen eigenständig ist. In Abbildung 9.17 sind zum Beispiel die Domänen *microsoft.com* und *de.microsoft.com* eine eigene Struktur (Tree). Auch die Domänen *contoso.com*, *sales.contoso.com*, und *dallas.sales.com* bilden eine eigene Struktur.

Abbildg. 9.17 Strukturen in Active Directory

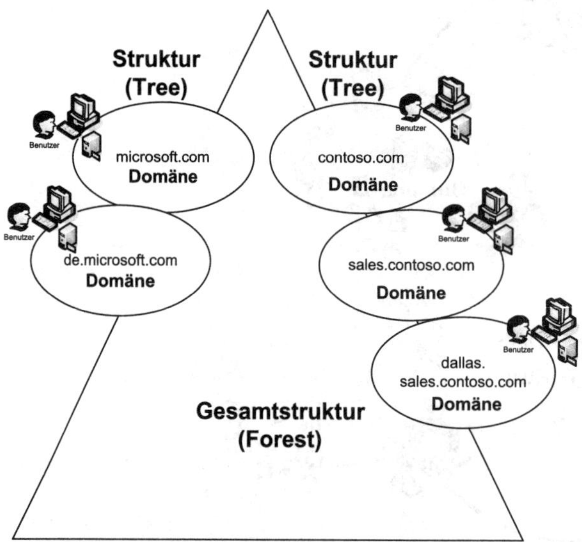

Im Beispiel der Abbildung 9.17 sind die beiden Strukturen *contoso.com* und *microsoft.com* trotz ihrer vollständig eigenständigen Namensräume Teil einer gemeinsamen Active Directory-Gesamtstruktur. Jede Domäne kann beliebige untergeordnete Domänen (Childdomänen genannt) haben, die wiederum Childdomänen beinhalten können. Alle Domänen eines Namensraums werden als eigenständige Struktur bezeichnet. Childdomänen sind wie die übergeordneten Domänen vollkommen eigenständig, teilen sich jedoch einen Namensraum und eine Active Directory-Gesamtstruktur. Sie bilden jeweils eigene Partitionen in Active Directory, die durch getrennte Domänencontroller verwaltet werden. Jede Domäne kann unterschiedliche Organisationseinheiten beinhalten. Organisationseinheiten können Sie sich wie Ordner im Windows-Explorer, in denen Dateien liegen, vorstellen.

Durch Organisationseinheiten können Sie Objekte innerhalb von Domänen ordnen. Organisationseinheiten sind Container, in denen Active Directory-Objekte liegen können. Innerhalb von Organisationseinheiten können Berechtigungen delegiert und Richtlinien definiert werden, die für alle Objekte eines solchen Containers Gültigkeit haben. Organisationseinheiten sind die kleinsten Container in Active Directory. Eine Organisationseinheit kann mehrere Unterorganisationseinheiten beinhalten.

Abbildg. 9.18 Organisationseinheiten (OUs) in einer Gesamtstruktur

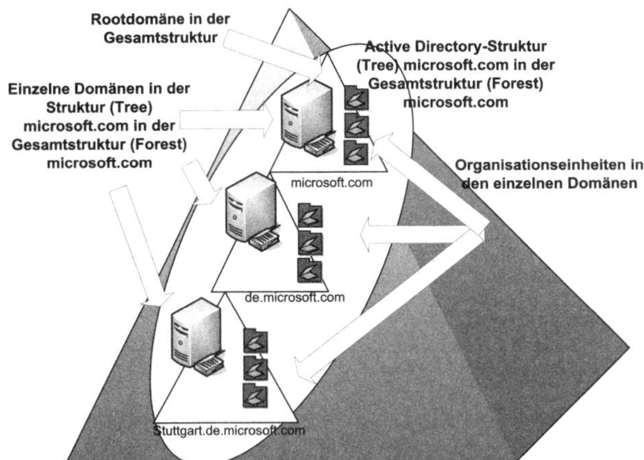

Die Active Directory-Container im Vergleich

Wie Sie bereits gelesen haben, werden Objekte in einem Verzeichnis, die andere Objekte beinhalten können, als Container bezeichnet. In einem Container lassen sich Objekte lagern. Dabei kann es sich um Informationen über Benutzer, über Computer oder Drucker handeln. Außerdem können in einen großen Container kleine Container eingelagert werden. In Active Directory gibt es durch diese Definition vier verschiedene Container:

- **Gesamtstruktur (Forest)** Dieser Container kann Strukturen (Trees) beinhalten
- **Struktur (Tree)** Dieser Container beinhaltet die einzelnen Active Directory-Domänen
- **Domänen** Dieser Containertyp beinhaltet Organisationseinheiten
- **Organisationseinheiten (Organizational Units, OUs)** Dieser Container beinhaltet Benutzer- und Computerkonten, kann aber auch weitere OUs beinhalten. Vor allem die Organisationseinheiten, welche dafür zuständig sind, die einzelnen Objekte der Domäne zu ordnen, sollten frühzeitig geplant werden. Auch wenn jederzeit weitere OUs erstellt werden können, sollten diese bereits bei der Planung von Active Directory berücksichtigt werden.

Der wichtigste Container in Active Directory ist die Domäne. Sie ist die logische Struktur, in der das Unternehmen abgebildet ist. Gleichzeitig hat eine Domäne Auswirkung auf die physische Speicherung von Informationen: Die Domäne stellt die Grenze dar, innerhalb der Informationen gemeinsam verwaltet werden. Der erste Schritt in der Planung von Active Directory ist daher die Gestaltung von Domänen. Domänen dienen zur Gruppierung gleichartiger Systeme. Sie müssen bei der Implementierung von Active Directory vor allem unter logischen Gesichtspunkten betrachtet werden. Im Grunde genommen kann jede Domäne Organisationseinheiten darstellen, in denen die einzelnen Computer und Benutzer, die Mitglied der Domäne sind, geordnet werden. Genau an dieser Stelle liegt der Kernpunkt einer ordentlichen Active Directory-Planung. Wie viele Gesamtstrukturen, Strukturen, Domänen mit untergeordneten Domänen (Child Domains), Organisationseinheiten mit Unterorganisationseinheiten in Ihrem Active Directory angelegt werden, muss genau geplant werden. Es gibt keinen Königsweg, der vorgibt, welche Planung die effizienteste ist.

DNS und Active Directory

Ohne stabiles DNS ist ein Active Directory nicht funktionsfähig. Während der Installation des DNS-Dienstes, beziehungsweise bei der Heraufstufung eines Servers zu einem Domänencontroller, erhalten Sie bei Windows Server 2008 R2 unter Umständen die Meldung, dass noch DHCP aktiviert ist, auch wenn Sie eine statische IPv4-Adresse festgelegt haben. Dieser Fehler wird durch die IPv6-Verbindung von Windows Server 2008 R2 verursacht und kann ignoriert werden. Deaktivieren Sie in den Netzwerkverbindungen IPv6, erscheint diese Meldung nicht mehr, allerdings verlieren Sie auch die Vorteile der effizienteren Kommunikation zwischen Windows Server 2008 R2- und Windows Vista/Windows 7-Computern. Die hauptsächliche Aufgabe von DNS (Domain Name System) ist die Auflösung von Computernamen zu IP-Adressen, auch Forward-Lookup genannt. Eine weitere Aufgabe ist das Auflösen von IP-Adressen zu Computernamen, auch Reverse-Lookup genannt. Computernamen im DNS bestehen nicht nur aus einem NetBIOS-Namen wie zum Beispiel *dc01*, sondern zusätzlich aus einem sogenannten Domänennamen wie zum Beispiel *contoso.com*. Einen vollständigen Rechnernamen bezeichnet man auch als voll qualifizierten Domänennamen (Full Qualified Domain Name, FQDN).

Der FQDN eines Servers *dc01* in der Domäne *contoso.com* ist *dc01.contoso.com*. Die beiden Rechner *dc01.contoso.com* und *dc01.contoso.int* sind zwei vollkommen unterschiedliche Systeme. Um eine Verbindung mit einem dieser Systeme aufzubauen, reicht es nicht aus, nur den Namen *dc01* auflösen zu können. Es ist wichtig, dass die beteiligten Computer, die die Verbindung zu den beiden Servern aufnehmen sollen, beide Domänennamen auflösen können. DNS-Domänen, wie in diesem Beispiel *contoso.com* und *contoso.int*, werden auf DNS-Servern in sogenannten Zonen verwaltet. Eine Zone kann mehrere Subdomänen einer Domäne verwalten, zum Beispiel *de.contoso.com* oder *fr.contoso.com*. Allerdings kann eine Zone auf einem DNS-Server nicht verschiedene Namensräume verwalten, wie zum Beispiel *contoso.com* und *contoso.int*. In diesem Fall müssten für diese beiden DNS-Domänen zwei getrennte Zonen angelegt werden.

Eine weitere wichtige Aufgabe von DNS ist das Auflösen von SRV-Records (Service-Records). In SRV-Records werden spezielle Serverdienste abgelegt, die in DNS veröffentlicht werden. Ein Beispiel wäre der bekannte SRV-Record MX (Mailexchanger), der festlegt, welche E-Mail-Server es in einer Domäne gibt und wie die IP-Adresse dieses Servers lautet. Die Aufgabe des DNS-Servers besteht in diesem Bereich darin, dass Computer den DNS-Server befragen können, welcher Server im Netzwerk einen bestimmten Netzwerkdienst verwaltet. Es gibt zahlreiche SRV-Records im DNS, die durch Active Directory angelegt werden. Wollen Computer spezielle Dienste in Active Directory erreichen, zum Beispiel einen globalen Katalogserver, können die DNS-Server befragt werden, die alle SRV-Records der globalen Katalogserver kennen.

Zusammenfassung

In diesem Kapitel sind wir auf wichtige Grundlagen und Neuerungen von Active Directory eingegangen. Sie lernten hier auch den Umgang mit den verschiedenen Protokollen wie LDAP. Auch die verschiedenen Container und Strukturen waren Thema dieses Kapitels. Zusätzlich wurden in diesem Kapitel alle wichtigen PowerShell-Befehle für die Verwaltung von Active Directory aufgelistet. In den nächsten Kapiteln bauen wir auf diese Neuerungen auf und beginnen im folgenden Kapitel 10 damit, wie Sie Active Directory-Domänen installieren und verwalten.

Kapitel 10

Active Directory installieren und verwalten

In diesem Kapitel:

In diesem Kapitel zeigen wir Ihnen, wie Sie Active Directory mit Windows Server 2008 R2 aufbauen und verwalten. Wir gehen darauf ein, welche Vorbereitungen Sie für einen Domänencontroller treffen müssen und welches der beste Weg ist, Active Directory zu installieren. Dieses Kapitel stellt die Grundlage für die nächsten Kapitel dar, bei denen wir uns noch tiefgehender mit den Möglichkeiten von Active Directory beschäftigen.

Active Directory vorbereiten

Der nächste Schritt bei der Installation von Active Directory besteht darin, den NetBIOS-Namen und das DNS-Suffix des ersten Domänencontrollers so zu wählen, wie später die Active Directory-Domäne benannt werden soll. Konfigurieren Sie daher zunächst über *Systemsteuerung/System und Sicherheit/System/Erweiterte Systemeinstellungen/Computername/Ändern* den NetBIOS-Namen des neuen Domänencontrollers, zum Beispiel *dc01*. Klicken Sie dann in diesem Fenster auf die Schaltfläche *Weitere* und tippen Sie das DNS-Suffix des Servers ein. Geben Sie an dieser Stelle exakt den DNS-Namen an, den Ihre Active Directory-Domäne später erhalten soll, zum Beispiel *contoso.com*.

Abbildg. 10.1 Definieren des Computernamens und des DNS-Suffix eines Domänencontrollers

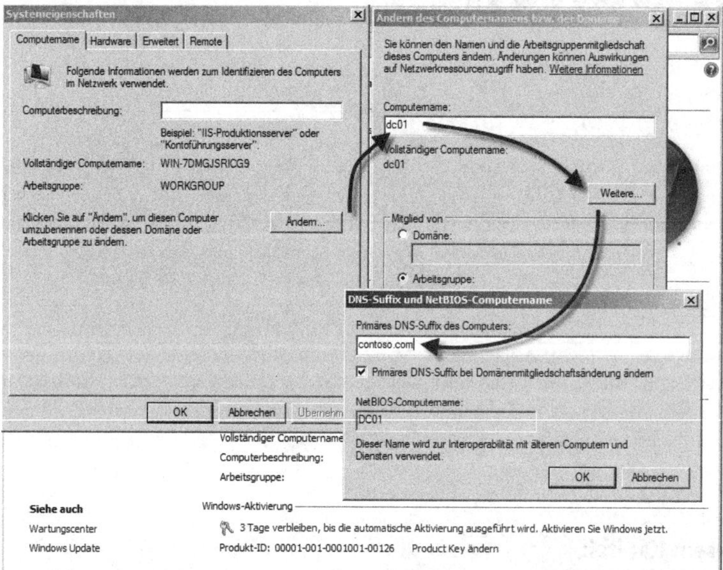

Der vollständige Name des Servers (FQDN) setzt sich aus dem Computernamen und dem primären DNS-Suffix zusammen. Der vollständige Computername des Domänencontrollers lautet *dc01.contoso.com*. Haben Sie die Änderungen vorgenommen, müssen Sie den Server neu starten.

IP-Einstellungen des Servers konfigurieren

Haben Sie den vollständigen Computernamen festgelegt, sollten Sie als Nächstes die IP-Einstellungen des Servers anpassen. Wichtig ist an dieser Stelle, dass Sie die lokale IP-Adresse des Servers als primären DNS-Server festlegen. Da dieser Server der erste Domänencontroller des neuen Active Directory werden soll, wird er auch der erste DNS-Server. Tragen Sie in den Eigenschaften des IP-Protokolls die IP-Adresse des Servers als bevorzugten Server ein. Der nächste Schritt besteht darin, den DNS-Server für Active Directory vorzubereiten. An dieser Stelle müssen Sie noch keinen alternativen DNS-Server eintragen. Der alternative DNS-Server wird erst von einem Client befragt, wenn der bevorzugte DNS-Server nicht mehr antwortet. Die IP-Einstellungen für Netzwerkverbindungen erreichen Sie im *Netzwerk- und Freigabecenter* über den Link *Adaptereinstellungen ändern*. Am schnellsten gelangen Sie zu dieser Konfiguration über die Eingabe von *ncpa.cpl* im Suchfeld des Startmenüs.

Abbildg. 10.2 Verwalten der Netzwerkverbindungen über das Netzwerk- und Freigabecenter

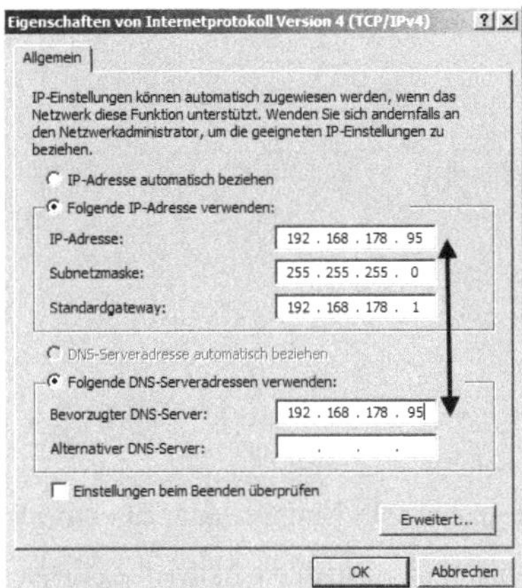

Rufen Sie die Eigenschaften des IPv4-Protokolls auf, um die IP-Einstellungen für die Domäne vorzunehmen. Tragen Sie in den Eigenschaften des IP-Protokolls die IP-Adresse des Servers als bevorzugten Server ein. An dieser Stelle müssen Sie noch keinen alternativen DNS-Server eintragen. Der alternative DNS-Server wird erst von einem Client befragt, wenn der bevorzugte DNS-Server nicht mehr antwortet.

Erweiterte Netzwerkeinstellungen für die Domänenaufnahme

Über die Schaltfläche *Erweitert* erreichen Sie weitere Einstellungen, um die Namensauflösung per DNS oder WINS im Netzwerk optimaler einzustellen. Normalerweise werden Sie hier keine Einstellungen vornehmen müssen, da bereits die Standardeinstellungen ausreichen. Für manche Netzwerke kann jedoch eine Nachjustierung sinnvoll sein. Ob das für Sie notwendig ist, erfahren Sie auf den folgenden Seiten. Passen Sie die erweiterte Einstellungen an, sollten Sie darauf achten, die Standardeinstellungen zu notieren, da diese nicht einfach nachzuvollziehen sind, wenn Sie später erneut Änderungen vornehmen müssen.

Auf der Registerkarte *WINS* können Sie einen WINS-Server eintragen, sofern Sie einen solchen im Netzwerk betreiben. WINS steht für Windows Internet Name Service und ist der Vorgänger der dynamischen DNS-Aktualisierung. Während DNS für die Namensauflösung mit voll qualifizierten Domänennamen zuständig ist, werden mit WINS NetBIOS-Namen aufgelöst. Auf den Arbeitsstationen können Sie diese Einstellungen auch mithilfe eines DHCP-Servers verteilen.

Auf der Registerkarte *DNS* werden schließlich notwendige Einstellungen vorgenommen, um Windows Server 2008 R2 besser in eine Active Directory-Gesamtstruktur einzubinden. Für eine generelle Aufnahme von Windows Vista/Windows 7 oder Windows Server 2008 R2 in eine Domäne sind hier keine Änderungen vorzunehmen. Auf den folgenden Seiten erfahren Sie anhand von Beispielen, wann hier Änderungen sinnvoll sein können. Zunächst sind standardmäßig immer nur die folgenden Optionen aktiviert:

- *Primäre und verbindungsspezifische DNS-Suffixe anhängen*
- *Übergeordnete Suffixe des primären DNS-Suffixes anhängen*
- *Adressen dieser Verbindung in DNS registrieren*

Abbildg. 10.3 Erweiterte DNS-Einstellungen für Windows Server 2008 R2

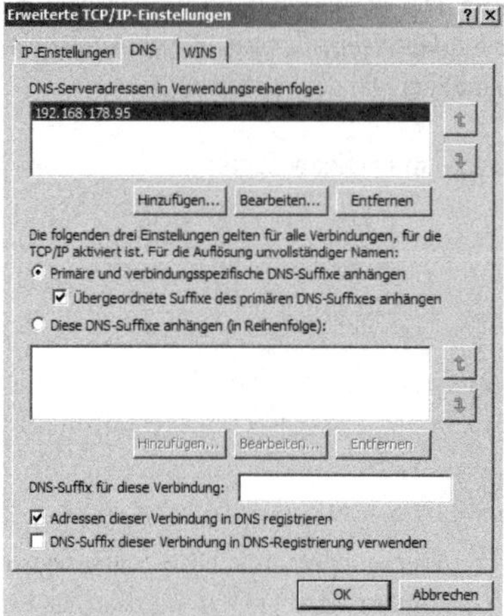

Die einzelnen Optionen spielen bei der Namensauflösung in einer DNS-Infrastruktur eine erhebliche Rolle:

- **Primäre und verbindungsspezifische DNS-Suffixe anhängen** Durch die Aktivierung dieser Option wird festgelegt, dass der Rechner versucht, bei der Auflösung von Rechnernamen immer automatisch das konfigurierte primäre DNS-Suffix des eigenen Computernamens anzuhängen. Wollen Sie zum Beispiel einen Rechnernamen mit der Bezeichnung *dc01* auflösen, versucht der Rechner eine Namensauflösung nach *dc01.contoso.com*, wenn das primäre DNS-Suffix des Servers *contoso.com* ist.
- **Übergeordnete Suffixe des primären DNS-Suffixes anhängen** Diese Option bedeutet, dass auch die Namen von übergeordneten Domänen bei der Namensauflösung verwendet werden. Wenn Sie zum Beispiel in einer untergeordneten Domäne mit der Bezeichnung *muenchen.de.contoso.com* einen Servernamen *dc05* auflösen wollen, versucht der Rechner zunächst die Auflösung über *dc05.muenchen.de.contoso.com*, falls dies das primäre DNS-Suffix des PCs oder Servers ist. Im Anschluss wird versucht, den Namen über *dc05.de.contoso.com* und dann über *dc05.contoso.com* aufzulösen, da diese Domänen der Domäne *muenchen.de.contoso.com* übergeordnet sind.
- **DNS-Suffix für diese Verbindung** Zusätzlich haben Sie noch die Möglichkeit, in dieses Textfeld ein weiteres beliebiges DNS-Suffix einzutragen. Wenn der Rechner den eingegebenen Namen bei seinem konfigurierten DNS-Server nicht über sein eigenes primäres DNS-Suffix finden kann, versucht er es mit dem DNS-Suffix in diesem Feld. Wollen Sie zum Beispiel den Servernamen *dc06* auflösen, versucht der PC oder Server zunächst die Auflösung in *dc06.contoso.com*, sofern das sein primäres DNS-Suffix ist. Tragen Sie im Feld *DNS-Suffix für diese Verbindung* noch ein Suffix in der Form *muenchen.de.microsoft.com* ein, versucht der PC auch den Namen nach *dc06.muenchen.de.microsoft.com* aufzulösen.
- **Adressen dieser Verbindung in DNS registrieren** Auch diese Option ist bereits standardmäßig aktiviert. Ein DNS-Server unter Windows Server 2008 R2 hat die Möglichkeit, Einträge dynamisch zu registrieren. Durch dieses dynamische DNS müssen Hosteinträge nicht mehr manuell durchgeführt werden. Sobald sich ein Rechner im Netzwerk anmeldet, versucht er seinen vollqualifizierten Domänennamen (FQDN) beim konfigurierten DNS-Server automatisch einzutragen, sofern diese Option nicht deaktiviert wurde. Dieser Punkt ist für die interne Namensauflösung in einem Active Directory-Netzwerk von sehr großer Bedeutung.

Außer den standardmäßig aktivierten Optionen gibt es noch weitere Möglichkeiten, die Sie in diesem Fenster konfigurieren können:

- **Diese DNS-Suffixe anhängen** Wenn Sie diese Option aktivieren, können Sie DNS-Suffixe konfigurieren, nach denen unvollständige Rechnernamen aufgelöst werden. Aktivieren Sie diese Option, werden weder das primäre DNS-Suffix des Servers noch die DNS-Suffixe dieser Verbindung verwendet. Es werden die DNS-Suffixe in der Reihenfolge angehängt, die im Feld *Diese DNS-Suffixe anhängen (in Reihenfolge)* konfiguriert sind. Achten Sie bei der Konfiguration darauf, dass möglichst das DNS-Suffix der Windows-Domäne, in der dieser Server Mitglied ist oder werden soll, als Erstes in dieser Liste eingetragen ist. Diese Option wird häufig verwendet, um die Namensauflösung in Gesamtstrukturen mit mehreren Strukturen zu lösen. Dazu werden in der Reihenfolge alle Strukturen der Gesamtstruktur eingetragen, um eine Namensauflösung innerhalb von Active Directory zu gewährleisten. Vor allem beim Einsatz von Exchange-Servern ist diese Option sehr nützlich, wenn die Exchange-Server über mehrere Strukturen und Domänen verteilt sind. Standardmäßig ist diese Option nicht aktiviert.
- **DNS-Suffix dieser Verbindung in DNS-Registrierung verwenden** Wenn Sie diese Option aktivieren, wird der Server im DNS mit seinem Computernamen und seinem primären DNS-Suffix registriert, also seinem vollqualifizierten Domänennamen (Fully Qualified Domain Name, FQDN). Zusätzlich wird der Name mit dem DNS-Suffix auch beim DNS-Server registriert, das im Bereich *DNS-Suffix für diese Verbindung* konfiguriert ist. Diese Option ist ebenfalls nicht standardmäßig aktiviert.

Wenn Sie schnell und effizient Servernamen in verschiedenen DNS-Zonen auflösen wollen, aktivieren Sie auf den PCs oder Servern in den IP-Einstellungen über die Schaltfläche *Erweitert* auf der Registerkarte *DNS* die Option *Diese DNS-Suffixe anhängen (in Reihenfolge)*. Tragen Sie als Nächstes zuerst den Namensraum der eigenen Struktur ein und hängen Sie danach die Namensräume der anderen Strukturen an. Der Sinn dieser Konfiguration ist die schnelle Auflösung von Servern in den anderen Strukturen. Wenn Sie zum Beispiel den Domänencontroller *dc1* in der Struktur *contoso.com* auflösen wollen, müssen Sie immer *dc1.contoso.com* eingeben, wenn Ihr Server nicht Mitglied dieser Struktur ist. Diese Einstellung ist zwar optional, erleichtert aber die Stabilität der Namensauflösung in Active Directory. Sie sollten diese Einstellung auf jedem Domänencontroller sowie auf jedem Exchange-Server in Ihrer Gesamtstruktur durchführen, sowie auf PCs von Administratoren oder Power Usern, die ständig eine Verbindung zu anderen Domänen aufbauen müssen. Zuerst sollte immer die eigene Domäne und der eigene Namensraum eingetragen werden, bevor andere Namensräume abgefragt werden.

Haben Sie diese Maßnahme durchgeführt, können Sie mit *nslookup* den Effekt überprüfen, allerdings erst dann, wenn Active Directory installiert wurde. Sie können an dieser Stelle lediglich *dc1* eingeben. Der Server befragt seinen bevorzugten DNS-Server, ob ein Server mit dem Namen *dc1.microsoft.com* gefunden wird, wenn es sich hier um Ihr primäres DNS-Suffix handelt. Da dieser Server unter Umständen in dieser Domäne nicht vorhanden ist, wird der nächste Namensraum abgefragt. Das ist in diesem Beispiel *contoso.com*. Viele Administratoren tragen auf ihrem DNS-Server einfach einen neuen statischen Hosteintrag ein, der auf die IP-Adresse des Servers des anderen Namensraumes zeigt. Diese Vorgehensweise ist aber nicht richtig, auch wenn sie grundsätzlich funktioniert. Es wird in diesem Fall nämlich nicht der richtige DNS-Name des entsprechenden Servers zurückgegeben, sondern der Servername mit der Zone des DNS-Servers, in die der Server als Host eingetragen wurde. Vor allem in einem größeren Active Directory sollten Administratoren darauf achten, die Konfigurationen so vorzunehmen, dass sie auch formal korrekt sind. Dies hilft oft, unbedachte Probleme zu vermeiden. Wenn Sie zum Beispiel in der Zone *microsoft.com* einen neuen Eintrag *dc1* für den Domänencontroller *dc1.contoso.com* erstellen, der auf die IP-Adresse des Servers verweist, wird der Name als *dc1.microsoft.com* aufgelöst, obwohl der eigentliche Name des Servers *dc1.contoso.com* ist. Dadurch funktioniert zwar die Auflösung, aber es wird ein falscher Name zurückgegeben.

DNS in Windows Server 2008 R2 installieren

Der Assistent für die Installation von Active Directory kann zwar auch im Rahmen der Einrichtung die DNS-Funktionalität installieren und einrichten, allerdings ist diese Vorgehensweise nicht optimal, da Sie viele Einstellungen später nicht verstehen und der Assistent verschiedene DNS-Zonen einrichtet, die bei großen Umgebungen besser in einer Zone aufgehoben sind. Außerdem legt der Assistent keine Reverse-Lookupzone an, also die Möglichkeit, IP-Adressen nach Namen aufzulösen. Das ist zwar für den Betrieb von Active Directory nicht zwingend notwendig, allerdings verbessern Reverse-Lookupzonen die Namensauflösung und Sie erhalten bei *nslookup* keine Fehlermeldungen. Um DNS auf einem Windows Server 2008 R2 zu installieren, starten Sie den Server-Manager und klicken auf *Rollen*. Wählen Sie anschließend *Rolle hinzufügen* und wählen Sie die Rolle *DNS-Server* aus. Klicken Sie diese Option an und lassen Sie die notwendigen Komponenten installieren. Nach der Installation müssen Sie den Server nicht neu starten.

Abbildg. 10.4 DNS-Server für Active Directory installieren

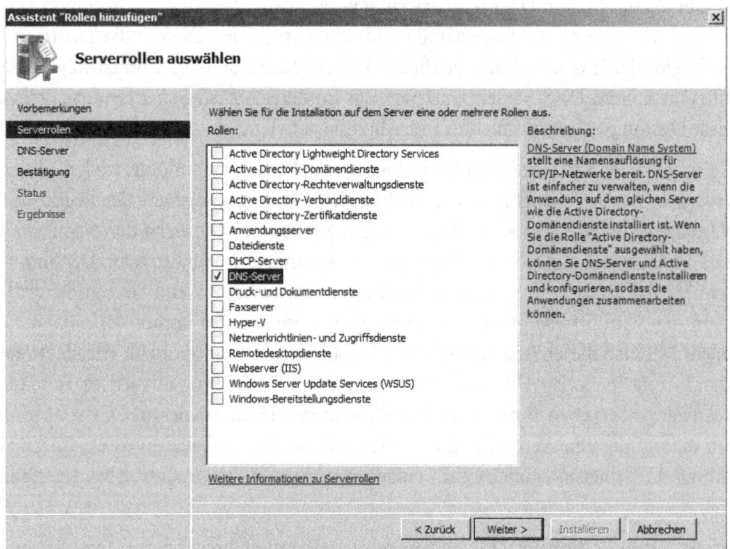

Wollen Sie ein neues Active Directory erstellen, besteht der erste Schritt darin, auf dem ersten geplanten Domänencontroller nach der Installation des Windows Server 2008 R2 zunächst die DNS-Erweiterung zu installieren. Unter Windows Server 2008 R2 wird DNS automatisch installiert und eingerichtet, wenn Active Directory auf einem Server installiert wird. Dennoch ist die korrekte Vorbereitung einer DNS-Infrastruktur immer noch der bessere Weg. Nach der Installation finden Sie das Verwaltungsprogramm für den DNS-Server unter *Start/Verwaltung/DNS*. Starten Sie die Verwaltung, sehen Sie zunächst die Elemente, die Sie an dieser Stelle zur Verwaltung verwenden:

- Globale Protokolle und die DNS-Ereignisanzeige
- Forward-Lookupzonen
- Reverse-Lookupzonen
- Bedingte Weiterleitungen

Abbildg. 10.5 Verwaltungskonsole eines DNS-Servers nach der Installation

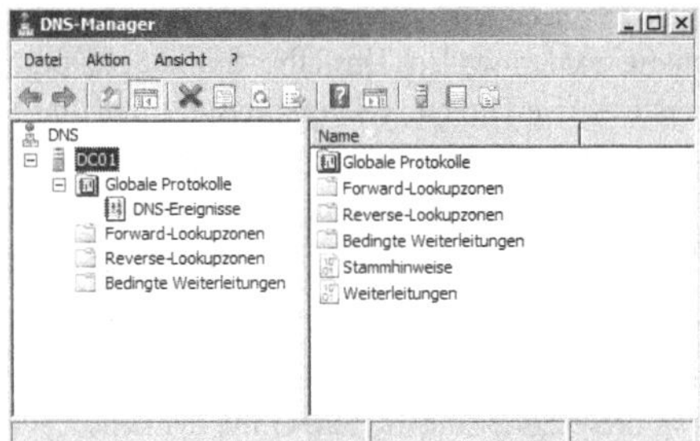

Standardmäßig werden Sie mit dem lokal installierten DNS-Server verbunden. Erstellen Sie später eine einheitliche Managementkonsole (Microsoft Management Console, MMC), können Sie die Verwaltung mehrerer DNS-Server in Ihrem Unternehmen an einer Stelle verbinden. Klicken Sie mit der rechten Maustaste in der Konsole auf *DNS*, können Sie sich mit zusätzlichen DNS-Servern verbinden. Für die Testumgebung werden diese Schritte nicht benötigt. Mit den Knoten *Forward-Lookupzonen* und *Reverse-Lookupzonen* werden die Zonen angelegt, die Active Directory für seinen Betrieb benötigt. Im Knoten *Globale Protokolle/DNS-Ereignisse* finden Sie gefilterte Meldungen der Ereignisanzeige des Servers. Über *Bedingte Weiterleitungen* können Sie Anfragen zu bestimmten DNS-Zonen an fest definierte DNS-Server weiterleiten.

Notwendige DNS-Zonen für Active Directory erstellen

Der nächste Schritt zur Erstellung von Active Directory besteht in der Erstellung der neuen Zonen, welche die DNS-Domänen von Active Directory verwalten. Starten Sie dazu die DNS-Verwaltung.

Erstellen einer Forward-Lookupzone

Die erste und wichtigste Zone, die Sie auf einem DNS-Server erstellen, ist die *Forward-Lookupzone* der ersten Domäne von Active Directory. Klicken Sie dazu in der MMC mit der rechten Maustaste auf *Forward-Lookupzonen* und wählen Sie im Kontextmenü den Eintrag *Neue Zone* aus. Es startet der Assistent zum Erstellen von neuen Zonen. Im nächsten Fenster können Sie festlegen, welche Art von Zone Sie erstellen wollen. Wählen Sie die Option *Primäre Zone* aus. Beim Erstellen neuer Domänen in Active Directory werden ausschließlich primäre Domänen benötigt.

Abbildg. 10.6 Erstellen einer primären Forward-Lookupzone

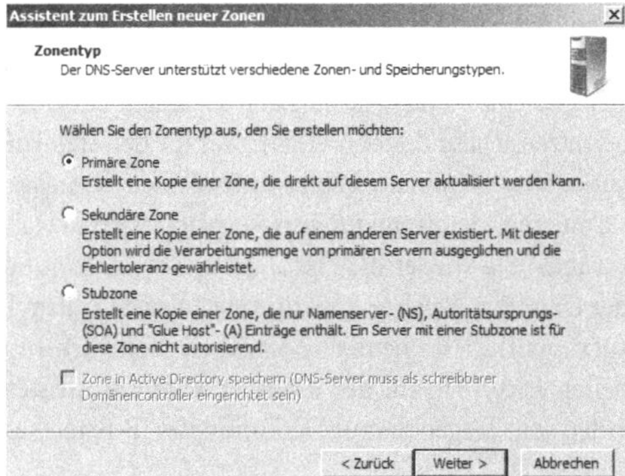

Auf der nächsten Seite des Assistenten legen Sie den Namen der neuen Zone fest. Hier ist es extrem wichtig, dass Sie als Zonennamen exakt den Namen wählen, den Sie zuvor als DNS-Suffix des Servers eingetragen haben und den Sie als DNS-Namen der Active Directory-Domäne wählen wollen. Das DNS-Suffix des Domänencontrollers wird später in diese Zone integriert und die erste Active Directory-Domäne speichert ihre SRV-Records ebenfalls in dieser Domäne. In diesem Beispiel lautet die Zone *contoso.com*. Im Anschluss erscheint das Fenster, in dem Sie die Erstellung einer neuen Datei für die Zone bestätigen müssen. Sie könnten an dieser Stelle den Namen der Datei zwar ändern, sollten ihn aber möglichst immer so belassen, wie er festgelegt wurde.

Im nächsten Fenster legen Sie die dynamischen Updates der DNS-Zone fest. DNS-Server unter Windows Server 2008 R2 arbeiten mit dynamischen Updates. Das heißt, alle Servernamen und IP-Adressen sowie die SRV-Records von Active Directory werden automatisch in diese Zone eingetragen. Ohne dynamische Updates können Sie in einer Zone kein Active Directory integrieren. Der Installationsassistent von Active Directory muss in einer Zone dutzende Einträge automatisch durchführen können. Aktivieren Sie daher im Fenster die Option *Nicht sichere und sichere dynamische Updates zulassen*. Sichere Updates können Sie nach der Erstellung von Active Directory konfigurieren. Vor der Installation ist diese Einstellung deaktiviert.

Abbildg. 10.7 Aktivieren der dynamischen Updates für eine Zone

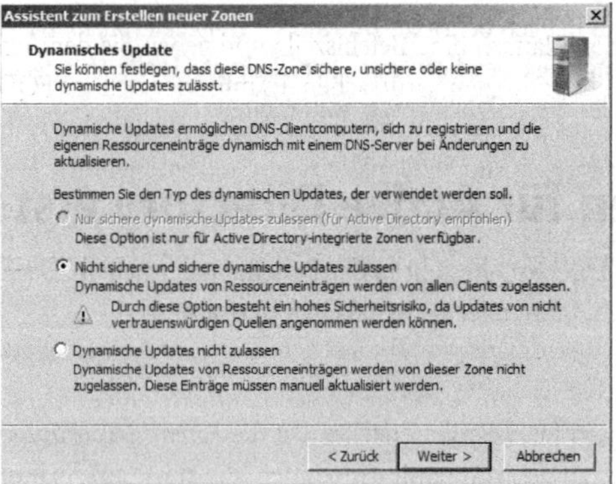

Im Anschluss erhalten Sie nochmals eine Zusammenfassung Ihrer Angaben aufgelistet. Danach wird die Zone erstellt und in der MMC angezeigt. Innerhalb der Zone sollte bereits der lokale Server als *Host (A)* mit seiner IP-Adresse registriert sein. Diese Registrierung findet nur statt, wenn das primäre DNS-Suffix des Servers mit der erstellten Zone übereinstimmt und die dynamische Aktualisierung zugelassen wurde. In den IP-Einstellungen des Servers muss außerdem der DNS-Server eingetragen sein, der die Zone verwaltet.

Erstellen einer Reverse-Lookupzone

Im Anschluss an die *Forward-Lookupzone* sollten Sie eine *Reverse-Lookupzone* erstellen. Diese Zone ist dafür zuständig IP-Adressen in Rechnernamen zu übersetzen. Diese Zonen werden zwar für den stabilen Betrieb von Active Directory nicht zwingend benötigt, gehören aber dennoch zu einer ordentlichen Namensauflösung im Netzwerk. Klicken Sie mit der rechten Maustaste auf den Menüpunkt *Reverse-Lookupzone* und wählen Sie *Neue Zone* aus. Auf der ersten Seite des Assistenten wählen Sie wieder die Option *Primäre Zone*. Auf der nächsten Seite können Sie festlegen, ob Sie eine IPv4- oder eine IPv6-Reverse-Lookupzone anlegen wollen. Da Windows Server 2008 R2 neben IPv4 auch IPv6 unterstützt, wird dieses neue Dialogfeld eingeblendet. In den meisten Netzwerken wird derzeit noch mit IPv4 gearbeitet. Legen Sie auf der nächsten Seite des Assistenten den IP-Bereich fest, der durch diese Zone verwaltet werden soll. Tragen Sie zur Definition des IP-Bereiches unter *Netz-*

werkkennung den IP-Bereich ein, den Sie verwalten wollen. Für jeden eigenständigen IP-Bereich müssen Sie eine eigene Zone anlegen. Verwalten Sie ein B-Klasse-Netz (255.255.0.0), können Sie auch einfach die letzte Stelle leer lassen.

Hat sich bei einer Zone, die Sie für die Netzwerkkennung *192.168.* konfiguriert haben, ein Server mit der IP-Adresse *192.168.178.20* registriert, legt der DNS-Server automatisch eine Sortierung für die verschiedenen Subnetze an. Sie müssen daher bei einem B-Klasse-Netzwerk nicht manuell für jedes Unternetz eine eigene Zone anlegen. Nur wenn sich der IP-Bereich vollständig unterscheidet, zum Beispiel *192.168.* und *10.1.*, müssen Sie zwei getrennte Zonen anlegen. Auf der nächsten Seite des Assistenten legen Sie den Zonennamen fest. Danach müssen Sie die dynamischen Updates zulassen und die Zusammenfassung bestätigen. Als Nächstes wird die neue Zone erstellt. Hat sich der Server noch nicht automatisch registriert, können Sie über die Eingabe des Befehls *ipconfig /registerdns* in der Befehlszeile die dynamische Registrierung anstoßen. Danach sollte die IP-Adresse des Servers in der Zone registriert sein.

DNS-Einstellungen überprüfen und Fehler beheben

Bevor Sie Active Directory auf dem Server installieren, sollten Sie sicherstellen, dass alle DNS-Einstellungen korrekt vorgenommen sind. Überprüfen Sie, ob sich der Server sowohl in der Forward- als auch in der Reverse-Lookupzone korrekt eingetragen hat. Öffnen Sie danach eine Befehlszeile und geben Sie den Befehl *nslookup* ein. Die Eingabe des Befehls darf keinerlei Fehlermeldungen verursachen. Es muss der richtige FQDN des DNS-Servers und seine IP-Adresse angezeigt werden. Sollte das nicht der Fall sein, gehen Sie Schritt für Schritt vor, um den Fehler einzugrenzen:

1. Sollte ein Fehler erscheinen, versuchen Sie es einmal mit dem Befehl *ipconfig /registerdns* in der Befehlszeile.
2. Sollte der Fehler weiterhin auftreten, überprüfen Sie, ob das primäre DNS-Suffix auf dem Server mit dem Zonennamen übereinstimmt.
3. Stellen Sie als Nächstes fest, ob die IP-Adresse des Servers stimmt und der Eintrag des bevorzugten DNS-Servers auf die IP-Adresse des Servers zeigt.
4. Überprüfen Sie in den Eigenschaften der Zone, ob die dynamische Aktualisierung zugelassen wird und ändern Sie gegebenenfalls die Einstellung, damit die Aktualisierung stattfinden kann. Die Eigenschaften der Zonen erreichen Sie, wenn Sie mit der rechten Maustaste auf die Zone klicken und die *Eigenschaften* auswählen
5. Treten keine Fehler auf, können Sie mit der Erstellung von Active Directory auf diesem Server beginnen.

Abbildg. 10.8 Erfolgreiche Namensauflösung eines Servers nach der Registrierung in DNS

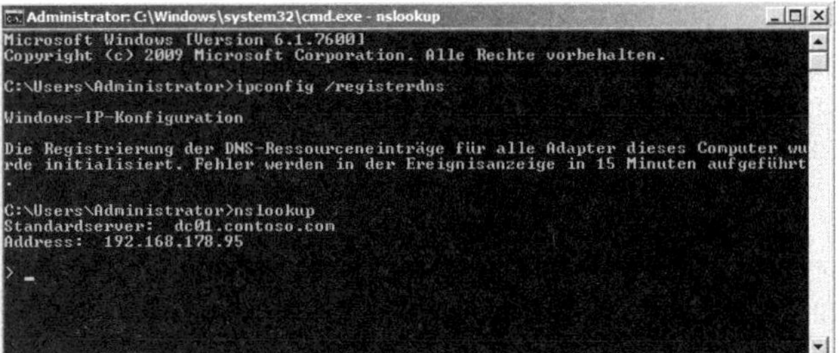

Active Directory-Domänendiensterolle installieren

Nachdem Sie diese Vorbereitungen getroffen haben, können Sie Active Directory auf dem Server installieren. Dazu stehen Ihnen zwei Möglichkeiten zur Verfügung.

Active Directory über den Server-Manager installieren

Starten Sie den Server-Manager, klicken Sie auf *Rollen* und dann auf *Rollen hinzufügen*. Im Anschluss startet der Assistent zum Hinzufügen von neuen Rollen. Bestätigen Sie das Startfenster des Assistenten. Auf der nächsten Seite wählen Sie die Rolle *Active Directory-Domänendienste* aus. Diese Maßnahme entspricht dem Befehl *dcpromo*. Wir kommen bei der Installation eines zusätzlichen Domänencontrollers noch auf diese Möglichkeit zurück.

Abbildg. 10.9 Auswählen und installieren der Rolle *Active Directory-Domänendienste*

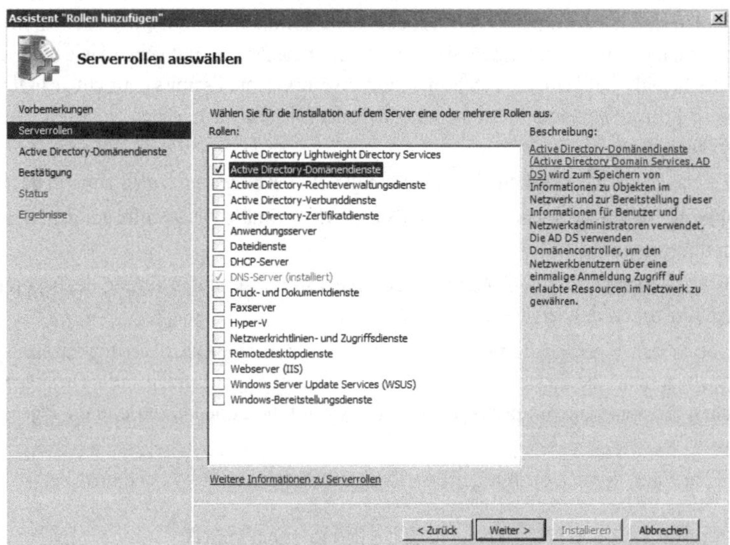

Während der Installation der Rolle müssen Sie noch keine Einstellungen vornehmen. Der Assistent installiert nur die notwendigen Systemdateien zur Erstellung einer neuen Domäne. Klicken Sie zur Installation der Rolle auf *Weiter*. Es erscheint ein neues Fenster mit Hinweisen zu Active Directory, welches Sie ebenfalls mit *Weiter* bestätigen können. Auf der nächsten Seite des Assistenten starten Sie über die Schaltfläche *Installieren* die Installation der Rolle auf dem Server. Nach kurzer Zeit wird die Installation der Rolle abgeschlossen. Anschließend startet normalerweise der Assistent zur Einrichtung des Domänencontrollers. An dieser Stelle sind noch keine Konfigurationen für die Domäne durchgeführt worden, sondern Sie haben lediglich die notwendigen Daten zur Erstellung von Active Directory auf dem Server installiert. Startet der Assistent zur Einrichtung der Domäne nicht automatisch, klicken Sie im Server-Manager unter *Rollen/Active Directory-Domänendienste* in der Mitte der Konsole auf den Link *Führen Sie den Assistenten zum Installieren von Active Directory-Domänendiensten (dcpromo.exe) aus*. Dieser Link startet den gleichen Assistenten, den Sie auch über *dcpromo* starten können. Erst durch die Ausführung dieses Assistenten wird der Server zum Domänencontroller heraufgestuft.

Unter Windows Server 2008 R2 kann dieser Assistent noch immer verwendet werden. Beim Aufrufen wird die Rolle *Active Directory-Domänendienste* automatisch nachinstalliert, wenn sich die entsprechenden Dateien noch nicht auf dem Server befinden.

Abbildg. 10.10 Starten des Assistenten für die Installation von Active Directory

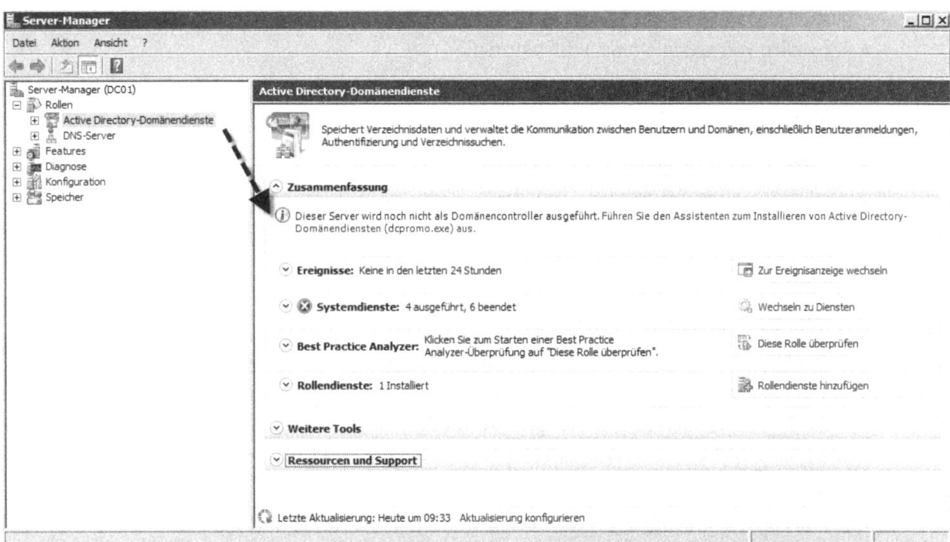

Installieren Sie Active Directory über den bekannten Weg in der Befehlszeile mit *dcpromo*, ist der nachfolgend beschriebene Ablauf für die Einrichtung von Active Directory identisch mit der Einrichtung über den Server-Manager. Fortgeschrittene Benutzer werden den Weg über *dcpromo* bevorzugen. Starten Sie die Einrichtung von Active Directory über *dcpromo*, überprüft der Assistent, ob die notwendigen Daten für Active Directory installiert sind und installiert diese gegebenenfalls nach. Es ist also nicht zwingend notwendig, vor der Ausführung von *dcpromo* die Rolle *Active Directory-Domänendienste* zu installieren. Aktivieren Sie das Kontrollkästchen *Installation im erweiterten Modus verwenden*, damit Sie auch alle notwendigen Einstellungen für Ihre Domäne konfigurieren können.

Abbildg. 10.11 Beim Starten des Assistenten für die Erstellung von Active Directory kann der erweiterte Modus aktiviert werden

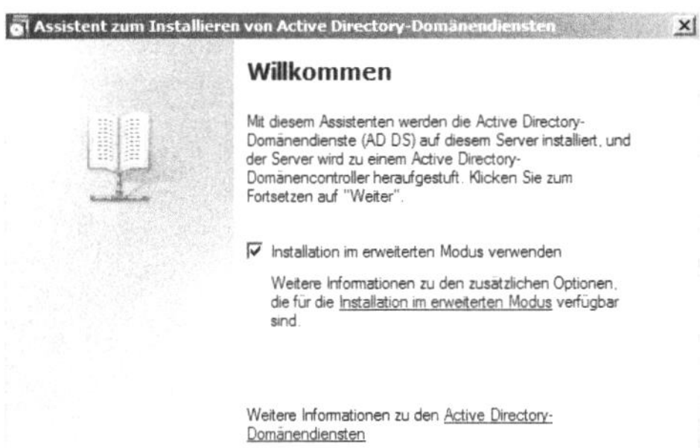

TIPP Starten Sie *dcpromo* über die Befehlszeile, können Sie auch mit der Option *dcpromo /adv* in den erweiterten Modus wechseln.

Durch die Aktivierung des erweiterten Modus können Sie mit dem Assistenten noch folgende Funktionen einstellen:

- Erstellen von neuen Domänenstrukturen
- Verwenden eines Sicherungsmediums für die Replikation von Active Directory, um Netzwerkverkehr im WAN (Wide Aera Network) zu sparen
- Auswählen des Quelldomänencontrollers für die Installation
- Anpassen des NetBIOS-Namens der Domäne
- Konfiguration der Richtlinien für die Kennwortreplikation für schreibgeschützte Domänencontroller (RODC)

HINWEIS Auf der nächsten Seite erhalten Sie noch einen Hinweis, der die Authentifizierung von älteren Windows NT 4.0-Rechnern, anderen Betriebssystemen als Windows und NAS-Systeme betrifft. Solche Systeme haben unter Umständen Probleme bei der Authentifizierung. Betreiben Sie solche Systeme, lesen Sie die Anmerkungen im Microsoft Knowledge Base-Artikel *http://support.microsoft.com/?id=942564* durch. Hier sehen Sie die Auswirkungen der Änderungen und wie Sie Probleme beheben können.

Auf der nächsten Seite des Assistenten legen Sie fest, wie Active Directory installiert werden soll. Da Sie die erste Domäne für Ihre Gesamtstruktur erstellen, wählen Sie die Option *Neue Domäne in neuer Gesamtstruktur* aus. Sie erstellen durch diese Auswahl eine neue Domäne und auch die dazugehörige Gesamtstruktur. Insgesamt gibt es in Active Directory die drei Container *Gesamtstruktur*, *Struktur* und *Domäne*.

Abbildg. 10.12 Möglichkeiten zur Erstellung von Strukturen und Domänen

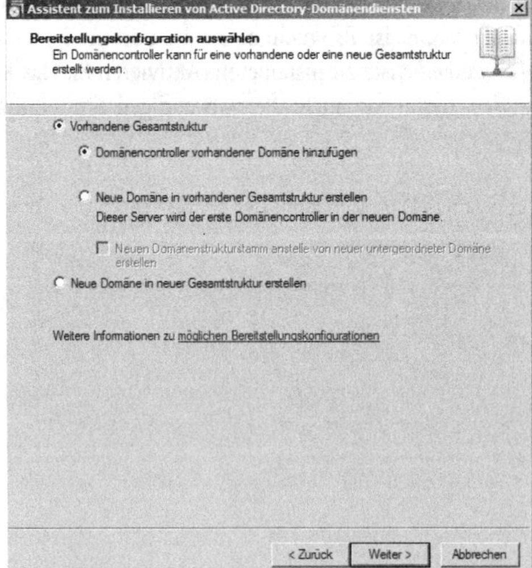

Active Directory-Gesamtstruktur (Forest)

Ein Active Directory kann aus mehreren selbstständigen Domänen bestehen, die dennoch zu einer großen gemeinsamen Organisation, auch Gesamtstruktur genannt, gehören. Alle verbundenen Domänen einer Gesamtstruktur teilen sich eine Datenbank. Eine Gesamtstruktur (Forest) ist die Grenze des Verzeichnisdienstes eines Unternehmens, in dem einheitliche Berechtigungen vergeben und delegiert werden können. Für Anwender ändert sich beim Umgang mit der Domäne so gut wie nichts. Sie können mehrere Domänen in einer Gesamtstruktur hierarchisch aufbauen. Jede Domäne in einem Active Directory ist eine eigene Partition im Verzeichnis. Jede Partition wird von unterschiedlichen Domänencontrollern verwaltet. Diese Partitionierung erfolgt automatisch.

Domänenstrukturstamm (Tree)

Domänen werden in Active Directory zu Strukturen (Trees) zusammengefasst. Eine Struktur muss über einen einheitlichen Namensraum verfügen. Heißt eine Struktur beispielsweise *contoso.com*, kann es innerhalb dieser Struktur weitere Einheiten geben, wie beispielsweise *sales.contoso.com*, *marketing.contoso.com* und *dallas.marketing.contoso.com*. In einer Struktur (Tree) werden automatisch gegenseitige Vertrauensstellungen zwischen den beteiligten Domänen erzeugt. Darüber hinaus kann in einer Struktur eine Suche über mehrere Domänen hinweg erfolgen. Eine Active Directory-Gesamtstruktur (Forest) kann aus mehreren Strukturen (Trees) zusammengesetzt sein. Jede Gesamtstruktur besteht aus mindestens einer Struktur. Der ersten Domäne von Active Directory kommt eine besondere Bedeutung zu. Da sie die erste Domäne ist, bildet sie die erste Struktur von Active Directory und ist gleichzeitig die Stamm-(Root)-Domäne der Gesamtstruktur.

Erstellen Sie eine neue Domäne, wählen Sie im Fenster die Option *Neue Domäne in neuer Gesamtstruktur* aus. Als Nächstes legen Sie den DNS-Namen der Domäne fest. Dieser muss mit der erstellten DNS-Zone und dem DNS-Suffix des ersten Domänencontrollers übereinstimmen. Im nächsten Fenster müssen Sie den NetBIOS-Namen der neuen Domäne festlegen. Dieser Name wird zum Beispiel in den Anmeldemasken und den meisten Authentifizierungsfenstern verwendet. Sie sollten möglichst einen NetBIOS-Namen wählen, der auch zum DNS-Namen passt, am besten den DNS-Namen ohne die letzte Endung, in diesem Beispiel also *CONTOSO*. Auf der nächsten Seite des Assistenten legen Sie die Funktionsebene der Gesamtstruktur und damit aller Domänen fest. Ein Active Directory kann unter verschiedenen Betriebsmodi betrieben werden:

- Betriebsmodus der einzelnen Domänen in der Gesamtstruktur
- Betriebsmodus der Gesamtstruktur, die dann für alle Domänen gültig ist

HINWEIS Sie können den Betriebsmodus für die Domänen im Snap-In *Active Directory-Benutzer und -Computer* über das Kontextmenü der Domäne einstellen. Den Betriebsmodus für die Gesamtstruktur stellen Sie über das Snap-In *Active Directory-Domänen und -Vertrauensstellungen* ein, ebenfalls über das Kontextmenü. Das Abändern des Betriebsmodus lässt sich nicht rückgängig machen, außer wenn Sie den Modus auf Windows Server 2008 R2 stellen. In diesem Fall können Sie einen Fallback zu Windows Server 2008 machen.

Während die Funktionsebene der Gesamtstruktur nur einmal verändert werden muss, müssen Sie für jede Domäne der Gesamtstruktur deren eigene Funktionsebene anpassen. Diese beiden Ebenen können teilweise unabhängig voneinander jeweils verschiedene Betriebsmodi annehmen. Diese Betriebsmodi haben keine Kompatibilitätsunterschiede für Mitgliedsserver oder -PCs. Wichtig ist der Modus nur für die integrierten Domänencontroller. Das heißt auch im Betriebsmodus Windows Server 2008 R2 dürfen Sie Server mit Windows Server 2003 als Mitgliedsserver betreiben, nur eben nicht als Domänencontroller.

- **Windows 2000** In diesem Modus können Windows 2000-, Windows Server 2003- und Windows Server 2008/R2-Domänencontroller die Domäne verwalten. Es dürfen aber weiterhin Windows NT 4.0-Server als Mitglied betrieben werden. Ab diesem Modus können universelle Gruppen erstellt werden und die SID-

History wird unterstützt. Bei der SID-History können den Benutzerkonten mehrere SIDs (Security IDs) aus anderen Domänen zugeordnet werden. Sicherheitsgruppen können in diesem Modus zu Verteilergruppen umfunktioniert werden.

- **Windows Server 2003** Ab diesem Modus können Domänen in der Gesamtstruktur umbenannt und umstrukturiert werden. Es können Gesamtstruktur-übergreifende Vertrauensstellungen erstellt werden. Sofern in einer Gesamtstruktur keine Windows 2000-Domänencontroller unterstützt werden müssen, sollten Sie so schnell wie möglich die Funktionsebene der Domänen und der Gesamtstruktur auf den Windows Server 2003-Modus hochsetzen. Sie haben dadurch keinerlei Nachteile, eröffnen sich aber erst dann die vollständigen Möglichkeiten von Active Directory. In diesem Modus werden schreibgeschützte Domänencontroller (RODC) unterstützt, sofern sich der PDC-Emulator auf einem Domänencontroller unter Windows Server 2008 R2 befindet.
- **Windows Server 2008** Dieser Modus weist funktional keine großen Unterschiede zum Windows Server 2003-Modus auf. Allerdings wird durch Auswahl dieses Modus sichergestellt, dass alle Domänen der Gesamtstruktur im Windows Server 2008 R2-Modus betrieben werden. In diesem Modus werden Kennwortrichtlinien für mehrere Organisationseinheiten (OUs) unterstützt. Außerdem wird in diesem Modus zur Replikation des *SYSVOL*-Verzeichnisses DFS genutzt, was wesentlich performanter und stabiler funktioniert. In diesem Modus kann der Kerberosverkehr mit AES 128 oder 256 verschlüsselt werden.
- **Windows Server 2008 R2** Dieser Modus ist für die Unterstützung des Active Directory-Papierkorbs notwendig oder wenn Sie Authentifizierungsrichtlinien mit Active Directory-Verbunddienste konfigurieren wollen.

Abbildg. 10.13 Festlegen der Funktionsebene der Gesamtstruktur

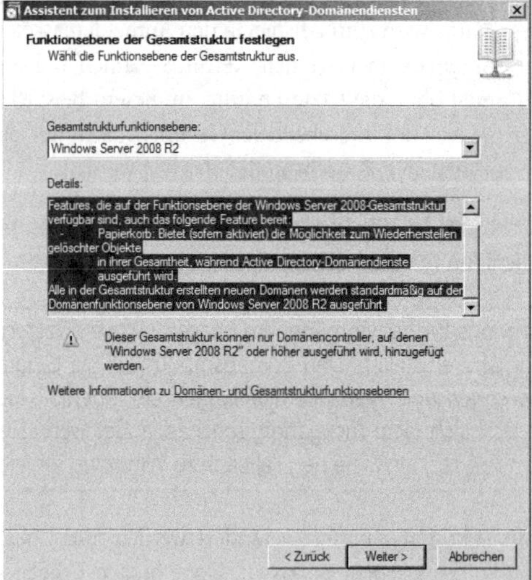

Auf der nächsten Seite des Assistenten konfigurieren Sie, dass der Domänencontroller auch zum DNS-Server konfiguriert wird. Der erste Domänencontroller in der Gesamtstruktur sollte möglichst auch immer DNS-Server sein. Der neue Domänencontroller wird darüber hinaus auch zwingend der erste globale Katalogserver. Auf dieser Seite können Sie auch festlegen, ob ein Domänencontroller zum schreibgeschützten Domänencontroller (RODC) werden soll. Hierbei wird auf dem Domänencontroller ein Replikat der Active Directory-Datenbank gespeichert, die keinerlei Änderungen akzeptiert. Außerdem lässt sich die Berechtigung zur RODC-Verwaltung an einen beliebigen Domänenbenutzer delegieren, um beispielsweise Aktualisierungen von Gerätetreibern vor Ort rasch durchführen zu können. Der erste Domänencontroller einer Gesamtstruktur kann nicht zum RODC konfiguriert werden. Aus diesem Grund ist diese Option, genau wie die Auswahl zum globalen Katalog, deaktiviert, da dem ersten Domänencontroller gewisse Verpflichtungen zukommen, die Sie an dieser Stelle nicht ändern können. Wir kommen bei der Integration eines zusätzlichen Domänencontrollers noch auf dieses Thema zurück.

Abbildg. 10.14 Konfiguration der Optionen für einen Domänencontroller

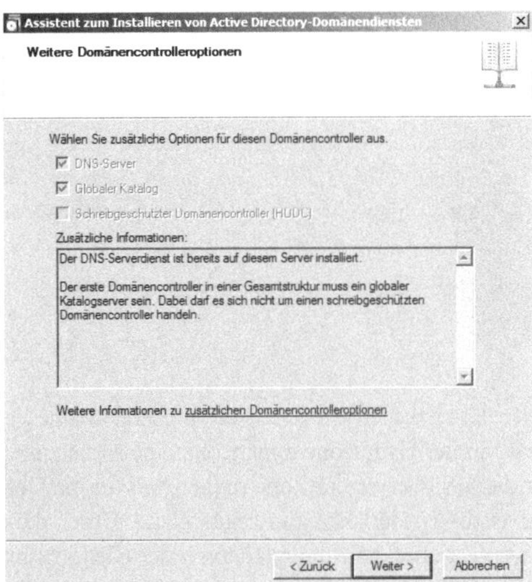

Auf der nächsten Seite erkennt der Assistent, dass bereits eine Zone vorhanden ist. Der Assistent bietet an, eine neue Zone für das Active Directory zu installieren. Wollen Sie Active Directory aber genau innerhalb der Zone speichern, nicht nur die Einträge der einzelnen Server, wählen Sie die Option *Nein, keine Delegierung erstellen* aus. Wählen Sie *Ja, automatisch versuchen, die DNS-Delegierung während dieser Installation zu erstellen*, erstellt der Assistent eine eigene DNS-Zone für das Active Directory parallel zur bereits existierenden Zone. Wenn Sie zum Beispiel später eine untergeordnete Domäne erstellen wollen, zum Beispiel die Domäne *de* unterhalb der Domäne *contoso.com*, haben Sie zwei Möglichkeiten, die Namensauflösung und das DNS-Konzept zu erstellen. Sie können auf den primären DNS-Servern der Zone *contoso.com* eine Unterdomäne *de* erstellen. In diesem Fall wird die neue Domäne unterhalb der Domäne *contoso.com* angezeigt. Alle DNS-Server, welche die Zone *contoso.com* verwalten, sind auch für die Domäne *de.contoso.com* zuständig. Vor allem bei größeren Unternehmen kann die Erstellung von untergeordneten DNS-Domänen Probleme bereiten. Wenn zum Beispiel in der Zentrale in Dallas die Rootdomäne *contoso.com* verwaltet werden soll, aber die Administratoren in der deutschen Domäne *de* diese Zone aus Sicherheitsgründen nicht verwalten sollen, sondern nur ihre eigene, können Sie nicht einfach eine Unterdomäne anlegen, da sonst jeder Administrator eines DNS-Servers Änderungen in der ganzen Zone vornehmen kann. Durch fehlerhafte Änderungen kann dadurch ein weltweites Active Directory schnell außer Funktion gesetzt werden. Aus diesem Grund hat Microsoft in seinen DNS-Servern die Delegierung von Domänen integriert. Gehen Sie dazu folgendermaßen vor: Auf dem DNS-Server der neuen untergeordneten Domäne wird eine eigene Zone *de.contoso.com* angelegt und konfiguriert. Zukünftig verwalten die Administratoren der Domäne *de* ihre eigene Zone *de.contoso.com*.

Abbildg. 10.15 Konfigurieren der Delegierung für die Active Directory-Zone auswählen

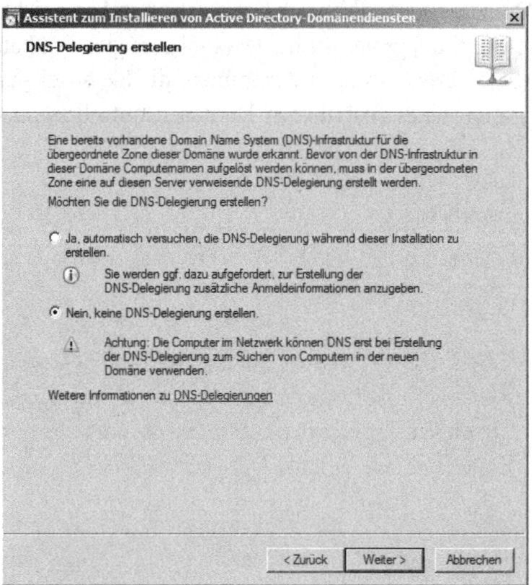

Damit die DNS-Server und Domänencontroller der restlichen Niederlassungen ebenfalls eine Verbindung zu der Zone *de.contoso.com* herstellen können, wird in der Hauptzone *contoso.com* eine sogenannte Delegierung eingerichtet, in der festgelegt wird, dass nicht die DNS-Server der Zone *contoso.com* für die Domäne *de.contoso.com* zuständig sind, sondern die DNS-Server der Niederlassung in Deutschland. Durch diese Konfiguration können weiterhin alle Namen aufgelöst werden, aber die Administratoren der Niederlassungen können nur ihre eigenen Zonen verwalten, nicht die Zonen der anderen Niederlassungen. Nachdem Sie die Delegierung eingerichtet haben, wird die Zone unterhalb der Hauptzone als delegiert angezeigt. Dieser DNS-Server ist nicht mehr für diese Zone verantwortlich, kann aber Namen in der Domäne durch die Delegierung auflösen, indem er Anfragen an die DNS-Server weiterleitet, die in der Delegierung angegeben sind. Auf Dauer kann allerdings diese Konfiguration auch kompliziert werden. Einfacher ist es, innerhalb eines Namensraums möglichst alle neuen Domänen als Unterdomänen anzulegen. Stellen Sie bei der Replikation der Hauptzone ein, dass diese Zone auf alle DNS-Server von Active Directory repliziert werden. Dadurch ist sichergestellt, dass in jeder Niederlassung alle notwendigen Server aufgelöst werden können. Sie ersparen sich dadurch komplizierte Verwaltungsvorgänge. Wenn jedoch in den Niederlassungen Administratoren sitzen, die ihre eigenen Domänen verwalten sollen, arbeiten Sie mit der Delegierung. Geben Sie die delegierte Domäne ein, müssen Sie nur die neue Zone angeben, also in diesem Fall *de*. Der restliche Domänenname, also hier *contoso.com*, wird durch den Assistenten automatisch eingerichtet. Geben Sie auf der letzten Seite des Assistenten die IP-Adresse des DNS-Servers ein, der zukünftig diese Zone verwalten soll. Sie können jederzeit in den Zoneneinstellungen zusätzliche DNS-Server für die Zone eintragen.

Abbildg. 10.16 Active Directory-DNS-Zone als Delegierung zu bereits vorhandenen Zonen

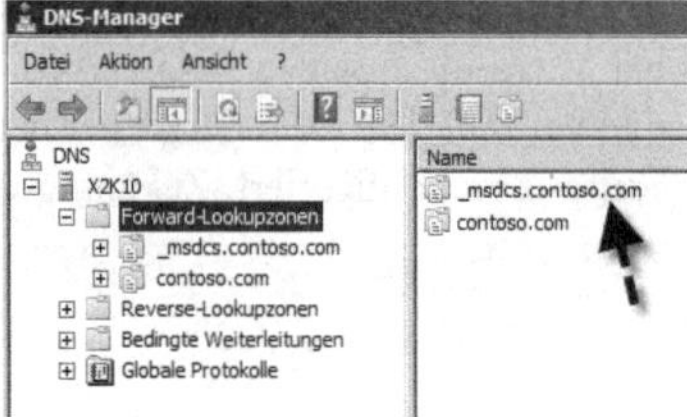

Nachdem die Delegierung erstellt wurde, können alle PCs und Server, die den DNS-Server der Hauptzone abfragen, auch die Namen der Server in den untergeordneten Zonen auflösen. Sobald der DNS-Server der Zone *contoso.com* eine Anfrage für die Domäne *de.contoso.com* erhält, gibt er diese Abfrage an die DNS-Server weiter, die in der Delegierung hinterlegt sind. Die Zone *de.contoso.com* wird auf den DNS-Servern, welche die Zone verwaltet, genauso verwaltet, wie die Zone *contoso.com* auf dem Haupt-DNS-Server. Die Zone sollte in Active Directory integriert und zu den anderen Domänencontrollern der Niederlassung repliziert werden. Die Delegierung auf den DNS-Servern der Zone *contoso.com* hat keinerlei Auswirkungen auf die Verwaltung der Zone *de.contoso.com.* Die Delegierung ist quasi nur eine Verknüpfung zu den DNS-Servern in der Zone *de.contoso.com.* In der Ansicht der DNS-Verwaltung auf den DNS-Servern von *contoso.com* werden die Delegierungen grau angezeigt. Delegierungen können jederzeit gelöscht und wieder angelegt werden, da sie keinerlei Auswirkungen auf die Zone haben, zu der sie delegiert sind. In diesem Fenster werden Sie also gefragt, ob in der übergeordneten DNS-Zone eine Delegierung zur aktuellen Domäne durchgeführt werden soll. Dies spielt nur bei der Installation von untergeordneten Domänen eine Rolle. Da Sie die erste Domäne in der Gesamtstruktur erstellen, können Sie an dieser Stelle die Option *Nein, keine DNS-Delegierung erstellen* auswählen. In diesem Fall erstellt der Assistent die notwendigen Daten in der Zone, die Sie erstellt haben, und legt keine neue Zone an, indem er Einträge delegiert.

Abbildg. 10.17 Integration von Active Directory direkt in eine DNS-Zone

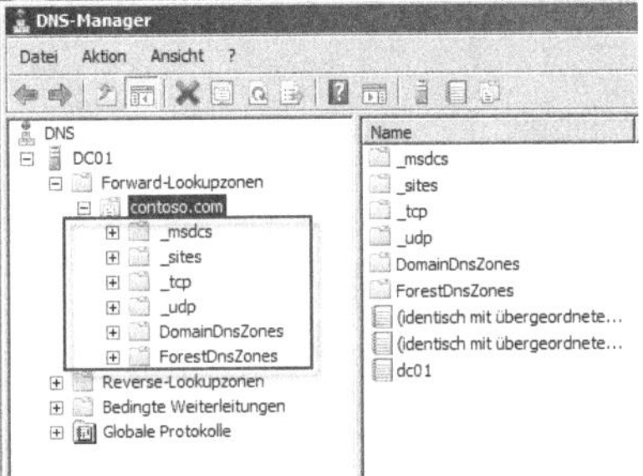

Nachdem Sie die Konfiguration von DNS abgeschlossen haben, erscheint manchmal eine weitere Warnmeldung, die etwas verwirrend ist. Obwohl dem Server eine statische IPv4-Adresse zugewiesen wurde, erscheint die Meldung, dass eine dynamische IP-Adresse verwendet wird. Das liegt daran, dass für die IPv6-Verbindung meistens dynamische Einstellungen verwendet werden. Solange Sie der IPv4-Verbindung eine statische Adresse zugewiesen haben, können Sie die Meldung mit *Ja* bestätigen.

Im nächsten Fenster legen Sie den Speicherort der Datenbank und der Protokolle fest, die Active Directory zum Speichern der Informationen benötigt.

Abbildg. 10.18 Festlegen des Speicherortes für die Active Directory-Datenbank und das *SYSVOL*-Verzeichnis

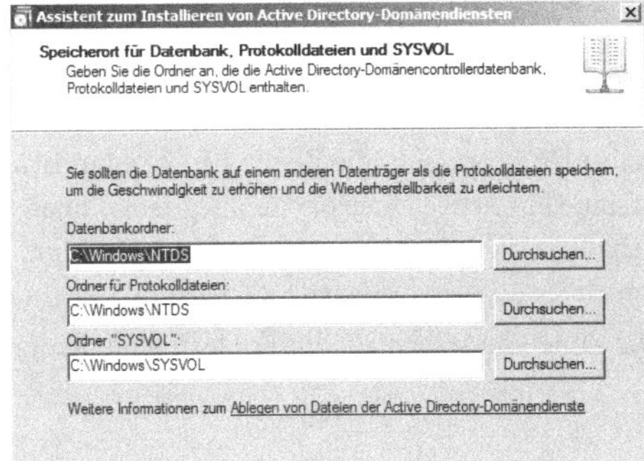

Sie sollten hier den Ordner an jener Stelle belassen, die vorgeschlagen wird. Im Anschluss müssen Sie noch den Ordner festlegen, der als *netlogon*- und *SYSVOL*-Freigabe verwendet wird. In diesem Ordner werden die Anmeldeskripts und später die Gruppenrichtlinien gespeichert. Belassen Sie auch an dieser Stelle den Standardpfad, da eine Änderung keinen Sinn ergeben würde.

Im nächsten Fenster legen Sie das Kennwort für den Verzeichnisdienstwiederherstellungsmodus fest. In diesem Modus können Sie einzelne Objekte aus dem Active Directory oder auch ein ganzes Active Directory wiederherstellen.

Anschließend erhalten Sie eine Zusammenfassung angezeigt und der Assistent beginnt mit der Einrichtung. Sie können den Server automatisch neu starten lassen, nachdem die Installation durchgeführt wurde. Unter Umständen erhalten Sie noch eine Fehlermeldung angezeigt, in welcher der Assistent Ihnen mitteilt, dass keine DNS-Zone erstellt werden kann, da Sie bereits eine Zone mit der gleichen Bezeichnung erstellt haben. Bestätigen Sie diese Meldung. Der Assistent integriert in diesem Fall die notwendigen Daten von Active Directory in Ihre bereits erstellte Zone.

Abbildg. 10.19 Abschließen der Installation

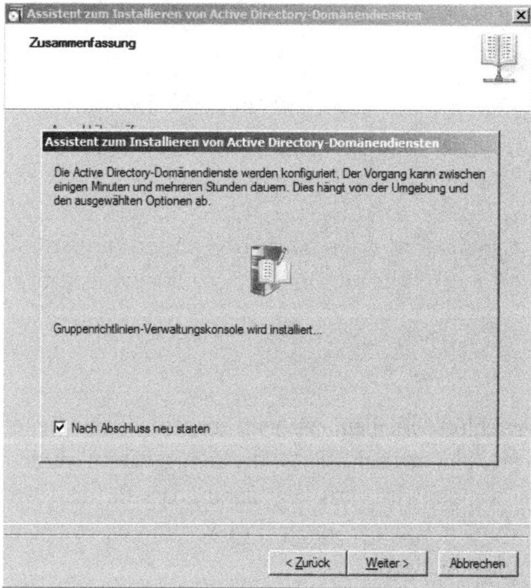

DNS in Active Directory integrieren und sichere Updates konfigurieren

Die erste Maßnahme, die Sie nach der Installation von Active Directory durchführen sollten, ist die Integration der DNS-Zonen in Active Directory. Durch diese Integration werden die kompletten Daten der DNS-Zonen über die Active Directory-Replikation verteilt. Haben Sie die Installation des DNS-Servers nicht manuell vorgenommen, sondern durch den Assistenten für Active Directory, sind die Zonen bereits automatisch in Active Directory integriert. Um die DNS-Zonendaten manuell in Active Directory zu integrieren, rufen Sie zunächst das Snap-In *DNS* auf. Erweitern Sie die Zone, sehen Sie die Erweiterungen, die Active Directory hinzugefügt hat. In den einzelnen Unterdomänen der Zone finden Sie die verschiedenen SRV-Records.

1. Klicken Sie mit der rechten Maustaste auf die Zone und wählen Sie im Kontextmenü den Eintrag *Eigenschaften*.

2. Auf der Registerkarte *Allgemein* können Sie durch Klicken auf die Schaltfläche *Ändern* im Bereich *Typ* die Zone in Active Directory integrieren lassen.
3. Aktivieren Sie im Fenster *Zonentyp ändern* das Kontrollkästchen *Zone in Active Directory speichern.*
4. Haben Sie diese Einstellung vorgenommen, können Sie noch im Bereich *Dynamische Updates* die Option *Nur sichere* aktivieren.

Abbildg. 10.20 Speichern von DNS-Zonen in Active Directory

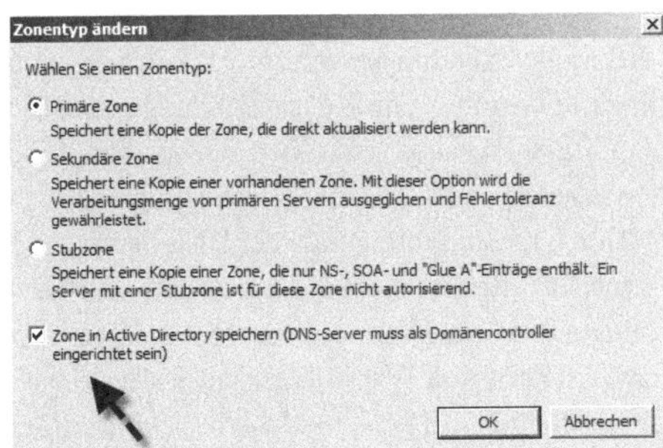

Active Directory

Bei dieser Einstellung können sich nur Computer, die sich erfolgreich in Active Directory authentifizieren, dynamisch in DNS registrieren. Bei der Integration der DNS-Zone in das Active Directory sehen Sie auch die Möglichkeit, eine Stubzone zu erstellen. Eine Stubzone ist die Kopie einer Zone, die nur die für diese Zone erforderlichen Ressourceneinträge zum Identifizieren der autorisierenden DNS-Server enthält. Haben Sie die Zone in Active Directory integriert, können Sie auch die Replikation der DNS-Daten anpassen: Klicken Sie in den Eigenschaften einer Zone im Bereich *Replikation* auf *Ändern*, können Sie konfigurieren, auf welche Server die DNS-Daten repliziert werden sollen. Standardmäßig werden die Daten einer DNS-Zone nur auf den Domänencontrollern der Windows-Domäne repliziert. Die Replikation kann jedoch ohne Weiteres auf weitere Server ausgedehnt werden. Sie können die Zone auf alle DNS-Server der Gesamtstruktur, auf alle DNS-Server der aktuellen Domäne oder auf alle Domänencontroller der aktuellen Domäne replizieren.

Abbildg. 10.21 Konfiguration der DNS-Datenreplikation

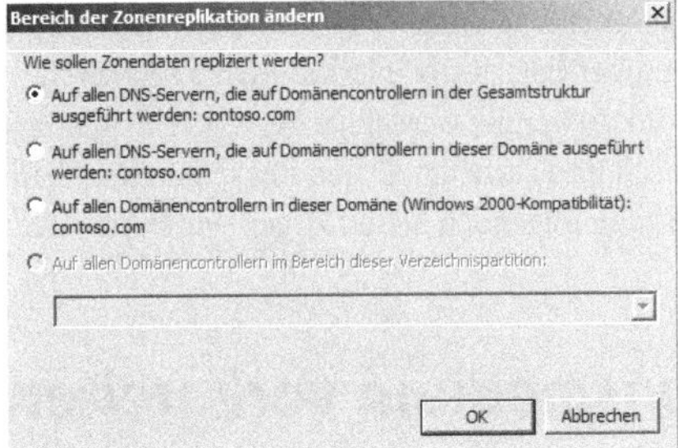

DNS-IP-Einstellungen anpassen

Windows Server 2008 R2 hat die Eigenart, die Konfiguration Ihrer Netzwerkverbindungen automatisch abzuändern, sodass die Einstellungen für manche Administratoren verwirrend sein können. Der folgende Abschnitt geht darauf ein, wie Sie die Einstellungen wieder an Ihre Bedürfnisse anpassen. Geben Sie nach der Fertigstellung der Installation von Active Directory auf dem Domänencontroller in der Befehlszeile *nslookup* ein, erhalten Sie unter Umständen eine etwas verwirrende Ausgabe.

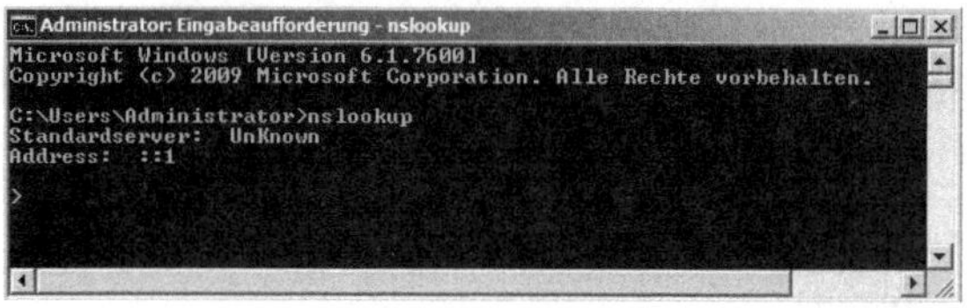

Abbildg. 10.22 Ausgabe von *nslookup* nach der Installation von Active Directory

```
Administrator: Eingabeaufforderung - nslookup
Microsoft Windows [Version 6.1.7600]
Copyright (c) 2009 Microsoft Corporation. Alle Rechte vorbehalten.

C:\Users\Administrator>nslookup
Standardserver:  UnKnown
Address:  ::1

>
```

Der Fehler wird durch eine Konfiguration der Netzwerkverbindungen verursacht. Rufen Sie zunächst die Verwaltung Ihrer Netzwerkverbindungen auf. Der schnellste Weg ist, wenn Sie *ncpa.cpl* in das Suchfeld des Startmenüs eingeben. Rufen Sie zunächst die Eigenschaften des IPv6-Protokolls auf. Wie Sie sehen, hat Windows Server 2008 R2 die Option *Folgende DNS-Serveradressen verwenden* aktiviert und den Eintrag *::1* hinterlegt. Dies entspricht bei IPv6 dem Eintrag 127.0.0.1 (localhost) bei IPv4. Durch diesen Eintrag fragt der DNS-Server bei Reverse-Abfragen per IPv6 den lokalen DNS-Server. Haben Sie keine IPv6-Reverse-Lookupzone erstellt, weil Sie im Unternehmen noch kein IPv6 einsetzen, wird durch diese Konfiguration ein Fehler verursacht. Legen Sie entweder eine IPv6-Reverse-Lookupzone an und stellen Sie sicher, dass ein Zeiger zur IPv6-Adresse des Servers eingetragen wird. Aktivieren Sie am besten die Option *DNS-Serveradresse automatisch beziehen*. Durch diese Konfiguration vermeiden Sie die irreführende Meldung in *nslookup*. Rufen Sie als Nächstes die Eigenschaften für das IPv4-Protokoll auf. Auch hier hat der Assistent als bevorzugten DNS-Server die Adresse des lokalen Hosts hinterlegt (127.0.0.1). In diesem Fall funktionieren zwar Abfragen per DNS, aber diese Konfiguration ist nicht sauber und resultiert in einer fehlerhaften Ausgabe bei *nslookup*. Tragen Sie auch hier die richtige IPv4-Adresse des Servers ein. Anschließend sollte die Eingabe von *nslookup* in der Befehlszeile keine Fehler mehr ausgeben.

Active Directory von Installationsmedium installieren

Soll ein Domänencontroller nach der Installation seine Replikationsdaten nicht über das Netzwerk beziehen, sondern lokale Dateien verwenden, die Sie als Datenträger gespeichert haben, müssen zuvor einige Vorbereitungen getroffen werden. Für die Installation eines Domänencontrollers in Niederlassungen oder bereits ausgelasteten Netzwerken bietet es sich an, auf einem Quelldomänencontroller zunächst Daten aus Active Directory zu exportieren, auf einen Datenträger zu kopieren und per Post zur Niederlassung zu senden. Bei der Heraufstufung eines Domänencontrollers kann dieses Medium verwendet werden. So muss der Domänencontroller in der Niederlassung nur noch das Delta zwischen Medium und aktuellen Daten mit seinen Replikationspartnern synchronisieren, was deutlich Netzwerklast spart. Auf den folgenden Seiten zeigen wir Ihnen, wie Sie dazu am besten vorgehen.

Active Directory-Installationsmedium vorbereiten

Um ein Installationsmedium vorzubereiten, müssen Sie sich an einem Domänencontroller mit Adminrechten anmelden. Gehen Sie im Anschluss folgendermaßen vor:

1. Öffnen Sie eine Befehlszeile und geben Sie *ntdsutil* ein.
2. Geben Sie als Nächstes *activate instance ntds* ein und bestätigen Sie.
3. Geben Sie *ifm* ein und bestätigen Sie.
4. Geben Sie *create rodc c:\InstallationMedia* ein, um ein Installationsmedium für einen schreibgeschützten Domänencontroller (RODC) zu erstellen. Um einen vollwertigen Domänencontroller mit dem Installa-

tionsmedium zu erstellen, geben Sie *create full c:\InstallationMedia* ein. Soll das *SYSVOL*-Verzeichnis nicht mit eingeschlossen werden, verwenden Sie einen der beiden Befehle *create nosysvol rodc c:\InstallationMedia* oder *create nosysvol full c:\InstallationMedia*. Das Verzeichnis können Sie natürlich beliebig ändern.

5. Verlassen Sie *ntdsutil* mit der wiederholten Eingabe von *quit*.
6. Überprüfen Sie, ob das Verzeichnis erstellt wurde und die Daten darin enthalten sind.

Abbildg. 10.23 Erstellen eines Installationsdatenträgers für Active Directory

```
Administrator: C:\Windows\system32\cmd.exe - ntdsutil
Microsoft Windows [Version 6.1.7600]
Copyright (c) 2009 Microsoft Corporation. Alle Rechte vorbehalten.

C:\Users\Administrator>ntdsutil
ntdsutil: activate instance ntds
Aktive Instanz wurde auf "ntds" festgelegt.
ntdsutil: ifm
IFM: create full c:\installationMedia
Snapshot wird erstellt...
Der Snapshotsatz {4f9eea44-a040-4c51-ac37-39105182b991} wurde erfolgreich generi
ert.
Der Snapshot {c39faa74-2287-401f-b19c-f6bd2a8dc0c0} wird als C:\$SNAP_2009121110
41_VOLUMEC$\ bereitgestellt.
Snapshot {c39faa74-2287-401f-b19c-f6bd2a8dc0c0} ist bereits bereitgestellt.
Defragmentierungsmodus wird initialisiert...
     Quelldatenbank: C:\$SNAP_200912111041_VOLUMEC$\Windows\NTDS\ntds.dit
     Zieldatenbank: c:\installationMedia\Active Directory\ntds.dit

                  Defragmentation  Status (% complete)

          0    10   20   30   40   50   60   70   80   90  100
          |----|----|----|----|----|----|----|----|----|----|
          ...................................................

Registrierungsdateien werden kopiert...
c:\installationMedia\registry\SYSTEM wird kopiert
c:\installationMedia\registry\SECURITY wird kopiert
Die Bereitstellung des Snapshots {c39faa74-2287-401f-b19c-f6bd2a8dc0c0} wurde au
fgehoben.
IFM-Medien wurden erfolgreich in "c:\installationMedia" erstellt.
IFM: _
```

Domänencontroller von Medium installieren

Kopieren Sie die Daten auf ein Medium und legen dieses in den Server ein, den Sie mit diesem Medium installieren wollen. Soll die Installation unbeaufsichtigt erfolgen (siehe die Hinweise am Ende dieses Kapitels), verwenden Sie die Variable */ReplicationSourcePath*. Verwenden Sie den Assistenten in der grafischen Oberfläche, aktivieren Sie auf der Seite *Installieren von Medium* die Option *Daten von Medien an folgendem Speicherort replizieren* und wählen Sie das lokale Verzeichnis aus, in dem die Daten abgelegt wurden.

Abbildg. 10.24 Erste Replikation eines Domänencontrollers von Installationsmedium ausführen

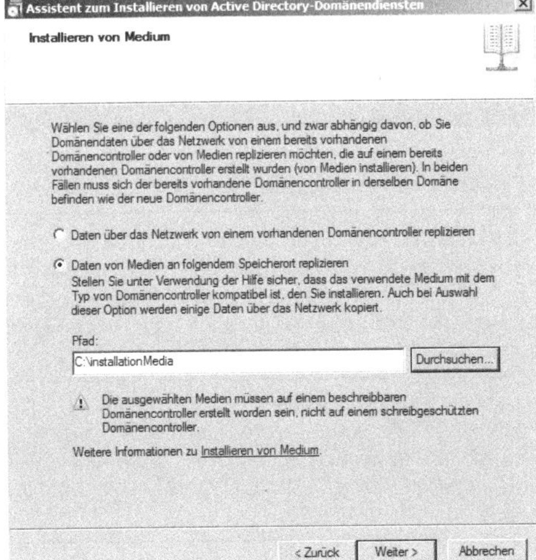

Active Directory mit Antwortdatei installieren – Server Core als Domänencontroller

Auch Core-Server können Sie als Domänencontroller verwenden. Active Directory können Sie allerdings nicht wie andere Rollen auf einem Core-Server installieren. Der Assistent *dcpromo* funktioniert auf Core-Servern nicht, sondern kann nur in der Befehlszeile eine Antwortdatei auslesen. Wollen Sie daher einen Core-Server als Domänencontroller betreiben, müssen Sie erst eine Antwortdatei erstellen und diese bei der Heraufstufung auf dem Core-Server verwenden. Die unbeaufsichtigte Installation von Active Directory über eine Antwortdatei können Sie auch auf herkömmlichen Servern durchführen, zum Beispiel als Skript, um Server in Niederlassungen zu Domänencontrollern heraufzustufen.

Variablen der Antwortdateien für die unbeaufsichtigte Installation

Um Active Directory unbeaufsichtigt zu installieren, verwenden Sie in der Befehlszeile *dcpromo /answer:<Antwortdatei>* oder *dcpromo /unattend:<Antwortdatei>*. Die Kunst ist jetzt, diese Antwortdatei korrekt zu erstellen und die Informationen aufzunehmen, die für die Installation benötigt werden. Die Antwortdatei ist eine normale Textdatei. Diese besteht zunächst aus dem Kopf *[DCInstall]*. Mit diesem Kopf wird dem Server mitgeteilt, dass anschließend Anweisungen für die unbeaufsichtigte Installation von Active Directory folgen. Die Antwortdatei muss dazu nicht nur aus den Antworten für die Installation eines Domänencontrollers bestehen, sondern kann auch Antworten für die unbeaufsichtigte Installation von Windows Server 2008 R2 enthalten. In diesem Abschnitt gehen wir jedoch vor allem auf die unbeaufsichtigte Installation von Active Directory aus. Nach dem Kopf können verschiedene Variablen verwendet werden, und hinter einem Gleichheitszeichen ein Wert für diese Variable. So kann zum Beispiel mit *AutoConfigDNS = Yes* konfiguriert werden, dass der Assistent die DNS-Einstellungen für eine neue Domäne automatisch vornimmt. Zwischen Variable und Wert kann noch ein Leerzeichen eingefügt werden, nach der Syntax *<Variable>* = *<Wert>*. Dies dient aber nur der besseren Übersicht und wird nicht vorgeschrieben.

TIPP Alle möglichen Variablen für die unbeaufsichtigte Installation von Active Directory unter Windows Server 2008 R2 werden über den Befehl *dcpromo /?* mit ausführlicher Hilfe angezeigt.

Tabelle 10.1 Mögliche Optionen für Antwortdateien in Active Directory

Option	Werte für Option und Auswirkungen
AllowDomainReinstall	*Yes | No* Dieser Eintrag gibt an, ob eine vorhandene Domäne neu erstellt wird
AllowDomainControllerReinstall	*Yes | No* Dieser Eintrag gibt an, ob die Installation dieses Domänencontrollers fortgesetzt werden soll, auch wenn ein aktives Domänencontrollerkonto erkannt wurde, das denselben Namen verwendet. Geben Sie nur dann *Yes* an, wenn Sie sicher sind, dass das Konto nicht länger verwendet wird.
ApplicationPartitionsToReplicate	Dieser Eintrag gibt die Partitionen an, die im Format ""*Partition1*" "*Partition2*"" repliziert werden müssen. Geben Sie * an, repliziert der Server alle Anwendungspartitionen. Verwenden Sie durch Leerzeichen oder durch Kommas und Leerzeichen getrennte definierte Namen. Setzen Sie die gesamte Zeichenfolge in Anführungszeichen.

Tabelle 10.1 Mögliche Optionen für Antwortdateien in Active Directory *(Fortsetzung)*

Option	Werte für Option und Auswirkungen
ChildName	Dies ist der Name der untergeordneten Domäne, der an den Eintrag *ParentDomainDNSName* angehängt wird. Wenn die übergeordnete Domäne *contoso.com* und die untergeordnete Domäne *de* ist, geben Sie als ChildName *de.contoso.com* ein.
ConfirmGc	*Yes* | *No* Dieser Eintrag gibt an, ob der neue DC auch ein globaler Katalog ist
CreateDNSDelegation	*Yes* | *No* Dieser Eintrag gibt an, ob eine DNS-Delegierung erstellt werden soll, die auf diesen neuen DNS-Server verweist. Lesen Sie sich dazu die Anmerkungen zur Installation von Active Directory in diesem Kapitel durch.
CriticalReplicationOnly	*Yes* | *No* Dieser Eintrag gibt an, ob beim Installationsvorgang vor einem Neustart nur die wichtige Replikation durchgeführt und dann die nicht kritische Replikation und damit der wahrscheinlich zeitaufwändige Teil übersprungen wird. Die nicht kritische Replikation wird nach der Rolleninstallation und nach dem Neustart des Computers ausgeführt.
DatabasePath	*%SystemRoot%\NTDS* Dieser Eintrag ist der Pfad auf der Festplatte des lokalen Computers. In diesem Verzeichnis befindet sich die AD DS-Datenbank (*ntds.dit*). Wenn das Verzeichnis vorhanden ist, muss es leer sein. Wenn es nicht vorhanden ist, wird es erstellt. Auf dem ausgewählten logischen Laufwerk müssen 200 MB freier Speicherplatz vorhanden sein.
DelegatedAdmin	Dieser Eintrag gibt den Namen des Benutzers oder der Gruppe an, der/die einen schreibgeschützten Domänencontroller (RODC) installiert und verwaltet. Geben Sie keinen Wert an, können nur Mitglieder der Domänenadministratorgruppe den RODC installieren und verwalten.
DNSDelegationPassword	Dieser Eintrag gibt das Kennwort für das Benutzerkonto an, das zum Erstellen oder Entfernen der DNS-Delegierung verwendet wird. Geben Sie * an, wenn der Benutzer zur Eingabe von Anmeldeinformationen aufgefordert werden soll.
DNSDelegationUserName	Dieser Eintrag gibt den Benutzernamen an, der beim Erstellen oder Entfernen der DNS-Delegierung verwendet wird. Wenn Sie keinen Wert angeben, werden die Kontoanmeldeinformationen, die Sie bei der Installation oder Entfernung der AD DS angeben, für die DNS-Delegierung verwendet.
DNSOnNetwork	*Yes* | *No* Dieser Eintrag gibt an, ob der DNS-Dienst auf dem Netzwerk verfügbar ist. Dieser Eintrag wird nur verwendet, wenn die Netzwerkkarte für diesen Computer nicht darauf konfiguriert ist, den Namen eines DNS-Servers für die Namensauflösung zu verwenden. Geben Sie *No* ein, um anzugeben, dass DNS auf diesem Computer für die Namensauflösung installiert wird. Andernfalls muss die Netzwerkkarte zuerst mit einem DNS-Servernamen konfiguriert werden.
DomainLevel	*0* | *2* | *3* | *4* Dieser Eintrag gibt die Domänenfunktionsebene an. 0 = Windows 2000 Server einheitlicher Modus 2 = Windows Server 2003 3 = Windows Server 2008 4= Windows Server 2008 R2

Tabelle 10.1 Mögliche Optionen für Antwortdateien in Active Directory *(Fortsetzung)*

Option	Werte für Option und Auswirkungen
DomainNetbiosName	Dieser Eintrag ist der NetBIOS-Name, der von Clients vor AD DS für den Zugriff auf die Domäne verwendet wird. Der *DomainNetbiosName* muss im Netzwerk eindeutig sein.
ForestLevel	*0 | 2 | 3 | 4* Dieser Eintrag gibt die Gesamtstrukturfunktionsebene an. 0 = Windows 2000 Server einheitlicher Modus 2 = Windows Server 2003 3 = Windows Server 2008 4= Windows Server 2008 R2
InstallDNS	*Yes | No* Für eine neue Gesamtstruktur wird die DNS-Serverrolle standardmäßig installiert. Für eine neue Struktur, eine neue untergeordnete Domäne oder einen neuen Domänencontroller wird ein DNS-Server standardmäßig installiert, wenn der Assistent zum Installieren von Active Directory-Domänendiensten eine vorhandene DNS-Infrastruktur erkennt. Wenn der Assistent keine vorhandene DNS-Infrastruktur erkennt, erfolgt keine standardmäßige Installation eines DNS-Servers. Dieser Eintrag gibt an, ob DNS für eine neue Domäne konfiguriert wird, wenn der Assistent zum Installieren von Active Directory-Domänendiensten erkennt, dass das Protokoll für die dynamische DNS-Aktualisierung nicht verfügbar ist. Dieser Eintrag wird auch angewendet, wenn der Assistent erkennt, dass es für eine vorhandene Domäne keine ausreichende Anzahl von DNS-Servern gibt.
LogPath	*%SystemRoot%\NTDS* Dies ist der Pfad auf dem lokalen Computer, in dem sich die AD DS-Protokolldateien befinden. Wenn das Verzeichnis vorhanden ist, muss es leer sein. Wenn es nicht vorhanden ist, wird es erstellt.
NewDomain	*Tree | Child | Forest* *Tree* bedeutet, dass die neue Domäne der Stamm einer neuen Struktur in einer vorhandenen Gesamtstruktur ist. *Child* bedeutet, dass die neue Domäne der vorhandenen Domäne untergeordnet ist. *Forest* bedeutet, dass die neue Domäne die erste Domäne in einer neuen Gesamtstruktur ist.
NewDomainDNSName	Dieser Eintrag wird verwendet, wenn eine neue Struktur in einer vorhandenen Gesamtstruktur oder eine neue Gesamtstruktur installiert wird
ParentDomainDNSName	Dieser Eintrag gibt bei der Installation einer untergeordneten Domäne den Namen einer vorhandenen übergeordneten DNS-Domäne an
Password	Dieser Eintrag gibt das Kennwort an, das zu dem Benutzerkonto gehört, das zum Konfigurieren des Domänencontrollers verwendet wird. Geben Sie * an, wenn der Benutzer zur Eingabe von Anmeldeinformationen aufgefordert werden soll. Aus Sicherheitsgründen werden Kennwörter nach einer Installation aus der Antwortdatei entfernt, sodass sie bei jeder Verwendung einer Antwortdatei neu definiert werden müssen.
PasswordReplicationAllowed	Dieser Eintrag gibt die Namen von Computerkonten und Benutzerkonten an, deren Kennwörter auf diesen RODC repliziert werden können. Geben Sie *NONE* ein, wenn der Wert leer bleiben soll. Standardmäßig werden keine Benutzeranmeldeinformationen auf diesem RODC zwischengespeichert. Wenn Sie mehr als einen Eintrag angeben möchten, fügen Sie den Eintrag mehrere Male hinzu.

Tabelle 10.1 Mögliche Optionen für Antwortdateien in Active Directory *(Fortsetzung)*

Option	Werte für Option und Auswirkungen
PasswordReplicationDenied	Dieser Eintrag gibt die Namen der Benutzer-, Gruppen- und Computerkonten an, deren Kennwörter nicht auf den RODC repliziert werden sollen. Geben Sie *NONE* ein, wenn Sie die Replikation von Anmeldeinformationen für Benutzer oder Computer nicht verweigern möchten. Wenn Sie mehr als einen Eintrag angeben möchten, fügen Sie den Eintrag mehrere Male hinzu.
RebootOnCompletion	*Yes* | *No* Dieser Eintrag gibt an, ob der Computer nach der Installation oder Entfernung vonActive Directory unabhängig vom erfolgreichen Abschluss des Vorgangs neu gestartet werden soll.
RebootOnSuccess	*Yes* | *No* | *NoAndNoPromptEither* Dieser Eintrag gibt an, ob der Computer nach der erfolgreichen Installation oder Entfernung von Active Directory neu gestartet werden muss. Es ist immer ein Neustart erforderlich, um eine Änderung in einer AD DS-Rolle abzuschließen.
ReplicaDomainDNSName	Dieser Eintrag gibt den FQDN der Domäne an, in der Sie einen zusätzlichen Domänencontroller konfigurieren möchten
ReplicaOrNewDomain	*Domain* | *ReadOnlyReplica* | *Replica* Dieser Eintrag wird nur bei neuen Installationen verwendet. *Domain* konvertiert den Server in den ersten Domänencontroller einer neuen Domäne. *ReadOnlyReplica* konvertiert den Server in einen RODC. *Replica* konvertiert den Server in einen zusätzlichen Domänencontroller.
ReplicationSourceDC	Dieser Eintrag gibt den FQDN des Domänencontrollers an, von dem Active Directory-Daten repliziert werden, um den neuen Domänencontroller zu erstellen
ReplicationSourcePath	Dieser Eintrag gibt den Speicherort der Installationsdateien an, die zum Erstellen eines neuen Domänencontrollers verwendet werden, wenn Sie mit einem Installationsmedium arbeiten
SafeModeAdminPassword	Dieser Eintrag gibt das Kennwort für das Administratorkonto an, das im Verzeichnisdienst-Wiederherstellungsmodus verwendet wird. Sie können kein leeres Kennwort angeben.
SiteName	Dieser Eintrag gibt den Standortnamen an, wenn Sie eine neue Gesamtstruktur installieren. Bei einer neuen Gesamtstruktur lautet der Standardwert *Standardname-des-ersten-Standorts*.
SkipAutoConfigDNS	Dieser Eintrag ist nur wirksam, wenn der DNS-Serverdienst bereits auf dem Server installiert ist. Es wird dann eine Informationsmeldung angezeigt, die bestätigt, dass die automatische DNS-Konfiguration übersprungen wurde. Andernfalls wird dieser Eintrag ignoriert. Bei Angabe dieses Eintrags wird nicht die automatische Erstellung der DNS-Delegierung in der übergeordneten DNS-Zone übersprungen. Verwenden Sie zum Steuern der Erstellung von DNS-Delegierungen den Eintrag *DNSDelegation*.
SYSVOLPath	*%SystemRoot%\SYSVOL* Dieser Eintrag gibt ein Verzeichnis auf der Festplatte des lokalen Computers an. In diesem Verzeichnis befinden sich die Active Directory-Protokolldateien. Wenn das Verzeichnis vorhanden ist, muss es leer sein. Wenn es nicht vorhanden ist, wird es erstellt. Das Verzeichnis muss sich auf einer Partition befinden, die mit dem Dateisystem NTFS 5.0 formatiert wurde.

Tabelle 10.1 Mögliche Optionen für Antwortdateien in Active Directory *(Fortsetzung)*

Option	Werte für Option und Auswirkungen
TransferIMRoleIfNeeded	*Yes* | *No* Dieser Eintrag gibt an, ob die Infrastrukturmasterrolle auf diesen Domänencontroller übertragen werden soll. Dieser Eintrag ist nützlich, wenn der Domänencontroller sich derzeit auf einem globalen Katalogserver befindet und Sie nicht planen, den Domänencontroller zu einem globalen Katalogserver zu machen. Geben Sie *Yes* ein, um die Infrastrukturmasterrolle auf diesen Domänencontroller zu übertragen. Wenn Sie *Yes* eingeben, müssen Sie auch den Eintrag *ConfirmGC=No* angeben.
UserDomain	Dieser Eintrag gibt den Domänennamen für das Benutzerkonto an, das zum Installieren von Active Directory auf einem Server verwendet wird.
UserName	Dieser Eintrag gibt den Namen des Benutzerkontos an, das zum Installieren von Active Directory auf einem Server verwendet wird. Es wird empfohlen, die Kontoanmeldeinformationen im Format <*Domäne*>\<*Benutzername*> anzugeben.
AdministratorPassword	Eintrag gibt das Kennwort für das lokale Administratorkonto an, wenn Sie Active Directory von einem Domänencontroller entfernen.
DemoteFSMO	*Yes* | *No* Dieser Eintrag gibt an, ob eine erzwungene Entfernung auch dann stattfindet, wenn der Domänencontroller eine Betriebsmasterrolle verwaltet
IgnoreIsLastDcInDomainMismatch	*Yes* | *No* Dieser Eintrag gibt an, ob die Entfernung von Active Directory von dem Domänencontroller fortgesetzt werden soll, wenn entweder der Eintrag *IsLastDCInDomain=Yes* angegeben ist oder der Assistent zum Installieren von Active Directory-Domänendiensten erkennt, dass es noch einen weiteren aktiven Domänencontroller in der Domäne gibt. Dieser Eintrag gilt auch in einem Szenario, in dem der Eintrag *IsLastDCInDomain=No* angegeben ist und der Assistent keinen anderen Domänencontroller in der Domäne kontaktieren kann.
IgnoreIsLastDNSServerForZone	*Yes* | *No* Dieser Eintrag gibt an, ob die Entfernung von Active Directory auch dann fortgesetzt werden soll, wenn der Domänencontroller der letzte DNS-Server für eine oder mehrere Active Directory-Integrierte DNS-Zonen auf dem Domänencontroller ist
IsLastDCInDomain	Dieser Eintrag gibt an, ob der Domänencontroller, von dem Sie Active Directory entfernen, der letzte Domänencontroller in der Domäne ist
RemoveApplicationPartitions	*Yes* | *No* Dieser Eintrag gibt an, ob Anwendungspartitionen entfernt werden sollen, wenn Sie Active Directory von einem Domänencontroller entfernen. Bei Angabe von *Yes* werden Anwendungspartitionen auf dem Domänencontroller entfernt. Bei Angabe von *No* werden Anwendungspartitionen auf dem Domänencontroller nicht entfernt. Wenn der Domänencontroller das letzte Replikat einer Anwendungsverzeichnispartition enthält, müssen Sie manuell bestätigen, dass diese Partitionen zu entfernen sind.
RemoveDNSDelegation	*Yes* | *No* Dieser Eintrag gibt an, ob DNS-Delegierungen, die auf diesen DNS-Server zeigen, aus der übergeordneten DNS-Zone entfernt werden sollen
RetainDCMetadata	Dieser Eintrag gibt an, ob Domänencontroller-Metadaten nach dem Entfernen von Active Directory in der Domäne beibehalten werden sollen, sodass ein Administrator Active Directory von einem RODC entfernen kann

Praxisbeispiele für den Einsatz einer Antwortdatei

In den folgenden Abschnitten zeigen wir Ihnen Beispiele für Antwortdateien für verschiedene Einsatzzwecke.

Installation neuer Gesamtstrukturen

Listing 10.1 Erstellen einer neuen Gesamtstruktur über eine Antwortdatei

```
[DCINSTALL]
InstallDNS=yes
NewDomain=forest
NewDomainDNSName=<Der vollqualifizierte Domain Name System (DNS)-Name>
DomainNetBiosName=<Standardmäßig der erste Teil des vollqualifizierten DNS-Namens>
SiteName=<Standardname-des-ersten-Standorts>
ReplicaOrNewDomain=domain
ForestLevel=<Funktionsebene der Gesamtstruktur>
DomainLevel=< Domänenfunktionsebene>
DatabasePath="<Der Pfad eines Ordners auf einem lokalen Volume>"
LogPath="<Der Pfad eines Ordners auf einem lokalen Volume>"
RebootOnCompletion=yes
SYSVOLPath="<Der Pfad eines Ordners auf einem lokalen Volume>"
SafeModeAdminPassword=<Das Kennwort für ein Administratorkonto>
```


Installation untergeordneter Domänen

Listing 10.2 Erstellen einer neuen Domäne in einer Gesamtstruktur

```
[DCINSTALL]
ParentDomainDNSName=<Vollqualifizierter DNS-Name der übergeordneten Domäne>
UserName=<Das Administratorkonto in der übergeordneten Domäne>
UserDomain=<Der Name der Domäne des Benutzerkontos>
Password=<Das Kennwort für das Benutzerkonto> Geben Sie * an, wenn der Benutzer während der Installa-
tion zur Eingabe von Anmeldeinformationen aufgefordert werden soll.
NewDomain=child
ChildName=<Der DNS-Name mit einfacher Bezeichnung der neuen Domäne>
SiteName=<Der Name des AD-DS-Standorts, auf dem sich dieser Domänencontroller befinden wird> Dieser
Standort muss zuvor im Snap-In "Dssites.msc" erstellt worden sein.
DomainNetBiosName=<Der erste Teil des vollqualifizierten DNS-Namens>
ReplicaOrNewDomain=domain
DomainLevel=< Domänenfunktionsebene> Dieser Wert darf nicht kleiner sein als der aktuelle Wert der
Gesamtstrukturfunktionsebene.
DatabasePath="<Der Pfad eines Ordners auf einem lokalen Volume>"
LogPath="<Der Pfad eines Ordners auf einem lokalen Volume>"
SYSVOLPath="<Der Pfad eines Ordners auf einem lokalen Volume>"
InstallDNS=yes
CreateDNSDelegation=yes
DNSDelegationUserName=<Das Konto mit Berechtigungen zum Erstellen einer DNS-Delegierung>
DNSDelegationPassword=<Das Kennwort für das Konto, das bei DNSDelegationUserName angegeben ist> Geben
Sie * an, wenn der Benutzer während der Installation zur Eingabe eines Kennworts aufgefordert werden
soll.
SafeModeAdminPassword=<Das Kennwort für ein Offlineadministratorkonto>
RebootOnCompletion=yes
```

Installation eines schreibgeschützten Domänencontrollers (Read-Only Domain Controller, RODC)

Listing 10.3 Installieren eines schreibgeschützten Domänencontrollers

```
[DCINSTALL]
UserName=<Das Administratorkonto in der Domäne des neuen Domänencontrollers>
UserDomain=<Der Name der Domäne des Benutzerkontos>
PasswordReplicationDenied=<Die Namen der Benutzer-, Gruppen- und Computerkonten, deren Kennwörter
nicht auf diesen RODC repliziert werden sollen>
PasswordReplicationAllowed=<Die Namen der Benutzer-, Gruppen- und Computerkonten, deren Kennwörter
auf diesen RODC repliziert werden können>
DelegatedAdmin=<Der Name des Benutzer- oder Gruppenkontos, unter dem der RODC installiert und
verwaltet wird>
SiteName=Standardname-des-ersten-Standorts
CreateDNSDelegation=no
CriticalReplicationOnly=yes
Password=<Das Kennwort für das Konto UserName>
ReplicaOrNewDomain=ReadOnlyReplica
ReplicaDomainDNSName=<Der FQDN der Domäne, in der Sie einen zusätzlichen Domänencontroller hinzufügen
möchten>
DatabasePath="<Der Pfad eines Ordners auf einem lokalen Volume>"
LogPath="<Der Pfad eines Ordners auf einem lokalen Volume>"
SYSVOLPath="<Der Pfad eines Ordners auf einem lokalen Volume>"
InstallDNS=yes
ConfirmGC=yes
RebootOnCompletion=yes
```

Installation von Active Directory mit einer Antwortdatei durchführen

Wollen Sie die Installation mit einer Antwortdatei durchführen, müssen Sie folgende Vorbereitungen treffen, die bereits in diesem Kapitel besprochen wurden:

- Installieren Sie den Server als Core-Server, falls Sie die Installation auf einem solchen Server durchführen wollen, oder installieren Sie die normale Version der Windows-Edition.
- Richten Sie den Server im Netzwerk ein. Sie sollten IP-Adresse, den richtigen Namen und die Partitionen erstellen, wie gewünscht.
- Aktivieren Sie den Server.
- Wollen Sie neue Strukturen, Gesamtstrukturen oder untergeordnete Domänen installieren, bereiten Sie die DNS-Konfiguration vor.
- Erstellen Sie die Antwortdatei als Textdatei und kopieren Sie diese lokal auf den Server.
- Wollen Sie die erste Replikation von Systemdateien durchführen, müssen Sie diese zunächst erstellen und lokal auf den neuen Server kopieren.

Haben Sie diese Vorbereitungen getroffen, kann Active Directory auf dem Server installiert werden. Rufen Sie dazu das Installationsprogramm von Active Directory über die Option *dcpromo /answer:<Antwortdatei>* oder *dcpromo /unattend:<Antwortdatei>* auf. Entsprechende Meldungen der Installation werden in der Befehlszeile angezeigt, das gilt auch für Fehler. Achten Sie darauf, dass auch bei Abbrüchen die Kennwörter aus der Antwortdatei entfernt werden und vor dem neuen Starten eingetragen werden müssen. Nach der Installation wird der Server neu gestartet und Active Directory ist installiert.

Abbildg. 10.25 Beispiel einer Antwortdatei zur Installation einer neuen Gesamtstruktur

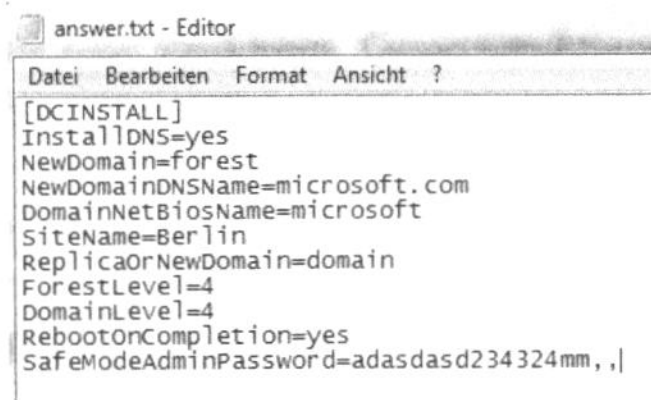

answer.txt - Editor

Datei Bearbeiten Format Ansicht ?

```
[DCINSTALL]
InstallDNS=yes
NewDomain=forest
NewDomainDNSName=microsoft.com
DomainNetBiosName=microsoft
SiteName=Berlin
ReplicaOrNewDomain=domain
ForestLevel=4
DomainLevel=4
RebootOnCompletion=yes
SafeModeAdminPassword=adasdasd234324mm,,
```

HINWEIS Achten Sie darauf, vorher das Remotemanagement in der Firewall freizuschalten. Verwenden Sie dazu den Befehl *netsh advfirewall set allprofiles settings remotemanagement enable*. Den kompletten Netzwerkverkehr auf einem Core-Server können Sie über *netsh advfirewall set allprofiles firewallpolicy allowinbound,allowoutbound* freischalten. Anschließend können Sie über die einzelnen MMCs, zum Beispiel auch direkt über die Computerverwaltung, auf die Funktionen des Core-Servers zugreifen und diesen verwalten.

Abbildg. 10.26 Active Directory in der Befehlszeile installieren

Administrator: C:\Windows\system32\cmd.exe - dcpromo /unattend:c:\answer.txt

```
Microsoft Windows [Version 6.1.7600]
Copyright (c) 2009 Microsoft Corporation. Alle Rechte vorbehalten.

C:\Users\Administrator>dcpromo /unattend:c:\answer.txt
Es wird geprüft, ob die Binärdateien der Active Directory-Domänendienste install
iert sind...
Active Directory-Domänendienste-Setup

Umgebung und Parameter werden überprüft...

Für den DNS-Server kann keine Delegierung erstellt werden, da die autorisierende
 übergeordnete Zone nicht gefunden wurde oder Windows DNS-Server nicht ausgeführ
t wird. Wenn Sie eine Integration in eine vorhandene DNS-Infrastruktur vornehmen
 möchten, sollten Sie in der übergeordneten Zone manuell eine Delegierung an den
 DNS-Server erstellen, um eine zuverlässige Namensauflösung von außerhalb der Do
mäne "microsoft.com" zu gewährleisten. Andernfalls ist keine Aktion erforderlich
.

---------------------------------------
Folgende Aktionen werden ausgeführt:
Konfiguriert diesen Server als ersten Active Directory-Domänencontroller in eine
r neuen Gesamtstruktur.

Der neue Domänenname lautet "microsoft.com". Dies ist auch der Name der neuen Ge
samtstruktur.

Der NetBIOS-Name der Domäne ist "MICROSOFT".

Gesamtstrukturfunktionsebene: Windows Server 2008 R2

Domänenfunktionsebene: Windows Server 2008 R2

Standort: Berlin

Zusätzliche Optionen:
  Schreibgeschützter Domänencontroller: "Nein"
  Globaler Katalog: Ja
  DNS-Server: "Ja"

DNS-Delegierung erstellen: Nein

Datenbankordner: "C:\Windows\NTDS"
Protokolldateiordner: "C:\Windows\NTDS"
Ordner "SYSVOL": "C:\Windows\SYSVOL"

Der DNS-Serverdienst wird auf diesem Computer installiert.
Der DNS-Serverdienst wird auf diesem Computer konfiguriert.
Der Computer wird für die Verwendung dieses DNS-Servers als bevorzugtem DNS-Serv
er konfiguriert.

Das Kennwort des neuen Domänenadministrators ist mit dem Kennwort des lokalen Ad
ministrators dieses Computers identisch.
---------------------------------------

Wird gestartet...

DNS-Installation wird ausgeführt...
```

Das Active Directory-Verwaltungscenter

Die meisten Bereiche für Routineaufgaben können Sie im neuen Active Directory-Verwaltungscenter durchführen. Das Tool verbindet sich über die Active Directory-Webdienste mit dem Active Directory und stellt Routineaufgaben zur Verfügung.

Sie starten das Active Directory-Verwaltungscenter entweder über die Programmgruppe *Verwaltung* oder indem Sie *dsac* in das Suchfeld des Startmenüs eingeben. Auf der linken Seite der Konsole navigieren Sie durch die Domäne und die Organisationseinheiten. Im linken oberen Bereich können Sie zwischen einer Strukturansicht wie in *Active Directory-Benutzer und -Computer* und einer Listenansicht ähnlich wie im Startmenü wechseln.

Abbildg. 10.27 Ändern der Ansicht im Active Directory-Verwaltungscenter

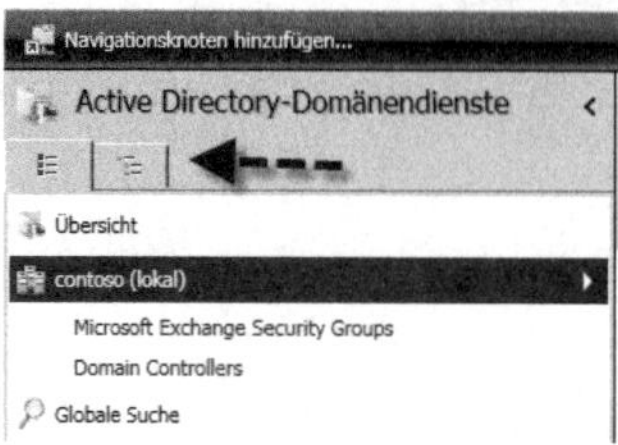

Verwenden Sie die Listenansicht, können Sie beim Einblenden einer Organisationseinheit den Inhalt dieser OU auf das Startfenster des Verwaltungscenters anheften, sodass dieser Bereich dauerhaft im Verwaltungscenter erscheint, ohne dass Sie erst zu der jeweiligen OU navigieren müssen.

Abbildg. 10.28 Anheften von OUs oder Domäne zum Startfenster des Verwaltungscenters

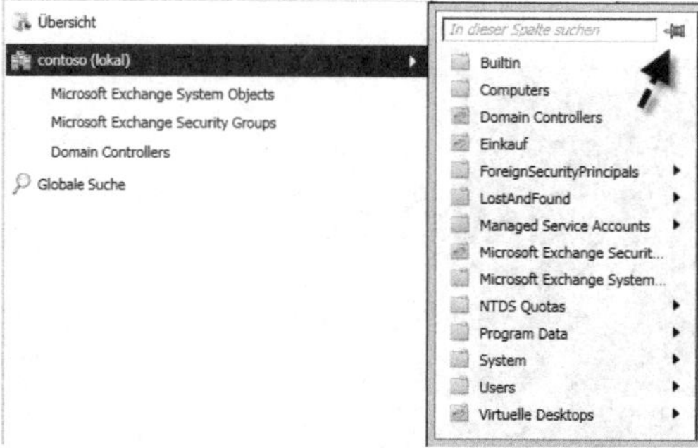

Sobald Sie einen solchen Bereich festgelegt haben, steht das Verwaltungscenter immer fest auf dieser OU, sodass Sie weitere Verwaltungsaufgaben durchführen können, ohne den Fokus zu der jeweiligen OU zu verlieren

Abbildg. 10.29 Arbeiten mit angehefteten Bereichen im Verwaltungscenter

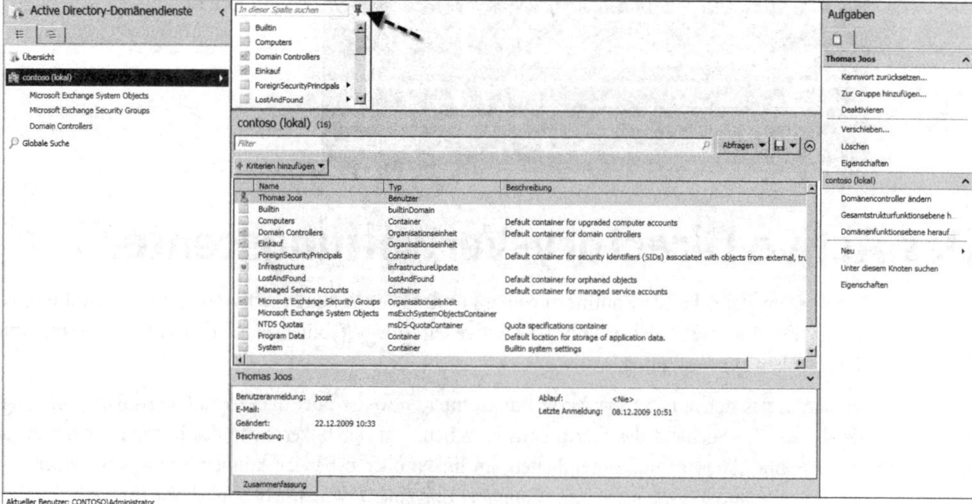

Über das Pinnsymbol können Sie den Vorgang auch wieder rückgängig machen. Über den Knoten *Globale Suche* können Sie in allen Domänen der Gesamtstruktur suchen, unabhängig von der Domäne mit der Sie aktuell verbunden sind. Suchen Sie nach bestimmten Objekten, können Sie über *Kriterien hinzufügen* eine Suche definieren, die Abfrage speichern und diese jederzeit wieder mit einem Klick abrufen.

Abbildg. 10.30 Erstellen von eigenen Abfragen im Active Directory-Verwaltungscenter

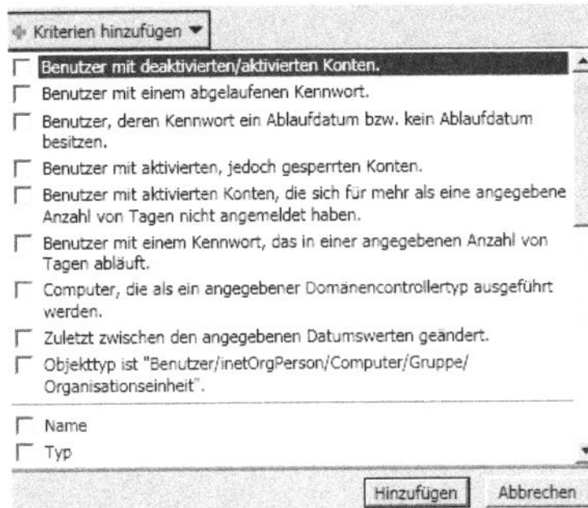

Direkt auf der Startseite können Sie häufige Aufgaben durchführen, wie das Zurücksetzen eines Benutzerkennwortes oder das Durchsuchen von Active Directory-Daten. Sie können die Seite *Verwaltungscenter ? Übersicht* jederzeit durch Anzeigen oder Ausblenden verschiedener Fenster anpassen.

Abbildg. 10.31 Die Suche im Active Directory-Verwaltungscenter beherrscht auch LDAP

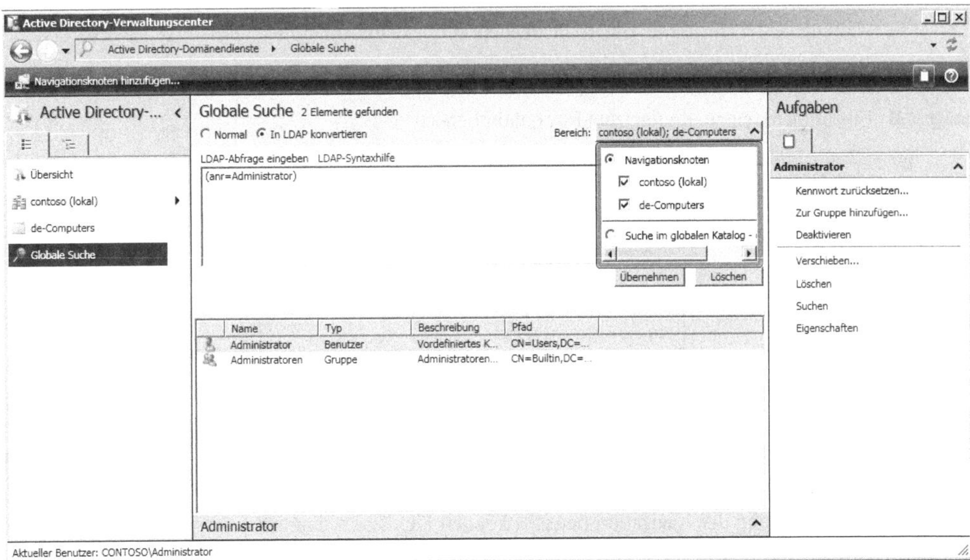

Wenn Sie das Active Directory-Verwaltungscenter öffnen, wird die Domäne, an der Sie derzeit auf diesem Server angemeldet sind, im linken Bereich des Active Directory-Verwaltungscenters angezeigt. Auch Domänen, die nicht zu derselben Gesamtstruktur wie die lokale Domäne gehören, können Sie anzeigen und verwalten, wenn sie über eine Vertrauensstellung verfügen. Sowohl unidirektionale als auch bidirektionale Vertrauensstellungen werden unterstützt. In der Listenansicht können Sie Spalten anzeigen, die mehr Informationen anzeigen als das

Snap-In *Active Directory-Benutzer und -Computer.* Sie können den Navigationsbereich des Active Directory-Verwaltungscenters jederzeit anpassen, indem Sie verschiedene Container aus jeder beliebigen Domäne als separate Knoten hinzufügen. Sie können Ihre Active Directory-Domänen über verschiedene Domänencontroller verwalten.

Abbildg. 10.32 Verbinden mit weiteren Domänen im Active Directory-Verwaltungscenter

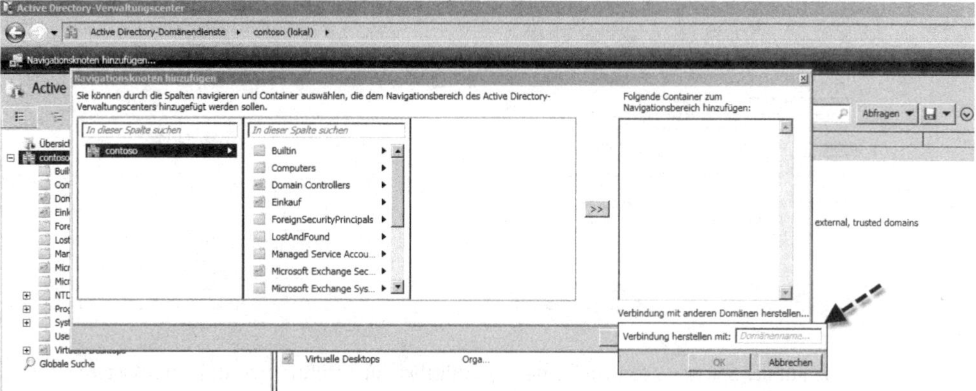

Klicken Sie in *Navigationsknoten hinzufügen* auf den Link *Verbindung mit anderen Domänen herstellen* und geben Sie in *Verbindung herstellen mit* den Namen der Domäne ein, die Sie zusätzlich verwalten wollen. Wählen Sie die Container aus, die dem Navigationsbereich hinzugefügt werden. Sie können das Active Directory-Verwaltungscenter auch mit unterschiedlichen Anmeldeinformationen öffnen, indem Sie den Befehl *runas / user:<Domäne\Benutzerkonto> dsac* verwenden.

Abbildg. 10.33 Hinzufügen weiterer Knoten zum Navigationsbereich

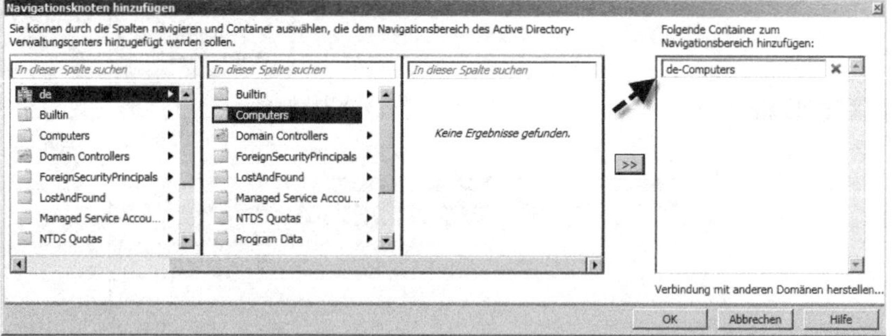

Zur Anpassung des Navigationsbereichs können Sie diesem manuell Knoten hinzufügen, umbenennen oder entfernen, Duplikate dieser Knoten erstellen oder sie im Navigationsbereich nach oben oder unten verschieben. Klicken Sie mit der rechten Maustaste auf den Knoten, den Sie ändern möchten. Sie können die Position oder den Namen des Knotens ändern oder den Knoten duplizieren. Die Liste der zuletzt verwendeten Objekte wird automatisch unter einem Navigationsknoten angezeigt, wenn Sie mindestens einen Container innerhalb dieses Navigationsknotens besuchen.

Abbildg. 10.34 Bearbeiten hinzugefügter Knoten

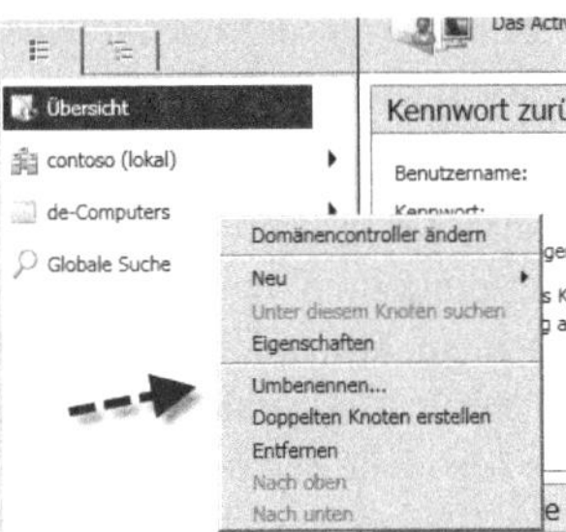

Zeitsynchronisierung in Windows-Netzwerken

Administratoren, die mehrere Server und verschiedene Arbeitsstationen im Netzwerk verwalten, müssen vor allem beim Einsatz in Active Directory auf die Zeitsynchronisierung achten. Während sich alleinstehende Rechner direkt mit einer Zeitquelle im Internet oder einer Funkuhr synchronisieren können, arbeiten Windows-Rechner in einem Netzwerk zusammen, vor allem beim Einsatz von Active Directory.

Die Konfiguration des Zeitdiensts in Windows ist nur über die Registry oder das Befehlszeilentool *w32tm.exe* möglich. Eingeschränkte Möglichkeiten bietet auch *net time*. Es steht allerdings keine grafische Oberfläche für die Konfiguration zur Verfügung. Wie Sie dabei vorgehen, lesen Sie in den folgenden Abschnitten.

Grundlagen zur Zeitsynchronisierung in Active Directory

In Active Directory sollten die Uhren der Rechner und Server nicht mehr als fünf Minuten voneinander abweichen. Da Active Directory bei der Authentifizierung mit Kerberos arbeitet (ein System, das stark auf Tickets, Zeitstempel und damit gültige Uhrzeiten aufbaut), besteht die Gefahr, dass Authentifizierungsaufgaben nicht funktionieren, wenn die Uhren einzelner Rechner stärker voneinander abweichen.

Standardmäßig toleriert Kerberos in Active Directory eine Zeitdifferenz von fünf Minuten. Diese Vorgabe sollten Sie nicht ändern, haben aber die Möglichkeit dazu. Sie müssen für diese Änderung die Gruppenrichtlinie der entsprechenden Computer anpassen. Navigieren Sie dazu zu *Computerkonfiguration/Windows-Einstellungen/Sicherheitseinstellungen/Kontorichtlinien/Kerberos-Richtlinie*. Hier finden Sie die verschiedenen Einstellungen für die Gültigkeit der Tickets.

Abbildg. 10.35 Gruppenrichtlinien-Einstellung für die Gültigkeit von Kerberos-Tickets

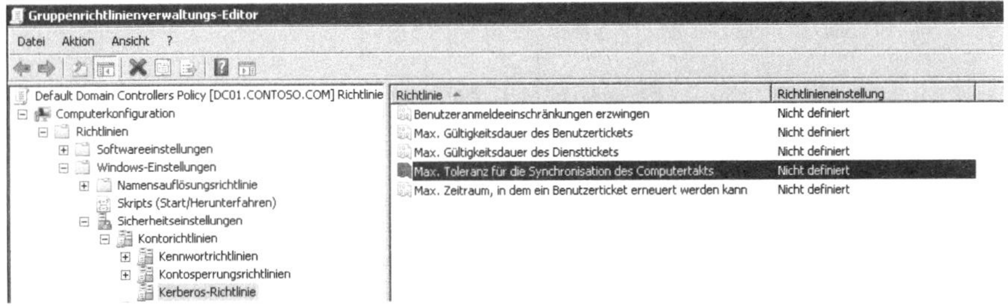

Der PDC-Master (PDC steht für Primärer Domänencontroller) einer Active Directory-Domäne ist der autorisierende Zeitserver der Domäne und für die Uhrzeiten aller anderen Domänencontroller, Mitgliedsserver und Arbeitsstationen in der Gesamtstruktur verantwortlich.

Alle Domänencontroller einer Domäne synchronisieren ihre Zeit mit dem PDC-Emulator der eigenen Domäne. Arbeitsstationen und Mitgliedsserver synchronisieren ihre Zeit wiederum mit einem beliebigen Active Directory-Domänencontroller der Domäne, sobald die Anmeldung am Netzwerk erfolgt. Setzen Sie im Unternehmen eine verschachtelte Struktur mit mehreren Domänen ein, synchronisieren sich die einzelnen PDC-Master der Domänen jeweils mit dem PDC-Master der übergeordneten Domäne. Der PDC-Master der Stammdomäne ist schließlich der Server, von dem sich alle anderen Server die Zeit holen. Auf diese Weise gibt es keine Schleifen bei der Konfiguration, da die Synchronisierung der Uhrzeit genau festgelegt ist. Hierarchisch geht es vom ersten PDC-Emulator der Gesamtstruktur nach unten zu den anderen PDC-Emulatoren, den Domänencontrollern und schließlich zu den einzelnen Mitgliedsservern und Arbeitsstationen.

Abbildg. 10.36 Zeitsynchronisierung in komplexeren Active Directory-Umgebungen

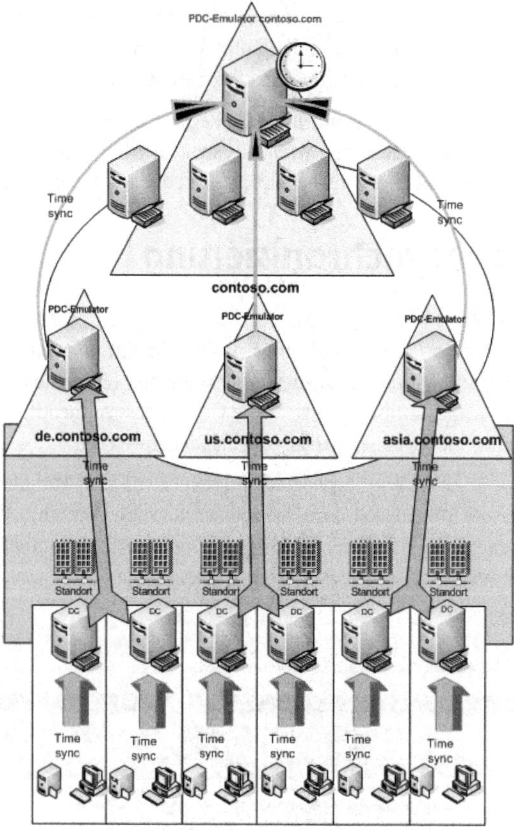

Das heißt, beim ersten Domänencontroller einer Gesamtstruktur müssen Sie darauf achten, entweder die Zeit mit dem Internet oder mit einer Funkuhr zu synchronisieren. Standardmäßig verwendet der PDC-Master die BIOS-Zeit des Rechners, wenn im Netzwerk kein übergeordneter Zeitserver oder PDC-Emulator angegeben ist. Hier können Sie natürlich von anderen Zeitquellen synchronisieren: neben Internetuhren und Funkuhren auch kompatible Layer3-Netzwerkswitches. Wichtig ist nur die NTP-Kompatibilität des entsprechenden Geräts.

Die Rolle des PDC-Emulators gibt es in jeder Active Directory-Domäne ein Mal. Der erste installierte Domänencontroller einer Active Directory-Domäne bekommt diese Rolle automatisch zugewiesen. Er ist für die Anwendung und Verwaltung der Gruppenrichtlinien zuständig und darüber hinaus für Kennwortänderungen bei Benutzern verantwortlich. Außerdem steuert er die externen Vertrauensstellungen einer Domäne und stellt den Zeitserver der Domäne zur Verfügung. Wollen Sie überprüfen, welcher Domänencontroller die Rolle des PDC-Emulators in Ihrer Domäne verwaltet, öffnen Sie das Snap-In *Active Directory-Benutzer und -Computer* im Server-Manager oder über *dsa.msc*. Klicken Sie mit der rechten Maustaste auf die Domäne im Snap-In und wählen Sie im Kontextmenü den Eintrag *Betriebsmaster* aus. Holen Sie im daraufhin geöffneten Dialogfeld *Betriebsmaster* die Registerkarte *PDC* in den Vordergrund.

Abbildg. 10.37 Anzeigen des PDC-Emulators von Active Directory-Domänen

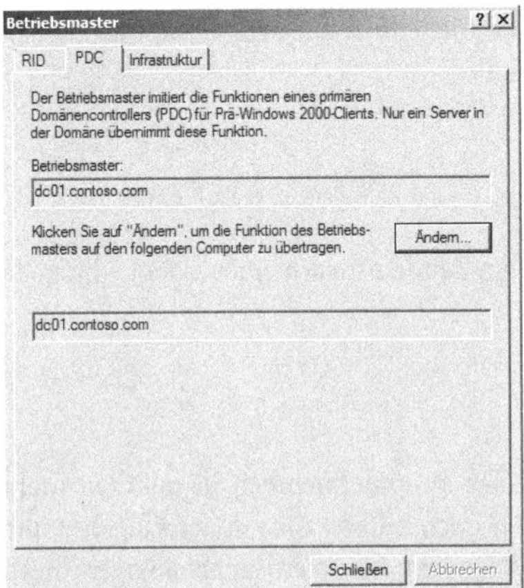

Sie können sich den aktuellen PDC-Emulator auch mithilfe des Befehls *dsquery server –hasfsmo pdc* in der Eingabeaufforderung anzeigen lassen. Alle FSMO (Flexible Single Master Operations)-Rollen einer Domäne können Sie sich auch mit *netdom query fsmo* anzeigen lassen.

Das NTP-Protokoll und Befehle zur Zeitsynchronisierung

Windows verwendet für die Synchronisation der Uhren das NTP-Protokoll (Network Time Protocol). Dieses Protokoll kommuniziert über den UDP-Port 123. Das heißt, dieser Port muss zwischen allen Clientcomputern und dem entsprechenden Domänencontroller geöffnet sein. Windows synchronisiert die Zeit beim Starten von Windows und in regelmäßigen Abständen automatisch mit dem Windows-Zeitdienst (Windows Time Service, WTS bzw. W32Time).

Sie können auf einer Arbeitsstation oder einem Server einen manuellen Synchronisierungsvorgang auslösen, indem Sie in einer Eingabeaufforderung den Befehl *w32tm /resync* ausführen. Der PC oder Server verbindet sich mit seinem Zeitserver und synchronisiert die Uhrzeit. Außer der Option *resync* stehen für den *w32tm*-Befehl noch weitere Optionen zur Verfügung. Diese sehen Sie, wenn Sie in der Eingabeaufforderung *w32tm* eingeben. Auf der Seite *http://technet.microsoft.com/en-us/library/w32tm(WS.10).aspx* erhalten Sie Informationen zu den einzelnen Optionen. Mit dem Befehl *w32tm /query /computer:<Computername> /configuration* lassen Sie sich zum Beispiel die aktuelle Konfiguration des Windows-Zeitdiensts anzeigen. Mit diesem Tool steuern Sie alle Zeiteinstellungen.

Achten Sie vor allem auf Domänencontrollern darauf, dass in der Ereignisanzeige unter *System* keine Fehlermeldungen der Quelle *W32Time* auftauchen. Bei regelmäßigen Fehlern deutet dies darauf hin, dass der Domänencontroller Probleme hat, die Zeit mit seinem PDC-Emulator zu synchronisieren. Der beste Weg, die Zeit des obersten PDC-Emulators aktuell zu halten, ist ein Zeitserver im Internet, zum Beispiel die Zeitserver der Physikalisch-Technischen Bundesanstalt (PTB) in Braunschweig. Diese erreichen Sie über die Servernamen *ptbtime1.ptb.de, ptbtime2.ptb.de* und *ptbtime3.ptb.de.* Auf der Seite *http://www.pool.ntp.org* finden Sie eine Liste zahlreicher Zeitserver im Internet.

Standardmäßig konfigurieren sich Windows-Rechner automatisch mit Domänencontrollern sobald diese Mitglied einer Domäne sind. Der Client oder Mitgliedsserver verbindet sich dazu mit dem Domänencontroller, an dem er sich an der Domäne zum Synchronisieren der Zeit anmeldet. Sie können mit dem Befehl *w32tm /config /syncfromflags:domhier /update* diese Synchronisierung nachträglich aktivieren, falls diese nicht funktioniert oder Sie diese ausgeschaltet haben. Anschließend müssen Sie jedoch auf dem Computer den Zeitdienst neu starten. Verwenden Sie dazu zum Beispiel die beiden Befehle:

```
net stop w32time
net start w32time
```

Das Windows-Server-Team pflegt für technische Tipps zum Zeitdienst auch einen eigenen Blog, den Sie auf der Seite *http://blogs.msdn.com/b/w32time* erreichen.

net time versus w32tm.exe

Alle Zeiteinstellungen auf einem Server oder einem Mitgliedscomputer nehmen Sie mit dem Tool *w32tm.exe* in der Eingabeaufforderung vor. Zusätzlich können Sie auch noch mit *net time* in der Eingabeaufforderung verschiedene Aufgaben durchführen. *net time* ist allerdings ein komplett unabhängiger Mechanismus zu *w32tm.exe* und ermöglicht zum Beispiel die Zeitabfrage von Remotecomputern im Netzwerk. Das geht zwar auch mit *w32tm.exe*, ist aber komplizierter und funktioniert weniger zuverlässig, vor allem wenn Ports geschlossen sind.

Abbildg. 10.38 Verwenden von *net time* zur Zeitsynchronisierung

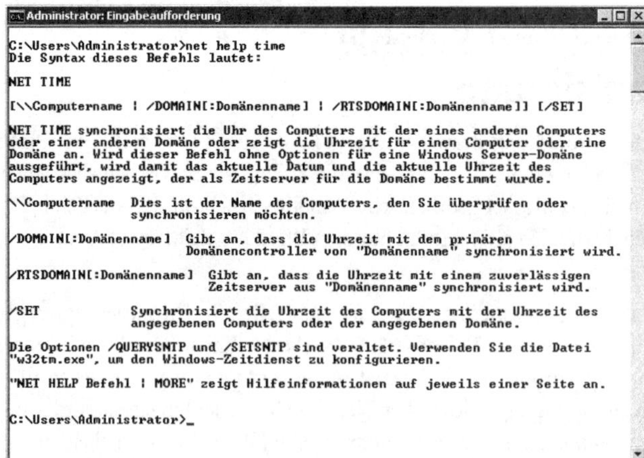

Net.exe ist ein Tool im *System32*-Verzeichnis von Windows, welches verschiedene Aufgaben im Netzwerk steuert, zum Beispiel auch das Verbinden von Netzlaufwerken (*net use * \\<Freigabe>*). Wollen Sie die Uhrzeit

eines Servers im Netzwerk anzeigen, verwenden Sie den Befehl *net time \\\\<Servername>*. Die Verbindung erfolgt dabei über das RPC-Protokoll, nicht mit NTP. Sie können auch die lokale Zeit eines Computers mit der Zeit eines Servers im Netzwerk synchronisieren. Dazu verwenden Sie den Befehl *net time \\\\<Servername> /set / yes*. Aufgrund von Sicherheitsrichtlinien funktioniert der Befehl aber nicht von alleinstehenden Servern zu Domänencontrollern. Mit dem Befehl *net help time* lassen Sie sich eine ausführliche Hilfe zu *net time* anzeigen.

Rufen Sie in einer Domäne *net time* ohne Optionen auf, versucht sich der Computer mit einem Domänencontroller zu verbinden, um dessen Zeit anzuzeigen. Mit der Option */domain* können Sie die entsprechende Domäne angeben, in welcher der Client einen Domänencontroller zur Anzeige suchen soll.

Bis Windows Server 2003 können Sie auch mit *net time* die Zeitsynchronisierung im Netzwerk konfigurieren. Dazu geben Sie auf dem PDC-Emulator der Domäne folgende Befehle ein:

```
net time /querysntp
net time /setsntp:<Zeitserver im Internet>
net stop w32time
net start w32time
```

Ab Windows Server 2008 konfigurieren Sie diese Einstellungen entweder mit *w32tm.exe* oder über Registryeinstellungen.

Funkuhr versus Internetzeit – Zeitsynchronisierung konfigurieren

Wie bereits erwähnt, ist der einfachste Weg zur Zeitsynchronisierung die Verwendung einer Uhr im Internet. Das Problem bei dieser Konfiguration ist, dass der Server beim Ausfall der Internetverbindung oder des entsprechenden Zeitservers seine Uhrzeit nicht mehr synchronisieren kann. Sie haben in diesem Fall aber die Möglichkeit, die Synchronisation anhand einer lokalen Uhr durchzuführen.

Haben Sie am PDC-Emulator direkt eine Funkuhr angeschlossen, die dessen BIOS-Zeit automatisch steuert, müssen Sie keine Server mit *w32tm.exe* hinterlegen. In diesem Fall sollten Sie aber die Registry auf dem PDC-Emulator so anpassen, dass der Server seine eigene BIOS-Zeit verwendet, keine externen Zeitserver. Ansonsten erhalten Sie in der Ereignisanzeige des Servers verschiedene Fehler, die darauf hinweisen, dass der Server seine Zeit nicht synchronisieren darf. Durch die folgende Konfiguration legen Sie in der Registry fest, dass der Domänencontroller ein zuverlässiger Zeitserver für alle Computer im Netzwerk ist, da er sich selbst mit einer Funkuhr synchronisiert. Gehen Sie dazu folgendermaßen vor:

1. Öffnen Sie den Registrierungs-Editor und navigieren Sie zu *HKEY_LOCAL_MACHINE\SYSTEM\CurrentControlSet\Services\W32Time\Config*.
2. Suchen Sie den Wert *AnnounceFlags*.
3. Ändern Sie den Wert von *AnnounceFlags* zu dem Wert *A* ab.
4. Starten Sie den Zeitdienst auf dem Server neu, zum Beispiel mit dem Befehl *net stop w32time* && *net start w32time*.

Gehen Sie folgendermaßen vor, um einen Domänencontroller für die Synchronisierung mit einer externen Zeitquelle zu konfigurieren:

1. Öffnen Sie mit *regedit* den Registrierungs-Editor.
2. Navigieren Sie zu *HKEY_LOCAL_MACHINE\SYSTEM\CurrentControlSet\Services\W32Time\Parameters*.
3. Klicken Sie im rechten Bereich mit der rechten Maustaste auf *Type* und ändern Sie den Wert von *NT5DS* auf *NTP*.

4. Navigieren Sie zu *HKEY_LOCAL_MACHINE\SYSTEM\CurrentControlSet\Services\W32Time\Config*.
5. Ändern Sie den Wert *AnnounceFlags* auf den Wert *5*.
6. Navigieren Sie zu *HKEY_LOCAL_MACHINE\SYSTEM\CurrentControlSet\Services\W32Time\TimeProviders\NtpServer*.
7. Klicken Sie im rechten Bereich mit der rechten Maustaste auf *Enabled* und ändern Sie den Wert auf *1*.
8. Navigieren Sie zu *HKEY_LOCAL_MACHINE\SYSTEM\CurrentControlSet\Services\W32Time\Parameters*.
9. Klicken Sie im rechten Bereich mit der rechten Maustaste auf *NtpServer* und ändern Sie den Wert auf den gewünschten NTP-Server ab. Tragen Sie am besten eine durch Leerzeichen getrennte Liste ein. Sie müssen *,0x1* an das Ende der einzelnen DNS-Namen anhängen. Tragen Sie ein *,0x2* hinter den Eintrag ein, verwendet Windows diesen Server nur, wenn er Server mit dem Eintrag *,0x1* nicht erreichen kann. Klappt nach der Konfiguration die Zeitsynchronisierung nicht, unterstützt der entsprechende Server nicht die Standardkonfiguration von NTP. In diesem Fall tragen Sie *,0x4* nach dem Servernamen ein. Diese Option aktiviert den *Symmetric Active Mode*. Normalerweise verwendet NTP einen Client/Server-Modus, der auch für die meisten Zeitserver funktioniert.
10. Navigieren Sie zu *HKEY_LOCAL_MACHINE\SYSTEM\CurrentControlSet\Services\W32Time\TimeProviders\NtpClient*.
11. Klicken Sie im rechten Bereich mit der rechten Maustaste auf *SpecialPollInterval* und ändern Sie den Wert auf *Dezimal*. Tragen Sie den Intervall in Sekunden ein, in dem sich der Server mit dem Internet synchronisiert. Der von Microsoft empfohlene Dezimalwert ist 900. Dieser Wert konfiguriert den Zeitserver für ein Intervall von 15 Minuten.
12. Geben Sie *net stop w32time* && *net start w32time* in der Eingabeaufforderung ein.

Abbildg. 10.39 Konfigurieren der Zeitsynchronisierung

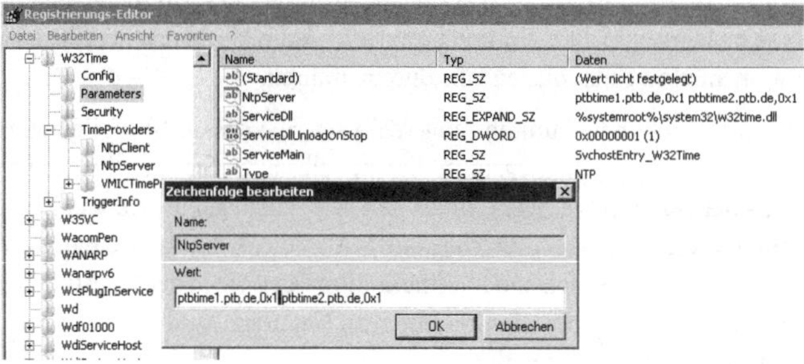

Anschließend können Sie in der Ereignisanzeige des Domänencontrollers über *System* überprüfen, ob die Synchronisierung funktioniert. Hier sehen Sie die entsprechende Meldung der Quelle *Time-Service*.

Neben den Eintragungen über die Registry können Sie die Einstellungen auch über *w32tm.exe* vornehmen, zum Beispiel mit folgenden Befehlen:

```
w32tm /config /manualpeerlist:<Zeitserver> /syncfromflags:manual /reliable:yes /update
net stop w32time
net start w32time
```

Die Zeitserver trennen Sie durch Leerzeichen voneinander. Die gesamte Liste der Zeitserver tragen Sie in Anführungszeichen ein. Der Befehl hat grundsätzlich die gleichen Auswirkungen wie die Anpassungen in der Registry.

Führen Sie den Befehl vor der Bearbeitung der Registry aus, sehen Sie die erstellten Einträge, zum Beispiel bei den hinterlegten Zeitservern. Die Option *reliable* definiert den Zeitserver als vertrauenswürdige Zeitquelle.

Syncfromflags legt fest, dass sich der Server mit einem Zeitserver im Internet (*/syncfromflags:manual*) oder in der Gesamtstruktur (*/syncfromflags:domhier*) synchronisieren soll.

Mit dem Befehl *w32tm /monitor* können Sie die Synchronisierung überwachen und die Einstellungen anzeigen. Den Status der Synchronisierung sehen Sie mit dem Befehl *w32tm /query /status*. Überprüfen Sie nach der Konfiguration, ob sich der Server problemlos mit dem externen Zeitserver synchronisiert und keine Fehler in der Ereignisanzeige erscheinen.

Die verschiedenen Einstellungen, die Sie in der Registry vornehmen können, finden Sie im Microsoft Knowledge Base-Artikel auf der Seite *http://support.microsoft.com/kb/816042.*

Abbildg. 10.40 Anzeigen des Status der letzten erfolgreichen Zeitsynchronisierung

```
Administrator: Eingabeaufforderung
Microsoft Windows [Version 6.1.7600]
Copyright (c) 2009 Microsoft Corporation. Alle Rechte vorbehalten.

C:\Users\Administrator>w32tm /query /status
Sprungindikator: 0(keine Warnung)
Stratum: 2 (Sekundärreferenz - synchr. über (S)NTP)
Präzision: -6 (15.625ms pro Tick)
Stammverzögerung: 0.0624087s
Stammabweichung: 0.8024326s
Referenz-ID: 0xC035676C (Quell-IP:  192.53.103.108)
Letzte erfolgr. Synchronisierungszeit: 03.11.2010 09:02:28
Quelle: ptbtime1.ptb.de,0x1
Abrufintervall: 7 (128s)
```

Zeitsynchronisierung bei der Virtualisierung beachten

Virtualisieren Sie Server, müssen Sie bei der Zeitsynchronisierung in der entsprechenden Virtualisierungslösung eventuell ebenfalls Konfigurationen durchführen. Vor allem, wenn Sie Domänencontroller, SharePoint oder Exchange-Server virtualisieren, sind Konfigurationsmaßnahmen notwendig.

Abbildg. 10.41 Deaktivierung der Zeitsynchronisation für SharePoint-Server

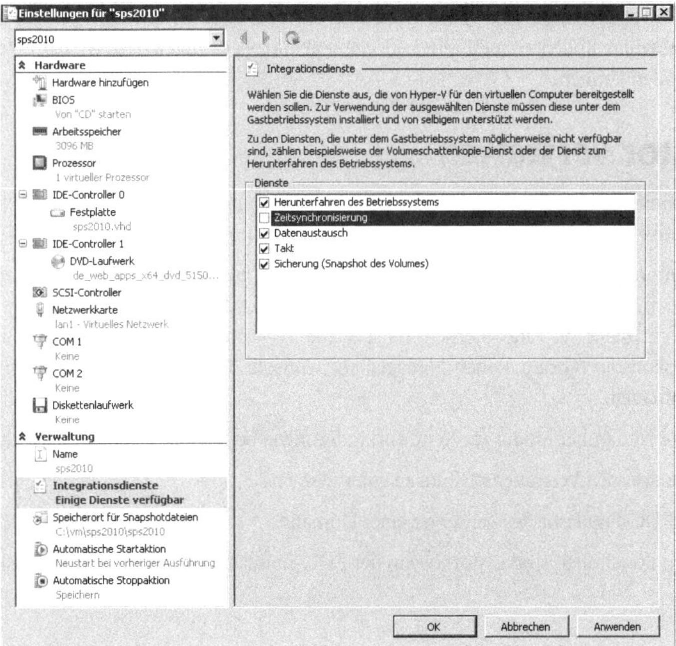

Auf jedem virtuellen Computer installiert Hyper-V automatisch die Integrationsdienste. Dabei handelt es sich um ein Softwarepaket, welches die Leistung virtueller Server deutlich verbessert. Rufen Sie dazu für jeden Server die Einstellungen auf und klicken Sie auf *Integrationsdienste*. Hier können Sie einstellen, ob sich die virtuellen Server mit dem Host synchronisieren sollen. Für virtuelle Windows-Server in Active Directory-Domänen sollten Sie diese Synchronisierung deaktivieren, da durch die Zeitsynchronisierung Inkonsistenzen auftreten können. Vor allem bei der Virtualisierung von SharePoint 2010, Exchange oder virtuellen Domänencontrollern liegt in dieser Konfiguration eine häufige Fehlerquelle.

Betriebsmasterrollen von Domänencontrollern verwalten

In einem Active Directory sind alle Domänencontroller gleichberechtigt. Auf jedem Domänencontroller können Änderungen vorgenommen werden, die daraufhin zu den anderen Domänencontrollern repliziert werden. Allerdings gibt es fünf unterschiedliche Rollen, die ein Domänencontroller annehmen kann:

1. PDC-Emulator
2. Infrastrukturmaster
3. RID-Master
4. Schemamaster
5. Domänennamenmaster

Die verschiedenen vorgenannten Rollen werden als Flexible Single Master Operations (FSMOs, flexible einfache Mastervorgänge) bezeichnet. Jede dieser Rollen ist entweder einmalig pro Domäne (PDC-Emulator, Infrastrukturmaster, RID-Master) oder sogar einmalig pro Gesamtstruktur (Schemamaster, Domänennamenmaster). Fällt eine dieser Rollen aus, gibt es in Active Directory Fehlfunktionen, die umgehend behoben werden müssen, da durch diese Fehlfunktionen der produktive Betrieb beeinflusst wird. Schon aus der Bezeichnung *Flexible* geht hervor, dass diese Rollen zwar einzelnen Domänencontrollern zugewiesen werden, aber auch recht flexibel verschoben werden können.

PDC-Emulator verwalten

Die Rolle des PDC-Emulators gibt es in jeder Active Directory-Domäne einmal. Der erste installierte Domänencontroller einer Active Directory-Domäne bekommt diese Rolle automatisch zugewiesen.

- Er ist für die Anwendung und Verwaltung der Gruppenrichtlinien zuständig. Steht der Domänencontroller, der diese Rolle hat, nicht mehr zur Verfügung, werden Gruppenrichtlinien fehlerhaft angewendet und können so gut wie nicht mehr verwaltet werden, da spezielle Verwaltungskonsolen, wie die Gruppenrichtlinien-Verwaltungskonsole (Group Policy Management Console, GPMC), gezielt die Verbindung zum PDC-Emulator aufbauen.
- Der PDC-Emulator ist darüber hinaus für Kennwortänderungen bei Benutzern verantwortlich.
- Er steuert auch die externen Vertrauensstellungen einer Domäne.
- Außerdem ist der PDC-Emulator der Zeitserver einer Domäne.

Alle hier beschriebenen Funktionen sind gestört, wenn der PDC-Emulator nicht mehr zur Verfügung steht.

PDC-Emulator anzeigen

Wollen Sie überprüfen, welcher Domänencontroller die Rolle des PDC-Emulators in Ihrer Domäne verwaltet, öffnen Sie das Snap-In *Active Directory-Benutzer und -Computer* im Server-Manager oder über *dsa.msc*. Klicken Sie mit der rechten Maustaste auf die Domäne im Snap-In und wählen Sie im Kontextmenü den Eintrag *Betriebsmaster* aus. Es öffnet sich ein neues Fenster, in dem Ihnen auf der Registerkarte *PDC* der aktuelle PDC-Emulator der Domäne angezeigt wird.

Abbildg. 10.42 Anzeigen der Betriebsmaster einer Domäne

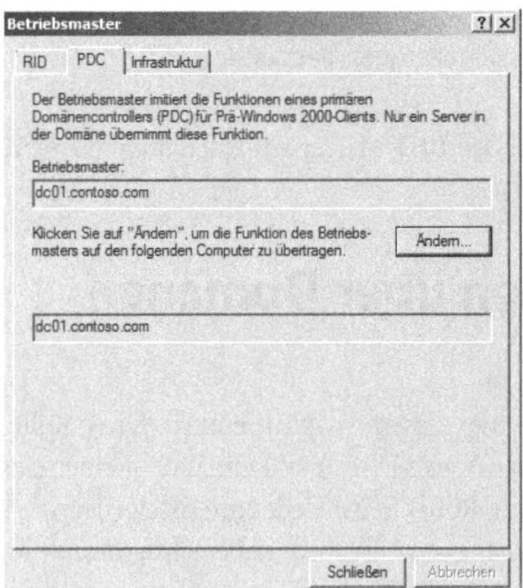

Sie können sich den aktuellen PDC-Emulator auch mithilfe des Befehls *dsquery server –hasfsmo pdc* in der Befehlszeile anzeigen lassen.

RID-Master – Neue Objekte in der Domäne aufnehmen

Auch die Rolle des RID-Masters erhält der erste installierte Domänencontroller einer Domäne automatisch. Den RID-Master gibt es einmal in jeder Domäne einer Gesamtstruktur. Die Aufgabe des RID-Masters ist es, den anderen Domänencontrollern einer Domäne relative Bezeichner (Relative Identifiers, RIDs) zuzuweisen. Wird ein neues Objekt in der Domäne erstellt, also ein Computerkonto, ein Benutzer oder eine Gruppe, wird diesem Objekt eine eindeutige Sicherheits-ID (SID) zugewiesen. Diese SID erstellt der Domänencontroller aus einer domänenspezifischen SID in Verbindung mit einer RID aus seinem RID-Pool. Ist der RID-Pool eines Domänencontrollers aufgebraucht, werden ihm vom RID-Master neue RIDs zugewiesen. Steht der RID-Master nicht mehr zur Verfügung und bekommen die Domänencontroller damit keine RIDs mehr, können keine neuen Objekte mehr in dieser Domäne erstellt werden, bis der RID-Master wieder einem Domänencontroller zur Verfügung gestellt wird. Jeder Domänencontroller erhält zunächst einen Pool von 500 RIDs. Stehen nur noch 100 RIDs zur Verfügung, fordert er neue RIDs vom RID-Master an. Steht der RID-Master nicht mehr zur Verfügung, können also pro Domänencontroller der Domäne immerhin noch bis zu 100 neue Objekte erstellt werden, was für die meisten Organisationen ausreichen wird. Um den Domänencontroller anzuzeigen, der die Rolle des RID-Masters verwaltet, öffnen Sie wieder das Snap-In *Active Directory-Benutzer und -Computer*, klicken mit der rechten Maustaste auf die Domäne und wählen im Kontextmenü den Eintrag *Betriebsmaster* aus. Wechseln Sie auf die Registerkarte RID. Dort wird Ihnen der RID-Master dieser Domäne angezeigt. Sie können sich den RID-Master auch mit dem Befehl *dsquery server –hasfsmo rid* in der Befehlszeile anzeigen lassen. Außerdem können Sie sich die erfolgreiche Verbindung und den Status des RID-Pools anzeigen lassen. Geben Sie in der Befehlszeile den Befehl *dcdiag /v /test:ridma-*

nager ein. Suchen Sie dann den Bereich *Starting test: RidManager* (siehe Listing 10.4). Hier sehen Sie, ob der Domänencontroller fehlerfrei eine Verbindung zum RID-Master aufbauen kann.

Listing 10.4 Testen des RID-Masters mit *dcdiag*

```
Starting test: RidManager
   * Available RID Pool for the Domain is 1600 to 1073741823
   * dc01.contoso.com is the RID Master
   * DsBind with RID Master was successful
   * rIDAllocationPool is 1100 to 1599
   * rIDPreviousAllocationPool is 1100 to 1599
   * rIDNextRID: 1102
   ........................ DC01 hat den Test RidManager bestanden.
```

Tritt an dieser Stelle ein Fehler auf, sollten Sie am besten den RID-Master auf einen anderen Server transferieren oder verschieben.

Infrastrukturmaster – Gruppen über Domänen hinweg auflösen

Auch den Infrastrukturmaster gibt es in jeder Domäne einer Gesamtstruktur einmal. Diese Rolle erhält ebenfalls wieder der erste installierte Domänencontroller einer Active Directory-Domäne. In einer Gesamtstruktur mit nur einer Domäne spielt dieser Betriebsmaster keine Rolle. Seine Bedeutung steigt jedoch beim Einsatz mehrerer Domänen oder Strukturen. Er hat in einer Domäne die Aufgabe, die Berechtigungen für die Benutzer zu steuern, die aus unterschiedlichen Domänen kommen. Da die Berechtigungsanfragen sonst sehr lange dauern würden, wenn zum Beispiel in den Berechtigungen einer Ressource Benutzerkonten oder Gruppen aus unterschiedlichen Domänen gesetzt sind, dient der Infrastrukturmaster einer Domäne sozusagen als Cache für diese Zugriffe, um die Abfrage der Berechtigungen zu beschleunigen. Er wird außerdem für die Auflösung von Verteilergruppen verwendet, wenn Sie Microsoft Exchange Server einsetzen, da auch an dieser Stelle eine Gruppe Mitglieder aus verschiedenen Domänen der Gesamtstruktur enthalten kann. Um sich den Infrastrukturmaster anzeigen zu lassen, öffnen Sie das Snap-In *Active Directory-Benutzer und -Computer.* Klicken Sie mit der rechten Maustaste auf die Domäne und wählen Sie im Kontextmenü den Eintrag *Betriebsmaster* aus. Wechseln Sie auf die Registerkarte *Infrastruktur.* Auch den Infrastrukturmaster können Sie sich in der Befehlszeile anzeigen lassen. Verwenden Sie dazu den Befehl *dsquery server –hasfsmo infr.*

Schemamaster – Active Directory erweitern

Die Struktur eines Verzeichnisses, wie Active Directory eines ist, wird *Schema* genannt. Im Schema ist genau definiert, welche Informationen auf welche Art gespeichert werden sollen. Active Directory speichert die Daten, das Schema definiert, wie sie gespeichert werden. Der Aufbau des Schemas ist recht einfach. Es gibt *Objekte* und es gibt *Attribute.* Die Attribute sind Objekten zugeordnet. Jeder Verzeichniseintrag ist ein Objekt. Bei Active Directory sind Objekte also Benutzer, Computer, Freigaben oder Drucker. Active Directory verfügt über ein erweiterbares Schema. Dieses bietet die Möglichkeit, zusätzliche Informationen im Verzeichnis flexibel zu speichern. Durch das erweiterbare Schema lassen sich jederzeit zusätzliche Objekteigenschaften hinzufügen. Diese Funktion wird beispielsweise von Exchange Server 2007/2010 genutzt. Alle notwendigen Informationen zu einem E-Mail-Postfach werden in Active Directory abgelegt. Bei der Installation von Exchange Server 2007/2010 wird das Schema von Active Directory um die notwendigen Attribute und Klassen erweitert. Damit das Schema erweitert werden kann, wird der *Schemamaster* benötigt. In jeder Gesamtstruktur gibt es nur einen Schemamaster. Nur auf diesem Schemamaster können Änderungen am Schema vorgenommen werden. Steht der Schemamaster nicht mehr zur Verfügung, können auch keine Erweiterungen des Schemas stattfinden und die Installation von Exchange Server 2007/2010 schlägt fehl. Der erste installierte Domänencontroller der ersten Domäne und Struktur einer Gesamtstruktur erhält die Rolle des Schemamasters. Alle Änderungen des Schemas werden ausschließlich auf dem Schemamaster durchgeführt. Der Schemamaster hat ansonsten keine Auswirkungen auf den laufenden Betrieb. Solange das Schema nicht durch eine spezielle Applikation, wie zum Beispiel die Installation von Exchange Server 2007/2010 erweitert wird, spielt dieser Betriebsmaster keine Rolle.

Damit der Schemamaster angezeigt werden kann, müssen Sie zunächst das Snap-In registrieren, welches das Schema anzeigt. Aus Sicherheitsgründen wird dieses Snap-In zwar installiert, jedoch nicht angezeigt. Geben Sie über *Start* den Befehl *regsvr32 schmmgmt.dll* ein. Sie erhalten daraufhin die Information, dass die DLL-Datei im System erfolgreich registriert wurde. Im Anschluss können Sie das Snap-In *Active Directory-Schema* in eine MMC über *Datei/Snap-In hinzufügen* integrieren. Wurde dieses Snap-In integriert, können Sie das Schema verwalten und sich auch den Betriebsmaster anzeigen lassen. Klicken Sie mit der rechten Maustaste auf das Menü *Active Directory-Schema* und wählen im Kontextmenü den Eintrag *Betriebsmaster* aus. Anschließend öffnet sich ein neues Fenster, in dem der Betriebsmaster angezeigt wird. Sie können mithilfe dieses Fensters später den Betriebsmaster auch auf einen anderen Domänencontroller verschieben. Auch den Schemamaster können Sie sich in der Befehlszeile anzeigen lassen. Geben Sie dazu den Befehl *dsquery server –hasfsmo schema* ein.

TIPP Bei der Erweiterung des Schemas besteht unter Umständen die Möglichkeit, dass die Erweiterung in der Registry auf dem Schemamaster deaktiviert ist. Sollte das bei Ihnen der Fall sein, bricht die Schemaerweiterung ab. In diesem Fall sollten Sie auf dem Schemamaster zu folgendem Registryschlüssel wechseln: *HKLM/System/CurrentControlSet/Services/NTDS/Parameters.*

Weisen Sie den beiden DWORD-Werten *Schema Update Allowed* und *Schema Delete Allowed* den Wert 1 zu. Warten Sie nach den Änderungen 10 bis 15 Minuten, bevor Sie die Schemaerweiterung erneut ausführen. Sind die Werte nicht vorhanden, erstellen Sie diese als DWORD.

Domänennamenmaster – Neue Domänen hinzufügen

Der Domänennamenmaster ist für die Erweiterung der Gesamtstruktur um neue Domänen oder Strukturen verantwortlich. In jeder Gesamtstruktur gibt es einen Domänennamenmaster. Diese Rolle wird automatisch dem ersten installierten Domänencontroller einer neuen Gesamtstruktur zugewiesen. Immer wenn ein Server zum Domänencontroller hochgestuft wird und eine neue Domäne erstellt werden soll, wird eine Verbindung zum Domänennamenmaster aufgebaut. Steht der Master nicht zur Verfügung oder kann keine Verbindung aufgebaut werden, besteht auch keine Möglichkeit, eine neue Domäne zur Gesamtstruktur hinzuzufügen. Der Domänennamenmaster hat im produktiven Betrieb einer Domäne oder der Gesamtstruktur keine Aufgabe. Er wird nur benötigt, wenn eine neue Domäne in der Gesamtstruktur erstellt werden soll. Um sich den Domänennamenmaster anzeigen zu lassen, benötigen Sie das Snap-In *Active Directory-Domänen und -Vertrauensstellungen*. Klicken Sie mit der rechten Maustaste direkt auf das Snap-In und wählen Sie im Kontextmenü den Eintrag *Betriebsmaster* aus. Daraufhin öffnet sich ein neues Fenster, in dem der Domänennamenmaster dieser Gesamtstruktur angezeigt wird. Auch den Schemamaster können Sie sich in der Befehlszeile anzeigen lassen. Geben Sie dazu den Befehl *dsquery server –hasfsmo name* ein.

Abbildg. 10.43 Anzeigen des Domänennamenmasters in der Befehlszeile

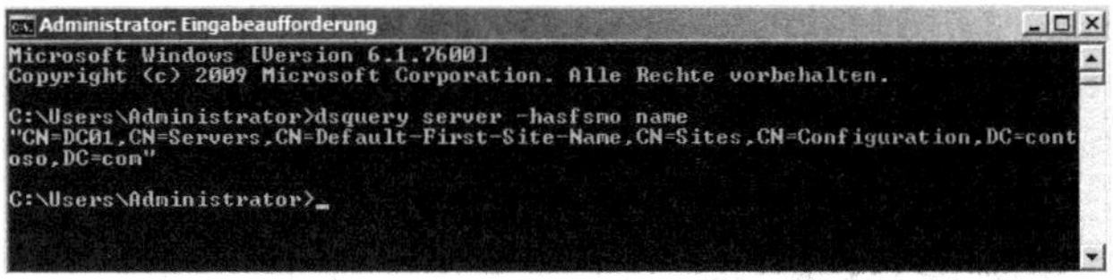

```
Administrator: Eingabeaufforderung
Microsoft Windows [Version 6.1.7600]
Copyright (c) 2009 Microsoft Corporation. Alle Rechte vorbehalten.

C:\Users\Administrator>dsquery server -hasfsmo name
"CN=DC01,CN=Servers,CN=Default-First-Site-Name,CN=Sites,CN=Configuration,DC=cont
oso,DC=com"

C:\Users\Administrator>_
```

Betriebsmaster verwalten und verteilen

Die Stabilität und Performance der Betriebsmaster spielt für die Stabilität der Gesamtstruktur eine nicht unerhebliche Rolle. Aus diesem Grund sollten die Rollen auch möglichst optimal verteilt und verwaltet werden.

Empfohlene Verteilung der FSMO-Rollen

Standardmäßig besitzt der erste installierte Domänencontroller einer Gesamtstruktur alle fünf FSMO-Rollen seiner Domäne und der Gesamtstruktur. Jeder erste Domänencontroller weiterer Domänen verwaltet die drei Betriebsmasterrollen seiner Domäne (PDC-Emulator, RID-Master, Infrastrukturmaster). Vor allem in größeren Active Directorys empfiehlt Microsoft jedoch die Verteilung der Rollen auf verschiedene Domänencontroller. Zur optimalen Verteilung der FSMO-Rollen gibt es folgende Empfehlungen:

- Der Infrastrukturmaster sollte nicht auf einem globalen Katalog liegen, da ansonsten Probleme bei der Auflösung von Gruppen, die Mitglieder aus verschiedenen Domänen haben, auftreten können. Bei Unternehmen mit nur einer Domäne müssen Sie diese Richtlinie nicht beachten. Installieren Sie einen zusätzlichen Domänencontroller in der Domäne, überprüft der Assistent für Active Directory, ob sich der Infrastrukturmaster auf einem globalen Katalog befindet. Ist dies der Fall, schlägt der Assistent das Verschieben der Rolle auf den neuen Domänencontroller vor.
- Domänennamenmaster und Schemamaster sollten auf einem gemeinsamen Domänencontroller liegen, der auch globaler Katalog ist.
- PDC-Emulator und RID-Master kommunizieren viel miteinander und sollten daher auf einem gemeinsamen Domänencontroller liegen, der auch globaler Katalog ist.

Anzeigen aller FSMO-Rollen

Um sich einen Überblick über alle Betriebsmaster einer Gesamtstruktur zu verschaffen, können Sie den Befehl *netdom query fsmo* in der Befehlszeile eingeben. Daraufhin werden Ihnen alle Rollen dieser Domäne und der Gesamtstruktur angezeigt. Sie können dadurch recht schnell überprüfen, ob die Verteilung der Rollen so vorgenommen wurde, wie sie von Microsoft empfohlen wird.

Abbildg. 10.44 Anzeigen der FSMO-Rollen in der Befehlszeile

```
Administrator: Eingabeaufforderung
C:\Users\Administrator>netdom query fsmo
Schemamaster                dc01.contoso.com
Domänennamen-Master         dc01.contoso.com
PDC                         dc01.contoso.com
RID-Pool-Manager            dc01.contoso.com
Infrastrukturmaster         dc01.contoso.com
Der Befehl wurde ausgeführt.

C:\Users\Administrator>
```

Betriebsmaster übertragen

Auf Basis dieser Empfehlungen sollten Sie daher nach der Installation die Betriebsmaster entsprechend auf die einzelnen Domänencontroller der Domänen bzw. der Gesamtstruktur aufteilen. Betriebsmasterrollen können ohne Weiteres im laufenden Betrieb von einem auf den anderen Domänencontroller übertragen werden. Sie sollten bei diesen Vorgängen allerdings vorsichtig sein, da bei größeren Active Directorys die Replikation etwas dauern kann und die Übertragung daher nicht sofort auf alle Domänencontroller durchgeführt wird. In diesem Fall besteht die Gefahr, dass für einzelne Anwender die übertragenen Betriebsmaster zeitweilig nicht mehr zur Verfügung stehen, was die beschriebenen Konsequenzen nach sich zieht. Am besten übertragen Sie daher diese Rollen zu einer Zeit, in der die Anwender nicht im Netzwerk arbeiten.

Übertragen des PDC-Emulators, RID-Masters und Infrastrukturmasters

Wie Sie gesehen haben, werden die drei Betriebsmaster einer Domäne auf verschiedenen Registerkarten an der gleichen Stelle angezeigt. An dieser Stelle werden die einzelnen FSMO-Rollen auch übertragen. Gehen Sie dazu folgendermaßen vor:

1. Klicken Sie mit der rechten Maustaste im Snap-In *Active Directory-Benutzer und -Computer* auf die Domäne und wählen Sie im Kontextmenü den Eintrag *Domänencontroller ändern* aus.
2. Wählen Sie im nächsten Fenster den Domänencontroller aus, auf den Sie die Rolle übertragen wollen, und bestätigen Sie die Eingabe.
3. Klicken Sie dann wieder mit der rechten Maustaste auf die Domäne und wählen Sie dieses Mal im Kontextmenü den Eintrag *Betriebsmaster* aus.
4. Auf den drei Registerkarten *PDC, RID* und *Infrastruktur* wird der aktuelle Betriebsmaster und im unteren Feld der Domänencontroller, mit dem Sie sich verbunden haben, angezeigt.
5. Klicken Sie auf der Registerkarte, deren Betriebsmaster Sie verschieben wollen, auf die Schaltfläche *Ändern*. Sie können hier auch mehrere Betriebsmaster verschieben.
6. Es erscheint eine Warnung, die Sie bestätigen müssen.
7. Nach dieser Warnung erscheint die Meldung, dass der Betriebsmaster erfolgreich übertragen wurde.
8. Auf dieselbe Weise gehen Sie bei der Übertragung der Betriebsmaster *Schemamaster* und *Domänennamenmaster* vor. Diese beiden Betriebsmaster werden in der bekannten jeweiligen Verwaltungskonsole übertragen.

Besitzübernahme eines Betriebsmasters

Wenn der bisherige Rolleninhaber nicht mehr zur Verfügung steht, weil er zum Beispiel ausgefallen ist, besteht auch die Möglichkeit, einem anderen Domänencontroller die FSMO-Rolle fest zuzuweisen. In diesem Fall darf der ursprüngliche Rolleninhaber jedoch nicht mehr in Active Directory integriert werden, da dieser vom Rollentausch nichts mitbekommen hat und dann zwei gleiche Betriebsmaster in einer Gesamtstruktur betrieben würden. Für die Besitzübernahme eines Betriebsmasters wird das Befehlszeilenprogramm *ntdsutil.exe* benötigt.

Voraussetzungen für die Besitzübernahme einer FSMO-Rolle

Wenn Sie eine FSMO-Rolle auf einen anderen Domänencontroller verschieben wollen, ohne dass der bisherige Rolleninhaber das mitbekommt, sollten Sie zwei Voraussetzungen berücksichtigen:

- Die erste Voraussetzung ist, dass der bisherige Rolleninhaber nicht mehr ins Netzwerk integriert wird. Sie können den bisherigen Rolleninhaber neu installieren und nach der Besitzübernahme sogar mit gleichem Namen wieder in das Netzwerk integrieren. Zunächst sollten Sie jedoch die Active Directory-Replikation für den Verschiebevorgang abwarten.
- Verschieben Sie den Domänennamenmaster und den Schemamaster am besten wieder auf einen anderen Domänencontroller der Rootdomäne in der Gesamtstruktur, der auch die Rolle eines globalen Katalogs hat.

Durchführen der Besitzübernahme in der Befehlszeile

Um die Betriebsmasterrolle auf einen anderen Domänencontroller zu verschieben, öffnen Sie eine Befehlszeile und starten Sie *ntdsutil*. Gehen Sie danach in folgender Reihenfolge vor:

1. Nach dem Start von *ntdsutil.exe* geben Sie den Befehl *roles* ein.
2. Geben Sie dann *connections* ein.
3. Danach geben Sie *connect to server <Servername>* ein. Tragen Sie als Name des Servers den zukünftigen Rolleninhaber ein.
4. Überprüfen Sie, ob die Verbindung hergestellt wurde und keine Fehlermeldung angezeigt wird.

5. Wenn die Verbindung erfolgreich hergestellt wurde, geben Sie den Befehl *quit* ein, damit Sie wieder im vorherigen Menü *fsmo maintenance* ankommen.
6. Geben Sie den Befehl *seize <FSMO-Rolle>* ein. Der Rollenname ist entweder *pdc* (PDC-Emulator), *rid master* (RID-Master), *schema master* (Schemamaster), *infrastructure master* (Infrastrukturmaster) oder *domain naming master* (Domänennamenmaster). In diesem Beispiel wird der Schemamaster verschoben. Der Befehl lautet also *seize schema master.*
7. Daraufhin erscheint ein Warnfenster, in dem Sie den Vorgang bestätigen müssen.
8. Nachdem Sie das Fenster bestätigt haben, versucht der Assistent zunächst, ob er den ursprünglichen Rolleninhaber erreicht und die Rolle damit normal übertragen werden kann.
9. Nach der erwarteten erfolglosen Kontaktaufnahme mit dem ursprünglichen Rolleninhaber wird die Rolle ohne weitere Zwischenfrage auf den neuen Server verschoben.

Sie können Rollen mit *ntdsutil* auch wie in der grafischen Oberfläche übertragen, wenn der ursprüngliche Betriebsmaster also noch normal funktioniert. Geben Sie in diesem Fall statt des Befehls *seize <FSMO-Rolle>*, den Befehl *transfer <FSMO-Rolle>* ein. Die sonstige Syntax des Befehls ist identisch. Um die einzelnen Rollen zu übertragen, können Sie in *ntdsutil* folgende Befehle verwenden:

- PDC Emulator -> *transfer pdc*
- RID-Master -> *transfer rid master*
- Schemamaster -> *transfer schema master*
- Infrastrukturmaster -> *transfer infrastructure master*
- Domänennamenmaster -> *transfer domain naming master*

Der globale Katalog

An jedem Standort in Active Directory sollte ein globaler Katalogserver installiert sein. Der globale Katalog ist eine weitere Rolle, die ein Domänencontroller einnehmen kann. Im Gegensatz zu den beschriebenen FSMO-Rollen kann (und sollte auch) die Funktion des globalen Katalogs mehreren Domänencontrollern zugewiesen werden. Dem globalen Katalog kommt in einer Active Directory-Domäne eine besondere Bedeutung zu. Er enthält einen Index aller Domänen einer Gesamtstruktur. Aus diesem Grund wird er von Serverdiensten wie Exchange Server 2007/2010 und Suchanfragen verwendet, wenn Objekte aus anderen Domänen Zugriff auf eine Ressource der lokalen Domäne enthalten. Der globale Katalog spielt darüber hinaus eine wesentliche Rolle bei der Anmeldung von Benutzern. Steht der globale Katalog in einer Domäne nicht mehr zur Verfügung, können sich keine Benutzer mehr anmelden, wenn keine speziellen Vorbereitungen getroffen worden sind. Ein Domänencontroller mit der Funktion des globalen Katalogs repliziert sich nicht nur mit den Domänencontrollern seiner Domäne, sondern enthält eine Teilmenge aller Domänen in der Gesamtstruktur. Der erste installierte Domänencontroller einer Gesamtstruktur ist automatisch ein globaler Katalog. Alle weiteren globalen Kataloge müssen hingegen manuell hinzugefügt werden. Der globale Katalog dient auch zur Auflösung von universalen Gruppen. Sie sollten aber nicht alle Domänencontroller zu globalen Katalogen machen, da dadurch der Replikationsverkehr zu diesen Domänencontrollern stark zunimmt. In jedem Standort sollten zwei bis drei Domänencontroller diese Aufgabe übernehmen. Während der Heraufstufung zum Domänencontroller können Sie diese Auswahl bereits treffen. Aber auch nachträglich können Sie einen Domänencontroller zum globalen Katalog konfigurieren:

1. Um einen Domänencontroller als globalen Katalog zu konfigurieren, benötigen Sie das Snap-In *Active Directory-Standorte- und -Dienste* aus dem Server-Manager.
2. Öffnen Sie dieses Snap-In und rufen Sie die Eigenschaften der Option *NTDS Settings* über *Sites/<Name des Standortes>/Servers/<Servername>* auf.

3. Auf der Registerkarte *Allgemein* aktivieren Sie das Kontrollkästchen *Globaler Katalog.*

Haben Sie diese Konfiguration vorgenommen, repliziert sich der Server zukünftig mit weiteren Domänencontrollern und enthält nicht nur Informationen seiner Domäne, sondern einen Index der Gesamtstruktur.

Abbildg. 10.45 Festlegen eines globalen Katalogs

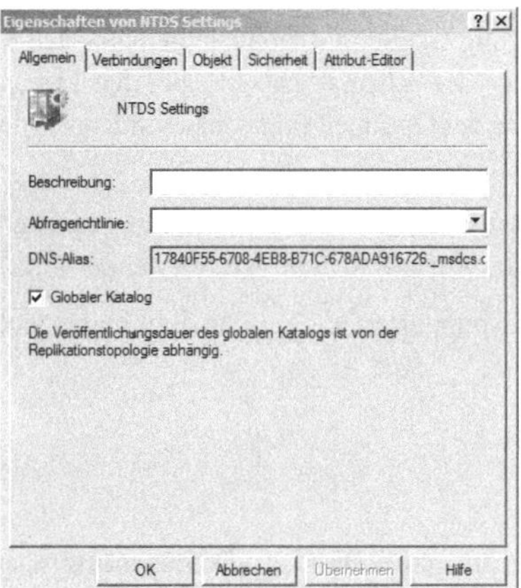

Vor allem bei Unternehmen mit mehreren Niederlassungen, vielen Domänencontrollern und zahlreichen globalen Katalogservern, besteht die Notwendigkeit, sicherzustellen, dass die globalen Kataloge ordentlich funktionieren. Alle globalen Katalogserver werden als SRV-Records in der Active Directory-Zone im DNS registriert. Um sich die globalen Katalogserver anzeigen zu lassen, öffnen Sie das Snap-In *DNS* und navigieren zu der DNS-Zone der Rootdomäne in der Gesamtstruktur. Klicken Sie mit der Maus auf die *_tcp*-Zone. In dieser Zone werden Ihnen alle globalen Katalogserver angezeigt. Die SRV-Records dieser Server verweisen auf den Port 3268.

Abbildg. 10.46 Anzeigen der DNS-Registrierungen der globalen Katalogserver

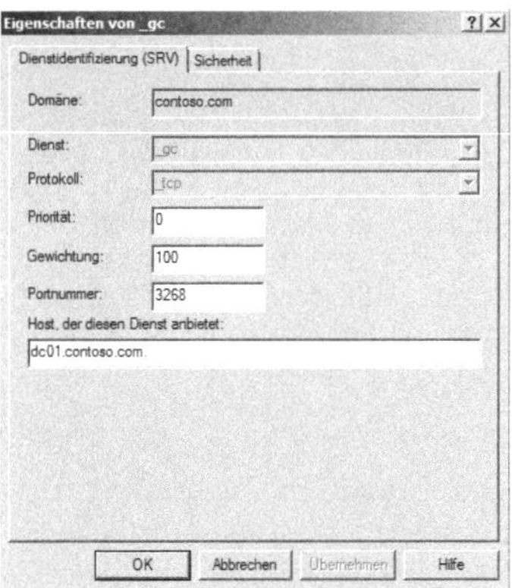

Hinzufügen von Attributen für den globalen Katalog

Microsoft hat vordefiniert, welche Attribute im globalen Katalog gehalten werden. Wenn Active Directory erweitert wird, kann es erforderlich werden, weitere Attribute in den Katalog aufzunehmen, nach denen häufig von Anwendern oder Anwendungen gesucht wird. Diese Anpassung kann über das Snap-In *Active Directory-*

Schema erfolgen. Starten Sie dazu eine neue Managementkonsole und fügen Sie das Snap-In hinzu. Wird es nicht angezeigt, müssen Sie das Snap-In erst registrieren. Geben Sie dazu im Suchfeld des Startmenüs den Befehl *Regsrv32 schmmgmt.dll* ein. Da durch die Modifizierung dieser Einstellungen Änderungen am Schema vorgenommen werden, dürfen Anpassungen nur durch die *Schema-Admins* vorgenommen werden. In diese Gruppe müssen die Administratoren explizit aufgenommen werden. Fehler bei der Verwaltung des Schemas können schwerwiegende Folgen haben. Daher muss gut überlegt werden, welche Administratoren in diese Gruppe aufgenommen werden und damit die Berechtigung erhalten, Attribute in den globalen Katalog aufzunehmen. Die Konfiguration erfolgt im Bereich *Attribute* des Schema-Snap-Ins. Bei den Eigenschaften eines Attributs können mehrere Optionen gesetzt werden. Zwei der Optionen sind von besonderer Bedeutung für die Effizienz von Zugriffen auf Active Directory:

- Mit *Attribut in Active Directory indizieren* wird festgelegt, dass auf den globalen Katalogservern eine Indexierung des Attributs erfolgt. Das ist sinnvoll, wenn das Attribut für Abfragen verwendet wird.
- Mit *Attribut in den globalen Katalog replizieren* wird konfiguriert, dass ein Attribut in den globalen Katalog aufgenommen wird.

Zusammenfassung

In diesem Kapitel haben wir Ihnen gezeigt, wie Sie einen Active Directory-Domänencontroller installieren. Auch den ersten Umgang mit dem Active Directory-Verwaltungscenter konnten Sie in diesem Kapitel kennenlernen. Wir haben Ihnen auch den Umgang mit globalen Katalogen, den Betriebsmastern und den verschiedenen Betriebsmodi von Windows Server 2008 R2 in Active Directory gezeigt. Ebenfalls ein wichtiger Punkt war die Installation von Active Directory über ein Installationsmedium oder per Antwortdatei auf Core-Servern. In den nächsten Kapiteln widmen wir uns der Erweiterung von Active Directory mit zusätzlichen Domänencontrollern, zum Beispiel schreibgeschützten Domänencontrollern. Auch die Installation zusätzlicher Domänen und Domänenstrukturen sind Thema dieser Kapitel. Im folgenden Kapitel 11 zeigen wir Ihnen zunächst den praktischen Umgang mit neuen Funktionen in Active Directory, zum Beispiel der Offline-Domänenbeitritt, und erläutern Ihnen den neuen Active Directory-Papierkorb.

Kapitel 11

Active Directory – Neue Möglichkeiten mit Windows Server 2008 R2

In diesem Kapitel:

In diesem Kapitel gehen wir speziell auf die neuen Möglichkeiten von Active Directory in Windows Server 2008 R2 ein. Lesen Sie, wie Sie Computer offline zur Domäne hinzufügen können, zum Beispiel bei einer Verteilung von Windows 7 in Unternehmen. Auch die neuen verwalteten Dienste (Managed Services) sind Thema dieses Kapitels. Der neue Active Directory-Papierkorb ist der letzte Abschnitt in diesem Kapitel.

Offline-Domänenbeitritt – *Djoin.exe*

In Windows Server 2008 R2 können Sie Computerkonten von Windows 7-Computern auch dann einer Domäne hinzufügen, wenn diese aktuell keine Verbindung mit dem Domänencontroller haben. Sobald der Client eine Verbindung hat, wendet er die notwendigen Einstellungen und Berechtigungen an, die für einen Domänenbeitritt notwendig sind. So können Sie zum Beispiel Clients von Niederlassungen in Domänen aufnehmen, wenn aktuell keine Verbindung zur Domäne besteht.

Vorteile und technische Hintergründe zum Offline-Domänenbeitritt

Wollen Sie zum Beispiel viele virtuelle Computer auf einmal zur Domäne aufnehmen, beispielsweise in einem Virtual Desktop Infrastructure-Szenario, können Sie Active Directory so vorbereiten, dass sich die Computer schnell und problemlos anbinden lassen. Sobald ein solcher Client das erste Mal startet, führt er die notwendigen Änderungen durch, ein erneuter Start des Rechners ist nicht notwendig. Das beschleunigt auch das Bereitstellen von Windows 7-Computern im Netzwerk. Djoin funktioniert auch zusammen mit schreibgeschützten Domänencontrollern (RODC). Dazu nehmen Sie mit *Djoin.exe* die Computer auf und lassen die Konten zum RODC replizieren. Sobald sich die Computer in der Niederlassung mit dem Netzwerk verbinden, authentifizieren Sie sich am schreibgeschützten Domänencontroller und sind in Active Directory verfügbar. Ein weiterer Vorteil ist der automatisierte Domänenbeitritt von neuen Computern beim Deployment von Windows 7 im Unternehmen, da Sie die notwendigen Befehle für den Domänenbeitritt in die Antwortdatei der automatischen Installation aufnehmen können.

Voraussetzungen für die Verwendung des Offline-Domänenbeitritts

Damit Sie den Offline-Domänenbeitritt verwenden können, müssen Sie Windows 7 oder Windows Server 2008 R2 als Betriebssystem einsetzen. Sie können diese Betriebssysteme aber auch in Domänen aufnehmen, die noch keine Domänencontroller unter Windows Server 2008 R2 betreiben. In diesem Fall verwenden Sie die Option */downlevel*. Standardmäßig geht *Djoin.exe* davon aus, dass eine Verbindung zu einem Domänencontroller unter Windows Server 2008 R2 besteht. Zusammenfassend heißt das, dass Sie nur Computer, auf denen Windows 7 oder Windows Server 2008 R2 installiert sind, per *Djoin.exe* zu einer Domäne aufnehmen können. Bei der Domäne kann es sich auch um Active Directory unter Windows Server 2008 handeln. Nur Benutzer, die über die Rechte verfügen, Computer einer Domäne hinzuzufügen, können *Djoin.exe* nutzen. Dazu müssen Sie entweder über Domänen-Adminrechte verfügen oder ein Administrator muss die entsprechenden Rechte delegieren.

TIPP Die Rechte, Computer in eine Domäne aufzunehmen, können Sie über den Editor für lokale Gruppenrichtlinien (*gpedit.msc*) setzen. Bearbeiten Sie dazu den Wert *Hinzufügen von Arbeitsstationen zur Domäne* unter *Computerkonfiguration/Windows-Einstellungen/Sicherheitseinstellungen/Lokale Richtlinien/Zuweisen von Benutzerrechten*. Nehmen Sie hier die Benutzerkonten auf, die über die entsprechenden Rechte verfügen sollen.

Offline-Domänenbeitritt durchführen

Der Offline-Domänenbeitritt erfolgt über das Tool *Djoin.exe* in der Befehlszeile auf einem Computer unter Windows 7 oder Windows Server 2008 R2, der bereits Mitglied der Domäne ist. Sie müssen für die Verwendung über das Kontextmenü eine Eingabeaufforderung mit Administratorrechten starten und über Rechte verfügen, Computerkonten zur Domäne hinzuzufügen. Die Ausgabe in die Datei oder auf dem Bildschirm enthält die Metadaten für den Domänenbeitritt. Microsoft bezeichnet diese auch als *Blob*. Bei der Ausführung können Sie entweder eine verschlüsselte Datei erstellen, die Sie auf dem Clientrechner dann verwenden müssen, oder Sie speichern die Daten in einer Datei *unattend.xml*, um Antwortdateien vollkommen zu automatisieren. Das Tool *Djoin.exe* hat verschiedene Optionen, die wir in der nächsten Tabelle genauer auflisten.

Tabelle 11.1 Optionen von *Djoin.exe*

Option von djoin.exe	Erläuterung
/provision	Erstellen eines Computerkontos in der Domäne
/domain <Name der Domäne>	Domäne, in der Sie das Konto erstellen wollen
/machine <Name>	Name des Computers, der der Domäne beitreten soll
/machineou <Organisationseinheit>	OU, in der das Konto erstellt werden soll. Ohne Angabe einer OU verwendet *Djoin* die OU *Computer*.
/dcname <Name>	Name des Domänencontrollers, auf dem das Konto zuerst verfügbar sein soll
/reuse	Verwenden eines bereits vorhandenen Computerkontos, dessen Kennwort zurückgesetzt wird
/downlevel	Beitritt eines Computers zu einem Domänencontroller, auf dem nicht Windows Server 2008 R2 installiert ist
/savefile <Name der Datei>.txt	Textdatei, in der Daten des Domänenbeitritts gespeichert werden, für die Ausführung auf dem Client. Der Inhalt der Datei ist verschlüsselt.
/defpwd	Verwendet das standardmäßige Kennwort für Computerkonten (nicht notwendig)
/nosearch	Überspringt Konflikte, wenn das Konto bereits vorhanden ist. Benötigt die Option */dcname*.
/printblob	Gibt einen base64-kodierten Wert für Antwortdateien aus
/requestodj	Führt beim nächsten Neustart einen Offline-Domänenbeitritt durch
/loadfile	Verwendet die Ausgabe einer vorherigen Ausführung von *Djoin.exe*
/windowspath <Pfad>	Pfad zum Windows-Verzeichnis, wenn nicht der Standard verwendet werden soll
/localos	Zielcomputer, den Sie der Domäne hinzufügen wollen. Diese Option kann nicht auf einem Domänencontroller durchgeführt werden.

Generell ist der Ablauf bei einem Domänenbeitritt recht einfach. Sie führen im Grunde genommen folgende Schritte durch:

1. Verwenden Sie *djoin /provision*, um die Metadaten für den Domänenbeitritt des Zielcomputers zu erstellen. Als Option geben Sie die Domäne an. Achten Sie darauf, dass Sie die Eingabeaufforderung im Administratormodus öffnen. Ein Beispiel für die Datei wäre *djoin /provision /domain contoso.com /machine client134 /savefile c:\client134.txt*. Inhalt der Datei sind das Kennwort der Maschine, Name der Domäne und des Domänencontrollers sowie die SID der Domäne.

2. Kopieren Sie die Datei auf den Rechner, der der Domäne beitreten soll. Der Inhalt ist verschlüsselt und bringt Außenstehenden nichts.

Abbildg. 11.1 Hinzufügen eines Kontos zur Domäne

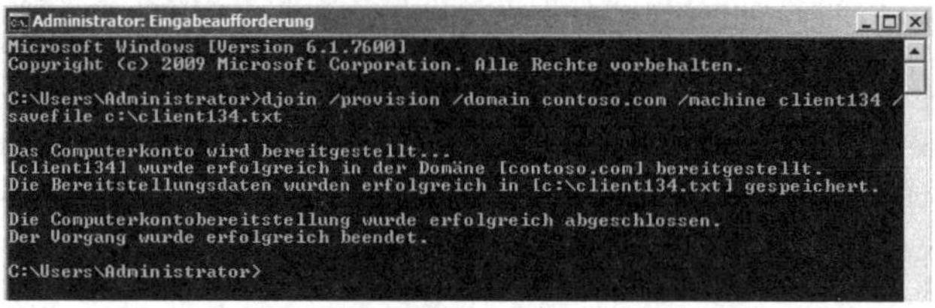

```
Administrator: Eingabeaufforderung
Microsoft Windows [Version 6.1.7600]
Copyright (c) 2009 Microsoft Corporation. Alle Rechte vorbehalten.

C:\Users\Administrator>djoin /provision /domain contoso.com /machine client134 /
savefile c:\client134.txt

Das Computerkonto wird bereitgestellt...
[client134] wurde erfolgreich in der Domäne [contoso.com] bereitgestellt.
Die Bereitstellungsdaten wurden erfolgreich in [c:\client134.txt] gespeichert.

Die Computerkontobereitstellung wurde erfolgreich abgeschlossen.
Der Vorgang wurde erfolgreich beendet.

C:\Users\Administrator>
```

3. Auf dem Zielcomputer verwenden Sie *djoin /requestODJ /loadfile c:\client134.txt /windowspath %SystemRoot% /localos*, um den Rechner in die Domäne aufzunehmen.

Abbildg. 11.2 Offline-Domänenbeitritt eines Clients

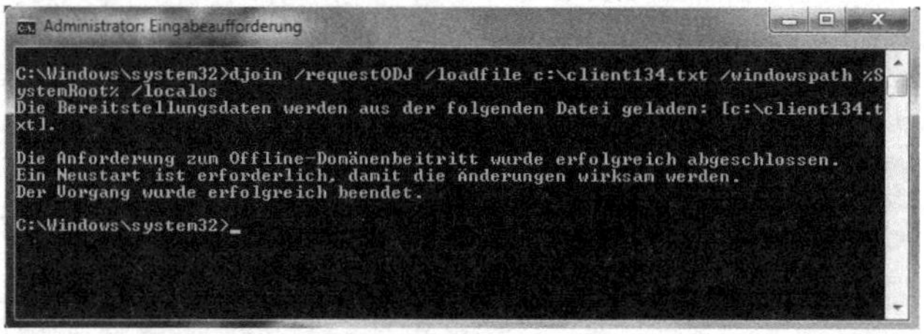

```
Administrator: Eingabeaufforderung

C:\Windows\system32>djoin /requestODJ /loadfile c:\client134.txt /windowspath %S
ystemRoot% /localos
Die Bereitstellungsdaten werden aus der folgenden Datei geladen: [c:\client134.t
xt].

Die Anforderung zum Offline-Domänenbeitritt wurde erfolgreich abgeschlossen.
Ein Neustart ist erforderlich, damit die Änderungen wirksam werden.
Der Vorgang wurde erfolgreich beendet.

C:\Windows\system32>_
```

4. Starten Sie den Zielcomputer neu, wird der Computer automatisch in die Domäne aufgenommen, sobald eine Verbindung zu einem Domänencontroller besteht.

Offline-Domänenbeitritt bei einer unbeaufsichtigten Installation über Antwortdatei

Wollen Sie einen Offline-Domänenbeitritt während der Installation zum Beispiel im unbeaufsichtigten Modus durchführen, ist das ebenfalls möglich. Dazu müssen Sie beim Erstellen des Computerkontos auf der Domäne den Inhalt der Metadaten anstatt in einer verschlüsselten Datei in eine Antwortdatei integrieren. Antwortdateien unter Windows Server 2008 R2 und Windows 7 tragen normalerweise die Bezeichnung *Unattend.xml*. Sie müssen in der Antwortdatei dazu eine neue Sektion erstellen. Diese trägt die Bezeichnung:

```
Microsoft-Windows-UnattendJoin/Identification/Provisioning
```

Diese Sektion enthält darüber hinaus eine Unterstruktur, die folgendermaßen aussieht:

```
<Component>
<Component name=Microsoft-Windows-UnattendedJoin>
    <Identification>
        <Provisioning>
            <AccountData>Base64Encoded Blob</AccountData>
        </Provisioning>
    </Identification>
</Component>
```

Sie müssen die Metadaten, die Sie beim Erstellen der Datei erhalten, zwischen die Tags *<AccountData>* und *</AccountData>* einfügen. Nachdem Sie die Datei erstellt haben, können Sie den Computer unbeaufsichtigt installieren. Die Syntax bei Antwortdateien ist *setup /unattend:<Antwortdatei>*.

Verwaltete Dienstkonten – Managed Service Accounts

Die verwalteten Dienstkonten sind eine Neuerung in Windows Server 2008 R2. Im Fokus der neuen Funktion stehen die Dienstkonten von Serveranwendungen wie Exchange Server oder SQL Server, die zum einen wichtig für den Betrieb, zum anderen aber auch kritisch im Bereich Sicherheit sind, da die Benutzerkonten, mit denen diese Dienste starten, oft über weitreichende Rechte verfügen. Vor allem die Dienste *Lokaler Dienst*, *Netzwerkdienst* und *Lokales System* werden oft für Serveranwendungen verwendet. Der Nachteil dieser lokalen Dienste ist die fehlende Möglichkeit, Einstellungen auf Domänenebene vorzunehmen. Verwenden Administratoren statt diesen Konten Benutzerkonten aus Active Directory, ergeben sich neue Probleme bezüglich der Verwaltung der Kennwörter. Um diese Probleme zu lösen, gibt es in Windows Server 2008 R2 und Windows 7 zwei neue Dienstarten: *Verwaltete Dienstkonten (Managed Service Accounts)* und *Virtuelle Konten*.

Abbildg. 11.3 Verwaltung der *Managed Service Accounts* in der Verwaltungskonsole *Active Directory-Benutzer und -Computer*

Damit Sie die OU *Managed Service Accounts* und die darin angelegten Dienstkonten sehen, müssen Sie unter Umständen im Snap-In *Active Directory-Benutzer und -Computer* die erweiterte Ansicht über das Menü *Ansicht* aktivieren.

HINWEIS Die Verwaltung der Managed Service Accounts findet ausschließlich in der PowerShell statt. Verwenden Sie nicht das Snap-In *Active Directory-Benutzer und -Computer*.

Verwaltete Dienstkonten – Technische Hintergründe

Verwaltete Dienstkonten sind bestimmte Benutzerkonten in Active Directory, die zur Verwendung von lokalen Diensten taugen. Dabei werden die Kennwörter dieser Konten nicht manuell, sondern automatisch bei bestimmten Bedingungen durch Active Directory geändert. Administratoren können solche Änderungen manuell anstoßen. Der Vorteil ist, dass die Systemdienste, welche diese Benutzerkonten verwenden, bei Kennwortänderungen nicht von Administratoren konfiguriert werden müssen, sondern die Änderung der Kennwörter automatisch übernehmen. Die Verwaltung solcher Dienstkonten lässt sich auch an Nicht-Administratoren delegieren, zum Beispiel internen Programmierern des Datenbanksystems. Diese Dienste werden nur unter Windows Server 2008 R2 und Windows 7 unterstützt, auf anderen Windows-Versionen können Sie diese Dienste nicht nutzen. Außerdem darf es auf jedem Computer immer nur ein verwaltetes Dienstkonto geben. Aus diesem Grund sind diese Dienste auch nicht clusterfähig, da hier Serveranwendungen auf mehreren Knoten verteilt sein können. Die Domäne darf allerdings noch Domänencontroller mit Windows Server 2003/2008 enthalten, wobei Sie dann jedoch zusätzliche Konfigurationen durchführen müssen.

Damit Sie verwaltete Dienstkonten in Domänen mit Windows Server 2003/2008-Domänencontrollern nutzen können, müssen Sie das Schema erweitern. Sie müssen in der Domäne *adprep /domainprep* ausführen und in der Gesamtstruktur *adprep /forestprep*. Mindestens ein Domänencontroller muss unter Windows Server 2008 R2 laufen. *Adprep.exe* finden Sie auf der Windows Server 2008 R2-DVD im Verzeichnis *Support\adprep*. Bei den Schemaänderungen integriert Windows Server 2008 R2 ein neues Objekt *msDS-ManagedServiceAccount*. Dieses Benutzerkonto hat die Attribute von Benutzerkonten und von Computerkonten vereint. Das Kennwort des Computers verhält sich wie das Kennwort eines Computerkontos in Active Directory, lässt sich also zentralisiert durch das System selbst steuern. Dies bedeutet, dass das verwaltete Benutzerkonto eines Computers dann aktualisiert wird, wenn Active Directory auch das Kennwort des jeweiligen Computerkontos anpasst, das dem verwalteten Dienstkonto zugewiesen ist. Diese Einstellungen lassen sich auf dem Server in der Registrierungsdatenbank anpassen. Navigieren Sie dazu zum folgenden Schlüssel:

```
HKEY_LOCAL_MACHINE\SYSTEM\CurrentControlSet\Services\NetLogon\Parameters
```

Wichtig sind an dieser Stelle die beiden folgenden Werte:

- **DisablePasswordChange** Der Wert muss auf *0* oder *1* gesetzt sein. Ist der Wert nicht vorhanden, geht Windows vom Wert *0* aus.
- **MaximumPasswordAge** Hier legen Sie einen Wert von *1* bis *1.000.000* in Tagen fest. Der Standardwert ist 30, auch wenn der Wert nicht vorhanden ist.

Das selbst gesetzte Kennwort hat eine Länge von 240 Zeichen und ist stark verschlüsselt. Außerdem besteht das Kennwort aus verschiedenen Zeichen, lässt sich also nicht erraten oder hacken.

Die virtuellen Konten ermöglichen es, dass Dienste mit den Anmeldeinformationen des Computerkontos auf Netzwerkressourcen zugreifen dürfen. Virtuelle Konten liegen nicht in der Domäne, sondern auf dem lokalen Rechner. Der Account nutzt dazu das lokale Computerkonto.

Für den Zugriff auf Netzwerkressourcen verwenden Sie am besten verwaltete Dienstkonten. In der Verwaltungskonsole *Active Directory-Benutzer und -Computer* finden Sie eine neue OU mit der Bezeichnung *Managed Service Accounts*. Diese OU ist für die Verwaltung der verwalteten Dienstkonten von zentraler Bedeutung. Verwaltete Dienstkonten lassen sich so nutzen, wie die standardmäßig vorhandenen Benutzer.

Verwaltete Dienstkonten produktiv einsetzen

Sie legen die Dienstkonten am besten über die PowerShell, genauer gesagt über das Active Directory-Modul der PowerShell mit dem Cmdlet *new-ADServiceAccount "NameAccount"* an. Der Ablauf bei der Verwendung von Managed Service Accounts ist:

1. Sie legen das verwaltete Dienstkonto in Active Directory an.
2. Sie verbinden das Konto mit einem einzelnen Computerkonto. Auf dem Computer muss dazu Windows Server 2008 R2 oder Windows 7 installiert sein.
3. Sie installieren das verwaltete Benutzerkonto auf dem Computer.
4. Sie passen die Systemdienste auf dem lokalen Computer an, um das neue Konto zu nutzen.

HINWEIS Damit Sie Cmdlets zum Anlegen von neuen verwalteten Dienstkonten nutzen können, müssen Sie entweder direkt das *Active Directory-Modul für Windows PowerShell* starten, oder Sie laden in einer normalen PowerShell-Sitzung mit *import-module ActiveDirectory* die entsprechenden Befehle.

Ein Beispiel für ein Dienstkonto wäre:

```
New-ADServiceAccount -Name x2k10 -Path "CN=Managed Service Accounts,DC=contoso,DC=com"
```

Hierbei legen Sie ein neues verwaltetes Dienstkonto mit der Bezeichnung *x2k10* in der OU *Managed Service Accounts* in der Domäne *contoso.com* an. Mit dem folgenden Befehl aktivieren Sie das Dienstkonto auch gleich:

```
New-ADServiceAccount –Name <Beliebiger einzigartiger Name> –Enabled $true
```

Abbildg. 11.4 Anlegen eines verwalteten Dienstkontos

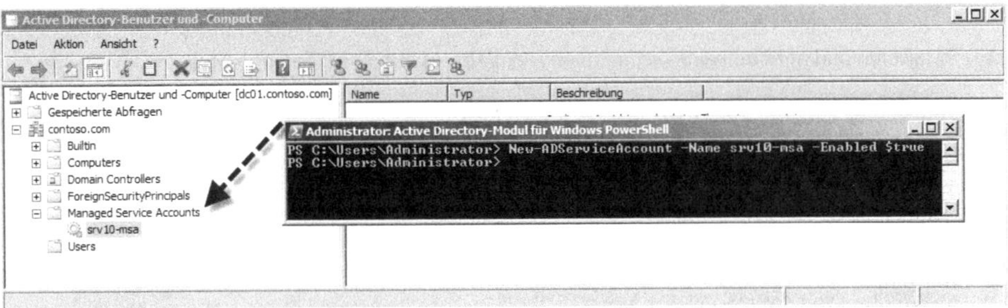

Als Nächstes verbinden Sie das erstellte verwaltete Dienstkonto mit einem Computerkonto in Active Directory. Dazu nutzen Sie den folgenden Befehl:

```
Add-ADComputerServiceAccount –Identity <Zielcomputer> –ServiceAccount <Erstelltes Dienstkonto>
```

Nachdem Sie das Dienstkonto angelegt und zugewiesen haben, installieren Sie es mit dem beschriebenen Cmdlet auf dem Server.

Abbildg. 11.5 Installieren des Active Directory-Moduls für Windows PowerShell

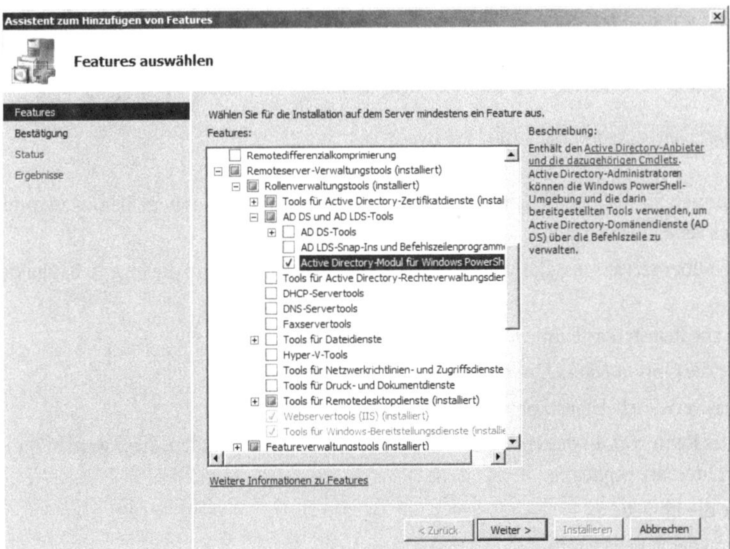

Mit dem Befehl *get-adsserviceaccount* und dem Filter * lassen Sie sich das installierte Dienstkonto auf dem lokalen Server anzeigen. Auf dem Anwendungsserver, auf dem Sie das verwaltete Dienstkonto verwenden, verwenden Sie das Cmdlet *Install-ADServiceAccount "Name des Accounts"*, um das Konto auf dem Server zu installieren. Auf dem Server muss dazu *Active Directory-Modul für Windows PowerShell* sowie .NET-Framework 3.5 installiert sein. Das Modul für die PowerShell installieren Sie als Feature der Remote Server Administration Tools (RSAT). Diese stehen auch für Windows 7 zur Verfügung (siehe Kapitel 8).

Nachdem Sie das Dienstkonto erstellt, zugewiesen, auf dem entsprechenden Server das Active Directory-Modul für Windows PowerShell installiert und gestartet haben, installieren Sie das verwaltete Dienstkonto mit dem Befehl *Install-ADServiceAccount "Name des Accounts"*. Installieren kann jeder lokale Administrator das Konto, aber die Verwaltung des Kontos in Active Directory obliegt dem Domänen-Admin.

Abbildg. 11.6 Installieren und anzeigen eines verwalteten Dienstkontos auf einem Server

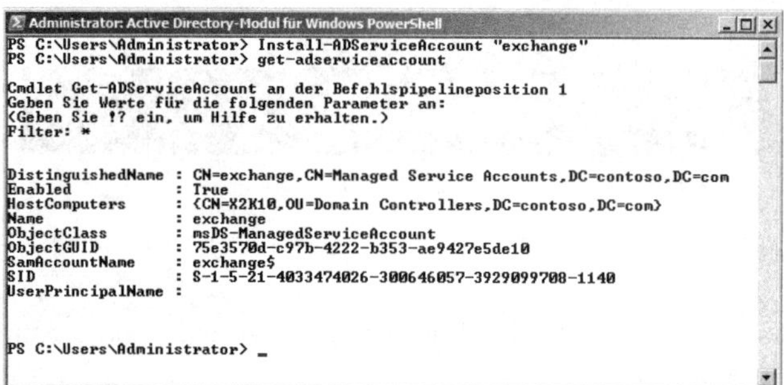

TIPP Mit dem Befehl *Get-Help New-ADServiceAccount –detailed* erhalten Sie eine ausführliche Hilfe für das Anlegen von verwalteten Dienstkonten, das gilt auch für *Get-Help Get-ADServiceAccount –detailed* und für *Get-Help add-ADServiceAccount –detailed,* sowie für *Get-Help remove-ADServiceAccount –detailed* und für *Get-Help Set-ADServiceAccount –detailed.*

Auf der Internetseite *http://technet.microsoft.com/en-us/library/ee617195.aspx* erhalten Sie ausführliche Informationen zur Syntax der genannten Befehle.

Um das Kennwort eines verwalteten Dienstkontos zurückzusetzen, verwenden Sie das Cmdlet:

```
Reset-ADServiceAccountPassword <Name des Kontos>
```

An dieser Stelle können Sie die Eigenschaften der Dienstkonten ändern, die das neue Benutzerkonto des verwalteten Dienstkontos verwenden sollen:

1. Rufen Sie dazu über *services.msc* die Verwaltung der Dienste auf und dann die Eigenschaften des jeweiligen Diensts.
2. Wechseln Sie zur Registerkarte *Anmelden.*
3. Aktivieren Sie die Option *Dieses Konto.*
4. Wählen Sie das verwaltete Dienstkonto in der Domäne aus.
5. Löschen Sie das Kennwort. In diesem Feld müssen sich keine Daten befinden, diese werden im Hintergrund durch Active Directory gepflegt.
6. Bestätigen Sie die Eingabe.
7. Lassen Sie den Dienst neu starten.

HINWEIS In der PowerShell steuern Sie keine Gruppenmitgliedschaften des Dienstkontos. Diese Mitgliedschaften müssen Sie manuell im Snap-In *Active Directory-Benutzer und -Computer* vornehmen. Achten Sie auch darauf, dass das verwaltete Dienstkonto für die Verwendung aktiviert werden muss.

Abbildg. 11.7 Konfigurieren eines lokalen Dienstkontos zur Verwendung eines verwalteten Dienstkontos

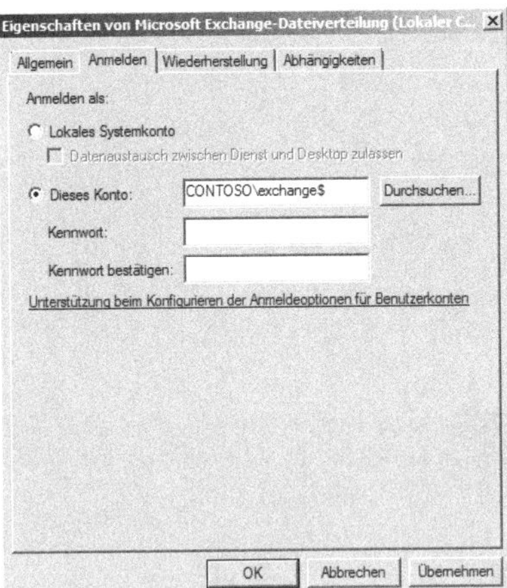

Zum Löschen eines verwalteten Dienstkontos auf einem Server verwenden Sie das Cmdlet *Remove-ADComputerServiceAccount –identity <Name des Dienstes>*.

Der Active Directory-Papierkorb im Praxiseinsatz

In der Anleitung in Kapitel 9 haben wir Ihnen bereits gezeigt, wie Sie den Papierkorb in Active Directory aktivieren. Außerdem finden Sie dort eine kurze Anleitung, wie Sie Objekte wiederherstellen können. In den folgenden Abschnitten gehen wir ausführlicher darauf ein, wie Sie Objekte in Active Directory mit Bordmitteln und ohne eine Datensicherung wiederherstellen können.

Technische Hintergründe zum Active Directory-Papierkorb

Grundlage ist der Papierkorb von Active Directory, den Sie zunächst für die Gesamtstruktur aktivieren müssen (siehe den Abschnitt »Papierkorb für Active Directory und neue Funktionsebene« in Kapitel 9).

Der Papierkorb arbeitet zum einen mit dem seit Windows 2000 vorhandenen Wert *isDeleted* und mit dem neuen Wert *isRecycled*. Ist der Wert *isRecycled* für ein Active Directory-Objekt auf *True* gesetzt, können Sie dieses nicht wiederherstellen. Nur Objekte, bei denen *isDeleted* auf *True* gesetzt ist, lassen sich wiederherstellen. Objekte lassen sich innerhalb des Tombstone-Lifetime wiederherstellen. Dieser beträgt bei Windows Server 2008 R2 180 Tage. Sie finden den jeweiligen Wert für Ihr Active Directory am besten in ADSI-Edit über den Container *Konfiguration*.

Abbildg. 11.8 Überprüfen, ob der Active Directory-Papierkorb für die Gesamtstruktur aktiviert ist

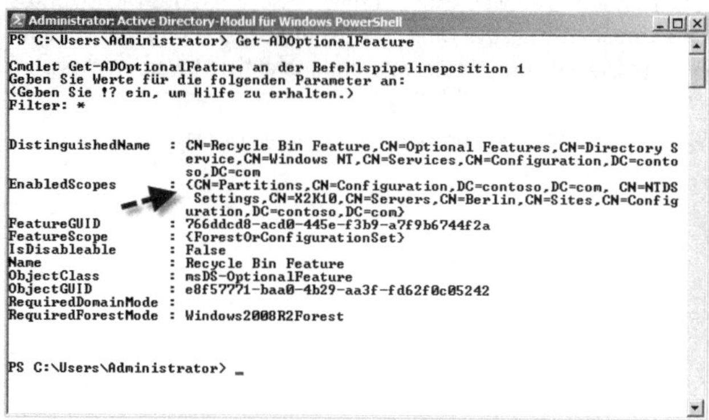

Abbildg. 11.9 Laden des Konfigurationscontainers von Active Directory

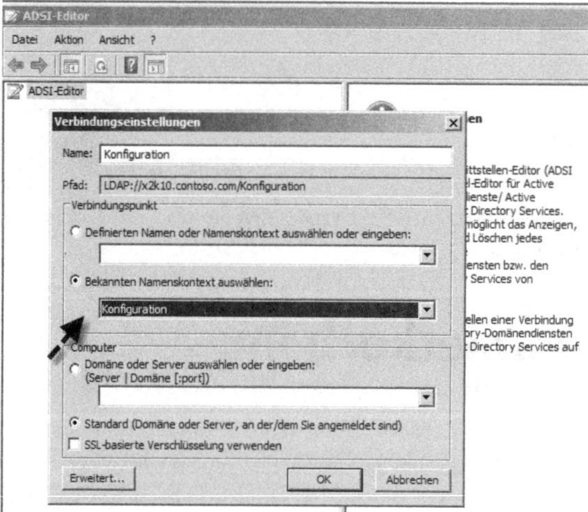

Navigieren Sie zu *Konfiguration/Configuration/Services/Windows NT/Directory Service* und rufen Sie die Eigenschaften von *Directory Service* auf. Den Tombstone-Wert finden Sie auf der Registerkarte *Attribut-Editor* beim Wert *tombstoneLifetime*. Sie können den Wert zwar an dieser Stelle anpassen, was allerdings in den wenigsten Fällen notwendig ist.

Sobald Sie ein Objekt in Active Directory löschen, erhält dieses bei *isDeleted* den Wert *True* zugewiesen und ist in Active Directory nicht mehr verfügbar, lässt sich aber noch wiederherstellen. Der Zeitraum, in dem Sie das Objekt durch *isDeleted* auch wiederherstellen können, bezeichnet Microsoft als *Deleted Object Lifetime (DOL)*. Diesen Wert, der ebenfalls 180 Tage beträgt, finden Sie über *msDS-deletedObjectLifetime*. Nach 180 Tagen, festgelegt durch den DOL, erhält das Objekt den Wert *True* bei *isRecycled* und ist **nicht** mehr wiederherstellbar. Ist auch der Tombstone-Lifetime abgelaufen, wird das Objekt komplett aus der Datenbank gelöscht. Da beide Werte identisch sind, wird das Objekt nach 180 Tagen standardmäßig aus der Datenbank gelöscht.

Abbildg. 11.10 Anzeigen des *tombstoneLifetime* für eine Gesamtstruktur

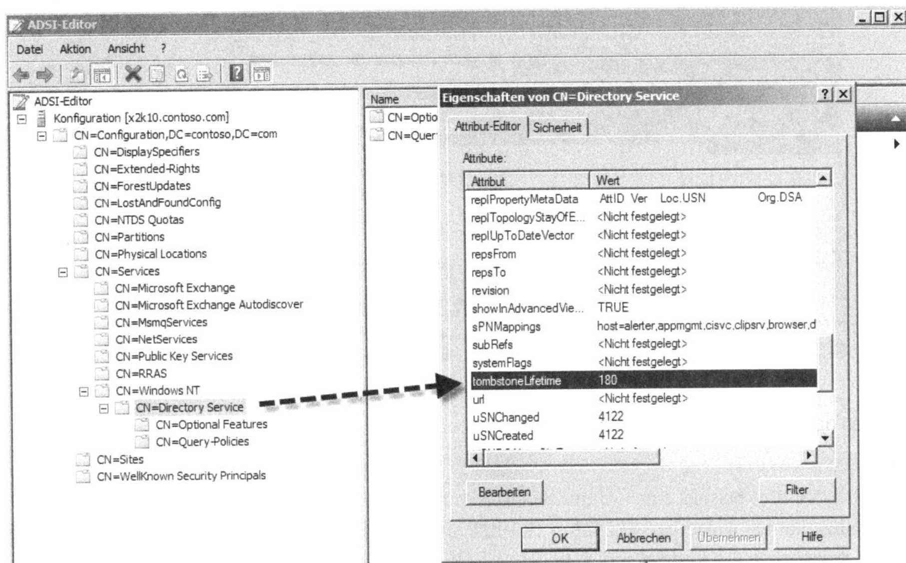

Objekte aus dem Active Directory-Papierkorb mit Bordmitteln wiederherstellen

Um gelöschte Objekte wiederherzustellen, verwenden Sie am besten das PowerShell-Modul für Active Directory. Sie benötigen vor allem die beiden Cmdlets *Get-ADObject* und *Restore-ADObject*:

1. Klicken Sie auf *Start/Verwaltung* und dann mit der rechten Maustaste auf *Active Directory-Modul für Windows PowerShell*. Wählen Sie *Als Administrator ausführen*.
2. Geben Sie in der Eingabeaufforderung den Befehl *Get-ADObject –Filter {<Name des Objekts>} –IncludeDeletedObjects | Restore-ADObject* ein. Wenn Sie zum Beispiel das Benutzerkonto mit dem Anzeigenamen »Thomas Joos« wiederherstellen wollen, geben Sie *Get-ADObject –Filter {displayName –eq "Thomas Joos"} –IncludeDeletedObjects | Restore-ADObject* ein. Handelt es sich bei dem Objekt, das Sie wiederherstellen wollen, um ein untergeordnetes Objekt, müssen Sie zunächst alle Objekte herstellen, die dem Objekt übergeordnet sind, wenn diese ebenfalls gelöscht wurden. Ansonsten bricht die Wiederherstellung untergeordneter Objekte mit einem Fehler ab. Mit dem Befehl *Get-ADObject –Filter {displayName –eq "Thomas Joos"} –IncludeDeletedObjects* lassen Sie sich gelöschte Objekte mit dem passenden Namen zunächst anzeigen.

Abbildg. 11.11 Fehler beim Versuch, ein untergeordnetes Objekt wiederherzustellen und Anzeigen von gelöschten Objekten

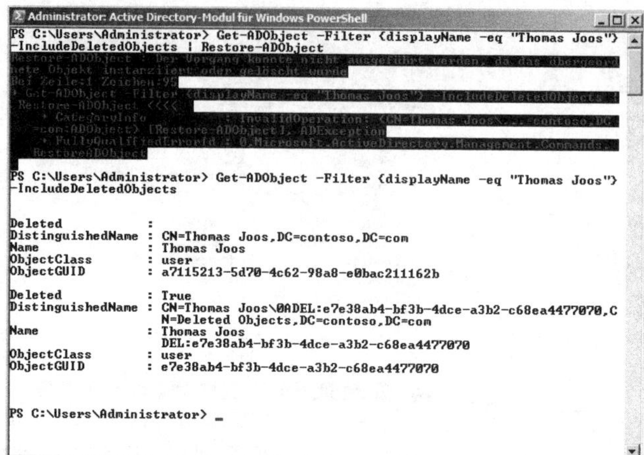

Haben Sie zum Beispiel eine OU mit Benutzerkonten gelöscht, müssen Sie erst die OU und dann die einzelnen Benutzerkonten wiederherstellen. Mit *Get-ADObject* zeigen Sie die Objekte an und übergeben diese mit dem Pipelinezeichen (|) an das Cmdlet *Restore-ADObject*. Kennen Sie die ursprüngliche Hierarchie der Organisationseinheit nicht, müssen Sie mit dem Cmdlet *Get-ADObject* die Hierarchie erst wieder herausfiltern:

```
Get-ADObject -SearchBase "CN=Deleted Objects,DC=contoso,DC=com" -ldapFilter:"(msDs-
lastKnownRDN=Thomas Joos)" -IncludeDeletedObjects -Properties lastKnownParent
```

Dieser Befehl gibt auch übergeordnete Objekte des gelöschten Objekts an.

Abbildg. 11.12 Anzeigen von übergeordneten Objekten eines gelöschten Objekts

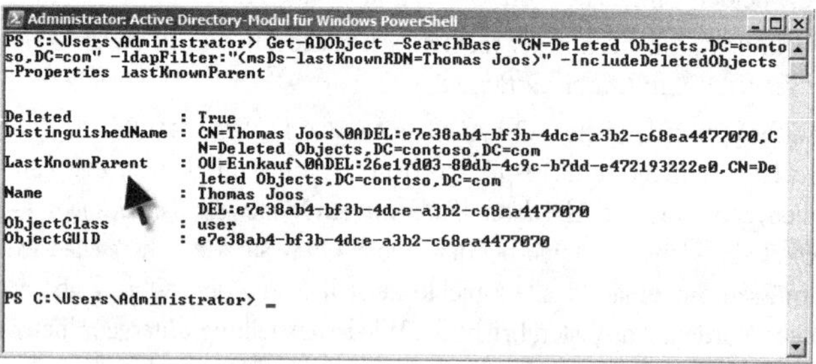

Mit

```
Get-ADObject -SearchBase "CN=Deleted Objects,DC=contoso,DC=com" -Filter {lastKnownParent -eq
'OU=Einkauf\\0ADEL:26e19d03-80db-4c9c-b7dd-e472193222e0,CN=Deleted Objects,DC=contoso,DC=com'} -
IncludeDeletedObjects -Properties lastKnownParent | ft
```

lassen Sie sich alle untergeordneten Objekte in der besagten OU anzeigen. Den Namen verwenden Sie aus der vorangegangenen Verwendung von

```
Get-ADObject -SearchBase "CN=Deleted Objects,DC=contoso,DC=com" -ldapFilter:"(msDs-
lastKnownRDN=Thomas Joos)" -IncludeDeletedObjects -Properties lastKnownParent
```

Abbildg. 11.13 Anzeigen und verwenden eines übergeordneten Objekts

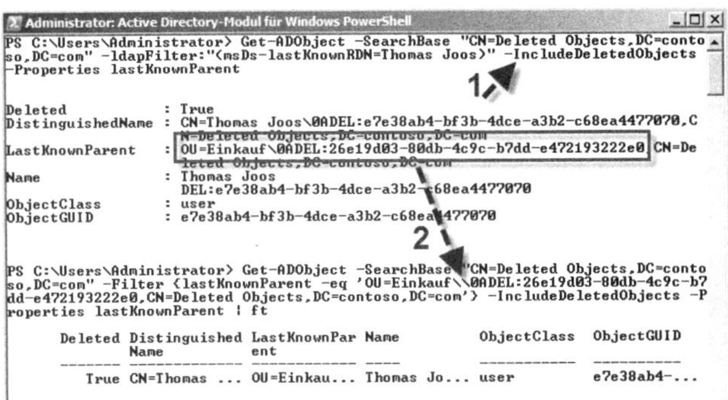

Sie müssen bei der Verwendung im Cmdlet *Get-ADObject* unbedingt einen weiteren umgekehrten Schrägstrich im Namen verwenden. Sie müssen also zunächst die Organisationseinheit *Einkauf* wiederherstellen, bevor Sie das untergeordnete Objekt *Thomas Joos* wiederherstellen können. Da alle bisherigen Untersuchungen mit dem *lastKnownParent*-Attribut durchgeführt wurden, das auf das direkt übergeordnete Objekt verweist, aber nicht angibt, ob das nächste übergeordnete Objekt ebenfalls gelöscht wurde, müssen Sie mit dem Wert *lastKnownParent* überprüfen, ob *Einkauf* nicht noch einer weiteren Organisationseinheit untergeordnet ist, die ebenfalls gelöscht wurde:

```
Get-ADObject -SearchBase "CN=Deleted Objects,DC=contoso,DC=com" -ldapFilter:"(msDs-
lastKnownRDN=Einkauf)" -IncludeDeletedObjects -Properties lastKnownParent
```

Abbildg. 11.14 Anzeigen der übergeordneten OU einer OU

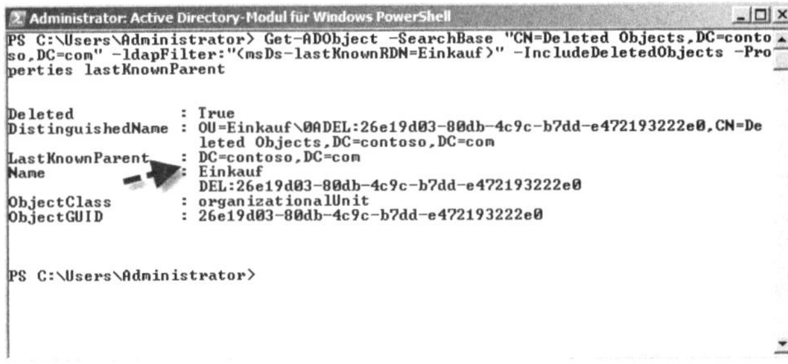

Im Beispiel sehen Sie, dass die OU *Einkauf* direkt in der Domäne *contoso.com* angelegt ist, also keine weitere Organisationseinheit gelöscht wurde. Es reicht also, wenn Sie die OU *Einkauf* wiederherstellen um das Objekt *Thomas Joos* wiederherzustellen:

```
Get-ADObject -ldapFilter:"(msDS-LastKnownRDN=Einkauf)" -IncludeDeletedObjects | Restore-ADObject
```

Öffnen Sie das Snap-In *Active Directory-Benutzer und -Computer* und aktualisieren Sie die Ansicht mit F5. Die OU sollte jetzt wieder vorhanden sein.

Active Directory

Abbildg. 11.15 Wiederherstellen einer OU

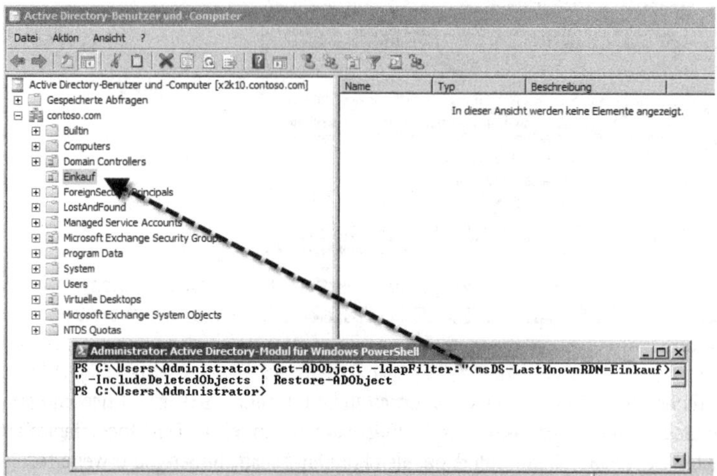

Der Befehl stellt allerdings nur die OU, nicht die gelöschten Objekte innerhalb der OU wieder her. Diese müssen Sie manuell herstellen, zum Beispiel mit:

```
Get-ADObject -SearchBase "CN=Deleted Objects,DC=contoso,DC=com" -Filter {lastKnownParent -eq
"OU=Einkauf,DC=contoso,DC=com"} -IncludeDeletedObjects | Restore-ADObject
```

Abbildg. 11.16 Wiederherstellen eines untergeordneten Objekts in einer Domäne

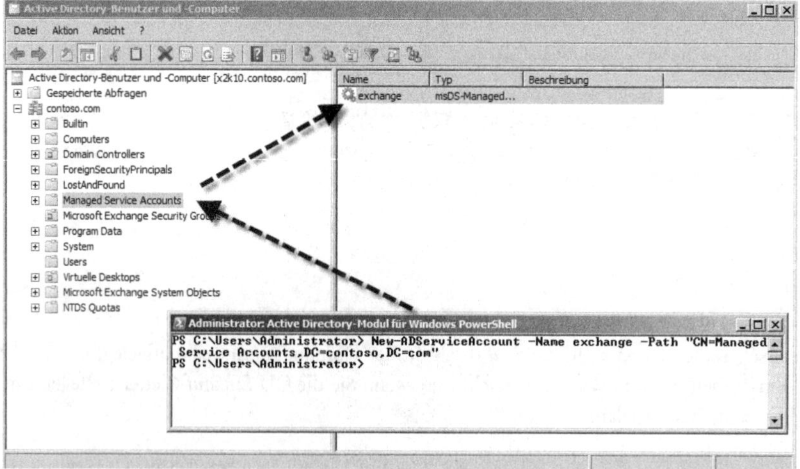

Die Lebensdauer des gelöschten Objekts wird vom Wert des *msDS-deletedObjectLifetime*-Attributs bestimmt. Die Lebensdauer eines veralteten Objekts wird vom Wert des *tombstoneLifetime*-Attributs bestimmt. Standardmäßig sind diese Attribute auf NULL festgelegt, das heißt, die Lebensdauer des veralteten Objekts beträgt 180 Tage. Sie können die Werte von *msDS-deletedObjectLifetime* und *tombstoneLifetime* jederzeit ändern. Innerhalb der Lebensdauer des gelöschten Objekts können Sie ein gelöschtes Objekt wiederherstellen. In der Active Directory-Datenbank wird beim Löschen eines Objekts das Attribut *isDeleted* auf den Wert *TRUE* gesetzt. Das gelöschte Objekt wird in den versteckten Container *Deleted Objects* verschoben und sein *Distinguished Name (DN)* erhält dadurch einen neuen Wert. Die *Deleted Object Lifetime* wird durch den Wert im Attribut *msDS-DeletedObjectLifetime* bestimmt. Ist die Zeit des im Attribut *msDS-DeletedObjectLifetime* definierten Werts abgelaufen, wandelt sich das logisch gelöschte Objekt zum *recycled Objekt.*

TIPP **Objekte aus Active Directory wiederherstellen mit *AdRestore***

Das Löschen von Konten in Active Directory ist schnell passiert und kann unangenehme Auswirkungen haben. Die Wiederherstellung mit Bordmitteln kann aufwändig und zeitintensiv sein. Vor allem ungeübte Administratoren können mit solchen Vorgängen sehr schnell mehrere Stunden oder einen ganzen Tag verbringen. Für genau solche Fälle gibt es das Tool *AdRestore* von Sysinternals (*www.sysinternals.com*). Zwar steht Windows Server 2008 R2 noch nicht auf der Liste der unterstützten Betriebssysteme, aber die Wiederherstellung funktioniert problemlos. Mit dem Tool werden gelöschte Objekte ohne die Verwendung der Active Directory-Datensicherung wiederhergestellt. Das Tool macht sich dazu die gleiche automatische Sicherungsfunktion in Active Directory zunutze wie der Papierkorb: Ein gelöschtes Objekt kann in Active Directory innerhalb eines gewissen Zeitraums wiederhergestellt werden. Es befindet sich im Papierkorb der Active Directory-Datenbank, aus dem es wiederhergestellt werden kann. Das Tool reanimiert nur den Tombstone selbst, stellt aber keine weiteren Daten wieder her. Dadurch fehlen die erweiterten Namensfelder, die Adressinformationen und Organisationsdaten, und vor allem die Gruppenmitgliedschaften. Es ist also Handarbeit angesagt, die fehlenden Einträge wiederherzustellen. Die wichtigsten Daten und vor allem die SID sind nach der Wiederherstellung aber wieder verfügbar. Die Wiederherstellung der Objekte durch *AdRestore* erfolgt über die Befehlszeile. Wenn Sie das Tool ohne weitere Optionen aufrufen, zeigt es die gelöschten Objekte an, die es wiederherstellen kann. Mit der Option *–r* stellen Sie Objekte wieder her. Dabei ist die Syntax recht einfach: *adrestore –r <Name oder Teil des Namens>*. Das Objekt befindet sich anschließend wieder auf dem Domänencontroller. Damit das Objekt auch im kompletten Active Directory wieder verfügbar ist, müssen Sie eine Replikation starten.

Abbildg. 11.17 Wiederherstellen gelöschter Objekte über *AdRestore*

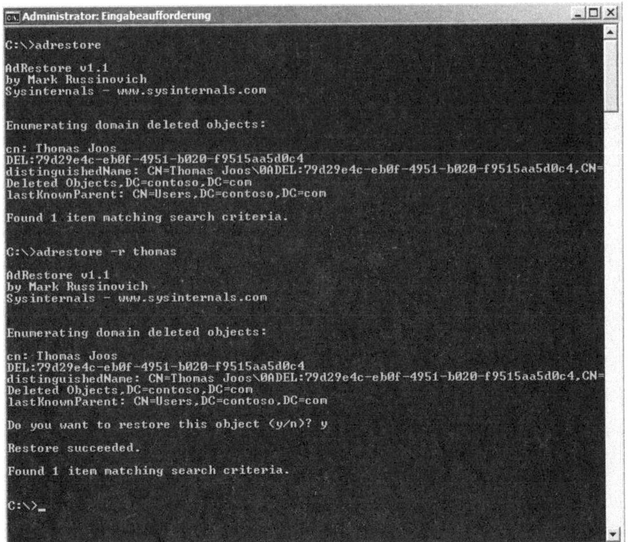

Zusammenfassung

In diesem Kapitel sind wir auf die praktischen Hintergründe der neuen Funktionen von Active Directory in Windows Server 2008 R2 eingegangen. Hier haben Sie erfahren, wie Sie mit verwalteten Dienstkonten das Netzwerk absichern oder mit dem neuen Active Directory-Papierkorb und Zusatztools Objekte wiederherstellen. Im nächsten Kapitel gehen wir auf Erweiterungsmöglichkeiten von Active Directory und auf schreibgeschützte Domänencontroller (RODC) ein.

Kapitel 12

Active Directory erweitern

In diesem Kapitel:

In diesem Kapitel zeigen wir Ihnen, wie Sie eine bestehende Domäne oder Gesamtstruktur mit zusätzlichen Domänencontrollern oder Domänen erweitern können. Auch den Betrieb eines schreibgeschützten Domänencontrollers zeigen wir Ihnen auf den folgenden Seiten. Weiterhin gehen wir auf die Erweiterung von Active Directory mit zusätzlichen Domänen oder Domänenstrukturen ein.

Schreibgeschützter Domänencontroller (RODC)

Haben Sie eine neue Domäne installiert, sollten Sie immer so schnell wie möglich einen zusätzlichen Domänencontroller installieren. Die Installation ist schnell durchgeführt und Sie können damit sichergehen, dass die Daten der Active Directory-Domäne bei Ausfall des ersten Servers nicht verloren gehen können. Wir zeigen Ihnen in diesem Abschnitt, wie zusätzliche Domänencontroller in einer Domäne installiert werden. Dabei muss es sich nicht zwingend um einen schreibgeschützten Domänencontroller handeln, wir gehen aber in diesem Beispiel davon aus. RODCs können von Clients mit Windows Server 2003/2008/2008 R2 und Windows XP/Vista oder Windows 7 verwendet werden. Es sind keine Änderungen an diesen Betriebssystemen notwendig.

HINWEIS Wollen Sie einen schreibgeschützten Domänencontroller (Read-only Domain Controller, RODC) installieren, achten Sie darauf, dass der PDC-Emulator der Domäne auf einem Windows Server 2008-Domänencontroller positioniert sein muss, besser auf einem Server mit Windows Server 2008 R2. Außerdem muss sich die Gesamtstruktur mindestens im Windows Server 2003-Betriebsmodus befinden. Ein RODC empfängt Daten der Domänenpartition nur von Windows Server 2008 und R2-Domänencontrollern. Andere Daten aus Active Directory können auch von Windows Server 2003-Domänencontrollern empfangen werden. Das heißt, in jeder Domäne muss es mindestens einen normalen Windows Server 2008-Domänencontroller geben, der vom RODC zur Replikation erreicht werden kann.

Vorbereitungen für die Integration eines zusätzlichen Domänencontrollers in eine Domäne

Der erste Schritt bei der Integration eines zusätzlichen Domänencontrollers in eine Domäne besteht aus der Installation des Betriebssystems. Achten Sie darauf, dass Sie den Server mit dem gleichen Stand des Betriebssystems installieren, damit Sie eine homogene Umgebung erhalten.

ACHTUNG Exchange Server 2007/2010 unterstützt keine schreibgeschützten Domänencontroller. An jedem Standort, an dem ein Exchange-Server betrieben wird, muss auch ein normaler Domänencontroller positioniert werden, egal ob mit Windows Server 2003/2008 oder Windows Server 2008 R2. Keine Probleme haben dagegen die aktuellen Versionen von ISA Server, Threat Management Gateway, SQL Server, System Center Configuration Manager, Outlook, System Center Operations Manager sowie die Windows SharePoint Services. Auch die Serverrollen in Windows Server 2008 R2 haben keine Schwierigkeiten mit einem RODC.

Computername und primäres DNS-Suffix

Weisen Sie dem zusätzlichen Domänencontroller zunächst einen passenden Namen zu, zum Beispiel *dc03*, und konfigurieren Sie das primäre DNS-Suffix auf dem Server. Gehen Sie bei diesem Schritt so vor, wie bei der Erstellung des ersten Domänencontrollers.

DNS-Erweiterung installieren

Installieren Sie auf dem Rechner nach dem Neustart des Servers, wie beim ersten Server, ebenfalls die DNS-Erweiterung. Wurde der Server als Domänencontroller in Active Directory mit aufgenommen, steht er ebenfalls als DNS-Server für die Mitgliedsserver und Arbeitsstationen zur Verfügung.

Abbildg. 12.1 Ablauf bei der Authentifizierung über einen schreibgeschützten Domänencontroller (RODC)

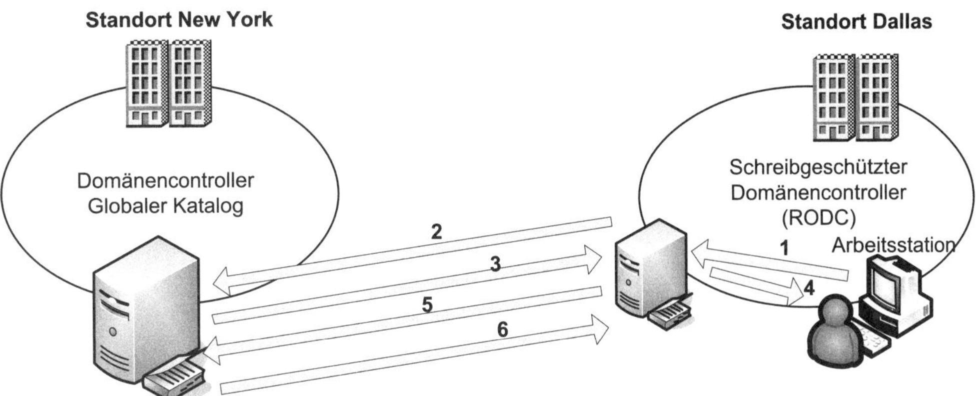

1. Die Arbeitsstation in der Niederlassung will sich an der Domäne anmelden Am Standort gibt es einen RODC Die Station stellt einen TGT (Ticket Granting Ticket)-Antrag an den Domänencontroller.

2. Der RODC hat das Kennwort des Anwenders noch nicht zwischengespeichert und gibt die TGT-Anfrage an einen Windows Server 2008-Domänencontroller weiter.

3. Der Domänencontroller authentifiziert den Anwender, stellt ein Ticket Granting Ticket (TGT) aus und weist dieses dem RODC zu.

4. Der RODC teilt dem Anwender das Ergebnis mit und sendet das TGT an die Arbeitsstation weiter.

5. Nachdem das TGT an den Anwender ausgestellt wurde, fragt der RODC beim schreibenden Domänencontroller nach, ob das Kennwort für zukünftige Authentifizierungen auf dem RODC zwischengespeichert werden darf. Der Domänencontroller überprüft die Replikationsrichtlinie für Kennwörter, ob das Kennwort repliziert werden darf.

6. Entspricht die Replikation den Richtlinien, darf das Kennwort auf dem RODC zwischengespeichert werden und der RODC speichert das Kennwort für zukünftige Zwecke

Konfigurieren der IP-Einstellungen

Weisen Sie dem zusätzlichen Domänencontroller zunächst den ersten Domänencontroller, den Sie installiert haben, als bevorzugten DNS-Server zu. Später kann diese Einstellung noch abgeändert werden, aber für das Beitreten der Domäne muss der Server einen DNS-Server in der Domäne erreichen können.

Integration eines neuen Domänencontrollers

Rufen Sie im Anschluss über *dcpromo* den Installations-Assistenten von Active Directory auf dem neuen Domänencontroller auf. Aktivieren Sie auch in diesem Fall wieder die erweiterte Konfiguration. Im ersten Dialogfeld wählen Sie die Option *Vorhandene Gesamtstruktur* und dann *Domänencontroller vorhandener Domäne hinzufügen*.

Abbildg. 12.2 Hinzufügen eines Domänencontrollers zu einer bestehenden Domäne

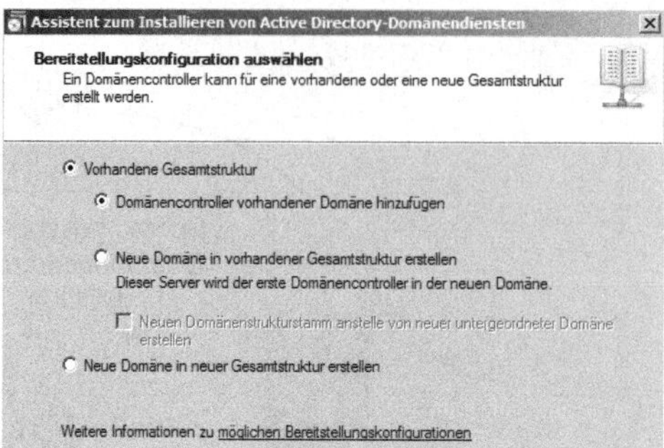

Auf der nächsten Seite des Assistenten ist automatisch die Option *Alternative Anmeldeinformationen* aktiviert. Über die Schaltfläche *Festlegen* müssen Sie das Konto eines Administrators bestimmen, der über die Rechte verfügt, Domänencontroller zu einer Domäne hinzuzufügen. Außerdem müssen Sie auf dieser Seite den DNS-Namen der Domäne angeben, der Sie einen Domänencontroller hinzufügen wollen. Sie können zwar auch mit dem NetBIOS-Namen der Domäne arbeiten, aber die Auflösung per DNS geht schneller und ist zuverlässiger. Wichtig ist an dieser Stelle, dass Sie sich an der Gesamtstruktur authentifizieren, und nicht, dass Sie dieser hier angegebenen Domäne einen zusätzlichen Domänencontroller hinzufügen. Damit Sie sicherstellen, dass die Authentifizierung und die Verbindung auch zur Domäne passen, der Sie einen Domänencontroller hinzufügen wollen, ist hier die Angabe dieser Domäne der beste Weg.

Abbildg. 12.3 Festlegen der Domäne, zu der Sie einen zusätzlichen Domänencontroller hinzufügen wollen

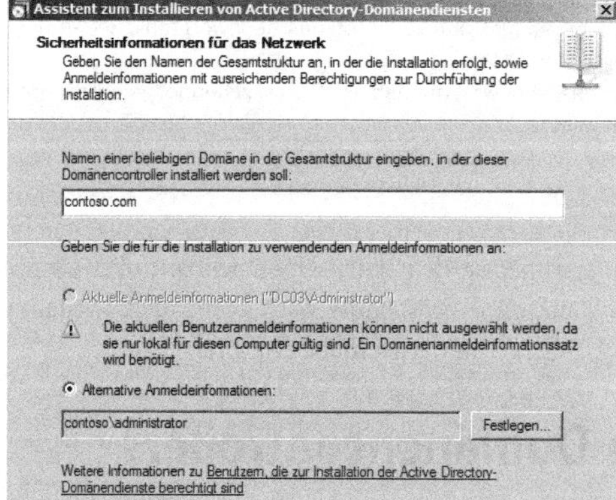

Im nächsten Fenster wählen Sie schließlich die Domäne in der verbundenen Gesamtstruktur aus, der Sie einen zusätzlichen Domänencontroller hinzufügen wollen. Als Nächstes wählen Sie den physischen Standort des Domänencontrollers aus. Diese Möglichkeit ist neu seit Windows Server 2008. Bei Windows Server 2003 wurde die Zuweisung nur automatisiert durchgeführt, eine manuelle Zuweisung während der Heraufstufung war nicht möglich.

Active Directory bietet die Möglichkeit, eine Gesamtstruktur in mehrere Standorte zu unterteilen, die durch verschiedene IP-Subnetze voneinander getrennt sind. Durch diese physische Trennung der Standorte ist es nicht notwendig, für jede Niederlassung eine eigene Domäne zu erstellen. An jedem Standort müssen zwar weiterhin Domänencontroller installiert werden, allerdings kann die Domäne von einem zentralen Standort aus verwaltet werden, von dem die Änderungen auf die einzelnen Standorte repliziert werden können. Die Replikation zwischen verschiedenen Standorten in Active Directory läuft weitgehend automatisiert ab. Damit die Replikation aber stattfinden kann, müssen Sie zunächst die notwendige Routingtopologie erstellen. Bei der Erstellung der Routingtopologie fallen hauptsächlich folgende Aufgaben an:

- Erstellen von Standorten in der Active Directory-Verwaltung
- Erstellen von IP-Subnetzen und Zuweisen an die Standorte
- Erstellen von Standortverknüpfungen für die Active Directory-Replikation
- Konfiguration von Zeitplänen und Kosten für die optimale Standortreplikation

Damit Sie die standortübergreifende Replikation von Active Directory verwenden können, sollten Sie in jedem Standort, an dem später ein Domänencontroller angeschlossen wird, ein unabhängiges IP-Subnetz verwenden. Dieses IP-Subnetz wird in der Active Directory-Verwaltung hinterlegt und dient fortan zur Unterscheidung der Standorte in Active Directory. Das wichtigste Verwaltungswerkzeug, um Standorte in Active Directory zu verwalten, ist das Snap-In *Active Directory-Standorte und -Dienste*, das auch über den Server-Manager zur Verfügung gestellt wird.

Auf der nächsten Seite des Assistenten legen Sie fest, ob der neue Domänencontroller zum globalen Katalog konfiguriert werden soll. Außerdem können Sie an dieser Stelle festlegen, dass der Domänencontroller nur als schreibgeschützter Domänencontroller (RODC) verwendet wird, also dieser Server keine Änderungen entgegennimmt, außer als Replikation von seinem übergeordneten Domänencontroller.

Abbildg. 12.4 Konfiguration des zusätzlichen Domänencontrollers als schreibgeschütztem Domänencontroller (RODC)

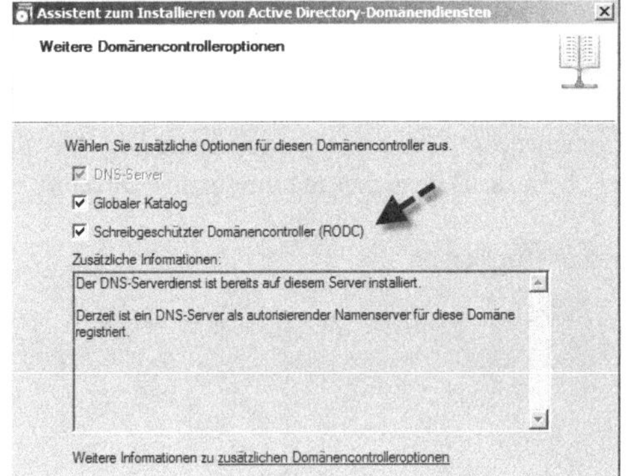

Auf der nächsten Seite wählen Sie die Benutzergruppen oder direkt die Benutzer aus, deren Kennwörter auf den RODC repliziert werden dürfen. Wird für eine Gruppe die Replikation des Kennworts verweigert, steht den Mitgliedern dieser Gruppe der RODC nicht als Anmeldeserver zur Verfügung, da er die Kennwörter nicht verifizieren kann. Durch diese Konfiguration können Sie recht leicht festlegen, welche Benutzer sich an diesem Domänencontroller anmelden dürfen und welche nicht. Diese Richtlinien spielen für die Authentifizierung von Benutzern an einem Domänencontroller eine wichtige Rolle. Authentifiziert sich ein Benutzer an einem RODC, kontaktiert dieser einen normalen Domänencontroller, um die Anmeldeinformationen zu kopieren. Der Domänencontroller erkennt, dass die Anforderung von einem RODC kommt und überprüft auf Basis der Richtlinien für die Kennwortreplikation, ob diese Daten zu dem jeweiligen RODC übertragen werden dürfen. Wird die Replikation durch die Richtlinie gestattet, werden die Anmeldeinformationen vom Domänencontroller zum RODC übertragen und dort zwischengespeichert, sodass weitere Anmeldungen deutlich schneller ablaufen.

Abbildg. 12.5 Festlegen der Benutzerkonten und Gruppen, deren Kennwörter auf den RODC repliziert werden sollen

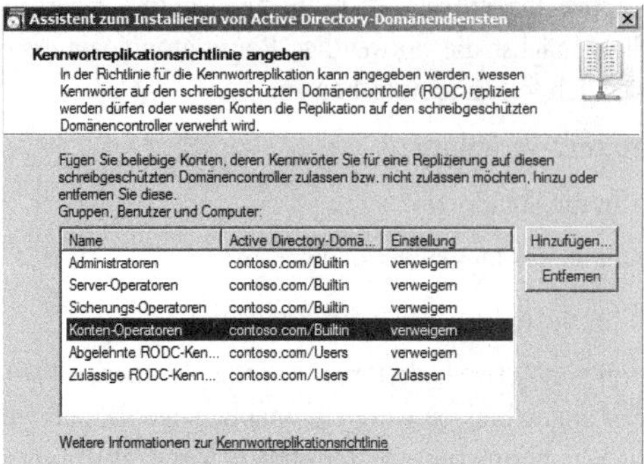

In der OU *Users* gibt es bereits die standardmäßigen Benutzergruppen *Zulässige RODC-Kennwortreplikationsgruppe* und *Abgelehnte RODC-Kennwortreplikationsgruppe*. Benutzerkonten, die Sie diesen Benutzergruppen zuordnen, können sich an diesem Domänencontroller anmelden, da die Kennwörter repliziert wurden (*Zulässige RODC-Kennwortreplikationsgruppe*), oder Sie können sich nicht anmelden, da die Kennwörter nicht zur Verfügung stehen (*Abgelehnte RODC-Kennwortreplikationsgruppe*). Sie können die Einstellungen, die Sie in diesem Dialogfeld vornehmen, jederzeit über die Eigenschaften des Computerkontos im Server-Manager wieder anpassen, nachdem der Server zum Domänencontroller heraufgestuft worden ist.

Auf der nächsten Seite des Assistenten geben Sie eine Benutzergruppe an, welche die Berechtigung zur Verwaltung des Domänencontrollers erhält. Mitglieder der angegebenen Gruppe dürfen den Server verwalten beziehungsweise Änderungen auf dem Server vornehmen. Die Gruppe oder der Benutzer, die bzw. den Sie hier angeben, erhalten lokale Administratorberechtigungen auf dem Controller, aber keinerlei Rechte in der Active Directory-Domäne.

Im nächsten Dialogfeld legen Sie fest, ob der Domänencontroller die Daten von Active Directory über das Netzwerk oder die WAN-Leitung erhalten soll, oder ob Sie die Datensicherung Ihres Active Directory verwenden.

Abbildg. 12.6 Festlegen des Quellmediums für die Active Directory-Replikation

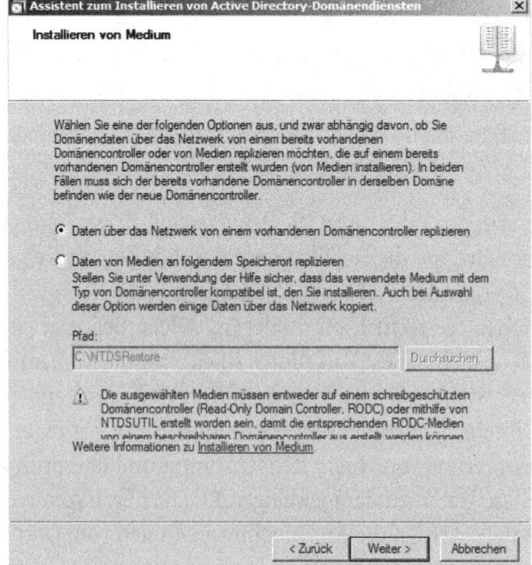

Diese Option ist vor allem sinnvoll, wenn Sie einen neuen Domänencontroller für eine kleine Niederlassung installieren. Ist diese Niederlassung nur über eine schmalbandige WAN-Leitung angebunden, kann die Replikation der Active Directory-Daten sehr lange dauern und vor allem die Leitung blockieren. Sie können an dieser Stelle auch auf einem Domänencontroller in der Zentrale eine Datensicherung des Servers vornehmen, diese auf CD/DVD brennen, mit der Post verschicken und diese anschließend auf dem Server einlesen.

Auf der nächsten Seite des Assistenten wählen Sie aus, von welchem Domänencontroller Sie die Replikation zum neuen Domänencontroller für die Installation ausführen wollen. Alle weiteren Fenster sind identisch mit der Installation des ersten Domänencontrollers. Im Anschluss beginnt der Assistent mit der Installation von Active Directory auf dem Domänencontroller und repliziert die Daten auf den lokalen Domänencontroller. Hat der Assistent seine Arbeit beendet, können Sie den Server neu starten und sich in der Domäne anmelden. Die Installation des zusätzlichen Domänencontrollers ist damit abgeschlossen. Das Konto des neuen Domänencontrollers wird im Server-Manager angezeigt, auch dessen Typ.

Abbildg. 12.7 Verwalten der Computerkonten der Domänencontroller in der Verwaltungskonsole für Active Directory

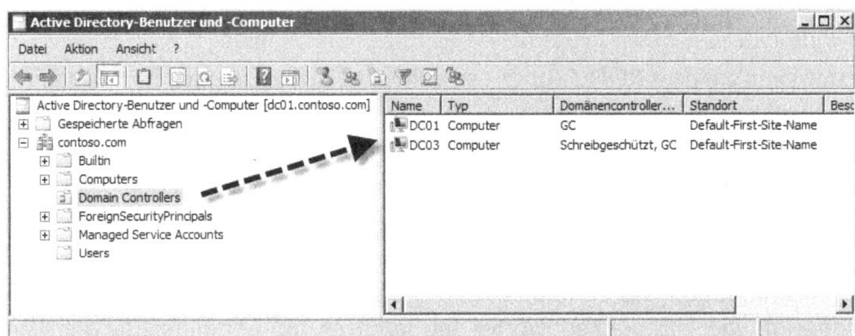

ACHTUNG **Einschränkungen für schreibgeschützte Domänencontroller (RODC)**

Beim Einsatz von RODCs müssen einige Einschränkungen beachtet werden:

- An jedem Active Directory-Standort wird pro Windows-Domäne nur ein einzelner schreibgeschützter Domänencontroller (RODC) unterstützt.
- Zwischen RODCs kann keine Replikation durchgeführt werden.
- Wird am Active Directory-Standort ein Exchange-Server betrieben, muss an diesem Standort auch ein normaler Domänencontroller positioniert werden. Die Exchange Server 2003/2007/2010-Versionen unterstützen keine RODCs für den Zugriff auf den globalen Katalog.
- Fällt die WAN-Verbindung zwischen RODC und einem normalen Domänencontroller aus, können am Standort mit dem RODC keine Kennwortänderungen der Anwender durchgeführt werden. Auch Computerkonten lassen sich nicht anlegen. Außerdem wird die Anmeldung aller Konten, deren Kennwort nicht auf den RODC repliziert ist, abgelehnt.
- Werden an einem Standort mit einem RODC neue Computerkonten aufgenommen, werden die dazu notwendigen RID (Relative Identifier, relativer Bezeichner) von einem schreibgeschützten Domänencontroller bezogen. Ein RODC verfügt über keinen RID-Pool.

Damit sich Benutzer aus der Domäne an einem RODC authentifizieren können, müssen diese zwingend in der Gruppe *Zulässige RODC-Kennwortreplikationsgruppe* sein, ansonsten wird die Anmeldung verweigert. In den Eigenschaften des Computerkontos des schreibgeschützten Domänencontrollers auf der Registerkarte *Kennwortreplikationsrichtlinie* werden nach einem Klick auf die Schaltfläche *Erweitert* alle auf dem RODC zwischengespeicherten Kennwörter und Benutzer angezeigt.

Delegierung der RODC-Installation

Da es sich bei RODCs meist um Server in Niederlassungen handelt, besteht auch die Möglichkeit, die Installation des Servers zu delegieren. Dazu wird vorher ein neues Computerkonto für den RODC in der Domäne erstellt und der Administrator vor Ort darf den Server dann installieren und zum RODC der Domäne heraufstufen. Gehen Sie dazu folgendermaßen vor:

1. Öffnen Sie das Snap-In *Active Directory-Benutzer und -Computer.*
2. Klicken Sie in der OU *Domain Controllers* für die Domäne, in der Sie den RODC installieren wollen, mit der rechten Maustaste.
3. Wählen Sie im Kontextmenü den Eintrag *Konto für schreibgeschützten Domänencontroller vorbereiten.*
4. Anschließend startet der Assistent.
5. Geben Sie den Namen des RODCs ein. Der Administrator vor Ort muss anschließend den Server exakt so benennen.
6. Anschließend können alle Optionen genauso vorgegeben werden, wie bei der normalen Installation eines RODC.
7. Der Administrator kann auf dem RODC vor Ort anschließend den Assistenten über *dcpromo /UseExisting-Account:Attach* aufrufen.

HINWEIS Wird ein schreibgeschützter Domänencontroller gestohlen, enthält dieser ausschließlich nur die Daten der Benutzerkonten, die zur Replikation auf den Server explizit ausgewählt sind. Alle anderen Daten von Active Directory sind auf dem Server nicht verfügbar und können daher auch nicht ausgelesen werden. Entfernt ein Administrator das Computerkonto des gestohlenen Domänencontrollers, erhält er ein Auswahlfenster angezeigt, über das die Kennwörter der Benutzer und Computer, die auf den RODC repliziert sind, zurückgesetzt werden können. Selbst wenn es einem Dieb gelingen sollte, die Daten vom RODC auszulesen, sind diese wertlos, weil sie zurückgesetzt wurden. Bei diesem Vorgang löscht Active Directory nicht die Benutzer- und Computerkonten selbst, sondern ausschließlich die Kennwörter. Diese Daten lassen sich außerdem nicht nur zurücksetzen, sondern über den Assistenten besteht zusätzlich die Möglichkeit, Konten zu exportieren.

Abbildg. 12.8 Beim Löschen des Computerkontos eines schreibgeschützten Domänencontrollers können die Kennwörter der zwischengespeicherten Benutzerkonten zurückgesetzt werden

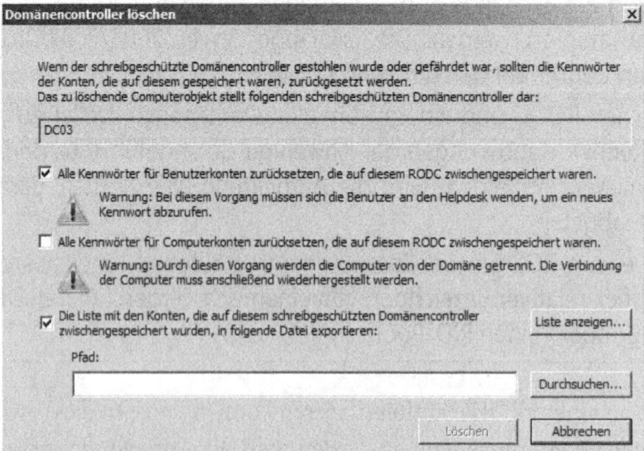

Notwendige Nacharbeiten nach der Integration eines zusätzlichen Domänencontrollers

Haben Sie den Domänencontroller in die Domäne aufgenommen, sollten Sie zunächst noch einige Nacharbeiten durchführen, um den Domänencontroller optimal einzubinden. Zunächst sollten Sie auf dem neuen Domänencontroller das Snap-In zur DNS-Verwaltung starten. Überprüfen Sie, ob die Daten der DNS-Zonen auf den Domänencontroller repliziert wurden. Ist sichergestellt, dass die DNS-Daten repliziert wurden, ist die DNS-Funktionalität auf dem zusätzlichen Domänencontroller vorhanden. Die Replikation kann allerdings durchaus einige Minuten dauern.

Abbildg. 12.9 Überprüfen der DNS-Replikation auf den neuen Domänencontroller

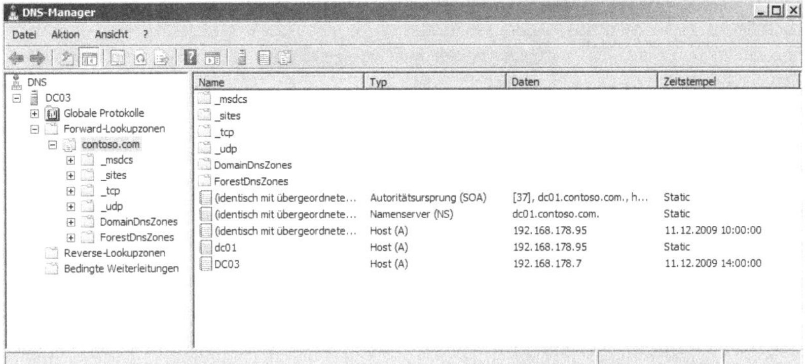

Optimierung der IP-Einstellungen auf den Domänencontrollern

Im nächsten Schritt sollten Sie die IP-Einstellungen auf den Domänencontrollern optimieren. Tragen Sie in den IP-Einstellungen jeweils den anderen Domänencontroller als bevorzugten Server, und als alternativen Domänencontroller den Controller selbst ein, zumindest dann, wenn sich beide am selben Standort befinden. Durch diese Konfiguration ist sichergestellt, dass die beiden Domänencontroller über Kreuz die Namen auflösen können. Wird ein Domänencontroller neu gestartet, besteht die Möglichkeit, dass der DNS-Dienst vor Active Directory beendet wird und das Herunterfahren unnötig lange dauert. In diesem Fall werden darüber hinaus noch Fehlermeldungen in der Ereignisanzeige protokolliert. Aus Gründen der Ausfallsicherheit ist es daher immer am besten, wenn ein Domänencontroller jeweils einen anderen Domänencontroller als bevorzugten DNS-Server verwendet, und nur wenn dieser bevorzugte Server nicht zur Verfügung steht, seine eigenen Daten verwendet. Haben Sie diese Einstellungen vorgenommen, können Sie mit *nslookup* in der Befehlszeile überprüfen, ob die Namensauflösung auf den Domänencontrollern noch fehlerfrei funktioniert. Öffnen Sie dazu eine Befehlszeile und geben Sie *nslookup* ein. Geben Sie danach einmal die Bezeichnung des ersten und dann die des zweiten Domänencontrollers ein, also in diesem Beispiel *dc01.contoso.com* und *dc03.contoso.com.* Auf dem anderen Domänencontroller sollten Sie diese Aufgaben ebenfalls durchführen. Es sollte kein Fehler angezeigt werden, damit sichergestellt ist, dass die Namensauflösung funktioniert.

Replikation der beiden Domänencontroller überprüfen

Nach einigen Minuten sollten Sie die Replikation der beiden Domänencontroller überprüfen. Starten Sie dazu das Snap-In *Active Directory-Standorte und -Dienste.* Navigieren Sie zum Knoten des Namens des Standortes und öffnen Sie den Knoten *Servers.* An dieser Stelle sollten beide Domänencontroller angezeigt werden. Klicken Sie bei den Servern auf das Pluszeichen, sehen Sie darunter einen weiteren Eintrag mit der Bezeichnung *NTDS*

Settings. Klicken Sie auf diesen, wird auf der rechten Seite jeder Replikationspartner des Domänencontrollers angezeigt. Klicken Sie auf diese automatisch erstellten Verbindungen mit der rechten Maustaste, können Sie im Kontextmenü den Eintrag *Jetzt replizieren* auswählen. Im Anschluss daran erscheint ein Fenster, das Sie über die erfolgreiche Replikation informiert.

HINWEIS Normale Domänencontroller richten Replikationsverbindungen nur zu anderen normalen Domänencontrollern ein. Schreibgeschützte Domänencontroller sind mit einer einseitigen Replikationsverbindung konfiguriert.

Abbildg. 12.10 Überprüfen der Replikationsverbindung von neuen Domänencontrollern

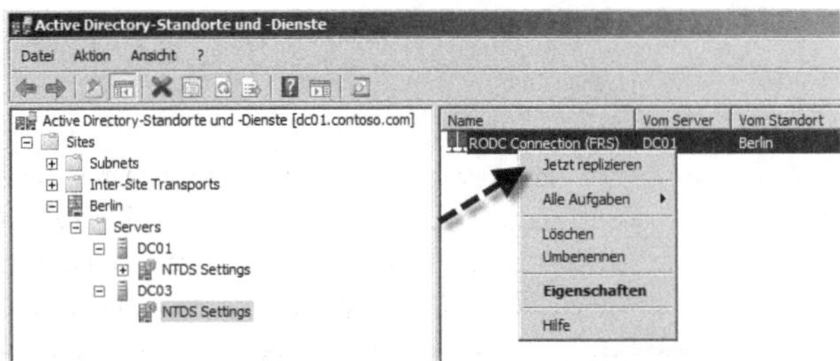

Führen Sie diese Replikation für beide Domänencontroller durch, damit sichergestellt ist, dass die Active Directory-Replikation zwischen den beiden Domänencontrollern funktioniert. Damit ist die Erstellung des zusätzlichen Domänencontrollers abgeschlossen und Sie haben alle notwendigen Maßnahmen zur Überprüfung durchgeführt.

Neue untergeordnete Domäne erstellen

Eine sehr häufige Aufgabe ist in einer Active Directory-Gesamtstruktur die Erstellung einer untergeordneten Domäne. Wenn Sie eine Active Directory-Gesamtstruktur durch die Erstellung der ersten Domäne, also dem Heraufstufen des ersten Domänencontrollers, definieren, ist diese Domäne die Rootdomäne der Gesamtstruktur. Viele Unternehmen binden an diese Domäne weitere Domänen, die als untergeordnete Domänen bezeichnet werden. Ein Beispiel hierfür ist die Domäne *contoso.com* als erste Domäne in einer Active Directory-Gesamtstruktur. Sie können an diese Domäne beliebig weitere untergeordnete Domänen anbinden, zum Beispiel die Domäne *de.contoso.com*. Die beiden Domänen agieren vollkommen unabhängig voneinander, teilen sich aber den gleichen Namensraum. Bei der Erstellung der Domäne wird automatisch eine Vertrauensstellung zwischen *contoso.com* und *de.contoso.com* eingerichtet. Auf diese Weise werden in vielen Gesamtstrukturen Niederlassungen angebunden, die eine eigene IT-Abteilung haben. In der Zentrale des Unternehmens wird eine Rootdomäne (oft auch als Stammdomäne bezeichnet) erstellt, und die einzelnen Niederlassungen werden als untergeordnete Domänen angebunden. Auch wenn die Rootdomäne nicht erreichbar ist, können alle Anwender in den untergeordneten Domänen problemlos weiterarbeiten. Eine dauerhafte Verbindung ist nicht zwingend notwendig.

DNS-Infrastruktur an untergeordnete Domänen anpassen

Bei der Erstellung von untergeordneten Domänen werden durch die enge Verzahnung von Active Directory und DNS auch die Anforderungen an die DNS-Infrastruktur komplizierter. Bevor Sie eine neue untergeordnete Domäne erstellen können, müssen Sie zunächst die passende DNS-Infrastruktur dafür erstellen. Wenn Sie untergeordnete Domänen anlegen, haben Sie für die Namensauflösung grundsätzlich zwei Möglichkeiten:

1. Die DNS-Server der Rootdomäne verwalten auch die DNS-Domänen der untergeordneten Domänen.
2. Die untergeordneten Domänen verwalten jeweils ihre eigene DNS-Domäne.

Erstellen Sie eine neue untergeordnete Domäne, sollten Sie zunächst genau planen, wie die DNS-Infrastruktur dafür erstellt wird. Wenn die DNS-Server der Rootdomäne auch für die Namensauflösung in der untergeordneten Domäne zuständig sind, sollten Sie die Replikationseinstellungen für die Zone so ändern, dass sie auf alle DNS-Server und Domänencontroller repliziert wird. Da untergeordnete Domänen oft auch physisch durch eine WAN-Leitung von der Rootdomäne getrennt sind, besteht die Notwendigkeit die DNS-Daten der untergeordneten Domäne in die Niederlassung zu replizieren. In diesem Fall müssen jedoch ganz genaue Berechtigungskonzepte erstellt werden, da ansonsten Administratoren der untergeordneten Domäne Änderungen an der DNS-Infrastruktur der übergeordneten Domäne durchführen können. In vielen Unternehmen wird dieses Sicherheitsproblem dadurch gelöst, dass die untergeordnete Domäne als eigenständige Zone ausschließlich von den Administratoren der untergeordneten Domäne verwaltet wird. Dadurch ist sichergestellt, dass jede Domäne ihre eigene DNS-Zone verwaltet, damit die Administratoren der einzelnen untergeordneten Domänen sich nicht gegenseitig beeinträchtigen können. Wir zeigen Ihnen im Anschluss die Erstellung beider Varianten. Anhand dieser Fakten können Sie dann selbst entscheiden, welche Möglichkeiten Sie für die einzelnen untergeordneten Domänen einsetzen.

DNS-Domäne für eine neue untergeordnete Domäne erstellen

Die erste Möglichkeit der Namensauflösung ist die Erstellung einer neuen DNS-Domäne unterhalb der Rootdomäne auf den Rootdomänencontrollern. Diese Domäne befindet sich auf dem DNS-Server in der gleichen Zone wie die DNS-Domäne der Rootdomäne. Um eine neue Domäne unterhalb einer DNS-Domäne zu erstellen, müssen Sie zunächst das Snap-In zur DNS-Verwaltung starten. Klicken Sie dann mit der rechten Maustaste auf die Zone, unter der Sie die neue DNS-Domäne erstellen wollen. Wählen Sie im Kontextmenü den Eintrag *Neue Domäne* aus. Im nächsten Fenster müssen Sie die Bezeichnung der neuen Domäne eingeben.

Da die neue Domäne unterhalb einer bereits existierenden DNS-Domäne angelegt wird, müssen Sie nur die Bezeichnung der Domäne ohne die Endung der Rootdomäne angeben. In diesem Beispiel lautet die Bezeichnung *de* unterhalb der Zone *contoso.com*. Nachdem Sie die Erstellung bestätigt haben, wird die neue Domäne unterhalb der Zone angezeigt. Sie müssen keinerlei zusätzliche Angaben machen, da die Einstellungen für die Replikation der dynamischen Updates und Berechtigungen durch die übergeordnete Zone an die untergeordnete Domäne weitergegeben werden. Damit Sie auf dem Domänencontroller der untergeordneten Domäne Active Directory installieren können, müssen Sie in den IP-Einstellungen des neuen Domänencontrollers einen DNS-Server der übergeordneten Domäne als bevorzugt eintragen. Zum Erstellen einer untergeordneten Domäne ist eine Kontaktaufnahme zu der übergeordneten Domäne notwendig. Dieser Kontakt wird über DNS hergestellt und kann nur zustande kommen, wenn der neue Domänencontroller eine Verbindung aufbauen kann und die Namen der Domänencontroller der Rootdomäne kennt.

Abbildg. 12.11 Erstellen einer neuen untergeordneten Domäne

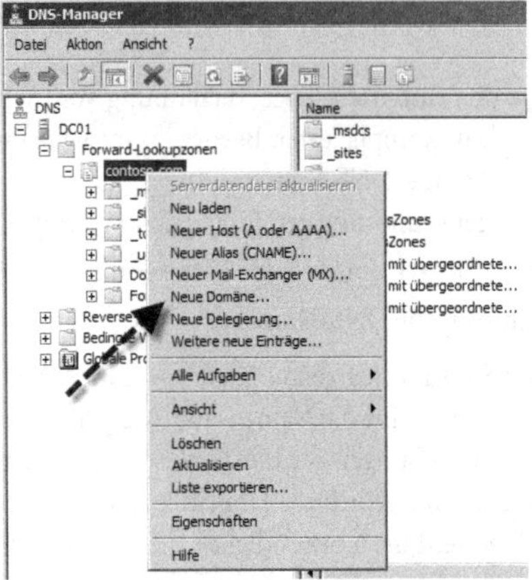

Nach der Heraufstufung des neuen Domänencontrollers der untergeordneten Domäne sollten Sie auf diesem zunächst die DNS-Erweiterung installieren, damit er die DNS-Daten seiner Zone empfangen kann. Zusätzlich müssen Sie in den Eigenschaften der DNS-Zone die Replikation so anpassen, dass die DNS-Daten nicht nur auf die DNS-Server der gleichen Domäne repliziert werden, sondern auf alle DNS-Server der Gesamtstruktur. Da die DNS-Server der neuen untergeordneten Domäne nicht zur gleichen Domäne gehören, ist diese Maßnahme notwendig. Nachdem die DNS-Daten auf den untergeordneten Domänencontrollern angezeigt werden, können Sie in den IP-Einstellungen der Server die DNS-Server der untergeordneten Domäne als bevorzugte und die der übergeordneten Domäne als alternative DNS-Server konfigurieren. Dadurch ist sichergestellt, dass die Namensauflösung funktioniert, selbst wenn unter Umständen die DNS-Server der untergeordneten Domäne nicht zur Verfügung stehen. Da diese Aufgabe erst durchgeführt werden kann, wenn Active Directory auf den neuen Domänencontrollern installiert wurde, müssen Sie zunächst die Heraufstufung der untergeordneten Domänencontroller vornehmen.

DNS-Zonen delegieren

Die zweite Variante der Namensauflösung einer neuen untergeordneten Domäne ist die sogenannte *Delegierung*. Installieren Sie zunächst auf dem neuen Domänencontroller die DNS-Erweiterung. Nachdem die DNS-Erweiterung installiert wurde, erstellen Sie auf dem neuen DNS-Server eine neue Zone. Die neue Zone erhält dieselbe Bezeichnung wie die neue untergeordnete Domäne. In diesem Beispiel wird der Domänencontroller *dc-berlin* der erste Domänencontroller der untergeordneten Domäne *de.contoso.com* unterhalb der Domäne *contoso.com*. Gehen Sie dazu folgendermaßen vor:

1. Legen Sie zunächst den Computernamen fest. Auch das primäre DNS-Suffix des neuen Domänencontrollers kann an dieser Stelle bereits angegeben werden. Der Computername ist in diesem Beispiel *dc-berlin*, das primäre DNS-Suffix *de.contoso.com*.
2. Konfigurieren Sie in den IP-Einstellungen des Domänencontrollers dessen eigene IP-Adresse als bevorzugten DNS-Server.
3. Erstellen Sie in der DNS-Verwaltung eine neue Zone mit der Bezeichnung der neuen untergeordneten Domäne, in diesem Beispiel *de.contoso.com*. An dieser Stelle spielt die bereits vorhandene DNS-Domäne der Rootdomäne noch keinerlei Rolle. Achten Sie auf die dynamischen Updates der Zone.

Abbildg. 12.12 Erstellen einer neuen DNS-Zone für eine neue untergeordnete Domäne

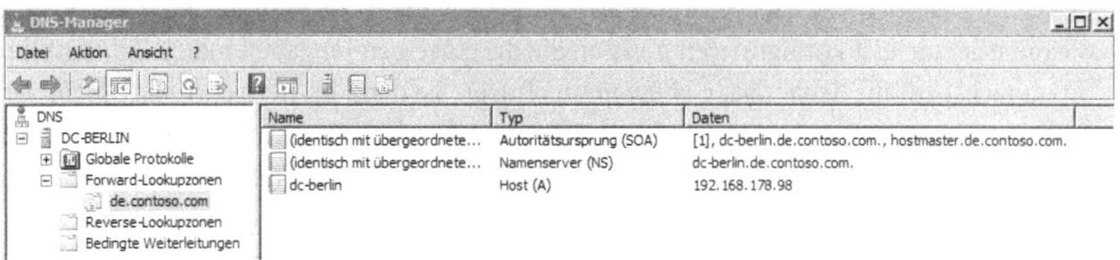

4. Im nächsten Schritt müssen Sie dafür sorgen, dass sich beide DNS-Server gegenseitig auflösen können. Es muss in der untergeordneten Domäne möglich sein, Servernamen der übergeordneten Domäne aufzulösen, und in der übergeordneten Domäne muss es möglich sein, Servernamen der untergeordneten Domäne per DNS aufzulösen. Dazu wird die DNS-Zone der Rootdomäne so konfiguriert, dass alle Abfragen an die untergeordnete Domäne an deren Domänencontroller weitergeleitet werden. Die DNS-Server der übergeordneten Domäne kümmern sich fortan nicht mehr um die Verwaltung der untergeordneten Domäne, sondern haben diese Aufgabe an die Domänencontroller der untergeordneten Domäne delegiert. Für diesen Vorgang müssen Sie die Delegierung zunächst auf den DNS-Servern der übergeordneten Domäne einrichten. Klicken Sie dazu mit der rechten Maustaste auf die DNS-Zone der übergeordneten Domäne und wählen Sie im Kontextmenü den Eintrag *Neue Delegierung* aus.

Abbildg. 12.13 Erstellen einer neuen Delegierung innerhalb der übergeordneten Domäne

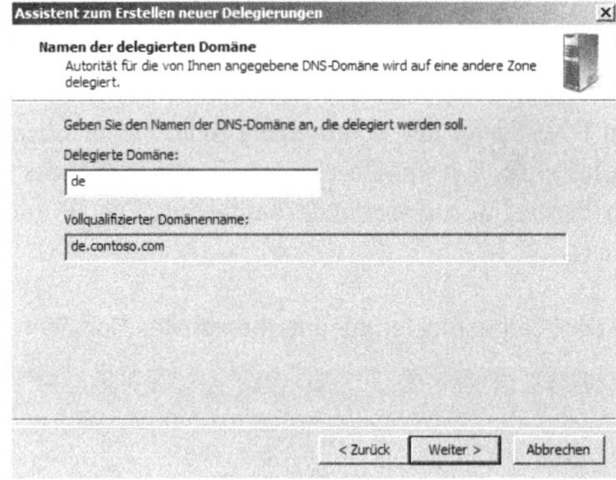

5. Es erscheint das Startfenster des Delegierungs-Assistenten. Im nächsten Fenster tragen Sie den Namen der neuen delegierten Domäne ein. Auch hier müssen Sie nur den Namen der untergeordneten Domäne eintragen, in diesem Beispiel *de*. Der Assistent vervollständigt automatisch den Namen zum FQDN. Dieser Vorgang ist vollkommen unabhängig von der Erstellung der neuen Zone in der untergeordneten Domäne. Die Namensauflösung von der übergeordneten Domäne zu Servern der untergeordneten Domäne funktioniert allerdings erst dann, wenn die Zone in der untergeordneten Domäne erstellt und die Delegierung in der übergeordneten Domäne eingerichtet wurde. Wenn ein Client oder ein Server einen DNS-Server der übergeordneten Domäne als bevorzugten DNS-Server eingetragen hat und einen Namen der untergeordneten Domäne auflösen will (zum Beispiel ein zweiter Domänencontroller für die Active Directory-Replikation), kann nach der erfolgreichen Einrichtung der Delegierung der übergeordnete DNS-Server die Anfrage an den untergeordneten DNS-Server weiterleiten, der die Antwort an den übergeordneten DNS-Server weitergibt. Dieser DNS-Server gibt die entsprechende Antwort an den Client zurück.

6. Auf der nächsten Seite des Assistenten müssen Sie den Namensserver angeben, der für die Auflösung der delegierten Domäne zuständig ist. Da an dieser Stelle die Namensauflösung noch nicht funktioniert, weil Sie diese gerade erst konfigurieren, müssen Sie die einzelnen Eingaben manuell durchführen. Dazu klicken Sie zunächst auf die Schaltfläche *Hinzufügen*. Tragen Sie dann im Bereich *Vollqualifizierter Serverdomänenname* den Namen des Servers ein. Die Auflösung oder das Durchsuchen der Zone funktioniert an dieser Stelle noch nicht. Geben Sie danach im Bereich *IP-Adresse* die IP-Adresse des oben eingetragenen DNS-Servers der untergeordneten Domäne ein und klicken Sie auf *OK*. Nach dieser Aktion wird dieser DNS-Server als Namensserver für die Delegierung verwendet. Sie können später noch Änderungen vornehmen oder weitere Server hinzufügen, wenn zum Beispiel in der untergeordneten Domäne ein weiterer Domänencontroller hinzugefügt wird. Durch das Eintragen von zwei Servern in der delegierten Domäne erhalten Sie eine Ausfallsicherheit bei der Namensauflösung von der übergeordneten zur untergeordneten Domäne.

Abbildg. 12.14 Eintragen eines DNS-Servers, an den die Auflösung einer Domäne delegiert wird

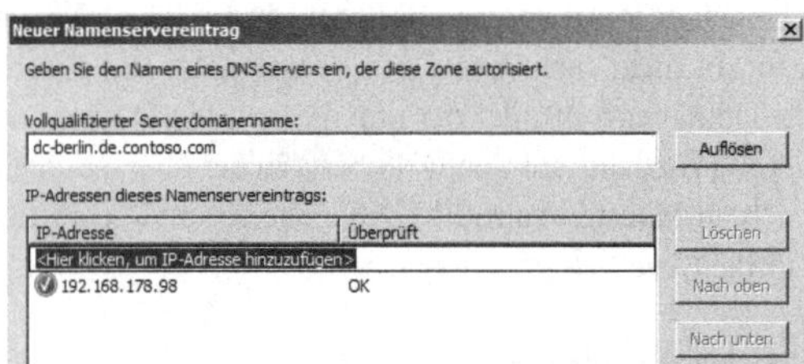

7. Im Anschluss daran wird die delegierte Domäne abgeblendet in der DNS-Domäne angezeigt.

8. Überprüfen Sie jetzt mit *nslookup*, ob die Auflösung fehlerfrei funktioniert. Öffnen Sie dazu die Eingabeaufforderung und geben Sie auf dem DNS-Server der Rootdomäne (oder einem Client, der diesen als bevorzugten DNS-Server konfiguriert hat) *nslookup* ein. Überprüfen Sie den FQDN des DNS-Servers der untergeordneten Domäne, in diesem Beispiel also *dc-berlin.de.contoso.com*. Die IP-Adresse des Servers muss fehlerfrei zurückgegeben werden.

Abbildg. 12.15 Überprüfen der Namensauflösung von der übergeordneten zur untergeordneten Domäne

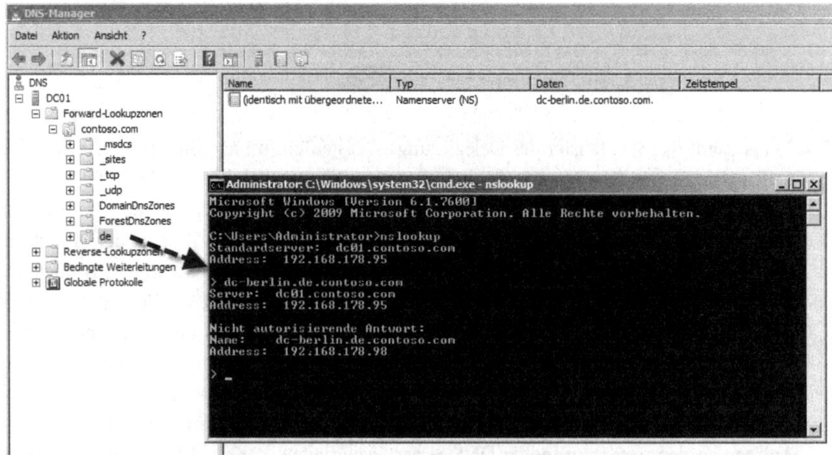

An dieser Stelle ist die Namensauflösung von der übergeordneten zur untergeordneten Domäne hergestellt. Sie müssen noch die Namensauflösung von der untergeordneten zur übergeordneten Domäne herstellen. Die beste Variante hierzu ist die bereits besprochene Weiterleitung:

1. Klicken Sie mit der rechten Maustaste im Snap-In der DNS-Verwaltung auf *Bedingte Weiterleitungen.*
2. Wählen Sie im Kontextmenü den (leider schon in Windows Server 2008 falsch geschriebenen) Eintrag *Neuer bedingte Weiterleitung* aus und tragen Sie die übergeordnete DNS-Domäne ein.
3. Tragen Sie die IP-Adresse eines DNS-Servers der übergeordneten Domäne ein. Wenn in der übergeordneten Domäne mehrere DNS-Server für die Namensauflösung zuständig sind, tragen Sie alle DNS-Server ein.
4. Diesen Vorgang müssen Sie nicht auf jedem DNS-Server der untergeordneten Domäne durchführen, wenn Sie die Einträge auf die DNS-Server der untergeordneten Domäne replizieren lassen. Das funktioniert allerdings erst dann, wenn die untergeordnete Domäne erstellt worden ist. Diese Möglichkeit ist neu seit Windows Server 2008, genauso wie der Kontextmenübefehl zur Weiterleitung. Unter Windows Server 2003 werden diese Maßnahmen in den Eigenschaften des DNS-Servers vorgenommen und können nicht repliziert werden.

Abbildg. 12.16 Konfigurieren eines Weiterleitungsservers in der untergeordneten Domäne

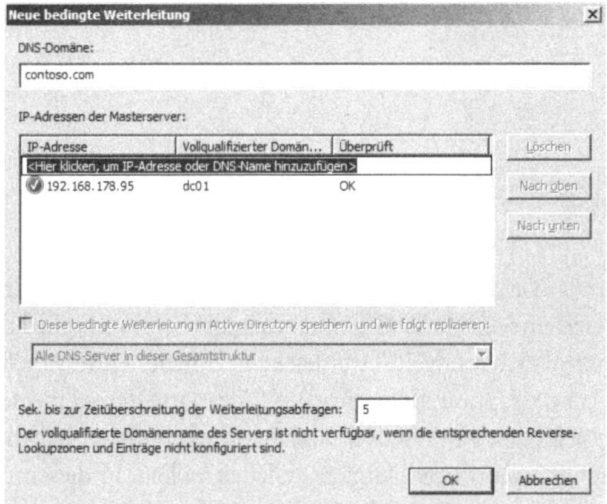

5. Nachdem Sie diese Konfiguration vorgenommen haben, öffnen Sie wieder eine Befehlszeile und geben *nslookup* ein. Überprüfen Sie, ob von der untergeordneten Domäne die Domänencontroller der übergeordneten Domäne aufgelöst werden können. Auch hier sollten keine Fehler mehr auftreten. In diesem Beispiel ist *dc-berlin.de.contoso.com* ein untergeordneter Domänencontroller und *dc01.contoso.com* sind Domänencontroller der übergeordneten Domäne *contoso.com.*

Achten Sie darauf, dass beim Einsatz von mehreren untergeordneten Domänen auch die Namensauflösung zwischen den untergeordneten Domänen untereinander funktioniert. Nur durch eine lückenlos konfigurierte Namensauflösung ist die Replikation in Active Directory sichergestellt. Damit haben Sie die Konfiguration der DNS-Einstellungen abgeschlossen. Die Namensauflösung sollte sowohl innerhalb der Domänen als auch zwischen den Domänen reibungslos funktionieren.

Domänencontroller für eine neue untergeordnete Domäne heraufstufen

Nachdem Sie sichergestellt haben, dass die Namensauflösung für die neue untergeordnete Domäne funktioniert und der zukünftige Active Directory-Domänencontroller der untergeordneten Domäne auch die Namen in der übergeordneten Domäne auflösen kann, können Sie mit *dcpromo* den Assistenten zum Heraufstufen eines Domänencontrollers starten. Vor der Ausführung von *dcpromo* sollte auf dem Server aber noch die Serverrolle *Active Directory-Domänendienste* installiert werden. Haben Sie den Assistenten gestartet, wählen Sie die Option *Vorhandene Gesamtstruktur* aus. Anschließend wählen Sie die Option *Neue Domäne in vorhandener Gesamtstruktur erstellen* aus.

Abbildg. 12.17 Erstellen einer neuen Domäne in einer vorhandenen Gesamtstruktur

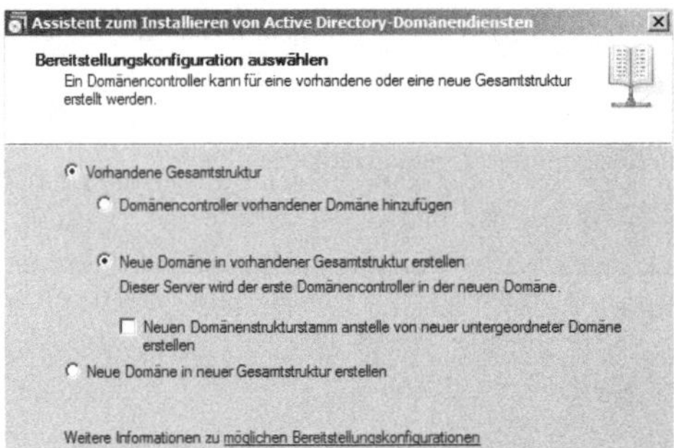

Im nächsten Schritt müssen Sie sich an der Gesamtstruktur authentifizieren, zu der Sie eine neue untergeordnete Domäne hinzufügen wollen. Dazu geben Sie eine DNS-Domäne an, die bereits Mitglied der Gesamtstruktur ist und die vom neuen Domänencontroller aus aufgelöst werden kann. Am besten verwenden Sie hierbei die Stammdomäne der Gesamtstruktur. Über die Option *Alternative Anmeldeinformationen* melden Sie sich an der Gesamtstruktur an. Nachdem Sie sich erfolgreich bei Active Directory authentifiziert haben, können Sie die Domäne auswählen, unter der Sie eine untergeordnete Domäne erstellen wollen. In diesem Fenster legen Sie darüber hinaus auch die Bezeichnung der neuen untergeordneten Domäne fest.

Abbildg. 12.18 Auswählen der übergeordneten Domäne für die neue untergeordnete Domäne

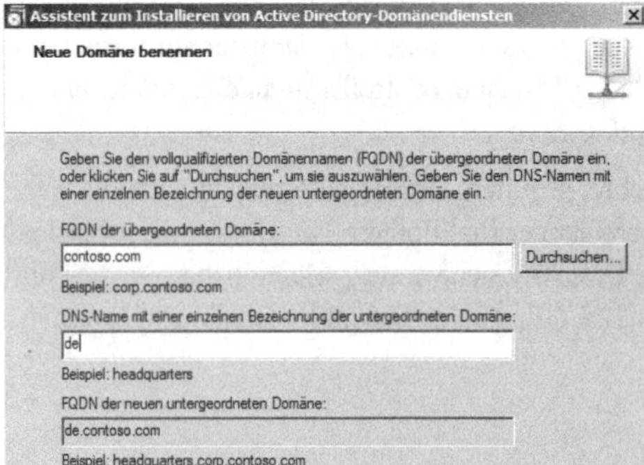

Im nächsten Schritt wird der NetBIOS-Name der neuen Domäne festgelegt. Nachdem der Name festgelegt wurde, kann der Domänencontroller gleich einem Standort in Active Directory zugewiesen werden. Als Nächstes wird festgelegt, ob der neue Server auch als DNS-Server fungieren soll und ob der globale Katalog ebenfalls auf diesem Server gespeichert werden soll. Oft wird noch eine Warnung eingeblendet, dass eine Netzwerkverbindung noch eine dynamische IP-Adresse verwendet. Dies liegt dann meistens daran, dass für die IPv6-Verbindung DHCP aktiviert ist. Bestätigen Sie die Meldung, sie hat keinen Einfluss auf die Replikation. Auf dem nächsten Fenster wird ausgewählt, ob der Assistent selbst den Domänencontroller für die erste Replikation der Daten verwenden soll, oder ob ein bestimmter Domänencontroller bevorzugt wird. Schließlich müssen noch der Speicherort der verschiedenen Daten, wie bei jedem Domänencontroller ausgewählt werden, sowie das Kennwort für den Wiederherstellungsmodus. Im letzten Fenster können die Eingaben für eine Antwortdatei exportiert werden. Anschließend beginnt der Assistent mit der Heraufstufung des Domänencontrollers und repliziert die notwendigen Daten. Sie können sich anschließend an dem Server an der untergeordneten Domäne anmelden und die Domäne wie jede andere auch verwalten. Von der Verwaltung her unterscheiden sich untergeordnete Domänen nicht von übergeordneten Domänen, sie erleichtern jedoch die Verteilung der Administration innerhalb von Active Directory. Untergeordnete Domänen werden im Snap-In *Active Directory-Domänen und -Vertrauensstellungen* in der Baumstruktur entsprechend unter ihrer übergeordneten Domäne angezeigt.

HINWEIS Nachdem Sie den DNS-Server der neuen untergeordneten Domäne zum Domänencontroller heraufgestuft haben, sollten Sie die Zone der neuen Domäne ebenfalls in Active Directory integrieren und die Replikation der DNS-Daten so einstellen, wie Sie es wünschen. Standardmäßig werden die Daten auf allen Domänencontrollern der neuen Domäne bereits repliziert und angezeigt, sobald die DNS-Funktion installiert wird. Sie sollten auch darauf achten, dass in den Netzwerkeinstellungen des neuen Domänencontrollers er selbst bzw. ein anderer Domänencontroller mit DNS-Funktionalität dieser Domäne als DNS-Server eingetragen ist. Auch den Betriebsmodus dieser Domäne müssen Sie separat zu den anderen Domänen in Ihrem Active Directory heraufstufen.

Neue Domänenstruktur in einer Gesamtstruktur einführen

Neben der möglichen Einführung untergeordneter Domänen können in einer Gesamtstruktur auch neue Domänenstrukturen hinzugefügt werden. Eine Struktur innerhalb einer Gesamtstruktur teilt sich mit allen ihren untergeordneten Domänen einen Namensraum. In diesem Beispiel wäre das die Struktur *contoso.com* mit der untergeordneten Domäne *de.contoso.com.* In manchen Unternehmen kann es jedoch sinnvoll sein, unabhängige Namensräume zu erstellen, die zwar Bestandteil der Gesamtstruktur, aber vom Namen her von den anderen Domänen unabhängig sind. Ein Beispiel wäre die neue Struktur *microsoft.com* in der Gesamtstruktur *contoso.com.* Neue Strukturen werden vor allem dann geschaffen, wenn Teile des Unternehmens, zum Beispiel durch eine Akquisition, vom Namen her unabhängig erscheinen wollen. Im Grunde genommen ist eine neue Domänenstruktur zunächst nichts anderes als eine neue untergeordnete Domäne der Rootdomäne der Gesamtstruktur, mit dem Unterschied, dass sie einen eigenen Namensraum hat. Bevor Sie eine neue Struktur einführen können, müssen Sie auch hier zunächst die passende DNS-Infrastruktur erstellen. Bei der Erstellung einer neuen Struktur gibt es keine Möglichkeit, eine neue Delegierung zu erstellen, da der Namensraum von der bisherigen Struktur komplett unabhängig ist. Auch wenn eine neue Struktur vom Namen her mit der ersten erstellten Struktur einer Gesamtstruktur gleichwertig ist, ist die zweite Struktur immer untergeordnet.

Die Gesamtstruktur trägt in Active Directory immer die Bezeichnung der ersten installierten Struktur. In der ersten Struktur und der in ihr erstellten ersten Domäne befinden sich auch die beiden Betriebsmasterrollen *Domänennamenmaster* und *Schemamaster.* Ein wichtiger Punkt bei der Erstellung von mehreren Strukturen innerhalb einer Gesamtstruktur ist auch der Pfad der Vertrauensstellungen. In einem Active Directory vertrauen sich alle Domänen innerhalb einer Struktur untereinander. Diese transitiven Vertrauensstellungen werden automatisch eingerichtet. Es werden allerdings keine Vertrauensstellungen zwischen untergeordneten Domänen verschiedener Strukturen eingerichtet, sondern nur zwischen den Rootdomänen der einzelnen Strukturen. Wenn Anwender auf Daten verschiedener untergeordneter Domänen zugreifen wollen, muss die Authentifizierung daher immer den Weg bis zur Rootdomäne der eigenen Struktur gehen, dann zur Rootdomäne der anderen Struktur und schließlich zur entsprechenden untergeordneten Domäne. Diese Authentifizierung kann durchaus einige Zeit dauern. Es gibt allerdings Möglichkeiten, diese Aufgabe zu beschleunigen. Dazu müssen Sie manuelle Vertrauensstellungen direkt zwischen den untergeordneten Domänen der verschiedenen Strukturen innerhalb der Gesamtstruktur erstellen.

DNS-Infrastruktur für eine neue Domänenstruktur erstellen

Um eine neue Struktur innerhalb einer Gesamtstruktur zu erstellen, müssen Sie zunächst eine passende DNS-Infrastruktur schaffen. Sie können dazu entweder wieder auf den DNS-Servern einer bereits vorhandenen Struktur eine neue DNS-Zone mit der Bezeichnung der neuen Struktur oder auf den neuen Domänencontrollern der neuen Struktur eine eigenständige neue Zone erstellen. Gehen Sie dazu genauso vor, wie bei der Erstellung der ersten Struktur. Wenn Sie die neue Zone erstellt haben, sollten Sie auf den DNS-Servern der neuen Struktur in den Weiterleitungen eine entsprechende Weiterleitung zur anderen Struktur einrichten, wie sie bereits bei der Delegierung von DNS-Domänen weiter vorne in diesem Kapitel beschrieben wurde. Auf allen DNS-Servern aller Strukturen sollten Weiterleitungen eingerichtet werden, die entsprechende Anfragen an die DNS-Server der jeweiligen Struktur weiterleiten können. Überprüfen Sie die Namensauflösung wieder mit *nslookup*, damit sichergestellt ist, dass die Auflösung zwischen den verschiedenen Strukturen auch funktioniert. Erst wenn die Namensauflösung zwischen der neuen und der bereits vorhandenen DNS-Domäne funktioniert, können Sie die neue Struktur in Active Directory erstellen. Wenn Sie eine neue Struktur innerhalb einer Gesamtstruktur erstellen, müssen Sie sich bei der Gesamtstruktur authentifizieren und der neue Domänencontroller muss eine Verbindung zum Domänennamenmaster aufbauen können. Tragen Sie in den IP-Einstellungen des ersten Domänencontrollers der neuen Struktur seine eigene IP-Adresse als bevorzugten DNS-Server ein. In den Eigenschaften des DNS-Servers tragen Sie die Weiterleitungen zu den DNS-Servern der Rootdomäne ein, in der sich der Domänennamenmaster befindet.

IP-Einstellungen beim Einsatz von mehreren Domänen optimieren

Installieren Sie einen zusätzlichen Domänencontroller für eine Domäne, müssen Sie sicherstellen, dass der bevorzugte DNS-Server in den IP-Einstellungen den Namen der Zone auflösen kann, welche die Domäne verwaltet. Sie können in den IP-Einstellungen eines Servers mehrere DNS-Server eintragen. Es wird immer zunächst der bevorzugte DNS-Server verwendet. Die alternativen DNS-Server werden erst eingesetzt, wenn der bevorzugte DNS-Server nicht mehr zur Verfügung steht, weil er zum Beispiel gerade neu gestartet wird. Ein Server verwendet nicht alle konfigurierten DNS-Server parallel oder hintereinander, um Namen aufzulösen. Kann der bevorzugte DNS-Server den DNS-Namen nicht auflösen und meldet dies dem Client zurück, wird nicht der alternative Server eingesetzt. Auch das Zurückgeben einer nicht erfolgten Namensauflösung wird als erfolgreiche Antwort akzeptiert. Über die Schaltfläche *Erweitert* in den IP-Einstellungen eines Rechners lassen sich weitere Einstellungen vornehmen, um die Zusammenarbeit mit DNS zu konfigurieren. Sie können auf der Registerkarte *DNS* der erweiterten Einstellungen weitere alternative DNS-Server eintragen. Aktivieren Sie auf den Domänencontrollern in den IP-Einstellungen über die Schaltfläche *Erweitert* auf der Registerkarte *DNS* die

Option *Diese DNS-Suffixe anhängen (in Reihenfolge)*. Tragen Sie als Nächstes zuerst den Namensraum der eigenen Struktur ein und hängen Sie danach die Namensräume der anderen Strukturen an.

Abbildg. 12.19 Optimieren der Namensauflösung über neue DNS-Suffixe

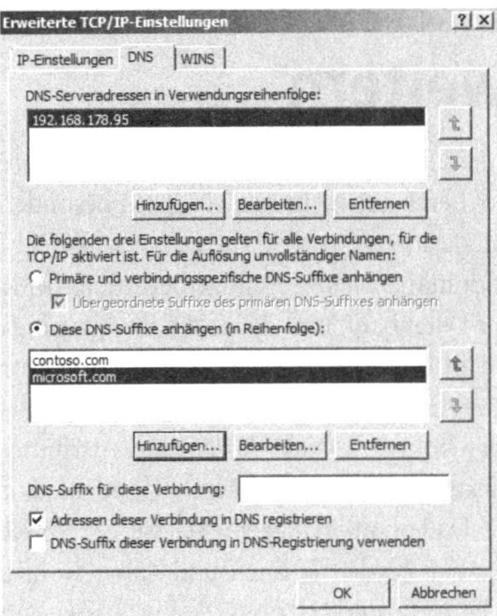

Der Sinn dieser Konfiguration ist die schnelle Auflösung von Servern in den anderen Strukturen. Wenn Sie zum Beispiel den Domänencontroller *dc01* in der Struktur *contoso.com* auflösen wollen, müssen Sie immer *dc01.contoso.com* eingeben. Diese Einstellung ist nur optional, erleichtert aber die Stabilität der Namensauflösung in Ihrem Active Directory. Sie sollten diese Einstellung auf jedem Domänencontroller sowie auf jedem Exchange-Server in Ihrer Gesamtstruktur durchführen. Zuerst sollte immer die eigene Domäne und der eigene Namensraum eingetragen werden, bevor andere Namensräume abgefragt werden. Wenn Sie diese Maßnahme durchgeführt haben, lässt sich mit *nslookup* der Effekt überprüfen. Sie können an dieser Stelle lediglich *dc01* eingeben. Der Server befragt seinen bevorzugten DNS-Server, ob ein Server mit dem Namen *dc01.microsoft.com* gefunden wird. Da dieser Server nicht vorhanden ist (sonst würde dieser Trick nicht funktionieren), wird der nächste Namensraum abgefragt. Das ist in diesem Beispiel *contoso.com*. Da die Zone *contoso.com* als Weiterleitung in den DNS-Servern definiert ist, fragt der DNS-Server jetzt beim DNS-Server dieser Zone nach und löst den Namen richtig auf. Viele Administratoren tragen auf ihrem DNS-Server einfach einen neuen statischen Hosteintrag ein, der auf die IP-Adresse des Servers des anderen Namensraumes zeigt. Diese Vorgehensweise ist aber nicht korrekt, auch wenn sie grundsätzlich funktioniert. Es wird in diesem Fall nämlich nicht der richtige DNS-Name des entsprechenden Servers zurückgegeben, sondern der Servername mit der Zone des DNS-Servers, in die der Server als Host eingetragen wurde. Vor allem in einem größeren Active Directory sollten Administratoren darauf achten, die Konfigurationen so vorzunehmen, dass sie auch formal korrekt sind. Das hilft oft, unbedachte Probleme zu vermeiden. Wenn Sie zum Beispiel in der Zone *microsoft.com* einen neuen Eintrag *dc01* für den Domänencontroller *dc01.contoso.com* erstellen, der auf die IP-Adresse des Servers verweist, wird der Name als *dc01.microsoft.com* aufgelöst, obwohl der eigentliche Name des Servers *dc01.contoso.com* ist. Dadurch funktioniert zwar die Auflösung, aber es wird ein falscher Name zurückgegeben.

Neue Domänenstruktur erstellen

Sobald sichergestellt ist, dass die Namensauflösung funktioniert und die Active Directory-Domänendiensterolle auf dem Server installiert ist, können Sie mit *dcpromo.exe* den Assistenten zum Erstellen von neuen Domänen starten. Anschließend werden die Optionen *Vorhandene Gesamtstruktur*, *Neue Domäne in vorhandener*

Gesamtstruktur erstellen und *Neuen Domänenstrukturstamm anstelle von neuer untergeordneter Domäne erstellen* aktiviert. Die weiteren Fenster sind identisch mit dem Erstellen einer untergeordneten Domäne beziehungsweise dem Erstellen einer neuen Gesamtstruktur. Auch wenn die neue Struktur einen eigenen Namensraum hat, ist diese unterhalb der ersten Domäne in der Gesamtstruktur untergeordnet.

Active Directory-Schema erweitern

Das Schema ist das Herzstück von Active Directory. Mit dem Schema wird definiert, welche Informationen im Verzeichnis abgelegt werden können. Gleichzeitig ist das Schema aus mehreren Gründen besonders sensibel. Je mehr Informationen in Active Directory abgelegt werden, desto größer wird die Datenbank. Die Performance ist allerdings nur bei bestimmten Operationen wie einer domänenweiten Abfrage betroffen. Im Regelfall wird bei Abfragen über Indizes gearbeitet, sodass die Größe der Datenbank und damit die Erweiterung des Schemas dafür keine Rolle spielen. Es gibt zudem Abfragen, die nicht über den globalen Katalog laufen und die erfordern, dass alle Objekte angefasst werden. Dazu zählen Operationen, bei denen sichergestellt werden muss, dass kein eindeutiger Name gesetzt wurde. In Active Directory können Objektklassen und Attribute hinzugefügt werden. Diese können nicht mehr entfernt werden. Objekte und Attribute lassen sich allenfalls deaktivieren. Dies entspricht dem Ansatz der meisten professionellen Datenbankmanagementsysteme. Im Kern bedeutet dies, dass Änderungen nicht vollständig rückgängig gemacht werden können und daher wohl überlegt sein müssen. Allerdings gilt, dass nicht mehr erforderliche Objekte und Attribute keine Auswirkungen auf die Größe von Active Directory und die Performance haben. Daher ist die Verwaltung des Schemas an die Gruppe der Schema-Admins gebunden. Die wichtigsten Fragestellungen sind:

- Die Schritte für die Änderung des Schemas erfordern eine gründliche Planung. Dazu gehört eine saubere Planung, je nachdem, ob Sie neue Objektklassen definieren oder Attribute zu bestehenden Objektklassen hinzufügen wollen.
- Überlegen Sie genau, ob die geplanten Änderungen am Schema erforderlich sind. Dies bedeutet, ob Informationen in Active Directory oder in einer Datenbank gespeichert werden. Bei Anwendungen, die auf Verzeichnisdienste zugreifen, wird häufig sowohl mit Informationen im LDAP-Verzeichnis und mit einem Datenbankmanagementsystem gearbeitet. Die Grundregel für das Design der Anwendungen ist, dass die stabilen Informationen zu Benutzern und anderen Verzeichnisobjekten im Verzeichnis abgelegt werden, während Daten, die sich permanent ändern, in der Datenbank gespeichert werden.
- Die oben bereits angesprochenen Problemstellungen im Zusammenhang mit der Erweiterung des Schemas müssen vertraut sein.
- Es müssen Verwaltungsanwendungen oder Erweiterungen bestehender Verwaltungsanwendungen entwickelt werden, mit deren Hilfe die neuen Objekte und Attribute verwaltet werden können. Dazu ist erforderlich, dass Sie mit den Methoden für die Entwicklung und Erweiterung von Administrationsanwendungen vertraut sind.

Dies sind die wichtigsten Überlegungen, die vor der eigentlichen Implementierung von Änderungen im Schema durchgeführt werden müssen. Die Administration des Schemas kann über das MMC-Snap-In *Active Directory-Schema* erfolgen. Das Snap-In muss manuell in eine MMC eingefügt werden. Wird das Snap-In zur Auswahl nicht angezeigt, geben Sie im Suchfeld des Startmenüs den Befehl *Regsrv32 schmmgmt.dll* ein. Mit diesem Snap-In lassen sich die Informationen zu den Klassen und Attributen im Schema anzeigen. Hier können Sie auch neue Klassen und Attribute anlegen und außerdem die Zugriffsberechtigungen für das Schema anpassen. Beim Erstellen einer Klasse müssen im ersten Schritt die Identifikationen für die Klasse eingegeben werden. Dazu zählen neben einem eindeutigen Namen die Objekt-ID im X.500-Schema und der Typ der Klasse. Im nächsten Dialogfeld können die Attribute konfiguriert werden, die in die Klasse aufgenommen werden sollen. Es werden zwei Arten unterschieden:

- Verbindliche Attribute müssen in jedem Fall eingegeben werden. Diese können nicht deaktiviert werden.
- Optionale Attribute können deaktiviert werden und müssen vom Benutzer nicht eingegeben werden.

Mit der Festlegung von verbindlichen Attributen sollten Sie grundsätzlich sehr zurückhaltend sein. Wenn es Situationen gibt, in denen dieses Attribut bei einem Objekt doch nicht verwendet werden soll, darf es auf keinen Fall gesetzt werden. Im Zweifelsfall ist es sinvoller, Plausibilitätsprüfungen bei den Administrations-Anwendungen durchzuführen, über die Attributwerte verändert werden können. Bei den Attributen sind zunächst die Namen zu definieren. Zusätzlich müssen Syntax und Wertebereich konfiguriert werden. Für die Syntax gibt es eine Vielzahl vorgegebener Auswahlmöglichkeiten. Mit der Option *Mehrwertig* kann konfiguriert werden, dass mehrere Werte für dieses Attribut eingegeben werden können. Dies ist zum Beispiel bei Telefonnummern sinnvoll.

Zusammenfassung

In diesem Kapitel haben wir Ihnen gezeigt, wie Sie zusätzliche Domänencontroller, auch schreibgeschützte Domänencontroller, in ein Netzwerk integrieren. Auch die Erweiterung von Active Directory mit zusätzlichen Domänen und Domänenstrukturen waren Thema dieses Kapitels. Im nächsten Kapitel widmen wir uns der Verwaltung verschiedener Active Directory-Standorte sowie der Replikation zwischen verschiedenen Domänencontrollern.

Kapitel 13

Active Directory-Standorte und Replikation

In diesem Kapitel:

Ein weiterer wichtiger Bereich in der Verwaltung und Erstellung von Active Directory ist die Replikation der Domänencontroller, vor allem über mehrere Standorte hinweg. Active Directory-Domänen lassen sich über mehrere physische Standorte verteilen. Die Trennung der einzelnen Standorte in Active Directory erfolgt durch IP-Subnetze. Dazu müssen die Administratoren eines Unternehmens alle IP-Subnetze anlegen, die im Unternehmen verwendet werden und diese Subnetze wiederum einzelnen Standorten zuweisen. Zwischen den Standorten können Standortverknüpfungen erstellt werden, über die alle Domänencontroller ihre Daten replizieren. Die Replikation zwischen Standorten erfolgt mit komprimierten Daten und weit weniger häufig als innerhalb eines LAN. Die Hauptaufgabe von Standorten besteht darin, den Datenverkehr über WAN-Leitungen so niedrig wie möglich zu halten und die Replikation von Domänencontrollern zu optimieren. Zu der Administration und Bearbeitung von Standorten gehören folgende Aufgaben:

- Definition von Subnetzen in Active Directory
- Zuweisen der Subnetze zu einzelnen Standorten
- Erstellen von Standortverknüpfungen und Standortverknüpfungsbrücken, um die Replikation zwischen Standorten zu steuern
- Konfiguration der Zeitpläne für die Replikation der Daten zwischen den Standorten
- Erstellen der Kosten und der Routingtopologie zwischen Standorten mithilfe der Standortverknüpfungen und der Standortverknüpfungsbrücken
- Definition und Konfiguration der Bridgeheadserver

Sobald ein Unternehmen Standorte einsetzt, um Domänen nicht nur logisch aufzuteilen, sondern eine physische Aufteilung von Active Directory durchzuführen, müssen diese Aufgaben sorgfältig geplant werden.

Abbildg. 13.1 Standorte in Active Directory

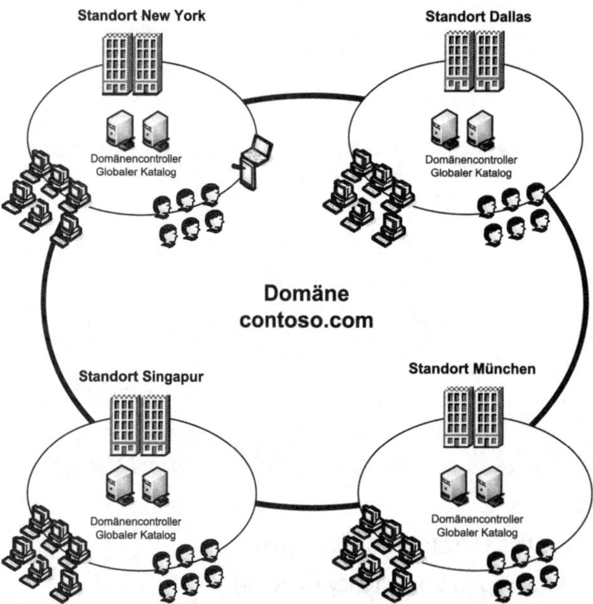

In diesem Buch werden solche Konzepte nicht besprochen, sondern ausschließlich die technische Umsetzung sowie die Verwaltung und das Troubleshooting der Replikation zwischen Standorten. Active Directory hat einen integrierten Dienst, der die Replikation innerhalb und zwischen Standorten automatisch steuert. Dieser Dienst, Konsistenzprüfung (Knowledge Consistency Checker, KCC) genannt, verbindet die Domänencontroller der verschiedenen Standorte und erstellt automatisch eine Replikationstopologie auf Basis der definierten Zeitpläne und Standortverknüpfungen. Wir beschreiben den Dienst in einem eigenen Abschnitt in diesem Kapitel.

Wenn in den Standorten mehr als nur ein Domänencontroller zur Verfügung gestellt wird, werden zwischen den Standorten nicht alle Domänencontroller repliziert. In jedem Standort gibt es sogenannte Bridgeheadserver, welche die Informationen ihres Standortes an die Bridgeheadserver der anderen Standorte weitergeben. Dadurch wird der Verkehr über die WAN-Leitung minimiert, da nicht mehr alle Domänencontroller Daten nach extern versenden. Damit Sie die Replikation zwischen Standorten nutzen können, müssen Sie zunächst Standorte definieren. Diesen Standorten müssen Sie alle IP-Subnetze zuweisen, die in Ihrem Unternehmen eingesetzt werden. Als Nächstes müssen Sie zwischen den Standorten Standortverknüpfungen herstellen und schließlich die bereits vorhandenen Domänencontroller auf die einzelnen Standorte verteilen. Wenn Sie Standorte definiert haben, werden zukünftig hochgestufte Domänencontroller abhängig von ihrer IP-Adresse automatisch dem Standort zugewiesen, zu dessen Subnetz die IP-Adresse gehört. Bereits vorhandene Domänencontroller, oder bereits einem Standort zugewiesene, müssen nachträglich manuell innerhalb des Snap-Ins *Active Directory-Standorte und -Dienste* dem richtigen Standort zugewiesen werden.

Durch diese physische Trennung der Standorte ist es nicht mehr notwendig, für jede Niederlassung eine eigene Domäne zu erstellen. An jedem Standort müssen zwar weiterhin Domänencontroller installiert werden, allerdings lässt sich die Domäne von einem zentralen Standort aus verwalteen, von dem die Änderungen auf die einzelnen Standorte repliziert werden können.

Abbildg. 13.2 Die Verbindung zwischen Standorten in Active Directory erfolgt über Subnetze

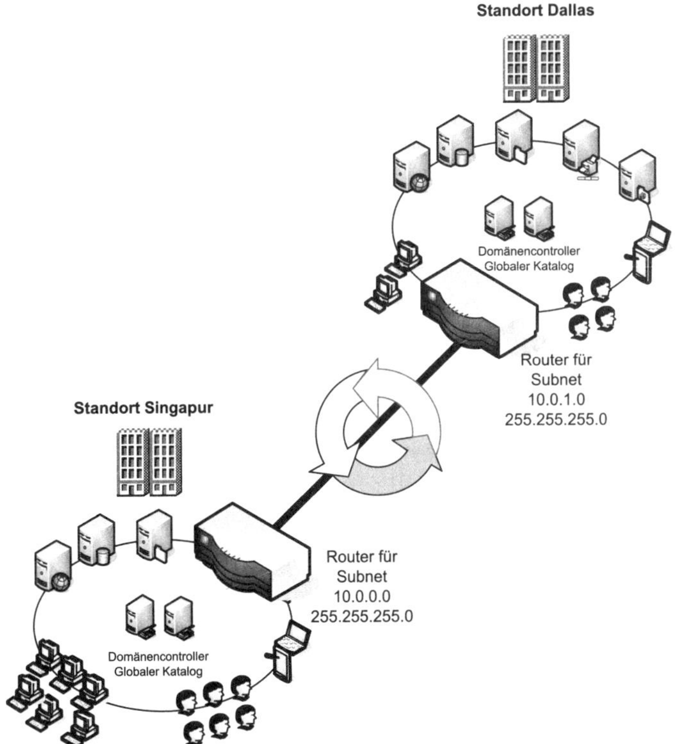

Routingtopologie in Active Directory konfigurieren

Die Replikation zwischen verschiedenen Standorten in Active Directory läuft weitgehend automatisiert ab. Damit die Replikation aber stattfinden kann, müssen Sie zunächst die notwendige Routingtopologie erstellen. Bei der Erstellung der Routingtopologie fallen hauptsächlich folgende Aufgaben an, die auf den nächsten Seiten ausführlicher behandelt werden:

- Erstellen von Standorten in Active Directory
- Erstellen von IP-Subnetzen und zuweisen an die Standorte
- Erstellen von Standortverknüpfungen für die Active Directory-Replikation
- Konfiguration von Zeitplänen und Kosten für die optimale Standortreplikation

Damit Sie die standortübergreifende Replikation von Active Directory verwenden können, sollten Sie in jedem Standort, an dem später ein Domänencontroller angeschlossen wird, ein unabhängiges IP-Subnetz verwenden. Dieses IP-Subnetz wird in der Active Directory-Verwaltung hinterlegt und dient fortan zur Unterscheidung der Standorte in Active Directory. Das wichtigste Verwaltungswerkzeug, um Standorte in Active Directory zu verwalten, ist das Snap-In *Active Directory-Standorte und -Dienste*. Um neue Standorte zu erstellen, müssen Sie Mitglied der Gruppe *Organisations-Administratoren* sein. Administratoren, die nicht Mitglied dieser Gruppe sind, dürfen keine Standorte in Active Directory erstellen.

Abbildg. 13.3 Bridgeheadserver der verschiedenen Standorte führen die Replikation durch

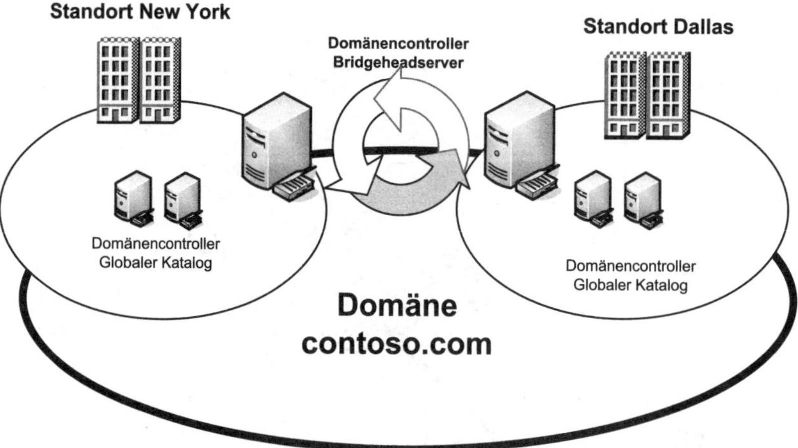

Die Standorte müssen mit WAN-Leitungen angebunden werden. Dazu ist es nicht unbedingt notwendig, dass jeder Standort mit der Zentrale durch eine Sterntopologie angebunden ist. Die Replikation in Active Directory ermöglicht auch die Anbindung von Standorten, die zwar mit anderen Standorten verbunden sind, aber nicht mit der Zentrale. In jedem Standort sollte darüber hinaus ein oder mehrere unabhängige IP-Subnetze verwendet werden. Active Directory unterscheidet auf Basis dieser IP-Subnetze, ob Domänencontroller zum gleichen oder zu unterschiedlichen Standorten gehören.

Neue Standorte in *Active Directory-Standorte und -Dienste* erstellen

Sobald die Voraussetzungen für die Routingtopologie vorhanden sind, sollten Sie die einzelnen physischen Standorte im Snap-In *Active Directory-Standorte und -Dienste* erstellen. Wenn Sie das Snap-In öffnen, wird unterhalb des Eintrags *Sites* der erste Standort als *Standardname-des-ersten-Standortes* oder als *Default-First-Site-Name* bezeichnet. Im ersten Schritt sollten Sie für diesen Standardnamen den richtigen Namen eingeben, indem Sie ihn mit der rechten Maustaste anklicken und im Kontextmenü den Befehl *Umbenennen* wählen. Sie müssen die Domänencontroller im Anschluss nicht neu starten, der Name wird sofort aktiv. Als Nächstes können Sie alle notwendigen Standorte erstellen, an denen Sie Domänencontroller installieren wollen. Klicken Sie dazu mit der rechten Maustaste im Snap-In auf *Sites* und wählen im Kontextmenü den Eintrag *Neuer Standort* aus. Sie finden das Snap-In am schnellsten über den Server-Manager.

Abbildg. 13.4 Erstellen eines neuen Standorts in Active Directory

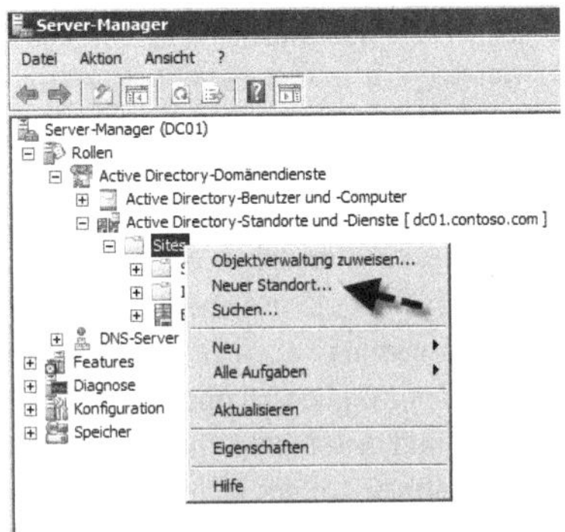

Es öffnet sich ein neues Fenster, in dem Sie den Namen des Standortes sowie die Standortverknüpfung, die diesem Standort zugewiesen werden soll, auswählen können. Standardmäßig gibt es bereits die Verknüpfung *DEFAULTIPSITELINK*. Verwenden Sie bei der Erstellung eines neuen Standortes zunächst diese Standortverknüpfung. Bestätigen Sie die Erstellung mit *OK*, erhalten Sie eine Meldung, welche Aufgaben nach der Erstellung noch notwendig sind. Bestätigen Sie diese Meldung, damit der Standort erstellt wird. Anschließend erscheint der neue Standort im Snap-In. Legen Sie auf die gleiche Weise alle Standorte in Ihrer Gesamtstruktur an. Nur Mitglieder der Gruppe Organisations-Admins dürfen neue Standorte in Active Directory erstellen.

IP-Subnetze erstellen und zuweisen

Nachdem Sie die Standorte erstellt haben, an denen Domänencontroller installiert werden sollen, müssen Sie IP-Subnetze anlegen und diese dem jeweiligen Standort zuweisen. Um ein neues Subnetz zu erstellen, klicken Sie mit der rechten Maustaste im Snap-In *Active Directory-Standorte und -Dienste* auf den Konsoleneintrag *Subnets* und wählen im Kontextmenü den Befehl *Neues Subnetz* aus. Es öffnet sich ein neues Fenster, in dem Sie das IP-Subnetz definieren und dem jeweiligen Standort zuweisen können.

Abbildg. 13.5 Erstellen von Subnetzen in Windows Server 2008 R2

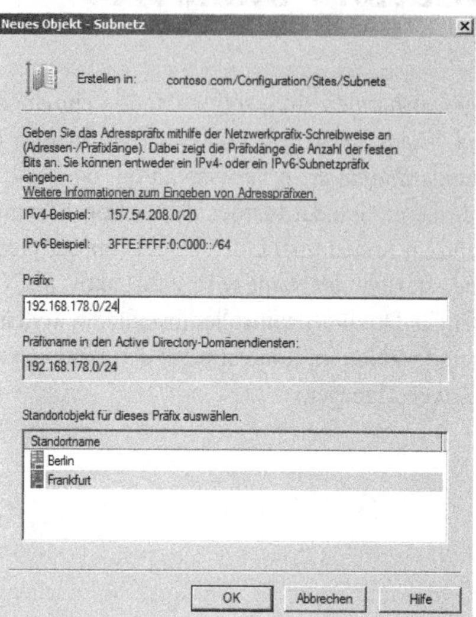

In Windows Server 2008 R2 können Sie auch Subnetze auf IPv6-Basis erstellen. Nachdem Sie das Subnetz erstellt haben und die Erstellung mit *OK* bestätigen, wird es unterhalb des Konsoleneintrags *Subnets* angezeigt. Wiederholen Sie diesen Vorgang für jedes Subnetz in Ihrem Unternehmen. Auch IP-Subnetze, in denen keine Domänencontroller installiert sind, in denen aber unter Umständen Mitgliedsrechner liegen, die sich bei dem Domänencontroller anmelden, sollten Sie an dieser Stelle anlegen und dem entsprechenden Standort zuweisen. Wenn Sie den Eintrag *Subnets* in der Konsole anklicken, werden Ihnen auf der rechten Seite alle IP-Subnetze und die ihnen zugewiesenen Standorte angezeigt. Die Zuweisung des Subnetzes zu einem bestimmten Standort kann jederzeit über dessen Eigenschaften geändert werden. Sie können auch nachträglich Standorte erstellen und neue Subnetze vorhandenen Standorten zuweisen.

Standortverknüpfungen und Standortverknüpfungsbrücken erstellen

Nachdem Sie Standorte und die in den Standorten vorhandenen IP-Subnetze erstellt haben, können Sie neue *Standortverknüpfungen* anlegen. Bei der Installation von Active Directory wird bereits automatisch die Standortverknüpfung *DEFAULTIPSITELINK* angelegt. Für viele Unternehmen reicht diese Verknüpfung bereits aus. Wenn Sie in Ihrem Unternehmen verschiedene Bandbreiten der WAN-Leitungen einsetzen, ist es sinnvoll, auch verschiedene Standortverknüpfungen zu erstellen. Sie können auf Basis jeder Standortverknüpfung einen Zeitplan festlegen, wann die Replikation möglich ist. Standortverknüpfungen können auf Basis von *IP* oder *SMTP* erstellt werden. SMTP hat starke Einschränkungen bei der Replikation und wird nur selten verwendet. Sie sollten daher auf das IP-Protokoll setzen, über das von Active Directory alle Daten repliziert werden können. Um eine neue Standortverknüpfung zu erstellen, klicken Sie in der Konsolenstruktur unterhalb von *Inter-Site Transports* mit der rechten Maustaste auf den Eintrag *IP* und wählen im Kontextmenü den Eintrag *Neue Standortverknüpfung* aus.

Abbildg. 13.6 Erstellen von Standortverknüpfungen zur Anbindung von Niederlassungen

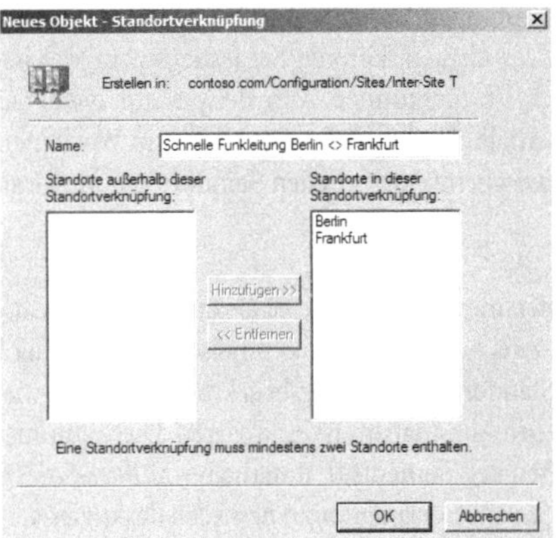

Nachdem Sie die Erstellung einer neuen Standortverknüpfung gewählt haben, erscheint das Fenster, in dem Sie die Bezeichnung der Standortverknüpfung sowie die Standorte eingeben. Wählen Sie den Namen der Standortverknüpfung so, dass bereits durch die Bezeichnung der Standortverknüpfung darauf geschlossen werden kann, welche Standorte miteinander verbunden sind, zum Beispiel *Berlin <> Frankfurt* oder auch die Art der Verbindung zwischen den verschiedenen Niederlassungen. In diesem Fenster können Sie auswählen, welche Standorte mit dieser Standortverknüpfung verbunden werden. Ein Standort kann Mitglied mehrerer Standortverknüpfungen sein. Die Replikation findet immer über die Standortverknüpfungen statt, deren Kosten am geringsten sind. Wenn Sie den Namen der neuen Standortverknüpfung und deren Mitglieder festgelegt haben, können Sie mit *OK* die Erstellung abschließen. Klicken Sie das Protokoll *IP* an, werden auf der rechten Seite alle erstellten Standortverknüpfungen angezeigt.

Nachdem Sie die Standortverknüpfung erstellt haben, können Sie die Eigenschaften der Verknüpfung im Snap-In *Active Directory-Standorte und -Dienste* anpassen. Auf der Registerkarte *Allgemein* können Sie zunächst festlegen, in welchem Intervall die Informationen zwischen den Standorten repliziert werden sollen.

Abbildg. 13.7 Konfigurieren der Replikation von verschiedenen Standorten

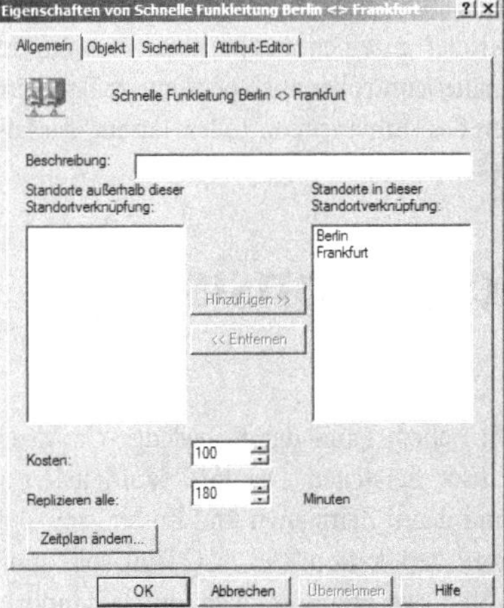

Standardmäßig ist die Replikation auf alle drei Stunden sowie die Kosten auf 100 eingestellt. Die Active Directory-Replikation verwendet immer die Standortverknüpfungen, deren Kosten bei der Verbindung am günstigsten sind. Wenn Sie auf die Schaltfläche *Zeitplan ändern* klicken, können Sie festlegen, zu welchen Zeiten die Replikation über diese Standortverknüpfung möglich ist. Sie können zum Beispiel für Niederlassungen mit schmalbandiger Verbindung die Replikation nur außerhalb der Geschäftszeiten oder am Wochenende zulassen. Die Replikationsdaten von Active Directory werden zwischen verschiedenen Standorten komprimiert.

Standortverknüpfungsbrücken

Den Befehl *Neue Standortverknüpfungsbrücke* im Kontextmenü benötigen Sie an dieser Stelle nicht. *Standortverknüpfungsbrücken* werden verwendet, wenn zwischen zwei Standorten keine physische Verbindung besteht, aber beide über einen dritten Standort angebunden sind. Standortverknüpfungsbrücken werden automatisch erstellt. Sie müssen diese nur dann manuell erstellen, wenn Sie den Automatismus deaktivieren. Diese automatische Erstellung können Sie deaktivieren, wenn Sie die Eigenschaften des Elements *IP* unterhalb von *Inter-Site Transports* aufrufen und das Kontrollkästchen *Brücke zwischen allen Standortverknüpfungen herstellen* deaktivieren.

Abbildg. 13.8 Konfigurieren von Standortverknüpfungsbrücken

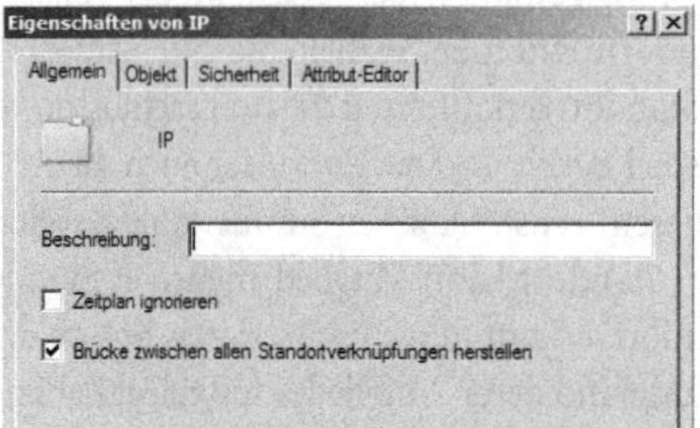

Domänencontroller zu Standorten zuweisen

Nachdem Sie die Routingtopologie erstellt haben, werden neu installierte Domänencontroller durch ihre IP-Adresse automatisch dem richtigen Standort zugewiesen. Bereits installierte Domänencontroller müssen Sie jedoch manuell an den richtigen Standort verschieben. Klicken Sie dazu den Server im Snap-In *Active Directory-Standorte und -Dienste* mit der rechten Maustaste an und wählen Sie im Kontextmenü die Option *Verschieben* aus. Daraufhin werden Ihnen alle Standorte angezeigt und Sie können den neuen Standort des Domänencontrollers auswählen. Nachdem Sie den Domänencontroller an einen anderen Standort verschoben haben, sollten Sie den Server neu starten. Sie können einen Domänencontroller auch per Drag & Drop an einen anderen Standort verschieben. Achten Sie vor dem Verschieben des Domänencontrollers darauf, dass die IP-Einstellungen des Servers zu den zugewiesenen IP-Subnetzen des neuen Standortes passen.

Konsistenzprüfung (Knowledge Consistency Checker)

Wenn Sie die Routingtopologie wie beschrieben erstellt haben, kann der Knowledge Consistency Checker (KCC) die Verbindung der Domänencontroller automatisch herstellen. Der KCC konfiguriert auf Basis der konfigurierten Standorte, der Standortverknüpfungen und deren Zeitplänen und Kosten, sowie den enthaltenen Domänencontrollern automatisch die Active Directory-Replikation. Der KCC läuft vollkommen automatisch auf jedem Domänencontroller der Gesamtstruktur. Sind zwei Standorte nicht durch Standortverknüpfungen verbunden, erstellt er automatisch Standortverknüpfungsbrücken, wenn eine Verbindung über einen dritten Standort hergestellt werden kann. Der KCC verbindet nicht jeden Domänencontroller mit jedem anderen, sondern erstellt eine intelligente Topologie. Er überprüft die vorhandenen Verbindungen alle 15 Minuten auf ihre Funktionalität und ändert bei Bedarf automatisch die Replikationstopologie. Innerhalb eines Standortes erstellt der KCC möglichst eine Ringtopologie, wobei zwischen zwei unterschiedlichen Domänencontrollern maximal drei andere Domänencontroller stehen sollten.

Zwischen verschiedenen Standorten werden die Active Directory-Daten nicht von allen Domänencontrollern auf die anderen Domänencontroller der Standorte übertragen, sondern immer jeweils nur von einem Domänencontroller. Dieser Domänencontroller, auch Brückenkopfserver (Bridgeheadserver) genannt, repliziert sich mit den Bridgeheadservern der anderen Standorte automatisch. Der KCC legt automatisch fest, welche Domänencontroller in einer Niederlassung zum Bridgeheadserver konfiguriert werden, Sie müssen keine Eingaben oder Maßnahmen vornehmen. Die Auswahl der Bridgeheadserver in einem Standort übernimmt der Intersite Topology Generator (ISTG), ein Dienst, der zum KCC gehört. Der KCC wiederum legt für jeden Standort fest, welcher Domänencontroller der ISTG sein soll. Wenn Sie einen Standort im Snap-In *Active Directory-Standorte und -Dienste* anklicken, wird auf der rechten Seite der Eintrag *NTDS Site Settings* angezeigt. Rufen Sie die Eigenschaften dieses Eintrags auf, wird Ihnen im Bereich *Generator für standortübergreifende Topologie* der derzeitige ISTG angezeigt.

Abbildg. 13.9 Anzeigen des ISTG eines Standorts

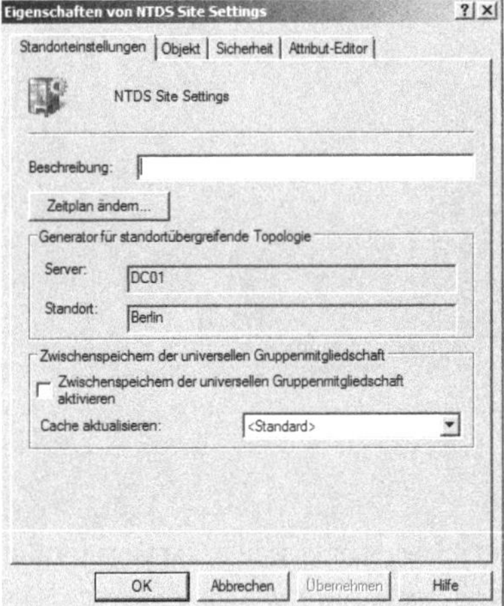

Zwischenspeichern der universellen Gruppenmitgliedschaft

An dieser Stelle können Sie auch das Kontrollkästchen *Zwischenspeichern der universellen Gruppenmitgliedschaft aktivieren* einschalten. Diese Option hat dann eine Bedeutung, wenn Sie am Standort keinen globalen Katalog betreiben, der die Mitgliedschaften der universellen Gruppen zwischenspeichert. Da universelle Gruppen Mitglieder aus mehreren Domänen und Standorten enthalten können, ist die Information, welche Benutzerkonten Mitglied sind, bei der Anmeldung eines Benutzers oder dem Zugreifen auf Ressourcen sehr wichtig. Haben Sie an einem Standort keinen globalen Katalog installiert, sollten Sie auf mindestens einem Domänencontroller diese Option aktivieren. Wenn Sie das Zwischenspeichern der universellen Gruppenmitgliedschaft aktivieren, ergeben sich die folgenden Vorteile:

- Es ist kein globaler Katalogserver an jedem Standort in der Domäne erforderlich
- Die Anmeldezeiten werden verringert, weil die authentifizierenden Domänencontroller nicht mehr auf einen globalen Katalog zugreifen müssen, um universelle Gruppenmitgliedschaftsinformationen abzurufen

- Die Auslastung der Netzwerkbandbreite wird minimiert, weil ein Domänencontroller nicht alle Objekte replizieren muss, die sich in der Gesamtstruktur befinden

Standardmäßig überprüft der KCC automatisch alle 15 Minuten die Funktionalität der Routingtopologie. Wenn Sie Änderungen an der Routingtopologie durchgeführt haben, besteht die Möglichkeit, die Routingtopologie sofort erstellen zu lassen. Am besten kann die Routingtopologie vom derzeitigen ISTG-Rolleninhaber aus überprüft werden. Gehen Sie dazu folgendermaßen vor:

1. Öffnen Sie das Snap-In *Active Directory-Standorte und -Dienste.*
2. Navigieren Sie zu dem Standort, von dem aus Sie die Überprüfung starten wollen.
3. Klicken Sie auf das Pluszeichen des derzeitigen ISTG-Rolleninhabers des Standortes.
4. Klicken Sie mit der rechten Maustaste auf den Konsoleneintrag *NTDS Settings* und wählen im Kontextmenü den Untermenüeintrag *Alle Aufgaben/Replikationstopologie überprüfen* aus.

Abbildg. 13.10 Manuelles Starten der Routingtopologieüberprüfung

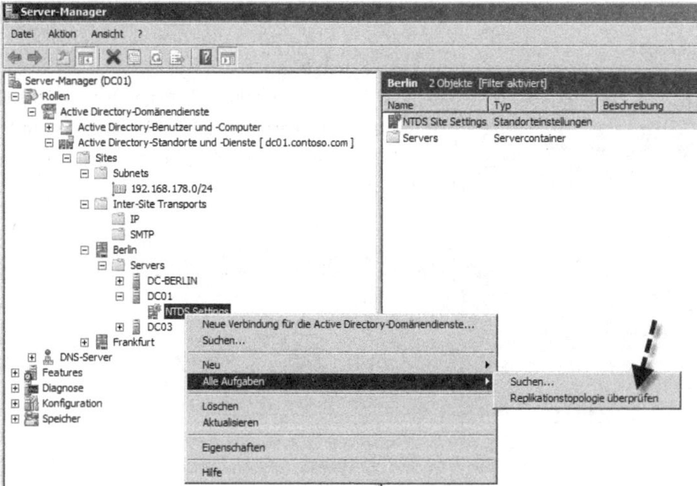

Die Überprüfung dauert einige Zeit, abhängig von der Anzahl der Standorte und Domänencontroller. Alle Verbindungen werden überprüft und gegebenenfalls neu erstellt. Sie erhalten eine entsprechende Meldung.

Sie können die Replikation zwischen zwei Domänencontrollern jederzeit manuell starten. Die Verbindungen, die der KCC erstellt hat, werden automatisch angezeigt. Wenn Sie eine solche Verbindung mit der rechten Maustaste anklicken, können Sie die Replikation zu diesem Server mit der Option *Jetzt replizieren* sofort ausführen. Starten Sie die Replikation zu einem Domänencontroller, der in einem anderen Standort sitzt, wird die Replikation allerdings nicht sofort durchgeführt, sondern erst zum nächsten Zeitpunkt, den der Zeitplan zulässt. Bevor die Daten repliziert werden, stellt der Domänencontroller zunächst sicher, ob er eine Verbindung zu dem Domänencontroller herstellen kann, zu dem die Daten repliziert werden. Wenn mit dem Replikationspartner erfolgreich kommuniziert werden kann, erhalten Sie eine entsprechende Erfolgsmeldung. Kann der Replikationspartner nicht erreicht werden, wird eine Fehlermeldung angezeigt.

Fehler bei der Active Directory-Replikation beheben

Häufige Fehlerursache ist in Active Directory mit vielen Niederlassungen und zahlreichen Domänencontrollern die Replikation zwischen diesen Standorten. Beim Einsatz eines einzelnen Standortes werden nur selten Probleme auftreten. Bei der Fehlersuche bezüglich der Replikation sollten Sie zunächst die beteiligten Domänencontroller überprüfen und testen, ob diese innerhalb ihres Standortes funktionieren. Der nächste Schritt sollte der Blick in die Ereignisanzeige und das Protokoll *Verzeichnisdienst* sein. Achten Sie vor allem auf Fehler von *NTDS KCC*, *NTDS Replication* oder *NTDS General*. Bereits mithilfe dieser Fehlermeldungen können Sie auf den nachfolgend genannten Internetseiten eine Lösung für das Problem finden:

- *www.eventid.net*
- *www.experts-exchange.com*
- *support.microsoft.com*

Bei Problemen mit der Active Directory-Replikation sollte immer eine vollständige Diagnose der Domänencontroller vorausgehen, die bereits auf den vorigen Seiten beschrieben wurde. Fertigen Sie eine einfache Skizze der Replikationsverbindungen der Domänencontroller an und halten Sie genau fest, welche Domänencontroller sich nicht mehr mit welchen anderen Domänencontrollern replizieren können. Wenn Sie mithilfe dieser Skizze die Probleme verdeutlichen, werden Sie schnell erkennen, welcher Domänencontroller die Hauptursache für das Problem ist.

Active Directory

Suche mit der Active Directory-Diagnose

Wenn die Replikationen zu Domänencontrollern im gleichen Standort funktionieren und auch die Replikation zu anderen Standorten, lässt sich das Problem vielleicht besser eingrenzen. Auch die Replikationsprobleme zu dem oder den Domänencontrollern, zu denen nicht repliziert werden kann, sollten eingegrenzt werden. Zunächst sollten Sie die Replikationswege von Active Directory aufzeichnen und genau feststellen, welche Domänencontroller sich nicht mehr mit anderen Domänencontrollern replizieren. An dieser Stelle können Sie als Nächstes mit den Diagnosetools wie *dcdiag.exe* die problematischen Domänencontroller genauer untersuchen.

Häufige Fehlerursachen ausschließen

Bevor Sie mit Tools die Replikation genauer untersuchen, sollten Sie zunächst die gravierendsten und häufigsten Fehlerursachen ausschließen:

- Liegt auf dem Domänencontroller, der sich nicht mehr replizieren kann, ein generelles Problem vor, welches sich mit *dcdiag.exe* herausfinden lässt? Liegen also die Probleme überhaupt nicht in der Replikation, sondern hat der Domänencontroller eine Funktionsstörung?
- Wurde auf dem Domänencontroller eine Software installiert, welche die Replikation stören kann, wie Sicherheitssoftware, Virenscanner, Firewall oder sonstiges?
- Ist auf dem Domänencontroller, mit dem die Replikation nicht mehr stattfinden kann, die Hardware ausgefallen?
- Liegt unter Umständen nur ein Leitungs-, Router- oder Firewallproblem vor?
- Lässt sich der entsprechende Domänencontroller noch anpingen und lässt sich der DNS-Name des Servers auflösen?
- Gibt es generelle Probleme mit der Authentifizierung zwischen den Domänencontrollern, die durch Zugriff veweigert-Meldungen gemeldet werden?

- Sind die Replikationsintervalle zwischen Standorten so kurz eingestellt, dass die vorherige Replikation noch nicht abgeschlossen ist, und die nächste bereits beginnt?
- Wurden Änderungen an der Routingtopologie vorgenommen, die eine Replikation verhindern können?

Erkennen von Standortzuweisungen eines Domänencontrollers mit *nltest.exe*

Falls Replikationsprobleme in Active Directory auftreten, sollten Sie zunächst sicherstellen, dass die Domänencontroller, die Probleme bei der Replikation haben, für den richtigen Standort konfiguriert sind. Zu diesem Weg geben Sie in der Eingabeaufforderung den Befehl *nltest /dsgetsite* ein. In der Anzeige sehen Sie, welchem Standort der Domänencontroller zugewiesen ist, und ob er seinen Standort auch erkennt. Wird an dieser Stelle der Standort fehlerfrei aufgelöst, ist diese Konfiguration schon mal in Ordnung.

Anzeigen der Active Directory-Replikation über *repadmin.exe*

Das wichtigste Tool, um die Replikation in Active Directory zu überprüfen, ist *repadmin.exe*. Geben Sie in der Befehlszeile den Befehl *repadmin.exe /showreps* ein. Ihnen werden alle durchgeführten Replikationsvorgänge von Active Directory angezeigt, sowie etwaige Fehler, die Ihnen genau die Ursache für die nicht funktionierende Replikation anzeigen. Sie können sich die Anzeige auch in eine Datei mit *repadmin /showreps >c:\repl.txt* umleiten lassen. Wir haben Ihnen nachfolgend die Ausgabe von *repadmin /showreps* bei Problemfällen mit einigen Kommentaren aufgelistet.

```
Dallas\DC01 DC Options: IS_GC  Site Options: (none) DC object GUID: b533518a-5f8c-426e-b819-
c5348dacca66 DC invocationID: b533518a-5f8c-426e-b819-c5348dacca66 ==== INBOUND NEIGHBORS
==================================== DC=contoso,DC=com      Dallas\DC04 via RPC          DC object
GUID: b138e402-751f-4266-9413-1c0546b873e2         Last attempt @ 2009-04-14 10:46:47 was successful.
<- Hier sehen Sie, dass die interne Replikation im gleichen Standort zum Domänencontroller
DC04 ohne Probleme funktioniert hat. Stellen Sie sicher, dass die Replikation nur einige
Minuten zurückliegt, damit Sie interne Replikationsprobleme der Domänencontroller
ausschließen können.


-CN=Configuration,DC=contoso,DC=com      Dallas\DC02 via RPC           DC object GUID: c9fcc8e7-0bda-
44a7-963e-cbb36437c083         Last attempt @ 2009-04-14 10:45:58 failed, result 8524 (0x214c):
Ein DSA-Vorgang kann aufgrund eines DNS-Aufruffehlers nicht fortgesetzt werden.          15
consecutive failure(s).          Last success @ 2009-04-11 17:13:38. <- Hier sehen Sie, dass der
Domänencontroller DC03 nicht replizieren kann. Die Fehlermeldung können Sie zum Beispiel in
einer Suchmaschine oder der Microsoft Knowledge Base verwenden. Da sich der lokale
Domänencontroller mit DC04 replizieren kann, liegt vermutlich ein Problem auf dem DC02 vor.
Untersuchen Sie auf dem DC02, ob dieser auch mit dem DC04 replizieren kann. Wenn nicht,
liegt sicherlich ein Problem mit dem DC02 vor. Wenn nicht, liegt ein Leitungsproblem
zwischen DC02 und DC01 vor.


Dallas\DC03 via RPC          DC object GUID: df705a6c-1078-4803-8786-7e607a618557          Last attempt @ 2009-
04-14 10:46:19 failed, result 1722 (0x6ba):               Der RPC-Server ist nicht verfügbar.          7
consecutive failure(s).          Last success @ 2009-04-13 15:54:38 <- Auch diese Meldung ist
interessant. Sie können in einer Suchmaschine mit den verschiedenen Fehlermeldungen, die ich an
dieser Stelle fett und kursiv markiert habe, gezielt nach möglichen Problemlösungen suchen.
```

Untersuchen Sie bei Problemen genau, wann welche Replikation funktioniert und welche Verbindung nicht funktioniert. In der Anzeige erhalten Sie auch die Gründe, warum die Replikation nicht durchgeführt werden kann.

Sie sehen, dass Sie bereits einige Maßnahmen aus dem Tool ableiten können, die Sie bei der Fehlersuche unterstützen. Wichtig auch in diesem Bereich der Fehlersuche ist, dass Sie die Beschreibung des Fehlers so genau wie möglich wählen, damit Sie bei der Suche im Internet nur die wirklich passenden Antworten präsentiert bekommen.

Kerberostest mit *dcdiag.exe* ausführen

Die Version von *dcdiag.exe*, die mit Windows Server 2008 R2 ausgeliefert wird, enthält einen neuen Test, mit dem sich Replikationsprobleme anzeigen lassen, die von Kerberos-Problemen verursacht werden. Öffnen Sie eine neue Eingabeaufforderung und geben Sie den Befehl *dcdiag /test:CheckSecurityError /s:<Name des Domänencontrollers, der Probleme hat>* ein. Anschließend überprüft *dcdiag.exe* für diesen Domänencontroller, ob irgendeine Active Directory-Replikationsverbindung Probleme mit der Übertragung von Kerberos hat. Sie erhalten eine detaillierte Ausgabe aller Probleme, die der Quell-Domänencontroller bei der Replikation im Zusammenhang mit Kerberos hat. Die Ausgabe dieser Probleme ist eine wertvolle Hilfe bei der Suche nach Problemen in Active Directory. Oft spielen auch Sicherheitsprobleme bei der Replikation von Domänencontrollern eine Rolle. In diesem Fall erscheinen häufig Fehlermeldungen der Art »Zugriff verweigert«.

Notwendige SRV-Records im DNS unter *_msdcs* überprüfen

Jeder Domänencontroller in Active Directory hat neben seinem Host A-Namen, zum Beispiel *dc01.contoso.com*, noch einen zugehörigen *CNAME*, der das sogenannte *DSA (Directory System Agent)* -Objekt seiner NTDS-Settings darstellt. Dieses DSA-Objekt ist als SRV-Record im DNS unterhalb der Zone der Domäne unter dem Menüpunkt *_msdcs* zu finden. Der CNAME ist die GUID dieses DSA-Objekts. Domänencontroller versuchen Ihren Replikationspartner nicht mit dem herkömmlichen Host A-Eintrag aufzulösen, sondern mit dem hinterlegten CNAME. Sollte die Replikation nicht funktionieren, weil unterhalb der Active Directory-DNS-Domäne *_msdcs*-Einträge fehlen, können Sie in der Befehlszeile durch Eingabe des Befehls *dcdiag /fix* die Einträge wiederherstellen. Überprüfen Sie nach der Ausführung dieses Befehls, ob der CNAME des Servers registriert ist. Im Kapitel 39 gehen wir ebenfalls auf diese Thematik ein.

Zusammenfassung

In diesem Kapitel haben wir Ihnen gezeigt, wie Sie Active Directory auf verschiedene physische Standorte verteilen und die Replikation der Domänencontroller einrichten sowie Fehler beheben. Im nächsten Kapitel gehen wir auf Vertrauensstellungen zwischen Domänen und Gesamtstrukturen ein.

Kapitel 14

Vertrauensstellungen

In diesem Kapitel:

In Active Directory spielen Vertrauensstellungen eine noch wichtigere Rolle als unter Windows NT 4.0. In einer Gesamtstruktur werden bei der Erstellung von Domänen automatisch Vertrauensstellungen eingerichtet. Diese Vertrauensstellungen sind im Gegensatz zu Windows NT 4.0 transitiv. Bei Windows NT 4.0 konnten zwar auch Vertrauensstellungen eingerichtet werden, allerdings waren diese nicht transitiv. Wenn unter Windows NT 4.0 eine Vertrauensstellung zwischen den Domänen A und B sowie zwischen B und C eingerichtet wurde, dann hat nicht automatisch auch Domäne A der Domäne C oder umgekehrt die Domäne C der Domäne A vertraut. Diese Verbindung musste ebenfalls manuell erstellt werden.

Wichtige Grundlagen zu Vertrauensstellungen in Active Directory

Durch Domänen, untergeordnete Domänen und Strukturen gibt es die Möglichkeit, fast unbegrenzt Domänen anbinden zu können, die sich automatisch untereinander vertrauen. In Active Directory vertraut jede Domäne jeder anderen Domäne, die Bestandteil der gleichen Gesamtstruktur ist. Es ist nicht mehr notwendig, zahlreiche manuelle Vertrauensstellungen einzurichten.

Abbildg. 14.1 Transitive Vertrauensstellungen unter Windows Server 2008 R2 in Active Directory

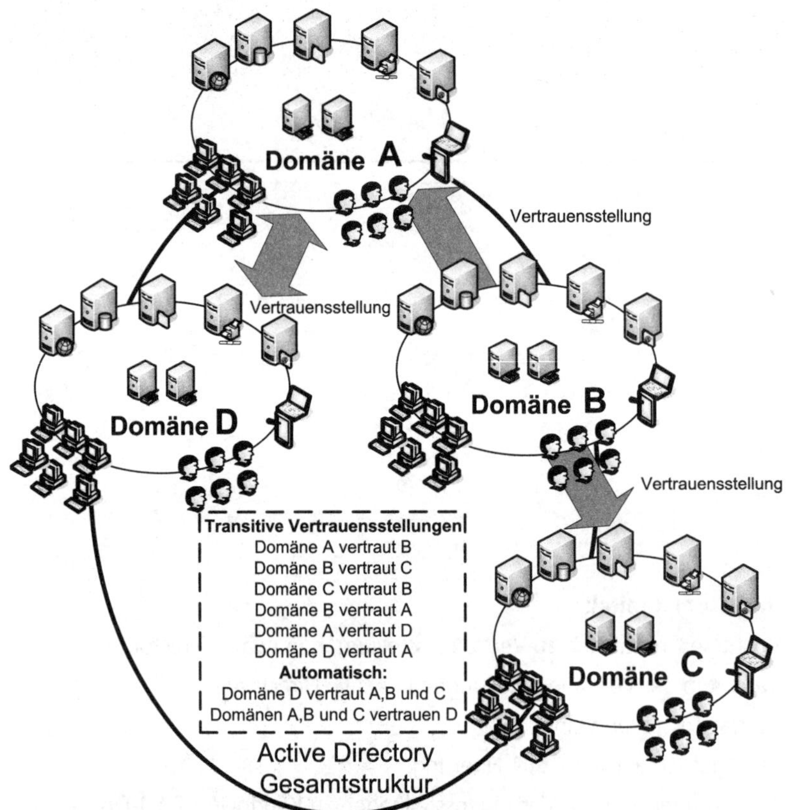

Auch wenn die Vertrauensstellungen in einer Gesamtstruktur auf den ersten Blick komplex erscheinen, sind sie einfacher als unter Windows NT 4.0, weil diese Vertrauensstellungen automatisch eingerichtet werden. Administratoren müssen keinerlei Maßnahmen vornehmen, damit sich Domänen in einer Gesamtstruktur untereinander vertrauen. Durch diese automatische Verbindung wird die Effizienz von verschiedenen Domänen und Strukturen innerhalb einer Gesamtstruktur deutlich erhöht. In einer Gesamtstruktur werden jedoch nicht automatisch Vertrauensstellungen zwischen allen Domänen eingerichtet, sondern es wird ein gewisses Schema beibehalten:

- Vertrauensstellungen zwischen übergeordneten und untergeordneten Domänen werden immer automatisch eingerichtet. Dieser Typ wird *Untergeordnete Vertrauensstellung* genannt.
- Zusätzlich werden noch Vertrauensstellungen zwischen den Rootdomänen der einzelnen Strukturen eingerichtet. Es gibt jedoch keine Vertrauensstellungen zwischen den Domänen verschiedener Strukturen. Diese vertrauen sich auf Basis der transitiven Vertrauensstellungen. Der Zugriff auf die Ressourcen wird zwischen Domänen durch transitive Vertrauensstellungen ermöglicht, nicht durch die direkte Verbindung zwischen den Domänen. Die Vertrauensstellungen zwischen den Rootdomänen der verschiedenen Strukturen werden *Strukturstamm-Vertrauensstellungen* genannt.

Die Verwaltung der Vertrauensstellungen findet mithilfe des Snap-Ins *Active Directory-Domänen und -Vertrauensstellungen* statt. Wenn Sie in diesem Snap-In die Eigenschaften einer Domäne aufrufen, finden Sie auf der Registerkarte *Vertrauensstellungen* alle ein- und ausgehenden Vertrauensstellungen dieser Domäne und die dazugehörigen Informationen.

Abbildg. 14.2 Anzeigen und verwalten der Vertrauensstellung einer Domäne

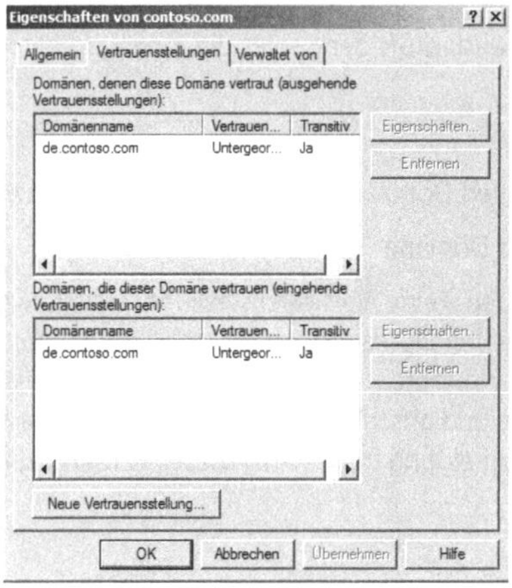

Außer den automatisch eingerichteten Vertrauensstellungen können Sie zusätzliche manuelle Vertrauensstellungen einrichten. Für viele Administratoren ist die Richtung der Vertrauensstellungen noch immer gewöhnungsbedürftig, da die einzelnen Begriffe teilweise etwas verwirrend sind. Generell gibt es in Active Directory zunächst zwei verschiedene Arten von Vertrauensstellungen, *unidirektionale* und *bidirektionale.* Bei *unidirektionalen* Vertrauensstellungen vertraut eine Domäne der anderen, aber nicht umgekehrt. Das heißt, die Benutzer der Domäne 1 können zwar auf Ressourcen der Domäne 2 zugreifen, aber die Benutzer in der Domäne 2 nicht auf Ressourcen in der Domäne 1. Dieser Vorgang ist auch umgekehrt denkbar.

Abbildg. 14.3 Vertrauensstellungen in Active Directory verstehen

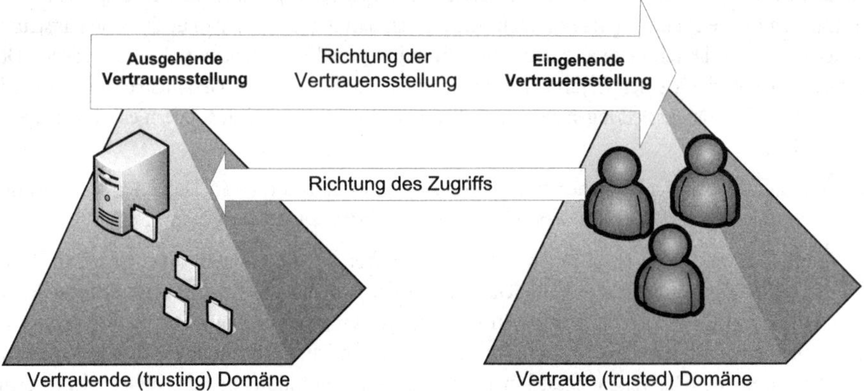

Weitere Unterscheidungen der Vertrauensstellungen in Active Directory sind *ausgehende* und *eingehende* Vertrauensstellungen. Bei ausgehenden Vertrauensstellungen vertraut die Domäne 1 der Domäne 2. Das heißt, Anwender der Domäne 2 dürfen auf Ressourcen der Domäne 1 zugreifen. Bei diesem Vorgang ist die Domäne, von der die Vertrauensstellung ausgeht, die *vertrauende (trusting)* Domäne. Bei der Domäne mit der eingehenden Vertrauensstellung handelt es sich um die *vertraute (trusted)* Domäne, in der die Benutzerkonten angelegt sind, die Berechtigungen in der vertrauenden Domäne haben.

HINWEIS Bevor eine Vertrauensstellung erstellt wird, prüft der Server die Eindeutigkeit in folgender Reihenfolge:

- Den NetBIOS-Namen der Domäne
- Den vollqualifizierten Domänennamen (Fully Qualified Domain Name, FQDN) der Domäne
- Die Sicherheitskennung (Security Identifier, SID) der Domäne

Diese drei Punkte müssen eindeutig sein, da ansonsten keine Vertrauensstellung erstellt werden kann. Wenn die Domänen-SID identisch ist, muss eine der beiden Domänen erneut installiert werden. Diese Szenarien können eintreffen, wenn eine Domäne von der anderen geklont oder nach dem Installieren des Betriebssystems auf einem Server dieser geklont wurde und anschließend *SYSPREP* nicht angewendet worden ist. Meistens erhalten Sie in diesem Fall eine Fehlermeldung in der Art »Dieser Vorgang kann nicht auf der aktuellen Domäne ausgeführt werden«.

Varianten der Vertrauensstellungen in Active Directory

Neben den beschriebenen Vertrauensstellungen in Active Directory gibt es verschiedene Möglichkeiten, nachträglich manuelle Vertrauensstellungen einzurichten:

- Externe Vertrauensstellungen, zum Beispiel zu Windows NT 4.0-Domänen oder einzelnen Domänen einer anderen Gesamtstruktur.
- Gesamtstruktur-übergreifende Vertrauensstellungen (neu seit Windows Server 2003), um die Rootdomänen von zwei unterschiedlichen Gesamtstrukturen zu verbinden. Alle Domänen der beiden Vertrauensstellungen vertrauen sich anschließend automatisch transitiv.

- Vertrauensstellungen zu einem Nicht-Windows-Kerberossystem
- Vertrauensstellungen zwischen untergeordneten Domänen verschiedener Strukturen, sogenannte Shortcut Trusts oder abkürzende Vertrauensstellungen, sind ebenfalls möglich. Diese Art der Vertrauensstellung wird häufig verwendet, um den Zugriff auf Ressourcen zwischen Domänen zu beschleunigen. In Active Directory vertrauen sich alle Domänen innerhalb einer Struktur untereinander. Diese Einrichtung der transitiven Vertrauensstellungen erfolgt automatisch. Es werden allerdings keine Vertrauensstellungen zwischen untergeordneten Domänen verschiedener Strukturen eingerichtet, sondern nur zwischen den Rootdomänen der einzelnen Strukturen. Wenn Anwender auf Daten verschiedener untergeordneter Domänen zugreifen wollen, muss die Authentifizierung daher immer den Weg bis zur Rootdomäne der eigenen Struktur gehen, dann zur Rootdomäne der anderen Struktur und schließlich zur entsprechenden untergeordneten Domäne. Diese Authentifizierung kann durchaus einige Zeit dauern.

Abbildg. 14.4 Pfad der Vertrauensstellungen mit mehreren Domänenstrukturen in einer Gesamtstruktur

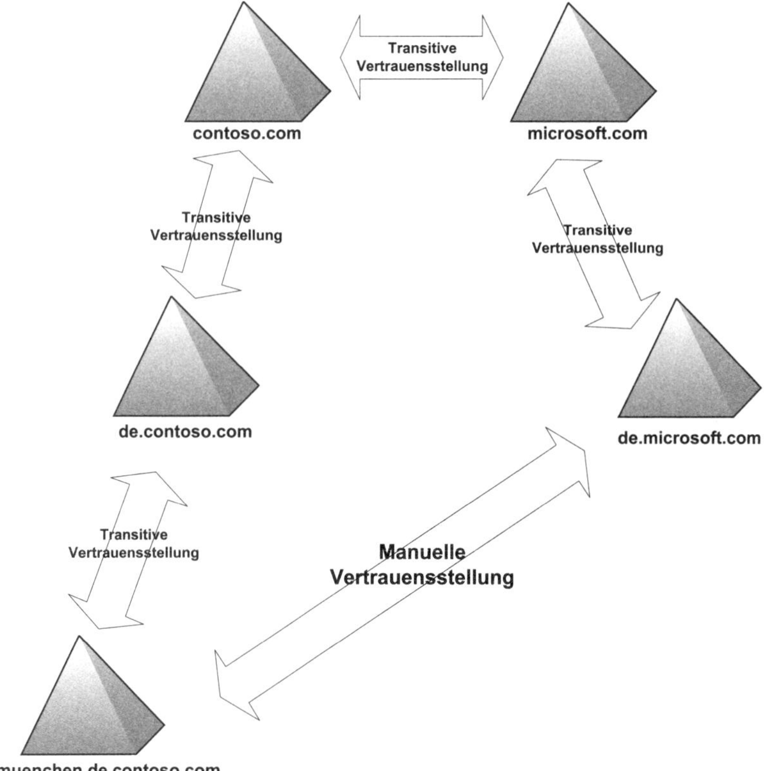

Vertrauensstellung einrichten

Wenn Sie eine Vertrauensstellung zu einer externen Domäne erstellen wollen, sollten Sie zunächst sicherstellen, dass die Namensauflösung zwischen den Domänen fehlerfrei funktioniert. Erst wenn die Namensauflösung stabil und zuverlässig klappt, sollten Sie die Vertrauensstellung einrichten. Hilfreich ist auch hier wieder eine WINS-Server-Infrastruktur, wenn Sie außerhalb von Active Directory-Domänen arbeiten.

TIPP Um eine externe bidirektionale Vertrauensstellung über die Befehlszeile einzurichten, können Sie auch den Befehl *netdom Trust <Vertrauende Domäne> /d:<Vertraute Domäne> /Add /Twoway* verwenden.

1. Um eine Vertrauensstellung einzurichten, rufen Sie im Snap-In *Active Directory-Domänen und -Vertrauensstellungen* die Eigenschaften der Domäne auf, von der die Vertrauensstellung ausgehen soll.
2. Wechseln Sie in den Eigenschaften auf die Registerkarte *Vertrauensstellungen.*
3. Klicken Sie auf die Schaltfläche *Neue Vertrauensstellung.* Es erscheint der Assistent zur Einrichtung neuer Vertrauensstellungen. Bestätigen Sie das Fenster und geben Sie auf der zweiten Seite den Namen der Domäne an, zu der Sie eine Vertrauensstellung einrichten wollen.

Abbildg. 14.5 Aufruf des Assistenten zum Erstellen einer neuen Gesamtstruktur

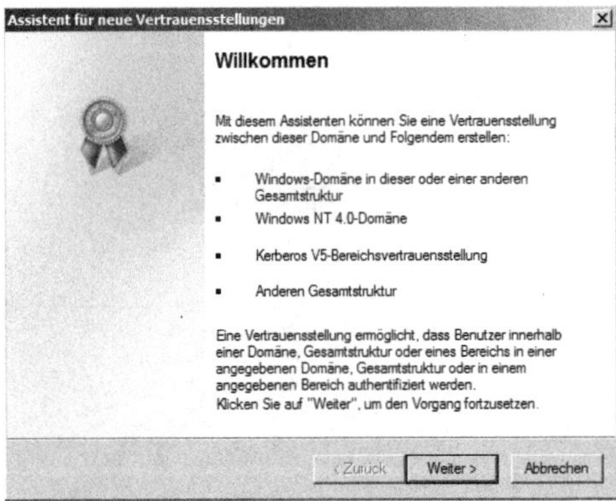

4. Wenn Sie eine Vertrauensstellung zu einer Active Directory-Domäne aufbauen wollen, verwenden Sie am besten den DNS-Namen, beim Verbindungsaufbau zu einer Windows NT 4.0-Domäne den NetBIOS-Namen.

Abbildg. 14.6 Festlegen des Namens der Domäne, zu der Sie eine Vertrauensstellung aufbauen wollen

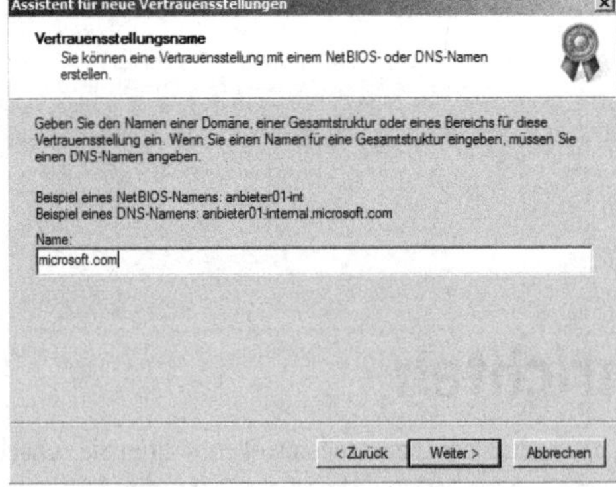

5. Nach einem Klick auf *Weiter* überprüft der Assistent, ob er eine Verbindung zur Domäne aufbauen kann. Wollen Sie eine Vertrauensstellung mit einer anderen Gesamtstruktur aufbauen, können Sie im nächsten

Fenster diese Option auswählen. Bei einer externen Vertrauensstellung kann eine uni- oder bidirektionale Vertrauensstellung zu einer einzelnen Domäne (in einer separaten Gesamtstruktur) eingerichtet werden. Diese Art einer Vertrauensstellung ist nie transitiv. Eine externe Vertrauensstellung kann notwendig sein, wenn Benutzer Zugriff auf Ressourcen einer anderen Domäne in einer anderen Gesamtstruktur benötigen und keine Gesamtstrukturvertrauensstellung besteht. Dadurch wird eine explizite Vertrauensstellung nur zu dieser einen Domäne erstellt. Wenn diese Domäne weiteren Domänen vertraut, bleibt der Zugriff auf die weiteren Domänen verwehrt. Gesamtstrukturvertrauensstellungen haben den Vorteil, dass diese eine vollständige Kerberos-Integration zwischen Gesamtstrukturen bieten, und zwar bidirektional und transitiv.

Abbildg. 14.7 Erstellen einer neuen Gesamtstrukturvertrauensstellung

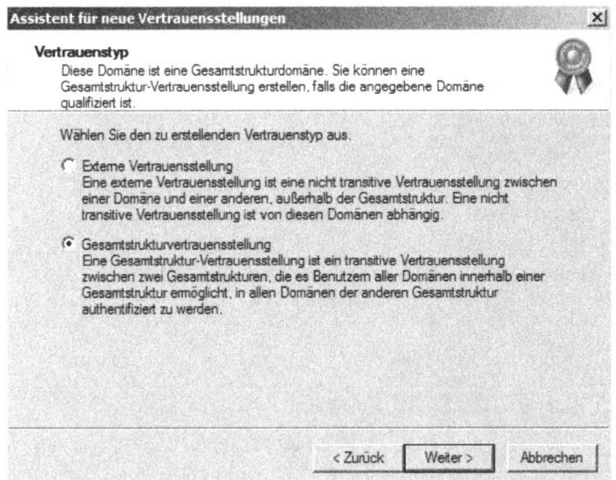

Voraussetzungen für Gesamtstruktur-übergreifende Vertrauensstellungen

Für die Gesamtstruktur-übergreifenden Vertrauensstellungen müssen einige Voraussetzungen geschaffen werden:

- Gesamtstruktur-übergreifende Vertrauensstellungen werden nur in Windows Server 2003/2008/2008 R2-Gesamtstrukturen unterstützt
- Stellen Sie sicher, dass sich die Domänenfunktionsebene und die Gesamtstrukturfunktionsebene im Windows Server 2003-Modus, besser im Windows Server 2008 R2-Modus befindet
- Stellen Sie sicher, dass die Namensauflösung zwischen den Gesamtstrukturen funktioniert. Stellen Sie domänenspezifische Weiterleitungen her und überprüfen Sie, ob sich die Domänencontroller der beiden Gesamtstrukturen untereinander per DNS auflösen können. Alternativ können Sie einen DNS-Server erstellen, der für die Zonen beider Gesamtstrukturen zuständig ist.
- Bei Gesamtstruktur-übergreifenden Vertrauensstellungen müssen Sie nur die beiden Rootdomänen der Gesamtstrukturen durch eine Vertrauensstellung verbinden. Dann vertrauen sich die Domänen der beiden Gesamtstrukturen transitiv, sodass Sie durch eine Vertrauensstellung mehrere Domänen miteinander verbinden können.

Nach der Auswahl der Art der Vertrauensstellung, können Sie festlegen, ob Sie eine unidirektionale oder bidirektionale Vertrauensstellung aufbauen wollen:

- **Bidirektional** In diesem Fall können sich die Anwender beider Domänen in der jeweils anderen Domäne authentifizieren

- **Unidirektional: eingehend** Bei dieser Variante legen Sie fest, dass es sich bei dieser Domäne um die vertraute Domäne der Vertrauensstellung handelt. In diesem Fall können sich die Benutzer dieser Domäne bei der anderen Domäne authentifizieren.
- **Unidirektional: ausgehend** Bei dieser Vertrauensstellung konfigurieren Sie, dass sich ausschließlich die Anwender der anderen Domäne bei dieser Domäne anmelden dürfen. Die Benutzer dieser Domäne können sich hingegen nicht bei der anderen Domäne anmelden.

Abbildg. 14.8 Festlegen der Richtung von Vertrauensstellungen

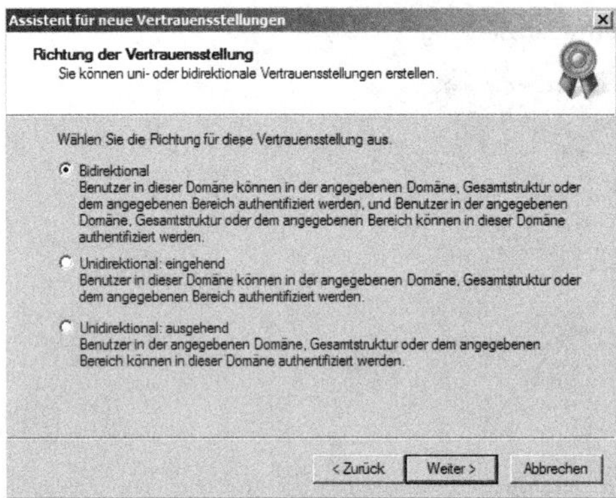

Im nächsten Fenster können Sie bei Gesamtstrukturvertrauensstellungen auswählen, ob Sie auch gleich die Vertrauensstellung in der anderen Domäne der anderen Gesamtstruktur erstellen wollen. Diese Option ist selten sinnvoll. Erstellen Sie am besten erst die Vertrauensstellung in der Stammdomäne der einen, dann der anderen Gesamtstruktur.

Abbildg. 14.9 Auswählen, ob die Gesamtstrukturvertrauensstellung in beiden Domänen eingerichtet werden soll

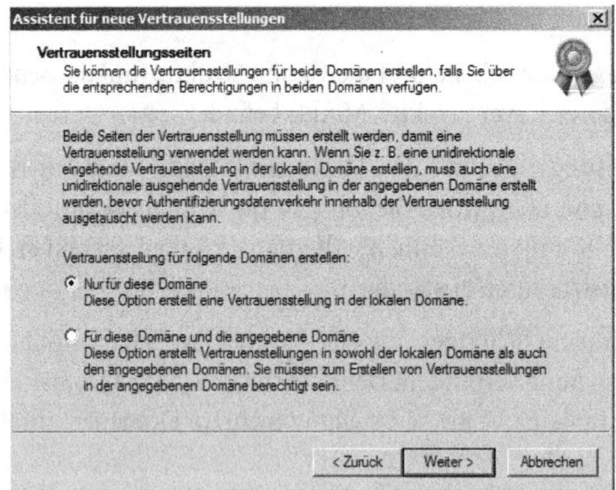

Im nächsten Fenster legen Sie den Bereich der Authentifizierung der Vertrauensstellung fest. Die meisten Administratoren verwenden hier die Option *Ausgewählte Authentifizierung* bzw. bei einer Gesamtstrukturvertrauensstellung die Option *Gesamtstrukturweite Authentifizierung*. Dabei können die Anwender der anderen Domäne durch Gruppenmitgliedschaften oder direkte Berechtigungen Zugriff auf die Ressourcen dieser Domäne nehmen. Wenn Sie die Variante *Ausgewählte Authentifizierung* auswählen, müssen Sie für jeden Server, auf den die

Anwender der anderen Domäne zugreifen dürfen, in den Sicherheitseinstellungen die Option *Darf authentifizieren* aktivieren. Durch diese Einstellung erhöhen Sie zwar die Sicherheit auf der anderen Seite, aber auch den Verwaltungsaufwand für die Berechtigungsstruktur. Wenn Sie diese Option aktivieren, wird der Zugriff auf die einzelnen Server im Unternehmen für die Benutzer der anderen Domäne verweigert. Erst muss diese Verweigerung für jeden Server mit Aktivierung der Option *Darf authentifizieren* einzeln zurückgenommen werden. Im nächsten Fenster müssen Sie ein Kennwort für die Vertrauensstellung festlegen. Merken Sie sich dieses Kennwort, da Sie es unter Umständen später wieder für die Verifizierung verwenden müssen.

HINWEIS Verbinden Sie zwei Gesamtstrukturen durch eine Gesamtstruktur-übergreifende Vertrauensstellung, sollten Sie sicherstellen, dass möglichst alle Domänennamen eindeutig sind. Sobald in den Gesamtstrukturen doppelte DNS- oder NetBIOS-Namen auftreten, können diese Domänen nicht auf Ressourcen der jeweils anderen Gesamtstruktur zugreifen.

Wählen Sie im nächsten Fenster aus, ob Sie die Vertrauensstellung überprüfen wollen. Wenn Sie eine Vertrauensstellung zu einer Windows NT 4.0-Domäne einrichten, sollten Sie zunächst die Vertrauensstellung auf der Seite der Windows NT 4.0-Domäne einrichten, bevor Sie in den Eigenschaften der Vertrauensstellung in der Active Directory-Domäne die Überprüfung starten. Erst wenn eine Vertrauensstellung als aktiv verifiziert wurde, können Sie auch sicher sein, dass Anwender auf die Ressourcen zugreifen können. Wenn die Erstellung einer Vertrauensstellung nicht funktioniert, liegt es fast immer an Problemen mit der Namensauflösung oder entsprechenden Berechtigungen. Unter Umständen müssen Sie sich bei der Überprüfung der Vertrauensstellung erneut in der anderen Domäne authentifizieren. Nach der erfolgreichen Überprüfung erhalten Sie eine Meldung, dass die Vertrauensstellung aktiv ist. Wenn in Ihrer Gesamtstruktur mehrere Strukturen eingesetzt werden, können Sie in der Gesamtstruktur-übergreifenden Vertrauensstellung festlegen, welche Namensräume bzw. Strukturen diese Vertrauensstellung nutzen kann. Sie können einzelne Namensräume aus dem Routing entfernen oder später über die Eigenschaften der Vertrauensstellung hinzufügen. Für die Verwaltung dieser verschiedenen Strukturen können Sie in den Eigenschaften der Vertrauensstellung die Registerkarte *Namensuffixrouting* verwenden.

Abbildg. 14.10 Konfigurieren des Namensuffixroutings für eine Gesamtstrukturvertrauensstellung

Automatisch aktivierte SID-Filterung

Wenn Sie die Erstellung der Vertrauensstellung abgeschlossen haben, erhalten Sie einen Hinweis, dass der SID-Filter für diese externe Vertrauensstellung aktiviert ist. Der SID-Filter wird automatisch aktiviert, wenn eine Vertrauensstellung zu einer externen Domäne von einem Windows Server 2003/2008/2008 R2-Domänencontroller oder einem Domänencontroller unter Windows 2000 Server mit SP4 eingerichtet wird. Mit der SID-Filterung werden ausgehende Vertrauensstellungen gesichert. Dadurch soll verhindert werden, dass Administratoren in der vertrauten (trusted) Domäne unberechtigt Berechtigungen innerhalb der vertrauenden (trusting) Domäne vergeben. Der SID-Filter stellt sicher, dass sich in der vertrauenden Domäne ausschließlich Benutzer aus der vertrauten Domäne authentifizieren dürfen, deren SID die Domänen-SID der vertrauten Domäne enthalten. Wenn die SID-Filterung deaktiviert wird, könnte ein außenstehender Benutzer, der Administratorrechte in der vertrauten Domäne besitzt, den Netzwerkverkehr der vertrauenden Domäne abhören und die SID eines Administrators auslesen. Im Anschluss kann er diese SID seiner eigenen SID-History anhängen. Durch diesen Vorgang würde also ein Administrator der vertrauten Domäne zu Administratorrechten in der vertrauenden Domäne gelangen.

Durch die Aktivierung der SID-Filterung ist es allerdings auch möglich, dass die SID-History der Anwender ignoriert wird, die diese unter Umständen aus anderen Domänen durch eine Migration erhalten haben. In diesem Fall könnten Probleme bei der Authentifizierung bei Ressourcen auftreten. Der SID-Filter kann daher nicht immer eingesetzt werden. Verwenden Sie den SID-Filter für die Absicherung von Windows NT 4.0-Vertrauensstellungen, sind selten Probleme zu erwarten. Schwierig wird es dagegen, wenn Sie eine externe Vertrauensstellung zu einer Domäne in Active Directory einrichten. Wenn Sie für Ressourcen in der vertrauenden Domäne Berechtigungen für eine universale Gruppe aus dem Active Directory der vertrauten Domäne vergeben, müssen Sie zuvor sicherstellen, dass diese universale Gruppe auch in der vertrauten Domäne erstellt wurde, und nicht in einer anderen Active Directory-Domäne. Wurde die universale Gruppe nicht in der vertrauten Domäne erstellt, enthält sie auch nicht die SID dieser Domäne und darf durch die SID-Filterung nicht auf die Ressourcen in der vertrauenden Domäne zugreifen. Aus den genannten Gründen, vor allem bei Migrationen oder Vertrauensstellungen zu Domänen eines anderen Active Directory, kann es sinnvoll sein, die SID-Filterung zu deaktivieren.

Die Deaktivierung der SID-Filterung erfolgt über das Befehlszeilenprogramm *netdom.exe*. Um die SID-Filterung zu deaktivieren, geben Sie in der Befehlszeile den folgenden Befehl ein:

```
netdom trust <VertrauendeDomäne> /domain:<VertrauteDomäne> /quarantine:no /
userD:<Domänenadministrator> /passwordD:<KennwortDesDomänenAdministrators>
```

Sie können die SID-Filterung wieder ganz einfach aktivieren, indem Sie die Option */quarantine:* auf *yes* setzen, also mit dem Befehl

```
netdom trust <VertrauendeDomäne> /domain:<VertrauteDomäne> /quarantine:yes /
userD:<Domänenadministrator> /passwordD: <KennwortDesDomänenAdministrators>
```

Namensauflösung für Vertrauensstellungen zu Windows NT 4.0-Domänen

In manchen Fällen kann es beim Einrichten der Vertrauensstellungen zu Problemen kommen. Daran sind oft fehlerhafte Namensauflösungen, abgesicherte Router zwischen verschiedenen Subnets oder Fehler auf den WINS-Servern verantwortlich. Sie können zwar unter Umständen von einem Server den jeweils anderen Server auch mit dessen Namen anpingen. Wenn Sie die Vertrauensstellung einrichten wollen, erscheint dennoch die Meldung, dass der Domänencontroller der Domäne nicht gefunden werden kann. Können Sie keine Vertrauensstellung zwischen zwei Domänencontrollern der verschiedenen Domänen einrichten, sollten Sie auf beiden Servern eine *LMHOSTS*-Datei anlegen und bearbeiten. Diese Datei finden Sie im Verzeichnis *system32\drivers\etc*. Achten Sie darauf, dass Sie sich die Dateiendungen anzeigen lassen, da in diesem Verzeichnis auch eine Datei *LMHOSTS.sam* liegt, wobei die Endung *.sam* eventuell unterdrückt wird. Damit die Namensauflösung funktioniert, muss die Datei *LMHOSTS* ohne irgendeine Endung benannt werden. In dieser Datei sollten Sie die Auflösung der Domänen konfigurieren, damit der WINS-Server für diese Auflösung übergangen wird. Schreiben Sie folgende Zeilen in die Datei *LMHOSTS* und ändern Sie dabei die Werte auf Ihre Konfiguration ab:

```
10.0.0.1 PDCNAME #pre #dom:Domäne
10.0.0.1 Domäne        \0x1b #pre
```

Achten Sie auf die Groß- und Kleinschreibung. Die IP-Adresse muss mit der Adresse Ihres PDC übereinstimmen. Zwischen den Anführungszeichen in der zweiten Zeile müssen zwingend 20 Zeichen stehen, sonst funktioniert die Auflösung nicht. Gleich zu Beginn muss der NetBIOS-Name der Windows-Domäne stehen, zu der die Vertrauensstellung aufgebaut werden soll. Der NetBIOS-Name darf per Definition nur 15 Zeichen lang sein. Wenn der Name der Domäne, die aufgelöst werden soll, kürzer ist, müssen Sie den Namen mit Leerzeichen bis auf 15 Zeichen auffüllen. Nach dem 15. Zeichen muss die Zeichenfolge 0x1b und dann gleich das abschließende Anführungszeichen folgen. Der Backslash muss zwingend auf Position 16 stehen. Nachdem Sie diese Änderungen vorgenommen haben, müssen Sie den Server entweder neu starten oder den NetBIOS-Cache durch den Befehl *nbtstat –r* neu laden. Das Laden des Cache sollte Ihnen auch mit einer entsprechenden Meldung angezeigt werden. Mit dem Befehl *nbtstat –c* können Sie sich den Cache anzeigen lassen. Bei der Anzeige des Cache muss die Domäne als Typ 1B vermerkt sein, dann ist alles korrekt. Wird die Domäne nicht angezeigt, sollten Sie den Server neu starten oder Ihre Eingaben überprüfen. Wenn Sie die Vertrauensstellung neu einrichten, sollte kein Fehler mehr erscheinen. Sie können die Datei *LMHOSTS* auch für alle Windows NT 4.0-Rechner verwenden, die Probleme haben, einen Active Directory-Domänencontroller zu finden. Diese Konfiguration ist allerdings recht komplex, der Einsatz eines oder mehrerer WINS-Server ist im Vergleich deutlich effizienter.

Zusammenfassung

In diesem Kapitel haben wir Ihnen gezeigt, wie Sie Vertrauensstellungen innerhalb einer Active Directory-Gesamtstruktur einrichten, um die Leistung zu verbessern. Aber auch die Einrichtung von Vertrauensstellungen zwischen Gesamtstrukturen war Thema dieses Kapitels, was vor allem bei Migrationen eine wichtige Rolle spielt. Im nächsten Kapitel widmen wir uns der Benutzerverwaltung in Active Directory und der verschiedenen Möglichkeiten der Benutzerprofile in Windows 7 und Windows Server 2008 R2.

Kapitel 15

Benutzerverwaltung und Active Directory-Verwaltungscenter

In diesem Kapitel:

Die Benutzerverwaltung in Windows Server 2008 R2 ist im Vergleich zu Windows Server 2003 etwas komplexer geworden, unterscheidet sich aber nicht stark von Windows Server 2008. In den einzelnen Verzeichnissen von Benutzerprofilen gibt es deutlich mehr Unterscheidungen und es gibt mehr Möglichkeiten Ordner auf Freigaben im Netzwerk umzuleiten. Die Verwaltung von Benutzern einer Domäne findet mit dem Snap-In *Active Directory-Benutzer und -Computer* statt. Lokale Benutzerkonten verwalten Sie über den lokalen Benutzermanager, den Sie über *Start/Ausführen/lusrmgr.msc* starten. Um Kennwörter zurückzusetzen oder routinemäßige Aufgaben wie das Anlegen von Benutzern durchzuführen, können Sie auch das neue Active Directory-Verwaltungscenter verwenden (siehe die Kapitel 9 und 10).

Standardcontainer in Active Directory

In Active Directory findet sich eine Reihe von vordefinierten Containern. Die nachfolgende Betrachtung konzentriert sich auf die fünf Standardcontainer. Ein Container ist eine Gliederungseinheit. Domänen sind ebenso wie Organisationseinheiten Container, in denen andere Objekte wie Benutzer oder Gruppen enthalten sein können. Die Standardcontainer in Active Directory sind nicht als Organisationseinheiten definiert, weshalb bestimmte Funktionen wie die Zuordnung von Gruppenrichtlinien dafür nicht zur Verfügung stehen. Bei einer intensiveren Beschäftigung mit Active Directory ist zudem wichtig, dass die LDAP-Namen dieser Container cn=*users,dc=contoso,dc=com* und nicht **ou**=*users,dc=contoso,dc=com* lauten, weil es eben keine Organisationseinheiten sind. Das zu wissen, kann, wenn Sie einmal LDAP-Namen eingeben müssen, einiges an Sucharbeit und Ärger ersparen. Die Container haben folgende Funktionen:

- Im Container *Builtin* befinden sich vom System vordefinierte Gruppen.
- Der Container *Computers* enthält Objekte für alle Computer, die in die Domäne aufgenommen worden sind. Jeder Computer wird mit einem eigenen Objekt in Active Directory verwaltet. Computer können zu Gruppen zusammengefasst werden.
- Im Container *Domain Controllers* finden sich Objekte für alle Domänencontroller der Domäne. Für diesen Container gibt es eine eigene Gruppenrichtlinie, die besondere Sicherheitseinstellungen für die Domänencontroller konfiguriert. Daher wurden diese von den übrigen Computern getrennt.
- Der Container *ForeignSecurityPrinicipals* enthält Informationen über SIDs, die mit Objekten aus entfernten, vertrauten Domänen verbunden sind.
- *Managed Service Accounts* - In diesem Container sind die verwalteten Dienstkonten gespeichert. Diese behandeln wir ausführlich im Kapitel 11.
- Im Container *Users* stehen die Benutzer und Gruppen, die vom Windows Server 2008 R2 automatisch angelegt werden. Es können weitere Benutzer und Gruppen eingerichtet werden. Der wichtigste Container von Active Directory für die Administration ist zunächst der Ordner *Users*. Allerdings muss gut überlegt werden, in welchem Maß Sie dort neue Benutzer und Gruppen anlegen oder stattdessen von Beginn an mit Organisationseinheiten arbeiten, um die Informationen sauber zu strukturieren.

Die wichtigsten Gruppen im Container *Builtin*

Im Gegensatz zu anderen Gruppen können die vordefinierten Gruppen im Container *Builtin* weder gelöscht noch umbenannt werden. Es können die Zuordnungen von Benutzern und Gruppen angepasst werden. Folgende Gruppen werden in diesem Bereich definiert:

- **Administratoren** Diese Gruppe hat Vollzugriff auf den Computer beziehungsweise auf die Domäne. Es handelt sich um die lokale Gruppe der Administratoren. Wie weit sich deren Rechte erstrecken, ist davon abhängig, ob es sich um einen Domänencontroller oder um einen Mitglieds- beziehungsweise alleinstehenden Server handelt. Im ersten Fall haben die Mitglieder Vollzugriff auf die Domäne – nicht andere Domänen in der Struktur –, im zweiten Fall dagegen nur Vollzugriff auf das lokale System. Wird ein Server in eine Domäne aufgenommen, wird während dieses Prozesses die Gruppe *Domänen-Admins* in die Gruppe der lokalen *Administratoren* aufgenommen.

- **Benutzer** Die Mitglieder dieser Gruppe haben Benutzerrechte im System. Sie können mit dem System arbeiten und Dokumente speichern. Sie können aber keine Programme installieren oder kritische Anpassungen an Einstellungen des Systems vornehmen. Bei Servern haben die Mitglieder dieser Gruppe allerdings im Regelfall nur das Recht, über das Netzwerk zuzugreifen. Sie dürfen sich dagegen nicht lokal anmelden. Wird ein Server in eine Domäne aufgenommen, wird während dieses Prozesses die Gruppe *Domänen-Benutzer* in die Gruppe der lokalen *Benutzer* aufgenommen.
- **Distributed COM-Benutzer** Mitglieder dieser Gruppe dürfen die Komponentendienste verwalten und Komponenten für diese Verwaltung hinzufügen und verwalten. Diese Dienste werden hauptsächlich für interaktive Webanwendungen benötigt.
- **Druck-Operatoren** Die Mitglieder dieser Gruppe können Drucker verwalten und installieren.
- **Ereignisprotokollleser** Mitglieder dieser Gruppe haben das Recht das lokale Ereignisprotokoll zu lesen.
- **Erstellung eingehender Gesamtstrukturvertrauensstellung** Mitglieder dieser Gruppe dürfen Vertrauensstellungen zwischen verschiedenen Gesamtstrukturen erstellen.
- **Gäste** Mitglieder dieser Gruppe können mit dem Computer arbeiten und Dokumente speichern. Die Gruppe sollte allerdings aus Gründen der Sicherheit nicht verwendet werden. Das zugehörige Benutzerkonto *Gast* ist deaktiviert.
- **IIS_IUSRS** Diese Gruppe wird durch den IIS zur Authentifizierung verwendet. Das neue anonyme Konto *IIS_IUSR* ist direkt integriert, was bedeutet, dass sich das Ablaufen der Kennwörter nicht auf das Konto auswirkt und dass auch keine Kennwortsynchronisierung zwischen Computern erforderlich ist. Die neue Gruppe *IIS_IUSRS* ersetzt die Gruppe *IIS_WPG* und ist automatisch in die Identität des Arbeitsprozesses integriert. Durch *IIS_IUSR* und *IIS_USRS* lassen sich Anwendungsinhalte, in denen Zugriffssteuerungslisten (Access Control Lists, ACLs) für das anonyme IIS-Konto und die anonyme IIS-Gruppe definiert werden, schnell und einfach auf einen anderen IIS-Server kopieren, ohne dass zusätzliche Schritte zur Beibehaltung der Sicherheitseinstellungen notwendig wären.
- **Konten-Operatoren** Die Mitglieder dieser Gruppe können Benutzer und Benutzergruppen in der Domäne sowie Computerkonten verwalten.
- **Kryptografie-Operatoren** Mitglieder dieser Gruppe verfügen über administrative Berechtigungen für Zertifikate und deren Ausstellung der lokalen Zertifizierungsstelle.
- **Leistungsprotokollbenutzer** und **Leistungsüberwachungsbenutzer** Die Mitglieder dieser Gruppe verfügen über Remotezugriffsrechte, um die Protokollierung von Leistungsindikatoren auf dem lokalen System planen zu können.
- **Netzwerkkonfigurations-Operatoren** Dieser Gruppe sind verschiedene Administrationsrechte zur Verwaltung von Netzwerkfunktionen zugeordnet. Sie können damit wichtige Bereiche der Netzwerkkonfiguration wie Protokolleinstellungen anpassen, ohne allerdings umfassendere Berechtigungen im System zu erhalten.
- **Prä-Windows 2000 kompatibler Zugriff** Wie der Name der Gruppe bereits sagt, handelt es sich um eine Gruppe, die speziell für die Kompatibilität mit Vorgängerversionen erstellt wurde. Sie erlaubt einen Zugriff, der kompatibel mit Windows NT 3.x und Windows NT 4.0 ist und den dortigen Zugriffsberechtigungen für die Gruppe *Benutzer* exakt entspricht. Hintergrund ist, dass einige Sicherheitseinstellungen ab Windows 2000 deutlich enger definiert wurden. Das führt dazu, dass Zugriffe von älteren Clients in verschiede-

nen Situationen nicht mehr funktionieren würden. Da die Delegierung von Berechtigungen bei Windows NT 4.0 nicht in der Form wie in Active Directory zur Verfügung steht, wurde diese Gruppe entwickelt. Sobald sich ein älterer Client anmeldet, wird seine SID in dieser Gruppe eingefügt. Über die Gruppe können Zugriffsprobleme für ältere Clients gelöst werden, indem erforderliche Berechtigungen an die Gruppe delegiert werden.

Abbildg. 15.1 Die Standardgruppen in Active Directory

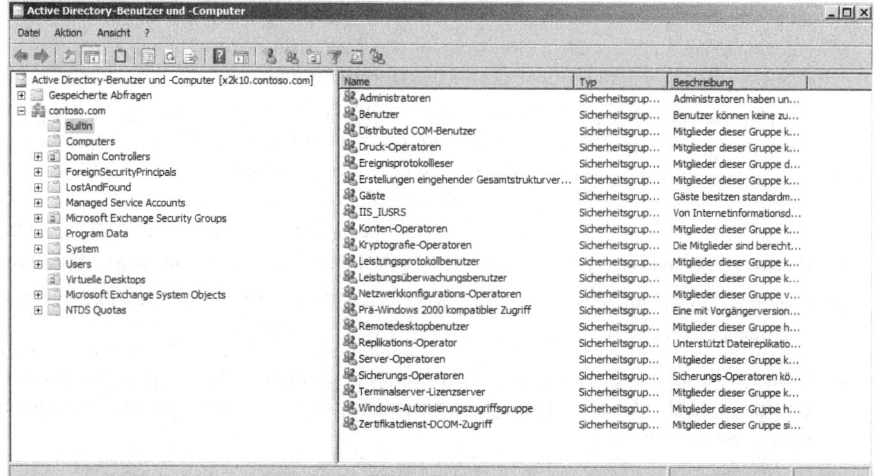

- **Remotedesktopbenutzer** Mitglieder dieser Gruppe haben die Berechtigung, über den Remotedesktop – die administrative Variante der Terminaldienste – auf den Computer zuzugreifen und entsprechend ihrer lokalen Berechtigungen darauf zu arbeiten und Anpassungen an der Systemkonfiguration vorzunehmen. Die Mitgliedschaft in dieser Gruppe berechtigt nur zum Zugriff, ohne weitergehende Berechtigungen für die Systemadministration zu geben. Diese werden weiterhin durch Berechtigungen im Dateisystem, in Active Directory und anderen Bereichen des Systems gesteuert.
- **Replikations-Operator** Die Mitglieder dieser Gruppe können die Dateireplikation zwischen Servern steuern.
- **Server-Operatoren** Die Mitglieder dieser Gruppe können Domänencontroller verwalten.
- **Sicherungs-Operatoren** Die Sicherungs-Operatoren können Dateien mithilfe von Backup-Programmen sichern.
- **Terminalserver-Lizenzserver** Diese spezielle Gruppe wird für den Betrieb des Terminalserver-Lizenzservers benötigt, um diesem Zugriffsberechtigungen auf dem lokalen System einzuräumen.
- **Windows-Autorisierungszugriffsgruppe** Hinter diesem Begriff verbirgt sich eine Gruppe, mit der Benutzer die berechneten Gruppenzugehörigkeiten von anderen Benutzern erfragen können. Das wird teilweise von Anwendungen im Bereich der Autorisierung benötigt. Mitglieder sind spezielle Konten, in deren Kontext Dienste ausgeführt werden.
- **Zertifikatdienst-DCOM-Zugriff** Mitglieder dieser Gruppe dürfen die Zertifikatdienste verwalten und Verbindung aufbauen.

Die Objekte in den Containern *Computers* und *Domain Controllers*

Die beiden Container *Computers* und *Domain Controllers* werden verwendet, um die Objekte, mit denen Computer in Active Directory abgebildet werden, zu speichern. Hintergrund ist, dass erst die Gruppenrichtlinien angewendet werden können, für deren Steuerung die Computerobjekte unter anderem wichtig sind. Während der Container *Domain Controllers* unverändert belassen werden sollte, kann der Container *Computers* durchaus angepasst werden. Es ist wenig sinnvoll, in einer größeren Domäne womöglich Tausende von Computerobjekten in einem einzigen Container zu verwalten.

Der Container *Domain Controllers*

Windows Server 2008 R2 unterscheidet bei den Computer-Objekten zwischen Domänencontrollern und anderen Computern. Andere Computer können sowohl Windows Server 2008 R2, Windows Server 2003/2008 als auch Windows 2000 Server als Clients, die Mitglied einer Domäne sind, sein. Als Clients werden sowohl Windows XP, Windows 2000 Professional, Windows Vista und Windows 7 unterstützt. Alle Plattformen benötigen Computer-Objekte. Die Unterscheidung zwischen normalen Computern und Domänencontrollern in unterschiedlichen Containern ist sinnvoll, weil dadurch unterschiedliche Sicherheitsrichtlinien auf diese Systeme angewendet werden können. Domänencontroller sollten in der Regel nicht von einschränkenden Richtlinien, die für die Arbeitsstationen von Endanwendern definiert werden, betroffen sein. Das wird durch die Verwaltung der Domänencontroller in einer eigenen organisatorischen Einheit und die Definition spezieller Gruppenrichtlinien für diese Systeme erreicht. Für die Objekte in der Gruppe *Domain Controllers* können eine Reihe von Befehlen ausgeführt werden. Die wichtigsten sind:

- Mit dem Befehl *Verschieben* können Objekte in einen Container der gleichen Domäne verschoben werden.
- Mit *Verwalten* kann die Computerverwaltung für das ausgewählte Objekt aufgerufen werden.
- Der Befehl *Eigenschaften* zeigt die Detailinformationen zu einem Objekt an.
- Der Befehl *Konto zurücksetzen* wird zwar im Kontextmenü dieser Objekte angeboten, kann aber nicht genutzt werden, da die Verwaltung von Kennwörtern bei Domänencontrollern durch das System erfolgt. Das Zurücksetzen von Kennwörtern für Domänencontroller erfolgt durch das Befehlszeilentool *netdom* über den Befehl

```
netdom resetpwd /server:<Ein Domänencontroller der Domäne, der noch funktioniert>
/userd:<Administratorkonto der Domäne> /passwordd:<Kennwort des Administrators>
```

Wichtige Administratorkonten in Active Directory

In Active Directory gibt es verschiedene Administratorengruppen, die über unterschiedliche Berechtigungen verfügen. Nur wenn ein Konto in allen wichtigen Administratorgruppen Mitglied ist, verfügt es über umfassende Rechte in Active Directory. Diese Gruppen befinden sich im Container *Users*. Im folgenden Abschnitt besprechen wir diese Gruppen ausführlicher, damit Sie die Auswirkungen verstehen, wenn Sie einen Anwender als Mitglied einer dieser Gruppen aufnehmen:

- **Domänen-Admins** Enthalten die Administratoren, welche die lokale Domäne verwalten und umfassende Rechte in dieser Domäne haben. Ein Administrator ist jeweils nur für eine Domäne zuständig. Wenn Sie mehrere Domänen in einer Gesamtstruktur anlegen, gibt es mehrere Benutzerkonten *Administrator*, die jeweils zu einer Domäne gehören und nur in dieser einen Domäne volle administrative Berechtigungen besitzen. Domänen-Admins haben in einer Domäne umfassendere Rechte als Organisations-Admins

- **Organisations-Admins** Sind eine spezielle Gruppe von Administratoren, die Berechtigungen für alle Domänen in Active Directory besitzen. Sie haben auf Ebene der Gesamtstruktur die meisten Rechte, aber in einzelnen Domänen haben die Domänen-Admins mehr Rechte. Organisations-Admins gibt es nur in der Rootdomäne.
- **Schema-Admins** Sind eine der kritischsten Gruppen überhaupt. Mitglieder dieser Gruppe dürfen Veränderungen am Active Directory-Schema vornehmen. Produkte, die das Active Directory-Schema erweitern, wie zum Beispiel Exchange Server 2007, können nur installiert werden, wenn der installierende Administrator in dieser Gruppe Mitglied ist.

HINWEIS Das Konto *Administrator* in der ersten installierten Domäne einer Gesamtstruktur ist das wichtigste und kritischste Konto im gesamten System. Es erlaubt den administrativen Zugriff auf alle wichtigen Systemfunktionen und ist Mitglied aller beschriebenen Administratorgruppen. Einige der Gruppen sind nur in der ersten Domäne, die in der Gesamtstruktur eingerichtet wurde, definiert. Andere Gruppen werden erst nach der Installation bestimmter Dienste, wie DNS und DHCP, auf Domänencontrollern erstellt. Sie werden nicht erstellt, wenn DNS und DHCP auf alleinstehenden Servern installiert werden.

Vor allem in Gesamtstrukturen sind diese Standardgruppen in der Rootdomäne besonders wichtig:

- **DHCP-Administratoren** Dürfen DHCP-Server in der Domäne verwalten. Die Gruppe wird nach der Installation des ersten DHCP-Servers auf einem Domänencontroller der Domäne erstellt.
- **DHCP-Benutzer** Enthält Benutzerkonten, die lesend auf die Informationen des DHCP-Dienstes zugreifen, aber keine Änderungen vornehmen dürfen. Diese Gruppe ist nur für Administratoren und Operatoren, nicht für normale Benutzer oder Computer relevant. Computer, die DHCP-Adressen anfordern, müssen darin nicht aufgenommen werden.
- **DnsAdmins** Enthält die Administratoren für DNS-Server. Dieser Gruppe sind keine Benutzer zugeordnet. Sie kann verwendet werden, um die Administration von DNS-Servern zu delegieren. Das ist vor allem dann von Bedeutung, wenn die DNS-Infrastruktur eines Unternehmens von Administratoren verwaltet wird, die nicht für die Active Directory-Umgebung zuständig sind. Diese Gruppe wird erst angelegt, wenn ein DNS-Server auf einem Domänencontroller erstellt wurde, der seine Informationen in Active Directory verwaltet.
- **DnsUpdateProxy** Enthält Computer, die als Proxy für die dynamische Aktualisierung von DNS-Einträgen fungieren können. Diese Gruppe steht nur zur Verfügung, wenn ein Domänencontroller angelegt wird. In diese Gruppe können Sie zum Beispiel DHCP-Server aufnehmen, die dynamische DNS-Einträge für die Clients auf den DNS-Servern erstellen sollen.
- **Richtlinien-Ersteller-Besitzer** Umfasst die Anwender, die Gruppenrichtlinien für die Domäne erstellen dürfen. Das können Administratoren sein, die sich nur um diese Aufgabe in der Gesamtstruktur kümmern.
- **WINS Users** Wird angelegt, wenn es einen WINS-Server auf einem der Domänencontroller gibt. In ihr befinden sich die Benutzer, die nur Leserechte auf die WINS-Datenbank haben.
- **WSS_ADMIN_WPG** Mitglieder dieser Gruppe verfügen über Administratorberechtigungen für SharePoint Services.

Neben der Konfiguration auf den Remotedesktops können Sie auch über Gruppenrichtlinien steuern, welche Anwendungen über *Web Access* zur Verfügung gestellt werden. Diese Möglichkeit ergibt vor allem bei größeren Unternehmen Sinn, die zahlreiche Remotedesktops einsetzen. Wollen Sie diese Konfiguration nicht über Active Directory und die Gruppenrichtlinien abwickeln, können Sie die notwendigen Einstellungen auch direkt auf dem Remotedesktop durchführen. Sie können auch über TS Web Access einige Einstellungen an der Oberfläche vornehmen, allerdings wird die Verwaltungsoberfläche erst dann eingeblendet, wenn Sie das Konto des Administrators in die lokale Gruppe *TS Web Access Administrators* auf dem TS Web Access Server hinzufügen.

Die Gruppen *DnsUpdateProxy, Organisations-Admins, Schema-Admins* und *DnsAdmins* werden in der ersten Domäne, die in einer Gesamtstruktur eingerichtet wird, definiert. Das ist gleichzeitig die oberste Domäne der ersten Struktur der Gesamtstruktur. Einer Gruppe können Benutzer und Benutzergruppen aus unterschiedlichen Domänen der Struktur hinzugefügt werden.

Active Directory-Benutzerverwaltung

Um einen Benutzer anzulegen, wählen Sie im ersten Schritt die Organisationseinheit (Organizational Unit, OU) aus, in der dieser Benutzer definiert werden soll. Im Kontextmenü dieses Containers können Sie im Untermenü *Neu* den Befehl *Benutzer* auswählen, um einen Assistenten zu starten, der Sie durch die Einrichtung des Benutzers führt. Alternativ können Sie auch das Active Directory-Verwaltungscenter verwenden. In diesem Fall erfolgt die Einrichtung über eine Art Webformular im Gegensatz zur Assistentenvariante von *Active Directory-Benutzer und -Computer.*

Abbildg. 15.2 Anlegen eines Benutzerkontos im Active Directory-Verwaltungscenter

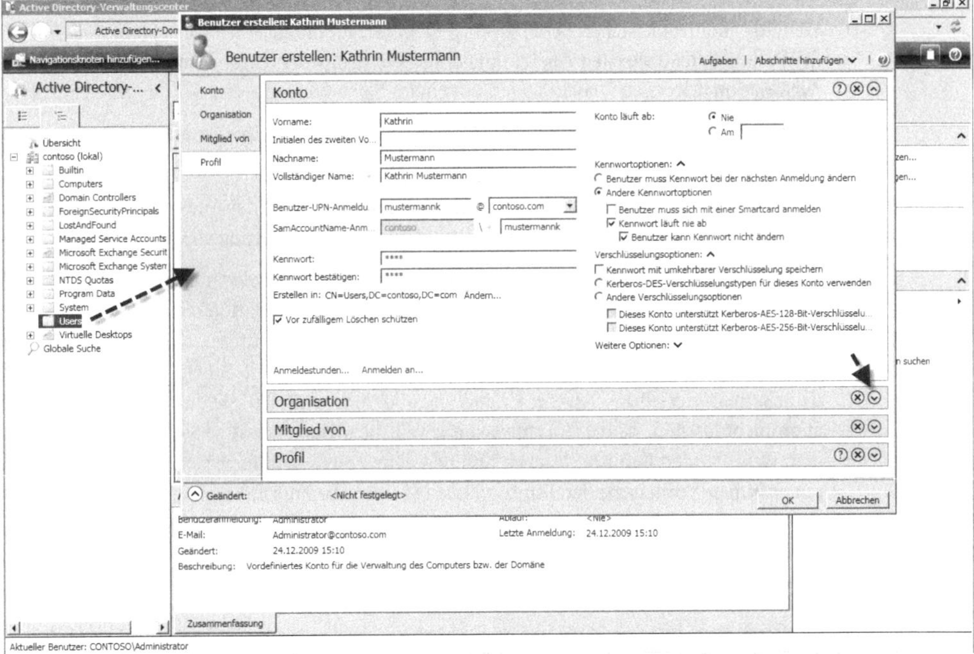

Im ersten Dialogfeld werden die Namensinformationen für diesen Benutzer festgelegt, wenn Sie das Snap-In *Active Directory-Benutzer und -Computer* verwenden. Beim Active Directory-Verwaltungscenter finden Sie alles auf einer Seite. Mit dem kleinen Pfeil können Sie einzelne Optionen ein- und ausblenden lassen. Hier können der Vorname, ein oder mehrere Mittelinitialen und der Nachname angegeben werden. Der Benutzeranmeldename kann als DNS-Name für Windows Server 2008 R2 und als NetBIOS-kompatibler Name gebildet werden. Normalerweise melden sich die Benutzer über den NetBIOS-Namen an. Der NetBIOS-Name darf eine Länge von bis zu 20 Zeichen haben und muss innerhalb der Domäne eindeutig sein. Es kann mehrere Benutzer mit dem gleichen Benutzernamen in unterschiedlichen Domänen der Gesamtstruktur geben.

Abbildg. 15.3 Erstellen eines neuen Benutzerkontos unter Windows Server 2008 R2

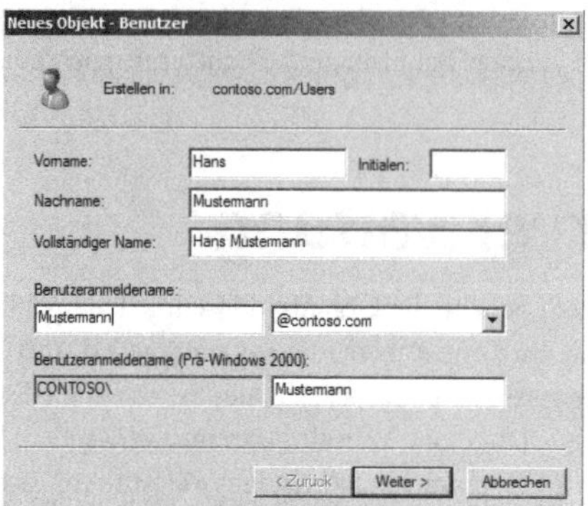

Durch Auswahl der Schaltfläche *Weiter* wechseln Sie zur zweiten Seite des Assistenten. Dort können Sie die Einstellungen für das Kennwort konfigurieren. Darunter finden Sie vier Kontrollkästchen:

- Wenn das Kontrollkästchen *Benutzer muss Kennwort bei der nächsten Anmeldung ändern* aktiviert ist, muss der Benutzer bei der ersten Anmeldung ein neues Kennwort eingeben. Er erhält dazu eine entsprechende Aufforderung.
- Das zweite Kontrollkästchen *Benutzer kann Kennwort nicht ändern* ist selbsterklärend und wird meist für Dienstkonten verwendet.
- Aktivieren Sie das Kontrollkästchen *Kennwort läuft nie ab*, muss der Anwender das Kennwort nicht ändern, auch wenn in den Gruppenrichtlinien eine entsprechende Änderung vorgeschrieben ist.
- Durch das Kontrollkästchen *Konto ist deaktiviert* wird das Konto zwar erstellt, steht aber nicht zur Anmeldung bereit, bis ein Administrator das Konto aktiviert. Diese Option steuern Sie über das Snap-In Active Directory-Benutzer und -Computer. Diese Option ist von Bedeutung, wenn ein Benutzer für eine längere Zeit abwesend ist und verhindert werden soll, dass trotzdem mit seinem Konto gearbeitet wird. Beispiele dafür sind Mutterschutz, längerer Urlaub und andere Situationen. Sie dürfen einen Benutzer in dieser Situation nicht löschen, da die Zugriffsrechte jeweils über die eindeutige Sicherheits-ID (SID) vergeben werden. Wenn Sie den Benutzer löschen und neu definieren, erhält dieser eine neue SID, die sich definitiv von seiner früheren unterscheidet. Damit müssen Sie ihm alle Zugriffsrechte neu zuweisen.

Abbildg. 15.4 Festlegen des Kennworts für ein neues Benutzerkonto

Neues Objekt - Benutzer
Erstellen in: contoso.com/Users
Kennwort: ••••••••••
Kennwort bestätigen: ••••••••••
☑ Benutzer muss Kennwort bei der nächsten Anmeldung ändern
☐ Benutzer kann Kennwort nicht ändern
☐ Kennwort läuft nie ab
☐ Konto ist deaktiviert
< Zurück
Weiter >
Abbrechen

Im Kontextmenü eines angelegten Benutzers stehen Ihnen eine Reihe von Möglichkeiten zur Verfügung:

- Mit dem Befehl *Kopieren* können Sie die meisten Einstellungen dieses Benutzerkontos in ein neues Konto übernehmen. Die Einstellungen für Benutzername und Kennwort müssen erneut eingegeben werden. Dazu wird der beschriebene Assistent aufgerufen. Beim Kopieren werden die Gruppenmitgliedschaften übernommen.
- Durch Auswahl von *Einer Gruppe hinzufügen* können Sie den Benutzer zu Gruppen Ihrer Domäne oder Gesamtstruktur hinzufügen. Durch Auswahl von *Mitglieder einer Gruppe hinzufügen* können Sie den Benutzer zu Gruppen ihrer Domäne hinzufügen. Sie können entweder Objektnamen eingeben oder alternativ auf *Erweitert* klicken, um nach Gruppen zu suchen. Dort können Sie Teile von Namen eingeben oder sich alle Gruppen auflisten lassen. Die Änderung wurde durchgeführt, um in großen Umgebungen effizienter suchen zu können.
- Der Befehl *Konto deaktivieren* kann verwendet werden, um die zeitweilige Deaktivierung eines Kontos durchzuführen. Das Konto bleibt mit allen Einstellungen erhalten, kann aber nicht zur Anmeldung genutzt werden. Deaktivierte Konten werden durch ein besonderes Symbol in der Anzeige des Snap-Ins *Active Directory-Benutzer und -Computer* gekennzeichnet. Ein deaktiviertes Konto können Sie über den gleichen Weg wieder aktivieren.
- Mit *Kennwort zurücksetzen* können Sie einem Benutzer ein neues Kennwort zuweisen.
- Mit dem Befehl *Verschieben* kann ein Dialogfeld geöffnet werden, über das der Benutzer in eine andere OU der Domäne, in der er angelegt wurde, verschoben werden kann. Damit können auf einfache Weise Reorganisationen durchgeführt werden.
- Zusätzlich gibt es die beiden Befehle *Löschen* und *Umbenennen*. Mit diesen Befehlen kann ein Benutzerkonto gelöscht oder der vollständige Name des Benutzers verändert werden. Beim Löschen ist darauf zu achten, dass es sich um eine nicht widerrufbare Aktion handelt, weil damit die SID des Benutzers gelöscht wird. Durch das Anlegen eines Benutzers mit gleichem Namen wird nicht das gleiche Benutzerkonto erzeugt, da sich die SID ändert. Die Gruppenmitgliedschaften und Zuordnungen von Benutzerrechten müssen in diesem Fall manuell wiederhergestellt werden.

Abbildg. 15.5 Kontextmenü von Benutzerkonten

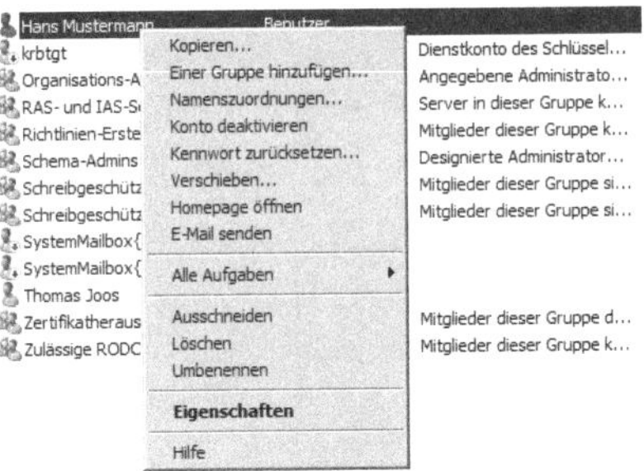

Im Active Directory-Verwaltungscenter stehen an dieser Stelle weniger Optionen zur Verfügung, da hier nur die wichtigsten Befehle notwendig sind. Häufige Aufgaben finden Sie hier auch gleich auf der Startseite, zum Beispiel das Zurücksetzen von Benutzerkennwörtern.

Abbildg. 15.6 Benutzer im Active Directory-Verwaltungscenter verwalten

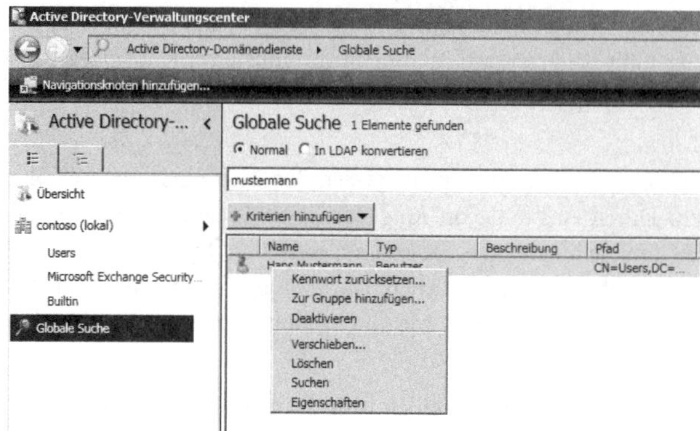

Die meisten Informationen liefert der Befehl *Eigenschaften* im Kontextmenü. Damit können Sie im Snap-In auf ein Dialogfeld zugreifen, in dem Sie über eine Vielzahl von Registerkarten die Eigenschaften von Benutzern anpassen können. Im Active Directory-Verwaltungscenter erhalten Sie die formularbasierte Ansicht, wie beim Anlegen. Über den Menüpunkt *Erweiterungen* zeigt aber auch das Active Directory-Verwaltungscenter die fehlenden Registerkarten an. Auch hier lassen sich wieder einzelne Bereiche ein- und ausblenden.

Abbildg. 15.7 Verwalten von Benutzerkonten im Active Directory-Verwaltungscenter

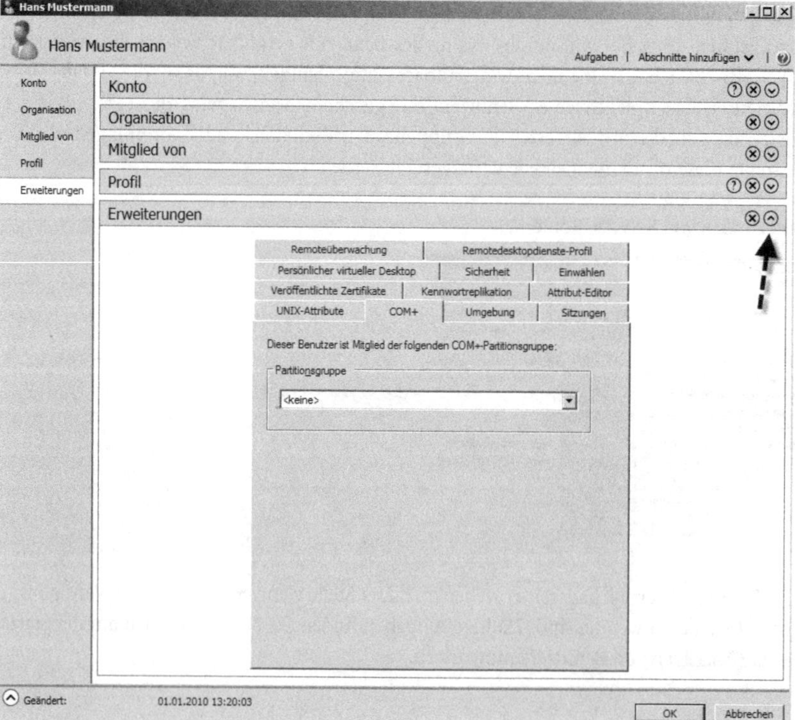

Rufen Sie im Snap-In *Active Directory-Benutzer und -Computer* zuvor den Menübefehl *Ansicht/Erweiterte Features* auf, damit alle Registerkarten angezeigt werden.

Abbildg. 15.8 Aktivieren der erweiterten Funktion in der Ansicht des Snap-Ins *Active Directory-Benutzer und -Computer*

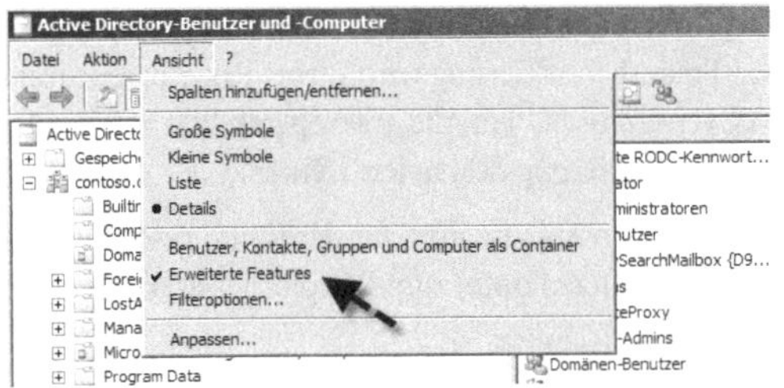

- Auf der Registerkarte *Allgemein* befinden sich unter anderem die Informationen zum vollständigen Namen des Benutzers, die beim Anlegen des Benutzerkontos eingegeben wurden.
- Auf der Registerkarte *Konto* werden die Einstellungen für Kennwörter und Anmeldenamen verwaltet:
  - Mit der Schaltfläche *Anmeldezeiten* wird ein Dialogfeld geöffnet, in dem die Zeiten festgelegt werden können, zu denen sich ein Benutzer anmelden darf.
  - Über die Schaltfläche *Anmelden an* können Computer ausgewählt werden, auf denen eine Anwendung erfolgen darf.
  - Mit Kontrollkästchen *Kontosperrung aufheben* können Sie die automatische Sperrung auch wieder aufheben. Die Situationen, in denen ein Konto gesperrt werden soll, können in den Gruppenrichtlinien von Windows Server 2008 R2 konfiguriert werden (siehe Kapitel 16).
  - *Benutzer muss Kennwort bei der nächsten Anmeldung ändern* - Mit dieser Option legen Sie fest, dass das von Ihnen definierte Kennwort nur bis zu ersten Anmeldung gültig ist und der Benutzer dieses ändern muss.
  - *Benutzer kann Kennwort nicht ändern* setzt ein Kennwort auf eine feste Vorgabe, die nur von entsprechend autorisierten Operatoren und von Administratoren verändert werden kann.
  - *Kennwort läuft nie ab* definiert, dass für dieses Konto keine Änderungen nach in den Richtlinien definierten Zeiträumen erforderlich werden. Diese Option sollte für Dienstkonten gesetzt werden, wenn das dort zwingend erforderlich ist.
  - *Kennwort mit umkehrbarer Verschlüsselung speichern* führt dazu, dass das Kennwort von Benutzern mit einer umkehrbaren Verschlüsselung gespeichert wird, die von Administratoren gelesen werden kann.
  - *Konto ist deaktiviert* führt dazu, dass das Konto nicht mehr für eine Anmeldung genutzt werden kann, aber mit allen Eigenschaften verfügbar bleibt.
  - *Benutzer muss sich mit einer Smartcard anmelden* hat die Folge, dass sich ein Benutzer in jedem Fall unter Verwendung einer Smartcard authentifizieren muss. Er kann sich nicht mehr mit einer Kombination von Benutzername und Kennwort anmelden. Mit Smartcard-basierenden Authentifizierungsmechanismen können weitere Sicherheitsfunktionen wie biometrische IDs für die Aktivierung der Smartcard verbunden werden.
  - *Konto ist vertraulich und kann nicht delegiert werden* verhindert die Delegierung eines Kontos an andere Benutzer, es kann nur von Administratoren verwaltet werden.

- *Kerberos-DES-Verschlüsselungstypen für dieses Konto* legt fest, welche Verschlüsselungsverfahren für das Konto eingesetzt werden. Das ist für das Deployment von Clients im internationalen Umfeld mit unterschiedlichen rechtlichen Rahmenbedingungen für die Verschlüsselung von Bedeutung.
- *Keine Kerberos-Präauthentifizierung erforderlich* – Laut dem Kerberos-Standard ist die TGT-Anforderung des Clients ein unverschlüsseltes Paket, da es keine sicherheitssensiblen Daten enthält (siehe Kapitel 9). Bei Verwendung der Kerberos-Präauthentifizierung wird dieses Paket bereits mit dem privaten Schlüssel des Benutzers/Anforderers verschlüsselt. Für die Interoperabilität mit anderen Kerberos-Implementierungen kann diese Präauthentifizierung deaktiviert werden.
- Zusätzlich kann unten in diesem Dialogfeld ein Ablaufdatum für das Konto gesetzt werden. Ein Datum sollte immer definiert werden, wenn das Benutzerkonto, zum Beispiel bei Praktikanten, nur für einen begrenzten Zeitraum Gültigkeit besitzt.

Abbildg. 15.9 
Konfigurieren der Kontoeigenschaften für ein Benutzerkonto

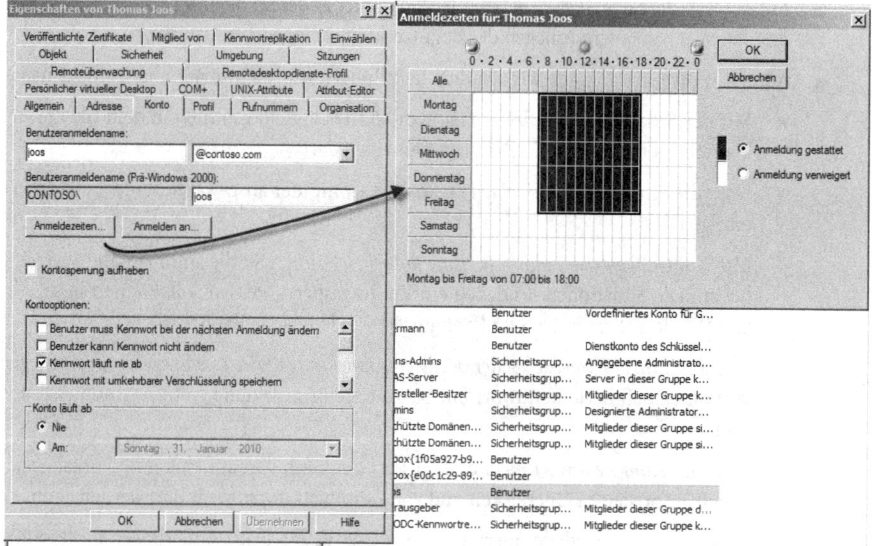

- Die Registerkarte *Mitglied von* zeigt eine Liste der Gruppen an, in denen der Benutzer Mitglied ist. Hier können weitere Gruppenzugehörigkeiten hergestellt werden. Außerdem kann auch die primäre Gruppe für einen Benutzer definiert werden.
- Über die Registerkarte *Einwählen* können die RAS-Berechtigungen für diesen Benutzer konfiguriert werden. Grundsätzlich dürfen sich Benutzer nur einwählen, wenn ihnen explizit diese Berechtigung erteilt wurde.
- Eine weitere Registerkarte bei den Eigenschaften eines Benutzers ist *Objekt*. Diese wird nur angezeigt, wenn Sie im Menü *Ansicht* die erweiterten Features aktiviert haben. Auf dieser Registerkarte werden einige systeminterne Informationen angezeigt. Dazu gehört der vollqualifizierte Domänenname des Objekts, die Objektklasse – die Klasse, auf der dieses Objekt basiert – sowie Erstellungs- bzw. Änderungsdaten und die Aktualisierungssqeuenznummern (Update Sequence Number, USN). Die USN wird fortlaufend vergeben und zeigt an, um die wievielte Änderung in Active Directory es sich handelt. Sie bildet die Basis für die Replikation, da anhand dieser Nummer überprüft werden kann, ob die Einträge auf zwei unterschiedlichen Domänencontrollern den gleichen Status haben.

Abbildg. 15.10 Anzeige der Aktualisierungssequenznummer (USN) eines Benutzerkontos

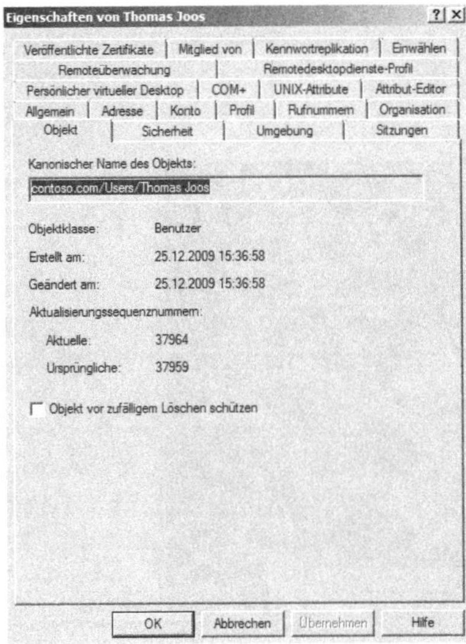

Auf dieser Registerkarte kann auch konfiguriert werden, dass das Objekt nicht gelöscht werden kann. Über die Registerkarte *Persönlicher virtueller Desktop* steuern Sie die Anbindung des Anwenders an einen virtuellen Hyper-V-Computer, der über den Remotedesktop zur Verfügung gestellt wird (siehe Kapitel 26).

Abbildg. 15.11 Zuweisen eines virtuellen Desktops für Anwender

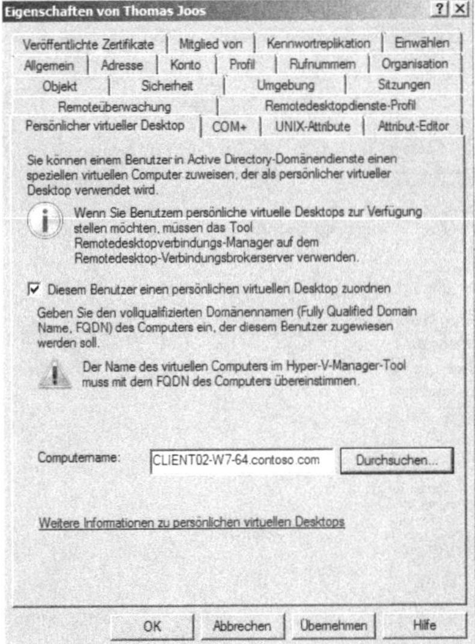

Damit Sie auf diese Weise eine Zuweisung durchführen können, benötigen Sie eine Hyper-V- und Remotedesktopdienste-Infrastruktur (siehe Kapitel 8 und 26) und müssen eine Infrastruktur für virtuelle Desktops (VDI) aufbauen.

Abbildg. 15.12 Windows 7 lässt sich virtualisieren und Anwendern bereitstellen

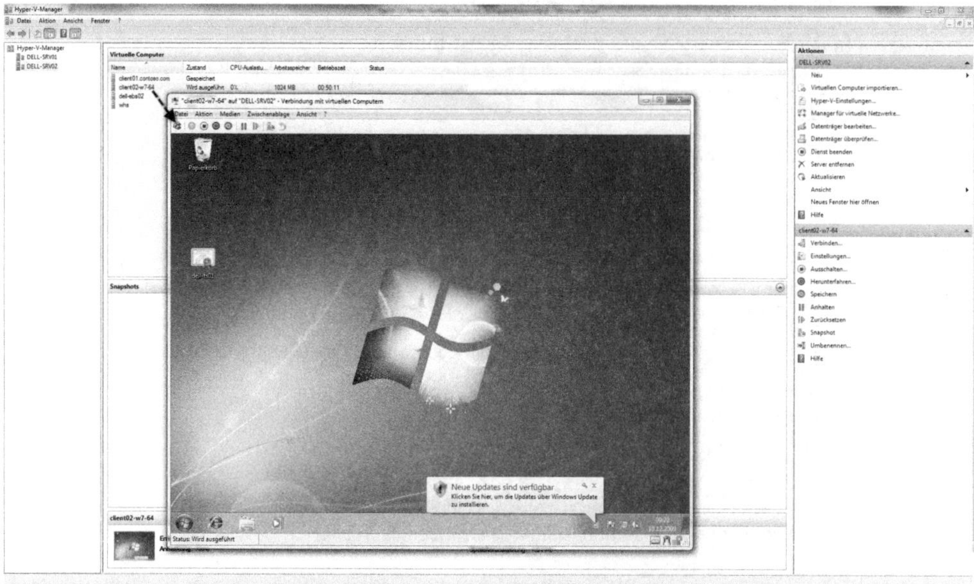

Bei einer solchen Infrastruktur für virtuelle Desktops (VDI) legen Sie über einen Assistenten den Zugriff von Anwendern auf einen bestimmten virtuellen Computer fest.

Abbildg. 15.13 Zuweisen eines virtuellen Desktops für einen Anwender

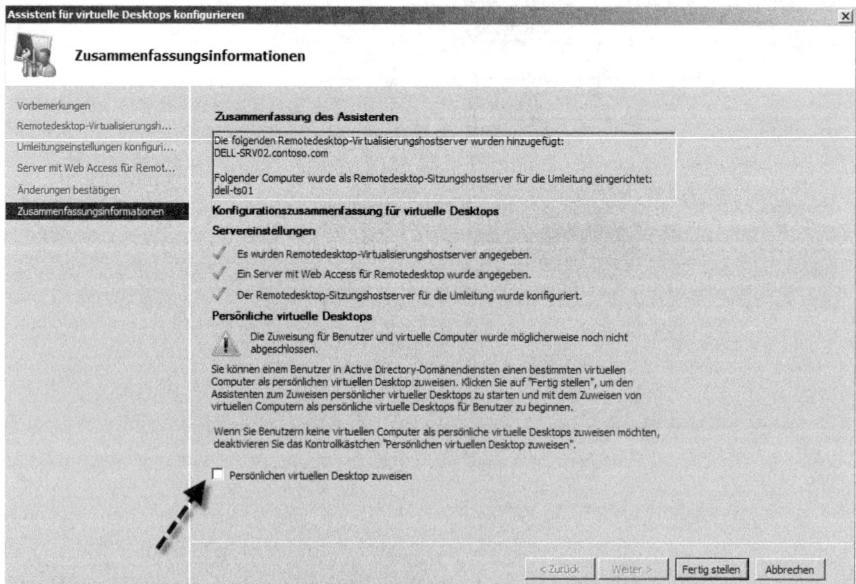

Benutzerverwaltung für Remotedesktopbenutzer

In den Eigenschaften eines Benutzers stehen Ihnen mehrere Registerkarten zur Verfügung, auf denen Sie die Eigenschaften des Benutzerkontos für die Anmeldung auf Remotedesktopserver (siehe auch Kapitel 26) speziell anpassen können:

- *Umgebung*
- *Sitzungen*
- *Remoteüberwachung*
- *Remotedesktopdienste-Profil*
- *Persönlicher virtueller Desktop*

Auf der Registerkarte *Remoteüberwachung* legen Sie fest, ob dieser Benutzer von Administratoren gespiegelt werden kann, und mit welchen Optionen. Hier legen Sie auch fest, ob sich Administratoren ohne Bestätigung durch den Benutzer auf die Sitzung spiegeln können. Diese Einstellungen entsprechen den in Kapitel 26 besprochenen Einstellungen auf dem Server. Die Einstellungen in den Benutzerkonten haben nur für diesen Benutzer Gültigkeit.

Abbildg. 15.14 Konfigurieren der Remoteüberwachung für ein Benutzerkonto

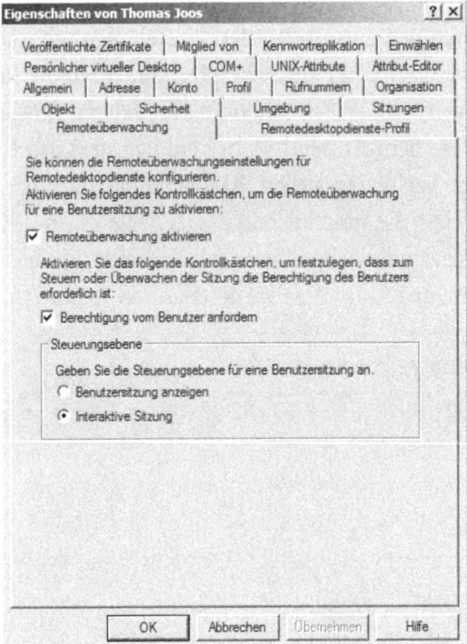

Auf der Registerkarte *Remotedesktopdienste-Profil* können Sie das servergespeicherte Profil festlegen, das ausschließlich für die Remotedesktopsitzungen dieses Benutzers verwendet wird. Zusätzlich können Sie auf dieser Registerkarte festlegen, ob mit dem Benutzer ein bestimmtes Netzlaufwerk verbunden werden soll. Auch diese Konfiguration hat nur bei der Anmeldung auf einem Remotedesktop Gültigkeit. Hier legen Sie auch fest, ob sich ein Benutzer überhaupt auf einem Remotedesktop anmelden darf. Zu den servergespeicherten Profilen kommen wird noch in den nächsten Abschnitten zurück.

Abbildg. 15.15 Konfigurieren der Remotedesktopberechtigungen eines Benutzers

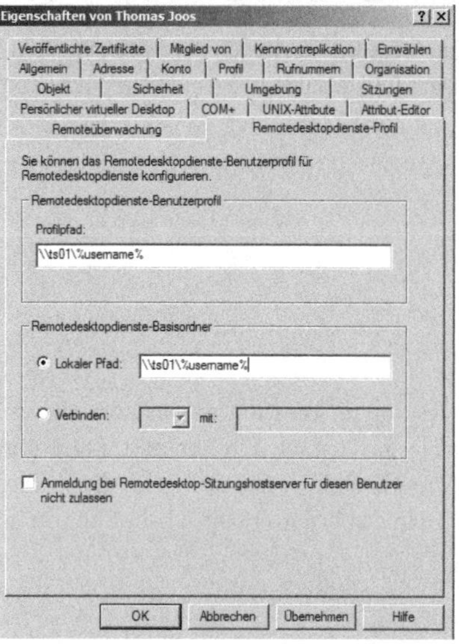

Die Registerkarten *Umgebung* und *Sitzungen* entsprechen den entsprechenden Einstellungen für das RDP-Protokoll in der Konfiguration der Remotedesktopdienste, die wir im Kapitel 26 besprechen. Wenn der Remotedesktop nur verwendet wird, um eine einzige Anwendung zur Verfügung zu stellen, oder alle anderen Anwendungen über eine Startapplikation gestartet werden sollen, können Sie dem Anwender über die Registerkarte *Umgebung* statt des Windows-Desktops auch nur diese Applikation zur Verfügung stellen. Aktivieren Sie dazu das Kontrollkästchen *Folgendes Programm beim Anmelden starten* und geben Sie anschließend das zu startende Programm mit dem kompletten Pfad an. Durch diesen Schritt müssen die Anwender beim Starten der Verbindung nicht noch ein Programm starten und können darüber hinaus keine Einstellungen auf dem Remotedesktop verändern.

Abbildg. 15.16 Konfigurieren der Remotedesktopumgebung für ein Benutzerkonto

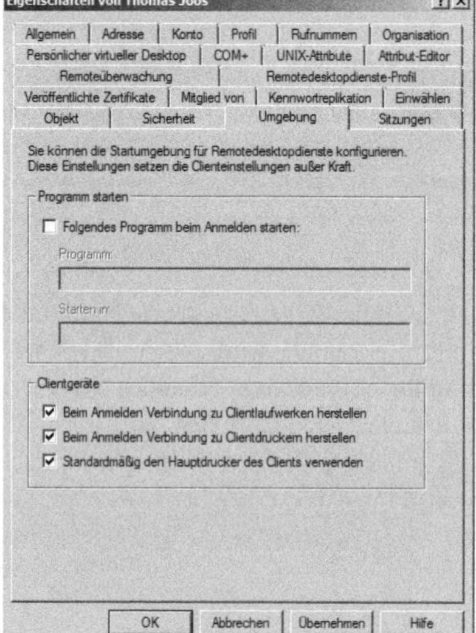

Benutzerprofile verwalten

Alle persönlichen Einstellungen der einzelnen Benutzer auf einem Computer werden in einem sogenannten Benutzerprofil gespeichert. Dieses Profil ist ein Verzeichnis mit der Bezeichnung des Benutzeranmeldenamens des jeweiligen Anwenders im Verzeichnis *C:\Benutzer* beziehungsweise *C:\Users*. Dieses Verzeichnis ist neu in Windows Vista und Windows 7 sowie Windows Server 2008/2008 R2. Unter Windows XP hat dieses Verzeichnis noch die Bezeichnung *C:\Dokumente und Einstellungen* getragen. Oft kann Festplattenplatz auf einem PC durch das Löschen nicht mehr benötigter Profile wieder freigegeben werden. Wenn Sie ein Profil löschen, wird dieses neu erstellt, sobald sich der Benutzer erneut am Computer anmeldet. Alle Einstellungen des Benutzers werden beim Löschen zurückgesetzt, das Profil ist also vollkommen leer und wird neu erstellt. Beachten Sie aber, dass beim Löschen eines Profils alle Daten des entsprechenden Benutzers verloren gehen. Sie sollten diese daher vorher möglichst sichern.

Abbildg. 15.17 Anzeigen der Profilordner auf einem Computer

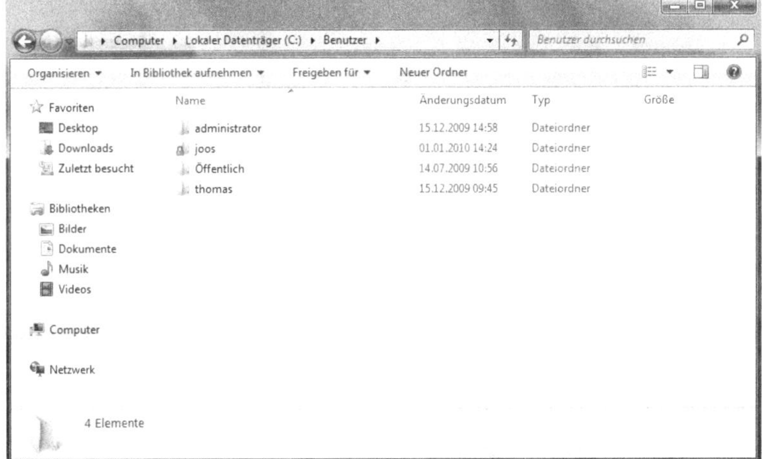

Über den Link *Erweiterte Benutzerprofileigenschaften konfigurieren* im Fenster *Benutzerkonten* der Systemsteuerung können Sie sich alle Benutzerprofile auf einem PC unter Windows Vista und Windows 7 anzeigen lassen und diese anschließend löschen. Sie sehen an dieser Stelle auch die Größe des jeweiligen Profils. Im Verzeichnis werden mehrere Unterordner angezeigt. Die persönlichen Daten jedes Benutzers liegen in seinem eigenen Verzeichnis, auf das nur er selbst sowie die Administratoren Zugriff haben.

Die Benutzerprofile werden zunächst als Kopie des Standardprofils, des *Default User*, erzeugt. Zusätzlich gibt es einen Ordner *All Users*, der ebenfalls für Benutzerprofile verwendet wird. Während der Ordner *Default User* die Einstellungen für neu zu erstellende Benutzerprofile für alle Benutzer enthält, finden sich in *All Users* die Einstellungen für die bereits erstellten Profile, die für alle Nutzer der Arbeitsstation gelten. Damit diese beiden Verzeichnisse angezeigt werden, müssen Sie die versteckten Dateien und die Systemdateien einblenden lassen.

Abbildg. 15.18 Verwalten der Benutzerprofile unter Windows Vista und Windows 7

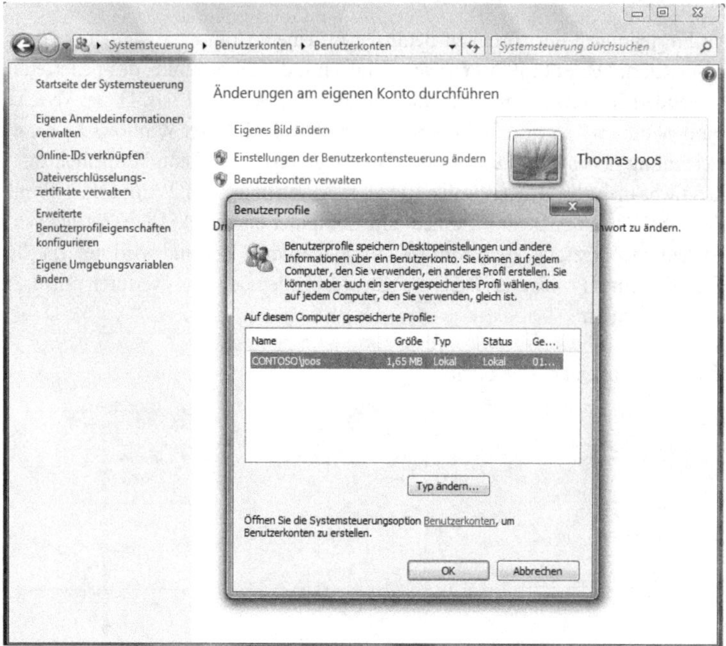

Änderungen in den Benutzerprofilen

Wie bereits erwähnt, werden Benutzerprofile in Windows Vista und Windows 7 sowie Windows Server 2008 R2 im Ordner *C:\Users\<Benutzername>* gespeichert. Die Tiefe der Ordnerstruktur innerhalb des Profils hat Microsoft wesentlich reduziert. Und auch die Bezeichnung der Ordner ist jetzt wesentlich selbsterklärender und es ist leichter, innerhalb der Ordnerstruktur eines Profils die wesentlichen Verzeichnisse zu finden. Zur Abwärtskompatibilität hat Microsoft noch einige Verknüpfungen eingefügt, die in den vorangegangen Windows-Versionen noch verwendet wurden, oder die direkt auf ein anderes Verzeichnis verweisen, wie zum Beispiel das Startmenü. Folgende Verzeichnisse spielen dabei eine wesentliche Rolle. Achten Sie aber darauf, dass einige Ordner standardmäßig im Windows-Explorer ausgeblendet werden. Erst muss die Anzeige der Systemdateien und der versteckten Dateien aktiviert werden.

- **AppData** Ablageort für benutzerspezifische Daten und Systemdateien von Applikationen. Diesen Ordner sehen Sie nur, wenn Sie in den Explorer-Optionen die versteckten Dateien anzeigen lassen.
- **Desktop** Symbole und Einstellungen des Benutzerdesktops
- **Downloads** Speicherort aller Downloads
- **Eigene Bilder** Ablageort für Bilddateien und Grafiken
- **Eigene Dokumente** Standardmäßiger Speicherort, aller persönlicher Dateien eines Benutzers
- **Eigene Musik** Ablageort von Musikdateien
- **Eigene Videos** Ablageort für gespeicherte Filmdateien
- **Favoriten** Favoriten des Internet Explorers
- **Gespeicherte Spiele** Zentraler Ablageort für Spielstände von kompatiblen Windows-Spielen

- **Kontakte** Enthält die angelegten Kontakte des Benutzers
- **Links** Hierbei handelt es sich um die Favoriten im Windows-Explorer
- **Suchvorgänge** Ablageort für abgespeicherte Suchen

Abbildg. 15.19 Neue Verzeichnisse in den Profilen von Benutzern unter Windows Server 2008 R2, Windows Vista und Windows 7

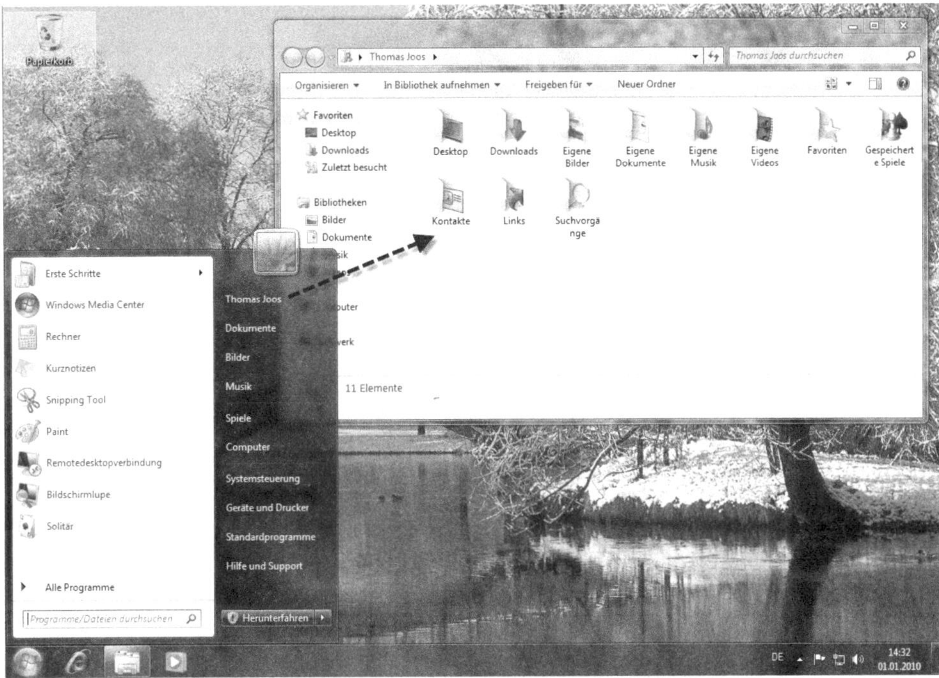

In Windows Vista und Windows 7 sowie Windows Server 2008/2008 R2 wurden ebenfalls Änderungen vorgenommen wie die Daten von Applikationen gespeichert werden. Unter Windows XP war es nicht einfach möglich, festzustellen, welche Daten von Applikationen maschinenbezogen waren und welche benutzerspezifisch sind. Zur Vereinheitlichung von anwendungsspezifischen Daten hat Microsoft den Ordner *AppData* im Benutzerprofil eingeführt. Dieser Ordner enthält die drei Unterordner:

- *Local*
- *LocalLow*
- *Roaming*

In den beiden Verzeichnissen *Local* und *LocalLow* werden Daten von Anwendungen gespeichert, die nicht mit dem Benutzer bei der Verwendung von verschiedenen Arbeitsstationen mit wandern. Hier handelt es sich vor allem um maschinenbezogene Daten oder um Daten, die ein Benutzerprofil unnötig aufblähen würden. Das Verzeichnis *Local* ist im Endeffekt identisch mit dem Verzeichnis *C:\Dokumente und Einstellungen\<Benutzername>\Lokale Einstellungen\Anwendungsdaten* in Windows XP. Der Ordner *Roaming* enthält die Daten, welche benutzerspezifisch sind und für servergespeicherte Profile verwendet werden können. Diese Daten können mit dem Benutzer auf verschiedene Arbeitsstationen mit wandern. Dieser Ordner entspricht dem Ordner *C:\Dokumente und Einstellungen\<Benutzername>\Anwendungsdaten* in Windows XP. In Tabelle 15.1 sind die einzelnen wichtigen Verzeichnisse im Profil eines Benutzers von Windows Vista und Windows 7 im Vergleich zum entsprechenden Ordner unter Windows XP aufgelistet.

Tabelle 15.1 Verzeichnisse in den Benutzerprofilen von Windows Vista und Windows 7 im Vergleich zu Windows XP

Ordner	Beschreibung	Name unter Windows XP	Speicherort unter Windows XP
Kontakte	Enthält die angelegten Kontakte des Benutzers	Nicht verfügbar	Nicht verfügbar
Desktop	Symbole und Einstellungen des Benutzerdesktops	*Desktop*	*C:\Dokumente und Einstellungen\<Benutzername>\Desktop*
Eigene Dokumente	Standardmäßiger Speicherort aller persönlicher Dateien eines Benutzers	*Eigene Dateien*	*C:\Dokumente und Einstellungen\<Benutzername>\Eigene Dateien* Unter Windows Vista und Windows 7 gibt es daher eine Verknüpfung *Eigene Dateien*, die auf den Ordner *Dokumente* zeigt
Download	Speicherort aller Downloads	Nicht verfügbar	Nicht verfügbar
Favoriten	Favoriten des Internet Explorers	*Favoriten*	*C:\Dokumente und Einstellungen\<Benutzername>\Favoriten*
Eigene Musik	Ablageort von Musikdateien	*Eigene Musik*	*C:\Dokumente und Einstellungen\<Benutzername>\Eigene Dateien\Eigene Musik*
Eigene Videos	Ablageort für gespeicherte Filmdateien	Nicht verfügbar	Nicht verfügbar
Eigene Bilder	Ablageort für Bilddateien und Grafiken	*Eigene Bilder*	*C:\Dokumente und Einstellungen\<Benutzername>\Eigene Dateien\Eigene Bilder*
Suchvorgänge	Ablageort für abgespeicherte Suchen	Nicht verfügbar	Nicht verfügbar
AppData	Ablageort für benutzerspezifische Daten und Systemdateien von Applikationen	Nicht verfügbar (vergleichbar mit *Anwendungsdaten*)	Nicht verfügbar Vergleichbar mit dem Ordner *Anwendungsdaten* im Profil
Gespeicherte Spiele	Zentraler Ablageort für Spielstände von kompatiblen Windows-Spielen	Nicht verfügbar	Nicht verfügbar

Das *All Users*-Profil

Unter den Vorgängerversionen von Windows Vista und Windows 7 hat das Verzeichnis *All Users* die Inhalte zur Verfügung gestellt, die für alle Anwender auf dem PC gegolten haben. So war es möglich, durch Bearbeitung eines einzelnen Verzeichnisses die Einstellungen aller Benutzer anzupassen. Beispiel für den Einsatz von *All Users* ist zum Beispiel das Startmenü oder der Inhalt des Desktops, der sich immer aus dem eigenen Benutzerprofil und dem Inhalt des Ordners *All Users* zusammensetzt. Wenn zum Beispiel eine Verknüpfung in das Verzeichnis *\All Users\Startmenü* kopiert wurde, wurde diese bei allen Benutzern des PCs im Startmenü angezeigt. In Windows Vista und Windows 7 ist das Verzeichnis *C:\Users\All Users* nur noch als Verknüpfung vorhanden, die auf den Ordner *C:\ProgramData* verweist. Hier wird wiederum auf das Profil *Öffentlich* unter *C:\Users* verlinkt.

Verbindungspunkte (Junction Points)

Die meisten Anwendungen sind bereits standardmäßig kompatibel zu den neuen Verzeichnissen des Profils in Windows Vista und Windows 7. In der Regel sind daher keinerlei Änderungen notwendig. In Windows Vista und Windows 7 wurde dazu die Unterstützung von älteren Dateipfaden integriert. Alle Pfade sind auch für ältere Anwendungen vollkommen transparent. Manche Anwendungen haben unter Umständen dennoch Probleme mit den neuen Verzeichnisstrukturen. Microsoft hat für die Unterstützung solcher Anwendungen auf dem Dateisystem *Verbindungspunkte* eingerichtet. Ein solcher Verbindungspunkt verweist ähnlich wie eine Verknüpfung auf einen anderen Pfad auf dem PC, auf dem schließlich die gesuchten Daten liegen. Für alle notwendigen Systemverzeichnisse unter Windows XP hat Microsoft in Windows Vista und Windows 7 Verbindungspunkte eingerichtet.

Beispiel

Das Verzeichnis *C:\Users\<Benutzername>\Eigene Dokumente* in Windows 7 stellt das neue Verzeichnis für *C:\Dokumente und Einstellungen\<Benutzername>\Eigene Dateien* in Windows XP dar. Damit auch ältere Applikationen, die zum Beispiel Zugriff auf den Ordner *Eigene Dateien* haben müssen, weiterhin funktionieren, hat Microsoft einen Verbindungspunkt *Eigene Dateien* im Profil unter Windows Vista und Windows 7 eingerichtet. Solche Verbindungspunkte gibt es zahlreich in Windows Vista und Windows 7 an verschiedenen Stellen. Im Windows-Explorer werden diese durch einen Verknüpfungspfeil gekennzeichnet. Damit Sie diese sehen, müssen Sie die versteckten Dateien und geschützten Systemdateien einblenden lassen.

Abbildg. 15.20 Anzeigen der verschiedenen Verbindungspunkte unter Windows Vista und Windows 7

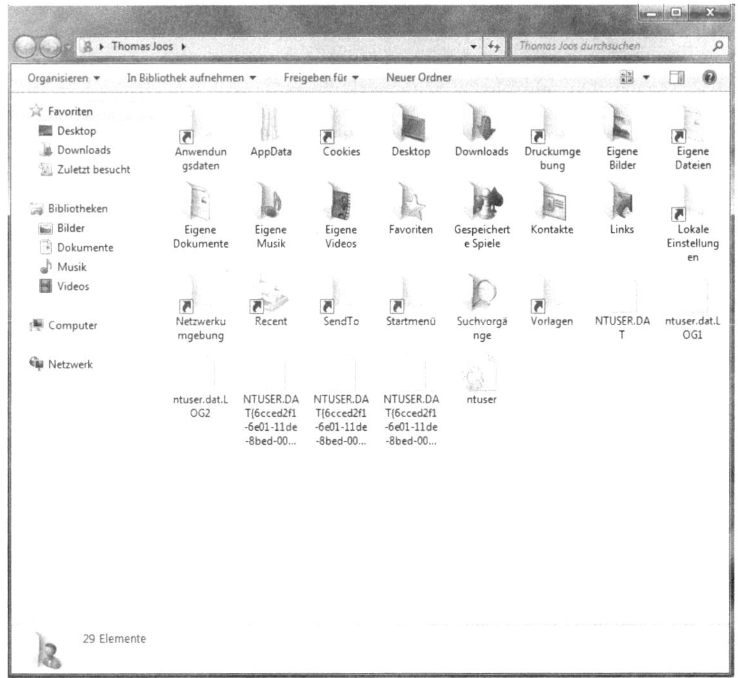

Sie können sich in der Befehlszeile die Verbindungspunkte und deren Zielverzeichnisse anzeigen lassen. Wechseln Sie dazu in das entsprechende Verzeichnis und geben Sie den Befehl *dir /ad* ein. Sie erhalten eine Auflistung über den Inhalt des Verzeichnisses und Verbindungspunkte werden als *VERBINDUNG* angezeigt. Wenn Sie im

Windows-Explorer per Doppelklick auf einen solchen Verbindungspunkt klicken, erhalten Sie häufig die Meldung, dass der Zugriff verweigert wird. Dies gilt aber nur für den manuellen Zugriff über den Verbindungspunkt, nicht für Anwendungen und nicht für das Zielverzeichnis an sich. Verbindungspunkte (Junction Points) sind eine Funktion im NTFS-Dateisystem und haben nichts mit Ordnerumleitungen oder Verknüpfungen zu tun, sondern sind eine eigenständige Funktion.

Abbildg. 15.21 Anzeige von Verbindungspunkten über die Befehlszeile

```
C:\Windows\system32\cmd.exe
Microsoft Windows [Version 6.1.7600]
Copyright (c) 2009 Microsoft Corporation. Alle Rechte vorbehalten.

C:\Users\joos>dir /ad
 Volume in Laufwerk C: hat keine Bezeichnung.
 Volumeseriennummer: A43E-B8BB

 Verzeichnis von C:\Users\joos

01.01.2010  14:24    <DIR>          .
01.01.2010  14:24    <DIR>          ..
01.01.2010  14:24    <VERBINDUNG>   Anwendungsdaten [C:\Users\joos\AppData\Roami
ng]
01.01.2010  14:24    <DIR>          AppData
01.01.2010  14:24    <DIR>          Contacts
01.01.2010  14:24    <VERBINDUNG>   Cookies [C:\Users\joos\AppData\Roaming\Micro
soft\Windows\Cookies]
01.01.2010  14:24    <DIR>          Desktop
01.01.2010  14:24    <DIR>          Documents
01.01.2010  14:24    <DIR>          Downloads
01.01.2010  14:24    <VERBINDUNG>   Druckumgebung [C:\Users\joos\AppData\Roaming
\Microsoft\Windows\Printer Shortcuts]
01.01.2010  14:24    <VERBINDUNG>   Eigene Dateien [C:\Users\joos\Documents]
01.01.2010  14:24    <DIR>          Favorites
01.01.2010  14:24    <DIR>          Links
01.01.2010  14:24    <VERBINDUNG>   Lokale Einstellungen [C:\Users\joos\AppData\
Local]
01.01.2010  14:24    <DIR>          Music
01.01.2010  14:24    <VERBINDUNG>   Netzwerkumgebung [C:\Users\joos\AppData\Roam
ing\Microsoft\Windows\Network Shortcuts]
01.01.2010  14:24    <DIR>          Pictures
01.01.2010  14:24    <VERBINDUNG>   Recent [C:\Users\joos\AppData\Roaming\Micros
oft\Windows\Recent]
01.01.2010  14:24    <DIR>          Saved Games
01.01.2010  14:24    <DIR>          Searches
01.01.2010  14:24    <VERBINDUNG>   SendTo [C:\Users\joos\AppData\Roaming\Micros
oft\Windows\SendTo]
01.01.2010  14:24    <VERBINDUNG>   Startmenü [C:\Users\joos\AppData\Roaming\Mic
rosoft\Windows\Start Menu]
01.01.2010  14:24    <DIR>          Videos
01.01.2010  14:24    <VERBINDUNG>   Vorlagen [C:\Users\joos\AppData\Roaming\Micr
osoft\Windows\Templates]
               0 Datei(en),              0 Bytes
              24 Verzeichnis(se), 35.253.968.896 Bytes frei

C:\Users\joos>_
```

Kompatibilität mit Profilen von älteren Windows-Versionen

Die Pfade in den Benutzerprofilen von Windows XP sind identisch mit Windows 2000. Windows Vista und Windows 7 laden standardmäßig keine servergespeicherten Profile von älteren Windows-Versionen wie XP oder 2000. Durch die Pfadunterschiede laden PCs mit Windows XP oder 2000 auch keine Windows Vista- und Windows 7-Profile. Servergespeicherte Profile von einem Windows Vista- und Windows 7-PC erhalten bei der Speicherung auf einem Server den Zusatz *V2*, der darauf hinweist, dass es sich bei diesem Profil um ein servergespeichertes Profil eines Windows Vista- oder Windows 7-PCs handelt.

Abbildg. 15.22 Servergespeicherte Profile mit Windows 7 und Windows Vista

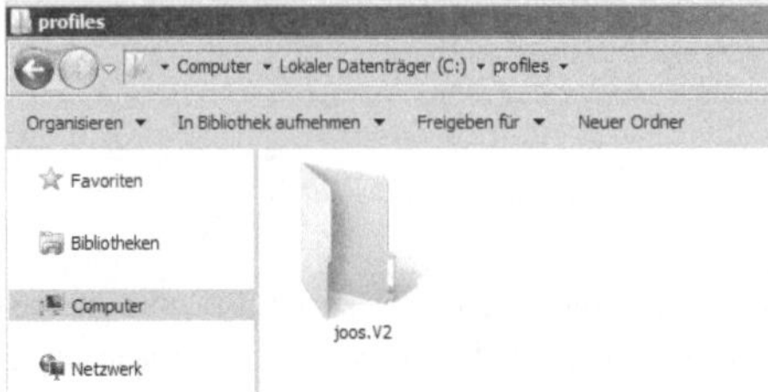

Wenn Sie servergespeicherte Profile für Windows Vista- und Windows 7-PCs einsetzen wollen, muss auf mindestens einem Domänencontroller Windows Server 2003 mit SP1 oder R2 installiert sein. Am besten werden die servergespeicherten Benutzerprofile für Windows 7 von Windows Server 2008 R2 unterstützt. Wenn Sie im Unternehmen Windows Vista-, Windows 7- sowie Windows XP-PCs einsetzen und sich Anwender mit servergespeicherten Profilen an allen Windows-Versionen anmelden können, müssen Sie einige Punkte beachten. Sie können bei der Ordnerumleitung zum Beispiel den Inhalt der einzelnen Ordner in die gleichen Verzeichnisse freigeben. Dadurch können die Gruppenrichtlinien sicherstellen, dass der Inhalt sowohl bei der Anmeldung unter Windows XP als auch unter Windows Vista und Windows 7 funktionieren. Durch diese Art und Weise lassen sich zum Beispiel auch die Ordner *Favoriten* und die *Eigenen Dateien* (unter Windows Vista und Windows 7 *Dokumente* genannt, bei Windows 7 noch mit dem Zusatz *Eigene*) in einen gemeinsamen Ordner umleiten.

Neue servergespeicherte Profile anlegen

Wie bei den Vorgängerversionen legt Windows Vista und Windows 7 automatisch ein neues Profil an, wenn sich ein Benutzer zum ersten Mal am PC anmeldet. Das neue Profil wird im Verzeichnis *C:\Users\<Benutzername>* abgespeichert. Wenn für den Anwender ein servergespeichertes Profil vorliegt, wird dieses verwendet. Wenn das Standardprofil im Netzwerk gespeichert wurde, wird dieses von der *Netlogon*-Freigabe eines Domänencontrollers auf den PC kopiert. Aktivieren Sie in den Benutzereinstellungen des Kontos in Active Directory ein servergespeichertes Profil, legen aber keinen festen Pfad an, überträgt Windows Vista und Windows 7 beim Abmelden automatisch das lokale Profil auf den Server in die entsprechende Freigabe. Verwenden Sie als Pfad für den Benutzernamen *%userprofile%*, benennt Windows 7 den Pfad automatisch in *<Benutzername>.V2* um.

Abbildg. 15.23 Anlegen eines servergespeicherten Profils

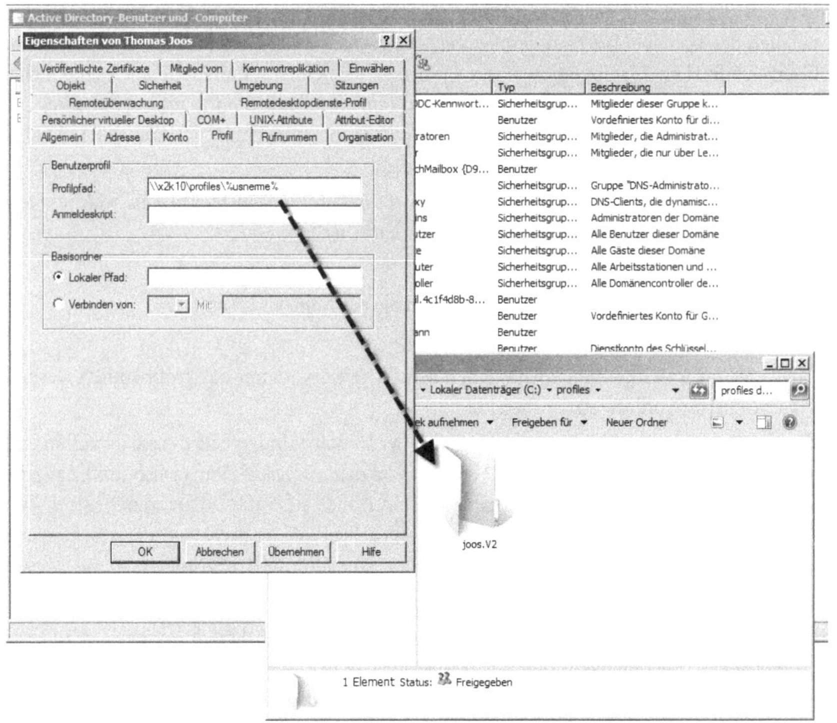

Standardmäßiges Netzwerk-Benutzerprofil erstellen

Wenn Sie für alle PCs im Unternehmen das gleiche standardmäßige Profil bei der ersten Anmeldung erstellen wollen, können Sie dieses am besten auf einem Domänencontroller ablegen. Achten Sie in diesem Fall aber darauf, dass bei jeder ersten Anmeldung eines Anwenders an einem PC Daten über das Netzwerk kopiert werden, was bei entsprechender Benutzerlast eine ganze Menge sein kann. Um ein solches standardmäßiges Profil anzulegen, gehen Sie folgendermaßen vor:

1. Melden Sie sich an einem PC mit Windows Vista oder Windows 7 mit dem Benutzerkonto an der Domäne an, welches Sie als Standardprofil definieren wollen.
2. Führen Sie alle Einstellungen aus, zum Beispiel Bildschirmschoner, Hintergrundbild und so weiter, welche Sie für das Profil festlegen wollen.
3. Melden Sie sich nach der Fertigstellung der Einstellungen ab.
4. Melden Sie sich am gleichen PC mit einem *Domänen-Admin*-Konto an.
5. Erstellen Sie in der *Netlogon*-Freigabe auf einem Domänencontroller das neue Verzeichnis *Default User.V2.* Das *V2* definiert das Profil, welches nur für Windows Vista- und Windows 7-PCs verwendet wird.
6. Klicken Sie auf dem PC mit der rechten Maustaste auf *Computer* im Startmenü und rufen Sie im Kontextmenü den Befehl *Eigenschaften* auf.
7. Klicken Sie links im Fenster auf den Link *Erweiterte Systemeinstellungen.*
8. Klicken Sie im Bereich *Benutzerprofile* auf *Einstellungen.*
9. Markieren Sie den Benutzer, dessen Profil Sie als Standard definieren wollen, und klicken Sie auf *Kopieren nach.* Ist die Option für das jeweilige Profil nicht aktiv, kopieren Sie den Inhalt des Ordners über den Windows-Explorer in das Standardprofil auf dem Server. Achten Sie aber darauf, die Anzeige der versteckten Dateien sowie der geschützten Systemdateien zu aktivieren. Bearbeiten Sie anschließend die Sicherheitseigenschaften des Verzeichnisses auf dem Server und geben Sie der Gruppe *Jeder* das Recht *Ändern* auf das Profilverzeichnis. Um Manipulationen des Profils zu vermeiden, können Sie auch eine Sicherheitskopie erstellen, mit der Sie das Profil wiederherstellen können, falls dies notwendig sein sollte. Die *Netlogon*-Freigabe befindet sich auf dem Domänencontroller im Verzeichnis *C:\Windows\SYSVOL\sysvol\contoso.com\scripts*
10. Geben Sie den Pfad zum Standardbenutzerverzeichnis in der *Netlogon*-Freigabe an, welches Sie zuvor angelegt haben, zum Beispiel *\\x2k10\NETLOGON\Default User.V2.*
11. Klicken Sie im Bereich *Benutzer* auf *Ändern.*
12. Geben Sie im Benutzerfeld »Jeder« ein und klicken Sie auf *Namen überprüfen.*
13. Klicken Sie anschließend auf *OK.*
14. Bestätigen Sie im Anschluss alle noch offenen Fenster mit *OK*, damit das Profil kopiert werden kann. Das servergespeicherte Profil ist jetzt vorbereitet.
15. Melden sich Benutzer an Rechnern an, die Mitglied der Domäne sind, erhalten diese daraufhin exakt dasjenige Profil zugeteilt, welches Sie in der Freigabe *\\netlogon* auf dem Anmelde-Domänencontroller angelegt haben. In den Profileigenschaften der Anwender legen Sie aber einen anderen Profilpfad fest, zum Beispiel *\\<Server>\Profiles\%username%.* Dann speichert der Computer das erstellte Profil für den Anwender servergespeichert im hinterlegten Pfad ab, da nur bei der ersten Anmeldung das Standardprofil der Freigabe *\\netlogon* verwendet wird.

Sie können darüber hinaus im unteren Bereich des Dialogfelds den Eintrag für Benutzer ändern, wenn Sie das Profil in den Ordner eines anderen Anwenders kopieren möchten. Über die Schaltfläche *Typ ändern* können Sie festlegen, ob bei der Anmeldung das lokal zwischengespeicherte Profil verwendet werden soll oder ob mit dem serverbasierenden Profil gearbeitet werden soll. Bei der Erstellung von Benutzerprofilen sind einige Besonderheiten zu beachten. Sie sollten immer daran denken, dass die Benutzer, wenn sich diese an unterschiedlichen

Arbeitsstationen anmelden, immer mit unterschiedlichen Bildschirmauflösungen konfrontiert sind. Sie sollten bei der Definition immer den typischen Arbeitsplatz des Benutzers, für den das Profil vordefiniert wird, beachten. Dies gilt vor allem für verbindliche Profile. Ein weiterer Punkt ist, dass das in *Default User* gespeicherte Profil, das zum Einsatz kommt, wenn Sie keine zentralen Profile für alle Benutzer vorgeben, auf jedem einzelnen Computer definiert ist.

Servergespeicherte Profile für Benutzer in Active Directory festlegen

Wenn Sie ein Standardprofil festgelegt haben, müssen Sie in der Active Directory-Domäne zunächst servergespeicherte Profile für die Anwender konfigurieren. Auf der Registerkarte *Profil* eines Benutzerkontos können die notwendigen Angaben durchgeführt werden. Bei *Profilpfad* wird das Verzeichnis angegeben, in dem das Benutzerprofil des Anwenders abgelegt wird. Dabei handelt es sich nicht um den gleichen Pfad, wie das Standardprofil. Bei Verwendung eines serverbasierenden Benutzerprofils steht dieses Profil an allen Arbeitsstationen im Netzwerk zur Verfügung. Durch die Angabe dieses Pfads wird automatisch ein leerer Ordner für diesen Benutzer erstellt. Die Angabe des Profilpfads erfolgt in der Form *<Servername>**<Freigabename>**%username%*. Der Profilpfad verweist auf den Ordner, in dem das Benutzerprofil des Anwenders abgelegt wird. Ist kein Pfad angegeben, wird nur mit lokalen Benutzerprofilen gearbeitet. Wenn sich ein Benutzer anmeldet, überprüft Windows, ob für diesen Benutzer ein Profilpfad angegeben ist und damit ein serverbasierendes Profil definiert wurde. Ist dies der Fall, wird verglichen, ob das serverbasierende oder das lokale Profil aktueller ist. Ist das serverbasierende Profil aktueller, werden die geänderten Dateien aus diesem Profil auf das lokale System kopiert. Bei der Abmeldung wird das serverbasierende Profil durch die lokal veränderten Dateien aktualisiert. Bei der ersten Anmeldung eines Benutzers nach der Definition eines Profilpfads wird entweder ein vordefiniertes Profil vom Server geladen oder, wenn dieses leer ist, bei der Abmeldung das bisherige lokale Profil des Benutzers auf den Server kopiert.

Die zweite Einstellung bezieht sich auf das Anmeldeskript. Hier kann angegeben werden, dass ein Programm ausgeführt werden soll, wenn sich ein Benutzer anmeldet. In den meisten Fällen handelt es sich um eine Batchdatei oder ein VB-Skript. Diese Einstellung ist in aller Regel nicht mehr erforderlich, da Skripts für die An- und Abmeldung von Benutzern über die Gruppenrichtlinien konfiguriert werden können. Das Basisverzeichnis gibt an, welches Netzwerklaufwerk für den Benutzer automatisch verbunden werden soll. So kann ein lokaler Pfad auf der Arbeitsstation des Benutzers angegeben werden. Die Angabe der Pfadnamen erfolgt in der Regel unter Verwendung des Parameters *%username%*. Dadurch werden die Basisverzeichnisse automatisch nach dem Benutzernamen bezeichnet. Neben den Ordnern, mit denen die Inhalte der Arbeitsoberfläche und der Taskleiste inklusive des Startmenüs beschrieben werden, findet sich im Profilpfad die Datei *Ntuser.dat*. Diese enthält die Einstellungen der Registry, die sich dort unter *HKEY_CURRENT_USER* finden. Die gesamten benutzerspezifischen Einstellungen sind hier enthalten. Die Benutzerprofile werden zunächst als Kopie des Standardprofils des *Default User* lokal oder über das Netzwerk erzeugt.

Benutzerprofile für Remotedesktop

Auf der Registerkarte *Remotedesktopdienste-Profile* können Sie angeben, ob ein Benutzer auf einem Remotedesktop ein zusätzliches Profil erhält. Die Einstellung des Profilpfads erlaubt die Verwendung eines zweiten Benutzerprofils ausschließlich für die Nutzung mit dem Remotedesktop. Für die Anwender muss die Umgebung auf einem Remotedesktop transparent sein. Sie dürfen also keinen Unterschied bemerken, egal, auf welchem Server sie gerade arbeiten. Dazu muss aber auch gewährleistet sein, dass die Einstellungen, die ein Anwender auf einem Server vornimmt, nach der Anmeldung auf dem anderen Server ebenfalls vorhanden sind. Dies ist nur möglich, wenn das Profil, das der Anwender auf dem Remotedesktop verwendet, nach der Abmeldung zentral gespeichert und bei der Anmeldung auf einem beliebigen Remotedesktop von dort wieder geladen wird. Beim Verwenden von gleichen Profilen auf den Arbeitsstationen und dem Remotedesktop können sich Konflikte ergeben, wenn für die Remotedesktops kein eigenes Profil verwendet wird. Im Folgenden erfahren Sie an einem Beispiel, was bei der gemeinsamen Verwendung von Profilen auf Arbeitsstationen und Remotedesktopservern passieren könnte:

1. Der Anwender meldet sich an seiner lokalen Arbeitsstation an und sein Profil wird vom Server geladen.
2. Während der Anwender an seiner Workstation angemeldet ist, startet er eine Sitzung auf einem der Remotedesktops (zum Beispiel für die Arbeit mit SAP). Daraufhin wird auch hier das Profil vom Server geladen.
3. Der Anwender hat Änderungen an seinem Profil vorgenommen und meldet sich nun wieder vom Remotedesktop ab. Daraufhin wird sein Profil auf den Server zurückgeschrieben.
4. Nachdem der Anwender seine Arbeit an seiner Arbeitsstation beendet hat, meldet er sich auch hier ab. Sein Profil wird nun erneut auf den Server zurückgeschrieben, überschreibt jetzt aber die Einstellungen, die er zuvor auf dem Remotedesktop vorgenommen hat. Bei einer erneuten Anmeldung am Remotedesktop sind die Einstellungen, die der Anwender während der letzten Sitzung vorgenommen hat, wieder verschwunden.

Sie sehen, es ist sinnvoll, ein zweites Profil für die Verwendung auf dem Remotedesktop zu definieren, das an einer anderen Stelle gespeichert wird. Ebenso kann ein anderer Basisordner für die Verwendung am Remotedesktop angegeben werden, falls zum Beispiel der Remotedesktop an einem anderen Standort steht. In diesem Fall würde der Zugriff auf das Heimlaufwerk über ein langsames Netzwerk erfolgen. Um die Geschwindigkeit des Systems nicht unnötig auszubremsen, wird nun ein Verzeichnis auf einem Server angegeben, das sich im selben Standort befindet wie der Remotedesktop selbst. Somit erfolgen die Zugriffe wieder lokal.

Verbindliche Profile (Mandatory Profiles)

Es wird zwischen *persönlichen* und *verbindlichen* Profilen unterschieden. Ein persönliches Profil kann nur einem Benutzer zugeordnet werden und dient diesem als Ausgangsposition. Die Anpassungen, die er vornimmt, werden in diesem Profil abgespeichert. Ein Benutzer, dem ein *verbindliches* Profil zugeordnet wurde, kann daran zwar Änderungen vornehmen, aber diese werden nicht gespeichert. Bei Beginn jeder Arbeitssitzung hat er damit die gleichen Einstellungen für seine Arbeitsumgebung. Die Umwandlung eines normalen Profils in ein verbindliches Profil erfolgt durch die Umbenennung von *Ntuser.dat* in *Ntuser.man*. Verbindliche Profile können von mehreren Anwendern gemeinsam verwendet werden. Dazu wird für alle Anwender der gleiche Benutzerprofilpfad angegeben. Sie müssen lediglich einen Ordner auf dem Server erstellen, in dem das Profil gespeichert werden kann. Wenn ein Benutzer sich zum ersten Mal anmeldet, wird das Profil vom Server geladen. Wenn der Ordner leer ist, kann nichts geladen werden und das bisherige persönliche Profil des Benutzers wird verwendet. Ansonsten werden entweder das vordefinierte persönliche Profil oder das verbindliche Profil vom Server geladen und die bisherigen lokalen Einstellungen überschrieben. Wenn sich ein Benutzer abmeldet, wird das Profil auf dem Server aktualisiert. Die einzige Ausnahme ist die Verwendung eines verbindlichen Profils. In diesem Fall erfolgt keine Aktualisierung des serverbasierenden Profils. Eine Kopie des Profils wird lokal gespeichert.

Bei der nächsten Anmeldung werden die Daten für das lokale Profil und für das auf dem Server gespeicherte Profil verglichen. Das aktuellere der beiden Profile wird geladen. Gegebenenfalls wird das auf dem Server gespeicherte Profil aktualisiert. Ein verbindliches Profil wird bei jeder Anmeldung geladen. Falls der Server, auf dem das Profil gespeichert ist, nicht verfügbar ist, wird mit der lokal zwischengespeicherten Kopie dieses Profils gearbeitet. Durch die zentrale Speicherung auf dem Server wird aus dem Profil automatisch ein wanderndes Profil. Wenn sich ein Benutzer an einer anderen Arbeitsstation anmeldet, wird bei der Anmeldung über den Eintrag für den Benutzerprofilpfad bei den Eigenschaften des Benutzers in *Active Directory-Benutzer und -Com-*

puter erkannt, dass dieser Benutzer ein Benutzerprofil hat. Es wird geladen, weil bei der ersten Anmeldung auf einer neuen Arbeitsstation dort kein lokal zwischengespeichertes Profil vorhanden sein kann, sodass der Benutzer auf jeder Arbeitsstation mit dem gleichen Profil arbeiten kann. Ändern Sie die Bezeichnung der Datei *Ntuser.man* wieder in *Ntuser.dat* ab, darf der Anwender wieder Änderungen vornehmen.

Abbildg. 15.24 Anlegen eines verbindlichen Profils

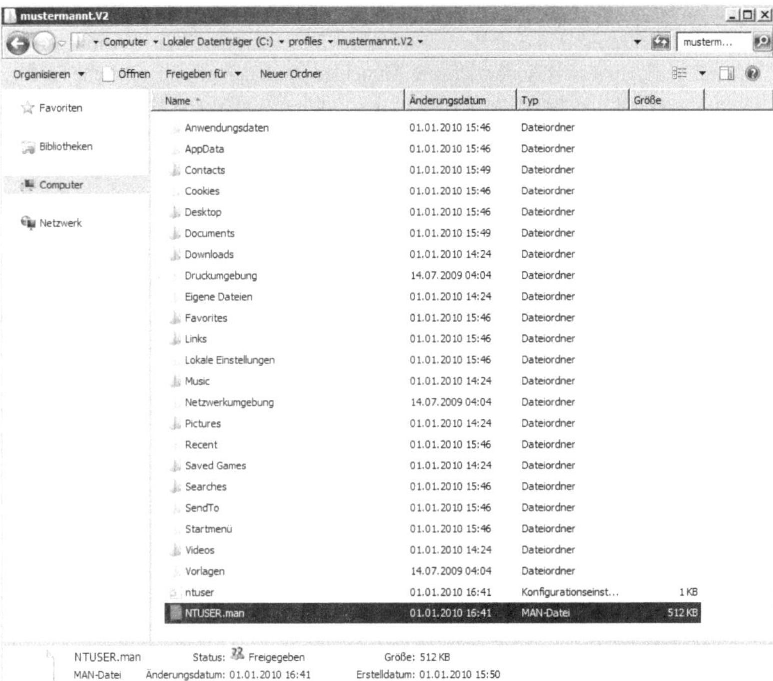

Super-verbindliche Profile (Super Mandatory Profiles)

Eine weitere Steigerung von verbindlichen Profilen sind *Super-verbindliche Profile.* Bei einem solchen Profil kann sich der Anwender nur dann am PC anmelden, wenn das verbindliche Profil auf dem Server zur Verfügung steht. Wenn der Windows Vista und Windows 7-PC keine Verbindung zum Server aufbauen kann, wird die Anmeldung verweigert. Um ein solches verbindliches Profil zu erstellen, gehen Sie zunächst genauso vor wie beim Anlegen eines verbindlichen Profils:

1. Als Nächstes ändern Sie den Namen des Benutzerprofilverzeichnisses so ab, dass dieser Ordner der Syntax *<Profilname>.man.V2* entspricht.
2. Als Nächstes fügen Sie auf der Registerkarte *Profil* in Active Directory hinter den Pfad des Benutzerprofils noch die Endung *.man* hinzu, diesmal ohne das *V2*.
3. Durch diese Aktion wurde aus dem verbindlichen Profil mit der Datei *Ntuser.man* ein Super-verbindliches Profil, bei dem auch der Ordner des Profils die Endung *.man.V2* aufweist.

Allgemeines zu Ordnerumleitungen und servergespeicherten Profilen

Auch unter Windows Vista und Windows 7 besteht die Möglichkeit, Profile serverbasiert zu konfigurieren und Ordner des Profils auf Serververzeichnisse umzuleiten. Ein Beispiel dafür wäre die Umleitung für Dokumente auf ein Verzeichnis im Netzwerk. Da der Aufbau der Profile geändert wurde, müssen hier teilweise neue Wege gegangen werden. Die Synchronisation von Clients und Server für servergespeicherte Profile wurde in Windows Vista und Windows 7 stark verbessert, sodass längere Anmeldezeiten oder zu umfangreiche Profile der Vergangenheit angehören. Insgesamt bietet Windows Vista und Windows 7 die Möglichkeit an, verschiedene Ordner innerhalb des Profils auf ein Serverlaufwerk umzuleiten. Bei der Ordnerumleitung werden Pfade zum Dokumentenverzeichnis oder dem Startmenü auf einen Server umgeleitet. Dadurch ist sichergestellt, dass die Daten der Anwender sicher auf einem Server gespeichert werden, aber dennoch transparent zugreifbar sind, wenn ein Anwender zum Beispiel seinen Dokumentenordner öffnet. Durch die Ordnerumleitung können wichtige Benutzerdaten aus dem servergespeicherten Profil herausgenommen werden und stehen auch auf mehreren Arbeitsstationen in Echtzeit zur Verfügung, wenn alle Arbeitsstationen Zugriff auf den gleichen Server haben. Die Größe der Profile werden reduziert, die Anmeldezeit verkürzt. Außerdem hat Microsoft einen neuen Bereich für die Umleitung von Ordnern aus dem Benutzerprofil entwickelt, mit dessen Hilfe die Ordnerumleitung per Gruppenrichtlinien deutlich effizienter durchgeführt werden können. Sie finden die Ordnerumleitungen im Gruppenrichtlinienverwaltungs-Editor unter *Benutzerkonfiguration/Richtlinien/Windows-Einstellungen/Ordnerumleitung*. Sie finden die Verwaltungskonsole zur Verwaltung der Gruppenrichtlinien in der Programmgruppe Verwaltung. Mehr zu den Richtlinien finden Sie im Kapitel 16.

Abbildg. 15.25 Ordnerumleitung mit Windows Vista, Windows 7 und Windows Server 2008 R2

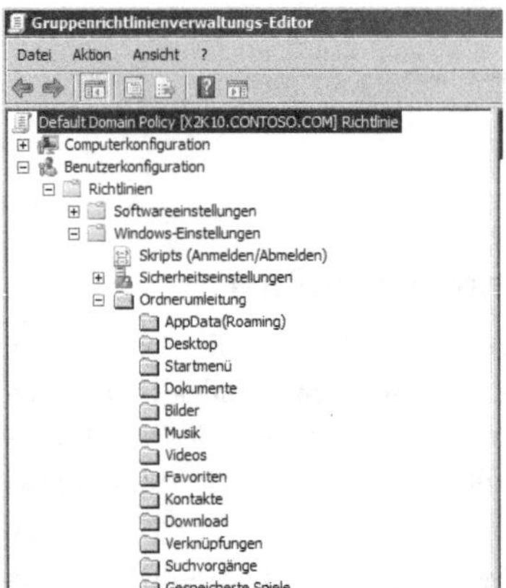

Mit diesen Möglichkeiten können Sie auch die Ordnerumleitungen für Windows XP und Windows 2000 konfigurieren. Die effizienteste Möglichkeit, um Ordner umzuleiten, ist über eine Gruppenrichtlinie in einer Active Directory-Domäne. Windows Server 2008 R2 bietet dazu auch die Möglichkeit, Ordner abhängig von einer Sicherheitsgruppe umzuleiten, sodass für unterschiedliche Abteilungen im Unternehmen unterschiedliche Ordner im Netzwerk als Umleitung verwendet werden können. Bei der Umleitung können Sie die Ordner in vordefinierte Verzeichnisse auf den Servern umleiten oder für jeden Anwender in einem spezifischen Ordner automatisch ein Verzeichnis für die Ordnerumleitung anlegen lassen. Die Einstellungen in den Richtlinien für die Ordnerumleitung sind selbsterklärend. Sie konfigurieren die Einstellungen über das Kontextmenü und wählen *Eigenschaften* aus.

Abbildg. 15.26 Aktivieren der Ordnerumleitung über Gruppenrichtlinien

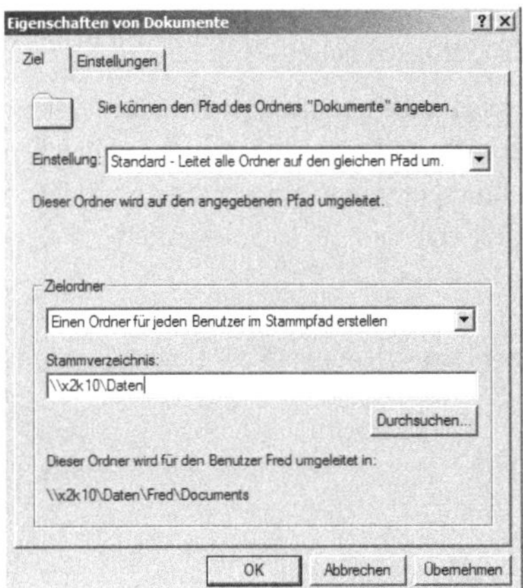

Über die Registerkarte *Ziel* legen Sie die Umleitungsoptionen fest. Einen Stammordner, also eine Freigabe, auf die alle Anwender zugreifen dürfen, müssen Sie daher zuvor anlegen. Innerhalb des Stammordners legt Windows Unterordner für die Benutzer an und konfiguriert automatisch entsprechende Rechte exklusiv für den Benutzer, genauso wie bei den Profilen.

Abbildg. 15.27 Konfigurieren der Einstellungen für die Ordnerumleitung

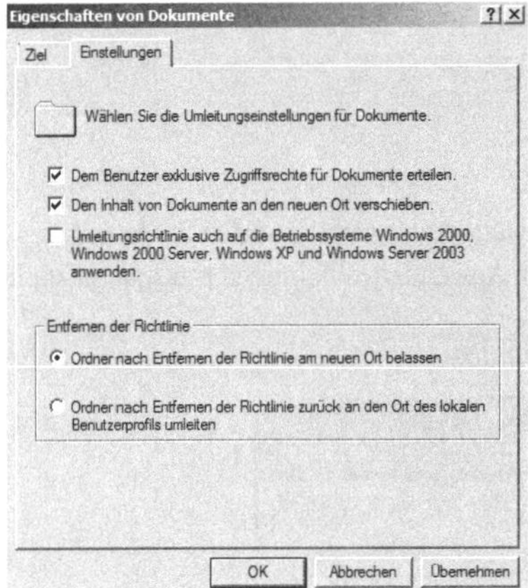

Der Ordner *Dokumente* in einem Profil in Windows Vista und Windows 7 entspricht dem Ordner *Eigene Dateien* unter Windows XP. Bei der Umleitung dieses Ordners sollten Sie sicherstellen, dass der Pfad außerhalb des Benutzerprofils auf einem Server liegt. Hier können Sie auch die Option aktivieren, dass die Umleitung auch für PCs mit Windows 2000, 2003 und XP Gültigkeit hat. Wenn Sie das Startmenü auf einen Server auslagern wollen, können Sie das ebenfalls in dieser Richtlinie tun und zusätzlich auch die Richtlinie für Windows XP-, 2000- und 2003-Rechner aktivieren.

Das Verzeichnis *AppData* spielt bei der Ordnerumleitung eine wichtige Rolle, da hier die maßgeblichen Unterschiede zur Verzeichnisstruktur eines Profils zwischen Windows XP, Windows Vista und Windows 7 bestehen. Um die Ordnerumleitung für Windows Vista und Windows 7 durchzuführen, lassen Sie über den beschriebenen Weg der Gruppenrichtlinien zunächst den Ordner *AppData* in ein Verzeichnis im Netzwerk, zum Beispiel *\\<Servername>\<Freigabe>\%username%\AppData* umleiten. Deaktivieren Sie die Option in der Richtlinie, dass die Umleitung auch für Windows 2000, 2003 oder XP Gültigkeit hat.

Für die Anwender ändert sich bei der Umleitung nichts. Diese arbeiten mit den normalen Verknüpfungen des Rechners. Der Vorteil ist, dass Profile schlank bleiben und wichtige Daten automatisch auf den Servern landen, ohne Benutzer zu beeinträchtigen oder dass komplizierte Konfigurationen notwendig sind. Haben Sie das automatische Anlegen von Ordnern aktiviert, legt Windows diese erst dann in der konfigurierten Freigabe an, wenn Anwender auf diese zugreifen und Daten speichern.

Abbildg. 15.28 In den Eigenschaften der Bibliotheken auf dem Clientrechner lässt sich der Pfad der Umleitung anzeigen

Sie können die entsprechende Freigabe auch als Netzlaufwerk verbinden. So stellen Sie fest, dass alle Daten der umgeleiteten Verzeichnisse im Netzwerk liegen und für den Anwender vollkommen transparent zugreifbar sind.

Abbildg. 15.29 Zugreifen auf servergespeicherte Profile und umgeleitete Ordner

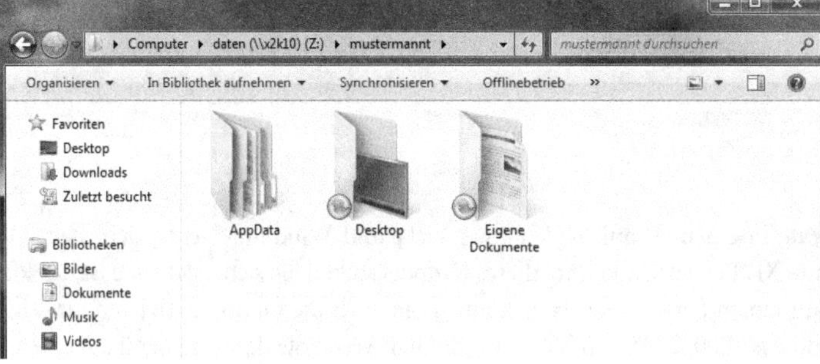

Gruppen verwalten

Nicht weniger wichtig als die Verwaltung von Benutzern ist die Verwaltung von Gruppen in Active Directory. Gruppen werden ebenfalls im Snap-In *Active Directory-Benutzer und -Computer* erstellt und verwaltet. Wählen Sie im Menü *Neu* die Option *Gruppe* aus. In Active Directory werden die folgenden vier Gruppentypen unterschieden. Lokale Gruppen legen Sie auf alleinstehenden Servern an, die kein Mitglied einer Domäne sind. In Domänen sind lokale Gruppen immer auch in der ganzen Domäne verfügbar.

- *Lokal*
- *Lokal (in Domäne)*
- *Global*
- *Universal*

Abbildg. 15.30 Erstellen einer neuen Gruppe

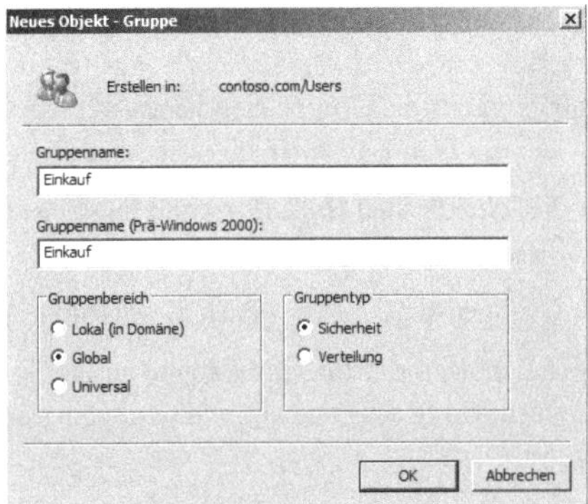

Bei der Unterscheidung und Verwendung dieser Gruppen können folgende Bereiche beachtet werden:

- **Lokale Gruppen** Werden für die Zusammenfassung von globalen Gruppen oder – in Ausnahmefällen – von Benutzern eingesetzt, denen Zugriffsberechtigungen erteilt werden. Aus lokalen Gruppen werden beim Wechsel in den einheitlichen Modus von Active Directory automatisch domänenlokale Gruppen. Der Unterschied besteht darin, dass diese Gruppen einheitlich auf allen Windows Server 2003/2008- und Windows Server 2008 R2-Mitgliedssystemen der Domäne zu sehen sind. Der Vorteil ist, dass damit eine lokale Gruppe im einheitlichen Modus nur einmal pro Domäne definiert werden muss.
- **Globale Gruppen** Sind überall in der Gesamtstruktur sichtbar, können aber nur Mitglieder aus der eigenen Domäne enthalten. Globale Gruppen können Mitglied von lokalen und universellen Gruppen werden. Im einheitlichen Modus können globale Gruppen zudem verschachtelt werden.
- **Universelle Gruppen** Alle Informationen über Zugehörigkeiten zu universellen Gruppen werden auf den globalen Katalogservern gespeichert.

Neben den verschiedenen Gruppenbereichen können zwei unterschiedliche Gruppentypen erstellt werden.

- **Sicherheit** Definiert, dass es sich um eine Gruppe handelt, über die Zugriffsberechtigungen zugeordnet werden sollen. Diese Gruppe kann zusätzlich als E-Mail-Verteilerliste verwendet werden.
- **Verteilung** Gibt an, dass die Gruppe nur für Verteiler in E-Mail-Programmen verwendet werden kann. Sie kann nicht für die Zuordnung von Zugriffsberechtigungen eingesetzt werden.

Die Eigenschaften von Gruppen können genauso bearbeitet werden, wie die Eigenschaften von Benutzerkonten. Es stehen allerdings weniger Optionen zur Verfügung.

Abbildg. 15.31 Verwalten von Gruppen in Windows Server 2008 R2

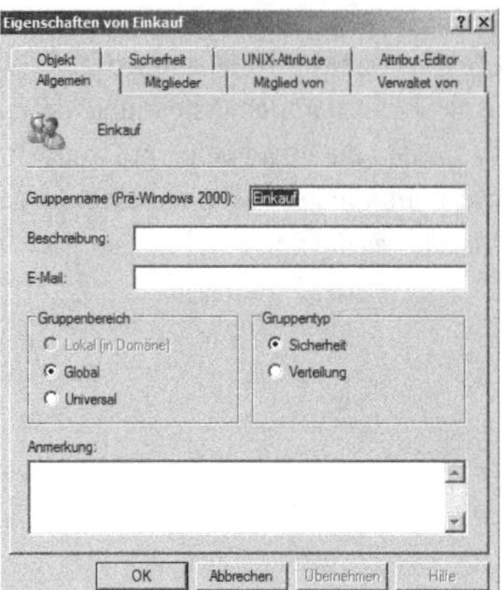

- Neben dem Gruppennamen kann eine Beschreibung für die Gruppe eingegeben werden, die in den Listen des Verwaltungsprogramms *Active Directory-Benutzer und -Computer* angezeigt wird.
- Auf der Registerkarte *Mitglieder* können über die Schaltflächen *Hinzufügen* und *Entfernen* neue Benutzer in Gruppen aufgenommen beziehungsweise aus diesen gelöscht werden.
- Auf der Registerkarte *Mitglied von* werden die Gruppen angezeigt, in denen diese Gruppe Mitglied ist.
- Über die Registerkarte *Verwaltet von* kann der Benutzer, der für eine Gruppe zuständig ist, konfiguriert werden. Dazu wird über die Schaltfläche *Ändern* eine Liste der Benutzer und Gruppen geöffnet, aus der der entsprechende Benutzer ausgewählt werden kann.

Computerkonten in Active Directory

Für jeden Rechner im Netzwerk wird ein Computerkonto in Active Directory benötigt. Ein Computerkonto wird automatisch angelegt, wenn Sie einen PC oder Server zur Domäne hinzufügen. Domänencontroller werden im Ordner *Domain Controllers* abgelegt, während normale Systeme im Container *Computers* landen. Bei der Installation kann nur die Domäne angegeben werden, keine Organisationseinheit.

Abbildg. 15.32 Verwalten der Computerkonten in der Domäne

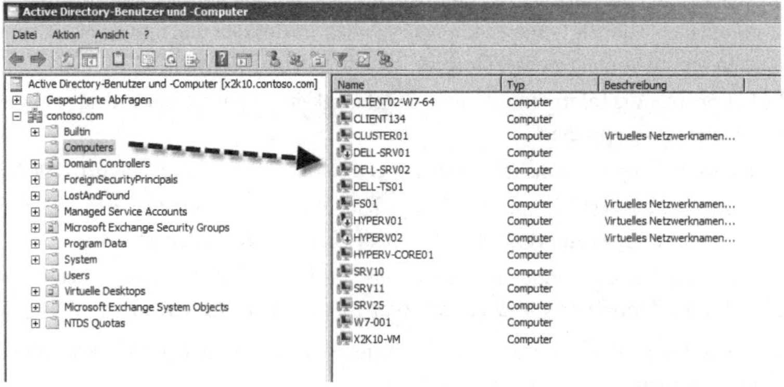

Nach der Installation kann ein neues Computerobjekt in die entsprechende OU verschoben werden. Computerkonten können aber durch Administratoren auch vor der Domäneaufnahme in der Domäne selbst erstellt werden. Dadurch lassen sich die Computer gezielt in jenen Container aufnehmen, für den sie vorgesehen sind.

Über den Assistenten kann der Benutzer oder – besser – die Gruppe angegeben werden, die diesen Computer installieren darf. Hier kann auch eine Operatoren-Gruppe ausgewählt werden, die für die Installation neuer Systeme zuständig ist. Hier kann auch die Option *Dieses Computerkonto als einen Prä-Windows 2000-Computer zuweisen* konfiguriert werden, sodass kompatible Clients über dieses Computerkonto in eine Domäne aufgenommen werden können. Eine weitere Einstellung ist *Verwalteter Computer*. Diese können Sie im nächsten Dialogfeld vornehmen. Sie müssen die vollständige GUID – eine ziemlich lange Zeichenfolge – des Systems eingeben. Damit wird festgelegt, dass dieses Computerkonto für eine genau definierte Maschine verwendet wird, die eine eindeutige GUID besitzt. Diese wird vom Hersteller definiert.

Abbildg. 15.33 Computerkonten in Active Directory verwalten

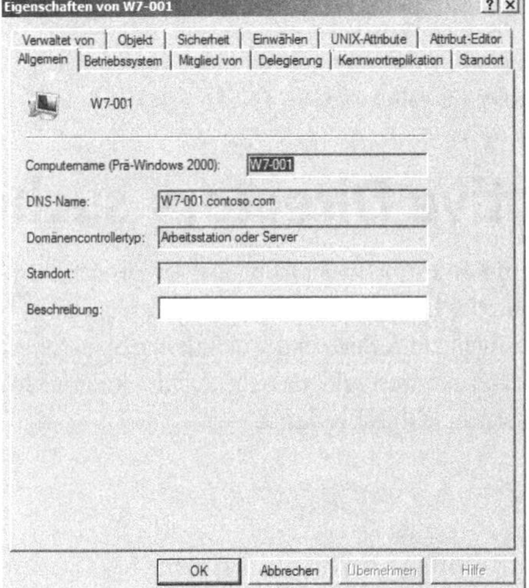

In den Eigenschaften können eine Reihe weiterer Einstellungen festgelegt werden. Dazu gehört neben der obligatorischen Eingabe einer Beschreibung die Option *Computer bei Delegierungen aller Dienste vertrauen* auf der Registerkarte *Delegierung*. Diese Option ist sicherheitssensibel. Damit können lokal ausgeführte Dienste auf diesem System Dienste von anderen Systemen anfordern. Grundsätzlich ist dies kein Problem. Wenn aber durch einen Angriff die lokale Sicherheit des Systems kompromittiert ist, wird dadurch ein illegaler Zugriff auf andere Serverdienste möglich, soweit diese einen Zugriff des Computers von sich aus erlauben. Daher sollte diese Option nur gewählt werden, wenn es für Anwendungen zwingend erforderlich ist. Bei den Eigenschaften stehen darüber hinaus noch mehrere Registerkarten zur Auswahl:

- Auf der Registerkarte *Allgemein* finden sich Informationen über den NetBIOS- und DNS-Namen sowie die Funktion des Systems. Die Einstellungen in diesem Dialogfeld können nicht verändert werden. Der NetBIOS-Name wird als *Prä-Windows 2000* bezeichnet. In den Eigenschaften für Domänencontroller kann auf dieser Registerkarte festgelegt werden, ob dieser als *Globaler Katalog* fungieren soll. Dazu wird die Schaltfläche *NTDS-Einstellungen* verwendet.
- Die Registerkarte *Betriebssystem* hat informativen Charakter. Hier werden der Name des Betriebssystems, die Version und gegebenenfalls die Version des zuletzt eingespielten Service Packs angegeben.

- Über die Registerkarte *Mitglied von* kann die Gruppenzugehörigkeit des Systems konfiguriert werden.
- Auf der Registerkarte *Standort* wird der Standort des Systems angegeben. Dieser kann bei Domänencontrollern nur verändert werden, wenn Sie als Administrator in der gleichen Domäne angemeldet sind, in der der Domänencontroller steht oder über eine Gruppenzugehörigkeit in dieser Domäne administrative Berechtigungen besitzt.
- Die Registerkarte *Verwaltet von* enthält Informationen zu dem Benutzer, der für die Administration des Domänencontrollers zuständig ist. Diese Informationen können nicht verändert werden.
- Auf der Registerkarte *Einwählen* sind RAS-Berechtigungen für diesen Computer definiert, falls dieser eine automatische Einwahl durchführt.
- Die Registerkarte *UNIX-Attribute* dient bei installiertem NFS zur Anbindung des Computers an eine UNIX-Domäne.

Bei Computerobjekten gibt es im Kontextmenü im Wesentlichen die gleichen Befehle wie bei Domänencontrollern. Im Unterschied zu Domänencontrollern findet sich im Kontextmenü der Befehl *Konto deaktivieren*, mit dem ein Computerkonto gesperrt werden kann. Die Konsequenz daraus ist, dass von diesem Computer aus keine Anmeldung in der Domäne mehr erfolgen kann. Ansonsten gibt es keine funktionalen Unterschiede. Allerdings können Computerobjekte sehr viel flexibler verwaltet werden.

Nach Informationen in Active Directory suchen

In *Active Directory-Benutzer und -Computer* steht im Kontextmenü der Container jeweils der Befehl *Suchen* zur Verfügung. Über diesen Befehl kann eine Suche in Active Directory durchgeführt werden. Das ist vor allem bei sehr großen Verzeichnissen hilfreich, wenn Objekte nicht auf Anhieb in der definierten Struktur gefunden werden. Allerdings sollte ein Verzeichnis im Idealfall so strukturiert sein, dass die Suchfunktion nicht erforderlich ist, weil immer klar ist, in welchem Container sich welches Objekt befindet.

Abbildg. 15.34 Nach Objekten in Active Directory suchen

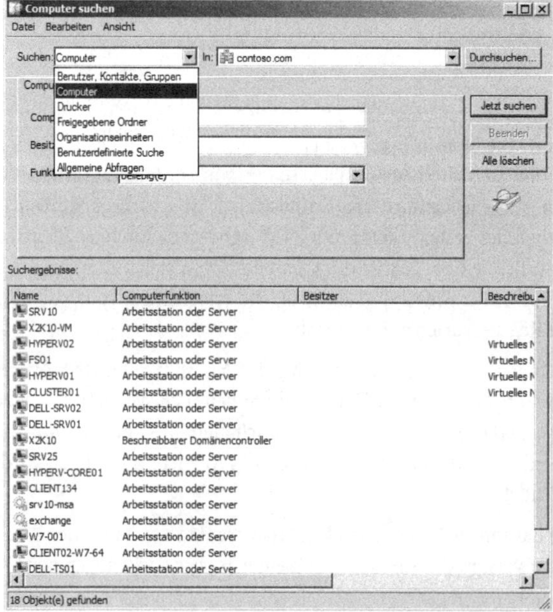

Im angezeigten Dialogfeld kann oben im Listenfeld *Suchen* zunächst definiert werden, wonach gesucht werden soll. Hier können verschiedene Optionen ausgewählt werden:

- Benutzer, Kontakte und Gruppen
- Computer
- Drucker
- Freigegebene Ordner
- Organisationseinheiten
- Benutzerdefinierte Suche
- Allgemeine Abfragen

Im Feld *In* lässt sich der Bereich der Suche festlegen. Sie können einzelne Container, Teile der Domänenstruktur oder das gesamte Verzeichnis auswählen. Je nachdem, wonach gesucht wird, können im unteren Bereich unterschiedliche Suchkriterien festgelegt werden. Hier können die allgemeinen Kriterien auf der ersten der beiden Registerkarten konfiguriert werden. Über die Registerkarte *Erweitert* lassen sich alle Feldnamen (Attribute) für die Suche auswählen. Wenn die *Benutzerdefinierte Suche* gewählt wird, kann eine LDAP-Suchabfrage manuell eingegeben werden. Damit wird die optimale Flexibilität bei der Gestaltung der Suche geboten. Da nach jedem Attribut gesucht werden kann, lassen sich mit dieser Suchfunktion sehr flexible Abfragen gestalten. So können schnell alle Benutzer mit konfiguriertem RAS-Zugang ermittelt werden, indem einfach nach dem entsprechenden Feld abgefragt wird. In sehr großen Verzeichnissen lassen sich damit alle Informationen schnell finden.

Administrationsaufgaben delegieren

Mithilfe eines Assistenten können Berechtigungen in einfacher Weise delegiert werden. Dadurch lassen sich einzelne Administrationsaufgaben durch die Aufteilung der OUs verteilen. Dieser Abschnitt geht etwas genauer auf die Delegierung von Administrationsaufgaben im Bereich Active Directory ein. Klicken Sie mit der rechten Maustaste auf eine Organisationseinheit oder eine Domäne, können Sie mithilfe des Befehls *Objektverwaltung zuweisen* im Kontextmenü einzelne Aufgaben an verschiedene Benutzergruppen delegieren. Die Delegierung von Berechtigungen in Active Directory kann auf verschiedenen Ebenen erfolgen:

- Sie kann auf der Ebene der Domäne mit Gültigkeit für die gesamte Domäne vorgenommen werden. Es lassen sich allerdings für untergeordnete Organisationseinheiten Abweichungen davon einrichten.
- Sie kann auf der Ebene von Organisationseinheiten durchgeführt werden.
- Sie kann auch über die Zugriffsberechtigungen für Objekte vorgenommen werden. So lässt sich über die Sicherheitseinstellungen einer Gruppe festlegen, dass diese nur von bestimmten Operatoren verwaltet werden darf. Allerdings kann die Delegierung nicht über den Assistenten für die Delegierung von administrativen Berechtigungen erfolgen, da dieser nur eine Delegierung auf der Ebene von Domänen und Organisationseinheiten unterstützt, sondern muss über die konkrete Konfiguration der Sicherheitseinstellungen des Objekts durchgeführt werden.

Das wichtigste Werkzeug für die Delegierung von Berechtigungen ist ein Assistent, der über das Kontextmenü von Domänen und Organisationseinheiten aufgerufen werden kann. Er wird mit dem Befehl *Objektverwaltung zuweisen* gestartet. Der Assistent führt schrittweise durch die Konfiguration der Berechtigungen.

Abbildg. 15.35 Delegierung von Administrationsberechtigungen in Active Directory

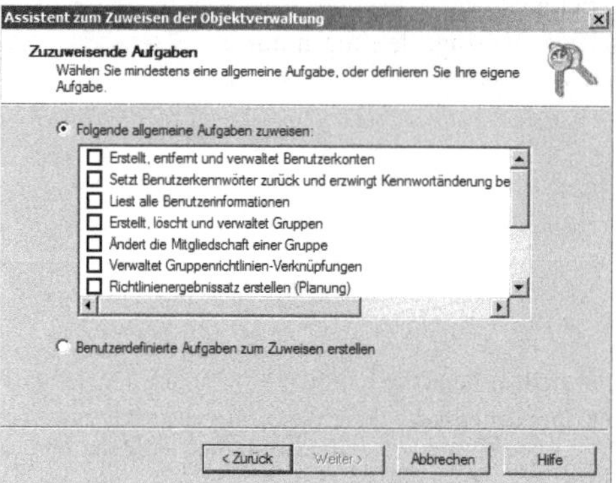

Der erste Schritt bei der Delegierung von Berechtigungen ist die Auswahl der Benutzer oder Gruppen, denen Sie eine administrative Aufgabe zuweisen wollen. Durch Anklicken der Schaltfläche *Hinzufügen* können Sie aus einem weiteren Dialogfeld die Benutzer oder Benutzergruppen auswählen Der nächste Schritt ist die Auswahl der zuzuweisenden Aufgaben:

- Mit *Fügt einen Computer einer Domäne hinzu* kann delegiert werden, welche Benutzer neue Systeme in eine Domäne aufnehmen dürfen.
- Die Aufgabe *Verwaltet Gruppenrichtlinien-Verknüpfungen* gibt die Möglichkeit, vorhandene Gruppenrichtlinien zu Objekten zuzuordnen.
- Die Auswahl von *Erstellt, entfernt und verwaltet Benutzerkonten* delegiert die Berechtigung für das Anlegen von Benutzern in einer Organisationseinheit.
- Mit *Setzt Benutzerkennwörter zurück ?* kann selektiv die Berechtigung vergeben werden, dass ein Benutzer Kennwörter anderer Benutzer ändern darf. Damit kann der operative Aufwand vom Helpdesk in die Fachabteilungen verlegt werden, indem dort ausgewählte Benutzer Kennwörter zurücksetzen können, wenn andere Benutzer ihr Kennwort vergessen haben.
- Die Option *Liest alle Benutzerinformationen* ermöglicht den vollen Zugriff auf alle Informationen zu Benutzerkonten.
- Mit *Ändert die Mitgliedschaft einer Gruppe* können keine neuen Gruppen erstellt, aber Gruppenzugehörigkeiten von Benutzern und Gruppen angepasst werden.
- Weitere Möglichkeiten sind die Erstellung eines Richtlinienergebnissatzes für die Planung von Gruppenrichtlinien und die Verwaltung des Benutzertyps *InetOrgPerson.*

Szenario: Delegierung zum administrativen Verwalten einer Organisationseinheit

Ein gutes Praxisbeispiel für die Delegierung von Benutzerrechten in Active Directory ist das Zurücksetzen von Kennwörtern. Wenn Anwender ihr Kennwort vergessen oder ein neues Kennwort zugewiesen bekommen, sollte das nicht die Aufgabe der Systemadministratoren sein. In diesem Fall könnte zum Beispiel der Abteilungsleiter oder ein Poweruser diese Aufgaben übernehmen. Es besteht außerdem die Möglichkeit, an einen Benutzer genau diese Rechte für seine OU zu delegieren und ihm im Anschluss ein speziell angepasstes Administrationsprogramm zur Verfügung zu stellen, mit dem er diese Aufgabe durchführen kann. Bei der Delegierung in diesem Beispiel wird dem entsprechenden Anwender nicht nur die Berechtigung zum Zurücksetzen der Kennwörter, sondern auch die komplette Verwaltung der Benutzer seiner OU zugewiesen. In Ihrem Unternehmen können Sie dazu bei der Objektverwaltung statt des Vollzugriffs einfach nur das Recht zum *Zurücksetzen von Kennwörtern* delegieren. Gehen Sie dazu folgendermaßen vor:

1. Legen Sie zunächst eine globale Benutzergruppe an, welche die Rechte der Delegierung enthält. Auch wenn die Gruppe zunächst nur einen Benutzer enthält, sollten Sie in den Berechtigungen von Active Directory niemals nur einzelne Konten eintragen. Wenn Sie Änderungen durchführen wollen, zum Beispiel noch eine Urlaubsvertretung berechtigen oder einen anderen Benutzer dazu berechtigen möchten, müssen Sie den entsprechenden Benutzer nur in die Gruppe aufnehmen, ohne Änderungen in den Berechtigungen von Active Directory durchführen zu müssen.
2. Klicken Sie mit der rechten Maustaste auf die OU, in der die Benutzerkonten abgelegt sind, deren Verwaltung Sie delegieren wollen. Wählen Sie im Kontextmenü den Befehl *Objektverwaltung zuweisen* aus.
3. Fügen Sie im Assistenten die angelegte Gruppe hinzu, der Sie das Recht zur Verwaltung der OU geben wollen.
4. Aktivieren Sie im nächsten Fenster als zuzuweisende Aufgabe das Kontrollkästchen *Erstellt, entfernt und verwaltet Benutzerkonten*. Wenn Sie den entsprechenden Nutzern nur das Recht zum Ändern der Kennwörter geben wollen, können Sie hier auch die Option *Setzt Benutzerkennwörter zurück und erzwingt Kennwortänderung bei der nächsten Anmeldung* verwenden.
5. Beenden Sie den Assistenten, um die Delegierung abzuschließen.

Die entsprechenden Rechte für diese Gruppe finden Sie, indem Sie zunächst im Snap-In *Active Directory-Benutzer und -Computer* über den Menübefehl *Ansicht/Erweiterte Features* die erweiterten Ansichtsfunktionen aktivieren. Wenn Sie danach die Eigenschaften der OU oder der Domäne aufrufen, wird die Registerkarte *Sicherheit* angezeigt. Klicken Sie hier auf *Erweitert*, finden Sie im folgenden Fenster auf der Registerkarte *Berechtigungen* die genauen Rechte der Gruppe aufgelistet. Wenn Sie die Delegierung wieder rückgängig machen wollen, müssen Sie einfach an dieser Stelle die Rechte der Gruppe wieder entfernen.

Abbildg. 15.36 Anzeigen der delegierten Berechtigungen auf der Registerkarte *Berechtigungen* des delegierten Containers

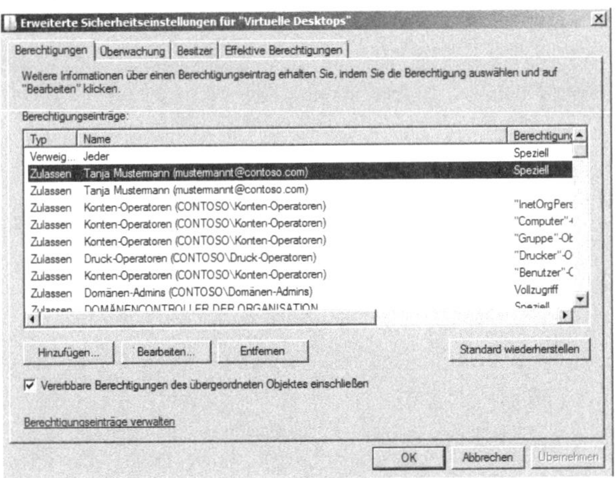

Verwaltungsprogramme für delegierte Aufgaben installieren

Nachdem die Gruppe die entsprechenden Rechte zur Verwaltung dieser OU bekommen hat und Sie die Benutzer in die Gruppe aufgenommen haben, sollten Sie den entsprechenden Benutzern noch ein Administrationsprogramm zur Verfügung stellen, über das sie die OU verwalten können. Entweder arbeiten die Anwender dazu über den Remotedesktop auf einem Server oder Sie müssen die Remoteserver-Verwaltungstools (RSAT) auf einem Windows Vista- und Windows 7-PC installieren.

Zusammenfassung

Auch wenn die Verwaltung der Benutzer und die Delegierung von Rechten noch sehr ähnlich zu Windows Server 2003/2008 ist, haben Sie in diesem Kapitel erfahren, dass vor allem im Bereich der Benutzerprofile und der Verwendung von servergespeicherten Profilen Änderungen integriert wurden, welche die Möglichkeiten im Netzwerk deutlich verbessern. Im nächsten Kapitel zeigen wir Ihnen, wie Sie mit Gruppenrichtlinien die Konfiguration von Computern und Benutzereinstellungen weitgehend automatisieren können.

Kapitel 16

Gruppenrichtlinien verwenden

In diesem Kapitel:

Eine wichtige Aufgabe bei der Administration eines Servers ist die Verwaltung von Benutzer- und Computereinstellungen. Damit sind nicht nur Desktopeinstellungen gemeint, sondern auch sicherheitsrelevante Einstellungen und die Konfiguration von Programmen wie Internet Explorer, Windows-Explorer oder Office-Programmen oder die Zuweisung von Sicherheitseinstellungen und Zertifikaten sowie die Konfiguration von Firewallregeln. Für diese Verwaltungsarbeiten stehen die lokalen Sicherheitsrichtlinien und in Domänen die Gruppenrichtlinien zur Verfügung. Mit diesen lassen sich zahlreiche Einstellungen auf einem Server oder PC automatisch vorgeben. So lässt sich beispielsweise das Verhalten des Internet Explorers oder die Konfiguration der Kennwörter definieren. Lokale Sicherheitsrichtlinien funktionieren auch unter Windows Server 2008 R2 mit speziellen Registryschlüsseln, die zu keinen permanenten Änderungen der Registry führen. Die Informationen werden so lange in diesen Schlüsseln gehalten, wie die Einstellung in der lokalen Sicherheitsrichtlinie gültig ist. Microsoft hat im Bereich der Gruppenrichtlinien unter Windows Server 2008 R2 und Windows Vista und Windows 7 wichtige Änderungen vorgenommen, die in diesem Kapitel besprochen werden. In den Kapiteln 1, 3, 15, 20, 26, 28, 29 und 36 gehen wir ebenfalls an verschiedenen Stellen auf Richtlinien ein.

Neuerungen in Windows Server 2008 R2 und Windows 7

Viele Einstellungen der Gruppenrichtlinien in Windows Server 2008 R2 funktionieren nur auf Clients mit Windows 7, zum Beispiel die Einstellungen von BranchCache (siehe Kapitel 22) und DirectAccess (siehe Kapitel 28). Die meisten Einstellungen übernehmen aber auch Arbeitsstationen mit Windows Vista. Beim Zusammenspiel von Windows Server 2008 R2 und Windows 7 lassen sich jetzt auch Gruppenrichtlinien automatisch anwenden, wenn sich ein Client per VPN mit dem Netzwerk verbindet. Dafür sorgt die neue DirectAcess-Technik in Windows 7 und Windows Server 2008 R2. Damit Sie die Gruppenrichtlinienverwaltung von Windows Server 2008 R2 auf einem Computer mit Windows 7 ausführen können, benötigen Sie die Remoteserver-Verwaltungstools (RSAT), die Sie bei Microsoft herunterladen können (*http://www.microsoft.com/downloads/details.aspx?familyid=7D2F6AD7-656B-4313-A005-4E344E43997D&displaylang=de*). Über diese Tools lassen sich unter anderem die Richtlinien verwalten. Damit Richtlinien angewendet werden, benötigen Clients keine zusätzliche Software. Die beiden neuen Microsoft-Betriebssysteme bieten auch die Möglichkeit, Gruppenrichtlinien über die Windows-PowerShell zu verwalten. Dazu steht das neue PowerShell-Modul *grouppolicy* zur Verfügung, das Sie mit dem Befehl *import-module grouppolicy* zum Beispiel in Windows-PowerShell ISE importieren können. Die PowerShell 2.0 ist bei Windows Server 2008 R2 und Windows 7 automatisch installiert, die grafische Oberfläche (ISE) dazu müssen Sie aber über Features manuell nachinstallieren. Die neuen Gruppenrichtlinien ermöglichen auch Einstellungen, bei denen PowerShell-Skripts beim Starten/Herunterfahren/An- oder Abmelden, immer vor normalen Skripts ablaufen. Sie finden diese Einstellungen über *Computerkonfiguration/Richtlinien/Administrative Vorlagen/System/Skripts*. Neu sind auch die erweiterten Starter-Gruppenrichtlinienobjekte. Bei diesen Richtlinien handelt es sich um schreibgeschützte Vorlagen, die Sie bei der Erstellung von neuen Richtlinien nutzen können.

Gruppenrichtlinien-Preferences effizient einsetzen

Neu in der Bearbeitung der Richtlinien ist im Bereich der Richtlinienverwaltung der neue Menüpunkt *Einstellungen (Preferences)* unter den Richtlinieneinstellungen. Über diese Einstellungen ermöglichen Sie Einstellungsvorschläge, die Anwender aber nicht zwingend übernehmen müssen. Gruppenrichtlinien wiederum sind feste Vorgaben, die Anwender auch zwingend übernehmen müssen. Setzen Sie in den Gruppenrichtlinien Anpassungen um, können Anwender auf ihren Computern entweder gar keine Änderungen in diesem Bereich mehr vornehmen, da diese abgeblendet dargestellt sind, oder die Einstellungen werden beim Neustart wieder durch die Richtlinien überschrieben. Über den Menübefehl *Einstellungen* (englisch: Preferences) lassen sich hingegen Einstellungen vornehmen, welche von den Clientcomputern auch übernommen werden, genauso wie herkömmliche Richtlinien. Allerdings können Anwender diese Einstellungen ihren Bedürfnissen entsprechend anpassen. Beachten Sie aber, dass Sie in Gruppenrichtlinien zwar Einstellungen vorgeben und diese wieder rückgängig machen können, aber diese Funktion über die Preferences nicht zur Verfügung steht.

Nehmen Sie Einstellungen in den Preferences vor, bleiben diese auch dann auf den Rechnern erhalten, wenn Sie die Einstellungen in der Richtlinie wieder entfernen. Anwender können solche Einstellungen aber selbst lokal anpassen. Nehmen Sie im Menüpunkt *Einstellungen* (Preferences) im Gruppenrichtlinienverwaltungs-Editor Einstellungen vor, verwendet dieser Editor die gleiche grafische Oberfläche, wie die entsprechende Einstellung auf dem Computer selbst. Sie wählen die Einstellungen aus, klicken mit der rechten Maustaste in den Ergebnisbereich und wählen *Neu*. Anschließend können Sie Einstellungen vorgeben, welche an die Computer übergeben werden. Im Gegensatz zu herkömmlichen Gruppenrichtlinien können Anwender diese Einstellungen jedoch nachträglich lokal anpassen. Über die Einstellungen können Sie beispielsweise auch neue Ordner oder Dateien im Dateisystem auf den Rechnern anlegen lassen. Über die Registerkarte *Gemeinsame Optionen* einer solchen Preference, können Sie darüber hinaus mit Filtern genau auswählen auf welcher Art von Rechnern die Richtlinie angewendet werden soll. Über diese Einstellungen können Sie beispielsweise auch Netzwerkfreigaben verbinden lassen. Die Übernahme dieser Einstellungen funktioniert neben Windows 7 auch bei Windows Vista und auch bei Windows XP. Die Einstellungen sind alle selbsterklärend. Um Preferences zu erstellen, gehen Sie folgendermaßen vor:

1. Starten Sie die *Gruppenrichtlinienverwaltung*.
2. Klicken Sie auf Gruppenrichtlinienobjekte mit der rechten Maustaste und wählen Sie *Neu*.

Abbildg. 16.1 Über Einstellungen (Preferences) können Sie auch Ordner auf Clientcomputern erstellen, löschen oder aktualisieren

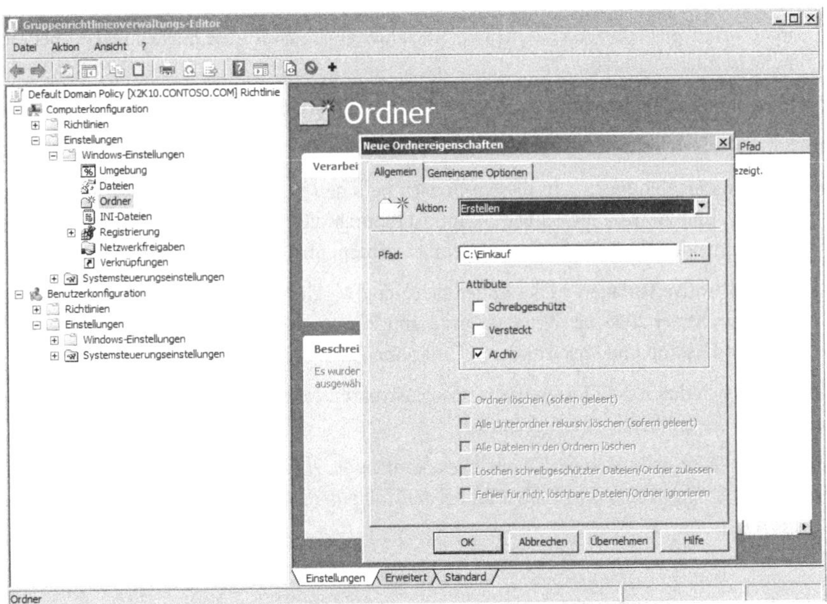

3. Erstellen Sie eine neue Gruppenrichtlinie, klicken Sie diese mit der rechten Maustaste an und wählen Sie *Bearbeiten*.
4. Klicken Sie unter *Computerkonfiguration* oder *Benutzerkonfiguration* auf *Einstellungen*.
5. Wählen Sie die Einstellung aus, die Sie auf den Rechnern vorgeben, auf die Sie die Richtlinie anwenden wollen.
6. Klicken Sie im rechten Bereich des Fensters mit der rechten Maustaste und wählen Sie *Neu*.
7. Erstellen Sie die Einstellung und nehmen Sie Ihre Änderungen vor.
8. Wählen Sie auf der Registerkarte *Gemeinsame Optionen* über *Zielgruppenadressierung* die Filterung aus, auf deren Basis Sie die Durchführung der Richtlinie starten wollen.

Lokale Sicherheitsrichtlinien

Lokale Sicherheitsrichtlinien bieten die Möglichkeit, Einstellungen entweder auf Benutzerebene oder für den ganzen Computer in einer zentralen Oberfläche zu konfigurieren, die ansonsten nicht zur Verfügung stehen. Sie finden im Kapitel 3 auch einige Hinweise zu diesen Möglichkeiten. Die Aufgaben der lokalen Sicherheitsrichtlinien dienen hauptsächlich, wie der Name schon sagt, der Konfiguration von Sicherheit. In Unternehmen werden diese Einstellungen zentral vorgegeben und automatisch an alle Computer verteilt. Diese Richtlinien werden dann als Gruppenrichtlinien bezeichnet. Die lokalen Sicherheitsrichtlinien können Sie am besten über den Gruppenrichtlinienverwaltungs-Editor konfigurieren. Diesen können Sie über die Programmgruppe *Verwaltung* aufrufen. Klicken Sie eine Gruppenrichtlinie mit der rechten Maustaste an, können Sie die Bearbeitung starten. Der Gruppenrichtlinienverwaltungs-Editor besteht aus zwei Hälften. Auf der linken Seite (die sogenannte Konsolenstruktur) können Sie auswählen, für welchen Bereich Sie Einstellungen vornehmen wollen:

- Die Einstellungen unter *Computerkonfiguration* werden auf Server und PCs angewendet, wenn diese gestartet werden. Hier hat sich in der Bedienung wenig geändert.
- Die Einstellungen unter *Benutzerkonfiguration* werden auf die Profile der einzelnen Anwender angewendet, wenn sich diese beim Server anmelden. Auch hier gibt es zwar neue Einstellungen, aber die generelle Bedienung ist noch identisch.

Die Einstellungen sind jeweils in drei weitere Einträge unterteilt:

- **Softwareeinstellungen** Über diesen Eintrag können Sie Applikationen automatisch verteilen lassen.
- **Windows-Einstellungen** In diesem Bereich befinden sich die meisten Einstellungen, die Sie vornehmen können, und zwar hauptsächlich Skripts, die durch diese Gruppenrichtlinien beim Starten eines Servers oder Anmelden eines Anwenders ausgeführt werden, und die Sicherheitseinstellungen.
- **Administrative Vorlagen** Hier finden sich einige Möglichkeiten zur Einstellung und Automatisierung von Windows Server 2008 R2, Windows Vista und Windows 7. Sie können Einstellungen im Windows-Explorer, dem Desktop und vielen anderen Funktionen in Windows vornehmen.

Klicken Sie sich durch die Einträge der Konsolenstruktur, werden auf der rechten Seite die Einstellungen angezeigt, die in diesem Bereich verfügbar sind.

Öffnen Sie die Einstellungen per Doppelklick, können Sie Konfigurationen vornehmen, die an die Benutzer bei der *Benutzerkonfiguration* oder die Server bei der *Computerkonfiguration* weitergegeben werden.

Abbildg. 16.2 Richtlinienverwaltung in Windows Server 2008 R2

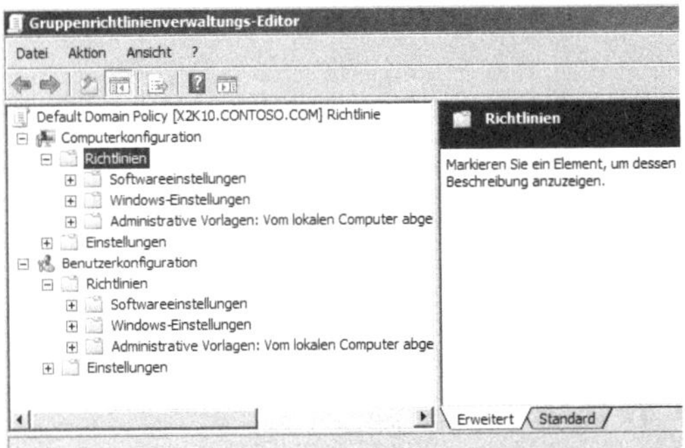

Vor Windows Server 2008 R2 wurde nur ein lokales Gruppenrichtlinienobjekt unterstützt. Wenn an der Eingabeaufforderung *gpedit.msc* eingegeben und einige Änderungen an den Einstellungen vorgenommen wurden, dann wirkten sich die Änderungen auf alle Benutzer und Administratoren aus, die diesen Computer verwendeten. Die neuen Funktionen zur Unterstützung mehrerer lokaler Gruppenrichtlinienobjekte hat mehrere Gruppenrichtlinienobjektschichten. Diese Fähigkeit wird wohl hauptsächlich auf Systemen eingesetzt, die nicht in einer Active Directory-Domäne zusammengefasst sind. Die neuen Funktionen zur Unterstützung mehrerer lokaler Gruppenrichtlinienobjekte, die auf Schichten basiert, kann ein wenig kompliziert werden. Es gibt immer noch ein lokales Standardgruppenrichtlinienobjekt, das für den Kontext des lokalen Computersystems gilt und alle Benutzer auf dem System betrifft. Dieses Gruppenrichtlinienobjekt definiert sowohl die Computereinstellungen als auch die Benutzereinstellungen. Die zweite Schicht betrifft entweder die Mitglieder der lokalen Administratorgruppe oder die Gruppe der Benutzer auf dem lokalen System, bei denen es sich nicht um Administratoren handelt. Per Definition kann sich ein Benutzerkonto nicht in beiden Gruppen befinden. Die Schicht ermittelt, ob es sich beim Benutzer um einen lokalen Systemadministrator oder einen regulären Benutzer handelt. Anschließend wird das entsprechende Gruppenrichtlinienobjekt (entweder Administratoren oder Nicht-Administratoren) angewendet. Die dritte Schicht betrifft das lokale Systembenutzerkonto mit einem bestimmten Namen. Dies bedeutet, es gibt drei potenzielle lokale Gruppenrichtlinienobjekte, die einen bestimmten Benutzer betreffen können, der am Computer sitzt.

Sie können zum Beispiel drei Schichten verwenden, um für alle Benutzer, die an einem bestimmten Computer arbeiten, Einstellungen festzulegen, um mehr Einstellungen für die Nicht-Administratoren an diesem Computer und schließlich um Einstellungen festzulegen, die nur einen einzelnen Benutzer betreffen, der diesen Computer verwendet. Wenn das System jedoch an einer Active Directory-Domäne teilnimmt, haben die Active Directory-Gruppenrichtlinienobjekte Priorität vor den lokalen Richtlinien. Sie sollten außerdem beachten, dass Domänenadministratoren die gesamte Verarbeitung der lokalen Gruppenrichtlinienobjekte für Windows Server 2008 R2 sowie auch für Windows Vista und Windows 7 ausschalten können. Die Bearbeitung dieser Einstellungen läuft dabei fast immer identisch ab: Auf einer Registerkarte beziehungsweise *Einstellung* können Sie entweder direkt Einstellungen weitergeben oder die Einstellung lediglich aktivieren bzw. deaktivieren, wenn keine weiteren Eingaben vorgegeben werden müssen. Eine Einstellung kann verschiedene Zustände annehmen:

- **Aktiviert** Bei dieser Einstellung wird die Konfiguration auf das Zielobjekt angewendet und weitergegeben.
- **Deaktiviert** Bei dieser Einstellung wird die Konfiguration der Gruppenrichtlinie auf dem Server auf den Standard zurückgesetzt.
- **Nicht konfiguriert** Bei dieser Einstellung wird die lokale Einstellung des Clients beibehalten und durch die Gruppenrichtlinie nicht geändert.

Auf der Registerkarte *Erklärung* finden Sie eine ausführliche Hilfe zu der Einstellung und ihren Auswirkungen. Bevor Sie eine Einstellung aktivieren, sollten Sie sich möglichst immer die Erklärung genau durchlesen.

Abbildg. 16.3 Einstellungsmöglichkeiten in Gruppenrichtlinien

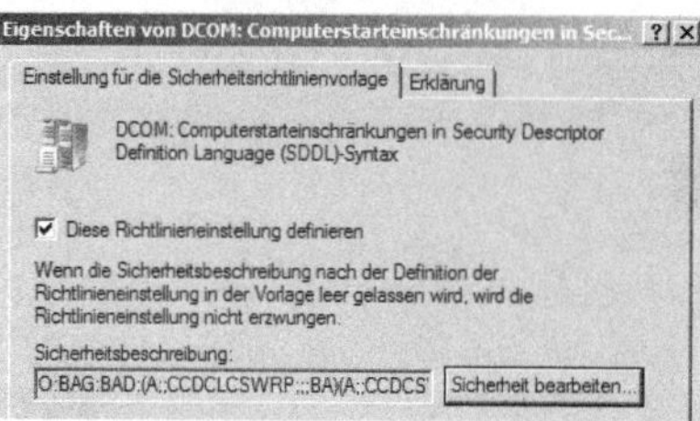

Gruppenrichtlinien verwalten

Eine wichtige Aufgabe bei der Administration von Netzwerken ist die Verwaltung von Benutzer- und Computereinstellungen. Damit sind nicht nur Desktopeinstellungen oder IP-Adressen gemeint, sondern auch sicherheitsrelevante Einstellungen und die Konfiguration von Programmen wie Internet Explorer, Windows-Explorer oder Office-Programme. Für diese Verwaltungsarbeiten stehen die Gruppenrichtlinien (Group Policies), oft auch als Gruppenrichtlinienobjekte (Group Policy Object, GPO) bezeichnet, zur Verfügung. Mit Gruppenrichtlinien lassen sich zahlreiche Einstellungen in Active Directory automatisch vorgeben. Sie können zum Beispiel das Verhalten des Internet Explorers oder die Konfiguration der Kennwörter in Ihrem Netzwerk per Gruppenrichtlinie definieren. Die Gruppenrichtlinien sind das primäre Werkzeug für die automatische Verwaltung von Konfigurationen im Netzwerk, auch für neu hinzugefügte Systeme. Die Verwaltung von Gruppenrichtlinien über die Gruppenrichtlinienverwaltungskonsole ist nahezu identisch zu Windows Server 2003. Die Gruppenrichtlinienverwaltungskonsole (GPMC) muss unter Windows Server 2008 R2 nicht mehr heruntergeladen werden. Sie können diese als Funktion über den Server-Manager hinzufügen. Klicken Sie dazu auf *Features* und dann auf *Features hinzufügen*. Wählen Sie aus dem Fenster zur Auswahl der zu installierenden Funktionen die *Gruppenrichtlinienverwaltung* aus. Auf Domänencontrollern wird dieses Feature standardmäßig bereits automatisch installiert. Nach kurzer Zeit ist die Installation abgeschlossen und die Gruppenrichtlinienverwaltung steht über die Programmgruppe *Verwaltung* zur Verfügung.

Abbildg. 16.4 Die Gruppenrichtlinienverwaltung unter Windows Server 2008 R2

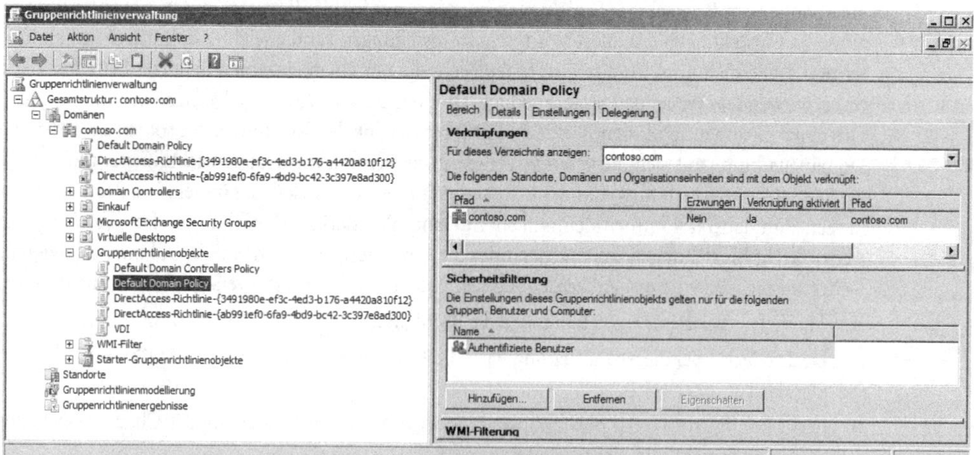

Grundlagen und Überblick der Gruppenrichtlinien

Wenn Sie mit der Verwaltung von Gruppenrichtlinien beginnen, sollten Sie zunächst zwei Definitionen verstehen, die oft verwechselt werden:

- Gruppenrichtlinienobjekte (Group Policy Objects, GPOs)
- Gruppenrichtlinienobjekt-Verknüpfung

Allgemein wird häufig von Gruppenrichtlinien gesprochen. Damit sind meist die GPOs gemeint. Ein GPO ist eine Gruppenrichtlinie, in der Einstellungen vorgenommen und gespeichert wurden. Diese Einstellungen legen für Benutzer-PCs oder Benutzerkonten fest, wie sich die Systeme verhalten, zum Beispiel die automatische Konfiguration des Internet Explorers. Diese Einstellungen werden innerhalb eines Containers, der GPO, gespeichert. Damit diese Einstellungen jedoch auch angewendet werden, muss die GPO mit Organisationseinheiten oder einer ganzen Domäne verknüpft werden. Erst wenn eine GPO mit einer Organisationseinheit verknüpft ist, werden die Einstellungen innerhalb der GPO auf die entsprechende OU angewendet. In diesem Fall spricht man von Gruppenrichtlinienverknüpfungen. Die Einstellungen, die in einer Gruppenrichtlinie durchgeführt werden, können auch lokal gesetzt werden. Das entsprechende Programm rufen Sie über *Start/Ausführen/gpedit.msc* auf. Ein GPO kann nicht nur mit einer OU verknüpft werden, sondern mit mehreren. Wenn Einstellungen in einem GPO verändert werden, dann werden diese Änderungen auf alle verknüpften OUs übertragen. Werden Einstellungen in einem GPO verändert, das noch nicht mit einer OU verknüpft ist, werden keinerlei Änderungen durchgeführt. Diese erfolgen erst dann, wenn das GPO verknüpft ist.

Abbildg. 16.5 Die Einstellungen in den Gruppenrichtlinien werden nach unten vererbt

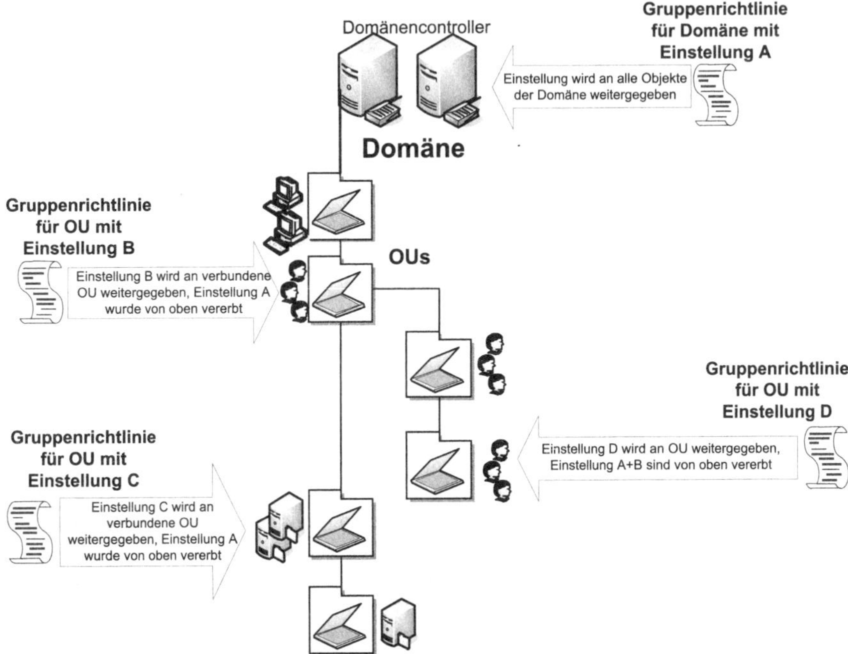

Die Grenzen von Gruppenrichtlinien stellen immer Domänen dar. Über Domänen hinweg lassen sich keine Gruppenrichtlinien festlegen.

Abbildg. 16.6 Grenzen von Gruppenrichtlinien in Active Directory

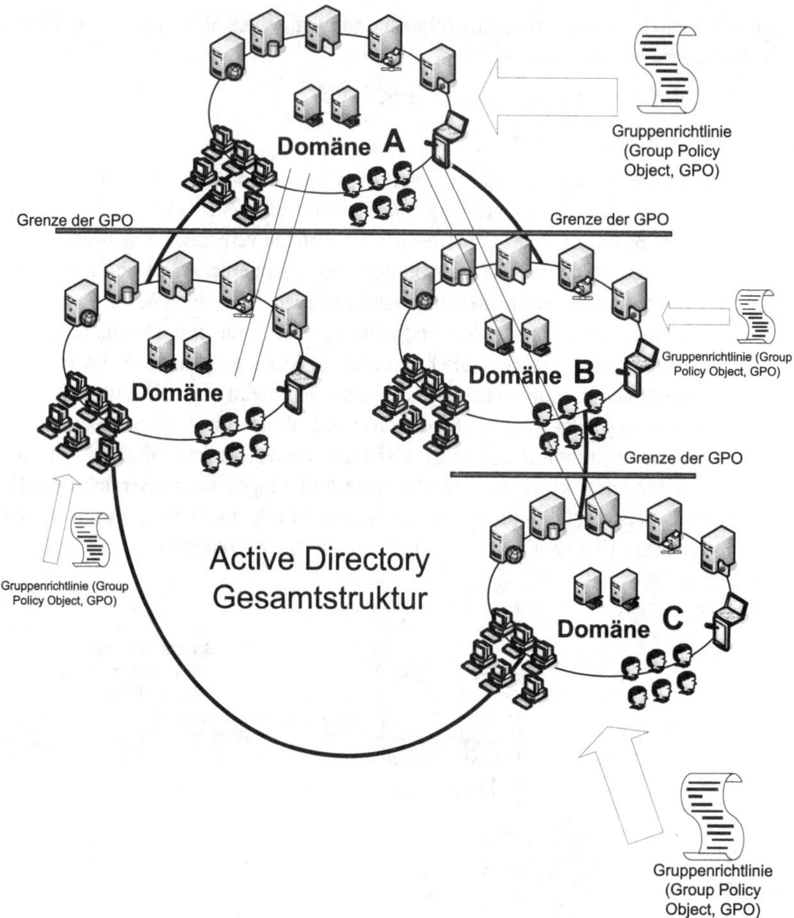

Neuerungen in den Gruppenrichtlinien

Windows Server 2008 R2 bietet zahlreiche Neuerungen in den Gruppenrichtlinien, die natürlich ihre gesamte Funktionsbreite erst durch den Einsatz von Windows Server 2008 R2 sowie Windows Vista und Windows 7 darlegen. Windows Server 2008 R2 unterstützt als Neuerung zum Beispiel die Konfiguration der Energiesparoptionen für Windows Vista und Windows 7. Dadurch besteht die Möglichkeit, an zentraler Stelle die Energiesparoptionen der Notebooks und PCs festzulegen. Anwender, die ihren PC über Nacht anlassen, können so sicherstellen, dass sich ihr Monitor und die Festplatte ausschalten, was bei größeren Unternehmen eine deutliche Kostenreduktion bedeuten kann, da auch für normale Desktop-PCs Energiesparmaßnahmen konfiguriert werden können. Auch der Zugriff auf USB-Sticks kann in Windows Server 2008 R2, zusammen mit Windows Vista und Windows 7, konfiguriert werden. Viele Änderungen hat Microsoft bezüglich der Einstellmöglichkeiten des Internet Explorers integriert. Auch die Steuerung von Druckerinstallationen und der Druckerverwaltung in Windows wurde erneuert.

Neue administrative Vorlagen

Unter Windows XP und Windows Server 2003 gab es für unterschiedliche Sprachversionen von Windows unterschiedliche Versionen der Vorlagendateien (*.adm*-Dateien). Da dies vor allem für internationale Unternehmen nicht sehr effizient ist, hat Microsoft das Design der Vorlagendateien angepasst. Änderungen in Gruppenrichtlinien müssen dadurch nicht in jeder Sprachversion eingestellt werden, sondern nur noch einmal zentral im Unternehmen. Die alten Vorlagendateien (*.adm*) können unter Windows Server 2008 R2 weiterhin verwendet werden. Windows Server 2008 R2 verwendet für seine neuen Vorlagendateien sprachneutrale *.admx*-Dateien. Diese bauen auf XML auf. Diese *.admx*-Dateien werden nicht mehr für jede einzelne Gruppenrichtlinie hinterlegt, sondern zentral im *Policy*-Ordner. Dadurch wird deutlich an Bandbreite gespart, da nur noch die Einstellungen in den Gruppenrichtlinien repliziert werden müssen, nicht mehr alle *.adm*-Dateien bei jeder Replikation. Unter Windows Server 2003 wurden in allen Gruppenrichtlinienobjekten immer alle verwendeten *.adm*-Dateien gespeichert, was zu einem unnötigen Datenverkehr bei der Replikation und unnötigen Speicherplatzverbrauch führt. *.adm*-Dateien haben auch Schwierigkeiten beim Einsatz von unterschiedlichen Windows-Versionen im Netzwerk und den dadurch resultierenden unterschiedlichen *.adm*-Dateien. Die Gruppenrichtlinientools – der Gruppenrichtlinienverwaltungs-Editor und die Gruppenrichtlinienverwaltung (GPMC) – bleiben weitestgehend unverändert. In den meisten Situationen werden Sie nicht einmal bemerken, dass es nur *.admx*-Dateien gibt. Die Vorlagendateien von Windows Server 2008 R2 (*.admx*) liegen im Verzeichnis *C:\Windows\PolicyDefinitions*.

Abbildg. 16.7 Gruppenrichtlinienvorlagen in Windows Server 2008 R2

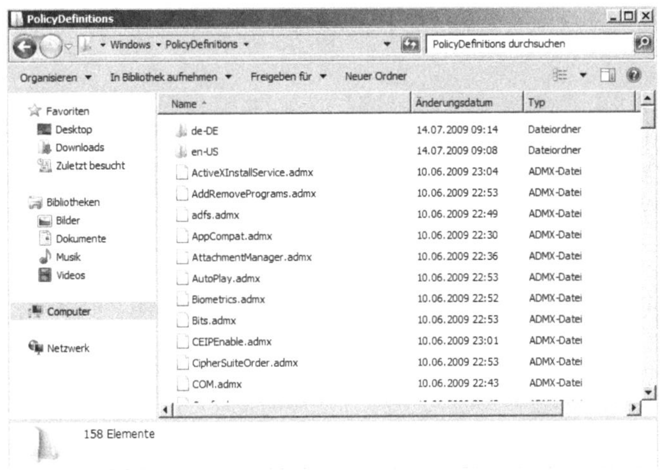

Wenn Sie eine *.admx*-Datei mit dem Editor öffnen, sehen Sie den XML-typischen Aufbau der neuen Gruppenrichtliniendateien.

Listing 16.1 Aufbau einer *.admx*-Datei in Windows Server 2008 R2

```
<?xml version="1.0" encoding="utf-8"?>
<!-- (c) 2006 Microsoft Corporation -->
<policyDefinitions xmlns:xsd="http://www.w3.org/2001/XMLSchema" xmlns:xsi="http://www.w3.org/2001/
XMLSchema-instance" revision="1.0" schemaVersion="1.0" xmlns="http://schemas.microsoft.com/
GroupPolicy/2006/07/PolicyDefinitions">
  <policyNamespaces>
    <target prefix="bits" namespace="Microsoft.Policies.BITS" />
```

Listing 16.1 Aufbau einer *.admx*-Datei in Windows Server 2008 R2 *(Fortsetzung)*

```
    <using prefix="windows" namespace="Microsoft.Policies.Windows" />
  </policyNamespaces>
  <resources minRequiredRevision="1.0" />
  <supportedOn>
    <definitions>
      <definition name="SUPPORTED_WindowsXPWindowsNETorBITS15"
displayName="$(string.SUPPORTED_WindowsXPWindowsNETorBITS15)" />
      <definition name="SUPPORTED_WindowsXPSP2WindowsNETSP1orBITS20"
displayName="$(string.SUPPORTED_WindowsXPSP2WindowsNETSP1orBITS20)" />
    </definitions>
  </supportedOn>
  <categories>
    <category name="BITS" displayName="$(string.BITS)">
      <parentCategory ref="windows:Network" />
    </category>
  </categories>
  <policies>
    <policy name="BITS_EnablePeercaching" class="Machine"
displayName="$(string.BITS_EnablePeercaching)" explainText="$(string.BITS_EnablePeercachingText)"
key="Software\Policies\Microsoft\Windows\BITS" valueName="EnablePeercaching">
        <parentCategory ref="BITS" />
        <supportedOn ref="windows:SUPPORTED_WindowsVista" />
        <enabledValue>
            <decimal value="1" />
        </enabledValue>
        <disabledValue>
            <decimal value="0" />
        </disabledValue>
    </policy>
    <policy name="BITS_Job_Timeout" class="Machine" displayName="$(string.BITS_Job_Timeout)"
explainText="$(string.BITS_Job_Timeout_Help)" presentation="$(presentation.BITS_Job_Timeout)"
key="Software\Policies\Microsoft\Windows\BITS">
      <parentCategory ref="BITS" />
      <supportedOn ref="SUPPORTED_WindowsXPWindowsNETorBITS15" />
      <elements>
        <decimal id="BITS_Job_Timeout_Time" valueName="JobInactivityTimeout" minValue="1"
maxValue="999" />
      </elements>
    </policy>
```

Im Verzeichnis der Gruppenrichtlinienvorlagen sehen Sie auch die installierten Sprachversionen von Windows Server 2008 R2. Für jede installierte Sprache wird ein eigener Ordner angelegt. In diesem Ordner liegen die Dateien in Form von *.adml*-Dateien, da diese an die entsprechende Sprache angepasst sind. Für jede installierte Sprache auf einem Server gibt es daher einen entsprechenden Ordner. Jeder dieser Ordner enthält die sprachspezifischen *.adml*-Dateien, die auf die entsprechende sprachneutrale *.admx*-Datei referenziert. Beim Einsatz von Windows Server 2008 R2 ohne Active Directory-Domäne werden die *.admx*- und *.adml*-Dateien lokal im bereits beschriebenen Ordner gespeichert. Unter Windows Server 2008 R2 werden die *.admx*-Dateien nicht vom Gruppenrichtlinienverwaltungs-Editor und von der Gruppenrichtlinienverwaltungskonsole in das gerade bearbeitete GPO kopiert. Stattdessen werden die Dateien von einem zentralen Speicherort im *SYSVOL*-Ordner eines Domänencontrollers gelesen (dieser Speicherort ist nicht anpassbar). Wenn dieser zentrale Speicherort nicht verfügbar ist, werden die lokal gespeicherten Dateien verwendet.

Abbildg. 16.8 Angepasste Sprachdateien für Gruppenrichtlinien unter Windows Server 2008 R2

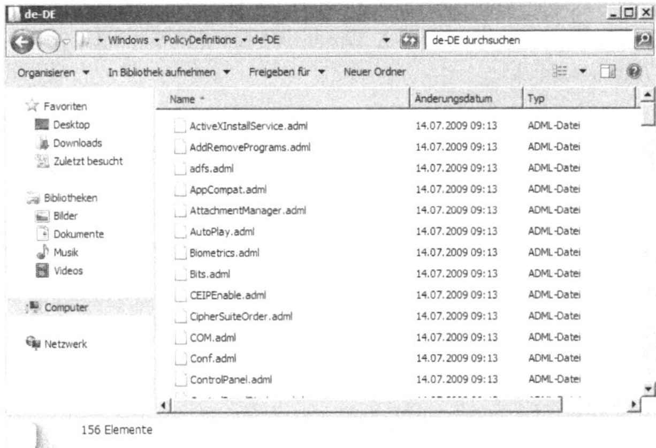

Kompatibilität zwischen *.adm*- und *.admx*-Dateien

Ihre eigenen *.adm*-Dateien werden weiterhin von den Gruppenrichtlinientools angezeigt – die durch *.admx*-Dateien ersetzten *.adm*-Dateien jedoch nicht. Bei den ersetzten Dateien handelt es sich um:

- *System.adm*
- *Inetres.adm*
- *Conf.adm*
- *Wmplayer.adm*
- *Wuau.adm*

Wenn Sie eine dieser Dateien angepasst haben, werden die angepassten Einstellungen unter Windows Server 2008 R2 daher nicht mehr angezeigt. Zusätzlich sollten Sie beim Einsatz der neuen Werkzeuge und Einstellungen für die Gruppenrichtlinien unter Windows Server 2008 R2 noch folgende Fakten kennen:

- Der Gruppenrichtlinienverwaltungs-Editor zeigt die Einstellungen aus den *.admx*-Dateien automatisch an. Sie können auch weiterhin eigene *.adm*-Dateien hinzufügen oder entfernen. Alle derzeit über die *.adm*-Dateien von Windows Server 2003, Windows XP und Windows 2000 umgesetzten Einstellungen werden auch über die *.admx*-Dateien von Windows Server 2008 und Windows Server 2008 R2 zur Verfügung stehen.
- Die neuen Richtlinieneinstellungen für Windows Server 2008 R2 können nur über Computer unter Windows Server 2008 R2 oder Windows Vista und Windows 7 und deren Gruppenrichtlinienverwaltungs-Editor oder die Gruppenrichtlinienverwaltung angezeigt oder bearbeitet werden. Diese Einstellungen werden nur über *.admx*-Dateien definiert. Sie sind daher unter Windows Server 2003, Windows XP oder Windows 2000 nicht zu sehen.
- Die Berichtsfunktion der Gruppenrichtlinienverwaltung unter Windows Server 2003 und Microsoft Windows XP zeigt die neuen Windows Server 2008 R2-Einstellungen unter dem Eintrag *Administrative Vorlagen* als eigene Registrierungseinstellungen an.
- Die Windows Server 2008 R2-, Windows Vista- und Windows 7-Versionen des Gruppenrichtlinienverwaltungs-Editors und der Gruppenrichtlinienverwaltung können zur Verwaltung aller Betriebssysteme verwendet werden, die Gruppenrichtlinien unterstützen (Windows Server 2008 R2, Windows Vista und Windows 7, Windows Server 2003, Windows XP und Windows 2000).

- In *.adm*-Dateien vorhandene Einstellungen unter dem Knoten *Administrative Vorlagen* aus Windows Server 2003, Windows XP und Windows 2000 können über jedes Betriebssystem konfiguriert werden, das Gruppenrichtlinien unterstützt (Windows Server 2008 R2, Windows Vista und Windows 7, Windows Server 2003, Windows XP und Windows 2000).
- Der Gruppenrichtlinienverwaltungs-Editor und die Gruppenrichtlinienverwaltung von Windows Server 2008 R2 und Windows Vista sowie Windows 7 arbeiten mit den entsprechenden Versionen unter Windows Server 2003 und Windows XP zusammen. Angepasste *.adm*-Dateien, die in GPOs gespeichert sind, werden zum Beispiel unter Windows Server 2008 R2, Windows Vista und Windows 7, Windows Server 2003 und Windows XP angezeigt.
- Der Gruppenrichtlinienverwaltungs-Editor von Windows Server 2008 R2 und Windows Vista und Windows 7 arbeitet mit dem Gruppenrichtlinienverwaltungs-Editor von Windows Server 2003 zusammen. Angepasste *.adm*-Dateien, die in GPOs gespeichert sind, werden zum Beispiel unter Windows Server 2008 R2, Windows Vista und Windows 7, Windows Server 2003 und Windows 2000 angezeigt (die Konsole der Gruppenrichtlinienverwaltung gibt es unter Windows 2000 nicht).

TIPP Zur Migration bisheriger ADM-Vorlagen, aber auch für das Erstellen neuer Vorlagen, gibt es jetzt ein Snap-In für die Managementkonsole, den *ADMX Migrator*. Das Tool kann über das Microsoft Download-Center heruntergeladen werden (*http://www.microsoft.com/downloads/details.aspx?FamilyId=0F1EEC3D-10C4-4B5F-9625-97C2F731090C&displaylang=en*). Das Tool kann bestehende *.adm*-Dateien in *.admx* umwandeln oder neue ADMX-Vorlagen erstellen.

Abbildg. 16.9 Migrieren und bearbeiten von Gruppenrichtlinienvorlagen-Dateien mit dem kostenlosen *ADMX Migrator*

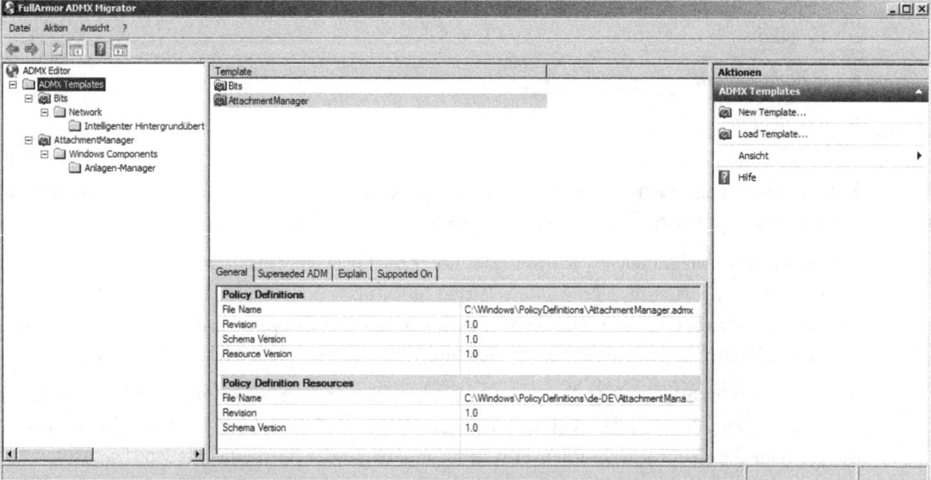

Die Bearbeitung von lokalen GPOs muss über einen Computer unter Windows Server 2008 R2 oder Windows Vista und Windows 7 erfolgen. Um domänenbasierte GPOs bearbeiten und erstellen zu können, benötigen Sie die folgenden Konfigurationen:

- Eine Domäne unter Windows Server 2008 , besser Windows Server 2008 R2 , Windows Server 2003 oder Windows 2000 mit funktionierender DNS-Namensauflösung über einen DNS-Server
- Einen Computer unter Windows Server 2008, Windows Server 2008 R2 oder Windows Vista und Windows 7, um die Richtlinieneinstellungen aus den *.admx*-Dateien anzeigen zu können

Der Gruppenrichtlinienverwaltungs-Editor erkennt *.adm*-Dateien, wenn diese in Ihrer Umgebung vorhanden sind. *.adm*-Dateien, die durch *.admx*-Dateien ersetzt wurden, werden jedoch ignoriert (diese sind, wie bereits beschrieben, *System.adm, Inetres.adm, Conf.adm, Wmplayer.adm* und *Wuau.adm*).

Domänenbasierte GPOs mit *.admx*-Dateien administrieren

Zentral gespeicherte *.admx*-Dateien ermöglichen es Administratoren, domänenbasierte GPOs mit den gleichen *.admx*-Dateien zu bearbeiten. Wenn Sie die *.admx*-Dateien nicht zentral speichern, funktioniert das Bearbeiten der GPOs genauso wie im vorherigen Abschnitt bei der Bearbeitung der administrativen Vorlagen. Nachdem Sie einen zentralen Speicherort eingerichtet haben, nutzen Gruppenrichtlinientools nur noch diese zentral gespeicherten *.admx*-Dateien und ignorieren die lokalen Versionen. Die Ordnerstruktur für die zentrale Speicherung befindet sich im *SYSVOL*-Verzeichnis auf den Domänencontrollern. Sie müssen diesen nur einmal pro Domäne erstellen. Der Dateireplikationsdienst repliziert ihn dann auf alle anderen Domänencontroller der jeweiligen Domäne. Es wird empfohlen, die Ordnerstruktur auf dem PDC-Emulator der Domäne zu erstellen. Da sie sich standardmäßig mit dem PDC-Emulator verbinden, können die Gruppenrichtlinientools so schneller auf die *.admx*-Dateien zugreifen. Der zentrale Speicherort setzt sich folgendermaßen zusammen:

- Ein Stammordner, in dem alle sprachneutralen *.admx*-Dateien enthalten sind
- Unterordner mit den sprachspezifischen *.admx*-Dateien

Zum Erstellen eines zentralen Speicherortes für *.admx*-Dateien, gehen Sie folgendermaßen vor:

1. Erstellen Sie auf Ihrem Domänencontroller einen Stammordner: *%SystemRoot%\SYSVOL\domain\Policies\PolicyDefinitions.*
2. Erstellen Sie unter *%SystemRoot%\SYSVOL\domain\Policies\PolicyDefinitions* einen Unterordner für jede Sprache, die von Ihren Gruppenrichtlinienadministratoren verwendet wird. Jeder Unterordner sollte entsprechend der passenden ISO-Abkürzung benannt werden. Eine Liste der ISO-Kürzel finden Sie auf der Webseite *http://msdn2.microsoft.com/en-us/library/ms693062.aspx.* Der Unterordner für *Englisch/USA* sieht zum Beispiel so aus: *%SystemRoot%\SYSVOL\domain\Policies\PolicyDefinitions\EN-US*, bei deutschen Servern wird *DE-DE* verwendet.

Um diese Schritte durchführen zu können, müssen Sie Mitglied der Active Directory-Gruppe *Domänen-Admins* sein.

.admx-Dateien am zentralen Speicherort speichern

Nach der Erstellung des zentralen Speicherortes müssen Sie die *.admx*-Dateien, deren Einstellungen Sie zentral verwalten wollen, in den zentralen Speicherort kopieren. Gehen Sie dazu folgendermaßen vor:

1. Öffnen Sie eine Befehlszeile.
2. Kopieren Sie alle sprachneutralen Dateien (*.admx*) in den zentralen Ordner *\PolicyDefinitions.*
3. Kopieren Sie alle sprachspezifischen Dateien (*.adml*) in die entsprechenden Unterordner.

Richtlinieneinstellungen unter dem Knoten *Administrative Vorlagen* in domänenbasierten GPOs bearbeiten

Die folgenden Schritte müssen Sie auf einem Computer unter Windows Vista, Windows 7 oder Windows Server 2008 R2 ausführen, andernfalls werden die Einstellungen aus den *.admx*-Dateien nicht angezeigt:

1. Öffnen Sie die Gruppenrichtlinienverwaltung.
2. Klicken Sie mit der rechten Maustaste auf den Knoten *Gruppenrichtlinienobjekte* und wählen Sie im Kontextmenü den Befehl *Neu* aus.

3. Geben Sie einen Namen für das neue GPO ein, und klicken Sie auf *OK*.
4. Erweitern Sie den Knoten *Gruppenrichtlinienobjekte*.
5. Klicken Sie mit der rechten Maustaste auf das neue GPO und wählen Sie im Kontextmenü den Befehl *Bearbeiten* aus.
6. Der Gruppenrichtlinienverwaltungs-Editor liest automatisch die zentral gespeicherten *.admx*-Dateien ein. *.admx*-Dateien, die zentral gespeichert sind, werden aus der Domäne gelesen, für die das GPO erstellt wurde. Sie können *.adm*-Dateien weiterhin mit der Option *Vorlagen hinzufügen/entfernen* hinzufügen oder entfernen.

Anbindung von USB-Sticks über Gruppenrichtlinien steuern

Durch die Unterstützung der Verwaltung von USB-Sticks und anderen tragbaren Datenträgern in den Gruppenrichtlinien ist es nicht mehr notwendig, den gesamten USB-Port eines Servers oder PCs zu sperren, damit keine USB-Sticks mehr angeschlossen werden können. Windows Server 2008 R2, Windows Vista und Windows 7 verwenden sogenannte *Geräte-Identifikations-Strings* und *Geräte-Setup-Klassen*, um die angeschlossene Hardware am Server zu identifizieren. Dadurch besteht die Möglichkeit, auf Basis dieser Geräte Einstellungen für diese Geräte selbst vorzunehmen, nicht mehr nur für den Port, an dem diese angeschlossen sind. USB-Sticks kann dadurch das Lesen gewährt, aber das Schreiben untersagt werden. Wenn ein USB-Stick an einem PC angeschlossen wird, identifiziert Windows dieses Gerät und installiert einen Treiber, um das Gerät anzusprechen. Die neuen Gruppenrichtlinien verwenden genau diese Technologie, um die angeschlossenen Geräte zu konfigurieren. Auf dieser Basis lassen sich Digitalkameras und USB-Sticks genehmigen, während USB-Festplatten ab einer gewissen Größe komplett ausgesperrt werden können. Beim Anschluss eines USB-Geräts werden ausführliche generische Informationen übertragen, mit denen Windows Server 2008 R2 und Windows Vista und Windows 7 auch zusätzliche Funktionen identifizieren kann. Dies ermöglicht einem Unternehmen zum Beispiel, firmeneigene USB-Sticks zuzulassen, aber private Sticks zu sperren. So kann vermieden werden, dass Mitarbeiter Daten aus dem Unternehmen schmuggeln können oder private Daten in das Netzwerk kopieren. Grundsätzlich können in Windows folgende Einstellungen über Richtlinien vorgenommen werden:

- Es kann die Geräteinstallation verhindert werden, wenn die Installation des Gerätes nicht den Richtlinien des Unternehmens entspricht.
- Administratoren können gesetzte Richtlinien überschreiben.
- Die Installation von Geräten kann auch auf Basis der Device-ID oder der Device-Klasse erlaubt oder verboten werden. So können Sie selbst entscheiden, ob eine Positiv- oder Negativliste für Sie einfacher zu implementieren ist.

Aktualisierte Gruppenrichtlinien und weitere Neuerungen

Unter Windows XP oder Windows Server 2003 wurde häufig das Internet Explorer Administration Kit (IEAK) zur Steuerung des Internet Explorers zu verwendet. Auch der Internet Explorer 8 unterstützt das IEAK. Dieses IEAK verwendet allerdings hauptsächlich die Gruppenrichtlinien. Die Funktionen des IEAK sind jetzt in den Gruppenrichtlinien integriert. Ebenfalls neu ist die Möglichkeit, über Gruppenrichtlinien QoS-Richtlinien festzulegen. Mit diesen Richtlinien kann eine Priorisierung des Netzwerkverkehrs durchgeführt werden. Die Basis dieser Richtlinien können Quell-IPs (IPv4 und IPv6) sein, Ziel-IPs, Protokolle oder Ports. Es können einzelnen Protokollen mehr oder weniger Bandbreite zugewiesen werden. So können Sie Instant-Messaging-Clients minimale Bandbreite zuweisen oder wichtigen Servern eine höhere, zum Beispiel SAP-Server. Die Infrastruktur im Unternehmen muss jedoch diese Priorisierung unterstützen. Der Gruppenrichtlinien-Client in Windows Server 2008 R2 und Windows Vista und Windows 7 verwendet nicht mehr das ICMP-Protokoll zur Anbindung an den Domänencontroller. ICMP hat vor allem bei VPN-Verbindungen das Problem, dass die Verbindung nicht zuverlässig gemessen werden kann. Die Gruppenrichtlinien werden nicht durch die Anmeldung gestartet, sondern nur durch einen eigenen Dienst. Dadurch werden weniger Neustarts benötigt und die Gruppenrichtlinien benötigen weniger Performance. Einstellungen werden dadurch sehr schnell auf die Ziel-PCs implementiert. Dieser neue Gruppenrichtliniendienst läuft unter *svchost.exe*. Diese Datei taucht als Prozess auf jedem Rechner einige Male im Task-Manager in der Liste der laufenden Prozesse auf. Die Datei *svchost.exe* gibt es seit Windows 2000. Sie liegt im *System32*-Verzeichnis und wird beim Systemstart von Windows automatisch als allgemeiner Prozess gestartet. Der Prozess durchsucht beim Systemstart die Registry nach Diensten, die beim Systemstart geladen werden müssen. Dienste, die nicht eigenständig lauffähig sind, sondern über Dynamic Link Library (DLL)-Dateien geladen werden, werden mithilfe der *svchost.exe* geladen.

Auch wenn Windows läuft, kommt die *svchost.exe* immer dann ins Spiel, wenn Dienste über *.dll*-Dateien geladen werden müssen. Das Betriebssystem startet *SVCHOST*-Sessions, sobald solche benötigt werden, und beendet sie auch wieder, sobald sie nicht mehr gebraucht werden. Da unter Windows die unterschiedlichsten Dienste parallel laufen, können auch mehrere Instanzen der *svchost.exe* gleichzeitig in der Prozessliste auftauchen. Über den Befehl *tasklist /svc* in der Befehlszeile können Sie sich anzeigen lassen, welche Anwendungen auf die *svchost.exe* zurückgreifen. Alternativ können Sie die mit der *svchost.exe* verbundenen Dienste auch im Task-Manager anzeigen lassen. Gehen Sie dazu folgendermaßen vor:

1. Öffnen Sie den Task-Manager per Klick mit der rechten Maustaste auf die Taskleiste und Auswahl des Befehls *Task-Manager starten* im Kontextmenü.
2. Klicken Sie auf die Registerkarte *Prozesse.*
3. Klicken Sie mit der rechten Maustaste auf eine Instanz von *svchost.exe* und im zugehörigen Kontextmenü auf *Zu Dienst(en) wechseln.* Die dem betreffenden Prozess zugeordneten Dienste werden auf der Registerkarte *Dienste* hervorgehoben.

Abbildg. 16.10 Anzeigen der Dienste, die mit *svchost.exe* gestartet wurden

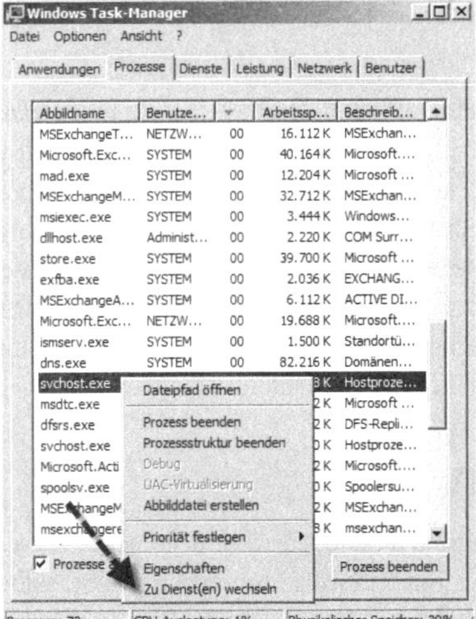

Neue Einstellungen in Gruppenrichtlinien werden nicht erst bei Neustart oder einer erneuten Anmeldung weitergegeben, sondern im laufenden Betrieb. Sie können jetzt auch Drucker über Gruppenrichtlinien freigeben und einzelnen Anwendern zuweisen. Durch diese Möglichkeit können Anwendern auch auf Basis deren Standorts (zum Beispiel für mobile Benutzer für jeden Standort) andere Drucker zugewiesen werden. Die Drucker werden dazu einfach in der Gruppenrichtlinie mit ihrem Freigabenamen hinterlegt. Die neue Windows-Firewall kann jetzt ebenfalls innerhalb von Gruppenrichtlinien gesteuert werden. Dabei lässt sich die Firewall nicht nur ein- oder ausschalten, sondern es können auch einzelne Regeln für die Windows-Firewall hinterlegt werden (siehe Kapitel 28 und 35). Auf diesem Weg sind auch IPsec-Sicherheitsrichtlinien über die Firewallregeln, genauso wie lokal, konfigurierbar.

Abbildg. 16.11 Konfiguration der Windows-Firewall für Windows Vista, Windows 7 und Windows Server 2008 R2 über Gruppenrichtlinien

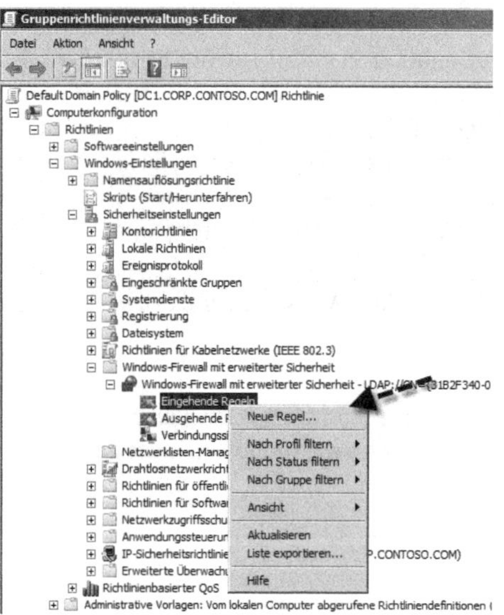

In den Windows-Komponenten der Gruppenrichtlinien sind zahlreiche Einstellungen hinzugekommen. Dadurch können zahlreiche selbsterklärende Informationen direkt in den Gruppenrichtlinien eingestellt werden. Sie können im Internet Explorer zum Beispiel den Popupblocker konfigurieren und alle Einstellungen vornehmen, die bisher nur mit dem Internet Explorer Administration Kit (IEAK) möglich waren. Wenn Clients unter Windows XP den Internet Explorer 7 einsetzen, werden die Einstellungen der Gruppenrichtlinien teilweise auch übernommen. Der Internet Explorer 6 kann über die Gruppenrichtlinien nicht effizient gesteuert werden, hier sollten Sie das entsprechende *.adm*-File verwenden oder das IEAK. Natürlich sind die Funktionen, die im Internet Explorer 6 und 7 ähnlich zum Internet Explorer 8 sind, auch über die Gruppenrichtlinien zu steuern.

Standardgruppenrichtlinien

Nach der Erstellung von Active Directory gibt es bereits zwei Gruppenrichtlinienobjekte. Diese Richtlinien sollten möglichst nicht verändert werden. Wenn Sie neue Einstellungen vornehmen wollen, sollten Sie möglichst eigene Gruppenrichtlinien definieren und die Einstellungen der Standardrichtlinien so belassen wie sie sind.

- **Default Domain Controllers Policy** Diese GPO ist mit dem Container *Domain Controllers* verknüpft. In dieser Richtlinie werden spezielle Einstellungen vorgegeben, die für Domänencontroller notwendig sind.

Aus diesem Grund sollten Sie auch keine Domänencontroller aus dem Container *Domain Controllers* in eine andere OU verschieben.

- **Default Domain Policy** In dieser Richtlinie werden spezielle Einstellungen für die ganze Domäne gesetzt. Diese Richtlinie ist mit dem Domänenobjekt verknüpft und hat daher für alle OUs in der Domäne Gültigkeit.

Gruppenrichtlinien mit der Gruppenrichtlinienverwaltung konfigurieren und verwalten

Nach dem Start verbindet sich die Konsole der Gruppenrichtlinienverwaltung (Group Policy Management Console, GPMC) automatisch mit der Gesamtstruktur und der Domäne, in der sich der Rechner befindet, auf dem Sie die Software installiert haben.

GPMC konfigurieren

Nach der Installation sollten Sie zunächst die Gruppenrichtlinienverwaltung (GPMC) an Ihre Bedürfnisse anpassen und die Einstellungen vornehmen, die zur Konfiguration von Gruppenrichtlinien notwendig sind.

Domänen zur GPMC hinzufügen

Wenn Sie über genügend Berechtigungen verfügen, können Sie mit einer zentralen GPMC die Gruppenrichtlinien mehrerer Domänen und sogar Gesamtstrukturen verwalten. Standardmäßig werden Sie bereits mit der lokalen Domäne, dem PDC-Emulator dieser Domäne und damit mit Ihrer Gesamtstruktur verbunden. Wenn Sie weitere Domänen Ihrer Gesamtstruktur anzeigen lassen wollen, klicken Sie in der GPMC mit der rechten Maustaste auf den Knoten *Domänen* und wählen Sie im Kontextmenü den Befehl *Domänen anzeigen* aus. Danach können Sie alle Domänen aktivieren, die in Ihrer Gesamtstruktur vorhanden sind.

Abbildg. 16.12 Hinzufügen von zusätzlichen Domänen zur Gruppenrichtlinienverwaltung

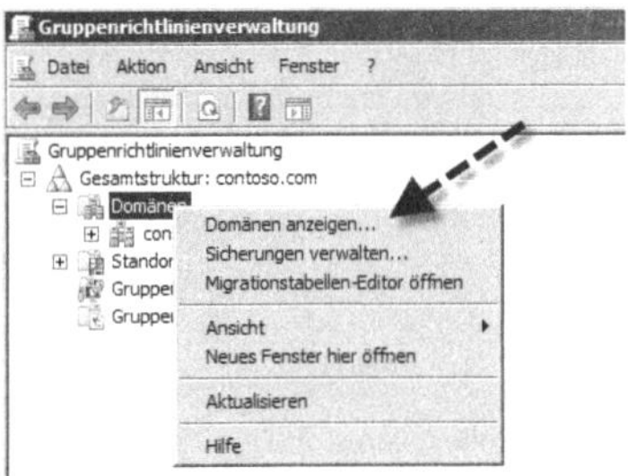

Domänencontroller ändern

Standardmäßig verbindet sich die Gruppenrichtlinienverwaltung automatisch mit dem PDC-Emulator der Domäne, da dieser für die Verwaltung der Gruppenrichtlinien zuständig ist. Wollen Sie jedoch einen anderen Domänencontroller auswählen (beispielsweise weil der Zugriff auf den PDC-Emulator zu langsam ist, wenn Sie in einer Niederlassung Gruppenrichtlinien verwalten), klicken Sie in der GPMC mit der rechten Maustaste auf die Domäne und wählen im Kontextmenü die Option *Domänencontroller ändern*.

Abbildg. 16.13 Verbinden mit einem anderen Domänencontroller als dem PDC-Emulator

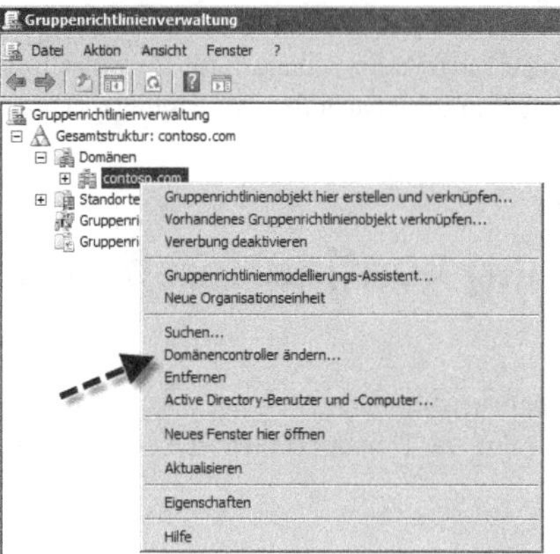

Innerhalb der GPMC werden alle Organisationseinheiten angezeigt, die es auch in Ihrem Active Directory gibt. Unterhalb jeder Organisationseinheit werden die Gruppenrichtlinien angezeigt, die mit der OU verknüpft wurden.

Neue Gruppenrichtlinie – Internet Explorer-Einstellungen verteilen

In den folgenden Abschnitten zeigen wir Ihnen die typischen Aufgaben, die in der GPMC durchgeführt werden, anhand praktischer Beispiele. Um Einstellungen per Gruppenrichtlinie an die PCs, Server oder Benutzerkonten in Ihrem Netzwerk weiterzugeben, ist es am besten, immer nach der gleichen Vorgehensweise zu verfahren:

1. Planen der Einstellungen für die Richtlinie
2. Festlegen der OUs, auf die die Richtlinie angewendet werden soll
3. Erstellen des GPOs
4. Konfiguration der Einstellungen des GPOs
5. Verlinken (verknüpfen) des GPOs mit den gewünschten OUs
6. Testen der Einstellungen
7. Fehlerbehebung, wenn etwas nicht funktioniert

Neues GPO erstellen

Die erste Aufgabe bei der automatischen Weitergabe einer Einstellung durch eine Gruppenrichtlinie besteht darin, das GPO zu planen und die Organisationseinheiten festzulegen. Nach Abschluss der Planung erfolgt die Erstellung und die Verknüpfung des GPOs mit Organisationseinheiten oder der ganzen Domäne. Um ein neues GPO zu erstellen, klicken Sie in der GPMC auf den Knoten *Gruppenrichtlinienobjekte* und wählen im Kontextmenü den Befehl *Neu* aus. Geben Sie danach dem GPO einen passenden Namen, der wiedergibt, welche Einstellungen mit diesem GPO verteilt werden. In diesem Beispiel erläutern wir Ihnen die Verteilung der Internet Explorer-Einstellungen und die Anpassungen an ISA Server oder Forefront Threat Management Gateway (TMG), dem Nachfolger von ISA Server 2006.

Abbildg. 16.14 Erstellen einer neuen Gruppenrichtlinie

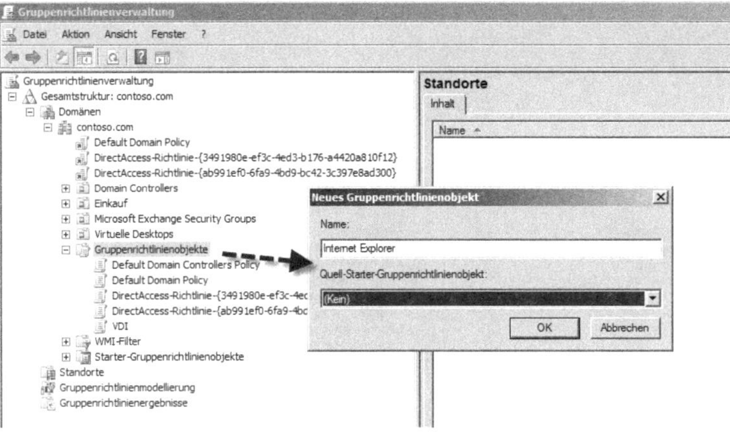

Geben Sie daher am besten dem GPO die Bezeichnung *Internet Explorer-Einstellungen* oder einen ähnlichen Namen. Das GPO wird dann unter dem Menüpunkt *Gruppenrichtlinienobjekte* angezeigt. Hier finden Sie in der GPMC alle GPOs, die Sie erstellt haben. Auch wenn Sie Einstellungen im GPO vornehmen, werden diese erst dann angewendet, wenn Sie das GPO mit einer oder mehreren OUs verknüpfen. Neu seit Windows Server 2008 sind an dieser Stelle auch die *Starter-Gruppenrichtlinienobjekte*, die als eine Art Vorlage dienen können. Wird eine neue Richtlinie erstellt, kann ein Starter-Gruppenrichtlinienobjekt ausgewählt werden und deren schon vorhandene Einstellungen in die neue Richtlinie übernommen werden. Für die Erstellung in diesem Workshop benötigen Sie zunächst kein Starter-Gruppenrichtlinienobjekt. Klicken Sie auf den Menüpunkt *Starter-Gruppenrichtlinienobjekte*, können Sie in Windows Server 2008 R2 diese Richtlinien erstellen lassen. Bei Windows Server 2008 mussten Sie diese Vorlagen noch manuell herunterladen.

Abbildg. 16.15 Erstellen der Starter-Gruppenrichtlinienobjekte

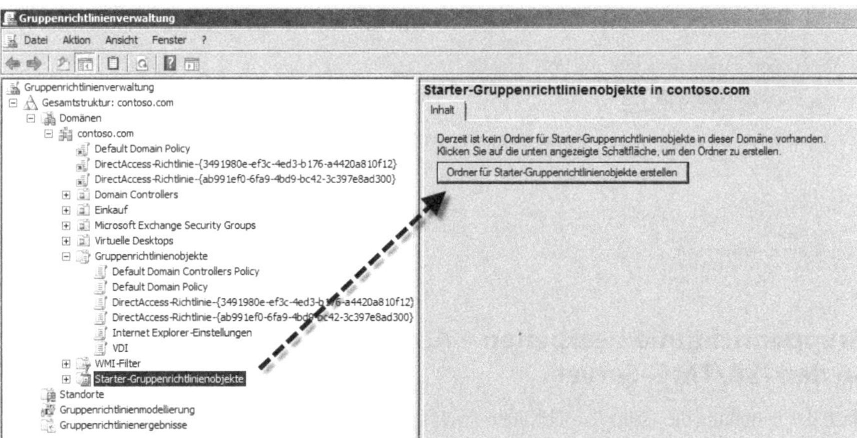

Nach der Erstellung sind die Richtlinien verfügbar. Sie können außerdem jederzeit zusätzliche Starter-Gruppenrichtlinien bei Microsoft herunterladen, sobald diese verfügbar sind.

Abbildg. 16.16 Erstellte Starter-Gruppenrichtlinienobjekte

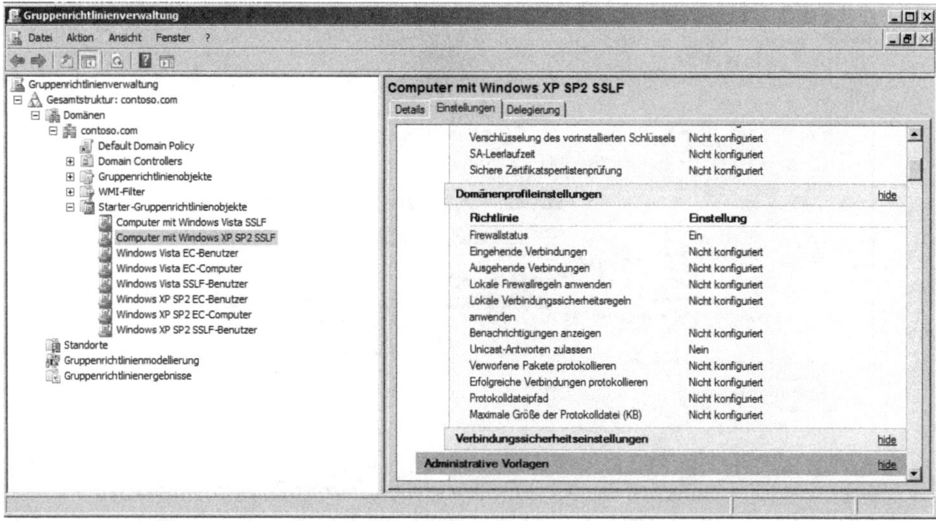

Starter-Gruppenrichtlinienobjekte sind schreibgeschützt und für bestimmte Infrastrukturen, wie beispielsweise besonders abgesicherte Clientrechner, gedacht. Sie benötigen diese für normale Gruppenrichtlinien jedoch nicht.

Abbildg. 16.17 Anzeigen der GPOs einer Domäne in der Gruppenrichtlinienverwaltung

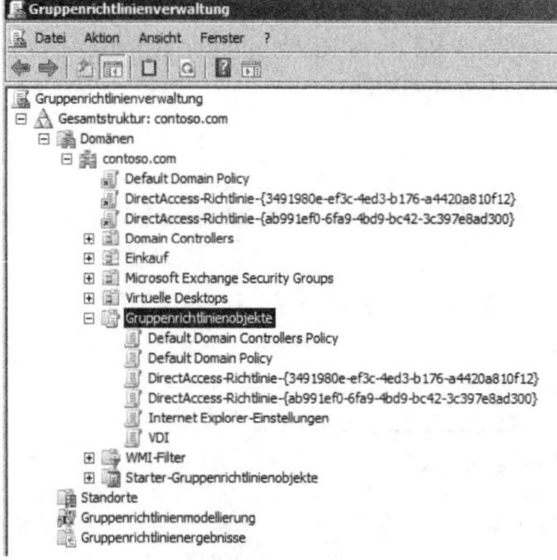

Gruppenrichtlinie bearbeiten – Anbindung der Arbeitsstationen an den ISA/TMG-Server

Nach der Erstellung des Gruppenrichtlinienobjekts (GPO) ist dieses in der Domäne vorhanden. Allerdings werden keine Einstellungen weitergegeben, da das GPO noch nicht verknüpft ist und keinerlei Einstellungen enthält. Der nächste Schritt besteht daher darin, die Gruppenrichtlinie zu bearbeiten und die Einstellungen vorzunehmen, die Sie an die Arbeitsstationen verteilen wollen. In diesem Beispiel zeigen wir Ihnen die notwendigen Einstellungen dafür, dass automatisch auf allen Rechnern im Netzwerk der Proxyserver eingetragen wird und weitere Einstellungen im Internet Explorer vorgenommen werden. Klicken Sie im Knoten *Gruppenrichtlinien-*

objekte mit der rechten Maustaste auf das neu erstellte GPO und wählen Sie im Kontextmenü die Option *Bearbeiten* aus. Damit öffnet sich der Gruppenrichtlinienverwaltungs-Editor, mit dessen Hilfe Sie die Einstellungen innerhalb des GPOs vornehmen, die automatisch verteilt werden sollen. Der Gruppenrichtlinienverwaltungs-Editor besteht aus zwei Hälften. Auf der linken Seite können Sie auswählen, für welchen Bereich Sie Einstellungen vornehmen wollen. Gruppenrichtlinieneinstellungen werden über den Knoten *Richtlinien* vorgenommen.

- Die Einstellungen unter *Computerkonfiguration* werden auf PCs angewendet, wenn diese gestartet werden.
- Die Einstellungen unter *Benutzerkonfiguration* werden auf die Profile der einzelnen Anwender angewendet, wenn sich diese beim PC anmelden.

Die Einstellungen sind jeweils in drei weitere Knoten unterteilt:

- **Softwareeinstellungen** Über diesen Knoten können Sie Applikationen automatisch verteilen lassen. Zu diesem Punkt kommen wir am Ende dieses Kapitels zurück.
- **Windows-Einstellungen** In diesem Knoten befinden sich die meisten Einstellungen, die Sie vornehmen können, und zwar hauptsächlich Skripts, die durch diese Gruppenrichtlinien beim Starten eines PCs oder Anmelden eines Anwenders ausgeführt werden, und die Sicherheitseinstellungen.
- **Administrative Vorlagen** Hier finden sich einige Möglichkeiten zur Einstellung und Automatisierung von Windows. Sie können Einstellungen im Windows-Explorer, dem Desktop und vielen anderen Funktionen in Windows vornehmen.

Wenn Sie sich durch die Knoten auf der linken Seite klicken, werden auf der rechten Seite die Einstellungen angezeigt, die in diesem Bereich verfügbar sind. Öffnen Sie die Einstellungen einer Gruppenrichtlinie per Doppelklick, können Sie Konfigurationen vornehmen, die an die Benutzer bei der Benutzerkonfiguration oder die PCs bei der Computerkonfiguration weitergegeben werden. Die Bearbeitung dieser Einstellungen läuft dabei fast immer identisch ab. Auf der Registerkarte *Einstellung* können Sie entweder direkt Einstellungen weitergeben oder die Einstellung lediglich aktivieren bzw. deaktivieren, wenn keine weiteren Eingaben vorgegeben werden müssen. Eine Einstellung kann drei verschiedene Zustände annehmen:

- **Nicht konfiguriert** Bei dieser Einstellung wird an dem Zielobjekt in der Registry keine Änderung vorgenommen. Alles bleibt so wie es auf dem PC eingestellt ist.
- **Aktiviert** Bei dieser Einstellung wird die Konfiguration auf das Zielobjekt angewendet und weitergegeben.
- **Deaktiviert** Bei dieser Einstellung wird die Konfiguration der Gruppenrichtlinie auf dem PC auf den Standard zurückgesetzt. Wenn in einer übergeordneten Gruppenrichtlinie die Einstellung aktiviert wurde, wird sie durch diese Einstellung wieder deaktiviert. Das gilt auch, wenn die entsprechende Einstellung in den lokalen Richtlinien geändert wurde.

Auf der Registerkarte *Erklärung* finden Sie eine ausführliche Hilfe zu der Einstellung und ihren Auswirkungen. Bevor Sie eine Einstellung aktivieren, sollten Sie sich möglichst immer die Erklärung genau durchlesen.

Konfiguration der Proxyeinstellungen

Eine der vielen möglichen Einstellungen einer Gruppenrichtlinie ist die automatische Konfiguration der Proxyanbindung der Rechner in der Domäne. Sie finden diese Einstellung in der Konsolenstruktur unter *Benutzerkonfiguration/Richtlinien/Windows-Einstellungen/Internet Explorer-Wartung/Verbindung*. Klicken Sie diesen Eintrag an, können Sie auf der rechten Seite wichtige Einstellungen vornehmen, um die Clients zu konfigurieren. Öffnen Sie die Einstellungen für die Option *Proxyeinstellungen*. In diesem Dialogfeld können Sie einstellen, welchen Proxyserver die PCs und Server im Netzwerk verwenden sollen. Durch die automatische Weitergabe dieser Einstellungen ist keine manuelle Konfiguration mehr notwendig. Tragen Sie als Proxyadresse entweder den Netzwerknamen des ISA-Servers oder seine interne IP-Adresse ein. Konfigurieren Sie den Port, unter dem der ISA/TMG-Server auf Anfragen antwortet. Standardmäßig hört der ISA-Server auf den Port 8080. Damit die

Einstellungen auf alle Protokolle angewendet werden, deaktivieren Sie das Kontrollkästchen *Für alle Adressen denselben Proxyserver verwenden* und aktivieren Sie die Einstellung gleich wieder. Tragen Sie im Feld *Ausnahmen* alle Webserver ein, zum Beispiel die Intranetserver, die durch den Internet Explorer direkt angesprochen werden sollen und die nicht an ISA Server geschickt werden. Sie können an dieser Stelle mit dem Platzhalter * arbeiten. Die verschiedenen Einträge werden durch ein Semikolon (;) getrennt. Haben Sie die gewünschten Einstellungen durchgeführt, können Sie diese mit *OK* bestätigen.

Abbildg. 16.18 Konfigurieren der Proxyeinstellungen über Gruppenrichtlinien

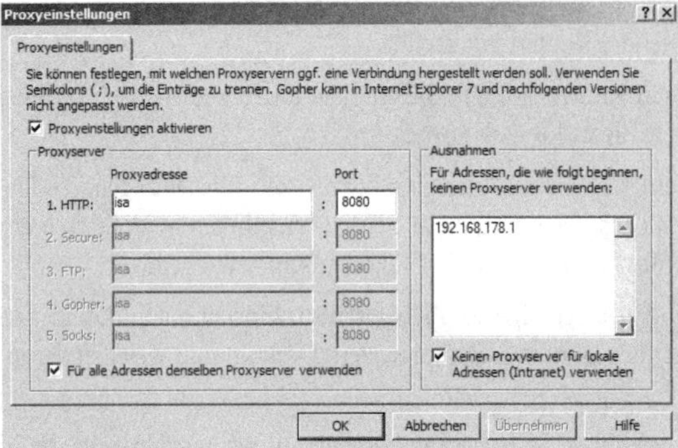

Startseite und Favoriten konfigurieren

Eine weitere wichtige Einstellung ist die automatische Konfiguration der Startseite und unter Umständen der Suchseite des Internet Explorers. Diese Einstellung finden Sie in der Konsolenstruktur unter *Benutzerkonfiguration/Richtlinien/Windows-Einstellungen/Internet Explorer-Wartung/URLs/Wichtige URLs*. Hier können Sie die Startseite und die automatische Suchseite konfigurieren. So können Sie zum Beispiel konfigurieren, dass nach dem Start des Webbrowsers automatisch die SharePoint-Seite des Servers geöffnet wird. Sie müssen bei den Adressen die vollständige Adresse hinterlegen, also auch *http://* mit angeben. Mithilfe der Richtlinie *Favoriten und Links* können Sie allen PCs im Netzwerk automatisch verschiedene Favoriten zuweisen, von denen Sie der Meinung sind, dass jeder Benutzer sie braucht. Alternativ wären hier die Pflege der Startseite einer bestimmten Seite im Intranet und die wichtigsten Links Ihrer Firma im Intranet abzulegen.

Abbildg. 16.19 Konfigurieren der Startseite des Internet Explorers über Gruppenrichtlinien

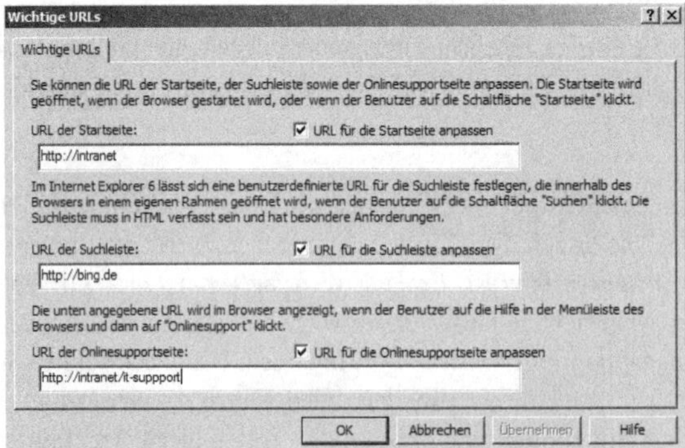

Automatische Verteilung von Sicherheitseinstellungen

Wenn Sie Einstellungen automatisch vorgeben, heißt das noch nicht, dass die Anwender diese Einstellungen nicht verändern können. Wollen Sie die Möglichkeit deaktivieren, Änderungen im Internet Explorer vorzunehmen, erledigen Sie das am besten über den Knoten *Benutzerkonfiguration/Richtlinien/Administrative Vorlagen/ Windows-Komponenten/Internet Explorer* in der Konsolenstruktur. An dieser Stelle finden Sie dutzende Möglichkeiten, um den Internet Explorer anzupassen. Wichtig ist hier, die vier folgenden Einstellungen zu aktivieren.

- *Assistenten für Internetzugang deaktivieren*
- *Änderung der Verbindungseinstellungen deaktivieren*
- *Änderung der Proxyeinstellungen deaktivieren*
- *Änderung der Einstellungen für automatische Konfiguration deaktivieren*

Setzen Sie die Einstellung einer Gruppenrichtlinie auf *Aktiviert*, bedeutet dies die Aktivierung dieser Einstellung. Wenn in dieser Einstellung eine Windows-Funktion deaktiviert wird, wird die Funktion direkt auf dem PC deaktiviert. Durch die Aktivierung einer Einstellung im GPO bewirken Sie also eine Deaktivierung der entsprechenden Funktion in Windows. Die hier beschriebenen Einstellungen sind die am häufigsten verwendeten. Sie können auch noch weitere Einstellungen vornehmen. Achten Sie aber darauf, nicht zu viele Funktionen im Internet Explorer zu deaktivieren, die unter Umständen noch benötigt werden. Wenn Sie alle Einstellungen vorgenommen haben, können Sie den Gruppenrichtlinienverwaltungs-Editor schließen, da die Bearbeitung der Gruppenrichtlinienobjekte an dieser Stelle abgeschlossen ist.

Abbildg. 16.20 Festlegen von Einstellungen des Internet Explorers in den Gruppenrichtlinien

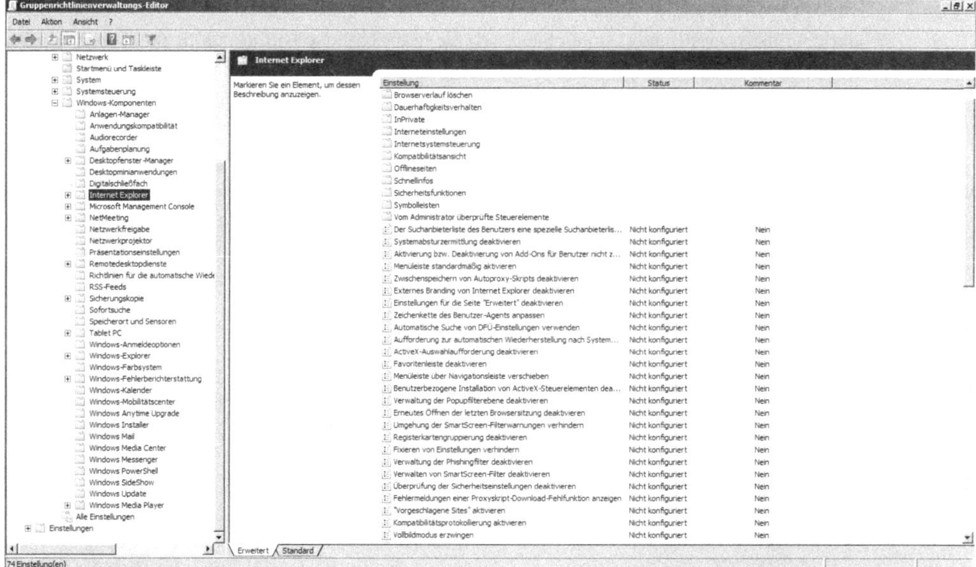

GPO mit einem Container verknüpfen

Damit die Einstellungen in der Gruppenrichtlinie angewendet werden, müssen Sie diese mit einer OU oder der ganzen Domäne verknüpfen. Da die Einstellungen des Internet Explorers am besten für alle Objekte in einer Domäne durchgeführt werden, bietet es sich an, diese auch mit der ganzen Domäne zu verknüpfen. Klicken Sie dazu in der Gruppenrichtlinienverwaltung mit der rechten Maustaste entweder auf die OU, mit der Sie dieses GPO verknüpfen wollen, oder auf die Domäne. Wählen Sie aus dem Kontextmenü die Option *Vorhandenes Gruppenrichtlinienobjekt verknüpfen* aus.

Abbildg. 16.21 Verknüpfen einer GPO mit einem Container in Active Directory

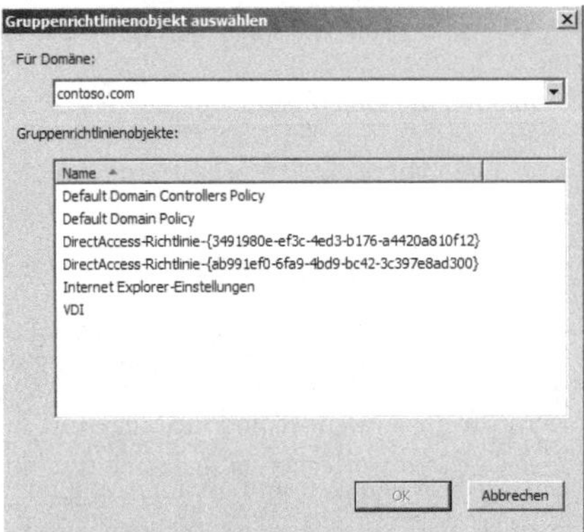

Es öffnet sich ein Fenster, in dem Ihnen alle Gruppenrichtlinien angezeigt werden, die in der Domäne bereits konfiguriert sind. Wählen Sie in dem Fenster das GPO aus und bestätigen Sie mit *OK*. Nach der erfolgreichen Auswahl wird die Verknüpfung des GPOs unterhalb der Domäne angezeigt. Sie können das GPO auch nur mit einzelnen OUs verknüpfen und so viele OUs verknüpfen, wie Sie wollen. Wenn Sie später eine Änderung an dem GPO vornehmen, wird diese Änderung automatisch an alle verknüpften OUs weitergegeben. In der Gruppenrichtlinienverwaltung erkennen Sie durch die übersichtliche Baumstruktur unter jedem Container, welche Gruppenrichtlinien verknüpft worden sind und daher angewendet werden. Ab diesem Moment ist das GPO aktiv, da Einstellungen innerhalb des GPOs vorgenommen wurden und das GPO verknüpft ist. Als Nächstes können Sie testen, ob die Einstellungen auch übernommen wurden.

Abbildg. 16.22 Anzeigen der verknüpften GPOs

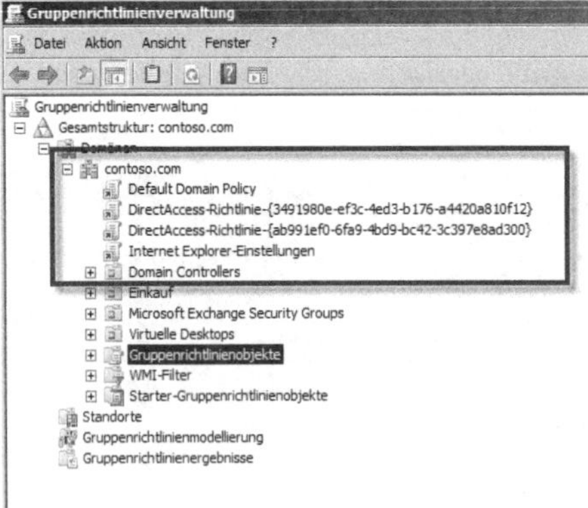

Einstellungen einer GPO testen

Starten Sie einen PC, der Mitglied der Domäne ist, und melden Sie sich an. Sie sehen bereits beim Starten des Internet Explorers, dass das GPO angewendet wird, da sich bereits die konfigurierte Startseite öffnet. Unter manchen Umständen dauert es ein bisschen, bis eine Gruppenrichtlinie auf alle Domänencontroller repliziert wurde. Starten Sie daher einen manuellen Replikationsvorgang oder warten Sie einige Minuten auf die Replikation. Beim ersten Start eines Internet Explorers wird unter Umständen nicht sofort die Startseite übernommen. Schließen Sie in einem solchen Fall den Internet Explorer wieder und öffnen Sie ihn erneut. Die Einstellungen sollten jetzt übernommen sein. Öffnen Sie im Internet Explorer mit *Extras/Internetoptionen/Verbindungen* die Registerkarte für die Verbindungen zum Internet. Wenn alle Einstellungen übernommen wurden, sollten die einzelnen Schaltflächen deaktiviert sein, die Benutzer können keine Veränderungen vornehmen. Die Bearbeitung und der Test sind damit abgeschlossen.

Gruppenrichtlinien erzwingen und Priorität erhöhen – Kennwortkonfiguration für die Anwender

In diesem Abschnitt erfahren Sie am Beispiel einer weiteren neuen Gruppenrichtlinie, wie Sie das GPO priorisieren und ein Überschreiben durch untergeordnete Richtlinien verhindern können. Eine oft verwendete Gruppenrichtlinie ist die Vorgabe von sicheren Kennwörtern für die Anwender und die Steuerung der Kennwortstruktur. In vielen Unternehmen werden die Server zwar extrem vor Sicherheitsgefahren geschützt, allerdings werden oft die Kennwörter der Benutzer bei der Absicherung übersehen. Anwender verwenden meist einfache Kennwörter wie Familiennamen, Namen der Kinder, Tastenfolgen (»qwert«) oder andere einfach zu erratende Kennwörter. Manchmal werden Kennwörter von den Nutzern auch auf Zetteln an den Monitor oder unter die Tastatur geklebt. Windows Server 2008 R2 bietet für die Steuerung der Kennwörter einige Optionen an. Wenn diese Optionen aktiviert sind und Ihre Anwender im Umgang mit Kennwörtern geschult werden, lässt sich die Sicherheitsgefahr aufgrund unsicherer Kennwörter relativ schnell beheben.

Damit Gruppenrichtlinien für Kennwörter funktionieren, musste die entsprechend hinterlegte Gruppenrichtlinie unter Windows Server 2003 immer mit der kompletten Domäne verknüpft werden, nicht mit einzelnen Organisationseinheiten. Dieser Sachverhalt wurde in Windows Server 2008 R2 behoben, wie wir Ihnen bereits zu Beginn dieses Kapitels gezeigt haben. Dennoch bietet es sich aus Übersichtlichkeitsgründen an, am besten nur eine einzelne Gruppenrichtlinie für Kennwörter zu erstellen und diese direkt mit der Domäne zu verbinden. Wenn Sie eine Gruppenrichtlinie für die Steuerung von Kennwörtern mit einer einzelnen OU verknüpfen, wird diese unter Windows Server 2003 nicht angewendet, unter Windows Server 2008 R2 allerdings schon. Eine Active Directory-Domäne kann unter Windows Server 2003 immer nur eine Kennwortrichtlinie verwenden. Auch bei Windows Server 2008 R2 sollten mehrere Richtlinien nur in Ausnahmen konfiguriert werden. Am besten erstellen Sie für die Kennwortrichtlinie eine neue Richtlinie und verknüpfen diese direkt mit der Domäne. Die *Default Domain Policy* sollten Sie möglichst nicht verändern.

Neue Gruppenrichtlinie für sichere Kennwörter erstellen

Um eine neue Gruppenrichtlinie für sichere Kennwörter zu erstellen, sollten Sie zunächst die Konsole *Gruppenrichtlinienverwaltung* (GPMC) aktivieren. Anschließend gehen Sie folgendermaßen vor:

1. Erstellen Sie, wie bereits zuvor beschrieben, in der Konsolenstruktur unter dem Knoten *Gruppenrichtliniennobjekte* ein neues GPO und geben Sie diesem die Bezeichnung *Kennwort-Einstellungen*. Haben Sie Starter-Gruppenrichtlinien aktiviert, können Sie deren Einstellung in die neue Richtlinie übernehmen, müssen das aber nicht.
2. Klicken Sie dann mit der rechten Maustaste auf den Eintrag *Kennwort-Einstellungen* und wählen Sie im Kontextmenü die Option *Bearbeiten* aus.
3. Navigieren Sie zu den Einstellungen der Kennwörter unter *Computerkonfiguration/Richtlinien/Windows-Einstellungen/Sicherheitseinstellungen/Kontorichtlinien/Kennwortrichtlinien.*

Abbildg. 16.23 Erstellen eines neuen GPO und Anzeige der Starter-Gruppenrichtlinien als Vorlage

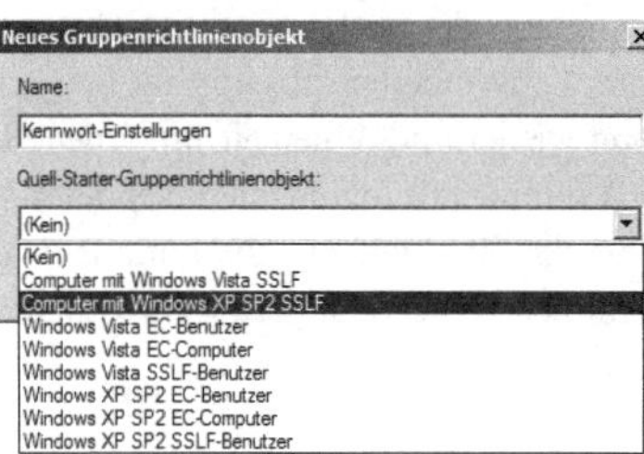

4. Aktivieren Sie für diese Einstellungen jeweils nach einem Doppelklick darauf das Kontrollkästchen *Diese Richtlinieneinstellung definieren* und legen Sie die empfohlenen Werte für sichere Kennwörter fest. In Windows Server 2008 R2 gibt es sechs Einstellungen, die Sie zur Konfiguration von sicheren Kennwörtern verwenden können:

   - **Kennwort muss Komplexitätsvoraussetzungen entsprechen** Bei dieser Option muss das Kennwort mindestens sechs Zeichen lang sein. Microsoft empfiehlt, diese Einstellung zu aktivieren. Wenn Sie die Komplexitätsvoraussetzungen für Kennwörter aktivieren, sollten Sie vorher am besten eine E-Mail an alle Mitarbeiter schicken und diese darüber informieren, wie zukünftig die Kennwörter aufgebaut werden sollen. Dieser Hinweis kann im Intranet hinterlegt werden. Das Kennwort darf maximal zwei Zeichen enthalten, die auch in der Zeichenfolge des Benutzernamens vorkommen. Außerdem müssen drei der fünf Kriterien von komplexen Kennwörtern erfüllt sein:
     - Großbuchstaben (A bis Z)
     - Kleingeschriebene Buchstaben (a bis z)
     - Ziffern (0 bis 9)
     - Sonderzeichen (zum Beispiel !, &, /, %)
     - Unicodezeichen (?, @, ®)
   - **Kennwortchronik erzwingen** Hier können Sie festlegen, wie viele Kennwörter in Active Directory gespeichert werden sollen, die bisher bereits durch einen Anwender verwendet wurden. Wenn Sie diese Option wie empfohlen auf 24 setzen, darf sich ein Kennwort erst nach 24 Änderungen wiederholen.
   - **Kennwörter mit umkehrbarer Verschlüsselung speichern** Bei dieser Option werden die Kennwörter so gespeichert, dass die Administratoren sie auslesen können. Diese Option sollte nur verwendet werden, wenn bestimmte Anwendungen für einmaliges Anmelden (Single Sign-On, SSO) dies erfordern. Ansonsten sollten Sie diese Option deaktivieren. Dazu müssen Sie die Richtlinieneinstellung definieren und diese auf *Deaktiviert* setzen.
   - **Maximales Kennwortalter** Hier legen Sie fest, wie lange ein Kennwort gültig bleibt, bis der Anwender es selbst ändern muss. Microsoft empfiehlt, Kennwörter für 42 Tage zu verwenden und erst danach eine Änderung durchzuführen.
   - **Minimale Kennwortlänge** Hier wird festgelegt, wie viele Zeichen ein Kennwort mindestens enthalten muss. Dafür wird ein Wert von acht Zeichen empfohlen.
   - **Minimales Kennwortalter** Hier wird festgelegt, wann ein Kennwort frühestens geändert werden darf, also wie lange es mindestens aktuell sein muss. Diese Option ist zusammen mit der Kennwortchronik sinnvoll, damit die Anwender das Kennwort nicht so oft ändern, dass sie wieder ihr altes verwenden können. Microsoft empfiehlt an dieser Stelle einen Wert von 2.

Abbildg. 16.24 Konfigurieren einer Kennwortrichtlinie für sichere Kennwörter

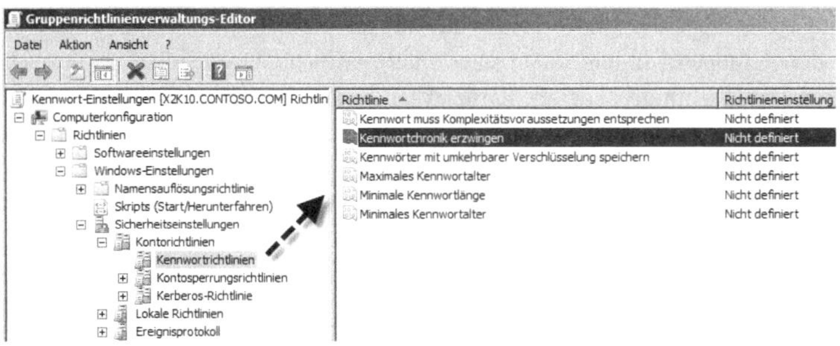

Bildschirmschoner mit Kennwortschutz aktivieren

Sie sollten auch die Einstellung aktivieren, dass nach gewisser Zeit der Bildschirmschoner aktiviert wird und Anwender ein Kennwort eingeben müssen, wenn der Bildschirm entsperrt werden soll. Das ist vor allem dann sinnvoll, wenn Anwender ihren Platz verlassen. Wenn der Bildschirm nicht gesperrt wird, können ungehindert andere Anwender unter dem Namen des angemeldeten Benutzers Aktionen durchführen. Sie finden die Einstellungen für Bildschirmschoner unter *Benutzerkonfiguration/Richtlinien/Administrative Vorlagen/Systemsteuerung/Anpassung*. Konfigurieren Sie die folgenden Einstellungen:

- *Bildschirmschoner aktivieren* auf *Aktiviert*
- *Kennwortschutz für den Bildschirmschoner verwenden* auch auf *Aktiviert*
- *Zeitlimit für Bildschirmschoner* auf *Aktiviert* und als Einstellung *600* Sekunden bis zur Aktivierung

Nachdem Sie die Eintragungen vorgenommen haben, können Sie den Gruppenrichtlinienverwaltungs-Editor wieder schließen. Verknüpfen Sie die erstellte Richtlinie wieder mit der Domäne und gehen Sie dabei genauso vor, wie bei der Verknüpfung der Internet Explorer-Einstellungen.

Priorisierung einer Gruppenrichtlinienverknüpfung anpassen

Haben Sie die Richtlinie erstellt und verknüpft, klicken Sie die Domäne in der Gruppenrichtlinienverwaltung an. Auf der rechten Seite werden Ihnen alle Gruppenrichtlinien angezeigt, die direkt mit der Domäne verknüpft sind. Die neu erstellte Kennwortrichtlinie sollte die erste Verknüpfung sein, die angewendet wird, da sie ansonsten übergangen wird. Markieren Sie die Verknüpfung der Kennwortrichtlinie auf der rechten Seite der Gruppenrichtlinienverwaltung und klicken Sie auf die Pfeile, bis die Verknüpfung ganz oben angeordnet ist. Dadurch ist sichergestellt, dass diese Verknüpfung und die Einstellungen des verknüpften GPOs zuerst angewendet werden.

Abbildg. 16.25 Änderung der Priorisierung einer Gruppenrichtlinie

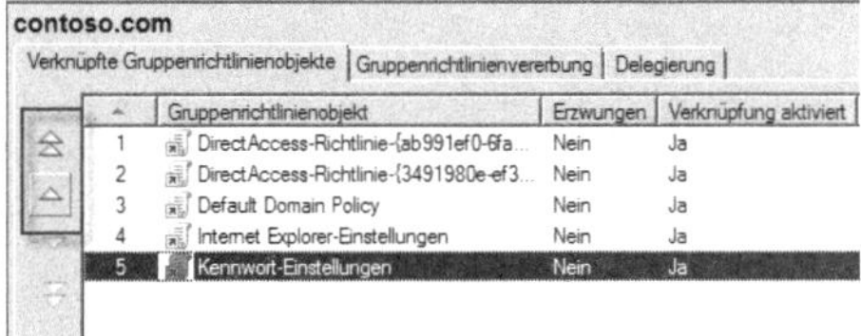

Richtlinie erzwingen

Durch die Vererbung von Gruppenrichtlinien besteht die Möglichkeit, dass die Einstellung einer Gruppenrichtlinie durch eine andere Gruppenrichtlinie, die in einer untergeordneten OU definiert ist, überschrieben wird. Wenn Sie zum Beispiel eine Richtlinie, in der die Komplexität der Kennwörter mitgegeben wird, mit der ganzen Domäne verknüpfen, wird diese Einstellung an alle Organisationseinheiten und die darin enthaltenen Benutzer weitergegeben. Ist jetzt aber mit einer untergeordneten Organisationseinheit eine weitere Gruppenrichtlinie verknüpft, die in der Anwendungsreihenfolge nach der Richtlinie für die Domäne angewendet wird, besteht die Möglichkeit, dass die Einstellungen der vererbten Richtlinie der Domäne überschrieben werden. Für Benutzer innerhalb eines Containers gilt immer die zuletzt angewendete Richtlinie. Wenn also in der Domänenrichtlinie eine Einstellung gesetzt wird, die in der OU des Benutzers zurückgenommen wird, dann gilt das auch für den Benutzer. Wenn Domänenadministratoren sicherstellen wollen, dass gewisse Gruppenrichtlinien nicht überschrieben werden können, besteht die Möglichkeit, die Einstellungen dieser Richtlinie zu erzwingen. In diesem Fall kann von untergeordneten Organisationseinheiten die Durchsetzung dieser Gruppenrichtlinie nicht verhindert werden. Sie können eine Gruppenrichtlinie erzwingen lassen, indem Sie auf der rechten Seite der Gruppenrichtlinienverwaltung auf der Registerkarte *Verknüpfte Gruppenrichtlinienobjekte* die Verknüpfung mit der rechten Maustaste anklicken. Wählen Sie im daraufhin geöffneten Kontextmenü die Option *Erzwungen* aus.

Abbildg. 16.26 Erzwingen einer Gruppenrichtlinie in der Gruppenrichtlinienverwaltung

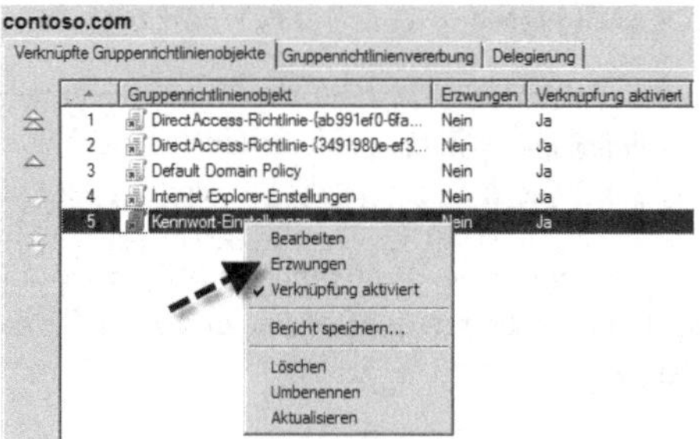

Nach der Auswahl erscheint eine Meldung, in der Sie das Erzwingen der Richtlinie bestätigen müssen. Nach der Bestätigung wird die Richtlinie als *Erzwungen* angezeigt. Dadurch stellen Sie sicher, dass diese Einstellungen für alle Benutzer der Domäne Gültigkeit haben und in keiner OU aufgehoben werden können. Wenn Sie anschließend in der GPMC eine untergeordnete OU aktivieren, sehen Sie auf der rechten Seite auf der Registerkarte *Gruppenrichtlinienvererbung*, dass die Richtlinie auch hier als *Erzwungen* angezeigt wird. Das heißt, die Anwendung dieser Richtlinie kann nicht verhindert werden.

Abbildg. 16.27 Anzeige von erzwungenen Richtlinien in der Gruppenrichtlinienvererbung

contoso.com

Verknüpfte Gruppenrichtlinienobjekte | Gruppenrichtlinienvererbung | Delegierung

Die Liste enthält keine mit Standorten verknüpften Gruppenrichtlinienobjekte. Weitere Informationen erhalten Sie in der Hilfe.

Rangfolge	Gruppenrichtlinienobjekt	Speicherort	Objektstatus	WMI-Filter
1 (Erzwungen)	Kennwort-Einstellungen	contoso.com	Aktiviert	Keine
2	DirectAccess-Richtlinie-{ab991ef0-6...	contoso.com	Benutzerkonfigur...	Keine
3	DirectAccess-Richtlinie-{3491980e-...	contoso.com	Benutzerkonfigur...	Keine
4	Default Domain Policy	contoso.com	Aktiviert	Keine
5	Internet Explorer-Einstellungen	contoso.com	Aktiviert	Keine

Gruppenrichtlinie testen

Im Anschluss daran können Sie die Gruppenrichtlinie auf einer Windows-Arbeitsstation mit *gpupdate /force* in der Befehlszeile übertragen. Alternativ können Sie auch die Arbeitsstation neu starten. Wenn Sie die Einstellungen korrekt vorgenommen haben, können Sie in den Eigenschaften des Bildschirmschoners feststellen, dass der Benutzer zwar aussuchen darf, welchen Bildschirmschoner er verwendet, aber die Optionen *Wartezeit* und *Kennworteingabe bei Reaktivierung* aktiviert sind und durch den Benutzer nicht geändert werden dürfen. Sie können auch den Bildschirmschoner in der Gruppenrichtlinie einstellen, dann dürfen die Anwender auch diesen nicht mehr verändern.

Abbildg. 16.28 Manuelles Abrufen von Richtlinien auf Arbeitsstationen

```
Administrator: C:\Windows\system32\cmd.exe
Microsoft Windows [Version 6.1.7600]
Copyright (c) 2009 Microsoft Corporation. Alle Rechte vorbehalten.

C:\Users\Administrator>gpupdate /force
Die Richtlinie wird aktualisiert...

Die Aktualisierung der Benutzerrichtlinie wurde erfolgreich abgeschlossen.
Die Aktualisierung der Computerrichtlinie wurde erfolgreich abgeschlossen.


C:\Users\Administrator>_
```


Vererbung für Gruppenrichtlinien deaktivieren

Für manche Gruppenrichtlinien ist es unter Umständen sinnvoll, die standardmäßige Vererbung zu deaktivieren. Wenn Sie zum Beispiel in allen OUs einer Domäne die Internet Explorer-Einstellungen wie beschrieben weitergeben wollen, in einer OU aber nicht, dann können Sie in dieser OU die Verwendung der Richtlinie deaktivieren, auch wenn diese mit der ganzen Domäne verknüpft ist. Haben Sie zum Beispiel einige Mitarbeiter, die einen eigenen Proxyserver verwenden, zum Beispiel die Entwicklungsabteilung oder die IT-Abteilung, können Sie eine eigene Gruppenrichtlinie für diese OU erstellen und sie mit dieser OU verknüpfen. Die Vererbung der übergeordneten Richtlinie können Sie für diese OU deaktivieren. Wenn Sie die entsprechende OU in der Gruppenrichtlinienverwaltung anklicken, können Sie auf der rechten Seite der Konsole auf der Registerkarte *Gruppenrichtlinienvererbung* erkennen, welche Verknüpfungen von übergeordneten OUs auf diese OU übernommen – also vererbt – werden.

Abbildg. 16.29 Vererbung für eine OU deaktivieren

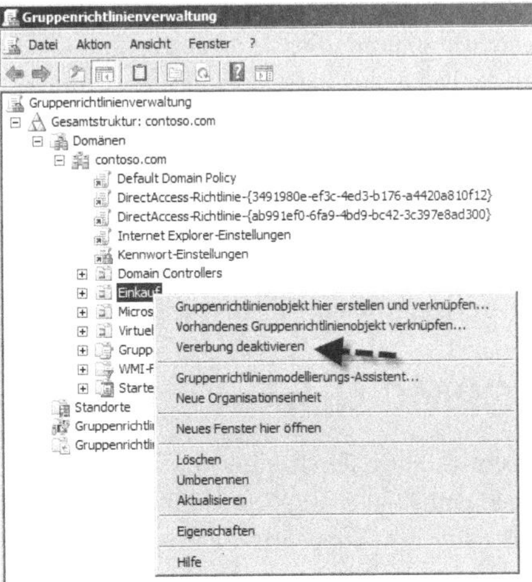

Sie können allerdings nicht die Vererbung einzelner Gruppenrichtlinien deaktivieren, sondern nur die Vererbung als Ganzes. Klicken Sie dazu in der Gruppenrichtlinienverwaltung mit der rechten Maustaste auf die OU, für die Sie die Vererbung deaktivieren wollen, und wählen Sie im Kontextmenü den Befehl *Vererbung deaktivieren* aus.

Nachdem Sie die Vererbung von Gruppenrichtlinien für eine OU deaktiviert haben, wird diese OU in der Gruppenrichtlinienverwaltung mit einem blauen Kreis und einem weißen Ausrufezeichen angezeigt. Auf die gleiche Weise können Sie die Vererbung auch wieder aktivieren. Auf der Registerkarte *Gruppenrichtlinienvererbung* werden jetzt nur noch die Gruppenrichtlinien angezeigt, die erzwungen werden.

Abbildg. 16.30 Anzeigen von OUs mit deaktivierter Vererbung für Gruppenrichtlinien

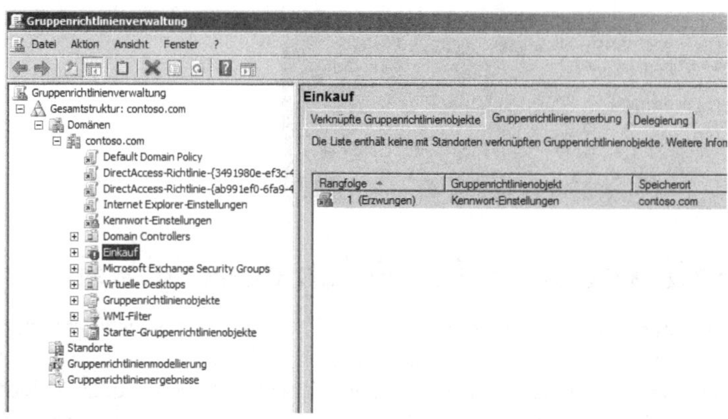

HINWEIS Erzwungene Gruppenrichtlinien lassen sich auch durch die Deaktivierung der Vererbung nicht deaktivieren.

Datensicherung von Gruppenrichtlinien

Beim Einsatz von Gruppenrichtlinien sollten diese in regelmäßigen Abständen gesichert werden. Zu einer richtigen Backupstrategie gehört in einem Unternehmen auch die Sicherung der Gruppenrichtlinien, nachdem diese geändert wurden. Vor allem beim Einsatz vieler Richtlinien sollten Sie bei Änderungen ein Backup der Richtlinie im Netzwerk ablegen und unter Umständen auch mit der Bandsicherung sichern. Sichern Sie am besten die Gruppenrichtlinie immer in ein spezielles Verzeichnis auf der lokalen Festplatte und kopieren Sie danach dieses Verzeichnis auf einen Datenträger im Netzwerk, damit auch bei Ausfall einer lokalen Festplatte die Sicherung noch zur Verfügung steht. Mit der Gruppenrichtlinienverwaltung (GPMC) können Sie einzelne Gruppenrichtlinien sichern und wiederherstellen, ohne eine Datensicherung von Active Directory verwenden zu müssen. Da die Datensicherung von Gruppenrichtlinien in Dateien gespeichert wird, können Sie die Sicherung auch zum Erstellen neuer Gruppenrichtlinien verwenden, indem Sie gesicherte Gruppenrichtlinien in neu erstellte importieren.

Gruppenrichtlinien in der GPMC sichern

Um eine Datensicherung einzelner oder aller Gruppenrichtlinien durchzuführen, klicken Sie in der GPMC auf den Knoten *Gruppenrichtlinienobjekte.* Dieser Knoten enthält alle Gruppenrichtlinien, die in dieser Domäne erstellt wurden. Klicken Sie mit der rechten Maustaste auf eine Gruppenrichtlinie und wählen Sie im Kontextmenü den Befehl *Sichern* aus. Bei der Sicherung von Gruppenrichtlinien werden die Einstellungen in eine Datei exportiert. Diese Datei kann zur Wiederherstellung importiert werden. Sie können auch direkt auf den Knoten *Gruppenrichtlinienobjekte* klicken und im Kontextmenü den Befehl *Alle sichern* auswählen, um sämtliche Gruppenrichtlinien einer Domäne auf einmal zu sichern. Bei der Sicherung eines GPOs werden folgende Informationen gesichert:

- Einstellungen des GPOs als XML-Datei
- Der Globally Unique Identifier (GUID) des GPOs
- Die Berechtigungen des GPOs
- WMI-Filter und deren Verlinkung
- Zeitstempel der Datensicherung
- Benutzerdefinierte Information zum gesicherten GPO

Abbildg. 16.31 Starten der Datensicherung von Gruppenrichtlinien

Gruppenrichtlinienobjekt sichern

Geben Sie den Namen des Ordners ein, in dem Sie gesicherte Versionen dieses Gruppenrichtlinienobjekts (GPO) speichern. Es können mehrere Gruppenrichtlinienobjekte in demselben Ordner gesichert werden.

Hinweis: Einstellungen außerhalb des Gruppenrichtlinienobjekts, z.B. WMI-Filter und IPSec-Richtlinien, sind selbstständige Objekte in Active Directory und werden nicht gesichert.

Stellen Sie sicher, dass nur autorisierte Administratoren Schreibzugriff auf diesen Ordner haben, um Manipulationen an gesicherten Gruppenrichtlinienobjekten zu verhindern.

Speicherort:

C:\backup

Durchsuchen...

Beschreibung:

Sicherung GPO Stand 26.12.2009

Sichern Abbrechen

Danach erscheint ein Fenster, in dem Sie ein Verzeichnis auf der Festplatte auswählen und eine Beschreibung der Sicherung hinterlegen können. Das Verzeichnis müssen Sie vorher anlegen. Wenn Sie die Eingaben bestätigen, beginnt der Sicherungs-Assistent mit der Datensicherung der Gruppenrichtlinie und speichert diese im ausgewählten Verzeichnis der Festplatte.

Abbildg. 16.32 Durchführung der Datensicherung für Gruppenrichtlinien

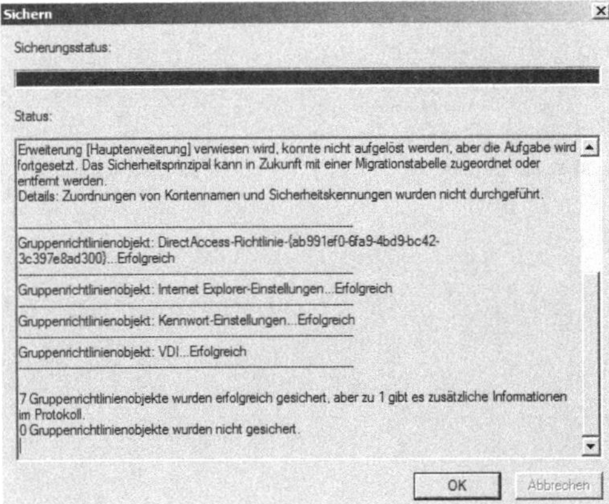

Datensicherung von Gruppenrichtlinien verwalten

Jede Datensicherung wird auf der Festplatte mit einer eindeutigen GUID im ausgewählten Verzeichnis abgelegt. Die Verwaltung der gesicherten Gruppenrichtlinien findet allerdings nicht über das Dateisystem statt, sondern ebenfalls mit der GPMC.

Abbildg. 16.33 Anzeigen der GPO-Datensicherung im Windows-Explorer

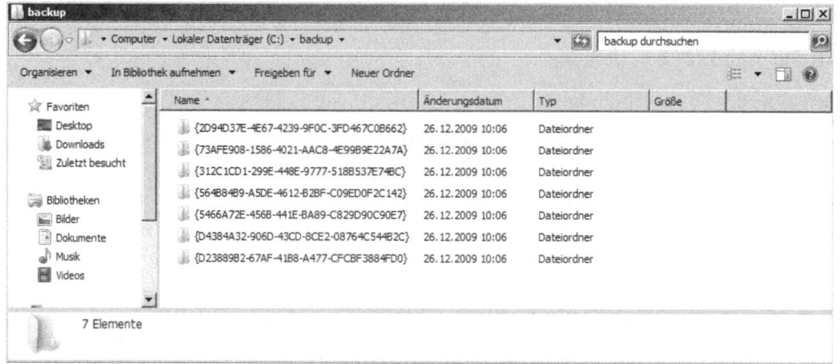

Sie können in der GPMC mit der rechten Maustaste auf den Knoten *Gruppenrichtlinienobjekte* klicken. Wählen Sie im daraufhin geöffneten Kontextmenü den Befehl *Sicherungen verwalten* aus. Mit diesem Kontextmenübefehl können Sie alle Datensicherungen der Gruppenrichtlinien an zentraler Stelle verwalten. Wenn Sie mehrere Sicherungen vorgenommen haben und zahlreiche Gruppenrichtlinien verwalten müssen, können Sie in diesem Fenster auch das Kontrollkästchen *Für jedes Gruppenrichtlinienobjekt nur die neueste Version anzeigen* aktivieren. In diesem Fall werden aus dem Fenster alle Datensicherungen ausgeblendet, die vor der aktuellsten Sicherung des einzelnen GPOs angelegt wurden. Sie können die einzelnen Sicherungen markieren und sich über die Schaltfläche *Einstellungen anzeigen* die Einstellungen in der Richtlinie anzeigen lassen, die Sie zum Zeitpunkt der Sicherung gesetzt hatten. Die Einstellungen werden Ihnen als HTML-Datei angezeigt.

Abbildg. 16.34 Verwalten der GPO-Datensicherungen in der GPMC

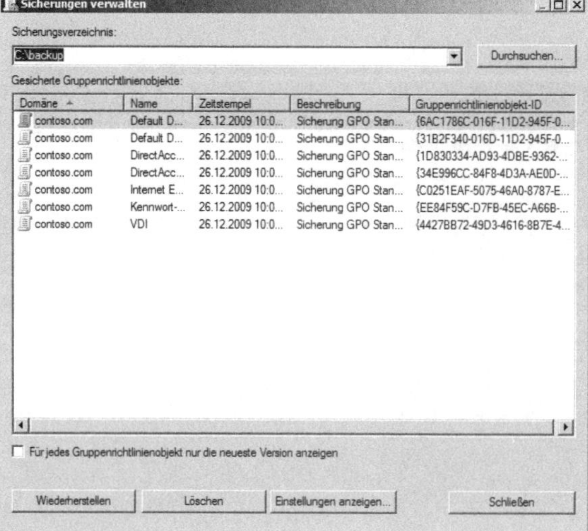

Gruppenrichtlinien wiederherstellen

Bei der Wiederherstellung einer Gruppenrichtlinie werden die Daten der exportierten Datei wieder in die produktive Richtlinie importiert. Sie können eine Wiederherstellung durchführen, wenn die Gruppenrichtlinie versehentlich gelöscht wurde oder wenn Sie einen älteren Versionsstand der Einstellungen der Gruppenrichtlinie wiederherstellen wollen. Bei der Wiederherstellung einer Gruppenrichtlinie werden, neben den Einstellungen der Richtlinien, auch die Berechtigungen für das Gruppenrichtlinienobjekt sowie, falls vorhanden, die Verknüpfungen der WMI-Filter wiederhergestellt. Um eine Gruppenrichtlinie wiederherzustellen, klicken Sie in der Verwaltung der Sicherungen auf die Schaltfläche *Wiederherstellen*. Nachdem Sie Ihre Eingabe bestätigt haben, wird die Sicherung wiederhergestellt.

Gruppenrichtlinien kopieren

Bei einem Kopiervorgang wird eine komplett neue Gruppenrichtlinie mit neuer GUID erstellt und die Einstellungen der Quellrichtlinie werden importiert. Nach diesem Vorgang sind die beiden Gruppenrichtlinien vollkommen unabhängig voneinander, haben aber identische Einstellungen. Das Kopieren von Gruppenrichtlinien ermöglicht es Ihnen, auch Einstellungen von Gruppenrichtlinien zunächst in einer Testumgebung zu testen und danach in die produktive Umgebung zu importieren. Dazu müssen Sie die Richtlinie in der produktiven Umgebung nicht neu erstellen, sondern können sie aus der Testumgebung in die produktive Umgebung kopieren. Gruppenrichtlinien können mit der GPMC zwischen Domänen, Strukturen und Gesamtstrukturen kopiert werden. Sie müssen für einen Kopiervorgang zwischen Domänen, Strukturen oder Gesamtstrukturen allerdings bidirektionale Vertrauensstellungen einrichten, damit die Gruppenrichtlinien an zentraler Stelle von einer GPMC erstellt, kopiert, gesichert und wiederhergestellt werden können.

GPO in der GPMC kopieren

Um Gruppenrichtlinien zu kopieren, klicken Sie in der GPMC auf den Knoten *Gruppenrichtlinienobjekte* in der Domäne, aus der Sie die Richtlinie kopieren wollen.

1. Klicken Sie mit der rechten Maustaste auf die entsprechende Gruppenrichtlinie und wählen Sie im Kontextmenü den Befehl *Kopieren* aus. Es erscheint keine weitere Meldung, wenn Sie die Gruppenrichtlinie kopiert haben.
2. Klicken Sie als Nächstes in der GPMC auf den Knoten *Gruppenrichtlinienobjekte* in der Domäne, in der Sie die Gruppenrichtlinie einfügen wollen.
3. Klicken Sie mit der rechten Maustaste auf den Knoten *Gruppenrichtlinienobjekte* und wählen Sie im Kontextmenü den Befehl *Einfügen* aus. Alternativ können Sie die entsprechende Richtlinie auch per Drag & Drop auf den Gruppenrichtlinienobjekt-Container der anderen Gesamtstruktur ziehen.

HINWEIS Wenn Sie die Gruppenrichtlinienverwaltung gestartet haben, können Sie mit einem Klick der rechten Maustaste auf den Eintrag *Gruppenrichtlinienverwaltung* in der Konsolenstruktur im Kontextmenü den Befehl *Gesamtstruktur hinzufügen* auswählen. Standardmäßig werden Sie mit der Gesamtstruktur und Domäne verbunden, in der die Gruppenrichtlinienverwaltung gestartet wird. Sie können einmal hinzugefügte Gesamtstrukturen wieder aus der Konsole entfernen, wenn Sie diese mit der rechten Maustaste anklicken und im Kontextmenü den Befehl *Entfernen* auswählen. Wenn Sie externe Domänen oder andere Gesamtstrukturen hinzufügen wollen, müssen zu diesen Domänen bidirektionale Vertrauensstellungen vorhanden sein.

Falls Sie explizite Rechte in einzelnen externen Domänen vergeben haben, um diese mit der GPMC zu verwalten, können Sie die Überprüfung der bidirektionalen Vertrauensstellungen nach Aufruf des Menübefehls *Ansicht/Option* auf der Registerkarte *Allgemein* über das Kontrollkästchen *Vertrauensprüfung aktivieren* ausschalten. Wollen Sie für die Verwaltung der Gruppenrichtlinien in der GPMC von externen Gesamtstrukturen nicht gleich eine Vertrauensstellung einrichten, können Sie die bereits beschriebene Überprüfung für Vertrauensstellungen deaktivieren. In diesem Fall müssen Sie in der Systemsteuerung mithilfe von *Benutzerkonten/Anmeldeinformationsverwaltung* für die Gesamtstruktur ein Benutzerkonto mit Kennwort hinterlegen, welches Sie zur Administration der Gruppenrichtlinien berechtigt. Hinterlegen Sie als Servernamen die Bezeichnung _*.<DNS-Name der Gesamtstruktur>_, zum Beispiel _*.contoso.com_.

Abbildg. 16.35 Hinterlegen von Anmeldedaten für nicht vertraute Domänen in der Systemsteuerung

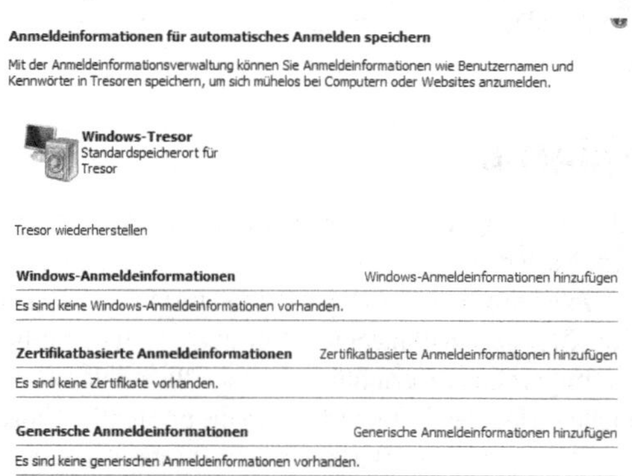

4. Anschließend erscheint der Assistent zum domänenübergreifenden Kopieren von Gruppenrichtlinien.
5. Im nächsten Fenster müssen Sie entscheiden, ob in der neuen Domäne die Standardberechtigungen gesetzt werden oder ob Sie die ursprünglichen Berechtigungen des GPOs übernehmen bzw. migrieren.
6. Als Nächstes werden die Berechtigungen der Gruppenrichtlinie überprüft. Wenn Sie die Berechtigungen der ursprünglichen Gruppenrichtlinie nicht übernehmen wollen, werden die Berechtigungen der neuen Gruppenrichtlinie auf die Standardberechtigungen gesetzt.
7. Danach erhalten Sie noch ein Informationsfenster und der Assistent beginnt mit dem Import der Gruppenrichtlinie.

HINWEIS Wenn Sie eine Gruppenrichtlinie kopieren, wird diese nicht automatisch mit Containern verknüpft. Sie müssen eine kopierte Gruppenrichtlinie zunächst mit den gewünschten Containern verknüpfen, ansonsten werden die Einstellungen der Richtlinie nicht angewendet.

Gruppenrichtlinien in eine neue Gruppenrichtlinie importieren

Neben dem kompletten Kopieren von Gruppenrichtlinien können Sie auch nur die Einstellungen einer Gruppenrichtlinie in eine bereits vorhandene andere übernehmen. Beim Importieren einer Gruppenrichtlinie werden die Einstellungen aus der Datensicherung der Gruppenrichtlinie verwendet. Beim Importvorgang werden alle Einstellungen der Zielrichtlinie gelöscht und danach die Einstellungen der Quellrichtlinie übernommen. Dieser Vorgang funktioniert auch zwischen Richtlinien aus verschiedenen Gesamtstrukturen und auch innerhalb der gleichen Domäne. Um Einstellungen aus der Datensicherung von Gruppenrichtlinien in eine neue Richtlinie zu übernehmen, klicken Sie mit der rechten Maustaste auf die Gruppenrichtlinie im Knoten *Gruppenrichtlinienobjekte* und wählen im Kontextmenü den Befehl *Einstellungen importieren* aus. Es erscheint der Importeinstellungen-Assistent.

Abbildg. 16.36 Importieren von Einstellungen aus der Datensicherung in eine Gruppenrichtlinie

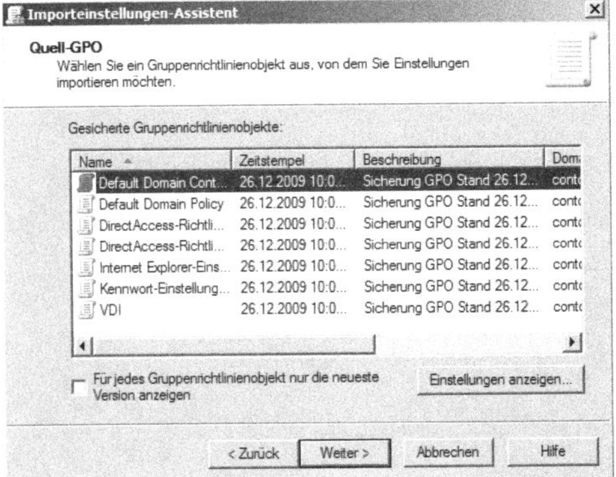

Beim Importieren der Einstellungen gehen alle Einstellungen der Zielrichtlinie verloren. Aus diesem Grund schlägt Ihnen der Assistent zunächst die Sicherung des Ziel-GPOs vor. Im nächsten Fenster müssen Sie zunächst das Sicherungsverzeichnis der Gruppenrichtlinien auswählen. Danach können Sie die Quellrichtlinie auswählen, aus der Sie die Einstellungen in die Zielrichtlinie übernehmen wollen. An dieser Stelle können Sie die Einstellungen mit der Schaltfläche *Einstellungen anzeigen* noch einmal überprüfen. Im nächsten Fenster wird die Sicherung nochmals überprüft. Danach erhalten Sie eine Zusammenfassung, nach der die Einstellungen schließlich von der Quell- in die Zielrichtlinie übernommen werden.

Gruppenrichtlinienmodellierung

Mit der Gruppenrichtlinienmodellierung aus der GPMC lassen sich die Auswirkungen von Gruppenrichtlinien simulieren. Durch diese Funktion können Sie die Einstellungen vor der eigentlichen Inbetriebnahme einer Gruppenrichtlinie ausführlich testen. Die Gruppenrichtlinienmodellierung wird nur auf Domänencontrollern unter Windows Server 2003/2008/2008 R2 unterstützt. Um eine Simulation für eine bestimmte Domäne oder OU zu simulieren, klicken Sie mit der rechten Maustaste auf den Knoten *Gruppenrichtlinienmodellierung* und wählen im Kontextmenü den Befehl *Gruppenrichtlinienmodellierungs-Assistent* aus. Es erscheint das Startfenster des Assistenten.

Abbildg. 16.37 Gruppenrichtlinien planen mit dem Gruppenrichtlinienmodellierungs-Assistent

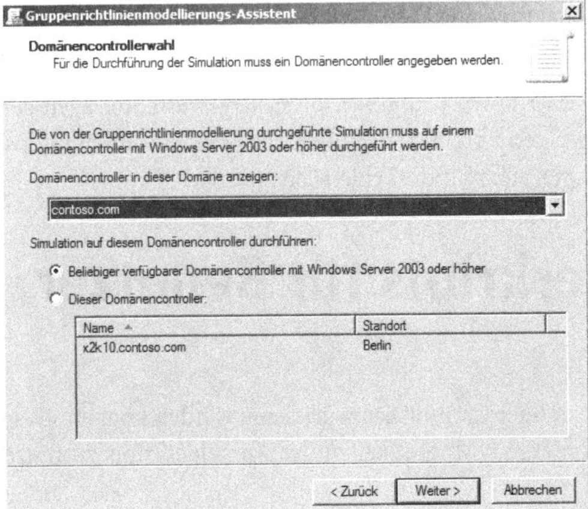

1. Im nächsten Fenster können Sie den Domänencontroller auswählen, mit dem sich die Gruppenrichtlinienmodellierung verbinden soll.
2. Danach müssen Sie den Container auswählen, in dem sich die Benutzer und Computer befinden, für die Sie die Simulation durchführen wollen.

Abbildg. 16.38 Auswählen des zu untersuchenden Containers für die Gruppenrichtlinienmodellierung

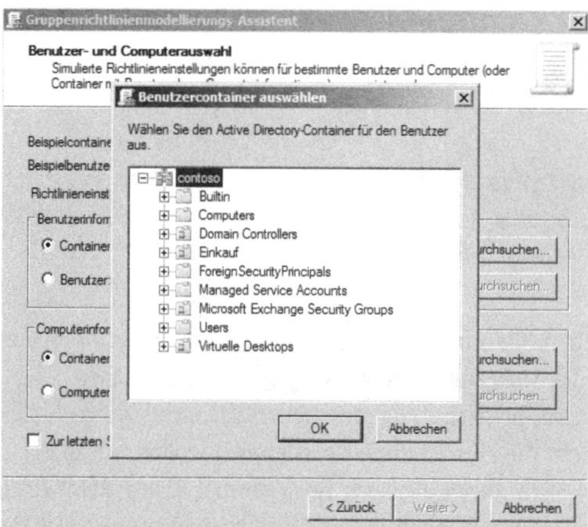

3. Im nächsten Fenster wählen Sie Optionen bezüglich des Standortes und der Netzwerkverbindung aus. Normalerweise können Sie die vorgegebenen Einstellungen übernehmen.
4. Auf einer weiteren Seite können Sie simulieren, was passieren würde, wenn die getesteten Benutzer nicht mehr in ihren entsprechenden Sicherheitsgruppen Mitglied wären.
5. Danach können Sie die gleichen Einstellungen für die Computerkonten auswählen.
6. Als Nächstes können Sie noch einzelne Einstellungen der WMI-Filter auswählen, bevor Sie schließlich eine Zusammenfassung aller Eingaben erhalten.
7. Normalerweise reichen für Tests die Standardeinstellungen aus und müssen nicht verändert werden. Nachdem Sie die Zusammenfassung bestätigt haben, beginnt bereits die Simulation. Abhängig von der Anzahl Ihrer Benutzer und Computer kann die Simulation bei mehreren Gruppenrichtlinien durchaus eine Weile dauern.
8. Im Anschluss daran erhalten Sie einen detaillierten HTML-Bericht über die Auswirkungen der simulierten Gruppenrichtlinien für den konfigurierten Container.

Auf die gleiche Weise lassen sich auch für den Knoten *Gruppenrichtlinienergebnisse* Abfragen generieren, die exakt aufzeigen, welche Operationen der einzelnen Gruppenrichtlinien angewendet werden und was diese verursachen. Diese Diagnose lässt sich zum Beispiel auch für die Fehlersuche nutzen.

Anmelde- und Abmeldeskripts für Benutzer und Computer

Es gibt fünf Arten von Skripts, die Anwendern oder Computern zugewiesen werden können. Es spricht nichts dagegen, eine Mischform zu betreiben und mehrere Möglichkeiten der Anmeldeskripts zu nutzen. Folgende Skripts stehen zur Verfügung:

- Das klassische Anmeldeskript, das in den Eigenschaften des Profils eingetragen wird
- Anmeldeskripts in den Gruppenrichtlinien für Benutzer
- Abmeldeskripts in den Gruppenrichtlinien für Benutzer
- Skripts in den Gruppenrichtlinien beim Hochfahren eines Computers, unabhängig vom Benutzer
- Skripts in den Gruppenrichtlinien beim Herunterfahren eines Computers, unabhängig vom Benutzer

Die klassischen Anmeldeskripts werden auf der Registerkarte *Profil* bei den Benutzern hinterlegt. Diese Skripts können problemlos weiter in Active Directory unter Windows Server 2008 R2 verwendet werden.

HINWEIS Damit die Skripts beim Anmelden auch gestartet werden, müssen die Dateien in der Freigabe *netlogon* auf den Domänencontrollern liegen. Das gilt auch für Programme oder andere Skripts, die wiederum von den Anmeldeskripts gestartet werden. Wenn Sie ein Skript in die *netlogon*-Freigabe kopieren, wird es durch den Dateireplikationsdienst (File Replication Service, FRS) automatisch auf die anderen Domänencontroller repliziert. Der lokale Speicherort der *netlogon*-Freigabe auf einem Windows Server 2008 R2 ist das Verzeichnis *\Windows\SYSVOL\sysvol\<Domänennamen>\scripts*.

Die Skripts können entweder einfache Batchdateien, spezielle Varianten mit KiXtart (*http://www.kixtart.org*) oder AutoIT (*http://www.hiddensoft.com/autoit*), aber auch VBScript-Dateien sein.

Klassische Anmeldeskripts laufen sichtbar ab, wenn sich ein Anwender bei seinem Computer anmeldet. Mit klassischen Anmeldeskripts ist es nicht möglich, Skripts zu schreiben, die bereits beim Starten des Computers abgearbeitet werden. In Active Directory können neben den klassischen Skripts auch Skripts beim Anmelden und Abmelden sowie beim Starten und Herunterfahren eines Computers eingesetzt werden. Die Skripts werden in den Gruppenrichtlinien an folgender Stelle hinterlegt:

- Skripts für Computer zum Starten und Herunterfahren werden über *Computerkonfiguration/Richtlinien/Windows-Einstellungen/Skripts (Start/Herunterfahren)* gesteuert.
- Skripts für Anwender beim An- oder Abmelden werden über *Benutzerkonfiguration/Richtlinien/Windows-Einstellungen/Skripts (Anmelden/Abmelden)* gesteuert.

Abbildg. 16.39 Verwenden von Skripts für das An-, Abmelden von Benutzern oder das Starten und Herunterfahren von PCs

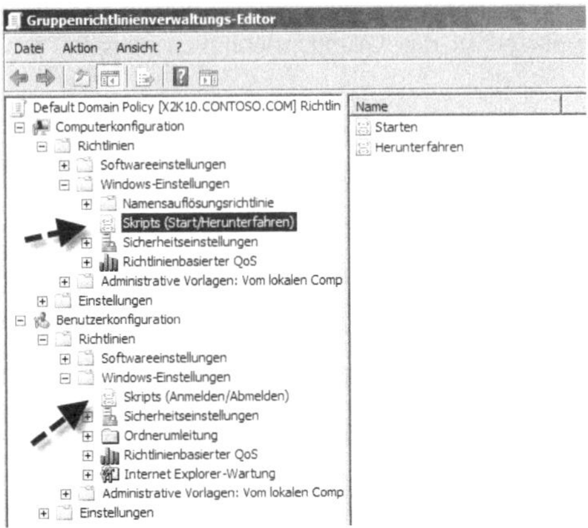

1. Die Skripts in den Gruppenrichtlinien werden nicht sichtbar, sondern im Hintergrund durchgeführt. Um Skripts in den Gruppenrichtlinien zu verwenden, sollten Sie schrittweise vorgehen.

2. Legen Sie die entsprechende Gruppenrichtlinie an und navigieren Sie zu dem Bereich, für den Sie das Skript hinterlegen wollen, also *Computerkonfiguration* oder *Benutzerkonfiguration.*
3. Klicken Sie doppelt auf den jeweiligen Eintrag des *Skripts*, also *Anmelden*, *Abmelden*, *Starten* oder *Herunterfahren.* Neben herkömmlichen Skripts lassen sich an dieser Stelle auch PowerShell-Skripts anbinden.
4. Klicken Sie auf die Schaltfläche *Dateien anzeigen.* Es öffnet sich ein Explorer-Fenster.
5. Kopieren Sie anschließend Ihre Skriptdatei in dieses geöffnete Verzeichnis.

Abbildg. 16.40 Hinterlegen von Anmeldeskripts in Gruppenrichtlinien

6. Klicken Sie anschließend auf die Schaltfläche *Hinzufügen* und wählen Sie das Skript aus. Das Skript wird danach im Fenster angezeigt. Sie können auch mehrere Skripts hintereinander ausführen lassen.

Auch die Kombination von klassischen Skripts und Skripts über Gruppenrichtlinien ist möglich. Es ist auch kein Problem, wenn die Skripts in den Gruppenrichtlinien von übergeordneten OUs nach unten vererbt werden und in den untergeordneten OUs weitere Skripts gestartet werden. Sie können alle möglichen Formen miteinander kombinieren. Wenn Sie mit klassischen und Gruppenrichtlinienskripts arbeiten, werden beide parallel abgearbeitet. Diesen Sachverhalt sollten Sie in den Skripts beachten, wenn zum Beispiel Abhängigkeiten existieren. Nach unserer Erfahrung werden die Skripts in den Gruppenrichtlinien meistens vor den klassischen Anmeldeskripts ausgeführt.

Außer speziellen Skripts können Sie in den Gruppenrichtlinien auch diverse Einstellungen hinterlegen, die den Ablauf der Skripts steuern. Sie finden diese Einstellungen an folgenden Stellen:

- *Computerkonfiguration/Richtlinien/Administrative Vorlagen/System/Skripts*
- *Computerkonfiguration/Richtlinien/Administrative Vorlagen/System/Anmelden*
- *Computerkonfiguration/Richtlinien/Administrative Vorlagen/System/Gruppenrichtlinie*
- *Benutzerkonfiguration/Richtlinien/Administrative Vorlagen/System/Skripts*
- *Benutzerkonfiguration/Richtlinien/Administrative Vorlagen/System/Anmelden*

Softwareverteilung über Gruppenrichtlinien

Die Konfiguration der Softwareverteilung bei Windows Server 2008 R2 erfolgt über die Gruppenrichtlinien. Dort können MSI-Pakete für die Installation auf Clientsystemen zugeordnet werden. Die Softwareverteilung erfolgt über die in diesem Kapitel ausführlich behandelten Gruppenrichtlinien. Da diese auf der Ebene von Standorten, Domänen und Organisationseinheiten zugeordnet werden können, lässt sich flexibel steuern, welche Softwarepakete verteilt werden. Die Konfiguration der Softwareverteilung in Gruppenrichtlinien erfolgt über den Bereich *Computerkonfiguration/Richtlinien/Softwareeinstellungen* beziehungsweise *Benutzerkonfiguration/Richtlinien/Softwareeinstellungen*. Dort findet sich jeweils der Eintrag *Softwareinstallation*. Über den Befehl *Paket* im Untermenü *Neu* des Kontextmenüs dieses Eintrags kann die Bereitstellung eines MSI-Pakets durchgeführt werden. Es muss im ersten Schritt das MSI-Paket ausgewählt werden. Dieses Paket muss zunächst auf eine Freigabe im Netzwerk kopiert werden. Ansonsten wird eine Fehlermeldung angezeigt, da die Installation nur von einer Lokation im Netzwerk aus erfolgen kann, auf die Netzwerkclients zugreifen können.

Active Directory

Abbildg. 16.41 Automatische Installation von Anwendungen über Gruppenrichtlinien

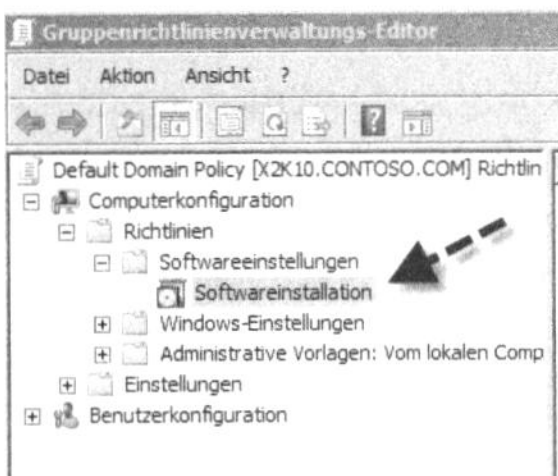

Nach der Auswahl des Pakets kann die Bereitstellungsmethode ausgewählt werden. Falls es sich um ein Paket handelt, das für Computer bereitgestellt wird, steht die Option *Veröffentlicht* nicht zur Verfügung. Wenn die Option *Veröffentlicht* gewählt wird, wird das Paket automatisch in die Liste der Softwarepakete aufgenommen. Alle erforderlichen Einstellungen werden automatisch gesetzt. Durch einen Doppelklick auf das Paket können die Eigenschaften bearbeitet werden. Wird die Option *Zugewiesen* gewählt, wird ebenfalls automatisch ein Eintrag erstellt. Dieser kann später durch einen Doppelklick angepasst werden. Eine konkrete Steuerung der Optionen ist nur möglich, wenn die Option *Erweitert* ausgewählt wird. In diesem Fall wird gleich das Eigenschaften-Dialogfeld aufgerufen.

Abbildg. 16.42 Bearbeiten eines Softwarepaketes zur automatischen Installation

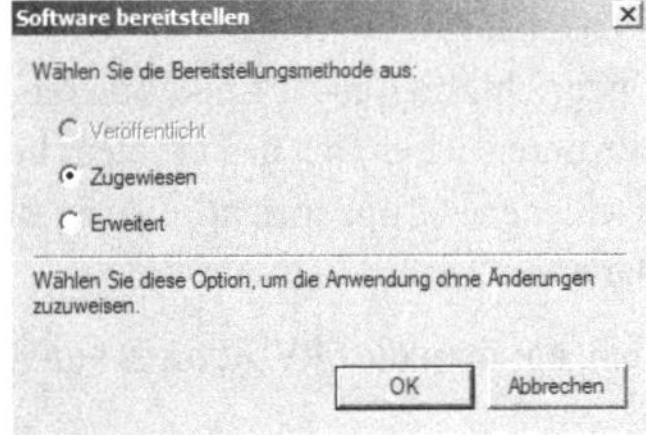

Über die Registerkarte *Bereitstellung von Software* kann zwischen *Veröffentlicht* und *Zugewiesen* gewählt werden. Darunter können die Bereitstellungsoptionen konfiguriert werden. Es stehen vier wichtige Optionen zur Auswahl:

- Die Option *Automatisch installieren, wenn die Dateierweiterung aktiviert ist* bewirkt, dass die Anwendung beim Öffnen einer Datei, deren Dateityp für diese Anwendung registriert wurde, automatisch installiert wird. Diese Option ist im Regelfall gesetzt und sollte so belassen werden, da dies das sinnvolle Standardverhalten ist.
- Mit *Anwendung deinstallieren, wenn sie außerhalb des Verwaltungsbereichs liegt* wird konfiguriert, dass das System eine Anwendung automatisch von den Client-Systemen entfernt, wenn die Gruppenrichtlinie, über die sie eingerichtet wurde, keine Gültigkeit mehr für diesen Benutzer oder Computer hat. Das ist bei Anwendungen sinnvoll, die Zugriff auf kritische Informationen im Unternehmen gewähren.
- Mit *Paket in der Systemsteuerung unter "Software" nicht anzeigen* wird festgelegt, dass das Paket zwar über die Gruppenrichtlinie verteilt wird, in der Systemsteuerung aber nicht erscheint. Das kann hilfreich sein, um zu verhindern, dass Anwender dieses Paket deinstallieren. Das Installationsprogramm kann über Skripts oder durch Zugriff auf die Freigabe gesteuert werden.
- Sie können mit *Anwendung bei Anmeldung installieren* definieren, dass die Anwendung bei der Anmeldung eines Benutzers installiert wird. Diese Option ist nur bei Paketen verfügbar, die in den Computerrichtlinien konfiguriert sind, da sie bei den Benutzerrichtlinien redundant wäre.

Über die Einstellungen für die *Benutzeroberflächenoptionen* kann konfiguriert werden, ob dem Benutzer alle Installationsmeldungen präsentiert werden oder ob sich das System darauf beschränkt, nur den Installationsfortschritt anzuzeigen. Auf der Registerkarte *Aktualisierungen* werden die Informationen über die Zusammenhänge zwischen verschiedenen MSI-Paketen aufgeführt. Im oberen Bereich können über die Schaltfläche *Hinzufügen* Pakete aus dieser oder anderen Gruppenrichtlinien angegeben werden, die durch das aktuell bearbeitete Paket aktualisiert werden. Im unteren Bereich sind Pakete aufgeführt, die dem bearbeiteten Paket übergeordnet sind. Über die Registerkarte *Kategorien* können Kategorien angegeben werden, unter denen diese Anwendung im Bereich *Software* der Systemsteuerung aufgeführt werden soll. Bei Änderungen können MST-Pakete angegeben werden, die für dieses Paket eingesetzt werden sollen. Mit der Registerkarte *Sicherheit* lassen sich die Zugriffsberechtigungen für die Nutzung der Installationspakete konfigurieren. Über die Registerkarte *Änderungen* lassen sich Transformationsdateien (*.mst*) für MSI-Dateien hinterlegen, welche die Installation der Software beeinflussen.

Fehlerbehebung und Tools für den Einsatz von Gruppenrichtlinien

Sie sollten bei der Einführung von Richtlinien immer eigene Gruppenrichtlinien anlegen und bereits vorhandene Standardrichtlinien nicht bearbeiten. Das hat den Vorteil, dass bei einem Problem auf jeden Fall der Weg frei bleibt, die eigenen Richtlinien zu deaktivieren. Wenn Gruppenrichtlinien nicht funktionieren, können die Ursachen sehr unterschiedlich sein. Sie sollten Schritt für Schritt untersuchen, wo das Problem liegen könnte. Legen Sie am besten für die unterschiedlichen Einstellungen verschiedene Gruppenrichtlinien an und verknüpfen Sie diese mit der entsprechenden OU oder der ganzen Domäne.

- Stellen Sie sicher, dass die Clients den DNS-Server verwenden, auf dem die SRV-Records von Active Directory liegen.
- Überprüfen Sie mit *nslookup* in der Befehlszeile, ob auf den Clients der Domänencontroller aufgelöst werden kann.
- Überprüfen Sie die Ereignisanzeige auf Fehler.
- Ist der Benutzer/Computer in der richtigen OU, auf der die Richtlinie angewendet wird?

- Versuchen Sie die Richtlinie auf eine Sicherheitsgruppe anzuwenden? Das ist nämlich nicht ohne Weiteres möglich.
- Bei Windows XP/Vista und Windows 7 hat sich der Bootvorgang im Vergleich zu Windows 2000 geändert. Der Explorer wird vor dem Netzwerk geladen. Desktopspezifische Einstellungen können daher noch nicht heruntergeladen werden. Lösung: *Computerkonfiguration/Richtlinien/Administrative Vorlagen/System/Anmelden/Beim Neustart des Computers und bei der Anmeldung immer auf das Netzwerk warten.*
- Stimmt die Vererbung? In welcher Reihenfolge werden die Gruppenrichtlinien angewendet?
- Wurde an der standardmäßigen Vererbung der Richtlinie etwas verändert?
- Haben Sie irgendwo *Erzwungen* oder *Vererbung deaktivieren* aktiviert?
- Geben Sie auf dem PC in der Befehlszeile als angemeldeter Benutzer *gpresult > gp.txt* ein, um sich das Ergebnis der Richtlinie anzeigen zu lassen.
- Das Windows-Snap-In *Richtlinienergebnissatz* bietet eine grafische Oberfläche und wertet die angewendeten Richtlinien aus. Sie können sich den Richtlinienergebnissatz auf einer Windows XP oder Windows Vista und Windows 7-Arbeitsstation über *Start/Ausführen/MMC/Datei/Snap-In hinzufügen/Richtlinienergebnissatz* anzeigen lassen. Mit dem Assistenten können Sie die Gruppenrichtlinien übertragen und sich in der grafischen Oberfläche alle angewendeten Gruppenrichtlinien anzeigen lassen. Sie starten die Überprüfung über das Menü *Aktion*.
- Überprüfen Sie, ob sich Ihre Domänencontroller fehlerfrei replizieren.

Active Directory

TIPP Auf der Internetseite *www.gruppenrichtlinien.de* finden Sie weiterführende Informationen und Tipps rund um den Einsatz von Gruppenrichtlinien. Schauen Sie sich auf dieser Seite um, wenn Sie planen Gruppenrichtlinien einzusetzen. Auch auf der englischsprachigen Seite *http://www.gpoguy.com* finden Sie ausführliche Informationen und Tools für Gruppenrichtlinien.

Geräteinstallation mit Gruppenrichtlinien konfigurieren

In diesem Abschnitt werden die Möglichkeiten besprochen, wie Sie Anwendern die Installation von Geräten auf Ihrem Server genehmigen oder verweigern können. In diesen Bereich fällt auch die Konfiguration von USB-Sticks. Generell können Sie mit Windows Server 2008 R2, Windows Vista und Windows 7 verschiedene Aufgaben durchführen, welche die Geräteinstallation von Benutzern betreffen:

- Sie können verhindern, dass Anwender irgendwelche Geräte installieren.
- Sie können konfigurieren, dass Anwender nur Geräte, also auch USB-Sticks, installieren, die auf einer Liste der genehmigten Geräte stehen.
- Umgekehrt können Sie Anwendern untersagen, Geräte zu installieren, die auf einer bestimmten Liste stehen. Alle anderen Geräte können in diesem Fall von den Anwendern installiert werden.
- Sie können den Schreib- und Lesezugriff auf USB-Sticks konfigurieren. Das gilt aber nicht nur für USB-Sticks, sondern auch für CD-, DVD-Brenner, Disketten, externe Festplatten und Pocket-Server.

Hauptsächlich werden diese neuen Funktionen zur Steuerung der Geräteinstallation zur Konfiguration der Anbindung von USB-Sticks verwendet.

Geräte-Identifikations-String und Geräte-Setup-Klasse

Wie bereits erwähnt, untersucht Windows bei der Anbindung eines neuen Geräts zwei Informationen, die vom angeschlossenen Gerät übermittelt werden. Auf Basis dieser Informationen kann Windows entscheiden, ob ein eigener Treiber installiert werden kann, oder ob der Treiber des Drittherstellers verwendet werden soll. Auch zusätzliche Funktionen der Endgeräte können dadurch aktiviert werden. Diese beiden Informationen zur Installation von Gerätetreibern sind die *Geräte-Identifikations-Strings* und die *Geräte-Setup-Klasse.*

Geräte-Identifikations-String

Ein Gerät verfügt normalerweise über mehrere Geräte-Identifikations-Strings, die der Hersteller festlegt. Dieser String wird auch in der *.inf*-Datei des Treibers mitgegeben. Auf dieser Basis entscheidet Windows, welchen Treiber es installieren soll. Es gibt zwei Arten von Geräte-Identifikations-Strings:

- **Hardware-IDs** Diese Strings liefern eine detaillierte und spezifische Information über ein bestimmtes Gerät. Hier wird der genaue Name, das Modell und die Version des Gerätes als sogenannte Geräte-ID festgelegt. Teilweise werden nicht alle Informationen, zum Beispiel die Version, mitgeliefert. In diesem Fall kann Windows selbst entscheiden welche Version des Treibers installiert wird.
- **Kompatible IDs** Diese IDs werden verwendet, wenn Windows keinen passenden Treiber zum Gerät finden kann. Diese Informationen sind allerdings optional und sehr generisch. Wenn diese ID zur Treiberinstallation verwendet wird, können zumindest die Grundfunktionen des Geräts verwendet werden.

Windows weist Treiberpaketen einen gewissen Rang zu. Je niedriger der Rang, umso besser passt der Treiber zum Gerät. Der beste Rang für einen Treiber ist *0*. Je höher der Rang, umso schlechter passt der Treiber.

In Windows Server 2008/R2, Windows Vista und Windows 7 können beide Informationen nicht nur zur Identifikation des Gerätetreibers verwendet werden, sondern auch zur Zuweisung von Richtlinien, über welche sich die Funktionen und Berechtigungen des Geräts verwalten lassen.

Geräte-Setup-Klasse

Die Geräte-Setup-Klassen sind eigene Arten von Identifikations-Strings. Auch auf diesen Strings wird im Treiberpaket verwiesen. Alle Geräte, die sich in einer gemeinsamen Klasse befinden, werden auf die gleiche Weise installiert, unabhängig von ihrer eindeutigen Hardware-ID. Das heißt, alle DVD-Laufwerke werden auf exakt die gleiche Weise installiert. Die Geräte-Setup-Klasse wird durch einen Globally Unique Identifier (GUID) angegeben.

Hardware-ID und Geräte-Setup-Klassen ermitteln

Um die Hardware-ID oder die Geräte-Setup-Klasse eines Gerätes zu ermitteln, verbinden Sie dieses am besten zunächst mit einem Windows-PC und lassen den Treiber installieren. Im Anschluss rufen Sie den Geräte-Manager auf. Rufen Sie danach die Eigenschaften des Gerätes auf und wechseln Sie auf die Registerkarte *Details*. Über die Auswahl der Option *Hardware-IDs* im Dropdownmenü *Eigenschaften* können Sie sich alle Hardware-IDs eines Gerätes anzeigen lassen. Diese Informationen können Sie später in der Richtlinie hinterlegen (siehe den folgenden Abschnitt). Über dieses Menü können Sie auch weitere Informationen über die Eigenschaften des Geräts anzeigen lassen, unter anderem auch die Geräteklasse. Sie können die Werte markieren und über die Tastenkombination `Strg`+`C` in die Zwischenablage kopieren und bei Bedarf wieder in die Gruppenrichtlinien einfügen.

Abbildg. 16.43 Anzeigen der Hardware-IDs eines Gerätes, zum Beispiel einer externen USB-Festplatte

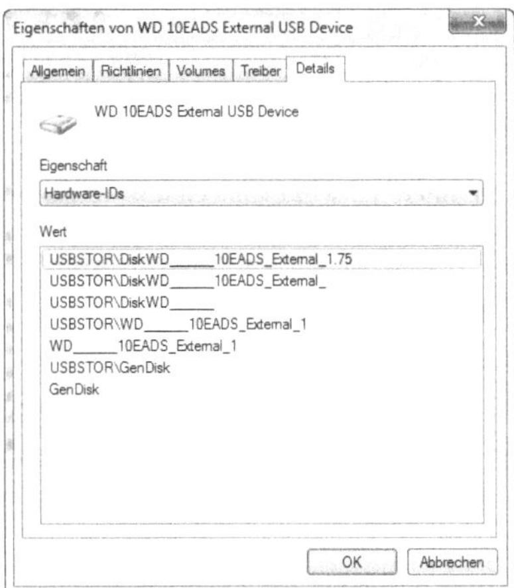

Gruppenrichtlinieneinstellungen für die Geräteinstallation

Die Einstellungen für die Geräteinstallationen können unter Windows Server 2008 R2, Windows Vista und Windows 7 entweder lokal auf den jeweiligen PCs oder über Gruppenrichtlinien vorgenommen werden. Die Einstellungen gelten immer für den gesamten Computer, an den sie zugewiesen wurden. Die Einstellungen können nicht auf einzelne Benutzer oder Gruppen zugewiesen werden, mit Ausnahme der Möglichkeit, dass Administratoren die Einstellungen für ihr eigenes Benutzerkonto überschreiben können. Diese Richtlinie finden Sie über *Computerkonfiguration/Richtlinien/Administrative Vorlagen/System/Geräteinstallation/Einschränkungen bei der Geräteinstallation.* Aktivieren Sie an dieser Stelle die Richtlinie *Administratoren das Außerkraftsetzen der Richtlinien unter "Einschränkungen bei der Geräteinstallation" erlauben*, können Administratoren auf PCs mit aktivierter eingeschränkter Geräteinstallation über den Assistent zum Hinzufügen von Hardware Treiber installieren.

Abbildg. 16.44 Konfiguration von Gruppenrichtlinien für die Steuerungen von USB-Sticks an Anwender-PCs

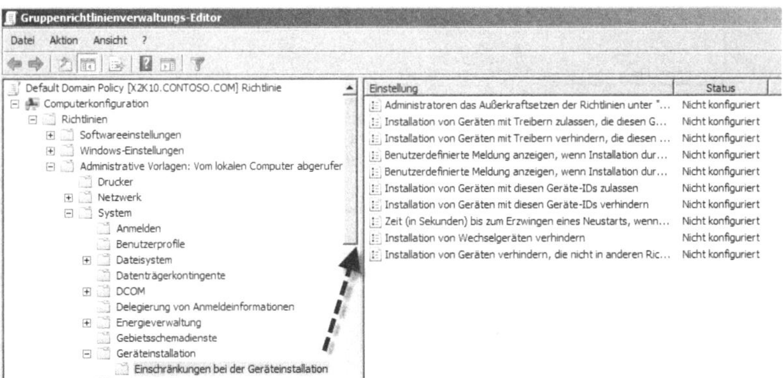

- **Installation von Geräten verhindern, die nicht in anderen Richtlinien beschrieben sind** Wird diese Richtlinie nicht konfiguriert oder aktiviert, können Anwender alle Geräte installieren mit Ausnahme der Geräte, die in den Einstellungen *Installation von Geräten mit diesen Geräte-IDs verhindern* oder *Installation von Geräten mit Treibern verhindern, die diesen Gerätesetupklassen entsprechen* oder *Installation von Wechselgeräten verhindern* definiert wurden.
- **Administratoren das Außerkraftsetzen der Richtlinien unter "Einschränkungen bei der Geräteinstallation" erlauben** Bei dieser Einstellung können die Mitglieder der lokalen Administratoren-Gruppe jede Art von Treiber installieren, unabhängig von den Gruppenrichtlinieneinstellungen. Dazu muss allerdings der Assistent zum Hinzufügen von neuer Hardware verwendet werden. Wenn diese Einstellung nicht gesetzt wird, werden auf den betroffenen Maschinen auch die Administratoren an der Installation gehindert.
- **Installation von Geräten mit diesen Geräte-IDs verhindern** Hier können Sie eine Liste festlegen, in der Sie alle Hardware-IDs und Compatible-IDs der Geräte hinterlegen, deren Installation Sie verhindern wollen. Diese Richtlinie hat immer Vorrang vor allen anderen Richtlinien, in denen die Installation von Geräten erlaubt wird.

Abbildg. 16.45 So funktioniert die Steuerung in Geräteinstallationen über Gruppenrichtlinien

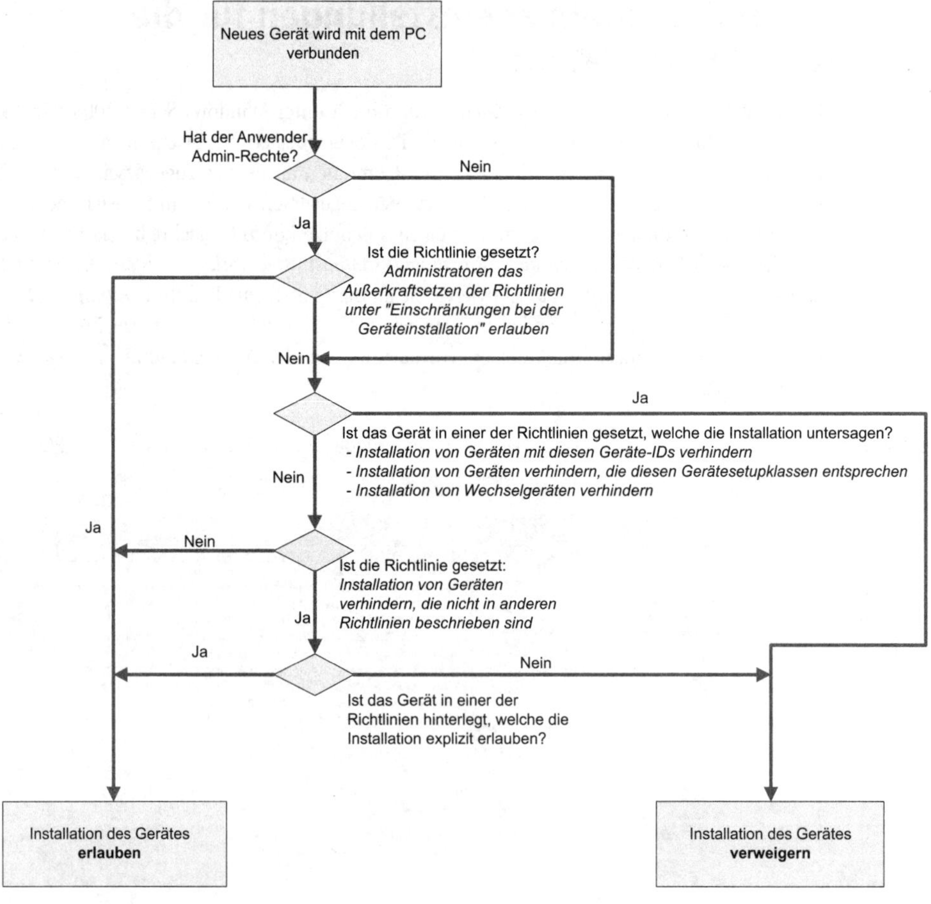

- **Installation von Geräten mit Treibern verhindern, die diesen Gerätesetupklassen entsprechen** Bei dieser Richtlinie wird für die Anwender die Installation kompletter Geräteklassen verhindert. Diese Einstellung hat Vorrang vor allen anderen Einstellungen und Richtlinien, welche die Installation von Geräten erlauben.
- **Installation von Geräten mit diesen Geräte-IDs zulassen** Hier können Sie eine Liste aller Geräte auf Basis der Hardware-ID oder der Compatible-ID hinterlegen, welche die Anwender installieren dürfen. Diese Richtlinie ergibt aber nur in Verbindung mit der Richtlinie *Installation von Geräten verhindern, die nicht in anderen Richtlinien beschrieben sind* Sinn, da dadurch die Anwender davon abgehalten werden, andere Geräte als die hinterlegten zu installieren. Diese Richtlinie kann durch die Richtlinien *Installation von Geräten mit Treibern verhindern, die diesen Gerätesetupklassen entsprechen*, *Installation von Geräten mit diesen Geräte-IDs verhindern*, *Installation von Wechselgeräten verhindern* überschrieben werden.
- **Installation von Geräten mit Treibern zulassen, die diesen Gerätesetupklassen entsprechen** Hier können Sie, analog zur Richtlinie mit den Geräte-IDs festlegen, welche Geräteklassen die Anwender installieren dürfen.

In der Abbildung 16.45 sehen Sie, wie die Richtlinien bei der Anbindung von neuen Geräten an den Server angewendet werden:

Um in den Richtlinien für die Zulassung oder Verhinderung der Installation von Geräten Hardware-IDs aufzunehmen, rufen Sie die Eigenschaften dieser Einstellung auf und aktivieren diese. Klicken Sie im Anschluss auf die Schaltfläche *Anzeigen* und dann auf die Schaltfläche *Hinzufügen*. Hier können Sie die Hardware-ID einfügen, die Sie zuvor in den Eigenschaften des Geräts im Geräte-Manager in die Zwischenablage kopiert haben.

Abbildg. 16.46 Konfiguration der Gruppenrichtlinie zur Unterbindung der Treiberinstallation

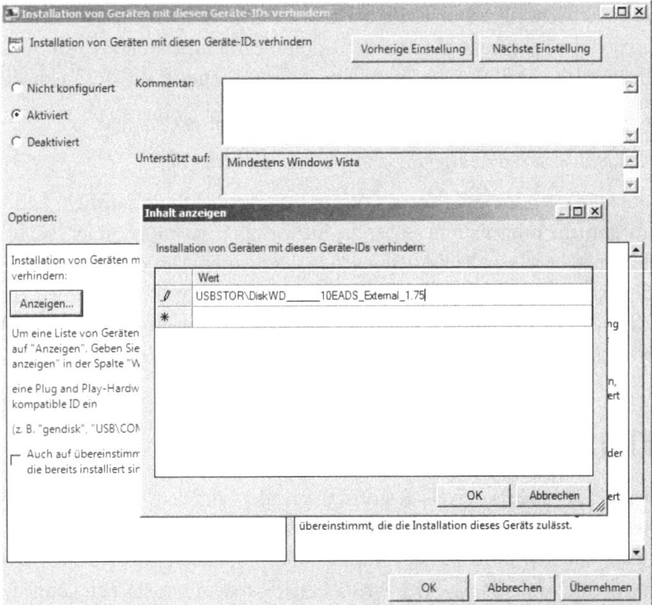

Wird die Installation eines Gerätes untersagt, erhält ein Anwender eine entsprechende Fehlermeldung angezeigt, die darauf hinweist, dass die Installation auf Basis einer Richtlinie untersagt wird.

Gruppenrichtlinien für den Zugriff auf Wechselmedien konfigurieren

Zusätzlich zu der Möglichkeit die Installation von Geräten zu steuern, können in Windows Server 2008 R2, Windows Vista und Windows 7 Gruppenrichtlinien erstellt werden, welche den schreibenden und lesenden Zugriff auf Wechselmedien steuern. Diese Einstellungen können auch in der lokalen Richtlinie einzelner PCs gesetzt werden und wirken sich für alle Anwender aus, die sich an diesem PC anmelden. Alternativ können diese Einstellungen auch auf Benutzerebene für einzelne Benutzerkonten getroffen werden. Die Richtlinien für den Schreib- oder Lesezugriff auf Wechselmedien haben keinerlei Einfluss auf die *ReadyBoost*-Funktion von Windows Vista und Windows 7. Diese neue Funktion unterstützt die Integration von externem Speicher, wie zum Beispiel USB-Sticks. Die Auslagerungsdatei kann auf solche Flashspeicher angelegt werden und steht so deutlich performanter zur Verfügung als auf der Festplatte. Sinnvoll ist der Einsatz vor allem bei Netbooks, die selten einen Ausbau des Arbeitsspeichers ermöglichen. Die dabei angelegten Informationen werden verschlüsselt abgelegt, sodass auch beim Abtrennen dieses Speichers vom System kein Sicherheitsproblem entsteht. Der externe Datenträger kann jederzeit wieder entfernt werden, dann steht allerdings diese Performancesteigerung nicht mehr zur Verfügung.

Sobald ein USB-Stick mit dem Computer verbunden wird, erscheint das Autostartmenü, über das Sie die Performance verbessern können. Sie können die Konfiguration von ReadyBoost jederzeit über das Eigenschaftenmenü des Datenträgers vornehmen, dazu steht die Registerkarte *ReadyBoost* zur Verfügung. Windows Vista und Windows 7 überprüft bei der Auswahl der Option, ob das Gerät genutzt werden kann und schlägt nur dann die Einbindung in das System vor, wenn sich tatsächlich eine Performancesteigerung erreichen lässt. Sie können selbst entscheiden, ob Sie die Funktion für das Laufwerk nutzen wollen und wie viel Speicherplatz Sie zur Verfügung stellen möchten. Nicht unterstützte Geräte können nicht eingebunden werden. Die Richtlinie zur Steuerung von Wechselmedien kann sowohl unter der Computerkonfiguration als auch in der Benutzerkonfiguration durchgeführt werden. Sie finden die Einstellungen für den Zugriff auf Wechselmedien unter

- *Computerkonfiguration/Administrative Vorlagen/System/Wechselmedienzugriff*
- *Benutzerkonfiguration/Administrative Vorlagen/System/Wechselmedienzugriff*

Die Einstellungen dieser Richtlinie sind selbsterklärend. Wenn Sie eine Richtlinie aufrufen, finden Sie auf der Registerkarte *Erklärung* ausführliche Informationen über die Auswirkungen der Richtlinien. Nicht jedes Brennprogramm von Drittherstellern hält sich an die Einstellungen in der Richtlinie für den schreibenden Zugriff auf CDs oder DVDs. Wenn Sie sicherstellen wollen, dass keine CDs oder DVDs gebrannt werden können, sollten Sie die Installation von DVD- oder CD-Brennern über die entsprechende Richtlinie verweigern. WPD-Geräte sind Windows Portable Devices wie Media Player, Handy oder andere Windows Mobile-Geräte wie Pocket-PCs.

Die Registrierungsdatenbank

Die Registrierungsdatenbank, die auch kurz als Registrierung oder mit dem englischen Begriff Registry bezeichnet wird, beinhaltet sämtliche Konfigurationseinstellungen für Windows. Die Einträge in der Registry können wie die Inhalte jeder anderen Datenbank betrachtet und modifiziert werden. Bedenken Sie jedoch immer, dass Sie durch unbedachte Änderungen Schäden am Betriebssystem verursachen können, sodass Windows nicht mehr in der Lage ist, zu starten oder stabil zu funktionieren. In diesem Fall bringt Ihnen auch eine Sicherung der Registry keine Hilfe mehr, da diese nur in ein laufendes Windows zurückgespielt werden kann. Sie müssen stattdessen an eine Wiederherstellung des Systems gehen.

Aufbau der Registry

Die Registry bildet eine feste Struktur aus *Werten* und *Schlüsseln*, die wiederum Unterschlüssel enthalten können. Jedem Schlüssel ist ein Wert zugewiesen. Dabei gibt es unterschiedliche Werte der Typen *String*, *Binary* usw. Es kann sich jedoch auch um einen leeren Wert handeln. Jeder Wert besteht unabhängig von seinem Typ aus einem Namen und einem Wert. Wenn Sie die Registry mit dem Registrierungs-Editor betrachten, erinnert diese zunächst in gewisser Weise an den Windows-Explorer. Auf oberster Hierarchieebene finden Sie den Arbeitsplatz, darunter die verschiedenen Schlüssel und Unterschlüssel, die mit dem Ordnersymbol versehen sind, sowie die Werte, die Sie sich wie Dateien vorstellen können. Die Werte können analog zu Dateien unterschiedlichen Typs sein. Um die Registry zu öffnen und später auch zu modifizieren, verwenden Sie das Programm *regedit.exe*. Geben Sie im Suchfeld des Startmenüs den Befehl *regedit* ein, um das Fenster des Registrierungs-Editors zu öffnen. Mithilfe dieses Editors können Sie Schlüssel und Werte hinzufügen, bearbeiten und löschen.

Abbildg. 16.47 Bearbeiten der Registry mit dem Registrierungs-Editor

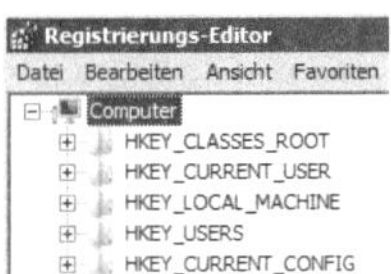

Die Registry besteht grundsätzlich aus fünf *Hauptschlüsseln*. Die Anzahl und Art der Unterschlüssel ist auf jedem System unterschiedlich und richtet sich nach dessen Hardware- und Softwarekonfiguration. Diese fünf Schlüssel können nicht gelöscht werden.

- HKEY_CLASSES_ROOT (HKCR) Hier befinden sich die auf dem System registrierten Dateitypen sowie Konfigurationsdaten zu COM-Komponenten wie ActiveX oder OLE-Handler. Der Schlüssel ist ein Unterschlüssel des Schlüssels *HKEY_LOCAL_MACHINE\SOFTWARE*. Die hier gespeicherten Informationen stellen sicher, dass das richtige Programm gestartet wird, wenn Sie eine Datei öffnen. Der Schlüssel *HKEY_LOCAL_MACHINE\SOFTWARE\Classes* beinhaltet die Standardeinstellungen, die auf alle Benutzer des lokalen Computers angewendet werden können. Im Schlüssel *HKEY_CURRENT_USER\Software\Classes* sind Einstellungen gespeichert, die Standardeinstellungen überschreiben und nur für den aktuellen Benutzer gelten. Der Schlüssel *HKEY_CLASSES_ROOT* bietet eine Ansicht der Registrierung, in der die Informationen aus diesen zwei Quellen zusammengefasst sind. Die Datentypen der Dateierweiterungen sind mit jeweils einem eigenen Schlüssel unter *HKCR* gespeichert. Zusätzlich besitzt dort jeder Schlüssel noch einen Unterschlüssel mit den Eigenschaften des Dateityps. Zu den Eigenschaften gehören beispielsweise das Symbol oder die im Kontextmenü angezeigten Befehle für die Datei. Alle Dateitypen, die unter *HKCR* registriert sind, können per Doppelklick vom Benutzer geöffnet werden.
- HKEY_CURRENT_USER (HKCU) Sobald sich ein Benutzer anmeldet, wird dieser Schlüssel erstellt. Dabei werden die Informationen für den aktuellen Benutzer aus dem Schlüssel *HKEY_USERS* bezogen. *HKCU* beinhaltet sämtliche benutzerbezogenen Einträge wie installierte Programme oder Einstellungen an seinem *GUI*. Sobald sich ein Benutzer anmeldet, wird aus dem Schlüssel *HKEY_USERS* der Unterschlüssel für sein Benutzerkonto mit seinen aktuellen Einstellungen für Desktop, Startmenü usw. in diesen Schlüssel kopiert. Nimmt er Änderungen an diesen Einstellungen vor, werden diese unter *HKCU* und zugleich auch im jeweiligen Schlüssel unter *HKEY_USERS* gespeichert.

TIPP Registrierungseinstellungen in *HKEY_CURRENT_USER* werden manchmal nicht bei der Installation, sondern beim ersten Ausführen eines Programms erstellt. Wenn Sie das Programm nicht ausführen, während der Installationsmodus noch aktiv ist, werden die *HKEY_CURRENT_USER*-Einstellungen nicht in *HKEY_LOCAL_MACHINE* kopiert. Wenn ein Benutzer das Programm erstmals ausführt, wird *HKEY_CURRENT_USER* mit den Standardeinstellungen geladen. Wenn diese Standardeinstellungen nicht ausreichen, müssen sie für jeden Benutzer individuell angepasst werden.

Um dieses Problem auf Remotedesktop-Sitzungshosts zu vermeiden, führen Sie das Programm einmal aus, bevor Sie in der Software auf *Fertig stellen* klicken. Wenn Sie den Installationsmodus auf einem Remotedesktop-Sitzungshosts ohne Programmausführung verlassen haben, wechseln Sie mit *change user /install* erneut in den Installationsmodus und führen dann das Programm aus. Wenn Sie das Programm bereits im Ausführungsmodus ausgeführt haben, erstellen Sie ein neues Administratorkonto und melden sich mit diesem Konto an. Geben Sie den Befehl *change user /install* ein, führen Sie anschließend das Programm aus, und geben Sie dann *change user /execute* ein, um den Installationsmodus zu verlassen.

Der Schlüssel *HKCU* enthält unter anderem folgende Unterschlüssel, die aber von Computer zu Computer variieren können, was auch von den installierten Anwendungen abhängt:

- **AppEvents** Pfade zu den Windows-Sound-Dateien, die bei Windows-Ereignissen wie Fehlermeldungen abgespielt werden
- **Console** Einstellungen der Konsole wie Schriftart oder Puffergröße
- **Control Panel** Einträge, die sich über die Systemsteuerung modifizieren lassen
- **Environment** Die Umgebungsvariablen auf dem System, zum Beispiel zum Ordner *\TEMP* des Benutzerkontos
- **EUDC** Hierbei handelt es sich um die Steuerschlüssel für die Systemfonts *eudc.tte* (End User Defined Character). Hierüber können Sie eigene Schriftzeichen erstellen oder importieren.
- **Identities** Angaben zur Benutzeridentifizierung wie ursprüngliche und aktuelle User-ID
- **Keyboard Layout** Gibt das Tastaturlayout (Schema sowie zugehörige *.dll*-Dateien) an
- **Network** Auflistung der Netzwerkpfade des Benutzers unter Angabe von Zielcomputer und Anmeldename
- **Printers** Auflistung der zur Verfügung stehenden Drucker sowie seiner persönlichen Einstellungen daran
- **SessionInformation** Hier finden Sie den Wert *ProgramCount*. Dieser gibt an, wie viele Anwendungen in der Taskliste sichtbar sind. Es werden nicht alle laufenden Programme gezählt, sondern nur diejenigen, die sichtbar sind. Außerdem werden Programme mit doppelter Instanz nur einmal gezählt.
- **Software** Benutzerdefinierte Softwareeinstellungen, wie die zuletzt geöffneten Dateien
- **System** Hierbei handelt es sich um benutzerspezifische Einstellungen für Systemgeräte, die nur für diesen Benutzer gelten
- **Volatile Environment** Angaben zum Anmeldeserver und Pfadangaben zu *\BENUTZER*
- **Z** Hier werden die Einstellungen des Network File Systems für den Anwender gespeichert sowie dessen verknüpfte Anmeldenamen unter UNIX

Abbildg. 16.48 Anzeigen der Unterschlüssel des Hauptschlüssels *HKCU*

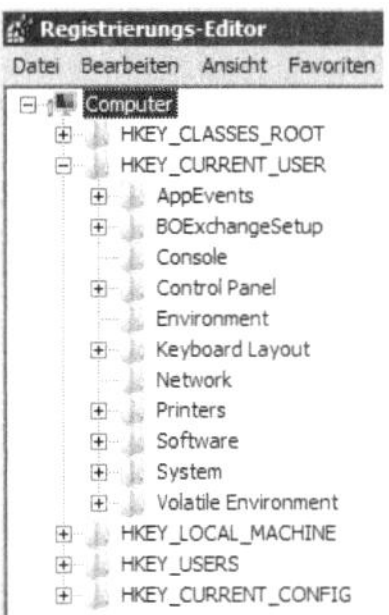

- **HKEY_USERS (HKU)** Hier sind die Konfigurationseinstellungen für sämtliche auf dem System hinterlegten Benutzer gespeichert. Für jeden auf dem System hinterlegten Benutzer ist ein eigener Schlüssel abgelegt. Der Schlüssel trägt als Namen die SID (Security ID) des jeweiligen Benutzers. Darin werden sämtliche Einstellungen gespeichert, die der aktuell angemeldete Benutzer beispielsweise am Desktop oder am Startmenü vornimmt. Die Standardeinstellungen sind im Unterschlüssel *\.Default* hinterlegt. Sobald sich ein neuer Benutzer das erste Mal am System anmeldet, werden die Inhalte dieses Schlüssels komplett in einen neuen Unterzweig von *HKEY_USERS* kopiert. Als Name wird die SID des Benutzerkontos gesetzt.
- **HKEY_LOCAL_MACHINE (HKLM)** In diesem Schlüssel sind die Konfigurationen für den Computer hinterlegt. Dabei handelt es sich sowohl um die Hardware- als auch um die Softwareeinstellungen der Programme, die für alle Benutzer des Computers installiert sind. Diese Informationen gelten immer, unabhängig davon, welcher Benutzer aktuell angemeldet ist.

Abbildg. 16.49 Konfigurieren des Hauptschlüssels *HKEY_LOCAL_MACHINE*

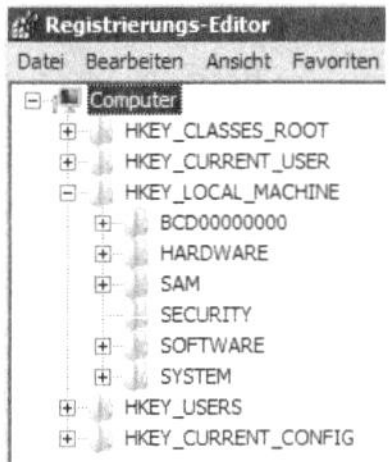

- **BCD00000000** Dieser Eintrag enthält die Informationen des neuen Boot Configuration Datastore (BCD) von Windows Server 2008 R2, Windows Vista und Windows 7 (siehe Kapitel 3). Änderungen können aber nicht an dieser Stelle vorgenommen werden, sondern nur über das Tool *bcdedit.exe* oder Zusatztools.
- **COMPONENTS** Hier werden einige Informationen, hauptsächlich Versionsstände zu den installierbaren Funktionen und Serverrollen gespeichert.
- **HARDWARE** Hier sind alle auf dem Computer installierten Hardware-Komponenten sowie deren Einstellungen hinterlegt.
- **SAM** Benutzerkennungen und Gruppen wurden in Windows NT 4.0 und werden noch auf Servern ohne Active Directory-Anbindung in der sogenannten Sicherheitskontenverwaltung (SAM) -Daten-

bank gespeichert. Die SAM-Datenbank ist wiederum ein Teil der Registry. Dieser Schlüssel dient hauptsächlich noch der Kompatibilität mit älteren Betriebssystemen.

- SCHEMA Hier werden verschiedene Metadaten des Systems gespeichert, die unter anderem mit Gruppenrichtlinien angepasst werden können.
- SECURITY Hier werden zum Beispiel Informationen zu lokalen Sicherheitsrichtlinien gespeichert oder Sicherheitseinstellungen, die innerhalb von Systemkomponenten sowie einigen Snap-Ins für die MMC gelten.
- SOFTWARE Speicherort für die globalen Softwareeinstellungen der auf dem Computer installierten Programme
- SYSTEM Hier sind sämtliche Dateien für den Windows-Start enthalten. Dazu zählen beispielsweise Computereinstellungen oder zu startende Dienste.

- HKEY_CURRENT_CONFIG (HKCC) In diesem Schlüssel befinden sich die aktuellen Konfigurations- und Hardwareeinstellungen des Computers. So finden Sie hier beispielsweise die aktuelle Auflösung und Farbtiefe der Grafikkarte oder den Verbindungsstatus des Druckers. Verwechseln Sie diese Einträge nicht mit der Beschreibung der Computerhardware unter *HKLM*. Im Unterschlüssel *\Software* sind Informationen zu den Bildschirmschriften oder der Internetverbindung zu finden.

Bei Windows XP und Windows Server 2003 (vor allem auf Remotedesktop-Sitzungshosts) scheiterte das Arbeiten ohne administrative Berechtigungen oft daran, dass Softwareinstallationen fehlerhaft durchgeführt wurden oder die entsprechenden Rechte zur Ausführung fehlten. Die Probleme lagen meist darin begründet, dass die entsprechenden Programme in den *Windows*-Ordner schreiben wollten, was die Sicherheitseinstellungen nicht genehmigt haben. Diese Konfiguration ist zwar sicher, aber nicht ganz stabil, da die Anwendungen nun mal nicht laufen. Um dieses Problem zu umgehen, haben sich einfach die meisten Benutzer als Administrator angemeldet. In Windows Server 2008, Windows Server 2008 R2, Windows Vista und Windows 7 wurde diese Technik angepasst. Windows legt für jeden Benutzer einen virtuellen Ordner an, auf den er Schreibrechte hat. Während der Arbeit wird dieser virtuelle Ordner über den *Windows*-Ordner gelegt, sodass es für Programme erscheint, als ob die Dateien im echten *Windows*-Ordner liegen. Diese Vorgehensweise wird auch für einzelne Bereiche der Registry durchgeführt.

Unter Windows Server 2008 R2, Windows Vista und Windows 7 können viele ältere Anwendungen, die nicht für die Nutzung von Standardbenutzerkonten entworfen wurden, ohne Änderungen weiterhin eingesetzt werden – und zwar dank der Virtualisierung von Dateisystem und Registrierung. Dieses Feature stellt jeder Anwendung seine eigene virtuelle Version einer Ressource, in die geschrieben werden soll, zur Verfügung. Wenn eine Anwendung zum Beispiel versucht, in eine Datei im Ordner *Programme* zu schreiben, stellt Windows dieser Anwendung seine eigene private Kopie der entsprechenden Datei zur Verfügung. Durch die Virtualisierung besteht außerdem standardmäßig die Möglichkeit einer Protokollierung beim Zugriff auf geschützte Bereiche.

Viele Anwendungen, die auf Windows XP oder Windows Server 2003 nicht als Standardbenutzer ausgeführt werden können, können aufgrund der Funktion für Datei- und Registrierungsvirtualisierung ohne Änderungen auf Windows Server 2008 R2, Windows Vista und Windows 7 ausgeführt werden. In Windows XP und Windows Server 2003 werden die meisten Anwendungen unterbrochen, wenn sie versuchen, in geschützte Bereiche des Dateisystems oder der Registrierung zu schreiben, für die der Standardbenutzer keine Zugriffsberechtigung besitzt. Windows Server 2008 R2, Windows Vista und Windows 7 verbessern die Kompatibilität, indem Schreibzugriffe (und nachfolgende Lesezugriffe auf Dateien und Registrierungen) an einen speziellen Speicherort innerhalb dieses Benutzerprofils umgeleitet werden. Wenn zum Beispiel eine Anwendung versucht, in die unter *C:\Program Files\contoso\settings.ini* gespeicherte Datei zu schreiben, und der Benutzer hierfür keinen Schreibzugriff besitzt, wird dieser in das Verzeichnis *C:\Users\<Benutzername>\AppData\Local\VirtualStore\Programme\contoso\settings.ini* umgeleitet. Wenn eine Anwendung versucht, in den Registrierungsschlüssel *HKLM\SOFTWARE\Contoso* zu schreiben, wird diese Aktion automatisch an *HKCU\Software\Classes\VirtualStore\MACHINE\Software\Contoso* umgeleitet. Darüber hinaus ist es für das Logo-Programm »Certified for Windows Vista und Windows 7 Software« erforderlich, dass eine Anwendung als Standardbenutzer ohne Virtualisierung ausgeführt wird. Andernfalls erhält die Anwendung nicht das Logo.

Tools zur Verwaltung der Registry

Neben dem herkömmlichen Tool zur Verwaltung der Registry bieten Windows Server 2008 R2 und Windows Vista und Windows 7 weitere Bordmittel, um die Registry zu bearbeiten. Sie finden die ausführliche Hilfe dieser Tools, wenn Sie in der Befehlszeile den Toolnamen mit der Bezeichnung */?* aufrufen. Meistens werden in Unternehmen die nachfolgend erläuterten Befehle verwendet.

Reg.exe – Registry in der Befehlszeile und in Skripts bearbeiten

Hierbei handelt es sich um ein Tool für die Befehlszeile, welches Sie auch in Skripts verwenden können. Das kleine Programm bietet in vielerlei Hinsicht interessantere Fähigkeiten als der grafische Registrierungs-Editor *Regedit*. Mit *Reg.exe* lassen sich zum Beispiel einzelne Schlüsselstrukturen kopieren oder vergleichen. Zudem können Sie damit auch die Registry eines Rechners im Netzwerk anpassen, wenn Sie auf diesem über Administratorrechte verfügen. Sie wollen zum Beispiel auf einem PC für mehrere Benutzer alle Registryeinstellungen ändern. In diesem Fall öffnen Sie zunächst die versteckte Registrydatei *Ntuser.dat* des jeweiligen Benutzers. Die Datei finden Sie in dessen Profil-Verzeichnis bei Windows Server 2008 R2, Windows Vista und Windows 7 unter *C:\Users\<Benutzer>*. Geben Sie für jeden Benutzer einzeln den Befehl *reg load HKU\<Benutzer> <Benutzerordner>\ntuser.dat* ein. Im zweiten Schritt vergleichen Sie alle Einträge eines Schlüssels mit denen Ihres eigenen Profils, indem Sie ebenfalls für jeden Benutzer einzeln die Zeile *reg compare HKU\<Benutzer>\<Schlüssel> HKCU\<Schlüssel> > c:\<Benutzer>.txt* eingeben. Die Unterschiede der beiden Registryschlüssel finden Sie anschließend in der Datei *C:\<Benutzer>.txt*. Sie können die einzelnen Dateien einsehen, mit *fc.exe* vergleichen und einzelne Werte in der Registry anpassen, indem Sie die Werte neu setzen. Diese Option führen Sie mit *reg add <Schlüssel> /v <Eintrag> /t <Datentyp> /d <Wert>* durch. Im letzten Schritt entfernen Sie die mit *reg load* hinzugefügten Bereiche wieder aus Ihrer Registrierung, indem Sie für jeden Benutzer einzeln *reg unload HKU\<Benutzer>* eingeben. Der letzte Schritt ist sehr wichtig. Falls Sie ihn vergessen, können sich die anderen Benutzer nicht mehr anmelden, da der Zugriff auf die Registry für sie gesperrt ist.

Regini.exe – Berechtigungen der Registry in Skripts setzen

Mit diesem Befehlszeilentool können Sie Berechtigungen für einzelne Werte und Schlüssel steuern. Dieses Tool wird häufig in Skripts verwendet, die Applikationen automatisiert installieren, um sicherzustellen, dass normale Benutzerkonten über die notwendigen Rechte verfügen, die Applikation zu starten. Das Tool dient im Gegensatz von *Reg.exe* nicht dazu die Registry zu bearbeiten, sondern hauptsächlich die Berechtigungen gezielt anpassen zu können. Aber auch wenn Sie Registryänderungen auf PCs im Netzwerk verteilen wollen, ist das Tool geeignet. Im Vergleich zu *.reg*-Dateien bietet *Regini* mehr Funktionen, die auch das Löschen von Teilschlüsseln und Datenelementen sowie das Festlegen von Berechtigungen für Registrierungsschlüssel ermöglichen. *Regini* arbeitet mit der Syntax *regini <SkriptDateiName>*. Dabei ist *SkriptDateiName* der Pfad zu einer Skriptdatei, die zur Durchführung einer bestimmten Registrierungsänderung angelegt wurde. Wenn sich das Skript in einem freigegebenen Netzwerkverzeichnis befindet, kann die UNC (Namenskonvention, Uniform Naming Convention) in der Pfadangabe verwendet werden. Zur Verteilung von Registrierungsänderungen, die mithilfe von *Regini* ausgeführt werden, muss das Programm jedem Zielcomputer zugänglich sein (unter Windows Server 2008 R2, Windows Vista und Windows 7 gehört das Tool zu den Bordmitteln).

Regsvr32.exe – DLLs in der Registry anmelden

Regsvr32.exe ist ein Programm zum Registrieren von DLLs (Dynamic Links Libraries) und ActiveX-Steuerelementen (früher als benutzerdefinierte OLE-Steuerelemente bezeichnet) in der Registrierung. Damit zum Beispiel der Active Directory-Schemamaster angezeigt werden kann, müssen Sie zunächst das Snap-In registrieren, welches das Schema anzeigt. Aus Sicherheitsgründen wird dieses Snap-In zwar installiert, jedoch nicht angezeigt. Geben Sie über *Start/Ausführen* den Befehl *regsvr32 schmmgmt.dll* ein. Sie erhalten daraufhin die Information, dass die *.dll*-Datei im System erfolgreich registriert wurde. Im Anschluss können Sie das Snap-In *Active Directory-Schema* in eine MMC über *Datei/Snap-In hinzufügen* integrieren. In einigen Fällen kann es vorkommen, dass die Registrierung von einzelnen *.dll*-Dateien nicht stattfindet oder die eingetragenen Informationen aus der Registry gelöscht wurden. Wenn Ihnen die dafür benötigte DLL bekannt ist, können Sie diese neu in Ihrem System registrieren lassen.

Zusammenspiel zwischen Registry und Systemdateien

Die Einstellungen der Registry sind in verschiedenen Windows-Dateien abgelegt. Diese jeweiligen Dateien haben folgende Funktion:

- **System.dat** Systemkonfiguration
- **User.dat** Benutzerprofil
- **Classes.dat** Dateierweiterungen, Dateitypen und COM-Komponenten
- **Default** Benutzerprofil mit Standardeinstellungen
- **Sam** Security Account Manager (Benutzerkontendatenbank) für die Steuerung der Zugriffs- und Systemberechtigungen
- **Software** Allgemeine Informationen zur Software
- **Usrclass.dat** Benutzerspezifische Softwareeinstellungen
- **Ntuser.dat** Konfigurationseinstellungen des Benutzerprofils

Im Ordner *C:\Windows\System32\config* finden Sie verschiedene Windows-Konfigurationsdateien. Dabei handelt es sich unter anderem um die Dateien *Default*, *Sam*, *Security*, *Software* sowie *System*. Diese Dateien bestimmen die jeweilige Struktur in der Registry. Sie tragen teilweise keine Dateierweiterung. Jedoch gehört zu jeder Datei auch eine gleichnamige *.log*-Datei, zum Beispiel *System* und *System.log*. Diese Dateien spiegeln die Inhalte der jeweiligen Registryschlüssel wider. Benutzerinformationen speichert Windows in der Datei *ntuser.dat* unter *C:\Users\<Benutzername>*. In diesem Benutzerordner befindet sich unter *\AppData\Local\Microsoft\Windows* die Datei *Usrclass.dat*. Hier werden die benutzerspezifischen Softwareeinstellungen gespeichert. Diese Einstellungen sind relevant, wenn ein Benutzer Änderungen am Desktop oder am Startmenü vornimmt oder eine bestimmte Anwendung nicht für alle Benutzer installiert ist. Den verschiedenen Registryschlüsseln sind die einzelnen Dateien direkt zugeordnet und Änderungen, die im Registrierungs-Editor durchgeführt werden, speichert das System in den folgenden Dateien:

- HKEY_LOCAL_MACHINE\SAM *Sam* und *Sam.log*
- HKEY_LOCAL_MACHINE\SECURITY *Security* und *Security.log*
- HKEY_LOCAL_MACHINE\SOFTWARE *Software* und *Software.log*
- HKEY_LOCAL_MACHINE\SYSTEM *System* und *System.log*
- HKEY_CURRENT_CONFIG *System* und *System.log*
- HKEY_CURRENT_USER *Ntuser.dat* und *Ntuser.dat.log*
- HKEY_USERS\.DEFAULT *Default* und *Default.log*

Die Werte in der Registry

Die Datenwerte in der Registry können verschiedene Typen haben. Klicken Sie im Registrierungs-Editor mit der rechten Maustaste auf einen Schlüssel, können Sie selbst solche Wert erzeugen.

Abbildg. 16.50 Erstellen von neuen Werten in der Registry

Die hier aufgelisteten Typen können Sie auch zur Erstellung neuer Werte benutzen:

- **Zeichenfolge** (REG_SZ) Dieser Typ beinhaltet Zeichenfolgen (Strings), die entweder Texte oder Zahlenwerte enthalten können. Die Werte dieses Typs müssen grundsätzlich von Anführungszeichen umschlossen sein.
- **Binärwert** (REG_BINARY) Die Länge des Binärwerts ist nach oben hin nicht begrenzt. Die Binärwerte werden beispielsweise von der Systemsteuerung eingepflegt. Die Binärcodierung kann voneinander abweichen. Ändern Sie diese Einträge deshalb besser nicht manuell. Die meisten Informationen zu Hardwarekomponenten sind als binäre Daten gespeichert und werden im Hexadezimalformat angezeigt.
- **DWORD-Wert** (32-Bit) (REG_DWORD) Die Länge dieses Werts darf maximal 32 Bit betragen. Es muss sich dabei um eine Zahl handeln, die in dezimaler oder hexadezimaler Form dargestellt werden kann. Viele Parameter für Gerätetreiber und Dienste haben diesen Typ. Sie können im Binär-, Hexadezimal- oder Dezimalformat angezeigt werden.
- **QWORD-Wert** (64-Bit) (REG_QWORD) Daten, die durch 64 Bit repräsentiert werden. Diese Daten werden als Binärdaten im Registrierungs-Editor angezeigt und seit Windows 2000 verwendet.
- **Wert der mehrteiligen Zeichenfolge** (REG_MULTI_SZ) In einem solchen Wert können mehrere Teilstrings gespeichert werden. Werte, die Listen oder verschiedene Werte in für Benutzer lesbarem Format enthalten, werden oft in dieser Form gespeichert. Einträge werden durch Leerzeichen, Kommas oder andere Trennzeichen voneinander getrennt.
- **Wert der erweiterbaren Zeichenfolge** (REG_EXPAND_SZ) Unter diesem Typ können erweiterbare Daten aufgenommen werden. In aller Regel handelt es sich dabei um Umgebungsvariablen in der Form *%SystemRoot%*, die zur Laufzeit in den aktuellen Pfad erweitert oder aufgelöst werden.

Der Registrierungs-Editor

Um die Registry einsehen und bearbeiten zu können, verwenden Sie den Registrierungs-Editor. Dieses Programm wird über die Datei *regedit.exe* aufgerufen. Der Registrierungs-Editor hat eine große Ähnlichkeit mit dem Windows-Explorer. Auch seine Handhabung hinsichtlich dem Öffnen und der Auswahl von Einträgen ist identisch. Betrachten Sie die Schlüssel quasi als Ordner und die Werte als Dateien. Jeder *Schlüssel* besteht aus mindestens einem *Wert*. Besitzt ein Schlüssel mehrere Werte, ist ein Wert als *(Standard)* gekennzeichnet. Für diesen muss jedoch nicht zwangsläufig ein Wert gesetzt sein. Ist dies nicht der Fall, finden Sie in der Spalte *Wert* den Eintrag *(Wert nicht festgelegt)*. Ein Schlüssel kann über mehrere Werte verschiedener Typen verfügen.

Abbildg. 16.51 Anzeigen des Standardwerts eines Registryschlüssels

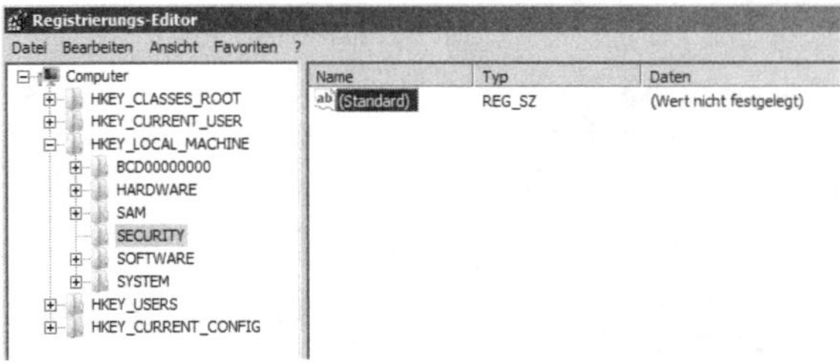

Berechtigungen an der Registry

Im Registrierungs-Editor haben Sie die Möglichkeit, für jeden Schlüssel und Unterschlüssel separat die Berechtigungen für die Benutzer festzulegen. Um für einen Schlüssel die Berechtigungen zu ändern, markieren Sie diesen und wählen entweder den Menübefehl *Bearbeiten/Berechtigungen* oder aus dem Kontextmenü den Eintrag *Berechtigungen*. Dieses Fenster gleicht dem Fenster einer Zugriffssteuerungsliste (Access Control List, ACL) für eine herkömmliche Datei oder einen Ordner. Klicken Sie auf die Schaltfläche *Erweitert* und danach auf *Bearbeiten*, können Sie spezielle Berechtigungen für einen Benutzer konfigurieren. Beim Bearbeiten können Sie eine Reihe spezifischer Berechtigungen festlegen:

- **Vollzugriff** Beinhaltet sämtliche Berechtigungen, einschließlich der Möglichkeit selbst Berechtigungen zu erteilen
- **Wert abfragen** Werte können ausgelesen werden
- **Wert festlegen** Neue Werte können erstellt werden
- **Unterschlüssel erstellen** Unterschlüssel können erstellt werden
- **Unterschlüssel auflisten** Unterschlüssel können angezeigt werden

Abbildg. 16.52 Bearbeiten der Registryberechtigungen für Benutzer

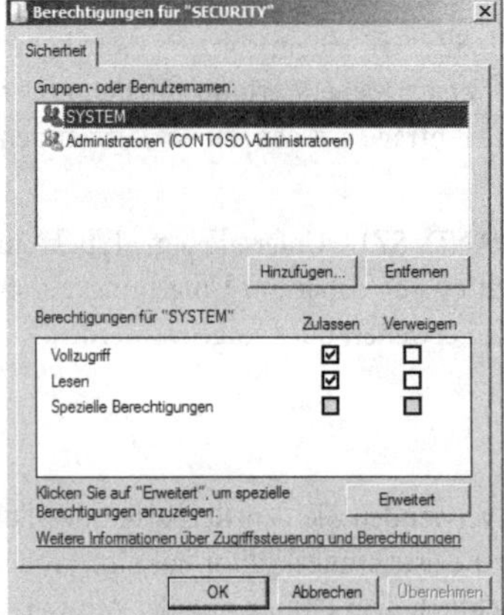

- **Benachrichtigungen** Benachrichtigungen von einem Registryschlüssel aktivieren oder deaktivieren
- **Verknüpfung erstellen** Erstellen von Verknüpfungen in einem Schlüssel
- **Löschen** Der Schlüssel und/oder Wert kann gelöscht werden
- **DAC schreiben** Für den Schlüssel darf die DACL (Discretionary Access Control List, freigegebene Zugriffssteuerungsliste) geschrieben werden. Die DACL ist ein Teil der Zugriffssteuerungsliste (ACL).
- **Besitzer festlegen** Der Besitzer des gewählten Schlüssels darf geändert werden
- **Lesekontrolle** Öffnen der DACL für einen Schlüssel

Schlüssel und Werte ändern

Um einen Wert zu ändern, klicken Sie den zum Wert gehörenden Schlüssel in der Baumstruktur doppelt an. Danach können Sie den Wert entweder über das Kontextmenü *Ändern*, das Menü *Bearbeiten/Ändern* oder per Doppelklick öffnen. Achten Sie darauf, dass Sie den alten Wert im Bearbeitungsfenster markieren, bevor Sie ihn ändern. Andernfalls werden die neuen Werte hinzugefügt, was höchstwahrscheinlich zu einer Fehlfunktion des Systems führen wird. Das sich dann öffnende Bearbeitungsfenster variiert je nach gewähltem Wert:

- REG_EXPAND_SZ **bearbeiten** Sie können hier den Wert in Form von Umgebungsvariablen angeben, zum Beispiel *%SystemRoot%*. Geben Sie hingegen einen Wert als Text ein, so muss dieser in Anführungszeichen gesetzt werden, z.B. *"C:\Windows"*. Um den Wert zu übernehmen, klicken Sie auf *OK*.
- REG_MULTI_SZ **bearbeiten** Hier können mehrere Werte enthalten sein. Jede Zeile stellt einen Teilstring des Wertes dar. Um einen neuen Teilstring einzufügen, geben Sie diesen in eine neue Zeile ein. Bestehende Zeilen werden zum Bearbeiten markiert. Die Trennung der verschiedenen Teilstrings erfolgt automatisch per *Nullbyte*. Bestätigen Sie die Änderungen mit *OK*.
- REG_BINARY **bearbeiten** Ein Binärwert kann aus mehreren Bytes bestehen. Die Maximalgröße sollte jedoch 64 KB nicht übersteigen, sodass dieser Typ zum Speichern großer Dateneinträge verwendet wird. Die Darstellung im Registrierungs-Editor erfolgt als Hexbyte/ASCII.
- REG_DWORD **bearbeiten** Ein solcher Wert kann maximal eine Größe von 32 Bit haben. Der Wert kann in hexadezimaler und in dezimaler Form angegeben werden. Achten Sie beim Ändern des REG_DWORD-Wertes darauf, dass Sie unter *Basis* die Auswahl *Dezimal* treffen, wenn Sie den Wert in dieser Form eingeben möchten, da standardmäßig die Option *Hexadezimal* ausgewählt ist.

Beachten Sie, dass Sie den Typ eines vorhandenen Wertes nicht ändern können. Bei bereits vorhandenen Werten ist dies ohnehin nicht sinnvoll, weil Windows die Werte festgelegt hat. Haben Sie hingegen selbst einen neuen Wert angelegt und diesem einen falschen Typ zugeordnet, so müssen Sie diesen Wert komplett löschen und danach korrekt neu erstellen.

Neue Schlüssel und Werte einfügen

Für einen bestehenden Wert können Sie zusätzliche Unterschlüssel oder Werte hinzufügen. Um einen neuen Schlüssel anzulegen, wählen Sie aus dem Kontextmenü oder dem Menü *Bearbeiten* den Eintrag *Neu/Schlüssel*. Dieser trägt zunächst den Namen *Neuer Schlüssel #1*. Geben Sie den neuen Namen ein. Der Schlüssel besteht zuerst nur aus einem Wert vom Typ *REG_SZ* namens *(Standard)* und einem nicht gesetzten Wert. Um einen neuen Wert hinzuzufügen, wählen Sie aus dem Kontextmenü *Neu* oder dem Menü *Bearbeiten/Neu* einen der beschriebenen Einträge. Bestehende Werte und Schlüssel können auch umbenannt werden. Verwenden Sie dazu entweder den Kontextmenüeintrag *Umbenennen* oder das Menü *Bearbeiten/Umbenennen*. Danach können Sie einen neuen Namen eingeben.

Schlüssel und Werte löschen

Zum Löschen eines Schlüssels oder Werts markieren Sie diesen und wählen entweder den Kontextmenüeintrag *Löschen* bzw. den Menübefehl *Bearbeiten/Löschen* oder drücken die [Entf]-Taste. In dem folgenden Fenster müssen Sie den Löschvorgang mit einem Klick auf die Schaltfläche *Ja* bestätigen. Handelt es sich beim Löschen um einen Schlüssel, der noch weitere Unterschlüssel umfasst, werden diese ebenfalls alle gelöscht.

Registry durchsuchen

Da das Durchsuchen der Registry nach einem bestimmten Wert oder Schlüssel sehr zeitaufwändig werden kann, wenn Sie manuell in der Baumstruktur suchen, bietet die Registry eine eigene Suchfunktion. Um die Registry zu durchsuchen, rufen Sie entweder den Menübefehl *Bearbeiten/Suchen* auf oder drücken die Tastenkombination [Strg]+[F]. Es erscheint ein neues Fenster.

Abbildg. 16.53 Registry im Registrierungs-Editor durchsuchen

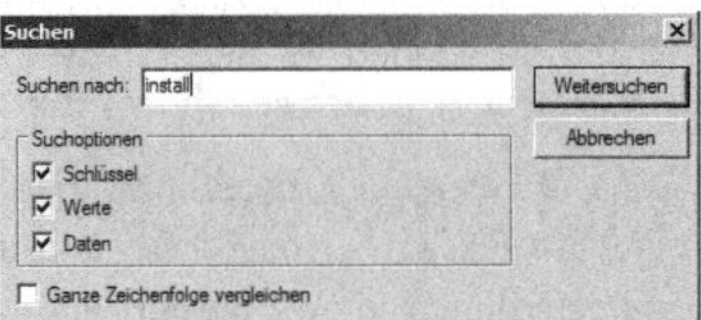

In das Feld *Suchen nach* tragen Sie den Begriff oder einen Teilbegriff ein. Das Zeichen * als Platzhalter ist für die Suche möglich. Weiterhin wählen Sie aus, welche der Optionen *Schlüssel, Werte* oder *Daten* durchsucht werden soll. Verwenden Sie in der Suche nur Teilbegriffe, dürfen Sie das Kontrollkästchen *Ganze Zeichenfolge vergleichen* nicht markieren. Wird ein gesuchter Eintrag gefunden, öffnet der Registrierungs-Editor die Registry an der entsprechenden Stelle und hebt den Eintrag dabei hervor. Sofern mehrere Suchergebnisse gefunden wurden, können Sie die Suche über den Menübefehl *Bearbeiten/Weitersuchen* oder die Taste [F3] fortsetzen. Wurde die Registry vollständig durchsucht, erhalten Sie eine Information darüber.

Die Druckfunktion des Registrierungs-Editors

Der Registrierungs-Editor stellt Ihnen die Möglichkeit bereit, die komplette Registry oder einzelne Zweige daraus ausdrucken. Dies kann beispielsweise im Zuge einer Dokumentation sehr hilfreich sein. Markieren Sie im Registrierungs-Editor den gewünschten Schlüssel und rufen Sie den Menübefehl *Datei/Drucken* auf.

Abbildg. 16.54 Teile der Registry über die Druckfunktion ausdrucken

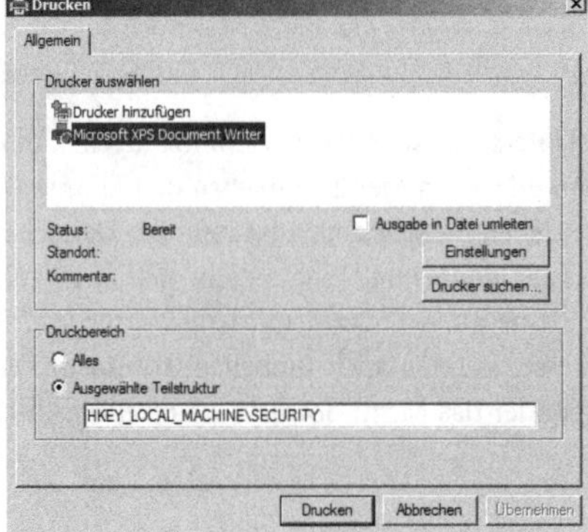

Sie können die Druckfunktion auch über die Tastenkombination [Strg]+[P] aufrufen. Unter *Druckbereich* ist standardmäßig der Schlüssel eingetragen, den Sie ausgewählt haben. Sie können jedoch auch über die Option *Alles* den kompletten Inhalt der Registry ausdrucken. Nachdem Sie Ihre Auswahl getroffen haben, klicken Sie auf *Drucken*.

Die Favoritenfunktion des Registrierungs-Editors

Um die Suche nach bereits besuchten Schlüsseln zu erleichtern, stellt der Registrierungs-Editor ähnlich wie der Internet Explorer eine Favoritenfunktion zur Verfügung. Sobald Sie einen Schlüssel markiert haben, auf den Sie häufiger zugreifen müssen, rufen Sie den Menübefehl *Favoriten/Zu Favoriten hinzufügen* auf. Sie werden aufgefordert, einen Namen festzulegen. Standardmäßig ist der Name des Schlüssels eingetragen. Um auf einen Favoriten zuzugreifen, öffnen Sie das Menü *Favoriten* und wählen den gewünschten Eintrag aus. Zum Löschen eines Eintrags klicken Sie auf *Favoriten entfernen*. Wählen Sie dort die gewünschten Einträge aus und klicken auf *OK*.

Active Directory

HINWEIS Die Favoriteneinträge werden in der Registry im Schlüssel *HKCU\Software\Microsoft\Windows\CurrentVersion\Applets\Regedit\Favorites* abgelegt. Auch dort können Sie die Einträge löschen.

Registryschlüssel importieren und exportieren

Ein wichtiger Punkt ist auch der Import und Export von Registryschlüsseln. Ein Export ist sinnvoll, wenn Sie bestimmte Einträge für spätere Aufgaben, beispielsweise auf einem anderen Computer, nutzen möchten. Zum Einspielen des Exports wird der *Importieren*-Befehl verwendet.

Die Exportfunktion

Um einen Schlüssel aus der Registry zu exportieren, markieren Sie diesen und rufen den Menübefehl *Datei/Exportieren* auf. Wie beim Speichern einer beliebigen Datei müssen Sie auch hier einen Dateinamen und den Speicherort festlegen. Die Datei wird mit der Dateiendung *.reg* versehen. Diese Datei können Sie mit jedem beliebigen Texteditor betrachten. Die Datei kann auch als Text- oder Hivedatei gespeichert werden. Wählen Sie im zweiten Fall den Eintrag *Registrierungsstrukturdateien* aus der Auswahlliste. Dabei handelt es sich um die Binärform der Datei.

Abbildg. 16.55 Exportieren von Teilen der Registry

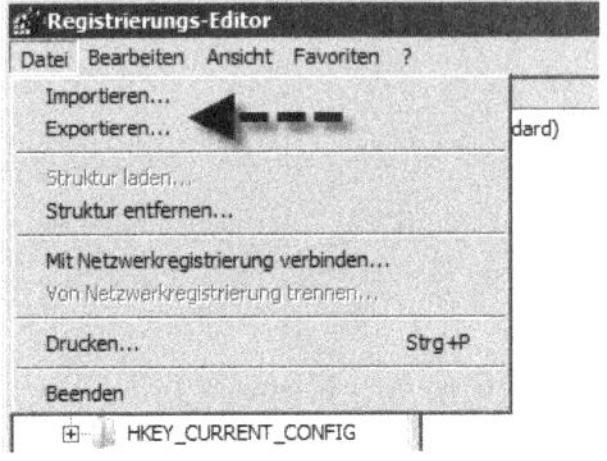

Führen Sie zum Betrachten einer *.reg*-Datei keinen Doppelklick darauf aus. Ein Doppelklick bewirkt (nach vorheriger Nachfrage) die Installation der Registrydaten. Wählen Sie stattdessen im Kontextmenü zur Datei den Eintrag *Bearbeiten* aus.

Die Importfunktion

Für den Import von *.reg*-Dateien gibt es verschiedene Möglichkeiten: Sie können entweder im Registrierungs-Editor den Menübefehl *Datei/Importieren* aufrufen und die gewünschte Datei auswählen, auf eine *.reg*-Datei doppelklicken oder im Kontextmenü zur *.reg*-Datei den Eintrag *Zusammenführen* wählen. In den beiden letzten Fällen müssen Sie nur noch die Sicherheitsabfrage bestätigen. Für den Import müssen Sie nicht zwangsläufig vor dem Import einen Export durchgeführt haben. Sie können eine *.reg*-Datei auch direkt erstellen. Dies ist sinnvoll, wenn Sie selbst bestimmte Schlüssel oder Werte zur Registry hinzufügen möchten, aber Ihnen der Einsatz des Registrierungs-Editors nicht zusagt. Mithilfe einer *.reg*-Datei können Sie sämtliche beschriebenen Modifikationen an der Registry vornehmen. Ist beim Import der zu importierende Schlüssel bereits vorhanden, werden die vorhandenen Daten überschrieben. Sind Schlüssel oder Werte noch nicht vorhanden, werden diese der Registry hinzugefügt.

.reg-Dateien manuell anlegen

Um die Struktur zum Anlegen einer eigenen *.reg*-Datei zu verdeutlichen, sehen Sie unten ein Beispiel. Die oberste Zeile gibt die Version des Registrierungs-Editors an. Die Angabe *5.00* ist die Version unter Windows Server 2008 R2, Windows Vista, Windows 7 und Windows XP. Es ist auch möglich, *.reg*-Dateien früherer Versionen zu importieren. Wenn Sie selbst eine *.reg*-Datei schreiben, müssen Sie diese Zeile immer angeben. Ansonsten kann der Import nicht ordnungsgemäß durchgeführt werden. Jeder Schlüssel wird in eine eckige Klammer gesetzt. Unterhalb des Schlüssels finden Sie alle seine zugehörigen Werte. Der Name des Werts wird in Anführungszeichen gesetzt. Hinter dem Gleichheitszeichen werden die Daten des Werts genannt. Die Textstrings der Werte werden dabei wie der Wertname in Anführungszeichen gesetzt. Wird ein spezieller Typ angegeben, erfolgt dies im Format *=dword:*.

Sind diese Werte bereits vorhanden, werden sie ersetzt, andernfalls hinzugefügt. Möchten Sie einen bestehenden Schlüssel löschen, benutzen Sie die folgende Syntax:

```
Windows Registry Editor Version 5.00
[-HKEY_LOCAL_MACHINE\SOFTWARE\Neu]
```

Um den Schlüssel mit allen Unterschlüsseln zu löschen, fügen Sie zwischen die eckige Klammer und den Namen des Schlüssels ein Minuszeichen ein. Ist der hier angegebene Schlüssel jedoch nicht vorhanden, so wird er stattdessen neu angelegt. Auf diese Weise können Sie zwar Unterschlüssel löschen, nicht jedoch die Hauptschlüssel der Registry. Möchten Sie einen bestimmten Wert aus einem Schlüssel löschen, verwenden Sie die folgende Syntax:

```
Windows Registry Editor Version 5.00
[HKEY_LOCAL_MACHINE\SOFTWARE\Neu]
"Wert"=-
```

Zum Löschen von Werten geben Sie den Namen des Werts wie gewohnt an. Hinter dem Gleichheitszeichen muss jedoch ein Minuszeichen stehen.

Registrystrukturen laden

Sie haben die Möglichkeit, über den Registrierungs-Editor Strukturen zu laden oder besser gesagt zu verknüpfen und auch wieder zu entfernen. Das Bearbeiten einer Strukturdatei kann im Registrierungs-Editor durchgeführt werden:

1. Markieren Sie im Registrierungs-Editor zunächst den Schlüssel *HKEY_LOCAL_MACHINE* oder *HKEY_USERS*. Da die Strukturdateien nur auf diese beiden Schlüssel wirken, können Sie für die übrigen Hauptschlüssel keine Struktur laden. Rufen Sie dann den Menübefehl *Datei/Struktur laden* auf.
2. Wählen Sie nun die Strukturdatei aus, die Sie zum Bearbeiten in die Registry laden möchten. Haben Sie den Schlüssel *HKEY_LOCAL_MACHINE* ausgewählt, selektieren Sie nun eine der Strukturdateien, die Sie im Verzeichnis *C:\Windows\System32\Config* finden. Die Wahl der folgenden Dateien ist möglich:
   - **System.dat** Systemkonfiguration
   - **Default** Benutzerprofil mit Standardeinstellungen
   - **Sam** Security Account Manager (Benutzerkontendatenbank) für die Steuerung der Zugriffs- und Systemberechtigungen
   - **Software** Allgemeine Informationen zur Software

   Haben Sie hingegen den Schlüssel *HKEY_USERS* gewählt, suchen Sie eine Strukturdatei aus dem Benutzerverzeichnis. Im Ordner *C:\Users\<Benutzername>* befindet sich die Datei *Ntuser.dat* mit den Konfigurationseinstellungen des Benutzerprofils und in diesem Verzeichnis unter *\AppData\Local\Microsoft\Windows* die Datei *Usrclass.dat*. In dieser Datei sind die benutzerspezifischen Softwareeinstellungen gespeichert. Da es sich um Dateien handelt, können Sie diese auch von einem anderen Computer im Netzwerk laden und auf dem lokalen Computer bearbeiten.
3. Nachdem Sie eine Strukturdatei ausgewählt haben, erhalten Sie das Fenster *Struktur laden* angezeigt. Geben Sie hier einen Namen ein (beispielsweise *Test*), unter dem die Datei als Schlüssel in der Registry angezeigt werden soll, und klicken auf *OK*. Ist die Datei durch einen anderen Prozess in Benutzung, so kann sie nicht geladen werden und Sie erhalten eine entsprechende Fehlermeldung angezeigt.
4. Der Inhalt der Strukturdatei wird nun als Schlüssel in der Registry angezeigt. Dort ist der geladene Schlüssel *Test* neben den übrigen Schlüsseln präsent.
5. Nachdem die Struktur geladen wurde, können Sie diese wie jeden anderen Registryschlüssel auch bearbeiten. Die Änderungen werden in die jeweilige Strukturdatei übernommen.
6. Haben Sie die Bearbeitung des Schlüssels abgeschlossen, sollten Sie diesen wieder entfernen. Rufen Sie dazu den Menübefehl *Datei/Struktur entfernen* auf. Achten Sie darauf, dass Sie dabei den korrekten Schlüssel markiert haben, und bestätigen die Sicherheitsabfrage mit *Ja*.

Registry im Netzwerk bearbeiten

Die bislang beschriebenen Einstellungen an der Registry wurden lediglich an dem lokalen Computer vorgenommen. Sie haben jedoch auch die Möglichkeit, auf die Registry eines anderen Computers im Netzwerk zuzugreifen und diese zu bearbeiten. Verwenden Sie dazu im Registrierungs-Editor den Menübefehl *Datei/Mit Netzwerkregistrierung verbinden*. Zunächst müssen Sie über die Suchmaske den Zielcomputer auswählen. Nachdem Sie den Computer ausgewählt haben, müssen Sie sich gegebenenfalls an diesem mit einem Benutzernamen und einem Kennwort authentifizieren. Dieses Benutzerkonto muss auf dem Netzwerkcomputer über Administratorberechtigungen verfügen. Danach können Sie auf diesem Computer die Registry bearbeiten.

TIPP Damit der Zugriff auf die Registry eines Computers über das Netzwerk gelingt, muss auf dem Computer, auf den Sie zugreifen wollen, der Systemdienst *Remoteregistrierung* gestartet sein.

Haben Sie die Arbeiten an der Registry auf dem Netzwerkcomputer abgeschlossen, klicken Sie auf das Menü *Datei/Von Netzwerkregistrierung trennen*. Damit wird verhindert, dass am Netzwerkrechner weitere Registryänderungen vorgenommen werden, die sich eigentlich wieder auf den lokalen Rechner beziehen sollten.

RegMon und Process Monitor

RegMon ist ein kostenloses Überwachungsprogramm für die Registry von Sysinternals (*http://technet.microsoft.com/en-us/sysinternals/bb896652.aspx*). Es arbeitet ähnlich wie *Filemon*, überwacht aber die Registry, keine Dateien. Unter Windows Server 2008 R2 können Sie *RegMon* nicht mehr einsetzen, sondern müssen den *Process Monitor* verwenden, der allerdings identische Funktionen hat. Bei der Bedienung von Windows und Anwendungen erfährt man gewöhnlich nichts von den Aktivitäten der Registry, die im Hintergrund ablaufen. Welches Programm wie oft, auf welche Weise und wann auf die Registry zugreift, kann allerdings sehr informativ sein, wenn man auf die Suche nach Fehlern geht. *RegMon* und der *Process Monitor* helfen dabei, Fehlerquellen in Zusammenhang mit der Registrierdatenbank ausfindig zu machen. Das Tool zeichnet alle Zugriffe auf die Registry auf und zeigt diese in Echtzeit an. Der Anwender erfährt, welches Programm bei welcher Aktion welchen Schlüssel der Registry anspricht. Für spätere Arbeiten mit dem Registrierungs-Editor *Regedit* geben die Tools auch über den Pfad des jeweiligen Schlüssels Auskunft. Eine Volltextsuche durch die Aufzeichnungen vervollständigt das Werkzeug. Bei tückischen Fehlermeldungen, die sich auf die Registry zurückführen lassen, ist das Programm dank seiner ausführlichen Aufzeichnungen eine nützliche Hilfe.

Der *Process Monitor* gehört zu den mächtigsten Sysinternals-Tools (*http://technet.microsoft.com/en-us/sysinternals/bb896645.aspx*). Sie können mit diesem Programm und seiner sehr effizienten grafischen Oberfläche ausführlich in Echtzeit alle Aktivitäten im Dateisystem, der Registry und der Prozesse/Threads anzeigen lassen. Das Tool vereint zwei Standardprogramme von Sysinternals *FileMon* und *RegMon*. Sie können Filter erstellen und so nach SID oder Benutzernamen filtern lassen. Mit dem Programm können Sie zum einen optimal Fehler auf Servern beheben, aber auch Malware und Viren auf PCs finden. Das Programm läuft unter Windows 2000/XP/2003 und Windows Server 2008 R2 sowie Windows Vista und Windows 7, auch auf allen 64-Bit-Versionen dieser Betriebssysteme. Schauen Sie sich das Tool an und beschäftigen Sie sich damit. Im Forum auf der Sysinternals-Seite und in der Hilfe des Programms erhalten Sie zahlreiche weiterführende Informationen. Sie können zum Beispiel über die drei Schaltflächen auf dem Startfenster die einzelnen Überwachungsfunktionen durch einen Klick aktivieren oder deaktivieren.

Zusammenfassung

Mit den neuen Gruppenrichtlinien sowie deren Möglichkeiten, die Installation von USB-Sticks zu verhindern, profitieren Unternehmen von verbesserten Leistungen der Arbeitsstationen und einer erhöhten Sicherheit. Es ist ohne zusätzliche Werkzeuge möglich, im Unternehmen den Datendiebstahl per USB-Stick zu verhindern. Größere Unternehmen profitieren von den neuen Dateiformaten der Gruppenrichtlinien und deren verbesserter Replikation. Im nächsten Kapitel zeigen wir Ihnen, wie Sie Dateiserver im Netzwerk betreiben und Dateien sicher und schnell für Anwender bereitstellen.

Teil C

Datei-, Druckserver und Infrastruktur

In diesem Teil:

Kapitel 17

Dateiserver und Freigaben

In diesem Kapitel:

Auch Windows Server 2008 R2 wird in Unternehmen oftmals als Datei- oder Druckserver eingesetzt. In diesem Kapitel zeigen wir Ihnen den Umgang mit Windows Server 2008 R2 als Datei- oder Druckserver. Wir gehen dabei auf die Möglichkeiten ein, Freigaben zu erstellen und zu verwalten, aber auch auf die neuen Sicherheitsoptionen und Einstellungen, die auf einem Dateiserver benötigt werden. Damit auf einen Windows Server 2008 R2 über Freigaben zugegriffen werden kann, müssen Sie zunächst sicherstellen, dass im Netzwerk- und Freigabecenter die Dateifreigaben aktiviert worden sind. Erst dann ist der Zugriff über das Netzwerk möglich. Installieren Sie auch auf dem Server die Rolle *Dateidienste*, um alle Möglichkeiten zu erhalten.

HINWEIS Eine wesentliche Neuerung der Dateidienste in Windows Server 2008 R2 ist BranchCache, die mögliche Zwischenspeicherung von Dokumenten in Niederlassungen. Wir behandeln dieses außerordentlich wichtige Thema detailliert in Kapitel 20.

Abbildg. 17.1 Aktivieren der Freigabe und Erkennung unter Windows Server 2008 R2

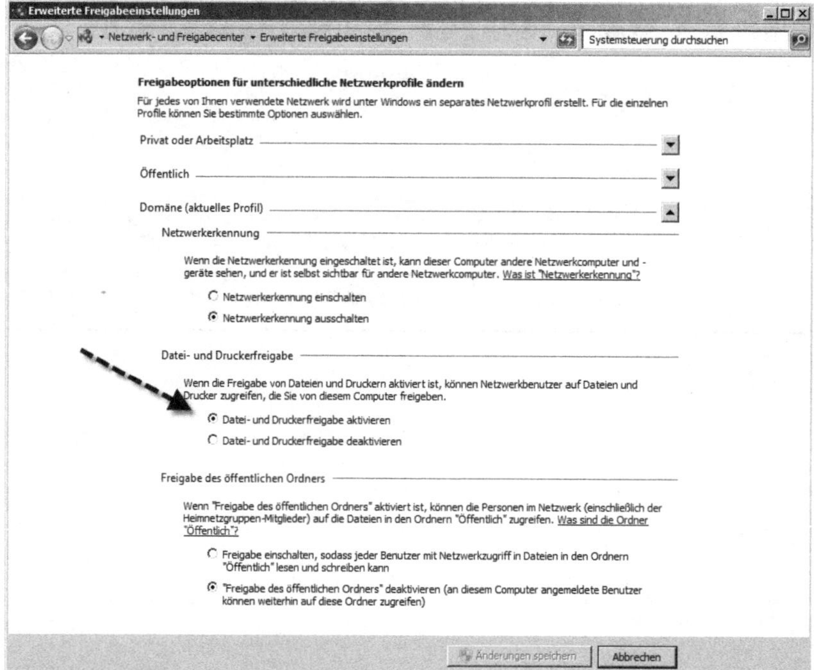

Der Assistent aktiviert dazu in den Ausnahmen der Windows-Firewall den Zugriff auf den Server. Sie sehen diese Ausnahme, wenn Sie im *Netzwerk- und Freigabecenter* links unten auf den Link *Windows-Firewall* klicken und dann im neuen Fenster auf *Ein Programm oder Feature durch die Windows-Firewall zulassen*. Es öffnen sich die Einstellungen der Firewall. Im Fenster sehen Sie, welchen Netzwerkverkehr die Firewall jetzt zulässt.

Abbildg. 17.2 Überprüfen der Firewallausnahmen für die Datei- und Druckerfreigabe

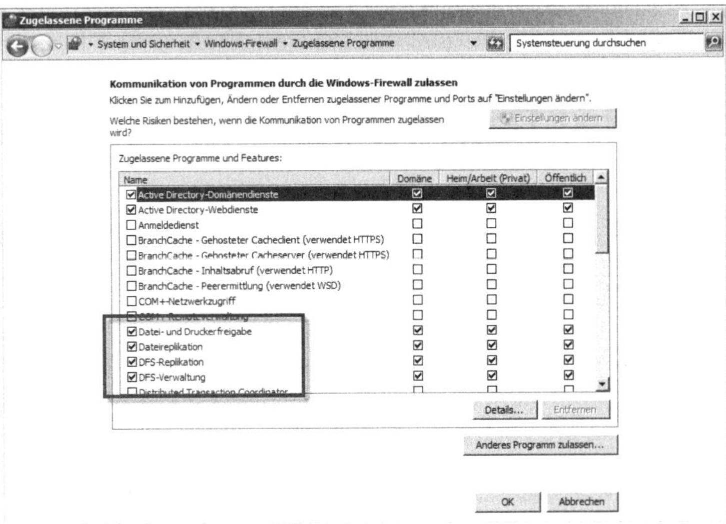

Die Aktivierung der Freigaben wird automatisch aktiviert, wenn Sie die Serverrolle *Dateidienste* auf dem Dateiserver installieren. Bevor Sie Freigaben einrichten, sollten Sie daher diese Rolle installieren.

Abbildg. 17.3 Installieren des Rollendienstes *Windows Search* für die schnellere indexierte Suche

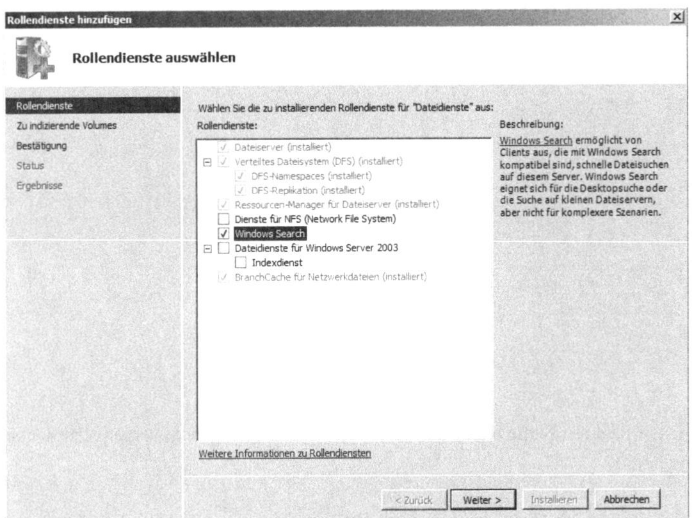

TIPP Setzen Sie im Unternehmen Windows 7, Windows Vista oder Windows XP mit installierter Windows Search-Funktion ein, sollten Sie noch den Rollendienst *Windows Search* installieren und die entsprechenden Volumes, auf denen die Daten der Anwender freigegeben sind, indexieren. Wie Sie Rollendienste installieren, lesen Sie im Kapitel 5. Markieren Sie im Server-Manager die installierte Rolle und wählen Sie dann im mittleren Bereich der Konsole *Rollendienst hinzufügen*. Dadurch beschleunigen sich die

Suchen der Anwender nicht nur auf dem lokalen Rechner, sondern auch im Netzwerk. In Windows 7 und Windows Vista ist die Suchfunktion standardmäßig installiert und aktiviert, für Windows XP können Sie ein kostenloses Zusatzprogramm von der Seite *http://support.microsoft.com/?kbid=940157* herunterladen.

Berechtigungen für Dateien und Verzeichnisse verwalten

Die Berechtigungen im Dateisystem werden in der Zugriffssteuerungsliste (Access Control List, ACL) gespeichert. Während der Anmeldung wird für den Benutzer ein sogenanntes Zugriffstoken generiert, das die Sicherheitskennung (Security Identifier, SID) des Benutzerkontos enthält sowie die SIDs der Gruppen, in denen der Benutzer Mitglied ist. Beim Zugriff auf eine Datei werden die Einträge des Token mit der ACL verglichen und daraus die Berechtigung ermittelt. Dazu werden die Berechtigungen für jeden übereinstimmenden Eintrag addiert.

Ein Benutzer bekommt die Berechtigungen, die seinem Konto zugewiesen wurden, sowie alle Berechtigungen, die den Gruppen zugeteilt sind, in denen er Mitglied ist. Wird einem Benutzerkonto die Berechtigung *Lesen* gegeben und bekommt zusätzlich eine Gruppe, in der dieser Benutzer Mitglied ist, die Berechtigung *Schreiben* zugewiesen, ergeben die effektiven Berechtigungen *Lesen* und *Schreiben*. Um die Berechtigungen zu setzen, wählen Sie in den Eigenschaften des Verzeichnisses oder der Datei die Registerkarte *Sicherheit*.

Abbildg. 17.4 Verwalten von Berechtigungen für Verzeichnisse und Dateien

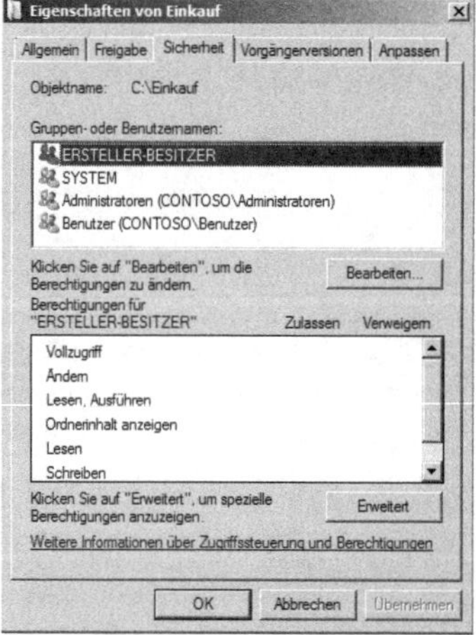

Zusätzlich ist es möglich, einzelnen Benutzern oder Gruppen Berechtigungen zu verweigern, wobei die Verweigerung immer Vorrang hat.

Beispiel

Auf eine Datei sollen alle Mitarbeiter der Buchhaltung (mit der Mitgliedschaft in der gleich benannten Gruppe) Zugriff erhalten. Eine Ausnahme bilden dabei allerdings die Auszubildenden, die ebenfalls Mitglied der Gruppe *Einkauf* sind. Wenn der Gruppe *Einkauf* der Zugriff auf diese Datei erlaubt wird, erhalten auch die Auszubildenden Zugriff, da sie Mitglied der Gruppe sind. Anschließend können Sie der Gruppe *Auszubildende* den Zugriff verweigern. So erhalten die Auszubildenden zwar den Zugriff durch die Mitgliedschaft in der Gruppe *Buchhaltung*, der ihnen aber durch die Mitgliedschaft in der Gruppe *Auszubildende* verweigert wird.

Abbildg. 17.5 Verweigern von Berechtigungen für bestimmte Gruppen

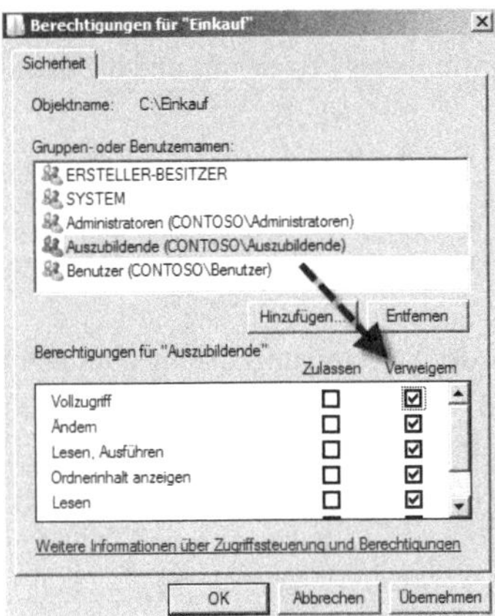

Erweiterte Berechtigungen auf Verzeichnisse

Um spezielle Berechtigungen zu setzen und weitere Einstellungen vorzunehmen, wählen Sie auf der Registerkarte *Sicherheit* die Schaltfläche *Erweitert*. Um die erweiterten Berechtigungen zu konfigurieren, klicken Sie im neuen Fenster auf *Bearbeiten*. Als Nächstes können Sie entweder bestehende Einträge bearbeiten oder neue Benutzerkonten hinzufügen, denen Sie dann spezielle Berechtigungen zuweisen können.

Abbildg. 17.6 Bearbeiten der erweiterten Berechtigungen für Verzeichnisse

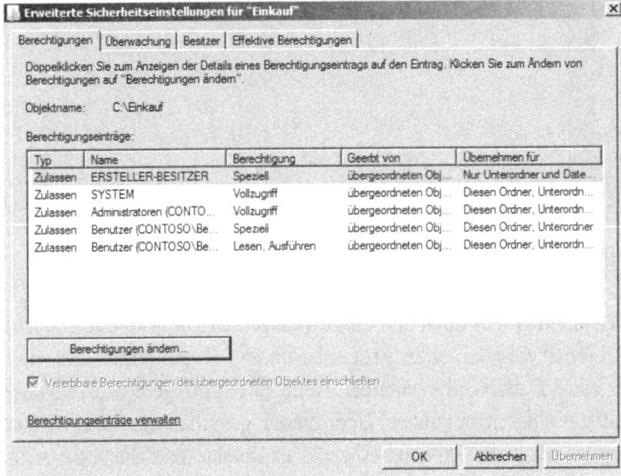

Damit Sie für das Verzeichnis erweiterte Berechtigungen zuweisen können, müssen Sie entscheiden, wie weit sich diese Berechtigungen auswirken. Dazu wählen Sie aus der Liste *Übernehmen für* in den Eigenschaften eines Eintrags aus, in welchem Bereich sich die speziellen Berechtigungen auswirken sollen.

- **Nur diesen Ordner** Die Berechtigungen werden nur für diesen Ordner gesetzt und gelten nicht für darin enthaltene Unterordner oder Dateien
- **Diesen Ordner, Unterordner und Dateien** Die Berechtigungen werden auf die komplette Verzeichnisstruktur angewendet und gelten für alle Verzeichnisse und Dateien unterhalb dieses Verzeichnisses

- **Diesen Ordner, Unterordner** Die Berechtigungen werden nur auf dieses Verzeichnis und alle Unterverzeichnisse gesetzt, Berechtigungen auf Dateien werden nicht gesetzt
- **Diesen Ordner, Dateien** Die Berechtigungen gelten nur für dieses Verzeichnis und die darin enthaltenen Dateien
- **Nur Unterordner und Dateien** Dieses Verzeichnis wird von der Vergabe der Berechtigungen ausgenommen, sondern auf darin enthaltene Dateien und andere Verzeichnisse gesetzt
- **Nur Unterordner** Dieses Verzeichnis wird von der Vergabe der Berechtigungen ausgenommen und nur auf darin enthaltene Verzeichnisse gesetzt
- **Nur Dateien** Dieses Verzeichnis wird von der Vergabe der Berechtigungen ausgenommen und nur auf darin enthaltene Dateien gesetzt

Setzen Sie nach der Auswahl die erweiterten Berechtigungen. Über die Schaltfläche *Alle löschen* können Sie die Liste der gesetzten Berechtigungen wieder löschen. Auch bei Dateien gibt es eine Unterteilung in Standard- und erweiterte Berechtigungen.

Abbildg. 17.7 Bearbeiten der erweiterten Rechte für ein Verzeichnis und einen Benutzer

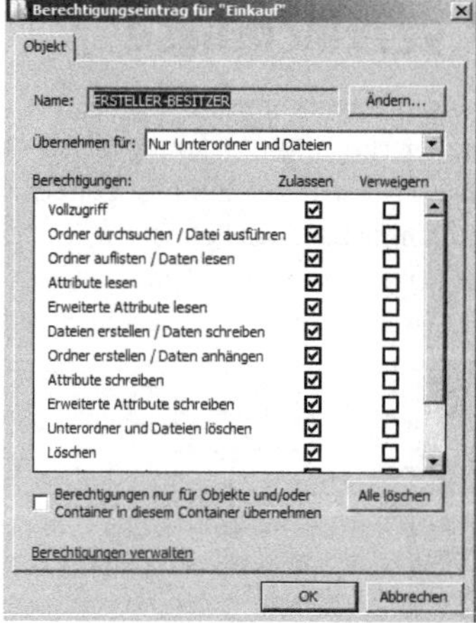

Besitzer für ein Objekt festlegen

Neben den Berechtigungen im Dateisystem gibt es noch den Objektbesitzer. Der Objektbesitzer darf festlegen, wer weitere Berechtigungen auf die Datei erhält. Objektbesitzer ist standardmäßig der Anwender, der eine Datei erstellt. Die Information über den Besitzer einer Datei wird verwendet, wenn Sie Kontingente zur Begrenzung des von Anwendern verwendeten Speicherplatzes eingerichtet haben. Über diese Eigenschaft der Datei wird der von einem Anwender bereits genutzte Speicherplatz ermittelt. Um den Besitzer einer Datei festzustellen oder zu ändern, öffnen sie zunächst die Eigenschaften des Objekts, wählen dort die Registerkarte *Sicherheit* und anschließend die Schaltfläche *Erweitert*. Auf der Registerkarte *Besitzer* sehen Sie unter *Aktueller Besitzer* den Besitzer dieses Objekts.

Es gibt zwei Möglichkeiten, den Besitzer zu ändern: Administratoren haben die Berechtigung, den Besitz selbst zu übernehmen oder auf einen anderen Benutzer zu übertragen, wogegen alle Anwender lediglich anderen Anwendern die spezielle Berechtigung *Besitzrechte übernehmen* zuweisen können, woraufhin diese anschließend den Besitz übernehmen. Um den Besitz zu übernehmen, wählen Sie Ihr Konto aus der Liste *Besitzer ändern nach* aus. Wenn Sie den Besitz einem anderen Anwender übertragen wollen, der nicht in der Liste aufgeführt ist, können Sie dieses Konto über *Weitere Benutzer oder Gruppen* hinzufügen. Wollen Sie den Besitzer nicht nur für dieses Verzeichnis, sondern auch für alle Unterordner und darin enthaltenen Dateien ersetzen, aktivieren Sie das Kontrollkästchen *Besitzer der Objekte und untergeordneten Container ersetzen.*

Abbildg. 17.8 Bearbeiten des Besitzers eines Objekts in NTFS

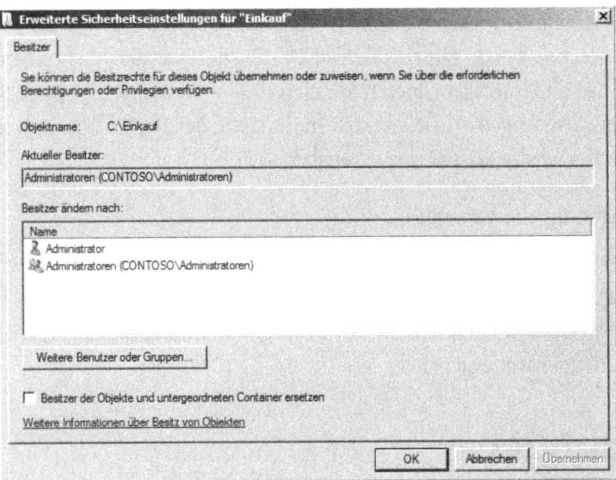

Vererbung von Berechtigungen

Grundsätzlich gilt bei Verzeichnisstrukturen das Prinzip der Vererbung. Das heißt, eine Berechtigung, die ein Benutzer auf ein Verzeichnis erhält, erhält er auch auf die darin enthaltenen Verzeichnisse und Dateien. Geben Sie einem Benutzerkonto die Berechtigung *Ändern* auf ein Verzeichnis, sehen Sie in den untergeordneten Verzeichnissen, dass der Benutzer die gleichen Berechtigungen hat. Allerdings sind die entsprechenden Felder grau unterlegt. Damit wird angezeigt, dass die Berechtigungen nicht explizit in diesem Verzeichnis zugewiesen werden, sondern vom übergeordneten Ordner vererbt wurden.

Abbildg. 17.9 Konfigurieren der Vererbung für ein Verzeichnis

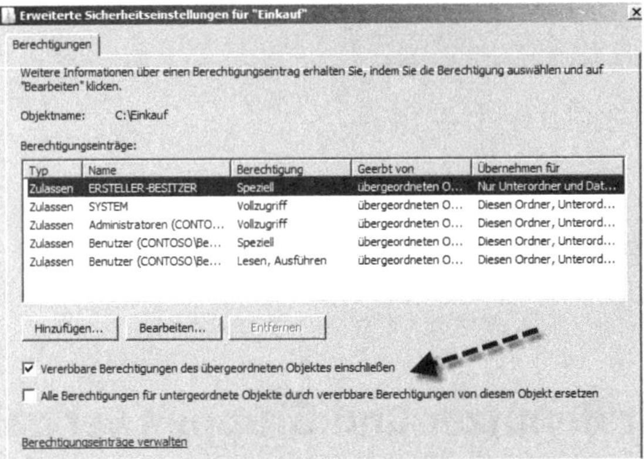

Da bei vererbten Berechtigungen nicht ohne Weiteres eine Berechtigung herausgenommen werden kann, können Sie für Unterordner einzelne Rechte verweigern. Wählen Sie auf der Registerkarte *Sicherheit* die Schaltfläche *Erweitert*. Wichtig ist in diesem Dialogfeld das Kontrollkästchen *Vererbbare Berechtigungen des übergeordne-*

ten Objekts einschließen, nachdem auf die Schaltfläche *Bearbeiten* geklickt wurde. Durch dessen Auswahl werden Berechtigungen von übergeordneten Verzeichnissen im Verzeichnisbaum übernommen.

Wenn dieses Kontrollkästchen nicht aktiviert ist, werden auf das Verzeichnis nur die definierten Berechtigungen angewendet. Eine Vererbung von Zugriffsrechten kann damit gezielt auf der Ebene von Unterverzeichnissen unterbrochen werden. Darüber hinaus kann mit dem Kontrollkästchen *Alle Berechtigungen für untergeordnete Objekte durch vererbbare Berechtigungen von diesem Objekt ersetzen* konfiguriert werden, dass die für dieses Verzeichnis definierten Berechtigungen auf alle untergeordneten Dateien und Verzeichnisse kopiert werden. Dort werden alle bereits konfigurierten Berechtigungen zurückgesetzt. In der Liste der Berechtigungen wird der Vererbungsstatus von Berechtigungen in der Spalte *Geerbt von* angegeben.

Herstellen der Standardberechtigungen für die Vererbung

Um den Ausgangszustand wiederherzustellen, öffnen Sie den Ordner, dessen Berechtigungen wieder auf die Unterordner übertragen werden sollen. Wählen Sie *Alle Berechtigungen für untergeordnete Objekte durch vererbbare Berechtigungen von diesem Objekt ersetzen*, nachdem Sie auf *Bearbeiten* geklickt haben. Anschließend werden die Berechtigungen an alle Unterordner weitergegeben.

Effektive Berechtigungen

Um die effektiven Berechtigungen anzuzeigen, öffnen Sie in den Eigenschaften des Verzeichnisses die Registerkarte *Sicherheit* und dann die erweiterten Einstellungen. Wählen Sie die Registerkarte *Effektive Berechtigungen* aus. Sie sehen alle speziellen Berechtigungen, die der Benutzer hat. Um die Berechtigungen für einen anderen Benutzer anzuzeigen, wählen Sie über *Auswählen* ein anderes Konto aus.

Abbildg. 17.10 Anzeigen der effektiven Berechtigungen für ein Verzeichnis

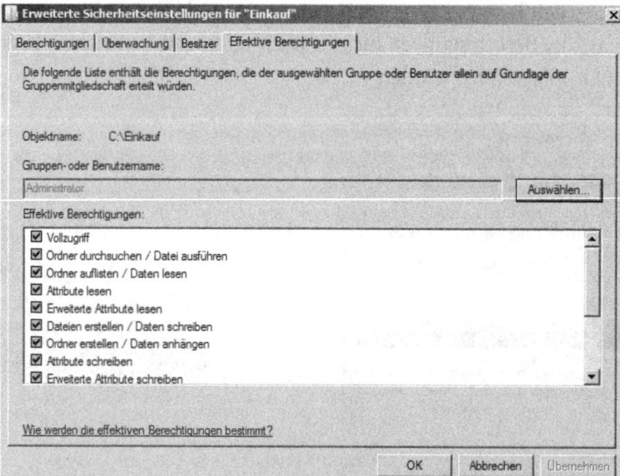

Berechtigungen für Benutzer und Gruppen verwalten

Die Vergabe von Zugriffsberechtigungen sollte immer an Gruppen erfolgen, da damit der geringste administrative Aufwand entsteht. Wenn ein weiterer Benutzer diese Berechtigung erhalten soll, muss er nur der Gruppe zugeordnet werden. Die Berechtigungen müssen nicht verändert werden. Ebenso lassen sich die Zugriffsberechtigungen einzelnen Benutzern entziehen, indem diese einfach aus der Gruppe entfernt werden.

Zugriffsberechtigungen sollten nach Möglichkeit über ein Skript und nicht über die grafische Oberfläche vergeben werden, damit eine Dokumentation der Berechtigungen möglich ist. Dies ist wichtig, wenn beispielsweise Daten auf einen externen Datenträger (CD oder DVD) ausgelagert werden, der keine Zugriffsrechte unterstützt. Bei der Planung von Berechtigungen sollten Sie sehr effizient planen, welche Ordnerstrukturen Sie anlegen und welche Gruppen Sie aufnehmen. Microsoft empfiehlt folgende Berechtigungsstruktur:

- Domänenlokale Gruppe erhält Berechtigung auf Ordner und Freigabe
- Globale Gruppe(n) wird in lokale Gruppe aufgenommen
- Benutzerkonten der Anwender sind Mitglieder der einzelnen globalen Gruppen
- Auf Verzeichnisse im Dateisystem sollten die Administratoren Vollzugriff erhalten. Zusätzlich sollten Sie eine domänenlokale Gruppe anlegen, die Berechtigung auf der Verzeichnisebene und auf Freigabeebenen erhält.

Der Sinn dieses Konzepts liegt darin, dass Sie einerseits nicht ständig Berechtigungen für den freigegebenen Ordner ändern müssen, da nur die domänenlokale Gruppe Zugriff erhält. Da die Anwender in globalen Gruppen aufgenommen werden, können die Gruppen auch in andere domänenlokale Gruppen in anderen Active Directory-Domänen aufgenommen werden. Das hat in großen Organisationen den Vorteil, dass Freigaben sehr effizient überall bereitgestellt werden können.

Abbildg. 17.11 Aufbau einer Berechtigungsstruktur basierend auf Gruppen

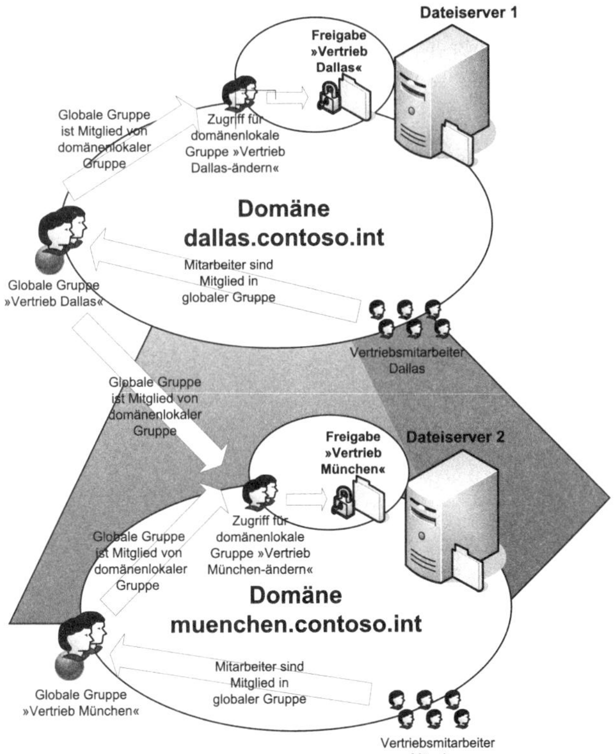

Mitgliedschaften und Änderungen sollten deshalb auf ein Minimum reduziert werden. Es sollten keine einzelnen Benutzer zu den Berechtigungen auf Freigabe- oder Dateiebene hinzugefügt werden. Zugriffsberechtigungen werden im Regelfall pro Verzeichnis einheitlich vergeben. Eine Anpassung von Berechtigungen für einzelne Dateien ist nur in Ausnahmen sinnvoll und lässt sich oft dadurch umgehen, dass mit eigenen Verzeichnissen für die Dateien, bei denen abweichende Berechtigungen konfiguriert werden müssten, gearbeitet wird. Spezielle Zugriffsberechtigungen für einzelne Dateien stellen immer ein Problem dar, wenn Zugriffsberechtigungen für alle Dateien verändert werden sollen, weil neue Benutzergruppen hinzugefügt werden. Hier müssen die abweichenden Berechtigungen neu definiert werden. Im Beispiel der Abbildung 17.11 sehen Sie den Sinn dieses Konzepts:

- **Domänenlokale Gruppen** können zwar globale Gruppen aus der kompletten Gesamtstruktur aufnehmen, aber selbst nicht in anderen Domänen verwendet werden
- **Globale Gruppen** können nur Mitglieder aus der eigenen Domäne aufnehmen, haben aber dafür die Möglichkeit, dass sie überall in Active Directory verwendet werden können

Die Vertriebsmitarbeiter in Dallas können durch dieses Konzept sowohl auf die Freigabe in Dallas als auch auf die Freigabe in München zugreifen. Wenn neue Mitarbeiter Zugriff erhalten müssen, kann dies durch Aufnahme in die entsprechende globale Gruppe recht schnell erledigt werden. Zugriffsberechtigungen sollten nie ad hoc, sondern immer nur nach genau definierten Konzepten vergeben werden. Nur so lässt sich sicherstellen, dass mit einem durchdachten und damit sicheren Verfahren gearbeitet wird.

Dateien und Verzeichnisse überwachen

In den meisten Fällen kann eine Überwachung der Zugriffe auf Verzeichnisse nützlich sein, bei der festgehalten wird, wer erfolgreich oder auch erfolglos versucht hat, bestimmte Operationen auf Dateien und Verzeichnisse auszuführen. Damit die Überwachung durchgeführt werden kann, müssen Sie diese zunächst aktivieren. Dies geschieht entweder über eine lokale Richtlinie oder über Gruppenrichtlinien.

Aktivierung der Überwachung von Dateisystemzugriffen

Öffnen Sie die lokale oder Gruppenrichtlinie für den Computer und navigieren Sie anschließend zu *Computerkonfiguration/Windows-Einstellungen/Sicherheitseinstellungen/Lokale Richtlinien/Überwachungsrichtlinie.* Die Verwendung von Gruppenrichtlinien wird im Kapitel 16 ausführlich besprochen. Die Verwaltung der lokalen Richtlinien wird durch Eingabe des Befehls *gpedit.msc* gestartet.

Abbildg. 17.12 Konfiguration der Überwachungsrichtlinie

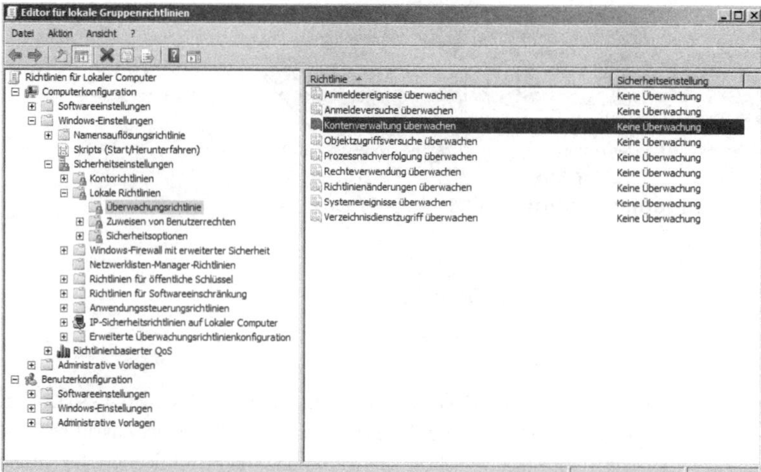

Die Überwachung der Zugriffe auf das Dateisystem aktivieren Sie über *Objektzugriffsversuche überwachen*. Neben Dateizugriffen überwachen Sie mit dieser Einstellung auch Zugriffe auf Drucker. In der Standardeinstellung ist die Überwachung zunächst nicht aktiviert. Nach der Aktivierung müssen Sie noch auswählen, ob erfolgreiche und/oder fehlgeschlagene Zugriffsversuche protokolliert werden sollen.

Nachdem Sie die Überwachung aktiviert haben, müssen Sie die eigentliche Überwachung für die entsprechenden zu überwachenden Dateien und Verzeichnisse aktivieren. Öffnen Sie dazu die Eigenschaften des Objekts und wählen Sie auf der Registerkarte *Sicherheit* die Schaltfläche *Erweitert*. Auf der Registerkarte *Überwachung* sehen Sie, welche Operationen protokolliert werden. Damit Sie die bei der Überwachung anfallenden Protokolldaten sinnvoll bearbeiten können, sollten Sie von diesen Einschränkungsmöglichkeiten Gebrauch machen und nur das Nötigste protokollieren. Über *Bearbeiten/Hinzufügen* legen Sie die Überwachung fest.

Wie bei den NTFS-Berechtigungen gilt auch hier das Prinzip der Vererbung, das Sie bei Bedarf ausschalten können. Nachdem Sie *Bearbeiten* gewählt haben, können Sie über *Hinzufügen* den zu überwachenden Benutzer auswählen. Wie schon bei der Vergabe spezieller NTFS-Berechtigungen können Sie wieder angeben, inwieweit sich diese Einstellungen auf untergeordnete Objekte und Verzeichnisse auswirken. Wählen Sie anschließend im Feld *Zugriff* aus, welche Zugriffe protokolliert werden sollen und ob Sie erfolgreiche oder fehlgeschlagene Zugriffe protokollieren wollen.

Abbildg. 17.13 Konfiguration der Überwachung für ein Verzeichnis

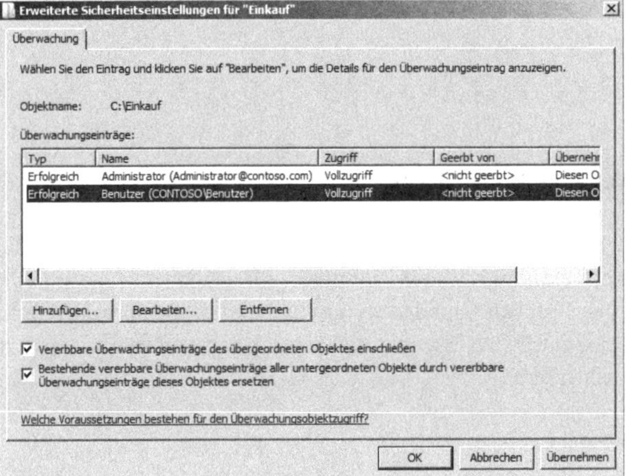

Überwachungsprotokoll anzeigen

Die Protokollierung der Überwachung erfolgt in der Ereignisanzeige. Starten Sie die Verwaltungskonsole über *eventvwr.msc* oder über den Server-Manager. In der Ereignisanzeige finden Sie die protokollierten Zugriffsversuche im Sicherheitsprotokoll. Die mit einem Schlüssel gekennzeichneten Einträge stehen für erfolgreiche Zugriffe, wogegen ein Schloss für fehlgeschlagene Zugriffe steht. Genauere Informationen zu einem Eintrag bekommen Sie, wenn Sie ihn öffnen. Ein einzelner Zugriff erzeugt eine ganze Reihe von Einträgen im Sicherheitsprotokoll.

Abbildg. 17.14 Konfigurieren der Überwachung für Verzeichnisse

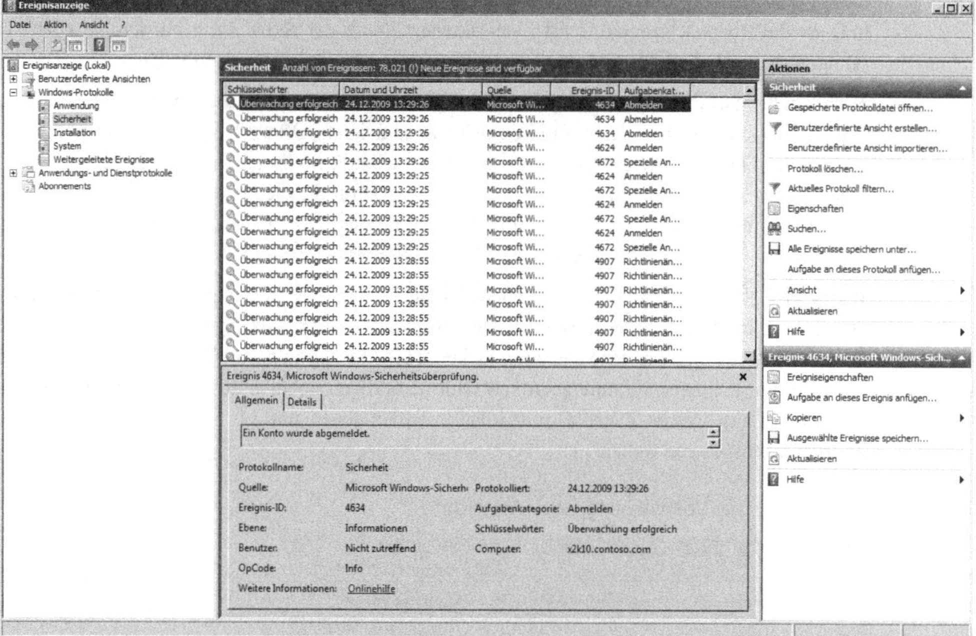

Freigabe von Verzeichnissen

Die Verbindung der Clients erfolgt zunächst zu einem Server. Auf diesem Server wird auf eine Freigabe zugegriffen. Eine Freigabe definiert, auf welche Verzeichnisse auf welchen Datenträgern zugegriffen werden kann. Der Client sieht nicht die physischen Festplatten auf den Servern und die dort definierten Verzeichnisstrukturen. Vielmehr stellt ihm eine Freigabe einen Eintrittspunkt zum Server bereit, von dem aus er die dort definierten Verzeichnisstrukturen durchsuchen kann.

Abbildg. 17.15 Zugreifen auf Verzeichnisse über Freigabe

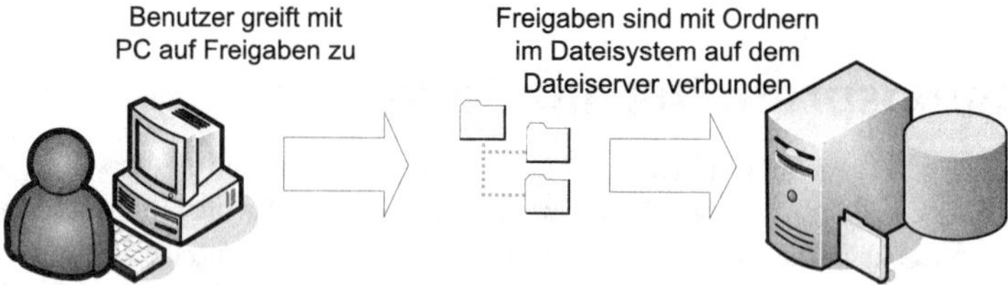

Der Benutzer muss nicht wissen, welche Festplatten es auf den Servern gibt und wie diese strukturiert sind, sondern soll nur die Bereiche sehen, die für ihn relevant sind. Für Freigaben können Zugriffsberechtigungen definiert werden. Damit können Freigaben als weitere Ebene der Sicherheit eingesetzt werden, zusätzlich zu den Sicherheitsmechanismen auf der Ebene und zu den Zugriffsberechtigungen auf der Ebene des Dateisystems. Freigaben lassen sich ganz einfach erstellen. Dazu wird im Windows-Explorer das Verzeichnis ausgewählt, für das eine Freigabe erstellt werden soll. Im Kontextmenü findet sich der Befehl *Freigabe*.

Abbildg. 17.16 Arbeiten mit Berechtigungen auf Freigabe- und Verzeichnisebene

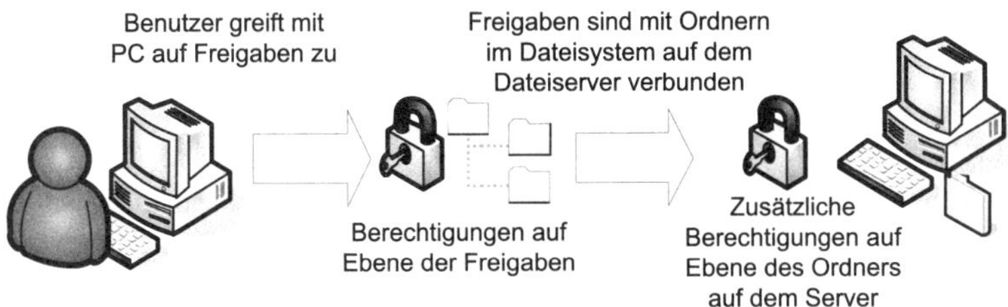

Im angezeigten Dialogfeld wird automatisch die Registerkarte *Freigabe* geöffnet. Öffnet sich nicht diese Registerkarte, sondern ein Assistent, ist noch der Freigabe-Assistent aktiviert und sollte deaktiviert werden:

1. Öffnen Sie über *Start/Computer* ein Explorer-Fenster.
2. Wählen Sie aus dem Dropdownmenü *Organisieren* die Option *Ordner- und Suchoptionen* aus.
3. Wechseln Sie zur Registerkarte *Ansicht*.
4. Deaktivieren Sie das Kontrollkästchen *Freigabe-Assistent verwenden*.
5. Melden Sie sich mit dem gleichen Benutzernamen und Kennwort an oder authentifizieren Sie sich entsprechend.

Klicken Sie als Nächstes auf die Schaltfläche *Erweiterte Freigabe*, da Sie so mehr Einstellungen vornehmen können. Mit der Option *Diesen Ordner freigeben* können Sie dieses Verzeichnis im Netzwerk zur Verfügung stellen. Sie können einen Freigabenamen und einen Kommentar zur Freigabe eingeben. Für die Definition von Freigabenamen sollten bereits klare Namensregeln bestehen, um diese einheitlich und sinnvoll zu bezeichnen.

Abbildg. 17.17 Konfigurieren einer Freigabe unter Windows Server 2008 R2

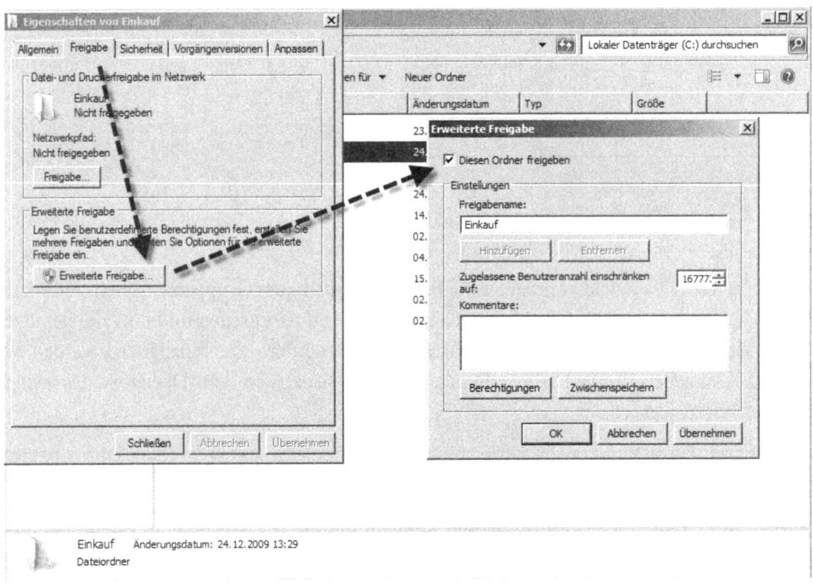

HINWEIS Administratoren können auf die komplette Festplatte über das Netzwerk zugreifen, indem die Freigabe *C$* bzw. *<Laufwerksbuchstabe>$* verwendet wird. Allerdings haben in diesem Fall sämtliche Netzwerkteilnehmer das Recht, auf die komplette Festplatte zuzugreifen und beliebige Daten zu löschen oder zu verändern. Diese Freigaben werden Admin-Freigaben genannt. Nur Administratoren haben Zugriff darauf.

Über die Schaltfläche *Berechtigungen* können Zugriffsrechte für die Freigabe konfiguriert werden. Aus diesen Berechtigungen und den Rechten für Dateien und Verzeichnisse, die im NTFS definiert wurden, wird die Schnittmenge gebildet. Es gelten grundsätzlich die engsten Einschränkungen der Zugriffsberechtigungen. Wenn ein Benutzer *Vollzugriff* auf die Freigabe hat und ein Verzeichnis im NTFS nur lesen darf, darf er es auch tatsächlich nur lesen.

Hat er andererseits im NTFS Vollzugriff und wurde auf die Freigabe nur das Leserecht vergeben, darf er auf das Verzeichnis über das Netzwerk nur lesend zugreifen. Er kann allerdings lokal auf dem Server oder über andere, überlappende Freigaben, die diese Einschränkung nicht haben, mit mehr Rechten zugreifen. Die Gruppe *Jeder* hat in Windows Server 2008 R2 nur lesenden Zugriff für neu erstellte Freigaben. Benutzer, Computer und Gruppen, die Zugriffsberechtigungen erhalten sollen, können über die Schaltfläche *Hinzufügen* ausgewählt werden.

Abbildg. 17.18 Hinzufügen und Verwalten von Berechtigungen für eine Freigabe

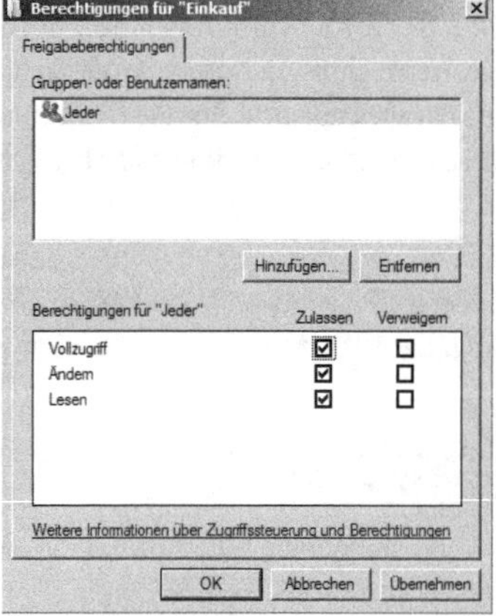

Im ersten angezeigten Dialogfeld können Sie die Benutzernamen oder Gruppen angeben. Alternativ können Sie den Befehl *Erweitert* verwenden, um auf ein weiteres Dialogfeld zuzugreifen und dort die Benutzer und Gruppen detaillierter auszuwählen. Gruppen, Benutzern und Computern, die hinzugefügt werden, wird zunächst das Recht *Lesen* vergeben. Andere Berechtigungen können selektiv in dem Dialogfeld *Berechtigungen* ausgewählt oder verweigert werden.

HINWEIS Die effektiven Berechtigungen bei einem Zugriff über eine Freigabe werden folgendermaßen ermittelt: Unabhängig voneinander wird erst die Berechtigung für den Zugriff über die Freigabe aus den zugewiesenen Berechtigungen sowie den Berechtigungen für Gruppen, in denen der Anwender Mitglied ist, ermittelt und anschließend die effektiven NTFS-Berechtigungen. Beim Vergleich der Berechtigungen erhält der Anwender jetzt die am stärksten einschränkende Berechtigung.

Versteckte Freigaben

Auch wenn es möglich ist, die Zugriffsberechtigungen auf eine Freigabe so einzustellen, dass einem unbefugten Anwender der Zugriff auf die Dateien und Verzeichnisse der Freigabe verwehrt werden, wird die Freigabe selbst aber immer angezeigt, unabhängig von den zugewiesenen Berechtigungen. Spezielle Freigaben können aber vor Anwendern versteckt werden, sodass diese nicht als Freigaben auftauchen, unabhängig von den jeweiligen Berechtigungen. Um zu verhindern, dass Anwender eine Freigabe sehen, verstecken Sie die Freigabe, indem Sie dem Freigabenamen ein Dollarzeichen anhängen. Sie können sich mit dieser Freigabe jetzt nur noch durch direkte Eingabe des Freigabenamens (inklusive Dollarzeichen) verbinden. In der Netzwerkumgebung wird die Freigabe nicht mehr angezeigt.

Abbildg. 17.19 Erstellen von versteckten Freigaben

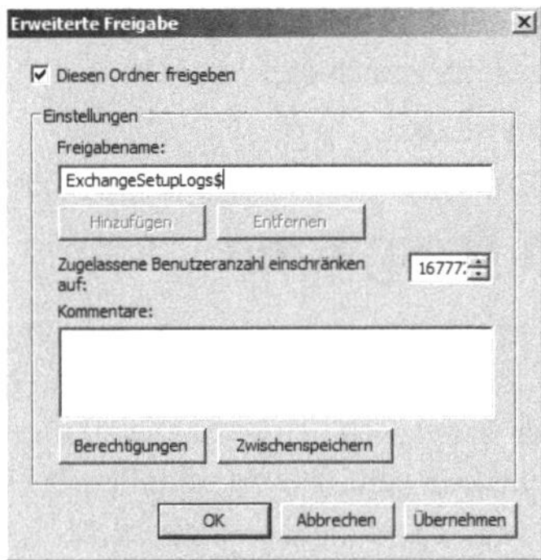

Für die Verwaltung der Windows-Computer werden direkt bei der Installation des Computers einige Standardfreigaben erstellt. Dabei handelt es sich ausnahmslos um versteckte Freigaben, die ausschließlich für die Verwendung durch den Administrator gedacht sind. Die Berechtigungen für diese Freigaben können nicht verändert werden. Alle Festplattenlaufwerke werden für den Zugriff durch den Administrator komplett freigegeben. Dies gilt nicht für CD- oder DVD-Laufwerke.

Da Sie bei der Installation eines Windows-Computers frei angeben können, in welchem Verzeichnis die Windows-Dateien installiert werden, gelangen Sie über die Freigabe *Admin$* zum Windows-Verzeichnis. Über die Freigabe *Print$* werden bei der Verknüpfung mit einem Netzwerkdrucker die benötigten Druckertreiber geladen. In der Befehlszeile sehen Sie diese Freigaben, wenn Sie den Befehl *net share* eingeben. Eine weitere Möglichkeit ist, wenn Sie *fsmgmt.msc* in das Suchfeld des Startmenüs eingeben.

Abbildg. 17.20 Anzeigen von Freigaben in der Befehlszeile

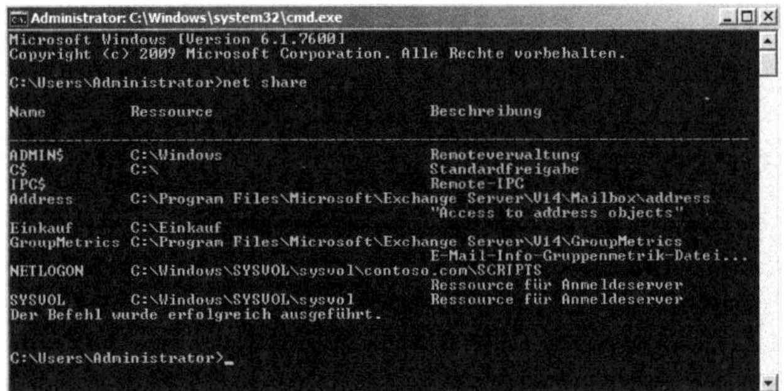

Sie sollten auf der Ebene der Freigaben die gleichen Gruppen berechtigen wie auf NTFS-Ebene. Die Festlegung auf NTFS-Ebene erfolgt über die Eigenschaften eines Ordners auf der Registerkarte *Sicherheit*. Über die Schaltfläche *Hinzufügen* können neue Objekte, denen Berechtigungen gewährt werden sollen, ausgewählt werden. Als Standardberechtigungen sind definiert:

- **Vollzugriff** Erlaubt den vollen Zugriff auf das Verzeichnis oder die Datei. Bei Verzeichnissen bedeutet das, dass Dateien hinzugefügt und gelöscht werden können. Bei Dateien stehen alle Funktionen zur Verfügung. Dazu gehört auch die Veränderung von Zugriffsberechtigungen.
- **Ändern** Die Berechtigungen sind im Vergleich mit dem Vollzugriff auf das Schreiben, Lesen, Ändern und Löschen beschränkt. Es können keine Berechtigungen erteilt werden.
- **Lesen, Ausführen** Für Programmdateien relevant, da diese ausgeführt werden dürfen
- **Ordnerinhalt auflisten** (nur bei Verzeichnissen) Der Inhalt des Verzeichnisses kann angezeigt werden. Die Inhalte der Dateien im Verzeichnis können nicht angezeigt werden.
- **Lesen** Definiert, dass eine Datei gelesen, aber nicht ausgeführt werden darf
- **Schreiben** Die Datei darf verändert, jedoch nicht gelöscht werden

Der Assistent zum Erstellen von Freigaben

Durch Eingabe von *shrpubw* im Suchfeld des Startmenüs können Sie den Assistenten zur Erstellung von Freigaben starten. Im nächsten Fenster des Assistenten können Sie den Ordner auswählen, den Sie im Netzwerk zur Verfügung stellen wollen. Auf der nächsten Seite legen Sie den Freigabenamen sowie die Offlineverfügbarkeit der Freigabe fest. Wenn eine Freigabe offline verfügbar ist, kann diese zum Beispiel mithilfe von Offlinedateien synchronisiert werden. Auf der letzten Seite des Assistenten legen Sie schließlich fest, welche Berechtigungen Anwender über das Netzwerk auf die Freigabe bekommen sollen. Über die Schaltfläche *Fertig stellen* wird die Freigabe schließlich erstellt.

Abbildg. 17.21 Erstellen einer Freigabe mit dem Assistenten für die Ordnerfreigabe

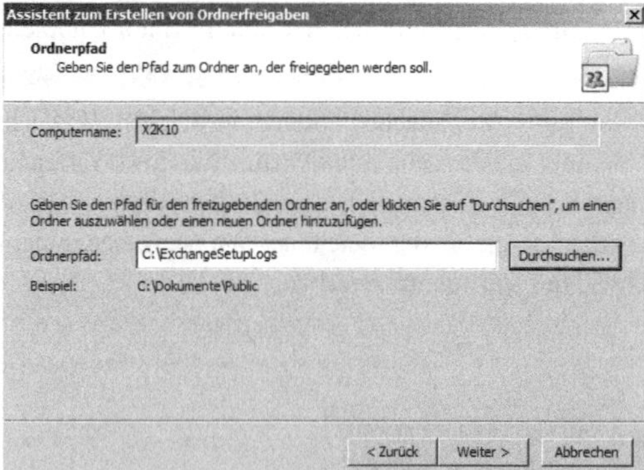

Alle Freigaben anzeigen

Sie können in der Computerverwaltung alle Freigaben Ihres Servers verwalten. Sie finden die Verwaltung der Freigaben über *Start/Verwaltung/Computerverwaltung*. Alternativ können Sie die Computerverwaltung über *compmgmt.msc* starten. In der Computerverwaltung können Sie sich auch mit anderen Servern verbinden, zum Beispiel Core-Server, die lokal nicht über dieses Snap-In verfügen. Sie können die explizite Verwaltung der Freigaben eines Servers auch über *Start/Ausführen/fsmgmt.msc* öffnen. Im Bereich *Freigegebene Ordner* stehen

Ihnen an dieser Stelle drei verschiedene Einträge zur Verfügung, über die Sie Freigaben verwalten und überprüfen können:

- **Freigaben** Wenn Sie auf diesen Eintrag klicken, werden Ihnen alle Freigaben angezeigt, die derzeit auf dem Computer verfügbar sind. Über das Kontextmenü zu diesem Eintrag können Sie neue Freigaben erstellen und über das Kontextmenü der einzelnen Freigaben lassen sich die Einstellungen der jeweiligen Freigabe konfigurieren.
- **Sitzungen** Über diesen Eintrag werden Ihnen alle aktuell über das Netzwerk verbundenen Benutzer angezeigt. Sie können die Benutzer per Klick mit der rechten Maustaste vom Server trennen.
- **Geöffnete Dateien** Hier werden alle Dateien angezeigt, die derzeit von verbundenen Benutzern über Freigaben auf dem Server geöffnet sind. Hier können Sie die Dateien auch schließen.

Abbildg. 17.22 Verwalten der Freigaben eines Servers

TIPP Eine Auflistung aller Freigaben erhalten Sie ebenfalls, wenn Sie über die Befehlszeile den Befehl *net share* ausführen.

Ein weiteres wertvolles Werkzeug für die Verwaltung von Freigaben und deren zugrunde liegenden Laufwerke ist das neue Snap-In *Freigabe- und Speicherverwaltung*, mit dem Sie neben dem lokalen Server auch auf andere Server wie zum Beispiel Core-Server zugreifen können. Sie rufen die neue Verwaltungskonsole über *Start/Verwaltung/Freigabe- und Speicherverwaltung* auf oder indem Sie im Suchfeld des Startmenüs den Befehl *StorageMgmt.msc* eingeben.

Abbildg. 17.23 Verwalten von Freigaben und Laufwerken mit der *Freigabe- und Speicherverwaltung*

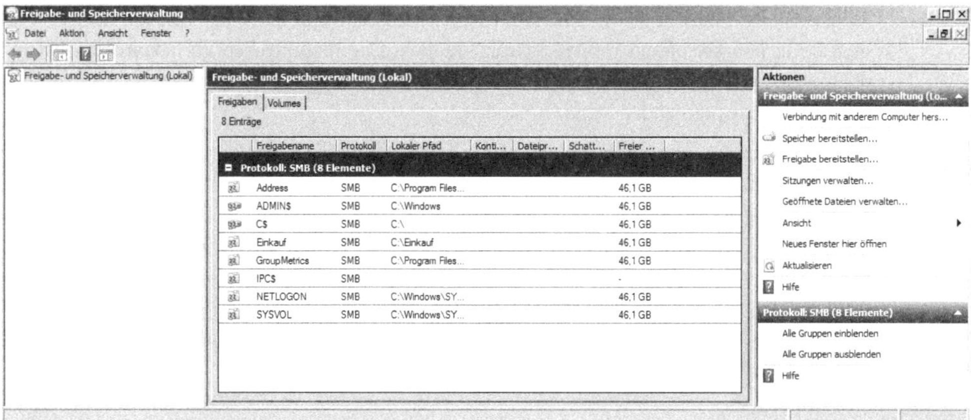

Auf Freigaben über das Netzwerk zugreifen

Damit die freigegebenen Dateien genutzt werden können, muss eine Verbindung zur Freigabe hergestellt werden. Dies kann direkt über die Angabe des UNC-Pfads (Universal Naming Convention) geschehen. Dieser Zugriff erfolgt zum Beispiel auf das Verzeichnis über *<Servername>**<Freigabe>*. Für Anwender wird in der Regel eine Verknüpfung mit einem Laufwerkbuchstaben hergestellt, sodass diese in der gewohnten Umgebung arbeiten können. Wenn Sie eine Freigabe eines Servers im Netzwerk als Laufwerk auf Ihrem PC verbinden wollen, öffnen Sie am besten im Startmenü das Kontextmenü zum Eintrag *Netzwerk*. Wählen Sie hier den Eintrag *Netzlaufwerk zuordnen* aus und geben Sie als Nächstes den Freigabenamen im Feld *Ordner* ein. Die Syntax dazu lautet:

```
\\<Servername oder IP-Adresse>\<Name der Freigabe>
```

Sie können zum Beispiel folgende Bezeichnung eingeben *\\dc01\einkauf*. Die Freigabe *c$* ist auf jedem Server oder PC vorhanden. Sie können diese Freigabe von einem anderen PC aus aber nur mit Administratorberechtigungen öffnen, daher heißt diese Freigabe auch Admin-Share (Admin-Freigabe). Nach einem Klick auf *Fertig stellen* öffnet sich ein Anmeldefenster, in dem Sie die Authentifizierungsdaten eingeben müssen.

Abbildg. 17.24 Verbinden eines Netzlaufwerks

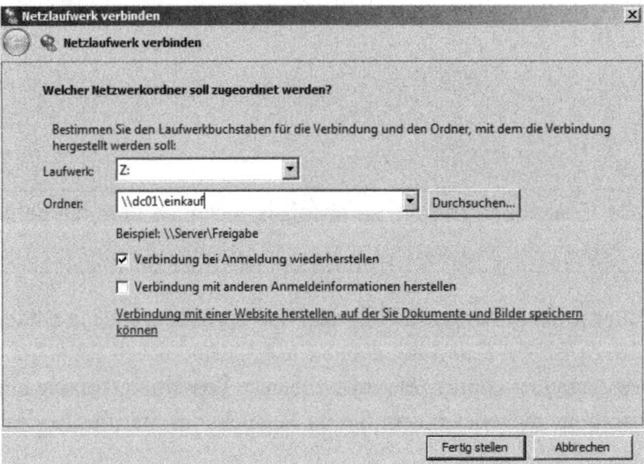

Ist der Server Mitglied einer Domäne, werden die Anmeldedaten des angemeldeten Benutzers verwendet. Wenn Sie sich am PC mit dem gleichen Benutzernamen und Kennwort anmelden, wie auf dem PC oder Server, auf dem Sie die Freigabe öffnen, müssen Sie keine Authentifizierung eingeben, auch dann nicht, wenn beide PCs in der gleichen Active Directory-Gesamtstruktur sind. Hier erkennt Windows Server 2008 R2 automatisch, dass es sich um den entsprechenden Benutzer handelt.

Wenn Sie allerdings von einem anderen Server im Netzwerk die *c$*-Freigabe öffnen wollen, erhalten Sie häufig ein Authentifizierungsfenster angezeigt, obwohl Sie an beiden Servern mit dem gleichen Benutzernamen und Kennwort angemeldet sind, beide Benutzer in der jeweiligen Administratorengruppe Mitglied sind und die Freigaben im Netzwerk- und Freigabecenter aktiviert wurden. Dieses Problem tritt aber nur zwischen Servern in verschiedenen Gesamtstrukturen auf, oder die nicht Mitglied einer Domäne sind. Ursache dafür ist, dass noch der Freigabe-Assistent aktiviert ist, der einen solchen Zugriff nicht gestattet. Um den Zugriff auf eine Freigabe über das Netzwerk, zum Beispiel *c$*, zu ermöglichen, deaktivieren Sie am besten diesen Assistenten. Gehen Sie dazu folgendermaßen vor:

1. Öffnen Sie über *Start/Computer* ein Explorer-Fenster.
2. Wählen Sie aus dem Dropdownmenü *Organisieren* die Option *Ordner- und Suchoptionen* aus.
3. Wechseln Sie zur Registerkarte *Ansicht*.
4. Deaktivieren Sie das Kontrollkästchen *Freigabe-Assistent verwenden*. Unter Windows Vista und Windows 7 ist dieser standardmäßig aktiviert, das gilt auch für Windows Server 2008 R2.
5. Melden Sie sich mit dem gleichen Benutzernamen und Kennwort an oder authentifizieren Sie sich entsprechend.

TIPP Geben Sie im Suchfeld des Startmenüs \\<*Servername*> ein, werden Ihnen alle Freigaben sowie die freigegebenen Drucker des Servers angezeigt. Dadurch können Sie per Doppelklick oder über das Kontextmenü sehr schnell den Inhalt von Netzwerkordnern anzeigen lassen.

net use-Befehl verwenden

Eine weitere Möglichkeit, Netzlaufwerke zu verbinden, steht Ihnen über die Eingabeaufforderung mit dem Befehl *net use* zur Verfügung. Eine Befehlszeile öffnen Sie entweder über *Start/Ausführen/cmd* oder über die Tastenkombination [Win]+[R] und Eingabe von *cmd*. Alternativ verwenden Sie den Befehl *Eingabeaufforderung* im Startmenü. Dazu werden am häufigsten die folgenden Befehle verwendet:

- *net use*

  Zeigt alle derzeit verbundenen Netzlaufwerk an

- *net use <Laufwerksbuchstabe>: /del*

  Trennt das angegebene Netzlaufwerk. Verwenden Sie *, trennt Windows alle Netzlaufwerke.

- *net use <Laufwerksbuchstabe>: \\<Computer mit Freigabe>\<Freigabename>*

  Durch Eingabe dieses Pfades verbinden Sie das Netzlaufwerk. Verwenden Sie *, aktiviert Windows den nächsten freien Buchstaben.

- *net use <Laufwerksbuchstabe>: \\<Computer mit Freigabe>\<Freigabename> <Benutzername> <Kennwort>*

  Sie können den Befehl auch mit dieser Syntax angeben, um ein Laufwerk mithilfe eines anderen Benutzers als dem derzeitig angemeldeten zu verbinden.

Verbundene Netzlaufwerke zeigt Windows im Explorer an. Sie können verbundene Laufwerke über deren Kontextmenü wieder trennen.

Abbildg. 17.25 Anzeigen der verbundenen Netzlaufwerke mit *net use*

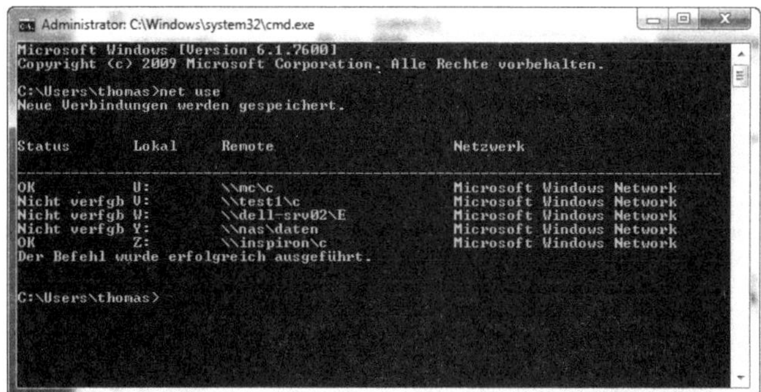

Robocopy – Robust File Copy Utility

Robocopy ist ein Befehlszeilentool, welches ähnlich wie Xcopy funktioniert, aber deutlich mehr Möglichkeiten bietet. Mit Robocopy sind sehr komplexe Dateireplizierungsaufgaben möglich. Zum Beispiel können Sie mit Robocopy vollständig gespiegelte Duplikate von zwei Dateistrukturen einschließlich aller Unterverzeichnisse und Dateien anlegen, ohne dass dabei unnötige Dateien kopiert werden müssten. Nur neue und aktualisierte Dateien am Quellspeicherort werden kopiert. Robocopy unterstützt außerdem alle verbundenen Dateiinformationen, einschließlich der Datums- und Zeitstempel, Zugriffssteuerungslisten (Access Control Lists, ACL) und vieles mehr. Vor allem für kleinere Unternehmen kann die Datensicherung per Skript über *robocopy.exe* sehr effizient sein und wird auch schon bei vielen Unternehmen praktiziert. Mit dem Tool lassen sich ohne großen Aufwand sehr effiziente Backupstrategien erstellen.

Robocopy unterstützt das Protokollieren in Dateien, kann allerdings nicht auf Bandlaufwerke zugreifen, sondern ist hauptsächlich für die Datensicherung auf externe Festplatten oder Netzlaufwerke gedacht. Robocopy kann auch Windows-Berechtigungen kopieren und Dateien nicht nur kopieren, sondern auch verschieben sowie löschen. Robocopy verfügt über eine Vielzahl von Optionen und kann zum Beispiel per Skript ein Verzeichnis mit einem anderen abgleichen. Es ist auch möglich, nur veränderte Dateien zu kopieren und gelöschte Dateien des einen Verzeichnisses auf dem anderen zu löschen. Mit diesen Möglichkeiten können Unternehmen schnell und leicht spiegeln und so Datenverlust vorbeugen, unabhängig von einem Datensicherungskonzept.

Robocopy kann Verzeichnisse mit Unterverzeichnissen kopieren und dabei einzelne Dateien ausschließen. Robocopy kann Zeitstempel der Dateien auslesen und so auf Basis des Erstellungs- oder Änderungsdatums Dateien kopieren oder auch löschen. Wenn Sie häufig ein Verzeichnis über das Netzwerk spiegeln wollen, lässt sich mit Robocopy deutlich Zeit sparen, da Sie zum Beispiel nur veränderte Dateien kopieren müssen und bereits vorhandene einfach übergehen können.

Befehlszeilenreferenz von Robocopy

Die Befehlszeile von Robocopy sieht folgendermaßen aus:

```
Robocopy <Quelle> <Ziel>< Datei(en)>/< Option>
```

Platzhalter sind erlaubt. Wenn keine Dateien oder Platzhalter eingegeben werden, verwendet Robocopy standardmäßig (*.*), kopiert also alle Dateien. Quelle und Ziel können ein Verzeichnis, ein Laufwerk oder auch ein UNC-Pfad sein (*\\<Server>\<Freigabe>*). Die Optionen werden hinter dem Befehl angehängt. Sie können beliebig viele Optionen miteinander kombinieren:

Tabelle 17.1 Aufrufoptionen von Robocopy

Option	Funktion
/S	Kopiert Unterverzeichnisse (außer leere Verzeichnisse)
/E	Kopiert Unterverzeichnisse (auch leere Verzeichnisse)
/LEV:n	Kopiert nur bis zu einer Verzeichnistiefe von *n*. Die restlichen Verzeichnisse werden nicht kopiert.
/Z	Wenn der Kopiervorgang unterbrochen wird, können Sie mit dieser Option an der Stelle weitermachen, an der abgebrochen wurde. Es können aber nicht alle Dateien kopiert werden.
/B	Dateien werden im Backupmodus kopiert. Es werden also alle Dateien kopiert, auch diejenigen, mit denen die Option */Z* Probleme hat.

Tabelle 17.1 Aufrufoptionen von Robocopy *(Fortsetzung)*

Option	Funktion
/ZB	Es wird zunächst die Option */Z* probiert. Schlägt das bei einer Datei fehl, verwendet Robocopy die Option */M*.
/COPY:copyflags	Kopiert nur die Dateiattribute, die definiert werden. Dazu muss das Dateisystem auf dem Quell- und dem Zielverzeichnis im NTFS-Format formatiert sein. D – Daten S – Sicherheit (NTFS ACLs) A – Attribute O – Besitzer-Informationen T – Zeitstempel U – Informationen zur Überwachung Standardmäßig kopiert Robocopy nur mit der Option */COPY:DAT*. Überwachung, Sicherheit und Datenbesitzer werden standardmäßig nicht kopiert.
/COPYALL	Kopiert alles, also wie */COPY:DATSOU* (s.o.)
/NOCOPY	Es wird nichts kopiert (nur sinnvoll für Spiegelung, wenn gelöscht werden soll)
/SEC	Entspricht dem Schalter */COPY:DATS*. Sicherheitsinformationen und ACLs werden kopiert.
/MOV	Löscht nach dem Kopieren die Quelldatei
/MOVE	Verschiebt Dateien und Verzeichnisse
/PURGE	Löscht Dateien und Verzeichnisse im Zielverzeichnis, die auf dem Quellverzeichnis nicht mehr vorhanden sind
/MIR	Spiegelt ein komplettes Verzeichnis. Löscht also auch Dateien im Zielverzeichnis, die im Quellverzeichnis nicht mehr vorhanden sind.
/A+:{R|A|S|H|N|T}	Ändert die Dateiattribute beim Kopieren: R – Read-only S – System N – Not content indexed A – Archive H – Hidden T – Temporary
/A–:{R|A|S|H|N|T}	Löscht die definierten Attribute beim Kopieren: R – Read-only S – System N – Not content indexed A – Archive H – Hidden T – Temporary
/CREATE	Erstellt leere Verzeichnisse, wenn in der Quelle auch vorhanden
/FAT	Ändert die Dateinamen ab, damit sie dem 8.3-Format entsprechen, also maximal acht Zeichen vor und drei nach dem Punkt
/FFT	Kopiert auf Systeme, die nur kompatibel zu NTFS sind, aber eigentlich nur das FAT-Dateisystem beherrschen (wird eher selten benötigt)
/MON:n	Zählt die Änderungen von Dateien im Quellverzeichnis mit und startet nach n Änderungen den Kopiervorgang nach dem Zeitraum, der mit */MOT* (s.u.) definiert wird
/MOT:n	Führt den Kopiervorgang nach *n* Minuten wieder aus. In Kombination mit */MON* möglich.
/RH:hhmm-hhmm	Definiert, innerhalb welcher Zeit kopiert werden darf. Die Werte sind im 24 Stunden-Format angegeben und müssen im Format *0000* bis *2359* eingegeben werden.
/PF	Die Option ist optimal, wenn ein laufender Kopiervorgang über den mit */RH* definierten Zeitraum hinausgeht. Der Kopiervorgang kann so schneller abgeschlossen werden.

Tabelle 17.1 Aufrufoptionen von Robocopy *(Fortsetzung)*

Option	Funktion
/IPG:n	Mit dieser Option wird nach 64 KB *n* Millisekunden gewartet, bevor weiterkopiert wird. Vor allem für Kopiervorgänge zwischen Niederlassungen kann so die Bandbreite eingespart werden.
/IA:{R|A|S|H|C|N|E|T|O}	Kopiert nur Dateien mit den definierten Attributen: R – Read-only A – Archive S – System H – Hidden C – Compressed N – Not content indexed E – Encrypted T – Temporary O – Offline
/XA:{R|A|S|H|C|N|E|T|O}	Kopiert keine Dateien mit den definierten Attributen: R – Read-only A – Archive S – System H – Hidden C – Compressed N – Not content indexed E – Encrypted T – Temporary O – Offline
/A	Kopiert nur Dateien, in denen die Eigenschaft *Archiv* gesetzt wurde (kann man über die Eigenschaften einer Datei durchführen)
/M	Wie */A*, allerdings wird das Archiv-Attribut in der Quelldatei zurückgesetzt
/XF file [file]	Kopiert diese Dateien nicht. Sie können mehrere hintereinander schreiben.
/XD dir [dir]	Kopiert diese Verzeichnisse nicht
/XC	Schließt Dateien aus, die im Quellverzeichnis als »geändert« markiert sind
/XN	Kopiert keine Dateien, die im Quellverzeichnis als neuer deklariert sind
/XO	Wie */XN*, nur werden Dateien nicht kopiert, die im Quellverzeichnis als älter definiert sind
/MAX:n	Dateien, die größer als *n* Bytes sind, werden nicht kopiert (Achtung, nicht Kilobytes)
/MIN:n	Kopiert keine Dateien, die kleiner als *n* Bytes sind
/MAXAGE:n	Kopiert keine Dateien, die älter als *n* Tage sind. Sie können *n* auch als Datum in der Form von *YYYYMMDD* angeben.
/MINAGE:n	Kopiert keine Dateien, die neuer sind. Syntax wie bei */MAXAGE*.
/MAXLAD:n	Kopiert keine Dateien, auf die vor *n* Tagen nicht zugegriffen wurde. Syntax wie bei */MAXAGE*.
/MINLAD:n	Wie */MAXLAD*, nur nach *n* Tagen, also neuere Dateien
/R:n	Definiert die maximalen Fehler, die beim Kopieren übergangen werden (standardmäßig 1 Mio.)
/W:n	Definiert die Sekunden, die gewartet wird, wenn ein Kopiervorgang nicht erfolgreich war, um es erneut zu versuchen
/REG	Speichert */R* und */W* in der Registry als Standardwert für weitere Robocopy-Aufträge
/L	Gibt nur eine Liste der Dateien aus, führt aber keinen Kopiervorgang durch
/TS	Zeigt den Zeitstempel der Quelldateien in der Protokolldatei an
/FP	Zeigt den vollen Pfadnamen in der Protokolldatei
/NS	Zeigt nicht Datei- und Verzeichnisgröße in der Protokolldatei an
/NFL	Protokolliert keinen Kopiervorgang außer Fehler

Tabelle 17.1 Aufrufoptionen von Robocopy *(Fortsetzung)*

Option	Funktion
/NP	Zeigt den Fortschritt des Kopiervorgangs bei großen und kleinen Dateien nicht an (%-Angabe)
/ETA	Zeigt die Dauer der Kopiervorgänge an
/LOG:file	Speichert das Protokoll in der definierten Datei
/LOG+:file	Hängt das Protokoll an eine bereits bestehende Protokolldatei an
/TEE	Zeigt die Vorgänger auch in der Eingabeaufforderung an, nicht nur im Protokoll
/JOB:job	Liest die Parameter von einer Auftragsdatei (Job File) aus
/SAVE:job	Speichert die Parameter in einer Auftragsdatei
/QUIT	Führt nichts aus. Zeigt in Verbindung mit dem */JOB*-Schalter den Inhalt der Auftragsdatei an.

Anmerkungen zum Umgang mit Robocopy

Wenn der Kopiervorgang einer Datei aus irgendwelchen Gründen fehlschlägt (beispielsweise ist die Datei in Benutzung oder der Zugriff wurde verweigert), führt Robocopy innerhalb eines definierten Zeitraums einige weitere Versuche durch, um den Kopiervorgang noch erfolgreich abzuschließen. Robocopy wartet standardmäßig 30 Sekunden und 1 Mio. Versuche, um den Kopiervorgang durchzuführen. Diese beiden Werte lassen sich mit den Optionen */W* und */R* steuern, sowie mit */REG* als Standard in der Registry festlegen. Bei jedem Vorgang werden die Optionen */W* und */R* zunächst verwendet, bevor der Standard aktiv wird. Sind in der Befehlszeile */R* und */W* nicht gesetzt, greifen die Standardwerte.

Wenn Sie Datei- oder Verzeichnisnamen kopieren wollen, die ein Leerzeichen beinhalten, geben Sie den Pfad in Anführungszeichen an, zum Beispiel *Robocopy "\fs01\einkauf\lieferanten 2009" \fs01\archiv\einkauf*. Alle Optionen werden von links nach rechts gelesen und ausgeführt. Experimentieren Sie zunächst ein bisschen mit den Optionen in einer Testumgebung oder zumindest mit einem Testverzeichnis, um das für Sie optimale Ergebnis herauszuholen. Nach unserer Erfahrung verwenden die meisten Administratoren die Option */MIR*, weil so schnell und einfach ein Spiegel eines Verzeichnisses angelegt wird.

TIPP Um die Daten in einer Freigabe auf einen anderen Rechner zu spiegeln, schreiben Sie am besten ein Skript mit dem Befehl

```
robocopy <Quellverzeichnis> <Sicherungslaufwerk>:\<Sicherungsverzeichnis> /mir
```

Mit dem folgenden Befehl werden die Verzeichnisse und Dateien aus einem Dokumentenverzeichnis auf das Laufwerk *Y:* in das Verzeichnis *backup* kopiert:

```
robocopy c:\users\thomas\documents y:\backup /mir
```

Die Option */mir* von Robocopy kopiert nur geänderte Dateien und löscht Dateien im Zielverzeichnis, die im Quellverzeichnis nicht mehr vorhanden sind. Das heißt, der erste Kopiervorgang dauert recht lange, da erst alle Dateien kopiert werden müssen. Der zweite geht aber deutlich schneller, da nur geänderte Dateien kopiert werden. Löschen Sie im Quellverzeichnis eine Datei, wird diese auch im Backupverzeichnis gelöscht. So erhalten Sie immer eine 1:1-Kopie Ihrer wichtigsten Daten. Sie können ohne Weiteres auch mehrere Verzeichnisse sichern. Verwenden Sie in diesem Fall einfach mehrmals den Befehl nacheinander in der Datei.

Zusammenfassung

In diesem Kapitel haben wir Ihnen gezeigt, wie Sie Windows Server 2008 R2 als Dateiserver betreiben und Freigaben erstellen. Auch die Konfiguration von Zugriffsberechtigungen über Gruppen und im NTFS wurde in diesem Kapitel erläutert. Im nächsten Kapitel gehen wir ausführlicher auf den Ressourcen-Manager für Dateiserver und das verteilte Dateisystem ein, beides Bereiche für Enterprise-Umgebungen.

Kapitel 18

Ressourcen-Manager für Dateiserver, DFS, EFS und NFS

In diesem Kapitel:

Eine weitere Neuerung seit Windows Server 2003 R2, die für Windows Server 2008 R2 weiter entwickelt wurde, ist der neue *Ressourcen-Manager für Dateiserver (Fileserver Resource Manager, FSRM)*. Mit diesem Tool lassen sich an zentraler Stelle alle Dateiserver eines Unternehmens konfigurieren und Datenträgerkontingente (Quotas) steuern. Sie können Anwender daran hindern, unerwünschte Dateien auf den Servern abzulegen, zum Beispiel MP3-Dateien oder Bilder. Mit dem FSRM können Sie detaillierte Berichte und Vorlagen für Quotas erstellen. Starten können Sie den Ressourcen-Manager für Dateiserver über die Programmgruppe *Verwaltung* oder *fsrm.msc*. Standardmäßig ist der Rollendienst nicht installiert, wenn Sie ihn bei der Auswahl der Rolle *Dateidienste* nicht ausgewählt haben. Wollen Sie diesen nutzen, müssen Sie ihn zunächst installieren.

Abbildg. 18.1 Verwalten von Dateiservern mit dem neuen Ressourcen-Manager für Dateiserver

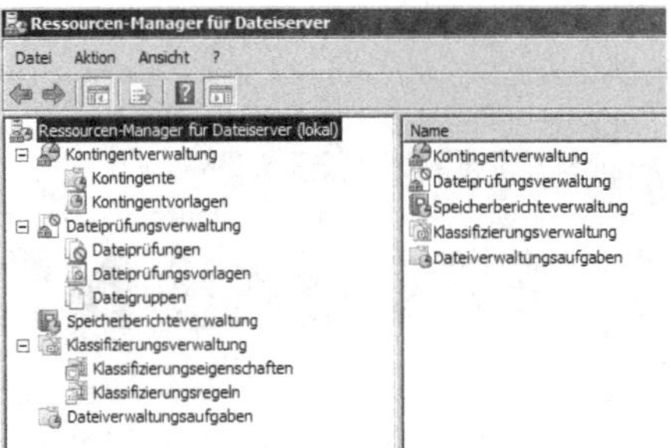

Nachdem Sie das Programm gestartet haben, können Sie mit dem Befehl *Optionen konfigurieren* im Kontextmenü zu dem Eintrag *Ressourcen-Manager für Dateiserver* detaillierte Benachrichtigungen und Berichte erstellen lassen. Vor allem die E-Mail-Adressen der Administratoren sollten konfiguriert werden, damit die später konfigurierten Berichte und Warnungen auch zugestellt werden können. Nachdem Sie die Administratoren eingetragen haben, sollten Sie zunächst mit der Schaltfläche *Test-E-Mail senden* überprüfen, ob die E-Mail beim gewünschten Empfänger ankommt.

Abbildg. 18.2 Verwalten der Benachrichtigungsoptionen für den Ressourcen-Manager für Dateiserver

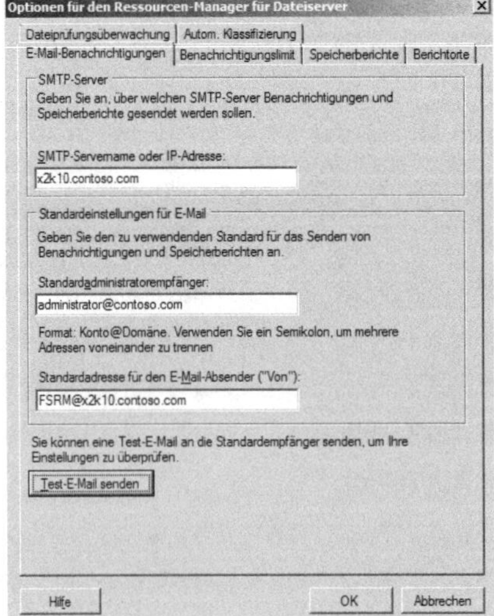

HINWEIS Wenn ein Benutzer mehrmals versucht, eine blockierte Datei oder eine Datei, die die Kontingentgrenze überschreitet, zu speichern, und wenn für dieses Dateiprüfungs- bzw. dieses Kontingentereignis eine E-Mail-Benachrichtigung konfiguriert ist, dann wird für einen Zeitraum von 60 Minuten nur eine einzige E-Mail an den Administrator gesendet. Auf diese Weise wird verhindert, dass das E-Mail-Konto des Administrators mit Nachrichten überschwemmt wird.

Kontingentverwaltung mit dem FSRM

Mit einem Kontingent können Sie beispielsweise festlegen, dass ein Benutzer nur maximal 100 MB auf seinem Homelaufwerk speichern kann. Sie können mithilfe des FSRMs eine automatische E-Mail an Administratoren und den Benutzer senden, damit dieser rechtzeitig Daten auf seinem Laufwerk löschen kann. Sie können auch Benachrichtigungen konfigurieren, ohne dass ein Kontingent gesetzt wird. Wenn Sie den Konsoleneintrag *Kontingentverwaltung* erweitern, stehen Ihnen die Konfiguration von Kontingenten und von Kontingentvorlagen zur Verfügung. An dieser Stelle können Sie für einzelne Freigaben oder ganze Datenträger Kontingente festlegen, also Speichergrenzen, die von den Anwendern nicht überschritten werden dürfen.

Hierzu einige Beispiele:

- Sie können eine Grenze von 200 MB für den persönlichen Ordner eines Benutzers auf einem Server festlegen und bestimmen, dass Sie und der Benutzer benachrichtigt werden, wenn 180 MB Speicherplatz überschritten wurden
- Für den gemeinsam verwendeten Ordner einer Gruppe kann ein flexibles Kontingent von 500 MB festgelegt werden. Wird diese Speicherbeschränkung erreicht, werden alle Benutzer in der Gruppe per E-Mail benachrichtigt, dass das Speicherkontingent temporär auf 520 MB erweitert wurde.
- Sie können festlegen, dass Sie eine Benachrichtigung erhalten, wenn die Auslastung eines Ordners 2 GB erreicht, ohne jedoch das Kontingent dieses Ordners zu beschränken, da dieses erforderlich ist, um einen Dienst auf dem Server auszuführen

Kontingente und Kontingentvorlagen erstellen

Kontingente können aus einer Vorlage oder individuell erstellt werden. Wenn Sie Kontingente aus Vorlagen erstellen, können Sie die Kontingente zentral verwalten, indem Sie statt der einzelnen Kontingente die Vorlagen konfigurieren. Sie können Änderungen auf alle Kontingente anwenden:

1. Um ein neues Kontingent zu erstellen, klicken Sie im Knoten *Kontingentverwaltung* mit der rechten Maustaste auf den Eintrag *Kontingente* und wählen im Kontextmenü den Befehl *Kontingent erstellen* aus.
2. Wählen Sie unter *Kontingentpfad* den Pfad zu dem Ordner aus, für den das Kontingent gelten soll, oder geben Sie den Pfad ein. Die Erstellung von Kontingentvorlagen läuft genauso ab, wie die Erstellung eines Kontingents. *Kontingentvorlagen* können als Vorlagen für verschiedene Kontingente verwendet werden. Um ein Kontingent basierend auf einer Vorlage zu erstellen, wählen Sie unter *Kontingentvorlagen* die Vorlage aus, auf der das neue Kontingent basieren soll. Klicken Sie dann mit der rechten Maustaste auf die Vorlage und wählen Sie im Kontextmenü den Befehl *Kontingent mithilfe einer Vorlage erstellen.*
3. Um eine Kontingentvorlage als Basis für das Kontingent zu verwenden, wählen Sie im Dialogfeld *Kontingent erstellen* die Option *Eigenschaften aus dieser Kontingentvorlage übernehmen* aus und legen dann über das zugehörige Listenfeld die Vorlage fest. Alle Vorlageneigenschaften werden unter *Zusammenfassung der Kontingenteigenschaften* angezeigt.
4. Klicken Sie anschließend auf *Erstellen.*

Nach der Erstellung wird das Kontingent im FSRM angezeigt, wenn Sie auf der linken Seite auf den Eintrag *Kontingente* klicken. Wenn Sie ein neues Kontingent festlegen, können Sie bei der Erstellung die Option *Vorlage automatisch. anwenden, Kontingente in Unterordnern erstellen* aktivieren. Sobald in dem konfigurierten Ordner ein neuer Unterordner erstellt wird, zum Beispiel, wenn Sie mit servergespeicherten Profilen arbeiten, wird dieses Kontingent diesem Unterordner automatisch zugewiesen.

Abbildg. 18.3 Erstellen eines Kontingents basierend auf einer Vorlage

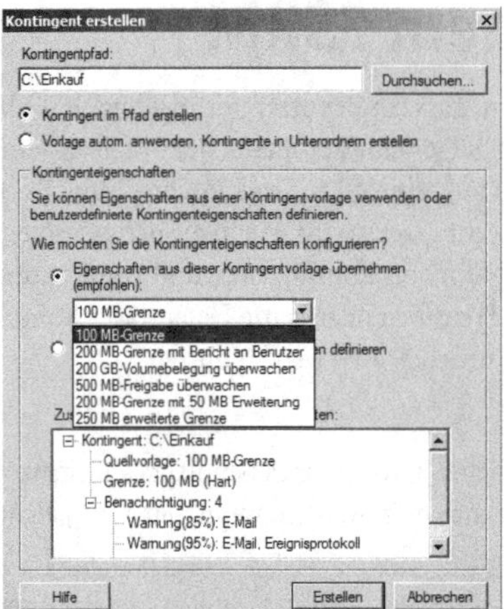

Sie können einer Vorlage durch Klicken auf die Schaltfläche *Hinzufügen* verschiedene Schwellenwerte und damit verbundene Aktionen, wie die Ereignisprotokollierung oder das Senden von E-Mails zuweisen. Sie können an dieser Stelle den Text der E-Mails konfigurieren, die vorhandenen Vorlagen bearbeiten oder neue Vorlagen erstellen.

Bei der Erstellung von Kontingentvorlagen können Sie harte oder weiche Grenzen festlegen. Bei harten Grenzen werden beim Überschreiten der Grenze die Schreibrechte des Anwenders aufgehoben, sodass er keine weiteren Dateien mehr in diesem Verzeichnis speichern kann. Bei einer weichen Grenze ist das Speichern weiterhin möglich, es werden aber Benachrichtigungsaktionen ausgelöst. Benachrichtigungsschwellenwerte bestimmen, was passiert, wenn die Kontingentgrenze erreicht wird. Sie können E-Mail-Benachrichtigungen senden, ein Ereignis protokollieren, einen Befehl oder ein Skript ausführen oder Berichte generieren. Standardmäßig werden keine Benachrichtigungen generiert.

Um Benachrichtigungen zu konfigurieren, die bei Erreichen der Kontingentgrenze generiert werden, markieren Sie in der Liste *Benachrichtigungsschwellenwerte* den Schwellenwert und klicken Sie auf *Bearbeiten*. Um E-Mail-Benachrichtigungen zu konfigurieren, legen Sie auf der Registerkarte *E-Mail-Nachricht* die folgenden Optionen fest:

- Aktivieren Sie das Kontrollkästchen *E-Mail an die folgenden Administratoren senden*, und geben Sie die E-Mail-Adressen der Administratorkonten ein, die Benachrichtigungen erhalten sollen. Trennen Sie mehrere Konten durch Semikolons voneinander.
- Um den Anwender selbst zu kontaktieren, aktivieren Sie das Kontrollkästchen *E-Mail an den Benutzer senden, der den Schwellenwert überschritten hat*
- Der Text in eckigen Klammern fügt Variableninformationen zu dem Kontingentereignis ein, das die Benachrichtigung verursacht hat. Die Variable *[Source Io Owner]* fügt beispielsweise den Namen des Benutzers oder der Anwendung ein, von dem die Datei auf den Datenträger geschrieben wurde. Klicken Sie auf die Schaltfläche *Variable einfügen*, um weitere Variablen in den Text einzufügen.

Abbildg. 18.4 Erstellen einer Kontingentvorlage

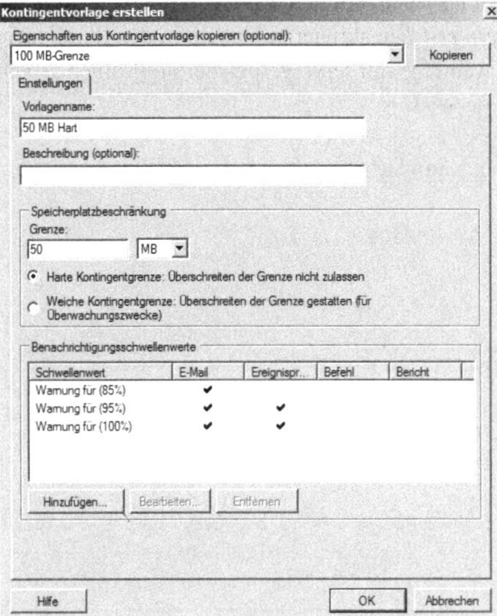

Um einen Eintrag im Ereignisprotokoll zu protokollieren, aktivieren Sie auf der Registerkarte *Ereignisprotokoll* das Kontrollkästchen *Warnung an Ereignisprotokoll senden*. Wollen Sie einen Befehl oder ein Skript auszuführen, aktivieren Sie auf der Registerkarte *Befehl* das Kontrollkästchen *Diesen Befehl oder dieses Skript ausführen*, und geben Sie den Befehl ein. Wollen Sie die automatische Generierung von Speicherberichten festlegen, aktivieren Sie auf der Registerkarte *Bericht* das Kontrollkästchen *Berichte generieren*, und wählen Sie aus, welche Berichte generiert werden sollen.

Nachdem Sie die Benachrichtigungstypen konfiguriert haben, die generiert werden sollen, klicken Sie auf *OK*, um den Schwellenwert zu speichern. Um weitere Benachrichtigungsschwellenwerte zu konfigurieren, klicken Sie im Bereich *Benachrichtigungsschwellenwerte* auf *Hinzufügen*. Geben Sie oben im Dialogfeld *Schwellenwert hinzufügen* den Prozentsatz der Kontingentgrenze ein, bei dem Benachrichtigungen generiert werden sollen. Der Standardschwellenwert für die erste Benachrichtigung liegt bei 85 Prozent.

HINWEIS Um E-Mail-Benachrichtigungen zu senden und die Speicherberichte zu konfigurieren, müssen Sie zunächst die allgemeinen Optionen des Ressourcen-Managers für Dateiserver konfigurieren, wie zu Beginn des Abschnitts besprochen.

Kontingentvorlagen anpassen

Sie können die Eigenschaften der vorhandenen oder von Ihnen erstellten Kontingentvorlagen jederzeit bearbeiten, wenn Sie auf der entsprechenden Vorlage einen Doppelklick ausführen. Wenn Sie eine Vorlage ändern und die Änderung abspeichern, erscheint ein neues Fenster mit verschiedenen Optionen:

- **Vorlage nur auf abgeleitete Kontingente anwenden** Mit dieser Option werden alle Kontingente mit den neuen Einstellungen der Vorlage überschrieben, wenn die Kontingente noch den Einstellungen der Originalvorlage entsprechen, also nicht nachträglich verändert wurden
- **Vorlage auf alle abgeleiteten Kontingente anwenden** Mit dieser Option werden alle Änderungen der Vorlage auf die Kontingente übertragen, die mit der Vorlage erstellt wurden, unabhängig davon, ob in den einzelnen Kontingenten nach der Erstellung Einstellungen geändert wurden. Wenn Sie auswählen, die Ände-

rungen an allen Kontingenten vorzunehmen, die von der Originalvorlage abgeleitet sind, werden alle von Ihnen erstellten benutzerdefinierten Kontingenteigenschaften überschrieben.

- **Vorlage nicht auf abgeleitete Kontingente anwenden** Wenn Sie diese Option wählen, werden die Änderungen der Vorlage nicht auf die bereits erstellten Kontingente übertragen, sondern nur auf neue Kontingente angewendet, die Sie mit der Vorlage erstellen

Die gleichen Optionen stehen Ihnen zur Verfügung, wenn Sie ein automatisch erstelltes Kontingent bearbeiten.

Abbildg. 18.5 Aktualisieren von Kontingenten nach Bearbeitung einer Vorlage

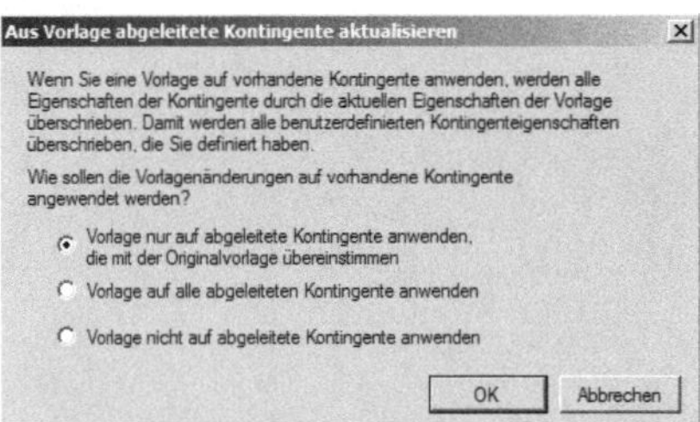

HINWEIS Entsprechen die Werte *Verwendet* und *Verfügbar* für einige erstellte Kontingente nicht der tatsächlichen Einstellung für *Grenze*, könnte die Ursache ein verschachteltes Kontingent sein. Dabei handelt es sich bei dem Kontingent, das für einen Ordner gilt, um ein restriktiveres Kontingent, das von einem seiner übergeordneten Ordner abgeleitet ist.

Wechseln Sie in diesem Fall im Knoten *Kontingentverwaltung* zu *Kontingente* und wählen Sie dann den Kontingenteintrag mit dem Problem aus. Klicken Sie im Aktionsbereich auf *Kontingente anzeigen, die sich auf Ordner auswirken*, und suchen Sie nach Kontingenten, die auf übergeordnete Ordner angewendet sind. So können Sie identifizieren, welche Kontingente restriktive Einstellungen für das ausgewählte Kontingent haben.

Dateiprüfungsverwaltung im FSRM

Über den Konsoleneintrag *Dateiprüfungsverwaltung* im Ressourcen-Manager für Dateiserver können Sie Dateiprüfungen erstellen, um zu steuern, welche Dateitypen von Benutzern gespeichert werden können, und um Benachrichtigungen zu senden, wenn Benutzer versuchen, blockierte Dateien zu speichern. Sie können zum Beispiel sicherstellen, dass keine Musikdateien, Bilder oder Videos in persönlichen Ordnern auf einem Server gespeichert werden. Jedoch können Sie die Speicherung bestimmter Arten von Mediendateien zulassen, die die Rechteverwaltung unterstützen oder den Unternehmensrichtlinien entsprechen.

Speziellen Anwendern im Unternehmen können dagegen besondere Privilegien zum Speichern beliebiger Dateien in seinem persönlichen Ordner gewährt werden. Mit diesem Feature des FSRM können Sie also Ihren Anwendern das Speichern von bestimmten Dateianhängen wie zum Beispiel *.mp3*, *.mpeg* oder *.wmv* untersagen. Versucht ein Anwender eine solche Datei zu speichern, können Sie Benachrichtigungen konfigurieren, die automatisch verschickt werden.

Wenn Sie im FSRM den Eintrag *Dateiprüfungen* unterhalb des Knotens *Dateiprüfungsverwaltung* mit der rechten Maustaste anklicken, können Sie eine neue Dateiprüfung erstellen. Ähnlich wie bei den Kontingenten müssen Sie einen Pfad festlegen, auf dem die Dateiprüfung aktiviert ist. Sie können die Prüfung anhand einer Vorlage erstellen oder eine benutzerdefinierte Prüfung erstellen. In beiden Fällen können Sie konfigurieren, dass die Anwender daran gehindert werden, die Dateien zu speichern (aktive Prüfung). Sie können den Anwendern allerdings auch das Speichern erlauben, aber dennoch eine Aktion zur Überwachung konfigurieren (passive Prüfung).

HINWEIS Wenn im geprüften Pfad einer Dateiprüfung bereits Dateien gespeichert sind, die blockiert werden sollen, hindert die Dateiprüfung Anwender nicht am Zugriff. Erst das Speichern nach der aktivierten Dateiprüfung wird verhindert und überwacht.

Abbildg. 18.6 Erstellen einer Dateiprüfung

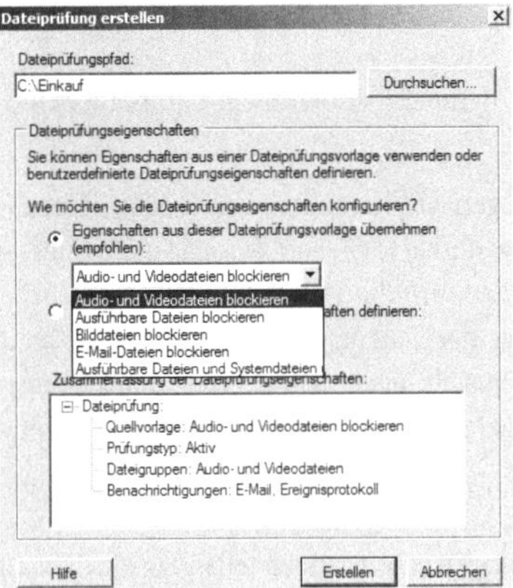

Wie bei den Kontingenten können Sie auch für die Dateiprüfungen eigene Vorlagen erstellen oder die bereits erstellten Vorlagen bearbeiten. Sie können die Einstellungen einer bereits erstellten Vorlage in eine neue kopieren und so die Einstellungen einer Vorlage für andere verwenden. Wenn Sie eine Vorlage bearbeiten und speichern, werden Sie (wie bei den Vorlagen für Kontingente) gefragt, ob die Änderungen an die Dateiprüfungen übergeben werden sollen, die mithilfe dieser Vorlage erstellt wurden.

Abbildg. 18.7 Konfigurieren einer neuen Dateiprüfung

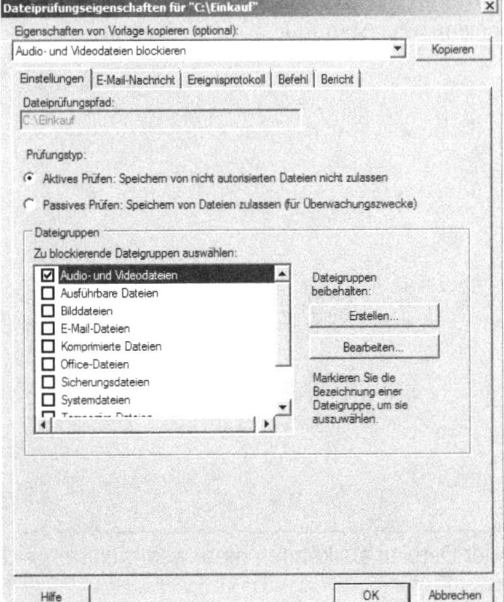

Wählen Sie unter *Wie möchten Sie die Dateiprüfungseigenschaften konfigurieren?* die Option *Benutzerdefinierte Dateiprüfungseigenschaften definieren* aus und klicken Sie dann auf die Schaltfläche *Benutzerdefinierte Eigenschaften.* Möchten Sie Eigenschaften aus einer vorhandenen Vorlage kopieren, wählen Sie die zu verwendende Vorlage aus, und klicken Sie auf *Kopieren.*

Wählen Sie unter *Prüfungstyp* den Prüfungstyp aus, der angewendet werden soll:

- **Aktives Prüfen** Verhindert, dass Benutzer Dateien speichern, die zu blockierten Dateigruppen gehören, und generiert Benachrichtigungen, wenn Benutzer versuchen, blockierte Dateien zu speichern. Wenn ein Benutzer versucht, eine verbotene Datei zu speichern, erhält er eine entsprechende »Zugriff verweigert«-Fehlermeldung.
- **Passives Prüfen** Sendet Benachrichtigungen, hindert Benutzer jedoch nicht daran, blockierte Dateien zu speichern

Wählen Sie unter *Dateigruppen* die Dateien aus, die einbezogen werden sollen. Um E-Mail-Benachrichtigungen für die Dateiprüfung zu konfigurieren, legen Sie auf der Registerkarte *E-Mail-Nachricht* die Optionen fest, analog zur Erstellung von Kontingenten. Klicken Sie auf *Erstellen,* um die Dateiprüfung zu speichern. Sie werden gefragt, ob Sie eine Dateiprüfungsvorlage auf der Grundlage der Dateiprüfungseigenschaften speichern möchten, die Sie gerade definiert haben. Wenn Sie die aktuellen Einstellungen in anderen Dateiprüfungen verwenden möchten, sollten Sie eine Vorlage speichern. Die Vorlage wird auf die neue Dateiprüfung angewendet.

Dateiprüfungsausnahmen

Um Dateien zuzulassen, die von anderen Dateiprüfungen blockiert werden, erstellen Sie eine *Dateiprüfungsausnahme.* Eine Dateiprüfungsausnahme ist eine besondere Art der Dateiprüfung, die Dateiprüfungen in einem bestimmten Ausnahmepfad außer Kraft setzt. Das heißt, dass eine Ausnahme für alle Regeln erstellt wird, die von einem übergeordneten Ordner abgeleitet sind. Sie können keine Dateiprüfungsausnahme für einen Ordner erstellen, für den bereits eine Dateiprüfung besteht. Sie müssen die Ausnahme einem Unterordner zuweisen oder Änderungen an der vorhandenen Dateiprüfung vornehmen.

Klicken Sie mit der rechten Maustaste auf *Dateiprüfungen* und rufen Sie im zugehörigen Kontextmenü den Befehl *Dateiprüfungsausnahme erstellen* auf. Wählen Sie unter *Ausnahmepfad* den Pfad aus, für den die Ausnahme gelten soll. Die Ausnahme wird auf den Ordner und alle seine Unterordner angewendet. Um festzulegen, welche Dateien von der Dateiprüfung ausgenommen werden sollen, wählen Sie unter *Dateigruppen* jede Dateigruppe aus, die in der Dateiprüfungsausnahme enthalten sein soll.

Abbildg. 18.8 Erstellen einer Dateiprüfungsausnahme

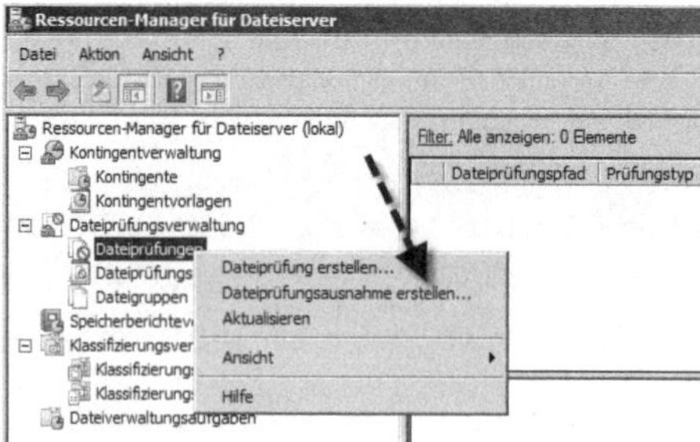

ACHTUNG Ändern Anwender die Endungen der Dateien ab, können diese weiterhin gespeichert werden.

Dateigruppen für die Dateiprüfung

Eine Dateigruppe wird verwendet, um einen Namensraum für eine Dateiprüfung, eine Dateiprüfungsausnahme oder einen Speicherbericht zu definieren. Sie werden in *Einzuschließende Dateien* (Dateien, die zur Gruppe gehören) und *Auszuschließende Dateien* (Dateien, die nicht zur Gruppe gehören) unterschieden. Standardmäßig werden bereits ausreichend Dateigruppen angelegt, die Sie beliebig bearbeiten können. Um eine neue Dateigruppe zu erstellen, klicken Sie in der Konsolenstruktur des FSRM mit der rechten Maustaste auf *Dateigruppen* und wählen Sie im zugehörigen Kontextmenü den Eintrag *Dateigruppe erstellen* aus. Bei Eingabe von **.exe* werden zum Beispiel alle ausführbaren Dateien ausgewählt.

Speicherberichteverwaltung im FSRM

Ein weiterer Eintrag in der Konsolenstruktur des FSRM ist *Speicherberichteverwaltung*. Wenn Sie diesen mit der rechten Maustaste anklicken, stehen Ihnen verschiedene Optionen zum Erstellen der Berichte zur Verfügung. Sie können einen Zeitplan erstellen, nach dem ein Bericht regelmäßig erstellt werden soll, oder Sie können einen manuellen Bericht anfertigen. Dazu stehen Ihnen verschiedene Berichtsdaten und Formate zur Verfügung.

Abbildg. 18.9 Erstellen von Berichten

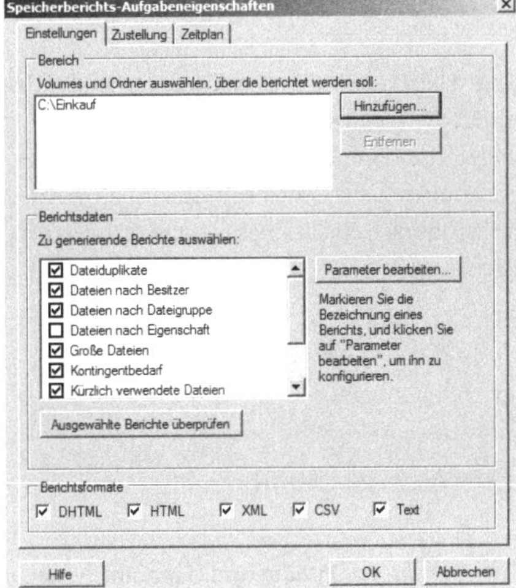

Beispiele

Ein Bericht kann jederzeit ausgeführt werden, um alle doppelt vorhandenen Dateien auf einem Laufwerk oder auf einem Server zu identifizieren. So lässt sich Speicherplatz schnell freigeben, ohne dass Daten verloren gehen. Sie können einen Bericht für Dateien nach Dateigruppe ausführen, um zu identifizieren, wie Speicherressourcen zwischen verschiedenen Dateigruppen aufgeteilt sind, oder einen Bericht für Dateien nach Besitzer, um zu analysieren, wie einzelne Benutzer die gemeinsamen Speicherressourcen verwenden.

Jeder Bericht kann ein eigenes Format haben. Sie können zum Beispiel regelmäßige HTML-Berichte und Abteilungsberichte erstellen, die den Abteilungsleitern einen Überblick über den aktuellen Speicherbedarf der Dateien verschafft. Durch die Speicherberichte können Sie sich bequem per E-Mail regelmäßig einen Überblick über den aktuellen Stand Ihrer Dateiserver verschaffen. Die Vorgehensweise bei der Erstellung der Berichte ist sehr simpel. Auf der Registerkarte *Zustellung* können Sie eine E-Mail-Adresse festlegen, zu der die einzelnen Berichte gesendet werden.

Erstellen eines Berichts

Die Erstellung von Berichten wurden im FSRM sehr intuitiv gelöst. Wollen Sie einen Speicherbericht erstellen, gehen Sie folgendermaßen vor:

Abbildg. 18.10 Anzeigen eines Berichts

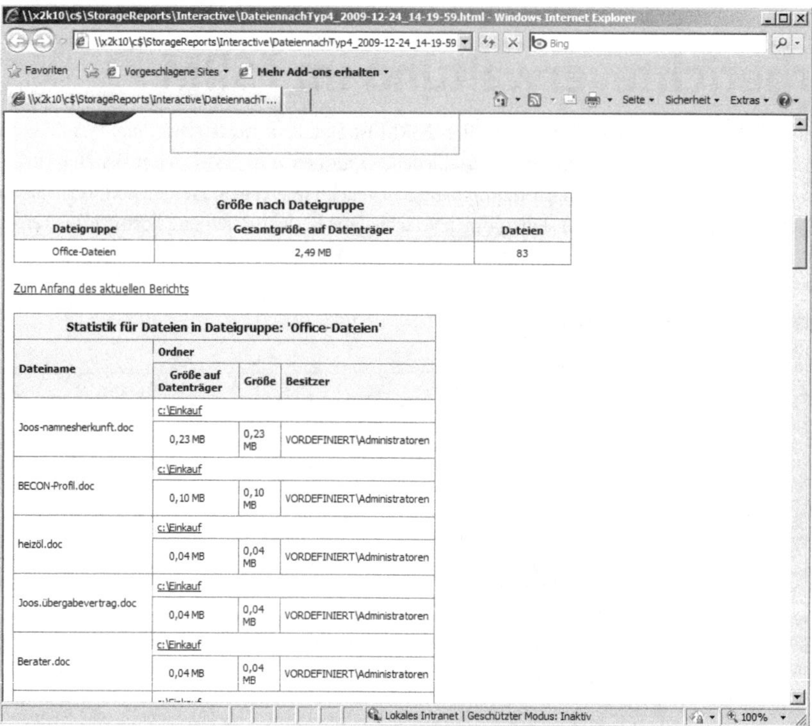

1. Klicken Sie mit der rechten Maustaste auf *Speicherberichteverwaltung* und dann auf *Neue Berichtaufgabe planen.*
2. Klicken Sie im daraufhin geöffneten Dialogfeld im Abschnitt *Bereich* auf die Schaltfläche *Hinzufügen.*
3. Wählen Sie die Volumes und/oder Ordner aus, für die Berichte generiert werden sollen, und klicken Sie auf *OK.*
4. Wählen Sie im Abschnitt *Berichtsdaten* per Klick auf das jeweilige Kontrollkästchen die Berichte aus, die Sie generieren möchten.
5. Möchten Sie die Einstellungen eines Berichts anpassen, markieren Sie diesen, und klicken Sie auf die Schaltfläche *Parameter bearbeiten.*
6. Bearbeiten Sie die Parameter nach Bedarf und klicken Sie auf *OK.*
7. Möchten Sie Administratoren per E-Mail Kopien der Berichte zustellen, aktivieren Sie auf der Registerkarte *Zustellung* das Kontrollkästchen *Berichte an die folgenden Administratoren senden*, und geben Sie die E-Mail-Konten ein.

8. Um die Berichte zu planen, klicken Sie auf der Registerkarte *Zeitplan* auf die Schaltfläche *Zeitplan erstellen*. Klicken Sie dann im Dialogfeld *Zeitplan* auf *Neu*. Der Standardzeitplan ist auf täglich 9:00 Uhr festgelegt. Sie können tägliche, wöchentliche oder monatliche Berichte planen oder die Berichte nur einmalig generieren.
9. Um die Berichtaufgabe zu speichern, klicken Sie auf *OK*. Die Berichtaufgabe wird anschließend angezeigt.

Infrastruktur für Dateiklassifizierungen einsetzen

Die neue Infrastruktur für Dateiklassifizierungen oder kurz Dateiklassifizierungsdienste (File Classification Infrastructure, FCI) stellen eine erhebliche Neuerung für Dateiserver dar. Die Dienste können bestehende Dokumente untersuchen, Inhalte feststellen und entsprechende Richtlinien anwenden. Dazu können Sie Dokumenten zusätzliche Eigenschaften zuweisen, wie in SharePoint.

Die Eigenschaften liegen direkt im Dokument, nicht im NTFS-Dateisystem. Die Dateiklassifizierungsdienste gehören zum Rollendienst *Ressourcen-Manager für Dateiserver*. Sie verwalten daher diese neue Funktion auch über die Verwaltungskonsole des Ressourcen-Managers für Dateiserver (FSRM). Über den Knoten *Klassifizierungsverwaltung* verwalten Sie die Dateiklassifizierung.

Abbildg. 18.11 Verwalten der Dateiklassifizierungsdienste in Windows Server 2008 R2

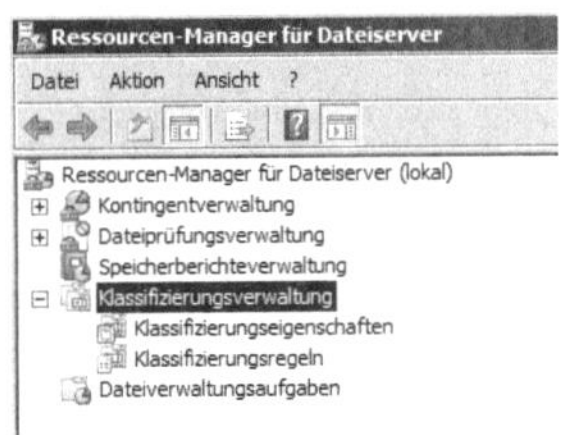

HINWEIS Die Dateiklassifizierung funktioniert auch in Failoverclustern und bei eingescannten Dokumenten, die per OCR bearbeitet sind. Dateien innerhalb von Archiven, zum Beispiel ZIP-Dateien oder virtuelle Festplatten, lassen sich nicht klassifizieren.

Klassifizierungseigenschaften und Klassifizierungsregeln verstehen und nutzen

Die Eigenschaften verhalten sich ähnlich zu den Eigenschaften von Dateien in SharePoint. Die Eigenschaften, die Sie an dieser Stelle für Dokumente festlegen, werden nicht in NTFS, sondern in der Datei direkt gespeichert. Klicken Sie mit der rechten Maustaste auf *Klassifizierungseigenschaften*, können Sie mit *Eigenschaft erstellen* festlegen, welche neuen Kriterien Dateien zugeordnet werden sollen. So lässt sich zum Beispiel festlegen, ob ein Dokument zu einem Projekt gehört, private Daten enthält, nur für den internen Gebrauch oder für bestimmte Personen nutzbar sein soll.

1. Im neuen Fenster geben Sie zunächst den Namen der neuen Eigenschaft an, zum Beispiel *Nur für internen Gebrauch*.
2. Geben Sie anschließend eine Beschreibung der Eigenschaft an, wenn diese nicht aus dem Namen ersichtlich ist.

3. Über *Eigenschaftentyp* stehen Ihnen verschiedene Möglichkeiten zur Verfügung, die Eigenschaft festzulegen. Neben Ja/Nein können Sie eine Mehrfachauswahlliste (Multiple-Choice-Liste) erstellen, eine Nummer oder eine Uhrzeit hinterlegen.
4. Im unteren Bereich bearbeiten Sie dann schließlich die Eingaben genauer, die als Klassifizierung zur Auswahl stehen.

Abbildg. 18.12 Erstellen einer neuen Eigenschaft für Dateien

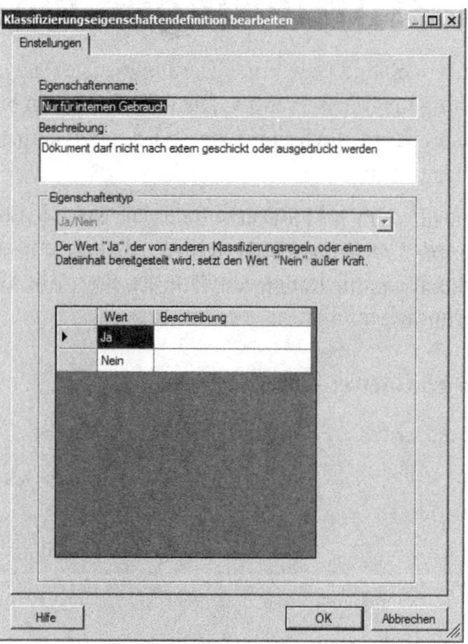

Sie können mehre Eigenschaften festlegen und diese auch nachträglich ändern. Die Eigenschaften werden im FSRM unter *Klassifizierungsverwaltung/Klassifizierungseigenschaften* angezeigt.

Abbildg. 18.13 Anzeigen und bearbeiten der Klassifizierungseigenschaften

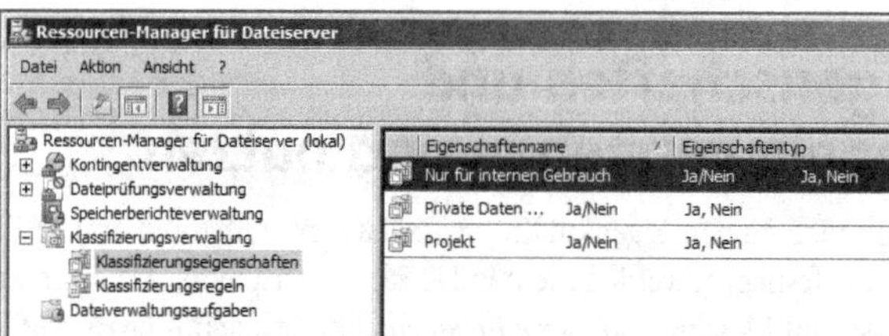

Das Anlegen und Bearbeiten von Klassifizierungseigenschaften ändert aber noch keine Dokumente ab, sondern bietet nur die Verwendung der jeweiligen Eigenschaften an. Damit diese auch mit Dokumenten verknüpft werden, müssen Sie über das Kontextmenü zum Knoten *Klassifizierungsregeln* entsprechende Regeln erstellen.

Abbildg. 18.14 Klassifizierungsregeln verwalten

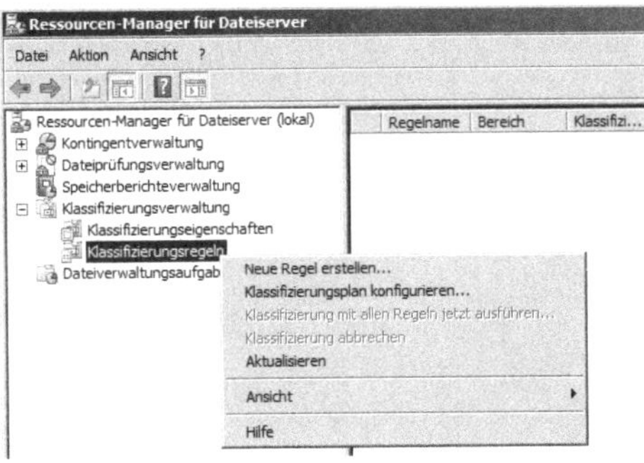

Über den Menüpunkt *Klassifizierungszeitplan konfigurieren* können Sie festlegen, wann Klassifizierungsregeln starten sollen, ob Sie einen Bericht erhalten möchten und wenn ja, in welchem Format, und zahlreiche weitere Einstellungen. Klassifizierungsregeln werden durch Klassifizierungszeitpläne gesteuert. Die Klassifizierungsregeln verwenden dann wiederum die Klassifizierungseigenschaften.

Abbildg. 18.15 Erstellen eines Zeitplans und konfigurieren eines Berichts für die Dateiklassifizierung

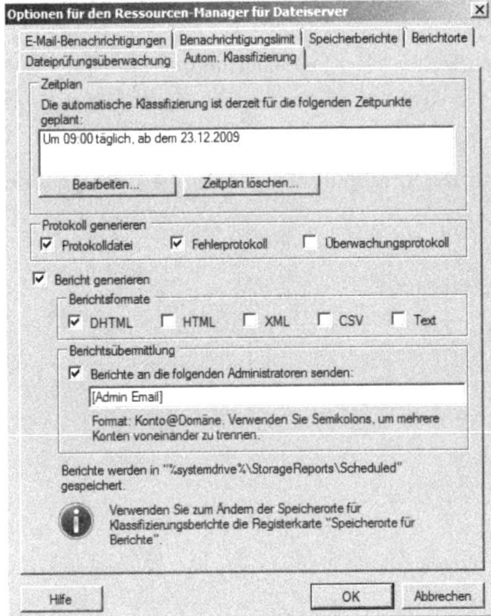

Über den Menüpunkt *Neue Regel erstellen* legen Sie jetzt eine oder mehrere Regeln fest, die zum hinterlegten Zeitpunkt auf die Laufwerke des Dateiservers angewendet werden:

1. Auf der Registerkarte *Regeleinstellungen* geben Sie zunächst einen Namen für die Regel ein.
2. Über *Bereich* legen Sie fest, welche Laufwerke und welche Ordner Sie mit der Regel durchsuchen wollen.

Abbildg. 18.16 Festlegen des Regelnamens und des untersuchten Bereichs

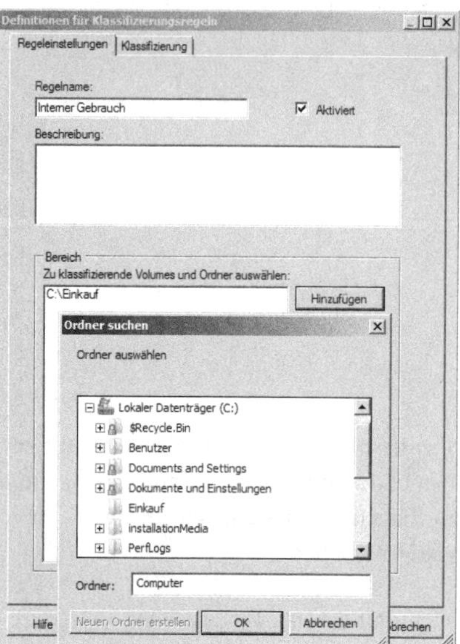

3. Auf der Registerkarte *Klassifizierung* legen Sie zunächst bei *Klassifizierungsmechanismus* fest, ob Sie die Klassifizierung auf Basis des Ordners, in dem das Dokument gespeichert ist, durchführen wollen, oder auf Basis des Inhalts.
4. Bei *Eigenschaftenname* wählen Sie die Klassifizierungseigenschaft aus, die für die Regel und den hinterlegten Bereich untersucht und festgelegt werden soll.

Abbildg. 18.17 Festlegen der Eigenschaften einer neuen Klassifizierungsregel

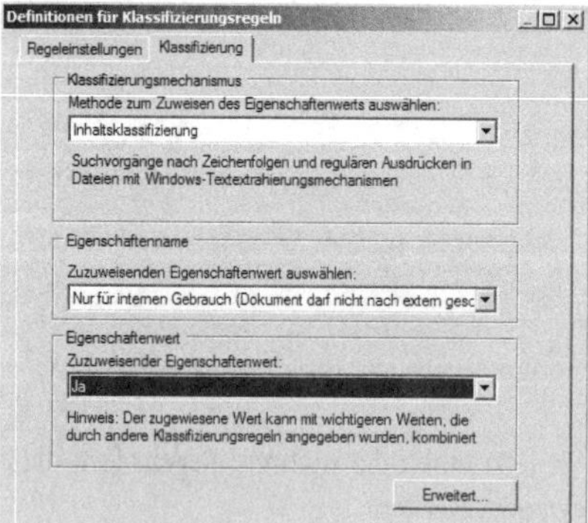

5. Über die Schaltfläche *Erweitert* können Sie weitere Einstellungen vornehmen, zum Beispiel bereits festgelegte Eigenschaften in den Dateien erneut festlegen lassen.
6. Auf der Registerkarte *Zusätzliche Klassifizierungsparameter* können Sie erweiterte Eigenschaften festlegen, die auf .NET Framework basieren. Welche Möglichkeiten Sie hier haben, erfahren Sie am schnellsten über die Webseite *http://msdn.microsoft.com/en-us/library/20bw873z.aspx*. Sie müssen die zusätzlichen Klassifizierungsparameter aber nicht verwenden. Der Einsatz ist nur sinnvoll, wenn Sie sich mit den program-

miertechnischen Hintergründen von .NET Framework auskennen. Der Hintergrund an dieser Stelle sind reguläre Ausdrücke von .NET Framework. Hierüber können Sie den Inhalt des Dokumentes nach bestimmten Inhalten und Textstellen durchsuchen.

7. Nach der Erstellung einer Regel können Sie diese über das Kontextmenü sofort starten oder nach dem festgelegten Zeitraum.
8. Nach der Erstellung öffnet sich der Bericht oder er wird nach den konfigurierten Optionen auch per E-Mail verschickt.

Abbildg. 18.18 Anzeigen von internen Dokumenten auf Basis von Regeln und Klassifizierungseigenschaften

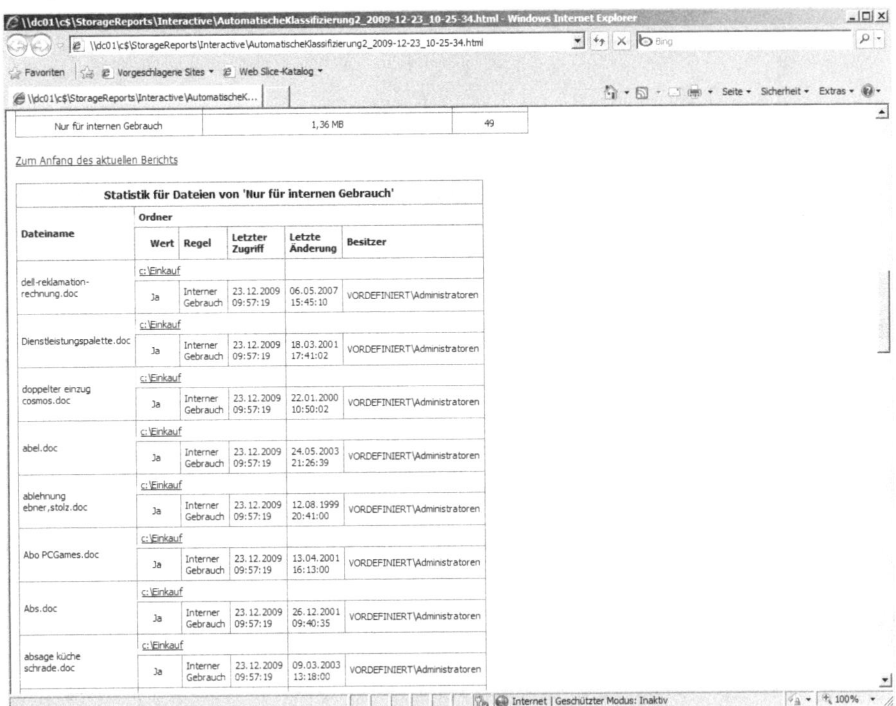

Nur für internen Gebrauch	1,36 MB	49

Statistik für Dateien von 'Nur für internen Gebrauch'

Dateiname	Ordner				
	Wert	Regel	Letzter Zugriff	Letzte Änderung	Besitzer
dell-reklamation-rechnung.doc	c:\Einkauf				
	Ja	Interner Gebrauch	23.12.2009 09:57:19	06.05.2007 15:45:10	VORDEFINIERT\Administratoren
Dienstleistungspalette.doc	c:\Einkauf				
	Ja	Interner Gebrauch	23.12.2009 09:57:19	18.03.2001 17:41:02	VORDEFINIERT\Administratoren
doppelter einzug cosmos.doc	c:\Einkauf				
	Ja	Interner Gebrauch	23.12.2009 09:57:19	22.01.2000 10:50:02	VORDEFINIERT\Administratoren
abel.doc	c:\Einkauf				
	Ja	Interner Gebrauch	23.12.2009 09:57:19	24.05.2003 21:26:39	VORDEFINIERT\Administratoren
ablehnung ebner,stolz.doc	c:\Einkauf				
	Ja	Interner Gebrauch	23.12.2009 09:57:19	12.08.1999 20:41:00	VORDEFINIERT\Administratoren
Abo PCGames.doc	c:\Einkauf				
	Ja	Interner Gebrauch	23.12.2009 09:57:19	13.04.2001 16:13:00	VORDEFINIERT\Administratoren
Abs.doc	c:\Einkauf				
	Ja	Interner Gebrauch	23.12.2009 09:57:19	26.12.2001 09:40:35	VORDEFINIERT\Administratoren
absage küche schrade.doc	c:\Einkauf				
	Ja	Interner Gebrauch	23.12.2009 09:57:19	09.03.2003 13:18:00	VORDEFINIERT\Administratoren

Dateiverwaltungsaufgaben bei der Dateiklassifizierung ausführen

Nachdem Sie Klassifizierungsregeln erstellt haben, die zum festgelegten Zeitpunkt die Dateiklassifizierungseigenschaften auf bestimmte Dateien anwenden, können Sie über *Dateiverwaltungsaufgaben* festlegen, was der Server mit den gefundenen Dateien machen soll. Über das Kontextmenü zum Knoten *Dateiverwaltungsaufgaben* legen Sie eine neue Aufgabe an. Auf verschiedenen Registerkarten steuern Sie wieder den Ablauf:

1. Auf der Registerkarte *Allgemein* legen Sie den Namen sowie den Bereich fest, auf den die Aufgabe angewendet werden soll.
2. Auf der Registerkarte *Aktion* legen Sie schließlich fest, was die Aufgabe durchführen soll. Sie können zum Beispiel abgelaufene Dateien, also Dateien, die schon lange nicht mehr im Einsatz sind, archivieren und löschen oder Sie können benutzerdefinierte Skripts hinterlegen, zum Beispiel bestimmte Rechte setzen oder Dateien in andere Verzeichnisse verschieben.

Abbildg. 18.19 Erstellen einer neuen Aufgabe

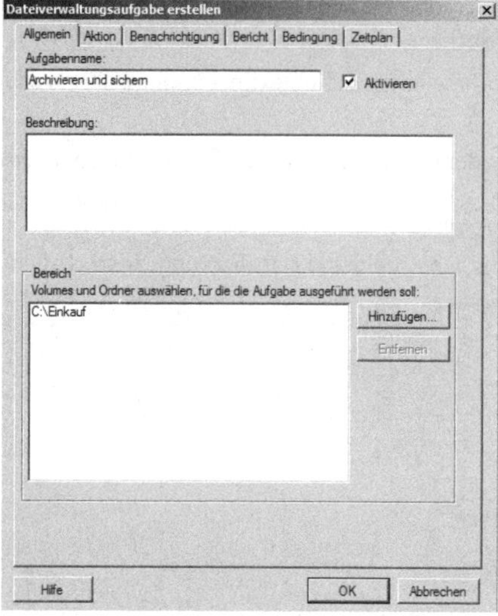

Abbildg. 18.20 Festlegen der Archivierung von Dateien über die Dateiverwaltung

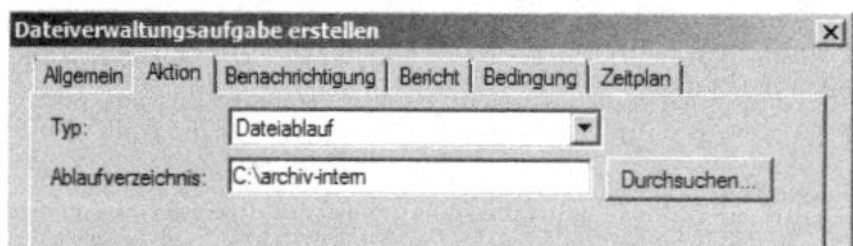

3. Auf der Registerkarte *Bedingung* legen Sie fest, auf welche Dateien die Maßnahme der Registerkarte *Aktion* angewendet werden soll.

Abbildg. 18.21 Festlegen der Bedingung für eine durchgeführte Aktion

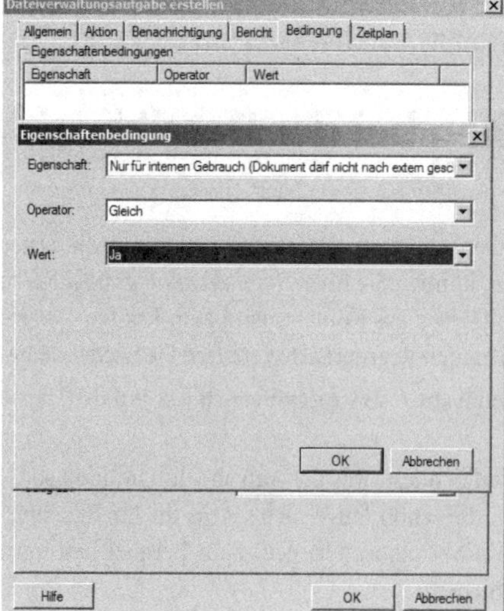

4. Zusätzlich legen Sie auf der Registerkarte *Bedingung* noch die Tage fest, nach deren Grenzwerte die Maßnahme auf der Registerkarte *Aktion* durchgeführt werden soll, zum Beispiel, wenn Sie die Archivierung nach der Aktion *Dateiablauf* festlegen wollen.

Abbildg. 18.22 Festlegen der Grenzwerte einer Aufgabe

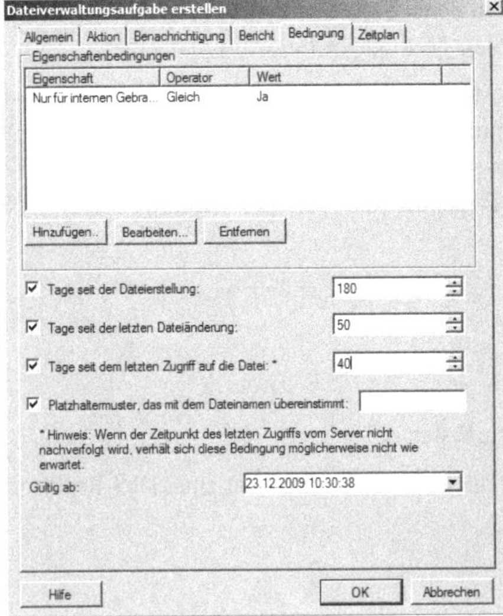

5. Auf der Registerkarte *Zeitplan* legen Sie fest, wann die Aufgabe starten soll. Über das Kontextmenü können Sie eine Aufgabe auch sofort starten.

Abbildg. 18.23 Anzeigen der Eigenschaften von Dateiverwaltungsaufgaben

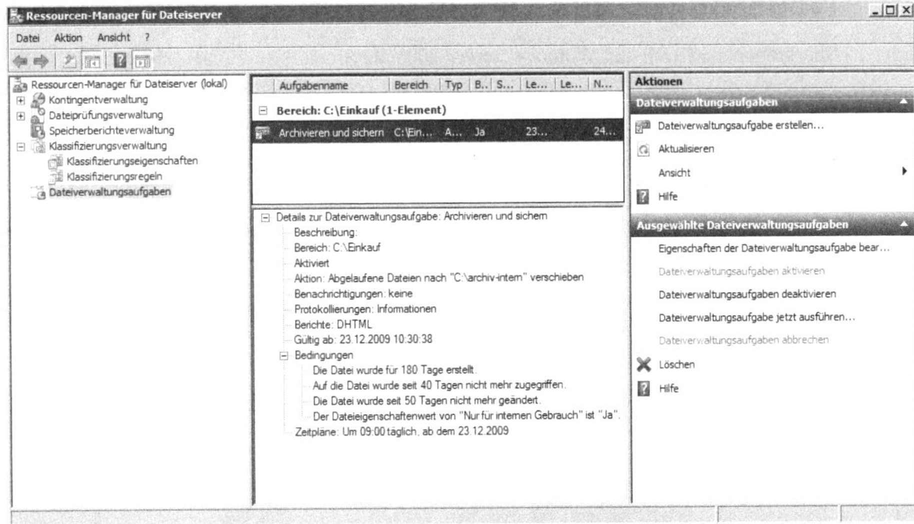

Freigaben über DFS organisieren und replizieren

In größeren Netzwerken sind die Freigaben oft über viele Server verteilt, sodass es schwierig wird, eine gesuchte Freigabe auf Anhieb auf dem richtigen Server zu finden. Gelegentlich wird auch gewünscht, dass die Freigaben für einzelne Abteilungen oder Projektgruppen in irgendeiner Form logisch zusammengefasst werden können. Letzteres würde bedeuten, dass die Freigaben auf einen Server kopiert werden. Sobald aber mehrere Projektgruppen auf eine Freigabe zugreifen sollen, ist diese Methode nicht mehr praktikabel.

Eine Funktion, die dieses Problem lösen soll, ist das verteilte Dateisystem (Distributed File System, DFS). Windows Server 2008 R2 enthält im Grunde genommen alle Änderungen von DFS, die bereits in Windows Server 2003 R2 enthalten sind. Im Vergleich zu Windows Server 2003 ergeben sich jedoch zahlreiche Neuerungen, die wir im nächsten Abschnitt näher beleuchten. Folgende Editionen von Windows Server 2008 R2 können als Host für DFS-Namespaces fungieren:

- Windows Server 2008 R2 Standard
- Windows Server 2008 R2 Enterprise
- Windows Server 2008 R2 Datacenter
- Windows Server 2008 R2 für Itaniumbasierte Systeme

Die folgenden Editionen von Windows Server 2008 R2 können Mitglieder einer DFS-Replikationsgruppe sein:

- Windows Server 2008 R2 Standard
- Windows Server 2008 R2 Enterprise
- Windows Server 2008 R2 Datacenter

HINWEIS Auf der Internetseite *http://go.microsoft.com/fwlink/?LinkId=155073* erhalten Sie weiterführende Informationen zu DFS.

Neuerungen von DFS in Windows Server 2008 R2

Microsoft hat in DFS für Windows Server 2008 R2 einige Neuerungen eingebaut. Für die Leistungsüberwachung gibt es neue Leistungsindikatoren und die Leistung wurde vor allem bei großen Namespaces verbessert. Bei den drei neuen Leistungsindikatoren handelt es sich um:

- **DFS-Namespace-Dienst – API-Warteschlange** Zeigt die Anzahl der zu bearbeitenden Anforderungen in der Wartschlange des DFS-Namespace-Dienstes an
- **DFS-Namespace-Dienst – API-Anforderungen** Zeigt Leistungsdaten über Anforderungen an den DFS-Namespace-Dienst an
- **Weiterleitungen für DFS-Namespace-Dienst** Zeigt Leistungsdaten über verschiedene Weiterleitungsanforderungen an, die vom DFS-Namespace-Dienst verarbeitet werden

Abbildg. 18.24 Überwachen von DFS in der Leistungsüberwachung

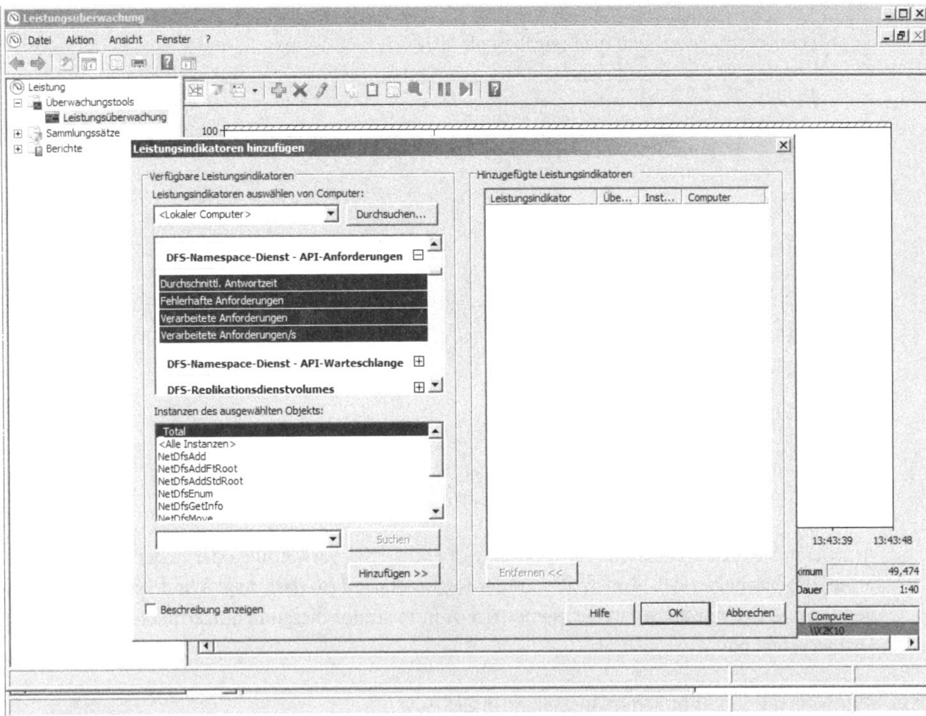

TIPP Die Leistungsüberwachung starten Sie am schnellsten, wenn Sie im Suchfeld des Startmenüs *perfmon.msc* eingeben.

Die DFS-Replikation ist jetzt clusterfähig und lässt auch schreibgeschützte Ordner für die Replizierung zu. Neu ist auch die zugriffsbasierte Aufzählung und die Unterstützung der DFS-Verwaltung zur Aktivierung der zugriffsbasierten Aufzählung. Dabei werden den Anwendern nur die Dateien und Ordner angezeigt, für welche die Benutzer eine Zugriffsberechtigung besitzen. Hat ein Benutzer für einen Ordner keine Leseberechtigungen, blendet Windows den Ordner für den Benutzer aus.

Aktivieren Sie die zugriffsbasierte Aufzählung in einem freigegebenen Ordner, der die Stammverzeichnisse mehrerer Benutzer enthält, können Benutzer, die auf diesen freigegebenen Ordner zugreifen, nur ihre eigenen Verzeichnisse sehen. Aktivieren Sie die zugriffsbasierte Aufzählung in einem freigegebenen Ordner über die *Freigabe- und Speicherverwaltung*, zeigt Windows allen Benutzern die Ordner nur dann an, wenn sie über entsprechende Rechte verfügen.

Abbildg. 18.25 Konfigurieren der zugriffsbasierten Aufzählung für Freigaben auch ohne DFS

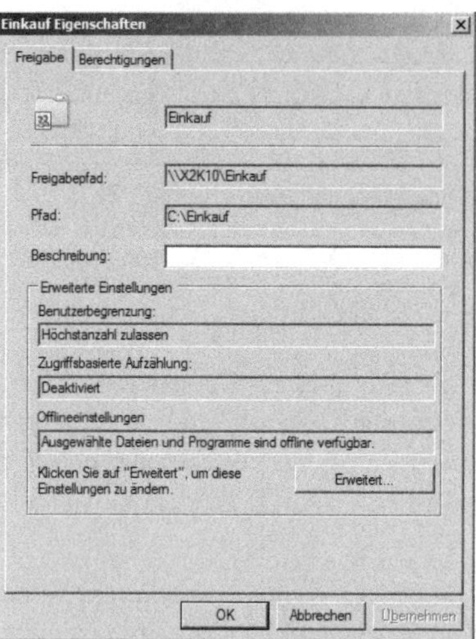

Aktivieren Sie die zugriffsbasierte Aufzählung über die DFS-Verwaltung oder in der Befehlszeile mit *dfsutil.exe* in den Eigenschaften des Namespace auf der Registerkarte *Erweitert*, zeigt Windows Benutzern die Ordner in dem Namespace nur an, wenn der Namespace-Administrator diesen Benutzern Leseberechtigung für die DFS-Ordner erteilt hat.

Abbildg. 18.26 Aktivieren der zugriffsbasierten Aufzählung in DFS

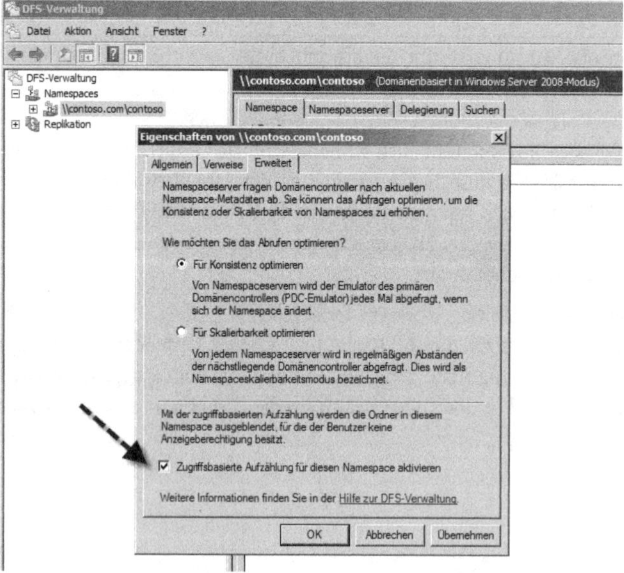

Versucht ein DFS-Client das erste Mal, auf einen domänenbasierten Namespace zuzugreifen, stellt ein Domänencontroller dem Client eine Liste von Namespaceservern zur Verfügung. Diese Liste von Namespaceservern wird als *Stammweiterleitung* bezeichnet. Unter Windows Server 2008 R2 können Sie einzeln die Weiterleitungen zu bestimmten Namespaceservern aktivieren und deaktivieren. Dadurch können Administratoren einen Namespaceserver zeitweise offline schalten, um Wartungsarbeiten durchzuführen. Sie finden diese Einstellung, wenn Sie auf den entsprechenden Namespace klicken und dann auf der Registerkarte *Namespaceserver* den entsprechenden Server mit der rechten Maustaste anklicken und den Menüpunkt *Namespaceserver deaktivieren* auswählen.

Neu sind auch die schreibgeschützten Ordner. Ein schreibgeschützter replizierter Ordner ist ein replizierter Ordner auf einem bestimmten Mitglied, in dem die Benutzer keine Dateien hinzufügen oder ändern dürfen. Schreibgeschützte replizierte Ordner werden auch von schreibgeschützten Domänencontrollern (Read-only Domain Controllers, RODCs) verwendet, damit der freigegebene Ordner *SYSVOL* auf dem aktuellen Stand bleibt, während gleichzeitig lokale Änderungen verhindert werden. Mit dem Befehlszeilentool *Dfsrdiag.exe* können Sie die Konfiguration der DFS-Infrastruktur auch in der Befehlszeile überprüfen. In Windows Server 2008 R2 verfügt das Tool über drei neue Optionen:

- **Dfsrdiag.exe ReplState** Zeigt eine Zusammenfassung des Replikationsstatus für alle Verbindungen auf dem angegebenen Replikationsgruppenmitglied. Außerdem erstellt die Option eine Liste der zurzeit durch den Dienst verarbeiteten Aktualisierungen.

Abbildg. 18.27 DFS-Diagnose in der Befehlszeile mit *dfsrdiag*

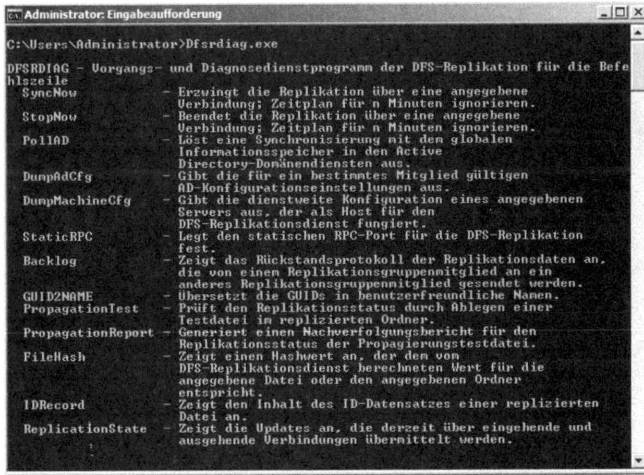

- **Dfsrdiag.exe IdRecord** Zeigt den ID-Datensatz und die Version der DFS-Replikation für die Datei oder den Ordner an. DFS erstellt für jede replizierte Datei und jeden replizierten Ordner einen ID-Datensatz Über diesen ID-Datensatz und der Versionsinformationen können Sie überprüfen, ob eine Datei ordnungsgemäß auf ein bestimmtes Mitglied repliziert wurde.
- **Dfsrdiag.exe FileHash** Berechnet den vom DFS-Replikationsdienst für eine bestimmte Datei generierten Hashwert und zeigt diesen an. Der Hashwert wird für den Vergleich von zwei Dateien verwendet – wenn der Hashwert bei beiden Dateien identisch ist, sind auch die Dateien identisch.

Einführung und wichtige Informationen beim Einsatz von DFS

In einem DFS wird eine logische Struktur über physische Verzeichnisse entwickelt, die auf einem oder mehreren Servern liegen können. Windows Server 2008 R2 unterstützt zwei Varianten des DFS. Der Domänen-DFS-Stamm verwendet Active Directory, um die Struktur- und Konfigurationsinformationen für das DFS zu speichern. Einfach ausgedrückt bietet das DFS die Möglichkeit, Freigaben zu definieren, die auf unterschiedlichen Dateiservern liegen. Anwender müssen nicht mehr wissen, auf welchem Dateiserver die Dateien liegen, sondern kennen nur noch den Freigabenamen. Diese Form von verteilten Dateisystemen kann fehlertolerant aufgebaut werden. So wird die automatische Replikation von Daten zwischen verschiedenen Servern unterstützt. Der eigenständige DFS-Stamm wird pro Server konfiguriert. Die Informationen werden nur auf diesem einen Server abgelegt und nicht repliziert.

Abbildg. 18.28 DFS unter Windows Server 2008 R2

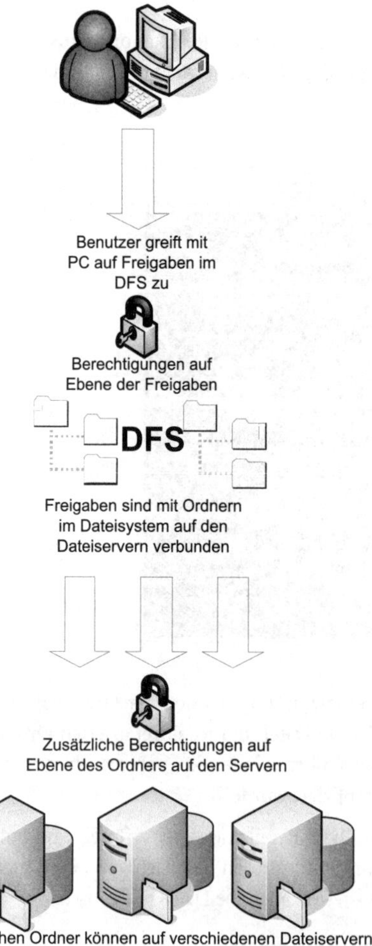

Der eigenständige DFS-Stamm ist nur sinnvoll, wenn entweder nicht mit Active Directory gearbeitet wird oder wenn ein DFS bei der Migration eines Windows NT-Servers übernommen wurde. Das Domänen-DFS bietet wesentlich mehr Funktionen und ist damit im Regelfall erste Wahl. Für ein Domänen-DFS muss der Server, auf dem der Konsolenstamm bereitgestellt wird, ein Domänencontroller oder ein Mitgliedsserver einer Active Directory-Domäne sein.

Wichtig bei Windows Server 2008 R2 ist, dass bei Domänen-DFS mehrere DFS-Roots auf einem Server gehostet werden können. Damit wird eine der gravierendsten Einschränkungen des DFS, die es bei Windows 2000 Server gab, aufgehoben: Dort konnte nur ein DFS-Stamm pro Server verwaltet werden. Es ließen sich nicht mehrere DFS-Stämme anlegen. Daher musste gegebenenfalls ein gemeinsamer Einstiegspunkt definiert werden, von dem aus auf verschiedene Verzeichnisbäume für unterschiedliche Benutzergruppen verzweigt werden konnte.

Dies ist jetzt nicht mehr der Fall, jede logisch sinnvolle Struktur kann angelegt werden. Über das DFS selbst werden keine Zugriffsberechtigungen gesteuert. Die Rechte von Benutzern werden vielmehr über die Dateisysteme, die in ein DFS integriert werden, definiert. DFS-Verknüpfungen sind Verzeichnisse im DFS-Baum, die auf eine Freigabe verweisen. Wenn eine DFS-Verknüpfung *Excel-Dateien* angelegt wird, kann diese auf die Freigabe *Budgets* des Servers *file01* verweisen. Der Benutzer sieht bei der Verbindung zum DFS einen Ordner *Excel-Dateien*. Wenn er auf diesen Ordner zugreift, wird er mit dem Server *file01* verbunden und kann dort auf die Dateien und Unterverzeichnisse des Ordners *Budgets* zugreifen.

Bei der Erstellung einer DFS-Verknüpfung wird der Name angegeben, unter dem die Freigabe im DFS erscheinen soll. Mit dieser Freigabe wird ein freigegebener Ordner verbunden. Vor allem bei mehreren Dateiservern, auch über Niederlassungen verteilt, können Freigaben mit dem DFS wesentlich effizienter gesteuert werden. Die DFS-Root vermittelt den Anwendern einen Überblick über alle verfügbaren Freigaben.

DFS-Namespaces und DFS-Replikation

DFS besteht hauptsächlich aus den beiden Technologien DFS-Namespaces und DFS-Replikation. Diese bieten zusammen eingesetzt einen vereinfachten, fehlertoleranten Dateizugriff, Nutzlastverteilung und WAN-kompatible Replikation. Die DFS-Replikation ist ein Multimasterreplikationsmodul, das die Replikationszeitplanung und Bandbreiteneinschränkung unterstützt. Die DFS-Replikation verwendet ein als Remotedifferenzialkomprimierung (Remote Differential Compression, RDC) bezeichnetes neues Komprimierungsprotokoll, mit dem Dateien über ein Netzwerk mit eingeschränkter Bandbreite effizient aktualisiert werden können. RDC erkennt, wenn Daten in Dateien eingefügt oder anders angeordnet oder aus Dateien entfernt wurden. Dadurch ist es möglich, mit der DFS-Replikation nur die beim Aktualisieren von Dateien auftretenden Änderungen zu replizieren.

Mit DFS-Namespaces, früher als verteiltes Dateisystem bezeichnet, können Administratoren freigegebene Ordner, die sich auf unterschiedlichen Servern befinden, zusammenfassen und den Benutzern als virtuelle Ordnerstruktur, den sogenannten *Namespace*, zur Verfügung stellen. Sobald ein Benutzer versucht, auf einen Ordner im Namespace zuzugreifen, stellt der Clientcomputer eine Verbindung mit einem Namespaceserver her. Der Namespaceserver sendet dem Clientcomputer einen Verweis mit einer Liste von Servern, auf denen der freigegebene Ordner gespeichert ist. Der Clientcomputer speichert den Verweis im Cache und stellt einen Kontakt mit dem ersten Server im Verweis her). Normalerweise ist das ein Server am Standort des Clients. Wenn einer der Server nicht mehr zur Verfügung steht, findet ein Failover des Clientcomputers auf den verbleibenden Server statt.

Wichtige Planungspunkte beim Einsatz von DFS

Wollen Sie DFS im Unternehmen einsetzen, sollten Sie vor der Einrichtung einige wichtige Planungspunkte beachten, die wir im folgenden Abschnitt zusammengestellt haben:

- DFS unterstützt zwar keinen Cluster, aber dafür die Schattenkopien, sodass gelöschte Dateien wiederhergestellt werden können

- Sie können DFS nicht dafür verwenden, um Exchange-Datenbanken oder Postfächer abzusichern. Wollen Sie Exchange ausfallsicher installieren, müssen Sie einen Cluster einsetzen.
- Offlinedateien können ebenfalls in einem DFS eingesetzt werden (siehe in Kapitel 19). Achten Sie aber darauf, dass in Szenarios, in denen mehrere Mitarbeiter auf die gleiche Datei schreibend zugreifen, Probleme entstehen können. Durch die Offlinesynchronisierung, in Verbindung mit der DFS-Replikation, können durchaus Dateien synchronisiert werden, die von mehreren Mitarbeitern bearbeitet wurden. So können unter manchen Umständen Informationen verloren gehen.
- Da durch das Scannen von Dateien mit Virenscannern unter Umständen der Dateistempel verändert und dadurch die Replikation im DFS aktiviert wird, sollten Sie auch den Einsatz eines Virenscanners planen. Stellen Sie sicher, dass Ihr Virenscanner keinen unnötigen Replikationsverkehr verursacht und kompatibel zu DFS ist.
- In diesem Kapitel zeigen wir Ihnen auch den Einsatz des verschlüsselnden Dateisystems (Encrypting File System, EFS). Lassen Sie Dateien verschlüsseln, werden diese von der DFS-Replikation ausgenommen und nur auf dem Quellserver belassen. Die DFS-Replikation löscht alle Replikate der verschlüsselten Dateien, die nicht verschlüsselt sind. Sie sollten daher bei der parallelen Einrichtung von EFS und DFS sehr umsichtig planen, welche Verzeichnisse und Freigaben von DFS repliziert werden und welche Dateien Sie verschlüsseln.
- DFS kann nur auf NTFS-Volumes eingesetzt werden, FAT wird nicht unterstützt
- Die beteiligten Server in der DFS-Infrastruktur müssen nicht Mitglied der gleichen Domäne oder Struktur sein, aber zwingend in der gleichen Gesamtstruktur
- DFS-Replikation sollte möglichst nicht in Umgebungen eingesetzt werden, in denen mehrere Mitarbeiter auf unterschiedlichen Servern mit denselben Dateien arbeiten. Durch die DFS-Replikation können so sehr schnell Änderungen von Mitarbeitern verloren gehen.
- Sie sollten die DFS-Replikation regelmäßig überwachen. Microsoft stellt dazu das Tool *Dfsradmin.exe* zur Verfügung. Hierbei handelt es sich um ein Befehlszeilentool, das Sie als Aufgabe in einem Skript regelmäßig verwenden sollten, um Berichte über die DFS-Replikation zu erstellen. Geben Sie in einer Befehlszeile *dfsradmin* ein, erhalten Sie ausführliche Informationen über die Syntax.
- Die DFS-Replikation repliziert auch die NTFS-Berechtigungen auf Dateien. Achten Sie aber darauf, dass die Änderung der Berechtigung von zahlreichen Dateien großen Replikationsverkehr verursacht, da diese Änderungen repliziert werden müssen. Sie sollten daher die Dateiberechtigungen bereits vor der Einrichtung von DFS konfigurieren und abschließen.
- Der DFS-Replikationsverkehr zwischen Servern wird verschlüsselt und kann daher nicht abgehört werden
- Die DFS-Replikation unterstützt die Replikationszeitplanung und Bandbreiteneinschränkung in 15-minütigen Schritten innerhalb eines Zeitraums von sieben Tagen. Administratoren wählen beim Angeben eines Replikationsintervalls die Start- und die Stoppzeit sowie die zu verwendende Bandbreite in diesem Intervall aus. Die Einstellungen für die Bandbreitenauslastung liegen im Bereich zwischen 16 KBit/s und 256 MBit/s oder voller, unbeschränkter Bandbreite. Sie können eine sofortige Replikation mit dem Befehl *dfsrdiag SyncNow* starten.
- Die globalen Konfigurationseinstellungen für die DFS-Replikation, wie zum Beispiel die Topologie und der Replikationszeitplan, werden in Active Directory gespeichert. Die Einstellungen werden außerdem auf jedem Mitgliedsserver in einer lokalen XML-Datei gespeichert. Diese Datei kann von der DFS-Replikation mit den in Active Directory gespeicherten Einstellungen neu erstellt werden, wenn die Datei beschädigt oder der Server nach einem Ausfall wiederhergestellt wird.
- Bevor Sie einer Replikationsgruppe einen neuen Server hinzufügen, können Sie eine Vorabbereitstellung (Prestaging) der replizierten Ordner auf den Zielservern ausführen. Dazu können Sie die Daten auf die Ser-

ver kopieren, eine Sicherung wiederherstellen oder Dateien von einem Band, einer DVD oder einer Wechselfestplatte kopieren. Auf diese Weise entsteht bei der anfänglichen Synchronisierung nur minimaler WAN-Datenverkehr. Falls die Dateien auf dem Zielserver veraltet sind, repliziert die DFS-Replikation mithilfe der Remotedifferenzialkomprimierung (Remote Differential Compression, RDC) nur die Änderungen, die seit der Vorabbereitstellung (Prestaging) der Daten aufgetreten sind.

- Die DFS-Replikation wird für die SYSVOL-Replikation in Windows Server 2008 R2 nicht unterstützt. Verwenden Sie weiterhin den Dateireplikationsdienst (File Replication Service, FRS) für die Replikation von SYSVOL auf Domänencontrollern.

Dateiprüfungen oder Kontingente in DFS

Sie können in einer DFS-Infrastruktur auch die Dateiprüfungen des Ressourcen-Managers für Dateiserver verwenden, die ebenfalls in diesem Kapitel besprochen werden. Zusätzlich zu dieser Dateiprüfung können Sie in der DFS-Replikation konfigurieren, dass manche Dateitypen von der Replikation ausgeschlossen werden. Wollen Sie in einer DFS-Infrastruktur Kontingente oder Dateiprüfungen einsetzen, sollten Sie darauf achten, dass vor der Einrichtung der Dateiprüfung keine Dateitypen bereits gespeichert wurden, die später gefiltert werden. Die Dateiprüfung entdeckt nur, wenn neue Dateien abgelegt werden, bereits vorhandene Dateien werden nicht blockiert.

Auf jeden Fall sollten Sie sicherstellen, dass kein Verzeichnis bereits sein Kontingent überschreitet, wenn Sie DFS oder die Kontingentverwaltung einrichten. Sie sollten bei der Einrichten von harten Kontingenten, bei denen Anwender nach Überschreitung nicht mehr speichern dürfen, vorsichtig sein. Unter manchen Umständen, wenn ein Verzeichnis zum Beispiel kurz vor dem Erreichen der Grenze ist, kann es passieren, dass durch die DFS-Replikation diese Grenze überschritten wird. Arbeiten Sie in einer DFS-Infrastruktur daher besser mit weichen Grenzen, bei denen die Anwender noch schreiben dürfen, aber Meldungen generiert werden.

Voraussetzungen für DFS

Damit Sie DFS sinnvoll verwenden können, müssen in Ihrem Unternehmen einige Voraussetzungen geschaffen werden. Zunächst benötigen Sie Active Directory, da nur unter dem Betrieb eines DFS-Stamms in Active Directory die Struktur sinnvoll ist. Des Weiteren benötigen Sie idealerweise Dateiserver unter Windows Server 2008 (R2). Sie können das DFS auch so einrichten, dass mehrere Dateiserver ihre Daten miteinander replizieren. Dazu verwendet das DFS einen ähnlichen Mechanismus wie beim Replizieren der Anmeldeskripts zwischen den Domänencontrollern, den Dateireplikationsdienst (File Replication Service, FRS). Die Replikation der DFS-Daten werden aber nicht durch den FRS des Servers durchgeführt, sondern durch die DFS-Replikation.

Die DFS-Replikation kommuniziert nicht mit dem FRS, sondern läuft eigenständig. Dadurch ist es möglich, eine Freigabe auf mehrere Ziele zu verweisen. Sie können diese Konfiguration leicht über den Assistenten zur Einrichtung des DFS durchführen. Durch diese Replikation können Sie auch Niederlassungen anbinden. Dies hat den Vorteil, dass Mitarbeiter auch in den Niederlassungen mit den gleichen Dateien arbeiten und das DFS dafür sorgt, dass die Daten von und zu den Niederlassungen repliziert werden.

Vor allem Windows Server 2008 R2 weist hier einige deutliche Verbesserungen auf. Außer dem bereits beschriebenen Vorteil des einfachen Zugriffs lassen sich durch die Möglichkeit, gleiche Daten auf unterschiedliche Server replizieren zu lassen, durchaus weitere Vorteile erkennen. Wenn einer der DFS-Server ausfällt, fällt das den Anwendern nicht auf, denn ohne es zu merken, verbindet der DFS-Stamm sie auf den zweiten Server. Sie sollten aus diesen Gründen eine DFS-Root auf den Domänencontrollern konfigurieren. Wenn Sie für die Ausfallsicherheit der Domänencontroller sorgen, zum Beispiel durch den Einsatz mehrerer Domänencontroller, finden die Clients immer einen DFS-Rootserver.

Remotedifferenzialkomprimierung

Eines der wesentlichsten neuen Merkmale seit Windows Server 2008 ist die Remotedifferenzialkomprimierung (Remote Differential Compression, RDC). Mit diesem Kompressionsverfahren werden Dateien über WAN-Leitungen wesentlicher effizienter zwischen den DFS-Servern repliziert als bisher. Die Replikation des DFS nutzt dazu eine verbesserte Kompression. RDC ist vor allem für schmalbandige Verbindungen entwickelt worden, also insbesondere VPN-Verbindungen zu Niederlassungen.

Bei RDC werden bei Änderungen in Dateien nicht mehr die vollständigen Dateien repliziert, sondern nur noch die geänderten Daten. Daher spart diese Replikationsmethode deutlich an Bandbreite ein. Dadurch ist es möglich, auch größere Dateien, die bereits repliziert wurden, schneller zu aktualisieren, da nur noch Deltas kopiert werden müssen. Wenn ein Benutzer in einer Niederlassung eine 10 Mbyte große PowerPoint-Folie verändert, aber nur kleinere Änderungen vornimmt, werden statt 10 Mbyte nur diese wenigen bytegroßen Änderungen repliziert. Das Beispiel in Abbildung 18.29 zeigt, wie wichtig es ist, auch bei der Anbindung von Niederlassungen ein genaues Konzept zu erstellen. Jede Niederlassung mit einem oder mehreren Domänencontrollern sollte in Active Directory als eigenes Subnetz und eigener Standort geführt werden, damit die DFS-Root die Anwender zum richtigen Dateiserver in ihrer Niederlassung verbindet.

Abbildg. 18.29 Optimale Replikation bei der Verwendung von DFS einrichten

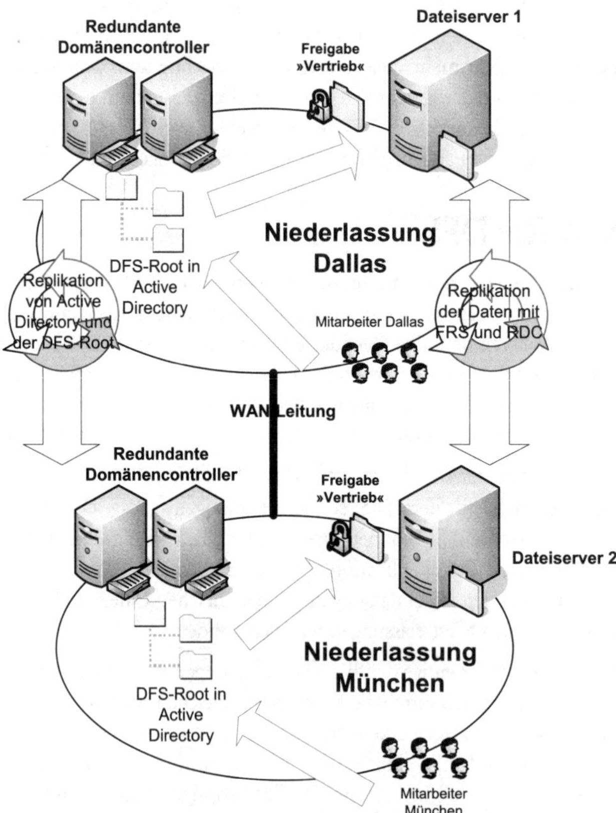

RDC beansprucht allerdings auch die CPU eines Servers, da Dateien vor der Replikation komprimiert werden müssen. Es ist daher möglich, für Verbindungen zwischen Standorten, die über ein LAN verbunden sind, RDC

auszuschalten. Dadurch wird zwar die replizierte Datenmenge erhöht, was in einem LAN aber selten eine Rolle spielt. Auf der anderen Seite wird dadurch die Belastung der CPU verringert. RDC wird nicht für Dateien verwendet, die kleiner als 64 KB sind. Auch für Hochgeschwindigkeits-LANs, in denen die Netzwerkbandbreite nicht stark beansprucht wird, bringt RDC keinen Vorteil. RDC kann für einzelne Verbindungen mithilfe des Snap-Ins zur DFS-Verwaltung deaktiviert werden.

Zusätzlich können Sie für jede DFS-Verknüpfung, also jede Freigabe, die im DFS hinterlegt wird, zwei Ziele angeben, zwischen denen die Daten zur Ausfallsicherheit repliziert werden. Zusätzlich kann dieser Mechanismus zur Anbindung von Niederlassungen verwendet werden.

Wenn der Dateiserver in der Zentrale steht, müssen die Niederlassungen über langsame WAN-Leitungen zugreifen. Mit DFS kann in der Niederlassung ein kleiner Dateiserver aufgestellt werden, auf den die Daten repliziert werden. Die Mitarbeiter der Außenstelle können dadurch genauso effizient und schnell auf die Freigaben und notwendige Dateien zugreifen wie die Mitarbeiter in der Zentrale.

HINWEIS Das FRS kann auch innerhalb eines DFS keine Dateien zusammenführen. Wenn die gleiche Datei von zwei verschiedenen Benutzern geöffnet wird, repliziert der FRS immer die jüngere Datei. Die Änderungen des zweiten Mitarbeiters können dadurch verloren gehen. Es ist daher sehr wichtig, eine genaue Berechtigungsstruktur zu planen, wer auf welche Dateien nur lesen, schreibend oder auch löschend zugreifen darf.

DFS installieren und einrichten

Wollen Sie im Unternehmen DFS einsetzen, müssen Sie das Schema Ihrer Gesamtstruktur auf Windows Server 2008 aktualisieren. DFS installieren Sie am besten über den Server-Manager und die Rolle *Dateidienste*. Stellen Sie sicher, dass die Rollendienste *Verteiltes Dateisystem, DFS-Namespaces* und *DFS-Replikation* installiert sind. Überprüfen Sie außerdem, ob die Systemdienste *DFS-Replikation* und *DFS-Namespace* auf *Automatisch* stehen und gestartet worden sind.

Abbildg. 18.30 Installieren von DFS auf einem Server

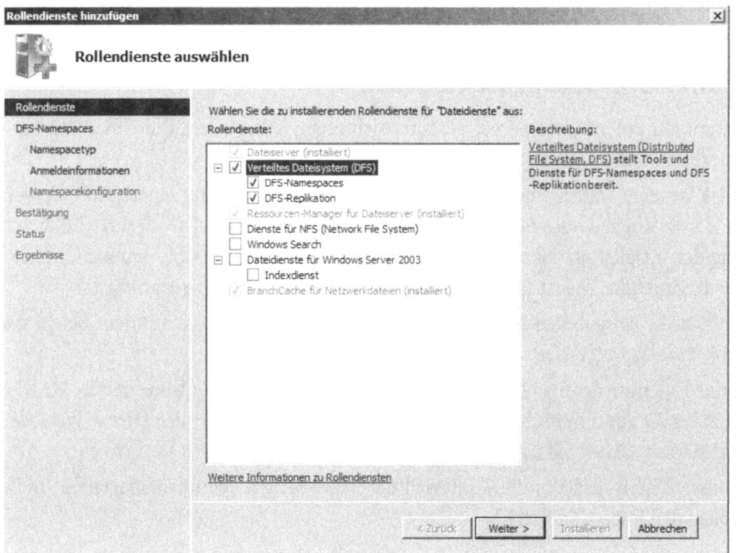

Nachdem Sie die notwendigen Rollendienste installiert haben, können Sie das Snap-In *DFS-Verwaltung* über *Start/Verwaltung* aufrufen. Alternativ starten Sie die Verwaltungsoberfläche über *dfsmgmt.msc*. Die Verwaltungsoberfläche dient zur Konfiguration und Verwaltung sowohl der DFS-Namespaces als auch der DFS-Replikation.

Abbildg. 18.31 Konfigurieren von DFS mit der DFS-Verwaltung

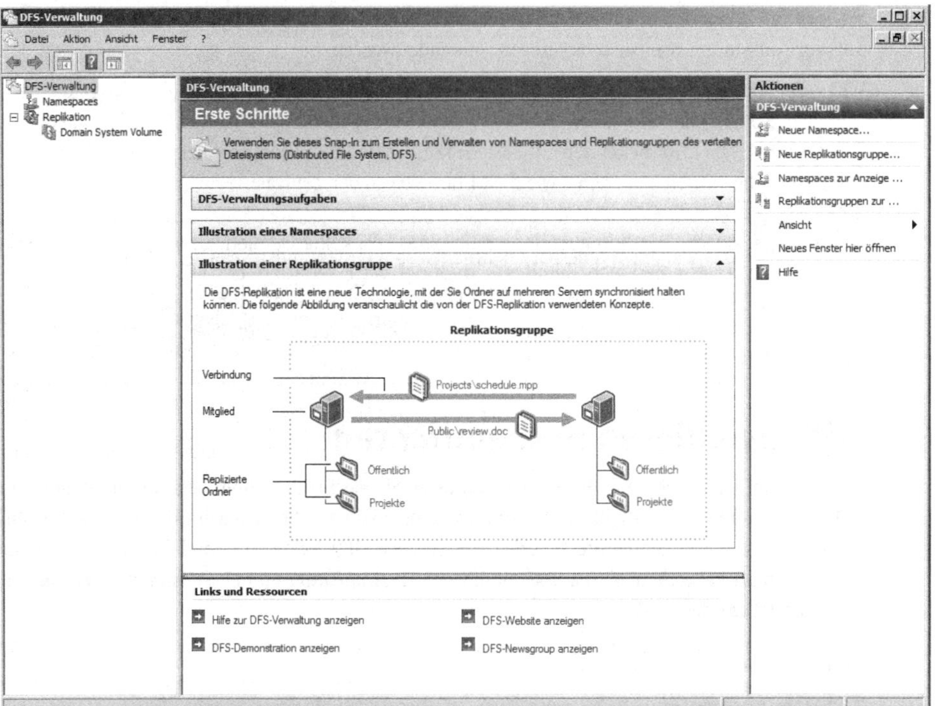

DFS auf einem Core-Server installieren

Die DFS-Installation auf einem Core-Server gestaltet sich etwas komplizierter als über den Server-Manager. Gehen Sie zur Installation und Einrichtung folgendermaßen vor:

1. Wollen Sie das verteilte Dateisystem (Distributed File System, DFS) auf einem Core-Server installieren, geben Sie in der Befehlszeile des Servers den Befehl *start /w ocsetup DFSN-Server* ein. Sie erhalten keine Rückmeldung der Installation. Nachdem der Installationsvorgang abgeschlossen ist, können Sie überprüfen, ob auf dem Server der Dienst *DFS-Replikation* installiert wurde und gestartet ist.
2. Die DFS-Replikation (Distributed File System Replication) installieren Sie mit dem Befehl *start /w ocsetup DFSR-Infrastructure-ServerEdition*.
3. Wollen Sie die Datenträgerverwaltung eines Core-Servers über das entsprechende MMC-Snap-In von einem anderen Server aus durchführen, müssen Sie auf dem Core-Server den Dienst *Virtueller Datenträger (Virtual Disk)* starten. Geben Sie dazu auf dem Core-Server den Befehl *net start vds* ein.
4. Zusätzlich müssen Sie in der Windows-Firewall die Regel für das Remotemanagement freischalten. Verwenden Sie dazu den folgenden Befehl:

```
netsh advfirewall set allprofiles settings remotemanagement enable
```

Den kompletten Netzwerkverkehr auf einem Core-Server können Sie freischalten über den Befehl

```
netsh advfirewall set allprofiles firewallpolicy allowinbound,allowoutbound
```

Um die Firewallregeln für Core-Server zu steuern, bietet es sich an, den Core-Server in eine eigene OU zu legen, auf die Sie eine Gruppenrichtlinie verknüpfen. In dieser Richtlinie können Sie die Regeln für die Firewall hinterlegen, damit die Kommunikation funktioniert.

Haben Sie die notwendigen Dienste installiert und die Remoteverwaltung über das Netzwerk freigeschaltet, können Sie sich über die Computerverwaltung von einem anderen Server auf den Core-Server verbinden. Hier können Sie überprüfen, ob die notwendigen Dienste (*DFS-Replikation*, *DFS-Namespace* und *Virtueller Datenträger*) gestartet sind.

DFS-Namespace einrichten

Die Einrichtung eines DFS-Namespace nehmen Sie am besten in der DFS-Verwaltung vor, nicht unbedingt auf einem Core-Server, da die Verwaltungsoberfläche wesentlich bequemer ist. Ein DFS-Namespace verbindet mehrere physische Freigaben auf verschiedenen Servern zu einer virtuellen DFS-Freigabe, auf die Anwender zugreifen können. Wenn Sie einen Namespace erstellen, wählen Sie aus, welche freigegebenen Ordner dem Namespace hinzugefügt werden sollen, entwerfen die Hierarchie, in der die Ordner angezeigt werden, und legen die Namen für die freigegebenen Ordner im Namespace fest.

Wenn der Namespace von einem Benutzer angezeigt wird, werden die Ordner so auf dem Bildschirm angezeigt, als seien sie auf einer einzelnen Festplatte gespeichert. Benutzer können im Namespace navigieren, ohne die Namen der Server oder der freigegebenen Ordner kennen zu müssen, die der jeweilige Host für die Daten sind. Um einen neuen Namespace einzurichten, gehen Sie folgendermaßen vor:

1. Klicken Sie in der DFS-Verwaltung mit der rechten Maustaste auf *Namespaces* und wählen im Kontextmenü den Eintrag *Neuer Namespace* aus.
2. Im ersten Fenster des Assistenten wird der Namespaceserver festgelegt. Dabei handelt es sich nicht gezwungenermaßen um einen Server, auf dem auch die Freigaben liegen, sondern es kann sich auch um einen Domänencontroller oder einen anderen Mitgliedsserver handeln.

Abbildg. 18.32 Auswählen des Namespaceservers für die Einrichtung eines DFS-Namespaces

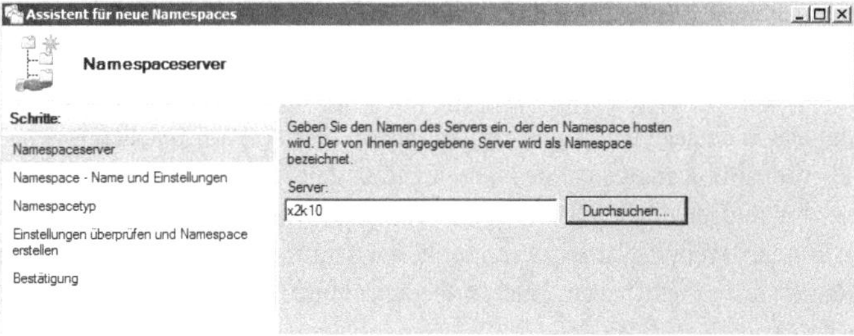

3. Im nächsten Dialogfeld wählen Sie den Namen für den neuen Namespace aus. Für eine Testumgebung können Sie den Namen auf *DFS* setzen. Der Namespacestamm ist der Ausgangspunkt des Namespaces. In diesem Beispiel lautet der Name des Stamms *Public* und der Namespacepfad lautet *\\Contoso\DFS*. Neben dem Namespace gibt es noch *Ordner*. Ordner dienen dem Aufbau der Namespacehierarchie. Ordner kön-

nen optional *Ordnerziele* haben. Wenn Benutzer einen Ordner mit Zielen im Namespace durchsuchen, empfängt der Clientcomputer einen Verweis, der ihn an eines der Ordnerziele umleitet. Ein *Ordnerziel* ist ein UNC-Pfad eines freigegebenen Ordners oder ein anderer Namespace. Ein Ordner kann mehrere Ordnerziele haben, die auf physische Freigaben auf Servern verweisen.

Abbildg. 18.33 Festlegen des Namens des DFS-Namespaces und der Zugriffsberechtigungen

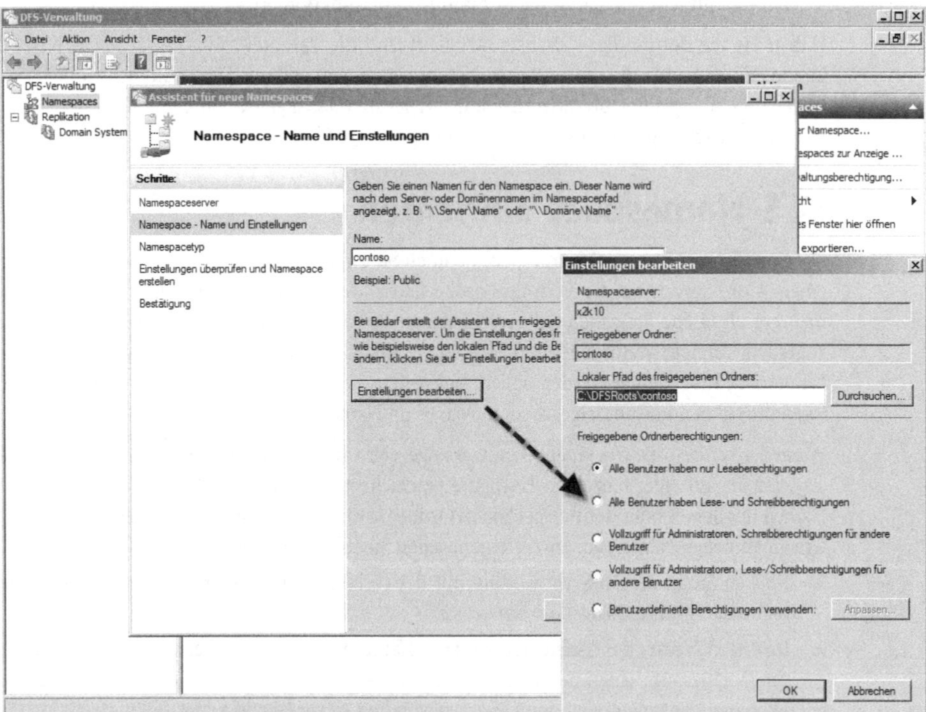

4. Auf der nächsten Seite des Assistenten legen Sie den Namespacetyp fest. Dieser Namespacetyp wird als *domänenbasierter Namespace* bezeichnet, da er mit einem Domänennamen beginnt und seine Metadaten in Active Directory gespeichert werden. Ein domänenbasierter Namespace kann auf mehreren Namespaceservern gehostet werden.
5. Nachdem Sie die Daten eingegeben haben, können Sie den Namespace erstellen lassen. Er wird anschließend in der DFS-Verwaltung angezeigt. Sie können zur Ausfallsicherheit jederzeit dem Namespace weitere Namespaceserver hinzufügen. Stellen Sie in diesem Fall aber sicher, dass die zusätzlichen Namespaceserver erreicht werden können. Weitere Namespaceserver können nur hinzugefügt werden, wenn Sie einen domänenbasierten Namespace erstellt haben. Klicken Sie zum Hinzufügen mit der rechten Maustaste auf den erstellten Namespace.

Abbildg. 18.34 Auswählen des Namespacetyps

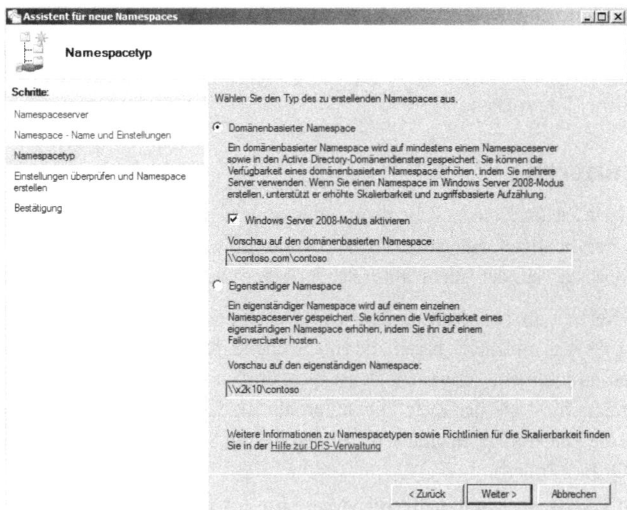

6. Klicken Sie anschließend mit der rechten Maustaste auf den neuen Namespace und wählen Sie *Neuer Ordner* aus. Anschließend können Sie einen neuen Ordner erstellen, auf den die Anwender zugreifen können. Im Assistenten zum Erstellen eines neuen Ordners können Sie jetzt auch ein oder mehrere Ordnerziele hinzufügen. Ordnerziele verweisen auf physische Freigaben auf Servern.

Abbildg. 18.35 Erstellen von neuen Ordnern mit Ordnerzielen

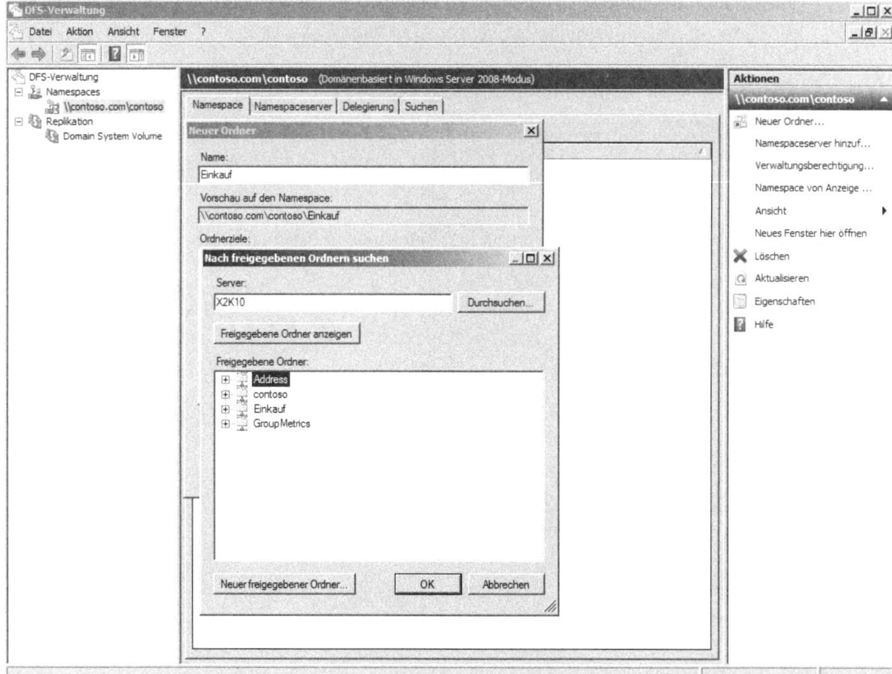

Sie können beliebig viele Ordner mit dazugehörigen Ordnerzielen erstellen. Die Anwender greifen von ihren Clients zwar physisch auf die Ordnerziele zu, allerdings verwenden sie als Namen die Bezeichnung, die Sie im DFS festlegen. Bestätigen Sie die Erstellung. Sie werden noch gefragt, ob Sie gleich eine Replikationsgruppe erstellen wollen. Dies müssen Sie an dieser Stelle nicht tun. Replikationsgruppen werden in einem späteren Abschnitt noch ausführlicher besprochen.

Verweise konfigurieren

Ein Verweis ist eine sortierte Zielliste, die ein Clientcomputer von einem Domänencontroller oder Namespaceserver empfängt, wenn der Benutzer auf einen Namespacestamm oder Ordner mit Zielen im Namespace zugreift. Durch die Verweisliste weiß der Client, auf welchen Servern das zugehörige Ordnerziel gespeichert ist.

Fordert ein Client einen Verweis an, berücksichtigt der DFS-Dienst den Standort des Clients und den Standort des Ziels und stellt einen Verweis mit Zielen bereit, die entsprechend der aktuellen Verweisreihenfolge geordnet sind. Standardmäßig werden in einem Verweis zunächst Ziele am Standort eines Clients in zufälliger Reihenfolge aufgelistet, dann folgt eine Liste der Ziele, die außerhalb des Clientstandorts liegen, sortiert nach den niedrigsten Kosten. Um die Reihenfolge anzupassen, können Sie die Sortiermethode für einen ganzen Namespace oder für einzelne Ordner ändern:

1. Klicken Sie in der DFS-Verwaltung mit der rechten Maustaste auf den Namespace und dann auf *Eigenschaften*.
2. Überprüfen Sie auf der Registerkarte *Verweise* unter *Sortiermethode*, dass *Niedrigste Kosten* ausgewählt ist. Bei der Sortiermethode für die niedrigsten Kosten werden Ziele in einem Verweis sortiert. Ziele im gleichen Standort wie der Client werden in zufälliger Reihenfolge ganz oben im Verweis aufgelistet. Ziele außerhalb des Standorts des Clients werden in der Reihenfolge von den niedrigsten zu den höchsten Kosten aufgelistet. Verweise mit gleichen Kosten werden zusammen gruppiert, und innerhalb der einzelnen Gruppen werden die Ziele in zufälliger Reihenfolge aufgelistet. Wenn Sie nicht möchten, dass Clients auf Ordnerziele außerhalb ihres Standorts zugreifen, können Sie die Sortiermethode für einzelne Ordner ändern. Klicken Sie dann auf *Ziele außerhalb des Clientstandortes ausschließen.*

Abbildg. 18.36 Konfigurieren der Verweise für DFS-Namespaces

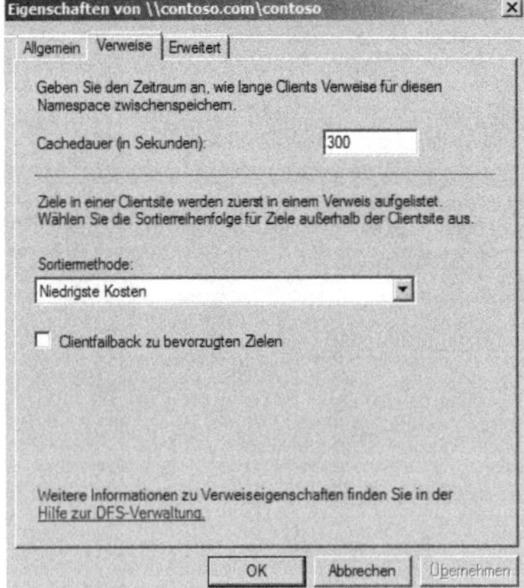

DFS-Replikation einrichten

Wollen Sie den Inhalt von Freigaben replizieren, können Sie diese Funktion für einzelne Ordner im Namespace aktivieren. Standardmäßig ist die Replikation nicht aktiviert. Um diese zu aktivieren, klicken Sie mit der rechten Maustaste auf den Ordner und wählen Sie im Kontextmenü den Eintrag *Ordner replizieren* aus. Anschließend startet der Assistent, mit dem Sie die Replikation konfigurieren können:

1. Auf der ersten Seite des Assistenten wird Ihnen noch mal der Namen des Ordners angezeigt. Hier legen Sie auch den Namen der Replikationsgruppe fest. Eine Replikationsgruppe besteht aus einer Reihe von Servern, die an der Replikation eines replizierten Ordners beteiligt sind. Ein replizierter Ordner ist ein Ordner, der auf den einzelnen Mitgliedern synchron gehalten wird. Der Name der Replikationsgruppe stimmt mit dem Namespacepfad überein und der Name des replizierten Ordners mit dem Ordnernamen in der DFS-Verwaltungskonsole.

Abbildg. 18.37 Festlegen des Replikationsgruppennamens und des Namens des replizierten Ordners

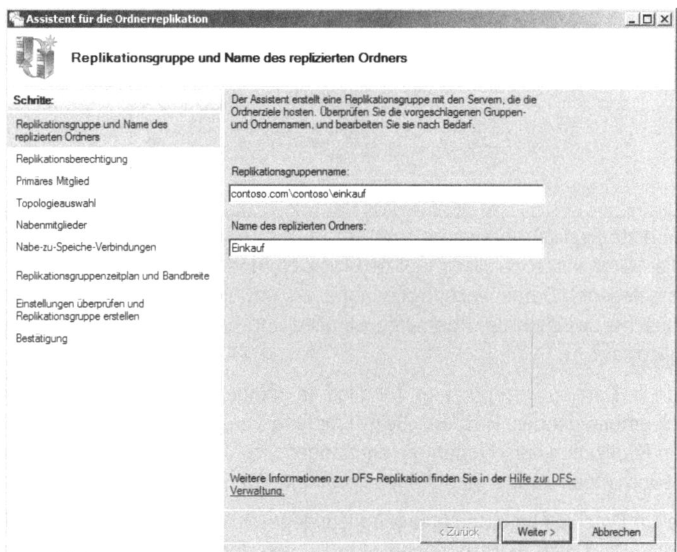

2. Auf der nächsten Seite werden die Freigaben und die dazugehörigen Server angezeigt, deren Freigaben repliziert werden.
3. Auf der nächsten Seite wählen Sie das primäre Mitglied der Replikationsgruppe aus. Wählen Sie hier den Server aus, der den aktuellsten Inhalt enthält.
4. Auf der nächsten Seite wählen Sie aus, welche Replikationstopologie Sie verwenden wollen. Die Definitionen der Replikationstopologien sind selbsterklärend.
5. Auf der nächsten Seite legen Sie die Bandbreite oder den Zeitplan für die Replikation fest.
6. Anschließend wird die Replikation erstellt. Nachdem diese erstellt wurde, wird die Replikation in der DFS-Verwaltung unter dem Knoten *Replikation* angezeigt. Sie können die Eigenschaften der Replikation jederzeit über das Kontextmenü anpassen.

Abbildg. 18.38 Auswählen des primären Mitglieds der Replikationsgruppe

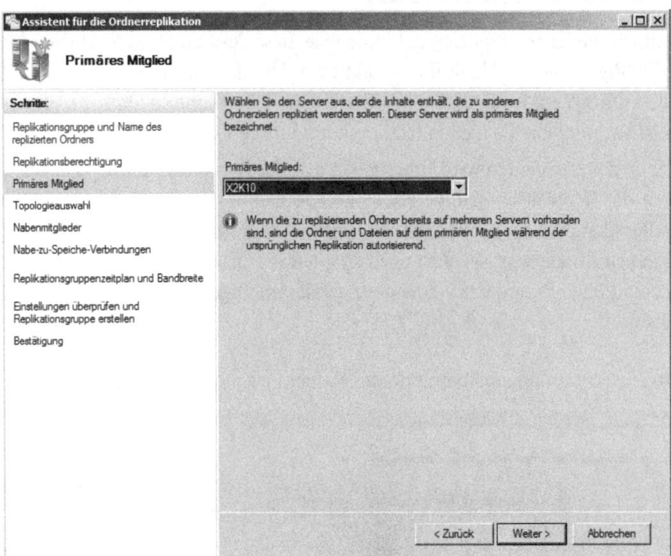

HINWEIS Die erste Replikation beginnt nicht sofort. Die Topologie- und DFS-Replikationseinstellungen müssen zu allen Domänencontrollern repliziert werden, und jedes Mitglied der Replikationsgruppe muss seinen nächstgelegenen Domänencontroller abfragen, um diese Einstellungen zu erhalten. Die erste Replikation tritt zunächst zwischen dem primären Mitglied und den empfangenden Replikationspartnern des primären Mitglieds auf.

Wenn ein Mitglied alle Dateien vom primären Mitglied empfangen hat, repliziert dieses Mitglied Dateien ebenfalls zu seinen empfangenden Partnern. Beim Empfang von Dateien des primären Mitgliedsservers während der ersten Replikation verschieben die empfangenden Mitgliedsserver Dateien, die auf dem primären Server nicht vorhanden sind, in den Ordner *DfsrPrivate\PreExisting*.

Ist eine Datei mit einer Datei auf dem primären Mitglied identisch, wird die Datei nicht repliziert. Wenn sich die Version einer Datei auf dem empfangenden Mitglied von der Version des primären Mitglieds unterscheidet, wird die Version des empfangenden Mitglieds in den Konfliktordner für gelöschte Dateien verschoben. Nach der Initialisierung des replizierten Ordners wird die Bezeichnung *Primäres Mitglied* entfernt. Die Initialisierung findet statt, wenn alle Dateien, die vor der Übernahme der Konfiguration durch die DFS-Replikation vorhanden waren, der DFS-Replikationsdatenbank hinzugefügt wurden.

Das Mitglied, das zuvor primäres Mitglied war, wird dann wie jedes andere Mitglied behandelt, und dessen Dateien werden nicht länger als autorisierend im Vergleich zu denen der anderen Mitglieder angesehen. Alle Mitglieder, die die erste Replikation abgeschlossen haben, werden gegenüber Mitgliedern ohne abgeschlossene erste Replikation als autorisierend betrachtet.

Abbildg. 18.39 Nachträgliche Bearbeitung der Replikationsverbindung

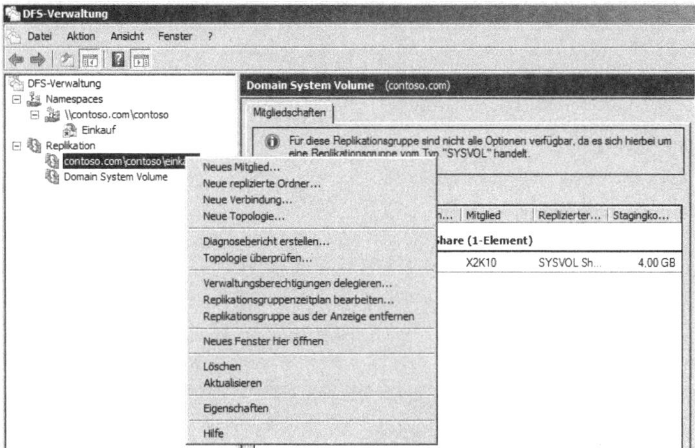

Klicken Sie auf eine Replikationsverbindung, können Sie in der Mitte der Konsole auf vier Registerkarten die Einstellungen der Replikationsgruppe anpassen. Auf diesen Registerkarten werden unterschiedliche Details zur ausgewählten Replikationsgruppe, ihren Mitgliedern und ihren replizierten Ordnern angezeigt:

- **Registerkarte *Mitgliedschaften*** Hier sind die Einträge nach repliziertem Ordner sortiert. Doppelklicken Sie auf ein Mitglied, um die Eigenschaften pro Mitglied und pro repliziertem Ordner auf den Registerkarten anzuzeigen. Auf der Registerkarte *Erweitert* können Sie Speicherort und Größe des Stagingordners und des Konfliktordners für gelöschte Dateien auf dem ausgewählten Mitglied anzeigen.
- **Registerkarte *Verbindungen*** Jede Verbindung ist ein einseitiger Replikationspfad, sodass für die Replikation zwischen zwei Mitgliedern zwei Verbindungen erforderlich sind, die Daten in der jeweiligen Gegenrichtung replizieren. Jede Verbindung verfügt über einen Zeitplan und andere Einstellungen, zum Beispiel zum Aktivieren oder Deaktivieren der Remotedifferenzialkomprimierung (Remote Differential Compression, RDC). Doppelklicken Sie auf eine Verbindung, um deren Einstellungen anzuzeigen.

Diagnosebericht erstellen

Über das Kontextmenü der DFS-Verwaltung können Sie einen Assistenten starten, über den Sie einen Diagnosebericht erstellen lassen können. Der Bericht wird als HTML-Datei erstellt. Mit dem Assistenten lassen sich sehr schnell und einfach Berichte über die Replikation erstellen.

TIPP Wollen Sie regelmäßig automatisch Diagnoseberichte erstellen, bietet sich auch das Befehlszeilentool *Dfsradmin.exe* an. Sie können ein Skript erstellen, das Sie als Aufgabe hinterlegen und mit dem Sie automatisch Berichte erstellen lassen.

Auf Basis dieser Berichte lässt sich schnell ein Überblick gewinnen, ob die Replikation innerhalb der DFS-Infrastruktur funktioniert. Der Assistent führt durch die zahlreichen Optionen, die bei der Erstellung des Berichts konfiguriert werden können.

Abbildg. 18.40 Anzeigen eines Berichts der DFS-Replikation

Verschlüsselndes Dateisystem (EFS)

Dieses Dateisystem erlaubt die Verschlüsselung von Informationen auf der lokalen Festplatte. Das EFS kann lokal eingesetzt werden. In diesem Fall reicht es aus, wenn der Benutzer definiert, dass Dateien verschlüsselt werden sollen. Das EFS kann aber auch in verteilten Umgebungen eingesetzt werden. In diesem Fall muss mit einer Zertifizierungsstelle (siehe Kapitel 29) gearbeitet werden, da die Verschlüsselung über digitale Zertifikate gesteuert wird. Um Dateien lokal zu verschlüsseln, wird der Befehl *Eigenschaften* im Kontextmenü der Datei oder des Verzeichnisses, das verschlüsselt werden soll, gewählt. Dort kann die Schaltfläche *Erweitert* ausgewählt werden. Im angezeigten Dialogfeld finden Sie das Kontrollkästchen *Inhalt verschlüsseln, um Dateien zu schützen.* Durch Auswahl dieses Kontrollkästchens wird das EFS genutzt.

Die Verschlüsselung und der Zugriff auf diese Informationen erfolgen transparent für die Anwender. Falls ein Verzeichnis für die Verschlüsselung ausgewählt wurde, fragt das System, ob die Einstellungen für untergeordnete Verzeichnisse übernommen werden sollen. Beachten Sie, dass die Ver- und Entschlüsselung auch vom Clientbetriebssystem unterstützt werden muss. Sie benötigen mindestens Windows 2000 Professional, um verschlüsselte Dateien auf dem Server oder auf lokalen Festplatten ablegen zu können. Eine gemeinsame Nutzung verschlüsselter Dateien ist sogar erst ab Windows XP Professional möglich. EFS verschlüsselt die Daten auf der Festplatte und entschlüsselt die Daten nur, wenn die zur Verschlüsselung verwendeten Anmeldeinformationen eingegeben werden. Wenn Verschlüsselung für einen Ordner festgelegt wird, verschlüsselt EFS automatisch Folgendes:

- Alle neu im Ordner erstellten Dateien

- Alle Textdateien, die in den Ordner kopiert oder verschoben werden
- Optional die meisten vorhandenen Dateien und Unterordner, mit der ausdrücklichen Ausnahme von Windows-Systemdateien und Benutzerprofilen

EFS verwendet einen öffentlichen Schlüssel zum Verschlüsseln von Dateien. Daher sind für die Verschlüsselung ein Paar aus öffentlichem und privatem Schlüssel und ein öffentliches Schlüsselzertifikat erforderlich. Zur Verwendung von EFS müssen die Benutzer im Besitz von EFS-Zertifikaten sein, für die die beiden folgenden Optionen verfügbar sind:

- **Public Key-Infrastruktur (PKI)** Es kann eine Infrastruktur öffentlicher Schlüssel bereitgestellt werden
- **Selbstsignierte Zertifikate** Selbstsignierte Zertifikate werden automatisch vom Betriebssystem generiert

Abbildg. 18.41 Verschlüsseln von Dateien mit EFS

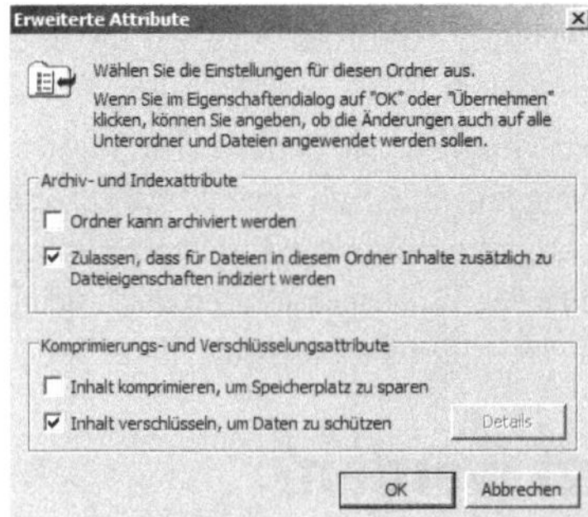

Die Funktionsweise von EFS

Windows XP, Windows Vista und Windows 7 generieren EFS-Zertifikate automatisch. Die Benutzer erhalten ein Zertifikat, indem sie eine Datei verschlüsseln. Jeder Benutzer, der sich beim Computer anmeldet, kann Dateien verschlüsseln. EFS generiert ein eindeutiges Zertifikat und ein Schlüsselpaar für jeden Benutzer. Sofern ein Benutzer die verschlüsselten Dateien nicht für andere freigibt, kann kein Benutzer auf Dateien zugreifen, die einem anderen Benutzer gehören. EFS nutzt das EFS-Zertifikat eines Benutzers, um den Inhalt einer Datei zu verschlüsseln.

Der private Schlüssel wird in verschlüsselter Form mit in der Datei abgelegt und kann zur Wiederherstellung der Datei genutzt werden. EFS arbeitet mit dem symmetrischen DESX-Algorithmus zur Dateiverschlüsselung und dem RSA-Algorithmus zur Verschlüsselung der privaten Schlüssel. Durch eine mögliche Wiederherstellung des privaten Schlüssels ist eine Entschlüsselung von Dateien durch sogenannte Wiederherstellungs-Agenten möglich. Falls keine Zertifikatdienste verfügbar sind, beispielsweise in einer Arbeitsgruppe, generiert EFS automatisch im lokalen System ein selbst signiertes Zertifikat für den aktuellen Benutzer und verwendet dieses Zertifikat für die Verschlüsselung.

Beachten Sie, dass andere Benutzer die Datei immer noch umbenennen oder löschen können, wenn Sie dies nicht in den Zugriffsteuerungslisten (ACLs) verhindern. Der Dateiinhalt ist lediglich vor dem Auslesen durch unberechtigte Personen geschützt. Alternativ zur grafischen Oberfläche können Sie auch den Befehl *Cipher.exe* in der Befehlszeile nutzen, um Dateien zu ver- und entschlüsseln oder sich den Status anzeigen zu lassen. Der Befehl:

- **cipher /e /s:c:\vertraulich** verschlüsselt das Verzeichnis *c:\vertraulich* und alle darunter liegenden Verzeichnisse und Dateien

- **cipher /d /s:c:\vertraulich** entschlüsselt die Daten im Verzeichnis *c:\vertraulich* und allen darunter liegenden Verzeichnissen

Verschlüsselung für mehrere Personen nutzen

Häufig ist es sinnvoll, vertrauliche Daten mit einer anderen Person zu teilen, beispielsweise zwischen zwei Geschäftsführern oder Chef und Assistent. Wenn Sie auch anderen Personen Zugriff auf Ihre EFS-verschlüsselten Dateien gewähren wollen, müssen diese explizit berechtigt werden:

1. Verschlüsseln Sie zuerst die Datei wie oben beschrieben.
2. Rufen Sie nochmals die *Eigenschaften* der Datei auf, klicken Sie auf *Erweitert* und danach auf *Details*.
3. Sie erhalten eine Übersicht darüber, welche Benutzer auf die Datei zugreifen können (obere Liste) und welche Benutzer die Datei wiederherstellen und dabei die Verschlüsselung aufheben können (untere Liste).
4. Klicken Sie auf *Hinzufügen*, um nacheinander alle Benutzer einzutragen, die auf Ihre verschlüsselte Datei Zugriff erhalten sollen.

Sie können an dieser Stelle nur Benutzer eintragen, keine Gruppen. Die Benutzer benötigen außerdem jeweils ein EFS-Zertifikat. Sie können deshalb die Verschlüsselung nur innerhalb einer Active Directory-Domäne mit installierten Zertifikatdiensten und manuell oder automatisch zugeordneten Benutzerzertifikaten für Basis-EFS sinnvoll einsetzen. Am Ende des Vorgangs können Sie in den Dateieigenschaften die Liste aller zugelassenen Benutzer überprüfen. Alle diese Benutzer können auf die verschlüsselte Datei zugreifen.

Wann sollte EFS nicht genutzt werden?

Einige Hindernisse können Ihnen bei der Nutzung von EFS im Wege stehen oder sogar eine erfolgreiche Wiederherstellung der Daten verhindern. Als Administrator sollten Sie diese Klippen kennen, damit Sie nicht erst im Fehlerfall bemerken, dass eine Datei nicht mehr zugänglich ist.

- Sie können eine Datei nicht gleichzeitig verschlüsseln und komprimieren. Wenn Sie eine bereits verschlüsselte Datei komprimieren und die erforderlichen Zertifikate besitzen, wird die Datei automatisch entschlüsselt.
- Wenn Sie keine NTFS-Laufwerke, sondern FAT16 oder FAT32 einsetzen, können Sie die Verschlüsselung nicht nutzen. Dies bedeutet, dass es unmöglich ist, eine verschlüsselte Datei auf CD/DVD zu brennen oder auf Diskette zu kopieren, ohne die Verschlüsselung zu verlieren.
- Wenn Sie eine verschlüsselte Datei kopieren, wird diese während des Kopierens im Hauptspeicher des PCs entschlüsselt. Am Zielort wird die Datei nur dann wieder verschlüsselt, wenn der Zielordner ebenfalls das Attribut *Verschlüsselt* besitzt. Wenn Sie also eine lokal verschlüsselte Datei auf den Server kopieren, verliert diese ihre Verschlüsselung, falls Sie im Serververzeichnis nicht vorher ebenfalls die Verschlüsselung aktivieren.
- Systemdateien können nicht verschlüsselt werden
- Offlinedateien können erst ab Windows XP Professional verschlüsselt werden
- Wenn Sie nicht in einer Domäne arbeiten, hat nur der lokale Administrator die Möglichkeit der Datenwiederherstellung. Sollte also die lokale Benutzerdatenbank einmal kaputt gehen oder das Administratorkennwort unauffindbar verschwinden, ist eine Wiederherstellung der verschlüsselten Dateien dieses PCs unmöglich. Achten Sie in diesem Fall darauf, dass Sie von jedem Einzelsystem eine Systemstatussicherung besitzen. Hier ist die Benutzerdatenbank enthalten.
- Einige Anwendungen zerstören die Zertifikate der zusätzlichen Benutzer beim Schreiben in die Datei. Nur speziell angepasste Programme, beispielsweise Office 2007, behalten die EFS-Zertifikate aller Benutzer bei der Dateibearbeitung bei.

Verschlüsselte Dateien wiederherstellen

Wichtig ist nicht nur das Verschlüsseln, sondern auch die Wiederherstellung von Dateien für den Fall, dass ein Benutzer nicht mehr im System verfügbar oder sein Kennwort nicht bekannt ist. Das Sichern eines Wiederherstellungsschlüssels hilft sicherzustellen, dass die verschlüsselten Daten für den Fall wiederhergestellt werden können, dass der Benutzer, der das EFS-Verschlüsselungszertifikat besitzt, die Daten nicht entschlüsseln kann. Die Sicherung für den Wiederherstellungsschlüssel muss mithilfe des Kontos des Wiederherstellungs-Agenten erfolgen, das über das Dateiwiederherstellungs-Zertifikat und den privaten Schlüssel in seinem privaten Informationsspeicher verfügt. Der standardmäßige Wiederherstellungs-Agent ist der Domänenadministrator.

Damit ein Konto mithilfe von EFS verschlüsselte Daten lesen oder wiederherstellen kann, richten Sie das Konto als Wiederherstellungs-Agent ein. In einer Domänenumgebung ist es ratsam, für diesen Zweck Domänenkonten zu verwenden. Ein Wiederherstellungs-Agent kann für jeden Standort, Domäne oder Organisationseinheit in einer Active Directory-Gesamtstruktur erstellt werden. Standardmäßig ist das eingebaute Administratorkonto für eine Domäne ein Wiederherstellungs-Agent. Zum Entschlüsseln von EFS-Dateien genügt es nicht unbedingt, lokale Administratorrechte auf dem betreffenden System zu haben, sondern Sie müssen als *Wiederherstellungs-Agent* in der Datei eingetragen sein, um diese wieder in Klartext zu verwandeln.

Wer zum Wiederherstellungs-Agenten wird und damit automatisch entsperrenden Zugriff auf verschlüsselte Dateien hat, muss mithilfe sogenannter *Wiederherstellungsrichtlinien* bereits vor der Verschlüsselung der ersten Dateien festgelegt werden. Wenn Sie die Wiederherstellungs-Agenten in einem laufenden System ändern, wirkt sich dies nicht immer auf alle verschlüsselten Dateien aus. Speziell lokal auf den Arbeitsstationen verschlüsselte Dateien bleiben an den alten Wiederherstellungs-Agenten gebunden, auch wenn Sie Richtlinien in der Domäne verändern.

Sie können für jede verschlüsselte Datei in den Eigenschaften unter *Erweitert/Details* überprüfen, welche Benutzer die Datei wiederherstellen und dabei die Verschlüsselung aufheben können. Wenn Sie nichts weiter konfiguriert haben, gibt es zwei Standardfälle für die Wiederherstellung von Dateien:

- Auf einem lokalen System (Arbeitsgruppe) wird automatisch der lokale Administrator als Wiederherstellungs-Agent eingetragen
- Innerhalb einer Domäne gibt es ein Wiederherstellungszertifikat, das standardmäßig der Gruppe *Administratoren* in der Domäne zugewiesen wurde. Diese Zuweisung können Sie jedoch mithilfe von Richtlinien verändern und somit das Recht zur Dateiwiederherstellung an jeden beliebigen Domänenbenutzer übertragen.

Ein Datensicherungsprogramm, dessen Dienstekonto der Gruppe *Backup-Operatoren* angehört, kann den verschlüsselten Inhalt der Dateien auch ohne Wiederherstellungsfunktion auslesen. Der Inhalt bleibt dabei jedoch verschlüsselt und wird nicht im Klartext auf das Sicherungsmedium übertragen. Weisen Sie dem Dienstekonto, das Sie für die Sicherung einsetzen, nicht die Funktion des Wiederherstellungs-Agenten zu, sonst werden Ihre Dateien während der Sicherung entschlüsselt und im Klartext auf das Band geschrieben.

Eigene Wiederherstellungs-Agenten einrichten

Um die Wiederherstellung von Dateien durch andere Benutzer als den Domänenadministrator zu ermöglichen, können Sie eigene Wiederherstellungs-Agenten einrichten. Diese Personen können dann – auch ohne Administratorrechte – auf alle Dateien zugreifen. So können Sie beispielsweise der Revision Zugriff auf alle Dateien gewähren oder der Datensicherungssoftware ein Restore des Dateiinhalts im unverschlüsselten Zustand ermöglichen. Der Wiederherstellungs-Agent sollte das Datenwiederherstellungszertifikat und den privaten Schlüssel auf einen Datenträger exportieren, diesen an einem sicheren Ort verwahren und den privaten Schlüssel aus dem System löschen. Auf diese Weise kann nur die Person Daten für das System wiederherstellen, der der Aufbewahrungsort des privaten Schlüssels bekannt ist.

Die Anzahl der Wiederherstellungs-Agenten sollte auf ein Minimum beschränkt werden. Wenn Sie Zertifikatdienste konfigurieren und eine benutzerdefinierte Zertifikatvorlage zum Ausstellen von EFS-Zertifikaten verwenden, aktivieren Sie nicht die Option *Benutzer zur Eingabe während der Registrierung auffordern* und *Benutzereingabe beim Verwenden eines privaten Schlüssels anfordern*. Diese Option verhindert, dass EFS den privaten Schlüssel für die Ver- oder Entschlüsselung verwendet.

Um einen Benutzer als Wiederherstellungs-Agenten auf einem lokalen System einzusetzen, rufen Sie die lokale Sicherheitsrichtlinie auf und wählen den entsprechenden Unterpunkt in diesem Menü aus. Klicken Sie auf *Sicherheitseinstellungen/Richtlinien öffentlicher Schlüssel/Verschlüsselndes Dateisystem*. Falls der Benutzer bereits ein EFS-Wiederherstellungszertifikat besitzt, wählen Sie im Kontextmenü den Befehl *Wiederherstellungs-Agenten* aus. In diese Liste muss der Wiederherstellungs-Agent eingetragen werden. Klicken Sie nun auf *Verzeichnis durchsuchen*, um einen Wiederherstellungs-Agenten auszuwählen. Möglicherweise erhalten Sie bei der Auswahl eines Benutzers eine Fehlermeldung. In diesem Fall müssen Sie erst ein EFS-Wiederherstellungszertifikat für den Benutzer erstellen. Klicken Sie dazu auf *Abbrechen* und wählen Sie im Kontextmenü der Gruppenrichtlinie *Verschlüsselndes Dateisystem* den Eintrag *Dateiwiederherstellungs-Agenten erstellen* aus. Sie werden von einem Assistenten durch die Erstellung des passenden Zertifikats geführt.

Achten Sie darauf, dass Sie nur ein EFS-Wiederherstellungszertifikat pro Benutzer erstellen, da das Management von mehreren Zertifikaten des gleichen Typs pro Benutzer sehr umständlich ist; Sie können dann nicht mehr die Automatikfunktionen des Betriebssystems verwenden. Um einen anderen Benutzer als Wiederherstellungs-Agenten in der gesamten Domäne einzusetzen, rufen Sie die Sicherheitsrichtlinie für Domänencontroller auf. Da die Entschlüsselung von Dateien ein sensibles Thema ist und in größeren Unternehmen nicht immer der Vollzugriff auf alle Daten gewünscht wird, können durch den Einsatz verschiedener Gruppenrichtlinien auch unterschiedliche Wiederherstellungs-Agenten für die Container, in denen sich die Computer befinden, konfiguriert werden.

Network File System (NFS)

Das NFS ermöglicht Unternehmen, die Windows Server 2008 R2 und UNIX-Systeme einsetzen, den Datenaustausch zwischen den beiden Systemen. Beim NFS handelt es sich um eine Aktualisierung der *Windows Services for UNIX 3.5*. NFS gehört zum Bestandteil von Windows Server 2008 R2 Standard, Enterprise und Datacenter. Wollen Sie NFS nutzen, können Sie diese Funktion im Server-Manager als Rollendienst für die Rolle *Dateidienste* installieren. Für den Zugriff auf Dateien auf NFS-Servern benötigt jeder Windows-Benutzer eine Identität im UNIX-Format.

Neu ist unter anderem, dass Active Directory-Objekte jetzt direkt für NFS genutzt werden können, es müssen keine zwei Identitäten angelegt werden. NFS in Windows Server 2008 R2 unterstützt jetzt auch 64 Bit und weist daher eine deutlich höhere Leistung auf. Microsoft hat in NFS im Vergleich zu den Windows Services for UNIX 3.5 einige Neuerungen integriert:

- Active Directory-Suche – Die UNIX Identity Management Active Directory Schema Extension enthält UNIX User Identifier (UID) und Group Identifier (GID)-Felder, welche es den NFS-Clients ermöglichen, UNIX-Identitätsinformationen direkt in Active Directory abzufragen
- NFS kann auch auf den 64-Bit-Editionen von Windows Server 2008 R2installiert werden
- Die Performance und der Zugriff wurden erheblich verbessert
- Mknod-Geräte unter UNIX werden jetzt auch von NFS unterstützt

NFS besteht hauptsächlich aus drei Komponenten, um UNIX-Systeme mit Windows Server 2008 R2 zu verbinden:

- **Identitätsverwaltung für UNIX** Mit dieser Funktion können Benutzerkonten zwischen Windows- und UNIX-Domänen assoziiert werden. Dadurch müssen sich Benutzer nicht mehr separat an den Windows-Systemen und an UNIX anmelden, sondern es reicht entweder die Anmeldung an Windows oder die an UNIX.
- **Server für NFS** Mit dieser Funktion können UNIX-Clients auf Freigaben von Windows-Servern zugreifen
- **Client für NFS** Mit dieser Funktion wiederum können Windows-Clients auf Freigaben von UNIX-Servern zugreifen

Für die Verwaltung von NFS steht sowohl die Verwaltungskonsole *Dienste für NFS* zur Verfügung, die Sie über *Start/Verwaltung* starten können, sowie verschiedene Befehle für die Befehlszeile.

Abbildg. 18.42 Verwalten von NFS über das Snap-In *Dienste für NFS*

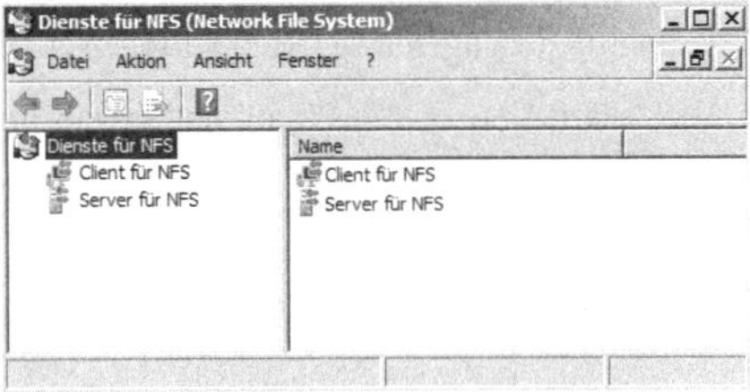

Befehlszeilentools zur Verwaltung von NFS

Die einzelnen Befehlszeilentools zur Verwaltung bieten auch eine ausführliche Hilfe über deren Syntax, die Sie über *<Toolname>/?* aufrufen können. Die wichtigsten Befehlszeilentools für NFS sind:

- **Mapadmin** Mit diesem Tool können Sie die Identitätsverwaltung für UNIX (User-Mapping) konfigurieren, falls diese installiert ist (siehe den folgenden Abschnitt)
- **Mount** Mit diesem Befehl werden NFS-Netzlaufwerke bereitgestellt
- **Nfsadmin** Mit diesem Tool verwalten Sie den Client und den Server für NFS
- **Nfsshare** Dieses Tool dient zur Verwaltung der NFS-Freigaben
- **Nfsstat** Dieses Tool zeigt die Anzahl der Zugriff auf den NFS-Server an oder setzt die Anzeige zurück
- **Showmount** Zeigt die bereitgestellten Systeme an, die durch den Server für NFS exportiert wurden
- **Unmount** Mit diesem Tool werden die Bereitstellungen der über NFS bereitgestellten Laufwerke aufgehoben

Identitätsverwaltung für UNIX

Die Identitätsverwaltung für UNIX wird nicht durch die Installation der NFS-Dienste für den Rollendienst *Dateidienste* installiert, sondern als zusätzlicher Rollendienst *Active Directory-Domänendienste*. Wollen Sie Kennwörter und Benutzerdaten zwischen Ihrer Windows- und UNIX-Infrastruktur replizieren, sollten Sie daher diesen Rollendienst nachträglich installieren.

Nachdem Sie den Rollendienst installiert haben, müssen Sie den Domänencontroller neu starten. Zur Verwaltung der Identitätsverwaltung für UNIX steht in der Programmgruppe Verwaltung das neue Snap-In *Microsoft Identity Management für UNIX* zur Verfügung. Rufen Sie die Eigenschaften der Identitätsverwaltung für UNIX auf, um die Benutzerdaten des UNIX-Systems zu konfigurieren, mit dem Sie Ihre Daten replizieren wollen. Um die Server zu autorisieren, die auf den Dienst zugreifen, stellt dieser eine Textdatei mit der Bezeichnung *.maphosts* zur Verfügung. Diese Datei befindet sich im Verzeichnis *C:\Windows\msnfs* und listet die Namen aller Systeme auf, die berechtigt sind, diesen Dienst abzufragen. Hier müssen Sie alle Server eintragen, die entweder als NFS-Server oder als NFS-Client fungieren.

Starten Sie die Konsole, erscheint zunächst eine Fehlermeldung. Diese wird dadurch verursacht, dass der Systemdienst *NIS-Server* deaktiviert wurde. Setzen Sie diesen Dienst auf *Automatisch* und starten Sie diesen, bevor Sie die Verwaltungskonsole starten. Der mitgelieferte *Server für NIS* ermöglicht es dem Server, im Netz als sogenannter *Master-Server für NIS* zu arbeiten. NIS (Network Information Service), das von Sun Microsystems im Jahr 1985 auf den Markt gebracht wurde, war einer der ersten verteilten Namensdienste auf UNIX-Basis. NIS ist ein Verzeichnisdienst zur Verteilung von Konfigurationsdaten wie Benutzernamen oder Rechnernamen in einem Netzwerk.

Als Teil der Installationsroutine wird das Active Directory-Schema so erweitert, dass Anwender- und Gruppendaten von NIS in Active Directory gespeichert werden können. Damit steht dem Administrator ein gemeinsames Tool zur Verwaltung von Windows- und UNIX-Authentifizierungen und -Anmeldungen zur Verfügung.

Nach der Installation der Identitätsverwaltung für UNIX können Sie in den Eigenschaften von Benutzern und Gruppen über die Registerkarte *UNIX-Attribute* Daten eintragen, die von UNIX-Servern und -Clients abgefragt werden können.

Abbildg. 18.43 Konfigurieren von UNIX-Attributen für Gruppen

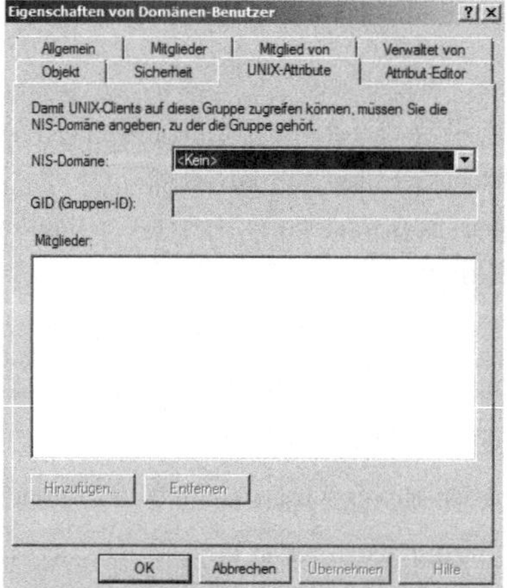

Durch diese Konfiguration können Gruppen sowohl in Active Directory als auch auf den UNIX-Computern verwendet werden. In den Eigenschaften der Benutzerkonten können Sie ebenfalls UNIX-Attribute pflegen. Dadurch können diese Benutzerkonten für die Anmeldung an Windows-PC sowie über UNIX verwendet werden. Klicken Sie mit der rechten Maustaste im Snap-In auf den Eintrag *Server für NIS*, können Sie die Einstellungen vornehmen, über die Sie Daten zwischen UNIX und Windows replizieren können. Hier erhalten Sie auch Hilfen und Anleitungen für die Vorgänge.

Abbildg. 18.44 Starten des Assistenten für die Migration von Benutzerdaten zwischen Windows und UNIX

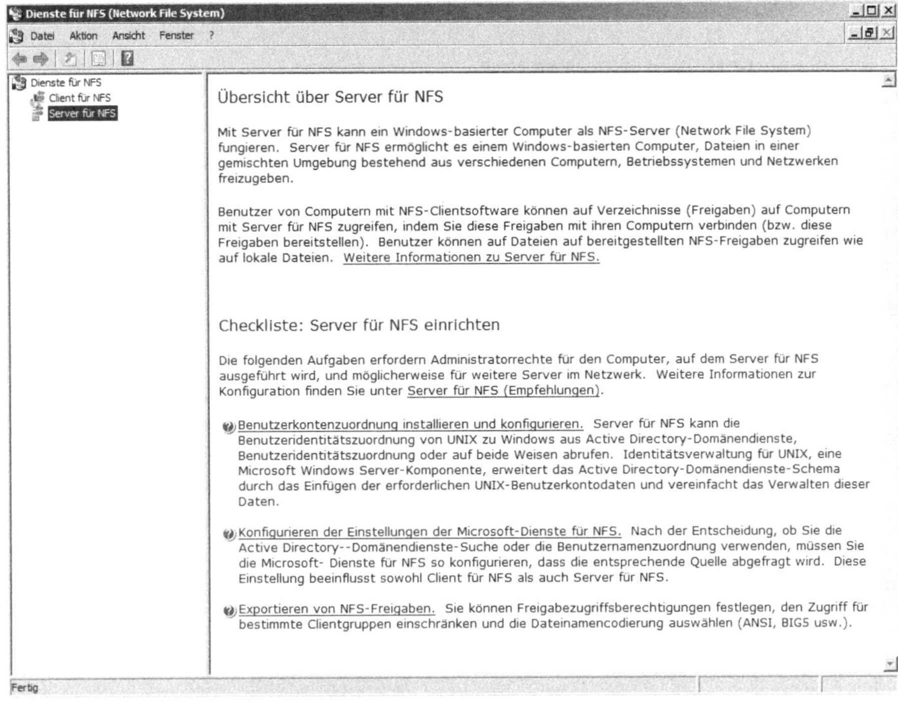

Über die Eigenschaften können Sie bequem die Daten auswählen, die zwischen UNIX und Windows repliziert werden sollen.

Abbildg. 18.45 Replizieren von UNIX-Daten und Windows-Daten

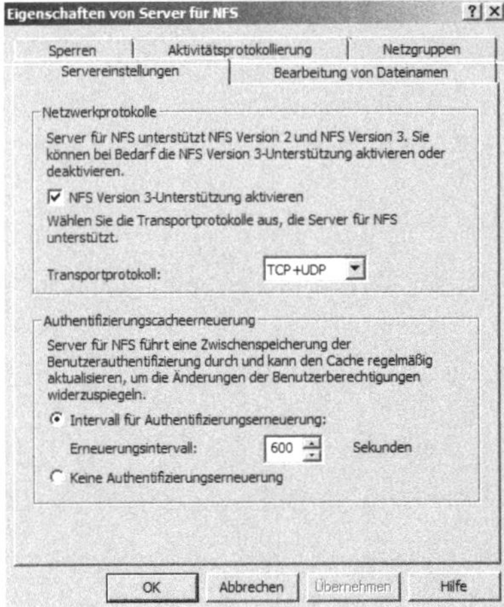

Für die Replikation benötigen Sie ebenfalls Replikationsdateien, die Sie vorher auf den Domänencontroller kopieren sollten. Der Assistent kann auf diese Daten zugreifen, um die Replikation vorzunehmen.

Server/Client für UNIX

Um diese Funktion nutzen zu können, müssen Sie in der NFS-Verwaltungskonsole die Eigenschaften des Knotens *Dienste für NFS* aufrufen. Hier können Sie die Benutzerdaten hinterlegen, die zum Datenausgleich zwischen Active Directory und der UNIX-Umgebung verwendet werden. Hier können Sie auch einen Server angeben, der die Benutzerdaten von UNIX bereits synchronisiert.

Zusammenfassung

In diesem Kapitel haben wir Ihnen die Verwaltungsmöglichkeiten von Dateiservern mit dem Ressourcen-Manager für Dateiserver erläutert. Mit diesem Werkzeug können Sie die Freigaben im Netzwerk effizient mit Kontingenten, Dateiprüfungen und Klassifizierungen verwalten. Ebenfalls Bestandteil des Kapitels war das verteilte Dateisystem (DFS) in Windows Server 2008 R2. Im übernächsten Kapitel 20 beschäftigen wir uns mit der neuen BranchCache-Funktion von Windows Server 2008 R2 und Windows 7. Mit dieser Funktion können Windows 7-Rechner in Niederlassungen wesentlich schneller auf Dateifreigaben in der Zentrale zugreifen. Zunächst aber widmen wir uns im folgenden Kapitel den Möglichkeiten der Offlinedateien in Windows 7.

Kapitel 19

Offlinedateien

In diesem Kapitel:

Mit Offlinedateien haben Sie die Möglichkeit, Dateien aus dem Netzwerk, zum Beispiel von einem Dateiserver, auch dann verfügbar zu machen, wenn Sie mit einem Notebook unterwegs sind. Dazu wird auf dem Notebook eine Kopie der entsprechenden Datei erstellt, sodass diese auch ohne Netzwerkverbindung zur Verfügung steht. Sie können die entsprechenden Dateien auf dem Notebook bearbeiten, wenn Sie nicht mit dem Netzwerk verbunden sind. Bei der nächsten Verbindung werden die Dateien mit dem Server synchronisiert, sodass die Dateien auf dem Server und dem Notebook wieder übereinstimmen.

So funktionieren Offlinedateien

Die Verwaltung der Offlinedateien unter Windows 7 findet über das Synchronisierungscenter statt, das Sie über *Alle Programme/Zubehör* im Startmenü finden. Über den Link *Offlinedateien verwalten* öffnet sich ein neues Fenster, auf dem Sie entsprechenden Einstellungen vornehmen können. In Zusammenarbeit mit Windows 7 wurde diese Funktion insoweit verbessert, dass der Zugriff auf die konfigurierten Offlinedateien im Onlinemodus, also wenn sich ein mobiler Anwender mit dem Netzwerk verbindet, deutlich schneller abgewickelt wird. Die generelle Umschaltung zwischen Offline- und Onlinemodus wurde extrem beschleunigt. Vor allem bei der Zusammenarbeit mit der verbesserten Synchronisierung in Windows 7 sind Offlinedateien jetzt wesentlich effizienter als unter Windows XP.

Abbildg. 19.1 Offlinedateien unter Windows 7 verwalten

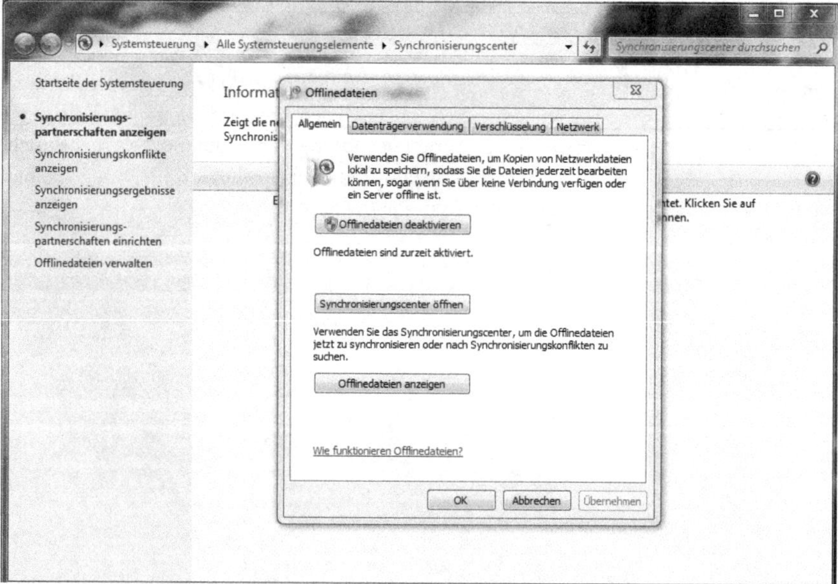

Offlinedateien sind vor allem im Unternehmenseinsatz interessant. Konnte unter Windows Server 2003 oder auch Windows XP auf eine einzige Datei in einem offline verfügbaren Verzeichnis nicht zugegriffen werden, wurde der komplette Ordner als Offline gekennzeichnet, was nicht sehr effizient war. In Windows Server 2008, Windows Vista und Windows 7 werden nur die Dateien, die nicht online verfügbar sind, offline verwendet, alle anderen Dateien im Verzeichnis bleiben weiterhin online verfügbar. In den Eigenschaften jeder Offlinedatei können spezielle Einstellungen für Offlinedateien vorgenommen werden. Nachdem das System für den Offlinebetrieb aktiviert ist, können Sie Ordner und Dateien von Servern für den Offlinebetrieb verfügbar machen.

Hier gibt es Steuerungsmöglichkeiten sowohl vom Client als auch vom Server aus. Vom Client aus verwenden Sie den Befehl *Immer offline verfügbar*, der sich im Kontextmenü findet, wenn Sie eine Freigabe, eine Datei oder ein Verzeichnis auf einem Server markiert haben, die oder das für den Offlinezugriff freigegeben ist.

Abbildg. 19.2 Freigaben lassen sich offline verfügbar machen

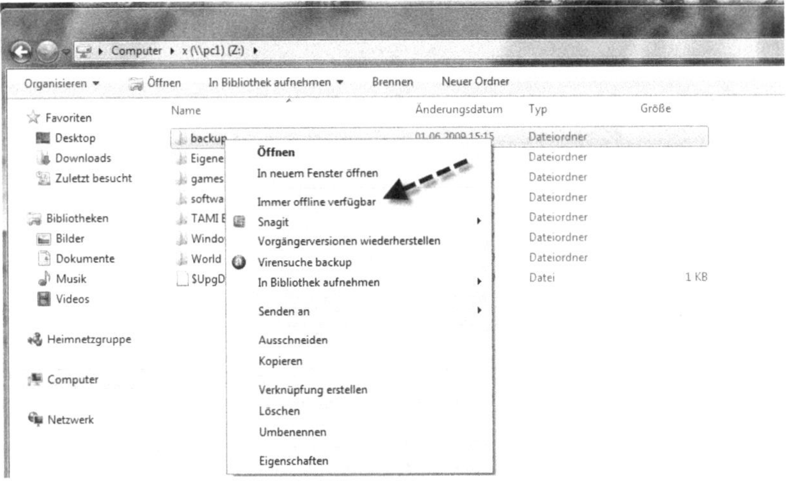

Sie können auf diese Weise einzelne Dateien, ganze Verzeichnisse oder ein komplettes Netzlaufwerk offline verfügbar machen. Achten Sie aber darauf, dass es sich bei Offlinedateien um Kopien von Dateien aus dem Netzwerk handelt und der Speicherplatz mit der Anzahl der Offlinedateien zunimmt. Sie sollten daher möglichst nur Dateien offline verwenden, die Sie auch tatsächlich benötigen, nicht gleich alle auf einmal. Bei der ersten Auswahl dieser Option bereitet Windows den Computer vor und nimmt die Dateien und Verzeichnisse in den Offlinemodus mit auf.

Abbildg. 19.3 Windows bereitet Offlinedateien vor

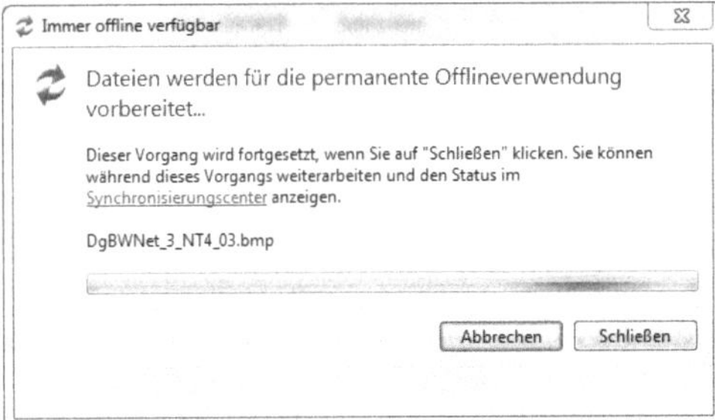

Vom Server aus kann die Nutzung von Offlinedateien über die Freigabe gesteuert werden. Beim Erstellen von Freigaben findet sich die Option *Zwischenspeichern*. Wenn diese ausgewählt wird, kann gesteuert werden, ob das Zwischenspeichern von Dateien in dem freigegebenen Ordner zugelassen wird oder nicht. Standardmäßig wird das manuelle Zwischenspeichern von Dateien zugelassen.

Abbildg. 19.4 Konfigurieren von Offlinedateien unter Windows Server 2008 R2

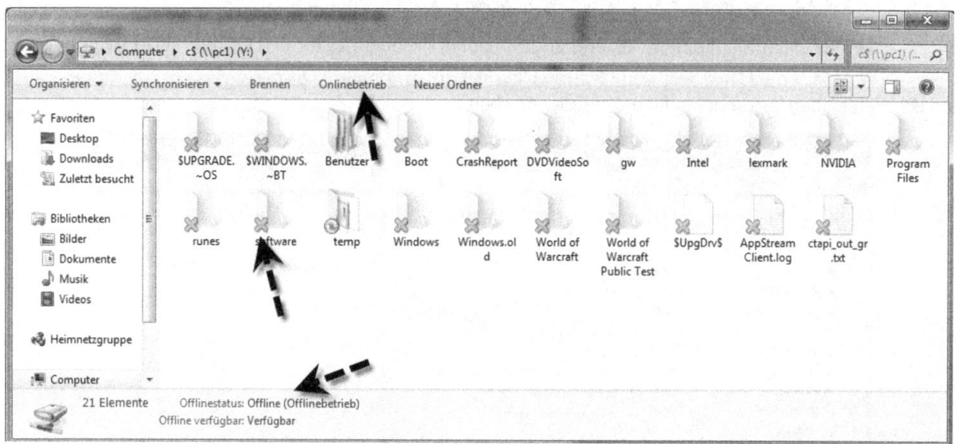

Wenn die Option *Keine Dateien oder Programme der Freigabe sind offline verfügbar* aktiviert ist, erscheint der Befehl *Immer offline verfügbar* auf dem Client nicht. Es werden drei Varianten für das Zwischenspeichern von Dokumenten unterschieden:

- Mit *Nur von Benutzern angegebene Dateien und Programme sind offline verfügbar* können die Benutzer auswählen, welche Dateien Sie offline verwenden wollen, indem Sie die entsprechende Option im Kontextmenü der Freigabe oder des Verzeichnisses innerhalb der Freigabe verwenden
- Die Option *Alle Dateien und Programme, die Benutzer auf der Freigabe öffnen, sind automatisch offline verfügbar* bewirkt, dass alle Dokumente und ausführbaren Dateien in dieser Freigabe lokal gecacht werden, auf die irgendwann zugegriffen wird. In diesem Fall muss sich der Benutzer nicht mehr darum kümmern, die Dokumente offline verfügbar zu machen.
- Über das Kontrollkästchen *Für hohe Leistung optimieren* lässt sich festgelegen, dass ausführbare Dateien aus dieser Freigabe auf dem Client verfügbar bleiben, wenn sie einmal genutzt wurden. In diesem Fall sollten die Zugriffsberechtigungen für die Freigabe auf *Lesen* gesetzt sein, um zu verhindern, dass Windows veränderte Programme zurückspeichert.

Sie können die Einstellungen der Synchronisierungseigenschaften von Offlinedateien im Synchronisierungscenter von Windows 7 anpassen. Das Synchronisierungscenter finden Sie über *Start/Alle Programme/Zubehör/Synchronisierungscenter*. Bei der Synchronisation kann es zu Konflikten kommen. Dies ist immer dann der Fall, wenn eine Datei im Offlinebetrieb verändert wurde und wenn sie vor der Synchronisation auf dem Server ebenfalls verändert wurde. Der Client erkennt dies über einen Vergleich der Speicherungsdaten dieser Dateien und zeigt bei der Synchronisation Meldungen an. Bei einem Konflikt kann entweder die eigene Version der Datei übernommen oder die eigene Datei unter einem anderen Namen abgespeichert werden. Es gibt keine Funktion, mit der die Inhalte von Dateien synchronisiert werden könnten. Allerdings gibt es Anwendungsprogramme wie Microsoft Word, die entsprechende Funktionen bereitstellen und zwei parallel geänderte Dateien zusammenführen können.

Mit Offlinedateien arbeiten

Als Bestätigung, dass eine Datei oder der Ordner offline verfügbar ist, klicken Sie erneut mit der rechten Maustaste auf die Datei oder den Ordner. Überprüfen Sie, ob ein Häkchen neben *Immer offline verfügbar* angezeigt wird. Eine Kopie der Datei auf der Festplatte wird mit der Netzwerkkopie synchronisiert, sobald die Netzwerkverbindung wieder hergestellt wird. Wenn Sie eine Datei als Offlinedatei markieren, erhält diese ein neues Dateisymbol, das die Datei als Offlinedatei kennzeichnet.

Abbildg. 19.5 Dateisymbol einer Offlinedatei

Wenn Sie einen ganzen Ordner als offline verfügbar markieren, erhält auch dieser ein spezielles Symbol. Um eine Datei offline zu bearbeiten, auch wenn Sie mit dem Netzwerk verbunden sind, öffnen Sie den Netzwerkordner und klicken in der Symbolleiste auf *Offlinebetrieb*. Diese Schaltfläche wird nur angezeigt, wenn Sie diesen Ordner bereits offline verfügbar gemacht haben. Sie können den Offlinebetrieb auch aktivieren, wenn Sie mit dem Netzwerk verbunden sind. So können Sie sicherstellen, dass Sie auf jeden Fall die Offlinekopie der Datei bearbeiten, nicht die Quelldatei im Netzwerk. Wenn Sie die Bearbeitung der Offlinedateien abgeschlossen haben und wieder die Dateien im Netzwerkordner bearbeiten möchten, klicken Sie in der Symbolleiste auf *Onlinebetrieb.*

Abbildg. 19.6 Aktivieren des Offline- und des Onlinebetriebs für Offlinedateien

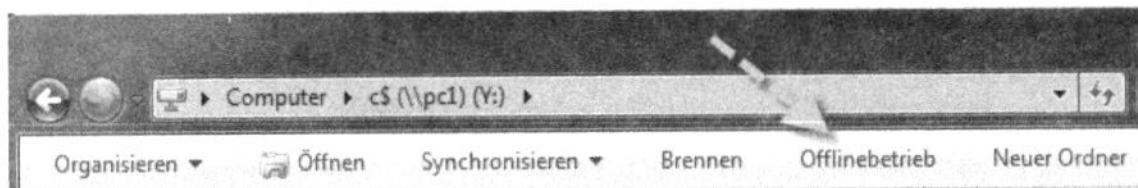

Durch Aktivierung des Onlinebetriebs werden alle offline vorgenommenen Änderungen mit den Dateien im Netzwerk synchronisiert. Um festzustellen, ob Sie offline arbeiten, gehen Sie folgendermaßen vor:

1. Öffnen Sie den Netzwerkordner mit der zu bearbeitenden Datei.
2. Überprüfen Sie den Status unten im Detailfenster. Wenn der Status *Offline* lautet, arbeiten Sie an einer Offlinekopie der Datei auf dem Computer. Lautet der Status *Online*, arbeiten Sie an der Datei im Netzwerk. Außerdem zeigt Windows für offline verfügbare Ordner den grünen Kreis an und für nicht verfügbare Ordner ein X, welches kennzeichnet, dass Sie keinen Zugriff auf diese Dateien haben. Zusätzlich erkennen Sie, ob Sie im Offlinebetrieb sind, wenn Sie oben im Menü den Onlinebetrieb aktivieren können und umgekehrt.

Wenn Sie mit Offlinedateien in verschiedenen Ordnern arbeiten, können Sie alle Dateien anzeigen, ohne jeden Ordner einzeln öffnen zu müssen:

1. Öffnen Sie wie beschrieben die Verwaltung der Offlinedateien in Windows über das Synchronisierungscenter.
2. Holen Sie die Registerkarte *Allgemein* in den Vordergrund und klicken Sie darin auf *Offlinedateien anzeigen*.

Offlinedateien mit dem Server synchronisieren

Windows synchronisiert die Offlinedateien automatisch, jedoch nicht kontinuierlich. Manchmal empfiehlt es sich, die Offlinedateien sofort zu synchronisieren, beispielsweise dann, wenn die Verbindung zum Netzwerk demnächst getrennt wird und sichergestellt sein muss, dass die neuesten Dateiversionen im Netzwerk gespeichert sind. Wenn Sie erstmalig Offlinedateien einrichten, wird im Infobereich der Taskleiste neben der Uhr ein neues Symbol integriert, welches das Synchronisierungscenter darstellt. Wenn Sie mit der rechten Maustaste auf das Symbol klicken, können Sie auf die wichtigsten Funktionen zugreifen, zum Beispiel *Alle synchronisieren*. Das Symbol befindet sich eventuell bei dem Pfeil links, über den Sie die weniger aktiven Symbole erreichen.

Abbildg. 19.7 Synchronisieren von Offlinedateien

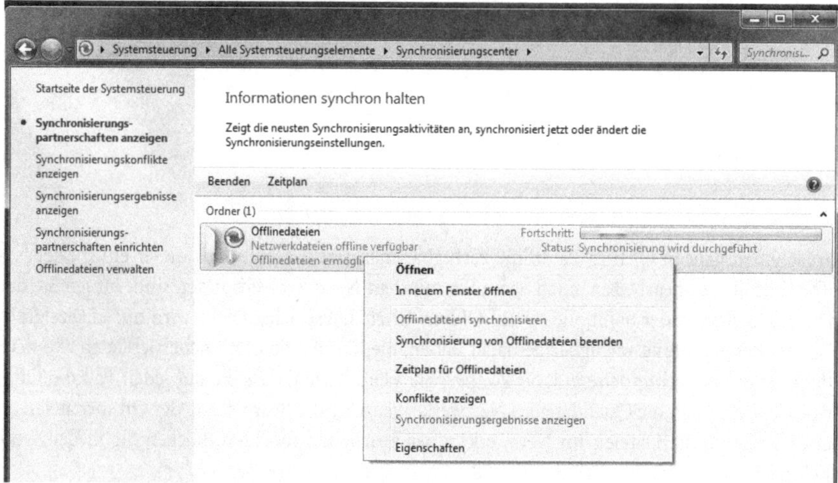

Neben dieser Möglichkeit können Sie die Synchronisierung auch auf eine andere Weise erreichen:

1. Öffnen Sie das Synchronisierungscenter.
2. Klicken Sie auf die Synchronisierungspartnerschaft *Offlinedateien* und dann auf der Symbolleiste auf *Synchronisieren.*

Wenn Sie nur den Inhalt eines bestimmten Ordners synchronisieren möchten, öffnen Sie den Ordner und klicken dann in der Symbolleiste auf Synchronisieren. Zum Synchronisieren einer einzelnen Datei klicken Sie mit der rechten Maustaste auf die Datei und anschließend auf *Synchronisieren.* Nachdem Sie Offlinedateien aktiviert und eingerichtet haben, werden diese als eine Synchronisierungspartnerschaft im Synchronisierungscenter angezeigt. Hierüber können Sie auch eventuelle Konflikte erkennen sowie weitere Einstellungen vornehmen. Sie erreichen den Zeitplan, Konfliktanzeige und die Eigenschaften über das Kontextmenü.

Zusätzlich können Sie in den Eigenschaften eines offline verfügbaren Ordners auf der Registerkarte *Offlinedateien* den aktuellen Stand des Ordners einsehen. Hier können Sie auch die Offlineverfügbarkeit des Ordners steuern und die Synchronisierung aktivieren. Wenn Sie im Synchronisierungscenter die Synchronisierungspartnerschaft der Offlinedateien öffnen, können Sie über die Schaltfläche *Zeitplan* exakt einstellen, wann die Offlinedateien synchronisiert werden sollen. Auf der ersten Seite des Assistenten können Sie zunächst festlegen, für welche übergeordneten Netzlaufwerke Sie den Zeitplan für die Synchronisierung steuern wollen.

Auf der nächsten Seite legen Sie fest, ob die Synchronisierung zeitabhängig erfolgen soll oder nach einer bestimmten Aktion, zum Beispiel der Anmeldung am PC. Wählen Sie zur Synchronisierung die Option *Nach*

Zeitplan aus, können Sie auf der nächsten Seite festlegen, zu welchem Zeitpunkt die Synchronisierung stattfinden soll. Hier können Sie auch einstellen, wie oft die Synchronisierung stattfinden soll und in welchen Abständen sie wiederholt wird. Über die Schaltfläche *Weitere Optionen* lässt sich detailliert einstellen, wann die Synchronisierung starten soll und wann nicht. Hier können vor allem für Notebooks Einstellungen vorgenommen werden, die eine Synchronisierung verhindern, um die Akkulaufzeit zu erhöhen.

Abbildg. 19.8 Festlegen des Zeitplans für die Synchronisierung

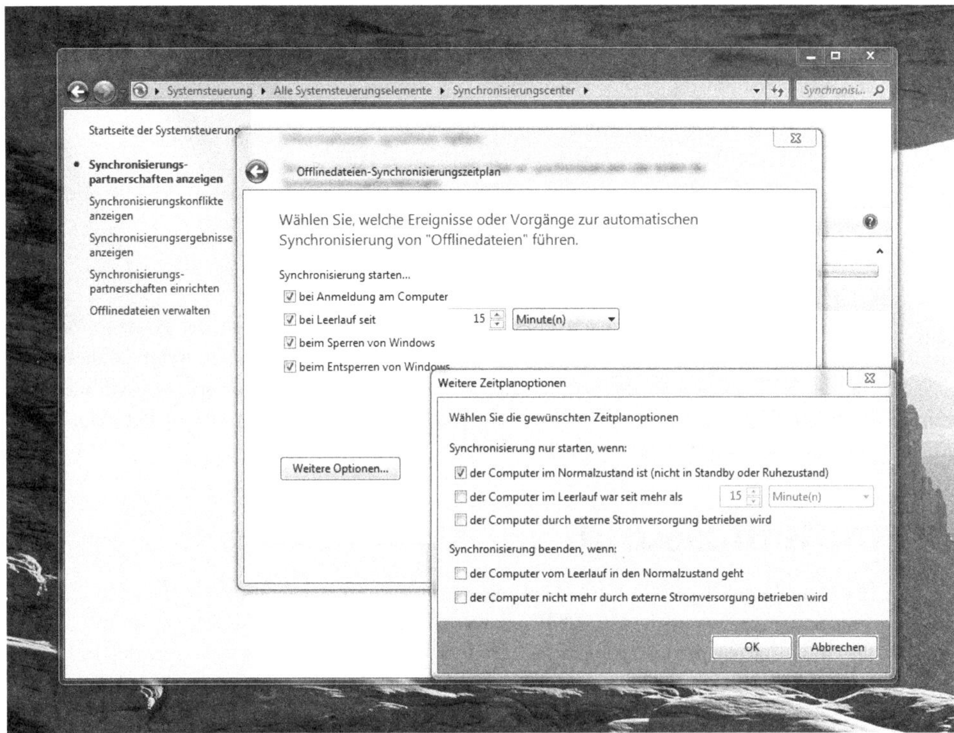

Wollen Sie als Synchronisierungsoption keine Zeiten konfigurieren, sondern spezielle Ereignisse, wie zum Beispiel die Anmeldung oder das Sperren des PCs, wählen Sie die Option *Über ein Ereignis oder einen Vorgang* auf der Startseite des Assistenten. Im Anschluss stellt Ihnen Windows 7 die Ereignisse zur Verfügung, die eine Synchronisierung auslösen. Über die Schaltfläche *Weitere Optionen* erreichen Sie die gleichen Detaileinstellungen wie bei der Synchronisierung nach Zeitplan.

Speicherplatzverwendung von Offlinedateien konfigurieren

Die Größe und Anzahl der Offlinedateien bestimmen den Umfang des verwendeten Speicherplatzes auf der Festplatte, den die Offlinedateien belegen. Um festzustellen, wie viel Speicherplatz die Offlinedateien belegen, öffnen Sie die Verwaltung der Offlinedateien und wechseln zur Registerkarte *Datenträgerverwendung*. Hier sehen Sie, wie viel Speicherplatz von den Offlinedateien belegt wird.

Abbildg. 19.9 Konfigurieren des Speicherplatzes für Offlinedateien

Über die Schaltfläche *Limits ändern* können Sie den Speicherplatz steuern, der auf dem Notebook für Offlinedateien zur Verfügung steht. Offlinedateien werden nur dann verschlüsselt, wenn Sie dies entsprechend auswählen. Sie können über die Registerkarte *Verschlüsselung* das Verschlüsseln von Offlinedateien aktivieren. Beim Verschlüsseln der Offlinedateien verschlüsseln Sie nur die auf dem Computer gespeicherten Offlinedateien, nicht die Netzwerkversionen der Dateien.

Zusammenfassung

In diesem Kapitel haben wir Ihnen den Umgang von Offlinedateien für mobile Nutzer in Windows 7, Windows Vista und mit Windows Server 2008 R2 gezeigt. Im nächsten Kapitel beschäftigen wir uns mit der Serverlösung für Offlinedateien, dem neuen BranchCache in Windows 7 und Windows Server 2008 R2. Mit dieser Technik können Anwender in Niederlassungen wesentlich schneller auf Dateien in Freigaben der Zentrale zugreifen.

Kapitel 20

BranchCache – Dateiturbo für Niederlassungen

In diesem Kapitel:

Windows 7 im Zusammenspiel mit Windows Server 2008 R2 ermöglicht einen wesentlich schnelleren Zugriff auf Dateien in Freigaben von Dateiservern, auch dann wenn diese durch langsame WAN-Leitungen verbunden sind. Standardmäßig verwenden zwar auch die beiden neuen Betriebssysteme für den Datenzugriff noch den Server Message Block Version 2 (SMBv2), allerdings lässt sich der Datenzugriff erheblich beschleunigen.

HINWEIS BranchCache ist nur in Windows 7 und Windows Server 2008 R2 integriert. Windows Vista und Windows Server 2008 können diese neue Funktion nicht nutzen. Damit BranchCache funktioniert, muss auf den beteiligten Web- und Dateiservern Windows Server 2008 R2 betrieben werden. Nicht beteiligte Server können Sie auch mit Windows Server 2008 betreiben. Anwendungen, die Sie für BranchCache betreiben, müssen das SMBv2-Protokoll oder HTTP 1.1 unterstützen. Eine direkte Unterstützung von BranchCache ist möglich, aber nicht notwendig.

BranchCache im Überblick – Niederlassungen effizient anbinden

Windows 7 kann über das Netzwerk kopierte Dateien automatisch auf der Festplatte zwischenspeichern. Beim erneuten Zugriff auf die gleiche Datei muss Windows 7 nur noch neue Daten laden. Alles, was schon mal übertragen wurde, bleibt auf der Festplatte im Cache, gesichert durch Zugriffsberechtigungen, gespeichert. Ändern sich an der Quelle Dateien, überträgt Windows 7 die kompletten geänderten Dateien nicht erneut, sondern nur die geänderten Blöcke. Das gilt auch für den Zugriff über DirectAccess oder andere VPN-Szenarien und in allen Konfigurationen von BranchCache. Alleine dadurch beschleunigt sich der Datenzugriff enorm. Diese Technik funktioniert auch ohne Windows Server 2008 R2.

Abbildg. 20.1 BranchCache im Überblick

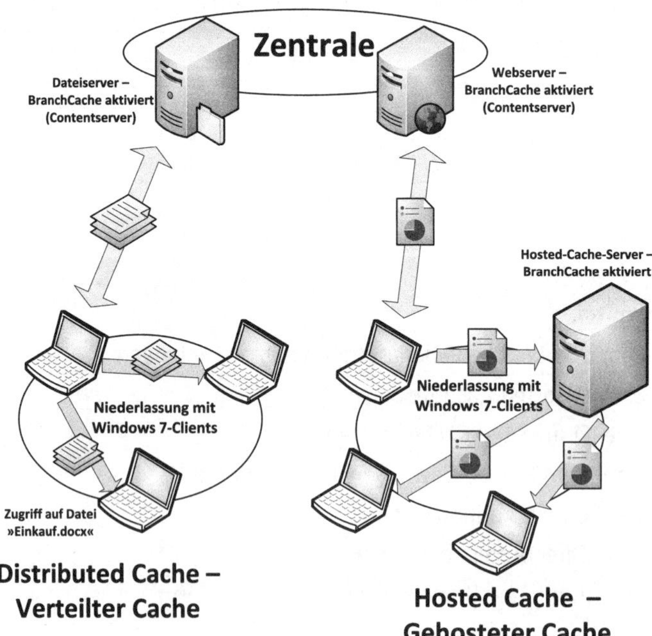

Setzen Unternehmen aber auch noch die neue Version des Windows-Servers ein, erhalten diese weitere Vorteile. Windows Server 2008 R2 unterstützt ebenfalls BranchCache. Die beiden Betriebssysteme können diese Technik miteinander verbinden. Die Datenübermittlung zwischen Windows Server 2008 R2 und Windows 7 beschleunigt sich dadurch erheblich. Ruft ein Client mit Windows 7 in einer Niederlassung Daten von der Zentrale ab, speichert der BranchCache – aktivierte Dateiserver in der Niederlassung die Daten zwischen. Ruft ein weiterer Client die gleichen Daten ab, stellt der Dateiserver diesem Client die zwischengespeicherten Daten zur Verfügung, sodass diese nicht erneut über das Netzwerk übertragen werden müssen. Dadurch beschleunigt sich der Zugriff spürbar und spart Bandbreite im WAN ein, die damit für andere Anwendungen zur Verfügung stehen.

Neben Dateifreigaben lässt sich auch der Webzugriff, zum Beispiel auf das Intranet, deutlich beschleunigen. BranchCache unterstützt für die Übertragung der Daten verschiedene Sicherheitstechniken. Neben IPv4 und IPv6 lassen sich Datenzugriffe per SSL oder IPsec absichern. Auch die beschleunigte Autorisierung findet in einem solchen Szenario statt. Diese Technik ist natürlich verschlüsselt.

Gehosteter Cache (Hosted Cache) nutzen

BranchCache lässt sich in den beiden Betriebsmodi *Gehosteter Cache* (Hosted Cache) und *Verteilter Cache* (Distributed Cache) betreiben. Beim Hosted Cache stellen Unternehmen in der Niederlassung, in der Windows 7-Computer installiert sind, einen Host zur Verfügung, der die Daten vom zentralen Dateiserver über die WAN-Leitung zwischenspeichern kann. Befindet sich also in einer Niederlassung mit Windows 7-Computer zusätzlich ein Server mit Windows Server 2008 R2, lassen sich auf diesem Server über Hosted Cache zentral Daten zwischenspeichern, sodass der Zugriff von allen Clientcomputern unter Windows 7 aus enorm beschleunigt wird, ohne dass die Sicherheit darunter leidet. Die Computer greifen dann auf den Host in der Niederlassung zu, um Daten der Zentrale abzurufen.

Abbildg. 20.2 Konfiguration von BranchCache über Gruppenrichtlinien mit Windows Server 2008 R2

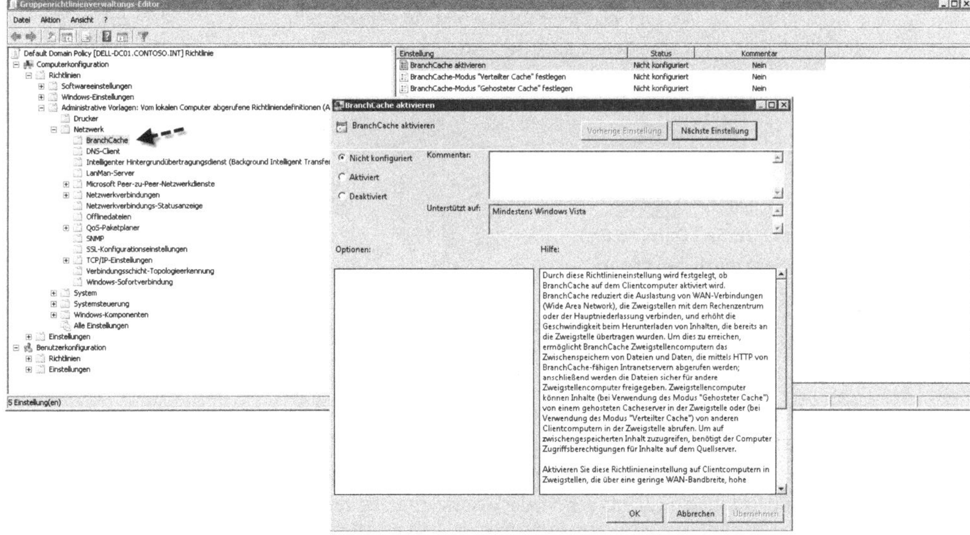

Benötigen Clients Daten, die noch nicht auf dem Hosted Cache-Server liegen, ruft dieser die Daten vom Contentserver, dem Datei- oder Webserver in der Zentrale ab. Der erste Zugriff der Clients ist dadurch etwas geringer, weitere Zugriff laufen aber deutlich schneller ab. Die Konfiguration dieser Technik erfolgt in den Gruppenrichtlinien. Sie finden die Einstellungen unter *Computerkonfiguration/Richtlinien/Administrative Vorlagen/Netzwerk*. Über *LanMan-Server* nehmen Sie Einstellungen für die Server vor. Die Clientkonfiguration nehmen Sie über *BranchCache* vor.

HINWEIS Eine Hosted Cache-Konfiguration ist unabhängig von Active Directory-Standorten und wird über Gruppenrichtlinien gesteuert. In den Gruppenrichtlinieneinstellungen legen Sie fest, ab welcher Netzwerkgeschwindigkeit Clients BranchCache nutzen sollen. Die ganze Konfiguration ist vollkommen unabhängig von der Active Directory-Infrastruktur.

Abbildg. 20.3 BranchCache mit Hosted Cache-Server betreiben

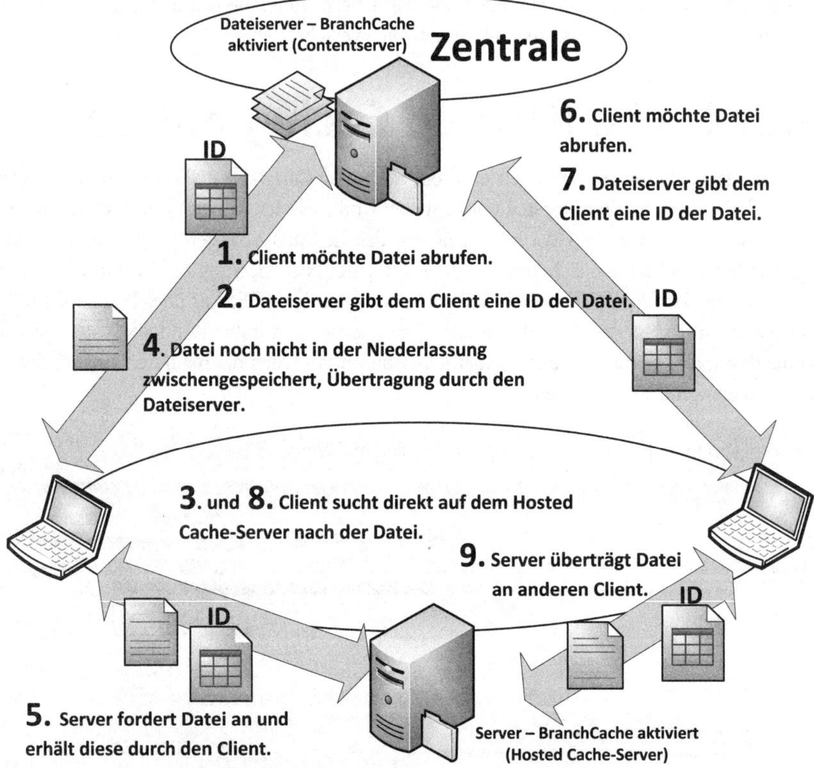

Microsoft empfiehlt die Konfiguration über eine getrennte Richtlinie. Über Richtlinien lassen sich auch genauere Einstellungen für die Energieverwaltung einstellen, wenn Sie Windows Server 2008 R2 zusammen mit Windows 7 betreiben. Auf dem Server in der Niederlassung müssen Sie das Feature *BranchCache* installieren, damit dieser mit den anderen Clients der Niederlassung und den zentralen Dateiservern zusammen arbeiten kann. In den Gruppenrichtlinien legen Sie genau fest, wie viel Bandbreite zur Verfügung stehen muss, damit das Feature Daten zwischenlagert. Ist das Netzwerk zu langsam, soll es durch solche Funktionen natürlich nicht ausgebremst werden.

Auf dem zentralen Dateiserver installieren Sie dazu noch den Rollendienst *BranchCache für Netzwerkdateien*, der zur Rolle *Dateidienste* gehört. Installieren Sie diesen Rollendienst, müssen Sie das bereits erwähnte Feature nicht installieren. Erst nach der Installation des Rollendienstes lässt sich BranchCache für Freigaben aktivieren.

Abbildg. 20.4 Auf Dateiservern benötigen Sie einen zusätzlichen Rollendienst für den Betrieb von BranchCache

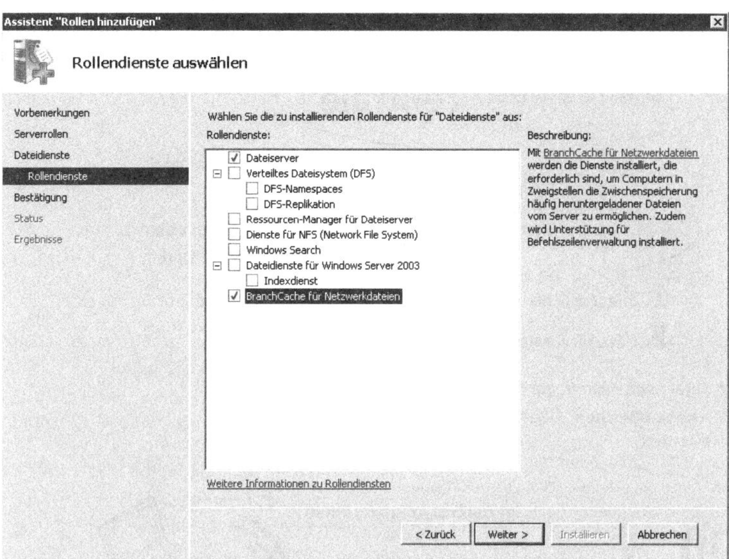

Um einen Hosted Cache-Server in einer Niederlassung zu betreiben, müssen Sie keinen dedizierten Server zur Verfügung stellen. Es muss sich lediglich um einen Server mit Windows Server 2008 R2 handeln, zum Beispiel auch einen Domänencontroller in der Niederlassung. Der Ablauf dabei ist recht einfach:

1. Ein Client ruft vom zentralen Dateiserver eine Datei ab, oder einen aktualisierten Teil einer Datei, wenn sich diese bereits im Cache befinden sollte.
2. Das Dokument wird vom zentralen Dateiserver auf den Client übertragen. Dabei authentifiziert der zentrale Dateiserver in diesem Szenario der Contentserver, den Anwender und seinen Computer in Active Directory.
3. Der Client überprüft auf Basis des Hashwertes, ob der Teil der Datei oder die Datei selbst schon auf dem Hosted Cache-Server der Niederlassung liegt.
4. Der Hosted Cache-Server verbindet sich mit dem Client und überträgt über einen gesicherten Kanal fehlende Daten auf den Server. Die Daten werden dabei über AES 128 verschlüsselt.
5. Benötigt ein anderer Client der Niederlassung das gleiche Dokument, ruft der Client dieses automatisch vom Hosted Cache ab. Die Authentifizierung findet aber über den zentralen Server, den Contentserver, statt.

Verteilter Cache (Distributed Cache) nutzen

In kleineren Niederlassungen, in denen Unternehmen keinen eigenen Server, aber Clients mit Windows 7 betreiben wollen, können Sie auch den Distributed Cache verwenden. Bei diesem Modus gibt es keinen Hostserver in der Niederlassung, sondern Windows 7-Clients rufen Daten ab und speichern diese lokal zwischen. Andere Windows 7-Clients in der Niederlassung können auf die Daten zugreifen, sodass auch hier einmal abgerufene Daten deutlich effizienter und schneller zur Verfügung stehen.

So lässt sich die Positionierung von Servern in Niederlassungen vermeiden und BranchCache dennoch nutzen. Diese Technik funktioniert aber nur innerhalb eines einzelnes Subnetzes. Wird ein Client, der den Inhalt bereitstellt, heruntergefahren, stehen die Daten natürlich nicht zur Verfügung. Braucht ein anderer Client diese Daten, müssen diese erneut über das WAN übertragen werden.

Abbildg. 20.5 Verteilter Cache im Überblick

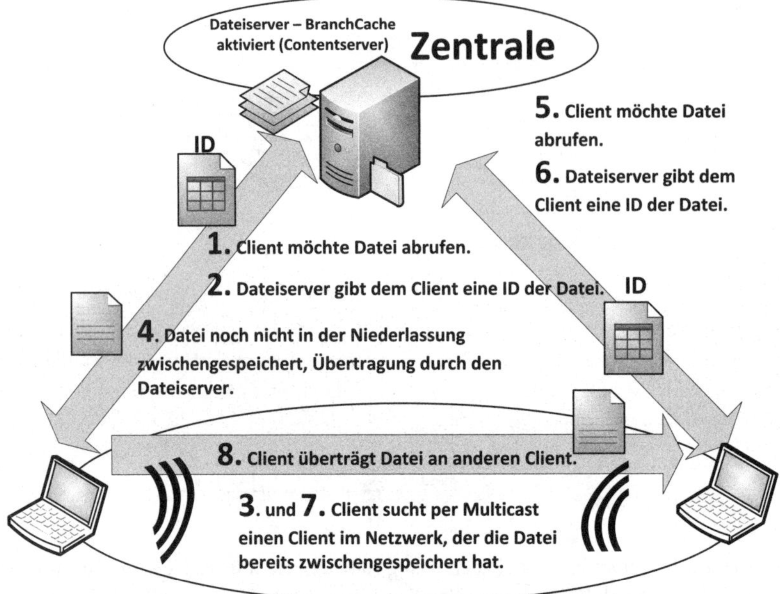

HINWEIS Arbeiten Sie mit Distributed Cache, tauschen die Windows 7-Clients zwischengespeicherte Dateien über das HTTP-Protokoll aus. Dazu müssen Sie sicherstellen, dass auf den Clients die Firewalleinstellungen BranchCache zulassen und den HTTP-Verkehr sowie das Web Services-Discovery-Multicast-Protokoll nicht blockieren. Diese Einstellung nehmen Sie entweder lokal auf den Rechnern vor oder besser über eine Gruppenrichtlinie.

Standardmäßig verwendet Windows Server 2008 R2 BranchCache nicht für alle Freigaben. Sie können die Einstellung für jede Freigabe getrennt vornehmen:

1. Rufen Sie dazu auf dem Dateiserver unter Windows Server 2008 R2 die *Freigabe- und Speicherverwaltung* in der Programmgruppe *Verwaltung* auf.
2. Rufen Sie dann die Eigenschaften der Freigabe auf, für die Sie BranchCache aktivieren wollen.
3. Über die Schaltfläche *Erweitert* und die Registerkarte *Zwischenspeichern* steuern Sie jetzt den BranchCache-Zugriff der Anwender.

Bei der Übertragung teilt der BranchCache die Daten in Blöcken auf und erstellt für jeden Block einen Hashwert. Beim Übertragen der Daten komprimiert der Server die Blöcke, wobei die Datenmenge enorm reduziert werden kann.

Abbildg. 20.6 Konfiguration von BranchCache in den erweiterten Eigenschaften einer Freigabe

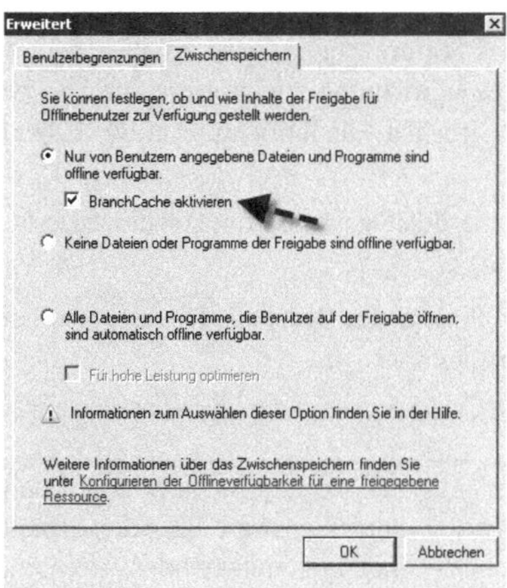

Der zentrale Vorteil von BranchCache ist die Beschleunigung des Datenzugriffs von Niederlassungen aus. Bei Distributed Cache und mehreren Windows 7-Computern in der Niederlassung arbeiten die Clients mit dem Web Services-Discovery-Multicast-Protokoll, um im Subnetz abzufragen, ob ein Windows 7-Client die benötigten Daten bereits lokal gespeichert hat.

Nachdem Sie sich einen Überblick über BranchCache verschafft haben, zeigen wir Ihnen in den folgenden Abschnitten die Einrichtung im Detail. Viele Einstellungen in BranchCache nehmen Sie über Gruppenrichtlinien vor. Sie können in der Befehlszeile aber auch mit *netsh branchcache* verschiedene Einstellungen vornehmen und Informationen abrufen. In den folgenden Abschnitten zeigen wir Ihnen auch jeweils die Konfiguration von BranchCache über die Befehlszeile. Geben Sie in der Befehlszeile lediglich *netsh branchcache* ein, erhalten Sie eine Zusammenfassung angezeigt, welche Möglichkeiten Sie in der Befehlszeile haben.

Abbildg. 20.7 Konfiguration von BranchCache über die Befehlszeile mit *netsh*

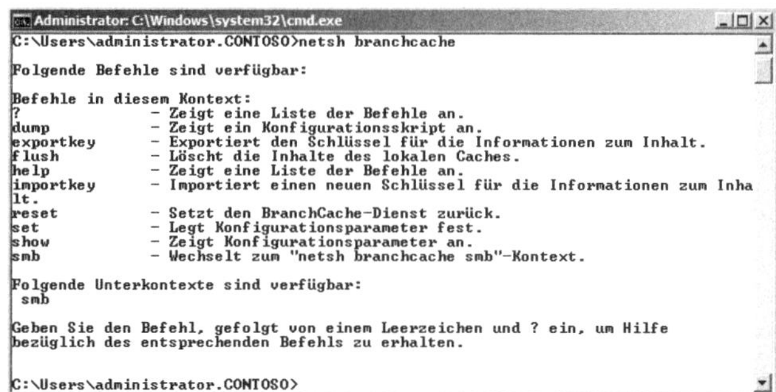

```
Administrator: C:\Windows\system32\cmd.exe
C:\Users\administrator.CONTOSO>netsh branchcache

Folgende Befehle sind verfügbar:

Befehle in diesem Kontext:
?              - Zeigt eine Liste der Befehle an.
dump           - Zeigt ein Konfigurationsskript an.
exportkey      - Exportiert den Schlüssel für die Informationen zum Inhalt.
flush          - Löscht die Inhalte des lokalen Caches.
help           - Zeigt eine Liste der Befehle an.
importkey      - Importiert einen neuen Schlüssel für die Informationen zum Inha
lt.
reset          - Setzt den BranchCache-Dienst zurück.
set            - Legt Konfigurationsparameter fest.
show           - Zeigt Konfigurationsparameter an.
smb            - Wechselt zum "netsh branchcache smb"-Kontext.

Folgende Unterkontexte sind verfügbar:
 smb

Geben Sie den Befehl, gefolgt von einem Leerzeichen und ? ein, um Hilfe
bezüglich des entsprechenden Befehls zu erhalten.

C:\Users\administrator.CONTOSO>
```

BranchCache auf dem Hosted Cache-Server konfigurieren

Der Hosted Cache-Server ist der BranchCache-Server, der in der Niederlassung positioniert ist und für die Clients in der Niederlassung die Daten zwischenspeichert.

Feature für Hosted Cache installieren

Auf dem Hosted Cache-Server müssen Sie zunächst das Feature *BranchCache* installieren und den Server anschließend als Hosted Cache-Server konfigurieren. Die Einrichtung erfolgt grundsätzlich über Gruppenrichtlinien. Sie können aber auch mit PowerShell-Skripts arbeiten. Die Einrichtung erfolgt dabei in mehreren Schritten:

1. Aktivierung von BranchCache unter Windows 7 (standardmäßig ist das Protokoll deaktiviert)
2. Auswahl des Modus, also Hosted Cache oder Distributed Cache
3. Konfiguration der Cachegröße auf dem Client beim Einsatz von Distributed Cache. Standardmäßig verwendet Windows 7 fünf Prozent des lokalen Speicherplatzes.
4. Verwenden Sie Hosted Cache, müssen Sie den Hosted Cache-Server in der Niederlassung angeben

HINWEIS Wollen Sie die lokalen Daten auf dem Server bei Hosted Cache oder auf den Clients bei Distributed Cache verschlüsseln, ist der Einsatz von BitLocker empfehlenswert. BitLocker arbeitet problemlos mit BranchCache zusammen, ohne dass Sie die beiden Technologien miteinander verbinden müssen. Es reicht aus, auf dem Server oder Client BitLocker zu aktivieren. Auch das verschlüsselnde Dateisystem (EFS) kann die lokalen Daten auf dem Server absichern.

Die Einstellungen für Dateiserver in Gruppenrichtlinien finden Sie über *Computerkonfiguration/Richtlinien/Administrative Vorlagen/Netzwerk*. Über *LanMan-Server* nehmen Sie Einstellungen für die Server vor und über *BranchCache* die Clientkonfiguration. Auf dem Dateiserver, der als Contentserver dient, aktivieren Sie die Einstellung *Hashveröffentlichung für BranchCache.*

Abbildg. 20.8 Konfigurieren von BranchCache auf dem Dateiserver (Contentserver)

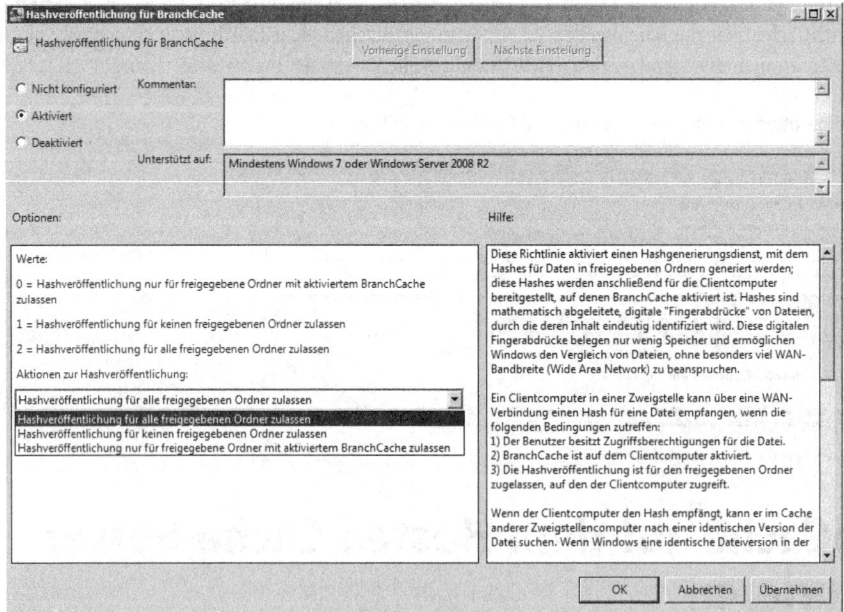

Stellen Sie die Veröffentlichung nur für Freigaben ein, auf denen Sie manuell BranchCache aktivieren, müssen Sie beachten, dass Sie für Freigaben diese Einstellungen ebenfalls vornehmen müssen. Wie das geht, wurde auf den vorhergehenden Seiten beschrieben.

TIPP Auf dem Dateiserver können Sie auch die Größe des Zwischenspeichers, in dem der Server Informationen zu zwischengespeicherten Dateien ablegt, abändern. Diese Einstellung nehmen Sie über die Registry vor:

1. Navigieren Sie zum Schlüssel *HKLM\SYSTEM\CurrentControlSet\services\LanmanServer\Parameters*.
2. Klicken Sie mit der rechten Maustaste auf den Wert *HashStorageLimitPercent* und setzen Sie hier den Wert in Prozent ein, der auf dem Datenträger zur Verfügung stehen soll.

Arbeiten Sie mit einem Cluster, müssen Sie die Verschlüsselungsdaten zwischen den Clusterknoten replizieren lassen, damit der Zugriff von den Clients aus funktioniert. Dazu müssen Sie auf allen Clusterknoten eine Befehlszeile mit Administratorrechten öffnen und folgenden Befehl eingeben:

```
netsh branchcache set key passphrase=<Selbstdefinierter Schlüssel>
```

Welchen Schlüssel Sie verwenden, bleibt Ihre Sache, Sie müssen den Befehl auf allen Knoten eingeben.

Zertifikate auf dem Hosted Cache-Server betreiben

Die Kommunikation der Clients mit dem Hosted Cache-Server wird für den Datenaustausch über Transport Layer Security (TLS) abgewickelt. Dabei arbeiten Clients und Server mit Zertifikaten. Auf dem Hosted Cache-Server muss dazu ein Zertifikat zur Verfügung stehen, dem die Clients vertrauen. Am besten arbeiten Sie dazu mit einer internen Zertifzierungsstelle. Auf dem Hosted Cache Server installieren Sie ein Serverzertifikat, dessen Zertifizierungsstelle die Clients in der Niederlassung vertrauen müssen. Haben Sie das Zertifikat installiert oder ein Zertifikat eines Drittherstellers erworben, muss dieses im lokalen Computerkonto auf dem Hosted Cache-Server abgelegt sein. Um das zu überprüfen, gehen Sie folgendermaßen vor:

1. Geben Sie *mmc* im Suchfeld des Startmenüs ein.
2. Rufen Sie den Menübefehl *Datei/Snap-In hinzufügen/entfernen* auf.
3. Wählen Sie *Zertifikate* aus und klicken Sie auf *Hinzufügen*.
4. Wählen Sie im daraufhin geöffneten Dialogfeld die Option *Computerkonto* und nach einem Klick auf *Weiter* das lokale Computerkonto aus.
5. Bestätigen Sie die aktuell geöffneten Dialogfelder über *Fertig stellen* und *OK*.
6. Unter *Eigene Zertifikate/Zertifikate* muss das Zertifikat des Servers hinterlegt sein.
7. Haben Sie ein Zertifikat vorliegen, können Sie dieses über das Kontextmenü importieren.
8. Ist das Zertifikat bereits vorhanden, klicken Sie doppelt auf das Zertifikat.
9. Wechseln Sie zur Registerkarte *Details*.
10. Klicken Sie auf das Feld *Fingerabdruck* des Zertifikats.
11. Kopieren Sie den Wert in die Zwischenablage oder in eine Textdatei.

Abbildg. 20.9 Kopieren des Fingerabdruckwerts eines Serverzertifikats

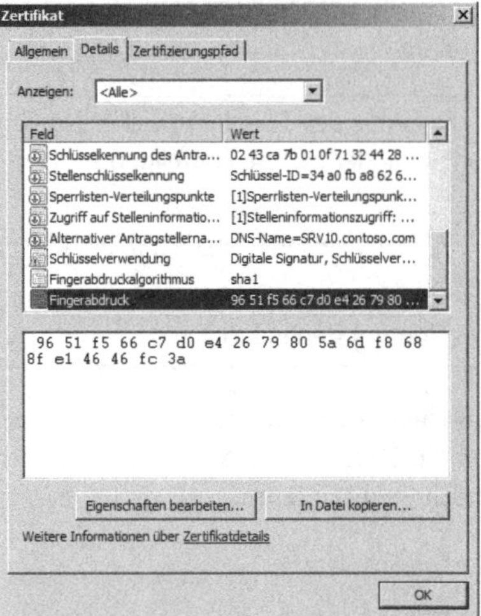

Sie benötigen diesen Wert des Fingerabdrucks, um das Zertifikat ordnungsgemäß mit BranchCache zu verbinden. Öffnen Sie dazu auf dem Hosted Cache-Server eine Befehlszeile mit Administratorrechten und geben Sie den folgenden Befehl ein:

```
netsh http add sslcert ipport=0.0.0.0:443 certhash=<Fingerabdruck ohne Leerzeichen> appid={d673f5ee-
a714-454d-8de2-492e4c1bd8f8}
```

Achten Sie darauf, an der entsprechenden Stelle alle Werte des Fingerabdrucks zu verwenden, aber die Leerzeichen zu entfernen. Ein Beispiel des Befehls wäre:

```
netsh http add sslcert ipport=0.0.0.0:443 certhash=9651f566c7d0e42679805a6df8688fe14646fc3a
appid={d673f5ee-a714-454d-8de2-492e4c1bd8f8}
```

Abbildg. 20.10 Aktivieren des SSL-Zertifikats für BranchCache

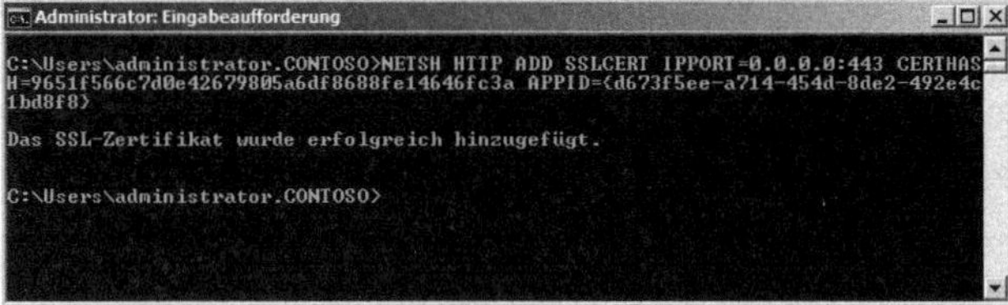

Mit dem Befehl *netsh http show urlacl* können Sie überprüfen, ob das Zertifikat korrekt mit der URL *https://+:443/C574AC30-5794-4AEE-B1BB-6651C5315029/* verbunden ist. Sie finden diese URL meist ganz unten im Fenster. Klicken Sie doppelt auf das Serverzertifikat im der Zertifikatekonsole, sehen Sie auf der Registerkarte *Details* im Bereich *Erweiterte Schlüsselverwendung*, ob das Zertifikat für Clientauthentifizierung und Serverauthentifizierung konfiguriert ist.

Abbildg. 20.11 Überprüfen der erweiterten Schlüsselverwendung

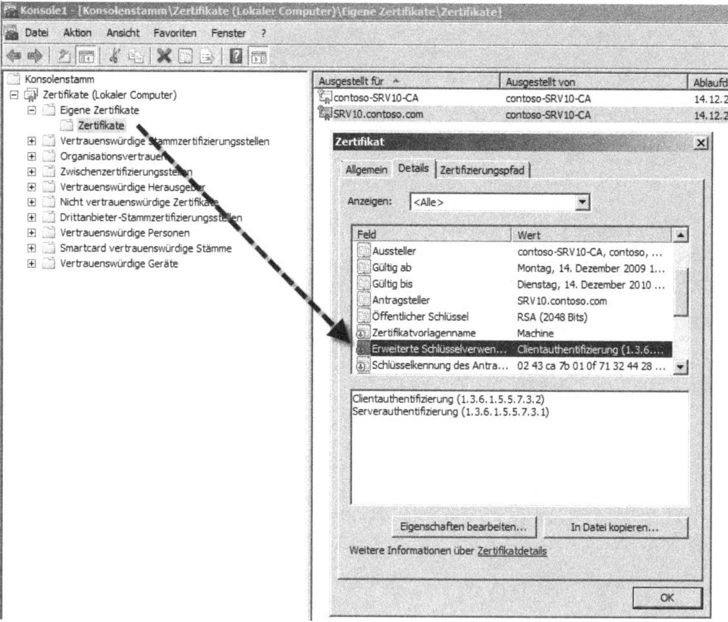

Achten Sie darauf, dass die Clients der Zertifizierungsstelle, die das Zertifikat ausgestellt hat, vertrauen. Dazu muss das Zertifikat der Stammzertifizierungsstelle als vertrauenswürdig bei den Clients hinterlegt sein.

Einstellungen auf dem Hosted Cache-Server anpassen

Standardmäßig verwendet der Hosted Cache-Server fünf Prozent des Speicherplatzes für BranchCache. Wollen Sie den Wert ändern, verwenden Sie den folgenden Befehl:

```
netsh branchcache set cachesize size=<Prozent> percent=true
```

Nehmen Sie die Einstellungen über Gruppenrichtlinien vor, können Sie den Wert nicht mehr über die Befehlszeile anpassen. Konfigurieren Sie die Einstellungen nicht über eine Richtlinie, können Sie den Hosted Cache auf dem Server auch mit dem Befehl *netsh branchcache set service mode=HOSTEDSERVER* aktivieren. Der Server nimmt standardmäßig auf den beiden Ports 80 und 443 Daten entgegen. Der Port 80 dient der Verbindung von Clients, die Daten vom Server abrufen wollen, der Port 443 dient dem Hochladen von Daten von anderen Clients in den Cache. Generell lassen sich diese Ports anpassen. Allerdings ist diese Anpassung nicht empfehlenswert, da Sie diese auf allen Clients manuell anpassen und Registrywerte ändern müssen.

TIPP Mit dem Befehl *netsh branchcache show status all* lassen Sie sich auf dem Hosted Cache-Server die Einstellungen anzeigen. Hier sehen Sie, ob alle Werte korrekt hinterlegt sind.

Abbildg. 20.12 Überprüfen der Konfiguration des Hosted Cache-Servers

```
Administrator: Eingabeaufforderung

C:\Users\administrator.CONTOSO>netsh branchcache show status all

Status des BranchCache-Diensts:
----------------------------------------------------------------------
Dienstmodus                  = Gehosteter Cacheclient (Durch die Gruppenrichtlinie
festgelegt)
Aktueller Status             = Wird ausgeführt
Dienststarttyp               = Automatisch
Ort des gehosteten Caches    = srv10.contoso.com (Durch die Gruppenrichtlinie festg
elegt)

Status des lokalen Caches:
----------------------------------------------------------------------
Maximale Cachegröße           = 5% von Festplatte (Durch die Gruppenrichtlinie fest
gelegt)
Aktuelle aktive Cachegröße    = 0 Bytes
Ort des lokalen Caches        = C:\Windows\ServiceProfiles\NetworkService\AppData\L
ocal\PeerDistRepub (Standard)

Veröffentlichungscachestatus:
----------------------------------------------------------------------
Maximale Cachegröße              = 1% von Festplatte
Aktuelle aktive Cachegröße       = 0 Bytes
Ort des Veröffentlichungscaches  = C:\Windows\ServiceProfiles\NetworkService\AppD
ata\Local\PeerDistPub (Standard)

Netzwerkstatus:
----------------------------------------------------------------------
URL-Reservierung für das Abrufen von Inhalten                = Konfiguriert (Erfo
rderlich)
URL-Reservierung für den gehosteten Cache                    = Konfiguriert (Nich
t erforderlich)
An den Port des gehosteten Caches gebundenes SSL-Zertifikat  = Konfiguriert (Nich
t erforderlich)
Firewallregeln für das Abrufen von Inhalten                  = Aktiviert    (Erfo
rderlich)
Firewallregeln für die Peerermittlung                        = Aktiviert    (Nich
t erforderlich)
Firewallregeln für den gehosteten Cacheserver                = Deaktiviert  (Nich
t erforderlich)
Firewallregeln für den gehosteten Cacheclient                = Aktiviert    (Erfo
rderlich)

C:\Users\administrator.CONTOSO>
```

Contentserver konfigurieren

Der Contentserver ist der Datei- oder Webserver in der Zentrale, auf dem Sie den Rollendienst und das Feature für BranchCache installiert, über Gruppenrichtlinien den Hashzugriff aktiviert und bei den Freigaben BranchCache auch aktiviert haben. Führen Sie auch auf dem Contentserver in der Befehlszeile den Befehl *netsh branchcache show status all* aus, um dessen Konfiguration zu überprüfen. Wie Sie die Einstellungen vornehmen, lesen Sie auf den vorangegangenen Seiten.

Die Einstellungen für Server, die als Hosted Cache-Server dienen, finden Sie in den Gruppenrichtlinien über *Computerkonfiguration/Richtlinien/Administrative Vorlagen/Netzwerk*. Über *LanMan-Server* nehmen Sie Einstellungen für die Server vor. Die Clientkonfiguration nehmen Sie über *BranchCache* vor. Auf dem Dateiserver, der als Contentserver dient, aktivieren Sie die Einstellung *Hashveröffentlichung für BranchCache*. Die Steuerung von BranchCache über die entsprechende Freigabe finden Sie im am schnellsten über *Start/Verwaltung/Freigabe- und Speicherverwaltung*:

1. Rufen Sie die Eigenschaften der Freigabe auf, für die Sie BranchCache aktivieren wollen.
2. Klicken Sie auf der Registerkarte *Freigabe* auf die Schaltfläche *Erweitert*.
3. Wechseln Sie auf die Registerkarte *Zwischenspeichern*.
4. Markieren Sie das Kontrollkästchen *BranchCache aktivieren*.

Abbildg. 20.13 BranchCache für eine Freigabe aktivieren

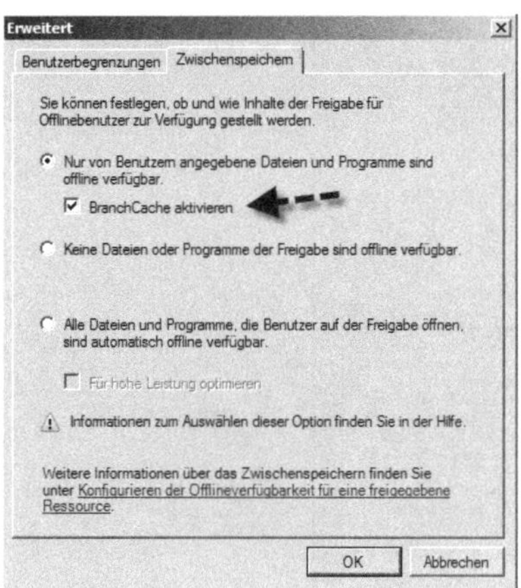

BranchCache auf Clients konfigurieren

Standardmäßig ist BranchCache auf Windows 7-Clients deaktiviert. Damit BranchCache im Netzwerk funktioniert, müssen Sie die Funktion auf den Servern aktivieren, für Freigaben aktivieren und anschließend die Clients im Netzwerk an die BranchCache-Infrastruktur anbinden. Deaktivieren Sie den Netzwerkverkehr von BranchCache über die Firewalleinstellungen in Windows 7, können andere Clients im Netzwerk bei einer Distributed Cache-Umgebung nicht auf die Daten des Rechners zugreifen. Arbeiten an dem Client aber verschiedene Benutzer, profitieren diese dennoch von BranchCache, allerdings nur lokal auf dem Rechner.

HINWEIS Ist die Niederlassung mit einem ISA/TMG-Server am Netzwerk angebunden, deaktivieren Sie auf dem Server den Compression-Filter. Ansonsten besteht die Möglichkeit, dass BranchCache nicht funktioniert, da dadurch der HTTP-Verkehr der beteiligten Komponenten gestört wird.

Clientkonfiguration mit Gruppenrichtlinien konfigurieren

Zur Aktivierung von BranchCache erstellen Sie am besten eine neue GPO und weisen diese den Clients zu, welche BranchCache nutzen sollen. Die Einstellungen für Dateiserver in Gruppenrichtlinien finden Sie über *Computerkonfiguration/Richtlinien/Administrative Vorlagen/Netzwerk*. Hier aktivieren Sie auch den unterstützten Modus und den freien Speicherplatz für BranchCache.

Abbildg. 20.14 Einstellungsmöglichkeiten für BranchCache über Gruppenrichtlinien

BranchCache aktivieren
BranchCache-Modus "Verteilter Cache" festlegen
BranchCache-Modus "Gehosteter Cache" festlegen
BranchCache für Netzwerkdateien konfigurieren
Prozentuale Speicherplatzbelegung durch Clientcomputercache festlegen

Aktivieren Sie *BranchCache-Modus "Gehosteter Cache" festlegen*, müssen Sie über die Richtlinie auch den FQDN des Servers in der Niederlassung festlegen (Hosted Cache-Server), der die Daten vom Dateiserver der Zentrale (Contentserver) abruft.

Abbildg. 20.15 Festlegen des Hosted Cache-Servers

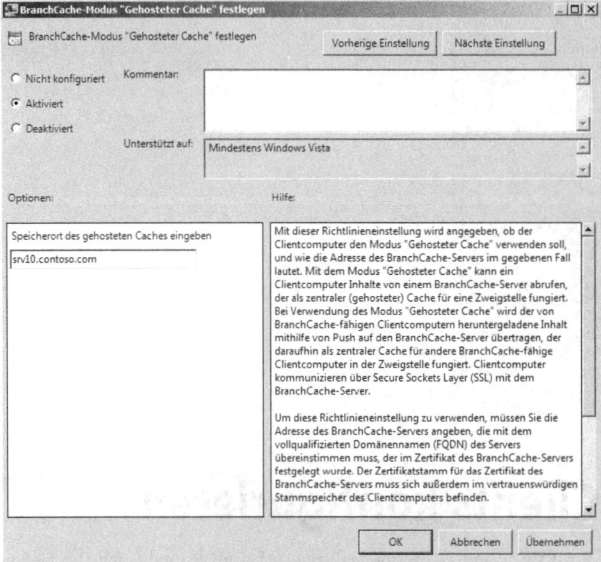

Firewalleinstellungen für BranchCache setzen

Damit BranchCache funktioniert, müssen Sie auf den Clients noch Firewalleinstellungen anpassen. Diese Einstellungen sind für den Modus Distributed Cache und den Modus Hosted Cache notwendig. Am besten verwenden Sie auch dazu eine Gruppenrichtlinie:

1. Sie finden die Einstellungen über *Computerkonfiguration/Richtlinien/Windows-Einstellungen/Sicherheitseinstellungen/Windows-Firewall mit erweiterter Sicherheit/Eingehende Regeln.*

Abbildg. 20.16 Erstellen einer neuen Firewallregel für BranchCache für Clients

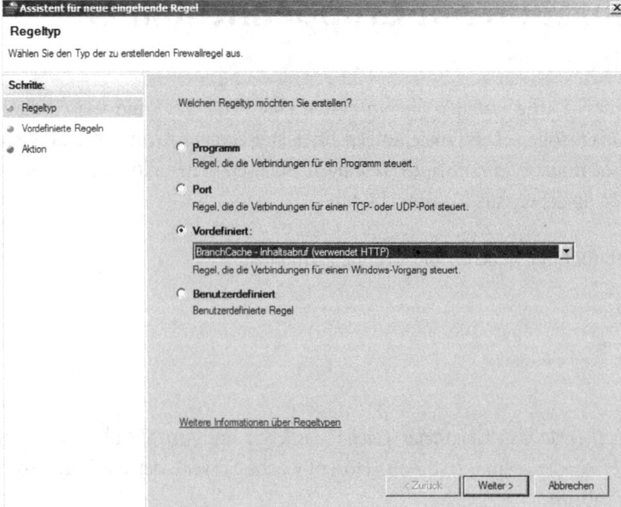

2. Erstellen Sie über das Kontextmenü eine neue Regel.
3. Wählen Sie die Option *Vordefiniert*.
4. Wählen Sie als Regel *BranchCache – Inhaltsabruf (verwendet HTTP)* und schließen Sie die Erstellung der Regel ab.

Betreiben Sie BranchCache im Distributed Cache-Modus, müssen Sie auf dem gleichen Weg eine weitere Regel erstellen. Wählen Sie als vordefinierte Regel *BranchCache – Peerermittlung (verwendet WSD)*. Über das WSD-Protokoll ermitteln Clients, ob eine benötigte Datei bereits auf einem Windows 7-Client im Netzwerk gespeichert ist. Diese Regel benötigt eine Kommunikation auf Port 3702, die Inhaltsübermittlung verwendet Port 80.

Clientkonfiguration mit *netsh*

Neben der Möglichkeit über Gruppenrichtlinien können Sie auch mit der Befehlszeile den Cache-Modus bearbeiten und Einstellungen vornehmen.

HINWEIS Gruppenrichtlinieneinstellungen haben Vorrang vor Einstellungen, die Sie mit *netsh* vornehmen und überschreiben die Einstellungen wieder, wenn sich diese überschneiden.

BranchCache für Distributed Cache aktivieren

Wollen Sie in der Niederlassung mit Distributed Cache arbeiten, verwenden Sie den Befehl:

```
netsh branchcache set service mode=DISTRIBUTED
```

Sind bereits Richtlinien definiert, erhalten Sie bei der Ausführung auf dem Client eine entsprechende Meldung. Geben Sie den Befehl ein, wird die Firewall auf dem Client bereits automatisch für die beiden erwähnten Firewallregeln aktiviert.

BranchCache für Hosted Cache aktivieren

Wollen Sie mit Hosted Cache in der Niederlassung arbeiten, verwenden Sie folgenden Befehl:

```
netsh branchcache set service mode=HOSTEDCLIENT LOCATION=<Server in Niederlassung, der als Hosted
Cache-Server funktioniert>
```

Auch dieser Befehl konfiguriert automatisch die Firewall auf dem Client.

TIPP Mit dem Befehl *netsh branchcache show status all* können Sie sich einen Status der Clientkonfiguration anzeigen lassen. Mit dem Befehl *netsh branchcache show hostedcache* lassen Sie sich den Hosted Cache-Server anzeigen.

Abbildg. 20.17 Anzeigen der Clientkonfiguration für BranchCache in der Befehlszeile

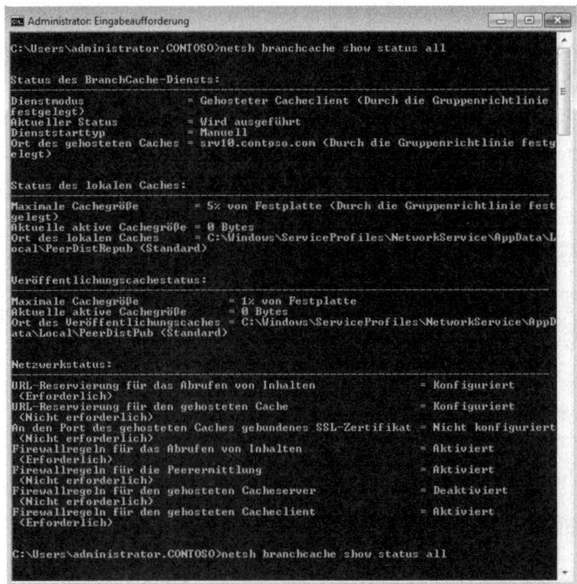

TIPP Mit dem Befehl *netsh branchcache flush* löschen Sie den lokalen Cache auf den Clientcomputern.

BranchCache mit DirectAccess betreiben

Die beiden neuen Technologien BranchCache und DirectAccess arbeiten perfekt zusammen. Setzen Sie im Unternehmen Windows Server 2008 R2 und Windows 7 in einem VPN ein, können Clientrechner auf alle Funktionen im Netzwerk zugreifen, genauso wie beim internen Zugriff. Dies hat zum Beispiel den Vorteil, dass jetzt auch Gruppenrichtlinien auf eingewählte VPN-Clients funktionieren. Bisher war das noch nicht möglich. Damit dieser Zugriff funktioniert, muss der DirectAccess-Server im internen Netzwerk unter Windows Server 2008 R2 laufen. Dieser Server ist sozusagen der neue VPN-Server, den Sie im Netzwerk integrieren.

Die Verbindung zwischen Client und Server funktioniert über IPsec-gesichertes VPN. Die Kommunikation erfolgt dazu mittels IPv6 zwischen Windows 7 und dem DirectAccess-Server unter Windows Server 2008 R2. Sobald sich der Client mit Netzwerk verbunden hat, kommuniziert dieser weiter mit IPv4, die IPv6-Verbindung endet aus Sicherheitsgründen am DirectAccess-Server. Verwenden Sie im Unternehmen IPv6, kann der IPsec-Datenverkehr auch im internen Netzwerk fortgeführt werden. Auf dem DirectAccess-Server legen Sie zusätzlich fest, auf welche internen Server der Zugriff erfolgen darf. Diese Technik ist nicht in Windows Vista verfügbar, sondern ausschließlich nur in Windows 7.

Die Domänencontroller sollten unter Windows Server 2008 laufen, hier ist R2 nicht vorgeschrieben. Für den vollständigen Einsatz von DirectAccess in einer hochsicheren Umgebung benötigen Sie jedoch auch auf den Domänencontrollern Windows Server 2008 R2. Die Verwaltung erfolgt über die DirectAccess-Verwaltungskonsole, die Sie unter Windows Server 2008 R2 als Feature installieren. Die Einrichtung unterstützt Windows Server 2008 R2 durch Assistenten und einigen Hilfedateien. Während der Einrichtung legen Sie fest, ob Sie eine interne Zertifizierungsstelle verwenden wollen, ob Sie IPv6 auch intern nutzen und welche externen Geräte Zugriff erhalten sollen.

Für Anwender auf ihren PCs ändert sich mit der Arbeit bei DirectAccess nichts. Wenn sich Clients direkt über VPN mit der Zentrale verbinden und Sie im Unternehmen mit DirectAccess arbeiten, müssen Sie bei der Einrichtung von BranchCache weitere Schritte beachten.

Ein wichtiger Schritt bei der Einführung von BranchCache ist, die Firewall in der Niederlassung so zu konfigurieren, dass der Netzwerkverkehr für BranchCache nicht blockiert wird. Lesen Sie sich dazu auch die Anmerkungen der folgenden Internetseite durch, wenn Sie auf die Firewall eines Drittherstellers setzen:

- [MS-PCCRD]: Peer Content Caching and Retrieval Discovery Protocol Specification – *http://go.microsoft.com/fwlink/?LinkId=151305*
- [MS-PCCRR]: Peer Content Caching and Retrieval: Retrieval Protocol Specification – *http://go.microsoft.com/fwlink/?LinkId=151306*
- [MS-PCHC]: Peer Content Caching and Retrieval: Hosted Cache Protocol Specification – *http://go.microsoft.com/fwlink/?LinkId=151307*

Zwischen den Clients, die BranchCache nutzen, muss der Port 3702 erlaubt sein und auch der Port 80 darf nicht blockiert werden. Für die Verschlüsselung verwenden die Clients und der Hosted Cache-Server auch oft SSL und benötigen daher die Kommunikation über den Port 443.

Leistungsüberwachung und BranchCache

In Windows Server 2008 R2 finden Sie einige Erweiterungen für den Leistungsmonitor bezüglich BranchCache. Wollen Sie BranchCache überwachen, fügen Sie am besten alle Leistungsindikatoren hinzu und wechseln Sie über die dritte Schaltfläche von links in den Modus *Bericht*. So erhalten Sie einen guten Überblick.

Abbildg. 20.18 Überwachung von BranchCache in der Leistungsüberwachung

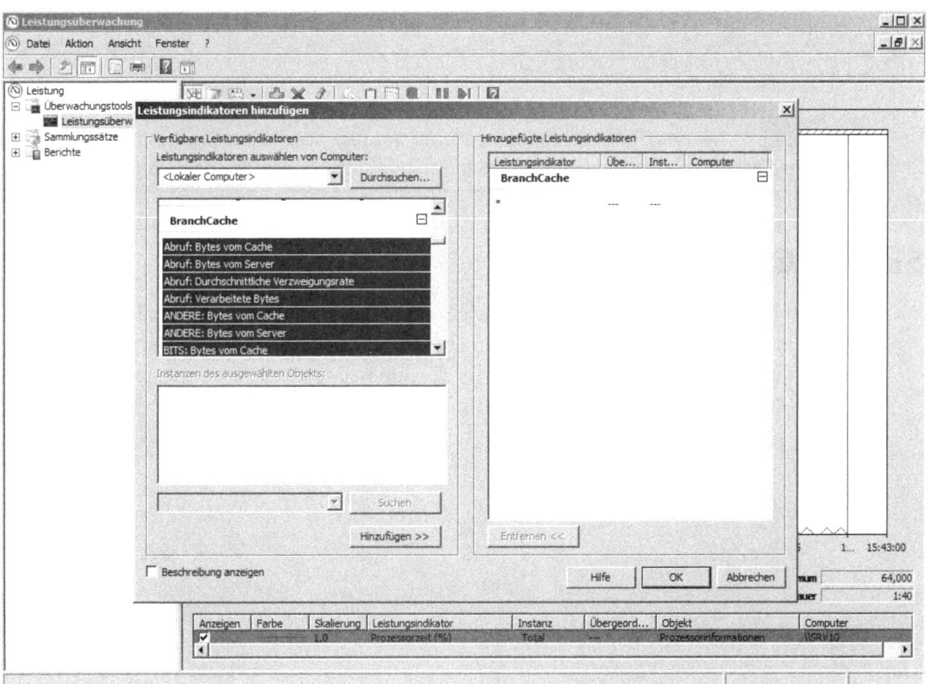

Den Leistungsmonitor starten Sie am schnellsten, wenn Sie *perfmon* im Suchfeld des Startmenüs eingeben. Damit die Leistungsindikatoren verfügbar sind, müssen Sie das Feature *BranchCache* auf dem Server aktivieren.

Abbildg. 20.19 Aktivieren des Berichtmodus in der Leistungsüberwachung

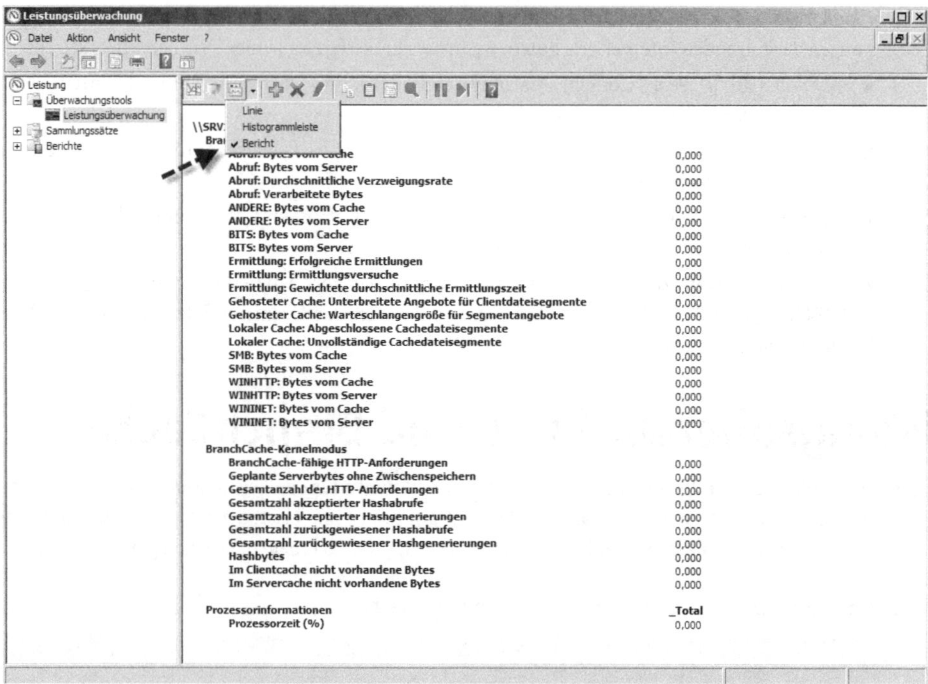

TIPP Mit dem Befehl *netsh branchcache show localcache* lassen Sie sich das Verzeichnis sowie die Größe des Caches auf den Server anzeigen und mit *netsh branchcache show status all* den aktuellen Status.

Zusammenfassung

In diesem Kapitel haben wir Ihnen gezeigt, wie Sie den Zugriff auf Dateien in Windows 7 und Windows Server 2008 R2 mit dem neuen BranchCache-Feature beschleunigen. Sie konnten in diesem Kapitel lesen, wie Sie die Einrichtung mit oder ohne zusätzlichen Server durchführen und welche Konfigurationen notwendig sind. Im nächsten Kapitel gehen wir auf die Konfiguration eines Druckservers im Windows-Netzwerk ein.

Kapitel 21

Verwalten von Druckservern

In diesem Kapitel:

Wollen Sie einen Windows Server 2008 R2 auch als Druckserver einsetzen, sollten Sie die Serverrolle *Druck- und Dokumentdienste* über den Server-Manager installieren. In diesem Fall werden die notwendigen Verwaltungsprogramme installiert und in der Windows-Firewall die Ausnahmen für freigegebene Drucker eingetragen.

Windows Server 2008 R2 wird mit Druckertreibern geliefert, die mit Windows Server 2003, Windows 2000, Windows XP und Windows Vista und Windows 7 einsetzbar sind. Damit ein Drucker im Netzwerk zur Verfügung gestellt wird, müssen Sie diesen zunächst auf dem Druckserver installieren. Die Installation erfolgt dabei genauso wie die Installation eines lokalen Druckers auf einer Arbeitsstation.

Drucker installieren und freigeben

Wenn Sie einen lokalen Drucker installieren, müssen Sie einen Druckeranschluss auswählen. Sie können hier einen der standardmäßigen lokalen Anschlüsse verwenden oder auch alternativ bei *Neuen Anschluss erstellen* einen TCP/IP-Port konfigurieren. Damit können Sie auf einen Netzwerkdrucker zugreifen. Den Drucker müssen Sie dazu direkt an das Netzwerk anschließen und ihm eine IP-Adresse zuweisen. Genau diese IP-Adresse verwenden Sie für den TCP/IP-Port.

Abbildg. 21.1 Erstellen eines neuen Druckeranschlusses für die Installation eines Netzwerkdruckers

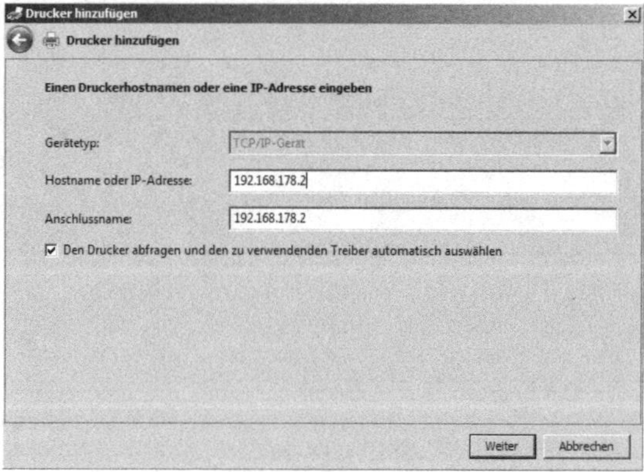

Wählen Sie als Gerätetyp *Generic Network Card*, wenn die Netzwerkschnittstelle des Druckers nicht automatisch erkannt wird.

Abbildg. 21.2 Auswählen der Netzwerkkarte des Druckers

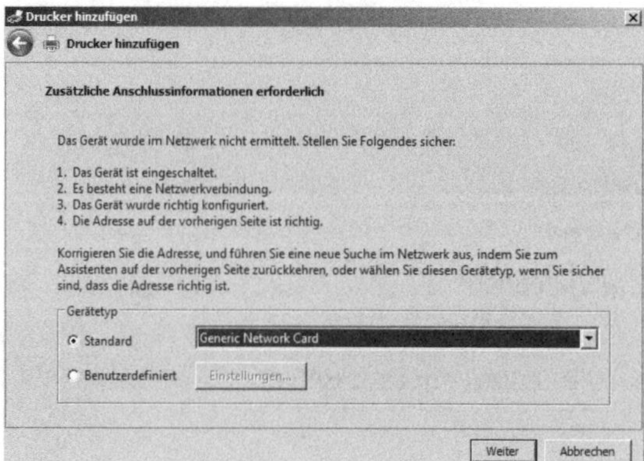

Als Nächstes installieren Sie den Treiber des Druckers genauso, als ob dieser lokal installiert ist. Anschließend können Sie den Drucker freigeben und verwalten wie normale lokale Drucker.

Abbildg. 21.3 Installieren des Druckertreibers

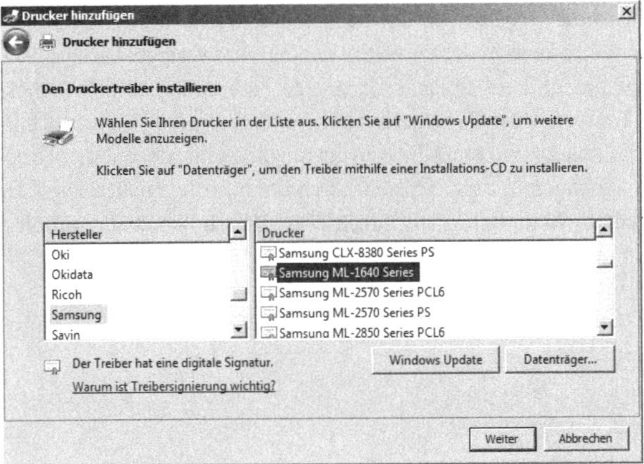

Als Freigabename wird eine Kurzform des Druckernamens gewählt. Sie können aber auch längere Freigabenamen verwenden. Die Beschränkung auf acht Zeichen spielt nur bei älteren Clientversionen eine Rolle. Wenn Sie dagegen nur mit Windows 2000- und Windows XP/Vista/7-Clients arbeiten, können Sie längere Bezeichnungen angeben. Dies ist auch empfehlenswert, damit Benutzer die Drucker einfacher identifizieren können.

Abbildg. 21.4 Eigenschaften eines Druckers verwalten

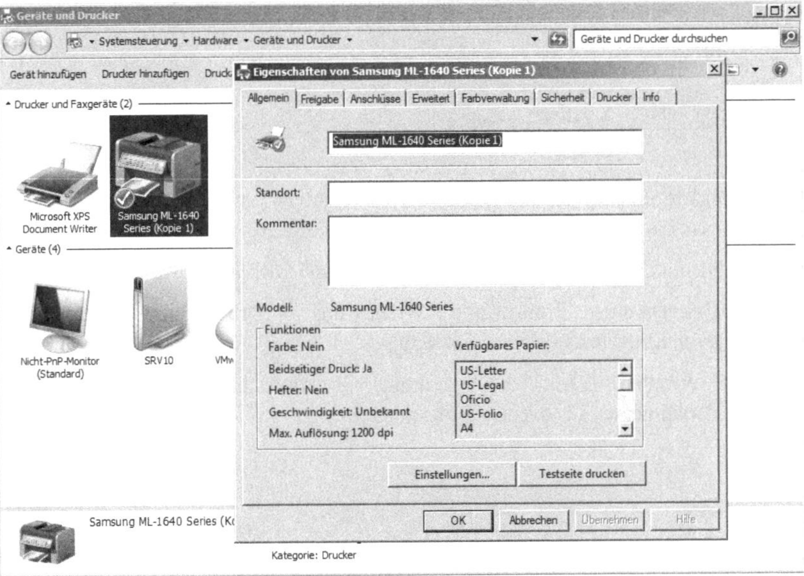

Im darauf folgenden Dialogfeld können Sie den Standort des Druckers und einen Kommentar zu diesem angeben. Nachdem Sie die Informationen zu dem Drucker eingegeben haben, können Sie eine Testseite ausdrucken.

Damit ist die Installation des Druckers zunächst abgeschlossen. Bei installierten Druckern können Sie über den Kontextmenübefehl *Druckereigenschaften* dessen Eigenschaften öffnen, um weitere Einstellungen vorzunehmen. Im zugehörigen Dialogfeld lässt sich über eine Reihe von Registerkarten die Detailkonfiguration des Druckers durchführen.

Über die Registerkarte *Freigabe* wird die Freigabe von Druckern konfiguriert. Mit der Option *Im Verzeichnis anzeigen* wird definiert, dass dieser Drucker in Active Directory sichtbar und verfügbar sein soll. Damit können Benutzer nach diesem Drucker suchen und auf einfache Weise eine Verbindung zu dem Drucker herstellen. Über die Schaltfläche *Zusätzliche Treiber* können Druckertreiber für andere Windows-Versionen installiert werden. Das spielt vor allem dann eine Rolle, wenn es 32-Bit-Clients möglich sein soll, auf den Drucker zugreifen zu können. Wie das geht, zeigen wir Ihnen in den nächsten Abschnitten noch genauer. Diese Druckertreiber werden auf dem Server bereitgehalten. Wenn sich ein Benutzer einer älteren Arbeitsstation mit dem Drucker verbindet, wird der Druckertreiber automatisch vom Server geladen.

Abbildg. 21.5 Konfigurieren der Freigabe eines Druckers

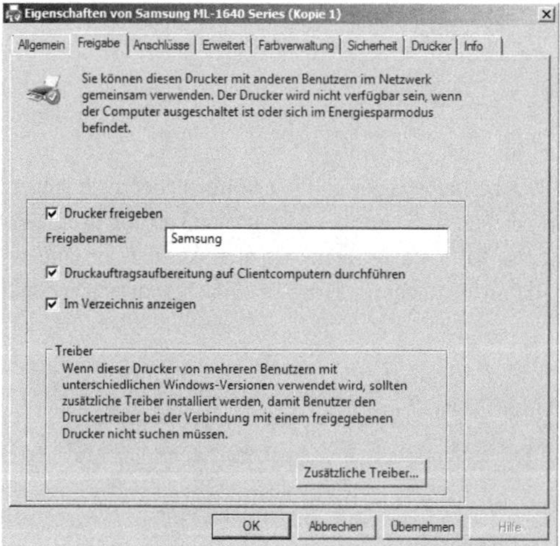

Über die Registerkarte *Sicherheit* lassen sich die Zugriffsberechtigungen für Drucker konfigurieren. Hier gibt es drei Berechtigungen, die standardmäßig zugeordnet werden können:

- **Drucken** Erlaubt die Ausgabe von Dokumenten auf dem Drucker
- **Diesen Drucker verwalten** Ermöglicht die Veränderung von Druckereinstellungen wie bei den auf den vorangegangenen Seiten beschriebenen Festlegungen
- **Dokumente verwalten** Erlaubt die Verwaltung von Warteschlangen und damit beispielsweise das Löschen von Dokumenten aus solchen Warteschlangen

Abbildg. 21.6 Druckerberechtigungen konfigurieren

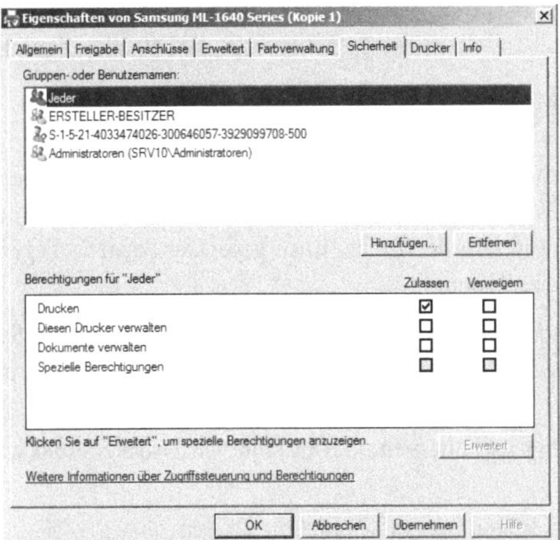

Zugriff auf freigegebene Drucker

Um auf einen freigegebenen Drucker im Netzwerk zuzugreifen, wird wie schon beim Erstellen von Druckern der Assistent für die Druckerinstallation verwendet, der über *Drucker hinzufügen* in der Befehlsleiste des Fensters *Geräte und Drucker* aufgerufen werden kann. Der Drucker kann auch im Verzeichnis gesucht werden. Allerdings müssen Sie diese Funktion für jeden Drucker zunächst in den Druckereinstellungen auf dem Druckserver freischalten.

Abbildg. 21.7 Freigegebene Drucker in Active Directory suchen

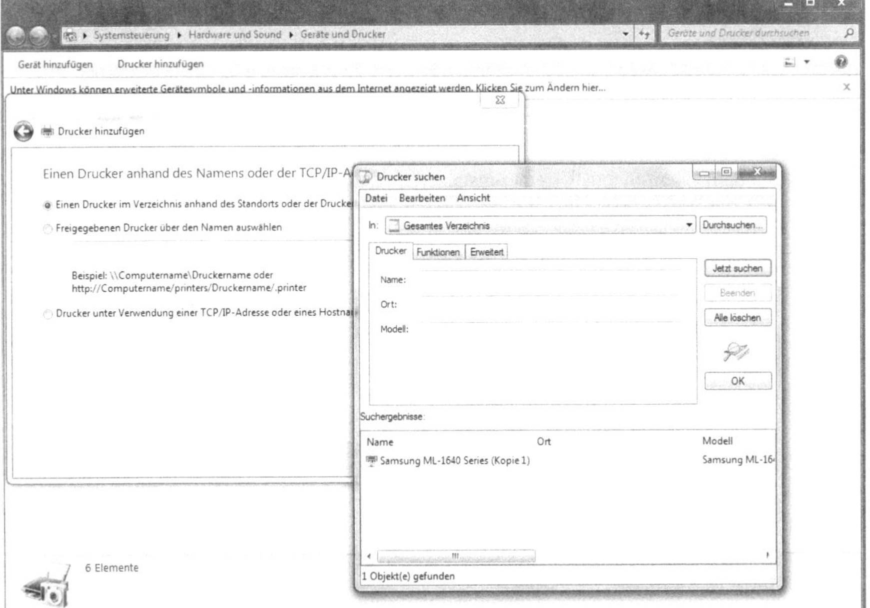

Alternativ kann aber der Druckername direkt in der Form \\<*Servername*>\<*Freigabename*> eingegeben werden. Auch wenn Sie über das Startmenü diesen Befehl eingeben, wird der Drucker verbunden.

Drucker mit 64 Bit im Netzwerk freigeben

Damit 32-Bit-Clients auf Drucker zugreifen können, die Sie unter Windows Server 2008 R2 freigeben, müssen Sie auf dem Server einen 32-Bit-Treiber zur Verfügung stellen oder auf den Clients für den Drucker manuell einen Treiber installieren. Zur Treiberinstallation muss der Treiber in ausgepackter Form vorliegen. Dazu müssen Sie den Treiber über die *.inf*-Datei installieren lassen.

Sie können das Druckermodell auch im Windows Update-Katalog suchen. Die entsprechende Seite ist *http://catalog.update.microsoft.com*. Sie erhalten eine Liste aller Treiber, die zu dem gesuchten Modell passen und in der Datenbank vorhanden sind:

1. Rufen Sie über *Geräte und Drucker* die Eigenschaftenseite des installierten Druckers und wählen Sie die *Druckereigenschaften* aus.
2. Klicken Sie bei der Registerkarte *Freigabe* rechts unten auf *Zusätzliche Treiber.*
3. Hier besteht die Möglichkeit, Treiber für unterstützte Plattformen hinzuzufügen, indem Sie das Kontrollkästchen neben *x86* aktivieren.
4. Anschließend erfolgt die Auswahl des Zielordners mit der *.inf*-Datei des Treibers. Jetzt navigieren Sie zum *x86*-Ordner und wählen die dortige *.inf*-Datei aus.
5. Anschließend wird der Treiber installiert und steht ab sofort zur Verfügung.

Abbildg. 21.8 Auswählen verschiedener Plattformen als zusätzliche Druckertreiber

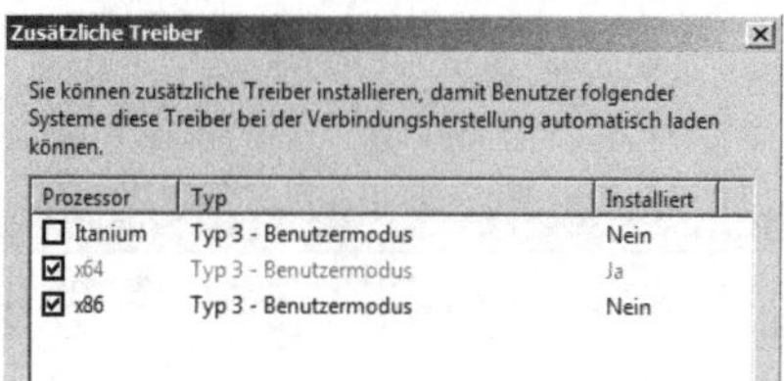

Nun können Sie den Drucker über Active Directory oder durch direkte Eingabe des Freigabenamens installieren, ohne auf dem Client manuell Treiber installieren zu müssen.

Abbildg. 21.9 Nach entsprechender Konfiguration lassen sich Drucker auch auf 32-Bit-Systemen installieren

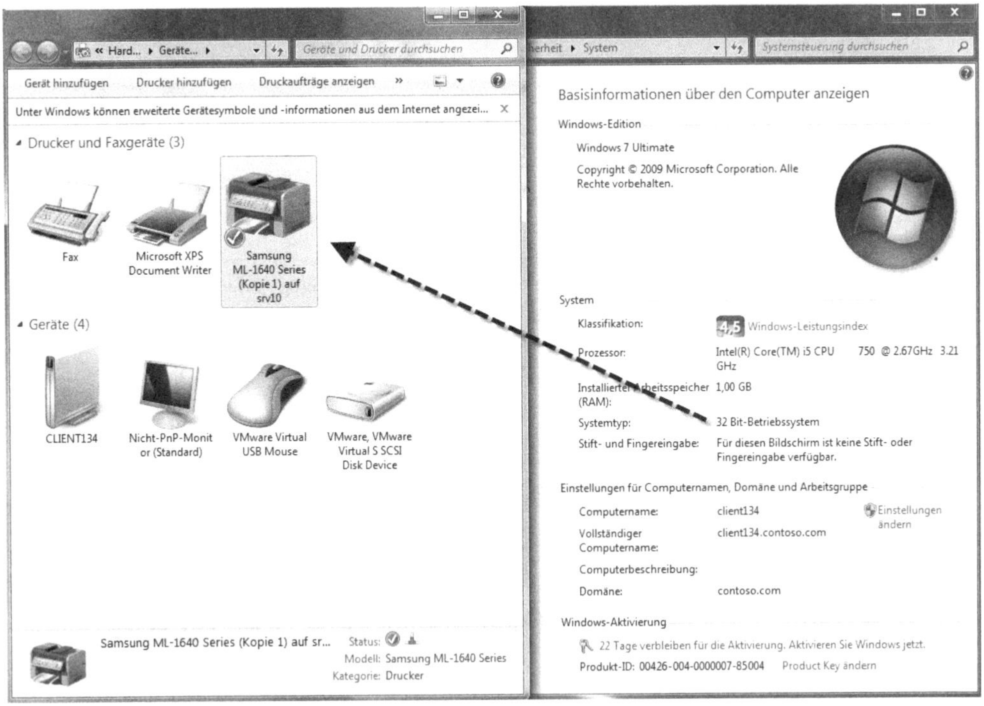

Druckjobs verwalten

Zunächst muss der Drucker ausgewählt werden, auf dem Druckjobs verwaltet werden sollen. Klicken Sie dazu in der Druckersteuerung doppelt auf den entsprechenden Drucker. Damit wird die Druckerwarteschlange geöffnet. In dieser sind alle Dokumente zu finden, die aktuell im Druck sind beziehungsweise auf ihren Ausdruck warten. Über die Befehle in den Menüs *Drucker* und *Dokument* lassen sich die anstehenden Druckjobs verwalten. Die dort verfügbaren Befehle sind weitgehend selbsterklärend.

Wenn sich fehlerhafte Druckjobs in der Verwaltung des Druckers nicht löschen lassen, beenden Sie die *Druckwarteschlange* auf dem Server. Sie können diesen Vorgang entweder über die Dienstesteuerung vornehmen oder in der Befehlszeile *net stop spooler* eingeben und anschließend den Dienst wieder mit *net start spooler* starten lassen. Alle Druckaufträge sollten jetzt gelöscht sein oder sich zumindest ohne weitere Fehler löschen lassen.

Abbildg. 21.10 Verwalten der Dokumente in der Warteschlange

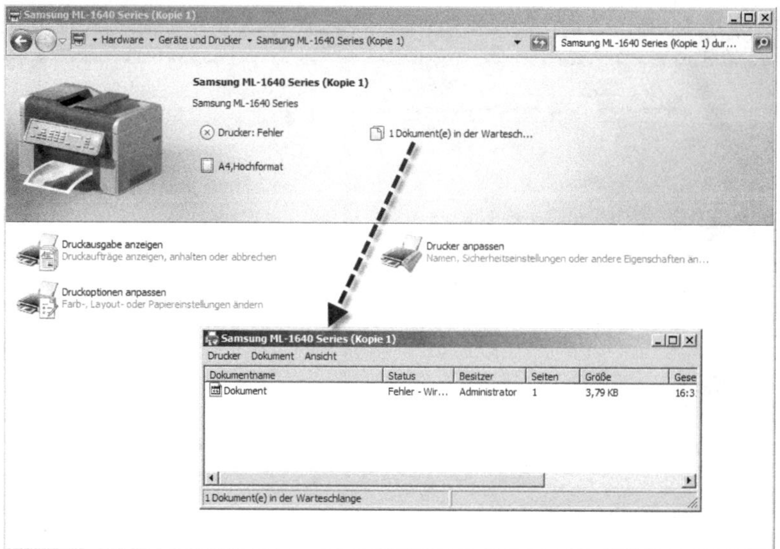

Druckverwaltungskonsole – die Zentrale für Druckserver

Die Druckverwaltung ist eine zentrale Verwaltungsoberfläche für Drucker in Ihrem Unternehmen. Sie können mit dieser Konsole alle Druckserver Ihres Unternehmens an zentraler Stelle verwalten und neue Drucker hinzufügen oder entfernen. Mit der Druckverwaltung ist die Verwaltung von zahlreichen Druckservern im Unternehmen extrem effizient geworden. Wenn ein Server offline geschaltet wird, ändert sich das Druckerserversymbol. Sie können die Treiber, Formulare, Ports und Drucker erst verwalten, wenn der Server wieder online geschaltet ist. Dadurch erkennen Sie auch sehr schnell, ob ein Druckserver heruntergefahren wurde oder eventuell abgestürzt ist.

Abbildg. 21.11 Druckserver mit der Druckverwaltung überwachen und konfigurieren

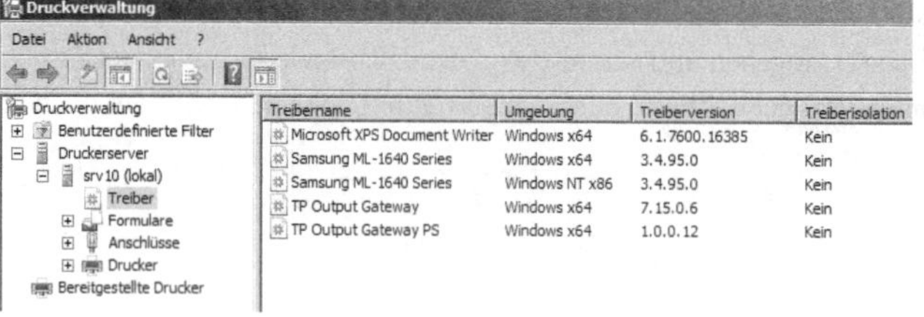

Rufen Sie zunächst durch Eingabe von *Druckverwaltung* im Suchfeld des Startmenüs die Verwaltungskonsole auf. Wenn Sie anschließend mit der rechten Maustaste in der Konsolenstruktur auf den Eintrag *Druckserver* klicken, können Sie weitere Server der Verwaltungskonsole hinzufügen, die Sie zukünftig über diese zentrale Stelle verwalten können. Die Drucker der verbundenen Druckserver werden in der Druckverwaltung an drei Orten gespeichert: *Benutzerdefinierte Filter*, *Druckserver* und *Bereitgestellte Drucker*.

Benutzerdefinierte Filteransichten erstellen

Der Eintrag *Benutzerdefinierte Filter* in der Druckverwaltung enthält verschiedene Filter, über die Sie auf einen Blick alle notwendigen Informationen zu den installierten Druckern im Unternehmen anzeigen können.

Abbildg. 21.12 Anzeige der Drucker im Unternehmen und deren Status auf dem Druckserver

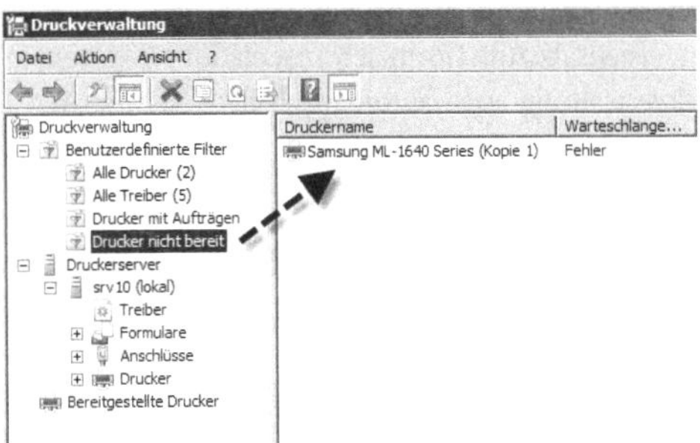

Sie können erkennen, welche Drucker derzeit nicht bereit sind, und zwar von allen Druckservern, die Sie verbunden haben. Außerdem werden Ihnen an dieser Stelle alle Drucker sowie sämtliche installierten Druckertreiber zentral angezeigt. Ebenso lassen sich alle Druckaufträge in der Konsole filtern. Neben den bereits standardmäßig angelegten Filtern können Sie durch einen Klick mit der rechten Maustaste auf den Knoten *Benutzerdefinierter Filter* weitere Filter erstellen, zum Beispiel Farbdrucker, Duplexdrucker oder welche Kategorien auch immer Sie benötigen. Der Assistent zum Erstellen eines neuen benutzerdefinierten Filters lässt viele Auswahlmöglichkeiten zu.

E-Mail-Benachrichtigungen konfigurieren

In den Eigenschaften der einzelnen Druckerfilter können Sie auf der Registerkarte *Benachrichtigung* eine automatische E-Mail-Benachrichtigung hinterlegen. So können Sie sich darüber informieren lassen, wenn einzelne Drucker nicht mehr bereit sind oder neue Drucker auf angeschlossenen Druckservern installiert werden.

Abbildg. 21.13 Konfigurieren von Benachrichtigungen bei ausgefallenen Druckern

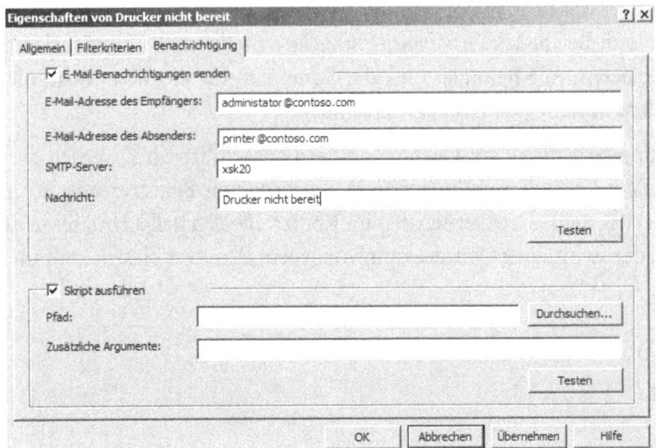

Drucker exportieren und importieren

Klicken Sie mit der rechten Maustaste auf einen der verbundenen Druckserver, können Sie verschiedene Aufgaben durchführen. Unter anderem lassen sich alle Druckertreiber auf einen Schlag exportieren. Die Exportdatei können Sie auf einem anderen Druckserver wieder importieren. Durch das Exportieren erhalten Sie außerdem eine Datensicherung der Druckkonfiguration und können beim Einsatz zahlreicher Drucker auf dem Server sehr schnell eine Wiederherstellung durchführen, da Sie nur die Exportdatei benötigen. Über das Kontextmenü können Sie auch neue Drucker hinzufügen. Im Gegensatz zum normalen Installations-Assistenten für Drucker können Sie über den Assistenten in der Druckverwaltung auch automatisch nach verfügbaren Druckern im gleichen Subnetz suchen lassen.

Drucker verwalten und über Gruppenrichtlinien verteilen

Klicken Sie mit der rechten Maustaste auf einen Drucker, können Sie über das Kontextmenü verschiedene Aufgaben durchführen.

Abbildg. 21.14 Verwalten von Druckereinstellungen in der Druckverwaltung

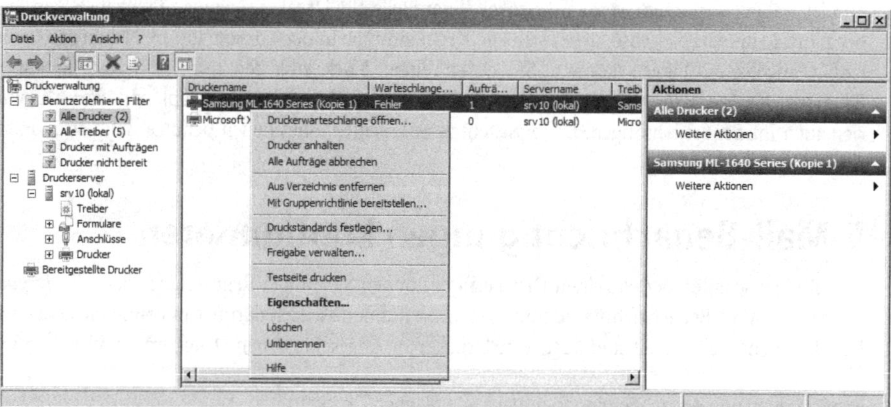

So können Sie zum Beispiel mit dem Befehl *Mit Gruppenrichtlinie bereitstellen* eine Gruppenrichtlinie auswählen, in die Sie den Drucker integrieren. Alle Benutzer und alle Computer, für die diese Richtlinie angewendet wird, werden automatisch mit dem hinterlegten Drucker verbunden.

Wenn die Verarbeitung der Gruppenrichtlinie auf Clientcomputern ausgeführt wird, werden die Druckerverbindungseinstellungen auf die dem Gruppenrichtlinienobjekt zugeordneten Benutzer oder Computer angewendet. Über diese Methode bereitgestellte Drucker werden im Knoten *Bereitgestellte Drucker* in der Druckverwaltung angezeigt. Ein Drucker, der so installiert wurde, kann von jedem Benutzer dieses Computers verwendet werden.

Abbildg. 21.15 Verteilen von Druckern über Gruppenrichtlinien

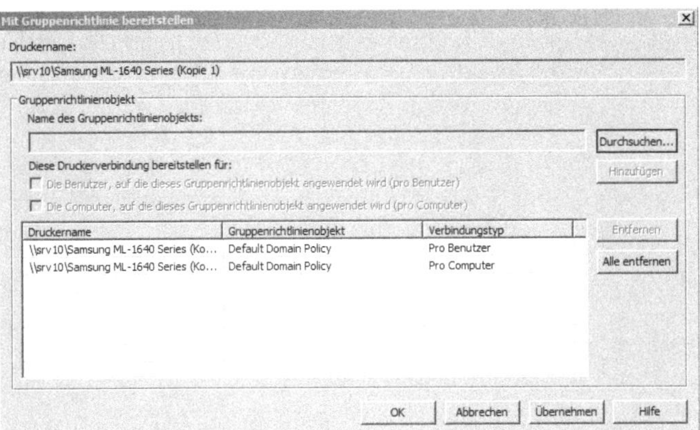

Bevor Sie Drucker mithilfe der Gruppenrichtlinie installieren können, muss für die Druckerverbindungseinstellungen ein Gruppenrichtlinienobjekt vorhanden sein, das den entsprechenden Benutzern und Computern zugewiesen wurde:

1. Klicken Sie in der Gruppenrichtlinienkonsole mit der rechten Maustaste auf das Gruppenrichtlinienobjekt, das die Druckerverbindungseinstellungen enthält, und klicken Sie auf *Bearbeiten*.
2. Wenn die Druckerverbindungen pro Computer bereitgestellt werden, navigieren Sie zu *Computerkonfiguration/Windows-Einstellungen/Skripts (Starten/Herunterfahren)*.
3. Wenn die Druckerverbindungen pro Benutzer bereitgestellt werden, navigieren Sie zu *Benutzerkonfiguration/Windows-Einstellungen/Skripts (Anmelden/Abmelden)*.
4. Klicken Sie mit der rechten Maustaste auf *Starten* oder *Anmelden* und wählen Sie im Kontextmenü den Eintrag *Eigenschaften* aus.
5. Klicken Sie im Dialogfeld auf die Schaltfläche *Dateien anzeigen*.
6. Klicken Sie auf *Hinzufügen*.
7. Wenn Sie die Protokollierung aktivieren möchten, geben Sie *–log* in das Feld *Skriptparameter* ein. Protokolldateien werden auf dem Computer, auf den die Richtlinie angewendet wird, in die Datei *%windir%\temp\ppcMachine.log* oder *%temp%\ppcUser.log* geschrieben.
8. Klicken Sie auf *OK*.

Zusammenfassung

In diesem Kapitel haben wir Ihnen gezeigt, wie Sie Drucker unter Windows Server 2008 R2 freigeben und diese Drucker effizient im Netzwerk verwalten sowie verteilen können. Im nächsten Kapitel erläutern wir Ihnen, wie DHCP in Windows Server 2008 R2 funktioniert und wie Sie die neuen Funktionen von DHCP in Windows Server 2008 R2 nutzen können, zum Beispiel den brandneuen MAC-Filter für DHCP-Server.

Kapitel 22

DHCP – IP-Adressen im Netzwerk verteilen

Datei-, Druckserver und Infrastruktur

In diesem Kapitel:

In den folgenden Kapiteln beschäftigen wir uns mit den wichtigen Infrastrukturdiensten von Windows Server 2008 R2. Über diese Dienste stellen Sie Funktionen im Netzwerk bereit, die Server und Arbeitsstationen nutzen, um mit dem Netzwerk zu kommunizieren. Zunächst zeigen wir Ihnen in diesem Kapitel, wie Sie DHCP einsetzen, in den weiteren Kapiteln lesen Sie mehr zu DNS und WINS.

DHCP-Server nutzen

DHCP steht für Dynamic Host Configuration-Protokoll. Mit diesem Serverdienst können Arbeitsstationen von einer zentralen Stelle aus automatisch mit IP-Adressen versorgt werden. Einer der zentralen Bereiche von DHCP bei Windows Server 2008 R2 ist die Integration in DNS. Die Zielsetzung der DHCP-DNS-Integration ist eine automatische Registrierung von Computernamen und IP-Adressen bei DNS-Servern durch den DHCP-Server. Windows Server 2008 R2 unterstützt neben DHCPv4 auch DHCPv6, also die automatische IP-Adressenvergabe von IPv6-Adressen.

Abbildg. 22.1 Zuweisen von IP-Adressen über DHCP

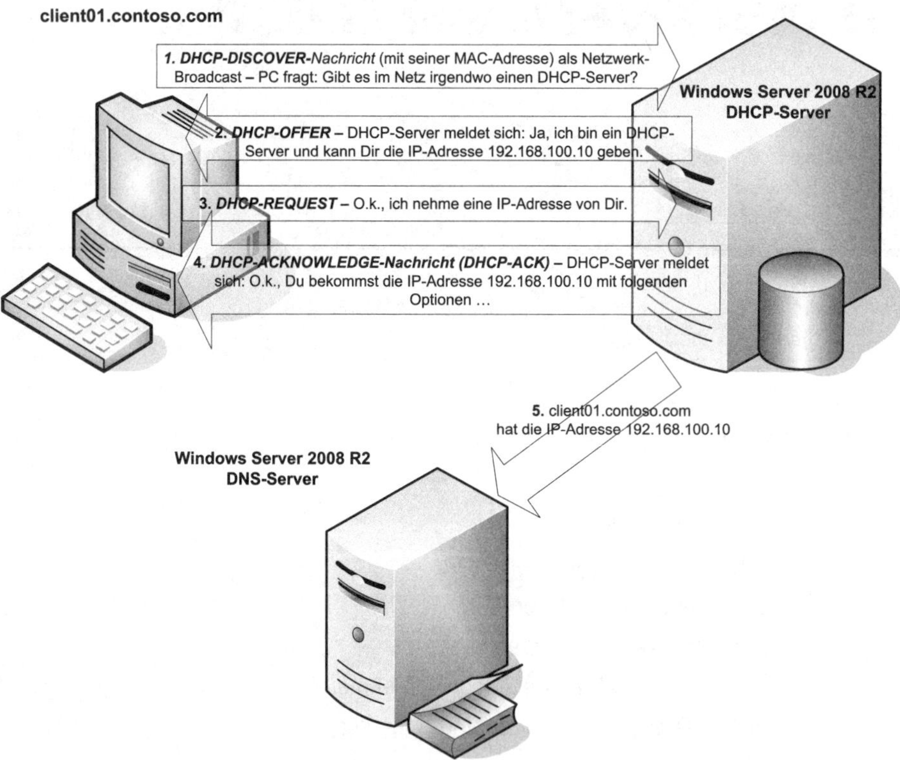

DHCP-Server installieren

Der DHCP-Serverdienst wird über den Server-Manager installiert. Im Gegensatz zu WINS handelt es sich bei DHCP um eine Serverrolle. Um diese einem Server hinzuzufügen, klicken Sie im Server-Manager in der Konsolenstruktur auf den Knoten *Rollen* und dann im rechten Bereich auf den Link *Rollen hinzufügen*. Anschließend kann die Rolle *DHCP-Server* ausgewählt werden.

Abbildg. 22.2 Hinzufügen der DHCP-Serverrolle

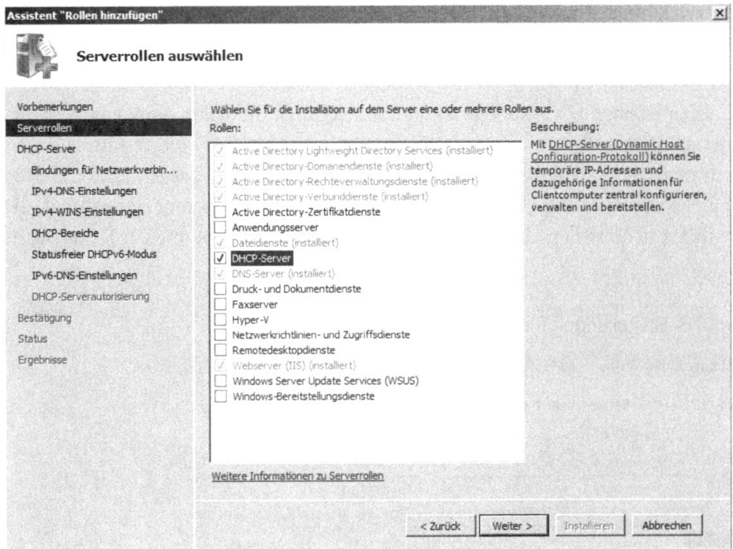

Auf der ersten Seite des Installationsassistenten legen Sie fest, auf welchen Netzwerkschnittstellen und welcher IP-Adresse der DHCP-Server auf Anfragen hören soll. Hier wird auch der Typ des IP-Netzes angezeigt. In den meisten Netzwerken wird derzeit noch IPv4 verwendet. Aus diesem Grund wird bei den meisten DHCP-Servern zunächst die IPv4-Adresse als Bindung angezeigt. Sind in einem Server mehrere Netzwerkkarten eingebaut, besteht auch die Möglichkeit, den Server auf mehrere dieser Schnittstellen hören zu lassen. Die Einstellung, die Sie hier vornehmen, kann aber auch jederzeit wieder rückgängig gemacht werden. Hierbei handelt es sich um keine Einbahnstraße.

Abbildg. 22.3 Festlegen der Bindungen eines DHCP-Servers

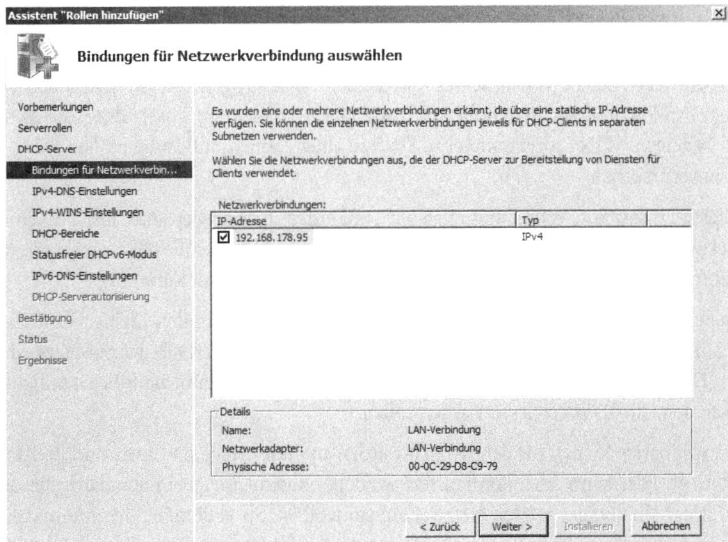

Auf der nächsten Seite des Assistenten legen Sie die DNS-Einstellungen fest, die an die Clients verteilt werden sollen. An dieser Stelle können neben einem bevorzugten und alternativen DNS-Server auch die DNS-Domäne mitgegeben werden, die den DHCP-Clients zugewiesen werden sollen. Computer, die bereits Mitglied der Domäne sind, erhalten den DNS-Namen ohnehin statisch bereits bei der Domänenmitgliedschaft zugewiesen.

Alleinstehende Computer ohne DNS-Konfiguration können durch diese Funktion jedoch ebenfalls die DNS-Domäne des Unternehmens auflösen. Es schadet nicht, wenn Sie hier die Domäne eintragen. Arbeiten Sie im Unternehmen mit mehreren DNS-Domänen innerhalb eines IP-Bereichs, besteht auch die Möglichkeit, den Eintrag an dieser Stelle leer zu lassen. Haben Sie die IP-Adresse der DNS-Server eingetragen, lässt sich über die Schaltfläche *Überprüfen* sicherstellen, dass die IP-Adresse des Servers stimmt und der Server auch erreicht werden kann.

Abbildg. 22.4 Konfigurieren der DNS-Einstellungen für DHCP-Clients

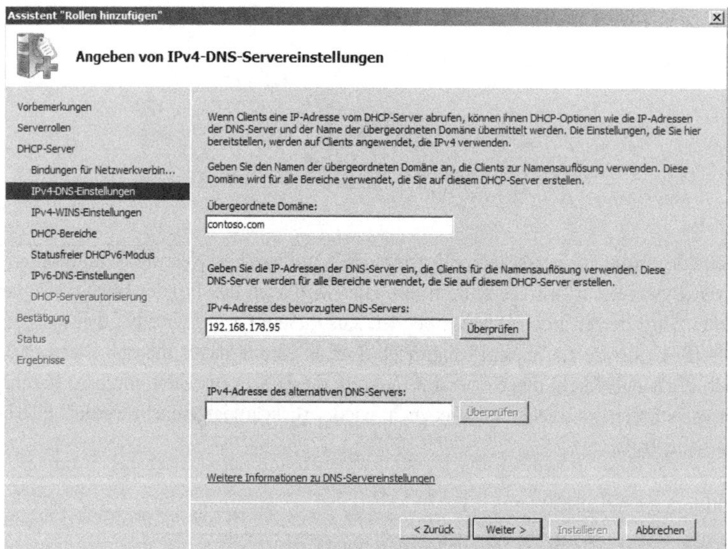

Auf der nächsten Seite legen Sie die WINS-Server fest, die den Clients zugewiesen werden sollen. Auch wenn in Active Directory WINS keine so wichtige Rolle spielt wie DNS, schadet der Einsatz des Systems nicht, wie wir Ihnen im Kapitel 24 zeigen. WINS sorgt parallel zu DNS zu einer Namensauflösung im Netzwerk, ohne eine zu große Serverlast zu verursachen.

Durch den parallelen Einsatz von WINS und DNS wird außerdem eine gewisse Ausfallsicherheit der Namensauflösung im Netzwerk erreicht. WINS kann zwar eine DNS-Struktur nicht vollkommen ersetzen, einzelne fehlende DNS-Einträge oder ausgefallene DNS-Server aber schon, zumindest kurzzeitig.

Auf der nächsten Seite des Assistenten legen Sie den IP-Bereich fest, aus dem den Clients IP-Adressen zugewiesen werden sollen. Hier bietet es sich an, einen unabhängigen Bereich innerhalb des Subnetzes des Unternehmens zu wählen. Über die Schaltfläche *Hinzufügen* können detaillierte Informationen konfiguriert werden, welche IP-Adressen den Clients zugewiesen werden sollen.

Neben einem frei wählbaren Namen für den Bereich werden an dieser Stelle die Start- und End-IP-Adresse aus dem Bereich festgelegt. Hier kann auch konfiguriert werden, ob den Clients ein Standardgateway zugewiesen werden soll, was innerhalb von gerouteten Netzwerken sinnvoll ist. Sie sollten bei der automatischen Vergabe des Standardgateways aber Vorsicht walten lassen. Wenn die Arbeitsstationen zum Beispiel den ISA-Server als

Standardgateway erhalten, werden diese bei der Adressversorgung durch den DHCP automatisch zu SecureNAT-Clients.

Abbildg. 22.5 Festlegen der WINS-Server für DHCP-Clients

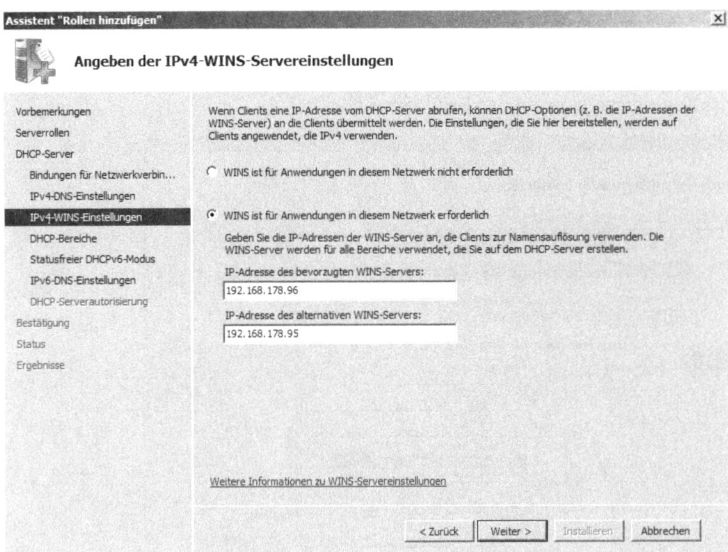

Diese Konfiguration ist vollkommen unnötig. Achten Sie daher darauf, dass Sie nur ein Standardgateway mitgeben, wenn Sie interne Router einsetzen. Für die Verbindung zum Internet sollten Sie möglichst mit einem Proxyserver arbeiten. Über dieses Fenster kann der Bereich auch gleich aktiviert werden, sodass der DHCP-Server Adressen verteilen kann. Die Aktivierung des Bereichs kann aber auch jederzeit später über die Verwaltungskonsole erfolgen.

Festlegen der Leasedauer

Bei der Einrichtung des DHCP-Bereichs legen Sie auch über das Feld *Subnetztyp* die Leasedauer in groben Zügen fest. Diese Einstellung lässt sich nachträglich noch bearbeiten. Weist ein DHCP-Server einem Client eine IP-Adresse zu, ist diese Zuweisung immer auf einen gewissen Zeitraum beschränkt, die sogenannte *Leasedauer*, die in der Standardeinstellung 8 Tage beträgt. Windows Server 2008 R2 unterscheidet an dieser Stelle zwischen stationären (verkabelten) Computern, die erfahrungsgemäß länger mit dem Netzwerk verbunden sind, und mobilen (drahtlosen) Computern, also Notebooks von mobilen Mitarbeitern. Je länger die Leasedauer, umso länger wird eine IP-Adresse für einen Client reserviert. Abhängig von dieser Zeit durchläuft der DHCP-Client drei Phasen:

1. Nachdem die Leasedauer zur Hälfte abgelaufen ist, wendet sich der Client an den Server, um die erhaltene IP-Adresse erneut zu bestätigen. Ist der DHCP-Server betriebsbereit, wird die Leasedauer wieder auf ihren ursprünglichen Wert zurückgesetzt, also verlängert. Antwortet der Server nicht, wird der Client in regelmäßigen Abständen einen neuen Versuch unternehmen.
2. Steht nach Ablauf der Zeit der ursprüngliche DHCP-Server nicht mehr zur Verlängerung zur Verfügung, versucht der DHCP-Client nach 7/8 der Leasedauer irgendeinen DHCP-Server zu erreichen, der ihm eine neue IP-Adresse zuweisen kann. Auch diesen Versuch wiederholt er in regelmäßigen Abständen.
3. Nach Ablauf der Leasedauer muss der Client seine IP-Adresse freigeben und versucht nun weiter, einen DHCP-Server zu erreichen, der ihm eine neue IP-Adresse zuweist.

Bei ausreichend verfügbaren IP-Adressen sollte die Leasedauer möglichst hoch gesetzt werden, damit die Clients keine unnötige Netzwerklast erzeugen. Nur wenn die Anzahl der verfügbaren Adressen kleiner als die Gesamtzahl der Computer ist, sollte der Wert so niedrig gewählt werden (unter Umständen sogar im Stundenbereich), dass der DHCP-Server nicht mehr benötigte Adressen schnell wieder aus der Datenbank löschen und anderen Clients zuweisen kann. Nach der Installation des DHCP-Servers kann die Leasedauer noch genauer konfiguriert werden.

Abbildg. 22.6 Konfigurieren eines IP-Adressbereichs für den DHCP-Server

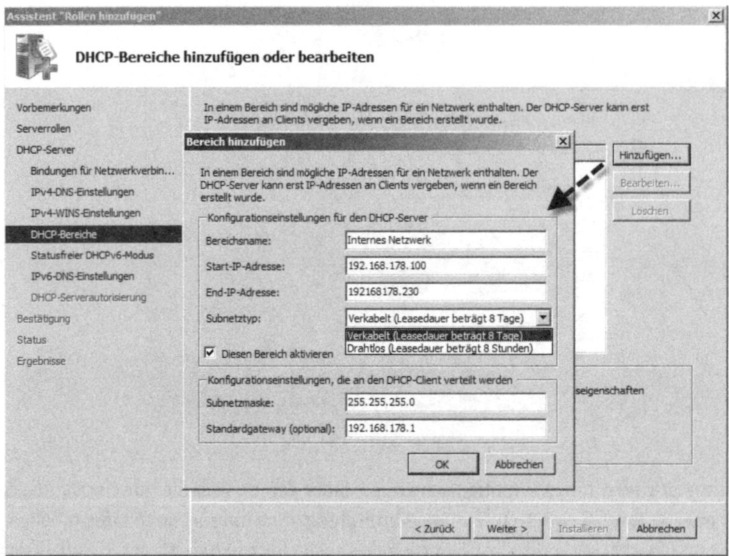

Nachdem Sie den IP-Bereich oder auch mehrere Bereiche festgelegt haben, kann auf der nächsten Seite die IPv6-Konfiguration des DHCP-Servers aktiviert werden. Werden im Unternehmen keine IPv6-fähigen Netzwerkgeräte eingesetzt, können Sie sich diese Konfiguration sparen. Windows Vista, Windows 7 und Windows Server 2008 sowie Windows Server 2008 R2 unterstützen bereits standardmäßig nach der Installation IPv6, allerdings müssen auch die Switches und Router im Unternehmen dieses neue Protokoll unterstützen.

Bei einem IPv6-Netzwerk wird DHCP eigentlich nicht zum Konfigurieren von Adressen benötigt, es können jedoch gute Gründe für seine Verwendung sprechen, zum Beispiel, wenn Sie nicht den Computern selbst die Konfiguration deren IPv6-Adressen überlassen wollen. Wollen Sie neben den IPv4-Einstellungen auch die IPv6-Einstellungen für den Server vornehmen, aktivieren Sie die entsprechende Option. Haben Sie die IPv6-Konfiguration aktiviert, können Sie auf der nächsten Seite die IPv6-Adressen der DNS-Server im Netzwerk konfigurieren. Auch hier kann die Konfiguration wieder über die Schaltfläche *Überprüfen* getestet werden.

Auf der nächsten Seite des Assistenten wird der DHCP-Server in Active Directory autorisiert. Dazu können Sie entweder die aktuellen Anmeldeinformationen oder neue Anmeldedaten eingeben. Erst wenn der Server berechtigt ist, IP-Adressen zu vergeben, startet er mit seiner Arbeit. Anschließend erhalten Sie noch eine Zusammenfassung über die Konfiguration angezeigt und der DHCP-Serverdienst wird installiert und aktiviert.

Abbildg. 22.7 Autorisieren eines DHCP-Servers in Active Directory

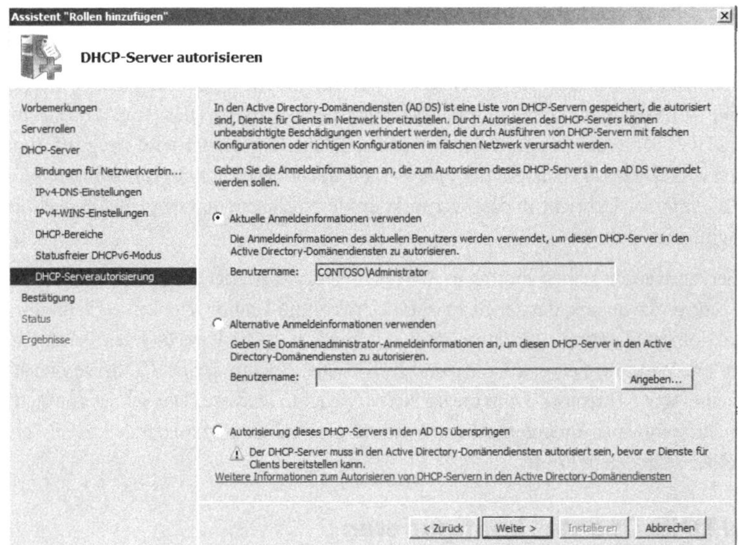

Grundkonfiguration eines DHCP-Servers

Nach der Installation des DHCP-Diensts können Sie die Grundkonfiguration des Servers vornehmen. Alle Einstellungen, die bei der Installation vorgenommen wurden, können nachträglich über das Verwaltungsprogramm angepasst werden, das Sie über *Start/Verwaltung/DHCP* starten. Die Verwaltung der Ereignisse von DHCP kann auch über den Server-Manager und den Eintrag *Rollen/DHCP-Server* in der Konsolenstruktur vorgenommen werden.

HINWEIS **APIPA (Automatic Private IP Addressing)**

Für den Fall, dass kein DHCP-Server für das automatische Zuweisen einer IP-Adresse erreicht werden kann, bestimmt Windows Vista und Windows 7 eine Adresse in der für Microsoft reservierten IP-Adressierungsklasse, die von *169.254.0.1* bis *169.254.255.254* reicht. Diese Adresse wird verwendet, bis ein DHCP-Server gefunden wird. Diese Methode des Beziehens einer IP-Adresse wird als automatische IP-Adressierung bezeichnet (APIPA). Bei dieser Methode wird kein DNS, WINS oder Standardgateway zugewiesen, da diese Methode nur für ein kleines Netzwerk mit einem einzigen Netzwerksegment entworfen wurde.

Um die APIPA-Funktion zu deaktivieren, müssen Sie in der Registrierung unter *HKEY_LOCAL_MACHINE \SYSTEM\CurrentControlSet\Services\Tcpip\Parameters* einen Schlüssel namens *IPAutoconfigurationEnabled* anlegen und ihm den Wert *0* zuweisen. Diese Konfiguration kann derzeit noch nicht über Gruppenrichtlinien verteilt werden. Generell wird empfohlen, die Einstellungen auf den Standardwerten zu belassen.

DHCP-Server autorisieren

Sobald der DHCP-Server Mitglied in einer Active Directory-Domäne ist, muss der Server in Active Directory autorisiert werden, falls diese Aktion nicht bereits während der Installation durchgeführt wurde. Nur Mitglieder der Gruppe *Organisations-Admins* können standardmäßig DHCP-Server autorisieren. Erst dadurch ist sichergestellt, dass er IP-Adressen automatisch an die Clients verteilen kann. Nach der Installation wird ein

DHCP-Server zunächst als *Nicht autorisiert* angezeigt, was Sie am roten Pfeil erkennen, der nach unten gerichtet ist, wenn Sie die Verwaltung des DHCP-Servers öffnen.

Klicken Sie in der DHCP-Verwaltung mit der rechten Maustaste auf den Servernamen und wählen Sie im Kontextmenü den Befehl *Autorisieren* aus. An dieser Stelle kann diese auch wieder aufgehoben werden, wenn ein DHCP-Server keine Adressen mehr verteilen soll. Nach kurzer Zeit wird der DHCP-Server als autorisiert angezeigt. Wenn der DHCP-Serverdienst von Windows Server 2008 R2 gestartet wird, fragt er zunächst Active Directory ab, um festzustellen, ob er sich in der Liste der autorisierten DHCP-Server befindet. Ist dies der Fall, sendet er eine *DHCPinform*-Nachricht in das Netzwerk, um festzustellen, ob es andere Verzeichnisdienste gibt und er bei diesen gültig ist.

Falls der DHCP-Server dagegen keinen Eintrag in Active Directory vorfindet oder keinen Active Directory-Server finden kann, geht er davon aus, dass er nicht autorisiert ist und beantwortet keine Clientanfragen. Dieser Mechanismus funktioniert allerdings nur dann optimal, wenn mit Active Directory gearbeitet wird. Bei allein stehenden Servern mit Windows Server 2008 R2 und DHCP-Dienst kann der DHCP-Serverdienst nur genutzt werden, solange keine Active Directory-Domäne im Netzwerk gefunden wird. Der Schutz von Active Directory greift allerdings nicht, wenn auch andere, nicht auf Windows Server 2008 R2 basierende DHCP-Server im Netzwerk sind, beispielsweise in einem Router.

Dynamische DNS-Updates konfigurieren

Damit der DHCP-Server für die Clients eine automatische DNS-Registrierung auf den DNS-Servern durchführen kann, müssen Sie ihn zunächst dafür konfigurieren. Wenn Sie die Eigenschaften von IPv4 oder IPv6 des DHCP-Servers aufrufen, können Sie auf der Registerkarte *DNS* konfigurieren, welche Einträge der DHCP-Server auf den DNS-Servern erstellen soll.

Abbildg. 22.8 Konfiguration der DNS-Anbindung eines DHCP-Servers

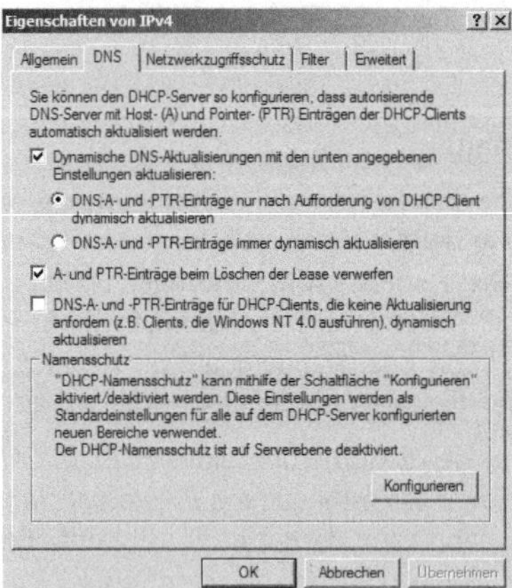

Setzen Sie noch Clients ein, die kein dynamisches DNS unterstützen, sollten Sie in den Eigenschaften des DHCP-Servers auf der Registerkarte *DNS* die Option *DNS-A- und -PTR-Einträge für DHCP-Clients, die keine Aktualisierungen anfordern...* sowie zusätzlich die Option *DNS-A- und -PTR-Einträge immer dynamisch aktualisieren* aktivieren.

Ein Computer, dessen Leasedauer für die IP-Adresse abgelaufen ist, muss seine Adresse abgeben. Daher löscht der DHCP-Server in der Standardeinstellung auch die zugehörigen DNS-Einträge. Falls Sie die Einträge trotzdem behalten wollen, deaktivieren Sie das Kontrollkästchen *A- und PTR-Einträge beim Löschen der Lease verwerfen*. Über die Schaltfläche *Konfigurieren* auf der Registerkarte *DNS* in den Eigenschaften des DHCP-Servers können Sie noch den Namenschutz aktivieren, der bereits existierende Einträge im DNS vor Änderungen schützt.

Abbildg. 22.9 Festlegen des Namenschutzes für DNS

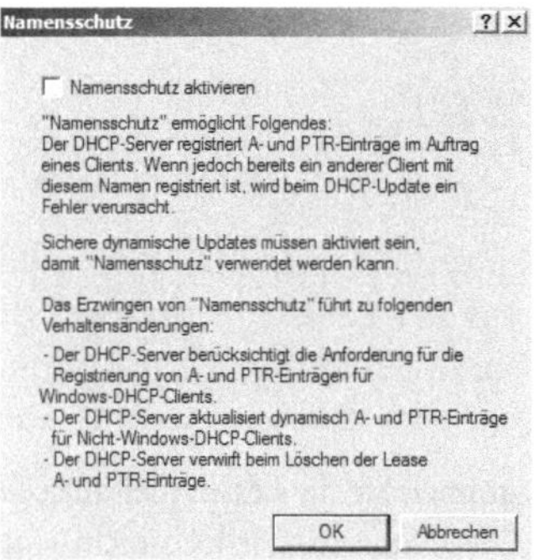

In der Gruppe *DnsUpdateProxy* befinden sich Computer, die als Proxy für die dynamische Aktualisierung von DNS-Einträgen fungieren können. DHCP-Server werden in diese Gruppen nicht automatisch aufgenommen. Sie sollten die Computerkonten der DHCP-Server in die Gruppe *DnsUpdateProxy* aufnehmen, wenn die DNS-Aktualisierung nicht funktioniert. Alternativ können Sie auf der Registerkarte *Erweitert* in den Eigenschaften für IPv4 oder IPv6 Anmeldedaten hinterlegen, die eine Aktualisierung ermöglichen.

Netzwerkverbindung konfigurieren

Auf der Registerkarte *Erweitert* in den Eigenschaften von IPv4 oder IPv6 legen Sie zudem fest, wo die vom DHCP-Server erstellten Dateien abgelegt werden. Wenn Sie den DHCP-Server mit mehreren IP-Adressen konfiguriert haben, können Sie über die Schaltfläche *Bindungen* definieren, auf welchen dieser Adressen er auf Anfragen reagiert.

Abbildg. 22.10 Erweiterte Einstellungen von DHCP für IPv4

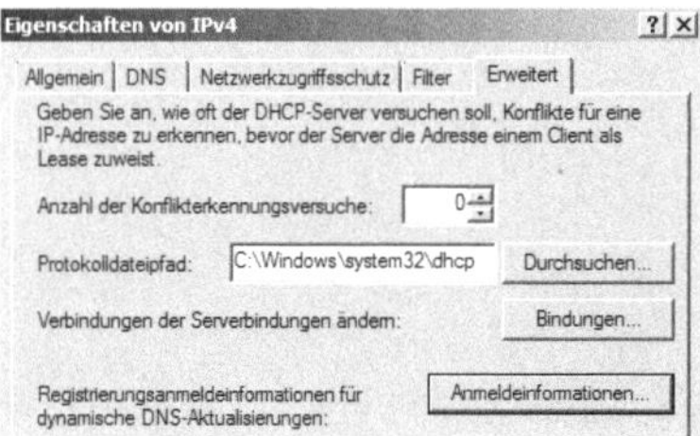

DHCP-Bereiche verwalten

Nach der Installation der DHCP-Rolle kann über die Eigenschaften eines DHCP-Bereichs in der Verwaltungskonsole genauer festgelegt werden, wie der Server reagieren soll. Auf der Registerkarte *Allgemein* können bei Bedarf der Name und die Beschreibung des Bereichs sowie die Start-IP-Adresse, die End-IP-Adresse und die Leasedauer verändert werden. Unter *Adresspool* ist der Adressbereich mit den ein- und ausgeschlossenen Adressen zu sehen. Unter *Adressleases* werden die derzeit vergebenen IP-Adressen, auch Leases genannt, im definierten Bereich angezeigt. Die Reservierungen beinhalten die IP-Adressen, die einer MAC-Adresse fest zugeordnet worden sind.

Abbildg. 22.11 Verwalten von IP-Bereichen auf einem DHCP-Server

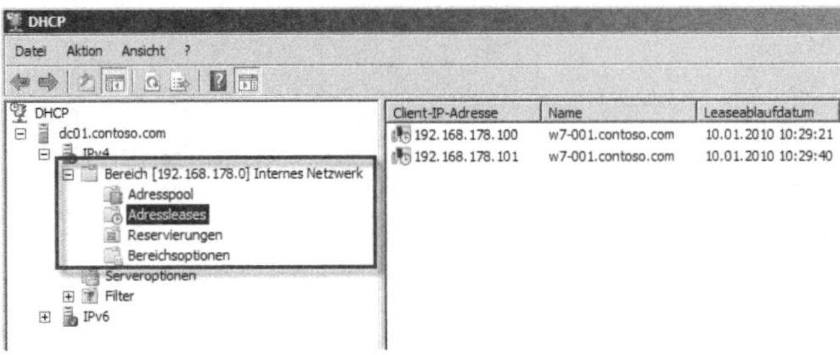

Zusätzlich zu den Einstellungen bei der Erstellung des Bereichs können Sie die Leasedauer auf *Unbegrenzt* setzen, wenn Sie die Eigenschaften des Bereichs aufrufen. Diese Einstellung wird jedoch nicht empfohlen. Die Registerkarte *DNS* entspricht exakt der Registerkarte *DNS* der Servereigenschaften, wobei die Bereichseinstellungen Vorrang vor den Servereinstellungen haben.

Wenn sich 400 mobile Benutzer mit einem Netzwerk verbinden können, in dem nur rund 240 freie Adressen verfügbar sind, führt das dazu, dass faktisch 160 IP-Adressen mehr als erforderlich benötigt würden. Wenn davon maximal 100 Benutzer gleichzeitig verbunden sind, lässt sich dieser Engpass durch eine sinnvolle Festlegung der Leasedauer umgehen. Die Leasedauer sollte sich in etwa an der durchschnittlichen Verweildauer der Benutzer im lokalen Netzwerk orientieren. Auch in einigen Servicebereichen, in denen immer neue Systeme an ein Netzwerk angeschlossen werden müssen und die ihre IP-Adressen über DHCP erhalten, sind sehr kurze Leasedauern sinnvoll.

In der Praxis haben sich Leasedauern zwischen 21 und 30 Tagen bewährt. Die unbegrenzte Leasedauer sollte keinesfalls verwendet werden. Sie führt dazu, dass IP-Konfigurationen nicht mehr automatisch freigegeben werden. Dadurch werden irgendwann die Adressen knapp. Erstellte Bereiche können entweder direkt bei der Installation von DHCP oder später aktiviert werden. Aktivierte Bereiche lassen sich auch wieder deaktivieren.

Abbildg. 22.12 Eigenschaften eines DHCP-Bereichs

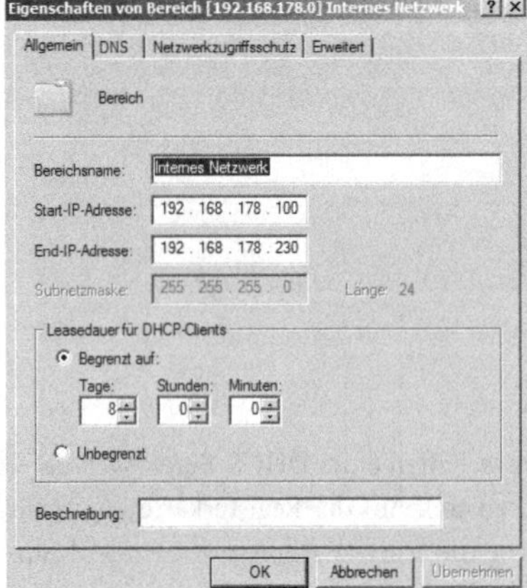

TIPP Wenn ein Bereich aktiviert ist, sollten Sie ihn erst dann deaktivieren, wenn die enthaltenen IP-Adressen nicht weiter im Netzwerk verfügbar sein sollen. Nach dem Deaktivieren eines Bereichs akzeptiert der DHCP-Server diese Adressen nicht mehr als gültig. Wenn Adressen nur zeitweise deaktiviert sein sollen, können Sie durch Bearbeiten oder Ändern von Ausschlussbereichen in einem aktiven Bereich das gewünschte Resultat ohne ungewollte Nebeneffekte erzielen. Ausgeschlossene Bereiche lassen sich über das Kontextmenü des Eintrags *Adresspool* erzeugen.

Abbildg. 22.13 Erstellen von ausgeschlossenen IP-Adressen innerhalb eines Bereichs

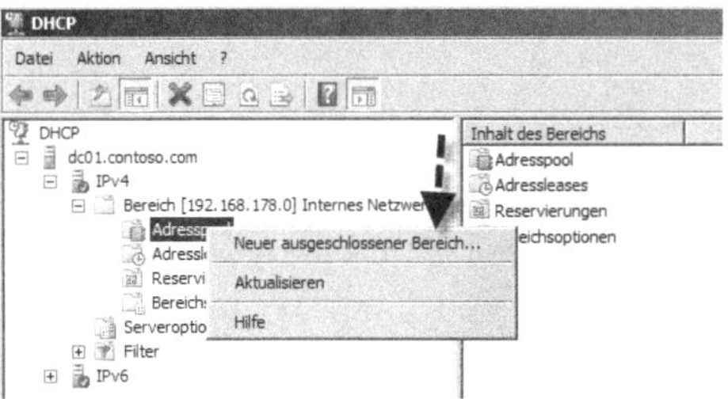

Statische IP-Adressen reservieren

Einige Geräte, zum Beispiel Netzwerkdrucker, können nur sehr umständlich auf eine feste IP-Adresse konfiguriert werden, manche nutzen sogar nur DHCP. Damit sich aber die Anwender nicht täglich auf neue IP-Adressen der Drucker einstellen müssen, sollen die Adressen dennoch statisch sein. Da ein DHCP-Server aber immer auf eine Anfrage irgendeine Adresse aus seinem konfigurierten Bereich vergeben kann, muss diese nicht mit der dem Gerät zuletzt zugewiesenen übereinstimmen.

In einem solchen Fall bietet sich eine Reservierung an, bei der die Hardware- oder MAC-Adresse des Druckers oder sonstigen Netzwerkgeräts mit einer bestimmten IP-Adresse verknüpft wird. Fordert dieses Gerät nun eine IP-Adresse an, vergleicht der DHCP-Server die MAC-Adresse mit seiner Datenbank und weist ihm daraufhin, zwar dynamisch, aber doch immer wieder dieselbe Adresse zu. Dieser Vorgang wird *Reservierung* genannt.

Abbildg. 22.14 Erstellen von Reservierungen auf einem DHCP-Server

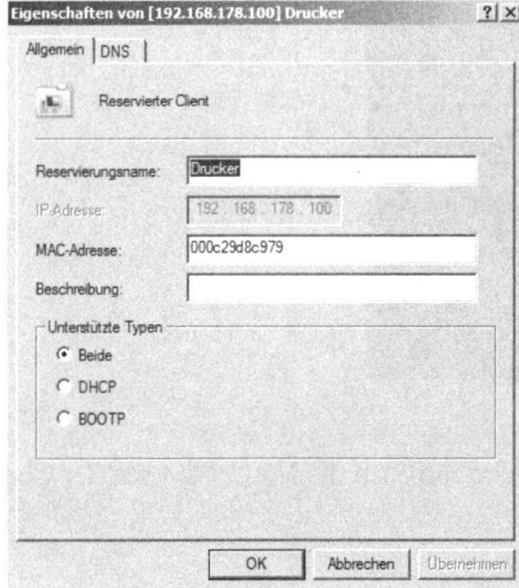

Um eine Reservierung zu erstellen, klicken Sie unterhalb des Bereichs mit der rechten Maustaste auf den Eintrag *Reservierungen* und wählen im Kontextmenü den Befehl *Neue Reservierung* aus. Geben Sie als Nächstes den Namen der Reservierung ein. Anschließend müssen die IP-Adresse, die diesem Gerät immer zugewiesen wird, sowie die MAC-Adresse angegeben werden. Bei Druckservern finden Sie diese in der Regel auf einem Gehäuseaufkleber. Bei Netzwerkkarten finden Sie diesen Aufkleber häufig auf der Karte selbst, nur leider in den seltensten Fällen an der Außenblende.

Damit Sie nicht alle PCs aufschrauben müssen, können Sie die MAC-Adresse auch über die Eingabeaufforderung mit dem Kommando *ipconfig /all* ermitteln. Die MAC-Adresse wird in der Zeile *Physikalische Adresse* angezeigt.

Abbildg. 22.15 Anzeigen der MAC-Adresse eines Computers

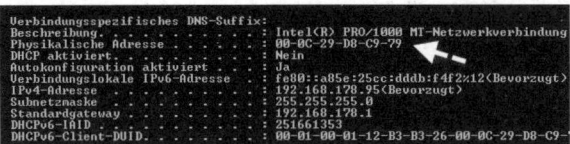

```
Verbindungsspezifisches DNS-Suffix:
Beschreibung. . . . . . . . . . . : Intel(R) PRO/1000 MT-Netzwerkverbindung
Physikalische Adresse . . . . . . : 00-0C-29-D8-C9-79
DHCP aktiviert. . . . . . . . . . : Nein
Autokonfiguration aktiviert . . . : Ja
Verbindungslokale IPv6-Adresse  . : fe80::a85e:25cc:dddb:f4f2%12(Bevorzugt)
IPv4-Adresse  . . . . . . . . . . : 192.168.178.95(Bevorzugt)
Subnetzmaske  . . . . . . . . . . : 255.255.255.0
Standardgateway . . . . . . . . . : 192.168.178.1
DHCPv6-IAID . . . . . . . . . . . : 251661353
DHCPv6-Client-DUID. . . . . . . . : 00-01-00-01-12-B3-B3-26-00-0C-29-D8-C9-
```

TIPP Unter Umständen kann es sehr hilfreich sein, sich an einer zentralen Stelle alle MAC-Adressen in Ihrem Netzwerk anzeigen zu lassen. Mit der Batchdatei *getmac.bat*, die Sie unter *http://www.wintotal.de/Software/index.php?id=2574* aus dem Internet herunterladen können, werden alle MAC-Adressen in einem Netzwerk über die Befehlszeile ausgelesen. Geben Sie dazu den Befehl *getmac <Subnetz> <Startadresse> <Endadresse>* ein.

So werden zum Beispiel mit *getmac 192.168.178 1 40* die MAC-Adressen aller Rechner im Subnetz *192.168.178* von der IP-Adresse *192.168.178.1* bis zur Adresse *192.168.178.40* ausgelesen. Danach werden die Ergebnisse in der Textdatei *used_ips.txt* ausgegeben, die im gleichen Verzeichnis angelegt wird, aus dem Sie *getmac.bat* starten. Mit diesem kostenlosen Tool erhalten Sie schnell alle verfügbaren MAC-Adressen in einem IP-Bereich.

Abbildg. 22.16 MAC-Adressen abrufen mit *getmac.bat*

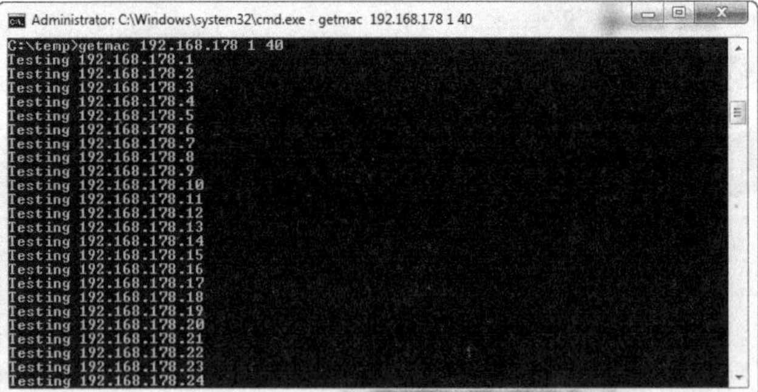

Öffnen Sie nach dem Scanvorgang die Textdatei *used_ips.txt*, um sich die MAC-Adressen der Clients anzeigen zu lassen.

Abbildg. 22.17 Anzeigen von MAC-Adressen

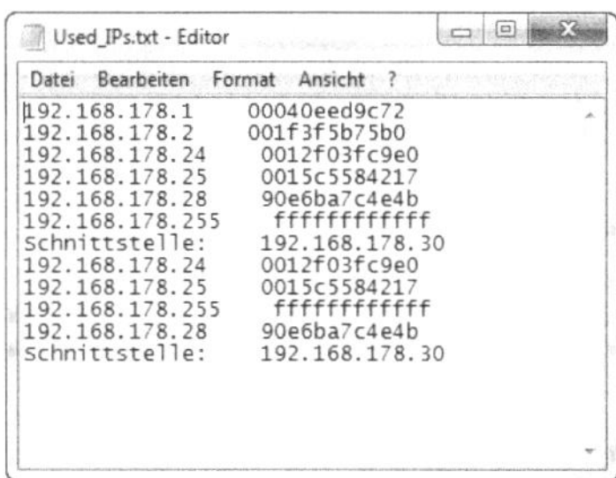

Wenn Sie nach dem Erstellen einer Reservierung die Eigenschaften des neuen Objekts öffnen, können Sie alle Einstellungen bis auf die zuzuweisende IP-Adresse wieder ändern. Die zusätzliche Registerkarte *DNS* erlaubt es Ihnen, für dieses eine Gerät zu bestimmen, ob der DHCP-Server die dynamische Registrierung beim DNS-Server übernimmt. Diese Registerkarte entspricht exakt der Registerkarte *DNS* in den Eigenschaften des DHCP-Servers.

Im Kontextmenü der Reservierung finden Sie außerdem den Befehl *Optionen konfigurieren*. Neben den Möglichkeiten für den Server bzw. für den Bereich können zusätzlich zur IP-Adresse und zum Subnetz noch weitere Einstellungen übergeben werden.

Zusätzliche DHCP-Einstellungen vornehmen

Zur Konfiguration der Optionen rufen Sie entweder das Dialogfeld mit den Serveroptionen oder mit den jeweiligen Bereichsoptionen auf. Serveroptionen haben für alle erstellten Bereiche Gültigkeit, während Bereichsoptionen nur für den Bereich gelten, für den sie konfiguriert wurden.

Abbildg. 22.18 Bearbeiten der Server- oder Bereichsoptionen für einen DHCP-Server

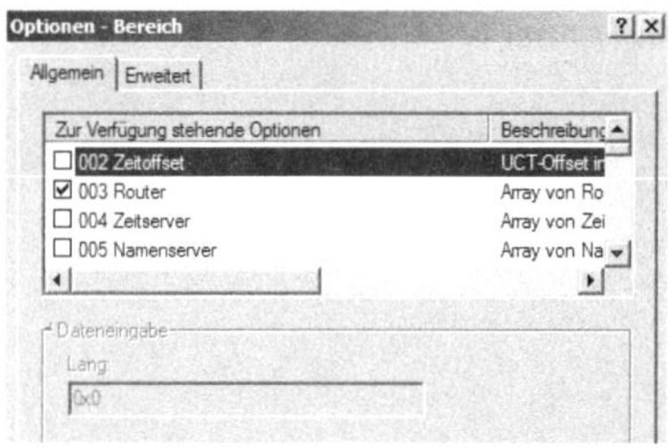

Um die Optionen zu bearbeiten, wählen Sie im Kontextmenü den Befehl *Optionen konfigurieren* aus. Aktivieren Sie nun das Kontrollkästchen für die gewünschte Option und tragen Sie anschließend im Feld *Dateneingabe* jeweils die entsprechenden IP-Adressen, Namen oder Ähnliches ein. Die wichtigsten Optionen dabei sind:

- 003 Router (Standardgateway)
- 006 DNS-Server
- 015 DNS-Domänenname
- 044 WINS/NBNS-Server
- 046 WINS/NBT-Knotentyp

Wenn Sie das komplette Netzwerk soweit umgestellt haben, dass Sie keine NetBIOS-Unterstützung mehr benötigen und dies über DHCP einstellen wollen, müssen Sie zur Registerkarte *Erweitert* wechseln. Dort wählen Sie unter *Herstellerklasse* den Eintrag *Microsoft Windows 2000-Optionen* und aktivieren die Option *001 Microsoft NetBIOS-Deaktivierungsoption*.

Abbildg. 22.19 Bearbeiten der Optionen zur Deaktivierung von NetBIOS im Netzwerk

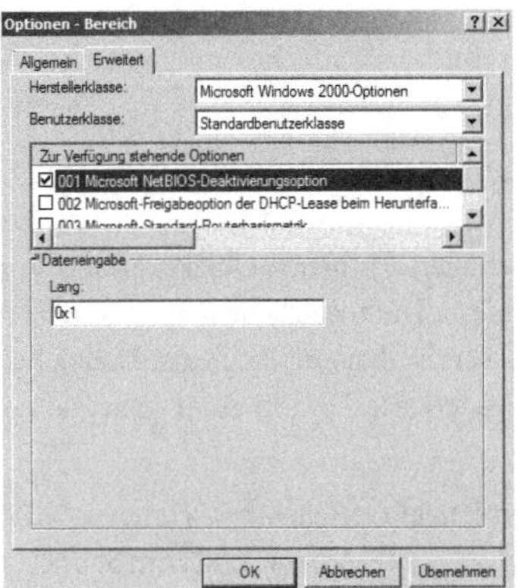

Der DHCP-Server ist nur mit einer beschränkten Anzahl von Optionen vorkonfiguriert. Es können jederzeit weitere Optionen hinzugefügt werden.

WPAD (Web Proxy Auto Detection)

Als Beispiel soll über DHCP an die Clients übermittelt werden, bei welchem Proxyserver die Daten für die Internet Explorer-Autokonfiguration abgelegt sind. Diese Option wird als *WPAD (Web Proxy Auto Detection)* bezeichnet:

1. Wählen Sie im Kontextmenü des DHCP-Servers über IPv4 oder IPv6 den Eintrag *Vordefinierte Optionen einstellen*. Über *Hinzufügen* erstellen Sie nun eine neue Option.

Abbildg. 22.20 Erstellen von neuen DHCP-Optionen für die Verwendung von WPAD

2. Geben Sie als Namen für die neue Option *WPAD* ein und wählen Sie als Datentyp den Eintrag *Zeichenfolge* aus. Als Code für die Option geben Sie anschließend *252* an. Bestätigen Sie die Eingabe.

Abbildg. 22.21 Erstellen einer neuen DHCP-Option für den Einsatz von WPAD

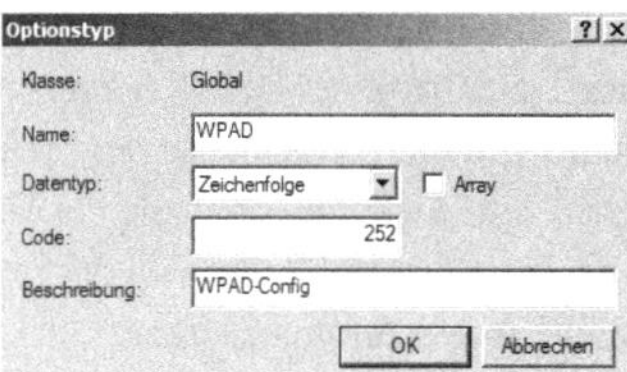

3. Stellen Sie jetzt sicher, dass unter *Optionsname* die neue Option *252 WPAD* ausgewählt ist und geben Sie im Feld *Zeichenfolge* anschließend den URL des Proxyservers an – dazu den Port, auf dem die Anfrage für die Autokonfiguration durchgeführt wird, und anschließend den Namen der Konfigurationsdatei, *Wpad.dat*. Auf der Internetseite *http://www.msisafaq.de/anleitungen/2004/Konfiguration/wpad.htm* finden Sie dazu eine ausführliche Anleitung zur Verwendung von WPAD mit ISA Server.

Abbildg. 22.22 Festlegen der URL für den WPAD-Eintrag

Vordefinierte Optionen und Werte
Optionsklasse: DHCP Standard Options
Optionsname: 252 WPAD
Hinzufügen... Bearbeiten... Löschen
Beschreibung: WPAD-Config
Wert
Zeichenfolge
http://192.168.178.1:80/wpad.dat
OK Abbrechen

Wechseln Sie danach in die Bereichs- bzw. Serveroptionen und aktivieren Sie die Option *252 WPAD*. Bekommt ein Client jetzt per DHCP eine IP-Adresse zugewiesen, wird die neue Option ebenfalls übertragen, die anschließend vom Browser übernommen und ausgewertet werden kann.

Abbildg. 22.23 Aktivieren der WPAD-Option auf dem DHCP-Server

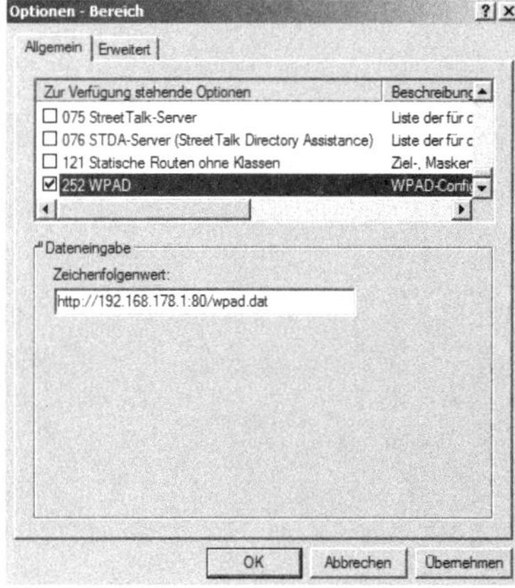

DHCP-Datenbank verwalten und optimieren

Durch ständiges Zuweisen und Löschen von Leases wächst die Datenbank des DHCP-Servers im Laufe der Zeit und die Daten in der Datenbank werden immer weiter verteilt. Um die Performance des Systems zu erhöhen, sollten Sie daher gelegentlich mit dem Dienstprogramm *Jetpack* eine Defragmentierung der Datenbank durchführen. Da dazu aber der DHCP-Server gestoppt werden muss, kann dies nur außerhalb der regulären Betriebszeiten geschehen. Mit der folgenden Batchdatei lässt sich dieser Prozess automatisieren:

```
Rem DHCP-Serverdienst beenden
Net stop dhcpserver
Rem In DHCP Datenbankverzeichnis wechseln, ggf. anpassen
Cd %windir%\system32\dhcp
Rem Defragmentierung von dhcp.mdb, Temporäre Datei ist dhcp-Temp.mdb
Jetpack dhcp.mdb dhcp-temp.mdb
Rem DHCP-Serverdienst starten
Net start dhcpserver
```

Abbildg. 22.24 Defragmentieren der DHCP-Datenbank über eine Batchdatei in der Befehlszeile

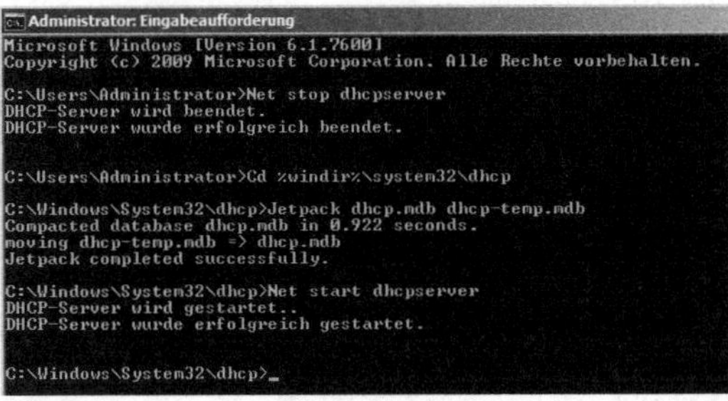

Konsistenz der DHCP-Datenbank überprüfen

Ebenfalls wichtig ist die Überprüfung der Konsistenz der Active Directory-Datenbank. Klicken Sie dazu mit der rechten Maustaste auf den Knoten *IPv4* oder *IPv6* und wählen dann im Kontextmenü den Befehl *Alle Bereiche abstimmen* aus. Der Server überprüft daraufhin, ob die Inhalte der Bereiche und der Datenbank konsistent sind und keine Überschneidungen auftreten.

Abbildg. 22.25 Konsistenzüberprüfung der DHCP-Datenbank vornehmen

Migration – DHCP-Datenbank auf einen anderen Server verschieben

Unter manchen Umständen muss die DHCP-Datenbank und deren Inhalt auf einen neuen Server verschoben werden. Es können nur DHCP-Datenbanken derselben Sprachversion wiederhergestellt werden. Gehen Sie dazu wie nachfolgend beschrieben vor. Damit Sie diese Schritte ausführen können, müssen Sie auf dem DHCP-Quell- und Zielserver Mitglied der Gruppe *Administratoren* oder der Gruppe *DHCP-Administratoren* sein:

1. Sichern Sie die DHCP-Datenbank auf dem Quellserver über das Kontextmenü des Servers in der Verwaltungskonsole. Der DHCP-Dienst erstellt während des normalen Betriebs auch eine automatische Sicherungskopie der DHCP-Datenbank. Standardmäßig wird diese Kopie der Datenbanksicherung im Verzeichnis *Windows\System32\Dhcp\Backup* gespeichert.
2. Beenden Sie den DHCP-Server. Dadurch wird verhindert, dass der Server nach dem Sichern der Datenbank neue Adressleases an Clients zuweist.
3. Deaktivieren Sie den DHCP-Serverdienst.
4. Kopieren Sie den Ordner mit der DHCP-Sicherungsdatenbank auf den DHCP-Zielserver.
5. Öffnen Sie auf dem Zielserver die DHCP-Verwaltungskonsole.
6. Klicken Sie im Kontextmenü auf *Wiederherstellen.*
7. Wählen Sie den Ordner mit der DHCP-Sicherungsdatenbank aus und klicken Sie dann auf *OK.*

Datenbank über Befehlszeile mit *netsh.exe* exportieren

Eine weitere Möglichkeit, die DHCP-Daten zu exportieren, bietet die Befehlszeile. Geben Sie dazu die folgenden Befehle ein:

```
netsh
dhcp
server <IP-Adresse des Quellservers>
export <Pfad und Datei> all
```


Abbildg. 22.26 Exportieren der DHCP-Datenbank für die Migration

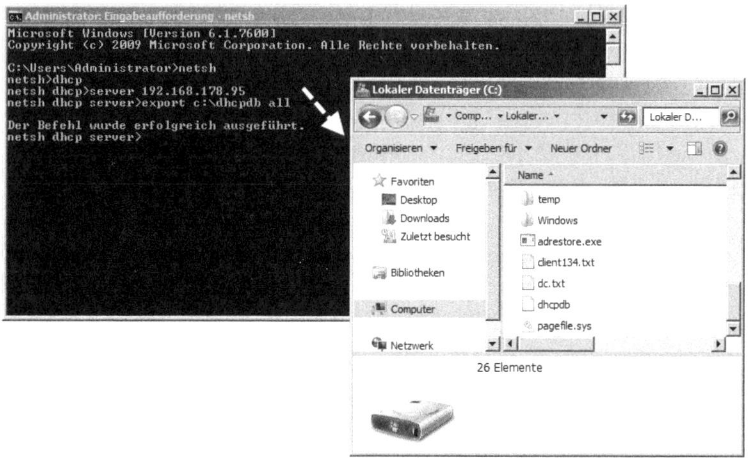

Anschließend kopieren Sie die Datei auf den Zielserver und importieren die Datenbank wieder. Verwenden Sie dazu folgende Befehle:

1. Beenden Sie den DHCP-Server mit *net stop dhcpserver.*
2. Löschen Sie die Datei *dhcp.mdb* im Verzeichnis *C:\Windows\System32\dhcp.*
3. Starten Sie den DHCP-Server mit *net start dhcpserver* wieder.
4. Geben Sie *netsh* ein.
5. Geben Sie *dhcp* ein.
6. Geben Sie *server <IP-Adresse des Zielservers>* ein.
7. Geben Sie *import <Pfad der Datei>* ein.
8. Beenden Sie den DHCP-Server mit *net stop dhcpserver.*
9. Starten Sie den DHCP-Server mit *net start dhcpserver* wieder.

Abbildg. 22.27 Importieren einer DHCP-Datenbank zur Migration

```
Administrator: Eingabeaufforderung - netsh

C:\Users\Administrator>net stop dhcpserver
DHCP-Server wird beendet.
DHCP-Server wurde erfolgreich beendet.


C:\Users\Administrator>del c:\windows\system32\dhcp\dhcp.mdb

C:\Users\Administrator>net start dhcpserver
DHCP-Server wird gestartet...
DHCP-Server wurde erfolgreich gestartet.


C:\Users\Administrator>netsh
netsh>dhcp
netsh dhcp>server 192.168.178.95
netsh dhcp server>import c:\dhcpdb

Der Befehl wurde erfolgreich ausgeführt.
```

Core-Server – DHCP mit *netsh.exe* über die Befehlszeile verwalten

Der DHCP-Dienst von Windows Server 2008 R2 lässt sich mit dem Befehl *netsh* auch über die Befehlszeile verwalten. Vor allem auf Core-Servern ist dieses Tool der beste Weg zur Verwaltung, wenn nicht die DHCP-Konsole von einem anderen Server verwendet werden soll. Geben Sie dazu in der Befehlszeile zunächst *netsh* ein und bestätigen Sie. Anschließend geben Sie *dhcp* ein und bestätigen Sie. Jetzt können die spezifischen DHCP-Befehle in der Befehlszeile verwendet werden. Die folgenden Befehle stehen zur Verfügung. Innerhalb der Konsole können weitere Befehle über *list* angezeigt werden:

- **add server** Fügt einen DHCP-Server zur Liste der autorisierten Server in Active Directory hinzu. Syntax: *add server <Server-DNS> <Server-IP>*. Der Parameter *<Server-DNS>* gibt den DHCP-Server an, der hinzugefügt werden soll. Der Server wird durch die IP-Adresse identifiziert, daher sind beide Optionen wichtig.
- **delete server** Löscht einen DHCP-Server aus der Liste der autorisierten Server in Active Directory. Syntax: *delete server <Server-DNS> <Server-IP>*. Der Parameter *<Server-DNS>* gibt den DHCP-Server an, der hinzugefügt werden soll. Der Server wird durch die IP-Adresse identifiziert, daher sind beide Optionen wichtig.
- **server** Wechselt vom aktuellen Netsh-DHCP-Befehlszeilenkontext zu dem eines anderen DHCP-Servers. Werden keine Parameter verwendet, wechselt *server* vom aktuellen Befehlszeilenkontext zum Kontext des lokalen Computers.
- **show server** Zeigt eine Liste der autorisierten Server in Active Directory an

Abbildg. 22.28 Anzeigen der autorisierten DHCP-Server über die Befehlszeile

```
Administrator: Eingabeaufforderung
Microsoft Windows [Version 6.1.7600]
Copyright (c) 2009 Microsoft Corporation. Alle Rechte vorbehalten.

C:\Users\Administrator>netsh dhcp show server

1 Server im Verzeichnisdienst gefunden:

        Server [dc01.contoso.com] Adresse [192.168.178.95] Verzeichnisdienststan
dort: cn=dc01.contoso.com


Der Befehl wurde erfolgreich ausgeführt.

C:\Users\Administrator>
```

Neben den Standardbefehlen stehen noch zahlreiche andere Befehle zur Verfügung, die über *help* angezeigt werden können. Auch die entsprechende Syntax der Befehle kann über die Hilfe in der Befehlszeile angezeigt werden.

Es würde den Umfang dieses Buches sprengen, würden wir alle Befehle besprechen wollen. Auf der Internetseite *http://technet2.microsoft.com/windowsserver/de/library/61427fbd-de1f-4c8a-b613-321f7a3cca6a1031.mspx?mfr=true* finden Sie die Optionen, die neben Windows Server 2003 auch für Windows Server 2008 R2 gelten.

Ausfallsicherheit bei DHCP-Servern herstellen

Die Ausfallsicherheit bei DHCP-Servern herzustellen gestaltet sich leider etwas schwieriger, als dies zum Beispiel beim DNS der Fall ist. Aufgrund der laufenden und schnellen Änderungen an der DHCP-Datenbank ist eine Replikation zwischen zwei DHCP-Servern nicht möglich, da während des Replikationsvorgangs bereits ein weiterer Client eine IP-Adresse anfordern könnte, die der andere DHCP-Server soeben vergeben hat. Die Folge wäre ein IP-Adresskonflikt.

Den Adressbereich in zwei getrennte Bereiche aufzuteilen, die jeweils von einem Server exklusiv verwaltet werden, ist auch nur dann sinnvoll, wenn ein Server allein alle Computer mit den verbleibenden IP-Adressen versorgen könnte. Setzen Sie aber 150 Computer ein und verwenden ein Klasse-C-Netz mit nur 254 IP-Adressen, schlägt diese Aufteilung fehl.

Ausfallsicherheit durch Konflikterkennung

Als praktisch hat sich die Funktion der Konflikterkennung erwiesen, bei der ein DHCP-Server zunächst versucht, einen Verbindungsaufbau mit der IP-Adresse zu bewerkstelligen, die er als Nächstes vergeben will. Bekommt er darauf keine Antwort, ist die Adresse unbenutzt und kann vergeben werden, andernfalls wird sie übergangen und der DHCP-Server verwendet die nächste verfügbare IP-Adresse.

Wenn Sie nun auf beiden DHCP-Servern die Anzahl der Konflikterkennungsversuche in den Servereigenschaften von IPv4 oder IPv6 auf der Registerkarte *Erweitert* auf den Wert 1 oder 2 setzen, können Sie auf beiden Servern den gleichen Bereich definieren, ohne dass es zu doppelten Adressvergaben kommt. Sie müssen dabei lediglich bedenken, dass sich die Adressvergabe etwas verlangsamt.

Abbildg. 22.29 Arbeiten mit den Konflikterkennungsversuchen eines DHCP-Servers

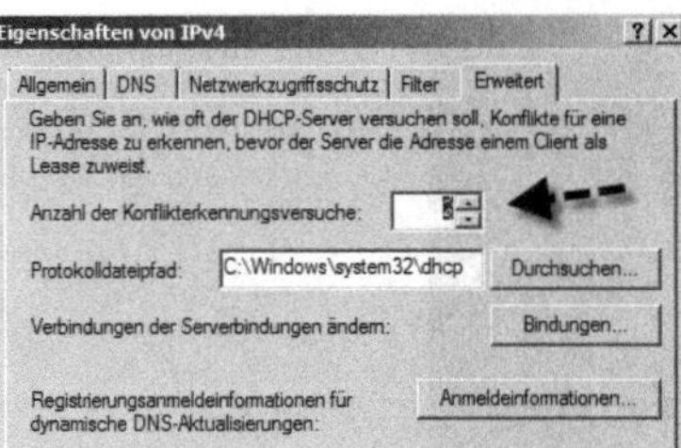

Erkennt der DHCP-Client einen Konflikt, sendet er eine DHCP-Ablehnungsmeldung (*DHCPDECLINE*) an den Server. Für jeden zusätzlichen Konflikterkennungsversuch des DHCP-Dienstes werden der für die Aushandlung von Leases für DHCP-Clients benötigten Zeit zusätzliche Sekunden hinzugefügt. Beim Verwenden der Konflikterkennung sollten Sie die Anzahl der Konflikterkennungsversuche des Servers auf maximal zwei Versuche festlegen.

Ausfallsicherheit mit 80/20-Regel

Eine weitere Möglichkeit und Strategie der Ausfallsicherheit für DHCP-Server ist die 80/20-Regel. Bei dieser Regel verwaltet ein DHCP-Server 80% der Adressen eines Bereichs und einer zweiter DHCP-Server 20% des Bereichs. Die IP-Adressen dürfen sich nicht überlappen. Fällt ein Server aus, kann der zweite Server zumindest teilweise übernehmen.

Bereichsgruppierung (Superscopes)

Bereich werden im englischen als Scope bezeichnet. Unter Windows Server 2008 R2 können mehrere Bereiche eines DHCP-Servers zu einer Bereichsgruppierung, auf englischen Servern auch Superscope genannt, zusammengefasst werden. Clients, die IP-Adressen anfragen, erhalten dadurch IP-Adressen aus allen der zusammengefassten Bereiche. Bereichsgruppierungen können über das Kontextmenü des DHCP-Servers über IPv4 oder IPv6 erstellt werden.

Abbildg. 22.30 Gruppieren von IP-Bereichen

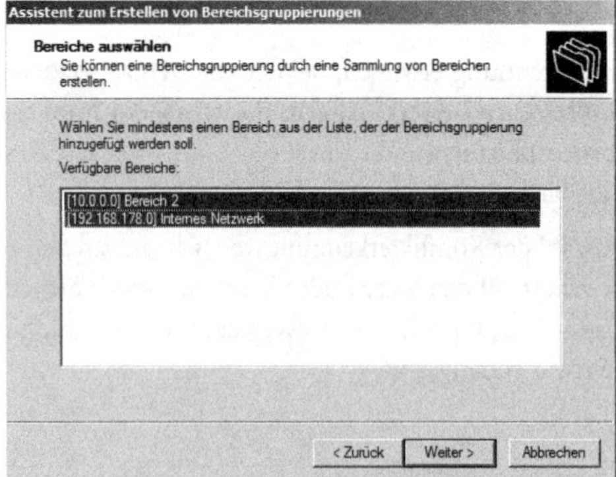

Durch den Einsatz von Bereichsgruppen erhalten Sie mehrere Vorteile:

- Sind die IP-Adressen eines Bereichs ausgeschöpft, erhalten Clients IP-Adressen aus einem anderen Bereich
- Netzwerke können logisch voneinander getrennt werden
- Beim Starten überträgt jeder DHCP-Client eine DHCP-Ermittlungsnachricht (*DHCPDISCOVER*) an das lokale Subnetz auf der Suche nach einem DHCP-Server. Da DHCP-Clients beim ersten Starten Broadcasts verwenden, kann nicht vorhergesagt werden, welcher Server auf die DHCP-Ermittlungsanforderung eines Clients antwortet, wenn mehrere DHCP-Server innerhalb eines Subnetzes aktiv sind. Dieses Problem kann mithilfe einer Bereichsgruppierung, die auf allen Servern gleich konfiguriert ist, vermieden werden. Zur Bereichsgruppierung sollten alle gültigen Bereiche für das Subnetz als Mitgliedsbereiche gehören. Für die Konfiguration von Mitgliedsbereichen auf den einzelnen Server genügt es, IP-Adressen nur auf einem der DHCP-Server im Subnetz zur Verfügung zu stellen. Für alle anderen Server im Subnetz sollten Ausschlussbereiche für dieselben Bereichsadressen beim Konfigurieren der entsprechenden Bereiche verwendet werden.

TIPP Wenn Sie mit DHCP arbeiten, benötigen Sie das Befehlszeilentool *ipconfig*, welches auf allen Rechnern in der Befehlszeile zur Verfügung steht. Hauptsächlich benötigen Sie das Tool mit folgenden Optionen:

- **ipconfig** Gibt die IP-Adresse, das Standardgateway und die Subnetzmaske des Clients aus
- **ipconfig /all** Gibt detaillierte Informationen auch über den konfigurierten DNS und WINS-Server aus
- **ipconfig /release** Entfernt die IP-Adresse vom Client und fordert keine neue an. Wenn ein Client Probleme hat, eine Verbindung mit einem DHCP-Server herzustellen, sollten Sie immer zuerst die IP-Adresse beim Client zurücksetzen.
- **ipconfig /renew** Fordert vom DHCP-Server eine erneute Verlängerung des Leases oder eine neue IP-Adresse an
- **ipconfig /registerdns** Erneuert die Registrierung des Clients am konfigurierten DNS-Server, wenn für die DNS-Zone die dynamischen Updates aktiviert sind
- **ipconfig /flushdns** Löscht den lokalen DNS-Cache

MAC-Filterung für DHCP in Windows Server 2008 R2 nutzen

Eine neue Funktion in Windows Server 2008 R2 ist die MAC-Filterung des DHCP-Servers. Diese Funktion steuern Sie in der DHCP-Konsole über den Menüpunkt *IPv4/Filter*. Der Filter ermöglicht spezielle Zulassungsfilter und Verweigerungsfilter.

Abbildg. 22.31 Verwalten der MAC-Filter in Windows Server 208 R2

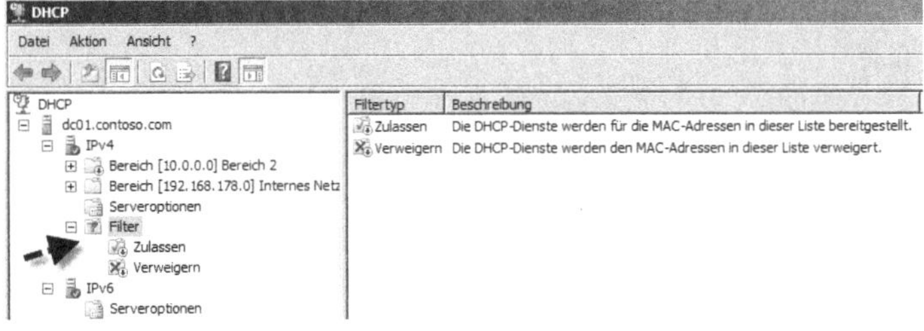

Mit der Liste können Sie sicherstellen, dass speziell festgelegte Geräte eine DHCP-Adresse erhalten, oder dass bestimmte Geräte blockiert werden und somit keine Adresse durch den DHCP-Server erhalten. Sie können weiße Listen erstellen, bei denen kein Gerät eine IP-Adresse erhält, außer die Geräte auf der Liste, und Sie können schwarze Listen pflegen.

Im Gegensatz zu weißen Listen blockieren schwarze Listen nur die Geräte auf der Liste. Alle anderen Geräte erhalten vom DHCP-Server eine Adresse zugeteilt. Standardmäßig ist der DHCP-Server für eine schwarze Liste konfiguriert, enthält aber keine MAC-Adressen, die er blockiert. Die MAC-Adressen können Sie über die grafische Oberfläche manuell eingeben oder mit Platzhaltern einen ganzen Bereich blockieren oder erlauben. Sie können Listen aber auch über das Kontextmenü einzelner Leases des Servers pflegen.

Eine weitere Möglichkeit ist das Importieren einer Textdatei zum Blockieren. Eine solche Datei können Sie zum Beispiel mit der Datei *getmac.bat* erstellen, die wir bei der Einrichtung des DHCP-Servers besprochen haben. Klicken Sie mit der rechten Maustaste auf einen Rechner unter *Adressleases* eines Bereichs, können Sie den Rechner mit *Zu Filter hinzufügen* zu einem der Filter hinzufügen.

Abbildg. 22.32 Hinzufügen eines Rechners zu einem Filter

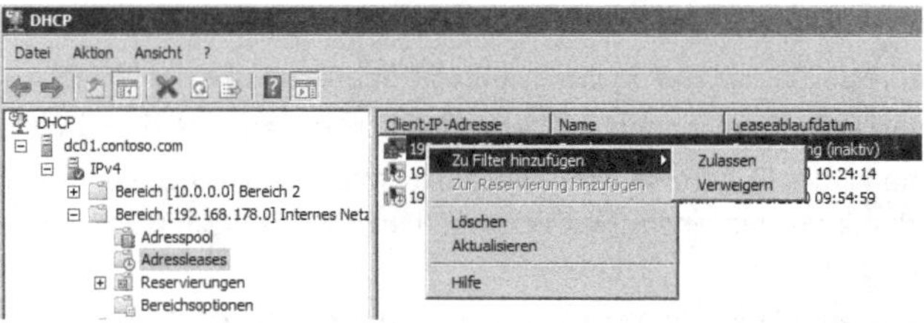

Anschließend sehen Sie die Rechner innerhalb des entsprechenden Filters. Die Filter sind standardmäßig deaktiviert. Wollen Sie diese aktivieren, können Sie das über das Kontextmenü erledigen.

Abbildg. 22.33 Aktivieren eines Filters nach der Pflege der MAC-Adressen

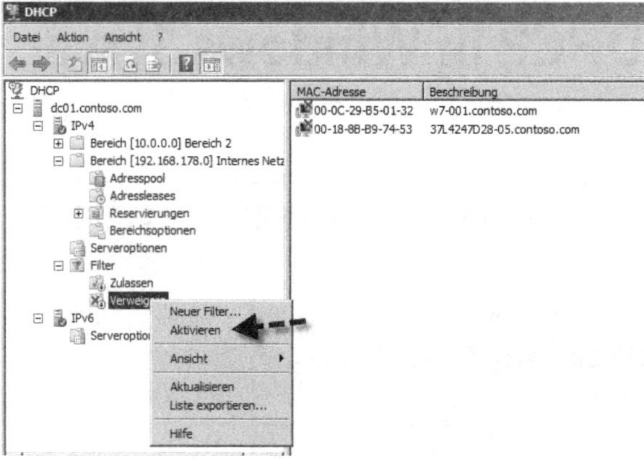

Sobald eine MAC-Adresse im Verweigerungsfilter aufgenommen wurde und der Filter aktiv geschaltet ist, erhält dieses Gerät keine IP-Adresse mehr von diesem DHCP-Server.

HINWEIS Aktivieren Sie den Filter *Zulassen*, werden alle Anfragen an den DHCP-Server blockiert, außer die MAC-Adressen, die im Zulassungsfilter aufgenommen sind. Aktivieren Sie beide Filter, vergibt der DHCP-Server auch dann nur Adressen an Rechner, die in der Zulassungsliste enthalten sind, mit Ausnahme von Geräten, deren MAC-Adressen in der Verweigerungsliste stehen.

Klicken Sie mit der rechten Maustaste auf den Knoten *IPv4* in der DHCP-Konsole und wählen Sie im Kontextmenü den Befehl *Eigenschaften*. Anschließend können Sie auf der Registerkarte *Filter* weitere Einstellungen vornehmen.

Abbildg. 22.34 Konfiguration des MAC-Filters in den Eigenschaften von IPv4 in der DHCP-Konsole

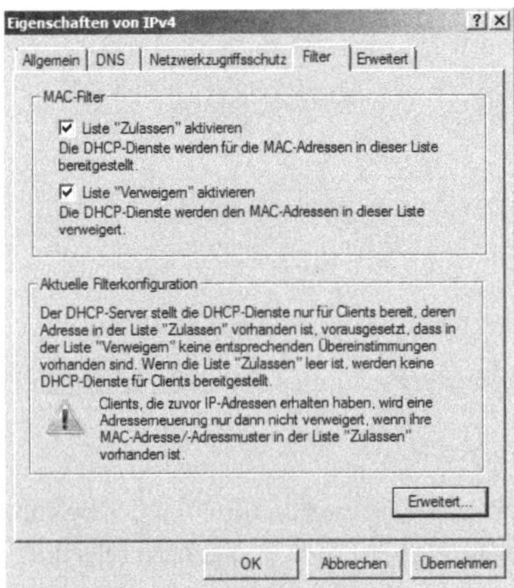

Wollen Sie manuell MAC-Adressen in die einzelnen Filter aufnehmen, klicken Sie mit der rechten Maustaste auf den Filter und wählen Sie im Kontextmenü den Eintrag *Neuer Filter* aus.

Abbildg. 22.35 Erstellen eines manuellen Filters für die MAC-Filterung

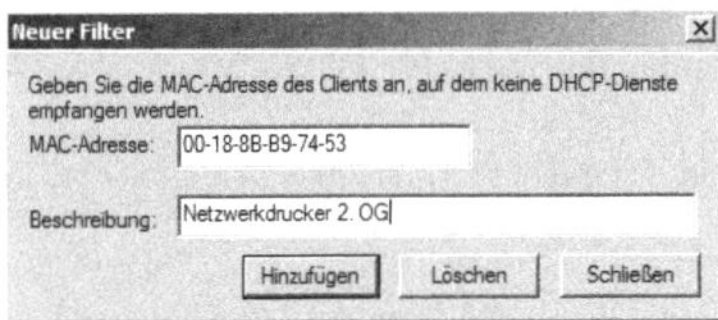

Sie können auch mit dem Zeichen * bei der Eingabe des Filters arbeiten. Haben Sie eine Liste von MAC-Adressen, die Sie in die Filter aufnehmen wollen, können Sie das kostenlose Zusatzprogramm von Microsoft mit der Bezeichnung *MAC Filter Import Tool* von der Internetseite *http://blogs.technet.com/teamdhcp/archive/2009/02/16/mac-filter-import-tool.aspx* verwenden. Die Syntax in der Textdatei sieht folgendermaßen aus:

```
MAC_ACTION = {ALLOW}
000b21ffe430 # Client01
000b21ffd260 # Client02
000b21ffe330 # Client03
000b23ffd260 # Client04
```

Datei-, Druckserver und Infrastruktur

Abbildg. 22.36 Mit dem MAC Filter Import Tool MAC-Adressen in MAC-Filter laden

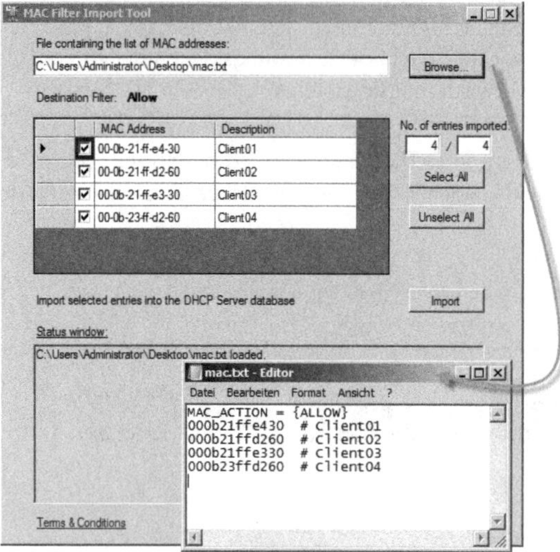

Nachdem Sie auf *Import* geklickt haben, sind die MAC-Adressen Bestandteil der entsprechenden Filterliste.

Pflege der Filterlisten in der Befehlszeile

Neben der Konfiguration mit der grafischen Oberfläche können Sie die Filterlisten in der Befehlszeile pflegen. Auch dazu nutzen Sie wieder das Tool *netsh.exe*. Die Aktivierung der Listen erfolgt nach folgender Syntax:

```
netsh dhcp server v4 set filter [enforceallowlist=1|0] [enforcedenylist=1|0]
```

Wollen Sie zum Beispiel die Zulassungsliste aktivieren, verwenden Sie den Befehl

```
netsh dhcp server v4 set filter enforceallowlist=1
```

Um MAC-Adressen zu den Listen hinzuzufügen, verwenden Sie den Befehl

```
netsh dhcp server v4 add filter allow|deny mac-address ["comment"]
```

Ein Beispiel dafür wäre:

```
netsh dhcp server v4 add filter allow 01-1b-23-de-db-61 "client01"
```

Zusammenfassung

In diesem Kapitel haben wir Ihnen gezeigt, wie Sie einen DHCP-Server effizient und sicher im Netzwerk betreiben. Auch die Ausfallsicherheit von DHCP durch den Betrieb mehrerer DHCP-Server war Thema dieses Kapitels. Ebenfalls Bestandteil der Erläuterungen in diesem Kapitel war der neue MAC-Filter von Windows Server 2008 R2. Im nächsten Kapitel gehen wir auf den Betrieb von DNS-Servern mit Windows Server 2008 R2 ein.

Kapitel 23

Infrastrukturdienste – DNS

Datei-, Druckserver und Infrastruktur

In diesem Kapitel:

DNS ist einer der zentralen Mechanismen des Internet und von allen TCP/IP-basierenden Netzwerken. In diesem Abschnitt wird auf die Grundkonzepte von DNS eingegangen. In den vorangegangenen Kapiteln 10 und 12 sind wir bereits bei der Einrichtung von Active Directory auf DNS eingegangen. Allerdings bietet der DNS-Server unter Windows Server 2008 R2 noch wesentlich mehr Funktionen, als für einzelne Active Directory-Domänen, die Namensauflösung zur Verfügung zu stellen. DNS wird unter Windows Server 2008 R2 als Serverrolle installiert und konfiguriert.

Für die Einrichtung von Active Directory muss diese Rolle nicht zwingend installiert werden, da der Server-Manager in diesem Fall DNS automatisch mit installiert. Unabhängig davon, ob ein DNS-Server Active Directory-Zonen verwaltet, kann er beliebig weitere DNS-Domänen in verschiedenster Ausprägung verwalten. Die Verwaltung von DNS findet mit einem eigenen Snap-In statt, das entweder über den Server-Manager oder über *Start/Verwaltung* gestartet werden kann.

Grundkonzepte von DNS

DNS steht für *Domain Name System* und ist einer der zentralen Mechanismen des Internet. Die zentrale Aufgabe des Protokolls und der dahinter stehenden Dienste ist die Auflösung (Umsetzung) von Computernamen in IP-Adressen. Wenn ein Benutzer auf *www.microsoft.com* zugreift, wird aus diesem Computernamen eine IP-Adresse gebildet. Beim Senden einer E-Mail an *test@microsoft.com* wird DNS verwendet. In diesem Fall wird der zuständige Mailserver für *microsoft.com* ermittelt.

DNS kann eine Zuordnung in umgekehrter Richtung vornehmen und feststellen, welcher Name zu einer IP-Adresse gehört. Dies ist im Bereich der Sicherheit und des Spamschutzes wichtig, es kann damit überprüft werden, ob ein Server, der sich als *dns.microsoft.com* ausgibt, *dns.microsoft.com* ist oder ob sich hinter der von diesem Server gelieferten IP-Adresse nicht tatsächlich ein ganz anderes System verbirgt. Diese Zugriffe von der IP-Adresse auf Namen werden als *Reverse-Lookups* bezeichnet. Bei DNS spielen zwei Begriffe eine besonders wichtige Rolle:

- Es gibt den Begriff der *Domäne*. Diese Domäne ist nicht mit den Domänen in Active Directory zu verwechseln. Domänen werden verwendet, um Netzwerke zu strukturieren. Es gibt für das gesamte Internet eine zentralistische Struktur für die Vergabe von Domänennamen. Domänen können in Subdomänen aufgegliedert werden. So könnte unterhalb einer Domäne *contoso.com* eine Domäne *de.contoso.com* und darunter eine Domäne *berlin.de.contoso.com* geschaffen werden. Die untergeordneten Domänen werden als *Subdomänen* bezeichnet.
- Der zweite wichtige Begriff ist die *Zone*. Eine Zone bezeichnet eine physische Verwaltungseinheit bei DNS. Eine Zone kann eine Domäne und untergeordnete Subdomänen umfassen. Es können nur hierarchisch verbundene Domänen in einer gemeinsamen Zone verwaltet werden. So kann eine Domäne nicht über mehrere Zonen aufgesplittet werden. Für jede Zone gibt es eine Zonendatei, die auf andere DNS-Server kopiert werden kann.

Für jede Zone gibt es einen *primären Namenserver*. Auf diesem werden alle Änderungen durchgeführt. Er kann seine Änderungen auf andere *sekundäre Namenserver* replizieren. Dadurch kann ein DNS-Server durchaus als *primärer Namenserver* für eine Zone und als *sekundärer Namenserver* für eine andere Zone fungieren. Im Normalfall arbeitet DNS mit einem Single Master-Konzept. Änderungen können nur auf dem primären Namenserver vorgenommen werden. Diese werden anschließend verteilt. Anders stellt sich das bei Windows Server 2008 R2 dar. Bei dem DNS-Server von Windows Server 2008 R2 werden die DNS-Informationen in Active Directory abgelegt und über die Replikationsmechanismen von Active Directory verteilt. Das hat mehrere Vorteile:

- Durch diesen Ansatz wird ein Konzept ermöglicht, das nicht mehr die Single Master-Problematik hat. Änderungen können über mehrere DNS-Server erfolgen.

- Die Integration von Active Directory und DNS wird dadurch erleichtert, da eine Reihe von Informationen in Active Directory als DNS-Informationen abgelegt werden müssen.
- Die Replikation zwischen DNS-Servern erfolgt als Active Directory-Replikation. Es werden nur die Änderungen an der DNS-Datenbank in sicherer Weise verteilt, während im Regelfall die komplette Zonendatei über das Netzwerk kopiert wird. Es wird ein normaler Kopiervorgang verwendet, bei dem weder die Fehlerfreiheit sichergestellt ist noch ein zusätzlicher Schutz der kopierten Daten erfolgt.
- Der Administrator muss nur eine Replikationstopologie verwalten anstatt zwei. Dies hilft Kosten zu sparen, da die Replikation von Active Directory ohnehin konfiguriert und verwaltet werden muss.

Zonen und Domänen erstellen

Über das Menü zur Verwaltung von DNS können Sie verschiedene Zonen erstellen. *Forward-Lookupzonen* übersetzen DNS-Namen in IP-Adressen, eine *Reverse-Lookupzone* übersetzt dagegen IP-Adressen in DNS-Namen. Nur auf Domänencontrollern kann mit den Active Directory-integrierten Zonen gearbeitet werden. Unterschieden wird weiterhin zwischen *primären* und *sekundären* Zonen sowie sogenannten *Stubzonen*, die nur auf andere DNS-Server verweisen. Bei der Einrichtung des ersten DNS-Servers müssen Sie eine primäre Zone erstellen. Grundsätzlich gilt, dass Sie in Active Directory-Umgebungen mit Active Directory-integrierten Zonen arbeiten sollten. Dies bedeutet in der Konsequenz allerdings, dass die DNS-Serverdienste immer auf Domänencontrollern installiert werden müssen.

Abbildg. 23.1 Festlegen des Zonentyps

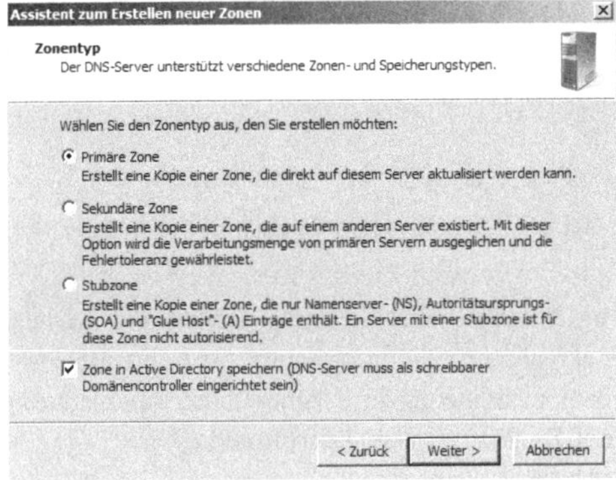

Wird eine Zone in Active Directory gespeichert, kann festgelegt werden, auf welche DNS-Server in der Gesamtstruktur diese Zone repliziert werden soll. Dieses Fenster erscheint aber nur, wenn eine Zone in Active Directory gespeichert wird. Die Reihenfolge der folgenden Fenster kann variieren, abhängig davon, welche Einstellungen ausgewählt werden.

Abbildg. 23.2 Festlegen des Replikationsbereichs für eine DNS-Zone

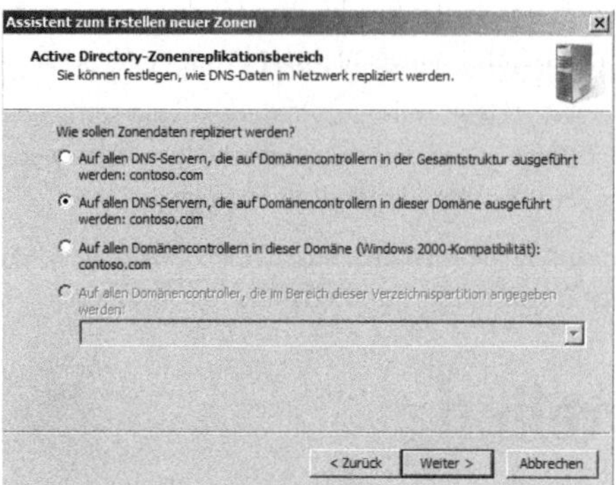

Der nächste Schritt ist die Festlegung des Zonennamens. Hier wird definiert, wie die Zone tatsächlich heißt und welche Domäne von dieser Zone verwaltet wird.

Abbildg. 23.3 Festlegen des Zonennamens

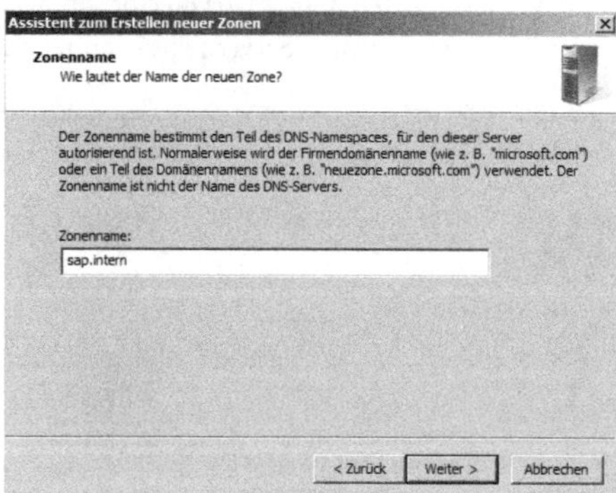

Als Nächstes kann festgelegt werden, ob die Zone dynamische DNS-Einträge erlaubt und welche Bedingungen dafür zutreffen müssen. Dynamische Updates aktualisieren die Informationen zu einem Server oder Client. Damit müssen die Einträge in der DNS-Datenbank nicht mehr, wie es früher üblich war, manuell gepflegt werden. Die Einträge können von Clients oder über DHCP-Server aktualisiert werden.

Abbildg. 23.4 Festlegen der dynamischen Updates für eine DNS-Zone

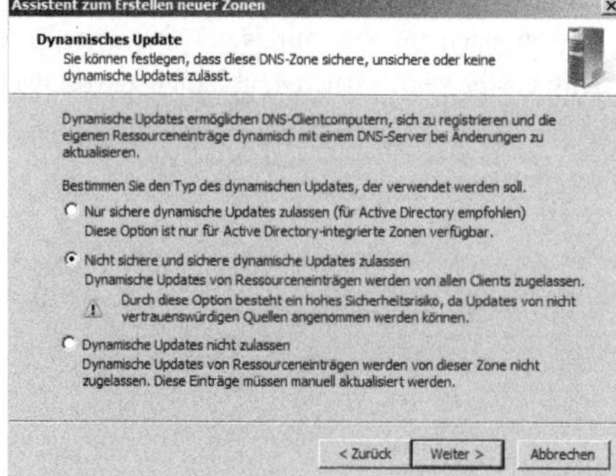

Danach müssen Sie die Zonendatei benennen, aber nur wenn die Zone nicht in Active Directory gespeichert wird. Die Datei erhält die Bezeichnung *<Zonenname>.dns*. In der Regel sollten Sie diese nicht umbenennen, da sie durch den gewählten Namen eindeutig bezeichnet ist. Sie können an dieser Stelle allerdings eine bereits vorhandene Datei importieren. Falls Sie eine neue Datei angeben, wird diese automatisch in dem Verzeichnis erstellt.

Bei den Einstellungen für die Reverse-Lookupzone müssen Sie die Netzwerkkennung eingeben. Diese wird automatisch in den Namen der Reverse-Lookupzone umgesetzt. Diese Art von Zonen hat vorgegebene Namen. Falls mehrere IP-Subnetze zu der von Ihnen verwendeten Forward-Lookupzone gehören, müssen Sie mehrere Reverse-Lookupzonen erstellen. Analog zur Vorgehensweise bei der Konfiguration einer Forward-Lookupzone müssen Sie den Namen der Datei angeben, in der die Konfigurationsinformationen gespeichert werden sollen. Dieser wird ebenfalls vorgegeben und muss in der Regel nicht angepasst werden.

Statische Einträge in der DNS-Datenbank erstellen

Die Administration der DNS-Server erfolgt entweder über *Verwaltung/DNS* im Startmenü oder über den Server-Manager. Es kann Situationen geben, in denen Sie Hostnamen manuell hinzufügen müssen und die dynamischen Einträge alleine nicht ausreichen. In diesem Fall verwenden Sie den Befehl *Neuer Host* im Kontextmenü der Zone, zu der der Eintrag hinzugefügt werden soll. Sie können dort den Hostnamen – ohne den Namen der Zone – und die IP-Adresse angeben. Sie können gleich einen als *PTR-Eintrag (Pointer)* bezeichneten Eintrag in der Reverse-Lookupzone vornehmen.

Abbildg. 23.5 Erstellen von neuen statischen Hosteinträgen

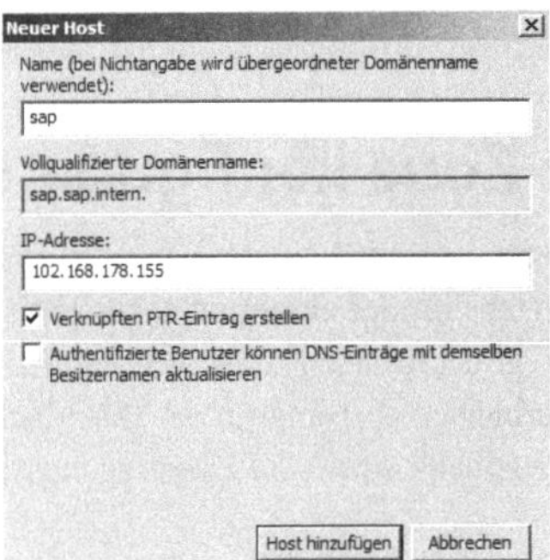

Zonen einstellen und verwalten

Wenn Sie die Eigenschaften einer Zone aufrufen, stehen Ihnen verschiedene Registerkarten zur Verfügung, auf denen Sie die Konfiguration der Zone anpassen können. Die Registerkarte *WINS* ist ausführlich im Kapitel 24 besprochen. Die Registerkarte *Sicherheit* dient zur Konfiguration der Sicherheitseinstellungen und der Berechtigungen für die Verwaltung der Zone. Hier können Einstellungen vorgenommen werden, um die Berechtigungsstruktur anzupassen, damit einige Benutzergruppen oder Administratoren zwar Informationen der Zone lesen, aber keine Informationen schreiben dürfen.

Allgemeine Einstellungen für DNS-Zonen

Auf der Registerkarte *Allgemein* können Sie festlegen, dass die Zone in Active Directory integriert wird und welche Systeme sich dynamisch aktualisieren dürfen. In kleineren Netzwerken kann es durchaus sinnvoll sein, wenn Sie neben den sicheren auch unsichere Aktualisierungen zulassen. Die Namensauflösung in Microsoft-Netzwerken ist von großer Bedeutung. Der parallele und stabile Betrieb einer WINS- und einer DNS-Infrastruktur ist daher sehr wichtig. Auch in größeren Netzwerken mit vielen DNS-Zonen spielt die Replikation der DNS-Daten keine große Rolle beim Datenverkehr. Gehen Sie daher immer auf Nummer sicher und lassen Sie möglichst alle Zonen in Active Directory integrieren.

Abbildg. 23.6 Verwalten einer Zone über deren Eigenschaften

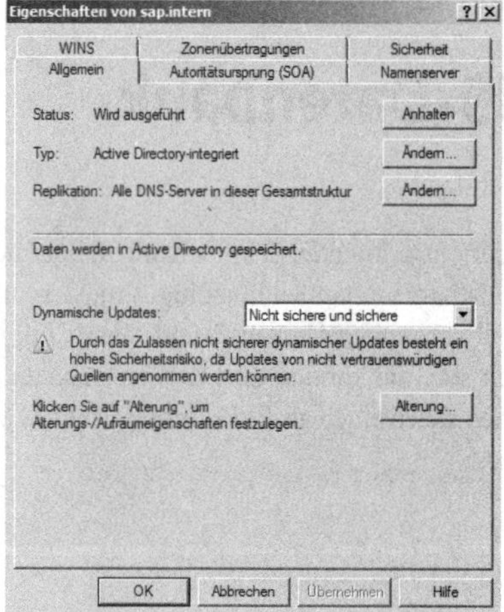

Entfernen alter Einträge aus der Zone konfigurieren

So bequem die dynamische Aktualisierung der DNS-Einträge für den Administrator auch sein mag, sie birgt auch die Gefahr, dass sich im Laufe der Zeit eine Menge veralteter Einträge ansammeln, zum Beispiel Maschinen, die irgendwann mal in Betrieb waren, sich dynamisch registriert haben und irgendwann wieder außer Betrieb genommen wurden. Die zugehörigen DNS-Einträge verbleiben allerdings in der Datenbank und erhöhen natürlich den Platzbedarf, die Zeit für Suchen in der Datenbank sowie die Übertragungszeiten bei der Replikation zu anderen DNS-Servern.

Um diesem Wachstum Einhalt zu gebieten, sollten Sie die Alterung der dynamischen Einträge konfigurieren. Dies kann auf der Registerkarte *Allgemein* über die Schaltfläche *Alterung* vorgenommen werden. In der Standardeinstellung bleiben alle Einträge so lange erhalten, bis sie vom Administrator manuell gelöscht werden. Aktivieren Sie das Kontrollkästchen *Veraltete Ressourceneinträge aufräumen*, um die Einträge mit Zusatzinformationen über den Zeitpunkt der letzten Aktualisierung, den sogenannten Zeitstempel, zu versehen und sie anschließend aufgrund dieser Informationen als veraltet erkennen und löschen zu können.

Da jede Änderung des Zeitstempels immer dazu führt, dass sekundäre DNS-Server eine Replikation der DNS-Daten anfordern, wird eine Mindestzeit vorgegeben, nach der der Zeitstempel wieder neu gesetzt werden kann. Registriert sich ein System während dieser Zeit erneut beim DNS-Server, erfolgt keine Veränderung an diesem Eintrag. Erst nach Ablauf der Zeit wird der Zeitstempel neu gesetzt. Diesen Wert legen Sie im Abschnitt *Intervall für Nichtaktualisierung* fest.

Die eigentliche Verweildauer eines Eintrags in der Datenbank legen Sie im zweiten Abschnitt *Aktualisierungsintervall* fest. Nach Ablauf dieser Zeitspanne wird ein System als inaktiv erkannt und der zugehörige Eintrag aus der Zone gelöscht. Der hier angegebene Wert muss größer sein als das minimale Intervall zwischen zwei Aktualisierungen des Zeitstempels, da sonst auch aktive Einträge gelöscht würden, die lediglich noch nicht aktualisiert werden konnten.

Abbildg. 23.7 Konfigurieren der Zonenalterung für DNS-Zonen

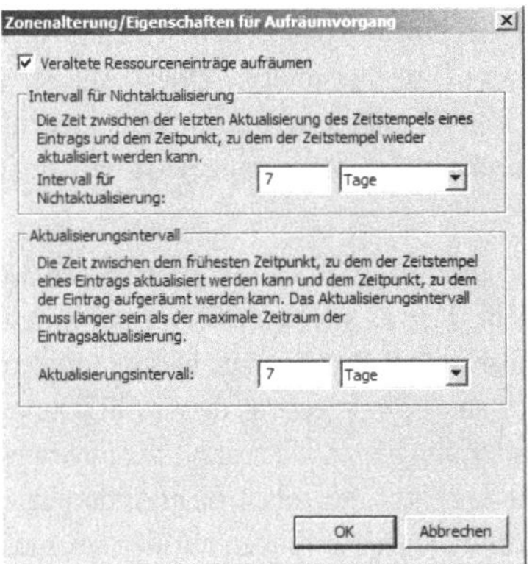

Sie können den Prozess auch manuell starten, indem Sie im Kontextmenü des DNS-Servers den Befehl *Veraltete Ressourceneinträge aufräumen* aufrufen und die anschließende Sicherheitsabfrage bestätigen.

Autoritätsursprung (SOA) von DNS-Zonen

Auf der Registerkarte *Autoritätsursprung (SOA)* werden Informationen abgelegt, die für die Replikation der Zone zu anderen Servern sowie die Zwischenspeicherung abgefragter DNS-Einträge wichtig sind. Damit sekundäre DNS-Server erkennen können, ob sich an den Daten des primären DNS-Servers etwas geändert hat und damit eine Replikation notwendig geworden ist, wird für jede Zone eine Serien- oder Versionsnummer gepflegt. Diese Seriennummer wird mit jeder Veränderung an der Datenbank um 1 erhöht.

Abbildg. 23.8 Verwalten der Einstellungen zum Übertragen von Informationen an sekundäre DNS-Server

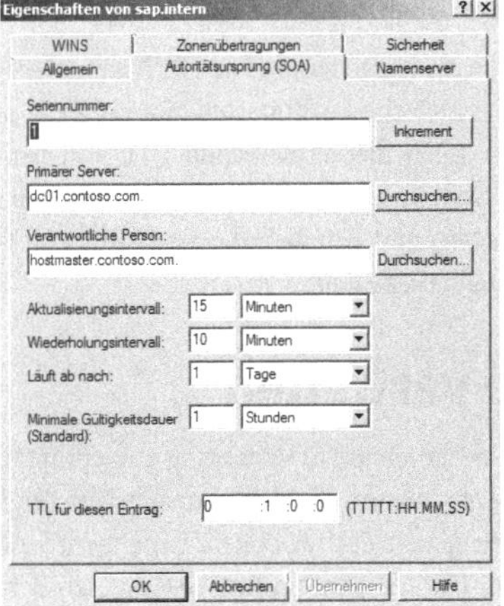

Fragt ein sekundärer DNS-Server die Seriennummer des primären DNS-Servers ab, stellt er einen Versionsunterschied fest und fordert eine Übertragung der Zonendaten an (man spricht hier auch von einem Zonentransfer). Diesen Wert können Sie nun selbst erhöhen, auch ohne dass neue Einträge in der Datenbank vorhanden sind. Dies ist zum Beispiel dann sinnvoll, wenn Sie eine Beschädigung in der DNS-Datenbank festgestellt und die Datenbank anschließend repariert oder von einer Sicherung wieder eingespielt haben. Damit alle sekundären DNS-Server diese Datenbank erhalten, müssen Sie ihnen signalisieren, dass es eine Änderung gegeben hat.

Der im Feld *Primärer Server* angegebene Eintrag definiert den Server, der im SOA-Eintrag im DNS eingesetzt wird. Während es an dieser Stelle logisch ist, welcher Server hier einzutragen ist, nämlich der primäre DNS-Server, wird diese Option dann relevant, sobald die Zone in Active Directory integriert wird. Alle Server, bei denen diese Änderung vorgenommen wurde, werden gleich gestellt, und es gibt in diesem Sinne keinen ersten DNS-Server mehr. Da aber noch andere Server als klassische sekundäre DNS-Server eingesetzt werden können, muss diesen klar ein primärer DNS-Server vorgegeben werden.

Wählen Sie den gewünschten Server jeweils über *Durchsuchen* aus. Im folgenden Feld geben Sie an, wer die verantwortliche Person für die Verwaltung der Zone ist. Dabei handelt es sich um die E-Mail-Adresse des DNS-Administrators, sodass andere Administratoren Kontakt zu ihm aufnehmen können, falls sie Probleme feststellen. Da das Zeichen <@> im DNS nicht erlaubt ist, wird es durch einen Punkt ersetzt, der in Abbildung 23.8 gezeigte Eintrag unter *Verantwortliche Person* steht also für *hostmaster@contoso.com*. Über das *Aktualisierungsintervall* teilt der primäre DNS-Server den sekundären Servern mit, wie oft sie überprüfen sollen, ob es Änderungen in der Zone gibt. Je kleiner die Abstände sind, desto aktueller sind natürlich auch die Kopien auf den sekundären Servern. Dafür steigt allerdings auch die bei der Übertragung anfallende Datenmenge, da je nach Anzahl der Änderungen und verwendeter Software beim sekundären Server eine Übertragung der kompletten Zonendaten notwendig sein kann. Zu große Intervalle dagegen führen unter Umständen zu falschen Informationen.

Kann die Aktualisierung der Daten nicht durchgeführt werden, zum Beispiel wegen eines Ausfalls des Servers oder der Netzwerkverbindung zwischen primärem und sekundären Servern, wird nach Ablauf der Wiederholungsintervalle der Versuch wiederholt. Kann die Replikation länger als unter *Läuft ab nach* nicht durchgeführt werden, werden die kompletten Informationen der Zone auf dem sekundären Server als ungültig markiert und nicht mehr weiter verwendet. Sie sollten diesen Wert daher nicht zu niedrig setzen.

So könnte der Ausfall des primären DNS-Servers an einem Freitag Nachmittag dazu führen, dass das komplette Netzwerk montags nicht mehr verwendet werden kann, da zwar für die Ausfallsicherheit sekundäre DNS-Server installiert wurden, diese aber ihre Daten länger als einen Tag nicht mit dem primären DNS-Server abgleichen konnten und ihre Zoneneinträge damit als ungültig markiert haben. Eine Einstellung von drei Tagen dagegen hätte die Daten bis Montag Nachmittag gültig sein lassen. Um die bei DNS-Abfragen entstehende Datenmenge zu reduzieren, werden die Ergebnisse auf Clients wie auf DNS-Servern in einem Cache zwischengespeichert.

Wie lange sie gespeichert werden, wird über *TTL (Time to Live)* angegeben. Bei der TTL handelt es sich um eine absolute Zeit. Kann ein DNS-Server eine Anfrage aus seinem Cache beantworten, dann gibt er als TTL nicht wieder den Startwert (hier 1 Stunde) weiter, sondern nur noch die verbleibende TTL von zum Beispiel 15 Minuten. Nach Ablauf der Zeit wird der Eintrag auf allen Systemen aus dem Cache gelöscht. Diese TTL kann für jeden Eintrag in der Zone separat gesetzt werden, der Wert gibt lediglich die Standardeinstellung vor. Die TTL für diesen Eintrag entspricht in der Standardeinstellung diesem Wert.

Namenserver einer DNS-Zone verwalten

Damit in der Zone nicht nur die Adresse des primären DNS-Servers im SOA-Eintrag aufgeführt wird, sondern auch die aller sekundären DNS-Server in den NS-Einträgen, müssen Sie diese zunächst in der Registerkarte *Namenserver* einfügen. Nachdem Sie über *Hinzufügen* einen neuen Eintrag erstellt haben, wird auch ein neuer NS-Eintrag in der Zone erstellt. Falls es Änderungen beim Namen bzw. an den IP-Adressen der DNS-Server gibt, können Sie diese über *Bearbeiten* ändern. Bevor ein DNS-Server abgeschaltet wird, sollten Sie ihn über *Entfernen* aus der Liste nehmen, damit kein Client mehr versucht, von diesem System noch Informationen zu erhalten.

Abbildg. 23.9 Konfigurieren der Namenserver für eine DNS-Zone

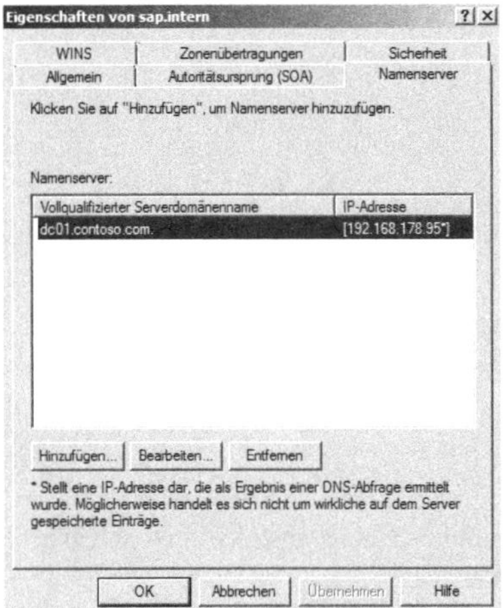

Wenn Sie einen neuen Namenserver hinzufügen, geben Sie zunächst den vollständigen Hostnamen an. Alternativ können Sie auch über *Durchsuchen* einen bereits bestehenden DNS-Eintrag auswählen. Sofern Sie einen bereits eingetragenen Servernamen ausgewählt haben, brauchen Sie die zugehörigen IP-Adressen nicht von Hand einzutragen, sondern können sie über *Auflösen* direkt aus dem DNS-Server auslesen. Eine manuelle Überarbeitung der IP-Adressen ist im Anschluss auch über die Schaltflächen *Hinzufügen* und *Entfernen* möglich.

In einigen Fällen sind DNS-Server auch mit mehreren IP-Adressen ausgestattet. Sofern beide Schnittstellen für Clients und andere DNS-Server erreichbar sind, spielt die Reihenfolge keine große Rolle. Wird zwischen den beiden Karten aber nicht geroutet, sollten Sie über die Schaltflächen *Nach oben* und *Nach unten* die IP-Adresse an die erste Stelle setzen, die von den anderen Systemen erreicht werden kann, um Verzögerungen bei der Abfrage zu reduzieren. Wenn Sie noch weitere Namenserver hinzufügen wollen, müssen Sie diesen Eintrag zunächst mit *OK* bestätigen und anschließend einen weiteren Eintrag erstellen.

Zonenübertragungen für DNS-Zonen zulassen

Auf der einen Seite ist es natürlich gut, dass eine Replikation der Zonendaten auf sekundäre DNS-Server möglich ist, da dies die Verfügbarkeit und die Leistung erhöht. Andererseits drohen hier allerdings auch Gefahren. Ein Angreifer könnte so zum Beispiel eine Replikation der Daten anfordern, die er anschließend lokal modifiziert und schließlich DNS-Anfragen auf seinen modifizierten Server umleitet.

Die Registerkarte *Zonenübertragungen* erlaubt eine gezielte Einschränkung dieses Zonentransfers. In der Standardeinstellung ist diese Funktion deaktiviert und erlaubt sekundären DNS-Servern keine Durchführung des Zonentransfers. Wenn Sie das Kontrollkästchen *Zonenübertragungen zulassen* deaktiviert lassen, ist diese Funktion nicht verfügbar. In diesem Fall können nur noch Active Directory-integrierte Zonen zu anderen DNS-Servern repliziert werden, da hier die internen Replikationsmechanismen von Active Directory verwendet werden und nicht die des DNS.

Abbildg. 23.10 Konfigurieren der DNS-Zonenübertragungen an andere DNS-Server

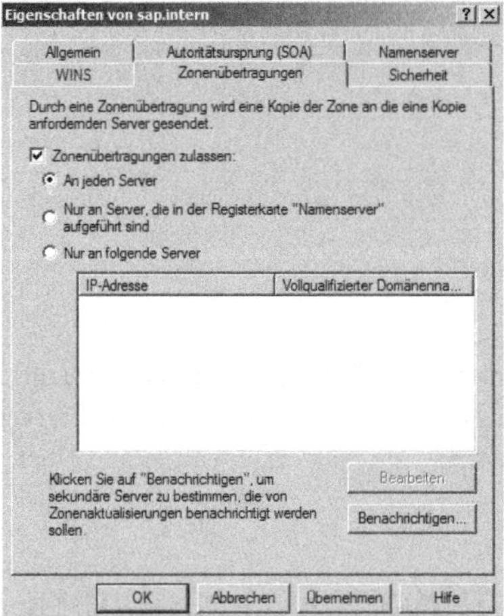

Sofern Sie die Zonenübertragung erlauben, können Sie nun noch feiner abstufen, zu welchen Servern eine solche Zonenübertragung überhaupt nur durchgeführt werden darf:

- **An jeden Server** Diese Variante ist die einfachste, da keine weitere Konfiguration mehr erfolgen muss. Dafür kann jeder DNS-Server jetzt den Zonentransfer anfordern, was eine entsprechende potenzielle Sicherheitslücke bedeutet.
- **Nur an Server, die in der Registerkarte "Namenserver" aufgeführt sind** Da Sie im Vorfeld auf der Registerkarte *Namenserver* bereits die sekundären Namenserver eingepflegt haben, ist diese Einstellung auch mit wenig administrativem Aufwand verbunden. Server, die nicht auf dieser Registerkarte geführt sind, werden bei einer Anforderung des Zonentransfers abgewiesen.
- **Nur an folgende Server** Hier definieren Sie explizit über die Schaltflächen *Hinzufügen* und *Entfernen* die IP-Adressen der DNS-Servers, die einen Zonentransfer anfordern dürfen. Da hier natürlich auch die sekundären DNS-Server eingepflegt werden müssen, die Sie bereits auf der Registerkarte *Namenserver* eingetragen haben, entsteht hier eine gewisse Redundanz und es besteht die Gefahr, dass IP-Adressen falsch eingetragen werden.

Der klassische Replikationsprozess sieht vor, dass ein sekundärer DNS-Server zunächst das Replikationsintervall aus dem SOA-Eintrag der Zone ausliest und dann in diesem Intervall den primären DNS-Server nach der aktuellen Versionsnummer der Zonendatenbank fragt. Diese Methode birgt allerdings zwei Risiken:

- Die Daten der sekundären DNS-Server sind nicht aktuell. Außerdem kann eine Funktion, mit der Bandbreite bei der Zonenübertragung gespart werden soll, der inkrementelle Zonentransfer, nur dann verwendet werden, wenn eine bestimmte Menge an neuen Einträgen nicht überschritten wird. Bei Überschreitung dieser Menge muss wieder ein Transfer der kompletten Zone erfolgen.
- Die sekundären DNS-Server fragen den primären DNS-Server zu häufig ab und erzeugen dabei unnötige Last auf dem Server sowie im Netzwerk, auch wenn es keine neuen Einträge gibt. Die Lösung ist eine Erweiterung vom bisher verwendeten Pull-Verfahren, bei dem der sekundäre Server vom primären Server aufgefordert wird, eine Überprüfung der Versionsnummer durchzuführen. Somit führen die sekundären Server nur dann eine Abfrage durch, wenn auch tatsächlich Änderungen an der Zone vorgenommen wurden. Dabei handelt es sich wieder um eine standardisierte Funktion, die auch andere DNS-Server verwenden können. Über die Schaltfläche *Benachrichtigen* gelangen Sie zu der entsprechenden Konfigurationsseite.

Abbildg. 23.11 Konfigurieren der automatischen Benachrichtigung der sekundären DNS-Server durch den primären DNS-Server

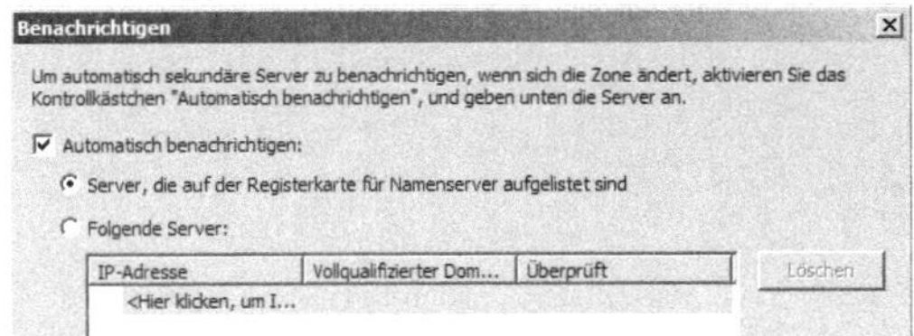

Da alle Microsoft-DNS-Server die Benachrichtigungen bereits unterstützen, ist das Kontrollkästchen *Automatisch benachrichtigen* in der Standardeinstellung bereits aktiviert und sollte nur für die Server abgeschaltet werden, bei denen es zu Kompatibilitätsproblemen kommt. Auch hier werden automatisch die Server benachrichtigt, die auf der Registerkarte *Namenserver* aufgelistet sind. Alternativ können Sie auch hier wieder unter *Folgende Server* eine eigene Liste definieren.

Verwaltungsmöglichkeiten im Kontextmenü einer Zone

Wenn Sie mit der rechten Maustaste auf eine Zone klicken, stehen Ihnen verschiedene Möglichkeiten zur Verfügung, diese Zone zu verwalten:

- **Neu laden** Mit diesem Befehl können Sie die Einstellungen und die Ansicht der Zone im Snap-In neu laden lassen. Diesen Befehl benötigen Sie selten. Die Zone wird aus Active Directory noch mal in die Ansicht übertragen.
- **Neuer Host (A oder AAAA)** Mit diesem Befehl fügen Sie einen neuen statischen Eintrag in die DNS-Datenbank ein, wie weiter vorne beschrieben. Neu ist in Windows Server 2008 R2 der AAAA-Eintrag. Dieser enthält eine IPv6-Adresse, während ein Host A-Eintrag eine IPv4-Adresse enthält.
- **Neuer Alias (CNAME)** Dieser Menüpunkt dient zum Hinzufügen eines neuen Eintrags der Form »canonical name«. Dazu wird zu einem bereits vorhandenen Eintrag eines Servers ein weiterer Eintrag zu derselben IP-Adresse hinzugefügt. Dieser zusätzliche Eintrag wird auch Alias genannt. Wenn ein Client versucht, diesen Alias aufzulösen, wird bei der Ausgabe des Namens parallel zum Alias auch der richtige Eintrag ausgegeben.
- **Neuer Mail-Exchanger (MX)** Mit dieser Option können Sie einen neuen SRV-Record mit der Bezeichnung *MX* erstellen. In einer normalen Umgebung werden Sie einen solchen MX-Record nicht benötigen. Er dient dazu, aus einer Zone den verantwortlichen SMTP-Server zu erfragen, zu dem E-Mails zugestellt werden sollen. Der MX-Record ermöglicht es, unter einer Domäne mehrere Mailserver zu betreiben. Außerdem gibt er anderen Mailservern eine Priorisierung vor, in welcher Reihenfolge diese die Mailserver einer bestimmten Domäne kontaktieren sollen. Internetprovider verwenden diese Priorisierung, um zu steuern, wohin E-Mails zuerst zugestellt werden sollen. Der MX10-Eintrag definiert, dass E-Mails vor der Zustellung zum MX20 zunächst zum Server zugestellt werden sollen, der als MX10 hinterlegt ist. Antwortet dieser Server nicht auf Anfragen, wird automatisch eine Zustellung zum MX20 versucht. Sie können auch einen MX30 definieren.
- **Neue Domäne** Mit diesem Eintrag erstellen Sie unterhalb dieser Zone eine neue Domäne. Diese Unterdomäne, zum Beispiel *sales.contoso.com,* wird von diese DNS-Server und dieser Zone verwaltet, ohne dass zusätzliche Zonen angelegt werden müssen. Wenn Sie eine neue Active Directory-Unterdomäne erstellen wollen, können Sie unterhalb der bereits erstellten Rootdomäne eine Unterdomäne erstellen oder eine eigene Zone, die allerdings getrennt verwaltet werden muss.

Abbildg. 23.12 Verwaltungsmöglichkeiten einer DNS-Zone

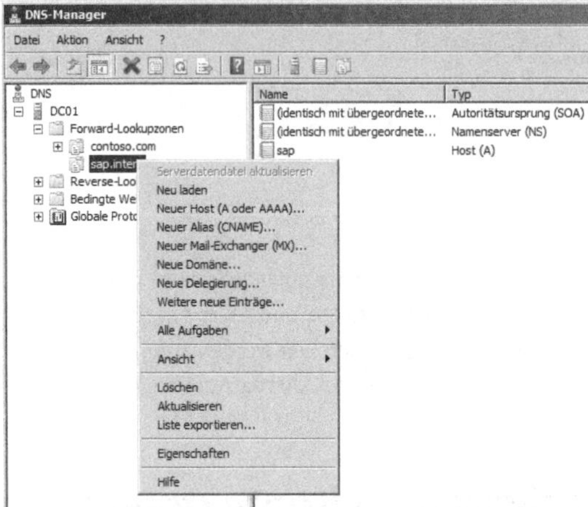

- **Neue Delegierung** Mit diesem Menübefehl können Sie eine erstellte Zone an einen anderen DNS-Server delegieren. Zukünftig ist für diese Zone der DNS-Server zuständig, den Sie hier definiert haben. Die delegierte Zone wird im ursprünglichen DNS-Server als delegiert angezeigt. Wird dieser DNS-Server nach einem Eintrag aus einer delegierten Zone gefragt, weist er die Anfrage an den verantwortlichen DNS-Server weiter. Eine solche Delegierung ist sinnvoll, wenn Sie eine Unterdomäne erstellten wollen, aber ein anderer DNS-Server in einer anderen Niederlassung für diese Zone zuständig sein soll. Im Kapitel 12 finden Sie zu diesem Bereich weitere Informationen.

HINWEIS Wird der erste Domänencontroller einer neuen untergeordneten Domäne erstellt, richtet der Assistent unter Windows Server 2008 R2 automatisch eine Delegierung auf dem übergeordneten DNS-Server ein.

- **Weitere neue Einträge** Zusätzlich zum MX-Record können Sie weitere Servicerecords eintragen. Diese werden aber nur in Ausnahmefällen und nicht für den Betrieb von Active Directory benötigt.

Eigenschaften eines DNS-Servers verwalten

Neben den Eigenschaften der einzelnen Zonen, die Sie über das Kontextmenü aufrufen können, stehen auch in den Eigenschaften des DNS-Servers selbst einige Möglichkeiten zur Konfiguration zur Verfügung. Wir gehen im folgenden Abschnitt ausführlicher auf die einzelnen Registerkarten in den Eigenschaften eines DNS-Servers ein.

Schnittstellen eines DNS-Servers verwalten

Auf der Registerkarte *Schnittstellen* definieren Sie, auf welchen IP-Adressen der DNS-Server bei Anfragen reagiert. Dies ist zum Beispiel in solchen Fällen sinnvoll, in denen der DNS-Server mit mehreren Netzwerkkarten ausgestattet ist. Teilnetze, die zum Teil öffentlich zugänglich sind, können so von Anfragen an den Server ausgeschlossen werden, wodurch die Sicherheit des Systems erhöht wird. Wenn Sie die Standardeinstellung, in der der DNS-Server Anfragen auf allen IP-Adressen entgegennimmt, ändern wollen, ändern Sie die Konfiguration von *Alle IP-Adressen* auf *Nur folgende IP-Adressen* und wählen anschließend im Feld *IP-Adresse* jeweils die gewünschte Adresse aus.

Abbildg. 23.13 Auswählen der Netzwerkschnittstellen eines DNS-Servers

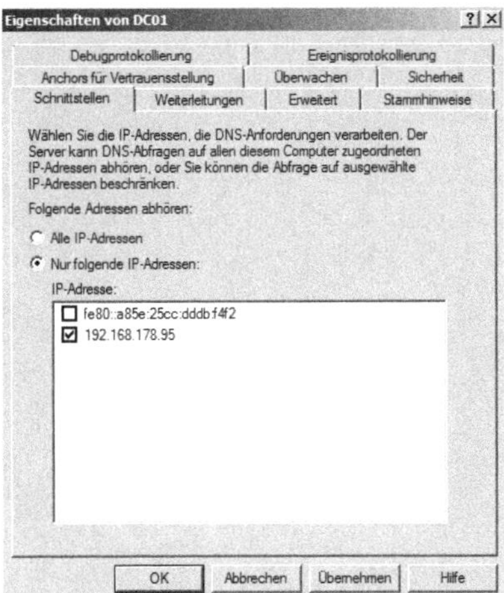

Falls Sie kein IPv6 im Netzwerk einsetzen, können Sie die IPv6-Adresse bei den abgehörten Schnittstellen deaktivieren.

Erweiterte Einstellungen für einen DNS-Server

Über die Registerkarte *Erweitert* können einige Serveroptionen konfiguriert werden:

- **Rekursionsvorgang (und Weiterleitungen) deaktivieren** Unabhängig von den Weiterleitungen (siehe nächsten Abschnitt) können Sie den DNS-Server auch lokal isolieren, indem Sie dieses Kontrollkästchen aktivieren. Damit greift der DNS-Server nur noch auf seine eigene Datenbank zu, es werden keine Anfragen mehr an weitere DNS-Server weitergeleitet.
- **BIND-Sekundärzonen** Mit der Aktivierung dieses Kontrollkästchens können Sie die Kompatibilität des Servers zum System herstellen, deren Funktionsumfang nicht bis zu BIND 4.9.4 heranreicht. Dazu wird die Komprimierung der Daten beim Zonentransfer ausgeschaltet. Aus Performancegründen ist diese Funktion standardmäßig deaktiviert, die schnelle Übermittlung damit also aktiviert.
- **Beim Laden unzulässiger Zonendaten einen Fehler zurückgeben** Der DNS-Server liest in der Standardeinstellung alle Zonendaten komplett ein und protokolliert fehlerhafte Einträge lediglich im Ereignisprotokoll. Damit kann der DNS-Server allerdings auch Hostnamen in seine Datenbanken aufnehmen, die nicht den offiziellen Spezifikationen aus den RFCs entsprechen, was wiederum bedeutet, dass es Systeme geben kann, die mit diesen Namen nicht arbeiten können. Sobald dieses Kontrollkästchen aktiviert ist, wird das Laden der kompletten Zone abgebrochen. Wie strikt die Überprüfung erfolgt, stellen Sie über die Option *Namensüberprüfung* ein. Dabei gibt es folgende Stufen:
  - **Ausschließlich RFC (ANSI)** Nur Namen, die der offiziellen Spezifikation entsprechen
  - **Kein RFC (ANSI)** Alle Namen, die sich aus dem ANSI-Zeichensatz zusammensetzen
  - **Multibyte (UTF8)** Alle Namen, deren Zeichen über das Unicode Transformation Format (UTF-8) abgebildet werden können (zum Beispiel arabische oder asiatische Zeichensätze)
  - **Alle Namen** Keine Einschränkung der verwendeten Zeichen

Abbildg. 23.14 Erweiterte DNS-Einstellungen für DNS-Server

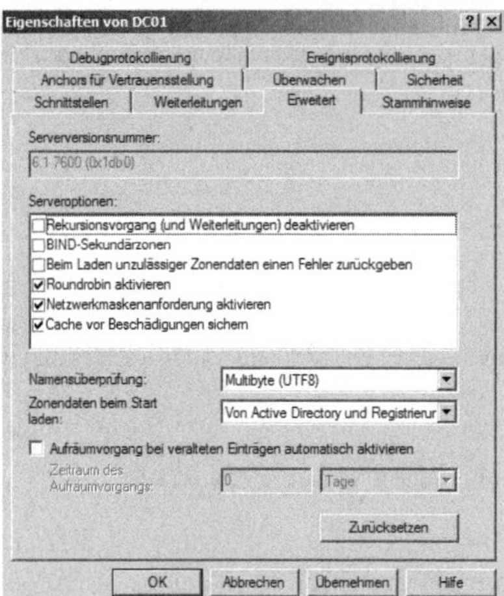

- **Roundrobin aktivieren** Die einfachste Form der Lastverteilung auf mehrere Computer wird als *DNS-Roundrobin* bezeichnet. Dabei wird ein Hostname mehrfach mit jeweils einer anderen IP-Adresse eingetragen. Erreicht den DNS-Server eine Anfrage des Clients, liefert er die Liste aller gefundenen IP-Adressen zurück, wobei er die Reihenfolge der Einträge jeweils um den Wert 1 verschiebt. Damit wird im Mittel jeder Eintrag gleich häufig an erster Stelle dem Client zurückgeliefert.

  Diese Funktion muss zum Beispiel dann deaktiviert werden, wenn Sie zwar mehrere Server unter demselben Namen nutzen wollen, die weiteren Systeme aber leistungsschwächer oder weiter entfernt sind und nur zur Ausfallsicherheit dienen sollen. Wenn Sie die Funktion lediglich für bestimmte Typen deaktivieren möchten, so kann dies nur über die Registry erfolgen. Fügen Sie dazu unter *HKEY_LOCAL_MACHINE\SYSTEM\CurrentControlSet\Services\DNS\Parameters* einen REG_SZ-Wert mit dem Namen *DoNotRoundRobinTypes* hinzu und tragen Sie als Werte die Recordtypen ein, zum Beispiel *a ns srv*.

- **Netzwerkmaskenanforderung aktivieren** Um dem Client möglichst einen Server direkt in seiner Nähe zu nennen – im TCP/IP bedeutet das, innerhalb desselben IP-Subnetzes –, wird bei Hostnamen mit mehreren zugeordneten IP-Adressen vor der Umsortierung durch Roundrobin zunächst ermittelt, ob es einen Eintrag gibt, der dem Subnetz des Clients zuzuordnen ist. Dieser wird anschließend an die erste Stelle der zurückgegebenen Liste gesetzt. Nur wenn kein passender eindeutiger Eintrag gefunden wird, kommt Roundrobin zur Lastverteilung zum Einsatz.

- **Cache vor Beschädigungen sichern** Diese Option ist von ihrer Bezeichnung her etwas irreführend, da es sich hier eher um einen Schutz vor zweifelhaften Einträgen im Cache handelt, die im Original als *Pollution (Verschmutzung)* bezeichnet werden. Dies sind Einträge, die nicht aus erster Hand gewonnen, sondern durch Weiterleitungen von anderen DNS-Servern ermittelt wurden. Hierbei besteht natürlich eine gewisse Gefahr, dass es sich dabei um gefälschte Einträge handelt. Daher werden diese Ergebnisse zwar an den Client weitergeleitet, aber nicht in den Cache eingetragen. Wenn Sie diese Funktion deaktivieren, nimmt der DNS-Server alle Anfragen in seinen Cache auf, wodurch sich die Systemgeschwindigkeit etwas erhöhen kann.

Zonendaten beim Start des DNS-Servers einlesen

Welche Zonendaten der DNS-Server bei seinem Start einliest, erfährt er in der Regel aus Active Directory und der Registry. Wenn kein Active Directory verwendet wird, können Sie die Einstellung *Zonendaten beim Start laden* auch auf *Von Registrierung* ändern. Die letzte Option *Von Datei* ist dann sinnvoll, wenn Sie eine Übernahme der Funktion von einem BIND-Server vorgenommen haben, der seine Konfiguration ebenfalls aus einer Konfigurationsdatei (*named.boot*) bezieht. Die Datei *boot* muss im Verzeichnis *%Windir%\Sytem32\Dns* abgelegt sein.

Nachdem Sie das Kontrollkästchen *Aufräumvorgang bei veralteten Einträgen automatisch aktivieren* aktiviert haben, geben Sie den Zeitraum des Aufräumvorgangs an, der bestimmt, nach welcher Zeit ein dynamisch (also nicht manuell vom Administrator) erstellter DNS-Eintrag als veraltet betrachtet und aus der Datenbank entfernt wird. Über die Schaltfläche *Zurücksetzen* können Sie bei Bedarf die Standardeinstellung wiederherstellen.

Protokollierung für DNS konfigurieren

Damit die Fehlersuche bei der Namensauflösung vereinfacht werden kann, ist es möglich, die komplette Kommunikation des DNS-Servers mit Clients und anderen Servern in einer Textdatei zu protokollieren. Wenn Sie den Dateipfad und -namen auf der Registerkarte *Debugprotokollierung* nicht angeben, wird die Datei als *%Windir%\System32\Dns\Dns.log* abgespeichert. Um zu vermeiden, dass diese Datei die komplette Festplatte füllt, ist immer eine maximale Größe anzugeben. Sobald dieses Limit erreicht ist, werden die ältesten Einträge überschrieben.

Nachdem Sie die Protokollierung durch Aktivierung des Kontrollkästchens *Pakete zum Debuggen protokollieren* eingeschaltet haben, können Sie noch genauer angeben, welche Daten überhaupt in die Datei aufgenommen werden, damit Sie bei geringerer Datenmenge schneller suchen können:

- **Paketrichtung** Mit dieser Einstellung legen Sie fest, ob Sie Pakete protokollieren, die vom DNS-Server stammen (*Ausgehend*) oder an den DNS-Server gerichtet sind (*Eingehend*)
- **Transportprotokoll** DNS-Daten können über die beiden IP-Protokolle TCP und UDP übertragen werden. Die Protokollierung eines der Protokolle zu deaktivieren ist dort nützlich, wo Sie Kommunikationsprobleme aufgrund von Paketfiltern vermuten. So können Sie leicht vergleichen, welche Pakete auf beiden Seiten gesendet bzw. empfangen wurden und anhand der Differenz feststellen, dass unter Umständen zum Beispiel eine Firewall nicht korrekt konfiguriert ist.

Datei-, Druckserver und Infrastruktur

Abbildg. 23.15 Konfigurieren der Debugprotokollierung

- **Paketinhalte** Die übertragenen Daten sind generell in drei Gruppen unterteilt. Unter *Abfragen/Übertragungen* finden Sie alle DNS-Anfragen sowie die zugehörigen Antworten und die Daten für die Replikation von DNS-Servern. *Updates* steht für die Pakete, die bei der dynamischen Registrierung von Hosts beim DNS-Server gesendet werden und *Benachrichtigungen* für die Pakete, mit denen ein DNS-Server einem anderen signalisiert, dass Änderungen an seiner Datenbank vorgenommen wurden, die der andere replizieren muss.
- **Pakettyp** Nachdem Sie den Paketinhalt bereits eingeschränkt haben, legen Sie hier nun noch die Richtung fest, aus der die Übertragung gestartet wurde, wobei Anforderung für Anfragen vom Client oder Server stehen. Bei den Einstellungen für Paketrichtung, Paketinhalt, Pakettyp und Transportprotokoll müssen Sie jeweils mindestens eine Option aktivieren.
- **Weitere Optionen** Um die Datenmenge zu beschränken, wird nicht der komplette Paketinhalt protokolliert, sondern nur die wichtigsten Daten. Falls Sie alle verfügbaren Informationen aufnehmen wollen, aktivieren Sie das Kontrollkästchen *Details*. Wenn Sie die Daten der Kommunikation mit einem bestimmten Computer aufnehmen wollen, können Sie auch Pakete nach IP-Adressen filtern. Hier ist aber nur die Angabe einzelner Adressen möglich, die Filterung für ganze Netzwerke über die Eingabe einer Subnetzmaske ist leider nicht vorgesehen.

Wie Sie in der Standardanzeige der Verwaltungskonsole bereits sehen, verfügt der DNS-Server über einen eigenen Abschnitt im Ereignisprotokoll.

Abbildg. 23.16 Überprüfen der DNS-Ereignisse in der DNS-Verwaltung

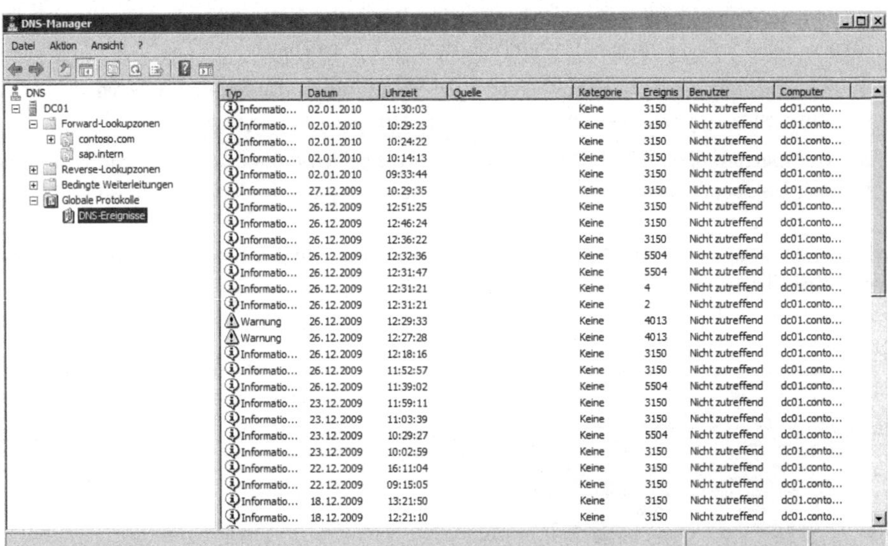

Typ	Datum	Uhrzeit	Quelle	Kategorie	Ereignis	Benutzer	Computer
Informatio...	02.01.2010	11:30:03		Keine	3150	Nicht zutreffend	dc01.conto...
Informatio...	02.01.2010	10:29:23		Keine	3150	Nicht zutreffend	dc01.conto...
Informatio...	02.01.2010	10:24:22		Keine	3150	Nicht zutreffend	dc01.conto...
Informatio...	02.01.2010	10:14:13		Keine	3150	Nicht zutreffend	dc01.conto...
Informatio...	02.01.2010	09:33:44		Keine	3150	Nicht zutreffend	dc01.conto...
Informatio...	27.12.2009	10:29:35		Keine	3150	Nicht zutreffend	dc01.conto...
Informatio...	26.12.2009	12:51:25		Keine	3150	Nicht zutreffend	dc01.conto...
Informatio...	26.12.2009	12:46:24		Keine	3150	Nicht zutreffend	dc01.conto...
Informatio...	26.12.2009	12:36:22		Keine	3150	Nicht zutreffend	dc01.conto...
Informatio...	26.12.2009	12:32:36		Keine	5504	Nicht zutreffend	dc01.conto...
Informatio...	26.12.2009	12:31:47		Keine	5504	Nicht zutreffend	dc01.conto...
Informatio...	26.12.2009	12:31:21		Keine	4	Nicht zutreffend	dc01.conto...
Informatio...	26.12.2009	12:31:21		Keine	2	Nicht zutreffend	dc01.conto...
Warnung	26.12.2009	12:29:33		Keine	4013	Nicht zutreffend	dc01.conto...
Warnung	26.12.2009	12:27:28		Keine	4013	Nicht zutreffend	dc01.conto...
Informatio...	26.12.2009	12:18:16		Keine	3150	Nicht zutreffend	dc01.conto...
Informatio...	26.12.2009	11:52:57		Keine	3150	Nicht zutreffend	dc01.conto...
Informatio...	26.12.2009	11:39:02		Keine	5504	Nicht zutreffend	dc01.conto...
Informatio...	23.12.2009	11:59:11		Keine	3150	Nicht zutreffend	dc01.conto...
Informatio...	23.12.2009	11:03:39		Keine	3150	Nicht zutreffend	dc01.conto...
Informatio...	23.12.2009	10:29:27		Keine	5504	Nicht zutreffend	dc01.conto...
Informatio...	23.12.2009	10:02:59		Keine	3150	Nicht zutreffend	dc01.conto...
Informatio...	22.12.2009	16:11:04		Keine	3150	Nicht zutreffend	dc01.conto...
Informatio...	22.12.2009	09:15:05		Keine	3150	Nicht zutreffend	dc01.conto...
Informatio...	18.12.2009	13:21:50		Keine	3150	Nicht zutreffend	dc01.conto...
Informatio...	18.12.2009	12:21:10		Keine	3150	Nicht zutreffend	dc01.conto...

Über die Registerkarte *Ereignisprotokollierung* definieren Sie, welche Ereignisse tatsächlich in dieses Protokoll geschrieben werden.

Abbildg. 23.17 Welche Ereignisse in der Ereignisanzeige protokolliert werden, kann in den Eigenschaften eines DNS-Servers festgelegt werden

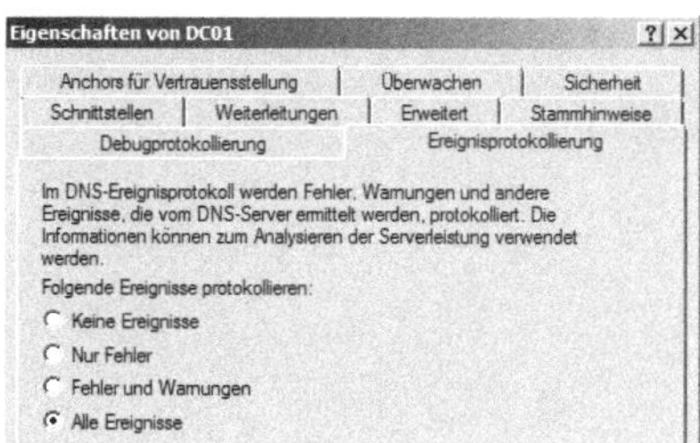

Wählen Sie unter *Folgende Ereignisse protokollieren* die gewünschte Option.

- **Keine Ereignisse** Es erfolgt keine Protokollierung der Ereignisse. Dadurch sparen Sie zwar etwas Speicherplatz und Rechenzeit, haben dafür aber überhaupt keine Möglichkeit zur Fehlersuche, weshalb diese Einstellung nicht zu empfehlen ist.
- **Nur Fehler** Auf dieser Stufe werden zumindest Fehler protokolliert. Dies können Probleme beim Start des Dienstes, beim Laden der Datenbanken oder der Übernahme von Einträgen sein. Eine vollständige Fehlersuche ist jedoch auch hier noch nicht möglich.
- **Fehler und Warnungen** Diese Einstellung erlaubt die Anzeige aller Fehler und Warnungen, die beim Start und Betrieb des DNS-Servers auftreten können. Damit haben Sie die komplette Datenmenge zusammen, die in den meisten Fällen für das Troubleshooting ausreicht.
- **Alle Ereignisse** In einigen Fällen ist eine Fehlersuche nur dann möglich, wenn Sie auch sehen, welche Operationen erfolgreich ausgeführt wurden. Dies ist auch die Standardeinstellung für die Protokollierung. Allerdings laufen Sie hier auch Gefahr, dass Sie in der Menge der Informationen die Warnungen oder Fehler übersehen. Ferner können je nach Konfiguration der Ereignisanzeige durch zu viele Einträge auch Informationen verloren gehen.

DNS-Weiterleitungen verwenden

Ihr DNS-Server kann nur Anfragen der Clients beantworten, für die Zonen hinterlegt wurden. Wenn Sie auch andere Zonen auflösen wollen, müssen Sie im DNS konfigurieren, welche Server gefragt werden sollen. Der DNS-Server überprüft zunächst, ob er für die Domäne zuständig ist. Wenn er keine Zone finden kann, und auch keine Delegierung, werden die DNS-Server gefragt, die über den Eintrag *Bedingte Weiterleitungen* in der Konsolenstruktur hinterlegt sind. Bei Windows Server 2008 R2 kann konfiguriert werden, dass der Server generell alle Anfragen an bestimmte Server weiterleiten soll, oder nur bestimmte Domänen zu bestimmten DNS-Servern.

Abbildg. 23.18 Festlegen von Weiterleitungsservern, zu denen ein DNS-Server Einträge weiterleiten kann

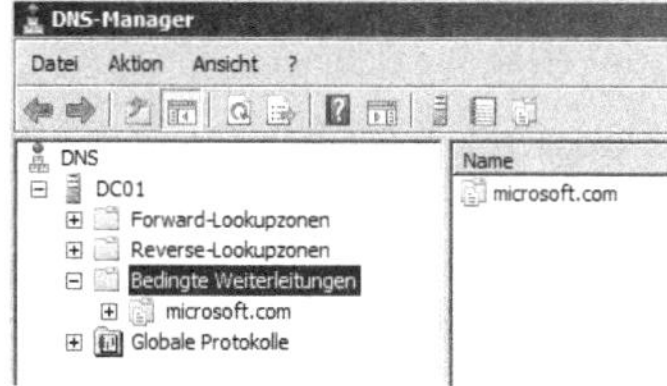

Wenn keine Weiterleitungen konfiguriert sind, werden automatisch die DNS-Server befragt, die auf der Registerkarte *Stammhinweise* in den Eigenschaften des DNS-Servers hinterlegt sind. Falls diese Server nicht erreicht werden, erhält der fragende Client eine Fehlermeldung zurück.

Abbildg. 23.19 Registerkarte *Stammhinweise* in den Eigenschaften eines DNS-Servers

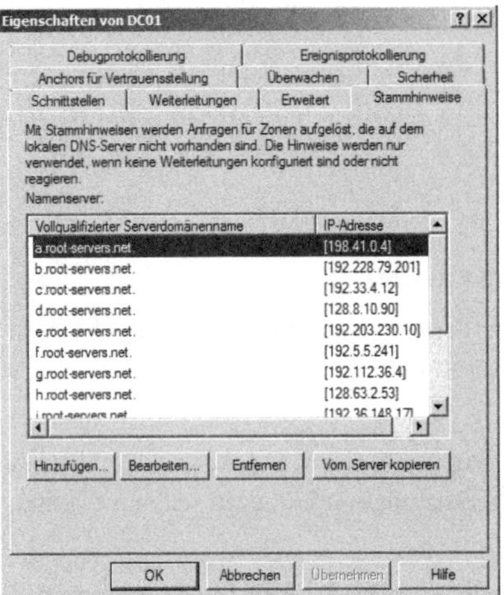

Damit die Benutzer und Server eine Verbindung zum Internet herstellen können, müssen Sie dafür sorgen, dass die Domänennamen im Internet aufgelöst werden können. Auch zu diesem Zweck wird DNS eingesetzt. Die DNS-Server von Active Directory können nicht nur die internen Zonen auflösen, sondern können auch als Weiterleitungsserver die DNS-Server Ihres Providers verwenden oder alternativ die Stammhinweise, also die Root-DNS-Server des Internets. Dadurch ist sichergestellt, dass die DNS-Server des Unternehmens zuverlässig interne und externe DNS-Namen auflösen können.

Setzen Sie zum Beispiel ISA Server oder einen anderen Proxy für die Internetanbindung ein, können Sie diesen auch als Server für die Namensauflösung verwenden. Die interne Netzwerkkarte von ISA Server verwendet als DNS-Server die Domänencontroller von Active Directory. Durch diese empfohlene Vorgehensweise ist immer sichergestellt, dass die Namen der Internetseiten aufgelöst werden können. In den Eigenschaften der PCs und Mitgliedsserver der Domäne, auch auf ISA Server, stehen die DNS-Server von Active Directory, also die Domänencontroller. Dadurch ist sichergestellt, dass auch ISA Server interne DNS-Namen auflösen kann.

Die Active Directory-Domänencontroller fragen die DNS-Server Ihres Internetproviders nach DNS-Zonen, für die sie nicht selbst zuständig sind oder verwendet automatisch die Stammhinweise, wenn keine Weiterleitungsserver konfiguriert wurden. Damit die Domänencontroller die DNS-Namen bei den DNS-Servern im Internet abfragen können, müssen auf ISA Server entsprechende Regeln definiert werden. Sie sollten auf den DNS-Servern als Weiterleitungsserver nicht nur einen externen DNS-Server verwenden, sondern am besten mehrere oder gleich die Stammhinweise verwenden. Dadurch ist sichergestellt, dass der Internetverkehr auch noch funktioniert, wenn ein DNS-Server des Providers nicht mehr zur Verfügung stehen sollte.

Sie müssen für die Namensauflösung zwangsläufig nicht diesen Weg wählen, sondern können für die Auflösung von DNS-Namen im Internet auf ISA Server einen DNS-Server konfigurieren, der wiederum die DNS-Server im Internet als Weiterleitungsserver verwendet. Die Möglichkeit, die DNS-Server von Active Directory zu verwenden, ist aber nach unserer Erfahrung vor allem für mittelständische Unternehmen die beste.

Abbildg. 23.20 Optimaler Aufbau einer DNS-Infrastruktur für das Internet

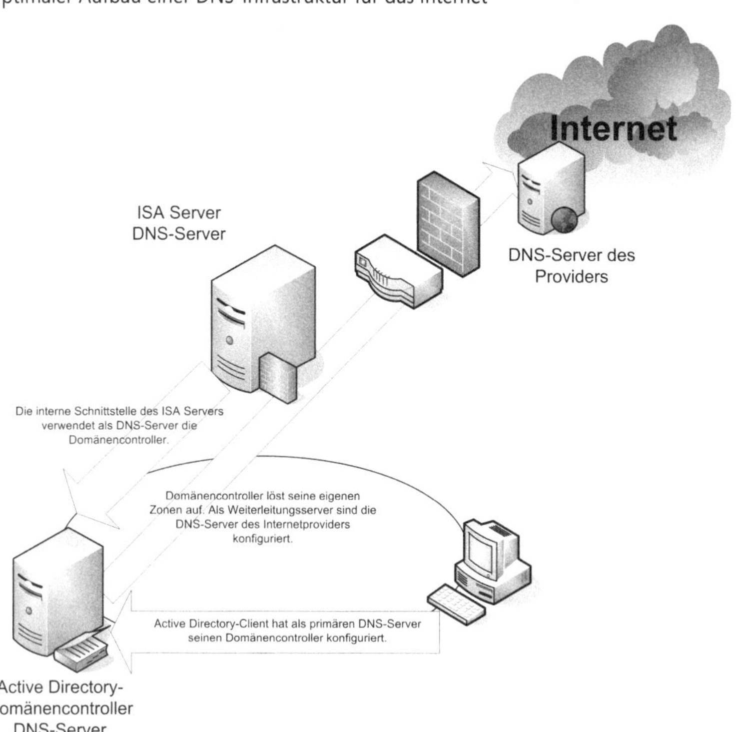

IP-Einstellungen beim Einsatz mehrerer Domänen optimieren

Installieren Sie einen zusätzlichen Domänencontroller für eine Domäne, müssen Sie sicherstellen, dass der bevorzugte DNS-Server in den IP-Einstellungen den Namen der Zone auflösen kann, welche die Domäne verwaltet. Sie können in den IP-Einstellungen eines Servers mehrere DNS-Server eintragen. Es wird immer zunächst der bevorzugte DNS-Server verwendet. Die alternativen DNS-Server werden erst eingesetzt, wenn der bevorzugte DNS-Server nicht mehr zur Verfügung steht, weil er zum Beispiel gerade neu gestartet wird.

Ein Server verwendet nicht alle konfigurierten DNS-Server parallel oder hintereinander, um Namen aufzulösen. Wollen Sie einen DNS-Namen auflösen und der bevorzugte DNS-Server kann den Namen nicht auflösen und meldet dies dem Client zurück, wird nicht der alternative Server eingesetzt. Auch das Zurückgeben einer nicht erfolgten Namensauflösung wird als erfolgreiche Antwort akzeptiert. Über die Schaltfläche *Erweitert* in den IP-Einstellungen eines Rechners können Sie weitere Einstellungen vornehmen, um die Zusammenarbeit mit DNS zu konfigurieren (siehe Kapitel 10). Sie können auf der Registerkarte *DNS* der erweiterten Einstellungen weitere alternative DNS-Server eintragen.

Aktivieren Sie auf den Domänencontrollern in den IP-Einstellungen über die Schaltfläche *Erweitert* auf der Registerkarte *DNS* die Option *Diese DNS-Suffixe anhängen (in Reihenfolge)*. Tragen Sie als Nächstes zuerst den Namensraum der eigenen Struktur ein und hängen Sie danach die Namensräume der anderen Strukturen an.

Abbildg. 23.21 Optimieren der Namensauflösung über neue DNS-Suffixe

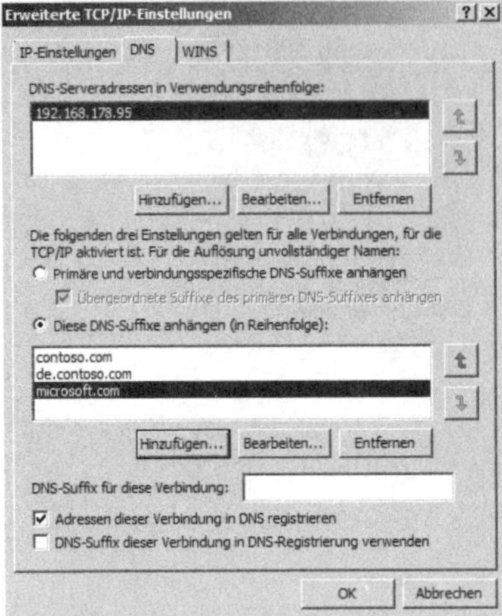

Der Sinn dieser Konfiguration ist die schnelle Auflösung von Servern in den anderen Strukturen. Wenn Sie zum Beispiel den Domänencontroller *dc01* in der Struktur *contoso.com* auflösen wollen, müssen Sie immer *dc01.contoso.com* eingeben. Diese Einstellung ist nur optional, erleichtert aber die Stabilität der Namensauflösung in Ihrem Active Directory. Sie sollten diese Einstellung auf jedem Domänencontroller sowie auf Server in Ihrer Gesamtstruktur durchführen, der mehrere Zonen auflösen muss.

Zuerst sollte immer die eigene Domäne und der eigene Namensraum eingetragen werden, bevor andere Namensräume abgefragt werden. Wenn Sie diese Maßnahme durchgeführt haben, können Sie mit *nslookup* den Effekt überprüfen. Sie können an dieser Stelle lediglich *dc01* eingeben. Der Server befragt seinen bevorzugten DNS-Server, ob ein Server mit dem Namen *dc01.microsoft.com* gefunden wird. Da dieser Server nicht vorhanden ist (sonst würde dieser Trick nicht funktionieren), wird der nächste Namensraum abgefragt. Dies ist in diesem Beispiel *contoso.com*. Da die Zone *contoso.com* als Weiterleitung in den DNS-Servern definiert ist, fragt der DNS-Server jetzt beim DNS-Server dieser Zone nach und löst den Namen richtig auf. Viele Administratoren tragen auf ihrem DNS-Server einfach einen neuen statischen Hosteintrag ein, der auf die IP-Adresse des Servers des anderen Namensraums zeigt.

Diese Vorgehensweise ist aber nicht richtig, auch wenn sie grundsätzlich funktioniert. Es wird in diesem Fall nämlich nicht der richtige DNS-Name des entsprechenden Servers zurückgegeben, sondern der Servername mit der Zone des DNS-Servers, in die der Server als Host eingetragen wurde. Vor allem in größeren Active Directorys sollten Administratoren darauf achten, die Konfigurationen so vorzunehmen, dass sie auch formal korrekt sind. Das hilft oft, unbedachte Probleme zu vermeiden.

Wenn Sie zum Beispiel in der Zone *microsoft.com* einen neuen Eintrag *dc01* für den Domänencontroller *dc01.contoso.com* erstellen, der auf die IP-Adresse des Servers verweist, wird der Name als *dc01.microsoft.com* aufgelöst, obwohl der eigentliche Name des Servers *dc01.contoso.com* ist. Dadurch funktioniert zwar die Auflösung, aber es wird ein falscher Name zurückgegeben.

Sekundäre DNS-Server konfigurieren

Das Erstellen einer sekundären Zone unterscheidet sich nur unwesentlich vom Erstellen einer primären Zone, weshalb wir uns hier nur mit den Unterschieden eingehender befassen werden:

1. Sie starten den Vorgang, indem Sie in der Verwaltungskonsole im Kontextmenü des Eintrags *Forward-Lookupzonen* den Befehl *Neue Zone* und im zweiten Schritt des Assistenten die Option *Sekundäre Zone* wählen.

Abbildg. 23.22 Erstellen einer sekundären DNS-Zone

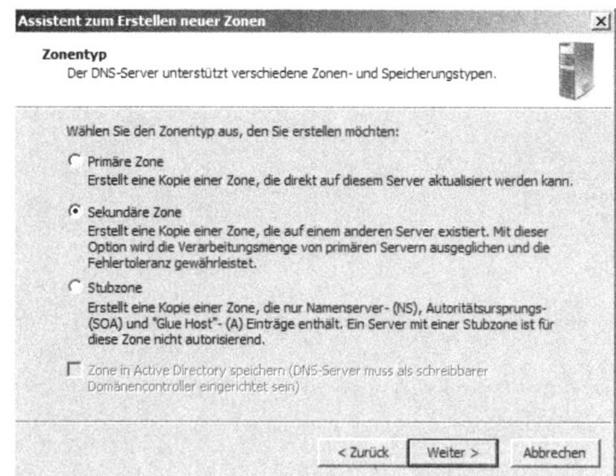

2. Geben Sie jetzt im Feld *Zonenname* den Namen der existierenden Domäne ein. Der Name der Zonendatei kann hier nicht mehr ausgewählt werden, er wird automatisch generiert und kann erst später in den Eigenschaften der neu erstellen Zone verändert werden.
3. Da Sie an dieser Stelle unter Umständen noch nicht mit der vorhandenen DNS-Struktur verbunden sind, müssen Sie jetzt die IP-Adresse mindestens eines DNS-Servers angeben, der eine Kopie der Zone gespeichert hat. Dabei muss es sich nicht unbedingt um den primären DNS-Server handeln, falls dieser zum Beispiel nur über eine langsame, unzuverlässige oder teure Netzwerkverbindung zu erreichen ist. In diesem Fall wählen Sie einfach einen der bereits vorhandenen sekundären DNS-Server aus. Die Liste wird anschließend mit dem obersten Eintrag beginnend abgearbeitet, bis ein Server auf die Anfrage zum Zonentransfer antwortet. Alle weiteren Server in der Liste werden dann nicht mehr berücksichtigt. Die Replikation findet also immer nur mit einem Server statt, nicht mit allen in der Liste aufgeführten Servern.

Abbildg. 23.23 Festlegen eines Master-DNS-Servers, von dem die Zone auf den sekundären Server übertragen wird

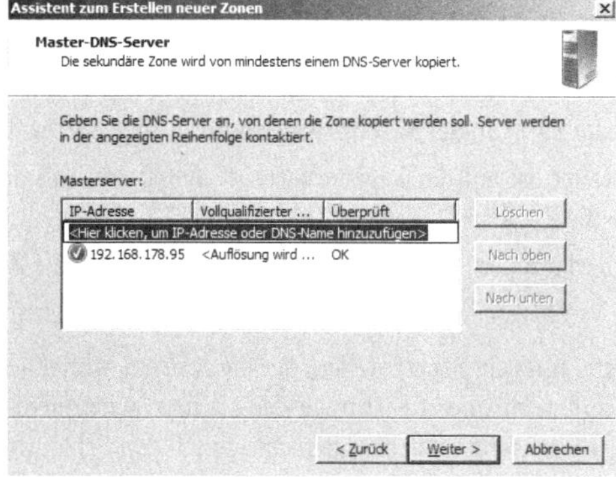

Der DNS-Server wird nun die in der Liste angegebenen DNS-Server abfragen und einen Zonentransfer anfordern. Falls Sie den Transfer von Hand (außerhalb des regulären Intervalls) starten wollen, wählen Sie im Kontextmenü der Zone den Eintrag *Übertragung vom Master*. Danach wird ermittelt, ob es neue Einträge gibt, die anschließend angefordert werden.

Der Eintrag *Erneut vom Master übertragen* sorgt dafür, dass die bisher empfangenen Daten komplett verworfen werden und eine erneute Anforderung der kompletten Zone erfolgt, was zum Beispiel bei einer Beschädigung der lokalen DNS-Datei nach einem Systemabsturz der Fall sein kann.

Abbildg. 23.24 Übertragen einer DNS-Zone vom Master-DNS-Server auf den sekundären DNS-Server

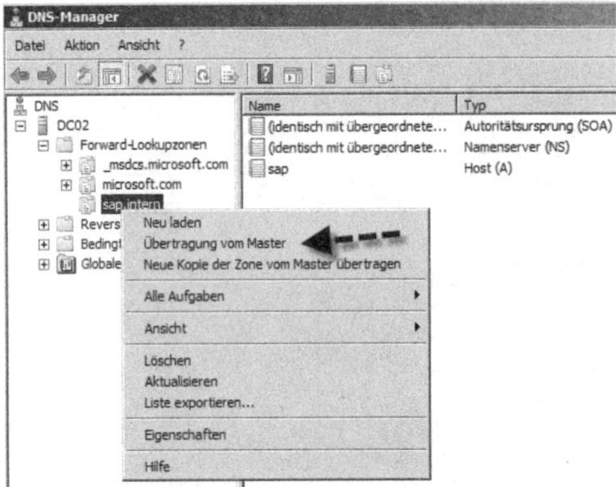

Befehlszeilentools für DNS

Wenn Probleme in Active Directory auftreten, liegt meist ein Fehler in der DNS-Konfiguration vor. Aus diesem Grund sollten Sie sich bereits frühzeitig mit den möglichen Fehlerquellen und der DNS-Infrastruktur vertraut machen.

Nslookup zur Fehlerdiagnose einsetzen

Treten in Active Directory Fehler auf, sollten Sie immer zunächst überprüfen, ob sich die beteiligten Server im DNS auflösen können. Verwenden Sie dazu das Befehlszeilentool *Nslookup*. Neben *Nslookup* besprechen wir im nächsten Abschnitt noch weitere Tools, die für die Fehlersuche und Verwaltung von DNS unter Windows Server 2008 R2 eine besondere Rolle spielen. *Nslookup* gehört zu den Bordmitteln von Windows Server 2008 R2.

Wenn ein Servername mit *Nslookup* nicht aufgelöst werden kann, sollten Sie überprüfen, wo das Problem liegt:

1. Ist in den IP-Einstellungen des Servers der richtige DNS-Server als bevorzugt eingetragen?
2. Verwaltet der bevorzugte DNS-Server die Zone, in der Sie eine Namensauflösung durchführen wollen?
3. Falls der Server diese Zone nicht verwaltet, ist auf der Registerkarte *Weiterleitungen* in den Eigenschaften des Servers ein Server eingetragen, der die Zone auflösen kann?
4. Ist eine Weiterleitung eingetragen, kann dann der Server, zu dem weitergeleitet wird, die Zone auflösen?
5. Wenn dieser Server nicht für die Zone verantwortlich ist, leitet er dann wiederum die Anfrage weiter?

An irgendeiner Stelle der Weiterleitungskette muss ein Server stehen, der die Anfrage schließlich auflösen kann, sonst kann der Client keine Verbindung aufbauen und die Abfrage des Namens wird nicht erfolgreich sein. Gehen Sie strikt nach dieser Vorgehensweise vor, werden Sie bereits recht schnell den Fehler in der Namensauflösung finden. Sollte bei Ihnen ein Fehler auftauchen, müssen Sie in der Reverse- und der Forward-Lookupzone überprüfen, ob sich der Server dynamisch in das DNS integriert hat. In Ausnahmefällen kann es vorkommen, dass die Aktualisierung der Reverse-Lookupzone nicht funktioniert hat. In diesem Fall können Sie einfach den Eintrag des Servers manuell ergänzen. Dazu müssen Sie lediglich einen neuen Zeiger (engl.: Pointer) erstellen. Ein Zeiger oder Pointer ist ein Verweis von einer IP-Adresse zu einem Hostnamen.

Kurz nach der Installation kann dieser Befehl durchaus noch Fehler melden. Versuchen Sie die IP-Adresse des Domänencontrollers erneut mit *ipconfig /registerdns* zu registrieren. Nach einigen Sekunden sollte der Name fehlerfrei aufgelöst werden. Sobald Sie *Nslookup* aufgerufen haben, können Sie beliebig Servernamen auflösen. Wenn Sie keinen FQDN eingeben, sondern nur den Computernamen, ergänzt der lokale Rechner automatisch den Namen durch das primäre DNS-Suffix des Computers, bzw. durch die in den IP-Einstellungen konfigurierten DNS-Suffixe. Sie sollten auf kritischen Servern bzw. auf Servern, bei denen die Namensauflösung nicht funktioniert, mit *Nslookup* überprüfen, an welcher Stelle Probleme auftauchen.

Wenn Sie *Nslookup* aufrufen, um Servernamen aufzulösen, wird als DNS-Server immer der Server befragt, der in den IP-Einstellungen des lokalen Rechners hinterlegt ist. Sie können von dem lokalen Rechner aus aber auch andere DNS Server mit der Auflösung befragen. Geben Sie dazu die Befehlszeile *nslookup <host> <server>*, zum Beispiel *nslookup dc02.microsoft.com dc01.contoso.com*, ein. Bei diesem Beispiel versucht *Nslookup* den Host *dc02.microsoft.com* mithilfe des Servers *dc01.contoso.com* aufzulösen. Anstatt den zweiten Eintrag, also den DNS-Server, mit seinem FQDN anzusprechen, können Sie auch die IP-Adresse angeben.

Wenn Sie als Servereintrag bei dieser Befehlszeile einen DNS-Server mit seinem FQDN eingeben, setzt dies voraus, dass der DNS-Server, den der lokale Rechner verwendet, zwar nicht den Host *dc02.microsoft.com* auflösen kann, aber dafür den Server *dc01.contoso.com*. Der DNS-Server *dc01.contoso.com* wiederum muss dann den Host *dc02.microsoft.com* auflösen können, damit keine Fehlermeldung ausgegeben wird. Sie können also mit *Nslookup* sehr detailliert die Schwachstellen Ihrer DNS-Auflösung testen. Wenn Sie mehrere Hosts hintereinander abfragen wollen, müssen Sie nicht jedes Mal den Befehl *nslookup <host><server>* verwenden, sondern können *Nslookup* mit dem Befehl *nslookup –<server>* starten, wobei der Eintrag *server* dem Namen oder der IP-Adresse des DNS-Servers entspricht, den Sie befragen wollen, zum Beispiel *nslookup –10.0.0.11.*

Diagnose der Namensauflösung über DNS mit *Nslookup* an einem Beispiel für fortgeschrittene Benutzer

Sie können die beiden Optionen auch kombinieren. In der Abbildung 23.25 ist ein solcher Ablauf dargestellt:

- Wenn Sie zum Beispiel *Nslookup* so starten, dass nicht der lokal konfigurierte DNS-Server zur Namensauflösung herangezogen wird, sondern der Server im Netzwerk mit der Adresse *10.0.0.11*, können Sie innerhalb der *Nslookup*-Befehlszeile durch Eingabe von *<host> <server>* wieder einen weiteren DNS-Server befragen

Abbildg. 23.25 Diagnose von DNS-Problemen mit *Nslookup*

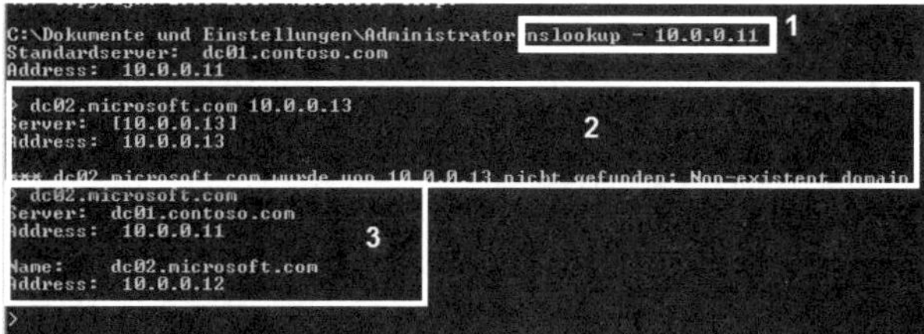

- *Nslookup* wird in der Befehlszeile gestartet und so konfiguriert, dass der DNS-Server *10.0.0.11* zur Namensauflösung herangezogen wird.
- *Nslookup* überprüft, ob der lokal konfigurierte DNS-Server in seiner Reverse-Lookupzone die IP-Adresse *10.0.0.11 zu* einem Servernamen auflösen kann. Da dies funktioniert, wird als Standardserver für diese *Nslookup*-Befehlszeile der DNS-Server *10.0.0.11* mit seinem FQDN *dc01.contoso.com* verwendet. Wäre an dieser Stelle eine Fehlermeldung angezeigt worden, dass der Servername für *10.0.0.11* nicht bekannt ist, würde dies bedeuten, dass der DNS-Server, der in den IP-Einstellungen des lokalen Rechners konfiguriert ist, in seiner Reverse-Lookupzone den Servername nicht auflösen kann. In diesem Fall sollten Sie die Konfiguration der Reverse-Lookupzone überprüfen und sicherstellen, dass alle Zeiger (Pointer) korrekt eingetragen sind. Zu einer konsistenten Namensauflösung per DNS gehört nicht nur die Auflösung von Servername zu IP (Forward), sondern auch von IP zu Servername (Reverse).
- In der nächsten Zeile (siehe den Punkt 2 in Abbildung 23.25) soll der Rechnername *dc02.microsoft.com* vom Server *10.0.0.13* aufgelöst werden. Der Server *10.0.0.13* kann jedoch den Servername *dc02.microsoft.com* nicht auflösen. In diesem Fall liegt ein Problem auf dem Server *10.0.0.13* vor, der die Zone *microsoft.com* nicht auflösen kann. Sie sollten daher auf dem Server *10.0.0.13* entweder in den Eigenschaften des DNS-Servers auf der Registerkarte *Weiterleitungen* überprüfen, ob eine Weiterleitung zu *microsoft.com* eingetragen werden muss, oder eine sekundäre Zone für *microsoft.com* auf dem Server *10.0.0.13* anlegen, wenn dieser Rechnernamen für die Zone *microsoft.com* auflösen können soll.
- Als Nächstes wird versucht, den gleichen Servernamen *dc02.microsoft.com* über den Standardserver dieser *Nslookup*-Befehlszeile aufzulösen (siehe den Punkt 3 in Abbildung 23.25). Der Standardserver kann den Servernamen problemlos auflösen, was zeigt, dass diese Konfiguration in Ordnung ist.

Nslookup zur Auflösung von Internetdomänen verwenden

Bei entsprechend konfigurierter Weiterleitung auf dem DNS-Server muss ein lokaler Rechner auch Internetdomänen auflösen können. Die Antwort kann zwar etwas dauern, da der interne DNS-Server zunächst durch die konfigurierte Weiterleitung einen DNS-Server im Internet befragen muss, aber wenn Sie eine Antwort erhalten, können Sie sicher sein, dass die Namensauflösung ins Internet ebenfalls funktioniert.

Sie können über *Nslookup* auch ausführlichere Informationen über eine DNS-Zone oder einen DNS-Server abfragen. Starten Sie dazu *Nslookup* in der Befehlszeile und geben Sie den Befehl *set debug* ein. Im Anschluss erhalten Sie wesentlich ausführlichere Informationen über die Hostnamen, DNS-Server und DNS-Zonen, die Sie an dieser Stelle überprüfen.

Über die Befehlszeile können Sie durch die Eingabe *nslookup contoso.com* überprüfen, welche Namenserver für die DNS-Domäne *contoso.com* zuständig sind. Sie können auch auf einem Server über das Netzwerk feststellen, welche Namenserver für eine Domäne konfiguriert sind, ohne in das Snap-In *DNS* wechseln zu müssen.

Abbildg. 23.26 Debuginformationen über einen DNS-Server mit *Nslookup* abrufen

```
Administrator: C:\Windows\system32\cmd.exe - nslookup
> set debug
> microsoft.com
Server:  UnKnown
Address:  192.168.178.96

------------
Got answer:
    HEADER:
        opcode = QUERY, id = 8, rcode = NXDOMAIN
        header flags:  response, auth. answer, want recursion, recursion avail.
        questions = 1,  answers = 0,  authority records = 1,  additional = 0

    QUESTIONS:
        microsoft.com.microsoft.com, type = A, class = IN
    AUTHORITY RECORDS:
    ->  microsoft.com
        ttl = 3600 (1 hour)
        primary name server = dc02.microsoft.com
        responsible mail addr = hostmaster.microsoft.com
        serial  = 22
        refresh = 900 (15 mins)
        retry   = 600 (10 mins)
        expire  = 86400 (1 day)
        default TTL = 3600 (1 hour)

------------
Got answer:
    HEADER:
        opcode = QUERY, id = 9, rcode = NXDOMAIN
        header flags:  response, auth. answer, want recursion, recursion avail.
        questions = 1,  answers = 0,  authority records = 1,  additional = 0

    QUESTIONS:
        microsoft.com.microsoft.com, type = AAAA, class = IN
    AUTHORITY RECORDS:
    ->  microsoft.com
        ttl = 3600 (1 hour)
        primary name server = dc02.microsoft.com
        responsible mail addr = hostmaster.microsoft.com
        serial  = 22
        refresh = 900 (15 mins)
        retry   = 600 (10 mins)
        expire  = 86400 (1 day)
        default TTL = 3600 (1 hour)

------------
Got answer:
    HEADER:
        opcode = QUERY, id = 10, rcode = NOERROR
        header flags:  response, auth. answer, want recursion, recursion avail.
        questions = 1,  answers = 1,  authority records = 0,  additional = 0

    QUESTIONS:
        microsoft.com, type = A, class = IN
    ANSWERS:
    ->  microsoft.com
        internet address = 192.168.178.96
        ttl = 600 (10 mins)
```

Mit *Nslookup* SRV-Records oder MX-Records anzeigen

Eine der wichtigsten Abfragen, um zum Beispiel Exchange SMTP-Connectors einzurichten, ist die Abfrage auf SRV-Records. Wenn Sie die bereits besprochene Internetverbindung der DNS-Server sichergestellt haben, können Sie mit *Nslookup* auch die MX-Einträge von Domänen im Internet abfragen. Dadurch können Sie zum Beispiel sicherstellen, dass zu Ihnen geschickte E-Mails auch über diese MX-Server geschickt wurden.

Abbildg. 23.27 Überprüfen der MX-Einträge für bestimmte Domänen (auch über das Internet)

```
Administrator: C:\Windows\system32\cmd.exe - nslookup

C:\Users\Administrator>nslookup
Standardserver:  dc01.contoso.com
Address:  192.168.178.95

> set q=mx
> online.ms
Server:  dc01.contoso.com
Address:  192.168.178.95

DNS request timed out.
    timeout was 2 seconds.
Nicht autorisierende Antwort:
online.ms       MX preference = 110, mail exchanger = mx-ha02.web.de
online.ms       MX preference = 100, mail exchanger = mx-ha01.web.de

mx-ha02.web.de  internet address = 217.72.192.188
mx-ha01.web.de  internet address = 217.72.192.149
>
```

Die Abfrage von SRV-Records über *Nslookup* wird hauptsächlich für die Mail-Exchanger (MX)-Einträge verwendet. Um SRV-Records einer Domäne abzufragen, starten Sie in der Befehlszeile ganz normal *nslookup*.

Geben Sie als Nächstes den Befehl *set q=mx* ein, damit für abgefragte Domänen explizit nur der MX-Eintrag zurückgegeben wird. Sie können durch diese Diagnose auch zum Beispiel Ihren eigenen MX-Eintrag im Internet auf Korrektheit überprüfen.

Komplette Zonen mit *Nslookup* übertragen

Zusätzlich können Sie alle Einträge einer Zone in *nslookup* anzeigen lassen. Starten Sie dazu in der Befehlszeile *Nslookup*. Geben Sie als Nächstes den Befehl *ls <Domäne>* ein, zum Beispiel *ls contoso.com*. *Nslookup* baut eine Verbindung zum Namenserver dieser Zone auf und überträgt den Inhalt der kompletten Zone auf den lokalen Rechner, um diesen anzuzeigen. Allerdings muss diese Übertragung auf der Registerkarte *Zonenübertragungen* erst aktiviert werden.

Standardmäßig verweigert Windows Server 2008 R2 eine solche Übertragung. Die Option *–a* liefert Aliasnamen und kanonische Namen (CNAMEs), *–d* liefert alle Daten und *–t* filtert nach dem Typ. Durch diese Option können Sie sich alle Informationen über eine Zone anzeigen lassen. Da es sich bei dieser Abfrage um ein klares Sicherheitsproblem handelt, da ein Angreifer auf diese Weise sehr schnell an alle Informationen und Servernamen einer DNS-Zone gelangt, verweigert ein DNS-Server unter Windows Server 2008 R2 standardmäßig diese Abfrage.

Sie können diese Sicherheitseinstellungen für jede einzelne Zone auf einem DNS-Server jedoch anpassen. Rufen Sie dazu die Eigenschaften der Zone auf und wechseln Sie auf die Registerkarte *Zonenübertragung*. An dieser Stelle können Sie die Übertragung auf einzelne Server zulassen oder verweigern.

Mit *Nslookup* die SRV-Records von Active Directory überprüfen

Zusätzlich können mit *Nslookup* auch die SRV-Records von Active Directory überprüft werden. Mit SRV-Records werden spezielle Netzwerkdienste wie zum Beispiel Mail-Exchanger (MX) oder auch LDAP und Kerberos im DNS veröffentlicht. Clients können im DNS nachfragen, welcher Host im Netzwerk für die einzelnen Serverdienste verantwortlich ist. Active Directory baut stark auf diese SRV-Records auf. Aus diesem Grund ist eine Diagnose dieser Einträge mit *Nslookup* durchaus sinnvoll. Alle SRV-Records in Active Directory befinden sich parallel in der Datei *\Windows\system32\config\netlogon.dns*.

IPconfig zur DNS-Diagnose verwenden

Ein weiteres wichtiges Tool ist *IPconfig.exe*, welches ebenfalls zum Lieferumfang von Windows Server 2008 R2, Windows Server 2003, Windows 2000 Server, Windows XP, Windows Vista und Windows 7 gehört. Vor allem die beiden Optionen */registerdns* und */flushdns* sollten jedem Administrator bekannt sein, der einen DNS-Server verwaltet.

IPconfig /flushdns zum Löschen des lokalen DNS-Caches

Wenn Sie eine DNS-Diagnose durchführen und Fehlerbehebungsmaßnahmen daraus ableiten, müssen Sie aufpassen, dass Ihnen der lokale DNS-Cache keinen Strich durch die Rechnung macht. Wenn Sie mit *Nslookup* Namen auf dem DNS-Sever überprüfen, versucht der Client zunächst den Namen aus seinem lokalen DNS-Cache zu lesen. Wenn Sie einen eventuell vorhandenen Fehler behoben haben, kann dennoch der lokale DNS-Cache fehlerhafte Einträge enthalten. Löschen Sie daher immer vor der erneuten Abfrage den lokalen DNS-Cache in der Befehlszeile mit *ipconfig /flushdns*.

Auch der DNS-Server verwendet einen eigenen Cache, der bei einer Fehlerdiagnose störend sein kann. Wenn ein Client in seinem DNS-Cache keinen Eintrag finden kann, gibt er die Abfrage an den DNS-Server weiter. Bevor der Server in seinen Zonen überprüft, ob er die Anfrage beantworten kann bzw. die Anfrage weitergeleitet wird, sucht er in seinem eigenen Servercache. Sie sollten daher bei einer Fehlerbehebung diesen Cache ebenfalls löschen lassen. Sie finden diese Möglichkeit im Kontextmenü des DNS-Servers im Snap-In *DNS*.

Abbildg. 23.28 Löschen des DNS-Servercache in der DNS-Verwaltung

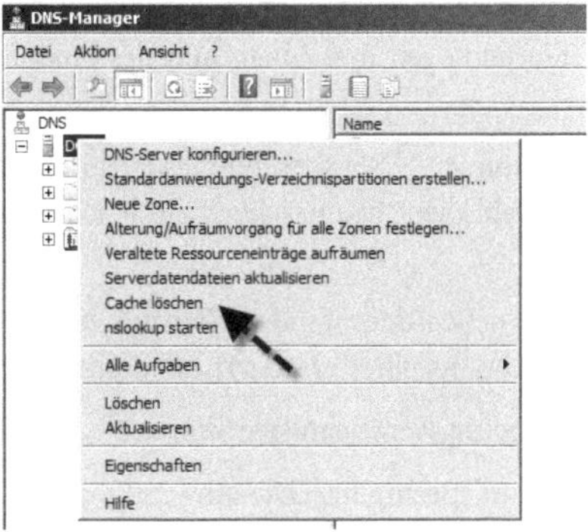

IPconfig /registerdns – DNS-Registrierung erneuern

Wenn ein Client gestartet wird, registriert er sich automatisch am DNS, wenn die lokalen Dienste *Anmeldedienst* und *DNS-Client* gestartet werden. Da Sie bei einer Fehlerbehebung nicht jedes Mal die beiden Dienste neu starten oder den ganzen Server neu booten wollen, können Sie in der Befehlszeile mit dem Befehl *ipconfig/registerdns* eine manuelle Aktualisierung der Einträge auf dem DNS durchführen.

Nach der Eingabe des Befehls sollten die Einträge recht schnell auf dem DNS aktualisiert worden sein. Sollte das dynamische Aktualisieren noch immer nicht funktionieren, überprüfen Sie in den Eigenschaften der Zone, ob die dynamische Aktualisierung aktiviert ist. Wenn sich an der Zone auch Arbeitsstationen und Server dynamisch registrieren sollen, die nicht Mitglied der Gesamtstruktur sind, können Sie auch die Option *Nicht sichere und sichere* aktivieren.

DNScmd.exe zur Verwaltung eines DNS-Servers in der Befehlszeile

Ein weiteres wichtiges Befehlszeilentool ist *DNScmd.exe*, mit dem Sie einen DNS-Server in der Kommandozeile verwalten können. Mit *DNScmd.exe* können sowohl Informationen über einen DNS-Server abgerufen als auch Informationen in Textdateien exportiert werden. Mit dem Tool lässt sich ein DNS-Server komplett über die Befehlszeile verwalten, zum Beispiel über Skripts. Über *dnscmd /?* erhalten Sie eine ausführliche Hilfe. Auf der Internetseite *http://technet2.microsoft.com/windowsserver/en/library/5c497b2e-3387-4ecf-adf5-562045620a961033.mspx?mfr=true* finden Sie die ausführliche Befehlszeilensyntax.

Unter manchen Umständen, zum Beispiel für die Diagnose von DNS-Problemen, kann es durchaus sinnvoll sein, eine komplette Zone aus dem DNS in eine Textdatei zu importieren. Wenn die Zonen nicht in Active Directory integriert sind, sondern es sich um normale primäre oder sekundäre DNS-Zonen handelt, ist ein Export mit *DNScmd* unnötig. Sie können in diesem Fall die Zonendateien mit der Endung *.dns* aus dem Verzeichnis *\Windows\System32\dns* kopieren.

In Active Directory integrierte Zonen werden nicht in *.dns*-Dateien gespeichert, sondern direkt in die Active Directory-Datenbank integriert. Um mit *DNScmd* eine Active Directory-integrierte DNS-Zone in eine Testdatei zu kopieren, öffnen Sie eine Befehlszeile und geben zum Beispiel den Befehl *dnscmd dc01.contoso.com /zonexport contoso.com contoso.txt* ein. Die Zonendatei wird in das Verzeichnis *\Windows\System32\dns* kopiert.

Die Optionen von *DNScmd* und deren Aufgaben sind:

- **/ageallrecords** Verändert die Zeitstempel von Einträgen innerhalb einer bestimmten Zone, zum Beispiel *dnscmd reskit.com /ageallrecords test.reskit.com*
- **/clearcache** Löscht den Cache des Servers aus der Befehlszeile
- **/config** Mit dieser Option können verschiedene Einstellungen der Zonen und des kompletten Servers vorgenommen werden
- **/createbuiltindirectorypartitions** Mit dieser Option können DNS-Anwendungspartitionen auf Gesamtstruktur- oder Domänenebene erstellt werden. Der Befehl dient hauptsächlich zur Wiederherstellung der Standardanwendungspartitionen.
- **/createdirectorypartition** Mit dieser Option können neben den Standard-Partitionen weitere Anwendungspartitionen erstellt werden, um die DNS-Replikation detaillierter steuern zu können.
- **/deletedirectorypartition** Löscht erstellte DNS-Anwendungsverzeichnispartitionen
- **/directorypartitioninfo** Zeigt Informationen über eine spezifische DNS-Anwendungsverzeichnispartition an
- **/enlistdirectorypartition** Fügt DNS-Server zu der Replikationsliste einer Anwendungsverzeichnispartition hinzu
- **/enumdirectorypartitions** Zeigt alle DNS-Anwendungsverzeichnispartitionen eines bestimmten Servers an
- **/enumrecords** Zeigt die Ressourcen eines bestimmten Knotens innerhalb einer DNS-Zone an
- **/enumzones** Zeigt die Zonen eines bestimmten Servers an, zum Beispiel *dnscmd reskit.com /enumzones* oder *dnscmd reskit.com /enumzones /auto-created /reverse*
- **/info** Zeigt bestimmte Einstellungen für den DNS-Server an, die auch im Registryschlüssel *HKEY_LOCAL_MACHINE\SYSTEM\CurrentControlSet\Services\DNS\Parameters* gespeichert sind. Beispiele hierfür sind *dnscmd reskit.com /info isslave* oder *dnscmd reskit.com /info recursiontimeout.*
- **/nodedelete** Löscht alle Einträge eines bestimmten Hosts, zum Beispiel *dnscmd reskit.com /nodedelete test.reskit.com node /tree* oder *dnscmd reskit.com /NodeDelete test.reskit.com host /F*
- **/recordadd** Fügt einen neuen Eintrag auf einem bestimmten DNS-Server und einer bestimmten DNS-Zone hinzu
- **/recorddelete** Löscht einen Eintrag auf einem bestimmten DNS-Server und einer bestimmten DNS-Zone
- **/resetforwarders** Löscht die Liste der Weiterleitungsserver eines bestimmten DNS-Servers
- **/resetlistenaddresses** Legt die Schnittstelle fest, auf die der DNS-Server auf Clientanfragen hört
- **/startscavenging** Veranlasst einen bestimmten DNS-Server nach abgelaufenen Einträgen zu suchen
- **/statistics** Zeigt Informationen für einen bestimmten DNS-Server an oder löscht diese, zum Beispiel *dnscmd reskit.com /statistics 00000001* oder *dnscmd reskit.com /statistics 00200000*
- **/unenlistdirectorypartition** Löscht einen DNS-Server von der Replikationsliste einer bestimmten Zone, wenn eine eigene DNS-Anwendungsverzeichnispartition erstellt wurde
- **/writebackfiles** Überprüft, ob im Arbeitsspeicher des DNS-Servers noch Änderungen stehen, die nicht auf die Platte geschrieben wurden und speichert diese dann auf der Platte
- **/zoneadd** Fügt einem Server eine neue Zone hinzu

- **/zonechangedirectorypartition** Verschiebt eine Zone in eine bestimmte DNS-Anwendungsverzeichnispartition, um die Replikation der Zone besser zu steuern
- **/zonedelete** Löscht eine bestimmte Zone von einem Server, zum Beispiel *dnscmd reskit.com /zonedelete test.reskit.com*
- **/zoneexport** Exportiert eine Zone in eine Textdatei
- **/zoneinfo** Zeigt Informationen einer bestimmten Zone an, die auch in der Registry im Schlüssel *HKEY_LOCAL_MACHINE\SYSTEM\CurrentControlSet\Services\DNS\Parameters\Zones\<Zonen-Namen>* gespeichert sind, zum Beispiel *dnscmd reskit.com /zoneinfo test.reskit.com refreshinterval* oder *dnscmd reskit.com /zoneinfo test.reskit.com aging*
- **/zonepause** Pausiert eine Zone. Clientanfragen an diese Zone werden nicht beantwortet.
- **/zoneprint** Zeigt alle Einträge einer Zone an
- **/zoneresettype** Ändert den Typ einer Zone
- **/zonerefresh** Zwingt einen sekundären DNS-Server zum Abgleich der Zone mit seinem Master
- **/zonereload** Lässt eine Zone aus Active Directory oder deren Textdatei aus dem Verzeichnis *\Windows\System32\dns* neu laden
- **/zoneresetmasters** Setzt die IP-Adresse des Master-DNS-Server auf den sekundären DNS-Server zurück
- **/zoneresetscavengeservers** Konfiguriert die IP-Adressen, die eine bestimmte Zone bereinigen dürfen
- **/zoneresetsecondaries** Legt auf einem DNS-Masterserver die IP-Adressen der sekundären DNS-Server fest, die Zonendaten abrufen dürfen
- **/zoneresume** Startet eine pausierte Zone wieder
- **/zoneupdatefromds** Aktualisiert eine Active Directory-integrierte Zone aus Active Directory
- **/zonewriteback** Überprüft, ob im Arbeitsspeicher für eine bestimmte Zone noch Einträge stehen und schreibt diese auf die Platte

Probleme bei der Replikation durch fehlerhafte DNS-Konfiguration – *DNSLint.exe*

Die häufigsten Fehler innerhalb von Active Directory sind Fehler im DNS. Jeder Domänencontroller in Active Directory hat neben seinem Host A-Namen, zum Beispiel *dc01.contoso.com*, noch einen zugehörigen CNAME, der das sogenannte DSA (Directory System Agent) -Objekt seiner NTDS-Settings darstellt. Dieses DSA-Objekt ist als SRV-Record im DNS unterhalb der Zone der Domäne unter dem Eintrag *_msdcs* zu finden.

Abbildg. 23.29 Anzeigen der DNS-DSA-Objekte von Domänencontrollern

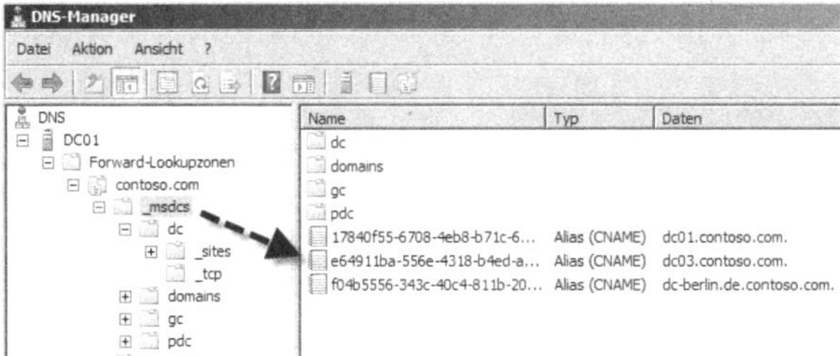

Der CNAME ist die GUID dieses DSA-Objekts. Domänencontroller versuchen ihren Replikationspartner nicht mit dem herkömmlichen Host A-Eintrag aufzulösen, sondern mit dem hinterlegten CNAME. Auf Windows 2000 Servern und Windows Server 2003 ohne installiertes SP1 ist die Namensauflösung im DNS für die Replikation deutlich fehleranfälliger gewesen. Wenn ein Domänencontroller mit diesen älteren Betriebssystemständen versucht, einen Replikationspartner mit diesem CNAME über DNS aufzulösen und dies misslingt, bricht die Replikation mit einem Fehler ab.

Ein Windows Server 2003-Domänencontroller mit installiertem SP1 oder Windows Server 2008 R2-Domänencontroller versucht, nach der erfolglosen Namensauflösung des CNAME eines Domänencontrollers einen HOST A-Eintrag zu finden. Schlägt auch das fehl, versucht der Domänencontroller den Namen mit NetBIOS aufzulösen, entweder über Broadcast oder einen WINS-Server. Jeder Domänencontroller braucht einen eindeutigen CNAME, der wiederum auf seinen Host A-Eintrag verweist. Überprüfen Sie bei Replikationsproblemen, ob diese Einträge vorhanden sind.

Sollte die Namensauflösung mit DNS weiterhin immer nicht funktionieren, steht Ihnen noch das Tool *Dnslint.exe* zur Verfügung, mit denen die SRV-Records in Active Directory überprüft werden können. Sie können sich das Tool bei Microsoft auf der Seite *http://download.microsoft.com/download/2/7/2/27252452-e530-4455-846a-dd68fc020e16/dnslint.v204.exe* herunterladen. Entpacken Sie das Tool nach dem Herunterladen in ein Verzeichnis. Für das Tool gibt es insgesamt drei verschiedene Funktionen, die jeweils DNS überprüfen und einen entsprechenden HTML-Bericht generieren. Diese drei Funktionen sind:

- **dnslint /d** Diese Funktion diagnostiziert mögliche Ursachen einer langsamen Delegierung
- **dnslint /ql** Diese Funktion überprüft benutzerdefinierte DNS-Datensätze auf mehreren DNS-Servern
- **dnslint /ad** Diese Funktion überprüft DNS-Datensätze, die speziell für die Active Directory-Replikation verwendet werden

Die Syntax lautet:

```
dnslint /d <Domänenname> | /ad [<LDAP_IP_Adresse>] | /ql <Input_Datei> [/c [smtp,pop,imap]] [/
no_open] [/r <Report_Name>] [/t] [/test_tcp] [/s <DNS_IP_Adresse>] [/v] [/y]
```

Bei der Ausführung von *DNSLint* müssen Sie eine der Befehlszeilenoptionen */d*, */ad* oder */ql* verwenden. Mit *dnslint.exe /ad* können Sie überprüfen, ob Ihre Domänencontroller die DNS-Einträge in Active Directory zur Replikation abrufen können. Geben Sie zur Überprüfung den Befehl *dnslint /ad <IP-Adresse des ersten DCs> /s <IP-Adresse des zweiten DCs>* ein. Das Tool benötigt einige Sekunden und überprüft, ob in Active Directory die notwendigen *_msdcs*-Einträge vorhanden sind.

Geben Sie an dieser Stelle nicht den DNS-Namen der beiden Server an, die Replikationsprobleme haben, sondern die IP-Adressen. Die Option */ad* dient zur Angabe eines Domänencontrollers, der die notwenigen GUIDs im DNS auflösen können muss. Jeder Domänencontroller muss in der Lage sein, die Namen dieser GUIDs per DNS aufzulösen.

Abbildg. 23.30 Ausführen von *DNSLint* zur Diagnose von Active Directory

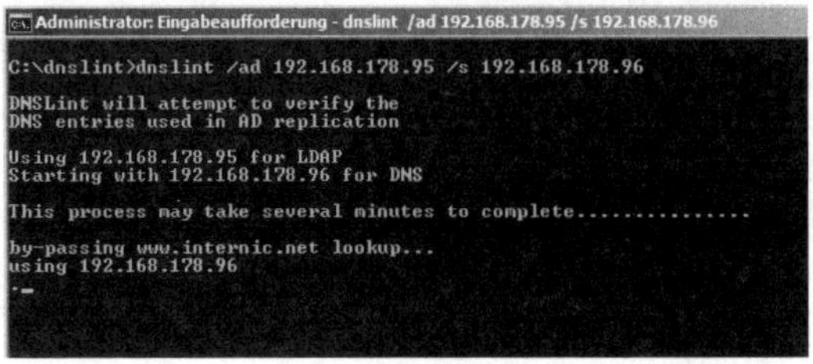

Testen Sie daher auf jedem Server mit *DNSLint*, ob die einzelnen Server Probleme bei der Auflösung dieser GUIDs haben. Wenn in diesem Bereich Fehler auftreten, liegen die Replikationsprobleme eindeutig zunächst an diesen fehlenden GUIDs. Die Option */s* dient dazu, dem Befehl einen DNS-Server mitzuteilen, der die Zone *_msdcs* von Active Directory verwaltet. Der Server hinter der Option */ad* dient daher zum Verbindungsaufbau per LDAP, während der Server hinter */s* zum Auflösen per DNS dient.

Sie müssen nicht unbedingt zwei unterschiedliche Server angeben, sondern können auch zweimal die gleiche IP-Adresse verwenden. Nachdem der Befehl abgeschlossen ist, wird Ihnen ein detaillierter HTML-Bericht angezeigt, mit dessen Hilfe Sie die Probleme der GUID-Auflösung mit DNS nachvollziehen können. Der Bericht zeigt die Auflösung der einzelnen GUIDs der Domänencontroller und die vorhandenen Fehler sehr ausführlich an. Beim Starten des Befehls verbindet sich *DNSLint* zunächst mit dem Domänencontroller, um alle GUIDs der Gesamtstruktur abzufragen. Die Abfrage erfolgt mit LDAP.

Aus diesem Grund müssen Sie vor der Ausführung sicherstellen, dass Sie den Befehl unter einem Benutzerkonto starten, dass über genügend Rechte verfügt. Sobald die GUID-Liste vom LDAP-Server zurückgegeben wird, versucht *DNSLint* über den mit der Option */s* konfigurierten DNS-Server, diese GUIDs zu ihrer IP-Adresse aufzulösen. Durch *DNSLint* erhalten Sie daher ausführliche Informationen über die korrekte DNS-Konfiguration Ihrer Gesamtstruktur. Mit der Befehlszeilenoption */d* fordern Sie Domänennamentests an. Diese Befehlszeilenoption ist für die Behandlung von Problemen in Bezug auf eine langsame Delegierung nützlich. Sie müssen den zu testenden Domänennamen angeben.

Sie können die Befehlszeilenoption */d* nicht in Verbindung mit der Option */ad* verwenden. Mit der Befehlszeilenoption */ad* rufen Sie einen Active Directory-Test auf. Mit der Befehlszeilenoption */ql* fordern Sie DNS-Abfragetests von einer Liste ab. Die Befehlszeilenoption */ql* versendet die DNS-Abfragen, die in einer Texteingabedatei angegeben wurden. Sie müssen den Namen und den Pfad der Eingabedatei angeben. Die Befehlszeilenoption */ql* unterstützt A-, PTR-, CNAME-, SRV- und MX-Datensatzabfragen. Sie können eine Beispieleingabedatei erstellen, indem Sie den folgenden Befehl ausführen: *dnslint /ql autocreate*. Sie können die Befehlszeilenoption */ql* nicht in Verbindung mit der Option */d*, */ad* oder */c* verwenden.

Optionale Befehlszeilenoptionen sind:

- Mit */c* veranlassen Sie Konnektivitätstests auf E-Mail-Servern. Die Befehlszeilenoption */c* testet dazu SMTP-, POP- und IMAP-Ports auf den gefundenen E-Mail-Servern. Es werden standardmäßig alle drei Ports (SMTP, POP und IMAP) getestet. Sie können nur einen Port oder eine Kombination aus mehreren Ports festlegen. Verwenden Sie hierzu eine kommagetrennte Liste, zum Beispiel: */c pop,imap,smtp*.
- Mit der Befehlszeilenoption */no_open* verhindern Sie, dass Berichte automatisch geöffnet werden. Die Befehlszeilenoption */no_open* ist besonders in Skripts nützlich.
- Mit der Befehlszeilenoption */r* können Sie den Namen der erzeugten Berichtsdatei festlegen. Dem Berichtsnamen wird automatisch die Dateinamenerweiterung **.htm* angehängt. Der Bericht wird also im HTML-Format erstellt. Der Standardname des Berichts lautet *Dnslint.htm*.
- Verwenden Sie die Befehlszeilenoption */s*, um einen WHOIS-Lookup zu umgehen. Sie können hier IP-Adressen von DNS-Servern angeben, statt diese bei *InterNIC* abzufragen. Die Befehlszeilenoption */s* startet die Überprüfung von DNS-Datensätzen unter Verwendung der angegebenen IP-Adresse. Es werden nur gültige IP-Adressen akzeptiert. Namen werden nicht akzeptiert. Verwenden Sie diese Option zur Überprüfung von Domänennamen, die von InterNIC nicht unterstützt werden.

  Wenn Sie */ad* verwenden, müssen Sie die Option */s* verwenden, um einen DNS-Server anzugeben, der für die *_msdcs*-Unterdomäne in der Stammdomäne der Active Directory-Struktur autorisierend ist. Wenn Sie die Option */ad* verwenden, können Sie den Befehl */s localhost* ausführen, um festzustellen, ob das lokale System die Datensätze auflösen kann, die bei den Active Directory-Tests gefunden werden.

- Verwenden Sie */t*, um die Ausgabe in eine Textdatei anzufordern. Die Textdatei hat denselben Namen wie der HTM-Bericht, der Textdatei wird jedoch die Dateinamenerweiterung *.txt* angehängt. Die Textdatei wird in demselben Verzeichnis gespeichert wie die HTM-Berichtsdatei.
- Verwenden Sie */test_tcp*, um anzufordern, dass der TCP-Port 53 getestet wird. Standardmäßig wird nur der UDP-Port 53 getestet. Die Option */test_tcp* überprüft, ob TCP-Port 53 auf Abfragen reagiert. Diese Option kann nicht in Verbindung mit der Option */ql* verwendet werden.
- Mit */v* bewirken Sie eine ausführliche Ausgabe auf dem Bildschirm. Bei dieser Option zeigt das Tool auf dem Bildschirm an, welche Schritte es ausführt, um Daten zu sammeln.
- Verwenden Sie */y*, um eine vorhandene Berichtsdatei zu überschreiben, ohne dass der Benutzer den Überschreibvorgang bestätigen muss
- Verwenden Sie die Befehlszeilenoption */d* (Domänennamentest) zum Testen eines bestimmten DNS-Domänennamens. Diese Option hilft bei der Diagnose möglicher Ursachen einer langsamen Delegierung sowie weiterer einschlägiger DNS-Probleme. Der Domänenname, den Sie testen, kann ein Name sein, der für die Verwendung im Internet registriert ist, oder es kann sich um einen Namen handeln, der in einem privaten Namespace verwendet wird. Wenn Sie Domänennamen in einem privaten Netzwerk oder im Internet registrierte Domänennamen mit einer Tiefe von mehr als zwei Ebenen testen, müssen Sie die Option */s* verwenden.

Abbildg. 23.31 Anzeigen eines Diagnoseberichts mit DNSLint

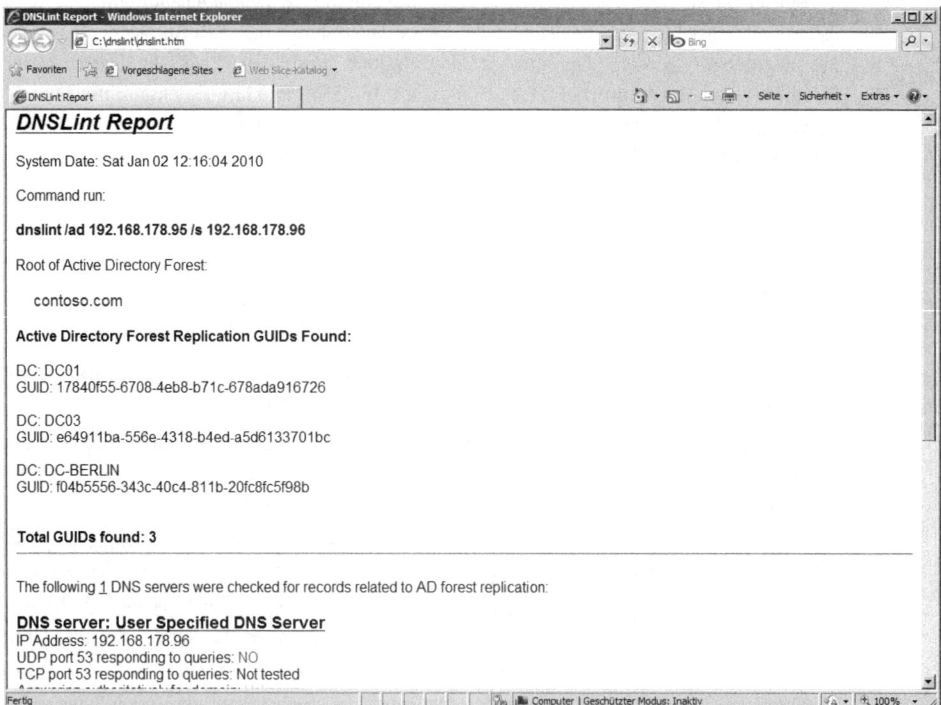

- Bei der Verwendung der Befehlszeilenoption */c* versucht *DNSLint* standardmäßig, auf jedem gefundenen E-Mail-Server Verbindungen zu allen drei Ports herzustellen, das heißt zu TCP-Port 25 für SMTP, zu TCP-Port 110 für POP und zu TCP-Port 143 für IMAP. Das Tool zeigt für jeden Port den jeweiligen Status an:

»Listening« (Horcht), »Not Listening« (Horcht nicht) oder »No Response« (Keine Antwort). Stellt DNSLint fest, dass der Port horcht, meldet es auch eine etwaige Antwort des Ports. Wenn zum Beispiel ein SMTP-Port horcht, gibt er typischerweise eine Antwort zurück, die der SMTP-Protokollspezifikation entspricht. Der Befehl *dnslint /y /v /c /d microsoft.com* erzeugt beispielsweise einen Bericht mit dem Namen *Dnslint.htm*, der einen bereits vorhandenen Bericht mit demselben Namen überschreibt, ohne dass der Benutzer das Überschreiben bestätigen muss. Da die Option */c* angegeben wurde, wird an das Ende des *DNSLint*-Standardberichts ein zusätzlicher Abschnitt angehängt. Wenn ein Ziel-E-Mail-Server auf einen Verbindungsversuch über einen seiner E-Mail-Ports nicht reagiert, versucht *DNSLint* insgesamt drei Mal die Verbindung herzustellen.

Zusammenfassung

In diesem Kapitel haben wir Ihnen die Verwaltung und den Betrieb von DNS-Servern mit Windows Server 2008 R2 erläutert. Auch in den Kapiteln 10, 12, 39 und 40 finden Sie Hinweise zur Verwaltung von DNS-Servern, die vor allem im Bereich von Active Directory eine wichtige Rolle spielen. Im nächsten Kapitel zeigen wir Ihnen, wie Sie mit WINS ebenfalls eine Namensauflösungsinfrastruktur im Netzwerk, sogar zusammen mit DNS, betreiben können.

Kapitel 24

Infrastrukturdienste – WINS

Datei-, Druckserver und Infrastruktur

In diesem Kapitel:

WINS steht für Windows Internet Name Service und ist der Vorgänger der dynamischen DNS-Aktualisierung. Vor allem in Umgebungen mit mehreren Domänen kann daher eine WINS-Auflösung eine wertvolle Ergänzung zu DNS sein, da WINS nicht sonderlich viel Leistung benötigt und gut zusammen mit DNS interagieren kann. Die Namensauflösung in einem Netzwerk ist von existentieller Bedeutung. Daher schadet es sicher nicht, parallel zu einer vernünftigen DNS-Struktur auch auf WINS zu setzen, vor allem, weil Sie dabei auch die gleichen Server nutzen können.

Insbesondere bei Problemen der DNS-Infrastruktur kann ein WINS-Server eine wertvolle Hilfe sein. Während DNS für die Namensauflösung mit voll qualifizierten Domänennamen (FQDN) zuständig ist, werden mit WINS NetBIOS-Namen aufgelöst. Sie können auf den Domänencontrollern neben DNS auch ohne Weiteres den WINS-Dienst installieren, da dieser so gut wie keine Auswirkungen auf das System hat.

HINWEIS Seit Windows Server 2003 SP1 sind Erweiterungen in das Betriebssystem integriert, welche die Namensauflösung zur Replikation von Active Directory über WINS abwickeln können, falls DNS Probleme hat. Diese Verbesserungen sind auch in Windows Server 2008 R2 übernommen worden.

WINS-Server installieren

WINS ist unter Windows Server 2008 R2 keine Rolle, sondern ein Feature. Um den WINS-Dienst zu installieren, rufen Sie im Server-Manager über *Features/Features hinzufügen* den Assistenten zur Installation von neuen Serverfeatures auf. Die drittletzte Funktion im Fenster ist *WINS-Server.* Wählen Sie zur Installation dieses Feature aus. Sie müssen keine weiteren Eingaben vornehmen, damit der Dienst installiert wird. Nach der Installation steht WINS sofort zu Verfügung. Sie müssen keine Zonen erstellen und auch keine dynamischen Updates aktivieren.

Abbildg. 24.1 Installieren von WINS unter Windows Server 2008 R2

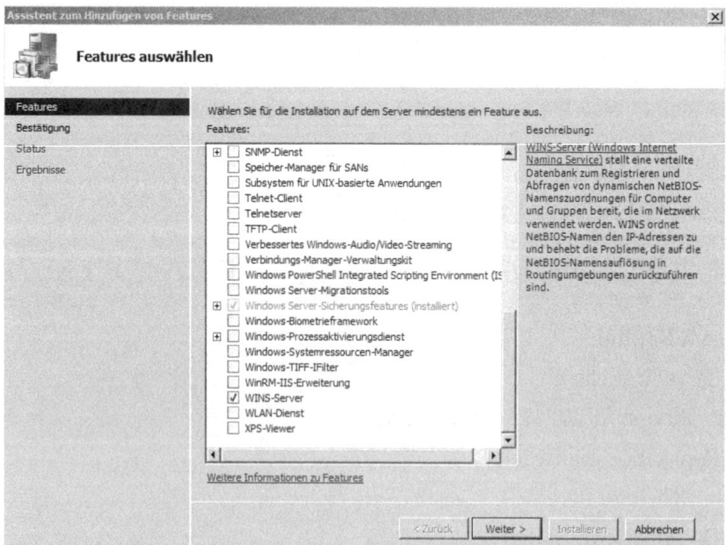

IP-Einstellungen für WINS konfigurieren

Damit sich die Server und Arbeitsstationen beim WINS registrieren und Daten aus WINS abfragen können, müssen Sie in den IP-Einstellungen der Server die WINS-Server eintragen. Sie müssen nicht auf allen Domänencontrollern einer Domäne WINS installieren, zwei WINS-Server pro Standort reichen durchaus aus.

Wenn Sie WINS installiert haben, können Sie in den *IP-Einstellungen* der Computer unter *Erweitert* auf der Registerkarte *WINS* die WINS-Server hinzufügen. Diese IP-Einstellungen sollten Sie auf allen Mitgliedsservern und Arbeitsstationen einrichten, damit die Namensauflösung im Netzwerk optimal funktioniert. Auf den Arbeitsstationen können Sie diese Einstellungen auch mithilfe eines DHCP-Servers verteilen.

Abbildg. 24.2 Konfiguration der Computer für die Verwendung von WINS

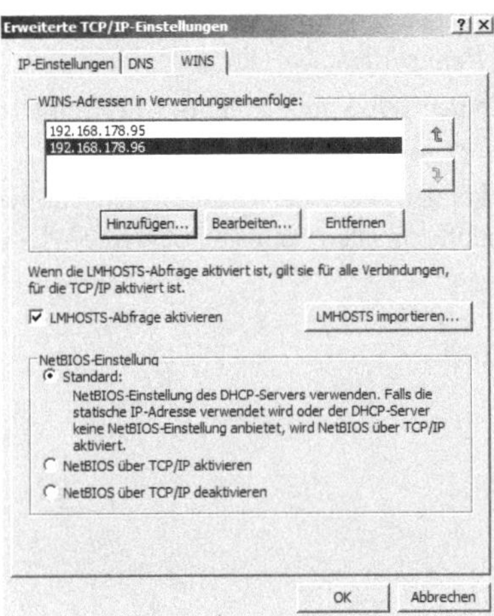

Neben der Namensauflösung über WINS können Sie auch die lokal gespeicherte Textdatei *LMHosts* verwenden. Dies ist allerdings sehr aufwändig, da Sie diese Datei auf alle Computer im Netzwerk verteilen müssen und vor allem den Inhalt manuell pflegen. Die NetBIOS-Namensauflösung funktioniert generell auch ohne den Einsatz eines WINS-Servers, wobei die gesuchte IP-Adresse über Broadcasts ins Netzwerk ermittelt wird.

Sobald Sie die Unterstützung für NetBIOS-Namen nicht mehr benötigen, können Sie diese abschalten. Wann und ob das möglich ist, hängt von der verwendeten Software ab. Der Vorteil einer deaktivierten NetBIOS-Unterstützung liegt in der verminderten Netzlast, unter anderem durch den Wegfall der Registrierung des Computers. Wenn Sie die Einstellung direkt am Computer vornehmen wollen, wählen Sie auf der Registerkarte *WINS* die Option *NetBIOS über TCP/IP deaktivieren*. Alternativ können Sie diese Einstellung auch über einen DHCP-Server vornehmen.

WINS-Replikation einrichten

Nachdem WINS installiert und eingerichtet ist sowie die IP-Einstellungen auf den Servern angepasst sind, können Sie die Replikation der WINS-Server einrichten, damit sich die Datenbanken untereinander abgleichen. Für die Verwaltung von WINS verwenden Sie das Snap-In *WINS*, das Sie auf die gleiche Weise wie andere Snap-Ins einer MMC hinzufügen. Die Verwaltung können Sie auch über den Server-Manager durchführen. Nach der Installation dieser Funktion, erscheint das Verwaltungsprogramm unterhalb des Eintrags *Features*.

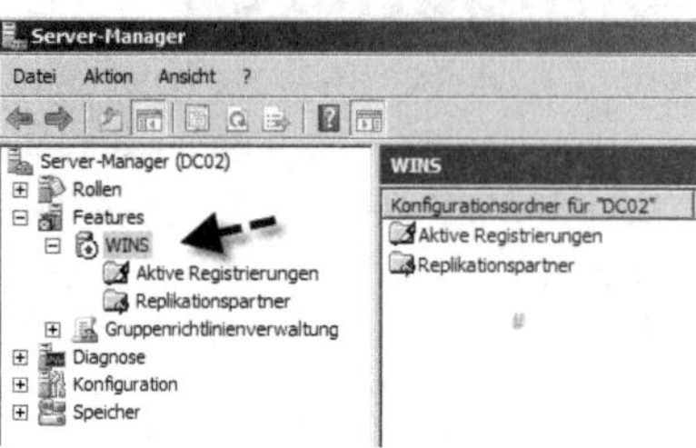

Abbildg. 24.3 Verwalten von WINS über den Server-Manager

Nach der Installation sollte der Server den WINS-Dienst als aktiv und verbunden anzeigen. WINS hat eine eigene Datenbank und kann seine Daten nicht wie DNS in Active Directory speichern. Aus diesem Grund müssen Sie auf WINS-Servern die Replikation manuell und getrennt von Active Directory einrichten:

1. Klicken Sie zunächst mit der rechten Maustaste im Knoten *WINS* auf den Eintrag *Replikationspartner* und wählen Sie im Kontextmenü den Befehl *Neuer Replikationspartner* aus.
2. Tragen Sie die IP-Adresse des anderen Servers ein. Sie können an dieser Stelle die Datenbank auch durchsuchen, aber das manuelle Eintragen der IP-Adresse geht oft schneller, vor allem, wenn die WINS-Datenbank noch keine Einträge enthält.

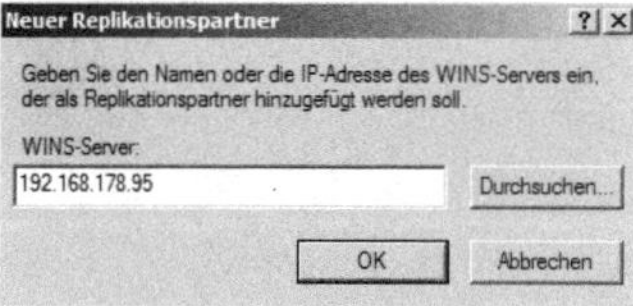

Abbildg. 24.4 Auswählen eines Replikationspartners für WINS

3. Wenn Sie die Replikationspartner auf allen WINS-Servern eingetragen haben, können Sie mit der rechten Maustaste auf die Replikationsverbindung klicken und im Kontextmenü zunächst den Befehl *Push-Replikation starten* und dann den Befehl *Pull-Replikation starten* auswählen.

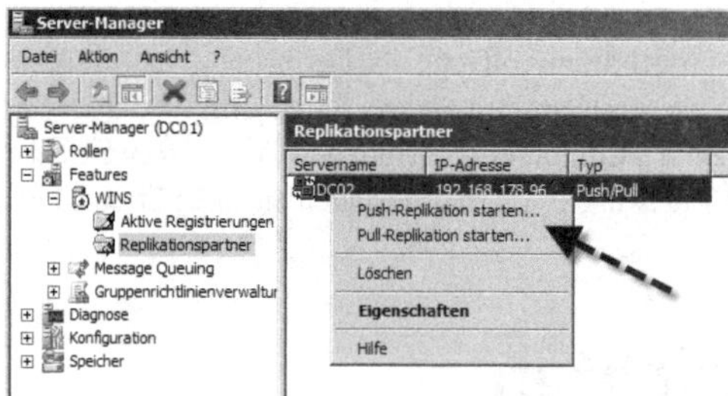

Abbildg. 24.5 Starten der WINS-Replikation auf einem WINS-Server

Im Anschluss müssen Sie noch vorgeben, ob die Replikation an alle oder nur an den ausgewählten Replikationspartner übermittelt werden soll. Nachdem die Replikation angestoßen ist, erscheint keine weitere Meldung und die Replikation beginnt.

Überprüfen Sie in der Ereignisanzeige, ob Fehler angezeigt werden. Kurz nach der Einrichtung besteht durchaus die Möglichkeit, dass noch Fehler angezeigt werden. Diese sollten aber nach einiger Zeit nicht mehr auftauchen, wenn die Replikation gestartet wird. WINS-Meldungen finden Sie in der Ereignisanzeige unter *Windows-Protokolle/System*.

Abbildg. 24.6 WINS-Meldungen werden in der Ereignisanzeige festgehalten

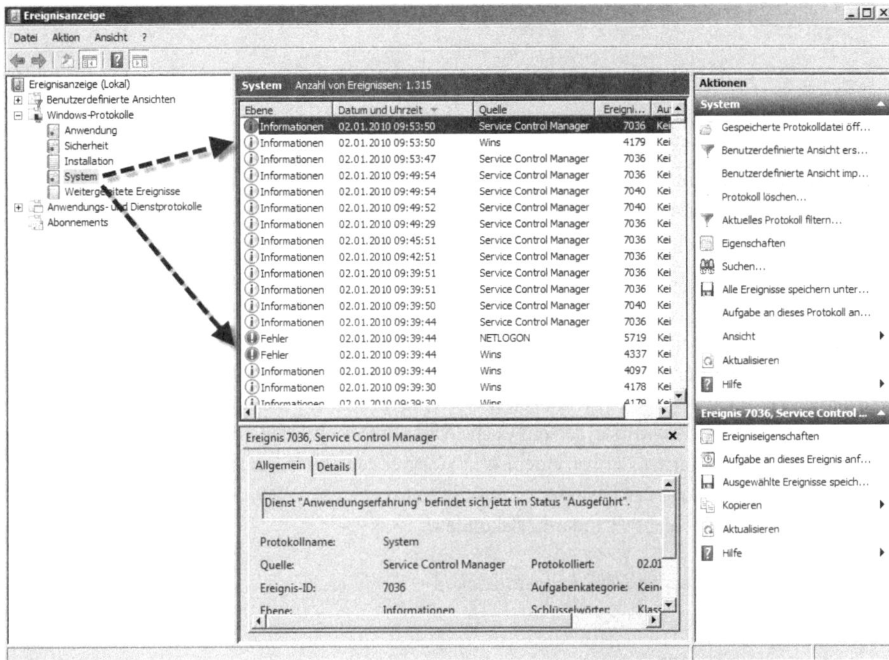

Die Einrichtung ist abgeschlossen, wenn die Replikation fehlerfrei stattfindet.

WINS in DNS integrieren

Um WINS in DNS zu integrieren, müssen Sie die Eigenschaften der einzelnen Zonen im DNS öffnen. Dort kann auf der Registerkarte *WINS* die Option *WINS-Forward-Lookup verwenden* ausgewählt und die IP-Adresse eines WINS-Servers angegeben werden. Richtet ein Client eine Anfrage an den DNS-Server, versucht dieser zunächst diese Anfrage über die lokalen Informationen in der DNS-Datenbank zu beantworten. Falls ihm das nicht gelingt, sendet er den Hostnamen an den WINS-Server. Dieser versucht die Anfrage zu beantworten und liefert gegebenenfalls das Ergebnis an den DNS-Server zurück. Die Konfiguration muss für jede DNS-Domäne einzeln durchgeführt werden.

Abbildg. 24.7 WINS-Forward-Lookup verwenden, um die Namensauflösung zu optimieren

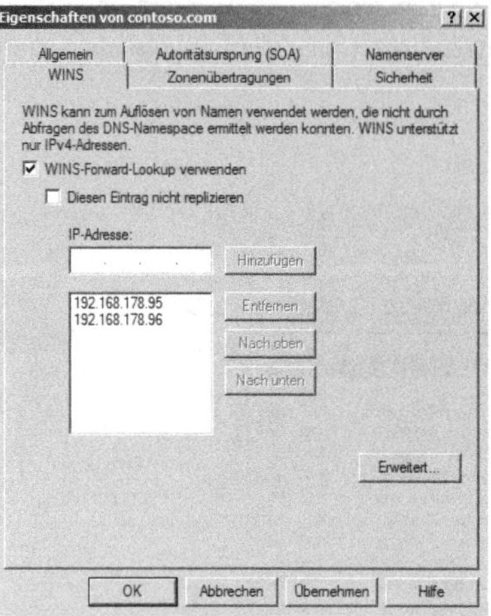

Sie können in den einzelnen DNS-Zonen alle WINS-Server einrichten, um auch an dieser Stelle eine Ausfallsicherheit zu erreichen. Die Einstellungen müssen Sie für jede Zone auf den Servern eintragen. DNS speichert außerdem die WINS-Antwort in seinem Cache. Über die Schaltfläche *Erweitert* definieren Sie unter *Cachezeitlimit*, wie lange ein Eintrag, der von einem WINS-Server geliefert wurde, im DNS-Cache verbleibt (Standard 15 Minuten) und wie lange der DNS-Server auf die Antwort eines WINS-Servers wartet, bevor er zum nächsten Server in der Liste übergeht (Standard 2 Sekunden).

Abbildg. 24.8 Erweiterte Einstellungen für WINS-Forward-Lookup

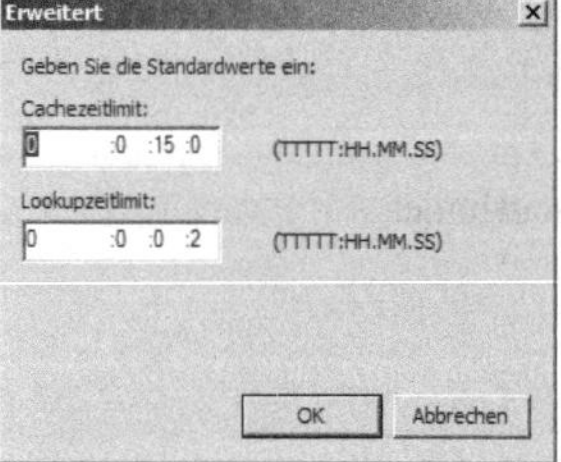

In der Standardeinstellung wird nach der Aktivierung des WINS-Lookup ein DNS-Eintrag generiert, über den sekundäre DNS-Server erfahren, dass ein WINS-Server zur erweiterten Abfrage bereitsteht. Durch diese Koppelung von WINS und DNS wird die Stabilität der Namensauflösung in Active Directory erheblich verbessert, wobei vor allem Unternehmen mit Exchange-Servern profitieren.

Abbildg. 24.9 Die Aktivierung von WINS-Forward-Lookup wird in der DNS-Zone als eigener Eintrag gespeichert

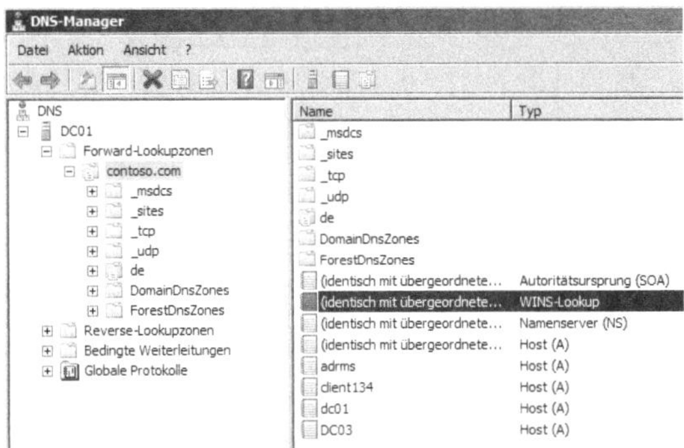

WINS-Datenbank verwalten

Für die Anzeige der in der WINS-Datenbank eingetragenen Systeme können eine Vielzahl von Filtern definiert werden. Auf der Registerkarte *Eintragszuordnung* können Sie die Filterung zunächst nach IP-Adressen und Computernamen vornehmen. Um die Inhalt der WINS-Datenbank anzuzeigen, klicken Sie mit der rechten Maustaste auf den Eintrag *Aktive Registrierungen* und wählen im Kontextmenü den Befehl *Datensätze anzeigen* aus.

Abbildg. 24.10 Anzeigen des Inhalts der WINS-Datenbank

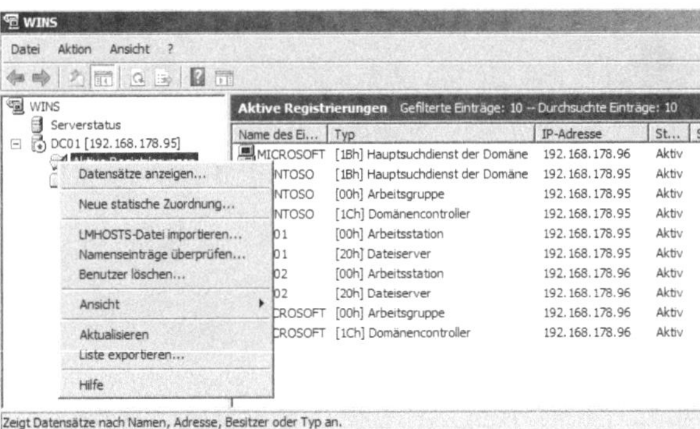

Um die WINS-Datenbank im Falle einer Beschädigung nicht komplett wieder aufbauen zu müssen, können Sie die Datenbank beim Herunterfahren des Servers sichern, das heißt, es wird eine Kopie der Datenbank in das von Ihnen vorgegebene Verzeichnis geschrieben. Diese Kopie können Sie bei Bedarf in das Verzeichnis *%Windir%\System32\wins* zurückkopieren.

Abbildg. 24.11 Anzeigen der WINS-Datenbank als Systemdatei

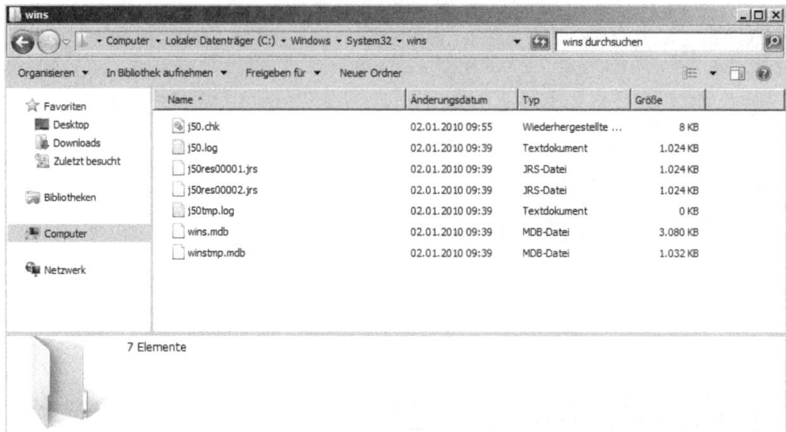

Die Sicherung und Wiederherstellung der WINS-Datenbank können Sie auch über das Kontextmenü des Knotens *WINS* durchführen.

Abbildg. 24.12 Sichern und Wiederherstellen der WINS-Datenbank

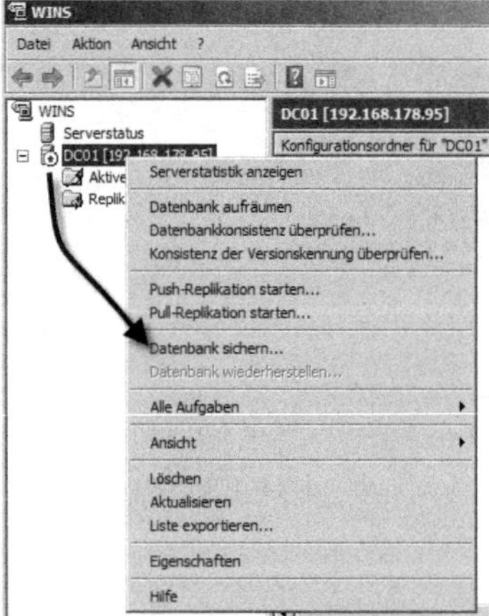

Damit die Einträge in den WINS-Datenbanken immer möglichst aktuell bleiben, nimmt WINS die Registrierungen immer nur für eine bestimmte Zeit auf. Wenn der Client den Eintrag nicht innerhalb des angegebenen Erneuerungsintervalls bestätigt, gibt der WINS-Server den Eintrag wieder frei. Ein freigegebener Eintrag wird nach Ablauf der unter *Verfallintervall* angegebenen Zeit als verfallen angesehen und zur Löschung vorbereitet. Dazu setzt WINS in der Datenbank zu diesem Objekt einen Tombstone (Grabstein).

Die Einstellung können Sie auf der Registerkarte *Intervalle* in den Eigenschaften eines WINS-Servers vornehmen. Nachdem der Tombstone länger als die unter *Verfallszeitlimit* angegebene Zeit gesetzt war, löscht WINS das Objekt endgültig aus der Datenbank. Eine direkte Löschung des Objekts ist deshalb nicht möglich, weil ohne das Objekt den anderen WINS-Servern nichts mehr über die erfolgte Löschung mitgeteilt werden kann. So wird für das Objekt die neue Eigenschaft (Tombstone gesetzt) an alle anderen Server weitergegeben, die dann nach Ablauf der entsprechenden Frist das Objekt endgültig aus ihren Datenbanken löschen.

Abbildg. 24.13 Konfiguration der Aktualisierungsintervalle einer WINS-Datenbank

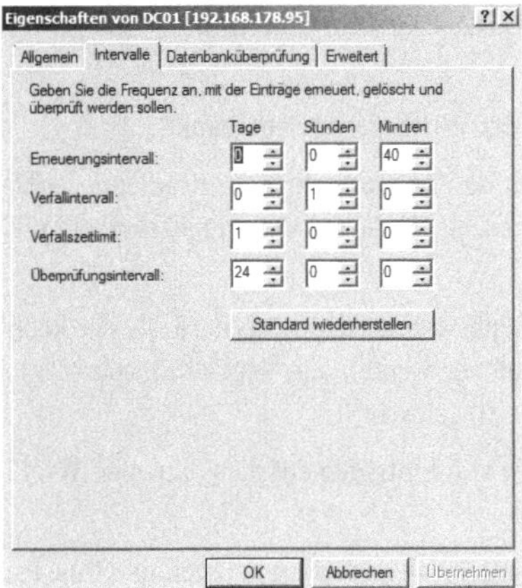

Um den Verlust von Informationen durch Dienstabstürze oder Verbindungsprobleme zu verhindern, kann in regelmäßigen Abständen eine Überprüfung der Datenbankkonsistenz durchgeführt werden. Dabei wird die lokale Datenbank mit der eines anderen WINS-Servers abgeglichen und bei Bedarf eine Übertragung der fehlenden Datensätze durchgeführt.

Die Überprüfung kann dabei gegen einen zufällig gewählten Partner durchgeführt werden, oder aber die Einträge werden mit dem Besitzerserver abgeglichen, also dem Server, bei dem ein Computer registriert wurde. Da dieser Prozess stark zu Lasten des Servers und des Netzwerks gehen kann, sollten Sie diesen Abgleich stets außerhalb der regulären Betriebszeiten durchführen lassen.

WINS in der Befehlszeile verwalten

Über den Befehl *Netsh.exe* lässt sich auch der WINS-Dienst von Windows Server 2008 R2 in der Befehlszeile verwalten. Öffnen Sie zunächst eine Befehlszeile und geben Sie *netsh* ein. Geben Sie als Nächstes *wins* ein, um zur WINS-Konsole von *Netsh* zu gelangen. Die wichtigsten Befehle zur Verwaltung von WINS über *Netsh* sind nachfolgend aufgelistet. Eine ausführliche Übersicht erhalten Sie in der Konsole jeweils über den Befehl *help*:

- **server** Wechselt zum angegebenen Server. Wenn dieser Befehl ohne Parameter verwendet wird, wird standardmäßig der lokale WINS-Server verwendet.
- **add name** Fügt einen Namenseintrag zur Datenbank auf dem angegebenen WINS-Server hinzu
- **add partner** Fügt einen Replikationspartner auf dem angegebenen WINS-Server hinzu
- **check database** Überprüft die Konsistenz der WINS-Datenbank. Ohne Parameter wird für alle Replikate, deren Überprüfungsintervall abgelaufen ist, eine Konsistenzprüfung durchgeführt. Die Konsistenzprüfung wird nicht sofort durchgeführt, falls das System überlastet ist, jedoch nach Ablauf des konfigurierten Überprüfungsintervalls.

Abbildg. 24.14 Überprüfen der WINS-Datenbank mit *netsh.exe*

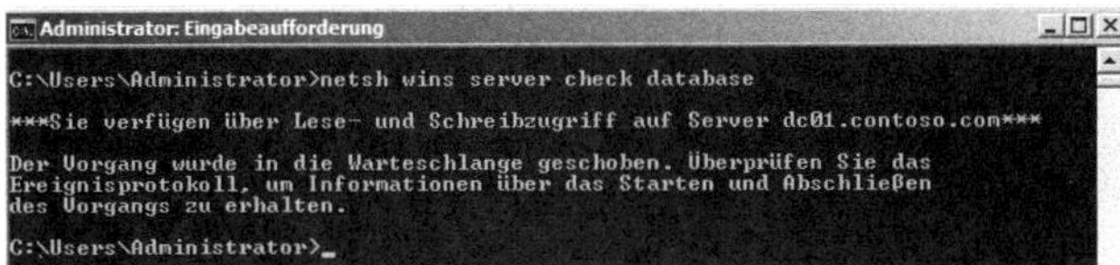

- **check name** Vergleicht eine Liste mit Namenseinträgen mit einem angegebenen Satz von WINS-Servern
- **check version** Überprüft die Konsistenz von Versionskennungsnummern für WINS-Eintragsbesitzer in der WINS-Datenbank
- **delete name** Löscht einen registrierten Namen aus der WINS-Serverdatenbank
- **delete owners** Mit diesem Befehl wird eine Liste von Besitzern und deren Einträge aus der Datenbank auf dem angegebenen WINS-Server gelöscht oder in der Datenbank auf dem angegebenen WINS-Server als veraltet markiert
- **delete partner** Löscht alle oder einen bestimmten Replikationspartner aus der Liste der Replikationspartner auf dem angegebenen WINS-Server. Ohne Parameter werden alle Replikationspartner ohne Bestätigungsaufforderung aus den Pull- und Push-Partnerlisten gelöscht.
- **delete records** Löscht alle Einträge oder eine Gruppe von Einträgen auf dem aktuellen WINS-Server oder markiert Einträge als veraltet
- **init backup** Startet die Sicherung der WINS-Datenbank im angegebenen Verzeichnis. Ohne Parameter stellt dieser Befehl eine vollständige Sicherung im derzeit festgelegten Standardsicherungspfad bereit. Die WINS-Sicherung kann nur für die lokale Sicherung auf demselben Server verwendet werden. Die Sicherung von Remote-WINS-Servern wird nicht unterstützt. Sicherungsdateien werden automatisch im Unterverzeichnis *wins_bak* des mit *dir=* angegebenen Verzeichnisses erstellt, zum Beispiel *init backup dir=c:\ type=0.*

Abbildg. 24.15 Durchführen der WINS-Datensicherung über die Befehlszeile und Anlegen eines Verzeichnisses

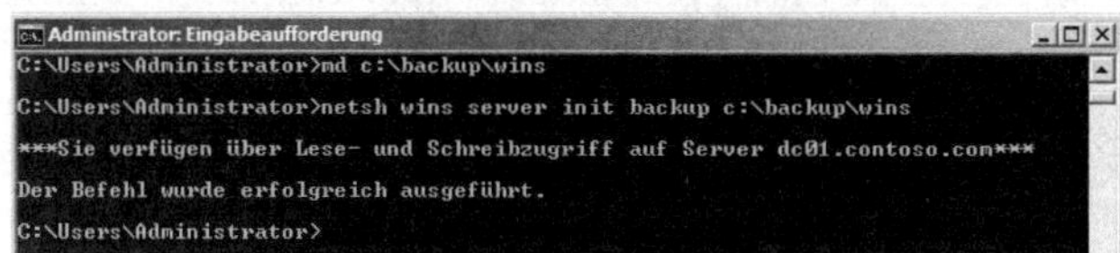

- **init import** Initiiert das Importieren statischer Zuordnungen aus einer *Lmhosts*-Datei
- **init pull** Initiiert einen Pull-Trigger und sendet ihn an einen anderen WINS-Server
- **init push** Initiiert einen Push-Trigger und sendet ihn an einen anderen WINS-Server
- **init replicate** Initiiert und erzwingt das sofortige Replizieren der Datenbank mit Replikationspartnern
- **init restore** Initiiert die Wiederherstellung der WINS-Datenbank von einem Verzeichnis und einer Datei auf dem angegebenen WINS-Server. WINS-Sicherungen können nur lokal auf demselben Server wiederhergestellt werden. Es ist nicht möglich, die WINS-Datenbank von einem Remotecomputer wiederherzustellen. *dir=* sollte das Unterverzeichnis *wins_bak* zum Aufnehmen der Datenbankdatei enthalten. Dieses Unterverzeichnis sollte jedoch nicht im Parameter *dir=* enthalten sein, zum Beispiel *init restore dir=C:\WINSfiles.*
- **init scavenge** Initiiert das Aufräumen der WINS-Datenbank für den angegebenen WINS-Server
- **init search** Initiiert eine Suche nach dem angegebenen Eintragsnamen in der WINS-Datenbank
- **reset statistics** Setzt die Statistiken für den lokalen WINS-Server zurück
- **set backuppath** Legt die Sicherungsparameter für den angegebenen WINS-Server fest
- **set defaultparam** Legt die Standardparameter für die WINS-Serverkonfiguration fest. Dieser Befehl legt alle Konfigurationsparameter für den WINS-Server auf die Standardwerte fest. Es wird empfohlen, diesen Befehl nach der Installation des WINS-Dienstes auszuführen, um für den Server Standardparametereinstellungen zu konfigurieren.

- **set periodicdbchecking** Legt die Parameter für die periodische Überprüfung der Datenbankkonsistenz für den angegebenen WINS-Server fest
- **set pullparam** Legt die standardmäßigen Pull-Parameter für den angegebenen WINS-Server fest
- **set pullpartnerconfig** Legt die Konfigurationsparameter für den angegebenen Pull-Partner fest
- **set pushparam** Legt die Standardparameter für die Push-Partner des angegebenen WINS-Servers fest
- **set pushpartnerconfig** Legt die Konfigurationsparameter für den angegebenen Push-Partner fest
- **show browser** Zeigt alle aktiven Suchdiensteinträge des Domänenmasters [1Bh] für den angegebenen WINS-Server an
- **show database** Zeigt die Datenbank und die Einträge für alle Besitzerserver oder einen Teil davon an
- **show info** Zeigt Konfigurationsinformationen für den angegebenen WINS-Server an

Abbildg. 24.16 Anzeigen der WINS-Konfiguration in der Befehlszeile

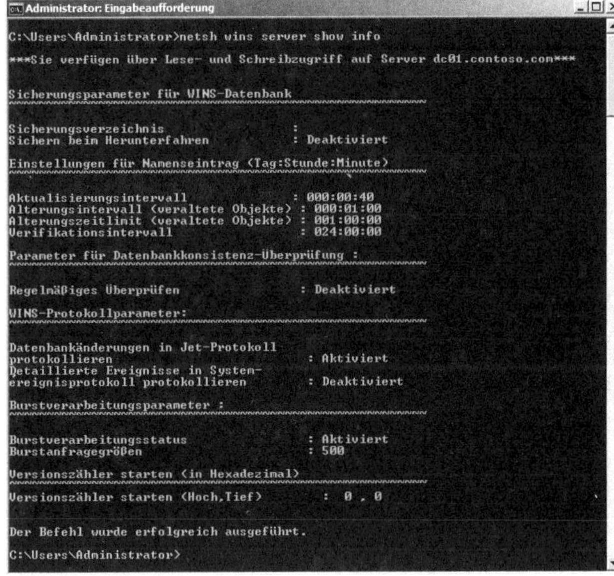

- **show name** Ruft detaillierte Informationen für einen angegebenen Eintrag in der aktuellen WINS-Serverdatenbank ab und zeigt sie an
- **show partner** Zeigt alle Pull-Partner, Push-Partner oder Pull- und Push-Partner für den angegebenen WINS-Server an. Ohne Parameter zeigt dieser Befehl alle Push-Partner, Pull-Partner oder Push/Pull-Partner für den angegebenen WINS-Server an.
- **show partnerproperties** Zeigt Standardinformationen zur Partnerkonfiguration für den angegebenen Push/Pull-Partner an
- **show pullpartnerconfig** Zeigt die Konfigurationsinformationen für einen Pull-Partner an
- **show pushpartnerconfig** Zeigt die Konfigurationsinformationen für einen Push-Partner an
- **show reccount** Zeigt die Anzahl der Datensätze an, die einem bestimmten WINS-Server gehören
- **show server** Zeigt Informationen für den angegebenen WINS-Server an

- **show statistics** Zeigt Statistiken für den angegebenen WINS-Server an
- **show versionmap** Zeigt die Tabelle mit den Zuordnungen der Besitzerkennungen zum maximalen Wert für den Versionszähler des angegebenen WINS-Servers an

Zusammenfassung

In diesem Kapitel haben wir Ihnen gezeigt, wie Sie WINS zur Namensauflösung verwenden, zum Beispiel als Failback für DNS. Außerdem haben Sie erfahren, wie Sie WINS installieren, konfigurieren und verwalten können. Und auch die Ausfallsicherheit von WINS-Servern war Thema dieses Kapitels. Im nächsten Kapitel gehen wir auf die Einrichtung eines Webservers mit Windows Server 2008 R2 ein, was auf Basis der neuen Internetinformationsdienste (IIS) 7.5 geschieht. Auch die Einrichtung eines FTP-Servers auf Basis von IIS 7.5 zeigen wir Ihnen im nächsten Kapitel.

Kapitel 25

Webserver – IIS 7.5

Datei-, Druckserver und Infrastruktur

In diesem Kapitel:

Microsoft hat in Windows Server 2008 R2 auch die Internetinformationsdienste (Internet Information Services, IIS) überarbeitet. Während in Windows Server 2003 noch IIS 6.0 den Dienst verrichtet, wird Windows Server 2008 mit der IIS 7.0-Version ausgeliefert, die einige Neuerungen mitbringt. In Windows Server 2008 R2 ist die Version IIS 7.5 enthalten.

Abbildg. 25.1 Die Verwaltungsoberfläche von IIS 7.5 ist identisch mit der Version 7.0

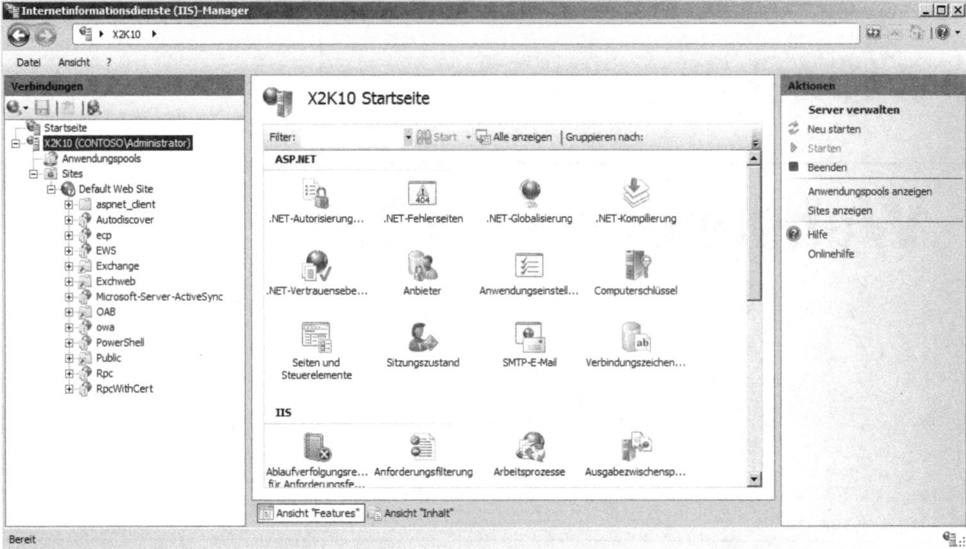

Für die Remoteverwaltung von Webservern wird unter Windows Server 2008 R2 nicht das RPC-Protokoll verwendet, sondern HTTP und HTTPS. Die einzelnen Komponenten zur Verwaltung sind in der Oberfläche schneller zu finden und leichter zu bedienen als bei den Vorgängerversionen.

Neuerungen in IIS 7.0 und 7.5

Neben den bereits erwähnten Neuerungen zu IIS 6.0 von Windows Server 2003 wurde in IIS 7.0 auch einiges in der internen Struktur geändert. Diese Änderungen gelten auch für die Version 7.5 in Windows Server 2008 R2.

TIPP Auf den beiden Seiten *www.iis.net* und *www.microsoft.com/web* finden Sie zusätzliche Informationen und Tools rund um den IIS.

Neuerungen im Vergleich zu Windows Server 2003 (IIS 6.0)

Http.sys, der Kernelmodustreiber für den Hypertext Transfer Protocol-(HTTP-)Verkehr, wurde in Windows Server 2008, Windows Vista und Windows 7 für folgende Elemente erweitert. Diese Erweiterungen sind auch im IIS 7.5 von Windows Server 2008 R2 integriert.

- **HTTP-Server-API 2.0** Bei der HTTP-Server-API handelt es sich um einen HTTP-Protokolltreiber im Kernelmodus, für den über *Httpapi.dll* APIs im Benutzermodus verfügbar sind. Die HTTP-Server-APIs ermöglichen einer Serveranwendung die Registrierung von HTTP-URLs sowie das Empfangen von Anfragen und von Dienstantworten.

HTTP-Server-APIs Beinhalten benutzerfreundliche HTTP-Listener-Funktionalität für Windows sowohl für systemeigene als auch für verwaltete Windows .NET-Anwendungen. Anwendungen können die HTTP-Server-API verwenden, um TCP-Ports gemeinsam mit Internet Information Services (IIS) 6.0 zu verwenden. Dadurch können viel genutzte TCP-Ports (z.B. 80 und 443) gleichzeitig sowohl von HTTP-Server-API-basierten als auch von IIS 6.0-Anwendungen verwendet werden, sofern diese verschiedene Teile des URL-Namespace bedienen.

Abbildg. 25.2 IIS 7.0/7.5 bieten eine bessere Protokollierung

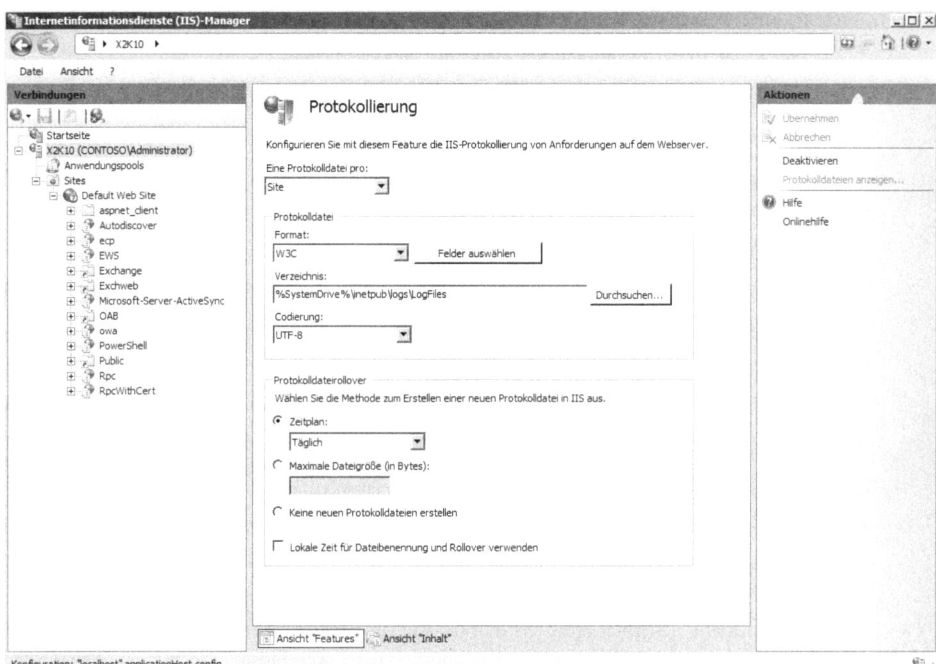

- **Serverseitige Authentifizierung** *Http.sys* führt nun eine serverseitige Authentifizierung durch. Bislang führten die Serveranwendungen eigene Authentifizierungen durch. Serveranwendungen können jetzt unter geringer privilegierten Konten ausgeführt werden. Es können verschiedene Konten verwendet werden, da *Http.sys* nun die Service Principle Name-(SPN-)Authentifizierung für Anwendungen übernimmt.
- **Protokollierung** *Http.sys* bietet eine zentralisierte W3C-Protokollierung, wobei alle Einträge für sämtliche Sites einer Serveranwendung in einer einzigen Protokolldatei gespeichert werden. Innerhalb der zentralisierten Protokolldatei identifizieren ID-Felder die Site, zu der die Protokolleinträge gehören.
- **Ereignisablaufverfolgung in Windows für HTTP-Ereignisse** Bei der Ereignisablaufverfolgung für Windows (Event Tracing for Windows, ETW) handelt es sich um eine Möglichkeit, in Windows Informationen zu Komponenten und Ereignissen abzurufen, die in der Regel in Protokolldateien geschrieben werden. Mithilfe von ETW-Protokolldateien wird die Problembehebung deutlich erleichtert.
- Netsh-**Befehle** Sie können die Konfigurationseinstellungen verwalten und die Diagnose für *Http.sys* über verschiedene Befehle im *Netsh*-HTTP-Kontext steuern. *Netsh* ist ein Befehlszeilentool. Mithilfe dieser

neuen Unterstützung können Sie an einer Windows-Eingabeaufforderung zahlreiche Aufgaben durchführen: Konfigurieren von SSL-Zertifikatbindungen, URL-Reservierungen, IP-Überwachungslisten oder globalen Zeitüberschreitungen ist möglich. Auch das Löschen oder Leeren des HTTP-Zwischenspeichers oder das Protokollieren von Puffern. Die Statusanzeige des *Http.sys*-Dienstes oder des Zwischenspeichers kann in der Befehlszeile durchgeführt werden.

- **Leistungsindikatoren** *Http.sys* verfügt über neue Leistungsdatenindikatoren, die bei der Überwachung, Diagnose und Kapazitätsplanung von Webservern helfen sollen:
  - Leistungsindikatoren für HTTP-Dienste
  - Anzahl an URLs im Zwischenspeicher, hinzugefügt seit dem Start, gelöscht seit dem Start und Anzahl an Zwischenspeicherleerungen
  - Cachetreffer/Sekunde und Cachefehlversuche/Sekunde
  - HTTP-Dienst-URL-Gruppen
  - Datensenderate, Datenempfangsrate, übertragene Bytes (gesendet und empfangen)
  - Maximale Anzahl an Verbindungen, Verbindungsversuchsrate, Rate für GET- und HEAD-Anfragen und Gesamtanzahl an Anfragen
  - Anfragenwarteschlangen des HTTP-Diensts
  - Anzahl der Anfragen in der Warteschlange, Alter der ältesten Anfrage in der Warteschlange
  - Rate der Anfrageeingänge in der Warteschlange, Ablehnungsrate, Gesamtzahl der abgelehnten Anfragen und Rate der Cachetreffer

Anders als der Vorgänger IIS 6.0 bietet IIS 7.0/7.5 um einen kleinen Webserverkern (Web Core Server) herum die Auswahl unter mehr als 40 IIS-Modulen für Netzwerkprotokolle, Protokollierung, Konfiguration, Authentifizierungsverfahren und Diagnose. Neben den Anwendungsentwicklungsframeworks wie ASP, ASP.NET, CGI und ISAPI kann IIS 7.0/7.5 auch in den Bereichen HTTP-Features, Diagnose, Sicherheit und Verwaltungswerkzeuge selektieren. Im Bereich Sicherheit sind verschiedene Authentifizierungsverfahren (Basic, Windows, Digest, Zertifikate) wählbar. Bei den Management-Diensten steht zur Wahl, ob eine Fernverwaltung von IIS über einen Management Service erlaubt sein soll.

Im Hinblick auf Sicherheit reduziert dies die Angriffsfläche und erhöht die Sicherheit des Webservers. IIS 7.0/7.5 verwendet das .NET-basierte Konfigurationssystem. Alle Einstellungen einer Webanwendung, sowohl die von ASP.NET als auch die von IIS, werden in *.config*-Dateien gespeichert. *Web.config*-Dateien bieten gegenüber dem bisherigen Metabase-basierten Konfigurationsmodell einige Vorteile:

- Die Konfigurationsdateien können mit einfachen Werkzeugen (Text- oder XML-Editoren) bearbeitet werden
- Die Konfigurationsdateien können einfacher (per Dateikopie und auch per FTP) übertragen werden
- Geänderte Konfigurationsdateien führen sofort zur Verhaltensänderung
- Die Konfigurationsdateien liegen lokal in dem jeweiligen Webprojekt. Die Delegierung von administrativen Aufgaben wird dadurch einfacher.
- In jedem Unterverzeichnis können Konfigurationsdateien existieren, wobei untergeordnete Konfigurationsdateien übergeordnete Einstellung überschreiben

Abbildg. 25.3 Über Module lassen sich IIS deutlich erweitern

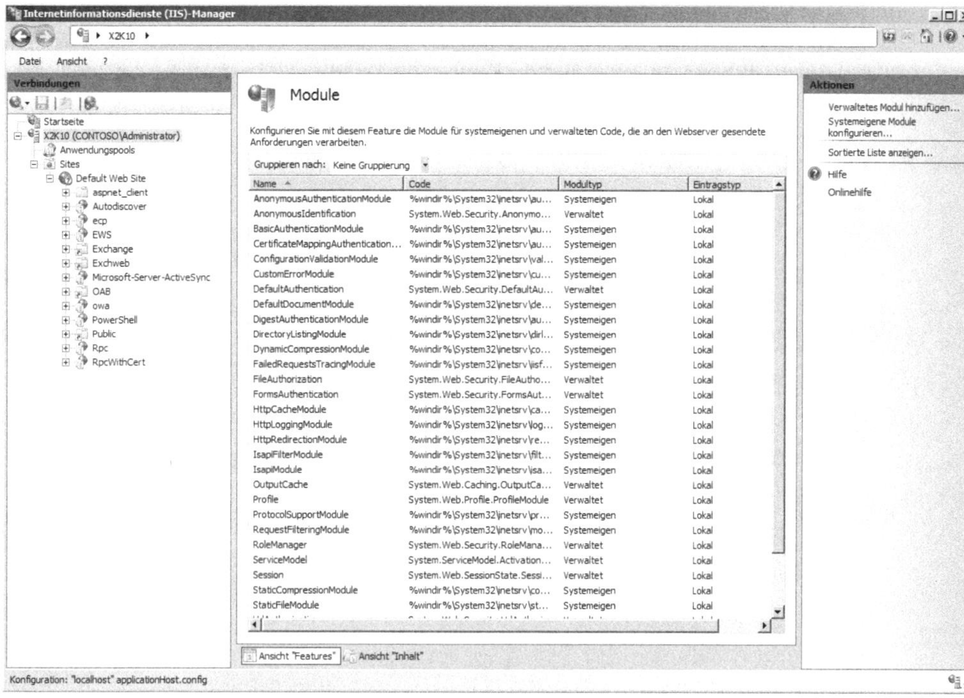

Zentrale Einstellungen, die für den ganzen Webserver gelten, befinden sich in der Datei *applicationHost.config* im Verzeichnis *%SystemRoot%\System32\inetsrv*. Die Datei erbt die Einstellungen von *Machine.config* in .NET Framework. Unterhalb *applicationHost.config* steht die globale *Web.config*-Datei aus dem Verzeichnis *%SystemRoot%\Microsoft.NET\Framework\<Versionnummer>\CONFIG*.

Zur automatisierten Administration bietet IIS 7.0/7.5 das Befehlszeilentool *AppCMD.exe*. Die Verwaltung der Zertifikate findet jetzt direkt über den Server im Internetinformationsdienste-Manager statt. An dieser Stelle können Sie Zertifikate hinzufügen und die Zertifikate des Servers verwalten.

TIPP Auf der Internetseite *www.iis.net* werden vom IIS-Entwicklungsteam ausführliche Informationen zu den Diensten zur Verfügung stellt.

Neuerungen in IIS 7.5 im Vergleich zu IIS 7.0

Im Vergleich zu IIS 7.0 in Windows Server 2008 weist die neue Version 7.5 von Windows Server 2008 R2 einige Änderungen auf. Diese stellen aber keinen so großen Sprung wie von IIS 6.0 zu 7.0/7.5 in Windows Server 2003 dar. ASP.NET sowie .NET Framework generell ist jetzt auch auf Core-Servern verfügbar. Wichtiger Bestandteil ist der neue FTP-Server, den Microsoft zum Download auch für Windows Server 2008 SP2 zur Verfügung stellt.

Die wichtigste Neuerung ist die Unterstützung von Secure Sockets Layer (SSL) für den FTP-Server. Mit dem neuen FTP-Server lässt sich jetzt ein virtueller Hostname für eine FTP-Site festlegen. Dadurch können Sie mehrere FTP-Sites erstellen, die zwar dieselbe IP-Adresse verwenden, aber auf Basis ihrer eindeutigen virtuellen Hostnamen unterschieden werden. Die Verwaltungswerkzeuge hat Microsoft verbessert und die Integration in den Server-Manager deutlich optimiert.

Die neue PowerShell 2.0 bietet darüber hinaus eine verbesserte Verwaltung von IIS 7.5 auch für Automatisierungsaufgaben. Mit dem neuen Konfigurations-Editor (Configuration Editor) lassen sich Einstellungen der Internetinformationsdienste (IIS) für jene Stellen vornehmen, die bisher nur durch die Bearbeitung über XML-Dateien möglich war. Änderungen in der Konfiguration erfassen die Internetinformationsdienste jetzt in einem eigenen Protokoll, sodass sich diese nachvollziehen lassen.

Abbildg. 25.4 Der FTP-Server in Windows Server 2008 R2 unterstützt jetzt auch SSL

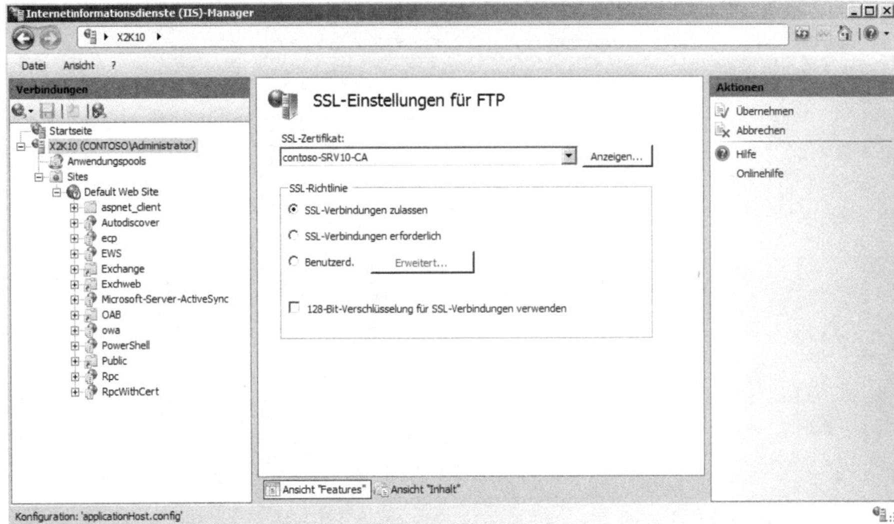

TIPP Wollen Sie die Internetinformationsdienste auf einem Core-Server auch über das Netzwerk verwalten, gehen Sie am besten folgendermaßen vor:

1. Installieren der IIS-Verwaltung mit *dism /online /enable-feature /featurename:IIS-ManagementService*.
2. Aktivieren der Remoteverwaltung, indem in der Registry im Schlüssel *HKLM\Software\Microsoft\Web-Management\Server* der Wert *EnableRemoteManagement* auf »1« gesetzt wird
3. Mit *net start wmsvc* den Dienst für die Remoteverwaltung starten

Das neue Request-Filtermodul umfasst die Filterungsmerkmale, die vorher in URLScan 3.1 zu finden waren. Durch die Blockierung bestimmter HTTP-Anfragen hilft das Request-Filtermodul dabei, die Verarbeitung potenziell schädlicher Requests durch Webanwendungen auf dem Server zu verhindern. Ebenfalls neu ist die Möglichkeit, das FastCGI-Modul dafür zu nutzen, um IIS-Trace-Calls in PHP-Anwendungen einzubinden. So lassen sich Fehler in PHP-Anwendungen schneller finden. Auch der neue Best Practice Analyzer für die einzelnen Serverrollen hilft bei der Konfiguration, da er ebenfalls für IIS 7.5 zur Verfügung steht.

Abbildg. 25.5 Der Best Practice Analyzer steht auch für die IIS-Serverrolle zur Verfügung

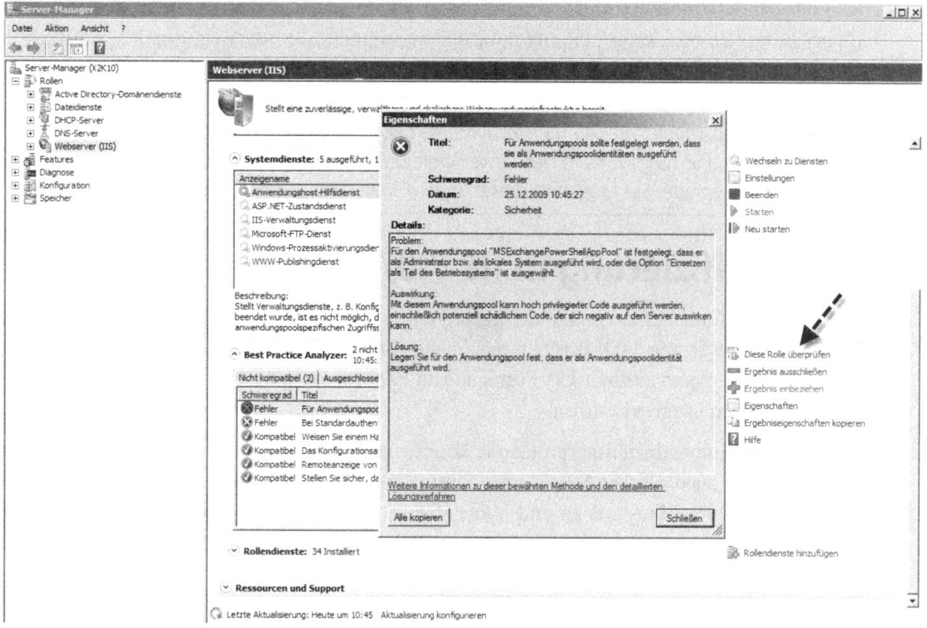

TIPP Wollen Sie die Internetinformationsdienste über die PowerShell verwalten, müssen Sie in der PowerShell zunächst mit *import-module WebAdministration* das entsprechende Modul laden.

Abbildg. 25.6 Verwalten von IIS über das PowerShell ISE

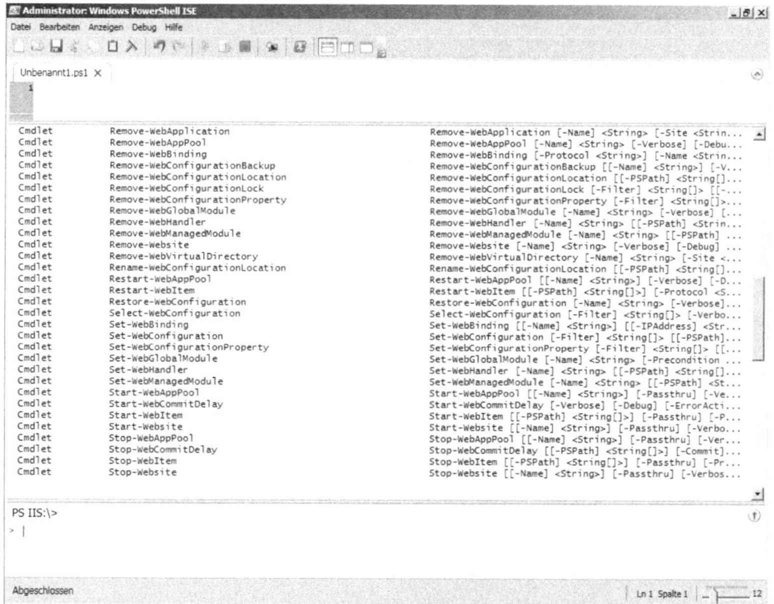

Über *get-command* erhalten Sie Informationen zu den verfügbaren Tools. Lesen Sie sich zu diesem Thema auch das Kapitel 34 durch.

Aktivieren Sie zur Verwaltung von IIS über die PowerShell noch die Ausführung von Skripts, indem Sie im PowerShell-Fenster den Befehl *set-executionpolicy RemoteSigned* eingeben. Achten Sie aber darauf, die PowerShell über das Kontextmenü mit Administratorrechten zu starten. Anschließend können Sie sich mit *get-command –pssnapin WebAdministration* eine Liste der verfügbaren Cmdlets speziell für die PowerShell anzeigen lassen. Für IIS gibt es in der PowerShell einen eigenen Namensraum, genau wie Active Directory oder die Registrypfade. Sie erreichen diesen in der PowerShell, indem Sie *iis:* eingeben.

Authentifizierung in IIS 7.0/7.5

Im Bereich der Authentifizierung und Berechtigungen hat Microsoft einige Anpassungen im Vergleich zu IIS 6.0 von Windows Server 2003 vorgenommen. Unterstützte Authentifizierungsverfahren sind vor allem NTLM, Kerberos, Standardauthentifizierung, Formulare und Zertifikate. Auch RSA und Herstellermethoden von Drittanbietern können integriert werden.

Die jeweiligen Authentifizierungsprotokolle können einzeln installiert werden. Diese Funktion ist neu unter Windows Server 2008. Klicken Sie dazu den Eintrag *Webserver (IIS)* in der Konsolenstruktur des Server-Managers mit der rechten Maustaste an und wählen Sie im Kontextmenü den Befehl *Rollendienste hinzufügen* aus. Auf diesem Weg können Sie auch Rollendienste entfernen, zum Beispiel Authentifizierungsmaßnahmen, die Sie nicht auf Ihrem Webserver unterstützen wollen.

Abbildg. 25.7 Die Authentifizierungsprotokolle können bei IIS 7.5 einzeln über das Hinzufügen oder Entfernen von Rollendiensten installiert oder deinstalliert werden

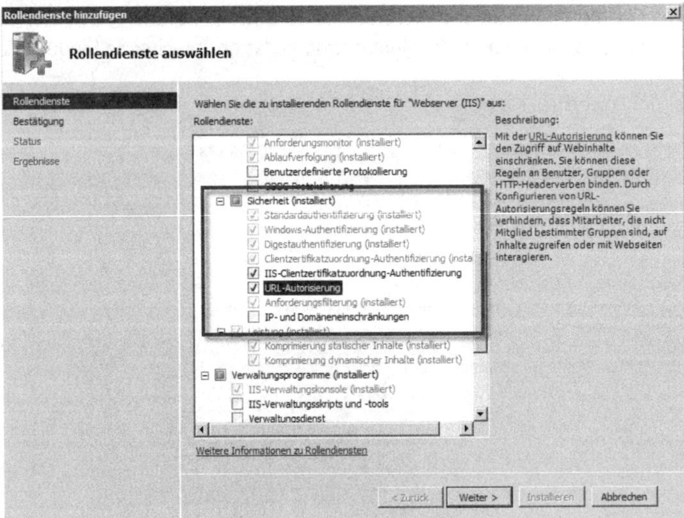

Die Authentifizierungsprotokolle finden Sie unter *Sicherheit*. Hier können einzelne Protokolle aus- oder abgewählt werden. Im Internetinformationsdienste-Manager können über *Authentifizierung* die einzelnen Authentifizierungsprotokolle für den kompletten Server aktiviert oder deaktiviert werden.

Der erste Schritt nach der Einrichtung des Servers besteht daher darin, zunächst die unterstützten Authentifizierungsmaßnahmen auf dem Server zu. Über den Menüpunkt *.NET-Benutzer* können neue Benutzer angelegt werden, die unabhängig von Domänenbenutzerkonten zur Authentifizierung für den Webserver verwendet werden können. Ein Administrator kann sehr einfach über dieses Menü neue Benutzer anlegen und auf deren Basis Berechtigungen vergeben.

Abbildg. 25.8 Konfigurieren der Authentifizierung in IIS

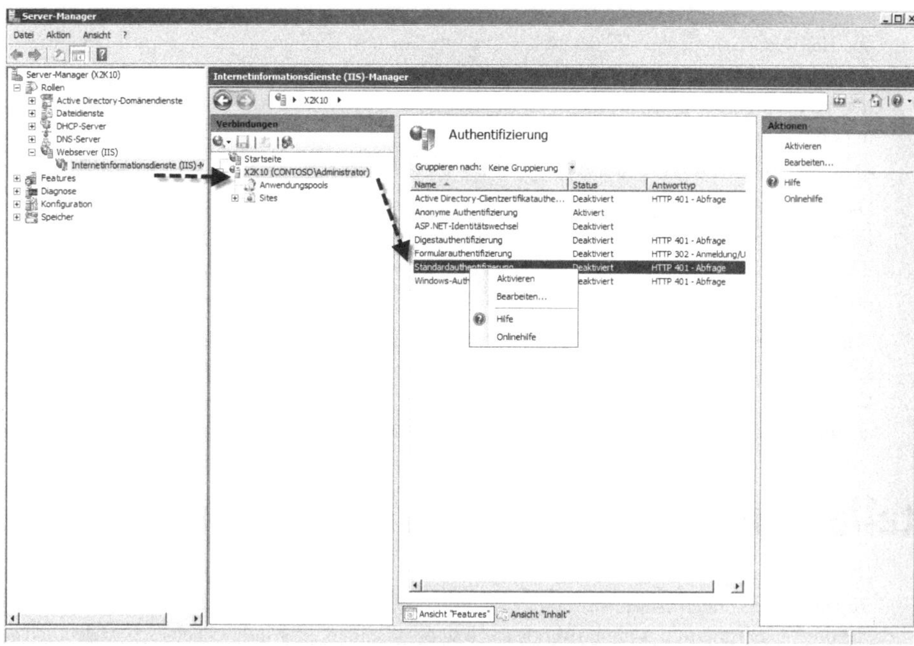

TIPP Entwickler und Administratoren, die Authentifizierungsprobleme lösen müssen, sollten sich von der Internetseite *www.fiddlertool.com* das Tool des Herstellers kostenlos herunterladen.

Abbildg. 25.9 Mit dem *Fiddler*-Tool Fehler von Websites finden

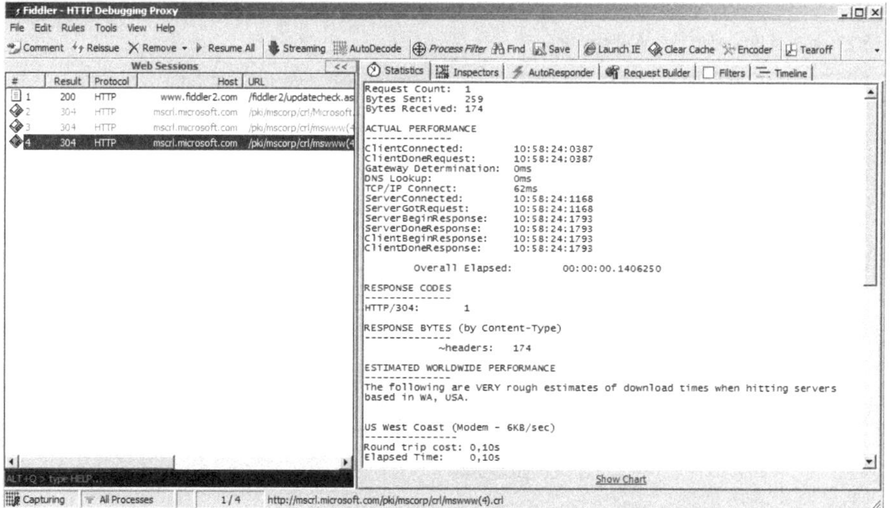

Das Tool bindet sich als Proxy zwischen Browser und IIS und liefert umfangreiche Debuginformationen für Webentwickler und Administratoren.

IIS_WPG-Gruppe für Berechtigungen

Die *IIS_WPG*-Gruppe von IIS 6.0 gibt es in dieser Form in IIS 7.0 und 7.5 nicht mehr. Stattdessen gibt es die Gruppe *IIS_IUSRS*, mit der Berechtigungen erteilt werden können. Diese Gruppen sind nicht mehr speziell maschinenbezogen, sondern unterstützen auch das Übertragen und Klonen der IIS-Metabase sowie das Kopieren von Zugriffsberechtigungen (ACLs) über Xcopy. Diese Gruppe ist daher auf jedem IIS-Server bekannt, sodass gesetzte Berechtigungen übernommen werden können.

Da die Berechtigungen nicht durch Benutzernamen, sondern durch SIDs gesetzt werden, können auch diese Daten zwischen IIS 7.0/7.5-Servern per Xcopy übernommen werden. Dadurch besteht die Möglichkeit, über die Mitgliedschaft der Gruppe *IIS_IUSRS* auf einem Server auch auf Daten anderer Server im Netzwerk zuzugreifen, sofern dies konfiguriert und erwünscht ist.

Auf Basis dieser Gruppenmitgliedschaften dürfen Anwendungspools gestartet und verwaltet werden. Entwickler, die eigene Benutzerkonten für die Verwaltung Ihrer Anwendungspools erstellen, müssen dieses Benutzerkonto nicht mehr manuell der Gruppe *IIS_WPG* hinzufügen, wie noch unter Windows Server 2003. Entsprechende Benutzerkonten werden automatisch in die Gruppe *IIS_IUSRS* aufgenommen.

Installation, Konfiguration und erste Schritte

IIS 7.5 kann als Rolle über den Server-Manager hinzugefügt werden. Nach der Auswahl der zu installierenden Rollendienste können Sie die Verwaltung über den Internetinformationsdienste-Manager starten. Die Oberfläche des Verwaltungstools sieht im Vergleich zu seinem Pendant in Windows Server 2003 deutlich verändert aus. Das Verwaltungstool kann auch über *inetmgr* gestartet werden.

Webserver starten und beenden

Beim Installieren von Patches oder der Änderung von wichtigen Systemeinstellungen ist es oft notwendig, den Webserver neu zu starten.

Abbildg. 25.10 Starten und Beenden des Webservers

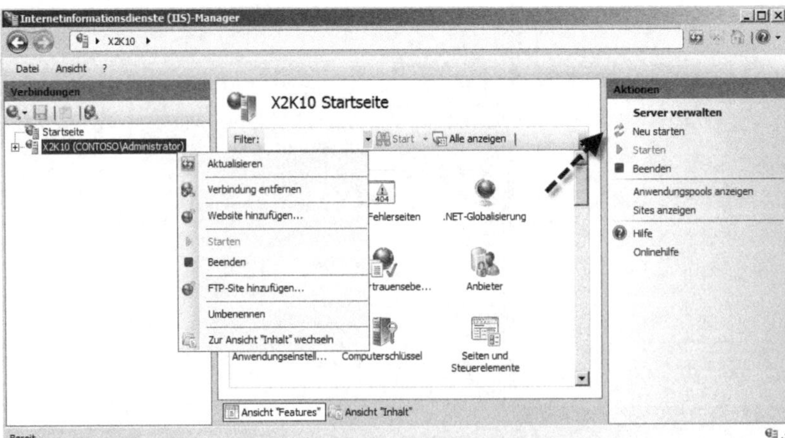

Dazu muss nicht der ganze Server gebootet werden, sondern die Dienste von IIS können einzeln beendet und wieder gestartet werden. An dieser Vorgehensweise hat sich im Vergleich zum IIS 6.0 von Windows Server 2003 nichts geändert. Das Beenden und der Start von IIS kann über die Verwaltungskonsole durchgeführt werden, indem Sie die entsprechenden Punkte aus dem Kontextmenü des Servers oder im Aktionsbereich auswählen.

Alternativ können Sie in der Befehlszeile auch den Befehl *net stop w3svc* zum Beenden und *net start w3svc* zum Starten des Dienstes eingeben. Neben dem Starten und Stoppen des kompletten Servers können Sie auch einzelne Websites zeitweise deaktivieren. Alle anderen Websites des Servers bleiben davon unbeeinflusst.

Klicken Sie dazu im Internetinformationsdienste-Manager auf die Website, die neu gestartet oder beendet werden soll. Im Aktionsbereich der Konsole werden im Abschnitt *Website verwalten* die Befehle zum Neustart und zum Beenden angezeigt.

Abbildg. 25.11 Starten und Beenden einzelner Websites im IIS

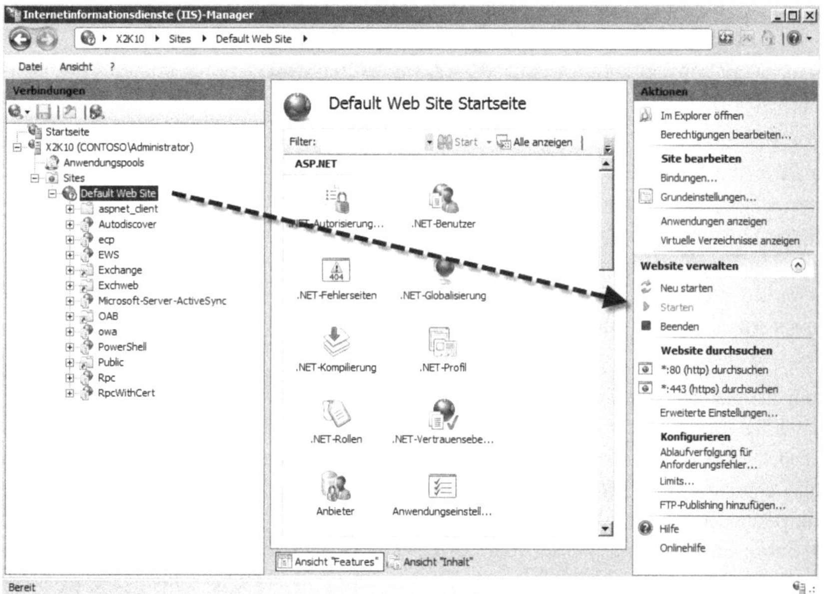

Neben dem Starten und Beenden können auf diesem Weg auch die anderen Einstellungen der Website angepasst werden. Über die Befehlszeile kann mit dem Tool *AppCMD.exe* (siehe den folgenden Abschnitt) ebenfalls ein Neustart oder das Beenden erzwungen werden. Zum Beenden beispielsweise der Website *Contoso* geben Sie den Befehl *appcmd stop site /site.name:contoso* ein, mit *appcmd start site /site.name:contoso* wird die Seite wieder gestartet.

IIS in der Befehlszeile verwalten – *AppCMD.exe*

Neben der Verwaltung in der grafischen Oberfläche bietet IIS 7.5 auch ein Befehlszeilentool für die Verwaltung mit der Bezeichnung *AppCMD.exe* an. Für die Verwaltung von IIS werden nicht mehr verschiedene Tools und Skripts benötigt, wie noch für IIS 6.0, sondern alle Verwaltungsaufgaben werden jetzt in einem Befehlszeilentool zusammengefasst. Das Tool befindet sich allerdings nicht direkt im Pfad der Befehlszeile, kann also nicht direkt aufgerufen werden. Sie müssen zuvor in das Verzeichnis *\Windows\System32\inetsrv* wechseln. Das Tool muss mit Administratorrechten gestartet werden.

Eine ausführliche Hilfe erhalten Sie über *appcmd /?*. Da die Hilfe kontextsensitiv ist, können Sie auch für einzelne Befehle, wie zum Beispiel *appcmd site /?*, die entsprechende Hilfe aufrufen. Wir zeigen Ihnen in den entsprechenden Abschnitten in diesem Kapitel auch die zu *AppCMD.exe* gehörigen Befehle.

Abbildg. 25.12 Befehlszeilenverwaltungstool für IIS

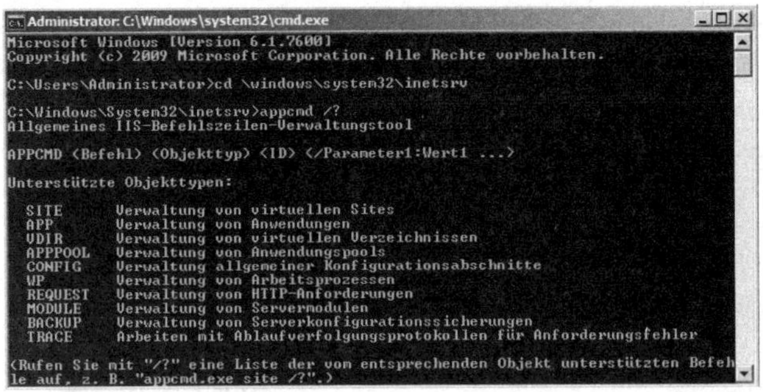

```
Administrator: C:\Windows\system32\cmd.exe
Microsoft Windows [Version 6.1.7600]
Copyright (c) 2009 Microsoft Corporation. Alle Rechte vorbehalten.

C:\Users\Administrator>cd \windows\system32\inetsrv

C:\Windows\System32\inetsrv>appcmd /?
Allgemeines IIS-Befehlszeilen-Verwaltungstool

APPCMD (Befehl) (Objekttyp) <ID> </Parameter1:Wert1 ...>

Unterstützte Objekttypen:

  SITE      Verwaltung von virtuellen Sites
  APP       Verwaltung von Anwendungen
  VDIR      Verwaltung von virtuellen Verzeichnissen
  APPPOOL   Verwaltung von Anwendungspools
  CONFIG    Verwaltung allgemeiner Konfigurationsabschnitte
  WP        Verwaltung von Arbeitsprozessen
  REQUEST   Verwaltung von HTTP-Anforderungen
  MODULE    Verwaltung von Servermodulen
  BACKUP    Verwaltung von Serverkonfigurationssicherungen
  TRACE     Arbeiten mit Ablaufverfolgungsprotokollen für Anforderungsfehler

(Rufen Sie mit "/?" eine Liste der vom entsprechenden Objekt unterstützten Befeh
le auf, z. B. "appcmd.exe site /?".)
```

Mit *AppCMD.exe* können Einstellungen des Servers, einzelner Websites und von *Web.config*-Dateien angepasste werden. Für die Systemverwaltung von IIS und einzelner Sites spielen hauptsächlich die drei Dateien *Machine.config*, *Web.config* und *applicationHost.config* eine wesentliche Rolle. In diesen drei Dateien werden die wichtigsten Systemeinstellungen von IIS vorgenommen. Standardmäßig liest und schreibt das Tool Änderungen in die Datei *applicationHost.config*. Soll der Fokus auf die Datei *Machine.config* oder der obersten *Web.config* gesetzt werden, muss zusätzlich noch die Option *commit* verwendet werden. Die zusätzliche Option *MACHINE* für *commit* setzt den Fokus auf *Machine.config*, die Option *WEBROOT* aktiviert oder liest Änderungen aus der obersten *Web.config*.

Soll zum Beispiel der Bereich *machineKey* aus der obersten *Web.config* gelesen werden, verwenden Sie den Befehl *appcmd list config /section:machineKey /commit:WEBROOT*. Sollen Einstellungen in der *Web.config* einzelner Seiten vorgenommen werden, muss die Bezeichnung der Seite in den Befehl integriert werden, zum Beispiel über *appcmd set config "Contoso" /section:defaultDocument /enabled:false*. Bei diesem Beispiel werden die Änderungen in der Datei *Web.config* für alle Websites unterhalb der Seite *Contoso* vorgenommen. Sollen Änderungen nur in einzelnen Unterwebsites oder virtuellen Verzeichnissen durchgeführt werden, muss auch dieser Pfad im Befehl mit angegeben werden, zum Beispiel über *appcmd set config "Contoso/Produkte" /section:defaultDocument /enabled:true*.

Beispiele

Neben den Möglichkeiten, die wir auf den folgenden Seiten vorstellen, können mit *AppCMD* zum Beispiel auch die aktuellen Anfragen an einen Webserver angezeigt werden. Dazu wird der Befehl *appcmd list request* verwendet.

TIPP Die aktuellen Einstellungen eines Servers lassen sich darüber hinaus mit *AppCMD* auch sichern. Mit dem Befehl *appcmd add backup <Name>* kann eine Sicherung erstellt werden, zum Beispiel bevor Systemänderungen vorgenommen werden. Die erstellten Sicherungen lassen sich über *appcmd list backups* anzeigen und über *appcmd restore backup <Name>* wiederherstellen.

Abbildg. 25.13 Mit *AppCMD* die Einstellungen von IIS sichern, auflisten und wiederherstellen

```
Administrator: C:\Windows\system32\cmd.exe

C:\Windows\System32\inetsrv>appcmd add backup 25.12.2009
Das BACKUP-Objekt "25.12.2009" wurde hinzugefügt.

C:\Windows\System32\inetsrv>appcmd list backups
BACKUP "25.12.2009"
BACKUP "IISBackup129040661882656250"
BACKUP "CFGHISTORY_0000000001"
BACKUP "CFGHISTORY_0000000002"
BACKUP "CFGHISTORY_0000000003"
BACKUP "CFGHISTORY_0000000004"
BACKUP "CFGHISTORY_0000000005"
BACKUP "CFGHISTORY_0000000006"
BACKUP "CFGHISTORY_0000000007"

C:\Windows\System32\inetsrv>appcmd restore backup 25.12.2009
Die Konfiguration wurde aus der Sicherung "25.12.2009" wiederhergestellt.

C:\Windows\System32\inetsrv>_
```

Websites in IIS anzeigen

Die Websites, die ein IIS-Server verwaltet, können in der grafischen Verwaltungsoberfläche oder über die Befehlszeile angezeigt werden. In der grafischen Oberfläche werden die Websites und deren virtuellen Verzeichnisse in einer Baumstruktur wie im Windows-Explorer angezeigt.

Abbildg. 25.14 Anzeigen der Websites eines IIS-Servers

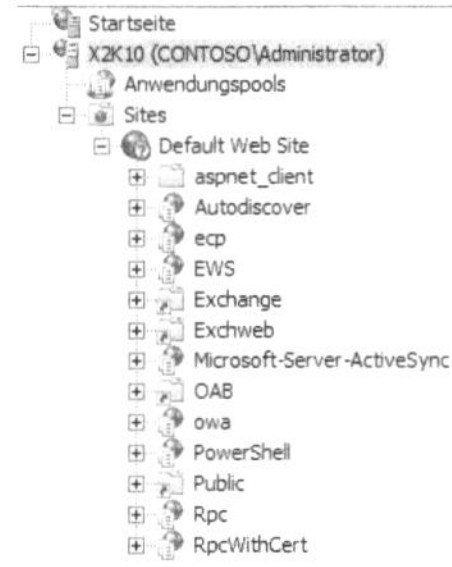

Neben der grafischen Oberfläche können die Websites auch in der Befehlszeile über den Befehl *appcmd list site* angezeigt werden. Mit diesem Befehl werden aber nur die Websites, nicht die enthaltenen virtuellen Verzeichnisse angezeigt. Auch der Status der einzelnen Sites wird in der Befehlszeile angegeben.

Abbildg. 25.15 Anzeigen von Websites und deren Status in der Befehlszeile

```
Administrator: C:\Windows\system32\cmd.exe

C:\Windows\System32\inetsrv>appcmd list site
SITE "Default Web Site" (id:1,bindings:http/*:80:,net.tcp/808:*,net.pipe/*,net.m
smq/localhost,msmq.formatname/localhost,https/*:443:,state:Started)

C:\Windows\System32\inetsrv>
```

Websites hinzufügen und verwalten

Das Hinzufügen von Websites übernehmen viele Applikationen selbst, wie zum Beispiel Exchange Server, die Remotedesktopdienste, SharePoint usw. In vielen Unternehmen werden die Internetinformationsdienste aber auch zur Anzeige selbst entwickelter Websites und Applikationen für das Internet oder Intranet verwendet.

Datei-, Druckserver und Infrastruktur

In IIS 7.5 ist das Hinzufügen und Verwalten von Websites ähnlich einfach gehalten wie unter IIS 6.0. Allerdings sind verschiedene neue Funktionen hinzugekommen, welche die Sicherheit erhöhen. Standardmäßig werden nicht mehr alle Funktionen automatisch aktiviert, sondern Administratoren und Webentwickler können einzelne Funktionen und Einstellungen detaillierter als unter IIS 6.0 verwalten.

Neue Website erstellen

Um eine neue Website manuell hinzuzufügen, klicken Sie mit der rechten Maustaste auf den Eintrag *Sites* und wählen im Kontextmenü den Befehl *Website hinzufügen* aus. Dieser Menübefehl steht auch im Aktionsbereich der MMC zur Verfügung.

Abbildg. 25.16 Hinzufügen von neuen Websites

In dem neuen Fenster können jetzt die Daten für die neue Website eingetragen werden. Hier kann auch der Applikationspool sowie der physische Pfad zu der Datei ausgewählt werden. Beim Erstellen einer neuen Website wird in IIS automatisch auch ein eigener Anwendungspool für diese Website erstellt. Ist dies nicht gewünscht, kann beim Erstellen auch ohne Weiteres ein anderer Anwendungspool verwendet werden.

Zusätzlich kann beim Erstellen ausgewählt werden, mit welchem Benutzerkonto sich das System in dem physischen Verzeichnis anmelden darf, um auf die Daten des Servers zuzugreifen. Im Bereich *Bindung* lässt sich festlegen, mit welchem Protokoll auf die Website zugegriffen wird, auf welche IP-Adresse gehört wird und welcher Port für den Zugriff aktiviert werden soll.

Abbildg. 25.17 Erstellen und Konfigurieren einer neuen Website in IIS

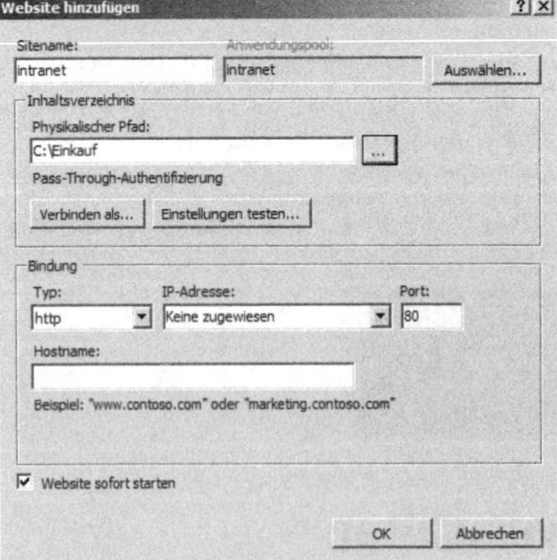

Neben der grafischen Oberfläche können neue Websites auch über die Befehlszeile erstellt werden, was die skriptbasierte oder automatisierte Installation von Webservern deutlich erleichtert. Die Syntax sieht in diesem Fall folgendermaßen aus:

```
appcmd add site /name:<Name> /id:<ID> /physicalPath:<Pfad> /bindings:<URL>
```

Als *ID* können Sie eine normale Zahl zur Identifikation der Seite verwenden. Die Option *bindings* ist eine Kombination aus Protokoll, IP-Adresse, Port und Header der Seite. So bestimmt die Option *http/*:88*, dass die neue Site auf alle Anfragen zu allen Domänen auf den Port 88 antwortet. Durch die Option *http/*:88:shop.contoso.com* hört die Site auf den Port 88 aller IP-Adressen zur Domäne *shop.contoso.com.*

Beispiel

Um eine Seite mit der ID 2 aus dem physischen Verzeichnis *c:\contoso* zu erstellen, die auf HTTP-Anfragen zum Port 88 auf alle IP-Adressen und der Domäne *shop.contoso.com* hört, verwenden Sie den Befehl

```
appcmd add site /name:contoso /id:2 /physicalPath:c:\contoso /bindings:http/*:88:shop.contoso.com
```

Bindungen einer Site nachträglich bearbeiten

Haben Sie eine Website erstellt, können die Bindungen, also das Protokoll, die IP-Adresse und der Port jederzeit über das Kontextmenü oder den Aktionsbereich der Site erweitert werden. Über das *Bindungen*-Menü können auch Hostnamen von Websites nachträglich bearbeitet und hinzugefügt werden.

Abbildg. 25.18 Die Bindungen von Websites können nachträglich angepasst werden

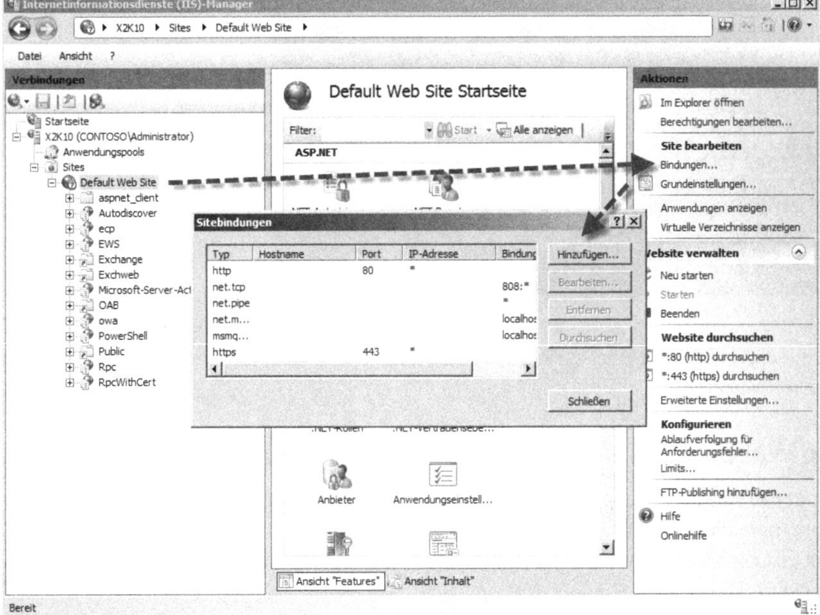

Grundeinstellungen von Websites bearbeiten

Über den Link *Grundeinstellungen* im Aktionsbereich der Verwaltungskonsole kann der physische Pfad und der Anwendungspool einer Website nachträglich angepasst werden.

Abbildg. 25.19 Bearbeiten der Grundeinstellungen einer Website

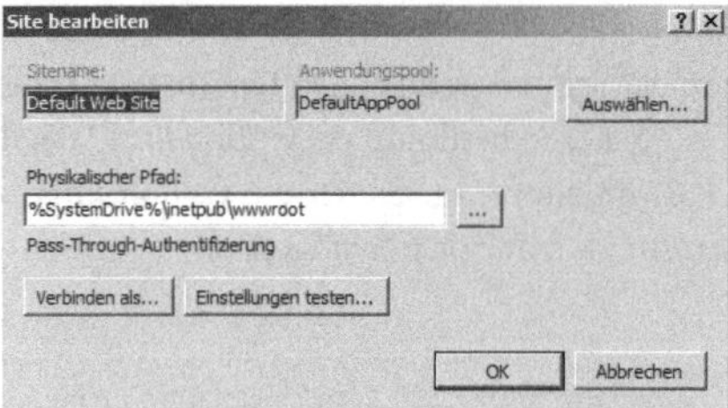

Webanwendungen und virtuelle Verzeichnisse einer Website verwalten

Eine einzelne Website kann aus mehreren virtuellen Verzeichnissen oder Anwendungen bestehen, die jeweils über eine eigene URL verfügen, aber unter einem gemeinsamen Dach, der Website, agieren. Die Anwendungen werden im Internetinformationsdienste-Manager als untergeordnete Objekte der Website angezeigt. In der Befehlszeile können Sie die Anwendungen eines Webservers mit dem Befehl *appcmd list app* angezeigt werden.

Abbildg. 25.20 Anzeigen der Webanwendungen einer Website

```
Administrator: C:\Windows\system32\cmd.exe
Microsoft Windows [Version 6.1.7600]
Copyright (c) 2009 Microsoft Corporation. Alle Rechte vorbehalten.

C:\Users\Administrator>cd \windows\system32\inetsrv

C:\Windows\System32\inetsrv>appcmd list app
APP "Default Web Site/" (applicationPool:DefaultAppPool)
APP "Default Web Site/Rpc" (applicationPool:DefaultAppPool)
APP "Default Web Site/RpcWithCert" (applicationPool:DefaultAppPool)
APP "Default Web Site/PowerShell" (applicationPool:MSExchangePowerShellAppPool)
APP "Default Web Site/owa" (applicationPool:MSExchangeOWAAppPool)
APP "Default Web Site/ecp" (applicationPool:MSExchangeECPAppPool)
APP "Default Web Site/Autodiscover" (applicationPool:MSExchangeAutodiscoverAppPo
ol)
APP "Default Web Site/Autodiscover/bin" (applicationPool:MSExchangeAutodiscoverA
ppPool)
APP "Default Web Site/Autodiscover/help" (applicationPool:MSExchangeAutodiscover
AppPool)
APP "Default Web Site/Microsoft-Server-ActiveSync" (applicationPool:MSExchangeSy
ncAppPool)
APP "Default Web Site/EWS" (applicationPool:MSExchangeServicesAppPool)
APP "Default Web Site/EWS/bin" (applicationPool:MSExchangeServicesAppPool)

C:\Windows\System32\inetsrv>
```

Sollen nur die Anwendung einer einzelnen Website angezeigt werden, verwenden Sie den Befehl *appcmd list app /site.name:<Name>*.

Neue Webanwendung oder virtuelles Verzeichnis erstellen

Um eine neue Webanwendung zu erstellen, klicken Sie mit der rechten Maustaste auf die Website, unter der Sie die neue Anwendung erstellen wollen, und wählen im Kontextmenü den Befehl *Anwendung hinzufügen* aus. Soll ein virtuelles Verzeichnis hinzugefügt werden, benutzen Sie im Kontextmenü die Option *Virtuelles Verzeichnis hinzufügen*.

Abbildg. 25.21 Hinzufügen von neuen Anwendungen zu einer Website

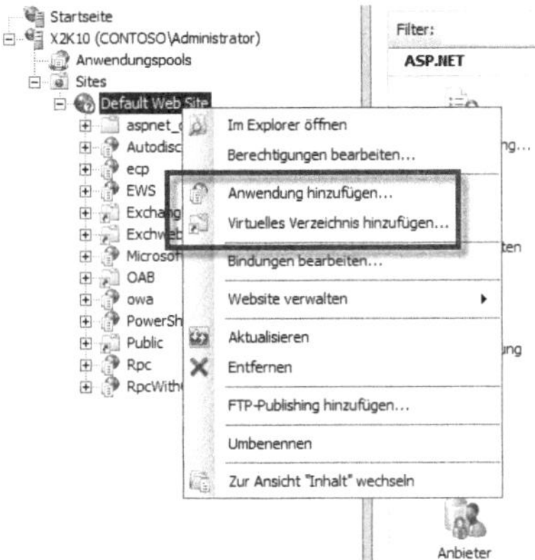

Es öffnet sich ein neues Fenster, über das Sie die Daten für die neue Anwendung konfigurieren können. Hier kann der Alias, der Anwendungspool, der physische Pfad und der Benutzer konfiguriert werden, mit dem der Dienst auf den Pfad zugreifen soll.

Nachdem die Anwendung erstellt wurde, wird diese als untergeordnetes Objekt der Website angezeigt. Über die Befehlszeile verwenden Sie den Befehl *appcmd add app /site.name:<Name der Website> /path:/<Alias der Anwendung> /physicalPath:<Pfad auf der Platte>*. Die Einstellungen lassen sich ebenfalls wieder über den Aktionsbereich der Konsole bearbeiten.

Abbildg. 25.22 Konfiguration der neuen Anwendung

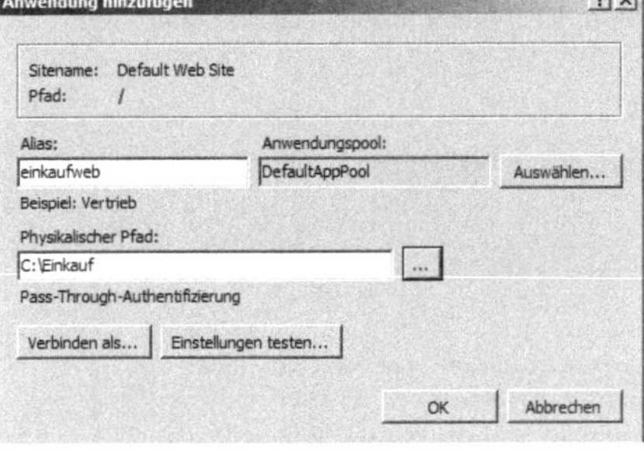

Die erweiterten Einstellungen einer Webanwendung oder der kompletten Site lassen sich durch den Link *Erweiterte Einstellungen* im Aktionsbereich oder im Kontextmenü mit dem Befehl *Anwendung verwalten* beziehungsweise *Website verwalten* aufrufen. In diesem Fenster können detaillierte Änderungen vorgenommen werden als in den jeweiligen Grundeinstellungen.

Anwendungspools verwalten

Websites und Webanwendungen können unter Windows Server 2008 R2, wie bereits unter Windows Server 2003, in eigenen Anwendungspools und daher Speicherbereichen laufen. Der Absturz einer einzelnen Anwendung führt dabei nicht unweigerlich zum Absturz anderer Anwendungen oder des kompletten Servers. Bei der

Erstellung einer neuen Website schlägt der Assistent automatisch auch das Erstellen eines eigenen Anwendungspools für die Site vor.

Alle Anwendungspools werden im Internetinformationsdienste-Manager über den Eintrag *Anwendungspools* in der Konsolenstruktur angezeigt und konfiguriert. Über die Befehlszeile können Sie die Anwendungspools über *appcmd list apppool* anzeigen lassen.

Abbildg. 25.23 Verwalten und Anzeigen der Anwendungspools

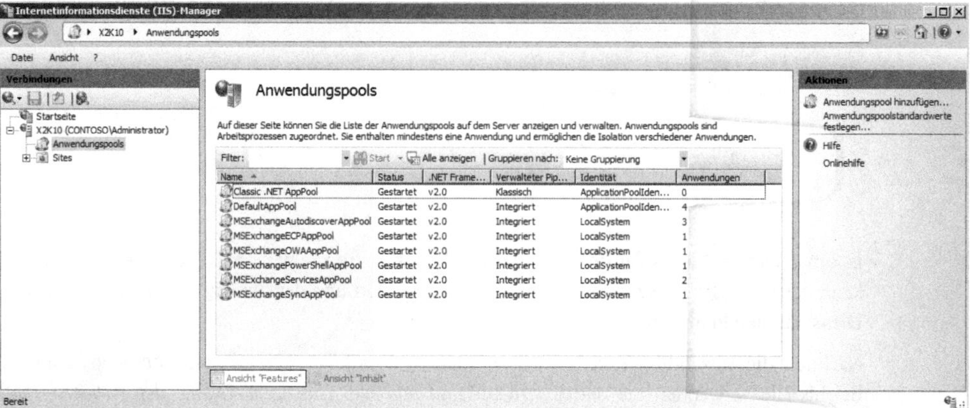

Über den Befehl *Anwendungen anzeigen* im Kontextmenü oder Aktionsbereich des Anwendungspools werden die Websites und Anwendungen angezeigt, die sich diesen Anwendungspool teilen. Über die *Zurück*-Schaltfläche in der Oberfläche kommen Sie im Fenster wieder zur Hauptansicht zurück. In der Befehlszeile wird die Anwendung eines Anwendungspools über *appcmd list app /apppool.name:<Name>* angezeigt.

Abbildg. 25.24 Anzeigen der Anwendungen eines Anwendungspools

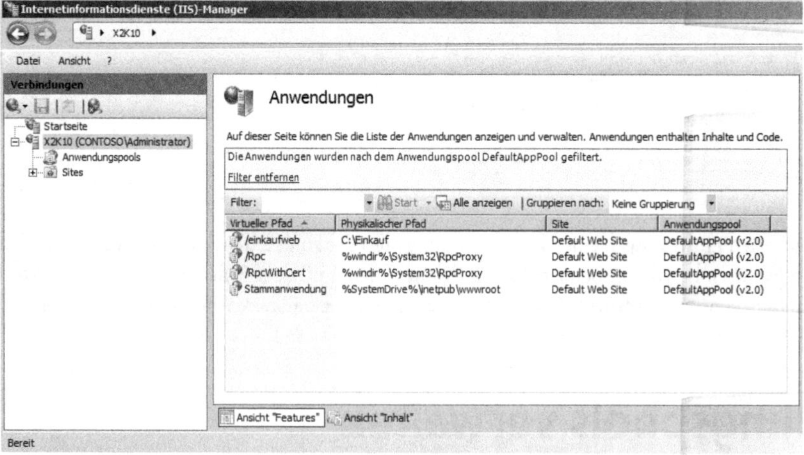

Anwendungspools erstellen und verwalten

Beim Erstellen einer neuen Website kann auf dem entsprechenden Fenster gleich ein neuer Anwendungspool erstellt werden. Über den Eintrag *Anwendungspools* in der Konsolenstruktur des Internetinformationsdienste-Managers kann ebenfalls ein neuer Anwendungspool über das Kontextmenü oder den Aktionsbereich erstellt werden.

Beim Erstellen können auf dem Standardfenster zunächst der Name, die unterstützte .NET Framework-Version und der verwaltete Pipelinemodus konfiguriert werden. Dieser steht normalerweise auf *Integriert*. Dadurch werden Anfragen direkt über die Internetinformationsdienste und der ASP.NET-Pipeline abgebildet. Ältere Anwendungen haben mit dieser Funktion unter Umständen Schwierigkeiten. In diesem Fall können Sie den Modus auf *Klassisch* stellen.

Abbildg. 25.25 Erstellen eines neuen Anwendungspools

Im Gegensatz zu IIS 6.0 werden bei der Erstellung von neuen Anwendungspools in IIS 7.5 keine weiteren Einstellungen benötigt.

Abbildg. 25.26 Verwalten der erweiterten Einstellungen für Anwendungspools

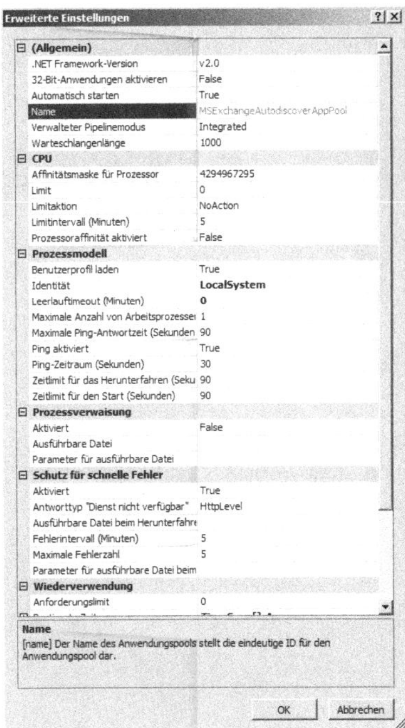

Wollen Sie die Identität des Anwendungspools oder erweiterte Einstellungen anpassen, müssen Sie nach der Erstellung den Befehl *Erweiterte Einstellungen* oder *Anwendungspoolstandardwerte festlegen* im Kontextmenü oder dem Aktionsbereich aufrufen. In dem neuen Fenster können dann die Grundeinstellungen, aber auch die erweiterten Einstellungen wie zum Beispiel die Identität angepasst werden.

Der Windows-Prozessaktivierungsdienst (Windows Process Activation Service, WAS) überprüft in regelmäßigen Abständen, ob ein Anwendungspool noch funktioniert. Dabei wird, wie beim Pingen, das ICMP-Protokoll verwendet. In den erweiterten Einstellungen kann dieser Ping deaktiviert werden, indem die entsprechende Einstellung von *True* auf *False* gesetzt wird.

Arbeitsprozesse in Anwendungspools zurücksetzen

Manche Anwendungen werden im Laufe der Zeit instabiler, da zu viele Anfragen vorliegen oder die Speicherlast zu stark ansteigt. Anwendungspools können in regelmäßigen Abständen die Arbeitsprozesse von Anwendungen zurücksetzen und damit neu starten. Diese Funktion ist ähnlich zum Neustart eines Servers. Dieses Zurücksetzen wird auf englischen Servern *Recycle*, auf deutsch *Wiederverwenden* genannt.

Das Zurücksetzen von Arbeitsprozessen bereinigt laufende Anwendungen und kann diese nach dem Neustart extrem beschleunigen. Dieses Wiederverwenden kann über das Kontextmenü konfiguriert werden. Dabei besteht die Möglichkeit, in regelmäßigen Zeitabständen ein Zurücksetzen zu konfigurieren, nach einer bestimmten Anzahl Anfragen oder zu einer bestimmten Zeit. Weitere Möglichkeiten sind das Zurücksetzen bei der starken Auslastung des Arbeitsspeichers oder des virtuellen Speichers.

Abbildg. 25.27 Zurücksetzen von Anwendungen nach bestimmten Kriterien

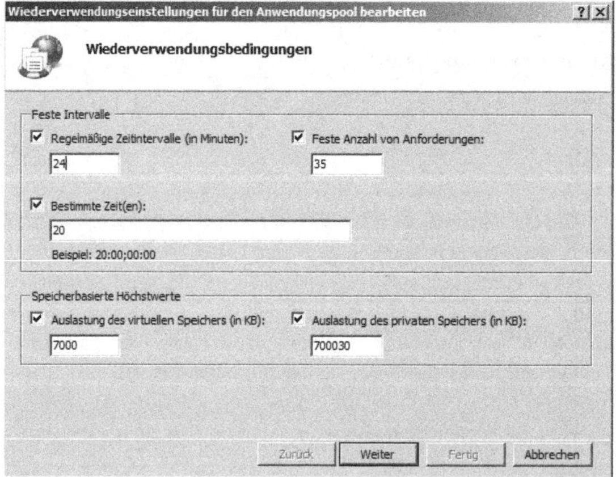

Das Zurücksetzen von Arbeitsprozessen für Webanwendungen kann Ereignisse in der Ereignisanzeige generieren. Auf der zweiten Seite des Assistenten zur Konfiguration dieses Vorgangs kann ausgewählt werden, welche Ereignisse protokolliert werden sollen.

Abbildg. 25.28 Die Ereignisse, die beim Starten eines Wiederherstellungsvorgangs anfallen, können protokolliert werden

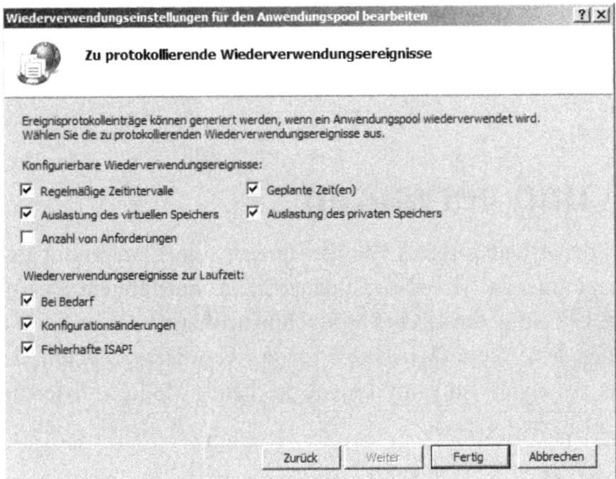

Module in IIS 7.5 verwalten

IIS 7.5 unterscheidet im Betrieb zwischen systemeigenen (nativen) Modulen, die nicht von .NET-Funktionen wie ASP.NET erstellt werden, und verwalteten (managed) Modulen, die durch .NET-Prozesse erstellt werden. Bei den systemeigenen Modulen handelt es sich meistens um *.dll*-Dateien, die im Webserver integriert werden müssen.

Abbildg. 25.29 Verwalten der Module im IIS-Manager

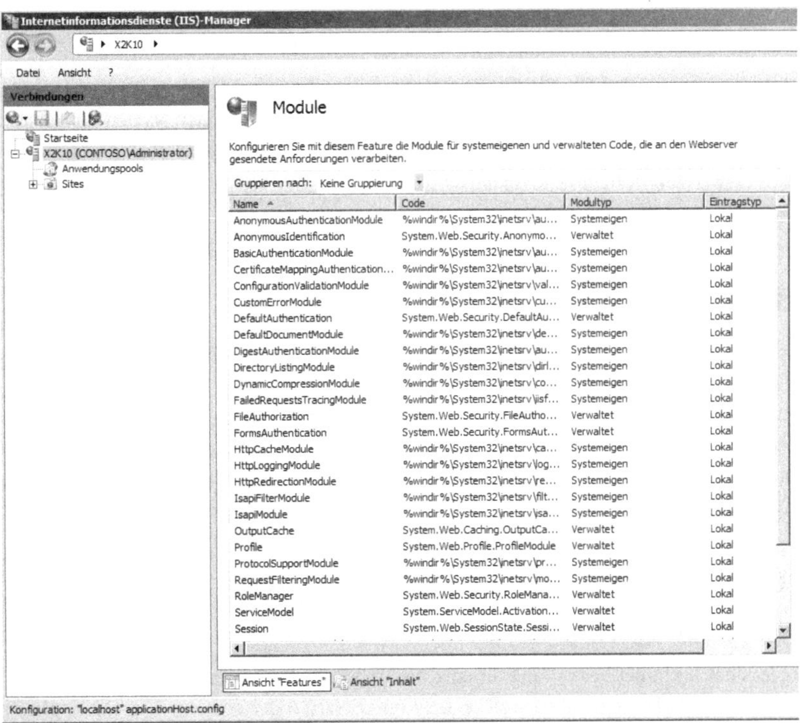

Es würde den Rahmen dieses Buchs sprengen, dieses Thema ausführlich zu behandeln, vor allem weil es in diesem Bereich eher um das Thema Entwicklung geht. Administratoren und Consultants sollten diese Funktion dennoch etwas verstehen, da IIS 7.5 mit Anwendungen und Webeites basierend auf diesen beiden Modultypen umgeht. Module werden über das Symbol *Module* auf der Hauptseite des Internetinformationsdienste-Managers verwaltet und konfiguriert.

Module hinzufügen und verwalten

Native Module werden geladen, wenn der Arbeiterprozess (Worker Process) einer Anwendung gestartet und initialisiert wird. Native Module werden immer auf Serverbasis hinzugefügt, können für einzelne Websites oder Anwendungen aber deaktiviert werden. Um ein systemeigenes Modul hinzuzufügen, wählen Sie in der Module-Verwaltung aus dem Kontextmenü oder dem Aktionsbereich die Option *Verwaltetes Modul hinzufügen* oder *Systemeigene Module konfigurieren* aus. Anschließend kann das entsprechende Modul aktiviert und über die Schaltfläche *Registrieren* dem Server hinzugefügt werden.

Abbildg. 25.30 Hinzufügen eines systemeigenen Moduls zu IIS

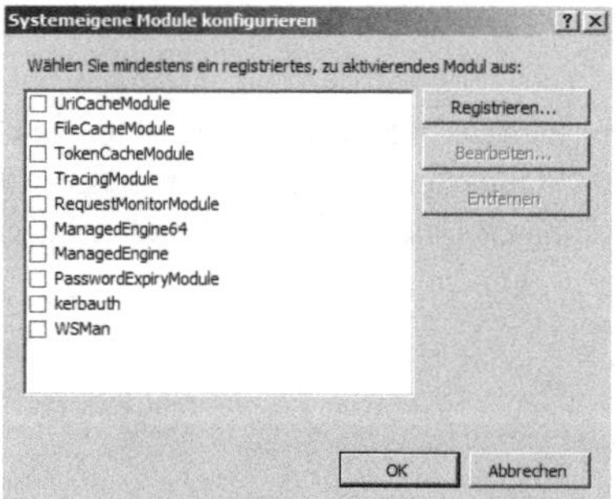

Nachdem Sie auf die Schaltfläche *Registrieren* geklickt haben, können Sie einen Namen für das Modul festlegen sowie die entsprechende *.dll* für das native Modul auswählen. Nachdem die Daten eingegeben wurden, kann das Modul aktiviert und bearbeitet werden. Auf dem gleichen Weg lässt sich ein Modul wieder deinstallieren, wenn dieses nicht mehr benötigt wird.

IIS-Verwaltung delegieren

Mit IIS 7.5 kann die Verwaltung von einzelnen Websites oder des kompletten Servers wesentlich besser delegiert und konfiguriert werden als bei IIS 6.0. Administratoren für Websites oder Anwendungen müssen nicht gezwungenermaßen auch Administratoren des kompletten Servers sein. Es besteht die Möglichkeit, die Verwaltung einzelner Funktionen und Websites an verschiedene Administratoren zu verteilen. Da die meisten IIS-Einstellungen in *Web.config*-Dateien liegen, können Berechtigungen und Einstellungen auch im Rahmen der Synchronisierung von Websites zwischen verschiedenen Servern kopiert werden.

Vorgehensweise bei der Delegierung von Berechtigungen

Um Benutzern das Recht der Verwaltung für einzelne Websites oder Anwendungen zu erteilen, können entweder Windows-Benutzerkonten oder spezielle IIS-Konten verwendet werden. Die IIS-Konten können ausschließlich nur innerhalb des Webservers für die Delegierung von Rechten verwendet werden. Im nächsten Schritt können auf Basis der angelegten Benutzerkonten Rechte speziell für einzelne Websites oder Webanwendungen gewährt werden. Damit die Webadministratoren ihre Websites auch verwalten können, muss der Verwaltungsdienst auf dem Webserver so konfiguriert werden, dass der Zugriff gestattet wird.

IIS-Manager-Benutzer verwalten

Damit Benutzerkonten speziell im IIS verwaltet werden können, starten Sie den *Internetinformationsdienste-Manager* in der Programmgruppe *Verwaltung*. Sie können das Tool auch über *Start/Ausführen/inetmgr* starten. Die Benutzerverwaltung wird über den Menüpunkt *IIS-Manager-Benutzer* durchgeführt. Klicken Sie vorher auf den entsprechenden Server, den Sie verwalten wollen. Klicken Sie auf diesen Menüpunkt, werden im Fenster alle bereits angelegten Benutzer im IIS angezeigt. Über dieses Fenster können weitere Benutzer angelegt, die Kennwörter geändert oder Benutzer gelöscht werden.

Abbildg. 25.31 Installieren der Verwaltungsprogramme von IIS zur Delegierung von Rechten

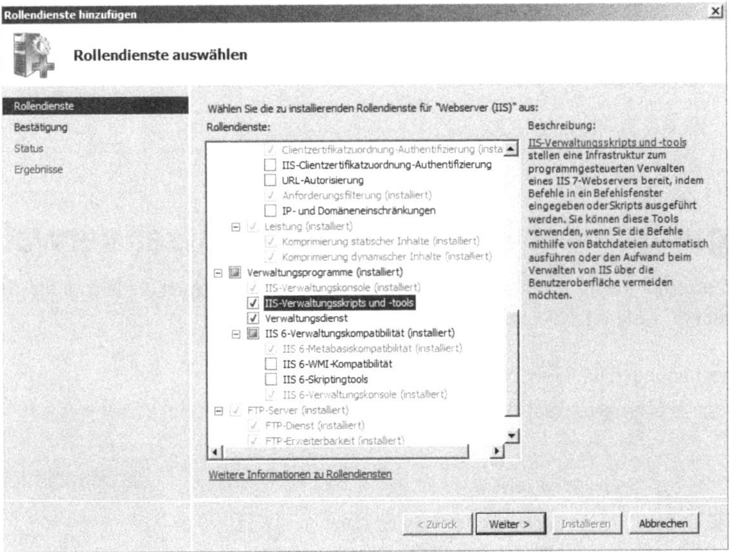

Dieses Feature wird allerdings nur dann angezeigt, wenn der Rollendienst *Verwaltungsdienst* unterhalb der *Verwaltungsprogramme* für den Webserver installiert wurden. Über das Kontextmenü eines IIS-Manager-Benutzers können verschiedene Verwaltungsaufgaben durchgeführt werden. So besteht zum Beispiel auch die Möglichkeit, solche Benutzer zu deaktivieren. In diesem Fall kann der Benutzer bis zu seiner Aktivierung nicht mehr auf die Verwaltungsoberfläche zugreifen, muss dafür aber auch nicht wieder neu angelegt werden, wenn dieser erneut benötigt wird.

HINWEIS Die installierten Rollendienste des Webservers werden angezeigt, wenn Sie im Server-Manager auf *Webserver* klicken. Die installierten Rollendienste werden im Bereich *Rollendienste* angezeigt. Über *Rollendienste hinzufügen* beziehungsweise *Rollendienste entfernen* werden diese Funktionen dem Server hinzugefügt oder entfernt. Von den installierten Rollendiensten hängen auch die angezeigten Verwaltungsmöglichkeiten von IIS ab. Sollen lokale IIS-Konten verwaltet werden, benötigen Sie den Rollendienst *Verwaltungsdienst*.

Abbildg. 25.32 Über den IIS-Manager können die IIS-Manager-Benutzer innerhalb der IIS verwaltet werden

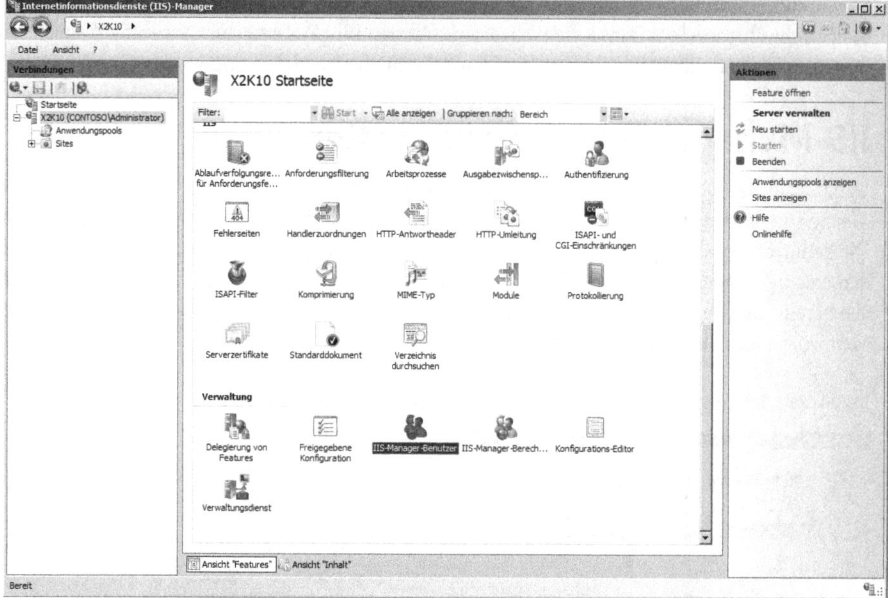

Berechtigungen der IIS-Manager-Benutzer verwalten

Nachdem die Benutzerkonten im IIS für die Delegierung angelegt sind, können die Rechte für diese Benutzer über den Menüpunkt *IIS-Manager-Berechtigungen* verwaltet werden.

Abbildg. 25.33 Verwalten der Berechtigungen für IIS-Manager-Benutzer

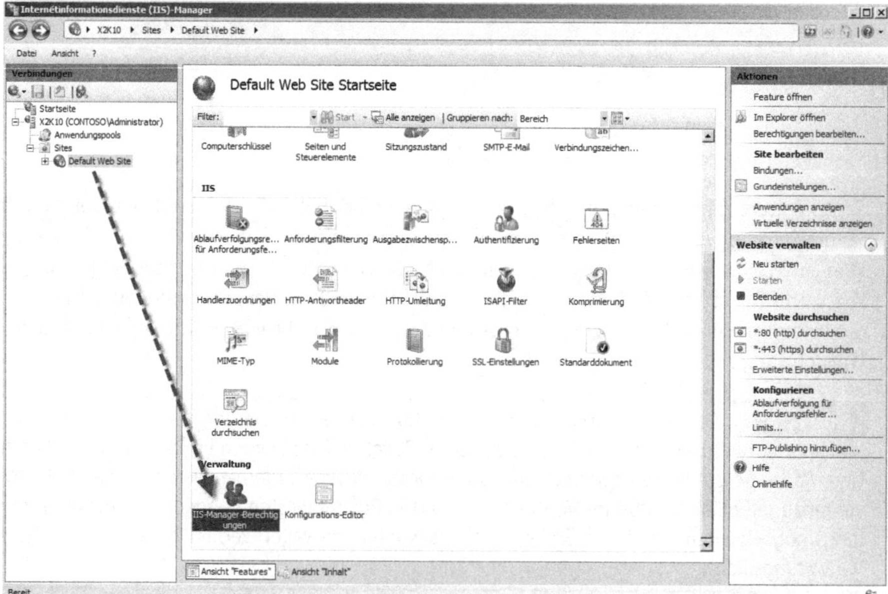

Dazu verwenden Sie aber nicht das Symbol in der Serverkonfiguration, sondern klicken auf die Website, für die Sie den IIS-Manager delegieren wollen und wählen den Menüpunkt aus. Anschließend klicken Sie auf *Benutzer zulassen*. Es öffnet sich ein neues Fenster, über das Sie auswählen können, welche Benutzer zugelassen werden.

TIPP Damit Sie Benutzer für Websites zulassen können, müssen Sie zunächst den Verwaltungsdienst im IIS-Manager unter *Verwaltung* aktivieren und die entsprechenden Einstellungen vornehmen.

Abbildg. 25.34 Aktivieren des Verwaltungsdiensts für die Remoteverwaltung

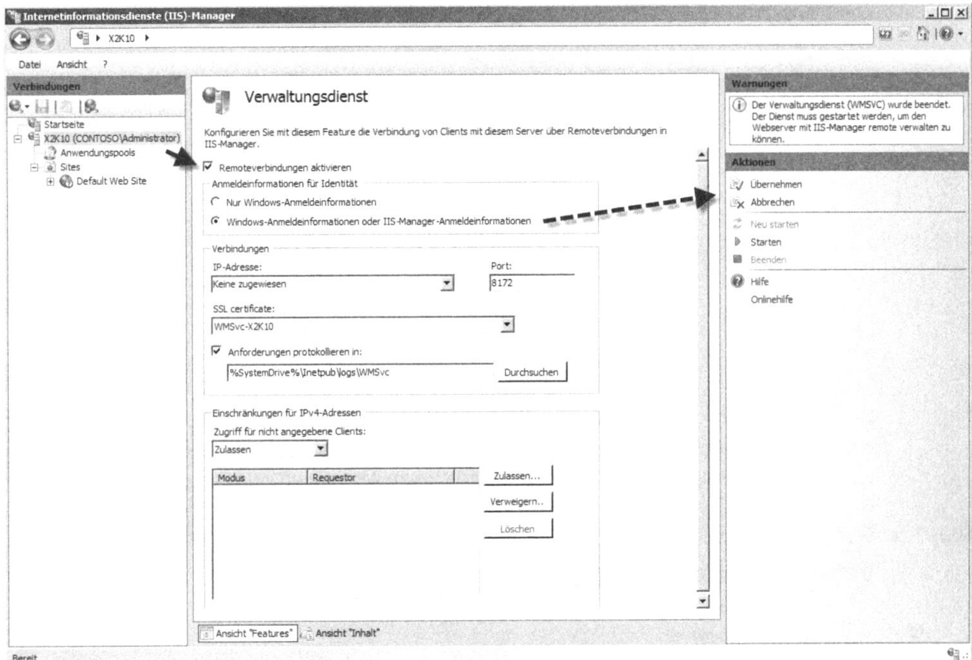

HINWEIS Standardmäßig ist die Möglichkeit, IIS-Manager für eine Website zu delegieren, deaktiviert, da der Server nur Windows-Benutzerkonten zulässt. Damit auch die angelegten IIS-Manager-Benutzer verwendet werden können, muss auf Serverebene über das Feature *Verwaltungsdienst* die Option *Windows-Anmeldeinformationen oder IIS-Manager-Anmeldeinformationen* aktiviert und bestätigt sein. Anschließend muss der Dienst gestartet werden. Erst dann kann in den IIS-Manager-Berechtigungen auch ein IIS-Manager ausgewählt werden.

Delegierung verwalten

Nachdem den entsprechenden IIS-Manager-Benutzern und/oder Windows-Benutzern das Recht zur Anmeldung für spezielle Websites gewährt wurde, kann generell festgelegt werden, welche Rechte überhaupt für Websites auf dem Server delegiert werden können. Da die Delegierungseinstellungen automatisch nach unten vererbt werden, lässt sich gezielt einstellen, welche Rechte auf welcher Ebene und Website die einzelnen Manager-Benutzer erhalten sollen. Diese Einstellungen finden entweder in oberster Ebene über den Server statt oder indem Sie auf eine übergeordnete Website im Internetinformationsdienste-Manager klicken. Die Verwaltung der Delegierung findet dann über das Feature *Delegierung von Features* statt.

Abbildg. 25.35 Starten der Delegierung

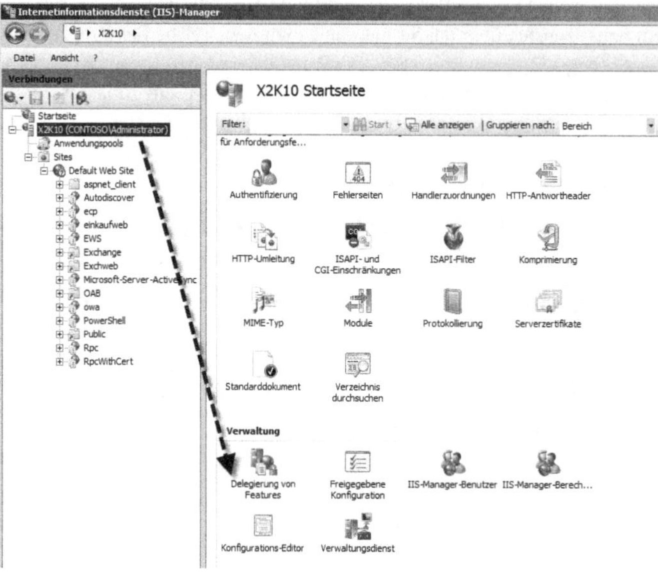

In diesem Bereich kann jetzt sehr detailliert festgelegt werden, welche Rechte die einzelnen Manager-Benutzer erhalten sollen. Über das Kontextmenü oder den *Aktionen*-Bereich der Konsole können bereits gesetzte Delegierungen wieder zurückgesetzt oder benutzerdefinierte Delegierungen konfiguriert werden.

Abbildg. 25.36 Festlegen der einzelnen Delegierungsfeatures für den Server oder einzelne Websites

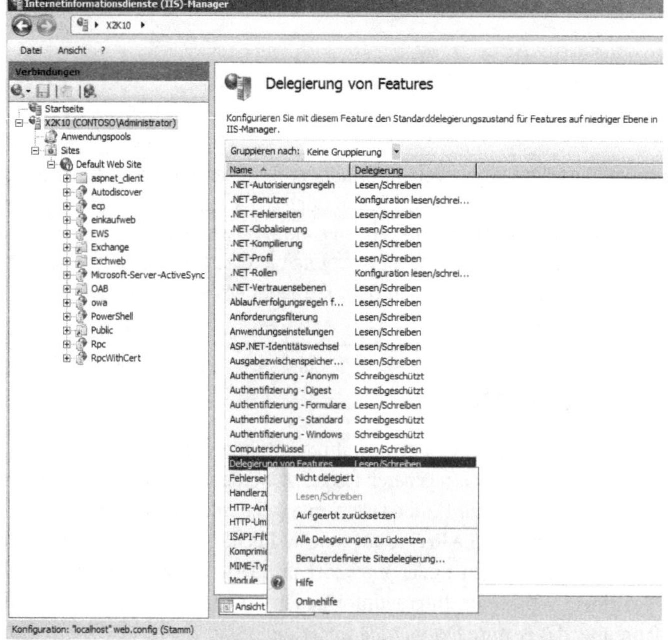

Durch die benutzerdefinierte Delegierung können Aufgaben speziell für einzelne untergeordnete Sites festgelegt werden. Auch hier werden die Rechte wieder an die untergeordneten Websites vererbt. Die benutzerdefinierten Delegierungen können aber ebenfalls jederzeit entweder wieder auf den Standard oder auf Vererbung von oben zurückgesetzt werden.

Abbildg. 25.37 Auswählen einer Website für eine benutzerdefinierte Siteregelung

Rechte zur Delegierung festlegen

Für die einzelnen Features, die delegiert werden können, besteht die Möglichkeit, unterschiedliche Rechte festzulegen.

Abbildg. 25.38 Festlegen der Rechte für einzelne Features

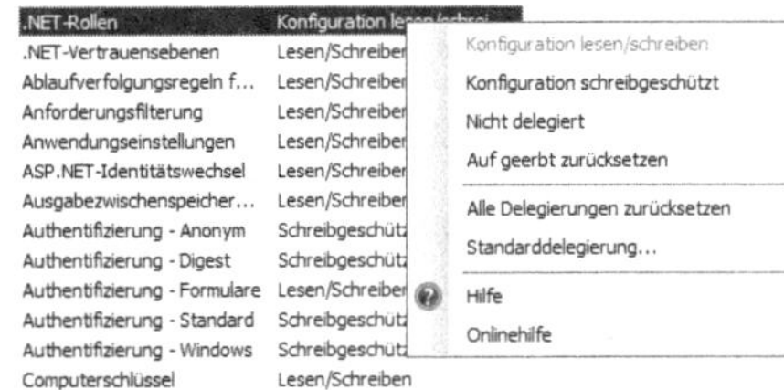

- **Lesen/Schreiben** Bei diesem Recht darf das entsprechende Feature angezeigt und angepasst werden
- **Schreibgeschützt** Wird für ein Feature diese Option ausgewählt, kann der IIS-Manager, der sich an der Seite anmelden darf, die entsprechenden Einstellungen in der IIS-Verwaltung zwar anzeigen, aber nicht bearbeiten
- **Nicht delegiert** Bei diesem Recht wird das entsprechende Feature in der IIS-Verwaltung nicht angezeigt. So können die Administratoren der Website die Einstellung der jeweiligen Funktion nicht mal lesen.
- **Auf geerbt zurücksetzen** Durch das Aktivieren dieser Option wird die benutzerdefinierte Einstellung des jeweiligen Features wieder auf den Standard zurückgestellt und das Recht wird vom jeweils übergeordneten Objekt vererbt. Das übergeordnete Objekt kann jeweils der Server oder eine Website sein.
- **Alle Delegierungen zurücksetzen** Durch diese Option werden alle benutzerspezifischen Einstellungen der Features wieder auf den Standard zurückgesetzt

Remoteverwaltung aktivieren

Damit die Delegierungen verwendet werden können, muss auf einem Server die Remoteverwaltung konfiguriert und aktiviert werden. Diese Option findet auf Serverebene über den Menüpunkt *Verwaltungsdienst* statt. Damit die Einstellungen angepasst werden können, muss ein gestarteter Verwaltungsdienst zunächst beendet werden. Erst dann können Einstellungen vorgenommen werden. Neben der allgemeinen Aktivierung und der Möglichkeit, neben Windows-Benutzern auch IIS-Manager-Benutzer zu berechtigen, können in diesem Bereich der Konsole weitere Einstellungen zur Remoteverwaltung eines Servers vorgenommen werden.

Abbildg. 25.39 Konfigurieren des Verwaltungsdienstes für einen Webserver

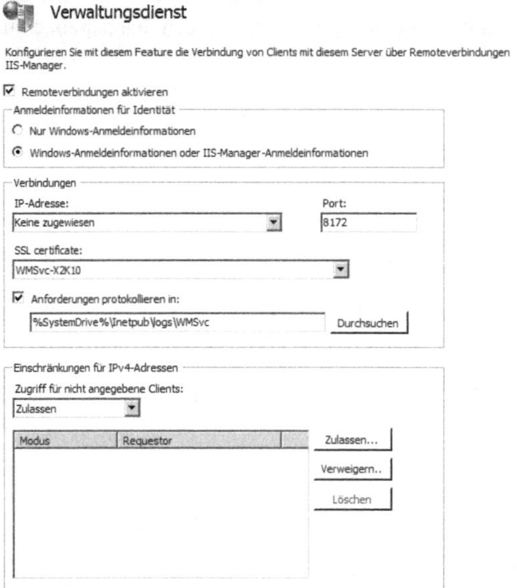

- Über das Listenfeld *IP-Adresse* wird die Netzwerkschnittstelle festgelegt, mit der sich Administratoren über das Netzwerk verbinden können. Dadurch besteht die Möglichkeit, in größeren Serverfarmen spezielle Netzwerkverbindungen nur für die Verwaltung zu definieren.
- Im Feld *Port* wird der Standardport festgelegt, über den sich die Benutzer verbinden

HINWEIS Der Verwaltungsdienst verwendet für die Remoteverbindung von Clients standardmäßig den Port 8172. Ändern Sie den Port ab, muss im Internetinformationsdienste-Manager des Clients ebenfalls der neue Port beim Verbindungsaufbau festgelegt werden. Dazu wird dieser mit einem Doppelpunkt nach dem Servernamen angegeben.

- Über *SSL certificate* legen Sie fest, welches SSL-Zertifikat für die Verbindung verwendet werden soll. Hier werden die Zertifikate angezeigt, die als Serverzertifikat dem Server zugewiesen wurden. Über die SSL-Verbindung wird der Datenverkehr zwischen Client und Server verschlüsselt.
- Im Verzeichnis unterhalb des Kontrollkästchens *Anforderungen protokollieren in* werden die Protokolldateien festgelegt, in denen die Verbindungen der Administratoren über das Netzwerk festgehalten werden
- Über den Bereich *Einschränkungen für IPv4-Adressen* können Sie entweder eine Liste pflegen, welchen Clients der Zugriff gestattet wird, oder eine Liste führen, welchen Clients der Zugriff generell untersagt wird. Hier wird auch festgelegt, ob nicht angegebenen Clients der Zugriff generell erlaubt wird (Standardeinstellung) oder nicht.

Auf der rechten Seite der Konsole werden die Einstellungen schließlich bestätigt und der Verwaltungsdienst gestartet oder beendet. Änderungen können nur vorgenommen werden, wenn der Dienst beendet wurde.

Sicherheit in IIS 7.5 konfigurieren

In diesem Abschnitt beschäftigen wir uns maßgeblich mit der Sicherheit und der Authentifizierung in IIS 7.5. Da sich vor allem in diesem Bereich einiges geändert hat, sollten Sie sich mit den Sicherheits- und Authentifizierungsoptionen eingehend auseinandersetzen.

Authentifizierung in IIS 7.5

Die Konfiguration der Authentifizierung ist eine der wichtigsten Konfigurationsmaßnahmen auf einem Webserver. In diesem Bereich hat sich im Vergleich zu IIS 6.0 von Windows Server 2003 einiges geändert, vor allem die einzelnen Stellschrauben, um die Authentifizierung zu konfigurieren. Bei Windows Server 2008 R2 können die verschiedenen Authentifizierungsoptionen nachträglich installiert oder einzeln deinstalliert werden. Auf dem Server stehen nur die Authentifizierungsoptionen zur Verfügung, die auch bei der Installation als Rollendienst ausgewählt wurden. Über den Server-Manager können einzelne Rollendienste und auch Authentifizierungsoptionen deinstalliert werden.

Anonyme Authentifizierung konfigurieren

Häufig wird auf Webservern ein Zugriff benötigt, bei dem keinerlei Authentifizierung stattfindet. Im IIS 7.5 ist diese anonyme Authentifizierung standardmäßig bereits aktiviert. Soll daher den Anwendern der Zugriff auf einige Verzeichnisse verwehrt werden, können Sie mit NTFS-Berechtigungen den Zugriff entziehen. Soll für eine Website immer eine Authentifizierung stattfinden, muss der anonyme Zugriff zunächst deaktiviert und eine Authentifizierungsvariante ausgewählt werden. Dabei stehen in IIS 7.5 einige Möglichkeiten zur Verfügung.

Bei der Standardauthentifizierung erscheint ein Anmeldefenster und Anwender müssen sich mit Benutzernamen und Kennwort authentifizieren. Die Daten werden dabei in Klartext übertragen, können also durch spezielle Programme wie dem Netzwerk-Monitor angezeigt werden. Um die anonyme Authentifizierung generell auf dem Server zu aktivieren oder zu deaktivieren, öffnen Sie den Internetinformationsdienste-Manager und doppelklicken im Abschnitt *IIS* auf das Feature *Authentifizierung*. Über das Kontextmenü der Option *Anonyme Authentifizierung* aktivieren oder deaktivieren Sie diese.

Abbildg. 25.40 Die anonyme Authentifizierung kann über den Internetinformationsdienste-Manager für den kompletten Server gesteuert werden

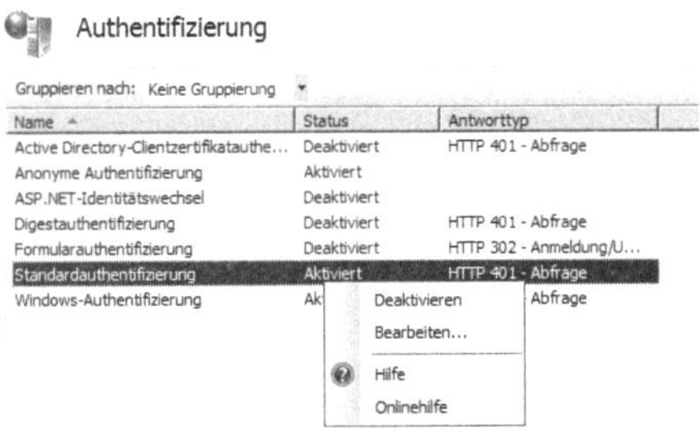

An dieser Stelle aktivieren oder deaktivieren Sie auch die anderen Authentifizierungsoptionen, die auf dem Server verfügbar sein sollen.

Über die Befehlszeile deaktivieren Sie die anonyme Authentifizierung mit diesem Befehl:

```
appcmd set config /section:anonymousAuthentication /enabled:false
```

Mit dem folgenden Befehl wird die anonyme Authentifizierung wieder aktiviert:

```
appcmd set config /section:anonymousAuthentication /enabled:true
```

Beachten Sie bitte, dass das Verzeichnis *C:\Windows\System32\Inetsrv*, in dem sich das Befehlszeilentool *AppCMD.exe* von IIS 7.5 befindet, nicht im Standardpfad des Servers enthalten ist. Sie müssen daher entweder den Pfad hinzufügen oder in der Befehlszeile zunächst in das Verzeichnis wechseln. Die erfolgreiche Aktivierung oder Deaktivierung wird in der Befehlszeile gemeldet und auch im IIS-Manager angezeigt.

Abbildg. 25.41 Die anonyme Authentifizierung kann auch in der Befehlszeile deaktiviert werden

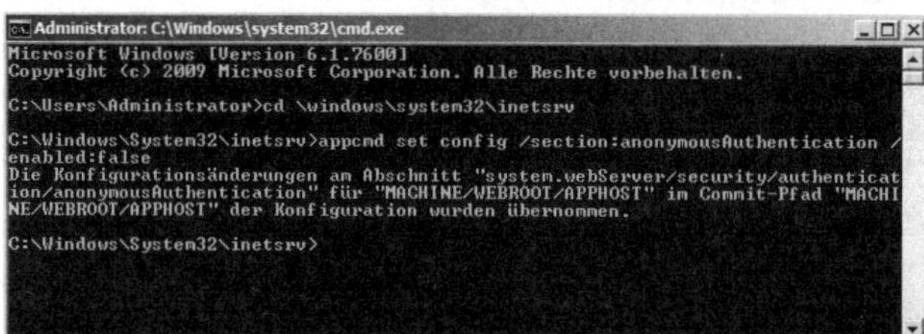

Ist die anonyme Authentifizierung aktiviert, verwenden die Internetinformationsdienste das Benutzerkonto *IUSR_<Servername>*, das bei der IIS-Installation angelegt wird, für den anonymen Zugriff. Über das Kontextmenü der anonymen Authentifizierung kann neben der Deaktivierung auch die Bearbeitung der Funktion durchgeführt werden. In diesem Fall wird das Konto sowie das Kennwort, welches für den anonymen Zugriff verwendet wird, konfiguriert. Dabei kann entweder ein spezielles Benutzerkonto ausgewählt werden, oder es wird das Benutzerkonto verwendet, mit dem der Anwendungspool gestartet wird, in welcher die Anwendung, die den anonymen Zugriff verwendet, gespeichert ist.

Abbildg. 25.42 Die Identität des Benutzers für den anonymen Zugriff kann im IIS-Manager angepasst werden

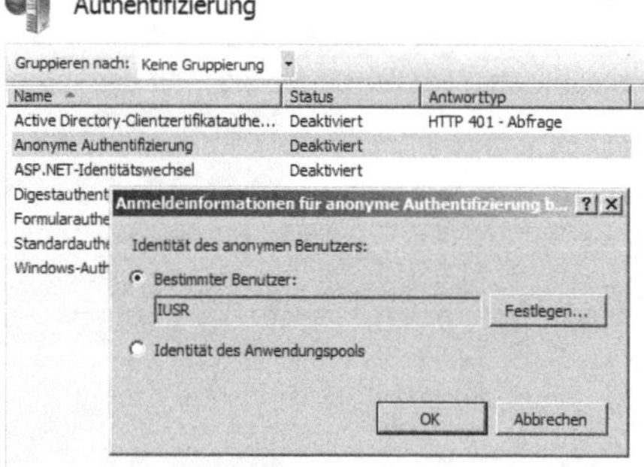

Achten Sie aber darauf, dass Anwendungspools standardmäßig mit dem Benutzerkonto *Netzwerkdienst* gestartet werden. Das Konto kann in den erweiterten Einstellungen des Anwendungspools konfiguriert werden.

Auch diese Einstellungen können in der Befehlszeile durchgeführt werden. Dazu wird der folgende Befehl verwendet:

```
appcmd set config /section:anonymousAuthentication /userName:<Name> /password:<Kennwort>
```

Standardauthentifizierung konfigurieren

Bei der Standardauthentifizierung müssen sich Anwender über ein Windows-typisches Fenster zuerst am Server authentifizieren, dabei wird allerdings Benutzername und Kennwort in Klartext übertragen. Die Standardauthentifizierung ist daher nur für Websites sinnvoll, bei denen SSL aktiviert ist. Hier wird der komplette Datenverkehr, auch die Standardauthentifizierung verschlüsselt.

Die Standardauthentifizierung ist standardmäßig nach der Installation deaktiviert. Um diese zu aktivieren oder zu deaktivieren, rufen Sie im Internetinformationsdienste-Manager den Punkt *Authentifizierung* auf. Über das Kontextmenü der Option *Standardauthentifizierung* kann diese aktiviert oder deaktiviert werden. Über *Bearbeiten* legen Sie zum Beispiel die Standarddomäne fest. Gibt ein Besucher einen Benutzernamen ein, wird das Konto erst in der hier angegebenen Domäne gesucht.

Über die Befehlszeile deaktivieren Sie die Standardauthentifizierung mit dem Befehl:

```
appcmd set config /section:basicAuthentication /enabled:false
```

Mit dem folgenden Befehl wird die Standardauthentifizierung aktiviert:

```
appcmd set config /section:basicAuthentication /enabled:true
```

Beachten Sie bitte, dass das Verzeichnis *C:\Windows\System32\Inetsrv*, in dem sich das Befehlszeilentool *AppCMD.exe* von IIS 7.5 befindet, nicht im Standardpfad des Servers enthalten ist. Sie müssen daher entweder den Pfad hinzufügen oder in der Befehlszeile zunächst in das Verzeichnis wechseln. Die erfolgreiche Aktivierung oder Deaktivierung wird in der Befehlszeile gemeldet und im IIS-Manager auch angezeigt.

Windows-Authentifizierung konfigurieren

Auch die Windows-Authentifizierung kann getrennt installiert werden und ist wie die Standardinstallation zunächst deaktiviert. Im Internetinformationsdienste-Manager über den Punkt *Authentifizierung* kann auch diese Authentifizierungsmethode konfiguriert werden. Über das Kontextmenü der Option *Windows-Authentifizierung* kann diese aktiviert oder deaktiviert werden.

Über die Befehlszeile deaktivieren Sie die Windows-Authentifizierung mit diesem Befehl:

```
appcmd set config /section:windowsAuthentication /enabled:false
```

Mit dem folgenden Befehl wird die Windows-Authentifizierung aktiviert:

```
appcmd set config /section:windowscAuthentication /enabled:true
```

Serverzertifikate verwalten

Für die Verwendung von SSL und auch für die sichere Authentifizierung werden Serverzertifikate eingesetzt. IIS 7.0 bzw. 7.5 bietet nach der Installation bereits standardmäßig ein selbstsigniertes Zertifikat an. Es ist allerdings sicherer und auch professioneller, entweder ein Zertifikat im Internet zu erwerben oder eine eigene Zertifizierungsstelle zum Beispiel mit Windows Server 2008 R2 zu verwenden (siehe die Kapitel 28 und 29). Die Serverzertifikate werden über das Feature *Serverzertifikate* im Internetinformationsdienste-Manager verwaltet. Hier werden alle ausgestellten Zertifikate angezeigt. Außerdem können neue Zertifikate ausgestellt werden.

Abbildg. 25.43 Verwalten der Serverzertifikate

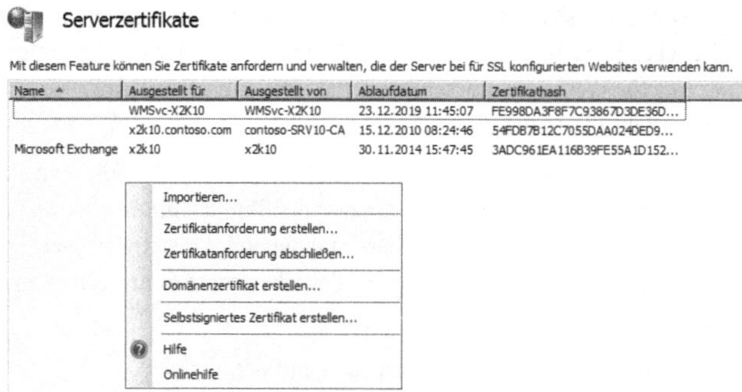

Über das Kontextmenü oder den Aktionsbereich können bereits hinterlegte Zertifikate exportiert, neue importiert oder neue Anforderungen erstellt werden. Hier kann auch ein selbstsigniertes Zertifikat ausgestellt werden, um die Installation einer eigenen Zertifizierungsstelle zu vermeiden. Per Doppelklick auf ein Zertifikat werden die Informationen sowie die Zertifizierungsstelle und die Gültigkeit des Zertifikats angezeigt.

Secure Sockets Layer (SSL) konfigurieren

Um Internetseiten sicher zur Verfügung zu stellen, ist die SSL-Verschlüsselung der einfachste und gebräuchlichste Weg. SSL kann für einzelne Websites, Anwendungen, Verzeichnisse und URLs konfiguriert werden. Die Konfiguration von SSL wird im Internetinformationsdienste-Manager über das Feature *SSL-Einstellungen* durchgeführt.

HINWEIS In IIS 7.5 können SSL-Einstellungen nicht auf Serverebene durchgeführt werden. Damit das Feature *SSL-Einstellungen* angezeigt wird, muss daher zunächst eine Website wie beispielsweise die Standardwebsite markiert werden.

Abbildg. 25.44 SSL-Einstellungen werden am besten auf Ebene der Websites durchgeführt

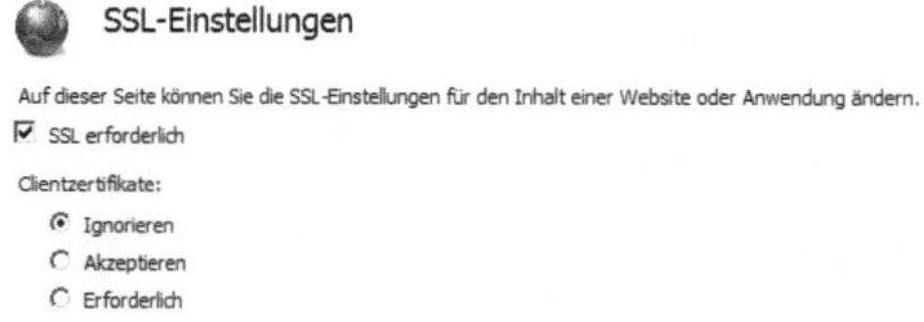

In den SSL-Einstellungen kann die Verwendung von SSL vorgeschrieben sowie eine 128-Bit-Verschlüsselung aktiviert werden. Allerdings stehen diese Optionen nur dann zur Verfügung, wenn für eine Website eine HTTPS-Bindung konfiguriert und ein Zertifikat zugewiesen ist.

Abbildg. 25.45 Für Websites können HTTPS-Bindungen und Zertifikate zugewiesen werden

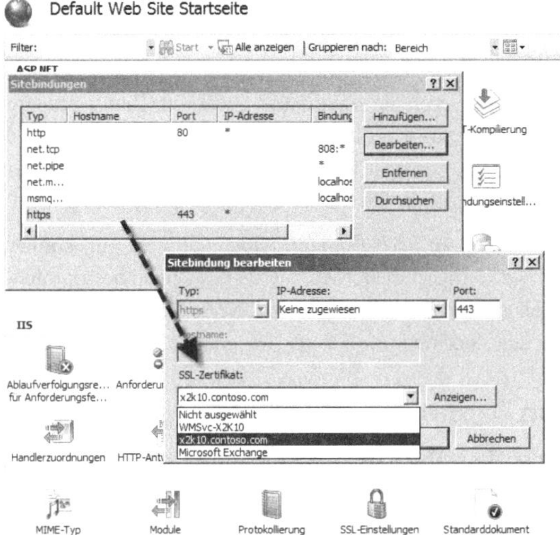

Bei HTTPS-aktivierten Websites kann über die SSL-Einstellungen die Konfiguration aktiviert und eingestellt werden. Bereits bei der Erstellung der Website kann eine HTTPS-Verbindung vorgegeben und ein Zertifikat hinterlegt werden. Diese Einstellungen lassen sich aber über den Befehl *Bindungen bearbeiten* im Kontextmenü auch nachträglich vornehmen.

Einschränkungen für IPv4-Adressen und Domänen

Über das Feature *Einschränkungen für IPv4-Adressen und Domänen* gelangen Sie zur Steuerung der Zugriffsregeln für den Webserver. Über das Kontextmenü oder das Aktionsmenü können bestimmte Zulassungs- oder Verweigerungsregeln für einzelne IP-Adressen oder komplette Bereiche erstellt werden. Regeln für IPv4-Adressen lassen sich einfach erstellen. Damit aber auch Domänen ausgeschlossen werden können, muss die DNS-Infrastruktur im Unternehmen Reverse-DNS unterstützen, damit im Internet die IP-Adressen der zugreifenden Clients zu einer Domäne aufgelöst werden können.

Abbildg. 25.46 Die Einstellungen der Einschränkungen für IPv4-Adressen und Domänen müssen erst konfiguriert werden

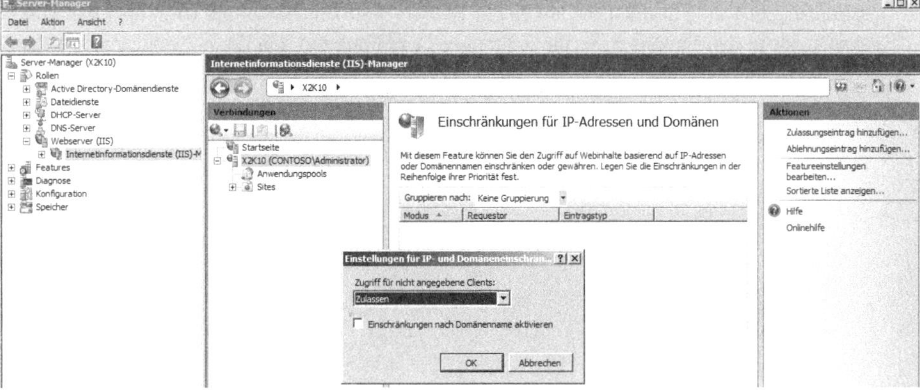

Die Einschränkungen für Domänenfilterung müssen darüber hinaus zunächst aktiviert werden. Klicken Sie dazu im Bereich *Einschränkungen für IPv4-Adressen und Domänen* mit der rechten Maustaste und wählen Sie die Option *Featureeinstellungen bearbeiten*. Damit Sie diese Funktion nutzen können, müssen Sie den Rollendienst *IP- und Domänenbeschränkungen* installieren.

Anschließend öffnet sich ein neues Fenster. Hier legen Sie zunächst fest, was mit Clients passieren soll, für die keine Regeln hinterlegt wurden. Standardmäßig dürfen alle Clients zugreifen, außer die, für die Sie Ablehnungseinträge konfigurieren. Aktivieren Sie an dieser Stelle aber die Option *Verweigern*, dürfen nur die Clients eine Verbindung zu diesem Webserver aufbauen, für die Sie einen Zulassungseintrag konfiguriert haben.

Schalten Sie das Kontrollkästchen *Einschränkungen nach Domänenname aktivieren* ein, können auch Zulassungs- beziehungsweise Ablehnungseinträge konfiguriert werden, die als Basis einen bestimmten Domänennamen haben. Nach Aktivierung erhalten Sie noch eine Warnung, dass Reverse-DNS-Einträge den Server belasten. Das ist allerdings auch abhängig von den Zugriffen.

Freigegebene Konfiguration

Mit IIS 7.5 ist es möglich, die Konfiguration des Webservers an einer zentralen Stelle im Netzwerk freizugeben, sodass mehrere Webserver von einer zentralen Stelle aus verwaltet werden können. Die Konfiguration dieser Funktion erfolgt im Internetinformationsdienste-Manager im Abschnitt *Verwaltung* über das Feature *Freigegebene Konfiguration*.

Abbildg. 25.47 In IIS 7.5 kann eine Konfiguration für mehrere Webserver konfiguriert werden

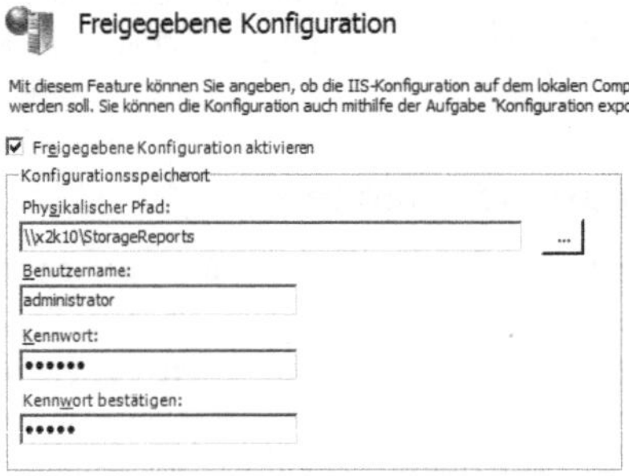

Im angegebenen Verzeichnis müssen sich alle Konfigurationsdateien der IIS befinden. Erst dann lässt sich die Konfiguration durchführen. Aus diesem Grund bietet es sich vor der Konfiguration der freigegebenen Konfiguration an, zunächst Einstellungen auf einem Webserver vorzunehmen und dann über den Link *Konfiguration exportieren* in den Einstellungen für die freigegebene Konfiguration die notwendigen Installationsdateien in eine Netzwerkfreigabe zu exportieren.

Abbildg. 25.48 Exportieren der Konfiguration eines Webservers für die gemeinsame Konfiguration

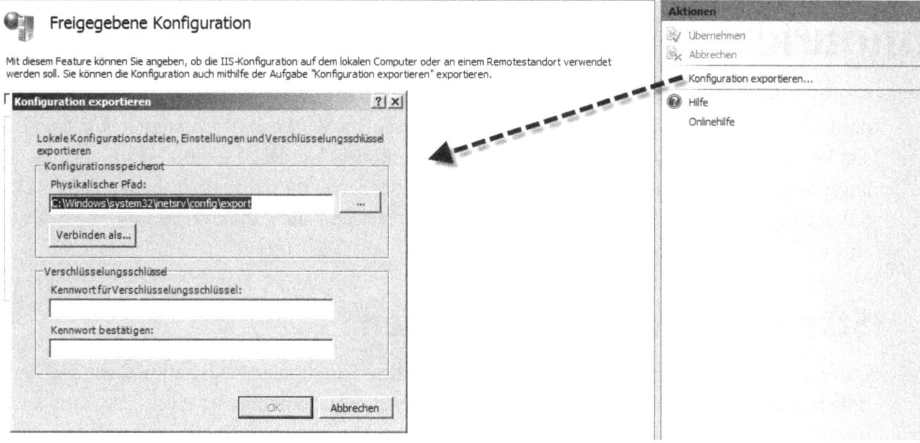

Die Konfigurationsdaten lassen sich auch verschlüsseln, damit keine unbefugten Anwender Zugriff auf die Einstellungen der Webserver nehmen können. Beim Exportieren werden folgende Daten berücksichtigt:

- **administration.config** Diese Datei enthält die Servereinstellungen für den Internetinformationsdienste-Manager
- **applicationHost.config** Diese Datei enthält die Einstellungen auf Serverebene
- **configEncKey.key** Diese Datei enthält den Verschlüsselungsschlüssel für den Zugriff auf die freigegebene Konfiguration. Alle Computer, welche die gemeinsame Konfiguration nutzen, importieren diesen Schlüssel und speichern ihn lokal.

Abbildg. 25.49 Beim Exportieren der Konfiguration werden drei Dateien kopiert

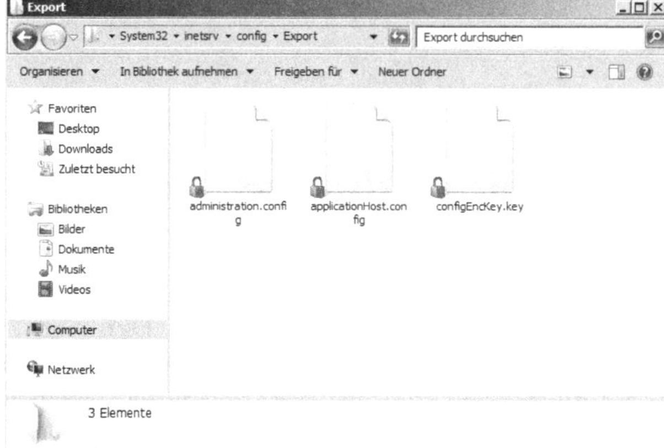

Wird die freigegebene Konfiguration auf einem Server aktiviert, muss das Kennwort angegeben werden, das beim Exportieren konfiguriert wurde. Erst dann wird diese Konfiguration übernommen. Nachdem die gemeinsame Konfiguration aktiviert wurde, sollten Sie den Internetinformationsdienste-Manager schließen und den Dienst *IIS-Verwaltungsdienst* neu starten

Websites, Dokumente und HTTP-Verbindungen konfigurieren

Greifen Anwender auf einen Server über eine Domäne zu, zum Beispiel *http://www.contoso.com*, wird das Standarddokument der Seite angezeigt. Anwender müssen nicht *http://www.contoso.com/default.hmtl* eingeben, sondern die Seite *default.html* kann in IIS bereits hinterlegt werden. Es kann aber nicht nur ein Dokument angegeben werden, sondern eine komplette Liste, die der Server nach und nach abarbeitet. Wird kein Standarddokument hinterlegt oder kann das entsprechende Verzeichnis nicht durchsucht werden, erhält der Anwender eine typische *404 – Datei nicht gefunden*-Meldung.

Standarddokument festlegen

Damit ein Standarddokument angezeigt wird, muss diese Funktion erst aktiviert und entsprechende Standarddokumente hinterlegt werden. Die Konfiguration des Standarddokumentes eines Servers findet über das Feature *Standarddokument* im Internetinformationsdienste-Manager statt. Die Funktion ist standardmäßig bereits aktiviert und es sind einige Dokumente hinterlegt. Über das Kontextmenü kann die Funktion deaktiviert werden, zum Beispiel, wenn Sie die Funktion *Verzeichnis durchsuchen* im nächsten Abschnitt konfigurieren.

Auch neue Dokumente können an dieser Stelle hinterlegt werden. Bereits vorhandene Dokumente lassen sich über deren Kontextmenü aus der Liste entfernen. Hierüber kann auch die Reihenfolge, in welcher der Server nach einem Dokument sucht, konfiguriert werden. Standarddokumente können auf Ebene des Servers, aber auch für einzelne Websites und Anwendungen hinterlegt werden.

Abbildg. 25.50 Konfigurieren von Standarddokumenten in IIS

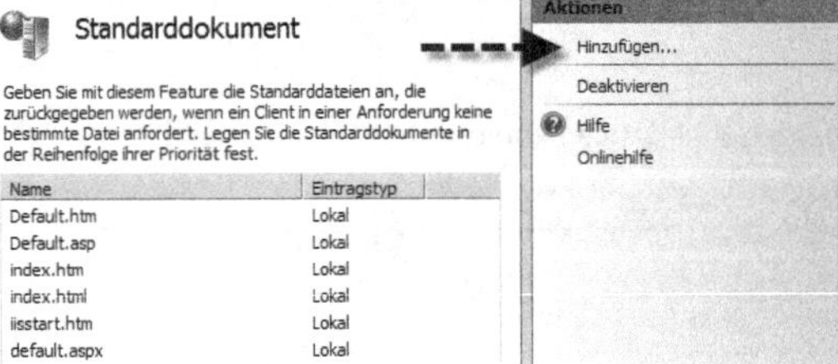

Das Feature *Verzeichnis durchsuchen* aktivieren und verwalten

Aktivieren Sie im Internetinformationsdienste-Manager das Feature *Verzeichnis durchsuchen* und konfigurieren die Funktion, sehen Anwender den kompletten Inhalt des hinterlegten Verzeichnisses wie im Explorer, wenn in der URL nicht ein spezifisches Dokument hinterlegt ist. Auch wenn kein Standarddokument hinterlegt ist oder das Feature *Standarddokument* deaktiviert wurde, sehen Anwender in diesem Fall das ganze Verzeichnis, keine spezielle Website. Standardmäßig ist dieses Feature deaktiviert.

Durch diese Funktion können schnell verschiedene Dateien zur Verfügung gestellt werden, zum Beispiel ohne eine HTML-Seite zu konfigurieren (siehe auch Kapitel 28). Klicken Sie im mittleren Bereich der IIS-Konsole doppelt auf das Symbol *Verzeichnis durchsuchen*.

Abbildg. 25.51 Damit das Verzeichnis einer Website durchsucht wird, muss die Funktion zunächst aktiviert werden

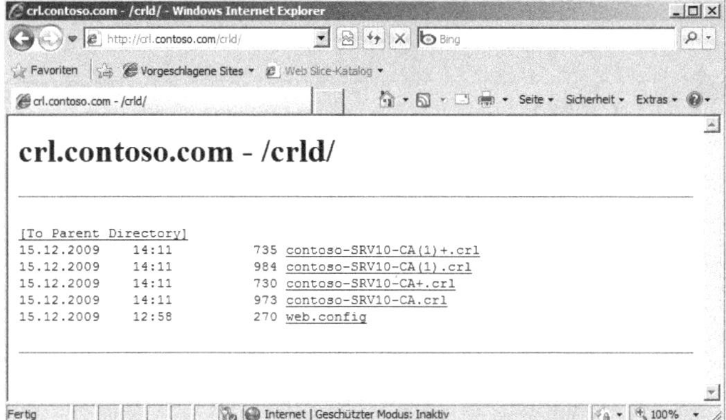

Diese Funktion kann auf Ebene des Servers, also der Standardwebsite, oder für einzelne Websites und Anwendungen aktiviert werden. Sollen nicht alle Verzeichnisse oder Dateien angezeigt werden, kann auch mit NTFS-Berechtigungen gearbeitet werden.

Abbildg. 25.52 Aktivieren der Funktion *Verzeichnis durchsuchen*

HTTP-Fehlermeldungen konfigurieren

Auf Ebene des Servers oder der einzelnen Websites können die Fehlermeldungen, die den Anwendern angezeigt werden, ebenfalls bearbeitet und konfiguriert werden. Über das Feature *Fehlerseiten* im Internetinformationsdienste-Manager können Sie sich eine Liste aller hinterlegten Fehlermeldungen anzeigen lassen. Über das Kontextmenü lassen sich entweder andere HTML-Seiten hinterlegen oder neue Fehlermeldungen konfigurieren und anzeigen.

Neben den Standardfehlermeldungen besteht die Möglichkeit, die angezeigten Meldungen anzupassen. Für die Fehlermeldungen 400, 403.9, 411, 414, 500, 500.11, 500.14, 500.15, 501, 503, und 505 können allerdings keine angepassten Fehlermeldungen erstellt werden.

Abbildg. 25.53 Die Fehlerseiten in IIS können modular bearbeitet werden

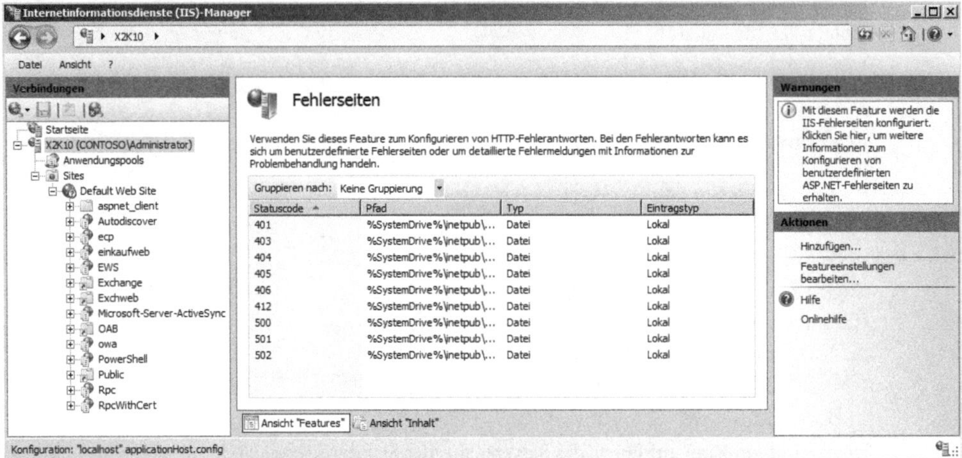

Um angepasste Fehlermeldungen anzuzeigen, öffnen Sie die Verwaltung der Fehlerseiten im Internetinformationsdienste-Manager. Klicken Sie im Aktionsbereich auf den Link *Hinzufügen*. Anschließend öffnet sich ein Dialogfeld, über das Sie die verschiedenen Daten der Fehlermeldung konfigurieren können.

HTTP-Umleitungen konfigurieren

Bei einer HTTP-Umleitung werden alle Zugriffe auf eine bestimmte URL zu einer anderen URL automatisch umgeleitet. So können Sie zum Beispiel Ihre Seite umleiten lassen, wenn Teile davon bearbeitet werden. Beispielsweise können Sie alle Anfragen zu *http://www.contoso.com/marketing/default.aspx* zur Seite *http://www.contoso.com/sales/default.aspx* umleiten lassen. Die Konfiguration der Umleitungen können auf Serverebene oder auf Ebene der Websites über das Feature *HTTP-Umleitung* durchgeführt werden. Sie müssen diesen Rollendienst vorher erst installieren.

Abbildg. 25.54 Konfigurieren der HTTP-Umleitung

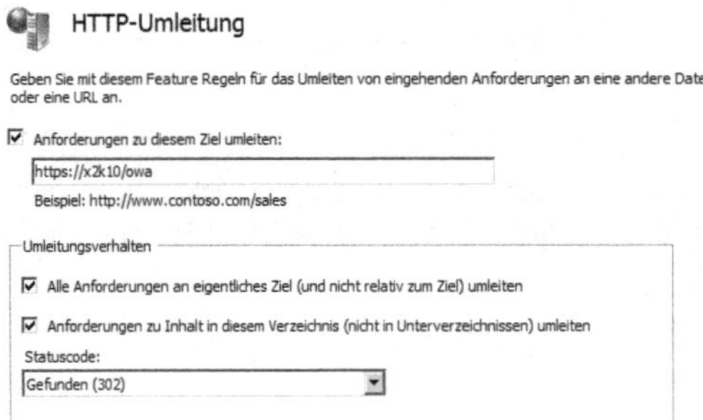

Neben der Umleitung kann an dieser Stelle auch das Verhalten dieser Konfiguration festgelegt werden. Aktivieren Sie das Kontrollkästchen *Alle Anforderungen an eigentliches Ziel (und nicht relativ zum Ziel) umleiten*, werden Anfragen immer exakt zu der Adresse umgeleitet, die in der Umleitung konfiguriert wurde. Das gilt auch dann, wenn Anfragen an Unterverzeichnisse gestellt werden. Wird das Kontrollkästchen *Anforderungen zu*

Inhalt in diesem Verzeichnis (nicht in Unterverzeichnissen) umleiten aktiviert, werden Anfragen, die an Unterverzeichnisse des umgeleiteten Verzeichnisses gerichtet sind, direkt an das Weiterleitungsziel geleitet, ohne die Unterverzeichnisse zu berücksichtigen. Beachten Sie, dass diese Konfiguration noch in der Konsole bestätigt werden muss.

IIS 7.0/7.5 überwachen und Protokolldateien konfigurieren

In diesem Abschnitt gehen wir auf die Überwachung der IIS-Zugriffe ein. Vor allem zur Fehlersuche beim Zugriff sind die verschiedenen Möglichkeiten der Überwachung ein wichtiger Punkt bei der Verwaltung von IIS. Die Überwachung kann auf Ebene des Servers, der Websites, von Applikation und physischen wie virtuellen Verzeichnissen abgewickelt werden.

Ablaufverfolgungsregeln für Anforderungsfehler

Doppelklicken Sie im Internetinformationsdienste-Manager auf das Feature *Ablaufverfolgungsregeln für Anforderungsfehler*, können Regeln erstellt und bearbeitet werden, mit denen die fehlerhaften Zugriffe auf den Server überwacht werden können. Neue Regeln lassen sich über das Kontextmenü oder den Aktionsbereich erstellen. Damit diese Funktion zur Verfügung steht, müssen Sie erst den entsprechenden Rollendienst installieren.

Abbildg. 25.55 Erstellen und Verwalten von Regeln für die Ablaufverfolgung

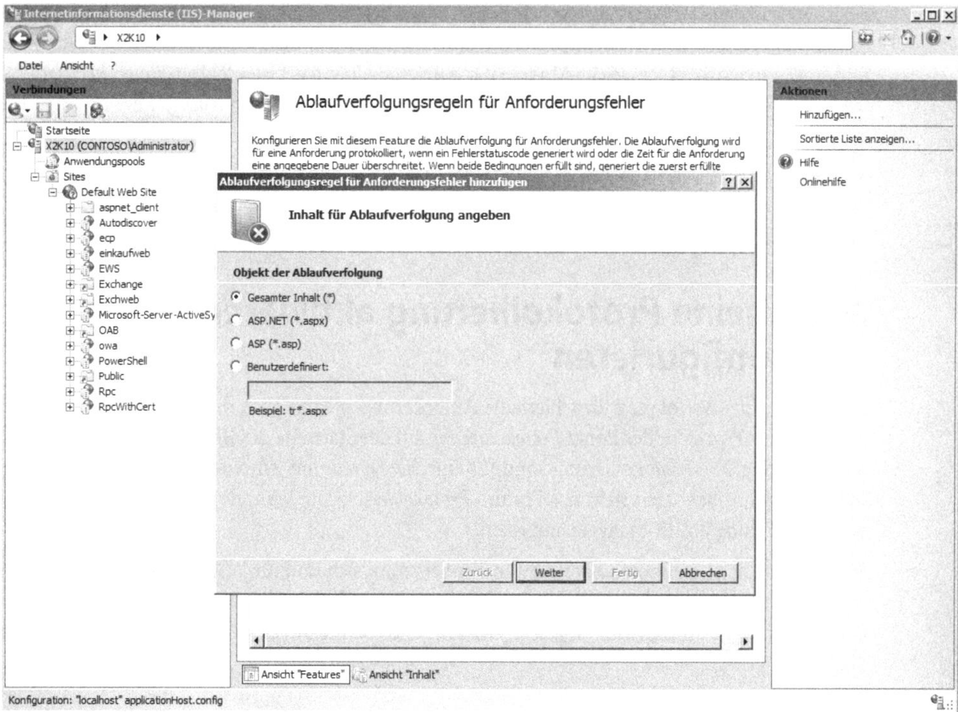

Über den Assistenten kann auf verschiedenen Seiten festgelegt werden, was der Server überwachen soll. Auf der nächsten Seite des Assistenten legen Sie fest, welche Fehler protokolliert werden sollen. Dadurch erhalten Sie ein Protokoll und müssen den Fehler nicht erst nachstellen. Sobald eine der hinterlegten Bedingungen auftritt, wird der Fehler protokolliert. Auf der Seite der Bedingungen können auch mehrere Statuscodes hinterlegt werden, die jeweils durch Komma voneinander getrennt werden. Im Feld *Zeitraum (in Sekunden)* geben Sie an, wie lange der Zeitraum ist, welche die Anforderung verbrauchen darf, bevor der Fehler protokolliert wird.

Abbildg. 25.56 Festlegen der Bedingungen, bei denen die Ablaufverfolgung einen Fehler protokolliert

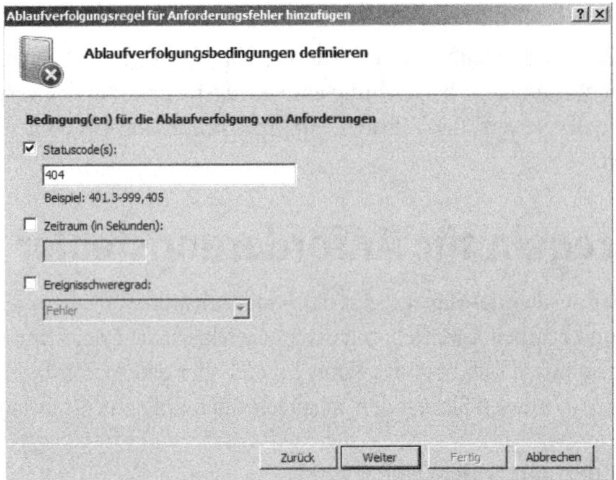

Auf der nächsten Seite des Assistenten legen Sie schließlich fest, welche der Anbieter überwacht werden sollen, und sofern möglich, auch welche Module der Anbieter. Über das Listenfeld *Ausführlichkeitsgrad* legen Sie fest, wie viele Daten protokolliert werden sollen. Hier kann für die jeweiligen Anbieter ein unterschiedlicher Protokollierungsgrad ausgewählt werden.

Nach der Erstellung der Regel wird diese im Fenster angezeigt. Es können weitere Regeln erstellt und vorhandene Regeln können nachträglich über deren Kontextmenü bearbeitet werden. Die Protokolldateien werden standardmäßig im Verzeichnis *\inetpub\logs\FailedReqLogFiles* gespeichert.

Allgemeine Protokollierung aktivieren und konfigurieren

Neben der Ablaufverfolgung für fehlerhafte Anforderungen kann auch der normale Betrieb von IIS protokolliert werden. Dazu steht der Punkt *Protokollierung* auf der Startseite des Internetinformationsdienste-Managers zur Verfügung. Die Protokollierung kann für einzelne Seiten und Anwendungen getrennt aktiviert oder deaktiviert werden. Auch dazu steht das Feature *Protokollierung* zur Verfügung, wenn Sie die entsprechende Seite oder Anwendung im IIS-Manager anklicken.

Standardmäßig ist die Protokollierung für den Server an sich und für Websites aktiviert. Über den Aktionsbereich der Konsole kann diese für einzelne Bereiche gezielt deaktiviert werden. Die Protokolldateien können in einem beliebigen Verzeichnis abgelegt werden und befinden sich standardmäßig im Verzeichnis *\inetpub\logs\LogFiles*.

Abbildg. 25.57 Konfiguration der Protokollierung für den IIS

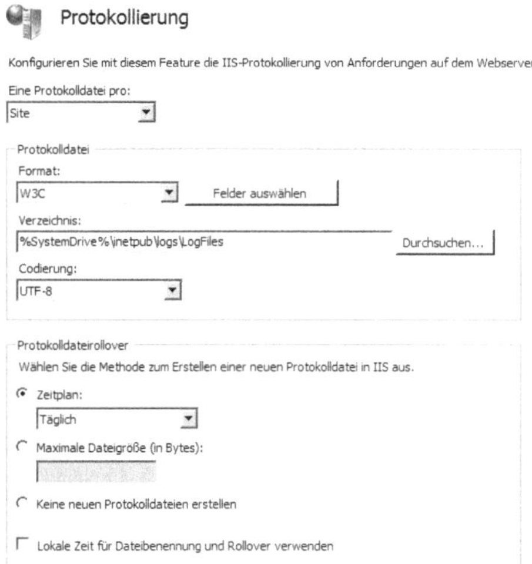

Im ersten Auswahlfeld wird über ein Listenfeld festgelegt, ob für jede Website eine Protokolldatei erstellt werden soll oder eine Datei für den kompletten Server. Als Format stehen für die Protokolldatei verschiedene Möglichkeiten zur Verfügung. Die Codierung der Protokollierung sollte bei UTF-8 belassen werden:

- **W3C** Dies ist die Standardauswahl. Diese Protokolldateien werden textbasiert gespeichert und über die Schaltfläche *Felder auswählen* wird festgelegt, was in der Datei protokolliert werden soll. Die einzelnen Felder werden durch Leerzeichen getrennt.
- **IIS** Bei dieser Auswahl werden die Protokolldateien ebenfalls im Textformat gespeichert. Die einzelnen Felder sind allerdings fest vorgegeben und können daher nicht angepasst werden. Die einzelnen Felder werden durch Kommas getrennt.
- **Binär** Bei dieser Auswahl wird eine Protokolldatei für alle Websites auf dem Server erstellt, daher steht diese nur dann zur Verfügung, wenn die Protokollierung pro Server eingestellt wird, nicht pro Site. Die Daten werden in binärer Form gespeichert. Der Vorteil bei dieser Auswahl ist, dass der Server extrem wenig belastet wird, da nur wenige Daten protokolliert werden. Vor allem Server mit hohem Besucheraufkommen sollten dieses Format verwenden. Im Gegensatz zu den anderen Formaten können diese Dateien nicht mit einem Texteditor gelesen werden. Hier bietet sich das kostenlose Zusatztool *Logparser* an, das Microsoft ebenfalls zur Verfügung stellt. Mithilfe des Protokollparsers können Einträge gefiltert, Protokolldateien in andere Formate konvertiert und Datenfilterung durchgeführt werden. Das Tool unterstützt unterschiedliche Eingabeformate, einschließlich sämtlicher IIS-Protokolldateiformate. Protokollparser unterstützt gleichermaßen mehrere Ausgabeformate, wie beispielsweise Textdateien und Datenbanktabellen.
- **NCSA** Bei NCSA handelt es sich um die National Center For Supercomputing Applications. Auch hier werden die Felder fest vorgegeben und es werden weniger Informationen protokolliert, als bei den anderen Protokollmethoden.

Ebenfalls in diesem Fenster legen Sie fest, wann neue Protokolldatei erstellt werden sollen, also nach einem bestimmten Zeitplan (Stündlich, Täglich, Wöchentlich oder Monatlich), nach einer bestimmten Größe oder überhaupt nicht. Die Auswahl hängt unter anderem von der Besucheranzahl des Servers ab. Aktivieren Sie nicht die Option *Lokale Zeit für Dateibenennung und Rollover verwenden*, wird standardmäßig die UTC-Zeit (Koordinierte Weltzeit) verwendet (*http://de.wikipedia.org/wiki/Koordinierte_Weltzeit*).

Arbeitsprozesse der Anwendungspools überprüfen

Über das Feature *Arbeitsprozesse* auf der Startseite des Internetinformationsdienste-Managers werden die laufenden Prozesse sowie deren Ressourcenverbrauch angezeigt. Anwendungspools können dabei auch mehrere Arbeitsprozesse, oft auch als Worker Processes bezeichnet, starten. Die eigentlichen Websites, sei es in Form von simplen statischen Websites oder als komplexe webbasierende Anwendungen, werden über diese Worker Processes abgewickelt, die eine Art von Mini-Webservern sind. Diese Arbeitsprozesse nutzen die Dienste der zentralen Komponenten, agieren also aus Sicht der Anwendungen als Webserver. Die Verwaltungskomponente überwacht den Status der Arbeitsprozesse, löscht sie, wenn sie nicht mehr erforderlich sind und kann sie neu starten, wenn Fehler in diesen Prozessen auftreten.

Serverleistung optimieren

Die Optimierung der Serverleistung ist kein einfaches Unterfangen. Damit ein Server schnell und performant zur Verfügung steht, sind nicht nur Konfigurationen im IIS notwendig, sondern auch die Serverleistung an sich muss passen. Im folgenden Abschnitt gehen wir auf Möglichkeiten ein, Anfragen an den IIS mit den Bordmitteln des Internetinformationsdienste-Managers zu verbessern.

Komprimierung aktivieren

Mit der Komprimierung werden die Antwortzeiten eines Servers verbessert und Bandbreite bei der Übertragung von Websites kann gespart werden. Die Komprimierung wird über das Feature *Komprimierung* im Internetinformationsdienste-Manager gesteuert. Manche Einstellungen stehen nur auf Serverebene zur Verfügung. Viele Einstellungen können aber auch auf Ebene der Websites und Anwendungen vorgenommen werden, sodass jede Anwendung eigene Einstellungen für die Komprimierung verwenden kann. Wird die Komprimierung aktiviert, belastet das zwar die Serverhardware, aber die Netzwerkleistung wird erhöht.

Ob durch diese Maßnahmen mehr Leistung erzielt wird, hängt davon ab, ob der Server oder die Leitung der Flaschenhals ist. Da meist eher die Leitung schuld an einer langsamen Übertragung ist, wird bei IIS 7.5 die Komprimierung von statischen Inhalten standardmäßig bereits aktiviert. Wurde ein statischer Inhalt, zum Beispiel eine Seite oder eine Datei, bereits komprimiert, belastet das den Server nicht erneut, da diese Datei bei der nächsten Anfrage einfach wieder aus dem Komprimierungscache zur Verfügung gestellt wird. Aktivieren Sie auch die Komprimierung für dynamische Inhalte, muss jede Übertragung immer wieder erneut komprimiert werden, was zwar Bandbreite spart, aber CPU-Leistung kostet.

Abbildg. 25.58 Konfigurieren der Komprimierung für IIS

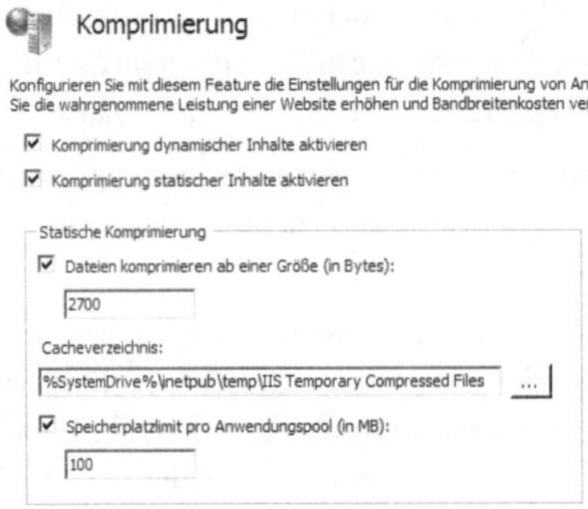

Sie können hier auch festlegen, ab welcher Größe Dateien komprimiert werden sollen und wie viel Speicherplatz jedem Anwendungspool und den darin enthaltenen Websites und Anwendungen zur Verfügung steht. Auch der Speicherplatz des Caches wird an dieser Stelle festgelegt.

Ausgabezwischenspeicherung verwenden

Im Cache des Webservers können Teile der Websites zur Verfügung gestellt werden, sodass die Abrufe dieser Teile den Server nicht belasten. Anfragen an diese Site können durch diese Funktion wesentlich beschleunigt werden. Über das Feature *Ausgabezwischenspeicherung* im Internetinformationsdienste-Manager erreichen Sie die Verwaltung dieser Funktion. Die allgemeinen Einstellungen werden über den Befehl *Featureeinstellungen bearbeiten* über das Kontextmenü oder den Aktionsbereich vorgenommen.

Abbildg. 25.59 Konfigurieren der Ausgabezwischenspeicherung

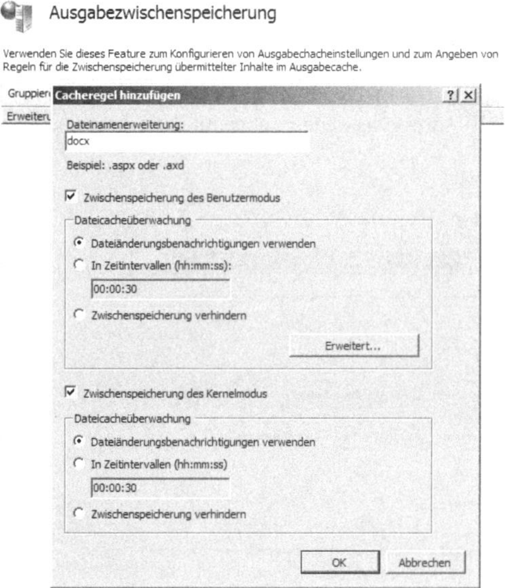

Der Cache ist standardmäßig aktiviert und die Größe ist nicht beschränkt. In den Einstellungen können die Funktion aktiviert sowie ein Limit festgelegt werden. Der Cache wird allerdings erst dann produktiv genutzt, wenn Regeln festgelegt werden, die bestimmen, welche Daten zwischengespeichert werden sollen. Auch das Kernelcaching ist bereits aktiviert.

Bei dieser Funktion werden Anfragen an den Cache nicht im Benutzermodus des Servers durchgeführt, sondern im Kernel selbst. Die Anwendungen werden durch diese Funktion also nicht belastet. Das Cachegrößenlimit sollte möglichst nicht bearbeitet werden. IIS entscheidet selbst, wie viel Speicher er zur Verfügung stellt. Nur wenn Sie feststellen, dass Ihr Server noch nicht vollständig ausgelastet ist, können Sie das Limit erhöhen, sollten dabei aber sehr vorsichtig vorgehen, da schnell ein gegenteiliger Effekt erreicht wird.

Über das Kontextmenü werden neue Regeln für den Cache erstellt. Es öffnet sich ein neues Fenster, über das Einstellungen vorgenommen werden, wie Inhalte für den Benutzermodus und den Kernelmodus zwischengespeichert werden sollen. Zunächst wird im Fenster festgelegt, welche Dateien zwischengespeichert werden können.

Als Nächstes wird festgelegt, wie lange die Daten im Zwischenspeicher verbleiben sollen. Es kann entweder eine Zwischenspeicherung bis zur Änderung der Datei oder ein Zeitintervall festgelegt werden. Auch das generelle Verhindern der Zwischenspeicherung für einige Dateitypen kann an dieser Stelle konfiguriert werden. Es können beliebig viele Cacheregeln erstellt werden. Die Regeln können nach der Erstellung jederzeit bearbeitet werden.

FTP-Server betreiben

Mit IIS 7.5 lässt sich auch ein FTP-Server betreiben, um zum Beispiel performant Dateien für den Download zur Verfügung zu stellen. Bei der FTP-Komponente handelt es sich um einen eigenen Rollendienst, der nachträglich oder bereits bei der Installation der Internetinformationsdienste installiert werden kann. Damit IIS auch als FTP-Server verwendet werden kann, benötigen Sie den Rollendienst für den FTP-Server, der jederzeit installiert werden kann.

Wichtiger Bestandteil ist der neue FTP-Server, den Microsoft zum Herunterladen auch für Windows Server 2008 SP2 zur Verfügung stellt. Die wichtigste Neuerung ist die Unterstützung von SSL für den FTP-Server. Mit dem neuen FTP-Server lässt sich jetzt ein virtueller Hostname für eine FTP-Site festlegen. Dadurch können Sie mehrere FTP-Sites erstellen, die zwar dieselbe IP-Adresse verwenden, aber auf Basis ihrer eindeutigen virtuellen Hostnamen unterschieden werden.

Abbildg. 25.60 IIS 7.5 kann auch als FTP-Server verwendet werden

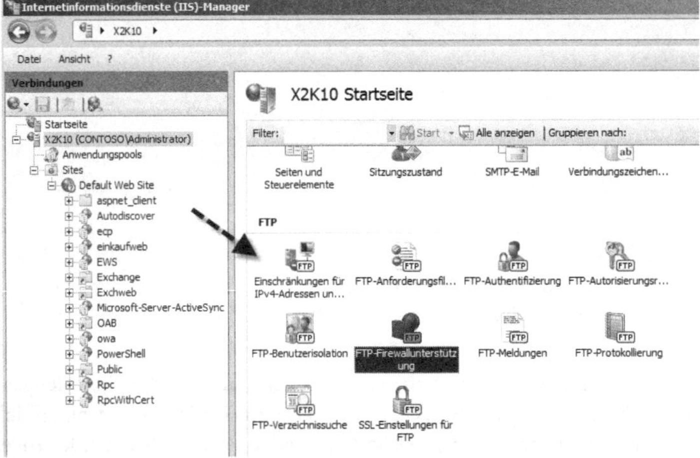

Über einen Webbrowser greifen Sie mit der Adresse *ftp://<Servername>* zu. Sie können im Verzeichnis normale Ordner anlegen und mit NTFS-Berechtigungen arbeiten.

FTP-Server konfigurieren

Der FTP-Dienst bietet nicht so viele Konfigurationsparameter wie die Websites. Einige davon sind zudem relativ ähnlich zu denen, die sich bei WWW-Dienst finden. Nach der Installation müssen Sie den IIS-Manager neu starten. Erst dann werden die FTP-Einstellungen angezeigt. Über die Registerkarte *FTP-Site* können die Festlegungen zur Identifikation, zu den maximalen Verbindungen sowie zur Protokollierung konfiguriert werden.

Über die Option *Authentifizierung* kann definiert werden, ob anonyme Verbindungen zugelassen und über welches Benutzerkonto diese abgewickelt werden sollen.

Wie für die anderen virtuellen Server auch, lassen sich die verwendete IP-Adresse sowie der TCP-Port angeben. Im Gegensatz zu anderen Protokollen kann für FTP allerdings nur eine Adresse und ein Port angegeben werden. Die Auswahl der verschiedenen Formate der Protokolldateien ist bei FTP auf *W3-erweitert*, *ODBC* und *Microsoft IIS* beschränkt, ansonsten ist die Konfiguration der Protokollierung identisch mit dem bereits beschriebenen Webserver.

Schritt für Schritt-Anleitung zum FTP-Server in IIS 7.5

Die Installation eines FTP-Servers in IIS 7.5 unterscheidet sich etwas von der Einrichtung in IIS 7.0.

FTP-Server installieren

Zunächst müssen Sie den Rollendienst installieren. Anschließend steht die Verwaltung im IIS-Manager zur Verfügung. Nach der Installation müssen Sie zunächst eine FTP-Site erstellen:

1. Klicken Sie zum Erstellen einer FTP-Site mit der rechten Maustaste auf den Menüpunkt *Sites* im IIS-Manager und wählen Sie *FTP-Site hinzufügen.*

Abbildg. 25.61 Installieren und Konfigurieren einer neuen FTP-Site im IIS 7.5

2. Es startet der Assistent zur Einrichtung. Geben Sie den Namen sowie das Verzeichnis auf der Festplatte an, in dem die Daten des FTP-Servers liegen.

Abbildg. 25.62 Erstellen einer neuen FTP-Site

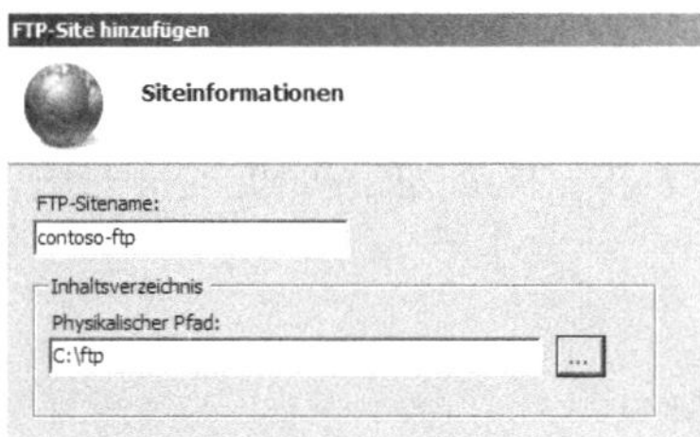

3. Auf der nächsten Seite konfigurieren Sie die IP-Adresse, den Port und auf Wunsch einen virtuellen Hostnamen, wenn Sie zum Beispiel mehrere FTP-Server betreiben wollen.
4. Auf dieser Seite können Sie auch SSL für den FTP-Server aktivieren sowie das passende Zertifikat auswählen.

Abbildg. 25.63 Konfigurieren der Bindungen und von SSL für FTP

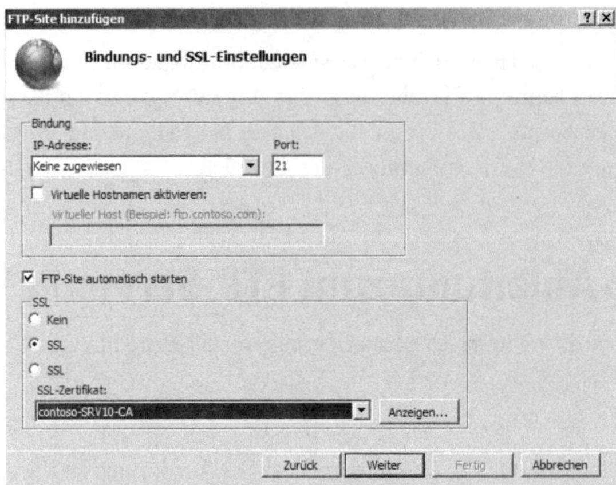

5. Als Nächstes wählen Sie aus, welche Authentifizierung Sie auf dem Server unterstützen möchten und welche Rechte diese Benutzer haben sollen.
6. Klicken Sie anschließend auf *Fertig*, um die Site zu erstellen.

Abbildg. 25.64 Festlegen der Rechte für den FTP-Server

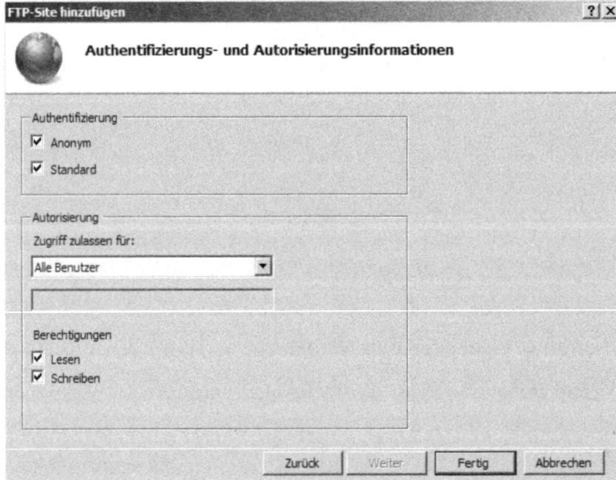

Anschließend sehen Sie die FTP-Site im IIS-Manager wie jede andere Website und können Einstellungen für diese Site zur Verwaltung vornehmen. Andere Tools benötigen Sie an dieser Stelle nicht mehr.

Abbildg. 25.65 Konfigurieren der FTP-Site in IIS 7.5

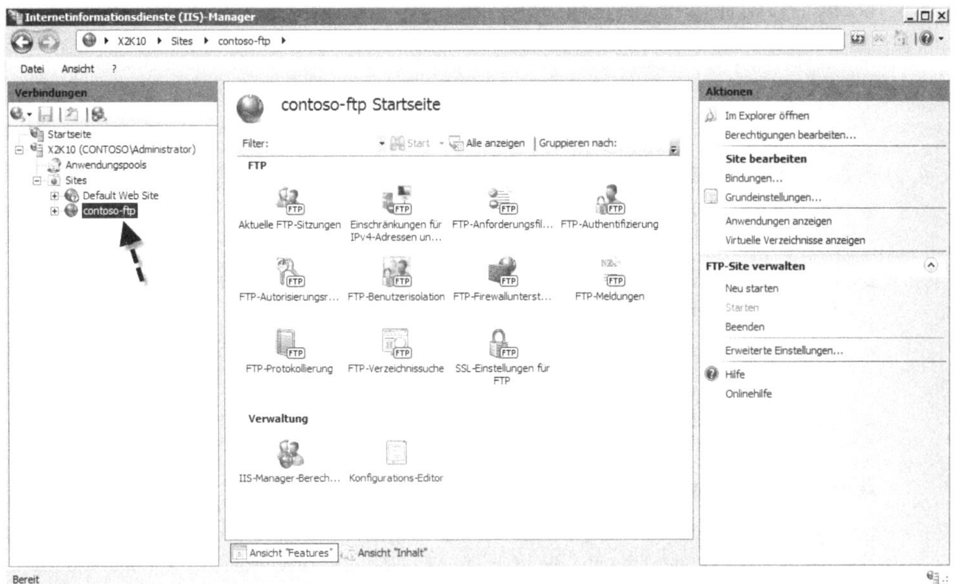

Firewall konfigurieren

Wollen Sie die Authentifizierung weiter anpassen, wählen Sie den Menüpunkt *FTP-Authentifizierung* aus. Über den Menüpunkt *FTP-Firewallunterstützung* legen Sie fest, welche Ports der Server unterstützen und auf welche externe IP-Adresse der FTP-Server hören soll.

Sollte der Verbindungsaufbau von Clients zum Port 21 nicht funktionieren, müssen Sie diesen Port in der Windows-Firewall erst freischalten. Neben diesen Einstellungen müssen Sie, abhängig von Ihrer Konfiguration, weitere Einstellungen in der Firewall vornehmen, indem Sie neue Regeln erstellen.

Verwenden Sie dazu den folgenden Befehl:

```
netsh advfirewall firewall add rule name="FTP (non-SSL)" action=allow protocol=TCP dir=in
localport=21
```

Wollen Sie dynamische Ports für FTP freischalten und die Stateful FTP-Filterung verwenden, geben Sie den folgenden Befehl ein:

```
netsh advfirewall set global StatefulFtp enable
```

Mit dem Befehl

```
netsh advfirewall set global StatefulFtp disable
```

deaktivieren Sie die Filterung wieder.

Wollen Sie FTP über SSL erlauben, müssen Sie auch diesen Verkehr freischalten. Verwenden Sie dazu den Befehl:

```
netsh advfirewall firewall add rule name="FTP for IIS7" service=ftpsvc action=allow protocol=TCP
dir=in
```

TIPP Folgende Internetseiten bieten Ihnen bei der Einrichtung von IIS und FTP wertvolle Hilfe:

- Über den KB-Artikel auf der Seite *http://support.microsoft.com/kb/283679* erhalten Sie weitere Informationen zu FTP-Firewalleinstellungen
- Über *http://learn.iis.net/page.aspx/309/configuring-ftp-firewall-settings* erhalten Sie Schritt-für-Schritt-Anleitungen zu Firewalleinstellungen für FTP
- Auch auf der Seite *http://blogs.msdn.com/robert_mcmurray* finden Sie ausführliche Informationen zum Thema IIS und FTP-Server
- Über *www.iis.net* erhalten Sie zahlreiche Anleitungen, um IIS 7.5 und FTP zu betreiben

Authentifizierung konfigurieren

Über das Kontextmenü von *Anonyme Authentifizierung* oder *Standardauthentifizierung* legen Sie fest, über welches Benutzerkonto oder Domäne die jeweilige Anmeldung erfolgen soll. Die Konfiguration ist grundsätzlich identisch zur Konfiguration der jeweiligen Einstellung für Websites.

Abbildg. 25.66 Konfiguration der Authentifizierung

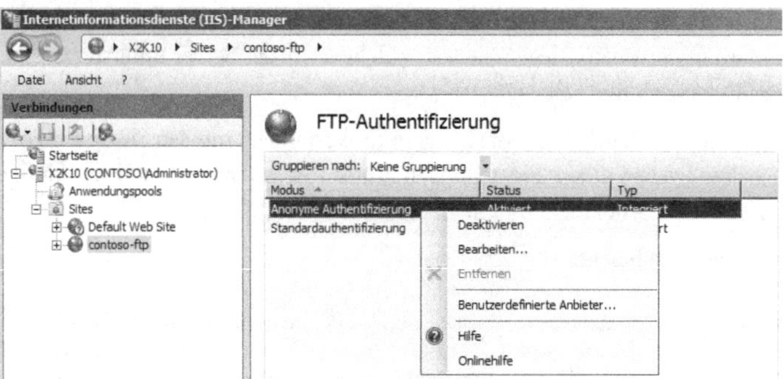

Über das Kontextmenü können Sie die jeweilige Anmeldung auch aktivieren oder deaktivieren. Über FTP-Autorisierungsregeln konfigurieren Sie die Rechte, die Benutzer auf die FTP-Site erhalten sollen. Neben den standardmäßig vorhandenen Regeln können Sie zusätzliche Regeln anlegen oder bestehende Regeln anpassen. Die Möglichkeit, IIS fernzuwarten, indem Sie den Verwaltungsdienst nutzen, funktioniert auch für den FTP-Server. Gehen Sie zur Einrichtung der Fernwartung analog vor. In diesem Fall müssen Sie bei der FTP-Authentifizierung noch über den Menüpunkt *Benutzerdefinierte Anbieter* das Modul *IisManagerAuth* aktivieren.

Abbildg. 25.67 Aktivieren der IIS-Manager-Authentifizierung

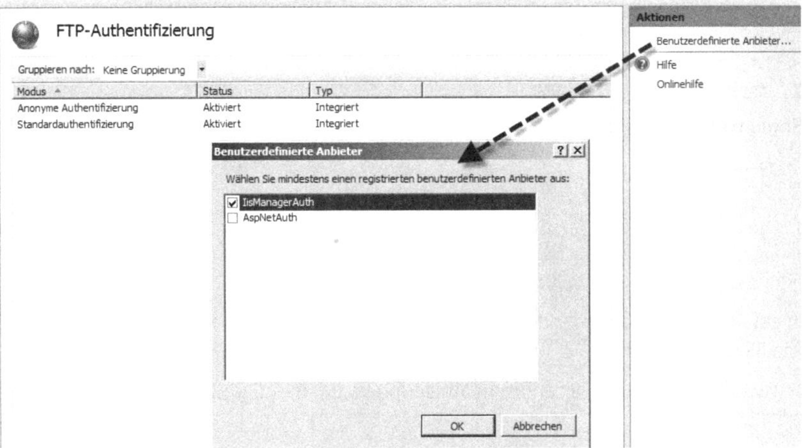

Anschließend wird bei der FTP-Authentifizierung zusätzlich noch die Authentifizierung über den IIS-Manager angezeigt. Anschließend müssen Sie über *IIS-Manager-Berechtigungen/Benutzer zulassen* noch identische Einstellungen vornehmen, wie bei der Delegierung von IIS-Sites. Legen Sie am besten für die FTP-Verwaltung einen eigenen Benutzer im IIS-Manager an und schalten Sie diesen dann explizit für FTP frei. Anschließend müssen Sie für den Adminbenutzer die gleichen Zulassungsregeln analog erstellen wie für normale FTP-Benutzer auch.

Abbildg. 25.68 Konfigurieren der FTP-Zugriffsregeln für den FTP-Server

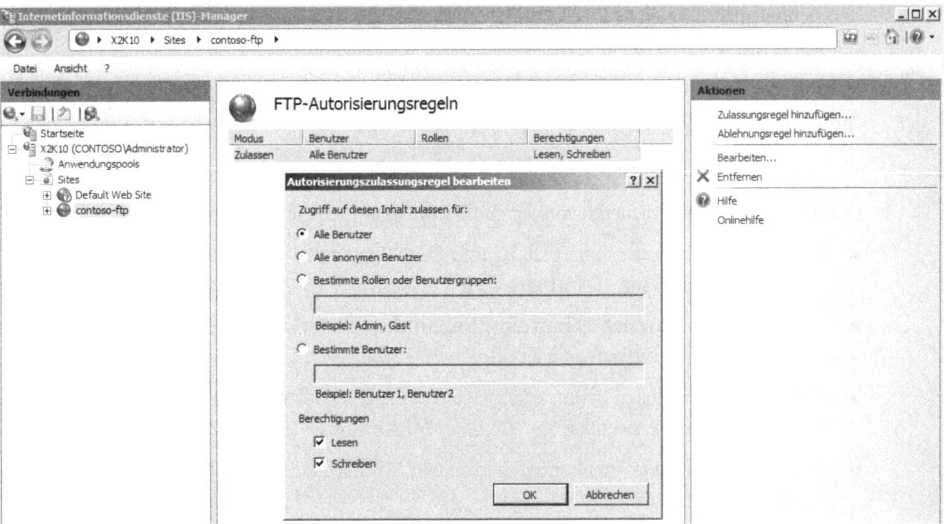

Um auf den Server zuzugreifen, verwenden Sie entweder ein FTP-Programm oder den Internet Explorer. Über das Dropdownmenü *Seite* und den darin enthaltenen Befehl *FTP-Site in Windows Explorer öffnen* verbinden Sie den Computer mit dem FTP-Server und können Daten austauschen.

Abbildg. 25.69 Auf den FTP-Server zugreifen

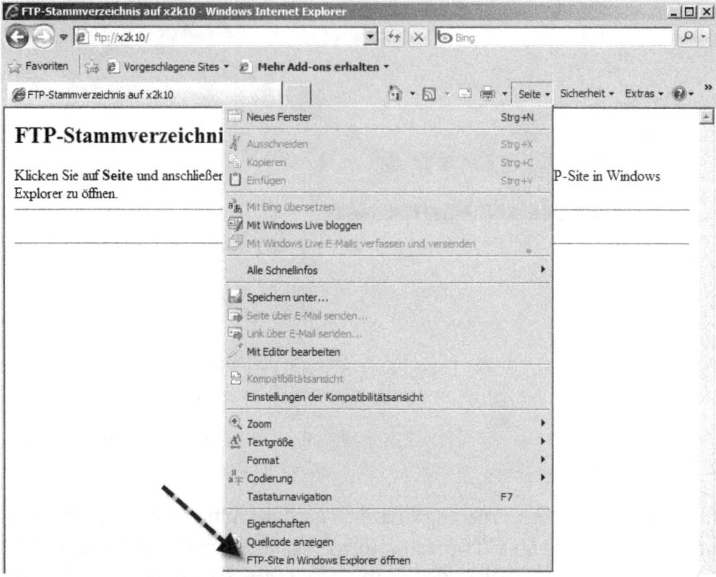

FTP-Benutzerisolation einsetzen

Mit der Benutzerisolation für FTP können Sie einzelne Benutzer auf dem FTP-Server voneinander abschotten und für Anwender jeweils ein eignes Verzeichnis zur Verfügung stellen. Aktivieren Sie *Benutzernamenverzeichnis*, werden die Benutzer mit ihrem eigenen Verzeichnis auf dem FTP-Server verbunden, aber nicht isoliert. Das Verzeichnis muss die gleiche Bezeichnung wie der Benutzernamen des Anwenders haben.

Ist ein solches Verzeichnis (oder auch virtuelles Verzeichnis) nicht vorhanden, wird der Benutzer mit dem Stammverzeichnis auf dem FTP-Server verbunden. Aktivieren Sie die Option *FTP-Stammverzeichnis*, sehen alle Anwender das gleiche Verzeichnis, die Isolierung ist komplett deaktiviert.

Verzeichnisnamen festlegen

Die Verzeichnisnamen variieren von der Authentifizierungsebene:

- Verwenden Sie Benutzer innerhalb IIS und die anonyme Verbindung, müssen Sie im FTP-Root-Verzeichnis die Verzeichnisstruktur *<LocalUser>\Public* anlegen
- Arbeiten Sie mit lokalen Benutzerkonten auf dem Server auf IIS-Ebene und nicht mit der anonymen Authentifizierung, verwenden Sie *%FtpRoot%\LocalUser\%UserName%* als Pfad
- Arbeiten Sie mit lokalen Benutzerkonten auf dem Server auf Windows-Ebene und nicht mit der anonymen Authentifizierung, verwenden Sie *%FtpRoot%\LocalUser\%UserName%* als Pfad
- Arbeiten Sie mit Domänenkonten, verwenden Sie den Pfadnamen *%FtpRoot%\%UserDomain%\%UserName%*

%FtpRoot% entspricht dabei dem Stammverzeichnis der FTP-Site, die Sie erstellt haben. Alle virtuellen Verzeichnisse, die Sie auf der Stammebene der FTP-Site angelegt haben, können von allen Benutzern eingesehen werden, die über entsprechende Rechte verfügen.

Abbildg. 25.70 Konfigurieren der FTP-Benutzerisolation

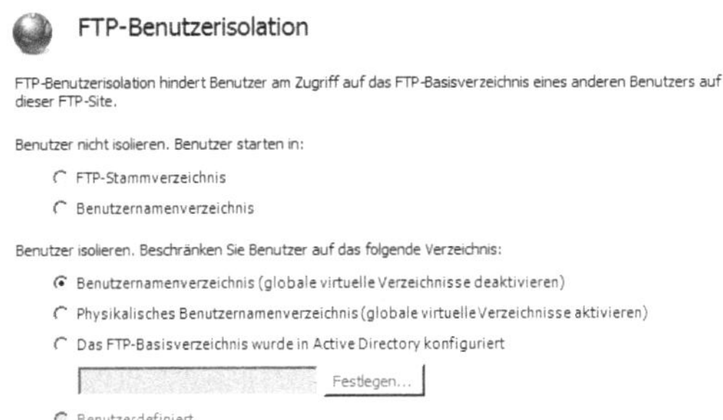

Aktivieren Sie eine der Isolierungsoptionen im unteren Bereich, stehen folgende Auswahlmöglichkeiten zur Verfügung. In diesem Fall sehen die Anwender nur den isolierten Bereich, keinerlei andere Verzeichnisse.

- **Benutzernamenverzeichnis** Bei dieser Option dürfen Benutzer nur auf ihr eigenes Verzeichnis zugreifen und in der Navigation in der Baumstruktur in keine anderen Verzeichnisse wechseln
- **Physikalisches Benutzernamenverzeichnis** Bei dieser Option erhalten Anwender nur Zugriff auf physisch vorhandene FTP-Verzeichnisse, keine virtuellen Verzeichnisse. Sind globale, virtuelle Verzeichnisse auf dem Server vorhanden, sind diese für alle Anwender zugreifbar.
- **Das FTP-Basisverzeichnis wurde in Active Directory konfiguriert** Bei dieser Option legen Sie den Zugriff auf das Stammverzeichnis im Benutzerkonto in Active Directory des Anwenders fest

Virtuelle Verzeichnisse legen Sie über das Kontextmenü der FTP-Site im IIS-Manager an. Diese verweisen auf ein physisches Verzeichnis, das Sie entweder vorher oder während der Einrichtung der virtuellen Seiten anlegen können. Wollen Sie in einer isolierten Umgebung Zugriffe auf Benutzerebene festlegen, sollten Sie innerhalb des FTP-Stammverzeichnisses einen weiteren Ordner mit der Bezeichnung der Benutzerdomäne oder der Bezeichnung *LocalUser* anlegen. Innerhalb dieses Ordners legen Sie dann die Verzeichnisse der jeweiligen Benutzer fest. Verzeichnisname, virtuelles Verzeichnis und Benutzernamen müssen übereinstimmen.

Abbildg. 25.71 Anlegen virtueller Verzeichnisse in FTP

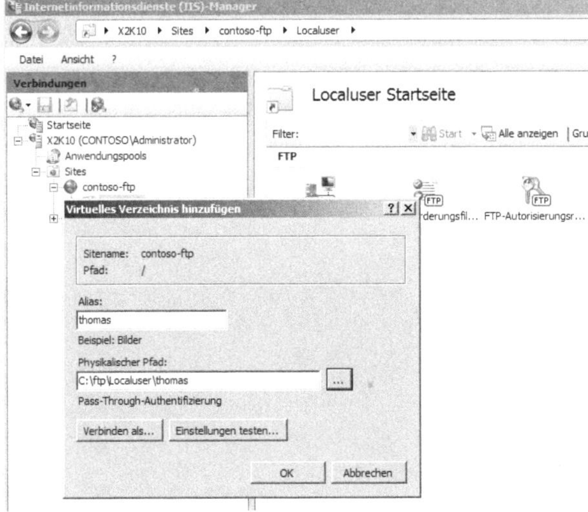

Datei-, Druckserver und Infrastruktur

Sind globale Verzeichnis deaktiviert, reicht es, auch einzelnen Anwendern nur virtuelle Verzeichnisse zur Verfügung zu stellen. Der einfachste Weg, eine Benutzerisolierung durchzuführen, die zuverlässig funktioniert, ist das Anlegen von physischen Verzeichnissen, das Erstellen von virtuellen Verzeichnissen mit Verweis auf die physischen Verzeichnisse und das durchgehend einheitliche Verwenden der gleichen Bezeichnungen der Ordnernamen und Benutzernamen. Wichtig ist auch das lokale Anlegen des Ordners *LocalUser* oder der jeweiligen Domäne. Legen Sie alle Verzeichnisse innerhalb des FTP-Stammordners an.

Die einzelnen physischen Verzeichnisse der Anwender können Sie auch mit NTFS-Berechtigungen absichern, wenn Sie mit Windows- oder Domänenkonten arbeiten. Wollen Sie zusätzlich noch Kontingente (Quotas) einsetzen, verwenden Sie am besten den Ressourcen-Manager für Dateiserver (siehe Kapitel 18).

Zusammenfassung

In diesem Kapitel haben wir Ihnen gezeigt, wie Sie den neuen Webserver in Windows Server 2008 R2 mit der Version IIS 7.5 betreiben. Dabei wurde insbesondere auf die Installation, Einrichtung und Absicherung von Webservern eingegangen. Und die Verwaltung in der Befehlszeile sowie über die PowerShell wurde Ihnen in diesem Kapitel ebenso erläutert wie das Erstellen von neuen Websites. Im nächsten Kapitel gehen wir auf die Einrichtung der Remotedesktopdienste und der Anbindung von Anwendern ein. Auch die Virtualisierung über den Remotedesktop ist Bestandteil des folgenden Kapitels.

Teil D

Remotedesktop und Netzwerkzugriffsschutz

In diesem Teil:

Kapitel 26

Remotedesktop-Sitzungshost

In diesem Kapitel:

Die *Terminaldienste* heißen in Windows Server 2008 R2 *Remotedesktopdienste* (Remote Desktop Services, RDS), um die Verbesserungen und Neuerungen auch im Namen deutlich zu machen. *Terminal Services RemoteApp* haben als Bezeichnung nur noch *RemoteApp*. Das *Terminal Services Gateway* trägt die Bezeichnung *Remotedesktopgateway, Terminal Services Session Broker* ist jetzt der *Remotedesktop-Verbindungsbroker. Terminal Services Web Access* finden Sie unter *Web Access für Remotedesktop, Terminal Services CAL* heißt *Remotedesktop CAL* und *Easy Print für Terminalservices* wurde in *Easy Print für Remotedesktop* umbenannt. Veröffentliche Anwendungen in den Remotedesktopdiensten stellt die RemoteApp-Funktion zur Verfügung. Veröffentlichten Anwendungen und Sitzungen lassen sich virtuelle IP-Adressen zuweisen, sodass jede Sitzung eindeutig im Netzwerk definiert ist.

Neu bei Windows Server 2008 R2 ist die Möglichkeit, auch Desktops für Anwender in einer virtuellen Umgebung über Hyper-V zur Verfügung zu stellen. Bei der Presentation Virtualization handelt es sich um eine Verbesserung der Remotedesktopdienste und Hyper-V R2 in Windows Server 2008 R2, genauer gesagt der RemoteApps, bei der sich auch Anwendungen so virtualisieren lassen, dass sich diese wie normal installierte Anwendungen auf den Desktopclients verhalten. Anwender mit Windows 7 bekommen Verknüpfungen der veröffentlichen Anwendungen im Startmenü in einem eigenen Bereich angezeigt. Die Anwendungen verhalten sich wie lokal installierte Programme, auch wenn diese auf dem Remotedesktopdienst laufen.

Die Oberflächen der veröffentlichten Anwendungen orientieren sich an der grafischen Oberfläche von Windows 7, das gilt auch für die veröffentlichten Desktops. Windows Server 2008 R2 ermöglicht die neuen Funktionen über ein verbessertes Remotedesktopprotokoll (RDP) in der Version 7.0. Ebenfalls neu sind die Media Redirection und die Verwaltung serverbasierter Profile. Bei Media Redirection leitet der Server Multimediadaten ungerendert und unbearbeitet direkt an den Client weiter. Die Multimediadateien bearbeitet dann der Client mit seiner eigenen Hardware. Dies entlastet den Server, verbessert die Darstellung von Multimediadateien und nutzt Clienthardware besser aus. Außerdem lassen sich Remotedesktopsitzungen auf zehn Monitore ausweiten, die eine beliebige Auflösung haben dürfen. Anwender, die mit mehreren Monitoren arbeiten, werden sich freuen.

Die Verwaltung der Remotedesktopdienste ist in Windows Server 2008 R2 wesentlich einfacher, wenn Anwender mit Windows 7 arbeiten. Hier gibt es eine eigene Oberfläche, eigens für Remotedesktopverbindungen. Windows XP und Windows Vista lassen sich weiterhin anbinden, allerdings nicht so effizient und einfach wie Windows 7. Benutzerprofile sind ebenfalls verbessert und lassen sich besser in der Größe beschränken, auch über Gruppenrichtlinien. Mit den Windows-Remotedesktopdiensten ist es möglich, Windows-Anwendungen auf allen Arten von Geräten, unabhängig vom Betriebssystem, zu starten. Dabei läuft die eigentliche Anwendung auf dem Remotedesktop-Sitzungshost, während der Benutzer mit einem Client eine Verbindung zu einer Sitzung auf einem Remotedesktop-Sitzungshost aufbaut. Auf dem Client werden nur die Bildschirmänderungen angezeigt.

Durch einen Remotedesktop-Sitzungshost lassen sich Anwendungen schnell in der Firma verteilen, da diese nur auf einem oder mehreren Remotedesktop-Sitzungshosts installiert werden müssen und Clients eine Verbindung zu diesem Server aufbauen können. Ein Remotedesktop-Sitzungshost zeigt seine Stärken bei der schnellen Verteilung von Windows-basierten Anwendungen auf die Rechner eines Unternehmens, speziell auch von Anwendungen, die häufig aktualisiert werden oder schwer zu verwalten sind. Windows Server 2008 R2 kann als Remotedesktop-Sitzungshost installiert werden und stellt zentral Anwendungen zur Verfügung, die von den Benutzern ausgeführt werden. Beim Einsatz eines Remotedesktop-Sitzungshosts müssen nicht alle Anwendungen auf dem Server installiert werden. Es ist daher ohne Weiteres möglich, dass einige Anwender einzelne Applikationen auf ihrem PC installiert haben.

Wenn Benutzer mit einem PC arbeiten, werden ihre Tastatur- und Mauseingaben lokal wiedergegeben. Auch die Ausgabe des PCs erfolgt direkt auf dem Bildschirm und alle Daten werden lokal verarbeitet. Die Geschwindigkeit einer Anwendung ist von der Performance des PCs abhängig. Arbeiten Benutzer über einen Remotedesktop-Sitzungshost, werden die Tastatur- und Mauseingaben über ein Netzwerkprotokoll an einen Remotedesktop-Sitzungshost übermittelt, der auch die Daten verwaltet. Die Bildschirmausgabe wird über das Netzwerk wieder an den Client übermittelt. Durch diese Arbeitsweise wird die Last der Datenverarbeitung auf einen Server ausgelagert und der Client-PC muss nur noch die Änderungen des Bildschirms anzeigen.

Neuerungen der Remotedesktopdienste im Vergleich zu Windows Server 2003

In Kapitel 1 sind wir bereits auf viele Neuerungen der Remotedesktopdienste eingegangen. In diesem Abschnitt zeigen wir Ihnen die grundlegenden Neuerungen und Vorteile der neuen Version. Das Netzwerkprotokoll, mit dem die Remotedesktopdienste Daten mit den Clients austauschen, wird *RDP (Remote Desktop Protocol)* genannt. Die vom Benutzer auf dem Remotedesktop-Sitzungshost ausgeführten Anwendungen laufen in einer eigenen isolierten Umgebung. Die vom Server zur Verfügung gestellte Arbeitsumgebung wird als *Remotedesktopsitzung* bezeichnet. Ein Anwender kann eine Sitzung starten und anschließend die Verbindung beenden, ohne die Sitzung selbst zu schließen. Seine Arbeitsumgebung bleibt damit auf dem Server erhalten und der Anwender kann sich später wieder mit der Sitzung verbinden. Programme laufen in der Zwischenzeit problemlos weiter.

Ein Remotedesktop-Sitzungshost sollte grundsätzlich dediziert eingesetzt werden, das heißt, er wird ausschließlich für diese Funktion eingesetzt. Setzen Sie mehrere Server ein, können Sie diese zu einer Farm verbinden und gemeinsam betreiben. Auch die Verbindung mit einem Hyper-V-Server ist möglich. Im Bereich der Remotedesktopdienste hat Microsoft einige neue Funktionen eingeführt. Mit der *RemoteApp*-Funktion können Anwendern Applikationen so zur Verfügung gestellt werden, dass nicht mehr ersichtlich ist, ob die Anwendung lokal oder auf einem Remotedesktop-Sitzungshost läuft. Die Anwendung wird dazu auf dem Remotedesktop-Sitzungshost gestartet, sieht beim Anwender aber aus, als ob sie lokal läuft. Unter Windows Server 2003 konnte diese Funktionalität nur durch den Einsatz von Citrix Presentation Server ermöglicht werden.

Weitere Neuerungen seit Windows Server 2003 ist der Server mit Web Access für Remotedesktop (kurz Web Access-Server) und das Remotedesktopgateway, welche für den Zugriff über das Internet zuständig sind. Neu ist auch die Windows 7-Oberfläche für Clients sowie die Unterstützung des neuen RDP-Protokolls in Windows 7 und Windows Vista. Auch im Bereich des Loadbalancing hat Microsoft im Vergleich zu Windows Server 2003 einige Änderungen eingeführt, die wir Ihnen im Laufe dieses Kapitels zeigen werden. Die Authentifizierung am Server findet zunächst am RDP-Client auf dem Clientcomputer statt. Mit der neuen Technik findet erst die Authentifizierung statt, bevor der Desktop geladen wird. Lokale Geräte wie Digitalkameras können vom RDP-Client aus auf den Remotedesktop-Sitzungshost umgeleitet werden, was deutlich besser funktioniert, als unter Windows Server 2003. Geräte können auch im laufenden Betrieb einer Remotedesktop-Sitzungshostsitzung umgeleitet werden. Die weiteren Neuerungen zeigen wir Ihnen nach der Beschreibung der Installation.

Remotedesktop-Sitzungshost installieren

Die Installation eines Remotedesktop-Sitzungshosts findet über den Server-Manager statt, indem Sie über den Server-Manager die Rolle *Remotedesktopdienste* installieren.

Abbildg. 26.1 Installieren eines Remotedesktop-Sitzungshosts

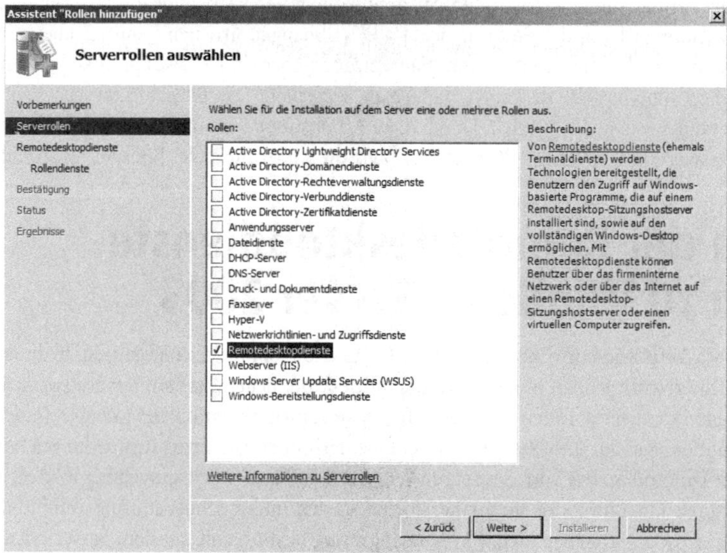

Haben Sie die Rolle ausgewählt, startet der Assistent, über den Sie die verschiedenen neuen Rollendienste installieren können. Abhängig von den bereits installierten Rollen sowie den Funktionen, die Sie auswählen, erscheinen im Laufe der Installation mehr oder weniger Fenster. Auf der nächsten Seite des Assistenten wählen Sie aus, welche zusätzlichen Remotedesktopdienste-Rollendienste Sie installieren wollen. Abhängig von Ihrer Auswahl schlägt der Assistent die Installation weiterer Rollen und Funktionen vor, sofern Abhängigkeiten bestehen.

Abbildg. 26.2 Auswählen der Rollendienste für die Remotedesktop-Sitzungshostinstallation

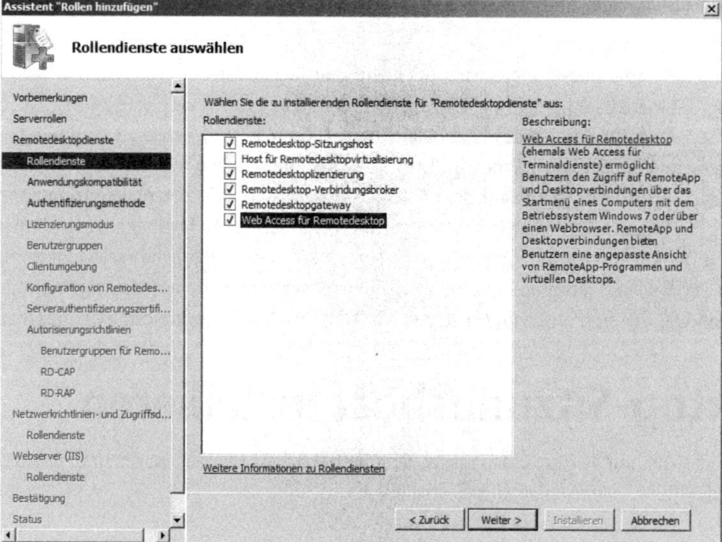

Folgende Rollendienste stehen zur Auswahl und können auch getrennt auf einzelnen Servern installiert werden:

- **Remotedesktop-Sitzungshost** Stellt den Desktop zur Anbindung von Anwendern zur Verfügung. Installieren Sie den Rollendienst, dürfen sich Anwender mit dem Remotedesktop verbinden.
- **Host für Remotedesktopvirtualisierung** Installieren Sie diesen Rollendienst, müssen Sie zusätzlich noch Hyper-V installieren. Mit diesem Rollendienst können Sie virtuelle Computer mit Hyper-V installieren und Anwendern als RDP-Sitzung zur Verfügung stellen. Diesen Bereich nennt Microsoft auch Infrastruktur für virtuellen Desktop (Virtual Desktop Infrastructure, VDI). Wir kommen in diesem Kapitel noch in einem eigenen Abschnitt zu diesem Thema.
- **Remotedesktoplizenzierung** Verbindungen zum Remotedesktop und einem Remotedesktop-Sitzungshost müssen Sie zusätzlich lizenzieren. Die dazu notwendigen Werkzeuge installieren Sie mit diesem Rollendienst.
- **Remotedesktop-Verbindungsbroker** Mit diesem Dienst können Sie Anwender mit ihrer ursprünglichen Sitzung wiederverbinden, wenn Sie mehrere Remotedesktop-Sitzungshosts in einem Loadbalancing-Verbund einsetzen. Der Verbindungsbroker stellt einen Aggregationspunkt für RemoteApps im Unternehmen zur Verfügung. Er sammelt RemoteApps der verschiedenen Server ein und stellt diese bei Windows 7 im Startmenü, für andere Betriebssysteme auch per Webzugriff zur Verfügung. Server mit Web Access holen sich dazu die Daten von einem Server mit Verbindungsbroker.
- **Remotedesktopgateway** Das Gateway ermöglicht die Weiterleitung von RDP-Anfragen von extern über das Internet an interne Remotedesktop-Sitzungshost oder Computer. Von außen kann der Verbindungsaufbau auch per HTTPS erfolgen. Das Gateway leitet die Anfragen dann an den Server weiter. Ein Gateway kann mehrere Remotedesktop-Sitzungshosts, auch Vorgängerversionen von Windows Server 2008 R2 bedienen.
- **Web Access für Remotedesktop** Bietet eine Weboberfläche für den Remotedesktop, ähnlich zu Outlook Web App von Exchange Server

Im nächsten Fenster weist Sie der Assistent darauf hin, dass bereits installierte Anwendungen nicht unbedingt in Remotedesktopsitzungen funktionieren. Generell ist es empfehlenswert, erst den Remotedesktop-Sitzungshost zu installieren und dann erst die Anwendungen, mit denen Ihre Mitarbeiter auf dem Server arbeiten sollen. Das nächste Fenster, in dem Sie eine Auswahl treffen können, dient der Konfiguration der Authentifizierung. Hier können Sie auswählen, ob nur Clients mit dem neuen RDP-Clientprogramm Verbindung aufbauen können (unter Windows Vista und Windows 7 standardmäßig installiert), oder auch ältere Versionen. Anschließend konfigurieren Sie die Lizenzierung der Clients.

Im nächsten Fenster können Sie die Benutzergruppen auswählen, die sich auf den Remotedesktop-Sitzungshost verbinden können. Standardmäßig dürfen sich nur Administratoren auf einem Server anmelden. Damit sich Benutzer auf einem Remotedesktop-Sitzungshost anmelden können, müssen Sie diese auf dem Remotedesktop-Sitzungshost in die lokale Benutzergruppe *Remotedesktopbenutzer* aufnehmen. Legen Sie am besten in der Domäne eine globale Gruppe *Remotedesktop-Sitzungshost-Benutzer* an. Diese Gruppe fügen Sie den lokalen Gruppen *Remotedesktopbenutzer* auf den Remotedesktop-Sitzungshosts hinzu.

Wenn Sie einem Benutzer das Anmelden auf einem Remotedesktop-Sitzungshost gestatten wollen, müssen Sie ihn nur noch in die globale Domänengruppe aufnehmen. Will sich ein Benutzer mit einem Remotedesktop-Sitzungshostprogramm verbinden und hat keine Anmeldeberechtigung auf dem Remotedesktop-Sitzungshost, erhält er bei der Anmeldung eine entsprechende Fehlermeldung angezeigt.

Auf dem nächsten Server können Sie konfigurieren, dass bestimmte Multimediafunktionen, die Glasoberfläche und Audio/Video-Aufnahmen von Windows 7-Geräten in Remotedesktopsitzungen zur Verfügung stehen.

Abbildg. 26.3 Konfigurieren der Weiterleitung von Audio- und Videodaten vom Client zum Remotedesktop-Sitzungshost

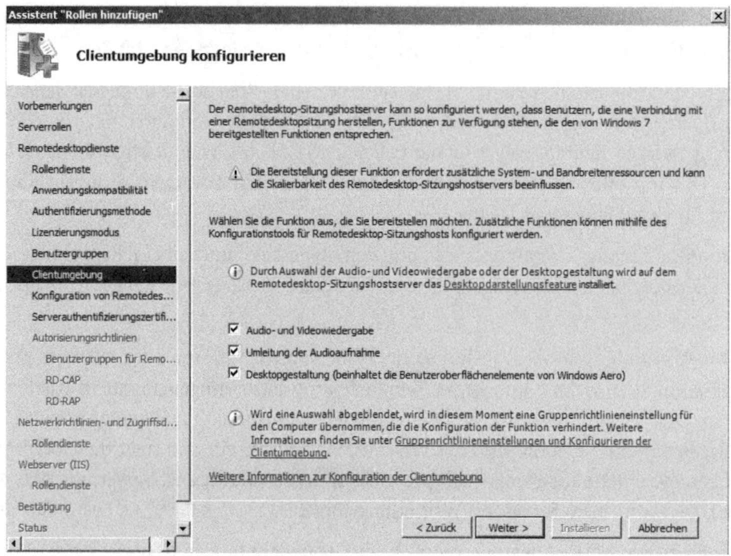

Als Nächstes legen Sie den Geltungsbereich für den Lizenzdienst fest, wenn Sie diesen Rollendienst installieren. Wir kommen in einem eigenen Abschnitt in diesem Kapitel noch ausführlicher zur Lizenzierung.

Das Remotedesktopgateway verwendet SSL zum Verbindungsaufbau von extern. Aus diesem Grund können Sie auf der nächsten Seite festlegen, ob Sie ein bestehendes Zertifikat verwenden wollen oder ein neues Zertifikat ausstellen möchten. Zu Testzwecken können Sie auch ein selbstsigniertes Zertifikat verwenden, das der Installationsassistent der Remotedesktopdienste integriert. Auf den nächsten Fenstern können Sie verschiedene Einstellungen vornehmen, die davon abhängig sind, welche Funktionen Sie auf dem Server installiert haben.

Wir gehen in den einzelnen Abschnitten dieses Kapitel ausführlicher auf die Konfiguration der einzelnen Rollendienste ein. Am Ende des Assistenten können Sie die Installation über die Schaltfläche *Installieren* starten. Nach der Installation erhalten Sie unter Umständen eine Meldung, dass Sie den Lizenzserver aktivieren müssen. Ohne aktivierten Lizenzserver kann ein Remotedesktop-Sitzungshost nur 120 Tage betrieben werden. Nach dieser Zeit lässt der Server keine Verbindungen zu.

Remotedesktoplizenzierung

Sie benötigen für jeden Remotedesktop-Sitzungshost (Remotedesktop-Sitzungshost) eine Windows-Serverlizenz. Zusätzlich benötigen Sie für jeden Benutzer, wie bei normalen Serverzugriffen auf Datei- oder Druckserver, eine entsprechende Clientzugriffslizenz. Diese CALs sind bei keinem Betriebssystem integriert, sondern müssen immer gesondert erworben werden. Bei einem Remotedesktop-Sitzungshost benötigen Sie zusätzlich für jeden Client, der sich mit dem Remotedesktop-Sitzungshost verbindet, eine spezielle Clientzugriffslizenz für Remotedesktopdienste (RDS-CAL). Diese Lizenz wird pro PC oder pro Benutzer vergeben und gilt nicht pro gleichzeitigem Zugriff. Das heißt, Sie müssen nicht so viele Lizenzen kaufen, wie gleichzeitig Benutzer mit dem Remotedesktop-Sitzungshost arbeiten, sondern so viele Lizenzen, wie Benutzer überhaupt mit dem Remotedesktop-Sitzungshost arbeiten. Microsoft bietet für die Lizenzierung der RD-CALs die gleichen Lizenzierungsmöglichkeiten, wie bei den normalen CALs.

Es gibt RD-Geräte-CALs und RD-Benutzer-CALs. Befindet sich der Remotedesktop-Sitzungshost in Active Directory, sollten Sie die Remotedesktoplizenzierung auf einem Domänencontroller installieren. Haben Sie in Ihrer Umgebung nur einen Remotedesktop-Sitzungshost, können Sie auch auf diesem die Remotedesktoplizenzierung installieren. Unter Windows Server 2008 R2 haben Sie, wie bei Windows Server 2003, 120 Tage Zeit, bevor Sie den Lizenzierungsdienst auf einem Server installieren und aktivieren müssen. Ein Windows Server 2008 R2-Remotedesktop-Sitzungshost findet in Active Directory Lizenzserver automatisch. Der Ablauf bei der Lizenzierung ist folgender:

1. Ein Client verbindet sich mit einem Remotedesktop-Sitzungshost (Remotedesktop-Sitzungshost).
2. Der Remotedesktop-Sitzungshost ruft von einem Remotedesktop-Lizenzserver eine Lizenz ab. Hierbei muss es sich nicht um den lokalen Remotedesktop-Sitzungshost handeln. Ein Lizenzserver kann Lizenzen für mehrere Remotedesktop-Sitzungshosts zur Verfügung stellen. Für die Verbindung mit einem Administratorkonto benötigen Sie auch auf einem Remotedesktop-Sitzungshost keine Lizenz, es dürfen aber nur zwei gleichzeitige Admins verbunden sein.
3. Der Remotedesktop-Sitzungshost stellt dem Client die Lizenz zur Verfügung.

HINWEIS Lizenzserver in den Remotedesktopdiensten registrieren sich automatisch in Active Directory. Installieren Sie einen neuen Remotedesktop-Sitzungshost, können Sie manuell Lizenzserver zuweisen. So ist sichergestellt, dass einzelne Remotedesktop-Sitzungshosts genau mit den Lizenzservern arbeiten, die Sie als Administrator hinterlegen.

Remotedesktoplizenzierung installieren

Um die Remotedesktoplizenzierung unter Windows Server 2008 R2 zu installieren, wählen Sie diesen Rollendienst entweder bereits bei der Installation des Remotedesktop-Sitzungshosts aus oder auch nachträglich. Die Installation führen Sie über das Hinzufügen der Rolle *Remotedesktopdienste* im Server-Manager durch. Haben Sie bereits Remotedesktopdienste installiert und wollen Sie zusätzliche Rollendienste wie zum Beispiel die Lizenzierung hinzufügen, klicken Sie im Server-Manager auf die Rolle *Remotedesktopdienste* und dann in der Mitte auf *Rollendienste hinzufügen*. Haben Sie bereits alle Rollendienste installiert, ist diese Funktion deaktiviert.

HINWEIS Die Rolle der Remotedesktoplizenzierung benötigt nur sehr geringe Systemressourcen und kann daher ohne Weiteres auch direkt auf einem Remotedesktop-Sitzungshost installiert werden. CPU-Last wird so gut wie keine verursacht und der Dienst benötigt maximal 10 MB Arbeitsspeicher. Die Datenbank für die Lizenzen hat pro 6.000 Lizenzen in etwa eine Größe von 5 MB. Der Dienst wird nur aktiv, wenn ein Remotedesktop-Sitzungshost eine Lizenz für einen Client anfordert.

Die Verwaltung der Remotedesktoplizenzierung starten Sie über *Start/Verwaltung/Remotedesktopdienste/Remotedesktoplizenzierungs-Manager*. Haben Sie das Programm gestartet, durchsucht das Programm das Netzwerk und zeigt die gefundenen Lizenzserver an. Nicht aktivierte Lizenzserver werden entsprechend hervorgehoben.

Abbildg. 26.4 Verwalten der Remotedesktoplizenzierung

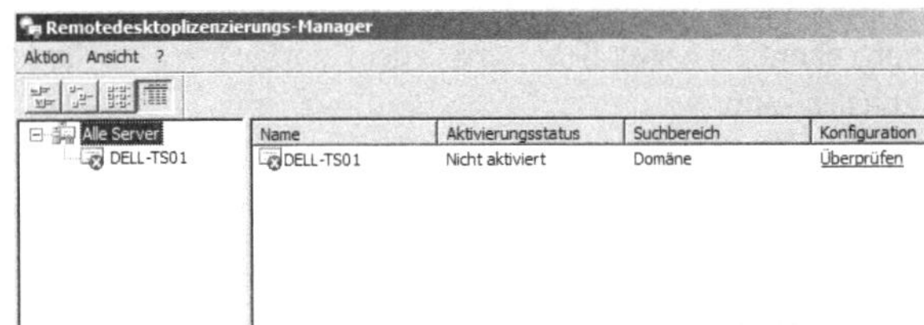

Um einen Lizenzserver zu aktivieren, klicken Sie mit der rechten Maustaste auf den Servernamen und wählen im Kontextmenü den Befehl *Server aktivieren*. Anschließend können Sie den Server entweder direkt über die Konsole aktivieren, wenn Ihr Lizenzserver an das Internet angebunden ist, oder Sie führen die Aktivierung per Telefon durch.

Nachdem ein Lizenzserver aktiviert worden ist, stellt er temporäre Lizenzen aus, die 120 Tage gültig sind. Nach diesem Testzeitraum müssen Ihre Clients allerdings mit permanenten Lizenzen versorgt werden, die Sie im Lizenzserver einspielen müssen. Diese Aktivierung ist kostenlos, nur nicht die RD-CALs, die Sie später brauchen. Die RD-CALs erhalten Sie als Seriennummer, die Sie über das Kontextmenü des Lizenzservers im Remotedesktoplizenzierungs-Manager eintragen.

HINWEIS Für die Aktivierung eines Lizenzservers benötigen Sie noch keine RD-CALs, die Aktivierung ist kostenlos und notwendig, damit der Server zumindest Testlizenzen ausstellen kann, die bis zu 120 Tage gültig sind.

Abbildg. 26.5 Aktivieren der Remotedesktoplizenzierung

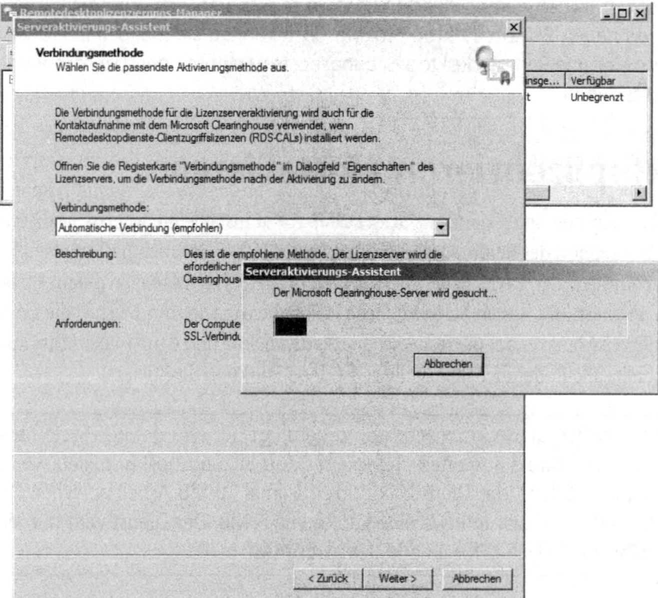

Nach der erfolgreichen Aktivierung wird der Lizenzserver als fehlerfrei dargestellt, aber oft mit einer Warnung. Klicken Sie auf den Server mit der rechten Maustaste und wählen Sie *Konfiguration prüfen* aus. Sie erhalten die Information, dass der Server nicht Mitglied der Windows-Gruppe *Terminalserver-Lizenzserver* ist.

Durch einen Klick auf die Schaltfläche neben der Meldung können Sie das Computerkonto in die Gruppe aufnehmen. Die Aufnahme ist notwendig, damit der Server Benutzern in der Domäne Lizenzen für den Zugriff auf den Remotedesktop-Sitzungshost zuteilen kann.

Abbildg. 26.6 Hinzufügen des Computerkontos zur Gruppe *Terminalserver-Lizenzserver*

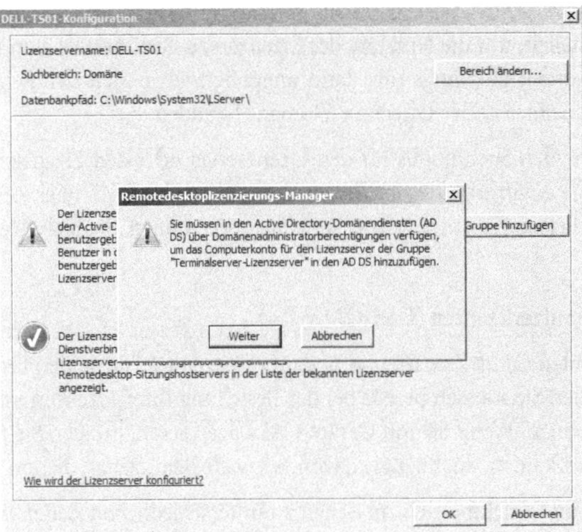

Die ausgestellten Lizenzen werden angezeigt, wenn Sie auf die Remotedesktop-Sitzungshostversion klicken, die Sie einsetzen. Hier sehen Sie auch, wann die temporären Lizenzen ihre Gültigkeit verlieren. Neben der Aktivierung müssen Sie auch noch den Lizenzmodus festlegen. Diese Vorgänge werden über das Verwaltungsprogramm *Konfiguration des Remotedesktop-Sitzungshosts* vorgenommen, welches wir im nächsten Abschnitt besprechen.

Abbildg. 26.7 Informationen zur Lizenzierung in der Remotedesktop-Sitzungshostlizenzierung

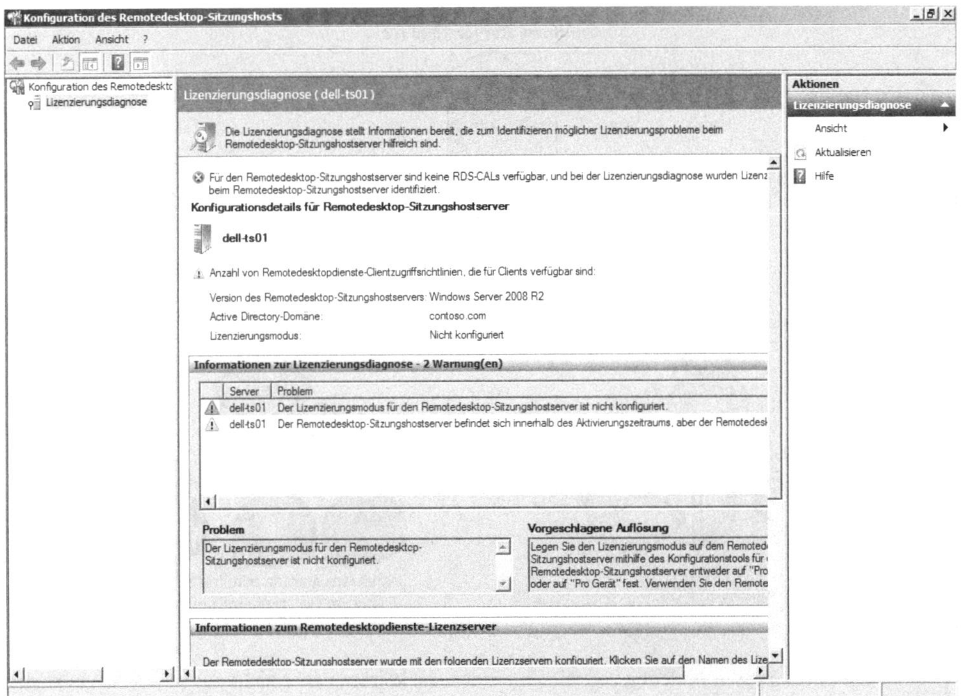

Ist der Testzeitraum abgeschlossen, können sich Clients solange nicht verbinden, bis Sie RDS-CALs einspielen. Hierbei hat sich im Vergleich zu Windows Server 200/2008 nichts verändert. Im Remotedesktoplizenzierungs-Manager können Sie auch Berichte erstellen, um die Nutzung der Lizenzen zu bestimmten Zeiträumen anzuzeigen. Ausführliche Informationen werden allerdings nur dann angezeigt, wenn sich der Remotedesktop-Sitzungshost und die Arbeitsstationen in einer Active Directory-Domäne befinden.

Weitere Optionen der Lizenzierung, wie den Suchmodus für den Lizenzserver oder den Lizenzierungsmodus, können Sie im Verwaltungsprogramme *Konfiguration des Remotedesktop-Sitzungshosts* über *tsconfig.msc* im Bereich *Lizenzierung* konfigurieren. Klicken Sie auf *Lizenzierungsdiagnose*, können Sie sich Meldungen zur Lizenzierung anzeigen lassen.

Gerätelizenzen (Device-CALs) oder Benutzerlizenzen (User-CALs)

Microsoft bietet die beiden Lizenzvarianten *Gerätelizenzen* und *Benutzerlizenzen* an. Die beiden Lizenzen unterscheiden sich nicht preislich voneinander. Sie müssen bereits bei der Bestellung Ihrer Lizenzen im Voraus planen, welchen Lizenztyp Sie einsetzen wollen. Wenn Sie mit Geräte-CALs lizenzieren, müssen Sie für jeden PC, der auf diesen Server zugreift, eine Lizenz kaufen, unabhängig davon, wie viele Benutzer an diesem PC arbeiten.

Wenn Sie PCs betreiben, zum Beispiel im Schichtbetrieb, an denen zu unterschiedlichen Zeiten unterschiedliche Benutzer arbeiten, benötigen Sie für diese PCs nur jeweils eine Geräte-CAL. Im umgekehrten Fall, wenn also ein Benutzer mit mehreren PCs, Notebooks oder Smartphones auf den Server zugreift, benötigen Sie für diesen Benutzer mehrere Geräte-CALs, da dieser Benutzer mit mehreren PCs auf den Server zugreift. Auch PCs, auf denen Sie per Web Access auf den Server zugreifen, müssen lizenziert werden. Alternativ können Sie auch eine Benutzer-CAL kaufen. Jeder Benutzer mit einer Benutzer-CAL kann an beliebig vielen PCs eine Verbindung mit einem Server aufbauen.

Abbildg. 26.8 Lizenzierung mit Benutzer-CALs oder Geräte-CALs

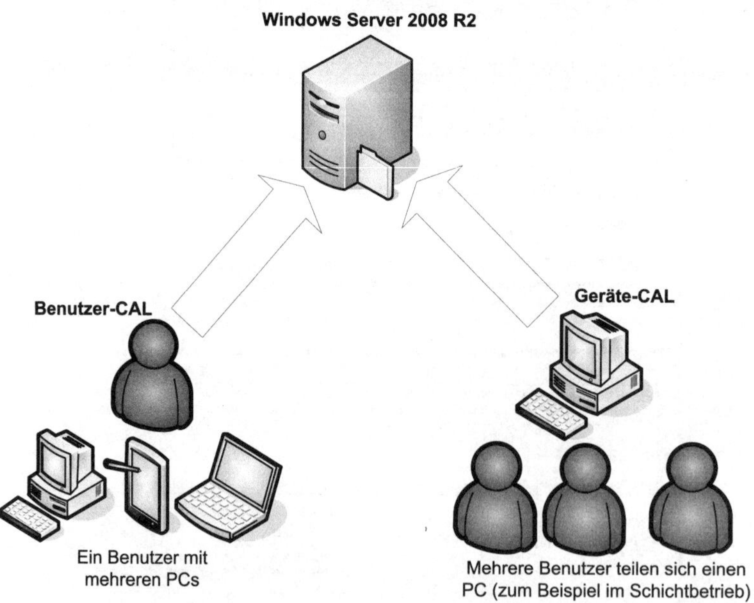

Die CALs müssen eindeutig zugewiesen werden. Sie können daher nicht nur so viele CALs kaufen, wie gleichzeitig Benutzer mit dem Remotedesktop-Sitzungshost arbeiten, sondern müssen die Gesamtzahl Ihrer Arbeitsstationen, Pocket-PCs und sonstiger Geräte lizenzieren, wenn Sie Gerätelizenzen kaufen, die mit dem Server eine Verbindung herstellen sollen. Bei Benutzerlizenzen müssen diese genau der Anzahl der Benutzer zugewiesen werden, die insgesamt mit dem Remotedesktop-Sitzungshost arbeiten.

Beispieleinsatzszenarien für Lizenzen

Szenario: Lizenzen bei weniger PCs als Mitarbeiter

In Ihrem Unternehmen sind beispielsweise 100 Mitarbeiter beschäftigt, von denen jedoch lediglich 63 mit PCs am Remotedesktop-Sitzungshost arbeiten. Wenn Sie Geräte-CALs kaufen, wird jede gekaufte Lizenz einem bestimmten PC zugeordnet. Mit diesen PCs können sich jetzt beliebig viele Mitarbeiter mit dem Remotedesktop-Sitzungshost verbinden, wenn sich diese zum Beispiel PCs im Schichtbetrieb teilen. Wenn neue PCs hinzukommen, müssen Sie für diese PCs weitere Gerätelizenzen kaufen.

Szenario: Lizenzen bei mehr PCs als Mitarbeiter

Das nächste Beispiel geht von einer IT-Firma aus, in der 90 Mitarbeiter beschäftigt sind. Von diesen 40 Mitarbeitern arbeiten 25 mit der Windows-Domäne und dem Remotedesktop-Sitzungshost. Jeder dieser Mitarbeiter hat einen PC und ein Notebook, mit denen er am Remotedesktop-Sitzungshost arbeitet, um Dateien auszutauschen oder auf sein Postfach zurückzugreifen. Obwohl in diesem Unternehmen nur 40 Mitarbeiter beschäftigt sind, verbinden sich 50 PCs mit dem Remotedesktop-Sitzungshost. Es müssen in diesem Beispiel daher 50 Gerätelizenzen erworben werden. Wenn das Unternehmen seine Lizenzen jedoch als Benutzerlizenz erwirbt, werden lediglich 25 Lizenzen benötigt, da nur 25 Benutzer mit dem Remotedesktop-Sitzungshost arbeiten.

Wenn sich ein Benutzer mit einem Remotedesktop-Sitzungshost verbindet, überprüft der Remotedesktop-Sitzungshost, ob der Client bereits über eine ausgestellte Lizenz verfügt. Hat der Client noch keine Lizenz, baut der Remotedesktop-Sitzungshost eine Verbindung zum Lizenzierungsserver auf, ruft eine Lizenz ab und gibt diese an den Client weiter. Auf dem Remotedesktop-Sitzungshost sollte im Verwaltungsprogramm *Konfiguration des Remotedesktop-Sitzungshosts* unter *Einstellungen bearbeiten* zum Eintrag *Lizenzserver-Suchmodus* der Lizenzserver hinterlegt sein.

Abbildg. 26.9 Konfigurieren eines Lizenzservers für einen bestimmten Remotedesktop-Sitzungshost

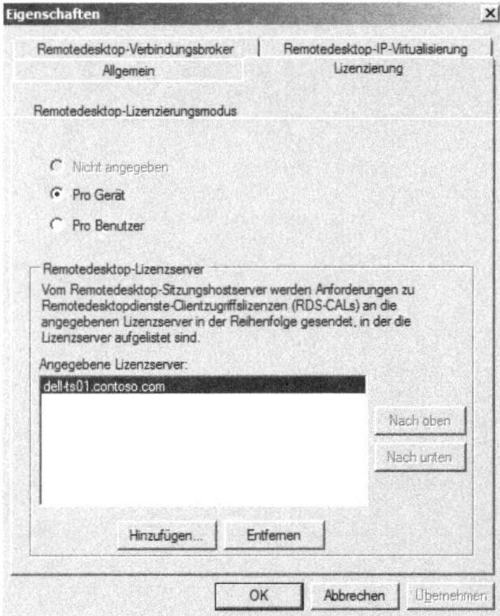

Remotedesktop und Netzwerkzugriffschutz

HINWEIS Sie sollten in regelmäßigen Abständen eine Sicherung des Lizenzservers durchführen, damit bei einem Serverausfall die Datenbank mit den ausgestellten Lizenzen möglichst nicht verloren geht. Um einen Lizenzserver zu sichern, können Sie die Windows-Datensicherung verwenden. Standardmäßig befinden sich die Daten des Lizenzservers für die Remotedesktopdienste im Verzeichnis *\Windows\System32\lserver*.

Sie können die Arbeitsweise des Lizenzservers mit Gruppenrichtlinien steuern. Wenn Sie eine Gruppenrichtlinie aufrufen, finden Sie die Richtlinien für die Remotedesktop-Sitzungshostlizenzierung in der Konsolenstruktur unter *Computerkonfiguration/Administrative Vorlagen/Windows-Komponenten/Remotedesktopdienste/Remotedesktoplizenzierung*.

Nacharbeiten zur Installation

Haben Sie auf einem Server die Remotedesktopdienste installiert, sollten Sie einige empfohlene Nacharbeiten durchführen, die wir im folgenden Abschnitt ausführlicher besprechen.

Auslagerungsdatei auf einem Remotedesktop-Sitzungshost optimieren

Zunächst sollten Sie die Auslagerungsdatei auf eine andere physische Festplatte des Servers verschieben, damit Schreibzugriffe auf die Auslagerungsdatei nicht von Schreibzugriffen auf der Festplatte ausgebremst werden. Wenn keine zweite physische Festplatte zur Verfügung steht, ist ein Verschieben wenig sinnvoll, da die Auslagerung auf eine Partition, die auf derselben Platte liegt, keine positiven Auswirkungen hat. Zusätzlich sollten Sie die Größe der Auslagerungsdatei auf das 2,5-fache des tatsächlichen Arbeitsspeichers festlegen. Damit wird die Fragmentierung der Datei minimiert:

1. Die Einstellungen für die Auslagerungsdatei finden Sie über *Start/Systemsteuerung/System und Sicherheit/System/Erweiterte Systemeinstellungen/Leistung/Einstellungen/Erweitert/Virtueller Arbeitsspeicher/Ändern*.
2. Deaktivieren Sie das Kontrollkästchen *Auslagerungsdateigröße für alle Laufwerke automatisch verwalten*.
3. Aktivieren Sie die Option *Benutzerdefinierte Größe*.

Abbildg. 26.10 Konfiguration der Auslagerungsdatei auf einem Remotedesktop-Sitzungshost

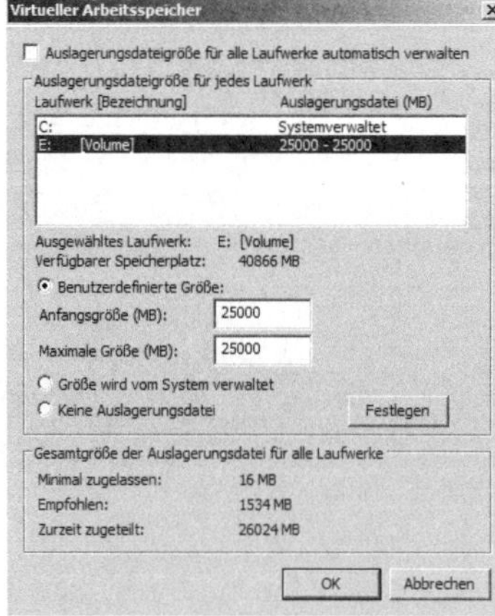

4. Setzen Sie bei *Anfangsgröße* und bei *Maximale Größe* in etwa das 2,5-fache Ihres Arbeitsspeichers ein. Dadurch ist sichergestellt, dass die Datei nicht fragmentiert wird, da sie immer die gleiche Größe hat. Setzen Sie die Größe der Auslagerungsdatei für Laufwerk C: auf 0.
5. Klicken Sie auf *Festlegen*.
6. Schließen Sie alle Fenster und starten Sie den Server neu.

Prozessorzeitplanung anpassen

Standardmäßig ist Windows Server 2008 R2 darauf optimiert, Hintergrunddienste zu beschleunigen. Wenn Sie auf einem Server die Remotedesktopdienste installieren, sollten Sie aber die Optimierung auf Anwendungen einstellen, damit Benutzer möglichst performant arbeiten können. Diese Einstellung sowie die Konfiguration der Auslagerungsdatei finden Sie an der gleichen Stelle wie die Konfiguration des virtuellen Arbeitsspeichers. Wählen Sie für die Prozessorzeitplanung die Option *Programme* aus.

Abbildg. 26.11 Optimieren der Prozessorzeitplanung für Remotedesktop-Sitzungshost

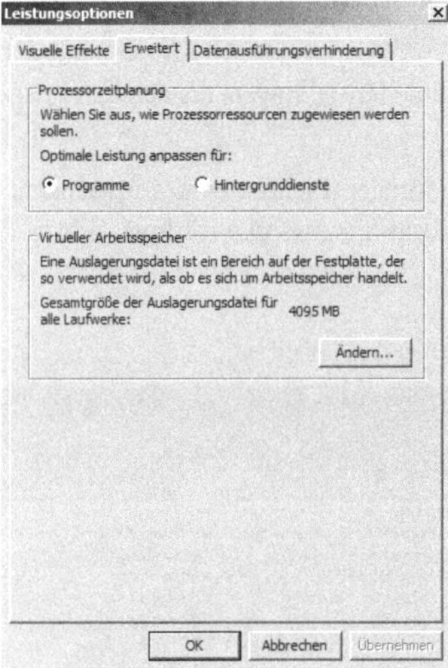

Aktualisierung der Treiber

Überprüfen Sie nach der Installation, ob alle Geräte im Geräte-Manager korrekt erkannt worden sind. Vor allem der Treiber der Grafikkarte ermöglicht den Benutzern die Wahl der Farbtiefe, mit der die Sitzung aufgebaut wird. Installieren Sie daher möglichst aktuelle Treiber und stellen Sie sicher, dass jedes Gerät erkannt und mit einem passenden Treiber in das System integriert wurde.

Berechtigungen für Remotedesktop-Sitzungshost-Anmeldung setzen

Standardmäßig dürfen sich nur Administratoren auf einem Windows Server 2008 R2-Server anmelden. Damit sich Benutzer auf einem Remotedesktop-Sitzungshost anmelden können, müssen Sie diese auf dem Remotedesktop-Sitzungshost in die lokale Benutzergruppe *Remotedesktopbenutzer* aufnehmen. Legen Sie am besten in der Domäne eine globale Gruppe *Remotedesktop-Sitzungshost-Benutzer* an. Diese Gruppe fügen Sie den lokalen Gruppen *Remotedesktopbenutzer* auf den Remotedesktop-Sitzungshosts hinzu.

Wenn Sie einem Benutzer das Anmelden auf einem Remotedesktop-Sitzungshost gestatten wollen, müssen Sie ihn nur noch in die globale Domänengruppe aufnehmen. Wenn sich ein Benutzer mit einem Remotedesktop-Sitzungshostprogramm verbinden will und keine Anmeldeberechtigung auf dem Remotedesktop-Sitzungshost hat, erhält er bei der Anmeldung eine entsprechende Fehlermeldung angezeigt.

Loopbackverarbeitung von Gruppenrichtlinien berücksichtigen

Setzen Sie Remotedesktop-Sitzungshosts zusammen mit Gruppenrichtlinien ein, bietet es sich an, die Server in einer eigenen OU abzulegen und für diese OUs dann Gruppenrichtlinien mit den gewünschten Einstellungen zu aktivieren. Für diese Richtlinien sollten Sie auch den Loopbackverarbeitungsmodus aktivieren. Bei diesem Modus wendet die Gruppenrichtlinie auch Einstellungen des Benutzerbaums an, wenn das Konto der Anwender nicht in der OU gespeichert ist, in der die Richtlinie definiert ist, sondern nur der entsprechende Server. So erhalten Sie die Möglichkeit, Benutzereinstellungen für Remotedesktop-Sitzungshost festzulegen, die nur bei der Anmeldung der Anwender auf den Remotedesktop-Sitzungshosts angewendet werden, nicht bei der Anmeldung an ihren lokalen Computern. Sie finden diese Einstellung über *Computerkonfiguration/Richtlinien/Administrative Vorlagen/System/Gruppenrichtlinie*. Aktivieren Sie die Richtlinie *Loopbackverarbeitungsmodus für Benutzergruppenrichtlinie*, können Sie zwischen zwei Modi wählen:

- **Ersetzen** Aktivieren Sie diesen Modus, ersetzt die Richtlinie Einstellungen, die bereits von anderen Richtlinien an gleicher Stelle gesetzt sind
- **Zusammenführen** Bei dieser Einstellung werden die normalen Richtlinien des Anwenders angewendet und die Einstellungen für den Benutzer in der Remotedesktop-Sitzungshostrichtlinie. Gibt es Konflikte, hat die Richtlinie der Remotedesktop-Sitzungshosts Vorrang.

Abbildg. 26.12 Aktivieren der Loopbackverarbeitung für Gruppenrichtlinien

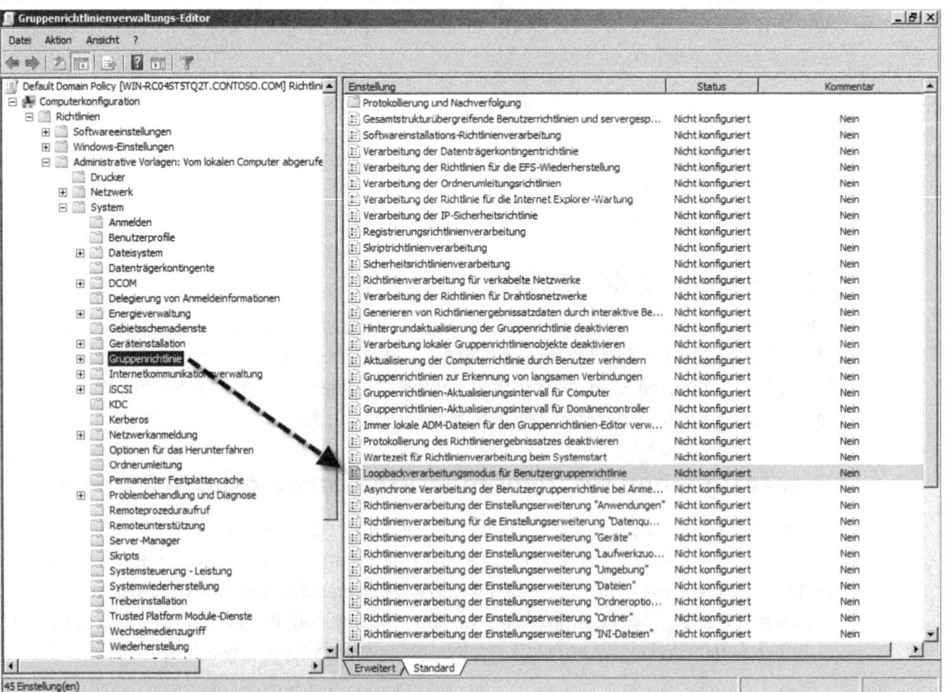

Easy Print-Druckertreiber für Remotedesktop

Das Thema Drucken in den Remotedesktopdiensten ist schon seit Windows NT 4.0 Terminalserver Edition ein heißes Thema und wird auch unter Windows Server 2008 R2 wieder viele Administratoren beschäftigen. Microsoft hat seit Windows NT 4.0 Terminalserver Edition die Einbindung von Druckern in eine Remotedesktop-Sitzungshostumgebung immer wieder verbessert. Auch in Windows Server 2008 R2 wurden wieder viele Verbesserungen eingeführt. Eine der Neuerungen ist die Verbesserung des *Easy Print-Druckertreibers für Remotedesktop*, der die Druckaufträge verschiedener Drucker an den Client umleiten kann. Auch in den Gruppenrichtlinien wurden viele Einstellungen für die Konfiguration von Druckern integriert.

Damit Sie den neuen Easy Print-Druckertreiber verwenden können, müssen Sie den aktuellen RDP Client verwenden, Sie benötigen dazu Windows 7, mindestens jedoch Windows Vista SP1. Zusätzlich muss dazu .NET Framework 3.0 Service Pack 1 installiert sein. Mit diesem neuen Druckertreiber wird die Verfügbarkeit für Drucker in Remotedesktop-Sitzungshostumgebungen deutlich verbessert. Der Druckertreiber unterstützt eine Vielzahl neuerer und älterer Drucker, sodass auf einem Remotedesktop-Sitzungshost nicht unbedingt zahlreiche Druckertreiber installiert werden müssen. Der Treiber unterstützt für die kompatiblen Drucker alle Features, nicht nur die grundlegenden Funktionen. Auch die Performance bei der Übertragung des Druckauftrags wird durch den Treiber verbessert. Unterstützen Clients diesen universalen Druckertreiber nicht, muss auf dem Remotedesktop-Sitzungshost weiterhin ein aktueller Treiber der Drucker installiert sein.

Auf dem Server wird beim Einsatz des Easy Print-Druckertreibers ein Abbild des Clientdruckertreibers angezeigt, aber nicht installiert. Druckt ein Anwender in der Sitzung, leitet der Treiber den Druck in eine XPS-Datei um und schickt diese zum Client, auf dem der Druck schließlich auf dem Drucker ausgegeben wird. Damit der Easy Print-Druckertreiber funktioniert, muss nichts auf dem Server installiert sein. Die auf dem Client verfügbaren Drucker übernimmt der Server, sofern diese kompatibel sind. Auch die spezifischen Einstellungen des Druckers zeigt der Server an und leitet diese beim Abrufen wieder auf den Client zurück. Ob Drucker umgeleitet werden, muss im RDP-Client eingestellt sein. Auf der Registerkarte *Lokale Ressourcen* auf dem Client muss dies zunächst aktiviert werden.

Abbildg. 26.13 Aktivieren der Druckerumleitung in Windows 7

TIPP Unterstützen Ihre Unternehmensdrucker den Easy Print-Druckertreiber nicht, können Sie auch unter Windows Server 2008 R2 den Weg einer Druckerzuordnungsdatei gehen. Diese Möglichkeit gibt es bereits seit Windows 2000 Server. Dabei kann über eine spezielle Datei mehreren Druckern der gleiche Treiber zugeordnet werden. Sehen Sie sich dazu den Microsoft Knowledge Base-Artikel *http://support.microsoft.com/kb/239088/en-us* (englisch) oder *http://support.microsoft.com/kb/239088/de-de* (deutsch) an.

In Windows Server 2008 R2 gibt es auch Möglichkeiten, die Anbindung von Druckern über Gruppenrichtlinien zu steuern. Die meisten Einstellungen für Gruppenrichtlinien werden im Gruppenrichtlinien-Editor unter *Computerkonfiguration/Administrative Vorlagen/Windows-Komponenten/Remotedesktopdienste* vorgenommen.

Abbildg. 26.14 Die Remotedesktopdienste in Windows Server 2008 R2 können jetzt effizient mit Gruppenrichtlinien gesteuert werden

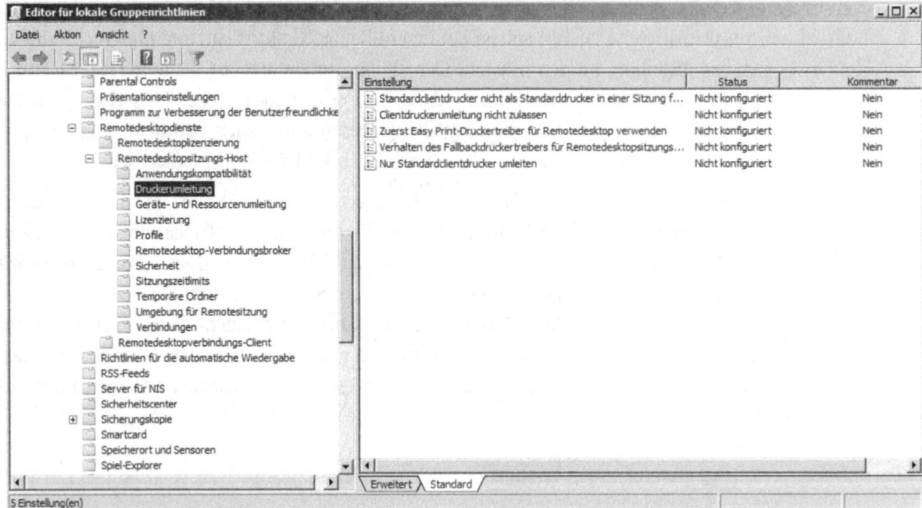

Die Verwaltung von Druckern findet über den Untereintrag *Remotedesktopsitzungs-Host/Druckerumleitung* statt. Hier können auch Einstellungen des Easy Print-Druckertreibers angepasst werden.

HINWEIS Wird die Richtlinie *Zuerst Easy Print-Druckertreiber für Remotedesktop verwenden* aktiviert, versucht ein Remotedesktop-Sitzungshost zuerst diesen Treiber zu verwenden, bevor ein anderer Treiber installiert wird. Auch wenn diese Richtlinie nicht konfiguriert ist, verwendet der Remotedesktop-Sitzungshost standardmäßig zuerst den Easy Print-Druckertreiber. Unterstützt der Drucker diesen Treiber nicht, sucht der Remotedesktop-Sitzungshost als Nächstes lokal nach einem passenden Treiber. Findet der Server keinen Treiber, kann der Drucker in der Sitzung nicht verwendet werden. Standardmäßig ist diese Richtlinie nicht konfiguriert. Wird diese Einstellung deaktiviert, versucht der Server zunächst einen Druckertreiber zu finden, der kompatibel für den Drucker ist, und verwendet dann erst den Easy Print-Druckertreiber.

Applikationen installieren

Wollen Sie auf einem Remotedesktop-Sitzungshost Software für die Benutzer installieren, sollten Sie darauf achten, dass die entsprechende Software auch mit der Installation auf einem Remotedesktop-Sitzungshost kompatibel ist. Die aktuellen Microsoft-Programme aus dem Office-Paket sind standardmäßig kompatibel mit der Installation auf einem Remotedesktop-Sitzungshost. Allerdings können OEM- oder MSDN-Versionen von Office 2007 nicht auf Remotedesktop-Sitzungshosts installiert werden.

Installieren Sie eine Applikation auf einem Remotedesktop-Sitzungshost, sollten Sie den Server in den Installationsmodus versetzen. Sie können dazu den Befehl *change user* in der Befehlszeile verwenden. Mit *change user / install* wird der Remotedesktop-Sitzungshost in den Installationsmodus versetzt. Sie können diesen Befehl eingeben und danach die Software wie auf jedem anderen Computer installieren. Durch den Befehl werden im Systemverzeichnis *.ini*-Dateien für die Anwendung erstellt. Diese Dateien werden als Masterkopien für benutzerspezifische *.ini*-Dateien verwendet.

Wenn die Anwendung das erste Mal ausgeführt wird, durchsucht sie das Basisverzeichnis nach ihren *.ini*-Dateien. Wenn sich die *.ini*-Dateien nicht im Basisverzeichnis, sondern im Systemverzeichnis befinden, werden sie von den Remotedesktopdiensten in das Basisverzeichnis kopiert. So wird gewährleistet, dass jeder Benutzer über eine eindeutige Kopie der *.ini*-Dateien der Anwendung verfügt. Neue *.ini*-Dateien werden im Basisverzeichnis erstellt. Jeder Benutzer muss eine eindeutige Kopie der *.ini*-Dateien für eine Anwendung besitzen. Dadurch wird verhindert, dass verschiedene Benutzer über inkompatible Anwendungskonfigurationen verfügen. Wenn sich das System im Installationsmodus befindet, finden mehrere Aktionen statt:

- Von allen erstellten Registrierungseinträgen werden unter *HKEY_LOCAL_MACHINE\SOFTWARE\Microsoft\Windows NT\CurrentVersion\Terminal Server\Install* Schattenkopien erstellt
- Zu *HKEY_CURRENT_USER* hinzugefügte Schlüssel werden in den Schlüssel *\Software* kopiert
- Zu *HKEY_LOCAL_MACHINE* hinzugefügte Schlüssel werden in den Schlüssel *\Machine* kopiert
- Wenn das Windows-Verzeichnis von der Anwendung durch Systemaufrufe abgefragt wird, gibt der Remotedesktop-Sitzungshost das Verzeichnis *%SystemRoot%* zurück
- Werden Einträge in der *.ini*-Datei mithilfe von Systemaufrufen hinzugefügt, werden sie zu den *.ini*-Dateien im Verzeichnis *%SystemRoot%* hinzugefügt

Kehrt das System mit *change user /execute* in den Ausführungsmodus zurück und versucht die Anwendung einen nicht vorhandenen Registrierungseintrag unter *HKEY_CURRENT_USER* zu lesen, wird von den Remotedesktopdiensten überprüft, ob eine Kopie des Schlüssels im Registryschlüssel *\Terminal Server\Install* vorhanden ist. Ist dies der Fall, werden die Schlüssel an den entsprechenden Speicherort unter *HKEY_CURRENT_USER* kopiert. Versucht die Anwendung eine nicht vorhandene *.ini*-Datei zu lesen, wird diese *.ini*-Datei von den Remotedesktopdiensten im Systemstamm gesucht. Befindet sich die *.ini*-Datei im Systemstamm, wird sie in das Unterverzeichnis *\Windows* des Basisverzeichnisses des Benutzers kopiert. Fragt die Anwendung das Verzeichnis *Windows* ab, gibt der Remotedesktop-Sitzungshost das Unterverzeichnis *\Windows* des Basisverzeichnisses des Benutzers zurück.

Melden sich Benutzer an, wird von den Remotedesktopdiensten überprüft, ob die eigenen *.ini*-Dateien des Systems aktueller sind als die *.ini*-Dateien auf dem Computer. Ist die Version des Systems aktueller, wird die *.ini*-Datei entweder ersetzt oder mit der aktuelleren Version zusammengeführt. Sind die Systemregistrierungswerte im Schlüssel *\Terminal Server\Install* aktueller als die Version unter *HKEY_CURRENT_USER*, wird die Version der Schlüssel gelöscht und durch die neuen Schlüssel aus *\Terminal Server\Install* ersetzt. Registrierungseinstellungen in *HKEY_CURRENT_USER* werden manchmal nicht bei der Installation, sondern beim ersten Ausführen eines Programms erstellt. Wird das Programm nicht ausgeführt, während der Installationsmodus noch aktiv ist, werden die *HKEY_CURRENT_USER*-Einstellungen nicht in *HKEY_LOCAL_MACHINE* kopiert. Führt ein Benutzer das Programm erstmals aus, wird *HKEY_CURRENT_USER* mit den Standardeinstellungen geladen.

Reichen diese Standardeinstellungen nicht aus, müssen für jeden Benutzer individuelle Anpassungen vorgenommen werden. Um dieses Problem auf Remotedesktop-Sitzungshosts zu vermeiden, sollte das Programm einmal ausgeführt werden, bevor der Installationsmodus auf einem Remotedesktop-Sitzungshost verlassen wird. Mit *change user /execute* wird der Remotedesktop-Sitzungshost wieder in den Ausführungsmodus versetzt. Wenn Sie den Remotedesktop-Sitzungshost durchstarten, befindet er sich immer im ausführenden Modus, auch wenn er heruntergefahren wurde, weil zuvor die Option */install* ausgeführt wurde. Mit *change user /query* fragen Sie den aktuellen Status des Servers ab.

Unabhängig davon, wie Sie eine Applikation auf dem Remotedesktop-Sitzungshost installieren, sollten Sie nach der Installation in einer Remotedesktop-Sitzungshostsitzung überprüfen, ob die Applikation auf dem Remotedesktop-Sitzungshost funktioniert. Um einen zuverlässigen Test durchzuführen, sollten Sie die Applikation möglichst in zwei gleichzeitig laufenden Sitzungen starten, da erst in diesem Fall die Remotedesktop-Sitzungshostkompatibilität sichergestellt ist.

HINWEIS Installieren Sie eine Anwendung über eine *.msi*-Datei, müssen Sie diesen Befehl nicht verwenden, sondern können die Installation wie auf einem normalen PC ohne weitere Eingaben durchführen. In *.msi*-Dateien sind die entsprechenden Optionen für die Installation auf Remotedesktop-Sitzungshosts bereits gesetzt.

Remotedesktopclient (RDP) 7.0

Remotedesktop-Sitzungshosts unter Windows Server 2008 R2 können in den Terminalsitzungen deutlich mehr Geräte des angeschlossenen Clients verwenden. So werden in Terminalsitzungen jetzt auch Digitalkameras und Media Player unterstützt, die an den Remotedesktop-Sitzungshost angeschlossen sind. Auch das Plug & Play für diese Geräte wird unterstützt. Mit Windows 7 und Windows Server 2008 R2 wird der neue Client RDP 7.0 ausgeliefert. Die Anbindung funktioniert aber auch für den Client unter Windows Vista und – bei Aktivierung der Option, dass auch unsichere Clients gestattet sind – den Client von Windows XP. Wollen Sie die Weiterleitung von an den Client angeschlossenen Plug & Play-Geräte in die Remotedesktop-Sitzungshostsitzung erlauben, können Sie im RDP-Client über *Optionen/Lokale Ressourcen/Weitere* die Einstellungen sehr spezifisch vornehmen.

Abbildg. 26.15 Konfiguration der Weiterleitung von lokalen Ressourcen im neuen RDP-Client

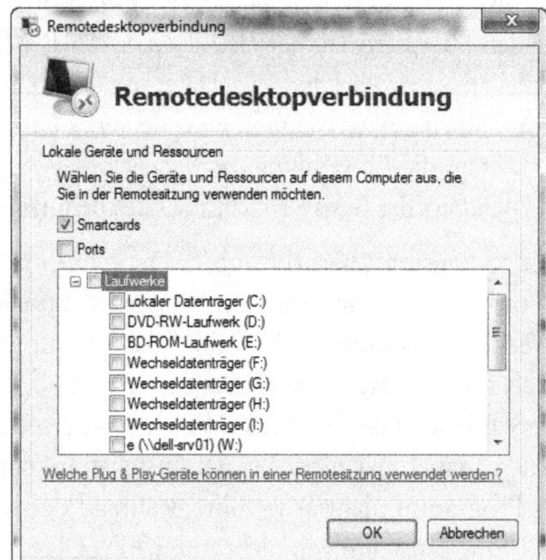

HINWEIS Windows 7 und Windows Server 2008 R2 enthalten den RDP-Client 7.0, der für die Remotedesktopdienste von Windows Server 2008 R2 optimiert ist. Windows Vista mit SP1 und Windows Server 2008 enthalten den RDP-Client 6.1, der ebenfalls recht gut für Windows Server 2008 R2 geeignet ist. Microsoft stellt für Vista und Windows Server 2008 eine aktuelle Version des RDP-Clients zum Download zur Verfügung.

Für Windows Vista finden Sie den Client auf der Seite *http://www.microsoft.com/downloads/details.aspx?FamilyId=ac7e58f3-2fd4-4fec-abfd-8002d34476f4&displaylang=de*, für Windows XP SP3 auf der Seite *http://www.microsoft.com/downloads/details.aspx?displaylang=de&FamilyID=72158b4e-b527-45e4-af24-d02938a95683*. Achten Sie aber darauf, dass bei den Aktualisierungen für Windows XP und Windows Vista nur der Client aktualisiert wird. Der Verbindungsaufbau zu diesen Computern basiert immer noch auf dem alten RDP-Protokoll. Bei Windows XP ist das die Version 5.2, bei Windows Vista ab SP1 die Version 6.1.

Die Remotedesktopdienste unterstützen zahlreiche Auflösungen wie zum Beispiel 1.680 x 1.050 oder 1.900 x 1.200. Auch der Einsatz von Mehrmonitorlösungen wird unterstützt. Durch die als *Monitor-Spanning* bezeichnete Funktion können Remotedesktop-Sitzungshostsitzungen über mehrere Monitore gestreckt werden. Die maximale Auflösung ist 4.096 x 2.048. Neben den herkömmlichen Auflösungen im 4:3-Format unterstützt Windows Server 2008 R2 auch Auflösungen im 16:9- und 16:10-Format.

Damit alle neuen Funktionen der Remotedesktopdienste in Windows Server 2008 R2 verwendet werden können, empfiehlt Microsoft den Einsatz des neuen Remotedesktopclients, der Bestandteil in Windows 7 und Windows Server 2008 R2 ist. Der neue Client kann Audiosignale bidirektional wiedergeben, was bedeutet, dass am Client auch ein Mikrofon angeschlossen sein kann und Audiosignale vom Server zum Client geleitet werden, als ob dieser lokaler Bestandteil des Computers wäre. Der neue Client bietet außerdem mehr Sicherheit bei der Anbindung an Remotedesktopgateways.

TIPP Sie finden den Client für den Remotedesktop über *Start/Alle Programme/Zubehör/Remotedesktopverbindung*. Schneller können Sie den Client aufrufen, wenn Sie im Suchfeld des Startmenüs den Befehl *mstsc.exe* eingeben:

- Über den Befehl *mstsc /w:<Auflösung> /h:<Auflösung>* können Sie beim Starten des Clients die Auflösung angeben
- Geben Sie *mstsc /span* ein, kann die Remotedesktop-Sitzungshostsitzung in einer Mehrmonitorumgebung genutzt werden. Damit die Erweiterung auf mehreren Monitore funktioniert, müssen alle mit der gleichen Auflösung betrieben werden. Die Monitore müssen nebeneinander und können nicht übereinander angeordnet werden. Die maximale Auflösung über alle Monitore verteilt darf 4.096 x 2.048 nicht übersteigen. Über die Option *span:i:1* wird die Erweiterung in einer *.rdp*-Datei hinterlegt.

Erweiterte Desktopdarstellung (Desktop Experience)

Installieren Sie auf einem Remotedesktop-Sitzungshost über den Server-Manager das Feature *Desktopdarstellung*, erhalten die Anwender in einer Remotedesktop-Sitzungshostsitzung die gleiche Oberfläche wie bei Windows 7. Ohne diese Funktion sieht die Oberfläche in den Terminalsitzungen weniger modern aus.

Windows Server 2008 R2 unterstützt für die Darstellung in Remotedesktop-Sitzungshostsitzungen auch die Aero-Funktionen von Windows 7. Allerdings muss dazu die Hardware auf dem Client die Aero-Darstellung unterstützen. Die Hardware im Remotedesktop-Sitzungshost selbst muss Aero nicht unterstützen. Nach der Installation der Desktopdarstellung müssen Sie den Server neu starten.

Abbildg. 26.16 Verwenden des Features *Desktopdarstellung* für Remotedesktop-Sitzungshostsitzungen

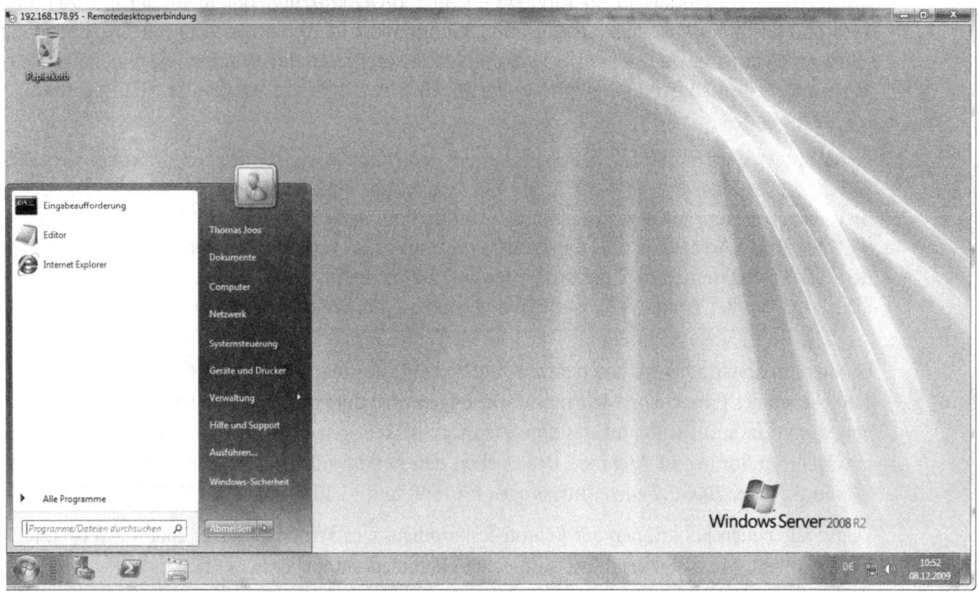

Damit Sie die Aero-Funktionen in einer Remotedesktop-Sitzungshostsitzung nutzen können, müssen Sie das Design zunächst konfigurieren. Der erste Schritt dazu ist, dass Sie den Dienst *Designs* im Dienste-Manager auf dem Remotedesktop-Sitzungshost auf *Automatisch* stellen und starten. Anschließend können Sie den Desktop und die grafische Darstellung anpassen. Eine weitere interessantere Funktion ist die Schriftartglättung im RDP-Client. Mit dieser Funktion werden ClearType-Schriftarten in einer Remotedesktop-Sitzungshostsitzung besser dargestellt. Sie können die Funktion *Schriftartglättung* in den Option des RDP-Clients über die Registerkarte *Erweitert* aktivieren.

ClearType dient dazu, Computerschriftarten klar und mit geglätteten Kanten anzuzeigen. Bildschirmtext kann mithilfe von ClearType detaillierter dargestellt werden und ist daher über einen längeren Zeitraum besser zu lesen, da die Augen nicht belastet werden. Jedes Pixel in einer Schriftart besteht aus drei Teilen: Rot, Blau und Grün. ClearType verbessert die Auflösung, indem die einzelnen Farben im Pixel aktiviert und deaktiviert werden. Ohne ClearType muss das gesamte Pixel aktiviert oder deaktiviert werden. Durch diese genauere Steuerung der Rot-, Blau- und Grünanteile eines Pixels kann die Deutlichkeit auf einem LCD-Monitor deutlich verbessert werden. Sie können aber auch herkömmliche Röhrenmonitore (CRT) verwenden.

Optimalere Ergebnisse erreicht man aber beim Einsatz von LCD-Monitoren, da ClearType für LCD entwickelt und optimiert wurde. ClearType nutzt die Besonderheit der LCD-Technologie, bei der Pixel sich an einer festen Position befinden, indem Teile des Pixels aktiviert und deaktiviert werden. ClearType funktioniert auf einem CRT-Monitor nicht auf die gleiche Weise, da in einem CRT-Monitor ein Elektronenstrahl verwendet wird, um Pixel anzuregen oder zu bewegen, anstatt die Pixel an festen Positionen zu belassen. Dennoch kann der Einsatz von ClearType die Deutlichkeit auf CRT-Monitoren verbessern, da die gezackten Kanten der einzelnen Buchstaben durch ClearType geglättet werden. Dies wird als *Antialiasing* bezeichnet. Die ClearType-Technologie funktioniert daher besonders gut bei LCD-Geräten, einschließlich Flachbildschirmen und Notebooks.

HINWEIS Standardmäßig verwendet der RDP-Client eine Farbtiefe von 32 Bit. Dieser Modus ist der effizienteste im Kompromiss zwischen Darstellung und Netzwerkverkehr. Eine Herabstufung auf 24 oder 16 Bit bringt keinerlei Geschwindigkeitsvorteile, schränkt aber die Anzeige ein. Damit Aero genutzt werden kann, müssen Sie in den Einstellungen der Verbindung diese Funktion ebenfalls aktivieren

Abbildg. 26.17 Aktivierung der Schriftartglättung und von Windows 7-Aero

Befehlszeilenparameter für den Remotedesktopclient

Der RDP-Client von Windows Server 2008 R2 und Windows 7 hat einige Optionen für die Befehlszeile:

```
mstsc [<Verbindungsdatei>] [/v:<server[:port]>][/console] [/f[ullscreen]] [/w:<width>] [/h:<height>]
[/public] | [/span] [/edit "Verbindungsdatei"] [/migrate] [/?] /v:<Server[:Port]>
```

- **/console** Ermöglicht eine Verbindung mit der Konsolensitzung älterer Versionen von Windows. Diese Einstellung funktioniert unter Windows 7 oder Windows Server 2008 R2 nicht.
- **/f** Startet die Remotedesktopverbindung im Vollbildmodus
- **/w:<Breite>** Gibt die Breite des Fensters *Remotedesktopverbindung* an
- **/h:<Höhe>** Gibt die Höhe des Fensters *Remotedesktopverbindung* an
- **/public** Führt die Remotedesktopverbindung im öffentlichen Modus aus. Im öffentlichen Modus erfolgt durch den RDP-Client keine Zwischenspeicherung der Daten im lokalen System. Verwenden Sie den öffentlichen Modus, wenn Sie zum Beispiel eine Verbindung von einem System in einem Konferenzzentrum zu einem Unternehmensserver herstellen.
- **/span** Stimmt die Remotedesktopbreite und -höhe mit dem lokalen virtuellen Desktop ab und verteilt dies bei Bedarf monitorübergreifend. Beachten Sie, dass die Monitore alle die gleiche Höhe haben und parallel ausgerichtet sein müssen.
- **/edit** Öffnet die angegebene RDP-Verbindungsdatei zum Bearbeiten. RDP-Dateien werden verwendet, um die Verbindungsinformationen für ein bestimmtes Remotesystem zu speichern.

- **/migrate** Wandelt ältere Verbindungsdateien, die mit dem Clientverbindungs-Manager erstellt wurden, in neue RDP-Verbindungsdateien um

TIPP Auf der Internetseite *http://support.microsoft.com/?kbid=885187* erhalten Sie ausführliche Informationen, wie Sie gespeicherte *.rdp*-Dateien nachträglich mit einem Texteditor bearbeiten. Die Einstellungen gelten für Windows Server 2003/2008/2008 R2 und für Windows XP/Vista sowie Windows 7.

Displaydatenpriorisierung

Die Remotedesktopdienste in Windows Server 2008 R2 reservieren 70% der verfügbaren Bandbreite für die Übertragung des Grafik-, Maus-, und Tastaturverkehrs. Drucker, Zwischenablage und die anderen Funktionen erhalten nur 30% der verfügbaren Bandbreite. Sie können die Einstellungen über die Registry an Ihre Bedürfnisse anpassen. Die jeweiligen Einstellungen finden Sie im Registryschlüssel *HKEY_LOCAL_MACHINE\SYSTEM\CurrentControlSet\services\TermDD*. Die folgenden Werte werden als *DWORD-Wert (32-Bit)* erstellt. Ändern Sie die Werte ab, müssen Sie den Remotedesktop-Sitzungshost neu starten, damit die Änderungen eingelesen werden.

- **FlowControlDisable** Weisen Sie diesem Wert den Wert 1 zu, wird die Displaydatenpriorisierung deaktiviert. In diesem Fall wird der Netzwerkverkehr nach dem Prinzip First-In/First-Out behandelt. Der Standardwert dieses Werts ist 0.
- **FlowControlDisplayBandwidth** Mithilfe dieses Werts setzen Sie die Bandbreitenverteilung auf Basis der relativen Gewichtung fest. Der Standardwert ist 70, der Maximalwert 255.
- **FlowControlChannelBandwidth** Dieser Wert ist für die Steuerung der restlichen Kanäle im Netzwerkverkehr. Diese sind zum Beispiel Druckverkehr, Zwischenablage oder Dateiübertragungen. Der Standardwert ist 30, der Maximalwert 255.
- **FlowControlChargePostCompression** Hier legen Sie fest, ob die Bandbreite auf Basis des Netzwerkverkehrs vor der Komprimierung oder nach der Komprimierung berechnet werden soll. Standardmäßig findet die Berechnung durch den Wert 0 nach der Komprimierung statt.

Existieren diese Unterschlüssel bei Ihnen nicht, können Sie diese nachträglich auch manuell erstellen.

Digitalkameras und Mediaplayer umleiten

Ebenfalls neu ist die Möglichkeit, dass Plug & Play-Geräte wie Digitalkameras und Mediaplayer auf den Remotedesktop-Sitzungshost umgeleitet werden können. Dazu muss auf dem RDP-Client zur Registerkarte *Lokale Ressourcen* gewechselt werden. Über die Schaltfläche *Weitere* kann die Umleitung von Plug & Play-Geräten aktiviert werden. Diese Umleitung funktioniert auch, wenn das Gerät erst nach dem Verbindungsaufbau mit dem Remotedesktop-Sitzungshost verbunden wird.

HINWEIS Der Remotedesktopclient unterstützt für Remotedesktop-Sitzungshosts unter Windows Server 2008 R2 auch die Umleitung für Geräte, welche die Funktion *Microsoft Point of Service* nutzen, also zum Beispiel Kassen oder Inventurgeräte. Dazu muss auf dem Remotedesktop-Sitzungshost noch die Erweiterung *Microsoft Point of Service for .NET v1.11* von der Internetseite *http://go.microsoft.com/fwlink/?linkid=66169* installiert werden, oder eine neuere Version, wenn diese das Endgerät unterstützt.

Abbildg. 26.18 Auch lokale Plug & Play-fähige Geräte können mit dem RDP-Client auf den Remotedesktop-Sitzungshost umgeleitet werden

Remotedesktop-Sitzungshost verwalten

In den folgenden Abschnitten gehen wir auf die Verwaltung der neuen Funktionen ein und beleuchten zunächst ausführlich die Konfiguration und Verwaltung der Standardfunktionen eines Remotedesktop-Sitzungshosts. Bevor Sie sich mit speziellen Funktionen wie dem Gateway oder Web Access auseinandersetzen, sollten Sie zunächst die Standardverwaltung eines Servers verstehen. Sie finden die Programme zur Verwaltung eines Remotedesktop-Sitzungshosts in der Programmgruppe *Verwaltung/Remotedesktopdienste* im Startmenü.

Remotedesktop-Sitzungshost konfigurieren

Mit dem Tool *Konfiguration des Remotedesktop-Sitzungshosts* werden die maßgeblichen Verbindungseinstellungen für einen Remotedesktop-Sitzungshost konfiguriert. Sie können das Programm auch über *tsconfig.msc* starten.

Abbildg. 26.19 Konfigurieren des RDP-Protokolls auf einem Remotedesktop-Sitzungshost

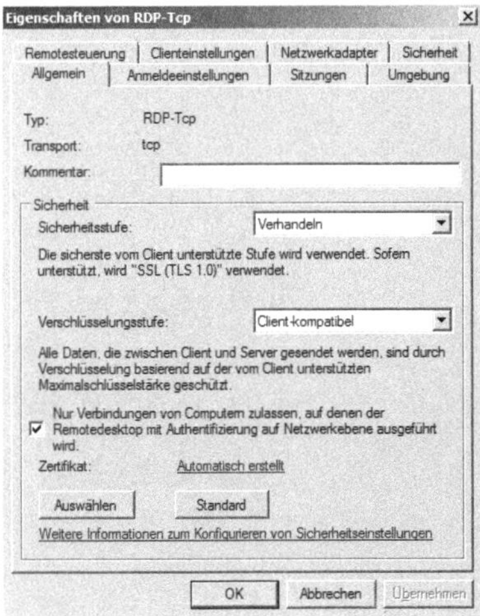

Im Bereich *Verbindungen* finden Sie die aktuelle RDP-TCP-Verbindung des Remotedesktop-Sitzungshosts, über den die Anwender ihre Sitzungen öffnen. Wenn Sie die Eigenschaften der RDP-Verbindung öffnen, stehen Ihnen verschiedene Registerkarten zur Verfügung, mit denen Sie das RDP-Protokoll an Ihre Bedürfnisse anpassen können. Wenn Sie die Eigenschaften der RDP-Verbindung aufrufen, stehen Ihnen folgende Registerkarten zur Verfügung:

- Auf der Registerkarte *Allgemein* legen Sie die Verschlüsselungsstufe fest, mit der Clients über diese RDP-Verbindung Sitzungen aufbauen. Beachten Sie, dass die Geschwindigkeit der einzelnen Sitzungen abnimmt, je höher Sie die Verschlüsselung einstellen.
- Auf der Registerkarte *Anmeldeeinstellungen* können Sie festlegen, dass alle Benutzer, die über diese RDP-Verbindung eine Sitzung aufbauen, mit dem gleichen Benutzerkonto angemeldet werden. Wahlweise können Sie das Kennwort offen lassen, damit die Benutzer das Kennwort eingeben müssen. Eine solche Konfiguration wäre zum Beispiel für ein Internetcafé oder einen Informationsschalter sinnvoll.
- Auf der Registerkarte *Sitzungen* bestimmen Sie, wie sich die Remotedesktop-Sitzungshostsitzungen der Benutzer bei den verschiedenen Zuständen verhalten sollen. Diese Einstellungen gelten für alle Benutzer, die sich mit dem Remotedesktop-Sitzungshost verbinden. Für einzelne Benutzer können identische Einstellungen in den Eigenschaften des Benutzerkontos auf der Registerkarte *Sitzungen* durchgeführt werden. Benutzersitzungen können folgende Zustände annehmen:
  - **Aktiv** Der Benutzer ist mit der Sitzung verbunden und arbeitet. Es werden Daten zwischen Client und Server übermittelt.
  - **Leerlauf** Der Benutzer ist verbunden, es findet allerdings zwischen Server und Client kein Datenverkehr statt
  - **Getrennt** Der Benutzer hat seinen Client von der Sitzung getrennt, sich aber nicht abgemeldet. Die Sitzung bleibt auf dem Remotedesktop-Sitzungshost bestehen und alle Programme laufen weiter. Der Benutzer kann sich erneut mit dem Remotedesktop-Sitzungshost verbinden und wird automatisch wieder mit seiner laufenden Sitzung verbunden.
  - **Zurückgesetzt** Die Sitzung ist nicht mehr vorhanden, alle Programme werden beendet. Dieser Status ähnelt dem Abmelden von einem Computer.

Abbildg. 26.20 Konfigurieren der Sitzungen auf einem Remotedesktop-Sitzungshost

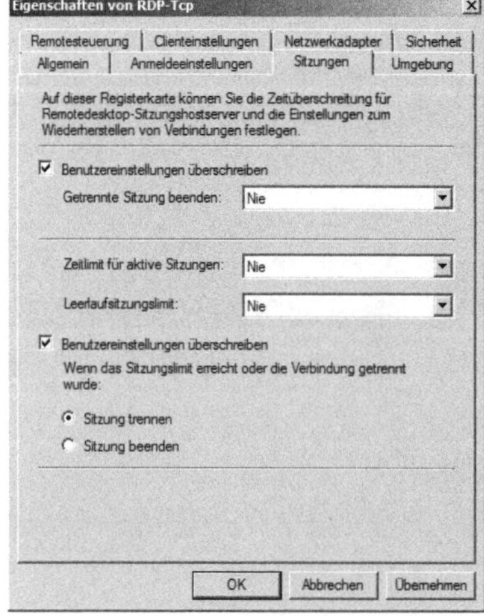

Sie können einstellen, dass eine Sitzung nach einer bestimmten Zeit getrennt wird oder getrennte Sitzungen zurückgesetzt werden. Sie definieren hier Grenzwerte für spätere Sitzungen. Diese Einstellungen sind für alle Benutzer bindend.

TIPP Sie sollten die Option *Getrennte Sitzungen beenden* aktivieren. Dadurch ist sichergestellt, dass getrennte Sitzungen nach einer gewissen Zeit, beispielsweise zwei Stunden, beendet werden und den Server nicht mehr belasten. Wenn ein Benutzer durch Netzwerkprobleme getrennt wird, besteht die Möglichkeit, dass er sich innerhalb dieser zwei Stunden wieder auf dem Remotedesktop-Sitzungshost anmeldet und mit seiner Sitzung verbunden wird. Aktive Sitzungen oder Sitzungen mit Leerlauf sollten Sie nur in Ausnahmefällen automatisch beenden lassen, damit die Benutzer keine Datenverluste erleiden.

- Auf der Registerkarte *Umgebung* können Sie festlegen, dass automatisch ein Programm gestartet wird, wenn sich ein Benutzer über RDP mit dem Remotedesktop-Sitzungshost verbindet. Diese Option wäre sinnvoll, wenn auf einem Remotedesktop-Sitzungshost nur eine Applikation, zum Beispiel ein ERP-Client, installiert wird. Die Benutzer können dann nur auf diese eine Applikation zugreifen, nicht auf den gesamten Server.
- Auf der Registerkarte *Netzwerkadapter* legen Sie fest, welcher Netzwerkkarte diese Verbindung zugeordnet ist und wie viele Verbindungen gleichzeitig aufgebaut werden können. Hier brauchen Sie keine Einstellungen vorzunehmen, außer Sie wollen definieren, dass sich nur eine bestimmte Anzahl von Benutzern mit dem Server verbinden darf.
- Die Registerkarte *Sicherheit* dient zur Verwaltung von Berechtigungen innerhalb der RDP-Sitzungen. Hier können Sie Berechtigungen vergeben, die für Sitzungen über diese Verbindung hinaus Gültigkeit haben. Außerdem lässt sich bestimmen, welche Benutzer auf die Sitzungen anderer Benutzer Einfluss nehmen, diese zurücksetzen oder Einstellungen verändern können. Normalerweise müssen Sie hier keine Änderungen vornehmen.

Abbildg. 26.21 Konfigurieren der Sicherheitseinstellungen von Remotedesktop-Sitzungshostverbindungen

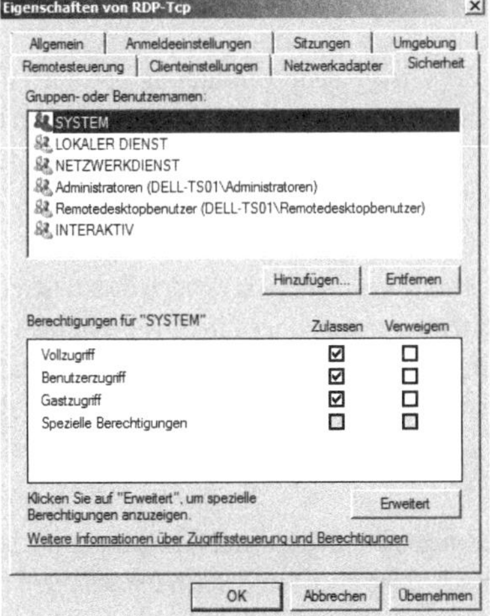

- Die Registerkarte *Remotesteuerung* steuert den Zugriff anderer Benutzer auf einzelne Sitzungen. Mit den Remotedesktopdiensten haben Sie die Möglichkeit, sich auf die Sitzung anderer zu spiegeln. So können mehrere Benutzer sich mit der gleichen Sitzung verbinden und Supportmitarbeiter schnell bei Problemen helfen. Diese Funktion ist wie eine Fernwartung für Remotedesktop-Sitzungshostsitzungen. Sie sollten an dieser Stelle die Einstellungen für die Remoteüberwachung auf allen Remotedesktop-Sitzungshosts vorgeben, indem Sie die Option *Remoteüberwachung mit folgenden Einstellungen* aktivieren.

Wenn Sie das Kontrollkästchen *Berechtigung vom Benutzer anfordern* aktivieren, muss der entsprechende Benutzer der Spiegelung zuerst zustimmen, bevor Sie den Bildschirminhalt sehen können. Unter *Steuerungsebene* können Sie entweder die Option *Sitzung anzeigen* aktivieren oder die Option *Interaktive Sitzung*. Bei der interaktiven Sitzung dürfen der Remotebenutzer und der Administrator, der die Sitzung spiegelt, Maus und Tastatur nutzen, bei der Option *Sitzung anzeigen* kann der Administrator nur zusehen. Die Spiegelung wird über das Verwaltungsprogramm *Remotedesktopdienste-Manager* durchgeführt, das später in diesem Abschnitt noch besprochen wird.

Abbildg. 26.22 Konfiguration der Remotesteuerung von Terminalsitzungen

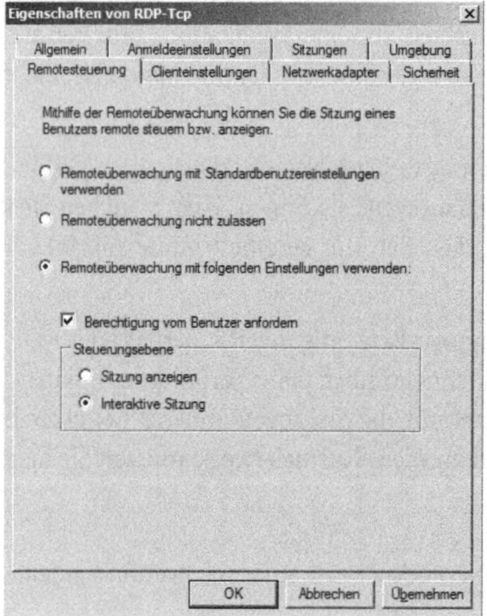

- Auf der Registerkarte *Clienteinstellungen* stellen Sie verschiedene Verbindungsoptionen der Benutzer ein. Sie können festlegen, dass zum Beispiel die Zwischenablage des Clients dem Server zur Verfügung gestellt wird. An dieser Stelle können Sie auch zentral vorgeben, ob die lokalen Laufwerke auf den Clients in der Remotedesktop-Sitzungshostsitzung verfügbar sind. Auch die Drucker der Clients können in einer Remotedesktop-Sitzungshostsitzung genutzt werden.

  Sie sollten die Option *Standardmäßig den Hauptdrucker des Clients verwenden* deaktivieren, da durch diese Einstellung häufig auch andere Remotedesktop-Sitzungshostsitzungen negativ beeinflusst werden. Oft passiert es, dass der letzte Benutzer, der sich anmeldet, seinen Drucker an die anderen Sitzungen propagiert. Testen Sie, ob Sie bei sich ein solches Phänomen beobachten und deaktivieren Sie in diesem Fall diese Option. Die Farbtiefe sollten Sie möglichst nicht vorgeben, damit die Clients selbst bestimmen können, welche Farbtiefe verwendet wird.

Außer den Eigenschaften für verschiedene RDP-Verbindungen können Sie im Dienstprogramm auch verschiedene Servereinstellungen definieren. Diese Einstellungen erreichen Sie über den Bereich *Einstellungen bearbeiten.*

Abbildg. 26.23 Bearbeiten der Remotedesktop-Sitzungshosteinstellungen

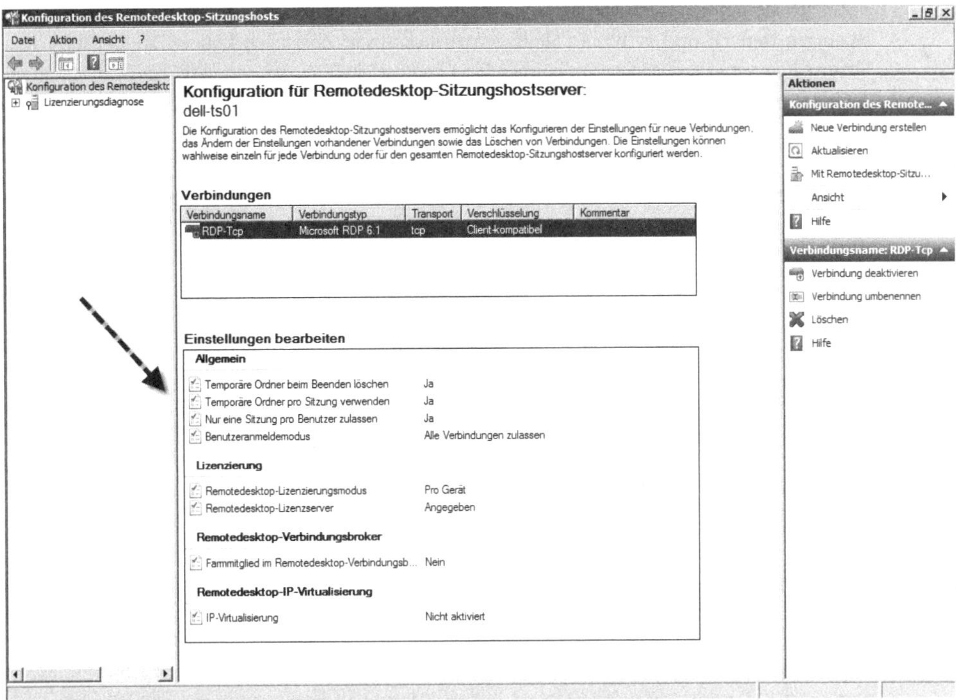

Sie können festlegen, ob für jede Anmeldung temporäre Ordner erstellt werden sollen und diese nach der Abmeldung des Benutzers wieder gelöscht werden. In diesem Menü können Sie die Sicherheitseinstellungen nachträglich ändern, die Sie bei der Installation der Remotedesktopdienste festgelegt haben.

Neu ist seit Windows Server 2003 die Möglichkeit, die Lizenzierung abzuändern. Microsoft hat unter Windows Server 2003 eine neue Lizenzierung eingeführt, die Benutzerlizenzierung (Benutzer-CALs). Diese Lizenzierung wird auch unter Windows Server 2008 R2 fortgeführt. Eine Gerätelizenzierung (Geräte-CAL) erlaubt einer beliebigen Anzahl von Benutzern den Zugriff auf die lizenzierte Serversoftware von einem bestimmten Gerät aus. Eine Benutzer-CAL erlaubt einem bestimmten Benutzer den Zugriff auf die lizenzierte Serversoftware von einer beliebigen Anzahl von Geräten. Eine Benutzer-CAL sichert einem bestimmten Benutzer den Zugriff auf die Serversoftware über die PCs und Laptops im Büro, aber auch über PCs zu Hause, PDAs, in Internet-Cafes und mit anderen Geräten. Die Geräte-CAL wäre sinnvoll für mehrere Benutzer, die von einem gemeinsam genutzten Gerät auf die Serversoftware zugreifen.

TIPP In manchen Umgebungen macht es Probleme, wenn den Anwendern nur erlaubt wird, eine Sitzung auf dem Remotedesktop-Sitzungshost zu öffnen. Vor allem bei der Anmeldung von Administratoren kann diese Einstellung Probleme bereiten. Stellen Sie in diesem Fall die Option *Nur eine Sitzung pro Benutzer zulassen* auf *Nein* ein.

Remotedesktopdienste-Manager

Der *Remotedesktopdienste-Manager* befindet sich im gleichen Menü wie die anderen Verwaltungsprogramme der Remotedesktopdienste. Mithilfe dieses Programms können Sie in Echtzeit sehen, welche Benutzer mit einem Server verbunden sind, und verschiedene Einstellungen vornehmen. Außerdem können Sie die bereits beschriebene Remoteüberwachung eines Benutzers durchführen. In diesem Programm lassen sich Benutzersitzungen trennen und getrennte Sitzungen zurücksetzen. Zusätzlich können Sie beliebige Remotedesktop-Sitzungshost verwalten. Außerdem können Sie sehen, welche Prozesse von welchem Benutzer ausgeführt werden und einzelne Prozesse beenden, wenn diese zum Beispiel den Remotedesktop-Sitzungshost zu stark belasten.

Abbildg. 26.24 Verwalten eines Remotedesktop-Sitzungshosts

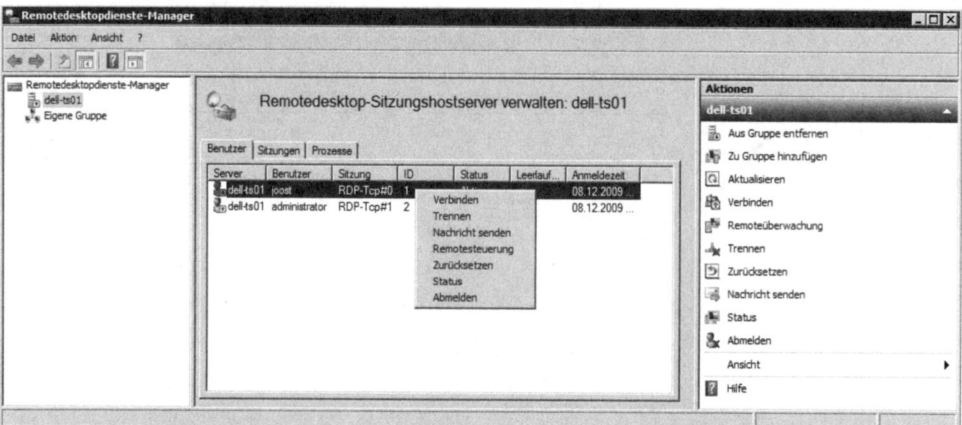

Klicken Sie eine Sitzung mit der rechten Maustaste an, können Sie diese Sitzung im Kontextmenü über die Option *Zurücksetzen* wieder freigeben. In diesem Fall ist die Lizenz sofort wieder frei. Sie können sich auch mit dem Verwaltungsprogramm von einem Server mit einem anderen Server verbinden lassen und dort Sitzungen freigeben.

Klicken Sie dazu mit der rechten Maustaste auf den Menüpunkt *Remotedesktopdienste-Manager* und wählen Sie die Option *Verbindung mit Computer herstellen*. Wenn Sie über genügend Rechte auf dem anderen Server verfügen, können Sie auf diese Weise die Sitzungen auf mehreren Servern wieder freigeben.

Spiegelung (Remoteüberwachung)

Wie bereits weiter vorne erwähnt, haben Administratoren oder Benutzer mit den entsprechenden Rechten die Möglichkeit, sich mit beliebigen Sitzungen anderer Benutzer zu verbinden. Diese Möglichkeit wird *Remoteüberwachung* bzw. *Spiegeln* genannt. Um eine Benutzersitzung zu spiegeln, klicken Sie diese mit der rechten Maustaste an und wählen *Remotesteuerung*.

HINWEIS Spiegelungen können nur von Remotedesktop-Sitzungshostsitzung zu Remotedesktop-Sitzungshostsitzung durchgeführt werden. Sie können keine Benutzer spiegeln, wenn Sie an der Konsole arbeiten. Wenn Sie daher eine Sitzung spiegeln wollen, müssen Sie sich zuvor mit dem Remotedesktop-Sitzungshost verbinden und in dieser Sitzung die Remotesteuerung aufrufen. Es ist auch nicht möglich, auf einem Server eine Remotedesktop-Sitzungshostsitzung zum lokalen Server aufzubauen.

Nachdem Sie die Spiegelung gestartet haben, müssen Sie zunächst festlegen, mit welchem Tastaturkürzel Sie die gespiegelte Sitzung wieder verlassen.

Abbildg. 26.25 Festlegen des Tastaturkürzels für das Verlassen einer gespiegelten Sitzung

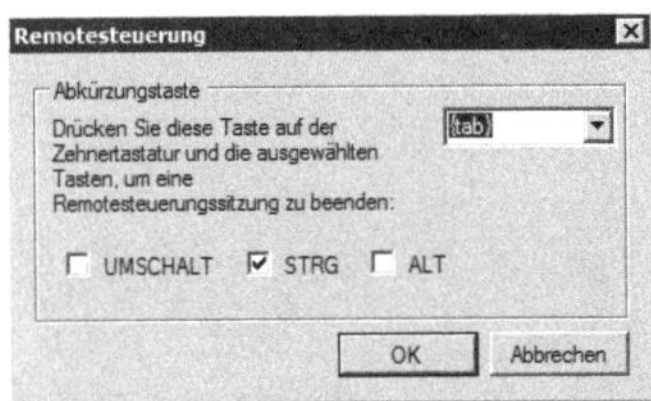

Danach erhält der Benutzer, den Sie spiegeln wollen, einen entsprechenden Hinweis auf dem Bildschirm, mit dem er der Spiegelung zustimmen muss. Lehnt er die Spiegelung ab oder bestätigt er eine gewisse Zeit nicht das Fenster, wird die Spiegelung abgebrochen.

Abbildg. 26.26 Damit die Sitzung eines Anwenders gespiegelt werden kann, muss dieser zustimmen, wenn Sie diese Option konfiguriert haben

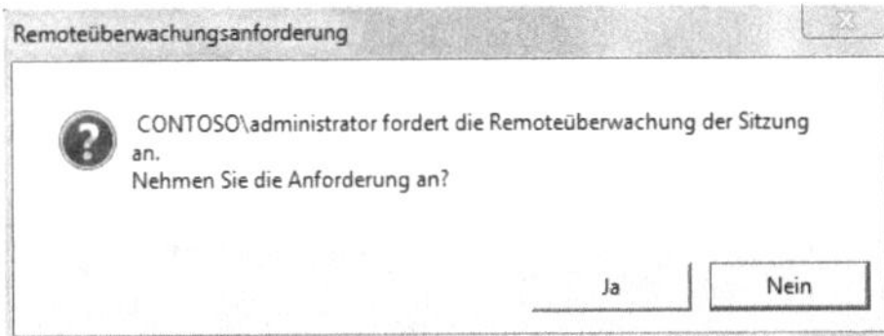

Sie können das Verhalten der Spiegelung im Verwaltungsprogramm *Konfiguration des Remotedesktop-Sitzungshosts* in den Eigenschaften der RDP-Verbindung auf der Registerkarte *Remotesteuerung* genauer konfigurieren. Nur wenn der Anwender auf die Schaltfläche *Ja* klickt, kann die Sitzung gespiegelt werden, wenn das Einverständnis des Anwenders eingeholt werden muss. Bei der Ablehnung erhält der Administrator eine Fehlermeldung.

Stimmt der Benutzer der Spiegelung zu, ändert sich die Terminalsitzung des Administrators zur Sitzung des Anwenders und seine eigene wird in den Hintergrund verschoben. Wenn der Administrator die Spiegelung durch Eingabe der Tastenkombination beendet, kehrt er wieder zu seiner eigenen Sitzung zurück.

Weitere Möglichkeiten im Remotedesktopdienste-Manager

Wenn Sie einen verbundenen Benutzer mit der rechten Maustaste anklicken, können Sie darüber hinaus weitere Maßnahmen vornehmen. Sie können Benutzersitzungen trennen, getrennte Sitzungen zurücksetzen, eine Nachricht an den Benutzer schicken oder getrennte Sitzungen neu mit dem Clientgerät verbinden. Bei Windows Server 2008 R2 können im Remoteverwaltungsmodus nur zwei Sitzungen pro Server aufgebaut werden. Wenn ein Administrator seine Sitzung nur trennt und nicht beendet, darf sich nur noch ein weiterer Administrator verbinden. Gibt es auf einem solchen Remotedesktop-Sitzungshost im Remoteverwaltungsmodus zwei dieser getrennten Sitzungen, können sich Administratoren nicht mehr verbinden.

Remotedesktopdienste in der PowerShell verwalten

Sie können Einstellungen der Remotedesktopdienste auch in der PowerShell verwalten. Dazu starten Sie die PowerShell und laden mit *import-module remotedesktopservices* zunächst die Befehle in die PowerShell. Mit *get-module remotedesktopservices* lassen Sie sich die Konfigurationscontainer anzeigen, durch die Option *|fl* auch formatiert. Die Remotedesktopdienste sind in der PowerShell auch als Laufwerke eingebunden, wie andere

Systeme (siehe Kapitel 34 und Kapitel 1). Mit *cd rds:* wechseln Sie in den Kontext der Remotedesktopdienste und lassen sich mit *dir* die Möglichkeiten anzeigen.

Abbildg. 26.27 Verwalten der Remotedesktopdienste in der PowerShell

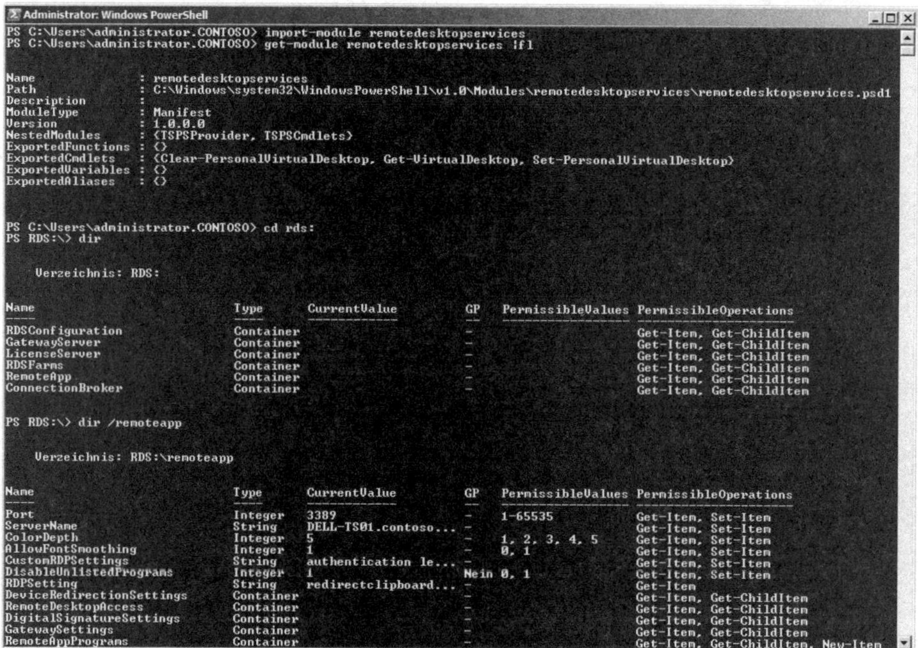

Über *dir /remoteapp* können Sie sich zum Beispiel die Möglichkeiten zur Steuerung der RemoteApps anzeigen lassen. Eine Hilfestellung erhalten Sie, wenn Sie den Befehl *get-help –path .\RemoteAppPrograms New-Item* eingeben.

Einmaliges Anmelden (Single Sign-On) für Remotedesktop-Sitzungshost

Unter Windows Server 2008 R2 können Sie Single Sign-On (SSO)-Szenarien erstellen, damit sich Anwender nur noch einmal authentifizieren müssen, zum Beispiel an ihrer Arbeitsstation, und auf weitere Server im Netzwerk zugreifen können, ohne sich noch einmal authentifizieren zu müssen. Damit Sie diese Funktionalität nutzen können, müssen Sie Windows 7 zusammen mit Windows Server 2008 R2 einsetzen. Außerdem müssen sich beide Systeme im gleichen Active Directory befinden. Damit Sie SSO nutzen können, müssen Sie zum einen auf dem Remotedesktop-Sitzungshost die Authentifizierung entsprechend konfigurieren. Gehen Sie dazu folgendermaßen vor:

1. Starten Sie über *tsconfig.msc* das Verwaltungsprogramm *Konfiguration des Remotedesktop-Sitzungshosts.*
2. Rufen Sie im Bereich *Verbindungen* die Eigenschaften der RDP-Verbindung auf.
3. Auf der Registerkarte *Allgemein* sollte als Sicherheitsstufe entweder *Verhandeln* oder *SSL (TLS 1.0)* ausgewählt sein.

Abbildg. 26.28 Konfiguration der Authentifizierung für die RDP-Verbindung

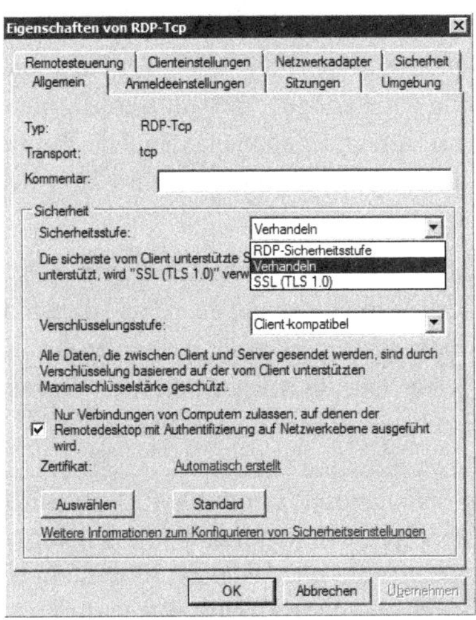

4. Auf den Arbeitsstationen unter Windows 7 können Sie entweder die lokale Richtlinie bearbeiten oder Sie erstellen eine Gruppenrichtlinie. Navigieren Sie zum Bereich *Computerkonfiguration/Administrative Vorlagen/System/Delegierung von Anmeldeinformationen*.
5. Öffnen Sie die Richtlinie *Delegierung von Standardanmeldeinformationen zulassen.*
6. Aktivieren Sie diese Richtlinie.
7. Tragen Sie in der Serverliste den Eintrag *termsrv/<Servername>* ein. Wichtig an dieser Stelle ist, dass Sie vor dem Eintrag des Servernamens noch den Eintrag *termsrv* einfügen.

Abbildg. 26.29 Konfigurieren von SSO für Remotedesktop-Sitzungshost

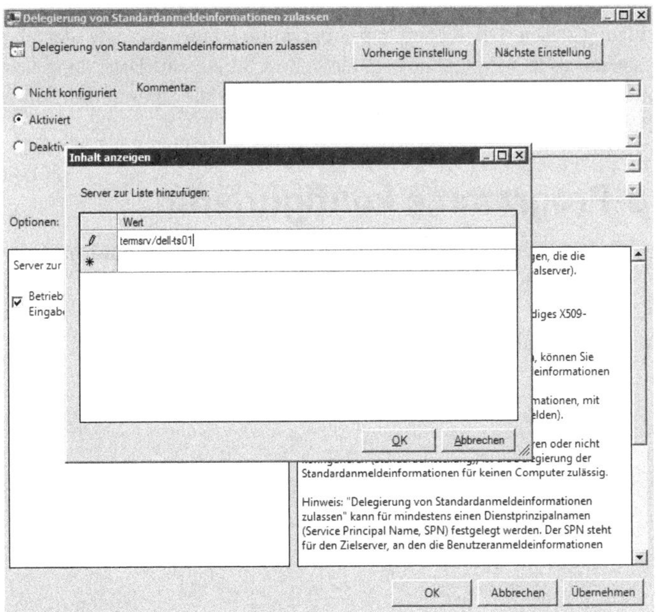

RemoteApp – Anwendungen virtualisieren

Der Rollendienst *RemoteApp* ist komplett neu seit Windows Server 2008. Mit dieser Funktion können Anwendungen über eine Remotedesktop-Sitzungshostsitzung zur Verfügung gestellt werden, ohne dass dazu eine Desktopverbindung zur Verfügung gestellt werden muss. Anwender können nur auf die veröffentlichte Anwendung zugreifen. Für den Anwender ist diese Technik transparent, er kann nicht feststellen, ob diese Anwendung lokal oder in einer Remotedesktop-Sitzungshostsitzung läuft.

Durch diese Funktion wird auch die Sicherheit erhöht, da die Anwender keinen Zugriff mehr auf den Desktop des Servers haben, sondern nur mit den Anwendungen Verbindung aufbauen. Sie können die Funktion nur dann nutzen, wenn Sie mit dem RDP-Client 6.1 (Windows Vista) oder der neuen Version 7.0 arbeiten, die in Windows 7 integriert ist. Windows 7 und Windows Server 2008 R2 enthalten die neue Version 7.0 des Remotedesktopclients. Für Windows Vista und Windows XP steht dieser zum Download bereit.

HINWEIS Veröffentlichte Anwendungen und Remotedesktops oder virtuelle Desktops von Computern lassen sich in Windows 7 auch im Startmenü anzeigen. Wir kommen in diesem Kapitel noch ausführlicher auf diese Konfiguration zu sprechen. Bei Windows Vista und Windows XP besteht diese Möglichkeit nicht. Sie können aber parallel mit RDP-Dateien arbeiten und diese im Netzwerk verteilen oder den Anwendern per Web Access den Zugriff auf den Remotedesktop und die RemoteApps ermöglichen. Der Webzugriff funktioniert auch bei Windows XP und Windows Vista problemlos.

Die Bedienung des Programms ist identisch mit der Bedienung eines lokalen Programms. Anwender können die Größe des Fensters anpassen oder das Fenster minimieren. Die Anwendung wird in den Desktop des Anwenders integriert. Auch Symbole, welche die Anwendung in der Informationsleiste anzeigen, werden auf dem Desktop des Anwenders angezeigt. Die Funktion unterstützt alle Anwendungen, die auf einem Remotedesktop-Sitzungshost installiert werden können. Sie müssen dazu keine besonderen Versionen kaufen.

Anwender können natürlich mit ihrem Desktop parallel zu den serverbasierten RemoteApp-Anwendungen auch lokale Anwendungen starten, ein Mischbetrieb ist daher ohne Weiteres möglich. So können Anwender zum Beispiel mit Ihren Anwendungen arbeiten und Sie können den SAP-Client über einen Remotedesktop-Sitzungshost zur Verfügung stellen. Die RemoteApp-Programme können Sie entweder über eine Weboberfläche zur Verfügung stellen, als *.rdp*-Protokolldatei, oder indem Sie auf eine Datei doppelklicken, die mit der Anwendung verknüpft ist. Die Verknüpfungen lassen sich auch durch die Softwareverteilung in den Gruppenrichtlinien in die Startmenüs oder Desktops auf den Clients pushen.

RemoteApp-Programme konfigurieren

Um eine Anwendung als RemoteApp zur Verfügung zu stellen, müssen Sie zunächst den Remotedesktop-Sitzungshost regulär installieren. Auch die Anwendungen werden auf normalem Weg installiert. Nachdem Sie den Server vorbereitet haben, können Sie die Funktion *RemoteApp* über *Start/Verwaltung/Remotedesktopdienste/ RemoteApp-Manager* verwalten.

Abbildg. 26.30 Verwaltung von RemoteApps im RemoteApp-Manager

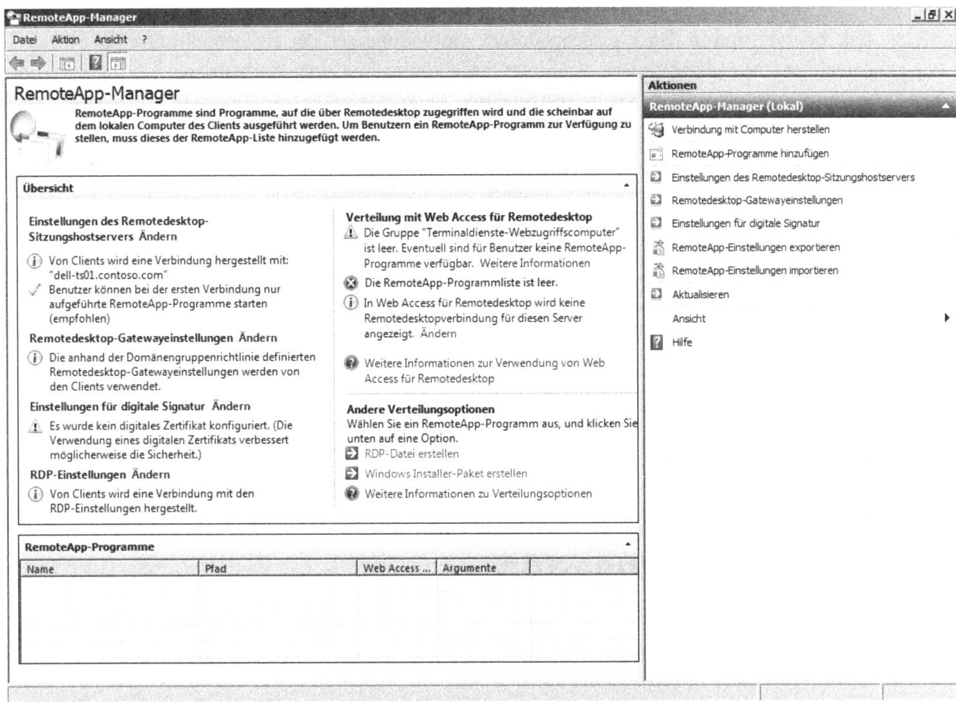

Über dieses Verwaltungsprogramm können Sie zusätzliche Anwendungen hinzufügen und die Anwendungsliste verwalten. Um eine Anwendung der Liste hinzuzufügen, klicken Sie in der Spalte *Aktionen* auf den Link *RemoteApp-Programme hinzufügen*. Im Anschluss startet der *RemoteApp-Assistent*, über den Sie die Anwendungen der Liste hinzufügen können. Wählen Sie entweder das Programm aus der Liste aus oder klicken Sie auf *Durchsuchen*, um die Startdatei der Anwendung hinzuzufügen.

Abbildg. 26.31 Auswählen der RemoteApps auf dem Remotdedesktopserver

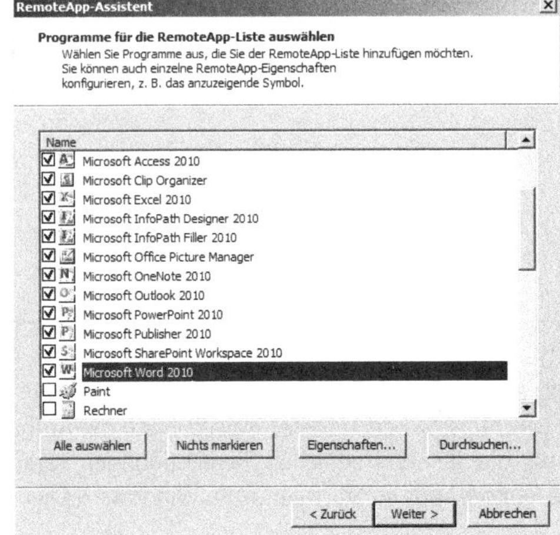

Sie können an dieser Stelle mehrere Anwendungen auswählen. Nachdem Sie die Anwendungen ausgewählt haben, werden diese in der Anwendungsliste angezeigt. Sie können die Eigenschaften der Applikationen jederzeit anpassen und in den Eigenschaften der Anwendung den Anzeigenamen sowie die Syntax für den Startbefehl der Anwendung ändern. An dieser Stelle können Sie auch konfigurieren, ob die Anwendung über den Web Access-Server zur Verfügung gestellt wird.

Abbildg. 26.32 Verwalten der RemoteApp-Programme im RemoteApp-Manager

RemoteApp-Programme

Name	Pfad	Web Access ...	Argumente
Microsoft Word 2010	C:\Program Files\Microsoft O...	Ja	Deaktiviert
Microsoft SharePoint Workspa...	C:\Program Files\Microsoft O...	Ja	Deaktiviert
Microsoft Publisher 2010	C:\Program Files\Microsoft O...	Ja	Deaktiviert
Microsoft PowerPoint 2010	C:\Program Files\Microsoft O...	Ja	Deaktiviert
Microsoft Outlook 2010	C:\Program Files\Microsoft O...	Ja	Deaktiviert
Microsoft OneNote 2010	C:\Program Files\Microsoft O...	Ja	Deaktiviert
Microsoft Office Picture Mana...	C:\Program Files\Microsoft O...	Ja	Deaktiviert
Microsoft InfoPath Filler 2010	C:\Program Files\Microsoft O...	Ja	Deaktiviert
Microsoft InfoPath Designer 2...	C:\Program Files\Microsoft O...	Ja	/design
Microsoft Excel 2010	C:\Program Files\Microsoft O...	Ja	Deaktiviert
Microsoft Clip Organizer	C:\Program Files\Microsoft O...	Ja	Deaktiviert
Microsoft Access 2010	C:\Program Files\Microsoft O...	Ja	Deaktiviert

Infrastruktur des Remotedesktop-Sitzungshosts für RemoteApp anpassen

Neben der Konfiguration der RemoteApp-Liste sollten Sie auch die globalen Einstellungen für die Remotedesktop-Sitzungshosts konfigurieren. Die globalen Einstellungen haben die Aufgabe, die Remotedesktop-Sitzungshosts so zu steuern, dass nur authentifizierte und berechtigte Benutzer auf die Remoteanwendungen zugreifen können.

TIPP Über die Eigenschaften einer RemoteApp können Sie auf der Registerkarte *Benutzerzuweisung* auf Basis von Benutzergruppen oder Benutzern in Active Directory festlegen, welche Benutzer auf RemoteApps zugreifen dürfen.

Abbildg. 26.33 Bearbeiten der Applikationen in der Liste der RemoteApp-Programme

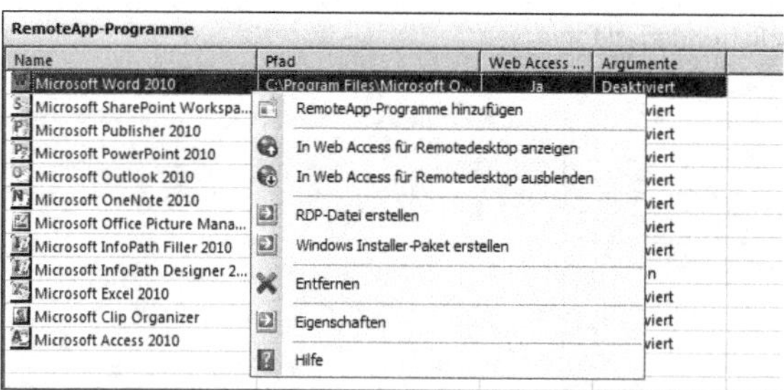

TIPP **Auf RemoteApps zugreifen**

RemoteApps stehen nach der Veröffentlichung automatisch für alle Clients über den Server mit Web Access zur Verfügung. Diesen erreichen Sie über die URL *https://<Servername>/rdweb*. Nach der Authentifizierung stehen sofort alle RemoteApps zur Verfügung, die Sie veröffentlichen, Berechtigungen vorausgesetzt. In diesem Kapitel zeigen wir Ihnen auch, wie Sie RemoteApps im Startmenü von Windows 7-Clients automatisiert bereitstellen können.

Zusätzlich können Sie über das Kontextmenü von RemoteApps RDP-Dateien erstellen, die eine Verbindung zur RemoteApp ermöglichen. Eine weitere Möglichkeit ist die Erstellung eines MSI-Pakets über das Kontextmenü. Dieses können Sie auf Clients per Gruppenrichtlinien verteilen oder über Softwareverteilungslösungen wie System Center Essentials.

Die notwendigen Einstellungen für die Remotedesktopdienste erreichen Sie ebenfalls über den *RemoteApp-Manager*. Klicken Sie dazu auf den Link *Einstellungen des Remotedesktop-Sitzungshostsservers* im Aktionsbereich. Es startet ein neues Fenster mit mehreren Registerkarten, auf denen Sie die globalen Einstellungen für RemoteApps vornehmen können.

Auf der Registerkarte *Remotedesktop-Sitzungshostserver* konfigurieren Sie den Servernamen beziehungsweise den DNS-Namen der Serverfarm. Zusätzlich steuern Sie hier den Port der Verbindung, die Authentifizierung und den Zugriff der Anwender auf die Applikationen. Auf der Registerkarte können Sie auch einstellen, dass über den Server mit Web Access für Remotedesktop der Desktop des Servers zur Verfügung gestellt wird, wenn Sie zum Beispiel nicht nur mit Remoteanwendungen arbeiten.

Abbildg. 26.34 Konfigurieren der allgemeinen Einstellungen für Remoteanwendungen

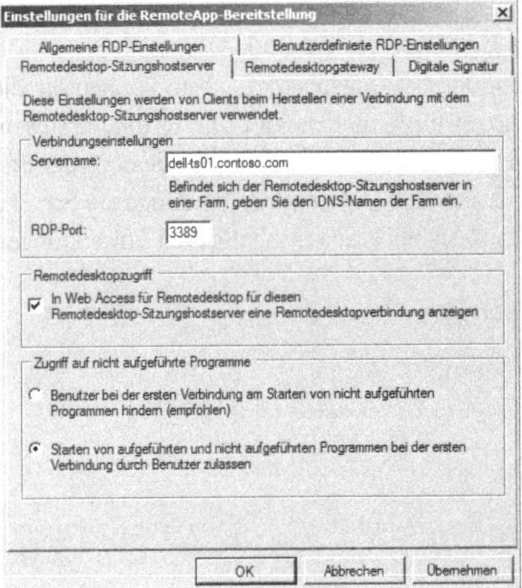

Über die Registerkarte *Remotedesktopgateway* können Sie die Zusammenarbeit zwischen RemoteApps und dem Remotedesktopgateway konfigurieren. Hauptsächlich legen Sie auf dieser Registerkarte fest, ob die Einstellungen des Gateways automatisch bezogen werden sollen (Standard), oder Sie können die Einstellungen manuell vorgeben. Bei der automatischen Einstellung erhalten die Clients die Informationen über die Gruppenrichtlinien zugeteilt. Geben Sie den Servernamen manuell an, müssen Sie darauf achten, dass dieser mit der Bezeichnung des Zertifikats übereinstimmt.

Auf der Registerkarte *Digitale Signatur* können Sie festlegen, ob die *.rdp*-Datei der Remoteanwendungen digital signiert werden soll, um Fälschungen auszuschließen. Sie können für digitale Signaturen das gleiche Zertifikat verwenden wie für das Remotedesktopgateway. Die Registerkarte *Benutzerdefinierte RDP-Einstellungen* dient zur optionalen Konfiguration der *.rdp*-Datei der Remoteanwendungen. Sie können hier zum Beispiel die Einstellungen einer *.rdp*-Datei einfügen, die Sie vorher mit dem Editor kopiert haben.

Abbildg. 26.35 Konfiguration der Unterstützung des Remotedesktopgateways für RemoteApps

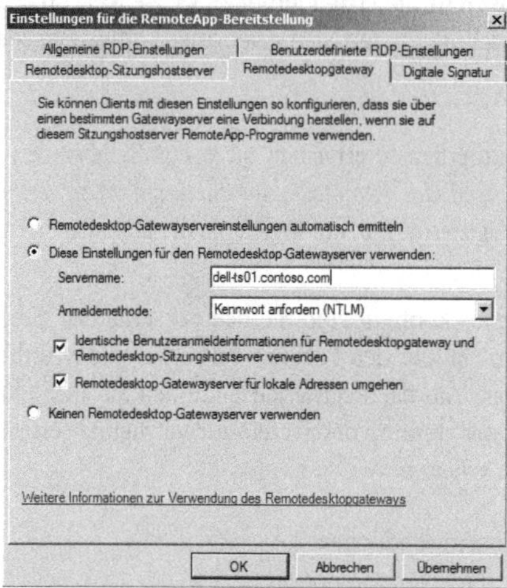

Nachdem Sie die Anwendungen in die Remoteanwendungsliste hinzugefügt haben, können Sie diese entweder über eine *.rdp*-Datei oder über den Server mit Web Access für Remotedesktop zur Verfügung stellen. Sie können die *.rdp*-Datei über den Link *RDP-Datei erstellen* anlegen lassen. Die Datei können Sie nach der Erstellung noch beliebig bearbeiten. Anwender können per Doppelklick auf diese Datei eine Verbindung zum Server aufbauen. So können Sie in einer Testumgebung einen schnellen Überblick über die veröffentlichten Anwendungen erhalten.

Abbildg. 26.36 Verbindungsaufbau über eine *.rdp*-Datei zu einer RemoteApp

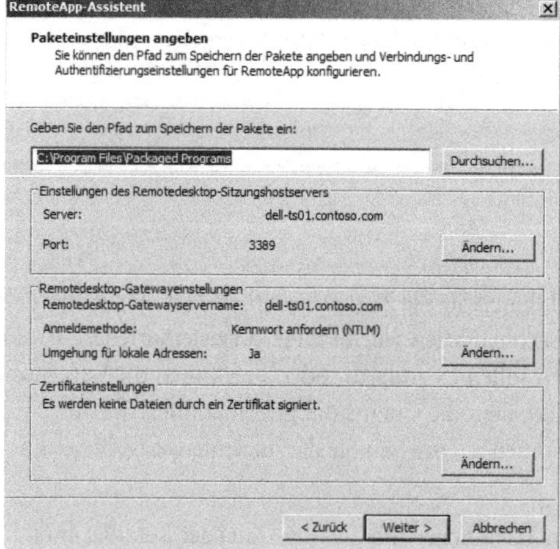

HINWEIS Auf der Registerkarte *Digitale Signatur* in den Remotedesktopgateway-Einstellungen können die RDP-Dateien der RemoteApps mit einem Zertifikat signiert werden. So können die Clients im Netzwerk sicherstellen, dass der Anwendung vertraut werden kann. Allerdings muss in diesem Fall auf dem Client mindestens der RDP-Client 6.1 installiert sein, der in Windows Server 2008 und Windows Vista SP1 enthalten ist. in Windows 7 und Windows Server 2008 R2 ist die neue Version 7.0 integriert.

Zwischen lokalen Anwendungen und RemoteApps auf dem Server können auch Daten ausgetauscht werden. So besteht beispielsweise die Möglichkeit, über eine ERP-Anwendung, die remote auf dem Remotedesktop-Sitzungshost ausgeführt wird, Daten über die Zwischenablage in ein lokales Excel zu übernehmen. Die Abläufe dabei sind für den Anwender komplett transparent, da er bei der Bedienung der Software keinerlei Unterschiede zwischen der lokalen Anwendung und der Anwendung auf dem Server feststellen kann.

Abbildg. 26.37 Verbindungsaufbau per RDP-Datei zu einer RemoteApp

RemoteApps und der Remotedesktopverbindungs-Manager

Mit dem neuen Remotedesktopverbindungs-Manager und RemoteApps können Unternehmen virtualisierte Anwendungen effizient im Unternehmen zur Verfügung stellen. Vor allem beim Einsatz von Windows 7 ist die Anbindung sinnvoll, da sich veröffentlichte Anwendungen automatisch in das Startmenü einbinden lassen. Mit dem Remotedesktopverbindungs-Manager können Sie RemoteApps und RDP-Desktops perfekt an Anwender-Computer verteilen und die Einrichtung konfigurieren. Auch der Zugriff auf den Server mit Web Access für Remotedesktop lässt sich über den Remotedesktopverbindungs-Manager steuern.

Bevor Sie den Remotedesktopverbindungs-Manager nutzen, richten Sie zunächst die RemoteApps ein, wie in den vorangegangenen Abschnitten besprochen. Mit dem zusätzlichen Remotedesktop-Verbindungsbroker können Sie Anwendungen und Remotedesktops von verschiedenen Remotedesktop-Sitzungshosts im Netzwerk zentral verwalten und die Computer im Netzwerk so konfigurieren, dass die Anbindung vollkommen transparent erfolgt. Die Anwender müssen nicht wissen, wo bestimmte Applikationen installiert sind, sie müssen die Anwendungen nur lediglich im Startmenü starten. Die Anbindung erfolgt über RemoteApps, den Remotedesktop-Verbindungsbroker und den Remotedesktopverbindungs-Manager.

Zusammen mit dem Server mit Web Access für Remotedesktop lassen sich die Anwendungen auch per Webzugriff erreichen und zwar von überall im Netzwerk und auf Wunsch auch über das Internet. Lesen Sie zur Einrichtung auch den nächsten Abschnitt zum Thema Web Access-Server durch. Wollen Sie RemoteApps von mehreren Remotedesktop-Sitzungshosts über mehrere Server mit Web Acces für Remotedesktop und über die Startmenüs der Windows 7-Clients zentral zur Verfügung stellen, bietet es sich an, den Remotedesktop-Verbindungsbroker zu verwenden, der zentral alle veröffentlichten Anwendungen den Anwendern zur Verfügung stellt. Dazu konfigurieren Sie auf den Web Access-Server den Server mit dem Verbindungsbroker, um die veröffentlichten Daten abzurufen. Wie das geht, zeigen wir Ihnen im nächsten Abschnitt.

Außerdem müssen Sie noch über den Remotedesktopverbindungs-Manager RemoteApp-Quellen hinterlegen. Hierbei handelt es sich um Server, auf denen Sie den Remotedesktop installiert und RemoteApps veröffentlicht haben. Klicken Sie dazu auf den Menüpunkt *RemoteApp-Quellen* im Remotedesktopverbindungs-Manager auf den Server, auf dem Sie den Remotedesktop-Verbindungsbroker installiert haben. Hier hinterlegen Sie alle Remotedesktop-Sitzungshost, auf denen Sie RemoteApps veröffentlichen. Auf den Web Access-Servern (siehe nächster Abschnitt) hinterlegen Sie dann den Remotedesktop-Verbindungsbrokerserver als Quelle für die RemoteApps.

Abbildg. 26.38 Hinterlegen von RemoteApp-Quellen

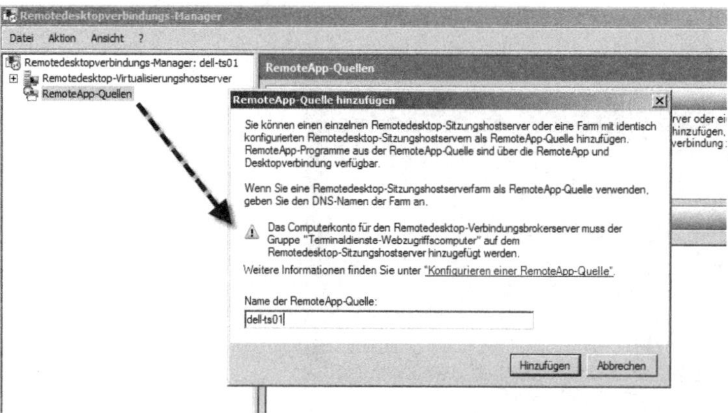

Damit der Zugriff funktioniert, müssen Sie auch die Einstellungen im nächsten Abschnitt zur Einrichtung des Servers mit Web Access für Remotedesktop vornehmen. Um die Anbindung der veröffentlichten Anwendungen auf Windows 7-Clients zu testen, melden Sie sich am Client an und suchen in der Systemsteuerung nach *RemoteApps*. Öffnen Sie die Verwaltung der RemoteApps und klicken Sie auf *Neue Verbindung mit RemoteApp- und Desktopverbindungen* einrichten. Geben Sie die URL *https://<Webzugriffserver>/RDWeb/Feed/webfeed.aspx* ein. Der Web Access-Server erhält seine Daten vom Verbindungsbroker, auf dem Sie als Quelle wiederum den Remotedesktop-Sitzungshost eingerichtet haben.

Abbildg. 26.39 Hinzufügen von RemoteApps zu Windows 7-Clients

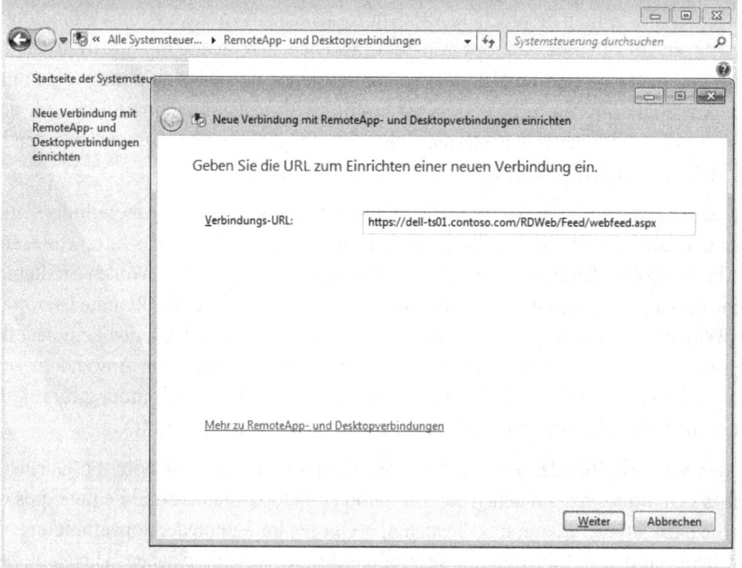

Anschließend lädt der Client alle Daten zu den RemoteApps herunter und stellt diese im Startmenü zur Verfügung. Sie erhalten hierzu ein Informationsfenster angezeigt.

Abbildg. 26.40 Abschließen der Anbindung an die RemoteApps im Unternehmen

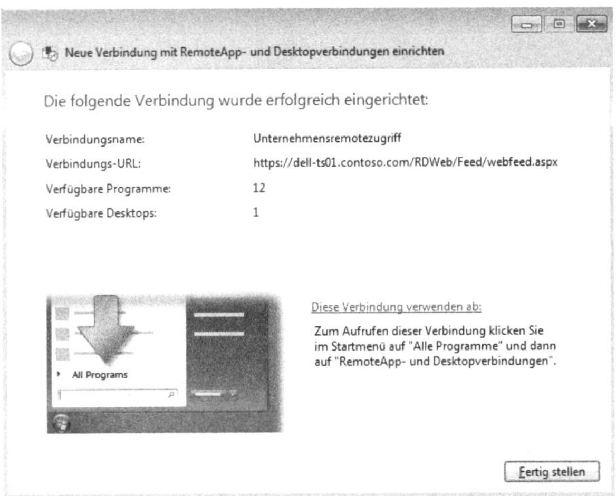

In den RemoteApps auf den Clients können Sie nach der Einrichtung die einzelnen Anwendungen anzeigen, die Verbindung anzeigen und eine erneute Verbindung aufbauen lassen.

Abbildg. 26.41 In der Systemsteuerung können Sie die Anbindung an RemoteApps konfigurieren

Anwender finden jetzt die Anwendungen im Startmenü über *Start/Alle Programme/RemoteApp- und Desktopverbindungen*. Klicken Anwender auf eine Verknüpfung, öffnet sich die Anwendung auf dem Remotedesktop-Sitzungshost, die Anwender können jedoch mit der Software arbeiten, als ob diese lokal installiert ist.

Abbildg. 26.42 Auf RemoteApps über das Startmenü in Windows 7 zugreifen

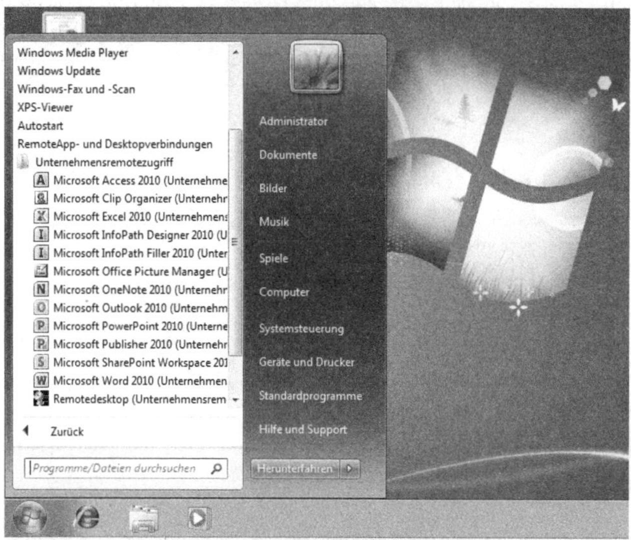

TIPP Klicken Sie mit der rechten Maustaste im Remotedesktopverbindungs-Manager auf den Menüpunkt *Remotedesktopverbindungs-Manager:<Servername>* mit der rechten Maustaste, können Sie über das Kontextmenü verschiedene Einstellungen vornehmen und mit der Option *Konfigurationsdatei erstellen* eine Datei erstellen, mit der sich die Einrichtung auf den Windows 7-Clients automatisieren lässt. Geben Sie im Feld die URL ein, die Sie auch in Windows 7 in der Systemsteuerung eingeben. Anschließend muss der Anwender nur noch doppelt auf die Datei klicken, um die Anbindung durchzuführen.

Abbildg. 26.43 Erstellen einer Konfigurationsdatei für die automatische Konfiguration von Windows 7-Clients

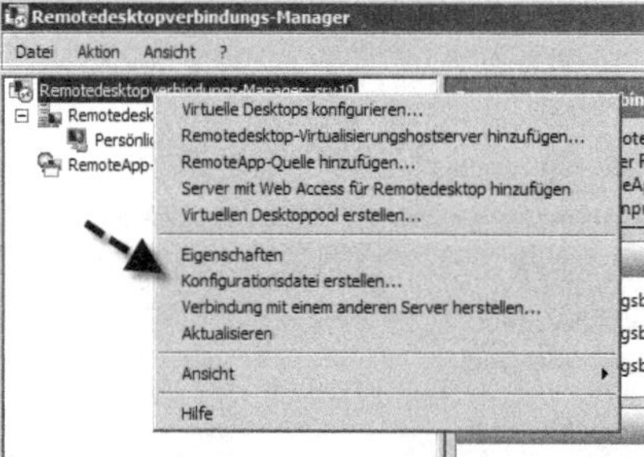

Web Access für Remotedesktop

Windows Server 2008 R2 bietet auch einen Server mit Web Access für Remotedesktop an. Der Funktionsumfang ist ähnlich zu Outlook Web App von Exchange Server. Über den Web Access-Server können Sie zum Beispiel einen Remotedesktop-Sitzungshost im Internet zur Verfügung stellen oder Ihre RemoteApps veröffentlichen. Standardmäßig werden die Applikationen, die Sie als RemoteApps bereit stellen, über den Server mit Web Access für Remotedesktop zur Verfügung gestellt.

HINWEIS Wird der RemoteApps-Liste eine neue Anwendung hinzugefügt, wird diese automatisch im Web Access-Server angezeigt; es sind keine weiteren Maßnahmen zur Konfiguration notwendig. Dabei ist es unerheblich, ob die Liste lokal auf dem entsprechenden Remotedesktop-Sitzungshost oder über Gruppenrichtlinien erstellt wird.

Der Web Access für Remotedesktop ist ein Rollendienst der Remotedesktopdienste, den Sie entweder bereits bei der Installation oder auch nachträglich installieren können. Wählen Sie zur Installation den Rollendienst *Web Access für Remotedesktop* aus. Nach der Installation steht Ihnen über *https://<Servername>/rdweb* der Webzugriff zur Verfügung.

Abbildg. 26.44 Anzeigen der veröffentlichten Anwendungen über den Web Access für Remotedesktop

Die Rolle sollte auf einem Windows Server 2008 R2 mit installiertem IIS 7.5 durchgeführt werden. Beim Web Access-Server muss es sich aber nicht unbedingt um einen Remotedesktop-Sitzungshost handeln. Greifen Anwender über das Webportal auf den Remotedesktop-Sitzungshost zu, müssen diese nicht zuvor auch den RDP-Client gestartet haben. Anwendungen, die als RemoteApp konfiguriert sind, stehen standardmäßig automatisch auch über den Web Access für Remotedesktop zur Verfügung.

HINWEIS Handelt es sich beim Web Access-Server um einen anderen Server als den Remotedesktop-Sitzungshost, über den Sie die Applikationen zur Verfügung stellen, müssen Sie auf dem Remotedesktop-Sitzungshost mit den RemoteApps das Computerkonto des Web Access-Servers in die Sicherheitsgruppe *Terminaldienste-Webzugriffscomputer* hinzufügen. Das gilt auch für Computer, auf denen Sie den Remotedesktopverbindungs-Manager betreiben.

Arbeiten Sie mit dem Remotedesktop-Verbindungsbroker, müssen Sie auf dem Computer mit dem Verbindungsbroker das Computerkonto des Web Access-Servers in diese Sicherheitsgruppe mit aufnehmen. In der Konfiguration der Web Access-Oberfläche legen Sie als Quelle für RemoteApps dem Server mit dem Verbindungsbroker fest, während auf dem Verbindungsbroker als Quellen die einzelnen Remotedesktop-Sitzungshost aufgelistet sind.

RemoteApps über Remotedesktop-Sitzungshost oder Remotedesktop-Verbindungsbroker veröffentlichen

Neben der Konfiguration auf den Remotedesktop-Sitzungshosts können Sie auch über Gruppenrichtlinien steuern, welche Anwendungen über Web Access für Remotedesktop zur Verfügung gestellt werden. Diese Möglichkeit ergibt vor allem bei größeren Unternehmen Sinn, die zahlreiche Remotedesktop-Sitzungshosts einsetzen. Wollen Sie diese Konfiguration nicht über Active Directory und die Gruppenrichtlinien abwickeln, können Sie die notwendigen Einstellungen direkt auf den Remotedesktop-Sitzungshosts durchführen.

Sie können auch über Web Access einige Einstellungen an der Oberfläche vornehmen, allerdings wird die Verwaltungsoberfläche erst dann eingeblendet, wenn Sie das Konto des Administrators in die lokale Gruppe *TS Web Access Administrators* auf dem Web Access-Server hinzufügen. Haben Sie sich am Web Access als Administrator authentifiziert, der Mitglied der Gruppe *TS Web Access Administrators* ist, können Sie Web Access und die veröffentlichten RemoteApp-Programme verwalten. Dazu wird im Browser die neue Schaltfläche *Konfiguration* eingeblendet. Klicken Sie auf diese Schaltfläche, können Sie festlegen, ob das Webpart für den Zugriff auf die RemoteApp-Programme entweder über den Remotedesktop-Sitzungshost steuern oder über Active Directory. Aktivieren Sie die Option *Remotedesktop-Verbindungsbrokerserver*, müssen Sie bei Name der Quelle noch den Servernamen des Servers eingeben, auf dem Sie den *Remotedesktop-Verbindungsbrokerserver* installiert haben.

HINWEIS Auf dem Server, auf dem Sie den Remotedesktop-Verbindungsbroker installieren, müssen Sie das Computerkonto des Web Access-Servers aufnehmen. Erst dann erhalten Sie vom Web Access-Server aus Zugriff auf den Remotedesktop-Verbindungsbrokerserver. Wir kommen in einem eigenen Abschnitt noch zur Einrichtung eines Remotedesktop-Verbindungsbrokerservers.

Abbildg. 26.45 Verwalten von RD Web Access

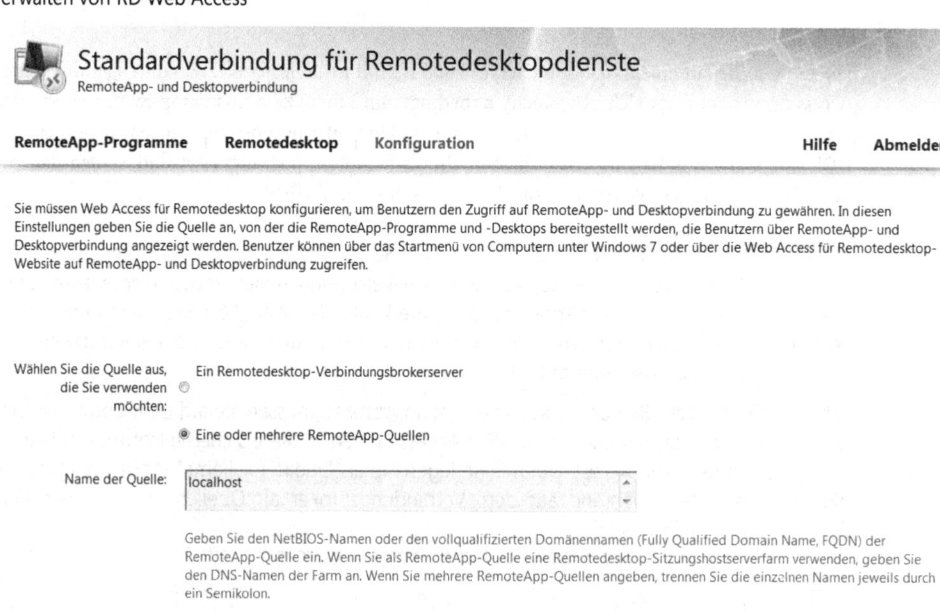

Zertifikat des Web Access-Servers auf Clients importieren

Arbeiten Sie mit selbstsignierten Zertifikaten, sollten Sie das Zertifikat auf dem Web Access-Server exportieren und auf Clients wieder importieren, damit der Zugriff problemlos funktioniert. Um das Zertifikat auf dem Web Access-Server zu exportieren, gehen Sie folgendermaßen vor:

1. Geben Sie *mmc* im Suchfeld des Startmenüs ein, um eine Managementkonsole zu öffnen.
2. Klicken Sie auf *Datei/Snap-In hinzufügen.*
3. Wählen Sie *Zertifikate* aus und klicken Sie auf *Hinzufügen.*
4. Wählen Sie als Speicher *Computerkonto* aus.
5. Wählen Sie das lokale Computerkonto aus.
6. Erweitern Sie in der Konsole *Zertifikate/Eigene Zertifikate/Zertifikate.*
7. Klicken Sie das Zertifikat mit der rechten Maustaste an und wählen Sie *Alle Aufgaben/Exportieren.*
8. Gehen Sie die einzelnen Fenster des Assistenten durch. Den privaten Schlüssel müssen Sie nicht exportieren.
9. Belassen Sie als Format *DER-codiert.*
10. Wählen Sie den Namen und den Speicherort der Exportdatei aus.
11. Schließen Sie den Export ab.
12. Kopieren Sie die Datei auf den Client.

Anschließend können Sie mit dieser Datei das Zertifikat auf dem Client importieren, gehen Sie dazu folgendermaßen vor:

1. Geben Sie *mmc* im Suchfeld des Startmenüs ein, um eine Managementkonsole zu öffnen.
2. Klicken Sie auf *Datei/Snap-In hinzufügen.*
3. Wählen Sie *Zertifikate* aus.
4. Wählen Sie als Speicher *Computerkonto* aus.
5. Wählen Sie das lokale Computerkonto aus.
6. Erweitern Sie in der Konsole *Zertifikate/Vertrauenswürdige Stammzertifizierungsstellen.*
7. Klicken Sie mit der rechten Maustaste auf *Vertrauenswürdige Stammzertifizierungsstellen* und wählen Sie *Alle Aufgaben/Importieren.*
8. Wählen Sie die Datei aus und lassen Sie das Zertifikat in die vertrauenswürdigen Stammzertifizierungsstellen importieren.

Remotedesktopgateway – RDP über HTTPS

Eine weitere Funktion in den Remotedesktopdiensten von Windows Server 2008 R2 ist das Remotedesktopgateway. Auch diese Funktion können Sie als Rollendienst hinzufügen, wenn Sie die Remotedesktopdienste auf einem Server installieren. Die Aufgabe des Remotedesktopgateway besteht darin, Anwendern, die sich über das Internet mit dem Unternehmen verbinden, Zugriff auf die internen Remotedesktop-Sitzungshosts zu gestatten. Ein Remotedesktopgateway verbindet das RPD- mit dem HTTPS-Protokoll, um eine gesicherte Verbindung zu allen möglichen Remotedesktop-Sitzungshosts, auch über RemoteApps zu ermöglichen. Es ist nicht notwendig, dass sich diese Anwender zusätzlich über ein VPN oder RAS einwählen. Die Verbindung erfolgt über HTTPS und kann ohne weitere Maßnahmen RDP-Sitzungen im internen Netzwerk aufbauen.

Gateways können so konfiguriert werden, dass Administratoren genau festlegen können, auf welche internen Server oder auch RDP-aktivierte PCs die Anwender über das Internet zugreifen können. Gateways ermöglichen den Zugriff auf RDP-Sitzungen über Firewalls oder Netzwerkadressübersetzung (Network Address Translation, NAT) hinweg. Die Verbindung zwischen Client und Gateway erfolgt über den Port 443 (SSL). Nur die Verbindung zwischen Gateway und Remotedesktop-Sitzungshost erfolgt über den RDP-Port (3389).

Abbildg. 26.46 Verwaltungsoberfläche für das Remotedesktopgateway

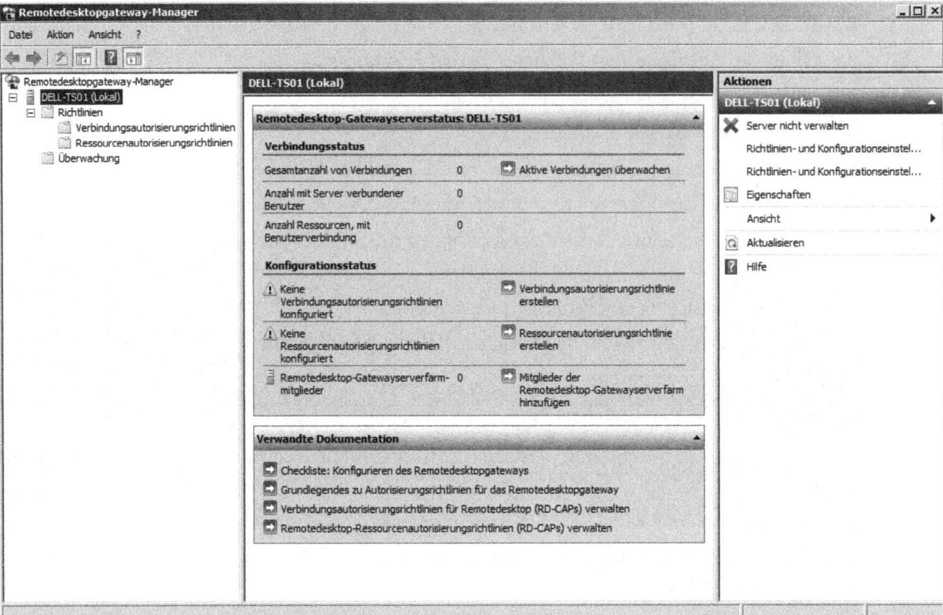

Bisher konnten Anwender über das Internet nicht auf Remotedesktop-Sitzungshosts zugreifen, wenn der Port 3389 blockiert ist, was meistens der Fall und auch sinnvoll ist. Nachdem Sie die Rolle installiert haben, können Sie die entsprechenden Richtlinien über *Start/Verwaltung/Remotedesktopdienste/Remotedesktopgateway-Manager* erstellen und konfigurieren.

HINWEIS Sie können mit einem Gatewayserver unter Windows Server 2008 R2 den Zugriff auf Remotedesktop-Sitzungshosts gewähren, die unter Windows Server 2003, Windows 2000 Server und sogar Windows NT 4.0 Terminalserver Edition installiert sind. Auch der Zugriff auf den Remotedesktop von Windows XP oder Windows Vista bzw. Windows 7 wird unterstützt. Die Clients müssen allerdings den aktuellen RDP-Client von Windows Vista und Windows 7 verwenden.

Abbildg. 26.47 Konfigurieren des Verbindungsaufbaus über ein Remotedesktopgateway

Über diese Richtlinien können Sie festlegen, wer sich über das Internet auf die Remotedesktop-Sitzungshosts verbinden darf und auf welche Server sich die Anwender verbinden können. Auch die Umleitung der lokalen Ressourcen wie Drucker, Zwischenablage und Laufwerke können Sie über diese Richtlinien steuern.

Neben der herkömmlichen Authentifizierung werden auch Smartcards unterstützt. Gateways können auch die Netzwerkzugriffsschutz (NAP)-Funktion von Windows Server 2008 R2, Windows Vista und Windows 7 nutzen, um den Zugriff zu steuern (siehe Kapitel 27). Über NAP können auch Arbeitsstationen unter Windows XP SP3 mit Richtlinien abgeprüft werden. Der optimalste Weg, ein Gateway zur Verfügung zu stellen, ist die Veröffentlichung über ISA Server 2004/2006 oder dessen Nachfolger Forefront Threat Management Gateway, ähnlich zur RPC-über-HTTP-Funktion (Outlook Anywhere) von Exchange Server 2003/2007/2010. Dadurch wird die SSL-Verbindung zwischen dem Client im Internet und dem ISA (TMG)-Server aufgebaut und zwischen ISA/TMG und RD-Gateway eine neue SSL- oder eine HTTP-Verbindung.

Verwenden Sie als Zertifizierungsstelle am besten eine interne Zertifizierungsstelle, genauso wie bei einer Veröffentlichung von Outlook Web Access (siehe Kapitel 28 und 29). Achten Sie auch hier darauf, dass der Name des Zertifikats mit dem DNS-Namen des Gateways übereinstimmt, mit dem sich die Anwender über das Internet verbinden. Stimmen die Namen nicht überein, erhalten die Anwender eine Zertifikatfehlermeldung und der Zugriff wird blockiert. Natürlich muss der Client der Zertifizierungsstelle des Unternehmens vertrauen. Sie müssen dazu unter Umständen das Zertifikat der Stammzertifizierungsstelle im Zertifikatespeicher des Gateways, des ISA/TMG-Servers und des Clients integrieren. Befinden sich Gateway und ISA/TMG-Server in einer Active Directory-Domäne, wird die Zertifizierungsstelle automatisch als vertrauenswürdig integriert.

HINWEIS Damit Sie ein RD-Gateway einsetzen können, müssen Sie auf dem Gatewayserver die RPC-über-HTTP-Proxyfunktion installieren, da über diese der RDP-HTTP-Verkehr abgewickelt wird. Außerdem muss auf dem Gatewayserver IIS installiert und aktiviert sein. Dies geschieht bei der Auswahl der Rolle *Remotedesktopgateway* automatisch. Auch die Rolle *Netzwerkrichtlinien- und Zugriffsdienste* muss auf dem Server installiert sein. Alternativ können Sie den Gatewayserver auch an einen anderen Server mit der Rolle *Netzwerkrichtlinien- und Zugriffsdienste* (ehemals RAS) verbinden.

Der Verkehr zwischen Gateway und dem Client im Internet wird über einen HTTPS-Tunnel abgewickelt. Zwischen Gateway und Remotedesktop-Sitzungshost findet die Verbindung über RDP (Port 3389) statt.

HINWEIS Der Verbindungsaufbau der Clients zu den Remotedesktop-Sitzungshosts findet über die bereits erwähnten Richtlinien auf dem Gateway statt. Diese werden auch als *Verbindungsautorisierungsrichtlinien* bezeichnet. Außerdem gibt es noch die *Ressourcenautorisierungsrichtlinien*. Diese steuern, auf welche Server die Clients zugreifen dürfen, die Sie in mindestens einer Verbindungsautorisierungsrichtlinie festgelegt haben. Bevor der Zugriff über das Internet auf ein Gateway und die Remotedesktop-Sitzungshosts funktioniert, müssen Sie mindestens eine Verbindungsautorisierungsrichtlinie und eine Ressourcenautorisierungsrichtlinie konfiguriert haben.

Remotedesktopgateway und ISA Server 2004/2006 oder Forefront Threat Management Gateway

Veröffentlichen Sie ein Remotedesktopgateway über ISA Server 2004/2006, müssen Sie beachten, dass der HTTPS-Verkehr vom Client aus dem Internet am ISA/TMG-Server beendet wird. Sie können den Datenverkehr zwischen ISA Server und Gateways über HTTP laufen lassen. In diesem Fall müssen Sie die Eigenschaften des Gatewayservers im Remotedesktopgateway-Manager aufrufen und auf die Registerkarte *SSL-Bridging* wechseln. Aktivieren Sie die Option *SSL-Bridging verwenden*. In diesem Fall wird die HTTPS-Sitzung am ISA/TMG Server terminiert und zwischen ISA/TMG Server und Gateway eine neue Verbindung aufgebaut, die auf HTTP basiert.

Abbildg. 26.48 Verwalten der Eigenschaften eines Gatewayservers

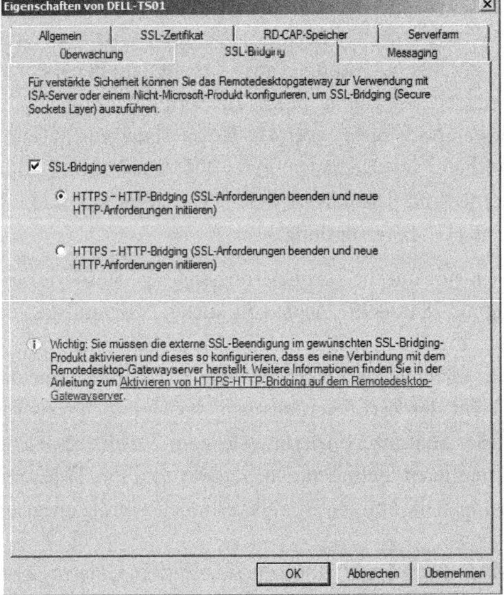

Remotedesktopgateway einrichten und konfigurieren

Um ein Gateway zu installieren, wählen Sie im Server-Manager den Rollendienst *Remotedesktopgateway* aus. Während der Installation können Sie bereits das Zertifikat für die SSL-Verbindung auswählen. Für Testzwecke können Sie auch das selbstsignierte Zertifikat der Remotedesktopdienste verwenden. In einer produktiven Umgebung sollten Sie jedoch möglichst eine eigene Zertifizierungsstelle verwenden oder ein Zertifikat von einer öffentlichen Zertifizierungsstelle, der die beteiligten Server und Arbeitsstationen vertrauen müssen. Sie können das Zertifikat auch in den Eigenschaften des Remotedesktopgateway-Managers auf der Registerkarte *SSL-Zertifikat* anpassen.

Abbildg. 26.49 Verwalten des Zertifikats für das Remotedesktopgateway

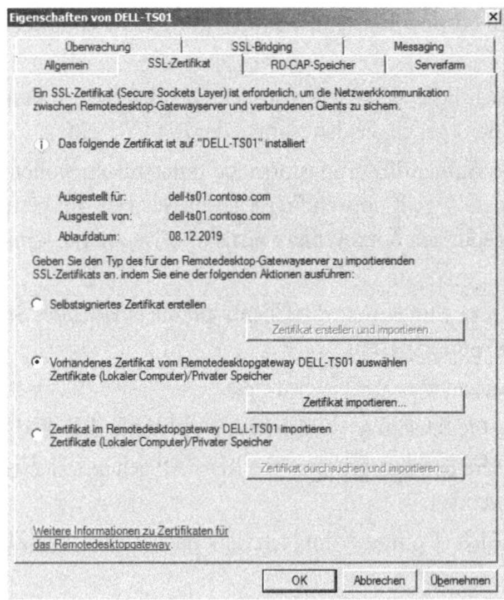

Sie können auch bereits während der Installation der Rolle die entsprechenden Richtlinien konfigurieren. Natürlich können Sie diese Einstellungen auch jederzeit über den Remotedesktopgateway-Manager anpassen. Über den Eintrag *Richtlinien/Verbindungsautorisierungsrichtlinie* in der Konsolenstruktur können Sie im Remotedesktopgateway-Manager neue Richtlinien erstellen oder Einstellungen vorhandener Richtlinien ändern. An dieser Stelle können Sie konfigurieren, in welcher Gruppe sich die Anwender in Active Directory befinden müssen, damit die Einwahl funktioniert.

Abbildg. 26.50 Erstellen von neuen Richtlinien für den Zugriff über ein Remotedesktopgateway

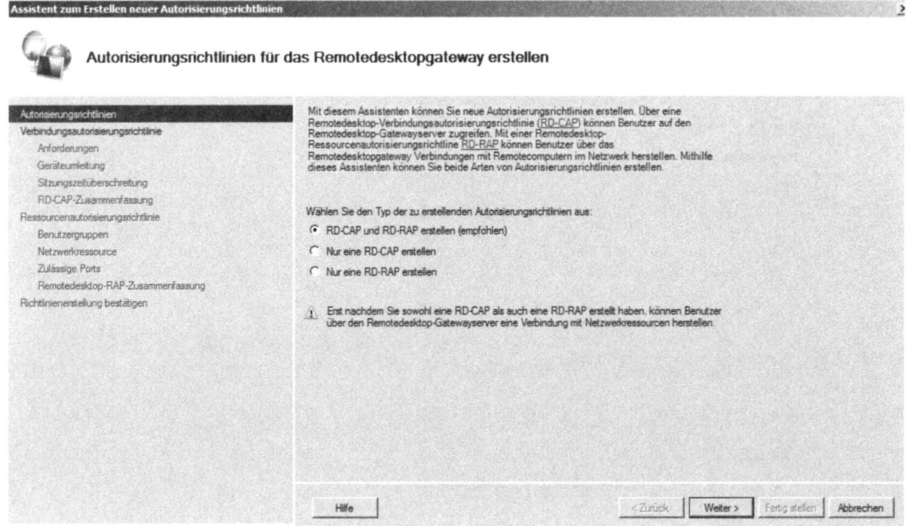

Sie können die Umleitung der Ressourcen auf den Clients konfigurieren und die Art der Anmeldung. Über das Kontextmenü von *Verbindungsautorisierungsrichtlinie* starten Sie einen Assistenten, mit dem Sie gleichzeitig eine Verbindungsautorisierungsrichtlinie (RD-CAP) und eine Ressourcenautorisierungsrichtlinie (RD-RAP) erstellen können.

Damit sich Anwender verbinden können, müssen Sie den Assistenten einmal durcharbeiten und eine RD-CAP sowie eine RD-RAP erstellen:

1. Zunächst wählen Sie aus, welche Art von Richtlinie Sie erstellen wollen. Wählen Sie am besten *RD-CAP und RD-RAP erstellen* aus. Auf der nächsten Seite geben Sie den Namen der RD-CAP ein.
2. Auf der nächsten Seite legen Sie fest, welche Authentifizierungsform Sie unterstützen wollen und welche Gruppenmitgliedschaft in der Domäne für den Zugriff notwendig ist. Legen Sie dazu am besten eine neue Gruppe in Active Directory an. Für Testumgebungen oder weniger restriktive Netzwerke können Sie auch die Gruppe Domänen-Benutzer auswählen.
3. Auf der nächsten Seite legen Sie fest, ob Sie Geräteumleitung von Clients auf die Sitzung des Servers gestatten oder nicht. Sie können auch einzelne Laufwerke sperren.
4. Als Nächstes legen Sie die Timeouts für Sitzungen über das Gateway fest.
5. Anschließend bestimmen Sie den Namen für die Ressourcenautorisierungsrichtlinie (RD-RAP).
6. Auf der nächsten Seite legen Sie fest, für welche Benutzergruppen die RD-RAP gelten soll. Hier sollten Sie die gleiche Gruppe wie bei der RD-CAP verwenden.
7. Auf der nächsten Seite bestimmen Sie, auf welche Computer im Netzwerk das Gateway den Zugriff gestatten soll.
8. Als Nächstes können Sie den Port festlegen, welchen das Gateway intern weiterleitet. Remotedesktop verwendet normalerweise den TCP-Port 3389.
9. Als Letztes lassen Sie die Richtlinie erstellen.
10. Nach der Erstellung der Richtlinien können Sie deren Einstellungen jederzeit über das Kontextmenü anpassen.

Abbildg. 26.51 Anpassen der TS-CAP

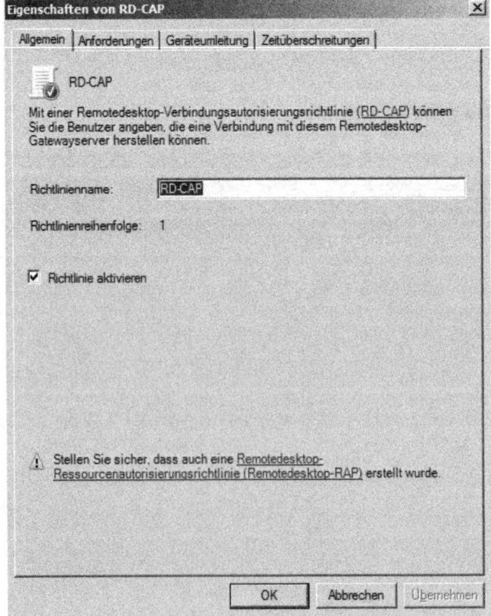

Remotedesktopgateway und Netzwerkzugriffsschutz (NAP)

Auf der Registerkarte *RD CAP-Speicher* in den Eigenschaften des Gatewayservers konfigurieren Sie, ob die Clients, die sich über das Gateway authentifizieren, auch über eine NAP-Richtlinie berechtigt sind. Aktivieren Sie in diesem Fall auf dieser Registerkarte die Option *Clients müssen SosH (Statement of Health) senden*. Damit ein RD-Gateway NAP unterstützt, müssen Sie anschließend eine entsprechende Richtlinie auf dem Netzwerkrichtlinienserver konfigurieren oder anpassen:

1. Diese Einstellungen nehmen Sie über *Start/Verwaltung/Netzwerkrichtlinienserver* vor.
2. Öffnen Sie in den Konsolenstruktur den Knoten *Netzwerkzugriffschutz.*
3. Klicken Sie auf *Systemintegritätsprüfungen.*
4. Klicken Sie auf *Standardkonfiguration* bei der Option *Windows-Sicherheitsintegritätsprüfung/Einstellungen.*
5. Klicken Sie im Kontextmenü dieser Option auf *Eigenschaften.*
6. Nun können Sie einstellen, welche Voraussetzungen ein Client erfüllen muss, um auf das Netzwerk zugreifen zu können.

Abbildg. 26.52 Konfigurieren der Integritätsüberprüfung von Computern im Netzwerk

Um eine neue Richtlinie zu konfigurieren, die Clients den Zugriff verweigert, wenn diese nicht den Bedingungen entsprechen, gehen Sie folgendermaßen vor:

1. Öffnen Sie in der Konsolenstruktur den Knoten *Richtlinien.*
2. Klicken Sie mit der rechten Maustaste auf *Integritätsrichtlinien* und wählen Sie im Kontextmenü den Befehl *Neu.*
3. Geben Sie der Richtlinie einen Namen, zum Beispiel *Unsicher-Verbindung nicht erlaubt.*
4. Im Listenfeld *Client-Systemintegritätsprüfungen* wählen Sie den Eintrag *Client besteht mindestens eine Systemintegritätsüberprüfung nicht* aus.
5. Aktivieren Sie das Kontrollkästchen *Windows-Sicherheitsintegritätsüberprüfung.*
6. Aktivieren Sie die Windows-Sicherheitsintegritätsprüfung und schließen Sie die Erstellung der Richtlinie ab.
7. Erstellen Sie eine weitere Richtlinie, in der Sie konfigurieren, dass dem Client der Zugriff gestattet wird, wenn der PC die Richtlinien erfüllt. Die Erstellung ist analog zur ersten Richtlinie. Geben Sie den Namen *Sicher-Verbindung erlaubt* ein und wählen Sie die Option *Client besteht alle Systemintegritätsprüfungen.*

Abbildg. 26.53 Erstellen einer neuen Integritätsrichtlinie

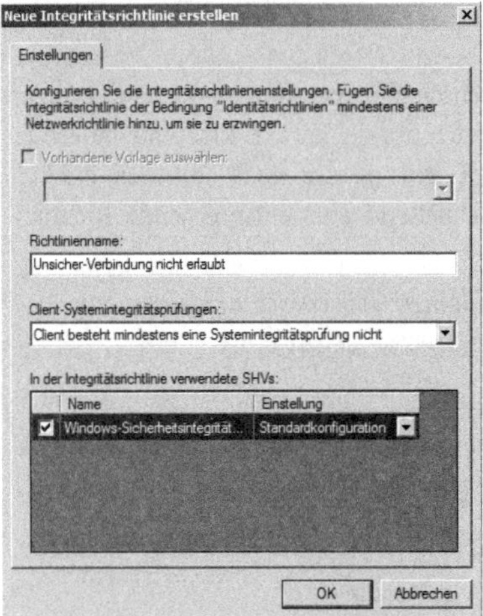

Durch Konfiguration dieser beiden Richtlinien wird allerdings noch kein Zugriff gestattet oder verweigert, sondern nur der Status auf Basis der hinterlegten Sicherheitsintegritätsverifizierung festgelegt. Sie müssen im nächsten Schritt zunächst eine Netzwerkrichtlinie bearbeiten oder erstellen, welche den Zugriff basierend auf Ihren konfigurierten Integritätsprüfungen erfüllt oder nicht erfüllt:

1. Klicken Sie dazu in der Verwaltungskonsole *Netzwerkrichtlinienserver* auf *Richtlinien/Netzwerkrichtlinien.*
2. Rufen Sie die Eigenschaften der TS-CAP in der Mitte der Konsole auf.

Abbildg. 26.54 Konfiguration einer NAP-Richtlinie für den Zugriff auf das Remotedesktopgateway

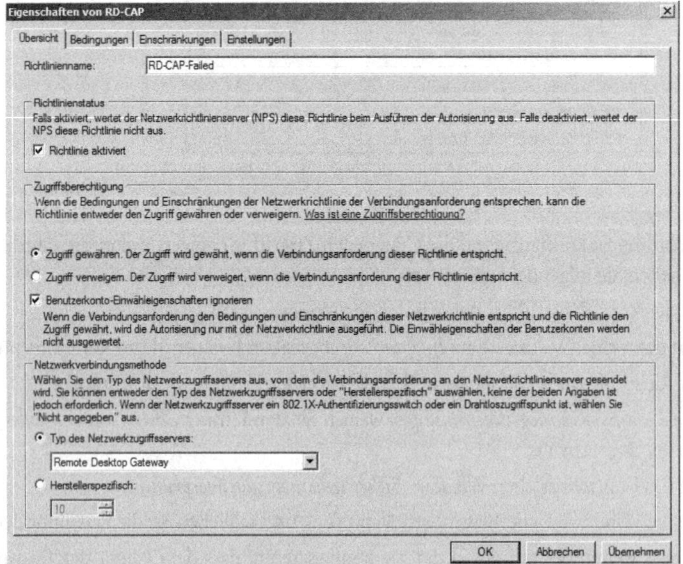

3. Sinnvollerweise bearbeiten Sie die erste standardmäßige Richtlinie so, dass Sie den Zugriff auf das Gateway verweigern, wenn der zugreifende PC nicht sicher ist. Als Basis für diese Richtlinie dient die erstellte Integritätsüberprüfungsrichtlinie, die Sie zuvor erstellt haben.
4. Ändern Sie daher den Namen der Richtlinie auf *RD-CAP-Failed* ab.
5. Stellen Sie sicher, dass die Richtlinie aktiviert ist.
6. Aktivieren Sie die Option *Zugriff gewähren*. Sie können hier zwar auch die Verbindung gleich verweigern. Besser ist jedoch, hier die Verbindung zu gewähren und später auf Server einzuschränken, von denen Computer Updates oder Antivirenprogramme herunterladen können.
7. Stellen Sie sicher, dass die Option *Remote Desktop Gateway* bei *Typ des Netzwerkzugriffsservers* aktiviert ist.
8. Wechseln Sie auf die Registerkarte *Bedingungen*.
9. Klicken Sie auf *Hinzufügen*.
10. Markieren Sie *Integritätsrichtlinien*.
11. Klicken Sie auf *Hinzufügen*.
12. Wählen Sie die Richtlinie *Unsicher-Verbindung nicht erlaubt* aus.

Abbildg. 26.55 Bearbeiten einer RD-CAP

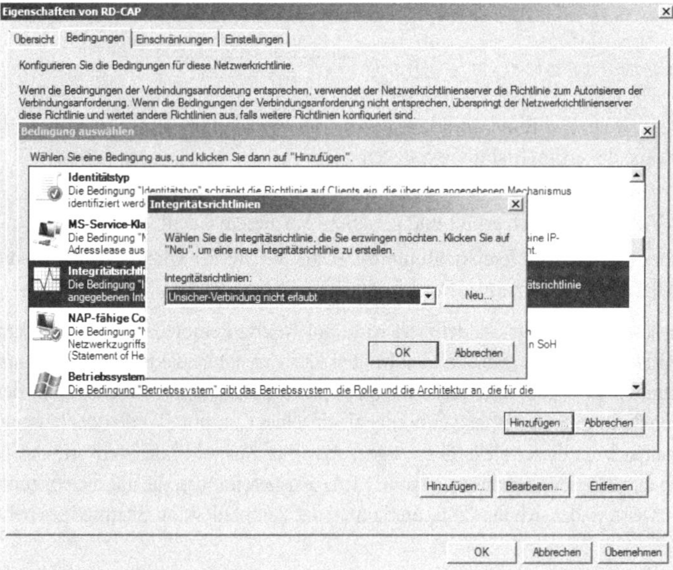

13. Aktivieren Sie auf der Registerkarte *Einschränkungen* die Option *Clientverbindung ohne Aushandlung einer Authentifizierungsmethode zulassen*.
14. Wechseln Sie zur Registerkarte *Einstellungen*.
15. Klicken Sie auf die Option *NAP-Erzwingung*.
16. Stellen Sie sicher, dass die Option *Eingeschränkten Zugriff gewähren* aktiviert ist und hinterlegen Sie die Adressen der Wartungsserver. Alternativ lassen Sie weiter vorne bereits die Verbindung verweigern, wenn ein Client den Bedingungen nicht entspricht.

Abbildg. 26.56 Konfigurieren der NAP-Erzwingung

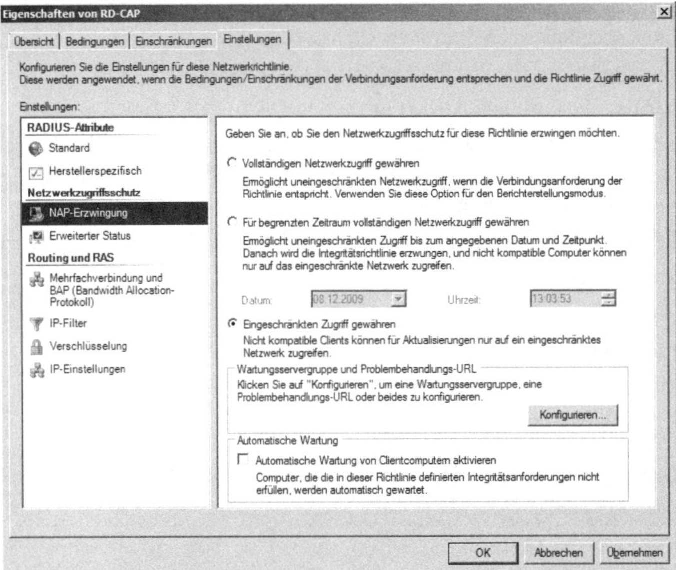

17. Erstellen Sie eine zweite Richtlinie, zum Beispiel mit der Bezeichnung *RD-CAP-Pass,* die Sie über das Kontextmenü als Kopie der ersten Richtlinie erstellen.
18. Gehen Sie bei dieser Richtlinie analog vor und verwenden Sie als Integritätsrichtlinie die Zugriffsrichtlinie, wenn der PC NAP-Bedingungen erfüllt und gewähren Sie diesem Client vollen Zugriff.
19. Optional können Sie eine weitere Richtlinie erstellen, die Sie für Clients konfigurieren, die kein NAP beherrschen (alle Windows-Versionen vor Windows XP SP2).

Die Konfiguration der Richtlinie, in der definiert wird, auf welche Remotedesktop-Sitzungshost die Anwender zugreifen können (RD-RAP), finden Sie über den Knoten *Ressourcenautorisierungsrichtlinien* im Verwaltungsprogramm für das Remotedesktopgateway. Stellen Sie hier nach der Installation sicher, dass in der entsprechenden Richtlinie die Remotedesktop-Sitzungshosts entweder als einzelnes Computerkonto oder besser als Gruppe hinterlegt sind. Sie müssen sich an dieser Stelle überzeugen, dass Ihre Auswahl konsistent ist. Das heißt, dass für die Gruppen, die Sie in der RD-CAP definieren, eine RD-RAP existieren muss, die auf die entsprechende Gruppe in Active Directory verweist, in der sich die Computerkonten der Remotedesktop-Sitzungshost befinden.

Abbildg. 26.57 Konfiguration der TS-RAP

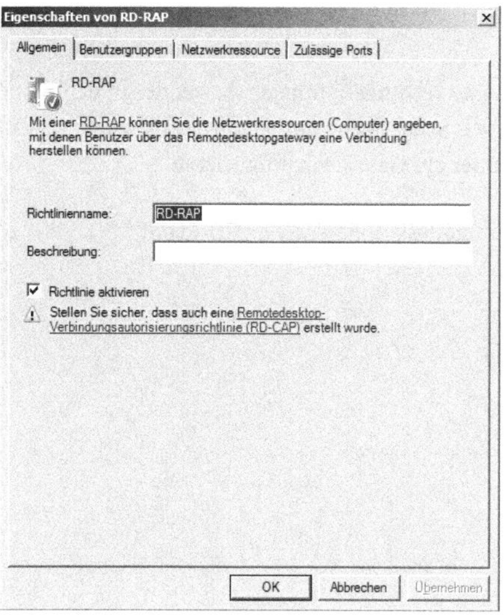

Damit das Remotedesktopgateway funktioniert, müssen Sie darüber hinaus sicher stellen, dass der Systemdienst *Remotedesktopgateway* gestartet ist. Ohne diesen Dienst ist keine Verbindung möglich. Auch die Standardwebseite in der IIS-Verwaltung muss gestartet sein, damit der Zugriff funktioniert. Überprüfen Sie, ob das Zertifikat für den Gatewayserver installiert ist.

Sie können in den Eigenschaften des Servers auf der Registerkarte *SSL-Zertifikat* entweder das bei der Installation erstellte Zertifikat verifizieren oder ein neues Zertifikat ausstellen. Stellen Sie sicher, dass das Zertifikat auf dem Server installiert ist. Gehen Sie dazu folgendermaßen vor:

1. Öffnen Sie über *Start/Ausführen/mmc* eine neue Managementkonsole und fügen Sie das Snap-In *Zertifikate* hinzu.
2. Wählen Sie im anschließend geöffneten Dialogfeld die Option *Computerkonto* aus und klicken Sie auf *Weiter.*

Abbildg. 26.58 Anzeigen des Serverzertifikats für das Gateway

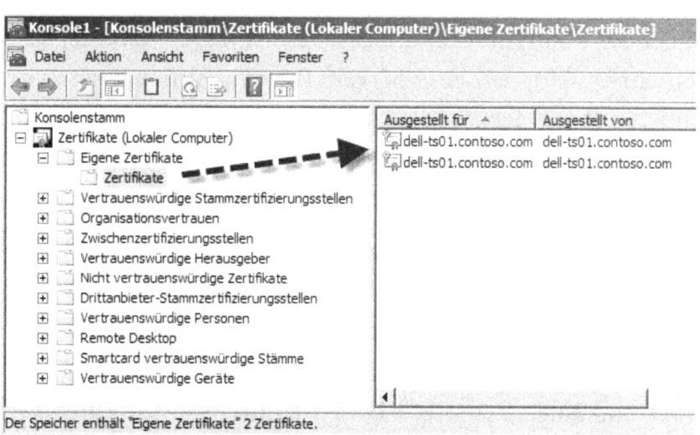

3. Wählen Sie im nächsten Dialogfeld die Option *Lokalen Computer* aus, klicken Sie auf *Fertig stellen* und anschließend auf *OK*.

4. Klicken Sie in der Konsolenstruktur auf *Zertifikate/Eigene Zertifikate/Zertifikate*. Hier sollte das Serverzertifikat hinterlegt sein. Ist dies nicht der Fall, können Sie an dieser Stelle ein Zertifikat aus einer Datei importieren.

Damit sich Clients über das Internet mit dem Gateway verbinden, müssen Anwender in den Optionen für den Remotedesktopclient auf der Registerkarte *Leistung* die Schaltfläche *Einstellungen* anklicken. Anschließend können Sie Einstellungen für den Verbindungsaufbau über ein Gateway konfigurieren.

Abbildg. 26.59 Konfigurieren des Verbindungsaufbaus zu einem Remotedesktopgateway im RD-Client

Gehostete Desktops – Hyper-V und Remotedesktop

Zusammen mit Hyper-V und den Remotedesktopdiensten haben Unternehmen die Möglichkeit, virtuelle Computer auf Basis von Windows 7, aber auch Windows Vista und Windows XP Anwendern per RDP zur Verfügung zu stellen. Im Vergleich zur Arbeit mit dem Desktop auf einem Remotedesktop-Sitzungshost nutzen die Anwender auf diese Weise einen eigenen Computer, wenn auch virtuell, und beeinflussen die Arbeit anderer Benutzer nicht. Unternehmen sind bei der Konfiguration dieser Desktops durch diese Technik wesentlich flexibler, als wenn alle Anwender mit einem Desktop auf dem Server arbeiten würden. Diese virtuellen Computer lassen sich aus Kompatibilitätsgründen oder zu Testzwecken bereitstellen oder einfach, um Energie zu sparen, da leistungsfähige Computer über das Netzwerk gebündelt auf einem Hyper-V-Server zur Verfügung stehen und die Anwender mit älteren oder langsameren Computern arbeiten können.

Virtuelle Computer erstellen Sie mit Hyper-V, die Anbindung erfolgt über den Remotedesktopdienste-Verbindungsbroker, die Konfiguration mit dem Remotedesktopverbindungs-Manager und die Bereitstellung über Web Access, als RDP-Datei oder über das Startmenü herkömmlicher Computer mit Windows 7. Damit Sie diese neue Technik – auch als Infrastruktur für virtuelle Desktops (VDI) bezeichnet – nutzen können, benötigen Sie einen Hyper-V-fähigen Server und einen Remotedesktop-Sitzungshost. Unternehmen haben die Möglichkeit, Anwendern direkt auf Basis ihres Benutzerkontos einen persönlichen virtuellen Computer bereitzustellen oder einen Pool zu installieren.

Es lassen sich mehrere Pools bereitstellen, zum Beispiel auf Basis des Betriebssystems, der Konfiguration oder der installierten Anwendungen. Dieser Pool steht dann verschiedenen Anwendern zur Verfügung. Unabhängig davon können die Anwender mit dem Computer so arbeiten, als ob es sich um einen herkömmlichen Computer handelt. Sie können mehrere Pools, zum Beispiel mit unterschiedlichen Programmen oder Konfigurationen, erstellen und diesen Anwendern über Web Access für Remotedesktop zur Verfügung stellen. Anwender sehen ein entsprechendes Symbol in der Weboberfläche für jeden Pool und werden beim Start mit einem freien Rechner des Pools verbunden oder eben mit einem fest definierten Rechner, wenn die virtuellen Computer fest zugeteilt sind.

Arbeiten Sie mit Pools, sollten Sie Anwender darauf hinweisen, dass diese lokal keine Daten speichern sollen. Da Rechner im Pool verschiedenen Anwendern zur Verfügung stehen und es nicht festgelegt ist, mit welchem Rechner im Pool ein Anwender beim nächsten Start verbunden wird, ist ein Speichern in Netzwerkfreigaben besser. Oder Sie arbeiten alternativ mit zugewiesenen virtuellen Computern, damit jeder Benutzer seinen eigenen Rechner hat.

HINWEIS Als Betriebssystem auf virtuellen Computern in einer Infrastruktur für virtuelles Desktops (VDI) sind nur Windows-Clientbetriebssysteme geeignet. Sie können zum Beispiel nicht Windows Server 2008 R2 als Poolrechner zur Verfügung stellen. Jeder Rechner kann nur Mitglied in einem einzigen fest definierten Pool sein.

Windows XP, Windows Vista oder Windows 7 als virtuelle Computer einsetzen

Viele Unternehmen, die bisher noch auf Windows XP setzen und auf Windows 7 aktualisieren wollen, benötigen dennoch teilweise noch Windows XP-Computer im Netzwerk für die eine oder andere Anwendung. Dazu kann eine VDI-Infrastruktur mit Windows XP nützlich sein, bei der Anwender einen eigenen PC erhalten und sich mit diesem schnell und einfach über das Startmenü oder über Web Access für Remotedesktop verbinden können. Verwenden Unternehmen Windows 7 als virtuelles System, können sich die Clients mit dem neuen RDP 7.0 und seinen Vorteilen verbinden. RDP 7.0 steht auch als Download für Windows XP SP3 und Windows Vista zur Verfügung, allerdings baut die Verbindung zu Windows XP noch immer auf das alte RDP-Protokoll 5.2 auf. Der RDP-Client 7.0 aktualisiert nicht das RDP-Protokoll des Computers, sondern nur den RDP-Client.

Ein Vorteil von Windows 7 ist die Umleitung der Mediadaten. Das Abspielen von Videos und Sounds in einem virtuellen Computer sieht für Anwender genauso aus, wie beim Abspielen lokal. Auch Mikrofone, zum Beispiel auch Headsets, lassen sich problemlos umleiten. Bei Windows XP funktioniert diese Technik nicht, bei Windows Vista nur sehr eingeschränkt. Die generelle Geschwindigkeit von RDP 7.0 ist wesentlich schneller als die Versionen 6.1 in Windows Vista und RDP 5.2 in Windows XP. Virtuelle Windows XP-Computer unterstützen kein Kerberos für die Authentifizierung zwischen Client/Server und der Benutzerauthentifizierung. Auch Network Layer Authentications (NLA) beherrschen Windows XP-Clients nicht. Durch fehlende Serverauthentifizierung in Windows XP besteht auch die Gefahr, dass gekaperte Windows XP-VMs das Netzwerk kompromittieren können. Auch TLS/SSL stehen bei Windows XP-VMs nicht zur Verfügung.

Remotedesktop-Sitzungshost installieren

Damit Sie Hyper-V mit den Remotedesktop-Sitzungshosts verbinden können, müssen Sie auf dem Server, auf dem Sie die virtuellen Desktops installieren, zunächst Hyper-V installieren. Als Nächstes müssen Sie den Rollendienst *Host für Remotedesktopvirtualisierung* auf dem Hyper-V-Server installieren. Dieser stellt die Verbindung zwischen Hyper-V und dem Remotedesktopsystem zur Verfügung.

Virtuelle Computer installieren und für VDI vorbereiten

Im nächsten Schritt installieren Sie virtuelle Computer auf den Hyper-V-Server. Wollen Sie die virtuellen Computer in einem Pool bereitstellen, können Sie Windows 7 installieren, aber auch Windows Vista und Windows XP funktionieren. Nehmen Sie die Computer in die Domäne auf, in der Sie auch den Hyper-V-Server und die anderen Server der VDI-Infrastruktur betreiben. Neben der Anbindung an die Domäne müssen Sie bei der Installation zunächst nichts beachten. Nach der Installation, Aktivierung und Anbindung an die Domäne müssen Sie auf den Computern noch einige Vorbereitungen treffen, damit diese optimal in einem VDI-Pool funktionieren.

Abbildg. 26.60 Windows 7 virtuell betreiben

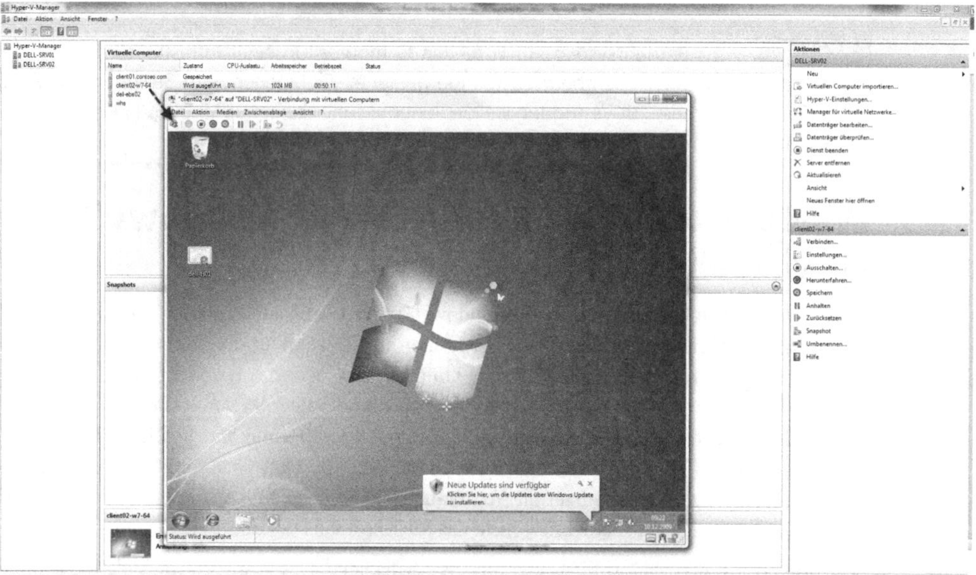

Remotedesktop auf Clientcomputern aktivieren und konfigurieren

Im ersten Schritt aktivieren Sie den Remotedesktop auf den Clientcomputern. Sie finden die Einstellung, wenn Sie die *Eigenschaften* von *Computer* im Startmenü aufrufen und auf den Menüpunkt *Remoteeinstellungen* klicken. Aktivieren Sie den Remotedesktop mit der Option, dass nur sichere Verbindungen erlaubt sind.

Zusätzlich müssen Sie noch festlegen, welche Benutzer über den Remotedesktop auf den virtuellen Computer zugreifen dürfen. Klicken Sie dazu entweder auf die Schaltfläche *Benutzer auswählen* oder rufen Sie über *lusrmgr.msc* den lokalen Benutzer-Manager des Computers auf. Standardmäßig dürfen per Remotedesktop *Administratoren* und Mitglieder der lokalen Gruppe *Remotedesktopbenutzer* zugreifen, das Gleiche gilt auch für Server. Entweder nehmen Sie die einzelnen Benutzerkonten aus der Domäne in die lokale Gruppe *Remotedesktopbenutzer* auf oder Sie erstellen eine Gruppe in der Domäne und nehmen diese in die lokale Gruppe *Remotedesktopbenutzer* auf. Die einzelnen Benutzerkonten nehmen Sie dann nur noch in die Gruppe in der Domäne auf. So ist sichergestellt, dass alle Anwender, die Sie berechtigen, per RDP auf die Rechner im VDI-Pool zugreifen dürfen und Sie nur Mitgliedschaften konfigurieren müssen.

Abbildg. 26.61 Aktivieren des Remotedesktops und Konfigurieren der Benutzerberechtigungen

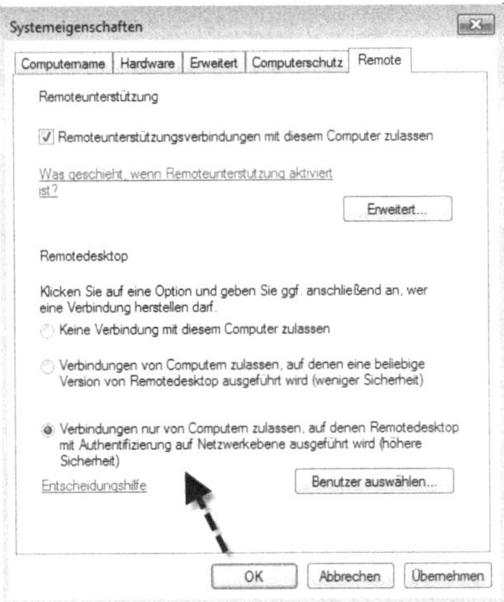

RemoteRPC-Zugriff auf Clientcomputern erlauben

Damit sich die Clients optimal an die VDI-Infrastruktur anbinden, müssen Sie mit Adminrechten auf den Clientcomputern noch den Registrierungs-Editor mit *regedit* öffnen:

1. Navigieren Sie zum Schlüssel *HKEY_LOCAL_MACHINE\SYSTEM\CurrentControlSet\Control\Terminal Server.*
2. Klicken Sie doppelt auf den Wert *AllowRemoteRPC* und geben Sie den Wert *1* vor.

Abbildg. 26.62 Konfigurieren des RemoteRPC-Zugriffs auf einen Clientcomputer in der Registry

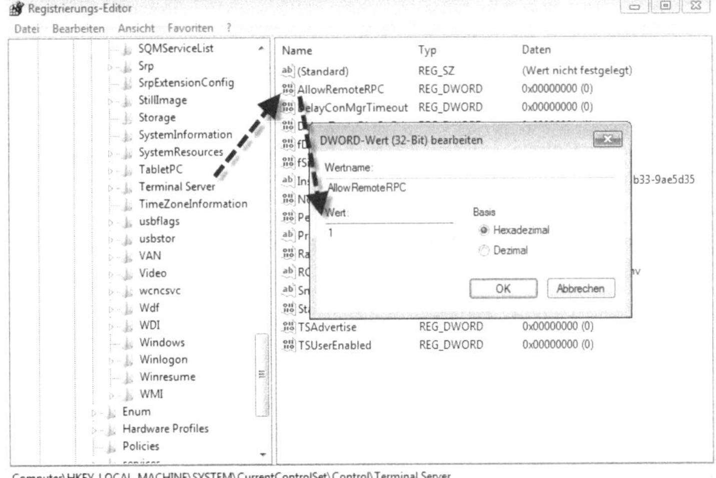

Firewalleinstellungen auf Clientcomputern konfigurieren

Im nächsten Schritt müssen Sie auf den Clientcomputern noch die Firewalleinstellungen anpassen:

1. Öffnen Sie über das Startmenü die Systemsteuerung.
2. Navigieren Sie zu *System und Sicherheit/Windows-Firewall.*
3. Klicken Sie auf *Ein Programm oder Feature durch die Firewall zulassen.*
4. Aktivieren Sie *Remotedienstverwaltung.*

Abbildg. 26.63 Aktivieren der Remotedienstverwaltung

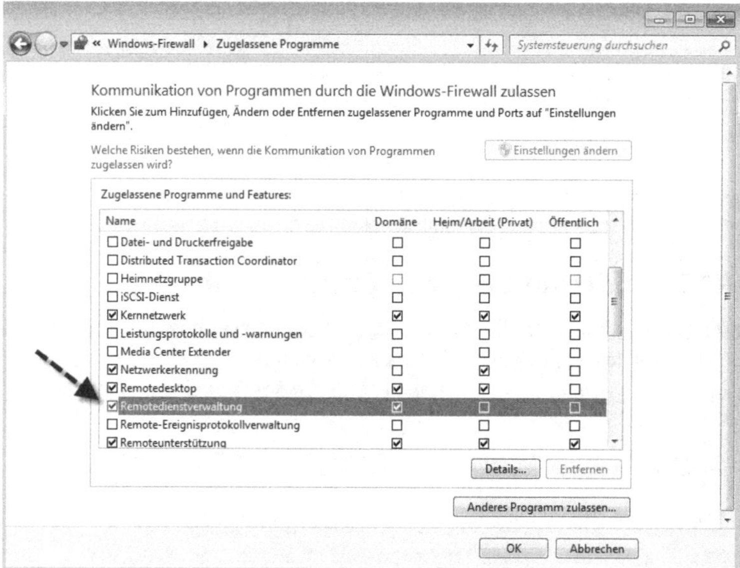

Zugriffsberechtigungen für virtuellen Host konfigurieren

Als Nächstes müssen Sie dem Computerkonto des Servers, auf dem Sie den Remotedesktop-Sitzungshost betreiben und die virtuellen Computer installiert sind, noch RDP-Berechtigungen auf den Clientcomputern gewähren. Das Computerkonto benötigt die Rechte *WINSTATION_QUERY, WINSTATION_LOGOFF* und *WINSTATION_DISCONNECT.* Öffnen Sie dazu am besten über das Kontextmenü eine Eingabeaufforderung mit Administratorrechten. Anschließend geben Sie die Befehle in folgender Reihenfolge auf dem Server ein:

1. *wmic /node:localhost RDPERMISSIONS where TerminalName="RDP-Tcp" CALL AddAccount "<Domäne>\<NetBIOS-Name des Sitzungshostservers>$",1*

Abbildg. 26.64 Konfigurieren von Zugriffsrechten per WMIC

Administrator: Eingabeaufforderung

```
C:\Users\administrator.CONTOSO>wmic /node:localhost RDPERMISSIONS where Terminal
Name="RDP-Tcp" CALL AddAccount "contoso\dell-srv02$",1
(\\CLIENT02-W7-64\ROOT\CIMV2\TerminalServices:Win32_TSPermissionsSetting.Termina
lName="RDP-Tcp")->AddAccount() wird ausgeführt
Methode wurde ausgeführt.
Ausgabeparameter:
instance of __PARAMETERS
{
        ReturnValue = 0;
};
```

2. *wmic /node:localhost RDACCOUNT where "(TerminalName='RDP-Tcp' or TerminalName='Console') and AccountName='<Domäne>\\<NetBIOS-Name des Sitzungshostservers>$'" CALL ModifyPermissions 0,1*

Abbildg. 26.65 Erweitern der Berechtigungen für den Zugriff des Sitzungshosts auf das RDP-Protokoll des Clients

```
Administrator: Eingabeaufforderung
C:\Users\administrator.CONTOSO>wmic /node:localhost RDACCOUNT where "(TerminalNa
me='RDP-Tcp' or TerminalName='Console') and AccountName='contoso\\dell-srv02$'"
CALL ModifyPermissions 0,1
(\\CLIENT02-W7-64\ROOT\CIMV2\TerminalServices:Win32_TSAccount.AccountName="CONTO
SO\\DELL-SRV02$",TerminalName="RDP-Tcp")->ModifyPermissions() wird ausgeführt
Methode wurde ausgeführt.
Ausgabeparameter:
instance of __PARAMETERS
{
        ReturnValue = 0;
};
```

3. *wmic /node:localhost RDACCOUNT where "(TerminalName='RDP-Tcp' or TerminalName='Console') and AccountName='<Domäne>\\<NetBIOS-Name des Sitzungshostservers>$'" CALL ModifyPermissions 2,1*

Abbildg. 26.66 Weitere Anpassung von WMI-Rechten für den Zugriff des Sitzungshostservers auf den Client

```
C:\Users\administrator.CONTOSO>wmic /node:localhost RDACCOUNT where "(TerminalNa
me='RDP-Tcp' or TerminalName='Console') and AccountName='contoso\\dell-srv02$'"
CALL ModifyPermissions 2,1
(\\CLIENT02-W7-64\ROOT\CIMV2\TerminalServices:Win32_TSAccount.AccountName="CONTO
SO\\dell-srv02$",TerminalName="RDP-Tcp")->ModifyPermissions() wird ausgeführt
Methode wurde ausgeführt.
Ausgabeparameter:
instance of __PARAMETERS
{
        ReturnValue = 0;
};

(\\CLIENT02-W7-64\ROOT\CIMV2\TerminalServices:Win32_TSAccount.AccountName="CONTO
SO\\dell-srv02$",TerminalName="RDP-Tcp")->ModifyPermissions() wird ausgeführt
Methode wurde ausgeführt.
Ausgabeparameter:
instance of __PARAMETERS
{
        ReturnValue = 0;
};

C:\Users\administrator.CONTOSO>_
```

4. *wmic /node:localhost RDACCOUNT where "(TerminalName='RDP-Tcp' or TerminalName='Console') and AccountName='<Domäne>\\<NetBIOS-Name des Sitzungshostservers>$'" CALL ModifyPermissions 9,1*
5. *net stop termservice*
6. *net start termservice*
7. Melden Sie sich am Client ab.

Abbildg. 26.67 Abschließen der Konfiguration und Neustart der Remotedesktopdienste auf dem Client

```
C:\Users\administrator.CONTOSO>wmic /node:localhost RDACCOUNT where "(TerminalNa
me='RDP-Tcp' or TerminalName='Console') and AccountName='contoso\\dell-srv02$'"
CALL ModifyPermissions 9,1
(\\CLIENT02-W7-64\ROOT\CIMV2\TerminalServices:Win32_TSAccount.AccountName="CONTO
SO\\DELL-SRV02$",TerminalName="RDP-Tcp")->ModifyPermissions() wird ausgeführt
Methode wurde ausgeführt.
Ausgabeparameter:
instance of __PARAMETERS
{
        ReturnValue = 0;
};


C:\Users\administrator.CONTOSO>net stop termservice
Die folgenden Dienste hängen vom Dienst Remotedesktopdienste ab.
Das Beenden des Dienstes Remotedesktopdienste beendet auch diese Dienste.

   Anschlussumleitung für Remotedesktopdienst im Benutzermodus

Möchten Sie diesen Vorgang fortsetzen? (J/N) [N]: j
Anschlussumleitung für Remotedesktopdienst im Benutzermodus wird beendet..
Anschlussumleitung für Remotedesktopdienst im Benutzermodus wurde erfolgreich be
endet.

Remotedesktopdienste wird beendet.
Remotedesktopdienste wurde erfolgreich beendet.


C:\Users\administrator.CONTOSO>net start termservice
Remotedesktopdienste wird gestartet.
Remotedesktopdienste wurde erfolgreich gestartet.


C:\Users\administrator.CONTOSO>
```

Virtuellen Desktop-Pool konfigurieren

Nachdem Sie die Clients vorbereitet haben, können Sie fortfahren, den Pool zu generieren und an die Umgebung anzubinden.

Rechte des Web Access-Servers auf den Remotedesktop-Verbindungsbrokerserver festlegen

Im ersten Schritt müssen Sie dazu das Computerkonto des Servers mit Web Access für Remotedesktop (kurz Web Access-Server) in die Gruppe *Terminaldienste-Webzugriffscomputer* auf dem Server aufnehmen, auf dem Sie den Remotedesktopdienste-Verbindungsbroker installiert haben (siehe auch den Abschnitt »RemoteApp – Anwendungen virtualisieren« ab Seite 910). Der Web Access-Server greift später auf die Daten des Verbindungsbrokers zu, um RemoteApps oder virtuelle Hosts anzuzeigen. Damit er diese Rechte hat, muss der Web Access-Computer Mitglied der Gruppe sein.

Web Access-Server für den Datenabruf vom Verbindungsbrokerserver konfigurieren

Im nächsten Schritt konfigurieren Sie den Web Access-Server so, dass die Weboberfläche die Daten vom Remotedesktop-Verbindungsbroker abruft. Dazu rufen Sie das Konfigurationsprogramm entweder über die Programmgruppe *Remotedesktopdienste* auf oder Sie rufen die Verwaltung über die Weboberfläche selbst auf, die Sie auf dem Web Access-Server über die URL *https://<Webzugriff-Server/rdweb* erreichen. Melden Sie sich als Administrator an und rufen Sie die Konfiguration auf. Aktivieren Sie zunächst die Option *Remotedesktop-Verbindungsbroker.* Bei *Name der Quelle* geben Sie den Namen des Servers ein, auf dem Sie den Sitzungsbroker installiert haben.

Abbildg. 26.68 Konfiguration des Web Access-Servers zum Datenabruf vom Remotedesktop-Verbindungsbrokerserver

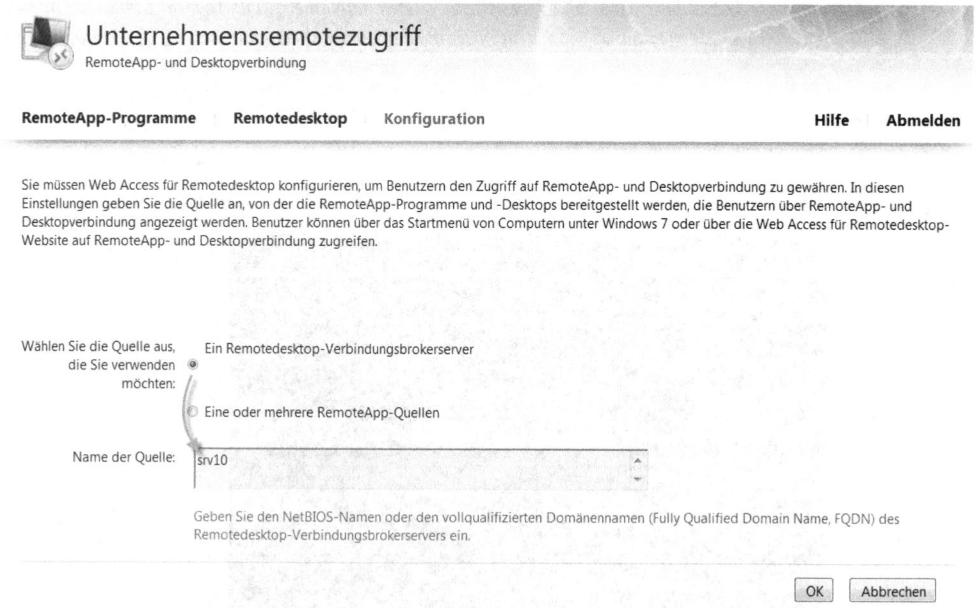

VDI mit dem Remotedesktopverbindungs-Manager konfigurieren

Nachdem Sie die notwendigen Vorkonfigurationen durchgeführt haben, starten Sie auf dem Remotedesktop-Verbindungsbrokerserver das Verwaltungsprogramm *Remotedesktopverbindungs-Manager*:

1. Klicken Sie mit der rechten Maustaste auf den Menüpunkt *Remotedesktopverbindungs-Manager:<Servername>*.
2. Wählen Sie im Kontextmenü den Eintrag *Virtuelle Desktops konfigurieren* aus.

Abbildg. 26.69 Starten des Assistenten zur Konfiguration von virtuellen Desktops

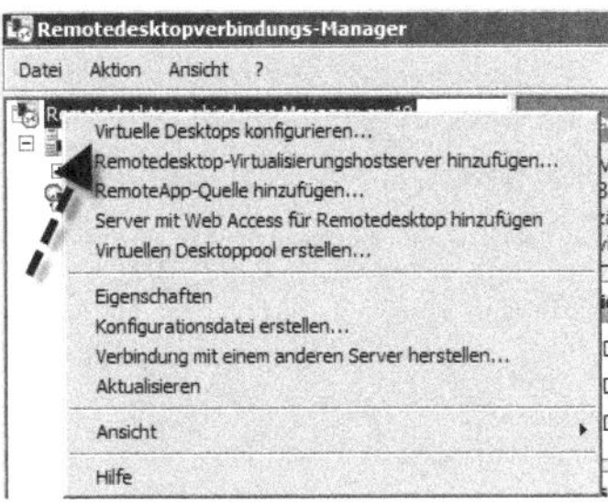

3. Bestätigen Sie die Startseite.
4. Auf der nächsten Seite geben Sie den Server ein, auf dem Sie den Remotedesktopdienste-Sitzungshost installiert haben und klicken Sie auf *Hinzufügen*.

Abbildg. 26.70 Verbindungsaufbau zum Host für Remotedesktopvirtualisierung

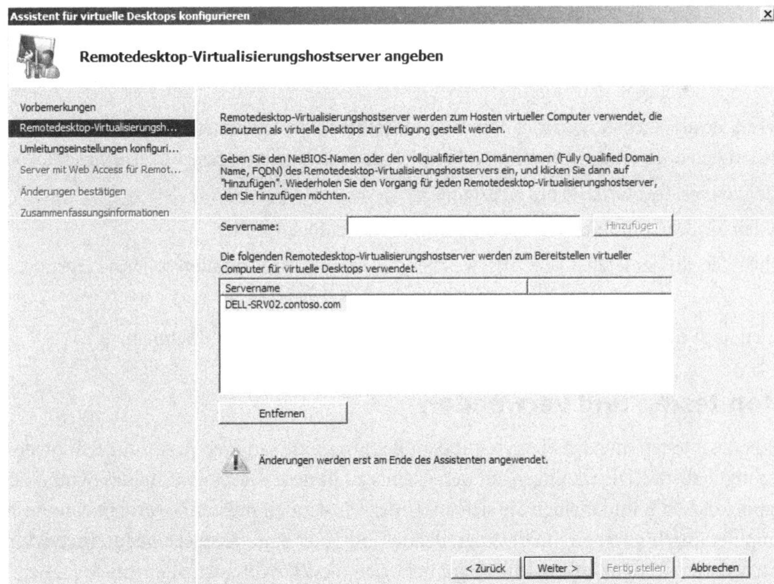

5. Als Nächstes geben Sie den Server an, auf dem Sie den Remotedesktop-Sitzungshost installiert haben.

6. Auf der nächsten Seite hinterlegen Sie den Server mit Web Access für Remotedesktop. Das kann auch der gleiche Server sein, auf dem Sie den Sitzungshost betreiben.
7. Schließen Sie den Assistenten ab und deaktivieren Sie die Option *Persönlichen virtuellen Desktop zuweisen*, wenn Sie mit Pools arbeiten wollen.
8. Im nächsten Schritt fügen Sie die installierten und konfigurierten Clients hinzu.

Abbildg. 26.71 Abschließen der Anbindung virtueller Desktops

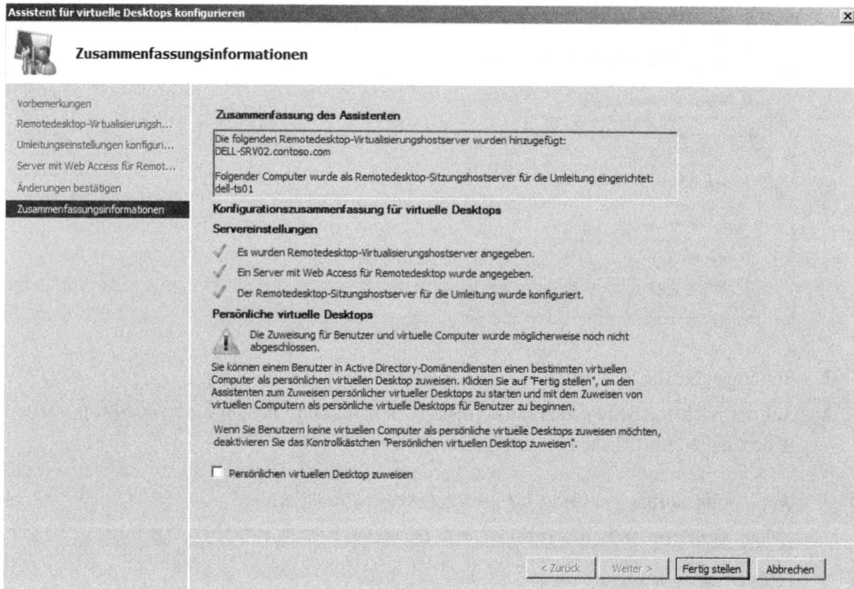

9. Klicken Sie als Nächstes noch mal im Remotedesktopdiensteverbindungs-Manager mit der rechten Maustaste auf den obersten Menüpunkt und wählen dieses Mal die Option *Virtuellen Desktoppool erstellen* aus.
10. Bestätigen Sie die Startseite des Assistenten.
11. Wählen Sie die Computer aus, die Sie zum Pool hinzufügen wollen.
12. Wählen Sie auf der letzten Seite aus, welchen Namen der Pool erhalten soll, und legen Sie eine beliebige ID fest.

Sie können nach der Erstellung beliebig weitere Rechner in Pools mit aufnehmen.

Desktop testen und verwenden

Um den Pool zu testen, melden Sie sich mit dem Benutzerkonto an Web Access für Remotedesktop an, welches Sie berechtigt haben, RDP-Sitzungen auf den Clients zu öffnen. Klicken Sie auf das Symbol, das den virtuellen Desktoppool darstellt, und melden Sie sich an. Unter Umständen müssen Sie erneut eine Authentifizierung für den Computer durchführen, wenn der zugreifende Computer zum Beispiel eine Internetverbindung nutzt oder kein Mitglied der Domäne ist. Anschließend baut sich die RDP-Sitzung zu einem der freien Rechner im Pool auf. Die Anwender müssen dazu nicht wissen, welcher Rechner das ist, sondern werden automatisch weitergeleitet und können mit der RDP-Sitzung auf dem Computer arbeiten.

Abbildg. 26.72 Auf virtuelle Desktops über den Server mit Web Access für Remotedesktop zugreifen

TIPP Haben Sie RemoteApps über das Startmenü an Windows 7-Clients verteilt, wie wir Ihnen in diesem Kapitel ebenfalls zeigen, finden Anwender auch im Startmenü eine Verknüpfung zu den Rechnern im virtuellen Pool. Das gilt auch, wenn Sie einem Anwender einen persönlichen Desktop zur Verfügung stellen. Über den gleichen Weg wie die Verteilung der RemoteApps stellen Sie auch virtuelle Clients als Desktop zur Verfügung. Sie müssen dazu alle Schritte der vorangegangenen Abschnitte durchführen sowie die Schritte, die wir Ihnen im Abschnitt zu den RemoteApps zeigen.

Personalisierte virtuelle Rechner verwenden

Wollen Sie einzelnen Anwendern keinen Rechner aus einem Pool zur Verfügung stellen oder zusätzlich noch einen virtuellen Rechner, den Sie persönlich dem jeweiligen Anwender zuweisen, gehen Sie bei der Einrichtung generell fast identisch vor. Am Ende der Veröffentlichung entfernen Sie bei dem jeweiligen Computer natürlich nicht die Option, dass Sie einen persönlichen Desktop zur Verfügung stellen wollen, sondern lassen diese Option aktiv.

Beachten Sie, dass Sie jedem Anwender nur einen einzelnen Computer als personalisierten virtuellen Desktop zur Verfügung stellen können und dass jeder virtualisierte persönliche Desktop nur einem einzelnen Anwender zugewiesen sein kann. Außerdem muss in diesem Fall die Funktionsebene der Domäne mindestens auf Windows Server 2008 gesetzt sein, darf also keine Domänencontroller mit Windows Server 2003 oder früher enthalten.

HINWEIS Wollen Sie virtuelle Rechner personalisiert zur Verfügung stellen, muss der Name des Computers im Hyper-V-Manager exakt dem FQDN des Rechners in der Domäne entsprechen, ansonsten lässt sich keine Verbindung zum RDP-Desktop aufbauen.

Außerdem können Sie als Berechtigung zum Verbindungsaufbau das jeweilige Benutzerkonto direkt als RDP-Berechtigung hinterlegen, im Gegensatz zur Aufnahme einer ganzen Gruppe.

Abbildg. 26.73 Festlegen der Zugriffsrechte für einen einzelnen Benutzer als Remotedesktopbenutzer

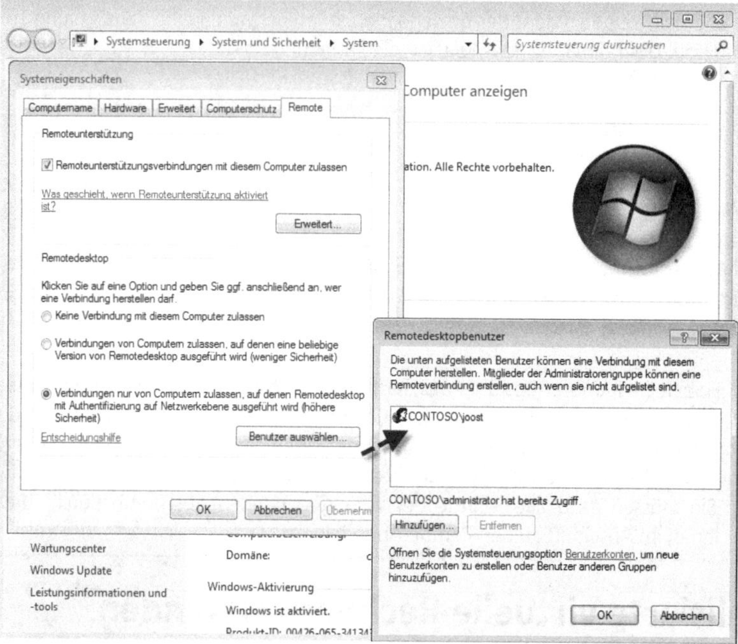

Bei der Erstellung der virtuellen Desktops im Remotedesktopdiensteverbindungs-Manager müssen Sie nach der Zuweisung des virtuellen Desktops keinen Desktoppool erstellen. Sie wählen stattdessen das Benutzerkonto und den zugewiesenen Rechner aus.

Abbildg. 26.74 Zuweisen eines persönlichen Desktops

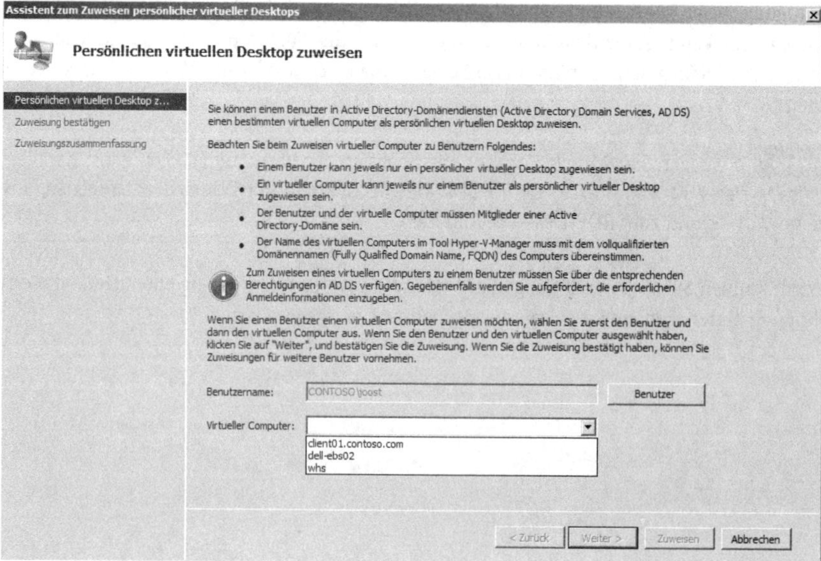

HINWEIS Haben Sie RemoteApps über das Startmenü an Windows 7-Clients verteilt, wie wir Ihnen in diesem Kapitel ebenfalls zeigen, findet der Anwender auch im Startmenü eine Verknüpfung zu seinem personalisierten Desktop. Über den gleichen Weg wie die Verteilung der RemoteApps stellen Sie auch virtuelle Clients als Desktop zur Verfügung. Sie müssen dazu alle Schritte der vorangegangenen Abschnitte durchführen sowie die Schritte, die wir Ihnen im Abschnitt zu den RemoteApps zeigen.

Aero in einer VDI-Infrastruktur verwenden

Arbeiten Sie mit Windows 7 in einer VDI-Infrastruktur, müssen Sie für die Glaseffekte (Aero) in Windows 7 noch Anpassungen vornehmen. Aktivieren Sie die erweiterte Desktopdarstellung in herkömmlichen Remotedesktopsitzungen, funktioniert Aero, wenn Anwender das entsprechende Design aktivieren. Beim Verbindungsaufbau mit dem Hyper-V-Manager funktioniert Aero nicht, das spielt aber auch keine Rolle, da die Anwender mit RDP arbeiten, nicht mit dem Hyper-V-Manager. Der Hyper-V-Manager verwendet kein RDP zum Verbindungsaufbau mit Clientmaschinen, sondern VMConnect, das aktuell noch kein Aero unterstützt.

Arbeiten Sie im Unternehmen mit Thinclients, kann Aero unter Umständen nicht genutzt werden, wenn die Grafikkarte des Clients Aero nicht unterstützt. Allerdings kommen Sie dennoch in die Vorteile von Windows 7 und der verbesserten Oberfläche. Nur die Glaseffekte fehlen. Wollen Sie VDI im Unternehmen mit Thinclients einsetzen, sollten Sie darauf achten, dass diese Aero unterstützten. Da Anwender die Effekte meist von zu Hause gewohnt sind, wollen diese auch im Unternehmen die Funktionen von Aero nutzen. Dabei spielen die Glaseffekte nicht nur spielerisch eine Rolle.

Aero Snap, Aero Peek, Aero Shake – Fenster schneller anordnen

Was beim Bedienen auffällt, sind die erweiterten Möglichkeiten zur Fenstersteuerung, die Windows 7 mit Aero-Glas bietet.

Fenster mit Aero Snap anordnen

Schieben Sie ein Fenster an den rechten oder linken Fensterrand (der Mauszeiger muss den Rand berühren), halbiert es sich automatisch und nimmt den halben Bildschirm in Anspruch. So lassen sich beispielsweise zwei Fenster exakt nebeneinander anordnen. Das funktioniert auch mit der Tastenkombination [Windows]+[←]. Diese Technik nennt Microsoft Aero Snap. Diese Technik funktioniert am rechten und linken Bildschirmrand gleichermaßen.

Vor der Größenanpassung zeigt Windows noch eine Vorschau an, damit Sie erkennen, wie das Fenster angepasst wird, wenn Sie die Maus loslassen. Ziehen Sie ein Fenster an den oberen Rand des Bildschirms, wird es maximiert. Auch hier sehen Sie vorher eine Vorschau. Neben dem Ziehen an den oberen Bildschirmrand können Sie auch ein Fenster per Doppelklick in die Titelleiste maximieren oder indem Sie das *Maximieren*-Symbol oben rechts im Fenster auswählen. Klicken Sie noch mal doppelt auf das Fenster, lässt sich die Einstellung wiederherstellen. Halten Sie mit der Maus die Titelleiste des Fensters fest und ziehen dieses nach unten, lässt sich ein maximiertes Fenster ebenfalls wieder verkleinern.

Desktop mit Aero Peek anzeigen

Klicken Sie auf die kleine Schaltfläche am rechten Rand der Taskleiste neben der Uhr, blendet Windows alle Fenster aus und zeigt den Desktop an. Klicken Sie noch mal auf die Schaltfläche, blendet Windows alle Fenster wieder an der ursprünglichen Stelle ein. Fahren Sie mit der Maus über die Schaltfläche, blendet Windows alle Fenster vorübergehend aus und zeigt eine Vorschau des Desktops an. Diese Funktion nennt Microsoft Aero Peek. Die Vorschau des Desktops zeigen aber nicht alle Grafikkarten an, sondern ist abhängig von der Einstellung.

Klicken Sie mit der rechten Maustaste auf die Schaltfläche zum Anzeigen des Desktops, können Sie an dieser Stelle durch Auswahl der Option *Vorschau für Desktop* diese Vorschau aktivieren. Fahren Sie mit der Maus über ein geöffnetes Programm in der Taskleiste, zeigt Windows eine Vorschau an. Sie sehen an dieser Stelle alle geöffneten Instanzen eines Programms. Fahren Sie mit der Maus über ein solches Vorschaufenster, blendet der Explorer alle anderen Fenster aus und Sie sehen das Fenster in Originalgröße. Soll das Fenster dauerhaft auf dem Desktop angezeigt werden, klicken Sie einfach auf das gewünschte Vorschaufenster.

Nicht aktive Fenster minimieren mit Aero Shake

Haben Sie mehrere Fenster geöffnet und wollen mit einem einzelnen Fenster arbeiten, klicken Sie auf die entsprechende Titelleiste und halten Sie die Maustaste gedrückt. Bewegen Sie das Fenster jetzt schnell hin und her, schütteln es also, minimiert Windows alle anderen Fenster. Schütteln Sie das Fenster noch mal, stellt Windows alle Fenster wieder in Originalgröße her.

Bequemes Umschalten mit Flip und Flip-3D

Wertvolle Funktionen von Aero Glas sind neben den transparenten Fenstern und den Animationen das neue Flip und Flip-3D, mit denen zwischen verschiedenen Fenstern und Applikationen hin und her geschaltet werden kann. Die Fenster und Programme werden in einer kleinen Ansicht, Flip genannt, oder dreidimensional, Flip-3D genannt, angezeigt. Mit Flip-3D können Sie über die Tastenkombination [⊞]+[⇆] umschalten. Wenn Sie, wie in Windows XP, zur Umschaltung die Tastenkombination [Alt]+[⇆] verwenden, sehen Sie die normale Flip-Ansicht mit einer Vorschau aller laufenden Applikationen. Auch wenn Sie mit der Maus über das Symbol eines Programms in der Taskleiste fahren, wird eine Vorschau des Programms angezeigt. Ist Flip-3D aktiv, können Sie auch mit dem Mausrad zwischen den Applikationen wechseln oder durch Klicken auf ein Fenster dieses aktiveren.

Aero für gehostete Desktops aktivieren

Haben Sie Windows 7 in einer VDI-Struktur integriert, ist Aero in den meisten Fällen nicht aktiv. In diesem Fall müssen Sie in einer RDP-Sitzung zunächst ein Aero-Design aktivieren. Zeigt der virtuelle Computer Aero auch dann nicht an, müssen Sie ein paar Einstellungen anpassen. Die Probleme liegen in diesem Fall nicht am Server, sondern am Client.

Abbildg. 26.75 Konfigurieren von Aero im RDP-Client

Damit Clients Aero anzeigen, müssen auf der Registerkarte *Erweitert* die Funktion *Desktopdarstellung* sowie die anderen grafischen Effekte aktiviert sein. Auch die Geschwindigkeit auf der Registerkarte muss an das Netzwerk angepasst werden.

Beim Verbindungsaufbau mit einem virtuellen Desktop können Anwender allerdings keine Einstellungen am RDP-Client vornehmen. Diese Einstellungen sind beim Remotedesktopdienste-Verbindungsbroker hinterlegt. Hier ist in den meisten Fällen Aero jedoch nicht aktiv. Die Einstellungen für Clients in einem virtuellen Desktoppool nehmen Sie auf dem Remotedesktop-Verbindungsbroker im Verwaltungsprogramm *Remotedesktopverbindungs-Manager* vor:

1. Öffnen Sie auf dem Server, auf dem Sie den Remotedesktopdienste-Verbindungsbroker betreiben, das Verwaltungsprogramm *Remotedesktopverbindungs-Manager.*
2. Erweitern Sie *Remotedesktop-Virtualisierungshostserver/Virtuelle Desktops.*
3. Klicken Sie in der Mitte der Konsole im oberen Bereich auf *ändern*, um die RDP-Einstellungen des Pools anzupassen.

Abbildg. 26.76 Anpassen der RDP-Einstellungen eines Pools für virtuelle Computer

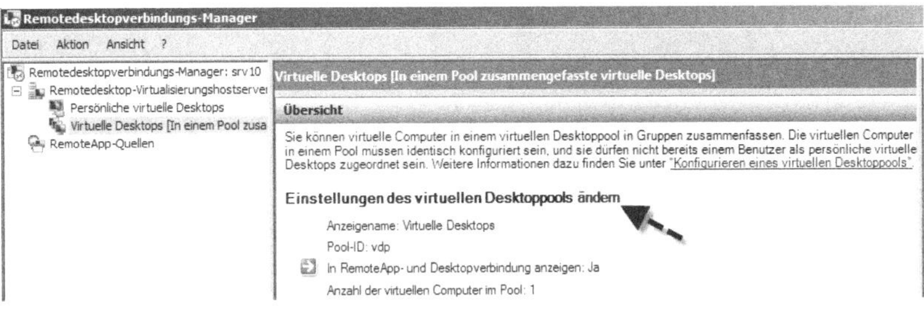

4. Anschließend können Sie auf drei Registerkarten das Verhalten der Clients steuern. Auf der Registerkarte *Allgemein* legen Sie den Namen und die ID des Pools fest. Hier aktivieren und deaktivieren Sie auch den möglichen Verbindungsaufbau zum Pool.

Abbildg. 26.77 Festlegen der allgemeinen RDP-Einstellungen eines Desktoppools

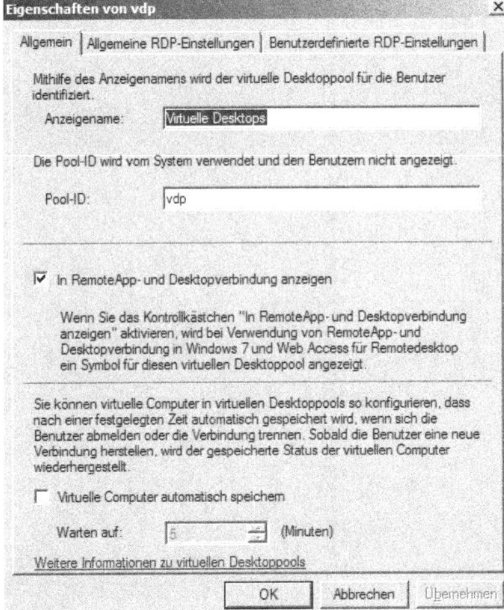

Auf der Registerkarte *Allgemeine RDP-Einstellungen* legen Sie fest, welche Geräte vom Quellcomputer auf die RDP-Sitzung des virtuellen Computers umgeleitet werden sollen. Auch die Anzeigeeinstellungen passen Sie an dieser Stelle an.

Abbildg. 26.78 Anpassen der Umleitungen für einen virtuellen Computer

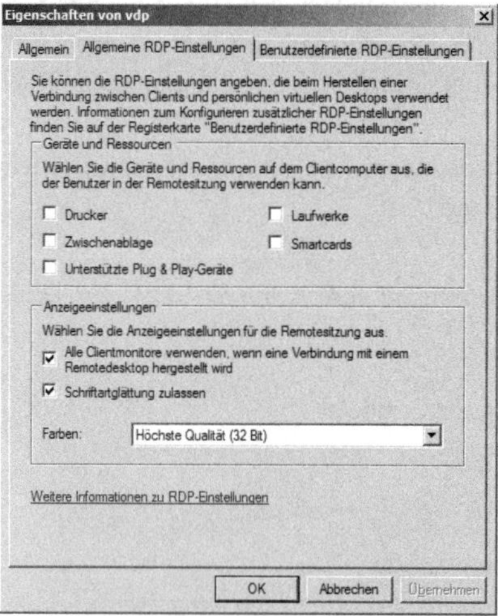

Um Aero und weitere Einstellungen festzulegen, benötigen Sie die Registerkarte *Benutzerdefinierte RDP-Einstellungen*. Der Server übernimmt an dieser Stelle die Einstellungen, die auf dem Client, von dem aus sich Anwender mit dem virtuellen Computer verbinden, als Standard festgelegt sind. Hier verwendet Windows 7 beispielsweise eine Einstellung, dass eine niedrige Bandbreite im Einsatz ist. Diese Einstellung finden Sie auf der Registerkarte *Erweitert* in den Optionen des RDP Clients.

Abbildg. 26.79 Einstellungen eines RDP-Clients, angezeigt im Windows-Editor

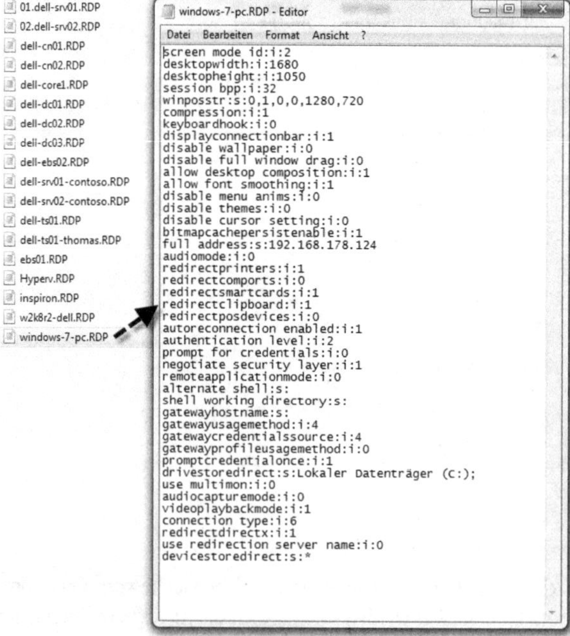

Standardmäßig geht der Broker davon aus, dass die Verbindung über eine langsame Netzwerkverbindung stattfindet und deaktiviert aus diesen Gründen Aero, genauso wie Sie die Einstellungen auf den Clients vornehmen können. Arbeiten Sie mit Aero, sollten Sie die Werte auf der Registerkarte *Benutzerdefinierte RDP-Einstellungen* anpassen. Das Feld ist normalerweise leer. Die Einstellungen, die Sie hier vornehmen, entsprechen denen einer abgespeicherten RDP-Sitzung, die Sie auch in einem Editor öffnen können.

Sie können aus dieser Datei Einstellungen in die Registerkarte auf dem Broker übertragen, allerdings nicht alle. Bei den Einstellungen, die wichtig für Aero sind, handelt es sich vor allem um folgende:

- *connection type:i:6*
- *disable wallpaper:i:0*
- *allow desktop composition:i:1*
- *disable full window drag:i:0*
- *disable menu anims:i:0*
- *disable themes:i:0*
- *disable cursor setting:i:0*

Passen Sie die Werte an Ihre Bedürfnisse an und hinterlegen Sie diese auf der Registerkarte *Benutzerdefinierte RDP-Einstellungen*.

Abbildg. 26.80 Konfigurieren von benutzerdefinierten RDP-Einstellungen

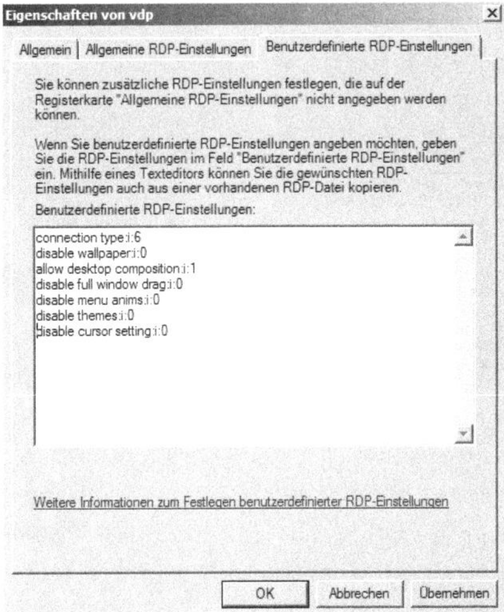

Die Einstellungen wenden Clients aber erst dann an, wenn Sie diese neu auf die Clients aktualisieren lassen:

1. Um dies zu beschleunigen, rufen Sie auf den Clients die Systemsteuerung auf und suchen nach *RemoteApp*.
2. Rufen Sie *RemoteApp- und Desktopverbindungen* auf.
3. Klicken Sie zunächst auf *Eigenschaften* und dann auf *Jetzt aktualisieren*.
4. Anschließend ruft der Client Daten vom Remotedesktop-Verbindungsbroker ab und integriert diese auf dem Client.

Eigenes Hintergrundbild für gehostete Desktops aktivieren

Viele Unternehmen wollen Anwendern ein festes Hintergrundbild zuweisen, wenn diese mit einem virtuellen Computer arbeiten. Dazu arbeiten Sie am besten mit Gruppenrichtlinien. Dazu legen Sie die Computerkonten der virtuellen Computer in eine eigene Organisationseinheit (OU) und konfigurieren auf dieser OU eine Gruppenrichtlinie. Da das Hintergrundbild, wie viele Einstellungen, eine benutzerspezifische Einstellung ist, müssen Sie zunächst eine Einstellung festlegen, dass das Hintergrundbild für Computer fest vorgegeben wird.

Mit der Richtlinie *Loopbackverarbeitungsmodus für Benutzergruppenrichtlinie* im Bereich *Computerkonfiguration/Richtlinien/Administrative Vorlagen/System/Gruppenrichtlinie* legen Sie fest, dass Einstellungen von Benutzern auf alle Computer angewendet werden. Aktivieren Sie die Richtlinie, können Sie als Option entweder *Ersetzen* oder *Zusammenführen* wählen. Wählen Sie *Ersetzen*, ersetzt die Richtlinie alle Einstellungen, die auf Benutzer festgelegt sind, auch aus anderen Richtlinien. Wählen Sie *Zusammenführen*, verwendet die Richtlinie alle Einstellungen. Bei Konflikten verwendet Windows Server 2008 R2 die Richtlinie, für die Sie den Loopbackverarbeitungsmodus aktiviert haben.

Abbildg. 26.81 Konfigurieren des Loopbackverarbeitungsmodus für Gruppenrichtlinien

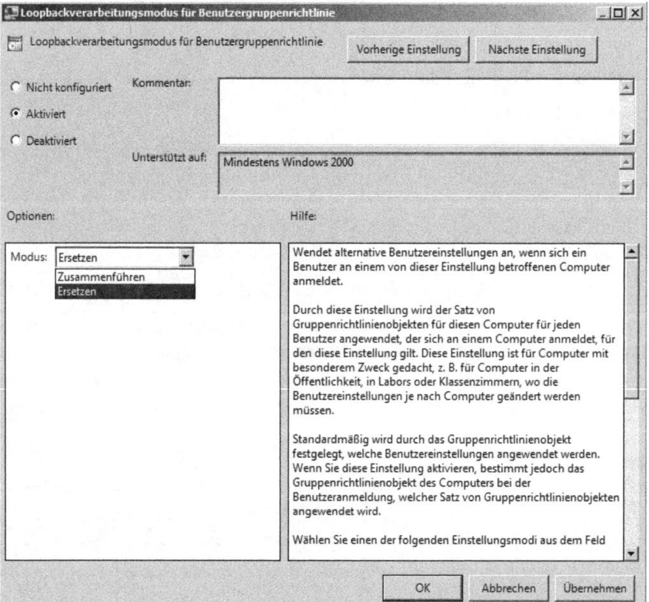

Anschließend können Sie das Hintergrundbild aktivieren. Die Einstellung für Hintergrundbilder finden Sie bei *Benutzerkonfiguration/Richtlinien/Administrative Vorlagen/Desktop/Desktop* in der Richtlinie *Desktophintergrund.*

Abbildg. 26.82 Festlegen eines Hintergrundbilds für gehostete Computer

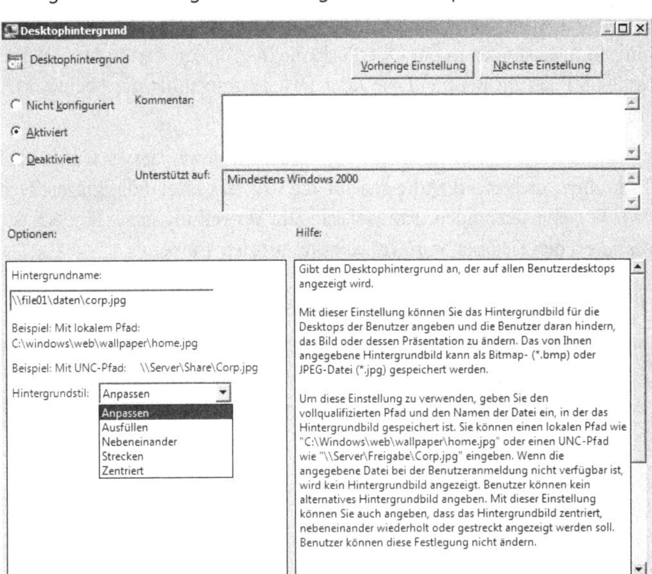

Remotedesktop-Verbindungsbroker

Der Remotedesktop-Verbindungsbroker hat die Aufgabe, Benutzer wieder mit ihren getrennten Sitzungen zu verbinden, wenn Sie die Remotedesktopdienste in einer Farm einsetzen. Beim Einsatz von Loadbalancing (Lastverteilung) speichert diese Funktion den Benutzernamen, die Session-ID und den Remotedesktop-Sitzungshost, auf dem der Anwender verbunden war. Damit die Benutzer wieder mit der entsprechenden Sitzung auf ihrem Remotedesktop-Sitzungshost verbunden werden, müssen allerdings alle Server in der Loadbalancing-Farm unter Windows Server 2008 R2 laufen. Eine gemischte Umgebung mit Windows Server 2003 wird für diese Funktion nicht unterstützt, ein Mischbetrieb mit Windows Server 2008 ist auch nicht optimal.

Der Netzwerklastenausgleich unterstützt die Lastverteilung auf der Ebene des TCP/IP-Protokolls und findet sich daher bei den Einstellungen für die Netzwerkverbindungen. Bei NLB werden mehrere Systeme zu einem Cluster zusammengeschlossen (siehe Kapitel 33). Der NLB sorgt dafür, dass die eingehenden TCP/IP-Anforderungen optimal auf die verschiedenen Server verteilt werden. Diese Art des Clustering ist vor allem für Webserver sowie für Remotedesktopdienste gedacht.

HINWEIS Der Remotedesktop-Verbindungsbroker sollte nicht auf einem Remotedesktop-Sitzungshost installiert werden. Da der Remotedesktop-Verbindungsbroker auf die Netzwerklastenausgleich (NLB)-Funktion von Windows Server 2008 R2 aufsetzt, sollte auch diese Funktion eingerichtet werden. Der Sitzungsbroker speichert seine Informationen in einer Datenbank. Alle Server, die in einem NLB-Verbund beteiligt sind, sollten sich im gleichen Subnetz befinden. Sie müssen für alle beteiligten Server im NLB-Verbund den gleichen Farmnamen verwenden, da über diese Konfiguration der Remotedesktop-Verbindungsbroker die Benutzeranmeldungen verteilt. NLB können Sie über den Server-Manager als neues Feature hinzufügen. Alternativ können Sie NLB auch über die Befehlszeile mit dem Befehl *servermanagercmd.exe –install nlb* installieren.

Nach der Installation des Features können Sie über das Verwaltungsprogramm des Netzwerklastenausgleichs einen neuen NLB-Cluster erstellen (siehe hierzu Kapitel 33). In diesem Bereich hat sich im Vergleich zu Windows Server 2003 außer einigen Änderungen in der Oberfläche nichts Größeres verändert. Wie alle Netzwerkdienste in Windows Server 2008 R2, zum Beispiel DNS oder DHCP, unterstützt der Netzwerklastenausgleich jetzt auch IPv6 für die Kommunikation zwischen den Clusterknoten.

Auch die Zusammenarbeit mit einem Forefront Threat Management Gateway-Server wurde im Netzwerklastenausgleich verbessert. Es können mehrere IP-Adressen für die Clusterknoten konfiguriert werden, was für Clients, die IPv4- und IPv6-Verkehr verwenden, sinnvoll ist. Zur Verwaltung eines NLB-Clusters dient der *Netzwerklastenausgleich-Manager*, den Sie über *Start/Verwaltung* aufrufen können.

Abbildg. 26.83 Verwalten eines neuen NLB-Clusters mit dem Netzwerklastenausgleich-Manager

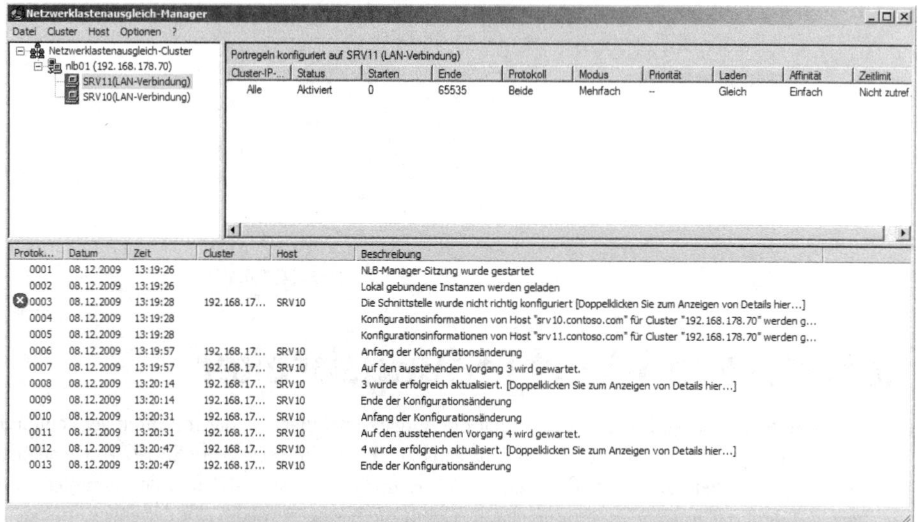

Der Sitzungsbroker kann nur innerhalb eines Loadbalancing-Verbunds verwendet werden sowie für die Aufteilung von RemoteApps und den Zugriff der Clients auf Remotedesktop-Sitzungshosts. Außerdem müssen alle Server Mitglied einer Active Directory-Domäne sein. Ebenfalls neu ist die Möglichkeit, dass Sie die Performance einzelner Server gewichten können. So können Sie zum Beispiel leistungsfähigeren Servern mehr Benutzer zuteilen als weniger leistungsfähigen Servern. Diese Einstellungen finden Sie zum Beispiel in den Gruppenrichtlinien. Die entsprechenden Einstellungen finden Sie unter *Computerkonfiguration/Administrative Vorlagen/Windows-Komponenten/Remotedesktopdienste/Remotedesktopsitzungs-Host/Remotedesktop-Verbindungsbroker.*

Abbildg. 26.84 Konfigurieren des Remotedesktop-Verbindungsbrokers

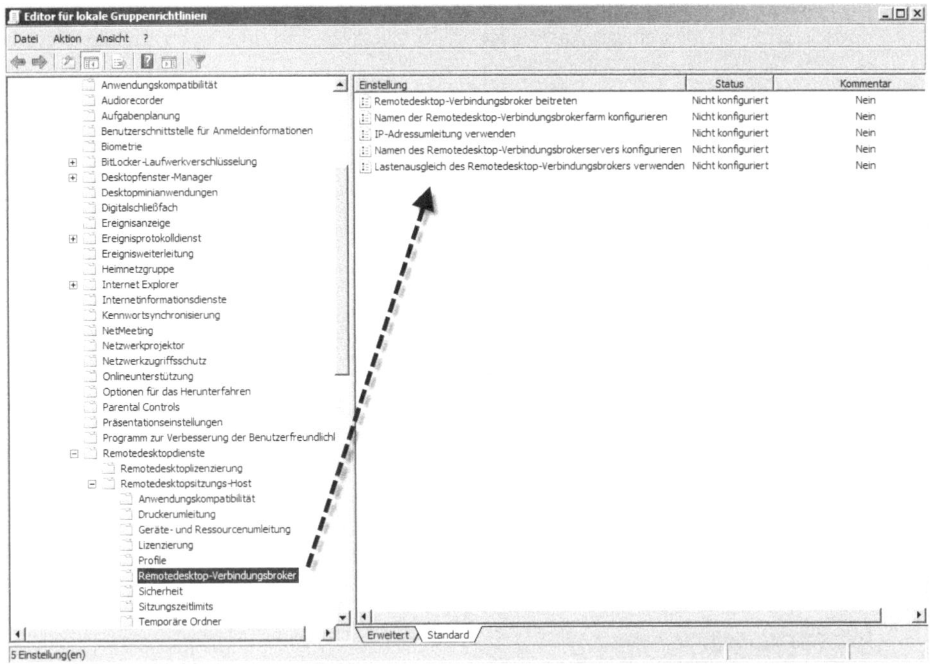

ACHTUNG Verwenden Sie bei allen Einstellungen auf allen Servern, auch in den Gruppenrichtlinieneinstellungen, immer den gleichen Farm-Namen. Nur dann ist sichergestellt, dass alle Einstellungen auch auf allen Servern in der Farm angewendet werden. Auf dem Server, auf dem Sie den Remotedesktopdienste-Sitzungsbroker installiert haben, wird eine lokale Gruppe mit der Bezeichnung *Sitzungsverzeichnis-Computer* (Session Directory Computers) erstellt.

Die lokale Benutzerverwaltung rufen Sie am besten über *lusrmgr.msc* auf. Jedes Computerkonto auf dem Remotedesktop-Sitzungshost, das Mitglied der Farm werden soll, muss in diese Gruppe auf dem Remotedesktop-Verbindungsbrokerserver aufgenommen werden. Außerdem sollten Sie alle Computerkonten von Remotedesktop-Sitzungshosts auf dem Verbindungsbroker in die Gruppe *Sitzungsbrokercomputer* aufnehmen.

Haben Sie einen Verbindungsbroker installiert, müssen Sie im Verwaltungsprogramm *Konfiguration des Remotedesktop-Sitzungshostserver* diesen im Bereich *Remotedesktop-Verbindungsbroker* konfigurieren. Sie hinterlegen, welche Netzwerkverbindung im Broker zur Verfügung steht.

Abbildg. 26.85 Konfiguration des Remotedesktop-Verbindungsbrokers

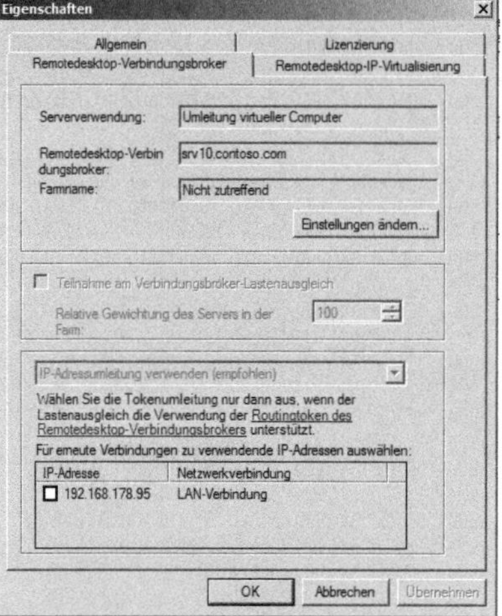

Sie können in der Konfiguration auch einen Farmnamen sowie die Lizenzierung der Farm festlegen.

Abbildg. 26.86 Aufnehmen eines Computers zu einer Farm

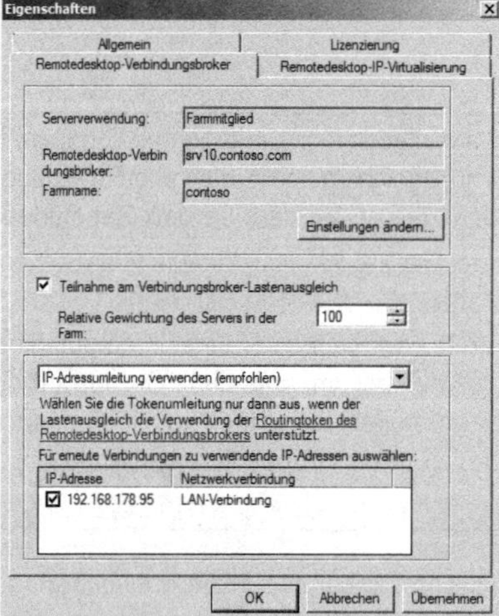

Roundrobin konfigurieren

Erstellen Sie eine Serverfarm für Remotedesktop-Verbindungsbroker, sollten Sie auch Konfigurationen im DNS-System vornehmen. Diese Konfiguration wird als *Roundrobin* bezeichnet. Das ist ein einfacher Mechanismus, mit dem DNS-Server die Last auf Netzwerkressourcen verteilen. Roundrobin wird verwendet, um die Reihenfolge der zurückgegebenen Ressourceneinträge in der Antwort auf eine Abfrage zyklisch zu ändern, wenn es für den verlangten DNS-Domänennamen mehrere Einträge desselben Typs gibt. Diese einfachste Form der Lastverteilung auf mehrere Computer wird als DNS-Roundrobin bezeichnet (siehe auch Kapitel 23). Dabei wird ein Hostname mehrfach mit jeweils anderer IP-Adresse eingetragen.

Erreicht den DNS-Server jetzt eine Anfrage des Clients, liefert er die Liste aller gefundenen IP-Adressen zurück, wobei er die Reihenfolge der Einträge jeweils um eins verschiebt. Damit wird im Mittel jeder Eintrag gleich häufig an erster Stelle dem Client zurückgeliefert. Um dem Client möglichst einen Server direkt in seiner Nähe zu nennen – im TCP/IP bedeutet das, innerhalb desselben IP-Subnetzes –, wird bei Hostnamen mit mehreren zugeordneten IP-Adressen vor der Umsortierung durch Roundrobin zunächst ermittelt, ob es einen Eintrag gibt, der dem Subnetz des Clients zuzuordnen ist. Dieser wird anschließend an die erste Stelle der zurückgegebenen Liste gesetzt. Nur wenn kein passender eindeutiger Eintrag gefunden wird, kommt Roundrobin zur Lastverteilung zum Einsatz. Um einen RoundrobinEintrag für die Farm zu erstellen, gehen Sie folgendermaßen vor:

1. Öffnen Sie die Verwaltung Ihres DNS-Servers.
2. Erstellen Sie in der Active Directory-Zone einen neuen Forward-Lookupeintrag mit der Bezeichnung der Farm. Verwenden Sie als Farmnamen keinesfalls den Namen eines Servers innerhalb der Farm, sondern einen eigenständigen Namen.
3. Tragen Sie als IP-Adresse die Adresse eines Servers in der Farm ein und bestätigen Sie die Erstellung des Eintrags.
4. Erstellen Sie jetzt für jeden weiteren Server der Farm einen identischen Eintrag der jeweils zur IP-Adresse eines anderen Servers zeigt.
5. Abschließend verfügen Sie für jeden Server in der RD-Farm über einen Eintrag mit gleichem Namen und jeweils einer IP-Adresse für einen Server in der Farm.

Abbildg. 26.87 Erstellen von neuen Host A-Einträgen für die Unterstützung von Round Robin

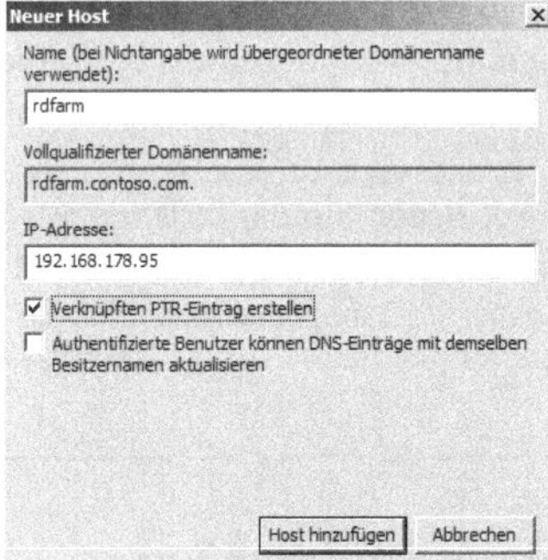

IP-Virtualisierung mit Remotedesktopdiensten

Mit der IP-Virtualisierung können Sie einzelnen Sitzungen auf einem Remotedesktop-Sitzungshost dedizierte IP-Adressen zuteilen. Diese Funktion benötigen Unternehmen oft, wenn eine bestimmte Anwendung per IP mit einem Rechner kommunizieren muss. Da alle verbundenen Sitzungen auf einem Remotedesktop-Sitzungshost die Adresse des Servers haben, laufen einzelne Anwendungen unter Umständen nicht. Diese Probleme lassen sich mit IP-Virtualisierung umgehen. Bei der Einrichtung der Umgebung gehen Sie so vor, wie wir in diesem Kapitel bereits für die anderen Rollendienste der Remotedesktopdienste besprochen haben. Auf dem Remotedesktop-Sitzungshost rufen Sie für die IP-Virtualisierung das Verwaltungsprogramm *Konfiguration des Remotedesktop-Sitzungshosts* auf:

1. Aktivieren Sie im Bereich *Remotedesktop-IP-Virtualisierung* die Option *IP-Virtualisierung*.
2. Wählen Sie die Netzwerkverbindung aus, über die Sie die Virtualisierung durchführen wollen.
3. Wählen Sie entweder das Programm oder die Sitzung aus, für die Sie eigene IP-Adressen erstellen wollen.

Abbildg. 26.88 Aktivierung der IP-Virtualisierung für Remotedesktopdienste

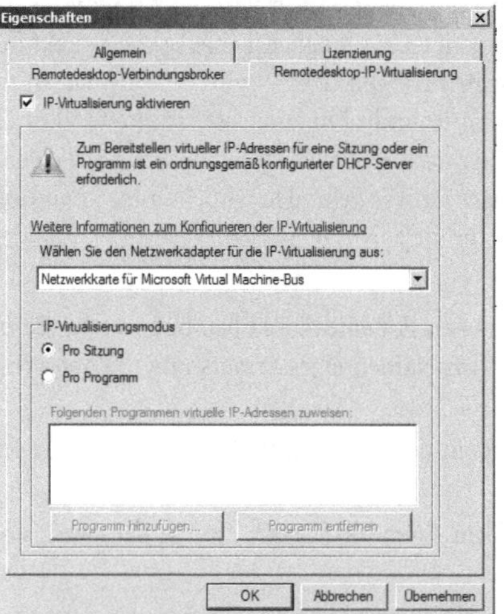

Damit der Zugriff funktioniert, muss das Zertifikat des Servers auf dem Client hinterlegt sein. Arbeiten Sie mit einem selbstsignierten Zertifikat, müssen Sie dieses sowie die vertrauenswürdigen Stammzertifizierungsstellen auf dem Client importieren. Außerdem müssen Sie einen DHCP-Server im Netzwerk betreiben, der den Sitzungen virtuelle IP-Adressen aus einem Pool zuteilen kann. In den Optionen des DHCP-Servers oder während seiner Installation können Sie die Option *Statusfreien DHCPv6-Modus für diesen Server* aktiv lassen.

TIPP Stellen Sie sicher, dass auf den Servern, auf denen Sie die Rollendienste *Web Access für Remotedesktopdienste, Remotedesktopdienste-Verbindungsbroker* und *Remotedesktop-Sitzungshost* installiert haben, jeweils in der lokalen Benutzergruppe *Terminaldienste-Webzugriffcomputer* die zwei Computerkonten der anderen Server aufgenommen sind. Ansonsten haben Sie bei den verschiedensten Funktionen der Remotedesktopdienste Funktionalitätsprobleme.

Remotedesktopdienste und der Windows-Systemressourcen-Manager

Durch die Integration des Windows-Systemressourcen-Managers (WSRM) direkt in das Betriebssystem können Sie CPU und Arbeitsspeicher direkt einzelnen Applikationen, Diensten oder Prozessen zuweisen. So können Sie verhindern, dass unwichtige Applikationen auf einem Server andere, wichtigere Applikationen ausbremsen.

TIPP Wollen Sie den WSRM zusammen mit den Remotedesktopdiensten einsetzen, sollten Sie vor der Installation des WSRM zunächst die Remotedesktopdienste installieren.

Um den WSRM auf einem Remotedesktop-Sitzungshost zu installieren, gehen Sie folgendermaßen vor:

1. Starten Sie den Server-Manager und klicken Sie auf *Features/Features hinzufügen*.
2. Wählen Sie die Funktion *Windows-Systemressourcen-Manager* aus.
3. Bestätigen Sie die Meldung *Erforderliche Funktionen hinzufügen* und schließen Sie die Installation ab.

Abbildg. 26.89 Installation des WSRM auf einem Server

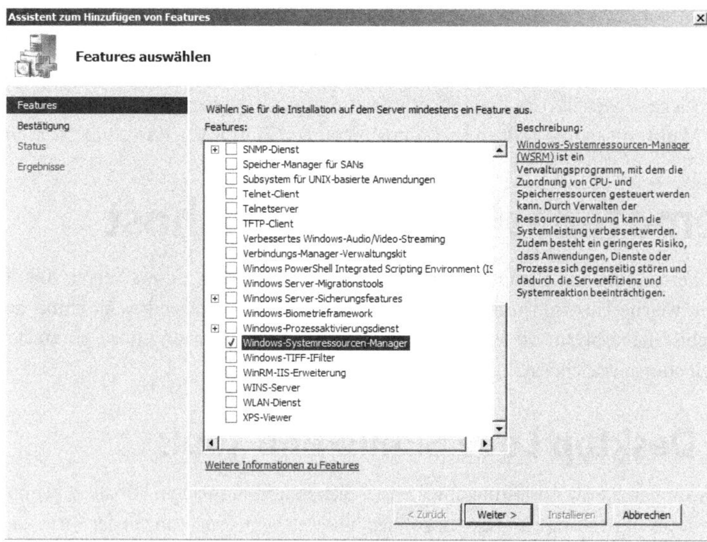

4. Stellen Sie sicher, dass der Systemdienst *Windows-Systemressource-Manager* gestartet ist und auf *Automatisch* steht. Die Dienste finden Sie am schnellsten, wenn Sie im Suchfeld des Startmenüs *services.msc* eingeben.
5. Nachdem Sie den WSRM installiert und den dazugehörigen Systemdienst gestartet haben, können Sie die Verwaltung der Funktion über *Start/Verwaltung/Windows-Systemressourcen-Manager* starten.
6. Lassen Sie sich mit dem lokalen Computer verbinden.

Abbildg. 26.90 Verwalten des Windows-Systemressourcen-Managers

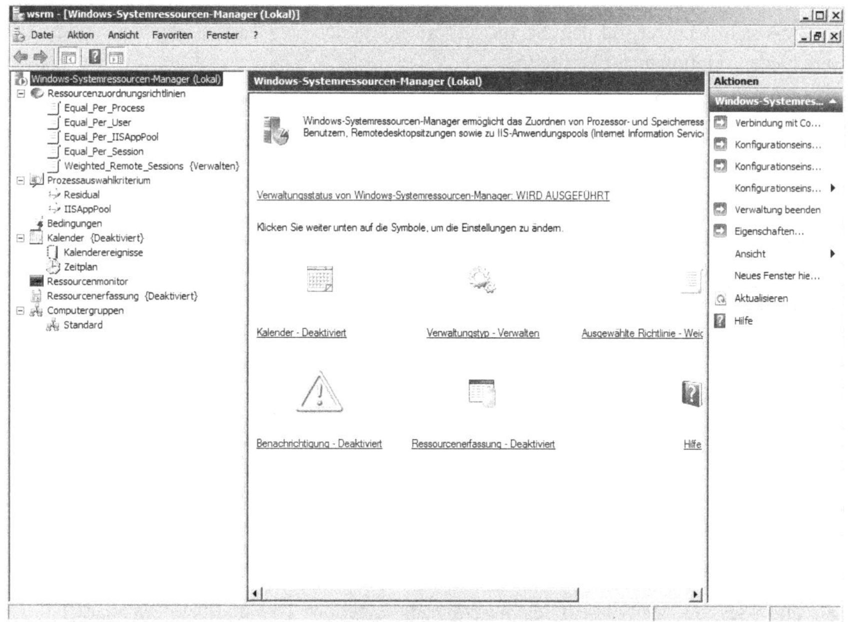

Um die Ressourcen auf einem Remotedesktop-Sitzungshost zu verwalten, dienen hauptsächlich die beiden Ressourcezuweisungsrichtlinien *Equal_Per_User* und *Equal_Per_Session*. Die Richtlinie *Equal_Per_Session* ist neu seit Windows Server 2008. Idealerweise setzen Sie diese Richtlinie ein, um die Ressourcen auf einem Remotedesktop-Sitzungshost zu steuern. In diesem Fall erhalten die Anwender und deren gestartete Prozesse gleichmäßig CPU und Speicher zugeteilt. Um diese Richtlinie als Basis für die Verteilung zu verwenden, klicken Sie sie mit der rechten Maustaste an und wählen im Kontextmenü den Eintrag *Als Verwaltungsrichtlinie setzen*.

Tools für Remotedesktop-Sitzungshost

Für die bessere Verwaltung von Remotedesktop-Sitzungshosts bringt Windows Server 2008 R2 bereits einige Bordmitteln mit, welche einzelne Aufgaben deutlich erleichtern. Im folgenden Abschnitt gehen wir auf die wichtigsten Befehlszeilentools für die Verwaltung von Remotedesktop-Sitzungshosts ein sowie auf Zusatztools, welche die Arbeit enorm erleichtern.

Remote Desktop Load Simulation Tools

Mit diesen Tools können Sie die Auslastung Ihrer Server planen und simulieren. Vor allem beim Aufbau einer Serverfarm sind die Tools sinnvoll, da Sie festlegen können, mit welcher Gewichtung in der Farm die einzelnen Server konfiguriert sein sollen. Sie können die Installationsdatei und die zwei sehr ausführlichen Anleitungen von der Seite *http://www.microsoft.com/downloads/details.aspx?FamilyID=C3F5F040-AB7B-4EC6-9ED3-1698105510AD* herunterladen, oder indem Sie nach »Remote Desktop Load Simulation Tools« in einer Suchmaschine suchen.

Change Logon – Anmeldungen aktivieren oder deaktivieren

Mit dem Befehlszeilentool *Change Logon* können Sie die Anmeldung auf einem Remotedesktop-Sitzungshost aktivieren oder deaktivieren. Wenn Sie zum Beispiel einen Remotedesktop-Sitzungshost warten und nicht wollen, dass sich Benutzer mit dem Server verbinden, können Sie *Change Logon* verwenden. Dazu stehen Ihnen verschiedene Optionen zur Verfügung:

- **change logon /enable** Aktiviert die Anmeldung auf einem Remotedesktop-Sitzungshost
- **change logon /disable** Deaktiviert die Anmeldung. Es darf sich kein Benutzer mehr auf dem Remotedesktop-Sitzungshost anmelden.
- **change logon /drain** Durch diese Option werden neue Anmeldungen verhindert, aber getrennte Sitzungen auf dem Server können wieder neu aufgebaut werden
- **change logon /query** Mit dieser Abfrage können Sie den aktuellen Status der Anmeldung abfragen

Query – Prozessinformationen auf Remotedesktop-Sitzungshosts

Mit dem Befehl *Query* können Sie verschiedene Abfragen in der Befehlszeile starten, um sich einen Überblick zu verschaffen, welche Prozesse zurzeit laufen und welche Benutzer angemeldet sind. Sie können sich alle Remotedesktop-Sitzungshosts des Standorts anzeigen lassen. Grundsätzlich gibt es vier wichtige Optionen, die Sie mit Query abfragen können:

- **query process** Dieser Befehl zeigt alle laufenden Prozesse auf dem Remotedesktop-Sitzungshost
- **query session** Mit diesem Befehl werden alle laufenden Terminalsitzungen angezeigt

- **query termserver** Alle Remotedesktop-Sitzungshosts im Subnetz werden angezeigt
- **query user** Alle auf dem Remotedesktop-Sitzungshost angemeldeten Benutzer werden angezeigt

Reset – Terminalsitzungen zurücksetzen

Mit dem Befehl *Reset* können Sie anhand Ihrer ID Sitzungen auf dem Remotedesktop-Sitzungshost zurücksetzen. Sie können zum Beispiel mit dem Befehl *query session* alle Sitzungen mit deren ID anzeigen lassen. Im Anschluss können Sie mit *reset session <Nummer der Session>* eine bestimmte Sitzung zurücksetzen. Dieser Vorgang geht oft schneller als in der Remotedesktop-Sitzungshost-Verwaltung.

TSCON und TSDISCON – Abmelden und Anmelden von Remotedesktopsitzungen

Mit den beiden Befehlen *TSCON* und *TSDISCON* können Remotedesktopsitzungen verbunden oder abgemeldet werden. Diese Funktion hat die gleiche Bedeutung wie in der Remotedesktop-Sitzungshost-Verwaltung, wenn eine getrennte Sitzung wieder mit einem Client verbunden werden soll. Bei diesen Befehlen werden die Benutzer nicht zurückgesetzt und deren Sitzung gelöscht, sondern nur getrennt oder erneut verbunden.

TSCON

```
tscon {<Sitzungskennung> | <Sitzungsname>} [/dest:<Sitzungsname>] [/password:<Kennwort>] [/v]
```

Wenn Sie den optionalen Parameter */dest:<Sitzungsname>* verwenden, ist dieser die Kennung der Sitzung, mit der eine Verbindung hergestellt werden soll. Dieser gibt den Namen der aktuellen Sitzung an. Diese Sitzung wird getrennt, wenn eine Verbindung mit der neuen Sitzung hergestellt wird. Sie müssen über die Zugriffsberechtigung für den Vollzugriff oder über die beschränkte Zugriffsberechtigung für den Verbindungsaufbau verfügen, um eine Verbindung mit einer anderen Sitzung herstellen zu können. Mit dem Parameter */dest:<Sitzungsname>* können Sie die Sitzung eines anderen Benutzers mit einer anderen Sitzung verbinden. Geben Sie im Parameter *Kennwort* kein Kennwort an und gehört die Zielsitzung einem anderen Benutzer als dem aktuellen, schlägt die Ausführung von *TSCON* fehl. Mit der Konsolensitzung kann keine Verbindung hergestellt werden.

Hierzu einige Beispiele:

- Geben Sie *tscon 12* ein, um eine Verbindung mit Sitzung *12* auf dem aktuellen Remotedesktop-Sitzungshost herzustellen und um die aktuelle Sitzung zu trennen
- Geben Sie *tscon 23 /password:<meinkennwort>* ein, um eine Verbindung mit Sitzung *23* auf dem aktuellen Remotedesktop-Sitzungshost unter Verwendung des Kennworts *meinkennwort* herzustellen und um die aktuelle Sitzung zu trennen
- Geben Sie *tscon TERM03 /v /dest:TERM05* ein, um eine Verbindung zwischen der Sitzung *TERM03* und der Sitzung *TERM05* herzustellen und dann die noch verbundene Sitzung *TERM05* zu trennen

TSDISCON

```
tsdiscon [{Sitzungskennung | Sitzungsname}] [/server:Servername] [/v]
```

Zum Trennen eines anderen Benutzers von einer Sitzung müssen Sie über die Berechtigung zum Vollzugriff verfügen. Wird keine Sitzungskennung oder kein Sitzungsname angegeben, trennt *TSDISCON* die aktuelle

Sitzung. Alle Anwendungen, die beim Trennen der Sitzung ausgeführt wurden, werden beim erneuten Verbinden mit dieser Sitzung automatisch und ohne Datenverlust wieder ausgeführt. Verwenden Sie den Befehl *reset session*, um die aktiven Anwendungen der getrennten Sitzung zu beenden. Dies kann jedoch bei der betreffenden Sitzung zum Verlust von Daten führen. Der Parameter */server* ist nur erforderlich, wenn Sie *TSDISCON* von einem Remoteserver aus verwenden. Die Konsolensitzung kann nicht getrennt werden.

Hierzu einige Beispiele:

- Geben Sie *tsdiscon* zum Trennen der aktuellen Sitzung ein
- Geben Sie *tsdiscon 10* zum Trennen von Sitzung 10 ein
- Geben Sie *tsdiscon TERM04* zum Trennen der Sitzung mit dem Namen *TERM04* ein

TSKILL – Prozesse auf Remotedesktop-Sitzungshosts beenden

Mit dem Befehl *TSKILL* können Sie einzelne Prozesse auf einem Remotedesktop-Sitzungshost beenden. Sie können sich zum Beispiel mit *query process* alle laufenden Prozesse anzeigen lassen und im Anschluss mit *tskill <PID des Prozesses>* den Prozess beenden.

Syntax:

```
tskill {<Prozesskennung> | <Prozessname>} [/server:<Servername>] [{/id:<Sitzungskennung> | /a}] [/v]
```

- **Prozesskennung** Die Kennung des zu beendenden Prozesses (PID)
- **Prozessname** Der Name des zu beendenden Prozesses. Sie können bei der Eingabe dieses Parameters Platzhalterzeichen verwenden.
- **/server:<Servername>** Gibt den Remotedesktop-Sitzungshost an, auf dem sich der zu beendende Prozess befindet. Erfolgt keine Angabe, wird der aktuelle Remotedesktop-Sitzungshost verwendet.
- **/id:<Sitzungskennung>** Beendet den in der angegebenen Sitzung ausgeführten Prozess
- **/a** Beendet den in allen Sitzungen ausgeführten Prozess
- **/v** Zeigt Informationen zu den Aktionen an, die gerade ausgeführt werden

Wenn Sie kein Administrator sind, können Sie den Befehl *tskill* nur zum Beenden der Prozesse verwenden, die Sie besitzen. Administratoren haben Vollzugriff auf alle Funktionen von *tskill* und können Prozesse in Sitzungen anderer Benutzer beenden. Werden alle in einer Sitzung ausgeführten Prozesse beendet, wird die Sitzung ebenfalls beendet.

Hierzu einige Beispiele:

- Um den Prozess *6543* zu beenden, geben Sie *tskill 6543* ein
- Um den in Sitzung 5 ausgeführten Prozess *explorer* zu beenden, geben Sie *tskill explorer /id:5* ein

Zusammenfassung

Mit den neuen Funktionen in den Remotedesktopdiensten wie RemoteApp, Remotedesktopgateway, Web Access für Remotedesktop sowie dem neuen RDP-Client stellen die Remotedesktopdienste in Windows Server 2008 R2 ein mächtiges Werkzeug zur Anwendungsvirtualisierung zur Verfügung. Wir haben Ihnen in diesem Kapitel ausführlich gezeigt, wie Sie einen Remotedesktop-Sitzungshost unter Windows Server 2008 R2 installieren und betreiben. Im nächsten Kapitel erläutern wir Ihnen, wie Sie den Netzwerkzugriffschutz im Netzwerk integrieren können, um die Server vor eingeschleppten Viren oder anderen Malwareprogrammen zu schützen.

Kapitel 27

Netzwerkrichtlinien- und Zugriffsdienste verwalten

In diesem Kapitel:

Mit den neuen Netzwerkrichtlinien- und Zugriffsdiensten werden nicht nur die Remoteeinwahlen verwaltet, sondern auch die Netzwerkzugriffsschutz-Funktion (Network Access Protection, NAP) von Windows Server 2008 R2, die auch in Windows Vista, Windows 7 und Windows XP SP3 integriert ist. In Windows Vista und Windows 7 ist der Client bereits enthalten, für Windows XP und Windows Server 2003 muss er nachträglich installiert werden. Bei der Installation von Service Pack 3 wird der Client in Windows XP integriert.

Abbildg. 27.1 Der Netzwerkzugriffschutz kann Windows Vista- und Windows 7-Clients auf korrekte Konfiguration überprüfen und den Zugriff auf das Netzwerk verweigern oder zulassen

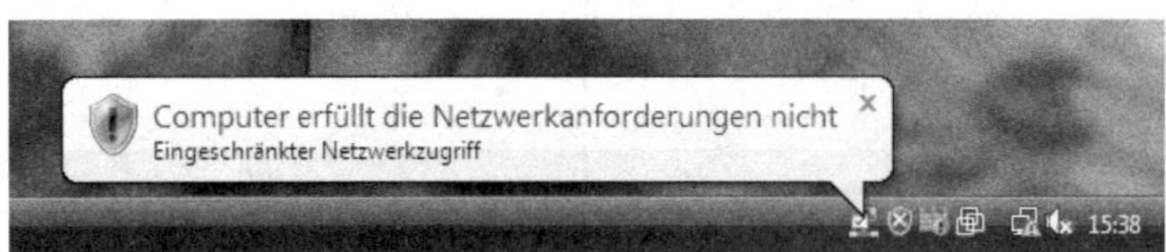

Abbildg. 27.2 Zulassen eines Computers für den Netzwerkzugriff

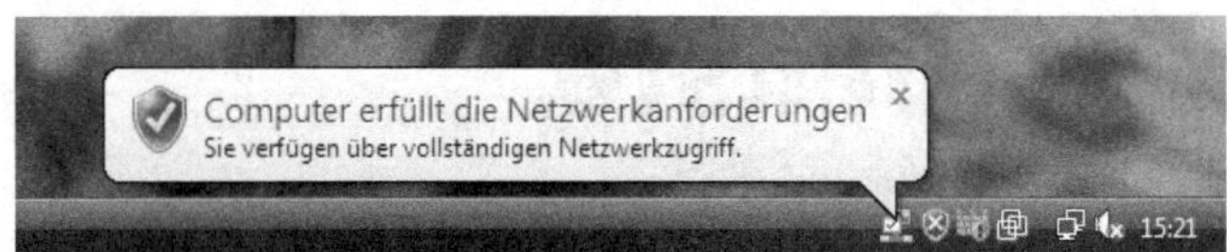

TIPP Wollen Sie die IPsec- oder NAP-Konfiguration auf einem Core-Server überprüfen, verwenden Sie in der Befehlszeile die beiden Befehle *netsh ipsec* und *netsh nap*.

Abbildg. 27.3 Windows 7 überprüft den Sicherheitsstandard des Rechners auf Basis von Netzwerkrichtlinien

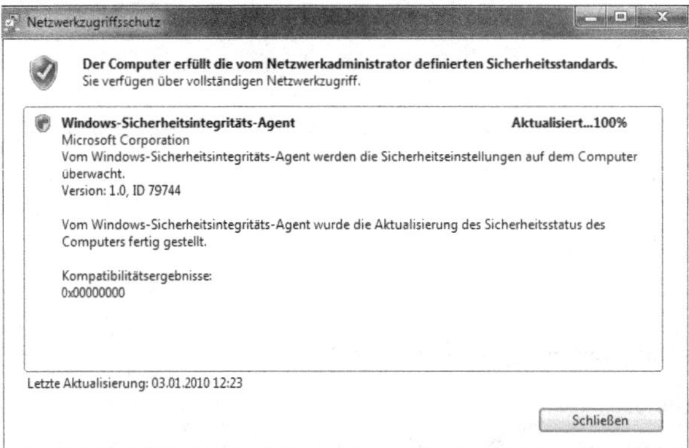

Die Serverkomponente ist in den Editionen Standard, Enterprise und Datacenter von Windows Server 2008 R2 enthalten. Die Standard-Edition ist auf zwei RADIUS-Remoteservergruppen sowie auf maximal 50 RADIUS-Clients begrenzt. NAP kann nicht nur für Domänencomputer verwendet werden, sondern auch für Computer, die nicht Mitglied einer Domäne sind. Bei NAP können Sie Computern abhängig von deren Sicherheitseinstellungen, Patchstand und installierten Anwendungen den Netzwerkzugriff gestatten oder verweigern bzw. beschränken.

In diesem Kapitel beschäftigen wir uns ausführlich mit dieser Funktion, die im Zusammenhang mit dem Remotedesktopgateway in Kapitel 26 ebenfalls bereits einleitend beschrieben worden ist. Neben der NAP-Funktionalität bietet ein Netzwerkrichtlinien- und Zugriffserver auch die Remoteeinwahl. Die Remote Authentication Dial-In User Service (RADIUS)-Funktion von Windows Server 2008 R2 ersetzt den Internetauthentifizierungsdienst (Internet Authentication Service, IAS) von Windows Server 2003. NAP können Sie auch in Windows Server 2003-Domänen nutzen, allerdings muss der Netzwerkrichtlinienserver (Network Policy Server, NPS) unter Windows Server 2008 oder Windows Server 2008 R2 laufen.

Wir zeigen Ihnen in diesem Kapitel auf Basis verschiedener Workshops, wie Sie die Sicherheits- und Einwahlmethoden von Windows Server 2008 R2 nutzen können. Durch diese praxisnahe Erläuterung ersparen wir Ihnen die Erläuterungen von einzelnen Optionen und Registerkarten, sondern zeigen direkt an der Praxis, welche Möglichkeiten Sie nutzen können. Im Rahmen dieser Workshops zeigen wir Ihnen neben den komplexeren Möglichkeiten des Netzwerkzugriffsschutzes auch die Einrichtung der Standardfunktionen wie Routing und RAS oder VPN.

Überblick über den Netzwerkzugriffsschutz (NAP)

Der Netzwerkzugriffsschutz (Network Access Protection, NAP) ist neu seit Windows Server 2008 und in Windows Server 2008 R2 etwas verbessert und für Windows 7 optimiert worden. Als Client für diese neue Funktion wird Windows Vista und Windows 7, aber auch Windows XP mit installiertem SP3 unterstützt. Damit NAP im Netzwerk eingesetzt werden kann, wird ein Richtlinienserver benötigt, über den Sie die entsprechenden Richtlinien für NAP hinterlegen können. Diese Rolle können Sie über den Server-Manager hinzufügen und anschließend verwalten.

Abbildg. 27.4 Hinzufügen der Rolle *Netzwerkrichtlinien- und Zugriffsdienste*

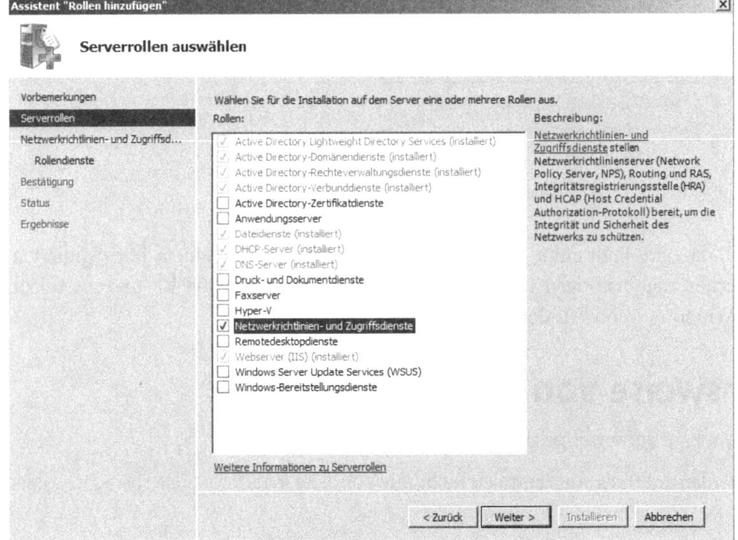

Im Gegensatz zu Serverdiensten wie die Windows Server Update Services (WSUS, siehe Kapitel 36), ist NAP nicht dafür zuständig, Patches zu installieren, sondern zu überprüfen, ob auf einem PC entsprechende Patches installiert sind. Entspricht ein Client nicht den Bedingungen für eine VPN-Einwahl oder für das interne Netzwerk, zum Beispiel durch einen installierten Virenscanner, installierte Patches oder sonstigen Sicherheitseinstellungen, wird diesem nur ein eingeschränkter Zugriff zum Netzwerk oder überhaupt kein Zugriff gewährt. Durch diese Funktion können vor allem Gefahren, die von Heim-PCs und Notebooks ausgehen, vermieden werden. Fremdsysteme, Internet-Cafés und unsichere Heimarbeitsplätze lassen sich so effizient vom Netzwerk ausschließen.

NAP ist dafür zuständig, nur jenen PCs den Zugriff auf das Netzwerk zu gewähren, die den Sicherheitsvorgaben des Unternehmens entsprechen. PCs mit Windows XP SP3, Windows Vista und Windows 7 können eine Windows-Sicherheitsintegritätsverifizierung durchführen, bei der Sie konfigurieren können, welche Bedingungen ein PC erfüllen muss. NAP ist eine Weiterentwicklung der Network Access Quarantine von Windows Server 2003. Die Konfiguration und Einrichtung der Funktion wurde aber für Windows Server 2008 R2 vereinfacht und optimiert. Ein Vorteil der NAP ist, dass Sie nicht nur PCs berücksichtigen können, die sich über VPN einwählen, sondern auch PCs, die sich mit dem LAN verbinden. Ein Beispiel für diese Konfiguration sind zum Beispiel Notebooks, die auch zu Hause betrieben werden.

Abbildg. 27.5 Konfiguration der Windows-Sicherheitsintegritätsprüfung in Windows Server 2008 R2

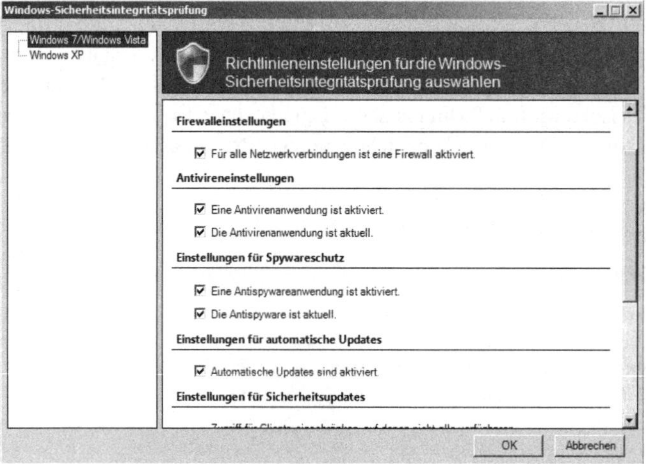

NAP stellt sicher, dass die Endpunkte in einem Netzwerk, also die PCs, einem fest definierten Sicherheitsstandard entsprechen. Sie benötigen für NAP einen Windows Server 2008 R2 und als Clientkomponente Windows Vista, Windows 7 und Windows XP.

Funktionsweise von NAP im Netzwerk

Die NAP-Plattform baut auf verschiedenen Grundstrukturen auf:

- Computer werden auf Basis von zentralen Richtlinien und der Windows-Sicherheitsintegritätsverifizierung eingeordnet
- Computer, die den Richtlinien entsprechen, können ungestört im Netzwerk kommunizieren

- Computer, die nicht den Richtlinien entsprechen, können bei der Kommunikation eingeschränkt werden oder an der Kommunikation gehindert werden
- Computer, die nicht den Richtlinien entsprechen, können darüber hinaus Mechanismen zur Verfügung gestellt werden, um die Richtlinien einzuhalten. So können zum Beispiel Patches über einen WSUS nachgezogen werden, sodass diese Computer zukünftig diesen Richtlinien entsprechen.
- Der Sicherheitszustand der Computer wird durch NAP dauerhaft und ständig sichergestellt

Damit der Zugriff eines PCs überprüft werden kann, findet folgender Vorgang statt:

1. Ein Client will sich mit dem Netzwerk verbinden.
2. Als Nächstes generiert der Client ein *Statement of Health*. Der NAP-Client weiß, wie er das System untersuchen muss, und kann einen Bericht erstellen, der an den Netzwerkrichtlinien-Server übergeben wird.
3. Dieser entscheidet auf Basis der zentralen Richtlinie, ob das Statement of Health gültig ist oder nicht.
4. Auf Basis dieses Ergebnisses wird eine Richtlinie verwendet, die den Zugriff gestattet oder nicht.

Sie können für die NAP-Infrastruktur ungeschützte Bereiche von DMZs und geschützten Bereichen unterscheiden. In den geschützten Bereichen stehen zum Beispiel Ihre Datei- oder Exchange-Server. In der DMZ könnte ein WSUS-Server oder der DHCP-Server stehen. Der ungeschützte Bereich ist von der NAP vollkommen unberücksichtigt. Wichtig ist in diesem Bereich die Art und Weise, wie der Zugriff zum Netzwerk stattfindet. Clients können sich per VPN einwählen, auf ein Remotedesktopgateway zugreifen (siehe Kapitel 26) oder sich mit dem Netzwerk verbindet. Findet die Verbindung über das Hausnetzwerk statt, benötigt ein Client zunächst eine IP-Adresse von einem DHCP-Server. Dieser Zugriff sollte also gestattet werden. Nicht konforme Clients können vom Beziehen einer DHCP-Adresse gehindert werden. Auch der Zugriff per WLAN kann über NAP gesteuert werden. Ein Client, der nicht konform ist, sollte aber Gelegenheit haben, zumindest auf den WSUS-Server zuzugreifen, damit die notwendigen Patches installiert werden können.

Netzwerkrichtlinien (Network Policies) steuern den Netzwerkzugriff von Clients basierend auf Integritätsrichtlinien (Health Policies), die wiederum auf den Systemintegritätsprüfungen (System Health Validators, SHVs) aufbauen. Nachdem Sie die Systemintegritätsprüfungen konfiguriert haben, in denen konfiguriert ist, welche Bedingungen ein NAP-konformer Client erfüllen muss, wird mit den Integritätsrichtlinien festgelegt, ob ein Client NAP-konform oder Nicht-NAP-konform ist. Das bedeutet, ein Client muss erst bestimmte Bedingungen erfüllen, zum Beispiel die Installation aktueller Patches oder eines Virenschutzes.

Meldet er diesen Zustand und erfüllt damit die Systemintegritätsrichtlinie, ist er NAP-konform, darf also im Netzwerk kommunizieren. Erfüllt er die Bedingungen in den Systemintegritätsprüfungen nicht, ist er Nicht-NAP-konform und darf entweder gar nicht oder nur eingeschränkt mit anderen Rechnern kommunizieren, bis die Systemintegritätsprüfungen erfüllt sind. Die Netzwerkrichtlinien steuern wiederum, was mit NAP-konformen bzw. Nicht-NAP-konformen Clients im Netzwerk passieren soll und welchen Zugriff diese erhalten dürfen. Die NAP-Infrastruktur basiert daher auf den drei Pfeilern:

- Systemintegritätsprüfungen (System Health Validators)
- Integritätsrichtlinien (Health Policies)
- Netzwerkrichtlinien (Network Policies)

TIPP Auf der Internetseite *http://blogs.technet.com/nap* erhalten Sie direkt von den NAP-Entwicklern interessante Infos aus erster Hand.

Komponenten der NAP

NAP unterstützt verschiedene Funktionsweisen und die damit verbundenen Komponenten, um das Netzwerk zu schützen. Folgende Verbindungsvarianten können von NAP geschützt werden. Diese Komponenten werden von Microsoft auch als *Enforcement Components* bezeichnet. Auch eine Kombination der Zugangsmethoden wird unterstützt:

- **IPsec-Kommunikation** Verwenden Sie IPsec, bekommen NAP-konforme Clients ein Zertifikat zugewiesen und können anschließend mit anderen IPsec-Computern kommunizieren. Entspricht ein Client nicht den Richtlinien, erhält er auch kein Zertifikat und kann mit anderen IPsec-geschützten Computern nicht kommunizieren. Für das Ausstellen dieser Zertifikate ist der NAP-Server zuständig. Für diese Funktion benötigen Sie nicht unbedingt eine eigene PKI (Public Key-Infrastruktur). Die Komponente in NAP, die dieses Zertifikat ausstellt, trägt die Bezeichnung *Health Registration Authority (HRA)*. Bei den Zertifikaten handelt es sich um standardmäßige X.509-Zertifikate. Bei der NAP-geschützten IPsec-Kommunikation findet folgende Kommunikation statt. Diese Kommunikation findet analog auch bei den anderen Enforcement Components statt:
  1. Der Client sendet seine Anforderung an die IPsec Enforcement Component. Der Client verwendet dazu entweder HTTP oder HTTPS (kann auch über die Gruppenrichtlinien gesteuert werden).
  2. Diese sendet den Statement of Health (SoH) des Clients an die HRA.
  3. Die HRA sendet die Anfrage an den Netzwerkrichtlinienserver (Network Policy Server, NPS).
  4. Der NPS gibt den Status an den HRA zurück, ob der Client konform ist oder nicht, verweist den Client zusätzlich an die notwendigen Wartungsserver, zum Beispiel einen Server mit WSUS 3.0, von dem der Client aktuelle Patches ziehen kann.
  5. Ist der Client NAP-konform, teilt die HRA ein Zertifikat zu.
  6. Ist der Client nicht konform, erhält er kein Zertifikat, sondern die Anforderung, sich mit dem Wartungsserver zu verbinden.
  7. Der Client sendet eine Updateanforderung an den Wartungsserver, wenn er nicht NAP-konform ist.
  8. Nach der Aktualisierung sendet der Client erneut seinen SoH an den HRA.
- **IEEE 802.1x Verbindungen** IEEE 802.1x ist ein Standard zur Authentifizierung in Netzwerken. Der Standard beschreibt die Zuordnung von zwei logischen Ports (*Controlled*, *Uncontrolled*) zu einem physischen Port. Der physische Port leitet die empfangenen Pakete an den *Uncontrolled*-Port. Der *Controlled*-Port kann nur nach erfolgreicher Authentifizierung erreicht werden. Nicht konforme Geräte werden durch das IEEE 802.1x-Gerät (zum Beispiel ein Switch) blockiert oder in ein spezielles virtuelles LAN (VLAN) verschoben.
- **RAS- oder VPN-Einwahl** Bei dieser Methode wählen sich PCs über das Internet oder per DFÜ ins Netzwerk ein und werden auf NAP-Konformität überprüft. Unter Windows Server 2003 haben Sie für diese Funktion noch die Quarantänelösung verwendet. Diese wird in Windows Server 2008 R2 durch NAP ersetzt und ist deutlich effizienter und leichter zu konfigurieren.
- **Remotedesktopgateway** Ein Remotedesktopgateway verbindet mehrere Remotedesktop-Sitzungshost über HTTP/RDP-Kommunikation mit dem Internet. Diese Funktion ist neu in Windows Server 2008 R2. Auch diese Verbindungen werden durch NAP geschützt (siehe Kapitel 26).
- **DHCP-Server** Nicht-konforme NAP-Clients können am Beziehen einer IP-Adresse durch einen DHCP-Server gehindert werden. Alternativ erhalten die Clients spezielle IP-Adressen und kein Standardgateway. DHCP-Server unter Windows Server 2008 R2 haben bei der Konfiguration eines Bereichs für die Verwaltung von NAP eine zusätzliche Registerkarte, über die Sie die NAP-Unterstützung aktivieren können. Sie können auf dieser Registerkarte auch Profile auf dem Bereich und den NPS miteinander verbinden. So lassen sich auf Basis unterschiedlicher Subnetze Profile auf dem NPS zuweisen.

Abbildg. 27.6 Aktivieren des Netzwerkzugriffsschutzes (NAP) für einen DHCP-Bereich

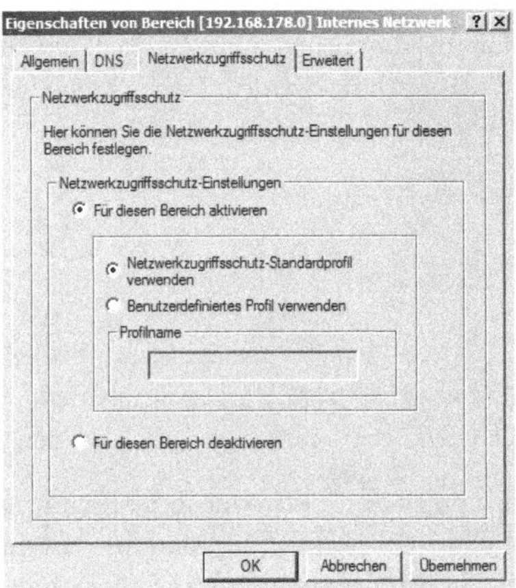

HINWEIS **Cisco und NAP**

Das Cisco-Pendant zu Microsoft Network Access Protection (NAP) mit der Bezeichnung Cisco Network Admission Control (NAC) arbeitet mit NAP zusammen. Es gibt gemeinsame Produkttest und die Entwicklung findet Hand in Hand statt. Sie können in NAP-Lösungen auch NAC-Komponenten von Cisco integrieren und umgekehrt. Der NAP-Client in Windows Vista und Windows 7 unterstützt auch Cisco NAC. Für Cisco NAC muss daher kein zusätzlicher Client installiert werden. Auch die Cisco-EAP (Extensible Authentication-Protokoll)-Module werden durch Windows Update unterstützt.

Neben Cisco arbeiten auch zahlreiche andere Unternehmen mit NAP zusammen (zum Beispiel Nortel, Juniper). Eine ausführliche Liste finden Sie auf der Internetseite *www.microsoft.com/nap*. Ausführliche Informationen zur NAP/NAC-Interoperatibilität finden Sie im Whitepaper *http://download.microsoft.com/download/c/1/2/c12b5d9b-b5c5-4ead-a335-d9a13692abbb/TNC_NAP_white_paper.pdf*. Die Interoperabilität sieht folgendermaßen aus:

1. Der Client sendet seinen Statement of Health (SoH) an den Cisco Secure Access Control Server (ACS).
2. Der ACS sendet den SoH an den Netzwerkrichtlinienserver (Network Policy Server, NPS) weiter. Dabei wird das Host Credential Authorization-Protokoll (HCAP) verwendet.
3. Auf Basis der Richtlinien des NPS wird der Zugriff des Clients gesteuert.

Neuerungen der Netzwerkrichtlinien in Windows Server 2008 R2

Im Vergleich zu Windows Server 2008 hat Microsoft in Windows Server 2008 R2 einige Neuerungen in den Netzwerkrichtlinien integriert. Für Systemintegritätsprüfungen können Sie jetzt mehrere verschiedene Versionen einsetzen. So lassen sich in den Integritätsrichtlinien auch unterschiedliche Systemintegritätsprüfungen nutzen, die verschiedene Bereiche der Computer überprüfen.

Eine Konfiguration kann zum Beispiel für bestimmte Rechner den Virenschutz und Patches abprüfen, während eine andere Prüfung nur die Firewall überprüft. Dadurch können Unternehmen wesentlich flexibler mit dem Netzwerkzugriffschutz arbeiten.

Abbildg. 27.7 Windows Server 2008 R2 kennt jetzt mehrere Integritätsverifizierungen, nicht nur eine wie Windows Server 2008

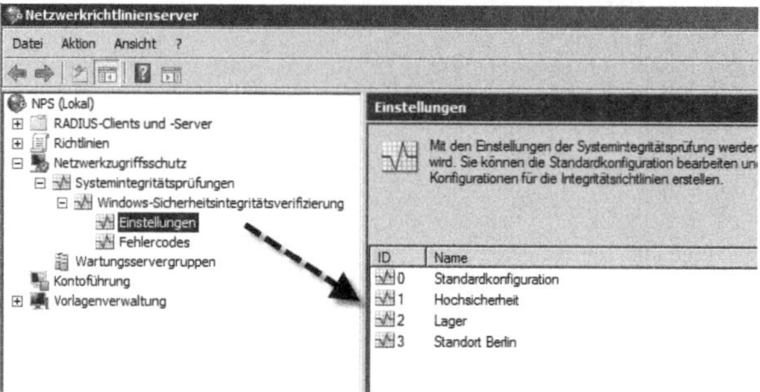

Vorteil dieser neuen Möglichkeit ist, dass die Netzwerkrichtlinien jetzt unterschiedliche Rechnerkonfigurationen überprüfen kann, zum Beispiel Rechner im Intranet und VPN-Rechner. In Windows 7 ist der Netzwerkzugriffschutz direkt in das Wartungscenter integriert, was für Administratoren und Endanwender den Überblick deutlich erhöht.

Abbildg. 27.8 Der Netzwerkzugriffschutz ist direkt in das Windows 7-Wartungscenter integriert

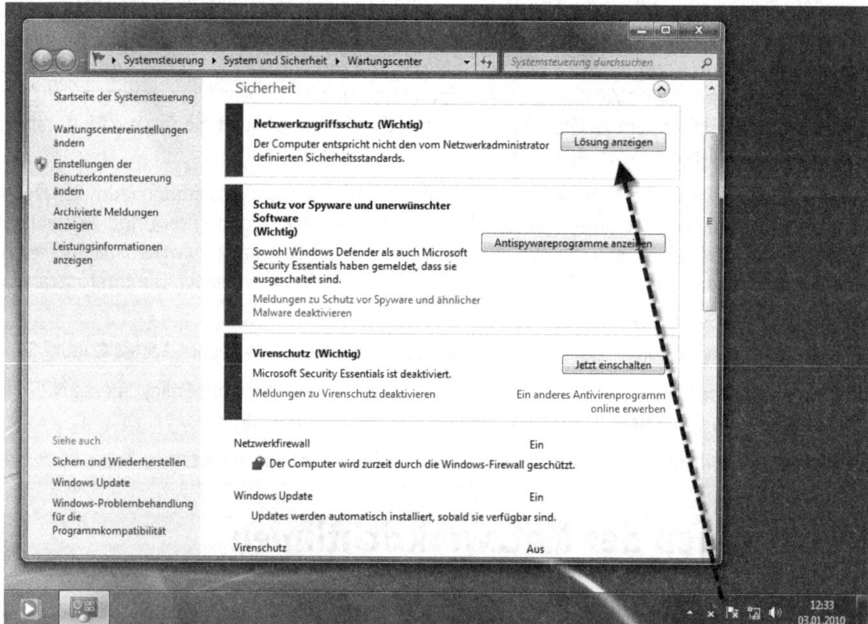

Serverkonfigurationen in den NPS sowie die Anbindung von RADIUS lassen sich als Vorlage speichern. Setzen Sie mehrere NPS-Server ein, können Sie diese Vorlagen exportieren und dadurch die Einrichtung wesentlich beschleunigen.

Bauen Sie ein VPN mit den Routing- und RAS-Diensten auf, unabhängig ob Sie NAP nutzen oder nicht, können Sie die VPN-Verbindungswiederherstellung in Windows 7 und Windows Server 2008 R2 nutzen. Wird die VPN-Verbindung eines Anwenders getrennt, weil beispielsweise die Internetleitung beim Client kurzzeitig ausfällt, dann bauen Client und Server die Verbindung automatisch wieder auf.

Abbildg. 27.9 Serverkonfigurationen lassen sich exportieren

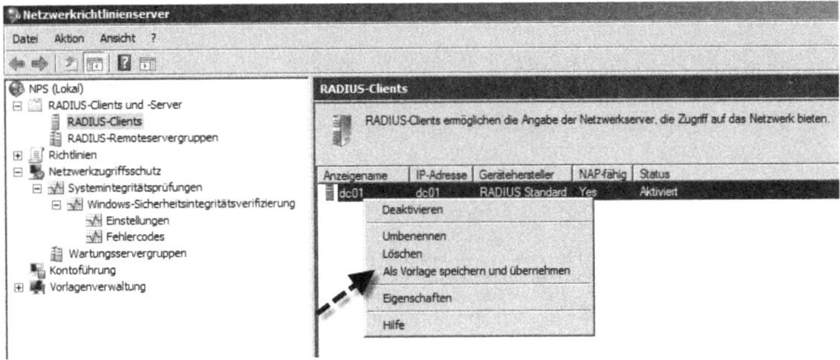

Erste Schritte mit NAP

In diesem Abschnitt werden die ersten Schritte im Umgang mit NAP erläutert. In den weiteren Abschnitten dieses Kapitels gehen wir dann ausführlicher auf die einzelnen Funktionen in NAP ein.

Clients zur Unterstützung von NAP verwalten

Standardmäßig unterstützen Windows Vista- und Windows 7-Clients NAP. Die clientseitige Konfiguration von NAP führen Sie am besten über Gruppenrichtlinien durch. Die Einstellungen hierfür finden Sie in der Gruppenrichtlinienverwaltung unter *Computerkonfiguration/(Richtlinien)/Windows-Einstellungen/Sicherheitseinstellungen/Netzwerkzugriffsschutz.*

Abbildg. 27.10 Konfiguration der NAP-Clients über Gruppenrichtlinien

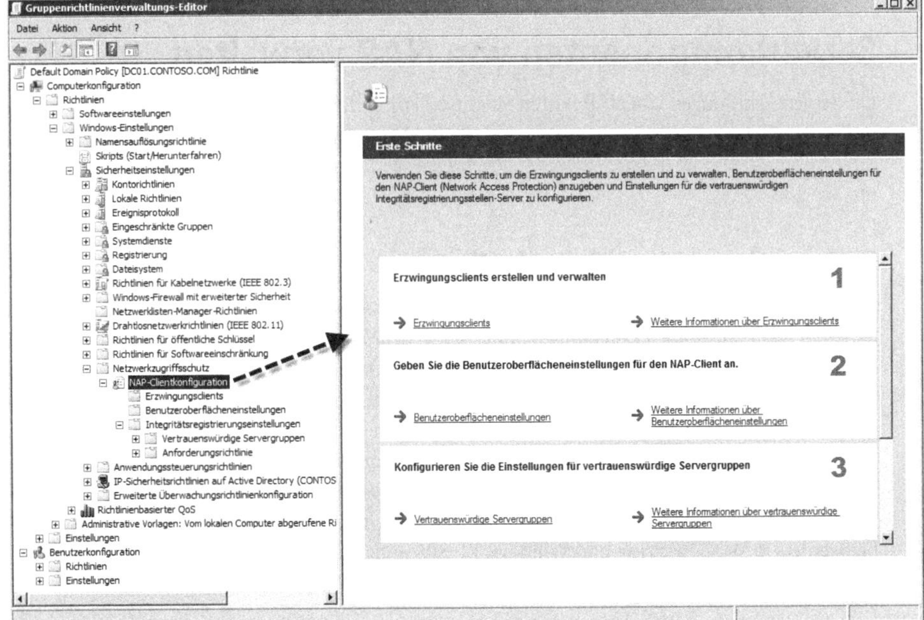

Über diese Einstellungen können Sie das Verhalten der Clientcomputer konfigurieren. Hier können Sie zum Beispiel die einzelnen Clients für NAP für die einzelnen Funktionen aktivieren oder deaktivieren.

Abbildg. 27.11 Aktivierung der NAP-Clients über Gruppenrichtlinien

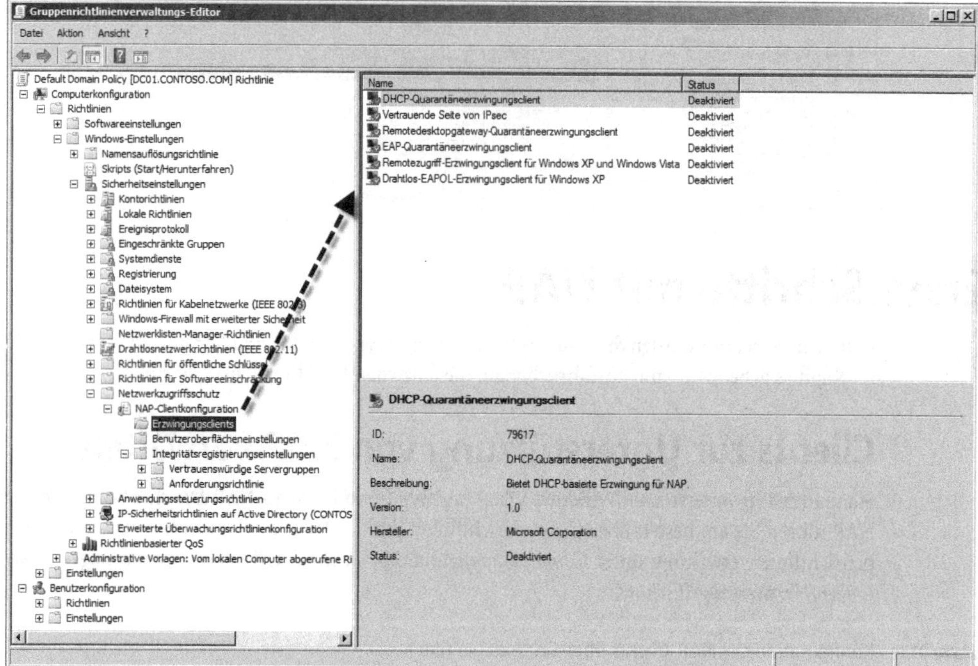

Serverkomponenten von NAP verwalten

Die Servereinstellungen von NAP führen Sie entweder mit dem Server-Manager durch (Sie finden die Konfiguration des Netzwerkrichtlinienservers unter *Rollen/Netzwerkrichtlinien- und Zugriffsdienste*), oder Sie rufen diese Konfiguration über *Start/Verwaltung/Netzwerkrichtlinienserver* bzw. noch schneller über *Start/Ausführen/nps.msc* auf.

Systemintegritätsprüfung festlegen

Die Verwaltung baut zunächst auf die *Sicherheitsintegritätsprüfung* auf. Diese ruft von den Clients das *Statement of Health (SoH)* ab. Diese Einstellungen finden Sie in der Verwaltungskonsole über *NPS/Netzwerkzugriffsschutz/Systemintegritätsprüfungen/Windows-Sicherheitsintegritätsverifizierung/Einstellungen*. Rufen Sie in der Mitte der Konsole die Eigenschaften der Verifizierungsmethode auf, zum Beispiel von der standardmäßig vorhandenen *Standardkonfiguration*. Hier können Sie die Einstellungen festlegen, welche die Clients erfüllen müssen, um mit NAP in Ihrem Netzwerk konform zu sein. Diese Systemintegritätsprüfungen bezeichnet Microsoft auch als *Security Health Agents (SHA)*. Der SHA wird in Windows Vista und Windows 7 durch den *Windows Security Health Validator (SHV)* verbunden. Hauptsächlich überprüfen diese SHAs den Zustand des Windows-Sicherheitscenters in Windows Vista und Windows XP SP3 und des Wartungscenters in Windows 7.

Abbildg. 27.12 Konfigurieren der Sicherheitsintegritätsverifizierung auf Basis von Sicherheitsupdates

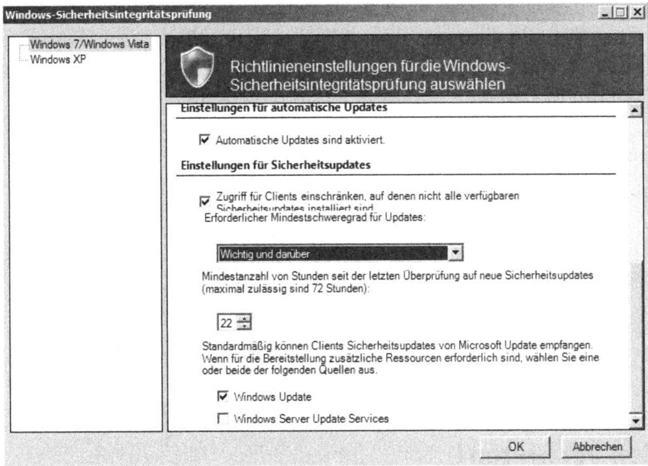

Über den Konsoleneintrag *Wartungsservergruppen* (Remediation Server) hinterlegen Sie die DNS-Namen oder IP-Adressen von Servern, über die nicht-konforme Clients mit Updates versorgt werden können. Auf diese Server greifen nicht-konforme Clients bei der Netzwerkverbindung zu und können sich mit den notwendigen Patches versorgen.

Abbildg. 27.13 Festlegen von Wartungsservern für NAP

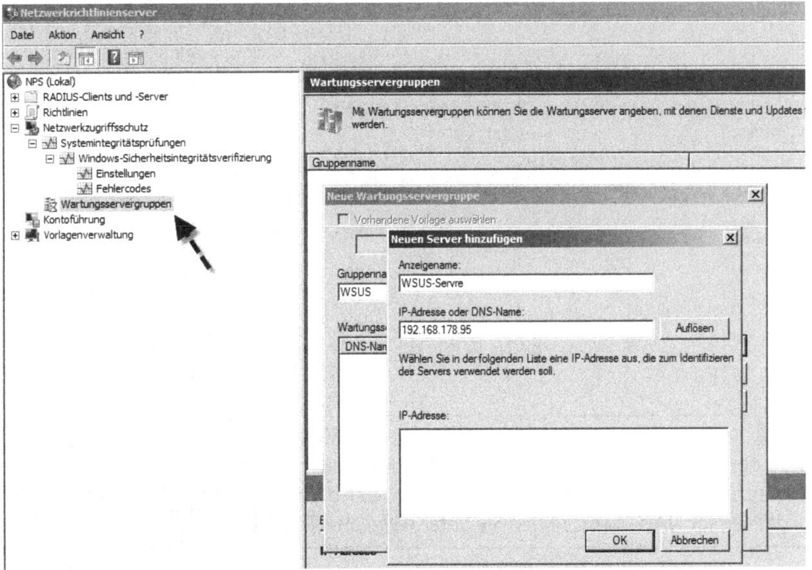

Integritätsrichtlinien verwalten

Über den Konsoleneintrag *NPS/Richtlinien/Integritätsrichtlinien* legen Sie schließlich Richtlinien fest, auf deren Basis bestimmt wird, was mit Clients passieren soll, die konform sind (also die Sicherheitsverifizierung bestehen) oder nicht. Hier bestimmen Sie auch, wann die Richtlinie angewendet werden soll, also ob der Client eine vorher festgelegte Systemintegritätsüberprüfung besteht oder nicht. Zusätzlich legen Sie hier fest, welche Systemintegritätsprüfung Sie als Basis für die Integritätsrichtlinie verwenden. Sinn dieser Einstellung ist es, eine Richtlinie für konforme und eine Richtlinie für nicht konforme PCs festzulegen und zu bestimmen, auf welcher Basis diese Konformität überprüft werden soll.

Abbildg. 27.14 Verwalten der Integritätsrichtlinien

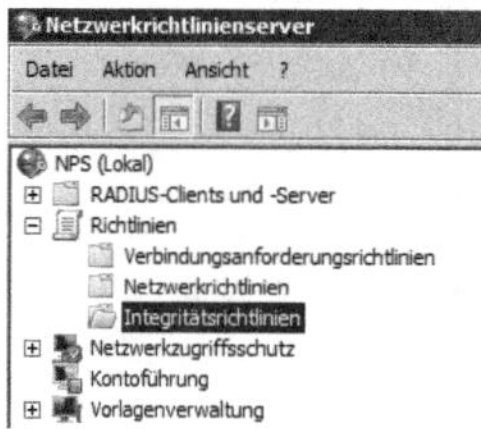

Netzwerkrichtlinien verwalten

Nachdem Sie die Einstellungen in der jeweiligen Systemintegritätsprüfung definiert haben, die ein Computer erfolgreich übermitteln muss, legen Sie eine Integritätsrichtlinie fest, die entscheidet, auf welcher Systemintegritätsüberprüfung festgemacht wird, ob ein Client konform oder nicht konform ist. Clients werden also einer dieser Richtlinien zugewiesen. Zusätzlich ist es vor allem bei einer Übergangszeit sinnvoll, eine weitere Integritätsrichtlinie festzulegen, in die Clients aufgenommen werden, welche NAP nicht unterstützen. Als Nächstes erstellen Sie eine Netzwerkrichtlinie, die auf Basis der Integritätsrichtlinie basiert. In der Netzwerkrichtlinie steuern Sie schließlich, was mit den konformen, beziehungsweise nicht konformen Clients passieren soll (siehe hierzu auch Kapitel 26).

Abbildg. 27.15 Konfigurieren der Netzwerkrichtlinie auf Basis der Integritätsrichtlinie

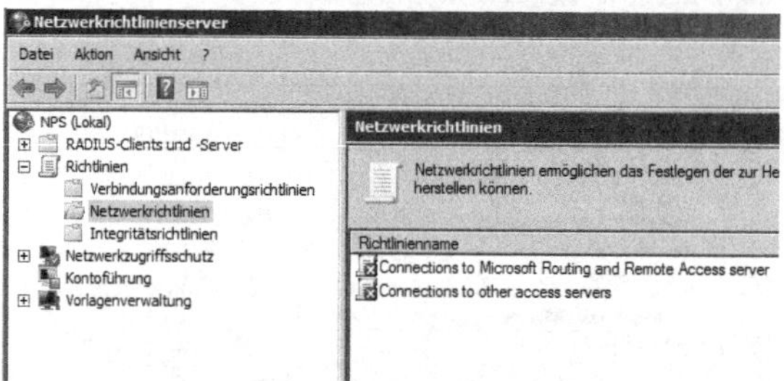

TIPP Die Konfiguration der Richtlinien wird als XML-Datei abgespeichert. Sie finden diese Konfiguration in der Datei *ias.xml* im Verzeichnis *\Windows\System32\ias*. Diese Datei können Sie im Fehlerfall zum Beispiel zu einem Microsoft-Experten schicken, der die Fehler dann effizienter auswerten kann. Die Protokolldateien für NAP-Clients finden Sie unter *\Windows\Tracing*.

Abbildg. 27.16 Anzeigen der Richtlinieninformationen des Netzwerkrichtlinienservers

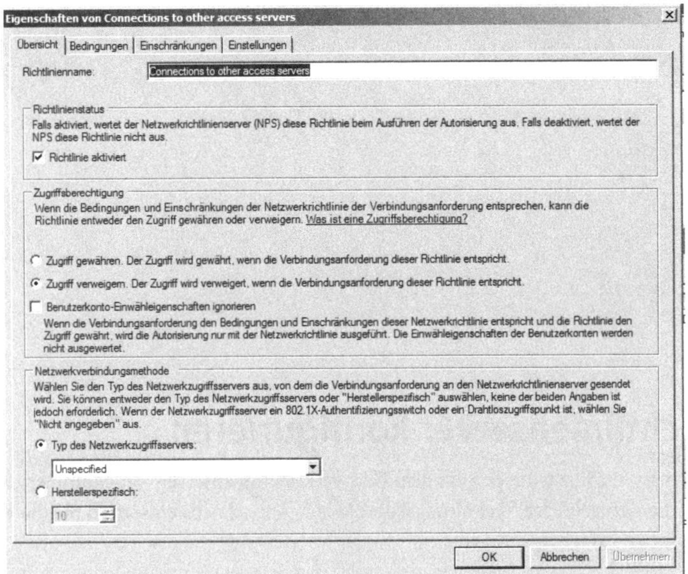

Netzwerkzugriffsschutz (NAP) mit DHCP einsetzen

Microsoft empfiehlt, den grundlegenden NAP-Schutz in einem Unternehmen über den DHCP-Server einzuführen. Über diese Möglichkeit erlangen Unternehmen den Vorteil der NAP ohne großartige Änderungen in der Infrastruktur. Der NAP-Schutz in DHCP ist zwar die unsicherste Variante des NAP-Schutzes (Clients könnten sich auch manuell eine IP-Adresse zuteilen), dafür aber auch die am schnellsten einführbare. In diesem Abschnitt zeigen wir Ihnen, wie Sie NAP zusammen mit DHCP einführen. Durch diesen Workshop vertiefen Sie auch die bisher erwähnten theoretischen Ausführungen zur NAP.

Vorbereitungen für den Einsatz von NAP mit DHCP

Damit Sie NAP mit DHCP einsetzen können, müssen Sie nicht unbedingt gleich die ganze Domäne auf Windows Server 2008 R2 umstellen. Die Domänencontroller können ohne Weiteres noch unter Windows Server 2003 laufen. Nur der DHCP- und der Netzwerkrichtlinienserver (NPS) müssen unter Windows Server 2008 R2 laufen. Installieren Sie auf dem Windows Server 2008 R2 die DHCP- sowie die Netzwerkrichtlinien- und Zugriffsdienste-Rolle.

DHCP-Bereich für NAP-Unterstützung konfigurieren

Nachdem Sie DHCP auf dem Windows Server 2008 R2 installiert haben, können Sie als Nächstes einen neuen Bereich erstellen. Geben Sie dem Bereich die Bezeichnung »NAP-Bereich« und weisen Sie diesem ein paar IP-Adressen zu. Einen neuen Bereich erstellen Sie, indem Sie das DHCP-Verwaltungsprogramm aufrufen (am besten über den Server-Manager). Klicken Sie mit der rechten Maustaste auf den DHCP-Server und wählen Sie im Kontextmenü den Befehl *Neuer Bereich* aus.

Abbildg. 27.17 Erstellen eines neuen DHCP-Bereichs für die Unterstützung von NAP über DHCP

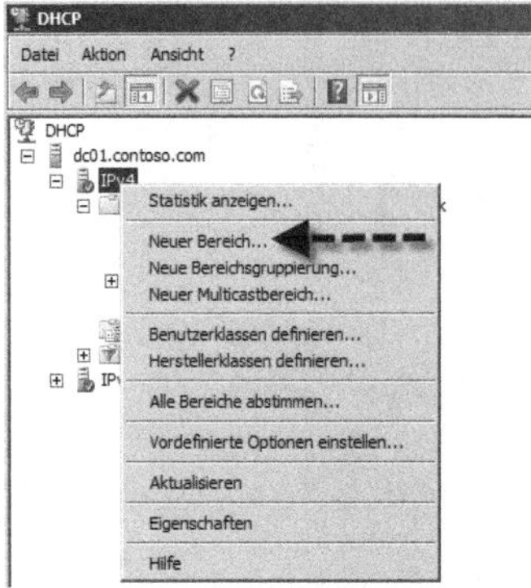

Netzwerkrichtlinienserver konfigurieren

Im nächsten Schritt werden die Einstellungen auf dem Netzwerkrichtlinienserver vorgenommen. Rufen Sie zur Verwaltung von NAP die dazugehörige Verwaltungskonsole auf. Am schnellsten starten Sie die Konsole über *Start/Ausführen/nps.msc.*

Systemintegritätsprüfungen verwalten

Der nächste Schritt besteht darin, dass Sie die Systemintegritätsprüfungen (System Health Validators, SHVs) konfigurieren:

1. Klicken Sie dazu in der NAP-Konsole auf *Netzwerkzugriffsschutz/Systemintegritätsprüfungen/ Windows-Sicherheitsintegritätsverifizierung.*
2. Klicken Sie in der Mitte der Konsole auf *Einstellungen.*
3. Rufen Sie die Eigenschaften der *Standardkonfiguration* auf, können Sie festlegen, welche Bedingungen eine Arbeitsstation erfüllen muss, damit diese mit dem Netzwerk kommunizieren darf.

Abbildg. 27.18 Konfiguration der Windows-Sicherheitsintegritätsverifizierung

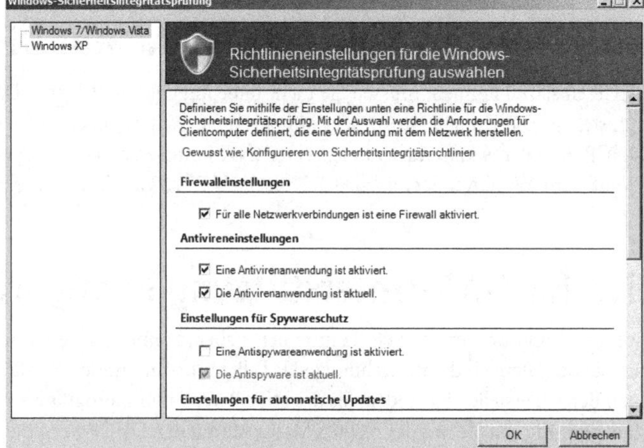

4. Deaktivieren Sie für einen einfachen Test alle Kontrollkästchen außer *Für alle Netzwerkverbindungen ist eine Firewall aktiviert.* Sie können natürlich auch die anderen Tests aktiv lassen, müssen dann aber für Testzwecke die einzelnen Bedingungen auf dem Clientrechner anpassen.
5. Das Kontrollkästchen *Automatische Updates* können Sie ebenfalls aktiviert lassen sowie den Test des Antivirenprogramms, wenn Sie eines zur Hand haben. Zu Testzwecken für NAP können Sie auch die kostenlos erhältlichen Microsoft Security Essentials einsetzen, diese arbeiten mit dem Wartungscenter von Windows 7 und damit auch mit NAP zusammen. Sie können sich dieses Antivirenprogramm von der Seite *http://www.microsoft.com/Security_Essentials* herunterladen.

Wartungsservergruppen konfigurieren

Wartungsserver (Remediation Server) sind Server, auf die Clients zugreifen können, wenn sie nicht NAP-konform sind. Hier tragen Sie die DNS-Namen oder IP-Adressen von Servern ein, mit denen nicht-konforme Clients kommunizieren dürfen. Das können entweder WSUS-Server oder ein FTP-Server sein, auf dem Sie Virensignaturen bereitstellen.

In diesem Beispiel können Sie den Domänencontroller als Wartungsserver festlegen, damit nicht-konforme NAP-Clients Zugriff auf DNS haben. Sie können zu Testzwecken eine neue Gruppe erstellen und den Domänencontroller hinterlegen, der auch DNS bereitstellt. Klicken Sie dazu mit der rechten Maustaste auf den Konsoleneintrag *Wartungsservergruppen*, rufen Sie den Kontextmenübefehl *Neu* auf und hinterlegen die Daten des DNS-Servers.

Abbildg. 27.19 Erstellen einer neuen Wartungsservergruppe

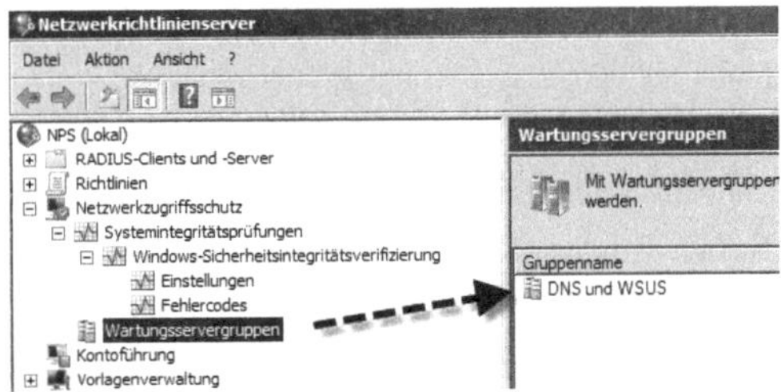

Integritätsrichtlinien erstellen

Der nächste Schritt besteht darin, dass Sie eine Integritätsrichtlinie (Health Policy) erstellen, die als Grundlage die Systemintegritätsprüfung (SHV) verwendet. Integritätsrichtlinien haben die Aufgabe, Clients in konforme und nicht-konforme NAP-Clients zu unterscheiden. Clients, welche die Systemintegritätsprüfung bestehen, sind konform, Clients, die diese Prüfung nicht bestehen, sind nicht konform. Aus diesem Grund werden meist zwei Integritätsrichtlinien erstellt:

- Eine Richtlinie die den Client konform erklärt, wenn die Systemintegritätsprüfung bestanden wird
- Eine Richtlinie die den Client als nicht-konform erklärt, wenn die Systemintegritätsprüfung nicht bestanden wird

1. Klicken Sie zur Erstellung einer Integritätsrichtlinie mit der rechten Maustaste auf *Richtlinien/Integritätsrichtlinien* und wählen Sie im Kontextmenü den Befehl *Neu*.
2. Geben Sie der Richtlinie die Bezeichnung *NAP-Konform*.
3. Stellen Sie sicher, dass im Listenfeld *Client-Systemintegritätsprüfen* der Eintrag *Client besteht alle Systemintegritätsprüfungen* ausgewählt ist.

4. Aktivieren Sie das Kontrollkästchen *Windows-Sicherheitsintegritätsverifizierung*. Sie sehen an dieser Stelle, dass Sie auch verschiedene andere Konfigurationen erstellen können, außer der Standardkonfiguration, und dass auch andere Verifizierungen eingesetzt werden können.
5. Klicken Sie auf *OK*, damit die Richtlinie erstellt wird.

Abbildg. 27.20 Erstellen einer neuen Integritätsrichtlinie

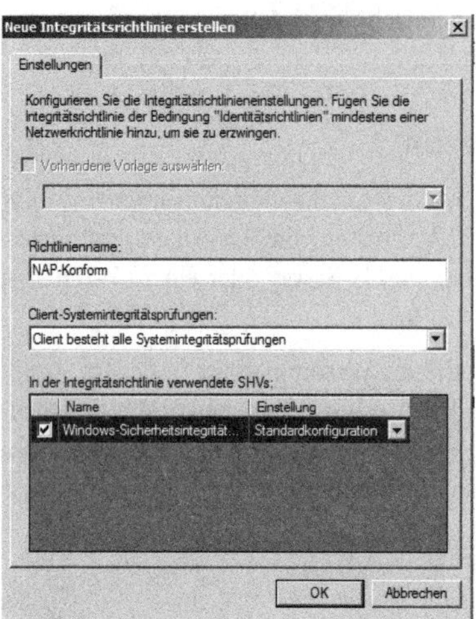

6. Erstellen Sie eine weitere Integritätsrichtlinie.
7. Geben Sie dieser die Bezeichnung *Nicht-NAP-Konform*.
8. Wählen Sie im Listenfeld den Eintrag *Client besteht mindestens eine Systemintegritätsprüfung nicht* aus.
9. Aktivieren Sie wiederum das Kontrollkästchen *Windows-Sicherheitsintegritätsverifizierung* und bestätigen Sie mit *OK*.

Sie verfügen jetzt über jeweils eine Richtlinie, die festlegt, wann ein Client konform für das Netzwerk ist und wann nicht. Basis dieser Richtlinien sind die hinterlegten Sicherheitsverifizierungen. Im Anschluss legen Sie fest, welchen Netzwerkzugriff die Clients bekommen, die der jeweiligen Integritätsrichtlinie zugewiesen sind. Diese Aufgabe erledigen Sie mit Netzwerkrichtlinien.

HINWEIS Einfach gesagt bauen Netzwerkrichtlinien auf Integritätsrichtlinien auf, welche wiederum auf Systemintegritätsprüfungen aufbauen.

Netzwerkrichtlinien erstellen

Netzwerkrichtlinien (Network Policies) steuern den Netzwerkzugriff von Clients basierend auf Integritätsrichtlinien (Health Policies), die wiederum auf den Systemintegritätsprüfungen (System Health Validators, SHVs) aufbauen. Diese SHVs werden von den System Health Agents (SHAs) von den Clients übertragen, also dem Sicherheitscenter in Windows XP und Windows Vista oder dem Wartungscenter in Windows 7.

Nachdem Sie die Systemintegritätsprüfung festgelegt haben, in der konfiguriert ist, welche Bedingungen ein NAP-konformer-Client erfüllen muss, wird mit den Integritätsrichtlinien festgelegt, ob ein Client NAP-konform oder nicht-NAP-konform ist. Die Netzwerkrichtlinien steuern wiederum, was mit NAP-konformen bzw.

nicht-NAP-konformen Clients im Netzwerk passieren soll und welchen Zugriff diese erhalten dürfen. Die NAP-Infrastruktur basiert daher auf den drei Pfeilern:

- Systemintegritätsprüfungen (System Health Validators) und System Health Agents (SHA)
- Integritätsrichtlinien (Health Policies)
- Netzwerkrichtlinien (Network Policies)

Bevor Sie neue Richtlinien erstellen, sollten Sie zunächst die standardmäßig angelegten Richtlinien deaktivieren. Klicken Sie diese dazu mit der rechten Maustaste an und wählen Sie im Kontextmenü den Eintrag *Deaktivieren* aus, wenn diese noch nicht deaktiviert sind.

Netzwerkrichtlinie für konforme NAP-Clients erstellen

Zunächst erstellen Sie die Netzwerkrichtlinie für konforme Clients:

1. Klicken Sie dazu mit der rechten Maustaste auf den Konsoleneintrag *Richtlinien/Netzwerkrichtlinien* und wählen Sie im Kontextmenü den Befehl *Neu* aus.
2. Geben Sie der Richtlinie eine Bezeichnung in der Form *Vollzugriff für NAP-Konforme Clients* und klicken Sie auf *Weiter.*

Abbildg. 27.21 Erstellen einer neuen Netzwerkrichtlinie für NAP-konforme Clients

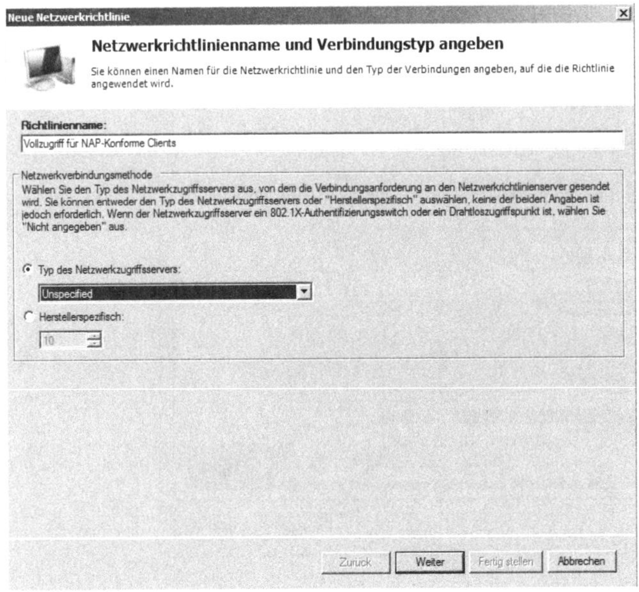

3. Klicken auf der nächsten Seite *Bedingungen angeben* auf *Hinzufügen.*
4. Wählen Sie als Option *Integritätsrichtlinien* aus. Sie sehen, dass Sie hier neben den Integritätsrichtlinien noch zahlreiche weitere Methoden haben, um Richtlinien für den Netzwerkzugriff der Clients festzulegen. Es besteht dabei auch die Möglichkeit, dass Sie mehrere Bedingungen festlegen, die für verschiedene Netzwerkzugriffe notwendig sind.

Abbildg. 27.22 Festlegen der Bedingung für den Netzwerkzugriff eines Clients

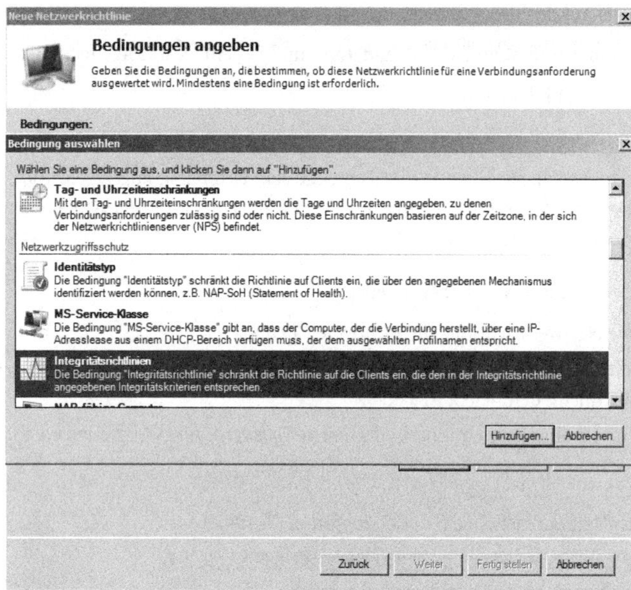

5. Klicken Sie auf *Hinzufügen.*
6. Wählen Sie die Richtlinie *NAP-Konform* aus, klicken Sie auf *OK* und auf *Weiter.*

Abbildg. 27.23 Festlegen der erstellten Integritätsrichtlinie für die Netzwerkrichtlinie

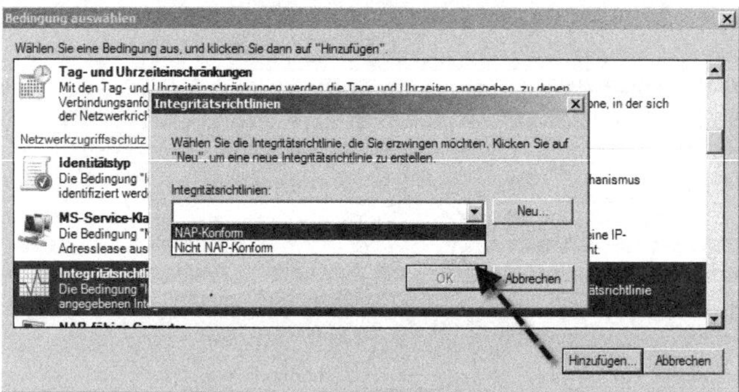

7. Auf der nächsten Seite des Fensters legen Sie den Netzwerkzugriff der Richtlinie fest. Wählen Sie hier *Zugriff gewährt* aus.
8. Klicken Sie auf *Weiter,* um zum Fenster *Authentifizierungsmethoden konfigurieren* zu gelangen.
9. Deaktivieren Sie die Standardeinstellungen und aktivieren Sie noch die Option *Nur Integritätsprüfung für Computer durchführen.*
10. Klicken Sie auf *Weiter* und belassen Sie im nächsten Fenster alle Einstellungen wie sie sind. Auf diesem Fenster legen Sie die Einschränkungen fest.

Abbildg. 27.24 Festlegen der Authentifizierungsoptionen für die Netzwerkrichtlinie

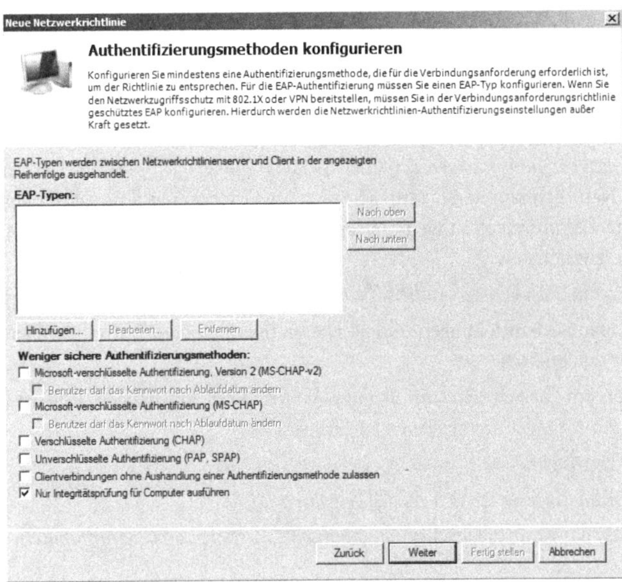

11. Klicken Sie im Fenster *Einschränkungen konfigurieren* ebenfalls auf *Weiter*. Sie gelangen auf das Fenster *Einstellungen konfigurieren*.
12. Klicken Sie hier auf *NAP-Erzwingung* und stellen Sie sicher, dass die Option *Vollständigen Netzwerkzugriff gewähren* aktiviert ist.
13. Klicken Sie nach der Einstellung auf *Weiter* und schließen Sie die Erstellung der Richtlinie ab.

Abbildg. 27.25 Konfigurieren der NAP-Erzwingung für Clients

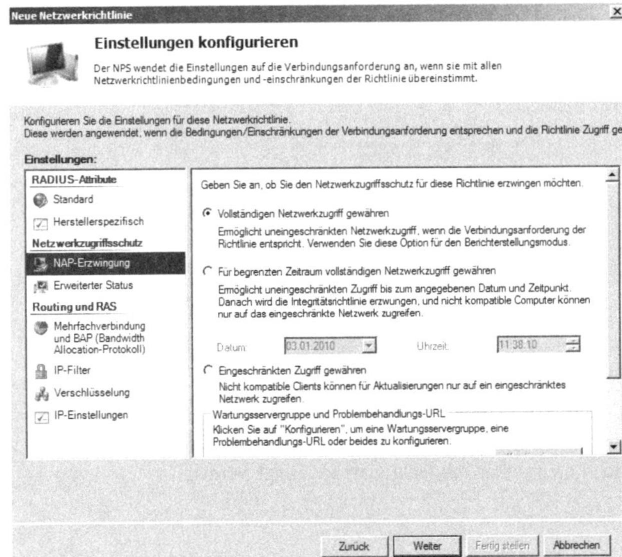

Netzwerkrichtlinie für nicht-konforme NAP-Clients erstellen

Nachdem Sie die Richtlinie für konforme NAP-Clients erstellt haben, müssen Sie als Nächstes eine Netzwerkrichtlinie erstellen, die den Netzwerkzugriff für nicht-konforme Clients steuert.

1. Gehen Sie zur Erstellung analog vor und weisen Sie der Richtlinie eine passende Bezeichnung zu.
2. Wählen Sie diesmal als Integritätsrichtlinie die Richtlinie *Nicht-NAP-Konform* aus.
3. Auf der Seite *Zugriffsberechtigungen angeben* wählen Sie auch hier *Zugriff gewährt*. Der Zugriff wird später noch eingeschränkt. Natürlich könnten Sie für sich auch die Option *Zugriff verweigert* auswählen, um den Clients die komplette Kommunikation zu untersagen. Allerdings sperren Sie in diesem Fall die Clients komplett aus dem Netzwerk aus.
4. Klicken Sie auf *Weiter*, um zum Fenster *Authentifizierungsmethoden konfigurieren* zu gelangen.
5. Deaktivieren Sie die Standardeinstellungen und aktivieren Sie noch das Kontrollkästchen *Nur Integritätsprüfung für Computer durchführen.*
6. Klicken Sie auf *Weiter*, um zur Seite *Einschränkungen konfigurieren* zu gelangen. Klicken Sie auch hier auf *Weiter*, um zur Seite *Einstellungen konfigurieren* zu gelangen.
7. Klicken Sie auf *NAP-Erzwingung.*
8. Aktivieren Sie die Option *Eingeschränkten Zugriff gewähren.*
9. Achten Sie darauf, dass das Kontrollkästchen *Automatische Wartung von Clientcomputern aktivieren* eingeschaltet ist.

Abbildg. 27.26 Steuerung des Netzwerkzugriffs für nicht-konforme NAP-Clients

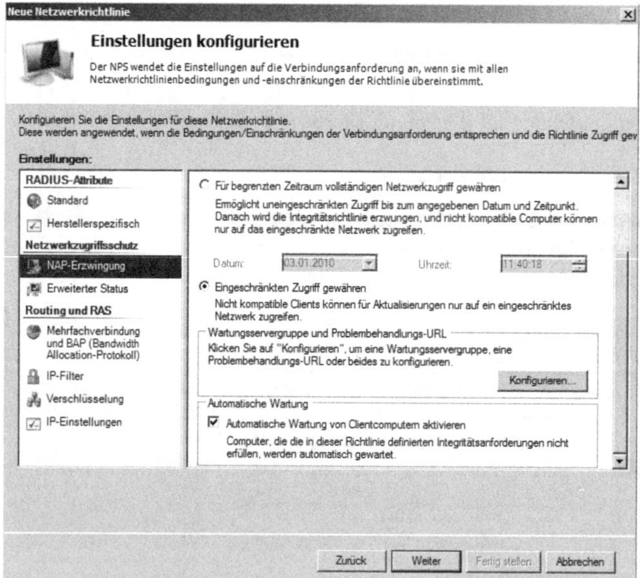

Schließen Sie die Erstellung der Netzwerkrichtlinien ab. Diese werden nach der Erstellung in der NPS-Konsole angezeigt. Alle anderen Richtlinien sollten als deaktiviert angezeigt werden.

Abbildg. 27.27 Anzeigen der Netzwerkrichtlinien für das Netzwerk

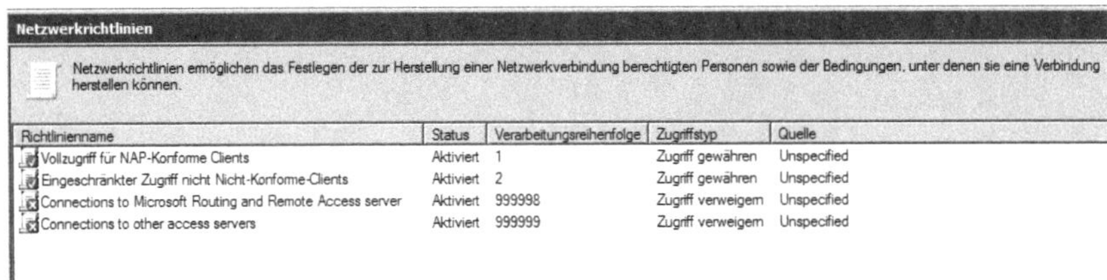

DHCP-Server für NAP konfigurieren

Im nächsten Schritt müssen Sie den DHCP-Server unter Windows Server 2008 R2 konfigurieren, damit dieser NAP nutzen kann. Rufen Sie die Verwaltungskonsole des DHCP-Servers auf. Sie finden die Konsole über *Start/ Verwaltung/DHCP* oder im Server-Manager. Auch über *Start/Ausführen/dhcpmgmt.msc* können Sie die Konsole aufrufen. Um DHCP für NAP zu konfigurieren, gehen Sie folgendermaßen vor:

1. Rufen Sie die Eigenschaften des Bereichs auf, den Sie zuvor erstellt haben.
2. Wechseln Sie auf die Registerkarte *Netzwerkzugriffsschutz.*
3. Aktivieren Sie die Option *Für diesen Bereich aktivieren.*
4. Aktivieren Sie die Option *Netzwerkzugriffsschutz-Standardprofil verwenden.*

Abbildg. 27.28 Konfigurieren von NAP für einen DHCP-Bereich

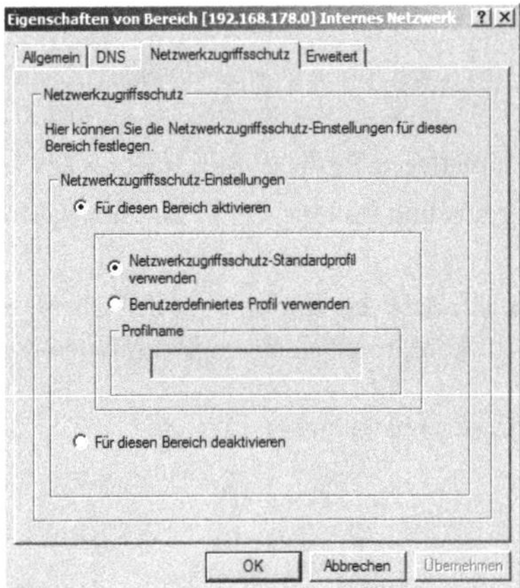

DHCP-Server für konforme NAP-Clients konfigurieren

Im nächsten Schritt können Sie den DHCP-Server so konfigurieren, dass NAP-konforme Clients eine IP-Adresse vom Server erhalten. Gehen Sie dazu folgendermaßen vor:

1. Klicken Sie mit der rechten Maustaste auf den Konsoleneintrag *Bereichsoptionen* unterhalb des von Ihnen erstellten Bereichs und wählen Sie *Optionen konfigurieren* aus.
2. Wechseln Sie auf die Registerkarte *Erweitert.*
3. Wählen Sie im Dropdownlistenfeld *Benutzerklasse* die Option *Standardbenutzerklasse* aus.
4. Jetzt können Sie die Optionen auswählen, die Ihren standardmäßigen NAP-konformen Clients zugewiesen werden sollen, zum Beispiel DNS-Server, WINS, und DNS-Domäne.

Abbildg. 27.29 Konfigurieren der Bereichsoptionen für NAP-konforme Clients

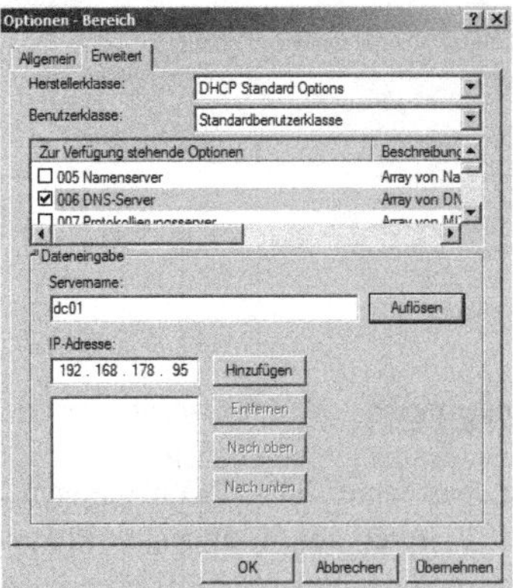

DHCP-Server für nicht-konforme NAP-Clients konfigurieren

Im nächsten Schritt müssen Sie den DHCP-Server so konfigurieren, dass nicht-konforme NAP-Clients entsprechende IP-Adressen erhalten, damit sich diese mit den Wartungsservern verbinden können, bzw. nur teilweise mit dem Netzwerk kommunizieren können. Gehen Sie dazu folgendermaßen vor:

1. Klicken Sie mit der rechten Maustaste auf den Konsoleneintrag *Bereichsoptionen* unterhalb des von Ihnen erstellten Bereichs und wählen Sie *Optionen konfigurieren* aus.
2. Wechseln Sie auf die Registerkarte *Erweitert.*
3. Wählen Sie im Dropdownlistenfeld *Benutzerklasse* die Option *Standardmäßige Netzwerkzugriffsschutz-Klasse* aus.
4. Wählen Sie die Option *006 DNS-Server* aus und hinterlegen Sie die IP-Adresse Ihres DNS-Servers.
5. Wählen Sie die Option *015 DNS-Domänenname* aus und hinterlegen Sie als Namen einen DNS-Namen zum Beispiel *restricted.contoso.com.*
6. Durch diese Konfiguration haben Sie sichergestellt, dass die konformen NAP-Clients eine vollständige Anbindung an das Netzwerk erhalten und die nicht-konformen einen eingeschränkten Zugriff.

Abbildg. 27.30 Eingeschränkten DNS-Zugriff für nicht-konforme Clients konfigurieren

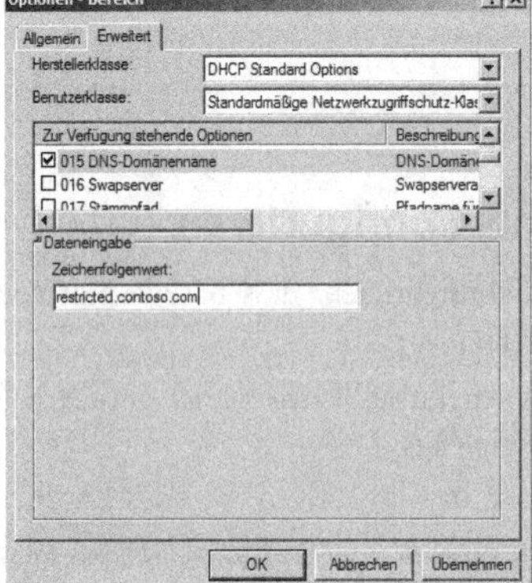

NAP-Client konfigurieren

Damit die Windows-Sicherheitsintegritätsverifizierung unter Windows Server 2008 R2 Daten empfangen kann, muss in Windows Vista das Sicherheitscenter und auf Windows 7-PCs das Wartungscenter aktiviert sein. Das Sicherheitscenter oder das Wartungscenter fragt die entsprechenden Daten auf dem PC ab und sendet diese zum NPS-Server.

Sicherheitscenter und Wartungscenter auf Windows Vista- und Windows 7-Domänen-PCs aktivieren

Auf Windows Vista-Rechnern, die Mitglied einer Domäne sind, wird das Sicherheitscenter deaktiviert, bei Windows 7 ist das Wartungscenter normalerweise auch bei einer Domänenmitgliedschaft aktiv. Um NAP unter Windows Vista und Windows 7 zu testen, müssen Sie dieses daher aktivieren. Der beste Weg dazu in einer Testumgebung ist die Aktivierung über lokale Richtlinien. Sie finden die Einstellung auch über Gruppenrichtlinien. Gehen Sie dazu folgendermaßen vor:

1. Geben Sie im Suchfeld des Startmenüs *gpedit.msc* ein.
2. Navigieren Sie zu *Computerkonfiguration/Administrative Vorlagen/Windows-Komponenten/Sicherheitscenter.*
3. Aktivieren Sie die Richtlinie *Sicherheitscenter aktivieren (nur Domänencomputer).*

Abbildg. 27.31 Aktivieren des Sicherheitscenters/Wartungscenters in Windows Vista und Windows 7 für die Unterstützung von NAP

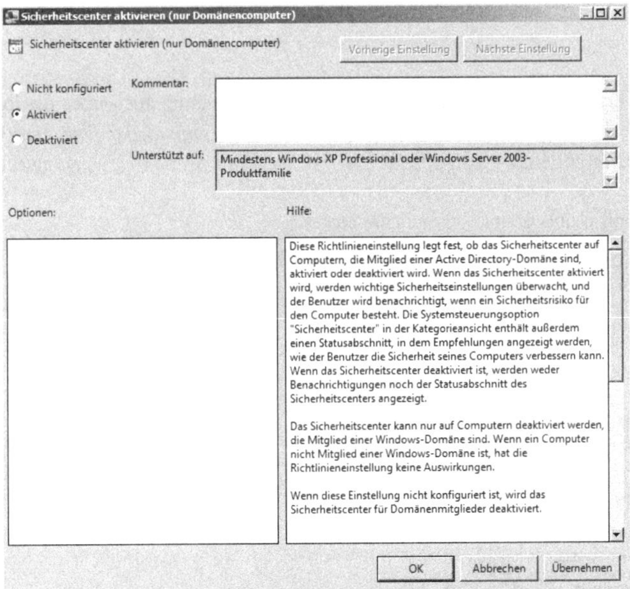

DHCP-Quarantäneerzwingungsclient aktivieren

Die nächste Aufgabe, die Sie durchführen müssen, ist die Aktivierung der DHCP-NAP-Unterstützung:

1. Starten Sie dazu auf dem Windows Vista- und Windows 7-PC durch Eingabe von *napclcfg.msc* im Suchfeld des Startmenüs die Verwaltungskonsole des NAP-Clients.
2. Klicken Sie in der Konsolenstruktur auf den Eintrag *Erzwingungsclients.*

3. Aktivieren Sie den *DHCP-Quarantäneerzwingungsclient.*

Abbildg. 27.32 Aktivieren des DHCP-Quarantäneerzwingungsclients unter Windows Vista und Windows 7

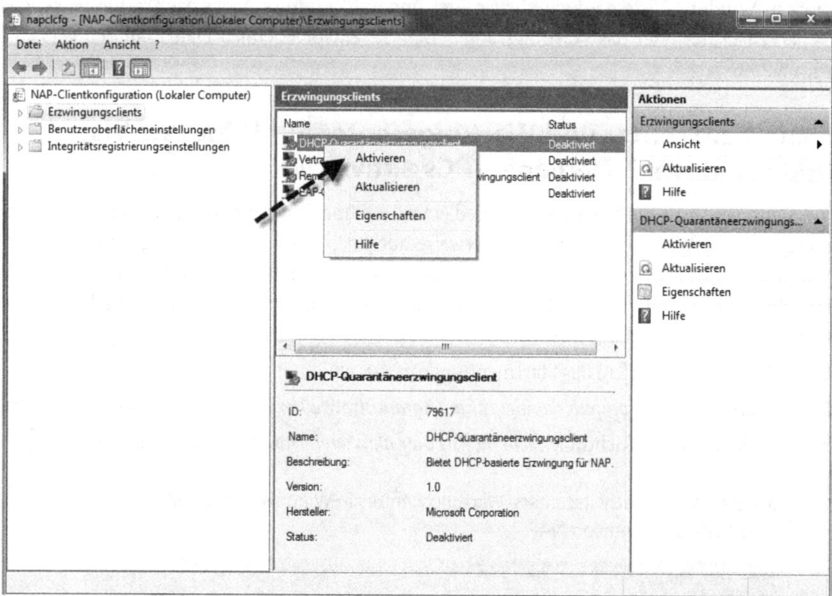

Alternativ können Sie Erzwingungsclients für den Netzwerkzugriffsschutz auch über die lokale Sicherheitsrichtlinie in Windows 7 aktivieren. Diese Einstellung finden Sie unter *Computerkonfiguration/Windows-Einstellungen/Sicherheitseinstellungen/Netzwerkzugriffschutz/NAP-Clientkonfiguration/Erzwingungsclients.*

Abbildg. 27.33 Aktivieren von Erzwingungsclients über Gruppenrichtlinien

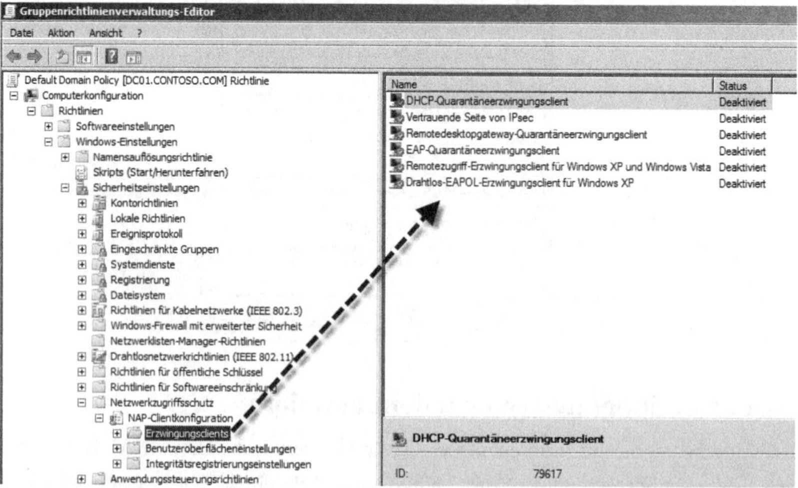

NAP-Agent (Network Access Protection) aktivieren

Der nächste Schritt zur Anbindung von Windows Vista und Windows 7 an eine NAP-Infrastruktur ist die Aktivierung des Systemdiensts *NAP-Agent (Network Access Protection)*. Setzen Sie nach Aufruf der *Dienste*-Konsole über *services.msc* den Starttyp dieses Diensts auf *Automatisch* und starten Sie diesen.

Abbildg. 27.34 Starten des NAP-Agents auf dem Clientcomputer

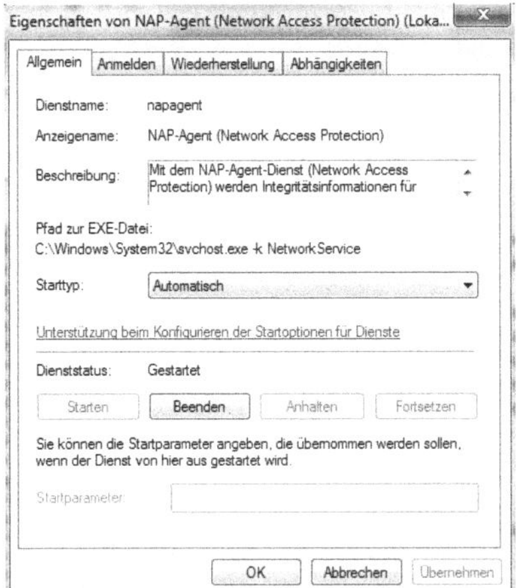

Windows Vista und Windows 7 in Domäne aufnehmen

Nachdem Sie diese Konfigurationen vorgenommen haben, erhalten Sie durch den DHCP-Server eine IP-Adresse und können den Windows Vista- und Windows 7-PC in die Domäne aufnehmen. In einem Unternehmensnetzwerk können die Hauptvorteile der Microsoft-Betriebssysteme, sei es auf Ebene der Server oder der Clients, erst sinnvoll ausgespielt werden, wenn eine Active Directory-Domäne gebildet wird.

HINWEIS Nur die Professional-, Enterprise- und Ultimate-Edition von Windows 7 können Mitglied in Windows-Domänen werden, bei den anderen Editionen fehlt diese Unterstützung. Dies muss vor allem beim Erwerb von neuen Notebooks beachtet werden, die oft mit Windows Vista und Windows 7 Home Premium Edition verkauft werden. Diese Version ist nicht domänenfähig.

Notwendige Netzwerkeinstellungen für die Domänenaufnahme

Grundsätzlich ist der Ablauf mit dem unter Windows XP nahezu identisch. Der erste Schritt, einen Windows Vista- und Windows 7-PC in eine Windows-Domäne aufzunehmen, ist es, den PC erstmals mit dem Netzwerk zu verbinden und zu überprüfen, ob ein Domänencontroller mit dem Ping-Befehl, ganz ohne Namensauflösung erreicht werden kann. Der nächste wichtige Schritt ist das Eintragen eines DNS-Servers in den IP-Einstellungen eines Windows Vista- und Windows 7-PCs. Erst wenn ein DNS-Server eingetragen wurde, der die DNS-Zone der Active Directory-Domäne auflösen kann, ist eine Aufnahme in eine Windows-Domäne möglich. Bei der Verwendung von DHCP erhält der Windows Vista- und Windows 7-PC die IPv4-Konfiguration durch den DHCP-Server.

Computerkonto für den PC in der Domäne erstellen

Nachdem Sie die IP-Einstellungen korrekt vorgenommen haben, besteht der nächste Schritt darin, dass Sie für den PC in der Windows-Domäne ein Domänenkonto erstellen. Dieses Konto kann ohne Weiteres auch direkt auf dem Windows Vista- und Windows 7-PC erstellt werden. Dazu ist lediglich eine Authentifizierung eines Benutzerkontos notwendig, welches berechtigt ist, Computerkonten in der Domäne zu erstellen. Um einen Windows Vista- und Windows 7-PC in eine Windows-Domäne aufzunehmen, öffnen Sie am besten zunächst das Startmenü und klicken dann mit der rechten Maustaste auf den Menüpunkt *Computer* und wählen im zugehörigen Kontextmenü den Eintrag *Eigenschaften*. Es öffnet sich ein neues Fenster, über das Sie die Domänenmitgliedschaft des PCs anpassen können. Klicken Sie dazu im Abschnitt *Einstellungen für Computernamen, Domäne und Arbeitsgruppe* auf den Link *Einstellungen ändern*.

Wie Sie sehen, wird neben dieser Einstellung das bekannte Schild in den Windows-Farben anzeigt. Dieses Symbol wird immer angezeigt, wenn für die Ausführung der besagten Aufgabe administrative Berechtigungen benötigt werden. Sobald Sie auf den Link *Einstellungen ändern* klicken, erscheint zunächst eine Meldung der Benutzerkontensteuerung (UAC), die Sie bestätigen müssen. Nachdem Sie diese Meldung bestätigt haben, werden die Eigenschaften des Computers angezeigt und die Anzeige wechselt automatisch auf die Registerkarte *Computername*. Auf der Registerkarte *Computername* können Sie eine Beschreibung des PCs eintragen, die auch in den Verwaltungswerkzeugen von Active Directory angezeigt wird. Über die Schaltfläche *Ändern* können Sie am effizientesten einer Domäne beitreten oder den Namen des PC ändern.

Abbildg. 27.35 Aufnehmen eines Windows Vista- und Windows 7-PCs in eine Windows-Domäne

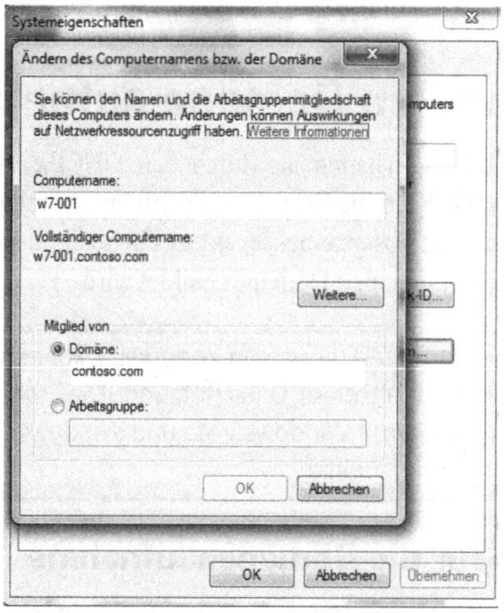

Über die Schaltfläche *Netzwerk-ID* wird ein Assistent gestartet, der Sie bei der Aufnahme unterstützt. Da die Domänenaufnahme keine allzu langwierige Aufgabe ist, benötigen Sie im Grunde genommen keinen Assistenten und können dadurch über die Schaltfläche *Ändern* schneller zum Ziel gelangen. Wichtig ist an dieser Stelle, dass Sie den Namen der Domäne eingeben, in die der PC aufgenommen wird. Das muss nicht immer genau die Domäne sein, in der sich auch Ihr Benutzerkonto befindet. Allerdings ist das unter Windows Server 2003 eigentlich immer so.

Bei Domänen unter Windows NT 4.0 wurden Benutzerkonten und Ressourcen bzw. PCs in verschiedene Domänen aufgenommen, was Sicherheitsgründe hatte, bzw. darin begründet lag, dass die maximale Anzahl von Objekten begrenzt war. Active Directory-Domänen haben in dieser Hinsicht keine Einschränkungen mehr, sodass Benutzerdomäne und Computerdomäne normalerweise immer identisch sind. Im Anschluss versucht der PC eine Verbindung zu der Domäne aufzubauen. Gelingt dies nicht, erscheint eine Fehlermeldung, die Sie detailliert darüber informiert, warum eine Domänenaufnahme nicht möglich ist. Meistens liegt ein solcher Fehler darin begründet, dass der DNS-Server in den IP-Einstellungen nicht stimmt oder der PC keine Verbindung zum Domänencontroller herstellen kann, weil der Netzwerkverkehr blockiert wird oder die IP-Adresse des PCs nicht stimmt.

Überprüfen Sie daher an dieser Stelle diese Einträge. Wenn Sie die beschriebenen Einstellungen ohne Assistent ändern wollen, klicken Sie auf die Schaltfläche *Ändern*. Es erscheint ein neues Fenster, in dem Sie den Namen Ihres PCs und die Domäne eintragen können, zu der Ihr PC eine Verbindung aufbauen soll. Tragen Sie an dieser Stelle am besten den DNS-Namen der Domäne ein. Wenn Sie auf *OK* klicken, baut der PC eine Verbindung zur Domäne auf, und Sie müssen sich mit einem Benutzerkonto authentifizieren, welches Computerkonten in die Domäne aufnehmen darf. Sind alle Daten korrekt eingetragen worden, erhalten Sie eine Meldung, dass Sie der Domäne beigetreten sind. Nachdem Sie den erfolgreichen Beitritt zu der Windows-Domäne bestätigt haben, müssen Sie Ihren PC neu starten.

Nachdem Ihr PC neu gestartet wurde, erhalten Sie die Meldung, dass Sie die Tastenkombination Strg+Alt+Entf auf der Tastatur drücken müssen, damit das Anmeldefenster erscheint. Diese Meldung wird aus Sicherheitsgründen angezeigt, damit auf PCs keine Trojaner oder Viren die Anmeldung der Domäne vortäuschen können, um an geheime Benutzerdaten zu gelangen. Erst wenn Sie diese Tastenkombination auf der Tastatur gedrückt haben, erscheint das bekannte Anmeldefenster von Windows Vista und Windows 7. Allerdings wird nicht unbedingt gleich die Anmeldung an der Domäne angezeigt.

Bei der ersten Anmeldung am PC nach der Aufnahme in die Domäne wird unter Umständen noch der Anmeldename am lokalen PC angezeigt. Sie erkennen dies daran, dass Ihr Benutzername zusammen mit Ihrem PC-Namen angezeigt wird, was die lokale Anmeldung am PC symbolisiert. Sie können sich auch nach der Aufnahme in einer Domäne ohne Weiteres lokal anmelden, erhalten dann aber ein anderes Benutzerprofil als mit dem Benutzerkonto in der Domäne. Klicken Sie auf die Schaltfläche *Benutzer wechseln* in der Anmeldemaske, erscheint eine neue Ansicht. Über die Auswahl der Option *Anderer Benutzer* können Sie ein Domänenkonto auswählen, mit dem Sie sich am PC anmelden können.

Geben Sie an dieser Stelle am besten im oberen Feld den Namen Ihrer Domäne gefolgt von einem Rückstrich (Backslash = \) und dann dem Benutzernamen und dem Kennwort des Domänenkontos an. Klicken Sie im Anschluss entweder auf das blaue Symbol mit dem Pfeil neben dem Kennwort oder drücken Sie die ↵-Taste, um die Anmeldung vorzunehmen. Im Anschluss authentifiziert sich der PC an der Domäne und ein ganz neues Benutzerprofil wird erstellt. Wenn Sie sich das nächste Mal am PC anmelden, hat sich der PC die Anmeldung an der Domäne gemerkt und zeigt diese auch in der Anmeldemaske an. An dieser Stelle reicht jetzt das Angeben des Kennworts und Sie werden an der Domäne angemeldet. Wollen Sie sich an Ihrem PC lokal anmelden, wählen Sie einfach wieder die Schaltfläche *Benutzer wechseln* aus.

HINWEIS Das lokale Administratorkonto in Windows Vista und Windows 7 wird deaktiviert. Einzige Ausnahme: Wenn Windows Vista und Windows 7 während einem Upgrade von Windows XP erkennen, dass der Administrator das einzig aktive lokale Konto mit administrativen Berechtigungen ist, bleibt das Konto auch unter Windows Vista und Windows 7 aktiv. Solange auf Computern, die keiner Domäne angehören, weitere aktive administrative Konten existieren, kann der Administrator nicht im abgesicherten Modus genutzt werden. Stattdessen muss eines der normalen Konten zur Anmeldung verwendet werden. Wird allerdings das letzte lokale Konto mit administrativen Berechtigungen herabgestuft, gelöscht oder deaktiviert, kann der Administrator im abgesicherten Modus für eine Notfallwiederherstellung (Disaster Recovery) genutzt werden.

Computer, die Mitglied einer Domäne sind, werden anders behandelt. Hier kann der standardmäßig deaktivierte lokale Administrator-Account nicht zur Anmeldung im abgesicherten Modus benutzt werden. Dadurch kann sich kein Standardbenutzer über diesen Weg lokal mehr Rechte verschaffen. Ein Mitglied der Gruppe der Domänen-Administratoren kann sich jedoch an jedem Domänenmitglieds-PC anmelden und dort lokale administrative Konten für die weitere Verwaltung erzeugen, falls keine existieren. Sollte sich kein Domänenadministrator angemeldet haben, muss der Computer im Falle eines Ausfalls im abgesicherten Modus mit Netzwerkzugriff gestartet werden, um darüber einen Domänenadministrator anmelden zu können. Dessen Anmeldung wird lokal nicht zwischengespeichert. Sollte der Computer allerdings aus der Domäne entfernt werden, tritt das Verhalten eines PCs wieder in Kraft, der nicht Mitglied einer Domäne ist.

NAP-Konfiguration überprüfen

Durch die Einstellung in der Netzwerkrichtlinie, dass sich die angebundenen Windows Vista- und Windows 7-PCs automatisch warten sollen, wenn diese nicht NAP-konform sind, wird die Windows-Firewall immer wieder in Echtzeit automatisch aktiviert, wenn Sie diese deaktivieren. Dadurch ist sichergestellt, dass auch auf PCs, an denen Benutzer mit Administratorrechten sitzen, die Firewall immer aktiv ist. In regelmäßigen Abständen, vor allem bei der Anmeldung, erscheint im Infobereich der Taskleiste ein Hinweis, ob der Client den Netzwerkrichtlinien entspricht.

Abbildg. 27.36 Windows 7 erkennt, wenn ein Computer nicht dem Zugriffschutz im Netzwerk entspricht

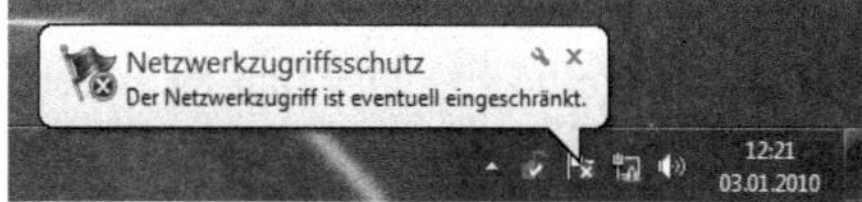

Nur wenn Sie die automatische Wartung aktiviert haben, startet Windows die Firewall neu. Ansonsten erhalten Sie nur eine Fehlermeldung und Windows schränkt den Zugriff auf Basis der hinterlegten Regeln ein. Haben Sie bei der Verifizierungsprüfung für NAP auch den Virenschutz aktiviert und testen mit den Microsoft Security Essentials, können Sie diese beenden, indem Sie den Systemdienst *Microsoft-Antimalwaredienst* beenden. Anschließend erhalten Sie eine Meldung des Netzwerkzugriffschutzes und der Zugriff wird so blockiert, wie Sie es eingestellt haben.

Abbildg. 27.37 Meldung beim Erfüllen der Netzwerkanforderungen für NAP

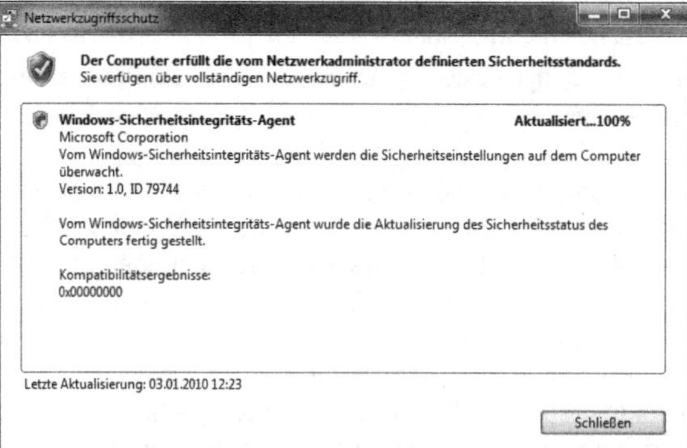

Klicken Sie doppelt auf die Meldung oder das dazugehörige Symbol, erhalten Sie eine ausführliche Statusangabe anzeigt, wenn der Zugriffschutz nicht mehr hergestellt werden kann.

Abbildg. 27.38 Windows meldet, warum der Zugriff auf das Netzwerk blockiert wird

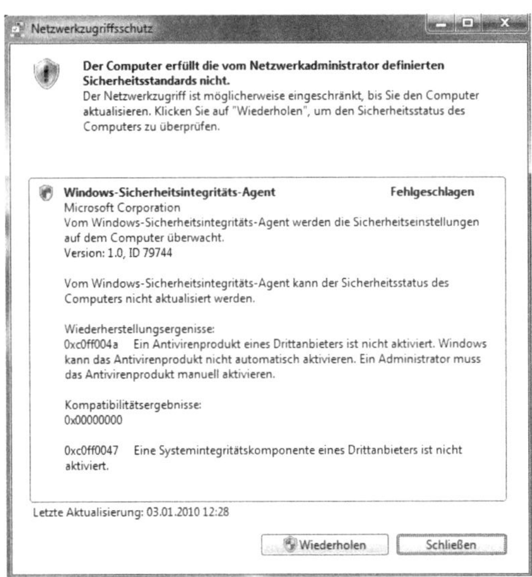

Außerdem zeigt der Netzwerkzugriffschutz Fehler bei der Verbindung im Wartungscenter von Windows 7 an, sodass Anwender auch hier einfach eine Lösung und Informationen erhalten und nicht einfach nur blockiert werden.

Abbildg. 27.39 Auch das Wartungscenter in Windows 7 informiert über den Grund der Netzwerkblockierung

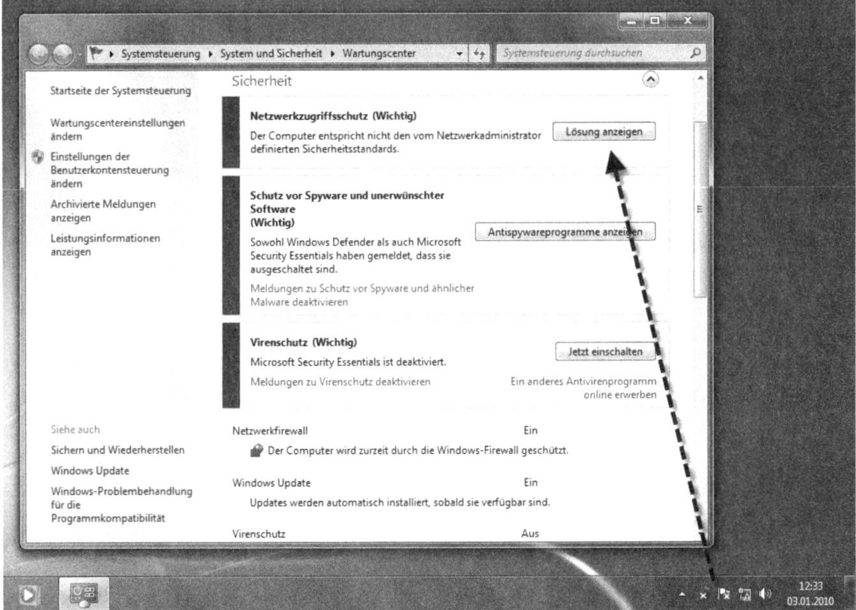

Da die Firewall immer wieder automatisch aktiviert wird, wenn Sie diese deaktivieren, müssen Sie einen anderen Weg gehen, um zu testen, ob auch die Konfiguration des DHCP-Servers funktioniert, der nicht-konformen Clients den Zugriff eingeschränkt zur Verfügung stellt. Der einfachste Weg dazu ist, dass Sie die Systemintegritätsüberprüfung so abändern, dass der Client die Prüfung nicht mehr besteht, oder den Virenschutz beenden, wenn Sie diesen ebenfalls überwachen lassen. Durch diese Änderung wird der Client durch die Integritätsrichtlinie zum nicht-konformen Client erklärt und die Netzwerkrichtlinie schränkt den Zugriff ein. Der einfachste Weg ist, dass Sie die Windows-Sicherheitsintegritätsüberprüfung aufrufen und auf einem Test-PC noch den Virenschutz kontrollieren lassen. Gehen Sie dazu folgendermaßen vor:

1. Klicken Sie in der NAP-Konsole auf *Netzwerkzugriffsschutz/Systemintegritätsprüfungen/Windows-Sicherheitsintegritätsverifizierung/Einstellungen.*
2. Rufen Sie die Eigenschaften der *Standardkonfiguration* auf.
3. Jetzt können Sie konfigurieren, welche Bedingungen eine Arbeitsstation erfüllen muss, damit diese mit dem Netzwerk kommunizieren darf.
4. Aktivieren Sie für diesen Test die Option *Antivirusanwendung ist aktiviert.*
5. Klicken Sie auf *OK.* Sie müssen keine weiteren Änderungen vornehmen. Die Einstellungen werden automatisch von den Integritätsrichtlinien und auch den Netzwerkrichtlinien übernommen.

Da Sie auf Ihrer Testmaschine noch keinen Virenscanner aktiviert haben, besteht diese den Konformitätstest nicht mehr. Sie müssen dazu aber vom DHCP-Server eine neue IP-Adresse beziehen. Geben Sie dazu in der Befehlszeile des PCs den Befehl *ipconfig /release* ein. Nachdem die IP-Adresse entfernt wurde, rufen Sie den Befehl *ipconfig /renew* auf, um eine neue IP-Adresse zu erhalten. Sobald dem Client eine neue IP-Adresse durch den DHPC-Server erteilt wurde, erkennt NAP, dass dieser nicht mehr konform ist. In der Eingabeaufforderung sehen Sie auch über *ipconfig /all* im Bereich *Quarantänestatus*, ob ein Client uneingeschränkt mit dem Netzwerk kommunizieren kann oder eingeschränkt ist.

Abbildg. 27.40 Überprüfen des Quarantänestatus über *IPconfig*

```
Administrator: C:\Windows\system32\cmd.exe
   Autokonfiguration aktiviert . . . : Ja
   Verbindungslokale IPv6-Adresse  . : fe80::d4e2:40a0:47d:3359%11(Bevorzugt)
   IPv4-Adresse  . . . . . . . . . . : 192.168.178.101(Bevorzugt)
   Subnetzmaske  . . . . . . . . . . : 255.255.255.0
   Lease erhalten. . . . . . . . . . : Sonntag, 3. Januar 2010 12:17:49
   Lease läuft ab. . . . . . . . . . : Montag, 11. Januar 2010 12:46:35
   Standardgateway . . . . . . . . . : 192.168.178.1
   DHCP-Server . . . . . . . . . . . : 192.168.178.95
   DHCPv6-IAID . . . . . . . . . . . : 234884137
   DHCPv6-Client-DUID. . . . . . . . : 00-01-00-01-12-B9-04-02-00-0C-29-B5-01-32

   DNS-Server  . . . . . . . . . . . : 192.168.178.95
   Quarantänestatus. . . . . . . . . : Nicht eingeschränkt

   Primärer WINS-Server. . . . . . . : 192.168.178.96
   Sekundärer WINS-Server. . . . . . : 192.168.178.95
   NetBIOS über TCP/IP . . . . . . . : Aktiviert

Tunneladapter isatap.contoso.com:

   Medienstatus. . . . . . . . . . . : Medium getrennt
   Verbindungsspezifisches DNS-Suffix: contoso.com
   Beschreibung. . . . . . . . . . . : Microsoft-ISATAP-Adapter
   Physikalische Adresse . . . . . . : 00-00-00-00-00-00-00-E0
   DHCP aktiviert. . . . . . . . . . : Nein
```

TIPP Sie können den NAP-Status eines PCs in der Befehlszeile über den Befehl *netsh nap client show state* anzeigen lassen.

Abbildg. 27.41 Anzeigen des NAP-Status in der Befehlszeile

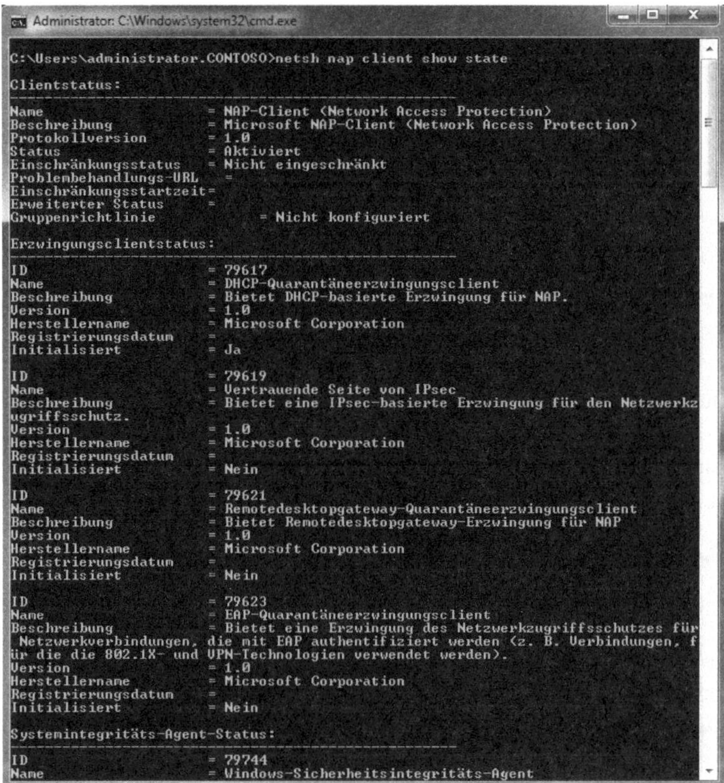

Fehler in der NAP-Konfiguration suchen

Alle Ereignisse der NAP-Konfiguration finden Sie in der Ereignisanzeige. Die Ereignisse auf dem Client finden Sie in der Ereignisanzeige über *Anwendungs- und Dienstprotokolle/Microsoft/Windows/Network Access Protection*. Auf dem Server finden Sie die Fehler im Systemprotokoll.

Abbildg. 27.42 Überprüfen der Ereignisanzeige auf dem Windows Vista- bzw. Windows 7-Client

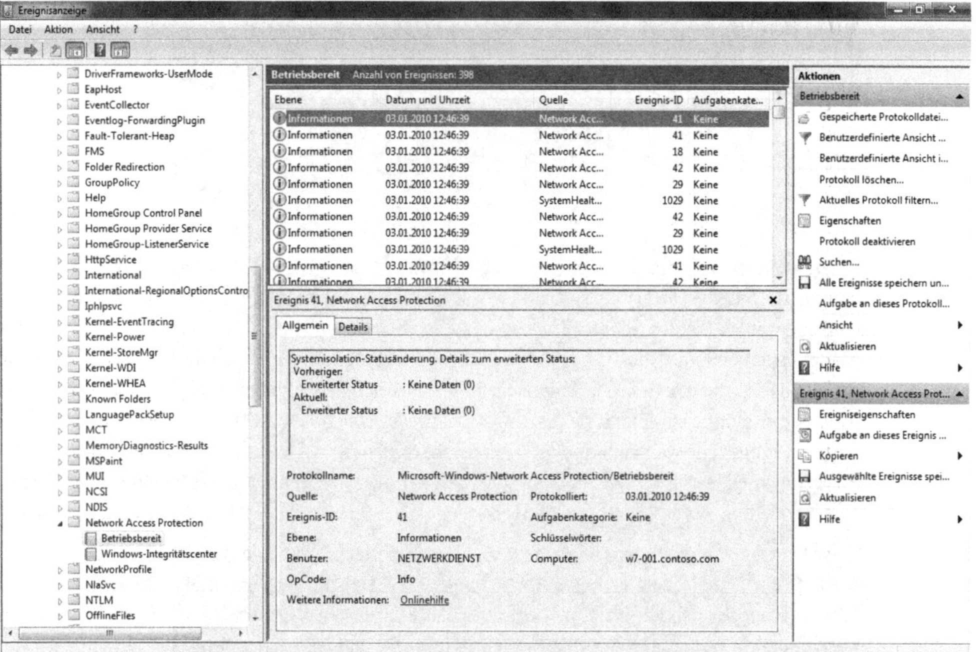

Netzwerkzugriffsschutz (NAP) mit VPN

NAP ist vor allem bei Clients sinnvoll, die sich per VPN einwählen. Bei diesen Clients können Administratoren standardmäßig nicht sicherstellen, ob ein Virenschutz installiert oder die Firewall aktiviert ist. Mit NAP können Sie gezielt verhindern, dass sich unsichere Clients aus dem Internet mit Ihrem sicheren internen Netzwerk verbinden. Ähnlich wie bei NAP über DHCP können Sie auch bei NAP über VPN einen Netzwerkrichtlinienserver einsetzen, um Ihr Netzwerk effizient zu schützen. Die Domänencontroller der Domäne können dabei noch unter Windows Server 2003 betrieben werden, nur der VPN und der Netzwerkrichtlinienserver müssen unter Windows Server 2008 R2 laufen. Bei der Einwahl verbindet sich der Client aus dem Internet mit dem RAS-VPN-Server. Dieser fordert wie bei DHCP einen Statement of Health (SoH) vom Client und gibt diesen an den Netzwerkrichtlinienserver weiter. Auf diesem Server werden wieder die entsprechenden Regeln angewendet, die wir bereits im vorangegangenen Abschnitt zur Einbindung von NAP über DHCP besprochen haben.

Auf Basis dieser Richtlinien wird ein Client dann entweder zum konformen oder zum nicht-konformen NAP-Client erklärt und es werden die entsprechenden Regeln angewendet. Wie auch bereits bei NAP über DHCP muss nicht jeder Server unter Windows Server 2008 R2 laufen. Die Domänencontroller können dabei, wie bereits erwähnt, ohne Weiteres noch mit Windows Server 2003/2008 betrieben werden. Allerdings muss der RAS-VPN-Server und der Netzwerkrichtlinienserver mit Windows Server 2008 R2 installiert werden, damit Sie diese Funktionen nutzen können. Auf dem Client sollte idealerweise Windows Vista und Windows 7 oder mindestens Windows XP mit SP3 installiert sein. Optimal wäre auch der Einsatz einer internen Windows-CA (siehe den folgenden Abschnitt sowie die Kapitel 28 und 29).

Certificate Authority (CA) unter Windows Server 2008 R2 installieren

Die sichere Einwahl über VPN realisieren Sie am besten auch geschützt durch entsprechende Zertifikate, die Sie durch eine interne Windows-CA ausstellen lassen können. Unter Windows Server 2008 R2 werden die Active Directory-Zertifikatdienste über den Server-Manager als Rolle hinzugefügt. Wählen Sie diese Rolle aus, können Sie die Zertifikatdienste mit einem Assistenten installieren, über den Sie verschiedene Auswahlmöglichkeiten haben. Auf der nächsten Seite des Assistenten wählen Sie aus, welche Rollendienste Sie installieren wollen. Sie sollten auf jeden Fall die Rollendienste *Zertifizierungsstelle* und *Zertifizierungsstellen-Webregistrierung* auswählen.

Der Rollendienst *Zertifizierungsstellen-Webregistrierung* stellt die Weboberfläche der Zertifikatdienste zur Verfügung, die Sie über *http://<Servername>/certsrv* aufrufen können, um Zertifikate anzufordern. Auf der nächsten Seite wählen Sie den Setuptyp aus. Hier sollten Sie die Option *Unternehmen (empfohlen)* auswählen, da Sie bei der ersten CA eine Root-CA installieren. Bei dieser Auswahl wird auch die CA in Active Directory integriert. Auf der nächsten Seite des Assistenten legen Sie den Zertifizierungsstellentyp fest. Hier sollten Sie bei der ersten Installation möglichst eine *Stammzertifizierungsstelle (empfohlen)* auswählen. Bei der ersten Installation einer Zertifizierungsstelle wählen Sie aus, dass Sie einen neuen privaten Schlüssel erstellen wollen, da es für diese Zertifizierungsstelle noch keinen Schlüssel gibt. Auf der nächsten Seite des Assistenten wählen Sie aus, mit welcher Verschlüsselung Sie Zertifikate ausstellen wollen. Hier sollten Sie möglichst den Standard belassen.

Es gibt derzeit zahlreiche verschiedene Verschlüsselungstechniken. Die von Ronald L. Rivest für RSA Data Security entwickelten Hashalgorithmen MD2, MD4 und MD5 sind für digitale Signatursysteme gedacht und bilden eine Nachricht beliebiger Länge auf ein Destillat fester Länge ab. Man spricht in diesem Zusammenhang auch vom digitalen Fingerabdruck einer Nachricht. MD2 gilt als sicher, ist aber langsam. MD4 hingegen hat bekannte Schwächen, weswegen von einer Verwendung abgesehen werden sollte. MD5 dagegen gilt als sicher und ist sehr weit verbreitet. Das nach seinen Entwicklern R. L. Rivest, A. Shamir und L. M. Adleman benannte Kryptosystem RSA ist zur Zeit das bedeutendste asymmetrische Verschlüsselungsverfahren. Es basiert auf dem Faktorisierungsproblem und ist das am besten untersuchte asymmetrische Verfahren überhaupt. Der Algorithmus wurde in zahlreichen Anwendungen implementiert und gilt als sehr sicher. Das Patent wurde von RSA Data Security gehalten und ist im Jahr 2000 abgelaufen.

Auf der nächsten Seite legen Sie den Namen für die neue Zertifizierungsstelle fest. Hier sollten sie bei der ersten Stammzertifizierungsstelle im Unternehmen einen passenden Namen wählen. Im Anschluss legen Sie die Gültigkeitsdauer für die Zertifikate fest und schließen die Konfiguration ab. Nach der Installation der Zertifikatdienste stehen diese zur Verfügung.

Testen und Verifizieren der Zertifikatstelle

Nach der Installation können Sie über das Verwaltungsprogramm *Start/Verwaltung/Zertifizierungsstelle* überprüfen, ob die Installation erfolgreich war. Der Server sollte mit einem grünen Haken in der Verwaltungsoberfläche angezeigt werden. Zusätzlich sollten Sie überprüfen, dass Zertifikate von der Zertifizierungsstelle auch automatisch zugewiesen werden können. Gehen Sie dazu folgendermaßen vor:

1. Starten Sie die Verwaltungskonsole der Zertifizierungsstelle über *Start/Verwaltung/Zertifizierungsstelle.*
2. Klicken Sie mit der rechten Maustaste auf den Servernamen und rufen Sie die *Eigenschaften* auf.
3. Wechseln Sie auf die Registerkarte *Richtlinienmodul.*
4. Klicken Sie auf die Schaltfläche *Eigenschaften.*
5. Stellen Sie sicher, dass die Option *Den Einstellungen der Zertifikatvorlage folgen, falls zutreffend* aktiviert ist.

Abbildg. 27.43 Verifizieren der Zertifizierungsstelle und Konfiguration der automatischen Ausstellung von Zertifikaten

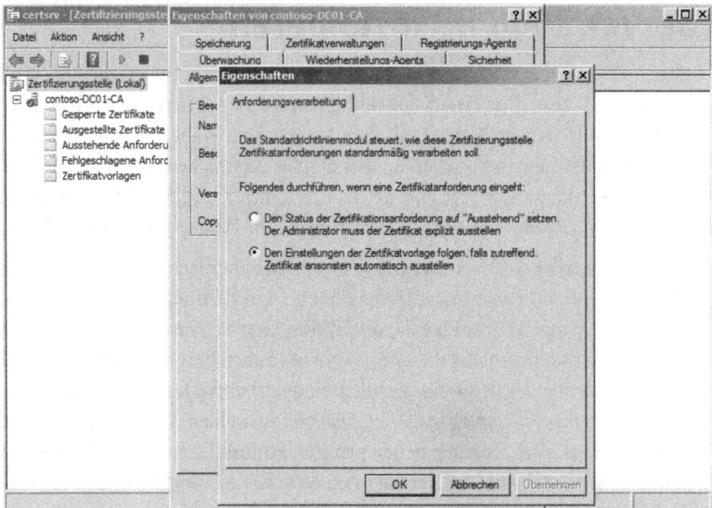

Haben Sie bei der Installation noch den Rollendienst *Zertifizierungsstellen-Webregistrierung* ausgewählt, steht zusätzlich noch die Weboberfläche der Zertifizierungsstelle über den Link *https://<Servername>/certsrv* zur Verfügung. Diese Webseite sollte sich nach erfolgter Authentifizierung fehlerfrei öffnen lassen.

Abbildg. 27.44 Aufrufen der Webseite einer neu installierten Zertifizierungsstelle

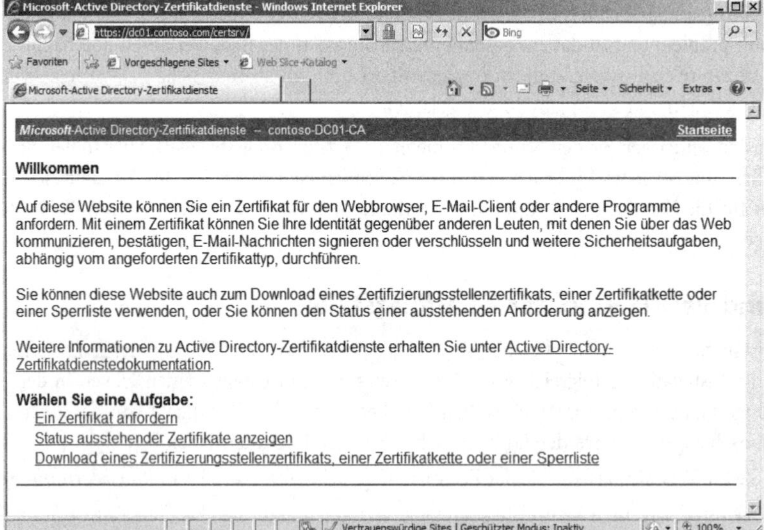

Benutzerkonto mit Einwahlberechtigungen erstellen

Für eine Testumgebung sollten Sie ein Beispielkonto anlegen und diesem Konto entsprechende Einwahlberechtigungen erteilen. Ein neues Konto erstellen Sie am besten auf dem Domänencontroller. Ist auf diesem Windows Server 2008 R2 installiert, legen Sie ein neues Benutzerkonto über den Server-Manager an. Rufen Sie dazu unter der Rolle *Active Directory-Domänendienste* das Snap-In *Active Directory-Benutzer und -Computer* auf. Alternativ können Sie auch das Active Directory-Verwaltungscenter verwenden oder das Snap-In *Active Directory-Benutzer und -Computer* über die Porgrammgruppe *Verwaltung* aufrufen, oder indem Sie *dsa.msc* in das Suchfeld des Startmenüs eingeben. Tragen Sie die entsprechenden Daten für das Konto ein. Aktivieren Sie auf der Registerkarte *Einwählen* im Bereich *Netzwerkzugriffsberechtigung* die Option *Zugriff gestatten*. In einer produktiven Umgebung können Sie auch die Option *Zugriff über NPS-Netzwerkrichtlinien steuern* wählen. In diesem Fall erstellen Sie eine Gruppe in Active Directory, zum Beispiel mit der Bezeichnung *VPN-Zugriff* und nehmen die Benutzerkonten in die Gruppe mit auf, denen Sie VPN-Zugriff gestatten wollen.

Auf dem NPS-Server können Sie dann dieser Gruppe die Einwahl gestatten. Dies hat den Vorteil, dass Sie nicht die einzelnen Benutzerkonten konfigurieren müssen, sondern über Gruppenmitgliedschaft die Einwahl steuern. Nehmen Sie in dieser Testumgebung den Benutzer auch in die Domänen-Admin-Gruppe auf, damit die Einwahl funktioniert und entsprechende Konfigurationen durchgeführt werden können.

Abbildg. 27.45 Konfigurieren der Netzwerkzugriffsberechtigung für ein Benutzerkonto

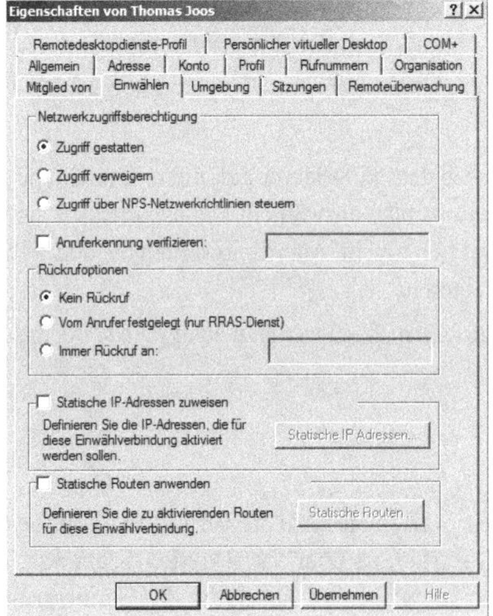

Auf Wunsch können Sie dem Anwender im Bereich *Statische IP-Adressen zuweisen* eine feste IP-Adresse zuteilen, die sein Rechner bei der Einwahl erhält.

Zertifikat für den NPS-Server zuweisen

Im nächsten Schritt sollten Sie dem NPS-Server ein Zertifikat zuweisen. Gehen Sie dazu folgendermaßen vor:

1. Öffnen Sie über *Start/Ausführen/mmc* eine neue Konsole.
2. Fügen Sie das Snap-In *Zertifikate* zu dieser Konsole hinzu.
3. Wählen Sie als Option für den Zertifikatespeicher des Snap-Ins *Computerkonto* aus.
4. Wählen Sie den lokalen Computer aus.
5. Klicken Sie im Snap-In mit der rechten Maustaste auf *Eigene Zertifikate* und wählen Sie im Kontextmenü den Eintrag *Alle Aufgaben/Neues Zertifikat anfordern* aus.

Abbildg. 27.46 Anfordern eines neuen Zertifikats für einen Server

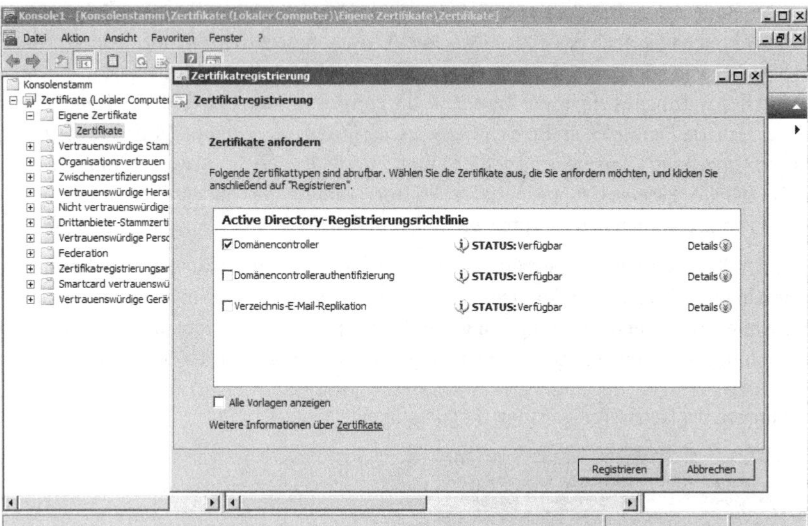

6. Wählen Sie als Zertifikattyp *Computer* aus. Haben Sie den NPS-Server auf einem Domänencontroller installiert, können Sie als Zertifikattyp auch *Domänencontroller* auswählen. Dieses Zertifikat verfügt über die gleichen Möglichkeiten, die ein Computer-Zertifikat beherrscht. Allerdings sollten Sie den NPS- und VPN-Server am besten auf einem getrennten Server installieren.
7. Klicken Sie auf *Registrieren*, um das Zertifikat anzufordern. Nach wenigen Sekunden sollte das Zertifikat als erfolgreich ausgestellt angezeigt werden.

NPS-Server konfigurieren

Im Anschluss können Sie den NPS-Server konfigurieren. Starten Sie dazu die Verwaltungskonsole für die Netzwerkrichtlinien. Der schnellste Weg, diese Konsole zu starten, ist über *Start/Ausführen/nps.msc*. Als Nächstes konfigurieren Sie die Systemintegritätsprüfungen exakt so, wie sie im Abschnitt »Systemintegritätsprüfungen verwalten« ab Seite 972 für NAP über DHCP konfiguriert worden sind. Im Anschluss erstellen Sie die Integritätsrichtlinien, genauso wie im Abschnitt »Integritätsrichtlinien erstellen« ab Seite 973 für NAP über DHCP besprochen.

Die Konfiguration der Systemintegritätsprüfungen und der Integritätsrichtlinien erfolgt komplett identisch. Wichtig an dieser Stelle ist die Konfiguration der *Windows-Sicherheitsintegritätsverifizierung* (Statement of Health, SoH). Diese wird vom Client durch das Windows Vista- und Windows 7-Sicherheitscenter, beziehungsweise das Wartungscenter an den Server übermittelt. Auf Basis dieser Verifizierung wird der Client einer Integritätsrichtlinie zugeordnet, also zum konformen oder nicht-konformen Client erklärt.

Netzwerkrichtlinien erstellen

Netzwerkrichtlinien (Network Policies) steuern den Netzwerkzugriff von Clients basierend auf Integritätsrichtlinien (Health Policies), die wiederum auf den Systemintegritätsprüfungen (System Health Validators, SHVs) aufbauen. Nachdem Sie die Systemintegritätsprüfung festgelegt haben, in denen konfiguriert ist, welche Bedingungen ein NAP-konformer Client erfüllen muss, wird mit den Systemrichtlinien festgelegt, ob ein Client NAP-konform oder nicht-NAP-konform ist. Die Netzwerkrichtlinien steuern wiederum, was mit NAP-konformen bzw. nicht-NAP-konformen Clients im Netzwerk passieren soll und welchen Zugriff diese erhalten dürfen.

Bevor Sie neue Richtlinien erstellen, sollten Sie die standardmäßig angelegten Richtlinien zunächst deaktivieren. Klicken Sie diese dazu mit der rechten Maustaste an und wählen Sie im Kontextmenü den Eintrag *Deaktivieren* aus. Erstellen Sie die Netzwerkrichtlinie für konforme NAP-Clients, genauso wie im Abschnitt über DHCP besprochen. Sie haben jetzt jeweils eine Richtlinie, die festlegt, wann ein Client konform für das Netzwerk ist und wann nicht. Basis dieser Richtlinien sind die hinterlegten Sicherheitsverifizierungen. Im Anschluss legen Sie fest, welchen Netzwerkzugriff die Clients bekommen, die der jeweiligen Integritätsrichtlinie zugewiesen sind. Diese Aufgabe erledigen Sie mit Netzwerkrichtlinien.

Netzwerkrichtlinie für nicht-konforme NAP-Clients erstellen

Nachdem Sie die Richtlinie für konforme NAP-Clients erstellt haben, müssen Sie als Nächstes eine Netzwerkrichtlinie erstellen, die den Netzwerkzugriff für nicht-konforme Clients steuert. Diese Konfiguration unterscheidet sich etwas von der Netzwerkrichtlinie für nicht-konforme Clients im Bereich NAP über DHCP. Die Richtlinie für konforme Clients bleibt identisch.

1. Gehen Sie zur Erstellung analog vor und geben Sie der Richtlinie eine passende Bezeichnung.
2. Wählen Sie als Integritätsrichtlinie dieses Mal die Richtlinie *Nicht-NAP-Konform* aus.
3. Auf der Seite *Zugriffsberechtigung angeben* wählen Sie auch hier *Zugriff gewährt*. Der Zugriff wird später noch eingeschränkt. Natürlich könnten Sie bei sich auch die Option *Zugriff verweigert* auswählen, um den Clients die komplette Kommunikation zu untersagen. Allerdings sperren Sie in diesem Fall die Clients komplett aus dem Netzwerk aus.
4. Klicken Sie auf *Weiter*, um zum Fenster *Authentifizierungsmethoden konfigurieren* zu gelangen.
5. Übernehmen Sie die Standardeinstellungen.
6. Klicken Sie auf *Weiter*, um zur Seite *Einschränkungen konfigurieren* zu gelangen. Klicken Sie auch hier auf *Weiter*, um zur Seite *Einstellungen konfigurieren* zu gelangen.

Abbildg. 27.47 Konfigurieren eines IP-Filters für den VPN-Zugriff

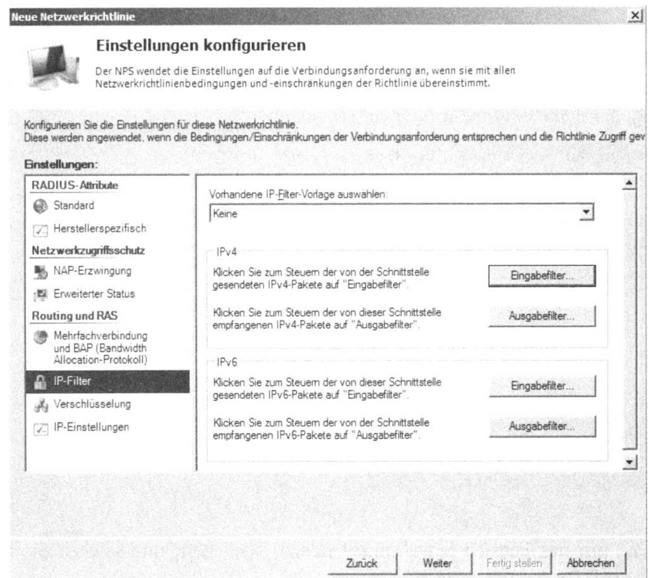

7. Klicken Sie auf *NAP-Erzwingung*.
8. Aktivieren Sie die Option *Eingeschränkten Zugriff gewähren*.
9. Aktivieren Sie das Kontrollkästchen *Automatische Wartung von Clientcomputern aktivieren*.
10. Klicken Sie als Nächstes auf *IP-Filter*.
11. Klicken Sie im Bereich *IPv4* auf *Eingabefilter*.
12. Klicken Sie auf *Neu*.
13. Aktivieren Sie das Kontrollkästchen *Zielnetzwerk*.
14. Geben Sie die IP-Adresse des Domänencontrollers mit der Subnetzmaske *255.255.255.255* an. Dadurch ist sichergestellt, dass sich nicht-konforme NAP-Clients nur mit dem Domänencontroller verbinden können, um sich zu authentifizieren.
15. Bestätigen Sie die Eingabe mit *OK*.

Abbildg. 27.48 Erstellen eines IP-Filters für VPN-Clients

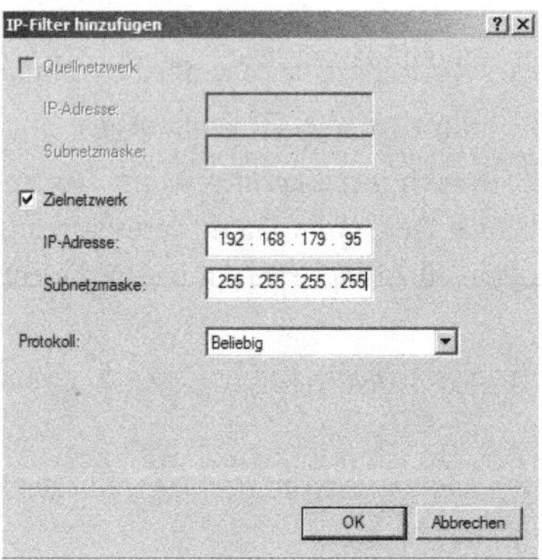

16. Aktivieren Sie dann im Fenster *Eingehende Filter* die Option *Nur die unten aufgeführten Pakete zulassen*. Dadurch wird sichergestellt, dass der Client sich ausschließlich mit der festgelegten IP-Adresse verbinden darf, allerdings mit allen Protokollen.

Abbildg. 27.49 Festlegen der gültigen IP-Pakete für den Eingabefilter

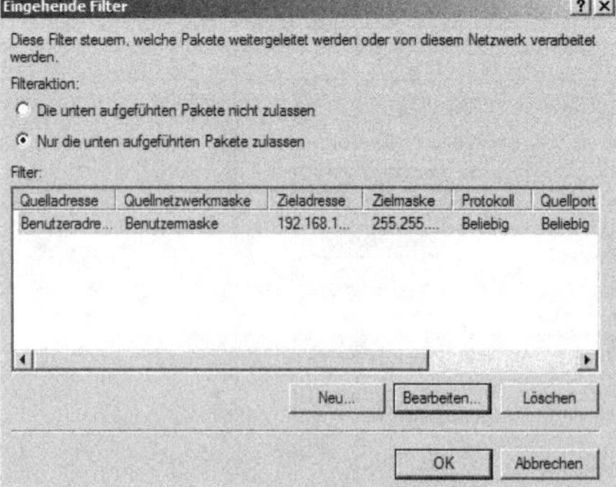

17. Klicken Sie auf *OK*, um das Fenster *Eingehende Filter* zu schließen, und klicken Sie im Hauptfenster anschließend im Bereich *IPv4* auf *Ausgabefilter*.

18. Gehen Sie hier analog zur Konfiguration des Eingabefilters vor und hinterlegen Sie auch hier die IP-Adresse des Domänencontrollers mit der Subnetzmaske *255.255.255.255*. Dadurch ist sichergestellt, dass der Client nicht nur Datenpakete zum Domänencontroller senden kann, sondern auch nur vom Domänencontroller empfängt.
19. Schließen Sie die Erstellung der Netzwerkrichtlinien ab. Diese werden nach der Erstellung in der NPS-Konsole angezeigt. Alle anderen Richtlinien sollten als deaktiviert angezeigt werden oder in der Reihenfolge unterhalb der Richtlinien, die für den VPN-Zugriff angeordnet sind.

Verbindungsanforderungsrichtlinie erstellen

Für die Einwahl von VPN-Clients werden noch Verbindungsanforderungsrichtlinien (Connection Request Policies, CRPs) benötigt. Diese konfigurieren Sie über die NPS-Konsole, indem Sie im Bereich Richtlinien auf den Menüpunkt *Verbindungsanforderungsrichtlinien* klicken. Gehen Sie zur Konfiguration einer CRP für die VPN-Einwahl wie folgt vor:

1. Deaktivieren Sie zunächst die Standardrichtlinien.
2. Erstellen Sie eine neue Richtlinie, indem Sie mit der rechten Maustaste auf *Verbindungsanforderungsrichtlinien* klicken und *Neu* wählen.
3. Geben Sie der Richtlinie einen passenden Namen, zum Beispiel *VPN-Verbindungen*.
4. Wählen Sie im Listenfeld zur Option *Typ des Netzwerkzugriffsservers* den Eintrag *Remote Access Server(VPN-Dial up)* aus.
5. Klicken Sie auf *Weiter*.

Abbildg. 27.50 Erstellen einer Verbindungsanforderungsrichtlinie

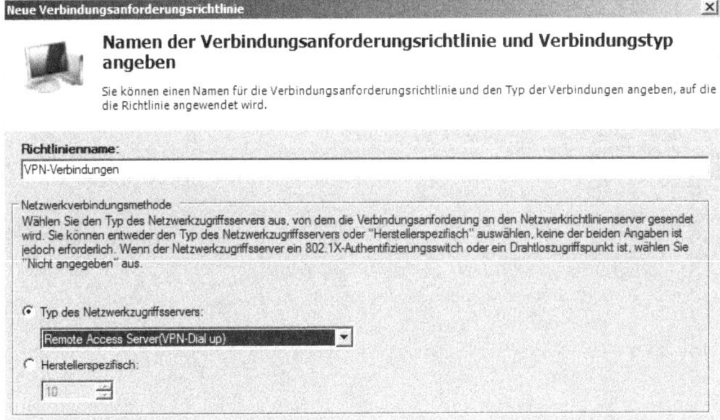

6. Klicken Sie im Fenster *Bedingungen eingeben* auf *Hinzufügen*.
7. Aktivieren Sie die Option *Client-IPv4-Adresse* und klicken Sie auf *Hinzufügen*.
8. Geben Sie die IP-Adresse des RADIUS-Servers ein, an dem sich die Benutzer über das Internet anmelden sollen. Hierbei handelt es sich üblicherweise um den NPS-Server, nicht um den Domänencontroller. Für die Authentifizierung von Benutzern an einem Einwählserver sind Protokolle erforderlich, die von Client und Server unterstützt werden. Grundsätzlich stellt eine Einwahl immer ein Sicherheitsrisiko dar. Um diesen Bereich zu sichern, gibt es eine Reihe unterschiedlicher Konzepte. Einmalkennwörter sind ein Beispiel, die Windows Server 2008 R2-Authentifizierung des Remote Access Service (RAS) ein anderes.

Diese Ansätze haben einen grundsätzlichen Nachteil: Sie sind an eine bestimmte Plattform gebunden und damit in einem heterogenen Umfeld sehr pflegeintensiv. Sicherheitskonzepte müssen mehrfach für unterschiedliche Plattformen implementiert werden. Eine offene, weil plattformunabhängige Lösung stellt das in RFC 2058 von der IETF definierte Client/Server-Protokoll RADIUS (Remote Authentication Dial-In User Service) dar, das ursprünglich von dem Unternehmen Livingston Enterprises entwickelt wurde. Bei diesem Modell wird ein RADIUS-Server eingesetzt, auf dem sich die Informationen über die Sicherheitseinstellungen für die Remotebenutzer befinden. Auf dem Einwählserver läuft ein RADIUS-Client, der die Benutzer bei RADIUS-Server authentifiziert.

Für unterschiedliche Betriebssysteme und Einwählserver – die auch Hardwarelösungen sein können – wird damit nur ein Authentifizierungssystem benötigt. Der RRAS von Windows Server 2008 R2 stellt einen RADIUS-Client zur Verfügung, mit dem auf RADIUS-Server zugegriffen werden kann. Windows Server 2008 R2 kann damit voll in ein auf RADIUS basierendes Authentifizierungs-Konzept für Remote Access Server integriert werden und auch als RADIUS-Server agieren. Das ist vor allem von Bedeutung, wenn sich entweder unterschiedlichste Clients einwählen sollen oder wenn neben dem RRAS Hardwarelösungen als Einwählserver verwendet werden. RADIUS stellt den kleinsten gemeinsamen Nenner dar.

9. Nachdem Sie die Eingaben vorgenommen haben, klicken Sie auf *Weiter.*
10. Aktivieren Sie im Fenster *Verbindungsanforderungsweiterleitung angeben* für den Bereich *Authentifizierung* die Option *Anforderungen auf diesem Server authentifizieren.*
11. Klicken Sie auf *Weiter.*

Abbildg. 27.51 Konfiguration der Authentifizierung für VPN-Clients

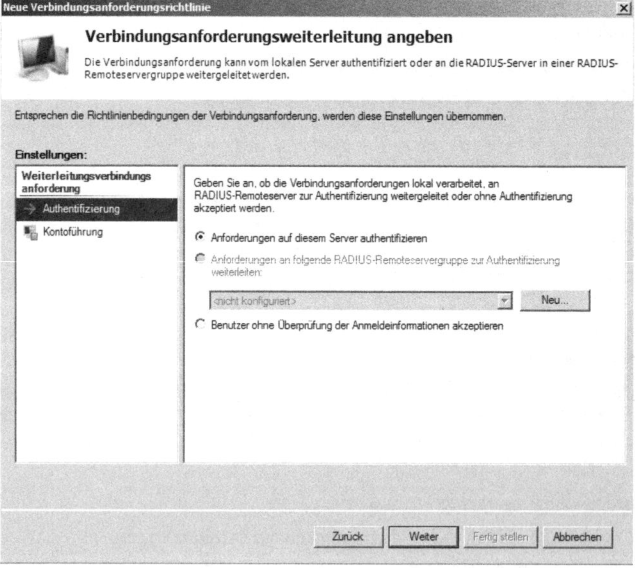

12. Aktivieren Sie im Fenster *Authentifizierungsmethoden angeben* das Kontrollkästchen *Netzwerkrichtlinien-Authentifizierungseinstellungen außer Kraft setzen.* Durch diese Auswahl wird die Authentifizierung so verwendet, wie Sie diese in der Verbindungsanforderungsrichtlinie festlegen, unabhängig davon, wie die entsprechenden Netzwerkrichtlinien konfiguriert sind.
13. Klicken Sie im Bereich *EAP-Typen* auf *Hinzufügen.* Mit EAP können andere Authentifizierungsanbieter eingebunden werden, die Einmalkennwörter oder biometrische Verfahren unterstützen. Am sichersten sind

die Microsoft-verschlüsselten Authentifizierungsmechanismen, wobei MS-CHAP v2 ein sehr hohes Maß an Sicherheit bietet. Allerdings wird dieser Standard von älteren Windows-Clients nicht unterstützt. Beim Extensible Authentication-Protokoll (EAP) handelt es sich um eine Erweiterung des Point-to-Point-Protokolls (PPP), das zufällige Authentifizierungsmethoden unter Verwendung des Austauschs von Anmeldeinformationen und Daten zufälliger Länge zulässt. Es handelt sich um einen herstellerübergreifenden Industriestandard, der mehrere unterschiedliche Authentifizierungsmethoden zulässt.

So ist EAP vielseitig und mit unterschiedlicher Hardware einsetzbar, beispielsweise mit Tokenkarten, Einmalkennwörtern, Smartcards und anderweitigen zertifikatbasierenden Protokollen, wie sie im VPN (Virtual Private Network) eingesetzt werden. Im VPN werden unterschiedliche Authentifizierungsprotokolle wie PAP, CHAP, MSCHAP oder zertifikatbasierende Protokolle unterstützt. Auch für die Datenverschlüsselung sind verschiedene Protokolle wie PPTP (Point-to-Point-Tunneling-Protokoll) oder L2TP (Schicht-2 Tunnel-Protokokl) verfügbar. Windows Server 2008 R2 bietet von Haus aus Unterstützung für mehrere EAP-Typen.

14. Wählen Sie *Microsoft: Geschütztes EAP (PEAP)* aus. PEAP verwendet TLS (Transport Level Security), um einen verschlüsselten Kanal zwischen einem authentifizierten PEAP-Client und einem authentifizierenden PEAP-Server zu erstellen. PEAP gibt keine Authentifizierungsmethode an, bietet allerdings zusätzliche Sicherheit für andere EAP-Authentifizierungsprotokolle, z.B. EAP-MSCHAPv2, das den mit TLS verschlüsselten Kanal von PEAP verwenden kann. Zur Optimierung von EAP-Protokollen und Netzwerksicherheit bietet PEAP Schutz der Aushandlung der EAP-Methode, die zwischen Client und Server über einen TLS-Kanal stattfindet. Dies verhindert, dass ein Angreifer Pakete zwischen dem Client und dem Netzwerkzugriffsserver mit dem Ziel einfügt, dass eine nicht so sichere EAP-Methode ausgehandelt wird.

Abbildg. 27.52 Auswählen der Authentifizierungsmethode für VPN-Clients

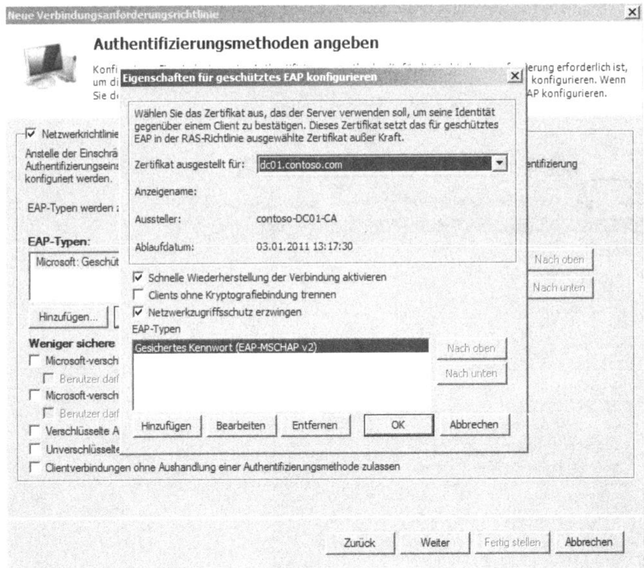

Der verschlüsselte TLS-Kanal verhindert außerdem Denial-of-Service- (DoS) Angriffe auf den Server. Der PEAP-Authentifizierungsvorgang zwischen dem PEAP-Client und dem Authentifizierungsserver besteht aus zwei Phasen. In der ersten Phase wird ein sicherer Kanal zwischen dem PEAP-Client und dem Authentifizierungsserver eingerichtet. In der zweiten Phase wird die EAP-Authentifizierung zwischen dem EAP-Client und dem Authentifizierungsserver durchgeführt.

15. Klicken Sie auf *OK* und noch mal auf *Hinzufügen*.
16. Wählen Sie *Microsoft: Gesichertes Kennwort (EAP-MSCHAP v2)* aus. Das Protokoll bietet Funktionen für die gegenseitige Authentifizierung, leistungsfähigere Ausgangsschlüssel für die Datenverschlüsselung sowie unterschiedliche Schlüssel für die Verschlüsselung beim Senden und Empfangen. Um das Risiko von Attacken auf Kennwörter während des Datenaustausches über MS-CHAP zu minimieren, unterstützt MS-CHAP v2 nicht mehr die Änderung des Kennworts für MS-CHAP, und das verschlüsselte Kennwort wird nicht mehr übertragen.
17. Markieren Sie als Nächstes die Option *Microsoft: Geschütztes EAP (PEAP)* und klicken Sie auf *Bearbeiten*.
18. Stellen Sie sicher, dass das Kontrollkästchen *Netzwerkzugriffschutz erzwingen* eingeschaltet ist.
19. Wählen Sie das Zertifikat aus, das Sie zuvor für den Server ausgestellt haben.
20. Bestätigen Sie in den restlichen Fenstern die Standardeinstellungen und schließen Sie die Erstellung der Richtlinie ab.

RADIUS-Client konfigurieren

Der nächste Schritt bei der Einrichtung von NAP über VPN ist die Konfiguration des RADIUS-Clients. Dies ist dann notwendig, wenn es sich beim VPN-Einwahlserver und dem Netzwerkrichtlinienserver nicht um das gleiche Gerät handelt. Setzen Sie einen eigenständigen VPN-Server ein, müssen Sie diesen auf dem NPS-Server als RADIUS-Client konfigurieren, da es sich beim NPS-Server um den RADIUS-Server handelt. Sie verwenden dazu wieder die Verwaltungskonsole *Netzwerkrichtlinienserver*:

1. Öffnen Sie in der Konsolenstruktur den Knoten *RADIUS-Clients und -Server*, klicken Sie mit der rechten Maustaste auf *RADIUS-Clients* und wählen Sie im Kontextmenü den Eintrag *Neu* aus.

Abbildg. 27.53 Erstellen eines neuen RADIUS-Clients auf dem NPS-Server

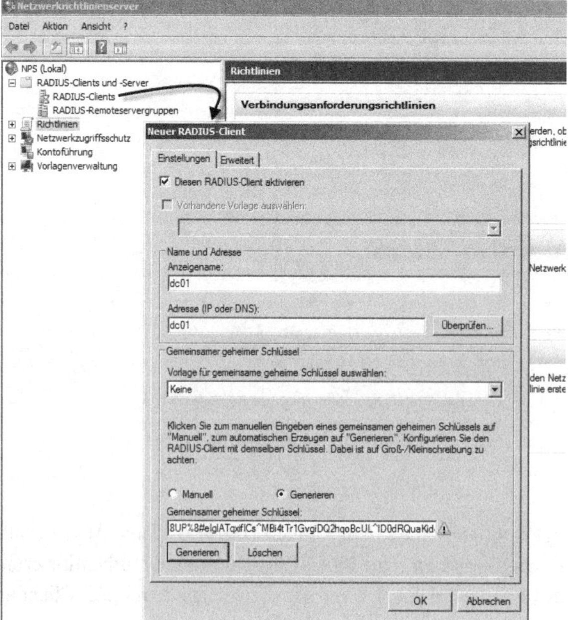

2. Es öffnet sich ein neues Fenster, in dem Sie die Daten des RADIUS-Clients konfigurieren können. Tragen Sie den Anzeigenamen und die IP-Adresse oder den DNS-Namen des Servers in die entsprechenden Felder ein.
3. Aktivieren Sie noch das Kontrollkästchen *RADIUS-Client ist NAP-fähig* auf der Registerkarte *Erweitert*.
4. Hinterlegen Sie im Feld *Gemeinsamer geheimer Schlüssel* ein Kennwort und bestätigen Sie dieses.
5. Schließen Sie das Fenster mit *OK*.

Abbildg. 27.54 Konfigurieren des RADIUS-Clients auf dem NPS-Server

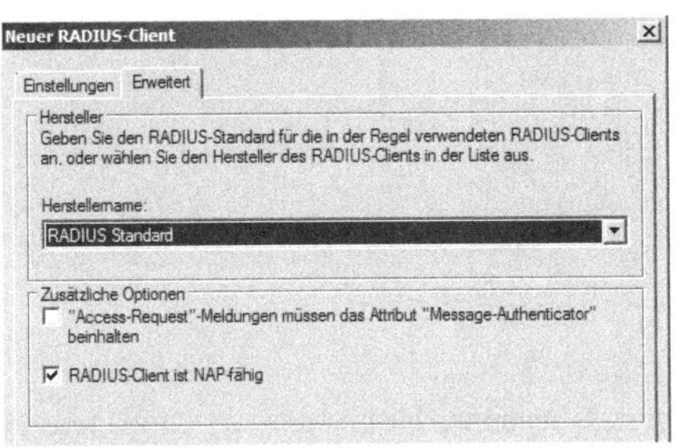

Routing- und RAS-Dienst für die Remoteeinwahl konfigurieren

Der nächste Schritt bei der Einrichtung ist die Konfiguration des VPN-Servers, also des RADIUS-Clients an sich. Der VPN-Server sollte zwei Netzwerkkarten verwenden. Für die Remoteeinwahl müssen Sie auf dem VPN-Server die Rolle *Netzwerkrichtlinien- und Zugriffsdienste* installieren. Zusätzlich müssen Sie noch den Rollendienst *Routing- und RAS-Dienste* auswählen. Haben Sie die Rolle *Netzwerkrichtlinien- und Zugriffsdienste* bereits installiert, klicken Sie im Server-Manager auf *Rollen/Netzwerkrichtlinien- und Zugriffsdienste* und dann in der Mitte der Konsole auf *Rollendienste hinzufügen*. Wählen Sie an dieser Stelle den Rollendienst *Routing- und RAS-Dienste* aus.

Schließen Sie die Installation des Rollendiensts ab, damit diese Funktion über den Server-Manager verwaltet werden darf. Nach der Installation des Rollendiensts *Routing- und RAS-Dienste* starten Sie die Verwaltung über *Start/Ausführen/rrasmgmt.msc* oder über *Start/Verwalten/Routing und RAS*. Nachdem Sie die Konsole gestartet haben, klicken Sie mit der rechten Maustaste auf den Servernamen und wählen im Kontextmenü den Eintrag *Routing und RAS konfigurieren und aktivieren* aus. Daraufhin startet ein Assistent, mit dessen Hilfe Sie die Einwahlmöglichkeiten per VPN konfigurieren können.

Nach dem Willkommensbildschirm konfigurieren Sie auf der nächsten Seite des Assistenten zunächst die Funktion des RAS-Servers. Für die Einwahlmöglichkeiten per DFÜ oder VPN wählen Sie die Option *RAS (DFÜ oder VPN)*. Auf der nächsten Seite des Assistenten aktivieren Sie das Kontrollkästchen *VPN*. Wollen Sie über diesen Server auch die Einwahl per Modem oder ISDN ermöglichen, können Sie auch das Kontrollkästchen *DFÜ* aktivieren, müssen den Server aber am besten über eine aktive ISDN-Karte mit dem Telefonnetz verbinden. Auf der nächsten Seite des Assistenten legen Sie fest, an welcher Schnittstelle der Server auf Verbindungen warten soll. Hier verwenden Sie natürlich die Schnittstelle, die mit dem externen Netzwerk verbunden ist.

Abbildg. 27.55 Konfigurieren und Aktivieren von Routing und RAS in Windows Server 2008 R2

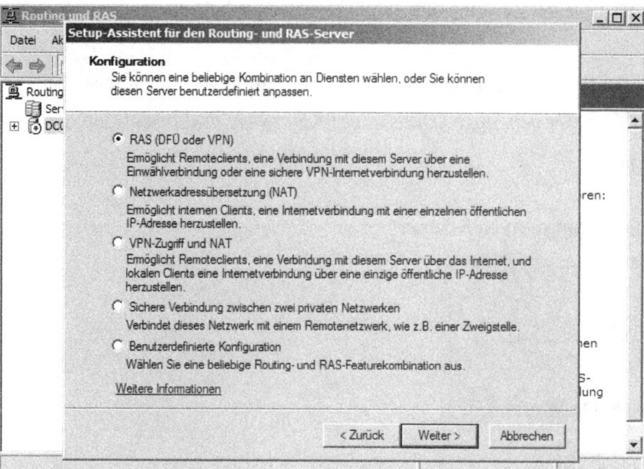

Haben Sie im Server zwei Netzwerkkarten eingebaut, benennen Sie im Netzwerk- und Freigabecenter diese Verbindungen am besten in *intern* und *extern* um, damit Sie diese einfacher zuordnen können. Deaktivieren Sie zusätzlich noch die Option *Sicherheit auf der ausgewählten Schnittstelle.* Dadurch ist sichergestellt, dass die VPN-Clients eine Verbindung mit dem VPN-Server herstellen können, um diesen zum Beispiel anzupingen, ohne dass eine Route gesetzt wird. Mithilfe dieser Option wird eine Basisfirewall konfiguriert, ein dynamischer Paketfilterdienst, mit dem Sie das private Netzwerk vor unerwünschtem Netzwerkverkehr schützen können.

Abbildg. 27.56 Festlegen der externen Schnittstelle für die VPN-Einwahl

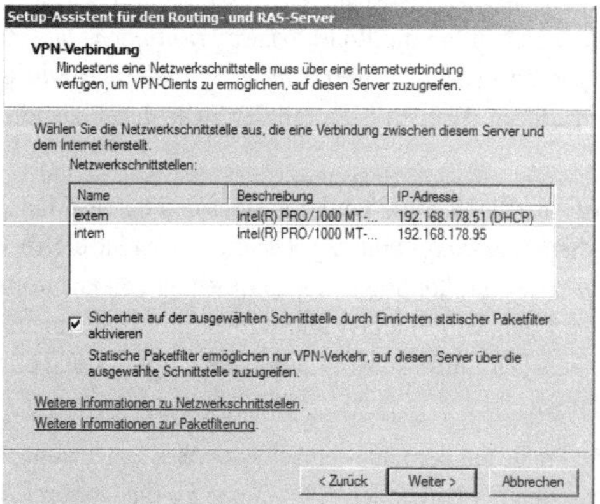

Auf der nächsten Seite des Assistenten legen Sie fest, welche IP-Adresse die Clients bei der Einwahl erhalten sollen. Wählt sich ein Client per VPN in das Netzwerk ein, erhält er eine IP-Adresse im internen Netzwerk. Sie können entweder die IP-Adressen über einen DHCP-Server zuweisen lassen, in dem Sie die Option *Automatisch* auswählen, oder über die Option *Aus einen angegebenen Adressbereich* manuell die IP-Adressen im internen Netzwerk eingeben, die VPN-Clients zugewiesen werden. Wählen Sie in diesem Beispiel diese Option aus. So können Sie einen IP-Bereich festlegen, der VPN-Clients zugewiesen wird. Auf der nächsten Seite geben Sie den IP-Bereich ein, aus dem die VPN-Clients IP-Adressen zugeteilt bekommen.

Abbildg. 27.57 Festlegen des IPv4-Adressbereichs für VPN-Clients

Setup-Assistent für den Routing- und RAS-Server

Adressbereichzuweisung
Sie können Adressbereiche angeben, die der Server für die Zuweisung von Adressen an Remoteclients verwenden soll.

Neuer IPv4-Adressbereich
Geben Sie eine Start-IP-Adresse und entweder eine End-IP-Adresse oder die Anzahl der Adressen des Bereichs an.
Start-IP-Adresse: 192 . 168 . 178 . 220
End-IP-Adresse: 192 . 168 . 178 . 225
Anzahl der Adressen: 6
OK
Abbrechen

< Zurück
Weiter >
Abbrechen

Auf der nächsten Seite aktivieren Sie die Option *Ja, diesen Server für die Verwendung eines RADIUS-Servers einrichten*. In diesem Fall wird die Authentifizierung der Clients nicht durch den einzelnen VPN-Server vorgenommen, sondern durch den RADIUS-Server. In der Testumgebung können Sie Netzwerkrichtlinienserver und VPN-Server auf einem gemeinsamen Server installieren. Dieser Server ist durch die Einrichtung bereits automatisch RADIUS-fähig und Sie können ihn selbst auch als RADIUS-Client konfigurieren. Natürlich können Sie auch VPN-Server und Netzwerkrichtlinienserver auf getrennte Maschinen installieren.

Auf der nächsten Seite des Assistenten legen Sie den RADIUS-Server sowie das Kennwort fest, das Sie zuvor konfiguriert haben. Das RADIUS-Protokoll ermöglicht es, die Berechtigung eines Benutzers für die Einwahl zu überprüfen, auch wenn der Benutzer nicht in der lokalen bzw. Domänenbenutzerdatenbank angelegt wurde, sondern auf einem fremden Server. Der RAS-Server reicht die Prüfung des Benutzernamens und des Kennworts an den angegebenen Server weiter, wenn sich ein Client einwählt. Klicken Sie auf *Fertig stellen*, um die Installation abzuschließen. Der Routing- und RAS-Dienst wird jetzt konfiguriert und gestartet.

Abbildg. 27.58 Konfigurieren des RADIUS-Servers auf dem VPN-Server

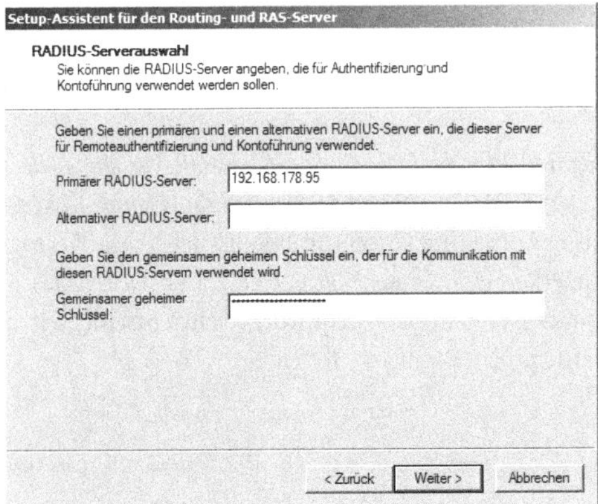

Nach der Auswahl schließen Sie den Assistenten ab. Anschließend wird durch den Assistenten *Routing und RAS* aktiviert. Sie erhalten danach noch verschiedene Meldungen, die Sie darauf hinweisen, dass Sie die Authentifizierungsoptionen festlegen und den DHCP-Relay-Agenten konfigurieren müssen. Im DHCP-Relay-Agenten ist die IP-Adresse des DHCP-Servers zu hinterlegen. Der Relay-Agent antwortet auf die Anfragen von Clients und leitet diese an den DHCP-Server weiter. Dieser teilt eine IP-Adresse zu, die dann wiederum vom Relay-Agent dem Client mitgeteilt wird.

Wenn Sie DHCP für VPN verwenden möchten, müssen Sie die IP-Adresse Ihres DHCP-Servers als Relay-Agent im RAS-Server eintragen, damit die Anfragen des RAS-Clients an den DHCP-Server weitergeleitet werden können. Sie erhalten beim ersten Start des Diensts eine entsprechende Warnungmeldung angezeigt. Klicken Sie nach dem Starten des RAS-Diensts auf *IPv4/DHCP-Relay-Agent* und rufen Sie die Eigenschaften auf. In den Eigenschaften tragen Sie die IP-Adresse Ihres DHCP-Servers ein.

Abbildg. 27.59 Konfigurieren des DHCP-Relay-Agenten

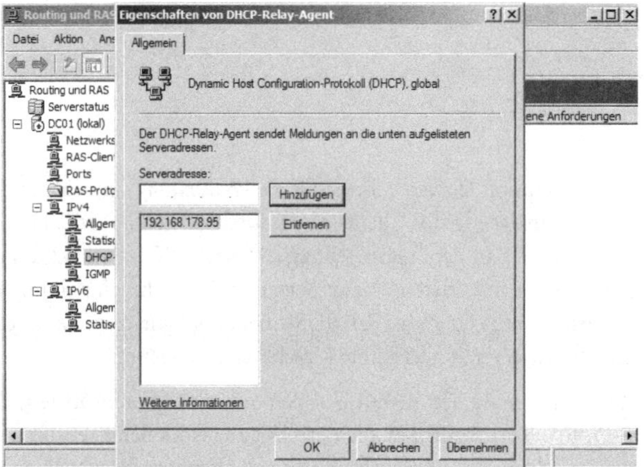

Authentifizierung für den VPN-Server konfigurieren

Der nächste Schritt besteht darin, dass Sie den VPN-Server noch konfigurieren. Beispielsweise müssen Sie die Authentifizierung für Clients festlegen. Starten Sie dazu die Verwaltungskonsole für Routing und RAS:

1. Rufen Sie die Eigenschaften des VPN-Servers in der Konsole auf und wechseln Sie auf die Registerkarte *Sicherheit*.
2. Klicken Sie anschließend auf *Authentifizierungsmethoden*. Das Extensible Authentication-Protokoll (EAP) wurde bereits weiter vorne beschrieben.
3. Stellen Sie sicher, dass *Extensible Authentication-Protokoll (EAP)* und *Microsoft-verschlüsselte Authentifizierung, Version 2 (MS-CHAP v2)* ausgewählt sind. *PAP (Password Authentication-Protokoll)* verwendet Kennwörter mit Klartext und ist das einfachste Authentifizierungsprotokoll. Beim Aktivieren von PAP als Authentifizierungsprotokoll werden Benutzerkennwörter als Klartext gesendet. Durch das Abfangen von Paketen während des Authentifizierungsprozesses kann das Kennwort leicht entschlüsselt und für nicht autorisierten Intranetzugriff verwendet werden.

Abbildg. 27.60 Konfiguration der VPN-Authentifizierungsmethoden

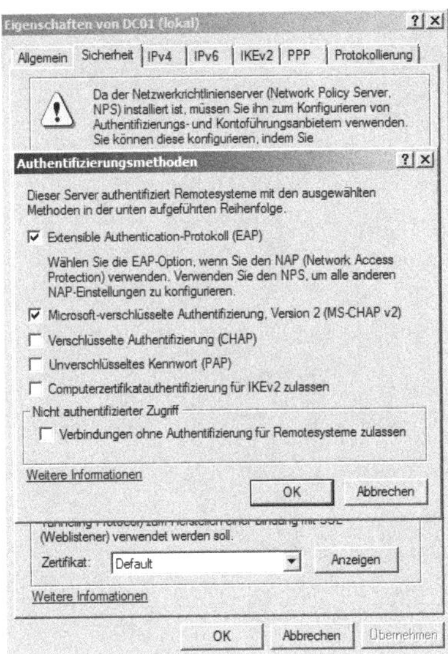

Ping zwischen VPN-Clients und VPN-Server erlauben

Zur Verifizierung der Verbindung zwischen dem VPN-Client im Internet und dem VPN-Server sollten Sie noch das ICMP-Protokoll in der Windows-Firewall freischalten. Ohne die Aktivierung dieses Protokolls wird ICMP und damit ein Ping blockiert. Das *Internet Control Message-Protokoll (ICMP)* ist dafür verantwortlich, Diagnosefunktionen bereitzustellen und Fehler aufgrund einer nicht erfolgreichen Datenübermittlung zu melden. Öffnen Sie dazu auf dem VPN-Server die erweiterte Verwaltungsoberfläche für die Windows-Firewall:

1. Der schnellste Weg hierzu führt über *Start/Ausführen/wf.msc.*
2. Klicken Sie mit der rechten Maustaste auf *Eingehende Regeln* und wählen Sie im Kontextmenü den Eintrag *Neue Regel* aus.
3. Wählen Sie im Konfigurationsfenster die Option *Benutzerdefiniert* aus.
4. Aktivieren Sie auf der nächsten Seite die Option *Alle Programme.*
5. Wählen Sie auf der nächsten Seite bei *Protokolltyp* die Option *ICMPv4* aus.
6. Klicken Sie auf *Anpassen.*
7. Aktivieren Sie die Option *Bestimmte ICMP-Typen.*
8. Aktivieren Sie das Kontrollkästchen *Echoanforderung.*
9. Klicken Sie auf *OK* und dann auf *Weiter.*
10. Klicken Sie auf *Weiter*, um die Standardeinstellungen für den DHCP-Bereich zu bestätigen.
11. Klicken Sie noch mal auf *Weiter* und stellen Sie sicher, dass die Option *Verbindung zulassen* aktiviert ist.

Abbildg. 27.61 Konfigurieren der Windows-Firewall für die Aktivierung von ICMP-Echoanforderungen

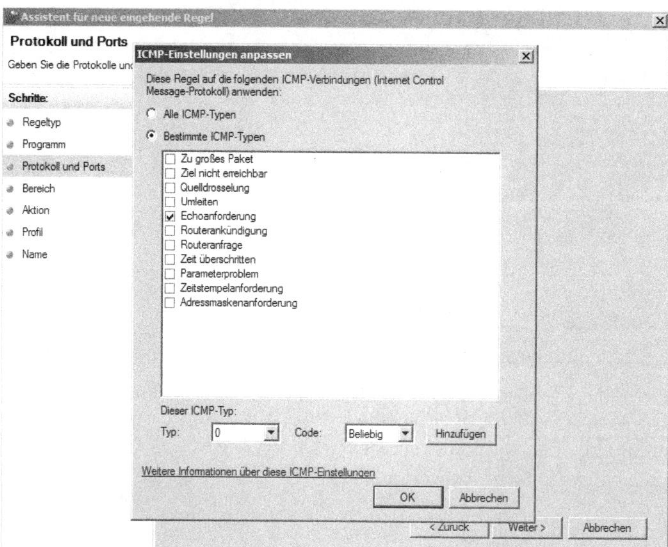

12. Im nächsten Fenster bestätigen Sie die Aktivierung der Regel für alle Netzwerkprofile.
13. Weisen Sie der Regel einen entsprechenden Namen zu und schließen Sie die Erstellung der Regel ab.

Verbindung mit einem Client testen

Auf Windows Vista-Computern, die Mitglied einer Domäne sind, wird das Sicherheitscenter deaktiviert. In Windows 7 ist das neue Wartungscenter dagegen auch in Domänen aktiv. Das Sicherheitscenter ist aber dafür zuständig, die Sicherheitsverifizierungsprüfung (Statement of Health, SoH) an den NPS-Server zu übermitteln. Um NAP unter Windows Vista und Windows 7 zu testen, müssen Sie sicherstellen, dass das Systemcenter beziehungsweise das Wartungscenter aktiv sind. Das kann zum Beispiel bei Firmennotebooks durchaus der Fall sein.

Der beste Weg in einer Testumgebung dazu ist die Aktivierung über lokale Richtlinien. Sie finden die Einstellung auch über Gruppenrichtlinien. Wie Sie dabei vorgehen, haben wir Ihnen bereits bei der Einrichtung von NAP über DHCP gezeigt:

1. Rufen Sie über *Start/Ausführen/gpedit.msc* den Gruppenrichtlinien-Editor auf.
2. Navigieren Sie in der Konsolenstruktur zum Eintrag *Computerkonfiguration/Administrative Vorlagen/Windows-Komponenten/Sicherheitscenter.*
3. Aktivieren Sie die Richtlinie *Sicherheitscenter aktivieren (nur Domänencomputer).*

VPN-Quarantäneerzwingungsclient aktivieren

Die nächste Aufgabe, die Sie durchführen müssen, ist die Aktivierung der RAS-Client-NAP-Unterstützung auf dem VPN-Client:

1. Starten Sie dazu auf dem Windows Vista- und Windows 7-PC die Verwaltungskonsole des NAP-Clients, indem Sie über die Tastenkombination [⊞]+[R] das *Ausführen*-Dialogfeld öffnen und darin den Befehl *napclcfg.msc* eintragen.
2. Klicken Sie auf den Konsoleneintrag *Erzwingungsclients.*
3. Aktivieren Sie den *EAP-Quarantäneerzwingungsclient.*

Abbildg. 27.62 Den EAP-Quarantäneerzwingungsclient aktivieren

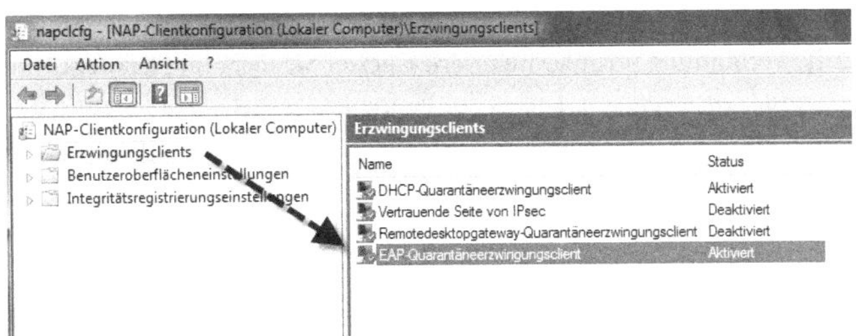

NAP-Agent (Network Access Protection) aktivieren

Der nächste Schritt zur Anbindung von Windows Vista und Windows 7 an eine NAP-Infrastruktur ist die Aktivierung des Systemdiensts *NAP-Agent (Network Access Protection)*. Setzen Sie den Starttyp dieses Diensts auf *Automatisch* und starten Sie diesen. Testen Sie anschließend, ob Sie vom VPN-Client aus den VPN-Server über dessen IP-Adresse im Internet anpingen können. Da Sie ICMP für den VPN-Server aus dem Internet erlaubt haben, sollten Sie nach kurzer Zeit eine Antwort erhalten.

VPN-Verbindung erstellen und testen

Der nächste Schritt in diesem Workshop besteht darin, dass Sie auf dem Client eine Wähl-VPN-Verbindung einrichten, über die Sie sich mit der externen IP-Adresse des VPN-Servers verbinden können. Gehen Sie dazu folgendermaßen vor:

1. Sie können den Assistenten zum Aufbau einer VPN-Verbindung über den Link *Neue Verbindung oder neues Netzwerk einrichten* im *Netzwerk- und Freigabecenter* starten.
2. Wählen Sie im Anschluss die Option *Verbindung mit dem Arbeitsplatz* herstellen.

Abbildg. 27.63 Erstellen einer VPN-Verbindung für Windows 7

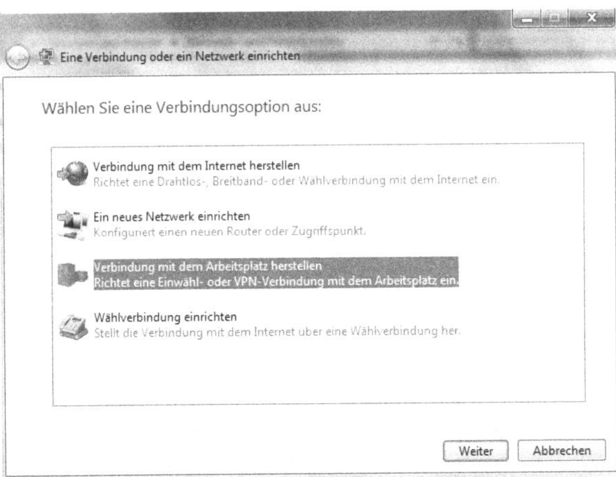

3. Klicken Sie zur Einrichtung einer VPN-Verbindung die Option *Die Internetverbindung (VPN) verwenden* an.
4. Als Nächstes geben Sie die IP-Adresse oder den vollständigen Namen der Verbindung an.
5. Auf der folgenden Seite des Assistenten geben Sie schließlich die Authentifizierungsoptionen ein.

6. Anschließend erstellt Windows die Verbindung und zeigt diese als bereit an. Sie finden die Einstellung über *Adaptereinstellungen ändern* im Netzwerk- und Freigabecenter.
7. Im Anschluss wird die Verbindung noch konfiguriert. Klicken Sie dazu im Netzwerk- und Freigabecenter auf den Link *Adaptereinstellungen ändern*. Dieses Konfigurationsfenster, das auch für die Konfiguration der Netzwerkverbindungen im LAN verwendet wird, können Sie alternativ über die Tastenkombination [Windows]+[R] und Eingabe von *ncpa.cpl* starten.
8. Rufen Sie die Eigenschaften der VPN-Verbindung auf und wechseln Sie zur Registerkarte *Sicherheit*.
9. Aktivieren Sie die Option *Erweitert*.
10. Klicken Sie auf *Einstellungen*.
11. Aktivieren Sie die Option *Extensible-Authentication-Protokoll (EAP) verwenden*.
12. Wählen Sie im Dropdownmenü die Option *Microsoft: Geschütztes EAP (PEAP) (Verschlüsselung aktiviert)* aus.

Abbildg. 27.64 Konfigurieren der VPN-Verbindung für den EAP-Verbindungsaufbau

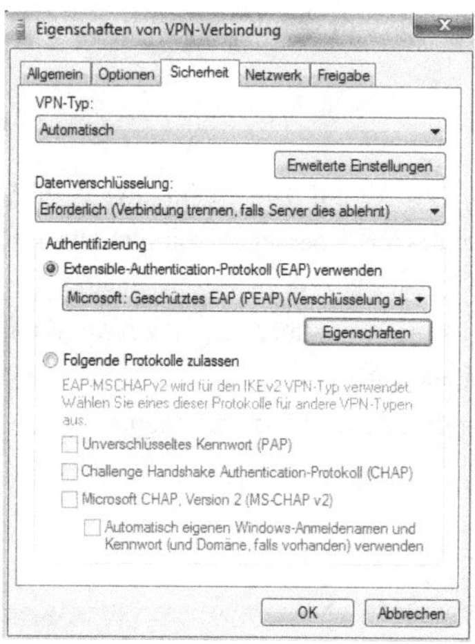

13. Klicken Sie auf *Eigenschaften*.
14. Stellen Sie sicher, dass die Option *Serverzertifikat überprüfen* aktiviert ist.
15. Deaktivieren Sie die Option *Verbindung mit diesen Servern herstellen*.
16. Aktivieren Sie als Authentifizierungsmethode die Option *Gesichertes Kennwort (EAP-MSCHAP v2)*.
17. Deaktivieren Sie die Option *Schnelle Wiederherstellung der Verbindung aktivieren*.
18. Aktivieren Sie die Option *Netzwerkzugriffschutz erzwingen*.
19. Bestätigen Sie alle Fenster mit *OK*.

Abbildg. 27.65 Konfigurieren der VPN-Verbindung für die Unterstützung von NAP

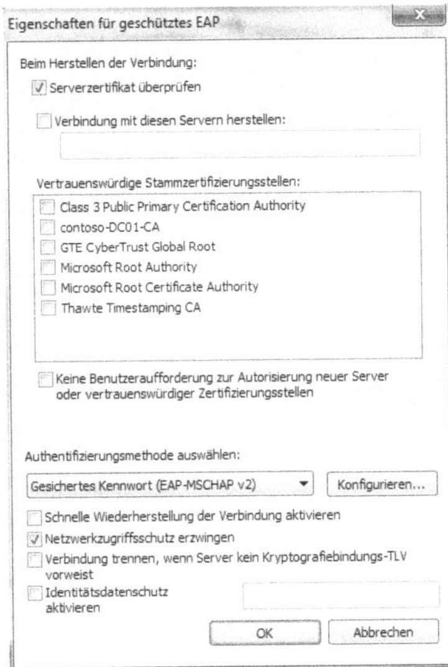

Stammzertifizierungsstellen-Zertifikat auf dem Client hinterlegen

Damit sich ein Client über die in diesem Workshop konfigurierten Sicherheitsoptionen einwählen kann, benötigt er ein Zertifikat. Dieses Zertifikat kann aber vom VPN-Server nur dann ausgestellt werden, wenn das Stammzertifikatsstellen-Zertifikat auf dem Client in die vertrauenswürdigen Stammzertifizierungsstellen integriert worden ist.

Ist der Client Mitglied der Domäne, wurde dies bereits automatisch durchgeführt. Ist der Client kein Mitglied der Domäne, können Sie das Stammzertifikatsstellen-Zertifikat auf einem Mitgliedscomputer der Domäne in eine Datei exportieren und müssen dieses auf dem Client-PC importieren. Gehen Sie dazu folgendermaßen vor:

1. Öffnen Sie auf dem NPS-Server (wie bereits beschrieben) das Snap-In zur Verwaltung der lokalen Zertifikate.
2. Klicken Sie auf den Knoten *Zertifikate/Vertrauenswürdige Stammzertifizierungsstellen/Zertifikate.*
3. Klicken Sie mit der rechten Maustaste auf das Zertifikat Ihrer Stammzertifizierungsstelle und wählen Sie im Kontextmenü den Eintrag *Alle Aufgaben/Exportieren* aus.
4. Bestätigen Sie den Willkommensbildschirm des Zertifikatexport-Assistenten und aktivieren Sie im nächsten Fenster die Option *DER-codiert-binär X.509 (.CER).*
5. Im nächsten Fenster wählen Sie den Pfad aus, in dem das Zertifikat gespeichert werden soll.
6. Schließen Sie den Export des Zertifikats ab.
7. Anschließend müssen Sie das Zertifikat per Mail oder Datenaustausch auf den Client kopieren, der sich per VPN einwählen soll.
8. Klicken Sie auf dem Client doppelt auf die Zertifikatedatei.
9. Es öffnet sich das Zertifikat und Sie erkennen auf einen Blick, dass dieses nicht als gültig klassifiziert wird, weil Windows die Zertifikatsstelle nicht erkennt.
10. Klicken Sie als Nächstes auf die Schaltfläche *Zertifikat installieren.*
11. Es öffnet sich der Assistent auf dem Client, mit dessen Hilfe Sie das Zertifikat in den lokalen Zertifikatsspeicher integrieren können.

12. Wählen Sie die Option *Alle Zertifikate in folgendem Speicher speichern.*
13. Klicken Sie auf *Durchsuchen.*
14. Wählen Sie den Speicher *Vertrauenswürdige Stammzertifizierungsstellen* aus.
15. Bestätigen Sie die Sicherheitsmeldung und lassen Sie das Zertifikat installieren.
16. Klicken Sie anschließend nochmals doppelt auf die Zertifikatedatei, sehen Sie, dass jetzt die Zertifikatsstelle als vertrauenswürdig klassifiziert worden ist. Das Zertifikat wird anschließend auch in dem ausgewählten Zertifikatsspeicher auf dem Client angezeigt.

Fehlerhafte VPN-Verbindung reparieren

Auf manchen Computern kann es passieren, dass Systemdateien für die Verbindung zum VPN-Server defekt sind. Der beste Weg besteht dann darin, diese zu deinstallieren und neu zu installieren. Zur Deinstallation geben Sie die beiden folgenden Befehle ein:

```
netcfg -u ms_l2tp
netcfg -u ms_pptp
```

Die erneute Installation erfolgt über:

```
netcfg -l %windir%\inf\netrast.inf -c p -i ms_pptp
netcfg -l %windir%\inf\netrast.inf -c p -i ms_l2tp
```

Starten Sie anschließend den Rechner neu.

Fehlersuche und Behebung für die VPN-Einwahl mit NAP

Haben Sie alle Eingaben vorgenommen, wie in den letzten Abschnitten besprochen, sollte die Einwahl funktionieren. Erhalten Sie eine Fehlermeldung angezeigt und ist die Einwahl nicht möglich, überprüfen Sie nochmals, ob Sie alle Einstellungen korrekt vorgenommen haben.

Verbindungsanforderungsrichtlinien überprüfen

Oft wird von Windows bei der Aktivierung von Routing und RAS eine neue Verbindungsanforderungsrichtlinie angelegt, die in der Hierarchie vor Ihrer manuell erstellten Richtlinie angeordnet wird.

Klicken Sie alle standardmäßig angelegten Verbindungsanforderungsrichtlinien mit der rechten Maustaste an und deaktivieren Sie diese. Stellen Sie sicher, dass sich Ihre Richtlinie ganz oben in der Hierarchie befindet und aktiviert ist.

Integritätsrichtlinien, Netzwerkrichtlinien und Windows-Sicherheitsintegritätsverifizierung überprüfen

Diese drei Funktionen sollten Sie als Nächstes überprüfen, da diese aufeinander aufbauen. Die Windows-Sicherheitsintegritätsverifizierung muss aktiviert und richtig konfiguriert sein, die Integritätsrichtlinien müssen auf dieser aufbauen. Schließlich verwenden die Netzwerkrichtlinien die Integritätsrichtlinie zur Verwaltung der Clients. Alle standardmäßigen Netzwerkrichtlinien sollten deaktiviert sein. Nur Ihre manuell erstellten Richtlinie sollten aktiviert sein und sich in der Hierarchie ganz oben befinden.

Abbildg. 27.66 Überprüfen der Verbindungsanforderungsrichtlinien in der Verwaltungskonsole des NPS

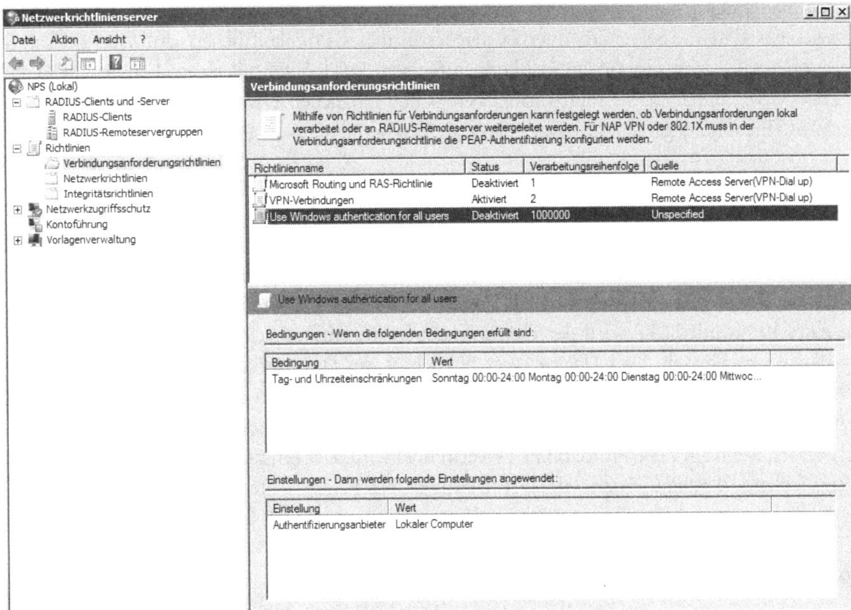

Clienteinstellungen überprüfen

Als Nächstes sollten Sie überprüfen, dass auf dem Client der Erzwingungsclient aktiviert ist, der entsprechende Dienst gestartet wurde und die Authentifizierung auf dem VPN-Client identisch mit der Verbindungsanforderungsrichtlinie konfiguriert ist.

RAS-Benutzer und RAS-Ports verwalten und konfigurieren

Die effizienteste Methode, um mit Windows Server 2008 R2 ein VPN aufzubauen, ist der Einsatz von PPTP. Dieser Verbindungstyp ist zwar nicht so sicher wie L2TP oder IPsec, aber es gibt auch keinen dokumentierten Fall, wo ein VPN auf Basis von PPTP gehackt wurde.

Point-to-Point-Tunneling-Protokoll (PPTP)

PPTP-basierter VPN-Datenverkehr besteht aus einer TCP-Verbindung zum TCP-Port 1723 auf dem VPN-Server, um den Tunnel zu verwalten, und aus GRE- (Generic Routing Encapsulation) gekapselten Paketen für die VPN-Daten. PPTP-Datenverkehr kann jedoch Probleme mit Firewalls, NATs und Webproxys haben. Um Probleme zu vermeiden, müssen Firewalls so konfiguriert werden, dass sie sowohl die TCP-Verbindung als auch GRE-gekapselte Daten ermöglichen. Viele Experten stufen PPTP mittlerweile als sicher ein, auch wenn die Verschlüsselung nicht so stark ist wie die von L2TP. PPTP ermöglicht die verschlüsselte Einkapselung von verschiedenen Netzwerkprotokollen und unterstützt Schlüssellängen bis zu 128 Bit.

Nachdem die Authentifizierung durchgeführt wurde, wird die Verbindung verschlüsselt. Die Verschlüsselung baut auf dem Kennwort der Authentifizierung auf. Je komplexer das Kennwort ist, umso besser ist die Verschlüsselung.

Da die Verschlüsselung und der Transport der einzelnen IP-Pakete durch das GRE-Protokoll durchgeführt wird, müssen Sie darauf achten, dass die Hardwarefirewall bzw. der DSL-Router, den Sie vor dem Forefront Threat Management Gateway-Server im Internet platzieren, dieses Protokoll beherrscht. Viele preisgünstige Modelle beherrschen GRE nicht. In diesem Fall können Sie kein PPTP-VPN mit einem Forefront Threat Management Gateway-Server aufbauen. Sie sollten daher bereits den möglichen Erwerb einer Hardwarefirewall, die vor dem Forefront Threat Management Gateway-Server im Internet steht, in die Planung einbeziehen.

Schicht-2 Tunnel-Protokoll (L2TP)

Die zweite Variante, ein VPN aufzubauen, ist das Schicht-2 Tunnel-Protokoll (L2TP). Dieses Protokoll ist sicherer als PPTP, aber dafür auch komplexer in der Einrichtung. Auch bei diesem Protokoll werden die IP-Pakete in die Verschlüsselung eingekapselt. Das L2TP verwendet IPsec, um eine Verschlüsselung aufzubauen. Beim Aufbau eines VPNs mit L2TP wird der Datenverkehr im Gegensatz zu PPTP bereits vor der Authentifizierung zuverlässig verschlüsselt. Da L2TP zur Verschlüsselung des Datenverkehrs IPsec verwendet, kann mit diesem VPN-Typ auch eine 3DES-Verschlüsselung durchgeführt werden. Der Einsatz eines VPNs auf Basis von L2TP setzt eine Zertifizierungsstelleninfrastruktur voraus. Vor allem mittelständische Unternehmen tun sich wesentlich leichter, wenn als VPN-Protokoll PPTP verwendet wird. Der Einsatz eines VPNs mit L2TP ist nur Experten zu empfehlen, die genau wissen, wie Zertifizierungsstellen eingerichtet werden und L2TP bzw. IPsec funktionieren. Für den schnellen, effizienten und sicheren Aufbau eines VPNs ist PPTP sicherlich die beste Wahl.

VPN verwalten und überwachen

Sie können die Konfiguration über *Start/Verwaltung/Routing und RAS* überprüfen. Öffnen Sie dieses Snap-In, sehen Sie die Konfigurationen, die der Assistent auf dem Windows Server 2008 R2 durchgeführt hat. Klicken Sie auf den Konsoleneintrag *RAS-Clients*, sehen Sie alle derzeit verbundenen VPN-Clients sowie deren aktuelle Verbindungsdauer. Klicken Sie mit der rechten Maustaste auf den Client, können Sie dessen Verbindung vom Server aus trennen. Klicken Sie mit der rechten Maustaste auf den Eintrag *Ports*, können Sie die Anzahl der Ports definieren und damit ebenso die der gleichzeitig möglichen Einwahlen. Verwenden Sie zum Beispiel nur PPTP und kein L2TP, können Sie die benötigten Ports für L2TP auf 0 setzen. Wollen Sie für die Einwahl für PPTP weniger Ports zur Verfügung stellen, können Sie auch diese Anzahl reduzieren.

Abbildg. 27.67 Konfiguration der Einwählports unter Windows Server 2008 R2

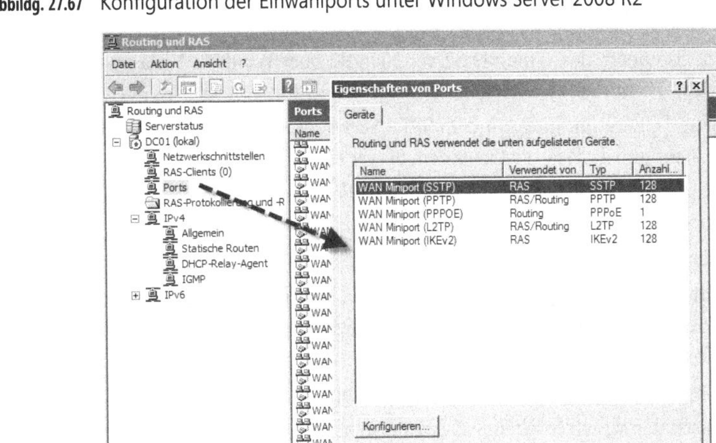

HTTPS-VPN über Secure Socket Tunneling-Protokoll (SSTP)

Windows Server 2008 R2 und Windows Vista sowie Windows 7 unterstützen neben PPTP und L2TP auch das *Secure Socket Tunneling-Protokoll (SSTP)*. Mit diesem Protokoll wird ein VPN auf Basis von HTTPS aufgebaut, welches wesentlich leichter durch Firewalls und NAT-Geräte geschleust werden kann. Meist wird der Port 443 in Firewalls nicht geschlossen und auch eine Verbindung über Proxyserver ist möglich. SSTP verwendet eine HTTP-über-SSL-Sitzung zwischen VPN-Clients und -Servern, um gekapselte IPv4- oder IPv6-Pakete auszutauschen. Ein IPv4- oder IPv6-Paket wird zunächst zusammen mit einem PPP-Header und einem SSTP-Header gekapselt. Die Kombination aus dem IPv4- oder IPv6-Paket, dem PPP-Header und dem SSTP-Header wird durch die SSL-Sitzung verschlüsselt.

Ein TCP-Header und ein IPv4-Header werden hinzugefügt, um das Paket zu vervollständigen. SSTP unterstützt allerdings keine authentifizierten Webproxykonfigurationen, in denen der Proxy während der HTTPS-Verbindungsanforderung irgendeine Form von Authentifizierung verlangt. Sie brauchen auch nicht die Internetinformationsdienste (IIS) installieren, da der Routing- und RAS-Dienst eingehende Verbindungen überwacht. Es können jedoch gleichzeitig sowohl Routing- und RAS-Dienst als auch IIS auf demselben Server vorhanden sein. Auf dem SSTP-Server muss ein Computerzertifikat mit der Serverauthentifizierung oder der Universaleigenschaft »Erweiterte Schlüsselverwendung« (Enhanced Key Usage, EKU) installiert sein. Dieses Computerzertifikat wird vom SSTP-Client verwendet, um den SSTP-Server zu authentifizieren, wenn die SSL-Sitzung eingerichtet wird. Der SSTP-Client überprüft das Computerzertifikat des SSTP-Servers. Um dem Computerzertifikat zu vertrauen, muss das Zertifikat der Stammzertifizierungsstelle (CA), die das Computerzertifikat des SSTP-Servers ausgestellt hat, auf dem SSTP-Client installiert sein. Im Unterschied zu den PPTP- und L2TP/IPsec-Protokollen in Windows XP und Windows Server 2003 unterstützt SSTP keine Standort-zu-Standort-VPN-Verbindungen.

Ablauf beim Verbinden über SSTP

Wenn ein Benutzer auf einem Computer, der Windows Server 2008 R2 oder Windows Vista und Windows 7 ausführt, eine SSTP-basierte VPN-Verbindung initiiert, findet Folgendes statt:

1. Der SSTP-Client richtet eine TCP-Verbindung mit dem SSTP-Server zwischen einem dynamisch zugewiesenen TCP-Port auf dem Client und TCP-Port 443 auf dem Server ein.
2. Der SSTP-Client sendet eine SSL-Client-Begrüßungsnachricht, die anzeigt, dass der Client eine SSL-Sitzung mit dem SSTP-Server einrichten will.
3. Der SSTP-Server sendet dem SSTP-Client sein Computerzertifikat.
4. Der SSTP-Client überprüft das Computerzertifikat, bestimmt die Verschlüsselungsmethode für die SSL-Sitzung, generiert einen SSL-Sitzungsschlüssel und verschlüsselt diesen dann mit dem öffentlichen Schlüssel des Zertifikats des SSTP-Servers.
5. Der SSTP-Client sendet das verschlüsselte Formular des SSL-Sitzungsschlüssels zum SSTP-Server.
6. Der SSTP-Server entschlüsselt den verschlüsselten SSL-Sitzungsschlüssel mit dem privaten Schlüssel seines Computerzertifikats. Die gesamte zukünftige Kommunikation zwischen dem SSTP-Client und dem SSTP-Server wird mit der ausgehandelten Verschlüsselungsmethode und dem SSL-Sitzungsschlüssel verschlüsselt.
7. Der SSTP-Client sendet eine HTTP-über-SSL-Anforderungsnachricht zum SSTP-Server.
8. Der SSTP-Client handelt mit dem SSTP-Server einen SSTP-Tunnel aus.
9. Der SSTP-Client handelt mit dem SSTP-Server eine PPP-Verbindung aus. Zu dieser Aushandlung gehören die Authentifizierung der Anmeldeinformationen des Benutzers mit einer PPP-Authentifizierungsmethode und die Konfiguration der Einstellungen für den IPv4- oder IPv6-Datenverkehr. Verbindungen, die unter Verwendung von *PPP (Point-to-Point-Protokoll)* erstellt wurden, müssen den Standards entsprechen, die in PPP-RFCs festgelegt sind.

   Nachdem eine physische oder logische Verbindung mit einem PPP-basierten RAS-Server hergestellt ist, wird unter Verwendung der folgenden Aushandlungen eine PPP-Verbindung eingerichtet. PPP verwendet LCP (Link Control-Protokoll), um Verknüpfungsparameter wie die maximale PPP-Datenblockgröße, die Verwendung von Multilink und die Verwendung eines bestimmten PPP-Authentifizierungsprotokolls auszuhandeln. Das Link Control-Protokoll (LCP) konfiguriert die PPP-Datenblockerstellung. Die PPP-Datenblockerstellung bestimmt, auf welche Weise die Daten zu Datenblöcken zusammengefasst werden, bevor sie im WAN übertragen werden. Das standardmäßige PPP-Datenblockformat stellt sicher, dass RAS-Programme aller Hersteller miteinander kommunizieren können und Datenpakete von jeder RAS-Software erkennen, die den PPP-Standards entspricht.

   Der RAS-Client und der RAS-Server tauschen Nachrichten entsprechend des ausgehandelten Authentifizierungsprotokolls aus. Wenn EAP (Extensible Authentication-Protokoll) verwendet wird, handeln der Client und der Server eine bestimmte EAP-Methode aus, die als EAP-Typ bekannt ist. Dann werden Nachrichten dieses EAP-Typs ausgetauscht. Die Nutzung von EAP ist die von Microsoft favorisierten Variante für Wählverbindungen und erlaubt eine einheitliche Authentisierung eines Nutzers über LAN, WLAN und WAN. Wenn für die DFÜ-Verbindung der Rückruf konfiguriert ist, wird die physische Verbindung beendet und der RAS-Server ruft den RAS-Client zurück.
10. Der SSTP-Client beginnt, über die PPP-Verbindung IPv4- oder IPv6-Datenverkehr zu senden.

SSTP installieren

Um SSTP in einer Active Directory-Domäne verwenden zu können, müssen nicht alle Server und die Domäne zu Windows Server 2008 R2 migriert werden. Es reicht der Einsatz eines VPN-Servers mit Windows Server

2008 R2. Auf den Clients muss Windows Vista oder Windows 7 installiert sein. Die Berechtigung für die Einwahl der Benutzer erfolgt identisch wie bei Berechtigungen über andere VPN-Methoden. Benutzern müssen nur die entsprechenden Rechte zugewiesen werden.

Vorbereiten der Installation von SSTP – Zertifizierungsstelle vorbereiten

Damit SSTP verwendet werden kann, muss der Rollendienst *Zertifizierungsstellen-Webregistrierung* der Rolle *Active Directory-Zertifikatdienste* installiert sein. Der beste Weg ist, wenn Sie auf dem VPN-Server selbst eine Zertifizierungsstelle installieren und zwar als Typ *Eigenständig, keine Unternehmenszertifizierungsstelle.* Die Zertifizierungsstelle muss außerdem als Stammzertifizierungsstelle installiert werden. Alle weiteren Einstellungen wählen Sie so wie in Kapitel 28 und 29 erklärt. Für eine Testumgebung und auch für die meisten Produktivumgebungen verwenden Sie einfach die Standardeinstellungen.

Abbildg. 27.68 Installieren einer eigenständigen Zertifizierungsstelle für die Unterstützung von SSTP

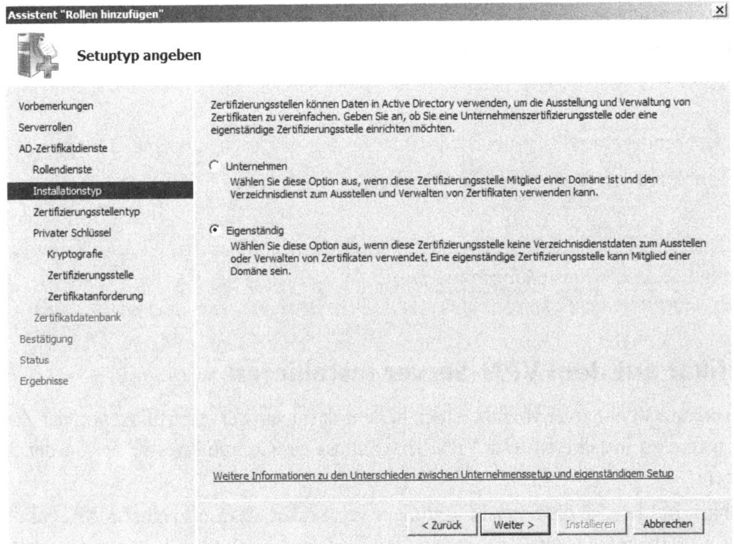

Damit der Zugriff über SSTP funktioniert, benötigen Sie eine Zertifizierungsstelle mit den Active Directory-Zertifikatdiensten (siehe Kapitel 28 und 29). Wollen Sie die Funktion in einer Testumgebung konfigurieren, benötigt der Server ebenfalls zwei Netzwerkkarten. Eine Karte ist mit dem internen Netzwerk, die andere mit dem Internet oder der Firewall verbunden. Der Server sollte Mitglied der Domäne sein.

Sicherheitseinstellungen im Internet Explorer auf dem VPN-Server konfigurieren

Nachdem die Zertifizierungsstelle auf dem Server installiert wurde, muss auf dem VPN-Server noch das Serverzertifikat installiert werden, über welches das SSTP-VPN ermöglicht wird. Da der Internet Explorer 8 von Windows Server 2008 R2 sehr strenge Sicherheitseinstellungen aufweist, müssen zunächst in den Optionen des Internet Explorers Änderungen vorgenommen werden:

1. Starten Sie den Internet Explorer.
2. Klicken Sie auf *Extras/Internetoptionen.*

3. Wechseln Sie zur Registerkarte *Sicherheit.*
4. Klicken Sie auf *Lokales Intranet* und stellen Sie sicher, dass die Sicherheitsstufe auf *Sehr niedrig* eingestellt ist. In einer produktiven Umgebung sollten über die Schaltfläche *Stufe anpassen* nur die ActiveX-Controls aktiviert werden. Den geschützten Modus des Internet Explorers unter Windows Vista und Windows 7 können Sie aktiviert lassen, außer Sie stellen bei Ihrer Verbindung Probleme fest.

Abbildg. 27.69 Konfigurieren der Sicherheit für den Internet Explorer 8

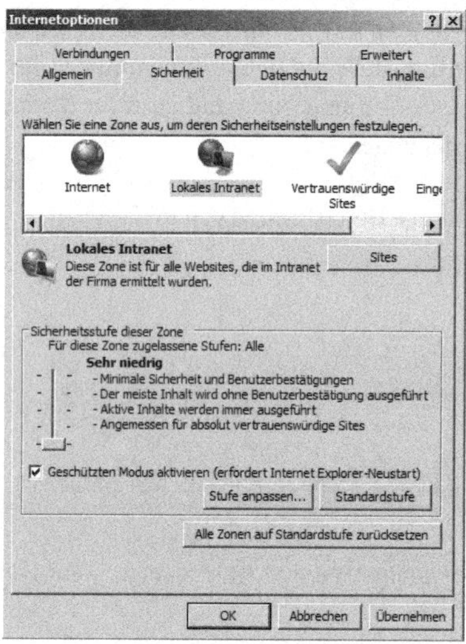

Serverzertifikat auf dem VPN-Server installieren

Der nächste Schritt, den VPN-Server vorzubereiten, besteht darin, ein Serverzertifikat von der Zertifizierungsstelle anzufordern und zu installieren. Der VPN-Server muss ein Computerzertifikat von der Authentifizierungsstelle erhalten:

1. Eine Möglichkeit ist, dass Sie das Snap-In *Zertifikate* verwenden, das Sie zu einer MMC auf dem NPS-Server hinzufügen. Wählen Sie *Computerkonto* als Zertifikatespeicher und wählen Sie das lokale Computerkonto aus.
2. Klicken Sie anschließend mit der rechten Maustaste auf *Eigene Zertifikate/Zertifikate* und wählen Sie *Alle Aufgaben/Neues Zertifikat anfordern.*
3. Bestätigen Sie den Assistenten.
4. Klicken Sie auf der Seite *Zertifikatregistrierung* auf *Weiter.*
5. Wählen Sie *Computer* als Zertifikat aus und klicken Sie auf *Registrieren.*

Abbildg. 27.70 Hinzufügen eines Computerzertifikats

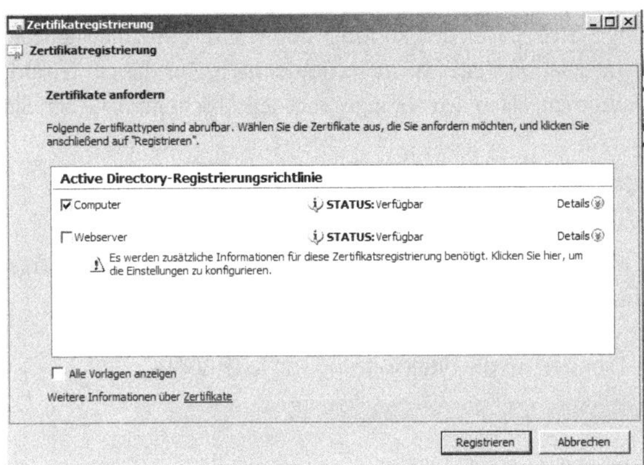

Windows zeigt keine Zertifikatvorlagen für die Registrierung an

Wird bei Ihnen kein Zertifikat angezeigt, müssen Sie auf dem Zertifikateserver in einer MMC das Snap-In *Zertifikatvorlagen* laden:

1. Klicken Sie mit der rechten Maustaste auf das Zertifikat *Computer* und rufen Sie die *Eigenschaften* auf.
2. Wechseln Sie zur Registerkarte *Sicherheit*.
3. Klicken Sie auf *Authentifizierte-Benutzer* oder *Domänen-Admins*, je nachdem wem Sie das Recht zum Registrieren ermöglichen möchten.
4. Klicken Sie bei dem Recht *Registrieren* auf *Zulassen* und bestätigen Sie das Fenster.
5. Starten Sie auf dem NPS-Server das Snap-In *Zertifikate* erneut und überprüfen Sie, ob das Zertifikat jetzt registriert werden kann. Bis das Zertifikat angezeigt wird, kann es etwas dauern.

Abbildg. 27.71 Aktivieren von Zertifikatvorlagen für die Registrierung

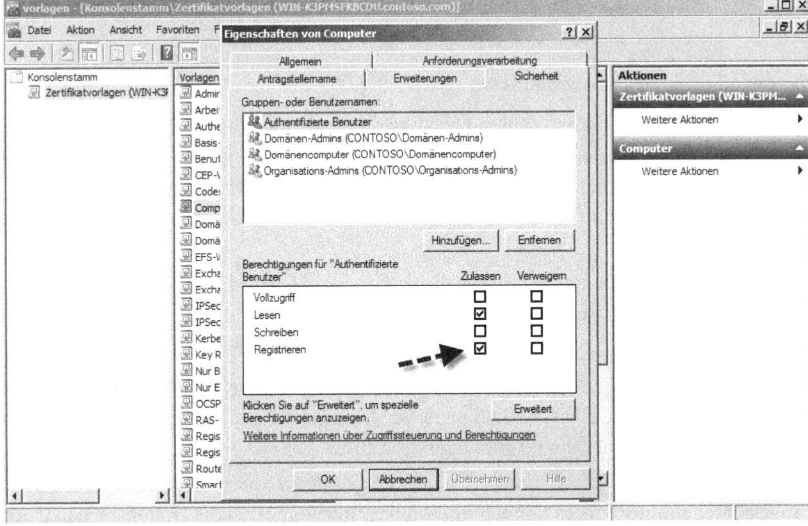

Routing- und RAS-Dienste für SSTP-VPN installieren und konfigurieren

Der nächste Schritt der Einrichtung besteht darin, den Routing- und RAS-Dienst zu installieren und einzurichten. Diese Installation ist mit der Installation weiter vorne recht identisch. Aus diesem Grund beschreiben wir die einzelnen Schritte weniger ausführlich, als in den vorangegangenen Abschnitten. Gehen Sie zur Installation folgendermaßen vor:

1. Starten Sie den Server-Manager, klicken Sie auf *Rollen* und dann auf *Rollen hinzufügen.*
2. Wählen Sie *Netzwerkrichtlinien- und Zugriffsdienste* aus.
3. Wählen Sie als Rollendienste für ein SSTP-VPN *Routing- und RAS-Dienste* mit den untergeordneten Diensten *RAS* und *Routing* aus. Schließen Sie die Installation der Rollendienste ab.

Abbildg. 27.72 Installieren von Routing- und RAS-Diensten für die Unterstützung von SSTP-VPN

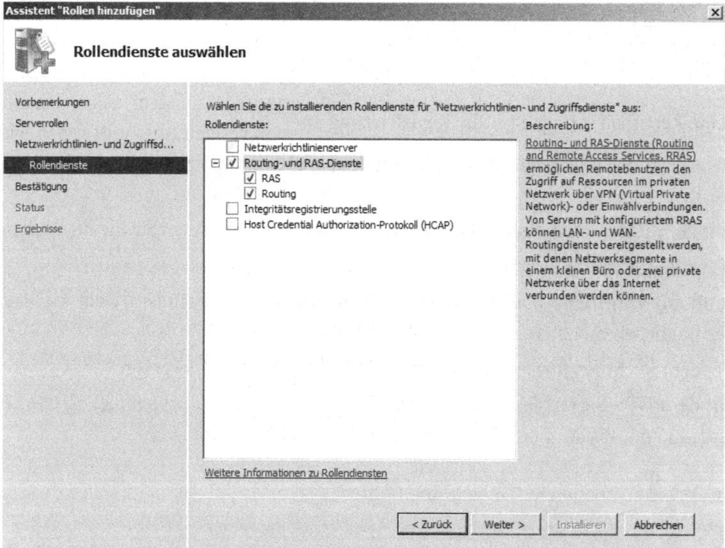

Routing- und RAS-Dienste konfigurieren

Nachdem Sie den Rollendienst installiert haben, muss dieser noch für SSTP-VPN konfiguriert werden. Starten Sie dazu über *Start/Verwaltung* die Verwaltungskonsole *Routing und RAS.* Um die Dienste auf dem VPN-Server zu aktivieren, klicken Sie diese mit der rechten Maustaste an und wählen die Option *Routing und RAS konfigurieren und aktivieren*, damit der Einrichtungsassistent gestartet wird. Zur weiteren Einrichtung gehen Sie folgendermaßen vor:

1. Wählen Sie auf der Konfigurationsseite die Option *RAS (DFÜ oder VPN)* aus.
2. Aktivieren Sie auf der RAS-Seite nur die Option *VPN.*
3. Auf der nächsten Seite wird die Schnittstelle ausgewählt, auf die der VPN-Dienst hört. Damit die Konfiguration transparenter ist, ist es sinnvoll, die Netzwerkverbindungen auf dem Server entsprechend mit *intern* und *extern* zu benennen. Die Verbindungen werden dann auf dem Server genauso angezeigt. Wählen Sie im Fenster *VPN-Verbindung* die Verbindung *extern* aus.
4. Deaktivieren Sie die Option *Sicherheit auf der ausgewählten Schnittstelle durch einrichten statischer Paketfilter.* Geübte Administratoren können in Produktivumgebungen diese Option auch aktiviert lassen, müssen dann aber die Paketfilter für das VPN entsprechend konfigurieren.

5. Auf der nächsten Seite wird festgelegt, ob Clients die IP-Adresse von einem DHCP-Server erhalten sollen, oder ob der RAS-Dienst die IP-Adressen selbst zuweisen soll. Die direkte Zuweisung durch den VPN-Server ist oft der einfachere Weg. Wählen Sie in diesem Fall die Option *Aus einem angegebenen Bereich* aus.
6. Auf der nächsten Seite legen Sie die IP-Adressen fest, die den Clients bei der VPN-Einwahl zugewiesen werden.
7. Auf der nächsten Seite wählen Sie die Option *Nein, Routing und RAS zum Authentifizieren von Verbindungsanforderungen verwenden* aus. Schließen Sie den Assistenten ab und bestätigen Sie die Meldung des DHCP-Relay-Agenten.

Der RAS-Dienst ist jetzt aktiviert. Die Einstellungen können jederzeit über die Eigenschaften des RAS-Servers geändert werden.

VPN-Client konfigurieren

Damit Sie ein VPN über HTTPS mit SSTP verwenden können, muss auf den Clients Windows Vista oder Windows 7 installiert sein. Ohne das SP1 kann Windows Vista kein SSTP-VPN aufbauen. Damit der VPN-Client sich verbinden kann, muss das Zertifikat der Stammzertifizierungsstelle auf dem Client installiert werden. Diese Vorgänge sind ausführlich in Kapitel 28 und 29 erläutert. Im folgenden Abschnitt gehen wir darauf ein, wie das Zertifikat der Zertifizierungsstelle über die Weboberfläche der Zertifizierungsstelle in Ihrem Unternehmen angefordert wird. Computer, die Mitglied der gleichen Active Directory-Gesamtstruktur wie der Zertifikatserver sind, vertrauen dem Server automatisch.

Damit Clients über das Internet per HTTPS ein VPN aufbauen können, muss daher entweder vorher das Zertifikat im Unternehmen auf dem Rechner installiert werden oder Sie veröffentlichen die Zertifizierungsstelle über einen ISA/TMG-Server im Internet. Um das Zertifikat der Zertifizierungsstelle auf dem Computer zu installieren, rufen Sie zunächst im Internet Explorer des Clients die Webseite der Zertifizierungsstelle auf. Klicken Sie auf den Link *Download eines Zertifizierungsstellenzertifikats, einer Zertifikatkette oder einer Sperrliste*. Erscheint eine Sicherheitsmeldung im Internet Explorer, bestätigen Sie diese mit *Ja*.

Abbildg. 27.73 Herunterladen des Zertifizierungsstellen-Zertifikats

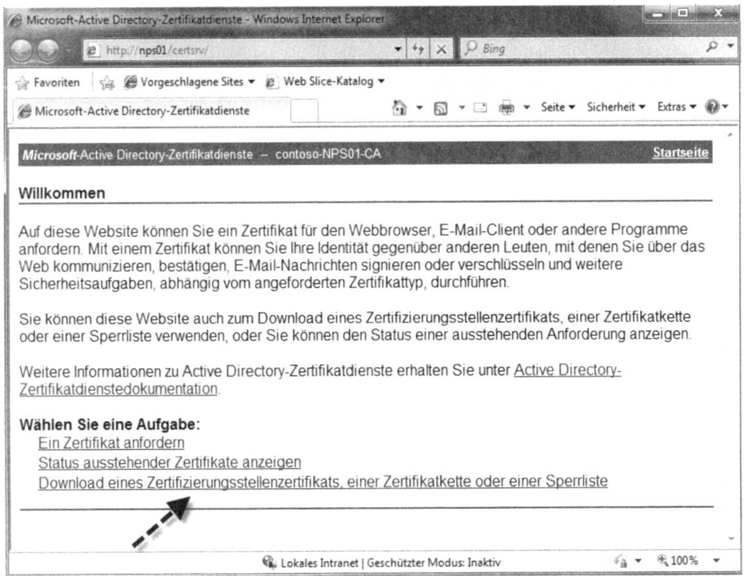

Klicken Sie in der nächsten Seite auf den Link *Download des Zertifizierungsstellenzertifikats.* Wählen Sie im Download-Fenster *Öffnen* aus. Klicken Sie im neuen Fenster auf *Zertifikat installieren.* Schließen Sie den Assistenten zur Installation des Assistenten mit den Standardeinstellungen ab.

Abbildg. 27.74 Herunterladen und Öffnen eines Zertifizierungsstellen-Zertifikats

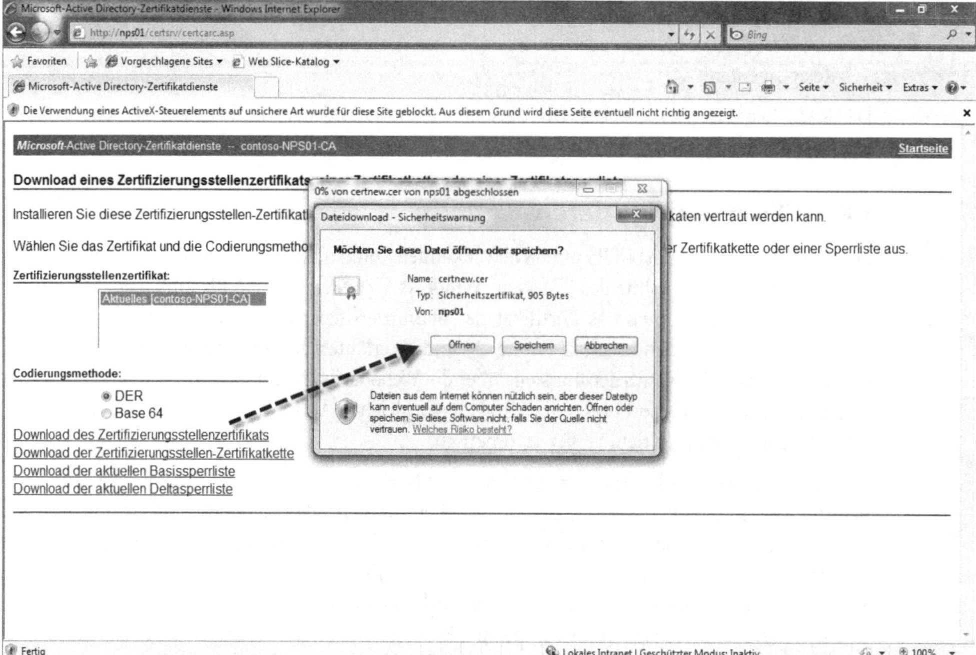

Anschließend muss das Zertifikat noch in den richtigen Zertifikatspeicher verschoben werden. Aktuell ist das Zertifikat im Speicher des Benutzers, muss aber in den Speicher des lokalen Computerkontos und zwar in den Speicher der vertrauenswürdigen Stammzertifizierungsstellen (siehe auch Kapitel 28 und 29). Gehen Sie dazu folgendermaßen vor:

1. Öffnen Sie einen neue MMC-Konsole.
2. Fügen Sie das Snap-In *Zertifikate* hinzu.
3. Wählen Sie als Option *Eigenes Benutzerkonto* aus.
4. Fügen Sie noch mal das Snap-In *Zertifikate* hinzu.
5. Wählen Sie als Option *Computerkonto* aus und wählen Sie dann den lokalen Computer aus.
6. Öffnen Sie den Konsoleneintrag *Zertifikate – Aktueller Benutzer/Zwischenzertifizierungsstellen/Zertifikate.*
7. Klicken Sie mit der rechten Maustaste auf das Zertifikat des VPN-Servers, das Sie gerade installiert haben, und wählen Sie im Kontextmenü den Eintrag *Kopieren* aus. Da das Zertifikat keinen privaten Schlüssel benötigt, muss es nicht exportiert werden wie auf dem VPN-Server.
8. Öffnen Sie den Konsoleneintrag *Zertifikate (Lokaler Computer)/Vertrauenswürdige Stammzertifizierungsstellen/Zertifikate* und fügen das Zertifikat per Klick mit der rechten Maustaste über den Kontextmenübefehl *Einfügen* ein.

Abbildg. 27.75 Zertifikate lassen sich zwischen verschiedenen Zertifikatespeichern kopieren

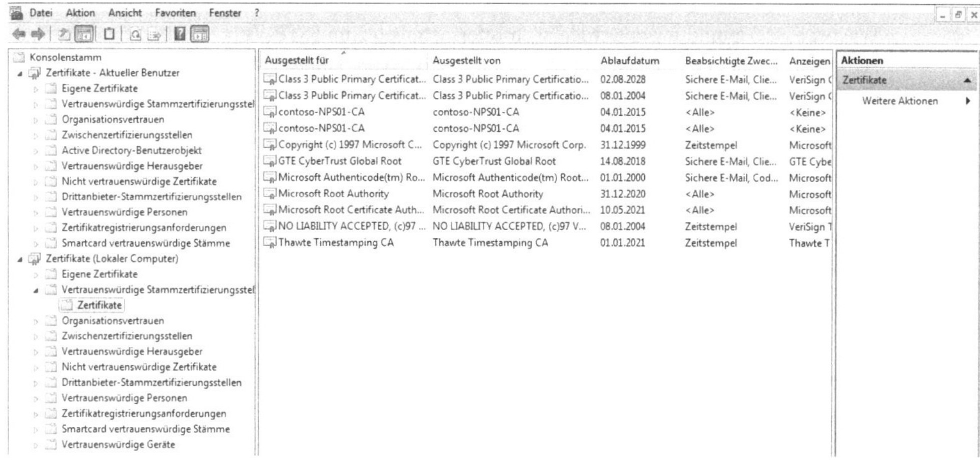

SSTP-VPN-Verbindung konfigurieren

Der nächste Schritt besteht darin, eine VPN-Verbindung zu konfigurieren, die SSTP verwendet, nicht PPTP oder L2TP. Gehen Sie dazu folgendermaßen vor:

1. Öffnen Sie das *Netzwerk- und Freigabecenter* auf dem Computer.
2. Klicken Sie auf *Eine Verbindung oder ein Netzwerk einrichten.*
3. Wählen Sie *Verbindung mit dem Arbeitsplatz herstellen.*
4. Geben Sie die Daten der Verbindung ein, wie bei einer normalen VPN-Verbindung.
5. Rufen Sie in den Netzwerkverbindungen die Eigenschaften der neuen VPN-Verbindung auf.
6. Wechseln Sie zur Registerkarte *Sicherheit.*
7. Wählen Sie bei *VPN-Typ* die Option *Secure Socket Tunneling-Protokoll (SSTP)* aus.

Abbildg. 27.76 Aktivieren von SSTP für eine VPN-Verbindung

Fehlerbehebung bei SSTP-VPN

Wie bei allen Verbindungen werden auch Informationen zum SSTP-VPN in den Ereignisanzeigen des Servers gespeichert. Fehlermeldungen werden im Protokoll *System* gespeichert. Die Meldungen von SSTP haben die Quelle *RasSstp*. Sollten Verbindungsprobleme auftreten, liegt es fast immer an Problemen mit den Zertifikaten und dem Namen des Zertifikats.

Unter *Eigenschaften* in den Ports der RAS-Verwaltungskonsole können weitere Einstellungen bezüglich SSTP-VPN vorgenommen werden.

TIPP Im Routing- und RAS-Blog von TechNet finden Sie oft Hinweise zur Einrichtung und zur Fehlerbehebung, auch für SSTP. Den Blog können Sie über die Adresse *http://go.microsoft.com/fwlink/?LinkId=82954* aufrufen.

Auf der Registerkarte *Sicherheit* des Routing- und RAS-Servers konfigurieren Sie noch das Zertifikat, das die SSTP-Verbindung verwenden soll. In den Eigenschaften für Ports legen Sie die Anzahl und Konfiguration der Ports für SSTP fest.

Abbildg. 27.77 Konfigurieren der SSTP-Ports für SSTP-VPN

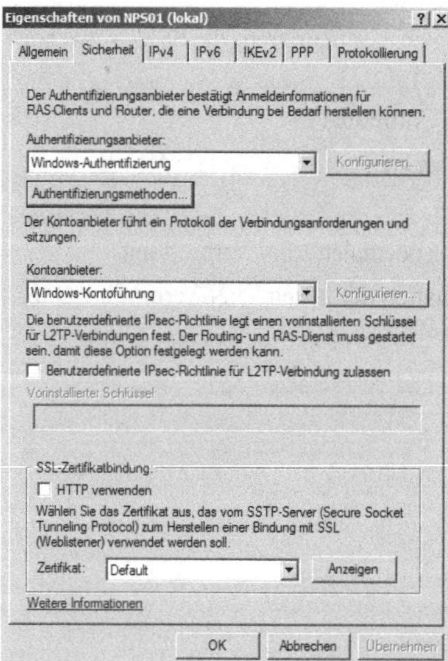

In der RAS-Verwaltungskonsole können Sie in den Eigenschaften für den Server auf der Registerkarte *Protokollierung* einstellen, welche Aktionen und Vorkommnisse protokolliert werden sollen. Das entsprechende Protokoll wird im Verzeichnis *\Windows\tracing* gespeichert.

IPsec mit Netzwerkzugriffsschutz (NAP) einsetzen

Mit IPsec können Sie den Netzwerkverkehr zwischen verschiedenen Clients und Servern sowie zwischen Servern und Servern verschlüsseln lassen. Eines der größten Probleme in Netzwerken ist die sichere Kommunikation. Während der Zugang zu Serversystemen und zu Workstations über Kennwörter geschützt ist, laufen Informationen unverschlüsselt über das Netzwerk. IPsec ist ein von der IETF (Internet Engineering Task Force) definierter offener Standard, mit dem die Daten auf der Ebene des IP-Protokolls verschlüsselt werden. Das ist für alle darüber liegenden Kommunikationsprotokolle wie SMTP, HTTP und so weiter transparent.

Die eigentliche Verschlüsselung bei IPsec erfolgt mit einem symmetrischen Verfahren, bei dem ein privater Schlüssel ausgetauscht werden muss. Solche Verfahren sind schneller als Public Key-Verfahren. Um den privaten Schlüssel zwischen Sender und Empfänger auszutauschen, verwendet Windows Server 2008 R2 den ISAKMP/Oakley-Dienst, der als IKMP (Internet Key Management-Protokoll) bekannt ist. ISAKMP, das Internet Security Association and Key Management-Protokoll, wurde federführend von Cisco definiert und legt fest, wie zwei Knoten in einem Netzwerk Schlüssel austauschen und eine sichere Kommunikationsverbindung aufbauen. Oakley ist das Protokoll, um Verschlüsselungsverfahren und Schlüssel festzulegen.

Für den Austausch der privaten Schlüssel können Public Key-Verfahren und Kerberos verwendet werden. Ob eine sichere Kommunikation erfolgen soll, wird bei Windows Server 2008 R2 über Gruppenrichtlinien und die Konfiguration der neuen Windows-Firewall festgelegt. Es wird nicht pro Anwendung, sondern pro System und Verbindung mit bestimmten Rechnern im Netzwerk definiert, ob eine sichere Kommunikation erfolgen soll. Da IPsec ein offener Standard ist und IP als Transportprotokoll transparent in LAN und WAN eingesetzt werden kann, wird diese Form der sicheren Kommunikation im Intranet und im Internet verwendet. Damit Sie IPsec im Unternehmen einsetzen können, müssen Sie auf einem Server die Rolle *Active Directory-Zertifikatdienste* installieren. Die Installation erfolgt analog, wie bereits bei der Verwendung von NAP mit DHCP beschrieben.

IPsec-Verbesserungen in Windows Server 2008

Unter Windows Server 2003 war die Konfiguration von IPsec noch eine relativ komplexe Angelegenheit. Durch die Integration der IPsec-Verwaltung in die Firewallkonsole wird diese Konfiguration enorm vereinfacht. Die Verwaltungsoberfläche der neuen Firewall können Sie über *Start/Ausführen/wf.msc* starten. Die Firewall für erweiterte Sicherheit ersetzt die verschiedenen Verwaltungskonsolen für IPsec-Richtlinien. Verwenden Sie mit Windows Server 2008 oder Windows Server 2008 R2 IPsec-Richtlinien, verhalten sich die Server wie folgt: Ein Server, der für den IPsec aktiviert wurde, sendet Pakete über IPsec. Antwortet der empfangende Server ebenfalls mit IPsec, wird der Datenverkehr verschlüsselt. Unterstützt der empfangende Server kein IPsec, wird der Datenverkehr nicht verschlüsselt. Dieser Datenverkehr findet gleichzeitig statt. Unter Windows Server 2003 wurden erst IPsec-Pakete verschickt, dann drei Sekunden gewartet und dann erst die unverschlüsselten Pakete gesendet. So konnten oft starke Performance-Probleme auftreten, die durch das gleichseitige Versenden der Pakete in 2008 vermieden werden. Durch diese Funktion können Server IPsec-Verkehr unterstützen, aber nicht mehr zwingend voraussetzen, um eine möglichst sichere Verbindung zu erstellen.

Bisher hat IPsec unter Windows nur den Internetschlüsselaustausch (Internet Key Exchange, IKE) unterstützt. Windows Vista, Windows 7 und Windows Server 2008 R2 unterstützen eine neue Funktion, die Authenticated IP (AuthIP) genannt wird. Diese neue Funktion unterstützt weitere Authentifizierungsfunktionen als IKE, zum Beispiel die Gültigkeit von Zertifikaten, die Bestandteil des neuen Netzwerkzugriffsschutzes (Network Access Protection, NAP) in Windows Server 2008 R2 sind. Auch Kerberos- oder NTLMv2-Authentifizierung wird unterstützt. Zusätzlich wird die Authentifizierung mit mehreren Konten unterstützt. IPsec kann so konfiguriert werden, dass sowohl die Computerauthentifizierung als auch die Benutzerauthentifizierung unterstützt wird. Durch diese Möglichkeiten wird die Sicherheit im Netzwerk deutlich erhöht.

Unter Windows Server 2008, Windows Server 2008 R2 und Windows Vista und Windows 7 kann der Verkehr zwischen Domänenmitgliedern und Domänencontrollern IPsec-verschlüsselt stattfinden, während der Verkehr zwischen Domänenmitgliedern und Nicht-Domänenmitgliedern weiterhin unverschlüsselt erfolgen kann. Diese Funktion war unter Windows Server 2003 und Windows XP nicht möglich. Windows Vista, Windows 7 Windows Server 2008 und Windows Server 2008 R2 unterstützen neue Algorithmen zur Verschlüsselung:

- Elliptic Curve Diffie-Hellman P-256 (256 Bit)
- Elliptic Curve Diffie-Hellman P-384 (384 Bit)
- AES mit Cipher Block Chaining (CBC) und 128-bit key size (AES 128).
- AES mit CBC und 192-bit key size (AES 192).
- AES mit CBC und 256-bit key size (AES 256).

Windows Server 2008 R2 und Windows Vista und Windows 7 beinhalten außerdem folgende Verbesserungen der Internetprotokollsicherheit:

- IPsec-Schutz von Client zu Domänencontroller
- Verbesserter Lastausgleich und Unterstützung für Cluster
- Verbesserte IPsec-Authentifizierung
- Integration mit NAP (Network Access Protection)
- Integrierte IPv4- und IPv6-Unterstützung
- Erweiterte Ereignis- und Leistungsüberwachungsindikatoren
- Unterstützung für das Netzwerkdiagnose-Framework

IPsec-Umgebung einrichten

In den folgenden Abschnitten zeigen wir Ihnen, wie Sie eine NAP-gestützte IPsec-Infrastruktur aufbauen können. Oft gibt es Probleme, wenn Sie mehrere NAP-Konfigurationen, also zum Beispiel IPsec und DHCP, parallel auf einem Server konfigurieren, da Sie hier stark auf die Reihenfolge der Richtlinien achten müssen. Diese werden priorisierend angeordnet, ähnlich zu den Firewallrichtlinien im ISA Server. Installieren Sie dazu auf einem Domänencontroller oder einem anderen Server als dem NPS-Server eine Authentifizierungsstelle. In diesem Workshop installieren wir auf dem NPS-Server noch eine untergeordnete Zertifizierungsstelle für die Verwendung von IPsec im Netzwerk.

Ausnahmegruppe erstellen

Richten Sie eine IPsec-Infrastruktur ein, ist es sinnvoll, wenn Sie einigen Computern im Netzwerk die IPsec-Kommunikation gestatten, auch wenn diese nicht-NAP-konform sind oder für die Sie keine NAP-Überprüfung vornehmen wollen, bevor die IPsec-Verbindung hergestellt wird. Mitglieder dieser Gruppe können auch dann mit anderen Computern kommunizieren, wenn diese eine Sicherheitsprüfung vorschreiben. Legen Sie dazu am besten eine eigene globale Sicherheitsgruppe in der Domäne an und wählen als Bezeichnung zum Beispiel *NAP-Ausnahmen*. In diese Gruppe nehmen Sie die Computerkonten auf, denen Sie die NAP-Überprüfung ersparen wollen.

Zertifikatsvorlage erstellen

Wollen Sie die NAP-Überprüfung für manche Clients auf Basis der erwähnten Gruppe deaktivieren, sollten Sie für diese Clients auch eine eigene Zertifikatsvorlage erstellen. Zertifikatsvorlagen erstellen Sie am besten über die entsprechende Verwaltungskonsole auf dem Zertifikatsserver:

1. Diese Verwaltungskonsole rufen Sie über *Start/Ausführen/certtmpl.msc* auf.
2. Klicken Sie mit der rechten Maustaste auf die Vorlage *Arbeitsstationsauthentifizierung* und wählen Sie im Kontextmenü den Eintrag *Doppelte Vorlage* aus.

Abbildg. 27.78 Duplizieren einer vorhandenen Zertifikatvorlage

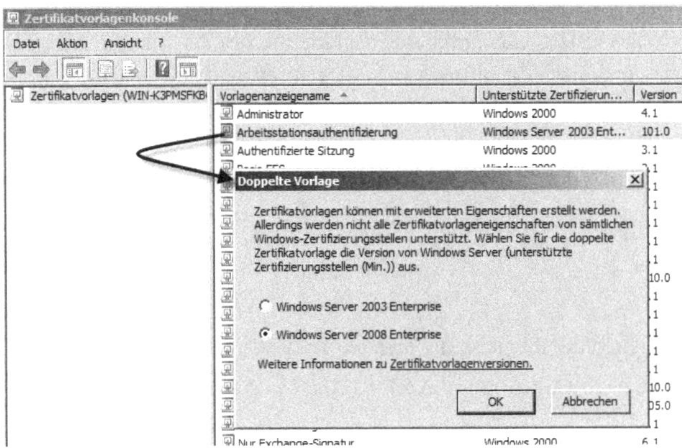

3. Wählen Sie aus, für welche Zertifizierungsstelle das Zertifikat kompatibel sein soll. Setzen Sie eine reine Windows Server 2008 R2-CA ein, können Sie an dieser Stelle auch die Minimalvoraussetzung auf Windows Server 2008 setzen. Anschließend öffnet sich das Konfigurationsfenster für die neue Zertifikatsvorlage.
4. Geben Sie eine passende Bezeichnung für die neue Vorlage ein, zum Beispiel *Systemintegritäts-Authentifizierung.*
5. Aktivieren Sie das Kontrollkästchen *Zertifikat in Active Directory veröffentlichen.* Wenn ein Antragsteller ein Zertifikat erhält, das auf dieser Vorlage basiert, wird das ausgestellte Zertifikat zu dem Active Directory-Objekt dieses Antragstellers hinzugefügt.
6. Das Kontrollkästchen *Nicht automatisch neu registrieren, wenn ein identisches Zertifikat bereits in Active Directory vorhanden ist* wird nicht aktiviert.

Abbildg. 27.79 Konfigurieren einer neuen Zertifikatsvorlage

Eigenschaften der neuen Vorlage

Antragstellername | Server | Ausstellungsvoraussetzungen
Abgelöste Vorlagen | Erweiterungen | Sicherheit
Allgemein | Anforderungsverarbeitung | Kryptografie

Vorlagenanzeigename: Systemintegritäts-Authentifizierung

Unterstützte Zertifizierungsstellen (Min.): Windows Server 2008 Enterprise

Vorlagenname: Systemintegritäts-Authentifizierung

Gültigkeitsdauer: 1 Jahre

Erneuerungszeitraum: 6 Wochen

☑ Zertifikat in Active Directory veröffentlichen

☐ Nicht automatisch neu registrieren, wenn ein identisches Zertifikat bereits in Active Directory vorhanden ist

☐ Vorhandenen Schlüssel für automatische Erneuerung von Smartcardzertifikaten verwenden, falls Erstellung eines neuen Schlüssel nicht möglich ist

OK | Abbrechen | Übernehmen | Hilfe

Remotedesktop und Netzwerkzugriffschutz

Wenn der Antragsteller versucht, sich für ein auf dieser Vorlage basierendes Zertifikat zu registrieren, führen Computer unter Windows XP, Windows Vista und Windows 7 oder Windows Server 2003 und 2008 eine Überprüfung durch, um festzustellen, ob bereits ein identisches Zertifikat in Active Directory vorhanden ist. Ist dies der Fall, wird durch die automatische Registrierung keine erneute Registrierungsanforderung übermittelt. Hierdurch wird die Erneuerung von Zertifikaten ermöglicht und gleichzeitig verhindert, dass mehrere identische Zertifikate ausgestellt werden.

7. Holen Sie anschließend die Registerkarte *Erweiterungen* in den Vordergrund.
8. Klicken Sie auf *Anwendungsrichtlinien* und dann auf *Bearbeiten.*
9. Klicken Sie auf *Hinzufügen.*
10. Klicken Sie auf *Neu.*
11. Geben Sie im neuen Dialogfeld die Bezeichnung *Systemintegritäts-Authentifizierung* ein.
12. Weisen Sie der Richtlinie die Objektkennung *1.3.6.1.4.1.311.47.1.1* zu.

Abbildg. 27.80 Erstellen einer neuen Anwendungsrichtlinie für ein neues Zertifikat

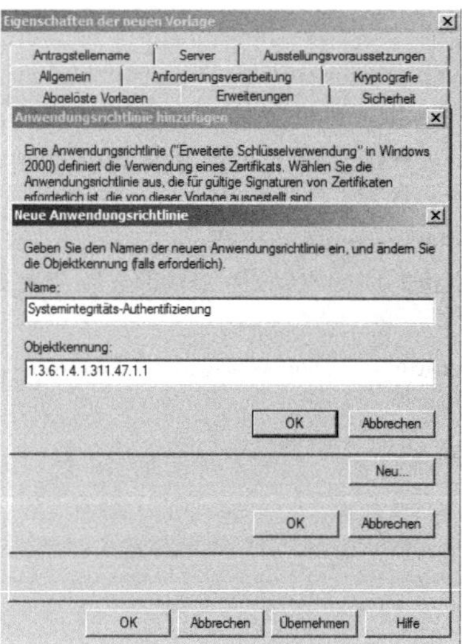

13. Bestätigen Sie die geöffneten Dialogfelder mit *OK*, bis nur noch das Dialogfeld *Eigenschaften der neuen Vorlage* geöffnet ist.
14. Wechseln Sie zur Registerkarte *Sicherheit.*
15. Nehmen Sie in diese Registerkarte die erstellte globale Gruppe *NAP-Ausnahmen* auf und aktivieren Sie bei den Optionen *Automatisch registrieren* und *Registrieren* das Kontrollkästchen *Zulassen.*
16. Klicken Sie auf *OK*, um die Eingaben abzuschließen.

Abbildg. 27.81 Konfigurieren der NAP-Ausnahmen für einzelne Computer

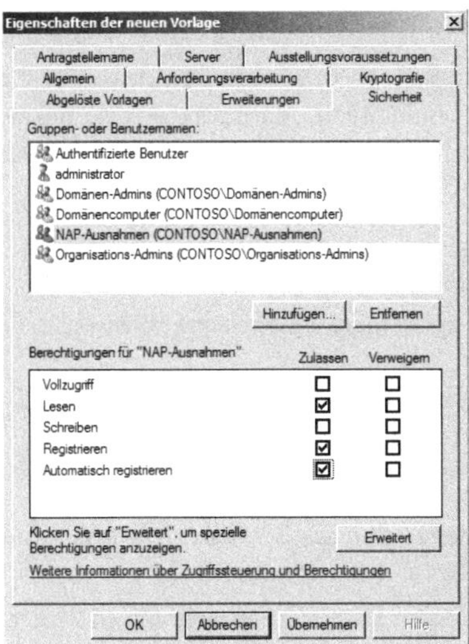

Zertifikatvorlage veröffentlichen

Nachdem Sie die neue Vorlage für das Zertifikat erstellt haben, müssen Sie in den Zertifikatdiensten noch konfigurieren, dass diese Zertifikatsvorlage für neue Zertifikate verwendet werden darf. Gehen Sie dazu folgendermaßen vor:

1. Starten Sie die Verwaltung der Zertifizierungsstelle entweder über die Programmgruppe *Verwaltung* oder über *Start/Ausführen/certsrv.msc.*
2. Erweitern Sie den Knoten Ihrer Zertifizierungsstelle und klicken Sie mit der rechten Maustaste auf *Zertifikatvorlagen.*
3. Wählen Sie *Neu* und dann *Auszustellende Zertifikatvorlage* aus.
4. Wählen Sie die erstellte Zertifikatvorlage *Systemintegritäts-Authentifizierung* aus und klicken Sie auf *OK.*
5. Im Anschluss sollte die Vorlage in der Zertifizierungsstelle angezeigt werden.

Abbildg. 27.82 Auswählen einer neuen Zertifikatvorlage für die Veröffentlichung

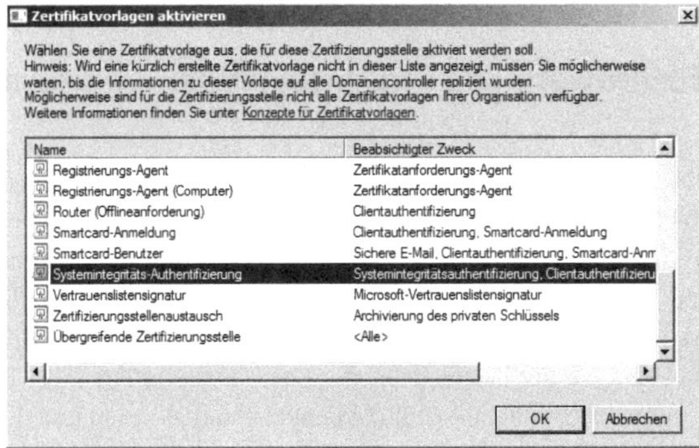

Automatische Registrierung von Zertifikaten in Active Directory konfigurieren

Der nächste Schritt besteht darin, die Zertifizierungsstelle so zu konfigurieren, dass automatisch Zertifikate ausgestellt werden, wenn ein Domänencomputer eines anfordert. Auf Basis dieser Zertifikate wird später die IPsec-Kommunikation aufgebaut. Für die automatische Registrierung von Zertifikaten verwenden Sie am besten die Gruppenrichtlinien:

1. Starten Sie dazu die *Gruppenrichtlinienverwaltung.*
2. Öffnen Sie die Bearbeitung der *Default Domain Policy.*
3. Navigieren Sie zu *Computerkonfiguration/Richtlinien/Windows-Einstellungen/Sicherheitseinstellungen/Richtlinien für öffentliche Schlüssel.*
4. Klicken Sie auf der rechten Seite doppelt auf die Richtlinie *Zertifikatdiensteclient – Automatische Registrierung.*
5. Setzen Sie die Richtlinie auf *Aktiviert.*
6. Aktivieren Sie zusätzlich noch die beiden Optionen *Abgelaufene Zertifikate erneuern, …* und *Zertifikate, die Zertifikatvorlagen verwenden, aktualisieren.*
7. Bestätigen Sie alle Fenster und schließen Sie den Editor für die Gruppenrichtlinien wieder.

Abbildg. 27.83 Konfigurieren der automatischen Zertifikatregistrierung über Gruppenrichtlinien

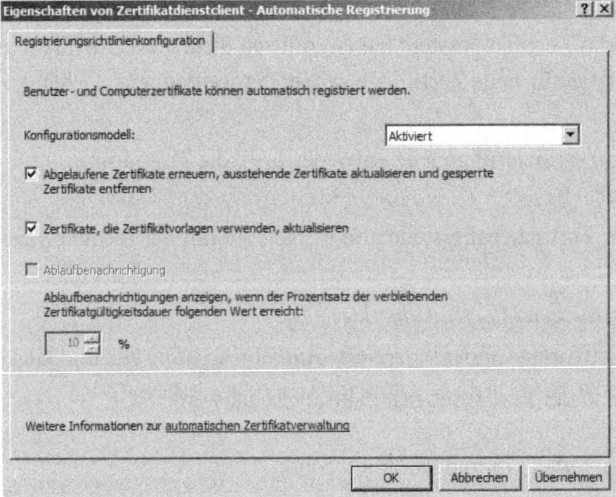

Untergeordnete Zertifizierungsstelle und Integritätsregistrierungsstelle installieren

Als nächster Schritt wird der Netzwerkrichtlinienserver (Network Policy Server, NPS) konfiguriert. Sie sollten auf dem NPS Windows Server 2008 R2 installieren, und dann die Rolle *Netzwerkrichtlinien- und Zugriffsdienste.* Nehmen Sie das Computerkonto des NPS in die Gruppe *NAP-Ausnahmen* auf, damit dieser Server immer uneingeschränkt mit allen PCs und Servern kommunizieren kann. Haben Sie den Server in die Gruppe aufgenommen, sollten Sie diesen entweder neu starten oder zumindest die Aktualisierung der Gruppenrichtlinien auf dem Server auslösen. Geben Sie dazu in der Befehlszeile oder über *Start/Ausführen* den Befehl *gpupdate / force* ein. Die Aktualisierung der Gruppenrichtlinie sollte für die Benutzerkonfiguration und die Computerkonfiguration erfolgreich abgeschlossen werden.

Untergeordnete Zertifizierungsstelle auf dem Netzwerkrichtlinienserver installieren

Zusätzlich wird auf dem NPS eine untergeordnete Zertifikatstelle installiert, die an die IPsec-Umgebung angepasst werden kann. Fügen Sie auf dem Server dazu neben der Rolle *Netzwerkrichtlinien und -Zugriffsdienste* auch die Rolle *Active Directory-Zertifikatdienste* hinzu. Haben Sie auf dem Server bereits die Netzwerkrichtlinien installiert, müssen Sie nachträglich über den Menüpunkt *Rollen* im Server-Manager den Rollendienst *Integritätsregistrierungsstelle* installieren. Installieren Sie vor diesem Rollendienst jedoch zunächst die Active Directory-Zertifikatdienste auf dem Server:

1. Als Rollendienst für die Zertifikatdienste auf dem Server wählen Sie im entsprechenden Fenster nur *Zertifizierungsstelle* aus.
2. Im nächsten Fenster wählen Sie als Setuptyp *Eigenständig* aus.
3. Im nächsten Fenster wählen Sie *Untergeordnete Zertifizierungsstelle* aus.

Abbildg. 27.84 Installieren einer untergeordneten Zertifizierungsstelle auf dem Netzwerkrichtlinienserver

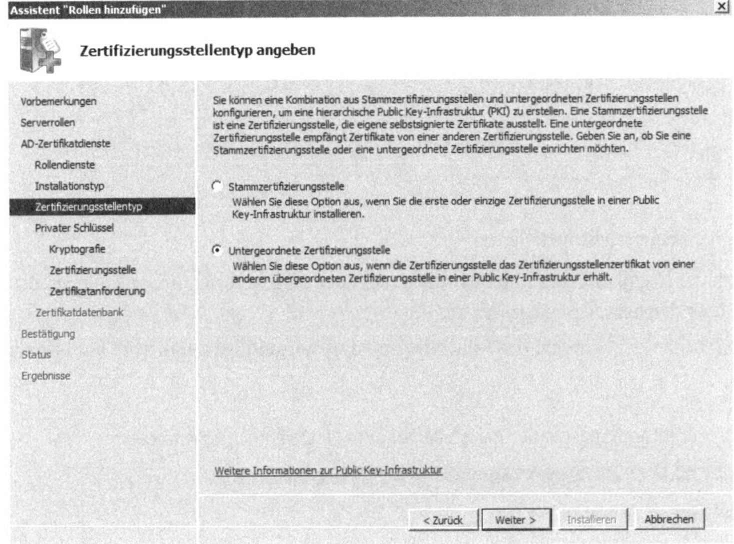

4. Bestätigen Sie alle Fenster, bis Sie zum Fenster *Zertifikat von übergeordneter ZS anfordern* gelangen.
5. Aktivieren Sie auf diesem Fenster die Option *Zertifikatanforderung an übergeordnete Zertifizierungsstelle senden* und klicken Sie auf *Durchsuchen.*
6. Wählen Sie die bereits installierte Root-CA aus.
7. Schließen Sie die Installation der CA ab.

Abbildg. 27.85 Auswählen der übergeordneten Zertifizierungsstelle bei der Installation einer untergeordneten Zertifizierungsstelle

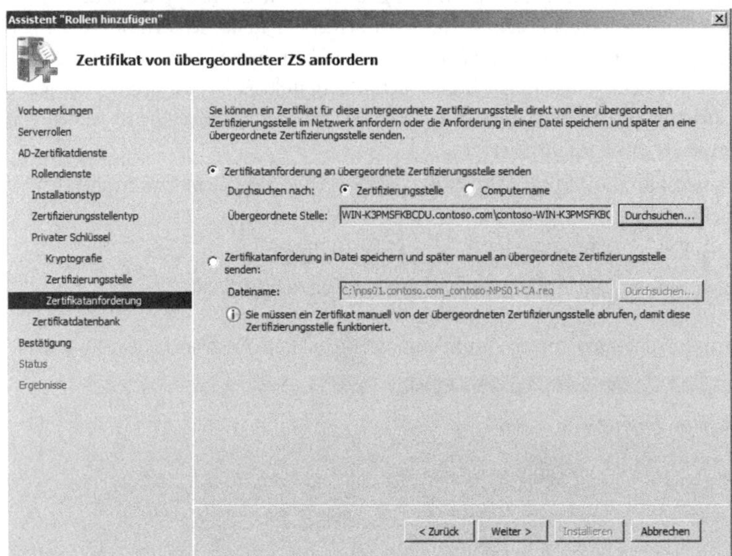

Integritätsregistrierungsstelle installieren

Fügen Sie nach der Installation der untergeordneten CA den Netzwerkrichtlinien-Rollendienst *Integritätsregistrierungsstelle* über den Server-Manager hinzu:

1. Bestätigen Sie bei der Auswahl des Rollendiensts, dass notwendige zusätzliche Funktionen installiert werden.

Abbildg. 27.86 Installieren der Integritätsregistrierungsstelle auf dem Netzwerkrichtlinienserver

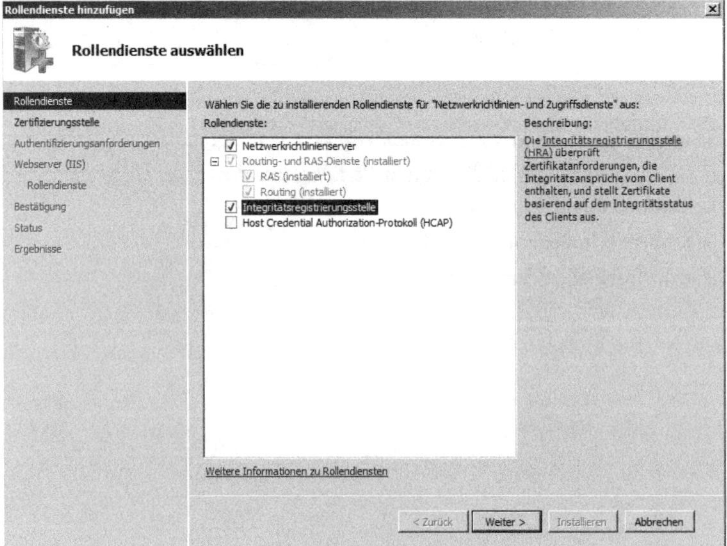

2. Wählen Sie im nächsten Fenster die Option *Später eine Zertifizierungsstelle mit der HRA-Konsole auswählen.*

Abbildg. 27.87 Konfigurieren der Zertifizierungsstelle für die Integritätsregistrierungsstelle

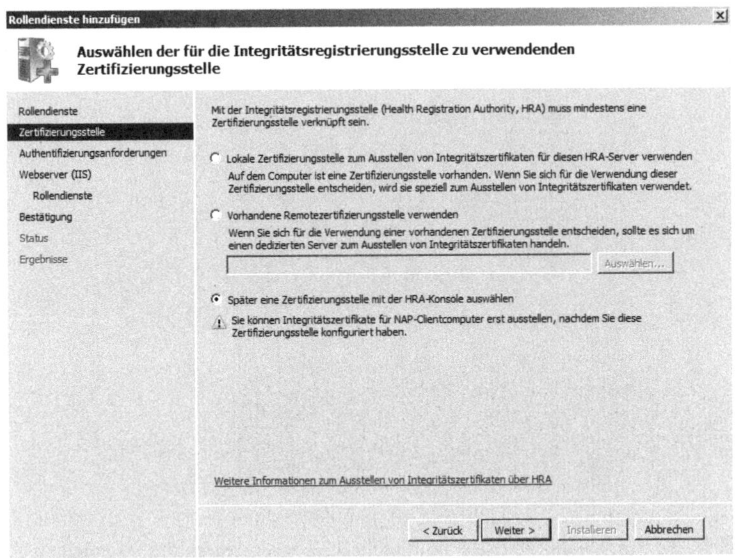

3. Im Fenster *Authentifizierungsanforderungen für die Integritätsregistrierungsstelle auswählen* aktivieren Sie die Option *Nein, anonyme Anforderungen von Integritätszertifikaten zulassen.*
4. Bestätigen Sie alle restlichen Fenster und lassen Sie die Installation abschließen.

Untergeordnete Zertifizierungsstelle konfigurieren

Nachdem Sie die untergeordnete Zertifizierungsstelle und die Integritätsregistrierungsstelle installiert haben, müssen Sie diese noch konfigurieren. Diese Konfiguration ist gleichzeitig eine Überprüfung der Installation:

1. Starten Sie nach der Installation die Verwaltungskonsole der Zertifikatdienste über *Start/Verwaltung* oder *Start/Ausführen/certsrv.msc.*
2. Klicken Sie die Zertifizierungsstelle mit der rechten Maustaste an und rufen Sie die Eigenschaften auf.
3. Aktivieren Sie die Registerkarte *Richtlinienmodul* und klicken Sie auf die Schaltfläche *Eigenschaften.*
4. Aktivieren Sie die Option *Den Einstellungen der Zertifikatvorlage folgen, falls zutreffend. Zertifikat ansonsten automatisch ausstellen.*

Abbildg. 27.88 Konfiguration der untergeordneten Zertifizierungsstelle für das automatische Ausstellen von Zertifikaten

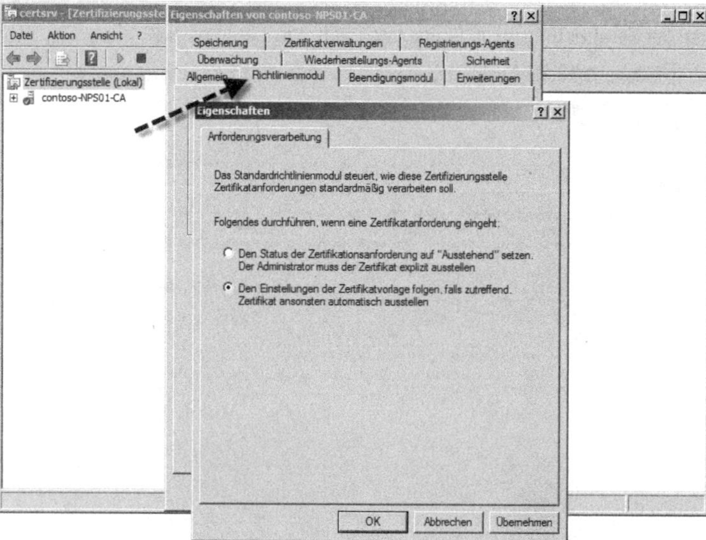

5. Bestätigen Sie die Fenster und wechseln Sie anschließend zur Registerkarte *Sicherheit.*
6. Fügen Sie der Liste das Computerkonto des NPS-Servers hinzu und erteilen Sie diesem die Rechte *Zertifikate ausstellen und verwalten* und *Zertifikate anfordern.*

Abbildg. 27.89 Konfigurieren der Berechtigungen für die untergeordnete Zertifizierungsstelle

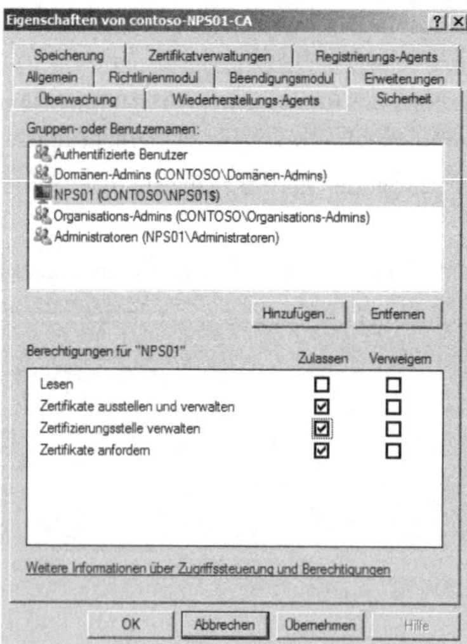

Integritätsregistrierungsstelle konfigurieren

Nach diesen Konfigurationen müssen Sie als Nächstes die Integritätsregistrierungsstelle über deren Verwaltungsoberfläche konfigurieren. Erstellen Sie dazu eine neue Management-Konsole mit dem Snap-In *Integritätsregistrierungsstelle.* Anschließend startet die Verwaltungsoberfläche der Integritätsregistrierungsstelle.

1. Klicken Sie mit der rechten Maustaste auf *Zertifizierungsstelle* und *Zertifizierungsstelle hinzufügen.*
2. Klicken Sie auf *Durchsuchen* und wählen Sie die untergeordnete Zertifizierungsstelle aus, nicht die übergeordnete Root-CA.

Abbildg. 27.90 Auswählen der Zertifizierungsstelle für die Integritätsregistrierungsstelle

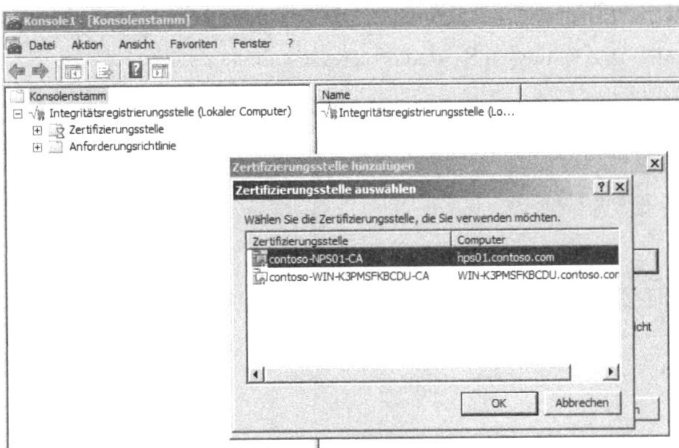

3. Klicken Sie anschließend nochmals auf den Konsoleneintrag *Zertifizierungsstelle* und überprüfen Sie, ob die Zertifizierungsstelle eingetragen ist.

Netzwerkrichtlinienserver für die Verwendung des Netzwerkzugriffsschutzes (NAP) konfigurieren

Im Anschluss können Sie den Netzwerkrichtlinienserver so konfigurieren, dass der Netzwerkzugriffsschutz verwendet wird. So können Sie auf Basis der Windows-Sicherheitsintegritätsverifizierung sicherstellen, welche Clients eine sichere IPsec-Verbindung aufbauen können. Sie können diese Konfiguration mit dem Assistenten für den Netzwerkzugriffsschutz durchführen. Starten Sie dazu die Verwaltung des Netzwerkrichtlinienservers über *Start/Verwaltung* oder über *nps.msc.* Gehen Sie zur Konfiguration folgendermaßen vor:

1. Klicken Sie auf den obersten Eintrag der Konsole und dann in der Mitte der Konsole auf *NAP konfigurieren,* um den Assistenten zu starten.
2. Wählen Sie als Netzwerkverbindungsmethode die Option *IPsec mit Integritätsregistrierungsstelle (HRA)* aus.

Abbildg. 27.91 Konfigurieren des Netzwerkzugriffsschutzes (NAP) über IPsec

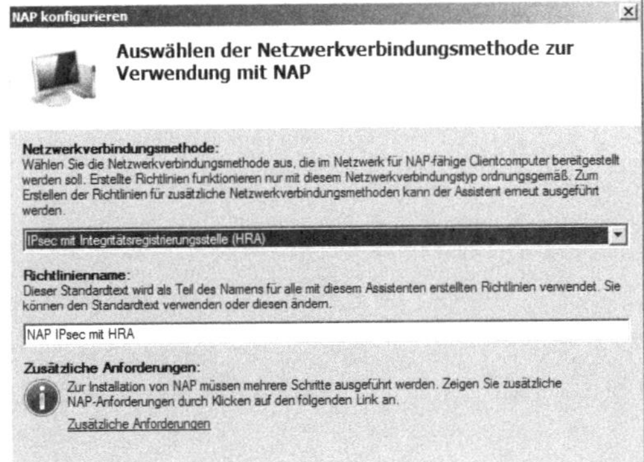

3. Auf der nächsten Seite des Assistenten legen Sie den Netzwerkzugriffserver fest, auf dem die Integritätsregistrierungsstelle (HRA) installiert ist.
4. Auf der nächsten Seite könnten Sie spezielle Gruppen festlegen, die Sie für NAP über IPsec konfigurieren wollen. In den meisten Umgebungen können Sie dieses Fenster ohne Eingaben bestätigen.
5. Im nächsten Fenster legen Sie die NAP-Integritätsrichtlinie fest. Hier sollten die beiden Optionen *Windows-Sicherheitsintegritätsverifizierung* und *Automatische Wartung von Clients aktivieren* aktiviert sein.
6. Bestätigen Sie die Optionen und schließen Sie den Assistenten ab.

Abbildg. 27.92 Integritätsrichtlinie für IPsec festlegen

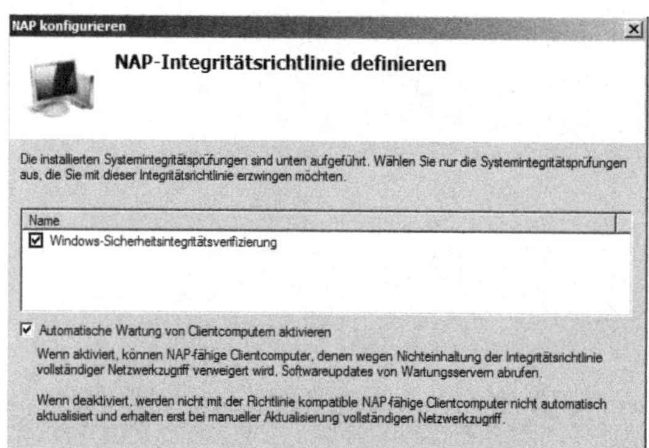

TIPP Handelt es sich bei dem HRA-Server und dem NPS-Server nicht um den gleichen Server, müssen Sie den HRA-Server als RADIUS-Client auf dem NPS-Server hinterlegen.

Systemintegritätsprüfungen konfigurieren

Der nächste Schritt besteht darin, dass Sie die Windows-Sicherheitsintegritätsverifizierung konfigurieren:

1. Klicken Sie dazu in der NAP-Konsole auf *Netzwerkzugriffsschutz/Systemintegritätsprüfungen.*
2. Rufen Sie die Eigenschaften der *Standardkonfiguration* der *Windows-Sicherheitsintegritätsverifizierung* auf.
3. Jetzt können Sie konfigurieren, welche Bedingungen eine Arbeitsstation erfüllen muss, damit diese mit dem Netzwerk kommunizieren darf.
4. Deaktivieren Sie für einen Test alle Kontrollkästchen außer *Für alle Netzwerkverbindungen ist eine Firewall aktiviert.* Für eine produktive Umgebung sollten Sie möglichst eine sichere Konfiguration festlegen.
5. Das Kontrollkästchen *Windows Update* können Sie aktiviert lassen. Hierüber wird konfiguriert, ob der Clients seine Patches von einem WSUS-Server erhält oder direkt aus dem Internet.

Abbildg. 27.93 Auswählen der NAP-Integritätsrichtlinie für NAP über IPsec

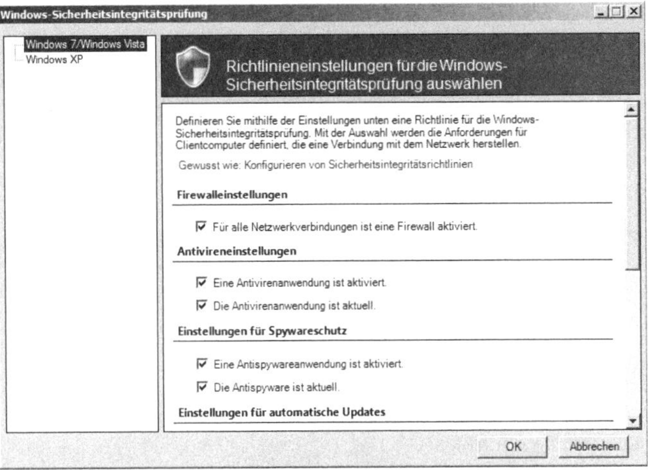

Clients für die IPsec-Kommunikation konfigurieren

Im nächsten Schritt werden die Clients im Netzwerk so konfiguriert, dass die Kommunikation über die in diesem Workshop erstellte Infrastruktur per IPsec und NAP-geschützt stattfinden kann. Wollen Sie IPsec mit NAP im Unternehmen einsetzen, werden nur Arbeitsstationen mit Windows Vista und Windows 7 oder Arbeitsstationen mit Windows XP SP3 bei installiertem Client für den Netzwerkzugriffsschutz unterstützt. Die Verwaltung von IPsec und dem Netzwerkzugriffsschutz baut auf die Sicherheitsintegritätsprüfung, in diesem Fall die *Windows-Sicherheitsintegritätsverifizierung* auf. Diese ruft von den Clients das *Statement of Health (SoH)* ab. Diese Einstellungen finden Sie in der Verwaltungskonsole über *NPS/Netzwerkzugriffsschutz/Systemintegritätsprüfungen.*

Diese Systemintegritätsprüfungen bezeichnet Microsoft auch als *Security Health Agents (SHA)*. Der SHA wird in Windows Vista und Windows 7 durch den Windows *Security Health Validator (SHV)* verbunden. Hauptsächlich überprüfen diese SHAs den Zustand des Windows-Sicherheitscenters in Windows Vista und des Wartungscenters in Windows 7. Damit die Windows-Sicherheitsintegritätsverifizierung unter Windows Server 2008 R2 Daten empfangen kann, muss auf Windows Vista das Sicherheitscenter aktiviert sein, bei Windows 7 ist das automatisch der Fall. Das Sicherheitscenter fragt die entsprechenden Daten auf dem PC ab und sendet diese zum NPS-Server. Um NAP unter Windows Vista zu testen, müssen Sie das Sicherheitscenter daher aktivieren. Sie finden die Einstellung auch über Gruppenrichtlinien. Gehen Sie dazu folgendermaßen vor:

1. Navigieren Sie zu *Computerkonfiguration/Administrative Vorlagen/Windows-Komponenten/Sicherheitscenter.*
2. Aktivieren Sie die Richtlinie *Sicherheitscenter aktivieren (nur Domänencomputer).*

IPsec-Erzwingungsclients aktivieren

Die nächste Aufgabe, die Sie durchführen müssen, ist die Aktivierung der NAP-Unterstützung auf dem Client:

1. Starten Sie dazu auf dem Windows Vista- und Windows 7-PC über *Start/Ausführen/napclcfg.msc* die Verwaltungskonsole des NAP-Clients.
2. Klicken Sie auf den Konsoleneintrag *Erzwingungsclients.*
3. Aktivieren Sie *Vertrauende Seite von IPsec.*

Abbildg. 27.94 Aktivieren des IPsec-Erzwingungsclients unter Windows 7

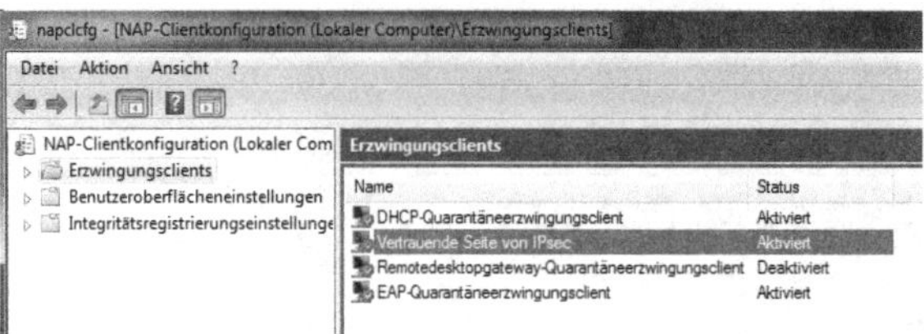

Alternativ können Sie Erzwingungsclients für den Netzwerkzugriffsschutz auch über Gruppenrichtlinien aktivieren. Diese Einstellung finden Sie unter *Computerkonfiguration/Richtlinien/Windows-Einstellungen/Sicherheitseinstellungen/Netzwerkzugriffschutz/NAP-Clientkonfiguration/Erzwingungsclients.*

Integritätsregistrierungseinstellungen konfigurieren

Für die Verwendung von NAP über IPsec müssen Sie in der NAP-Clientkonfiguration noch den Menüpunkt *Integritätsregistrierungseinstellungen* aufrufen:

1. Klicken Sie mit der rechten Maustaste auf die Gruppe *Vertrauenswürdige Servergruppen* und wählen *Neu.*
2. Geben Sie dem nächsten Fenster der Gruppe eine Bezeichnung. Geben Sie zum Beispiel *HRA-Server* ein, da die Integritätsregistrierungsstellen-Server für diese Konfiguration verwendet werden.
3. Deaktivieren Sie für diesen Workshop das Kontrollkästchen *Serververifizierung (https:) ist für alle Server in dieser Gruppe erforderlich.*
4. Fügen Sie im Fenster noch die URL *http://<NPS-Servername>/domainhra/hcsrvext.dll* als Health Registration Authority (HRA) hinzu. Dieser Server stellt Zertifikate für jene Computer aus, die sich in der Domäne authentifiziert haben.
5. Als Nächstes fügen Sie die URL *http://<NPS-Servername>/nondomainhra/hcsrvext.dll* ein. Diese URL wird nach der oberen URL angeordnet. Durch diese Konfiguration wird sichergestellt, dass sich Clients erst authentifizieren müssen, um ein Zertifikat zu erhalten. Gelingt das nicht, wird die zweite URL verwendet, welche ebenfalls einen anonymen Zugriff gestattet. Stellen Sie sicher, dass Sie beide URLs korrekt eintragen. Über diese URLs beantragen Clients automatisch Zertifikate, die automatisch von der Zertifizierungsstelle ausgestellt werden. Geben Sie eine fehlerhafte URL an, können Clients kein Zertifikat anfordern und die IPsec-Kommunikation schlägt fehl.

Abbildg. 27.95 Hinzufügend der URLs für die Unterstützung von IPsec und NAP

6. Starten Sie auf dem NPS-Server den Internetinformationsdienste-Manager, können Sie diese beiden Webs anzeigen lassen.

Abbildg. 27.96 Anzeigen der Webseite für die Zertifikatsregistrierung von NAP-Clients

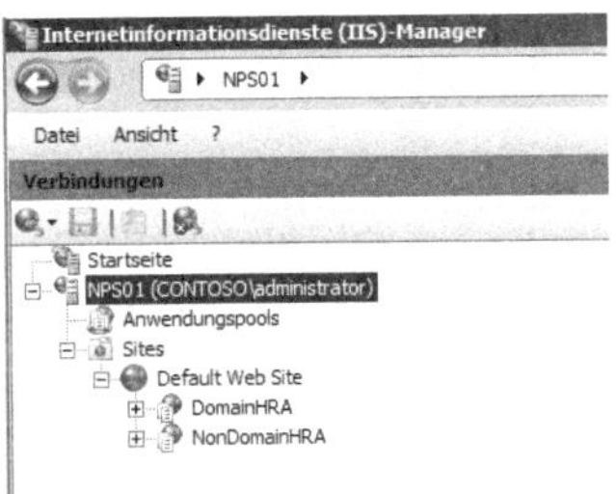

7. Schließen Sie die Konfiguration ab. Anschließend sollten die vertrauten Server und deren URL in der NAP-Client-Verwaltungskonsole angezeigt werden.

NAP-Agent (Network Access Protection) aktivieren

Der nächste Schritt zur Anbindung von Windows Vista und Windows 7 an eine NAP-Infrastruktur ist die Aktivierung des Systemdiensts *NAP-Agent (Network Access Protection)*. Setzen Sie den Starttyp dieses Diensts auf *Automatisch* und starten Sie diesen.

Ping zwischen den Clients erlauben

Zur Verifizierung der Verbindung zwischen den Clients sollten Sie noch das ICMP-Protokoll in der Windows-Firewall der Clients in der Testumgebung freischalten. Ohne die Aktivierung dieses Protokolls wird ICMP und damit ein Ping blockiert. Öffnen Sie dazu auf dem Client die erweiterte Verwaltungsoberfläche für die Windows-Firewall:

1. Der schnellste Weg hierzu ist über *Start/Ausführen/wf.msc.*
2. Klicken Sie mit der rechten Maustaste auf *Eingehende Regeln* und wählen Sie *Neue Regel* aus.
3. Wählen Sie im Konfigurationsfenster *Benutzerdefiniert* aus.
4. Aktivieren Sie auf der nächsten Seite *Alle Programme.*
5. Wählen Sie auf der nächsten Seite bei *Protokolltyp* die Option *IPv4* aus.
6. Klicken Sie auf *Anpassen.*
7. Aktivieren Sie die Option *Bestimmte ICMP-Typen.*
8. Aktivieren Sie die Option *Echoanforderung.*
9. Klicken Sie auf *OK* und dann auf *Weiter.*
10. Klicken Sie auf *Weiter*, um die Standardeinstellungen für den DHCP-Bereich zu bestätigen.
11. Klicken Sie noch mal auf *Weiter* und stellen Sie sicher, dass die Option *Verbindungen zulassen* aktiviert ist.
12. Im nächsten Fenster bestätigen Sie die Aktivierung der Regel für alle Netzwerkprofile.
13. Weisen Sie der Regel einen entsprechenden Namen zu und schließen Sie die Erstellung der Regel ab.

Zertifikate überprüfen

Starten Sie den Client neu und melden Sie sich an. Öffnen Sie anschließend die Verwaltungskonsole für lokale Zertifikate. Fügen Sie dazu in einer Verwaltungskonsole das Snap-In *Zertifikate* hinzu und öffnen Sie den lokalen Zertifikatespeicher. Hier sollte ein Zertifikat angezeigt werden, das durch die Zertifizierungsstelle ausgestellt worden ist.

Fehlersuche bei der Einrichtung von NAP über IPsec

Nachdem Sie die Konfiguration vorgenommen haben, wie in den vorangegangenen Abschnitten besprochen, können Sie überprüfen, ob dem Client ein Zertifikat ausgestellt worden ist. Sie finden die Zertifikate über das lokale Snap-In *Zertifikate*. Sollte sich kein Zertifikat in diesem Speicher finden, kann die Konfiguration nicht durchgeführt werden. Überprüfen Sie in diesem Fall, ob Sie die Konfiguration vorgenommen haben, wie wir auf den vorangegangenen Seiten beschrieben haben.

TIPP Sie können mit dem Befehl *netsh nap client show configuration* die Konfiguration des NAP-Clients in der Befehlszeile anzeigen lassen. Um ein neues Integritätszertifikat anzufordern, reicht es, wenn Sie den Systemdienst des NAP-Agents neu starten, Sie müssen nicht den ganzen PC booten.

Abbildg. 27.97 Anzeigen der NAP-Client-Konfiguration in der Befehlszeile

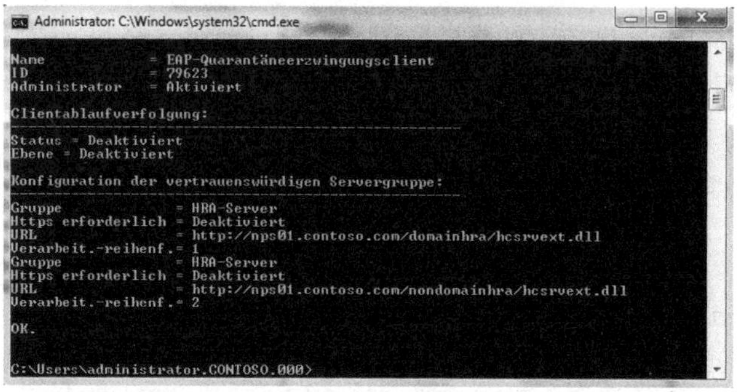

```
Administrator: C:\Windows\system32\cmd.exe

Name                = EAP-Quarantäneerzwingungsclient
ID                  = 79623
Administrator       = Aktiviert

Clientablaufverfolgung:
----------------------------------------------------
Status = Deaktiviert
Ebene = Deaktiviert

Konfiguration der vertrauenswürdigen Servergruppe:
----------------------------------------------------
Gruppe               = HRA-Server
Https erforderlich   = Deaktiviert
URL                  = http://nps01.contoso.com/domainhra/hcsrvext.dll
Verarbeit.-reihenf.= 1
Gruppe               = HRA-Server
Https erforderlich   = Deaktiviert
URL                  = http://nps01.contoso.com/nondomainhra/hcsrvext.dll
Verarbeit.-reihenf.= 2

OK.

C:\Users\administrator.CONTOSO.000>
```

Wichtig ist, dass der Erzwingungsclient für IPsec aktiviert worden ist, die URLs für die vertrauenswürdige Servergruppe stimmen, das Windows-Sicherheitscenter über die Systemsteuerung gestartet werden kann und der NAP-Client-Dienst gestartet ist. Die aktuelle Protokolldatei für den NPS finden Sie auf dem Server im Verzeichnis *C:\Windows\System32\LogFiles*. Hier finden Sie viele Infos, was die Arbeit des NPS transparenter macht. Sollten Sie hier Fehler finden, können Sie diesen recht schnell eingrenzen.

Auch in den Ereignisanzeigen des NPS-Servers werden viele Ereignisse festgehalten, wenn die NAP-Vorgänge ablaufen. Sie finden diese Fehler im Systemprotokoll auf dem Server. Auf dem Client finden Sie in der Ereignisanzeige über *Anwendungs- und Dienstprotokolle/Microsoft/Windows/Network Access Protection* zahlreiche Ereignisse, wenn Sie den NAP-Agent-Dienst neu starten. Diese Ereignisse haben die Quelle *Network Access Protection* und *SystemHealthState*. Zusätzlich sollten Sie noch folgende Funktionen überprüfen:

1. Stellen Sie sicher, dass das Computerkonto des NPS-Servers in den Eigenschaften der untergeordneten Zertifizierungsstelle auf der Registerkarte *Sicherheit* eingetragen ist und über die Rechte *Zertifikate ausstellen und verwalten* und *Zertifikate anfordern* verfügt.
2. Stellen Sie sicher, dass für die übergeordnete und untergeordnete Zertifizierungsstelle auf der Registerkarte *Richtlinienmodul* die automatische Registrierung aktiviert worden ist.
3. Stellen Sie sicher dass die Objekterkennung der neuen Zertifikatvorlage in der Zertifikatvorlagen-Verwaltung auf der Registerkarte *Erweiterungen* über *Anwendungsrichtlinien/Bearbeiten/Systemintegritätsauthentifizierung/Bearbeiten* auf *1.3.6.1.4.1.311.47.1.1* gesetzt ist.
4. Stellen Sie sicher, dass dem NPS-Server, der auch als Health Registration Authority dient, ein Systemintegritätsauthentifizierungs-Zertifikat ausgestellt wurde.

5. Stellen Sie sicher, dass in der Netzwerkrichtlinienserver-Verwaltung (*Start/Ausführen/nps.msc*) unter dem Konsoleneintrag *Richtlinien/Netzwerkrichtlinien* die beiden Netzwerkrichtlinien für NAP in der Reihenfolge ganz oben angeordnet wurden. Diese Richtlinien sind bei der Durchführung des NAP-Assistenten weiter vorne in diesem Kapitel automatisch erstellt worden. Deaktivieren Sie im Idealfall alle anderen Netzwerkrichtlinien.
6. Rufen Sie zusätzlich die Eigenschaften der Richtlinie auf. Klicken Sie auf die Registerkarte *Einschränkungen*. Klicken Sie auf Authentifizierungsmethoden. Stellen Sie sicher, dass nur das Kontrollkästchen *Nur Computerintegritätsprüfung ausführen* aktiviert ist, keine anderen Authentifizierungsoptionen.

Sollten Sie immer noch kein Zertifikat erhalten, können Sie über die Zertifikateverwaltung des Clients durch Rechtsklick auf *Eigene Zertifikate/Alle Aufgaben/Neues Zertifikat anfordern* ein Zertifikat manuell ausstellen. Hier sollte auf jeden Fall das von Ihnen neu erstellte Zertifikat für die Systemintegritäts-Authentifizierung angezeigt werden.

Um die IPsec-Einrichtung vornehmen zu können, besteht auch die Möglichkeit, dass Sie sich zunächst manuell ein Zertifikat ausstellen, die IPsec-Einrichtung durchführen und später überprüfen, warum das automatische Registrieren von Zertifikaten nicht funktioniert.

IPsec-Richtlinien erstellen

IPsec-Richtlinien können entweder zusammen mit dem Netzwerkzugriffsschutz (NAP) eingerichtet werden, oder, wie unter Windows Server 2003, ohne diese Funktion. Wollen Sie IPsec zusammen mit NAP einsetzen, sollten Sie zunächst die NAP-Einstellungen vornehmen, wie auf den vorderen Seiten beschrieben wurde. Solche Richtlinien erstellen Sie am besten über die Einstellungen der erweiterten Firewall über die Gruppenrichtlinien. Sie können dazu die *Default Domain Policy* verwenden, oder für IPsec eine neue Gruppenrichtlinie erstellen, die Sie dann mit der OU verknüpfen, in der Sie die Computerkonten der Server und PCs aufnehmen, die per IPsec kommunizieren können sollen:

1. Sie finden die notwendigen Einstellungen für IPsec in der Gruppenrichtlinienverwaltung über *Computerkonfiguration/Richtlinien/Windows-Einstellungen/Sicherheitseinstellungen/Windows-Firewall mit erweiterter Sicherheit*.
2. Rufen Sie über die rechte Maustaste die Eigenschaften von *Windows-Firewall mit erweiterter Sicherheit* auf.
3. Anschließend stehen Ihnen verschiedene Registerkarten zur Verfügung, auf denen Sie Voreinstellungen treffen müssen. Hauptsächlich werden hier die Einstellungen für die verschiedenen Netzwerkprofile der PCs vorgenommen. Sie sollten für alle Netzwerkprofile identische Einstellungen vornehmen.
4. Setzen Sie den Firewallstatus auf *Ein (empfohlen)*.
5. Setzen Sie die Option für *Eingehende Verbindungen* auf *Blockieren (Standard)*.
6. Setzen Sie die Option für *Ausgehende Verbindungen* auf *Zulassen (Standard)*.
7. Führen Sie diese Einstellungen für alle drei Netzwerkprofile durch.
8. Bestätigen Sie die Eingaben mit *OK*.
9. Klicken Sie anschließend auf *Verbindungssicherheitsregeln* und wählen Sie *Neue Regel* aus. Danach können Sie auswählen, welche Art von Regel Sie erstellen wollen. Dazu stehen Ihnen verschiedene Möglichkeiten zur Verfügung. Für die Einrichtung von IPsec-Verbindungen eignet sich die Option *Isolierung* oder *Server-zu-Server*, die Sie auch auswählen sollten. Eine Isolierungsregel schränkt Verbindungen auf der Grundlage der von Ihnen definierten Authentifizierungskriterien ein. So können Sie Computer Ihrer Domäne von Computern außerhalb der Domäne isolieren.

Abbildg. 27.98 Aktivieren der Windows-Firewall und der sicheren Verbindungen über Gruppenrichtlinien

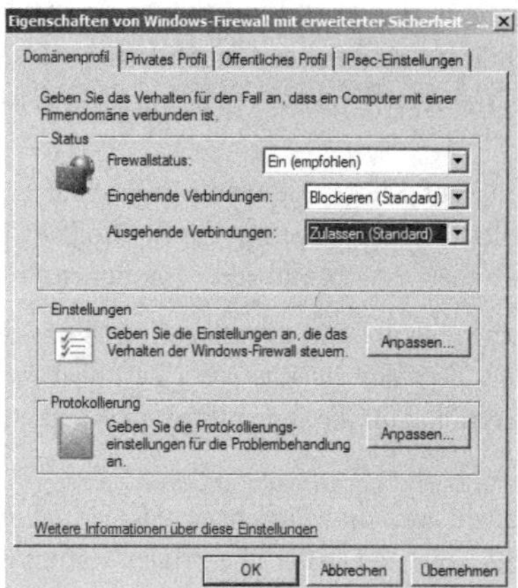

Die *Authentifizierungsausnahme* kann verwendet werden, um Computer unabhängig von anderen Verbindungssicherheitsregeln von der Anforderung auszunehmen, sich selbst zu authentifizieren. Dieser Regeltyp wird gewöhnlich verwendet, um den Zugriff auf Infrastrukturcomputer (Active Directory-Domänencontroller, Zertifizierungsstellen oder DHCP-Server) zu gewährleisten, mit denen der betreffende Computer bereits kommunizieren muss, bevor eine Authentifizierung durchgeführt werden kann. Obwohl die Computer von der Authentifizierung ausgenommen sind, können sie nach wie vor von der Firewall blockiert werden, sofern keine Firewallregel die Verbindung zulässt.

Mit dem Regeltyp *Server-zu-Server* wird die Kommunikation zwischen zwei Computern, zwischen zwei Subnetzen oder zwischen einem bestimmten Computer und einer Gruppe von Computern authentifiziert. Mit einem *Tunnel* wird die Kommunikation zweier Computer zwischen Tunnelendpunkten abgesichert, z.B. bei virtuellen privaten Netzwerken oder L2TP-Tunneln (IPsec-Schicht-2-Tunnel-Protokoll).

Abbildg. 27.99 Erstellen einer Isolierung-Verbindungssicherheitsregel für IPsec

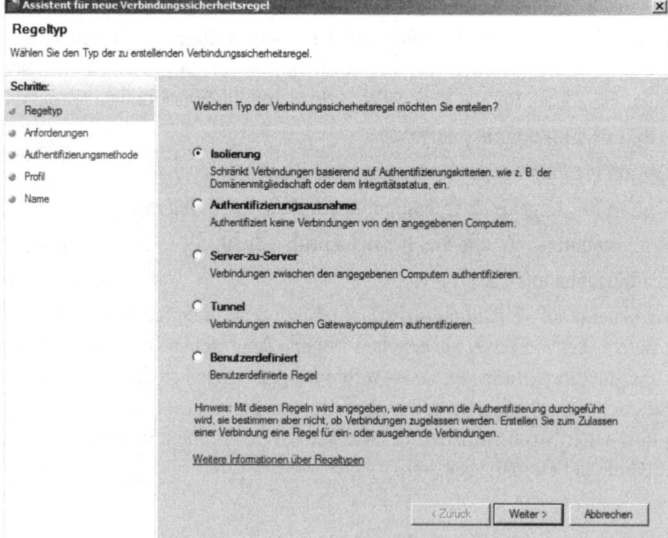

10. Auf der nächsten Seite des Assistenten legen Sie die Art der Authentifizierung fest. Wählen Sie hier die Option *Authentifizierung ist für eingehende Verbindungen erforderlich und muss für ausgehende Verbindungen angefordert werden* aus. Mit dieser Option bestimmen Sie, dass der gesamte eingehende Datenverkehr authentifiziert oder anderenfalls blockiert wird. Der ausgehende Datenverkehr kann authentifiziert werden, ist aber auch bei fehlerhafter Authentifizierung zugelassen.

Mit der Option *Authentifizierung für eingehende und ausgehende Verbindungen anfordern* legen Sie fest, dass der gesamte ein- und ausgehende Datenverkehr authentifiziert wird, lassen die Kommunikation jedoch auch bei fehlerhafter Authentifizierung zu. Wenn die Authentifizierung durchgeführt werden kann, wird der Datenverkehr authentifiziert. Die Option *Authentifizierung ist für eingehende und ausgehende Verbindungen erforderlich* legt fest, dass der gesamte ein- und ausgehende Datenverkehr authentifiziert oder anderenfalls blockiert wird.

Abbildg. 27.100 Festlegen der Authentifizierungsanforderungen für eine neue Verbindungssicherheitsregel

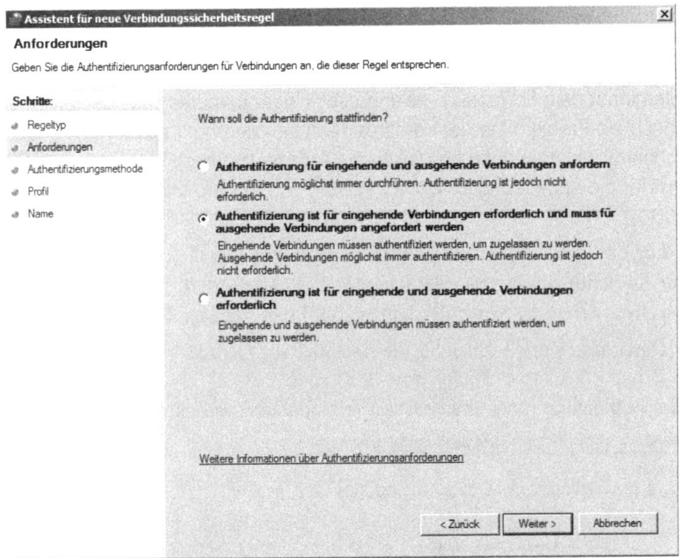

11. Auf der nächsten Seite legen Sie fest, auf welche Art die Authentifizierung hergestellt werden soll. Wählen Sie hier *Standard* aus. Haben Sie als Regeltyp *Server-zu-Server* festgelegt, verwenden Sie hier *Computerzertifikat*. Die Option *Standard* legt die Authentifizierungsmethode gemäß der Konfiguration auf der Registerkarte *IPsec-Einstellungen* in den Eigenschaften der Windows-Firewall mit erweiterter Sicherheit fest. Bei *Computer und Benutzer (Kerberos V5)* wird sowohl die Computer- als auch die Benutzerauthentifizierung verwendet. Das bedeutet, dass sowohl die Benutzer- als auch die Computerauthentifizierung angefordert werden oder erforderlich sein können, bevor die Kommunikation fortgesetzt wird.

Das Authentifizierungsprotokoll Kerberos Version 5 kann nur verwendet werden, wenn sowohl der Computer als auch die Benutzer Mitglieder einer Domäne sind. Bei *Computer (Kerberos V5)* ist die Computerauthentifizierung über Kerberos Version 5 erforderlich oder wird angefordert. *Benutzer (Kerberos V5)* ist die Benutzerauthentifizierung mithilfe von Kerberos Version 5.

HINWEIS Bei Kerberos wird die Identität des Benutzers und die Identität des authentifizierenden Servers festgestellt. Kerberos arbeitet mit einem sogenannten Ticket-System, um Benutzer zu authentifizieren. Kennwörter werden in Active Directory niemals über das Netzwerk übertragen. Damit sich ein Benutzer an einem Server authentifizieren kann, um zum Beispiel auf eine Freigabe eines Dateiservers zuzugreifen, wird ausschließlich mit verschlüsselten Tickets gearbeitet. Ein wesentlicher Bestandteil der Kerberos-Authentifizierung ist das Schlüsselverteilungscenter (Key Distribution Center, KDC). Dieser Dienst wird auf allen Windows Server 2008 R2-Domänencontrollern ausgeführt und ist für die Ausstellung der Authentifizierungstickets zuständig. Der zuständige Kerberos-Client läuft auf allen Windows 2000-, Windows Server 2003-, 2008-, 2008 R2-, XP-, Vista- und Windows 7-Computern.

Wenn sich ein Benutzer an einer Arbeitsstation in Active Directory anmeldet, muss er sich zunächst an einem Domänencontroller und dem dazugehörigen KDC authentifizieren. Im nächsten Schritt erhält der Client ein Ticket-genehmigendes Ticket (TGT) vom KDC ausgestellt. Nachdem der Client dieses TGT erhalten hat, fordert er beim KDC mithilfe dieses TGT ein Ticket für den Zugriff auf den Server an. Diese Authentifizierung führt der Ticket-genehmigende Dienst (Ticket Granting Service, TGS) auf dem KDC aus. Nach der erfolgreichen Authentifizierung des TGT durch den TGS, stellt dieser ein Dienstticket aus und übergibt dieses Ticket an den Client. Dieses Dienstticket gibt der Client an den Server weiter, auf den er zugreifen will, in diesem Beispiel der Dateiserver. Durch dieses Ticket kann der Dateiserver sicher sein, dass sich kein gefälschter Benutzer mit einem gefälschten Benutzernamen anmeldet.

Durch das Dienstticket wird sowohl der authentifizierende Domänencontroller, als auch der Benutzer authentifiziert. Sollten Probleme mit dem Schlüsselverteilungscenter oder Kerberos im allgemeinen auftreten, besteht unter Umständen noch ein Problem bei der Kerberos-Authentifizierung. In diesem Fall wird allerdings in der Regel eine entsprechende Fehlermeldung bei *dcdiag.exe* angezeigt, die auf Probleme mit LDAP oder Kerberos hinweist. Kerberos ist für die Anmeldung in Active Directory von existenzieller Wichtigkeit.

12. Aktivieren Sie die Option *Nur Integritätszertifikate akzeptieren*. Bei dieser Methode ist ein gültiges Integritätszertifikat zur Authentifizierung erforderlich oder wird angefordert. Diese Option erscheint nur bei der Auswahl des Regeltyps *Server-zu-Server*. Das gilt auch für den nächsten Punkt.
13. Klicken Sie auf *Durchsuchen* und wählen Sie die erstellte Root-CA aus.

Abbildg. 27.101 Konfigurieren der Authentifizierung für eine IPsec-Verbindungssicherheitsregel

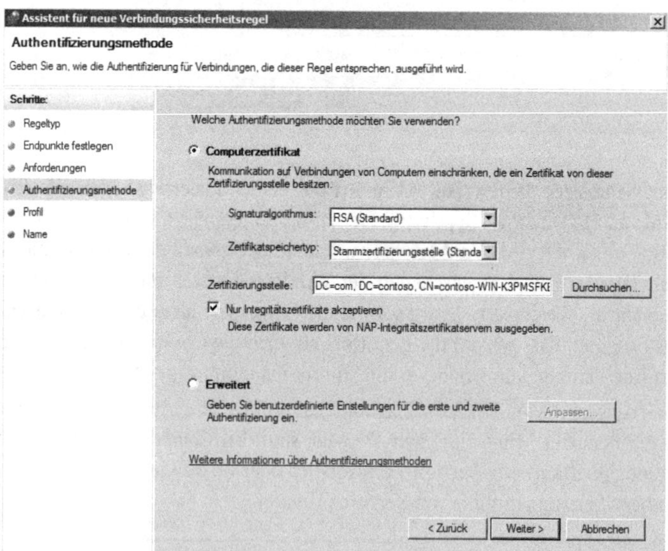

14. Aktivieren Sie auf der nächsten Seite die Regel für alle drei Netzwerkprofile.

15. Schließen Sie die Erstellung der Regel mit der Definition der Bezeichnung ab.
16. Die Regel wird anschließend in der Gruppenrichtlinie unter den Verbindungsregeln angezeigt.

Verbindung durch Erstellung einer eingehenden Regel testen

Idealerweise testen Sie solche Verbindungsregeln zunächst in einer Testumgebung und legen die Gruppenrichtlinie, welche die Verbindungssicherheitsregeln festlegt, nur auf diese OU. Anschließend können Sie die Computerkonten der beteiligten PCs oder Server in diese OU verschieben, um die gesicherte Kommunikation zu verifizieren. Wählen Sie als Testclients eventuell zwei Windows Vista- und Windows 7-PCs aus, sowie einen Domänencontroller unter Windows Server 2008 R2. Um den eingehenden Datenverkehr zu überprüfen, müssen Sie bei der Konfiguration dieses Workshops zunächst eine weitere Regel erstellen, welche die Kommunikation zulässt:

1. Klicken Sie dazu in der Verwaltung der Firewall mit erweiterter Sicherheit mit der rechten Maustaste auf *Eingehende Regeln* und wählen Sie *Neue Regel* aus.
2. Zum Testen der Verbindung von einzelnen Domänendiensten, aktivieren Sie an dieser Stelle am besten die Option *Vordefiniert.*
3. Anschließend können Sie über das Auswahlmenü auf verschiedene Standardverbindungen in einem Netzwerk zugreifen. Für Testzwecke zwischen zwei Windows Vista- und Windows 7-Clients könnten Sie zum Beispiel die Datei- und Druckerfreigabe auswählen.
4. Auf der nächsten Seite des Assistenten lässt sich Ihre Auswahl weiter spezifizieren. Hier können Sie ruhig alle Optionen ausgewählt lassen, damit der notwendige Datenverkehr für die Datei- und Druckerfreigabe zwischen sicheren Clients zugelassen wird.
5. Auf der nächsten Seite legen Sie fest, welche Aktion die Firewall durchführen soll, abhängig von der Authentifizierung des Clients, von dem die Anfrage kommt. Aktivieren Sie hier die Option *Verbindung zulassen, wenn sie sicher ist.* Dadurch legen Sie fest, dass nur durch IPsec geschützte Verbindungen zugelassen sind. Diese Einstellungen sind in der Verbindungssicherheitsregel definiert. Wählen Sie diese Option aus, wird dem Assistenten automatisch die Seite *Benutzer und Computer* hinzugefügt. Auf dieser Seite können Sie die Benutzer oder Computer angeben, denen Sie Zugriff gewähren möchten.

   Mit der Option *Verbindung zulassen* können Sie eine Verbindung zulassen, die alle angegebenen Kriterien erfüllt. Bei dieser Option werden Verbindungen ohne Rücksicht darauf zugelassen, ob sie gemäß einer Verbindungssicherheitsrichtlinie mithilfe von IPsec geschützt sind. Über die Option *Verschlüsselung der Verbindungen erforderlich* legen Sie fest, dass die Kommunikation die Datenverschlüsselung gemäß der Definition in einer Verbindungssicherheitsregel verwenden muss. Mit dem Kontrollkästchen *Regeln zum Blockieren außer Kraft setzen* lassen Sie alle Verbindungen zu, die mit dieser Firewallregel übereinstimmen, und überschreiben alle Firewallregeln, die sie blockieren würden. Verwenden Sie diese Option, wird die Verbindung auch dann zugelassen, wenn sie von einer anderen Regel blockiert wird.

   Wenn Sie *Eingehende Verbindungen* auf *Alle Verbindungen blockieren* unter *Status* im Dialogfeld *Eigenschaften der Windows-Firewall mit erweiterter Sicherheit* festgelegt haben, werden die Verbindungen unabhängig von den Einstellungen dieser Option trotzdem blockiert. Mit der Option *Verbindung blockieren* blockieren Sie die Kommunikation. Das Blockieren hat Vorrang vor dem Zulassen, sofern Sie beim Erstellen der Firewallregel nicht die Option *Regeln zum Blockieren außer Kraft setzen* aktivieren.

Verbindung von NAP über IPsec testen

Nachdem Sie sichergestellt haben, dass die Computerkonten der Clients, mit denen Sie diese Einstellungen testen, in der OU liegen, für die Sie die Gruppenrichtlinie mit den Regeln definiert haben, können Sie versuchen, ob Sie eine Verbindung zu einer Freigabe auf den anderen Client erstellen können. Hierzu können Sie zum Beispiel *net use * \\<PC-Name>\c$* verwenden. Entsprechen die Clients den Sicherheitseinstellungen und sind konform zur NAP-Richtlinie, sollte sich die Verbindung öffnen lassen.

Um die konfigurierte Sicherheitsinfrastruktur basierend auf NAP und IPsec weiter zu testen, können Sie in der Verwaltung des NAP-Servers zum Beispiel noch für die Windows-Sicherheitsintegritätsverifizierung sicherstellen, dass neben der aktivierten Firewall auch Windows-Updates installiert sein müssen. Aktivieren Sie diese Option, werden Clients, die keine automatischen Updates verwenden, zu nicht-konformen Clients erklärt.

Anschließend können Sie die Eigenschaften für die Netzwerkrichtlinie für nicht-konforme Clients öffnen. Hier haben Sie konfiguriert, dass Clients, die nicht den NAP-Richtlinien entsprechen, automatisch gewartet werden. In diesem Fall würden also bei diesen Clients sowohl die Windows-Firewall, als auch die automatischen Updates aktiviert werden. Anschließend würde der NAP-Agent auf dem Client den neuen Status zum NAP-Server übermitteln, der dann wiederum den Client zum NAP-konformen Client erklären würde. Um das zu verhindern, wenn Sie zum Beispiel testen wollen, was passiert, wenn ein Client nicht NAP-konform ist und auch nicht gewartet wird, können Sie die automatische Wartung in der Netzwerkrichtlinie für Nicht-NAP-konforme Clients deaktivieren. Stellen Sie anschließend sicher, dass auf den Client die automatischen Updates in der Systemsteuerung deaktiviert werden. Die Verbindung zwischen den Clients wird dadurch unterbrochen.

802.1x und der Netzwerkzugriffsschutz (NAP)

Mithilfe der 802.1x-Erzwingung weist ein Netzwerkrichtlinienserver (Network Policy Server, NPS) einen 802.1x-basierten Zugriffspunkt (ein Ethernetswitch oder ein drahtloser Zugriffspunkt) an, für den 802.1x-Client so lange ein eingeschränktes Zugriffsprofil zu verwenden. Die 802.1x-Erzwingung bietet einen sicheren eingeschränkten Netzwerkzugriff für alle Computer, die auf das Netzwerk über eine 802.1x-Verbindung zugreifen. Unterstützen die Switches in Ihrem Netzwerk 802.1x, besteht die Möglichkeit, dass nicht-konforme NAP-Clients in spezielle VLANs verschoben werden, bevor diese Zugriff auf das Netzwerk erhalten.

Damit Sie NAP in einer 802.1x-konformen Umgebung testen können, sollten Sie sicherstellen, dass Ihr Switch diese Umgebung unterstützt und das Anlegen von virtuellen LANs ermöglicht. Abhängig von den NAP-Richtlinien unter Windows Server 2008 R2 weist ein 802.1x-kompatibler-Switch die Clients den entsprechenden VLANs zu. Um die Umgebung optimal testen zu können, sollten Sie mindestens drei VLANs einrichten. Ein VLAN sollte für die Clients im Netzwerk verwendet werden, für die Sie kein NAP verwenden wollen, ein VLAN sollte für NAP-konforme Clients verwendet werden und ein VLAN für nicht-konforme NAP-Clients. Zwischen den VLANs für NAP-konforme und nicht-NAP-konforme Clients sollte kein Routing eingerichtet werden, damit nicht-NAP-konforme Clients vom Netzwerk separiert werden.

HINWEIS Wollen Sie den Netzwerkzugriffsschutz in einer 802.1x-Umgebung einsetzen, müssen Sie sicherstellen, dass die Domänenfunktionsebene mindestens auf Windows Server 2003, besser auf Windows Server 2008 oder Windows Server 2008 R2, gesetzt wird.

802.1x-Infrastruktur mit Netzwerkzugriffsschutz vorbereiten

Damit Sie diese Infrastruktur aufbauen können, muss sich in der Domäne wieder eine Zertifizierungsstelle befinden, deren Installation bereits beschrieben worden ist. Zusätzlich benötigen Sie einen Netzwerkrichtlinienserver, dem Sie auch ein Computerzertifikat zuweisen müssen:

1. Öffnen Sie über *Start/Ausführen/mmc* eine neue Konsole.
2. Fügen Sie das Snap-In *Zertifikate* zu dieser Konsole hinzu.
3. Wählen Sie als Option für den *Zertifikatespeicher* des Snap-Ins *Computerkonto* aus.
4. Wählen Sie den lokalen Computer aus.
5. Klicken Sie im Snap-In mit der rechten Maustaste auf *Eigene Zertifikate* und wählen Sie im Kontextmenü den Eintrag *Alle Aufgaben/Neues Zertifikat anfordern* aus.
6. Wählen Sie ein Zertifikat mit der Bezeichnung *Computer* aus.

Im Kapitel 29 zeigen wir Ihnen, wie Sie automatisch für alle Computer Zertifikate registrieren können.

HINWEIS Bauen Sie eine 802.1x-Infrastruktur für den Netzwerkzugriffsschutz auf, wird der 802.1x-kompatible Switch in der Verwaltungskonsole des Netzwerkrichtlinienservers als RADIUS-Client hinterlegt. Diese Konfiguration wurde bereits bei der Einrichtung von NAP über VPN weiter vorne in diesem Kapitel erläutert. Wichtig bei der Konfiguration eines 802.1x-Switches als RADIUS-Client ist, dass Sie die beiden Optionen *"Access-Request"-Meldungen müssen das Attribut "Message Authenticator" beinhalten* und *RADIUS-Client ist NAP-fähig* definieren.

Falls eine eingehende Access-Request-RADIUS-Meldung nicht von mindestens einer der IP-Adressen von konfigurierten Clients stammt, verwirft der NPS die Meldung automatisch. Dadurch wird der Server geschützt. Als Schutz vor der Manipulation von Access-Request- und RADIUS-Meldungen kann jede RADIUS-Meldung zusätzlich mit dem *Message Authenticator-RADIUS-Attribut* geschützt werden. Das Attribut ist ein Message Digest 5 (MD5)-Hash der gesamten RADIUS-Meldung. Zum Verschlüsseln wird der gemeinsame geheime Schlüssel verwendet. Schlägt die Überprüfung fehl, wird die RADIUS-Meldung verworfen.

Verbindungsanforderungsrichtlinie erstellen

Für die Verwendung von NAP für 802.1x werden Verbindungsanforderungsrichtlinien (Connection Request Policies, CRPs) benötigt. Diese konfigurieren Sie über die NPS-Konsole, indem Sie im Bereich *Richtlinien* auf den Eintrag *Verbindungsanforderungsrichtlinien* klicken. Gehen Sie zur Konfiguration einer CRP wie folgt vor:

1. Deaktivieren Sie zunächst die Standardrichtlinien.
2. Erstellen Sie eine neue Richtlinie, indem Sie mit der rechten Maustaste auf *Verbindungsanforderungsrichtlinien* klicken und *Neu* wählen.
3. Geben Sie der Richtlinie einen passenden Namen, zum Beispiel *EAP-Authentifizierung für 802.1x.*
4. Klicken Sie auf *Weiter.*
5. Auf der nächsten Seite *Bedingungen* klicken Sie auf *Hinzufügen* und wählen die Option *Client-IPv4-Adresse* aus. Hinterlegen Sie als Wert die IP-Adresse des 802.1x-Netzwerkswitch. Diese Option bestimmt, von welchem RADIUS-Client die Anforderungen kommen. Da der RADIUS-Client bei dieser Konstellation 802.1x-Switch ist, müssen Sie diese IP-Adresse hinterlegen.
6. Auf der nächsten Seite des Assistenten stellen Sie sicher, dass die Option *Anforderungen auf diesem Server authentifizieren* ausgewählt ist.

7. Aktivieren Sie im Fenster *Authentifizierungsmethoden angeben* die Option *Netzwerkrichtlinien-Authentifizierungseinstellungen außer Kraft setzen*. Durch diese Auswahl wird die Authentifizierung so verwendet, wie Sie diese in der Verbindungsanforderungsrichtlinie festlegen, unabhängig davon, wie die entsprechenden Netzwerkrichtlinien konfiguriert sind.
8. Klicken Sie im Bereich *EAP-Typen* auf *Hinzufügen*. Wählen Sie *Microsoft: Geschütztes EAP (PEAP)* aus.
9. PEAP verwendet TLS (Transport Level Security), um einen verschlüsselten Kanal zwischen einem authentifizierten PEAP-Client und einem authentifizierenden PEAP-Server zu erstellen. PEAP gibt keine Authentifizierungsmethode an, bietet allerdings zusätzliche Sicherheit für andere EAP-Authentifizierungsprotokolle, z.B. EAP-MSCHAPv2, das den mit TLS verschlüsselten Kanal von PEAP verwenden kann. Zur Optimierung von EAP-Protokollen und der Netzwerksicherheit bietet PEAP die Möglichkeit, die Aushandlung der EAP-Methode, die zwischen Client und Server über einen TLS-Kanal stattfindet, zu schützen. Dies verhindert, dass ein Angreifer Pakete zwischen dem Client und dem Netzwerkzugriffsserver mit dem Ziel einfügt, dass eine nicht so sichere EAP-Methode ausgehandelt wird.
10. Der verschlüsselte TLS-Kanal verhindert außerdem Denial-of-Service- (DoS) Angriffe auf den Server. Der PEAP-Authentifizierungsvorgang zwischen dem PEAP-Client und dem Authentifizierungsserver besteht aus zwei Phasen. In der ersten Phase wird ein sicherer Kanal zwischen dem PEAP-Client und dem Authentifizierungsserver eingerichtet. In der zweiten Phase wird die EAP-Authentifizierung zwischen dem EAP-Client und dem Authentifizierungsserver durchgeführt.
11. Markieren Sie als Nächstes die Option *Microsoft: Geschütztes EAP (PEAP)* und klicken Sie auf *Bearbeiten*.
12. Stellen Sie sicher, dass das Kontrollkästchen *Netzwerkzugriffsschutz erzwingen* aktiviert ist.
13. Wählen Sie das Zertifikat aus, das Sie zuvor für den Server ausgestellt haben.
14. Bestätigen Sie in den restlichen Fenstern die Standardeinstellungen und schließen Sie die Erstellung der Richtlinie ab.

Abbildg. 27.102 Authentifizierung und Zertifikat für NAP mit 802.1x verwenden

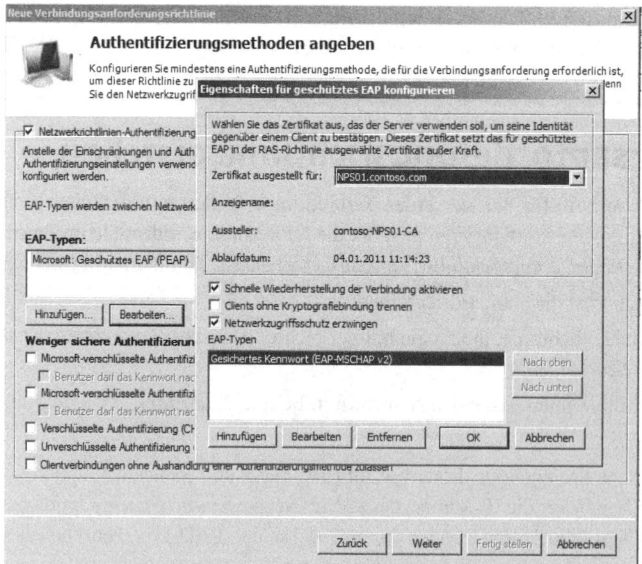

Systemintegritätsprüfung und Integritätsrichtlinien konfigurieren

Als Nächstes konfigurieren Sie in der Verwaltungskonsole für den Netzwerkrichtlinienserver die Systemintegritätsprüfung (System Health Validator, SHV). Die Verwaltung einer 802.1x-Infrastruktur baut auf die *Sicherheitsintegritätsprüfung* auf. Diese ruft von den Clients das *Statement of Health (SoH)* ab:

1. Diese Einstellungen finden Sie in der Verwaltungskonsole über *NPS/Netzwerkzugriffsschutz/Systemintegritätsprüfungen.*
2. Rufen Sie in der Mitte diese Eigenschaften der Verifizierungsmethode auf, zum Beispiel von der standardmäßigen vorhandenen *Windows-Sicherheitsintegritätsverifizierung7einstellungen/Standardkonfiguration.*
3. Nachdem Sie diese Konfiguration vorgenommen haben, erstellen Sie wieder zwei Integritätsrichtlinien, wie bereits im Abschnitt zur Einrichtung von NAP über DHCP besprochen.

Netzwerkrichtlinien erstellen

Nachdem Sie die Integritätsrichtlinien erstellt haben, definieren Sie Netzwerkrichtlinien, auf deren Basis die Clients vom Switch in verschiedene VLANs zugeordnet werden, abhängig davon, ob diese NAP-konform sind oder nicht-NAP-konform sind.

Netzwerkrichtlinie für nicht-konforme und konforme NAP-Clients erstellen

Als Nächstes erstellen Sie eine Netzwerkrichtlinie, die den Netzwerkzugriff für nicht-konforme Clients steuert:

1. Klicken Sie dazu mit der rechten Maustaste auf *Richtlinien/Netzwerkrichtlinien* und wählen Sie *Neu.*
2. Geben Sie der Richtlinie eine Bezeichnung in der Form »Zugriff für nicht konforme NAP-Clients« und klicken Sie auf *Weiter.*
3. Klicken auf der nächsten Seite *Bedingungen angeben* auf *Hinzufügen.*
4. Wählen Sie als Option *Integritätsrichtlinien* aus.
5. Klicken Sie auf *Hinzufügen.*
6. Wählen Sie die Richtlinie *Nicht-NAP-Konform* aus. Bei der Richtlinie für NAP-konforme Clients wählen Sie *NAP-Konform* aus.
7. Auf der nächsten Seite des Fensters legen Sie den Netzwerkzugriff der Richtlinie fest. Wählen Sie hier *Zugriff gewährt* aus.
8. Klicken Sie auf *Weiter*, um zum Fenster *Authentifizierungsmethoden* zu gelangen.
9. Klicken Sie auf *Weiter* und belassen Sie im nächsten Fenster alle Einstellungen wie sie sind. In diesem Fenster legen Sie die Einschränkungen fest.
10. Klicken Sie im Fenster *Einschränkungen* ebenfalls wieder auf *Weiter.* Sie gelangen auf das Fenster *Einstellungen konfigurieren.*
11. Klicken Sie hier auf *NAP-Erzwingung* und stellen Sie sicher, dass die Option *Eingeschränkten Zugriff gewähren* aktiviert ist. Bei NAP-konformen Clients gewähren Sie vollen Zugriff.
12. Aktivieren Sie die Option *Automatische Wartung von Clientcomputern aktivieren.*
13. Klicken Sie im Bereich *RADIUS-Einstellungen* (oben links im Fenster) auf *Standard.*
14. Klicken Sie auf *Hinzufügen.*
15. Wählen Sie *Tunnel-Medium-Type* aus und klicken Sie auf *Hinzufügen.*

16. Klicken Sie auf *Hinzufügen* und im neu geöffneten Fenster *Attributinformationen* ebenfalls auf *Hinzufügen*. Wählen Sie *802 (includes all 802 media plus Ethernet canonical format)* aus.

Abbildg. 27.103 Windows Server 2008 R2 fit machen für NAP über 802

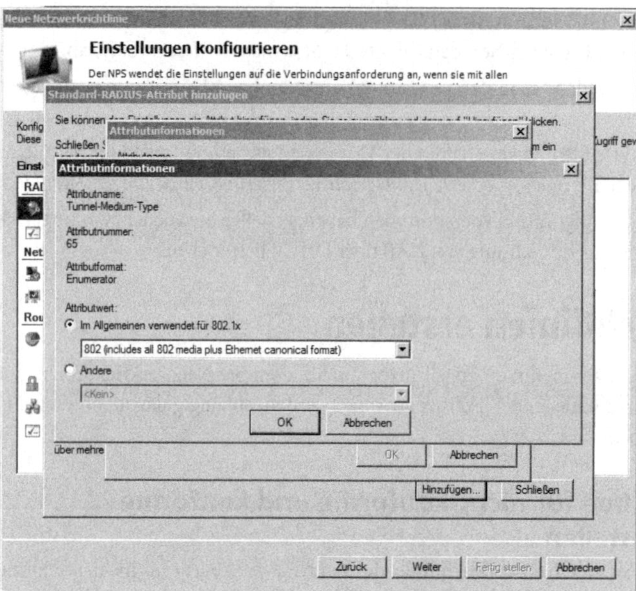

17. Fügen Sie als Nächstes die Option *Tunnel-Pvt-Group-ID* hinzu.

Abbildg. 27.104 Konfigurieren von Attributinformationen für NAP über 802.1x

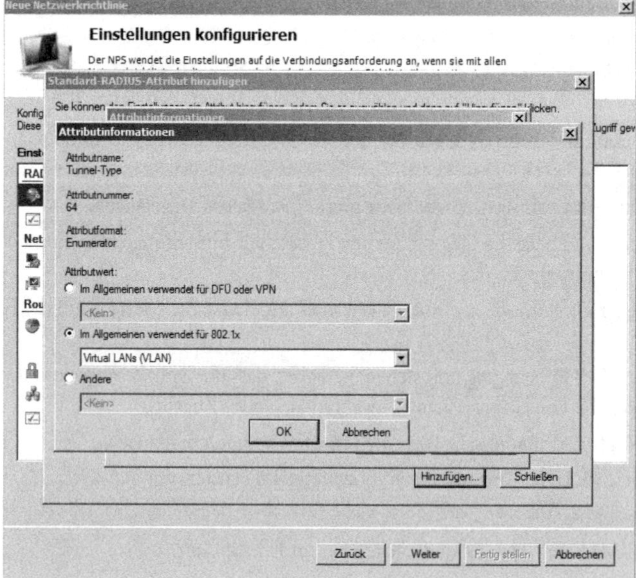

18. Fügen Sie dieses Mal das Attribut *2* hinzu. Bei diesem Attribut sollte es sich bei Ihnen um das Attribut des VLANs auf dem Switch handeln, mit der die nicht-konformen Clients verbunden werden. Für NAP-konforme Clients verwenden Sie die ID 3. Die ID 1 auf dem Switch sollten Sie für Clients verwenden, die durch die NAP-Prüfung nicht betroffen sind.
19. Fügen Sie als Nächstes die Option *Tunnel-Type* hinzu.
20. Wählen Sie bei dieser Option die Attributinformation *Im Allgemeinen verwendet für 802.1x* aus und stellen Sie sicher, dass im Listenfeld der Eintrag *Virtual LANs (VLAN)* ausgewählt wurde.
21. Nachdem Sie Eintragungen vorgenommen haben, sollten alle Attribute angezeigt werden.
22. Klicken Sie anschließend im Fenster auf die Option *Herstellerspezifisch.*
23. Wählen Sie das Attribut *Tunnel-Tag* aus und weisen Sie diesem den Wert *1* zu. Diese Einstellung kann aber für manche Switches unterschiedlich sein. Fragen Sie beim Hersteller Ihrer Switch nach, ob Sie einen anderen *Tunnel-Tag* eintragen müssen.
24. Schließen Sie die Erstellung der Netzwerkrichtlinie ab. Diese werden nach der Erstellung in der NPS-Konsole angezeigt. Alle anderen Richtlinien sollten als deaktiviert angezeigt werden.

Abbildg. 27.105 Abschließen der Konfiguration für die Netzwerkrichtlinie für nicht-NAP-konforme Clients

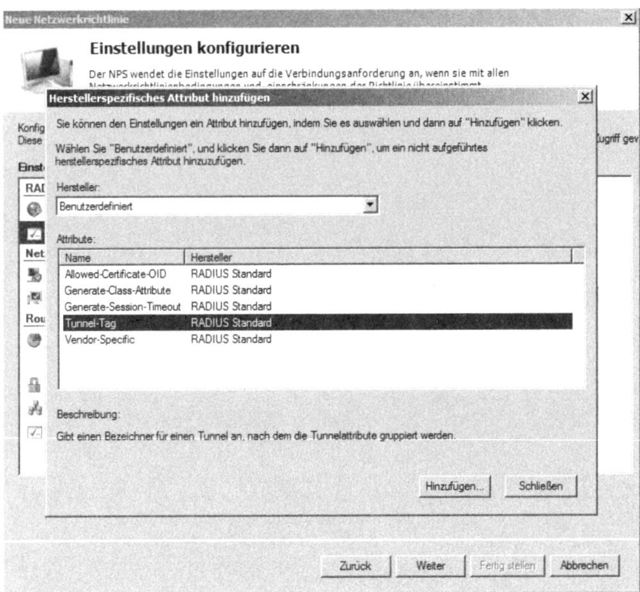

Zusammenfassung

In diesem Kapitel haben Sie erfahren, wie Sie mit dem Netzwerkzugriffsschutz bereits mit einem einzelnen Windows Server 2008 R2-Computer im Netzwerk Arbeitsstationen unter Windows XP und Windows Vista und Windows 7 vor der Verbindung abprüfen können. Diese neue Sicherheitsfunktion ist vor allem für Unternehmen interessant, die Außendienstmitarbeiter über ein Remotedesktopgateway anbinden oder die eine hochsichere Umgebung zur Verfügung stellen wollen. Im nächsten Kapitel gehen wir darauf ein, wie Sie Arbeitsstationen mit Windows 7 und Windows Server 2008 R2 mit der neuen DirectAccess-Funktion per VPN oder das Internet mit dem Netzwerk verbinden.

Kapitel 28

DirectAccess im Praxiseinsatz

In diesem Kapitel:

Setzen Sie im Unternehmen Windows Server 2008 R2 und Windows 7 in einem speziellen VPN, DirectAccess genannt, ein, können Clientrechner auf alle Funktionen im Netzwerk zugreifen, genauso wie beim internen Zugriff. Bei DirectAccess müssen Anwender sich nicht erst zu einem VPN einwählen oder authentifizieren, sondern der Rechner verbindet sich im Hintergrund automatisch mit dem Firmennetzwerk. Grundgedanke ist die Verbindung eines Windows 7-Rechners über IPv6 und IPsec mit einem DirectAccess-Server unter Windows Server 2008 R2, der im Unternehmen positioniert ist und sowohl Verbindung mit dem internen Netzwerk und dem Internet hat. Diese Verbindung funktioniert auch über NAT oder durch Firewalls.

Gesichert wird diese Verbindung über IPsec und IPv6. Den IPV6-Verkehr tunneln Windows 7 und Windows Server 2008 R2 automatisch in IPv4-Paketen, wenn kein IPv6 zur Verfügung steht, wie zum Beispiel bei der Verbindung im Internet. Der DirectAccess-Server routet die Verbindungen dann zum internen Netzwerk weiter. Je nachdem, wo der Client positioniert ist, also NAT, blockiert durch Firewall oder andere Technologien, verwendet DirectAccess verschiedene Funktionen für den Verbindungsaufbau. Hier kommen vor allem 6to4, Teredo, ISATAP und HTTPS im Einsatz.

TIPP Auf der Internetseite *http://technet.microsoft.com/en-us/network/dd420463.aspx* erhalten Sie umfassende Informationen und Whitepapers zu DirectAccess. Auch im Microsoft TechNet erhalten Sie über *http://technet.microsoft.com/en-us/library/dd758757%28WS.10%29.aspx* weitere Anleitungen. Den kompletten Umfang dieser Technologie zu beschreiben, würde den Umfang des Buchs sprengen.

DirectAccess lässt sich mit dem Netzwerkzugriffschutz kombinieren sowie durch Smartcards weiter absichern. Blockiert eine Firewall den DirectAccess-Datenverkehr, schaltet der Client automatisch auf eine HTTPS-Verbindung um, die in den seltensten Fällen blockiert wird. Durch die neue Technik können mobile Anwender mit allen internen Applikationen und Daten arbeiten, sobald eine Verbindung zum Internet besteht. Administratoren haben vom internen Netzwerk ebenfalls einen vollständigen Zugang zu dem Client im Internet.

Der Netzwerkverkehr wird vollkommen bidirektional abgewickelt. Dies hat zum Beispiel den Vorteil, dass auch Gruppenrichtlinien auf eingewählte VPN-Clients funktionieren. Das war bisher noch nicht möglich. Damit dieser Zugriff funktioniert, muss der DirectAccess-Server im internen Netzwerk mit Windows Server 2008 R2 laufen. Dieser Server ist sozusagen der neue VPN-Server, den Sie im Netzwerk integrieren. Windows 7-Clients sollen dadurch schnellen Zugriff auf interne Ressourcen haben, sobald diese mit dem Internet verbunden sind. Der Zugriff soll dazu nicht nur vom Client zum Netzwerk erfolgen, sondern Administratoren sollen auch in der Lage sein, über das Internet angebundene Clients zu verwalten. Beide Möglichkeiten sollen von extern die gleichen Möglichkeiten bieten wie internen Clients.

Ein wichtiger Vorteil von DirectAccess ist, dass Anwender keine Aktion durchführen müssen, um sich mit dem Netzwerk zu verbinden, sondern Windows baut automatisch eine gesicherte Verbindung mit dem Firmennetzwerk auf. Die Verbindung soll für den Anwender vollkommen transparent erfolgen, er soll nahezu keinen Unterschied zwischen interner und externer Verbindung bemerken.

HINWEIS Um DirectAccess hochverfügbar zu konfigurieren, verwenden Sie am besten einen Hyper-V-Cluster. Als virtueller Computer ist der DirectAccess-Server am besten abgesichert. Es gibt in DirectAccess keine Einschränkungen, wie viele Benutzer gleichzeitig verbunden sein dürfen.

Technischer Überblick zu DirectAccess

Bei der Verwendung von DirectAccess authentifiziert sich der Client über ein Computerzertifikat am DirectAccess-Server und umgekehrt, bevor sich der Anwender am Computer anmeldet. Die Verbindung zwischen Client und Server funktioniert über IPsec-gesichertes VPN. Als Verschlüsselungsmethode können Sie dabei

3DES und AES einsetzen. Die Kommunikation erfolgt dazu mittels IPv6 zwischen Windows 7 und dem DirectAccess-Server unter Windows Server 2008 R2. Sobald sich der Client mit Netzwerk verbunden hat, kann er weiter mit IPv4 kommunizieren (End-To-Edge-Protection), die IPv6-Verbindung endet dann am DirectAccess-Server.

Wollen Sie mit IPsec bis zu den Anwendungsservern im Netzwerk arbeiten (End-To-End-Protection), muss auf den beteiligten Servern Windows Server 2008, besser Windows Server 2008 R2 installiert und IPsec konfiguriert sein. DirectAccess kann aber auch problemlos über IPv4 kommunizieren. An den Stellen, wo die Konfiguration IPv6 benötigt, bauen Client und Server automatisch einen IPv6-Tunnel über IPv4 auf, sodass die Kompatibilität gewährleistet ist. Diese Konfiguration empfiehlt Microsoft, da so die Sicherheit wesentlich höher ist.

HINWEIS Wenn Sie IPv6 im Unternehmen nicht einsetzen, enthält DirectAccess IPv6-Übergangstechnologien, mit denen Sie die IPv6-Konnektivität für DirectAccess sicherstellen können.

Als Authentifizierungsmechanismus können Sie SmartCards verwenden, aber auch die herkömmliche Authentifizierung über Benutzernamen und Kennwort in Active Directory. Dazu baut der DirectAccess-Client eine zertifikatgesicherte Verbindung zum DirectAccess-Server auf dem internen DNS- und Domänencontroller auf, um eine sichere Verbindung zu gewährleisten. Setzen Sie im Unternehmen auf IPv6, kann der IPsec-Datenverkehr auch im internen Netzwerk fortgeführt werden. Auf dem DirectAccess-Server legen Sie auch fest, auf welche internen Server der Zugriff erfolgen darf. Diese Technik wird in Windows Vista nicht verfügbar sein, sondern ausschließlich nur in Windows 7.

Die Domänencontroller sollten unter Windows Server 2008 laufen; hier ist R2 nicht vorgeschrieben. Für den vollständigen Einsatz von DirectAccess in einer hochsicheren Umgebung benötigen Sie jedoch auch auf den Domänencontrollern Windows Server 2008 R2. Die Verwaltung erfolgt über die DirectAccess-Verwaltungskonsole, die Sie unter Windows Server 2008 R2 als Feature installieren. Die Einrichtung unterstützt Windows Server 2008 R2 mit Assistenten und einigen Hilfedateien. Während der Einrichtung legen Sie fest, ob Sie eine interne Zertifizierungsstelle verwenden wollen, ob Sie IPv6 auch intern nutzen und welche externen Geräte Zugriff erhalten sollen. Für Anwender auf ihren PCs ändert sich mit der Arbeit bei DirectAccess nichts. Verbinden sich Clients direkt mit einem VPN mit der Zentrale, und arbeiten Sie im Unternehmen mit DirectAccess, müssen Sie bei der Einrichtung von BranchCache weitere Schritte beachten.

ISATAP, Teredo und 6to4 – Voraussetzungen für DirectAccess

Damit Sie DirectAccess einsetzen können, müssen Sie folgende Voraussetzungen erfüllen:

- Der DirectAcess-Server für die Einwahl vom Internet muss mit Windows Server 2008 R2 installiert sein und er muss Mitglied einer Active Directory-Domäne sein. Der Server benötigt zwei Netzwerkkarten. Eine Karte ist mit dem Internet, die andere mit dem internen Netzwerk verbunden.
- Der DirectAccess-Server sollte über mindestens zwei öffentliche IPv4-Adressen im Internet verfügen, um die verschiedenen Tunnel verwenden zu können. Der Server kann auch hinter einer Firewall positioniert sein, zum Beispiel in einer DMZ (Demilitarized Zone). NAT unterstützt der DirectAccess-Server nicht, nur Clients dürfen hinter einem NAT positioniert sein.
- Auf den Clients für die Einwahl durch DirectAccess müssen Sie Windows 7 Professional, Enterprise oder Ultimate ausführen. Windows Vista sowie Windows XP unterstützen DirectAccess nicht. Nur Windows Server 2008 R2 und Windows 7 beherrschen DirectAccess als Server oder als Client. Die Clients müssen Mitglied einer Active Directory-Domäne sein.

- Sie müssen eine interne Zertifizierungsstelle im Netzwerk betreiben, sowie eine Zertifikatsperrliste (Certificate Revocation List, CRL) auf dem DirectAccess-Server
- Ein weiterer Server im Netzwerk dient als Infrastrukturserver. Dabei kann es sich auch um den DirectAccess-Server selbst handeln. Besser ist aber ein Anwendungsserver im internen Netzwerk. Über eine Verbindung zu diesem Server testet der DirectAccess-Server, ob er gerade mit dem internen Netzwerk verbunden ist, oder sich über das Internet mit dem Netzwerk verbindet.
- Mindestens ein Domänencontroller und DNS-Server muss mit Windows Server 2008 installiert sein, besser mit Windows Server 2008 R2, um alle Features zu unterstützen. Mit diesem Server baut der DirectAccess-Client über das Internet eine Verbindung auf, um Namen im internen Netzwerk aufzulösen. Als Funktionsebene für die Gesamtstruktur und die Domäne unterstützt DirectAccess auch Windows Server 2008; der Betriebsmodus Windows Server 2008 R2 ist nicht zwingend notwendig.

Intra-Site Automatic Tunnel Addressing Protocol (ISATAP)

Auf dem Domänencontroller/DNS-Server läuft für die Unterstützung von DirectAccess das Intra-Site Automatic Tunnel Addressing Protocol (ISATAP). Dieses ist dafür zuständig, dass interne Server, die mit IPv4 kommunizieren, mit den DirectAccess-Clients eine Verbindung aufbauen können. Nur Windows 7 und Windows Server 2008 R2 beherrschen ISATAP, Windows Vista und Windows Server 2008 dagegen nicht. Als ISATAP-Router vom Internet zum internen Netzwerk kann auf Wunsch auch der DirectAccess-Server dienen. Bei der Einrichtung von DirectAccess-Servern erstellt der Assistent automatisch DNS-Einträge, die für den Verbindungsaufbau zum Netzwerk wichtig sind.

Abbildg. 28.1 Anzeigen der DNS-Einträge für DirectAccess

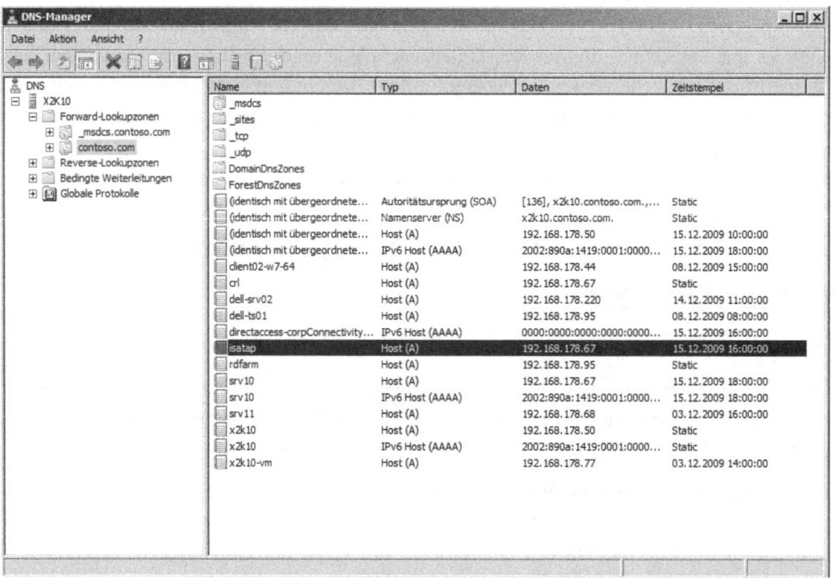

DirectAccess-Clients erfahren zum Beispiel per DNS, welcher Server im Netzwerk als ISATAP-Router konfiguriert ist. Über diesen Server bauen dann Clients eine IPv6- über IPv4-Verbindung auf. ISATAP IPv6-Adressen erkennen Sie daran, dass diese am Ende mit der Buchstabenkette *5efe* aufhören, sowie an der IPv4-Adresse des entsprechenden Geräts.

Meist beginnen diese Adressen mit *2001* oder *2002*. Eine ISATAP-IPv6-Adresse des DirectAccess-Servers mit der IPv4-Adresse *131.107.0.2* ist zum Beispiel *2002:890a:1419:1:0:5efe:131.107.0.2*. Diese Adresse sehen Sie auf dem Server auch, wenn Sie *ipconfig* eingeben. Die Konfiguration dieser Adressen nimmt der Einrichtungs-Assistent von DirectAccess automatisch vor, hier müssen Sie nicht manuell nacharbeiten. Die ISATAP-IPv6-Adressen haben nichts mit den normalen IPv6-Adressen des Servers zu tun, sondern dienen der DirectAccess-Kommunikation.

Eine solche Konfiguration führt der Assistent nur dann durch, wenn intern im Netzwerk noch keine IPv6-Infrastruktur im Einsatz ist. In diesem Fall geht der Einrichtungs-Assistent davon aus, dass der DirectAccess-Server als ISATAP-Router konfiguriert werden soll, nimmt die Einrichtung vor und erstellt die beschriebenen DNS-Einträge. Damit ISATAP funktioniert, muss diese Funktion auf dem DNS-Server zunächst freigeschaltet werden. Wie das geht, zeigen wir Ihnen bei der Einrichtung von DirectAccess genauer.

Abbildg. 28.2 Anzeigen der IPv6-Adresse für ISATAP über IPconfig auf dem DirectAccess-Server

6to4 und Teredo verstehen – DirectAccess hinter NAT

6to4 ist eine Technik, die IPv6-Daten über IPv4-Verbindungen leiten kann. Diese Technik kommt zum Einsatz, sobald zwei Computer mit IPv6 kommunizieren wollen, der Datenverkehr aber über ein IPv4-Netzwerk geroutet wird, wie zum Beispiel das Internet. DirectAccess-Clients und die internen Server in Ihrem Netzwerk arbeiten mit IPv6 bei DirectAccess-Verbindungen. Die Verbindung über das Internet wird mit IPv4 abgewickelt. Auf dem DirectAccess-Server können Sie den öffentlichen IPv4-Bereich Ihres Unternehmens, also die öffentlichen IPv4-Adressen, in einen IPv6-Bereich umwandeln lassen. Sie können also IPv6 im Internet nutzen, um DirectAccess-Verbindungen aufzubauen.

Bei der Verbindung verpacken 6to4-Rechner IPv6-Pakete in IPv4-Pakete, senden diese zum DirectAccess-Server, der diese dann wiederum in das interne Netzwerk umleiten kann. Arbeiten Sie über ein Netzwerk mit Netzwerkadressübersetzung (Network Address Translation, NAT), werden diese Pakete meist gefiltert. Hier kann nicht mehr 6to4 zum Einsatz kommen, da diese Technik von einer öffentlichen IP-Adresse im Internet abhängig ist, zum Beispiel durch direkte Einwahl. Moderne Router unterstützen bereits 6to4-Routing ins Internet, sodass in diesem Fall auch bei der Position hinter einem Router oder einer Firewall keine Probleme existieren. Kann der Router oder die Firewall den 6to4-Verkehr aber nicht weiterleiten, funktioniert DirectAccess über 6to4 nicht mehr.

Damit die Verbindung dennoch funktioniert, kommt in diesem Fall Teredo ins Spiel. Teredo tunnelt IPv6-Pakete in UDP-Pakete. Dadurch lassen sich DirectAccess-Clients auch hinter NATs betreiben, zumindest dann, wenn Router oder Firewall den Teredo-Verkehr nicht blockieren. Aber auch dann kann DirectAccess noch funktionieren, da die Technik dann auf ein einfaches HTTPS-VPN umschaltet. Teredo-Clients bauen eine Verbindung zu Teredo-Servern auf, wenn der Client hinter einem NAT konfiguriert ist. Beim Betrieb von Direct-

Access hinter NATs gilt es, die zwei Unterschiede von NAT zu kennen. Hier spielen für DirectAccess vor allem zwei Techniken eine Rolle:

- **Cone NAT** Bei diesem NAT werden interne IPv4-Adressen zu externen und öffentlichen IPv4-Adressen statisch umgeleitet. Ein solches NAT blockiert generell keine Verbindungen und lässt auch eine Kommunikation von extern zu, da sich zuordnen lässt, über welche externe Verbindung zu einem speziellen internen Client eine Verbindung aufgebaut werden kann.
- **Symmetrisches NAT** Diese NATs blockieren Zugriffe von außen, da verschiedene interne Adressen zu einer verschiedenen externen Adresse umgeleitet werden und es von außen nahezu nicht möglich ist zu wissen, welches Gateway für den Verbindungsaufbau zum Client verwendet werden soll.

Damit Teredo jetzt Datenverkehr zu einem Teredo-Server umleiten kann und der Teredo-Server wiederum antworten kann, benötigen Sie für jeden NAT-Typ einen Teredo-Server im Internet. Bei der DirectAccess-Konfiguration dienen die beiden externen IPv4-Adressen des DirectAccess-Servers jeweils als ein Teredo-Server für die verschiedenen NAT-Typen. So ist sichergestellt, dass Teredo und DirectAccess automatisch eine Verbindung zu den Clients aufbauen können, unabhängig davon, hinter welchem NAT diese positioniert sind. Teredo verpackt TCP-Pakete in UDP-Pakete, sodass auch eine Verbindung hinter NATs funktioniert. Bei der Einrichtung von DirectAccess konfiguriert der Assistent automatisch die Teredo-Konfiguration auf dem DirectAccess-Server.

DirectAccess-Clients bauen zwei IPsec-Tunnel auf:

- **IPsec Encapsulating Security Payload (ESP)** Über diesen Tunnel, der durch ein Zertifikat authentifiziert wird, baut der Client eine Verbindung zum internen DNS-Server und einem Domänencontroller auf, lädt hinterlegte Gruppenrichtlinien herunter und wendet diese auf den Computer an
- **IPsec-ESP-Tunnel** Über den zweiten Tunnel, der auf das Zertifikat und die Anmeldung des Benutzers aufbaut, verbindet der Computer den Anwender mit internen Ressourcen im Netzwerk. Über einen solchen Tunnel lässt sich auch Outlook betreiben. Auf welche Ressourcen Anwender zugreifen dürfen, legen Sie auf dem DirectAccess-Server unter Windows Server 2008 R2 fest.

Der Verbindungsaufbau eines DirectAccess-Clients zum internen Netzwerk erfolgt in mehreren Schritten:

1. Der Client bemerkt, dass er eine Netzwerkverbindung hat.
2. Der Client versucht sich automatisch mit einer internen Website des Unternehmens zu verbinden. Kann er diese Website erreichen, geht der Client davon aus, dass er bereits im internen Netzwerk verbunden ist und führt keine weiteren DirectAccess-Aktionen aus.
3. Erreicht der Client die interne Seite nicht, versucht er eine IPsec-gesicherte IPv6-Verbindung zum DirectAccess-Server aufzubauen.
4. Gelingt das nicht, weil IPv6 nicht zur Verfügung steht, versucht der Client eine Verbindung mit einem IPv6-über-IPv4-Tunnel mit Teredo-Technik aufzubauen, einer neuer Technik seit Windows Vista, die IPv6-Verbindungen über IPv4 ermöglicht. Bei dieser Verbindung muss sich der Anwender noch nicht authentifizieren.
5. Wird der Verbindungsaufbau durch einen Proxy oder eine Firewall auf den DirectAccess-Server blockiert, versucht der Client eine Verbindung über eine IP-HTTPS-Tunnel mit SSL.
6. Gelingt der Aufbau, authentifizieren sich DirectAccess-Server und -Client gegenseitig mit Computerzertifikaten.
7. Durch Überprüfen von Gruppenmitgliedschaften in Active Directory stellt der DirectAccess-Server sicher, ob Computer und Anwender berechtigt sind, sich über DirectAccess mit dem Netzwerk zu verbinden. Um Denial of Service (DoS)-Attacken auf den DirectAccess-Server zu verhindern, sichert der Server die Verbindungen gesondert.

8. Haben Sie den Netzwerkzugriffschutz aktiviert und konfiguriert, überträgt der DirectAccess-Client seinen aktuellen Sicherheitszustand an den DirectAccess-Server. Erst wenn der Client den Bedingungen für NAP entspricht, erhält er Zugriff zu den internen Ressourcen. Beim Verbindungsaufbau bezieht der DirectAccess-Client vor dem Herstellen der Verbindung mit dem DirectAccess-Server ein Integritätszertifikat von der Integritätsregistrierungsstelle (Health Registration Authority, HRA). Die HRA leitet die Informationen zum Integritätsstatus des DirectAccess-Clients an den NAP-Server weiter.

   Auf dem Server werden die definierten Richtlinien verarbeitet und ermittelt, ob der Client den Systemintegritätsanforderungen entspricht. In diesem Fall bezieht die HRA ein Integritätszertifikat für den DirectAccess-Client. Wenn der DirectAccess-Client eine Verbindung mit dem DirectAccess-Server herstellt, wird das Integritätszertifikat zur Authentifizierung übermittelt.

Richtlinientabelle für die Namensauflösung

Die Richtlinientabelle für die Namensauflösung (Name Resolution Policy Table, NRPT) ist Bestandteil von Windows 7 und Windows Server 2008 R2. Mit dieser Technik können Sie DNS-Server pro DNS-Namespace nicht nur pro Schnittstelle definieren. DNS-Abfragen lassen sich mit IPsec schützen. Die Richtlinientabelle für die Namensauflösung enthält eine Liste mit DNS-Namespaces und Konfigurationen. Befindet sich ein DirectAccess-Client nicht im internen Netzwerk, werden die Namensabfrageanforderung mit den in der Richtlinientabelle für die Namensauflösung gespeicherten Namespaces verglichen.

Stimmt eine Namensabfrageanforderung nicht mit einem in der Richtlinientabelle für die Namensauflösung aufgeführten Namespace überein, wird die Anforderung an die in den TCP/IP-Einstellungen für die angegebene Netzwerkschnittstelle konfigurierten DNS-Server gesendet. Sind keine DNS-Suchsuffixe konfiguriert und stimmt der Name mit keinem Eintrag in der Richtlinientabelle für die Namensauflösung überein, wird die Anforderung an die in den TCP/IP-Einstellungen des Clients angegebenen DNS-Server gesendet. Namensräume, beispielsweise *.corp.contoso.com*, werden in die Richtlinientabelle für die Namensauflösung eingegeben, gefolgt von den DNS-Servern. Die Richtlinientabelle für die Namensauflösung ermöglicht DirectAccess-Clients die Verwendung von DNS-Servern im Intranet.

Da DirectAccess-Clients mithilfe der Richtlinientabelle für die Namensauflösung bestimmen, ob der vollqualifizierte Domänenname (Fully Qualified Domain Name, FQDN) eines Servernamens an einen DNS-Server im Intranet oder im Internet gesendet werden soll, ist die richtige Konfiguration der Domänensuffixe für die zuverlässige Funktionsweise von DirectAccess sehr wichtig. Stellen Sie vor dem Einrichten von DirectAccess sicher, dass die DirectAccess-Clients mit DNS-Suchsuffixen für alle Domänen konfiguriert sind, in denen sich Server befinden, auf die Benutzer auf DirectAccess-Clients zugreifen werden.

Tunnel erzwingen

Standardmäßig können DirectAccess-Remoteclients gleichzeitig auf das Internet, das Intranet und das jeweilige lokale Subnetz zugreifen. DirectAccess-Clients sind so konfiguriert, dass alle Namensabfrageanforderungen für das Intranet an die DNS-Server im Intranet und nicht erkannte oder Ausnahmen betreffende Namensabfrageanforderungen an die DNS-Server des Internetdienstanbieters gesendet werden.

Wenn Sie erzwingen möchten, dass der gesamte Intranet- und Internetdatenverkehr über die DirectAccess-Verbindung geschickt wird, können Sie das Erzwingen von Tunneln über eine Gruppenrichtlinieneinstellung in der Gruppenrichtlinie *DirectAccess-Clients* aktivieren. Die Richtlinie ist allerdings erst vorhanden, wenn Sie DirectAccess eingerichtet haben:

Computerkonfiguration/Administrative Vorlagen/Netzwerk/Netzwerkverbindungen/Gesamten Datenverkehr über das interne Netzwerk weiterleiten

Haben Sie das Erzwingen von Tunneln aktiviert, wird der Datenverkehr vom DirectAccess-Client über einen IP-HTTPS-Tunnel an das Intranet geleitet. Wenn Anwender bei aktiviertem Erzwingen von Tunneln Ressourcen im Internet erreichen wollen, verwenden Sie einen IPv6-fähigen Proxyserver, da die Erzwingung von Tunnel IPv6 voraussetzt.

Notwendige Vorbereitungen im Netzwerk

Wollen Sie DirectAccess im Unternehmen implementieren, benötigen Sie zunächst Active Directory auf Grundlage von mindestens Windows Server 2008, eine integrierte DNS-Zone der Domäne sowie eine Zertifizierungsstelle auf Basis der Active Directory-Zertifikatdienste. Legen Sie in Active Directory auch eine Sicherheitsgruppe an, in die Sie die Computerkonten aufnehmen, die Zugriff per DirectAccess erhalten sollen. Nachdem Sie diese Vorbereitungen getroffen haben, zeigen wir Ihnen die einzelnen Schritte zur Einrichtung von DirectAccess. Der DirectAccess-Server muss mit Windows Server 2008 R2 installiert, als Mitglied einer Active Directory-Domäne und mit zwei Netzwerkkarten versorgt sein. Benennen Sie die Netzwerkverbindungen auch am besten entsprechend mit *intern* und *extern*. Achten Sie darauf, dass die externe Netzwerkverbindung mit dem Internet verbunden ist und über zwei IP-Adressen verfügt. Diese beiden Adressen sind auf einer Netzwerkschnittstelle konfiguriert, Sie benötigen keine zwei Netzwerkkarten für die Internetverbindung. Sie konfigurieren alle Netzwerkverbindungen an dieser Stelle mit IPv4-Adressen.

Setzen Sie im Unternehmen bereits IPv6-Adressen ein, können Sie diese verwenden. Der Einrichtungs-Assistent von DirectAccess erkennt vorhandene IPv6-Infrastrukturen und bindet diese entsprechend ein. Ist noch keine IPv6-Infrastruktur vorhanden, konfiguriert der Einrichtungs-Assistent die Clients und beteiligten Servern automatisch mit den notwendigen IPv6-Adressen. Legen Sie in den erweiterten DNS-Einstellungen für die interne Netzwerkverbindung manuell das DNS-Suffix der internen Domäne fest. Die externe Verbindung sollte ebenfalls über ein eigenes DNS-Suffix verfügen.

Zertifikateinstellungen für DirectAccess festlegen

Wollen Sie DirectAccess im Unternehmen einsetzen, empfiehlt sich der Betrieb einer internen Zertifizierungsstelle auf Basis der Active Directory-Zertifikatdienste. Nach der Installation dieser Zertifizierungsstelle sollten Sie noch eine spezielle Vorlage für DirectAccess anlegen. Basis dieser Vorlage ist ein Webserverzertifikat, über das sich Clients authentifizieren, wenn Sie sich über HTTPS verbinden, falls IPsec eventuell nicht möglich ist.

Abbildg. 28.3 Duplizieren einer Vorlage

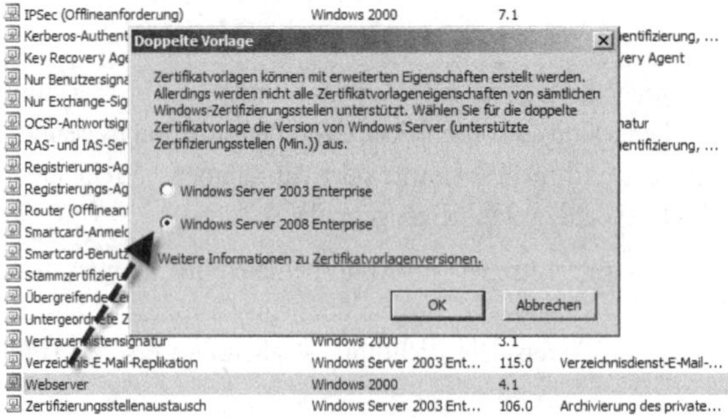

1. Melden Sie sich zunächst auf dem Server an, auf dem Sie die Zertifizierungsstelle installiert haben.
2. Geben Sie im Suchfeld des Startmenüs *mmc* ein und bestätigen Sie.
3. Fügen Sie mit *Datei/Snap-In hinzufügen/entfernen* das Snap-In *Zertifikatvorlagen* hinzu.
4. In der Mitte der Konsole klicken Sie mit der rechten Maustaste auf die Vorlage *Webserver* und wählen *Doppelte Vorlage* aus.
5. Wählen Sie als Option *Windows Server 2008 Enterprise.*
6. Im nächsten Fenster passen Sie den Vorlagenanzeigenamen an. Geben Sie hier *Webserver 2008* oder einen ähnlichen Namen ein.
7. Wechseln Sie zur Registerkarte *Sicherheit.*
8. Aktivieren Sie die Option *Registrieren* für *Authentifizierte Benutzer.*

Abbildg. 28.4 Authentifizierten Benutzern das Verwenden der neuen Zertifikatvorlage ermöglichen

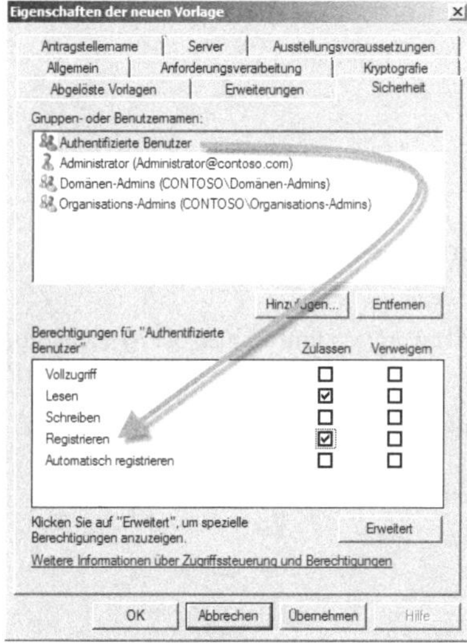

9. Klicken Sie anschließend auf der Registerkarte *Sicherheit* auf *Hinzufügen* und fügen Sie die Sicherheitsgruppe *Domänencomputer* hinzu.
10. Geben Sie auch der Gruppe *Domänencomputer* das Recht *Registrieren.*
11. Wechseln Sie auf die Registerkarte *Anforderungsverarbeitung.*
12. Aktivieren Sie die Option *Exportieren von privatem Schlüssel zulassen.*
13. Bestätigen Sie die Eingaben und schließen Sie das Fenster und die Managementkonsole.

Abbildg. 28.5 Konfigurieren der Exporterlaubnis des privaten Schlüssels für ein neues Zertifikat

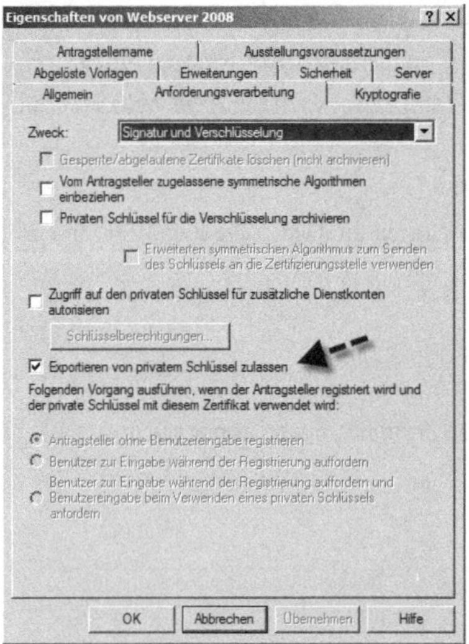

Als Nächstes müssen Sie die Vorlage noch für das Abrufen von Clients verfügbar machen:

1. Rufen Sie die Verwaltungskonsole *Zertifizierungsstelle* auf.
2. Klicken Sie mit der rechten Maustaste auf *Zertifikatvorlagen* und wählen Sie *Neu/Auszustellende Zertifikatvorlage.*
3. Wählen Sie die neu erstellte Zertifikatvorlage aus.

Abbildg. 28.6 Hinzufügen einer neuen Zertifikatvorlage zur Zertifizierungsstelle

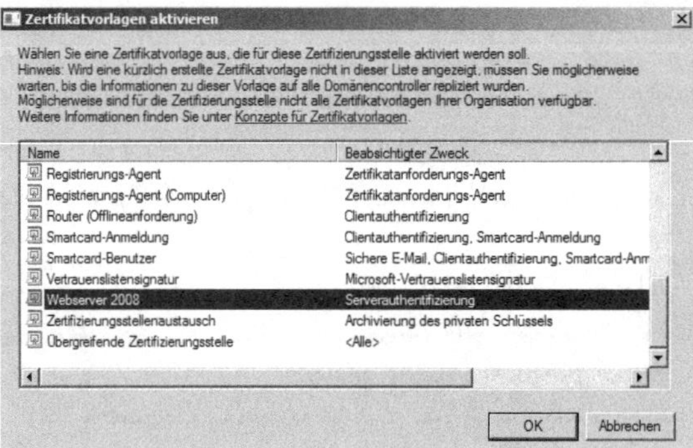

Firewallregel für ICMPv4 und ICMPv6 erstellen und aktivieren

Beim Einsatz von DirectAccess im Unternehmen sollten Sie eine Firewallregel am besten als Gruppenrichtlinie erstellen, welche den beteiligten Computern die Kommunikation über ICMPv4 und ICMPv6 erlaubt. Bei diesem Netzwerkverkehr wird die Verbindung über den Teredo-Netzwerkverkehr erlaubt. Durch diese Firewall lassen sich Rechner in DirectAccess anpingen, um die Verbindung zu verifizieren. Die Konfiguration über Richtlinien nehmen Sie folgendermaßen vor:

1. Legen Sie das Gruppenrichtlinienobjekt an und bearbeiten Sie dieses. Für Testumgebungen können Sie auch die *Default Domain Policy* verwenden.

Abbildg. 28.7 Bearbeiten der Default Domain Policy in den Gruppenrichtlinien

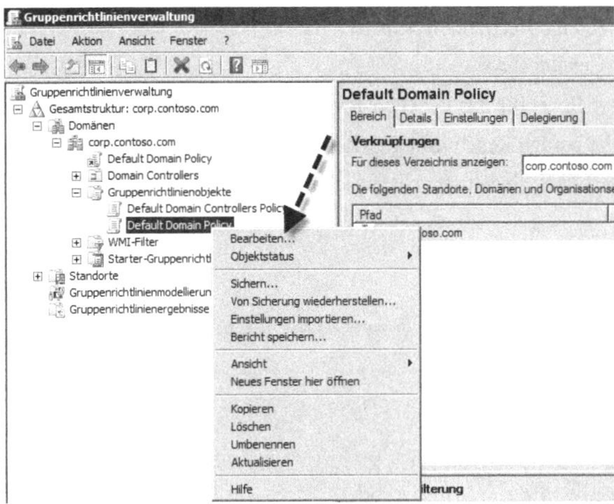

2. Navigieren Sie zu *Computerkonfiguration/Richtlinien/Windows-Einstellungen/Sicherheitseinstellungen/Windows-Firewall mit erweiterter Sicherheit.*
3. Klicken Sie mit der rechten Maustaste auf *Windows-Firewall mit erweiterter Sicherheit/Eingehende Regeln* und wählen Sie *Neue Regel.*
4. Wählen Sie auf der ersten Seite *Benutzerdefiniert.*

Abbildg. 28.8 Erstellen einer neuen Firewallregel über Gruppenrichtlinien

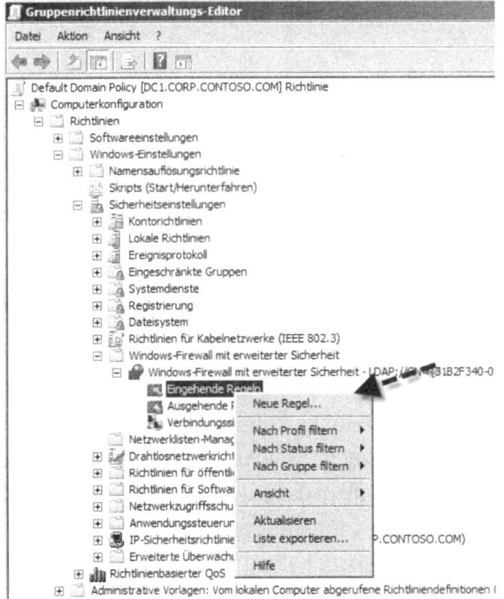

5. Klicken Sie auf der Seite *Programm* auf *Weiter.*
6. Wählen Sie der Seite *Protokolle und Ports* als Protokolltyp *ICMPv4* aus.
7. Klicken Sie dann auf die Schaltfläche *Anpassen.*
8. Aktivieren Sie die Option *Bestimmte ICMP-Typen* und aktivieren Sie das Kontrollkästchen *Echoanforderung.*
9. Bestätigen Sie alle weiteren Fenster, legen Sie als Aktion für die Regel die Option *Verbindung zulassen* fest und geben Sie der Regel einen entsprechenden Namen.
10. Schließen Sie die Erstellung der Regel ab.
11. Erstellen Sie jetzt eine weitere Regel für das ICMPv6-Protokoll mit identischen Einstellungen.
12. Erstellen Sie anschließend die beiden Regeln mit gleichen Einstellungen auch jeweils als *Ausgehende Regel.*
13. Anschließend haben Sie vier ICMP-Regeln erstellt, welche alle die Verbindungen und die Kommunikation zulassen.

Abbildg. 28.9 Anpassen einer Firewallregel für ICMP

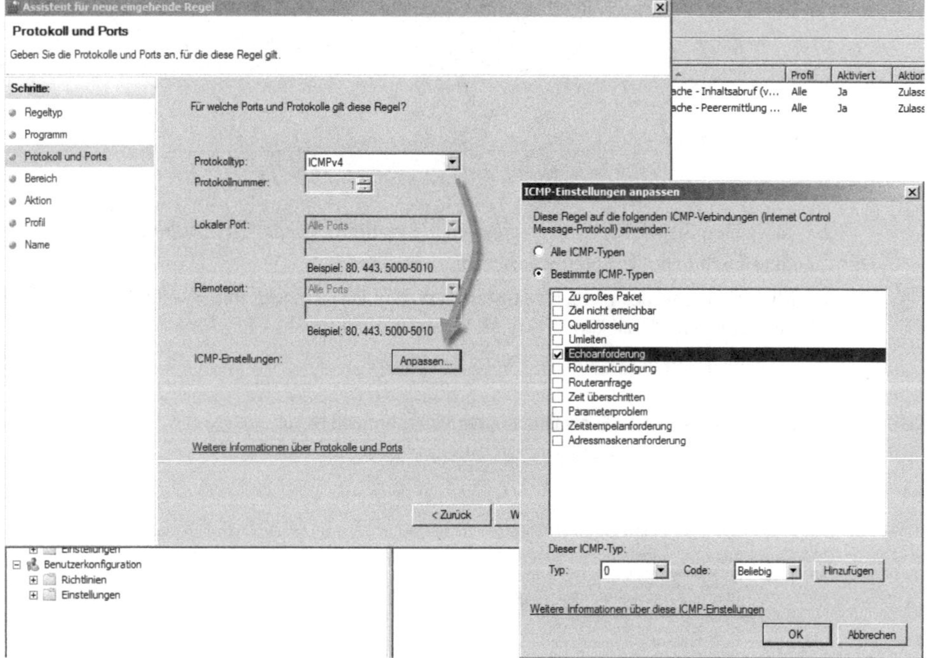

ISATAP-Name von der globalen Blockierliste entfernen und CRL-Einstellungen konfigurieren

Im nächsten Schritt, müssen Sie den DNS-Server in der Domäne konfigurieren und ISATAP (Intra-Site Automatic Tunnel Access Protocol) von der Blockierliste entfernen. ISATAP ist eine Technologie die IPv6-Verkehr mit IPv4-Netzwerkverkehr verbindet, damit DirectAccess über das Internet und durch IPv4 funktioniert. Die Technik kann IPv4-Verkehr durch eine IPv4-Verbindung tunneln. Standardmäßig blockiert ein DNS-Server unter Windows Server 2008 R2 diese Technik. Um diese freizuschalten, gehen Sie dazu folgendermaßen vor:

1. Melden Sie sich am DNS-Server an.

2. Öffnen Sie eine Eingabeaufforderung mit Administratorrechten.
3. Geben Sie den Befehl *dnscmd /config /globalqueryblocklist wpad* ein.

Als Nächstes müssen Sie die Zertifizierungsstelle so konfigurieren, dass DirectAccess-Clients die CRL (Certificate Revocation List) der Zertifizierungsstelle (siehe auch Kapitel 29), also die Gültigkeit beim Verbindungsaufbau, überprüfen können. Der Hintergrund dieser Aktion ist, dass die interne Zertifizierungsstelle die CRL nicht lokal speichert, sondern auch auf den DirectAccess-Server auslagert. Über ein eigenes Web ist diese Liste dann für die Clients verfügbar. Wir zeigen Ihnen in den folgenden Abschnitten, wie Sie die CRL auslagern und eine neue Website konfigurieren, die den Zugriff zulässt.

1. Melden Sie sich am Server an, auf dem Sie die Zertifizierungsstelle installiert haben.
2. Rufen Sie das Verwaltungsprogramm *Zertifizierungsstelle* auf.
3. Rufen Sie die Eigenschaften der installierten Zertifizierungsstelle auf.
4. Wechseln Sie auf die Registerkarte *Erweiterungen*.

Abbildg. 28.10 Konfigurieren der Eigenschaften einer Zertifizierungsstelle

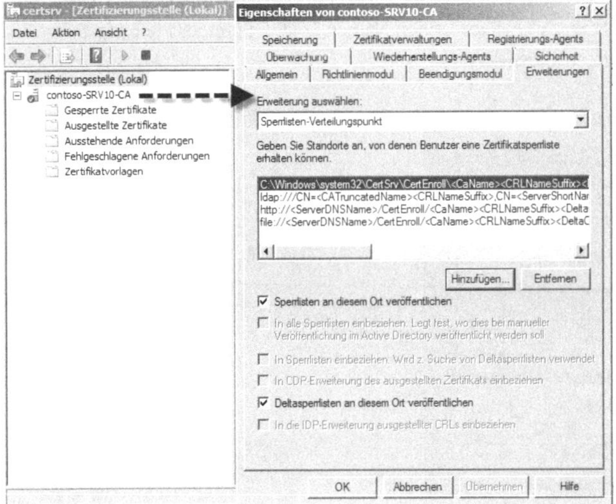

5. Klicken Sie auf *Hinzufügen*.
6. Geben Sie bei *Ort* die Adresse *http://crl.contoso.com/crld/* ein. Statt *contoso.com* verwenden Sie in einer produktiven Umgebung Ihre DNS-Domäne, über die externe Clients die CRL-Liste abrufen können. Den Hosteintrag *crl* legen Sie in der DNS-Domäne an. Als IP-Adresse verwenden Sie die interne Adresse des DirectAccess-Servers. CRLD ist ein virtuelles Verzeichnis, das auf einem lokalen Verzeichnis auf dem DirectAccess-Server aufbaut. In diesem Verzeichnis speichern die Zertifikatdienste die CRL-Liste.
7. Wählen Sie dann bei *Variable* den Wert *<CAName>* aus und klicken Sie auf *Einfügen*.
8. Wählen Sie dann bei *Variable* den Wert *<CRLNameSuffix>* aus und klicken Sie auf *Einfügen*.
9. Wählen Sie dann bei *Variable* den Wert *<DeltaCRLAllowed>* aus und klicken Sie auf *Einfügen*.
10. Geben Sie am Ende der Adresse bei *Ort* noch *.crl* ein (mit dem Punkt am Anfang).
11. Bestätigen Sie die Eingabe mit *OK*.
12. Aktivieren Sie auf der Registerkarte *Erweiterungen* noch die Kontrollkästchen *In Sperrlisten einbeziehen …* und *In CDP-Erweiterung des ausgestellten Zertifikats einbeziehen*.

Abbildg. 28.11 Anpassen der Zertifizierungsstelle für DirectAccess

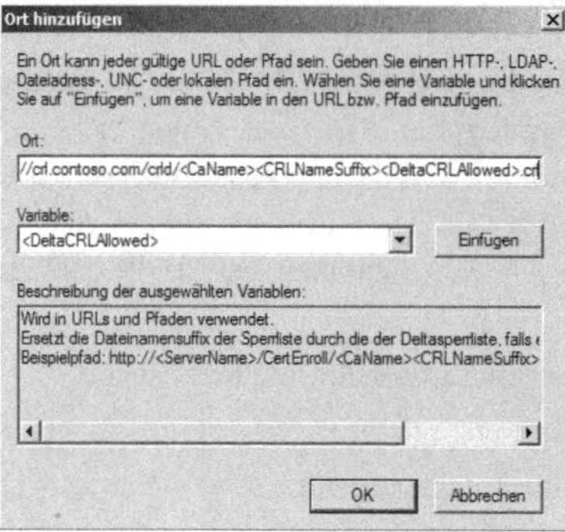

13. Klicken Sie anschließend noch mal auf *Hinzufügen*.
14. Geben Sie bei Ort *\\<DirectAccess-Server>\crldist$* ein. In der Testumgebung, die wir am Ende des Kapitels installieren, trägt der DirectAccess-Server den Namen *DA1*. Die versteckte Freigabe *crldist$* erstellen Sie bei der Installation des DirectAccess-Servers.

Abbildg. 28.12 Konfigurieren eines hinzugefügten Orts zu den Sperrlisten der Zertifizierungsstelle

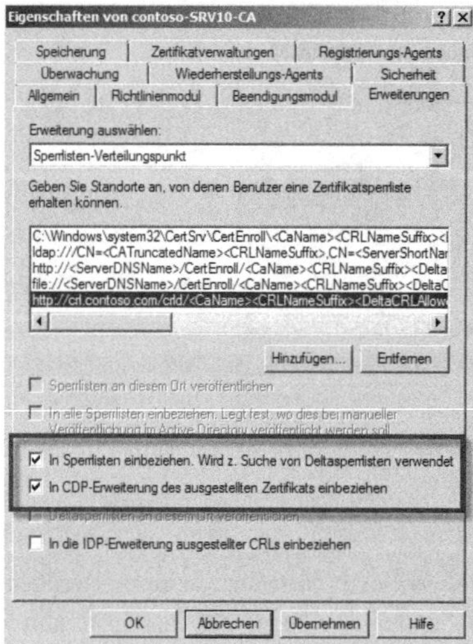

15. Wählen Sie dann bei *Variable* den Wert *<CAName>* aus und klicken Sie auf *Einfügen*.
16. Wählen Sie erneut bei *Variable* den Wert *<CRLNameSuffix>* aus und klicken Sie auf *Einfügen*.
17. Wählen Sie zusätzlich bei *Variable* den Wert *<DeltaCRLAllowed>* aus und klicken Sie auf *Einfügen*.
18. Geben Sie am Ende der Adresse bei Ort noch *.crl* ein (mit dem Punkt am Anfang).
19. Bestätigen Sie die Eingabe mit *OK*.
20. Aktivieren Sie auf der Registerkarte *Erweiterungen* noch die Kontrollkästchen *Sperrlisten an diesem Ort veröffentlichen* und *Deltasperrlisten an diesem Ort veröffentlichen*.
21. Klicken Sie auf *OK* und lassen Sie den Systemdienst der Active Directory-Zertifikatdienste neu starten.

Automatische Registrierung von Zertifikaten konfigurieren

Im nächsten Schritt konfigurieren Sie das automatische Registrieren von Zertifikaten. Diese Möglichkeit ist nicht nur bei DirectAccess sinnvoll, sondern bei allen Aufgaben, bei denen auf den Clientcomputern automatisch bestimmte Zertifikate installiert werden sollen. Dazu verwenden Sie am besten eine Gruppenrichtlinie, die Sie an die Geräte anbinden, die automatisch Zertifikate erhalten sollen:

1. Navigieren Sie in der Bearbeitung der Richtlinie zu *Computerkonfiguration/Richtlinien/Windows-Einstellungen/Sicherheitseinstellungen/Richtlinien für öffentliche Schlüssel.*
2. Klicken Sie mit der rechten Maustaste auf *Einstellungen der automatischen Zertifikatanforderung* und wählen Sie *Neu/Automatische Zertifikatanforderung.*

Abbildg. 28.13 Erstellen einer neuen automatischen Zertifikatsanforderung

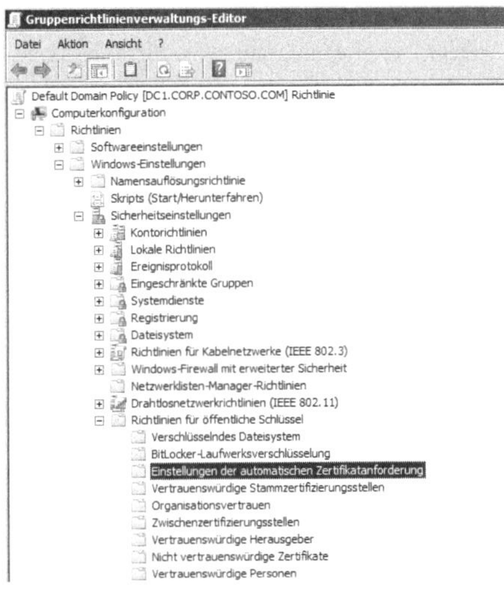

3. Wählen Sie auf der Seite *Zertifikatvorlage* die Option *Computer* aus und schließen Sie die Erstellung ab.
4. Schließen Sie die Bearbeitung der Richtlinie wieder.

Abbildg. 28.14 Auswählen einer Zertifikatvorlage für die automatische Registrierung

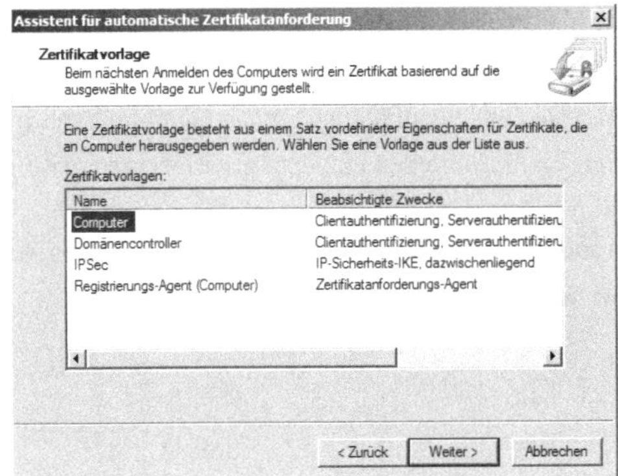

DirectAccess-Server vorbereiten

Der DirectAccess-Server verfügt über mindestens zwei Netzwerkverbindungen. Eine Verbindung ist mit dem internen Netzwerk verbunden, die andere mit dem Internet. Benennen Sie diese Verbindungen auch am besten entsprechend. Damit IPV6-Verbindungen über IPv4-Tunnel über Teredo funktionieren, müssen Sie für die externe Netzwerkkarte zwei verschiedene IP-Adressen angeben. Diese Adressen benötigen die Clients, um den NAT-Typ festzustellen, hinter dem sie sich befinden. Zur Authentifizierung mit Active Directory sollten Sie den DirectAccess-Server als Mitglied zur Domäne konfigurieren. Auf dem DirectAccess-Server müssen Sie noch die Rolle *Webserver (IIS)* in den Standardeinstellungen installieren.

DirectAccess-Server an die Zertifikatdienste anbinden

Im Anschluss konfigurieren Sie den Webdienst auf dem DirectAccess-Server, damit dieser als Verteilungspunkt für die Sperrliste der Zertifikate dienen kann. Gehen Sie dazu folgendermaßen vor:

1. Rufen Sie den Internetinformationsdienste-Manager auf dem DirectAccess-Server auf.
2. Klicken Sie mit der rechten Maustaste auf *Default Web Site* und wählen Sie *Virtuelles Verzeichnis hinzufügen*.
3. Bei *Alias* geben Sie *CRLD* ein, die entsprechende Adresse haben Sie zuvor in die Zertifikatdienste integriert, wie wir Ihnen in den vorangegangenen Abschnitten gezeigt haben.
4. Bei *Physikalischer Pfad* klicken Sie auf die Schaltfläche zum *Durchsuchen*.
5. Erstellen Sie direkt auf der Festplatte C: ein neues Verzeichnis mit der Bezeichnung *CRLDist*.

Abbildg. 28.15 Erstellen eines neuen virtuellen Verzeichnisses in IIS

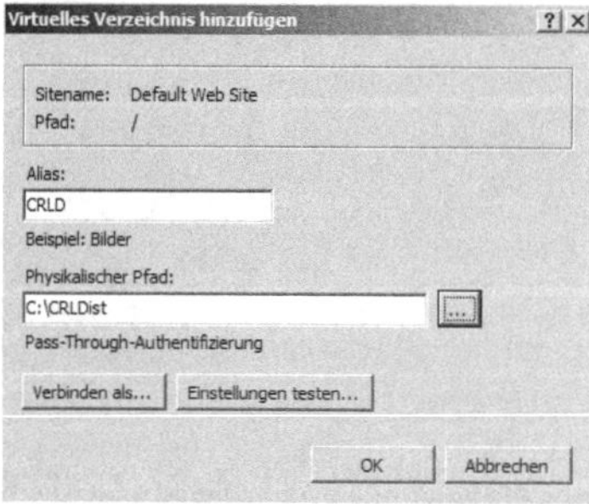

6. Bestätigen Sie die Erstellung mit *OK*.
7. Klicken Sie im mittleren Bereich der IIS-Konsole doppelt auf den Menüpunkt *Verzeichnis durchsuchen*.
8. Im Aktionsbereich auf der rechten Seite klicken Sie auf *Aktivieren*.
9. Klicken Sie dann im linken Bereich der Konsole auf das virtuelle Verzeichnis *CRLD*.
10. Im mittleren Bereich der Konsole klicken Sie doppelt auf *Konfigurations-Editor* im Bereich *Verwaltung*.
11. Wählen Sie im folgenden Fenster im Bereich *Abschnitt* den Punkt *system.webServer/security/authentication/requestfiltering* aus.
12. Wählen Sie dann im mittleren Bereich auf *allowDoubleEscaping* und setzen Sie den Wert von *False* auf *True*.
13. Klicken Sie anschließend im Aktionsbereich ganz oben auf *Übernehmen*.

Abbildg. 28.16 Konfigurieren der Authentifizierung des neuen virtuellen Verzeichnisses

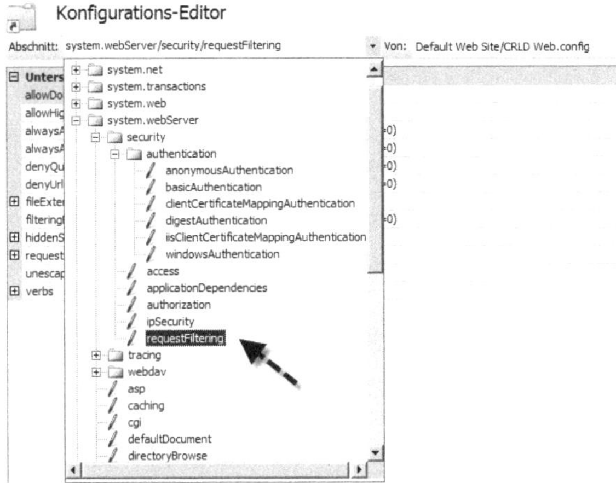

Anschließend müssen Sie das erstellte Verzeichnis für das virtuelle Verzeichnis noch anpassen:

1. Rufen Sie dazu im Explorer die Eigenschaften des Verzeichnisses *CRLDist* auf.
2. Wechseln Sie zur Registerkarte *Freigabe*.
3. Klicken Sie auf *Erweiterte Freigabe*.
4. Aktivieren Sie die Option *Diesen Ordner freigeben*.
5. Tragen Sie hinter dem Freigabenamen noch ein $-Zeichen ein. Dieses bewirkt, dass die Freigabe zwar vorhanden ist, aber vom Server versteckt wird, sodass kein zufälliger Aufruf stattfinden kann.
6. Klicken Sie dann auf *Berechtigungen*.
7. Klicken Sie auf *Hinzufügen*.
8. Klicken Sie auf *Objekttypen* und wählen *Computer* aus.
9. Wählen Sie den Server aus, auf dem Sie die Zertifizierungsstelle installiert haben, idealerweise direkt der Domänencontroller. Bestätigen Sie das Fenster mit *OK*.
10. Geben Sie dem Computer als Recht *Vollzugriff*. Geben Sie dem Computer auch auf der Registerkarte *Sicherheit* im Dateisystem Vollzugriff.
11. Bestätigen Sie die Eingaben.

Zertifikatsperrliste (CRL) auf dem DirectAccess-Server veröffentlichen

Um die Zertifikatsperrliste zu veröffentlichen, gehen Sie folgendermaßen vor:

1. Melden Sie sich am Server an, auf dem Sie die Zertifizierungsstelle installiert haben.
2. Rufen Sie die Verwaltungskonsole *Zertifizierungsstelle* auf.
3. Klicken Sie mit der rechten Maustaste auf *Gesperrte Zertifikate*.
4. Wählen Sie *Alle Aufgaben/Veröffentlichen*.
5. Wählen Sie als Option *Neue Sperrliste* aus und bestätigen Sie mit *OK*.

Abbildg. 28.17 Veröffentlichen der Zertifikatsperrliste

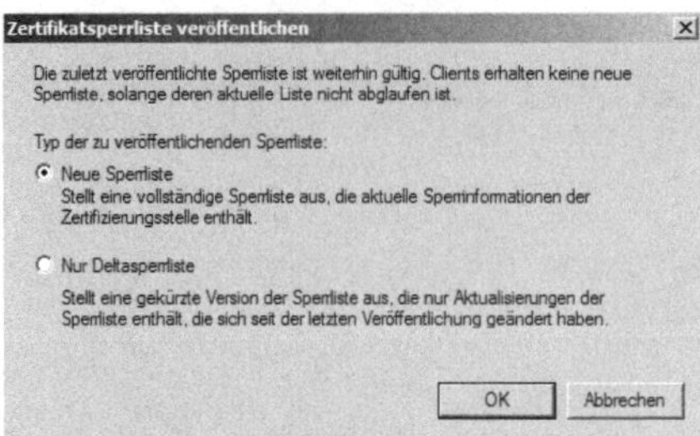

Fehler in der Zertifikatsperrliste beheben

Sie können die Veröffentlichung überprüfen, indem Sie das Verzeichnis CRLDist auf dem DirectAccess-Server aufrufen. Im Verzeichnis muss sich die Sperrliste befinden. Funktioniert die Veröffentlichung nicht, überprüfen Sie in der Ereignisanzeige auf dem Server, auf dem Sie die Zertifizierungsstelle installiert haben, über *Benutzerdefinierte Ansichten/Serverrollen/Active Directory-Zertifikatdienste*, ob Fehler vorhanden sind. Hier sehen Sie die Meldungen der Zertifizierungsstellen. Erscheinen hier Fehler, sehen Sie woran das Problem liegt.

Kann die Zertifizierungsstelle zum Beispiel nicht die Freigabe erreichen, sollten Sie die Berechtigungen der Freigabe und der NTFS-Berechtigungen der Freigabe überprüfen. Testen Sie auch, ob die Freigabe funktioniert, indem Sie diese aufrufen. Geben Sie im Internet Explorer die Adresse ein, die Sie in den Eigenschaften der Zertifizierungsstelle auf der Registerkarte *Erweiterungen* eingegeben haben, in diesem Beispiel *http://crl.contoso.com/crld*. Das Verzeichnis sollte sich öffnen lassen. Stellen Sie sicher, dass der Eintrag *crl* in DNS registriert ist und auf die richtige IP-Adresse zeigt.

Mit *nslookup crl.contoso.com* können Sie testen, ob die Namensauflösung funktioniert. Funktionieren die Berechtigungen auf die Freigabe nicht, geben Sie der Gruppe *Authentifizierte Benutzer* Vollzugriff, um zu testen, ob durch die Berechtigungen des Computerkontos der Zugriff gesperrt ist.

Abbildg. 28.18 Das Verzeichnis der Zertifikatsperrliste muss sich im Browser öffnen lassen

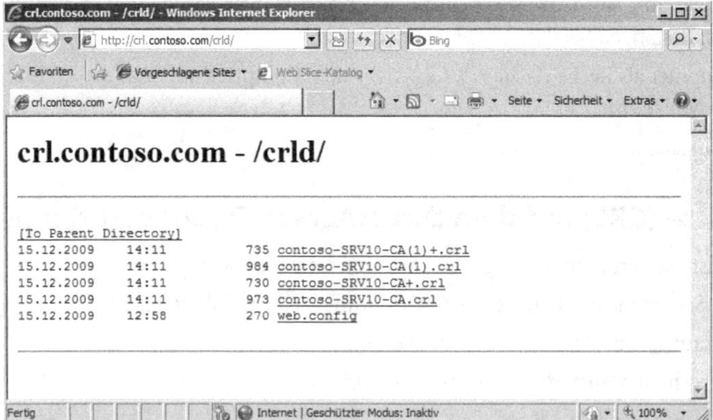

DirectAccess-Server ein zusätzliches Zertifikat zuweisen

Im nächsten Schritt weisen Sie dem DirectAccess-Server ein zusätzliches Zertifikat hinzu. Gehen Sie dazu folgendermaßen vor:

1. Geben Sie im Suchfeld des Startmenüs den Befehl *mmc* ein und bestätigen Sie.
2. Klicken Sie auf *Datei/Snap-In hinzufügen/entfernen.*
3. Wählen Sie *Zertifikate* aus.
4. Wählen Sie *Computerkonto* und dann das lokale Computerkonto aus.
5. Erweitern Sie in der Konsole *Zertifikate/Eigene Zertifikate/Zertifikate.*
6. Klicken Sie mit der rechten Maustaste auf *Zertifikate* und wählen Sie im Kontextmenü *Alle Aufgaben/Neues Zertifikat anfordern.*
7. Klicken Sie auf *Weiter* und auf der nächsten Seite noch mal auf *Weiter.*
8. Wählen Sie das Zertifikat *Webserver 2008* aus, das Sie zuvor erstellt haben.
9. Klicken Sie auf *Es werden zusätzliche Informationen für diese Zertifikatregistrierung benötigt.*
10. Wählen Sie im Abschnitt *Antragstellername* unter *Typ* die Option *Allgemeiner Name* aus.
11. Geben Sie bei *Wert* den FQDN des DirectAccess-Servers ein, verwenden Sie als Domäne aber die Domäne, die über das Internet aufgelöst werden kann, zum Beispiel Ihre öffentliche Domäne. Im Workshop zur Einrichtung von DirectAccess in diesem Kapitel verwenden Sie zum Beispiel den Namen *da1.contoso.com.*
12. Klicken Sie auf *Hinzufügen.*
13. Wählen Sie im Abschnitt *Alternativer Name* unter *Typ* die Option *DNS* aus.
14. Geben Sie bei *Wert* den gleichen FQDN des DirectAccess-Servers ein wie bei *Allgemeiner Name.*
15. Klicken Sie auf *Hinzufügen.*

Abbildg. 28.19 Konfigurieren der Eigenschaften eines Zertifikats

16. Klicken Sie auf *OK.*
17. Klicken Sie auf *Registrieren* und schließen Sie die Registrierung ab.
18. Stellen Sie sicher, dass bei dem Zertifikat in der Spalte *Beabsichtige Zwecke* die Option *Serverauthentifizierung* hinterlegt ist. Als Name hat das Zertifikat die Bezeichnung, die Sie angegeben haben. Für die Testumgebung am Ende des Kapitels verwenden Sie *da1.contoso.com.*
19. Rufen Sie die Eigenschaften des Zertifikats auf.

20. Geben Sie bei Anzeigename *IP-HTTPS-Zertifikat* ein. Bei der Einrichtung von DirectAccess zeigt der Assistent den Anzeigenamen an. Die Clients benötigen das Zertifikat für eine Anbindung per HTTPS.
21. Bestätigen Sie mit *OK* und schließen Sie alle Fenster.

Interne Server für den Zugriff über DirectAccess konfigurieren – Infrastrukturserver

Auf den Servern, mit denen DirectAccess-Clients eine Verbindung aufbauen können, hinterlegen Sie ein neues Zertifikat, das als Name den Zugriff enthält, über das Computer zugreifen, in diesem Beispiel Exchange Server 2010 mit dem Servernamen *x2k10.contoso.com*. Weisen Sie das Zertifikat genau auf dem gleichen Weg zu, wie das zusätzliche Zertifikat des DirectAccess-Servers im vorangegangenen Abschnitt.

Verwenden Sie als *Allgemeiner Name* und als *DNS-Name* den vollqualifizierten Domänennamen (FQDN) des Servers. Außerdem muss ein interner Server im Netzwerk oder der DirectAccess-Server selbst als sogenannter Infrastrukturserver konfiguriert sein. Zu diesem baut der DirectAccess-Client eine Verbindung auf, um die Anbindung an das Firmennetzwerk zu verifizieren. Auf dem Server muss die Rolle *Webserver* mit Standardeinstellungen installiert sein. Außerdem müssen Sie auf dem Server SSL als Verbindung für die *Default Web Site* konfiguriert haben.

Abbildg. 28.20 Erstellen einer SSL-Bindung für die Default Web Site

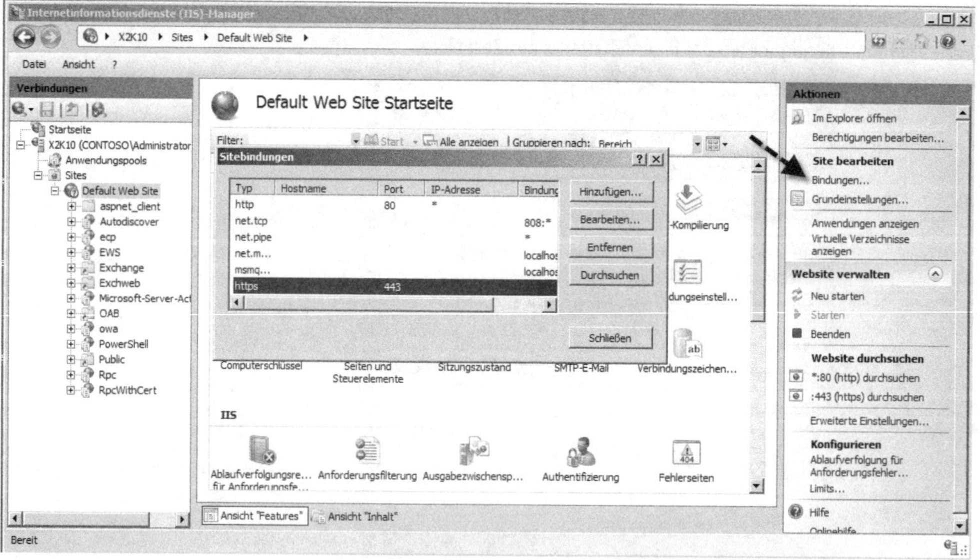

Achten Sie darauf, dass Sie in den Eigenschaften der Bindung kein selbstsigniertes Zertifikat verwenden, sondern das Zertifikat, das von der internen Stammzertifizierungsstelle ausgestellt wurde.

Clientkonfiguration für DirectAccess

Damit Clients eine Verbindung per DirectAccess aufbauen können, müssen Sie diese mit Windows 7 Professional, Enterprise oder Ultimate Edition installieren. Die Clients müssen Verbindung zum Internet haben. Damit DirectAccess korrekt funktioniert, muss der Client Mitglied der Active Directory-Domäne sein. Wichtig ist, dass dem Client automatisch ein Zertifikat der Zertifizierungsstelle zugewiesen wurde. Sie können die Zuweisung folgendermaßen überprüfen:

1. Geben Sie im Suchfeld des Startmenüs den Befehl *mmc* ein und bestätigen Sie.
2. Klicken Sie auf *Datei/Snap-In hinzufügen/entfernen.*
3. Wählen Sie *Zertifikate* aus.
4. Wählen Sie *Computerkonto* und dann das lokale Computerkonto aus.
5. Erweitern Sie in der Konsole den Knoten *Zertifikate/Eigene Zertifikate/Zertifikate.*
6. Hier muss sich ein Zertifikat befinden, welches als Verwendungszweck sowohl die Client- als auch die Serverauthentifizierung hat.

Abbildg. 28.21 Überprüfen des Zertifikats auf dem Client

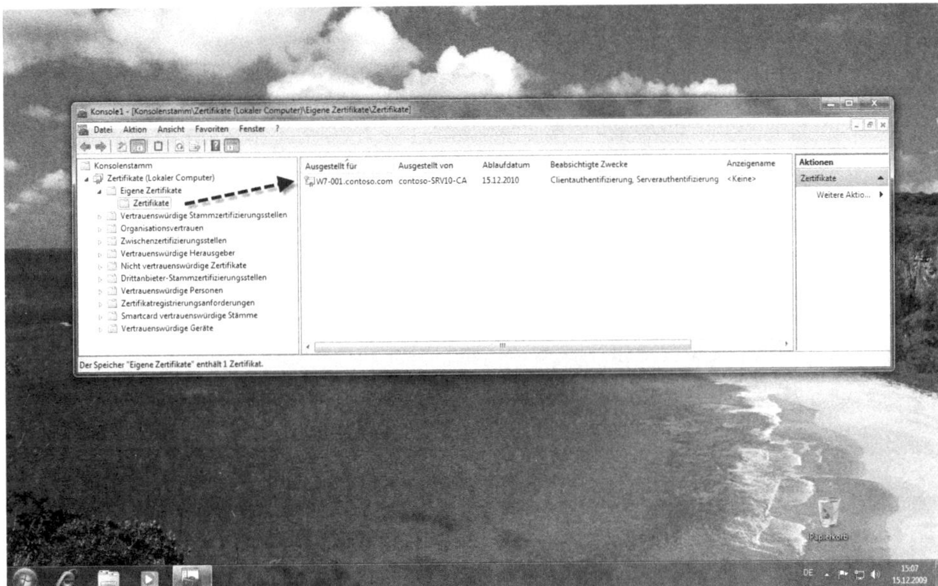

DirectAccess installieren und konfigurieren

Nachdem Sie die notwendigen Vorbereitungen im Netzwerk getroffen haben, können Sie DirectAccess auf dem entsprechenden Server installieren. Die Installation erfolgt als Feature im Server-Manager. Installieren Sie dieses Feature auf dem DirectAccess-Server. Wählen Sie das Feature *DirectAccess-Verwaltungskonsole* aus. DirectAccess hat nichts mit Routing- und Remotezugriff zu tun, sondern Sie benötigen nur die Verwaltungskonsole, um die beteiligten Dienste miteinander zu verbinden. Die Einrichtung erfolgt nach der Installation über einen Assistenten.

Abbildg. 28.22 Installieren von DirectAccess als Feature

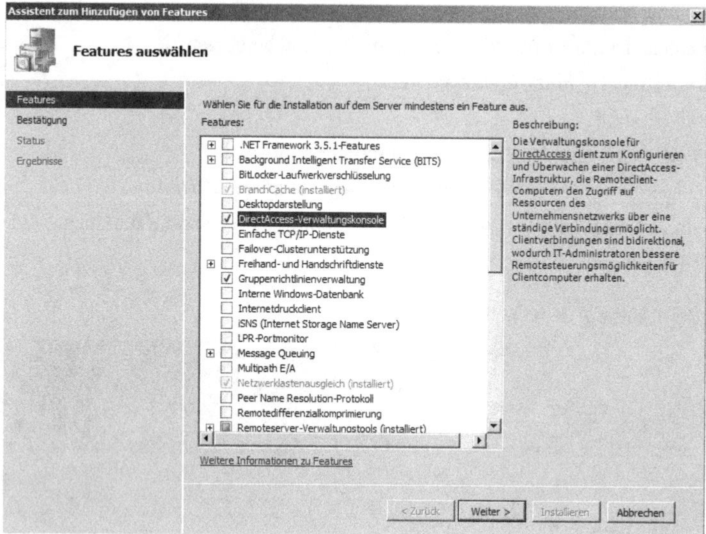

Nach der Installation des Features starten Sie zunächst die Verwaltungskonsole *DirectAccess-Verwaltung* in der Programmgruppe *Verwaltung*. Sie starten die Konsole auch, wenn Sie *damgmt.msc* im Suchfeld des Startmenüs eingeben. Um DirectAccess einzurichten, gehen Sie folgendermaßen vor:

1. Klicken Sie in der DirectAccess-Verwaltungskonsole auf *Setup*.
2. Es öffnet sich der Einrichtungs-Assistent von DirectAccess.

Abbildg. 28.23 Starten des Einrichtungs-Assistenten für DirectAccess

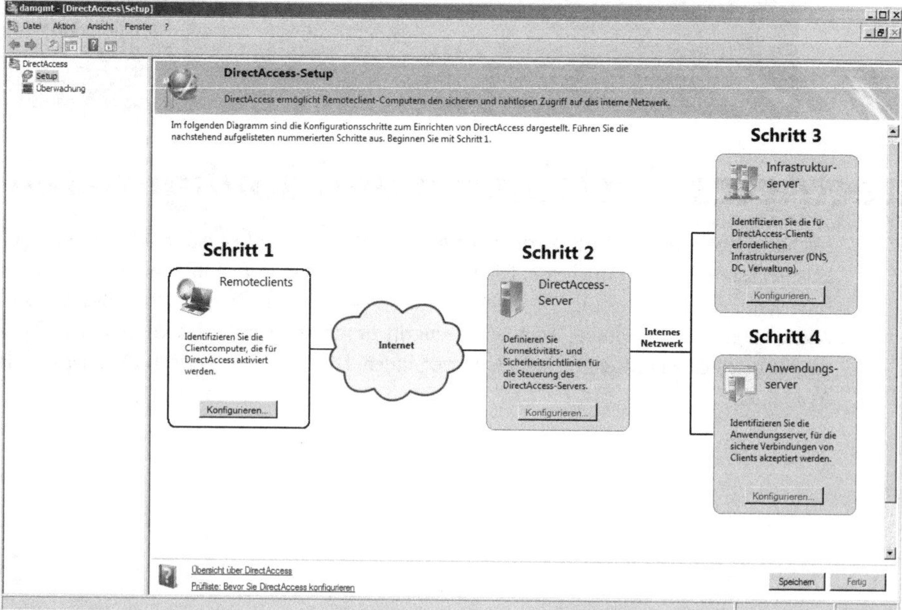

3. Klicken Sie zunächst bei *Schritt 1 – Remoteclients* auf die Schaltfläche *Konfigurieren.*
4. Wählen Sie hier die Sicherheitsgruppe aus, welche die Computerkonto enthält, die sich per DirectAccess einwählen dürfen. Diese Gruppe müssen Sie zuvor manuell anlegen und die entsprechenden Computerkonten aufnehmen. Sie können die Einstellungen über den Assistent jederzeit wieder anpassen.

Abbildg. 28.24 Beim Einrichten von DirectAccess legt der Assistent automatisch Gruppenrichtlinien an

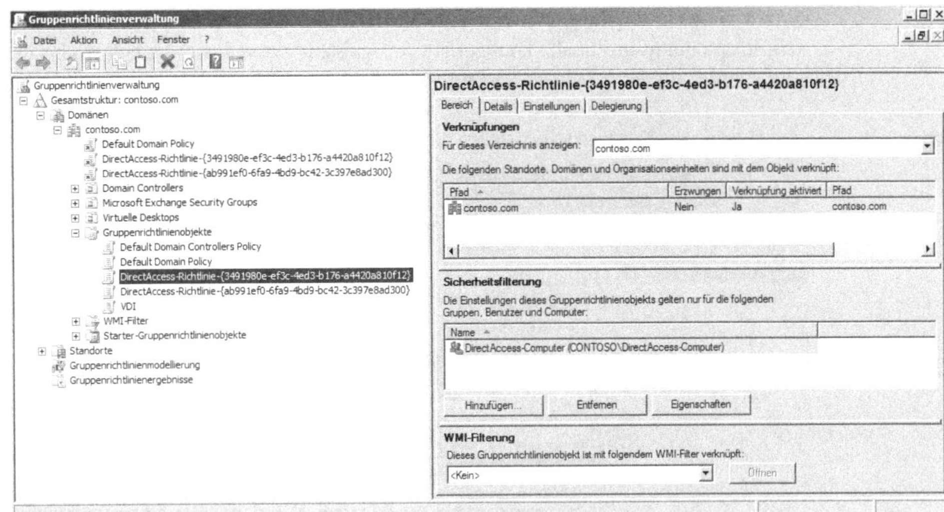

5. Der Einrichtungs-Assistent von DirectAccess erstellt automatisch Gruppenrichtlinien, welche die Konfiguration der Clients und der Server im Netzwerk vornehmen. Die Richtlinien lassen sich in der Gruppenrichtlinienverwaltung anzeigen. Auf der Registerkarte *Bereich* sehen Sie unter *Sicherheitsfilterung* jeweils, auf welche Computer die entsprechende Richtlinie von Active Directory angewendet wird. Alle notwendigen Einstellungen in den Richtlinien nimmt der Installations-Assistent automatisch vor.

Abbildg. 28.25 Hinzufügen von Computergruppen, die per DirectAccess auf das Netzwerk zugreifen dürfen

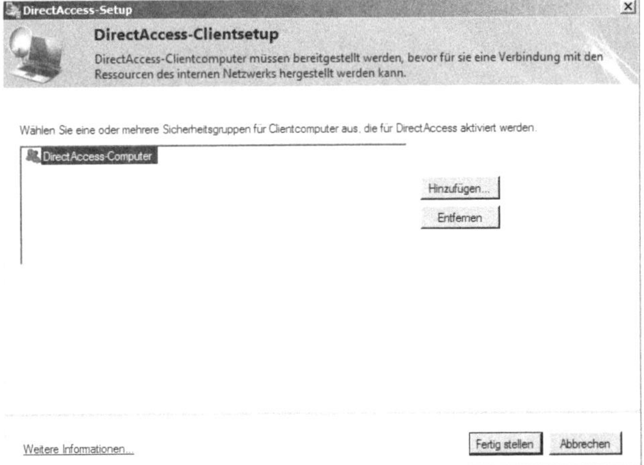

6. Klicken Sie als Nächstes bei *Schritt 2 – DirectAccess-Server* auf *Konfigurieren.*
7. Wählen Sie im Bereich *Mit dem Internet verbundene Schnittstelle* die Netzwerkverbindung aus, die Sie als externe Netzwerkverbindung konfiguriert haben.
8. Geben Sie dann bei *Mit dem internen Netzwerk verbundene Schnittstelle* die interne Schnittstelle an. Erhalten Sie eine Fehlermeldung, dass bei der internen Netzwerkkarte kein DNS-Suffix hinterlegt ist, fügen Sie das DNS-Suffix der internen Domänen in den erweiterten Einstellungen für IPv4 hinzu. Auf dieser Seite können Sie auch die Authentifizierung per Smartcard konfigurieren. Haben Sie noch kein IPv6 im Netzwerk im produktiven Einsatz, konfiguriert der Assistent automatisch die entsprechenden Adressen und Einstellungen auf den beteiligten Servern.

Abbildg. 28.26 Konfigurieren der Netzwerkschnittstellen für DirectAccess

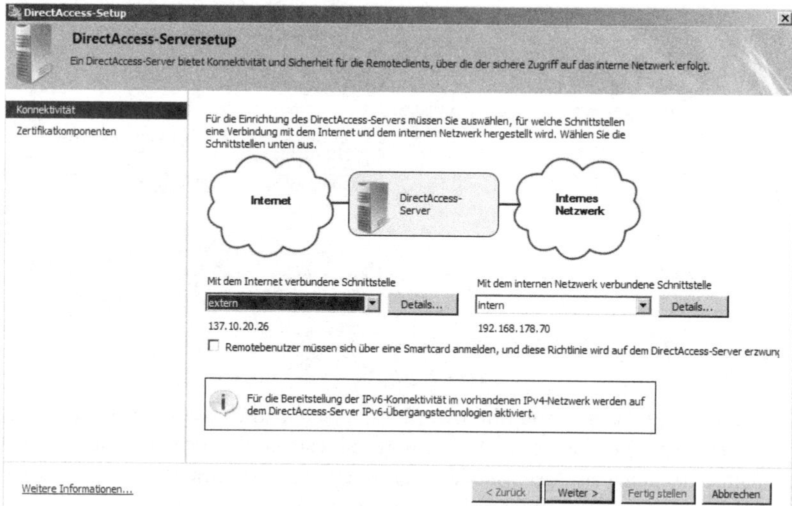

9. Klicken Sie auf *Weiter,* um die *Zertifikatkomponenten* zu konfigurieren.
10. Wählen Sie bei *Wählen Sie das Stammzertifikat aus, mit dem sich Remoteclientzertifikate verketten müssen* das Zertifikat der Stammzertifizierungsstelle aus, also das interne Zertifikat der Zertifizierungsstelle.

Abbildg. 28.27 Auswählen des Zertifikats der Stammzertifizierungsstelle

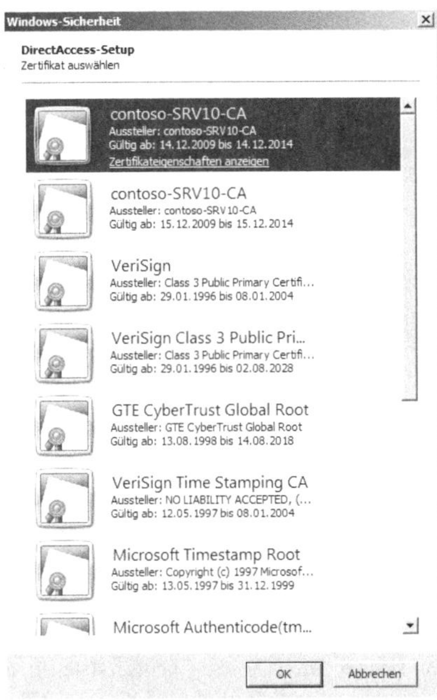

11. Wählen Sie als Nächstes das Zertifikat aus, mit dem sich Computer über HTTPS verbinden können. Verwenden Sie dazu das Zertifikat, das Sie zuvor als IP-HTTPS-Zertifikat angelegt haben.

Abbildg. 28.28 Auswählen des HTTPS-Zertifikats für DirectAccess

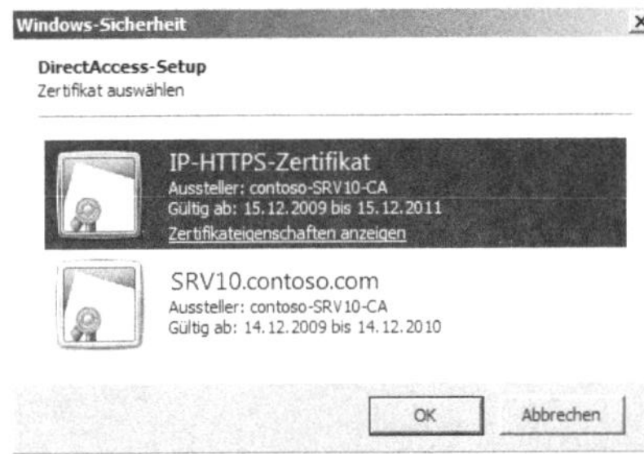

12. Stellen Sie sicher, dass die Zertifikate korrekt hinterlegt sind, und klicken Sie auf *Fertig stellen*. Auch diese Einstellungen können Sie nachträglich anpassen.

Abbildg. 28.29 Abschließen der Zertifikatekonfiguration für DirectAccess

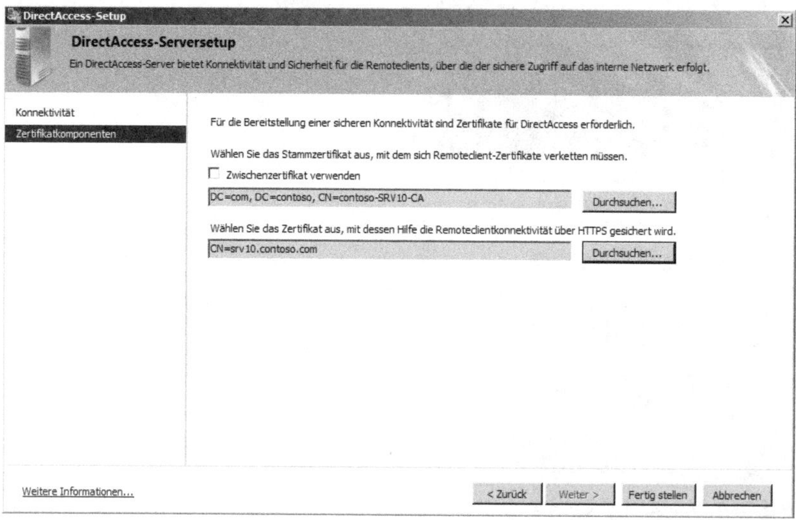

13. Klicken Sie als Nächstes bei *Schritt 3 – Infrastrukturserver* auf *Konfigurieren.*
14. Über einen Verbindungsaufbau zu diesem Server können DirectAccess-Clients feststellen, ob Sie sich intern verbinden oder über das Internet. Da der Server nur von intern erreichbar ist, wissen Clients, dass sie sich extern des Netzwerks befinden, wenn sie den Server nicht erreichen können. Im Grunde genommen ist der Infrastrukturserver oder auch Netzwerkadressenserver nur ein normaler Webserver.

Abbildg. 28.30 Konfigurieren des Infrastrukturservers für DirectAccess

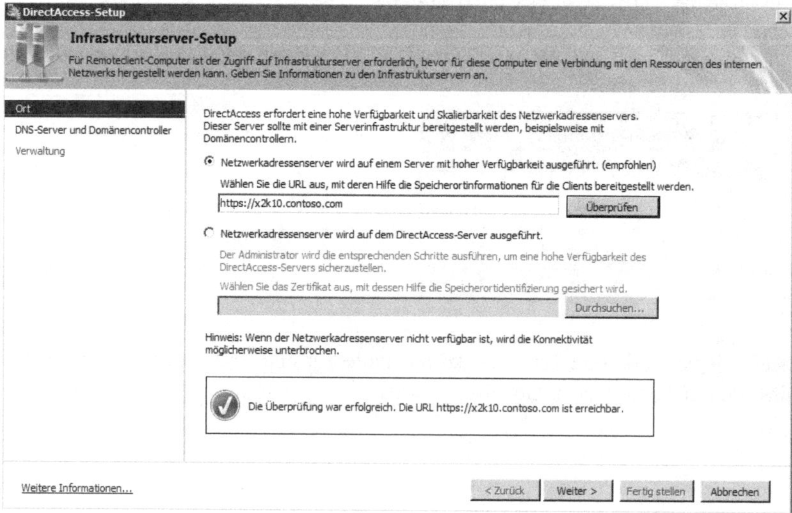

15. Wählen Sie als Nächstes die URL des Servers aus. Sie können entweder einen dedizierten internen Server als Infrastrukturserver oder den DirectAccess-Server selbst verwenden. Nutzen Sie einen internen Server, stellen Sie sicher, dass auf dem Server der Rollendienst *Webserver* installiert und für die *Default Web Site* HTTPS aktiviert ist. Als Zertifikat für SSL verwenden Sie das Computerzertifikat von der internen Stammzertifizierungsstelle. Klicken Sie auf *Überprüfen*, können Sie feststellen, ob DirectAccess die Verbindung akzeptiert. Verwenden Sie den DirectAccess-Server selbst als Netzwerkadressenserver (Infrastrukturserver), müssen Sie zuvor noch den Webserver-Rollendienst *IP- und Domäneneinschränkungen* installiert haben.
16. Auf der nächsten Seite wählen Sie das Namensuffix für die interne Domäne aus. Stellen Sie auch sicher, dass für den Server eine IPv6-Adresse hinterlegt ist. Belassen Sie die Einstellung auf der Option *Lokale Namensauflösung verwenden*, wenn der Name nicht in DNS vorhanden ist oder die DNS-Server nicht verfügbar sind. Wenn Sie bereits IPv6 im Netzwerk verwenden, können Sie auf der Seite *Präfixkonfiguration* das 48-Bit-IPv6-Adresspräfix angeben, das für das gesamte interne Netzwerk verwendet wird. Sie müssen ein 48-Bit-Präfix verwenden.

    Der DirectAccess-Setup-Assistent verwendet ein Standardpräfix basierend auf der ersten globalen IPv6-Adresse, die der internen Netzwerkschnittstelle zugewiesen ist. Wenn der internen Netzwerkschnittstelle mehrere IPv6-Adressen zugewiesen sind und Sie nicht das Präfix der ersten Adresse verwenden möchten, die der internen Netzwerkschnittstelle zugewiesen ist, können Sie das richtige Präfix manuell angeben. Der Assistent konfiguriert ein 64-Bit-Präfix für IP-HTTPS-Verbindungen, welches zwingend vorausgesetzt wird. Das 64-Bit-Präfix muss auf dem 48-Bit-Präfix für das interne Netzwerk basieren.
17. Klicken Sie bei der Registerkarte *Verwaltung* auf *Fertig stellen.*
18. Klicken Sie dann bei *Schritt 4 – Anwendungsserver* auf *Konfigurieren* und direkt auf *Fertig stellen*. Sie können auf Wunsch in diesem Fenster weitere Konfiguration zu unterschiedlichen Servern im Netzwerk vornehmen.

Abbildg. 28.31 Festlegen der DNS-Suffixe und internen Domänencontrollern

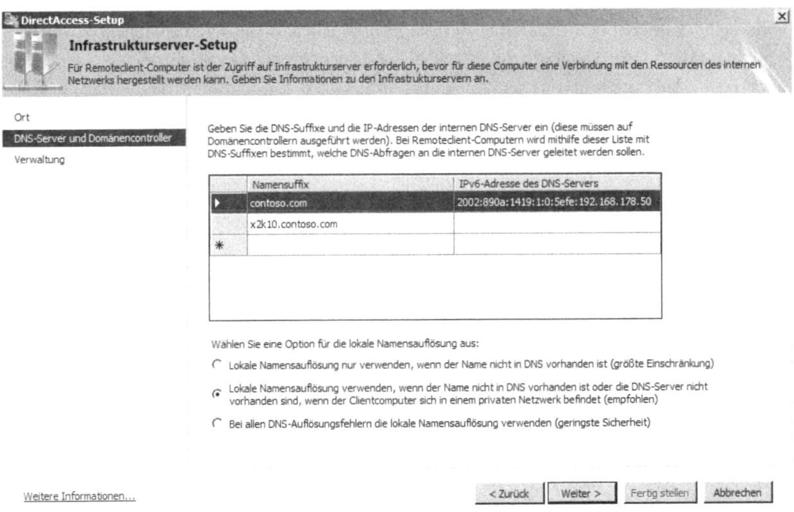

19. Klicken Sie auf *Speichern* und dann *Fertig*, um die Einstellungen festzulegen, und anschließend auf *Übernehmen*. Sie erhalten eine Zusammenfassung der Einstellungen angezeigt und können diese durch *Übernehmen* abschließen. Anschließend konfiguriert der Assistent den DirectAccess-Server und Sie erhalten eine Meldung, dass die Konfiguration abgeschlossen und erfolgreich übernommen wurde.

Abbildg. 28.32 Abschließen der DirectAccess-Konfiguration

Im nächsten Schritt konfigurieren Sie den Infrastrukturserver als ISATAP-Host, der für die Verbindung des IPv6-Verkehrs über IPv4 zuständig ist. Sie müssen dazu auf dem Server noch die IPv6-Einstellungen aktualisieren. Öffnen Sie dafür auf dem Infrastrukturserver eine Befehlszeile mit Administratorrechten und geben Sie den Befehl *net stop iphlpsvc* und dann *net start iphlpsvc* ein. Der Befehl startet den IP-Helper auf dem Server neu, sodass die Änderungen des DirectAccess-Setupagenten erfolgreich eingelesen werden. Führen Sie den Befehl auch auf dem Domänencontroller sowie dem DirectAccess-Server durch.

Stellen Sie über *IPconfig* auf dem DNS-Server und Domänencontroller sicher, dass automatisch die IPv6-IP-Adresse zugewiesen ist, die Sie bei der Einrichtung des Infrastrukturservers (Schritt 3) gesehen haben. Sie können sich diese Adresse jederzeit in der DirectAccess-Verwaltungskonsole anzeigen lassen. Über diese IPv6-Adresse lösen DirectAccess-Clients interne Namen der Server auf.

Abbildg. 28.33 Überprüfen der IPv6-Adresse des DNS-Servers

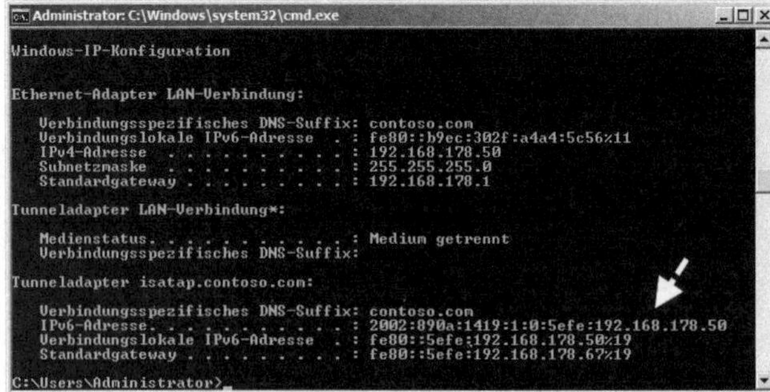

Sie können die komplette Konfiguration der DirectAccess-Infrastruktur auch überprüfen, indem Sie in der DirectAccess-Konsole auf *Überwachung* klicken. Hier können Sie alle beteiligten Serverkomponenten anzeigen lassen.

Abbildg. 28.34 In der Überwachungskonsole lassen Sie sich die Konfiguration anzeigen und können diese konfigurieren

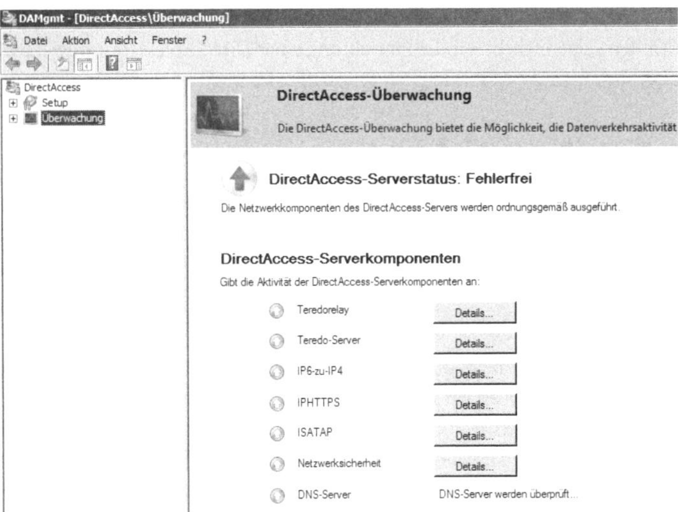

Auch auf dem Client sollten Sie den Befehl ausführen. Außerdem sollten Sie mit *gpupdate /force* die aktuellen Gruppenrichtlinien auf den Client herunterladen.

Abbildg. 28.35 Aktualisieren der Richtlinieneinstellungen auf dem Client und Neustart des IP-Helpers

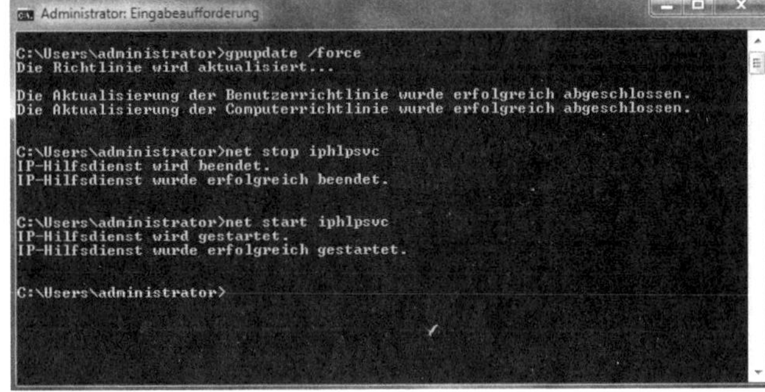

Zwischen dem Domänencontroller und dem Infrastrukturserver sollten Sie mit Ping auf die konfigurierte IPv6-Adresse sicherstellen, dass die Kommunikation funktioniert. Auch vom Client aus sollte sich der Domänencontroller und der Infrastrukturserver über die IPv6-Adresse anpingen lassen. Stellen Sie auch sicher, dass auf dem Client eine entsprechende IPv6-Adresse konfiguriert ist.

Ist der Client mit dem Internet verbunden, können Sie mit *Ping <Infrastrukturserver>* eine Verbindung zum Server über den Tunnel aufbauen. Damit Sie eine Antwort auf die Pinganfragen erhalten, müssen Sie sicherstellen, dass die Firewallregeln für ICMP korrekt gesetzt sind. Standardmäßig blockiert Windows Server 2008 R2 Pinganfragen. Sollten die Anfragen blockiert werden, überprüfen Sie auf den Servern und den beteiligten Computern in der erweiterten Firewallkonsole, ob die erstellten Firewallrichtlinien von der Gruppenrichtlinie auf den lokalen Computer übernommen wurden.

Workshop: Testumgebung für DirectAccess

In den folgenden Abschnitten zeigen wir Ihnen die Einrichtung einer DirectAccess-Testumgebung, mit der Sie sich einen genaueren Überblick über die Möglichkeiten verschaffen können.

Grundlagen des Workshops

In diesem Workshop installieren Sie vier Server mit Windows Server 2008 R2 sowie zwei Clients mit Windows 7 Ultimate, die Sie an DirectAccess anbinden. Die Server werden als Domänencontroller, DirectAccess-Server, Anwendungsserver und als Webserver für Internetzugriff konfiguriert. Ein Windows 7-Client dient zum Aufbau eines NAT, der andere Client baut schließlich eine Verbindung zum DirectAccess-Server auf. Grundlage des Workshops sind die Anleitungen, die wir bereits in diesem Kapitel erörtert haben.

In diesem Workshop geben wir Ihnen aber nicht nur allgemeine Hinweise, sondern eine spezielle Konfiguration an die Hand. Neben den sechs Rechnern arbeiten wir mit drei verschiedenen Subnetzen. Ein Subnetz stellt das Unternehmensnetzwerk dar, das zweite das Internet und das dritte Subnetz ein NAT, über das der DirectAccess-Client eine Verbindung aufbaut. Sie können alle Maschinen auch virtualisieren, zum Beispiel über Hyper-V. Alle Server verfügen über eine Netzwerkkarte mit der Ausnahme des DirectAccess-Servers, der zwei Karten benötigt.

Domänencontroller installieren

Im ersten Schritt installieren Sie auf dem ersten Server Windows Server 2008 R2. Installieren Sie auf dem Server eine Active Directory-Domäne, wie in Kapitel 10 ausführlich behandelt. Auf dem Server installieren Sie auch DNS. Verwenden Sie für den Server folgende Daten:

- Servername: *dc1*
- IP-Adresse = *10.0.0.1*, Subnetz = *255.255.255.0*, kein Standardgateway, bevorzugter DNS-Server = *10.0.0.1*
- DNS-Name der Active Directory-Domäne: *corp.contoso.com*
- In den erweiterten Einstellungen für DNS der IPv4-Verbindung hinterlegen Sie im unteren Feld die DNS-Domäne *corp.contoso.com* als DNS-Suffix für diese Verbindung
- Funktionsebene der Gesamtstruktur: Windows Server 2008 R2

Abbildg. 28.36 Konfigurieren des DNS-Suffixes in den erweiterten DNS-Einstellungen

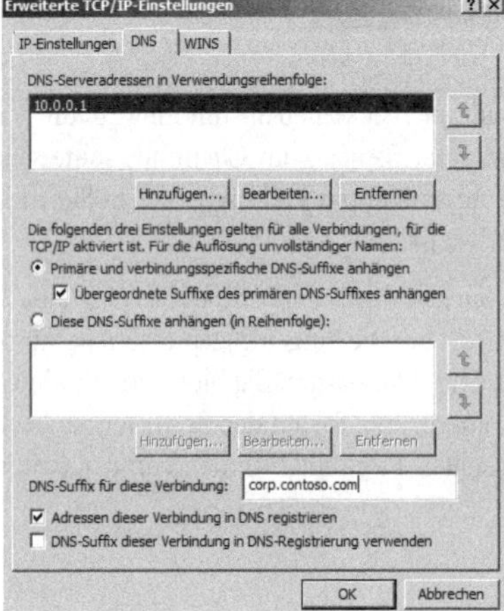

Die Installation von Active Directory nehmen Sie so vor, wie üblich. In Kapitel 10 haben wir bereits erläutert, wie Sie eine neue Domäne in einer neuen Gesamtstruktur installieren.

Nachdem Sie die Domäne installiert haben, legen Sie ein Benutzerkonto an, mit dem Sie sich später an den Mitgliedscomputern anmelden können. Stellen Sie sicher, dass das Benutzerkonto des angelegten Benutzers nicht ausläuft. Nehmen Sie das Konto in die Gruppe der Domänen-Admins auf.

Legen Sie auch eine globale Sicherheitsgruppe an, in die Sie später die Computerkonten aufnehmen, die berechtigt sind, sich über DirectAccess mit dem Netzwerk zu verbinden. Bei der Einrichtung von DirectAccess müssen Sie diese Gruppe angeben. Auf diese Gruppe verlinkt der Einrichtungs-Assistent für DirectAccess später eine Gruppenrichtlinie. Diese wenden nur Mitglieder dieser Gruppe an. Alle anderen Computer dürfen sich nicht über DirectAccess einwählen. In diese Gruppe nehmen Sie später den Testclient auf.

DHCP-Server installieren

Nachdem Sie auf dem Server eine Active Directory-Domäne installiert haben, installieren Sie noch die DHCP-Serverrolle auf dem Domänencontroller:

1. Stellen Sie sicher, dass auf der Seite, auf der Sie die IPv4-Einstellungen vornehmen, die Domäne *corp.contoso.com* als übergeordnete Domäne aufgeführt ist.
2. Als bevorzugter DNS-Server geben Sie die IP-Adresse *10.0.0.1* ein, WINS benötigen Sie nicht.
3. Fügen Sie einen DHCP-Bereich hinzu, wählen Sie den Namen *Corpnet* und wählen Sie die IP-Adressen *10.0.0.100* bis *10.0.0.150* mit der Subnetzmaske *255.255.255.0.*

Abbildg. 28.37 Installieren von DHCP auf dem Domänencontroller

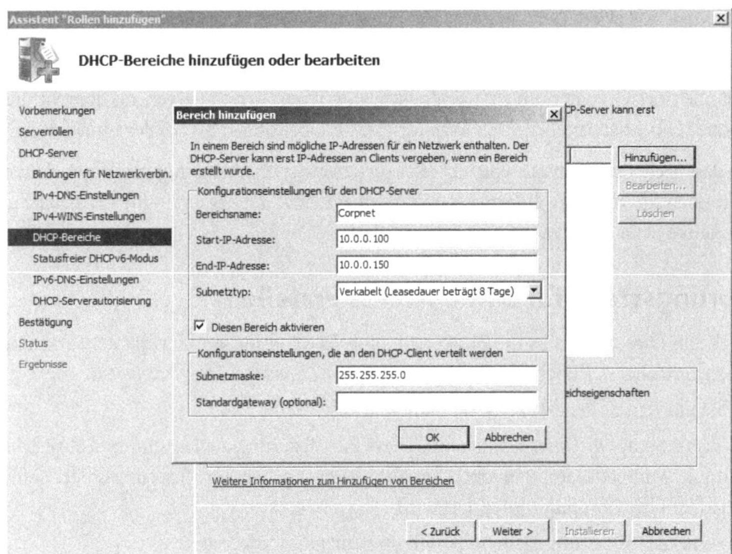

4. Setzen Sie den Wert *Statusfreien DHCPv6-Modus für diesen Server deaktivieren.*
5. Autorisieren Sie den Server in der Active Directory-Domäne.

DNS-Einträge für DirectAccess erstellen

Als Nächstes starten Sie die DNS-Verwaltung und erstellen über das Kontextmenü der Active Directory-Zone einen neuen Host (A)-Eintrag. Wählen Sie als Name *nls* und als IP-Adresse *10.0.0.3*. Bei diesem Eintrag handelt es sich um den Netzwerkadressenserver, über den DirectAccess-Clients feststellen können, ob sie sich mit dem internen Netzwerk oder dem Internet verbunden haben.

Abbildg. 28.38 Erstellen eines neuen Hosteintrags für den Netzwerkadressenserver

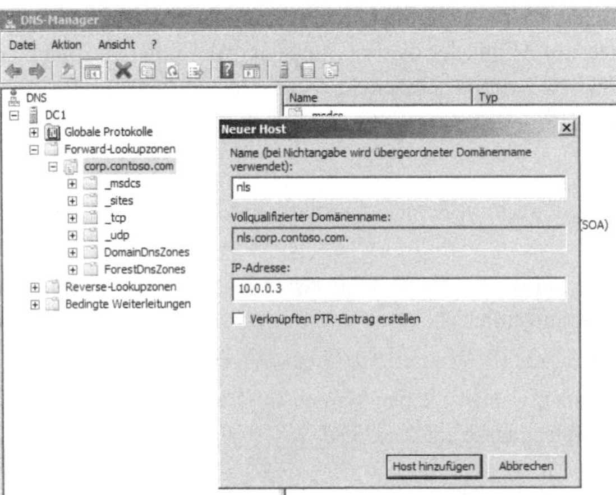

Erstellen Sie als Nächstes auf dem Server eine neue DNS-Zone mit der Bezeichnung *contoso.com*. Innerhalb dieser Zone erstellen Sie einen neuen Host (A)-Eintrag mit der Bezeichnung *crl* und der Adresse *10.0.0.2*. Bei diesem Server handelt es sich später um eine Umleitung zum DirectAccess-Server, auf dem Sie die Liste der ungültigen Zertifikate (CRL) bereitstellen. Den zugehörigen Link benötigen Sie bei der Einrichtung.

Wichtig ist, dass sich die Domäne von der Active Directory-Domäne unterscheidet. In einer produktiven Umgebung können Sie hier Ihre Internetdomäne verwenden. Aktivieren Sie für die neue Zone und auch für Ihre Zone in Active Directory dynamische DNS-Updates.

Zertifizierungsstelle für DirectAccess erstellen

Das Herzstück von DirectAccess ist die Zuweisung und Verwendung von Zertifikaten. Dazu installieren Sie auf dem Domänencontroller *dc1* noch den Rollendienst *Active Directory-Zertifikatdienste*:

1. Wählen Sie nur den Rollendienst *Zertifikatdienste* aus.
2. Wählen Sie als Setuptyp *Unternehmen* aus. Diese Zertifizierungsstellen sind in Active Directory veröffentlicht und alle Mitgliedscomputer der Domäne vertrauen der Zertifizierungsstelle, weil deren Zertifikat automatisch auf die Computer integriert wird.
3. Wählen Sie als Zertifizierungsstellentyp *Stammzertifizierungsstelle* aus.
4. Auf der Seite *Privaten Schlüssel einrichten* wählen Sie die Option *Neuen privaten Schlüssel erstellen*.
5. Belassen Sie alle weiteren Einstellungen auf den Standardvorgaben und installieren Sie die Zertifizierungsstelle.

Abbildg. 28.39 Installieren einer neuen Stammzertifizierungsstelle in Active Directory

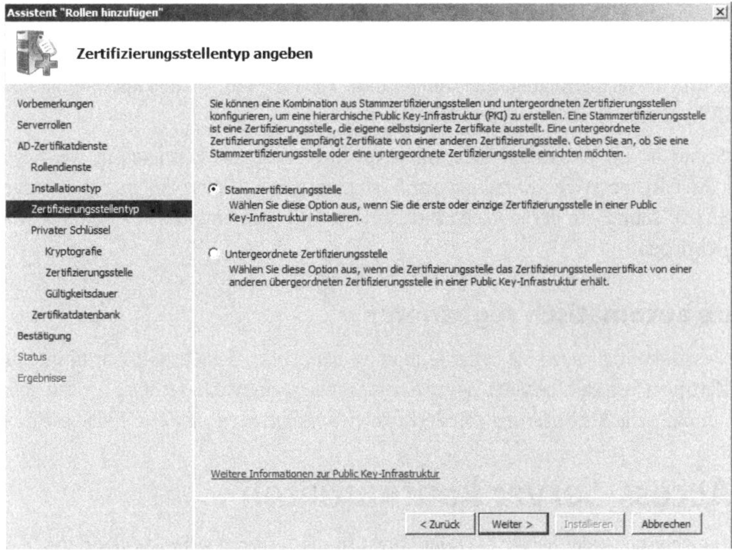

Neue Zertifikatvorlage erstellen und aktivieren

Im nächsten Schritt erstellen Sie eine neue Zertifikatvorlage, die Sie für DirectAccess benötigen. Gehen Sie dazu genau so vor, wie im Abschnitt »Zertifikateinstellungen für DirectAccess festlegen« ab Seite 1058 beschrieben.

Firewallregeln für ICMPv4 und ICMPv6 erstellen

Als Nächstes erstellen Sie Firewallregeln als Gruppenrichtlinie, die am besten auf alle Clients angewendet werden. Bearbeiten Sie dazu die *Default Domain Policy*. Ziel dieser Richtlinie ist, dass ICMP-Antworten durch die Windows-Firewall nicht blockiert werden, damit sich Teredo-Clients über NAT vom Internet per DirectAccess verbinden können. Sie erstellen dazu jeweils zwei eingehende und zwei ausgehende Firewallregeln, jeweils eine für ICMPv4 und ICMPv6. Wie das geht, ist im Abschnitt »Firewallregel für ICMPv4 und ICMPv6 erstellen und aktivieren« ab Seite 1060 beschrieben.

ISATAP-Blockierung auf DC1 deaktivieren

Im nächsten Schritt müssen Sie den DNS-Server in der Domäne konfigurieren und ISATAP (Intra-Site Automatic Tunnel Access Protocol) von der Blockierliste entfernen. Um diese freizuschalten, gehen Sie folgendermaßen vor:

1. Melden Sie sich am Domänencontroller an.
2. Öffnen Sie eine Eingabeaufforderung mit Administratorrechten.
3. Geben Sie den Befehl *dnscmd /config /globalqueryblocklist wpad* ein.

Abbildg. 28.40 ISATAP-Filter auf dem Domänencontroller deaktivieren

```
Administrator: Eingabeaufforderung
Microsoft Windows [Version 6.1.7600]
Copyright (c) 2009 Microsoft Corporation. Alle Rechte vorbehalten.

C:\Users\Administrator>dnscmd /config /globalqueryblocklist wpad

Registrierungseigenschaft globalqueryblocklist wurde zurückgesetzt.
Der Befehl wurde erfolgreich ausgeführt.


C:\Users\Administrator>
```

Liste der gesperrten Zertifikate bereit stellen

Als Nächstes bereiten Sie die Zertifizierungsstelle darauf vor, die Liste der gesperrten Zertifikate auf dem DirectAccess-Server zur Verfügung zu stellen. Sie verwenden dazu den Link *crl.contoso.com*, den Sie zuvor in DNS angelegt haben. Nach erfolgreicher Konfiguration kopieren die Zertifikatdienste die Liste der gesperrten Zertifikate (CRL) in eine Freigabe auf dem DirectAccess-Server.

Auf diesem Server ist im Webserver noch ein virtuelles Verzeichnis konfiguriert, welches auf die Freigabe zugreift und die CRL per Webanwendung zur Verfügung stellt. Gehen Sie an dieser Stelle so vor, wie im Abschnitt »ISATAP-Name von der globalen Blockierliste entfernen und CRL-Einstellungen konfigurieren« ab Seite 1062 beschrieben.

Zertifikate automatisch registrieren

Im nächsten Schritt konfigurieren Sie in der *Default Domain Policy*, dass Mitgliedscomputer der Domäne automatisch ein Zertifikat von der internen Zertifizierungsstelle registrieren. Gehen Sie dazu genauso vor, wie im Abschnitt »Automatische Registrierung von Zertifikaten konfigurieren« ab Seite 1065 beschrieben.

DirectAccess-Server konfigurieren

In dieser Testumgebung ist der Server *DA1* der DirectAccess-Server, den Sie konfigurieren. Die Grundinstallation des Servers nehmen Sie mit folgenden Daten vor:

- Betriebssystem: Windows Server 2008 R2
- Verbinden Sie eine Netzwerkverbindung mit dem internen Netzwerk, die andere mit dem Internet oder einem externen Netzwerk, das nicht mit dem Hausnetz verbunden ist. Benennen Sie die Netzwerkverbindungen am besten mit *intern* und *extern.*
- Interne IP-Adresse = *10.0.0.2*, Subnetzmaske = *255.255.255.0,* kein Standardgateway, bevorzugter DNS-Server = *10.0.0.1*, DNS-Suffix für diese Verbindung = *corp.contoso.com*
- Externe IP-Adresse = *131.107.0.2* und *131.107.0.3*, Subnetzmaske = *255.255.255.0*, kein Standardgateway, DNS-Suffix für diese Verbindung = *isp.example.com*

Abbildg. 28.41 Konfigurieren von zwei IP-Adressen für die externe Schnittstelle des DirectAccess-Servers

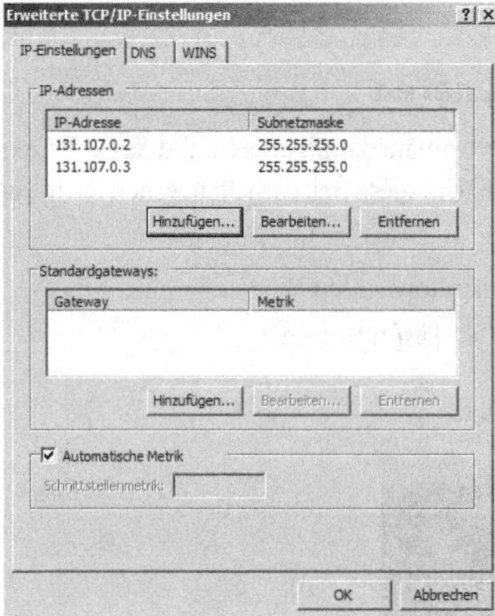

- Stellen Sie nach der Konfiguration der Netzwerkverbindungen sicher, dass Sie per Ping den Server *dc1.corp.contoso.com* erreichen. Die beiden externen IP-Adressen benötigt ein DirectAccess-Server auch in einer produktiven Umgebung, damit er den NAT-Typ feststellen kann, über den sich DirectAccess-Clients über Teredo verbinden wollen. Mehr zu diesem Thema lesen Sie am Beginn dieses Kapitels.
- Nehmen Sie den Server in die Domäne *corp.contoso.com* auf
- Melden Sie sich nach der Domänenaufnahme und dem Neustart mit dem angelegten Benutzer an, nicht mit dem Domänenadministrator
- Auf dem DirectAccess-Server installieren Sie als Nächstes die Serverrolle *Webserver* mit den Standardeinstellungen

Verteilungspunkt für CRL bereitstellen

Als Nächstes konfigurieren Sie auf dem DirectAccess-Server das virtuelle Verzeichnis und die Freigabe für die CRL-Bereitstellung, die Sie in den Active Directory-Zertifikatdiensten bereits konfiguriert haben. Gehen Sie dazu genauso vor, wie im Abschnitt »DirectAccess-Server an die Zertifikatdienste anbinden« ab Seite 1066 besprochen.

Abbildg. 28.42 Aufnehmen des DirectAccess-Servers in die Domäne

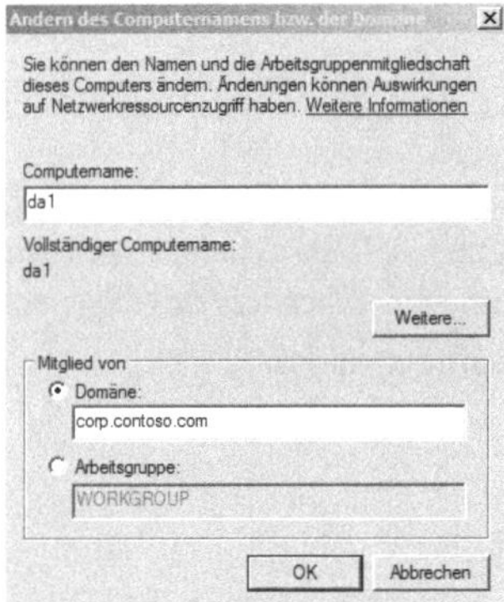

Anschließend müssen Sie der Zertifizierungsstelle mitteilen, dass sie die Daten der gesperrten Zertifikate in der konfigurierten Freigabe speichern soll. Wie das geht, ist im Abschnitt »Zertifikatsperrliste (CRL) auf dem DirectAccess-Server veröffentlichen« ab Seite 1067 beschrieben. In diesem Abschnitt finden Sie auch Tipps zur Fehlerbehebung, wenn die Veröffentlichung nicht ordnungsgemäß konfiguriert ist. Im Anschluss weisen Sie dem DirectAccess-Server noch ein zusätzliches Zertifikat zu. Dieser Vorgang ist im Abschnitt »DirectAccess-Server ein zusätzliches Zertifikat zuweisen« ab Seite 1068 besprochen.

Netzwerkadressenserver (*APP1*) vorbereiten

Im nächsten Schritt konfigurieren Sie den Netzwerkadressenserver für DirectAccess im Netzwerk. Bei diesem Server handelt es sich im Grunde genommen nur um einen herkömmlichen Webserver. DirectAccess-Server versuchen eine Verbindung zu diesem Server aufzubauen. Gelingt dies, weiß der Client, dass er mit dem internen Netzwerk verbunden ist. Von extern steht der Server nicht zur Verfügung. Kann ein DirectAccess-Client den Server nicht erreichen, geht er davon aus, dass er von extern angebunden ist. Um den Server in der Testumgebung zu installieren, verwenden Sie folgende Daten:

- Installieren Sie auch auf diesem Server Windows Server 2008 R2
- Verbinden Sie den Server mit dem internen Netzwerk
- Verwenden Sie als IP-Adresse 10.0.0.3, Subnetzmaske 255.255.255.0, bevorzugter DNS-Server 10.0.0.1, kein Standardgateway
- Nehmen Sie den Server in die Domäne auf
- Als DNS-Suffix für diese Verbindung verwenden Sie auch auf diesem Server die Adresse *corp.contoso.com*
- Testen Sie nach der Konfiguration der Netzwerkverbindung, ob Sie den Domänencontroller mit *ping dc1.corp.contoso.com* erreichen können und nehmen Sie den Rechner als *App1.corp.contoso.com* in die Domäne auf
- Melden Sie sich nach dem Neustart mit dem Benutzerkonto an, das Sie in der Domäne angelegt haben

Zusätzliches Zertifikat konfigurieren und Webserver installieren

Fügen Sie dem Server ein zusätzliches Zertifikat hinzu. Gehen Sie dazu genauso vor, wie im Abschnitt »DirectAccess-Server ein zusätzliches Zertifikat zuweisen« ab Seite 1068 besprochen. Verwenden Sie als *Allgemeiner Name* und als *DNS-Name* aber dieses Mal den FQDN *nls.corp.contoso.com*. Sie haben diesen Host in den ersten Schritten in der DNS-Zone der Active Directory-Domäne angelegt. Als beabsichtigter Zweck hat dieses Zertifikat aber an dieser Stelle nur *Serverauthentifizierung*. Installieren Sie auf dem Server als Nächstes die Rolle *Webserver* in den Standardeinstellungen.

SSL für Webserver konfigurieren

Die Verbindung der Clients zum Netzwerkadressenserver erfolgt über SSL. Dazu müssen Sie nach der Installation der Serverrolle Webserver zunächst die SSL-Bindung konfigurieren. Gehen Sie dazu folgendermaßen vor:

1. Starten Sie auf dem Server *APP1* den Internetinformationsdienste-Manager.
2. Erweitern Sie den Knoten *APP1/Sites.*
3. Klicken Sie auf *Default Web Site.*
4. Klicken Sie anschließend im Bereich *Aktionen* auf *Bindungen.*
5. Klicken Sie im neuen Fenster *Sitebindungen* auf *Hinzufügen.*
6. Wählen Sie als *Typ* die Option *https* aus.
7. Wählen Sie bei *SSL-Zertifikat* das neue Zertifikat mit der Bezeichnung *nls.corp.contoso.com.*
8. Klicken Sie auf *OK*, um die Einstellungen zu übernehmen.
9. Schließen Sie die Konsole wieder.

Abbildg. 28.43 Zuweisen eines Zertifikats und Aktivierung von SSL für eine Website

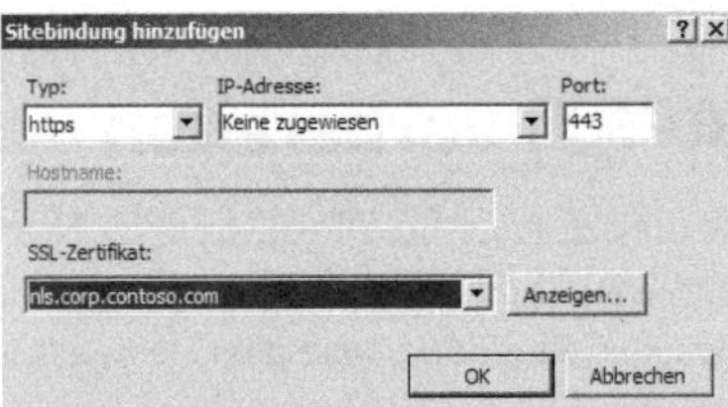

Freigabe auf Netzwerkadressenserver konfigurieren

Legen Sie zu Testzwecken auf dem Server eine neue Freigabe mit einer Datei an und geben Sie das Verzeichnis frei. Klicken Sie dazu das erstellte Verzeichnis mit der rechten Maustaste an und wählen Sie *Freigeben für/ Bestimmte Personen*. Wählen Sie den Benutzer aus, den Sie zu Testzwecken angelegt haben.

Abbildg. 28.44 Freigeben eines Testverzeichnisses auf dem Netzwerkadressenserver

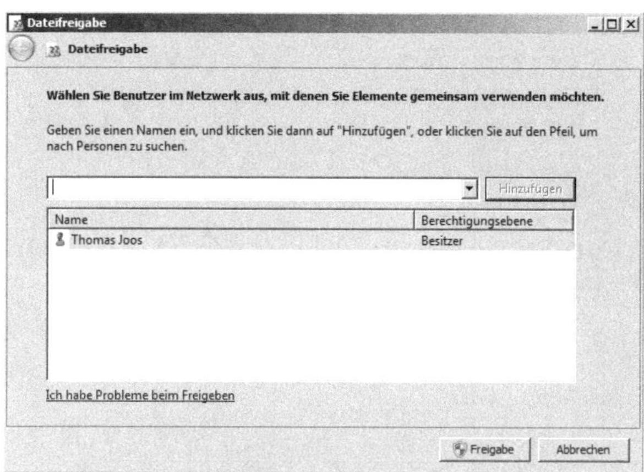

Webserver für Internetzugriff konfigurieren

Als vierten Server im Netzwerk installieren Sie den Server *INET1*. Dieser Server hat die Aufgabe, das Internet und den Internetzugriff durch den Testclient zu simulieren. Installieren Sie auch auf diesem Server Windows Server 2008 R2. Verbinden Sie den Server nicht mit dem internen Netzwerk, sondern mit dem externen Netzwerk, in dem sich auch die externe Netzwerkkarte des DirectAccess-Servers (*DA1*) befindet. Der Server wird natürlich kein Mitglied der Domäne, er simuliert lediglich einen DNS-Server im Internet. Installieren Sie den Server mit folgender Konfiguration:

- IP-Adresse = *131.107.0.1*, Subnetzmaske = *255.255.255.0*
- Tragen Sie als erweitertes DNS-Suffix für diese Verbindung *isp.example.com* ein
- Ändern Sie den Namen in *APP1*

Testen Sie nach der Konfiguration, ob Sie mit Ping eine Verbindung zur Adresse 131.107.0.2 aufbauen können, also der externen Schnittstelle des DirectAccess-Servers (*DA1*).

Im Anschluss sollten Sie für den Server noch das Netzwerk und Freigabecenter aufrufen:

1. Klicken Sie auf *Erweiterte Freigabeeinstellungen ändern.*
2. Klicken Sie auf *Datei- und Druckerfreigabe aktivieren* und schließen Sie das Fenster wieder.

Webserver und DNS-Rolle installieren

Im nächsten Schritt installieren Sie auf dem Internetserver noch die Webserver und DNS-Serverrolle. Sie können beide Rollen auf einmal installieren. Belassen Sie die Standardeinstellungen.

Abbildg. 28.45 Installieren von DNS-Server und Webserver auf dem Server *INET1*

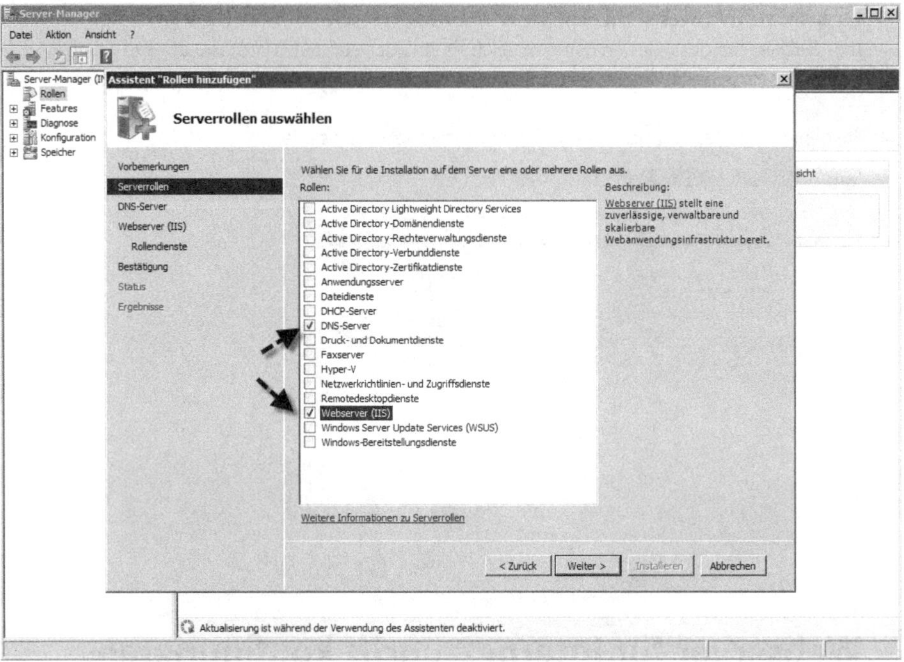

Nachdem Sie die Rollen installiert haben, legen Sie eine neue Zone mit der Bezeichnung *isp.example.com* auf dem DNS-Server an. Die Zone hat die gleiche Bezeichnung wie das DNS-Suffix, das Sie für die Schnittstelle des Servers und das DNS-Suffix der externen Schnittstelle des DirectAccess-Servers festgelegt haben. Erstellen Sie innerhalb dieser Zone einen neuen Host (A)-Eintrag mit der Bezeichnung *INET1* und der IP-Adresse *131.107.0.1*.

Abbildg. 28.46 Erstellen einer neuen DNS-Zone und eines Hosteintrags auf dem Internetserver der Testumgebung

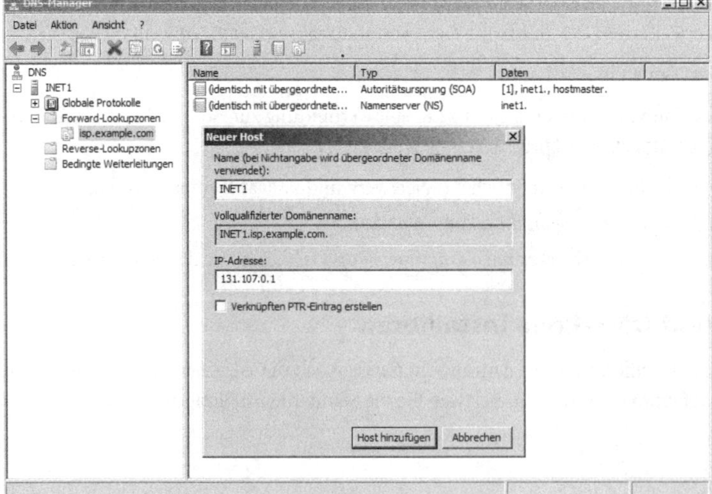

Erstellen Sie als Nächstes eine weitere Zone auf dem Server mit der Bezeichnung *contoso.com*. Anschließend legen Sie einen Hosteintrag *da1.contoso.com* zur IP-Adresse *131.107.0.2* an. In einer produktiven Umgebung würde das den Verweis eines öffentlichen DNS-Servers auf den DirectAccess-Server darstellen.

DHCP-Server installieren

Im nächsten Schritt installieren Sie auf dem Internetserver noch die DHCP-Rolle und erstellen einen Bereich, der Clients im Netzwerk eine IP-Adresse zuweist. Der DHCP-Server simuliert dabei die dynamische Adressvergabe von IP-Adressen für Clients im Internet. Legen Sie die folgende Konfiguration fest:

- Übergeordnete DNS-Domäne: *isp.example.com*
- Bevorzugter DNS-Server: *131.107.0.1*
- Erstellen Sie einen Bereich, der die Adressen *131.107.0.100* bis *131.107.0.150* in diesem Subnetz verteilt
- Aktivieren Sie diesen Bereich. Da der Server kein Mitglied einer Domäne ist, müssen Sie ihn nicht autorisieren.
- Setzen Sie den Wert *Statusfreien DHCPv6-Modus für diesen Server deaktivieren*

HINWEIS Achten Sie darauf, dass sich der DHCP-Server auf dem Domänencontroller und der DHCP-Server des Internetservers nicht gegenseitig beeinflussen. Trennen Sie diese beiden Server physisch in Subnetze oder konfigurieren Sie die Trennung in virtuelle Netzwerke, damit Internet und Unternehmensnetzwerk in der Testumgebung getrennt sind.

NAT-Netzwerk konfigurieren

Um die Verbindung über ein NAT zu simulieren, installieren wir in dieser Testumgebung einen Windows 7 Rechner, auf dem wir die Internetverbindung freigeben. Der DirectAccess-Client wird in diesem NAT-Netzwerk integriert und baut über den NAT-Client eine Verbindung zum Internet auf, das in dieser Testumgebung durch das Netzwerk 131.107.0 simuliert wird. Der einfachste Weg, ein NAT zu simulieren, ist eine Internetfreigabe unter Windows, da die Rechner im Netzwerk über den Rechner mit der Freigabe per NAT auf das Internet zugreifen. Gehen Sie dazu folgendermaßen vor:

1. Installieren Sie Windows 7 auf einem Computer mit zwei Netzwerkkarten. Das eine Netzwerk ist mit dem internen Netzwerk, das andere mit dem Internet verbunden.
2. Benennen Sie den Rechner in *NAT1* um.
3. Legen Sie über das Netzwerk- und Freigabecenter den Netzwerkstandort für das Netzwerk im Internet als *Öffentlich* fest und benennen Sie die Netzwerkverbindungen in *home* für das interne und *extern* für das Internet-Netzwerk um.

Abbildg. 28.47 Konfigurieren der Netzwerkverbindung als öffentliches Netzwerk für die Einrichtung von NAT

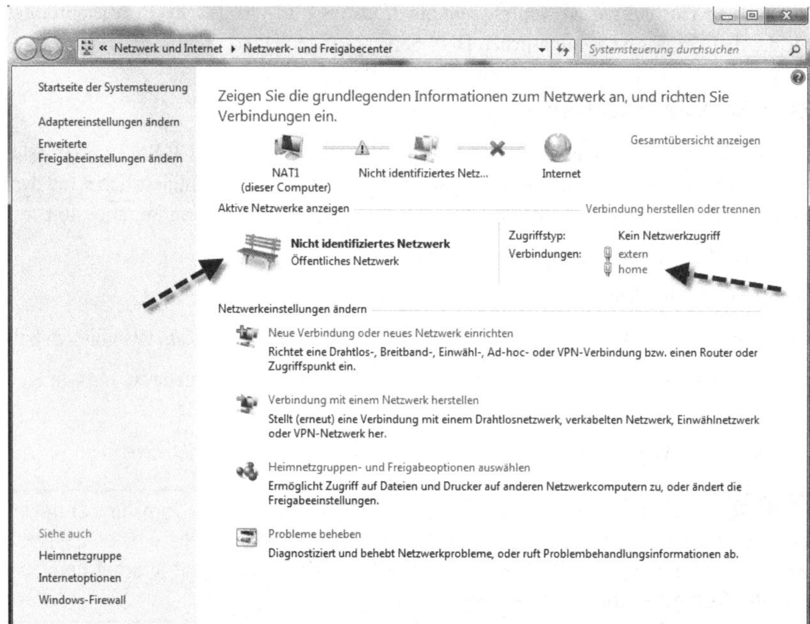

4. Überprüfen Sie, ob die Schnittstelle, die mit dem Internet verbunden ist, in diesem Beispiel also das Netzwerk *131.107.0/24* eine IP-Adresse durch den DHCP-Server erhalten hat, der auf dem Server *INET1* installiert ist. Die Adresse des Clients *NAT1* muss sich im Netzwerk *131.107.0/24* befinden. Als DNS-Suffix hat der Client die DNS-Domäne *isp.example.com* erhalten.
5. Testen Sie zusätzlich, ob Sie bei *ping inet1.isp.example.com* eine Antwort vom Internetserver über die IP-Adresse 131.107.0.1 erhalten.

Abbildg. 28.48 Überprüfen der IP-Adresse der externen Schnittstelle

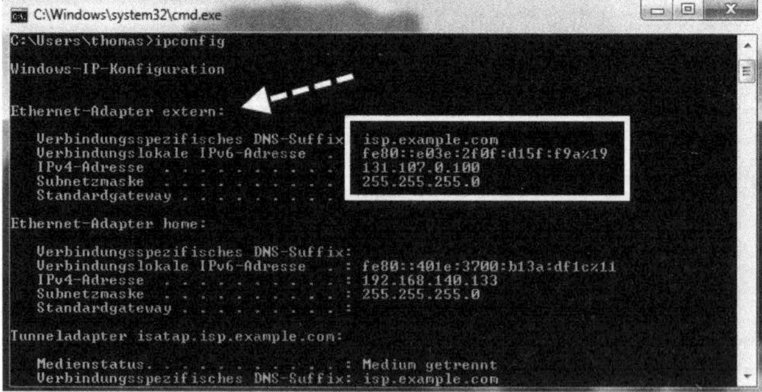

Zu Testzwecken deaktivieren wir 6to4, da wir uns hinter einem NAT befinden. So ist sichergestellt, dass der Windows 7-Client, den wir an das NAT anbinden, per Teredo eine Verbindung zum DirectAccess-Server aufzubauen versucht. Starten Sie dazu auf dem Computer *NAT1* eine Eingabeaufforderung mit Administratorrechten. Geben Sie dann den Befehl *netsh interface 6to4 set state state=disabled* ein.

Abbildg. 28.49 Anpingen des Internetservers der Testumgebung und Deaktivieren von 6to4

```
Administrator: Eingabeaufforderung
Microsoft Windows [Version 6.1.7600]
Copyright (c) 2009 Microsoft Corporation. Alle Rechte vorbehalten.

C:\Windows\system32>ping inet1.isp.example.com

Ping wird ausgeführt für inet1.isp.example.com [131.107.0.1] mit 32 Bytes Daten:

Antwort von 131.107.0.1: Bytes=32 Zeit<1ms TTL=128
Antwort von 131.107.0.1: Bytes=32 Zeit<1ms TTL=128
Antwort von 131.107.0.1: Bytes=32 Zeit<1ms TTL=128
Antwort von 131.107.0.1: Bytes=32 Zeit<1ms TTL=128

Ping-Statistik für 131.107.0.1:
    Pakete: Gesendet = 4, Empfangen = 4, Verloren = 0
    (0% Verlust),
Ca. Zeitangaben in Millisek.:
    Minimum = 0ms, Maximum = 0ms, Mittelwert = 0ms

C:\Windows\system32>netsh interface 6to4 set state state=disabled
OK.

C:\Windows\system32>_
```

Im nächsten Schritt erstellen Sie die NAT-Verbindung, indem Sie die Internetverbindung über das externe Netzwerk des Rechners freigeben:

1. Rufen Sie dazu die Konfiguration der Netzwerkverbindungen auf. Sie erreichen diese am schnellsten, wenn Sie *ncpa.cpl* im Suchfeld des Startmenüs eingeben.
2. Rufen Sie die Eigenschaften der Netzwerkverbindung auf, die mit dem Internet verbunden ist.
3. Wechseln Sie auf die Registerkarte *Freigabe.*
4. Aktivieren Sie die Option *Anderen Benutzern im Netzwerk gestatten, diese Verbindung des Computers als Internetverbindung zu verwenden.*
5. Über *Einstellungen* können Sie filtern, auf welche Internetdienste die Anwender anderer Computer zugreifen können. In den meisten Fällen müssen Sie hier keine Einstellungen mehr vornehmen.
6. Bestätigen Sie die Eingabe mit *OK.*

Abbildg. 28.50 Freigabe der Internetverbindung für andere Computer

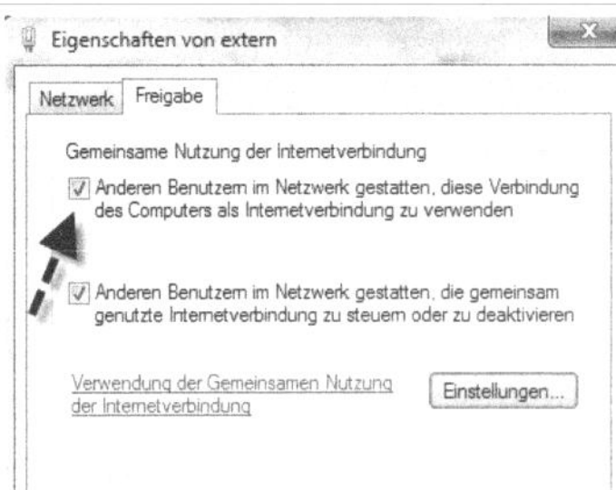

Richten Sie die Internetfreigabe auf einem Computer ein, legt Windows 7 für interne Netzwerkverbindungen automatisch neue IP-Adressen ein. Diese befinden sich im Netzwerk *192.168.137.0/24.* Damit sich andere Computer im internen Netzwerk mit dem Computer zum Internet verbinden können, müssen sich diese im gleichen Subnetz befinden.

DirectAccess-Client (*Client1*) installieren und einrichten

Im nächsten Schritt installieren Sie einen typischen Client, der über DirectAccess auf das Netzwerk zugreifen darf. Installieren Sie auf dem Computer Windows 7 Ultimate, Professional oder Enterprise. Andere Editionen von Windows 7 sowie Windows Vista und Windows Server 2008 können DirectAccess nicht nutzen. Theoretisch können auch Clients mit Windows Server 2008 R2 per DirectAccess als Client zugreifen. So können Sie zum Beispiel auch Windows Server 2008 R2 als Arbeitsstation installieren, wie wir im Kapitel 3 beschrieben haben. Nehmen Sie den Clientcomputer in die Domäne auf. Die Mitgliedschaft in einer Active Directory-Domäne ist zwingend notwendig, um DirectAccess zu unterstützen. Verbinden Sie dazu den Computer mit dem Unternehmensnetzwerk und stellen Sie sicher, dass dieser vom DHCP-Server DC1 eine IP-Adresse erhalten hat.

Abbildg. 28.51 Überprüfen der Netzwerkkommunikation mit dem internen Netzwerk

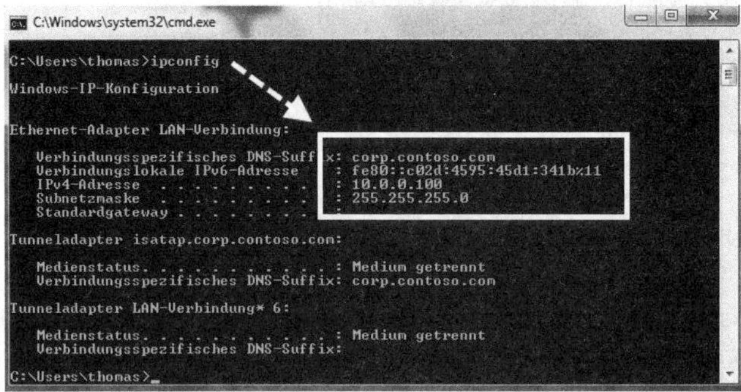

Nehmen Sie den Client in die Sicherheitsgruppe der DirectAccess-Computer auf, die Sie für in der Domäne angelegt haben. Eine solche Mitgliedschaft ist zwingend notwendig. Bei der Einrichtung von DirectAccess auf dem DirectAccess-Server müssen Sie diese Gruppe angeben.

Der Einrichtungs-Assistent legt eine Gruppenrichtlinie an, die auf diese Sicherheitsgruppe gefiltert wird. Aus diesem Grund dürfen sich nur Computer per DirectAccess von extern verbinden, die Mitglied dieser Sicherheitsgruppe sind. Die Gruppe müssen Sie manuell anlegen.

Abbildg. 28.52 Aufnehmen von DirectAccess-Clients zur Sicherheitsgruppe für DirectAccess-Computer

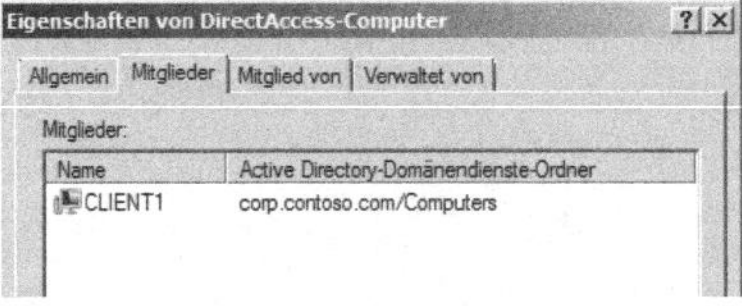

Melden Sie sich am Client mit dem Testbenutzer an, den Sie in der Domäne angelegt haben. Nachdem Sie den Client in die Gruppe aufgenommen haben, müssen Sie diesen neu starten.

Als Nächstes überprüfen Sie, ob dem Client automatisch ein Computerzertifikat von der internen Zertifizierungsstelle zugewiesen wurde. Gehen Sie dazu folgendermaßen vor:

1. Geben Sie im Suchfeld des Startmenüs den Befehl *mmc* ein und bestätigen Sie.
2. Klicken Sie auf *Datei/Snap-In hinzufügen/entfernen.*
3. Wählen Sie *Zertifikate* aus und klicken Sie auf *Hinzufügen.*
4. Wählen Sie *Computerkonto* und dann das lokale Computerkonto aus.
5. Erweitern Sie in der Konsole den Knoten *Zertifikate/Eigene Zertifikate/Zertifikate.*
6. Hier muss sich ein Zertifikat befinden, welches als Verwendungszweck sowohl die Client- als auch die Serverauthentifizierung ausweist.

Abbildg. 28.53 Überprüfen, ob dem Client automatisch ein Zertifikat zugewiesen wurde

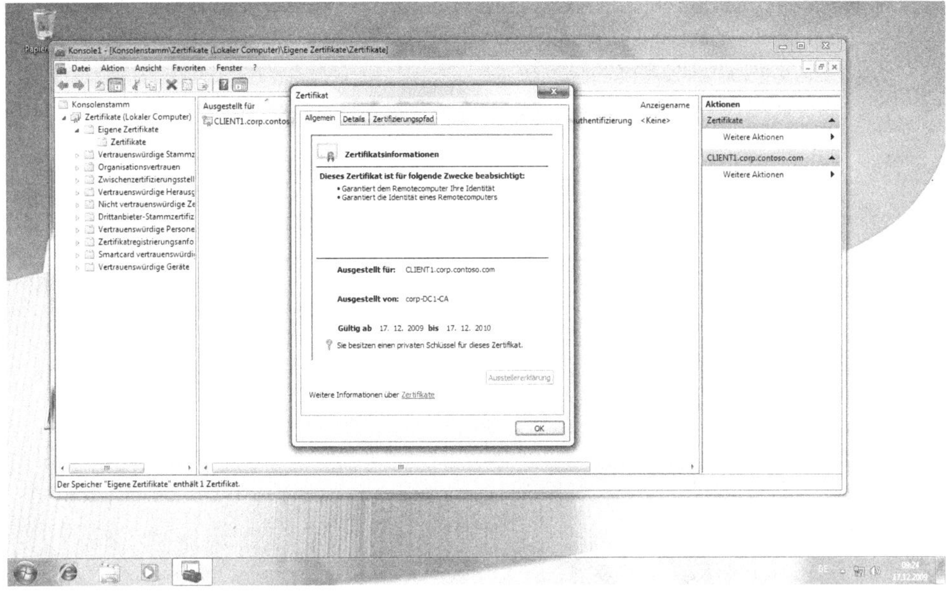

Als Nächstes testen Sie, ob sich der Client mit dem Netzwerkadressenserver des Netzwerks eine Verbindung aufbauen kann. In diesem Workshop ist das Server *APP1*.

Abbildg. 28.54 Sicherstellen des Verbindungsaufbaus zum internen Webserver

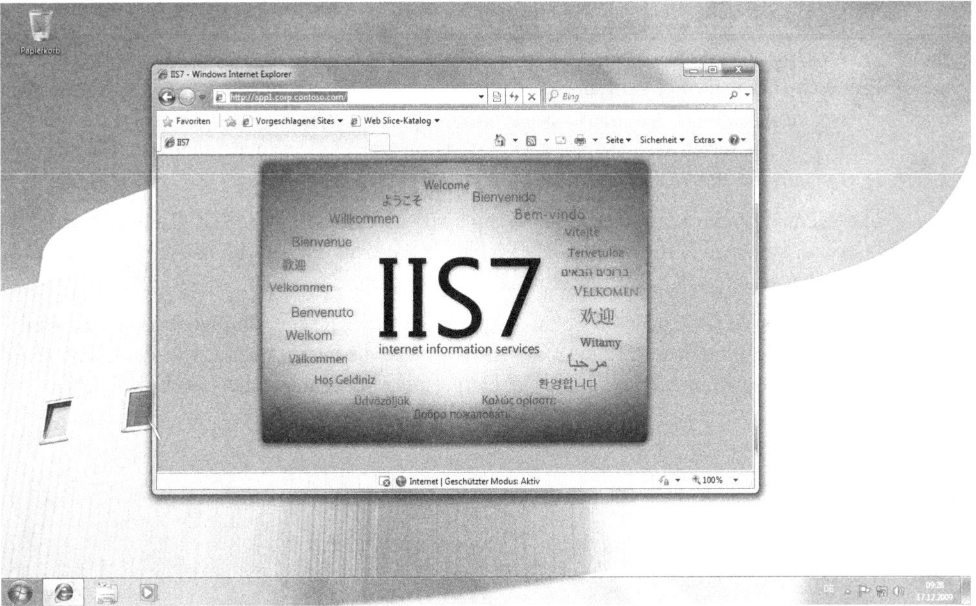

Der Verbindungsaufbau findet zunächst über den Internet Explorer statt. Geben Sie in der Adressleiste *http://app1.corp.contoso.com* ein. Es muss sich anschließend die Startwebseite von IIS 7.5 auf dem Server öffnen. Öffnen Sie anschließend die Freigabe, die Sie auf dem Netzwerkadressenserver erstellt haben, und testen Sie, ob sich die Beispieldatei bearbeiten lässt.

Abbildg. 28.55 Testen des Verbindungsaufbaus zum Netzwerkadressenserver

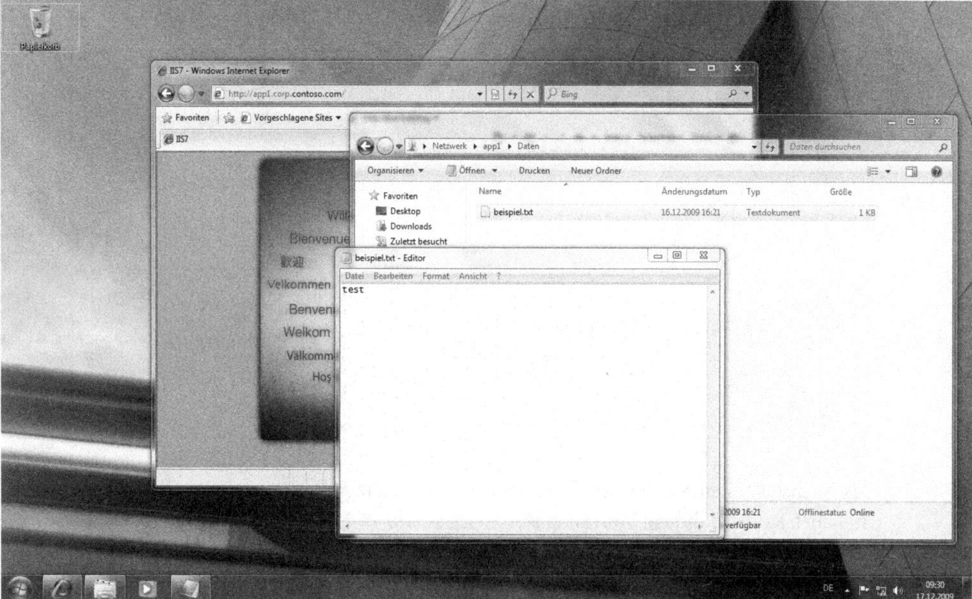

Als Nächstes testen Sie, ob Sie auch mit der Adresse auf den Server zugreifen können, den Sie als Netzwerkadressen-URL in diesem Workshop angegeben haben. Die Verbindung findet in diesem Beispiel über SSL statt. Geben Sie dazu in der Adressleiste des Browser *https://nls.corp.contoso.com* ein. Sollte der Verbindungsaufbau nicht gelingen, stellen Sie sicher, dass der Host *nls.corp.contoso.com* auf dem internen DNS-Server (*DC1*) angelegt ist und auf dem Webserver *APP1* SSL aktiviert ist.

Beide Punkte haben wir in diesem Workshop besprochen. Es darf keine Zertifikatswarnung erscheinen, da der Client der internen Zertifizierungsstelle vertraut. Klicken Sie doppelt auf das Schloss neben der Adresse in der Adressleiste, können Sie sich das Zertifikat anzeigen lassen.

Als Nächstes überprüfen Sie, ob Sie auf die gleichen internen Ressourcen zugreifen können, wenn Sie den Computer mit dem Internet verbinden. Schließen Sie dazu die interne Schnittstelle des Clients mit der Internetschnittstelle zusammen; es darf keine Verbindung mehr mit dem internen Netzwerk bestehen.

Abbildg. 28.56 Anzeigen des Serverzertifikats des Netzwerkadressenservers

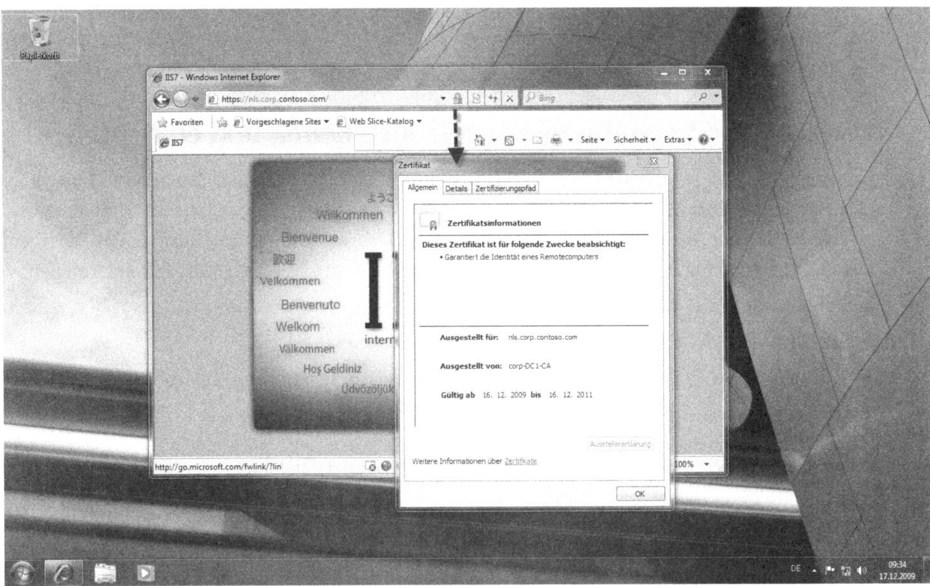

Starten Sie den Rechner nach der Umstellung neu und überprüfen Sie, ob der Rechner eine IP-Adresse des Servers *INET1* im Netzwerk *131.107.0/24* erhalten hat. Versuchen Sie einen Verbindungsaufbau über die Adressen *http://app1.corp.contoso.com* und einen Zugriff auf die Freigabe über *\\app1\<Freigabe>*. Da der Computer jetzt mit dem externen Netzwerk verbunden ist, darf er **keine** Verbindung mit den Ressourcen erhalten.

Abbildg. 28.57 Über das Internet darf der Client ohne DirectAccess keine Verbindung erhalten

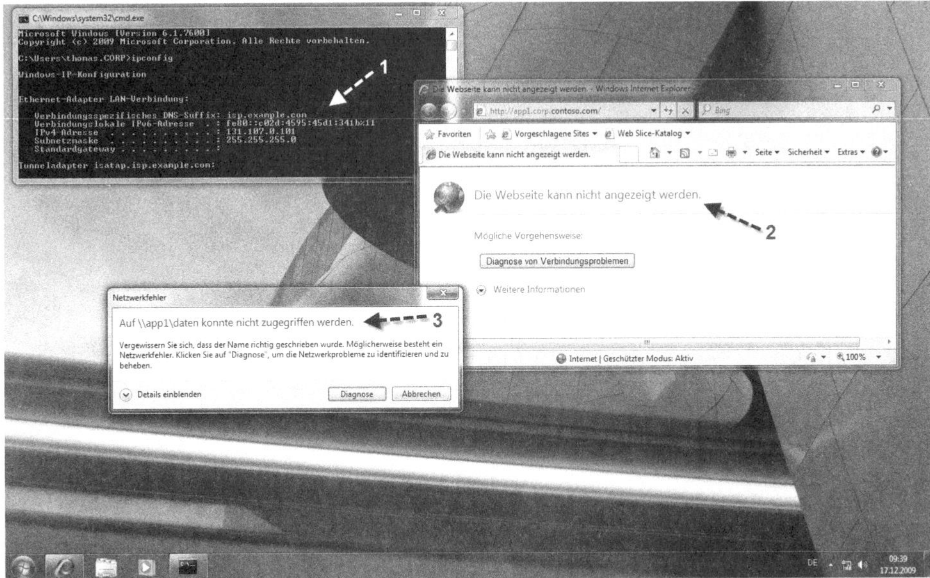

DirectAccess einrichten und testen

Im letzten Schritt des Workshops richten Sie auf dem DirectAccess-Server den Zugriff per DirectAccess ein. Dazu gehen Sie in mehreren Schritten vor, die wir in den folgenden Abschnitten besprechen.

DirectAccess-Verwaltungskonsole installieren und einrichten

Installieren Sie auf dem DirectAccess-Server das DirectAccess-Feature über den Server-Manager. Nach der Installation des Features starten Sie zunächst die Verwaltungskonsole *DirectAccess-Verwaltung* in der Programmgruppe *Verwaltung*. Sie starten die Konsole auch, wenn Sie *damgmt.msc* im Suchfeld des Startmenüs eingeben. Um DirectAccess einzurichten, gehen Sie zur Einrichtung in der Testumgebung folgendermaßen vor:

1. Klicken Sie in der DirectAccess-Verwaltungskonsole auf *Setup*.
2. Es öffnet sich der Einrichtungs-Assistent von DirectAccess.
3. Klicken Sie zunächst bei *Schritt 1 – Remoteclients* auf die Schaltfläche *Konfigurieren*.
4. Wählen Sie hier die Sicherheitsgruppe aus, welche die Computerkonten enthält, die sich per DirectAccess einwählen dürfen.
5. Klicken Sie als Nächstes bei *Schritt 2 – DirectAccess-Server* auf *Konfigurieren*.
6. Wählen Sie im Bereich *Mit dem Internet verbundene Schnittstelle* die Netzwerkverbindung aus, die Sie als externe Netzwerkverbindung konfiguriert haben.
7. Geben Sie dann bei *Mit dem internen Netzwerk verbundene Schnittstelle* die interne Schnittstelle aus. Erhalten Sie eine Fehlermeldung, dass bei der internen Netzwerkkarte kein DNS-Suffix hinterlegt ist, fügen Sie das DNS-Suffix der internen Domäne *corp.contoso.com* in den erweiterten Einstellungen für IPv4 hinzu. Dies gilt auch für die externe Schnittstelle und das DNS-Suffix *isp.example.com*.

Abbildg. 28.58 Konfigurieren der Netzwerkschnittstellen des DirectAccess-Servers

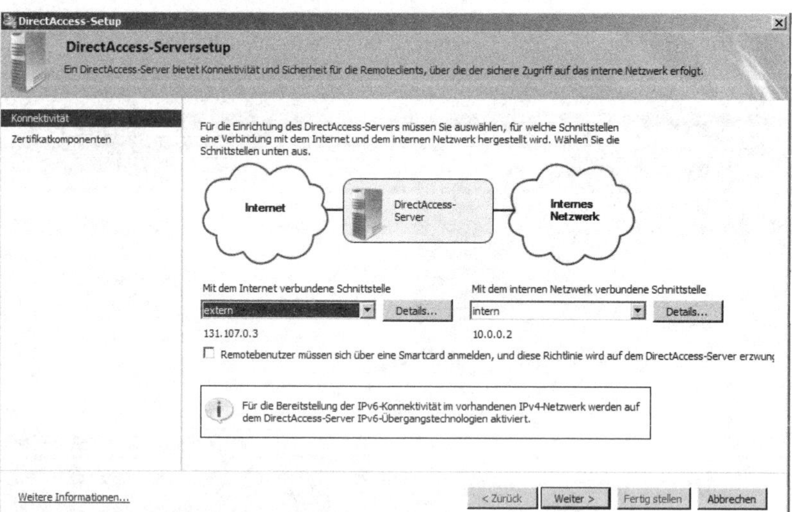

8. Klicken Sie auf *Weiter*, um die *Zertifikatkomponenten* zu konfigurieren.
9. Wählen Sie bei *Wählen Sie das Stammzertifikat aus, mit dem sich Remoteclient-Zertifikate verketten müssen* das Zertifikat der Stammzertifizierungsstelle aus, also das interne Zertifikat der Zertifizierungsstelle in diesem Workshop *corp-DC1-CA*.

10. Wählen Sie als Nächstes bei *Wählen Sie das Zertifikat aus, mit dessen Hilfe die Remoteclientkonnektivität über HTTPS gesichert wird* das Zertifikat aus, mit dem sich Computer über HTTPS verbinden können. Verwenden Sie dazu das Zertifikat, das Sie zuvor als IP-HTTPS-Zertifikat für den DirectAccess-Server angelegt haben.

Abbildg. 28.59 Überprüfen der Zertifikate des DirectAccess-Servers *DA1*

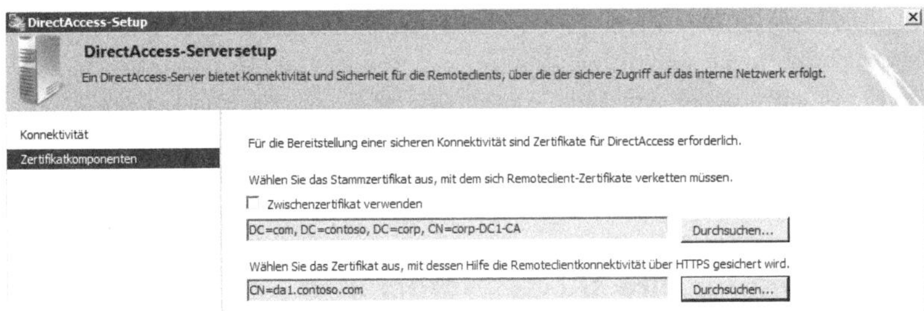

11. Stellen Sie sicher, dass die Zertifikate korrekt hinterlegt sind, und klicken Sie auf *Fertig stellen*. Auch diese Einstellungen können Sie nachträglich anpassen.
12. Klicken Sie als Nächstes bei *Schritt 3 – Infrastrukturserver* auf *Konfigurieren*.
13. Über einen Verbindungsaufbau zu diesem Server können DirectAccess-Clients feststellen, ob Sie sich intern verbinden oder über das Internet. Da der Server nur von intern erreichbar ist, wissen Clients, dass sie sich extern des Netzwerks befinden, wenn sie den Server nicht erreichen können. Verwenden Sie bei *Netzwerkadressenserver wird auf einem Server mit hoher Verfügbarkeit ausgeführt. (empfohlen)*. Geben Sie als Adresse im Workshop *https://nls.corp.contoso.com* ein und klicken Sie auf *Überprüfen*.

Abbildg. 28.60 Konfigurieren des Netzwerkadressenservers

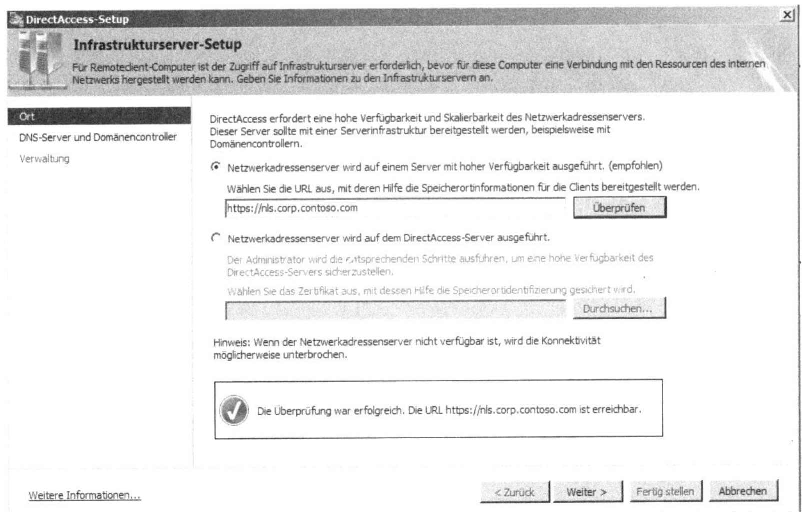

14. Auf der nächsten Seite wählen Sie das Namensuffix für die interne Domäne aus, in diesem Beispiel *corp.contoso.com*. Stellen Sie auch sicher, dass für den Server *DC1*, den DNS-Server und Domänencontroller in dieser Testumgebung eine IPv6-Adresse in der Form *2002:836b:2:1:0:5efe:10.0.0.1* hinterlegt ist. Die

Adresse beginnt mit dem typischen 6to4-Präfix *2002:836b:2:1:0*. Die Identifizierung des ISATAP-Tunnels beginnt mit *5efe* gefolgt von der IPv4-Adresse des internen DNS-Servers. Belassen Sie die Einstellung auf der Option *Lokale Namensauflösung verwenden, wenn der Name nicht in DNS vorhanden ist oder die DNS-Server nicht vorhanden sind*. Klicken Sie dann auf *Weiter*.

15. Klicken Sie auf der Registerkarte *Verwaltung* auf *Fertig stellen*.
16. Klicken Sie dann bei *Schritt 4 – Anwendungsserver* auf *Konfigurieren* und anschließend direkt auf *Fertig stellen*. Sie können auf Wunsch in diesem Fenster weitere Konfigurationen zu unterschiedlichen Servern im Netzwerk vornehmen.
17. Klicken Sie auf *Speichern* und dann *Fertig*, um die Einstellungen festzulegen, und klicken Sie auf *Übernehmen*. Sie erhalten eine Zusammenfassung der Einstellungen angezeigt und können diese durch *Übernehmen* abschließen. Anschließend konfiguriert der Assistent den DirectAccess-Server und Sie erhalten eine Meldung, dass die Konfiguration abgeschlossen und erfolgreich übernommen wurde.

IPv6-Adressen für DirectAccess vorbereiten

Im nächsten Schritt konfigurieren Sie den Infrastrukturserver als ISATAP-Host, der für die Verbindung des IPv6-Verkehrs über IPv4 zuständig ist. Sie müssen dazu auf dem Server noch die IPv6-Einstellungen aktualisieren:

1. Öffnen Sie dazu auf dem Server *APP1* eine Befehlszeile mit Administratorrechten und geben Sie den Befehl *net stop iphlpsvc* und dann *net start iphlpsvc* ein. Der Befehl startet den IP-Helper auf dem Server neu, sodass die Änderungen des DirectAccess-Setupagenten erfolgreich eingelesen werden.
2. Führen Sie den Befehl zusätzlich auf dem Domänencontroller (*DC1*) durch.
3. Auch auf dem Client sollten Sie den Befehl ausführen. Zuvor müssen Sie aber mit *gpupdate /force* die aktuellen Gruppenrichtlinien auf den Client herunterladen und ausführen. Bevor Sie diese Befehle ausführen, müssen Sie den Client aber zunächst wieder mit dem internen Netzwerk verbinden und am besten neu starten, um sich erneut an der Domäne anzumelden.

Bevor Sie fortfahren, stellen Sie sicher, dass sich der Client ordnungsgemäß mit der Domäne verbinden kann und Sie sich an der Domäne anmelden können. Klicken Sie in der DirectAccess-Verwaltung auf den Menüpunkt *Überwachung*. Hier darf kein Fehler erscheinen und der Serverstatus muss fehlerfrei sein.

Abbildg. 28.61 Sicherstellen der fehlerfreien DirectAccess-Konfiguration in der DirectAccess-Verwaltung

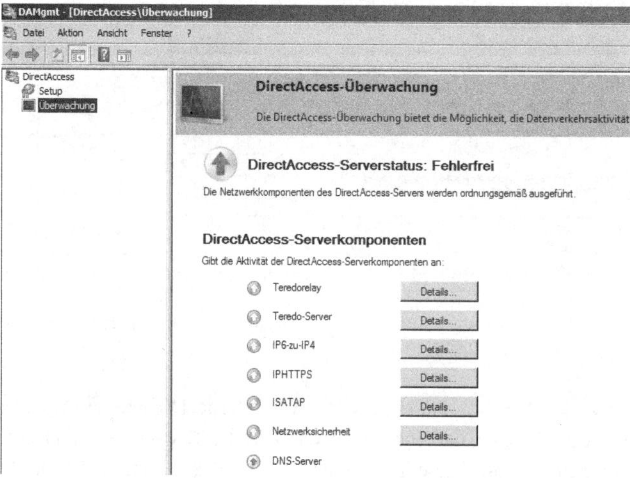

Der Status wird alle zehn Sekunden aktualisiert, indem die entsprechenden Komponenten abgefragt werden. Solange alle Komponenten fehlerfrei sind, ist auch der Serverstatus als fehlerfrei ausgewiesen. Wenn für mindestens eine Komponente der Status »Warnung« (gelb) gemeldet wird, wird auch für den Systemstatus eine Warnung angezeigt. Wenn für eine der Komponenten der Status »Fehler« (rot) gemeldet wird, wird auch für den Systemstatus ein Fehler gemeldet.

TIPP Für Microsoft System Center Operations Manager 2007 steht ein Management Pack zur Verfügung, in dem Funktionen für die Überwachung von DirectAccess-Servern integriert sind. Legen Sie den folgenden Registrierungswert auf dem Server fest, um die Überwachung zu aktivieren:

HKEY_LOCAL_MACHINE\SOFTWARE\Microsoft\DAServer\Management=1

ISATAP-Verbindung testen und Fehler beseitigen

Im Anschluss testen Sie die IPv6-Adressen und die damit verbundenen Namen auf den beteiligten Servern, um die ISATAP-Konfiguration und die damit vorhandenen Tunnel zu testen.

Externe Netzwerkverbindung testen

Nachdem der interne Verbindungsaufbau funktioniert hat und die Konfiguration korrekt dargestellt wird, testen Sie die Verbindung, falls Sie über das Internet verbunden sind, aber keine Verbindung mehr mit dem internen Netzwerk haben. An dieser Stelle verbinden Sie den Computer direkt mit dem Internet, nicht mit dem NAT auf dem Windows 7-NAT-Rechner. Überprüfen Sie, ob dem Client durch den Server *INET1* eine IP-Adresse im Internetnetzwerk 131.107 zugewiesen wurde. Geben Sie zunächst in einer Befehlszeile *ipconfig* ein, um die IP-Adresse zu überprüfen.

Pingen Sie als Nächstes den Server *inet1.isp.example.com* an. Sie müssen eine Antwort vom Server 131.107.0.1 erhalten. Testen Sie auch den Internetzugriff, indem Sie im Internet Explorer auf dem Client die Adresse *http://inet1.isp.example.com* eingeben. Es muss sich die Internetseite des Internetservers öffnen, so als würden Sie über das Internet eine normale Internetseite öffnen. Achten Sie aber darauf, dass im Netzwerk- und Freigabecenter das Netzwerk mittlerweile als *Öffentlich* konfiguriert ist. An dieser Stelle haben Sie sichergestellt, dass der Rechner an das Internet bzw. (wie in diesem Workshop besprochen) an das Netzwerk, welches das Internet darstellt und außerhalb des Firmennetzwerks liegt, angebunden wurde.

Im Anschluss können Sie testen, ob Sie aus dem internen Netzwerk auf interne Ressourcen zugreifen können. Verbinden Sie den Computer wieder mit dem internen Netzwerk. Dazu öffnen Sie zunächst eine Befehlszeile und geben *ping app1* ein, um den Netzwerkadressenserver zu erreichen. Rufen Sie dann die interne Website *http://app1.corp.contoso.com* sowie die erstellte Freigabe auf. Beides muss sich problemlos erreichen lassen.

Verbinden Sie den Client jetzt mit dem internen Netzwerk hinter dem NAT-Client und stellen Sie sicher, dass diesem eine IP-Adresse im Netzwerk 192.168.137 zugewiesen wird. Testen Sie anschließend wieder den Zugang zum Internet, also zum Server *INET1*. Im Anschluss testen Sie den Zugang zu den internen Ressourcen. Da eine 6to4-Verbindung nicht aufgebaut werden kann, verwendet der Client Teredo für die Kommunikation. Geben Sie auf dem Testclient noch den Befehl *netsh interface teredo set state disabled* ein, wird auf dem Client Teredo deaktiviert. Da der Client jetzt weder 6to4 noch Teredo verwenden kann, versucht er einen Verbindungsaufbau über HTTPS und der Schnittstelle *IPHTTPSinterface*. Der Zugriff auf interne Ressourcen ist weiterhin möglich.

Fehler in DirectAccess beheben

Sollte der Verbindungsaufbau nicht funktionieren, ist der nächste Schritt, die IPv6-Adressen der beteiligten Server und Clients zu überprüfen. Sollten Sie Probleme beim Betrieb mit DirectAccess feststellen, lesen Sie sich auch die Anmerkungen des Workshops im vorherigen Abschnitt durch.

Allgemeine Fehlersuche der IPv6-Konfiguration

Wir gehen bei der Fehlersuche im folgenden Abschnitt von den Daten der Testumgebung aus. Öffnen Sie dazu zunächst auf dem Domänencontroller *DC1* und dann auf dem Netzwerkadressenserver eine Befehlszeile:

1. Löschen Sie zunächst den Cache des DNS-Speichers mit dem Befehl *ipconfig /flushdns*. Das gilt auch dann, wenn Sie Änderungen vorgenommen haben.
2. Pingen Sie die ISATAP-IPv6-Adresse des Domänencontrollers mit *ping 2002:836b:2:1:0:5efe:10.0.0.1* an. Sie müssen eine Antwort erhalten. Erhalten Sie keine Antwort, versuchen Sie nochmals mit dem Befehl *net stop iphlpsvc* und dann mit *net start iphlpsvc* den lokalen Client an die IPv6-Infrastruktur anzubinden. Sobald Sie Änderungen am Netzwerk vornehmen, beenden Sie den IP-Helper und starten diesen neu. Löschen Sie dann mit *ipconfig /flushdns* den DNS-Cache und testen Sie anschließend die Namensauflösungen über IPv6 erneut.
3. Versuchen Sie auch mit *nslookup dc1.corp.contoso.com* den Servernamen nach seiner IPv6-Adresse aufzulösen. Erhalten Sie noch eine IPv4-Antwort, löschen Sie den DNS-Cache.
4. Pingen Sie die ISATAP-IPv6-Adresse des Netzwerkadressenservers mit *ping 2002:836b:2:1:0:5efe:10.0.0.3* an. Sie müssen eine Antwort erhalten. Erhalten Sie keine Antwort, versuchen Sie nochmals mit dem Befehl *net stop iphlpsvc* und dann mit *net start iphlpsvc* den lokalen Client an die IPv6-Infrastruktur anzubinden.
5. Versuchen Sie auch mit *nslookup app1.corp.contoso.com* den Servernamen nach seiner IPv6-Adresse aufzulösen.
6. Pingen Sie die ISATAP-IPv6-Adresse des Domänencontrollers mit *ping dc1.corp.contoso.com* an. Sie müssen eine Antwort der IPv6-Adresse erhalten.
7. Pingen Sie den Netzwerkadressenserver mit *ping app1.corp.contoso.com* an. Sie müssen eine Antwort der IPv6-Adresse erhalten.

Abbildg. 28.62 Erfolgreicher Verbindungsaufbau zwischen den beteiligten Servern über IPv6

```
Administrator: Eingabeaufforderung
C:\Windows\system32>ipconfig /flushdns

Windows-IP-Konfiguration

Der DNS-Auflösungscache wurde geleert.

C:\Windows\system32>net stop iphlpsvc
IP-Hilfsdienst wird beendet.
IP-Hilfsdienst wurde erfolgreich beendet.


C:\Windows\system32>net start iphlpsvc
IP-Hilfsdienst wird gestartet.
IP-Hilfsdienst wurde erfolgreich gestartet.


C:\Windows\system32>ping 2002:836b:2:1:0:5efe:10.0.0.1

Ping wird ausgeführt für 2002:836b:2:1:0:5efe:10.0.0.1 mit 32 Bytes Daten:
Antwort von 2002:836b:2:1:0:5efe:10.0.0.1: Zeit<1ms
Antwort von 2002:836b:2:1:0:5efe:10.0.0.1: Zeit<1ms
Antwort von 2002:836b:2:1:0:5efe:10.0.0.1: Zeit<1ms
Antwort von 2002:836b:2:1:0:5efe:10.0.0.1: Zeit<1ms

Ping-Statistik für 2002:836b:2:1:0:5efe:10.0.0.1:
    Pakete: Gesendet = 4, Empfangen = 4, Verloren = 0
    (0% Verlust),
Ca. Zeitangaben in Millisek.:
    Minimum = 0ms, Maximum = 0ms, Mittelwert = 0ms

C:\Windows\system32>_
```

HINWEIS Stellen Sie sicher, dass in der Gruppenrichtlinienverwaltung zwei neue Gruppenrichtlinien angelegt wurden. Die Richtlinie *DirectAccess Policy-{3491980e-ef3c-4ed3-b176-a4420a810f12}* ist auf die Sicherheitsgruppe der DirectAccess-Computer festgelegt. Die Richtlinie *DirectAccess Policy-{ab991ef0-6fa9-4bd9-bc42-3c397e8ad300}* wird auf den DirectAccess-Server angewendet.

Neben den Einträgen auf den Clients legt der Assistent für DirectAccess zusätzlich Einträge in der internen DNS-Domäne an, damit die Clients auch von intern über die IPV6-Adresse erreichbar sind.

Abbildg. 28.63 Anzeigen der IPv6-Adressen der beteiligten Hosts in den DNS-Einstellungen

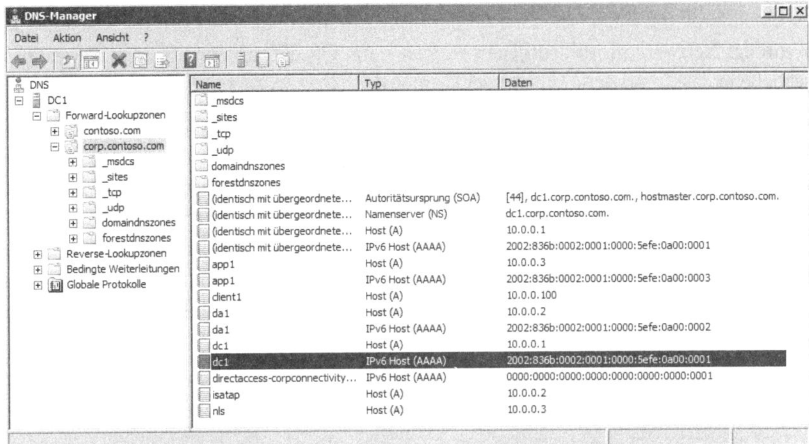

Rufen Sie die IP-Einstellungen des Clients auf, muss auch diesem eine IPv6-Adresse zugewiesen sein, die auf den Adressen der Server aufbaut. Überprüfen Sie diese Adressen im Bereich der verschiedenen Tunneladapter. Die Adresse muss mit *2002:836b* beginnen. Die Adresse baut auf das externe Netzwerk und dessen IP-Adressen aufbauen.

Diese Tunnelverbindung verwendet als Standardgateway darüber hinaus die Adresse 2002:836b:2::836b:2, die mit der 6to4-Tunneladresse des DirectAccess-Servers übereinstimmt (131.107.0.2 in hexadezimal 836b:2). Der Clientrechner verwendet also 6to4 und das hinterlegte Standardgateway zur Kommunikation, um IPv6-Verkehr zum DirectAccess-Server zu tunneln.

Abbildg. 28.64 Überprüfen der Verbindung zwischen DirectAccess-Server und Domänencontroller

```
Administrator: Eingabeaufforderung

C:\Windows\system32>nltest /dsgetdc: /force
           Domänencontroller: \\dc1.corp.contoso.com
      Adresse: \\2002:836b:2:1:0:5efe:10.0.0.1
     Domänen-GUID: 4146983a-9e12-4dba-a27a-3c1969852233
     Domänenname: corp.contoso.com
  Gesamtstrukturname: corp.contoso.com
 DC-Standortname: Default-First-Site-Name
Unserer Standortname: Default-First-Site-Name
        Kennzeichen: PDC GC DS LDAP KDC TIMESERV GTIMESERV BESCHREIBBAR DNS_DC D
NS_DOMAIN DNS_FOREST CLOSE_SITE FULL_SECRET WS
Der Befehl wurde ausgeführt.

C:\Windows\system32>
```

Damit sich DirectAccess-Clients mit dem internen Netzwerk verbinden können, muss der DirectAccess-Server dazu in der Lage sein, Benutzer am Domänencontroller zu authentifizieren. Haben Sie den DirectAccess-Server

Remotedesktop und Netzwerk-zugriffschutz

in einer DMZ positioniert oder in einem anderen Subnetz als den Domänencontroller, funktioniert diese Authentifizierung nicht immer. Öffnen Sie auf dem DirectAccess-Server eine Eingabeaufforderung mit Administratorrechten und geben Sie den Befehl *nltest /dsgetdc: /force* ein. Sie erhalten anschließend Informationen über den Domänencontroller, wobei kein Fehler beim Verbindungsaufbau erscheinen darf.

Fehlersuche bei DirectAccess-Clients

Funktioniert der Verbindungsaufbau nicht, überprüfen Sie auf dem Client über den *Ipconfig*-Befehl, ob eine IPv6-Adresse zugewiesen wurde. Meist tritt ein Problem auf, wenn die lokale Netzwerkverbindung bei der internen Netzwerkverbindung nicht mehr erkennt, dass eine Domänenanbindung konfiguriert ist. In diesem Fall kann die Firewall die entsprechenden Regeln nicht anwenden. Sie erkennen im Netzwerk- und Freigabecenter, wenn das Netzwerk nicht identifiziert werden kann. Oft hilft es, wenn Sie den Client aus der Domäne und anschließend das Computerkonto aus der Gruppe der DirectAccess-Computer entfernen.

Nehmen Sie den Client neu in die Domäne auf und stellen Sie sicher, dass das Domänennetzwerk erkannt wird. Nehmen Sie den Client dann in die Gruppe der DirectAccess-Computer auf und starten Sie den Rechner neu. Erkennt der Client jetzt die Verbindung, stellen Sie in der Eingabeaufforderung (über das Kontextmenü als Administrator aufrufen) per *gpupdate* sicher, dass die Gruppenrichtlinie für DirectAccess-Clients angewendet wird und der Client eine IPv6-Adresse zugewiesen bekommen hat. Dabei spielt die lokale Adresse, die mit *fe80* beginnt, keine Rolle. Die Adresse muss mit dem Präfix beginnen, das auch die anderen Server im Netzwerk verwenden. Funktioniert der Verbindungsaufbau nicht, testen Sie auf dem Client zunächst die Anbindung an das IPv6-Netzwerk. Verwenden Sie dazu die folgenden Befehle:

```
netsh interface 6to4 show relay
netsh interface teredo show state
netsh interface httpstunnel show interfaces
netsh namespace show effectivepolicy
```

Abbildg. 28.65 Den Verbindungsaufbau von DirectAccess-Clients überprüfen

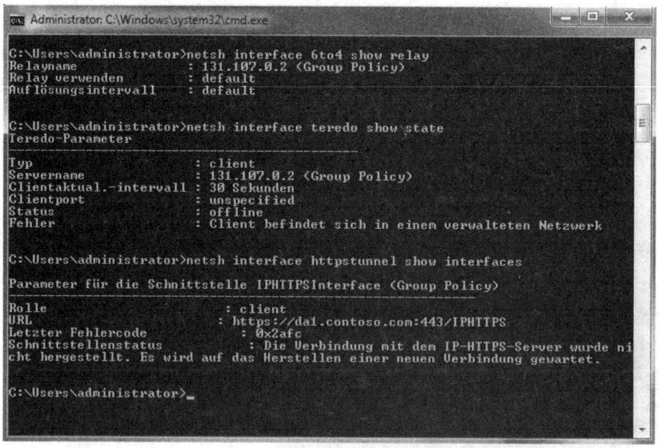

```
Administrator: C:\Windows\system32\cmd.exe

C:\Users\administrator>netsh interface 6to4 show relay
Relayname                   : 131.107.0.2 (Group Policy)
Relay verwenden             : default
Auflösungsintervall         : default


C:\Users\administrator>netsh interface teredo show state
Teredo-Parameter
---------------------------------------------
Typ                          : client
Servername                   : 131.107.0.2 (Group Policy)
Clientaktual.-intervall      : 30 Sekunden
Clientport                   : unspecified
Status                       : offline
Fehler                       : Client befindet sich in einem verwalteten Netzwerk


C:\Users\administrator>netsh interface httpstunnel show interfaces

Parameter für die Schnittstelle IPHTTPSInterface (Group Policy)
------------------------------------------------------------
Rolle                            : client
URL                             : https://da1.contoso.com:443/IPHTTPS
Letzter Fehlercode                 : 0x2afc
Schnittstellenstatus                : Die Verbindung mit dem IP-HTTPS-Server wurde ni
cht hergestellt. Es wird auf das Herstellen einer neuen Verbindung gewartet.


C:\Users\administrator>_
```

Der Befehl *netsh namespace show effectivepolicy* zeigt die Richtlinientabelle für die Namensauflösung (Name Resolution Policy Table, NRPT) an. Es muss eine Regel für den internen Namensraums und eine Ausnahme für den FQDN des Netzwerkadressenservers vorhanden sein. Dabei darf bei diesen Konfigurationen kein Fehler erscheinen. Erhalten Sie Fehler angezeigt, können Sie mit diesen Ergebnissen das Problem weiter einschränken. Mit dem folgenden Befehl lassen Sie sich die URL des Netzwerkadressenservers auf dem Client anzeigen:

```
reg query HKLM\SOFTWARE\policies\microsoft\windows\NetworkConnectivityStatusIndicator
\CorporateConnectivity /v DomainLocationDeterminationUrl
```

Achten Sie auch darauf, dass auf dem DirectAccess-Server zum einen eine interne IPV6-Adresse zugewiesen sein muss, sowie Adressen für ISARAP, 6to4 und für das IPHTTPSInterface. Überprüfen Sie auf dem DirectAccess-Server, ob dieser über diese Adressen verfügt. Ist dem nicht so, überprüfen Sie nochmals die Konfiguration der Server. Wichtig ist, dass Sie das Problem einschränken: Liegt ein Problem der Server oder auf dem Client vor? Können die Server untereinander per IPv6 kommunizieren, liegt das Problem beim Client.

Abbildg. 28.66 Überprüfen der verschiedenen IPv6-Adressen für DirectAccess

```
Eingabeaufforderung

Ethernet-Adapter extern:

   Verbindungsspezifisches DNS-Suffix: isp.example.com
   Verbindungslokale IPv6-Adresse  . : fe80::c543:2af7:bc25:3fb6%13
   IPv4-Adresse  . . . . . . . . . . : 131.107.0.2
   Subnetzmaske  . . . . . . . . . . : 255.255.255.0
   IPv4-Adresse  . . . . . . . . . . : 131.107.0.3
   Subnetzmaske  . . . . . . . . . . : 255.255.255.0
   Standardgateway . . . . . . . . . :

Ethernet-Adapter intern:

   Verbindungsspezifisches DNS-Suffix: corp.contoso.com
   Verbindungslokale IPv6-Adresse  . : fe80::69be:3ffa:8dea:9d88%12
   IPv4-Adresse  . . . . . . . . . . : 10.0.0.2
   Subnetzmaske  . . . . . . . . . . : 255.255.255.0
   Standardgateway . . . . . . . . . :

Tunneladapter isatap.corp.contoso.com:

   Verbindungsspezifisches DNS-Suffix: corp.contoso.com
   IPv6-Adresse. . . . . . . . . . . : 2002:836b:2:1:0:5efe:10.0.0.2
   Verbindungslokale IPv6-Adresse  . : fe80::5efe:10.0.0.2%14
   Standardgateway . . . . . . . . . :

Tunneladapter LAN-Verbindung* 6:

   Verbindungsspezifisches DNS-Suffix:
   Verbindungslokale IPv6-Adresse  . : fe80::8000:f227:7c94:fffd%11
   Standardgateway . . . . . . . . . :

Tunneladapter isatap.isp.example.com:

   Verbindungsspezifisches DNS-Suffix: isp.example.com
   Verbindungslokale IPv6-Adresse  . : fe80::200:5efe:131.107.0.2%15
   Verbindungslokale IPv6-Adresse  . : fe80::200:5efe:131.107.0.3%15
   Standardgateway . . . . . . . . . :

Tunneladapter 6TO4 Adapter:

   Verbindungsspezifisches DNS-Suffix: isp.example.com
   IPv6-Adresse. . . . . . . . . . . : 2002:836b:2::836b:2
   IPv6-Adresse. . . . . . . . . . . : 2002:836b:3::836b:3
   Standardgateway . . . . . . . . . :

Tunneladapter IPHTTPSInterface:

   Verbindungsspezifisches DNS-Suffix:
   IPv6-Adresse. . . . . . . . . . . : 2002:836b:2:2:29ac:7d95:990:f97e
   Verbindungslokale IPv6-Adresse  . : fe80::29ac:7d95:990:f97e%24
   Standardgateway . . . . . . . . . :

C:\Users\thomas>
```

Häufig hängt eine fehlerhafte Anbindung auch damit zusammen, dass die Windows-Firewall den Zugriff blockiert, weil kein gültiges Profil gefunden werden kann, welches dem Netzwerk des Clients zugeordnet ist. Mit dem Befehl *netsh advfirewall monitor show currentprofile* lässt sich anzeigen, in welchem Netzwerk sich der Client aktuell befindet. Der DirectAccess-Client muss eine IPv6-Verbindung zum internen DNS-Server erhalten, ansonsten ist keine DirectAccess-Anbindung möglich. Treten Probleme auf, hilft es manchmal, den Computer aus der Domäne zu entfernen und neu aufzunehmen. Achten Sie aber darauf, den Client anschließend neu in die Sicherheitsgruppe der DirectAccess-Computer einzutragen.

Abbildg. 28.67 Anzeigen der DirectAccess-Richtlinien in den Firewalleinstellungen der Clients

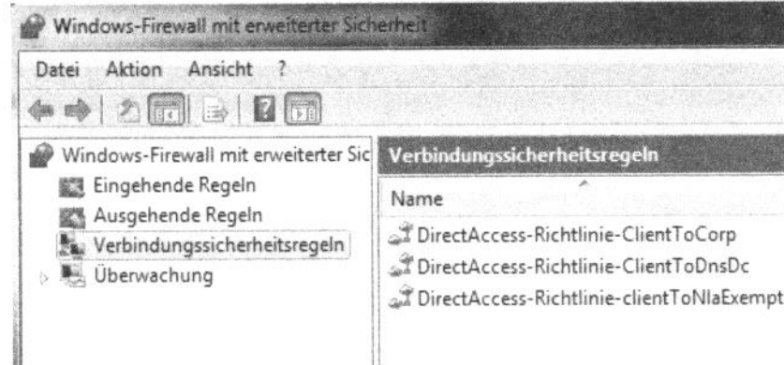

Tauchen weitere Verbindungsprobleme auf, rufen Sie über *wf.msc* die Steuerung der Firewall auf und klicken Sie auf *Verbindungssicherheitsregeln.* Hier müssen Regeln hinterlegt sein, welche den IPsec-Verkehr des Clients zu den Servern regelt. Sie sollten an dieser Stelle keine Änderungen vornehmen. Die entsprechenden Regeln werden über die bereits erwähnten Gruppenrichtlinien für Clients übergeben.

Damit sich ein Client überhaupt erst über DirectAccess verbinden kann, muss der Netzwerkstandort im Netzwerk- und Freigabecenter feststehen. Auf dieser Basis kann der Client dann einen Verbindungsaufbau über IPv6 starten. Der erste Schritt bei der Problemsuche ist also immer, zunächst über *IPconfig* festzustellen, ob dem Client die entsprechenden Tunneladressen zugewiesen wurden. Außerdem muss er den internen DNS-Server über seine IPv6-Adresse erreichen können.

Lässt sich trotz aller vorangegangenen Konfigurationen kein Tunnel zum internen Netzwerk einrichten, öffnen Sie mit *wf.msc* eine Verwaltungskonsole der Firewall auf dem Client. Rufen Sie anschließend die *Verbindungssicherheitsregeln* auf. Sind diese Regeln an dieser Stelle nicht aufgeführt, stellen Sie sicher, dass sich das Computerkonto noch in der Sicherheitsgruppe befindet, die den DirectAccess-Zugriff zulässt. Überprüfen Sie anschließend in der Befehlszeile mit *netsh advfirewall monitor show currentprofile*, welchem Profil die Netzwerkverbindungen des Computers zugewiesen sind. Kein Netzwerk sollte einem Domänennetzwerk zugewiesen sein, wenn Sie sich von extern per DirectAccess verbinden wollen.

Abbildg. 28.68 Konfigurieren der Namensauflösungsrichtlinie

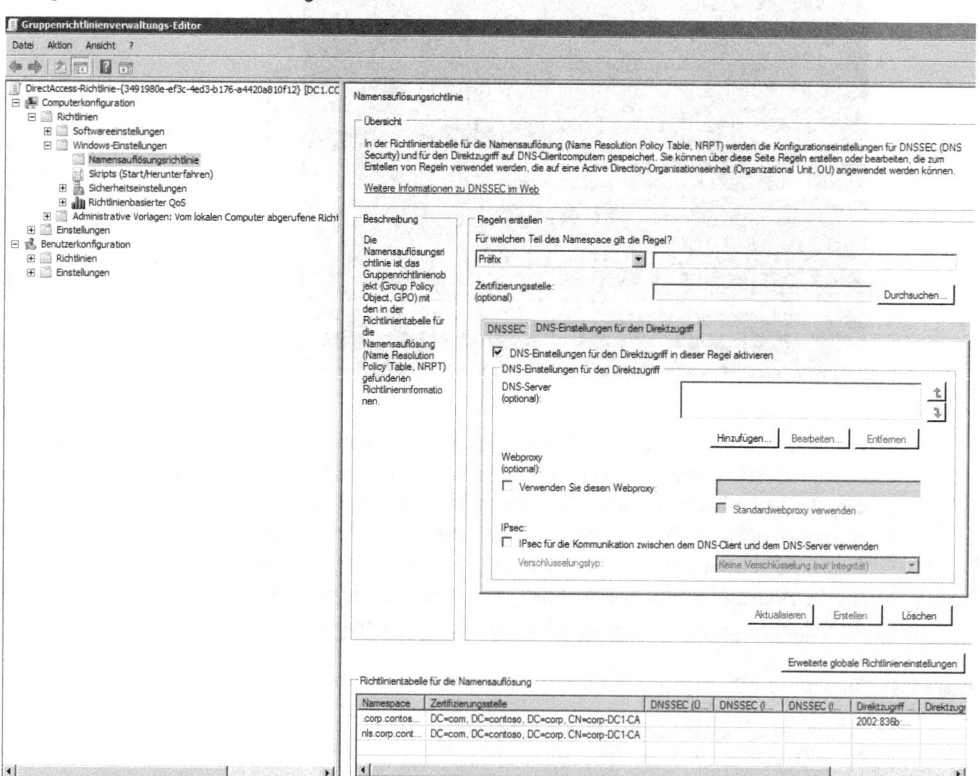

Sobald ein DirectAccess-Client davon ausgeht, dass er nicht mehr mit dem internen Netzwerk verbunden ist, versucht er, über seine Richtlinientabelle für die Namensauflösung (Name Resolution Policy Table, NRPT) DNS-Abfragen über den DirectAccess-Server an die internen DNS-Server zu senden. Diese Liste erhalten die Clients über die erstellte Gruppenrichtlinie zugeteilt. Die entsprechenden Einstellungen finden Sie in der Gruppenrichtlinie für DirectAccess-Clients über *Computerkonfigurationen/Richtlinien/Windows-Einstellungen/Namensauflösungsrichtlinie.* Wollen Sie die Standardeinstellungen dieser Richtlinie ändern, bearbeiten Sie die Gruppenrichtlinie für DirectAccess-Server und geben bei der Namensauflösungsrichtlinie die gewünschten Daten ein:

1. Aktivieren Sie die Option *DNS-Einstellungen für den Direktzugriff in dieser Regel aktivieren.*
2. Geben Sie anschließend den Namensraum an und legen Sie die IP-Adressen der Server fest, die in der NRPT erscheinen sollen.

Gelingt die Namensauflösung nicht, kann der Client auch keine Verbindung zum internen Netzwerk aufbauen. Starten Sie in diesem Fall eine Eingabeaufforderung mit Administratorrechten und geben den Befehl *netsh namespace show policy* ein. Dieser Befehl zeigt die NRPT-Regeln an, die der Client über Gruppenrichtlinien erhält. Die Richtlinie muss mindestens eine IPv6-Adresse für einen internen DNS-Server enthalten.

Abbildg. 28.69 Anzeigen der Richtlinie zur Namensauflösung von DirectAccess-Clients

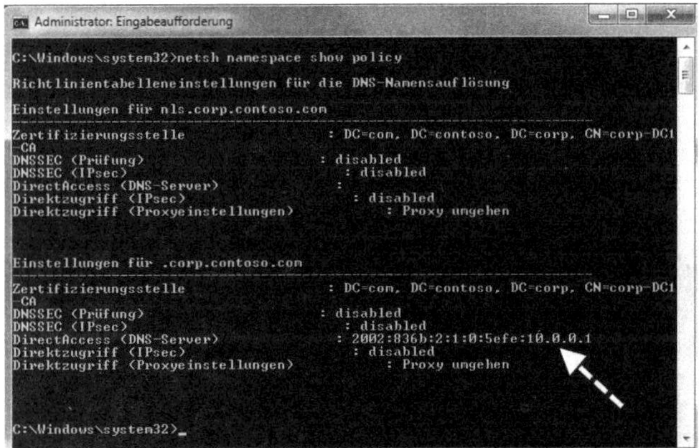

Mit dem Befehl *nslookup –q=aaaa <DNS-Server FQDN> <IPV6-Adresse des Servers>* bauen Sie eine Verbindung mit dem Server auf und testen die Namensauflösung. Ein Beispiel mit den Daten der Testumgebung wäre *nslookup –q=aaaa dc1.corp.contoso.com 2002:836b:2:1::5efe:10.0.0.1.*

6to4-Verkehr in DirectAccess funktioniert nicht

Können sich Clients nicht per 6to4 mit dem DirectAccess-Server verbinden, verwenden diese für den Verbindungsaufbau Teredo. Funktioniert auch das nicht, bauen Clients eine Verbindung über HTTPS auf. Sie können dem Fehler beim Verbindungsaufbau per 6to4 aber auf den Grund gehen. Auch dazu benötigen Sie wieder eine Eingabeaufforderung mit Administratorrechten:

- Geben Sie den folgenden Befehl ein:

```
reg query HKLM\SYSTEM\CurrentControlSet\Services\tcpip6\Parameters /v DisabledComponents
```

Ist der Schlüssel nicht vorhanden, erhalten Sie eine entsprechende Meldung. Gibt es den Schlüssel, erhalten Sie dessen Wert. Rechnen Sie diesen Wert in eine binäre Nummer um. Das erste oder zweite Bit von rechts ist *1*, wenn 6to4 auf dem Client deaktiviert ist. Ändern Sie in diesem Fall die ersten beiden Bits in 0 ab, um 6to4 zu aktivieren.

- Mit dem folgenden Befehl lassen Sie sich die externe IPv4-Adresse des DirectAccess-Servers anzeigen:

```
reg query HKLM\SOFTWARE\Policies\Microsoft\Windows\TCPIP\v6Transition /v 6to4_RouterName
```

Erhalten Sie hier keine Antwort, ist der Router nicht erreichbar, daher funktioniert 6to4 nicht.

- Geben Sie als Nächstes den folgenden Befehl ein:

```
netsh interface 6to4 show relay
```

Sie sollten die erste IP-Adresse des DirectAccess-Servers erhalten und keine Fehlermeldungen.

- Lassen Sie sich den Status von 6to4 anzeigen:

```
netsh interface 6to4 show state
```

Hier sollte entweder *enabled* oder *default* erscheinen. Erscheint hier *disabled*, unterstützt der DirectAccess-Server kein 6to4.

- Zum Testen können Sie auch den Befehl *route print* verwenden. Die IPv6-Routingtabelle sollte den Wert ::/0 und als Gateway noch die IPv6-Adresse anzeigen. Auch der Wert *2002::/16* sollte als aktive Route erscheinen.

Abbildg. 28.70 Überprüfen der IPv6-Routen auf dem Client

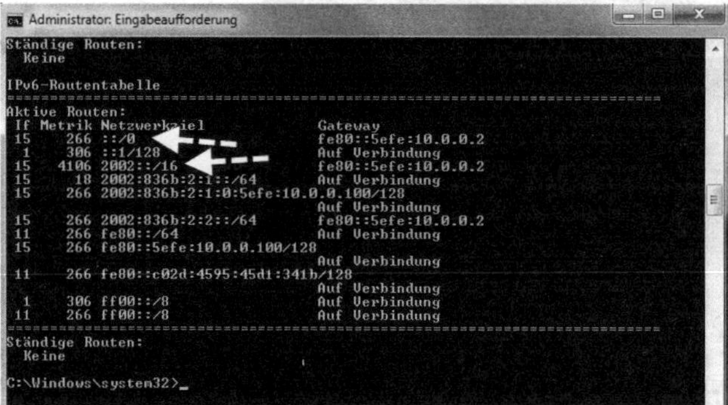

Auch auf dem DirectAccess-Server können Sie die 6to4-Funktionalität testen. Über den *Ipconfig*-Befehl sollte hier auch 6to4 zu einem Adapter zugeordnet sein.

Abbildg. 28.71 Überprüfen des 6to4-Adapaters in der Befehlszeile

```
Administrator: Eingabeaufforderung
   Verbindungslokale IPv6-Adresse  . : fe80::200:5efe:131.107.0.3%15
   Standardgateway . . . . . . . . . :

Tunneladapter 6TO4 Adapter:

   Verbindungsspezifisches DNS-Suffix: isp.example.com
   IPv6-Adresse. . . . . . . . . . . : 2002:836b:2::836b:2
   IPv6-Adresse. . . . . . . . . . . : 2002:836b:3::836b:3
   Standardgateway . . . . . . . . . :

Tunneladapter IPHTTPSInterface:

   Verbindungsspezifisches DNS-Suffix:
   IPv6-Adresse. . . . . . . . . . . : 2002:836b:2:2:29ac:7d95:990:f97e
   Verbindungslokale IPv6-Adresse  . : fe80::29ac:7d95:990:f97e%24
   Standardgateway . . . . . . . . . :

C:\Windows\system32>_
```

Außerdem sollte der Adapter das DNS-Suffix der Internetverbindung und die beiden IPv6-Adressen anzeigen, die eine Umrechnung der zugewiesenen IPv4-Adressen sind. Die anderen Befehle für Clients funktionieren auch auf dem Server.

Teredo funktioniert nicht

Lässt sich über ein Netzwerk keine Verbindung über 6to4 aufbauen, verwendet ein DirectAccess-Client Teredo. Diese Technik wandelt IPv6-Pakete in IPv4-UDP-Pakete um. Das ist zum Beispiel für den Betrieb hinter einem NAT notwendig. Funktioniert Teredo nicht, können Sie auch diese Technik umfassend testen. Hier benötigen Sie wiederum eine Eingabeaufforderung mit Administratorrechten:

- Überprüfen Sie mit dem *Ipconfig*-Befehl, ob dem Tunneladapter für Teredo eine IPv6-Adresse zugewiesen ist
- Zum Testen können Sie auch *route print* verwenden. Die IPv6-Routingtabelle sollte den Wert ::/0 und als Gateway noch die IPv6-Adresse anzeigen. Auch der Wert *2002::/16* sollte als aktive Route erscheinen.
- Geben Sie den folgenden Befehl ein:

  ```
  reg query HKLM\SYSTEM\CurrentControlSet\Services\tcpip6\Parameters /v DisabledComponents
  ```

  Ist der Schlüssel nicht vorhanden, erhalten Sie eine entsprechende Meldung. Gibt es den Schlüssel, erhalten Sie dessen Wert. Rechnen Sie diesen Wert in eine binäre Nummer um. Das erste oder vierte Bit von rechts ist *1*, wenn Teredo auf dem Client deaktiviert ist. Ändern Sie in diesem Fall den ersten und den vierten Bit in 0 ab, um 6to4 zu aktivieren.
- Der folgende Befehl muss auf die erste IPv4-Adresse des DirectAccess-Servers zeigen:

  ```
  reg query HKLM\SOFTWARE\Policies\Microsoft\Windows\TCPIP\v6Transition /v Teredo_ServerName
  ```

- Über den folgenden Befehl sehen Sie die IP-Adresse des DirectAccess-Servers:

  ```
  netsh interface teredo show state
  ```

  Außerdem erhalten Sie eine von vier verschiedenen Statusmöglichkeiten:

  - **Qualified** Teredo ist aktiv und einsatzbereit
  - **Dormant** Teredo ist aktiv, wird aber aktuell nicht benutzt
  - **Probe** Status unklar, aber generell funktioniert Teredo
  - **Offline** Teredo liefert einen Fehler und kann sich nicht verbinden. Dies bedeutet, der Client kann den Server nicht über UDP 3544 erreichen, weil der Verkehr blockiert wird. Diese Meldung erscheint aber auch, wenn der Client im internen Netzwerk eine Active Directory-Domäne erkennt.

Die Tests auf dem Server laufen identisch zu den Clienttests und den Servertests für Teredo ab.

DirectAccess über HTTPS funktioniert nicht

HTTPS-Verbindungen verwendet DirectAccess dann, wenn kein Teredo und ein 6to4 möglich sind. Gelingt auch hier keine Verbindung, obwohl Sie die Konfiguration so vorgenommen haben, wie in den vorangegangenen Abschnitten besprochen, können Sie auch diesen Bereich über eine Befehlsezeile mit Administratorrechten testen:

- Mit dem folgenden Befehl sehen Sie die Eigenschaften auf dem Client:

```
reg query HKLM\SOFTWARE\Policies\Microsoft\Windows\TCPIP\v6Transition\iphttps\iphttpsinterface
```

  Die weiteren Befehle zum Testen für 6to4 und Teredo funktionieren auch für HTTPS-Verbindungen.

- Stellen Sie sicher, dass die URL für HTTSP mit dem Namen des Zertifikats übereinstimmt und der Client das Zertifikat der Zertifizierungsstelle als vertrauenswürdig importiert hat. Beim Einsatz der Active Directory-Zertifikatdienste vertrauen alle Mitgliedcomputer automatisch der Zertifizierungsstelle.
- Überprüfen Sie die Zertifikatezuordnung im Workshop in diesem Kapitel
- Stellen Sie sicher, dass die CRL und deren Veröffentlichung so funktionieren, wie im Workshop besprochen

DirectAccess-Clients remote verwalten

Mit DirectAccess können Administratoren DirectAccess-Clients verwalten, auch wenn diese über das Internet an das Netzwerk angebunden sind. Sie können zum Beispiel Sicherheitsupdates übertragen, Hardware- und Softwareinventurberichte abrufen und sich mit dem Remotedesktop verbinden. Da DirectAccess-Clients IPv6 verwenden, müssen auch die Programme, die auf den Client zugreifen wollen, IPv6-fähig sein. Außerdem müssen Sie auf den Clients Firewallregeln konfigurieren. Diese Regeln müssen zum Beispiel Edgeausnahmen aktivieren.

Öffnen Sie die Eigenschaften einer eingehenden Regel, klicken Sie auf die Registerkarte *Erweitert* und wählen Sie dann bei *Edgeausnahme* die Option *Edgeausnahme zulassen*.

Abbildg. 28.72 Konfigurieren für Edgeausnahmen für den Remotezugriff auf DirectAccess-Clients

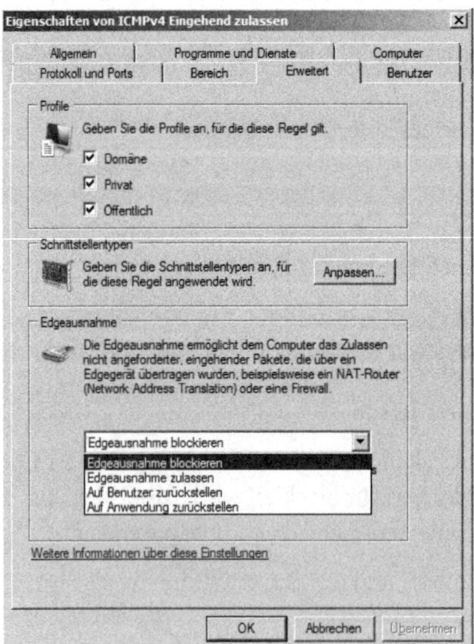

Verwenden Sie die Option *edge=yes* für den Befehl *netsh advfirewall firewall*, wenn Sie eine eingehende Regel hinzufügen oder ändern. Stellen Sie bei DirectAccess-Clients sicher, dass er über Teredo erreichbar werden kann und eine eingehende Regel vorhanden ist, in der ICMPv6-Echoanforderungen zugelassen und Edgeausnahmen aktiviert sind.

TIPP Wenn Sie einen DirectAccess-Client sperren und verhindern möchten, dass über den Client DirectAccess-Verbindungen hergestellt werden, können Sie das Computerkonto in Active Directory deaktivieren.

Zusammenfassung

In diesem Kapitel haben wir Ihnen gezeigt, wie Sie Windows 7-Computer mit DirectAccess an Windows Server 2008 R2 per VPN sicher und schnell anbinden. Zusätzlich haben Sie in diesem Kapitel mehr über Zertifikate, Zertifikatsperrlisten, Webserver und die Einrichtung eines sicheren Netzwerks erfahren. Im nächsten Kapitel erläutern wir Ihnen, wie Sie eine Zertifizierungsstelle mit Windows Server 2008 R2 betreiben.

Teil E

Active Directory-Zusatzdienste

In diesem Teil:

Kapitel 29

Active Directory-Zertifikatdienste

In diesem Kapitel:

Microsoft hat in Windows Server 2008 auch die Bezeichnung der Komponenten angepasst, die zur Identitätsverwaltung verwendet werden. Diese Bezeichnungen haben auch in Windows Server 2008 R32 noch Gültigkeit. Alle diese Funktionen und Serverrollen erhalten vor der eigentlichen Bezeichnung noch das Präfix *Active Directory* hinzu. So wird schnell ersichtlich, welche der Dienste direkt auf Active Directory aufbauen oder mit Active Directory einen erweiterten Funktionsumfang erhalten: Die *Active Directory-Zertifikatdienste (Active Directory Certificate Services, AD CS)* stellen die neue Version der Zertifikatdienste unter Windows Server 2003 dar. Bei *Active Directory-Domänendienste (Active Directory Domain Services, AD DS)* handelt es sich um eine Serverrolle, mit der ein Server zum Domänencontroller heraufgestuft werden kann, um entweder einer Gesamtstruktur beizutreten oder eine neue zu erstellen. Die *Active Directory-Verbunddienste (Active Directory Federation Services, AD FS)* bieten eine webbasierte Infrastruktur für einmaliges Anmelden (Single Sign-On, SSO). Mit den *Active Directory-Rechteverwaltungsdiensten (Active Directory Rights Management Services, AD RMS)* werden Daten mit digitalen Signaturen versehen, um sie vor unerwünschtem Zugriff zu sichern. Besitzer von Dateien können basierend auf Benutzerinformationen exakt festlegen, was andere Benutzer mit den Dateien machen dürfen. Dokumente können zum Beispiel als »Nur Lesen« konfiguriert werden oder stehen nur bestimmten Anwendern zur Verfügung.

In diesem Kapitel gehen wir auf die wichtigsten Funktionen der zusätzlichen Active Directory-Rollen *Active Directory-Zertifikatdienste* und *Active Directory-Rechteverwaltungsdienste* ein. In den Kapiteln 25 bis 28 sind wir bereits auf Zertifikate eingegangen. Da Zertifikate mittlerweile in mehreren Bereichen von Active Directory eine wichtige Rolle spielen, arbeiten diese auch im Bereich der Remotedesktopdienste von DirectAccess und natürlich von Webservern effizient mit der jeweiligen Serverrolle zusammen. Der Betrieb einer eigenen Zertifizierungsstelle lohnt sich zum Beispiel beim Einsatz von SSL-gesicherten Websites, bei der Verwendung von Exchange Server 2007/2010 im Netzwerk oder generell bei der Absicherung des E-Mail-Verkehrs. In der Regel erfordert der Einsatz einer Zertifizierungsstelle keinen riesigen Verwaltungsaufwand. Bereits nach der Installation steht eine Zertifizierungsstelle zur Verfügung und benötigt nur selten Verwaltungsaufwand. Wir zeigen Ihnen in diesem Kapitel auch ein paar Praxisbeispiele für den Einsatz einer Zertifizierungsstelle. In Kapitel 28 finden Sie weitere wichtige Anleitungen für Zertifizierungsstellen.

Abbildg. 29.1 Installieren der Active Directory-Zertifikatdienste als zusätzlicher Rollendienst

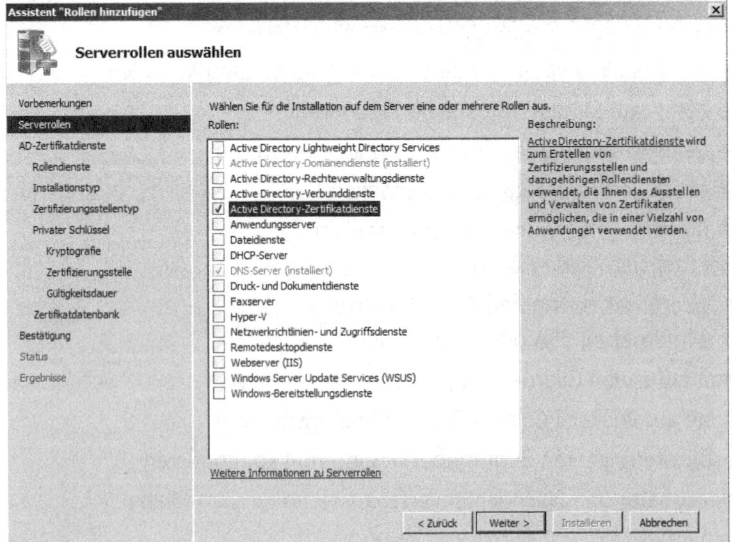

Auch wenn viele Serverdienste wie die Internetinformationsdienste (IIS) oder Exchange Server 2007/2010 ein eigenes Zertifikat mitbringen, empfiehlt Microsoft die Einbindung eines eigenes Zertifikats für verschiedene Sicherheitskonzepte. Das Exchange-eigene Zertifikat wird zum Beispiel als nicht vertrauenswürdig eingestuft. Für die Veröffentlichung von Outlook Web Access, RPC über HTTP (Outlook Anywhere) und Exchange ActiveSync (EAS) kann ohne Weiteres eine interne Zertifizierungsstelle verwendet werden. In Zusammenhang mit ISA Server oder dem neuen Forefront Threat Management Gateway empfiehlt Microsoft sogar diese Vorgehensweise. Auch wenn die Netzwerkzugriffschutzdienste benötigt werden, befürwortet Microsoft den Einsatz einer eigenen Zertifizierungsstelle. Mehr zu diesem Thema finden Sie in Kapitel 27.

HINWEIS Bei der Installation der Active Directory-Zertifikatdienste legen Sie auch einen Namen für die Zertifizierungsstelle fest. Es muss sich dabei nicht unbedingt um den Namen des Servers handeln, auch wenn dieser vorgeschlagen wird. Der Name darf maximal 64 Zeichen lang sein. Sonderzeichen sollten möglichst nicht verwendet werden, da manche Netzwerkgeräte Probleme damit haben. Der Name kann nach der Installation nicht mehr geändert werden.

Neuerungen der Active Directory-Zertifikatdienste seit Windows Server 2003

Auch wenn viele Funktionen der Zertifikatdienste unter Windows Server 2008 R2 ähnlich zu den Funktionen in Windows Server 2003 sind, gibt es einige interessante Neuerungen. Im Vergleich zu Windows Server 2008 halten sich die Änderungen in Grenzen und spielen vor allem bei der Zusammenarbeit mit DirectAccess (siehe Kapitel 28) eine wichtige Rolle. Eine bemerkenswerte Neuerung seit Windows Server 2003 ist die automatische Bereitstellung (Enrollment) von Zertifikaten für Arbeitsstationen und andere Geräte im Netzwerk. Diese Funktion wird Netzwerkgerät-Registrierungsdienst (Network Device Enrollment Service, NDES) genannt. Die Funktion unterstützt das Simple Certificate Enrollment-Protokoll (SCEP) von Cisco.

Ebenfalls neu ist der Online-Responder, der das Online Certificate Status-Protokoll (OCSP) implementiert. Dieser Dienst kann als Alternative zu lokalen Zertifikatsperrlisten (Certificate Revocations Lists, CLR) eingesetzt werden, mit der Clients Informationen zum Status der Zertifikatabfrage zur Verfügung gestellt werden (*http://de.wikipedia.org/wiki/Online_Certificate_Status_Protocol*). Gleichfalls neu ist die Clusterunterstützung und eine verbesserte Verschlüsselung. Zusätzlich gibt es das Zusatztool *PKIView*, mit dem sehr schnell der allgemeine Zustand der Zertifizierungsstelle überprüft werden kann. Findet das Tool Fehler, werden diese in einer Konsole angezeigt.

Abbildg. 29.2 Überprüfen der internen PKI mit dem neuen Tool *PKIView*

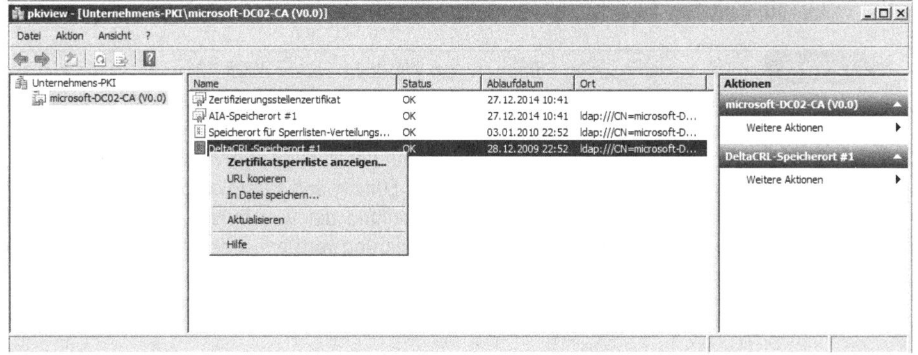

Die neue Webschnittstelle in den Zertifikatdiensten wurde für Windows Vista und Windows 7 optimiert. Diese ist kompatibel zu Windows XP. Standardmäßig kann Windows Vista und Windows 7 allerdings keine Zertifikate über die Webschnittstelle einer Windows Server 2003-CA abrufen. Hier besteht aber die Möglichkeit, die Webschnittstelle von Windows Server 2003 kompatibel mit Windows Vista und Windows 7 zu machen. Ansonsten haben Windows Vista und Windows 7 keinerlei Probleme mit einer Windows Server 2003-Zertifizierungsstelle.

HINWEIS Mit den Webdiensten für die Zertifikatregistrierung und den Zertifikatregistrierungsrichtlinien können Zertifikate über HTTP auch für verschiedene Gesamtstrukturen registriert werden. So lassen sich Zertifizierungsstellen mit mehreren Gesamtstrukturen betreiben.

Windows Server 2008 R2-Zertifizierungsstelle installieren

Die Installation einer eigenen Zertifizierungsstelle ist nicht sehr kompliziert und Zertifikate können einfach und schnell angefordert werden. Installieren Sie die Zertifizierungsstelle entweder auf einem Domänencontroller oder einem anderen Server, der im Netzwerk steht. Wird der Server, der die Zertifizierungsstelle verwaltet, aus der Domäne entfernt, verlieren die Zertifikate ihre Gültigkeit. Die Installation wird über das Hinzufügen der Rolle *Active Directory-Zertifikatdienste* im Server-Manager gestartet. Den genauen Ablauf der Installation haben wir Ihnen bereits in den Kapiteln 27 und 28 gezeigt. Lesen Sie daher in Kapitel 27 zunächst die Anleitung zur Installation durch. Insgesamt können bei der Installation vier Rollentypen ausgewählt werden:

- **Zertifizierungsstelle** Hierbei handelt es sich um den wichtigsten Rollendienst, der die Basis der Zertifikatdienste darstellt. Dieser Rollendienst wird für das Ausstellen und Verwalten der Zertifikate benötigt.
- **Zertifizierungsstellen-Webregistrierung** Wird dieser Rollendienst installiert, können auch Zertifikate über die Webadresse *http://<Servername>/certsrv* angefordert werden. Hierbei handelt es sich sozusagen um die Webschnittstelle der Zertifikatdienste. Der Rollendienst setzt die Installation von IIS 7.5 auf dem Server voraus.
- **Online-Responder** Dieser Rollendienst stellt die OCSP-Funktion zur Verfügung, über die den Clients erweiterte Informationen über den aktuellen Zustand der Zertifikatabfrage gegeben werden. Der Dienst setzt die Installation von IIS 7.5 voraus, es wird ein neues Web mit der Adresse *http://<Servername>/ocsp* erstellt.
- **Registrierungsdienst für Netzwerkgeräte** Diese Funktion kann nur alleine installiert werden, nicht zusammen mit einer Zertifizierungsstelle. Mit diesem Rollendienst wird die bereits erwähnte Funktion zum automatischen Ausstellen von Zertifikaten an Netzwerkgeräte ermöglicht.

HINWEIS Die verschiedenen Editionen von Windows Server 2008 R2 unterstützen nicht alle Funktionen einer Zertifizierungsstelle. Die Windows Server 2008 R2 Web Edition unterstützt zum Beispiel die Installation einer Zertifizierungsstelle überhaupt nicht. Um Netzwerkgeräten automatisch ein Zertifikat zuweisen zu können, muss die Zertifizierungsstelle entweder auf der Windows Server 2008 R2 Enterprise Edition oder Datacenter Edition installiert werden. Die Standard Edition und Web Edition unterstützen diese Funktion nicht. Auch für die Schlüsselarchivierung, die Aufteilung der verschiedenen Rollendienste und der Einschränkungen in der Zertifikatverwaltung zur Delegierung wird entweder Windows Server 2008 R2 Enterprise Edition oder Datacenter Edition benötigt.

Abbildg. 29.3 Auswählen der Rollendienste der Active Directory-Zertifikatdienste

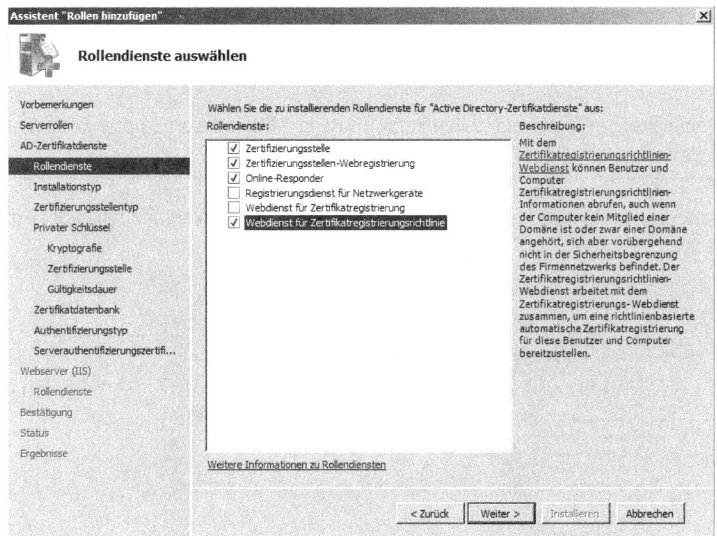

Zertifizierungsstellentypen und Zertifizierungsverwaltungskonsolen

Bei der Installation der Active Directory-Zertifikatdienste kann ausgewählt werden, ob der Typ *Unternehmen* oder *Eigenständig* installiert werden soll. Wird *Unternehmen* ausgewählt, werden die Zertifikatdienste in Active Directory integriert. Außerdem verteilt eine Zertifizierungsstelle (Certificate Authority, CA) das Zertifikat für die vertrauenswürdigen Stammzertifizierungsstellen auf den Computern automatisch über eine Gruppenrichtlinie.

Abbildg. 29.4 Auswählen des Typs der Zertifizierungsstelle

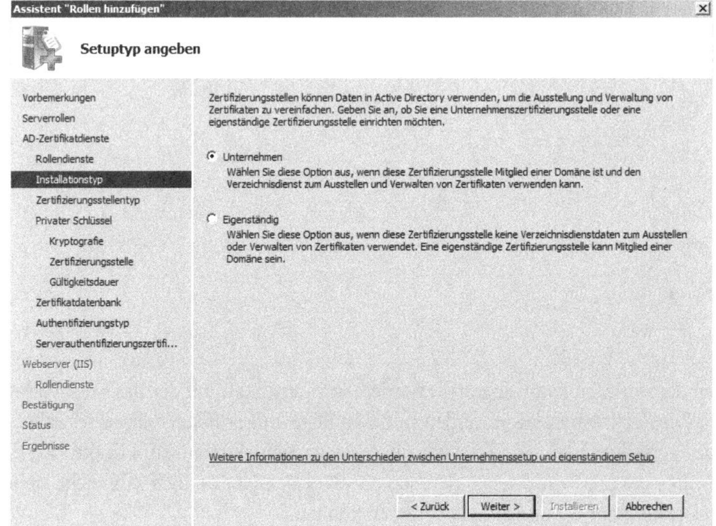

HINWEIS Alle Mitgliedcomputer einer Domäne vertrauen einer internen Stammzertifizierungsstelle mit dem Typ *Unternehmen* automatisch. Das Zertifikat dieser Zertifizierungsstelle wird dazu auf den Clientcomputern und Mitgliedsservern in den Zertifikatspeicher der vertrauenswürdigen Stammzertifizierungsstellen integriert.

Damit der Server fehlerfrei Zertifikate ausstellen kann, muss er Mitglied der Gruppe *Zertifikatherausgeber* sein. Diese Gruppe befindet sich in der OU *Users*.

Abbildg. 29.5 Damit das Unternehmenszertifizierungsstelle funktioniert, muss das Computerkonto Mitglied der Gruppe *Zertifikatherausgeber* sein

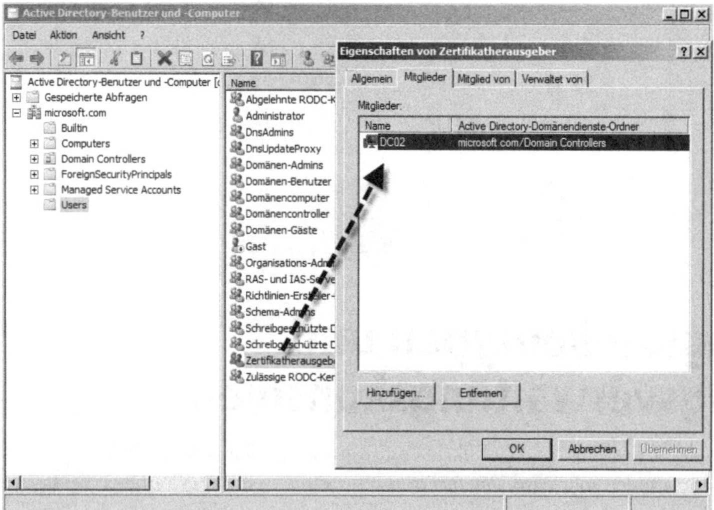

Innerhalb einer Unternehmenszertifizierungsstelle werden die Zertifikate auf Basis von Zertifikatvorlagen ausgestellt.

Abbildg. 29.6 Anzeigen und Verwalten der Zertifikatvorlagen

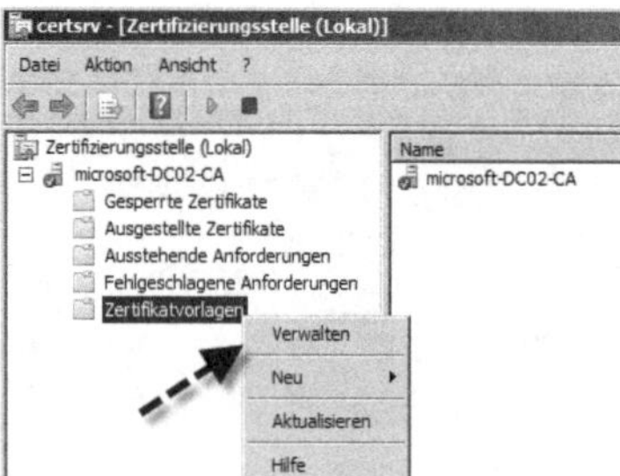

In den Eigenschaften der Vorlagen kann eingestellt werden, wer Zertifikate auf der Basis der Vorlage anfordern oder verwalten darf. Die Zertifikatvorlagen werden mit dem Snap-In *Zertifikatvorlagen* verwaltet. Dieses wird gestartet, wenn in der Verwaltungskonsole *Zertifizierungsstelle* im Kontextmenü zum Knoten *Zertifikatvorlagen* auf den Befehl *Verwalten* geklickt wird. Neben den Standardvorlagen gibt es noch zahlreiche weitere, die über die Verwaltungskonsole konfiguriert und aktiviert werden können.

Abbildg. 29.7 Verwalten von Zertifikatvorlagen auf Basis der Zertifikatvorlagenkonsole

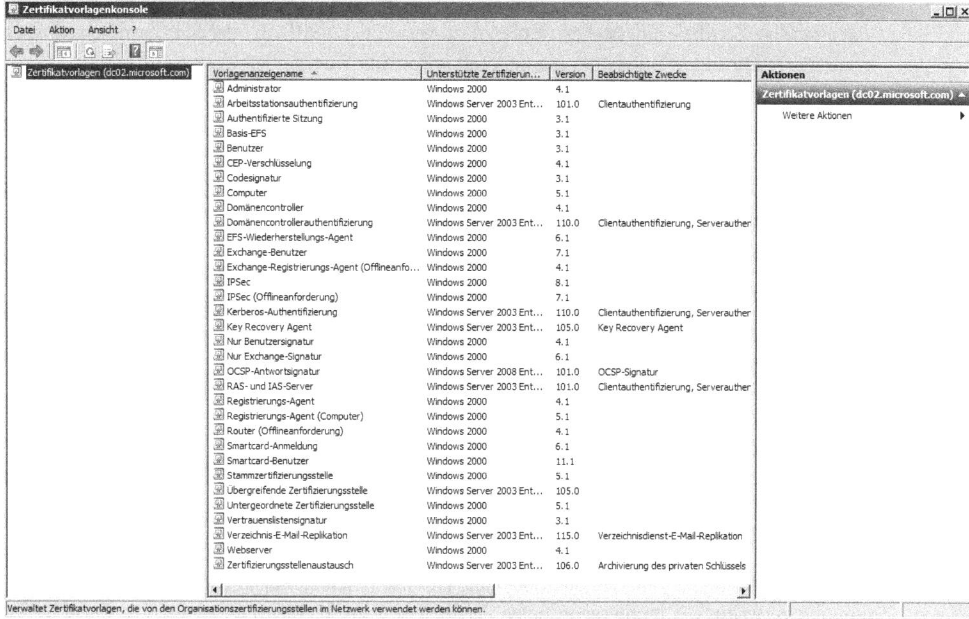

Jede Zertifikatvorlage verfügt über eine eigene Sicherheitsverwaltung, die über das Kontextmenü in den Eigenschaften auf der Registerkarte *Sicherheit* aufgerufen wird. Werden Zertifikate auf Basis der Zertifikatvorlagen erstellt, können die Zertifikatdienste die Daten und den Namen des Antragstellers automatisch aus Active Directory auslesen.

Abbildg. 29.8 Verwalten der Sicherheitseinstellungen einer Zertifikatvorlage

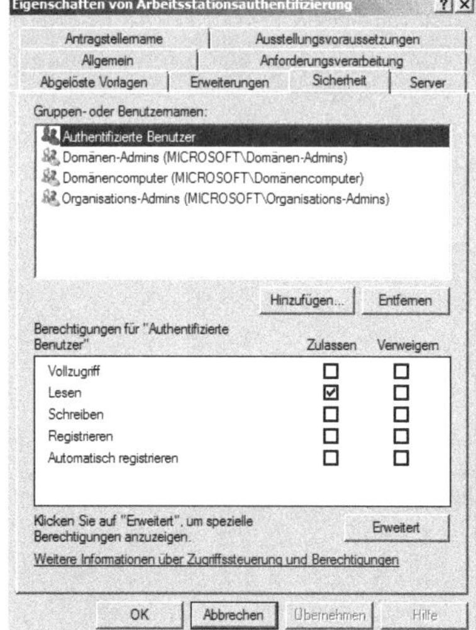

Eigenständige Zertifizierungsstellen

Eigenständige Zertifizierungsstellen werden dazu verwendet, S/MIME oder SSL-Zertifikate auszustellen, wenn keine Active Directory-Unterstützung benötigt wird. Alle Vorteile der Unternehmenszertifizierungsstelle, die wir auf den vorangegangenen Seiten aufgezeigt haben, gelten nicht für eigenständige Zertifizierungsstellen. Diese Art der Zertifizierungsstellen läuft vollkommen unabhängig von Active Directory. Eigenständige Zertifizierungsstellen verwenden auch keine Vorlagen und Anwender müssen beim Beantragen von Zertifikaten zusätzliche Informationen angeben, da diese nicht aus Active Directory gelesen werden können. Administratoren müssen außerdem jede Anfrage manuell genehmigen.

TIPP Wird eine eigenständige Zertifizierungsstelle auf einem Domänencontroller installiert, erhalten alle Mitgliedscomputer (wie bei der Unternehmenszertifizierungsstelle) das Zertifikat der Zertifizierungsstelle. Das Zertifikat wird im Speicher der vertrauenswürdigen Stammzertifizierungsstellen abgelegt. Da keine Unterstützung für die Domäne integriert ist, werden alle Zertifikate ohne Benutzerüberprüfung ausgestellt, wenn die Funktion deaktiviert wird, dass der Administrator jedes Zertifikat genehmigen muss.

Untergeordnete Zertifizierungsstelle installieren

Während der Installation der Zertifikatdienste kann auch ausgewählt werden, ob eine untergeordnete Zertifizierungsstelle installiert werden soll. Clients verbinden sich in diesem Fall mit der untergeordneten Zertifizierungsstelle und die Stammzertifizierungsstelle wird bei vielen Anfragen entlastet. Ansonsten sind die Installation und Verwaltung von untergeordneten Zertifizierungsstellen identisch zu übergeordneten.

Abbildg. 29.9 Während der Installation kann ausgewählt werden, ob eine Stammzertifizierungsstelle oder eine untergeordnete Zertifizierungsstelle installiert werden soll

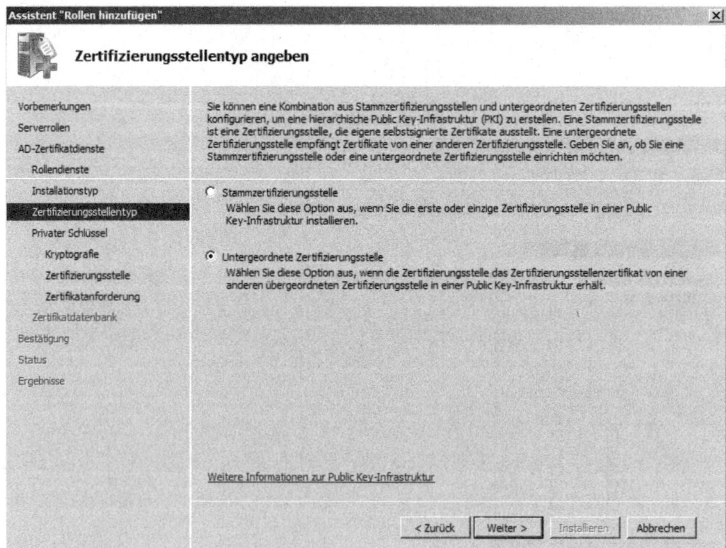

Online Certificate Status-Protokoll konfigurieren

Wird eine Zertifizierungsstelle (Certificate Authority, CA) im Unternehmen eingesetzt, lohnt es sich, häufig auch das *Online Certificate Statuts-Protokoll (OCSP)* zu konfigurieren, über das den Clients ausführlichere Informationen über den aktuellen Status der Zertifikatanfrage zur Verfügung gestellt werden. Vor allem bei der automatischen Zuteilung von Zertifikaten zu Clients ist diese Konfiguration sinnvoll. Die Verwaltung des Online-Responders in Windows Server 2008 R2 findet durch ein eigenes Snap-In mit der Bezeichnung *Online-Responderverwaltung* statt. Dieses kann über die Programmgruppe *Verwaltung* gestartet werden. Alternativ starten Sie das Snap-In über *Start/Ausführen/ocsp.msc.*

Abbildg. 29.10 Verwalten des Online-Responders in Windows Server 2008 R2

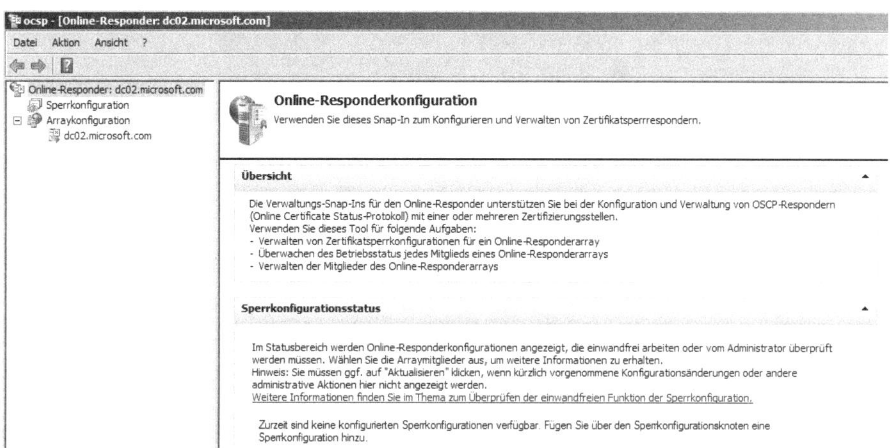

Mit dieser Konsole lassen sich die Responder für mehrere Zertifizierungsstellen verwalten. Mit einem Online-Responder können Sperrinformationen über mehrere Zertifizierungsstellen und Zertifizierungsstellenzertifikate verfügbar gemacht werden. Für jede Zertifizierungsstelle und jedes Zertifizierungsstellenzertifikat ist eine *Sperrkonfiguration* erforderlich. Über den Link *Respondereigenschaften* im Aktionenbereich des Fensters legen Sie die Einstellungen für diesen Dienst fest. Hier wird zum Beispiel eingestellt, welche Administratoren den Dienst verwalten können. Die ausführliche Besprechung dieses komplexen Themas würde den Rahmen dieses Buchs sprengen. In der Hilfe zum Online-Responder finden Sie zahlreiche Informationen, wie mit dieser Funktion umgegangen wird.

HINWEIS Nachdem Sie den Rollendienst des Online-Responders installiert haben, müssen Sie zusätzlich noch die Zertifikatvorlage *OCSP-Antwortsignatur* in der Zertifikatvorlagekonsole bearbeiten:

1. Klicken Sie auf die Registerkarte *Sicherheit* und fügen Sie das Computerkonto des Servers hinzu, auf dem der Online-Responder installiert worden ist. Denken Sie daran, im Suchfeld den Objekttyp *Computer* hinzuzufügen.
2. Weisen Sie dem Konto das Recht *Lesen* und das Recht *Registrieren* zu.

Als Nächstes muss die Zertifizierungsstelle noch entsprechend konfiguriert werden:

1. Öffnen Sie das Snap-In zur Verwaltung der Zertifizierungsstelle.
2. Rufen Sie die Eigenschaften der Zertifizierungsstelle in der Konsole auf.

3. Holen Sie die Registerkarte *Erweiterungen* in den Vordergrund.
4. Wählen Sie im Bereich *Erweiterung auswählen* die Option *Zugriff auf Stelleninformationen* aus.
5. Klicken Sie auf *Hinzufügen*.
6. Geben Sie bei *Ort* die OCSP-Adresse des Servers an (standardmäßig ist das *http://<Servername mit DNS>/ocsp*) und bestätigen Sie mit *OK*.

Abbildg. 29.11 Festlegen des Speicherorts für den Online-Responder

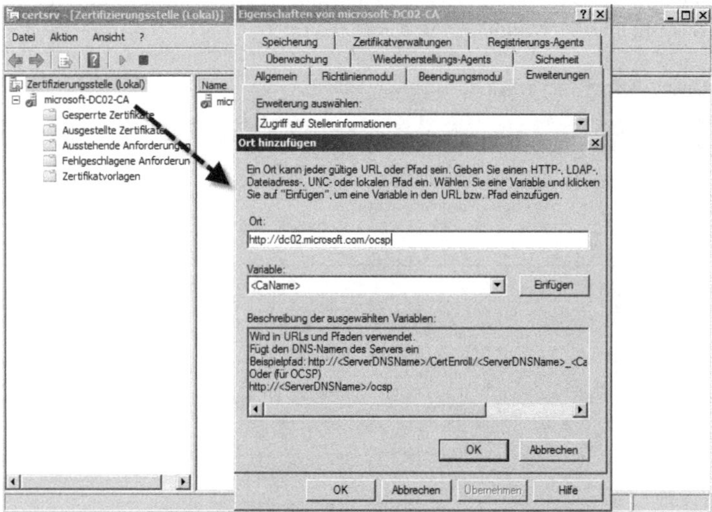

7. Aktivieren Sie im Eigenschaftendialogfeld das Kontrollkästchen *In Online Certificate Status-Protokoll (OCSP)-Erweiterungen einbeziehen* und bestätigen Sie mit *OK*. Erhalten Sie die Meldung den Server neu zu starten, sollten Sie den Neustart durchführen, bevor Sie mit der Konfiguration fortfahren.
8. Klicken Sie im Snap-In zur Verwaltung der Zertifizierungsstelle mit der rechten Maustaste auf *Zertifikatvorlagen*, wählen Sie *Neu* und dann *Auszustellende Zertifikatvorlage*.
9. Wählen Sie *OCSP-Antwortsignatur* aus und klicken Sie auf *OK*.

Abbildg. 29.12 Aktivieren einer neuen Zertifikatvorlage für OCSP

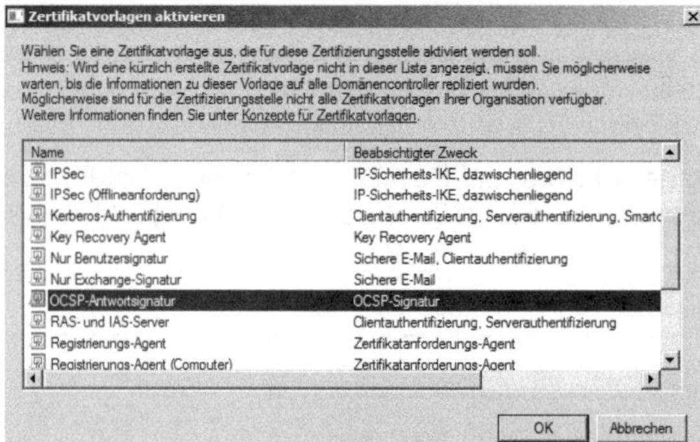

Eine Sperrkonfiguration enthält Einstellungen, die für die Beantwortung von Statusanforderungen bezüglich der Zertifikate erforderlich sind. In der Verwaltungskonsole des Online-Responders können dazu verschiedene Einstellungen vorgenommen werden. So erstellen Sie eine Sperrkonfiguration:

1. Öffnen Sie das Online-Responder-Snap-In, beispielsweise durch Eingabe von *ocsp.msc* im Suchfeld des Startmenüs.
2. Klicken Sie auf *Sperrkonfiguration.*
3. Klicken Sie im Bereich *Aktionen* auf *Sperrkonfiguration hinzufügen* und geben Sie die notwendigen Daten ein. Im ersten Fenster klicken Sie auf *Zertifikat für eine vorhandene Unternehmenszertifizierungsstelle auswählen.* Die restlichen Fenster sind selbsterklärend.

Abbildg. 29.13 Erstellen einer neuen Sperrkonfiguration

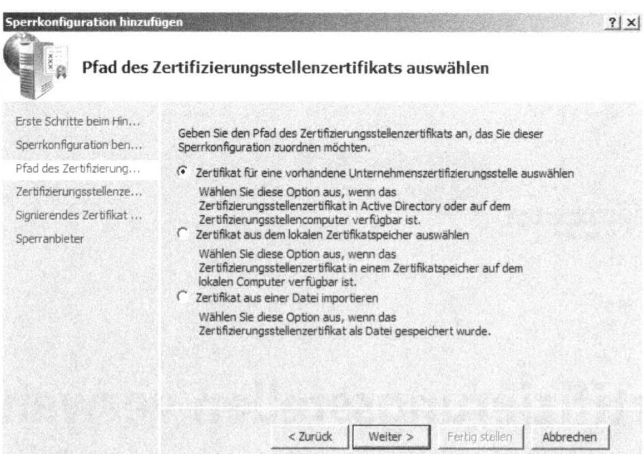

Nach der Installation eines Online-Responders können Sie diesen testen, indem Sie versuchen, Zertifikate automatisch zu registrieren, Zertifikate zu sperren und Sperrdaten über den Online-Responder bereitzustellen. Zum Testen verwenden Sie das Zertifizierungsstellen-Snap-In. Klicken Sie auf *Ausgestellte Zertifikate* und wählen das Zertifikat aus, welches Sie sperren möchten. Wählen Sie *Alle Aufgaben* und klicken Sie auf *Zertifikat sperren.* Geben Sie den Grund für die Zertifikatsperrung ein und bestätigen Sie die Sperrung.

So veröffentlichen Sie über das Zertifizierungsstellen-Snap-In eine neue Zertifikatsperrliste:

1. Klicken Sie mit der rechten Maustaste auf *Gesperrte Zertifikate.*
2. Wählen Sie im Kontextmenü den Eintrag *Veröffentlichen* (siehe auch Kapitel 28).

Zertifikateinstellungen über Gruppenrichtlinien verteilen

Der Einsatz einer Zertifizierungsstelle ist insbesondere in Active Directory sinnvoll. Vor allem, da die Einstellungen der Clients bezüglich des Verhaltens mit Zertifikaten über Gruppenrichtlinien eingestellt werden kann, erlangen Unternehmen einige Vorteile. Neu seit Windows Server 2008 ist die Möglichkeit, Zertifikate zu blockieren, die nicht durch von der Sicherheitsrichtlinie als vertrauenswürdig eingestuft wurden. Die Einstellungen für Zertifikate finden Sie im Gruppenrichtlinienverwaltungs-Editor unter *Computerkonfiguration/Richtlinien/Windows-Einstellungen/Sicherheitseinstellungen/Richtlinien für öffentliche Schlüssel.* Über die Festlegungen an dieser Stelle werden zentral für alle Rechner einer Domäne Einstellungen vorgegeben. So kann zum Beispiel bestimmt werden, dass Anwender nur geprüfte und vertrauenswürdige Zertifikate herunterladen dürfen. Im Kapitel 28 sind wir ausführlich auf diese Themen eingegangen.

Abbildg. 29.14 Verwalten der Zertifikateinstellungen einer Domäne über Gruppenrichtlinien

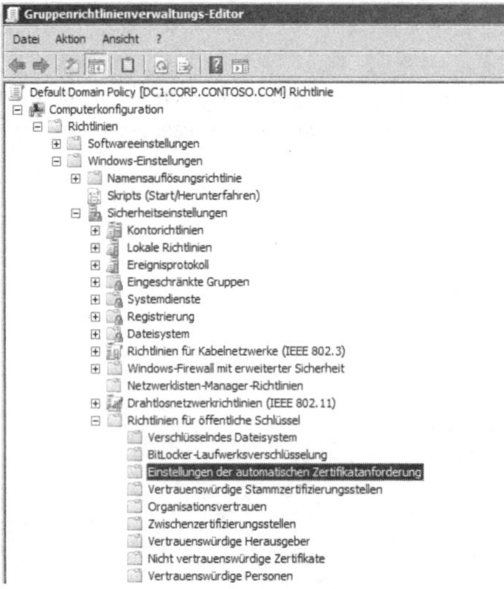

Sicherheit für Zertifizierungsstellen verwalten

Zum Betrieb einer Zertifizierungsstelle gehört auch deren Absicherung und Steuerung der Berechtigungen. Die Active Directory-Zertifikatdienste sind vollständig in das Berechtigungsmodell von Active Directory integriert. Verwaltungsrollen können an verschiedene Personen in einer Organisation verteilt werden. Die rollenbasierte Verwaltung wird von Unternehmenszertifizierungsstellen und eigenständigen Zertifizierungsstellen unter Windows Server 2008 R2 und Windows Server 2003/2008 unterstützt.

Rechte für Zertifizierungsstellen im Überblick

Die nachfolgend aufgeführten Rollen können zugewiesen werden. Als Basis dieser Rollen dienen die Berechtigungen auf der Registerkarte *Sicherheit* in den Eigenschaften der Zertifizierungsstelle. Jeder Zertifizierungsstellenrolle ist eine Liste mit Berechtigungen zugeordnet.

- **Zertifizierungsstellenadministrator** Diese Rolle hat umfassende Rechte zur Verwaltung der Zertifizierungsstelle. Außerdem dürfen mit dieser Rolle Rechte an andere Anwender delegiert werden. Für Unternehmenszertifizierungsstellen sind lokale Administratoren, Organisationsadministratoren und Domänenadministratoren standardmäßig Zertifizierungsstellenadministratoren. Bei einer eigenständigen Zertifizierungsstelle sind nur lokale Administratoren standardmäßig Zertifizierungsstellenadministratoren. Wenn eine eigenständige Zertifizierungsstelle auf einem Server installiert ist, der Mitglied einer Active Directory-Domäne ist, sind die Domänenadministratoren auch Zertifizierungsstellenadministratoren.
- **Zertifikatverwaltung** Mit dieser Rolle enthält ein Administrator das Recht zum Genehmigen von Zertifikatregistrierungs- und -sperrungsanforderungen
- **Sicherungs-Operator** Mit dieser Rolle kann eine Zertifizierungsstelle gesichert werden

- **Auditor** Diese Rolle ist für das Verwalten von Überwachungs- und Sicherheitsprotokollen
- **Registrieren** Registrierende sind Clients, die autorisiert sind, Zertifikate von einer Zertifizierungsstelle anzufordern

Auf der Registerkarte *Zertifikatverwaltungen* steuern Sie die Rechte der Gruppen. Rechte sollten nicht einzelnen Benutzern zugewiesen werden, sondern Gruppen. Anwender können dann durch die Mitgliedschaft in einer Gruppe entsprechend berechtigt werden. Klicken Sie auf der Registerkarte *Zertifikatverwaltungen* auf *Zertifikatverwaltungen einschränken* und überprüfen Sie, ob der Name der Gruppe oder des Benutzers angezeigt wird. Klicken Sie unter *Zertifikatvorlagen* auf *Hinzufügen* und wählen Sie die Vorlage für die Zertifikate aus, die von diesem Benutzer oder dieser Gruppe verwaltet werden sollen. Über *Berechtigungen* konfigurieren Sie die Rechte auf die einzelnen Gruppen. In Windows Server 2008 R2 sind drei Zertifikatvorlagen enthalten, die unterschiedliche Registrierungs-Agenttypen aktivieren:

- **Registrierungs-Agent** Wird zum Anfordern von Zertifikaten im Namen eines anderen Antragstellers verwendet
- **Registrierungs-Agent (Computer)** Wird zum Anfordern von Zertifikaten im Namen eines anderen Computerantragstellers verwendet
- **Exchange-Registrierungs-Agent (Offlineanforderung)** Wird zum Anfordern von Zertifikaten im Namen eines anderen Antragstellers und zum Angeben des Antragstellernamens in der Anforderung verwendet. Diese Vorlage wird vom Registrierungsdienst für Netzwerkgeräte für dessen Registrierungs-Agentzertifikat verwendet.

Die Einstellungen für diese Agents werden auf der Registerkarte *Registrierungs-Agents* durchgeführt. Sie können Einschränkungen für Registrierungs-Agents nur auf Windows Server 2008 R2-basierten Zertifizierungsstellen anwenden. Klicken Sie im Bereich *Registrierungs-Agents* auf *Hinzufügen* und geben Sie die Namen des Benutzers oder der Gruppen ein. Klicken Sie bei *Zertifikatvorlagen* auf *Hinzufügen*, wählen Sie die Vorlage für die Zertifikate aus, mit denen sich dieser Benutzer oder diese Gruppe registrieren kann.

Abbildg. 29.15 Konfigurieren des Registrierungs-Agents

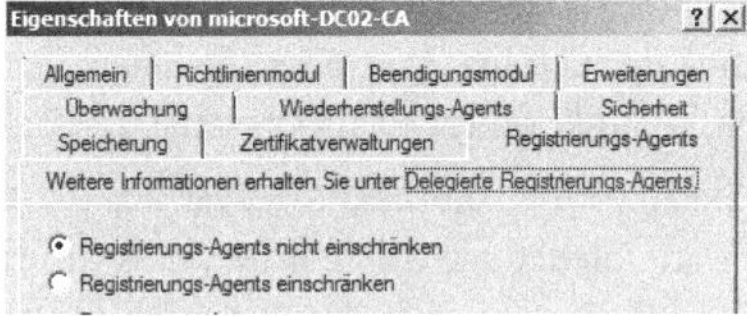

Auf der Registerkarte *Überwachung* werden die zu überwachenden Ereignisse ausgewählt. Die generellen Optionen der Überwachungsrichtlinie können im Gruppenrichtlinienverwaltungs-Editor unter *Computerkonfiguration/Richtlinien/Windows-Einstellungen/Sicherheitseinstellungen/Lokale Richtlinien* eingestellt werden. Die Ereignisse werden im Überwachungsprotokoll der Ereignisanzeige festgehalten.

Active Directory-Zertifikatdienste sichern

Die wichtigsten Daten der Active Directory-Zertifikatdienste lassen sich auch sichern. Wählen Sie im Kontextmenü der Zertifizierungsstelle in der Verwaltungskonsole die Option *Alle Aufgaben/Zertifizierungsstelle sichern*. Anschließend startet der Assistent, über den die Zertifizierungsstelle und deren Daten gesichert werden können.

Abbildg. 29.16 Sichern einer Zertifizierungsstelle

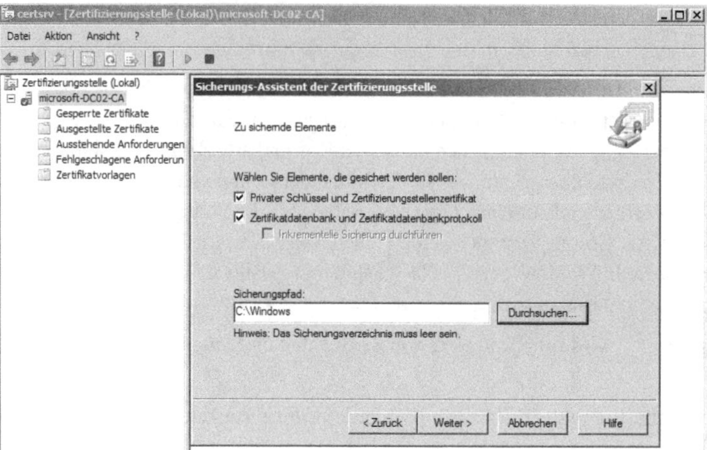

Auf der nächsten Seite des Assistenten wählen Sie aus, welche Dateien gesichert werden sollen und in welcher Datei die Sicherung abgelegt wird. Anschließend vergeben Sie ein Kennwort für die Sicherung, damit niemand Zugriff auf die Daten erhält. Im Anschluss wird die Zertifizierungsstelle gesichert. Auf dem gleichen Weg lassen sich auch Daten wiederherstellen.

Zertifikat einem Server zuweisen und installieren (Beispiel Exchange Server 2010)

Im folgenden Abschnitt zeigen wir Ihnen, wie Sie von einem Exchange Server 2010-Computer unter Windows Server 2008 R2 ein Zertifikat von einer Zertifizierungsstelle unter Windows Server 2008 R2 anfordern und installieren. Generell können Sie bei der Zuweisung eines Zertifikats auch den Weg über die lokale Verwaltung der Zertifikate gehen, aber die Zuweisung über die Weboberfläche funktioniert ebenso zuverlässig:

1. Um einem Server ein Zertifikat zuzuordnen, rufen Sie zunächst von diesem Server aus die Webseite der Zertifikatdienste mit der URL *https://<Server>/certsrv* auf. Stellen Sie daher sicher, dass für die Zertifizierungsstellen-Website und den Webserver an sich SSL konfiguriert wurde. Der Verbindungsaufbau gelingt zwar auch ohne HTTPS, allerdings verlangt eine erweiterte Zertifikatanforderung eine Verbindung per SSL und bricht die Anfrage sonst ab. Der Server baut nach Abfrage des Benutzernamens und des Kennworts eine Verbindung zu den Zertifikatdiensten auf.
2. Klicken Sie als Nächstes auf den Link *Ein Zertifikat anfordern*, um ein Zertifikat vom Zertifikatserver anzufordern.
3. Auf der nächsten Seite bestimmen Sie, welches Zertifikat Sie anfordern wollen. Wählen Sie hier *Erweiterte Zertifikatanforderung* aus, wenn zum Beispiel ein neues Serverzertifikat für Exchange Server 2010 ausgestellt werden soll.
4. Haben Sie die Art des Zertifikats festgelegt, erscheint im nächsten Fenster eine Abfrage, welche Aktion Sie mit dem Zertifikat durchführen wollen. Wählen Sie hier *Eine Anforderung an diese Zertifizierungsstelle erstellen und einreichen.* In diesem Fall wird das Zertifikat sofort erstellt und kann auf Exchange Server installiert werden.

Abbildg. 29.17 Abrufen eines Zertifikats über die Weboberfläche der Zertifizierungsstelle

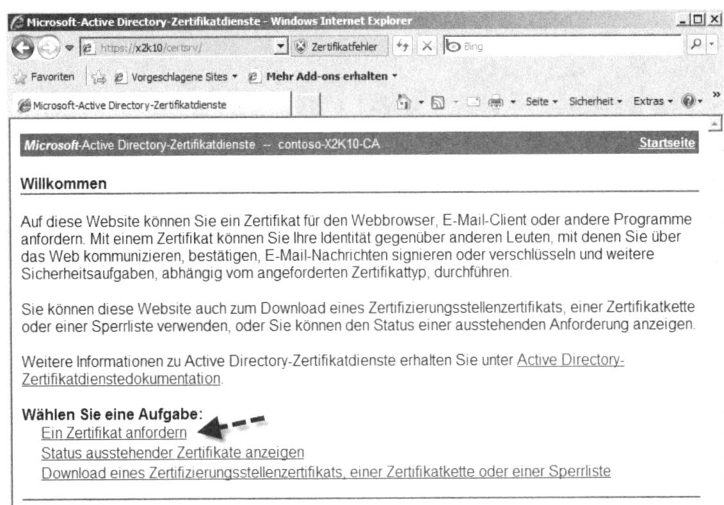

5. Auf der nächsten Seite geben Sie die Daten ein, die zur Ausstellung des Zertifikats benötigt werden. Zunächst müssen Sie auswählen, welches Zertifikat Sie anfordern wollen. Wählen Sie *Webserver* aus, da es sich bei Outlook Web Access um eine Erweiterung des lokalen IIS handelt. Geben Sie im Feld *Name* die Bezeichnung des Servers ein. Ohne die Eingabe eines Namens wird das Zertifikat verweigert. Ansonsten können Sie alle Einstellungen so belassen wie vorgegeben. Dieses Zertifikat kann später nicht nur für die SSL-Verschlüsselung von Outlook Web Access, sondern auch für RPC über HTTPS (Outlook Anywhere) und die Anbindung der Smartphones über Exchange ActiveSync (EAS), das ebenfalls über SSL abgesichert wird, verwendet werden.

TIPP Passen Sie im Feld *Name* die Bezeichnung des Zertifikats am besten gleich darauf an, wie Sie später Outlook Web App im Internet veröffentlichen. Veröffentlichen Sie zum Beispiel Outlook Web App über einen Forefront Threat Management Gateway-Server und verwenden den Namen *webmail.firma.com*, also nicht den internen FQDN des Servers, sollten Sie als Namen für das hier angeforderte Zertifikat auch den externen FQDN-Namen verwenden. Verbinden sich Benutzer über einen anderen Link, erhalten sie eine Meldung, die bestätigt werden muss, wenn der Zertifikatname und der Verbindungsname nicht übereinstimmen. Bei der Veröffentlichung über einen Forefront Threat Management Gateway-Server ist die identische Bezeichnung von Veröffentlichung und Zertifikat zwingend.

6. Je nach Anforderung können Sie hier zudem die Verschlüsselungsstufe anpassen. Sie müssen an dieser Stelle aber keine weiteren Eingaben vornehmen. Die Voreinstellungen für ein Zertifikat sind vollkommen ausreichend für den Zugriff auf Outlook Web App oder andere Webdienste. Eine intensivere Beschäftigung mit einzelnen Zertifikaten und deren Verschlüsselung würde allerdings den Rahmen des Kapitels und dieses Buchs sprengen. Haben Sie alle Eingaben nach Ihren Vorstellungen durchgeführt, können Sie das Zertifikat von diesem Zertifikatserver mit *Einsenden* anfordern.

Wurde das Zertifikat erfolgreich angefordert, können Sie es auf dem Server installieren lassen. Es erscheint ein entsprechendes Fenster, in dem Sie die Installation durch Klicken auf den entsprechenden Link durchführen können. Mit der Installation des Zertifikats ist die Konfiguration allerdings noch nicht abgeschlossen. Das Zertifikat muss noch in Outlook Web Access integriert werden.

Abbildg. 29.18 Installieren eines Zertifikats auf einem Server über die Webschnittstelle

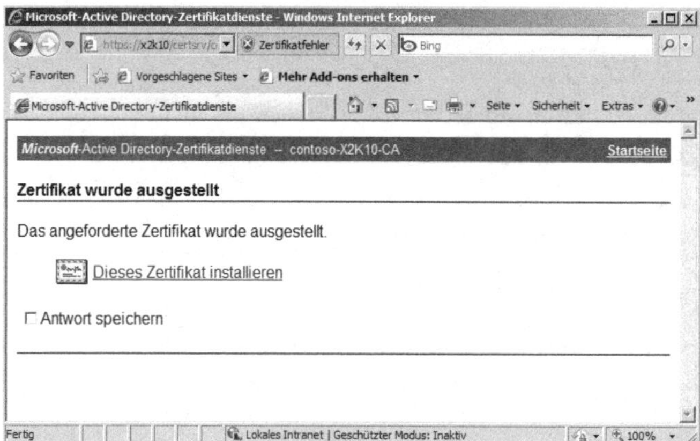

Zertifikat einer Website zuweisen (Beispiel Outlook Web Access)

Um einer Website generell oder in diesem Beispiel speziell Outlook Web Access ein Zertifikat zuzuweisen und SSL zu verwenden, müssen Sie mit dem Snap-In zur Verwaltung der Internetinformationsdienste (IIS) arbeiten:

1. Starten Sie dazu den Internetinformationsdienste-Manager über *Verwaltung* im Startmenü. Nach dem Start klicken Sie auf der linken Seite auf den Servernamen. In der Mitte des Bildschirms wird über den Eintrag *Serverzertifikate* die Verwaltung der lokalen Serverzertifikate gestartet, die in den Internetinformationsdiensten verwendet werden können. Hier wird das neue Zertifikat angezeigt sowie das selbstsignierte Zertifikat der Internetinformationsdienste und das selbstsignierte Zertifikat von Exchange Server 2010. Über das Aktionsmenü lassen sich ebenfalls neue Zertifikate anfordern.

Abbildg. 29.19 Verwalten der Serverzertifikate eines Webservers

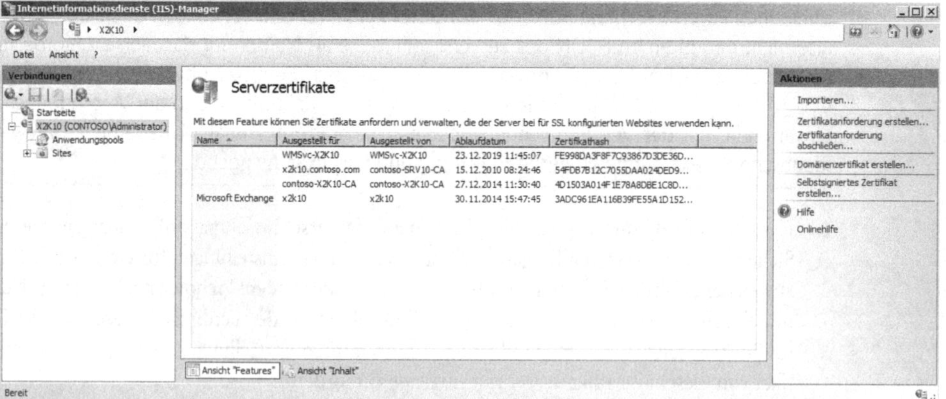

2. Klicken Sie als Nächstes auf *Sites/Default Web Site.*
3. Klicken Sie im Aktionsbereich auf *Bindungen*. Jetzt werden alle Ports, IP-Adressen und Protokolle angezeigt, auf welche die Website und alle untergeordneten Applikationen sowie Webseiten hören.

4. Markieren Sie den SSL-Eintrag und klicken Sie auf *Bearbeiten*. Jetzt kann das Webserverzertifikat ausgewählt werden, das von der *Default Web Site* und allen untergeordneten Webseiten verwendet wird. Das Zertifikat und dessen Daten können in diesem Fenster auch angezeigt werden.

Abbildg. 29.20 Verwalten des Serverzertifikats einer Website

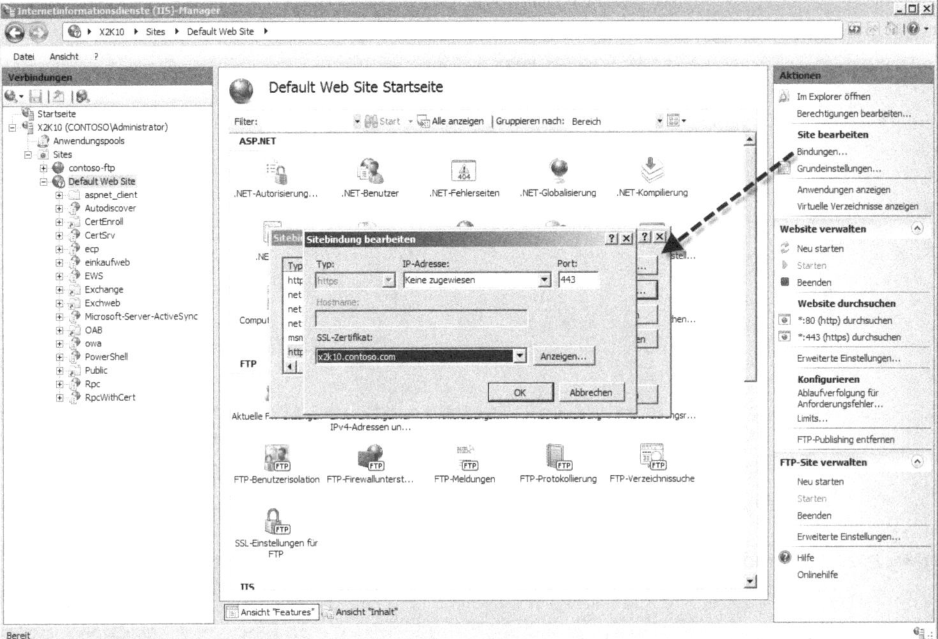

SSL für Outlook Web Access aktivieren

Um SSL für eine Website, in diesem Beispiel von Outlook Web Access, zu aktivieren, navigieren Sie im Internetinformationsdienste-Manager zu den Unterordnern *owa* (für Zugriff auf Exchange Server 2007/2010-Mailbox-Server) und *Exchange* (für Zugriff auf Exchange Server 2000/2003-Mailbox-Server) der Standardwebsite:

1. Klicken Sie auf *SSL-Einstellungen.*
2. Aktivieren Sie hier die beiden Optionen *SSL erforderlich* und *128-Bit-Verschlüsselung* erforderlich. Von nun an können sich Benutzer nicht mehr über HTTP mit Outlook Web Access verbinden, sondern nur noch mit HTTPS. Um eine Verbindung zu Outlook Web Access aufzubauen, müssen die Anwender zukünftig *https://<Servername>/owa* in ihren Browser eingeben.

Bauen Benutzer eine Verbindung zum Server auf, wird immer zuerst ein Zertifikat übertragen. Die Benutzer erhalten hierzu eine Meldung, die sie zunächst bestätigen müssen. Diese Meldung erscheint jedoch nicht, wenn der Servername und der Zertifikatname identisch sind. Haben Sie als Name für das Zertifikat den Namen verwendet, den Sie später im Internet verwenden, erhalten die internen Anwender eine Fehlermeldung, da sich dieser Name vom internen Namen unterscheidet. An der Fehlermeldung erkennen Sie die Problematik: Der Name des Zertifikats und die Adresse müssen übereinstimmen.

Abbildg. 29.21 Konfigurieren der SSL-Einstellungen für eine Website

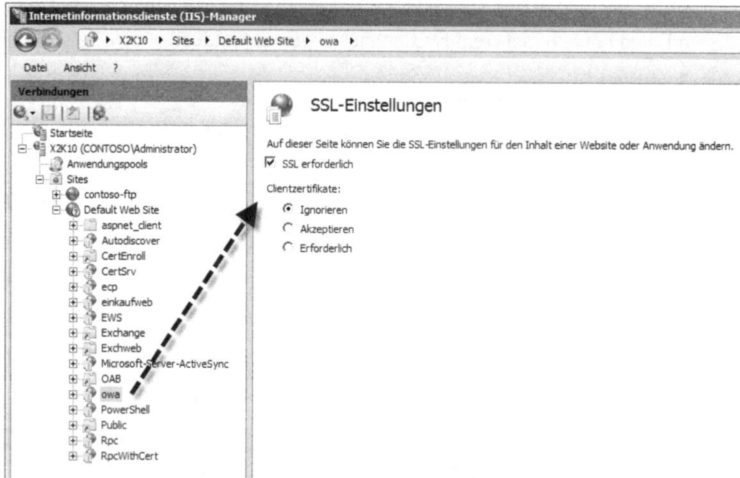

Da es wichtiger ist, dass der Zugriff von extern funktioniert, ist die Verwendung des externen Namens auch effizienter. Versucht ein Benutzer, noch mit HTTP eine Verbindung zu Outlook Web Access aufzubauen, erhält er eine Fehlermeldung, in der er darauf hingewiesen wird, dass diese Website nur mit SSL zu erreichen ist. Wurde das Zertifikat erfolgreich übertragen, erscheint die neue Anmeldeseite von Outlook Web Access.

Abbildg. 29.22 Warnmeldung eines Zertifikats bei einem ungültigen Namen oder nicht vertrauenswürdiger Stammzertifizierungsstelle

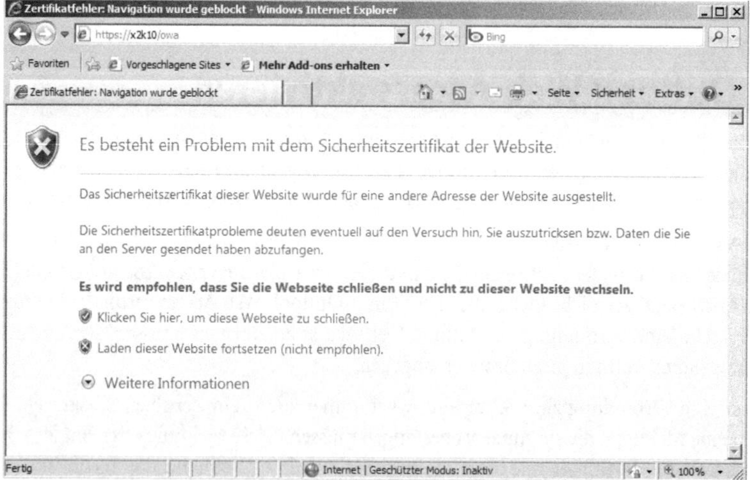

Wurde das Zertifikat übertragen, können Sie dieses im Internet Explorer per Klick auf das kleine Schlosssymbol im Internet Explorer anzeigen lassen.

TIPP Testen Sie nach der Einrichtung die Verbindung per OWA über den Clientzugriffsserver von Exchange Server 2007/2010 ohne Verbindung über den ISA/TMG-Server. Es müsste sich eine Verbindung aufbauen. Intern erhalten Sie unter Umständen eine Zertifikatwarnung, da der Name der externen Verbindung hinterlegt ist, aber der interne Aufbau über den internen Namen durchgeführt wird.

Ideal wäre es, wenn Sie zu Testzwecken auf den DNS-Servern in Active Directory eine neue Zone anlegen, welche die Bezeichnung Ihrer Internetdomäne trägt, unter der Sie später OWA veröffentlichen, zum Beispiel *meinefirma.de*. Tragen Sie in dieser Domäne einen statischen Eintrag *webmail* ein und weisen Sie dem Eintrag die interne IP-Adresse des Clientzugriffsservers zu. Jetzt können Sie im Internet Explorer den Verbindungsaufbau zu *https://webmail.meinefirma.de/owa* testen. Es sollte sich eine Verbindung ohne Fehlermeldung des Zertifikats aufbauen lassen, da der FQDN des Zertifikats jetzt stimmt. Funktioniert der interne Verbindungsaufbau, ohne eine Zertifikatmeldung anzuzeigen, können Sie mit der Veröffentlichung auf dem ISA/TMG-Server fortfahren.

Abbildg. 29.23 Anzeigen eines Serverzertifikats im Internet Explorer

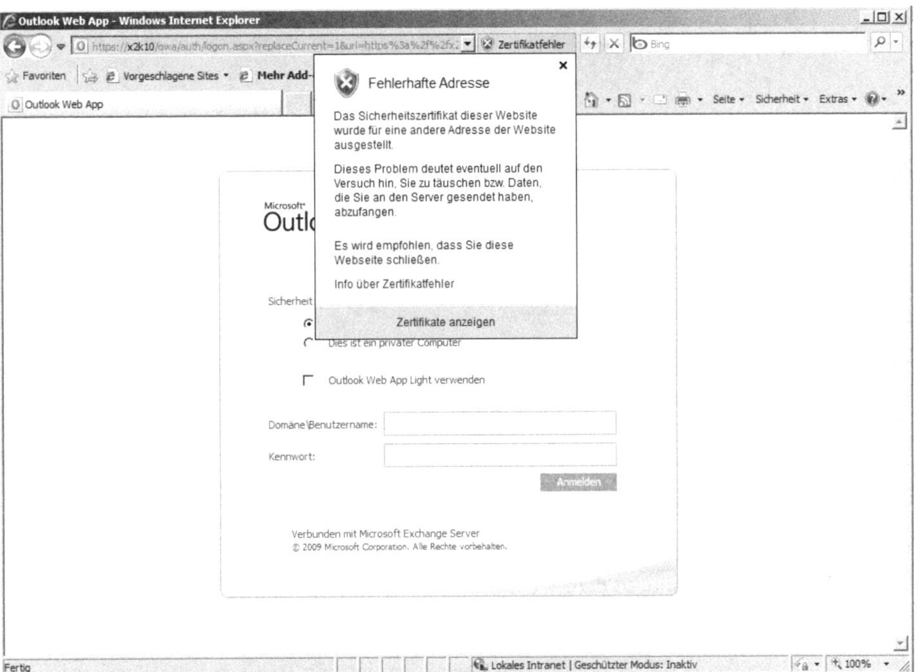

Bauen Sie mit Windows Vista bzw. Windows 7 und dem Internet Explorer 8 eine Verbindung mit Outlook Web Access auf, erhalten Sie eine Zertifikatwarnung und das Laden der Seite wird angehalten. Erst wenn Sie auf den Link klicken, um das Laden fortzusetzen, baut sich die Anmeldeseite von Outlook Web Access auf. Wurde die Seite geladen, können Sie über den Zertifikatfehler oben in der Adressleiste das Zertifikat anzeigen.

Damit dieser Fehler nicht mehr angezeigt wird, muss das Zertifikat der Stammzertifizierungsstelle Ihres Unternehmens in die vertrauenswürdigen Stammzertifizierungsstellen auf dem Client-PC importiert werden. Für die stabile Arbeit mit Outlook Web Access wird das nicht benötigt, allerdings zwingend für Exchange ActiveSync und Outlook Anywhere. Ist ein Computer Mitglied der gleichen Domäne wie der Zertifikatserver, wird das Zertifikat der Stammzertifizierungsstelle automatisch importiert.

Exchange-Zertifikat über die Exchange-Verwaltungskonsole in Exchange Server 2010 ändern

Exchange Server 2010 setzt weit mehr als die Vorgänger auf SSL-gesicherte Verbindungen und Verschlüsselung. Aus diesem Grund benötigt jeder Exchange-Server ein eigenes Serverzertifikat. Während der Installation stellt sich jeder Exchange-Server ein selbstsigniertes Zertifikat aus und verwendet dieses für die einzelnen Verschlüsselungen.

Abbildg. 29.24 Zertifikatfehler bei Verwendung des selbstsignierten Zertifikats von Exchange Server 2010

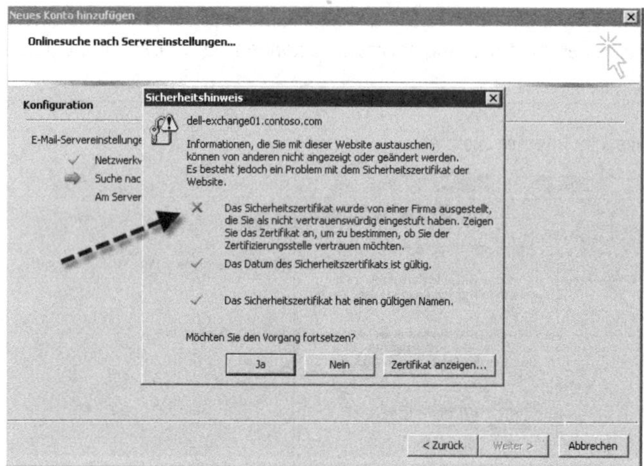

Das Problem dabei ist, dass kein Client dieser Zertifizierungsstelle vertraut, was in Zertifikatfehlermeldungen resultiert, was Anwender durchaus stören kann. Eine Lösung für das Problem ist entweder auf eine interne Zertifizierungsstelle auf Basis der Active Directory-Zertifikatdienste zu setzen oder ein Zertifikat eines Drittherstellers. Internen Zertifizierungsstellen vertrauen Clients, die Mitglied der gleichen Active Directory-Gesamtstruktur sind, automatisch. Bei Zertifizierungsstellen von Drittherstellern müssen Sie das Zertifikat der Zertifizierungsstelle manuell in die vertrauenswürdigen Stammzertifizierungsstellen integrieren.

Neu in Exchange Server 2010 ist die Möglichkeit, Serverzertifikate direkt in der Exchange-Verwaltungskonsole zu verwalten. Sie benötigen dazu nicht mehr unbedingt die Exchange-Verwaltungsshell. Klicken Sie in der Exchange-Verwaltungskonsole dazu auf *Serverkonfiguration* und dann auf den Server, dessen Zertifikat Sie verwalten wollen. Auf der rechten Seite sehen Sie anschließend die beiden Befehle *Neues Exchange-Zertifikat* und *Exchange-Zertifikat importieren*. Die beiden Befehle finden Sie auch im Kontextmenü zu dem Server. Die einzelnen Zertifikate sehen Sie im unteren Bereich der Konsole.

Um ein neues Zertifikat zu installieren, klicken Sie zunächst *Neues Exchange-Zertifikat*. Der Assistent, den Sie durchführen, erstellt eine Zertifikatanforderung, die Sie dann entweder über die Active Directory-Zertifikatdienste oder über das Webfrontend des Drittherstellers anfordern. Im ersten Schritt des Assistenten geben Sie den Namen ein, mit dem das Zertifikat in der Konsole angezeigt werden soll. In der Exchange-Verwaltungsshell können Sie sich das Zertifikat über *Get-ExchangeCertificate* ebenfalls anzeigen lassen.

Abbildg. 29.25 Verwalten der Serverzertifikate eines Exchange-Servers

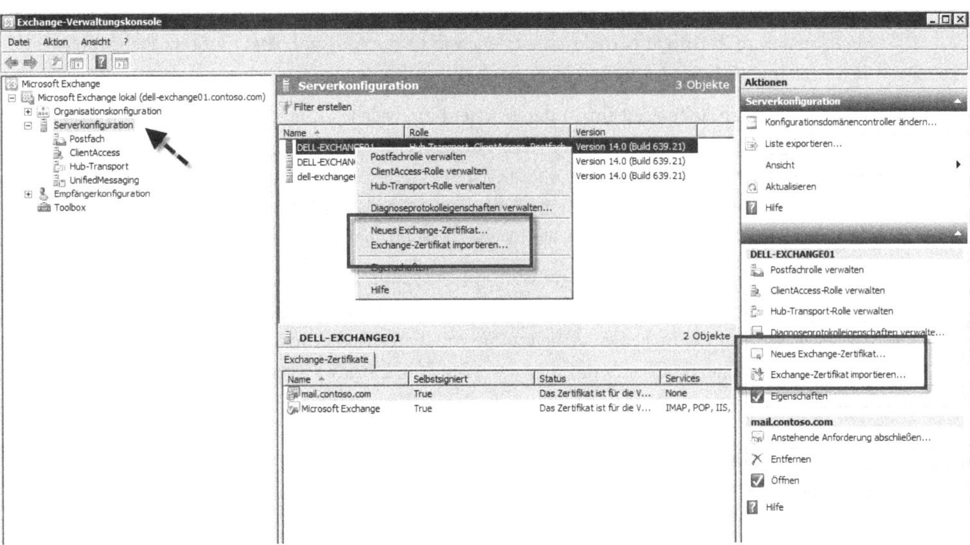

Starten Sie den Assistenten zum Erstellen eines neuen Zertifikats und geben Sie zunächst den Namen ein, der in der Konsole angezeigt werden soll. Auf der nächsten Seite können Sie festlegen, dass Sie auch untergeordnete Domänen mit dem gleichen Zertifikat anbinden wollen. Diese Anbindung ist aber optional und wird nur beim Einsatz mehrerer Subdomänen benötigt. Auf der nächsten Seite wählen Sie aus, für welche Art der Absicherung Sie das Zertifikat benötigen. In den meisten Fällen werden Sie Clientzugriffserver (Outlook Web App) verwenden. Über den Assistenten geben Sie anschließend die Namen der internen Exchange-Server an sowie den Namen, über den der Server aus dem Internet erreichbar sein soll.

Abbildg. 29.26 Konfigurieren des Serverzertifikats für Exchange Server

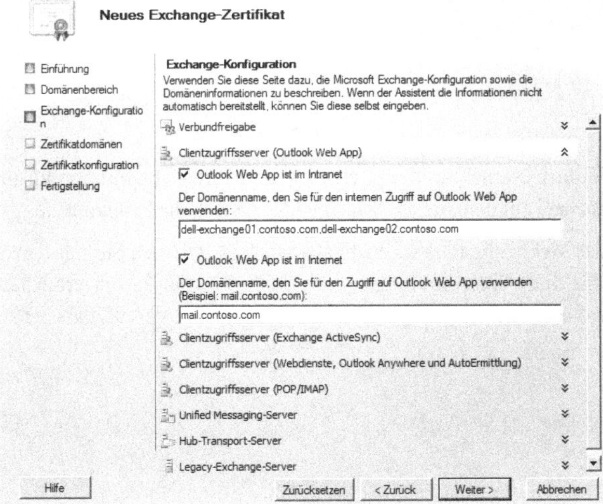

Nach der Konfiguration für Outlook Web App können Sie auch die ganzen anderen Menüpunkte durchgehen und hinterlegen, welche Bereiche das Zertifikat noch verwenden soll. Alle Punkte, die Sie hier einstellen, sind dann später im Zertifikat berücksichtigt. Wichtig ist die Auswahl, dass Outlook Web App aktiv ist und zusätzlich Exchange ActiveSync, wenn Sie Smartphones anbinden wollen.

Auf der nächsten Seite zeigt Ihnen der Assistent an, welche Domänen im Zertifikat für den Zugriff hinterlegt sind. Sehr wichtig an dieser Stelle ist, dass Sie den Namen, mit dem der Server aus dem Internet erreichbar ist, als allgemeiner Name hinterlegen und er damit fett angezeigt wird. Ansonsten erhalten Clients, die aus dem Internet auf den Server zugreifen, eine Fehlermeldung, da der Name des Zertifikats nicht mit der URL für den Zugriff übereinstimmt. Dieser Bereich ist vor allem für die Verwendung von Outlook Anywhere sehr wichtig.

Wenn ein Zertifikatfehler in Outlook Web App erscheint, können Sie diesen ohne große Auswirkungen bestätigen. Erscheint jedoch ein Fehler in Outlook Anywhere, funktioniert die Anbindung schlicht und ergreifend nicht, es erscheint kein Fehler. Arbeiten Sie mit DirectAccess in Windows Server 2008 R2 und Windows 7, arbeiten auch externe Clients mit dem internen Namen des Servers. In diesem Fall ist der interne Name der gemeinsame Name.

Abbildg. 29.27 Festlegen der Domänen des Zertifikats

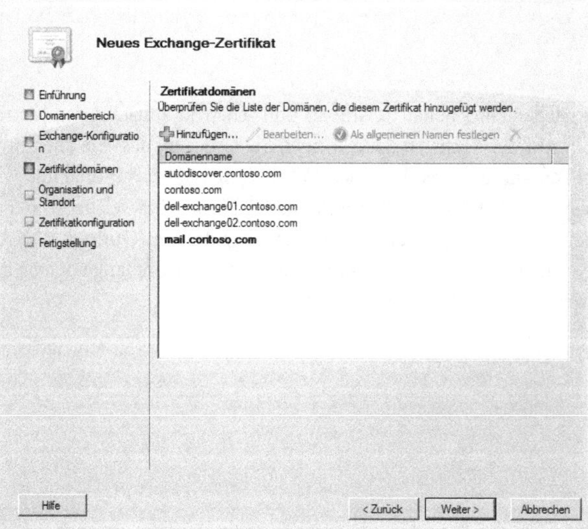

Auf der nächsten Seite geben Sie noch Namen zu dem Zertifikat und Ihrer Organisation an und speichern anschließend die Anforderung als Datei auf dem Server. Schließen Sie danach die Erstellung ab.

Im nächsten Schritt öffnen Sie das Webfrontend des Zertifikatausstellers. Arbeiten Sie mit den Active Directory-Zertifikatdiensten, können Sie diese über die Adresse *http://<Servername>/certsrv* erreichen. Achten Sie aber beim Installieren der Serverrolle für die Active Directory-Zertifikatdienste darauf, dass Sie auch die Webschnittstelle mit installieren.

Abbildg. 29.28 Eingeben von Daten des neuen Zertifikats und Abspeichern der Anfrage in einer Datei

Neues Exchange-Zertifikat

Einführung
Domänenbereich
Exchange-Konfiguration
Zertifikatdomänen
Organisation und Standort
Zertifikatkonfiguration
Fertigstellung

Organisation und Standort
Verwenden Sie diese Seite, um den Namen Ihrer Organisation, die Organisationseinheit, den Standort sowie den Dateipfad für die Zertifikatsanforderung einzugeben.
Organisation: Contoso
Organisationseinheit: IT
Speicherort
Land/Region: Deutschland
Ort: Bad Wimpfen
Bundesland/Kanton: BW
Pfad der Zertifikatanforderungsdatei
Geben Sie den Namen der Anforderungsdatei im nachfolgenden Textfeld an. Verwenden Sie die Schaltfläche 'Durchsuchen', um den Ordner auszuwählen, in dem die Anforderungsdatei erstellt werden soll. Der Name muss mit der Erweiterung REQ enden.
C:\Users\administrator.CONTOSO\Documents\contoso.req
Durchsuchen...
Hilfe
< Zurück
Weiter >
Abbrechen

Im Gegensatz zu Windows Server 2003 ist dies bei Windows Server 2008 und Windows Server 2008 R2 nicht mehr der Fall. Klicken Sie anschließend auf der Webseite für die Zertifizierungsstelle auf den Link *Ein Zertifikat anfordern* und wählen Sie dann die erweiterte Anforderung aus. Als Nächstes klicken Sie auf den Link *Reichen Sie eine Zertifikatanforderung ein, …*

Abbildg. 29.29 Einreichen einer Zertifikatanfrage an die Active Directory-Zertifikatdienste

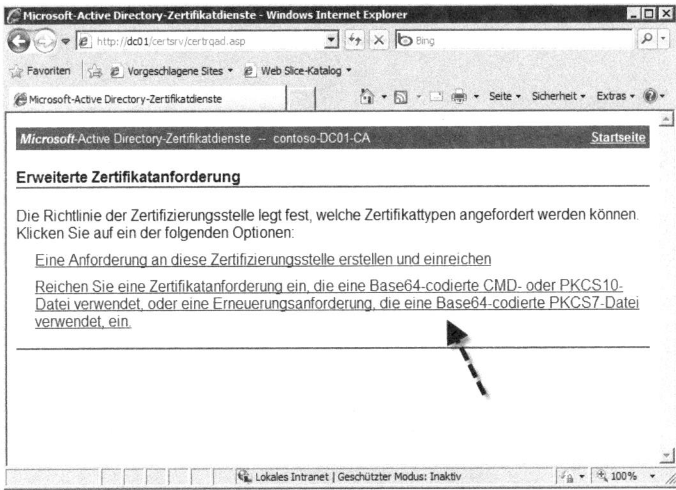

Im nächsten Fenster geben Sie im Feld *Gespeicherte Anforderung* den kompletten Text der *.req*-Datei ein, die Sie im Vorfeld erstellt haben. Sie könnend dazu die Datei im Editor öffnen und den Inhalt in die Zwischenablage kopieren. Sie müssen den kompletten Text der Datei dazu verwenden. Klicken Sie dazu in die Datei und markieren Sie den kompletten Text mit Strg+A. Mit Strg+C kopieren Sie den Text in die Zwischenablage, mit Strg+V fügen Sie ihn in das Feld ein. Wählen Sie als Zertifikatvorlage noch *Webserver* aus und klicken Sie dann auf *Einsenden.*

Abbildg. 29.30 Einreichen einer Zertifikatanfrage

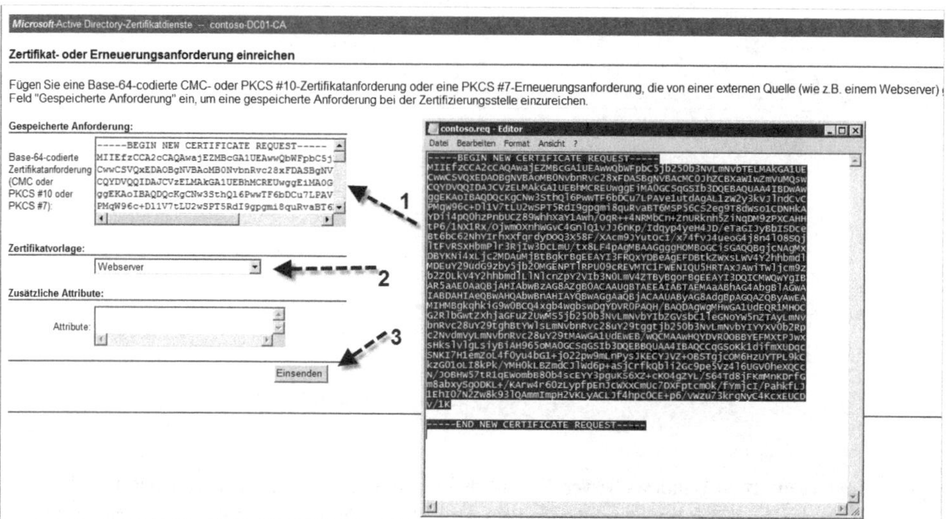

Auf der nächsten Seite laden Sie das Zertifikat als *.cer*-Datei herunter und speichern diese auf dem Server. Anschließend gehen Sie wieder in die Exchange-Verwaltungskonsole und klicken auf *Serverkonfiguration.* Klicken Sie dann auf den Exchange-Server, für den Sie die Anfrage erstellt haben, und klicken dann im unteren Bereich des Fensters mit der rechten Maustaste auf das Zertifikat, das Sie erstellt haben. Wählen Sie im Kontextmenü den Eintrag *Anstehende Anforderung abschließen* aus.

Abbildg. 29.31 Abschließen einer Zertifikatanforderung

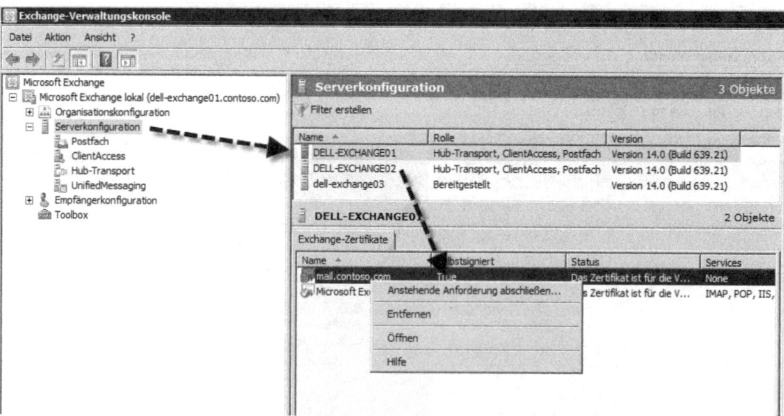

Wählen Sie anschließend die *.cer*-Datei aus und schließen Sie den Vorgang ab. Das Zertifikat sollte danach als verwendbar angezeigt werden. Dazu muss das Zertifikat der Zertifizierungsstelle, von der Sie das Zertifikat haben, bei den vertrauenswürdigen Stammzertifizierungsstellen auf dem Exchange-Server hinterlegt sein.

Fügen Sie das Snap-In *Zertifikate* zu einer MMC hinzu und stellen Sie sicher, dass das Zertifikat im Knoten *Vertrauenswürdige Stammzertifizierungsstellen* angezeigt wird. Haben Sie die Active Directory-Zertifikatdienste installiert, können Sie den Import des Zertifikats beschleunigen, wenn Sie auf dem Exchange-Server über *gpupdate /force* die Gruppenrichtlinien erneut abrufen.

Abbildg. 29.32 Neue Zertifikate müssen fehlerfrei angezeigt werden

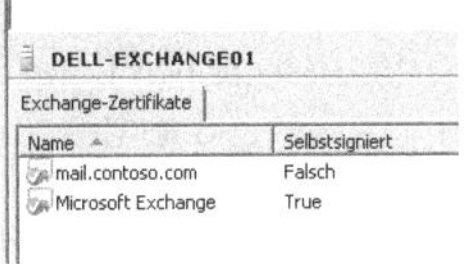

Nachdem Sie eine Zertifikatanforderung erstellt haben und das Zertifikat auf dieser Basis bei der Zertifizierungsstelle angefordert, exportiert und installiert haben, müssen Sie als Nächstes noch die einzelnen Exchange-Dienste mit diesem Zertifikat verbinden. Auch diesen Vorgang führen Sie über das Kontextmenü aus. Wählen Sie dazu für das Zertifikat den Befehl *Dem Zertifikat Dienste zuordnen* aus.

Abbildg. 29.33 Nach der Installation weisen Sie einem neuen Exchange-Zertifikat noch die entsprechenden Dienste zu

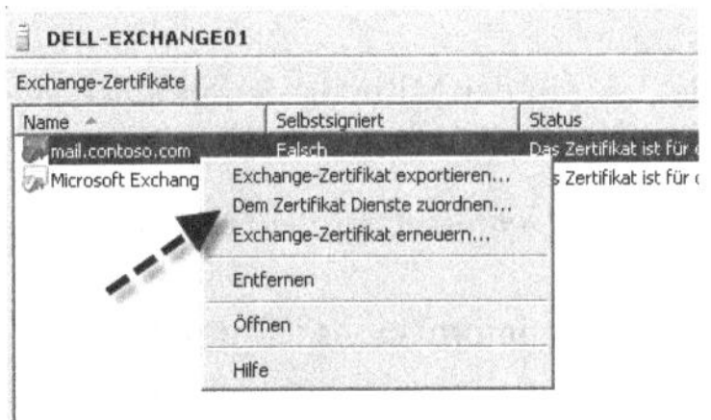

Auf der nächsten Seite des Assistenten wählen Sie zunächst über *Hinzufügen* den Server aus, auf dem Sie die Dienste dem neuen Zertifikat zuweisen wollen. Anschließend legen Sie die entsprechenden Dienste fest und klicken auf *Weiter*.

Abbildg. 29.34 Auswählen der Dienste für ein neues Zertifikat

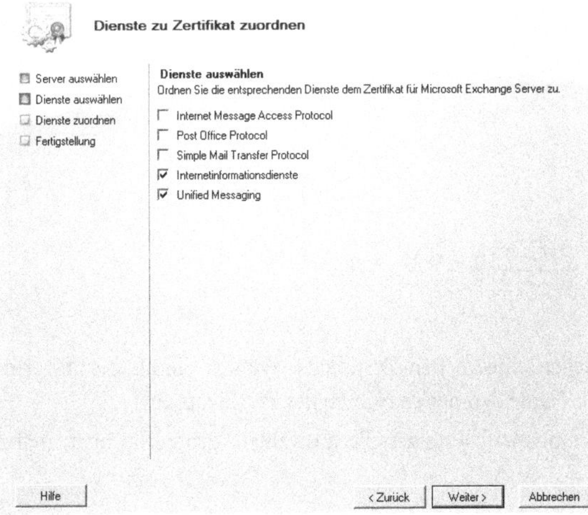

Externes Zertifikat zur Anbindung von Nutzern über das Internet mit ISA oder TMG ändern

Während der Installation von Exchange Server 2010 oder anderen webbasierten Anwendungen haben Sie den Namen des selbstsignierten Zertifikats angegeben, dass Anwender über das Internet für die Verwendung von Remotedesktopgateway, Outlook Web Acess, Outlook Anywhere, ActiveSync und vieles mehr benötigen. Die Änderung dieses Zertifikats ist auch ohne die Webschnittstelle möglich. Wir beschreiben Ihnen in den folgenden Abschnitten, wie Sie dieses Zertifikat ersetzen können und auf einem ISA-Server oder dem neuen Forefront Threat Management Gateway einbinden können.

Neues Zertifikat konfigurieren

In den ersten Schritten führen Sie die Änderungen auf dem Exchange-Server durch. Haben Sie bereits ein Zertifikat einer vertrauenswürdigen Zertifizierungsstelle als *.pfx*-Datei vorliegen, können Sie die Aufgaben in der Zertifizierungsstelle überspringen und mit der Konfiguration auf dem Exchange-Server oder der ISA/TMG-Firewall fortfahren..

1. Öffnen Sie dazu auf dem Exchange-Server über die Programmgruppe *Verwaltung* den *Internetinformationsdienste-Manager.*
2. Klicken Sie links auf den Servernamen und wählen Sie dann in der Mitte das Symbol *Serverzertifikate* aus und klicken doppelt darauf.
3. Wählen Sie dann im Aktionenbereich der Konsole den Befehl *Domänenzertifikat erstellen* aus.

Abbildg. 29.35 Verwalten von Serverzertifikaten auf Exchange Server im Internetinformationsdienste-Manager

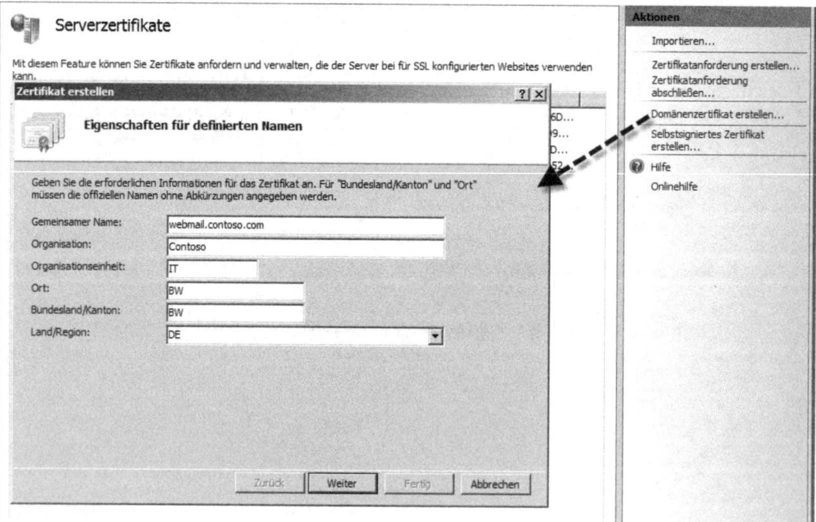

4. Es startet der Assistent zum Erstellen eines neuen Zertifikats. Wählen Sie als Zertifizierungsstelle Ihre interne Zertifizierungsstelle und als Name den neuen Namen des Zertifikats aus.
5. Auf der Seite, auf der Sie die Onlinezertifizierungsstelle auswählen, geben Sie noch mal den gleichen Namen an.

6. Das Zertifikat wird anschließend bei den anderen Zertifikaten im Internetinformationsdienste-Manager angezeigt.

Abbildg. 29.36 Auswählen der Zertifizierungsstelle und der Bezeichnung des neuen Zertifikats

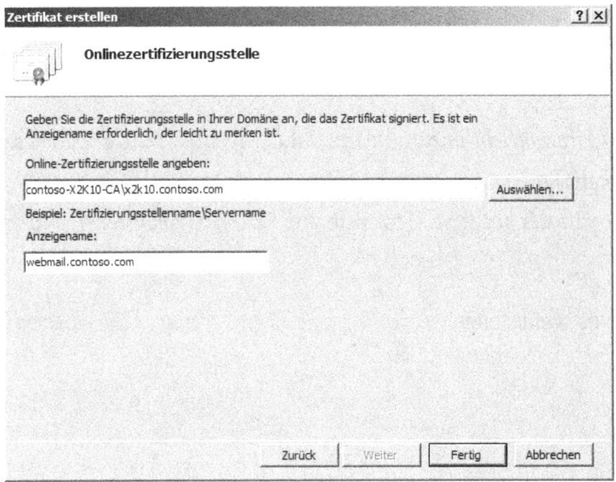

7. Hinterlegen Sie das Zertifikat wie im vorangegangenen Abschnitt besprochen in den SSL-Bindungen für die *Default Web Site.*
8. Klicken Sie das Zertifikat mit der rechten Maustaste an und wählen Sie *Exportieren* aus, wenn Sie es auf einem anderen Server noch benötigen, zum Beispiel einem ISA- oder TMG-Server.
9. Geben Sie einen Dateinamen und ein Kennwort an. Der Assistent exportiert das Zertifikat als *.pfx*-Datei.
10. Kopieren Sie die Datei auf den ISA/TMG-Server.

Neues Zertifikat auf ISA Server oder Forefront Threat Management Gateway integrieren

Um ein neues Zertifikat auf dem ISA/TMG-Server zu integrieren, benötigen Sie eine *.pfx*-Datei, die Sie vom Exchange-Server exportieren oder von einer externen Zertifizierungsstelle erhalten haben. Um das Zertifikat auf dem ISA/TMG-Server zu importieren, gehen Sie folgendermaßen vor:

1. Melden Sie sich am Server an.
2. Geben Sie *mmc* in das Suchfeld des Startmenüs ein.
3. Klicken Sie auf *Datei/Snap-In hinzufügen/entfernen.*
4. Wählen Sie *Zertifikate* aus und klicken Sie auf *Hinzufügen.*
5. Wählen Sie als Konto *Computerkonto* aus.
6. Wählen Sie den lokalen Computer aus.
7. Klicken Sie auf *OK.*
8. Klicken Sie mit der rechten Maustaste auf *Zertifikate/Eigene Zertifikate/Zertifikate* und wählen Sie *Alle Aufgaben/Importieren.*
9. Wählen Sie im Assistenten die *.pfx*-Datei aus.
10. Geben Sie das Kennwort ein und belassen Sie die Einstellungen so wie sie sind.

11. Achten Sie darauf, dass der Assistent als Zertifikatspeicher *Eigene Zertifikate* verwendet.
12. Schließen Sie den Importvorgang ab.

Der wichtigste Schritt bei der Integration eines neuen Zertifikats in die Exchange-Infrastruktur ist die Konfiguration der Firewall, also dem Forefront Threat Management Gateway (TMG), oder des ISA-Servers. Starten Sie dazu auf dem Server die Verwaltungskonsole für das TMG oder den ISA-Server. Sie finden diese in der Programmgruppe *Start/Alle Programme/Microsoft Forefront TMG*. Beim ersten Start schließen Sie zunächst den Assistenten für die ersten Schritte.

1. Klicken Sie in der Konsole auf *Firewallrichtlinie* und dann auf der rechten Seite auf *Toolbox*.
2. Klicken Sie dann auf *Netzwerkobjekte*.
3. Klicken Sie unter *Weblistener* mit der rechten Maustaste auf *Externer Weblistener* und wählen Sie *Eigenschaften* aus.

Abbildg. 29.37 Aufrufen der Eigenschaften eines Weblisteners

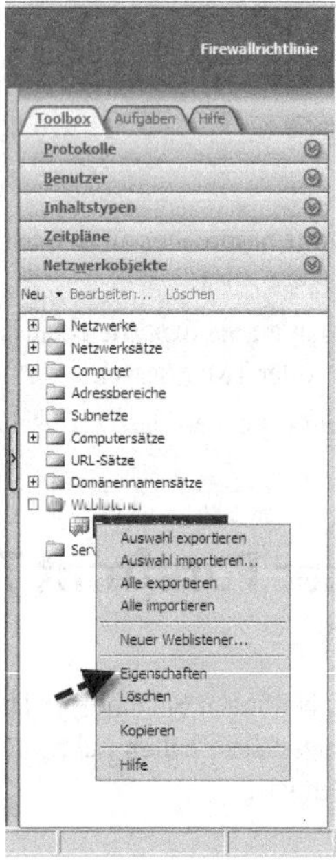

4. Wechseln Sie auf die Registerkarte *Zertifikate* und klicken Sie auf *Zertifikat auswählen*.
5. Wählen Sie Ihr neu erstelltes Zertifikat aus.
6. Klicken Sie auf *Auswählen* und dann auf *OK*.

Abbildg. 29.38 Auswählen eines neuen Zertifikats bei ISA-Server 2008 oder TMG

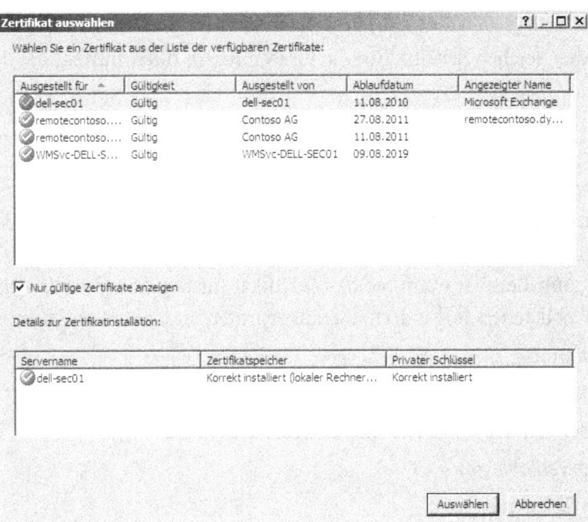

Nachdem Sie das Zertifikat auf dem Server und dem Threat Management Gateway (TMG) integriert haben, müssen Sie noch die einzelnen Firewallregeln so anpassen, dass der neue Name des Zertifikats hinterlegt ist. Auch dazu benötigen Sie die Verwaltungskonsole für das Threat Management Gateway. Gehen Sie zur Anpassung der Firewallregeln folgendermaßen vor:

1. Klicken Sie auf *Firewallrichtlinie.*
2. Klicken Sie doppelt auf die Regel, die Sie anpassen möchten und die das Zertifikat verwendet, zum Beispiel *Veröffentlichungsregel für Remote-Webarbeitsplatz.*
3. Holen Sie die Registerkarte *Öffentlicher Name* in den Vordergrund.
4. Klicken Sie unter *Websites und IP-Adressen* auf den aktuellen Namen Ihrer Veröffentlichung und dann auf *Bearbeiten.*

Abbildg. 29.39 Anpassen der Veröffentlichung des Remote-Webarbeitsplatzes

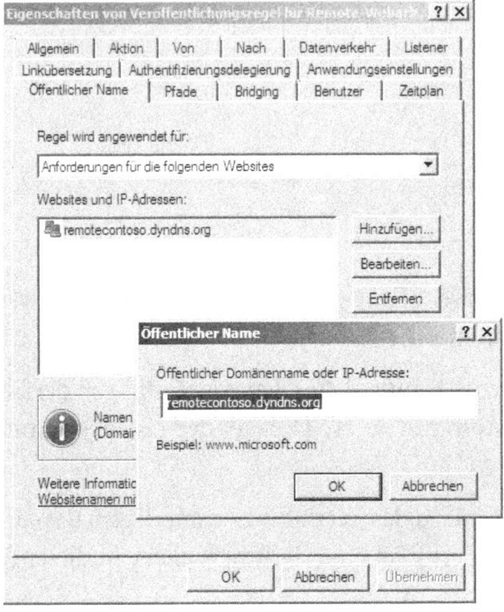

5. Passen Sie den Namen auf den neuen Namen des Zertifikats an.
6. Klicken Sie anschließend auf *Übernehmen* in der TMG-Konsole.
7. Anschließend müssen Sie die gleichen Schritte für alle Firewallregeln durchführen, die das Zertifikat nutzen.

Weblistener verstehen

Das TMG und der ISA-Server wartet mithilfe von Weblistenern auf eingehenden Datenverkehr aus dem Internet. Für jede Netzwerkverbindung die mit einer eigenen IP-Adresse mit dem Internet verbunden ist, können Sie einen Weblistener erstellen. Der standardmäßige Weblistener reicht in den meisten Fällen aus, muss aber unter Umständen angepasst werden, zum Beispiel wenn Sie das Zertifikat für den SSL-Zugriff wechseln wollen. Sie können die Einstellungen des Weblisteners folgendermaßen überprüfen oder auf Wunsch anpassen:

1. Starten Sie die TMG-Verwaltung.
2. Klicken Sie auf *Firewallrichtlinie.*
3. Aktivieren Sie im rechten Bereich der Konsole die Registerkarte *Toolbox.*
4. Öffnen Sie den Eintrag *Netzwerkobjekte.*
5. Erweitern Sie den Eintrag *Weblistener.*
6. Doppelklicken Sie auf *Externer Weblistener* oder öffnen Sie das zugehörige Kontextmenü und wählen Sie den Eintrag *Bearbeiten*, um sich die Einstellungen anzeigen zu lassen. Anschließend können Sie auf den Registerkarten verschiedene Einstellungen vornehmen.

Abbildg. 29.40 Konfigurieren des Weblisteners des TMG

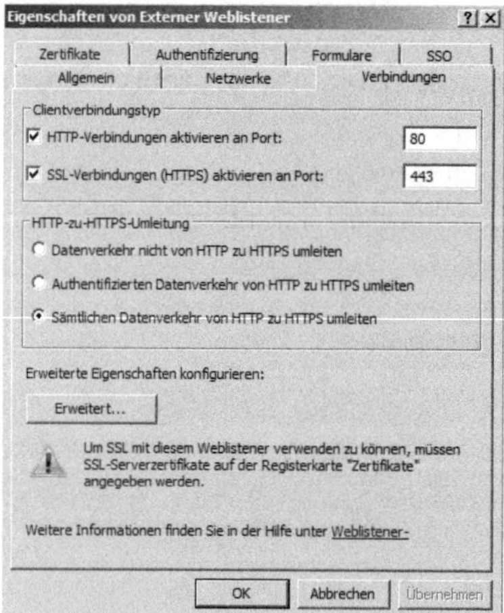

- Auf der Registerkarte *Netzwerke* ist das Netzwerk *Extern* festgelegt. Bei diesem Netzwerk handelt es sich um die Netzwerkverbindung, die mit dem Internet verbunden ist.
- Auf der Registerkarte *Verbindungen* steuern Sie, auf welche Clientverbindungen der Listener wartet, bei EBS 2008 also HTTP und HTTPS. Alle Anfragen zu HTTP leitet der Listener automatisch zum SSL-Port 443 um.
- Die Registerkarte *Zertifikate* verwenden Sie dazu das Zertifikat zu hinterlegen, das für SSL-Verbindungen notwendig ist. Sie sollten optimal ein Zertifikat eines Drittherstellers an dieser Stelle hinterlegen.

Achten Sie aber darauf, dass die Zertifizierungsstelle dazu vertrauenswürdig sein muss, also das entsprechende Zertifikat auf dem Sicherheitsserver hinterlegt ist.

- Auf der Registerkarte *Authentifizierung* ist die HTML-Formularauthentifizierung aktiv. Das bedeutet, dass sich Anwender an der Website des Sicherheitsservers am Outlook Web Access-Formular authentifizieren und erst nach erfolgreicher Authentifizierung eine Weiterleitung zum Messaging-Server erfolgt. Außerdem ist auf dieser Registerkarte festgelegt, dass die Benutzerkonten dazu in Active Directory hinterlegt sein müssen.

Zertifikat auf einem Client-PC importieren

Wurde auf dem Client-PC die Zertifizierungsstelle Ihres Unternehmens noch nicht als vertrauenswürdig eingestuft (was normal ist, wenn der PC nicht Mitglied der Domäne ist), sollten Sie vor dem Verbindungstest zunächst das Zertifikat der Zertifizierungsstelle auf dem PC importieren. Dieses Zertifikat hat nichts mit dem Webserverzertifikat zu tun, das Sie ausgestellt haben.

1. Die vertrauenswürdigen Zertifizierungsstellen finden Sie am besten über den Internet Explorer. Rufen Sie nach dem Start über *Extras/Internetoptionen* die Registerkarte *Inhalte* und dann unter *Zertifikate/Vertrauenswürdige Stammzertifizierungsstellen* die Auflistung der Zertifizierungsstellen auf dem PC auf.
2. Ist die interne Zertifizierungsstelle Ihres Unternehmens hier nicht zu finden, erscheinen Zertifikatfehler, sobald auf interne Firmenwebsites oder Outlook Web Access zugegriffen wird.
3. Rufen Sie auf dem Webserver oder beim Einsatz von Exchange Server 2007 auf dem Clientzugriffsserver das gleiche Menü auf. Hier sollte die Zertifizierungsstelle hinterlegt sein, da sich der Server in der Domäne befindet. Markieren Sie diese Zertifizierungsstelle und klicken Sie auf die Schaltfläche *Exportieren*. Es gibt unter Umständen an dieser Stelle mehrere Zertifikate Ihrer Stammzertifizierungsstelle. Erscheint beim Exportieren eine Abfrage des privaten Schlüssels des Zertifikats, haben Sie das falsche erwischt, verwenden Sie dann das andere Zertifikat.
4. Exportieren Sie auf dem Clientzugriffsserver das Zertifikat in eine *.cer*-Datei. Diese Datei muss im Anschluss auf dem Client importiert werden. Klicken Sie doppelt auf das Zertifikat, wird es auf dem Client-PC angezeigt und Sie können es installieren. Klicken Sie auf die Schaltfläche *Zertifikat installieren*, damit das Zertifikat auf dem Client-PC installiert wird.

Lassen Sie das Stammzertifikat in den Speicher der vertrauenswürdigen Stammzertifizierungsstellen importieren. Überprüfen Sie im Anschluss daran, ob das Zertifikat erfolgreich importiert wurde. Auf allen beteiligten Servern und Arbeitsstationen muss der Zertifizierungsstelle des Unternehmens auf dieser Registerkarte vertraut werden, das gilt auch für den ISA Server.

Eine weitere Möglichkeit, das Zertifikat der Stammzertifizierungsstelle zu importieren, ist über Outlook Web Access. Dieser Weg funktioniert allerdings nicht immer, da meistens nur das Webserverzertifikat übertragen wird, nicht zusätzlich noch das Zertifikat der Stammzertifizierungsstelle. Gehen Sie dazu folgendermaßen vor:

1. Öffnen Sie eine Verbindung zu Outlook Web Access mit dem Internet Explorer. Bei diesem Vorgang wird das Zertifikat übertragen.
2. Klicken Sie im Anschluss auf das kleine Schloss unten rechts in der Statusleiste des Internet Explorers. Das Zertifikat der Seite wird angezeigt.
3. Holen Sie die Registerkarte *Zertifizierungspfad* in den Vordergrund.
4. Markieren Sie das oberste Zertifikat im Pfad, da dieses das Zertifikat der Zertifizierungsstelle darstellt. Uns geht es nicht darum, das Zertifikat zu importieren, sondern die Zertifizierungsstelle des Unternehmens als vertrauenswürdige Zertifizierungsstelle zu importieren. Wird hier kein weiteres Zertifikat angezeigt, funktioniert dieser Weg nicht; das Zertifikat der Zertifizierungsstelle wird in diesem Fall nicht übertragen.

5. Klicken Sie im Anschluss auf *Zertifikat anzeigen.*
6. Klicken Sie im neuen Fenster auf die Registerkarte *Details* und dann auf die Schaltfläche *In Datei kopieren*, um das Zertifikat in eine Datei zu exportieren.
7. Belassen Sie die Standardeinstellungen und exportieren Sie das Zertifikat in eine Datei, die Sie zum Beispiel auf dem Desktop abspeichern.
8. Schließen Sie alle Fenster und klicken Sie doppelt auf die Zertifikatdatei, damit sich der Assistent für den Import öffnet.
9. Klicken Sie auf die Schaltfläche *Zertifikat installieren.*
10. Wählen Sie im Fenster *Zertifikatspeicher* die Option *Alle Zertifikate in folgendem Speicher speichern* und klicken Sie auf *Durchsuchen.*
11. Wählen Sie die Option *Vertrauenswürdige Stammzertifizierungsstellen* aus und schließen Sie den Import ab.

Zertifikate auf Pocket-PCs oder Smartphones installieren

Arbeiten Sie mit Exchange ActiveSync, muss auch auf den mobilen Geräten das Zertifikat der Stammzertifizierungsstelle installiert werden. Sie finden die Zertifikate auf dem Pocket-PC über *Start/Einstellungen/System/Zertifikate/Stamm.* Es werden Ihnen alle Zertifizierungsstellen angezeigt, denen das Gerät vertraut. Ist hier Ihre Zertifizierungsstelle nicht aufgeführt, kann die Synchronisierung nicht funktionieren. Damit Sie die Zertifizierungsstelle als vertrauenswürdig auf dem Pocket-PC hinterlegen können, benötigen Sie eine SD-Karte, auf der Sie eine Zertifikatdatei abspeichern können, oder eine Dockingstation. Diese Datei exportieren Sie am besten über einen Client, mit dem Sie per Outlook Web Access oder Outlook Anywhere eine Verbindung aufbauen können, oder direkt auf dem Server.

Achten Sie beim Exportieren des Zertifikats der Stammzertifizierungsstelle darauf, dass Sie den privaten Schlüssel nicht mit exportieren müssen, es genügt der öffentliche Schlüssel. Exportieren Sie das Zertifikat in eine Datei. Diese Datei muss später per SD-Karte auf den Pocket-PC integriert werden. Alternativ können Sie die Datei auch über die ActiveSync-Funktion vom Arbeitsplatz auf das Gerät kopieren. Das Zertifikat muss auf jeden Fall zuerst auf dem Gerät zur Verfügung stehen, bevor Sie per Exchange ActiveSync Daten übertragen können. Im Anschluss klicken Sie auf dem Pocket-PC auf die Zertifikatdatei und lassen diese in die vertrauenswürdigen Stammzertifizierungsstellen importieren. Es reicht nicht aus, wenn das Zertifikat nur auf dem Pocket-PC installiert wird. Es ist wichtig, dass das Zertifikat bei den vertrauenswürdigen Stammzertifizierungsstellen hinterlegt wird.

Lassen Sie die exportierte Zertifikatdatei per File Explorer (Datei Explorer) auf dem Endgerät anzeigen, reicht es aus, diese Datei anzuklicken, damit diese installiert werden kann. Haben Sie die Zertifikatdatei angeklickt, erkennt das Endgerät automatisch, dass es sich um ein Zertifikat handelt, und schlägt die Installation vor. Vertraut der Pocket-PC der Stammzertifizierungsstelle des Unternehmens, kann die Synchronisierung durchgeführt werden.

Mit Zertifikaten sicheren Zugriff über das Internet konfigurieren

Sie müssen dafür sorgen, dass die URL, die Sie für die entsprechende Regel der Veröffentlichung einer Website hinterlegt haben, im Internet auch so aufgelöst werden kann, dass diese zu der externen IP-Adresse Ihrer Firewall zeigt. Setzen Sie eine weitere Firewall ein, muss auf dieser Firewall eine Regel hinterlegt sein, welche den Zugriff auf diese URL und den Port 443 für HTTPS schließlich zur externen IP-Adresse des Webservers weiterleitet. Von da aus erledigen die angelegte Regel und die Serververöffentlichung automatisch ihre Aufgaben.

Zertifikate und die Veröffentlichung über das Internet verstehen

Um einer Website ein Zertifikat zuzuweisen und SSL zu verwenden, müssen Sie mit dem Snap-In zur *Verwaltung* der Internetinformationsdienste arbeiten. Zwar enthält Windows Server 2008 R2 oft ein selbstsigniertes Zertifikat, allerdings ist dieses nicht immer die richtige Wahl. Vor allem beim externen Zugriff sollten Sie überlegen, auf ein Zertifikat zurückzugreifen, das durch eine öffentliche Zertifizierungsstelle ausgestellt wurde. Die Konfiguration mithilfe von Zertifikaten können Sie folgendermaßen überprüfen:

1. Starten Sie den Internetinformationsdienste-Manager auf dem Server aus dem Menü *Verwaltung*. Nach dem Start klicken Sie auf der linken Seite auf den Servernamen. In der Mitte des Bildschirms starten Sie per Doppelklick auf *Serverzertifikate* die Verwaltung der lokalen Serverzertifikate. Hier sehen Sie die Zertifikate, die der Server verwendet. Über das *Aktionen*-Menü lassen sich ebenfalls neue Zertifikate anfordern.

Abbildg. 29.41 Verwalten der Serverzertifikate eines Webservers

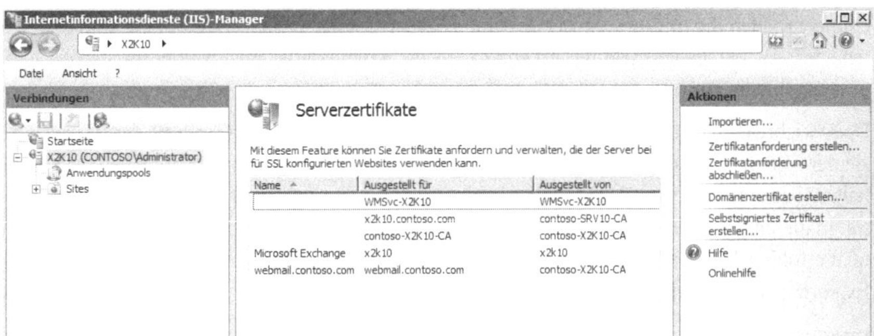

2. Klicken Sie als Nächstes auf *Sites/Default Web Site.*
3. Klicken Sie im Aktionsbereich auf den Link *Bindungen*. Jetzt sehen Sie alle Ports, IP-Adressen und Protokolle, auf welche die Website und alle untergeordneten Applikationen sowie Webseiten hören.
4. Markieren Sie den SSL-Eintrag und klicken Sie auf *Bearbeiten*. Sie können jetzt das Webserverzertifikat auswählen, das der Server für die *Default Web Site* und alle untergeordneten Webseiten verwendet. Das Zertifikat und dessen Daten können Sie in diesem Fenster ebenfalls anzeigen.

Abbildg. 29.42 Verwalten des Serverzertifikats einer Website

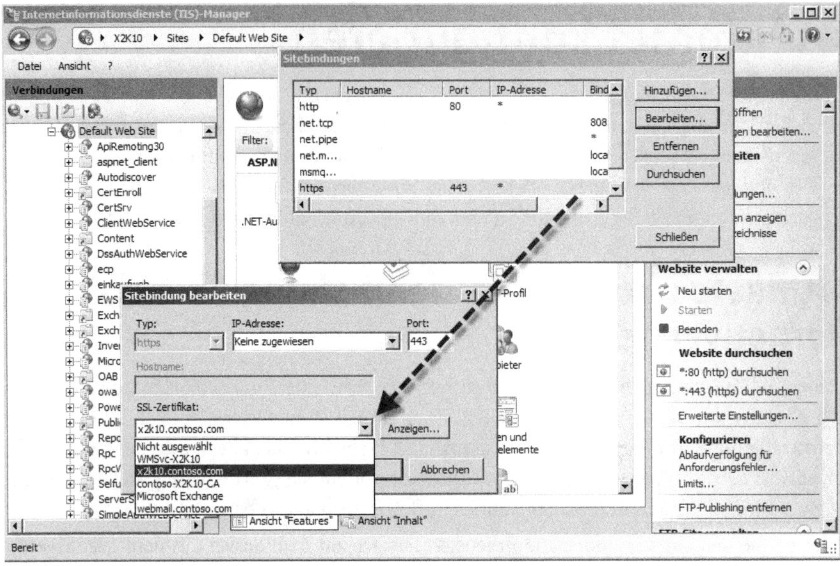

Stellen Benutzer eine Verbindung zum Server her, überträgt dieser immer zuerst ein Zertifikat. Die Benutzer erhalten hierzu eine Meldung, die sie zunächst bestätigen müssen. Diese Meldung erscheint jedoch nicht, wenn der Servername und der Zertifikatname identisch sind. Haben Sie als Name für das Zertifikat den Namen verwendet, den Sie später im Internet verwenden, also die öffentliche URL der Firewallregel für die Veröffentlichung, erhalten die internen Anwender eine Fehlermeldung, da sich dieser Name vom internen Namen unterscheidet. An der Fehlermeldung erkennen Sie die Problematik: Der Name des Zertifikats und die Adresse müssen übereinstimmen.

Da es wichtiger ist, dass der Zugriff von extern funktioniert, ist die Verwendung des externen Namens auch effizienter. Versucht ein Benutzer, noch über HTTP eine Verbindung aufzubauen, leitet der Server die Verbindung teilweise automatisch zu einer HTTPS-Verbindung um. Von extern funktioniert das aber nicht immer zuverlässig. In diesem Fall sollten Anwender besser gleich HTTPS für den Verbindungsaufbau verwenden. Ist das Zertifikat erfolgreich übertragen, erscheint die Website. Ist das Zertifikat übertragen, können Sie dieses im Internet Explorer per Klick auf das kleine Schlosssymbol in der Statusleiste des Internet Explorers anzeigen lassen.

TIPP Testen Sie nach der Einrichtung die Verbindung über den Server ohne die Verbindung über das Internet. Es müsste sich eine Verbindung aufbauen. Intern erhalten Sie unter Umständen die Zertifikatwarnung, da der Name der externen Verbindung im Zertifikat hinterlegt ist, aber der interne Aufbau über den internen Namen durchgeführt wird. Ideal wäre es, wenn Sie zu Testzwecken auf den DNS-Servern eine neue Zone anlegen, welche die Bezeichnung Ihrer Internetdomäne trägt, unter der Sie später den Remote-Webarbeitsplatz veröffentlichen, zum Beispiel *meinefirma.de*.

Tragen Sie in dieser Domäne einen statischen Eintrag *webmail* ein und weisen Sie dem Eintrag die interne IP-Adresse des Servers zu. Jetzt können Sie im Internet Explorer den Verbindungsaufbau zu *https://webmail.meinefirma.de/remote* testen. Es sollte sich eine Verbindung ohne Fehlermeldung des Zertifikats aufbauen lassen, da der FQDN des Zertifikats jetzt stimmt.

Abbildg. 29.43 Anzeigen eines Serverzertifikats im Internet Explorer

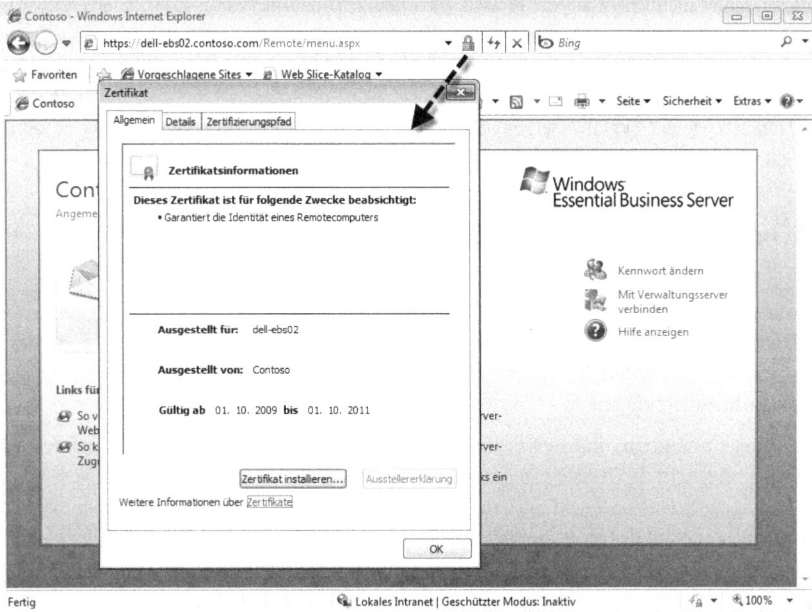

Bauen Anwender mit Windows Vista oder Windows 7 eine Verbindung auf, erhalten sie einen Zertifikatfehler angezeigt und das Laden der Seite wird angehalten. Erst wenn Sie auf den Link klicken, um das Laden fortzusetzen, baut sich die Seite auf.

Abbildg. 29.44 Zertifikatfehler bestätigen, um den Aufbau der Verbindung durchzuführen

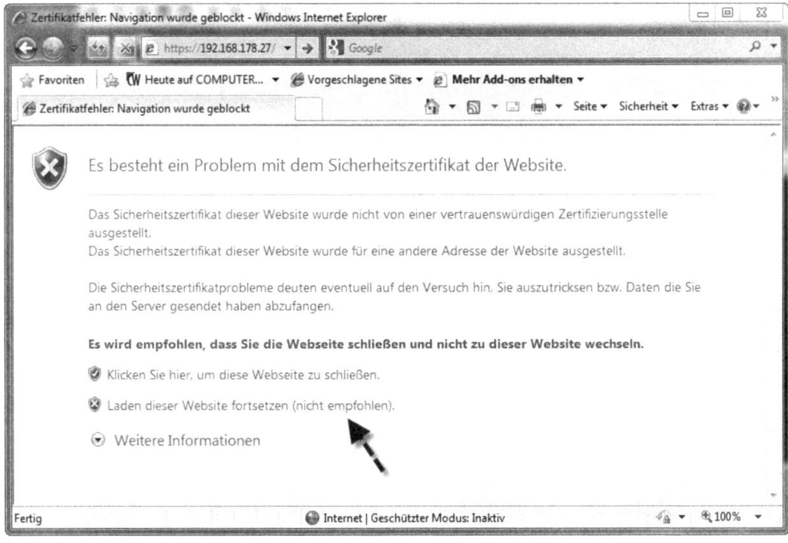

Ist die Seite geladen, können Sie über den Zertifikatfehler oben in der Adressleiste das Zertifikat anzeigen. Damit dieser Fehler nicht mehr angezeigt wird, muss das Zertifikat der Stammzertifizierungsstelle Ihres Unternehmens in die vertrauenswürdigen Stammzertifizierungsstellen auf dem Client-PC importiert sein. Für die stabile Arbeit ist das nicht notwendig, allerdings zwingend für Exchange ActiveSync und Outlook Anywhere, also der Verbindung von Smartphones und Outlook-Clients über das Internet. Ist ein Computer Mitglied der gleichen Domäne wie der Zertifikatserver, ist das Zertifikat der Stammzertifizierungsstelle automatisch importiert, das gilt aber nicht für Clients aus dem Internet oder Smartphones.

Drittersteller-Zertifikat installieren

In größeren Umgebungen, bei denen viele Computer über das Internet auf einen Server zugreifen, kann es sinnvoll sein, ein Zertifikat einer bekannten Zertifizierungsstelle für den Zugriff zu verwenden. Das hat den Vorteil, dass Sie keine Konfigurationen auf den Clientcomputern vornehmen müssen, sondern das Zertifikat ist standardmäßig schon in Windows integriert. So erscheinen keine Fehlermeldungen, wenn Anwender auf den Remote-Webarbeitsplatz zugreifen.

Um das Zertifikat zu ändern, sind verschiedene Maßnahmen notwendig, die wir Ihnen auf den nachfolgenden Seiten genauer zeigen. In den meisten Fällen erhalten Sie das Zertifikat der Zertifizierungsstelle als Datei, die Sie auf dem Messaging-Server und dem Sicherheitsserver installieren müssen. Klicken Sie auf der linken Seite auf den Servernamen und auf der rechten Seite dann auf *Serverzertifikate*. Über den Link *Importieren* auf der rechten Seite der Konsole können Sie *.pfx*-Dateien direkt importieren, die Sie vom Aussteller des Zertifikats erhalten haben.

Abbildg. 29.45 Erstellen eines neuen Zertifikats auf der Website des Ausstellers

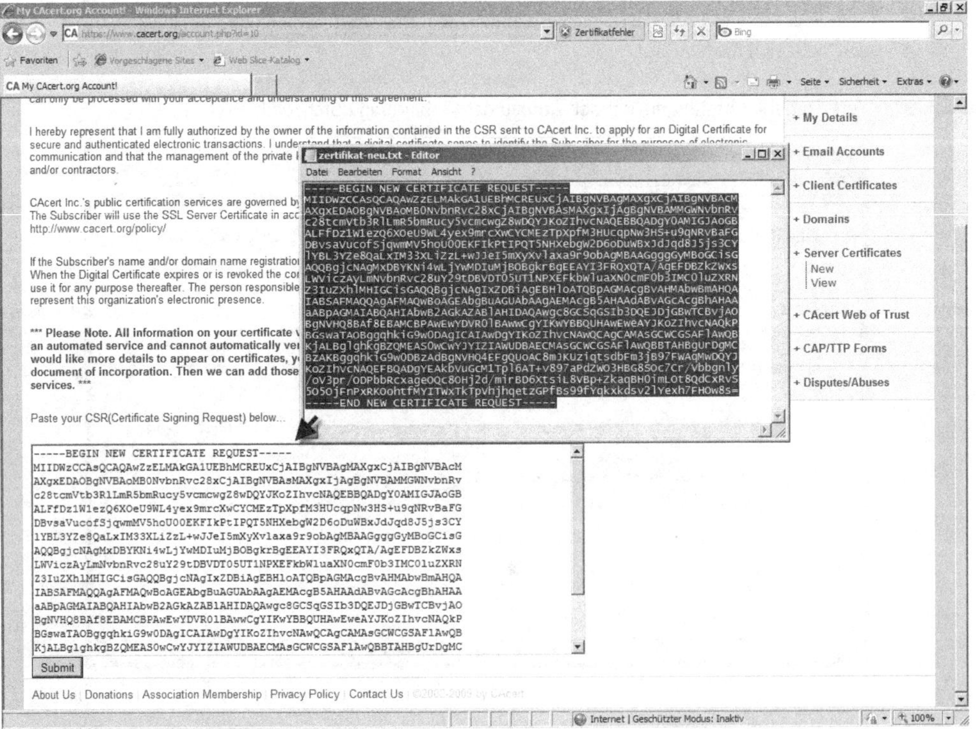

Über den Link *Zertifikatanforderung erstellen* können Sie mit einem Assistenten eine Anforderung erstellen und anfordern, wenn keine solche Datei vorhanden ist. Verwenden Sie als gemeinsamen Namen am besten die URL, mit der Sie beabsichtigen, von extern auf den Server zuzugreifen.

Auf der nächsten Seite speichern Sie eine Datei, die Sie der Zertifizierungsstelle zusenden, die Ihnen ein Zertifikat ausstellen soll. Nachdem Sie die Anforderung abgeschlossen und an die Zertifizierungstelle gesendet haben, erhalten Sie ein Zertifikat, oft auf Basis einer *.cer*-Datei. Bei vielen Zertifizierungstellen verwenden Sie den Inhalt der *.txt*-Datei, um das Zertifikat auszustellen. Dazu öffnen Sie die Datei und kopieren den kompletten Inhalt in die Zwischenablage, die Sie an auf der Seite zur Anforderung wieder einfügen. Dieses können Sie dann mit dem Link *Zertifikatanforderung abschließen* in den Server integrieren. Anschließend sehen Sie das Zertifikat unter den Serverzertifikaten.

Zertifikate auf dem Webserver und dem ISA/TMG-Server abgleichen

Damit der SSL-geschützte Zugriff per HHTPS über das Internet funktioniert, muss das Zertifikat, das Sie auf dem Webserver verwenden wollen, auch auf dem ISA/TMG-Server zur Verfügung stehen. Dazu exportieren Sie das Zertifikat auf dem Webserver und importieren es auf dem ISA/TMG-Server wieder. Gehen Sie dazu folgendermaßen vor:

1. Öffnen Sie dazu auf dem Messaging-Server das Snap-In *Internetinformationsdienste-Manager* und klicken Sie auf den Servernamen und dann auf *Serverzertifikate.*
2. Klicken Sie mit der rechten Maustaste auf das zu verwendende Zertifikat und wählen Sie *Exportieren.*

Abbildg. 29.46 Exportieren eines Serverzertifikats

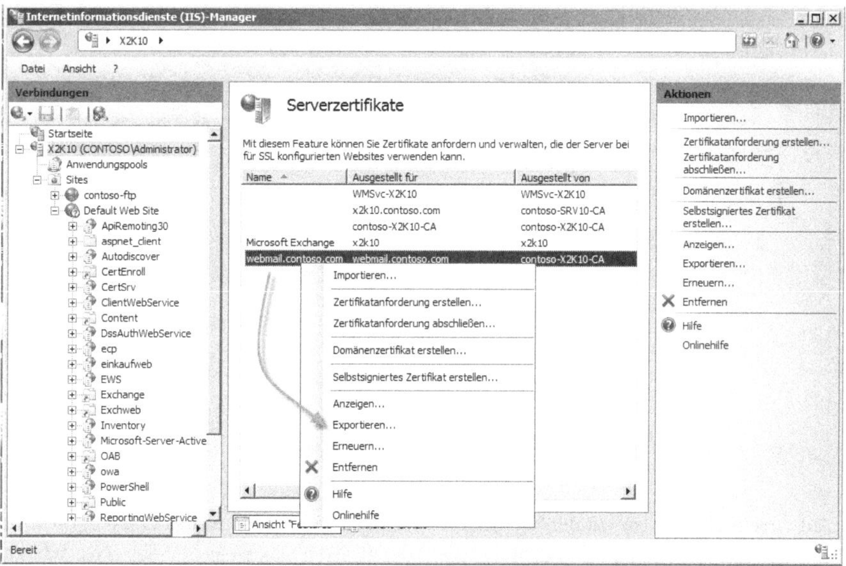

3. Wählen Sie im nächsten Fenster den Pfad, auf dem Sie die *.pfx*-Datei speichern wollen, und das Kennwort aus.
4. Im Anschluss wird das Zertifikat exportiert und steht im gewählten Verzeichnis zur Verfügung.
5. Kopieren Sie die Datei auf den ISA/TMG-Server.

6. Öffnen Sie auf dem ISA/TMG-Server die Verwaltung der lokalen Zertifikate über die Eingabe von *mmc* im Suchfeld des Startmenüs. Mit *Datei/Snap-In hinzufügen/Zertifikate* und Auswahl des Knotens *Computerkonto* wählen Sie den entsprechenden Speicher aus.
7. Danach werden die Zertifikate des lokalen Computerkontos angezeigt. Klicken Sie auf den Knoten *Zertifikate (Lokaler Computer)/Eigene Zertifikate/Zertifikate* mit der rechten Maustaste und wählen Sie *Alle Aufgaben/Importieren*.
8. Wählen Sie die zuvor kopierte *.pfx*-Datei aus.
9. Wählen Sie als Zertifikatspeicher den Container *Eigene Zertifikate* aus.
10. Stellen Sie zusätzlich sicher, dass das Zertifikat der Stammzertifizierungsstelle, die das Zertifikat ausgestellt hat, unter *Vertrauenswürdige Stammzertifizierungsstellen/Zertifikate* erscheint. Auch auf dem Messaging-Server muss das Zertifikat sowie auf den Clientcomputern, die auf den Server zugreifen, vorhanden sein.

Zertifikat zum Weblistener der Firewall hinzufügen

Die weiteren Einstellungen nehmen Sie in der Verwaltungskonsole für Threat Management Gateway beziehungsweise ISA Server vor. Starten Sie die Konsole, um sich die Einstellungen der Firewall anzuzeigen. Über den Knoten *Firewallrichtlinie* sehen Sie alle Firewallregeln des Servers. Auf der rechten Seite der Konsole finden Sie unter *Toolbox/Weblistener* den Eintrag *Externer Weblistener*.

Abbildg. 29.47 Anzeigen des Weblisteners

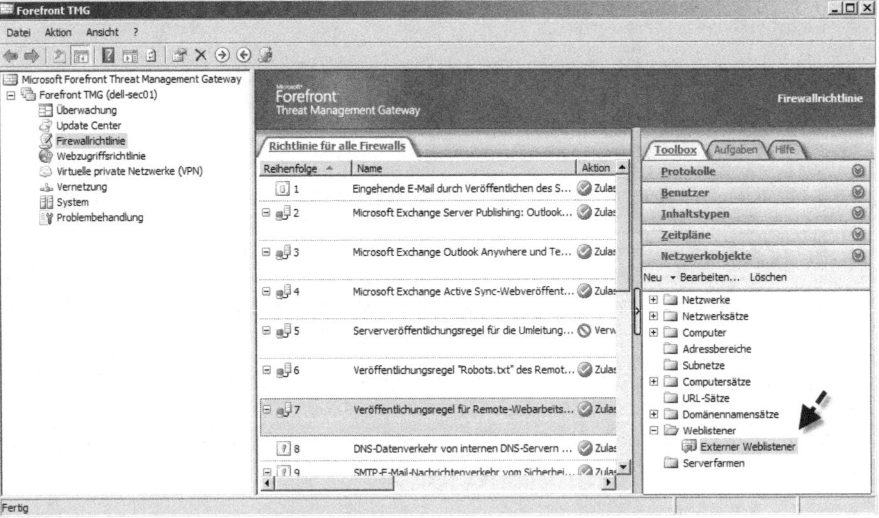

Auf diesem Listener lauscht der Sicherheitsserver von extern auf Anfragen, damit er diese an den Messaging-Server weiterleiten kann. Mit diesem Listener konfigurieren Sie den Sicherheitsserver dahin gehend, auf einen Verbindungsaufbau zum Port 443 für SSL zu warten. Rufen Sie per Doppelklick oder durch Auswahl von *Eigenschaften* über das Kontextmenü die Einstellungen des Weblisteners auf. Auf der Registerkarte *Netzwerk* sehen Sie die hinterlegten Netzwerke, auf denen der Listener auf einen Zugriff lauscht, in diesem Fall also das Internet als das externe Netzwerk. Über die Schaltfläche *Adressen* sehen Sie die IP-Adressen auf dem Server im ausgewählten Netzwerk.

Auf der Registerkarte *Zertifikat* müssen Sie das Zertifikat hinterlegen, das Sie zuvor vom Messaging-Server auf den Sicherheitsserver importiert hatten. Der Name des Zertifikats sollte identisch sein mit dem externen Namen, über den die Anwender eine Verbindung aufbauen. Aktivieren Sie hierzu die Option *Ein einziges Zertifikat für diesen Weblistener verwenden* und klicken Sie auf die Schaltfläche *Zertifikat auswählen*. Im folgenden Fenster sollte das Zertifikat als gültiges Zertifikat angezeigt werden. Wählen Sie das Zertifikat aus.

Abbildg. 29.48 Hinzufügen eines Zertifikats zum ISA/TMG-Server

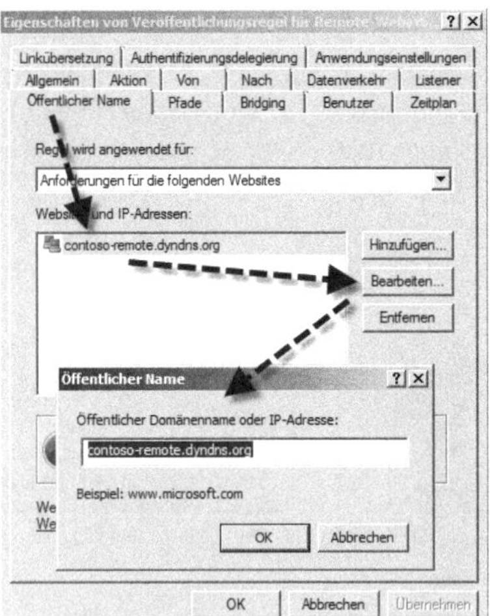

Auf der Registerkarte *Authentifizierung* legen Sie fest, wie sich Anwender am Server anmelden müssen, wenn ein Verbindungsaufbau stattfindet. Wollen Sie die formularbasierte Authentifizierung, also das Anmeldefenster von Outlook Web Access, direkt am ISA/TMG-Server ausführen und nicht über den Messaging-Server, wählen Sie die Option *HTML-Formularauthentifizierung* aus. Wollen Sie eine herkömmliche Authentifizierung ohne die neue Anmeldeseite verwenden, aktivieren Sie die Option *HTTP-Authentifizierung*. Aktivieren Sie zusätzlich noch die Option *Windows (Active Directory)*.

Über die Registerkarte *SSO* können Sie noch das einmalige Anmelden (Single Sign-On, SSO) für eine bestimmte Anzahl an veröffentlichten Websites aktivieren. Auf diesem Weg können Sie zum Beispiel mehrere Websites gleichzeitig veröffentlichen und müssen sich nur einmal am ISA/TMG-Server authentifizieren. Danach sollte der Verbindungsaufbau aus dem Internet funktionieren. Achten Sie beim Einsatz einer Hardwarefirewall noch darauf, dass der SSL-Port 443 von der Firewall zur externen Schnittstelle auf dem ISA/TMG-Server weitergeleitet wird. Ansonsten ist keine Verbindung möglich.

Digitale Signatur und Nachrichtenverschlüsselung mit Zertifikaten

Kurz erklärt ist eine digitale Signatur eine digitale Variante einer Unterschrift. Sie macht eine E-Mail unanfechtbar und authentifiziert den Absender eindeutig. Außerdem kann eine digitale Signatur sicherstellen, dass die E-Mail, die beim Empfänger ankommt, mit der E-Mail übereinstimmt, die vom Absender abgeschickt wurde. Eine digitale Signatur schützt eine E-Mail allerdings nicht davor, dass sie von Unberechtigten gelesen wird, sondern stellt nur die Authentizität des Absenders sicher. Das Verschlüsseln einer Nachricht stellt sicher, dass nur der vom Absender bestimmte Empfänger die E-Mail lesen kann.

Die Nachrichtenverschlüsselung stellt wiederum nicht sicher, dass der Empfänger sich darauf verlassen kann, dass der in der E-Mail genannte Absender auch der wirkliche Absender ist. Dies ist wiederum Aufgabe der digitalen Signatur. Sie sehen also, digitale Signatur und Nachrichtenverschlüsselung gehen Hand in Hand. Die digitale Signatur stellt die Authentizität des Absenders sicher, während die Nachrichtenverschlüsselung dafür sorgt, dass nur der vom Absender bestimmte Empfänger die Nachricht auch lesen kann. Der Inhalt der Nachricht bleibt also vertraulich. Wenn Sie eine Nachricht verschlüsseln, kann niemand außer dem Empfänger diese Nachricht lesen.

Falls Sie auf Ihrem Exchange-Server oder die Empfänger auf deren E-Mail-Server einen Virenscanner verwenden, kann dieser Scanner diese Nachricht nicht auf Viren scannen. Dies bedeutet, dass verschlüsselte Nachrichten durchaus Viren enthalten können. Aus diesem Grund blockieren viele Organisationen den Empfang verschlüsselter E-Mails. Bevor Sie also eine Verschlüsselungsinfrastruktur aufbauen, stellen Sie sicher, dass Ihre E-Mail-Empfänger damit keine Probleme bekommen.

Abbildg. 29.49 Nachrichtensicherheit mit Zertifikaten

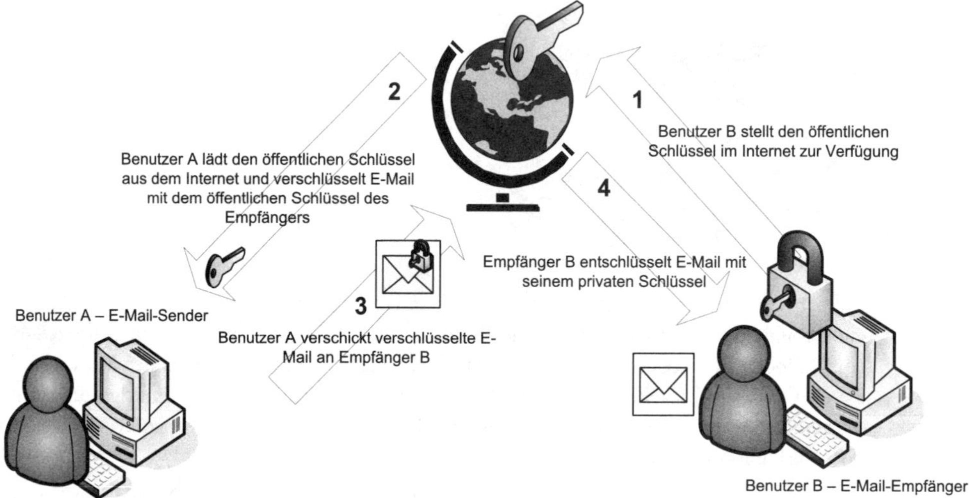

Zusammenfassung

In diesem Kapitel haben wir Ihnen gezeigt, wie Sie mit den Active Directory-Zertifikatdiensten eine interne Zertifizierungsstelle aufbauen und diese verwalten. Im nächsten Kapitel gehen wir auf die Verwaltung der Active Directory Lightweight Directory Services (AD LDS) ein.

Kapitel 30

Active Directory Lightweight Domain Services (AD LDS)

In diesem Kapitel:

In den nächsten Kapiteln zeigen wir Ihnen, wie Sie die Active Directory-Rechteverwaltung (AD RMS), die Active Directory Lightweight Directory Services (AD LDS) und die Active Directory-Verbunddienste (AD FS) im Unternehmen verwenden können. Alle Optionen dieser Möglichkeiten können wir Ihnen leider nicht zeigen, da dies den Umfang dieses Buchs sprengen würde. Wir zeigen Ihnen aber an Praxisbeispielen, welche Möglichkeiten Ihnen mit diesen Funktionen in Windows Server 2008 R2 zur Verfügung stehen.

Active Directory Lightweight Domain Services im Überblick

AD LDS ist eine Lowend-Variante von Active Directory. Es basiert auf der gleichen Technologie und unterstützt ebenfalls Replikation. Mit AD LDS können LDAP-Verzeichnisse für Anwendungen erstellt werden, die wiederum mit Active Directory synchronisiert werden können und dieses auch für die Authentifizierung nutzen können. Es können mehrere AD LDS-Instanzen parallel auf einem Server betrieben werden. AD LDS ist eine Alternative zu den Anwendungsverzeichnispartitionen in Active Directory. AD LDS wurde für Organisationen, die eine flexible Unterstützung verzeichnisfähiger Anwendungen benötigen, entwickelt. AD LDS ist ein LDAP-Verzeichnisdienst (Lightweight Directory Access-Protokoll), der als Benutzerdienst und nicht als Systemdienst ausgeführt wird. Mit AD LDS können Unternehmen zum Beispiel andere LDAP-Verzeichnisse in Testumgebungen installieren, ohne auf Software eines Drittanbieters zurückgreifen zu müssen.

Die Active Directory Lightweight Directory Services (AD LDS) sind die Nachfolger von Active Directory Application Mode (ADAM). Vereinfacht ausgedrückt können Applikationen, welche Informationen in einem Verzeichnis speichern, diese Dienste nutzen, um Informationen in einer eigenen Verzeichnisinstanz zu speichern. Einer Applikation kann zum Beispiel ein eigenes Verzeichnis mit eigenem Schema zur Verfügung gestellt werden, ohne andere Anwendungen oder die Anmeldungen im Unternehmen zu beeinträchtigen. Die Verwaltung eines Extranets und die damit verbundene Identitätsverwaltung können ebenfalls mit AD LDS verbessert werden. Sollen X.500/LDAP-Verzeichnisdienste migriert werden, bietet AD LDS eine optimale Schnittstelle zum Verzeichnis des Unternehmens.

Auch zur Identitätsverwaltung in kleineren Niederlassungen oder in demilitarisierten Zonen (DMZs) können die AD LDS wertvolle Dienste leisten. Die AD LDS verfügen dazu, genauso wie ein normales Active Directory, über eine eigene Benutzerverwaltung. Mit AD LDS können aber auch lokale Benutzerkonten und Gruppen genauso verwendet werden wie Benutzer und Gruppen aus Active Directory. Dazu wird die Authentifizierung mit diesen Objekten automatisch entweder zur lokalen Maschine oder einem Active Directory-Domänencontroller umgeleitet und anschließend der Zugriff auf die Daten innerhalb der AD LDS gestattet.

Zur Verwaltung von AD LDS stellt Microsoft einige Tools zur Verfügung, die speziell für diese Serverrolle verwendet werden können. Nach der Installation der Rolle können die AD LDS über einen Assistenten im Server-Manager eingerichtet werden.

Mit dem *ADSchemaAnalyzer* kann das Schema einer Active Directory-Gesamtstruktur in eine AD LDS-Instanz übernommen werden. Auch die Migration des Schemas zwischen verschiedenen AD LDS-Instanzen oder anderen LDAP-kompatiblen Verzeichnisdiensten zu einer AD LDS-Instanz ist möglich.

Mit dem *Active Directory to AD LDS Synchronizer* können Daten aus Active Directory in eine AD LDS-Instanz importiert werden, was für Testumgebungen oder der Verteilung von Anwendung sehr hilfreich sein kann.

Der *Snapshot Browser* ermöglicht eine lesende Ansicht einer AD LDS-Datenbank, die zuvor über einen Volumenschattenkopiendienst (VSS)-Snapshot mit dem Tool *ntdsutil.exe* erstellt wurde.

Abbildg. 30.1 Installieren von AD LDS als Serverrolle

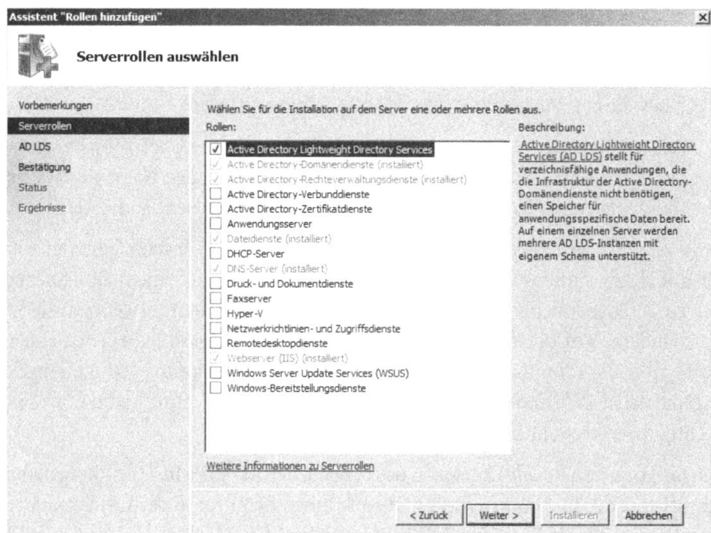

Mit dem Snap-In *Active Directory-Standorte und -Dienste* kann die Replikation von AD LDS-Instanzen auch über mehrere Standorte verwaltet werden. Ebenfalls möglich ist die Installation einer Instanz über ein Datensicherungsmedium, ähnlich wie bei der Installation von Active Directory. Zwischen AD LDS-Instanzen können Daten über sogenannte *Configuration Sets* repliziert werden, welche eine Gruppe von verschiedenen AD LDS-Instanzen zusammenfassen. Die Replikation zwischen den Instanzen ist vollkommen unabhängig von der Replikation in Active Directory.

AD LDS-Instanzen installieren

Nach der Installation ist AD LDS eine leere Hülle. Sie müssen zunächst sogenannte AD LDS-Instanzen installieren, die Sie als Verzeichnisdienst nutzen können. Um eine neue AD LDS-Instanz zu installieren, starten Sie den dazugehörigen Assistenten über *Start/Alle Programme/Verwaltung/Setup-Assistent für Active Directory Lightweight Directory Services.* Nach dem Willkommensbildschirm wählen Sie die Option *Eine eindeutige Instanz installieren* aus.

Abbildg. 30.2 Erstellen einer neuen eindeutigen AD LDS-Instanz

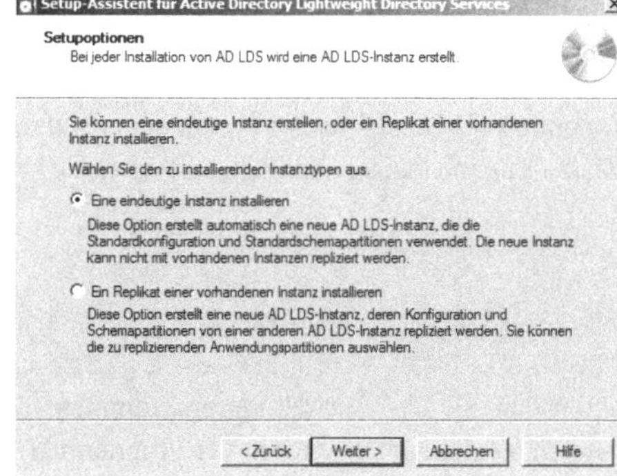

Im nächsten Fenster müssen Sie einen Namen für die neue Instanz festlegen. Nach der Festlegung des Instanznamens müssen Sie noch die Ports für LDAP und SSL festlegen. Belassen Sie die Ports auf 389 für LDAP und 636 für SSL. Wenn Sie AD LDS auf einem Domänencontroller betreiben, müssen Sie allerdings andere Ports verwenden, da die standardmäßigen Ports bereits durch Active Directory auf dem Domänencontroller belegt sind. Im Anschluss müssen Sie eine Anwendungsverzeichnispartition erstellen.

Wählen Sie auf der nächsten Seite des Assistenten die Option *Ja, eine Anwendungsverzeichnispartition erstellen.* Geben Sie der Anwendungspartition einen *Distinguished Name*, zum Beispiel den Namen *o=Microsoft,c=US*. Im folgenden Fenster des Assistenten legen Sie das Installationsverzeichnis der Dateien an, die AD LDS benötigt.

Als Nächstes legen Sie fest, mit welchem Konto der Dienst für die AD LDS-Instanz gestartet werden soll. Sie können die Auswahl auf Netzwerkdienstkonto belassen. Wenn Sie AD LDS auf einem Domänencontroller installieren, müssen Sie ein Domänenbenutzerkonto mit entsprechenden Rechten verwenden. Sie können später den Benutzer noch abändern. Auf der nächsten Seite des Assistenten müssen Sie einen Benutzer oder eine Gruppe auswählen, die über die administrativen Rechte für diese AD LDS-Instanz verfügt. Für Übungszwecke können Sie den angemeldeten Benutzer verwenden. In der Produktivumgebung sollten Sie eine Domänengruppe für die Berechtigungen verwenden.

Als Nächstes können Sie vorgefertigte *.ldf*-Dateien in das Schema der AD LDS-Instanz importieren. Durch diesen Import wird das Schema der Instanz erweitert und Sie können Benutzer in der Instanz anlegen. Fügen Sie zu den ausgewählten Dateien die drei Dateien *MS-InetOrgPerson.LDF*, *MS-User.LDF* und *MS-UserProxy.LDF* hinzu. Klicken Sie danach auf *Weiter*.

Abbildg. 30.3 Importieren von *.ldf*-Dateien in das Schema der neuen AD LDS-Instanz

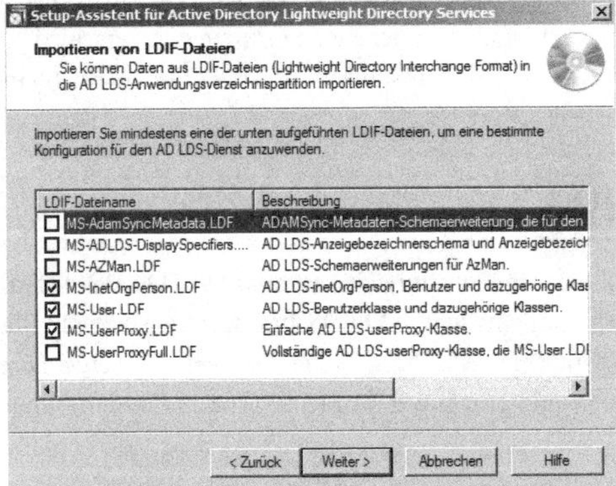

Im Anschluss erhalten Sie eine Zusammenfassung Ihrer Eingaben. Bestätigen Sie diese Eingaben mit *Weiter*, werden die notwendigen Konfigurationen vorgenommen und der Assistent schließt die Installation der AD LDS-Instanz ab. Sollten bei der Installation der Instanz Probleme aufgetreten sein, finden Sie im Verzeichnis *\windows\debug* die beiden Dateien *ADAMsetup.log* und *ADAMSsetup_loader.log*, mit deren Hilfe Sie die Installation überprüfen können. Jede AD LDS-Instanz läuft als unabhängiger Dienst, den Sie über die Diensteverwaltung starten und stoppen können.

ADSI-Editor für AD LDS

Haben Sie eine Instanz erstellt, können Sie diese mit den AD LDS-Verwaltungsprogrammen verwalten. Das wichtigste Tool, um eine AD LDS-Instanz zu verwalten, ist der ADSI-Editor in der Programmgruppe *Verwal-*

tung. Sie können mithilfe dieses Editors alle Instanzen auf dem AD LDS-Server verwalten, genauso wie das produktive Active Directory. Sie müssen nach dem Start zunächst mit der rechten Maustaste auf den Knoten *ADSI-Editor* klicken und aus dem Kontextmenü die Option *Verbindung herstellen* auswählen. Kennen Sie den Port der Instanz, zu der Sie sich verbinden wollen, können Sie die Verbindung direkt herstellen.

Betreiben Sie mehrere Instanzen auf einem Server und kennen die Portnummer nicht, können Sie diese mithilfe der Befehlszeile abfragen. Den größten Teil der Verwaltung führen Sie zwar im ADSI-Editor durch, aber auch die Befehlszeilentools können bei der Administration durchaus behilflich sein. Geben Sie den Befehl *dsdbutil* ein. Dieses Tool ist das Pendant zu *ntdsutil* in Active Directory. Geben Sie danach den Befehl *list instances* ein.

Abbildg. 30.4 Anzeigen der installierten AD LDS-Instanzen und deren Daten

```
Administrator: C:\Windows\system32\cmd.exe - dsdbutil
Microsoft Windows [Version 6.1.7600]
Copyright (c) 2009 Microsoft Corporation. Alle Rechte vorbehalten.

C:\Users\Administrator>dsdbutil
dsdbutil: list instances

Instanzname:             Instanz1
Langer Name:             Instanz1
LDAP-Port:               50000
SSL-Port:                50001
Installationsordner:     C:\Windows\
Datenbankdatei:          C:\Program Files\Microsoft ADAM\Instanz1\data\adamntds.di
t
Protokollordner:         C:\Program Files\Microsoft ADAM\Instanz1\data
Dienststatus:            Aktiv

dsdbutil: _
```

Im Anschluss werden Ihnen alle Instanzen mit den dazugehörigen Daten angezeigt. Öffnen Sie danach mit dem ADSI-Editor eine neue Verbindung zu dieser Instanz. Ihnen wird im Anschluss der Aufbau der Instanz im Snap-In angezeigt. Wenn Sie die Option *Bekannten Namenskontext auswählen* auf *Konfiguration* belassen, wird Ihnen der Inhalt des Konfigurationscontainers Ihrer Verzeichnispartition angezeigt, die Sie erstellt haben. Zusätzlich können Sie eine weitere Partition öffnen, indem Sie die Option *Definierten Namen oder Namenskontext auswählen oder eingeben* aktivieren und den *Distinguished Name* Ihrer Instanz eingeben, in diesem Beispiel *o=Microsoft,c=US*.

Abbildg. 30.5 Verbinden von AD LDS-Instanzen mit dem ADSI-Editor

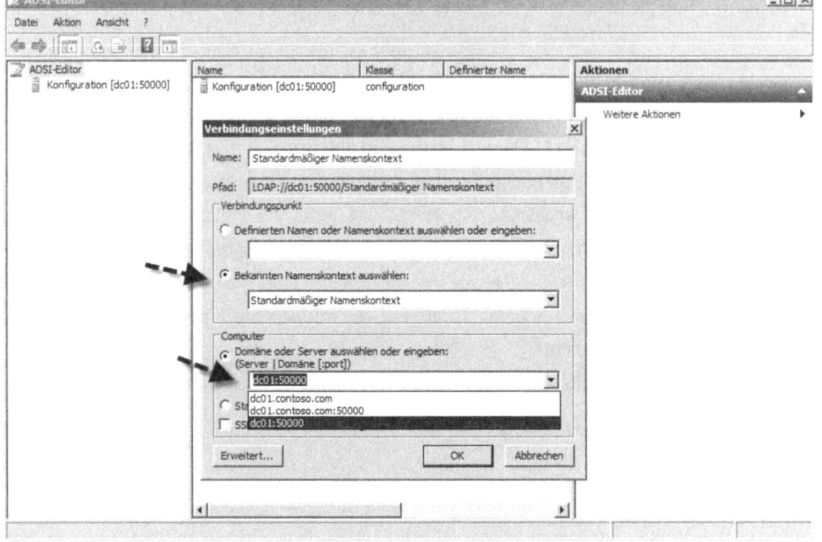

Sie können also im ADSI-Editor für eine Instanz mehrere Partitionen öffnen. Starten Sie den ADSI-Editor und öffnen Sie zunächst mithilfe des *Distinguished Name* die Partition, die Sie erstellt haben, und danach den Konfigurationscontainer wie beschrieben. Geben Sie der Partition die Bezeichnung *AD LDS Demodatenbank* und dem Konfigurationscontainer die Bezeichnung *AD LDS-Konfiguration*. Wenn Sie diese beiden Verbindungen hergestellt haben, wird beim Öffnen des ADSI-Editors die Ansicht automatisch wieder aufgebaut. So müssen Sie jede Verbindung nur einmal herstellen

AD LDS-Schema verwalten

Jede AD LDS-Instanz hat wie Active Directory ein eigenes Schema. Um dieses Schema zu verwalten, verwenden Sie das Snap-In *Active Directory-Schema*. Mit diesem Snap-In kann auch eine Verbindung zu einer AD LDS-Instanz aufgebaut werden.

Abbildg. 30.6 Verbindungsaufbau zum Schema der AD LDS-Instanz

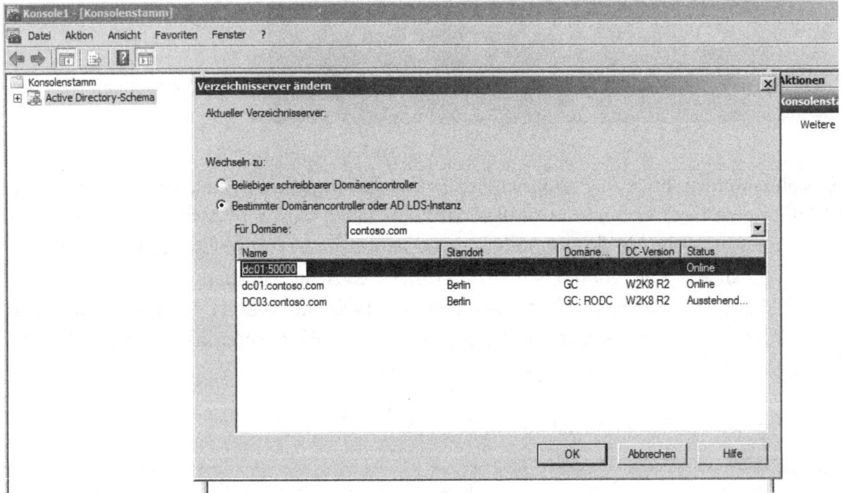

Mit dem Programm *ADSchemaAnalyzer* können Sie ein Schema von Active Directory in eine AD LDS-Instanz importieren oder das Schema einer AD LDS-Instanz in eine andere Instanz. Grundsätzlich lässt sich mit diesem Tool jedes LDAP-Verzeichnis nach AD LDS portieren, wenn Sie zum Beispiel eine Testumgebung benötigen:

1. Geben Sie in der Befehlszeile den Befehl *adschemaanalyzer* ein. Sie müssen dazu jedoch zunächst in das Verzeichnis *C:\Windows\ADAM* wechseln.
2. Als Erstes öffnet sich ein leeres Fenster des Tools. Um ein Schema zu öffnen, rufen Sie den Menübefehl *Datei/Zielschema laden* auf.
3. Wenn Sie ein Active Directory-Schema laden wollen, müssen Sie einen Domänencontroller sowie die Benutzerinformationen angeben.
4. Nach einem Klick auf *OK* sollte das Active Directory-Schema geladen werden.

Abbildg. 30.7 Laden eines Active Directory-Schemas

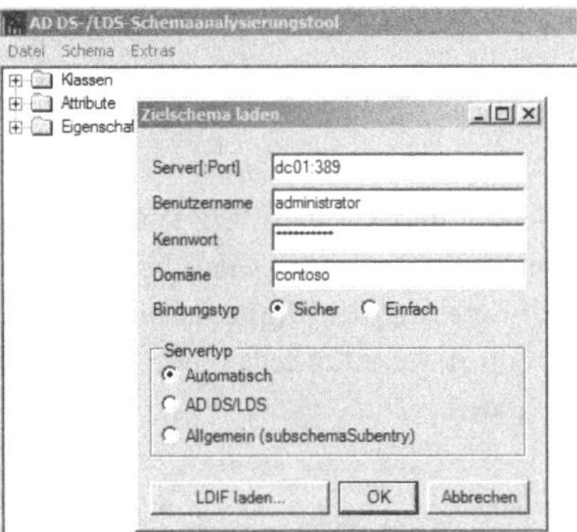

Nachdem Sie das Zielschema geladen haben, müssen Sie als Nächstes über den Menübefehl *Datei/Basisschema laden* das Schema laden, in das die Informationen des Zielschemas importiert werden sollen. Wenn Sie zum Beispiel in Ihre AD LDS-Instanz importieren wollen, geben Sie als Server den lokalen Server ein. Wenn Sie als der Administratorbenutzer angemeldet sind, müssen Sie keine Anmeldedaten eingeben, damit das Basisschema geladen wird.

Im Anschluss können Sie die einzelnen angezeigten Elemente vom Zielschema in das Basisschema importieren lassen. Klicken Sie dazu ein Attribut oder eine Klasse mit der rechten Maustaste an und wählen Sie die Importfunktion. Ihnen stehen folgende Möglichkeiten zur Verfügung:

- **Automatisch** Wenn diese Option aktiviert ist, werden die zu importierenden Elemente automatisch als eingeschlossen oder ausgeschlossen markiert
- **Eingeschlossen** Ist diese Option aktiviert, werden die markierten Elemente in das Basisschema importiert. Ebenso alle Elemente, die von dem ausgewählten Element abhängen.
- **Ausgeschlossen** Mit dieser Auswahl können Sie einzelne Elemente explizit ausschließen, auch wenn diese von Elementen abhängen, die Sie importieren
- **Vorhanden** Mit dieser Option wird das Element als bereits im Basisschema vorhanden markiert. Der automatische Vergleich beim Verbindungsaufbau und dem Vergleich von Ziel- und Basisschema hat bereits die Elemente als vorhanden markiert, die im Ziel- und Basisschema identisch sind.

Abbildg. 30.8 Importieren von Daten aus einem Active Directory-Schema in eine AD LDS-Instanz

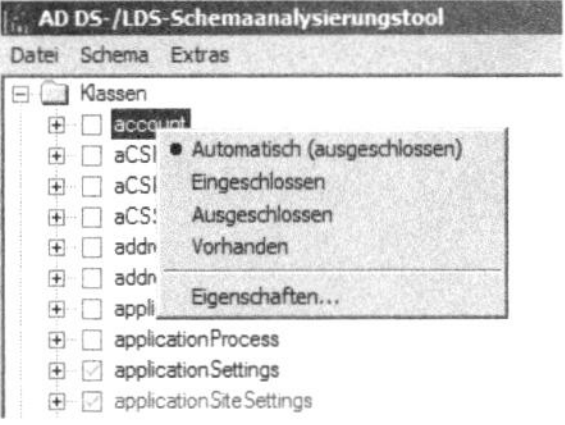

Wenn Sie alle Elemente ausgewählt haben, die Sie vom Zielschema exportieren wollen, können Sie diese Elemente über den Menübefehl *Datei/LDIF-Datei erstellen* in einer *.ldf*-Datei speichern lassen, die Sie später mit dem Befehlszeilenprogramm *ldifde* in das Basisschema importieren können. Geben Sie dazu den Befehl mit der Syntax ein:

```
ldifde -i -u -f dc01-contoso.ldf -s localhost:389 -c "cn=Configuration,dc=X"
#configurationNamingContext
```

In diesem Beispiel heißt die Exportdatei *dc01-contoso.ldf*, der AD LDS-Server ist der lokale Host und die AD LDS-Instanz ist auf den Port 389 konfiguriert.

Sollten beim Importieren von *.ldf*-Dateien Fehler auftreten, finden Sie im Verzeichnis *C:\Windows\ADAM* in der Datei *ldif.log* genauere Informationen, wenn Sie beim Importieren mit *ldifde* die Option *–j* aktiviert haben. Überprüfen Sie bei Importfehlern den Inhalt Ihrer *.ldf*-Datei mit den Musterdateien im Verzeichnis *C:\Windows\ADAM*, zum Beispiel mit der Datei *ms-user.ldf*. Wenn Sie Zeile für Zeile vergleichen, werden Sie mit etwas Übung und Erfahrung schnell eventuelle Importfehler finden.

Active Directory mit AD LDS synchronisieren

In den Befehlszeilentools von AD LDS im Verzeichnis *C:\Windows ADAM* gibt es ebenfalls ein Tool, mit dessen Hilfe Sie Daten aus Active Directory in eine AD LDS-Instanz synchronisieren können. Sie können allerdings keine Kennwörter synchronisieren. Damit Sie die Daten aus Active Directory in die AD LDS-Instanz synchronisieren können, müssen die entsprechenden Elemente, Attribute und Klassen aus dem Active Directory-Schema zuvor in die AD LDS-Instanz importiert werden. Sie können das Schema einer AD LDS-Instanz an das Windows Server 2003/2008/2008 R2- Standardschema anpassen lassen. Auch dazu verwenden Sie das Tool *ldifde*.

Damit die Struktur des AD LDS-Schemas und von Active Directory übereinstimmt, importieren Sie mit *ldifde* die Datei *MS-ADAMSchemaW2k3.ldf* aus dem AD LDS-Installationsverzeichnis in das Schema der AD LDS-Instanz. Die Datei *MS-ADAMSchemaW2k8.ldf* importiert wiederum das Schema von Windows Server 2008. Geben Sie dazu in der Befehlszeile der AD LDS-Verwaltungstools den folgenden Befehl ein:

```
ldifde -i -s localhost -c CN=Configuration,DC=X #ConfigurationNamingContext -f MS-ADAMSchemaW2k8.ldf
```

Abbildg. 30.9 Angleichen des AD LDS-Schemas an ein Active Directory-Schema

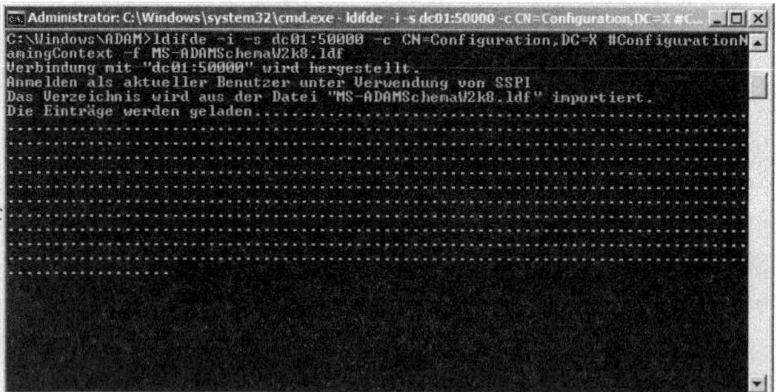

Damit Sie Daten aus Active Directory in eine AD LDS-Instanz importieren können, muss das AD LDS-Schema noch um einige Klassen und Attribute erweitert werden, die durch das Synchronisierungstool benötigt werden. Geben Sie dazu den folgenden Befehl ein:

```
ldifde -i -s localhost:389 -c CN=Configuration,DC=X #ConfigurationNamingContext -f MS-
ADAMSyncMetadata.ldf
```

Bevor Sie mit dem Importieren beginnen können, müssen Sie die Datei *MS-ADAMSyncConf.xml* an Ihre Umgebung anpassen. Vor allem den Namen der Gesamtstruktur, aus dem Sie die Informationen in die AD LDS-Instanz synchronisieren wollen, sollten Sie anpassen. Sichern Sie vor der Änderungen die Datei, damit Sie diese später schnell wiederherstellen können. Löschen Sie auf keinen Fall Zeilen aus der Datei, sondern ändern Sie nur die Informationen in den Zeilen für Ihre Umgebung ab. Im Anschluss müssen Sie die Einstellungen der XML-Datei in Ihre AD LDS-Instanz installieren. Geben Sie dazu in der Befehlszeile den folgenden Befehl ein:

```
ADAMSync /install localhost:389 c:\windows\ADLDS\MS-ADAMSyncConf.xml
```

Im Anschluss können Sie mit dem Befehl

```
ADAMSync /sync localhost:389 "o=microsoft,c=US"
```

die Daten von Active Directory in die AD LDS-Instanz synchronisieren lassen. Überprüfen Sie nach der Synchronisierung mit dem ADSI-Editor, ob die Informationen fehlerfrei synchronisiert worden sind.

AD LDS an Applikationen anpassen

In den meisten Fällen wird AD LDS dazu verwendet, die Daten von bestimmen Applikationen zu speichern. Damit AD LDS in dieser Hinsicht flexibel ist, kann das Schema einer AD LDS-Instanz genau so leicht erweitert werden wie das Schema von Active Directory. Um ein AD LDS-Schema zu erweitern, wird zum Beispiel das bereits beschriebene Tool *ldifde* verwendet. Bereits beim Installieren einer Instanz haben Sie einige *.ldf*-Dateien ausgewählt, die in das Schema der Instanz integriert werden sollten. Sie können diese *.ldf*-Dateien auch nachträglich in die AD LDS-Instanz importieren.

Um zum Beispiel die notwendigen Klassen und Attribute der *InetOrgPerson* zu importieren, geben Sie in der Befehlszeile den folgenden Befehl ein:

```
ldifde -i -f ms-inetorgperson.ldf -s <Servername:Portnumber> -k -j -c
"CN=Schema,CN=Configuration,DC=X" #schemaNamingContext
```

InetOrgPerson ist dabei kein neues Objekt von Microsoft, sondern wurde bereits vor Längerem in anderen LDAP-Verzeichnissen eingeführt. Zum Verzeichnisdienst LDAP gibt es zum Beispiel auch Implementationen für Linux-Distributionen. Mit der Einführung der *InetOrgPerson* wird die Migration anderer LDAP-Dienste zu Active Directory ebenfalls deutlich vereinfacht. Die *InetOrgPerson* legt als Standardcontainer einen Minimaldatensatz für jeden Benutzer fest: Name, E-Mail-Adresse, Telefonnummer und Sprache gehören dazu. Mit *InetOrgPerson* wird das Betriebssystem stärker vom Verzeichnisdienst entkoppelt und kompatibler zu anderen LDAP-Diensten.

Organisationseinheiten, Gruppen und Benutzer in AD LDS verwalten

Wie ein normales Active Directory können Sie auch in AD LDS Organisationseinheiten, Gruppen und Benutzer anlegen. Für die Verwaltung dieser Aufgaben steht wieder der ADSI-Editor zur Verfügung. Sie können zur Verwaltung später aber auch das Snap-In *Active Directory-Benutzer und -Computer* verwenden, in dem Sie den Domänencontroller und den Port anpassen, damit sich das Tool nicht mit Active Directory, sondern mit der AD LDS-Instanz verbindet.

Um eine Organisationseinheit in Ihrer AD LDS-Instanz zu erstellen, öffnen Sie zunächst den ADSI-Editor und verbinden Sie sich mit der bereits erstellten Verzeichnispartition *o=Microsoft,c=US*. Klicken Sie mit der rechten Maustaste auf den Knoten *o=Microsoft,c=US* und wählen Sie im Kontextmenü den Eintrag *Neu/Objekt* aus. Es öffnet sich ein neues Fenster, in dem Sie festlegen können, welches Objekt Sie erstellen wollen. Wählen Sie in dem Fenster das Objekt *organizationalUnit* aus und klicken Sie auf *Weiter*. Tragen Sie als Wert die Bezeichnung der neuen Organisationseinheit ein, zum Beispiel *Benutzer*. Schließen Sie die Erstellung der Organisationseinheit ab. Sie müssen keine weiteren Attribute festlegen. Nachdem die Organisationseinheit erstellt wurde, wird diese im ADSI-Editor angezeigt.

Um eine Gruppe zu erstellen, gehen Sie genau so vor. Klicken Sie mit der rechten Maustaste auf die OU, in der Sie die Gruppe erstellen wollen, in diesem Beispiel auf die OU *Benutzer*. Rufen Sie im Kontextmenü den Eintrag *Neu/Objekt* auf und wählen Sie als Klasse *group* aus. Um einen neuen Benutzer unterhalb einer Organisationseinheit zu erstellen, klicken Sie mit der rechten Maustaste auf die OU, in der Sie den Benutzer erstellen wollen, in diesem Beispiel die OU *Benutzer*. Rufen Sie wiederum im Kontextmenü den Eintrag *Neu/Objekt* auf. Wählen Sie diesmal als Klasse den Typ *user* aus und klicken Sie im Fenster auf *Weiter*. Geben Sie dem Benutzer einen Namen und schließen Sie die Erstellung ab. Auch dieses Objekt wird im ADSI-Editor nach der Erstellung unterhalb der OU angezeigt.

Auch in AD LDS können Sie Benutzer zu Gruppen hinzufügen. Rufen Sie dazu mit der rechten Maustaste die Eigenschaften der Gruppe auf. Klicken Sie im Fenster doppelt auf das Attribut *member*, anschließend auf die Schaltfläche *DN hinzufügen*. Es öffnet sich ein neues Fenster, in dem Sie den *Distinguished Name* des Benutzers eintragen müssen, den Sie dieser Gruppe hinzufügen wollen. Geben Sie an dieser Stelle die Bezeichnung *CN=<Name des Benutzers> ,OU=<Benutzer>,O=Microsoft,C=US* ein und klicken Sie auf *OK*. Wenn Sie die Meldung bestätigen, wird der Benutzer als Mitglied dieser Gruppe hinzugefügt. Auf diese Weise können Sie einzelnen Gruppen mehrere Benutzer hinzufügen. Im Attribut *member* können Sie danach sehr effizient die Mitglieder der Gruppe erkennen. Über die Schaltfläche *Windows-Konto hinzufügen* können Sie parallel auch Benutzer aus Active Directory in die Gruppe aufnehmen. In diesem Fall müssen Sie keinen *Distinguished Name* eingeben, sondern können über ein Dialogfeld bequem die Nutzer auswählen.

Wie in Active Directory können Sie auch in AD LDS Benutzerkonten aktivieren und deaktivieren. Rufen Sie dazu im ADSI-Editor mit der rechten Maustaste die Eigenschaften des Benutzerkontos auf. Klicken Sie doppelt auf das Attribut *msDS-UserAccountDisabled*. Standardmäßig ist dieser Wert nicht gesetzt. Wenn Sie diesen Wert bearbeiten, können Sie ihm die Werte *Wahr*, *falsch* oder *Nicht gesetzt* zuweisen. Wenn Sie das Benutzerkonto deaktivieren wollen, weisen Sie dem Attribut den Wert *Wahr* zu. Wenn Sie das Konto wieder aktivieren wollen, können Sie dem Konto den Wert *Falsch* zuweisen

Außer dem Anlegen von Benutzern gibt es auch in AD LDS die Möglichkeit, für AD LDS-Benutzerkonten ein Kennwort festzulegen. Das Festlegen von Kennwörtern in AD LDS wird mit *ldp.exe* durchgeführt. Rufen Sie zunächst das Programm auf, indem Sie in der Befehlszeile den Befehl *ldp* eingeben. Wenn sich die Oberfläche von *Ldp* geöffnet hat, klicken Sie im Menü *Remotedesktopverbindung* auf *Verbinden*. Geben Sie im Fenster als Server *localhost* an und tragen Sie den Port ein, auf den die AD LDS-Instanz konfiguriert ist. Rufen Sie den Menübefehl *Optionen/Verbindungsoptionen* auf. Wählen Sie im neuen Fenster im Bereich *Optionsname* den Punkt *LDAP_OPT_SIGN* aus, setzen Sie den Wert auf *1* und klicken Sie auf die Schaltfläche *Festlegen*.

Wählen Sie als Nächstes die Option *LDAP_OPT_ENCRYPT* aus, setzen Sie den Wert auf *1* und klicken Sie auch hier auf *Festlegen*. Schließen Sie daraufhin das Fenster und klicken Sie im Menü *Remotedesktopverbindung* auf *Gebunden*. Bestätigen Sie die Anmeldung, damit Sie mit der Instanz verbunden werden. Klicken Sie danach im Menü *Ansicht* auf *Struktur*, lassen Sie den Bereich *BaseDN* im neuen Fenster leer und klicken Sie auf *OK*. Klicken Sie danach doppelt auf die Testpartition, in diesem Beispiel *O=Microsoft,C=US*. Klicken Sie danach doppelt auf die erstellte OU *Benutzer* sowie anschließend mit der rechten Maustaste auf den erstellten Testbenutzer und wählen Sie im Kontextmenü den Eintrag *Ändern* aus.

Abbildg. 30.10 Anpassen der Attribute eines Benutzers in AD LDS

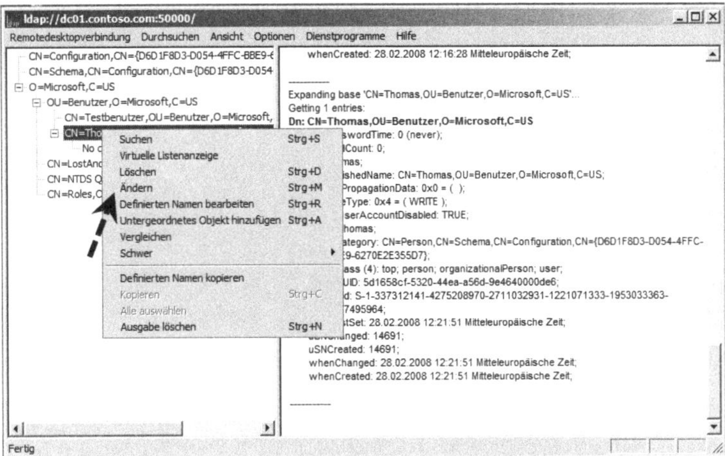

Es öffnet sich ein neues Fenster. Geben Sie im Feld *Attribut* den Wert *userpassword* und im Feld *Werte* das Kennwort ein. Klicken Sie danach auf die Schaltfläche *Enter* und dann auf die Schaltfläche *Ausführen.*

Zusammenfassung

Dieses Kapitel enthielt einen ersten Überblick über die Active Directory Lightweight Directory Services (AD LDS). Mit AD LDS können Sie einen kleinen Verzeichnisdienst zur Verwaltung von Anwendungen aufbauen. Im folgenden Kapitel gehen wir auf die Active Directory-Rechteverwaltung (AD RMS) ein.

Kapitel 31

Active Directory-Rechteverwaltung

In diesem Kapitel:

Mit der Active Directory-Rechteverwaltung können Dateien, die mit kompatiblen Anwendungen erstellt wurden, zum Beispiel Microsoft Office 2007/2010 mit digitalen Signaturen innerhalb und außerhalb des Unternehmens geschützt werden. Die internen Anwender im Unternehmen können auf diesem Weg zum Beispiel spezielle Benutzerrechte für einzelne Dokumente vergeben, wenn die Applikation AD RMS unterstützt. Um solche Dateien zur Verfügung zu stellen, gibt es zwei Möglichkeiten: die Onlineveröffentlichung und die Offlineveröffentlichung.

Bei der ersten Verwendung von AD RMS erhalten interne Anwender automatisch ein Rechtekontozertifikat (Rights Account Certificate, RAC) und ein Client-Lizenzgeberzertifikat (Client Licensor Certificate, CLC) ausgestellt. Anschließend können Anwender mit kompatiblen Applikationen Dateien erstellen und Benutzerrechte vergeben. Die Domänencontroller im Active Directory kennen dazu den Standort und Servernamen der AD RMS-Server. Die Applikation erstellt daraufhin einen speziellen Inhaltsschlüssel, mit dem der Inhalt der Datei verschlüsselt wird. Der Anwender kann diese Datei jetzt online oder offline veröffentlichen.

Bei der Onlineveröffentlichung wird der Inhaltsschlüssel mit dem öffentlichen Schlüssel des AD RMS-Servers verschlüsselt und zum AD RMS-Server geschickt. Der Server erstellt und signiert anschließend eine Veröffentlichungslizenz (Publishing License, PL). Bei der Offlineveröffentlichung wird der Inhaltsschlüssel stattdessen mit dem öffentlichen Schlüssel des Client-Lizenzgeberzertifikats (Client Licensor Certificates, CLC) verschlüsselt sowie eine Kopie dieses Schlüssels mit dem öffentlichen Schlüssel des AD RMS-Servers. Die Veröffentlichungslizenz (Publishing License, PL) wird in diesem Fall mithilfe des privaten Schlüssels des Client-Lizenzgeberzertifikats signiert. Die Veröffentlichungslizenz wird anschließend an den verschlüsselten Inhalt der Datei angehängt.

Die Daten des AD RMS-Servers, zum Beispiel die Daten der Zertifikate, die Schlüsselpaare und sonstigen Informationen, werden in einer sicheren SQL Server-Datenbank gespeichert. In kleinen Umgebungen kann dazu SQL Server auch auf dem AD RMS-Server betrieben werden. In größeren Infrastrukturen sollte SQL Server auf einem eigenen Server installiert werden. Dem Empfänger kann nach der Verschlüsselung die Datei zur Verfügung gestellt werden, auch per E-Mail. Der Empfänger öffnet die Datei über seinen Webbrowser, idealerweise den Internet Explorer oder einer AD RMS-kompatiblen Anwendung.

Ist auf dem Client kein Zertifikat vorhanden, wird vom AD RMS-Server eines angefordert. Die URL zum AD RMS-Server ist in der Datei hinterlegt, der Server muss bei externem Zugriff über das Internet erreichbar sein. Die Datei sendet eine Benutzungsanfrage zum Server, der die Publishing License ausgestellt hat. Der Server stellt anschließend fest, ob der Empfänger berechtigt ist, die Datei zu öffnen, und erstellt für den speziellen Anwender eine Benutzerlizenz aus. Anschließend wird der Inhalt der Datei mit dem privaten Schlüssel des Servers entschlüsselt und mit dem öffentlichen Schlüssel des Empfängers wieder verschlüsselt. Auf diesem Weg kann ausschließlich der festgelegte Empfänger auf die Datei zugreifen.

Die Benutzerlizenz wird auf den Computer des Empfängers übertragen. Nur wenn die Lizenz der Datei und die Benutzerlizenz in Ordnung sind, werden dem Empfänger die Rechte zugewiesen, die der Ersteller der Datei hinterlegt hat. Über die Active Directory-Verbunddienste (AD FS) kann auch AD RMS auch für externe Anwender eingesetzt werden. Dazu werden die Authentifizierungsanfragen zum AD RMS-Server über AD FS gesteuert. Beide Komponenten gehören zum Lieferumfang von Windows Server 2008 R2.

ACHTUNG Nur die Editionen Ultimate, Professional Plus und Enterprise von Microsoft Office 2007/2010 unterstützen die Active Directory-Rechteverwaltungsdienste.

Aufbau einer Testumgebung für Active Directory-Rechteverwaltung

In diesem Abschnitt zeigen wir Ihnen am Beispiel einer Testumgebung den Aufbau einer Active Directory-Rechteverwaltungsstruktur. Idealerweise wird dazu eine Active Directory-Domäne, ein Datenbankserver mit SQL Server 2008 Standard Edition, ein Active Directory-Rechteverwaltung (AD RMS)-Client und schließlich der Server mit der Serverrolle *Active Directory-Rechteverwaltungsdienste* benötigt. Durch den Aufbau dieser Testumgebung lernen Sie die optimale Einführung und die Möglichkeiten von AD RMS im Unternehmen kennen.

Testumgebung vorbereiten

Um die Testumgebung vorzubereiten, benötigen Sie am besten einen Server mit Windows Server 2008 R2, den Sie zum Domänencontroller heraufstufen. Legen Sie mehrere Benutzerkonten an sowie einige universale Gruppen und verteilen die Testbenutzerkonten auf die universalen Gruppen, welche Abteilungen im Unternehmen widerspiegeln sollten. Außerdem benötigen Sie einen Mitgliedsserver mit einer installierten SQL Server-Instanz. Zusätzlich wird ein Windows Vista SP1 oder Windows 7-Computer mit installiertem Microsoft Office 2007/2010 am besten in der Enterprise Edition benötigt. Auch eine Testinstallation von Exchange Server 2007/2010 kann sinnvoll sein, um das Versenden von AD RMS-geschützten Dokumenten in einem Unternehmen zu simulieren. Der Betriebsmodus der Domäne sollte mindestens Windows Server 2003 sein, da universale Gruppen für eine AD RMS-Struktur am besten geeignet sind. Auf dem Datenbankserver erstellen Sie eine Freigabe, in der die Anwender Daten ablegen können.

Active Directory-Rechteverwaltungsdienste installieren

Bevor Sie AD RMS auf einem Server installieren, sollten zunächst die Internetinformationsdienste (IIS) in den Standardeinstellungen installiert werden. Außerdem wird noch das Feature *Interne Windows-Datenbank* benötigt. Auch diese Funktion ist neu in Windows Server 2008 und in Windows Server 2008 R2 weiterhin vorhanden. Hierbei handelt es sich um eine kostenlose relationale Datenbank. Die Datenbank kann allerdings nicht von Drittherstellerprodukten verwendet werden, sondern nur von den Funktionen und Rollen in Windows Server 2008 R2, also WSUS, UDDI, dem Windows-Systemressourcen-Manager und der Rechteverwaltung.

Ein weiteres Feature, das für den AD RMS-Server benötigt wird, ist *Message Queuing*. Mit dieser Funktion können Nachrichten gesichert und überwacht zwischen Applikationen auf dem Server ausgetauscht werden. Nachrichten können priorisiert werden und es gibt eine Vielzahl an Möglichkeiten, die Konfiguration anzupassen. Message Queuing (auch als MSMQ bezeichnet) ist sowohl eine Kommunikationsinfrastruktur als auch ein Entwicklungswerkzeug. Sowohl für Systemadministratoren als auch für Softwareentwickler bietet Message Queuing interessante Möglichkeiten (Installation und Verwaltung der Infrastruktur, Entwicklung von Nachrichtenanwendungen).

AD RMS kann auch in einem Cluster betrieben werden. Der erste AD RMS-Server in einer AD RMS-Infrastruktur wird als AD RMS-Rootcluster bezeichnet. Dieser Cluster besteht aus einem oder mehreren Servern, die in einer Loadbalancing-Umgebung zusammengefasst werden. In einer Testumgebung kann dieser Cluster auch aus einem einzelnen AD RMS-Server bestehen. Für die Installation von AD RMS sollte das entsprechende Benutzerkonto in den Administrationsgruppen Organisations-Admins und Domänen-Admins der Domäne und Gesamtstruktur Mitglied sein. Nach der Installation kann das Benutzerkonto für AD RMS in einer produktiven Umgebung aus der Gruppe der Organisations-Admins entfernt werden.

Abbildg. 31.1 Installieren der notwendigen Features für die Active Directory-Rechteverwaltung

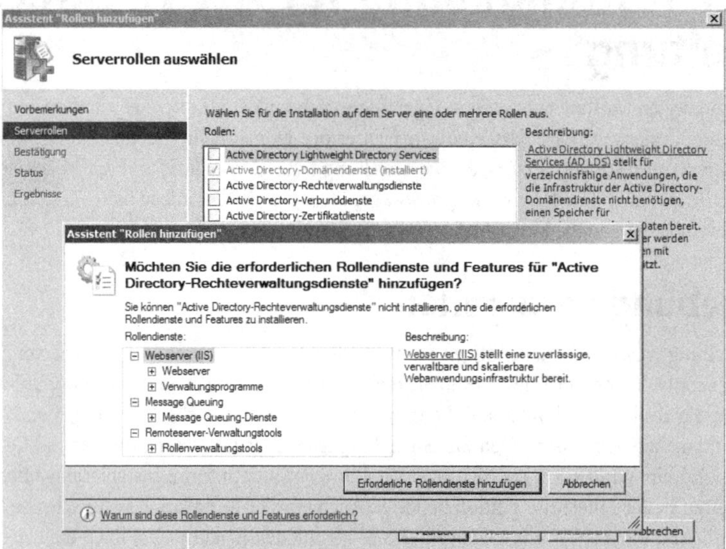

Installieren Sie die notwendigen Features sowie die abhängigen Features auf dem Server, bevor Sie die Rolle der Active Directory-Rechteverwaltung installieren. Nachdem diese Voraussetzungen getroffen wurden, wird über den Server-Manager die Installation der Rolle *Active Directory-Rechteverwaltungsdienste* gestartet. Fehlen bei der Installation noch Voraussetzungen, werden diese vom Assistenten automatisch zur Installation vorgeschlagen und mit AD RMS installiert.

Abbildg. 31.2 Auswählen des Rollendiensts eines Active Directory-Rechteverwaltungsservers

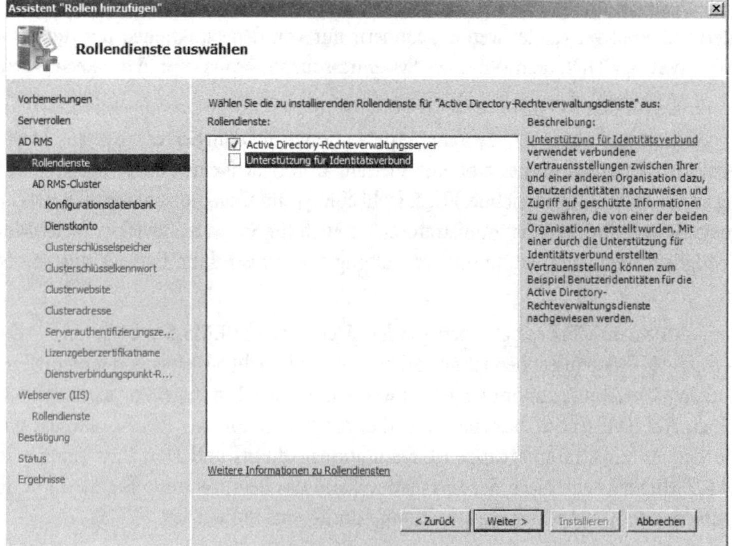

Wählen Sie auf der zweiten Seite des Assistenten die Installation *Active Directory-Rechteverwaltungsserver* aus. Durch die Installation der *Unterstützung für Identitätsverbund* kann AD RMS mit den Active Directory-Verbunddiensten zusammenarbeiten. So lässt sich eine AD RMS-Infrastruktur über mehrere Gesamtstrukturen verteilen, die durch die Active Directory-Verbunddienste verbunden werden.

Auf der nächsten Seite des Assistenten lassen Sie einen neuen AD RMS-Cluster erstellen. Installieren Sie in der Domänen einen weiteren Server für AD RMS, kann dieser dem bestehenden Cluster beitreten.

Abbildg. 31.3 Erstellen eines neuen AD RMS-Clusters

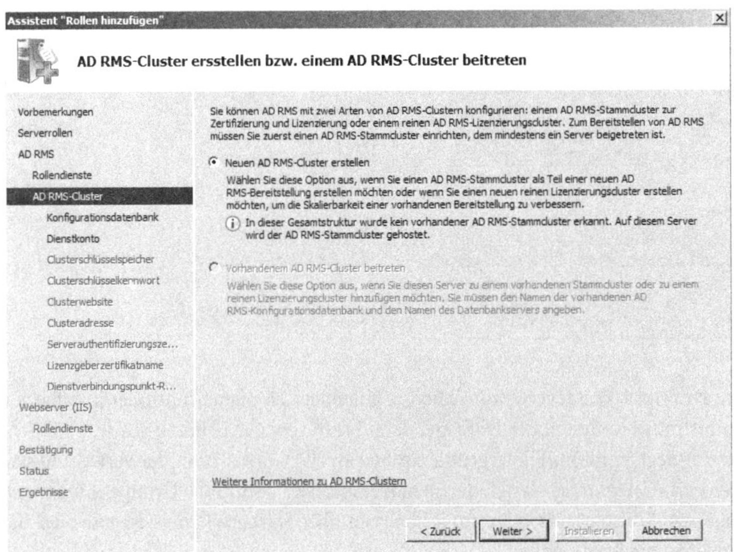

Auf der nächsten Seite kann ausgewählt werden, ob die Daten des AD RMS-Servers in einer SQL-Server-Datenbank oder in der internen Windows-Datenbank von Windows Server 2008 R2 gespeichert werden sollen. In einer Testumgebung lässt sich durchaus auch die interne Windows-Datenbank verwenden. Allerdings können dann andere AD RMS-Server diesem Cluster nicht beitreten. Wollen Sie in der Testumgebung auch den Einsatz mehrerer AD RMS-Server in einem Cluster simulieren, müssen Sie vor der Fertigstellung der Rolleninstallation einen Server mit SQL Server zur Verfügung stellen.

Auf der nächsten Seite geben Sie ein Dienstkonto für den AD RMS-Dienst an. Dieses Konto darf nicht das gleiche sein, mit dem Sie die Serverrolle installieren. Hierbei muss es sich um ein zusätzliches Benutzerkonto handeln. Das Konto muss in der Domäne keine besonderen Rechte haben, aber lokaler Admin auf dem AD RMS-Server sein.

Abbildg. 31.4 Festlegen der Datenbank für den AD RMS-Dienst

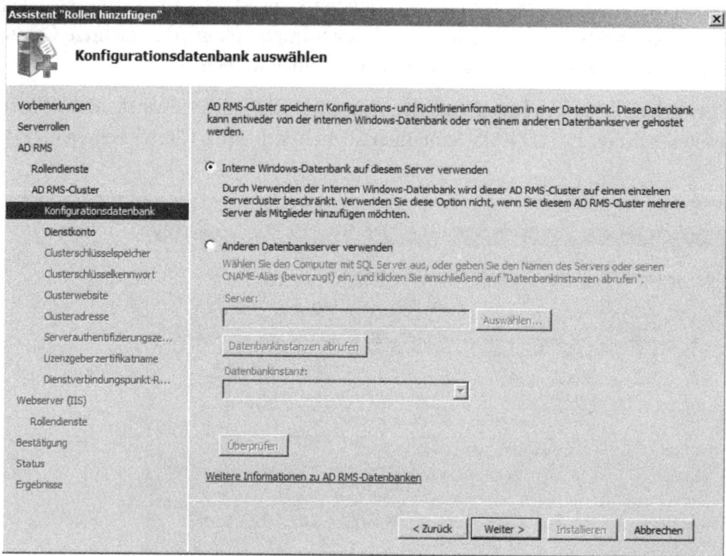

Werden die Active Directory-Rechteverwaltungsdienste auf einem Domänencontroller installiert, erhält dieses Dienstkonto administrative Rechte in der Domäne; darauf sollte bei der Planung geachtet werden. Wurde das Konto noch nicht angelegt, kann im Hintergrund zur Serverrollen-Installation die Verwaltungskonsole *Active Directory-Benutzer und -Computer* gestartet, der Benutzer angelegt und in die Gruppe *Administratoren* aufgenommen werden. Diese Konsole starten Sie am schnellsten über *Start/Ausführen/dsa.msc* oder durch Eingabe von *dsa.msc* im Suchfeld des Startmenüs.

Abbildg. 31.5 Angeben des Dienstkontos für die Installation der Active Directory-Rechteverwaltungsdienste

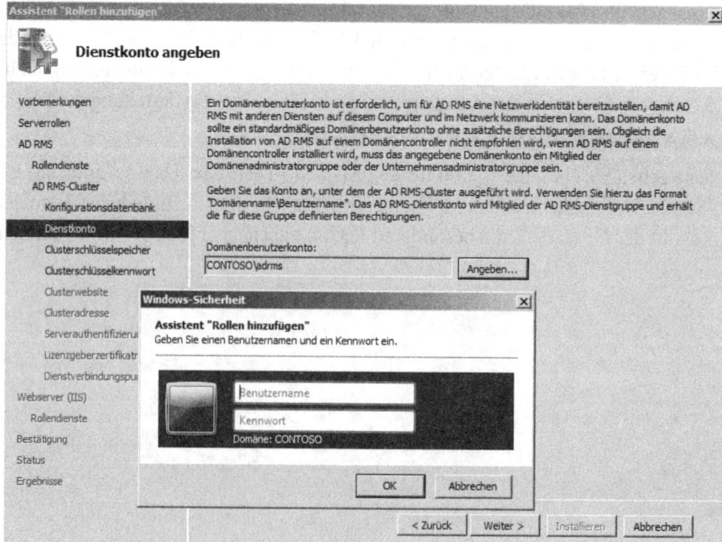

Auf der nächsten Seite legen Sie den AD RMS-Clusterschlüsselspeicher fest. In diesem Speicher legt der Server die Schlüssel ab, mit denen er Zertifikate und Lizenzen verschlüsselt. Den Schlüssel benötigen auch andere AD RMS-Server, die diesem Cluster beitreten wollen. Hier können Sie normalerweise die Standardeinstellung *Zentral verwalteteten AD RMS-Schlüsselspeicher verwenden* aktivieren.

Abbildg. 31.6 Konfigurieren des AD RMS-Clusterschlüsselspeichers

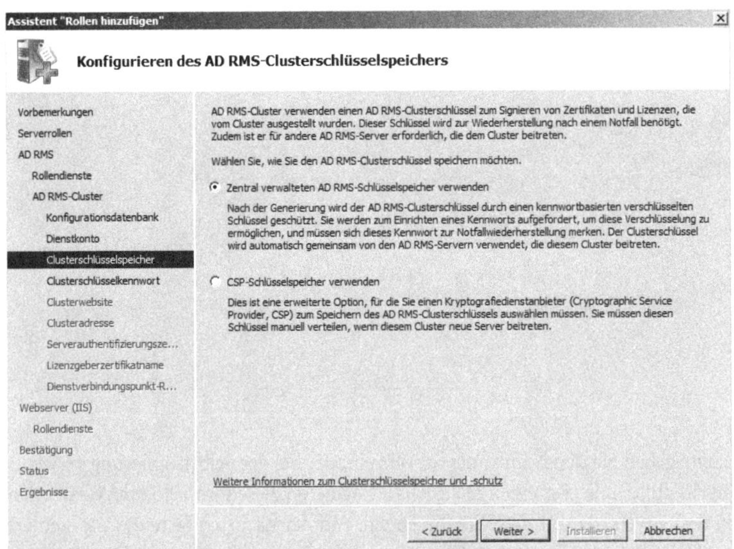

Auf der nächsten Seite geben Sie das Kennwort für den Clusterschlüsselspeicher an. Hierbei sollte es sich um ein sehr sicheres und langes Kennwort handeln, da mit diesem Kennwort sehr sensible Daten entschlüsselt werden können. Auf der folgenden Seite legen Sie fest, unterhalb welcher Website die Clusterwebsite für den AD RMS-Server erstellt werden soll. Standardmäßig wird von AD RMS die *Default Web Site* verwendet.

Als Nächstes konfigurieren Sie, über welche Clusteradresse die Clients mit dem AD RMS-Cluster kommunizieren sollen. Hier sollten Sie auf jeden Fall die SSL-Verschlüsselung verwenden, die der Assistent auch vorschlägt. Im unteren Bereich geben Sie die interne Adresse des Clusters ein. Am besten legen Sie vorher (oder auch parallel dazu) einen Alias-DNS-Eintrag in der Active Directory-Domäne fest, der zu diesem Cluster zeigt. Hier kann auch der interne Name des Servers verwendet werden. Allerdings gibt es dann Schwierigkeiten, wenn einem Cluster mehrere Server beitreten wollen. Den Alias können Sie an dieser Stelle auch im Hintergrund anlegen. Rufen Sie dazu über *Start/Ausführen/dnsmgmt.msc* die DNS-Verwaltung auf und legen den neuen Alias an. Zeigen Sie auf den Eintrag des aktuell zu installierenden Servers.

Auf der nächsten Seite des Assistenten wird das Zertifikat für die SSL-Verbindung ausgewählt. Entweder installieren Sie zuvor die Active Directory-Zertifikatdienste und stellen dem Server ein Zertifikat aus oder Sie wählen die Option *Selbstsigniertes Zertifikat zur SSL-Verschlüsselung erstellen.* Diese Option reicht für eine Testumgebung aus, aber nicht für eine produktive Umgebung. Bei selbstsignierten Zertifikaten erhalten die Clients immer eine Fehlermeldung.

Abbildg. 31.7 Konfigurieren der Clusteradresse und URL zur Verbindung der Clients

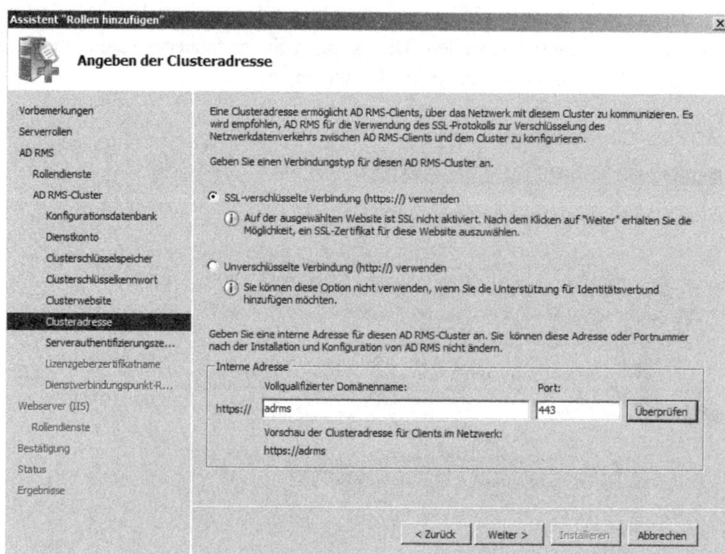

Auf der nächsten Seite geben Sie den Namen des Servers ein, der bei der Selbstsignierung verwendet wird. Verwenden Sie als Zugriff auf den Server einen DNS-Alias, tragen Sie diesen im Feld ein. Verwenden Sie den tatsächlichen Namen des Servers, dann tragen Sie diesen ein. Auf der nächsten Seite des Assistenten wird festgelegt, ob sich der AD RMS-Server im Active Directory registrieren soll oder ob diese Registrierung später manuell durchgeführt werden soll. Hier wird die Option *AD RMS-Dienstverbindungspunkt jetzt registrieren* aktiviert. So ist sichergestellt, dass nach der Installation der Server sofort funktionsfähig ist.

Abbildg. 31.8 Erfolgreiche Installation der Active Directory-Rechteverwaltungsdienste

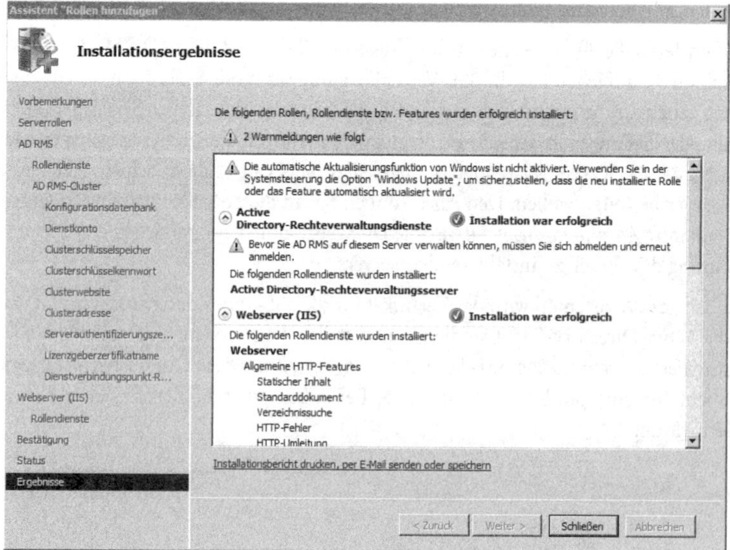

Schließen Sie die Installation ab, damit der Assistent beginnt den Rollendienst auf dem Server zu integrieren. Die Installation kann über eine Stunde dauern, abhängig von der Geschwindigkeit Ihres Servers. Nach Fertigstellung müssen Sie den Server neu starten.

Active Directory-Rechteverwaltung nach der Installation konfigurieren

Sobald die Installation abgeschlossen und der Server neu gestartet ist, führen Sie noch einige Konfigurationsarbeiten durch. Verwenden Sie zum Beispiel ein selbstsigniertes Zertifikat, muss dieses in einer Testumgebung noch in den Speicher für die vertrauenswürdigen Stammzertifizierungsstellen integriert werden. Diese Vorgehensweise ist aber nur innerhalb einer Testumgebung empfehlenswert. In einer produktiven Umgebung sollten Sie entweder ein Zertifikat erwerben oder eine interne Zertifizierungsstelle verwenden. Übernehmen Sie das Zertifikat nicht in den Speicher der vertrauenswürdigen Stammzertifizierungsstellen, ist der Server inaktiv und meldet dies als Fehler. Sie finden die Verwaltungskonsole der Active Directory-Rechteverwaltung am schnellsten über den Server-Manager.

Abbildg. 31.9 Die Verwaltungskonsole der Active Directory-Rechteverwaltung meldet einen Fehler, wenn das Zertifikat nicht vertrauenswürdig ist

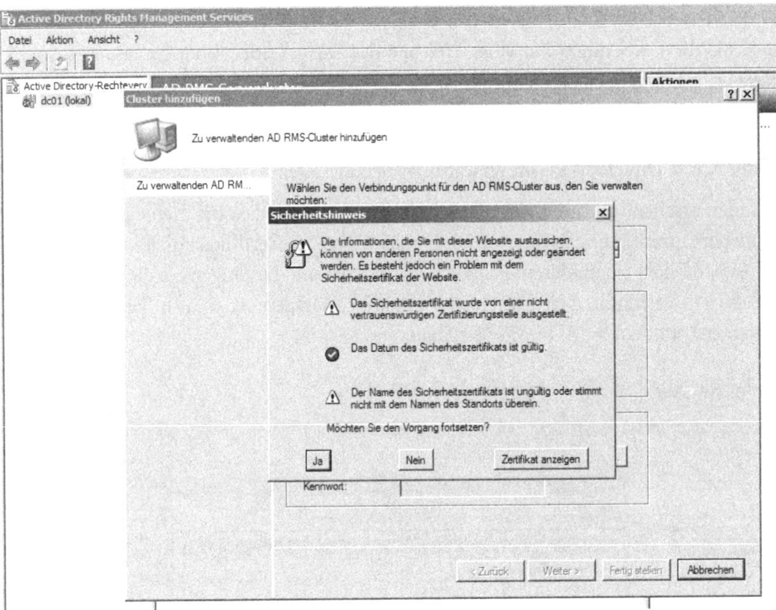

Um das selbstsignierte Zertifikat in den Speicher der vertrauenswürdigen Stammzertifizierungsstellen aufzunehmen, gehen Sie folgendermaßen vor:

1. Geben Sie *mmc* im Suchfeld des Startmenüs ein und bestätigen Sie.
2. Fügen Sie das Snap-In *Zertifikate* hinzu.
3. Wählen Sie das lokale *Computerkonto* als Zertifikatspeicher aus.
4. Erweitern Sie den Knoten *Zertifikate (Lokaler Computer)*.
5. Erweitern Sie die beiden Knoten *Eigene Zertifikate* und *Vertrauenswürdige Stammzertifizierungsstellen*.
6. Klicken Sie bei *Eigene Zertifikate* auf *Zertifikate*.

7. Ziehen Sie das AD RMS-Zertifikat mit der rechten Maustaste auf den Knoten *Zertifikate* unter *Vertrauenswürdige Stammzertifizierungsstellen* und kopieren Sie das Zertifikat.

Abbildg. 31.10 Kopieren eines Zertifikats in die vertrauenswürdigen Stammzertifizierungsstellen

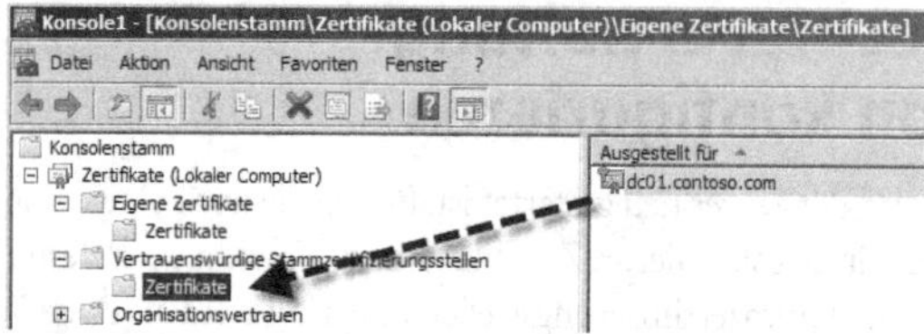

Zertifikat für den Client exportieren

Auch auf dem Client wird dieses Zertifikat später benötigt. Aus diesem Grund bietet es sich an, dieses gleich an dieser Stelle zu exportieren. Gehen Sie dazu folgendermaßen vor:

1. Klicken Sie das Zertifikat mit der rechten Maustaste an und wählen Sie *Alle Aufgaben/Exportieren.*
2. Wählen Sie beim Exportieren die Option *Nein, privaten Schlüssel nicht exportieren.*
3. Wählen Sie die Einstellung *DER-codiert-binär ?.*
4. Speichern Sie die Datei direkt auf einer Freigabe des Servers oder in einem anderen Speicherort. Später wird diese Datei auf dem Client benötigt.
5. Schließen Sie den Export ab.

Installation der Active Directory-Rechteverwaltungsdienste testen

Unter Umständen erscheint noch eine Meldung mit dem Hinweis, dass der Name des Zertifikats und der AD RMS nicht übereinstimmt. Dies passiert, wenn Sie den Alias des Zertifikats nicht so benannt haben, wie den Alias der Website. Klicken Sie in diesem Fall auf *Aktualisieren* und bestätigen Sie die Zertifikatmeldung. Stellen Sie anschließend die Verbindung her. In einer produktiven Umgebung wählen Sie als Namen des Zertifikats immer den Namen, mit dem Sie AD RMS betreiben.

Abbildg. 31.11 AD RMS-Cluster verwalten

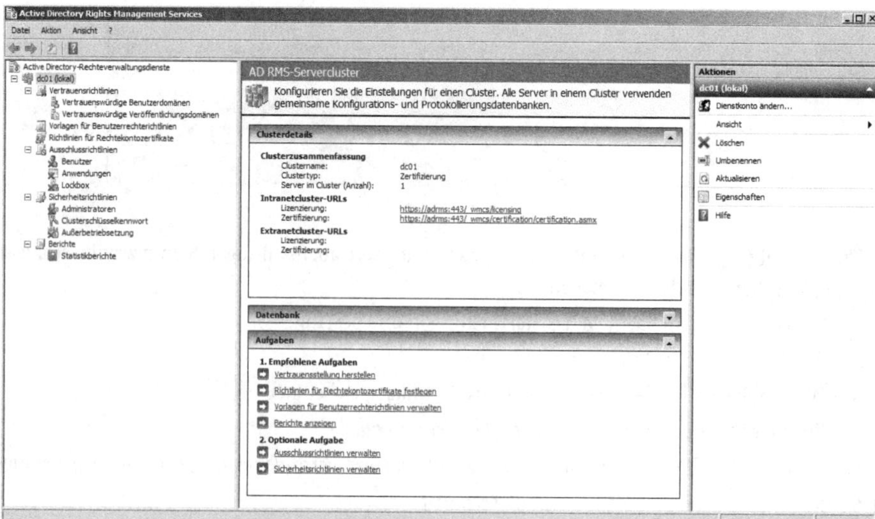

Windows 7-Client vorbereiten

Nachdem der Server vorbereitet ist, konfigurieren Sie als Nächstes den Client. Am besten verwenden Sie einen Client mit Windows 7 und Microsoft Office 2010 Professional Plus oder Enterprise, den Sie als Mitglied in die Domäne aufnehmen.

Exportiertes Zertifikat importieren

Der erste Schritt, den Client vorzubereiten, besteht darin, das auf dem AD RMS-Server exportierte Zertifikat in den Zertifikatspeicher *Vertrauenswürdige Stammzertifizierungsstellen* zu importieren:

1. Geben Sie *mmc* im Suchfeld des Startmenüs ein.
2. Fügen Sie das Snap-In *Zertifikate* hinzu.
3. Wählen Sie das lokale *Computerkonto* als Zertifikatspeicher aus.
4. Erweitern Sie den Knoten *Zertifikate (Lokaler Computer).*
5. Erweitern Sie den Knoten *Vertrauenswürdige Stammzertifizierungsstellen.*
6. Klicken Sie mit der rechten Maustaste auf den Knoten *Zertifikate* und wählen Sie *Alle Aufgaben/Importieren.*
7. Wählen Sie die Zertifikatdatei aus und schließen Sie den Import ab.

Abbildg. 31.12 Importieren des Zertifikats auf dem Client-PCs

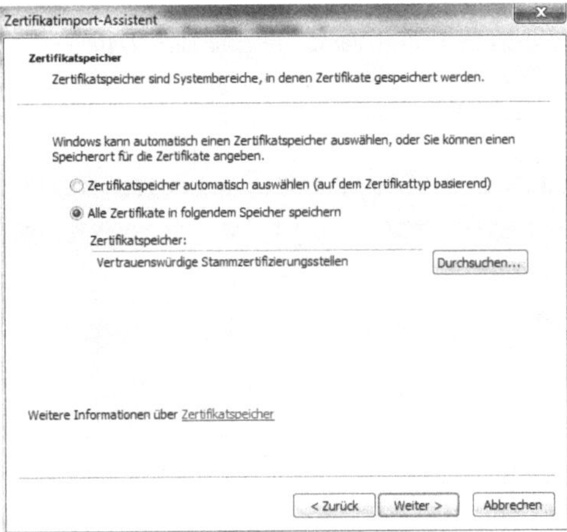

Clusteradresse zur lokalen Intranet-Sicherheitszone hinzufügen

Im nächsten Schritt muss die Adresse, mit der Sie über den Internet Explorer auf den AD RMS-Cluster zugreifen, in die Sicherheitszone *Lokales Intranet* aufgenommen werden. Gehen Sie dazu auf dem Windows 7-Client folgendermaßen vor:

1. Starten Sie den Internet Explorer.
2. Klicken Sie auf *Extras/Internetoptionen.*
3. Öffnen Sie die Registerkarte *Sicherheit.*
4. Klicken Sie auf *Lokales Intranet* und dann auf *Sites.*
5. Klicken Sie auf *Erweitert.*

6. Geben Sie die URL der AD RMS-Adresse so an, wie Sie es bei der Installation von AD RMS eingegeben haben, und klicken Sie auf *Hinzufügen*.
7. Schließen Sie das Fenster.

Abbildg. 31.13 Hinzufügen der AD RMS-Seite zu den lokalen Intranetseiten

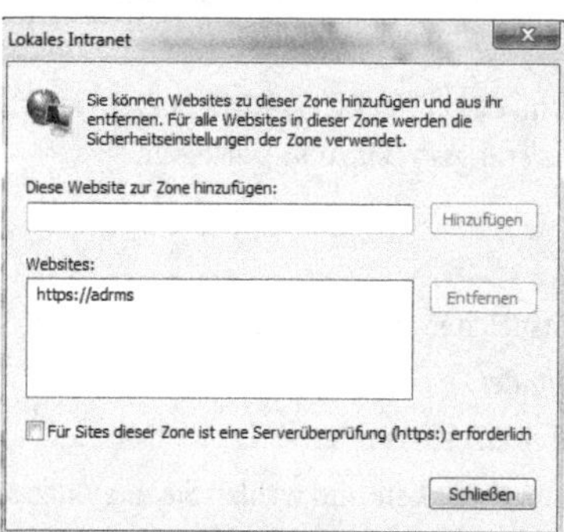

Test mit Word 2010 und AD RMS

Um AD RMS zu testen, öffnen Sie ein Word-Dokument. Über die Registerkarte *Datei* erreichen Sie das Menü von Office. Öffnen Sie die Rubrik *Informationen*, klicken Sie auf die Schaltfläche *Dokument schützen* und wählen darin entweder *Bearbeitung einschränken* oder *Berechtigung nach Personen einschränken* aus.

Abbildg. 31.14 Bearbeiten der Rechte für ein Dokument mit Word 2010 und AD RMS in Windows Server 2008 R2

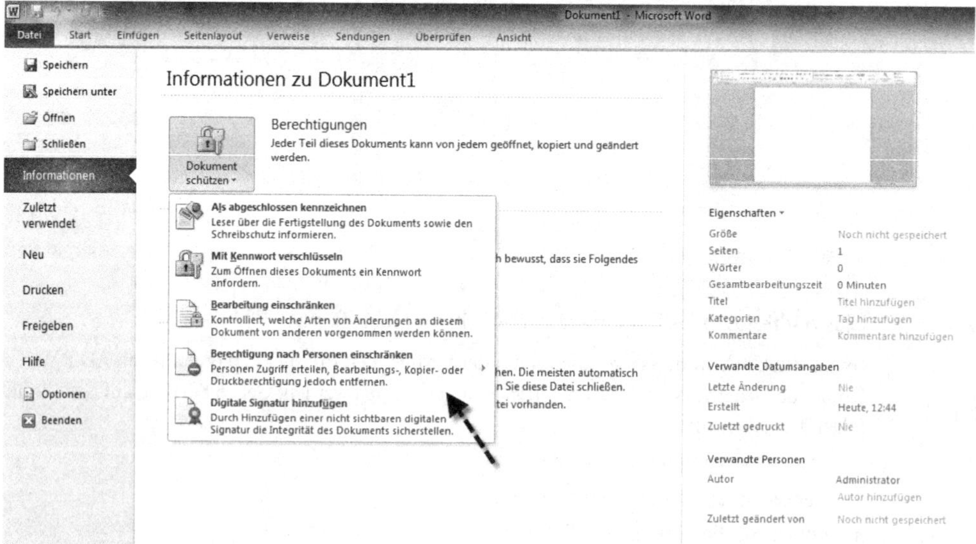

Der Client baut anschließend eine Verbindung zum AD RMS-Cluster auf und erlaubt Ihnen die Auswahl und die Konfiguration der möglichen Rechte für das Dokument.

Abbildg. 31.15 Word baut eine Verbindung zum AD RMS-Server auf

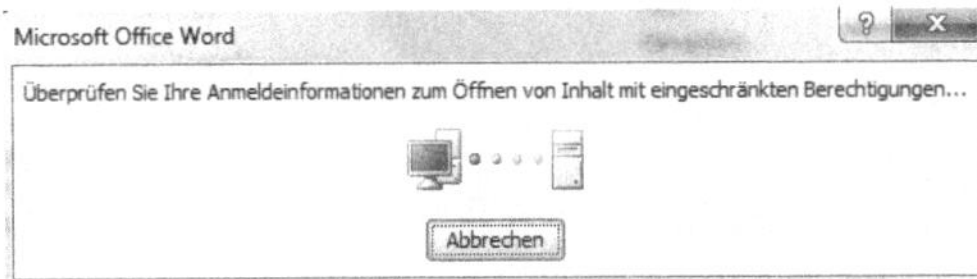

Sie können die Rechte auf Basis einer Windows Live ID oder über die Option *Ein Microsoft Windows-Benutzerkonto verwenden* auf Basis von Benutzerkonten im Active Directory festlegen.

Abbildg. 31.16 Auswählen der Benutzerkonten für den Zugriff

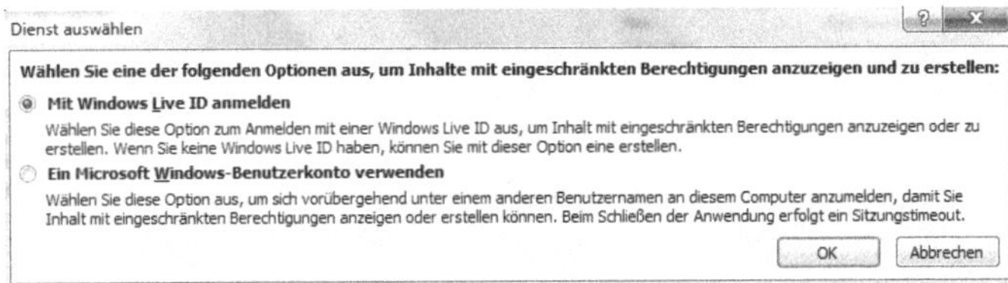

Anschließend geben Sie in einem Feld Ihrer Wahl den UNC-Namen der Gruppe an, die das Recht erhalten soll, das Dokument zu lesen oder zu bearbeiten. Ein Beispiel dafür wäre *einkauf@contoso.com*. Speichern Sie das Dokument auf dem AD RMS-Server ab. Melden Sie sich anschließend am Testclient mit einem Benutzerkonto an, das in der Gruppe enthalten ist, die Sie für das Dokument berechtigt haben.

Der Anwender sollte jetzt eine Meldung erhalten, dass der Zugriff eingeschränkt ist, wenn er das Dokument in der Freigabe auf dem AD RMS-Server öffnet. Am besten verwenden Sie hier auch wieder die Office-Schaltfläche in Word 2007 und die Start-Schaltfläche in Word 2010. Auf diesem Weg können Sie noch über verschiedene andere Berechtigungen ein Gefühl für die Technik entwickeln. Weitere Informationen erreichen Sie in der Hilfe der Active Directory-Rechteverwaltungskonsole. Die Möglichkeiten des Diensts sind sehr vielfältig, sodass sich alleine damit ein ganzes Buch füllen ließe.

Zusammenfassung

Dieses Kapitel enthielt einen kleinen Einstieg in die Active Directory-Rechteverwaltung am Beispiel einer Testumgebung mit Word 2010. Im nächsten Kapitel zeigen wir Ihnen die Active Directory-Verbunddienste (AD FS), mit denen Sie eine webbasierte Lösung zur einmaligen Anmeldung (Single Sign-On, SSO) für gesamtstrukturübergreifende Webdienste aufbauen können.

Kapitel 32

Active Directory-Verbunddienste nutzen

In diesem Kapitel:

In den vorangegangenen Kapiteln hatten wir uns bereits im Überblick mit den Zusatzdiensten von Active Directory beschäftigt. In diesem Kapitel gehen wir näher auf die Active Directory-Verbunddienste (AD FS) ein. Die Active Directory-Verbunddienste (Active Directory Federation Services, AD FS) sind bereits seit Windows Server 2003 R2 verfügbar und in Windows Server 2008 R2 fest als Serverrolle integriert. Die Hauptaufgabe von AD FS besteht darin, Anwendern mit einer einzelnen Anmeldung während einer Onlinesitzung den Zugriff auf mehrere Webapplikationen zu bieten (Single Sign-On, SSO).

Active Directory-Verbunddienste (AD FS) im Überblick

Die Installation von AD FS erfolgt als Serverrolle. So kann zum Beispiel Anwendern im internen Netzwerk der Zugriff auf webbasierte Anwendungen in der demilitarisierten Zone (DMZ) gestattet werden. Dabei ist es unerheblich, ob der Zugriff von intern oder über das Internet durchgeführt wird. Die Authentifizierung findet dabei an der Gesamtstruktur statt, bevor der Zugriff genehmigt wird. Auch die Verbindung von zwei Gesamtstrukturen über eine solche Vertrauensstellung (Federation Trust) ist möglich. In diesem Fall können Anwender der einen Gesamtstruktur auf webbasierte Anwendungen in der anderen Gesamtstruktur zugreifen, was vor allem beim Zugriff über das Internet eine enorme Erleichterung sein kann. So können auf einem Federation Server die Gesamtstrukturen und Konten hinterlegt sein, die Zugriff auf ein Extranet haben sollen. Greift ein Anwender zu, kann der Federation Server den Zugriff genehmigen. Einmal authentifiziert, darf der Anwender auf alle webbasierten Anwendungen zugreifen, für die er berechtigt wurde, ohne sich erneut authentifizieren zu müssen.

Aber auch die Authentifizierung von externen Anwendern ohne Active Directory-Konto ist möglich, um eine Infrastruktur für einmaliges Anmelden (Single Sign-On, SSO) aufzubauen. AD FS arbeiten direkt mit Microsoft Office SharePoint Srever und der Active Directory-Rechteverwaltung zusammen. Die Konfiguration kann unter Windows Server 2008 R2 leichter exportiert und importiert werden, sodass auf dem Partnerserver nicht die komplette Konfiguration neu erfolgen muss. Es würde den Rahmen dieses Buchs sprengen, umfassend auf AD FS einzugehen, da sich die einzelnen Konfigurationsschritte je nach Umgebung deutlich unterscheiden. Vor dem Einsatz von AD FS sollte zunächst eine ausführliche Planung stehen. Microsoft stellt dazu einige interessante Dokumente zur Verfügung. Viele dieser Informationen beziehen sich noch auf Windows Server 2003 R2 haben aber in Windows Server 2008 R2 weiter eine wichtige Bedeutung. Die wichtigsten Links zu AD FS sind:

- **AD FS-Überblick** *http://go.microsoft.com/fwlink/?LinkId=85683*
- **Schritt für Schritt-Anleitung** *http://go.microsoft.com/fwlink/?LinkId=85685*
- **AD FS Deployment Guide** *http://technet2.microsoft.com/WindowsServer2008/en/library/887f2776-42aa-4241-ab59-f97526e2750f1033.mspx*
- **AD FS Design Guide** *http://technet2.microsoft.com/WindowsServer2008/en/library/efa99362-aa77-46e8-a036-bfd85cbce7c71033.mspx*
- **AD FS in Windows Server 2003 R2** *http://go.microsoft.com/fwlink/?LinkId=78683*
- **Active Directory Federation Services Troubleshooting** *http://go.microsoft.com/fwlink/?LinkId=101316*

Active Directory-Verbunddienste installieren

Um die Active Directory-Verbunddienste (Active Directory Federation Services, AD FS) einsetzen zu können, werden am besten zwei oder mehrere Gesamtstrukturen benötigt. In einer Gesamtstruktur befinden sich Webressourcen auf die Anwender der anderen Gesamtstruktur zugreifen können sollen. Dieser Vorgang lässt sich auch gut in einer Testumgebung abbilden. Diese besteht aus drei Servern und einer Arbeitsstation. Zwei der Server bilden je einen Domänencontroller für eine eigene Gesamtstruktur. Der dritte Server wird als Webserver installiert und als Mitgliedserver in die erste Gesamtstruktur aufgenommen, in diesem Beispiel *contoso.com*. Die Arbeitsstation wird als Arbeitsplatz in die zweite Gesamtstruktur als Domänenmitglied aufgenommen, in diesem Beispiel *microsoft.com.* Als Client kann Windows Vista und Windows XP ab Service Pack 2 sowie Windows 7 verwendet werden. Als Server verwenden Sie am besten Windows Server 2008 oder Windows Server 2008 R2.

Zwischen den beiden Gesamtstrukturen sollten auch bedingte DNS-Weiterleitungen konfiguriert werden, sodass sich die Servernamen in beiden Gesamtstrukturen auflösen lassen. In einer Testumgebung können die Domänencontroller ohne Weiteres auch als AD FS-Server verwendet werden. Microsoft empfiehlt jedoch, in Produktionsumgebungen dafür eigene Server zu verwenden. Die ausführliche Beschreibung dieser Testumgebung finden Sie auf der Seite *http://go.microsoft.com/fwlink/?LinkId=85685.* Hier werden auch Testdateien für Beispielwebanwendungen zur Verfügung gestellt. Auch die Anleitung für Windows Server 2003 R2 auf der Seite *http://go.microsoft.com/fwlink/?linkid=49531* kann in diesem Bereich sehr hilfreich sein, da die meisten Möglichkeiten von AD FS in Windows Server 2003 R2 auch für Windows Server 2008 und Windows Server 2008 R2 gelten.

Rolleninstallation von AD FS durchführen

Nachdem die Serverstruktur aufgebaut ist, kann auf den dafür vorgesehenen Servern die AD FS-Rolle installiert werden. Dies erfolgt über den Server-Manager. Starten Sie dazu das Hinzufügen von neuen Rollen. Zur Installation von AD FS wird die Serverrolle *Active Directory-Verbunddienste* ausgewählt.

Abbildg. 32.1 Installieren der Active Directory-Verbunddienste

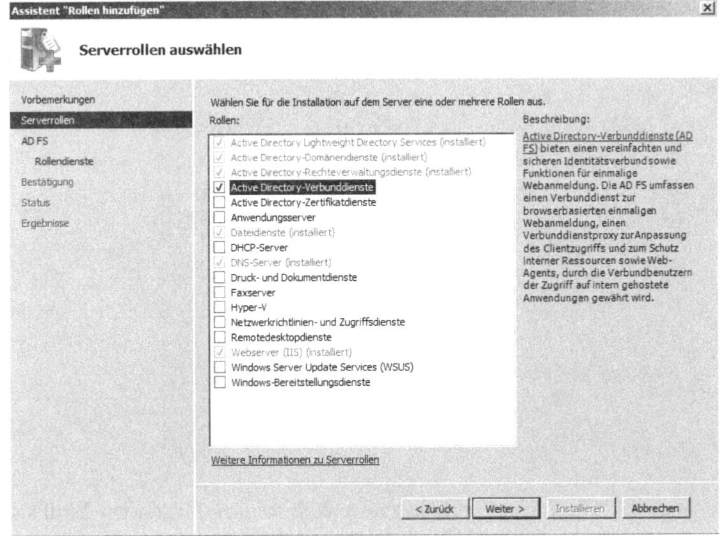

Anschließend werden die verschiedenen Rollendienste zur Installation ausgewählt:

- **Verbunddienst** Dieser Rollendienst definiert einen Server als AD FS-Server, über den der Zugriff auf die Quelle von den Anwendern der anderen Organisation gesteuert wird. Diese Server routen die Anfragen und verwalten die Richtlinien für den Zugriff.
- **Verbunddienstproxy** Server mit diesem Rollendienst werden normalerweise in einer DMZ positioniert. Sie nehmen die Anfragen der Clients entgegen und leiten diese an einen AD FS-Server mit dem Rollendienst *Verbunddienst* weiter.
- **Ansprüche unterstützender Clients** Dieser Rollendienst unterstützt die Authentifizierung von Clients durch spezielle Ansprüche, zum Beispiel über eine ASP.NET-Anwendung. Bei diesen Clients kommt nicht die Windows-Authentifizierung zur Verwendung, sondern es werden nur die hinterlegten Ansprüche verwendet.
- **Windows-Token-basierter Agent** Bei Installation dieses Rollendienstes wird die Windows-Authentifizierung verwendet, wenn Webanwendungen also keine eigene Authentifizierung verwenden, sondern Konten aus Active Directory

In einer Testumgebung ist daher der beste Weg, den Rollendienst *Verbunddienst* zu installieren. Ein Verbundproxy wird normalerweise erst nachträglich in die Struktur eingebunden. Die Installation des Verbunddiensts verlangt auch einige Webkomponenten. Aus diesem Grund sollten in produktiven Umgebungen besser eigene Server für diese Rolle verwendet werden, keine Domänencontroller. Auch die Web-Agents werden an dieser Stelle nicht benötigt, sondern erst dann, wenn bereits einer der Server als Verbundserver konfiguriert ist.

Auf der nächsten Seite des Installationsassistenten muss das Serverzertifikat des AD FS-Servers ausgewählt werden. Für Testumgebungen reicht das selbstsignierte Zertifikat aus. In Produktionsumgebungen sollte dem Server zunächst ein echtes Serverzertifikat zum Beispiel von einer internen Zertifizierungsstelle zugewiesen werden.

Abbildg. 32.2 Auswählen des Zertifikats für die AD FS-Dienste

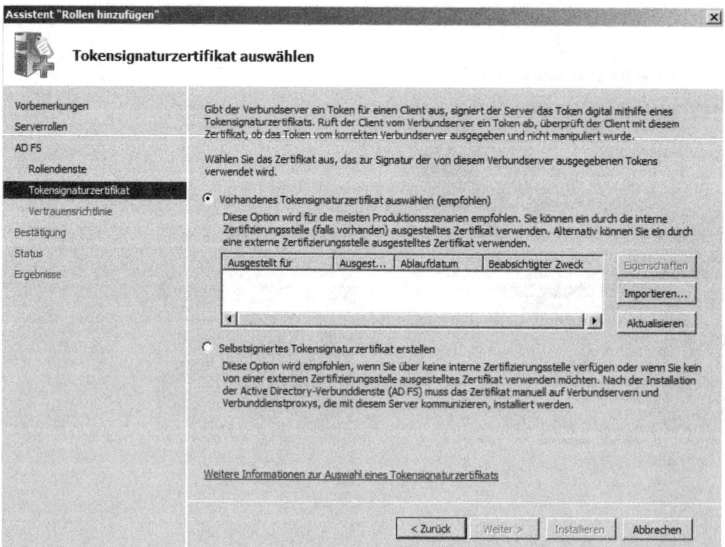

Anschließend muss noch das Tokensignaturzertifikat ausgewählt werden. Mit diesem Zertifikat werden die Tokens signiert, die den Clients durch den Verbundserver zugewiesen werden, um sich an der Ressource zu

authentifizieren. Auch hier steht die Möglichkeit zur Verfügung, ein entsprechendes Zertifikat von einer internen Zertifizierungsstelle oder ein selbstsigniertes Zertifikat zu verwenden.

Nach Auswahl der beiden Zertifikate kann festgelegt werden, ob eine bereits vorhandene Richtlinie verwendet oder eine neue erstellt werden soll. Bei der Erstinstallation von AD FS in einer Gesamtstruktur wird eine neue Richtlinie erstellt. Nach Auswahl dieser Option muss noch der Webserver konfiguriert werden, falls dieser Dienst bisher nicht auf dem Server installiert war. Bestätigen Sie in diesem Fall einfach die Standardauswahl und schließen Sie die Installation ab. Gehen Sie exakt auf die gleiche Weise auf dem zweiten Verbundserver der zweiten Gesamtstruktur vor. Auch hier muss der Verbunddienst installiert werden.

SSL und Zertifikate mit AD FS verwenden

In diesem Abschnitt zeigen wir Ihnen, wie Sie mit den verschiedenen notwendigen Zertifikaten auf den AD FS-Servern und dem Webserver arbeiten, damit die Kommunikation abgesichert über SSL durchgeführt wird.

SSL für AD FS aktivieren

Damit die Server sicher untereinander und mit den Clients kommunizieren, sollte nachträglich noch SSL für AD FS aktiviert werden. Zur Aktivierung wird auf beiden AD FS-Servern der Internetinformationsdienste-Manager gestartet. Klicken Sie auf *Sites/Default Web Site* und öffnen dann die *SSL-Einstellungen*. Aktivieren Sie die Option *SSL erforderlich* und bei *Clientzertifikate* die Option *Akzeptieren*. Diese Einstellungen werden auf beiden Servern vorgenommen.

AD FS-Web-Agents auf Webserver installieren

Nachdem die Verbunddienste installiert sind, kann auf dem Webserver in der Testumgebung der Clients für die Anbindung an AD FS installiert werden. Dazu wird auf dem Webserver die Rolle *Active Directory-Verbunddienste* ausgewählt, aber nur der *Ansprüche unterstützender Agent* installiert. Auch bei dieser Installation werden unter Umständen wieder zusätzliche Rollendienste des Webservers installiert und erweitert. Bestätigen Sie diese zusätzlichen Installationen. Bei der Auswahl der Rollendienste für den Webserver muss noch die Option *Clientzertifikatzuordnung-Authentifizierung* im Bereich *Sicherheit* ausgewählt werden. Auch die *IIS-Verwaltungskonsole* unterhalb der *IIS-Verwaltungsprogramme* sollte ausgewählt werden. Anschließend werden die weiteren Fenster bestätigt und die Installation abgeschlossen.

Zertifikate für den Webserver erstellen

Damit der Webserver mit den AD FS-Servern zusammenarbeiten kann, muss dieser auch mit den entsprechenden Zertifikaten ausgerüstet werden. Vor allem ein Serverzertifikat wird auf dem Webserver benötigt. Auch hier kann wieder mit selbstsignierten Zertifikaten gearbeitet werden.

Serverzertifikat für den Webserver ausstellen

In einer produktiven Umgebung bietet sich allerdings auch beim Webserver an, ein Zertifikat einer internen Zertifizierungsstelle zu verwenden. Um dem Webserver ein Serverzertifikat zuzuweisen, öffnen Sie den Internetinformationsdienste-Manager, klicken auf den Servernamen und wählen auf der rechten Seite des Fensters *Serverzertifikate* aus. Ebenfalls auf der rechten Seite des Fensters steht die Option *Selbstsigniertes Zertifikat erstellen* zur Verfügung. Wählen Sie diese Option aus. Als Namen für das Zertifikat wählen Sie den FQDN des Servers aus, zum Beispiel *web01.contoso.com*. Das Zertifikat wird anschließend ausgestellt und zugewiesen.

Zertifikat der AD FS-Konten-Gesamtstruktur exportieren

Damit der Webserver die Benutzerkonten in der anderen Gesamtstruktur anerkennt, muss das selbstsignierte Tokensignaturzertifikat des AD FS-Servers der zweiten Gesamtstruktur, in diesem Beispiel microsoft.com zunächst in eine Datei exportiert werden. Dazu wird in der Gesamtstruktur, in welcher der Webserver nicht Mitglied ist, auf dem AD FS-Server das AD FS-Verwaltungsprogramm gestartet. Das Snap-In trägt die Bezeichnung *Active Directory-Verbunddienste*. Um das Zertifikat zu exportieren, gehen Sie folgendermaßen vor:

1. Öffnen Sie im Snap-In per Rechtsklick die Eigenschaften des Knotens *Verbunddienst*.
2. Klicken Sie auf der Registerkarte *Allgemein* im Bereich *Tokensignaturzertifikat* auf *Anzeigen*.
3. Wechseln Sie zur Registerkarte *Details*.
4. Klicken Sie auf *In Datei kopieren*.
5. Aktivieren Sie auf der Seite *Privaten Schlüssel exportieren* die Option *Nein, privaten Schlüssel nicht exportieren*.
6. Wählen Sie als Exportformat *DER-codiert-binär X.509* aus.
7. Geben Sie einen passenden Dateinamen an und schließen Sie den Export ab. Diese Datei wird später auch auf dem anderen AD FS-Server für den Import benötigt.

Abbildg. 32.3 Anzeigen des Tokensignaturzertifikats auf dem AD FS-Server

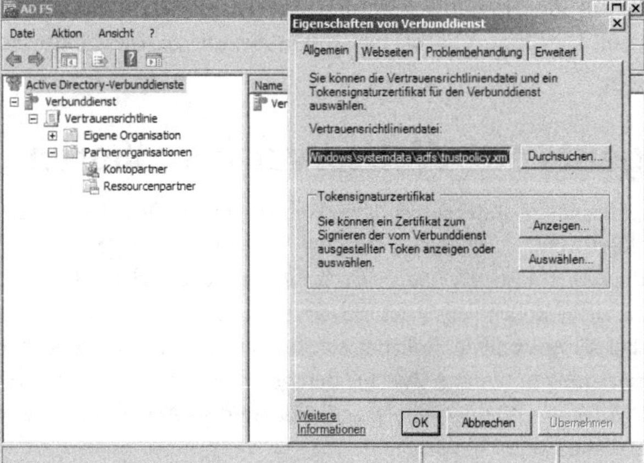

Zertifikat der AD FS-Ressourcen-Gesamtstruktur exportieren und importieren

Anschließend wird das Serverauthentifizierungszertifikat des AD FS-Servers in der Gesamtstruktur in eine Datei exportiert, in welcher der Webserver Mitglied ist. Diese Gesamtstruktur wird auch als Ressourcen-Organisation bezeichnet, da hier die Ressourcen positioniert sind, auf welche die Anwender zugreifen können sollen. Damit zwischen dem Webserver in der Ressourcen-Organisation und seinem AD FS-Server fehlerfrei kommuniziert werden kann, muss der Webserver der Zertifzierungsstelle des AD FS-Servers vertrauen. Beim Einsatz einer internen Zertifizierungsstelle ist dies standardmäßig der Fall. Wird mit externen oder selbstsignierten Zertifikaten gearbeitet, muss manuell nachgearbeitet werden.

Serverzertifikat des AD FS-Servers exportieren

Da das Zertifikat selbstsigniert ist, gibt es auch kein Zertifikat einer Stammzertifizierungsstelle. In diesem Fall ist der beste Weg, das Serverauthentifizierungszertifikat des Ressourcen-AD FS-Servers zu exportieren und auf dem Webserver in der gleichen Gesamtstruktur zu importieren. Um das Zertifikat zu exportieren, gehen Sie folgendermaßen vor:

1. Öffnen Sie auf dem AD FS-Server in der Ressourcen-Organisation den Internetinformationsdienste-Manager.
2. Klicken Sie auf den Servernamen und dann in der Mitte auf *Serverzertifikate.*
3. Klicken Sie anschließend auf das Zertifikat mit der Bezeichnung *<Servername>.<Domäne>* mit der rechten Maustaste und wählen Sie *Exportieren.*
4. Geben Sie ein Verzeichnis sowie ein Kennwort ein. Für das Importieren wird später das Kennwort benötigt.

Zertifikat in den Webserver importieren

Nachdem das Zertifikat erfolgreich exportiert wurde, kann es auf dem Webserver in der gleichen Gesamtstruktur wieder importiert werden. Gehen Sie dazu folgendermaßen vor:

1. Kopieren Sie die exportierte Zertifikatdatei des AD FS-Servers auf den Webserver.
2. Öffnen Sie auf dem Webserver eine neue Managementkonsole.
3. Fügen Sie das Snap-In *Zertifikat* hinzu und wählen Sie als Speicher das lokale Computerkonto aus.
4. Erweitern Sie den Knoten *Zertifikate/Vertrauenswürdige Stammzertifizierungsstellen* und klicken Sie mit der rechten Maustaste auf *Zertifikate.*
5. Wählen Sie im Kontextmenü *Alle Aufgaben/Importieren.*
6. Wählen Sie die Exportdatei für den Import aus. Achten Sie darauf, dass unten im Fenster zunächst die Option *Privater Informationsaustausch* aktiviert sein muss.
7. Bestätigen Sie als Zertifikatspeicher die vertrauenswürdigen Stammzertifizierungsstellen und schließen Sie den Import ab.

Webserver für die Unterstützung von AD FS konfigurieren

Im nächsten Schritt muss der Webserver in der Ressourcen-Organisation eingerichtet werden:

1. Öffnen Sie den Internetinformationsdienste-Manager und klicken Sie auf *Sites/Default Web Site.*
2. Klicken Sie im Aktionsbereich auf *Bindungen.*
3. Klicken Sie auf *Hinzufügen.*
4. Wählen Sie *https* aus.
5. Wählen Sie bei *SSL-Zertifikat* das Serverauthentifizierungszertifikat des Webservers aus.
6. Klicken Sie auf *Sites/Default Web Site* und öffnen Sie die *SSL-Einstellungen.* Aktivieren Sie die Option *SSL erforderlich* und bei *Clientzertifikate* die Option *Akzeptieren.*

AD FS-Server konfigurieren

In diesem Abschnitt zeigen wir Ihnen, wie Sie die AD FS-Server so konfigurieren, dass Clients aus der Konten-Organisation auf Webserver der Ressourcen-Organisation zugreifen können. Damit der Zugriff funktioniert, müssen beide AD FS-Server miteinander verbunden und konfiguriert werden.

AD FS-Richtlinie konfigurieren

Im ersten Schritt wird auf dem AD FS-Server der Konten-Infrastruktur eine Richtlinie erstellt, in der festgelegt wird, welche Gruppen aus der eigenen Gesamtstruktur auf den Webserver der Ressourcen-Organisation zugreifen dürfen. Dazu wird zunächst die Vertrauensrichtlinie auf dem AD FS-Server in der Konten-Infrastruktur konfiguriert:

1. Rufen Sie die AD FS-Verwaltungskonsole auf.
2. Erweitern Sie den Knoten *Verbunddienste/Vertrauensrichtlinie* und rufen Sie die *Eigenschaften* per Rechtsklick auf *Vertrauensrichtlinie* auf.
3. Wechseln Sie zur Registerkarte *Allgemein.*
4. Im Bereich *Verbunddienst-URL* wird die Adresse eingegeben, für den dieser Server als Hostserver funktioniert, also die Konten-Infrastruktur. Neben allgemeingültigen URLs können hier auch benutzerdefinierte URLs verwendet werden, zum Beispiel *urn:federation:microsoft.* Achten Sie bei der Eingabe auf die Groß- und Kleinschreibung.
5. Auf der Registerkarte *Anzeigename* tragen Sie einen benutzerdefinierten Namen für die Richtlinie ein, am besten den NetBIOS-Namen der Domäne, in der die Konten gespeichert werden.

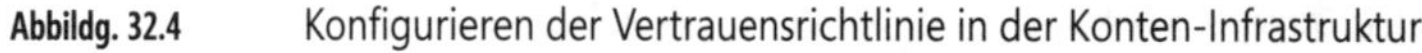

Abbildg. 32.4 Konfigurieren der Vertrauensrichtlinie in der Konten-Infrastruktur

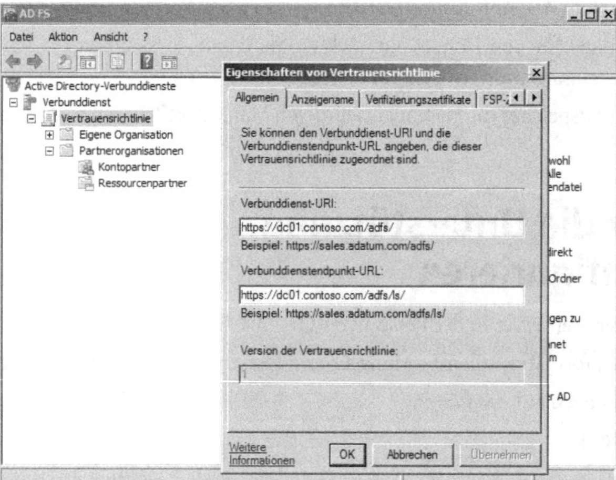

Organisationsansprüche konfigurieren

Damit Clients aus der Konten-Organisation auf Ressourcen in der Ressourcen-Organisation zugreifen können, muss in der AD FS-Konsole unterhalb des Knotens *Eigene Organisation* festgelegt werden, wer aus der Konten-Infrastruktur auf die Ressourcen zugreifen darf. Per Rechtsklick auf *Eigene Organisation* in der AD FS-Konsole und Auswahl von *Neu/Organisationsanspruch* im Kontextmenü wird diese Funktion konfiguriert. Geben Sie dem Anspruch einen Namen und legen Sie den Anspruchtyp am besten auf *Gruppenanspruch* fest. So kann der Anspruch mit einer Gruppe in der Domäne verbunden werden. Der Zugriff auf Ressourcen kann dadurch sehr einfach über Gruppenmitgliedschaft konfiguriert werden.

Nachdem der Anspruch erstellt wurde, muss über den Knoten*Kontospeicher* zunächst festgelegt werden, woher die Mitglieder, die Zugriff erhalten sollen, stammen sollen. Klicken Sie dazu mit der rechten Maustaste auf *Kontospeicher* unterhalb von *Eigene Organisation* und wählen Sie im Kontextmenü *Neu/Kontospeicher.* Es startet ein

Assistent, über den festgelegt wird, aus welcher Domäne die Mitglieder Zugriff erhalten sollen. Neue Kontospeicher können aus Active Directory Lightweight Directory Services (AD LDS) oder von einer Active Directory-Domäne stammen. Diese Konfiguration wird auf der nächsten Seite des Assistenten festgelegt. Durch Bestätigen der weiteren Fenster wird der Speicher aktiviert und in AD FS integriert.

Nachdem festgelegt wurde, dass Konten aus einer Active Directory-Domäne Zugriff auf die AD FS-Ressource erhalten sollen, muss als Nächstes konfiguriert werden, wer aus der Domäne Zugriff erhalten soll. Dies wird mit einer sogenannten Gruppenanspruchextrahierung konfiguriert, die per Rechtsklick auf *Eigene Organisation/Kontospeicher/Active Directory* über den Kontextmenübefehl *Neu/Gruppenanspruchextrahierung* erstellt wird. Anschließend kann im Dialogfeld eine Gruppe oder ein Benutzer ausgewählt werden, die bzw. der Zugriff auf den Organisationsanspruch erhält, der ebenfalls konfiguriert wurde. Der Liste können mehrere Benutzer und Gruppen hinzugefügt werden. Über das Dropdownmenü wird der erstellt Organisationsanspruch ausgewählt.

An dieser Stelle ist zunächst die Konfiguration in der Konten-Organisation abgeschlossen.

AD FS-Server in der Ressourcen-Organisation konfigurieren

Der erste Schritt in der Ressourcen-Organisation besteht darin, in der AD FS-Konsole die Vertrauensrichtlinie zu konfigurieren:

1. Rufen Sie die AD FS-Verwaltungskonsole auf.
2. Erweitern Sie den Knoten *Verbunddienste/Vertrauensrichtlinie* und rufen Sie die *Eigenschaften* per Rechtsklick auf *Vertrauensrichtlinie* auf.
3. Wechseln Sie zur Registerkarte *Allgemein.*
4. Geben Sie im Bereich *Verbunddienst-URL* die Adresse ein, für den dieser Server als Hostserver funktioniert, also die Ressourcen-Organisation. Neben allgemeingültigen URLs können hier auch benutzerdefinierte URLs verwendet werden, zum Beispiel *urn:federation:contoso.* Achten Sie bei der Eingabe auf die Groß- und Kleinschreibung.
5. Auf der Registerkarte *Anzeigename* tragen Sie einen benutzerdefinierten Namen für die Richtlinie ein, am besten den NetBIOS-Namen der Domäne, in der die Ressourcen liegen.

Damit Clients aus der Konten-Organisation auf Ressourcen in der Ressourcen-Organisation zugreifen können, muss in der AD FS-Konsole auch in der Ressourcen-Organisation unterhalb des Knotens *Eigene Organisation* konfiguriert werden, wer aus der Konten-Organisation auf die Ressourcen zugreifen darf. Per Rechtsklick auf *Eigene Organisation* in der AD FS-Konsole und Auswahl von *Neu/Organisationsanspruch* im Kontextmenü wird diese Funktion konfiguriert. Weisen Sie dem Anspruch einen Namen zu und legen Sie den Anspruchtyp sinnvollerweise auf *Gruppenanspruch* fest. Als Teil des Namens verwenden Sie am besten auch die Konten-Infrastruktur.

Nachdem der Anspruch erstellt wurde, muss über den Knoten *Kontospeicher* auch in der Ressourcen-Organisation festgelegt werden, woher die Mitglieder stammen, denen der Zugriff erlaubt wird. Klicken Sie dazu mit der rechten Maustaste auf *Kontospeicher* unterhalb von *Eigene Organisation* und wählen Sie den Kontextmenübefehl *Neu/Kontospeicher.* Es startet ein Assistent, über den festgelegt wird, aus welcher Domäne die Mitglieder Zugriff erhalten sollen. Neue Kontospeicher können aus Active Directory Lightweight Directory Services (AD LDS) oder von einer Active Directory-Domäne stammen. Diese Konfiguration wird auf der nächsten Seite des Assistenten festgelegt. Durch Bestätigen der weiteren Fenster wird der Speicher aktiviert und in AD FS integriert.

Anwendung für die AD FS-Unterstützung festlegen

Während in der Konten-Organisation festgelegt wird, welche Gruppen Zugriff erhalten sollen, wird in der Ressourcen-Organisation konfiguriert, auf welche Webanwendungen Anwender über AD FS zugreifen dürfen. Klicken Sie dazu in der AD FS-Konsole in der Ressourcen-Organisation unterhalb von *Vertrauensrichtlinie/Eigene Organisation* mit der rechten Maustaste auf *Anwendungen* und wählen Sie den Kontextmenübefehl *Neu/Anwendung*. Legen Sie in diesem Beispiel den Anwendungstyp fest, also am besten *Ansprüche unterstützende Anwendung*.

Abbildg. 32.5 Konfigurieren des Anwendungstyps für die Unterstützung von AD FS

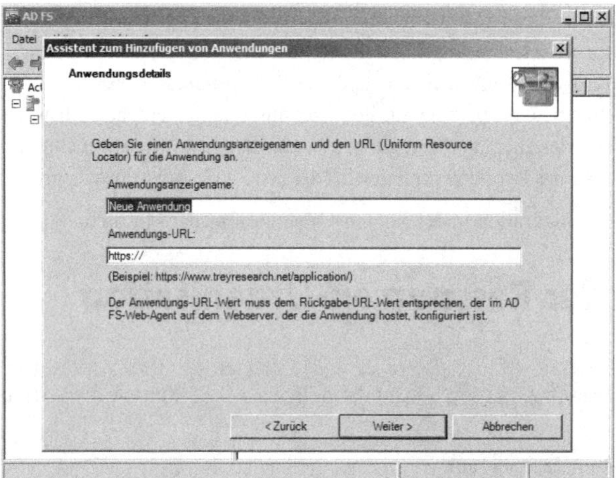

Im nächsten Fenster legen Sie den Namen sowie die URL für die Webanwendung fest. Auf der folgenden Seite wird festgelegt, welche Identitätsansprüche für die Anwendung akzeptiert werden. Wählen Sie in diesem Beispiel *Benutzerprinzipalname (UPN)* aus. Dieser Name entspricht den UPNs der Benutzer, die in der Konten-Organisation berechtigt werden. Im Anschluss wird die Anwendung aktiviert. Klicken Sie danach auf der rechten Seite des Fensters mit der rechten Maustaste auf den erstellten Organisationsanspruch und aktivieren Sie diesen für die Anwendung.

Richtlinien exportieren und importieren

Einer der Vorteile von AD FS in Windows Server 2008 R2 ist die Möglichkeit, erstellte Richtlinien in den Konten-Organisationen und Ressourcen-Organisationen jeweils zu exportieren und in der anderen Organisation zu importieren. Dies hat den Vorteil, dass in komplexen Umgebungen nicht alle Richtlinien doppelt erstellt werden müssen. In jeder Organisation werden die entsprechenden Richtlinien für die Anwendungen (Ressourcen-Organisation) und Konten (Konten-Organisation) festgelegt, jeweils exportiert und in die andere Organisation importiert.

Richtlinie aus der Konten-Organisation exportieren und importieren

Klicken Sie mit der rechten Maustaste auf dem AD FS-Server in der Konten-Organisation auf *Vertrauensrichtlinie* und wählen Sie den Menüpunkt *Standardpartnerrichtlinie exportieren*. In einer produktiven Umgebung kann der Administrator der Organisation diese XML-Datei per E-Mail an den Administrator der Ressourcen-Organisation versenden. Der Import auf der Seite der Ressourcen-Organisation läuft dabei folgendermaßen ab:

1. In der AD FS-Konsole wird der Menüpunkt *Vertrauensrichtlinie/Partnerorganisation/Kontopartner* mit der rechten Maustaste angeklickt.
2. Durch Auswahl von *Neu/Kontopartner* im Kontextmenü startet der Assistent zum Einrichten von neuen Partnerorganisationen.

3. Auf der zweiten Seite des Assistenten kann die Konfiguration der XML-Datei importiert werden.
4. Auf der nächsten Seite werden die Einstellungen der XML-Datei angezeigt.
5. Als Nächstes wird auf der Seite *Kontopartner-Verifizierungszertifikat* festgelegt, welches Zertifikat verwendet wird. Da das Zertifikat in der Datei hinterlegt ist, kann diese Option auch ausgewählt werden.
6. Auf der nächsten Seite wird das Verbundsszenario ausgewählt. Hier sollte *Federation-Web-SSO* aktiviert sein. Besteht zwischen den Organisationen bereits eine Domänenvertrauensstellung, kann auch die entsprechende Option zur Unterstützung einer Gesamtstrukturvertrauensstellung verwendet werden.
7. Als Nächstes wird festgelegt, welche Identitätsansprüche unterstützt werden. Hier kann *UPN* und *E-Mail* aktiviert bleiben.
8. Auf der nächsten Seite wird festgelegt, welche UPN-Suffixe unterstützt werden. Hier bestimmen Sie den Namen, den die UPNs der Anwender in der Konto-Organisation bekommen. Diese UPNs werden auch in der Gruppenextrahierung der Konten-Organisation angezeigt. An dieser Stelle können auch mehrere UPNs konfiguriert werden, wenn die Gesamtstruktur zum Beispiel aus mehreren untergeordneten Domänen besteht.
9. Akzeptieren Sie zusätzlich *E-Mail-Identitätsansprüche*, werden auf der nächsten Seite auch für diese die UPNs festgelegt.
10. In den weiteren Fenstern bestätigen Sie noch die Erstellung der Partnerorganisation und deren Aktivierung in AD FS.

Nachdem die Partnerorganisation in der Ressourcen-Organisation importiert wurde, müssen noch die eingehenden Authentifizierungen der Gruppenmitglieder konfiguriert werden. Klicken Sie dazu mit der rechten Maustaste auf die importierte Partnerorganisation unter *Verbunddienst/Partnerorganisationen/Kontopartner* und wählen Sie im Kontextmenü *Neu/Zuordnung von eingehenden Gruppenansprüchen*. Legen Sie einen Namen fest und stellen Sie sicher, dass im Dropdownmenü der Organisationsanspruch angezeigt wird, den Sie in der Ressourcen-Organisation für die Konten aus der Konten-Organisation erstellt haben.

Richtlinie aus der Ressourcen-Organisation exportieren und importieren

Nachdem die Richtlinie aus der Konten-Organisation in der Ressourcen-Organisation hinterlegt ist, exportieren Sie auf dem gleichen Weg aus der Ressourcen-Organisation die Richtlinie und stellen die XML-Datei auf dem AD FS-Server der Konten-Organisation zur Verfügung. Rufen Sie die AD FS-Konsole auf dem AD FS-Server der Konten-Organisation auf. Anschließend wird die XML-Datei der Ressourcen-Organisation in der Quell-Organisation importiert:

1. Klicken Sie in der AD FS-Konsole mit der rechten Maustaste auf den Knoten *Vertrauensrichtlinie/Partnerorganisation/Ressourcenpartner.*
2. Durch Auswahl von *Neu/Ressourcenpartner* im Kontextmenü startet der Assistent zum Einrichten von neuen Partnerorganisationen.
3. Auf der zweiten Seite des Assistenten kann die Konfiguration der XML-Datei importiert werden.
4. Auf der nächsten Seite werden die Einstellungen der XML-Datei angezeigt.
5. Eine Seite weiter wird das Verbundsszenario ausgewählt. Hier sollte *Federation-Web-SSO* aktiviert sein. Besteht zwischen den Organisationen bereits eine Domänenvertrauensstellung, kann auch die entsprechende Option zur Unterstützung einer Gesamtstrukturvertrauensstellung verwendet werden.
6. Als Nächstes wird festgelegt, welche Identitätsansprüche unterstützt werden. Hier kann *UPN* und *E-Mail* aktiviert bleiben.
7. Auf der nächsten Seite wird festgelegt, welche UPN-Suffixe an die Ressource zur Authentifizierung weitergegeben werden.
8. In den weiteren Fenstern bestätigen Sie noch die Erstellung der Partnerorganisation und deren Aktivierung in AD FS.

Von Clients auf Anwendungen zugreifen, die über AD FS zur Verfügung gestellt werden

Damit die Clients ohne Probleme auf die Webanwendung und die AD FS-Server zugreifen können, muss die Adresse des AD FS-Servers im Internet Explorer zur lokalen Zone des Intranets hinzugefügt werden. Als Adresse dazu verwenden Sie *https://<FQDS des AD FS-Servers>*. Um von einem Client aus der Konten-Organisation auf einen Server der Ressourcen-Organisation zuzugreifen, geben Sie den FQDN der Webanwendung ein. Damit der Zugriff funktioniert, muss der DNS-Server, der auf dem Client eingetragen ist, den DNS-Namen des Webservers in der Partnerorganisation auflösen können.

In Testumgebungen wird das Zertifikat der AD FS-Server und der Webanwendung nicht immer anerkannt und es erscheint eine Zertifikatwarnung. Zeigen Sie in diesem Fall das Zertifikat an und lassen Sie es auf dem Clientcomputer installieren. Als Zertifikatspeicher wird der Speicher für die vertrauenswürdigen Stammzertifizierungsstellen verwendet.

Zusammenfassung

In diesem Kapitel sind wir auf die Active Directory-Verbunddienste und deren Einrichtung eingegangen. Im nächsten Kapitel zeigen wir Ihnen, wie Sie mit Windows Server 2008 R2 eine Hochverfügbarkeitslösung auf Basis eines Failoverclusters aufbauen. Im Rahmen des nächsten Kapitels gehen wir auch auf den Betrieb von Hyper-V im Cluster ein und die damit verbundenen Funktionen Livemigration und Schnellmigration.

Teil F

Hochverfügbarkeit

In diesem Teil:

Kapitel 33

Clustering und Hochverfügbarkeit

In diesem Kapitel:

In diesem Kapitel zeigen wir Ihnen den Umgang und die generelle Planung eines Ausfallkonzepts und die Einführung einer Hochverfügbarkeitslösung in Microsoft-Netzwerken. Weiterhin gehen wir in diesem Kapitel auch auf die Installation, Konfiguration und Verwaltung eines Clusters unter Windows Server 2008 R2 ein. Vor allem bei der Installation und Verwaltung eines Clusters wurden einige Verbesserungen vorgenommen. In Kapitel 1 wurden Ihnen bereits einige Neuerungen vorgestellt. Die Installation eines Clusters wurde stark vereinfacht.

Einführung in die Hochverfügbarkeit mit Windows Server 2008 R2

Ein Cluster ist eine Gruppe unabhängiger Computer, die jeweils die gleichen Anwendungen ausführen und beim Zugriff durch einen Client als ein einziges System dargestellt werden. Die Computer sind physisch durch Kabel und Clustersoftware miteinander verbunden. Durch das Vorhandensein dieser Verbindungen können im Cluster Probleme für den zugreifenden Client transparent behoben werden, zum Beispiel durch die Umverteilung von Aufgaben bei Ausfall eines Knotens auf einen anderen (Failover in Serverclustern) oder eine Verteilung aller zu bearbeitenden Aufgaben über einen Lastenausgleich in Netzwerklastenausgleich-Clustern, auch NLB-Cluster genannt.

Durch diese Trennung unterscheiden sich Clustersysteme grundlegend von Multiprozessorsystemen, bei denen sich mehrere Prozessoren eine gemeinsame Computerperipherie teilen. Netzwerklastenausgleich (NLB) ist eine Clustertechnologie, die von Microsoft als Teil der Windows Server 2008 R2 Enterprise und Datacenter Edition angeboten wird. NLB benutzt einen verteilten Algorithmus für den Lastenausgleich von IP-Datenverkehr über mehrere Hosts. Das führt zu einer besseren Skalierbarkeit und Verfügbarkeit unternehmenskritischer IP-basierter Dienste. Beispiele hierfür sind Webdienste, virtuelle private Netzwerke, Remotedesktopdienste, Proxydienste und viele andere mehr.

NLB kann Ausfälle von Servern automatisch erkennen und den Datenverkehr an andere Hosts umleiten. Dadurch wird eine Hochverfügbarkeit des NLB-Clusters erreicht. Viele Firmen setzen für die Arbeit mit Exchange Server einen Cluster ein. Dies geschieht vor allem aus dem Grund, dass mittlerweile auch das E-Mail-System eines Unternehmens nicht ausfallen darf und so ausfallsicher wie möglich sein soll. Bei einem Cluster laufen mehrere Knoten zusammen. Dies hat den Vorteil, dass bei Ausfall eines Servers die Funktionalitäten des Clusters nicht beeinträchtigt werden, da die anderen Server dessen Dienste auffangen. Allerdings ist die Konfiguration eines Clusters alles andere als einfach. Mit einem Cluster ergibt sich der Nachteil, dass sich viele Konfigurationen, die bei einem eigenständigen Server möglich sind, auf einem Cluster nur sehr schwer durchführen lassen. Da auch der Clusterdienst eine Windows-Komponente ist, haben Sie bei einem Cluster zusätzlich einen weiteren Dienst zu verwalten, der dazu noch ausgesprochen komplex ist.

Neuerungen von Clustern unter Windows Server 2008 R2

In Kapitel 1 sind wir bereits auf die Neuerungen in der Clusterfunktion von Windows Server 2008 und R2 eingegangen. In diesem Kapitel vertiefen wir das notwendige Wissen, um einen Windows Server 2008 R2-Cluster aufzubauen und zu verwalten. Die neue Verwaltungsoberfläche der Clusterverwaltung basiert auf der Microsoft Management Console (MMC) 3.0, die mit Windows Server 2003 R2 eingeführt und in Windows Server 2008 R2 weiter verbessert wurde. Clusterverwalter können mit diesem leicht zu bedienenden und intuitiven Programm jetzt effizienter einen Cluster überwachen und verwalten. Microsoft hat bei der Konsole den Fokus auf die Verwaltung der Clusterapplikationen gesetzt, nicht in der Verwaltung des Clusters selbst. Dadurch können viele Administratoren Clusterapplikationen wie zum Beispiel Exchange Server 2007/2010 oder SQL Server 2005/2008 verwalten, ohne tief in die Clusterverwaltung vordringen zu müssen. In der Konsole können Ereignisse, die den Cluster betreffen, gezielt überwacht werden. Die Konfiguration wird eindeutig und leicht verständlich angezeigt, ohne durch viele Untermenüs klicken zu müssen. Auch die Hardware des Clusters kann effizient überwacht werden.

Diese neue Cluster Management Console bietet Clusterverwaltern eine neue Erfahrung. Verbessert wurden auch die Funktionen, um einen Cluster in der Befehlszeile zu verwalten, sowie die Unterstützung für WMI. Die Clusterkonfiguration kann mit dem Schattenkopie-Dienst gesichert und wiederhergestellt werden. Ebenfalls neu in der Windows Server 2008 R2-Failover-Clusterunterstützung sind die Verbesserungen in der Netzwerkschicht. Ein Cluster unter Windows Server 2008 R2 profitiert vom neuen TCP/IP-Stack und der vollen IPv6-Unterstützung. Die Kommunikation zwischen den Clusterknoten (Heartbeat) findet jetzt mit IPv6 statt. Es gibt keine Abhängigkeiten mehr von NetBIOS, sodass auch Umgebungen ohne WINS-Server oder NetBIOS-Pakete von der standardisierten Namensauflösung per DNS profitieren. Es werden keine Broadcasts mehr benötigt, was den Transport des SMB-Verkehrs deutlich verbessert.

Mit dem *Cluster-Migrationsassistenten* können bestehende Windows Server 2003-Cluster leicht und effizient zu Windows Server 2008 R2-Clustern migriert werden, sodass nicht zwingend Neuinstallationen notwendig sind. Es ist allerdings nicht möglich, dass in einem Cluster Windows Server 2003-Knoten und Windows Server 2008 R2-Knoten betrieben werden. Es wird lediglich ein einheitlicher Betriebssystemstand unterstützt. Ebenfalls neu sind Verbesserungen in der Sicherheit eines Clusters. Der Clusterdienst läuft unter Windows Server 2008 R2 im Kontext des *LocalSystem*-Kontos. Es ist nicht mehr zwingend ein eigenes Domänenkonto mit erweiterten Berechtigungen notwendig. Auch innerhalb der Clusterstrukturen hat Microsoft viele Verbesserungen in der Sicherheit eingeführt. So arbeiten Applikationen und DLLs des Clusters mit so wenigen Rechten wie möglich und haben keine Berechtigungen mehr, uneingeschränkt mit dem Netzwerk zu kommunizieren. Angriffe auf Cluster, um Berechtigungen im Netzwerk zu erhalten, werden dadurch eingeschränkt.

Durch die Verbesserungen in der Netzwerkschicht eines Clusters können die Knoten ein- und desselben Clusters auch sehr weit auseinander liegen. Durch dieses Geo-Clustering ist es möglich, dass sich ein Cluster über mehrere Niederlassungen erstreckt, was die Ausfallsicherheit auch bei größeren Katastrophen deutlich erhöht. Unternehmen mit einer echten Notfallwiederherstellungsplanung profitieren daher extrem von den neuen Funktionen. Clusterknoten müssen sich nicht mehr in einem gemeinsamen Subnetz befinden und können jetzt auch über Router zwischen verschiedenen Netzen kommunizieren. Aus diesem Grund ist es auch nicht mehr notwendig, Clusterknoten mit virtuellen LANs (VLANs) miteinander zu verbinden, was die Kosten für einen Cluster unter Windows Server 2008 R2 weiter reduziert und die Einbindung in Notfallwiederherstellungsszenarien mit Geo-Clustern erhöht. Der Heartbeat-Timeout kann konfiguriert werden, sodass Clusterknoten auch über schmalbandige WAN-Anbindungen konsistent miteinander kommunizieren können.

Clusterknoten können durch diese neue Möglichkeit weiter voneinander entfernt positioniert werden. Cluster, die sich in einem gemeinsamen LAN befinden, profitieren von der Möglichkeit, den Timeout zu reduzieren, sodass der Ausfall eines Knotens noch schneller festgestellt werden kann und Wiederherstellungsaktionen in kürzerer Zeit durchgeführt werden können. Cluster mit gemeinsamen Datenträgern profitieren von der besseren Anbindung an SAN-Strukturen. Cluster unter Windows Server 2008 R2 unterstützen serielles SCSI (SAS), iSCSI und Fibre Channel für die Anbindung von Datenträgern. Paralleles SCSI wird für gemeinsame Datenträger nicht mehr unterstützt. Es werden keine SCSI-Busresets mehr verwendet, was bei Clustern mit gemeinsamen Datenträgern auf SANs viele Probleme bereitet hat.

Die generelle Verwaltung des gemeinsamen Datenträgers wurde überarbeitet und optimiert. Cluster unter Windows Server 2008 R2 unterstützen jetzt auch GPT-Datenträger. Das Datenträger-Partitionsformat MBR (Master Boot Record) unterstützt Volumes mit einer Größe von bis zu zwei Terabyte und bis zu vier Primärpartitionen pro Datenträger (oder drei Primärpartitionen, eine erweiterte Partition und eine unbegrenzte Anzahl logischer Laufwerke). Im Vergleich dazu unterstützt das Partitionsformat GPT (GUID-Partitionstabelle) Volumes mit einer Größe von bis zu 18 Exabyte und bis zu 128 Partitionen pro Datenträger. Anders als bei Datenträgern mit dem MBR-Partitionsformat werden Daten, die für den Betrieb der Plattform zwingend erforderlich sind, in Partitionen abgelegt und nicht in Sektoren ohne Partition oder in versteckten Sektoren. Außerdem besitzen Datenträger mit dem GPT-Partitionsformat redundante Primär- und Sicherungspartitionstabellen, wodurch die Integrität der Partitionsdatenstruktur verbessert wird. Auf GPT-Datenträgern können Sie dieselben Aufgaben wie auf MBR-Datenträger durchführen.

Zusätzlicher Speicherplatz kann Clusterapplikationen zugewiesen werden, ohne dass diese offline gesetzt werden müssen. Die Eigenschaften von Ressourcen lassen sich bearbeiten, während diese online sind, sodass die Verfügbarkeit des Clusters deutlich erhöht wird, da Applikationen auch während der Wartung des Clusters weiter zur Verfügung stehen. Abhängigkeiten des Clusternetzwerknamens können für mehrere virtuelle IP-Adressen gesetzt werden und können mit ODER-Verbindungen verknüpft werden. Microsoft bietet den Download einer Testversion von Windows Server 2008 R2 an, mit der Partner Testumgebungen mit Clustern aufbauen können.

Voraussetzungen für Cluster

Damit ein Cluster betrieben werden kann, wird eine gewissen Grundausstattung benötigt. In diesem Abschnitt gehen wir kurz auf die wichtigsten Punkte ein.

Clustertaugliche Hardware

Dazu gehört zunächst die Beschaffung von passender Hardware für Ihren Cluster. Diese Hardware sollte Bestandteil der Hardware Compatibility List (HCL) für Cluster und Windows Server 2008 R2 sein. Das System sollte mindestens folgende Komponenten beinhalten:

- Jeder der Knoten benötigt einen eigenen Controller für die Datenträger des Betriebssystems, am besten mit RAID-1 zur Absicherung der lokalen Servereinstellungen
- Jeder Knoten benötigt einen clusterfähigen Adapter, der an den gemeinsamen Datenträger angeschlossen ist, auf den alle Knoten gleichzeitig zugreifen können
- Sie benötigen für einen Cluster einen gemeinsamen Datenträger, ein SAN oder einen iSCSI-Festplattenturm, an den beide Knoten angeschlossen werden können, sowie passende Kabel für den Anschluss. An diesen gemeinsamen Datenträger muss jeder Knoten angeschlossen werden. Windows Server 2008 R2 unterstützt keinen gemeinsamen SCSI-Bus mehr. Nur iSCSI und SANs werden unterstützt.
- In jedem Knoten sollten zwei Netzwerkkarten eingebaut werden. Eine Karte dient der Kommunikation der Knoten untereinander (Heartbeat), die zweite dient der Kommunikation mit den Benutzern. Idealerweise sollten die Knoten noch eine dritte Netzwerkkarte haben, die für die Kommunikation der Knoten untereinander und die Kommunikation der Benutzer zur Ausfallsicherheit zuständig ist. So wird sichergestellt, dass der Cluster auch dann weiter funktioniert, wenn eine Netzwerkkarte ausfällt. Die Netzwerkkarten auf allen Knoten sollten identisch sein.

Clustertaugliche Software

Zusätzlich zu der Hardware benötigen Sie noch die passende Software für den Aufbau des Clusters:

- Windows Server 2008 R2 Enterprise Edition, Datacenter Edition oder Windows Server 2008 R2 für itaniumbasierte Systeme

- Exchange Server 2007/2010 Enterprise Edition oder eine clusterfähige Edition der Software, die zusätzlich auf dem Cluster installiert werden muss
- Clusterfähige Produkte für Datensicherung und Virenschutz

Einen Cluster planen

Außer diesen Vorbereitungen müssen Sie einige Einstellungen in Ihrem Netzwerk und Active Directory vornehmen. Sie benötigen zum Beispiel mehrere Servernamen für den Cluster und mehrere IP-Adressen in verschiedenen Subnets:

- Legen Sie zunächst einen Namen für den Cluster als Ganzes fest. Dieser Name erhält kein Computerkonto, wird aber für die Administration des Clusters verwendet. Sie sollten einen Namen wählen, aus dem schnell deutlich wird, worum es sich handelt, zum Beispiel *EXCLUSTER*.
- Jeder physische Knoten des Clusters erhält ein Computerkonto in derselben Domäne. Daher benötigt jeder physische Knoten einen entsprechenden Rechnernamen, zum Beispiel *VCN1* und *VCN2*. Die beiden Server werden später als Mitgliedsserver in die Domäne aufgenommen.
- Des Weiteren benötigen die virtuellen Exchange-Server, die auf dem Cluster laufen, ebenfalls einen Namen. Erstellen Sie nur einen virtuellen Server, benötigen Sie lediglich einen Namen für den virtuellen Server. Diese virtuellen Server erhalten kein Computerkonto, sind in der Exchange-Konfiguration aber unter dem Namen zu finden, den Sie bei der Installation auswählen. Aus dem Namen sollte schnell ersichtlich sein, dass es sich um virtuelle Exchange-Server handelt. Wählen Sie zum Beispiel *EXV1*. Anwender verwenden auch diesen Namen für den Zugriff auf Exchange Server.
- Sie benötigen für den Cluster mehrere IP-Adressen. Jeder physische Knoten benötigt je eine IP-Adresse. Der Cluster als Ganzes erhält eine IP-Adresse, jeder virtuelle Exchange-Server und die Netzwerkkarten für die private Kommunikation des Clusters erhalten je eine in einem getrennten Subnetz (wichtig!).
- Legen Sie für die Konfiguration des Clusters und von Exchange Server am besten ein neues Benutzerkonto in der Domäne an. Für die Installation des Clusters sollte dieses Konto Mitglied in der Gruppe der Domänen-Admins sein.

Windows Server 2003-Cluster migrieren

Cluster, die mit Windows Server 2003 betrieben werden, können relativ leicht auf Windows Server 2008 R2 migriert werden. Dabei empfiehlt Microsoft folgende Vorgehensweise:

1. Verschieben Sie alle Gruppen vom zweiten Clusterknoten, damit dieser im Cluster keine Rolle mehr spielt.
2. Entfernen Sie den Knoten vom Cluster. Gehen Sie dazu folgendermaßen vor: Öffnen Sie die Clusterverwaltung auf dem aktiven Knoten. Klicken Sie mit der rechten Maustaste auf den passiven Knoten und wählen Sie *Clusterdienst beenden*. Nach kurzer Zeit wird der Clusterdienst als beendet angezeigt. Klicken Sie noch einmal auf den passiven Knoten mit der rechten Maustaste und wählen Sie dieses Mal im Kontextmenü den Eintrag *Knoten entfernen*. Es erscheint eine Warnmeldung und der Knoten wird aus dem Cluster entfernt.

   Haben Sie einen Clusterknoten von einem Cluster entfernt und wollen diesen Knoten erneut einem Cluster hinzufügen, funktioniert unter Umständen der Clusterdienst nicht mehr richtig. Geben Sie in diesem Fall in der Befehlszeile den Befehl *sc create clussvc* ein. Mit diesem Befehl werden die Registrierungsdaten des Clusters wiederhergestellt. Die physische Verbindung zum SAN, also dem gemeinsamen Datenträger, bleibt erhalten.

3. Installieren Sie auf dem Server Windows Server 2008 R2. Erstellen Sie dann mit dem Server einen neuen Cluster mit einem neuen Clusternamen, wie in diesem Abschnitt beschrieben. Eine Aktualisierung von Windows Server 2003 zu Windows Server 2008 R2 ist zwar prinzipiell möglich, allerdings rät Microsoft dringend davon ab und empfiehlt eine komplette Neuinstallation.
4. Starten Sie die Clusterverwaltung auf dem Windows Server 2008 R2-Cluster. Klicken Sie mit der rechten Maustaste auf den Cluster und wählen Sie im Kontextmenü den Untermenübefehl *Weitere Aktionen/Dienste und Anwendungen migrieren*.
5. Anschließend startet der Assistent zur Migration von Clusterdiensten. Hier werden auf mehreren Seiten der Quellcluster und die dazugehörigen Gruppen ausgewählt, die migriert werden sollen. Mit dem Assistenten kann Gruppe für Gruppe zum neuen Cluster migriert werden. Ob die Migration funktioniert, hängt von den Ressourcen ab. Windows-interne Ressourcen wie DHCP, DNS, Datei- und Druckdienste werden problemlos übernommen.

   SQL Server oder Exchange Server kann nur übernommen werden, wenn vor der Migration die entsprechende Software auf dem zweiten Knoten installiert wurde. Da die Ressourcen auf dem ersten Knoten ohnehin erhalten bleiben und nur kopiert, nicht verschoben werden, kann die erfolgreiche Übernahme auch getestet werden. Nach der Migration sind die Ressourcen auf dem Windows Server 2008 R2-Knoten online und müssen zunächst offline geschaltet werden.
6. Nehmen Sie die Gruppen auf dem alten Cluster offline und auf dem neuen Cluster online.
7. Installieren Sie den anderen Clusterknoten ebenfalls neu und fügen Sie diesem den Windows Server 2008 R2-Cluster hinzu. Die Migration ist an dieser Stelle abgeschlossen.

ACHTUNG Der Assistent für die Clustermigration kann nur von Windows Server 2003 zu Windows Server 2008 R2 migrieren. Eine Migration zurück zu Windows Server 2003 kann nicht automatisiert werden.

Cluster mit iSCSI installieren (Testumgebung)

Auf den folgenden Seiten zeigen wir Ihnen den Aufbau eines Clusters mit Windows Server 2008 R2 am Beispiel einer Testumgebung.

HINWEIS Nutzen Sie einen anderen gemeinsamen Datenträger als das iSCSI-Target, wie in den folgenden Abschnitten verwendet, können Sie die Schritte zur Einrichtung des iSCSI-Targets überspringen. Die Schritte zum Erstellen des Clusters oder der Anbindung von iSCSI-Geräten sind auch in produktiven Umgebungen notwendig.

Vorbereitungen für die Clusterinstallation

Auf den Clusterknoten installieren Sie zunächst Windows Server 2008 R2 Enterprise Edition und nehmen diese in die Domäne auf. Alle Clusterknoten müssen sich in der gleichen Active Directory-Domäne befinden.

iSCSI installieren

Für eine Testumgebung können Sie auch auf virtuelle iSCSI-Platten zurückgreifen, die als gemeinsamer Datenträger konfiguriert sind. Im Gegensatz zu Windows Server 2003 unterstützt ein Cluster mit Windows Server 2008 R2 keinen gemeinsamen SCSI-Bus mehr. Als gemeinsamer Datenträger für den Cluster kann also kein SCSI-Speicher mehr verwendet werden. Dies gilt auch für die diversen Möglichkeiten einer virtuellen Testumgebung. Um einen gemeinsamen Datenträger für einen Cluster mit Windows Server 2008 R2 zu erstellen, wird daher ein SAN (Storage Aera Network) oder ein iSCSI-Gerät benötigt. Für eine Testumgebung ist ein virtuelles iSCSI-Laufwerk der beste Weg. iSCSI wird hauptsächlich bei NAS-Systemen eingesetzt. NAS steht für Network Attached Storage. Hierbei handelt es sich um Massenspeichergeräte, die direkt an das Netzwerk angeschlossen werden und mit einem eigenen Betriebssystem ausgestattet sind.

Viele Betriebssysteme von NAS-Systemen sind webbasierend und im Gegensatz zu normalen Betriebssystemen deutlich eingeschränkt sowie ausschließlich auf den Einsatz als Dateiserverbetriebssystem optimiert. Ein großer Nachteil von NAS-Systemen ist die Problematik, dass die Anbindung über das LAN erfolgt. Durch diesen Umstand muss zwar keine eigene Speicherinfrastruktur aufgebaut werden, die zum Beispiel ein SAN benötigt, die Geschwindigkeit ist aber leider oft auch nicht optimal. Manche Anwendungen haben allerdings Probleme damit, wenn der Datenspeicher im Netzwerk bereitgestellt wird und mittels IP auf die Daten zugegriffen wird, anstatt den blockbasierten Weg über SCSI oder Fibre Channel zu gehen. Zu diesem Zweck gibt es die iSCSI-Technologie. iSCSI ermöglicht den Zugriff auf NAS-Systeme mit dem bei lokalen Datenträgern üblichen Weg als normales lokales Laufwerk.

Die Nachteile der IP-Kommunikation werden kompensiert. iSCSI verpackt dazu die SCSI-Daten in TCP/IP-Pakete. Für den empfangenden Server verhält sich ein NAS in einem schnellen Gigabit-Netzwerk wie ein lokales Festplattensystem. Um eine Testumgebung mit einem Windows Server 2008 R2-Cluster aufzubauen, wird daher ein solches iSCSI-Gerät benötigt. Laden Sie sich dazu die 30-Tage-Testversion von StarWind iSCSI Target über die Internetseite *www.rocketdivision.com* herunter. Nachdem Sie die Software heruntergeladen haben, installieren Sie diese auf einem Server, auf dem Sie danach mit der Software virtuelle Festplatten erstellen können. Sie müssen die 30 Tage gültige Lizenzdatei einspielen, da die kostenlose Version keinen Clusterzugriff ermöglicht. Die Datei erhalten Sie als Anlage zur E-Mail.

Nach der Installation werden über die Software virtuelle Laufwerke erstellt, die im Cluster als gemeinsame Datenträger und Quorum verwendet können. Die über diese Software zur Verfügung gestellten virtuellen Datenträger sind vollständig clusterfähig. Um einen solchen Datenträger zu installieren, starten Sie die Software auf dem Testserver, klicken im Fenster auf *Add Host* und verbinden sich mit dem lokalen Server. Als Benutzernamen verwenden Sie *test*, als Kennwort auch. Ab der Version 5 ist der Anmeldenamen *root* und das Kennwort *starwind*. Nach der Verbindung können virtuelle iSCSI-Laufwerke erstellt werden.

Abbildg. 33.1 Verbinden mit dem virtuellen iSCSI-Gerät

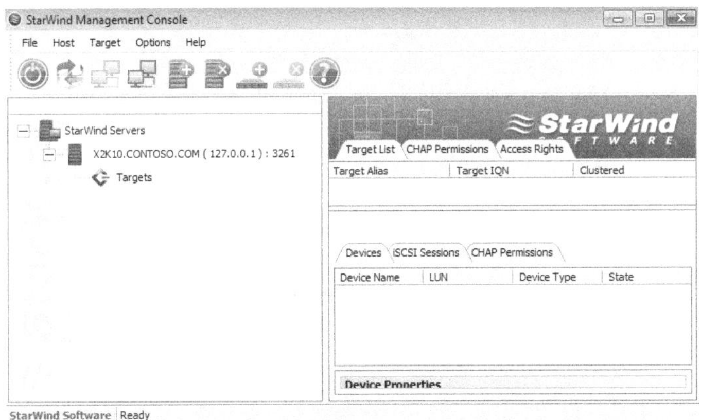

Nach der erfolgreichen Verbindung klicken Sie in der Symbolleiste auf *Add Target*. Es startet der Assistent, mit dem virtuelle iSCSI-Laufwerke erstellt werden. Auf der ersten Seite des Assistenten geben Sie den Namen ein. Auf der nächsten Seite wählen Sie die Option *Hard Disk* und auf der folgenden Seite die Option *Basic Virtual*.

Abbildg. 33.2 Auswählen des virtuellen Laufwerktyps für das iSCSI-Laufwerk

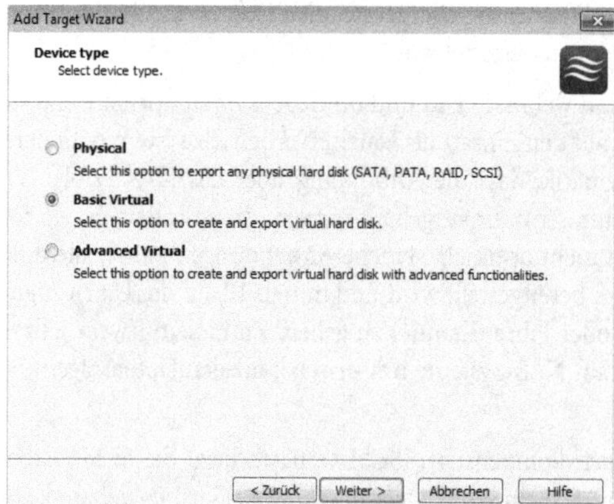

Als Nächstes wählen Sie *Image File device* aus und dann *Create new virtual disk*. Als Nächstes müssen Sie die Daten und den Pfad des neuen virtuellen Laufwerks angeben. Achten Sie darauf, der Datei die richtige Endung *.img* zuzuweisen und dass das virtuelle Laufwerk des Servers über genügend freien Speicherplatz verfügt. Auf der nächsten Seite des Assistenten aktivieren Sie die beiden Kontrollkästchen *Asynchronous mode* und vor allem *Allow multiple concurrent iSCSI connections (clustering)*. Lassen Sie das Laufwerk anschließend erstellen.

Abbildg. 33.3 Konfigurieren eines iSCSI-Laufwerks für die Cluster-Unterstützung

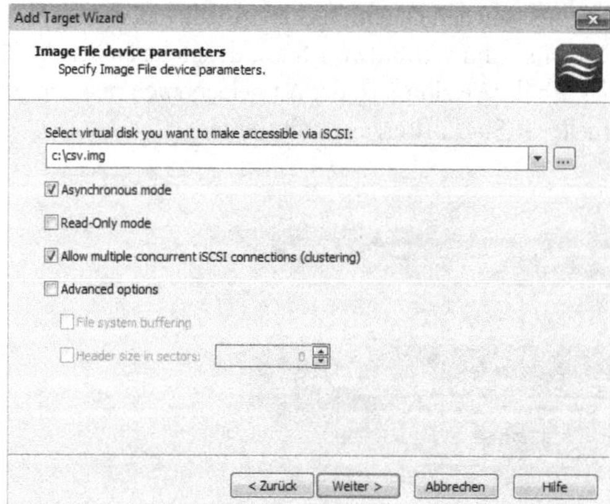

Nach der Erstellung wird das Laufwerk in der Verwaltungskonsole von StarWind angezeigt.

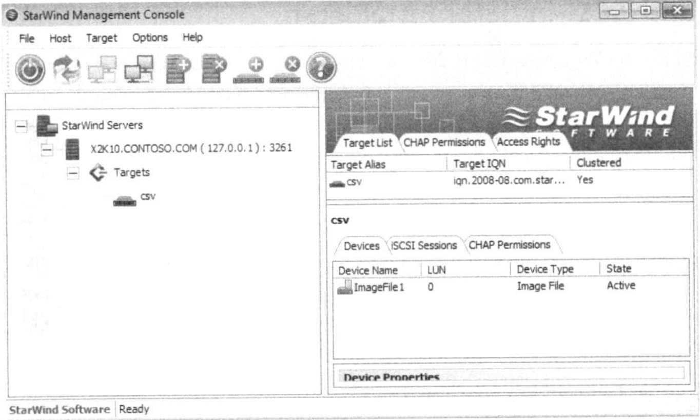

Abbildg. 33.4 Anzeigen der virtuellen iSCSI-Laufwerke für den Testcluster

Aktuelle Versionen von StarWind müssen Sie noch an das Netzwerk anpassen. In den meisten Umgebungen hört StarWind nicht auf den standardmäßigen iSCSI-Port TCP 3260 im Netzwerk und ermöglicht daher keine Anbindung:

1. Um die Konfiguration anzupassen, klicken Sie in der Verwaltungskonsole von StarWind auf den Server und dann auf der rechten Seite der Konsole auf *Configuration*.
2. Klicken Sie anschließend im unteren Bereich auf *Network*.
3. Markieren Sie die Adresse *127.0.0.1* und klicken Sie auf *Remove*, um diese zu deaktivieren. Bestätigen Sie alle Meldungen.
4. Stellen Sie sicher, dass die IP-Adresse des Servers, mit dem Sie sich im Netzwerk verbinden, ganz oben steht und aktiviert ist. Notfalls müssen Sie diese über *Add* zunächst hinzufügen.

Abbildg. 33.5 Konfigurieren der richtigen Netzwerkschnittstelle für das iSCSI-Target

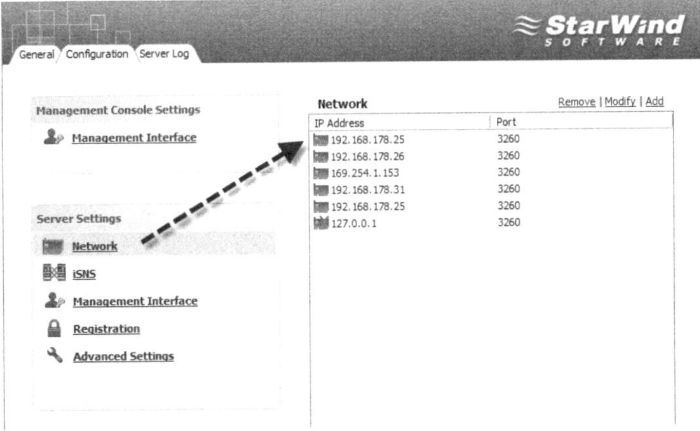

Clusterknoten und iSCSI-Initiator installieren

Als Nächstes installieren Sie die Windows Server 2008 R2-Computer und nehmen diese mit in die Umgebung auf. Für einen Cluster werden mindestens zwei Server benötigt. Jeder physische Server, der an einem Cluster teilnimmt, wird als Clusterknoten bezeichnet. Zunächst müssen Sie die notwendige Hardware miteinander verkabeln. In einer virtuellen Umgebung reicht der Betrieb in einem gemeinsamen virtuellen Netzwerk und einem gemeinsamen Subnetz.

Als Nächstes wird zunächst auf dem einen, dann auf dem zweiten Clusterknoten eine Verbindung zu den iSCSI-Laufwerken hergestellt. Dazu verwenden Sie den *iSCSI-Initiator*, der zu den Bordmitteln von Windows Server 2008 R2 gehört und den Sie über *Start/Verwaltung* starten. Beim ersten Aufruf dieser Software müssen Sie den Start des entsprechenden Diensts zunächst bestätigen und die Blockierung aufheben. Anschließend können Sie den Dienst über mehrere Registerkarten konfigurieren.

Gehen Sie zur Anbindung der Laufwerke folgendermaßen vor:

1. Wechseln Sie auf die Registerkarte *Suche*.
2. Klicken Sie auf *Portal ermitteln* und geben Sie die IP-Adresse oder den Namen des Servers ein, auf dem StarWind installiert und konfiguriert ist.

Abbildg. 33.6 Anbindung von Windows Server 2008 R2 über den iSCSI-Initiator an ein iSCSI-Target

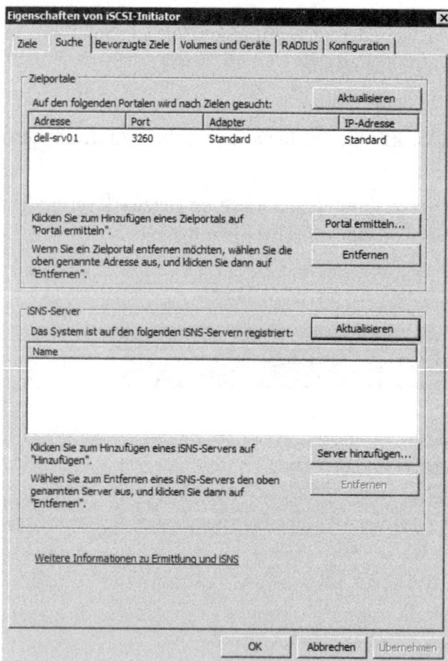

3. Wechseln Sie auf die Registerkarte *Ziele*. Hier werden die unter StarWind erstellten Laufwerke angezeigt.
4. Klicken Sie auf die Schaltfläche *Verbinden*. Damit wird eine Verbindung mit dem Gerät hergestellt. Bisher ist das Gerät nur verfügbar, aber noch nicht mit dem Computer verbunden.
5. Aktivieren Sie das Kontrollkästchen *Diese Verbindung der Liste der bevorzugten Ziele hinzufügen*. Diese Option muss für alle Laufwerke separat eingestellt werden. Wenn der Clusterknoten neu gestartet wird,

muss dieser natürlich auf die notwendigen Freigaben zugreifen können. Diese Einstellung muss auch in einer produktiven Umgebung so konfiguriert werden.

Abbildg. 33.7 Verbindungsaufbau zu den iSCSI-Laufwerken

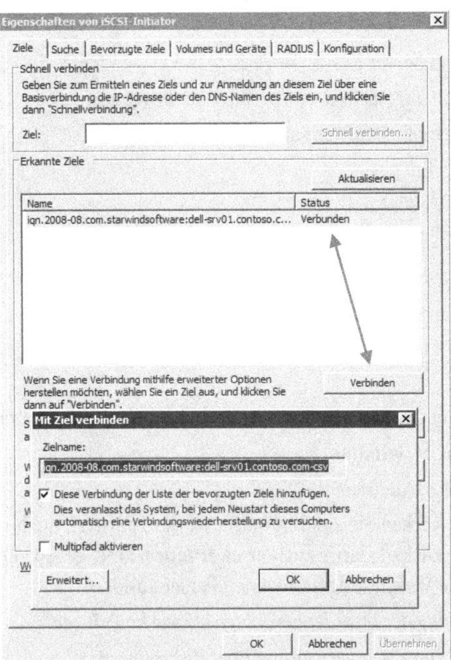

6. Nachdem die Laufwerke mit dem ersten Serverknoten verbunden wurden, müssen diese über die Festplattenverwaltung online geschaltet, initialisiert, partitioniert und formatiert werden. Belassen Sie die Datenträger auf *Basis*, eine Umwandlung in dynamische Datenträger wird für den Einsatz im Cluster nicht empfohlen. GPT wird an dieser Stelle nicht benötigt, da die Datenträger kleiner als 2 Terabyte sind.
7. Gehen Sie auf dem zweiten Clusterknoten genauso vor wie beim ersten und beginnen Sie bei Schritt 1. Da die Datenträger aber bereits auf dem ersten Knoten initialisiert und formatiert wurden, müssen Sie diesen Schritt auf dem zweiten nicht wiederholen. Auf dem zweiten Knoten reicht das online Schalten und das Ändern der Laufwerksbuchstaben, die mit dem ersten Knoten übereinstimmen müssen.

TIPP Funktioniert der Verbindungsaufbau des iSCSI-Initiators nicht, müssen Sie unter Umständen in der Verwaltung von StarWind über die Registerkarte *Configuration* bei der Auswahl des Servers über *Network/Add* die Netzwerkverbindungen aktivieren, über die der Zugriff gestattet werden soll.

Auch die Firewalls auf den beteiligten Servern bremsen den Zugriff unter Umständen aus. Rufen Sie dann über *wf.msc* die erweiterte Verwaltungsoberfläche der Windows-Firewall auf. Erstellen Sie auf den beteiligten Server jeweils eine neue eingehende und ausgehende Regel als benutzerdefinierte Basis. Erlauben Sie zwischen den beteiligten Servern am besten alle Protokolle, damit die Kommunikation funktioniert. Die Firewall müssen Sie nur bearbeiten, wenn Sie keine Verbindung bekommen, obwohl Sie in StarWind die richtige IP-Adresse aktiviert haben.

Schnellanleitung zur Anbindung von neuen iSCSI-Laufwerken an Clusterknoten:

1. Starten Sie dazu das Verwaltungsprogramm über dessen Symbol in der Taskleiste. Dieses ist bei Windows Server 2008 R2 und Windows 7 ausgeblendet.
2. Verbinden Sie sich in der Verwaltungskonsole mit dem Server über das Kontextmenü und der Auswahl von *Connect*.
3. Melden Sie sich mit *root* und *starwind* am Server an.
4. Klicken Sie mit der rechten Maustaste auf *Targets* und wählen Sie *Add Target* aus.
5. Geben Sie einen Namen für das neue virtuelle Laufwerk an.
6. Wählen Sie auf der nächsten Seite *Hard Disk* aus.
7. Wählen Sie auf der nächsten Seite *Basic Virtual* aus.
8. Wählen Sie auf der nächsten Seite *Image File device* aus.
9. Wählen Sie auf der nächsten Seite *Create new virtual disk* aus.
10. Geben Sie auf der nächsten Seite den Pfad und die Größe an.
11. Aktivieren Sie auf der nächsten Seite die Optionen *Asynchronous mode* und *Allow multiple concurrent iSCSI connections (clustering)*.
12. Bestätigen Sie alle weiteren Fenster, damit das Laufwerk erstellt und in der Konsole angezeigt wird.
13. Öffnen Sie über *Start/Verwaltung* den *iSCSI-Initiator*.
14. Klicken Sie in der Registerkarte *Ziele* auf *Aktualisieren*.
15. Wählen Sie das neue Laufwerk aus und klicken Sie auf *Verbinden*. Ist das Laufwerk noch nicht verbunden, aktivieren Sie die Registerkarte *Suche*, klicken darin auf *Portal ermitteln* und geben die IP-Adresse des iSCSI-Targets mit dem Port 3260 an. Die Verbindung darf keinen Fehler auslösen.
16. Aktivieren Sie die Option *Diese Verbindung der Liste der bevorzugten Ziele hinzufügen*.
17. Starten Sie auf dem ersten Knoten die Datenträgerverwaltung über *diskmgmt.msc*.
18. Klicken Sie das neue Laufwerk mit der rechten Maustaste an und wählen Sie den Kontextmenübefehl *Online*.
19. Klicken Sie den Datenträger noch mal mit der rechten Maustaste an und wählen Sie *Datenträgerinitialisierung*.
20. Wählen Sie den Datenträger aus, aktivieren Sie *MBR* und klicken Sie auf *OK*.
21. Klicken Sie auf den freien Bereich des Datenträgers mit der rechten Maustaste und wählen Sie *Neues einfaches Volume* aus.
22. Erstellen Sie eine NTFS-Partition und lassen Sie den Datenträger formatieren.
23. Gehen Sie auf dem zweiten Knoten genauso vor und wählen Sie den gleichen Laufwerksbuchstaben wie auf dem ersten Knoten aus. Initialisieren und formatieren müssen Sie natürlich nicht mehr. Wichtig ist, dass Sie den gleichen Laufwerksbuchstaben wählen.

Netzwerk auf den Clusterknoten konfigurieren

Haben Sie das Betriebssystem auf dem Server installiert und die iSCSI-Laufwerke verbunden, sollten Sie die IP-Einstellungen für die beiden Knoten vornehmen. Eine Netzwerkkarte dient dabei zur Kommunikation der Server mit dem normalen Netzwerk und sollte deshalb von den Arbeitsstationen und den Servern in Ihrem Netzwerk erreichbar sein. Hier verwenden Sie eine IP-Adresse, die sich im gleichen Subnetz wie der andere Knoten und der virtuelle Domänencontroller befindet. Diese Einstellung haben Sie bereits vorgenommen, da alle drei Server im gleichen Netzwerk betrieben werden.

Die andere Netzwerkkarte dient lediglich zur Kommunikation der Knoten untereinander. Clusterknoten unterhalten sich über diese private Schnittstelle und stellen fest, ob der jeweils andere Knoten noch online ist. Diese Überprüfung wird im Allgemeinen als Heartbeat bezeichnet. Benennen Sie nach der Konfiguration der Netzwerkkarte die Verbindungen um, sodass sofort ersichtlich ist, um welche es sich handelt. Empfohlen werden oft die beiden Bezeichnungen *private* und *public*. Sie sollten für die beiden Karten zudem die Option aktivieren, dass die Verbindung in der Taskleiste angezeigt wird. Dadurch haben Sie bei der Administration des Clusters immer schnell einen Überblick über die Netzwerkverbindungen. Haben Sie auf beiden Knoten die Netzwerkkarten konfiguriert, sollten Sie die Verbindung zwischen den Knoten und die Verbindung zwischen den Knoten und Ihrem Firmennetzwerk testen. Bei der Testumgebung fahren Sie die beiden virtuellen Clusterknoten herunter und gehen in die Einstellungen der virtuellen Maschinen. Erhöhen Sie die Anzahl der Netzwerkadapter auf *2* und konfigurieren Sie die zweite Verbindung als *Nur lokal*.

Fahren Sie dann beide Clusterknoten wieder hoch und benennen Sie die Netzwerkverbindungen entsprechend um. Weisen Sie der neuen, privaten Verbindung eine IP-Adresse zu, die sich in einem anderen Subnetz befindet wie das öffentliche Netzwerk, aber im gleichen Subnetz wie die private Verbindung zum zweiten Knoten. Testen Sie anschließend die private Verbindung zwischen den Knoten.

Im nächsten Abschnitt beschreiben wir Ihnen die wichtigsten Schritte für die Kommunikation. Diese Maßnahmen müssen auch auf produktiven Clustern durchgeführt werden und gelten nicht nur für die virtuelle Testumgebung.

Haben Sie die virtuelle Hardware der Clusterknoten konfiguriert, führen Sie als Nächstes Konfigurationen unter Windows durch. Starten Sie dazu den ersten Clusterknoten und melden Sie sich mit einem Domänenadmin-Konto an. Gehen Sie in die Verwaltung der Netzwerkverbindungen (*Start/Ausführen/ncpa.cpl*). Da Sie eine neue Netzwerkkarte hinzugefügt haben, wird in der Netzwerkverbindung diese neue LAN-Verbindung angezeigt. Benennen Sie am besten die LAN-Verbindung mit dem öffentlichen Netz in *public* um, die neu erstellte in *private*. Diese Vorgehensweise ist der Standard bei Clusterinstallationen. Dadurch können Sie bei der späteren Kommunikation oder Fehlersuche sofort erkennen, um welches Netzwerk es sich handelt. Konfigurieren Sie die Netzwerkeigenschaften der privaten Verbindung. Geben Sie dieser Verbindung zum Beispiel die IP-Adresse *192.168.100.1* und eine Subnetzmaske in einem vom öffentlichen Netzwerk getrennten Bereich. Das private Netzwerk eines Clusters sollte möglichst immer in einem eigenen Subnetz liegen, um störende Einflüsse anderer Teilnehmer am Netzwerk auszuschließen.

Lassen Sie das Feld *Standardgateway* und *DNS Server* leer. Diese beiden Optionen werden beim Heartbeat auch bei der produktiven Umgebung nicht benötigt. Wichtig ist an dieser Stelle nur, dass die privaten Netzwerkkarten der beiden Clusterknoten sind untereinander auf IP-Basis unterhalten können. Klicken Sie danach auf *Erweitert*. Wechseln Sie zur Registerkarte *DNS* und stellen Sie sicher, dass die beiden Kontrollkästchen *Adressen dieser Verbindung in DNS registrieren* und *DNS-Suffix dieser Verbindung in DNS-Registrierung verwenden* ganz unten im Dialogfeld deaktiviert sind, da DNS-Auflösung für ein Heartbeat-Netzwerk eher stört, als die Funktionssicherheit zu erhöhen.

Wechseln Sie anschließend zur Registerkarte *WINS*. Aktivieren Sie hier die Option *NetBIOS über TCP/IP deaktivieren*, da NetBIOS die interne Kommunikation eines Clusters stören kann. Im Anschluss wechseln Sie innerhalb der Eigenschaften der Netzwerkumgebung mit der Schaltfläche *Erweitert* zu den erweiterten Einstellungen. Hier können Sie die Bindungsreihenfolge festlegen. Diese legt fest, in welcher Reihenfolge Netzwerkpakete über das Netzwerk geschickt werden und welche Verbindung zuerst verwendet wird. Ändern Sie die Reihenfolge so ab, dass sich die *public*-Verbindung ganz oben befindet, damit die Kommunikation zu den Clients priorisiert wird. Diese Einstellung wird dringend empfohlen.

TIPP In den erweiterten Eigenschaften der Windows-Firewall, die über die Systemsteuerung gestartet werden, sollte auf der Registerkarte *Erweitert* die Firewall für das private Clusternetz deaktiviert werden. Außerdem sollten Sie iSCSI-Geräte, falls solche im Netzwerk iSCSI-Geräte vorhanden sind, ebenfalls deaktivieren. Für diese beiden Verbindungen stört die Firewall nur. Für das normale öffentliche Netzwerk kann die Firewall weiterhin aktiv bleiben.

Führen Sie auf dem zweiten Clusterknoten genau die gleichen Aktionen durch. Weisen Sie der privaten Verbindung eine IP-Adresse zu und stellen Sie die Bindungsreihenfolge und die anderen Optionen identisch zum ersten Knoten ein.

TIPP Verwenden Sie als gemeinsamen Datenträger iSCSI, kann IPv6 deaktiviert werden, wenn das Speichergerät IPv6 nicht unterstützt. Nur wenn alle beteiligten Komponenten eines Clusters IPv6 unterstützen, sollte IPv6 in den Eigenschaften der Netzwerkkarte aktiviert bleiben.

Clusterunterstützung installieren und konfigurieren

Nachdem die notwendigen Einstellungen vorgenommen wurden, kann der Cluster über den ersten Knoten erstellt werden. Die Clusterunterstützung wird unter Windows Server 2008 R2 als Feature installiert. Starten Sie daher den Server-Manager und klicken Sie auf *Features* und dann *Features hinzufügen*. Wählen Sie das Feature *Failover-Clusterunterstützung* zur Installation aus. Während der Installation dieses Features werden noch keinerlei Einstellungen vorgenommen, sondern nur die notwendigen Systemdateien und die Clusterverwaltung installiert. Installieren Sie das Feature auf beiden Clusterknoten.

Abbildg. 33.8 Failover-Clusterunterstützung als Feature unter Windows Server 2008 R2 installieren

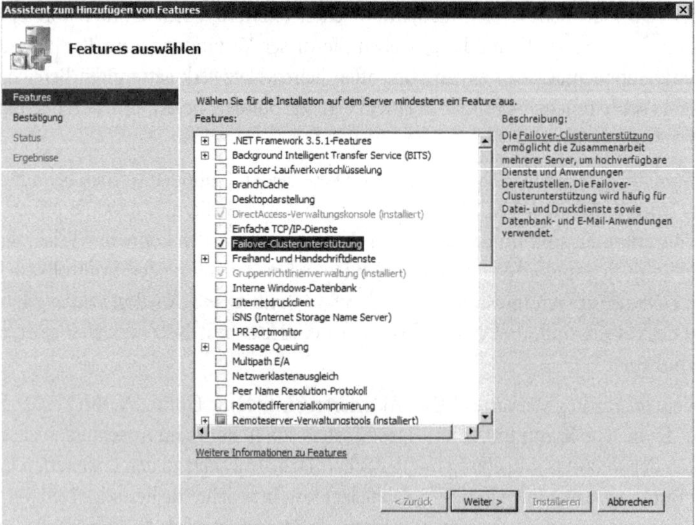

Cluster erstellen und konfigurieren

Nach der Installation des Features *Failover-Clusterunterstützung* auf beiden Clusterknoten gehen wir dazu über, den Cluster zu konfigurieren. Starten Sie auf dem ersten Clusterknoten den *Failovercluster-Manager* über *Start/Verwaltung*. Der erste Schritt, um einen Cluster unter Windows Server 2008 R2 zu erstellen, besteht darin, die

Clusterknotenkonfiguration zu überprüfen. Klicken Sie dazu auf den Link *Konfiguration überprüfen* im Aktionenbereich. Bei der Erstellung eines Clusters unter Windows Server 2008 R2 können bereits bei der Erstellung des Clusters alle beteiligten Knoten gemeinsam angegeben werden.

Abbildg. 33.9 Starten der Clusterverwaltung und Überprüfen der Konfiguration der Clusterknoten

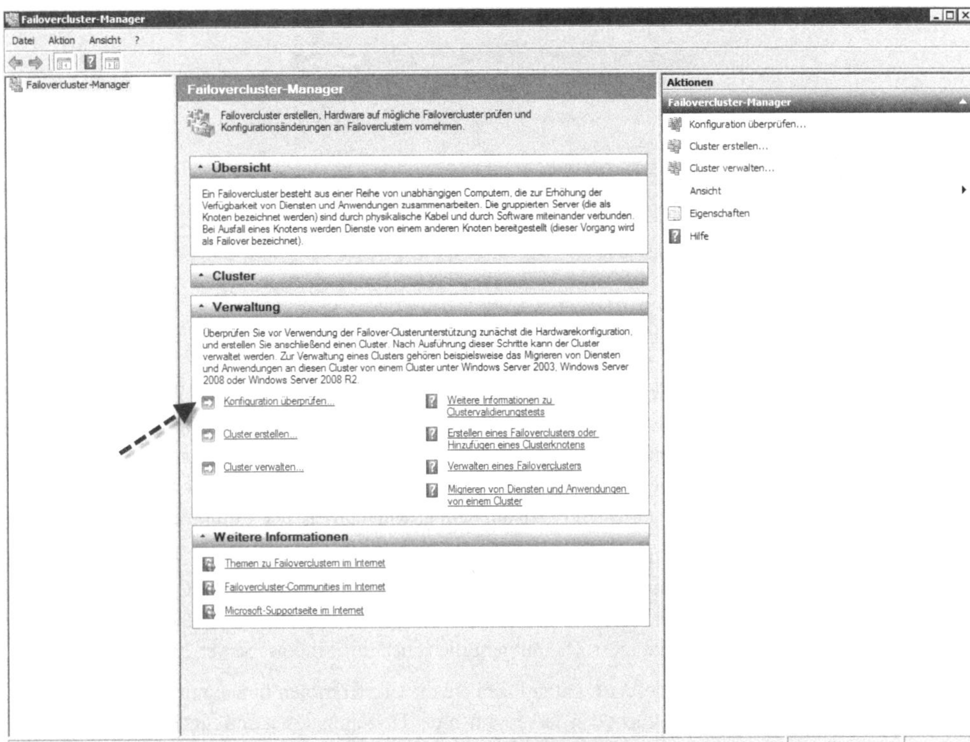

Bestätigen Sie die Startseite des Assistenten. Auf der nächsten Seite geben Sie den Namen der beiden Clusterknoten ein. Auf der folgenden Seite des Assistenten wird ausgewählt, welche Tests der Assistent durchführen soll. Hier sollte möglichst immer die Option *Alle Tests ausführen (empfohlen)* gewählt werden. Anschließend erhalten Sie eine Zusammenfassung angezeigt, was alles getestet wird, und der Assistent beginnt mit seinen Tests. Hier sollten möglichst alle Tests bestanden werden. Der Assistent testet beide Clusterknoten durch.

Nachdem der Assistent alle wichtigen Punkte getestet hat, erhalten Sie nach Abschluss einen ausführlichen Bericht über die Konfiguration. Eventuell vorhandene Fehler sollten Sie vor der Installation des Clusters beheben und anschließend einen erneuten Test durchführen. Erst wenn die Clusterüberprüfung keine Fehler meldet, kann der Cluster erstellt werden. Bei dem Test werden extrem viele Bereiche der Server getestet, sodass sichergestellt ist, dass der Cluster später auch fehlerfrei funktioniert.

HINWEIS Einer der Validierungstests der Clusterinstallation überprüft, ob sich der gemeinsame Datenträger wie ein SCSI 3-Datenträger verhält. Die beiden Standards SCSI 1 und SCSI 2 sind zu langsam und schmalbandig für einen Cluster unter Windows Server 2008 R2.

Abbildg. 33.10 Der Konfigurationsüberprüfungs-Assistent testet die Voraussetzungen für den Failovercluster

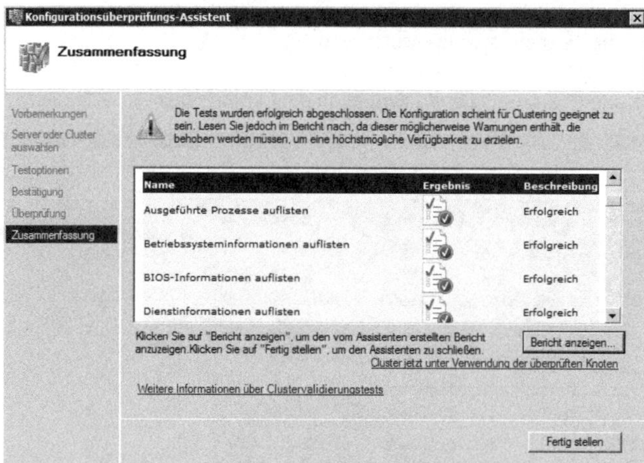

Der Bericht wird als *.mht*-Datei erstellt und im Internet Explorer angezeigt. Per Klick auf die einzelnen Tests werden ausführliche Informationen angezeigt. Wird ein Fehler gefunden, weist der Assistent darauf hin. In einer Testumgebung kann es durchaus sein, dass ein Fehler in der IP-Konfiguration gemeldet wird. Handelt es sich um keinen Fehler bei den Clusternetzwerkkarten, können Sie diesen ignorieren. Dieser ist darauf zurückzuführen, dass die beiden Clusterknoten auf dem gleichen physischen Computer laufen.

Nachdem die Konfiguration für den Cluster überprüft ist, können Sie die Erstellung in der Verwaltungskonsole über *Cluster erstellen* durchführen. Es startet der Assistent zum Erstellen des Clusters. Eine der Neuerungen in Windows Server 2008 ist, dass Sie den Cluster zentral auf einem Knoten erstellen und keine Konfiguration auf beiden Knoten stattfinden muss. Das gilt natürlich auch für Windows Server 2008 R2.

Auf der nächsten Seite des Assistenten fügen Sie die Clusterknoten hinzu, mit denen Sie den Cluster erstellen wollen. Der Assistent versucht den Servernamen per DNS aufzulösen und fügt die Server hinzu.

Abbildg. 33.11 Hinzufügen der Clusterknoten

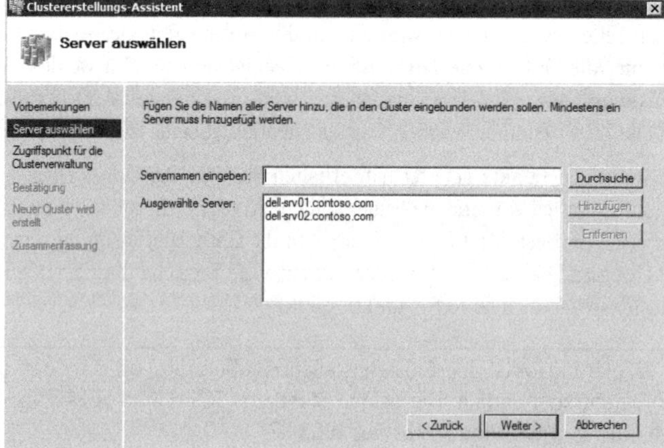

Auf der nächsten Seite legen Sie den Namen des Clusters als Ganzes fest. Über diesen Namen greifen Sie mit der Clusterverwaltung auf den Cluster zu. Hier wählen Sie auch eine IP-Adresse aus, mit welcher der Cluster selbst angesprochen wird. Die IP-Adresse muss einzigartig im Netzwerk sein und von den Clients und Administratoren erreicht werden können.

Abbildg. 33.12 Festlegen des Namens und der IP-Adresse des Clusters

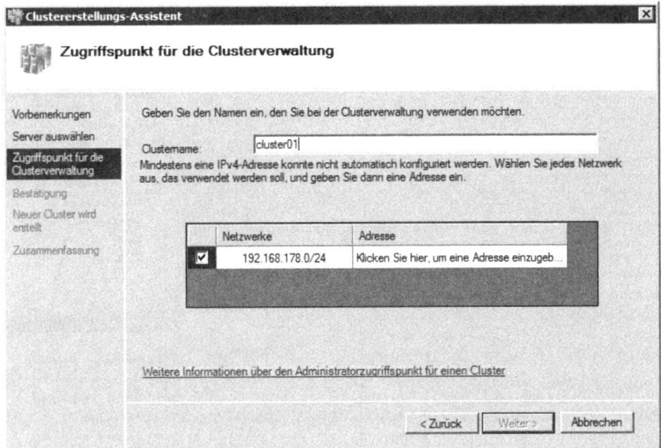

Legen Sie in diesem Fenster den Namen und die IP-Adresse des Clusters fest. Der Name wird mit der IP-Adresse genauso wie die Knoten in der DNS-Zone der Domäne registriert.

Auf der nächsten Seite des Assistenten erhalten Sie eine Zusammenfassung angezeigt. Hier sehen Sie den Namen und die IP-Adresse des Clusters sowie die Knoten.

Abbildg. 33.13 Anzeigen der Daten des neuen Clusters

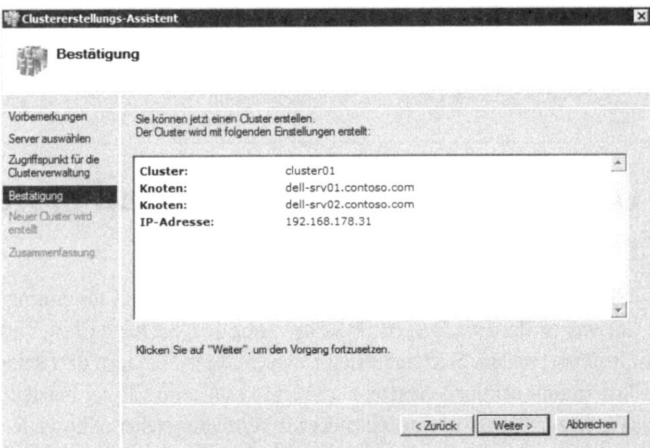

Schließlich erstellen Sie den Cluster und der Assistent baut die Verbindung zwischen den Knoten auf. Abhängig von der Geschwindigkeit der beteiligten Server und des gemeinsamen Datenträgers kann dieser Vorgang einige Zeit dauern. Nachdem der Cluster erfolgreich erstellt ist, zeigt der Assistent eine Zusammenfassung an. Hier sehen Sie, ob das Erstellen erfolgreich war und der Cluster ordnungsgemäß installiert ist.

Über die Schaltfläche *Bericht* wird ein ausführlicher Bericht angezeigt, welche Maßnahmen der Assistent bei der Erstellung des Clusters durchgeführt hat. Nach erfolgreicher Erstellung des Clusters sehen Sie den Cluster in der Clusterverwaltung und Sie können den Cluster verwalten. Die Erstellung ist an dieser Stelle abgeschlossen und Sie können sich mit dem Cluster beschäftigen.

Abbildg. 33.14 Anzeige der Clusterkonfiguration nach der Erstellung

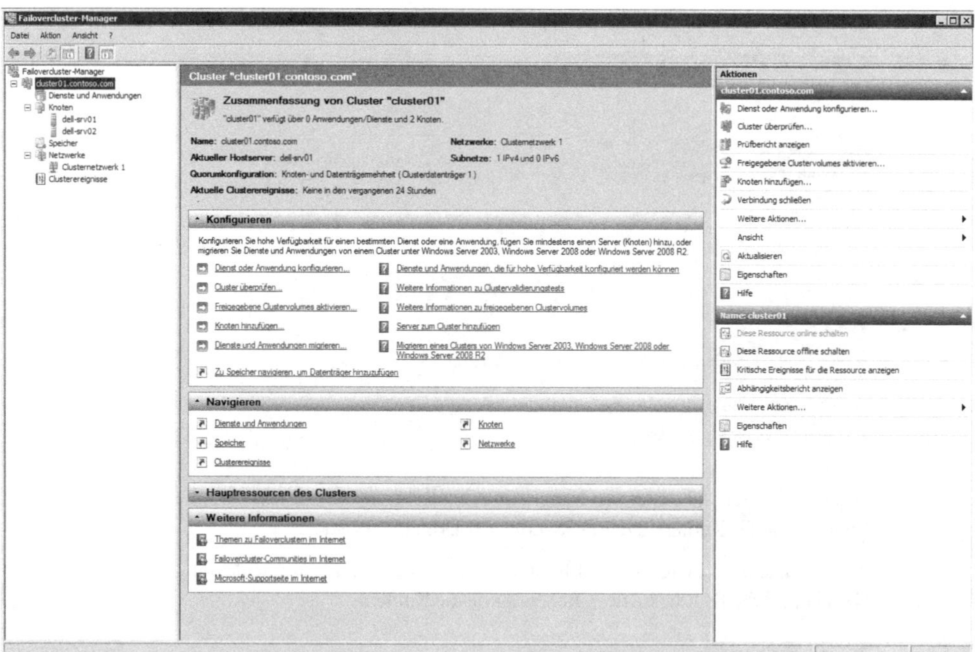

TIPP Das Befehlszeilenprogramm *Cluster.exe* ermöglicht die Verwaltung von Clustern in der Eingabeaufforderung oder über Skripts. Eine ausführliche Hilfe über die Optionen erhalten Sie mit dem Befehl *cluster /?*

Nacharbeiten: Überprüfung des Clusters und erste Schritte mit der Clusterverwaltung

Im nächsten Schritt sollten Sie sich etwas damit vertraut machen, wie man mit einem Cluster umgeht. Die zentrale Verwaltungsstelle eines Clusters ist der *Failovercluster-Manager*, mit dem Sie neue Cluster erstellen, neue Knoten hinzufügen und den Cluster verwalten. Starten Sie den Failovercluster-Manager, darf keine Fehlermeldung erscheinen. Kann der Clusteradministrator fehlerfrei eine Verbindung zum Cluster herstellen, sehen Sie im Menü einige Optionen, die Ihnen zur Verwaltung des Clusters zur Verfügung stehen. Klicken Sie den Namen des Clusters im Failovercluster-Manager mit der rechten Maustaste an, können Sie die Eigenschaften des Clusters überprüfen und anpassen. Ebenso bietet das Kontextmenü zahlreiche Verwaltungsmöglichkeiten an.

Abbildg. 33.15 Verwalten der Eigenschaften eines Clusters

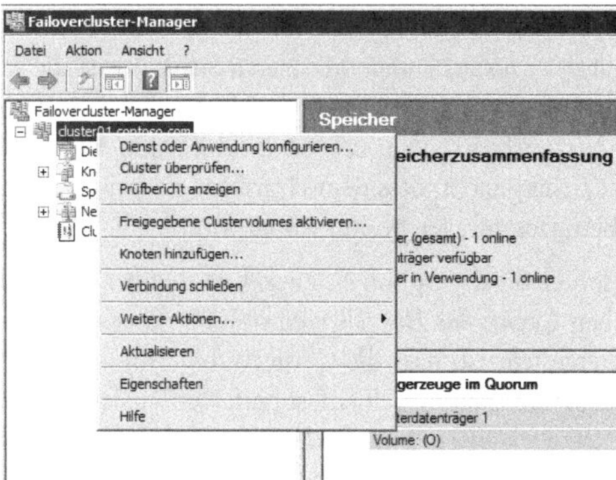

Auf der Registerkarte *Allgemein* in den Eigenschaften des Clusters können Sie den Clusternamen anpassen. Ändern Sie diesen ab, wird auch der Clustername in der Clusterverwaltung sowie der dazugehörige Eintrag in der DNS-Zone angepasst. Auf den Registerkarten *Ressourcentypen* definieren Sie, welche Windows-Ressourcen dem Cluster zur Verfügung stehen, und über die Registerkarte *Clusterberechtigungen* steuern Sie den administrativen Zugriff der Administratoren auf den Cluster.

Über den Konsoleneintrag *Speicher* in der Clusterverwaltung sehen Sie die gemeinsamen Datenträger und das Quorum. Hier wird auch der derzeitig aktuelle Knoten angezeigt, der den Cluster aktiv verwaltet. Der zweite Knoten steht offline zur Verfügung. Hierüber fügen Sie auch neue Datenträger dem Cluster hinzu oder schalten vorhandene Ressourcen offline.

Abbildg. 33.16 Verwalten der Datenträger des Clusters

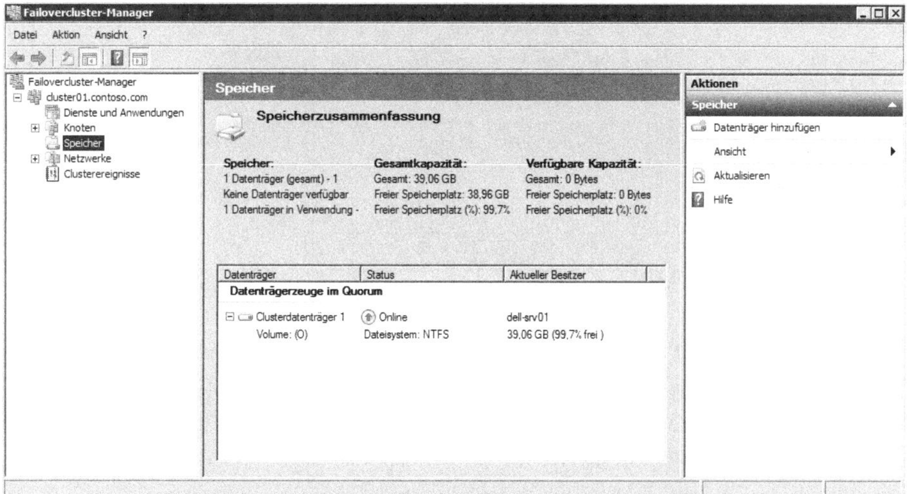

Netzwerkpriorität im Cluster konfigurieren

In einer Produktivumgebung sollten Sie auf jeden Fall den Konsoleneintrag *Netzwerke* aufrufen. Hier werden die öffentlichen und privaten Verbindungen des Clusters verwaltet. In den Eigenschaften der Verbindungen wird eingestellt, ob diese den Clients zum Verbindungsaufbau, nur für den Heartbeat oder für beides zur Verfügung stehen.

Über die private Verbindung soll das Heartbeat des Clusters laufen. Markieren Sie dazu erst die *private-*, dann die *public-*Verbindung und rufen Sie die Eigenschaften auf. Stellen Sie sicher, dass bei der privaten Verbindung nur die Option *Cluster die Verwendung dieses Netzwerks gestatten* aktiviert ist und damit nur die interne Clusterkommunikation aktiviert wird. Dadurch ist sichergestellt, dass dem Heartbeat ein privater Kanal im Netzwerk zur Verfügung steht und er nicht durch Benutzeranfragen beeinträchtigt wird.

Bei den Eigenschaften der *public-*Verbindung sollten Sie die Option *Netzwerkkommunikation für Cluster in diesem Netzwerk zulassen* und das Kontrollkästchen *Clients das Herstellen einer Verbindung über dieses Netzwerk gestatten* aktivieren, damit auf jeden Fall sichergestellt ist, dass die Clusterverbindung intern auf jeden Fall funktioniert, auch wenn eine private Netzwerkkarte ausfällt. Bei einer fast perfekten Ausfallsicherheitskonfiguration verfügt jeder Clusterknoten über drei Netzwerkkarten. Eine Karte dient der internen Kommunikation, eine ausschließlich der privaten und die dritte dient zur Ausfallsicherheit und ist für den gemischten Modus aktiviert. Nur dadurch erhalten Sie eine optimale Ausfallsicherheit.

Abbildg. 33.17 Konfigurieren eines Clusternetzwerks für den öffentlichen und privaten Zugriff

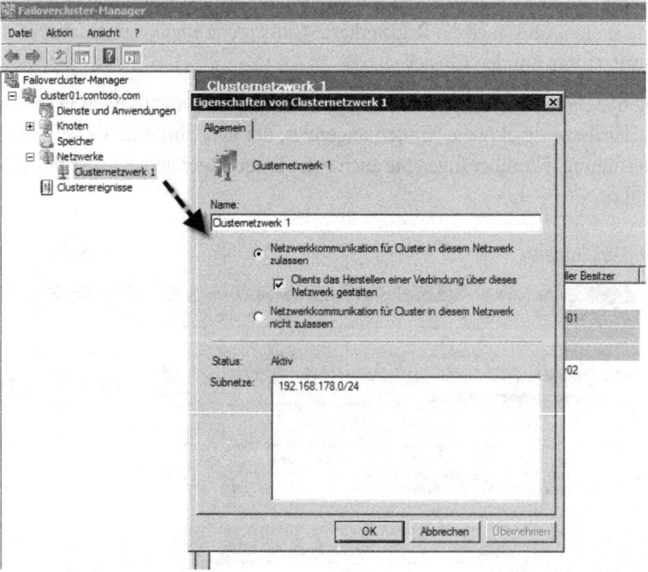

Clusterquorum konfigurieren

Durch einen Klick mit der rechten Maustaste auf den Cluster kann über *Weitere Aktionen/Clusterquorumeinstellungen konfigurieren* das Quorum nachträglich an die gewünschte Option angepasst werden. Hier stehen zahlreiche Möglichkeiten zur Verfügung.

Abbildg. 33.18 Konfigurieren des Clusterquorums

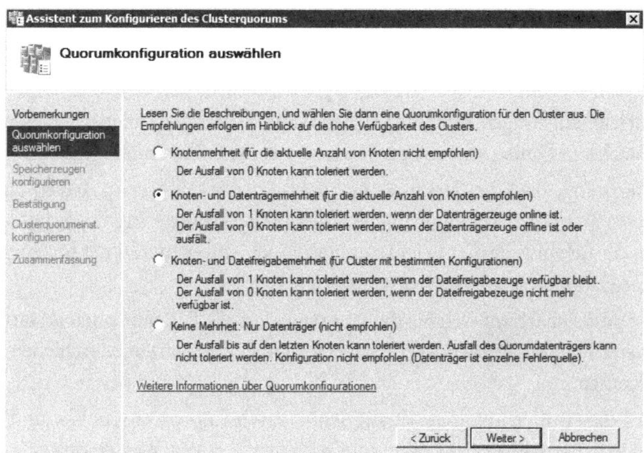

Beim Einsatz von zwei Knoten sollten Sie möglichst parallel zu den Clusterknoten noch mit der Dateifreigabemehrheit arbeiten, bei drei Knoten sollten Sie keine Freigabe mit verwenden. Damit der Cluster stabil läuft, muss immer eine Mehrheit der aktiven Knoten laufen, das heißt ungerade Zahlen sollten Sie umgehen. Bei zwei Knoten erhöhen Sie die Anzahl der Stimmen auf drei, wenn Sie zusätzlich die Freigabe verwenden, bei drei Knoten müssen Sie nichts mehr tun, da Sie schon drei Knoten haben.

Arbeiten Sie mit zusätzlichen Dateifreigaben, hat jeder Clusterknoten sein eigenes Quorum, und ein Witness (Zeuge) genannter Rechner übernimmt die Steuerung und Kommunikation der Clusterverwaltung. Dieser Server wird nicht Bestandteil des Clusters, sondern ist außerhalb des Clusters angeordnet. Diese Freigabe wird offiziell als *File Share Witness (Dateifreigabenzeuge)* bezeichnet und zur Absicherung des Datenflusses zwischen den beiden Knoten eingesetzt. Hauptsächlich wird diese Erweiterung in Zweiknotenclustern eingesetzt. Dies hat den Grund, dass ein Cluster davon ausgeht, dass drei Knoten sich gegenseitig überwachen. Sind nur zwei Knoten verfügbar, muss ein dritter, außenstehender Server dafür sorgen, dass beide Clusterknoten immer einwandfrei funktionieren.

Freigabe für das File Share Witness erstellen

Haben Sie den Cluster mit beiden Knoten erstellt, sollten Sie die Freigabe für File Share Witness konfigurieren. Sie können diese Freigabe zwar auf jedem Windows-Serversystem erstellen, optimal ist allerdings die Installation auf einem Windows Server 2008. Gehen Sie dazu folgendermaßen vor:

1. Melden Sie sich an dem Server, auf dem Sie die Freigabe für *File Share Witness* erstellen wollen, mit einem Domänenadmin-Konto an.
2. Erstellen Sie ein neues Verzeichnis und weisen Sie diesem eine entsprechende Bezeichnung zu, zum Beispiel *<Servername>-MNS-Cluster.*
3. Geben Sie das Verzeichnis frei und erteilen Sie dem Clusterkonto volle Zugriffsrechte auf Freigabe- und NTFS-Ebene.
4. Melden Sie sich an beiden Clusterknoten an und überprüfen Sie, ob Sie auf die Freigabe zugreifen können.

MNS-Quorum für die Verwendung der File Share Witness konfigurieren

Haben Sie die Freigabe erstellt und können Sie von den Clusterknoten fehlerfrei auf diese zugreifen, müssen Sie das Quorum des Clusters noch für die MNS-Unterstützung anpassen. Gehen Sie folgendermaßen vor:

1. Melden Sie sich am aktiven Clusterknoten an.
2. Öffnen Sie eine Befehlszeile.
3. Geben Sie den Befehl *Cluster <Clustername> res Hauptknotensatz/priv MNSFileShare=<Pfad zur Freigabe>* ein. Bei englischen Servern verwenden Sie statt *Hauptknotensatz* den Begriff *Majority Node Set.*
4. Haben Sie den Befehl korrekt eingetragen, erhalten Sie die Meldung, dass die Änderungen zwar gespeichert wurden, aber erst beim nächsten Online schalten der Ressource verwendet werden.
5. Erhalten Sie die Fehlermeldung, dass die Ressource nicht gefunden werden kann, haben Sie vermutlich einen falschen Ressourcennamen für das Quorum verwendet. Die korrekte Bezeichnung der Ressource erhalten Sie, wenn Sie in der Befehlszeile den Befehl *cluster /quorum* eingeben. Auf der linken Seite wird die korrekte Bezeichnung der Hauptknotensatzressource angezeigt.
6. Wurden die Änderungen gespeichert, müssen Sie dafür sorgen, dass die Ressource neu gestartet wird. Erst dann wird die konfigurierte Freigabe verwendet. Um die Gruppe neu zu starten, verschieben Sie diese am besten auf den zweiten Knoten.
7. Bei diesem Vorgang wird die Gruppe automatisch auf den passiven Knoten verschoben und dann online geschaltet. Verschieben Sie im Anschluss die Gruppe auf dem gleichen Weg wieder zurück auf den ersten Knoten. Alternativ können Sie das Verschieben von Clustergruppen auch in der Befehlszeile mit dem Befehl *cluster* durchführen.
8. Als Nächstes sollten Sie überprüfen, ob der konfigurierte Wert für die MNS-Freigabe angenommen und abgespeichert worden ist. Verwenden Sie dazu in der Befehlszeile den Befehl *cluster <Clustername> res Hauptknotensatz /priv* (bzw. bei englischen Servern statt *Hauptknotensatz* den Begriff *Majority Node Set*). Im Anschluss sollte der korrekte Wert angezeigt werden.
9. Zusätzlich können Sie sich nach der Erstellung des Clusters und der Konfiguration des Hauptknotensatzes den Inhalt der Freigabe anzeigen lassen. Dieser enthält einen Unterordner mit einer GUID, der wiederum die Daten des Quorums enthält. In dem Verzeichnis werden keine Exchange-Transaktionsprotokolle gespeichert, sondern lediglich Informationen zum CCR-Cluster.

Laufwerke und Ressourcen zum Cluster hinzufügen

Wollen Sie weitere Laufwerke im Cluster zur Verfügung stellen, müssen Sie diese in die Clusterverwaltung integrieren. Zuvor müssen Sie die Laufwerke aber auf allen Knoten verfügbar machen. Arbeiten Sie mit der Testumgebung und haben Laufwerke über iSCSI zur Verfügung gestellt, können Sie zusätzliche virtuelle iSCSI-Laufwerke erstellen und diese in die Clusterverwaltung einbinden. Gehen Sie dazu wie in den folgenden Abschnitten besprochen vor. Haben Sie die Laufwerke über StarWind iSCSI Target zur Verfügung gestellt, können Sie über die Verwaltungskonsole von StarWind auf dem jeweiligen Server weitere Laufwerke hinzufügen:

1. Starten Sie dazu das Verwaltungsprogramm über dessen Symbol in der Taskleiste. Dieses ist bei Windows Server 2008 R2 und Windows 7 ausgeblendet.
2. Verbinden Sie sich in der Verwaltungskonsole mit dem Server über das Kontextmenü und der Auswahl von *Connect.*
3. Melden Sie sich mit *root* und *starwind* am Server an.
4. Klicken Sie mit der rechten Maustaste auf *Targets* und wählen Sie *Add Target* aus.
5. Weisen Sie dem neuen virtuellen Laufwerk einen Namen zu.
6. Wählen Sie auf der nächsten Seite *Hard Disk* aus.
7. Wählen Sie auf der nächsten Seite *Basic Virtual* aus.

Abbildg. 33.19 Verbindungsaufbau mit dem Server zum Erstellen eines neuen Targets

8. Wählen Sie auf der nächsten Seite *Image File device* aus.
9. Wählen Sie auf der nächsten Seite *Create new virtual disk* aus.
10. Geben Sie auf der nächsten Seite den Pfad und die Größe an.
11. Aktivieren Sie auf der nächsten Seite die Optionen *Asynchronous mode* und *Allow multiple concurrent iSCSI connections (clustering).*
12. Bestätigen Sie alle weiteren Fenster, damit das Laufwerk erstellt und in der Konsole angezeigt wird.
13. Öffnen Sie über *Start/Verwaltung* den *iSCSI-Initiator.*
14. Klicken Sie in der Registerkarte *Ziele* auf *Aktualisieren.*
15. Wählen Sie das neue Laufwerk aus und klicken Sie auf *Verbinden.* Ist das Laufwerk noch nicht verbunden, holen Sie die Registerkarte *Suche* in den Vordergrund, klicken auf *Portal ermitteln* und geben die IP-Adresse des iSCSI-Targets an, mit dem Port 3260. Die Verbindung darf keinen Fehler auslösen.
16. Aktivieren Sie die Option *Diese Verbindung der Liste der bevorzugten Ziele hinzufügen.*
17. Starten Sie auf dem ersten Knoten die Datenträgerverwaltung über *diskmgmt.msc.*
18. Klicken Sie das neue Laufwerk mit der rechten Maustaste an und wählen Sie *Online.*
19. Klicken Sie den Datenträger noch mal mit der rechten Maustaste an und wählen Sie *Datenträgerinitialisierung.*
20. Wählen Sie den Datenträger aus, aktivieren Sie *MBR* und klicken Sie auf *OK.*
21. Klicken Sie mit der rechten Maustaste auf den freien Bereich des Datenträgers und wählen Sie den Kontextmenübefehl *Neues einfaches Volume* aus.
22. Erstellen Sie eine NTFS-Partition und lassen Sie den Datenträger formatieren.
23. Gehen Sie auf dem zweiten Knoten genauso vor und wählen Sie den gleichen Laufwerksbuchstaben wie auf dem ersten Knoten.

Bevor Sie einen Datenträger jedoch als Clusterressource verwenden können, müssen Sie diesen in den Cluster integrieren. Bereits integrierte Laufwerke sehen Sie, wenn Sie auf den Knoten *Speicher* klicken. Hier zeigt der Failovercluster-Manager alle bereits integrierten Laufwerke und deren Status an.

Abbildg. 33.20 Verwalten der Clusterlaufwerke im Failovercluster-Manager

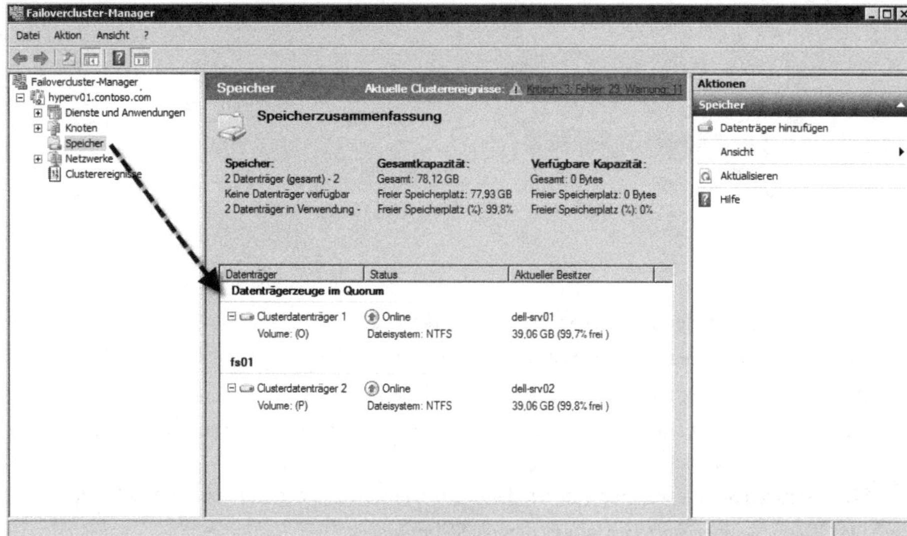

- Klicken Sie mit der rechten Maustaste auf den Knoten *Speicher*, können Sie mit *Datenträger hinzufügen* den neu installierten Datenträger in den Cluster integrieren.

Abbildg. 33.21 Hinzufügen eines weiteren Laufwerks zu einem Cluster

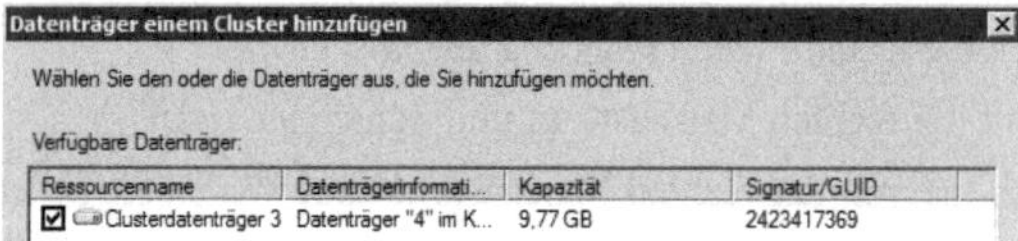

Dateiserver im Cluster betreiben

Nach der Installation eines Clusters, wie im vorangegangenen Abschnitt besprochen, sind noch keinerlei Dienste auf dem Server aktiviert. Es gibt nur den Cluster, der aber an sich keinen produktiven Nutzen hat. Ein verbreiteter Nutzen ist ein ausfallsicherer Dateiserver. Dazu werden die Freigaben im Cluster konfiguriert und die Clients verbinden sich mit dem Cluster. Fällt ein physischer Knoten aus, übernimmt der zweite Knoten alle Ressourcen, und die Anwender können ungestört nach wenigen Sekunden weiterarbeiten.

TIPP Im Kapitel 8 gehen wir auf den Betrieb von Hyper-V in einer Clusterumgebung sowie der neuen Livemigration-Technik von Windows Server 2008 R2 ein.

Dateiservercluster installieren

Um einen Dateiservercluster zu erstellen, muss zunächst ein ganz normaler Cluster installiert und betrieben werden, wie weiter vorne bereits beschrieben. Außerdem benötigen Sie ein weiteres Clusterlaufwerk. Das Quorumlaufwerk können Sie nicht für einen anderen Clusterdienst verwenden. Anschließend können Sie über den Failovercluster-Manager einen ausfallsicheren Dateiservercluster erstellen. Klicken Sie mit der rechten

Maustaste auf den Konsoleneintrag *Dienste und Anwendungen* und wählen Sie im Kontextmenü den Befehl *Dienst oder Anwendung konfigurieren* aus.

Abbildg. 33.22 Erstellen einer neuen Anwendung im Cluster

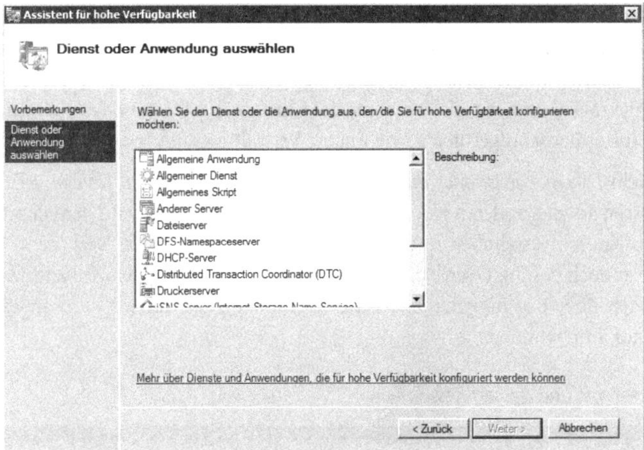

Anschließend startet der Assistent zur Erstellung von neuen Anwendungen in einem Cluster. Die erste Seite des Assistenten können Sie mit *Weiter* bestätigen. Auf der nächsten Seite wählen Sie aus, welche Anwendung Sie auf dem Cluster installieren wollen. Um einen ausfallsicheren Dateiserver zu installieren, wählen Sie an dieser Stelle *Dateiserver* aus.

Anschließend müssen noch die Clusterdaten für den Dateiserver konfigurieren. Wie der Cluster selbst erhält der Dateiserver einen eigenen Namen und eine eigene IP-Adresse, über die er von den Clients angesprochen wird. Da diese beiden Ressourcen virtuell sind, werden diese vom zweiten Clusterknoten übernommen, falls der erste Knoten ausfallen sollte.

Abbildg. 33.23 Festlegen des Dateiservernamens und dessen IP-Adresse für den Dateiserver im Cluster

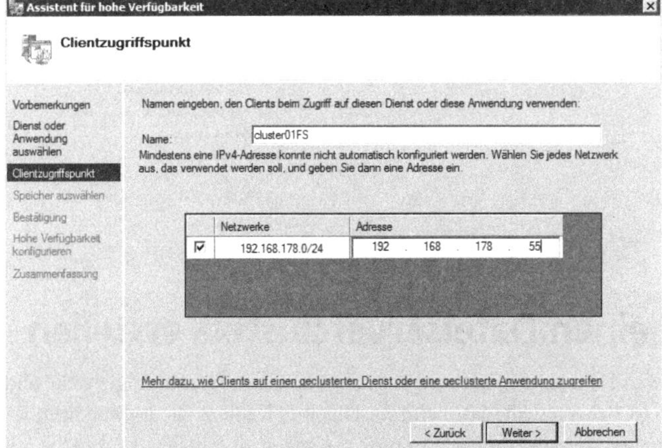

Auf der nächsten Seite des Assistenten wählen Sie den gemeinsamen Datenträger aus, der mit dem Dateiservercluster verbunden werden soll. Freigaben auf diesem gemeinsamen Datenträger werden mit der IP-Adresse und dem Namen des Servers verschoben, sobald der aktive Knoten ausfällt.

Wählen Sie den Datenträger aus. Der Datenträger mit dem Quorum gehört zum System des Clusters und wird nicht für die Ablage von Benutzerdateien vorgeschlagen. Anschließend erhalten Sie noch eine Zusammenfassung und die Anwendung wird im Cluster erstellt sowie zur Verfügung gestellt. Nach der Erstellung wird der neue Dienst unterhalb von *Dienste und Anwendungen* angezeigt. Auch der Name dieses Servers wird in der DNS-Zone der Domäne eingetragen, genauso wie der Name des Clusters selbst. Über das Kontextmenü können die Einstellungen für den Clusterdienst aufgerufen sowie weitere Verwaltungsaufgaben gestartet werden.

Über den Kontextmenübefehl *Diesen Dienst oder diese Anwendung in einen anderen Knoten verschieben* kann der Server mit allen Ressourcen auf den anderen Knoten verschoben werden. Dabei wird der Dienst kurz offline geschaltet, auf den anderen Knoten verschoben und dann wieder online geschaltet. Nach dem Aufruf dieser Option muss das Verschieben noch bestätigt werden. Der aktuelle Knoten des Diensts wird angezeigt, wenn Sie auf den Dienst klicken. Auch über das Informationsfenster des jeweiligen Knotens wird angezeigt, welche Clusterdienste sich aktuell auf ihm befinden.

Abbildg. 33.24 Anzeigen des neuen Clusterservers und dessen Ressourcen

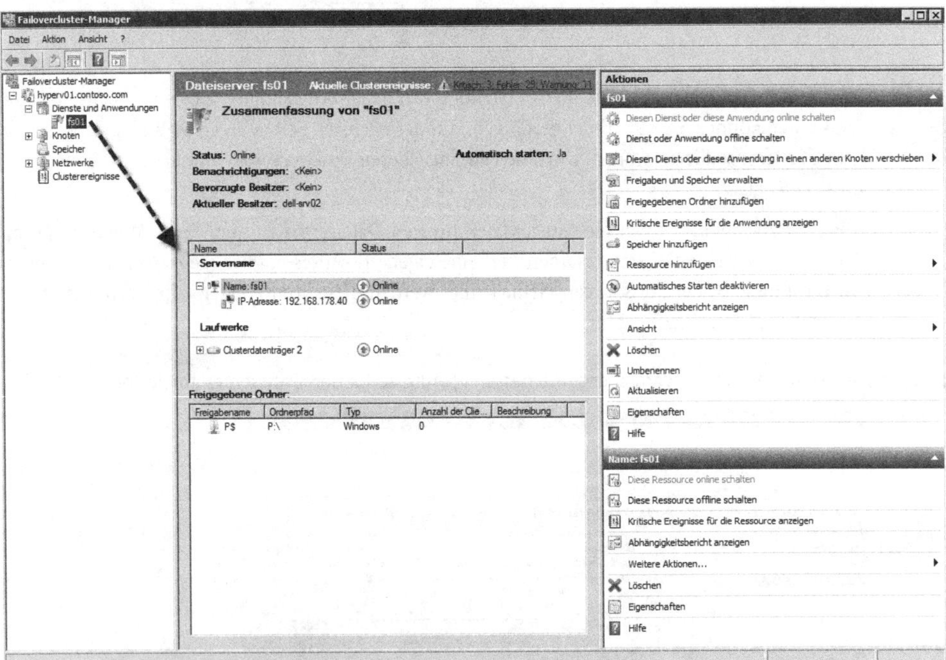

Freigaben für einen Dateiserverclusters erstellen

Auch die Freigaben auf einem Dateiservercluster werden über die Clusterverwaltung erstellt und als Clusterressource verwaltet. Nur so ist sichergestellt, dass beim Ausfall eines Knotens alle notwendigen Ressourcen auf den anderen Knoten verschoben werden können. Um neue Freigaben zu erstellen, klicken Sie mit der rechten Maustaste auf den Dateiserver in der Clusterverwaltung und wählen im Kontextmenü den Befehl *Einen freigegebenen Ordner hinzufügen* aus.

Im ersten Fenster wird zunächst der Pfad ausgewählt, der freigegeben werden soll. Anschließend können die NTFS-Berechtigungen über den Assistenten angepasst werden. Da die Rechte mit dem Verzeichnis gespeichert werden und sich dieses Verzeichnis auf dem ausgewählten gemeinsamen Datenträger befindet, können diese Einstellungen auch, wie bei normalen Servern, über den Windows-Explorer abgewickelt werden.

Auf der nächsten Seite wird ausgewählt, welches Protokoll für die Freigabe verwendet werden soll. Unterstützt der Server auch NFS, kann dieses aktiviert werden. Standardmäßig wird aber nur das Windows-Protokoll SMB verwendet. Die Server Message Blocks (SMB) sind eines der wesentlichen gemeinsamen Elemente der meisten Netzwerkbetriebssysteme. Es handelt sich um ein Protokoll, das einen Satz von Befehlen für den Austausch von Informationen zwischen miteinander vernetzten Computern bereitstellt. Über SMBs kann ein Client eine Datei von einem Server anfordern.

Abbildg. 33.25 Auswählen des Pfads für die neue Freigabe im Cluster

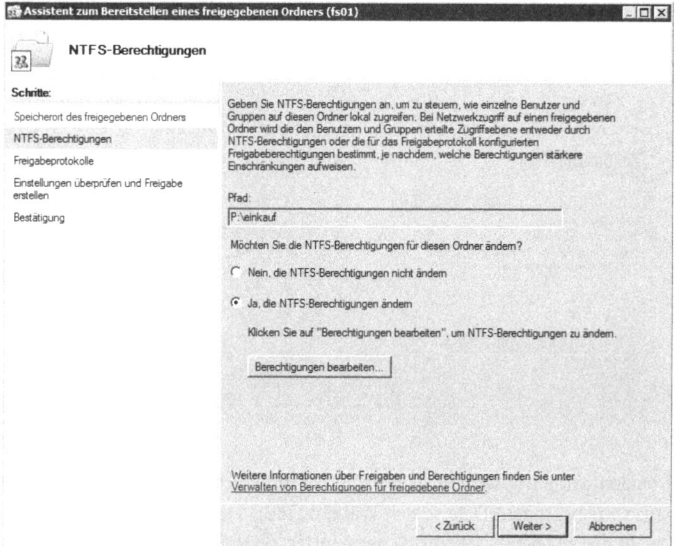

Auf der nächsten Seite des Assistenten werden die Einstellungen für die Freigabe konfiguriert. Wichtige Einstellungen erreichen Sie über die Schaltfläche *Erweitert.* Die Möglichkeiten an dieser Stelle sind mit den Freigaben auf normalen Dateiservern identisch und wurden in Kapitel 17 besprochen.

Wollen Sie die Freigabe über einen DFS-Stamm zur Verfügung stellen, steht Ihnen die nächste Seite des Assistenten zur Verfügung. Auch diese Einstellungen sind ähnlich zu den Möglichkeiten von herkömmlichen Freigaben, die in Kapitel 17 besprochen sind.

Anschließend wird die Freigabe erstellt und steht den Anwendern zur Verfügung. Sie wird im Informationsfenster des Dateiservers angezeigt. Über das Kontextmenü der Freigaben lassen sich die Einstellungen nachträglich anpassen. Anwender greifen auf die Freigabe mit dem virtuellen Namen *<Cluster-Dateiserver>**<Freigabe>* zu. Für Anwender ist diese Vorgehensweise transparent. Es gibt keinen Unterschied zu herkömmlichen Freigaben.

Druckserver im Cluster betreiben

Die Installation eines Druckservers im Cluster läuft ähnlich ab wie die Installation eines Dateiservers. Bevor Sie den Dienst eines Druckservers hinzufügen, muss zunächst der Cluster installiert werden. Außerdem muss auf den Clusterknoten noch die Rolle *Druck- und Dokumentdienste* installiert werden. Bevor diese Rolle auf einem Clusterknoten nicht installiert ist, kann auch kein Druckserver im Cluster installiert werden.

Abbildg. 33.26 Installieren der Rolle *Druck- und Dokumentdienste* für den Betrieb eines Druckservers im Cluster

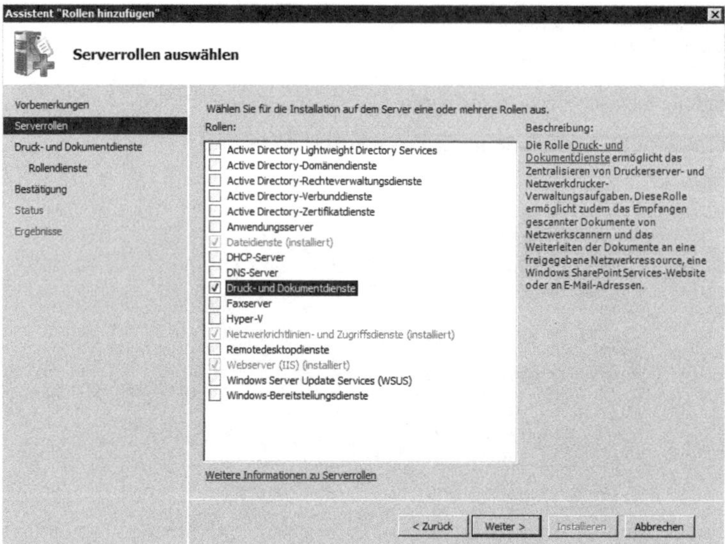

Nachdem die Rolle auf beiden Knoten installiert ist, starten Sie in der Clusterverwaltung die Erstellung einer neuen Anwendung genauso wie bei einem Dateiserver. Wählen Sie als Dienst für den Cluster aber *Druckserver* aus. Bereits bei der Auswahl dieses Diensts überprüft der Cluster, ob dieser fehlerfrei integriert werden kann. Erst nach erfolgreicher Überprüfung wird der Assistent fortgesetzt und der Dienst kann installiert werden. Die weiteren Einstellungen sind mit der Erstellung eines Dateiservers im Cluster identisch.

Auch dieser Dienst erhält einen eigenen Servernamen und eine eigene IP-Adresse. Damit der Druckserver genutzt werden kann, müssen über das Kontextmenü noch freigegebene Drucker hinzugefügt werden. Drucker und neue Treiber werden über den Kontextmenübefehl *Drucker verwalten* dem Server hinzugefügt und freigegeben. Der Treiber des Druckers sollte zuvor auf beiden Knoten installiert werden, damit dieser in der Konsole hinzugefügt und freigegeben werden kann.

Befehlszeilen- und PowerShell-Verwaltung von Clustern

Vor allem zur Automatisierung oder für Administratoren, die lieber in der Befehlszeile arbeiten, bietet Microsoft neben dem bekannten Befehl *Cluster.exe* mit den verschiedenen Optionen auch den Befehl *Get-Cluster*, mit dem Sie in der PowerShell Aufgaben der Clusterverwaltung durchführen.

TIPP Auf der Seite *http://technet.microsoft.com/en-us/library/ee407531%28WS.10%29.aspx* erhalten Sie ausführlichere Informationen zu den Möglichkeiten der PowerShell in Windows Server 2008 R2.

Generell bieten *Get-Cluster* und weitere PowerShell-Befehle in der PowerShell die gleichen Möglichkeiten wie *Cluster.exe* in der herkömmlichen Befehlszeile. Damit Sie Failovercluster in der PowerShell verwenden können, müssen Sie zunächst das Modul für Failovercluster in der PowerShell laden. Geben Sie dazu den Befehl *import-module failoverclusters* ein. Erst dann stehen die Befehle zur Verwaltung von Clustern über die PowerShell zur Verfügung. Besonders wichtig sind die in Tabelle 33.1 aufgelisteten Befehle.

Tabelle 33.1 Befehlszeilen- und PowerShell-Verwaltung für Cluster

Aufgabe	Befehlszeile	PowerShell
Clustereigenschaften	*Cluster /prop*	*Get-cluster*
Cluster erstellen	*Cluster /create*	*New-cluster*
Cluster löschen	*Cluster /destroy*	*Remove-cluster*
Clusterknoten hinzufügen	*Cluster /add*	*Add-clusternode*
Cluster herunterfahren	*Cluster /shutdown*	*Stop-cluster*
Cluster-Quorum verwalten	*Cluster /quorum*	*Get-Clusterquorum, Set-Clusterquorum*
Status von Clusterknoten anzeigen	*Cluster node /status*	*Get-clusternode |fl **
Clusterknoten anhalten	*Cluster node /pause*	*Suspend-clusternode*
Clusterknoten fortsetzen	*Cluster node /resume*	*Resume-clusterknote*
Clusterknoten starten	*Cluster node /start*	*Start-clusternode*
Clusterknoten stoppen	*Cluster node /stop*	*Stop-clusternode*
Clusterknoten entfernen	*Cluster node /evict*	*Remove-clusternode*
Clusterinformationen nach dem Löschen bereinigen	*Cluster node /forcecleanup*	*Clear-clusternode*
Glustergruppen anzeigen	*Cluster group*	*Get-clustergroup*
Eigenschaften von Clustergruppen	*Cluster group /prop*	*Get-clustergroup |fl **
Clustergruppen erstellen	*Cluster group <Name> /create*	*Add-Clustergroup* *Add-ClusterFileServerRole* *Add-ClusterPrintServerRole* *Add-ClusterVirtualMachineRole* Hilfe über: *get-help add-cluster*role*
Clustergruppe löschen	*Cluster group <Name> /delete*	*Remove-clustergroup <Name>*
Clustergruppe online/offline schalten	*Cluster group <Name> /online /offline*	*Start-clustergroup <Name>* *Stop clustergroup <Name>*
Clustgergruppe auf anderen Knoten verschieben	*Cluster group <Name> move*	*Move-clustergroup*
Clusterressourcen anzeigen	*Cluster resource /prop*	*Get-clusterresource |fl **

Tabelle 33.1 Befehlszeilen- und PowerShell-Verwaltung für Cluster *(Fortsetzung)*

Aufgabe	Befehlszeile	PowerShell
Clusterressource erstellen/löschen	*Cluster resource <Name> /create /delete*	*Add-clusterresource* *Remove-clusterresource*
Clusterressource online/offline schalten	*Cluster resource <Name> /online /offline*	*Start-clusterresource* *Stop-clusterresourc*
Clusternetzwerk verwalten	*Cluster network /prop*	*Get-clusternetwork*

Über die Option */?* In der Befehlszeile bzw. durch Eingabe von *help <Befehlname>* in der PowerShell erhalten Sie weitere Informationen zu Clusterbefehlen sowie die möglichen Optionen angezeigt. Die wichtigsten Clusterbefehle, außer den in Tabelle 33.1, sind folgende Befehle. Deren Möglichkeiten sind meist schon aus dem Namen ersichtlich. Für *Get*-Befehle in der PowerShell steht noch die Option *|fl ** zur Verfügung. Diese liefert eine formatierte Liste mit den wichtigsten Informationen.

Tabelle 33.2 Weitere PowerShell-Befehle zur Clusterverwaltung

Get-Cluster	*Get-ClusterAccess*	*Get-ClusterAvailableDisk*
Get-ClusterGroup	*Get-ClusterLog*	*Get-ClusterNetwork*
Get-ClusterNetworkInterface	*Get-ClusterNode*	*Get-ClusterOwnerNode*
Get-ClusterParameter	*Get-ClusterQuorum*	*Get-ClusterResource*
Get-ClusterResourceDependency	*Get-ClusterResourceDependencyReport*	*Get-ClusterResourceType*
Get-ClusterSharedVolume	*Grant-ClusterAccess*	*Move-ClusterGroup*
Move-ClusterResource	*Move-ClusterSharedVolume*	*Move-ClusterVirtualMachineRole*
New-Cluster	*Remove-Cluster*	*Remove-ClusterAccess*
Remove-ClusterGroup	*Remove-ClusterNode*	*Remove-ClusterResource*
Remove-ClusterResourceDependency	*Remove-ClusterResourceType*	*Remove-ClusterSharedVolume*
Repair-ClusterSharedVolume	*Resume-ClusterNode*	*Resume-ClusterResource*
Set-ClusterLog	*Set-ClusterOwnerNode*	*Set-ClusterParameter*
Set-ClusterQuorum	*Set-ClusterResourceDependency*	*Start-Cluster*
Start-ClusterGroup	*Start-ClusterNode*	*Start-ClusterResource*
Stop-Cluster	*Stop-ClusterGroup*	*Stop-ClusterNode*
Stop-ClusterResource	*Suspend-ClusterNode*	*Suspend-ClusterResource*
Test-Cluster	*Test-ClusterResourceFailure*	*Update-ClusterIPResource*
Update-ClusterVirtualMachineConfiguration		

NLB-Cluster einsetzen

Die Aufgabe eines Failoverclusters besteht darin, einen oder mehrere Serverdienste vor eventuellen Ausfällen zu schützen.

NLB-Cluster vs. Failovercluster

NLB-Cluster (Network Load Balancing, NLB) haben die Aufgabe, die Last eines Servers auf mehrere zu verteilen, damit die Auslastung einzelner Server gesenkt und die Performance verbessert wird. Sobald Sie einen Serverdienst auf mehrere Server verteilen können, zum Beispiel bei den Remotedesktopdiensten, ist der Einsatz eines NLB-Clusters anstatt eines Failoverclusters sinnvoller. Generell ist es unerheblich, ob Anwender auf den ersten oder zweiten Remotedesktop-Sitzungshost verbunden werden, wichtig ist nur, dass sie verbunden werden.

Bei Exchange Server wiederum ist es wichtig, dass bestimmte Serverdienste, zum Beispiel der Postfachspeicher, genau den Anwendern zur Verfügung steht, die ein Postfach auf dem Server haben. Aus diesem Grund ist ein Failovercluster für Exchange Server besser geeignet, während NLB für Remotedesktopdienste oder Internetinformationsdienste oft geeigneter ist. Bei NLB bauen die Clients eine Verbindung zum NLB-Cluster auf, der wie ein Failovercluster einen eigenen Namen und IP-Adresse hat. Anschließend verteilt der Cluster die entsprechende Anforderung der Anwender an einen Server im Cluster.

Erweiterungen für Serverdienste, wie der Sitzungsbroker für Remotedesktopdienste, speichern die Server, auf denen Anwender das letzte Mal verbunden waren, und versuchen einen Verbindungsaufbau mit dem gleichen Server. Gelingt das nicht, wird der Anwender zu einem anderen Remotedesktop-Sitzungshost verbunden. Bei dem Netzwerklastenausgleich (Network Load Balancing, NLB) werden bis zu 32 Server zu einem NLB-Cluster zusammengefügt, der von außen über eine gemeinsame virtuelle IP-Adresse angesprochen wird und somit wie ein einziger Computer erscheint. Vor allem Web- oder Proxyserver werden durch diese Technologie abgesichert. Auf allen beteiligten Servern liegen parallel alle notwendigen Daten und Programme. Beim Zugriff werden die Anwender durch den Lastenausgleich auf die Server verteilt. Dabei kann das Lastenausgleichsgewicht der einzelnen Hosts im Cluster für jeden einzelnen Server konfiguriert werden.

Fällt ein Host des Clusters aus, übernehmen die anderen Server im Cluster die Zugriffe der Anwender. Daten werden allerdings nicht ausgetauscht oder mit einem gemeinsamen Datenträger zur Verfügung gestellt. Das ist Sache eines Failoverclusters. Serverdienste wie Proxyserver können mit dem Dienst aber vor Ausfall geschützt werden, da diese keine Daten speichern müssen, die auf einem gemeinsamen Datenträger abgelegt werden. Der Zugriff der Clients erfolgt zwar über die virtuelle IP-Adresse des NLB-Clusters, aber schließlich auf die physischen Server in diesem Cluster.

Neuerungen im Lastenausgleich

Für die Kommunikation der NLB-Hosts im NLB-Cluster können Sie seit Windows Server 2008 auch IPv6 verwenden. Für einzelne Knoten lassen sich mehrere dedizierte IP-Adressen konfigurieren. Die Verwaltung mit dem Lastensausgleich-Manager ist ebenfalls verbessert. Mit diesem Tool findet die komplette Steuerung des NLB-Clusters statt.

Lastenausgleich installieren

Der Lastenausgleich wird unter Windows Server 2008 R2 über den Server-Manager als Feature installiert. Öffnen Sie zur Installation den Server-Manager und klicken Sie auf *Features/Features hinzufügen*. Wählen Sie das Feature *Netzwerklastenausgleich* aus und führen Sie die Installation durch. Während der Installation des Features müssen keinerlei Konfigurationen vorgenommen werden. Die Einrichtung des NLB-Clusters findet nachträglich in der entsprechenden Verwaltungskonsole statt.

Abbildg. 33.27 Netzwerklastenausgleich installieren

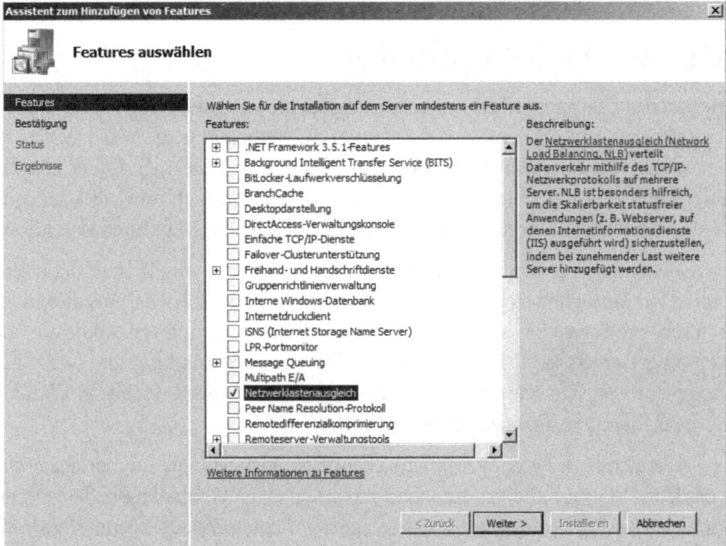

Lastenausgleich konfigurieren

Nach der Installation des Features auf einem NLB-Host wird das Verwaltungsprogramm über *Start/Verwaltung/Netzwerklastenausgleich-Manager* gestartet. Alternativ kann im Suchfeld des Startmenüs der Befehl *nlbmgr* eingegeben werden. Der wichtigste Schritt bei der Verwaltung eines solchen Clusters ist zunächst die Erstellung des NLB-Clusters. Dabei werden hauptsächlich drei Bereiche konfiguriert:

- **Hosts** Die einzelnen Clustermitglieder, Hosts genannt, müssen konfiguriert werden
- **Cluster** Der Cluster als Sammlung der Hosts muss konfiguriert werden
- **Regeln** Die Ports und Regeln werden konfiguriert, auf deren Basis der Cluster die Anfragen der Anwender verteilt

Nach dem Aufruf des Netzwerklastenausgleich-Managers wird nach einem Klick mit der rechten Maustaste auf den Knoten *Netzwerklastenausgleich-Cluster* im zugehörigen Kontextmenü der Eintrag *Neuer Cluster* ausgewählt.

Im ersten Fenster geben Sie den Namen des ersten Hosts im NLB-Cluster ein und klicken auf *Verbinden*. Der Assistent baut anschließend eine Verbindung mit dem Host auf. Danach werden die Netzwerkverbindungen des Servers angezeigt, mit denen der NLB-Cluster kommunizieren kann. Auf der nächsten Seite des Assistenten wird zunächst die eindeutige Host-ID festgelegt. Im Cluster beantwortet der Host mit der niedrigsten ID die Anfragen der Clients, die durch keine Portregel erfasst werden.

Falls ein System innerhalb des Clusters ausfällt, muss ein anderer Server dessen Arbeit übernehmen. Welcher Server das ist, bestimmen Sie, indem Sie unter *Priorität* einen Wert angeben, welcher den Server bestimmt, der die Last übernimmt. Dieser Wert kennzeichnet jeden einzelnen Server des Clusters und muss eindeutig sein.

Abbildg. 33.28 Erstellen eines neuen Netzwerklastenausgleich-Clusters

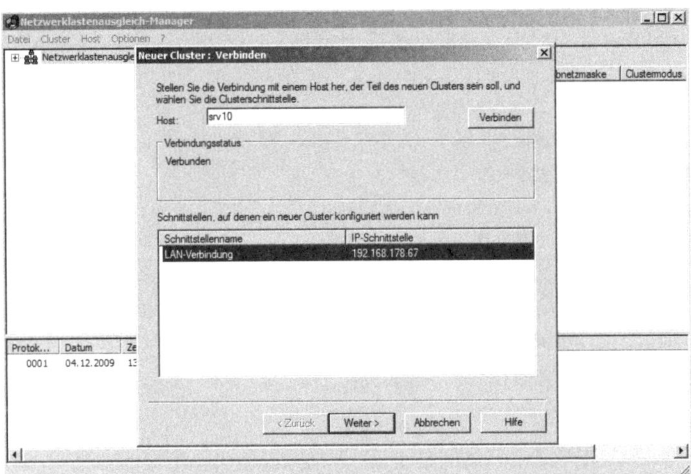

Im Bereich *Dedizierte IP-Adressen* können, neben der bereits integrierten IP-Adresse des Servers, weitere IP-Adressen eingefügt werden, auf die der Host antwortet. Neben IPv4-Adressen können über die Schaltfläche *Hinzufügen* auch IPv6-Adressen hinzugefügt werden. Über die Option *Standardstatus* im Bereich *Ursprünglicher Hoststatus* wird festgelegt, ob der Netzwerklastenausgleich automatisch mit dem Betriebssystem gestartet wird und dem NLB-Cluster damit beigetreten werden kann. Es besteht auch die Möglichkeit, den Cluster manuell nach dem Start des Betriebssystems zu starten.

Beim Start von Windows Server 2008 R2 arbeitet das System in der Standardeinstellung sofort im Cluster. Falls Sie das nicht wünschen, wählen Sie unter *Ursprünglicher Hoststatus* die Einstellung *Angehalten*. Sie können die NLB-Clusterfunktion anschließend in der Eingabeaufforderung über den Befehl *wlbs start* manuell starten und über *wlbs stop* beenden. Neben *wlbs.exe* kann in der Befehlszeile auch das Tool *nlb.exe* zur Verwaltung eines NLB-Clusters verwendet werden. Server, deren Standardstatus auf *Gestartet* gesetzt ist, die dann aber manuell angehalten wurden, nehmen nach einem Neustart sofort wieder am Lastenausgleich teil, es sei denn, Sie aktivieren das Kontrollkästchen *Ruhezustand nach Computerneustart beibehalten*. In diesem Fall bleiben sie so lange angehalten, bis Sie die Komponenten manuell wieder starten.

Abbildg. 33.29 Hostparameter für den NLB-Cluster konfigurieren

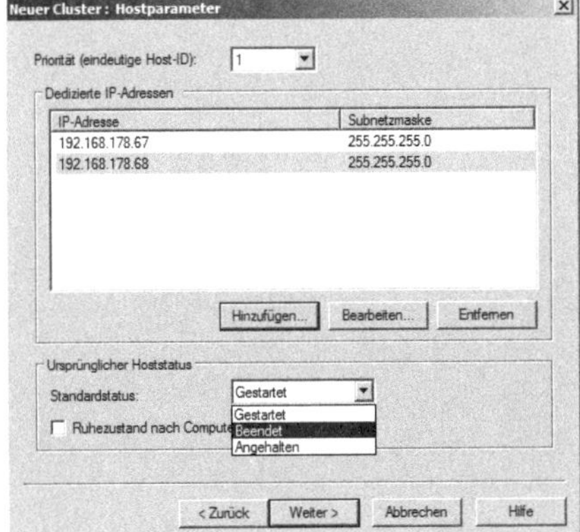

Auf der nächsten Seite des Assistenten werden die Cluster-IP-Adressen konfiguriert. Auf diese IP-Adressen reagiert der Cluster und die Anfragen der Anwender werden automatisch auf die Knoten des Clusters verteilt. Auch hier werden sowohl IPv4 als auch IPv6-Adressen unterstützt.

Abbildg. 33.30 Festlegen der Cluster-IP-Adressen

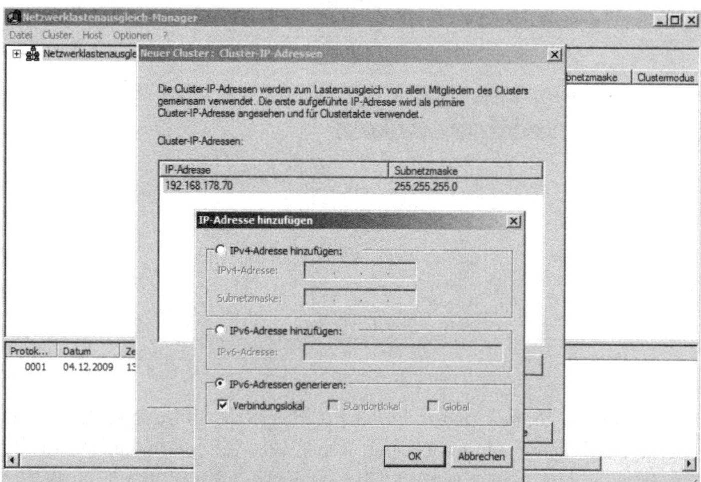

Auf der nächsten Seite des Assistenten wird der DNS-Name des Clusters sowie der Clusterausführungsmodus konfiguriert. Im Feld *Vollständiger Internetname* geben Sie den Namen des NLB-Clusters an. Auch dieser Name muss auf allen Servern des Clusters gleich lauten. Außerdem muss eine Namensauflösung über DNS möglich sein.

Damit alle Server des Clusters auf eine Verbindungsanfrage reagieren können, muss nicht nur die virtuelle IP-Adresse auf allen Computern identisch sein. Damit ein Datenpaket zugestellt werden kann, muss zu der IP-Adresse die zugehörige physische Adresse der Netzwerkkarte (die MAC-Adresse) ermittelt werden. Diese Adresse ist bei der Herstellung der Karte fest vorgegeben, kann aber später durch die Netzwerktreiber überschrieben werden. Für alle Netzwerkkarten, für die der Netzwerklastenausgleich aktiviert ist, wird diese MAC-Adresse auf den gleichen Wert gesetzt, der aus der IP-Adresse des Clusters berechnet wird.

Abbildg. 33.31 Clustername und Clusterausführungsmodus konfigurieren

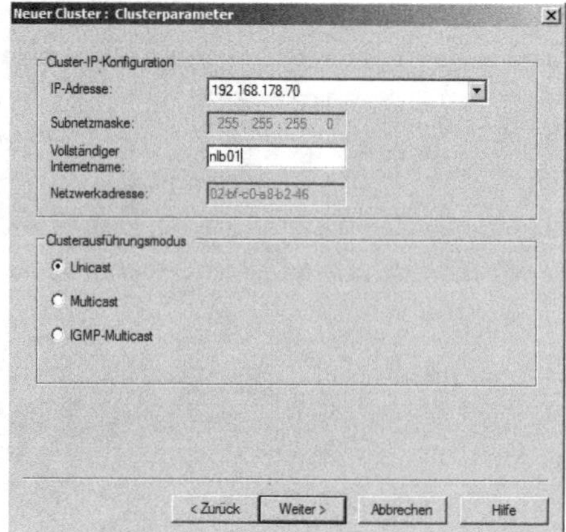

Falls die Übertragung von Daten an den NLB-Cluster auch über Multicastpakete erfolgen soll, was zum Beispiel bei einigen Streaming Media-Formaten der Fall ist, ändern Sie den Clusterausführungsmodus von *Unicast* auf *Multicast*. Dadurch ändert sich auch die automatisch generierte Netzwerkadresse. Um den Datenverkehr zu reduzieren, können Sie zusätzlich IGMP-Multicast aktivieren. Generell sollte aber immer besser mit Unicast gearbeitet werden.

Auf der nächsten Seite werden die Portregeln definiert, also welche Ports mit welcher Priorität behandelt werden. Dazu werden jeweils Regeln definiert, indem Sie die gewünschten Werte einstellen und dann abschließend über *Hinzufügen* diese Werte als Regel übernehmen. Die Ports bestimmen schlussendlich den Serverdienst bzw. die Serverdienste, über welche die einzelnen Server im NLB-Cluster auf den Verbindungsaufbau durch Anwender warten. So verwenden Sie zum Beispiel für einen internen Webserver den Port 80.

Die neue Regel gilt zunächst für alle IP-Adressen des Clusters. Wenn Sie das Kontrollkästchen *Alle* deaktivieren, können Sie aber eine spezifische Adresse eingeben. Unter *Portbereich* geben Sie den Port bzw. den Bereich an, für den diese Regel gilt. Anschließend wählen Sie das verwendete Transportprotokoll *TCP*, *UDP* oder *Beide* aus. Wie der Server innerhalb des NLB-Clusters reagiert, geben Sie über den *Filterungsmodus* an. In der Standardeinstellung *Mehrfachhost* können die von einem Client ausgehenden Verbindungen auf mehrere Server innerhalb des Clusters verteilt werden, richtiges NLB also. Dies ist jedoch an der Stelle problematisch, wenn zu einer scheinbar einzelnen Anfrage in Wirklichkeit mehrere Verbindungen hergestellt werden. Dies tritt zum Beispiel bei Webservern auf. Dort stellt der Browser mehrere Verbindungen zum Webserver her, um die auf einer Seite angezeigten Objekte parallel zu übertragen. Bei statischen Inhalten führt dies zu keinen weiteren Problemen.

Anders jedoch sieht es bei dynamisch erstellten Seiten aus, bei denen der eine Webserver natürlich keine Informationen darüber erhält, welche Daten dieser für den Anwender bereitgestellt hat. Hier ist die Einstellung *Einzelhost* möglich, wobei ein einzelner Server im Cluster alle weiteren Verbindungen eines Clients ebenfalls übernimmt. Haben Sie dagegen die Einstellung *Diesen Portbereich deaktivieren* gewählt, nimmt der Server Anfragen auf diesen Ports überhaupt nicht entgegen. Auf diese Weise kann auch sehr leicht ein einfacher Filter eingerichtet werden. Für jede IP-Adresse können unterschiedliche Regeln konfiguriert sein.

Abbildg. 33.32 Konfigurieren der Portregeln des Clusters

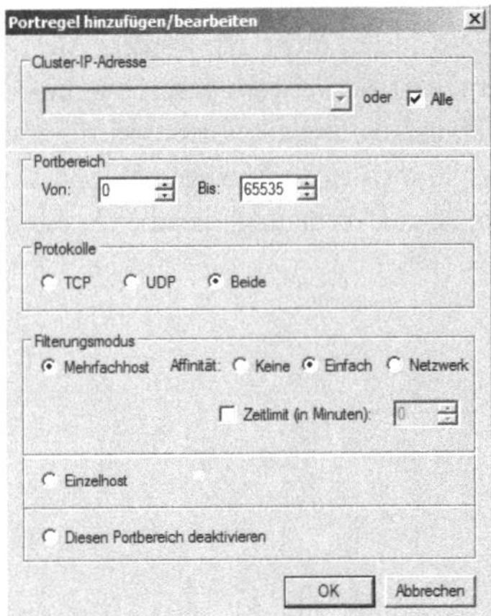

Über die Einstellung *Affinität* wird das Verhalten des Clusters auf eingehende Verbindungen von ein und demselben Client geregelt. In der Standardeinstellung *Einfach* werden alle Verbindungsanfragen von einem Client jeweils an denselben Server innerhalb des Clusters weitergeleitet. So nimmt auch der Zielserver an, dass alle Anfragen von einem Client an ihn gerichtet werden.

Wählen Sie dagegen *Keine*, wird jede neue Anfrage an den Cluster jeweils an den am wenigsten belasteten Server weitergeleitet. Dies hat allerdings zur Folge, dass alle von ursprünglich einem Client ausgehenden Anfragen jetzt von verschiedenen Servern innerhalb des NLB-Clusters an den Zielserver weitergeleitet werden und dieser annimmt, dass die Anfragen von verschiedenen Clients stammen – wodurch der Zielserver Zusammenhänge zwischen den Verbindungen nicht mehr erkennt und unter Umständen falsche Daten liefert. Nachdem die Regeln erstellt sind, wird der Cluster erstellt und ist einsatzbereit.

Abbildg. 33.33 Anzeigen der Daten eines Clusters im Netzwerklastenausgleich-Manager

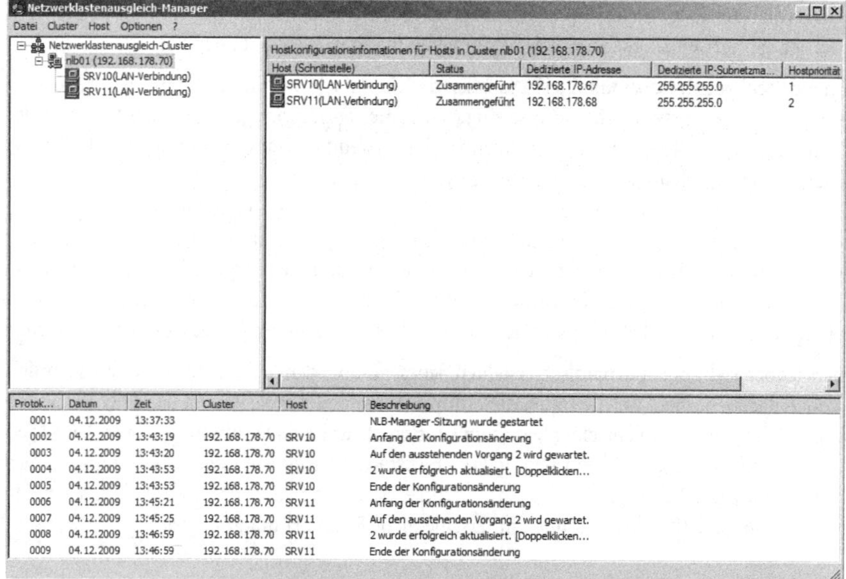

Die Einstellungen können jederzeit über das Kontextmenü des Clusters angepasst werden. Alle Server werden bei der Verteilung zunächst gleichwertig behandelt. Nach dem Start des Verwaltungsprogramms verbinden Sie sich über den Menübefehl *Cluster/Mit bestehendem Cluster verbinden* mit einem bereits konfigurierten Cluster. Über das Kontextmenü des Clusters und der einzelnen Hosts können Hosts hinzugefügt, gelöscht, angehalten oder konfiguriert werden. Dazu stehen verschiedene Funktionen zur Verfügung, die über Assistenten konfiguriert werden.

Abbildg. 33.34 Über das Kontextmenü wird der NLB-Cluster konfiguriert

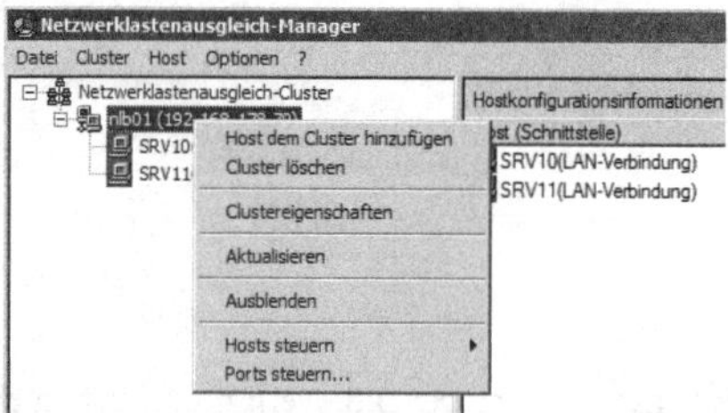

TIPP Damit der Betrieb eines NLB-Clusters protokolliert wird, kann über den Menübefehl *Optionen/Protokolleinstellungen* die Protokollierung aktiviert und eine Datei festgelegt werden.

Technische Hintergründe

Generell besteht ein NLB-Cluster nur aus einer IP-Adresse, mit der Anwender eine Verbindung aufbauen. Anschließend verteilt einer der NLB-Server die Anforderung des Benutzers, basierend auf den Mitgliedsservern und Portregeln an einen Server im Cluster. Neben einer IP-Adresse können Sie auch einen Namen verwenden, müssen dann aber im DNS-System der Domäne einen Eintrag erstellen, der auf die IP-Adresse des Cluster zeigt. Sobald Sie einen Server zu einem NLB-Cluster hinzufügen, konfiguriert Windows Server 2008 R2 auch Änderungen in den Netzwerkeinstellungen und aktiviert NLB.

Sie müssen außerhalb des NLB-Managers keine Änderungen vornehmen, sollten sich diese Änderung der Netzwerkeinstellungen auf den NLB-Servern aber ansehen. Alle Server im NLB-Cluster verwalten den NLB-Cluster. Es gibt keinen aktiven Knoten wie beim Failovercluster, der alle Einstellungen verwaltet. Bei der Erstellung eines NLB-Clusters weist der Installationsassistent jedem Server im NLB-Cluster die IP-Adresse des Clusters zu und unterdrückt Meldungen, dass mehrere Computer mit der gleichen IP-Adresse im Netzwerk vorhanden sind.

Abbildg. 33.35 IP-Adressen der Clusterknoten im NLB-Cluster

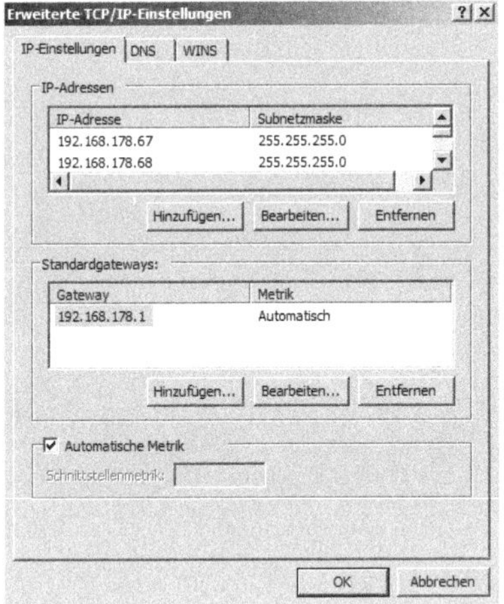

Darüber hinaus arbeiten alle Clusterknoten im NLB-Cluster mit der gleichen MAC-Adresse. Diese können Sie sich in der Befehlszeile über *ipconfig /all* anzeigen lassen.

HINWEIS Sie sollten bei der Authentifizierung innerhalb eines NLB-Clusters mit NTLM arbeiten, wenn mehrere Dienstkoten zum Einsatz kommen, da bei der Kerberos-Authentifizierung Probleme auftreten, wenn Anwender zu verschiedenen Systemen gelenkt werden. Kerberos arbeiten mit einem Ticketsystem und weist einem Server beim Zugriff durch einen Anwender ein Ticket zu. Dieses Ticket gilt nicht für den virtuellen NLB-Server, sondern für den physischen Serverknoten. Achten Sie darauf, dass Sie auf allen Servern im Netzwerk für Serverdienste, die eine Authentifizierung erfordern, entweder mit dem gleichen Konto arbeiten, also einem Domänenkonto, oder mit der NTLM-Authentifizierung, wenn das nicht möglich ist.

Zusammenfassung

Im Bereich der Clusterinstallation hat Microsoft einige Neuerungen integriert. Wie Sie am Beispiel der Testumgebung erfahren haben, kann ein Windows-Cluster auch ohne tiefgehende Kenntnisse problemlos installiert und betrieben werden. Wir haben Ihnen in diesem Kapitel die Installation und den Betrieb eines Clusters gezeigt sowie den Aufbau einer Testumgebung erläutert. Im nächsten Kapitel zeigen wir Ihnen die Möglichkeiten der neuen Windows-PowerShell und geben Einblicke in die optimale Verwaltung eines Windows Server 2008 R2-Netzwerks über Skripts und leicht erlernbare Befehle.

Kapitel 34

Windows PowerShell, Befehlszeile und Batchdateien

In diesem Kapitel:

Die Windows PowerShell 2.0 ist die objektorientierte Befehlszeile für Windows Server 2008 R2. Das heißt, Befehle führen nicht nur Aktionen im Betriebssystem aus, sondern können Objekte direkt ansprechen und bearbeiten. Alle Befehle aus der normalen Befehlszeile sind auch in der PowerShell verfügbar. Die Befehle werden dazu in PowerShell-Aliase übersetzt. Sie können die PowerShell auch für Windows Server 2003 Vista und XP und Windows 7 herunterladen. Unter Windows Server 2008 R2 haben Sie den Vorteil, dass die Shell bereits in das Betriebssystem integriert und installiert ist.

Die normale Befehlszeile von Windows Server 2008 R2 unterscheidet sich nicht von ihrem Pendant in Windows Server 2003/2008. Auch wenn Sie die Windows PowerShell als zusätzliche Funktion installieren, ändert sich die Befehlszeile nicht, sondern Sie müssen die PowerShell über die entsprechende Verknüpfung erst starten. In den einzelnen Kapiteln dieses Buchs, zum Beispiel in Kapitel 9, sind wir bereits auf die PowerShell- und Befehlszeilenbefehle an Praxisbeispielen eingegangen. In Kapitel 1 finden Sie ebenfalls ausführliche Anleitungen zur PowerShell.

In diesem Kapitel gehen wir auf Befehle und Funktionen ein, die in den anderen Kapiteln noch nicht behandelt wurden. Die meisten neuen Serverprodukte von Microsoft, zum Beispiel Exchange Server 2010, bauen auf die Windows PowerShell auf und ergänzen diese um weitere Befehle. Die grafischen Oberflächen dieser Produkte dienen dann nur noch dazu, Befehle zu generieren, sogenannte Cmdlets, die durch die PowerShell ausgeführt werden. Die PowerShell baut auf .NET Framework auf. Lesen Sie sich vor diesem Kapitel noch die Anmerkungen und Anleitungen im Kapitel 1 durch.

Abbildg. 34.1 Die Befehlszeile in Windows Server 2008 R2

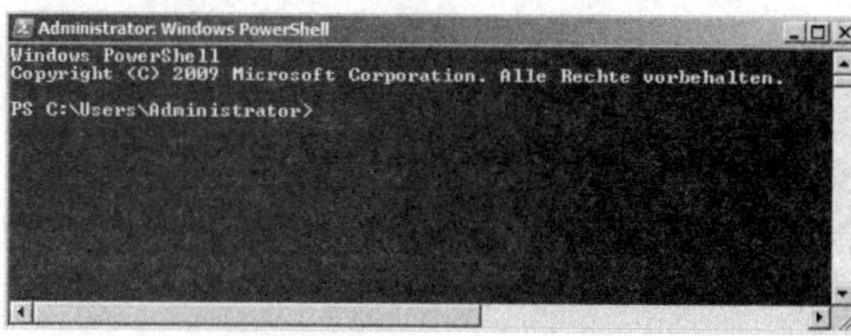

Abbildg. 34.2 PowerShell kann ausführliche Hilfen zu Cmdlets anzeigen

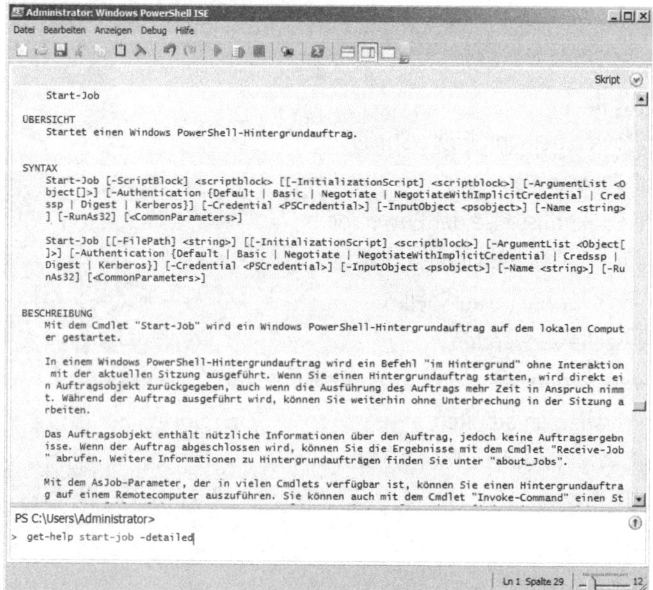

TIPP Mit dem Befehl *Get-Help <Befehl> -detailed* erhalten Sie eine ausführliche Hilfe zu einem Befehl, Praxisbeispiele, alle Optionen und ausführliche Anleitungen.

Auf der Internetseite *http://technet.microsoft.com/en-us/library/ee617195.aspx* erhalten Sie ausführliche Informationen zur Syntax der genannten Befehle.

Einführung in PowerShell und PowerShell ISE

Sie starten die PowerShell über die Programmgruppe *Zubehör* oder indem Sie *PowerShell* im Suchfeld des Startmenüs eingeben. Die herkömmliche Befehlszeile mit den bekannten Befehlen steht auch weiterhin zur Verfügung, das gilt natürlich auch für die Unterstützung von VB-Skripts. Ebenfalls neu ist die Oberfläche zur Erstellung von Skripts und Ausführung von Befehlen für die Windows PowerShell 2.0, das sogenannte Windows PowerShell Integrated Scripting Environment (ISE). Auch diese starten Sie über die gleiche Programmgruppe. Die grafische Oberfläche bietet die Möglichkeit, Skripts für die Windows PowerShell in einer einheitlichen zentralen Oberfläche zu erstellen. Die grafische Oberfläche müssen Sie allerdings erst über den Server-Manager als Feature installieren (siehe Kapitel 1).

Abbildg. 34.3 Die neue grafische Oberfläche der Windows PowerShell

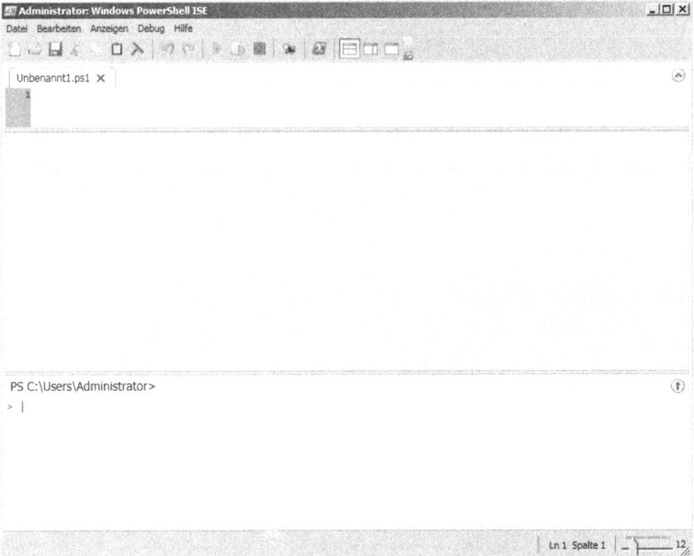

Befehle geben Sie im unteren Bereich des ISE ein, das Ergebnis sehen Sie im mittleren Bereich. Im oberen Bereich können Sie Skriptbefehle aufnehmen und diese dann als Skript speichern. In der Oberfläche können Sie außerdem eine PowerShell remote auf einem anderen Computer öffnen. Verwenden Sie dazu das Menü *Datei* oder die entsprechende Schaltfläche.

Die neue PowerShell zeigt das ISE dann als zusätzliche Registerkarte an. Das heißt durch diese neuen Möglichkeiten erhalten Sie eine Oberfläche, in der Sie Befehle testen, deren Ergebnis anzeigen, Skripts schreiben und Fehler in den Skripts über das Menü *Debug* beheben können. Geben Sie im oberen Bereich Befehle ein, werden diese nicht sofort ausgeführt, sondern wie in einem normalen Skript zunächst aufgelistet. Haben Sie die Eingabe der Befehle abgeschlossen, können Sie deren Ausführung starten, indem Sie auf das grüne Abspielsymbol klicken.

Abbildg. 34.4 Im ISE lassen sich mehrere Sitzungen der PowerShell öffnen und Skripts erstellen

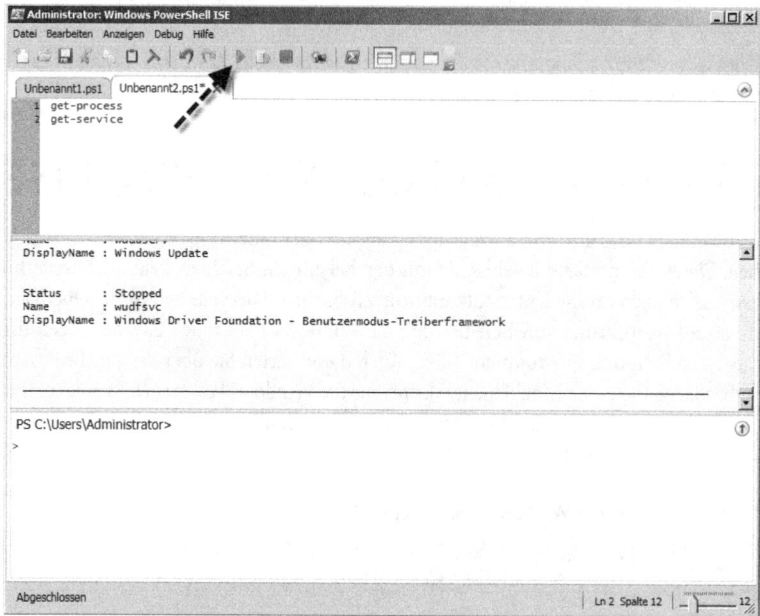

Über das Menü *Anzeigen* können Sie die verschiedenen Felder des ISE an Ihre Bedürfnisse anpassen und die Anordnung ändern. So lässt sich zum Beispiel der Bereich zum Erstellen von Skripts an der rechten Seite anordnen.

Abbildg. 34.5 Anpassen des PowerShell ISE

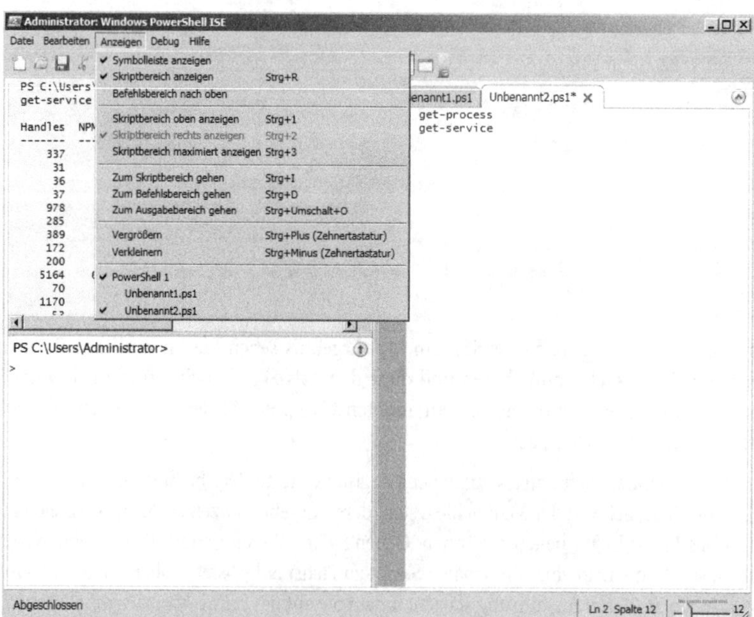

Die Größe und Anzeige der verschiedenen Felder lässt sich leicht anpassen. Skripts können Sie während der Ausführung bearbeiten und so Fehler schneller beheben. Laden Sie ein Skript über *Datei/Öffnen*, sehen Sie im Befehlsfenster dessen Bestandteile. Markieren Sie eine Zeile im Skript, können Sie über den Menübefehl *Debug/ Haltepunkt umschalten* eine Pause im Skript festlegen.

Abbildg. 34.6 Laden von Skripts mit Festlegen von Pausen

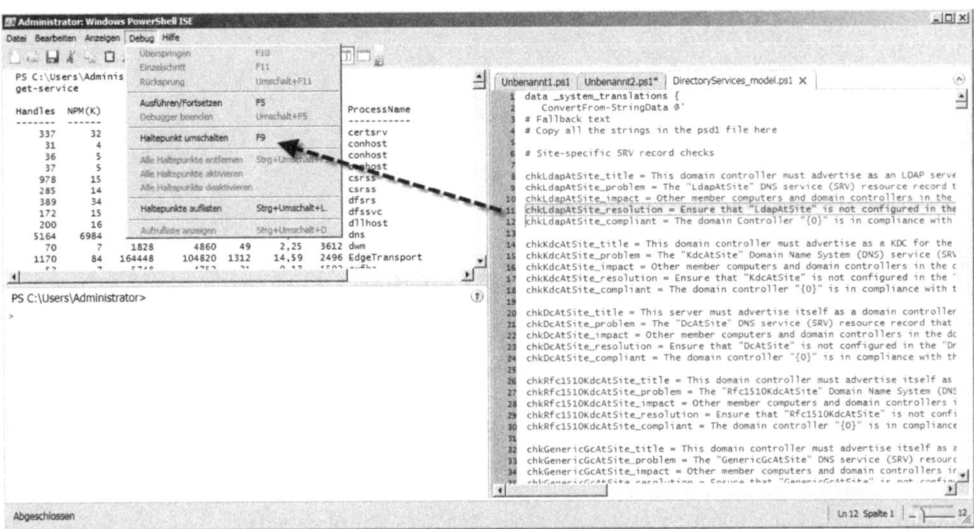

Über den Menübefehl *Datei/Neue Remote-PowerShell-Registerkarte* können Sie eine PowerShell-Sitzung auf einem anderen Computer aufbauen.

Abbildg. 34.7 Starten einer PowerShell-Sitzung auf einem anderen Server

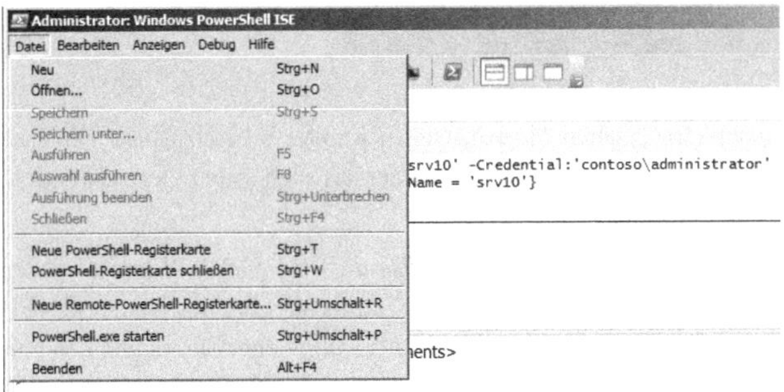

Damit das funktioniert, müssen Sie auf dem Zielcomputer aber die Remoteverwaltung zunächst in der Befehlszeile mit *winrm quickconfig* starten (siehe Kapitel 1). Anschließend müssen Sie sich noch authentifizieren, wenn Sie sich mit einem anderen Benutzer als dem aktuell angemeldeten am Server anmelden wollen. Danach baut die PowerShell eine Sitzung auf und Sie können auf dem Quellserver Befehle eingeben, die auf dem Zielserver ausgeführt werden.

Abbildg. 34.8 Verbindungsaufbau der PowerShell mit einem anderen Server im Netzwerk

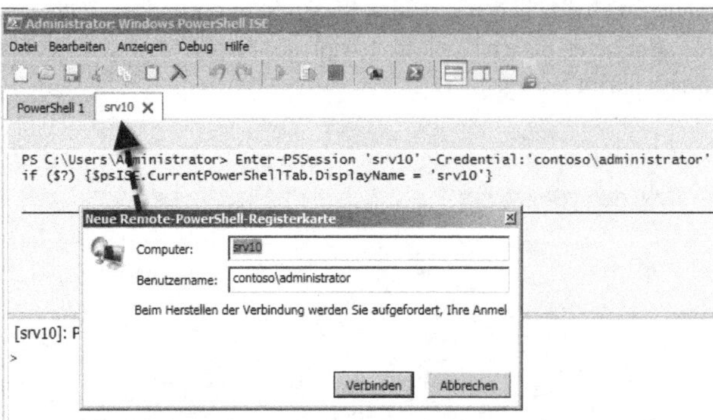

PowerShell auf Core-Servern

Die PowerShell ist jetzt auch auf Core-Servern verfügbar. Im Gegensatz zu herkömmlichen Servern mit Windows Server 2008 R2 ist die PowerShell aber noch nicht installiert. Dadurch besteht die Möglichkeit, PowerShell-Skripts lokal auf dem Core-Server zu starten oder über eine Remotesitzung von einem anderen Server aus. Auf dem Core-Server überprüfen Sie zunächst über *oclist.exe*, ob die PowerShell installiert und aktiviert ist. Zur Überprüfung geben Sie den Befehl *oclist |find "PowerShell"* ein.

Abbildg. 34.9 Mit *oclist* überprüfen, ob die PowerShell auf dem Core-Server installiert ist

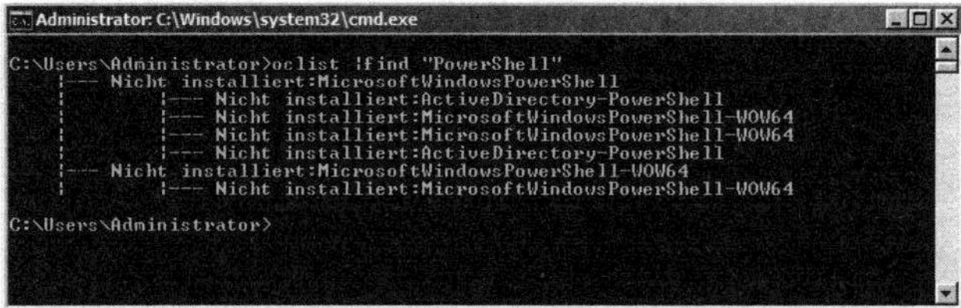

Wollen Sie einzelne Features installieren, gehen Sie vor, wie in Kapitel 5 beschrieben. Die Installation von zusätzlichen Features läuft ähnlich ab, wie die Installation von Serverrollen. Auch hier verwenden Sie zur Auflistung *oclist.exe* und zur Installation *ocsetup.exe*.

Um ein Feature zu installieren, geben Sie den Befehl *ocsetup <Feature>* ein. Um ein Feature wieder zu deinstallieren, verwenden Sie den Befehl *ocsetup <Feature> /uninstall*. Damit Sie über das Netzwerk den Core-Server verwalten können, verwenden Sie entweder den Befehl *winrm quickconfig* oder Sie wählen den entsprechenden Menüpunkt bei *sconfig*. In *sconfig* starten Sie über den Menüpunkt 4 die Verwaltung über das Netzwerk und können die PowerShell installieren und aktivieren. Anschließend installieren und aktivieren Sie die PowerShell mit dem Menüpunkt 2. Über *oclist* lassen Sie sich die Installation bestätigen.

Abbildg. 34.10 PowerShell auf einem Core-Server installieren und aktivieren

```
Administrator: C:\Windows\system32\cmd.exe - sconfig
8) Netzwerkeinstellungen
9) Datum und Uhrzeit

10) Benutzer abmelden
11) Server neu starten
12) Server herunterfahren
13) Zur Befehlszeile wechseln


Geben Sie eine Zahl ein, um eine Option auszuwählen: 4


-----------------------------
  Remoteverwaltung konfigurieren
-----------------------------


1) MMC-Remoteverwaltung zulassen
2) Windows PowerShell aktivieren
3) Remoteverwaltung für Server-Manager zulassen
4) Windows-Firewall-Einstellungen anzeigen

5) Zurück zum Hauptmenü

Auswahl: 2

Windows PowerShell wird aktiviert...
Windows PowerShell-Ausführungsrichtlinie wird auf die Option für die Remotesigna
tur festgelegt...
```

Damit Sie die PowerShell nach der Installation starten können, müssen Sie zunächst in das Verzeichnis *C:\Windows\System32\WindowsPowerShell\v1.0* wechseln. Mit dem Befehl *powershell.exe* starten Sie dann die PowerShell auf dem Server. Anschließend können Sie mit den normalen Befehlen der PowerShell arbeiten wie auf jedem anderen Server auch.

Abbildg. 34.11 Mit der PowerShell auf einem Core-Server arbeiten

```
Administrator: C:\Windows\system32\cmd.exe - powershell
Cmdlet          Update-TypeData              Update-TypeData [[-AppendPat...
Cmdlet          Use-Transaction              Use-Transaction [-Transacted...
Function        V:                           Set-Location V:
Function        W:                           Set-Location W:
Cmdlet          Wait-Event                   Wait-Event [[-SourceIdentifi...
Cmdlet          Wait-Job                     Wait-Job [-Id] <Int32[]> [-A...
Cmdlet          Wait-Process                 Wait-Process [-Name] <String...
Alias           where                        Where-Object
Cmdlet          Where-Object                 Where-Object [-FilterScript]...
Alias           wjb                          Wait-Job
Alias           write                        Write-Output
Cmdlet          Write-Debug                  Write-Debug [-Message] <Stri...
Cmdlet          Write-Error                  Write-Error [-Message] <Stri...
Cmdlet          Write-EventLog               Write-EventLog [-LogName] <S...
Cmdlet          Write-Host                   Write-Host [[-Object] <Objec...
Cmdlet          Write-Output                 Write-Output [-InputObject] ...
Cmdlet          Write-Progress               Write-Progress [-Activity] <...
Cmdlet          Write-Verbose                Write-Verbose [-Message] <St...
Cmdlet          Write-Warning                Write-Warning [-Message] <St...
Function        X:                           Set-Location X:
Function        Y:                           Set-Location Y:
Function        Z:                           Set-Location Z:

PS C:\Windows\System32\WindowsPowerShell\v1.0>
```

Sie können sich auch remote von einem anderen Server über die PowerShell mit einem Core-Server verbinden. Wie das geht, haben wir Ihnen im vorherigen Abschnitt gezeigt. Damit ein Verbindungsaufbau funktioniert, müssen Sie zunächst auf dem Core-Server mit *winrm quickconfig* die Remoteverbindung erlauben, standardmäßig ist die Verbindung nicht möglich.

Grundsätzliche Funktionsweise der PowerShell

Grundlage der PowerShell sind die *Cmdlets*. Diese sind die Befehle in der Shell, auf der diese aufbaut. Sie können Cmdlets an ihrem Aufbau erkennen: ein Verb und ein Substantiv, dazwischen ein Bindestrich (–), beispielsweise *Get-Help, Get-Process* und *Start-Service*. Die meisten Cmdlets sind sehr einfach und für die Verwendung zusammen mit anderen Cmdlets vorgesehen. So rufen Sie beispielsweise mit *Get*-Cmdlets Daten ab, mit *Set*-Cmdlets erzeugen und ändern Sie Daten, mit *Format*-Cmdlets Daten formatieren Sie und mit *Out*-Cmdlets leiten Sie Ausgaben an ein angegebenes Ziel. Auch die Verwaltung der Registry, von Zertifikaten und der Ereignisanzeigen lassen sich über die PowerShell automatisieren.

Windows PowerShell baut auf .NET Framework und der Common Language Runtime (CLR) von .NET Framework auf und kann .NET-Objekte akzeptieren und zurückgeben. Diese grundlegende Änderung ermöglicht neue Tools und Skript-Verfahren für die Verwaltung und Konfiguration von Windows. Standardmäßig ist die PowerShell mit der Installation von Windows Server 2008 R2 und Windows 7 automatisch integriert. Außerdem hat Microsoft zahlreiche zusätzliche Cmdlets integriert, zum Beispiel *Get-Hotfix*, *Send-MailMessage*, *Get-ComputerRestorePoint*, *New-WebServiceProxy*, *Debug-Process*, *Add-Computer*, *Rename-Computer*, *Reset-ComputerMachinePassword* oder *Get-Random*.

Neu ist auch die Möglichkeit, PowerShell-Skripts als Aufgabe im Hintergrund auszuführen. Dazu hat Microsoft einige neue Cmdlets zur Verwaltung dieser Aufgaben eingebaut. Geben Sie in der PowerShell den Befehl *get-command *job** ein, erhalten Sie eine Liste der neuen Möglichkeiten, um Skripts im Hintergrund laufen zu lassen.

Abbildg. 34.12 PowerShell-Skripts können jetzt im Hintergrund ablaufen

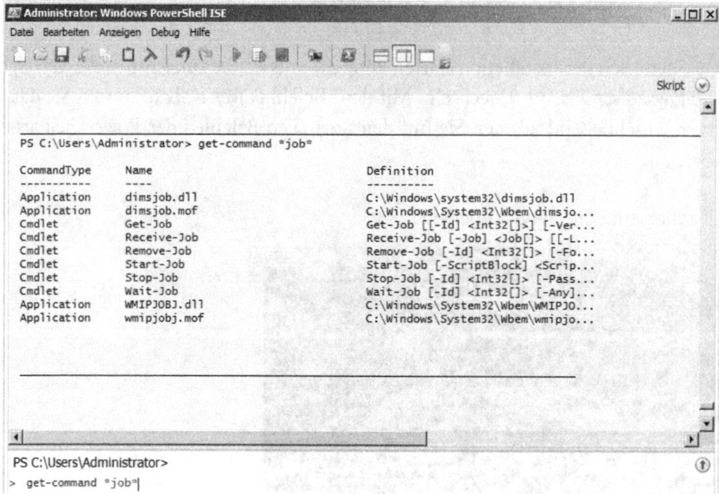

PowerShell-Laufwerke verwenden

Neben den bekannten Dateisystemlaufwerken wie C: und D: enthält Windows PowerShell auch Laufwerke, die die Registrierungsstrukturen *HKEY_LOCAL_MACHINE (HKLM:)* und *HKEY_CURRENT_USER (HKCU:)*, den Speicher für digitale Signaturzertifikate auf Ihrem Computer (*Cert:*) und die Funktionen in der aktuellen Sitzung (*Function:*) darstellen. Diese bezeichnet die Shell als Windows PowerShell-Laufwerke. Eine rufen Sie mit dem Befehl *Get-PSDrive* auf.

Die PowerShell arbeitet mit .NET-Objekten. Technisch gesehen ist ein .NET-Objekt eine Instanz einer .NET-Klasse, die aus Daten und zugeordneten Operationen besteht. Sie können sich ein Objekt als Dateneinheit mit Eigenschaften und Methoden vorstellen. Methoden sind Aktionen, welche die PowerShell für das Objekt ausführt.

Abbildg. 34.13 Anzeigen der Laufwerke, auf welche die PowerShell zugreifen kann

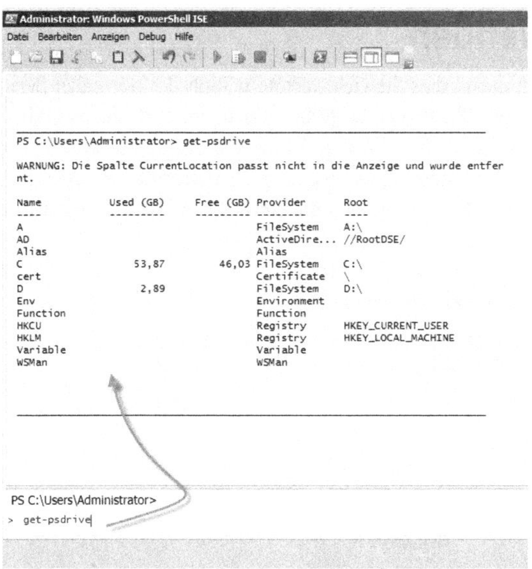

Wenn Sie beispielsweise einen Dienst aufrufen wollen, verwendet die Shell eigentlich ein Objekt, das diesen Dienst darstellt. Wollen Sie Informationen über einen Dienst anzeigen, verwendet die PowerShell die Eigenschaften des zugehörigen Dienstobjekts. Und wenn Sie einen Dienst starten, verwendet die PowerShell eine Methode des Dienstobjekts. Um zum Beispiel in die lokale Registry in *HKEY_CURRENT_USER* zu wechseln, geben Sie in der PowerShell *cd hkcu*: ein. Den Inhalt des Registryhive können Sie sich mit *dir* anzeigen lassen.

Abbildg. 34.14 Bearbeiten und Anzeigen der Registry in der PowerShell

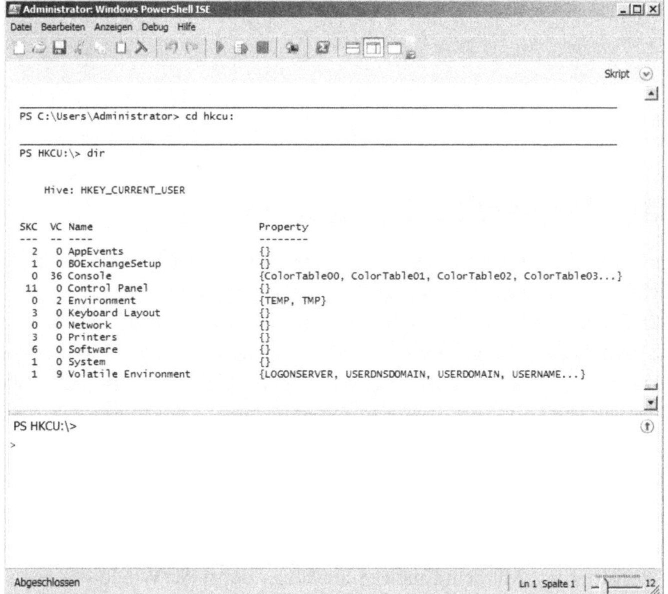

Befehle aus der Eingabeaufforderung in der PowerShell verwenden

Ein weiterer Vorteil der PowerShell liegt darin, dass Sie viele vertraute Tools der normalen Befehlszeile nicht aufgeben müssen, diese unterstützt die PowerShell auch weiterhin. Dazu gibt es für jeden CMD-Befehl einen PowerShell-Alias. Die Verwendung dieser Befehle ist analog zur bisherigen Eingabeaufforderung, die natürlich noch immer parallel zur Verfügung steht. Über den Befehl *Alias* zeigt die PowerShell alle Aliase in der Befehlszeile an. Über den Befehl *Alias <Buchstabe>** lassen Sie sich die einzelnen Aliase, die mit dem angegebenen Buchstaben beginnen, anzeigen.

Abbildg. 34.15 In der PowerShell lassen sich auch Befehle aus der normalen Befehlszeile verwenden

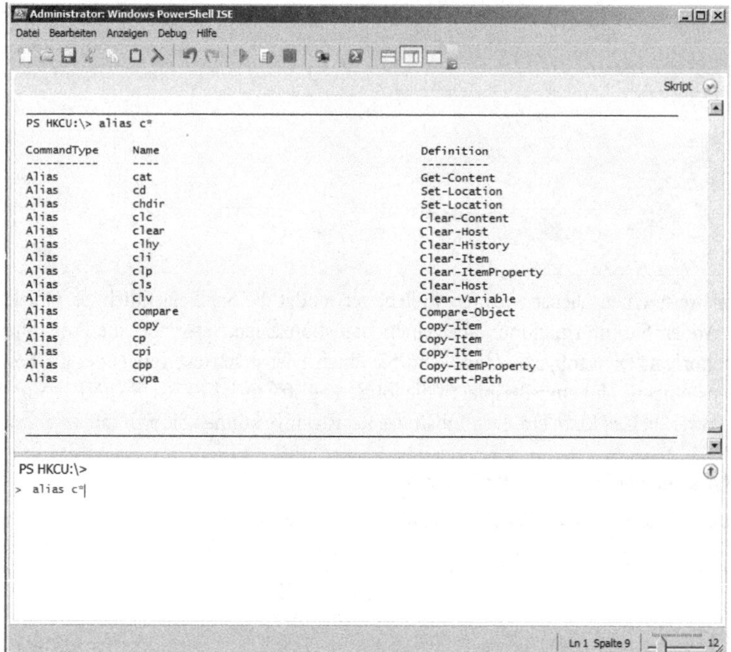

Skripts mit der PowerShell erstellen

Wenn Sie immer wieder bestimmte Befehlsfolgen ausführen oder ein PowerShell-Skript für eine komplexe Aufgabe entwickeln, empfiehlt es sich, die Befehle nicht einzeln einzugeben, sondern in einer Datei zu speichern. Die Dateierweiterung für Windows PowerShell-Skripts lautet *.ps1* (das dritte Zeichen der Dateierweiterung ist die Zahl 1). Sie müssen immer einen vollqualifizierten Pfad zu der Skriptdatei angeben, auch wenn sich das Skript im aktuellen Verzeichnis befindet. Wenn Sie auf das aktuelle Verzeichnis verweisen wollen, geben Sie einen Punkt ein, zum Beispiel *.script.ps1*. Zum Schutz des Systems enthält die PowerShell verschiedene Sicherheitsfeatures, zu denen auch die Ausführungsrichtlinie zählt.

Die Ausführungsrichtlinie bestimmt, ob Skripts ausgeführt werden dürfen und ob diese digital signiert sein müssen. Standardmäßig blockiert die PowerShell Skripts. Sie können die Ausführungsrichtlinie mit dem Cmdlet *Set-ExecutionPolicy* ändern und mit *Get-ExecutionPolicy* anzeigen. Die Ausführungsrichtlinie speichert ihre Daten in der Windows-Registrierung. Mit dem Cmdlet *Start-Sleep* stoppen Sie Windows PowerShell-Aktivitäten für einen bestimmten Zeitraum. Mit dem Befehl *Start-Sleep –s 10* hält das Skript zehn Sekunden an. Der Befehl *Start-Sleep –m 10000* verwendet Millisekunden. Übergeben Sie die Ausgabe von Cmdlets mit der Option *| Out-Printer* an das Cmdlet *Out-Printer*, druckt die PowerShell die Ausgabe auf dem Standarddrucker aus. Den Drucker können Sie in Anführungszeichen mit dessen Bezeichnung in der Druckersteuerung angeben.

Mit dem Cmdlet *Write-Warning* lassen sich eigene Warnungen in der PowerShell anzeigen. *Write-Host* schreibt Nachrichten. Beide sind farblich unterschiedlich formatiert. Farbzuweisungen lassen sich nur für *Write-Host* setzen. Die Farben konfigurieren Sie mit *–foregroundcolor* und *–backgroundcolor* manuell. Folgende Werte sind möglich:

- *Black* (Schwarz)
- *DarkBlue* (Dunkelblau)
- *DarkGreen* (Dunkelgrün)
- *DarkCyan* (Dunkelzyan)
- *DarkRed* (Dunkelrot)
- *DarkMagenta* (Dunkelmagenta)
- *DarkYellow* (Dunkelgelb)
- *Gray* (Grau)
- *DarkGray* (Dunkelgrau)
- *Blue* (Blau)
- *Green* (Grün)
- *Cyan* (Zyan)
- *Red* (Rot)
- *Magenta* (Magentarot)
- *Yellow* (Gelb)
- *White* (Weiß)

Mit dem Cmdlet *Invoke-Expression* starten Sie in der Windows PowerShell ein Skript:

```
invoke-expression c:\scripts\test.ps1
```

Windows PowerShell zur Administration verwenden

Geben Sie in der Windows PowerShell den Befehl *Get-Command* ein, um sich eine Befehlszeilenreferenz anzeigen zu lassen. Über *get-command >c:\befehle.txt* lenken Sie alle Befehle in die Datei *C:\befehle.txt* um. Sie erhalten wie immer bei der Dateiumleitung keine Bestätigung der Ausführung.

Abbildg. 34.16 Anzeige aller in Windows PowerShell verfügbaren Befehle

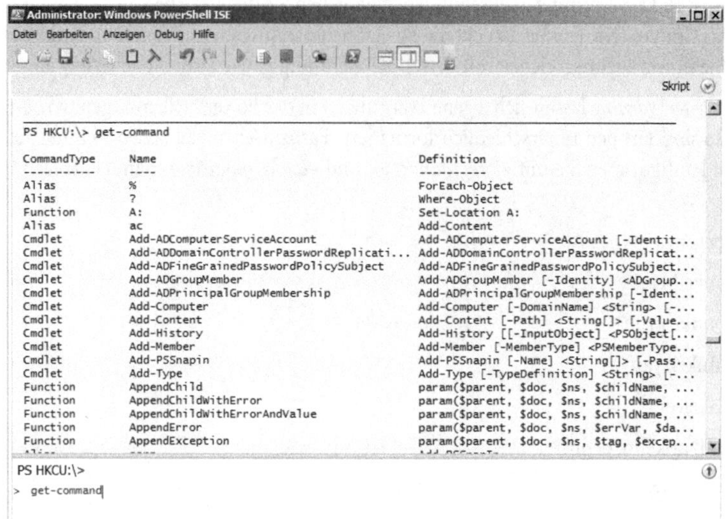

Über den Befehl *Help <Befehlsname>* können Sie sich zu einzelnen Befehle eine ausführliche Hilfe anzeigen lassen. Wenn Sie eine detaillierte Hilfe zu einem Cmdlet einschließlich Parameterbeschreibungen und Beispielen anzeigen möchten, verwenden Sie *Get-Help* mit dem *–detailed*-Parameter zum Beispiel *Get-Help add-computer –detailed*. Über die Tastenkombination Strg+C können Sie innerhalb der Shell einzelne Aktionen stoppen.

Interessant ist auch die Möglichkeit, dass Sie innerhalb der Shell zusätzlich Variablen definieren können, welche aktuelle Informationen automatisch abfragen. Diese Variablen können Sie dann später innerhalb eines Skripts verwenden. Wollen Sie zum Beispiel das aktuelle Datum als Variable *$heute* hinterlegen, können Sie in der Shell den Befehl *$heute = Get-Date* eingeben. Anschließend wird das heutige Datum als Variable *$heute* hinterlegt. Geben Sie als Nächstes in der Shell *$heute* ein, wird das aktuelle Datum ausgegeben.

Abbildg. 34.17 Verwenden von Variablen in der PowerShell

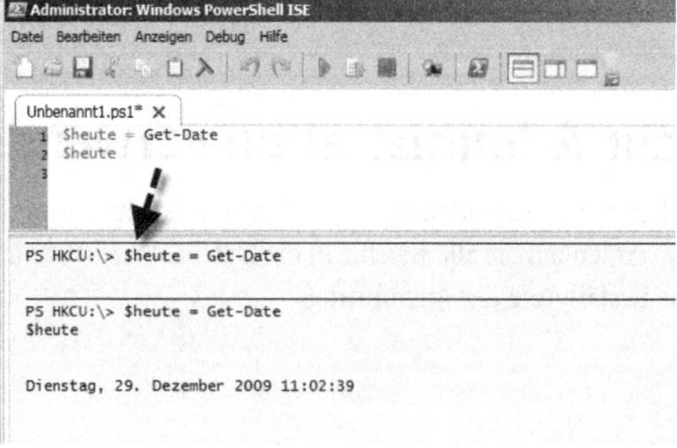

Sie können auch auf einzelne Bestandteile der Variable getrennt zugreifen. Interessiert Sie zum Beispiel aus dem Datum lediglich die Zeit, können Sie einzelne Elemente objektorientiert aus der Variable auslesen. So können Sie beispielsweise durch Eingabe des Befehls *$heute.ToShortTimeString()* ohne viel Aufwand nur die Uhrzeit in Stunden und Minuten aus der Variable auslesen.

Weitere Möglichkeiten sind die Formatierung der Ausgabe. So ist es zum Beispiel auch möglich, per Eingabe des Befehls *$heute.ToString("MMMM")* die Ausgabe des Monats zu erzwingen, oder über *$heute.ToString("MM")* den Monat als Zahl innerhalb des Kalenderjahrs. Generell können Sie hinter den meisten Befehlen, die einen Status oder eine Statistik ausgeben, noch den Zusatz *|fl* eingeben. Dieser Zusatz bewirkt, dass Sie eine formatierte Liste (daher »fl«) erhalten, welche deutlich mehr Informationen ausgibt, als der Befehl ohne diesen Zusatz.

Abbildg. 34.18 Aufrufen von verschiedenen Werten aus gesetzten Variablen

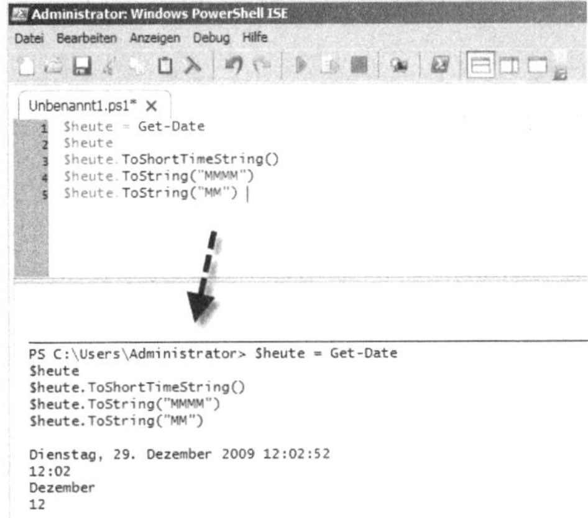

Der Befehl *Get-Date –displayhint date* zeigt nur das Datum, *Get-Date –displayhint time* nur die Uhrzeit an. Sie können ermitteln, welche Art von Objekt von einem bestimmten Cmdlet abgerufen wird, indem Sie die Ergebnisse des *Get*-Cmdlets mit einem Pipelineoperator (|) an den Befehl *Get-Member* übergeben. So können Sie mit dem Befehl *Get-Service | Get-Member* abgerufene Objekte an *Get-Member* senden. Mit diesem Befehl lassen sich Informationen über das .NET-Objekt anzeigen, das von einem Befehl zurückgegeben wird. Zu den Informationen zählen der Typ, die Eigenschaften und die Methoden des Objekts. Wenn Sie beispielsweise alle Eigenschaften eines Dienstobjekts anzeigen wollen, geben Sie *Get-Service | Get-Member –membertype *property* ein.

Prozesse mit der PowerShell anzeigen und verwalten

Eine häufige Administrationsaufgabe ist die Verwaltung der laufenden Prozesse auf einem Server. Über den Befehl *Get-Process* können Sie sich alle laufenden Prozesse eines Computers anzeigen lassen. Wollen Sie aber zum Beispiel nur alle Prozesse mit dem Anfangsbuchstaben »S« angezeigt bekommen, geben Sie den Befehl *get-process s** ein. Sollen die Prozesse zusätzlich noch sortiert werden, zum Beispiel absteigend nach der CPU-Zeit, geben Sie *get-process s* |Sort-Object cpu –descending* ein.

Abbildg. 34.19 Prozesse absteigend nach CPU-Verbrauch sortieren

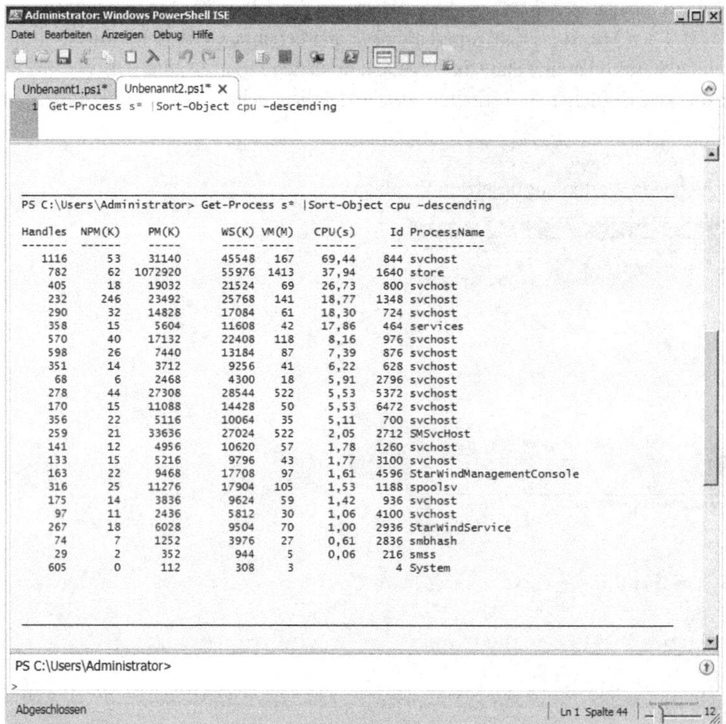

Praxisbeispiele für die wichtigsten Cmdlets

In diesem Abschnitt zeigen wir Ihnen einige Cmdlets, die in der Praxis sehr nützlich sind und die Möglichkeiten der PowerShell im Vergleich zur herkömmlichen Befehlszeilen verdeutlichen.

Mit dem Cmdlet *Copy-Item* kopieren Sie Dateien oder Verzeichnisse in der PowerShell. Mit dem Befehl *Copy-Item C:\Scripts\test.txt C:\Test* kopieren Sie zum Beispiel die Datei *test.txt*. Die Syntax ist ähnlich zum *Copy*-Befehl der herkömmlichen Befehlszeile. Der Befehl *Copy-Item C:\Scripts* C:\Test* kopiert alle Dateien im entsprechenden Quellverzeichnis in das Zielverzeichnis. Der Befehl *Copy-Item C:\Scripts C:\Test –recurse* legt eine Kopie des Ordners *C:\Scripts* im Ordner *C:\Tests* an. Ohne die Option *–recurse* wird in *C:\Test* ein Ordner *Scripts* angelegt, aber keine Dateien und Ordner werden kopiert. Neben dem vollständigen Befehl kann auch mit den Abkürzungen *cpi, cp* oder *copy* gearbeitet werden.

Das Cmdlet *Move-Item* verschiebt Objekte: *Move-Item C:\Scripts\test.zip c:\Test*. Auch hier können Sie wieder mit Platzhaltern arbeiten, genauso wie beim Kopieren. Standardmäßig überschreibt *Move-Item* vorhandene Dateien im Zielordner nicht. Mit dem Parameter *–force* werden vorhandene Zieldateien oder Ordner überschrieben: *Move-Item C:\Scripts\test.zip C:\Test –force*. Mit dem Befehl *Move-Item C:\Scripts\test.log C:\Test\ad.log* verschieben Sie Dateien und benennen diese gleichzeitig um. Neben *Move-Item* können Sie auch mit *mi, mv* oder *move* arbeiten.

Mit dem Cmdlet *New-Item* erstellen Sie neue Dateien oder Ordner. Mit dem Befehl *New-Item C:\Temp\PowerShell –type directory* erstellen Sie im Verzeichnis *C:\Temp* ein neues leeres Verzeichnis *PowerShell*.

Abbildg. 34.20 Erstellen von neuen Verzeichnissen in der PowerShell

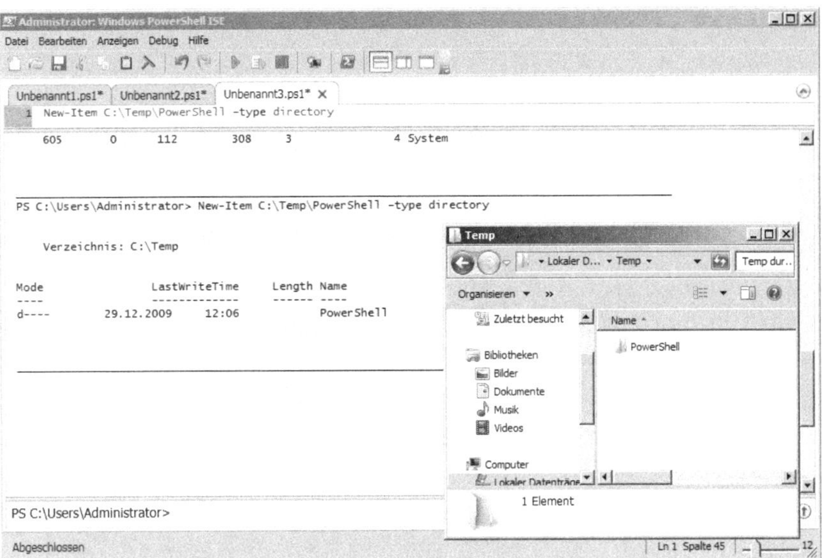

Um eine neue Datei zu erstellen, verwenden Sie die gleiche Syntax, aber den Typ *file*: *New-Item C:\Scripts\skript.txt –type file*. Mit dem Befehl *New-Item C:\Scripts\skript.txt –type file –force* ersetzen Sie eine vorhandene Datei durch eine neue leere Datei. Mit dem Befehl *New-Item C:\Scripts\skript.txt –type file –force –value "Text"* erstellen Sie eine neue Datei mit dem angegebenen Text als Inhalt. Statt *New-Item* können Sie auch *ni* verwenden.

Mit dem Cmdlet *Add-Content* fügen Sie Daten an eine Textdatei an: *Add-Content C:\Scripts\test.txt "Text"*. Standardmäßig fügt *Add-Content* den neuen Wert hinter dem letzten Zeichen in der Textdatei ein. Den Inhalt einer Datei ersetzen Sie mit *Set-Content*. Das Cmdlet *Clear-Content* löscht den Inhalt einer Datei. Nach der Ausführung existiert die Datei weiterhin, hat aber keinen Inhalt mehr. Auch hier können Sie mit Platzzeichen arbeiten: *Clear-Content C:\Test\e**. Neben Textdateien unterstützt das Cmdlet auch Excel-Tabellen, Word-Dokumente und andere Dateien. Statt *Clear-Content* können Sie auch *clc* verwenden.

Das Cmdlet *Remove-Item* löscht Objekte: *Remove-Item C:\Scripts\test.txt*. Mit dem Platzhalterzeichen * löschen Sie Objekte in einem angegebenen Ordner: *Remove-Item C:\Scripts**. Mit dem Befehl *Remove-Item C:\Scripts* –recurse* muss das Löschen nicht bestätigt werden. Der Befehl *Remove-Item C:\Scripts* –exclude *.doc* löscht alle Dateien außer denen, die Sie mit *–exclude* ausgeschlossen haben. Der Befehl *Remove-Item C:\Scripts* –include .xls,.doc* löscht nur die Dateien hinter *–include*. Beide Optionen können Sie auch gemeinsam verwenden, zum Beispiel: *Remove-Item C:\Scripts* –include *.txt –exclude *test**. Hier löscht die PowerShell alle Textdateien im Ordner, außer Dateien mit der Zeichenfolge »*test*« im Dateinamen. Der Parameter *–whatif* entfernt nichts, gibt aber aus, was passieren würde: *Remove-Item C:\windows*.exe –whatif*.

Abbildg. 34.21 Das Löschen von Dateien kann mit *–whatif* auch simuliert werden

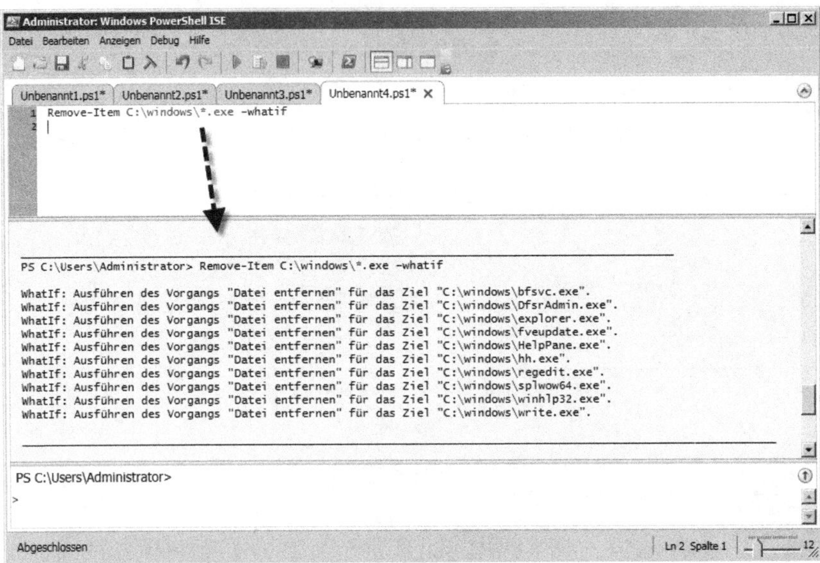

Statt *Remove-Item* können Sie auch *ri, rd, erase, rm, rmdir* oder *del* verwenden. Vorhandene Objekte benennen Sie mit dem Cmdlet *Rename-Item* um: *Rename-Item C:\Scripts\test.txt neu.txt*. Die Befehle *rni* und *ren* führen ebenfalls zum Ziel.

Abbildg. 34.22 Auflisten von Registryinhalten in der PowerShell

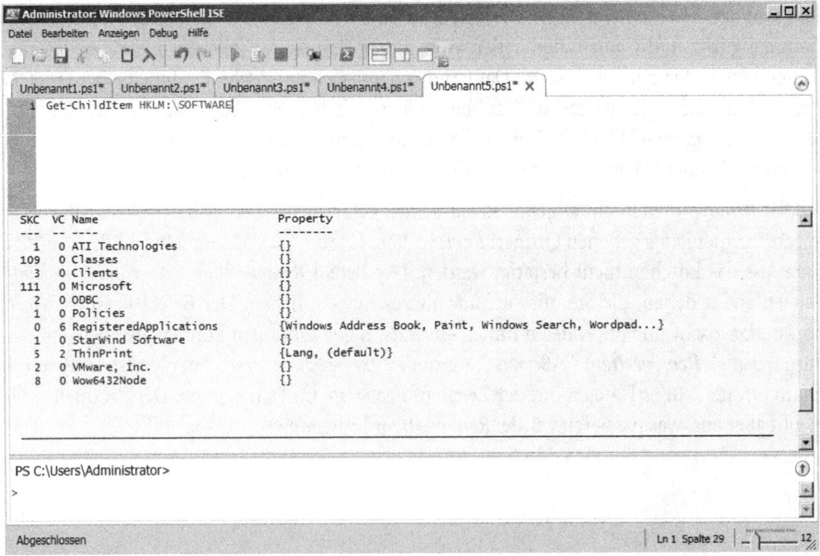

Das Cmdlet *Get-ChildItem* hat eine ähnliche Funktionalität wie der Befehl *dir* und kann auch den Inhalt von Registryschlüsseln anzeigen. Mit *Get-ChildItem –recurse* wird auch der Inhalt der Unterordner angegeben, ähnlich zu *dir /s*, nur übersichtlicher. *Get-ChildItem HKLM:\SOFTWARE* zeigt den Inhalt des Registryschlüssels *HKLM* an.

Durch die PowerShell-Laufwerke können Sie alle Registryschlüssel auf diese Weise auslesen. Auch hier können Sie mit den beiden Optionen *–include* und *–exclude* arbeiten: *Get-ChildItem C:\Windows*.* –include *.exe,*.pif*. Die Funktionsweise ist ähnlich zu *Copy-Item*, beziehungsweise *Remove-Item*. Die zurückgegebenen Informationen können auch an das Cmdlet *Sort-Object* weitergegeben werden, um eine Sortierung durchzuführen: *Get-ChildItem C:\Windows*.* | Sort-Object length.*

Mit *Get-ChildItem C:\Windows*.* | Sort-Object length –descending* wird mit den größten Dateien begonnen. Für den Befehl können Sie auch die Aliase *gci*, *ls* und *dir* verwenden. Das Cmdlet *Test-Path* überprüft das Vorhandensein einer Datei oder eines Ordners: *Test-Path C:\Temp*. Der Befehl *Test-Path* gibt *True* zurück, wenn die Datei vorhanden ist, und *False*, wenn die Datei nicht vorhanden ist. Auch hier können Sie mit Platzhaltern arbeiten.

Abbildg. 34.23 Überprüfen, ob ein Verzeichnis vorhanden ist

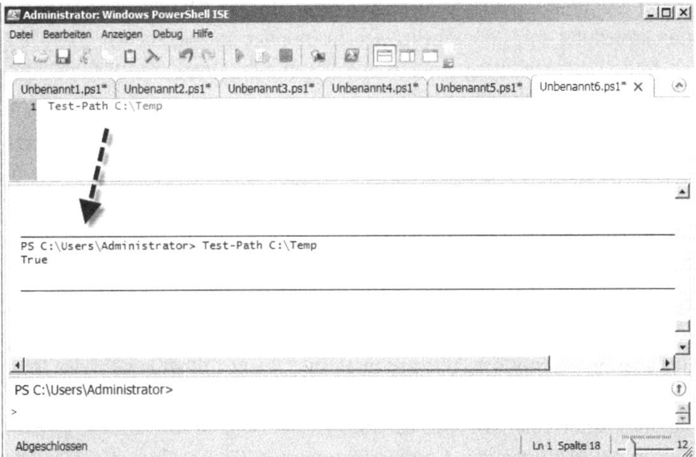

Die Anweisung *Test-Path HKCU:\Software\Microsoft\Windows* testet, ob ein bestimmter Registryschlüssel vorhanden ist. Mit dem Cmdlet *Invoke-Item* können Sie über die Windows PowerShell eine ausführbare Datei starten oder eine Datei öffnen: *Invoke-Item C:\Windows\System32\Calc.exe*. Statt *Invoke-Item* können Sie auch den Alias *ii* verwenden.

Communitiy-Tools für die PowerShell

Im Internet gibt es zahlreiche Communities und Zusatzprodukte, welche den Nutzen der PowerShell weiter verbessern. Ebenfalls im Internet erhältlich sind Cmdlets für die PowerShell, die spezielle Aufgaben im Netzwerk durchführen, auf Active Directory zugreifen oder auch Dateien übertragen können. Auch hier haben wir für Sie Beispiele aufgeführt. Selbst eine grafische Oberfläche wird mittlerweile angeboten, die Administratoren bei der Erstellung von Cmdlets unterstützt. PowerGUI kennt nicht nur die Cmdlets der herkömmlichen PowerShell, sondern auch die Erweiterungen für Exchange Server 2007/2010 und Microsoft Operation Manager 2007. Mit PowerGUI können Sie Cmdlets direkt in der grafischen Oberfläche durch bequeme Menüs ausführen.

Wichtige Internetseiten für den Umgang mit der Windows PowerShell:

- *http://www.powershell-ag.de*
- *http://www.it-visions.de/scripting/powershell*
- *http://www.nsoftware.com/powershell/*
- *http://www.quest.com/activeroles-server/arms.aspx*
- *http://powergui.org*
- *http://www.microsoft.com/technet/scriptcenter/scripts/msh/ts*
- *http://blogs.msdn.com/PowerShell/*

PowerGUI – eine weitere grafische Oberfläche für die Windows PowerShell

Der Nachteil der PowerShell ist, dass die Befehle oft nicht gerade trivial sind. Die Freeware PowerGUI des Unternehmens Quest von der Internetseite *http://www.powergui.org* setzt genau an dieser Stelle auf. Das Tool ermöglicht die Zusammenstellung von PowerShell-Befehlen in einer übersichtlichen grafischen Oberfläche. Nach der Installation befindet sich in der Programmgruppe die grafische Oberfläche und ein Skript-Editor zum effizienteren Erstellen von Skripts für die PowerShell.

Der Editor ist vor allem für geübte Skriptentwickler sinnvoll, während mit der grafischen Oberfläche PowerShell-Anfänger schnell Skripts zusammenklicken können. Durch das Zusammenklicken der Skripts lernen Administratoren auch den Umgang mit der PowerShell, da PowerGUI die erstellten Cmdlets in einer eigenen Registerkarte auch übersichtlich anzeigt. Auf der Seite des Herstellers gibt es einige Hilfedateien und -videos sowie ein reges Forum.

Außerdem stellt Quest auch eine Sammlung von Cmdlets zum Download zur Verfügung, welche die Verwaltung von Active Directory über die PowerShell erweitert. Diese haben zwar grundsätzlich nichts mit PowerGUI an sich zu tun, arbeiten aber perfekt mit der Freeware zusammen. Standardmäßig steht das Tool nur in englischer Sprache zur Verfügung. Die deutsche PowerShell-Anwendergruppe hat jedoch eine deutsche Sprachdatei entwickelt, die nach der Installation von PowerGUI das Tool auch in Deutsch zur Verfügung stellt. Die Internetadresse der PowerShell-Anwendergruppe lautet *http://www.powershell-ag.de*. Nach der Installation des deutschen Sprachpakets wechselt PowerGUI sofort zur deutschsprachigen Anzeige, sofern auf dem installierten Computer deutsch als Standardsprache eingestellt ist.

Abbildg. 34.24 Installieren der PowerGUI mit erweiterten Möglichkeiten zur Verwaltung

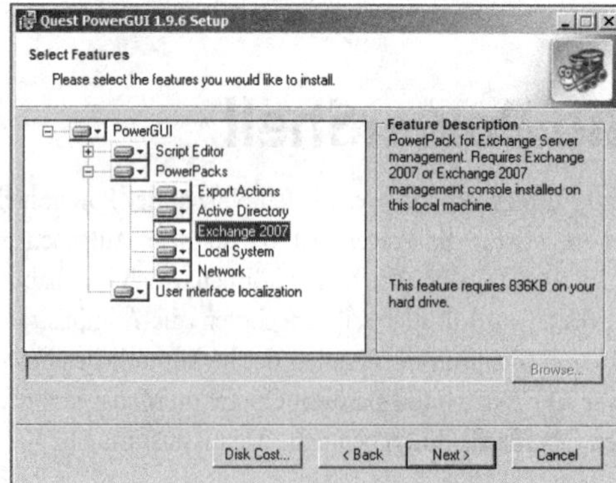

Wollen Sie noch Active Directory-Funktionen mit PowerGUI verwalten, laden Sie sich zusätzlich die Free PowerShell Commands for Active Directory von der Seite *http://www.quest.com/powershell/activeroles-server.aspx* herunter. Nach dem Start des Tools stehen auf der linken Seite der Konsole bereits die verfügbaren Funktionen zur Verfügung. Sobald der Anwender auf einen der Bereiche klickt, zum Beispiel *Users* unter *Active Directory*, zeigt PowerGUI die Benutzerkonten der aktuell verbundenen Domäne an. Über *Filter* lassen sich Regeln definieren, um nur die gewünschten Benutzerkonten anzuzeigen.

Im oberen Bereich steht die Registerkarte *PowerShell Skript* zur Verfügung, die den dazugehörigen Code anzeigt, der die Ansicht in der grafischen Oberfläche erst ermöglicht. Sie müssen diese Ansicht über die Registerkarte *Ansicht* erst aktivieren. Im rechten Bereich der Konsole zeigt PowerGUI die möglichen Aktionen an, die mit den ausgewählten Objekten durchgeführt werden können. Aber auch per Rechtsklick auf die Objekte zeigt das Tool die Aktionen an. Die Oberfläche von PowerGUI ist stark an die Microsoft Management Console (MMC) 3.0 angelehnt, sodass Systemverwalter schnell einen intuitiven Zugang finden.

Abbildg. 34.25 PowerGUI unterstützt auch weniger geübte Anwender bei der Verwendung der PowerShell

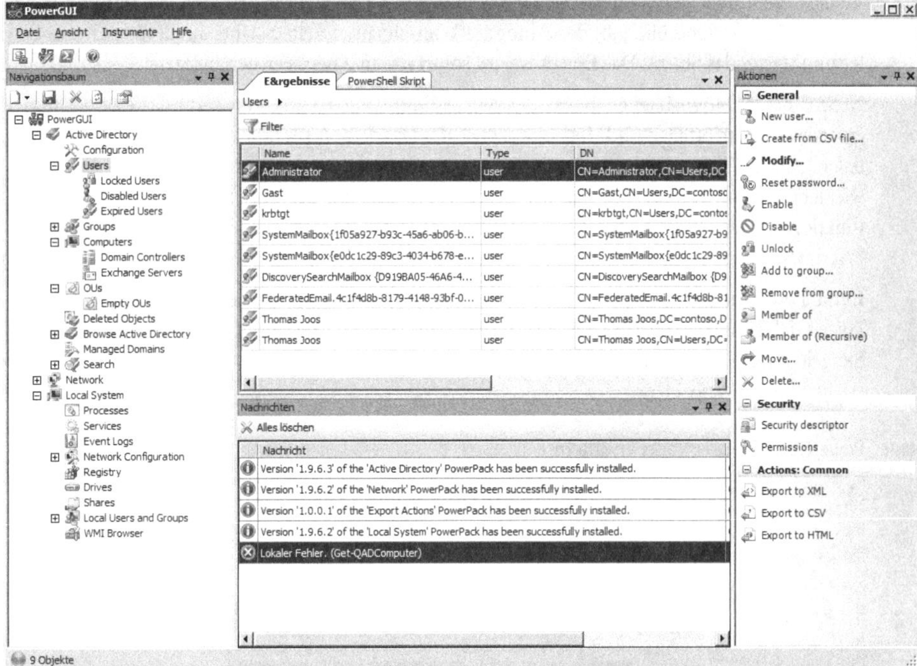

Bei der Installation von PowerGUI auf einem Server mit Exchange Server 2007 lassen sich mit dem Tool auch Befehle nutzen, die speziell für die Exchange-Verwaltungsshell, also der Exchange-Erweiterung der PowerShell entwickelt sind. Mit Exchange Server 2010 funktioniert das auch, wenn Sie die entsprechende Erweiterung herunterladen und installieren. Diese wird dann in einem eigenen Ordner auf der linken Seite angezeigt.

Auch eigene Befehle lassen sich in PowerGUI integrieren und in einen Ordner sortieren. Zusätzlich lassen sich selbst geschriebene Skripts in PowerGUI per Doppelklick starten und geben ihr Ergebnis übersichtlich in tabellarischer Form aus. Neben den vorgefertigten Spalten ist es auch möglich, eigene, benutzerdefinierte, Spalten den Ausgaben von Skripts hinzuzufügen.

Auch Systemdienste verwaltet PowerGUI und ermöglicht Administratoren, direkt aus der PowerShell einzelne Dienste zu starten, stoppen, anzuhalten oder deren Eigenschaften zu bearbeiten. Die Skripts dazu können Sie sich anzeigen lassen und später selbst in einer PowerShell-Sitzung oder dem ISE verwenden. Mehrere Skripts lassen sich miteinander verketten und Elemente gemeinsam verwenden. Beispielsweise ist es möglich, Benutzerkonten einer bestimmten Gruppe auszulesen und einem Skript zu übergeben, das Einstellungen der Benutzerkonten anzeigt. Ein sehr wertvolles Feature, wenn das Tool zum Beispiel auf einem Exchange-Server betrieben wird. So lassen sich Anwenderdaten mit und ohne Postfach leichter auslesen.

Im Lieferumfang von PowerGUI sind auch Skripts zur Berichterstellung enthalten, über die Systemverwalter Ausgaben in XML-, CSV- und HTML-Dateien vornehmen können. Auch die Übergabe in die Zwischenablage für die Weiterverwendung in anderen Programmen ist vorgesehen. Auf der Seite des Herstellers stehen ebenfalls zahlreiche, vorgefertigte Skripts zur Verfügung, die als Vorlage für eigene Skripts dienen können oder die Systemverwalter gleich produktiv im Unternehmen einsetzen können. Der PowerGUI Script Editor ist ein Werkzeug, um bereits vorhandene PowerShell-Skripts weiter zu bearbeiten oder neue Skripts zu erstellen. Der Editor hebt die verschiedenen Bereiche nicht nur farblich hervor und bietet eine sehr übersichtliche Oberfläche, sondern stellt über den Menüpunkt *Debug* auch einen Debugger für PowerShell-Skripts zur Verfügung. Über den Menüpunkt *Tools* übergibt der Editor auf Wunsch entwickelte Skripts direkt in ein neues PowerShell-Fenster und startet das Skript. Das Ergebnis wird sofort live in einem Fenster angezeigt.

Neben diesen Möglichkeiten bietet der Skript-Editor auch Funktionen zur Dateibearbeitung, Suchen und Ersetzen von Skriptteilen und -Befehlen, sowie das Drucken, Ausschneiden, Einfügen und Kopieren von Skriptteilen. Alles in allem genau dass, was ein Skriptentwickler benötigt. Einzelne Schritte in Skripts können Entwickler auch mit Lesezeichen markieren, um diese während der Entwicklung schneller zu finden. Allerdings funktioniert der Skript-Editor auch nicht besser als das ISE und sollte nur von Codeentwicklern oder unter Windows 7 eingesetzt werden. Auf Servern verwenden Sie besser das ISE der PowerShell für diesen Bereich.

In die PowerShell können Sie auch Erweiterungen importieren, sogenannte PowerPacks. Diese stehen auf der PowerGUI-Homepage zur Verfügung. Ein PowerPack ist zum Beispiel das AD Recycle Bin PowerPack, mit dem Sie gelöschte Active Directory-Objekte über den Papierkorb von Active Directory wiederherstellen können (siehe Kapitel 9 und 11).

Abbildg. 34.26 PowerGUI mit PowerPacks erweitern

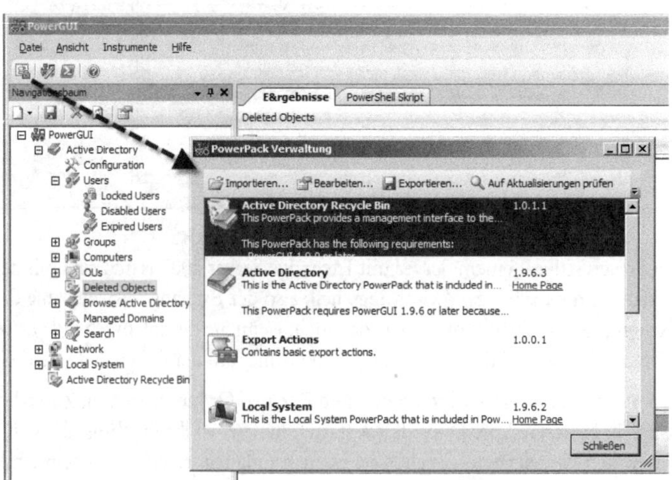

Nachdem Sie das PowerPack installiert haben, können Sie über PowerGUI auch gelöschte Objekte über den Papierkorb von Active Directory wiederherstellen.

Abbildg. 34.27 PowerGUI unterstützt mit einem PowerPack auch den neuen Active Directory-Papierkorb in Windows Server 2008 R2

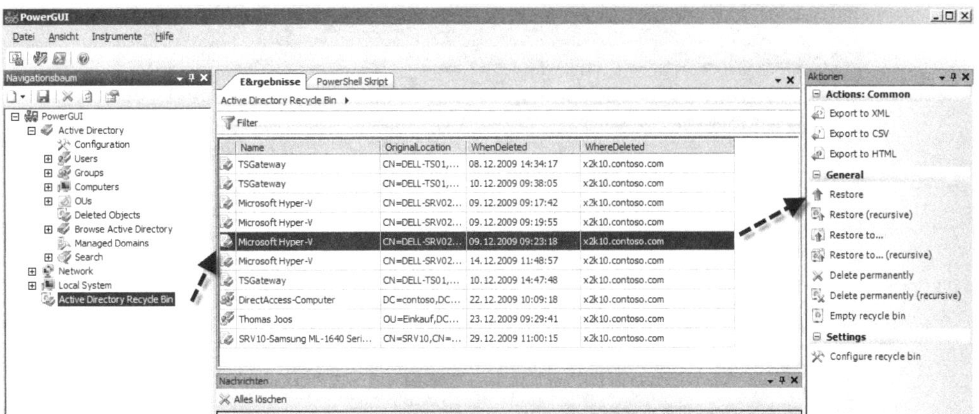

Free PowerShell Commands for Active Directory

Eine sehr effiziente Erweiterung für die PowerShell von Microsoft ist die Freeware PowerShell Commands for Active Directory von Quest. Diese lassen sich einzeln installieren und betreiben und sind auch über PowerGUI verfügbar. Das Tool kann von der Internetseite *www.quest.com* heruntergeladen werden. Nachdem PowerShell Commands for Active Directory installiert ist, steht eine eigene Verknüpfung zur Verfügung, mit der auch die PowerShell gestartet wird.

Abbildg. 34.28 PowerShell-Erweiterung von Quest für die Verwaltung von Active Directory

```
Auswählen ActiveRoles Management Shell [x2k10]

        Welcome to ActiveRoles Management Shell 1.3.0, a part of Quest ActiveRoles Server 6.5

View ActiveRoles Server product page:     Get-QARSProductInfo
Visit ActiveRoles Server community site:  Get-QARSCommunity
List all cmdlets:                         Get-Command
List only Management Shell cmdlets:       Get-QCommand
View help:                                Get-Help
View help about a cmdlet:                 Get-Help <cmdlet-name> or <cmdlet-name> -?
View full output for a cmd:               <cmd> | Format-List

[PS] C:\Users\Administrator>
```

Auf der Downloadseite stellt Quest auch eine gute und sehr ausführliche Anleitung als PDF-Datei zur Verfügung. Administratoren, die Automatismen in Active Directory einführen wollen und dabei die PowerShell im Auge haben, sollten auf jeden Fall die Erweiterung installieren.

Mit dem Tool werden zahlreiche neue Befehle integriert, um neue Benutzer und Gruppen anzulegen sowie zu verwalten. Mit dem Cmdlet *Get-Command* werden alle Standard-Cmdlets der PowerShell angezeigt. Der Befehl *Get-Command Quest.ActiveRoles.ADManagement** zeigt die neuen Cmdlets der installierten Erweiterung an.

Abbildg. 34.29 Anzeigen der erweiterten Befehle für die Verwaltung von Active Directory über die PowerShell

Bei der Eingabe der verschiedenen Befehle und Parameter hilft die [Tab]-Taste, welche den Aufruf des Cmdlets vervollständigt, wenn zum Beispiel nur ein Teil des Namens bekannt ist. Die neuen Cmdlets von Quest integrieren sich vollständig in die PowerShell, sodass durch Pipelining (|) auch herkömmliche und neue Befehle gemischt unterstützt werden. Wer häufig ein bestimmtes Cmdlet nutzt, zum Beispiel das Abrufen von Anwendern mit dem Befehl *Get-QADUser*, kann einen Aliasbefehl für das Cmdlet hinterlegen, zum Beispiel mit *set-alias gqu get-qaduser*. So steht zukünftig dieser Befehl einfacher über die Eingabe von *gpu* zur Verfügung. Der Befehl *remove-item alias:gqu* löscht diesen schließlich wieder.

Mit dem Befehl *set-QADUser 'CN=Thomas Joos, OU=Einkauf, DC=contoso,DC=com' ?decription 'Einkäufer'* setzt das Tool eine neue Beschreibung für das hinterlegte Benutzerkonto. Das neue Cmdlet *New-QADUser* legt neue Benutzerkonten und *Disable-QADUser* deaktiviert Konten. Diese beiden Befehle sind nur einige wenige Beispiele aus der Fülle an Möglichkeiten, die PowerShell Commands for Active Directory bietet. Jedes Cmdlet und dessen Parameter wird in der PDF-Datei ausführlich mit Beispielen erläutert.

Normale Befehlszeile verwenden

Neben der neuen PowerShell besteht auch weiterhin die Möglichkeit, auf die normale Befehlszeile zu setzen. Im folgenden Abschnitt zeigen wir Ihnen ein paar Tipps und Tricks zur Arbeit mit der Befehlszeile. In diversen Kapiteln dieses Buchs wurde bereits auf einzelne Befehle eingegangen, die ohne grafische Oberfläche in der Befehlszeile eingegeben werden können. Eine Befehlszeile öffnen Sie am besten, indem Sie *cmd* in das Suchfeld des Startmenüs eingeben oder unter *Alle Programme/Zubehör* auf die Verknüpfung zur Eingabeaufforderung klicken. Wenn Sie häufiger eine Befehlszeile benötigen, können Sie zur Datei *cmd.exe* auch eine Verknüpfung auf dem Desktop erstellen oder diese an die Taskleiste anheften, zum Beispiel über das Kontextmenü. Wollen

Sie die Eingabeaufforderung mit Administratorrechten öffnen, können Sie das über die Verknüpfung per Rechtsklick durchführen.

Mit der Befehlszeile zu arbeiten, heißt tippen: Man erteilt dem System Befehle, indem man ihren Namen per Tastatur eingibt und die Zeile mit einem Druck auf die ↵-Taste abschließt. Der Rechner führt daraufhin die gewünschten Aktionen aus, schreibt die angeforderten Informationen – oder auch eine Fehlermeldung – in dasselbe Fenster und steht anschließend für weitere Eingaben zur Verfügung. Nicht nur der eigentliche Umgang mit der Befehlszeile, auch die Auswahl der zur Verfügung stehenden Befehle hat sich im Laufe der Zeit stark verbessert. Viele von ihnen erschließen – wie beispiel der *Ping*-Befehl – Funktionen, die man in der grafischen Oberfläche vergeblich sucht. Um eine weitere beliebte Startmöglichkeit der Befehlszeile schätzen zu lernen, muss man wissen, dass beim Arbeiten mit ihr immer genau ein Verzeichnis eines Laufwerks das sogenannte aktuelle Verzeichnis ist. Nur Dateien in diesem Ordner lassen sich ansprechen, ohne ihnen einen Pfad voranstellen zu müssen. Zum Wechseln des aktuellen Verzeichnisses dient der Befehl *ChDir* oder kurz *CD*, der als Argument – wie bei allen Befehlen üblich durch ein Leerzeichen abgetrennt – den Namen des Ordners benötigt, in den man wechseln will.

Wem die Darstellung nicht gefällt, findet im Systemmenü dieses Fensters den Befehl *Eigenschaften*, mit dessen Hilfe sich beispielsweise die Schriftart und -größe, die Vorder- und Hintergrundfarbe und manches andere anpassen lassen. Empfehlenswert ist, auf der Registerkarte *Layout* die voreingestellte Fensterhöhe auf 50 Zeilen zu verdoppeln und die Fensterpuffergröße etwas großzügiger zu bemessen, etwa auf 300 bis 500 Zeilen. Die erste Zahl gibt an, wie viele Zeilen Text das Fenster vollständig anzeigt, die zweite definiert die Größe des Speichers, aus dem die Bildlaufleiste am rechten Rand Text zurückholen kann, der nach oben aus dem Fenster gerutscht ist. Die Breite sollte besser auf 80 Zeichen eingestellt bleiben, da manche Programme sonst nur noch wirren Zeichensalat ausgeben.

Abbildg. 34.30 Konfigurieren der Befehlszeile unter Windows Server 2008 R2

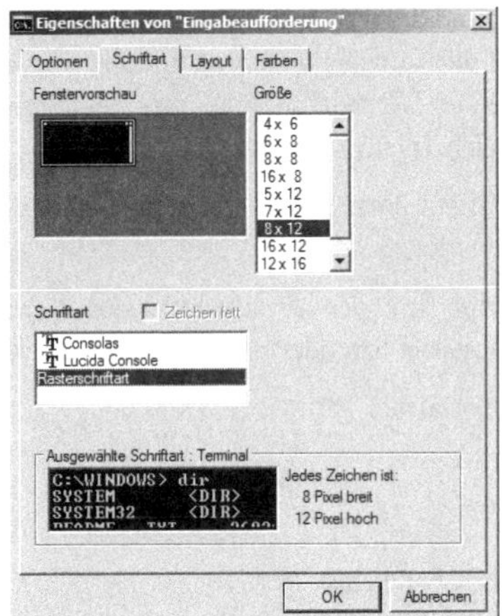

Interessant sind noch einige Einstellungen auf der Registerkarte *Optionen*. Hier spart ein Häkchen bei *Quick-Edit-Modus* ein paar Mausklicks beim Kopieren von Text aus der Eingabeaufforderung in andere Anwendungen. Um den Text zu markieren, müssen Sie ihn nur bei gedrückter Maustaste einrahmen und dann die ↵-Taste drücken; ohne QuickEdit leitet der Befehl *Markieren* aus dem Systemmenü das *Kopieren* ein. Ein Druck auf Esc löscht die Eingabezeile. Weitere Editiermöglichkeiten stellen die Funktionstasten F1 bis F5 zur Verfügung. Beim Arbeiten mit der Eingabeaufforderung ist es recht häufig notwendig, Verzeichnis- oder Dateinamen einzugeben. Die wichtigsten Befehle sind nachfolgend aufgelistet:

- APPEND Suche nach Dateien im Unterverzeichnis
- ASSIGN Weist dem Laufwerk einen anderen Buchstaben zu
- ATTRIB Anzeigen/Ändern von Dateiattributen
- C: Wechselt zum Laufwerk C:
- CALL Aufrufen einer Batchdatei aus einer anderen heraus mit Rücksprung
- CD Der Befehl *CD* zeigt Ihnen den Namen des aktuellen Verzeichnisses an oder wechselt den aktuellen Ordner. Wird *CD* nur mit einem Laufwerkbuchstaben (z.B. *ChDir C:*) verwendet, zeigt es diesen Laufwerkbuchstaben und den Namen des Ordners an, der auf dem Laufwerk der aktuelle Ordner ist. Ohne Parameter zeigt *CD* das aktuelle Laufwerk und den aktuellen Ordner an.
- CHKDSK Datenträger überprüfen
- CHOICE Erlaubt verschiedene Auswahlmöglichkeiten innerhalb von Batchdateien
- CLS Bildschirm löschen
- COMP Dateien miteinander vergleichen
- COPY Dateien kopieren
- DATE Aktuelles Datum anzeigen/ändern
- DEL Löscht eine oder mehrere Dateien
- DELTREE Löscht komplette Verzeichnisbäume
- DIR Inhaltsverzeichnisse anzeigen. Zeigt eine Liste der in einem Verzeichnis enthaltenen Dateien und Unterverzeichnisse an. Wenn Sie *DIR* ohne Parameter verwenden, wird die Datenträgervolumebezeichnung und Seriennummer des Datenträgers, gefolgt von einer Liste der Verzeichnisse und Dateien auf dem Datenträger, einschließlich der entsprechenden Namen und des Datums und der Uhrzeit der letzten vorgenommenen Änderung angezeigt. Bei Dateien zeigt *DIR* die Namenerweiterung und die Größe in Bytes an. *DIR* zeigt auch die Gesamtzahl der aufgelisteten Dateien und Verzeichnisse an, ihre Gesamtgröße und den Umfang des auf dem Datenträger noch verfügbaren Speicherplatzes (in Byte).
- ECHO Anzeigen von Meldungen auf dem Bildschirm aus einer Batchdatei heraus; Befehlsanzeige ein- bzw. ausschalten
- EXIT Mit *EXIT* beenden Sie das aktuelle Batchskript (mit den Parameter */b*) oder das Programm *Cmd.exe* und kehren zu dem Programm, das *Cmd.exe* gestartet hat, oder zum Explorer zurück
- EXPAND Expandiert eine oder mehrere komprimierte Dateien
- FC Dateien vergleichen
- FIND Textstellen in Dateien suchen
- FOR Batchbefehle zur mehrfach Wiederholung eines DOS-Befehls
- FORMAT Festplatten vorbereiten (formatieren)
- FTP Öffnet die FTP-Verbindung
- GOTO Sprungbefehl in Batchdatei
- IF Setzen von Bedingungen in Batchdateien
- LABEL Zuweisen, Ändern oder Löschen eines Datenträgernamens
- MD Unterverzeichnis erstellen

- MENUCOLOR Legt die Farben für das Multikonfigurationsmenü fest
- MOVE Verschiebt Dateien, benennt Verzeichnisse um
- PATH Suchpfad für ausführbare MS-DOS-Befehlsdateien festlegen oder anzeigen
- PAUSE Stoppt innerhalb von Batchdateien und wartet auf einen Tastendruck
- PING Testet eine Netzwerkverbindung
- PRINT Druckt Textdateien im Hintergrund aus
- RD Unterinhaltsverzeichnis löschen
- REM Kommentare in Batchdateien
- REN Dateien umbenennen
- SUBST Ersetzt einen Verzeichnisnamen durch einen Laufwerkbezeichner
- TELNET Öffnet das Telnet-Fenster. Dazu muss aber die Funktion Telnet-Client installiert sein.
- TIME Systemzeit anzeigen und ändern
- TREE Verzeichnisstruktur eines Datenträgers grafisch anzeigen
- TYPE Inhalt einer Datei auf dem Bildschirm anzeigen
- VOL Namen und Seriennummer eines Datenträgers
- XCOPY Erweitertes Kopierprogramm mit zusätzlichen Möglichkeiten zur Übertragung von Dateien und kompletten Verzeichnisbäumen. Mit Xcopy lassen sich Dateien und Verzeichnisse einschließlich der Unterverzeichnisse kopieren. Die Syntax dazu lautet: *Xcopy Quelle [Ziel] [/c] [/v] [/l] [/d[:TT.MM.JJ]] [/u] [/s [/e]] [/t] [/k] [/r] [/h] [{/y|/–y}] [/z]*

  Dabei können Sie folgende Optionen verwenden:

  - /c Unterdrückt Fehlermeldungen
  - /v Bewirkt, dass jede Zieldatei nach dem Schreiben überprüft wird, um sicherzustellen, dass die Zieldateien mit den Quelldateien übereinstimmen
  - /l Zeigt eine Liste der zu kopierenden Dateien an
  - /d[:TT.MM.JJ] Kopiert nur Quelldateien, die an oder nach dem angegebenen Datum geändert wurden. Wenn Sie keinen Wert für TT.MM.JJ angeben, kopiert Xcopy alle Dateien aus *Quelle*, die neuer sind als vorhandene Dateien aus *Ziel*. Mit dieser Befehlszeilenoption können Sie veränderte Dateien aktualisieren.
  - /u Kopiert nur die Dateien aus der Quelle, die bereits im Ziel existieren
  - /s Kopiert Verzeichnisse und Unterverzeichnisse, wenn diese nicht leer sind. Wenn Sie /s weglassen, arbeitet Xcopy nur innerhalb eines Verzeichnisses.
  - /e Kopiert alle Unterverzeichnisse, auch wenn diese leer sind
  - /t Kopiert nur die Unterverzeichnisstruktur (Tree), keine Dateien. Um auch leere Verzeichnisse zu kopieren, müssen Sie die Befehlszeilenoption /e angeben.
  - /k Kopiert Dateien und behält das Attribut *Schreibgeschützt* bei den Zieldateien bei, wenn es bei den Quelldateien gesetzt war. Standardmäßig entfernt Xcopy das Attribut Schreibgeschützt.
  - /r Kopiert schreibgeschützte Dateien
  - /h Kopiert Dateien mit den Attributen *Versteckt* und *System*. Standardmäßig kopiert Xcopy weder versteckte Dateien noch Systemdateien.

- /y Unterdrückt die Ausgabe einer Aufforderung zur Bestätigung des Überschreibens einer vorhandenen Zieldatei
- /-y Fordert Sie auf, das Überschreiben einer vorhandenen Zieldatei zu bestätigen
- /z Kopiert im ausführbaren Modus über ein Netzwerk

Batchdateien verwenden

Für die Befehlszeile gibt es eine Art Programmiersprache, mit der Sie Befehle automatisieren und abspeichern können. Zum Schreiben von Batchdateien benötigen Sie lediglich den Windows-Editor.

Hierzu ein Beispiel:

In der Batchdatei sollen der erste und zweite Parameter einfach per Echo ausgegeben werden. Dazu sollten Sie noch am Anfang den Befehl *@Echo off* verwenden, der verhindert, dass die Befehle, die ausgeführt werden, am Bildschirm ausgegeben werden. Beim Speichern müssen Sie beachten, dass Sie unter Dateityp die Option *Alle Dateien auswählen* und beim Dateinamen die Endung *.bat* oder *.cmd* hinzufügen.

Nachdem Sie die Batchdatei gespeichert haben, können Sie die Datei ganz einfach über die Befehlszeile ausführen lassen. Starten Sie dazu die Befehlszeile und wechseln Sie zum Verzeichnis, in dem sich die Batchdatei befindet. Alternativ können Sie die Batchdatei auch per Doppelklick unter Windows öffnen oder eine Verknüpfung zur Datei anlegen. Die wichtigsten Befehle in Batchdateien sind folgende:

- REM <**Kommentar**> Für Kommentare, diese werden beim Ausführen nicht berücksichtigt
- ECHO <**Bemerkung**> Ausgabe einer Meldung am Bildschirm
- FOR <**Bedingung**> Führt Befehle so lange aus, solange die Bedingung zutrifft
- IF <**Bedingung**> Führt einen Befehl nur dann aus, wenn die Bedingung zutrifft
- GOTO <**Sprungmarke**> Sprungbefehl zu einer Sprungmarke
- :<**Sprungmarke**> Sprungmarke, zu der mittels GOTO gesprungen werden kann
- PAUSE Wartet so lange, bis eine Taste gedrückt wird
- CALL <**Datei**> Führt eine andere Batchdatei aus

Weiterführende Informationen zu Batchdateien finden Sie auf den folgenden Internetseiten:

- *http://www.axel-hahn.de/axel/page_compi/bat_index.htm*
- *http://de.wikipedia.org/wiki/Stapelverarbeitung*

Weitere wichtige Befehle, vor allem für Batchdateien im Netzwerkbereich, finden Sie in der Tabelle 34.1.

Tabelle 34.1 Häufige Befehle für die Verwendung in Batchdateien

Befehl	Was können Sie mit diesem Befehl erreichen?
net use	Laufwerke verbinden und trennen, Druckeranschlüsse verbinden und trennen
net view	Server und Freigaben anzeigen
net share	Freigaben erstellen, ändern und löschen
cacls	NTFS-Zugriffsrechte anzeigen und ändern
net user	Benutzer verwalten

Tabelle 34.1 Häufige Befehle für die Verwendung in Batchdateien *(Fortsetzung)*

Befehl	Was können Sie mit diesem Befehl erreichen?
net group	Benutzergruppen verwalten
net computer	Konten für Computer in der Domäne anlegen und löschen
net accounts	Kennworteinstellungen verändern und anzeigen
net start	Startet einen Dienst
net stop	Beendet einen Dienst
net file	Zeigt die geöffneten Dateien an
net session	Zeigt die Sitzungen auf einem Computer an
net time	Führt eine Zeitsynchronisierung mit einem anderen Computer im Netzwerk aus oder zeigt dessen Uhrzeit an
cipher	Verschlüsseln oder Entschlüsseln von Dateien und Ordnern
assoc	Zeigt oder ändert die Zuordnungen von Dateiendungen zu Programmen

Mit Umgebungsvariablen arbeiten

Sie benötigen für nahezu jedes komplexere Skript neben den Befehlen für die Batchprogrammierung auch fast immer Umgebungsvariablen, da in den wenigsten Fällen alle Betriebssysteme und Programme in denselben Verzeichnissen gespeichert sind. Um das Systemverzeichnis herauszufinden, können Sie beispielsweise die Variable *%SystemRoot%* verwenden. Mit *%username%* ermitteln Sie den Benutzernamen des angemeldeten Benutzers. In der Tabelle 34.2 zeigen wir Ihnen eine Übersicht über die wichtigsten Umgebungsvariablen und deren Bedeutung.

Tabelle 34.2 Die wichtigsten Systemvariablen in der Übersicht

Beispielwert für Variable	Bedeutung
ComSpec *F:\Windows\system32\cmd.exe*	Speicherort des Befehlsinterpreters
HOMEDRIVE *H:*	Laufwerkbuchstabe für das Home Directory
HOMEPATH *\admin*	Verzeichnis des Home-Directory
LOGONSERVER *\\DC01*	Welcher Server hat das Domänenlogin durchgeführt?
NUMBER_OF_PROCESSORS *1*	Anzahl der Prozessoren
OS *Windows_NT*	Betriebssystem

Tabelle 34.2 Die wichtigsten Systemvariablen in der Übersicht *(Fortsetzung)*

Beispielwert für Variable	Bedeutung
Path *F:\Windows\system32;F:\Windows;F:\Windows\System32\Wbem;F:\Programme\Support Tools\;F:\Programme\Resource Kit\;c:\dos*	Suchpfad für Windows-Anwendungen
PATHEXT *.COM;.EXE;.BAT;.CMD;.VBS;.VBE;.JS;.JSE;.WSF;.WSH*	Dateiendungen, die als ausführbare Dateien erkannt werden
ProgramFiles *F:\Programme*	Pfad für Programminstallationen
SystemDrive	Laufwerkbuchstabe der Systemplatte
SystemRoot	Pfad zum Windows-Verzeichnis
TEMP	Pfad für temporäre Dateien
TMP	Pfad für temporäre Dateien
USERDNSDOMAIN	Vollständiger DNS-Name der Active Directory-Domäne
USERDOMAIN	NetBIOS-Name der Active Directory-Domäne
USERNAME	Name des angemeldeten Benutzers
USERPROFILE	Verzeichnis, in dem das Benutzerprofil des angemeldeten Benutzers gespeichert ist.
windir	Das Windows-Verzeichnis

Verwaltung mit WMI und dem Tool WMIC

Die Grundidee der WMIC (Windows Management Instrumentation Commandline) ist einfach: Die umfassenden Funktionen, die WMI (Windows Management Instrumentation) potenziell bietet, sollen ohne Programmierung nutzbar werden. Das Tool ist nur für Windows XP Professional, Windows Server 2003, Windows Vista und Windows 7 und Windows Server 2008 R2 verfügbar, nicht für ältere Windows-Versionen. Die meisten der Funktionen, die von WMI angeboten werden, lassen sich auch mit WMIC nutzen. Die WMIC ist Teil von Windows Server 2008 R2. Sie wird beim ersten Aufruf automatisch installiert. Dieser Prozess dauert allerdings nicht einmal eine Minute – danach kann dann die volle Funktionalität von WMIC genutzt werden.

WMIC ist als Werkzeug für Administratoren konzipiert. Mit den über 80 Aliasen kann auf rund 150 Methoden zugegriffen werden. Diese Methoden haben wiederum eine Vielzahl von Eigenschaften. Die Reports können in unterschiedlichen Formaten wie Text oder XML erstellt werden. Für den Zugriff auf die insgesamt mehr als 10.000 Objekte, die standardmäßig bei Windows Server 2008 R2 unterstützt werden, gibt es zwei WMIC-Modi:

- Im Befehlsmodus können direkt an der Eingabeaufforderung Befehle eingegeben werden
- Im interaktiven Modus wird dagegen eine eigene WMIC-Befehlszeile geladen. Von dort aus können Sie dann durch die Strukturen der WMI navigieren.

Der interaktive Modus wird durch Eingabe von *Wmic* gestartet und kann mit *Quit* beendet werden. In diesem zweiten Modus können Sie Hilfeinformationen über die verfügbaren Aliase und Optionen anzeigen lassen. Die Hilfe rufen Sie mit */?* an der WMIC-Befehlszeile auf. Um die Hilfefunktion an der Befehlszeile aufzurufen, verwenden Sie *wmic /?*. Es wird dann die gleiche Hilfefunktion angezeigt. Die WMIC-Engine greift auf ein Aliasschema zu. Dieses Schema setzt Bezeichner von WMI in die Aliase um. Das Schema kann editiert werden, sodass Sie bei Bedarf auch zusätzliche Aliase definieren können. Die WMIC-Engine greift dann auf die eigentliche WMI-Schnittstelle zu und erzeugt die Ergebnisse. Diese werden intern als XML gehandhabt und über XSLT in das gewünschte Format umgesetzt. Dabei gibt es verschiedene Standardformate wie die Anzeige an der Konsole. Diese Trennung von Komponenten gibt der WMIC eine hohe Flexibilität, weil Erweiterungen des WMI-Schemas ebenso gut umgesetzt werden können wie unterschiedliche Anforderungen an die Ausgabe.

Wichtig ist bei der WMIC auch, dass nicht nur Informationen des lokalen Systems, sondern auch von externen Systemen abgefragt werden können. Je nach Befehl können auch Daten von mehreren Computern mit einer einzigen Anweisung angefordert werden. Die WMIC bietet eine Vielzahl von Möglichkeiten, was schon bei der Liste der Aliase deutlich wird. Diese können Sie sich in der Hilfefunktion anzeigen lassen. Wenn Sie den interaktiven Modus nutzen, können Sie durch die Strukturen der WMI navigieren. Die WMIC kennt dabei eine Reihe sogenannter *Global Switches*, also Schalter, die Sie beeinflussen können und die wiederum das Verhalten der WMIC steuern. Den aktuellen Zustand dieser Schalter erfragen Sie mit dem Befehl *Context*.

Zu den Switches gehört beispielsweise die Liste der Systeme, auf die zugegriffen wird. Diese finden sich beim Switch *Node(s)*. Durch den Befehl */node:Server10* können Sie zum Beispiel zusätzlich den Server mit dem Namen *Server10* in die Liste der Systeme aufnehmen, auf die zugegriffen wird. Servernamen mit Sonderzeichen müssen in Anführungszeichen gesetzt werden. Die beiden wichtigsten Befehle für den Einstieg in die WMIC sind:

- *<Alias> list full*
- *<Alias> list brief*

Der erste der beiden Befehle zeigt für den ausgewählten Alias eine umfassende Liste von Informationen an, der zweite dagegen die Kurzform dieser Liste. Sie können diesen Befehl beispielsweise mit den folgenden Aliasen testen:

- *os (Betriebssystem)*
- *nic (Netzwerkadapter)*
- *volume (Logischer Datenträger)*

Mit diesen einfachen *list*-Befehlen für Volumes können Sie schnell und effizient auf Zustandsdaten des Systems zugreifen. Wenn Sie sich für die Aliase mit */?* die Hilfeinformationen anzeigen lassen, werden weitere Methoden dargestellt. Dabei wird deutlich, dass es eine Reihe von Methoden gibt, die bei verschiedenen Objekten in der gleichen Form auftauchen. Es gibt aber auch Methoden, die nicht überall unterstützt werden. Um die Möglichkeiten einer Methode wie *OS Set* kennenzulernen, geben Sie *OS Set /?* ein. In diesem Fall wird dann beispielsweise eine Liste der Eigenschaften angezeigt, die Sie für das Betriebssystem setzen können. Dazu zählt zum Beispiel die Zeitzone. Auch die vordefinierten Formate sind recht nützlich.

Neben der Anzeige an der Konsole können Sie beispielsweise mit *OS List Full /format:rawxml* eine Ausgabe im XML-Format erzeugen. Über eigene XSL-Dateien könnten Sie das Ausgabeformat auch anpassen. Wichtig ist zusätzlich, dass Sie mit Abfragen arbeiten können, wobei das Format dieser Abfragen weitgehend identisch mit dem der WMI-Filter ist. Mit den Methoden *Call* und *Set* können Sie auch Änderungen an bestehenden Parametern vornehmen.

Telnet verwenden

Zwar wird heutzutage Telnet in Windows-Umgebungen nur noch selten zur Verwaltung eingesetzt, zu Testzwecken kann das Tool aber durchaus sinnvoll sein. Allerdings werden sowohl bei Windows Vista und Windows 7 als auch bei Windows Server 2008 und Windows Server 2008 R2 weder der Telnet-Client noch der Telnetserver installiert. Unter Windows Vista und Windows 7 wird diese Funktion in der Systemsteuerung über *Programme/Programme und Funktionen/Windows-Funktionen ein- oder ausschalten* aktiviert.

Bei Windows Server 2008 R2 werden der Client beziehungsweise der dazugehörige Server über den Server-Manager als Feature hinzugefügt. Nach der Installation von Telnetserver unter Windows Server 2008 R2 muss der Systemdienst *Telnet* zunächst aktiviert und gestartet werden. Nachdem der Client und der Server installiert sind, kann über Telnet gearbeitet werden. Die wichtigsten Befehle dazu sind:

- **Open <IP-Adresse>** Öffnet eine Telnetverbindung mit einem Host. Nach dem Verbindungsaufbau und der Authentifizierung am Server wird eine Befehlszeile auf dem Client geöffnet, die Befehle auf dem Server durchführt. Zunächst muss auf dem Client der Befehl *Telnet* eingegeben werden. Mit *Telnet <IP-Adresse>* wird sofort eine Verbindung aufgebaut.
- **Close** Schließt eine Telnetverbindung
- **Display** Zeigt die Einstellungen des Clients an

Zusammenfassung

Mit der Windows PowerShell und der herkömmlichen Eingabeaufforderung kann Windows Server 2008 R2 sehr effizient verwaltet werden. In diesem Kapitel haben wir Ihnen den Einstieg ermöglicht sowie einige Praxisbeispiele gezeigt, die den Umgang mit der neuen Verwaltungsshell verdeutlichen sollen. Im nächsten Kapitel widmen wir uns der Sicherheit in Windows Server 2008 R2 im Rahmen der Firewallkonfiguration, IPsec-Einrichtung, Windows Update und dem Verschlüsseln von Daten über BitLocker.

Kapitel 35

Neue Sicherheitsfunktionen

In diesem Kapitel:

Microsoft hat vor allem im Bereich Sicherheit einiges in Windows Server 2008 R2 optimiert. Wir sind in den einzelnen Kapiteln dieses Buchs genauer auf die einzelnen Sicherheitsfunktionen von Windows Server 2008 R2 eingegangen, sofern diese direkt mit einzelnen Serverkomponenten verknüpft sind. In diesem Kapitel zeigen wir Ihnen die neuen Sicherheitsfunktionen von Windows Server 2008 R2, die für alle Serverdienste zur Verfügung stehen und die Sicherheit des Servers im Allgemeinen erhöhen. Außerdem erläutern wir Ihnen in diesem Kapitel, wie die Festplatten von Servern sicher mit BitLocker vor einem möglichen Datendiebstahl geschützt werden.

Der Kernel des Betriebssystems wird seit Windows Server 2008 besser geschützt. Die Anzahl der Komponenten, die im Kernelmodus betrieben werden, sind im Vergleich zu Windows Server 2003 deutlich reduziert. Durch diese Reduzierung werden Kernelabstürze, die auch im Absturz des Servers resultieren, verhindert. Die meisten Dienste laufen jetzt im Kontext des Benutzers, sodass Abstürze das System nicht mehr gefährden können. Die Berechtigungsstufen der Dienste sind im Vergleich zu Windows Server 2003 deutlich eingeschränkt. Dienste laufen jetzt nicht mehr mit maximaler Berechtigung, sondern nur mit minimalen Berechtigungen.

Mit den verwalteten Diensten (siehe Kapitel 11) lassen sich diese wesentlich besser absichern. Dienste sind auch durch die Windows-Firewall geschützt und eingeschränkt. Durch diese Einschränkungen werden Dienste daran gehindert, Manipulationen am Dateisystem und der Registry durchzuführen. Wird ein Dienst kompromittiert, kann ein Dienst mit zu vielen Rechten nicht ein ganzes System oder gar Netzwerk angreifen. DLLs und Dienste werden beim Starten ebenfalls validiert. Dazu erstellt Windows Server 2008 R2 einen Hashwert, der durch ein X.509-Zertifikat geschützt wird. Stellt der Server beim Starten fest, dass der Hashwert nicht mit den tatsächlichen Daten des Diensts oder der DLL übereinstimmt, wird die Funktion blockiert. Wie unter Windows Vista und Windows 7 kann auch unter Windows Server 2008 R2 die Installation neuer Hardware über Gruppenrichtlinien verhindert werden (siehe Kapitel 16).

Benutzerkontensteuerung

Diese Funktion dient hauptsächlich dazu, Computer vor ungewollten Änderungen zu schützen. Wenn ein Benutzer angemeldet ist und eine Tätigkeit durchführen will, die administrative Rechte benötigt, erscheint das Warnfenster der Benutzerkontensteuerung und der Anwender muss die Authentifizierungsdaten eines Administratorkontos eingeben. Wenn der Anwender jedoch bereits über Administratorberechtigungen verfügt, erscheint ein Warnhinweis, der zuerst bestätigt werden muss, bevor die Aktion durchgeführt wird. Dadurch sind jetzt erstmalig in Windows auch Administratorkonten davor geschützt, ungewollte Änderungen am System durchzuführen. Hauptziel der Benutzerkontensteuerung ist die Reduzierung der Angriffsfläche des Betriebssystems. Hierzu arbeiten alle Benutzer, auch der Administrator als Standardbenutzer.

Der administrative Zugriff ist auf autorisierte Prozesse eingeschränkt. Diese Einschränkung minimiert die Möglichkeiten der Benutzer, Änderungen vorzunehmen, die sich auf die Stabilität des Computers auswirken können oder den Computer versehentlich für Malware oder Viren anfällig machen. Erst wenn eine Anwendung definitiv administrative Berechtigungen benötigt, werden dem Konto administrative Berechtigungen erteilt und der Anwender erhält eine entsprechende Meldung. Mit der Benutzerkontensteuerung können Administratoren die meisten Anwendungen, Komponenten und Prozesse mit eingeschränkten Privilegien ausführen – sie haben aber gleichzeitig die Möglichkeit, bestimmte Aufgaben oder Anwendungen mit administrativen Rechten auszuführen. Wenn ein Benutzer eine Aufgabe ausführt, für die administrative Rechte notwendig sind (zum Beispiel die Installation einer Anwendung), benachrichtigt Windows Server 2008 R2 den Benutzer und fragt entsprechende Anmeldeinformationen ab. Ist der Benutzer als Administrator angemeldet, muss er die entsprechende Aktion lediglich bestätigen, es ist keine erneute Authentifizierung notwendig.

Auch wenn die Benutzerkontensteuerung gut gemeint ist, hat diese doch vor allem für Power User manchmal den Nachteil, dass sehr viele Anpassungen am System zunächst bestätigt werden müssen. Die Benutzerkontensteuerung (User Account Control, UAC) blendet dazu den Desktop aus und zeigt ein Meldungsfeld an. Vor allem bei der Einrichtung eines Computers nervt diese Sicherheitseinstellung oft.

Abbildg. 35.1 Die neue Benutzerkontensteuerung in Windows Server 2008 R2

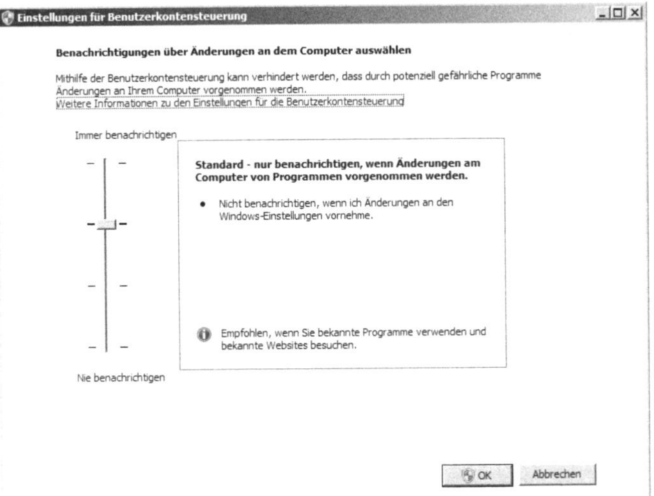

Im Gegensatz zu Windows Vista erscheint die Meldung bei Windows Server 2008 kaum und stört auch bei Windows Server 2008 R2 nicht. Sie finden die Konfiguration der Benutzerkontensteuerung über das Wartungscenter, welches Sie über die kleine Fahne an der rechten Seite der Taskleiste starten. Wählen Sie im Wartungscenter den Link *Einstellungen der Benutzerkontensteuerung ändern* aus.

Abbildg. 35.2 Starten des Wartungscenters

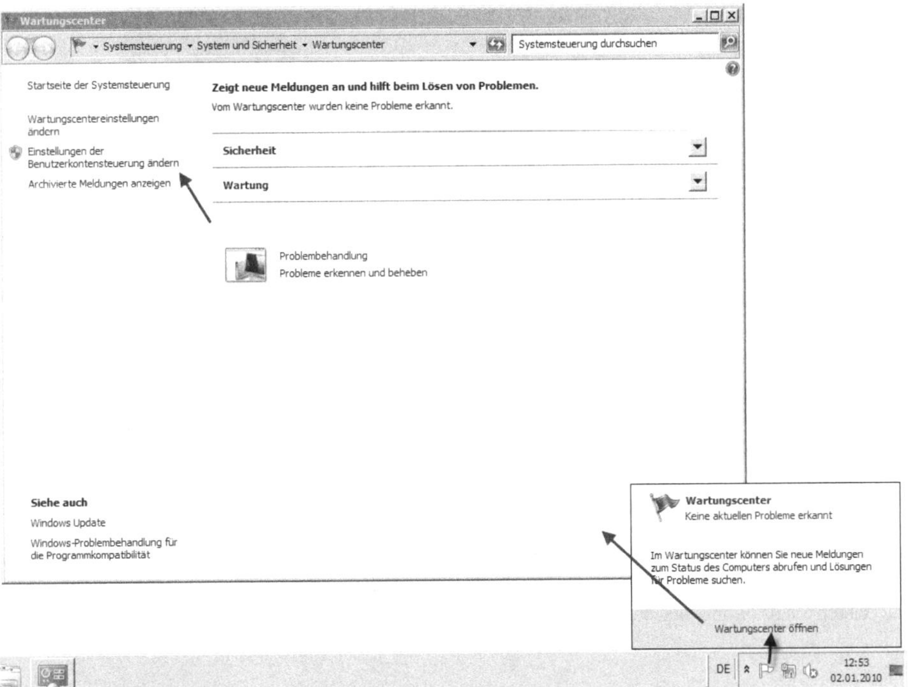

Anschließend erscheint ein neues Fenster, in dem Sie über einen Schieberegler festlegen können, wann die Benutzerkontensteuerung eingreifen soll und wann nicht. In Unternehmen lässt sich das Verhalten der Benutzerkontensteuerung auch per Gruppenrichtlinie konfigurieren. Die dazu notwendigen Einstellungen finden Sie über *Computerkonfiguration/Richtlinien/Windows-Einstellungen/Sicherheitseinstellungen/Lokale Richtlinien/Sicherheitsoptionen*.

Abbildg. 35.3 Konfiguration der Benutzerkontensteuerung über Gruppenrichtlinien

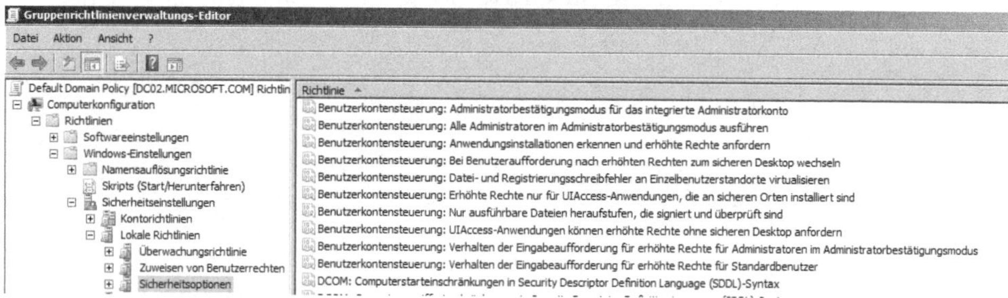

Sobald Aktionen vorgenommen werden, die Administratorrechte benötigen, erscheint ein Bestätigungsfenster oder ein Authentifizierungsfenster, wenn Sie an einer Arbeitsstation als Standardbenutzer angemeldet sind.

Abbildg. 35.4 Meldung der Benutzerkontensteuerung beim Aufrufen administrativer Tätigkeiten

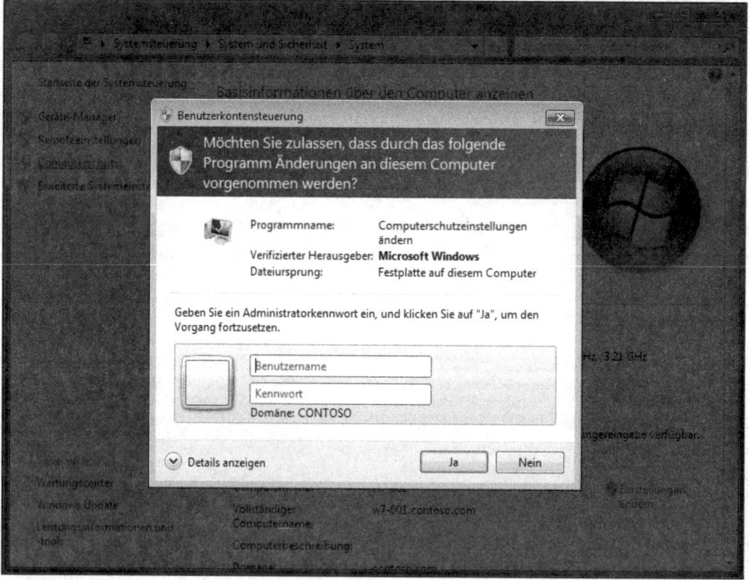

Wenn Sie wollen, dass eine Applikation immer im Administratormodus gestartet wird, weil diese zum Beispiel zu dem neuen Modell nicht kompatibel ist, können Sie die ausführende Datei mit der rechten Maustaste anklicken und die Eigenschaften dieser Datei aufrufen. Wechseln Sie auf die Registerkarte *Kompatibilität* und aktivieren Sie das Kontrollkästchen *Programm als Administrator ausführen*.

Wenn diese Option nicht zur Verfügung steht, benötigt dieses Programm zur Funktion keine administrativen Berechtigungen oder Sie sind nicht als ein Administrator angemeldet und dürfen die Option nicht setzen.

Abbildg. 35.5 Starten eines Programms mit dauerhaften Administratorberechtigungen

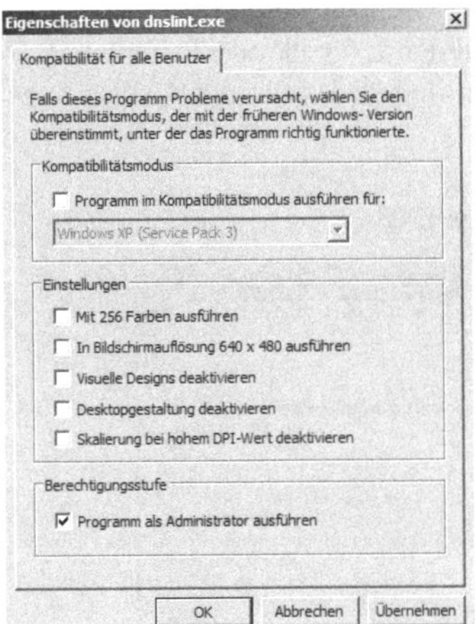

Windows-Firewall und IPsec

Die Windows-Firewall kann jeglichen eingehenden Netzwerkverkehr ablehnen, der nicht als Antwort auf eine Anfrage von Ihrem Computer eingeht oder für den keine Ausnahme konfiguriert wurde (unverlangt eingehender Netzwerkverkehr). Dies ist bei einer Firewall die wichtigste Funktion. Sie sorgt dafür, dass der Computer nicht durch Viren und Würmer infiziert wird. Die neue Windows-Firewall kann jedoch auch den ausgehenden Netzwerkverkehr überwachen. Ein Netzwerkadministrator kann zum Beispiel Ausnahmen konfigurieren, die alle an bestimmte Ports gesendeten Pakete blockieren. Standardmäßig blockiert die Firewall von Windows Server 2008 R2 jeglichen eingehenden Netzwerkverkehr – es sei denn, er erfolgt aufgrund von Anfragen oder es wurde eine Ausnahme konfiguriert. Die meisten Serverrollen und Funktionen tragen ihre eigenen Ausnahmen automatisch ein.

Die Regeln der Windows-Firewall wurden intelligenter gemacht. Es kann genau festgelegt werden, welche Komponenten und Dienste nach extern kommunizieren dürfen. Unter Windows Server 2008 R2 können auch komplexe Regeln erstellt werden. Regeln können mit Authentifizierung arbeiten und die Verschlüsselung für bestimmte Kommunikationsarten vorschreiben. Regeln können auch auf Basis von Active Directory-Gruppen oder -Benutzern erstellt werden.

HINWEIS Die Firewall in Windows Server 2008 R2 ist im Gegensatz zu Windows Server 2003 automatisch aktiviert.

Die Firewall lässt ausgehenden Netzwerkverkehr automatisch zu, solange darauf keine konfigurierte Ausnahme zutrifft. Zusammenfassend lässt sich festhalten, dass die neue Windows-Firewall in Windows Server 2008 R2 gegenüber den Vorgängerversionen von Windows Server 2003 einige deutliche Weiterentwicklungen erfahren hat:

- Sie unterstützt eingehenden und ausgehenden Netzwerkverkehr. Die Firewall von Windows Server 2003 blockiert nur eingehenden Netzwerkverkehr.

- Es gibt ein neues Snap-In für die Microsoft Management Console (*wf.msc*)
- Es wurden Einstellungen für die Firewallfilterung und für IPsec (Internet Protocol Security) integriert. Für die Steuerung der IP-Sicherheit wird daher kein zusätzliches Programm benötigt.
- Ausnahmen können jetzt für Active Directory-Konten und -Gruppen, für Quell- und Ziel-IP-Adressen, für IP-Protokollnummern, für Quell- und Ziel-TCP- und UDP-Ports, für alle oder bestimmte TCP- und UDP-Ports, für bestimmte Schnittstellen, für bestimmte Dienste und für ICMP- und ICMPv6-Netzwerkverkehr konfiguriert werden

Abbildg. 35.6 Einfache Steuerung der Windows-Firewall in Windows Server 2008 R2

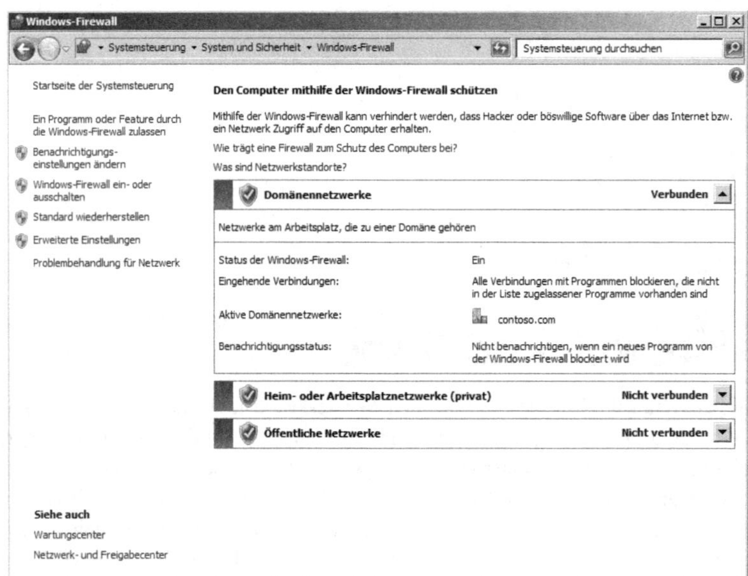

Die Standardkonfiguration der Windows-Firewall erreichen Sie über *Start/Systemsteuerung/System und SicherheitWindows-Firewall.* Sie können die detaillierte Konfiguration der Firewall über die entsprechende Managementkonsole aufrufen (*wf.msc*). Nur an dieser Stelle können detailliert konfigurierte Regeln erstellt werden. Innerhalb dieser Konsole können neben den Einstellungen für die Firewall auch Funktionen im Bereich IPsec konfiguriert werden.

In Kapitel 28 gehen wir im Rahmen der Einrichtung von DirectAccess ebenfalls auf die Konfiguration der Firewall ein. Auch in den Kapiteln 4 und 5 behandeln wird die Einrichtung der Firewall über die Befehlszeile, zum Beispiel auf Core-Servern. Durch die Kombination der Firewallkonsole von Active Directory und der Integration von IPsec erhalten Unternehmen einige Vorteile:

- Die Konflikte und der Aufwand für die Koordination zwischen beiden Technologien werden verringert
- Die Firewallregeln werden intelligenter
- Integration in Active Directory (Benutzer- Computergruppen)
- Filterung des ausgehenden Datenverkehrs
- Konzipiert für den Einsatz in Unternehmensnetzwerken
- Vereinfachte Richtlinien für den Schutz des Systems reduzieren den Aufwand für die Verwaltung

Die Konsole starten Sie am schnellsten über *Start/Ausführen/wf.msc* bzw. durch Eingabe von *wf.msc* im Suchfeld des Startmenüs. Auf der linken Seite können die entsprechenden Regeln zur Konfiguration ausgewählt werden.

Abbildg. 35.7 Verwalten der Firewallregeln in der grafischen Oberfläche

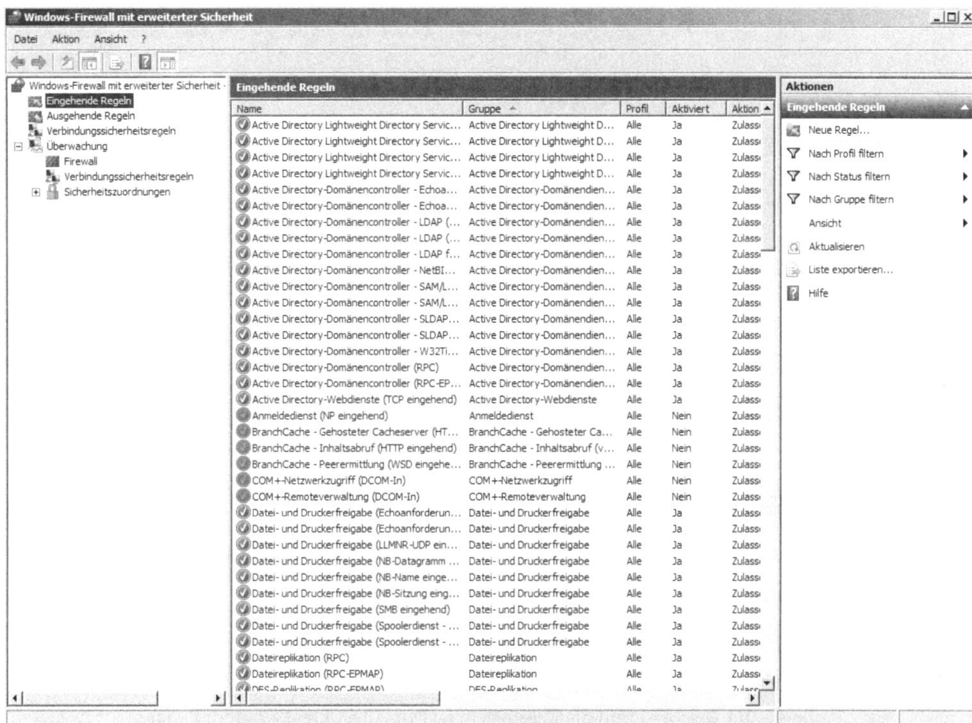

- **Eingehende Regeln** Hier werden die konfigurierten Ausnahmen für den eingehenden Netzwerkverkehr angezeigt
- **Ausgehende Regeln** Hier werden die konfigurierten Ausnahmen für den ausgehenden Netzwerkverkehr angezeigt
- **Verbindungssicherheitsregeln** Hier werden die Regeln für den geschützten Netzwerkverkehr angezeigt
- **Überwachung** Hier werden Informationen zu den aktuellen Ausnahmen, den Sicherheitsregeln der Verbindungen und den Sicherheitszuordnungen angezeigt. Innerhalb des Gruppenrichtlinien-Editors wird dieser Unterpunkt nicht angezeigt.

In der Mitte der Konsole wird eine Zusammenfassung des Status der Firewall angezeigt, sodass Administratoren einen schnellen Überblick erhalten. Die Firewall kann direkt über diese Konsole überwacht und die entsprechenden Protokolle angezeigt werden. Alle Regeln lassen sich effizient und einfach anzeigen. Bereits standardmäßig wird die Firewall mit einer Reihe von Regeln installiert und aktiviert. Die internen Betriebssystemdienste von Windows Server 2008 R2 installieren automatisch ihre Regeln bei der Installation des Diensts.

Abbildg. 35.8 Status der Firewall anzeigen

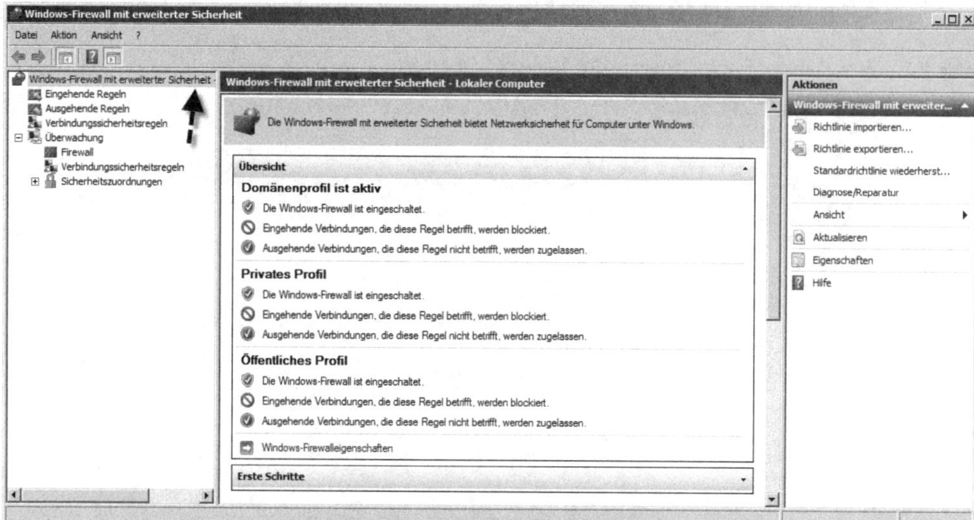

Firewall mit der Konsole konfigurieren

Die Konfiguration der Windows Firewall setzt sich aus den folgenden Elementen zusammen:

- Ausnahmen für eingehenden Netzwerkverkehr
- Ausnahmen für ausgehenden Netzwerkverkehr
- Sicherheitsregel
- Festlegen, für welches Profil die Regeln gelten (Domäne, Öffentlich oder Privat)

Markieren Sie zunächst auf der linken Seite den Eintrag *Eingehende Regeln* oder den Eintrag *Ausgehende Regeln*. Klicken Sie anschließend mit der rechten Maustaste auf den jeweiligen Eintrag und wählen Sie im Kontextmenü den Befehl *Neue Regel* aus. Alternativ dazu können Sie auch den gewünschten Eintrag auf der linken Seite markieren und auf der rechten Seite des Fensters im Bereich Aktionen auf *Neue Regel* klicken. Es startet ein Assistent zum Erstellen von neuen Regeln.

Sie können über den Assistenten mehrere Bedingungen für die Regel festlegen. Folgende Konfigurationen lassen sich vornehmen:

- **Programm** Eine Ausnahme für eingehenden Netzwerkverkehr auf Basis eines Programmnamens. Sie müssen zusätzlich eine Aktion (zulassen, blockieren oder schützen), das Profil, auf das die Ausnahme angewendet wird (Standard, Domäne oder beide), und einen Namen für die Ausnahme angeben.
- **Port** Eine Ausnahme auf Basis von TCP- oder UDP-Ports. Auch hier müssen Sie zusätzlich eine Aktion (zulassen, blockieren oder schützen), das Profil, auf das die Ausnahme angewendet wird (Standard, Domäne oder beide), und einen Namen für die Ausnahme angeben.
- **Vordefiniert** Eine Ausnahme für einen vordefinierten Dienst. Hierzu gehören zum Beispiel Remoteunterstützung, Datei- und Druckerfreigabe, Remotedesktop, Universal Plug and Play (UPnP) Framework und ICMP-Echo-Requests (v4). Auch hier muss ein Name für die Ausnahme festgelegt werden.

Abbildg. 35.9 Erstellen einer neuen Firewallregel

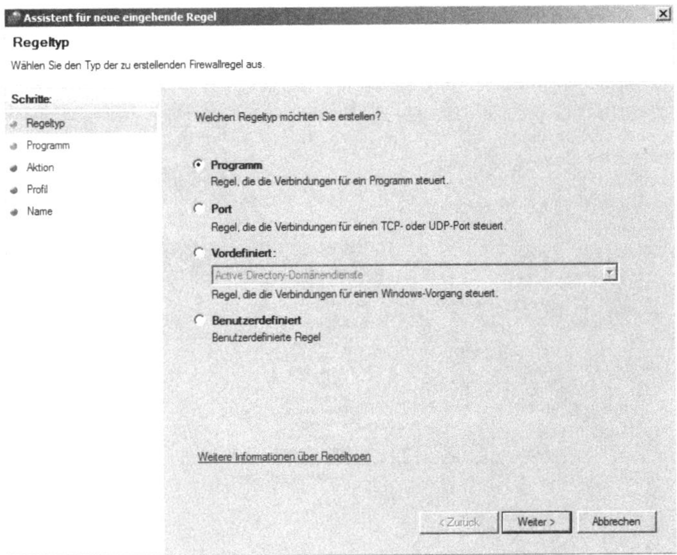

- **Benutzerdefiniert** Eine Ausnahme, die sich nicht auf ein Programm, einen Port oder einen vordefinierten Dienst bezieht. Mit dieser Option können Sie alle Konfigurationseinstellungen selbst festlegen. Auch hier müssen Sie wieder einen Namen angeben.

Abhängig von der Art der Filterung spezifizieren Sie diese auf den nächsten Fenstern noch genauer auf Basis des Ports, Programms oder der Protokolle, welche die Regel filtern soll.

Abbildg. 35.10 Festlegen des Programms auf welches die Regel angewendet werden soll

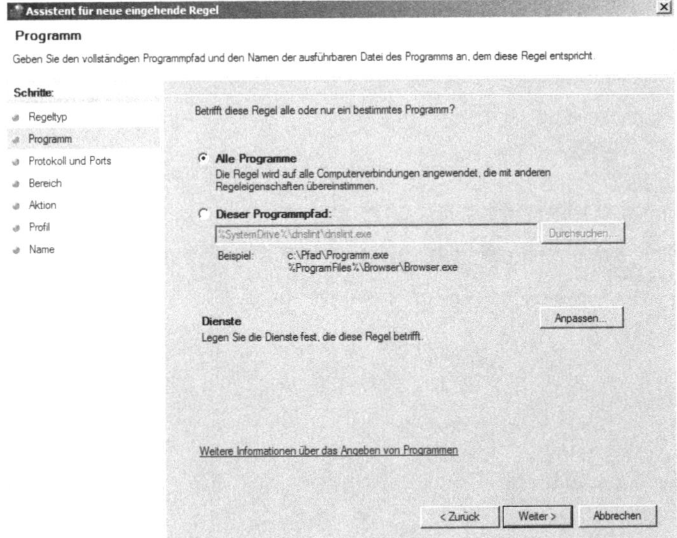

Über Protokoll und Ports legen Sie genau fest, welches Protokoll zu welchem Port auf dem Server gefiltert werden soll. Über die Schaltfläche *Anpassen* können Sie diese Regel sogar noch genauer spezifizieren und einschränken.

Abbildg. 35.11 Anpassen der erweiterten Protokollregeln

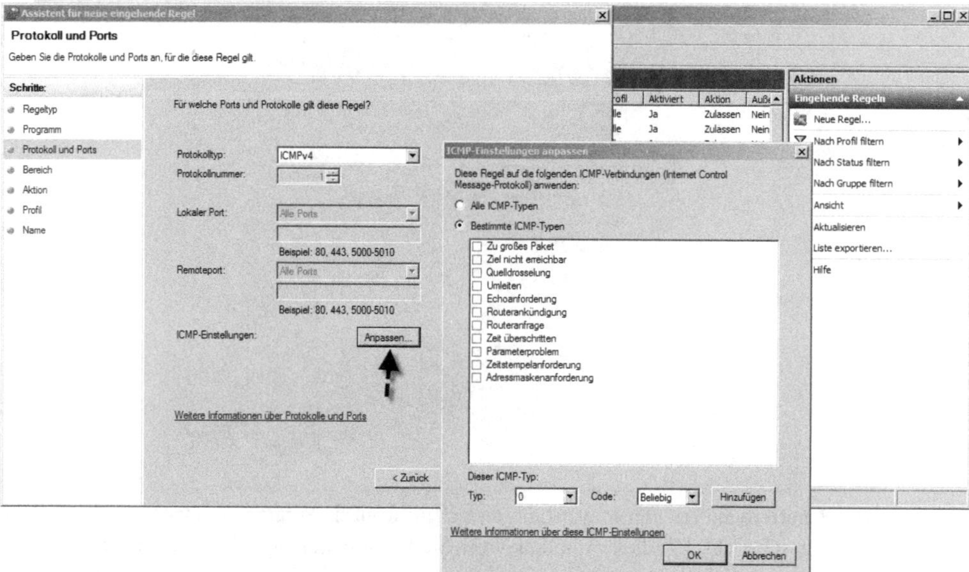

Auf weiteren Fenstern legen Sie noch fest, für welchen IP-Bereich die Regel gelten soll, welche Aktion die Regel auszuführen hat, also *Zulassen* oder *Blockieren*, und schließlich, für welches Profil die Regel anzuwenden ist.

Abbildg. 35.12 Festlegen des Profils für die Firewallregel

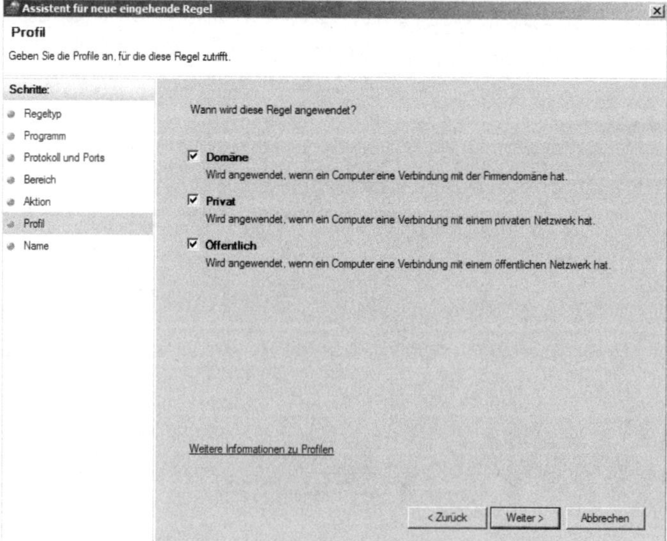

Nachdem Sie den Assistenten abgeschlossen haben, wird eine neue Regel im Detailbereich angezeigt. Wenn Sie die erweiterten Eigenschaften der Regel konfigurieren möchten, klicken Sie mit der rechten Maustaste auf die Regel und wählen anschließend im Kontextmenü den Eintrag *Eigenschaften* aus.

Abbildg. 35.13 Verwalten einer Firewallregel

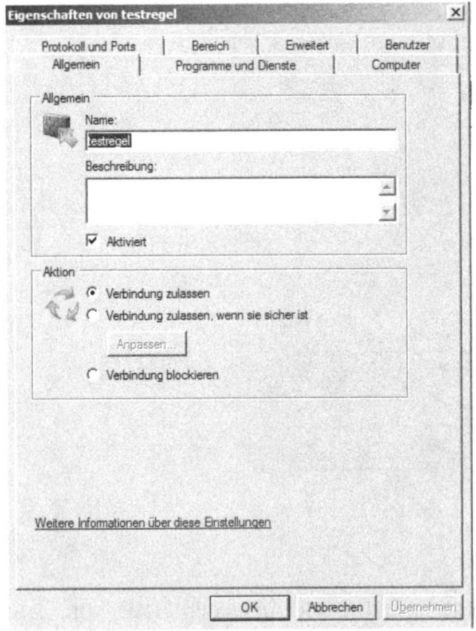

Hier gibt es mehrere Registerkarten:

- **Allgemein** Name der Regel, Programm, auf das sich die Ausnahme bezieht, und Aktion (zulassen, blocken oder nur sichere Verbindungen zulassen)
- **Benutzer** und **Computer** Wenn als Aktion *Nur sichere Verbindungen zulassen* definiert ist, werden hier die Computer- oder Benutzerkonten angezeigt, die geschützte Verbindungen aufbauen dürfen
- **Protokoll und Ports** IP-Protokoll, TPC- und UDP-Quellport und -Zielport sowie ICMP- oder ICMPv6-Einstellungen
- **Bereich** Quell- und Zieladressen für die Ausnahme
- **Erweitert** Profile, Schnittstellentypen und Dienste, für welche die Ausnahme gilt
- **Programme und Dienste** Hier können Sie definieren, welches Programm oder welcher Dienst mit der Regel verwaltet wird

Verbindungssicherheitsregeln in der Konsole konfigurieren

Klicken Sie auf der linken Seite der MMC mit der rechten Maustaste auf *Verbindungssicherheitsregeln* und wählen Sie im Kontextmenü den Eintrag *Neue Regel* aus. Es startet ein Assistent zum Erstellen von neuen Regeln. Sie können über den Assistenten mehrere Bedingungen für die Regel festlegen.

Abbildg. 35.14 Erstellen einer Verbindungssicherheitsregel mit der neuen Windows-Firewall

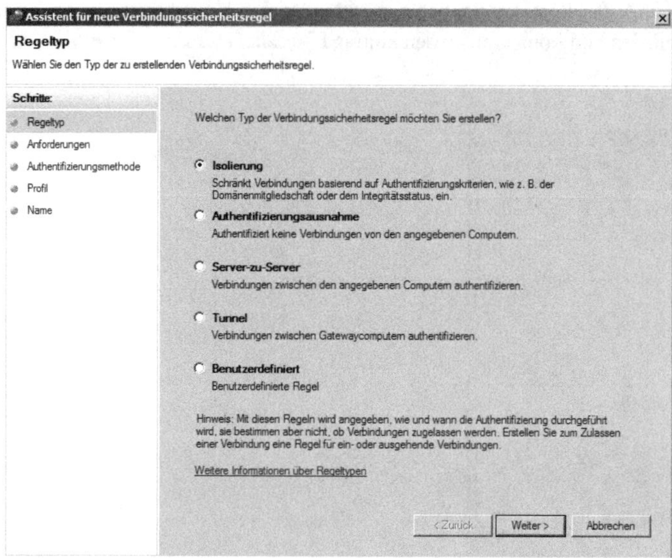

Folgende Konfigurationen lassen sich vornehmen:

- **Isolierung** Legt anhand der Active Directory-Infrastruktur oder über den Status von Computern fest, welche Computer isoliert sind. Sie müssen angeben, wann eine Authentifizierung stattfinden soll (zum Beispiel bei eingehendem oder ausgehendem Netzwerkverkehr) und ob die Verbindung geschützt sein muss oder ob dies nur angefordert wird. Außerdem müssen Sie die Authentifizierungsmethode und einen Namen für die Regel festlegen. Die Isolation über den Status eines Computers nutzt die Netzwerkzugriffsschutzplattform (Network Access Protection, NAP) von Windows Server 2008 R2 und Windows Vista und Windows 7. Auf diesem Weg kann der Zugriff auf sensible Server schon auf IP-Ebene kontrolliert und abgesichert werden.
- **Authentifizierungsausnahme** Legt anhand Ihrer IP-Adresse die Computer fest, die sich nicht authentifizieren müssen oder keine geschützte Verbindung benötigen
- **Server-zu-Server** Legt fest, wie die Verbindung zwischen Computern geschützt wird. Sie müssen Endpunkte (IP-Adressen) festlegen und angeben, wann die Authentifizierung stattfinden soll. Außerdem müssen die Authentifizierungsmethode und ein Name für die Regel festgelegt werden.
- **Tunnel** Legt eine durch einen Tunnel geschützte Verbindung fest (zum Beispiel bei Verbindungen über das Internet). Sie müssen die Tunnelendpunkte über deren IP-Adressen sowie die Authentifizierungsmethode und einen Namen für die Regel angeben.
- **Benutzerdefiniert** Erstellt eine frei konfigurierbare Regel

Abbildg. 35.15 Festlegen der Regeln für Verbindungssicherheitsregeln

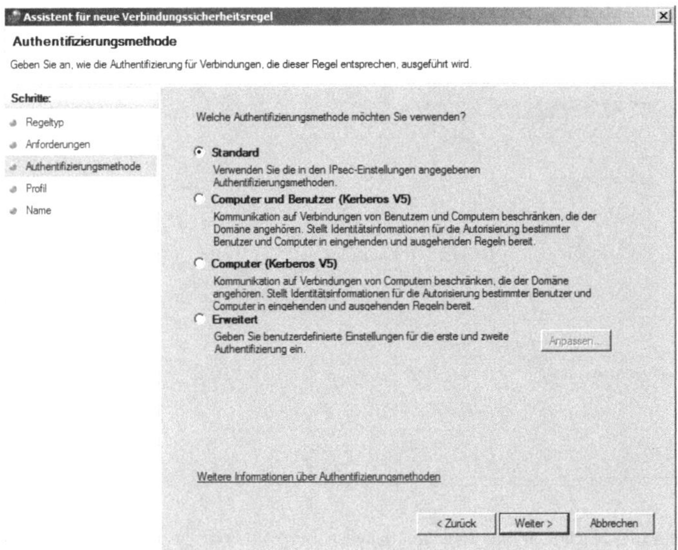

Wenn Sie die erweiterten Eigenschaften der Regel konfigurieren möchten, klicken Sie mit der rechten Maustaste auf die Regel und wählen dann im Kontextmenü den Eintrag *Eigenschaften* aus. Hier gibt es wieder mehrere Registerkarten. Erstellen Sie eine Ausnahme oder öffnen Sie einen Port in der Firewall, erlauben Sie damit einem bestimmten Programm, Daten über die Firewall von oder zu Ihrem Computer zu senden.

Wenn Sie einem Programm die Kommunikation über die Firewall erlauben (wenn Sie seine Blockierung aufheben), öffnen Sie dadurch förmlich eine winzige Tür in der Firewall. Jedes Mal, wenn Sie eine Ausnahme zulassen oder einen Port öffnen, damit ein Programm über die Firewall kommunizieren kann, wird Ihr Computer etwas weniger sicher. Je mehr Ausnahmen oder offene Ports Ihre Firewall hat, umso mehr Gelegenheiten haben Hacker und schädliche Software, eine dieser Öffnungen zu verwenden, um einen Wurm zu verbreiten, auf Ihre Dateien zuzugreifen oder mithilfe Ihres Computers schädliche Software an andere zu verteilen. Erstellen Sie Ausnahmen und öffnen Sie Ports nur dann, wenn Sie sie wirklich benötigen. Sobald diese nicht mehr erforderlich sind, sollten Sie Ausnahmen entfernen und Ports schließen. Erstellen Sie keine Ausnahmen und öffnen Sie keinen Port für ein Programm, das Sie nicht erkennen.

Automatische Windows-Updates

Die Funktion der automatischen Aktualisierung wurde bereits in Windows Server 2003 eingeführt, aber in Windows Server 2008 R2 weiter verbessert. Auch versierten Administratoren ist es heutzutage nicht mehr zumutbar, ständig nach Produktupdates zu schauen und diese zu installieren. Die Konfiguration der automatischen Updates kann in der Systemsteuerung über *Windows Update* durchgeführt werden. Hier steht ein eigenes Menü zur Verfügung, mit dessen Hilfe die installierten Updates angezeigt werden können, manuell nach neuen Updates gesucht werden kann und die Konfiguration dieser Funktion angepasst werden kann.

Zusätzlich besteht die Möglichkeit, nicht nur Windows aktuell zu halten, sondern auch andere Produkte, die auf dem Server installiert sind und Windows Update unterstützen. Nachdem Sie die Funktion einmalig aktiviert haben, wird der Server zukünftig auch automatisch mit Updates versorgt. Besser ist in diesem Fall natürlich die Anbindung an einen WSUS 3.0 SP2 (siehe Kapitel 36). Auf der linken Seite des Fensters können Sie weitere Informationen abrufen und die Einstellungen für automatische Updates anpassen. Hier können auch die bereits installierten Updates angezeigt oder ausgeblendete Updates überprüft werden.

Abbildg. 35.16 Verwalten der Windows Update-Funktion unter Windows Server 2008 R2

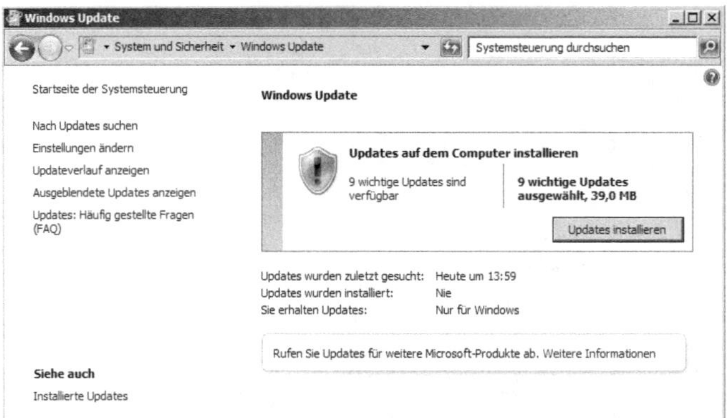

- Wenn Sie auf den Link *Nach Updates suchen* klicken, überprüft Windows Server 2008 R2, ob aktuell Updates im Internet verfügbar sind
- Über den Link *Updateverlauf anzeigen* im Update-Fenster oder auf der linken Seite des Fensters können Sie sich anzeigen lassen, welche Updates heruntergeladen und installiert worden sind

Abbildg. 35.17 Anzeigen des Updateverlaufs in Windows Server 2008 R2

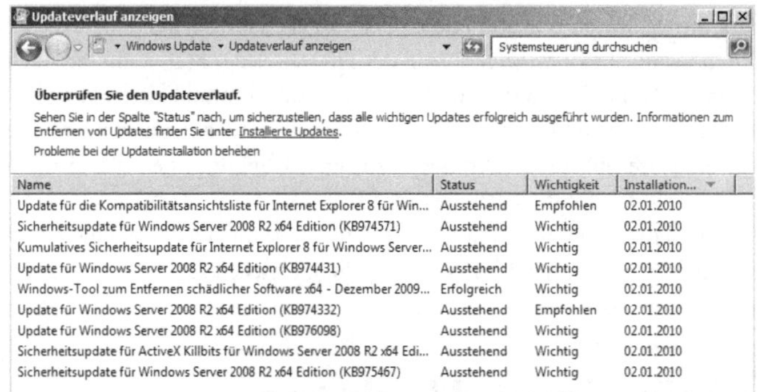

- Über den Link *Einstellungen ändern* öffnet sich ein Konfigurationsfenster, in dem Sie einstellen können, wie und wann Updates installiert werden sollen. Grundsätzlich können Sie hier zunächst konfigurieren, ob Windows Server 2008 R2 automatisch aktualisiert werden soll oder ob Sie die automatische Aktualisierung komplett deaktivieren möchten. Diese Einstellungen können auch über Gruppenrichtlinien vorgenommen werden (siehe die Kapitel 16 und 36).

Wenn Sie Windows Server 2008 R2 so konfigurieren, dass die Aktualisierung automatisch erfolgen soll, können Sie eine Uhrzeit einstellen, zu welcher die Aktualisierung durchgeführt wird. Wenn der Server zu diesem Zeitpunkt keine Internetverbindung herstellen kann oder nicht gestartet ist, wird der Aktualisierungsvorgang automatisch im Hintergrund beim nächsten Start durchgeführt. Hier können Sie auch festlegen, ob die Updates automatisch installiert werden sollen oder ob Sie die Installation manuell bestätigen wollen. Um sich viel Arbeit mit den Windows-Updates zu ersparen, sollten Sie die automatische Aktualisierung aktivieren.

Abbildg. 35.18 Konfigurieren der Update-Einstellungen

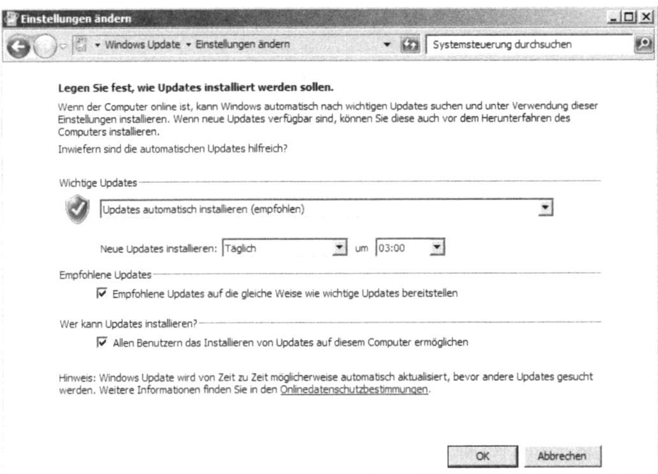

Über den Link *Installierte Updates* links unten im Hauptfenster von Windows Update können Sie sich alle installierten Updates auf dem Server anzeigen lassen und bei Bedarf einzelne Updates deinstallieren. Hier können Sie auch sehen, wann diese Updates eingespielt worden sind.

Abbildg. 35.19 Anzeigen von installierten Updates unter Windows Server 2008 R2

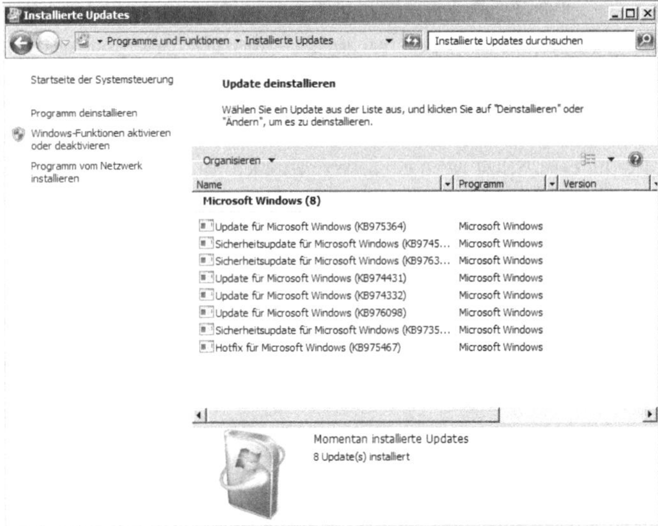

Über den Link *Ausgeblendete Updates anzeigen* können Sie sich die Patches anzeigen lassen, die nicht in den installierten Updates angezeigt, sondern von Windows Server 2008 R2 automatisch ausgeblendet werden.

TIPP Sie können sich die installierten Patches in der Befehlszeile mit dem Befehl *wmic qfe* anzeigen lassen. Idealerweise lassen Sie die Ausgabe des Befehls durch Eingabe von *wmic qfe >c:\patches.txt* in eine Textdatei umleiten, die Sie nach der Erstellung besser lesen können, als die Auflistung in der Befehlszeile. Vor allem auf Core-Server ist dieser Befehl nützlich.

Patches auf dem Core-Server verwalten

Auf Core-Servern steht Ihnen die grafische Oberfläche zur Verwaltung von Windows-Updates nicht zur Verfügung. Hier müssen Sie alle Einstellungen über die Befehlszeile vorgeben oder als Gruppenrichtlinie steuern. Hauptsächlich verwenden Sie für die Verwaltung von Updates in der Befehlszeile die folgenden Befehle:

Installation eines Updates:

```
wusa <Update>.msu /quiet
```

Wollen Sie ein installiertes Update deinstallieren, gehen Sie folgendermaßen vor:

1. Kopieren Sie die Installationsdatei des Updates auf den Core-Server.
2. Geben Sie den Befehl *expand /f:* <update>.msu c:\temp* ein, um das Archiv zu entpacken. Diesen Vorgang können Sie auch auf einer normalen Arbeitsstation durchführen.
3. Öffnen Sie in diesem Verzeichnis die *.xml*-Datei des Patches mit einem Editor oder XML Notepad 2007.
4. Ersetzen Sie den Befehl *Install* mit *Remove* und speichern Sie die Datei.
5. Geben Sie als Nächstes den Befehl *pkgmgr /n:<Update>.xml* ein. Dazu müssen Sie aber den bearbeiteten Patch wieder auf den Core-Server kopieren und den Befehl lokal ausführen.

BitLocker-Laufwerkverschlüsselung

Die Laufwerkverschlüsselung müssen Sie als Feature nachträglich über den Server-Manager installieren und einrichten. BitLocker dient der kompletten Verschlüsselung von Partitionen. Die Funktion wird durch die Installation nur zugänglich gemacht, noch nicht aktiviert. Die Aktivierung von BitLocker ist ein längerer Prozess, den wir in diesem Abschnitt ausführlich besprechen. Die Hauptaufgabe von BitLocker ist, den Datendiebstahl in Unternehmen zu verhindern. Selbst wenn ein Server gestohlen wird, zum Beispiel in einer kleineren Niederlassung, können Diebe auf die Daten des Servers nicht zugreifen, da diese zuverlässig verschlüsselt sind.

Voraussetzungen für BitLocker

Damit BitLocker verwendet werden kann, sollte Ihr Server über einige Voraussetzungen verfügen:

- TPM-Chip (Trusted Platform Module, siehe auch *http://de.wikipedia.org/wiki/Trusted_Platform_Module*) der Spezifikation 1.2 sollte verbaut sein, muss aber nicht. Sie können die Überprüfung für TPM deaktivieren.
- TCG 1.2 (Trusted Computing Group, siehe auch *http://de.wikipedia.org/wiki/Trusted_Computing_Group*)-konformes BIOS ist hilfreich, aber nicht unbedingt notwendig
- USB-Support durch das BIOS in der Pre-Bootphase
- Eine unverschlüsselte Startpartition, mit etwa 100 MB. Diese Partition wird durch das BIOS für den Windows-Ladevorgang benötigt.
- Einen USB-Stick für das Speichern des Wiederherstellungsschlüssels

Abbildg. 35.20 Installieren von BitLocker unter Windows Server 2008 R2

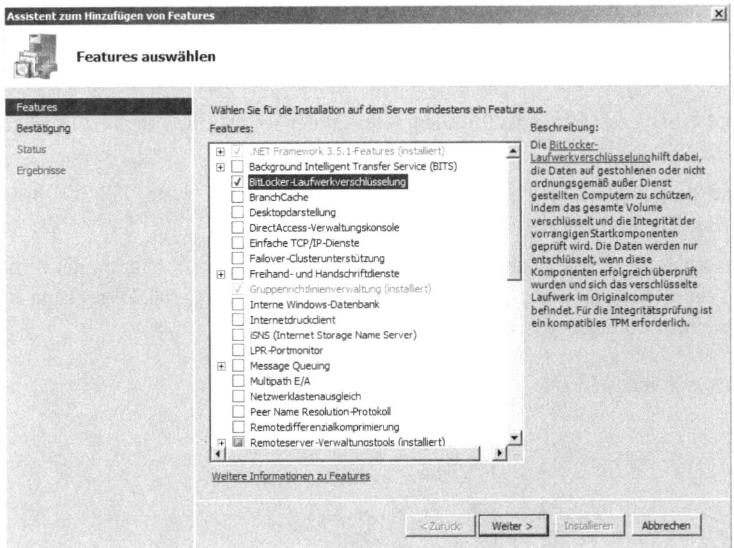

- Auf dem Server müssen mindestens zwei Partitionen angelegt sein (es reichen auch verschiedene Partitionen auf einer physischen Festplatte, die Partitionen müssen nicht auf verschiedene physische Festplatten aufgeteilt sein). Eine Partition ist für das Betriebssystem vorbehalten (in der Regel Laufwerk C:) und wird von BitLocker verschlüsselt, während die andere Partition die aktive Partition ist, die unverschlüsselt bleiben muss, damit der Computer gestartet werden kann. Die Größe der aktiven Partition muss mindestens 50 GB betragen, besser etwas mehr.

Damit BitLocker genutzt werden kann, muss die Festplattenkonfiguration stimmen. BitLocker benötigt eine unverschlüsselte Startpartition sinnvollerweise ab 100 MB Größe, die am Anfang der Festplatte liegen sollte, damit das BIOS starten kann. Diese Partition muss in der Partitionstabelle als aktiv gekennzeichnet sein. Auf dieser Partition muss die Startkonfigurationsdatenbank von Windows Server 2008 R2 liegen sowie der eigentliche Start-Manager.

Der Startvorgang läuft dann so ab, dass zuerst diese Partition gestartet wird, der TPM entsperrt und der Schlüssel zum Entschlüsseln der Windows Server 2008 R2-Partition gelesen wird. Danach startet Windows Server 2008 R2 ganz normal. Die Entschlüsselung findet im laufenden Betrieb statt, wobei optimierte Verfahren dafür sorgen, dass hier kein signifikanter Performanceverlust eintritt. Die Windows Server 2008 R2-Partition selbst bleibt die ganze Zeit über verschlüsselt.

Funktionsweise von BitLocker

BitLocker lässt sich abhängig von der Ausstattung des Servers und dem Sicherheitsbedürfnis des Unternehmens in fünf verschiedenen Versionen betreiben:

- **Server ohne TPM-Chip** Wenn im Server kein TPM-Chip integriert ist, wird für die Entschlüsselung der Daten ein Schlüssel auf einem USB-Stick gespeichert. Dieser muss mit dem Server verbunden sein, damit BitLocker starten kann. Der USB-Stick funktioniert sozusagen als Dongle, darf aber nicht verloren gehen. Es können ganz normale USB-Sticks verwendet werden, die auch als Speicher verwendet werden. Nach dem Start des Servers kann der Schlüssel entfernt werden. Wird der Computer gestohlen, kann der Dieb den Server nicht starten und auch nicht auf die verschlüsselten Daten zugreifen.

- **Server mit TPM-Chip** Hier werden die Daten mit der im TPM-Chip gespeicherten Prüfsumme entschlüsselt. Der Zugriff auf die Daten des Servers kann auch hier nur lokal erfolgen.
- **TPM und PIN** Zusätzlich muss bei jedem Neustart des Servers eine vier- bis 20-stellige PIN eingetragen werden
- **TPM und Startschlüssel** Statt der PIN wird der Startschlüssel von einem USB-Stick bezogen, der mit dem Server bei jedem Startvorgang verbunden sein muss
- **Recoveryschlüssel** Diese Funktion wird benötigt, wenn nach einem Angriff oder dem Einbau der Festplatte in ein neues Gerät weiterhin auf die Daten zugegriffen werden soll. Dieser kann als PIN eingegeben oder von einem USB-Stick gelesen werden.

Abbildg. 35.21 Funktionsweise von BitLocker

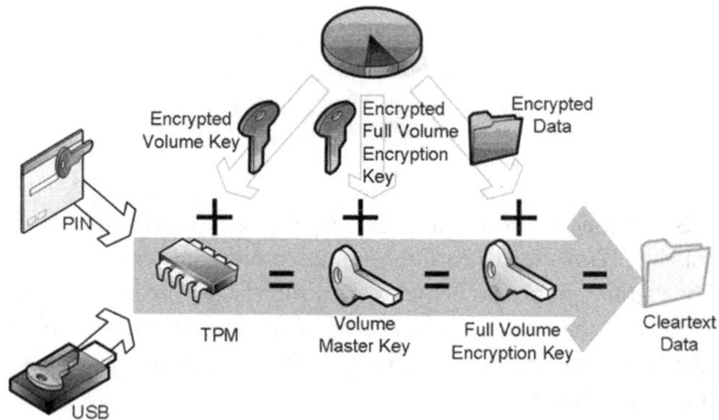

BitLocker mit TPM schützt den Computer, ohne dass der Benutzer etwas davon merkt. Das Entsperren des TPM, das Auslesen des Schlüssels und die Entschlüsselung gehen vollständig transparent ohne Benutzerinteraktion vonstatten. Solange ein Angreifer nicht über die Anmeldedaten des Anwenders verfügt, kann er nicht auf die Daten zugreifen. Die zusätzlichen Sicherungsoptionen einer PIN-Eingabe beim Start oder die Nutzung eines zusätzlichen USB-Sticks als Securitytoken erhöhen den Schutz noch, haben aber auch einen Einfluss auf die Benutzbarkeit, da hier eine Aktion des Benutzers erforderlich ist.

Beim Starten überprüft BitLocker den Hashwert im TPM, bevor der Server gestartet werden kann. Dadurch ist auch sichergestellt, dass Bootsektorviren oder Rootkits nicht einfach den Schutz aushebeln können. Da sich der Hashwert ändert, wenn eine maßgebliche Komponente des Server ausgetauscht wird, zum Beispiel die Hauptplatine, oder die Platte in einen anderen Server eingebaut wird, verweigert BitLocker den Zugriff auf den Datenträger. Erst wenn die Integrität sichergestellt ist, lässt BitLocker den Zugriff zu. Die Integritätsprüfung von BitLocker umfasst folgende Komponenten:

- BIOS
- Master Boot Record (MBR)
- Start-Manager
- NTFS-Bootsektor
- NTFS-Bootblock
- Core Root of Trust of Measurement (CRTM)

Die Verschlüsselung erfolgt sektorbasiert. Die Basis der BitLocker-Verschlüsselung stellt der Schlüssel für die vollständige Volumeverschlüsselung (Full Volume Encryption Key, FVEK) dar, der die Daten direkt auf der Festplatte verschlüsselt. BitLocker unterstützt derzeit Schlüssel mit 128 bis 512 Bit. Die Standardverschlüsselung verwendet einen 128-Bit-AES-Algorithmus. Um auch nach der Deaktivierung von BitLocker auf verschlüsselte Daten auf der Platte zugreifen zu können, existiert ein sogenannter unverschlüsselter Schlüssel (Clear Key). Dieser wird auf der Festplatte abgelegt und nutzt den Schlüssel für die vollständige Volumeverschlüsselung, um trotz deaktiviertem BitLocker auf verschlüsselte Daten zuzugreifen.

Auf den unverschlüsselten Schlüssel kann nur zugegriffen werden, wenn BitLocker deaktiviert wurde. Nachdem BitLocker aktiviert ist, besteht kein Zugriff mehr auf den unverschlüsselten Schlüssel. Die beste Sicherheit erreichen Sie, indem Sie TPM 1.2 mit einem TCG-konformen BIOS und einem Systemstartschlüssel (Startup Key) einsetzen. Ein Systemstartschlüssel stellt einen zusätzlichen Authentifizierungsfaktor dar, da entweder ein physischer Schlüssel (ein USB-Gerät) oder ein PIN erforderlich ist.

ACHTUNG Achten Sie bei der Verwendung von BitLocker darauf, dass die Aktualisierung des BIOS mit aktiviertem TPM erst dann erfolgen sollte, wenn BitLocker deaktiviert wird. Nach der Aktualisierung des BIOS kann BitLocker wieder aktiviert werden.

BitLocker auf einem neuen Server einrichten

Damit Sie die BitLocker-Laufwerkverschlüsselung verwenden können, sollten Sie vor der Installation von Windows Server 2008 R2 die Partitionen des Servers vorbereiten.

HINWEIS Damit BitLocker verwendet werden kann, wird die erste physische Festplatte in zwei Partitionen unterteilt. Microsoft unterscheidet hier in *Startpartition* und eine *Windows-Partition*. Die *Startpartition* wird auch als *Systempartition* bezeichnet, die *Windows-Partition* als *Startpartition*. Von der kleineren *Systempartition*, die auch als *Aktive Partition* konfiguriert ist, wird gestartet, die Daten liegen auf der Windows-Partition.

Die notwendige Partitionierung kann vor der Installation von Windows Server 2008 R2 durchgeführt werden, aber auch nachträglich, wie wir in diesem Kapitel noch zeigen werden. Für eine Testumgebung reicht es, die Systempartition für BitLocker 100 MB groß zu konfigurieren.

Gehen Sie zur Neueinrichtung entsprechend den nachfolgenden Schritten vor. Im folgenden Abschnitt zeigen wir Ihnen die Einrichtung mit zwei Partitionen. In BitLocker in Windows Server 2008 R2 ist das nicht mehr unbedingt notwendig, da Windows Server 2008 R2 ohnehin automatisch bei der Installation eine eigene Partition für die Startdateien anlegt.

1. Starten Sie zunächst mit der Windows Server 2008 R2-DVD.
2. Starten Sie die *Computerreparaturoptionen* und gehen Sie in den *Systemwiederherstellungsoptionen* in die *Eingabeaufforderung*. Bestätigen Sie zuvor das Fenster zum Laden des Datenträgers. Wenn in Windows Server 2008 R2 kein passender Treiber für den Datenträger integriert ist, können Sie diesen zuvor über die Schaltfläche *Treiber laden* integrieren lassen. Auf dem Server sollte möglichst noch kein Betriebssystem installiert sein. Wenn auf der Festplatte, die für BitLocker eingerichtet wird, ein Betriebssystem installiert ist, muss dieses neu installiert werden. Voher sollten Sie jedoch alle Daten sichern, da nach der hier durchgeführten Einrichtung das Betriebssystem entfernt wird.
3. Als Nächstes müssen Sie mit dem Befehl *diskpart* die Partition für BitLocker vorbereiten. Geben Sie dazu die Befehle in der Reihenfolge ein, wie in den nächsten Schritten beschrieben, und bestätigen Sie jeden Befehl mit der [↵]-Taste. Bei dieser Einrichtung wird für eine Testumgebung eine neue Systempartition erstellt.

```
diskpart
select disk 0
clean
create partition primary size=100
assign letter=S
active
create partition primary
assign letter=C
exit
```

Abbildg. 35.22 Zur Einrichtung von BitLocker sollte der Server vor der Installation von Windows Server 2008 R2 vorbereitet werden

```
Administrator: X:\windows\system32\cmd.exe - diskpart
X:\Sources>diskpart

Microsoft DiskPart-Version 6.1.7600
Copyright (C) 1999-2008 Microsoft Corporation.
Auf Computer: MININT-4E2CAST

DISKPART> select disk 0

Datenträger 0 ist jetzt der gewählte Datenträger.

DISKPART> clean

Der Datenträger wurde bereinigt.

DISKPART> create Partition primary

Die angegebene Partition wurde erfolgreich erstellt.

DISKPART> assign letter=s

Der Laufwerkbuchstabe oder der Bereitstellungspunkt wurde zugewiesen.

DISKPART> active

Die aktuelle Partition wurde als aktiv markiert.

DISKPART> create partition primary

Fehler beim Dienst für virtuelle Datenträger:

Für diesen Vorgang ist nicht genügend freier Speicherplatz verfügbar.


DISKPART> assig letter=c

Der Laufwerkbuchstabe oder der Bereitstellungspunkt wurde zugewiesen.
```

4. Anschließend müssen die Partitionen noch formatiert werden. Geben Sie dazu die folgenden Befehle ein:

```
format c: /y /q /fs:ntfs
format s: /y /q /fs:ntfs
exit
```

Abbildg. 35.23 Nach der Einrichtung der Partitionen müssen diese noch formatiert werden, bevor Windows Server 2008 R2 installiert wird

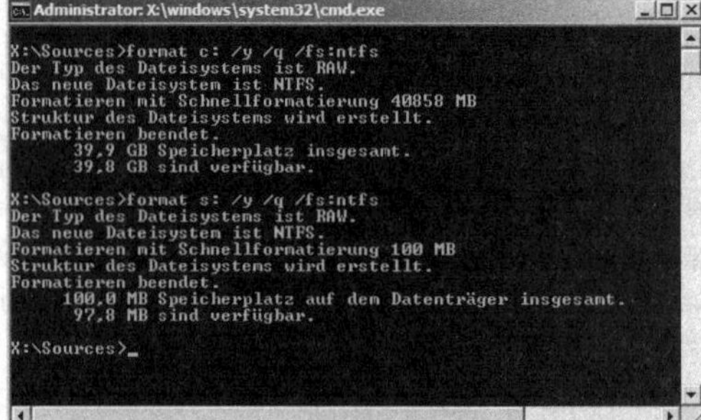

```
Administrator: X:\windows\system32\cmd.exe

X:\Sources>format c: /y /q /fs:ntfs
Der Typ des Dateisystems ist RAW.
Das neue Dateisystem ist NTFS.
Formatieren mit Schnellformatierung 40858 MB
Struktur des Dateisystems wird erstellt.
Formatieren beendet.
      39,9 GB Speicherplatz insgesamt.
      39,8 GB sind verfügbar.

X:\Sources>format s: /y /q /fs:ntfs
Der Typ des Dateisystems ist RAW.
Das neue Dateisystem ist NTFS.
Formatieren mit Schnellformatierung 100 MB
Struktur des Dateisystems wird erstellt.
Formatieren beendet.
     100,0 MB Speicherplatz auf dem Datenträger insgesamt.
      97,8 MB sind verfügbar.

X:\Sources>_
```

5. Starten Sie dann den Rechner neu und installieren Sie im Anschluss ganz normal auf Partition C: Windows Server 2008 R2. Wählen Sie im Installationsfenster die größere Partition aus. Die kleinere Partition wird im Installationsfenster als erste vorgeschlagen, da diese als aktiv markiert ist, also der Start-Manager während der Installation auf dieser Partition abgelegt wird. Die verschlüsselten Systemdateien liegen auf der zweiten, größeren Partition.

Abbildg. 35.24 Nach der Einrichtung der Partitionen kann Windows Server 2008 R2 installiert werden

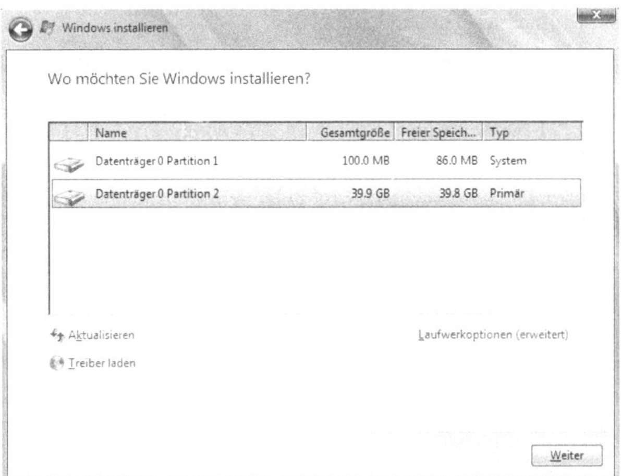

6. Wenn Sie ein kompatibles BIOS einsetzen, das auch über einen TPM-Chipsatz verfügt, müssen Sie diesen nach der Installation aktivieren. Achten Sie bei der Startreihenfolge darauf, dass von der Windows Server 2008 R2-DVD gestartet wird, nicht von einer der neu erstellten und noch leeren Partitionen.
7. Aktivieren Sie danach in der Systemsteuerung *BitLocker*, zuvor müssen Sie das Feature aber erst auf dem Server installieren. Diesen Vorgang zeigen wir Ihnen im nächsten Abschnitt. Verfügt der Computer über einen TPM-Chip und haben Sie diesen im BIOS aktiviert, muss dieser nach der Installation zunächst initialisiert werden. Verfügt der Computer über keinen TPM-Chip, können diese Schritte übersprungen werden. In diesem Fall werden die notwendigen Daten direkt auf einem USB-Stick gespeichert.

TPM in Windows Server 2008 R2 aktivieren und initialisieren

Um das TPM auf Ihrem Server zu initialisieren, müssen Sie es einschalten und anschließend die TPM-Besitzrechte festlegen. Gehen Sie dazu folgendermaßen vor:

1. Öffnen Sie über *Start/Ausführen/tpm.msc* die TPM-Verwaltungskonsole.
2. Klicken Sie unter *Aktionen* auf *TPM initialisieren*, um den TPM-Initialisierungs-Assistenten zu starten.
3. Wenn das TPM ausgeschaltet ist, zeigt der TPM-Initialisierungs-Assistent das Dialogfeld *TPM-Sicherheitshardware einschalten* an. In diesem Dialogfeld werden Sie durch das Einschalten des TPM geführt. Anschließend müssen Sie das System neu starten.
4. Wenn das TPM bereits eingeschaltet ist, zeigt der TPM-Initialisierungs-Assistent das Dialogfeld *TPM-Besitzerkennwort erstellen* an.
5. Starten Sie den Server neu.

6. Nach dem Neustart wird eine Bestätigungsaufforderung angezeigt, um sicherzustellen, dass keine bösartige Software versucht, das TPM einzuschalten, sondern ein tatsächlich anwesender Benutzer.
7. Bevor das TPM zum Schützen Ihres Computers verwendet werden kann, muss es einem Besitzer zugeordnet sein. Beim Festlegen des TPM-Besitzers weisen Sie ein Kennwort zu, sodass nur der autorisierte TPM-Besitzer auf das TPM zugreifen und es verwalten kann. Mit dem TPM-Kennwort können Sie das TPM ausschalten oder es löschen. Um die TPM-Besitzrechte festzulegen, müssen Sie als Administrator angemeldet sein.
8. Starten Sie erneut den TPM-Initialisierungs-Assistenten.
9. Wählen Sie im Dialogfeld *TPM-Besitzerkennwort erstellen* die Option *Kennwort automatisch erstellen (empfohlen)* aus.
10. Klicken Sie im Dialogfeld *TPM-Besitzerkennwort speichern* auf *Kennwort speichern* und wählen Sie einen Speicherort für das Kennwort aus.
11. Klicken Sie nochmals *Speichern*. Die Kennwortdatei wird unter dem Namen *<Computername>.tpm* gespeichert.
12. Klicken Sie auf *Kennwort drucken*, wenn Sie das Kennwort ausdrucken möchten.
13. Klicken Sie auf *Initialisieren*. Der Initialisierungsprozess kann einige Minuten dauern.

Abbildg. 35.25 Die Konsole zur Verwaltung des TPM-Chips erkennt, ob ein Chip verbaut und aktiviert wurde. Wird kein Chip gefunden, sind die Menübefehle zur Einrichtung deaktiviert.

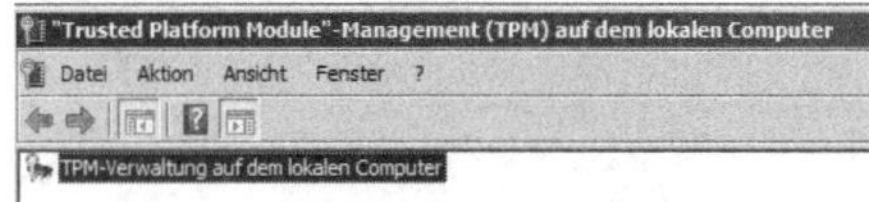

BitLocker-Laufwerkverschlüsselung mit und ohne TPM aktivieren

Bevor Sie BitLocker einschalten können, sollten Sie über ein eingeschaltetes und initialisiertes, kompatibles TPM verfügen, dessen Besitzrechte Sie übernommen haben. Sie müssen außerdem als Administrator angemeldet sein. Aber auch die Aktivierung ohne TPM ist möglich. In diesem Fall benötigen Sie einen USB-Stick, der mit dem Server verbunden wird.

Die Fehlermeldung mit der Partitionierung lässt sich nicht ohne Weiteres beheben. Wir zeigen Ihnen diese Vorgehensweise später noch in diesem Kapitel. Sie müssen dazu in den Richtlinien des Computers festlegen, dass ein TPM nicht mehr benötigt wird. Alternativ können die folgenden Einstellungen auch über Gruppenrichtlinien in Active Directory vorgegeben werden. Gehen Sie zur Konfiguration der lokalen Sicherheitsrichtlinie folgendermaßen vor:

1. Starten Sie über *Start/Ausführen/gpedit.msc* die Verwaltungsoberfläche der lokalen Sicherheitsrichtlinie.
2. Wechseln Sie in der Konsolenstruktur zum Eintrag *Computerkonfiguration/(Richtlinien)/Administrative Vorlagen/Windows-Komponenten/BitLocker-Laufwerkverschlüsselung/Betriebssystemlaufwerke.*
3. Doppelklicken Sie im rechten Bereich des Fensters auf die Richtlinie *Zusätzliche Authentifizierung beim Start anfordern.* Für Windows Vista-Clients oder Windows Server 2008 gibt es dazu eine eigene Richtlinie, die Sie aktivieren müssen.

4. Aktivieren Sie im Dialogfeld die Option *Aktiviert.*
5. Stellen Sie sicher, dass das Kontrollkästchen *BitLocker ohne kompatibles TPM zulassen* aktiviert ist.
6. Klicken Sie auf *OK.*
7. Die Richtlinie erhält darauf in der Statuszeile den Status *Aktiviert.*
8. Nachdem die lokale Sicherheitsrichtlinie konfiguriert wurde, ist die Einstellung aber noch nicht in das System übernommen worden. Dazu muss entweder der Computer neu gestartet werden oder Sie müssen in der Befehlszeile den Befehl *gpupdate /force* eingeben. Durch Eingabe dieses Befehls wird die konfigurierte Einstellung übernommen.

Abbildg. 35.26 Erst nach der Bearbeitung der lokalen Sicherheitsrichtlinien lässt sich BitLocker ohne TPM nutzen

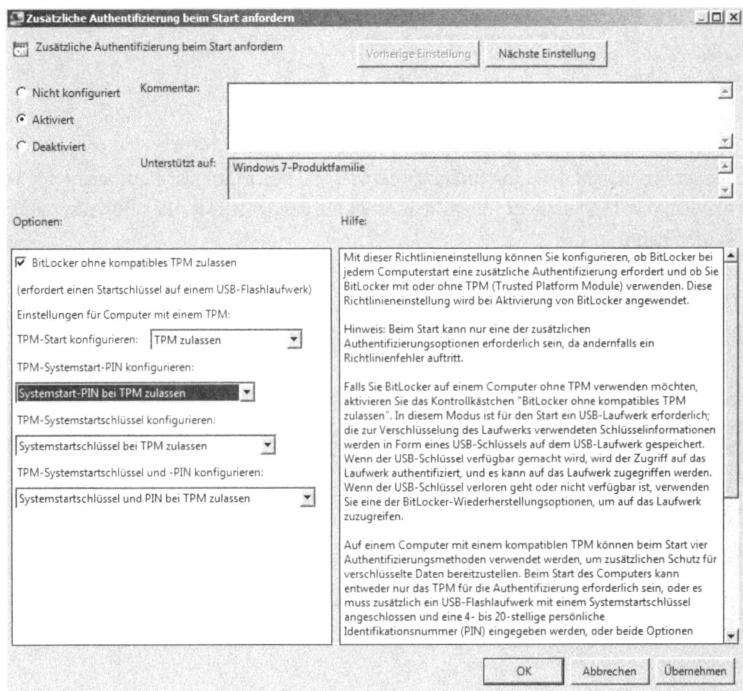

Nachdem diese Aufgaben durchgeführt wurden, kann BitLocker aktiviert werden. Entspricht die Partitionierung der Festplatte den Vorgaben und wurde die lokale Sicherheitsrichtlinie entsprechend angepasst, wird kein Fehler mehr angezeigt und BitLocker kann aktiviert werden

1. Starten Sie die Konfigurationsoberfläche von BitLocker über *Start/Systemsteuerung/System und Sicherheit/BitLocker-Laufwerkverschlüsselung.*
2. Wenn die Partitionierung nicht den Vorgaben entspricht, erhalten Sie eine entsprechende Meldung angezeigt.

Abbildg. 35.27 BitLocker für eine Partition aktivieren

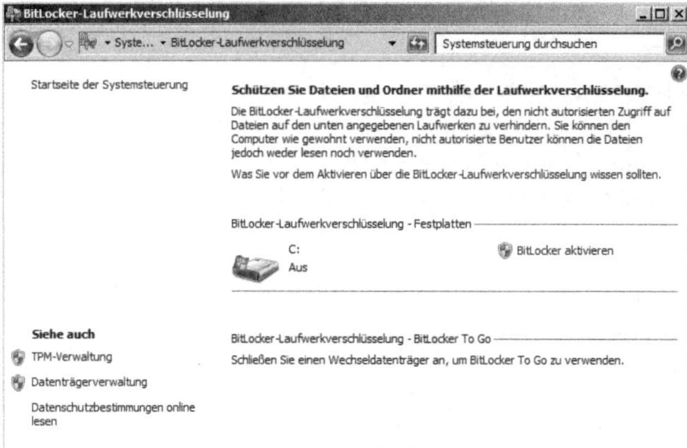

3. Klicken Sie im Fenster auf den Link *BitLocker aktivieren*. Dieser Link wird nur angezeigt, wenn die Partitionen vorhanden, das TPM aktiviert oder die Einstellung gesetzt wurde, dass BitLocker auch ohne TPM eingesetzt werden kann.

Abbildg. 35.28 Starten der BitLocker-Einrichtung

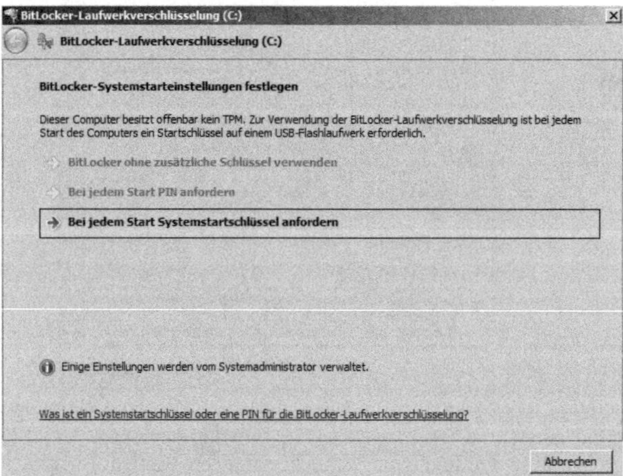

4. Bevor diese Meldung bestätigt wird, sollte der entsprechende USB-Stick mit dem Server verbunden werden.

5. Wird BitLocker ohne TPM eingerichtet oder soll der Schlüssel zusätzlich auf einem USB-Stick gespeichert werden, muss als Nächstes der USB-Stick ausgewählt werden, auf dem der Schlüssel zum Starten des PCs gespeichert werden soll. Neben USB-Sticks können hier auch USB-Festplatten ausgewählt werden.

Abbildg. 35.29 Nach der Aktivierung von BitLocker muss zunächst festgelegt werden, wo der Schlüssel gespeichert wird und ob zusätzliche Funktionen genutzt werden sollen

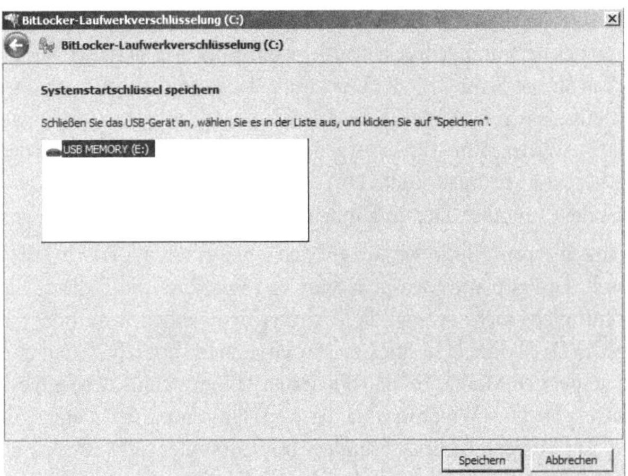

6. Im nächsten Dialogfeld werden die folgenden Optionen angezeigt:
   - *Wiederherstellungsschlüssel auf einem USB-Flashlaufwerk speichern*
   - *Wiederherstellungsschlüssel in Datei speichern*
   - *Wiederherstellungsschlüssel drucken*

Das Kennwort für den Wiederherstellungsschlüssel ist erforderlich, um die verschlüsselten Daten des Volumes zu entsperren, wenn BitLocker in einen gesperrten Zustand wechselt. Sie können mit seiner Hilfe nicht die verschlüsselten Daten einer anderen BitLocker-Verschlüsselungssitzung wiederherstellen.

Abbildg. 35.30 Speicherung des Wiederherstellungskennworts von BitLocker

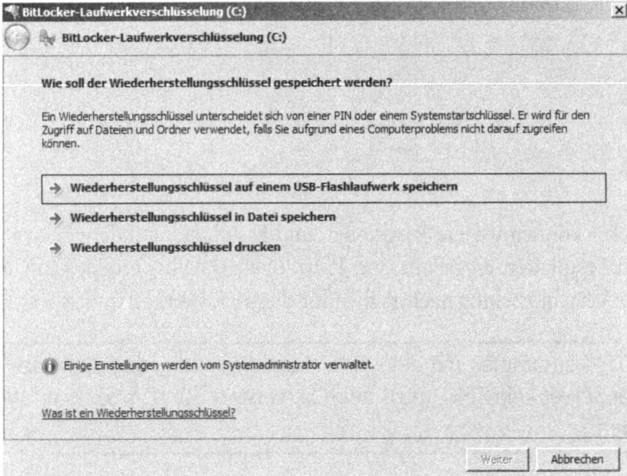

1. Wählen Sie die gewünschten Optionen aus, um das Wiederherstellungskennwort aufzubewahren. Wird die Speicherung des Systemstartschlüssels auf einem USB-Stick eingesetzt, können Sie das Wiederherstellungskennwort auf dem gleichen Stick speichern lassen. Wichtig ist an dieser Stelle jedoch, dass dieser Stick kei-

nesfalls in fremde Hände gelangen darf, da sonst der komplette Schutz des Computers ausgehebelt wird. Nach der Speicherung des Schlüssels auf dem Stick kann zusätzlich die Speicherung auf einem anderen Laufwerk oder die Druckausgabe aktiviert werden.

2. Nachdem das Kennwort gespeichert und gedruckt wurde, kann BitLocker aktiviert werden. Nach der BitLocker-Aktivierung erreichen Sie das Fenster für die Verwaltung des Kennworts jederzeit über die Systemsteuerung. So lässt sich der Schlüssel auch nachträglich ausdrucken oder speichern. Zuvor muss die Aktivierung von BitLocker noch bestätigt werden. Zur Aktivierung und zur Überprüfung der Konfiguration wird der Computer daraufhin neu gestartet. Es müssen alle DVDs oder CDs aus den Laufwerken entfernt werden, damit sichergestellt ist, dass der Computer über die konfigurierte BitLocker-Infrastruktur gestartet wird.

   Beim nächsten Startvorgang überprüft BitLocker, ob auf den gespeicherten Startschlüssel zugegriffen werden kann, und verschlüsselt die Festplatte nach dem Start von Windows. Nach dieser Einrichtung ist die Verschlüsselung aktiv. Wenn nicht mehr auf das TPM zugegriffen werden kann oder wenn jemand versucht, von einer Diskette/CD/DVD oder USB-Stick zu starten, um das Betriebssystem zu umgehen, wechselt der Computer in den gesperrten Modus, bis der Wiederherstellungsschlüssel bereitgestellt wird. Wurde der Computer neu gestartet, beginnt Windows mit der Verschlüsselung der Daten. Abhängig von der Größe der Platte dauert dieser Vorgang mehrere Stunden. Der Computer steht zwar parallel zu Arbeit zur Verfügung, allerdings ist die Festplatte stark ausgelastet.

Abbildg. 35.31 Fertigstellung der BitLocker-Einrichtung

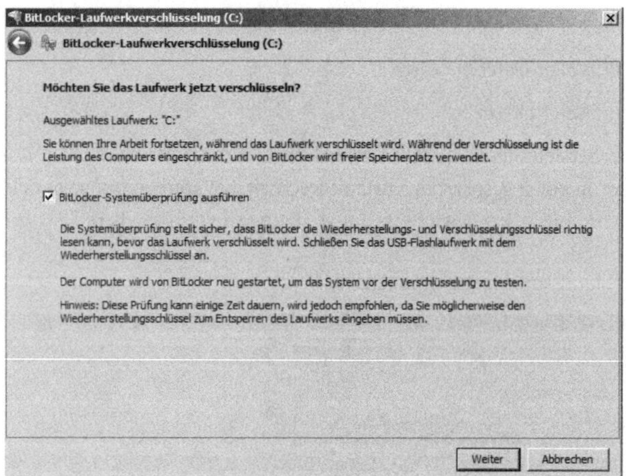

Nach der Einrichtung von BitLocker können weitere Partitionen und Festplatten auf dem Server verschlüsselt werden. Auch wenn nachträglich Festplatten eingebaut und Partitionen erstellt werden, kann über die BitLocker-Verwaltungsoberfläche die Verschlüsselung nachträglich für diese Laufwerke aktiviert werden.

HINWEIS Verwenden Sie TPM zusammen mit einer PIN, muss diese bei jedem Start des Servers eingegeben werden. Unterstützt der Server kein TPM, muss beim Serverstart der USB-Stick mit dem Schlüssel mit dem Server verbunden werden.

Sollten bei der Installation von Windows die Voraussetzungen von BitLocker, also das Anlegen von zwei Partitionen nicht durchgeführt worden sein, besteht auch die Möglichkeit, nachträglich eine zusätzliche Partition anzulegen. Windows Server 2008 R2 legt bei der Installation ohne eine versteckte Partition an, daher ist die Aktivierung von BitLocker auch so möglich.

Probleme mit dem USB-Stick beheben

In manchen Umgebungen kann BitLocker beim Starten nicht auf das USB-Laufwerk zugreifen und meldet beim Start des Rechners einen Fehler, können Sie auch über eine Diskette den Schlüssel zugreifbar machen. Verbinden Sie dazu eine Diskette mit dem Server. Auf diesem Weg können Sie zum Beispiel BitLocker auch unter VMware aktivieren. Sie müssen dazu eine Diskette verbinden, egal ob virtuell oder physisch, und dann eine Eingabeaufforderung mit Adminrechten starten. Geben Sie dann den folgenden Befehl ein:

```
cscript c:\Windows\System32\manage-bde.wsf –on C: –rp –sk A:
```

Anschließend bereitet Windows Server 2008 R2 das Laufwerk vor und beim Starten kann auf den USB-Stick zugegriffen werden. Die Fehlermeldung, dass Sie manage-bde.exe verwenden sollen, können Sie ignorieren.

Abbildg. 35.32 Diskette vorbereiten für BitLocker

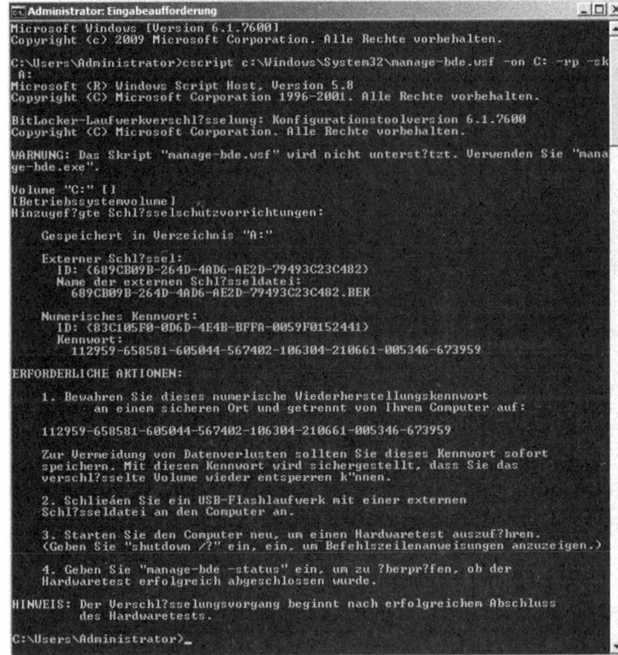

Nach dem Neustart beginnt Windows mit der Verschlüsselung. Für den Systemstart benötigen Sie dann die Diskette. Achten Sie darauf, dass der Server von der Festplatte startet. Die Diskette wird nicht zum Starten benötigt, sondern nur für den Zugriff auf die Dateien zur Verschlüsselung.

Abbildg. 35.33 BitLocker-Verschlüsselung starten

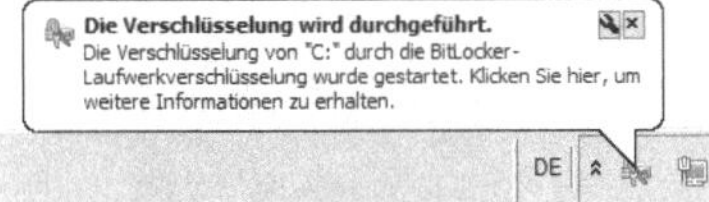

Abhängig von der Größe der Partition und Geschwindigkeit des Rechners dauert die Verschlüsselung mehrere Stunden. Während dieser Zeit können Sie kaum oder gar nicht mit dem Server arbeiten. Nach der Verschlüsselung können Sie über die Systemsteuerung BitLocker auch konfigurieren. Nach Abschluss der Verschlüsselung muss der entsprechende USB-Stick mit dem Server verbunden sein, damit dieser startet. Ist der USB-Stick nicht mit dem Rechner verbunden, verweigert der Server den Start und die Daten auf der Festplatte sind auch nach dem Ausbau nicht nutzbar.

Abbildg. 35.34 Fehlt der USB-Stick mit den Entschlüsselungsdaten, startet der Server nicht

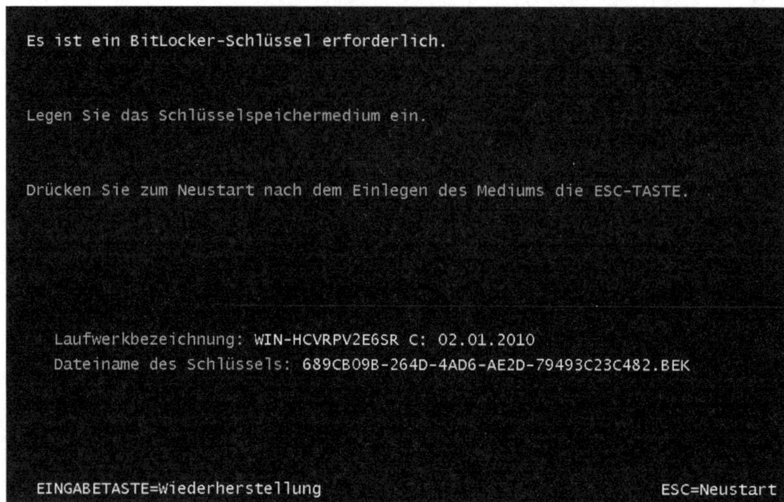

Funktioniert der USB-Stick nicht mehr, können Sie den Server auch durch Eingabe des Wiederherstellungsschlüssels starten, den Sie bei der Verschlüsselung erhalten, gespeichert oder ausgedruckt haben. Legen Sie ein solches Dokument in einen sicheren Bereich, damit es zugreifbar, aber auch sicher ist. Sobald der Schlüssel nach dem Starten nicht mehr benötigt wird, erhalten Sie eine entsprechende Meldung und können den USB-Stick aus dem Rechner entfernen und wieder an einer sicheren Stelle aufbewahren.

Abbildg. 35.35 Die Festplatte lässt sich auch durch Eingabe des Schlüssels wiederherstellen

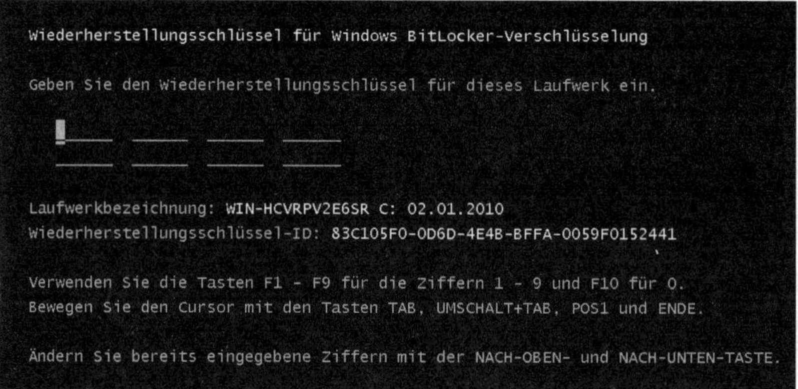

Haben Sie den Server neu gestartet, finden Sie die Konfiguration von BitLocker an der gleichen Stelle wie die Einrichtung. Hier stehen Ihnen drei verschiedene Optionen zur Verfügung:

- **BitLocker deaktivieren** Diese Option entschlüsselt die Platte dauerhaft, sodass der USB-Stick zum Starten nicht mehr notwendig ist
- **Schutz anhalten** Hierbei stoppen Sie die Verschlüsselung im laufenden System, wenn Sie zum Beispiel den Computer aktualisieren müssen, beispielsweise bei BIOS-Updates und Patchinstallationen
- **BitLocker verwalten** Über diesen Menüpunkt können Sie den BitLocker-Schlüssel erneut speichern oder ausdrucken

Abbildg. 35.36 BitLocker nach der Einrichtung verwalten

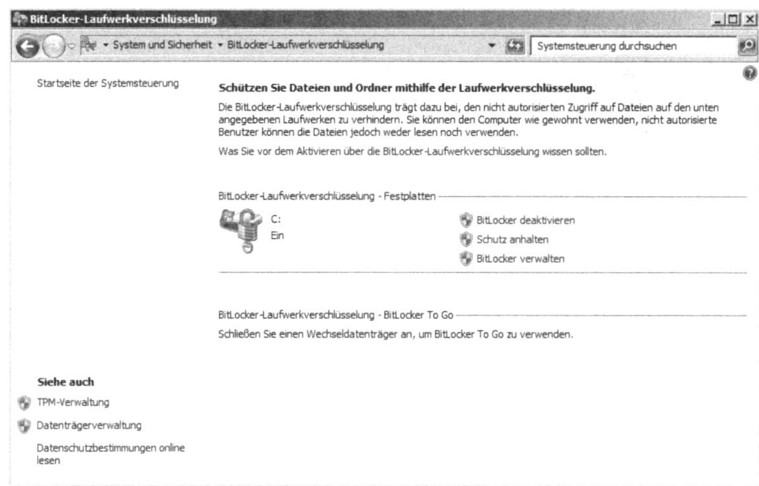

Verschlüsselte Festplatten zeigt der Explorer auch entsprechend an, sodass Sie auf einen Blick feststellen können, dass BitLocker installiert und eingerichtet ist. Über das Kontextmenü können Sie BitLocker ebenso verwalten wie über die Systemsteuerung.

Abbildg. 35.37 Mit BitLocker geschützte Festplatten zeigt der Explorer an

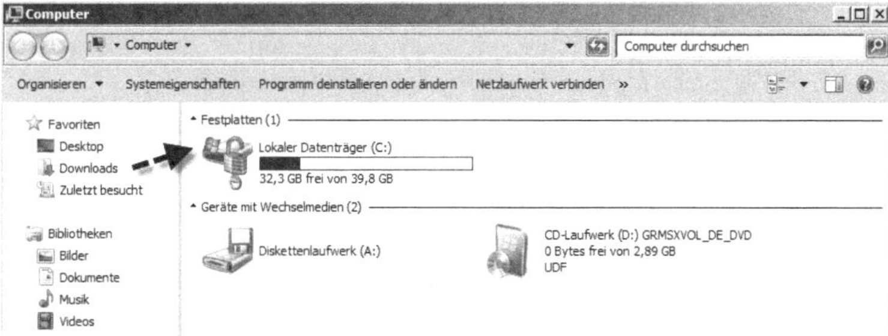

Rettungsmöglichkeiten zur Wiederherstellung

Wenn Daten verschlüsselt werden, trägt der Administrator immer das Risiko, dass er selbst nicht mehr an die Daten kommt, wenn er die entsprechenden Schlüssel verliert. Es besteht auch die Möglichkeit, dass der TPM defekt, der Startschlüssel zerstört ist oder Sie Ihren PIN vergessen haben. Damit bei solchen Vorfällen, auch bei der Erweiterung des Servers, die Daten noch zugänglich sind, gibt es die BitLocker-Recovery-Konsole.

Wenn Sie BitLocker aktivieren, legen Sie sich auf jeden Fall ein Wiederherstellungskennwort an. Dieser generierte Code besteht aus sechs Blöcken mit je acht Ziffern. Sie können ihn ausdrucken oder als Textdatei auf einem USB-Stick speichern. Das stellt im Übrigen ein ziemliches Sicherheitsrisiko dar, da jeder, der diesen Schlüssel besitzt, auf die BitLocker-Partition zugreifen kann. Wenn Sie zum Beispiel eine mit BitLocker verschlüsselte Festplatte in einen anderen Server einbauen, benötigen Sie lediglich einen USB-Stick mit dem Wiederherstellungsschlüssel, um auf die Partition wieder zugreifen zu können. Die Partition ist gesperrt, wenn der Datenträgerverschlüsselungsschlüssel nicht automatisch neu erstellt werden kann. Dafür gibt es verschiedene Ursachen:

- Der Benutzer verliert oder vergisst die PIN oder er verliert den Systemstartschlüssel
- Ein Fehler in Bezug auf das TPM tritt auf
- Eine der früher verwendeten Startdateien wird geändert
- Der Computer wird bei versehentlich ausgeschaltetem TPM ausgeschaltet
- Der Computer wird bei versehentlich gelöschtem TPM ausgeschaltet

Ein gesperrter Computer kann nicht die normalen Zahlen einer Standardtastatur annehmen, deshalb müssen Sie das Kennwort für den Wiederherstellungsschlüssel mit den Funktionstasten eingeben. F1 bis F9 stellen die Ziffern *1* bis *9* dar, F10 die Ziffer *0*. Um die Datenwiederherstellung zu testen, gehen Sie folgendermaßen vor:

1. Öffnen Sie über *Start/Ausführen/tpm.msc* die TPM-Verwaltungskonsole.
2. Klicken Sie unter *Aktionen* auf *TPM ausschalten*.
3. Wenn die Meldung *Das TPM ist ausgeschaltet und der Besitz des TPM wurde übernommen* angezeigt wird, schließen Sie die Konsole.
4. Entfernen Sie das USB-Laufwerk mit dem gespeicherten Wiederherstellungsschlüssel vom Server.
5. Schalten Sie den Server aus.
6. Starten Sie den Computer erneut, werden Sie nach dem Kennwort für den Wiederherstellungsschlüssel gefragt, da die Startkonfiguration nach dem Verschlüsseln geändert wurde.
7. In der Wiederherstellungskonsole von BitLocker werden Sie aufgefordert, das USB-Laufwerk anzuschließen, auf dem sich der Systemstart- oder Wiederherstellungsschlüssel befindet.
8. Der Computer wird nach dem Anschluss neu gestartet. Sie müssen den Wiederherstellungsschlüssel nicht manuell eingeben.
9. In der Wiederherstellungskonsole von BitLocker werden Sie aufgefordert, das Kennwort für den Wiederherstellungsschlüssel einzugeben.

BitLocker ausschalten

Wenn Sie BitLocker ausschalten, können Sie sich entscheiden, ob Sie BitLocker temporär deaktivieren oder das Laufwerk entschlüsseln möchten. Wenn Sie BitLocker deaktivieren, können Sie TPM-Änderungen und Betriebssystemaktualisierungen durchführen. Durch das Entschlüsseln des Laufwerks wird das Volume wieder lesbar und der Wiederherstellungsschlüssel wird gelöscht. Wenn ein Volume entschlüsselt wurde, müssen Sie einen neuen Wiederherstellungsschlüssel generieren, indem Sie den Verschlüsselungsvorgang erneut durchlaufen. Klicken Sie auf *BitLocker ausschalten* und im daraufhin angezeigten Dialogfeld *Welche Entschlüsselungsstufe möchten Sie anwenden?* entweder auf *BitLocker deaktivieren* oder *Volume entschlüsseln*.

BitLocker und Active Directory-Domänen

Das Wiederherstellungskennwort von BitLocker kann in einem Ordner oder auf einem oder mehreren USB-Geräten gespeichert oder einfach ausgedruckt werden. Ein Administrator kann außerdem eine Gruppenrichtlinie konfigurieren, um Wiederherstellungskennwörter automatisch zu generieren und diese in Active Directory zu sichern. Der effizienteste Weg in einer Unternehmensumgebung ist es, diese durch BitLocker in Active Directory sichern zu lassen. Dies kann über Gruppenrichtlinien oder via WMI erreicht werden. Der Zugriff auf die Wiederherstellungsschlüssel ist dann zum Beispiel über Skripts oder LDAP-Befehle möglich.

Eine weitere Möglichkeit ist die Speicherung von Schlüsseln auf USB-Geräten. Active Directory kann sowohl zum Speichern von Wiederherstellungsinformationen für die Windows BitLocker-Laufwerkverschlüsselung als auch zum Speichern von TPM-Besitzerinformationen verwendet werden. Die BitLocker-Wiederherstellungsinformationen werden in einem untergeordneten Objekt eines Computerkontos in Active Directory gespeichert. Dies bedeutet, das Computerobjekt ist der Container für das BitLocker-Wiederherstellungsobjekt. Für jedes Computerkonto können mehrere BitLocker-Wiederherstellungsobjekte vorhanden sein, da jedem BitLocker-aktivierten Volume mehrere Wiederherstellungskennwörter zugeordnet werden können.

Jedes BitLocker-Wiederherstellungsobjekt auf einem BitLocker-aktivierten Volume hat einen eindeutigen Namen und enthält eine GUID (Globally Unique Identifier) für das Wiederherstellungskennwort. Der Name des BitLocker-Wiederherstellungsobjekts ist aufgrund der Einschränkungen von Active Directory auf 64 Zeichen begrenzt. Dieser Name enthält die GUID des Wiederherstellungskennworts sowie Datums- und Uhrzeitinformationen.

Ein Beispiel dazu:

2009-09-30T151843-0610{064aADE1-122D-5173-A501-3554520B86D5}

Der allgemeine Name (Common Name, CN) von Active Directory für das BitLocker-Wiederherstellungsobjekt lautet *ms-FVE-RecoveryInformation* und enthält Attribute wie *ms-FVE-RecoveryPassword* und *ms-FVE-RecoveryGuid*. Pro Computer ist immer nur ein TPM-Besitzerkennwort möglich, der Hash des TPM-Besitzerkennworts wird in Active Directory als ein Attribut des Computerkontos gespeichert. Die Speicherung erfolgt in Unicode. Das Attribut hat den allgemeinen Namen (CN) *ms-TPM-OwnerInformation*. Damit BitLocker- und TPM-Informationen in Active Directory gespeichert werden können, muss auf allen Domänencontrollern Windows Server 2003 mit Service Pack 1 oder Windows Server 2008 R2 installiert sein.

Setzen Sie im Unternehmen Windows Vista und Windows 7 Ultimate Edition oder Enterprise Edition ein, kann über Gruppenrichtlinien der Einsatz der Gruppenrichtlinien konfiguriert werden. Die Einstellungen dafür erfolgen an der gleichen Stelle wie die Aktivierung von BitLocker ohne TPM.

USB-Stick mit BitLocker To Go verschlüsseln

Anwender, die Windows 7 Ultimate oder Enterprise einsetzen, oder Unternehmen mit Windows Server 2008 R2 können USB-Sticks mit Bordmitteln verschlüsseln. Dazu steht BitLocker To Go zur Verfügung:

1. Verbinden Sie den USB-Stick mit dem Rechner.
2. Wählen Sie im Kontextmenü zur Laufwerkanzeige den Befehl *BitLocker aktivieren* aus.

Abbildg. 35.38 USB-Stick mit BitLocker To Go verschlüsseln

3. Wählen Sie für die Verschlüsselung die Kennwortmethode aus und geben Sie das Kennwort ein. Sie können statt einem Kennwort auch eine Smartcard verwenden.

Abbildg. 35.39 Kennwort für die Verschlüsselung eingeben

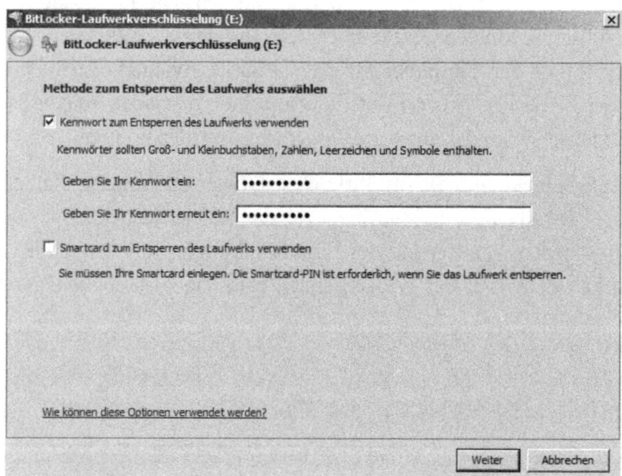

4. Speichern Sie das Kennwort oder drucken Sie es auf der nächsten Seite aus.

Abbildg. 35.40 Sichern des Verschlüsselungskennworts in eine Datei

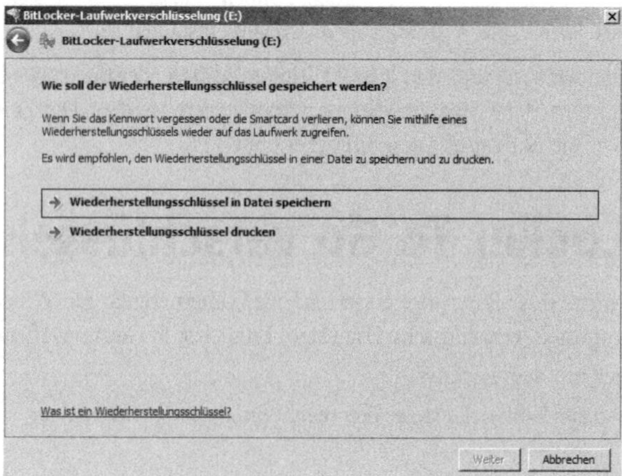

5. Windows 7 oder Windows Server 2008 R2 verschlüsselt jetzt den USB-Stick und zeigt die Verschlüsselung mit einem Schloss an.

Abbildg. 35.41 Durchführen der Verschlüsselung

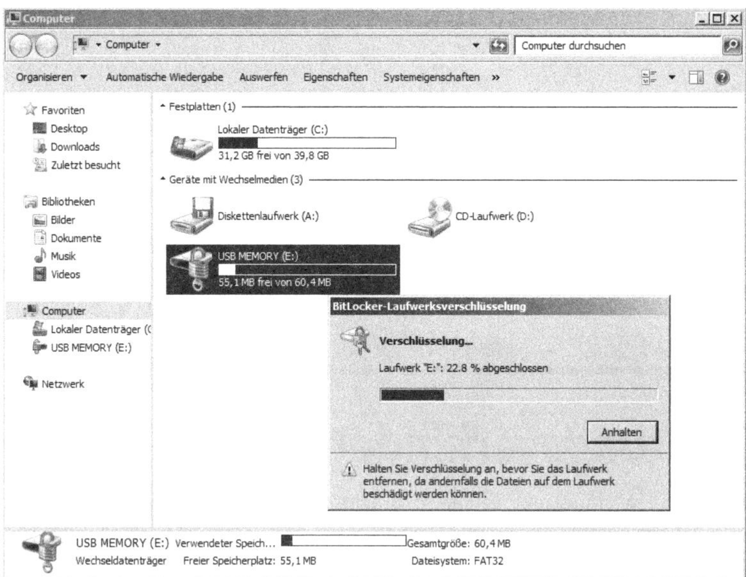

6. Über das Kontextmenü machen Sie die Eingaben wieder rückgängig, wenn Sie den USB-Key wieder entschlüsseln wollen. Hier können Sie auch ein neues Kennwort eingeben oder das Kennwort erneut ausdrucken, wenn Sie über entsprechende Rechte verfügen.

Abbildg. 35.42 BitLocker To Go über das Kontextmenü verwalten

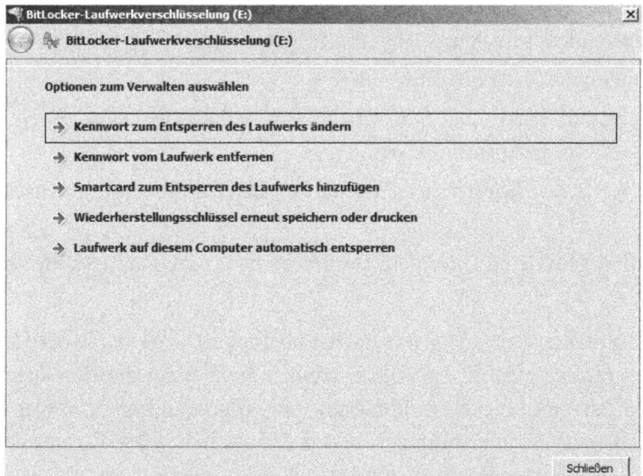

Wollen Sie auf den USB-Stick zugreifen, auch von anderen Computern, erscheint ein Fenster, über das Sie das hinterlegte Kennwort eingeben.

Abbildg. 35.43 Eingeben des Kennworts für den verschlüsselten Stick

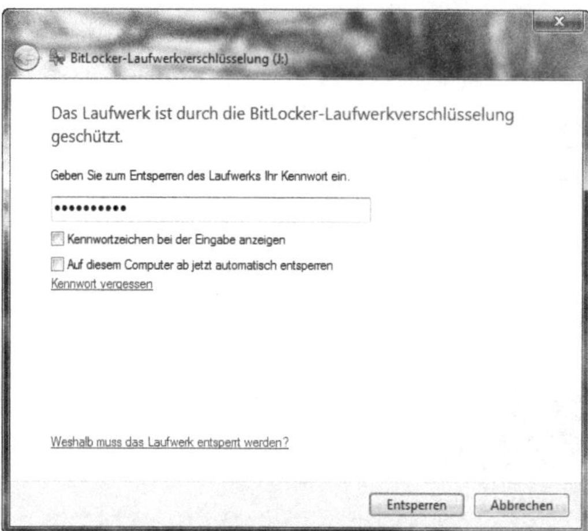

Datenausführungsverhinderung

Die Datenausführungsverhinderung ist ein Sicherheitsfeature, das den Computer vor Schäden durch Viren schützt. Diese Funktion wurde bereits mit Windows Server 2003 eingeführt, aber wenig genutzt. Hierbei werden Programme überwacht, um die sichere Verwendung des Systemspeichers durch die betreffenden Programme sicherzustellen. Wenn ein Programm versucht, Code aus dem Speicher auf unzulässige Weise auszuführen, wird das Programm durch die Datenausführungsverhinderung (Data Execution Prevention, DEP) geschlossen. Dadurch können Angriffe durch Viren und Trojaner frühzeitig entdeckt werden.

Die Datenausführungsverhinderung überwacht automatisch die wichtigsten Windows-Programme und -Dienste. Sie können den Schutz verbessern, indem Sie alle Programme durch die Datenausführungsverhinderung überwachen lassen. Sollten Sie mit einer Applikation auf einem Server Probleme haben, die sich darin äußern, dass die Anwendung nicht startet, sollten Sie für diese Anwendung die DEP deaktivieren. Zur Konfiguration gelangen Sie mit den folgenden Schritten:

1. Rufen Sie über das Startmenü die *Systemsteuerung* auf.
2. Doppelklicken Sie zunächst auf *System und Sicherheit/System* und anschließend per einfachem Klick im Bereich *Aufgaben* auf *Erweiterte Systemeinstellungen.*
3. Wählen Sie auf der nun geöffneten Registerkarte *Erweitert* im Bereich *Leistung* die Schaltfläche *Einstellungen.*
4. Aktivieren Sie im daraufhin geöffneten Dialogfeld *Leistungsoptionen* die Registerkarte *Datenausführungsverhinderung.*

Normalerweise können Sie die Standardeinstellungen einfach übernehmen. Wenn Sie der Datenausführungsverhinderung bestimmte Programme hinzufügen wollen, können Sie dies auf der nun angezeigten Registerkarte durchführen. Wenn die Datenausführungsverhinderung ein Programm immer wieder schließt, dem Sie vertrauen, können Sie die Datenausführungsverhinderung für das geschlossene Programm deaktivieren oder eine Version des Programms installieren, welches zur Datenausführungsverhinderung kompatibel ist. Die Datenausführungsverhinderung ist ein softwarebasiertes Feature von Windows.

Abbildg. 35.44 Verwalten der Datenausführungsverhinderung unter Windows Server 2008 R2

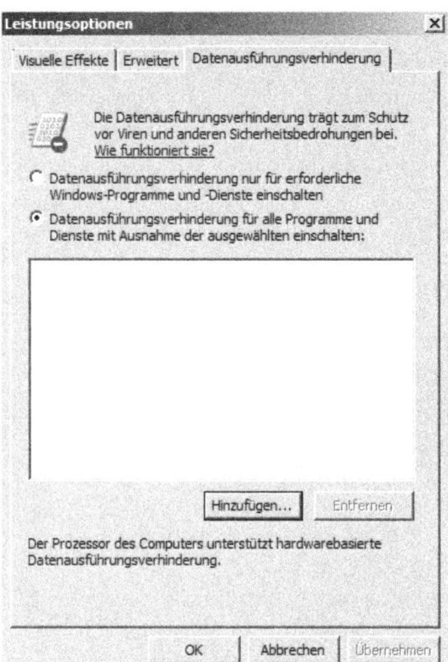

Manche Computerprozessoren verfügen ebenfalls über eine hardwarebasierte Datenausführungsverhinderung. Diese Prozessoren verwenden Hardwaretechnologie, um zu verhindern, dass Programme Code in geschützten Speicherbereichen ausführen. Wenn Ihr Prozessor keine hardwarebasierte Datenausführungsverhinderung unterstützt, verwendet Windows die softwarebasierte Datenausführungsverhinderung zum Schutz des Computers.

TIPP Auf der Internetseite *http://support.microsoft.com/kb/875352/DE/* erhalten Sie weitergehende Informationen über die Datenausführungsverhinderung.

Zusammenfassung

In diesem Kapitel haben wir Ihnen gezeigt, welche neuen Sicherheitsfunktionen es in Windows Server 2008 R2 gibt und wie Sie diese produktiv im Netzwerk einsetzen. Wir haben Ihnen erläutert, wie Sie die Firewall einsetzen, Windows Update konfigurieren und wie Sie mit BitLocker Laufwerke verschlüsseln. Thema des folgenden Kapitels ist die Anbindung von Clients und Servern an die Windows Update Services 3.0 SP2, die Sie als Serverrolle in Windows Server 2008 R2 installieren.

Kapitel 36

WSUS 3.0 SP2 – Schnelleinstieg

In diesem Kapitel:

Zusätzlich zum Virenschutz ist es für Unternehmen sehr wichtig, Vorkehrungen dafür zu treffen, dass die PCs und Server immer mit den aktuellen Sicherheitspatches versorgt sind. Das Patchmanagement ist heutzutage für Unternehmen aller Größenordnungen ein extrem wichtiger Punkt in der Absicherung der Netzwerkstruktur.

Abbildg. 36.1 WSUS ist in Windows Server 2008 R2 als Serverrolle integriert

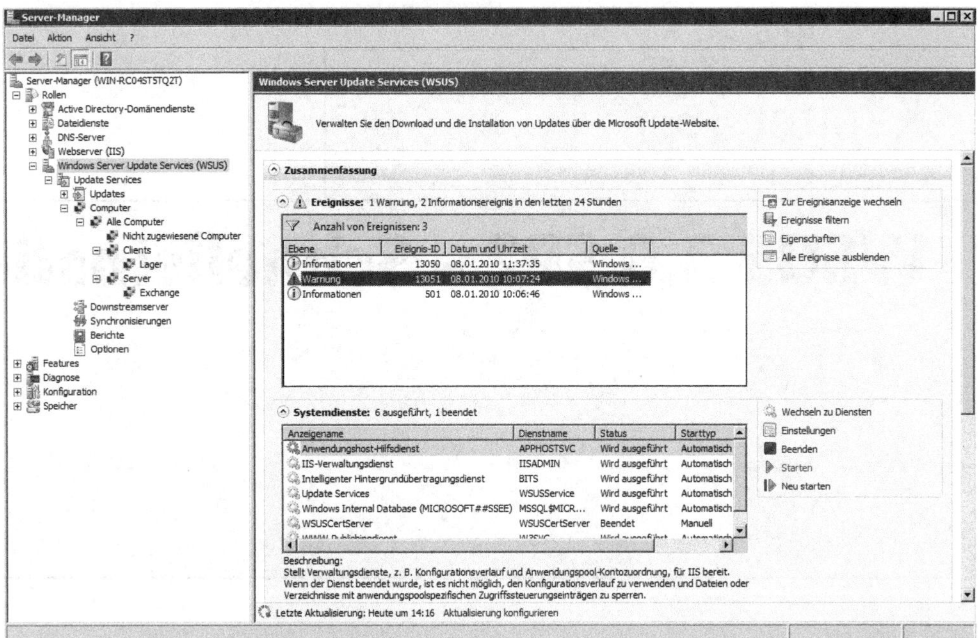

Da ständig neue Lücken auftauchen und Patches für diese Lücken zum Download angeboten werden, ist die manuelle Installation fast nicht mehr durchführbar. Auch der Verbindungsaufbau einzelner PCs zu Updateseiten ergibt keinen Sinn, da die Installation der Patches nicht überwacht und die Bandbreite zum Internet unnötig belastet wird. Aus diesem Grund hat Microsoft die Patchverwaltung *Windows Server Update Services* in der Version 3.0 SP2 direkt als Serverrolle in das Betriebssystem integriert.

TIPP Weitere Informationen, Anleitungen und Hilfen finden Sie auf den folgenden Internetseiten:

- *http://www.wsus.de*
- *http://www.wsus-praxis.de*
- *http://www.wsuswiki.com*
- *http://blogs.technet.com/wsus*
- *http://www.wsus.info*

Abbildg. 36.2 WSUS 3.0 stellt hunderte Sicherheitspatches zentralisiert zur Verfügung

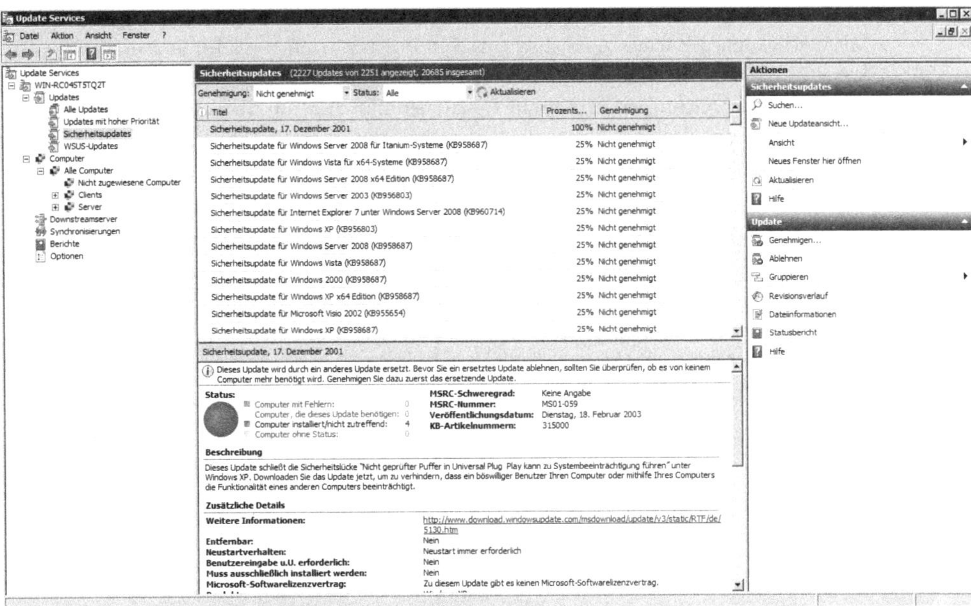

Durch eine Patchmanagementlösung werden Sicherheitspatches auf einem Server zentral bereit gestellt und müssen nur einmal heruntergeladen werden. Der Administrator kann festlegen, welche Patches er für die Installation freigibt und welche nicht verteilt werden sollen. Nur durch die professionelle Verwaltung der Patches ist die Sicherheit eines Unternehmens gewährleistet. Microsoft stellt für die automatisierte Verteilung von Patches im Unternehmen die kostenlosen Windows Server Update Services (WSUS) 3.0 zur Verfügung.

In diesem Kapitel stellen wir Ihnen diese Lösung und die Einrichtung vor. Als wichtiges Zusatztool für WSUS und der allgemeinen Sicherheit in Windows-Netzwerken dient das Tool Microsoft Baseline Security Analyzer (MBSA).

Abbildg. 36.3 Patches müssen Sie erst genehmigen, bevor WSUS diese zur Installation freigibt

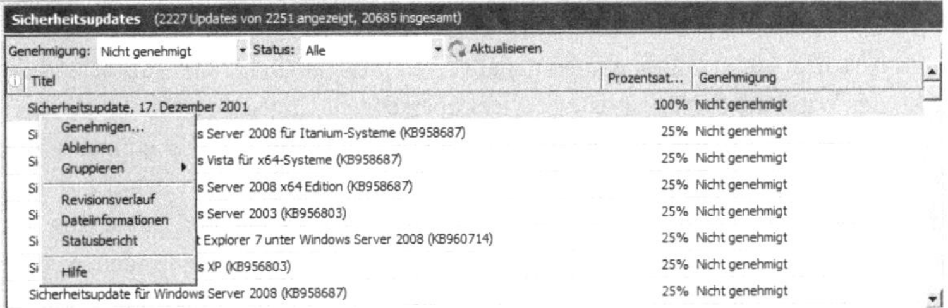

Vorteile des Patchmanagements

Mit WSUS können Patches automatisch aus dem Internet heruntergeladen und an die Arbeitsstationen oder Server verteilt werden, ohne dass ein Administrator sich darum kümmern muss. Die Windows Server Update Services sind der Nachfolger der Software Update Services (SUS) 1.0. SUS konnte nur systemkritische Betriebssystemupdates verteilen. WSUS kann diesbezüglich wesentlich mehr. Die Clients im Netzwerk werden so konfiguriert, dass sie sich alle Aktualisierungen vom WSUS-Server herunterladen und diese automatisch installieren.

Der WSUS-Server ist dafür verantwortlich, die Patches zentral zur Verfügung zu stellen. Dies hat den Vorteil, dass ein Administrator immer einen genauen Überblick darüber hat, welche Computer derzeit aktuell sind und welche Patches im Unternehmen installiert werden. Unternehmen, gleich welcher Größe, sollten die Installation von Patches keinesfalls dem Zufall überlassen oder gar nicht durchführen.

Abbildg. 36.4 WSUS 3.0 kann nahezu alle Microsoft-Produkte aktualisieren

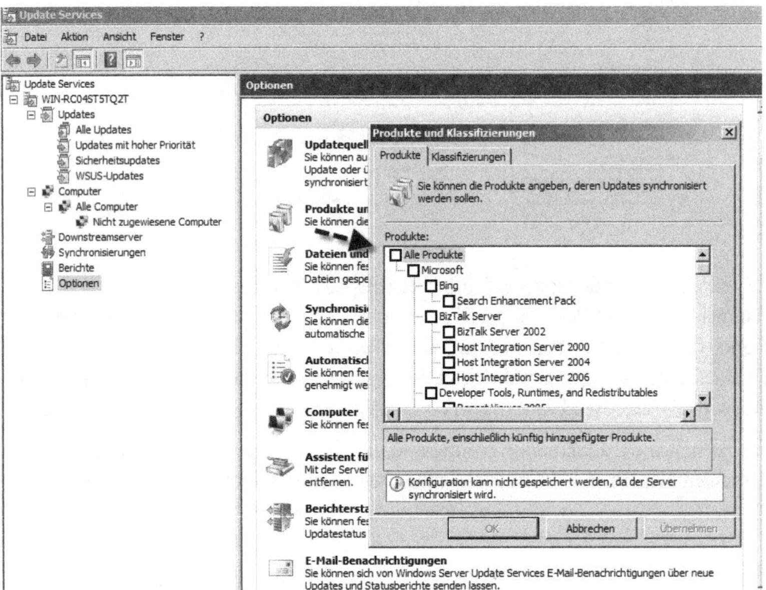

Die Einführung von WSUS 3.0 im Unternehmen gestaltet sich meist einfacher als gedacht und die Vorteile der neuen Version 3.0 der Windows Server Update Services überzeugen. Ungeübte Anwender oder Administratoren, die keine Zeit haben, sich ständig um Updates zu kümmern, können WSUS einmal konfigurieren und Regeln für die automatisierte Bereitstellung festlegen. Dadurch genügt es, alle Patches nur einmal aus dem Internet herunterzuladen, was Zeit und Bandbreite spart. Damit die Clients die Updates installieren, müssen diese so konfiguriert werden, dass keine Patches aus dem Internet heruntergeladen werden, sondern WSUS verwendet wird. Diese Einstellung kann auch über Gruppenrichtlinien durchgeführt werden, die genau steuern, wie sich die einzelnen Clients und Server bei den automatischen Updates verhalten sollen.

WSUS kann darüber hinaus noch Statistiken führen, welche Patches bereits installiert wurden. Es werden nicht nur kritische Updates des Betriebssystems unterstützt, sondern WSUS kann auch andere Microsoft-Produkte aktualisieren. Microsoft aktualisiert ständig die Liste der Programme, die WSUS aktualisieren kann. Neben Sicherheitspatches werden auch Service Packs und zusätzliche Funktionen wie zum Beispiel die Windows Vista Ultimate Extras unterstützt. Windows Vista und Windows 7 und Windows Server 2008 R2 werden übrigens durch WSUS 3.0 SP2 komplett unterstützt. Während WSUS 2.0 eine Weiterentwicklung der Software Update Services (SUS) 1.0 ist, sind in WSUS 3.0 zahlreiche Verbesserungen integriert, die von Microsoft-Kunden gewünscht wurden. Unter anderem wurden die Reportingfunktionen deutlich erweitert und der Server kann besser in komplizierte Strukturen integriert werden.

WSUS 3.0 unterstützt wesentlich effizienter den System Management Server (SMS) und dessen Nachfolger, den System Center Configuration Manager 2007. Die neue Version bietet die Möglichkeit, manuell heruntergeladene Patches in die Patchverteilung per Import zu integrieren. Diese Funktion kann zum Beispiel für Unternehmen sinnvoll sein, die ein spezielles Hotfix bei Microsoft anfordern und auf Computer im Netzwerk verteilen müssen. Die neue Version bietet darüber hinaus wesentlich mehr Scriptingfunktionen als die Vorgängerversion.

Abbildg. 36.5 Berichte bieten eine gute Übersicht zum Patch-/Synchronisierungsstand im Unternehmen

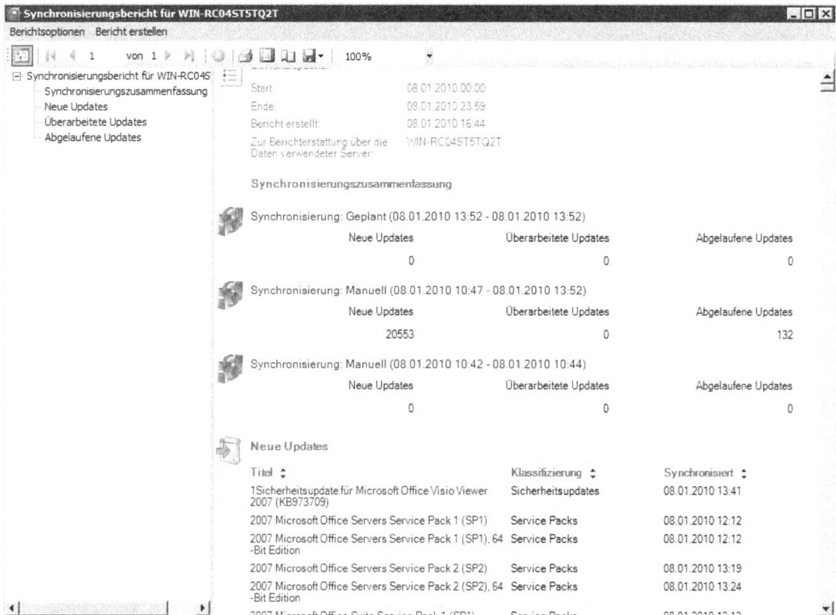

Microsoft Baseline Security Analyzer (MBSA)

Der MBSA gehört zum Handwerkszeug eines jeden Beraters oder Administrators. Mit dem MBSA können Windows-Rechner und Server eines Netzwerks auf Sicherheitslücken und fehlende Patches untersucht werden. Auch wenn in Unternehmen bereits eine Patchmanagementlösung wie WSUS eingesetzt wird, schadet es nicht, ab und zu die PCs im Netzwerk zu scannen, damit sichergestellt ist, dass alle Sicherheitseinstellungen durchgeführt und die Computer aktuell mit Patches versorgt wurden. Der MBSA lässt sich kostenlos von der Microsoft-Website unter *http://www.microsoft.com/technet/security/tools/MBSAHome.mspx* herunterladen.

Abbildg. 36.6 Verwenden des MBSA zum Aufdecken von Sicherheitslücken

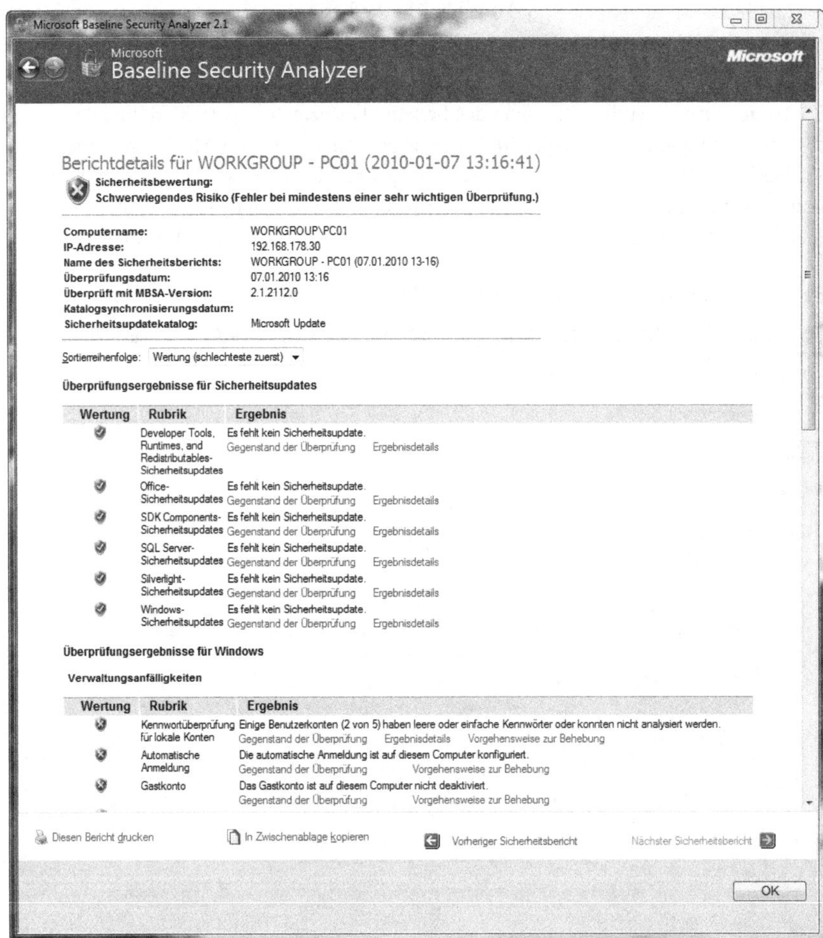

Nach der Installation kann über den Link *Mehrere Computer überprüfen* das gesamte Netzwerk auf einmal nach fehlenden Patches und kritischen Sicherheitslücken durchsucht werden.

Ab Version 2.1 werden Windows Vista, Windows 7 und Windows Server 2008 R2 vollständig unterstützt. Nachdem Sie die Option *Mehrere Computer überprüfen* ausgewählt haben, können Sie entweder einen IP-Bereich oder eine Domäne angeben, die auf Sicherheitslücken untersucht wird. Wird der Scanvorgang per Klick auf die Schaltfläche *Suche starten* aktiviert, lädt der MBSA zunächst aktuelle Sicherheitsinformationen aus dem Internet herunter. Danach beginnt das Tool, den konfigurierten IP-Bereich nach Sicherheitslücken zu durchsuchen.

Abbildg. 36.7 Auswählen des Bereichs, in dem Computer gescannt werden sollen

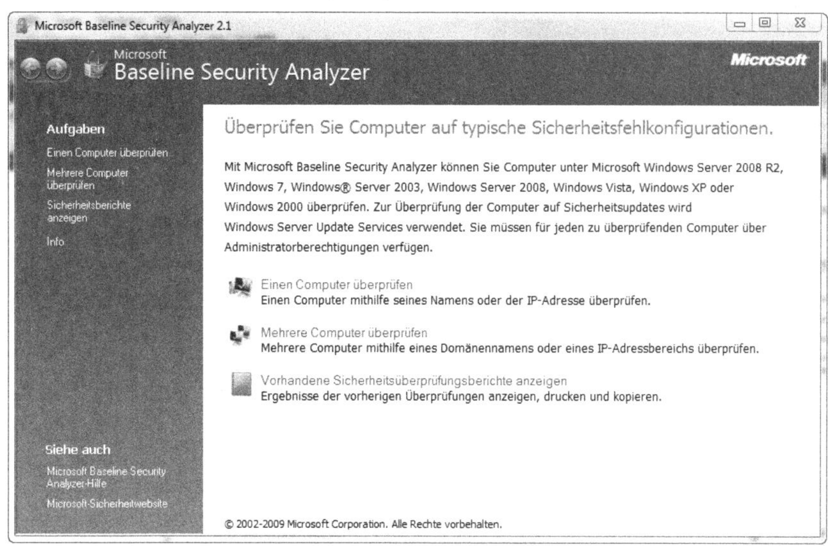

Im Anschluss wird ein detaillierter Bericht über die fehlenden Aktualisierungen und Sicherheitslücken angezeigt. Aus diesem Bericht lässt sich ein Maßnahmenkatalog erarbeiten, zum Beispiel die Einführung der Windows Server Update Services 3.0. Der Scanvorgang des MBSA kann durchaus einige Minuten oder sogar Stunden dauern, abhängig von der Anzahl der Rechner, die im konfigurierten Subnetz vorhanden sind.

Abbildg. 36.8 Angeben des Bereichs zum Scannen

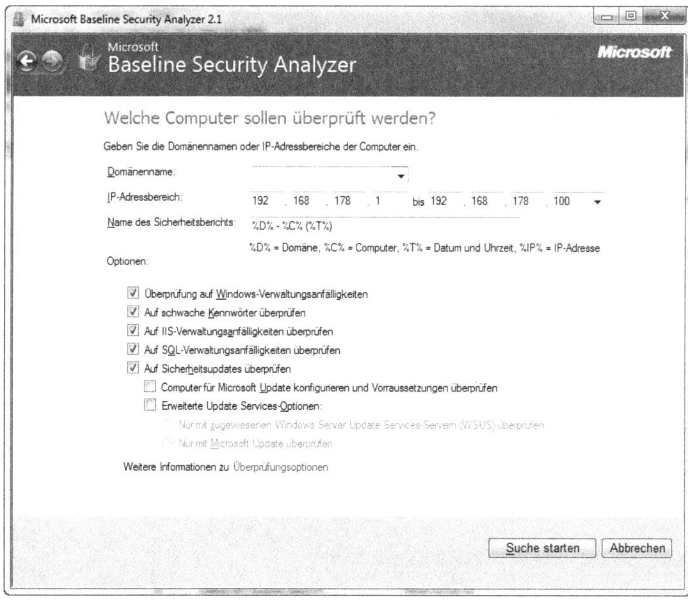

Die Berichte werden gespeichert und können über das Startfenster des MBSA jederzeit erneut angezeigt werden.

Abbildg. 36.9 Erstellte Berichte lassen sich nachträglich noch anzeigen

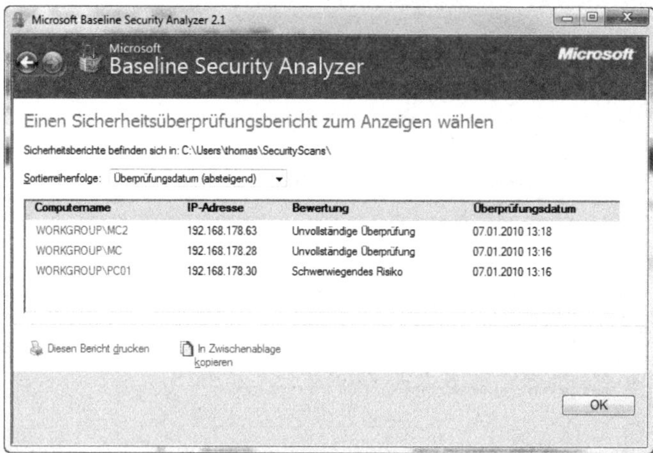

Zu jedem Überprüfungspunkt zeigt der MBSA eine Detailansicht an. Gibt es Probleme oder findet der MBSA Sicherheitsgefahren, erhalten Sie einen Hinweis zur Lösung des Problems für jeden einzelnen Rechner.

Abbildg. 36.10 MBSA zeigt Details und Informationen zur Fehlerbehebung an

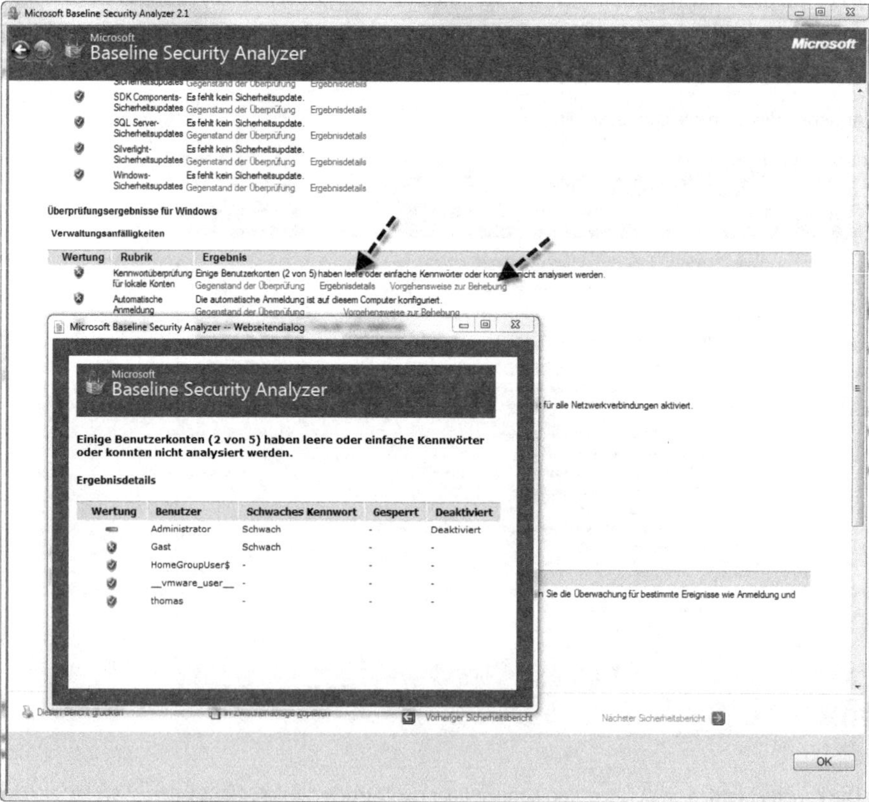

Funktionen und Voraussetzungen für WSUS 3.0 SP2

Eine wesentliche Funktion in WSUS 3.0 ist, dass Sie die Verwaltung nicht nur über die Weboberfläche durchführen, sondern hauptsächlich über ein eigenes Snap-In in der MMC 3.0. Die MMC können Sie auch auf PCs installieren. Die Verbindung der Verwaltungskonsole wird allerdings wieder über die Internetinformationsdienste (IIS) auf dem WSUS-Server hergestellt sowie den konfigurierten Port während der Installation. Über eine MMC können Sie mehrere WSUS 3.0-Server in einer gemeinsamen Oberfläche verwalten.

WSUS 3.0 in Windows Server 2008 R2 unterstützt Windows Vista und Windows 7 sowie Windows Server 2008 R2. Diese Betriebssysteme werden nicht nur clientseitig unterstützt, sondern auch serverseitig. Allerdings unterstützt erst WSUS 3.0 mit SP2 die Installation des Servers unter Windows Server 2008 R2. Die Verwaltungskonsole wird darüber hinaus in den Server-Manager integriert. Es können also nicht nur Updates für diese Produkte über WSUS verteilt werden, sondern WSUS kann unter Windows Server 2008 R2 installiert und von einer Windows Vista- oder Windows 7-Arbeitsstation aus verwaltet werden.

Ebenfalls interessant ist der eingebaute E-Mail-Benachrichtigungsdienst, über den Berichte an bestimmte E-Mail-Adressen im Unternehmen gesendet werden können. Wenn neue Updates eintreffen, kann der Server einen Administrator via E-Mail benachrichtigen.

Abbildg. 36.11 Mit E-Mail-Benachrichtigungen werden Administratoren automatisch auf dem neusten Informationsstand gehalten

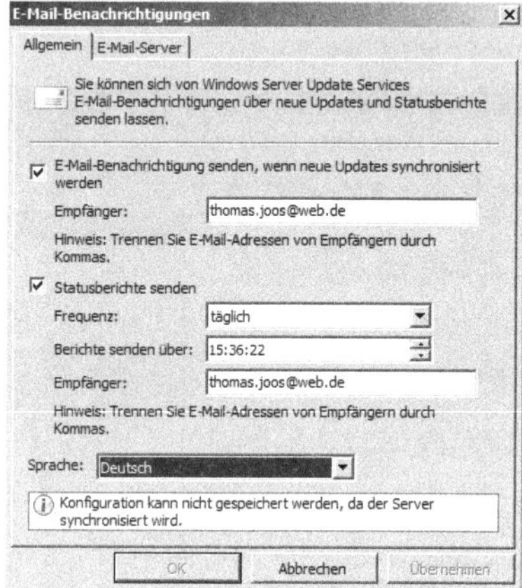

Durch diese Benachrichtigungen entgeht keinem Administrator mehr, wenn neue Aktualisierungen verfügbar sind. Es ist möglich, für einen WSUS 3.0-Server jederzeit den Replikationsmodus in Echtzeit zu wechseln, also ob sich der Server direkt von Microsoft Update oder einem anderen WSUS-Server im Netzwerk bedienen soll.

Ein WSUS 3.0-Server unterstützt bis zu 15.000 Clients und ein kürzeres Aktualisierungsintervall. Während sich ein WSUS 2.0-Server nur einmal am Tag mit Microsoft Update synchronisieren konnte, kann dies ein WSUS 3.0-Server stündlich tun. Weitere Verbesserungen hat Microsoft bezüglich der Zuverlässigkeit integriert. WSUS 3.0 unterstützt den Netzwerklastenausgleich (Network Load Balancing, NLB) sowie SQL Server-Cluster. Microsoft liefert für WSUS 3.0 ein eigenes Management Pack für seinen Überwachungsserver System Center Operations Manager (SMOM) mit aus. Mit dieser Überwachung können nicht nur Berichte abgefragt werden, sondern auch der Gesamtzustand der WSUS 3.0-Infrastruktur.

Abbildg. 36.12 Die Konfiguration der Synchronisierung kann auch nach der Installation noch angepasst werden

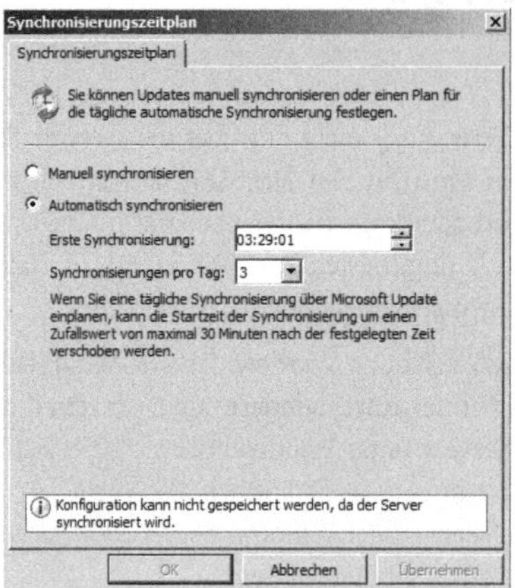

Reportingberichte von WSUS 3.0 können in Excel importiert oder als PDF-Datei gespeichert werden. Für diese Speicherung sind keine zusätzlichen Tools notwendig, alle notwendigen Komponenten zur Speicherung von Berichten sind in der Standardinstallation von WSUS 3.0 integriert. Die einzelnen Berichte bieten vielfältige Ansichtsmöglichkeiten, Kuchendiagramme und die Anzeige einzelner Updategruppen. Für die Ansicht von Berichten können ausführliche Filter definiert werden, die auch miteinander kombiniert werden können.

Abbildg. 36.13 Die Berichtsfunktion von WSUS wurde von Version 2.0 auf 3.0 extrem erweitert

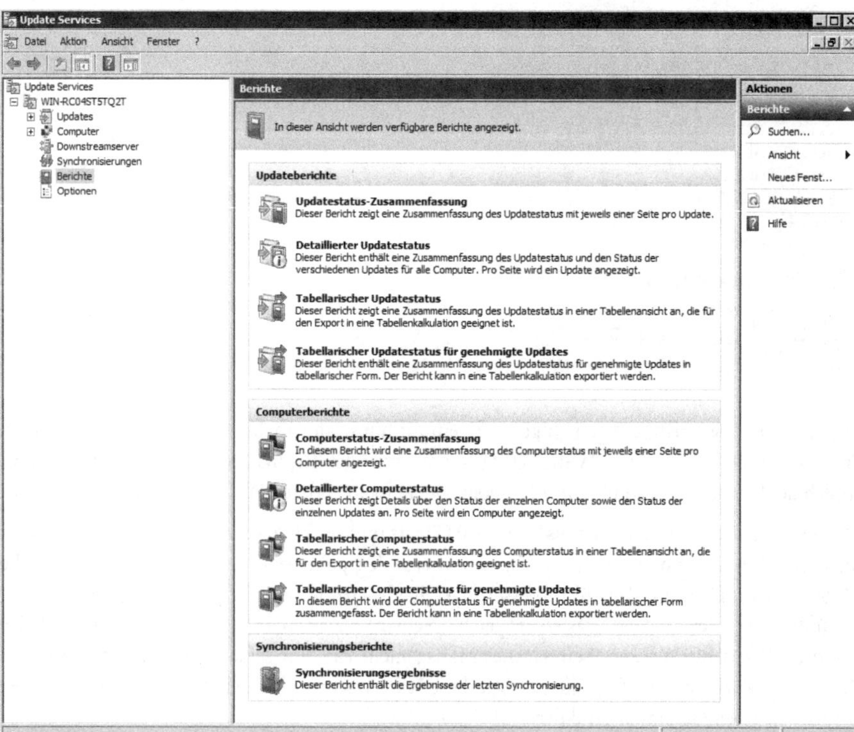

Die rechte Maustaste wird durchgängig unterstützt und bietet kontextsensitive angepasste Steuerungsmöglichkeiten. Die Verwaltung von WSUS 3.0 entspricht daher mittlerweile dem Microsoft-Standard, sodass ein schnelles Einlernen in die Verwaltung gegeben ist. Ebenfalls neu ist die Möglichkeit, sich die Installationsdatei eines Hotfix anzeigen zu lassen, sodass darauf direkt über das Dateisystem zugegriffen werden kann, wenn dieser Hotfix für einen PC gebraucht wird, der nicht an den WSUS angebunden ist. WSUS 3.0 unterstützt deutlich mehr Computergruppen, die für die Installation von Updates konfiguriert werden können.

Im Gegensatz zu WSUS 2.0 können die Computergruppen in WSUS 3.0 weitere Gruppen enthalten, sodass auch eine Verschachtelung möglich wird. Durch diese neue Funktion können auch größere Unternehmen effizient eine Patchinfrastruktur aufbauen und diese optimal an ihr Unternehmen anpassen. Darüber hinaus kann ein Computer auch Mitglied in mehreren Gruppen sein, damit er die Updates von mehreren Gruppen erhält. WSUS installiert nur die Patches für die Komponenten, die auf einem Server installiert sind. Auf einem Server ohne Exchange-Installation werden zum Beispiel keine Exchange-Patches installiert, nur weil dieser in der entsprechenden Gruppe ist. Wenn sich ein neuer Server beim WSUS anmeldet, werden ausführlichere Informationen angezeigt, als unter den Vorgängerversionen.

WSUS 3.0 bietet die Möglichkeit, eigene Patches auch für selbst geschriebene Anwendungen zu verteilen. Diese Funktion wird sicherlich auch zukünftig von Anbietern anderer Software genutzt werden, um ihre Produkte über WSUS zu aktualisieren.

Abbildg. 36.14 In WSUS 3.0 können verschachtelte Gruppen erstellt werden, um Updates effizienter zu verteilen

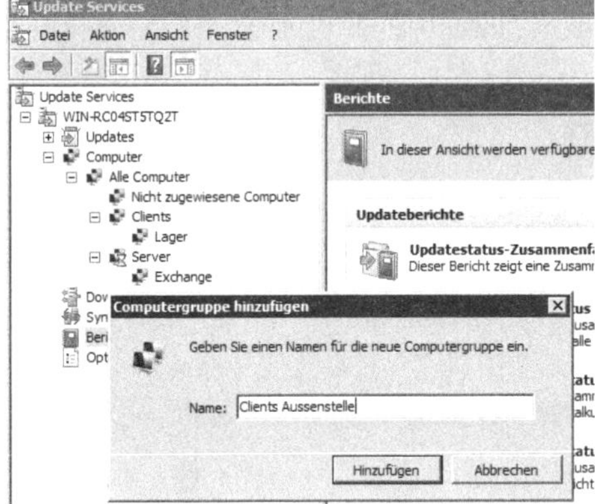

Auch bei der Installationsgenehmigung (Approve Updates) von Aktualisierungen hat Microsoft Verbesserungen vorgenommen. Es können Regeln definiert werden, auf deren Basis automatische Installationen vorgenommen werden können. Zusammen mit den verschachtelten Gruppen und den weiteren Möglichkeiten von WSUS 3.0 können Unternehmen jede noch so komplizierte Infrastruktur für die Aktualisierung von Updates einbinden. Nur genehmigte Updates werden auf die angebundenen Clients verteilt.

Wenn es in Ihrem Unternehmen noch keinen solchen Datenbankserver gibt, verwendet WSUS 3.0 die interne Windows-Datenbank von Windows Server 2008 R2. Diese muss vor der Installation von WSUS 3.0 installiert werden. Windows Server 2008 R2 hat bereits die MMC 3.0 standardmäßig integriert sowie .NET Framework 3.5, welches von WSUS 3.0 ebenfalls unterstützt wird.

Abbildg. 36.15 In den Optionen können Regeln für das automatische Genehmigen von Updates erstellt werden

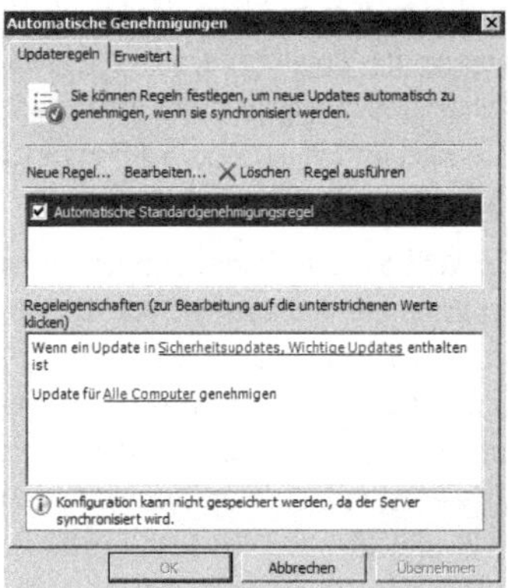

Clientseitig unterstützt WSUS 3.0 Windows 2000 ab SP4, Windows XP ab SP1, Windows Vista, Windows 7, Windows Server 2003 (auch mit SP1, SP2 und R2) sowie Windows Server 2008 und Windows Server 2008 R2 und eine Vielzahl weiterer Microsoft-Produkte. Diese Produkte werden bei der Einrichtung angezeigt und es kann ausgewählt werden, für welche Produkte der Dienst Updates aus dem Internet herunterladen soll. Die Installation kann auch, falls gewünscht, automatisiert und unbeaufsichtigt über die Befehlszeile durchgeführt werden. Dadurch wird für größere Unternehmen eine Remoteinstallation in den Niederlassungen möglich.

WSUS 3.0 SP2 installieren

Zur Installation rufen Sie den Server-Manager auf und installieren die Rolle *Windows Server Update Services (WSUS)*. Während der Installation nehmen Sie noch keine Konfiguration vor, sondern installieren lediglich den Serverdienst.

Abbildg. 36.16 WSUS unter Windows Server 2008 R2 installieren

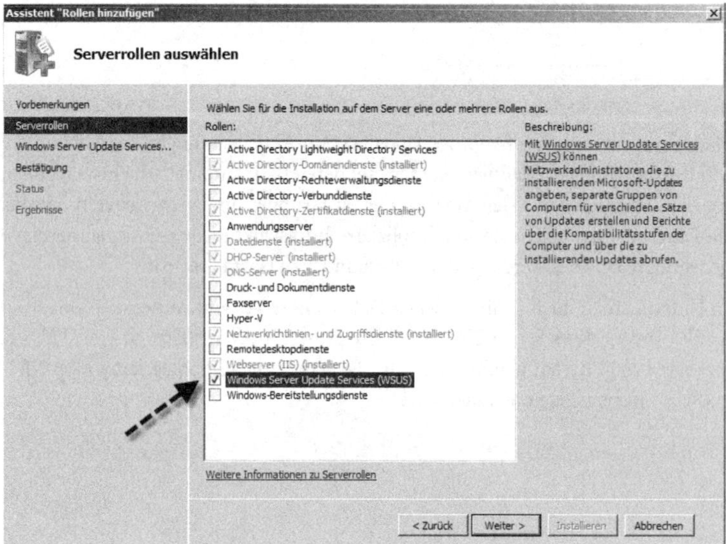

Damit Sie WSUS auf einem Server installieren können, muss dieser über eine Internetverbindung verfügen. Nachdem der Server die notwendigen Installationsdaten heruntergeladen hat, startet der Installationsassistent.

Abbildg. 36.17 Startet des WSUS 3.0 SP2-Installationsassistenten

Als Nächstes bestätigen Sie die Lizenzbestätigung. Oft erscheint bei der Installation eine Fehlermeldung, wenn *Microsoft Report Viewer Redistributable 2008* nicht installiert ist. Bei der nachträglichen Installation funktionieren die Berichte nach einem Neustart der Verwaltungskonsole. Sie sollten daher diese Funktion nach der Installation von WSUS 3.0 SP2 nach installieren. Die notwendige Installationsdateien finden Sie auf dem Begleitmedium zu diesem Buch und über den Link *http://www.microsoft.com/downloads/details.aspx?displaylang=de&FamilyID=cc96c246-61e5-4d9e-bb5f-416d75a1b9ef*.

Im nächsten Schritt muss das Verzeichnis ausgewählt werden, in dem WSUS installiert werden soll. Das Verzeichnis muss mindestens über 6 GB freien Festplattenplatz verfügen, besser deutlich mehr, da hier die Installationsdateien der Sicherheitspatches abgelegt werden. Microsoft empfiehlt 20 bis 30 GB freien Plattenplatz für einen WSUS-Server. Idealerweise verfügt ein Server dazu über ein eigenes Laufwerk, auf dem genügend Platz bereitgestellt wird. Außerdem muss die Partition mit den WSUS-Daten im NTFS-Format formatiert sein. Steht nicht genügend Festplattenplatz zur Verfügung, lässt sich das lokale Speichern der Patchdateien auch deaktivieren. Dies ist allerdings nicht sinnvoll, da in diesem Fall bei der Verteilung der Patches diese zunächst aus dem Internet heruntergeladen werden müssen. Da Speicherplatz heutzutage keine gravierenden Kosten mehr verursacht, bietet sich die lokale Speicherung an.

Abbildg. 36.18 Auswählen des Verzeichnisses für Patches

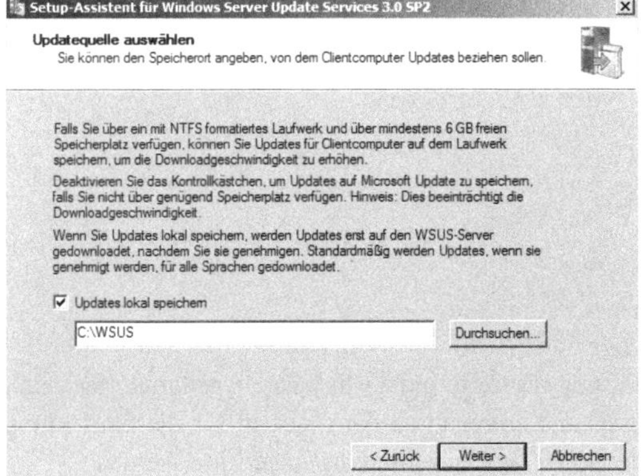

Der nächste Schritt besteht in der Auswahl des SQL-Servers, auf dem die Konfigurationsdaten und Berichte von WSUS gespeichert werden. Ist im Unternehmen ein SQL-Server im Einsatz, können Sie auf diesem eine eigene Instanz für den WSUS installieren. Alternativ kann WSUS 3.0 die interne Windows-Datenbank von Windows Server 2008 R2 verwenden.

Abbildg. 36.19 Auswahl der Datenbankoptionen von WSUS

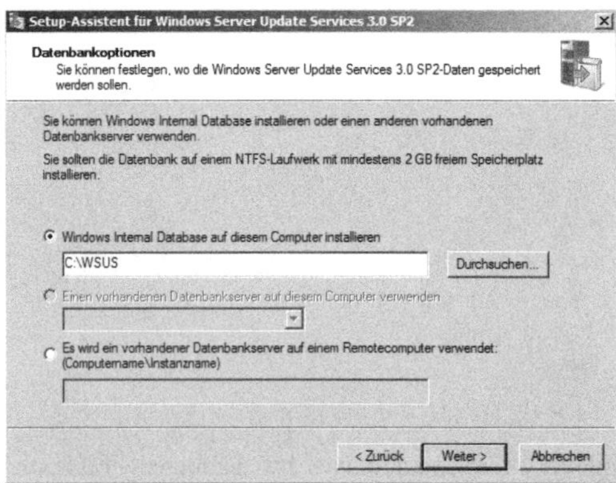

Nach dieser Auswahl testet der Installationsassistent, ob die konfigurierte Datenbankinstanz erreicht werden kann. Die Verbindung zum Server muss fehlerfrei hergestellt werden können. Auch wenn die Verwaltung von WSUS 3.0 hauptsächlich mit der neuen MMC 3.0 durchgeführt wird, benötigt der Serverdienst eine eigene Webseite.

Die MMC verbindet sich zur Verwaltung mit dieser Webseite und stellt die notwendigen Informationen in der Oberfläche dar. Aus diesem Grund kann entweder der Standardport und die Standardseite des Webservers zur Kommunikation verwendet oder eine neue Seite erstellt werden. Sie sollten möglichst immer eine eigene Seite erstellen, über die WSUS erreichbar ist. Dadurch ist auf dem Webserver noch Platz für andere Anwendungen, die unter Umständen später noch auf dem Server installiert werden.

Abbildg. 36.20 Erstellen einer neuen Website für WSUS

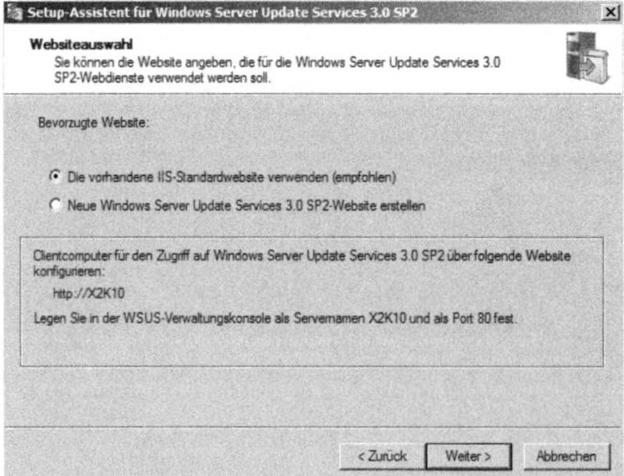

Anschließend wird noch eine Zusammenfassung angezeigt und die Installation gestartet. Nach einigen Minuten wird der Installationsassistent abgeschlossen und automatisch der Assistent für die Einrichtung von WSUS angezeigt. Über diesen Assistenten kann der Server nahezu vollständig eingerichtet werden.

WSUS 3.0 SP2 konfigurieren

Während der Einrichtung sehen Sie bereits, wie viele Produkte und Komponenten WSUS 3.0 unterstützt. Der Assistent zur Einrichtung von WSUS startet nach der Installation automatisch. Im Rahmen der Einrichtung mit dem Assistenten kann ausgewählt werden, für welche Produkte Aktualisierungen von WSUS heruntergeladen und bereitgestellt werden sollen. Auf der ersten Seite des Assistenten zur Einrichtung von WSUS 3.0 erhalten Sie zunächst allgemeine Informationen über die Voraussetzungen in der Infrastruktur. So muss ein WSUS-Server eine Verbindung zum Internet oder zu anderen WSUS-Servern herstellen können, um die Clients mit Sicherheitspatches zu versorgen.

Als Nächstes kann ausgewählt werden, ob Sie am Programm zur Verbesserung von Microsoft Update teilnehmen wollen. Anschließend wird festgelegt, wo der WSUS-Server seine Aktualisierungen herunterladen soll. Werden im Unternehmen mehrere WSUS-Server eingesetzt, kann ein einzelner als sogenannter Upstreamserver konfiguriert werden. Ein solcher Upstreamserver lädt die Patches aus dem Internet und stellt sie anderen WSUS-Servern bereit. Diese arbeiten dann in der Funktion als Downstreamserver. Der erste installierte WSUS-Server muss sich immer aus dem Internet aktualisieren und ist entsprechend ein Upstreamserver.

Abbildg. 36.21 Konfigurieren der Synchronisierungsquelle für WSUS 3.0

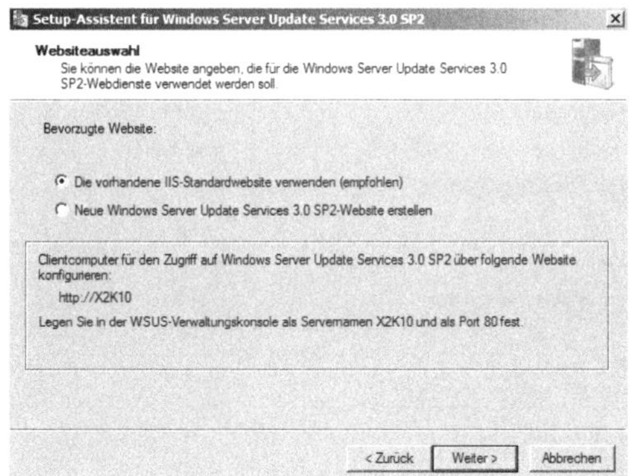

Im Anschluss wird konfiguriert, ob der WSUS-Server eine eigenständige Verbindung zum Internet besitzt oder die Verbindung über einen Proxyserver aufbaut. Wird der Verbindungsaufbau über einen Proxyserver vorgenommen, sollten Sie einen eigenen Benutzer in der Domäne für den WSUS-Server anlegen und diesen entsprechend berechtigen. Wurde die Auswahl der Internetverbindung getroffen, muss zunächst getestet werden, ob der WSUS-Server eine Verbindung zum Internet aufbauen kann. Klicken Sie dazu im Assistent auf die entsprechende Schaltfläche. Erst nach einem erfolgreichen Verbindungsaufbau lässt sich der Assistent fortsetzen.

TIPP Da die Aufgabe des WSUS darin besteht, Patches aus dem Internet herunterzuladen, muss dem Server der Zugriff auf das Internet ermöglicht werden. WSUS muss zum einen mit dem Internet kommunizieren können, zum anderen mit den Clients, um Updates zu verteilen. Wenn Sie eine interne Firewall einsetzen oder der WSUS in einer demilitarisierten Zone (DMZ) steht, muss der Port 80 (HTTP) zu diesem Server geöffnet werden, damit sich Clientcomputer mit dem Server verbinden können. WSUS muss zusätzlich mit den beiden Ports 80 und 443 eine Verbindung ins Internet herstellen können.

Wird der Server darüber hinaus per SSL verwaltet, muss vom internen Netzwerk der Port 443 zum WSUS-Server geöffnet werden. Soll WSUS nur auf die Seiten im Internet Zugriff erhalten, wo die Updates heruntergeladen werden, kann die Firewall so konfiguriert werden, dass WSUS nur zu den Seiten Verbindung aufnehmen kann, die Microsoft zum Übertragen von Patches benötigt. Dazu müssen in der Firewall folgende Seiten freigeschaltet werden, alle anderen Seiten können blockiert werden:

- *http://windowsupdate.microsoft.com*
- *http://*.windowsupdate.microsoft.com*
- *https://*.windowsupdate.microsoft.com*
- *http://*.update.microsoft.com*
- *https://*.update.microsoft.com*
- *http://*.windowsupdate.com*
- *http://download.windowsupdate.com*
- *http://download.microsoft.com*
- *http://*.download.windowsupdate.com*
- *http://wustat.windows.com*
- *http://ntservicepack.microsoft.com*

Nach dem Abschluss der Installation startet der Einrichtungsassistent von WSUS, über den Sie bestimmen, welche Produkte, welche Sprache und welche Aktualisierungen der Server herunterladen soll. Sie können zunächst festlegen, ob sich der Server direkt bei Microsoft aktualisieren oder einen bereits installierten WSUS-Server verwenden soll.

Abbildg. 36.22 Auswählen der Quelle für die Aktualisierung

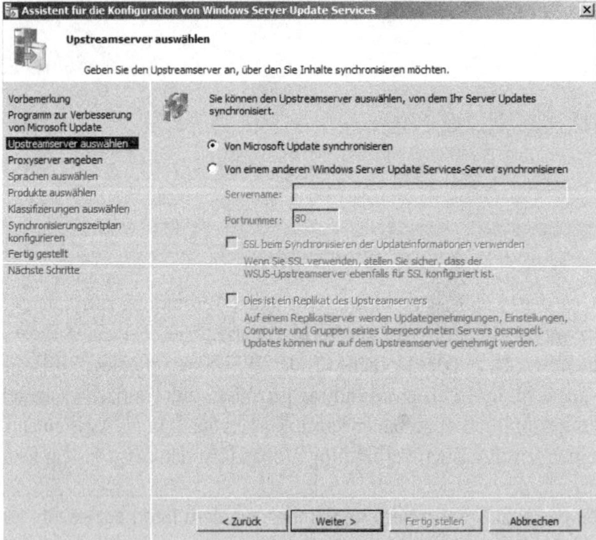

Setzen Sie einen Proxyserver ein, geben Sie auf der nächsten Seite die Daten des Servers ein sowie eine eventuell notwendige Authentifizierung. Als Nächstes kann ausgewählt werden, in welchen Sprachen die Patches heruntergeladen werden sollen. Unternehmen, die nur eine Sprachversion von Windows einsetzen, wählen hier die entsprechende Sprache aus. Werden mehrere Sprachen eingesetzt, kann WSUS auch für diese Sprachen die entsprechenden Updates herunterladen, allerdings erhöht sich dadurch auch die Menge an Patches, da diese dann für jede Sprache heruntergeladen und in den WSUS integriert werden.

Abbildg. 36.23 Auswählen der Sprachen, für die WSUS Patches herunterladen soll

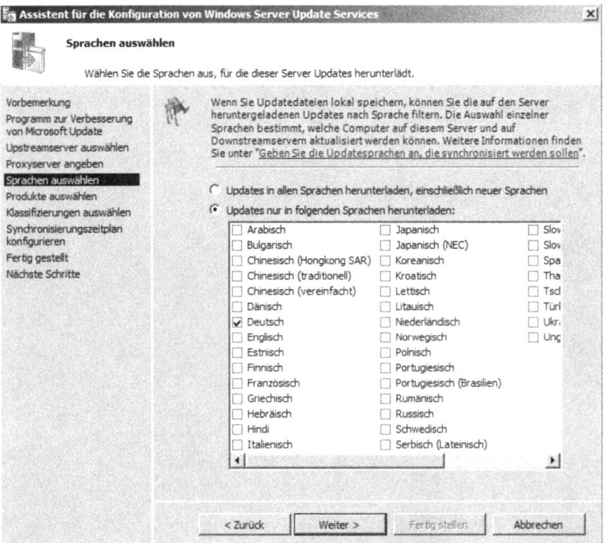

Nun erscheint eines der wichtigsten Fenster. Hier wird ausgewählt, welche Produkte durch den WSUS aktualisiert werden sollen. Aktivieren Sie in diesem Fenster alle Produkte, die im Unternehmen eingesetzt werden. Entfernen Sie das Häkchen bei jenen Produkten, die nicht aktualisiert werden sollen, da somit Bandbreite und Synchronisierungszeit gespart werden kann.

Abbildg. 36.24 Auswählen der Produkte, für die WSUS Patches herunterladen soll

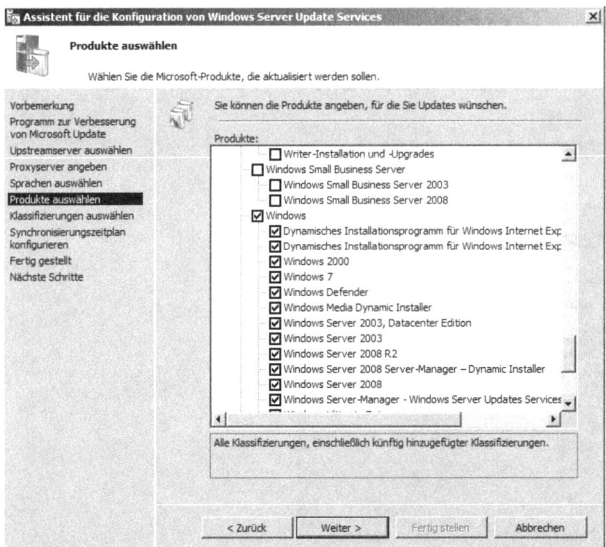

Im nächsten Fenster des Assistenten können die Klassifizierungen der Patches ausgewählt werden. Hier lässt sich konfigurieren, welche Art der Patches für die ausgewählten Produkte durch den WSUS bereitgestellt werden sollen. Grundsätzlich bietet es sich an, alle Klassifizierungen auszuwählen und besser die Produkte einzuschränken, die aktualisiert werden sollen.

Abbildg. 36.25 Auswählen der Patchtypen, die heruntergeladen werden sollen

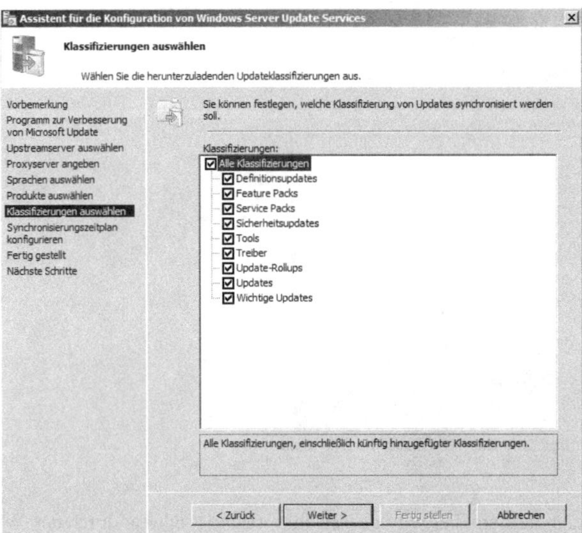

Im nächsten Schritt des Assistenten wird festgelegt, wann sich der WSUS-Server mit dem Internet oder anderen WSUS-Servern synchronisieren soll. Neben einer Uhrzeit kann hier auch festgelegt werden, wie oft an einem Tag die Synchronisierung durchgeführt werden soll. Diese Funktion ist neu in WSUS 3.0. Liegen keine aktuellen Patches vor, wird auch kein Download durchgeführt. Sind jedoch neue Patches erhältlich, sollte auch eine Aktualisierung durchgeführt und die neuen Patches an die Clients verteilt werden.

Abbildg. 36.26 WSUS kann sich mehrmals am Tag mit Patches versorgen. Die Vorgängerversion WSUS 2.0 war dazu nur einmal am Tag in der Lage.

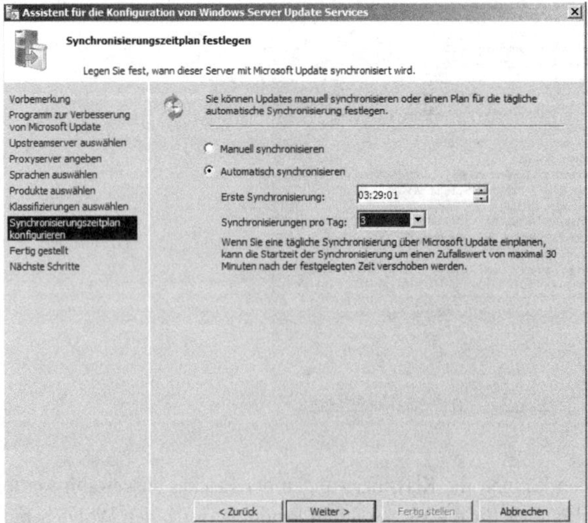

Zum Abschluss der Konfiguration kann noch die Verwaltungskonsole gestartet werden und die erste Synchronisierung starten. Über den Eintrag *Synchronisierungen* wird in der Verwaltungskonsole angezeigt, ob der Vorgang erfolgreich war.

Abbildg. 36.27 Nach der Ersteinrichtung beginnt WSUS mit der Synchronisierung

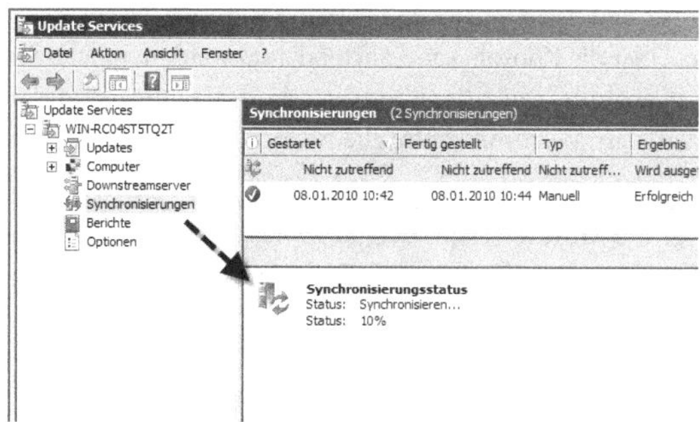

TIPP Mit dem neuen *Server Cleanup Wizard* können Sie den Server bereinigen. Auf diesem Weg können Sie zum Beispiel Updates für Produkte, die Sie im Unternehmen nicht mehr einsetzen, oder alte Versionen vom Server löschen. Über den Assistenten zur Bereinigung können Sie darüber hinaus PCs aus der Datenbank löschen, die sich nicht mehr am WSUS angemeldet haben. Veraltete oder abgelehnte Updates lassen sich löschen und weitere Bereinigungsmaßnahmen durchführen. Ein Assistent führt durch diese Bereinigung, sodass keine unnötigen Daten auf dem Server verbleiben. Dieser Assistent wird in der Konsolenstruktur über den Eintrag *Optionen* und einen Klick auf *Assistent für die Serverbereinigung* gestartet.

Abbildg. 36.28 WSUS 3.0 verfügt über eine interne Reinigungsroutine, die über die Verwaltung in den Optionen gestartet werden kann

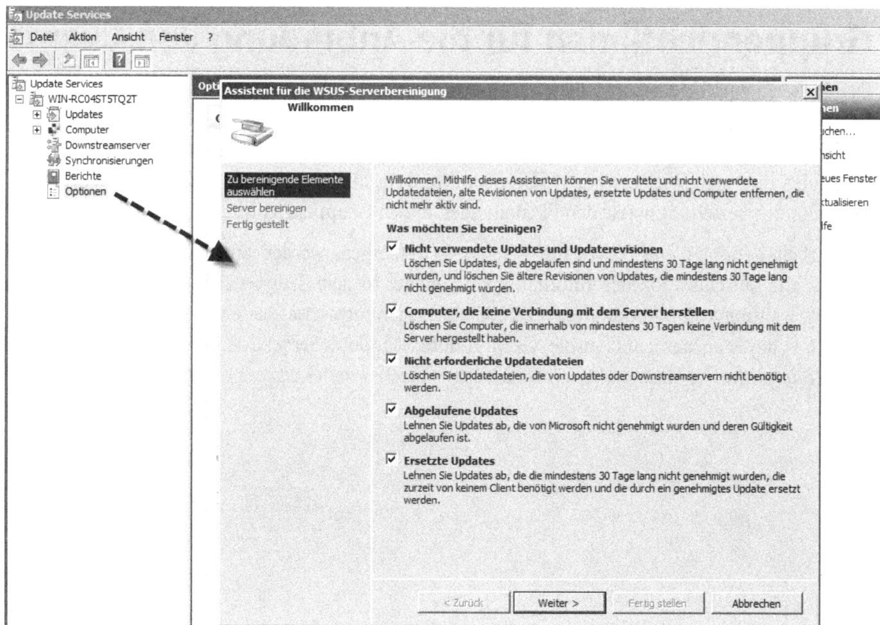

Clientcomputer über Gruppenrichtlinien anbinden

WSUS 3.0 scannt heruntergeladene Updates und referenziert diese automatisch mit den verbundenen Clients. So können Berichte erstellt werden, die für einzelne Updates die Systeme in Ihrem Netzwerk ausgeben, auf denen das Hotfix installiert werden sollte. Über die Konsole kann auch erkannt werden, welche Server sich von diesem Updateserver synchronisieren (sogenannte Downstreamserver). In den Optionen des Servers kann bereits auf den ersten Blick erkannt werden, dass Microsoft zahlreiche Neuerungen integriert hat, die an dieser Stelle konfigurieren werden können.

Alle Optionen der WSUS 3.0 werden über die MMC erreicht, es sind keine verschiedenen Verwaltungswerkzeuge mehr notwendig. Wird eine Option aufgerufen, öffnet sich ein Dialogfeld mit verschiedenen Registerkarten, auf denen Einstellungen vorgenommen werden können.

Neue Gruppenrichtlinienvorlage für WSUS 3.0

Mit WSUS 3.0 werden auch neue Einstellungen über eine neue Grupenrichtlinienvorlage (*wuau.adm*) für die Anbindung von Clients über Gruppenrichtlinien mitgeliefert. Diese Vorlage stellt wesentlich mehr Funktionen zur Verfügung also die Vorgängerversion, zum Beispiel Funktionen für den Energiesparmodus von Windows Vista und Windows 7. Die *.adm*-Datei der neuen Gruppenrichtlinienvorlage wird im Installationsverzeichnis von WSUS abgelegt.

Normalerweise befindet sich die Vorlage *wuau.adm* im Verzeichnis *C:\Programme\Update Services\adm\deu*. Die Vorlage kann durch einen Klick mit der rechten Maustaste auf den Konsoleneintrag *Administrative Vorlagen* im Gruppenrichtlinienverwaltungs-Editor hinzugefügt werden. Auf Servern mit installiertem SP2 für Windows Server 2003 oder Windows Server 2008 R2 sowie Windows Vista und Windows 7 sind die neuen Einstellungen bereits integriert.

Gruppenrichtlinien für die Anbindung von Clients

Damit die Clients Updates installieren, müssen diese so konfiguriert werden, dass sie keine Patches aus dem Internet herunterladen, sondern den internen WSUS verwenden. WSUS verteilt die Patches nicht automatisch an die Clients, sondern lädt die Aktualisierungen nur aus dem Internet herunter und stellt diese bereit. Die Clients holen die Patches selbst vom WSUS-Server und installieren diese automatisch, abhängig von den lokalen Einstellungen beziehungsweise den Einstellungen in den Gruppenrichtlinien.

Um Arbeitsstationen und Server mit Patches zu versorgen, werden am besten spezielle Gruppenrichtlinien erstellt: Die Konfiguration der automatischen Updates in den Gruppenrichtlinien wird in der Gruppenrichtlinienverwaltung von Windows Server 2008 R2 beziehungsweise der Gruppenrichtlinienverwaltungskonsole (Group Policy Management Console, GPMC) unter Windows Server 2003 unter *Computerkonfiguration/Richtlinien/Administrative Vorlagen/Windows-Komponenten/Windows Update* gefunden.

Abbildg. 36.29 Anbinden der Clients über Gruppenrichtlinien an den WSUS

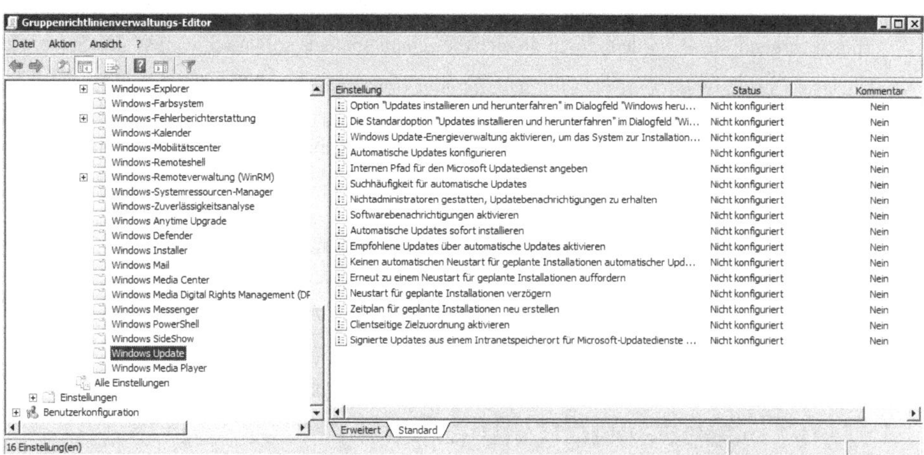

Die Arbeitsstationen lassen sich so konfigurieren, dass die Aktualisierungen automatisch vom WSUS heruntergeladen und installiert werden. Die Gruppenrichtlinie für die Server kann so konfiguriert werden, dass die Patches heruntergeladen, aber nicht automatisch installiert, sondern erst angezeigt werden. Ein Administrator erkennt bei der regelmäßigen Überwachung, dass neue Patches verfügbar sind, und kann diese in einem Rutsch installieren. Grundsätzlich lässt sich die Konfiguration der automatischen Updates in drei Bereiche untergliedern:

- Automatisches Herunterladen der Patches von WSUS auf den Rechner, aber keine Installation, nur die Meldung, dass Patches installiert werden können. Diese Einstellung kann für Server empfohlen werden.
- Meldung, dass neue Patches über WSUS zur Verfügung stehen, aber kein Herunterladen der Patches auf den lokalen Computer. Diese Einstellung wird nicht empfohlen, da der Download das System nicht belastet und so die Patches schneller zur Installation zur Verfügung stehen.
- Automatisches Herunterladen und automatische Installation der Patches. Dies ist die optimale Einstellung für Arbeitsstationen.

Sie müssen selbst entscheiden, für welche PCs und Server Sie welche Option verwenden. Für jede Organisationseinheit (OU) in der Windows-Domäne und der zu Grunde liegenden Richtlinie können gesonderte Einstellungen vorgenommen werden. Wenn PCs oder Server in die entsprechende OU verschoben werden, sind die Geräte anhand der Konfiguration automatisch mit den entsprechenden Patches versorgt. Gehen Sie bei der Untergliederung am besten folgendermaßen vor:

1. Erstellen Sie eine OU, in der Sie die Server aufnehmen. Belassen Sie die Domänencontroller aber in der OU *Domain Controllers*, da es für diese OU bereits eine spezielle Richtlinie für Domänecontroller gibt (*Default Domain Controller Policy*).
2. Erstellen Sie eine OU für die Arbeitsstationen. Diese OU kann beliebig viele weitere Unter-OUs enthalten; die Konfigurationen für die Windows-Updates werden ganz oben vorgenommen.
3. Erstellen Sie zwei Gruppenrichtlinien, eine für die Server und eine für die Arbeitsstationen.
4. Führen Sie die Einstellungen für die automatischen Updates in den Gruppenrichtlinien durch (siehe den folgenden Abschnitt).
5. Verknüpfen Sie die Gruppenrichtlinie für die Server mit der OU für die Server und der OU *Domain Controllers*.
6. Verknüpfen Sie die Gruppenrichtlinie für die Arbeitsstationen mit der OU, in der sich die Arbeitsstationen befinden.

Navigieren Sie zur Konfiguration zu den Einstellungen der automatischen Updates unter *Computerkonfiguration/Administrative Vorlagen/Windows-Komponenten/Windows Update.* Hier können die notwendigen Einstellungen vorgenommen werden, durch die sich die Clients später automatisch vom WSUS-Server aktualisieren.

Die erste Option ist *Internen Pfad für den Microsoft Updatedienst angeben.* Diese Option wird zuerst aktiviert. Dann wird festgelegt, mit welchem WSUS-Server sich die Clients verbinden. Da der WSUS eine Webapplikation ist, muss der Servername mit einer HTTP-Adresse angegeben werden, zum Beispiel *http://<Servername>.*

Abbildg. 36.30 Festlegen des Pfads zum internen WSUS

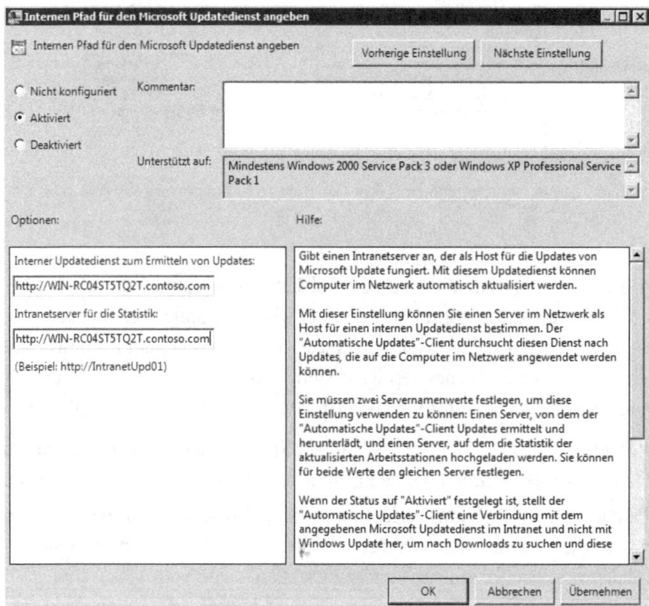

Die zweite wichtige Option ist das Updateverhalten, das über *Automatische Updates konfigurieren* eingestellt werden kann. Dabei stehen hauptsächlich folgende Möglichkeiten zur Verfügung:

- **Vor Herunterladen und Installation benachrichtigen** Mit dieser Option wird ein angemeldeter Administrator vor dem Download und vor der Installation der Updates benachrichtigt, sobald ein neuer Patch auf dem WSUS vorhanden ist. Dazu wird ein Symbol in der Taskleiste angezeigt, das dem Symbol entspricht, mit dem darauf hingewiesen wird, wenn Aktualisierungen im Internet zur Verfügung stehen.
- **Autom. Herunterladen, aber vor Installation benachrichtigen** Mit dieser Option wird das Downloaden der Updates automatisch vom Client durchgeführt. Anschließend wird ein angemeldeter Administrator benachrichtigt und kann die Installation manuell durchführen. Da sich die Updates bereits auf dem Server befinden, geht die Installation sehr schnell vonstatten.
- **Autom. Herunterladen und laut Zeitplan installieren** Mit dieser Installation versorgt sich der Client vollkommen automatisch mit den notwendigen Updates. Wenn die Clients zum Zeitpunkt der Aktualisierung nicht eingeschaltet sind, wird die Installation automatisch nachgeholt, sobald der PC wieder eingeschaltet wird.
- **Lokalen Administrator ermöglichen, Einstellung auszuwählen** Mit dieser Option wird zugelassen, dass lokale Administratoren mithilfe der Option *Automatische Updates* in der Systemsteuerung die Konfiguration selbst auswählen können.

Abbildg. 36.31 Konfigurieren des Updateverhaltens der Clients

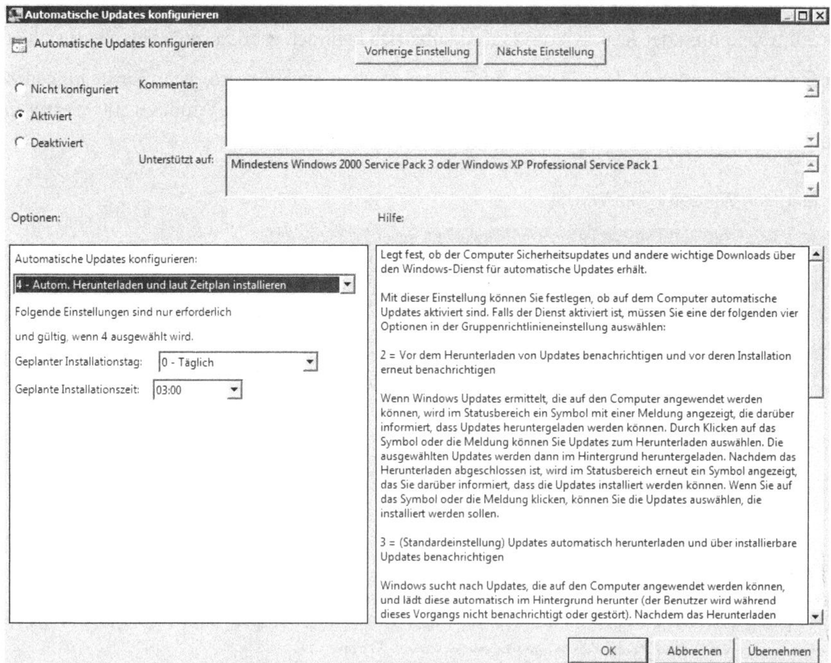

Ebenfalls interessant ist die neue Funktion, die Energieverwaltung von Windows Vista und Windows 7 zusammen mit der Anbindung an den WSUS über Gruppenrichtlinien zu steuern. Der PC wird dazu automatisch reaktiviert, wenn Windows Update zur automatischen Installation von Updates konfiguriert ist.

Abbildg. 36.32 Bei der Anbindung an WSUS werden lokale Einstellungen gesetzt und Änderungsmöglichkeiten deaktiviert

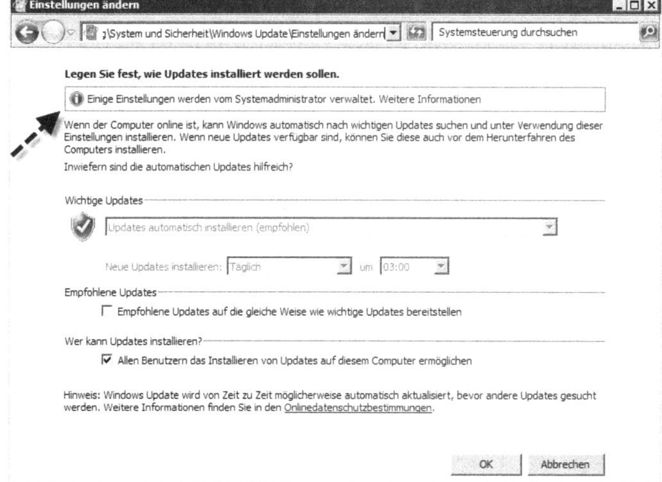

Wenn sich das System zum Zeitpunkt der geplanten Installation im Ruhezustand befindet, wird das System mit dem Windows-Energieverwaltungsfeature automatisch gestartet, um die Updates zu installieren. Wenn sich das System zum Zeitpunkt der Reaktivierung im Akkubetrieb befindet, werden keine Updates installiert.

In der Systemsteuerung auf den Clients und Servern erhalten Sie Hinweise, wenn Einstellungen zentral durch Gruppenrichtlinien vorgegeben sind. Auf diese Weise lassen sich Server ab Windows 2000 Server und auch Clients an WSUS anbinden.

Abbildg. 36.33 Anbindung von Windows 7 an WSUS

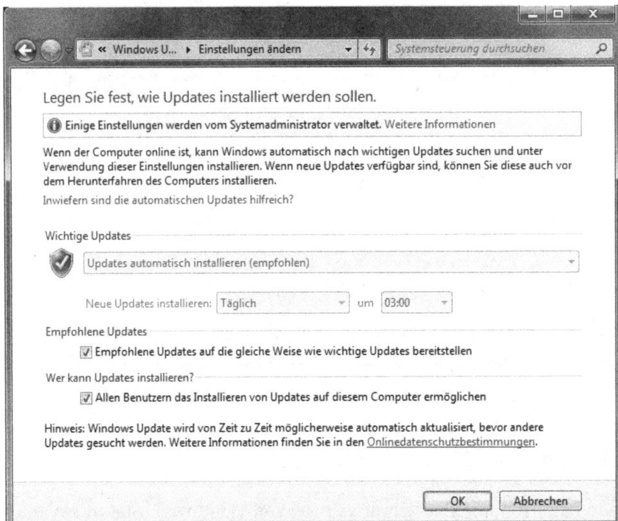

Durch die Einstellung *Clientseitige Zielzuordnung aktivieren* kann die Gruppe eingegeben werden, in welcher sich der Client am WSUS anmelden soll. Dazu müssen in der Verwaltung auf WSUS entsprechende Gruppen angelegt werden. Da ein Computer Mitglied mehrerer Gruppen in WSUS 3.0 sein darf, können Sie in der Gruppenrichtlinie auch mehrere Gruppen angeben. Trennen Sie die Bezeichnung durch ein Semikolon (;). Basierend auf diesen Gruppen kann konfiguriert werden, welche Patches auf den einzelnen Computern der Gruppe installiert werden. Es gibt zwei Standardcomputergruppen: *Alle Computer* und *Nicht zugeordnete Computer.*

Standardmäßig wird jeder Client beiden Gruppen zugeordnet, sobald dieser zum ersten Mal eine Verbindung mit dem WSUS-Server herstellt. Das Erstellen von Computergruppen bietet den Vorteil, dass Updates vor der Bereitstellung auf produktiven Systemen getestet werden können. Neben der Möglichkeit der Konfiguration per Gruppenrichtlinie können Clients auch manuell in der Verwaltungskonsole der Windows Server Update Services in die Gruppen aufgenommen werden. Generell ist eine Automatisierung aber immer am besten, da dadurch bereits durch die Zuordnung eines Clients zu seiner OU festgelegt wird, welche Patches er erhält, und kein doppelter Aufwand notwendig ist.

Abbildg. 36.34 In der WSUS-Verwaltung können neben den Standardgruppen beliebig zusätzliche Gruppen angelegt werden. Die Clients werden manuell in die Gruppen verschoben oder über die entsprechenden Einstellungen in der Gruppenrichtlinie.

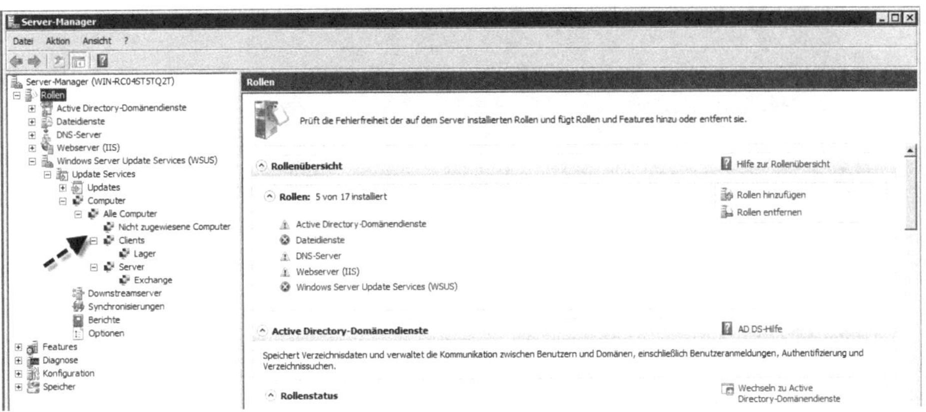

Problemlösungen bei der Clientanbindung

Nach der Konfiguration der Gruppenrichtlinie kann es eine Weile dauern, bis die Arbeitsstationen und Server mit dem WSUS verbunden sind und in der Administrationsoberfläche des WSUS angezeigt werden. Auf den einzelnen Rechnern kann in der Befehlszeile durch Eingabe des Befehls *wuauclt.exe /detectnow* eine sofortige Verbindung zum WSUS erzwungen werden.

Sollten die Einstellungen in der Gruppenrichtlinie auf einem Computer noch nicht angezeigt werden, wurde unter Umständen die Gruppenrichtlinie noch nicht angewendet. In diesem Fall kann mit dem Befehl *gpupdate /force* das Aktualisieren der Gruppenrichtlinie auf dem Client erzwungen werden. Sollten einige Rechner auch nach dieser Zeit nicht angezeigt werden, versuchen Sie folgende Problemlösung:

1. Auf dem Computer, der nicht in WSUS angezeigt wird, benennen Sie die Datei *\windows\system32\wuaueng.dll* in *wuaueng.old* um.
2. Kopieren Sie danach die Datei *wuaueng.dll* des WSUS-Servers aus dem gleichen Verzeichnis auf den fehlenden Computer.
3. Starten Sie diesen Computer neu.
4. Nach dem Anmelden sollten die Dateien, die mit *wu** beginnen, im Verzeichnis *\Windows\system32* ebenfalls aktualisiert worden sein.
5. Geben Sie in der Befehlszeile den Befehl *wuauclt.exe /detectnow* ein.

Sollte das nicht funktionieren, können noch im Registryschlüssel *HKLM\SOFTWARE\Microsoft\Windows\CurrentVersion\WindowsUpdate* die Einträge für den WSUS gelöscht werden. Anschließend sollte der Befehl *wuauclt /detectnow /reauthorization* eingegeben werden und die Verbindung wieder funktionieren. Auf den Clients kann sichergestellt werden, dass die Richtlinie funktioniert, wenn in den Einstellungen für die automatischen Updates die Einstellungen der Gruppenrichtlinie übernommen wurden. Das Tool gehört zu den Bordmitteln und kann daher auf jedem dieser Systeme verwendet werden. Folgende Optionen sind möglich:

- **/ReportNow** Übermittelt den Status des Clients an den Server
- **/ShowSettingsDialog** Zeigt das Einstellungsfenster für automatische Updates an
- **/ShowWU** Zeigt die Windows Update-Seite des Computers an
- **/DemoUI** Zeigt eine Demomeldung mit Einstellungsmöglichkeiten an, um eine Benachrichtigung zu simulieren

Abbildg. 36.35 Anzeigen von Meldungen mit der Option *DemoUI* von *wuauclt.exe*

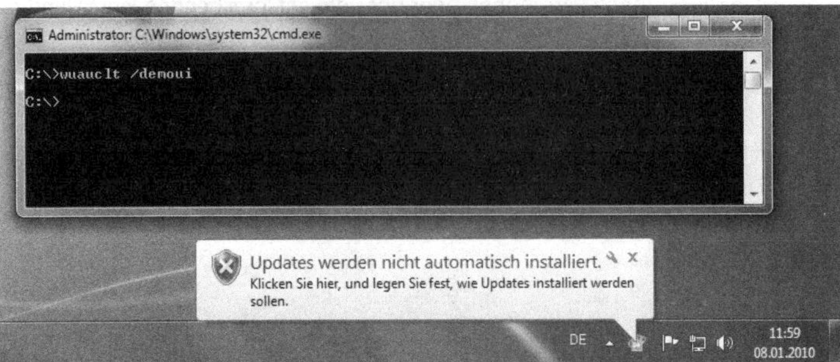

Mit dem kostenlosen Zusatztool *WSUS – DETECTNOW 2.0* von der Internetseite *www.wsus.de* kann das Herunterladen von Aktualisierungen auf dem Client manuell gestartet werden. Außerdem lässt sich mit dem Tool eine neue ID für den Client erzeugen, falls die Anbindung nicht funktioniert.

Abbildg. 36.36 Clientanbindung reparieren und Patches manuell herunterladen mit *WSUS – DETECTNOW*

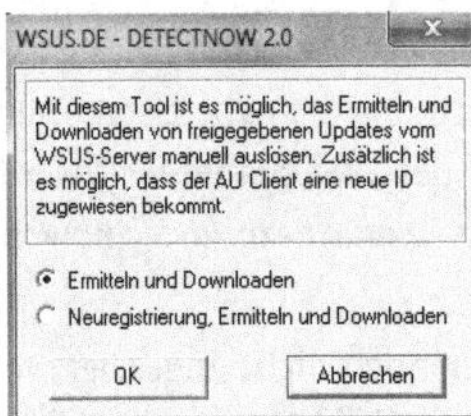

Ein ebenfalls wichtiges Hilfsmittel für die Diagnose von Clientproblemen ist das *Client Diagnostics Tool* von Microsoft (*http://technet.microsoft.com/en-us/wsus/bb466192.aspx*). Es ermittelt in der Befehlszeile, ob die Anbindung an den Server funktioniert und teilt eventuelle Probleme mit.

Abbildg. 36.37 Client mit dem *Client Diagnostics Tool* überprüfen

```
Administrator: C:\Windows\system32\cmd.exe - clientdiag

C:\>clientdiag

WSUS Client Diagnostics Tool

Checking Machine State
        Checking for admin rights to run tool . . . . . . . . . PASS
        Automatic Updates Service is running. . . . . . . . . . PASS
        Background Intelligent Transfer Service is running. . . PASS
        Wuaueng.dll version 7.4.7600.226. . . . . . . . . . . . PASS
                This version is WSUS 2.0

Checking AU Settings
        AU Option is 4: Scheduled Install . . . . . . . . . . . PASS
                Option is from Policy settings

Checking Proxy Configuration
        Checking for winhttp local machine Proxy settings . . . PASS
                Winhttp local machine access type
                        <Direct Connection>
                Winhttp local machine Proxy. . . . . . . . . .  NONE
                Winhttp local machine ProxyBypass. . . . . . .  NONE
        Checking User IE Proxy settings . . . . . . . . . . . . PASS
                User IE Proxy. . . . . . . . . . . . . . . . .  NONE
                User IE ProxyByPass. . . . . . . . . . . . . .  NONE
                User IE AutoConfig URL Proxy . . . . . . . . .  NONE
                User IE AutoDetect
                AutoDetect in use

Checking Connection to WSUS/SUS Server
                WUServer = http://WIN-RC04ST5TQ2T.contoso.com
                WUStatusServer = http://WIN-RC04ST5TQ2T.contoso.com
        UseWuServer is enabled. . . . . . . . . . . . . . . . . PASS
        Connection to server. . . . . . . . . . . . . . . . . . PASS
        SelfUpdate folder is present. . . . . . . . . . . . . . PASS

Press Enter to Complete
```

Mit dem Tool *Get WSUS Content*, ebenfalls von der Internetseite *www.wsus.de* herunterladbar, können Updates vom WSUS-Server über eine grafische Oberfläche und ohne Installation des Tools heruntergeladen und installiert werden.

Mit dem enthaltenen Offlineinstaller werden Patches vom Server heruntergeladen, die der Administrator freigegeben hat, und Sie können ein Medium erstellen lassen. Dieses kann zum Beispiel zu Außendienstmitarbeitern geschickt werden. Zur Installation dieser Patches muss der Client nicht mit dem WSUS-Server verbunden sein.

Updates genehmigen und bereitstellen

WSUS lädt die konfigurierten Updates basierend auf den vorgenommenen Spracheinstellungen, Produkten und Klassifizierungen aus dem Internet herunter, installiert diese aber nicht automatisch. Erst wenn ein Administrator einen Patch genehmigt, wird dieser auf Computern installiert. Über die *Optionen* in der WSUS-Verwaltung können Regeln erstellt werden, über die Updates automatisch zur Installation auf den verschiedenen Computergruppen genehmigt werden. Updates können aber auch manuell oder in Gruppen genehmigt oder explizit abgelehnt werden.

Es besteht zum Beispiel die Möglichkeit, Updates zunächst für Testcomputer freizugeben und anschließend über die Berichte zu kontrollieren, ob die Aktualisierung erfolgreich war. Ist dies der Fall, können die entsprechenden Updates für andere Computergruppen oder alle Clients freigegeben werden. Um Updates zu genehmigen, gehen Sie folgendermaßen vor:

1. Klicken Sie in der WSUS-Verwaltungskonsole auf *Updates*. Anschließend wird eine Zusammenfassung der Updates angezeigt, die auf dem Server verfügbar sind.
2. Wählen Sie in der Liste die Updates aus, die Sie zum Installieren genehmigen möchten. Die Ansicht kann entsprechend gefiltert werden. Wird ein Update ausgewählt, werden im mittleren Bereich der Konsole ganz unten ausführliche Informationen angezeigt.
3. Klicken Sie mit der rechten Maustaste auf den oder die Patches und wählen Sie im Kontextmenü den Befehl *Genehmigen* aus. Das Dialogfeld *Updates genehmigen* wird angezeigt.

Abbildg. 36.38 Verwalten und Genehmigen von Updates

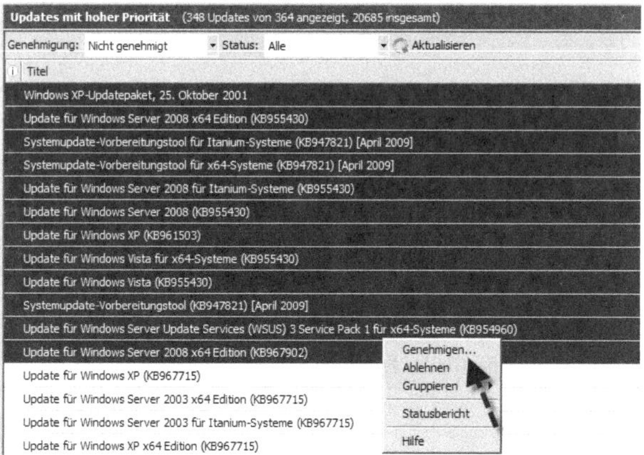

Wählen Sie die Gruppen aus und klicken Sie auf den Pfeil links neben der Gruppe. Ein Dropdownmenü mit folgenden Optionen wird angezeigt: *Für die Installation genehmigt*, *Zur Entfernung genehmigt*, *Nicht genehmigt*, *Stichtag*, *Identisch mit übergeordnetem Objekt* und *Für untergeordnete Elemente übernehmen*.

Klicken Sie auf die Option *Für die Installation genehmigt* und anschließend auf *OK*. Wie Sie aus dem Menü erkennen können, kann WSUS 3.0 installierte Patches auch wieder deinstallieren, wenn diese zum Beispiel mit speziellen Applikationen Probleme bereiten.

Abbildg. 36.39 Genehmigen eines Updates zur Installation

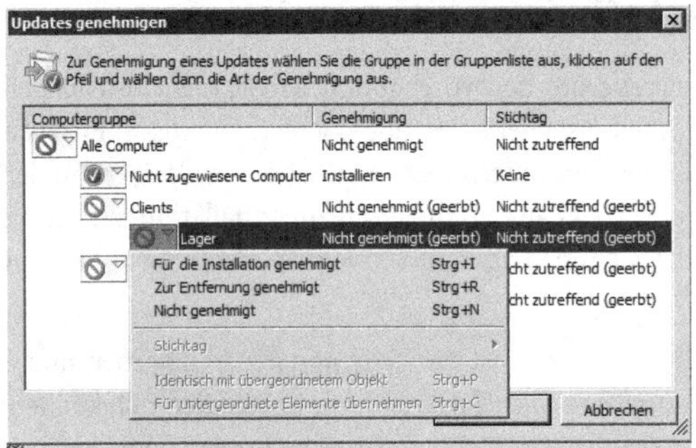

Berichte mit WSUS abrufen

24 Stunden nach der Freigabe von Patches kann in den Berichten zum WSUS verifiziert werden, ob die Updates auf den Computern bereitgestellt wurden. Wollen Sie mit Berichten arbeiten, muss auf dem Server das Tool *Microsoft Report Viewer Redistributable 2008* installiert werden.

Abbildg. 36.40 Zum Anzeigen von Berichten im WSUS wird der *Microsoft Report Viewer* benötigt

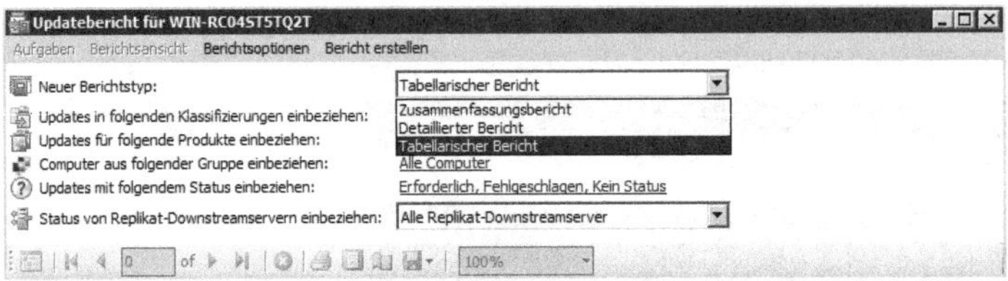

Um Updateberichte anzuzeigen, gehen Sie folgendermaßen vor:

1. Klicken Sie in der WSUS-Verwaltungskonsole im linken Fenster auf *Berichte*.
2. Klicken Sie auf die Option *Updatestatus-Zusammenfassung*.
3. Die Liste kann durch entsprechende Kriterien gefiltert werden.
4. Klicken Sie anschließend in der Symbolleiste des Fensters auf *Bericht erstellen*.

Abbildg. 36.41 Erstellen von Berichten in WSUS

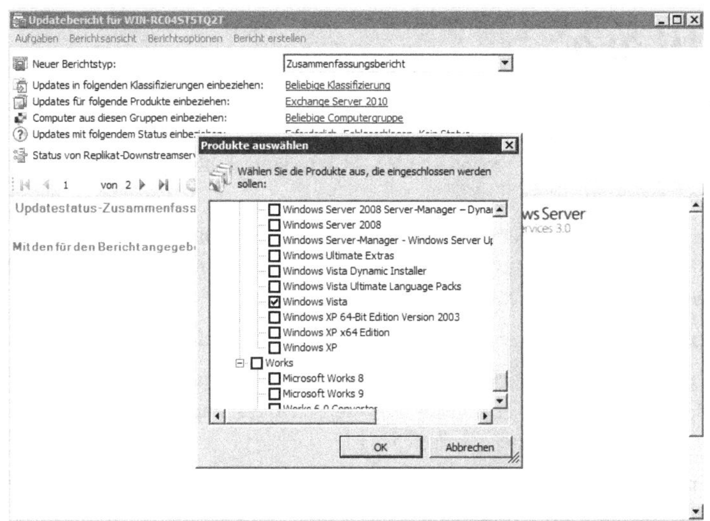

5. Berichte können gespeichert (als Excel-Tabelle oder PDF-Datei) oder ausgedruckt werden. Klicken Sie dazu in der Symbolleiste auf das *Speichern*-Symbol.

Abbildg. 36.42 Speichern und Exportieren von Berichten in WSUS

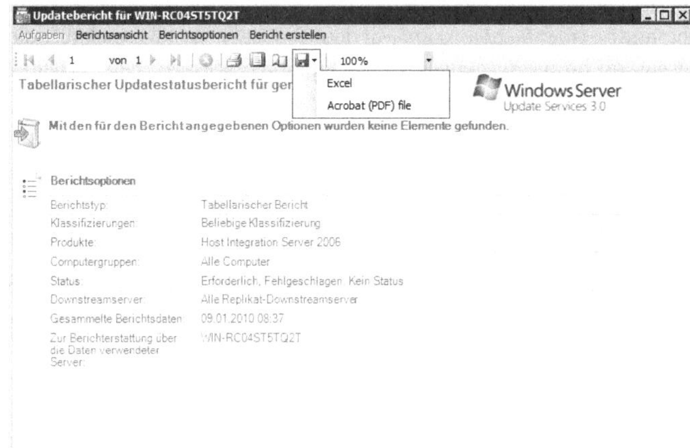

WSUS über die Befehlszeile verwalten mit *WSUSUtil.exe*

Im Installationsverzeichnis von WSUS 3.0 unter *C:\Programme\Update Services\Tools* finden Sie das Befehlszeilentool *WSUSUtil.exe*, mit dem WSUS über Skripts in der Befehlszeile verwaltet werden kann. Das Tool funktioniert allerdings nur in der 32-Bit-Version von WSUS 3.0. Hauptsächlich wird das Tool zusammen mit folgenden Optionen verwendet:

- **WSUSUtil.exe export** Mit dieser Option können Einstellungen eines WSUS-Servers in eine Datei exportiert werden, zum Beispiel aus Datensicherungsgründen, oder um einen neu installierten WSUS-Server zu konfigurieren. Es werden aber nicht alle Daten exportiert.
- **WSUSUtil.exe import** Mit dieser Option kann eine exportierte Datei wieder importiert werden
- **WSUSUtil.exe movecontent** Mit dieser Option wird der Pfad geändert, in dem der WSUS seine Dateien speichert. Das kann zum Beispiel sinnvoll sein, wenn der Plattenplatz nicht mehr ausreicht oder eine andere Festplatte für die Patchdateien vorgesehen ist.
- **WSUSUtil.exe reset** Diese Option überprüft den Datenbankinhalt auf Konsistenz. Treten Probleme auf, wird der Inhalt erneut aus dem Internet aktualisiert.
- **WSUSUtil.exe listinactiveapprovals** Durch diesen Befehl werden nicht aktive Einstellungen angezeigt, zum Beispiel Patches, die aufgrund unterschiedlicher Spracheinstellungen nicht deaktiviert werden
- **WSUSUtil.exe removeinactiveapprovals** Dieser Befehl entfernt die Genehmigung für Patches, die nicht als aktiv gekennzeichnet sind

Zu Diagnosezwecken in der Befehlszeile kann das Tool *WSUS Server Diagnostic Tool* dienen, das von der Internetseite *www.wsus.de* heruntergeladen werden kann. Mit dem Tool kann zum Beispiel über die Option *wsusdebugtool getconfiguration* eine Auflistung der aktuellen Konfiguration des Servers in der Befehlszeile erfolgen. Die Ausgabe kann auch in eine Datei umgeleitet werden, sodass sich das Ergebnis zur Diagnose auch versenden lässt.

Zusammenfassung

In diesem Kapitel haben Sie erfahren, wie Sie die neuen Windows Server Update Services (WSUS) 3.0 mit SP1 im Netzwerk integrieren, um Patches für die wichtigsten Produkte herunterzuladen und zu installieren. Im nächsten Kapitel gehen wir auf die Datensicherung von Windows Server 2008 R2 ein.

Kapitel 37

Datensicherung und Wiederherstellung

In diesem Kapitel:

Das Datensicherungsprogramm in Windows Server 2008 wurde neu entwickelt und wird standardmäßig nicht mehr automatisch installiert. Auch in Windows Server 2008 R2 findet keine automatische Installation statt. Microsoft hat im Vergleich zu Windows Server 2008 aber weitere Verbesserungen in der Datensicherung eingeführt. Bandlaufwerke werden nicht mehr unterstützt. Allerdings besteht auch weiterhin die Möglichkeit dass Drittanbieter Programme für Windows Server 2008 R2 zur Verfügung stellen, die auch eine Sicherung auf Band ermöglichen. Die integrierte Sicherung lässt sich allerdings auf diese Weise nicht nutzen.

Die Sicherung unterstützt jetzt besser die integrierten Sicherungsfunktionen von SQL Server 2005/2008 und SharePoint Server 2007/2010. Die Verwaltung der Sicherung findet über die MMC statt. So können Sie auch über das Netzwerk mit der MMC die Datensicherung von mehreren Servern gleichzeitig konfigurieren. Neu sind die Unterstützung für DVD-Brenner sowie die automatische Überwachung des freien Festplattenplatzes auf dem Sicherungsmedium. Die neue Windows Server-Sicherung unterstützt keine Sicherung auf Band mehr. Auch die Onlinesicherung von Exchange-Servern ist mit den Bordmitteln nicht mehr möglich. Hierzu muss auf Programme von Drittherstellern zurückgegriffen werden. Mit dem Sicherungsprogramm können aber weiterhin sowohl Daten auf dem Server als auch der Server selbst gesichert und wiederhergestellt werden.

HINWEIS Datensicherungen, die Sie mit älteren Versionen von *Ntbackup.exe* erstellt haben, sind nicht mehr kompatibel zur neuen Windows Server-Sicherung. Sollten Sie eine solche Sicherung benötigen, stellt Microsoft kostenlos das alte *Ntbackup.exe* auf der Internetseite *http://go.microsoft.com/fwlink/?LinkId=82917* zur Verfügung.

Die Windows Server-Sicherung im Überblick

Das Programm sichert die Daten über den Schattenkopiedienst (Volume Shadow Service, VSS) mithilfe einer Block-Level-Backup-Technologie in VHD-Dateien. Diese Dateien werden auch bei der Sicherung von Windows Vista und Windows 7 erstellt. Nach einer vollständigen Sicherung können einfach inkrementelle Sicherungen auf Blockebene erstellt werden. Auch diese benötigen deutlich weniger Platz als bei den Vorgängerversionen von Windows Server 2008 R2. Außerdem werden die Sicherungen sehr viel schneller durchgeführt. Microsoft favorisiert Backup-To-Disk oder Backup-To-DVD als Sicherungsstrategie.

Auch die Wiederherstellungsmöglichkeiten wurden deutlich optimiert. Einzelne Dateien, aber auch der komplette Server, lassen sich sehr leichter und schneller wiederherstellen als unter Windows Server 2003. Ist die Hardware defekt, lässt sich die Sicherung des Servers auch auf neuer Hardware wiederherstellen. Die Systempartitionen werden automatisch immer in alle Sicherungen integriert, sodass die auf diesen Partitionen gespeicherten Daten, auch das Betriebssystem, immer sehr leicht wiederhergestellt werden können. Mit der Windows Server-Sicherung können vollständige Server (alle Volumes), ausgewählte Volumes oder der Systemstatus gesichert werden. Sie können Volumes, Ordner, Dateien, bestimmte Anwendungen und den Systemstatus wiederherstellen. Mit der Verwaltungskonsole der Windows Server-Sicherung können Sicherungen auch für Remotecomputer erstellt und verwaltet werden. Damit die Sicherung verwendet werden kann, müssen Sie Mitglied der Gruppe *Administratoren* oder *Sicherungsoperatoren* sein.

TIPP In der Befehlszeile wird das Tool *Wbadmin.exe* zur Konfiguration und Verwaltung der Sicherungen verwendet. Außerdem sind in Windows Server 2008 R2 einige Cmdlets für die PowerShell enthalten. Auf der Seite *http://go.microsoft.com/fwlink/?LinkId=93317* finden Sie dazu weitere Informationen.

Neue Möglichkeiten der Datensicherung in Windows Server 2008 R2

Microsoft hat die Datensicherung im Vergleich zu Windows Server 2008 noch mal überarbeitet. Sie können bei der Sicherung jetzt wieder einzelne Ordner und Dateien gezielt auswählen. In Windows Server 2008 konnten

Sie nur komplette Laufwerke sichern. Einzelne Dateien lassen sich integrieren oder explizit ausschließen. Die Steuerung der Sicherung können Sie in der PowerShell vornehmen. Der Systemstatus lässt sich jetzt auch inkrementell sichern, bisher war das immer nur vollständig möglich. Auch die möglichen Ziellaufwerke zur Sicherung lasen sich jetzt wesentlich flexibler auswählen, Sie benötigen nicht gezwungenermaßen eine komplette physische Festplatte, sondern können auch einzelne Partitionen als Ziel auswählen. Außerdem passt sich die Sicherung besser an SAN-Systeme an und unterstützt Snapshots von LUNs.

Windows Server-Sicherung installieren und konfigurieren

Damit die neue Windows Server-Sicherung verwendet werden kann, installieren Sie diese über den Server-Manager als neues Feature. Die Sicherungsfunktionen von Windows Server 2008 R2 sind in die beiden Unterkomponenten *Windows Server-Sicherung* und *Befehlszeilentools* unterteilt.

Abbildg. 37.1 Die Windows Server-Sicherung wird als Feature nachträglich installiert

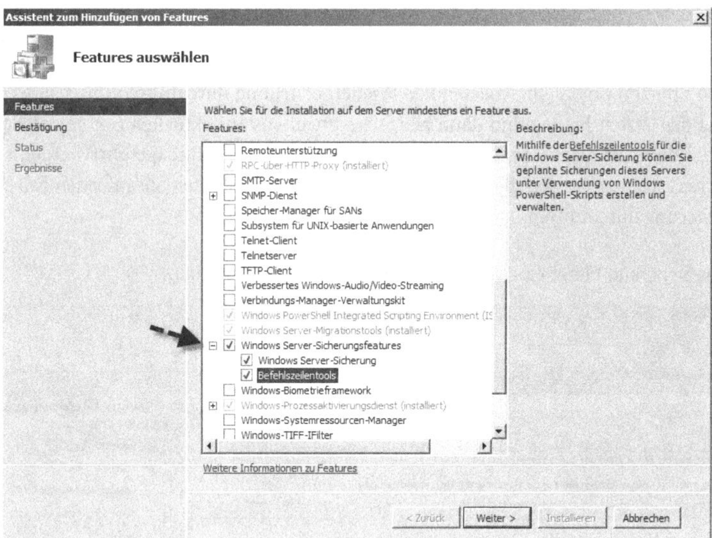

Nach der Installation starten Sie die Windows Server-Sicherung über *Start/Verwaltung/Windows Server-Sicherung*. Alternativ können Sie im Suchfeld des Startmenüs auch *wbadmin.msc* eingeben. Diese Konsole können Sie darüber hinaus in jeder MMC laden. Über Assistenten lassen sich Sicherungs- und Wiederherstellungsvorgänge sehr leicht durchführen. Auch die komplette Systemwiederherstellung wurde überarbeitet und verbessert. Die Datensicherung sichert die Daten blockbasiert von den Datenträgern, nicht pro Datei.

Standardmäßig werden immer vollständige Sicherungen durchgeführt. Über den Menübefehl *Aktion/Leistungseinstellungen konfigurieren* können Sie aber auch eine inkrementelle Sicherungen aktivieren. Eine inkrementelle Sicherung sichert alle Daten, die sich seit der letzten Sicherung geändert haben. Unveränderte Daten werden nicht gesichert, da sich diese in einer vorherigen Sicherung befinden. Bei dieser Sicherungsart bauen die Datensicherungen aufeinander auf. Zu einem gewissen Zeitpunkt benötigen Sie eine Vollsicherung, zum Beispiel freitags. Am Montag werden alle Daten gesichert, die sich seit Freitag verändert haben. Am Dienstag werden alle Daten gesichert, die sich seit Montag verändert haben, usw.

Abbildg. 37.2 Konfigurieren der Leistungsoptionen der Sicherung

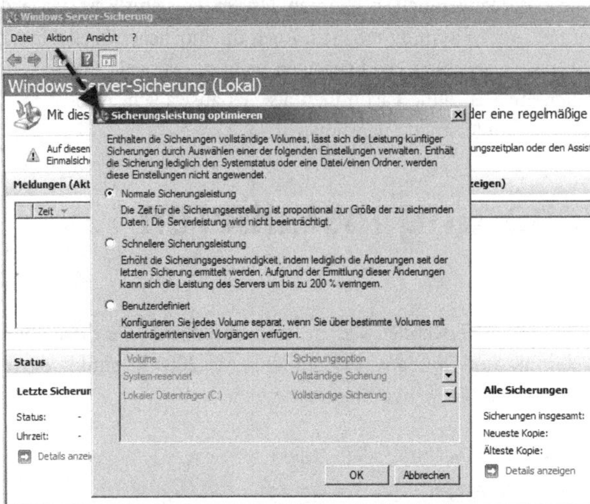

Wenn Sie daher am Freitagmorgen eine vollständige Wiederherstellung durchführen müssen, werden erst die letzte Vollsicherung des letzten Freitag und dann alle Sicherungen bis zur aktuellen inkrementellen Sicherung benötigt. Der Vorteil dabei ist, dass jeder Sicherungsvorgang sehr schnell durchgeführt werden kann, da nur wenige Daten gesichert werden müssen. Bei inkrementellen Sicherungen sollten Sie auf jeden Fall einmal in der Woche eine Vollsicherung durchführen.

Abbildg. 37.3 Die Windows Server-Sicherung bietet eine verbesserte Oberfläche zur Verwaltung

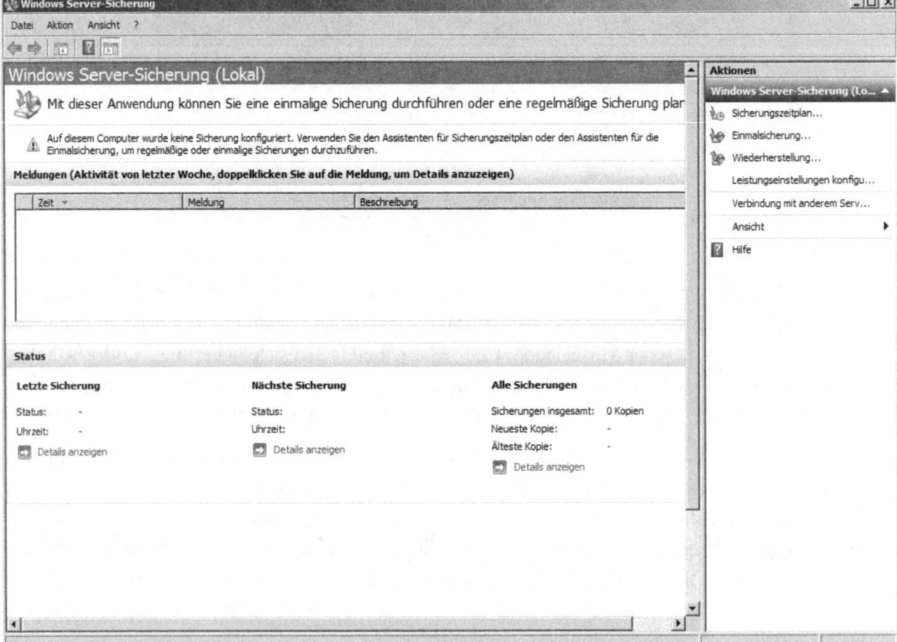

Nachdem die Sicherungs- und Verwaltungsprogramme installiert sind, können Sie eine Datensicherung einrichten. Microsoft empfiehlt zur Sicherung einen externen Datenträger, der über USB oder Firewire mit dem Computer verbunden ist.

ACHTUNG Achten Sie darauf, dass die zur Sicherung verwendete externe Festplatte keine Daten enthält. Vor der ersten Sicherung wird der Datenträger durch das Sicherungsprogramm automatisch formatiert, sodass alle bereits gespeicherten Daten verloren gehen.

Um eine neuen Sicherungsauftrag zu erstellen, rufen Sie entweder über die Verwaltung die Konsole des Sicherungsprogramms auf oder tippen im Suchfeld des Startmenüs den Befehl *wbadmin.msc* ein. Der Befehl *wbadmin.exe* startet das Befehlszeilentool der Sicherung. Ein neuer Auftrag wird über *Aktion/Sicherungszeitplan* erstellt. Auf der nächsten Seite des Assistenten kann ausgewählt werden, ob der komplette Server gesichert werden soll oder die Partitionen und Daten selbst ausgewählt werden.

Abbildg. 37.4 Auswählen der zu sichernden Daten

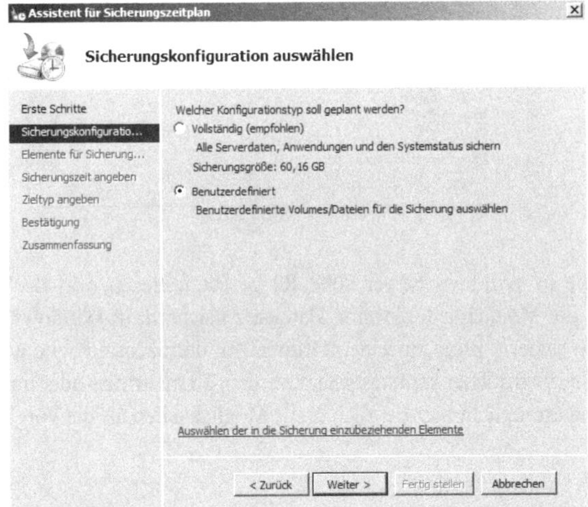

Was bei der vollständigen Sicherung gesichert wird, dürfte klar sein. Auf den folgenden Seiten beschreiben wir daher die benutzerdefinierte Auswahl etwas genauer. Auf der nächsten Seite des Assistenten wird ausgewählt, welche Partitionen gesichert werden sollen. Standardmäßig sind alle Partitionen aktiviert.

HINWEIS Das Sicherungsprogramm kann bis zu 512 Kopien einer Partition in der Sicherung speichern. Da zur Sicherung der Schattenkopiedienst genutzt wird, ist damit das Limit der Schattenkopien erreicht. Alle Partitionen, die Daten, Dateien und Programme des Betriebssystems enthalten, werden dabei immer automatisch ausgewählt und können auch nicht abgewählt werden. Diese Daten werden immer gesichert.

Abbildg. 37.5 Auswählen der zu sichernden Partitionen des Servers

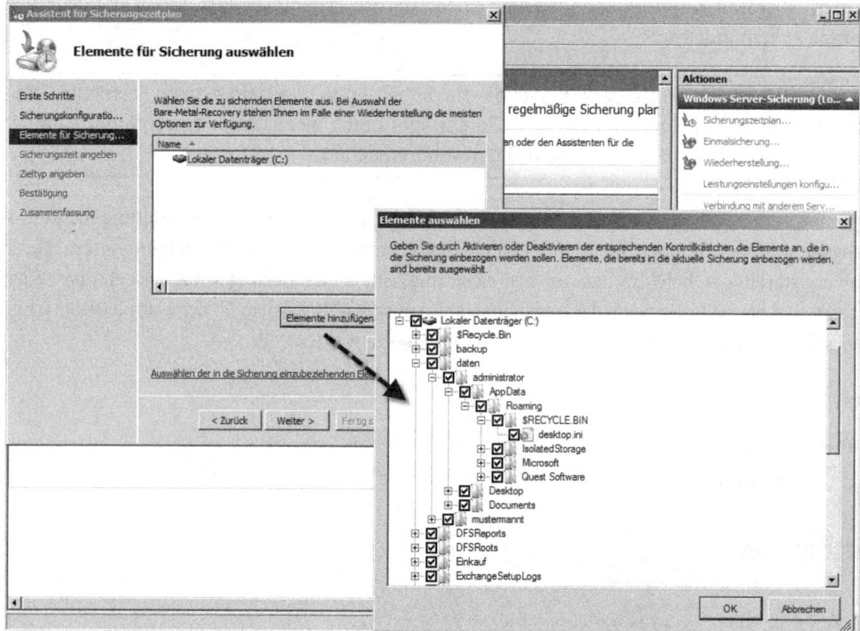

Über *Elemente hinzufügen* können Sie in Windows Server 2008 R2 gezielt festlegen, was das Sicherungsprogramm sichern soll. Neu ist auch die Möglichkeit, einzelne Dateien zu sichern, in Windows Server 2008 konnten Sie nur komplette Partitionen sichern, keine einzelnen Ordner. Auf der nächsten Seite wird der Zeitplan erstellt, über den der Server gesichert wird. Hier kann festgelegt werden, ob mehrmals oder nur einmal pro Tag gesichert wird. Die Datensicherung ermöglicht hier deutlich mehr Möglichkeiten als die Vorgängerversion in Windows Server 2003.

Abbildg. 37.6 Konfigurieren der Sicherungszeit

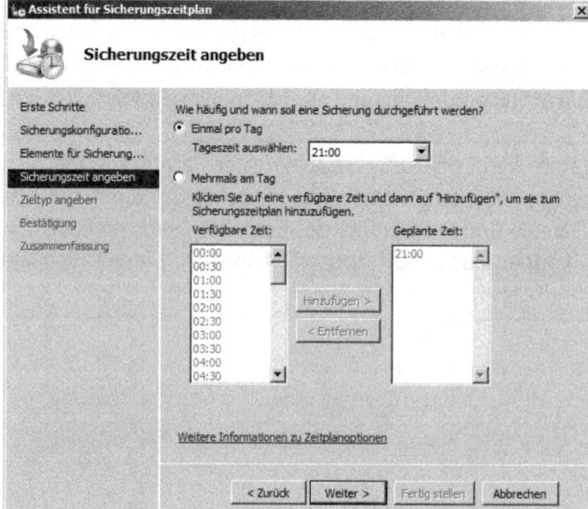

Auf der nächsten Seite wird das Sicherungsmedium ausgewählt, auf das die Daten gesichert werden sollen.

Abbildg. 37.7 Auswählen des Zieldatenträgers für die Sicherung

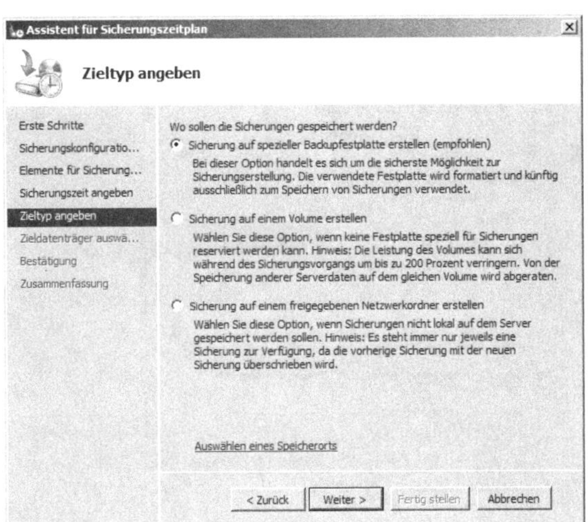

Nachdem der Datenträger ausgewählt wurde und Sie auf *Weiter* klicken, erscheint eine Meldung, die darauf hinweist, dass der Datenträger formatiert wird, damit das Sicherungsprogramm einen Überblick über die Größe und Verfügbarkeit des Datenträgers erhält. Die Formatierung wird aber nicht sofort, sondern erst nach der Einrichtung durchgeführt. Auf den nächsten Seiten erhalten Sie noch eine Zusammenfassung und der Datenträger wird anschließend neu formatiert.

HINWEIS Die Sicherung überwacht automatisch den Speicherplatz auf den Datenträgern, auf denen die Sicherungen abgelegt werden. Steht nicht mehr genügend Plattenplatz zur Verfügung, informiert Sie die Sicherung darüber und führt keine Sicherung mehr durch. Außerdem wird der Datenträger nicht mehr im Explorer des Servers angezeigt und steht ausschließlich nur für die Datensicherung zur Verfügung.

Die Einrichtung des Sicherungszeitplans ist damit abgeschlossen. Wollen Sie eine sofortige Einmalsicherung durchführen, kann der entsprechende Assistent ebenfalls über das Menü *Aktion* gestartet werden. Der Assistent übernimmt die Einstellungen der vorhandenen geplanten Sicherung, sodass nicht so viele Eingaben gemacht werden müssen. Natürlich können für Einmalsicherungen auch unterschiedliche Optionen gewählt werden. Anschließend wird die Sicherung über den Schattenkopiedienst durchgeführt.

Abbildg. 37.8 Anzeigen des Sicherungsprozesses

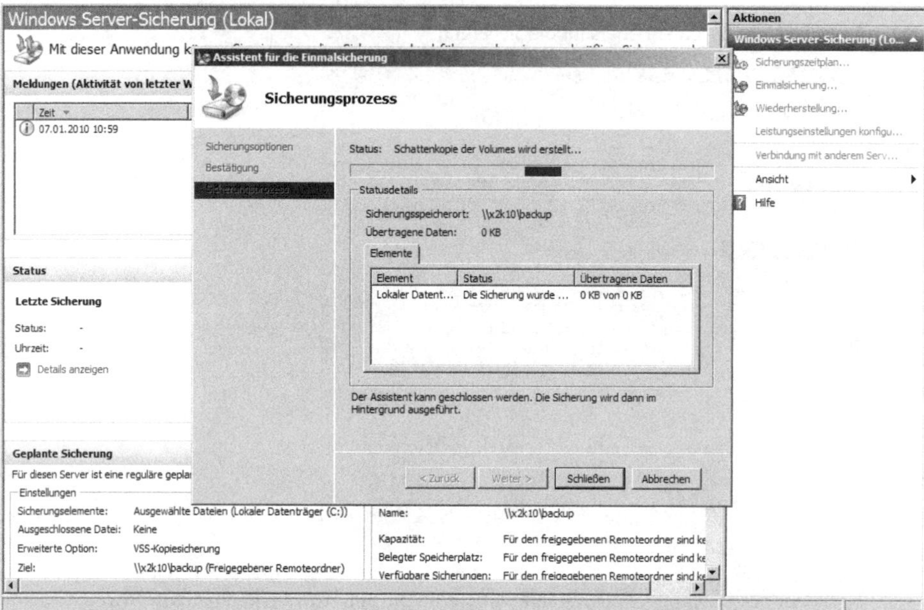

Sicherung über die Befehlszeile und PowerShell konfigurieren

Für Skripts oder Core-Server steht das Befehlszeilentool *Wbadmin.exe* für die Verwaltung der Sicherungen zur Verfügung. Über /? wird für jeden der unten aufgelisteten Befehle eine entsprechende Hilfe eingeblendet. Die wichtigsten Befehle für das Tool sind:

- **wbadmin enable backup** Erstellt oder ändert eine tägliche Sicherung
- **wbadmin disable backup** Deaktiviert die tägliche Sicherung
- **wbadmin start backup** Startet einen Sicherungsauftrag
- **wbadmin stop job** Unterbricht eine laufende Sicherung oder Wiederherstellung
- **wbadmin get disks** Zeigt die IDs der Disk an, die gesichert und auf denen Sicherungen abgelegt werden können
- **wbadmin get versions** Zeigt Informationen über die verfügbaren Sicherungen an
- **wbadmin get items** Zeigt die enthaltenen Daten einer Sicherung an
- **wbadmin start recovery** Startet eine Wiederherstellung
- **wbadmin get status** Zeigt den Status einer laufenden Sicherung oder Wiederherstellung an
- **wbadmin start sysstaterecovery** Stellt den Systemstatus wieder her
- **wbadmin start sysrecovery** Startet eine vollständige Systemwiederherstellung, die später in den Computerreparaturoptionen über die Windows Server 2008 R2-DVD wiederhergestellt werden kann

Abbildg. 37.9 Die Datensicherung in Windows Server 2008 R2 lässt sich effizient in der Befehlszeile verwalten

```
Administrator: C:\Windows\system32\cmd.exe

C:\Users\Administrator>wbadmin
wbadmin 1.0 - Sicherungs-Befehlszeilentool
(C) Copyright 2004 Microsoft Corp.

FEHLER - Unvollständiger Befehl. Siehe unten stehende Liste.
Geben Sie "WBADMIN <Befehl> /? ein, um Hilfe zu diesem Befehl anzuzeigen.

---- Unterstützte Befehle ----

ENABLE BACKUP                -- Erstellt oder ändert einen täglichen
                                Sicherungszeitplan.
DISABLE BACKUP               -- Deaktiviert die geplanten Sicherungen.
START BACKUP                 -- Führt eine einmalige Sicherung aus.
STOP JOB                     -- Beendet den laufenden Sicherungs- oder Wiederher-
                                 stellungsvorgang.
GET VERSIONS                 -- Listet Details über Sicherungen auf, die von
                                einem bestimmten Speicherort wiederhergestellt
                                werden können.
GET ITEMS                    -- Listet die in einer Sicherung enthaltenen
                                Elemente auf.
START RECOVERY               -- Führt eine Wiederherstellung aus.
GET STATUS                   -- Gibt den Status des momentan ausgeführten
                                Vorgangs zurück.
GET DISKS                    -- Listet die Datenträger auf, die aktuell online
                                sind.
START SYSTEMSTATERECOVERY -- Führt eine Wiederherstellung des Systemstatus aus.
START SYSTEMSTATEBACKUP   -- Führt eine Sicherung des Systemstatus aus.
DELETE SYSTEMSTATEBACKUP  -- Löscht mindestens eine Sicherung des Systemstatus.

C:\Users\Administrator>
```

- **wbadmin delete systemstatebackup –keepversions:N** Löscht alle System State-Sicherungen bis auf die letzten *N* Versionen
- **wbadmin delete systemstatebackup –deleteoldest** Löscht die jeweils älteste System State-Sicherung
- **vssadmin list shadows /for=x:** Zeigt die vorhandenen Sicherungen für das Laufwerk *x:* an
- **vssadmin delete shadows /for=x: /oldest** Löscht die jeweils älteste Sicherung des Laufwerks *x:*

Abbildg. 37.10 Status einer Sicherung abfragen

```
Administrator: C:\Windows\system32\cmd.exe
Microsoft Windows [Version 6.1.7600]
Copyright (c) 2009 Microsoft Corporation. Alle Rechte vorbehalten.

C:\Users\Administrator>wbadmin get status
wbadmin 1.0 - Sicherungs-Befehlszeilentool
(C) Copyright 2004 Microsoft Corp.

Konsistenzprüfung für Anwendung "Exchange" wird ausgeführt.
Bitte warten Sie, während die für Volume "Lokaler Datenträger(C:)" zu sichernden
 Dateien ermittelt werden.
Dieser Vorgang kann einige Minuten dauern.
(123) Dateien gefunden.
Die Dateiermittlung ist abgeschlossen.
Die Sicherung des Volumes "Lokaler Datenträger(C:)" auf "E:" wird gestartet...
Die Sicherung von Volume "Lokaler Datenträger(C:)" wurde abgeschlossen.
Der Sicherungsvorgang wurde abgeschlossen.
Zusammenfassung des Sicherungsvorgangs:
-------------------

Die Sicherung von Volume "Lokaler Datenträger(C:)" wurde abgeschlossen.
Protokoll der gesicherten Dateien:
"C:\Windows\Logs\WindowsServerBackup\Backup-07-01-2010_11-20-31.log"


C:\Users\Administrator>_
```

Sicherung mit der PowerShell steuern

Neben *Wbadmin.exe* können Sie in Windows Server 2008 R2 die Datensicherung auch über die PowerShell steuern. Dazu müssen Sie in der PowerShell oder dem PowerShell ISE zunächst die Befehle für die Datensicherung laden. Verwenden Sie dazu den Befehl *add-pssnapin windows.serverbackup*. Mit dem Befehl *get-pssnapin* überprüfen Sie, ob das Snap-In erfolgreich geladen ist.

Abbildg. 37.11 Anzeigen der geladenen Snap-Ins der PowerShell

```
Administrator: Windows PowerShell
Windows PowerShell
Copyright (C) 2009 Microsoft Corporation. Alle Rechte vorbehalten.

PS C:\Users\Administrator> add-pssnapin windows.serverbackup
PS C:\Users\Administrator> get-pssnapin


Name        : Microsoft.PowerShell.Diagnostics
PSVersion   : 2.0
Description : Dieses Windows PowerShell-Snap-In enthält Windows-Ereignisverwaltungs- und -Leistungsindikator-Cmdlets.

Name        : Microsoft.WSMan.Management
PSVersion   : 2.0
Description : Dieses Windows PowerShell-Snap-In enthält Cmdlets (z. B. Get-WSManInstance und Set-WSManInstance), die vo
              m Windows PowerShell-Host zur Verwaltung von WSMan-Vorgängen verwendet werden.

Name        : Microsoft.PowerShell.Core
PSVersion   : 2.0
Description : Dieses Windows PowerShell-Snap-In enthält Cmdlets zum Verwalten von Windows PowerShell-Komponenten.

Name        : Microsoft.PowerShell.Utility
PSVersion   : 2.0
Description : Dieses Windows PowerShell-Snap-In enthält Dienstprogramm-Cmdlets zum Bearbeiten von Daten.

Name        : Microsoft.PowerShell.Host
PSVersion   : 2.0
Description : Dieses Windows PowerShell-Snap-In enthält Cmdlets (z. B. Start-Transcript und Stop-Transcript), die für d
              ie Verwendung mit dem Windows PowerShell-Konsolenhost bereitgestellt wurden.

Name        : Microsoft.PowerShell.Management
PSVersion   : 2.0
Description : Dieses Windows PowerShell-Snap-In enthält Verwaltungs-Cmdlets zum Verwalten von Windows-Komponenten.

Name        : Microsoft.PowerShell.Security
PSVersion   : 2.0
Description : Dieses Windows PowerShell-Snap-In enthält Cmdlets zum Verwalten der Windows PowerShell-Sicherheit.

Name        : windows.serverbackup
PSVersion   : 2.0
Description : Dieses Windows PowerShell-Snap-In für die Windows Server-Sicherung enthält Cmdlets, mit denen Sicherungen
               konfiguriert, ausgeführt und verwaltet werden können.


PS C:\Users\Administrator> _
```

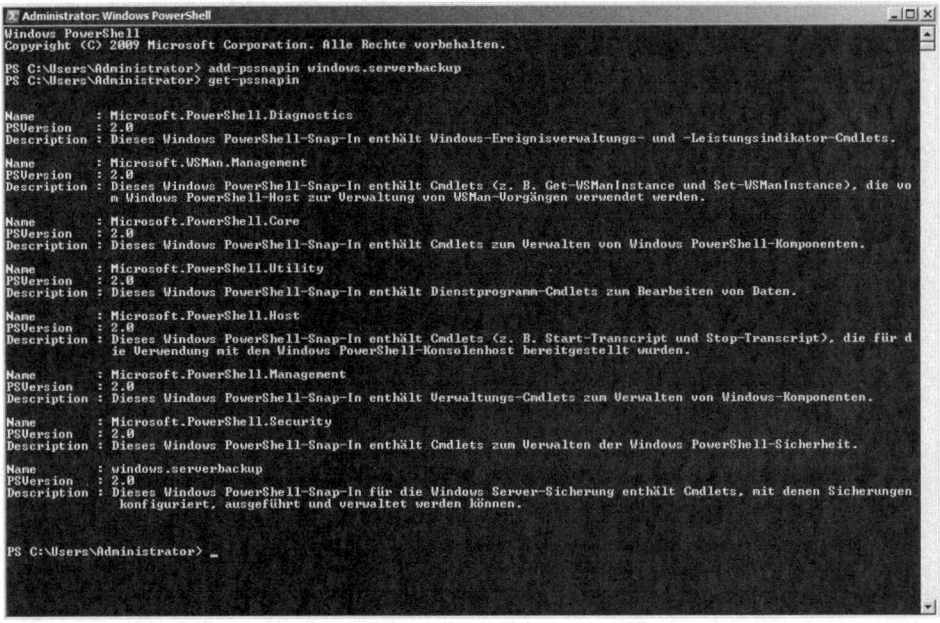

Mit dem Befehl *get-command –module windows.serverbackup* lassen Sie sich die Cmdlets der PowerShell anzeigen.

Abbildg. 37.12 Anzeigen der Cmdlets für die PowerShell

```
Administrator: Windows PowerShell

PS C:\Users\Administrator> get-command -module windows.serverbackup

CommandType     Name                                       Definition
-----------     ----                                       ----------
Cmdlet          Add-WBBackupTarget                         Add-WBBackupTarget [-Policy] <WBPolicy> [-Target...
Cmdlet          Add-WBBareMetalRecovery                    Add-WBBareMetalRecovery [-Policy] <WBPolicy> [-V...
Cmdlet          Add-WBFileSpec                             Add-WBFileSpec [-Policy] <WBPolicy> [-FileSpec] ...
Cmdlet          Add-WBSystemState                          Add-WBSystemState [-Policy] <WBPolicy> [-Verbose...
Cmdlet          Add-WBVolume                               Add-WBVolume [-Policy] <WBPolicy> [-Volume] <WBV...
Cmdlet          Get-WBBackupSet                            Get-WBBackupSet [[-BackupTarget] <WBBackupTarget...
Cmdlet          Get-WBBackupTarget                         Get-WBBackupTarget [-Policy] <WBPolicy> [-Verbos...
Cmdlet          Get-WBBareMetalRecovery                    Get-WBBareMetalRecovery [-Policy] <WBPolicy> [-V...
Cmdlet          Get-WBDisk                                 Get-WBDisk [-Verbose] [-Debug] [-ErrorAction <Ac...
Cmdlet          Get-WBFileSpec                             Get-WBFileSpec [-Policy] <WBPolicy> [-Verbose] [...
Cmdlet          Get-WBJob                                  Get-WBJob [[-Previous] <UInt32>] [-Verbose] [-De...
Cmdlet          Get-WBPolicy                               Get-WBPolicy [-Editable] [-Verbose] [-Debug] [-E...
Cmdlet          Get-WBSchedule                             Get-WBSchedule [-Policy] <WBPolicy> [-Verbose] [...
Cmdlet          Get-WBSummary                              Get-WBSummary [-Verbose] [-Debug] [-ErrorAction ...
Cmdlet          Get-WBSystemState                          Get-WBSystemState [-Policy] <WBPolicy> [-Verbose...
Cmdlet          Get-WBVolume                               Get-WBVolume [-Disk] <WBDisk> [-Verbose] [-Debug...
Cmdlet          Get-WBVssBackupOptions                     Get-WBVssBackupOptions [-Policy] <WBPolicy> [-Ve...
Cmdlet          New-WBBackupTarget                         New-WBBackupTarget [-Disk] <WBDisk> [[-Label] <S...
Cmdlet          New-WBFileSpec                             New-WBFileSpec [-FileSpec] <String[]> [-NonRecur...
Cmdlet          New-WBPolicy                               New-WBPolicy [-Verbose] [-Debug] [-ErrorAction <...
Cmdlet          Remove-WBBackupTarget                      Remove-WBBackupTarget [-Policy] <WBPolicy> [-Tar...
Cmdlet          Remove-WBBareMetalRecovery                 Remove-WBBareMetalRecovery [-Policy] <WBPolicy> ...
Cmdlet          Remove-WBFileSpec                          Remove-WBFileSpec [-Policy] <WBPolicy> [-FileSpe...
Cmdlet          Remove-WBPolicy                            Remove-WBPolicy [[-Policy] <WBPolicy>] [-All] [-...
Cmdlet          Remove-WBSystemState                       Remove-WBSystemState [-Policy] <WBPolicy> [-Verb...
Cmdlet          Remove-WBVolume                            Remove-WBVolume [-Policy] <WBPolicy> [-Volume] <...
Cmdlet          Set-WBPolicy                               Set-WBPolicy [-Policy] <WBPolicy> [-Force] [-Ver...
Cmdlet          Set-WBSchedule                             Set-WBSchedule [-Policy] <WBPolicy> [-Schedule] ...
Cmdlet          Set-WBVssBackupOptions                     Set-WBVssBackupOptions [-Policy] <WBPolicy> [-Vs...
Cmdlet          Start-WBBackup                             Start-WBBackup [-Policy] <WBPolicy> [-Async] [-F...


PS C:\Users\Administrator>
```

Mit den drei folgenden Befehlen lassen Sie sich eine ausführliche Hilfe und Beispiel der Cmdlets in der PowerShell anzeigen:

- *Get-Help <Cmdlet-Name> –detailed*
- *Get-Help <Cmdlet-Name> –examples*
- *Get-Help <Cmdlet-Name> –full*

Um eine neue Sicherung über die PowerShell zu erstellen, müssen Sie zunächst einen Sicherungssatz anlegen, also eine Richtlinie, die steuert, welche Daten der Server sichern soll. Am besten setzen Sie dazu eine Variable:

```
$policy=New-WBPolicy
```

Als Nächstes bestimmen Sie, wo der Server seine Daten sichern soll, zum Beispiel auf dem Laufwerk E:

```
$BackupTargetVolume=New-WBbackupTarget –VolumePath E:
```

Wollen Sie in der Sicherung festlegen, dass auch ein Bare-Metal-Restore möglich sein soll, fügen Sie die Sicherung wichtiger Systemdaten der Variablen für die neue Sicherungsrichtlinie hinzu:

```
Add-WBBareMetalRecovery –Policy $policy
```

Sie starten die erstellte Sicherung mit dem Befehl:

```
Start-WBBackup –Policy $policy
```

Wollen Sie der Sicherung einen Zeitplan hinzufügen, zum Beispiel einen Start um 11:00 Uhr und 17:30 Uhr, verwenden Sie den Befehl:

```
Set-WBSchedule –Policy $policy –Schedule 11:00, 17:30
```

Daten mit dem Sicherungsprogramm wiederherstellen

Wenn auf dem Server Sicherungen zur Verfügung stehen, besteht die Möglichkeit, einzelne Dateien und Ordner wiederherzustellen. Auch dazu wird das Sicherungsprogramm verwendet. Eine Wiederherstellung wird über das Menü *Aktion* gestartet. Auch hier führt ein Assistent durch die einzelnen Schritte der Wiederherstellung. Bestätigen Sie zunächst die Startseite des Assistenten. Hier lässt sich zunächst festlegen, ob eine Wiederherstellung des lokalen Servers oder eines Servers im Netzwerk durchgeführt werden soll. Auf der nächsten Seite kann ausgewählt werden, zu welchem Datum Daten wiederhergestellt werden sollen.

Abbildg. 37.13 Starten der Wiederherstellung

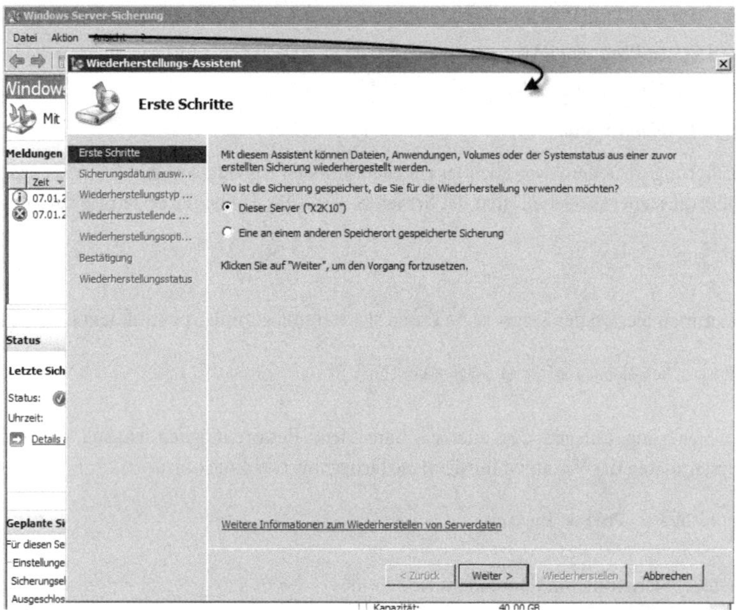

Zunächst legen Sie das Datum der Sicherung fest, aus der Sie Daten wiederherstellen möchten. Auf der nächsten Seite wird schließlich bestimmt, welche Daten wiederhergestellt werden sollen. Hier besteht die Möglichkeit, komplette Volumes oder nur einzelne Dateien und Ordner wiederherzustellen. Als Nächstes wird ausgewählt, welche Daten aus der Sicherung wiederhergestellt werden sollen.

Abbildg. 37.14 Auswählen der Daten, die wiederhergestellt werden sollen

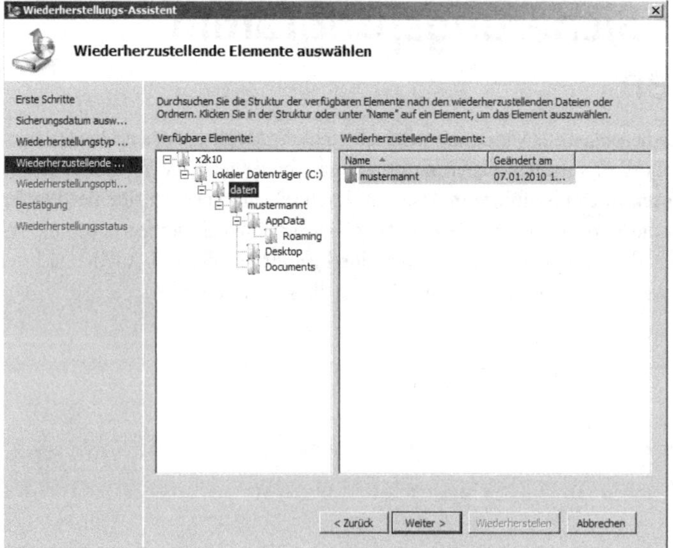

Auf der nächsten Seite wird festgelegt, wo die Dateien wiederhergestellt, vorhandene Dateien überschrieben und die Berechtigungen sowie Sicherheitseinstellungen der Dateien ebenfalls wiederhergestellt werden sollen. Die verschiedenen Optionen sind leicht verständlich und selbsterklärend. Hier hat Microsoft die Oberfläche deutlich optimiert. Anschließend beginnt der Assistent mit der Wiederherstellung der Daten.

Abbildg. 37.15 Auswählen der Wiederherstellungsoptionen

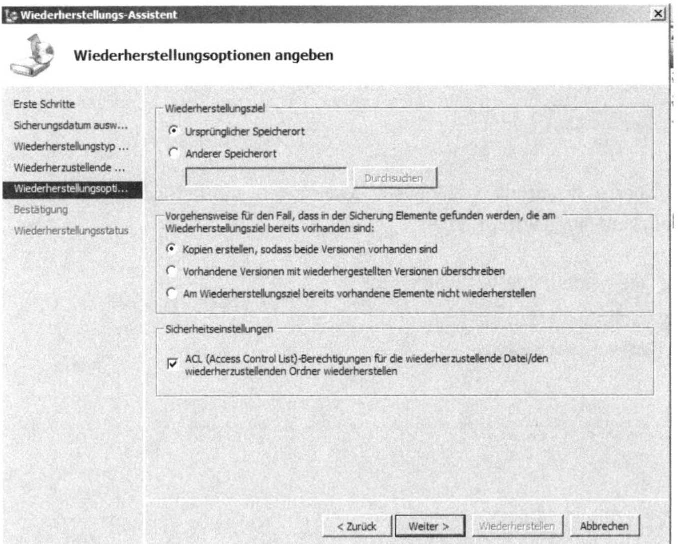

Kompletten Server mit dem Sicherungsprogramm wiederherstellen

Wurde auf dem Server eine vollständige Datensicherung erstellt, kann mit dieser der komplette Server wiederhergestellt werden, falls dieser zum Beispiel nicht mehr starten kann. Dazu muss der Datenträger mit der Sicherung mit dem Server verbunden und der Server mit der Windows Server 2008 R2-DVD gestartet werden. Auf der Startseite des Installationsassistenten klicken Sie auf *Weiter*.

Auf der nächsten Seite wird aber statt der Installation der Menüpunkt *Computerreparaturoptionen* ausgewählt. Der Vorgang ist übrigens identisch mit Windows Vista und Windows 7, nur das Sicherungsprogramm sieht am Client etwas anders aus. In den Systemwiederherstellungsoptionen können Sie die Option *Stellen Sie den Computer mithilfe eines zuvor erstellten Systemabbilds wieder her* wählen.

HINWEIS Windows Server 2008 R2 unterstützt die Wiederherstellung einer Systemsicherung auch auf anderer Hardware. Sie brauchen keine Rücksicht mehr auf den Hardware Abstraction Layer (HAL) nehmen. Die neue Hardware muss lediglich für Windows Server 2008 R2 zertifiziert sein.

Abbildg. 37.16 Komplette Wiederherstellung von Windows Server 2008 R2

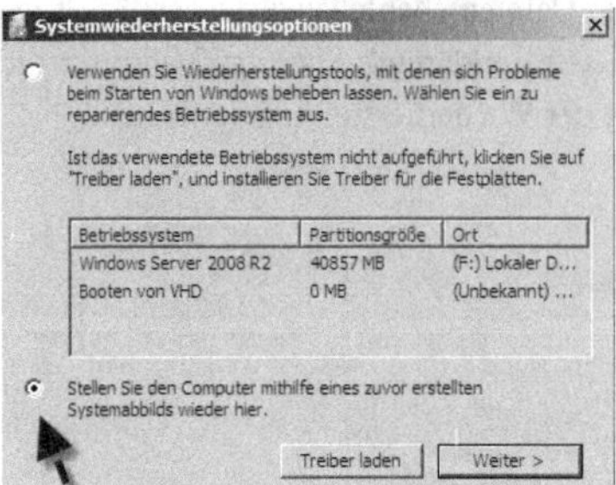

Als Nächstes durchsucht der Assistent alle verfügbaren Datenträger, und der Zeitpunkt, zu dem der Server zurückgesetzt werden soll, kann ausgewählt werden.

Abbildg. 37.17 Auswählen der Sicherung, die wiederhergestellt werden soll

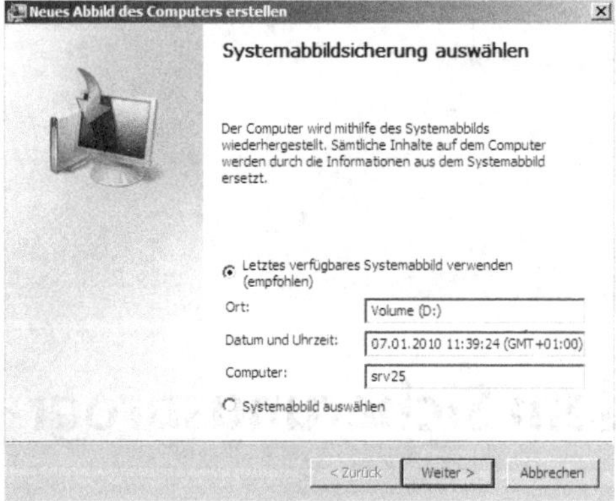

Als Nächstes wählen Sie aus, ob Windows den Datenträger formatieren und partitionieren soll, oder ob Sie die Daten auf die alte Partition zurücksichern wollen. Über die Schaltfläche *Datenträger ausschließen* wählen Sie die Datenträger aus, die nicht wiederhergestellt werden sollen, weil diese zum Beispiel Daten enthalten. Über *Treiber installieren* lassen sich wichtige Treiber integrieren, die für die Wiederherstellung unter Umständen benötigt werden. In den Optionen unter *Erweitert* wird festgelegt, dass der Server automatisch nach der Wiederherstellung neu starten soll und Datenträger auf Defekte überprüft werden.

Als Nächstes wird eine Zusammenfassung angezeigt und Sie können die Eingaben noch einmal überprüfen. Zum Abschluss erscheint eine Meldung, die darüber informiert, dass die Datenträger, die anschließend wiederhergestellt werden, neu formatiert werden müssen. Diese Meldung muss bestätigt werden, bevor die Wiederherstellung beginnt. Danach beginnt der Assistent mit der Wiederherstellung des Servers. Nach der Wiederherstellung steht der Server wieder zur Verfügung.

Abbildg. 37.18 Auswählen der Wiederherstellungsoptionen des Servers

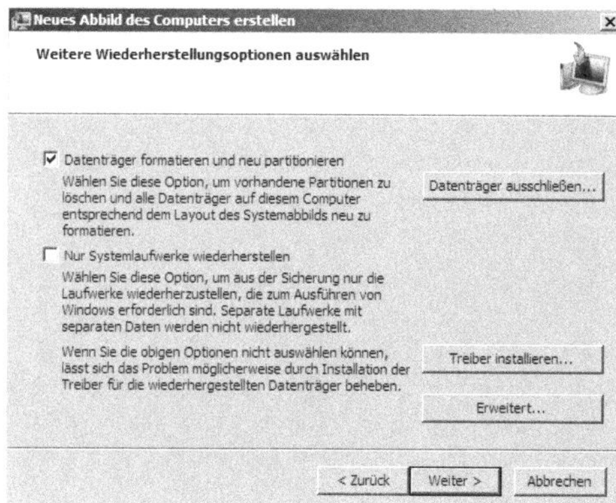

Schattenkopien verwenden

Eine Funktionalität von Windows Server 2008 R2, die aber auch in den Clients Windows Vista und Windows 7 enthalten sind, sind die Schattenkopien. Die Idee ist, dass Änderungen auf einem Datenträger regelmäßig erfasst und gesichert werden. Auf diese Weise entstehen sozusagen Schnappschüsse des Systems zu unterschiedlichen Zeitpunkten. Damit lassen sich das System und einzelne Dateien wiederherstellen. Benutzer können wieder auf frühere Versionen von Dateien zurückgreifen, indem diese aus einer Schattenkopie wiedergeherstellt werden.

Schattenkopien werden bei den Eigenschaften von Datenträgern auf der Registerkarte *Vorgängerversionen* verwaltet. Über das Kontextmenü eines Datenträgers im Explorer starten Sie die Konfiguration der Schattenkopien. Wählen Sie dazu den Befehl *Schattenkopien konfigurieren*. Wir kommen in den folgenden Abschnitten noch genauer auf diese Konfiguration zu sprechen.

Abbildg. 37.19 Schattenkopien aktivieren und konfigurieren

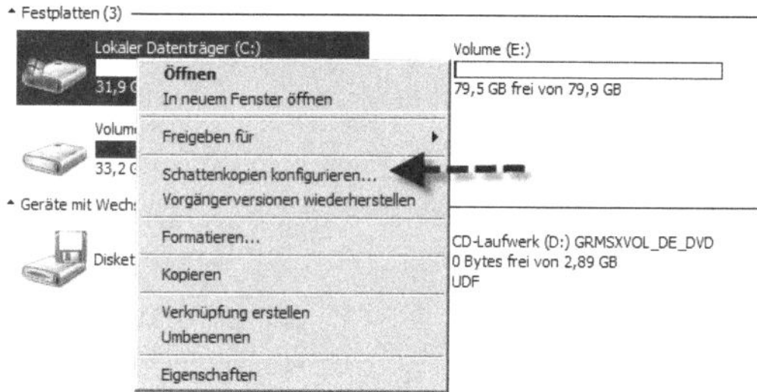

Konfigurieren Sie zunächst die Datenträger über die Schaltfläche *Einstellungen*, bevor Sie sie aktivieren. Bei der Nutzung von Schattenkopien müssen Sie berücksichtigen, dass dafür einiges an Speicherplatz erforderlich ist, da sämtliche Änderungen gespeichert werden müssen. Wenn Sie zusätzliche Datenträger einbauen, müssen Sie die Schattenkopien zunächst manuell konfigurieren. Bei den Eigenschaften der Schattenkopien können Sie zudem ein Limit für den maximal dadurch belegten Platz auf dem Datenträger definieren.

Abbildg. 37.20 Konfigurieren der Schattenkopien für einen Datenträger

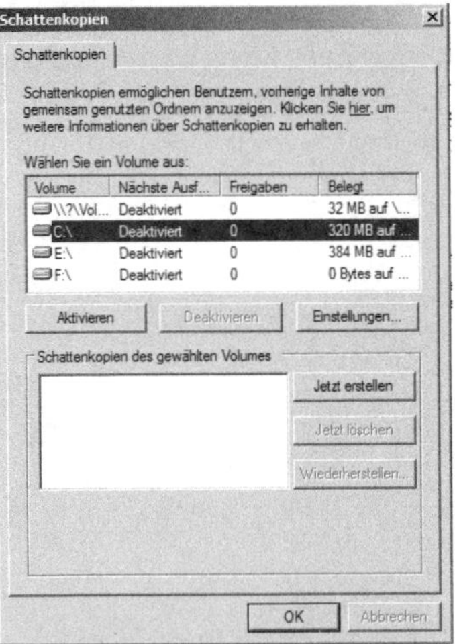

Darüber hinaus können Sie einen Zeitplan für die Erstellung von Schattenkopien erstellen. Sie können diese manuell jederzeit über die Schaltfläche *Jetzt erstellen* erzeugen. Der hauptsächliche Nutzen der Schattenkopien liegt darin, dass versehentlich gelöschte oder veränderte Dateien sehr schnell wiederhergestellt werden können.

Abbildg. 37.21 Konfigurieren der Schattenkopien

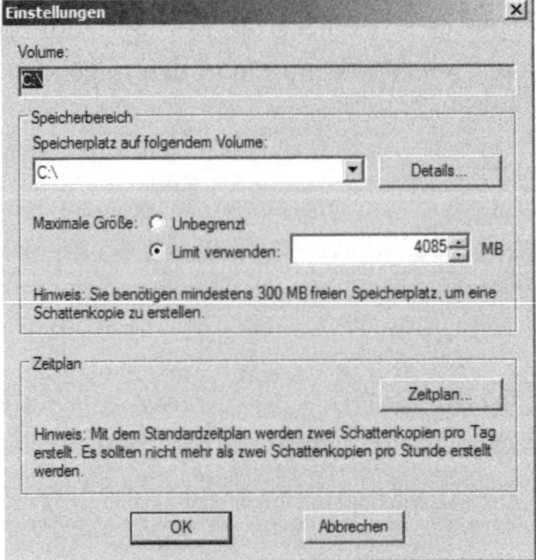

Wenn ein Benutzer den Administrator darüber informiert, dass eine Datei gelöscht oder fehlerhaft bearbeitet wurde, kann dieser mit wenigen Mausklicks ältere Versionen der Dateien wiederherstellen. Es muss kein Band in ein Laufwerk gelegt werden, es wird kein Sicherungsprogramm benötigt, sondern der Administrator oder auch der Anwender selbst braucht nur in den Eigenschaften des Verzeichnisses, in dem sich die betreffende Datei befindet, eine ältere Version der Sicherung wiederherzustellen.

Je nach Berechtigungsstruktur kann auch jeder Benutzer selbst seine Dateien wiederherstellen. In jedem Fall wird viel Zeit gespart und Nerven werden geschont. Die Schattenkopien belegen auch bei relativ großen Datenträgern nur eine begrenzte Menge an Speicherplatz. Bevor Sie Schattenkopien einführen, sollten Sie sich Gedanken über die folgenden Punkte machen:

- Schattenkopien werden immer für komplette Laufwerke erstellt. Komprimierte und verschlüsselte Dateien werden ebenfalls gesichert. Damit Sie Schattenkopien verwenden können, muss der Datenträger mit NTFS formatiert sein.
- Wenn Sie Schattenkopien für ein Laufwerk aktivieren, werden standardmäßig 10% des Datenträgers reserviert (was Sie auf der Registerkarte *Einstellungen* ändern können). Wenn diese 10% belegt sind, werden die ältesten Versionen der gesicherten Dateien automatisch überschrieben.
- Während einer Sicherung reagiert die entsprechende Platte aufgrund von Schreibvorgängen eventuell etwas langsamer

Passen Sie den Zeitplan für die Erstellung der Schattenkopien Ihren Bedürfnissen an. Standardmäßig erstellt Windows Server 2008 R2 an jedem Wochentag (Montag bis Freitag) um 07:00 Uhr und um 12:00 Uhr eine Schattenkopie. Je öfter Schattenkopien erstellt werden, umso mehr Versionen der Dateien stehen folglich zur Verfügung und können von den Benutzern oder Administratoren wiederhergestellt werden. Maximal können 64 Schattenkopien eines Datenträgers hergestellt werden. Mit steigender Anzahl von Schattenkopien steigt auch der Speicherplatzbedarf.

Damit auf die Schattenkopien zugegriffen werden kann, muss auf dem jeweiligen PC ein zusätzliches Programm, der Schattenkopieclient, installiert werden. Nur Anwender, auf deren PCs der Schattenkopieclient installiert wurde, können auf Schattenkopien zurückgreifen, um Dateien wiederherstellen zu können. In Windows Vista und Windows 7 ist dieser Client bereits standardmäßig installiert und aktiviert.

Vorherige Version wiederherstellen

Schattenkopien können Kopien von Dateien auf Ihrem Computer oder freigegebene Dateien auf einem Computer in einem Netzwerk sein. Mithilfe vorheriger Dateiversionen können Sie Dateien wiederherstellen, die Sie versehentlich geändert oder gelöscht haben oder die beschädigt sind. Abhängig vom Datei- oder Ordnertyp können Sie eine vorherige Version öffnen, an einem anderen Speicherort speichern oder wiederherstellen. Auch diese Wiederherstellung führen Sie über das Kontextmenü aus. Wählen Sie auf einem Clientcomputer die Option *Vorgängerversionen wiederherstellen* aus.

Abbildg. 37.22 Wiederherstellen von älteren Versionen Ihrer Dateien

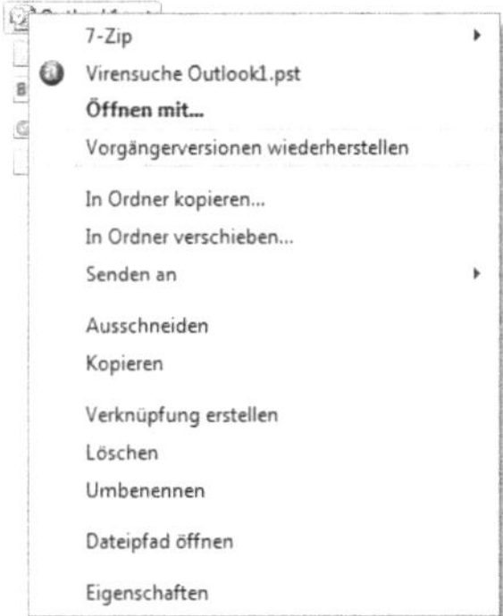

Es öffnet sich ein neues Fenster, in dem der Client alle Versionen der Datei anzeigt, die sich wiederherstellen lassen. Sie können die vorherige Version entweder unter dem gleichen Namen in das gleiche Verzeichnis kopieren oder die vorherige Version parallel zur vorhandenen Version wiederherstellen.

Abbildg. 37.23 Wiederherstellen von vorherigen Versionen von Dateien

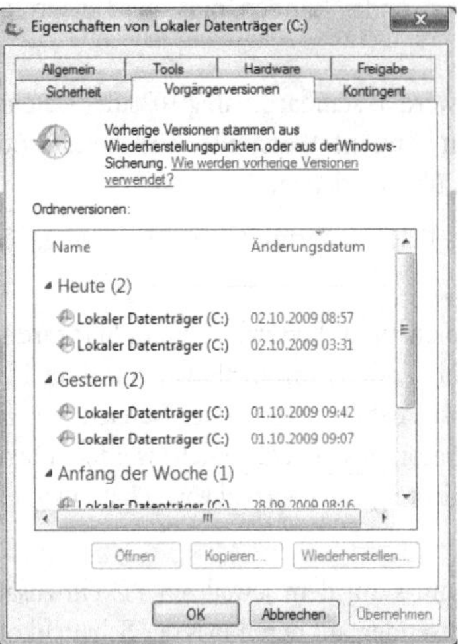

Wenn Sie auf die Schaltfläche *Wiederherstellen* klicken, wird die vorhandene Version der Datei durch die Schattenkopie ersetzt. Wählen Sie die Schaltfläche *Kopieren* aus, können Sie die ausgewählten Schattenkopien unter einem anderen Namen oder in einen anderen Ordner kopieren. Die ursprüngliche Version bleibt dabei erhalten.

Während Sie auf den Servern einen festen Zeitplan erstellen können, legen Clientbetriebssysteme wie Windows Vista oder Windows 7 bei der automatischen Erstellung eines Systemwiederherstellungspunkts Schattenkopien der Dateien an. Sie können bei Windows Vista und Windows 7 jederzeit auch manuell einen Systemwiederherstellungspunkt erstellen. Navigieren Sie dazu in der Systemsteuerung zu *System und Sicherheit/System*, klicken auf den Link auf der linken Seite *Computerschutz* und wählen die Schaltfläche *Erstellen*.

Abbildg. 37.24 Wiederherstellen von Dateien aus Sicherungen

Schattenkopien sind nicht verfügbar für Dateien und Ordner, die für die einwandfreie Funktion von Windows erforderlich sind. Beispiele dafür sind der Systemordner (der Ordner, in dem Windows installiert ist) sowie Dateien im Systemordner (normalerweise also *C:\Windows*). Greifen Anwender von Windows Vista oder Windows 7 auf Freigaben von Servern zu, zeigen die vorherigen Versionen die Sicherungen an, die für Laufwerke auf dem Server konfiguriert wurden.

Bluescreens verstehen und beheben

Wenn Wiederherstellungen auf einem Server notwendig sind, liegt häufig ein Bluescreen vor. Diese Fehler tauchen aber nicht nur bei älteren Windows-Versionen auf, sondern unter Umständen auch unter Windows Server 2008 R2. Schuld ist daran selten das Betriebssystem, sondern meist ein bestimmter Treiber oder eine Anwendung. Im folgenden Abschnitt beleuchten wir ausführlicher, wie Bluescreens entstehen und wie diese behoben werden, damit eine Wiederherstellung unter Umständen nicht notwendig wird.

So gut wie jeder Windows-Anwender kennt den blauen Bildschirm mit den kryptischen Fehlermeldungen. Was viele ärgert, soll das System jedoch schützen. Bluescreens werden von Profis auch oft als Stoppfehler bezeichnet. Sobald eine solche Meldung erscheint, ist Windows nicht mehr funktionsfähig und der Betrieb wird unterbrochen. Wurden geöffnete Dateien nicht gespeichert, können sogar Daten verloren gehen.

HINWEIS In diesem Abschnitt werden nicht alle Arten von Bluescreens aufgelistet, da es über 150 verschiedene Varianten gibt. Die möglichen Ursachen sowie deren Behebung sind allerdings häufig recht ähnlich. Eine ausführliche Liste aller möglichen Bluescreens unter Windows XP und Windows Vista sowie Windows Server 2008 R2 und Windows 7 finden Sie auf der Webseite *http://msdn2.microsoft.com/en-us/library/ms793688.aspx*. Eine Liste der Windows-9x/ME-Bluescreens gibt es auf der Seite *http://support.microsoft.com/default.aspx?scid=kb;en-us;q150314*. Diese Listen werden aber für das Verständnis von Bluescreens nur selten benötigt und dienen eher der allgemeinen Information oder auch als letzte Anlaufstelle, wenn die übrigen Maßnahmen aus diesem Abschnitt keine Abhilfe schaffen.

Ursachenforschung bei Bluescreens betreiben

Ein Bluescreen ist in fast allen Fällen kein Fehler, der durch Windows oder eine Anwendung verursacht wird. Hauptsächlich sind fehlerhafte Treiber schuld, dass Windows aufgibt und sich mit einem Fehler verabschiedet. Bluescreens kommen unter Windows 9x/ME, NT 4.0 und 2000 deutlich häufiger vor als unter XP oder Windows Server 2003. Bei Windows Vista, Windows 7 und Windows Server 2008 R2 treten diese noch seltener auf, weisen Fall dafür aber auch oft auf größere Schwierigkeiten hin.

Neben fehlerhaften Treibern kommen Bluescreens insbesondere dann vor, wenn eine Hardwarekomponente defekt ist. Am häufigsten hängen entsprechende Probleme mit dem Arbeitsspeicher oder einer überhitzten CPU zusammen. Ebenfalls weit verbreitet sind defekte Festplattencontroller oder Hauptplatinen. Auch wenn Windows an einem Dateizugriff scheitert, weil die Festplatte defekt ist, bedeutet das oft eine Ankündigung eines Plattenausfalls. Solche Fehler äußern sich aber meist durch entsprechende Geräusche der Festplatte und Abstürze anderer Art, zum Beispiel das Einfrieren des Systems.

Bei einem Bluescreen läuft Windows noch stabil genug, um den Fehler zu protokollieren und sich selbst sofort zu beenden. Bei Windows Vista, Windows 7 und Windows Server 2008 R2 treten Bluescreens vorwiegend nach der Installation falscher oder fehlerhafter Treiber auf. Dies liegt daran, dass Windows Vista, Windows 7 und Windows Server 2008 R2 bei der Hardwareverwaltung anders vorgehen als Windows XP und Windows Server 2003, um Systemabstürze durch fehlerhafte Treiber zu verhindern. Unter den 64-Bit-Versionen treten Bluescreens häufig dann auf, wenn neben der CPU nicht alle Komponenten des Computers 64-Bit-tauglich sind. In diesem Fall sollten Sie bei Ihrem Händler nachfragen oder bei einem selbst gebauten Computer die betreffende Hardwarekomponente wechseln. Achten Sie am besten bereits beim Kauf darauf, nur 64-Bit-kompatible Komponenten zu erwerben.

Damit Windows Vista und Windows 7 oder Windows Server 2008 R2 in der 64-Bit-Version installiert werden können, reicht es nicht aus, dass nur die CPU 64-Bit-tauglich ist. Erscheint ein Bluescreen und haben Sie die Einstellungen in Windows so vorgenommen, wie wir es am Ende des Abschnitts empfehlen, erhalten Sie eine recht aussagekräftige Fehlermeldung, die als erster Anhaltspunkt für die Internetrecherche dienen kann. Meist wird eine achtstellige Hexadezimalzahl angegeben, außerdem eine kurze Beschreibung des Fehlers wie beispielsweise *IRQ_NOT_LESS_OR_EQUAL* oder *INACCESSIBLE_BOOT_DEVICE*. Manchmal wird auch die Datei angezeigt, die den Fehler verursacht hat – häufig eine *.sys*-Datei, also ein Treiber. Diese Datei muss nicht zwangsläufig Schuld am Bluescreen sein, kann aber in die Internetrecherche mit einbezogen werden, um die Ursache und damit das Suchergebnis einzugrenzen. Am Ende des Abschnitts stellen wir Ihnen Tools vor, mit denen Sie die Protokolldateien analysieren können und die weitere Hinweise zur Fehlersuche im Internet liefern.

Warum sind fehlerhafte Treiber schuld?

Vor allem unter Windows NT 4.0 oder 9x, aber auch noch unter Windows XP und Windows Server 2003 werden Treiber im Kernelmodus betrieben, arbeiten also im gleichen Bereich des Arbeitsspeichers wie der Kern des Betriebssystems. Schreibt ein Treiber durch Programmierfehler in einen Arbeitsspeicherbereich, in dem sich bereits Daten eines anderen Treibers oder sogar des Systems befinden, werden diese Daten überschrieben. Das Betriebssystem weiß jedoch nichts von diesem Vorgang und findet beim Versuch, auf seine Daten zuzugreifen, nicht mehr den erwarteten Inhalt vor. Aus diesem Grund stellt Windows sofort seinen Betrieb ein und meldet den Fehler dann als Bluescreen.

Würde das System nicht so vorgehen, könnten durch die ungültigen Bereiche im Arbeitsspeicher Daten zerstört oder im Falle von Hardwaretreibern sogar die Hardware eines Computers in Mitleidenschaft gezogen werden. Solche Kernelzugriffe von Treibern hat Microsoft in Windows 2000 Server und Windows Server 2003 verringert und mit Windows Vista und Windows 7 sowie Windows Server 2008 R2 nahezu abgeschafft, sodass Bluescreens in diesem Bereich eher selten auftreten. Verliert ein Teil des Arbeitsspeichers durch einen physischen Defekt jedoch Daten, kann auch unter Windows Vista und Windows 7 oder Windows Server 2008 R2 ein Bluescreen erscheinen.

Abbildg. 37.25 Überprüfen der Hardware und der Prozessortemperatur mit SpeedFan

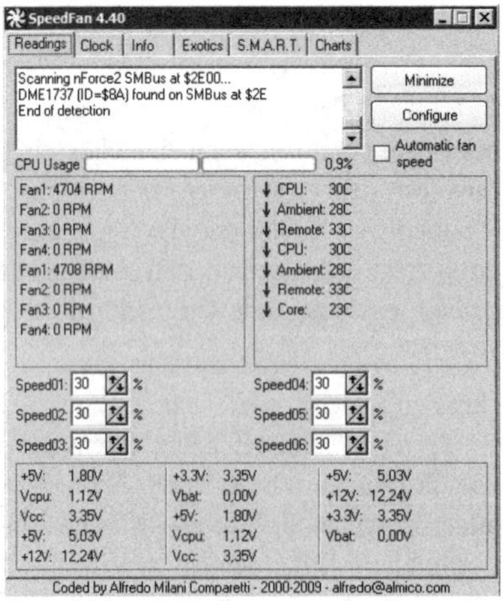

Übrigens: Bluescreens gibt es auch unter UNIX oder Linux, werden hier aber als »Kernel Panic« bezeichnet. Auch bei diesen Betriebssystemen sind die gleichen Umstände am Absturz schuld. Eine häufige Ursache für Bluescreens sind überhitzte CPUs. Der Prozessor kann bei mangelnder Kühlung durch einen verschmutzten oder defekten Prozessorlüfter zu heiß werden, eine eventuelle Übertaktung kann den Effekt noch verstärken. Haben Sie Ihren Server übertaktet und erhalten seitdem regelmäßig Bluescreens, kann sich eine Prüfung der CPU-Temperatur lohnen, zum Beispiel durch Zusatztools wie SpeedFan (*http://www.almico.com/speedfan.php*).

Viele Hauptplatinen lösen in solchen Fällen Bluescreens in Windows selbst aus. Auch hier ist also nicht Windows schuld, sondern es handelt sich um eine simple Fehlervermeidungsmaßnahme. Würde kein Bluescreen erscheinen und die CPU immer heißer werden, wäre es nur eine Frage der Zeit, bis die CPU endgültig defekt ist.

Übertaktete Intel-CPUs verwenden oft auch einen höheren Frontside Bus (FSB), über den Chipsatz und Arbeitsspeicher angesprochen werden. Auch hier können Bluescreens auftreten, wenn die Hardware mit dem eingestellten Takt nicht zurechtkommt. Abhilfe schafft hier die Absenkung des FSB-Takts. Ein gutes Tool dazu ist CPU-Z von der Seite *http://www.cpu-z.de*.

Abbildg. 37.26 Anzeigen von CPU-Informationen eines Servers

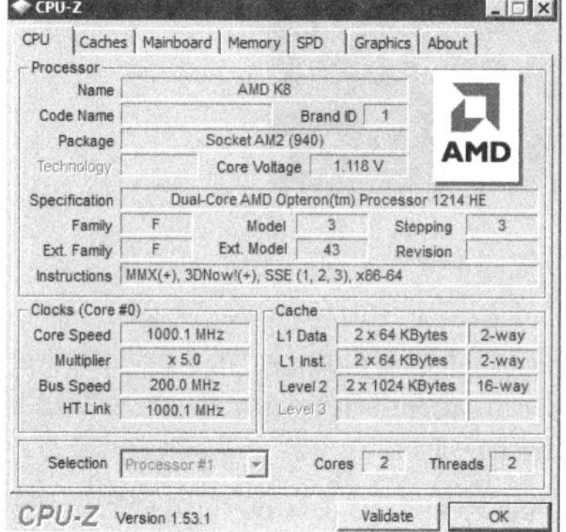

Arbeitsspeicherdiagnose

Treten auf Ihrem Computer häufig Bluescreens auf, obwohl Sie nur aktuelle sowie offizielle Treiber einsetzen und das System nicht übertaktet haben, liegt dies wahrscheinlich am RAM. In diesem Fall können Sie den Arbeitsspeicher mit Testprogrammen überprüfen. Unter Windows Vista und Windows 7 sowie Windows Server 2008 R2 gibt es dazu das Windows-Speicherdiagnosetool, das Sie über den Befehl *mdsched.exe* im Suchfeld des Startmenüs aufrufen. Für die Diagnose wird der Computer neu gestartet und der Speicher in einer eigenen Umgebung getestet. Anschließend startet Windows erneut und meldet, ob Bereiche des Speichers defekt sind.

Für andere Windows-Versionen oder ausführlichere Tests hilft das Tool *Windows Memory Diagnostic*, das von der Seite *http://oca.microsoft.com/de/windiag.asp* heruntergeladen werden kann. Das Tool erstellt eine Startdiskette oder eine startfähige CD, von der Sie starten und dann den Arbeitsspeicher ausführlich testen lassen können. Der Standardtest läuft zweimal durch und dauert etwa eine halbe Stunde. Drücken Sie während des Testlaufs die Taste [T], startet ein erweiterter Testlauf. Dieser prüft das RAM noch gründlicher, benötigt dafür aber auch einige Stunden. Meldet das Programm keinen Fehler im RAM, können Sie nahezu sicher sein, dass der Bluescreen nicht durch den Arbeitsspeicher verursacht wurde. Findet die Software hingegen Fehler, erscheint eine entsprechende Meldung. Mithilfe dieser Meldung erfahren Sie, welcher Speicherriegel defekt ist und ausgetauscht werden muss. Eine Alternative für den Test des Arbeitsspeichers ist das Entfernen des betreffenden Speicherriegels.

Läuft der Computer anschließend problemlos, ist der jeweilige Riegel oder die Bank auf der Hauptplatine defekt. Funktioniert der Rechner auch dann noch, wenn ein funktionsfähiger RAM-Riegel in die ursprüngliche Speicherbank gesteckt wurde, ist der entfernte Arbeitsspeicher höchstwahrscheinlich schuld am Absturz. Stürzt der Computer weiterhin ab, tauschen Sie die Riegel erneut. Hilft diese Vorgehensweise nicht, ist zwar das Problem nicht gelöst, allerdings können Sie dann sicher sein, dass es nicht am Arbeitsspeicher liegt, sondern vermutlich an einer defekten Speicherbank.

Abbildg. 37.27 Mit einer Arbeitsspeicherdiagnose defekten RAM-Riegeln auf der Spur

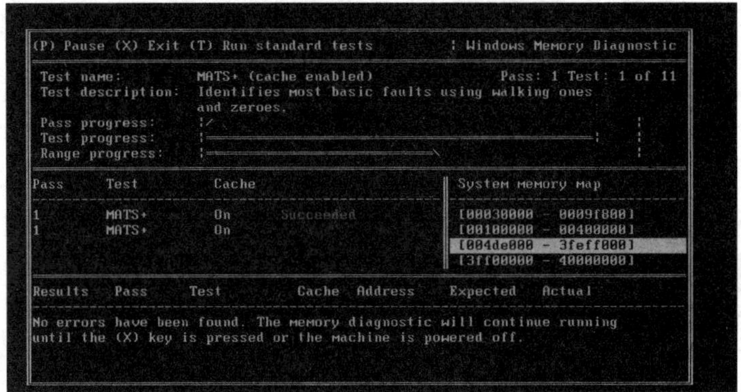

Bluescreens vs. Blackscreens

Die schwarzen Blackscreens tauchen auf, bevor das Betriebssystem ordnungsgemäß gestartet wurde und verhindern, dass der Startvorgang fortgesetzt wird. Diese Screens äußern sich darin, dass – wie bei Bluescreens – Fehler gemeldet werden oder der Bildschirm komplett schwarz bleibt.

Der hauptsächliche Unterschied zwischen Black- und Bluescreens ist, dass die blaue Version im laufenden Betrieb auftritt, das Betriebssystem also starten, aber nicht stabil laufen kann. Blackscreens deuten darauf hin, dass eventuell bereits während des Rechnerstarts in der Startphase des BIOS Probleme auftreten. Nach dieser kommt die Startphase, in welcher der Computer versucht, ein Betriebssystem zu finden und dieses zu starten.

Blackscreens beheben

Treten Fehler in einer dieser zwei Phasen auf, ist der Fehler meist leicht zu finden. Bei BIOS-Problemen werden Meldungen angezeigt oder Sie hören bestimmte Töne, die auf defekte Hardware schließen lassen. Das Mainboard-Handbuch hilft bei der Interpretation dieser Fehlercodes und verrät Ihnen so, welche Komponente das Problem verursacht. In der Startphase hingegen erscheinen hauptsächlich Meldungen, wenn das Betriebssystem nicht gefunden werden kann, zum Beispiel, wenn eine Diskette im Laufwerk liegt und die Startreihenfolge so eingestellt ist, dass von dieser gestartet wird. Auch wenn wichtige Startdateien von Windows nicht gefunden werden können, schlägt der Startvorgang fehl.

Solche Fehler können ohne Weiteres auch unter Windows Vista und Windows 7 und Windows Server 2008 R2 auftreten. Fehlerbehebungen in diesem Fall sind recht einfach: Bei BIOS-Problemen muss die entsprechende Hardware getauscht oder ein eventueller Einbaufehler korrigiert werden. Fehler in der BIOS-Startphase kommen häufig nach Hardwareänderungen oder -einbauten vor und lassen schlimmstenfalls auf eine defekte Hauptplatine schließen. Beepcodes sind dann zu hören, wenn der Computer noch nicht mal anfangen kann zu starten. Eine Liste von Beepcodes finden Sie auf der Seite *http://www.administrator.de/BIOS_Beep-Codes.html*. Dies liegt häufig an fehlerhaften oder falsch eingebauten Arbeitsspeicherriegeln. Erscheint nach dem Startvorgang eine Fehlermeldung, die auf Probleme mit der Festplatte schließen lässt, wurde diese vom System nicht erkannt – im Falle älterer PATA-Platten ist oft eine falsche Jumperung die Ursache. Bei Problemen in der Startphase müssen Sie den ursprünglichen Zustand des Betriebssystems wiederherstellen.

Abbildg. 37.28 Typischer Blackscreen, wenn Windows Server 2008 R2 nicht auf den Start-Manager zugreifen kann

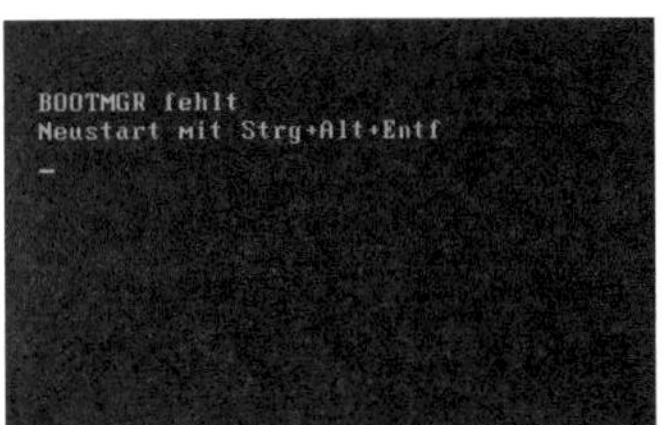

Wurden beim Starten des Computers die BIOS- sowie die Startphase fehlerfrei bewältigt, lädt das Betriebssystem seine Treiber und die Benutzeroberfläche. Diese Phase wird auch als Kernelphase bezeichnet. Hier auftretende Blue- oder Blackscreens lassen sich wesentlich schwerer beheben. Meistens liegt in diesem Fall ein Problem mit einem Treiber vor.

Haben Sie vor dem letzten Startvorgang einen neuen Treiber installiert und erscheint jetzt ein Blue- oder Blackscreen, ist wahrscheinlich dieser neue Treiber schuld. In diesem Fall ist die beste Wahl zur Fehlerbehebung, beim Starten des Computers die Taste F8 zu drücken. Anschließend erscheint das Systemstartmenü von Windows. Über die Option *Letzte als funktionierend bekannte Konfiguration* werden alle Änderungen seit dem letzten Start des Betriebssystems rückgängig gemacht und der vorherige Treiber wieder geladen. Diese Option funktioniert aber nur dann, wenn der letzte Betriebssystemstart funktioniert hat und erst der neue Treiber das System mit einem Blue- oder Blackscreen zum Absturz bringt.

Treten in unregelmäßigen Abständen Bluescreens auf und haben Sie Ihren Arbeitsspeicher getestet, sind häufig fehlerhafte Treiber schuld (wie schon ausführlich erläutert). Hier hilft oft ein Rundumschlag, also die Aktualisierung aller wichtigen Systemtreiber:

- Suchen Sie für die wichtigsten Komponenten wie Chipsatz, Grafikkarte, Soundkarte usw. die aktuellen Treiber und installieren Sie diese
- Führen Sie ein Windows-Update durch, damit die aktuellsten Patches installiert sind
- Überprüfen Sie im Geräte-Manager, ob unbekannte oder deaktivierte Geräte angezeigt werden und stellen Sie sicher, dass für diese Komponenten Treiber installiert werden
- Entfernen Sie unnötige Geräte vom Computer, bis Sie sicher sind, an welchem Gerät der Fehler liegt

Versteckte Treiber finden und entfernen

Über den Menübefehl *Ansicht/Ausgeblendete Geräte anzeigen* im Geräte-Manager lassen sich Komponenten anzeigen, deren Treiber zwar installiert wurden, aber nicht mehr benötigt werden. So besteht die Möglichkeit, veraltete Gerätetreiber vom Computer zu entfernen, da diese das System unnötig belasten und eventuell ebenfalls für Bluescreens verantwortlich sind.

Wenn Sie den Menübefehl auswählen, werden allerdings nur jene Systemkomponenten angezeigt, die Windows zum Schutz des Systems vor dem Anwender versteckt. Damit auch jene Geräte angezeigt werden, die im System installiert wurden, aber nicht mehr vorhanden sind, müssen Sie den Geräte-Manager über einen speziellen Weg aufrufen. Gehen Sie dazu folgendermaßen vor:

1. Öffnen Sie die Eingabeaufforderung.
2. Tippen Sie den Befehl *set devmgr_show_nonpresent_devices=1* ein.

3. Starten Sie über den Befehl *start devmgmt.msc* den Geräte-Manager.
4. Rufen Sie den Menübefehl *Ansicht/Ausgeblendete Geräte anzeigen* auf. Sofern ältere Treiber auf dem PC vorhanden sind, werden diese jetzt angezeigt. Im Anschluss können Sie nach den nicht mehr benötigten Geräten suchen und diese entfernen.

Windows-Einstellungen für Bluescreens

Windows Server 2008 R2 ist standardmäßig so eingestellt, dass nach einem Bluescreen automatisch der Rechner neu gestartet wird. Das hat zwar den Vorteil, dass der Server dann recht schnell wieder zur Verfügung steht. allerdings kann in diesem Fall auch die entsprechende Fehlermeldung nicht gelesen werden. Erscheint der Bluescreen nach jedem Start, verfängt sich der Computer in einer Schleife, da nach jedem Bluescreen erneut gestartet wird. Die möglichen Einstellungen, wie sich Windows nach einem Bluescreen verhalten soll, finden Sie unter *Start/Systemsteuerung/System und Wartung/System/Erweiterte Systemeinstellungen*. Klicken Sie im Bereich *Starten und Wiederherstellen* auf die Schaltfläche *Einstellungen*.

Über den Bereich *Systemfehler* lassen sich die Einstellungen vornehmen. Zunächst sollten Sie das Kontrollkästchen *Automatisch Neustart durchführen* deaktivieren. Im Bereich *Debuginformationen* wählen Sie über das Listenfeld aus, welche Art der Informationen protokolliert werden soll. Am besten ist die Variante *Kleines Speicherabbild* geeignet, da andere Informationen ohnehin eher verwirrend sind. Die hier protokollierten Informationen können übrigens mit den von Microsoft zur Verfügung gestellten *Debugging Tools for Windows* ausgelesen werden, die wir im nächsten Abschnitt besprechen. Hier legen Sie auch fest, in welchem Verzeichnis das Speicherabbild mit dem Fehler abgelegt werden soll.

Abbildg. 37.29 Windows Server 2008 R2 für das Verhalten bei Bluescreens konfigurieren

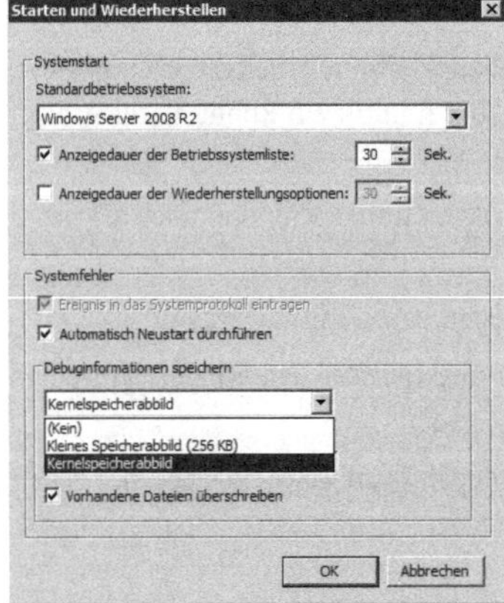

Den Fehlern bei Bluescreens mit Zusatztools auf der Spur

Helfen die beschriebenen Wege nicht, um Bluescreens auf Ihrem System zu vermeiden, hilft entweder die komplette Neuinstallation des Betriebssystems oder zusätzliche Testsoftware. Wie der Arbeitsspeicher getestet wird, haben wir bereits beschrieben. In den folgenden Abschnitten gehen wir auf weitere Freewaretools ein, die für die Systemdiagnose bei Bluescreens wertvolle Hilfe leisten. Ein wichtiger Helfer bei der Suche nach der Ursache von Bluescreens ist SpeedFan. Nach der Installation des Tools wird die Temperatur der CPU angezeigt. Vor allem bei übertakteten Systemen bietet das Tool eine unersetzliche Hilfestellung bei der Überwachung der Prozessortemperatur.

Ebenfalls interessant ist die Registerkarte *S.M.A.R.T* des Tools. Hier werden Fehler der Festplatten angezeigt, wenn diese die SMART-Technologie (Self Monitoring Analysis And Reporting Technology) unterstützen und Sie diese Funktion im BIOS aktiviert haben. Hier sollten keinerlei Fehler gemeldet werden, ansonsten können Sie davon ausgehen, dass Ihre Festplatte defekt ist. Neben Fehlern erhalten Sie auf dieser Registerkarte ausführliche Informationen über die Leistung und den physischen Zustand der Festplatte.

Debugging Tools for Windows

Mit dem von Microsoft kostenlos zur Verfügung gestellten Tool *Debugging Tools for Windows* (*http://www.microsoft.com/whdc/devtools/debugging*) werden die Meldungen von Bluescreens verständlich aufbereitet. Das Tool analysiert die Protokolldatei, die beim Auftreten des Bluescreens erzeugt worden ist. Der Inhalt lässt Rückschlüsse auf den Ursprung des Fehlers zu. Achten Sie aber darauf, dass solche Protokolldateien nur dann erzeugt werden, wenn für das Laufwerk C: die Auslagerungsdatei aktiviert ist. Haben Sie die Auslagerungsdatei auf ein anderes Laufwerk verschoben, werden solche Dateien nicht erstellt. Sie erhalten eine entsprechende Meldung, wenn Sie die Auslagerungsdatei auf dem Laufwerk C deaktivieren. Das Tool steht auch für 64-Bit-Systeme zur Verfügung.

Nach der Installation starten Sie das Programm zur Analyse über *Start/Programme/Debugging Tools für Windows/WinDbg*. Über das Menü *File/Symbol File Path* tragen Sie am besten noch den Befehl *SRV*c:\websymbols*http://msdl.microsoft.com/download/symbols* ein. Dieser bewirkt, dass das Programm automatisch notwendige Ressourcen aus dem Internet in den Ordner *C:\Websymbols* herunterlädt, wenn diese für die Analyse benötigt werden. Eine ausführliche Anleitung zur Bluescreenanalyse finden Sie auf der Seite *http://www.microsoft.com/whdc/devtools/debugging/debugstart.mspx.*

Abbildg. 37.30 Bluescreenanalyse mit den Debugging Tools for Windows

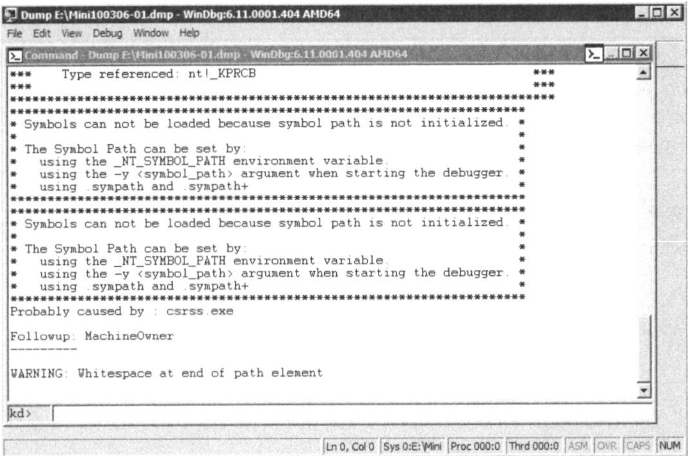

Öffnen Sie eine Dumpdatei, also das Protokoll des Bluescreens, wird ein Fenster mit zwei Bereichen geöffnet: *Command* und *Disassembly*. Den meisten Anwendern reichen die Informationen unter *Command*. Die Daten unter *Disassembly* sind hauptsächlich für Programmierer gedacht, die Fehler in eigenen Anwendungen oder Treibern suchen. Interessant ist der Bereich *Bugcheck Analysis*. Hier wird ein Fehlercode angezeigt, der auch sehr gut für die Recherche im Internet geeignet ist. Auch in der Microsoft Knowledge Base unter *http://support.microsoft.com* finden Sie oft ausführliche Hinweise. Verwenden Sie in der Knowledge Base übrigens am besten immer die englischen Artikel.

Durch die Eingabe des Befehls *!analyze –v* im *Command*-Fenster werden weitere Informationen angezeigt, die ebenfalls der Recherche dienen. In der Zeile *Probably caused by* wird die Datei angezeigt, die vermutlich den Fehler verursacht hat. Zusammen mit den anderen Informationen ist auch diese Information für die Suche im Internet sehr hilfreich. Über den Befehl *lm v m<Dateiname>* erhalten Sie weitere Infos. Geben Sie den Dateinamen ohne Endung und direkt hinter *m* an, ohne Leerzeichen. Wird eine bestimmte Datei gemeldet, weist diese auf den entsprechenden Treiber hin. Geben Sie den Namen der Datei gefolgt vom Begriff *Bluescreen* in eine Suchmaschine ein.

Abbildg. 37.31 Bluescreen analysieren

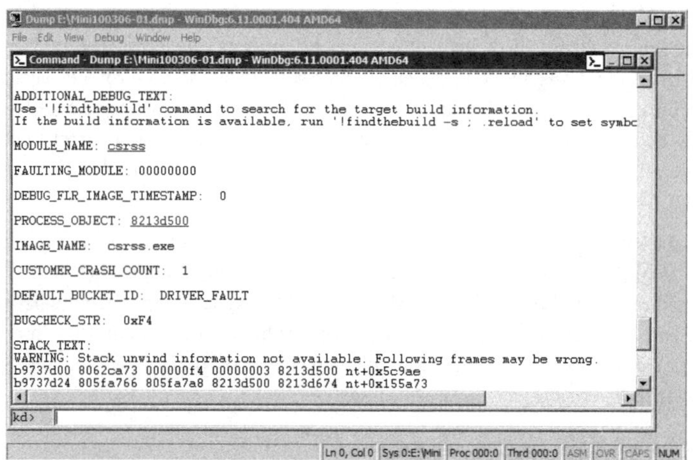

TIPP Eine gute Möglichkeit, Bluescreens auf die Spur zu kommen, ist auch das Freewaretool BlueScreenView, das Sie von der Seite *http://www.nirsoft.net/utils/blue_screen_view.html* herunterladen können. Sie erhalten Informationen zu den Bluescreens und können schneller Fehler finden. Der Vorteil des Tools ist, dass Sie den Viewer nicht installieren müssen. Er lässt sich daher auch über einen USB-Stick aufrufen.

Abbildg. 37.32 Bluescreens mit dem kostenlosen *BlueScreenView* auf der Spur

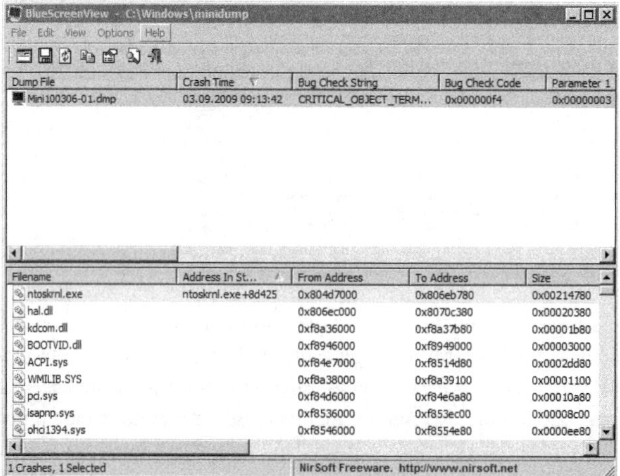

Zusammenfassung

Auch wenn die interne Datensicherung von Windows Server 2008 R2 selten für die Sicherung von produktiven Daten verwendet wird, bietet diese Funktion zahlreiche Möglichkeiten. In Windows Server 2008 R2 ist es jetzt noch einfacher, einen kompletten Server zu sichern und diesen wiederherzustellen. Auch die Oberfläche der Sicherung sowie deren Funktionen wurden überarbeitet. Wir haben Ihnen in diesem Kapitel auch die Möglichkeiten der Schattenkopien zur Wiederherstellung gezeigt und Ihnen ein paar Hintergrundinformationen zu Black- und Bluescreens gegeben. Im nächsten Kapitel erläutern wir Ihnen, wie Sie die Active Directory-Daten sichern und wiederherstellen können.

Kapitel 38

Active Directory installieren, erweitern und verwalten

In diesem Kapitel:

Die Datensicherung des kompletten Active Directory sowie die Wiederherstellung von einzelnen Objekten im Active Directory spielen bei der Administration ebenfalls eine große Rolle. Da es in Active Directory keinen Papierkorb gibt wie unter Windows, sind gelöschte Objekte zunächst verloren. Es gibt aber Mittel und Wege, Active Directory vollständig bzw. einzelne Objekte wiederherzustellen. Active Directory ist, wie die Exchange Server-Datenbank, eine Jet-basierte Datenbank mit allen Vor- und Nachteilen. Die Datenbank liegt in Form der Datei *ntds.dit* auf jedem Domänencontroller im Verzeichnis *\Windows\NTDS*.

Für die Datensicherung und anschließende Wiederherstellung reicht es jedoch nicht aus, nur diese Datei zu sichern. Es sind einige Maßnahmen notwendig, die bei der Sicherung und einer eventuell erforderlichen Wiederherstellung benötigt werden. Die Sicherung von Active Directory erfolgt zusammen mit der Sicherung von anderen wichtigen Systemkomponenten eines Servers. Bei dieser Sicherung, die auch durch das Windows-eigene Datensicherungsprogramm durchgeführt werden kann, werden alle zusammenhängenden Daten, die Active Directory benötigt, ebenfalls gesichert. Sie sollten mit Ihrem Datensicherungsprogramm regelmäßig eine Datensicherung von Active Directory durchführen. Alternativ kann die Active Directory-Datensicherung durch das Windows-Datensicherungsprogramm in eine Datei erfolgen, die dann wieder durch die Datensicherung auf eine CD/DVD oder über das Netzwerk gesichert wird.

Active Directory arbeitet mit der sogenannten Tombstone Lifetime (Alterungsgültigkeitsdauer). Diese definiert, in welchem Zeitraum ein Active Directory-Objekt wiederhergestellt werden kann, nachdem es gelöscht wurde. Bei installiertem Service Pack 1 bewahrt Active Directory gelöschte Objekte 180 Tage lang in einer temporären Datenbank auf. Nach Ablauf dieser Zeit ist die Datensicherung nutzlos, da sie ohnehin nicht mehr zurückgespielt werden kann. Das Objekt wird aus Active Directory entfernt. Ist das SP1 für Windows Server 2003 nicht installiert, beträgt die Tombstone Lifetime nur 60 Tage. Wenn eine Gesamtstruktur mit Windows Server 2003 R2 oder SP2 oder Windows Server 2008 R2 erstellt wird, beträgt die Tombstone Lifetime automatisch 180 Tage. Aus diesem Grund sollte zumindest wöchentlich Active Directory gesichert werden.

Wenn Sie ein Konzept für die Sicherung von Active Directory erstellen, sollten Sie einige Punkte berücksichtigen. Nur so ist sichergestellt, dass im Notfall ein tragfähiges Sicherungskonzept zur Verfügung steht, aus dem Sie Daten wiederherstellen können:

- Fertigen Sie tägliche Sicherungen aller Domänen und damit Partitionen von Active Directory auf unterschiedlichen Domänencontrollern an
- Stellen Sie sicher, dass die Sicherungsdateien von Active Directory an einem sicheren Ort gespeichert werden. Die Sicherung von Active Directory auf einem lokalen Laufwerk eines Domänencontrollers ist dafür sicherlich nicht geeignet.
- Wenn Sie die DNS-Zonen Ihres Active Directory nicht im DNS speichern lassen, sollten Sie die angelegten Zonendateien zusätzlich mitsichern. Sind die DNS-Zonen in Active Directory integriert, werden sie durch die Sicherung des Systemstatus auf einem Domänencontroller automatisch gesichert.
- Sichern Sie am besten Active Directory auf allen Domänencontrollern. Die Datensicherung von Active Directory dauert auch bei größeren Umgebungen nur maximal fünf bis zehn Minuten. Kopieren Sie die Sicherungsdateien der einzelnen Domänencontroller, die am besten auch nach dem Domänencontroller benannt sind, auf dem sie erstellt wurden, zusätzlich an einen sicheren Ort im Netzwerk. Ausgewählte Dateien, mindestens eine aus jeder Domäne, sollten Sie noch zusätzlich auf CD/DVD sichern.

Im folgenden Abschnitt gehen wir ausführlicher auf die Möglichkeiten ein, Active Directory und die notwendigen Daten auf einem Domänencontroller unter Windows Server 2008 R2 zu sichern. Für diese Sicherung wird die in diesem Kapitel bereits besprochene Windows Serversicherung verwendet. Daher muss diese zunächst installiert und der Umgang damit bekannt sein, bevor Active Directory gesichert und wiederhergestellt werden kann.

In Windows Server 2008 R2 wird zur Sicherung von Active Directory nicht mehr einfach der Systemstatus verwendet, wie noch bei Windows Server 2003. Die Technik wurde komplett überarbeitet. Zur Sicherung der Active Directory-Datenbank wird jetzt die komplette Partition gesichert, in der sich Daten von Active Directory befinden. In Kapitel 11 sind wir bereits auf wichtige Zusatztools eingegangen, mit denen Objekte in Active Directory wiederhergestellt werden können, falls diese versehentlich gelöscht wurden. Wird die Systempartition eines Domänencontroller gesichert, enthält diese Sicherung zusätzlich noch den Startkonfigurations-Datenspeicher (Boot Configuration Data Store, BCD-Store), die kompletten Windows-Systemdateien mit der Registry, den Inhalt des *SYSVOL*-Verzeichnisses, die Active Directory-Datenbank (*ntds.dit*) sowie die Protokolldateien von Active Directory.

Auch wenn bei der Sicherung alle Daten gesichert werden, gibt es weiterhin verschiedene Möglichkeiten der Wiederherstellung: Es kann der komplette Server wiederhergestellt werden, der Systemstatus kann wiederhergestellt werden, aber auch einzelne Dateien und Ordner können aus der Sicherung wieder zurückgespielt werden. Um den Systemstatus zurückzuspielen, muss unter Windows Server 2008 R2 – genauso wie bei Windows Server 2003 – der Domänencontroller im Verzeichnisdienstwiederherstellungsmodus gestartet werden.

Active Directory sichern und wiederherstellen

In diesem Abschnitt zeigen wir Ihnen die notwendigen Schritte, um eine Datensicherung von Active Directory auf einem Domänencontroller herzustellen. Die hier beschriebene Sicherung lässt sich manuell durchführen, es kann aber auch ein Zeitplan erstellt werden. Rufen Sie zunächst die Windows-Serversicherung auf und starten Sie den Assistenten für eine Einmalsicherung oder einen Sicherungszeitplan. Wählen Sie bei der Option der Sicherung *Benutzerdefiniert* aus.

HINWEIS Die Windows-Serversicherungsfeatures sind standardmäßig nicht installiert. Sie müssen diese über den Server-Manager nachinstallieren.

Abbildg. 38.1 Erstellen einer benutzerdefinierten Sicherung für Active Directory

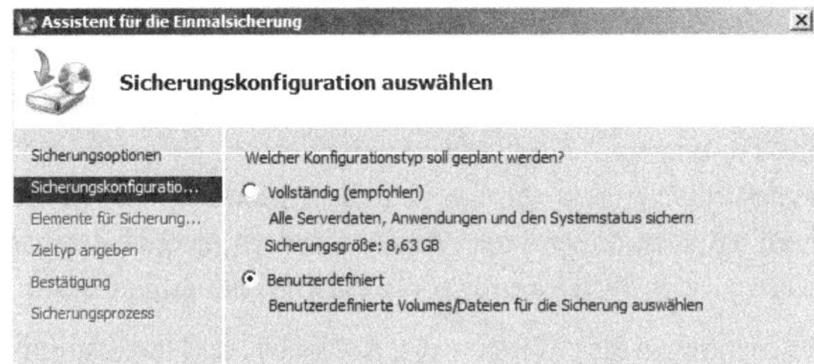

Natürlich besteht auch die Möglichkeit, die Option *Vollständig* auszuwählen. In diesem Fall wird neben der Datensicherung der komplette Server mit allen vorhandenen Festplatten und Partitionen gesichert. Auf der nächsten Seite wählen Sie aus, was gesichert werden soll. Aktivieren Sie die Optionen *Systemstatus* und *Systemreserviert*, damit notwendige Daten zur Wiederherstellung von Active Directory mitgesichert werden.

Auf der nächsten Seite wählen Sie aus, wo die Daten im Netzwerk gesichert werden sollen. Die Datensicherung unterstützt keine Ablage der Sicherung auf der gleichen Partition, die gesichert wird. Die Festplatte C: wird also nicht als mögliches Sicherungsziel angezeigt.

Abbildg. 38.2 Aktivieren des Systemstatus bei der Konfiguration der Sicherung

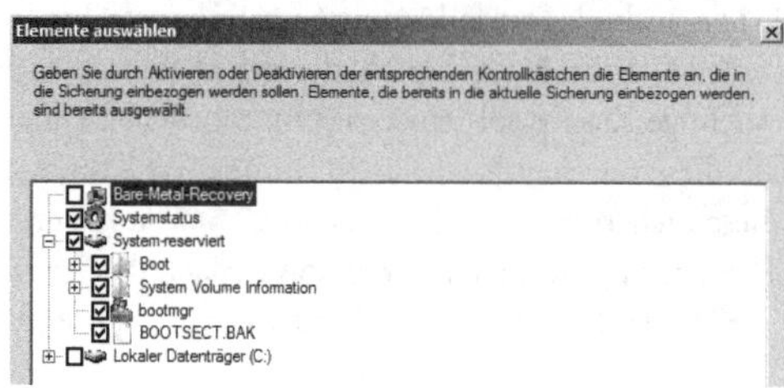

Durch Aktivierung der Option *VSS-Kopiesicherung* in den erweiterten Einstellungen nutzt das Sicherungsprogramm den Volumeschattenkopie-Dienst (Volume Shadow Copy Service, VSS). Nach der Bestätigung der restlichen Eingaben beginnt der Assistent mit der Sicherung.

TIPP **Sicherung über die Befehlszeile**

Das Sicherungsprogramm ermöglicht es, die Datensicherung über die Befehlszeile zu konfigurieren. Das kann zum Beispiel sinnvoll sein, wenn die Sicherung über ein Skript oder unter Server Core durchgeführt werden soll. Mit dem Befehl *wbadmin start backup –allCritical –backuptarget:<Zielfestplatte> –quiet* wird die Sicherung der notwendigen Partitionen auf die Zielfestplatte durchgeführt. Durch Eingabe von *–quiet* muss die Eingabe nicht bestätigt werden, sondern die Sicherung beginnt sofort.

Mit dem Befehl *wbadmin start backup –include:<Partition1>:,<Partition2>:,<PartitionN> –backuptarget:<Zielfestplatte>: –quiet* werden alle hinterlegten Partitionen in die Sicherung eingeschlossen. Die Partitionen werden durch Komma ohne Leerzeichen voneinander getrennt.

Active Directory-Daten aus der Datensicherung wiederherstellen

Wenn Sie in Active Directory versehentlich Daten gelöscht haben, die noch benötigt werden, können Sie diese aus der Datensicherung wiederherstellen. Die Wiederherstellung von einzelnen Objekten aus Active Directory wird *Autorisierende Wiederherstellung* genannt. Für eine solche Wiederherstellung müssen Sie den Domänencontroller im sogenannten *Verzeichnisdienstwiederherstellungsmodus* starten. In diesem Modus können Daten aus Active Directory wiederhergestellt werden, allerdings steht dieser Server den Anwendern nicht als Domänencontroller zur Verfügung, solange sich das Active Directory im Verzeichnisdienstwiederherstellungsmodus befindet.

Um sich bei diesem Modus anzumelden, benötigen Sie das Kennwort, das Sie bei der Heraufstufung des Domänencontrollers auf diesem Server festgelegt haben. Falls Sie das Kennwort nicht mehr wissen, können Sie es nachträglich ändern.

Nicht autorisierende Wiederherstellung

Um eine Wiederherstellung durchzuführen, starten Sie zunächst den Domänencontroller neu und drücken direkt nach dem Start die Taste F8, bis das Systemstartmenü erscheint. Achten Sie aber darauf, dass sich die Datei, welche die Datensicherung enthält, lokal auf dem Server befindet, da diese zur Wiederherstellung benötigt wird. Wählen Sie in den Startoptionen den Menüpunkt *Verzeichnisdienstwiederherstellung* aus, anschließend startet Windows. Melden Sie sich bei der Anmeldung mit dem Kennwort des Verzeichnisdienstwiederherstellungsmodus an. Nachdem Sie sich angemeldet haben, können Sie die Wiederherstellung durchführen.

TIPP Soll ein Domänencontroller beim nächsten Start mit dem Verzeichnisdienstwiederstellungsmodus gestartet werden, geben Sie den Befehl *bcdedit /set safeboot dsrepair* ein. Befindet sich der Server im Verzeichnisdienstwiederherstellungsmodus, wird mit dem Befehl *bcdedit /deletevalue safeboot* beim nächsten Mal wieder normal gestartet. So ersparen Sie sich das Drücken von F8, wenn Sie sich zum Beispiel nicht direkt an der Konsole befinden. Mit dem Befehl *shutdown t 0 –r* wird der Server dann neu in dem jeweilig konfigurierten Modus gestartet.

Beachten Sie, dass ein Domänencontroller den Anwendern nicht zur Verfügung steht, während er sich im Verzeichnisdienstwiederherstellungsmodus befindet. Sie sollten daher dafür sorgen, dass noch andere Domänencontroller zur Verfügung stehen, bei denen sich die Anwender anmelden können. Achten Sie darauf, dass am Domänencontroller keine Anmeldung an der Domäne möglich ist. Die Anmeldung erfolgt über die Schaltfläche *Anderer Benutzer.* Als Benutzername wird *Administrator* verwendet und das Kennwort für den Verzeichnisdienstwiederherstellungsmodus.

Eine nicht autorisierende Wiederherstellung starten Sie am besten über eine Befehlszeile. Geben Sie zunächst den folgenden Befehl ein:

```
wbadmin get versions –backuptarget:<Laufwerk mit den Sicherungen>: –machine:<Servername>
```

Anschließend werden alle verfügbaren Sicherungen in der Befehlszeile angezeigt. Die Sicherung wird durch das Datum und die Uhrzeit identifiziert.

Um eine Sicherung wiederherzustellen, verwenden Sie diesen Befehl:

```
wbadmin start systemstaterecovery –version:<MM/TT/JJ-HH:MM> –backuptarget:<Laufwerk mit der
Sicherung>: –machine:<Servername> –quiet
```

Die Version der Sicherung muss genau angegeben werden, damit der Server diese zuordnen kann. Durch die Option *–quiet* beginnt die Sicherung sofort ohne Nachfrage. Die Option kann auch weggelassen werden. Nachdem die Sicherung abgeschlossen ist, müssen Sie den Server neu starten. Achten Sie darauf, dass er wieder im normalen Modus gestartet wird.

Autorisierende Wiederherstellung

Bis zu diesem Punkt wurden die Active Directory-Daten nicht autorisierend wiederhergestellt. Wenn Sie jetzt den Domänencontroller neu starten, sind zwar die gelöschten Daten zunächst wieder in Active Directory vorhanden. Werden aber bei der nächsten Replikation die Daten auf dem Domänencontroller aktualisiert, sind die entsprechenden Objekte wieder gelöscht. Aus diesem Grund müssen Sie als Nächstes die gelöschten Objekte, die durch die Replikation mit den anderen Domänencontrollern erhalten bleiben sollen, markieren. Dieser Markierungsvorgang wird als autorisierende Wiederherstellung bezeichnet. Bei diesem Vorgang werden spezielle gelöschte Daten wiederhergestellt.

Definierter Name in Active Directory zur Wiederherstellung

Damit Sie Objekte in Active Directory wiederherstellen können, benötigen Sie für die wiederherzustellenden Objekte den definierten Namen (Distinguished Name, DN). Damit die Objekte innerhalb eines Verzeichnisdiensts nicht nur korrekt gespeichert, sondern auch gefunden werden können, gibt es Protokolle wie beispielsweise das LDAP-Protokoll. Damit LDAP die Daten im Verzeichnis finden kann, muss es einen Standard zur Adressierung dieser Objekte geben. Jedes Objekt in einem Verzeichnis erhält eine eindeutige Adressierung. Diese Adressierung wird *Definierter Name (Distinguished Name, DN)* genannt. Die Adressierung gibt nicht nur die Bezeichnung eines Objekts im Verzeichnis wieder, sondern auch dessen Speicherort. Hier ein Beispiel für einen solchen definierten Namen in Active Directory:

cn=Thomas Joos, ou=muenchen, dc=vertrieb, dc=microsoft, dc=com

Die Bezeichnung eines Objekts, in diesem Fall in Active Directory, wird immer vom Ursprungsort, der Root, bis zur eigentlichen Bezeichnung fortgeführt. Domänen werden als *dc* abgekürzt, Organisationseinheiten als *ou* und die Blattobjekte schließlich als *cn* (für *common name*). Jedes Objekt in Active Directory hat einen eindeutigen Namen, der durch entsprechende LDAP-kompatible Programme gesucht werden kann. Diesen DN müssen Sie bei der Wiederherstellung angeben. Die Wiederherstellung wird in der Befehlszeile ausgeführt. Sie benötigen dazu das Befehlszeilenprogramm *Ntdsutil.exe.* Starten Sie dieses Programm und geben Sie den Befehl *authoritative restore* ein. An dieser Stelle können Sie zwei verschiedene Optionen ausführen:

1. Die Wiederherstellung einer gelöschten Organisationseinheit mit allen enthaltenen Objekten.
2. Die Wiederherstellung eines einzelnen Objekts (siehe auch Kapitel 11).

Autorisierende Wiederherstellung einer Organisationseinheit

Die Wiederherstellung einer Organisationseinheit ist sicherlich die wichtigste Möglichkeit der Wiederherstellung, da dabei zahlreiche eventuell gelöschte Objekte wiederhergestellt werden können. Ob sich die Wiederherstellung einzelner Objekte lohnt, ist an dieser Stelle schwer abzuschätzen und abhängig vom jeweiligen Einzelfall. Um eine Organisationseinheit mit enthaltenen Objekten wiederherzustellen, geben Sie den Befehl *restore subtree <Definierter Name der OU>* ein. Wenn Sie zum Beispiel die OU *Verkauf* aus der Domäne *contoso.com* wiederherstellen wollen, lautet der Befehl *restore subtree ou=verkauf,dc=contoso,dc=com.* Verwenden Sie bei der Eingabe der Organisationseinheit am besten immer Anführungszeichen.

Danach erscheint ein Fenster, in dem Sie die Wiederherstellung bestätigen müssen. Anschließend werden die Daten in Active Directory als wiederhergestellt gekennzeichnet und bei der nächsten Replikation auf die Replikationspartner repliziert. Sie können *Ntdsutil* jetzt mit zweimal *quit* verlassen und anschließend den Domänencontroller neu starten. Führen Sie nach dem Neustart des Domänencontrollers eine manuelle Replikation der Domäne durch, damit die wiederhergestellten Daten auf die Replikationspartner repliziert werden.

Autorisierende Wiederherstellung einzelner Objekte

Um ein einzelnes Objekt wiederherzustellen, geben Sie den Befehl *restore object <Definierter Name des Objekts>* ein. Wenn Sie zum Beispiel den gelöschten Benutzer *Hans August* aus der OU *Einkauf* in der Domäne *contoso.com* wiederherstellen wollen, geben Sie den Befehl *restore object "cn=hans august,ou=einkauf,dc=contoso,dc=com"* ein. Auch hier erscheint wieder eine Meldung, über die Sie zunächst die Wiederherstellung bestätigen müssen. Nach der Wiederherstellung wird die Active Directory-Datenbank geöffnet und das Objekt als wiederhergestellt markiert.

Wiederherstellung bei einem Totalausfall des Domänencontrollers durchführen

Im ersten Schritt müssen Sie sicherstellen, dass der Server, auf dem Sie die Active Directory-Daten wiederherstellen wollen, wieder funktioniert. Das Betriebssystem muss in der gleichen Version wie vor dem Ausfall installiert sein. Auch der Name des Servers und die Festplattenkonfiguration müssen identisch sein. Nachdem Sie diese Vorbedingungen sichergestellt haben, können Sie den Server in den Verzeichnisdienstwiederherstellungsmodus starten. Da das Betriebssystem auf dem Server neu installiert wurde, lässt sich dieser Vorgang problemlos durchführen.

Nachdem Sie den Server im Verzeichnisdienstwiederherstellungsmodus gestartet haben, führen Sie, wie weiter vorne beschrieben, eine nicht autorisierende Wiederherstellung durch, um sicherzustellen, dass alle Daten auf den Server zurückgespielt wurden. Starten Sie nach dem Wiederherstellungsvorgang den Server normal durch und stellen Sie wie bei der nicht autorisierenden Wiederherstellung fest, ob der Server wieder normal in Active Directory funktioniert.

Wenn ein Domänencontroller einer Domäne ausfällt, werden Sie in den wenigsten Fällen den Weg einer nicht autorisierenden Wiederherstellung gehen müssen. Die einzige Ausnahme wäre, der Server der Domäne steht in einer Niederlassung, die nur durch eine schmalbandige Leitung mit der Domäne in der Zentrale verbunden ist. Wenn Sie einen Domänencontroller einer Niederlassung wiederherstellen wollen, ist der beste Weg, den Domänencontroller neu zu installieren und dann mit *DCPromo.exe* wieder in die Domäne als zusätzlichen Domänencontroller mit aufzunehmen. In diesem Fall erhält der Domänencontroller alle Funktionen und Daten von Active Directory zurück. Wenn Sie einen ausgefallenen Domänencontroller wiederherstellen möchten, ohne dass ein Backup benötigt wird, gehen Sie folgendermaßen vor:

1. Stellen Sie zunächst sicher, dass ein weiterer Domänencontroller in der Domäne und dem Standort verfügbar ist. Ohne einen weiteren Domänencontroller der Domäne ist die Wiederherstellung eines Domänencontrollers nicht möglich.
2. Bereinigen Sie Active Directory von den alten Daten des Domänencontrollers, wie in Kapitel 11 beschrieben.
3. Stellen Sie sicher, dass der noch vorhandene Domänencontroller alle FSMO-Rollen von dem ausgefallenen Domänencontroller übernommen hat.
4. Konfigurieren Sie den noch vorhandenen Domänencontroller als globalen Katalogserver, falls außer dem ausgefallenen Server kein anderer Domänencontroller dieser Niederlassung ein globaler Katalogserver ist.
5. Stellen Sie sicher, dass die Bereinigung von Active Directory in alle Niederlassungen repliziert wurde.
6. Installieren Sie den ausgefallenen Domänencontroller neu mit Windows Server 2008 R2 und allen Patches.
7. Installieren Sie auf dem Server auch die DNS-Funktionalität, falls diese vorher auch auf diesem Server installiert war.
8. Geben Sie dem Server den gleichen Netzwerknamen wie vor dem Ausfall und stellen Sie in den Netzwerkeinstellungen ein, dass ein DNS-Server der Domäne verwendet wird, der verfügbar ist.
9. Rufen Sie über *Start/Ausführen/dcpromo.exe* den Assistenten für die Erstellung von Active Directory auf.
10. Wählen Sie als Option bei der Erstellung von Active Directory die Option als zusätzlicher Domänencontroller für eine bestehende Domäne.
11. Nachdem der Server erfolgreich als Domänencontroller installiert wurde, können Sie die Rollen, die er vor dem Ausfall hatte, auf ihn zurückschieben. Die Active Directory-Daten werden automatisch auf ihn repliziert werden.

Der Weg, einen Domänencontroller einfach neu in die Domäne aufzunehmen, anstatt eine Datensicherung zu verwenden, ist oft schneller und sauberer. Achten Sie jedoch unbedingt darauf, vor der erneuten Aufnahme in eine Domäne die Metadaten von Active Directory zu bereinigen, damit sichergestellt ist, dass keine veralteten Daten in Active Directory die erneute Heraufstufung des Domänencontrollers verhindern.

Active Directory-Datenbank warten

Mit dem Zusatztool *Ntdsutil.exe* können auch verschiedene Wartungsmaßnahmen mit der Active Directory-Datenbank durchgeführt werden. Diese beschreiben wir in diesem Abschnitt.

Active Directory-Datenbank verschieben

Unter manchen Umständen, wenn zum Beispiel der Festplattenplatz auf dem Server nicht mehr ausreicht oder wenn der Domänencontroller an ein hochsicheres SAN angeschlossen wird, kann es sinnvoll sein, das Datenverzeichnis von Active Directory auf einen anderen Datenträger zu verschieben. Damit Sie die Datenbank von Active Directory auf einem Domänencontroller verschieben können, müssen Sie den Server im *Verzeichnisdienstwiederherstellungsmodus* starten. Gehen Sie zum Verschieben folgendermaßen vor:

1. Starten Sie zunächst den Domänencontroller im Verzeichnisdienstwiederherstellungsmodus und melden Sie sich am Server an.
2. Starten Sie *Ntdsutil.exe* und geben Sie anschließend den Befehl *activate instance ntds* ein.
3. Geben Sie den Befehl *files* ein.
4. Geben Sie den Befehl *move db to <Lauferk:\Verzeichnis>* ein, um die Datenbank zu verschieben. Wenn der Verzeichnisname des neuen Ordners Leerzeichen enthält, setzen Sie die Bezeichnung in Anführungszeichen.
5. Nachdem Sie den Befehl bestätigt haben, läuft ein Skript ab, welches die Datenbank in das gewünschte Verzeichnis verschiebt.
6. Geben Sie nach dem erfolgreichen Verschieben der Datenbank den Befehl *move logs to <Laufwerk:\Verzeichnis>* ein, damit die Protokolldateien von Active Directory ebenfalls verschoben werden.
7. Geben Sie an dieser Stelle den Befehl *integrity* ein, um die Konsistenz der Active Directory-Datenbank zu überprüfen.
8. Verlassen Sie *Ntdsutil.exe* und überprüfen Sie, ob die Dateien im neuen Verzeichnis angelegt wurden.
9. Stellen Sie sicher, dass die Dateiberechtigungen auf NTFS-Ebene für das neue Verzeichnis der Active Directory-Datenbank noch stimmen. Rufen Sie dazu die Eigenschaften des Verzeichnisses auf und wechseln Sie zur Registerkarte *Sicherheit*. In den Berechtigungen sollten die vier Gruppen *Administratoren*, *Ersteller-Besitzer*, *Lokaler Dienst* und *System* eingetragen sein.
10. Die beiden Gruppen *Administratoren* und *System* sollten Vollzugriff auf den Ordner haben. Bei den anderen Benutzergruppen sind keinerlei Berechtigungen eingetragen und keine Berechtigungen verweigert. Die Berechtigungen dürfen auch nicht von übergeordneten Verzeichnissen vererbt werden, sondern sollten direkt in diesem Verzeichnis gesetzt sein. Vererbte Berechtigungen werden in Grau angezeigt. Sollten die Berechtigungen bei Ihnen nicht exakt so gesetzt sein, ändern Sie die Berechtigungen entsprechend ab.

Offlinedefragmentierung der Active Directory-Datenbank

Bei der Active Directory-Datenbank handelt es sich, wie bei der Datenbank von Exchange, um eine Jet-basierte ESE-Datenbank. Das Active Directory wächst zwar nicht so stark an wie die Datenbank eines Exchange-Servers, aber dennoch kann es sinnvoll sein, die Active Directory-Datenbank zu defragmentieren. Vor allem in größeren Organisationen, bei denen Active Directory durchaus mehrere Gigabyte groß werden kann, sollte zumindest jährlich eine Offlinedefragmentierung durchgeführt werden.

Bevor Sie eine Offlinedefragmentierung durchführen, sollten Sie eine Sicherung des Systemstatus Ihres Active Directory durchführen. Wie bei der Offlinedefragmentierung von Exchange wird zunächst die Datenbank kopiert, dann offline defragmentiert und anschließend zurückkopiert. Stellen Sie daher sicher, dass sich auf dem Datenträger, auf dem Sie die Offlinedefragmentierung durchführen, genügend Speicherplatz frei ist. Um eine Offlinedefragmentierung durchzuführen, gehen Sie folgendermaßen vor:

1. Starten Sie den Server im Verzeichnisdienstwiederherstellungsmodus.
2. Öffnen Sie eine Befehlszeile und starten Sie *Ntdsutil.exe.*
3. Starten Sie *Ntdsutil.exe* und geben Sie anschließend den Befehl *activate instance ntds* ein.
4. Geben Sie den Befehl *files* ein, um zur *file maintenance* zu gelangen.
5. Geben Sie den Befehl *compact to <Laufwerk:\Verzeichnis>* ein. Wählen Sie als Verzeichnis einen beliebigen Ordner auf der Festplatte aus. *Ntdsutil.exe* kopiert die Datenbankdatei in dieses Verzeichnis und defragmentiert sie.
6. Wenn keine Fehlermeldungen während der Offlinedefragmentierung auftreten, können Sie die Datei *ntds.dit* aus dem Verzeichnis, in welches sie defragmentiert wurde, zurück in den Datenbankpfad der produktiven Datenbank kopieren. Diesen Vorgang führt *Ntdsutil.exe* nicht automatisch aus, Sie müssen die Datei manuell kopieren. Sichern Sie die alte Version der *ntds.dit* aus dem produktiven Datenbankverzeichnis. Verschieben Sie die defragmentierte Datei in das produktive Verzeichnis der Datenbank und überschreiben Sie die alte Version.
7. Geben Sie in der *file maintenance* von *Ntdsutil* den Befehl *integrity* ein, um die Integrität der Datenbank festzustellen.
8. Wenn die Integrität der neuen Datenbank sichergestellt ist, können Sie den Domänencontroller ganz normal neu starten. Sollten Fehler auftreten, kopieren Sie die zuvor gesicherte Originalversion zurück und führen Sie einen erneuten Integritätstest durch. Ist der Test diesmal erfolgreich abgeschlossen, versuchen Sie erneut eine Offlinedefragmentierung und starten Sie den Test erneut. Sie sollten den Domänencontroller erst in den normalen Modus starten, wenn sichergestellt ist, dass die Datenbank auch konsistent ist.

TIPP Da Active Directory als Systemdienst läuft, kann dieser für die Defragmentierung beendet werden. In diesem Fall muss der Server nicht im Verzeichnisdienstwiederherstellungsmodus gestartet werden, sodass andere Dienste auf dem Server weiter von den Anwendern verwendet werden können.

Active Directory-Datenbank reparieren

Unter manchen Umständen kann es vorkommen, dass die Active Directory-Datenbank nicht mehr funktioniert. Gehen Sie bei einem solchen Problem folgendermaßen vor:

1. Starten Sie den Server im Verzeichnisdienstwiederherstellungsmodus.
2. Öffnen Sie eine Befehlszeile und starten Sie *Ntdsutil.exe.*
3. Geben Sie anschließend den Befehl *activate instance ntds* ein.
4. Geben Sie *files* ein, um zu *file maintenance* zu gelangen.
5. Geben Sie *integrity* ein, um einen Integritätstest der Datenbank durchzuführen. Wenn dieser Test einen Fehlermeldung anzeigt, können Sie versuchen, die Datenbank in *Ntdsutil.exe* zu retten.
6. Verlassen Sie mit *quit* die *file maintenance*, aber bleiben Sie in der Oberfläche von *Ntdsutil.exe.*
7. Geben Sie den Befehl *semantic database analysis* ein.
8. Geben Sie zunächst den Befehl *verbose on* ein, damit Sie detaillierte Informationen erhalten.
9. Geben Sie als Nächstes den Befehl *go fixup* ein.
10. Das Tool beginnt daraufhin mit der kompletten Diagnose der Active Directory-Datenbank und versucht eine Reparatur durchzuführen.
11. Verlassen Sie im Anschluss *Ntdsutil.exe* und starten Sie den Domänencontroller neu. Überprüfen Sie, ob die Active Directory-Datenbank wieder funktioniert. Sollten noch immer Schwierigkeiten auftreten, stellen

Sie die Datenbank aus einer Datensicherung wieder her und überprüfen Sie im Anschluss, ob Active Directory bei diesem Stand noch konsistent war. Sie sollten so lange Backups zurückspielen, bis sichergestellt ist, dass die Datenbank wieder konsistent ist.

Snapshots der Active Directory-Datenbank erstellen

In Windows Server 2008 R2 ist es möglich, einen Snapshot der Active Directory-Datenbank zu erstellen und diesen bereitzustellen. Diese bereitgestellte Offlineversion der Datenbank kann dann ebenso bearbeitet werden wie die Onlineversion. Der Snapshot wird als Schattenkopie der Datenbank erstellt. Die Bereitstellung der Active Directory-Datenbank wird durch das Tool *Dsamain.exe* durchgeführt. Die Erstellung von Snapshots wird wiederum mit dem Befehl *snapshot* in *Ntdsutil.exe* gestartet.

Auf den Snapshot kann mit beliebigen LDAP-Tools, wie zum Beispiel *Ldp.exe* oder dem Snap-In *Active Directory-Benutzer und -Computer*, zugegriffen werden. Snapshots dürfen nur von Domänen-Admins und Organisations-Admins erstellt werden. Um einen Snapshot bereitzustellen, muss nicht unbedingt ein solcher mit *Ntdsutil.exe* erstellt werden. Auch eine Datensicherung von Active Directory kann bereitgestellt werden. Der beste und schnellste Weg, einen Snapshot zu erstellen, ist folgender:

1. Öffnen Sie eine Befehlszeile und starten Sie *Ntdsutil.exe.*
2. Geben Sie *snapshot* ein.
3. Geben Sie den Befehl *activate instance ntds* ein.
4. Geben Sie *create* ein. Der Snapshot wird anschließend erstellt und dessen GUID angezeigt.
5. Geben Sie den Befehl *mount <GUID* des Snapshots> ein. Mit *list mounted* werden alle gemounteten Snapshots angezeigt. Mit *unmount <GUID>* wird die Bereitstellung wieder aufgehoben und mit *delete <GUID>* der Snapshot wieder gelöscht.

TIPP Per Skript oder als geplante Aufgabe wird ein Snapshot auch durch die Eingabe des Befehls *ntdsutil "activate instance ntds" snapshot create quit quit* erstellt.

Mit dem Befehl *dsamain /dbpath <Pfad zur Datenbankdatei> /ldapport <Port>* kann eine Offlinekopie der Active Directory-Datenbank auch als LDAP-Server bereitgestellt werden. Anschließend kann auf diese Offlinekopie wie auf jeden LDAP-Server auch zugegriffen werden.

Abbildg. 38.3 Erstellen eines Snapshots von Active Directory

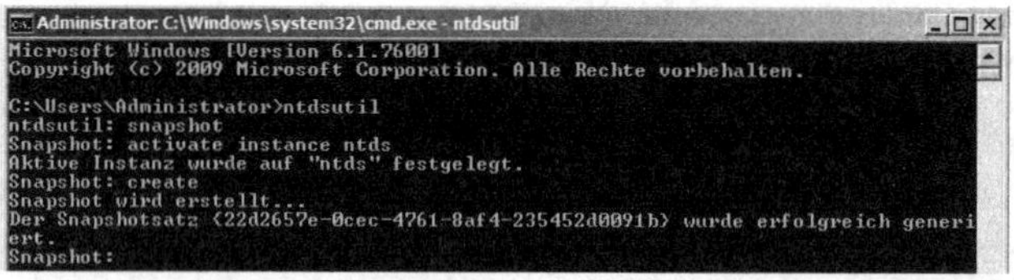

```
Administrator: C:\Windows\system32\cmd.exe - ntdsutil
Microsoft Windows [Version 6.1.7600]
Copyright (c) 2009 Microsoft Corporation. Alle Rechte vorbehalten.

C:\Users\Administrator>ntdsutil
ntdsutil: snapshot
Snapshot: activate instance ntds
Aktive Instanz wurde auf "ntds" festgelegt.
Snapshot: create
Snapshot wird erstellt...
Der Snapshotsatz {22d2657e-0cec-4761-8af4-235452d0091b} wurde erfolgreich generi
ert.
Snapshot:
```

Zusammenfassung

Wir haben Ihnen in diesem Kapitel gezeigt, wie Sie die Active Directory-Daten sichern und wiederherstellen können. Im Gegensatz zum Active Directory-Papierkorb, den wir in den Kapiteln 9 und 11 besprechen, haben wir Ihnen in diesem Kapitel gezeigt, wie Sie Daten mit der Windows-Serversicherung sichern und später wiederherstellen können. Auch die Pflege der Datenbank, zum Beispiel die Offlinedefragmentierung, war Thema dieses Kapitels. Im nächsten Kapitel gehen wir auf die Diagnose, Fehlerbehebung und Überwachung von Windows-Netzwerken mit Bordmitteln und Zusatztools ein, die kostenlos erhältlich sind.

Kapitel 39

Systemüberwachung und Fehlerbehebung

In diesem Kapitel:

In diesem Kapitel erläutern wir die Funktionen von Windows Server 2008 R2, mit denen Sie das System überwachen und Fehler erkennen sowie beheben können. Darüber hinaus gehen wir in diesem Kapitel auf die Aufgabenplanung ein, über die Sie die verschiedenen Aufgaben der Systemüberwachung durchführen können, wenn diese automatisiert vorgenommen werden sollen. So können Sie zum Beispiel direkt aus der Ereignisanzeige Aktionen an die Aufgabenplanung übergeben.

Auch für die Systemüberwachung und Verwaltung von Windows Server 2008 R2 bietet sich der Server-Manager als zentrale Schaltstelle an. Vor allem im Bereich der Systemüberwachung hat Microsoft einiges in Windows Server 2008 R2 integriert.

Abbildg. 39.1 Der Server-Manager bietet eine zentrale Oberfläche für die Überwachung von Windows-Servern

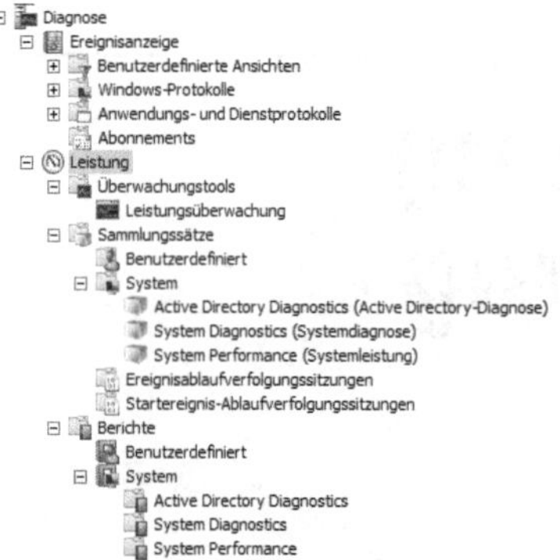

Ereignisanzeige – Fehlerbehebung in Windows Server 2008 R2

Alle Fehler und Aktionen von Windows werden in den Ereignisanzeigen festgehalten und stehen Administratoren zur Verfügung, um Fehler zu beheben oder den PC zu überwachen. Wie die Aufgabenplanung wurde von Microsoft auch die Ereignisanzeige komplett überarbeitet und stellt jetzt wesentlich mehr Informationen zur Verfügung. Windows Server 2008 R2 verfügt über ein völlig neues Ereignisprotokollsystem. Das vertraute Systemprotokoll enthält jetzt auch die Probleme, welche innerhalb der Gruppenrichtlinien auftreten. Falls im Gruppenrichtlinienmodul ein Fehler auftritt, sollte er im Systemprotokoll erscheinen und als dessen Ursprung der Gruppenrichtliniendienst (nicht der *Userenv*-Prozess) angezeigt werden.

Ein neues Protokoll für Anwendungen und Dienste wurde speziell für die Gruppenrichtlinien eingerichtet und speichert operative Ereignisse. Dieses Protokoll ersetzt im Wesentlichen die unhandliche Problembehandlungsdatei *userenv.log*, da jeder Schritt des Gruppenrichtlinienmoduls hier aufgeführt wird und leicht nachvollzogen werden kann. Mithilfe dieser Protokolle ist es möglich, den allgemeinen Systemzustand zu überwachen. Anhand des Ereignisprotokolls können Sie nach Ereignissen suchen, die auf Probleme hinweisen. Darüber hinaus dienen diese Informationen zur Diagnose von Problemen. Sie können nach Programm- und Systemaktionen suchen, die zu einem Problem führen, und Details herausfinden, die Ihnen bei der Ermittlung der Grundursache behilflich sind. Zugleich lassen sich anhand dieser Informationen auch Leistungsprobleme beurteilen und beheben.

Die neue Ereignisanzeige wurde vollständig umgeschrieben. Da sie in Microsoft Management Console (MMC) 3.0 integriert ist, hat sich ihr Erscheinungsbild ebenfalls geändert. Es gibt immer noch eine hierarchische Struktur und eine Ereignisliste. Unter dem Knoten *Windows-Protokolle* ist auch weiterhin der Zugriff auf die vertrauten Anwendungs-, System- und Sicherheitsprotokolle möglich.

Abbildg. 39.2 Anzeigen der Ereignisprotokolle in Windows Server 2008 R2

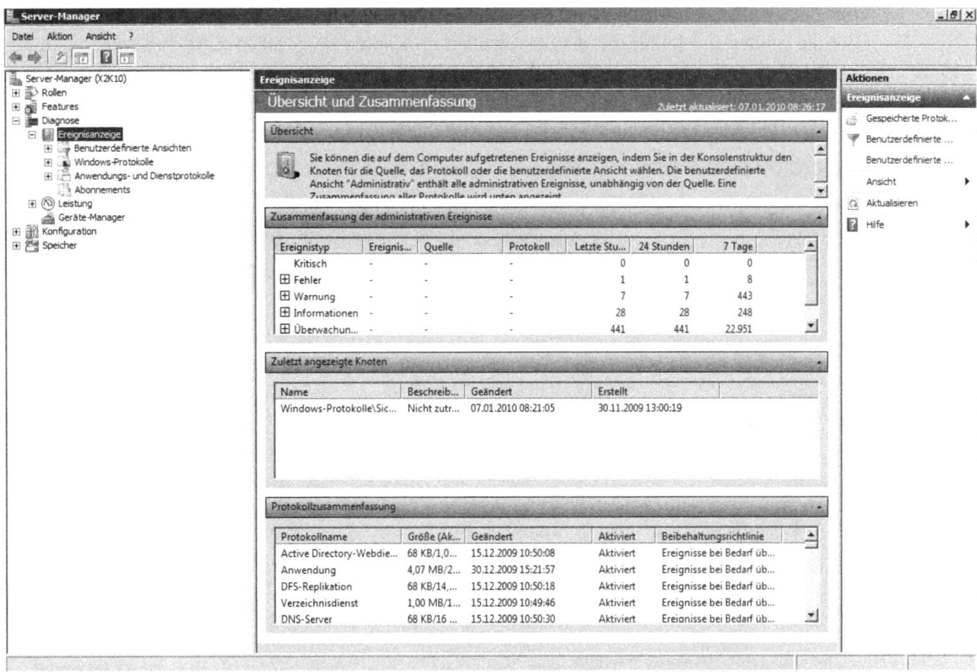

Klicken Sie direkt auf den Knoten *Ereignisanzeige*, sehen Sie eine Zusammenfassung aller Serverfehler. Im Knoten *Anwendungs- und Dienstprotokolle* finden Sie zahlreiche Protokolle zu den einzelnen Serverdiensten in Windows Server 2008 R2. Über *Benutzerdefinierte Ansichten* lassen Sie sich Filter für alle installierten Serverrollen anzeigen.

Abbildg. 39.3 Anzeigen von Meldungen gefiltert nach Serverrollen

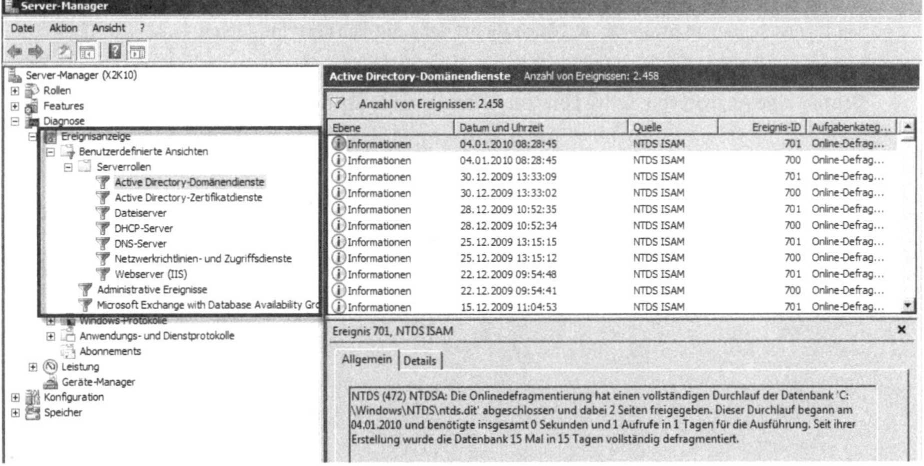

Die Ereignisanzeige wird unterhalb des Knotens *Diagnose* im Server-Manager angezeigt. Sie können diese auch über *Start/Ausführen/eventvwr.msc* starten. Reichen Ihnen die Standardprotokolle unter *Windows-Protokolle* oder die gefilterten Meldungen der Serverrollen im Knoten *Benutzerdefinierte Ansichten* nicht aus, können Sie über *Anwendungs- und Dienstprotokolle/Microsoft* eine gefilterte Liste einzelner Dienste anzeigen lassen.

Abbildg. 39.4 Die neuen Ereignisanzeigen in Windows Server 2008 R2

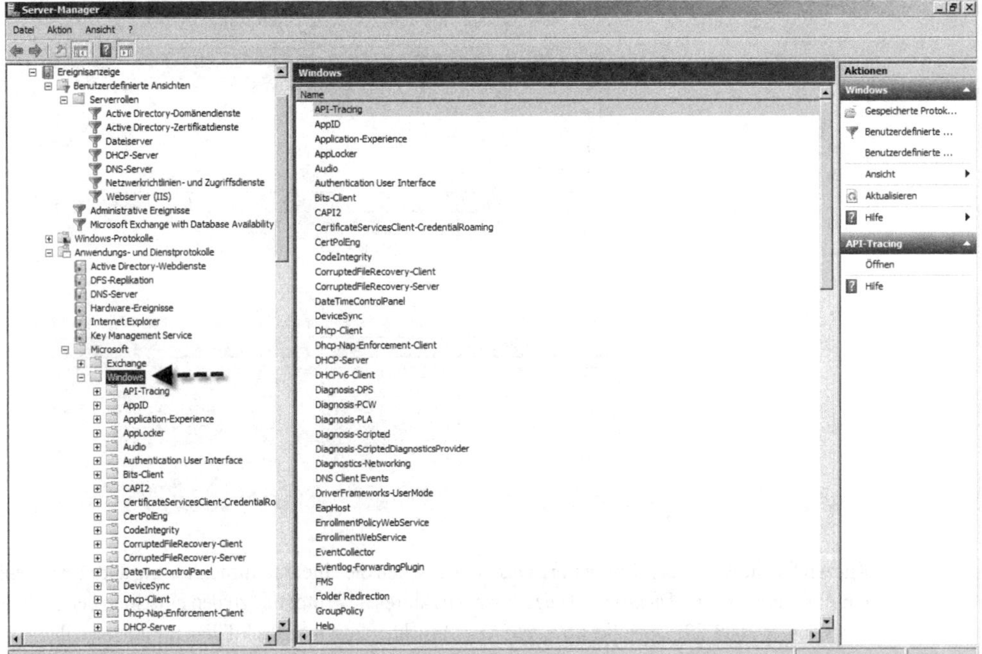

Das auffälligste neue Feature ist der Vorschaubereich unterhalb der Ereignisliste. Er umfasst die Eigenschaften des aktuell ausgewählten Ereignisses. Das heißt Sie müssen nicht mehr auf ein Ereignis doppelklicken, um dessen Eigenschaften anzuzeigen, und auch nicht mehr mit Fenstern jonglieren.

Neben der Ereignisanzeige werden über den Knoten *Diagnose* weitere Hilfsmittel zur Verfügung gestellt, zum Beispiel eine Analyse von Active Directory oder Berichte über den Systemzustand.

Abbildg. 39.5 Überarbeitete Anzeige der Ereignisprotokolle

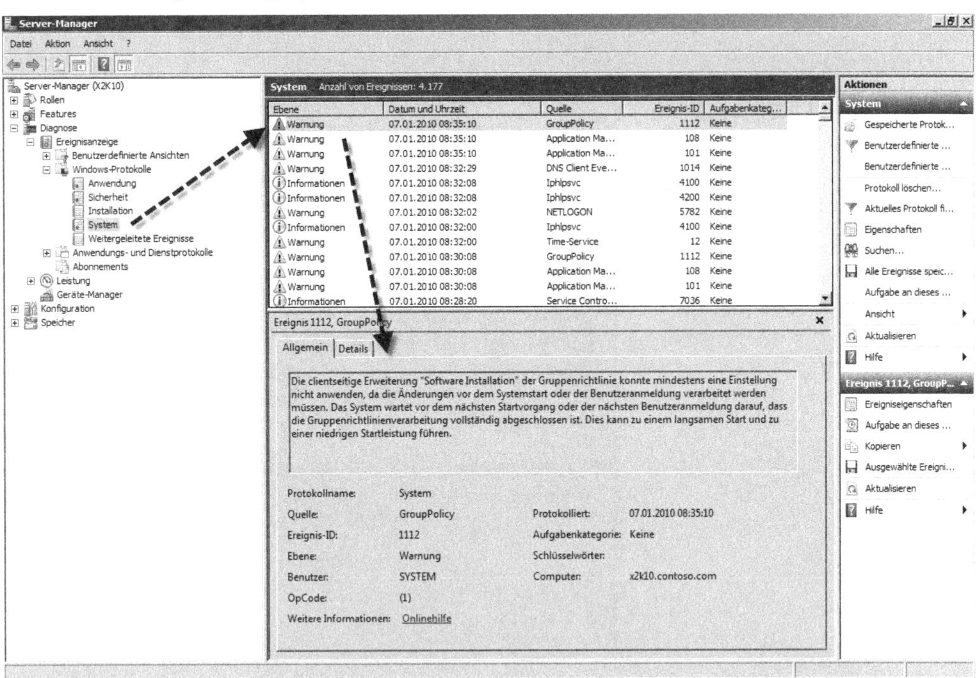

HINWEIS Der Speicherort der Standardprotokolle ist *%SystemRoot%\System32\winevt\Logs*. Die Protokolldateien erhalten die Endung *.evtx*, da diese jetzt XML-basiert sind.

Unter dem Knoten *Benutzerdefinierte Ansichten* werden administrative Ereignisse angezeigt. Hier finden sich alle Fehler und Warnungen aus den verschiedenen Protokolldateien, die für Administratoren von Interesse sind. Windows Server 2008 R2 bietet die Möglichkeit, weniger interessante Ereignisse hinauszufiltern, sodass Sie sich auf jene Ereignisse konzentrieren können, die Ihnen wichtig sind. Hierzu wird eine protokollübergreifende Abfragesprache verwendet, die vom Ereignisprotokolldienst unterstützt wird. Damit dies funktionieren kann, müssen alle Ereignisse einer klar definierten Struktur folgen.

Abbildg. 39.6 Administrative Ereignisse in der Ereignisanzeige

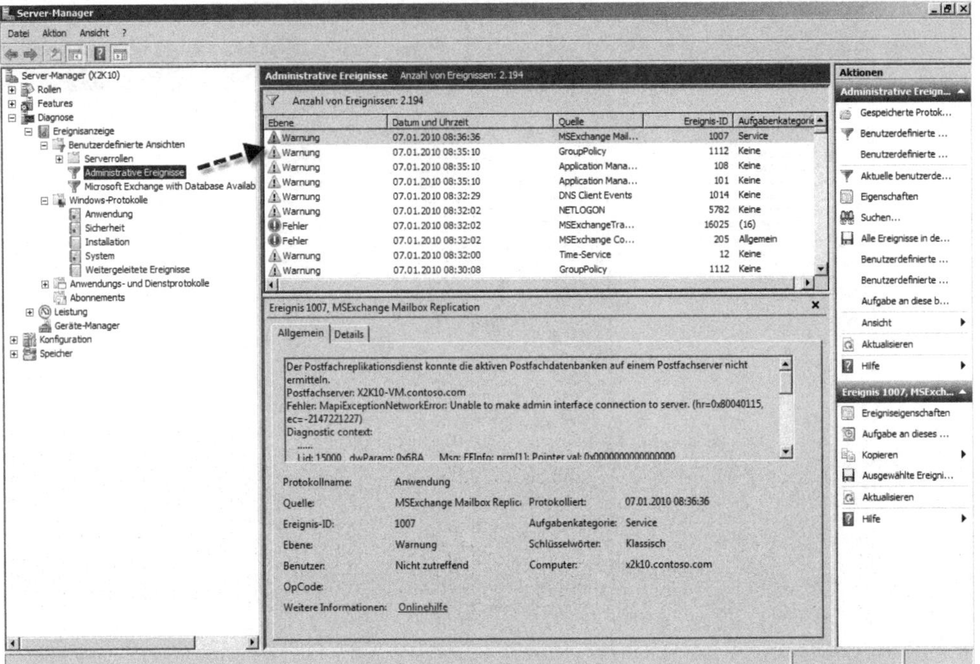

Der Ereignisvorschaubereich beinhaltet die Registerkarte *Details*. Bei Auswahl dieser Registerkarte wird die XML-Darstellung des Ereignisses angezeigt. Jede Ereignisprotokolldatei wird als eine Abfolge solcher strukturierten Ereigniselemente behandelt. Auf diese Weise wird eine logische und überschaubare Ansicht von Ereignisprotokoll- und Ereignisarchivdateien geboten. Die Daten werden intern in einem binären Format gespeichert.

Im Bereich *System* der XML-Daten wird der Zeitpunkt angegeben, an dem das Ereignis eingetreten ist, sowie die Prozess-ID, die Thread-ID, der Computername und die Sicherheitskennung (Security Identifier, SID) des Benutzers. Ein Ereignis wird durch die Kombination seiner EventID (eine Zwei-Byte-Zahl) und seiner Version (eine Ein-Byte-Zahl) eindeutig definiert. Alle Ereignisse vom gleichen Ereignisanbieter, die dieselbe EventID und Version aufweisen, haben eine identische Struktur. Der Wert *Level* gibt den Schweregrad bzw. den Ausführlichkeitsgrad eines Ereignisses an. Allgemein werden die vordefinierten Werte 1 (Kritisch), 2 (Fehler), 3 (Warnung), 4 (Information) und 5 (Ausführlich) verwendet, jedoch kann ein Anbieter seine eigenen Werte bis zu einem Höchstwert von 255 definieren. Je höher der Wert, desto ausführlicher das Ereignis.

Mit der Eigenschaft *Task* wird in der Regel der allgemeine Funktionsbereich eines Ereignisses angegeben (z.B. Drucken, Netzwerk oder Benutzeroberfläche). Sie kann sich auch auf die Unterkomponente eines Programms beziehen. Diese Eigenschaften werden in hohem Maße von Sicherheitsüberwachungsereignissen eingesetzt. Jeder Ereignisherausgeber kann für diese Zwei-Byte-Zahl eine eigene Gruppe von Werten festlegen.

Abbildg. 39.7 XML-Ausgabe von Ereignissen

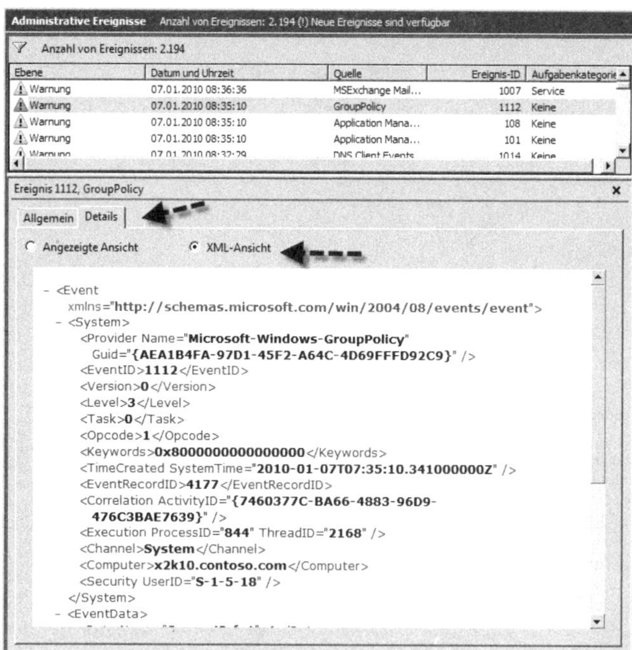

Mit dem Windows-Aufgabenplaner können Sie einer Abfrage eine Aufgabe hinzufügen. Jedes Mal, wenn ein Ereignis veröffentlicht wird, das der Abfrage entspricht, wird anschließend die entsprechende Aufgabe vom Aufgabenplaner gestartet. Abfragen können zum Archivieren ausgewählter Ereignisse eingesetzt werden.

Vor allem bezüglich der Übersichtlichkeit der Anzeige beim Ereignisprotokoll hat Microsoft diverse Änderungen vorgenommen. Wenn Sie ein Ereignisprotokoll aufrufen, erhalten Sie im mittleren Bereich des Fensters eine Zusammenfassung aller Einträge, deren detaillierte Informationen Sie per Doppelklick auf einzelne Meldungen anzeigen lassen können. Auf Basis dieser Fehlermeldung können Sie erkennen, welche Probleme Windows Server 2008 R2 mit einzelnen Komponenten erkannt hat. Sie sollten durchaus regelmäßig die Ereignisanzeigen auf Fehler überprüfen, da Sie hier schnell Fehler erkennen können, bevor diese gravierendere Auswirkungen haben.

TIPP Haben Sie den Fehler genauer eingegrenzt und Fehlermeldungen in der Ereignisanzeige und der Diagnose festgestellt, suchen Sie auf der Internetseite *www.eventid.net* gezielt nach diesen Fehlern. Auf dieser Seite gibt es zu so gut wie jedem Eintrag der Ereignisanzeige Hinweise und mögliche Lösungsansätze. Außerdem können Sie den Fehler in einer Suchmaschine oder in speziellen Supportseiten eingeben, wie zum Beispiel *www.experts-exchange.com*. Auch die Suche in der Microsoft Knowledge Base unter *http://support.microsoft.com* hilft oft weiter. Suchen Sie allerdings in der englischen Knowledge Base immer nur nach englischen Begriffen, da Sie hier mehr Antworten erhalten.

Abbildg. 39.8 Anzeigen der Zusammenfassung der Ereignisanzeigen

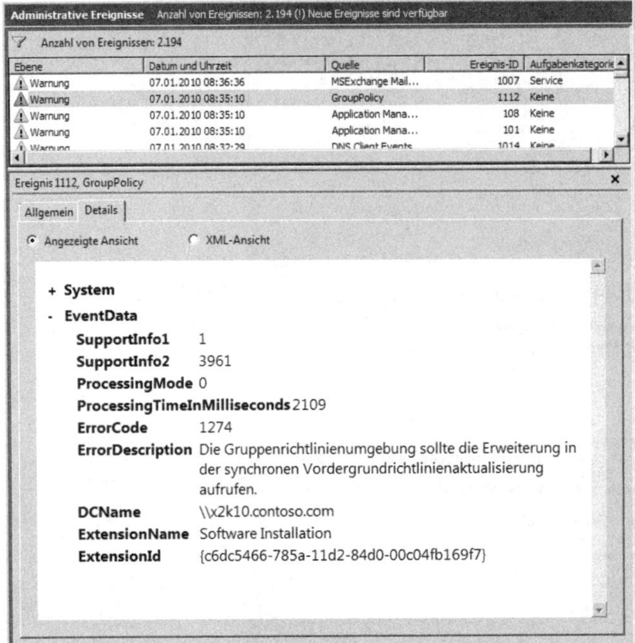

Neben der Zusammenfassung aller Ereignisanzeigen können Sie auch die einzelnen Inhalte der Ereignisanzeigen anzeigen lassen, wenn Sie im linken Bereich der Konsole den Namen des Protokolls anklicken. Die Ansicht der Ereignisanzeige ändert sich und Sie sehen den kompletten Inhalt dieses Protokolls. Auch hier werden Ihnen alle Einträge angezeigt und unten im Fenster sehen Sie die detaillierten Informationen zum jeweiligen Eintrag. Sie können auch auf einzelne Einträge doppelklicken. In diesem Fall öffnet sich ein neues Fenster mit den Details zu dieser Meldung.

Abbildg. 39.9 Anzeigen von detaillierten Informationen in der Ereignisanzeige

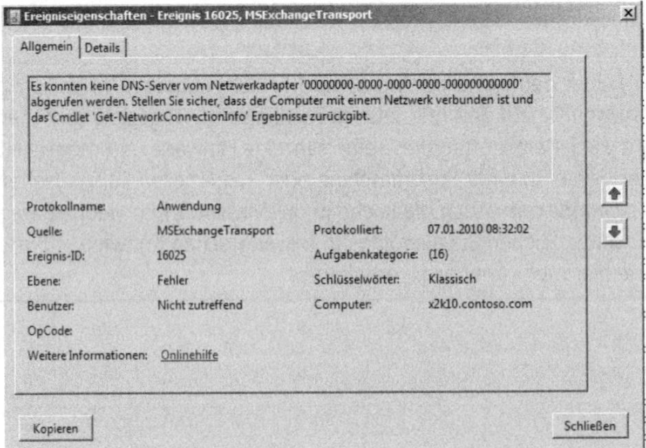

Klicken Sie ein Protokoll mit der rechten Maustaste an, können Sie weitere Einstellungen vornehmen. Im Kontextmenü werden Ihnen zahlreiche Möglichkeiten angezeigt:

- **Gespeicherte Protokolldatei öffnen** Über diesen Menübefehl können Sie eine Protokolldatei öffnen, die Sie über die Option *Ereignisse speichern unter* abgespeichert haben. Dadurch lassen sich Protokolle per E-Mail versenden und andere Benutzer können den Inhalt überprüfen.
- **Benutzerdefinierte Ansicht erstellen** Über diesen Menübefehl können Sie die Anzeige der Ereignisanzeigen anpassen und als benutzerdefinierten Filter ablegen. In diesem Fall werden Ihnen nur noch die Ereignisse in Ihrer gespeicherten Ansicht angezeigt.
- **Benutzerdefinierte Ansicht importieren** Mit dieser Optionen werden zuvor exportierte Ansichten auf einem Server wieder importiert und sind auf diese Weise schnell verfügbar
- **Protokoll löschen** Wählen Sie diesen Menübefehl aus, wird nicht das Protokoll gelöscht, sondern der Inhalt des Protokolls. Sie erhalten zuvor noch eine Meldung, ob das Protokoll wirklich gelöscht werden soll und ob Sie das Protokoll vorher speichern möchten. Speichern Sie das Protokoll zuvor, entspricht dies der Option *Ereignisse speichern unter.*
- **Aktuelles Protokoll filtern** Dieser Menübefehl wird verwendet, wenn Sie keine eigene Ansicht des Protokolls erstellen möchten, sondern nur die aktuelle Ansicht gefiltert werden soll. Dadurch können Sie zum Beispiel nach einem bestimmten Fehler suchen und überprüfen, wann dieser aufgetreten ist.
- **Eigenschaften** Über die Eigenschaften können Sie die Größe der einzelnen Protokolle festlegen bzw. bestimmen, wie sich Windows Server 2008 R2 beim Erreichen der maximalen Ereignisprotokollgröße verhalten soll
- **Aufgabe an dieses Protokoll anfügen** Mit dieser Option können Sie über die Aufgabenplanung automatisch bestimmte Aktionen und Skripts starten, wenn in den Ereignisanzeigen bestimmte Fehler auftauchen. Solche Aufgaben lassen sich auch an einzelne Ereignisse anfügen.

Abbildg. 39.10 Kontextmenü einzelner Ereignisanzeigen

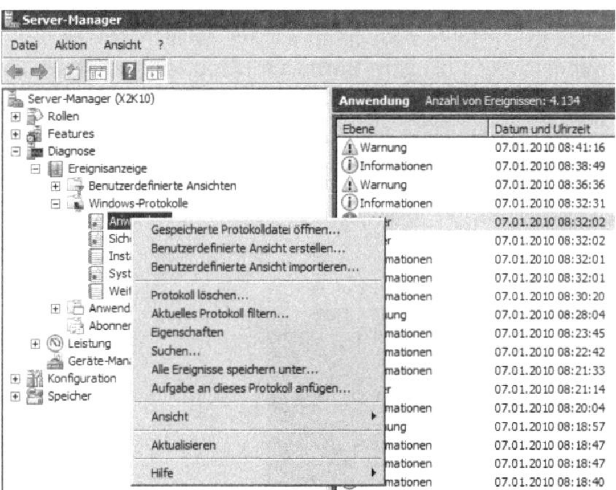

TIPP Überprüfen Sie in der Ereignisanzeige, ob Fehler gemeldet werden, die mit dem Problem in Zusammenhang stehen können, wenn Sie eine Fehlerbehebung durchführen. Überprüfen Sie auch, ob parallel zu diesem Fehler in anderen Protokollen der Ereignisanzeige Fehler auftreten, die zur gleichen Zeit gemeldet werden, also unter Umständen auf einen Zusammenhang schließen lassen. Stellen Sie fest, wann der Fehler in der Ereignisanzeige das erste Mal aufgetreten ist. Überlegen Sie genau, ob zu diesem Zeitpunkt irgendetwas verändert wurde (auch auf Basis der Ereignisprotokolle).

Schauen Sie auch in anderen Protokollen der Ereignisanzeige nach, ob der Fehler mit anderen Ursachen zusammenhängt. Ein Fehler tritt selten ohne vorherige Änderung der Einstellung oder von defekter Hardware auf, sondern meist durch Änderungen am System oder der Installation von Applikationen und Tools. Durch die Filtermöglichkeiten der Ereignisanzeige in Windows Server 2008 R2 können Fehler oft sehr genau eingegrenzt werden.

Neben der Ereignisanzeige gibt es auch unter Windows Server 2008 R2 noch verschiedene Protokolle auf Textbasis, zum Beispiel von den Internetinformationsdiensten (IIS) sowie Routing- und RAS-Diensten. Die meisten Dateien tragen die Endung *.log*. Viele Logdateien befinden sich in den Verzeichnissen *%SystemRoot%\Debug*, *%SystemRoot%\System32\Config* und *%SystemRoot%\System32*. Die Logdateien von IIS finden Sie im *Inetpub*-Verzeichnis. Im *Debug*-Verzeichnis befinden sich zum Beispiel die Logdateien *dcpromo.log* und *dcpromoui.log*, die während der Heraufstufung zum Domänencontroller erzeugt werden. Die Bedienung der Ereignisanzeige ist sehr intuitiv. Über den Kontextmenübefehl *Aufgabe an dieses Protokoll anfügen* können über die Aufgabenplanung spezielle Aktionen durchgeführt werden, sobald eine bestimmte Meldung auf dem Server auftaucht.

Fehlerbehebung bei der Verbindung mit der Remoteverwaltung

Verbinden Sie sich von einem anderen Server oder von einer Arbeitsstation mit der Exchange-Verwaltungskonsole von Exchange Server 2010, verwendet die Konsole immer eine Remote-PowerShell-Sitzung für die Verwaltung (siehe auch Kapitel 34). Alle Befehle werden als Cmdlet übertragen, die grafische Oberfläche ist nur ein Hilfsmittel. Die Verbindung einer Remote-PowerShell-Sitzung verwendet IIS auf dem Server für die Verbindung, und die PowerShell-Befehle verwenden das HTTP-Protokoll.

Damit die Verbindung über das Netzwerk funktioniert, verwendet IIS die Funktion *Windows Remote Management (WinRM)* und *WSMan (Web Services for Management)*. Durch die Remote-PowerShell-Sitzung über IIS überträgt der Client seine Befehle an den Server, auch wenn Sie die Exchange-Verwaltungsshell oder die Exchange-Verwaltungskonsole verwenden. Auch bei ganz normalen Remotesitzungen der PowerShell, wie in Kapitel 34 beschrieben, laufen diese Vorgänge ab. Damit die Verbindung über die Remote-PowerShell funktioniert, sollten Sie bei Problemen daher zunächst in einer Eingabeaufforderung auf dem Server den Befehl *winrm quickconfig* eingeben. Erscheint eine Rückfrage, geben Sie *Y* ein und bestätigen die Aktivierung mit der [↵]-Taste.

Abbildg. 39.11 Aktivieren der Remoteverwaltung auf dem Server

```
Administrator: C:\Windows\system32\cmd.exe
Microsoft Windows [Version 6.1.7600]
Copyright (c) 2009 Microsoft Corporation. Alle Rechte vorbehalten.

C:\Users\administrator.CONTOSO>winrm quickconfig
WinRM ist bereits zum Empfangen von Anforderungen auf diesem Computer konfigurie
rt.
WinRM wurde nicht für Verwaltungsremotezugriff auf diesen Computer konfiguriert.

Folgende Änderungen müssen durchgeführt werden:

Erstellen Sie einen WinRM-Listener auf HTTP://*, um die WS-Verwaltungsanforderun
gen an eine beliebige IP-Adresse auf diesem Computer zu akzeptieren.
Aktivieren Sie die WinRM-Firewallausnahme.

Diese Änderungen durchführen [y/n]? y

WinRM wurde für die Remoteverwaltung aktualisiert.

Auf HTTP://* wurde ein WinRM-Listener erstellt, um die WS-Verwaltungsanforderung
en an eine beliebige IP-Adresse auf diesem Computer zu akzeptieren.
Die WinRM-Firewallausnahme ist aktiviert.

C:\Users\administrator.CONTOSO>_
```

Sollte die Verbindung immer noch nicht funktionieren, geben Sie in der Eingabeaufforderung noch den Befehl *WinRM enumerate winrm/config/listener* ein. Stellen Sie sicher, dass ein Listener mit dem Port 5985 aktiv ist und auf alle IP-Adressen des Servers gebunden ist.

Selbstverständlich darf der Port nicht durch eine Firewall blockiert werden. Standardmäßig schaltet Windows Server 2008 R2 den Port in der Windows-Firewall frei. Setzen Sie eine weitere Firewall zwischen Client und Server ein, sollten Sie diesen Port durchlassen.

Abbildg. 39.12 Überprüfen des Listeners für RemotePowerShell-Sitzungen

```
Administrator: C:\Windows\system32\cmd.exe

C:\Users\administrator.CONTOSO>WinRM enumerate winrm/config/listener
Listener
    Address = *
    Transport = HTTP
    Port = 5985
    Hostname
    Enabled = true
    URLPrefix = wsman
    CertificateThumbprint
    ListeningOn = 127.0.0.1, 192.168.178.91, ::1, fe80::5efe:192.168.178.91%12,
fe80::ffff:ffff:fffe%13, fe80::8595:1a71:63c6:2e44%11

C:\Users\administrator.CONTOSO>_
```

Für die Authentifizierung verwendet die Konsole und die Shell Kerberos. Öffnen Sie in der IIS-Verwaltung auf dem Server das virtuelle Verzeichnis für die PowerShell, sehen Sie das *Kerbauth* als Modul hinterlegt ist.

Stellen Sie sicher, dass dieses Modul nicht für die Standardwebseite aktiviert ist, sondern nur für das virtuelle Verzeichnis *PowerShell.* Klicken Sie dazu auf das virtuelle Verzeichnis *PowerShell* in der IIS-Verwaltung und dann auf *Module.*

Abbildg. 39.13 Überprüfen des Moduls für die Kerberos-Authentifizierung für die PowerShell

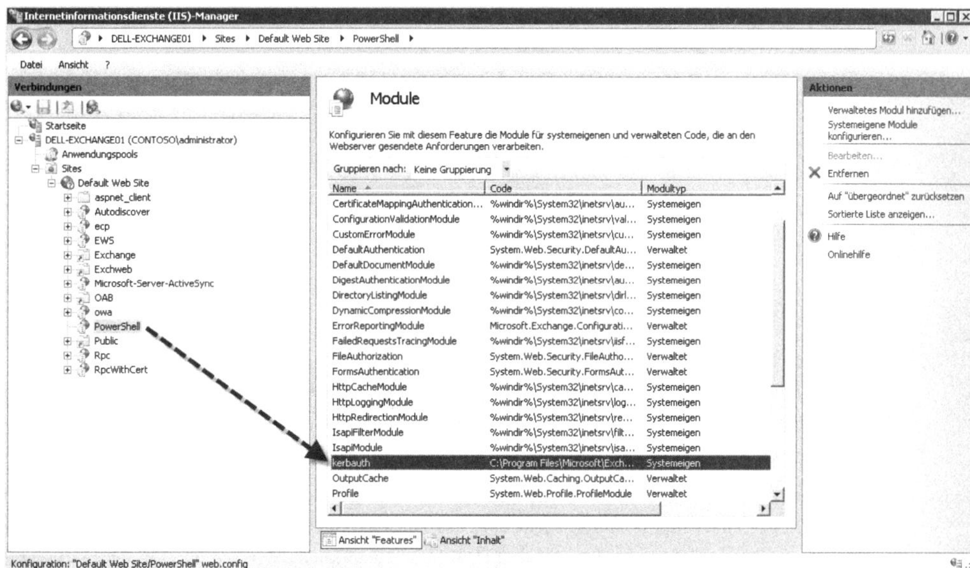

Auch *WSMan* muss für das virtuelle Verzeichnis aktiviert sein. Arbeiten Sie mit Exchange Server 2010, können Sie auf dem Server in der Exchange-Verwaltungsshell testen, ob ein bestimmter Benutzer berechtigt ist, sich

über eine Remote-PowerShell-Sitzung mit dem Netzwerk zu verbinden. Geben Sie dazu den Befehl *(Get-User <Benutzername>).RemotePowershellEnabled* ein. Erhalten Sie als Ausgabe *false*, darf der Benutzer keine Verbindung aufbauen, bei *true* ist die Verbindung gestattet.

Abbildg. 39.14 Überprüfen der Remoteverbindungsrechte eines Benutzers

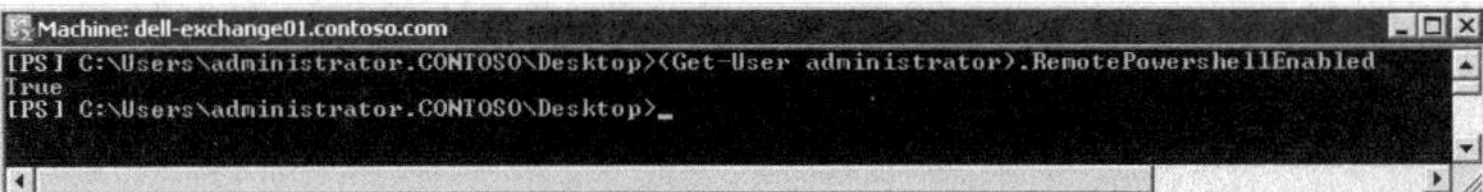

Wollen Sie den Verbindungsaufbau für den Benutzer gestatten, verwenden Sie den folgenden Befehl:

```
Set-User <Benutzername> –RemotePowerShellEnabled $True
```

Überprüfen Sie in den Eigenschaften des virtuellen Verzeichnisses *PowerShell*, ob der korrekte Pfad in den Grundeinstellungen eingetragen ist. Der Pfad in der Standardinstallation sieht folgendermaßen aus:

C:\Program Files\Microsoft\Exchange Server\V14\ClientAccess\PowerShell.

Abbildg. 39.15 Sicherstellen des korrekten Pfads für die PowerShell-Verbindung

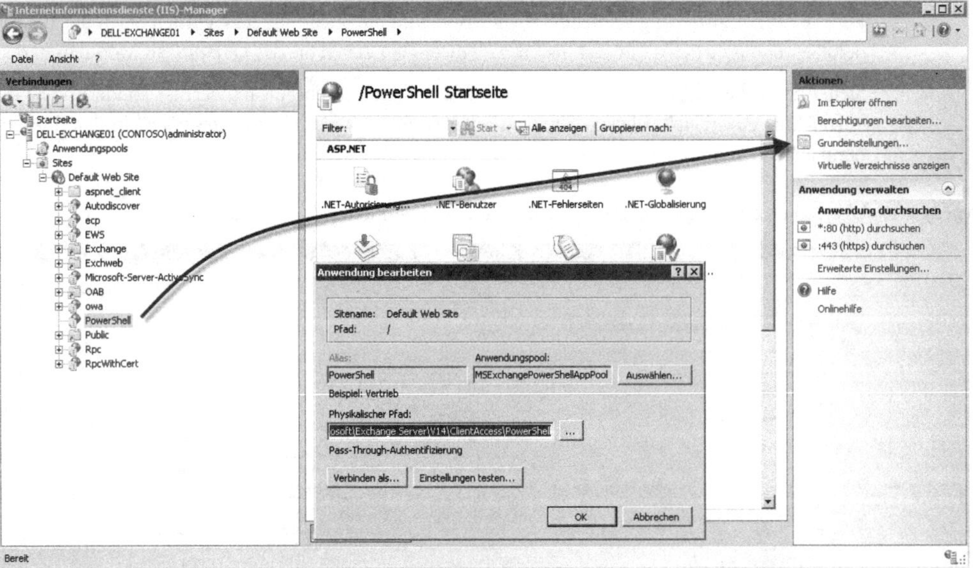

In manchen Fällen kann die Verbindung auch dann nicht aufgebaut werden, wenn Sie auf dem Server mehrere Webseiten aktiviert haben und die Standardwebseite nicht verfügbar ist. Auch eine Konfiguration einer automatischen Ordnerumleitung zu *https://<Servername>/owa* resultiert häufig in solchen Fehlern.

Die PowerShell setzt den Port 80 für die Remoteverbindung voraus. Ist der Port nicht vorhanden oder mit einer Seite verknüpft, lässt sich Exchange nicht über das Netzwerk verwalten. Stellen Sie sicher, dass für die Standardwebseite in den Bindungen für Port 80 kein Hostname eingetragen ist. Auch darf auf dem virtuellen Verzeichnis *PowerShell* kein SSL aktiviert sein.

Abbildg. 39.16 Sicherstellen der Port 80-Bindung für die Standardwebseite auf dem Exchange-Server

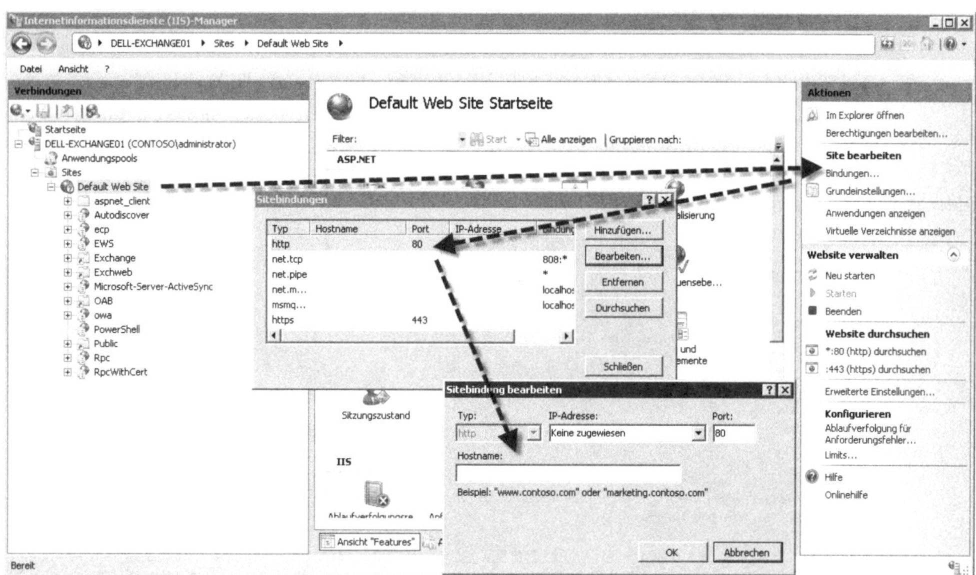

Bei einem solchen Fehler erhalten Sie auch oft eine Fehlermeldung in der Ereignisanzeige mit der Quelle *Microsoft-Windows-WinRM* und der EventID 10113.

Stellen Sie in der IIS-Verwaltung über den Knoten *Anwendungspools* auch sicher, dass alle notwendigen Exchange-Anwendungspools gestartet sind, vor allem der Pool *MSExchangePowerShellAppPool.*

Abbildg. 39.17 Überprüfen der Anwendungspools auf dem Exchange-Server

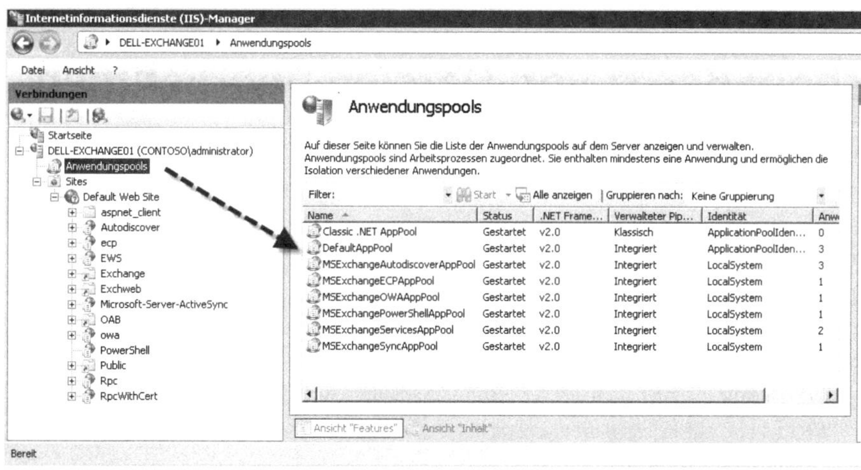

Ein weiteres Problem beim Starten der Verwaltungsprogramme ist, wenn die Variable *ExchangeInstallPath* nicht in den Systemvariablen auf dem Exchange-Server gesetzt ist oder auf den falschen Server zeigt:

1. Um dies zu überprüfen, rufen Sie die Eigenschaften von *Computer* im Startmenü auf und wechseln zur Registerkarte *Erweitert*.
2. Klicken Sie anschließend auf die Schaltfläche *Umgebungsvariablen*.
3. Stellen Sie sicher, dass im unteren Bereich bei Systemvariablen die Variable *ExchangeInstallPath* auf den Pfad *C:\Program Files\Microsoft\Exchange Server\V14* zeigt beziehungsweise auf den Pfad, in den Sie Exchange installiert haben.

Abbildg. 39.18 Überprüfen des Systempfads für Exchange Server 2010

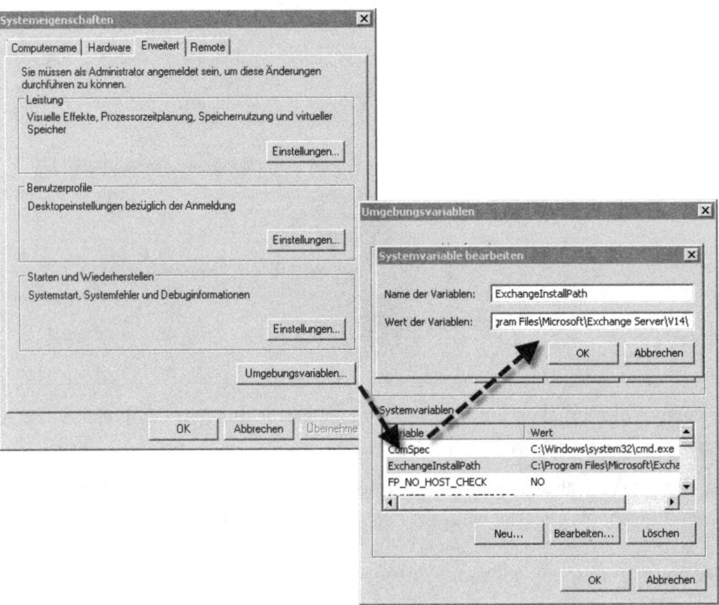

Workshop: Besitz von Dateien übernehmen und Zugriffe setzen

Als Administrator eines Computers haben Sie die Möglichkeit, sich auch dann Zugriff auf Dateien zu verschaffen, wenn Sie nicht dazu berechtigt sind. Sie können dazu einfach den Besitz dieser Daten übernehmen. Viele Probleme in Windows gehen oft auf Berechtigungsprobleme zurück.

Mit der Besitzübernahme können Sie sich zunächst Berechtigung verschaffen und dann auf dieser Basis Rechte ordnungsgemäß vergeben. Der Ablauf ist auf alleinstehenden Servern, Mitgliedsservern oder Domänencontrollern weitgehend identisch. Gehen Sie dazu folgendermaßen vor:

1. Rufen Sie die Eigenschaften des Verzeichnisses auf, dessen Besitz Sie übernehmen wollen.
2. Wechseln Sie zur Registerkarte *Sicherheit*.
3. Klicken Sie auf *Erweitert*.
4. Wechseln Sie zur Registerkarte *Besitzer*.
5. Klicken Sie auf *Bearbeiten*.
6. Wählen Sie den neuen Besitzer aus oder fügen Sie diesen über die Schaltfläche *Weitere Benutzer oder Gruppen* hinzu.

Abbildg. 39.19 Ändern des Besitzers eines Verzeichnisses

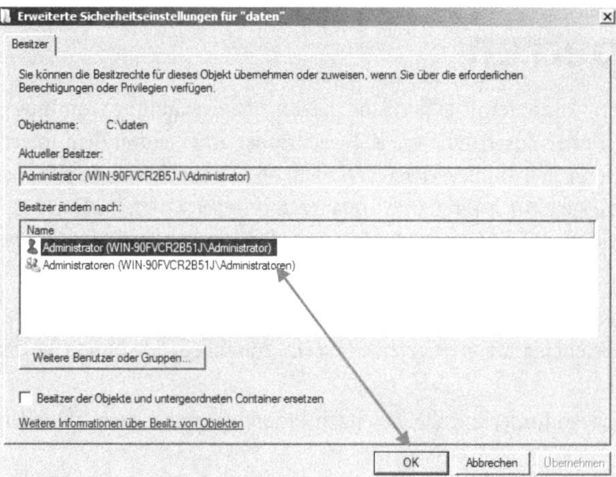

7. Befinden sich im ausgewählten Verzeichnis weitere Ordner, aktivieren Sie das Kontrollkästchen *Besitzer der Objekte und untergeordneten Container ersetzen.*
8. Bestätigen Sie mit *OK.*
9. Erscheinen Fehler bei der Zuweisung, klicken Sie auf *Wiederholen.*
10. Nach der Übernahme des Besitzes klicken Sie auf *OK.*
11. Klicken Sie auf der Registerkarte *Sicherheit* in den Eigenschaften des entsprechenden Verzeichnisses auf *Bearbeiten.*
12. Klicken Sie auf *Hinzufügen.*
13. Geben Sie den Anmeldenamen des Besitzers ein und klicken Sie auf *Namen überprüfen.*
14. Klicken Sie auf *OK.*
15. Geben Sie dem Benutzer das Recht *Vollzugriff.*
16. Klicken Sie auf *OK* und bestätigen Sie die Änderung der Rechte.
17. Klicken Sie dann wieder auf der Registerkarte *Sicherheit* in den Eigenschaften des Verzeichnisses auf die Schaltfläche *Erweitert.*
18. Klicken Sie auf den Benutzer, den Sie als Besitzer hinzugefügt haben.
19. Klicken Sie auf *Berechtigungen ändern.*
20. Aktivieren Sie das Kontrollkästchen *Alle Berechtigungen für untergeordnete Objekte durch vererbbare Berechtigungen von diesem Objekt ersetzen.*
21. Klicken Sie auf *OK* und bestätigen Sie alle Fenster, die Sie davor warnen, alle Rechte zu ändern.
22. Sie verfügen jetzt über vollständige Rechte für das Verzeichnis und alle enthaltenen Unterordner und Dateien.

Programme mit geheimen Internetzugriffen entdecken und sperren

Viele Programme, die auf dem Computer installiert sind, bauen eine Verbindung zum Internet auf. Nicht nur Virenscanner, Internetbrowser oder Zusatztools wie RSS-Feedreader arbeiten mit dem Internet, sondern auch ganz normale Programme überprüfen auf den Herstellerseiten, ob es neue Versionen gibt, oder übertragen im schlimmsten Fall persönliche Daten. Auch Viren und Trojaner übertragen Daten ins Internet. Wir zeigen Ihnen in den folgenden Schritten, wie Sie mit einfachen Mitteln solche Programme entdecken können:

1. Öffnen Sie zunächst eine neue Eingabeaufforderung mit Administratorrechten.
2. Geben Sie in der Eingabeaufforderung den Befehl *netstat –o* ein. Wollen Sie die Ausgabe in eine Textdatei umleiten, geben Sie den Befehl *netstat –o >C:\netstat.txt* ein. Anschließend können Sie die Datei mit einem Editor bearbeiten.
3. Daraufhin zeigt die Eingabeaufforderung alle laufenden Programme und deren aktuellen Verbindungszustand an.
4. In der Spalte *Remoteadresse* sehen Sie, zu welchem Server oder welcher Adresse im Internet das Tool eine Verbindung aufbaut.
5. Möchten Sie eine bestimmte Verbindung genauer untersuchen, merken Sie sich deren Process-ID (PID) in der letzten Zeile.

Abbildg. 39.20 Windows zeigt aktuelle Netzwerkverbindungen an

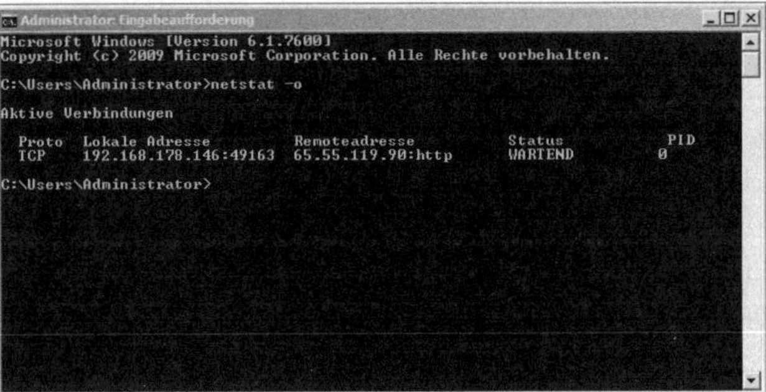

6. Rufen Sie anschließend den Task-Manager auf. Geben Sie dazu den Befehl *taskmgr* im Suchfeld des Startmenüs ein.
7. Wechseln Sie zur Registerkarte *Prozesse.*
8. Wird die Spalte mit der PID nicht angezeigt, rufen Sie im Task-Manager den Menübefehl *Ansicht/Spalten auswählen* auf.
9. Aktivieren Sie das Kontrollkästchen bei *PID (Prozess-ID).*

Abbildg. 39.21 Anzeigen der Prozess-ID der Prozesse im Task-Manager

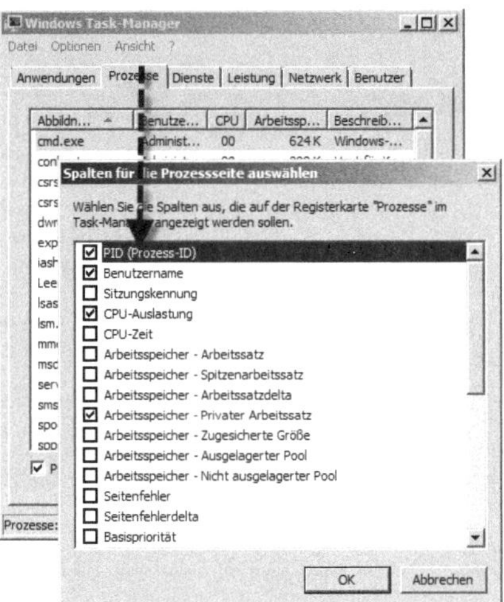

10. Anschließend zeigt der Task-Manager für alle laufenden Prozesse deren PID an.

Abbildg. 39.22 Anzeigen der PID eines Prozesses

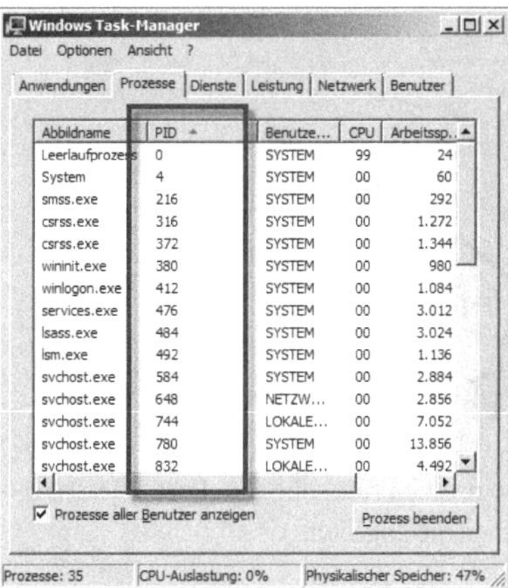

Anschließend können Sie den Prozess herausfinden, welcher die PID hat, die Sie überwachen wollten.

Nachdem Sie festgestellt haben, dass ein bestimmtes Programm eine Verbindung mit dem Internet herstellt, Sie dies aber nicht wollen, können Sie dieses Programm mit der Windows-Firewall sperren. Gehen Sie dazu folgendermaßen vor:

1. Geben Sie *wf.msc* im Suchfeld des Startmenüs ein.
2. Klicken Sie auf *Ausgehende Regeln.*
3. Klicken Sie mit der rechten Maustaste auf Aktion *Neue Regel.*
4. Wählen Sie auf der ersten Seite die Option *Programm* aus.

Abbildg. 39.23 Erstellen einer neuen Firewallregel

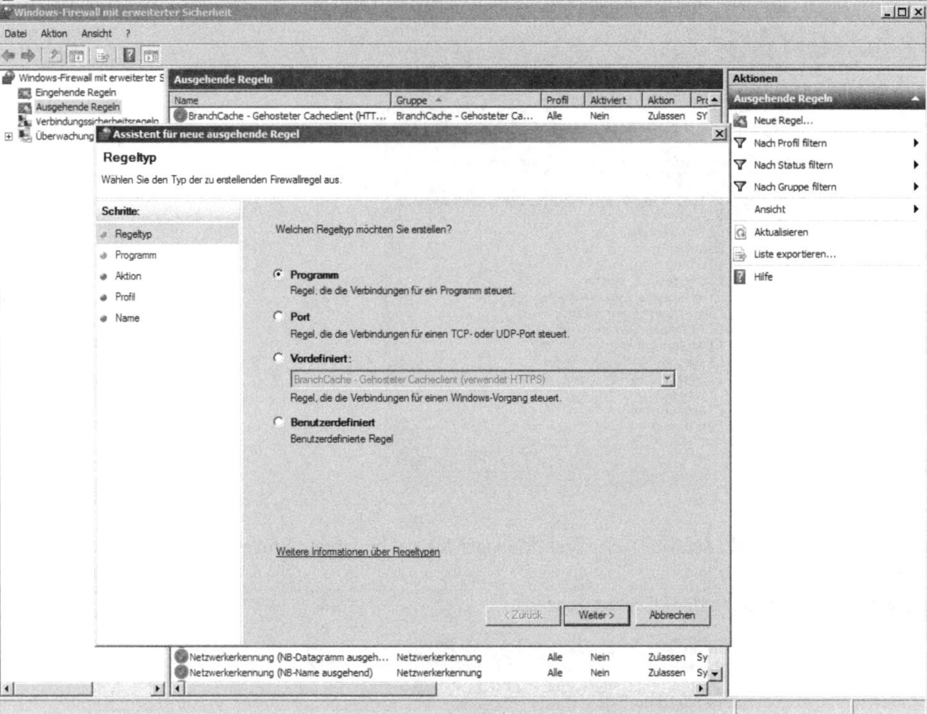

5. Suchen Sie das Programm, dessen PID Sie mit dem Task-Manager entdeckt haben.
6. Wählen Sie auf der nächsten Seite als Aktion *Verbindung blockieren* aus.
7. Aktivieren Sie auf der Seite *Profil* alle drei Netzwerkprofile.
8. Weisen Sie der Regel einen Namen zu.
9. Testen Sie die Verbindung noch mal. Die Firewall sollte die Verbindung jetzt blockieren.
10. In den Eigenschaften der Regel können Sie deren Einstellungen weiter anpassen, wenn Sie zum Beispiel nicht gleich den gesamten Zugriff, sondern nur einzelne Protokolle und Ports sperren möchten. Auch den Bereich im Internet, den Sie sperren wollen, können Sie angeben.

Virenschutz und Firewall gefahrlos testen

Unabhängig davon, welche Sicherheitslösungen Sie verwenden, sollten Sie diese von Zeit zu Zeit testen, ob diese noch funktioniert:

- Auf der Internetseite *www.testvirus.de* können Sie ungefährliche Testviren herunterladen und überprüfen, ob Ihr Antivirenprogramm noch funktioniert
- Das Antispyware-Programm können Sie über die Seite *http://www.spycar.org/Spycar.html* testen
- Firewalls testen Sie auf der Seite *https://www.securitymetrics.com/portscan.adp*

Daten schnell und einfach ohne Kennwort freigeben

Wollen Sie Daten im Netzwerk von einem Server, der kein Mitglied einer Domäne ist, allen Anwendern zur Verfügung stellen, ohne dass diese erst ein Kennwort oder ein Benutzerkonto auf Ihrem Rechner haben müssen, beispielsweise für Testumgebungen, gehen Sie folgendermaßen vor:

1. Öffnen Sie über das Kontextmenü der Netzwerkanzeige in der Taskleiste das Netzwerk- und Freigabecenter.
2. Stellen Sie sicher, dass bei *Aktive Netzwerke anzeigen* das aktuelle Netzwerk als *Heimnetzwerk* angezeigt wird. Wenn nicht, aktivieren Sie diese Option über den Link.

Abbildg. 39.24 Aktivieren der Heimnetzwerk-Einstellung

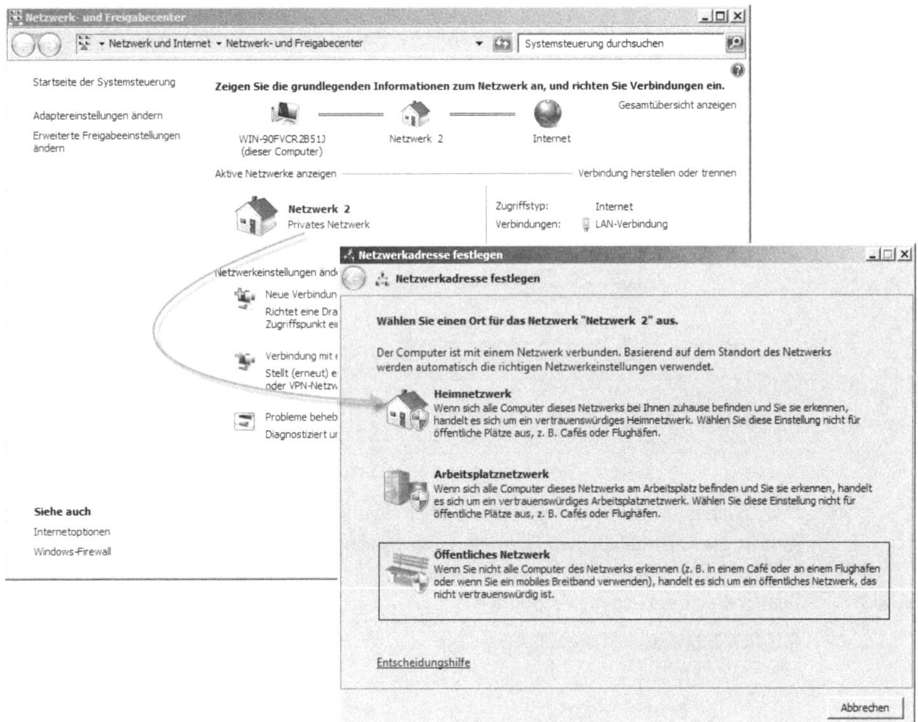

3. Klicken Sie dann auf *Erweiterte Freigabeeinstellungen ändern.*
4. Aktivieren Sie im Fenster die folgenden Optionen:
   - *Netzwerkerkennung einschalten*
   - *Datei- und Druckerfreigabe aktivieren*
   - *Kennwortgeschütztes Freigeben ausschalten*
5. Klicken Sie dann auf *Änderungen speichern.*

Abbildg. 39.25 Konfigurieren der Freigabeeinstellungen

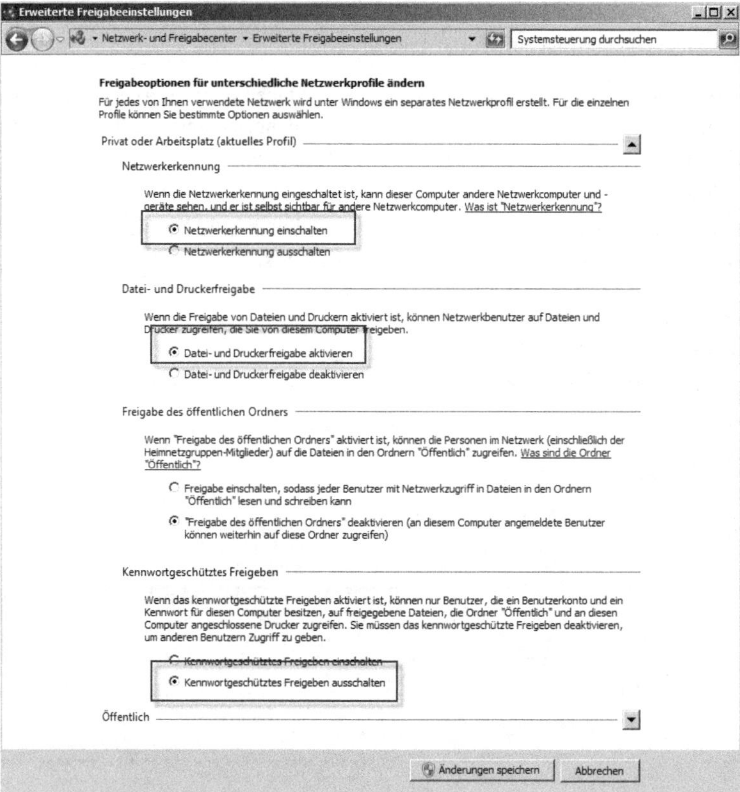

6. Deaktivieren Sie im Windows-Explorer über *Organisieren/Ordner- und Suchoptionen* auf der Registerkarte *Ansicht* das Kontrollkästchen *Freigabe-Assistent verwenden (empfohlen)*.

Abbildg. 39.26 Deaktivieren des Freigabe-Assistenten

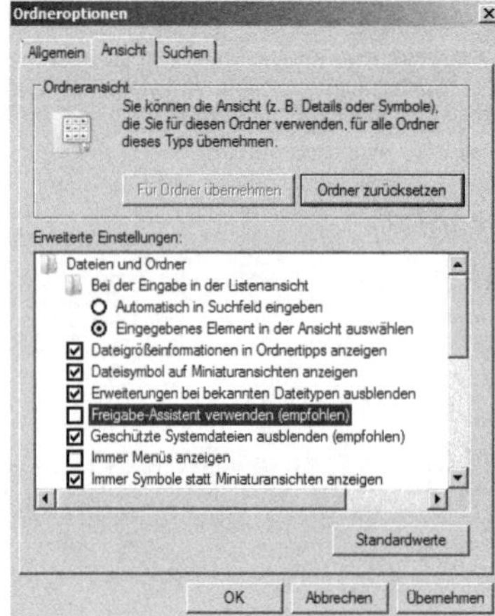

7. Anschließend können Sie den Ordner freigeben, den Sie im Netzwerk zur Verfügung stellen wollen. Klicken Sie diesen mit der rechten Maustaste an und wählen Sie *Freigeben für/Erweiterte Freigabe.*
8. Klicken Sie im neuen Fenster auf die Schaltfläche *Erweiterte Freigabe.*
9. Aktivieren Sie die Option *Diesen Ordner freigeben.*
10. Klicken Sie auf *Berechtigungen.*
11. Stellen Sie sicher, dass die Gruppe *Jeder* angezeigt wird.
12. Wählen Sie aus, welche Rechte Sie den Anwendern im Netzwerk gestatten wollen. Standardmäßig dürfen Anwender nur lesen. Sollen Anwender auch Dateien erstellen oder löschen dürfen, wählen Sie noch *Ändern* aus.
13. Klicken Sie auf *Übernehmen* oder *OK*, damit die Rechte für die Freigabe aktiviert werden.

Abbildg. 39.27 Konfigurieren der Freigaberechte

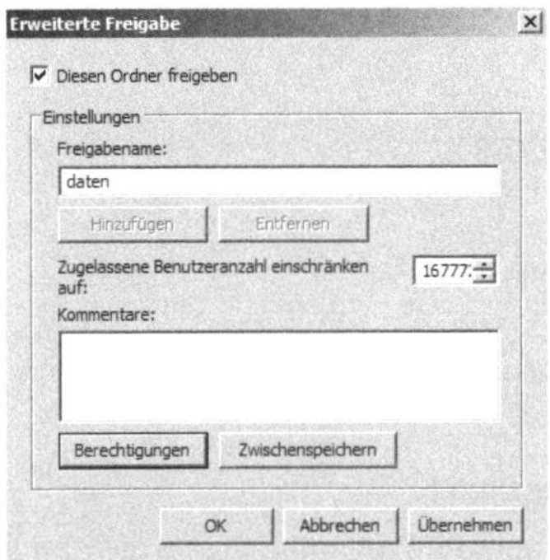

14. Wechseln Sie dann in den Eigenschaften des freigegebenen Ordners auf die Registerkarte *Sicherheit.*
15. Klicken Sie auf *Bearbeiten.*
16. Klicken Sie auf *Hinzufügen.*
17. Geben Sie im Feld »Jeder« ein und klicken Sie auf *Namen überprüfen.*
18. Aktivieren Sie das Kontrollkästchen für die Gruppe *Jeder* bei den Rechten, die Sie erlauben wollen.
19. Bestätigen Sie alle Fenster mit *OK.*
20. Testen Sie über das Netzwerk den Zugriff mit *<IP-Adresse>\Freigabenamen.* Sie können den Befehl auch im Suchfeld des Startmenüs eingeben oder an anderer Stelle.

C$-Freigabe funktioniert nicht – Problemlösung

Windows Vista und Windows 7 sowie Windows Server 2008 R2 ermöglichen den Zugriff auf die versteckten System-$-Freigaben wie *C$* nicht mehr so einfach wie Windows XP. Dies liegt daran, dass Windows 7 den Zugriff auf administrative Freigaben per Authentifizierung von lokalen Benutzerkonten blockiert.

Sie können das Problem so umgehen, dass Sie Freigaben manuell erstellen, das geht auch für ganze Festplatten. Wichtig an dieser Stelle ist, dass Sie der Gruppe *Jeder* einen entsprechenden Zugriff gewähren oder ein Benutzerkonto auf dem Computer anlegen, mit dem sich Benutzer bei der Netzwerkanmeldung authentifizieren können.

Alternativ können Sie das Sperren der lokalen Anmeldung für administrative Freigaben in der Registry deaktivieren. Gehen Sie dazu folgendermaßen vor:

1. Geben Sie *regedit* im Suchfeld des Startmenüs ein.

2. Navigieren Sie zu *HKEY_LOCAL_MACHINE\SOFTWARE\Microsoft\Windows\CurrentVersion\Policies\System*.
3. Erstellen Sie einen neuen DWORD-Wert mit der Bezeichnung *LocalAccountTokenFilterPolicy*. Geben Sie den Wert 1 ein.
4. Starten Sie den Computer neu.

Problemaufzeichnung – Fehler in Windows nachstellen und beheben

Windows 7 und Windows Server 2008 R2 bieten die Möglichkeit, Fehler in Windows aufzuzeichnen und für Spezialisten so aufzubereiten, dass diese den Fehler leicht nachstellen und überprüfen können. Diese Schritt-für-Schritt-Aufzeichnung von Fehlern hat die Bezeichnung Problemaufzeichnung. Am schnellsten starten Sie die Problemaufzeichnung, indem Sie *psr* im Suchfeld des Startmenüs eingeben. Es öffnet sich eine Symbolleiste, mit der Sie die Aufzeichnung durchführen.

Abbildg. 39.28 Probleme aufzeichnen in Windows 7 und Windows Server 2008 R2

Um einen Fehler aufzuzeichnen und weitergeben zu können, gehen Sie folgendermaßen vor:

1. Tippen Sie *psr* im Suchfeld des Startmenüs ein.
2. Klicken Sie nach dem Start des Tools auf *Aufzeichnung starten*.
3. Gehen Sie exakt die Schritte in Windows oder dem jeweiligen Programm durch, die zum Fehler führen.

Abbildg. 39.29 Aufgezeichnete Probleme im Internet Explorer nachvollziehen

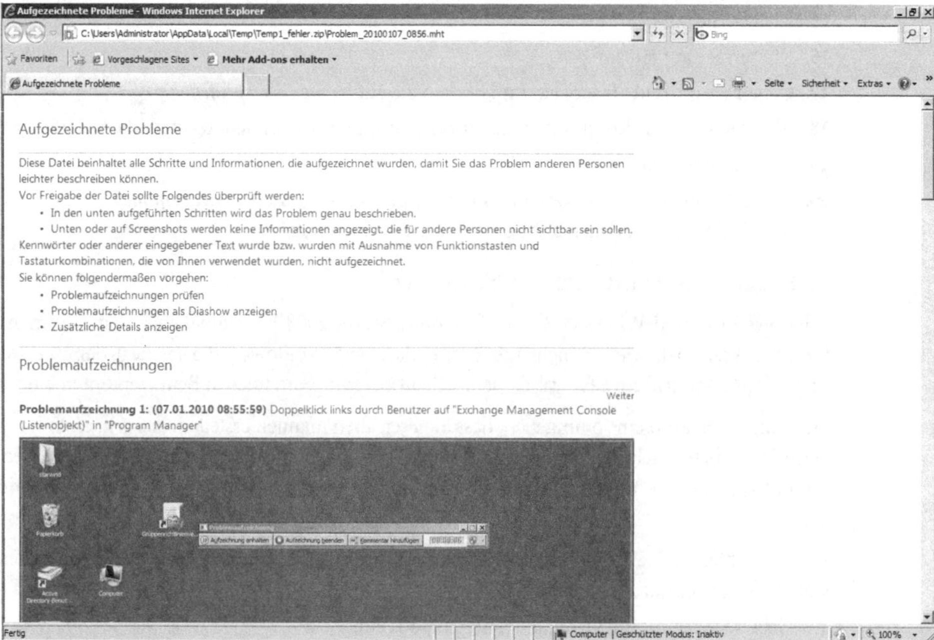

4. Per Klick auf *Kommentar hinzufügen* können Sie eigene Hinweise einfügen, falls der Fehler nicht direkt offensichtlich ist.
5. Haben Sie den Fehler nachgestellt, klicken Sie auf *Aufzeichnung beenden.*
6. Speichern Sie die Datei als ZIP-Archiv ab.
7. Das Tool speichert die Aufzeichnung als *.mht*-Datei, die Sie mit dem Internet Explorer öffnen können. Extrahieren Sie die *.zip*-Datei per Klick mit der rechten Maustaste oder klicken Sie doppelt auf die *.zip*-Datei und dann auf die *.mht*-Datei. Sie sehen die Aufzeichnung des Problems als Dokument, das jeder nachvollziehen kann.

Überwachung der Systemleistung

Über den Eintrag *Leistung* in der Konsolenstruktur des Server-Managers können Sie sich die aktuelle Systemleistung Ihres Servers mit verschiedenen Tools und Ansichten anzeigen lassen. Über den Link *Ressourcenmonitor öffnen* lässt sich eine detaillierte Ansicht des aktuellen CPU-Verbrauchs, des Arbeitsspeichers, der Datenträger und des Netzwerkverkehrs anzeigen.

Abbildg. 39.30 Anzeige des Ressourcenmonitors in Windows Server 2008 R2

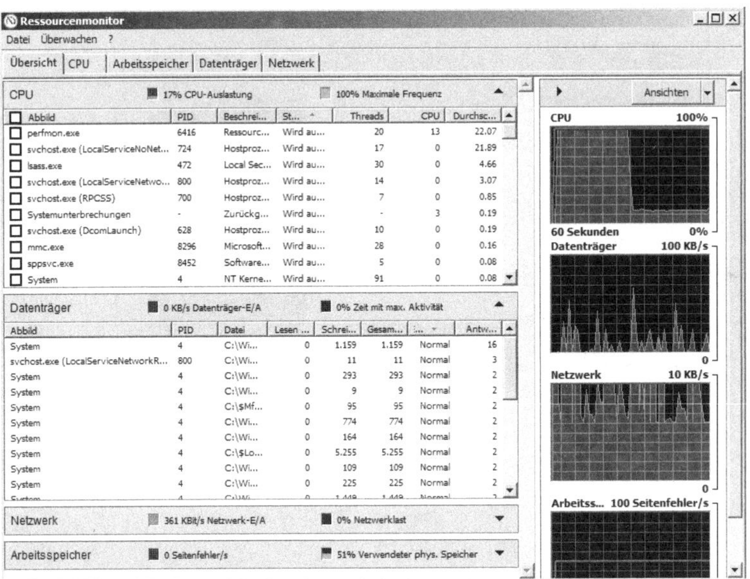

Über den Knoten *Berichte* lassen sich auch auf Domänencontrollern sehr interessante Informationen über den Betrieb von Active Directory anzeigen.

Abbildg. 39.31 Überwachen der Serverleistung von Windows Server 2008 R2

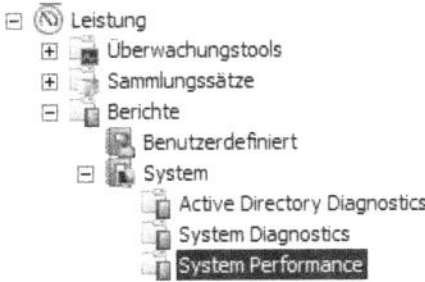

Die Gesamtleistung eines Systems wird durch verschiedene Faktoren begrenzt. Hierzu zählen etwa die Zugriffsgeschwindigkeit der physischen Datenträger, die für alle laufenden Prozesse zur Verfügung stehende Speichermenge, die Prozessorgeschwindigkeit und der Datendurchsatz der Netzwerkschnittstellen.

Nachdem die einschränkenden Faktoren auf der Hardwareseite identifiziert wurden, kann der Ressourcenverbrauch einzelner Anwendungen und Prozesse überprüft werden. Anhand einer umfassenden Leistungsanalyse, die sowohl die Auswirkungen von Anwendungen als auch die Gesamtkapazität berücksichtigt, können IT-Experten einen Bereitstellungsplan entwickeln und an die jeweiligen Anforderungen anpassen. Alternativ können Sie diese Funktion auch über *Start/Ausführen/perfmon.msc* starten. Durch Erweitern der *Ressourcenübersicht* können Sie zusätzliche Informationen anzeigen und überprüfen, welche Ressourcen von welchen Prozessen genutzt werden.

Der Bereich mit der Ressourcenübersicht enthält vier animierte Diagramme, die die Auslastung der CPU-, Datenträger-, Netzwerk- und Speicherressourcen des lokalen Computers in Echtzeit anzeigen. Unter den Diagrammen befinden sich vier erweiterbare Bereiche, in denen Einzelheiten zur jeweiligen Ressource angezeigt werden können. Klicken Sie zur Anzeige dieser Informationen auf den Abwärtspfeil rechts neben dem jeweiligen Balken.

Abbildg. 39.32 Detaillierte Überwachung des Servers im Ressourcenmonitor

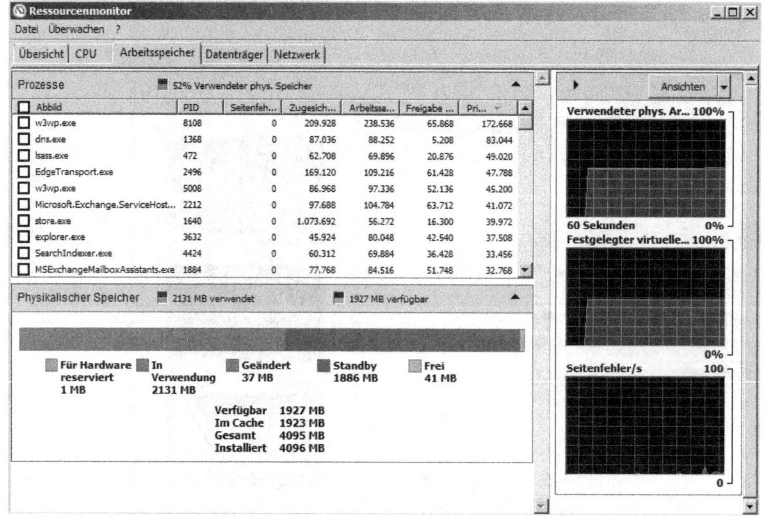

CPU

In diesem Bereich wird die aktuelle Auslastung der CPU-Kapazität in Prozent angezeigt. Für die CPU stehen außerdem folgende Detailinformationen zur Verfügung:

- **Abbild** Die Anwendung, die die CPU-Ressourcen nutzt
- **PID** Die Prozess-ID der Anwendungsinstanz
- **Threads** Die Anzahl der Threads, die aktuell für die Anwendungsinstanz aktiv sind
- **CPU** Die CPU-Zyklen, die aktuell für die Anwendungsinstanz aktiv sind
- **Durchschnittliche CPU-Auslastung** Die von der Anwendungsinstanz verursachte durchschnittliche CPU-Auslastung. Angezeigt wird der prozentuale Anteil an der Gesamtkapazität der CPU.

Datenträger

In diesem Bereich wird die aktuelle Gesamtbelastung durch E-/A-Vorgänge angezeigt. Außerdem können folgende Detailinformation abgefragt werden:

- **Abbild** Die Anwendung, die die Datenträgerressourcen nutzt
- **PID** Die Prozess-ID der Anwendungsinstanz
- **Datei** Die Datei, die von der Anwendungsinstanz gelesen und/oder geschrieben wird
- **Lesen** Die aktuelle Geschwindigkeit (in Byte/min), mit der die Anwendungsinstanz Daten aus der Datei liest
- **Schreiben** Die aktuelle Geschwindigkeit (in Byte/min), mit der die Anwendungsinstanz Daten in die Datei schreibt

Netzwerk

In diesem Bereich wird der gesamte aktuelle Netzwerkverkehr (in Kbit/s) angezeigt. Für die Netzwerkauslastung stehen außerdem folgende Detailinformationen zur Verfügung:

- **Abbild** Die Anwendung, die die Netzwerkressourcen nutzt
- **PID** Die Prozess-ID der Anwendungsinstanz
- **Adresse** Die Netzwerkadresse, mit der der lokale Computer Informationen austauscht. Hier kann ein Computername (wenn sich der andere Computer im selben LAN befindet), eine IP-Adresse oder ein voll qualifizierter Domänenname angezeigt werden.
- **Senden** Die Datenmenge (in B/min), die die Anwendungsinstanz aktuell vom lokalen Computer an die Adresse sendet
- **Empfangen** Die Datenmenge (in B/min), die die Anwendungsinstanz aktuell von der Adresse empfängt
- **Total** Die gesamte Bandbreite (in B/min), die aktuell von der Anwendungsinstanz für das Senden und Empfangen genutzt wird

Speicher

In diesem Bereich werden die aktuellen Seitenfehler pro Sekunde und der aktuell genutzte physische Speicher in Prozent angezeigt. Folgende Detailinformationen können für Speicherressourcen abgefragt werden:

- **Abbild** Die Anwendung, die die Speicherressourcen nutzt
- **PID** Die Prozess-ID der Anwendungsinstanz
- Seitenfehler: Die Anzahl der Seitenfehler, die aktuell von der Anwendungsinstanz generiert werden

Die Leistungsüberwachung

Klicken Sie in der Konsolenstruktur (die linke Fensterspalte) auf den Eintrag *Leistung/Überwachungstools/Leistungsüberwachung*, können Sie den Server noch genauer überwachen lassen, indem Sie verschiedene Leistungsindikatoren hinzufügen.

Abbildg. 39.33 Serverüberwachung mit dem Systemmonitor

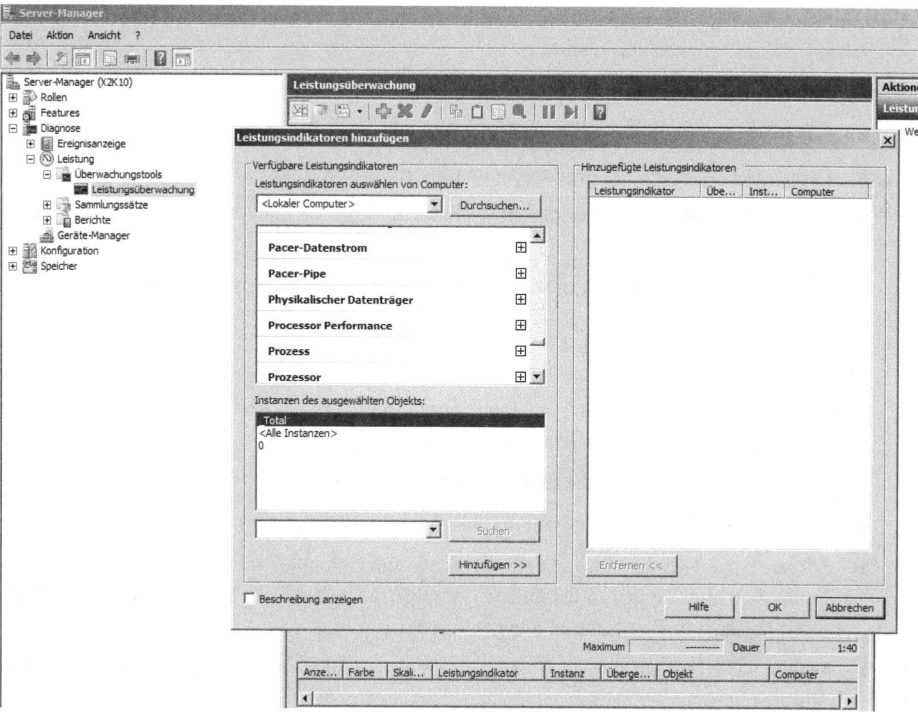

In der Leistungsüberwachung werden die integrierten Windows-Leistungsindikatoren grafisch dargestellt. Es können Daten in Echtzeit oder Verlaufsdaten angezeigt werden. Sie können im Systemmonitor Leistungsindikatoren entweder per Drag & Drop hinzufügen oder hierfür benutzerdefinierte Datensammlergruppen (Data Collector Sets, DCS) erstellen. Die Leistungsüberwachung unterstützt verschiedene Ansichten für die visuelle Überprüfung der Daten in Leistungsprotokollen.

Abbildg. 39.34 Ändern der Ansicht in der Leistungsüberwachung

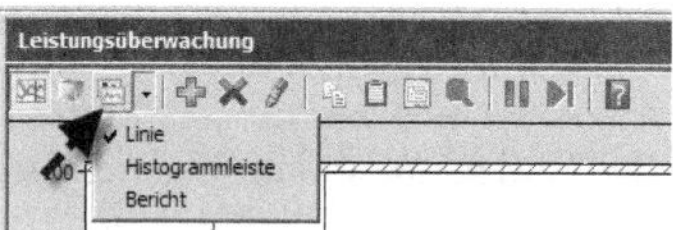

Vor allem die Auswahl *Bericht* bietet oft mehr Übersicht als die anderen Optionen.

Außerdem können benutzerdefinierte Ansichten in Form von Datensammlergruppen für die Verwendung in Leistungs- und Protokollfunktionen exportiert werden. Über das grüne Pluszeichen in der Symbolleiste können Sie weitere Leistungsindikatoren einblenden lassen.

Abbildg. 39.35 Anzeigen der Leistungsüberwachung als Bericht

\\X2K10	
Physikalischer Datenträger	_Total
Aktuelle Warteschlangenlänge	0,000
Bytes gelesen/s	0,000
Bytes geschrieben/s	96.248,713
Bytes/s	96.248,713
Durchschnittl. Warteschlangenlänge der Datenträger-Lesevorgänge	0,000
Durchschnittl. Warteschlangenlänge der Datenträger-Schreibvorgänge	0,048
Durchschnittl. Warteschlangenlänge des Datenträgers	0,048
Leerlaufzeit (%)	98,715
Lesevorgänge/s	0,000
Lesezeit (%)	0,000
Mittlere Bytes/Lesevorgang	0,000
Mittlere Bytes/Schreibvorgang	3.319,172
Mittlere Bytes/Übertragung	3.319,172
Mittlere Sek./Lesevorgänge	0,000
Mittlere Sek./Schreibvorgänge	0,002
Mittlere Sek./Übertragung	0,002
Schreibvorgänge/s	28,998
Schreibzeit (%)	2,375
Teil-E/A/s	7,999
Übertragungen/s	28,998
Zeit (%)	2,375
Processor Performance	PPM_Processor_0
% of Maximum Frequency	100,000
Processor Frequency	3.212,000
Processor State Flags	0x00000001

Wählen Sie zunächst den entsprechenden Indikator aus und klicken Sie auf *Hinzufügen*. Sie können eine Beschreibung der Indikatorengruppe anzeigen, die aktuell in der Liste ausgewählt ist. Aktivieren Sie dazu das Kontrollkästchen *Beschreibung anzeigen* in der unteren linken Ecke des Bildschirms. Wenn Sie eine andere Gruppe auswählen, wird die zugehörige Beschreibung angezeigt.

Sie können die verfügbaren Indikatoren einer Gruppe anzeigen, indem Sie auf den Abwärtspfeil rechts neben dem Gruppennamen klicken. Zum Hinzufügen einer Indikatorengruppe markieren Sie den Gruppennamen und klicken auf die Schaltfläche *Hinzufügen.*

Abbildg. 39.36 Hinzufügen von Leistungsindikatoren zur Leistungsüberwachung

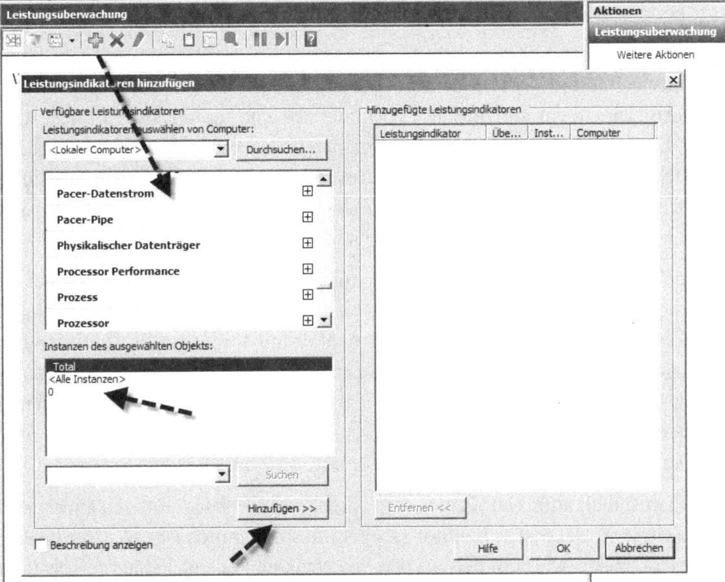

Nachdem Sie einen Gruppennamen markiert haben, können Sie die enthaltenen Leistungsindikatoren anzeigen. Markieren Sie einen Indikator in der Liste, bevor Sie auf *Hinzufügen* klicken, wird nur dieser Indikator hinzugefügt.

Sie können einen einzelnen Indikator hinzufügen, indem Sie auf das Pluszeichen neben dem Gruppennamen klicken, den gewünschten Indikator markieren und danach auf *Hinzufügen* klicken. Möchten Sie mehrere Indikatoren einer Gruppe auswählen, klicken Sie bei gedrückter `Strg`-Taste auf die Namen in der Liste. Sobald alle gewünschten Indikatoren ausgewählt sind, klicken Sie auf *Hinzufügen.*

Möchten Sie nur eine bestimmte Instanz eines Indikators hinzufügen, markieren Sie einen Gruppennamen in der Liste, wählen den gewünschten Prozess in der Liste im Bereich Instanzen des gewählten Objekts aus und klicken auf *Hinzufügen.* Derselbe Indikator kann von mehreren Prozessen generiert werden. Bei Auswahl einer Instanz werden nur diejenigen Indikatoren protokolliert, die vom gewählten Prozess erzeugt werden. Wenn Sie keine Instanz auswählen, werden alle Instanzen des Indikators protokolliert.

Sie können nach Instanzen eines Indikators suchen, indem Sie die Indikatorengruppe markieren oder die Gruppe erweitern und den gewünschten Indikator markieren, den Prozessnamen in das Feld unterhalb der Instanzenliste für das gewählte Objekt eingeben und auf *Suchen* klicken. Der eingegebene Prozessname wird in der Dropdownliste für eine weitere Suche angeboten.

Indikatorendaten im Systemmonitor beobachten

Standardmäßig werden die Daten im Systemmonitor in Form eines Liniendiagramms angezeigt. Abgebildet werden Daten über einen Zeitraum von zwei Minuten. Die Abtastung erfolgt von links nach rechts. Die X-Achse ist beschriftet. Mithilfe des Diagramms lassen sich Änderungen an den Aktivitäten der einzelnen Indikatoren über einen kurzen Zeitraum beobachten. Sie können Details für einen bestimmten Indikator anzeigen, indem Sie im Diagramm mit der Maus auf die entsprechende Indikatorlinie zeigen. Mit dem Dropdownmenü auf der Symbolleiste können Sie die Anzeige für die aktuelle Datensammlergruppe ändern.

In der Histogrammansicht werden Daten in Echtzeit angezeigt. In dieser Ansicht lassen sich Änderungen an den Aktivitäten der einzelnen Indikatoren beobachten. Die Berichtansicht enthält die Werte für den ausgewählten Indikator in Textform. Unter dem Ansichtsfenster befindet sich eine Legende mit Angaben zu den einzelnen Leistungsindikatoren. Über die Kontrollkästchen der einzelnen Zeilen können Sie steuern, welche Indikatoren in der Ansicht dargestellt werden. Ist eine Zeile in der Legende ausgewählt, lässt sich die zugehörige Indikatorlinie optisch hervorheben, indem Sie auf der Symbolleiste auf die Schaltfläche *Markierung* klicken. Durch erneutes Klicken auf diese Schaltfläche wird die ursprüngliche Anzeige wiederhergestellt.

Sie können die Eigenschaften für die Anzeige eines Indikators ändern. Klicken Sie dazu mit der rechten Maustaste auf die entsprechende Zeile in der Legende und wählen Sie im Kontextmenü den Eintrag *Eigenschaften.* Daraufhin wird das Dialogfeld *Eigenschaften von Systemmonitor* mit aktivierter Registerkarte *Daten* geöffnet. Passen Sie die Eigenschaften mithilfe der Einträge in den Listenfeldern an. Mit der Schaltfläche *Anzeige fixieren* auf der Symbolleiste können Sie die Anzeige einfrieren, um die aktuelle Aktivität zu überprüfen. Wenn Sie die Anzeige wieder aktivieren möchten, klicken Sie auf die Schaltfläche *Fixierung der Anzeige aufheben.* Per Klick auf die Schaltfläche *Daten aktualisieren* kann die Anzeige schrittweise durchlaufen werden.

Wird die Anzeige des Liniendiagramms angehalten und anschließend wieder gestartet, ändert sich der auf der X-Achse dargestellte Zeitraum. Der Systemmonitor arbeitet mit sogenannten *Objekten,* die beobachtet werden können. Für jedes dieser Objekte, wie zum Beispiel den Prozessor, gibt es eine Reihe von Leistungsindikatoren wie *Prozessorzeit* oder *Interrupts/s.* Für einzelne Objekte gibt es zudem mehrere Instanzen. Dies ist zum Beispiel beim Prozessor der Fall, wenn mit einem Multiprozessorsystem gearbeitet wird. Beim Objekt *Prozesse* wird eine Instanz für jeden aktiven Prozess definiert.

Sammlungssätze

Die Echtzeitanzeige ist nur eine Möglichkeit, den Systemmonitor zu nutzen. Nachdem Sie eine Kombination aus Datensammlern zusammengestellt haben, die nützliche Echtzeitinformationen über Ihr System liefern, können Sie diese als *Sammlungssätze* (Data Collector Set, DCS) speichern. Sammlungssätze bilden die Grundlage für die Leistungsüberwachung und Berichterstellung. Mit ihrer Hilfe lassen sich mehrere Datensammlungspunkte in einer Komponente zusammenfassen, die dann zum Überprüfen und Protokollieren genutzt werden kann.

Um einen Sammlungssatz zu erstellen, beginnen Sie mit der Anzeige der Leistungsindikatoren. Erweitern Sie in der Konsole die Hierarchiestruktur, klicken Sie mit der rechten Maustaste auf *Systemmonitor* und rufen Sie im Kontextmenü den Untermenübefehl *Neu/Sammlungssatz* auf. Daraufhin wird der Assistent für die Erstellung einer neuen Datensammlergruppe gestartet. Die neue Datensammlergruppe enthält alle Informationen, die in der aktuellen Systemmonitoransicht ausgewählt sind. Alle von der Datensammlergruppe zusammengestellten Informationen werden im Stammverzeichnis gespeichert. Sie können diese Vorgabe auch ändern und einen anderen Speicherort angeben.

Möchten Sie nicht den Standardbenutzer verwenden, klicken Sie auf die Schaltfläche *Ändern* und geben den Namen und das Kennwort des gewünschten Benutzers ein. Der Sammlungssatz muss unter dem Konto eines Benutzers mit Administratorrechten ausgeführt werden. Über das Kontextmenü starten Sie einen Datensammelsatz. Nach dem Beenden erstellt der Satz einen Bericht, den Sie sich im Server-Manager anzeigen lassen können.

Abbildg. 39.37 Erstellen und Starten eines Sammlungssatzes im Systemmonitor

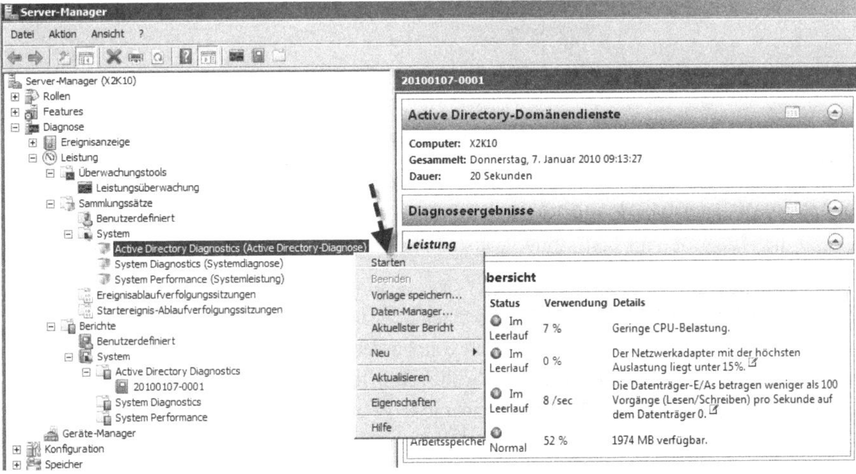

Neben benutzerdefinierten Sammlungssätzen werden automatisch bereits bei der Installation von Windows Server 2008 R2 Sammlungssätze angelegt, die zur Diagnose verwendet werden können. Die Berichte dieser Sammlungssätze finden Sie dann unterhalb des Knotens *Berichte*.

Abbildg. 39.38 Anzeigen von Berichten der Sammlungssätze

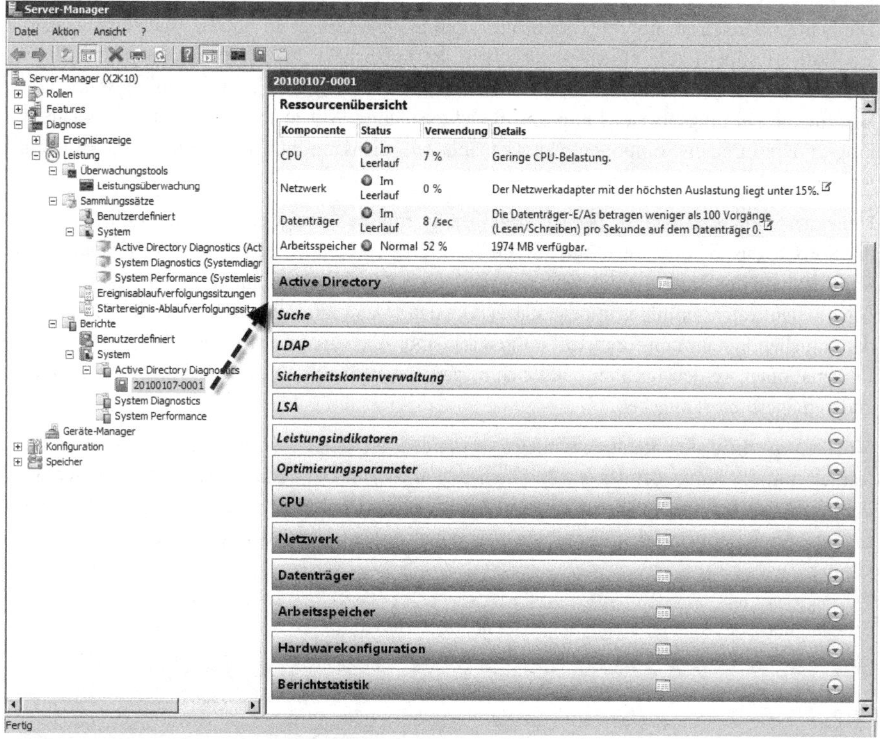

Protokolle aus einem Sammlungssatz erstellen

Ein Sammlungssatz erstellt eine Protokolldatei. Sie haben die Möglichkeit, für jeden Satz Speicheroptionen zu konfigurieren. So lässt sich beispielsweise bestimmen, dass der Dateiname Angaben zum Protokoll enthalten soll und die Dateigröße für bestimmte Protokolle begrenzt ist. Außerdem können Sie entscheiden, ob Daten überschrieben oder angehängt werden sollen.

Klicken Sie in der Liste des Fensters mit der rechten Maustaste auf den Namen des Sammlungssatzes, der konfiguriert werden soll, und wählen Sie im Kontextmenü den Eintrag *Eigenschaften*. Auf der Registerkarte *Allgemein* können Sie eine Beschreibung oder Schlüsselwörter für die Datensammlergruppe eingeben. Auf der Registerkarte *Verzeichnis* ist das Stammverzeichnis als Standardverzeichnis festgelegt, in dem alle Protokolldateien für die Datensammlergruppe gespeichert werden. Mit *Aktiver Bereich* geben Sie an, wann mit der Datensammlung begonnen wird. Mit den Optionen unter *Starten* legen Sie fest, wann ein neues Protokoll erstellt wird. Sie können einen Startzeitpunkt angeben und die Wochentage festlegen, an denen die Datensammlung erneut gestartet wird.

Auf der Registerkarte *Stoppbedingung* können Sie Kriterien für Bedingungen angeben, bei denen die Datensammlung angehalten wird. Wenn Sie das Kontrollkästchen *Maximale Dauer* aktivieren, können Sie festlegen, wie lange Daten gesammelt werden sollen. Ist dieses Kontrollkästchen deaktiviert, erfolgt die Datensammlung zeitlich unbegrenzt. Im Bereich *Grenzen* können Sie durch Aktivieren des entsprechenden Kontrollkästchens einen Neustart der Datensammler vorsehen, wenn eine bestimmte Grenze erreicht ist. Auf diese Weise lassen sich segmentierte Protokolle erzeugen. Ist das Kontrollkästchen deaktiviert, erfolgt kein Neustart der Datensammlung, wenn eine der Grenzen erreicht ist.

Wenn Sie auf der Registerkarte *Zeitplan* ein Ablaufdatum festgelegt haben, das nach einer auf der Registerkarte *Stoppbedingung* definierten Bedingung liegt, hat die Stoppbedingung Vorrang.

Abbildg. 39.39 Erstellen und Verwalten von Sammlungssätzen auf Basis von Vorlagen

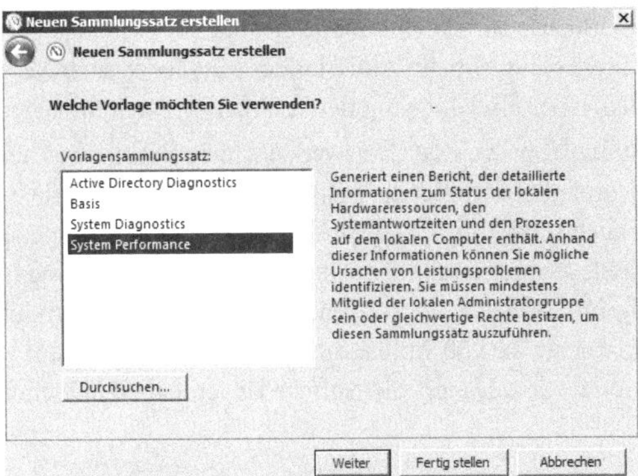

Leistungsüberwachung für Fortgeschrittene

In diesem Abschnitt gehen wir etwas detaillierter darauf ein, wie Sie einzelne Engpässe in Windows Server 2008 R2 entdecken können.

Leistungsprobleme in Exchange oder anderen AD-abhängigen Diensten beheben

Liegen Leistungsprobleme in Exchange oder anderen Serverdiensten vor, die von Active Directory abhängen (zum Beispiel bezüglich des Postfachzugriffs oder dem Versenden von Nachrichten), besteht häufig parallel auch ein Problem in Active Directory oder DNS. Nachfolgend gehen wir auf die Diagnose und Fehlerbehebungen in diesem Bereich ein.

Grundlagen des Active Directroy-Zugriffs von Exchange

Bevor wir Ihnen die Leistungsmessung zeigen, gehen wir zunächst auf die Grundlagen ein, die bei der Verbindung von Exchange zu Active Directory notwendig sind. Exchange, aber auch andere Dienste, welche Active Directory benötigen, greifen über die Systemdatei *wldap32.dll* auf Active Directory zu. Dabei laufen (vereinfacht) folgende Vorgänge ab:

1. Die Datei *wldap32.dll* auf dem Exchange-Server erhält durch einen Exchange-Prozess eine Anfrage, um auf den globalen Katalog zuzugreifen.
2. Per DNS versucht der Server den globalen Katalog-Server aufzulösen, um auf diesen zugreifen zu können. Dauert dieses Auflösen zu lange, verzögert sich bereits an dieser Stelle der Active Directory-Zugriff.
3. Nach der Auflösung stellt die Datei eine Verbindung zum GC (Global Catalog, globaler Katalog) her und überträgt die Anfrage.
4. Anschließend wird eine TCP-Verbindung aufgebaut und eine LDAP-Abfrage gestartet. Damit die Verbindung funktioniert, benötigt die TCP-Verbindung drei Bestätigungen durch den Domänencontroller. Bei einer Latenz von 10 Millisekunden im Netzwerk dauert der Zugriff in diesem Fall also 30 Millisekunden, bevor der Exchange-Server die LDAP-Abfrage übertragen kann.

5. Die LDAP-Abfrage wird zur Datei *lsass.exe* auf dem Domänencontroller übertragen, die auf den LDAP-Port des Servers hört.
6. Der Domänencontroller nimmt die Abfrage an den GC entgegen und führt die Suche in seinem globalen Katalog durch.
7. Der GC sendet die Daten über die Netzwerkkarte zur Datei *wldap32.dll* auf dem Exchange-Server. Handelt es sich um eine hohe Anzahl an Daten, zum Beispiel beim Auflösen der Mitglieder einer Verteilergruppe, müssen erst alle Daten übertragen werden, bevor Exchange mit der Verarbeitung weitermachen kann.
8. Sie sehen, ein sehr großer Teil der Leistung hängt von der Netzwerkgeschwindigkeit zwischen Exchange-Server und dem globalen Katalog oder Domänencontroller ab. Aus diesem Grund sollten Sie bei Leistungsproblemen der Exchange-Infrastruktur auch immer die Geschwindigkeit des Netzwerks messen. Auch die Geschwindigkeit zum DNS-Server und eine schnelle, stabile und korrekte Namensauflösung ist sehr wichtig. Wie Sie die DNS-Namensauflösung im Netzwerk optimieren, zeigen wir Ihnen ebenfalls in diesem Kapitel. Die Geschwindigkeit zum DNS-Server darf 50 Millisekunden nicht überschreiten, wenn Sie die Leistung des Exchange-Servers optimieren wollen. Dauert die Anfrage länger, haben Sie schon den ersten Flaschenhals in der Exchange-Leistung.

LDAP-Lesezugriffe mit der Leistungsüberwachung messen

Um die Leistung der Exchange-Server im Zusammenspiel mit Active Directory zu überprüfen, benötigen Sie zunächst die Leistungsdaten beim Abrufen von Active Directory-Informationen über LDAP. Über LDAP greift Exchange auf Active Directory zu, um E-Mails senden zu können, die Replikation zu starten oder die Berechtigung zu überprüfen.

Abbildg. 39.40 Hinzufügen von neuen Leistungsindikatoren zur Windows-Leistungsüberwachung auf dem Exchange-Server

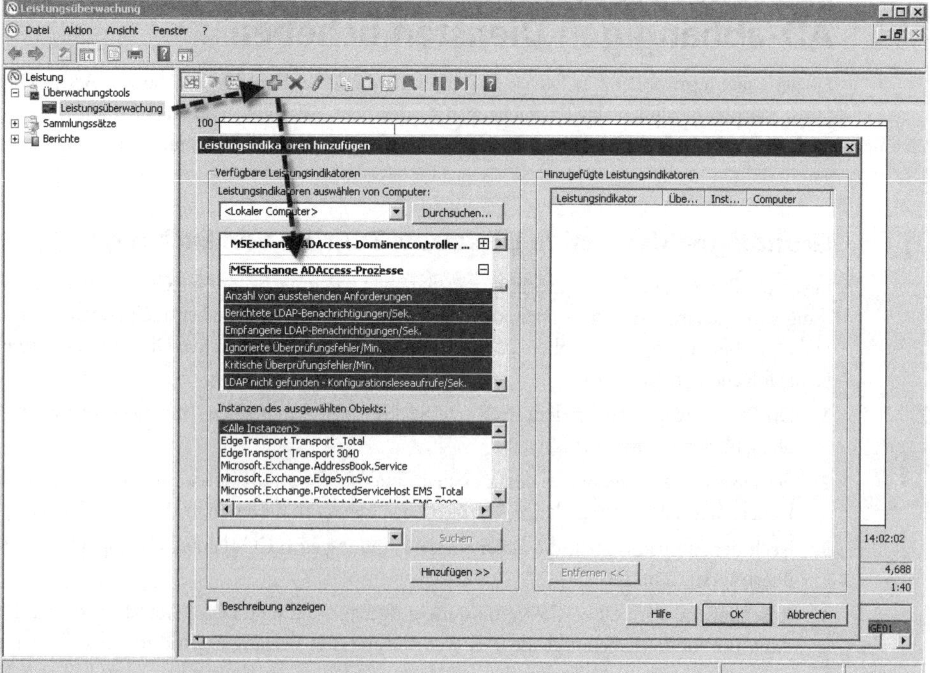

Ist die Verbindung zu Active Directory langsam, reagiert auch Exchange langsam. Der erste Schritt bei der Leistungsüberwachung führt daher zunächst über die Leistungsüberwachung auf dem Exchange-Server, die Sie mit *perfmon.msc* starten:

1. Klicken Sie anschließend auf *Leistungsüberwachung*.
2. Klicken Sie auf das +-Zeichen, um einen neuen Indikator hinzuzufügen.
3. Wichtig ist die Indikatorgruppe *MSExchange ADAccess-Prozesse*. Erweitern Sie diese Gruppe.

Wichtig sind in dieser Gruppe die beiden Indikatoren *LDAP-Lesedauer* und *LDAP-Suchdauer*. Klicken Sie auf die beiden Indikatoren, wählen Sie im unteren Bereich *Instanzen* die Instanz *<Alle Instanzen>* und klicken Sie auf *Hinzufügen*.

Abbildg. 39.41 Hinzufügen von LDAP-Indikatoren für die Leistungsmessung

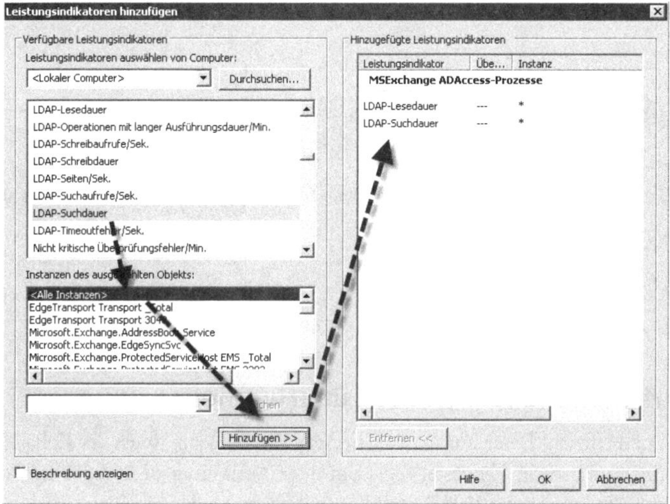

LDAP-Lesedauer misst die Zeit, die eine LDAP-Abfrage bis zur Datenübermittlung benötigt. *LDAP-Suchdauer* zeigt die Zeit an, welche der Exchange-Server für eine Suche per LDAP in Active Directory benötigt. Der Durchschnittswert für diese Indikatoren sollte unter 50 Millisekunden liegen, die Maximaldauer sollte nicht über 100 Millisekunden steigen.

Abbildg. 39.42 Messen der LDAP-Zugriffe eines Exchange-Servers

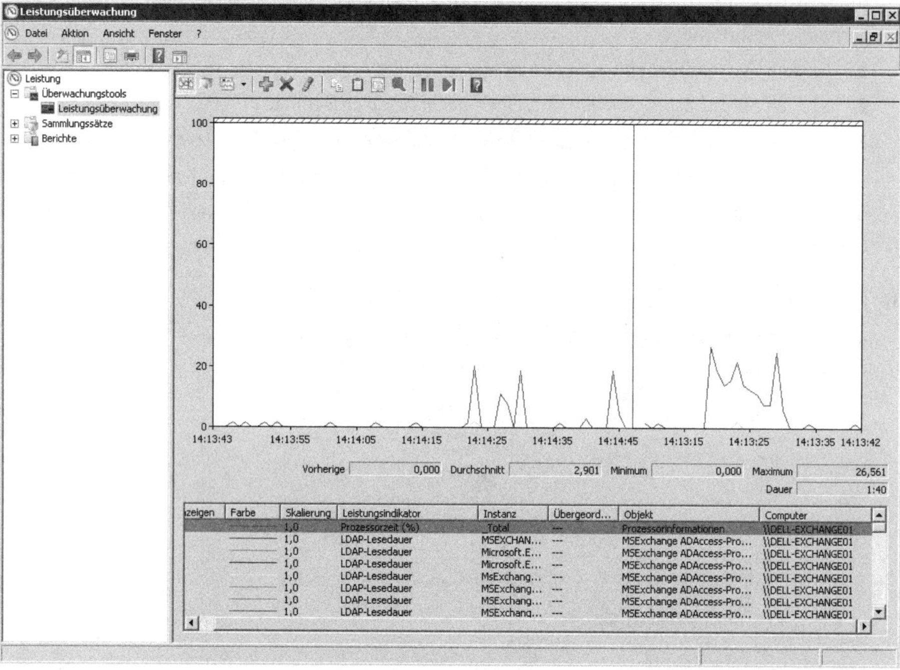

LDAP-Zugriff auf Domänencontrollern überwachen

Damit Exchange schnell und effizient Daten aus Active Directory abrufen kann, muss der globale Katalog, den Exchange verwendet, schnell und nicht überlastet sein. Um diese Auslastung zu überprüfen, können Sie in Windows Server 2008 und Windows Server 2008 R2 mit Bordmittelwerkzeugen arbeiten.

Der erste Schritt dazu ist, dass Sie auf dem Domänencontroller *perfmon* im Suchfeld des Startmenüs eingeben und die *Leistungsüberwachung* starten. Klicken Sie anschließend auf *Sammlungssätze/System/Active Directory Diagnostics*. Klicken Sie danach auf das Symbol *Sammlungssatz starten.*

Abbildg. 39.43 Starten eines Sammlungssatzes auf einem Domänencontroller

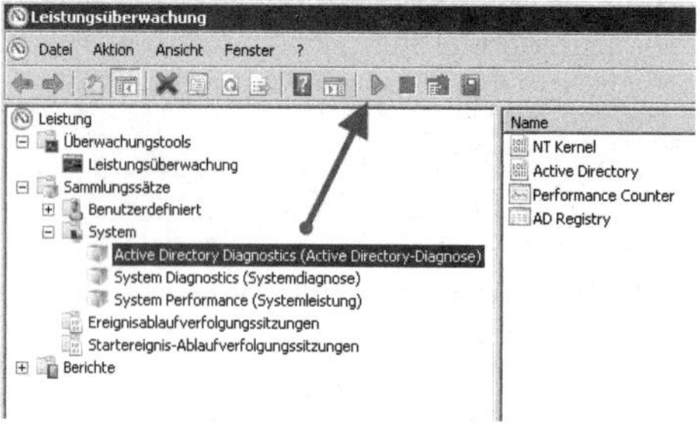

Während der Server die Daten misst, versuchen Sie die Abfrage auf Active Directory durchzuführen, um festzustellen, ob das Problem aufseiten des globalen Katalogs liegt. Haben Sie die Abfrage durchgeführt, können Sie den Sammlungssatz anhalten, indem Sie auf das gleichnamige Symbol klicken.

Abbildg. 39.44 Anhalten eines Sammlungssatzes

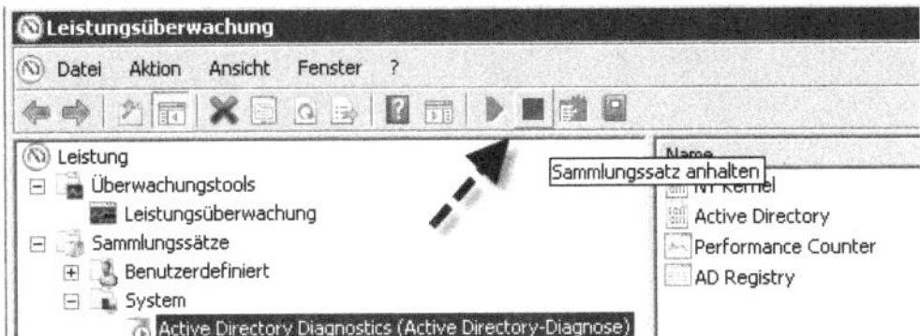

Anschließend können Sie über das Berichtssymbol die letzte Messung anzeigen lassen.

Abbildg. 39.45 Anzeigen eines erstellten Leistungsberichts

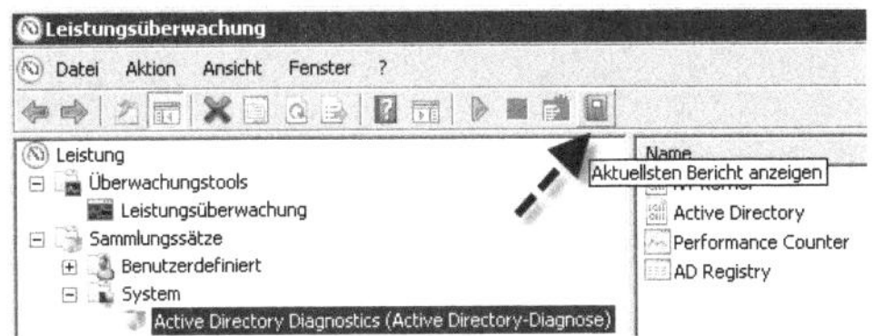

Wichtig in diesem Bericht ist zunächst der Bereich *Active Directory*. Klicken Sie im Bericht auf den kleinen Pfeil an der rechten Seite und wählen Sie die Option *Eindeutige Suchen* aus.

Abbildg. 39.46 Aufrufen eines erstellten Leistungsmessungsberichts

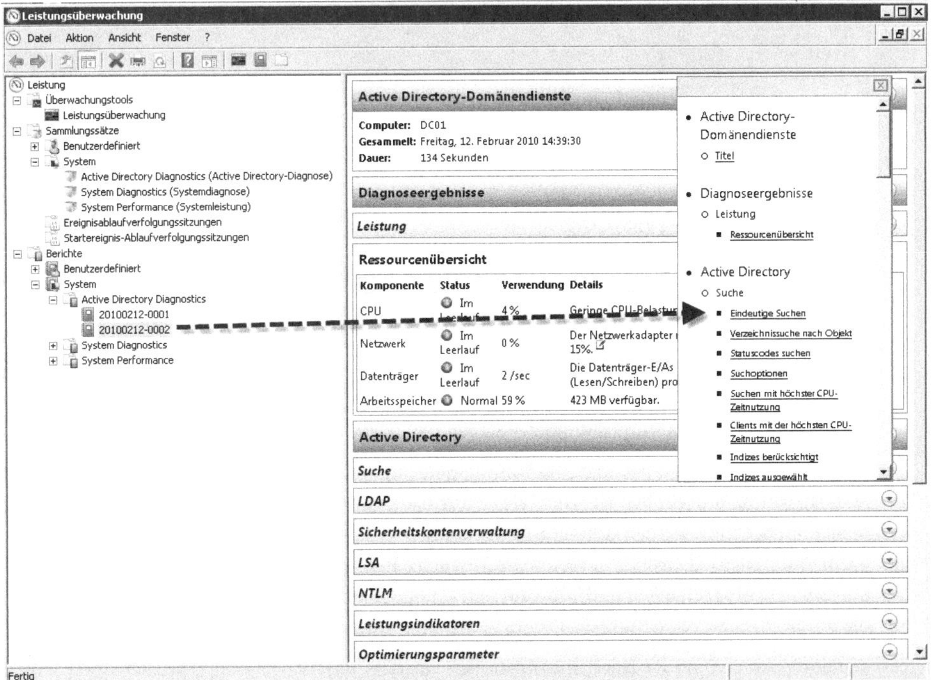

Es öffnet sich eine neue Seite, in der Sie die Daten und Verbindungen sowie die Vorgänge detailliert anzeigen können. Vor allem im rechten Bereich sehen Sie die Antwortzeiten und übertragenen Daten. Hier sollten keine größeren Ausschläge nach oben zu sehen sein.

Abbildg. 39.47 Anzeigen der Messdaten eines Berichts

Klicken Sie den Bericht mit der rechten Maustaste an, können Sie über den Menübefehl *Ansicht/Ordner* den Inhalt des Berichts anzeigen lassen. In der Ordneransicht steht zum Beispiel auch eine *.html*-Datei sowie eine *.xml*-Datei zur Verfügung, welche die Daten des Berichts enthält. Diese Daten können Sie mit anderen Programmen weiterverarbeiten, um die Daten besser verarbeiten zu können.

Abbildg. 39.48 Ändern der Ansicht eines Berichts

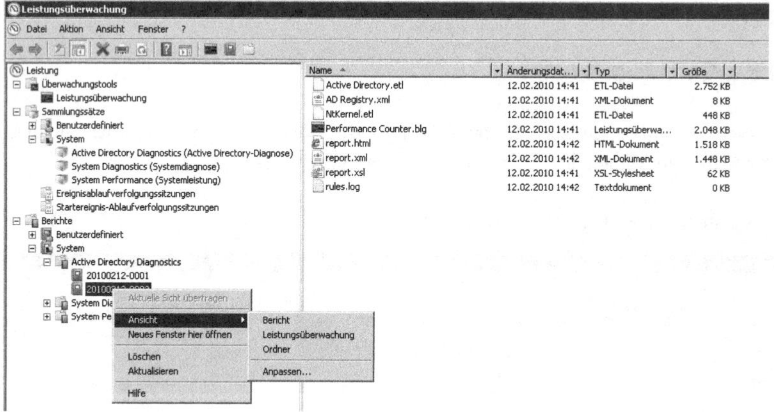

Speicherengpässe

Performanceprobleme können eine Reihe unterschiedlicher Ursachen haben. Ein weiteres Problem bei der Performanceanalyse ist, dass die Beseitigung eines Engpasses oft zum nächsten Engpass führt. Dafür gibt es viele Beispiele. Wenn mehr Speicher bereitsteht, zeigt sich oft, dass auch die Prozessorauslastung bereits an der Kapazitätsgrenze ist. Es gibt nun einige grundsätzliche Regeln für den Einsatz von Hauptspeicher. Die erste Regel lautet: Viel hilft viel, sowohl beim Hauptspeicher als auch beim Cache. Dies hat für Windows Server 2008 R2 noch mehr Gültigkeit als unter Windows Server 2003/2008.

Die zweite Regel besagt, dass die Auslagerungsdatei am besten auf einer anderen physischen Festplatte als der Systempartition aufgehoben ist. Der Preis dafür ist, dass dann keine Speicherdumps bei einem Systemfehler mehr durchgeführt werden können. Profis können Speicherdumps dazu nutzen, Fehler im Betriebssystem nachzuvollziehen. Allerdings werden diese Möglichkeiten heutzutage eher weniger genutzt, da zur Fehlerbehebung bessere Möglichkeiten und Tools zur Verfügung stehen. Die Auslagerungsdatei ist auch einer der Bereiche, die für die Speicherverwaltung die größte Bedeutung haben.

Windows Server 2008 R2 lagert Informationen aus dem physischen Hauptspeicher in die Auslagerungsdatei aus, falls nicht genügend Hauptspeicher zur Verfügung steht. Der Server kann zwar, ausreichend freie Festplattenkapazität vorausgesetzt, fast beliebig viel Speicher auslagern. Es ist aber relativ schnell der Punkt erreicht, an dem diese Auslagerung zu langsam wird. Die Überwachung der Auslagerung spielt daher bei der Analyse eine wichtige Rolle.

Auslagerungsdatei konfigurieren

Sie sollten die Auslagerungsdatei auf eine andere physische Festplatte des Servers verschieben, damit Schreibzugriffe auf die Auslagerungsdatei nicht von Schreibzugriffen auf der Festplatte ausgebremst werden. Falls keine zweite physische Festplatte zur Verfügung steht, ist ein Verschieben nicht sinnvoll, da die Auslagerung auf eine Partition, die auf derselben Platte liegt, keine positiven Auswirkungen hat.

Zusätzlich sollten Sie die Größe der Auslagerungsdatei auf das 2,5-fache des tatsächlichen Arbeitsspeichers legen. Damit wird die Fragmentierung der Datei minimiert. Die Einstellungen für die Auslagerungsdatei finden Sie über *Start/Systemsteuerung/System und Sicherheit/System/Erweiterte Systemeinstellungen/Registerkarte Erweitert/Leistung/Einstellungen/Erweitert/Virtueller Arbeitsspeicher/Ändern.*

Abbildg. 39.49 Anpassen des Speicherortes der Auslagerungsdatei

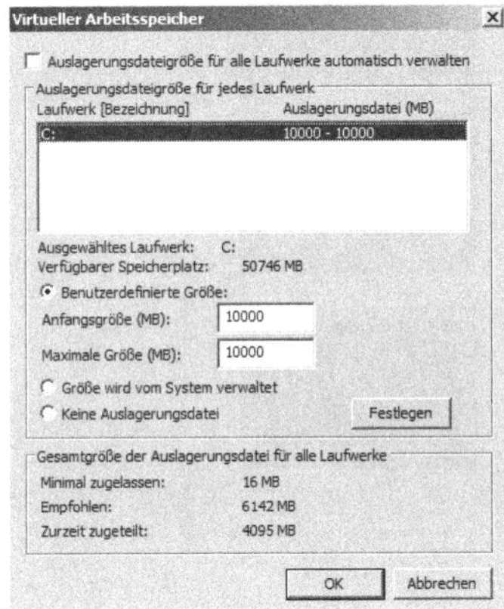

1. Deaktivieren Sie das Kontrollkästchen *Auslagerungsdateigröße für alle Laufwerke automatisch verwalten.*
2. Aktivieren Sie die Option *Benutzerdefinierte Größe.*
3. Setzen Sie bei *Anfangsgröße* und bei *Maximale Größe* in etwa das 2,5-fache Ihres Arbeitsspeichers ein. Dadurch ist sichergestellt, dass die Datei nicht fragmentiert wird, da sie immer die gleiche Größe hat. Setzen Sie die Größe der Auslagerungsdatei für Laufwerk C: auf 0.
4. Klicken Sie auf *Festlegen.*
5. Schließen Sie alle Fenster und starten Sie den Server neu.

TIPP Zuvor beenden Sie die automatische Konfiguration mit dem folgenden Befehl:

```
wmic computersystem where name="<computername>" set AutomaticManagedPagefile=False
```

Auf einem Core-Server verschieben Sie die Auslagerungsdatei am besten mit dem Befehl

```
wmic pagefileset where name="<Pfad>" set InitialSize=<Anfangsgröße>,MaximumSize=<Maximale Größe>
```

Interessante Hinweise zu diesem Vorgang finden Sie auch auf der Internetseite *http://forums.microsoft.com/TechNet/ShowPost.aspx?PostID=2599415&SiteID=17.*

Die nahe liegende Konsequenz bei Speicherengpässen heißt: mehr RAM. Nur hat dies keineswegs immer den sinnvollsten Effekt. In jedem Fall sollte zunächst untersucht werden, welche Prozesse für die hohe Speicherauslastung verantwortlich sind. Dazu wird das Objekt *Prozess* in der Überwachung verwendet. Dieses Objekt finden Sie über den Knoten *Leistung* und einem nachfolgenden Klick auf den Link *Ressourcenmonitor öffnen* auf der Registerkarte *Arbeitsspeicher.* Hier sehen Sie die verschiedenen laufenden Prozesse und deren verbrauchten Arbeitsspeicher. Per Klick auf die Spalte *Arbeitssatz* lassen Sie sich den Arbeitsspeicherverbrauch der Prozesse sortiert anzeigen.

Abbildg. 39.50 Überprüfen des Arbeitsspeicherverbrauchs einzelner Prozesse auf dem Server

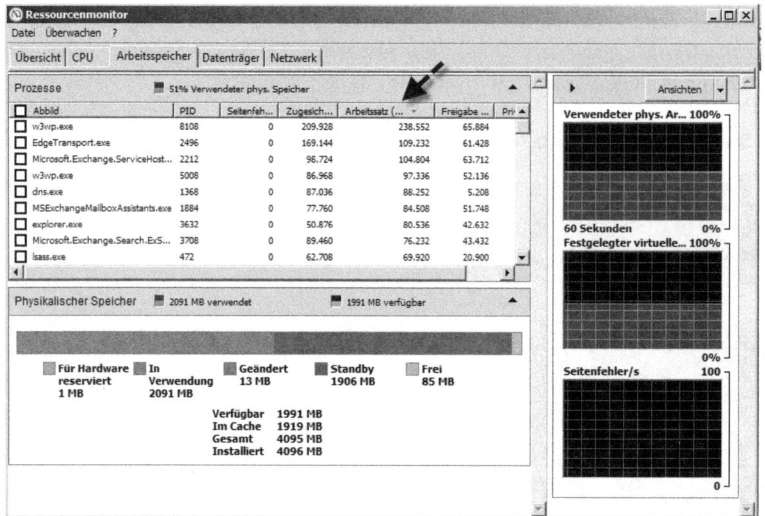

Die Prozessorauslastung

Auch die Prozessorleistung kann einen solchen Flaschenhals darstellen. Zu wenig Hauptspeicher kann die Konsequenz haben, dass auch der Prozessor sehr stark belastet wird. Denn die Auslagerung von Seiten und viele andere Vorgänge gehen natürlich nicht spurlos am Prozessor vorbei. Er hat an der Verwaltung des Arbeitsspeichers einen relativ hohen Anteil. Da Engpässe beim Hauptspeicher typischerweise deutlich kostengünstiger zu beheben sind als solche beim Prozessor, sollte diese Situation zunächst untersucht werden.

Die Auslastung ist kein Problem, wenn sie kurzzeitig über 90 % liegt oder wenn das gelegentlich vorkommt. Zum Problem wird sie, wenn sie über längere Zeiträume in diesem Bereich liegt. Aber auch dann muss man mit der Analyse noch etwas vorsichtig sein. Bei Mehrprozessorsystemen gilt das Augenmerk vor allem den Leistungsindikatoren aus dem Objekt *System.* Dort werden Informationen von mehreren Systemkomponenten zusammengefasst. So kann dort beispielsweise die Gesamtbelastung aller Prozessoren ermittelt werden. Ergänzend ist aber auch hier der Leistungsindikator *Prozessorzeit* des Objekts *Prozessor* von Bedeutung. Wenn viele verschiedene Prozesse ausgeführt werden, ist eine einigermaßen gleichmäßige Lastverteilung fast sicher. Bei einem einzelnen Prozess ist dagegen die Aufteilung in einigermaßen gleichgewichtige Threads wichtig. Ein Thread ist eine Ausführungseinheit eines Prozesses. Wenn ein Prozess mehrere Threads verwendet, können diese auf unterschiedlichen Prozessoren ausgeführt werden. Die Verteilung erfolgt entsprechend der Auslastung der einzelnen Prozessoren durch das System.

Eine hohe Zahl von Warteschlangen bedeutet, dass mehrere Threads rechenbereit sind, ihnen aber vom System noch keine Rechenzeit zugewiesen wurde. Die Faustregel für diesen Wert ist, dass er nicht allzu häufig über 2 liegen sollte. Wenn die Auslastung des Prozessors im Durchschnitt relativ gering ist, spielt dieser Wert nur eine untergeordnete Rolle.

Der Task-Manager

Ein weiteres wichtiges Werkzeug für die Analyse der Performance ist der Windows Task-Manager. Dieser zeichnet sich dadurch aus, dass er mit sehr wenig Aufwand genutzt werden kann. Sie können den Task-Manager durch einen Klick mit der rechten Maus auf die Taskleiste über dessen Kontextmenü aufrufen. Alternativ können Sie den Task-Manager auch über das Menü aufrufen, das mit der Tastenkombination Strg+Alt+Entf erscheint, oder über *Start/Ausführen/taskmgr*. Direkt lässt sich der Task-Manager über die Tastenkombination Strg+⇧+Esc starten. Der Task-Manager stellt sechs Registerkarten bereit:

- Auf der Registerkarte *Anwendungen* erhalten Sie einen Überblick über die aktuell laufenden Anwendungen. Angezeigt wird der Status dieser Anwendungen. Darüber hinaus können Sie über das Kontextmenü der Anwendungen steuern, wie diese Anwendungen angezeigt werden sollen. Außerdem können Sie hier laufende Anwendungen (Tasks) beenden, zu Anwendungen wechseln oder über die Schaltfläche *Neuer Task* auch neue Anwendungen starten. Diese zuletzt genannte Funktion entspricht dem Befehl *Ausführen* aus dem Startmenü.
- Noch interessanter ist die Registerkarte *Prozesse*. Hier erhalten Sie einen Überblick über die derzeit aktiven Prozesse. Dabei handelt es sich nicht nur um Anwendungen, sondern auch um die gesamten Systemdienste, die im Hintergrund ausgeführt werden. Zu jedem dieser Prozesse werden Informationen über die Prozess-ID (PID), den aktuellen Anteil an der Nutzung der CPU, die insgesamt in dieser Arbeitssitzung konsumierte CPU-Zeit sowie die aktuelle Speichernutzung angezeigt. Gerade diese letzte Information ist von besonderem Interesse, da sie darüber informiert, in welchem Umfang Anwendungen den Hauptspeicher tatsächlich nutzen – ohne dass man komplexe Parameter im Systemmonitor überwachen muss. Auch hier können Prozesse über die entsprechende Schaltfläche wieder beendet werden. Sie sollten damit allerdings sehr vorsichtig sein, da das Beenden eines Dienstes dazu führen kann, dass Ihr System nicht mehr korrekt ausgeführt wird.

Abbildg. 39.51 Systemüberwachung von Windows Server 2008 R2 mit dem Task-Manager

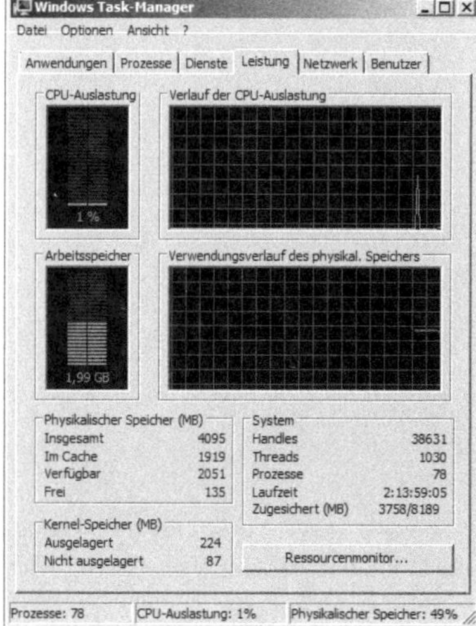

- Auf der Registerkarte *Dienste* sehen Sie den Ressourcenverbrauch der gestarteten Dienste
- Die Registerkarte *Leistung* zeigt einen schnellen Überblick zum aktuellen Leistungsverbrauch des Servers. Dahinter verbirgt sich ein kleiner Systemmonitor, der die wichtigsten Informationen zur Systemauslastung in grafischer Form zur Verfügung stellt. In kleinen Fenstern wird die Auslastung der CPU und des Speichers zum aktuellen Zeitpunkt und im Zeitablauf dargestellt. Darunter findet sich eine Fülle von Informationen rund um die aktuelle Speichernutzung. Von besonderem Interesse ist dabei das Verhältnis von insgesamt zugesichertem virtuellen Speicher und dem physisch vorhandenen Hauptspeicher. Wenn mehr virtueller Speicher zugesichert ist, als im System vorhanden ist, muss auf jeden Fall ausgelagert werden. Eine optimale Systemgestaltung führt dazu, dass ausreichend physischer Hauptspeicher vorhanden ist beziehungsweise der Mittelwert des zugesicherten virtuellen Speichers zumindest nicht wesentlich über dem physischen Hauptspeicher liegt
- Auf der Registerkarte *Netzwerk* sehen Sie den aktuellen Datenverkehr über das Netzwerk
- Die Registerkarte *Benutzer* liefert Informationen über die aktuell gestarteten Programme der angemeldeten Benutzer auf dem Server

Bei den Prozessen fällt vor allem der Prozess *svchost.exe* auf. Die *svchost.exe* gibt es seit Windows 2000; sie liegt im *System32*-Verzeichnis und wird beim Systemstart von Windows automatisch als allgemeiner Prozess gestartet. Der Prozess durchsucht beim Systemstart die Registry nach Diensten, die beim Systemstart geladen werden müssen. Dienste, die nicht eigenständig lauffähig sind, sondern über Dynamic Link Library (DLL)-Dateien geladen werden, werden mithilfe der *svchost.exe* geladen.

Auch wenn Windows läuft, kommt die *svchost.exe* immer dann ins Spiel, wenn Dienste über DLL-Dateien geladen werden müssen. Das Betriebssystem startet SVCHOST-Sessions, sobald solche benötigt werden und beendet sie auch wieder, sobald sie nicht mehr gebraucht werden. Da unter Windows die unterschiedlichsten Dienste parallel laufen, können auch mehrere Instanzen der *svchost.exe* gleichzeitig in der Prozessliste auftauchen.

Abbildg. 39.52 Anzeige der Prozesse, die durch den Dienst *svchost.exe* gestartet werden

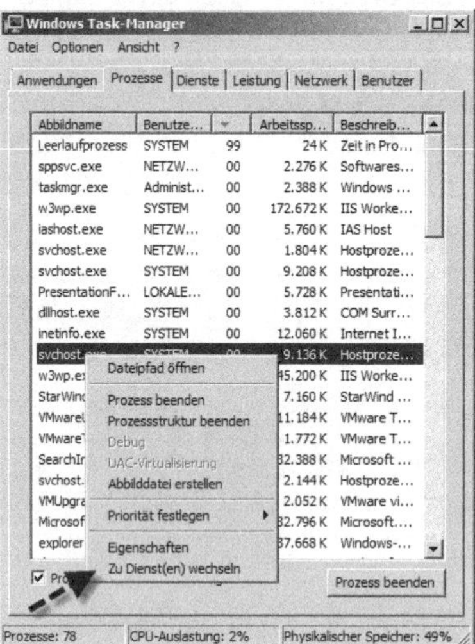

Über den Befehl *tasklist /svc* in der Eingabeaufforderung können Sie sich anzeigen lassen, welche Anwendungen auf *svchost.exe* zurückgreifen.

Abbildg. 39.53 Anzeige der Prozesse und der dazugehörigen Dienste in der Eingabeaufforderung über *tasklist /svc*

```
Administrator: C:\Windows\system32\cmd.exe
svchost.exe                    800 Dhcp, eventlog, lmhosts
svchost.exe                    844 AeLookupSvc, Appinfo, AppMgmt, CertPropSvc,
                                   gpsvc, iphlpsvc, LanmanServer, MSiSCSI,
                                   ProfSvc, Schedule, SENS, SessionEnv,
                                   ShellHWDetection, Winmgmt, wuauserv, IAS
svchost.exe                    876 EventSystem, fdPHost, netprofm, nsi, W32Tim
svchost.exe                    936 Netman, UmRdpService, UxSms
svchost.exe                    976 CryptSvc, Dnscache, LanmanWorkstation,
                                   NlaSvc, WinRM
svchost.exe                    724 BFE, DPS, MpsSvc, pla
spoolsv.exe                   1188 Spooler
Microsoft.ActiveDirectory     1220 ADWS
svchost.exe                   1260 AppHostSvc
dfsrs.exe                     1288 DFSR
svchost.exe                   1348 DHCPServer
dns.exe                       1368 DNS
ismserv.exe                   1472 IsmServ
MSExchangeADTopologyServi     1508 MSExchangeADTopology
exfba.exe                     1592 MSExchangeFBA
store.exe                     1640 MSExchangeIS
MSExchangeMailboxAssistan     1884 MSExchangeMailboxAssistants
MSExchangeMailSubmission.     1172 MSExchangeMailSubmission
Microsoft.Exchange.Protec      224 MSExchangeProtectedServiceHost
msexchangerepl.exe            1140 MSExchangeRepl
Microsoft.Exchange.RpcCli     1480 MSExchangeRPC
```

TIPP Alternativ können Sie die mit *svchost.exe* verbundenen Dienste auch im Task-Manager anzeigen lassen. Gehen Sie dazu folgendermaßen vor:

1. Öffnen Sie den Task-Manager.
2. Holen Sie die Registerkarte *Prozesse* in den Vordergrund.
3. Klicken Sie mit der rechten Maustaste auf eine Instanz von *svchost.exe* und klicken Sie dann auf *Zu Dienst(en) wechseln*. Die dem betreffenden Prozess zugeordneten Dienste werden auf der Registerkarte *Dienste* hervorgehoben.

Eine weitere Option, die über den Befehl *Priorität festlegen* im Kontextmenü der verschiedenen Prozesse zur Verfügung steht, ist die Möglichkeit zur Prioritätssteuerung laufender Prozesse. Eine höhere Priorität führt dazu, dass ein Prozess mehr Rechenzeit zugewiesen erhält. Bei der Priorität *Echtzeit* erhält der Prozess die gesamte zuteilbare Rechenzeit. Die manuelle Zuordnung von Prioritäten sollte allerdings generell nur von Experten vorgenommen werden, da sie auch die gegenteilige Wirkung – nämlich ein deutlich langsameres System – haben kann, wenn hier falsche Einstellungen getroffen werden.

Über die Befehle im Menü *Optionen* können Sie einige Einstellungen zum Verhalten des Task-Managers vornehmen.

Abbildg. 39.54 Den Task-Manager konfigurieren

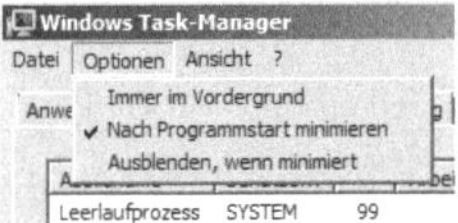

- **Immer im Vordergrund** Sorgt dafür, dass der Task-Manager immer im Vordergrund steht, wenn er ausgeführt wird. Dann kann allerdings nicht mehr besonders gut mit anderen Anwendungen gearbeitet werden. Diese Funktion hilft vor allem bei der Fehlersuche.
- **Nach Programmstart minimieren** Wenn diese Option gewählt ist, wird der Task-Manager nach dem Aufruf minimiert und lediglich im Infobereich der Taskleiste als kleines Symbol angezeigt.
- **Ausblenden, wenn minimiert** Mit dieser Option wird definiert, dass der Task-Manager nicht in der Taskleiste auftaucht, wenn er minimiert ist. Es findet sich dann nur noch im Infobereich der Taskleiste ein Symbol, das über die aktuelle Nutzung des Prozessors informiert.

TIPP Über *Start/Ausführen/msinfo32.exe* können Sie ebenfalls eine sehr ausführliche Übersicht über die eingebaute Hardware und die Ressourcen eines PCs abrufen.

Abbildg. 39.55 Informationen zu einem Server über die Systeminformation anzeigen lassen

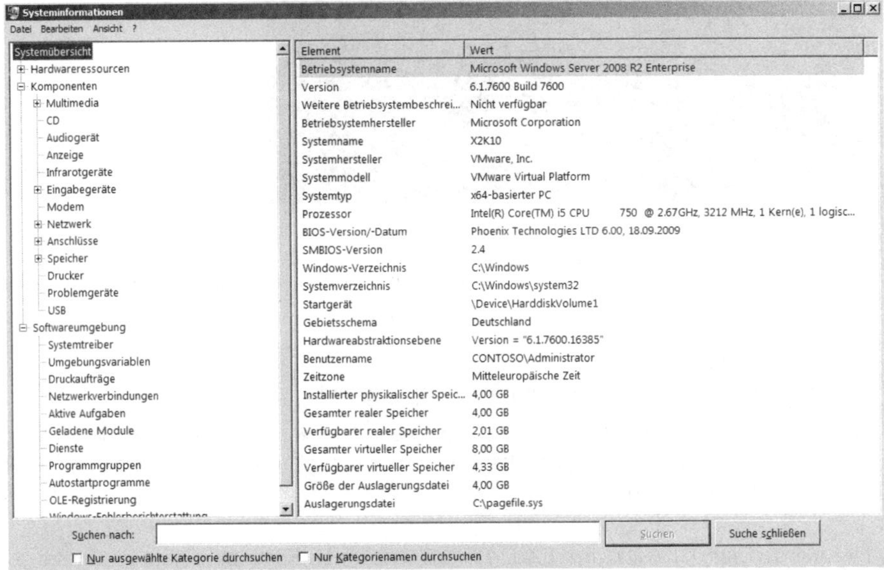

Programme über die Eingabeaufforderung beenden – Taskkill und Tasklist

Mit dem Befehlszeilentool *Tasklist* können Sie sich eine Liste der Anwendungen und Dienste mit der dazugehörigen PID (Prozess-ID) für alle Tasks anzeigen lassen. Der Befehl hat die Syntax *tasklist.exe /s <Computer>*. Mit dem Parameter */s <Computer>* geben Sie den Namen oder die IP-Adresse eines Remotecomputers an. Sie können auch diese Liste ausdrucken oder mit dem Befehl *tasklist > C:\tasks.txt* in eine Datei umleiten lassen.

Während Sie mit *tasklist.exe* eine Liste der Tasks ausgeben, können Sie mit *taskkill <PID>* einen Prozess beenden. Außerdem können Sie den Parameter */t* verwenden, um alle untergeordneten Prozesse zusammen mit dem übergeordneten Prozess abzubrechen.

Dienste in der Eingabeaufforderung starten und beenden

Vor allem auf Core-Servern werden Sie Dienste und Tasks über die Eingabeaufforderung steuern. Sie können sich die Dienste auf einem Core-Server zwar auch mit der Verwaltungskonsole Computerverwaltung von einem normalen Server anzeigen lassen (*Start/Ausführen/compmgmt.msc*), allerdings geht der schnelle Neustart oder das Beenden eines Dienstes auf einem Core-Server am schnellsten in der Eingabeaufforderung, anstatt über die Remoteverwaltung zu gehen. Um sich alle gestarteten Dienste anzeigen zu lassen, können Sie die beiden folgenden Befehle verwenden:

- `sc query`
- `net start`

Um einen Dienst zu starten, verwenden Sie einen der beiden Befehle:

- `sc start <Dienst>`
- `net start <Dienst>`

Um einen Dienst zu beenden, verwenden Sie einen der beiden Befehle:

- `sc stop <Dienst>`
- `net stop <Dienst>`

Diagnose des Arbeitsspeichers

Häufig sind die Probleme auf einem PC auf defekten Arbeitsspeicher zurückzuführen. In Windows Server 2008 R2 wurde daher ein spezielles Diagnoseprogramm integriert, welches den Arbeitsspeicher ausführlich auf Fehler überprüft. Sie können das Tool über *Start/Ausführen/mdsched* aufrufen. Das Tool steht auch in der Programmgruppe *Verwaltung* zur Verfügung und – wenn Sie den Server mit der 2008-DVD starten – über die *Computerreparaturoptionen.*

Abbildg. 39.56 Diagnose des Arbeitsspeichers

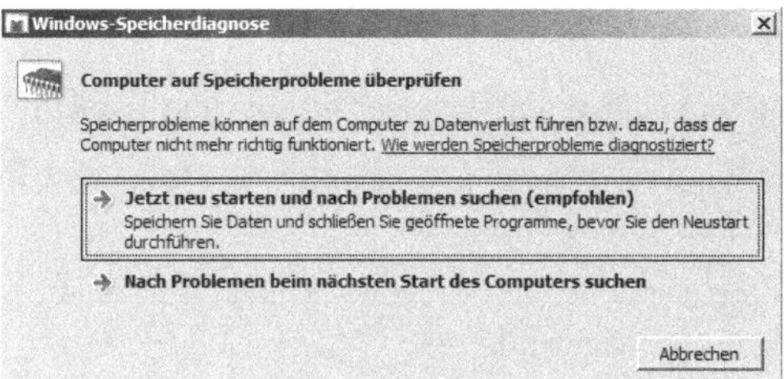

Sie können entweder den Server sofort neu starten und eine Diagnose durchführen oder festlegen, dass die Diagnose erst beim nächsten Systemstart durchgeführt werden soll. Während der Speicherdiagnose prüft das Programm, ob der eingebaute Arbeitsspeicher Fehler aufweist, was eine häufige Ursache für ungeklärte Abstürze ist.

Abbildg. 39.57 Diagnose des Arbeitsspeichers in Windows Server 2008 R2

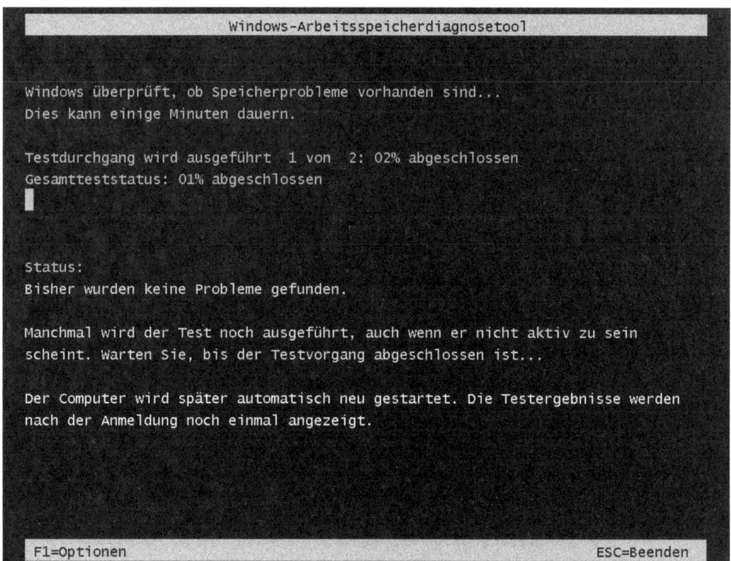

Nachdem der Test abgeschlossen ist, startet der Server automatisch neu und meldet das Ergebnis über ein Symbol im Infobereich der Taskleiste. Über die Funktionstaste F1 gelangen Sie zu den Optionen der Überwachung und können verschiedene Überprüfungsmethoden auswählen und mit F10 starten. Ist der Test beendet, startet der Server automatisch wieder. Sie müssen daher nicht warten, bis der Test abgeschlossen ist, damit der Server wieder zur Verfügung steht.

Die Systemkonfiguration

In der *Systemkonfiguration* können sie verschiedene Einstellungen am System vornehmen und überprüfen. Die Systemkonfiguration starten Sie am besten über *Start/Ausführen/msconfig*. Nach dem Start des Programms stehen Ihnen fünf Registerkarten zur Verfügung, über die Sie Systemeinstellungen vornehmen können:

Auf der Registerkarte *Allgemein* legen Sie fest, wie Windows Server 2008 R2 standardmäßig starten soll. Hier können Sie festlegen, in welchem Modus das System geladen werden soll:

- **Normaler Systemstart** Startet Windows ganz normal
- **Diagnosesystemstart** Startet Windows nur mit den grundlegenden Diensten und Treibern
- **Benutzerdefinierter Systemstart** Startet Windows mit den grundlegenden Diensten und Treibern sowie anderen von Ihnen ausgewählten Diensten und Autostartprogrammen

Über die Registerkarte *Start* können Sie das Startverhalten der Windows-Standardinstallation konfigurieren, zum Beispiel die Zeitdauer, in der das Bootmenü angezeigt wird.

Abbildg. 39.58 Die Systemkonfiguration in Windows Server 2008 R2

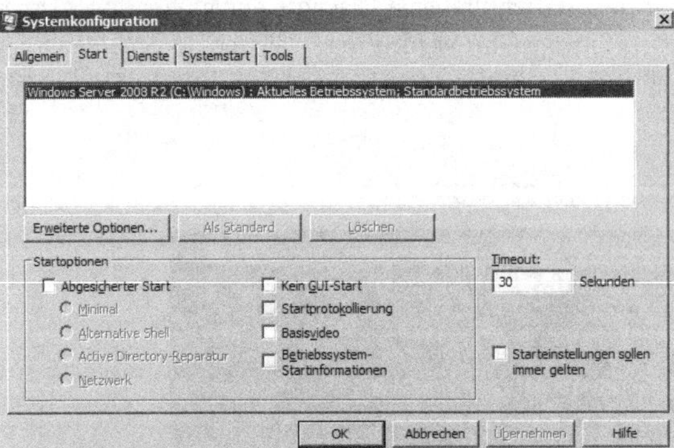

Hier legen Sie auch fest, welches Betriebssystem standardmäßig gestartet werden soll, wenn Sie den Starteintrag markieren und auf die Schaltfläche *Als Standard* klicken. Sie stellen hier auch die detaillierten Startoptionen des markierten Betriebssystems ein. Diese Optionen werden über den Bereich *Startoptionen* konfiguriert:

- **Abgesicherter Start: Minimal** Startet mit der grafischen Benutzeroberfläche von Windows im abgesicherten Modus, wobei nur die wichtigen Systemdienste ausgeführt werden. Das Netzwerk ist deaktiviert.
- **Abgesicherter Start: Alternative Shell** Startet mit der Windows-Eingabeaufforderung im abgesicherten Modus, wobei nur die wichtigen Systemdienste ausgeführt werden. Das Netzwerk und die grafische Benutzeroberfläche sind deaktiviert.

- **Abgesicherter Start: Active Directory-Reparatur** Startet mit der grafischen Benutzeroberfläche von Windows im abgesicherten Modus, wobei nur die wichtigen Systemdienste und Active Directory ausgeführt werden
- **Abgesicherter Start: Netzwerk** Startet mit der grafischen Benutzeroberfläche von Windows im abgesicherten Modus, wobei nur die wichtigen Systemdienste ausgeführt werden. Das Netzwerk ist aktiviert.
- **Kein GUI-Start** Beim Start wird kein Windows-Begrüßungsbildschirm angezeigt. Einige Programme oder Geräte zeigen beim Start Meldungen an, die sonst durch den Begrüßungsbildschirm verdeckt sind.
- **Startprotokollierung** Speichert alle Informationen über den Startvorgang in der Datei *%SystemRoot%Ntbtlog.txt*
- **Basisvideo** Startet mit der grafischen Benutzeroberfläche von Windows im minimalen VGA-Modus. Dabei werden die standardmäßigen VGA-Treiber anstelle der spezifischen Grafiktreiber für die Grafikkarte des Computers geladen.
- **Betriebssystem-Startinformationen** Zeigt beim Laden der Treiber während des Startvorgangs die Treibernamen an
- **Starteinstellungen sollen immer gelten** Wenn dieses Kontrollkästchen aktiviert ist, können Sie die Änderungen nicht durch die Auswahl von *Normaler Systemstart* auf der Registerkarte *Allgemein* rückgängig machen

Auf der Registerkarte *Dienste* werden Ihnen alle installierten Systemdienste des Servers angezeigt. Sie können hier einzelne Dienste markieren und diese auf einen Schlag deaktivieren. Hier können Sie auch die standardmäßigen Systemdienste von Microsoft ausblenden lassen, damit nur die zusätzlich installierten Dienste angezeigt werden. Wenn ein Server nicht mehr korrekt funktioniert, liegt es sehr häufig an fehlerhaft konfigurierten Systemdiensten.

Sie können sich alle Dienste auch über *Start/Ausführen/services.msc* anzeigen lassen. Hier können Sie allerdings nicht nach Microsoft-Diensten filtern lassen, sondern es werden immer alle Systemdienste angezeigt.

Abbildg. 39.59 Anzeigen und verwalten der Systemdienste über die Systemkonfiguration

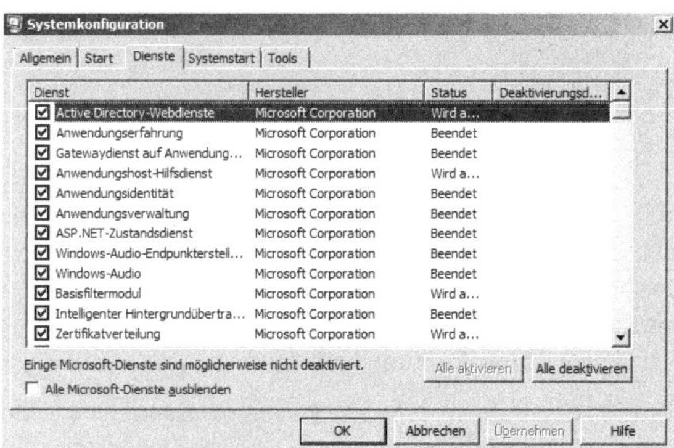

Auf der Registerkarte *Systemstart* werden Ihnen alle Programme angezeigt, die beim Starten von Windows automatisch gestartet werden. Sie können hier diese Programme auch deaktivieren. Haben Sie auf der Registerkarte *Allgemein* die Option *Benutzerdefinierter Systemstart* ausgewählt, müssen Sie entweder dort *Normaler Systemstart* auswählen oder das Kontrollkästchen des Systemstartelements aktivieren, um es beim Systemstart wieder zu starten.

Systeminformation über die Eingabeaufforderung – Systeminfo.exe

Mit dem Befehl *systeminfo* zeigen Sie alle Informationen Ihres Servers in der Eingabeaufforderung an, darunter finden sich Infos über Hotfixes, Netzwerkkarten, Prozessor, Betriebssystem, Hersteller, usw. – sogar die aktuelle Systembetriebszeit (also wie lange der Rechner bereits läuft) und das ursprüngliche Installationsdatum lässt sich anzeigen. Hier empfiehlt sich die Umleitung in eine Textdatei, wobei Sie zusätzlich den Parameter */FO list* angeben sollten, um die Informationen formatiert zu speichern. Um alle Infos in die Textdatei *C:\sysinfo.txt* zu speichern, müssen Sie den Befehl *systeminfo /FO list > C:\sysinfo.txt* verwenden.

Abbildg. 39.60 Anzeigen von Systeminformationen in einer Textdatei

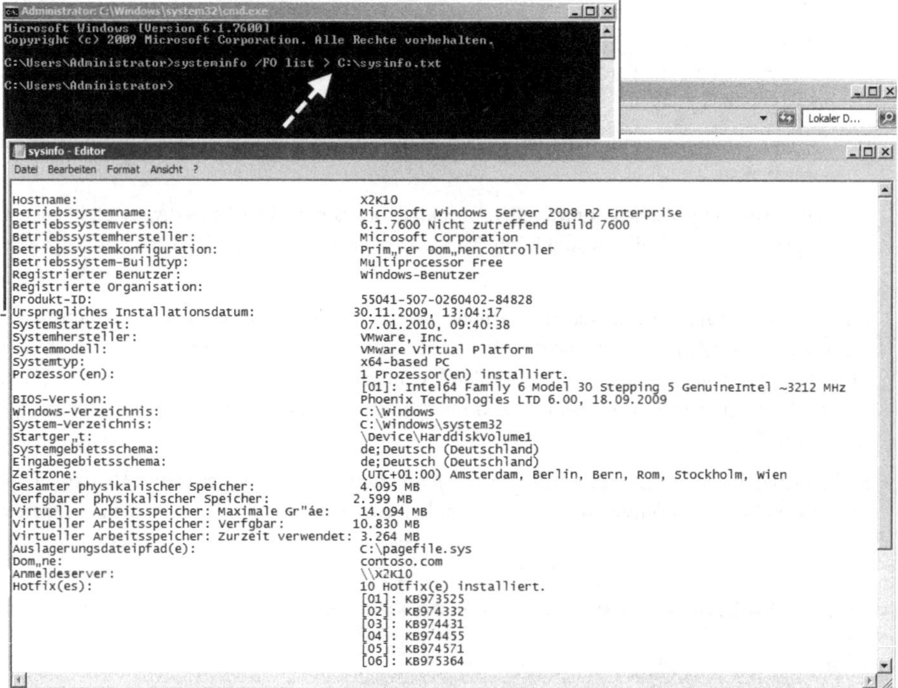

Aufgabenplanung

Die Aufgabenplanung hatte in Windows Server 2003 noch die Bezeichnung *Geplante Tasks*. Mithilfe der Aufgabenplanung können Sie wiederkehrende Aufgaben, wie zum Beispiel die Datensicherung, Defragmentierung oder sonstige Tätigkeiten zu bestimmten Zeiten automatisch durchführen lassen.

Sie können die Aufgabenplanung über *Start/Verwaltung/Aufgabenplanung* oder auch über *Start/Ausführen/taskschd.msc* aufrufen. Das Hauptfenster der Aufgabenplanung ist in drei Bereiche untergliedert. Sie können die einzelnen Bereiche ausblenden, indem Sie mit der Maus auf den entsprechenden Überschriftbalken klicken.

Abbildg. 39.61 Aufgabenplanung in Windows Server 2008 R2

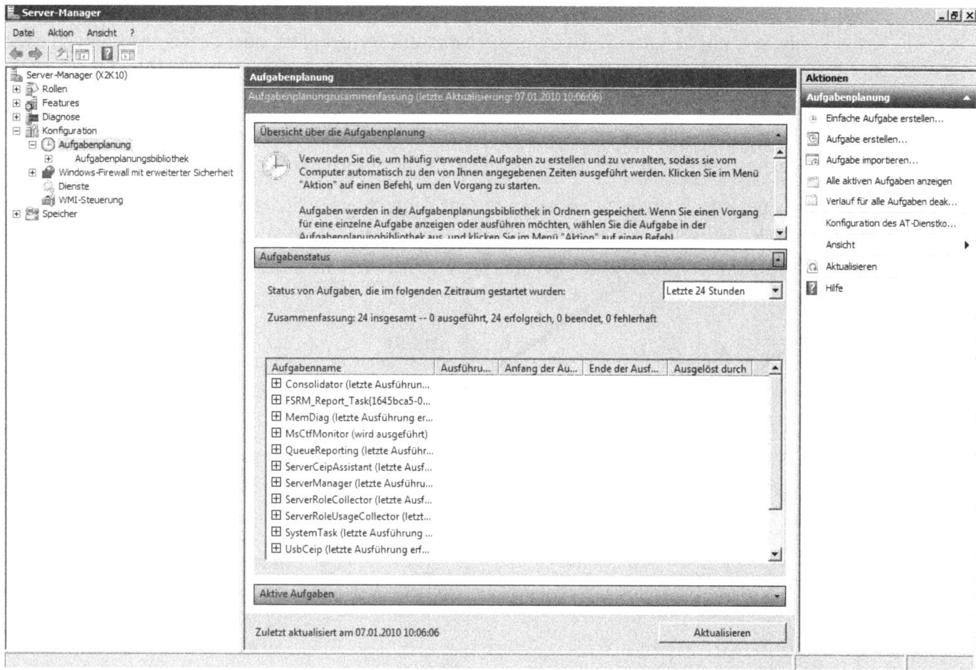

TIPP Über den *Aktionen*-Bereich kann nach einem Klick auf den Link *Konfiguration des AT-Dienstkontos* das Benutzerkonto ausgewählt werden, mit dem die Aufgaben durchgeführt werden sollen.

- **Übersicht über die Aufgabenplanung** Hier wird ein kurzer Hilfetext angezeigt, der die Möglichkeiten des Aufgabenplaners erläutert. Da dieser Text sich nicht dynamisch ändert, können Sie diesen Bereich normalerweise ausblenden.
- **Aufgabenstatus** Dieser Bereich zeigt alle Aufgaben an, die auch von Windows Server 2008 R2 intern durchgeführt werden. Sie können einzelne Aufgaben anzeigen lassen und erkennen, wann diese ausgeführt wurden.
- **Aktive Aufgaben** Hier werden alle Aufgaben angezeigt, die zwar aktiv, aber noch nicht durchgeführt sind. Hier können Sie durch Doppelklick auf die einzelnen Aufgaben deren Konfiguration überprüfen und abändern. Hier werden auch einige Systemaufgaben angezeigt. Damit Sie die Einstellungen der Aufgabe ändern können, zum Beispiel den Zeitpunkt des Starts, können Sie im neuen Fenster, in dem die Konfiguration der Aufgabe angezeigt wird, doppelt auf die Aufgabe klicken. Es öffnet sich ein weiteres Fenster, über das Sie die Einstellungen anpassen können.

Die Einheit für Vorgänge in der Aufgabenplanung ist eine *Aufgabe.* Eine solche Aufgabe besteht aus verschiedenen Startbedingungen, einschließlich Triggern, Bedingungen und Einstellungen sowie eine oder mehrere Aktionen, genannt Ausführungsvorgänge. *Trigger* sind Kriteriensätze, bei deren Erfüllung eine Aufgabe ausgeführt wird. Sie können zeit- oder ereignisabhängig sein, und es können Parameter wie Startzeitpunkte und Wiederholungskriterien angegeben werden. Mit *Bedingungen* können Sie Aufgaben so einschränken, dass diese nur ausgeführt werden, wenn sich der Computer in einem bestimmten Zustand befindet.

Eine Aufgabe wird nur ausgeführt, wenn ein *Trigger* erfüllt ist und alle für die Aufgabe definierten *Bedingungen* wahr sind. Beispielsweise können Sie mithilfe von Bedingungen erreichen, dass ein Programm beim Eintreten eines Ereignisses nur gestartet wird, wenn das Netzwerk verfügbar ist, oder dass eine Aktion zu einem bestimmten Zeitpunkt nur gestartet wird, wenn der Computer im Leerlauf ist. Mit *Einstellungen* können Sie Ausführungsoptionen festlegen. Dadurch lässt sich beispielsweise angeben, wie häufig eine fehlschlagende Aktion wiederholt werden soll. *Aktionen* sind die auszuführenden Befehle, wenn die *Trigger* und *Bedingungen* erfüllt sind. Mit einer *Aktion* können Sie beispielsweise ein Programm starten oder eine E-Mail senden.

Haben Sie eine Aufgabe aufgerufen, sehen Sie auf der rechten Seite der Managementkonsole, welche speziellen Aufgaben sich durchführen lassen. Sie können zum Beispiel eine Aufgabe exportieren, um diese auf einem anderen Windows Server 2008 R2-Rechner zu importieren. Sie können Aufgaben deaktivieren, löschen oder sofort starten lassen.

Abbildg. 39.62 Erstellen einer Aufgabe in Windows Server 2008 R2

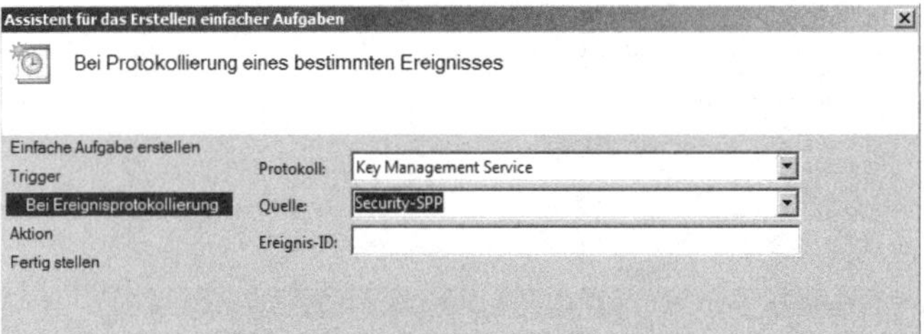

Funktionen der Aufgabenplanung

Eine der leistungsstärksten Funktionen der Aufgabenplanung bietet die Möglichkeit zum Auslösen einer Aufgabe durch ein beliebiges, im Ereignisprotokoll aufgezeichnetes Ereignis. Mithilfe dieser Funktion können Administratoren beim Auftreten eines bestimmten Ereignisses automatisch eine E-Mail versenden oder ein Programm starten. In Windows Server 2008 R2 können Sie Aufgaben, die abhängig vom Auftreten von Ereignissen gestartet werden sollen, sehr einfach mit dem Aufgabenplanungs-Assistenten einrichten. Ein Administrator kann in der Ereignisanzeige einfach das als Trigger zu verwendende Ereignis auswählen und mit nur einem Klick den Aufgabenplanungs-Assistenten starten, um die Aufgabe einzurichten.

Durch die nahtlose Integration der Aufgabenplanungs-Benutzeroberfläche in die Ereignisanzeige können Sie eine durch ein Ereignis ausgelöste Aufgabe mit nur fünf Mausklicks erstellen. Klicken Sie das Ereignis mit der rechten Maustaste an und wählen Sie im Kontextmenü den Eintrag *Aufgabe an dieses Ereignis anfügen*. Über Ereignisse hinaus unterstützt die Aufgabenplanung von Windows Server 2008 R2 auch weitere Triggertypen, beispielsweise Trigger, die Aufgaben starten, wenn der Computer startet, sich ein Benutzer anmeldet oder sich der Computer im Leerlauf befindet. Mithilfe weiterer zusätzlicher Trigger können Administratoren Aufgaben einrichten, die abhängig vom Sitzungsstatus gestartet werden, zum Beispiel beim Herstellen oder Trennen einer Verbindung mit einem Terminalserver oder beim Sperren und Entsperren einer Arbeitsstation.

Mit der Aufgabenplanung können Sie Aufgaben weiterhin abhängig von Datum und Uhrzeit auslösen. Er stellt eine einfache Verwaltung von geplanten regelmäßigen Aufgaben zur Verfügung. Es können Trigger genauer angepasst und so detaillierter festgelegt werden, wann Aufgaben gestartet und wie häufig sie ausgeführt werden sollen. Ein Administrator kann einem Trigger eine Verzögerung hinzufügen oder eine Aufgabe einrichten, die nach dem Auftreten des Triggers in regelmäßigen Intervallen wiederholt wird. Für jede Aufgabe können mehrere Bedingungen definiert werden. Durch Bedingungen lassen sich Aufgaben so einschränken, dass diese nur ausgeführt werden, wenn sich der Computer in einem bestimmten Zustand befindet.

Vor Windows Server 2008 wurde jede Aufgabe abhängig von einem einzelnen Trigger (normalerweise der Zeit) gestartet und eine bestimmte Aufgabe konnte nur aus einer Aktion bestehen. Die Aufgabenplanung von Windows Server 2008 R2 ist beim Verknüpfen von Triggern und Aktionen wesentlich flexibler. In Windows Server 2008 R2 können mit einer bestimmten Aufgabe mehrere Trigger verbunden werden. Beispielsweise gilt eine bestimmte Fehlerbedingung möglicherweise nur beim Auftreten von drei verschiedenen Ereignissen als erfüllt. Sie können einfach eine Aufgabe definieren, die nur dann gestartet wird, wenn alle drei Ereignisse auftreten. Für Aufgaben können nicht nur mehrere Trigger erforderlich sein, mit einer einzelnen Aufgabe können auch mehrere Aktionen gestartet werden.

Mit der Aufgabenplanung müssen Sie beim aufeinanderfolgenden Ausführen von Aufgaben keine Vermutungen mehr anstellen. Sie müssen beispielsweise immer nachts um 1:00 Uhr einen bestimmten Batchprozess ausführen und nach dessen Abschluss die Ergebnisse des Prozesses drucken. Vor Windows Server 2008 waren zum Automatisieren dieses Prozesses zwei Aufgaben erforderlich: eine um 1:00 Uhr gestartete Aufgabe zum Ausführen der Batchdatei und eine zweite Aufgabe zum Drucken der Ergebnisse. Sie mussten die Dauer zur Ausführung des Batchprozesses schätzen und die Druckaufgabe so einrichten, dass sie nach einem angemessenen Zeitraum gestartet wird. Wenn der Batchprozess beim Starten des Druckprozesses noch nicht abgeschlossen war (oder sogar fehlschlug) wurden die Ergebnisse nicht gedruckt.

Mit Windows Server 2008 R2 ist dieses Szenario einfach zu verwalten. Eine einzelne Aufgabe kann definiert werden, mit dem der Batchprozess um 1:00 Uhr ausgeführt wird und nach dessen Abschluss die Ergebnisse gedruckt werden. Die Aufgabenplanung stellt die Ausführung von Aufgaben auch dann sicher, wenn sich ein Computer zum geplanten Zeitpunkt im Standbymodus befindet. Durch diese neue Funktionalität, durch die die Aufgabenplanung einen Computer zum Ausführen einer Aufgabe aus dem Standbymodus oder Ruhezustand reaktivieren kann, können Sie die Vorteile der verbesserten Stromsparmodi von Windows Server 2008 R2 nutzen, ohne darauf achten zu müssen, ob wichtige Aufgaben pünktlich ausgeführt werden.

Neben dem Reaktivieren eines Computers zum Ausführen einer Aufgabe können Sie nun durch eine Option festlegen, dass eine Aufgabe ausgeführt wird, sobald der Computer verfügbar ist. Aktivieren Sie diese Option und wurde der geplante Ausführungszeitpunkt einer Aufgabe nicht eingehalten, wird die Aufgabe beim nächsten Einschalten des Computers von der Aufgabenplanung ausgeführt.

Neue Aufgabe erstellen

Um eine manuelle Aufgabe zu erstellen, stehen Ihnen drei Möglichkeiten zur Verfügung. Nachdem Sie die Aufgabenplanung gestartet haben, werden auf der rechten Seite die Aktionen angezeigt, die Sie durchführen können. Um eine neue Aufgabe zu erstellen, gibt es drei Möglichkeiten:

- **Einfache Aufgaben erstellen** Mithilfe dieser Aktion wird ein Assistent gestartet, der Sie bei der Erstellung einer neuen Aufgabe unterstützt
- **Aufgabe erstellen** Wählen Sie diese Aktion aus, öffnet sich ein Aufgabenfenster, in dem Sie auf verschiedenen Registerkarten ohne Unterstützung von Assistenten die Aufgabe konfigurieren können
- **Aufgabe importieren** Mit dieser Option können Sie Aufgaben importieren, die Sie vorher auf dem gleichen Server oder einem anderen Server exportiert haben

Sysinternals – Zusatztools für die Systemüberwachung

In diesem Abschnitt zeigen wir Ihnen Tools, die Ihnen dabei helfen, die laufenden Prozesse oder Dienste auf einem Server besser zu überwachen oder zu konfigurieren. Die Tools können Sie im Microsoft TechNet von der Sysinternals-Seite *www.sysinternals.com* herunterladen.

Prozessüberwachung mit Sysinternals-Tools – Process Monitor, Process Explorer und Co.

In den folgenden Abschnitten gehen wir hauptsächlich darauf ein, mit welchen Tools Sie eine Prozessüberwachung durchführen können.

Process Monitor – Dateisystem, Registry und Prozesse überwachen

Die Überwachung laufender Prozesse auf einem Computer oder Server sind vor allem im Bereich der Sicherheit und Systemstabilität ein wichtiger Bestandteil. Mit dem Process Monitor (*http://technet.microsoft.com/de-de/sysinternals/bb896645*) von Sysinternals können Sie in einer grafischen Oberfläche ausführlich und in Echtzeit alle Aktivitäten im Dateisystem, der Registry und der Prozesse/Threads überwachen und farblich markieren. Über Schaltflächen aktivieren Sie die einzelnen Überwachungsfunktionen durch einen Klick oder schalten diese wieder aus.

Abbildg. 39.63 Aktivieren und Deaktivieren verschiedener Überwachungsmöglichkeiten im Process Monitor

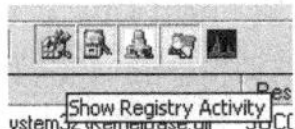

Auf diese Weise können Sie die Überwachung der Registry- und der Dateisystemzugriffe sowie die Abfrage der Prozessaktivität steuern und jeweils nur den Bereich überwachen, der Sie interessiert. Lassen Sie alle Optionen überwachen, kann das Fenster schnell unübersichtlich werden. Das Programm ist voll transportfähig (zum Beispiel auf USB-Sticks), das gilt übrigens für alle Tools von Sysinternals. Das Programm läuft auf Windows 2000/XP/2003/2008 und Windows Vista sowie auf allen 64-Bit-Versionen dieser Betriebssysteme. Auch Windows 7 und Windows Server 2008 R2 arbeiten problemlos mit dem Tool.

Sie erhalten umfassende Daten zu allen gestarteten und beendeten Prozessen und Threads. Auch der Aufbau von TCP/IP-Verbindungen und der UDP-Verkehr, also der Netzwerkverkehr des Servers, lassen sich überwachen. Allerdings speichert Process Monitor nicht den Inhalt der TCP-Pakete, sodass sich keine Daten auslesen lassen, sondern nur die reine Funktionalität des Netzwerks. Dazu kommt, dass der Fokus des Tools nicht im Bereich der Netzwerküberwachung liegt. Auf Wunsch kann Process Monitor mehr Informationen zu laufenden Prozessen anzeigen, zum Beispiel die zum Prozess gehörenden DLL-Dateien. Sie können über Filter die Anzeige anpassen und unnötige Informationen ausblenden oder den Fokus auf spezielle Daten legen.

Abbildg. 39.64 Verwenden von Filtern für Process Monitor

Im Menü *Tools* stehen verschiedene Ansichten zur Verfügung. Das Tool kann auch den Bootvorgang von Servern überwachen, da es sehr früh startet. Alle Ergebnisse lassen sich dabei in eine Datei umleiten. Kann Windows nicht starten, lässt sich durch Analyse dieser Datei der Fehler schnell finden. Wie alle Sysinternals-Tools ist der Umgang sehr einfach und erfordert keine komplexe Einarbeitung.

Abbildg. 39.65 Anpassen der Ansichten in Process Monitor

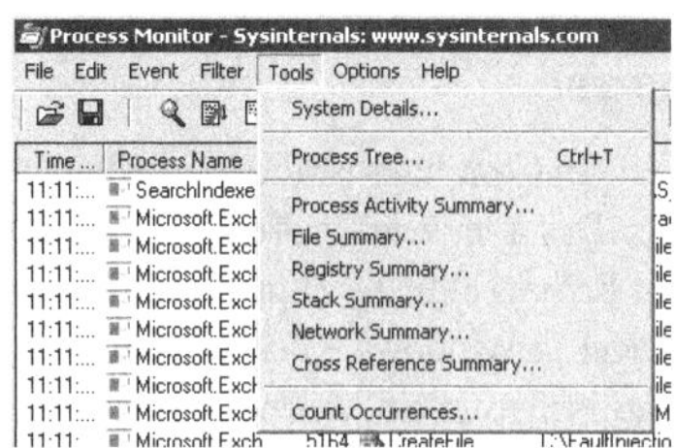

Haben Sie die Anzeige angepasst, besteht zusätzlich die Möglichkeit, die Daten über das Menü *File* zu speichern. Auf einem anderen Rechner können Sie die Traceausgabe des aktuellen Fensters jederzeit wieder laden und Filter setzen sowie das Ergebnis durchsuchen.

Abbildg. 39.66 Anzeigen weiterer Informationen zu Prozessen und beteiligter Dateien

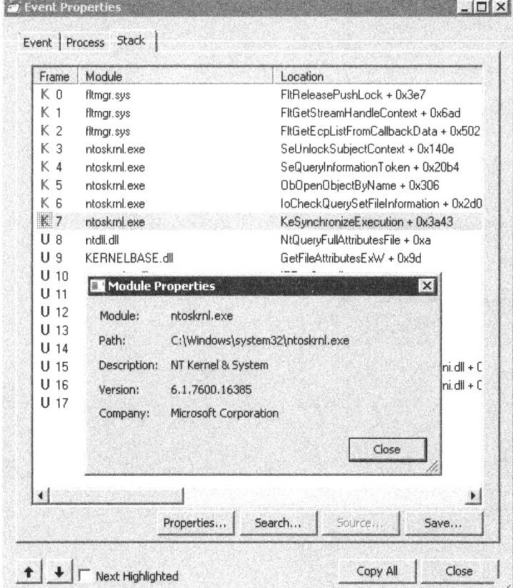

Neben der Möglichkeit, die aktuelle Ausgabe zu speichern, können Sie auch über *File/Export Configuration* die Einstellungen des Tools exportieren. Im Menü steht dazu auch der *Import*-Befehl zur Verfügung. Klicken Sie doppelt auf einen Eintrag, öffnet sich ein Fenster mit weiteren Informationen, die sehr detailliert die Arbeit des Prozesses und die dabei verwendeten Dateien ausgibt. Klicken Sie im Informationsfenster wiederum auf eine der beteiligten Dateien des Prozesses, können Sie von dieser Datei Informationen anzeigen lassen, zum Beispiel die Version und den Speicherort.

Die Details eines Prozesses können Sie als *.csv*-Datei abspeichern, um diese später weiter zu analysieren. Wie bei anderen Sysinternals-Tools haben Sie auch in Process Monitor die Möglichkeit, über das Kontextmenü eine Onlinesuche zum ausgewählten Prozess durchzuführen. Über das Kontextmenü können Sie einen Prozess und dessen Ausgabe auch farblich hervorheben. Über das Kontextmenü eines Prozesses können Sie alle überwachten Vorgänge, die vor dem Prozess stattgefunden haben, ausblenden lassen, indem Sie die Option *Exclude Events Before* auswählen.

Weitere Möglichkeiten im Kontextmenü sind das Einblenden nur eines einzelnen Prozesses und der Vorgänge, die dieser durchführt. Filter erstellen Sie über den Menübefehl *Filter/Filter*. Bestandteil des Downloadpakets ist eine englischsprachige Hilfedatei, die den Umgang mit dem Tool erläutert.

Process Explorer – Der bessere Task-Manager

Ein wichtiges Tool für die Analyse der laufenden Prozesse auf einem Computer ist Process Explorer (*http://technet.microsoft.com/de-de/sysinternals/bb896653*) von Sysinternals. Das Tool zeigt Prozesse in einem Fenster und darunter weitere Informationen zum aktuellen Prozess an, zum Beispiel aktuelle Zugriffe auf Verzeichnisse. Das Tool enthält wesentlich mehr Informationen als der Task-Manager in Windows. Klicken Sie auf die Messfenster im oberen Bereich, blendet Process Explorer ein Systeminformationsfenster ein, welches ähnliche Informationen enthält wie der Task-Manager, nur dass er diese viel umfangreicher auf verschiedenen Registerkarten darstellt.

Abbildg. 39.67 Systemüberwachung mit Process Explorer

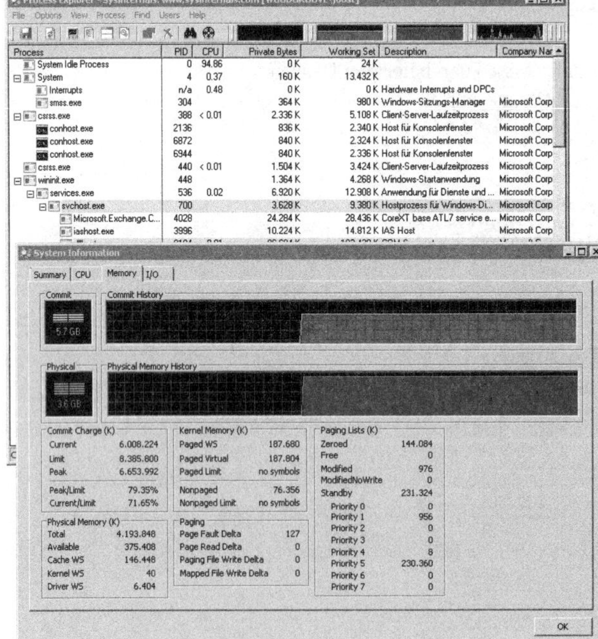

Über *Options/Replace Task Manager* können Sie den Standard-Task-Manager in Windows ersetzen. Rufen Sie diesen zukünftig auf, zum Beispiel über das Kontextmenü der Taskleiste, startet direkt Process Explorer. Auf dem gleichen Weg können Sie diese Option wieder rückgängig machen. Über *View/Show Lower Pane* blenden Sie den unteren Bereich des Übersichtsfensters ein. Anschließend können Sie über *View/Lower Pane View* konfigurieren, ob Sie im unteren Bereich die DLLs der Prozesse anzeigen wollen oder Handles. Über den Menübefehl *Process* lassen sich ausgewählte Prozesse beenden, neu starten oder deren Eigenschaften anzeigen.

Abbildg. 39.68 Anzeigen detaillierter Informationen zu einem Prozess

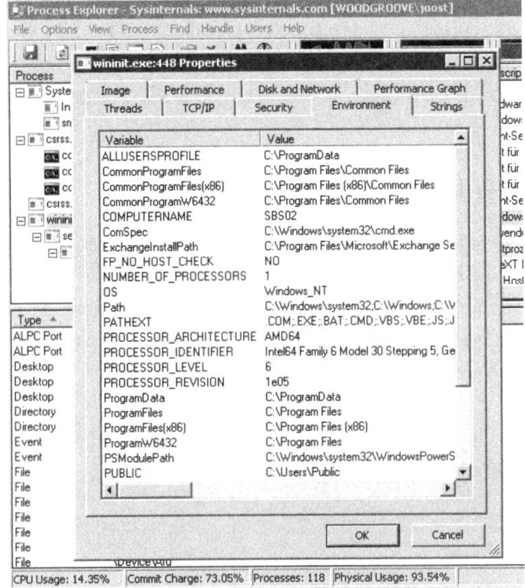

ListDLLs – Geladene DLL-Dateien anzeigen

Wollen Sie auf einem Computer alle geladenen DLL (Dynamic Link Library, Dynamische Verbindungsbibliothek)-Dateien anzeigen, ist ListDLLs (*http://technet.microsoft.com/de-de/sysinternals/bb896656*) von Sysinternals das aktuell beste Werkzeug dazu. Das Befehlszeilentool zeigt Ihnen in Echtzeit alle DLL-Dateien an, die derzeit auf dem Server gestartet sind. Sie sehen den Versionsstand der Datei sowie den genauen Speicherort. Wollen Sie die Ausgabe in eine Textdatei umleiten, verwenden Sie zum Beispiel den Befehl *listdlls >c:\temp\dll.txt*.

Abbildg. 39.69 Anzeigen der geladenen DLLs eines Computers

```
Administrator: Eingabeaufforderung

  0x00000000fdd50000  0x6b000   6.1.7600.16385  C:\Windows\system32\KERNELBASE.d
ll
  0x00000000fc640000  0xc000    6.1.7600.16385  C:\Windows\system32\VERSION.dll
  0x00000000fddc0000  0x9f000   7.0.7600.16385  C:\Windows\system32\msvcrt.dll
  0x00000000f4870000  0x125000  6.1.7600.16385  C:\Windows\system32\dbghelp.dll
  0x0000000077990000  0xfa000   6.1.7600.16385  C:\Windows\system32\USER32.dll
  0x00000000ff960000  0x67000   6.1.7600.16385  C:\Windows\system32\GDI32.dll
  0x00000000ff740000  0xe000    6.1.7600.16385  C:\Windows\system32\LPK.dll
  0x00000000fe560000  0xca000   1.626.7600.16385  C:\Windows\system32\USP10.dll
  0x00000000ff620000  0x98000   6.1.7600.16385  C:\Windows\system32\COMDLG32.dll

  0x00000000ff6c0000  0x71000   6.1.7600.16385  C:\Windows\system32\SHLWAPI.dll
  0x00000000fdcb0000  0xa0000   5.82.7600.16385  C:\Windows\WinSxS\amd64_microso
ft.windows.common-controls_6595b64144ccf1df_5.82.7600.16385_none_a44af8ec57f961c
f\COMCTL32.dll
  0x00000000ff3c0000  0xdb000   6.1.7600.16385  C:\Windows\system32\ADVAPI32.dll

  0x00000000ff5d0000  0x1f000   6.1.7600.16385  C:\Windows\SYSTEM32\sechost.dll
  0x00000000ff830000  0x12e000  6.1.7600.16385  C:\Windows\system32\RPCRT4.dll
  0x00000000fe630000  0xd86000  6.1.7600.16644  C:\Windows\system32\SHELL32.dll
  0x00000000ff5f0000  0x2e000   6.1.7600.16385  C:\Windows\system32\IMM32.DLL
  0x00000000ffa70000  0x109000  6.1.7600.16385  C:\Windows\system32\MSCTF.dll

C:\temp>_
```

Im alten Windows NT-Resource Kit gab es noch das Tool *tlist*, welches ähnliche Informationen dargestellt hat, aber nicht den kompletten Pfadnamen der *.dll*-Datei. Das Tool hat keinerlei komplexe Optionen, sondern soll lediglich schnell und einfach *.dll*-Dateien anzeigen. Sie können die Anzeige auch auf Basis geladener Prozesse anzeigen. Dazu verwenden Sie den Befehl

```
Listdlls <Name oder Teil des Prozessnamens oder dessen PID>
```

Anschließend zeigt ListDlls nur die Daten und geladenen *.dll*-Dateien dieses Prozesses an. Sie haben auch in der PowerShell die Möglichkeit, Prozesse zu verwalten, ohne auf Sysinternals-Tools zu setzen. Über den Befehl *Get-Process* können Sie sich alle laufenden Prozesse eines Computers anzeigen. Wollen Sie aber zum Beispiel nur alle Prozesse mit dem Anfangsbuchstaben »S« angezeigt bekommen, geben Sie den Befehl *Get-Process s** ein. Sollen die Prozesse zusätzlich noch sortiert werden, zum Beispiel absteigend nach der CPU-Zeit, geben Sie *Get-Process s** gefolgt von der Pipeoption *|Sort-Object cpu –descending* ein.

LoadOrder – Systemtreiber anzeigen

Mit dem Tool *LoadOrder* (*http://technet.microsoft.com/de-de/sysinternals/bb897416*) lassen Sie sich die geladenen Systemdateien und die Reihenfolge des Ladens in einer grafischen Oberfläche anzeigen. Starten Sie das Tool, liest es die Startreihenfolge der geladenen Treiber ein. In neuen Windows-Betriebssystemen können natürlich weitere Plug & Play-Treiber im laufenden Betrieb dazukommen, da Windows diese erst bei Bedarf nachlädt. LoadOrder zeigt die Treiber an, die Windows immer bei jedem Systemstart lädt.

Abbildg. 39.70 Anzeigen der Systemtreiber eines Servers und die Reihenfolge des Ladevorgangs

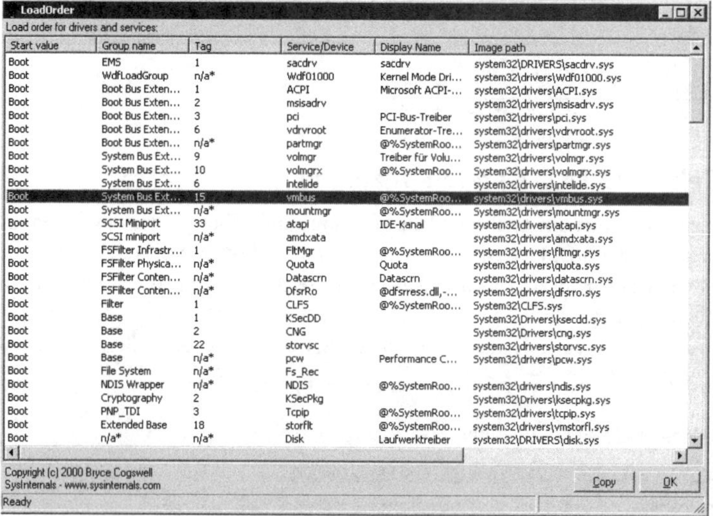

Sie haben die Möglichkeit, diese Liste auch in die Zwischenablage zu kopieren und für Analysezwecke zu versenden. Eigentlich ist das Tool nur für Windows NT oder Windows 2000 geeignet. Es lassen sich jedoch auch Treiber für die aktuellen Microsoft-Betriebssysteme anzeigen. Hier ist die Ansicht aber nicht immer vollständig, zeigt aber zumindest einen Überblick über die Reihenfolge des Treiberstarts.

ProcDump – Absturzanalysen für Prozesse erstellen

Belastet ein Prozess einen Computer zu stark und muss daher beendet werden, kann das Tool *ProcDump* (*http:/ /technet.microsoft.com/de-de/sysinternals/dd996900*) eine Analysedatei des Abbruchs erstellen. Der Fokus des Tools liegt darin, Verbrauchsspitzen für die CPU-Nutzung von Prozessen zu analysieren. Die Syntax des Befehls lautet:

```
procdump [-64] [-b] [[-c CPU-Verbrauch] [-u] [-s Sekunden]] [-n <Anzahl>] [-e [1]] [-h]
[-m <Grenzwert >] [-ma | -mp] [-o] [-p <Trigger>] [-r] [-t] < Prozessname oder PID> [<Datei>]] |
[-x <Imagedatei> <Dumpdatei> ]
```

- –64 Erstellt einen 64-Bit-Dump statt eines 32-Bit-Dumps
- –b – Behandelt Debug-Pausen als Ausnahme
- –c Grenzwert, bei dem das Tool den Dump erstellen soll
- –e Erstellt einen Dump, wenn der Prozess abstürzt
- –h Schreibt einen Dump, wenn das Prozessfenster hängt
- –m Grenzwert für Dump, wenn der Prozess den Arbeitsspeichergrenzwert überschreitet
- –ma Schreibt einen Dump des kompletten Bereichs des Arbeitsspeichers, den der Prozess verbraucht
- –mp Erstellt einen Dump, der Threads und Handles des Prozesses enthält
- –n Anzahl der Dumps, die ProcDump erstellt, bis das Tool sich beendet
- –o Überschreibt existierende Dumps
- –p Verwendet spezielle Performancecounter als Trigger, zum Beispiel *procdump outlook –p "\Processor(_Total)\% Processor Time" 20*
- –r Klont den Prozess zum Erstellen des Dumps (erst ab Windows 7 möglich)
- –t Erstellt einen Dump, wenn der Prozess beendet wird oder abstürzt
- –x – Lädt ein ausgewähltes Image mit optionalen Argumenten

Wollen Sie für einen Prozess zum Beispiel fünf Dumps erstellen, wenn dieser für 60 Sekunden mehr als 50 % CPU-Last verursacht und vorhandene Dumps überschreiben, verwenden Sie den Befehl:

```
procdump –c 50 –s 60 –n 5 –o <Prozessname oder PID> <Pfad>
```

PsList und PsKill – Prozesse anzeigen und beenden

Um Prozesse in der Eingabeaufforderung anzuzeigen und zu beenden, helfen die beiden Tools PsList (*http:// technet.microsoft.com/de-de/sysinternals/bb896682*) und PsKill (*http://technet.microsoft.com/de-de/sysinternals/ bb896683*). PsList arbeitet mit PsKill zusammen. Sie können mit PsList eine Liste von Prozessen anzeigen und die Informationen dazu nutzen, die Prozesse mit PsKill zu beenden. Rufen Sie PsList ohne Optionen auf, zeigt das Tool bereits Informationen über die gestarteten Prozesse auf dem Computer an.

Die Ausgabe enthält neben der Prozess-ID (PID) von links nach rechts die Prioritätsklasse, die Anzahl der Threats, die Anzahl der Handles, die Menge der verbrauchten CPU-Zeit und die Zeit, die dieser Prozess bereits aktiv ist. Dieses Programm muss nicht unter einem Administratorkonto laufen, sondern kann auch ohne diese Berechtigung alle Informationen anzeigen.

Abbildg. 39.71 Anzeigen der geladenen Systemprozesse

```
Administrator: Eingabeaufforderung

C:\temp>pslist

pslist v1.29 - Sysinternals PsList
Copyright (C) 2000-2009 Mark Russinovich
Sysinternals

Process information for SBS02:

Name                Pid Pri Thd  Hnd   Priv        CPU Time    Elapsed Time
Idle                  0   0   1    0      0     4:13:54.500     0:00:00.000
System                4   8 124  915    164     0:00:23.937     4:26:32.643
smss                304  11   2   32    364     0:00:00.078     4:26:32.096
csrss               388  13   9 1849   2344     0:00:00.656     4:26:02.627
csrss               440  13   7   72   1504     0:00:00.046     4:25:55.830
wininit             448  13   3   74   1364     0:00:00.093     4:25:55.768
winlogon            476  13   3   75   1260     0:00:00.046     4:25:54.643
services            536   9  10  472   7080     0:00:02.312     4:25:48.393
lsass               544   9  30 2201  45460     0:00:38.187     4:25:45.846
lsm                 552   8  11  233   2952     0:00:00.031     4:25:45.565
svchost             700   8   9  355   3628     0:00:01.656     4:24:58.127
svchost             780   8   7  443   5344     0:00:00.968     4:24:53.908
LogonUI             860  13   7  177  13068     0:00:00.187     4:24:53.205
svchost             876   8  14  447  14316     0:00:27.718     4:24:51.596
svchost             916   8  45 1636  37960     0:00:12.515     4:24:50.862
svchost             960   8  14  296   7400     0:00:02.000     4:24:49.205
svchost            1000   8   7  208   3464     0:00:00.015     4:24:47.580
svchost             316   8  19  576  30848     0:00:06.828     4:24:45.924
svchost             652   8  16  286  14880     0:00:01.812     4:24:38.877
spoolsv            1260   8  19  352   8156     0:00:00.250     4:24:17.815
vmicsvc            1288   8   5  124   3096     0:00:00.046     4:24:16.315
vmicsvc            1308   8   6  137   5212     0:00:02.296     4:24:15.862
vmicsvc            1328   8   4   78   1332     0:00:00.000     4:24:15.830
vmicsvc            1356   8   5   90   1372     0:00:00.031     4:24:15.799
vmicsvc            1392   8   5   91   1412     0:00:00.000     4:24:16.670
Microsoft.ActiveDirectory.WebServices  1420   8  13  275  42844      0:00:01.187
    4:24:16.467
svchost            1464   8   8  116   5952     0:00:00.125     4:23:51.358
certsrv            1484   8  10  353  15484     0:00:00.578     4:23:51.327
CrossLoopService   1548   8   5   90   1996     0:00:00.125     4:23:48.686
dfsrs              1660   8  11  203   5004     0:00:00.312     4:23:36.795
dns                1720   8  12 5159  88732     0:00:00.656     4:23:33.670
svchost            1776   8  11  139   6732     0:00:00.093     4:23:32.764
inetinfo           1800   8   7  161  28240     0:00:00.546     4:23:32.499
ismserv            1892   8   8   94   3060     0:00:00.000     4:23:30.405
MSExchangeADTopologyService  1944   8  10  333   9596     0:00:00.062     4:23:2
7.811
exfba               912   8   7  206   8992     0:00:00.015     4:23:15.186
store              1040   8  38  878 996032     0:00:07.359     4:23:14.499
MSExchangeMailboxAssistants  2172   8  19  630  79652     0:00:03.203     4:22:5
8.280
MSExchangeMailSubmission  2356   8  17  566  70960     0:00:02.656     4:22:46.8
58
Microsoft.Exchange.ProtectedServiceHost  2440   8  14  297  67164     0:00:01.87
```

Neben dem Gesamtverbrauch an virtuellem Speicher kann PsList auch Verbrauchsspitzen anzeigen. Die Option *–d* zeigt Details über die Threats an, die ein Prozess verwendet. Mit der Option *–x* ist es möglich, die Detailinformationen zum Prozess, dem Speicherverbrauch und den Threats gemeinsam auszugeben. Die Option *–t* gibt eine Prozessstruktur aus. Dabei sind alle Prozesse zu sehen, die ein bestimmter Prozess startet. Verwenden Sie die Option *–s*, zeigt das Tool die Prozesse sortiert nach der verbrauchten CPU-Zeit an.

Sie können mit PsList auch Prozesse auf einem Remotecomputer anzeigen lassen. Die Syntax dazu lautet *pslist \\<Computer>*. Wollen Sie Informationen zu speziellen Prozessen anzeigen, reicht es aus, wenn Sie einen Teil des Namens mit angeben, zum Beispiel *pslist svc*.

PsKill ist ein Befehlszeilentool wie PsList und ermöglicht das Beenden von Prozessen. Mit PsKill können Sie Prozesse auf dem lokalen Computer oder auf einem Computer im Netzwerk beenden. Die Syntax lautet:

```
pskill [- ] [-t] [\\<Computer> [-u <Benutzername>] [-p <Kennwort>]] <Prozessname oder PID>
```

Die Option *–t* beendet den spezifizierten Prozess und alle von diesem Prozess abhängigen Prozesse.

PsService – Systemdienste im Griff

Mit PsService (*http://technet.microsoft.com/de-de/sysinternals/bb897542*) können Sie Systemdienste lokal oder auf Computern im Netzwerk anzeigen, beenden und starten. Die Optionen des Programms sind:

```
psservice [\\<Computer> [-u <Benutzername>] [-p <Kennwort>]] <Befehl> <Option>
```

- **query** Zeigt den Status eines Diensts an

- **config** Zeigt die Einstellungen eines Diensts an
- **setconfig** Setzt den Starttyp des Diensts um
- **start** Startet einen Dienst
- **stop** Beendet einen Dienst
- **restart** Startet einen Dienst neu
- **pause** Hält einen Dienst an
- **cont** Führt einen Dienst weiter aus, nachdem er angehalten worden ist
- **depend** Zeigt die von diesem Dienst abhängigen Dienste an
- **security** Gibt die Sicherheitsinformationen für den Dienst aus
- **find** Unterstützt beim Suchen eines Diensts

Dienste können Sie auch in der PowerShell mit *Start-Service*, *Stop-Service*, *Get-Service* und *Set-Service* starten und beenden. Auch die Befehlszeilentools *net start* und *net stop* helfen bei der Verwaltung der Systemdienste. Am schnellsten rufen Sie die Verwaltungsoberfläche der Systemdienste in Windows durch die Eingabe von *services.msc* im Suchfeld des Startmenüs auf.

In der Eingabeaufforderung sehen Sie die gestarteten Dienste über *net start*. Mit *net start >dienste.txt* werden alle gestarteten Dienste in die Datei *dienste.txt* gespeichert. Eine weitere Möglichkeit ist der Befehl *sc query*, der deutlich mehr Informationen liefert.

PsLogList – Ereignisanzeigen sammeln

Mit PsLogList (*http://technet.microsoft.com/de-de/sysinternals/bb897544*) aus der PsTools-Sammlung können über die Eingabeaufforderung die Ereignisanzeigen verschiedener Computer eingesammelt, angezeigt und verglichen werden. Wenn Sie das Tool ohne Optionen aufrufen, werden alle Einträge des lokalen Systemereignisprotokolls angezeigt. Das Programm hat darüber hinaus zahlreiche Optionen, welche beim Abfragen der Ereignisanzeigen viele verschiedene Vergleichsmöglichkeiten bieten:

```
psloglist [- ] [\\<Computer>[,<Computer>[,...] | @<Datei> [-u <Benutzername>[-p <Kennwort>]]] [-s [-
t delimiter]] [-m #|-n #|-h #|-d #|-w][-c][-x][-r][-a mm/dd/yy][-b mm/dd/yy][-f filter] [-i
ID[,ID[,...] | -e ID[,ID[,...]]] [-o event source[,event source][,..]]] [-q event source[,event
source][,..]]] [-l event log file] <eventlog>
```

- **@<Datei>** Führt den Befehl auf allen Computern aus, die in der Datei aufgelistet sind. Jeder Computer muss dazu in einer eigenen Spalte in der Textdatei stehen. Die entsprechenden Ereignisse der Computer werden hierüber also gesammelt.
- **–a** Zeigt die Einträge nach dem genannten Datum an. Als Format wird *dd/mm/yy* verwendet.
- **–b** Zeigt die Einträge vor dem genannten Datum an
- **–c** Löscht die entsprechenden Ereignisanzeigen nach der Anzeige über PsLogList. Dies ist zum Beispiel bei der Abfrage über eine Batchdatei sinnvoll.
- **–d** Zeigt nur die Einträge der letzten *n* Tage an. Dabei werden die letzten Tage als <*n*> hinter der Option mit angegeben.
- **–e** Filtert Einträge mit definierten IDs aus. Die Syntax entspricht der Option *–i* weiter unten.
- **–f** Filtert Ereignisse mit bestimmten Typen aus (*–f w* filtert Warnungen). Es können beliebige Buchstaben verwendet werden. Es werden nur Ereignisse, die mit den entsprechenden Buchstaben anfangen, angezeigt.

- –h Zeigt nur Einträge der letzten *n* Stunden. Die Syntax entspricht der Option *–d* weiter oben.
- –i Zeigt nur Einträge mit den definierten IDs. Es können auch mehrere IDs kommagetrennt angezeigt werden.
- –l Speichert Einträge der definierten Ereignisanzeige
- –m Zeigt nur Einträge der letzten *n* Minuten
- –n Zeigt nur die aktuellsten definierten Einträge an
- –o Zeigt nur die Einträge der spezifizierten Ereignisquelle (zum Beispiel *–o cdrom*\\) an. Diese Option schließt in der Ausgabe also zusätzliche Informationen ein.
- –p Gibt das Kennwort für den konfigurierten Benutzer an. Geben Sie kein Kennwort ein, fragt das Tool notfalls nach. Dabei wird das Kennwort nicht in Klartext angezeigt oder über das Netzwerk geschickt.
- –q Zeigt die Einträge der spezifizierten Ereignisquelle nicht an (zum Beispiel *–q cdrom*\\). Benutzerdefinierte Einträge werden so von der Ausgabe ausgeschlossen. Sollen mehrere Quellen von der Ausgabe ausgeschlossen werden, müssen diese durch Komma voneinander getrennt werden.
- –r Speichert die Einträge aufsteigend ab
- –s Hier werden die Einträge kommabasiert angezeigt, um diese zum Beispiel in einer Excel-Tabelle oder SQL-Datenbank zu speichern. Nach der Auswertung kann zum Beispiel über den Befehl *start* die *.csv*-Datei sofort geöffnet und angezeigt werden.
- –t Definiert das Trennzeichen
- –u Legt den Benutzernamen fest, mit dem Sie auf die Server zugreifen
- –w Wartet auf neue Einträge und speichert diese, sobald diese in der Ereignisanzeige angezeigt werden. Das funktioniert aber nur für das lokale System.
- –x Speichert erweiterte Daten, die standardmäßig nicht angezeigt werden. Hierbei handelt es sich meistens um binäre Rohdaten.
- **Eventlog** Standardmäßig verwendet das Tool das Systemereignisprotokoll. Sie können die Ereignisanzeige auswählen, wenn Sie die ersten Buchstaben oder die entsprechende Abkürzung angeben. Allerdings müssen auch auf deutschen Windows-Systemen die englischen Abkürzungen, also beispielsweise »sec« für »security«, eingegeben werden, wenn das Ereignisprotokoll *Sicherheit* geöffnet werden soll. Eine wichtige Funktion des Tools ist, dass das Programm in der Lage ist, direkt auf die Quell-DLLs auf den Remotesystemen zuzugreifen. Allerdings muss dazu auf dem entfernten System die administrative Freigabe (*Admin$*) aktiviert sein.

Laufwerke und Datenträger überwachen

Der folgende Abschnitt geht auf Tools ein, mit denen Sie Datenträger und Laufwerke in Windows Server 2008 R2 optimal überwachen können.

DiskExt – Datenträger in der Eingabeaufforderung auslesen

Verwenden Sie mehrere Festplatten und unterschiedliche Partitionen auf einem Computer, kann DiskExt (*http://technet.microsoft.com/de-de/sysinternals/bb896648*) Informationen schnell und einfach auslesen. Das Tool zeigt an, über welche physischen Festplatten sich eine Partition aufteilt und wo auf der physischen Festplatte eine Partition angelegt ist. Bei dem Tool handelt es sich um ein Befehlszeilentool. Sie können die Ausgabe mit *diskext >c:\temp\disk.txt* in eine Textdatei umleiten lassen, wenn Sie bei der Einrichtung eines Servers oder für Supportzwecke eine Dokumentation anfertigen wollen.

Zeigt zum Beispiel die Datenträgerverwaltung in Windows oder der Explorer ein Laufwerk nicht mehr an, können Sie über DiskExt die Konfiguration der Laufwerke anzeigen lassen und die Datei Spezialisten zur Verfügung stellen, welche die Daten auslesen können und auf einen Blick sehen, welche Festplatten im Computer eingebaut sind und wie Sie diese konfiguriert haben.

Abbildg. 39.72 Anzeigen von Festplatteninformationen in der Eingabeaufforderung

```
disk.txt - Editor
Datei  Bearbeiten  Format  Ansicht  ?

Disk Extent Dumper v1.1
Copyright (C) 2001-2007 Mark Russinovich
Sysinternals - www.sysinternals.com

Volume: \\?\Volume{2c301abc-40b8-11e0-996d-00155db2dd0a}\
   Mounted at: <unmounted>
   Extent [1]:
       Disk:   4
       Offset: 32256
       Length: 136344240128
Volume: \\?\Volume{7fcfd0e2-34fb-11e0-a173-00155db2dd0a}\
   Mounted at: C:\
   Extent [1]:
       Disk:   0
       Offset: 105906176
       Length: 136256159744
Volume: \\?\Volume{7fcfd0e1-34fb-11e0-a173-00155db2dd0a}\
   Mounted at: <unmounted>
   Extent [1]:
       Disk:   0
       Offset: 1048576
       Length: 104857600
Volume: \\?\Volume{7fcfd0f7-34fb-11e0-a173-00155db2dd0a}\
```

DiskMon – Festplattenaktivität überwachen

Das Sysinternals-Tool DiskMon (*http://technet.microsoft.com/de-de/sysinternals/bb896646*) zeigt alle Schreib- und Lesevorgänge der Festplatte in einem Fenster an. Sie sehen auf diese Weise den physischen Zugriff und die aktuellen Vorgänger der Festpatte. Sie sehen die Aktion, Sektor, Zeit, Dauer und auf welcher Festplatte der Computer aktuell etwas schreibt. Sie haben die Möglichkeit, die Ausgabe auch in eine Logdatei zu speichern. Aktivieren Sie die Funktion *Minimize to Tray Disk Light* im Menü *Options*, minimiert sich das Tool direkt in die Taskleiste und zeigt Ihnen die aktuelle Nutzung der Festplatte wie das LED-Symbol an. Auf diese Weise sehen Sie den Festplattenzugriff auf den Server auch in einer Remotesitzung. In der minimierten Ansicht sehen Sie Schreibzugriffe als rote Anzeige und Lesezugriffe in Grün. Klicken Sie auf das Symbol, öffnet sich wieder die ausführliche Ansicht. Wollen Sie das Tool gleich als Symbol starten, verwenden Sie die Option *diskmon /l* (kleines L).

Damit das Tool Daten auslesen kann, müssen Sie es mit Administratorrechten starten, wenn Sie die Benutzerkontensteuerung aktiviert haben. Windows Server 2008 R2 und Windows 7 blenden das Symbol nach einiger Zeit aus. Um es dauerhaft einzublenden, klicken Sie in der Taskleiste auf die zwei kleinen Pfeile, um auch die ausgeblendeten Symbole anzuzeigen. Wählen Sie *Anpassen* und dann für das Symbol die Option *Symbol und Benachrichtigungen anzeigen*. Um die Echtzeitanzeige zu deaktivieren, klicken Sie auf die kleine Lupe. Fahren Sie mit der Maus über ein Symbol, erhalten Sie eine kleine Hilfe zur entsprechenden Schaltfläche.

Sie können innerhalb des Capture-Fensters auch nach bestimmten Einträgen suchen. Mit *History Depth* legen Sie die maximale Anzahl an Daten fest, die Sie in der grafischen Oberfläche anzeigen lassen wollen. DiskMon ermöglicht auch den Start mehrerer Instanzen. Lassen Sie das Tool zum Beispiel automatisch als LED minimiert starten, lässt es sich dennoch noch einmal parallel aufrufen, sodass die LED aktiv bleibt, auch wenn Sie mit DiskMon arbeiten.

Abbildg. 39.73 Festplattenzugriffe überwachen mit DiskMon

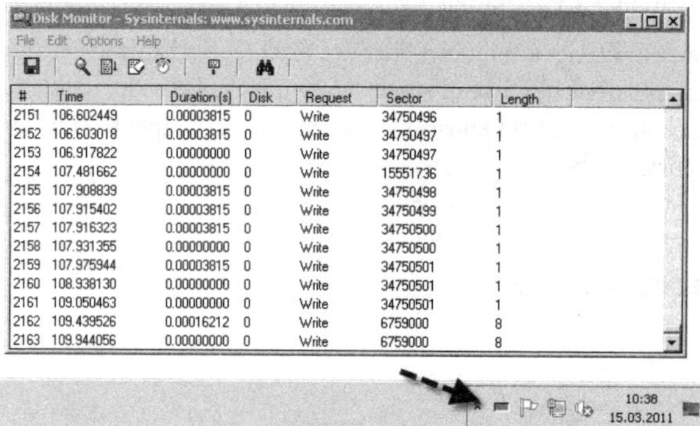

#	Time	Duration (s)	Disk	Request	Sector	Length
2151	106.602449	0.00003815	0	Write	34750496	1
2152	106.603018	0.00003815	0	Write	34750497	1
2153	106.917822	0.00000000	0	Write	34750497	1
2154	107.481662	0.00000000	0	Write	15551736	1
2155	107.908839	0.00003815	0	Write	34750498	1
2156	107.915402	0.00003815	0	Write	34750499	1
2157	107.916323	0.00003815	0	Write	34750500	1
2158	107.931355	0.00000000	0	Write	34750500	1
2159	107.975944	0.00003815	0	Write	34750501	1
2160	108.938130	0.00000000	0	Write	34750501	1
2161	109.050463	0.00000000	0	Write	34750501	1
2162	109.439526	0.00016212	0	Write	6759000	8
2163	109.944056	0.00000000	0	Write	6759000	8

DiskView – Große Dateien finden und Festplatte analysieren

Das Sysinternals-Tool DiskView (*http://technet.microsoft.com/de-de/sysinternals/bb896650*) zeigt in einer grafischen Oberfläche die Dateien auf dem Datenträger an und wie viel Speicherplatz diese belegen. Über *Highlight* wählen Sie Dateien aus, die DiskView hervorheben soll. Per Klick auf eine einzelne Datei sehen Sie, wie viel Speicherplatz die Datei verbraucht. Klicken Sie doppelt auf einen Bereich, erhalten Sie weitere Informationen. Im unteren Bereich wählen Sie den Datenträger aus, den das Tool scannen soll, sowie den Zoomlevel. DiskView hilft auch dabei, die Fragmentierung einer Datei anzuzeigen.

Mit dem Tool können Sie für Festplatten genau anzeigen lassen, auf welchem Cluster sich welche Datei befindet. Die Ausgabe lässt sich exportieren, sodass dies auch ein anderer Administrator öffnen kann. Zusätzlich ist das Tool hilfreich, große Dateien auf den Datenträgern zu finden, um Speicherplatzfresser zu eliminieren oder auf andere Datenträger auszulagern. Zoomen Sie im unteren Bereich bis auf die einzelnen Cluster des Datenträgers, lassen Sie sich per Klick auf einen Cluster anzeigen, welche Datei im entsprechenden Bereich gespeichert ist. Außerdem hebt DiskView alle weiteren Cluster hervor, in denen diese Datei ebenfalls gespeichert ist.

Abbildg. 39.74 Festplatte analysieren mit DiskView

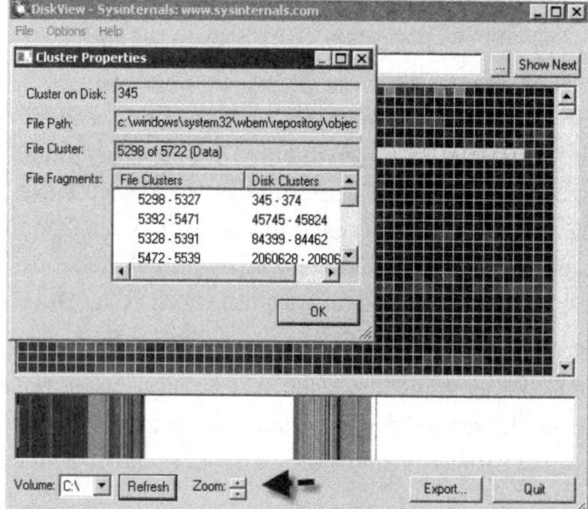

Disk Usage – Speicherverbrauch in der Eingabeaufforderung anzeigen

Wollen Sie sich den Speicherverbrauch von Verzeichnissen auslesen, ist das Befehlszeilentool Disk Usage (*http://technet.microsoft.com/de-de/sysinternals/bb896651*) eine effiziente Möglichkeit, die auch in Skripts funktioniert. Das Tool zeigt zusätzlich den Plattenverbrauch aller untergeordneten Verzeichnisse an. Sie haben bei der Verwendung mehrere Möglichkeiten:

```
du [[-v] [-l ] | [-n]] [-q] <Datei oder Verzeichnis>
```

- –l Legt die Verzeichnistiefe fest, für die das Tool den Plattenverbrauch messen soll
- –n Keine Rekursion
- –q Werbebanner von Sysinternals unterdrücken
- –v Ausführliche Informationen der Verzeichnisse anzeigen

Abbildg. 39.75 Anzeigen von Verzeichnisgrößen in der Eingabeaufforderung

```
Administrator: Eingabeaufforderung

C:\temp\Du>du c:\users

Du v1.34 - report directory disk usage
Copyright (C) 2005-2009 Mark Russinovich
Sysinternals - www.sysinternals.com

Files:          1768
Directories:    872
Size:           181.045.876 bytes
Size on disk:   181.037.778 bytes
```

Die einfachste Verwendung ist *du <Verzeichnisname>*. Sie können mit dem Tool auch weitere Verzeichnisse abfragen und in ein Skript integrieren. Auf diese Weise lassen sich Verzeichnisgrößen effizient in Skripts abfragen. Enthält die Bezeichnung des Verzeichnisses Leerzeichen, schreiben Sie diese in Anführungszeichen.

Contig – Einzelne Dateien und Verzeichnisse defragmentieren

Sie haben in den Eigenschaften der Datenträger die Möglichkeit, komplette Datenträger zu defragmentieren. Bei diesem Vorgang fasst Windows alle Datenträgercluster, in deren Bereich die Dateien gespeichert sind, zu einem zusammenhängenden Bereich zusammen. Das beschleunigt deutlich die Leistung von Windows, da die Festplatte nicht ständig die Schreib-/Lese-Köpfe neu positionieren muss. Der Defragmentierungsvorgang des Datenträgers defragmentiert den Datenträger als Ganzes und übergeht dabei eventuell einige Dateien oder Verzeichnisse, für die eine Defragmentierung nicht möglich ist.

Sie haben aber auch die Möglichkeit, einzelne Dateien oder ganze Verzeichnisse zu defragmentieren, um sicherzustellen, dass der Zugriff auf diese Datei beschleunigt stattfinden kann. Dazu nutzen Sie das Tool Contig (*http://technet.microsoft.com/de-de/sysinternals/bb897428*). Das Tool defragmentiert dazu die ausgewählte Datei und sorgt dafür, dass die Cluster der Datei auf dem Datenträger in einem aneinanderhängenden Bereich liegen. Contig verwendet die Windows-Defragmentierungs-Technologie und stellt dadurch sicher, dass es nicht zu einer Datenträgerbeschädigung kommt. Das Tool arbeitet über die Eingabeaufforderung. Die Syntax dazu lautet:

```
contig [-v] [-a] [-q] [-s] [Dateiname]
```

- –v Gibt Informationen zum Vorgang aus
- –a Führt nur eine Analyse durch und defragmentiert nicht
- –q Führt das Tool im stillen Modus aus und gibt keinerlei Informationen zurück

- **–s** Geben Sie einen Dateinamen mit Platzhaltern an, können Sie mehrere Dateien in einem bestimmten Verzeichnis defragmentieren, zum Beispiel *contig –s c:\einkauf*.docx*

Nach dem Start scannt Contig den Datenträger und findet dabei die Speicherorte der Datei sowie die freien Bereiche der Festplatte. Wollen Sie in einem Verzeichnis alle Dateien defragmentieren, verwenden Sie den Befehl *contig –s **. Wollen Sie nur bestimmte Dateien defragmentieren, verwenden Sie den Befehl *contig –s *.docx*. Sie erhalten nach Abschluss Informationen über die Vorgänge, die das Tool durchgeführt hat.

MoveFile und PendMoves – Dateien per Skript ersetzen und löschen

Müssen Sie Dateien austauschen, die aktuell in Benutzung sind, müssen Sie den Computer oft neu starten. Sie haben mit Sysinternals-Tools aber die Möglichkeit, Windows so zu konfigurieren, dass Windows automatisch beim nächsten Start bestimmte Aktionen mit Dateien durchführt, die aktuell in Benutzung sind.

Mit den beiden Tools PendMoves und MoveFile (*http://technet.microsoft.com/de-de/sysinternals/bb897556*) können Sie diese Aktionen durchführen. Die Tools verwenden dazu die Registry, um Befehle zu hinterlegen, die den Umgang mit den entsprechenden Dateien steuern. Eine Rolle spielt dabei der Registryschlüssel *HKLM\SYSTEM\CurrentControlSet\Control\Session Manager\PendingFileRenameOperations*. Mit PendMoves lesen Sie aus, welche Dateien Windows beim nächsten Neustart löschen oder verschieben soll. MoveFile steuert den Vorgang. Die Syntax des Tools ist *movefile <Quelle> <Ziel>*. Geben Sie als Ziel "" ein, löscht Windows die Datei beim nächsten Neustart.

Abbildg. 39.76 Löschen oder Verschieben von Dateien beim Neustart von Windows in der Eingabeaufforderung steuern

```
Administrator: Eingabeaufforderung

C:\temp>movefile c:\temp\pskill.exe ""

Movefile v1.0 - copies over an in-use file at boot time
Move successfully scheduled.

C:\temp>pendmoves

PendMove v1.1
Copyright (C) 2004 Mark Russinovich
Sysinternals - wwww.sysinternals.com

Source: c:\temp\pskill.exe
Target: DELETE

Time of last update to pending moves key: 15.03.2011 12:19

C:\temp>_
```

Der Umgang mit den Tools ist nicht sehr kompliziert und erlaubt eine weitgehende Automatisierung des Austauschs oder Löschen von Dateien, die in Benutzung sind. Sie können auch mehrere Dateien auf einmal ersetzen, indem Sie eine Batchdatei oder ein Skript schreiben.

Netzwerktools

Der nächste Abschnitt befasst sich mit der Fehlersuche und Analyse des Netzwerks, indem Sie ebenfalls wieder auf Sysinternals-Tools setzen.

AdExplorer (Active Directory Explorer)

Der Active Directory Explorer (*http://technet.microsoft.com/de-de/sysinternals/bb963907*) von Sysinternals bietet eine Verwaltungsoberfläche für die Active Directory-Datenbank, ähnlich zu ADSI-Edit. Beim Verbindungsaufbau legen Sie den Domänencontroller fest sowie die Benutzer, mit denen Sie sich verbinden wollen.

Sie können die eingegebenen Daten auch abspeichern, sodass Sie nicht jedes Mal eine Authentifizierung durchführen müssen, um sich mit Active Directory zu verbinden.

Abbildg. 39.77 Verbindungsaufbau mit Active Directory

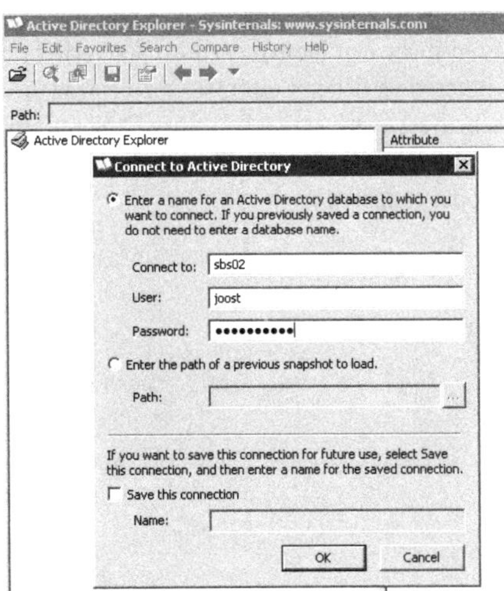

Das Tool hat eine Explorer-ähnliche Oberfläche und erlaubt die Navigation in Active Directory. Sie können zur Analyse auch Schnappschüsse des produktiven Active Directory erstellen. Die Schnappschüsse lassen sich nachträglich bearbeiten. Über den Menübefehl *File/Create Snapshot* erstellen Sie einen solchen Schnappschuss. Im Fenster können Sie einstellen, bis zu welcher CPU-Last der Schnappschuss den Server belasten soll.

Haben Sie einen Schnappschuss erstellt, können Sie diesen parallel zur Verbindung mit dem aktuellen Active Directory oder einem anderen Schnappschuss über das Menü *File* laden. Anschließend steht der Menübefehl *Compare* zur Verfügung, mit dem Sie einen Vergleich zwischen den Schnappschüssen oder dem produktiven Active Directory durchführen können.

Abbildg. 39.78 Schnappschüsse vergleichen

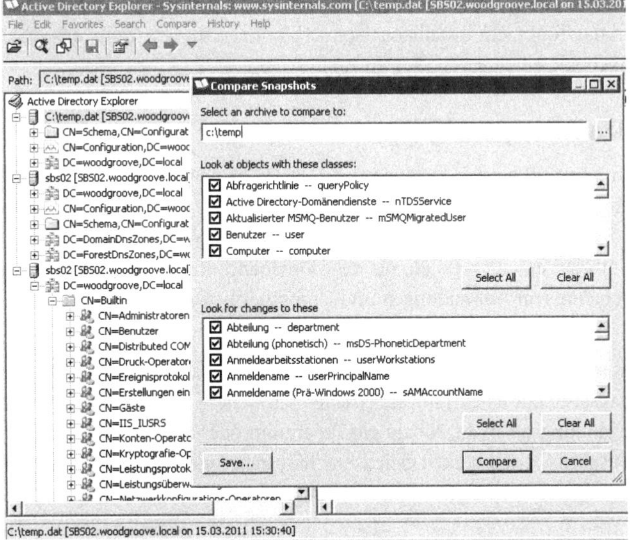

Zwar kann Windows Server 2008 R2 solche Snapshots auch über das Befehlszeilentool *Ntdsutil.exe* erstellen. Dieses ist aber nicht so einfach und leicht bedienbar, wie AD-Explorer. Sie können das Tool auf jedem Computer starten, der Mitglied einer Domäne ist. Sie müssen nicht den Domänencontroller verwenden. Sie haben auch die Möglichkeit, mehrere Schnappschüsse zu unterschiedlichen Zeitpunkten zu erstellen. Diese können Sie nachträglich vergleichen, um so Änderungen nachzuverfolgen. Active Directory Explorer ermöglicht auch das Anpassen von Einstellungen in Active Directory direkt auf Ebene der Datenbank. Sie können Attribute ändern, Einstellungen anpassen und Objekte löschen oder erstellen.

Abbildg. 39.79 Bearbeiten von Active Directory im AD-Explorer

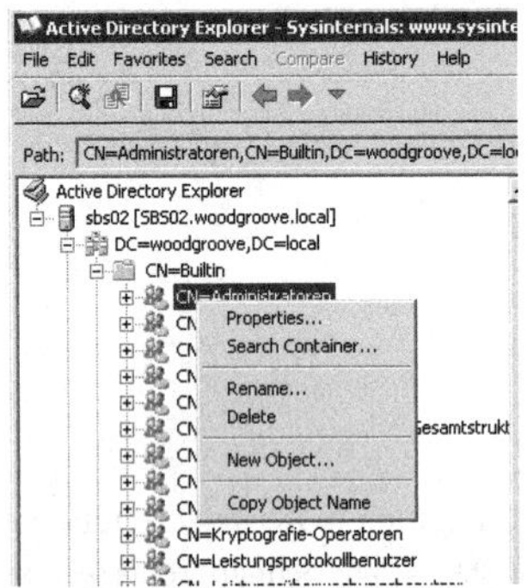

Die Navigation erfolgt ähnlich zum Windows-Explorer. Sie haben über den Menübefehl *Favorites* auch die Möglichkeit, verschiedene Bereiche in Active Directory direkt wieder anwählen zu können, wenn Sie diese häufiger benötigen, zum Beispiel bestimmte Organisationseinheiten. Über *Search* haben Sie die Möglichkeit, sehr detaillierte Suchabfragen in Active Directory durchzuführen.

Komplexe Suchabfragen können Sie im Suchfenster abspeichern und auf diesem Weg jederzeit wieder aufrufen. Zusätzlich lässt sich über das Suchfenster nach Attributen sowie nach Kombinationen von Attributen suchen. Außerdem haben Sie die Möglichkeit, über den Befehl *Properties* im Kontextmenü von Objekten Sicherheitseinstellungen und Berechtigungen anzupassen. Die Bedienung des Tools ist auch für ungeübte Administratoren intuitiv möglich. Sie müssen das Tool nicht installieren, sondern können die *.exe*-Datei direkt starten und auf diesem Weg das Werkzeug auch von einem USB-Stick aufrufen.

AdInsight (Active Directory Insight)

Mit AdInsight (*http://technet.microsoft.com/de-de/sysinternals/bb897539*) analysieren Sie die LDAP-Verbindungen eines Servers in Echtzeit. Das Tool verwendet dazu die Datei *wldap32.dll*, welche den Zugriff auf Active Directory steuert. Das Tool zeigt, ähnlich zum Netzwerkmonitor für den Netzwerkverkehr, alle Anfragen von Clients an den Domänencontroller an, auch Daten, die der Domänencontroller blockiert. Das Tool hilft also dabei, Authentifizierungsprobleme von Anwendungen und Computern zu Active Directory zu finden und zu beheben.

Sie können die vom Tool ausgelesenen Daten auch als Textdatei speichern und so nachträglich analysieren. Klicken Sie mit der rechten Maustaste auf einen Eintrag, erhalten Sie weitere Informationen über die einzelnen Einträge. Das Tool zeigt Verbindungsdaten an, sobald ein Programm oder Server Daten aus Active Directory abrufen will. Nach dem Start sehen Sie daher nicht gleich einen Eintrag, sondern erst dann, wenn ein Tool über das Netzwerk auf Active Directory über die Datei *wldap32.dll* zugreifen will.

Abbildg. 39.80 Anzeigen der aktuellen Active Directory-Verbindungen

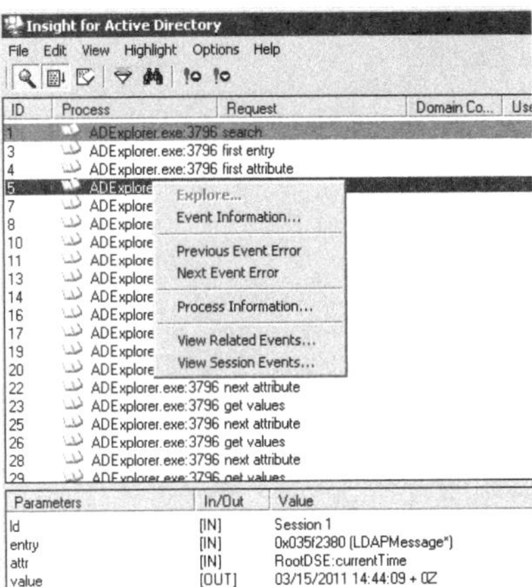

Über den Menübefehl *File* können Sie den aktuellen Scanvorgang abspeichern und nachträglich über *AdInsight* öffnen. Über *File/Export to Text File* können Sie die Ausgabe als Textdatei exportieren. Da sich beim Verbindungsaufbau mit Active Directory viele Daten ansammeln, haben Sie die Möglichkeit, über *Edit/Find* die Anzeige auch zu filtern. Weitere Filtermöglichkeiten stehen über den Menübefehl *View* zur Verfügung.

Die verschiedenen Anzeigen lassen sich farblich hervorheben, um einen besseren Überblick zu erhalten. Diese Informationen finden Sie über den Menübefehl *Highlight*. In den verschiedenen Spalten zeigt AdInsight genauere Daten an. Die Spalte *User* enthält, falls verfügbar, den Benutzernamen, mit dem die Anwendung auf Active Directory zuzugreifen versucht. Sie müssen für die Messung das Tool nicht installieren, aber direkt auf dem Server starten. Das Tool bietet vor allem eine sehr wertvolle Hilfe, wenn ein Active Directory-abhängiger Dienst wie Exchange nicht funktioniert. Durch die umfangreichen Filtermöglichkeiten sehen Sie schnell woran der Fehler liegt.

Ldp – LDAP-Zugriff auf Active Directory

Das Tool Ldp.exe ist kein Sysinternals-Tool, sondern direkt in Windows Server 2008 R2 integriert. Wir gehen an dieser Stelle auf das Tool ein, da es wie AdExplorer und AdInsight Daten und Verbindungen in Active Directory anzeigen kann. Der Umgang mit dem Tool und der Verbindungsaufbau zu Active Directory funktioniert folgendermaßen:

1. Geben Sie im Suchfeld des Startmenüs *ldp.exe* ein.
2. Über den Menübefehl *Remotedesktopverbindung/Verbinden* öffnet sich ein Fenster, in dem Sie den Namen des Servers eingeben.
3. Anschließend lassen Sie sich mit Active Directory verbinden.
4. Startet das Tool nicht gleich eine Active Directory-Sitzung, können Sie über den Menübefehl *Remotedesktopverbindung\Gebunden* eine Verbindung herstellen und auch einen eigenen Benutzernamen angeben. Standardmäßig verwendet *Ldp.exe* die Anmeldedaten des lokal angemeldeten Benutzers.

Abbildg. 39.81 Verbindungsaufbau über Ldp.exe

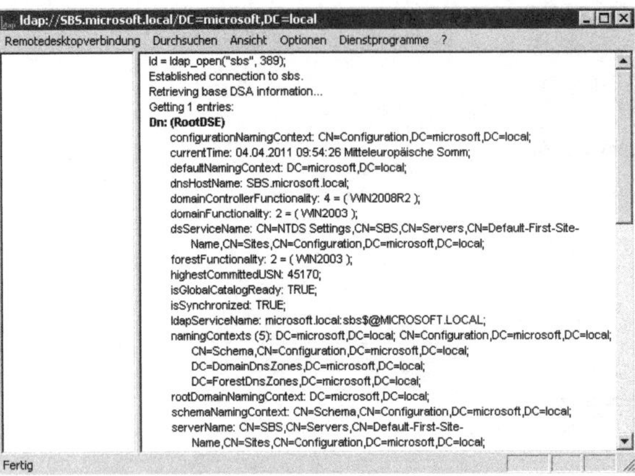

Über den Menübefehl *Ansicht/Struktur* können Sie auswählen, welche Struktur Sie in Active Directory anzeigen lassen möchten, zum Beispiel *dc=sbs,dc=microsoft,dc=local* für die Daten auf dem Domänencontroller *sbs.microsoft.local*. Wollen Sie die ganze Domäne anzeigen lassen, verwenden Sie *dc=microsoft,dc=local*.

Abbildg. 39.82 Ändern der Ansicht

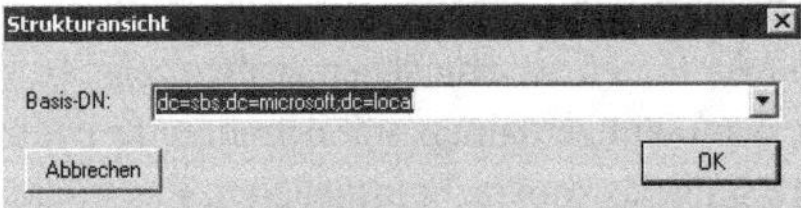

Möchten Sie bestimmte Einträge in Active Directory suchen, verwenden Sie *Durchsuchen/Suchen*. Haben Sie sich mit dem Domänencontroller verbunden und die Ansicht der Domäne über *Ansicht/Struktur* aktiviert, sehen Sie nicht immer alle Daten, zum Beispiel die gelöschten Objekte in der Domäne. Wollen Sie diese einblenden, wählen Sie *Optionen/Steuerelemente* aus. Im unteren Bereich wählen Sie in der Dropdownliste *Vordefiniert laden* den Eintrag *Return deleted objects* aus und klicken auf *OK*.

Abbildg. 39.83 Anzeigen der gelöschten Objekte in Active Directory über *Ldp.exe*

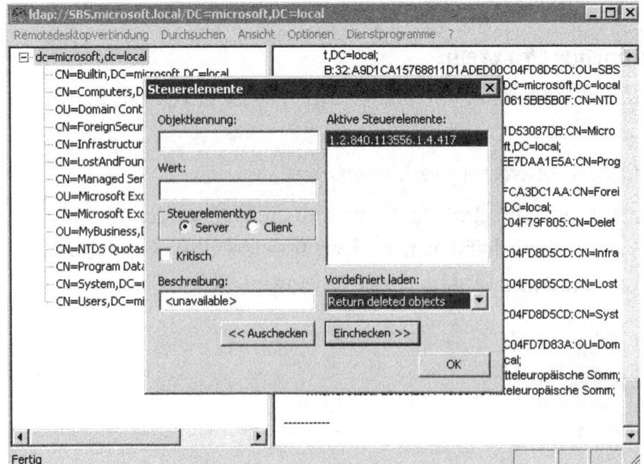

Damit Sie den Container *Deleted Objects* im linken Bereich der Konsole sehen, müssen Sie die Struktur über den Menübefehl *Ansicht/Struktur* neu einlesen lassen. Um das Tool optimal zu bedienen, arbeiten Sie mit LDAP-Abfragen direkt an den Active Directory-Datenbanken.

TCPView – Geöffnete Ports überwachen

Zur Analyse der Netzwerkverbindungen auf einem Server ist es unerlässlich, sich die geöffnete Ports anzuzeigen. Auch hierzu liefert Sysinternals ein passendes Werkzeug, welches einfach zu bedienen ist und Administratoren bei der Informationsbeschaffung hilft. Mit TCPView (*http://technet.microsoft.com/de-de/sysinternals/bb897437*) können Sie sich in einer grafischen Oberfläche alle TCP- und UDP-Endpunkte eines Computers anzeigen lassen. Zusätzlich sehen Sie, welche Prozesse auf die Endpunkte und Ports zugreifen. Sie sehen also nicht nur geöffnete Ports wie bei anderen Programmen, sondern detaillierte Informationen über den Prozess, dessen ID, das Protokoll, die Remoteadresse und den Port.

Das Tool enthält noch das Programm Tcpvcon, welches die gleichen Informationen wie TCPView in der Eingabeaufforderung anzeigt, zum Beispiel zur Verwendung in Skripts. Lässt sich der Name des zugreifenden Computers aufrufen, zeigt TCPView auch diesen an. Neben der reinen Anzeige können Sie im Tool auch direkt Verbindungen trennen. Klicken Sie diese dazu mit der rechten Maustaste an.

Abbildg. 39.84 Anzeigen von geöffneten Ports und den beteiligten Computern und Prozessen

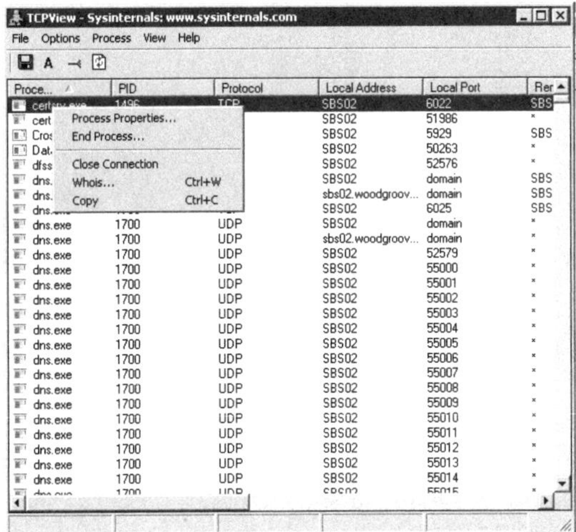

Weitere Möglichkeiten des Kontextmenüs sind ausführlichere Informationen sowie das Beenden des Prozesses, der die Verbindung aufbaut. Sie können Informationen auch in die Zwischenablage kopieren und Spezialisten zusenden, welche die Verbindung analysieren können. Das Tool baut auf Informationen auf, die das Windows-Tool *Netstat* liefert, bietet aber mehr Informationen und ist leichter zu bedienen. Das Tool aktualisiert die Verbindungen jede Sekunde, Sie können über *Options/Refresh Rate* die Abtastrate ändern.

Verbindungen, die den Status innerhalb der Abtastrate ändern, sind gelb markiert. Gelöschte Endpunkte zeigt das Tool in rot an, neue Endpunkte in grün. Den aktuellen Verbindungsstatus können Sie über das Menü auch abspeichern. Wollen Sie die Ausgabe über ein Skript steuern, verwenden Sie am besten das Befehlszeilentool *tcpvcon.exe*. Die Ausgabe ist ähnlich zu Netstat, enthält aber mehr Informationen. Die Syntax des Tools lautet:

```
tcpvcon [-a] [-c] [-n] [Prozessname oder PID]
```

- –a Zeigt die Endpunkte an
- –c Ausgabe als CSV
- –n Keine Namensauflösung

PsFile – Anzeigen geöffneter Dateien über das Netzwerk

Öffnen Anwender eine Datei auf einem Computer über das Netzwerk, lässt sich dies ebenfalls anzeigen. Dazu verwenden Sie das Sysinternals-Tool PsFile (*http://technet.microsoft.com/de-de/sysinternals/bb897552*). Sie können zwar auch mit dem Befehl *net file* eine Liste der über das Netzwerk geöffneten Dateien anzeigen. Allerdings schneidet der Befehl lange Pfadnamen ab. Außerdem können Sie mit dem Tool keine Daten auf Remotecomputern abfragen, sondern nur für das lokale System.

Abbildg. 39.85 Anzeigen geöffneter Dateien im Netzwerk über *net file*

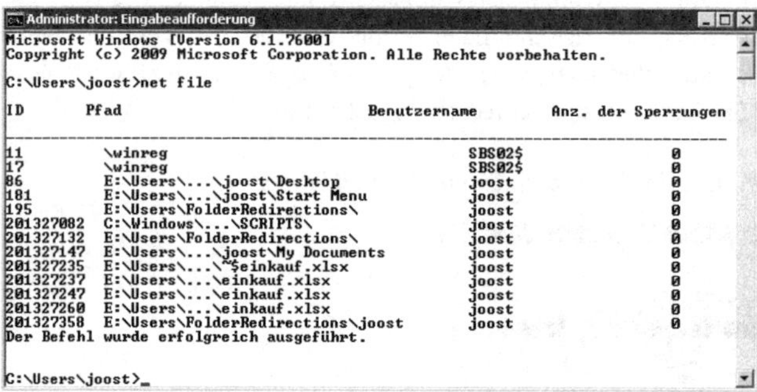

Geben Sie nur den Befehl *psfile* ein, zeigt das Tool geöffnete Dateien inklusive des genauen Dateipfads an. Wollen Sie die geöffneten Dateien auf einem Computer im Netzwerk abfragen, können Sie dazu ebenfalls PsFile verwenden. Die Syntax dazu ist:

```
psfile [\\<Computer> [-u <Benutzername> [-p <Kennwort>]]] [[Id | <Pfad>] [-c]]
```

- –u Mit dieser Option können Sie den Benutzernamen zum Anmelden am Remotecomputer angeben
- –p Mit dieser Option geben Sie das Kennwort für den Benutzernamen mit. Falls Sie kein Kennwort angeben, müssen Sie dieses bei der Ausführung des Befehls angeben.
- –Id Hier können Sie die ID der Datei angeben, von der Sie ausführlichere Informationen anzeigen lassen wollen, oder die geschlossen werden soll
- Pfad Pfad der Dateien die angezeigt werden sollen
- –c Schließt die Dateien, deren ID Sie angegeben haben

Sicherheitstools

Der nächste Bereich befasst sich mit Tools von Sysinternals mit denen Sie die Sicherheit von Servern und Computern im Netzwerk beeinflussen beziehungsweise erhöhen können.

Autoruns – Autostartprogramm entdecken und entfernen

Automatisch startende Programme sind der maßgebliche Grund für ein langsam startendes Windows, Viren und mangelnder Systemleistung. Das Sysinternals-Tool Autoruns (*http://technet.microsoft.com/de-de/sysinternals/bb963902)* ist eines der effizientesten Werkzeuge, die es ermöglichen, alle automatisch startenden Programme in Windows zu entdecken und bei Bedarf zu deaktivieren oder Einträge zu löschen. Halten Sie bei der Anmeldung die ⇧-Taste gedrückt, startet Windows die Autostartprogramme nicht, die über *Alle Programme/Autostart* starten würden. Allerdings sind das die wenigsten. Die meisten Tools binden sich direkt in die Registry ein, um automatisch zu starten.

Starten Sie durch Eingabe von *msconfig* im Suchfeld des Startmenüs die Systemkonfiguration, werden auf der Registerkarte *Systemstart* ebenfalls Autostartprogramme angezeigt und Sie können diese deaktivieren oder ganz löschen. Sie sehen hier, dass Autostartprogramme an den verschiedenen Stellen in der Registry eingetragen sind, aber ebenfalls wieder nicht alle Programme. Autoruns zeigt alle Autostartprogramme an, auch jene, die über die Registry starten. Öffnen Sie den Registrierungs-Editor durch Eingabe von *regedit* im Suchfeld des Startmenüs, finden Sie die einzelnen Programme, die Windows automatisch startet, an folgenden Stellen:

- *HKEY_LOCAL_MACHINE\SYSTEM\CurrentControlSet\Services*
- *HKEY_LOCAL_MACHINE\SOFTWARE\Microsoft\Windows\CurrentVersion*
  - *RunServicesOnce*
  - *RunServices*
  - *RunOnce\Setup*
  - *RunOnce*
  - *RunOnceEx*
  - *Run*
- *HKEY_CURRENT_USER\Software\Microsoft\Windows\CurrentVersion*
  - *Run*
  - *RunOnce*
  - *RunServices*
  - *RunServicesOnce*
- *HKEY_CURRENT_USER\Software\Microsoft\Windows NT\CurrentVersion\Windows*
  - *Run*
  - *Load*
- *HKEY_LOCAL_MACHINE\SOFTWARE\Microsoft\Windows\CurrentVersion\Policies\Explorer\Run*
- *HKEY_CURRENT_USER\Software\Microsoft\Windows\CurrentVersion\Policies\Explorer\Run*
- *HKEY_LOCAL_MACHINE\SOFTWARE\Policies\Microsoft\Windows\System\Scripts*
- *HKEY_CURRENT_USER\Software\Policies\Microsoft\Windows\System\Scripts*
- *HKEY_LOCAL_MACHINE\SOFTWARE\Microsoft\Windows NT\CurrentVersion\Winlogon\Shell*
- *HKEY_LOCAL_MACHINE\SOFTWARE\Microsoft\Windows NT\CurrentVersion\Winlogon\Userinit*
- *HKEY_LOCAL_MACHINE\SYSTEM\CurrentControlSet\Control\Session Manager\BootExecute*
- *HKEY_CURRENT_USER\SOFTWARE\Microsoft\Windows NT\CurrentVersion\Windowsload*

Manuell ist es sehr schwer, alle diese Einträge zu überprüfen. Genau hier setzt Autoruns an. Sie müssen das Tool nicht installieren, sondern können es direkt starten. Auf der Registerkarte *Everything* sehen Sie verschiedene Bereiche, über die Windows Programme startet. Wichtig ist auch die Registerkarte *Logon*. Hier sehen Sie die Einträge, die bei Benutzeranmeldungen starten.

Vor allem Verwaltungswerkzeuge für verschiedene Hardwaregeräte wie Grafikkarten, Soundkarten oder Tastaturen lassen sich meistens deaktivieren. Entfernen Sie zunächst nur das Häkchen, wenn Sie nicht gleich den ganzen Eintrag löschen wollen. Manche Geräte benötigen das Verwaltungsprogramm jeweils für bestimmte Spezialfunktionen. Entfernen Sie alle unnötigen Programme und Zusatztools aus dem Autostart. Weitere Einträge können Sie leicht selbst erkennen, da Autoruns diese auch mit Symbolen anzeigt. Denken Sie daran, dass jedes gestartete Programm CPU-Zeit und Arbeitsspeicher verbraucht.

Abbildg. 39.86 Entfernen unnötiger Programme mit Autoruns

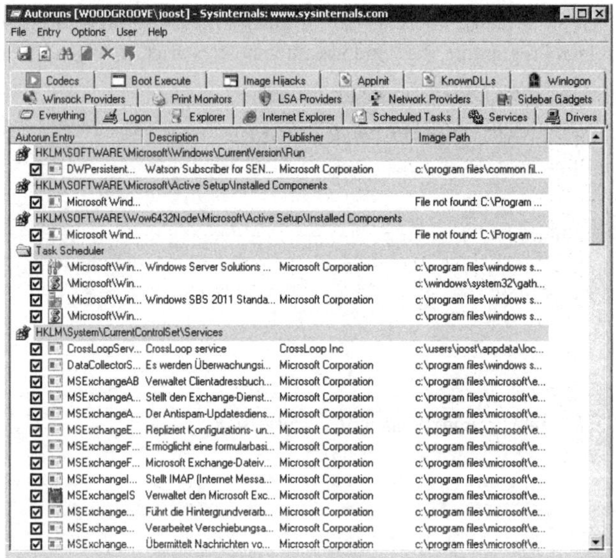

Mit *Options/Hide Windows Entries* blenden Sie Systemeinträge direkt von Windows aus. Das erhöht deutlich die Übersicht und verhindert, dass Sie versehentlich Windows beeinträchtigen. Zusätzlich enthält der Download auch das Befehlszeilentool *Autorunsc*, mit dem Sie Einträge in der Eingabeaufforderung überwachen können. Wie für die meisten Sysinternals-Tools gibt es auch für Autoruns ein eigenes Forum (*http://forum.sysinternals.com/forum16.html*). Über das Kontextmenü von Einträgen können Sie durch Auswahl von *Search Online* direkt eine Suche im Internet starten, die den Autostarteintrag betrifft.

Mit *Jump To* springen Sie direkt in das Windows-Programm, welches den Startvorgang durchführt. Über den Menübefehl *User* lassen Sie sich Autostarteinträge der anderen Benutzerkonten anzeigen, die sich am Computer anmelden. Per Skript können Sie mit *autorunssc.exe* ebenfalls Einträge in der Eingabeaufforderung abrufen. Dazu stehen Ihnen folgende Optionen zur Verfügung:

```
autorunsc [-a] | [-c] [-b] [-d] [-e] [-h] [-i] [-l] [-m] [-n] [-p] [-r][-s] [-v] [-w] [Benutzer]
```

Die wichtigsten Optionen sind:

- –a Alle Einträge anzeigen

- –b Ausführung beim Systemstart
- –c Druckausgabe als *.csv*-Datei
- –i Internet Explorer-Add-Ons
- –m Signierte Microsoft-Einträge ausblenden
- –t Geplante Aufgaben
- –w Winlogon-Einträge
- User AutoRuns für das angegebene Benutzerkonto sichern

PsExec – Programme über das Netzwerk starten

Administratoren müssen oft auf Computern im Netzwerk remote Programme starten. Dazu sind keine teuren Zusatzwerkzeuge notwendig, sondern Sie können das kostenlose Sysinternals-Tool PsExec (*http://technet.microsoft.com/de-de/sysinternals/bb897553*) verwenden. Die Bedienung ist recht einfach:

```
psexec.exe \\<Remotecomputer> -u <Benutzername> -p <Kennwort> <Programm>
```

PsExec funktioniert als Telnet-Ersatz und kann remote Anwendungen starten. Das Tool benötigt keinen Clientagenten auf dem Remotecomputer und kann auch interaktive Eingabeaufforderungen starten. Achten Sie beim Einsatz des Tools darauf, dass einige Virenscanner die PsTools als Viren erkennt. Hierbei handelt es sich um Fehlalarme, wenn Sie das Tool direkt bei Microsoft herunterladen. Kopieren Sie PsExec am besten direkt in das Windows-Verzeichnis, damit es immer zur Verfügung steht. Auf dem Remotesystem muss das Tool nicht installiert oder kopiert werden.

Geben Sie keinen Namen ein, startet PsExec die Anwendung auf dem lokalen System. Verwenden Sie als Namen »*«, startet das Tool das entsprechende Programm auf allen Computern in der Domäne. Wollen Sie auf den Remotecomputern einen Befehl ausführen, der mehrere Optionen enthält, können Sie diesen auch in eine Textdatei schreiben und diese dem Tool mitgeben. Die Syntax dazu lautet:

```
Psexec [\\<Computer>| @<Datei> -u <Benutzername> -p <Kennwort>
```

Folgende Optionen stehen zusätzlich zur Verfügung, um die Arbeit zu erleichtern:

- –c Kopiert das angegebene Programm zur Ausführung auf den Computer. Verwenden Sie diese Option nicht, muss sich das Programm bereits auf dem Computer befinden, auf dem Sie es ausführen.
- –d Beenden des Programms nicht abwarten
- –f Kopiert die Anwendung auch dann, wenn diese bereits auf dem Remotesystem verfügbar ist
- –i Führt das Programm so aus, dass es mit dem Desktop interagiert

Damit das Remoteprogramm Zugriff auf das Netzwerk hat, müssen Sie es mit einem Benutzernamen starten, der Rechte auf dem Remotesystem hat. Das Tool verschlüsselt den Datenverkehr nicht, das heißt Benutzernamen und Kennwort werden im Klartext über das Netzwerk gesendet.

Mit dem Tool können Sie zum Beispiel auch problemlos eine Eingabeaufforderung öffnen, die im Kontext des Rechners über das Netzwerk funktioniert, auch auf Computern, die nicht Bestandteil der Domäne sind. Wollen Sie zum Beispiel von einem Computer eine Eingabeaufforderung als Administrator auf einem Domänencontroller oder auch einem Server mit Small Business Server 2011 starten, geben Sie folgenden Befehl ein:

```
psexec \\sbs02 -u woodgroove\joost -p geheimeskennwort cmd
```

Der Befehl verbindet sich mit dem Server *sbs02*, übergibt die Anmeldung *woodgroove\joost* und das Kennwort *geheimeskennwort*. Anschließend startet es eine Eingabeaufforderung. Alle Befehle, die Sie jetzt in der Eingabeaufforderung eingeben, führt das Tool auf dem Remoteserver, also dem SBS-Server aus.

Abbildg. 39.87 Arbeiten mit der Eingabeaufforderung von einem Remoteclient aus

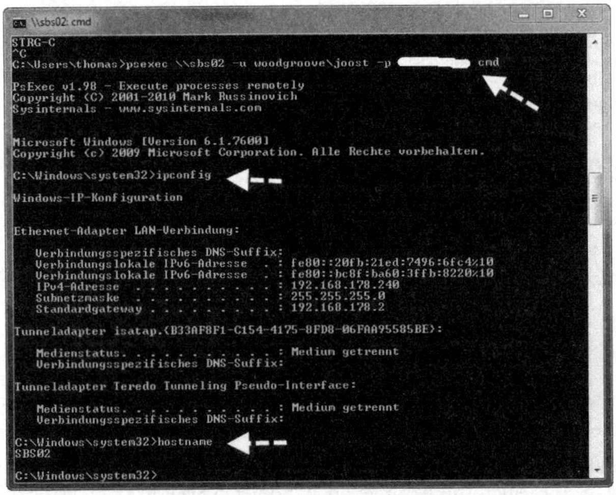

Sie können in der Eingabeaufforderung jetzt jeden Befehl verwenden. Sie erhalten als Daten immer die Daten des Remotesystems, zum Beispiel auch mit Nslookup oder IPconfig. Eine wertvolle Hilfe ist ein Artikel (*http://www.windowsitpro.com/article/remote-computing/psexec.aspx*) direkt vom Programmierer.

PsGetSid – SecurityID von Domänencomputern anzeigen

Die Security-ID (SID) von Domänencomputern ist in Domänen immer einzigartig und ein wichtiger Punkt bei der Bereitstellung von Windows beziehungsweise dem Überprüfen von Rechten. In manchen Fällen, vor allem beim Klonen, kann es passieren, dass doppelte SIDs im Netzwerk vorhanden sind. Hier hilft das Sysinternals-Tool PsGetSid (*http://technet.microsoft.com/de-de/sysinternals/bb897417*), welches in der Eingabeaufforderung die SID von Computern anzeigen kann. Sie müssen dazu lediglich PsGetSid eingeben.

Für die Erstellung der SIDs von Benutzern und Computern in Windows-Netzwerken ist vor allem der RID-Master in Domänen zuständig. Die Rolle des RID-Masters erhält der erste installierte Domänencontroller einer Domäne. Sie können diese Rolle aber, wie alle anderen FSMO-Rollen auch, im Netzwerk verschieben. Den RID-Master gibt es einmal in jeder Domäne einer Gesamtstruktur. Die Aufgabe des RID-Masters ist es, den anderen Domänencontrollern einer Domäne relative Bezeichner (Relative Identifiers, RIDs) zuzuweisen. Erstellen Sie ein neues Objekt in der Domäne, also ein Computerkonto, einen Benutzer oder eine Gruppe, wird diesem Objekt eine eindeutige Sicherheits-ID (SID) zugewiesen. Diese SID erstellt der jeweilige Domänencontroller aus einer domänenspezifischen SID in Verbindung mit einer RID aus seinem RID-Pool. Ist der RID-Pool eines Domänencontrollers aufgebraucht, erhält er durch den RID-Master weitere RIDs.

Steht der RID-Master nicht mehr zur Verfügung und bekommen die Domänencontroller damit keine RIDs mehr, können Sie keine neuen Objekte in dieser Domäne erstellen. Jeder Domänencontroller erhält zunächst einen Pool von 500 RIDs. Stehen nur noch 100 RIDs zur Verfügung, fordert er neue RIDs vom RID-Master an. Steht der RID-Master nicht mehr zur Verfügung, können also pro Domänencontroller der Domäne immerhin noch bis zu 100 neue Objekte erstellt werden. Um den Domänencontroller anzuzeigen, der die Rolle des RID-

Masters verwaltet, öffnen Sie wieder das Snap-In *Active Directory-Benutzer und -Computer*, klicken mit der rechten Maustaste auf die Domäne und wählen im Kontextmenü den Eintrag *Betriebsmaster* aus. Wechseln Sie zur Registerkarte *RID*.

Sie können sich den RID-Master auch mit dem Befehl *dsquery server –hasfsmo rid* in der Eingabeaufforderung anzeigen lassen. Außerdem können Sie sich die erfolgreiche Verbindung und den Status des RID-Pools anzeigen lassen. Geben Sie in der Eingabeaufforderung den Befehl *dcdiag /v /test:ridmanager* ein. Suchen Sie dann den Bereich *Starting test RidManager*:

```
* Available RID Pool for the Domain is 1600 to 1073741823
* dc01.contoso.com is the RID Master
* DsBind with RID Master was successful
* rIDAllocationPool is 1100 to 1599
* rIDPreviousAllocationPool is 1100 to 1599
* rIDNextRID: 1102
......................... DC01 hat den Test RidManager bestanden.
```

Tritt an dieser Stelle ein Fehler auf, sollten Sie am besten den RID-Master auf einen anderen Server transferieren oder verschieben. PsGetSid liest die SID von Computern ohne große Umwege aus und funktioniert auch im Netzwerk. Das heißt, Sie können mit dem Tool auch die SIDs von Remotecomputern auslesen.

PsGetSid kann auch SIDs von Benutzerkonten auslesen und kann SIDs auch zu Namen auslesen. Wollen Sie die SID eines Computers anzeigen, geben Sie den Namen als Argument an, das funktioniert auch für Benutzernamen. Um die SID zu einem Namen zu übersetzen, geben Sie die SID als Argument ein.

Abbildg. 39.88 Auslesen der SIDs von Benutzern und Computern sowie Auslesen des Benutzernamens aus einer SID

Systeminformationen anzeigen und Arbeitsspeicher auslesen

In diesem Abschnitt gehen wir auf Tools ein, welche die Übersicht im Netzwerk erhöhen, Systeminformationen anzeigen und Sie bei der Analyse des Arbeitsspeichers unterstützen.

BGInfo – Wichtige Informationen immer im Blick

Administratoren, die mehrere Server oder Computer von Anwendern im Netzwerk fernwarten, haben oft das Problem, dass nicht alle Informationen über den aktuell verbundenen Computer, wie zum Beispiel die IP-

Adresse, Daten zu den Laufwerken, Rechnernamen, Bootzeit etc., angezeigt werden. Es ist sicherlich sinnvoll, die aktuelle IP-Adresse, den genauen Namen des Computers und weitere Einstellungen direkt auf dem Desktop zu sehen, vor allem wenn mehrere Server gleichzeitig in einer Diagnose sind oder Administratoren parallel mit mehreren Servern arbeiten. Auch wenn Anwender eine Fernwartung benötigen, ist es hilfreich, wenn diese auf dem Desktop den Namen ihres Computers, die IP-Adresse und weitere Informationen auf einen Blick sehen.

In vielen Fällen ist es also für Administratoren extrem hilfreich, wenn auf dem Desktop des ferngewarteten Computers nützliche Informationen angezeigt werden, allerdings ohne dass diese Informationen die Anwender stören. Ein hilfreiches Tool für diese Zwecke ist BGInfo (*http://technet.microsoft.com/de-de/sysinternals/bb897557*) von Sysinternals. Der Entwickler hält in einem eigenen Beitrag (*http://www.windowsitpro.com/article/desktop-management/bginfo.aspx*) weitere Tipps zum Tool bereit. Auch im Sysinternals-Forum (*http://forum.sysinternals.com/forum5.html*) erhalten Sie Informationen zu BGInfo. Allerdings ist eine Einarbeitung nicht notwendig, da das Tool sehr leicht bedienbar ist und keine Installation oder Konfiguration erfordert. BGInfo kann Informationen in verschiedenen Schriftgrößen, Farben und anderen Formatierungen auf dem Desktop anzeigen.

Neben vorgegebenen Feldern können Sie auch eigene Abfragen erstellen und Informationen einblenden lassen. Diese Anzeige lässt sich vorkonfigurieren, als Konfigurationsdatei abspeichern und per Skript oder Gruppenrichtlinie an Computer im Netzwerk verteilen. Das Tool verbraucht keinerlei Systemressourcen, sondern erstellt beim Start aus den gewünschten Informationen eine neue Desktopbitmap und beendet sich danach wieder. Im laufenden Betrieb ist das Tool daher nicht gestartet.

Systeminformationen in BGInfo anpassen und anzeigen

Der Umgang mit dem Tool ist sehr einfach. Zunächst starten Sie die ausführbare Datei und wählen aus, welche Informationen angezeigt werden sollen. Die wichtigsten Informationen sind bereits ausgewählt und im Fenster ersichtlich.

Abbildg. 39.89 Erster Start von BGInfo

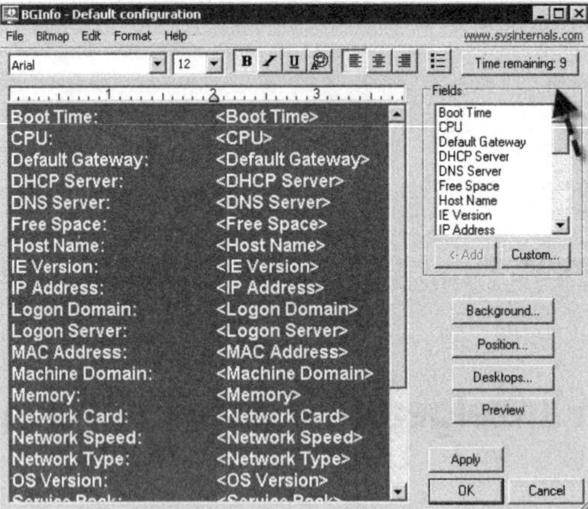

Um Änderungen vorzunehmen, klicken Sie zunächst auf *Time remaining* oben rechts oder einen anderen Menübefehl. Ansonsten bindet das Tool bereits automatisch nach 10 Sekunden die ausgewählten Informationen ein und beendet sich wieder. Nach dem Start können Sie konfigurieren, welche Daten Sie zukünftig anzeigen wollen und diese als Konfigurationsdatei abspeichern.

Die Konfiguration ist sehr einfach. Im Feld *Field* sehen Sie, welche Daten Sie in das Hintergrundbild einbinden können. Klicken Sie auf ein Feld und dann auf *<–Add*, um es einzubinden. Verfügt ein Computer über mehrere Netzwerkkarten, bindet BGInfo diese automatisch sowie deren unterschiedliche Konfigurationen wie IP-Adressen, MAC-Adressen und weitere Daten mit ein. Über die Schaltfläche *Custom* können Sie eigene Felder definieren, indem Sie mit *New* eine neue Abfrage starten. Sie haben im neuen Fenster die Möglichkeit, Umgebungsvariablen, einen Registrywert, eine WMI-Abfrage oder Daten einer Datei abzufragen. In den meisten Fällen ist dies aber nicht notwendig, da die Standardfelder bereits viele Informationen umfassen. Felder und Zeilen, die Sie nicht benötigen, können Sie im mittleren Fenster einfach löschen. Auch Leerzeilen lassen sich wie in jeder Textverarbeitung einfügen.

Einzelne Zeilen bearbeiten Sie mit den Formatierungswerkzeugen des Tools, die Sie im oberen Bereich finden. Hier können Sie die Schriftgröße und Schriftart einstellen, Farben ändern und die Ausrichtung anpassen. Haben Sie ausgewählt, welche Felder angezeigt werden sollen, und diese formatiert, können Sie über die Schaltfläche *Background* festlegen, welches Hintergrundbild Sie mit diesen Informationen anpassen wollen. Standardmäßig verwendet BGInfo das Hintergrundbild des Anwenders, welches aktuell ausgewählt ist. Über die Schaltfläche *Position* bestimmen Sie, an welcher Stelle des Hintergrundbilds BGInfo die Informationen aufnehmen soll.

Da das Tool auch mehrere Monitore unterstützt, können Sie bestimmen, auf welchem Monitor die Informationen zu sehen sein sollen. Über die Schaltfläche *Compensate for Taskbar position* (Ausgleich für Taskleistenposition) legen Sie die Position so fest, dass die Taskleiste den Text nicht überdeckt.

Über die Schaltfläche *Desktops* können Sie definieren, wo BGInfo die Informationen anzeigen soll. Standardmäßig sind die Daten erst ersichtlich, wenn sich ein Anwender anmeldet. Sie können noch die Option *Update this wallpaper* für *Logon Desktop for Console Users* aktivieren. In diesem Fall werden die ausgewählten Informationen bereits am Anmeldebildschirm angezeigt, ohne dass sich Anwender anmelden müssen. Dies ist zum Beispiel für Server sinnvoll, wenn an der Konsole kein Administrator angemeldet ist. Die Optionen zum Anzeigen des Hintergrunds sind auch für die Anmeldung an Terminalserverbildschirmen (in Windows Server 2008 R2 auch Remotedesktop-Sitzungshost genannt) möglich und lassen sich entsprechend aktivieren.

Klicken Sie auf *Preview*, zeigt Windows eine Vorschau der Informationen an. Um diese wieder zu deaktivieren, klicken Sie noch einmal auf *Preview*. Um die Anzeige zu übernehmen, klicken Sie auf *Apply*. Mit *OK* übernehmen Sie die Einstellungen und schließen BGInfo.

BGInfo mit vorgefertigter Konfiguration per Skript starten

Natürlich ist es nicht sinnvoll, eine Konfiguration immer wieder neu zu erstellen oder für jeden Computer einzeln anzufertigen. Aus diesem Grund haben Sie in BGInfo auch die Möglichkeit, die von Ihnen angepassten Daten über *File/Save as* als *.bgi*-Datei abzuspeichern. Sie können anschließend BGInfo so starten, dass das Tool diese *.bgi*-Datei als Konfigurationsdatei übernimmt und die ausgewählten Daten anzeigt. Dazu starten Sie BGInfo mit dem folgenden Befehl:

```
bginfo <Name der *.bgi-Datei> /timer:0
```

Geben Sie keine Konfigurationsdatei an, verwendet BGInfo die Standardkonfigurationsinformationen, die in der Registrierung im Pfad *HKEY_CURRENT_USER\Software\Winternals\BGInfo* gespeichert sind. Die Option */timer:0* bewirkt, dass das BGInfo-Konfigurationsfenster nicht erscheint, sondern sofort die Informationen übernommen werden. Sie können diesen Befehl in ein Anmeldeskript übernehmen und auf diese Weise auch Daten wie die Anmeldezeit oder Bootzeit des Computers erfassen. Diese Zeiten sind natürlich immer nur dann aktuell, wenn Sie BGInfo bei jedem Systemstart oder jedem Anmelden starten lassen. BGInfo aktualisiert sich niemals dynamisch, sondern verwendet immer nur die Daten, die es beim Start vorfindet.

Nach der Erstellung des neuen Hintergrundbildes beendet sich BGInfo wieder. Neben Skripts können Sie BGInfo auch mit der Aufgabenplanung in Windows während des Systemstarts und im laufenden Betrieb ständig aktualisieren lassen. Allerdings ist dies nur dann sinnvoll, wenn Sie auch Felder anzeigen lassen, deren Informationen sich im laufenden Betrieb ändern. Neben der Option *timer* stehen in BGInfo weitere Möglichkeiten zur Verfügung:

- **/popup** Geben Sie diese Option an, zeigt BGInfo ein Popup-Fenster an, welches die Informationen enthält. Dieses können Anwender schließen.
- **/taskbar** Bei dieser Option blendet BGInfo ein Symbol im Infobereich der Taskleiste bei der Uhr ein. Klicken Anwender auf das Symbol, erscheinen die gewünschten Informationen genauso wie bei der Option */popup*.
- **/all** Ändert die Daten für alle aktuell angemeldeten Benutzern, zum Beispiel auf Remoteserver. Auf diese Weise erhalten also alle angemeldeten Anwender das neue Hintergrundbild.
- **/log** Erstellt eine Logdatei über die Ausführung, in der das Tool auch Fehler schreibt. Diese Option ist sinnvoll, wenn Sie das Tool im laufenden Betrieb über den Aufgabenplaner häufiger aufrufen.
- **/rtf** Erstellt eine *.rtf*-Datei. Diese Datei enthält auch die Formatierungen und Farben zur Protokollierung.

Über ein Anmeldeskript oder über eine Gruppenrichtlinie können Sie mit diesen Skriptoptionen das Tool auch über eine Freigabe starten lassen. Auch die Konfigurationsdatei kann dazu in einer Freigabe liegen. Sie können die Datei und das Tool per Gruppenrichtlinie auch direkt auf die einzelnen Computer kopieren lassen.

BGInfo als Inventur- und Überwachungstool verwenden

Über den Menübefehl *File/Database* können Sie in der Konfigurationsdatei eine Verbindung zu einer Datenbank vorgeben, um die Daten eines oder mehrerer Computer zu erfassen, zum Beispiel für eine Inventur. In diesem Fall ändert das Tool nicht nur das Hintergrundbild, sondern erfasst die Daten in der Datenbank oder der ausgewählten Excel-Tabelle. Auf allen Computern, welche diese Konfigurationsdatei nutzen, muss die gleiche Version von MDAC- und JET-Datenbankunterstützung installiert sein. Microsoft empfiehlt mindestens die Versionen MDAC 2.5 und JET 4.0.

Sie können an dieser Stelle als Datenbank auch eine Excel-Tabelle (*.xlsx*) verwenden. Die Datei muss verfügbar sein, das Tool kann keine Excel-Dateien erstellen. Wollen Sie mit BGInfo keine Hintergrundbilder ändern, sondern nur die Daten beim Systemstart abfragen und in die Datenbank oder Excel-Tabelle aufnehmen, können Sie in der Konfigurationsdatei festlegen, dass keine Änderungen stattfinden sollen. Dazu klicken Sie im Rahmen der Konfiguration auf *Desktops* und deaktivieren die Änderung der entsprechenden Desktops.

PsInfo – Systeminformationen in der Eingabeaufforderung

Wollen Sie über einen bestimmten Computer Informationen in der Eingabeaufforderung anzeigen, zum Beispiel zur eingebauten Hardware oder installierten Service Packs und Betriebssystemständen, können Sie das kostenlose Sysinternals-Tool *PsInfo* aus der PsTools-Sammlung nutzen (*http://technet.microsoft.com/de-de/sysinternals/bb897550*). PsInfo kann nicht nur Daten des lokalen Computers abfragen (dazu könnten Sie zum Beispiel auch *msinfo32.exe* nutzen oder *systeminfo* in der Eingabeaufforderung nutzen), sondern auch Daten von Netzwerkcomputern.

Um Daten des lokalen Systems abzufragen, geben Sie einfach *psinfo* in der Eingabeaufforderung ein. PsInfo benötigt für die Abfrage von Remoteinformationen auch Remotezugriff auf die Registrierung des entsprechenden Computers, um Daten anzuzeigen. Das heißt, auf dem Computer muss der Systemdienst *Remoteregistrierung* gestartet sein. Außerdem muss das Benutzerkonto, mit dem Sie PsInfo ausführen, Zugriff auf den Remotecomputer haben.

Abbildg. 39.90 Anzeigen von Systeminformationen in der Eingabeaufforderung

```
Administrator: Eingabeaufforderung - cmd

C:\temp>psinfo

PsInfo v1.77 - Local and remote system information viewer
Copyright (C) 2001-2009 Mark Russinovich
Sysinternals - www.sysinternals.com

System information for \\DELL-SRV02:
Uptime:                    Error reading uptime
Kernel version:            Windows Server 2008 R2 Enterprise, Multiprocessor Fre
e
Product type:              Advanced Server
Product version:           6.1
Service pack:              0
Kernel build number:       7601
Registered organization:   Microsoft
Registered owner:          Microsoft
IE version:                8.0000
System root:               C:\Windows
Processors:                2
Processor speed:           2.2 GHz
Processor type:            Dual-Core AMD Opteron(tm) Processor 1214 HE
Physical memory:           0 MB
Video driver:              Standard-VGA-Grafikkarte

C:\temp>_
```

Die Syntax des Tools lautet:

```
psinfo [[\\Computer[,Computer[,..] | @Datei [-u Benutzer [-p Kennwort]]] [-h] [-s] [-d] [-c [-t
Trennzeichen]] [Filter]
```

- **@Datei** Führt den Befehl auf allen Computern aus, die in der Textdatei angegeben sind. Tragen Sie die Namen der Computer jeweils in eine eigene Zeile der Textdatei ein.
- **–u** Benutzernamen für den Remotecomputer
- **–p** Kennwort für den Benutzer
- **–h** Liste der installierten Patches
- **–s** Liste der installierten Anwendungen
- **–d** Zeigt Informationen zu Datenträgern
- **–c** Ausgabe im CSV-Format

Mit der Option */filter* können Sie die Ausgabe nach Feldern filtern, welche dem angegebenen Text entspricht. Beispielsweise zeigt der Befehl *psinfo proc* nur Informationen über die Prozessoren an.

RAMMap und VMMap – Karte des Arbeitsspeichers

Für die Fehleranalyse oder Leistungsmessung eines Computers kann es sinnvoll sein, die aktuelle Auslastung des Arbeitsspeichers zu kennen. Das Sysinternals-Tool *RAMMap* (*http://technet.microsoft.com/de-de/sysinternals/ff700229*) zeigt die aktuelle Zuteilung des Arbeitsspeichers in einer grafischen Oberfläche an.

Mit dem Tool erkennen Sie, wie viel Arbeitsspeicher aktuell für den Kernel reserviert ist und welchen Arbeitsspeicher die Treiber des Computers verbrauchen. Auf verschiedenen Registerkarten zeigt das Tool ausführliche Informationen zum Arbeitsspeicher an:

- **Use Counts** Zusammenfassung
- **Processes** Prozesse
- **Priority Summary** Priorisierte Standbylisten
- **Physical Pages** Seitenübersicht für den kompletten Arbeitsspeicher
- **Physical Ranges** Adressen zum Arbeitsspeicher

- **File Summary** Dateien im Arbeitsspeicher
- **File Details** Individuelle Seiten im Arbeitsspeicher nach Dateien sortiert

Das Tool hilft vor allem Technikern und Entwicklern dabei, zu verstehen, wie die aktuellen Windows-Versionen den Arbeitsspeicher verwalten und an die verschiedenen Anwendungen, Treiber und Prozesse verteilt. Das Tool funktioniert ab Windows Vista/Windows Server 2008, allerdings nicht in den Vorgängerversionen.

Abbildg. 39.91 Anzeige der Arbeitsspeicherverteilung in Windows Server 2008 R2

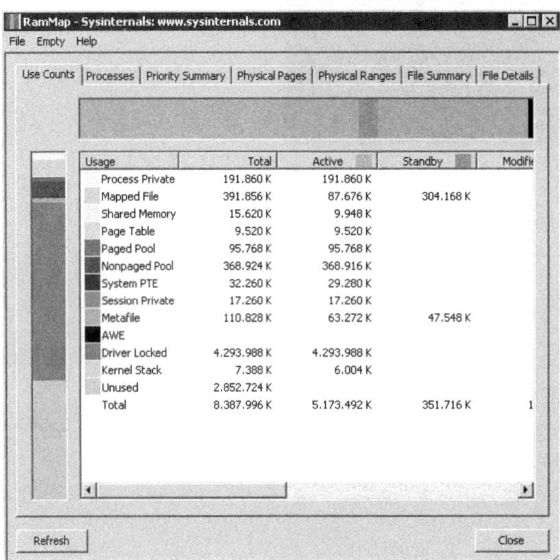

Noch ausführlicher bezüglich der Arbeitsspeicher-Analyse ist VMMAP (*http://technet.microsoft.com/en-us/sysinternals/dd535533*). Das Tool zeigt sehr detailliert den Arbeitsspeicherverbrauch von Prozessen an. Durch die ausführlichen Filtermöglichkeiten geht *VMMap* bei der Analyse also wesentlich weiter als *RAMMap*. Beide Tools sind nicht nur für Administratoren geeignet, sondern auch für Entwickler oder Techniker, die genau das Aufteilen der Ressourcen verstehen wollen.

VMMap hat die Möglichkeit, auch anzuzeigen, ob ein Prozess Arbeitsspeicher durch den physischen Arbeitsspeicher zugewiesen bekommt oder durch Windows in die Auslagerungsdatei ausgelagert wird. VMMAP listet sehr detailliert auf, welche Daten eines Programms oder eines Prozesses in welchen Bereichen des Arbeitsspeichers oder der Auslagerungsdatei liegen. Das Tool ermöglicht auch das Erstellen von Snapshots und dadurch von Vorher-Nachher-Beobachtungen.

Durch die ausführlichen Analysemöglichkeiten kann das Tool in der grafischen Oberfläche genau anzeigen, wie viel Arbeitsspeicher einzelne Funktionen in einem Prozess benötigen. Über den Menübefehl *View/String* lässt sich anzeigen, welche Daten ein einzelner Speicherbereich enthält. Gescannte Ergebnisse lassen sich über das Menü *File* abspeichern.

Abbildg. 39.92 Analyse des Arbeitsspeicherverbrauchs von Prozessen und Anwendungen

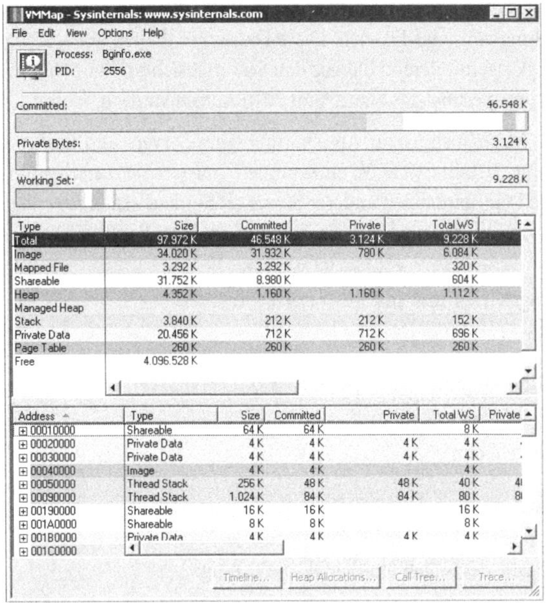

Neben dem Standardformat von VMMap (*.mmp*) lassen sich die Daten auch im *.txt*-Format sowie als *.csv*-Datei abspeichern. Mit diesen Möglichkeiten können Sie also auch Analysen mit Excel durchführen. Im Gegensatz zu RAMMap können Sie VMMap aber auch in Windows 2000, XP und Windows Server 2003 nutzen.

Sicherheitskonfigurations-Assistent (SCW)

Der Sicherheitskonfigurations-Assistent (Security Configuration Wizard, SCW) dient der Absicherung eines Servers über einen Assistenten, der Sicherheitsrichtlinien anwendet und die Firewall in Windows konfiguriert. Änderungen, die der SCW an einem System durchführt, können Sie leicht auch wieder rückgängig machen. Der SCW geht Schritt für Schritt vor. Auf diese Weise steuern Sie die Einstellungen eines Servers sehr einfach. Microsoft hat in den Security Configuration Wizard eine automatische Erkennung von Microsoft-Serverdiensten eingebaut. Zusätzliche Serverdienste binden Sie über Manifeste ein, wie im Fall von SharePoint Server 2010.

Im Bereich Serverhardening spielt das Sicherheitskonfigurations-Assistent-Manifest im SharePoint-Toolkit eine besondere Rolle. Sie können das Toolkit von der Seite *http://go.microsoft.com/fwlink/?linkid=196866&clcid=0x407* herunterladen. Für die meisten Serverlösungen von Microsoft, auch für Exchange Server 2010, können Sie angepasste Konfigurationsdateien für Windows Server 2008 R2 herunterladen. Sie können Server aber auch ohne zusätzliche Manifestdateien absichern. Im folgenden Abschnitt gehen wir beispielhaft auf die Absicherung eines Servers mit SharePoint Server 2010 ein. Der SCW besteht grundsätzlich aus drei wichtigen Komponenten:

- Der grafischen Oberfläche zur Konfiguration der Sicherheitsrichtlinien
- Einer Befehlszeilenversion für das Scripting
- Der Sicherheitskonfigurationsdatenbank mit den Richtlinien

Sichern Sie einen Server mit dem SCW ab, arbeiten Sie hauptsächlich mit der grafischen Oberfläche des Programms. Das Befehlszeilentool *Scwcmd* dient zum Automatisieren des SCW. Mit diesem Tool können Sie

Skripts erstellen und damit mehrere Server mit einer Sicherheitsrichtlinie versorgen. Mit dem Tool lassen sich auch Richtlinien wieder rückgängig machen, falls Probleme auftreten. Sie finden im Verzeichnis *\Windows\Security\Msscw\KBs* eine Sammlung von *.xml*-Dateien. Diese Dateien enthalten alle wichtigen Informationen über Dienste, Serverrollen und Ports, mit deren Hilfe Sie den Server absichern können. Die Erweiterungen für SharePoint Server 2010 liefert zum Beispiel das SharePoint 2010 Administration Toolkit.

SCW verwendet einen rollenbasierten Mechanismus zur Absicherung eines Servers und deaktiviert die nicht benötigte Funktionalität. Um SharePoint 2010 in den SCW einzubinden, müssen Sie zunächst das Administration Toolkit installieren. Wollen Sie die Manifestdateien anderer Server einbinden, gehen Sie entsprechend den Anleitungen vor. Hier unterscheiden sich die verschiedenen Techniken. Um SharePoint 2010 abzusichern, sind die folgenden Schritte durchzuführen:

1. Öffnen Sie ein Eingabeaufforderungsfenster mit Administratorrechten.
2. Geben Sie den folgenden Befehl ein:

```
cd C:\Programme\Microsoft\SharePoint 2010 Administration Toolkit\SCWManifests
```

3. Geben Sie danach den folgenden Befehl ein:

```
scwcmd register /kbname:SPF2010 /kbfile:SPF2010W2K8R2.xml
```

4. Und abschließend ist noch die Eingabe des folgenden Befehls notwendig:

```
scwcmd register /kbname:MSS2010 /kbfile:MSS2010W2K8R2.xml
```

SCW arbeitet bei der Absicherung von Servern über Sicherheitsrichtlinien. Haben Sie auf einem Server eine Richtlinie erstellt und abgespeichert, können Sie diese Richtlinie auf einem anderen Server mithilfe des SCW importieren.

Haben Sie den SCW gestartet, fragt der Assistent nach, ob er eine bestehende Richtlinie importieren, eine neue Richtlinie erstellen, eine vorhandene Richtlinie vor dem Importieren bearbeiten oder schließlich die Durchführung der letzten Richtlinie zurücknehmen soll. Sie starten den SCW über den Server-Manager. Klicken Sie im Bereich *Serverübersicht/Sicherheitsinformationen* auf *Sicherheitskonfigurations-Assistenten ausführen.*

Abbildg. 39.93 Starten des SCW in Windows Server 2008 R2

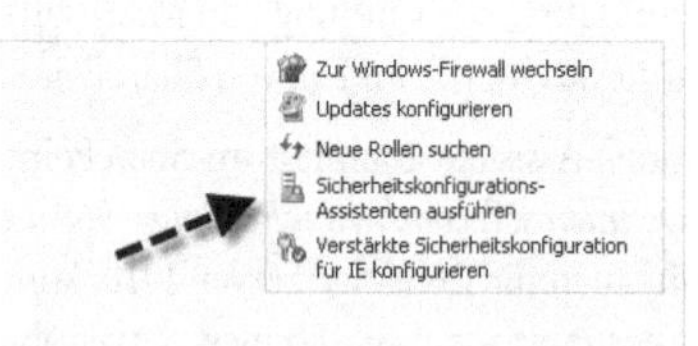

Die Konfiguration der Sicherheitsrichtlinie unterteilt sich in unterschiedliche Bereiche. Sie sollten bei jedem Fenster genau überprüfen, ob der Assistent alle Dienste und Funktionen erkannt hat. Sie können jederzeit einzelne Punkte aktivieren oder deaktivieren.

Nach dem Start erstellen Sie zunächst eine neue Sicherheitsrichtlinie, wählen den Server aus und wechseln zur Seite *Serverrollen auswählen.*

Abbildg. 39.94 Auswählen von Serverrollen für den SCW

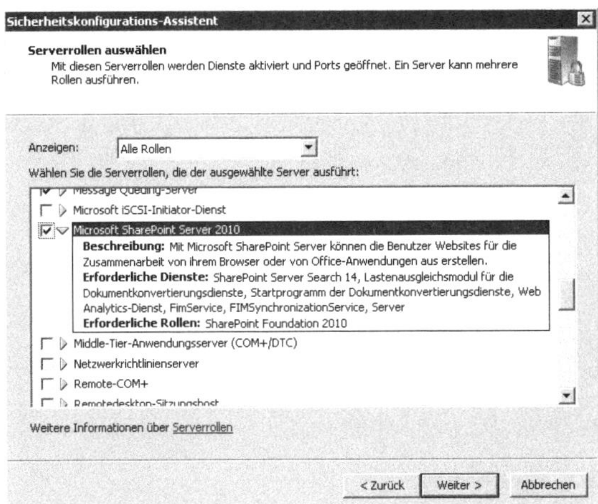

Der erste Bereich, den Sie konfigurieren, ist die rollenbasierte Konfiguration. Hier untersucht der Assistent die einzelnen Dienste und Funktionen des Servers und teilt diese den Rollen zu, die in der Sicherheitskonfigurationsdatenbank hinterlegt sind. Auch wenn Sie hier falsche Eingaben machen und diese später anwenden, sollte kein Problem auftreten, da Sie die Richtlinie jederzeit wieder deaktivieren können.

Um Administratoren bei der Auswahl von Serverrollen zu unterstützen, hat Microsoft im SCW für jede verfügbare Rolle eine Beschreibung hinterlegt, die helfen soll, entsprechende Rollen eindeutig zuzuordnen. Stellen Sie also bei der rollenbasierten Konfiguration sicher, dass alle Rollen des Servers ausgewählt sind, aber natürlich auch nicht zu viele. Manche Serverrollen sind von anderen abhängig und werden vom Assistenten notfalls automatisch hinzugefügt.

Der SCW definiert Serverrollen für verschiedene Aufgaben und erleichtert Ihnen so später die Auswahl, welches System Sie schließlich absichern wollen. Achten Sie genau darauf, welche Serverrolle Sie für einen Server anwenden, und wählen Sie immer die Rolle mit dem größten gemeinsamen Nenner aus. Es bringt nichts, wenn Sie einen Server optimal absichern, dieser aber nach dem Absicherungsvorgang nicht mehr funktioniert. Der SCW aktiviert nicht nur die neue Windows-Firewall und schließt damit nicht mehr benötigte Ports, sondern deaktiviert auch Systemdienste, deaktiviert Webdienste von IIS, greift in Protokolle wie SMB und LDAP ein und definiert Sicherheitsrichtlinien. Die Basis für die erstellten Sicherheitsrichtlinien sind *.xml*-Dateien, in denen alle Absicherungsmaßnahmen gespeichert sind.

Auch notwendige Änderungen an der Registry, die der SCW durchführt, sind in dieser *.xml*-Datei gespeichert. Haben Sie alle notwendigen Serverrollen des Servers ausgewählt, gelangen Sie mit *Weiter* zur nächsten Seite des Assistenten. Hier wählen Sie die einzelnen Features aus, die auf dem Server installiert sind.

Abbildg. 39.95 Auswählen der installierten Features

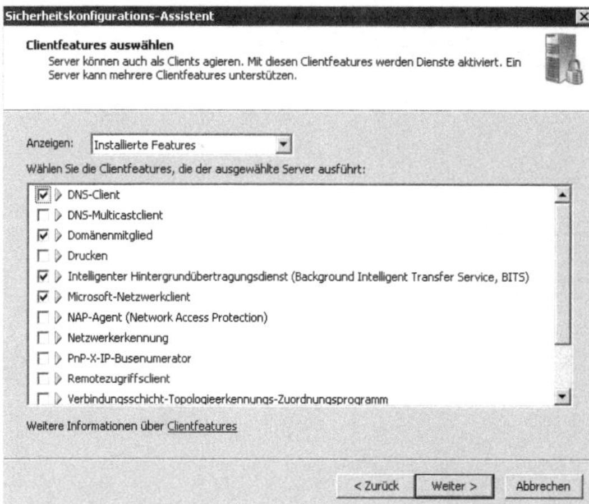

Im nächsten Fenster können Sie noch feinere Unterscheidungen treffen. Hier wählen Sie aus, welche Optionen auf dem Server aktiviert sind und weiterhin funktionieren müssen. In diesem Fenster erhalten Sie auch Informationen über Dienste, die der Assistent nicht erkennt, und Sie können selbst entscheiden, welche Dienste der SCW deaktivieren soll und welche aktiv bleiben sollen. Da in den letzten drei Fenstern die Unterscheidungen und Konfigurationen der einzelnen Dienste immer feiner werden, sollten Sie sehr sorgfältig überlegen, welche Optionen Sie aktivieren und welche nicht.

In weiteren Fenstern können Sie festlegen, wie der Assistent mit Diensten umgehen soll, deren Funktionalität er nicht kennt. Haben Sie festgelegt, wie der SCW mit unbekannten Diensten verfahren soll, erhalten Sie im nächsten Fenster eine Zusammenfassung, welche Aktion der SCW mit den einzelnen Diensten durchführt. Bestätigen Sie dieses Fenster, ändert der SCW die angezeigten Dienständerungen in der Sicherheitsrichtlinie.

Abbildg. 39.96 Ändern von Systemdiensten mit dem SCW

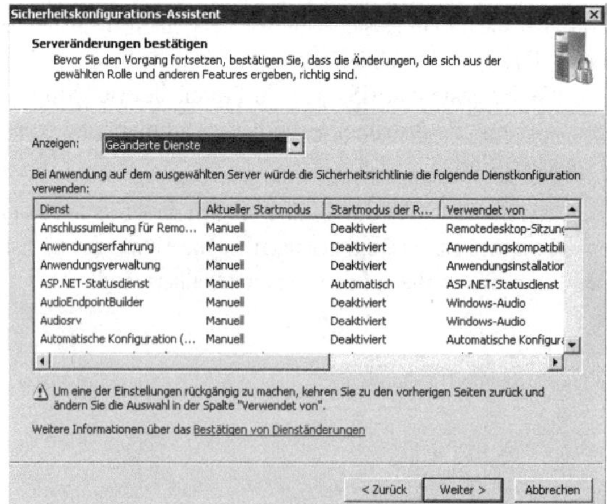

Auch an dieser Stelle erhalten Sie wieder eine Hilfe. In diesem Fenster können Sie schnell sehen, wie viele Dienste auf Ihrem Server gestartet waren, die überhaupt nicht im Einsatz sind. Je nach Anzahl von deaktivierten Diensten erreichen Sie auch eine gewisse Performancesteigerung, da jeder Dienst Arbeitsspeicher und Prozessorlast belegt. Haben Sie dieses Fenster bestätigt, ist die rollenbasierte Konfiguration abgeschlossen. Der Assistent beginnt mit der nächsten Konfigurationsmaßnahme, der Netzwerksicherheit.

Sie können das Verhalten der Windows-Firewall auch abändern, indem Sie einen Dienst anklicken und dann *Bearbeiten* auswählen. Es öffnet sich ein neues Dialogfeld, in dem Sie genauere Eingaben zur Filterung des entsprechenden Ports machen können.

Abbildg. 39.97 Bearbeiten der Firewalleinstellungen für Netzwerkdienste

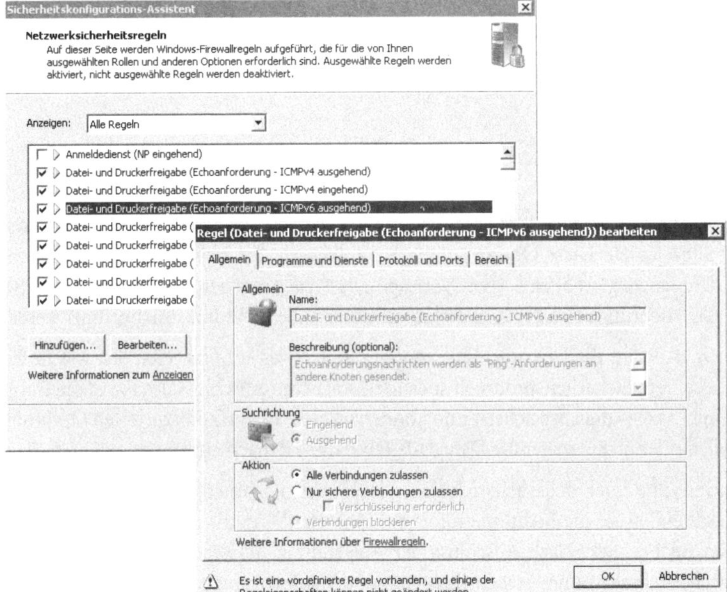

Sie können diesen Abschnitt auch überspringen, wenn Sie nicht wollen, dass der SCW die Windows-Firewall aktiviert und einzelne Ports sperrt. Der Assistent zeigt Ihnen alle offenen Ports des Servers und den dazugehörigen Dienst an. Hier sehen Sie auch die einzelnen SharePoint-Dienste und können deren Zugriff steuern.

Sie können zusätzliche Ports manuell hinzufügen, offene Ports schließen lassen oder einzelne Portnummern bearbeiten. Haben Sie alle Einstellungen vorgenommen, erhalten Sie im letzten Fenster dieses Bereichs eine Zusammenfassung. Haben Sie die Konfiguration der offenen Ports abgeschlossen, wird der nächste Bereich des Assistenten angezeigt. Hier legen Sie die Authentifizierungsmaßnahmen für LDAP und SMB sowie verschiedene Sicherheitseinstellungen fest, welche die Authentifizierung und die Registry betreffen. Abschließend erhalten Sie in einer Zusammenfassung angezeigt, welche Sicherheitseinstellungen vorgenommen werden. Auf einer weiteren Seite des Assistenten legen Sie fest, mit welcher Methode sich der Server oder dessen Dienste an externen Servern anmeldet. Verwenden Sie zur Anmeldung nur Domänenbenutzerkonten, müssen Sie lediglich die Option *Domänenkonten* aktivieren.

Abbildg. 39.98 Konfigurieren der Netzwerkeinstellungen über den SCW

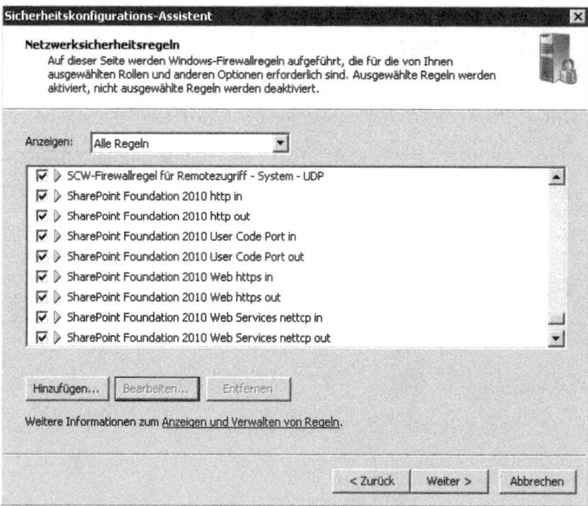

Auf der nächsten Seite des Assistenten legen Sie fest, ob die anderen Computer im Netzwerk mindestens unter Windows NT 4.0 SP6a laufen. Diese Option sollten Sie aktivieren. Zusätzlich könnten Sie noch die Option *Uhren, die mit der Uhr des ausgewählten Servers synchronisiert werden* aktivieren. Zum Abschluss listet der Assistent noch einmal alle Änderungen an der Registry auf, die durch die Richtlinie durchgeführt werden.

Als nächster Bereich erscheint die Überwachungskonfiguration. Hier konfigurieren Sie, welche Ereignisse der Server zukünftig in seinem Sicherheitsprotokoll speichern soll. Zum Abschluss des Assistenten müssen Sie die Einstellungen in einer *.xml*-Datei abspeichern und können wählen, ob die konfigurierten Optionen sofort ausgeführt werden sollen oder ob Sie später die Datei laden und diese danach ausführen möchten.

Sie können die Anwendung einer Sicherheitsrichtlinie wieder zurücknehmen. Auch diesen Vorgang nehmen Sie über den SCW vor. Wenden Sie die Richtlinie sofort an, führt der SCW die *.xml*-Datei aus und legt die eingestellten Sicherheitsvorgaben fest. Nach Abschluss der Anwendung müssen Sie den Server neu starten. Zur Anwendung von Sicherheitsrichtlinien stehen Ihnen außer der sofortigen Anwendung noch zwei andere Möglichkeiten zur Verfügung:

1. Sie können die Sicherheitsrichtlinie später einlesen, wenn Sie die grafische Oberfläche des SCW starten.
2. Sie können die Sicherheitsrichtlinie mit dem Befehlszeilentool *scwcmd.exe* gleichzeitig mehreren Servern zuweisen.

Am besten erstellen Sie eine Sicherheitsrichtlinie in einer Testumgebung und speichern diese ab. Die abgespeicherte Sicherheitsrichtlinie können Sie dann entweder manuell über die grafische Oberfläche installieren oder per Batchdatei und Befehlszeilentool *scwcmd.exe* verteilen lassen. Das Anwenden einer Sicherheitsrichtlinie ist in wenigen Sekunden abgeschlossen. Nach dem erforderlichen Neustart sind die Einstellungen sofort aktiviert.

Wollen Sie die Richtlinie später anwenden, starten Sie dazu wieder den Sicherheitskonfigurations-Assistenten. Wählen Sie als Option beim Startfenster *Vorhandene Sicherheitsrichtlinie anwenden*. Diesen Vorgang können Sie auch durchführen, wenn Sie die *.xml*-Datei auf einen anderen Server kopieren und diese auf die gleiche Weise ausführen lassen.

Haben Sie die Option ausgewählt, können Sie mit der Schaltfläche *Durchsuchen* die *.xml*-Datei laden lassen. Als Nächstes gelangen Sie mit *Weiter* auf die nächste Seite des Assistenten. Auf dieser Seite können Sie den Server auswählen, auf dem Sie die Sicherheitsrichtlinie anwenden wollen.

Öffnen Sie eine Eingabeaufforderung, können Sie eine Sicherheitsrichtlinie mit dem Befehlszeilentool *scwcmd.exe* anwenden. Um eine Richtlinie lokal anzuwenden, geben Sie den Befehl *scwcmd configure /p:<Pfad zur .xml-Datei>* ein. Mit diesem Hilfsmittel können Sie zum Beispiel eine Batchdatei schreiben, die eine bestimmte Richtlinie anwendet.

Um eine Sicherheitsrichtlinie auf einem Remotecomputer ausführen zu können, verwenden Sie am besten das Befehlszeilentool *Scwcmd*. Geben Sie dazu in der Eingabeaufforderung den folgenden Befehl ein:

```
scwcmd configure /m:<IP oder Name des Remoteservers> /p: <Pfad zur .xml-Datei>
```

Geben Sie in der Eingabeaufforderung *scwcmd configure* ein, erhalten Sie weitere Informationen über die Anwendung des Sicherheitskonfigurations-Assistenten über die Eingabeaufforderung.

Haben Sie auf einem Server eine Sicherheitsrichtlinie angewendet, sehen Sie zunächst keine Änderung. Eine Analyse führen Sie wieder am besten mit dem Befehlszeilentool *Scwcmd* durch. Geben Sie dazu in der Eingabeaufforderung den folgenden Befehl ein:

```
scwcmd analyze /m:<Server-IP oder -Name> /p:<Pfad zur Richtliniendatei> /o:<Ausgabeverzeichnis der
Analyse>
```

Die Analyse erstellt eine *.xml*-Datei, welche die Änderung der Richtlinie enthält.

Haben Sie die Datei erstellt, können Sie entweder die *.xml*-Datei betrachten oder über den Befehl *scwcmd view /x:<Name der erstellten .xml-Datei>* die Anzeige durch den SCW formatieren und anzeigen lassen.

Wollen Sie die Ausführung einer Sicherheitsrichtlinie wieder vollständig zurücknehmen, können Sie entweder wieder über die grafische Oberfläche die Maßnahme durchführen oder über die Eingabeaufforderung die Sicherheitsrichtlinie zurücknehmen. Wollen Sie die Sicherheitsrichtlinie über die grafische Oberfläche zurücknehmen, starten Sie den Sicherheitskonfigurations-Assistenten. Wählen Sie die Option *Rollback für letzte angewendete Sicherheitsrichtlinie durchführen*. In diesem Fall wird die letzte Sicherheitsrichtlinie komplett zurückgenommen. Haben Sie zuvor keine Sicherheitsrichtlinie durchgeführt, erhalten Sie exakt den Stand vor der Einführung der Richtlinie.

Alternativ können Sie auch eine Sicherheitsrichtlinie in der Eingabeaufforderung zurücknehmen. Geben Sie dazu in der Eingabeaufforderung den folgenden Befehl ein:

```
scwcmd rollback /m:<Server-IP oder -Name>
```

DNS-Troubleshooting

Fehler in Windows-Netzwerken und Anwendungen liegen oft an Problemen bei der Namensauflösung. Vor allem bei verschachtelten Strukturen kann es schnell passieren, dass einzelne Server oder auch Clients keine Namensauflösung durchführen können. Zwar kann Windows, neben DNS, mit verschiedenen anderen Techniken wie NetBIOS, WINS, LMHosts usw. Namen im Netzwerk auflösen, allerdings stellen diese in den meisten Fällen eher Krücken dar. Stabile Grundlage eines Netzwerks zur Namensauflösung sollte DNS sein.

Im folgenden Abschnitt widmen wir uns ganz spezifischen Fällen, bei denen eine Namensauflösung per DNS nicht mehr funktioniert. Wir zeigen Ihnen, woran das Problem liegt und wie Sie dieses lösen können.

Domänencontroller kann nicht gefunden werden

Erhalten Clients oder Server die Meldung, dass der Domänencontroller nicht erreicht werden kann, sollten Sie auf den beteiligten Computern zunächst per Ping-Befehl testen, ob eine Verbindung zur IP-Adresse des Servers funktioniert. Klappt das, stellen Sie sicher, dass in den Netzwerkeinstellungen der Server die IP-Adresse eines DNS-Servers eingetragen ist, welcher den Domänencontroller auflösen kann. Auch auf den Domänencontrollern selbst müssen in den Netzwerkeinstellungen die DNS-Server so gesetzt sein, dass die Auflösung funktioniert.

Abbildg. 39.99 Korrekte DNS-Servereinstellungen auf den beteiligten Servern sind Grundlage für eine korrekte Namensauflösung

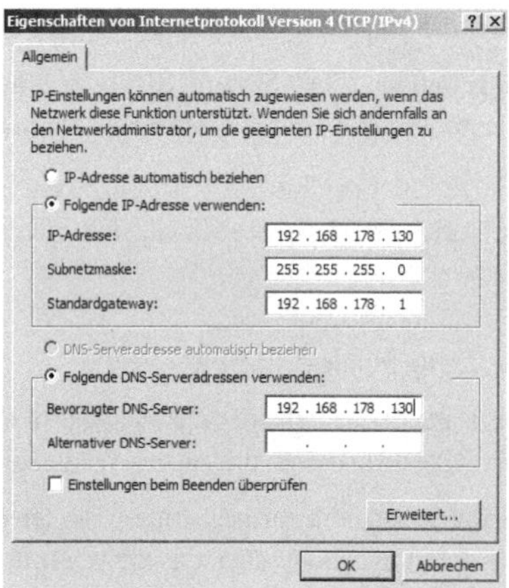

Achten Sie dabei zusätzlich in den erweiterten Netzwerkeinstellungen darauf, ob spezielle DNS-Suffixe gesetzt sind. Auch der Test mit *Nslookup* zur Namensauflösung ist wichtig. Verwenden Sie nicht den vollständigen DNS-Namen des aufzulösenden Servers (FQDN), stellen Sie sicher, dass das DNS-Suffix des Clients korrekt ist oder in den erweiterten DNS-Einstellungen der Netzwerkverbindung eingetragen ist.

Haben Sie diese Grundlagentests durchgeführt, aber die Auflösung funktioniert noch immer nicht, fehlen unter Umständen DNS-Einträge der Domänencontroller in den DNS-Zonen. Diese Einstellungen finden Sie unter *_msdcs* auf den DNS-Servern. Auf den Domänencontrollern finden Sie solche Fehler am schnellsten, wenn Sie *dcdiag* in der Eingabeaufforderung eingeben. Überprüfen Sie auch mit *nltest /dsgetsite*, ob der Domänencontroller dem richtigen Active Directory-Standort zugewiesen ist. Mit dem Befehl *nltest /dclist:<NetBIOS-Name der Domäne>* lassen Sie sich eine Liste aller Domänencontroller einer entsprechenden Domäne anzeigen. Die Einträge sollten als FQDN aufgelistet sein.

Ebenfalls ein wichtiger Befehl ist *nltest /dsgetdc:<NetBIOS-Name der Domäne>*. Dieser listet Name, IP-Adresse, GUID, FQDN von Active Directory und weitere Informationen auf. Alle Informationen sollten ohne Fehler angezeigt werden.

Bei Windows Server 2003 oder Windows 2000 Server können Sie solche Probleme mit *netdiag /fix* in der Eingabeaufforderung beheben. Dabei verwendet das Tool den Inhalt der DNS-Daten aus der Datei *\windows\system32\config\netlogon.dns* und trägt diese wieder in Active Directory ein. Bei Windows Server 2008 und R2 können Sie dieses Tool nicht mehr nutzen, da es nicht mehr Bestandteil des Betriebssystems ist. Mit dem Befehl *dcdiag /fix* können Sie einige Probleme beheben, aber längst nicht alle.

Abbildg. 39.100 Fehler in den DNS-Einstellungen von Active Directory finden Sie am schnellsten per *dcdiag* auf den Domänencontrollern

```
Administrator: C:\Windows\system32\cmd.exe
Anfangssetup wird ausgeführt:
   Der Homeserver wird gesucht...
   Homeserver = WIN-RC04ST5TQ2T
   * Identifizierte AD-Gesamtstruktur.
   Sammeln der Ausgangsinformationen abgeschlossen.

Erforderliche Anfangstests werden ausgeführt.

   Server wird getestet: Default-First-Site-Name\WIN-RC04ST5TQ2T
      Starting test: Connectivity
         Der Host 34df588f-a299-41ef-b5d4-a324eb1fe8ce._msdcs.contoso.com
         konnte nicht zu einer IP-Adresse aufgelöst werden. Überprüfen Sie
         DNS-Server, DHCP, Servername, usw.
         Fehler beim Überprüfen der LDAP- und RPC-Konnektivität. Überprüfen Sie
         die Firewalleinstellungen.
         ......................... WIN-RC04ST5TQ2T hat den Test Connectivity
         nicht bestanden.

Primärtests werden ausgeführt.

   Server wird getestet: Default-First-Site-Name\WIN-RC04ST5TQ2T
      Alle Tests werden übersprungen, da der Server WIN-RC04ST5TQ2T nicht auf
      Anforderungen des Verzeichnisdiensts reagiert.
```

Netdiag lässt sich unter Windows Server 2008 zwar installieren, aber das Tool startet nicht. Setzen Sie Windows Server 2008 R2 ein, können Sie Active Directory über den Server-Manager mit dem Best Practice Analyzer scannen und sich den Fehler mit Lösungsmöglichkeiten anzeigen lassen. Den gleichen Assistenten gibt es auch für die DNS-Rolle. Führen Sie für beide Rollen die Überprüfung aus. Leider gibt es für Windows Server 2008 keine ähnlichen Werkzeuge.

Abbildg. 39.101 Fehlende DNS-Einträge von Active Directory lassen sich durch Neustart des Anmeldediensts wiederherstellen

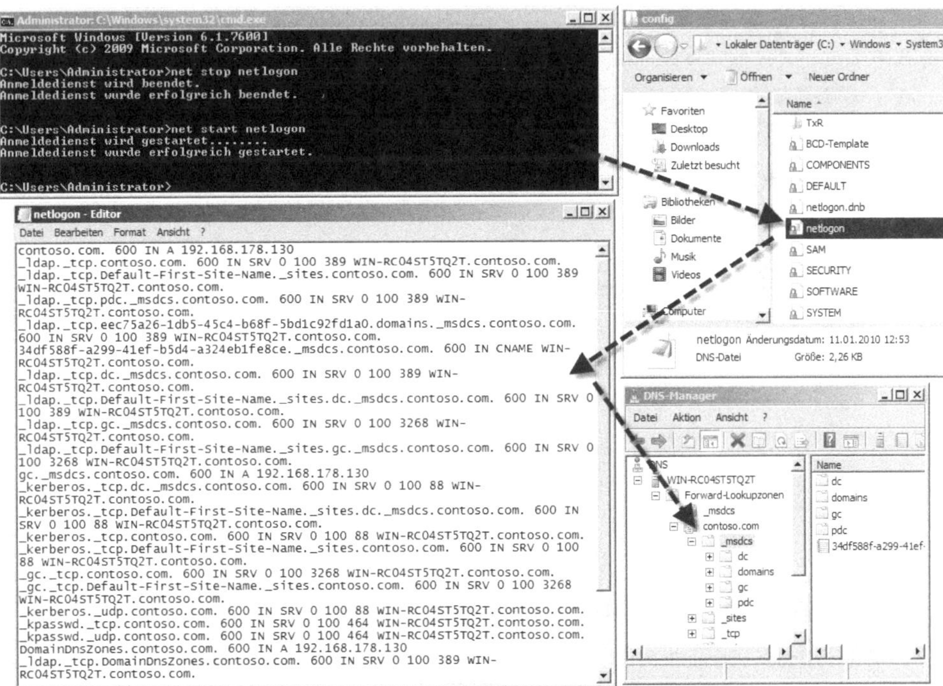

Beenden Sie zunächst den Anmeldedienst auf dem Domänencontroller mit *net stop netlogon* und starten Sie ihn anschließend mit *net start netlogon* neu. Beim Starten versucht der Dienst die Daten der Datei *netlogon.dns*

erneut in DNS zu registrieren. Gibt es hierbei Probleme, finden Sie im Ereignisprotokoll unter System einen Eintrag des Diensts, der bei der Problemlösung weiterhilft. Auch der Befehl *nltest /dsregdns* hilft oft bei Problemen in der DNS-Registrierung.

Funktioniert die erneute Registrierung per Neustart des Anmeldediensts nicht, löschen Sie die DNS-Zone *_msdcs* und die erstellte Delegierung ebenfalls. Starten Sie dann den Anmeldedienst neu, liest dieser die Daten von *netlogon.dns* ein, erstellt die Zone *_msdcs* neu und schreibt die Einträge wieder in die Zone. Testen Sie anschließend erneut mit *dcdiag*, ob die Probleme behoben sind. Einen ausführlichen Test führen Sie mit *dcdiag /v* durch.

Namensauflösung von Mitgliedsservern

Stellen Sie Probleme bei der Namensauflösung von Mitgliedsservern fest, lassen sich diese leichter beheben. Die Server müssen die richtigen DNS-Server in den Netzwerkeinstellungen eingetragen haben, außerdem muss ein Host-A-Eintrag in der entsprechenden Zone gesetzt sein. Arbeiten Sie mit dynamischer DNS-Registrierung, achten Sie darauf, dass dynamische Aktualisierungen für die Zone in den Eigenschaften von DNS erlaubt sind. Vor allem, wenn es sich um Server handelt, die nicht Mitglied einer Domäne sind, aber von Active Directory-DNS-Servern aufgelöst werden sollen, müssen Sie darauf achten, die entsprechenden Namenseinträge manuell zu setzen oder auch unsichere Aktualisierungen für die Zone in den Eigenschaften der Zone festzulegen.

Im laufenden Betrieb starten Sie mit dem Befehl *ipconfig /registerdns* die dynamische Aktualisierung auf dem Mitgliedsserver. Starten Sie zunächst den Anmeldedienst mit *net stop netlogon* und starten Sie ihn anschließend mit *net start netlogon* neu, um sicherzustellen, dass die Aktualisierung funktioniert hat.

Abbildg. 39.102 Dynamische Aktualisierungen erleichtern die Namensauflösung per DNS

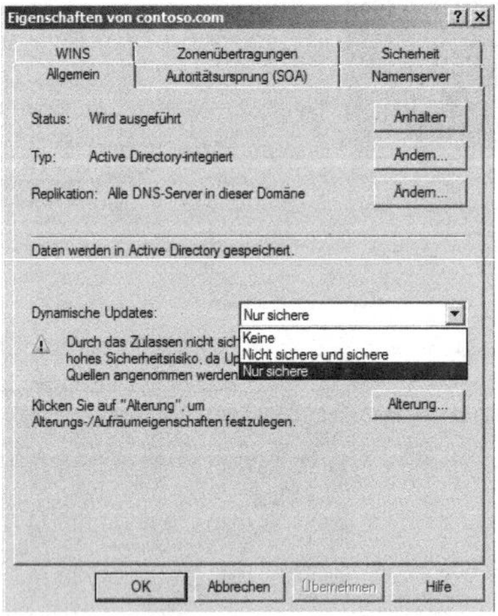

WINS in DNS integrieren

Seit Windows Server 2003 SP1 sind Erweiterungen in das Betriebssystem integriert, welche die Namensauflösung zur Replikation von Active Directory über WINS abwickeln können, falls DNS Probleme hat. Diese Verbesserungen sind auch in Windows Server 2008 R2 übernommen worden. Um WINS in DNS zu integrieren, müssen Sie die Eigenschaften der einzelnen Zonen im DNS öffnen. Dort kann auf der Registerkarte *WINS* die Option *WINS-Forward-Lookup verwenden* ausgewählt und die IP-Adresse eines WINS-Servers angegeben werden.

Richtet ein Client eine Anfrage an den DNS-Server, versucht dieser zunächst, diese Anfrage über die lokalen Informationen in der DNS-Datenbank zu beantworten. Wenn ihm das nicht gelingt, sendet er den Hostnamen an den WINS-Server. Dieser versucht, die Anfrage zu beantworten, und liefert gegebenenfalls das Ergebnis an den DNS-Server zurück.

Abbildg. 39.103 WINS-Forward-Lookup verwenden, um die Namensauflösung zu optimieren

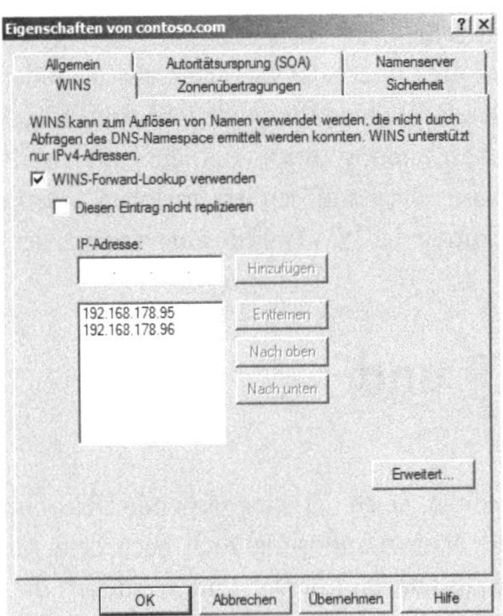

Sie können in den einzelnen DNS-Zonen alle WINS-Server einrichten, um auch an dieser Stelle eine Ausfallsicherheit zu erreichen. Die Einstellungen müssen Sie für jede Zone auf den Servern eintragen. DNS speichert außerdem die WINS-Antwort in seinem Cache.

Über die Schaltfläche *Erweitert* definieren Sie unter Cachezeitlimit, wie lange ein Eintrag, der von einem WINS-Server geliefert wurde, im DNS-Cache verbleibt (Standard 15 Minuten) und wie lange der DNS-Server auf die Antwort eines WINS-Servers wartet, bevor er zum nächsten Server in der Liste übergeht (Standard 2 Sekunden). In der Standardeinstellung wird nach der Aktivierung des WINS-Lookup ein DNS-Eintrag generiert, über den sekundäre DNS-Server erfahren, dass ein WINS-Server zur erweiterten Abfrage bereitsteht. Durch diese Koppelung von WINS und DNS wird die Stabilität der Namensauflösung in Active Directory erheblich verbessert.

Namensauflösung durch Weiterleitung, Stammhinweise, sekundäre DNS-Server und Firewalls

Findet ein DNS-Server keine Daten zu einem Client, leitet der Server die Anfrage an jenen Server weiter, der als Weiterleitungsserver für die Domäne hinterlegt ist. Sind keine Weiterleitungsserver konfiguriert, verwenden DNS-Server jene DNS-Server, die auf der Registerkarte *Stammhinweise* in den Eigenschaften des DNS-Servers hinterlegt sind. Haben Sie auf dem Server allerdings eine Punktzone ».« angelegt, leitet der Server keinerlei Anfragen an Stammhinweise weiter, die er nicht selbst auflösen kann. Haben Sie Active Directory und die DNS-Infrastruktur zum Beispiel mit einem Assistenten installiert, legt dieser automatisch die Punktzone an. Können Ihre DNS-Server keine Weiterleitungen durchführen, löschen Sie diese Punktzone und stellen sicher, dass Sie entweder Weiterleitungen konfiguriert haben oder die Server auf der Registerkarte *Stammhinweise* erreichbar sind.

Ein weiteres Problem kann darin liegen, dass der DNS-Server nicht bei allen eingebauten Netzwerkkarten und Netzwerkverbindungen auf Anfragen wartet. In den Eigenschaften des DNS-Servers finden Sie auf der Registerkarte *Schnittstelle* eine Auflistung aller IP-Adressen, bei denen Server auf DNS-Anfragen wartet. Wollen Sie im

Unternehmen auch sekundäre DNS-Zonen einsetzen, die nicht unbedingt unter Windows installiert sein müssen, können Sie auf diesen Servern nur dann die Zonen übertragen, wenn Sie in den Eigenschaften der Zone auf dem primären DNS-Server auf der Registerkarte *Zonenübertragungen* diese Übertragung erst zulassen. Standardmäßig verweigern Windows-DNS-Servern eine solche Übertragung. Ist zwischen verschiedenen DNS-Servern oder DNS-Server und Client eine Firewall positioniert, blockiert diese unter Umständen DNS-Abfragen. DNS-Server verwenden den TCP- UDP-Port 53, den Sie für DNS-Abfragen freischalten sollten.

Gelingt der Verbindungsaufbau immer noch nicht, schalten Sie UDP-Ports über 1023 frei. Ein häufiges Problem ist die Namensauflösung der eigenen Internetdomäne über interne DNS-Server, vor allem dann, wenn die Active Directory-Domäne die gleiche Bezeichnung hat. Dieses Problem lösen Sie sehr einfach dadurch, indem Sie manuell entweder nur einen Host-A-Eintrag mit der Bezeichnung »www« und der externen IP-Adresse der Internetseite erstellen, oder für jeden Servernamen, den Sie extern auflösen lassen wollen, einen eigenen Eintrag. In diesem Fall lösen die internen DNS-Server den Eintrag der WWW-Seite korrekt nach der externen IP-Adresse auf.

Geänderte IP-Adressen, DHCP und DNS-Namensauflösung

Ändern Sie die IP-Adresse eines Servers, wird nicht unbedingt gleich der entsprechende DNS-Eintrag des Servers geändert. Funktioniert nach einer IP-Änderung die Namensauflösung auch nach dem Ausführen von *ipconfig /registerdns* nicht, löschen Sie den Host-A-Eintrag auf dem Server und versuchen die dynamische Registrierung erneut. Ist auf dem Client der korrekte DNS-Server eingetragen und auf dem DNS-Server die dynamische Aktualisierung aktiv, sollte sich der Server neu registrieren. Arbeiten Sie mit DHCP, müssen Sie noch weitere Bereiche beachten.

Abbildg. 39.104 DHCP zusammen mit dynamischem DNS verwenden

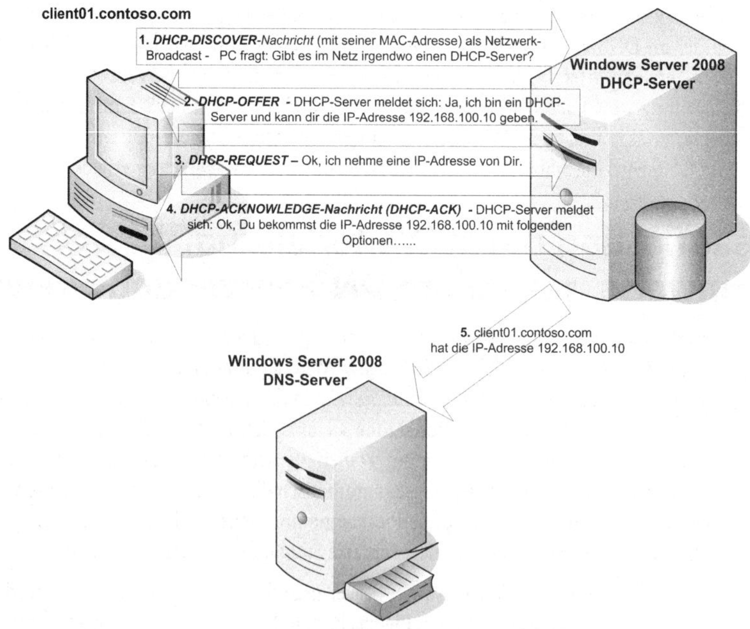

Damit der DHCP-Server für die Clients eine automatische DNS-Registrierung auf den DNS-Servern durchführen kann, müssen Sie ihn zunächst dafür konfigurieren. Wenn Sie die Eigenschaften von IPv4 oder IPv6 des DHCP-Servers aufrufen, können Sie auf der Registerkarte *DNS* konfigurieren, welche Einträge der DHCP-Server auf den DNS-Servern erstellen soll.

Abbildg. 39.105 Konfiguration der DNS-Anbindung eines DHCP-Servers

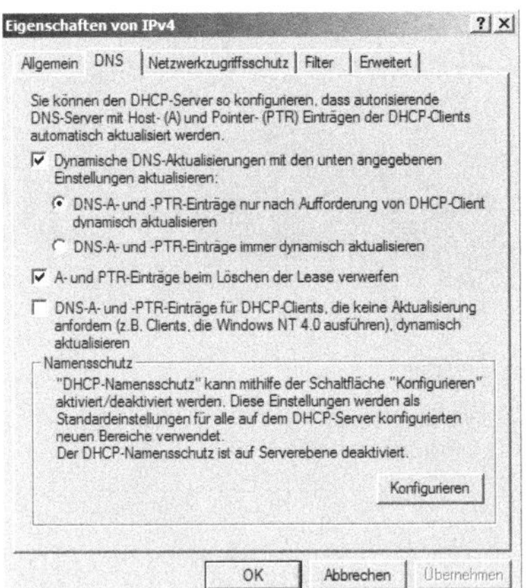

Setzen Sie noch Clients ein, die kein dynamisches DNS unterstützen, sollten Sie in den Eigenschaften des DHCP-Servers auf der Registerkarte *DNS* das Kontrollkästchen *DNS-A- und -PTR-Einträge für DHCP-Clients, die keine Aktualisierungen anfordern ?* sowie zusätzlich das Kontrollkästchen *DNS-A- und -PTR-Einträge immer dynamisch aktualisieren* aktivieren. Ein Computer, dessen Leasedauer für die IP-Adresse abgelaufen ist, muss seine Adresse abgeben. Daher löscht der DHCP-Server in der Standardeinstellung auch die zugehörigen DNS-Einträge. Falls Sie die Einträge trotzdem behalten wollen, deaktivieren Sie das Kontrollkästchen *A- und PTR-Einträge beim Löschen der Lease verwerfen.*

Über die Schaltfläche *Konfigurieren* auf der Registerkarte *DNS* in den Eigenschaften des DHCP-Servers können Sie noch den Namenschutz aktivieren, der bereits existierende Einträge im DNS vor Änderungen schützt. In der Windows-Gruppe *DnsUpdateProxy* befinden sich Computer, die als Proxy für die dynamische Aktualisierung von DNS-Einträgen fungieren können. DHCP-Server werden in diese Gruppen nicht automatisch aufgenommen. Sie sollten die Computerkonten der DHCP-Server in die Gruppe *DnsUpdateProxy* aufnehmen, wenn die DNS-Aktualisierung nicht funktioniert. Alternativ können Sie auf der Registerkarte *Erweitert* in den Eigenschaften für IPv4 oder IPv6 Anmeldedaten hinterlegen, die eine Aktualisierung ermöglichen. Ändern Sie die IP-Adresse des DNS-Servers selbst, stellen Sie sicher, dass in den Eigenschaften der Zonen, die dieser Server verwaltet, auf der Registerkarte *Namensserver* der korrekte Name und die richtige IP-Adresse hinterlegt ist.

Dynamisches DNS im Internet nutzen und Netzwerk an das Internet anbinden

Damit die Benutzer und Server eine Verbindung mit dem Internet herstellen können, müssen Sie dafür sorgen, dass der Server die Namen im Internet auflösen kann. Setzen Sie noch einen ISA-Server oder das neue Forefront Threat Management Gateway (TMG) ein, müssen Sie auf dem Server Regeln für den DNS-Zugriff erstellen. Die DNS-Server von Active Directory können nicht nur die internen Zonen auflösen, sondern auch als Weiterleitungsserver die DNS-Server Ihres Providers oder die Root-DNS-Server verwenden, die bereits standardmäßig hinterlegt sind. Die interne Netzwerkkarte des ISA Servers verwendet als DNS-Server den lokalen DNS-Dienst der Active Directory-DNS-Server.

Der DNS-Dienst kennt die IP-Adressen der DNS-Server im Internet, die auf der Registerkarte *Stammhinweise* in den Eigenschaften des Servers in der DNS-Verwaltung zu finden sind. Sobald ein interner DNS-Server eine Abfrage erhält, die er nicht selbst auflösen kann, schickt er diese zu der IP-Adresse, die als Weiterleitungsserver oder Stammhinweise eingetragen sind.

Abbildg. 39.106 Konfiguration von Weiterleitungsservern in DNS

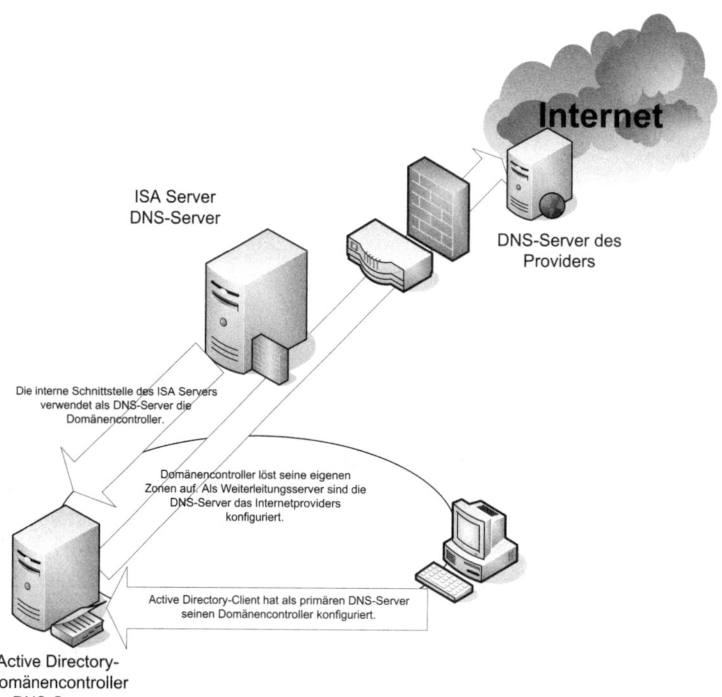

Damit der Zugriff auf das Internet für die Namensauflösung funktioniert, müssen folgende Voraussetzungen geschaffen sein:

1. Die interne Netzwerkverbindung des ISA-Servers hat eine IP-Adresse im internen Netzwerk und verwendet als DNS-Server die internen DNS-Server.
2. Die interne LAN-Verbindung hat in den IP-Einstellungen kein Standardgateway eingetragen.
3. Die externe Schnittstelle des ISA-Servers ist mit der internen Schnittstelle einer Hardware-Firewall verbunden.
4. Die Hardware-Firewall ist erfolgreich mit dem Internet verbunden.
5. Die externe Schnittstelle des ISA-Servers verwendet als Standardgateway die interne IP-Adresse der Hardware-Firewall und als DNS-Server die internen DNS-Server.

Geben Sie in der Eingabeaufforderung auf dem Server *nslookup* ein und lassen Sie den Namen einer Internetseite auflösen, zum Beispiel *www.microsoft.de*. Der Name muss aufgelöst werden, da der interne DNS-Server die Abfrage an die Stammhinweise oder seine Weiterleitungsserver weiterleitet.

DynDNS für den Internetzugang mit dynamischen IP-Adressen nutzen

Die meisten kleineren Unternehmen haben keine statische IP-Adresse gebucht, sondern arbeiten mit dynamischen IP-Adressen. Auch bei kleinen Büros sind statische IP-Adressen – übrigens auch aus Sicherheitsgründen – nicht sinnvoll. Dies gilt auch für kleinere Verkaufsniederlassungen oder externe Standorte, die eine öffentliche Internetanbindung nutzen. Damit sich Benutzer über das Internet mit dem Firmennetzwerk verbinden können, muss ein Server im Internet bekannt sein. Genau zu diesem Zweck gibt es im Internet den kostenlosen und sehr zuverlässigen Dienst *www.dyndns.org*. Die Technik ist grundsätzlich sehr einfach:

1. Zunächst müssen Sie einen kostenlosen Account bei DynDNS anlegen, über den die dynamische IP-Adresse der Internetverbindung gefunden werden kann (zum Beispiel *contoso-nsu.dyndns.org*).
2. Danach müssen Sie von den Webseiten von DynDNS einen kostenlosen Client herunterladen und diesen auf dem Server installieren. Sobald sich die externe IP-Adresse des Servers ändert, bemerkt dies der Client und aktualisiert die neue IP-Adresse bei Ihrem DynDNS-Account.

Externe Anwender müssen sich nur noch den Namen der hinterlegten DynDNS-Adresse merken und werden durch die jeweils aktuelle IP-Adresse immer automatisch zu Ihrem Server geleitet. Mittlerweile unterstützen auch immer mehr DSL-Router und Firewalls direkt DynDNS. In diesem Fall müssen Sie keinen Client installieren, sondern können die Eintragungen direkt in der Konfigurationsoberfläche der Firewall oder des Routers vornehmen. Alle Einstellungen nehmen Sie entweder im DynDNS-Client oder direkt auf der Firewall bzw. dem DSL-Router vor. In diesem Fall müssen Sie in der Konfigurationsoberfläche des Routers nur noch Ihren externen DynDNS-Account eintragen, damit dieser zukünftig mit der aktuellen IP-Adresse versorgt wird.

Außer den kostenlosen Möglichkeiten können Sie bei DynDNS auch eigene Internetdomänen hosten lassen, um diese für Ihren Account zu nutzen. Sie könnten zum Beispiel einen Account *mail.contoso.biz* verwenden, anstatt *contoso-nsu.dyndns.org*. Dazu muss lediglich die Internetdomäne *contoso.biz* zu DynDNS übertragen werden. Das Hosten von eigenen Internetdomänen kostet nur wenige Euro im Jahr und gestaltet die Anbindung noch etwas professioneller. Sie sollten allerdings nicht unbedingt die Internetdomäne verwenden, die auf Ihre offizielle Internetseite oder Ihre E-Mail-Domäne verweist. Legen Sie eine neue passende Domäne an oder wählen Sie eine Domäne, die Sie bereits registriert haben, aber nicht nutzen.

Selbst wenn Sie nicht Ihre Hauptinternetdomäne zu DynDNS verschieben, können Sie diese trotzdem im Internet für die Anbindung an DynDNS nutzen. Legen Sie dazu, wie bereits beschrieben, einen eigenen Account bei DynDNS an oder verwenden Sie die eigene Internetdomäne, zum Beispiel *contoso.biz.*

Abbildg. 39.107 Dynamisches DNS unterstützen viele Firewalls und Router (hier die FRITZ!Box von AVM)

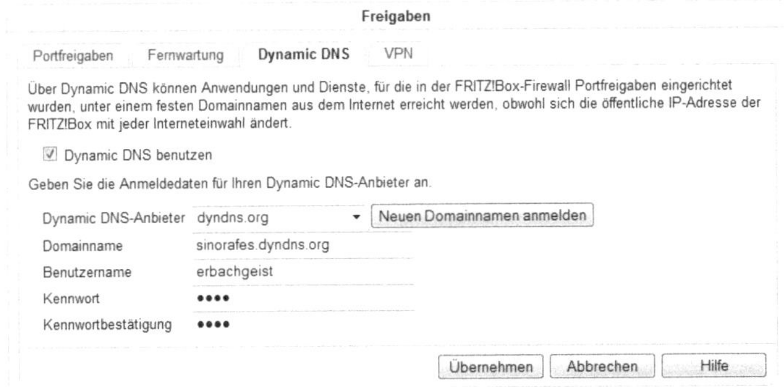

Angenommen, Ihre primäre Internetdomäne ist *contoso.com*. Sie brauchen jetzt auf der Konfigurationsoberfläche Ihres Providers einfach nur eine Umleitung zum Beispiel für die Domäne *mail.contoso.com* zu *mail.contoso.biz* oder *mail.contoso-nsu.dyndns.org* einzurichten. Wenn ein Anwender in seiner Applikation, zum Beispiel für Outlook Web Access oder ActiveSync, auf dem Smartphone *mail.contoso.com* eingibt, wird er zu *mail.contoso-nsu.dyndns.org* weitergeleitet. Hier ist wiederum die aktuelle IP-Adresse Ihrer Internetverbindung hinterlegt und schon wird die Verbindung hergestellt. Die Dauer dieses Vorgangs liegt bei wenigen Sekunden und die Anwender bekommen davon so gut wie nichts mit.

Durch diese Strukturierung erreichen Sie eine professionelle externe Anbindung an das Internet, die auch zuverlässig funktioniert. Gleichzeitig sparen Sie Geld, da Sie keine statische IP-Adresse benötigen. Sobald ein Mitarbeiter auf das interne Netzwerk zugreifen will, um Outlook Web Access, Exchange ActiveSync, VPN oder RPC über HTTP zu verwenden, muss er sich nur *mail.contoso.com* merken und landet immer bei der richtigen IP-Adresse. Sobald sich Ihre Firewall neu einwählt und sich die IP-Adresse ändert, wird diese also auf das Konto im Internet gepusht. Dadurch ist sichergestellt, dass die Internetadresse immer zu genau der IP-Adresse und damit dem Server zeigt. Damit Sie diese Funktion nutzen können, müssen Sie sich bei *www.dyndns.org* ein kostenloses Konto anlegen. Am schnellsten finden Sie die Anmeldeseite für neue Konten unter *www.dyndns.com/account/create.html*.

Nachdem Sie ein Konto angelegt haben, können Sie den kostenlosen Service »Dynamic DNS« nutzen. Suchen Sie sich einen kostenlosen Domänenamen aus der Vielzahl von Möglichkeiten aus. Sobald Sie die Konfiguration vorgenommen haben, können Sie die Adresse bereits nutzen. Damit Sie auch sicher sind, dass die Firewall die IP-Adresse aktualisiert, wenn sich diese geändert hat, können Sie die Firewall kurzzeitig vom Internet trennen.

Nach kurzer Zeit verbindet sich diese wieder und erhält eine neue IP-Adresse. Die Synchronisation mit DynDNS kann durchaus einige Minuten dauern, ist aber meist schon in wenigen Sekunden erledigt. Nachdem Sie die neue IP-Adresse erhalten haben, geben Sie in der Eingabeaufforderung den Befehl *nslookup* ein, um eine Überprüfung des Namensservers durchzuführen. Die Firewall antwortet anschließend. Geben Sie jetzt Ihren Domänennamen ein, den Sie bei DnyDNS registriert haben. Das Programm sollte anschließend die neue IP-Adresse für diese Domäne anzeigen. Stimmt die IP-Adresse in Nslookup mit der IP-Adresse der Firewall überein, ist alles in Ordnung.

Zusammenfassung

In diesem Kapitel haben Sie erfahren, wie Sie Server mit Windows Server 2008 R2 überwachen und Fehler finden können. Mit den Bordmitteln und den Werkzeugen, die Microsoft zum größten Teil kostenlos zur Verfügung stellt, können Windows Server 2008 R2-Computer sehr effizient überwacht werden.

Im nächsten Kapitel zeigen wir Ihnen, wie Sie die Active Directory-Gesamtstruktur im Unternehmen auf Fehler untersuchen und diese beheben können.

Kapitel 40

Active Directory-Diagnose

In diesem Kapitel:

Treten in Ihrem Active Directory Probleme auf, können Sie oft leicht bereits mit Bordmitteln eine Diagnose durchführen und die Lösung für das Problem finden. Auch beim Installieren von neuen Domänencontrollern oder wenn Sie sich einen Überblick über die Replikation der Domänencontroller verschaffen wollen, helfen Bordmittel. Vor allem nach der Installation eines Domänencontrollers ist eine Diagnose sinnvoll, um die Stabilität zu gewährleisten.

Domänencontroller-Diagnose (*dcdiag.exe*) verwenden

Das wichtigste Tool für die Diagnose von Domänencontrollern ist *Dcdiag.exe*. Sie können das Tool in der Befehlszeile aufrufen, indem Sie *dcdiag* eingeben. Eine ausführliche Diagnose erhalten Sie durch *dcdiag /v*. Möchten Sie eine ausführlichere Diagnose durchführen, sollten Sie die Ausgabe jedoch in eine Datei umleiten, da Sie dadurch das Ergebnis besser durchlesen und eventuell auch an einen Spezialisten weitergeben können. Die Befehlszeile könnte dann zum Beispiel *dcdiag/v >c:\dcdiag.txt* lauten. Für die erste Überprüfung reicht die normale Diagnose mit *dcdiag* jedoch vollkommen aus. Im Folgenden sind die wichtigsten Informationen erläutert, die bei der Diagnose mit *dcdiag* eine Rolle spielen.

Listing 40.1 Diagnose der Replikation von Active Directory-Daten

```
Domain Controller Diagnosis
Performing initial setup:
   Done gathering initial info.
Doing initial required tests
      Testing server: Berlin\DC01
      Starting test: Connectivity
         ......................... DC01 passed test Connectivity <- Hier erscheint manchmal eine
Fehlermeldung, wenn in der DNS-Zone keine IPv6-Namensauflösung stattfinden kann. Verwenden
Sie im internen Netz noch kein IPv6, können Sie diesen Fehler ignorieren. Die Verbindung zu
Active Directory ist vorhanden. Hier muss auf jeden Fall Passed stehen. Mit diesem Test wird
überprüft, ob der Domänencontroller im DNS registriert ist. Zusätzlich wird überprüft, ob
der Server per Ping, RPC und LDAP erreichbar ist. Die IPv6-Verbindung ist keine zwingende
Voraussetzung für das Bestehen des Tests, wie Sie sehen.
           DC=microsoft,DC=com
               Last replication recieved from DC01-MS at 2009-03-03 12:06:45.
         ......................... DC01 passed test Replications
      Starting test: NCSecDesc
         ......................... DC01 passed test NCSecDesc
      Starting test: NetLogons
         ......................... DC01 passed test NetLogons
      Starting test: Advertising
         ......................... DC01 passed test Advertising <- Verbindung zu Active Directory
ist mit Anmeldung möglich, daher muss auf jeden Fall auch hier Passed stehen. So ist
sichergestellt, dass sich der DC in Active Directory als Domänencontroller angemeldet hat.
      Starting test: KnowsOfRoleHolders
         ......................... DC01 passed test KnowsOfRoleHolders
      Starting test: RidManager
         ......................... DC01 passed test RidManager
      Starting test: MachineAccount
         ......................... DC01 passed test MachineAccount
      Starting test: Services
            NtFrs Service is stopped on [DC01]
         ......................... DC01 failed test Services
      Starting test: ObjectsReplicated
```

Listing 40.1 Diagnose der Replikation von Active Directory-Daten *(Fortsetzung)*

```
         ......................... DC01 passed test ObjectsReplicated
      Starting test: frssysvol
         ......................... DC01 passed test frssysvol
      Starting test: frsevent
         There are warning or error events within the last 24 hours after the

         SYSVOL has been shared.  Failing SYSVOL replication problems may cause

         Group Policy problems.
         ......................... DC01 failed test frsevent
      Starting test: kccevent
         ......................... DC01 passed test kccevent
      Starting test: systemlog
         ......................... DC01 passed test systemlog
      Starting test: VerifyReferences
Starting test: FrsEvent
 ......................... DC01 passed test FrsEvent
Starting test: FrsSysVol
......................... DC01 passed test FrsSysVol <- Diese beiden Tests sind nicht ganz so
wichtig, sollten aber auch bestanden werden. FRS (File Replication Service) ist dafür
zuständig, dass Anmeldeskripts im SYSVOL-Verzeichnis zwischen den verschiedenen DCs
repliziert werden. Hier kann durchaus auch mal Failed stehen, die Replikation funktioniert
meistens trotzdem, überprüfen Sie das aber anhand des Inhalts. Schauen Sie auch im Server-
Manager unter Rollen/Dateidienste in der Mitte des Bildschirms der Systemdienst Dateirep-
likation gestartet ist und auf Automatisch steht. Wenn nicht, starten Sie den Dienst und
führen Sie dcdiag nochmals aus. Der Test sollte jetzt bestanden werden.
Starting test: kccevent      Starting test: KccEvent
......................... DC01 passed test KccEvent <- Der Knowledge Consistency Checker stellt
fest, dass der DC alle anderen DCs finden kann, um Replikationsverbindungen herzustellen.
Der Test muss bestanden werden.
```

Der Systemdienst *Dateireplikation* verbindet die Domänencontroller der verschiedenen Standorte und erstellt automatisch eine Replikationstopologie auf Basis der definierten Zeitpläne und Standortverknüpfungen. Die Konsistenzprüfung (Knowledge Consistency Checker, KCC) ist ein automatischer Mechanismus in Active Directory. Dieser läuft auf jedem Domänencontroller und erstellt sowie pflegt die Topologie des Netzwerks, um die optimalen Replikationspartner zu finden. Er erstellt automatisch Standortverknüpfungsbrücken, wenn zwei Standorte nicht miteinander verbunden sind, sondern nur über einen dritten erreicht werden können. Der KCC versucht mit Erfahrungswerten über die Performance der Replikation die optimale Struktur aufzubauen.

Dieser Ansatz ist deshalb empfehlenswert, weil die Struktur durch den KCC alle 15 Minuten überprüft wird, und damit ausgefallene Verbindungen erkannt werden. Der Zeitraum für die Überprüfung kann verlängert werden. Innerhalb eines Standorts spielt der Netzwerkverkehr keine große Rolle. Die Replikationsdaten innerhalb eines Standorts werden daher, im Gegensatz zur Replikation zwischen Standorten, nicht komprimiert. Der KCC versucht automatisch innerhalb eines Standorts eine Ringtopologie zu erstellen und maximal drei Hops zwischen zwei Domänencontrollern. Das heißt, dass nicht unbedingt jeder Domänencontroller mit jedem anderen Domänencontroller Daten replizieren muss, aber dass auch maximal drei Schritte zwischen zwei Domänencontrollern liegen dürfen. Je mehr Standorte in Active Directory definiert sind, desto mehr muss der KCC die Routingtopologie dauerhaft überwachen.

Aus diesen Gründen müssen Domänencontroller über mehr Performance verfügen als in Umgebungen mit nur einem oder wenigen Standorten. Wenn in den Standorten mehr als nur ein Domänencontroller zur Verfügung gestellt wird, werden zwischen den Standorten nicht alle Domänencontroller repliziert. In jedem Standort gibt es sogenannte Bridgeheadserver, welche die Informationen ihres Standorts an die Bridgeheadserver der anderen Standorte weitergeben. Dadurch wird der Verkehr über die WAN-Leitung minimiert, da nicht mehr alle Domänencontroller Daten nach extern versenden. Der Generator für standortübergreifende Topologie (Intersite Topology Generator, ISTG) wählt für jeden Standort automatisch die am besten geeigneten Bridgeheadserver aus. Microsoft empfiehlt, die Bridgeheadserver nicht manuell zu konfigurieren, sondern den ISTG zu verwenden.

Wenn Sie Bridgeheadserver manuell auswählen und einzelne Server zu bevorzugten Bridgeheadservern konfigurieren, kann der KCC nur zwischen diesen Servern auswählen, nicht zwischen allen Domänencontrollern eines Standorts. Außerdem besteht darüber hinaus noch die Gefahr, dass bei Ausfall aller bevorzugten Bridgeheadserver keine Replikation zu und von diesem Standort durchgeführt werden können.

Listing 40.2 Überprüfen eines Windows Server 2008 R2-Domänencontrollers mit *dcdiag*

```
      Starting test: systemlog
      Starting test: KnowsOfRoleHolders
         ......................... DC01 hat den Test KnowsOfRoleHolders bestanden <- Der DC kann
alle notwendigen FSMO-Rollen in Active Directory finden (PDC-Emulator, RID-Master,
Infrastruktur Master,  Schemamaster, Domänennamenmaster. Hier muss bestanden stehen. Werden
einzelne Rollen nicht gefunden, liegt nicht zwingend ein Problem mit dem lokalen
Domänencontroller vor, sondern vielleicht mit dem Rolleninhaber.

      Starting test: MachineAccount
         ......................... DC01 hat den Test MachineAccount bestanden <- Das Computerkonto
für den DC in Active Directory ist in Ordnung. Hier muss auf jeden Fall Passed stehen. Hier
wird geprüft, ob das Computerkonto in Active Directory in Ordnung ist und ob das
Computerkonto sich richtig registriert hat. Sie können über die Option dcdiag /Recre-
ateMachineAccount eine Fehlerbehebung versuchen, wenn der Test fehlschlägt. Über dcdiag /Fix-
MachineAccount können Sie ebenfalls eine Fehlerbehebung versuchen. Eine weitere Option, die
Fehler in diesem Bereich behebt ist dcdiag /fix.

      Starting test: NCSecDesc
         ......................... DC01 hat den Test NCSecDesc bestanden
      Starting test: NetLogons
         ......................... DC01 hat den Test NetLogons bestanden <- Die Anmeldung an Active
Directory ist möglich, auch hier muss auf jeden Fall bestanden stehen.
      Starting test: ObjectsReplicated
         ......................... DC01 hat den Test ObjectsReplicated bestanden <- Der DC hat alle
Objekte von Active Directory mit anderen DCs repliziert. Dieser Test muss bestanden werden,
da hier die Replikation überprüft wird.
      Starting test: Replications
         ......................... DC01 hat den Test Replications bestanden
      Starting test: RidManager
         ......................... DC01 hat den Test RidManager bestanden
      Starting test: Services
         ......................... DC01 hat den Test Services bestanden <- Mit diesem Test wird
überprüft, ob die notwendigen Systemdienste auf dem Domänencontroller gestartet wurden.
Auch dieser Test muss erfolgreich bestanden werden.

      Starting test: SystemLog
         ......................... DC01 hat den Test SystemLog bestanden <- Bei diesem Test werden
Fehler aus der Ereignisanzeige abgeprüft. Genauere Erkenntnisse erlangen Sie, wenn Sie
selbst im Systemprotokoll der Ereignisanzeige nachschauen. Schlägt dieser Test fehl, ist
das nicht weiter schlimm, da er nur besagt, dass es Fehler in der Ereignisanzeige gibt. Sie
sollten diese aber dennoch überprüfen und abstellen.
      Starting test: VerifyReferences
```

Listing 40.2 Überprüfen eines Windows Server 2008 R2-Domänencontrollers mit *dcdiag*

```
         ......................... DC01 hat den Test VerifyReferences bestanden
   Partitionstests werden ausgeführt auf: ForestDnsZones
      Starting test: CheckSDRefDom
         ......................... ForestDnsZones hat den Test CheckSDRefDom bestanden
      Starting test: CrossRefValidation
         ......................... ForestDnsZones hat den Test CrossRefValidation bestanden
   Partitionstests werden ausgeführt auf: DomainDnsZones
      Starting test: CheckSDRefDom
         ......................... DomainDnsZones hat den Test CheckSDRefDom bestanden
      Starting test: CrossRefValidation
         ......................... DomainDnsZones hat den Test CrossRefValidation bestanden
   Partitionstests werden ausgeführt auf: Schema
      Starting test: CheckSDRefDom
         ......................... Schema hat den Test CheckSDRefDom bestanden
      Starting test: CrossRefValidation
         ......................... Schema hat den Test CrossRefValidation bestanden
   Partitionstests werden ausgeführt auf: Configuration
      Starting test: CheckSDRefDom
         ......................... Configuration hat den Test CheckSDRefDom bestanden
      Starting test: CrossRefValidation
         ......................... Configuration passed test CrossRefValidation
   Partitionstests werden ausgeführt auf: contoso
      Starting test: CheckSDRefDom
         ......................... contoso hat den Test CheckSDRefDom bestanden
      Starting test: CrossRefValidation
         ......................... contoso hat den Test CrossRefValidation bestanden
   Unternehmenstests werden ausgeführt auf: contoso.com
      Starting test: FsmoCheck
         ......................... contoso.com hat den Test FsmoCheck bestanden
      Starting test: Intersite
         ......................... contoso.com hat den Test Intersite bestanden <- Alle Tests seit
dem letzten Kommentar sollten auf jeden Fall auf bestanden stehen. Hier werden wichtige
Elemente von DNS und Active Directory getestet. Tauchen an dieser Stelle Fehler auf, geben
Sie den Namen des Tests und das Ergebnis Failed in einer Suchmaschine ein. Sie erhalten
dadurch gezielt Hinweise, woran der Fehler liegen könnte. Sie sollten keinesfalls einzelne
Fehler ignorieren. Die Tests überprüfen verschiedene Querverweise der einzelnen Domänen und
Anwendungspartitionen in Active Directory
```

Mit *dcdiag /a* überprüfen Sie alle Domänencontroller am gleichen Active Directory-Standort, über *dcdiag /e* werden alle Server in der Gesamtstruktur getestet. Um sich nur die Fehler und keine Informationen anzeigen zu lassen, verwenden Sie *dcdiag /q*. Die Option *dcdiag /s:<Domänencontroller>* ermöglicht den Test eines Servers über das Netzwerk.

Namensauflösung mit *nslookup.exe* testen

Ein weiterer wichtiger Test besteht darin, dass Sie in der Befehlszeile *nslookup* aufrufen. An dieser Stelle sollte kein Fehler auftreten:

Listing 40.3 Fehlerfreie Ausgabe von *nslookup*

```
C:\Documents and Settings\Administrator>nslookup
Standardserver:  DC1.contoso.com
Address:  10.1.1.20
```

Dieser Test zeigt, dass der bevorzugte DNS-Server erreicht werden kann und sein Computername sowie seine IP-Adresse im DNS registriert sind. Erhalten Sie hier bereits eine Fehlermeldung, sollten Sie überprüfen, ob die IP-Adresse des DNS-Servers in der *Reverse-Lookupzone* registriert ist. Sollte der Server noch nicht registriert sein, versuchen Sie mit *ipconfig /registerdns* in der Befehlszeile eine erneute automatische Registrierung beim DNS-Server. Das ist eine häufige Fehlerquelle. Danach sollten Sie durch die Eingabe des vollständigen Computernamens aller restlichen Domänencontroller feststellen, dass alle notwendigen Domänencontroller per DNS erreicht werden können.

Treten in Active Directory Fehler auf, sollten Sie immer zunächst überprüfen, ob sich die beteiligten Server im DNS auflösen können. Verwenden Sie dazu das Befehlszeilenprogramm *Nslookup*. Neben *Nslookup* besprechen wir im nächsten Abschnitt noch weitere Tools, die für die Fehlersuche und Verwaltung von DNS unter Windows Server 2008 R2 eine besondere Rolle spielen. *Nslookup* gehört zu den Bordmitteln von Windows Server 2008 R2. Wenn ein Servername mit *Nslookup* nicht aufgelöst werden kann, sollten Sie überprüfen, wo das Problem liegt:

1. Ist in den IP-Einstellungen des Servers der richtige DNS-Server als bevorzugt eingetragen?
2. Verwaltet der bevorzugte DNS-Server die Zone, in der Sie eine Namensauflösung durchführen wollen?
3. Wenn der Server diese Zone nicht verwaltet, ist auf der Registerkarte *Weiterleitungen* in den Eigenschaften des Servers ein Server eingetragen, der die Zone auflösen kann?
4. Wenn eine Weiterleitung eingetragen ist, kann der Server, zu dem weitergeleitet wird, die Zone auflösen?
5. Wenn dieser Server nicht für die Zone verantwortlich ist, leitet er wiederum die Anfrage weiter?

An irgendeiner Stelle der Weiterleitungskette muss ein Server stehen, der die Anfrage schließlich auflösen kann, sonst kann der Client keine Verbindung aufbauen und die Abfrage des Namens wird nicht erfolgreich sein. Gehen Sie strikt nach dieser Vorgehensweise vor, werden Sie bereits recht schnell den Fehler in der Namensauflösung finden.

Sollte bei Ihnen ein Fehler auftauchen, müssen Sie in der Reverse- und der Forward-Lookupzone überprüfen, ob sich der Server dynamisch in das DNS integriert hat. In Ausnahmefällen kann es vorkommen, dass die Aktualisierung der Reverse-Lookupzone nicht funktioniert hat. In diesem Fall können Sie einfach den Eintrag des Servers manuell ergänzen. Dazu müssen Sie lediglich einen neuen Zeiger (engl. Pointer) erstellen. Ein Zeiger oder Pointer ist ein Verweis von einer IP-Adresse zu einem Hostnamen. Kurz nach der Installation kann dieser Befehl durchaus noch Fehler melden. Versuchen Sie die IP-Adresse des Domänencontrollers erneut mit *ipconfig /registerdns* zu registrieren. Nach einigen Sekunden sollte der Name fehlerfrei aufgelöst werden. Sobald Sie *Nslookup* aufgerufen haben, können Sie beliebig Servernamen auflösen.

Wenn Sie keinen FQDN eingeben, sondern nur den Computernamen eingeben, ergänzt der lokale Rechner automatisch den Namen durch das primäre DNS-Suffix des Computers bzw. durch die in den IP-Einstellungen konfigurierten DNS-Suffixe. Sie sollten auf kritischen Servern bzw. auf Servern, bei denen die Namensauflösung nicht funktioniert, mit *Nslookup* überprüfen, an welcher Stelle Probleme auftauchen. Wenn Sie *Nslookup* aufrufen, um Servernamen aufzulösen, wird als DNS-Server immer der Server befragt, der in den IP-Einstellungen des lokalen Rechners hinterlegt ist. Sie können von dem lokalen Rechner aus aber auch andere DNS-Server mit der Auflösung befragen. Geben Sie dazu in der Befehlszeile *nslookup <Host> <Server>* ein (also zum Beispiel *nslookup dc02.microsoft.com dc01.contoso.com*). Bei diesem Beispiel versucht *Nslookup* den Host *dc02.microsoft.com* mithilfe des Servers *dc01.contoso.com* aufzulösen.

Anstatt den zweiten Eintrag, also den DNS-Server, mit seinem FQDN anzusprechen, können Sie auch die IP-Adresse angeben. Wenn Sie als Servereintrag bei dieser Befehlszeile einen DNS-Server mit seinem FQDN eingeben, setzt dies voraus, dass der DNS-Server, den der lokale Rechner verwendet, zwar nicht den Host *dc02.microsoft.com* auflösen kann, aber dafür den Server *dc01.contoso.com*. Der DNS-Server *dc01.contoso.com* wiederum muss dann den Host *dc02.microsoft.com* auflösen können, damit keine Fehlermeldung ausgegeben wird. Sie können also mit *Nslookup* sehr detailliert die Schwachstellen Ihrer DNS-Auflösung testen. Wenn Sie mehrere Hosts hintereinander abfragen wollen, müssen Sie nicht jedes Mal den Befehl *nslookup <Host> <Server>* verwenden, sondern können *Nslookup* mit dem Befehl *nslookup –<Server>* starten, wobei der Eintrag *Server* der Name oder die IP-Adresse des DNS-Servers ist, den Sie befragen wollen, zum Beispiel *nslookup –10.0.0.11*

Sie können die beiden eben erwähnten Optionen auch kombinieren:

- Wenn Sie zum Beispiel *Nslookup* so starten, dass nicht der lokal konfigurierte DNS-Server zur Namensauflösung herangezogen wird, sondern der Remoteserver *10.0.0.11*, können Sie innerhalb der *Nslookup*-Befehlszeile durch Eingabe von *<host> <server>* wieder einen weiteren DNS-Server befragen.
- *Nslookup* wird in der Befehlszeile gestartet und so konfiguriert, dass der DNS-Server *10.0.0.11* zur Namensauflösung herangezogen wird
- *Nslookup* überprüft, ob der lokal konfigurierte DNS-Server in seiner Reverse-Lookupzone die IP-Adresse *10.0.0.11* zu einem Servernamen auflösen kann. Da dies funktioniert, wird als Standardserver für diese *Nslookup*-Befehlszeile der DNS-Server *10.0.0.11* mit seinem FQDN *dc01.contoso.com* verwendet. Wäre an dieser Stelle eine Fehlermeldung erschienen, dass der Servername für *10.0.0.11* nicht bekannt ist, würde das bedeuten, dass der DNS-Server, der in den IP-Einstellungen des lokalen Rechners konfiguriert ist, in seiner Reverse-Lookupzone den Servername nicht auflösen kann. In diesem Fall sollten Sie die Konfiguration der Reverse-Lookupzone überprüfen und sicherstellen, dass alle Zeiger (Pointer) korrekt eingetragen sind. Zu einer konsistenten Namensauflösung per DNS gehört nicht nur die Auflösung von Servername zu IP (Forward), sondern auch von IP zu Servername (Reverse).
- In der nächsten Zeile soll der Rechnername *dc02.microsoft.com* vom Server *10.0.0.13* aufgelöst werden. Der Server *10.0.0.13* kann jedoch den Servernamen *dc02.microsoft.com* nicht auflösen. In diesem Fall liegt ein Problem auf dem Server *10.0.0.13* vor, der die Zone *microsoft.com* nicht auflösen kann. Sie sollten daher auf dem Server *10.0.0.13* entweder in den Eigenschaften des DNS-Servers auf der Registerkarte *Weiterleitungen* überprüfen, ob eine Weiterleitung zu *microsoft.com* eingetragen werden muss, oder eine sekundäre Zone für *microsoft.com* auf dem Server *10.0.0.13* anlegen, wenn dieser Rechnernamen für die Zone *microsoft.com* auflösen können soll.
- Als Nächstes wird versucht, den gleichen Servernamen *dc02.microsoft.com* über den Standardserver dieser *Nslookup*-Befehlszeile aufzulösen. Der Standardserver kann den Servernamen problemlos auflösen, was zeigt, dass diese Konfiguration in Ordnung ist.

Standard-OUs per *Active Directory-Benutzer und -Computer* überprüfen

Nach einer Neuinstallation sollten Sie überprüfen, ob sich das Snap-In *Active Directory-Benutzer und -Computer* im Server-Manager fehlerfrei öffnen lässt und die fünf wichtigsten Organisationseinheiten (Organizational Units, OUs) angezeigt werden. Diese OUs sind in jeder Domäne identisch und müssen vorhanden sein:

- **Builtin** Im Container *Builtin* befinden sich vom System vordefinierte Gruppen
- **Computers** Der Container *Computers* enthält Computerkonten für alle Computer, die in die Domäne aufgenommen wurden. Jeder Computer wird mit einem eigenen Konto in Active Directory verwaltet.
- **Domain Controllers** Im Container *Domain Controllers* befinden sich Computerkonten für alle Domänencontroller der Domäne
- **ForeignSecurityPrincipals** Der Container *ForeignSecurityPrincipals* enthält Informationen über SIDs, die mit Objekten aus entfernten, vertrauten Domänen verbunden sind

- **Managed Service Accounts** Dieser Container dient der Unterstützung verwalteter Benutzerkonten für Dienste, eine neue Funktion in Windows Server 2008 R2
- **Users** Im Container *Users* stehen die Benutzer und Gruppen, die von Windows Server 2008 R2 automatisch angelegt werden

Sie müssen nicht den Inhalt der Container überprüfen, es genügt, wenn Sie testen, ob diese angelegt wurden. Achten Sie darauf, im Snap-In über den Menübefehl *Ansicht/Erweiterte Features* die erweiterten Funktionen zu aktivieren.

Abbildg. 40.1 Anzeigen der Standard-OUs nach der Installation von Active Directory

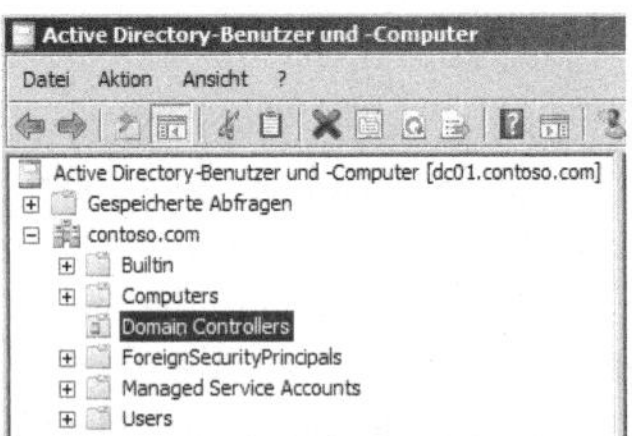

Active Directory-Standorte überprüfen

Sie sollten bei Problemen oder nach Installationen von Domänencontrollern überprüfen, ob die Domänencontroller dem jeweils richtigen Standort zugewiesen sind, und ob an jedem Standort ein Server zum globalen Katalog konfiguriert wurde. Haben Sie bereits mehrere Domänencontroller installiert, sollten Sie überprüfen, ob bei allen Domänencontrollern automatisch konfigurierte Replikationsverbindungen eingerichtet wurden, und ob diese auch funktionieren. Alle installierten Domänencontroller sollten angezeigt werden und sich ohne Fehler mit ihren Replikationspartnern replizieren lassen.

Installieren Sie einen neuen Domänencontroller oder auch einen Mitgliedsserver, sollten Sie vor allem dann, wenn dieser auch zum Exchange-Server werden soll, in der Befehlszeile testen, ob dieser Server seinen Standort auflösen kann und korrekt konfiguriert ist. Geben Sie dazu den Befehl *nltest /dsgetsite* ein. Es darf kein Fehler auftreten, sondern der Server muss seinen richtigen Standort ausgeben. Erscheinen an dieser Stelle Fehler, sollten Sie die IP-Einstellungen des Servers und die DNS-Konfiguration des bevorzugten DNS-Servers überprüfen. Auch die IP-Subnetze und deren korrekte Zuordnung zu den richtigen Standorten sollte hier überprüft werden. Den Standardnamen des ersten Standorts passen Sie am besten im Server-Manager über *Rollen/Active Directory-Domänendienste/Active Directory-Standorte und -Dienste* an. Klicken Sie dazu den Standort mit der rechten Maustaste an und wählen Sie im Kontextmenü den Eintrag *Umbenennen*.

Liste der Domänencontroller überprüfen

Geben Sie in der Befehlszeile den Befehl *nltest /dclist:<NetBIOS-Domänenname>* ein, zum Beispiel *nltest /dclist:contoso*. Alle Domänencontroller sollten mit ihren vollständigen Domänennamen ausgegeben werden. Werden einzelne Domänencontroller nur mit ihrem NetBIOS-Namen angezeigt, überprüfen Sie deren DNS-Registrierung auf den DNS-Servern.

Abbildg. 40.2 Anzeigen der vollständigen Domänencontrollerliste in der Befehlszeile

```
Administrator: C:\Windows\system32\cmd.exe

C:\Users\Administrator>nltest /dclist:contoso
Liste der Domänencontroller (DCs) in Domäne 'contoso' von '\\DC01' abrufen.
    dc01.contoso.com [PDC]  [DS] Standort: Berlin
    DC03.contoso.com [RODC] [DS] Standort: Berlin
Der Befehl wurde ausgeführt.

C:\Users\Administrator>
```

Active Directory-Dateien überprüfen

Die Active Directory-Daten werden in einer Datenbank gespeichert. Diese Datenbank ist eine Datei im Dateisystem auf den Domänencontrollern. Die Active Directory-Datenbank wird in der Datei *ntds.dit* in dem Verzeichnis gespeichert, das Sie bei der Heraufstufung zum Domänencontroller festgelegt haben. Standardmäßig wird die Active Directory-Datenbank im Verzeichnis *C:\Windows\NTDS* abgelegt. Überprüfen Sie, ob die Dateien auf dem Domänencontroller vorhanden sind, und ob noch genügend Festplattenplatz frei ist, damit die Datenbank wachsen kann. Sie können die Größe der Active Directory-Datenbank jederzeit feststellen, indem Sie die Größe dieser Datei überprüfen.

Abbildg. 40.3 Anzeigen der Systemdateien von Active Directory

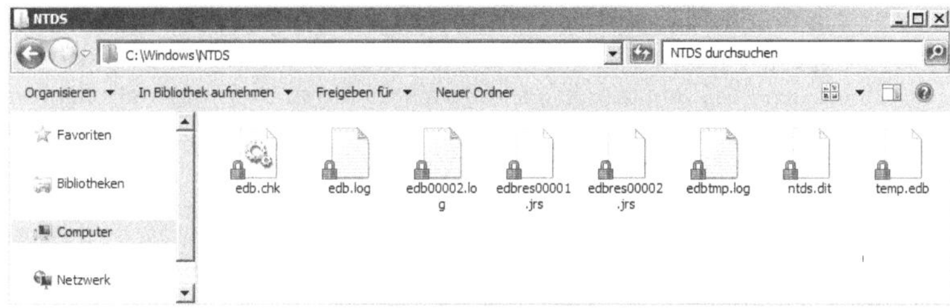

Bei den *.jrs*-Dateien handelt es sich um die Transaktionsprotokolle der Datenbank. Die Datei *edb.chk* ist die Checkpoint-Datei. Diese Datei enthält die Informationen, welche Transaktionsprotokolle bereits in die Datenbank geschrieben wurden.

Domänenkonto der Domänencontroller überprüfen

Die Domänencontroller sollten im Snap-In *Active Directory-Benutzer und -Computer* in der OU *Domain Controllers* angezeigt werden. Von diesem Konto sollten Sie fehlerfrei die Eigenschaften aufrufen können. Die Informationen auf den einzelnen Registerkarten sollten fehlerfrei dargestellt werden und die korrekten Daten enthalten.

Abbildg. 40.4 Anzeigen der Eigenschaften des Computerkontos eines Domänencontrollers

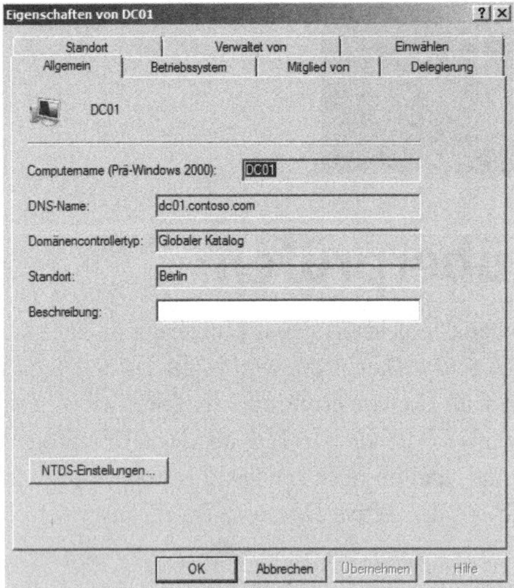

Außerdem können Sie mit dem Befehl *net accounts* in der Befehlszeile den Status des Domänenkontos eines Domänencontrollers überprüfen. Innerhalb der Ausgabe von *net accounts* sollte die Rolle des Computers *Primär* sein, wenn es sich um den PDC-Emulator handelt. Bei allen anderen Domänencontrollern wird an dieser Stelle die Rolle *Sicherung* angezeigt.

Abbildg. 40.5 Anzeigen der Eigenschaften des Domänencontrollercomputerkontos in der Befehlszeile

```
Administrator: C:\Windows\system32\cmd.exe
Microsoft Windows [Version 6.1.7600]
Copyright (c) 2009 Microsoft Corporation. Alle Rechte vorbehalten.

C:\Users\Administrator>net accounts
Abmelden erzwingen nach:                          Nie
Minimales Kennwortalter (Tage):                   1
Maximales Kennwortalter (Tage):                   42
Minimale Kennwortlänge:                           7
Länge der Kennwortchronik:                        24
Sperrschwelle:                                    Nie
Sperrdauer (Minuten):                             30
Sperrüberprüfungsfenster (Minuten):               30
Rolle des Computers:                              PRIMÄR
Der Befehl wurde erfolgreich ausgeführt.


C:\Users\Administrator>
```

Probleme mit Kerberos – Zurücksetzen des Maschinenkennworts mit *netdom.exe*

Bei Kerberos wird die Identität des Benutzers und die Identität des authentifizierenden Servers festgestellt. Kerberos arbeitet mit einem sogenannten Ticket-System, um Benutzer zu authentifizieren. Kennwörter werden in Active Directory niemals über das Netzwerk übertragen. Damit sich ein Benutzer an einem Server authentifizieren kann, um zum Beispiel auf eine Freigabe eines Dateiservers zuzugreifen, wird ausschließlich mit verschlüsselten Tickets gearbeitet. Ein wesentlicher Bestandteil der Kerberosauthentifizierung ist das Schlüsselverteilungscenter (Key Distribution Center, KDC). Dieser Dienst wird auf allen Windows Server 2003/2008/2008 R2-Domänencontrollern ausgeführt und ist für die Ausstellung der Authentifizierungstickets zuständig. Der zuständige Kerberosclient läuft auf allen Windows 2000-, XP- und Vista-Arbeitsstationen sowie auch unter Windows 7.

Wenn sich ein Benutzer an einer Arbeitsstation in Active Directory anmeldet, muss er sich zunächst an einem Domänencontroller und dem dazugehörigen KDC authentifizieren. Im nächsten Schritt erhält der Client ein

Ticket-genehmigendes Ticket (TGT) vom KDC ausgestellt. Nachdem der Client dieses TGT erhalten hat, fordert er beim KDC mithilfe dieses TGT ein Ticket für den Zugriff auf den Dateiserver an. Diese Authentifizierung führt der Ticket-genehmigende Dienst (Ticket Granting Service, TGS) auf dem KDC aus.

Nach der erfolgreichen Authentifizierung des TGT durch den TGS stellt dieser ein Dienstticket aus und übergibt dieses Ticket an den Client. Dieses Dienstticket gibt der Client an den Server weiter, auf den er zugreifen will, in diesem Beispiel der Dateiserver. Durch dieses Ticket kann der Dateiserver sicher sein, dass sich kein gefälschter Benutzer mit einem gefälschten Benutzernamen anmeldet. Durch das Dienstticket wird sowohl der authentifizierende Domänencontroller als auch der Benutzer authentifiziert.

Sollten Probleme mit dem Schlüsselverteilungscenter oder Kerberos im Allgemeinen auftreten, besteht unter Umständen noch ein Problem bei der Kerberosauthentifizierung. In diesem Fall wird allerdings normalerweise eine entsprechende Fehlermeldung bei *dcdiag.exe* oder *netdiag.exe* angezeigt, die auf Probleme mit LDAP oder Kerberos hinweisen. Kerberos ist für die Anmeldung in Active Directory von existenzieller Wichtigkeit. Aber auch wenn diese Tools keine Fehler gezeigt haben, kann das Zurücksetzen des Maschinenkennworts eine letzte Hoffnung sein, einen ausgefallenen Server oder Domänencontroller wieder zur Zusammenarbeit mit seiner Domäne zu bewegen. Um das Kennwort zurückzusetzen, müssen Sie folgendermaßen vorgehen:

1. Beenden Sie auf dem Domänencontroller mit dem Problem den Dienst *Kerberos-Schlüsselverteilungscenter.*
2. Setzen Sie den Dienst auf *Manuell.*
3. Öffnen Sie eine neue Befehlszeile und geben Sie den folgenden Befehl ein:

```
netdom resetpwd /server:<Ein Domänencontroller der Domäne, der noch funktioniert> /
userd:<Administratorkennwort der Domäne> /passwordd:<Kennwort des Administrators>
```

4. Wenn Sie den Befehl ausführen, muss auf jeden Fall eine positive Rückantwort kommen, welche bestätigt, dass das Kennwort der Maschine zurückgesetzt wurde.
5. Starten Sie im Anschluss den Server neu.
6. Starten Sie den Dienst *Kerberos-Schlüsselverteilungscenter* auf dem Server neu und setzen Sie den Dienst auf *Automatisch.*
7. Jetzt sollte der Server wieder uneingeschränkt funktionieren. Überprüfen Sie die korrekte Verbindung mit der Domäne durch die Tools *dcdiag.exe* und *netdiag.exe.*

Administrative Freigaben überprüfen

Vor allem die beiden Freigaben *netlogon* und *sysvol* sollten fehlerfrei dargestellt werden. Überprüfen Sie die Freigaben mithilfe des Befehlszeilenprogramms *net share.* Standardmäßig werden die beiden folgenden Verzeichnisse freigegeben:

- *C:\Windows\SYSVOL\sysvol\<DOMÄNE>\SCRIPTS* als Freigabe *netlogon*
- *C:\Windows\SYSVOL\sysvol* als Freigabe *SYSVOL*

Beide Freigaben werden durch *net share* in der Befehlszeile angezeigt.

Abbildg. 40.6 Anzeigen der administrativen Freigaben in der Befehlszeile

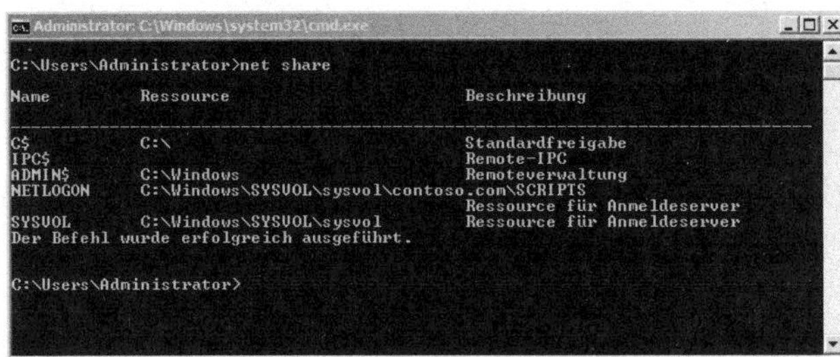

Alternativ überprüfen Sie die administrativen Freigaben im Server-Manager über *Rollen/Dateidienste/Freigabe- und Speicherverwaltung*. Auch hier werden die Freigaben angezeigt.

Gruppenrichtlinien überprüfen

Automatisch werden nach der Installation durch Active Directory die beiden folgenden Gruppenrichtlinien angelegt:

- *Default Domain Controller Policy*
- *Default Domain Policy*

Die Einstellungen der beiden Gruppenrichtlinien werden im Dateisystem auf den Domänencontrollern gespeichert. Für beide Richtlinien gibt es im Verzeichnis *C:\Windows\SYSVOL\domain\Policies* jeweils einen Unterordner, der durch eine eindeutige GUID dargestellt wird. Überprüfen Sie, ob diese beiden Unterordner vorhanden sind und fehlerfrei geöffnet werden können:

- {31B2F340-016D-11D2-945F-00C04FB984F9} = Default Domain Policy
- {6AC1786C-016F-11D2-945F-00C04fB984F9} = Default Domain Controller Policy

Abbildg. 40.7 Anzeigen der Verzeichnisse für die beiden standardmäßigen Gruppenrichtlinien

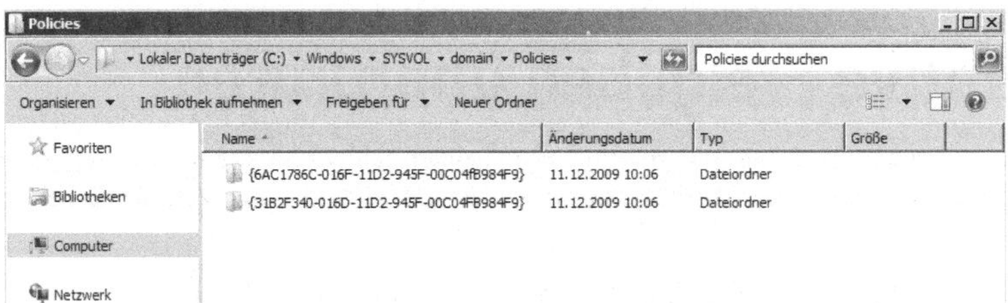

DNS-Einträge von Active Directory überprüfen

Nach der Installation von Active Directory werden in der Forward-Lookupzone der entsprechenden Domäne zahlreiche Einstellungen vorgenommen. Überprüfen Sie in der DNS-Verwaltung, ob die Einträge von Active Directory fehlerfrei vorgenommen worden sind. Sie brauchen nicht alle Einträge zu überprüfen, können aber schon an der Übersicht erkennen, ob überhaupt Einträge erstellt wurden. Alle notwendigen Dienste von Active Directory werden als SRV-Record im DNS gespeichert.

Betriebsmaster testen

Als Nächstes sollten Sie auf einem neuen Domänencontroller testen, ob dieser alle FSMO-Rolleninhaber kennt. Geben Sie in der Befehlszeile den Befehl *netdom query fsmo* ein. Dann gibt der Domänencontroller alle FSMO-Rollen aus, die er kennt. Dieser Test baut keine Verbindung zu den FSMO-Rolleninhabern auf, sodass nicht sichergestellt wird, dass diese auch funktionieren. Allerdings wird durch diesen schnell durchführbaren Test überprüft, ob die Rolleninhaber bekannt sind.

Ereignisprotokollierung von Active Directory konfigurieren

Im nächsten Schritt besteht auch die Möglichkeit, die Diagnoseprotokollierung von Active Directory zu erhöhen. Standardmäßig schreiben Domänencontroller nur kritische Fehler von Active Directory in die Ereignisanzeige, speziell in das Protokoll *Verzeichnisdienst.* In diesem Protokoll sollten keine Fehler stehen. Tauchen dennoch Fehler auf, sollten diese genau überprüft und die Ursachen abgestellt werden. Wenn Ihnen diese Protokollierung nicht ausreicht, besteht auch die Möglichkeit, diese zu erhöhen. Active Directory speichert in diesem Fall deutlich mehr Informationen, die zur Überwachung oder Fehlerbehandlung von Active Directory verwendet werden können.

Sie können die Ereignisprotokollierung von Active Directory hauptsächlich über die Registry steuern. Wenn Sie die Protokollierung auf einem Domänencontroller erhöhen wollen, müssen Sie mit einem Registrierungs-Editor die Registry öffnen und zum Schlüssel *HKEY_LOCAL_MACHINE\SYSTEM\CurrentControlSet\Services\NTDS\Diagnostics* navigieren. An dieser Stelle können Sie für einzelne Bereiche den Wert mit einem REG_DWORD-Eintrag anpassen. Jeder Eintrag in diesem Schlüssel steht für einen eigenen Eventtyp. Sie müssen nicht generell die Überwachung für alle Einträge ändern, sondern können genau die Wert anpassen, die Sie genauer überwachen wollen.

Ihnen stehen verschiedene Ereignistypen zur Verfügung. Jeder dieser Werte wird durch einen eigenen REG_DWORD-Wert repräsentiert. Jedem Wert ist standardmäßig der Wert 0 zugeordnet. Durch Erhöhung dieses Werts, können für die einzelne Bereiche detaillierte Ereignisprotokollierungen eingestellt werden. Um die Protokollierung zu detaillieren, müssen Sie, wie bereits erwähnt, den Wert der einzelnen REG_DWORD-Einträge anpassen. Dazu sind sechs Stufen von 0 bis 5 zur Verfügung:

- 0 Diese Einstellung ist bereits standardmäßig für alle Ereignistypen gesetzt und protokolliert ausschließlich kritische Fehler
- 1 Bei dieser minimalen Einstellung werden auch etwas weniger kritische Probleme in der Ereignisanzeige protokolliert. Wenn Sie die Protokollierung von Active Directory erhöhen, sollten Sie zunächst mit diesem Wert beginnen. Bereits bei dieser Stufe werden deutlich mehr Meldungen in die Ereignisanzeige geschrieben. Stellen Sie daher zunächst sicher, ob diese Stufe ausreichend ist, bevor Sie weiter erhöhen.
- 2 Bei dieser Stufe wird die Protokollierung noch etwas erhöht. Sollte die Stufe 1 für Sie nicht ausreichen, dann wählen Sie zunächst Stufe 2.
- 3 Ab der Stufe 3 werden alle Schritte der einzelnen Aufgaben in Active Directory protokolliert. Während sich die Stufen 0 bis 2 hauptsächlich für die Fehlersuche im weiteren Sinne anbieten, wird ab Stufe 3 sehr viel mehr protokolliert. Ab dieser Stufe wird der Server durch die starke Protokollierung extrem belastet. Wenn Sie die Protokollierung auf mehr als Stufe 2 erhöhen, sollten Sie über eine extrem leistungsfähige Hardware verfügen. Zur Überwachung und Fehlerbehebung von Active Directory reichen die Stufen von 0 bis 2 normalerweise aus.

- 4 Diese Stufe erhöht den Protokollierungsgrad noch mal etwas höher Stufe 3. Allerdings findet in diesem Fall nicht die starke Steigerung wie bei der Erhöhung von 2 auf 3 statt.
- 5 Diese Stufe ist die höchste, die Sie für einen Wert einstellen können. Bei dieser Stufe werden alle Informationen in die Ereignisanzeige geschrieben, die Active Directory protokollieren kann. Diese Stufe sollte nur für sehr wenige Kategorien gleichzeitig eingestellt werden, da der Protokollierungsgrad ansonsten die Übersicht in der Ereignisanzeige zu stark einschränkt.

Active Directory bereinigen und Domänencontroller entfernen

In manchen Fällen ist der Aufwand einer Fehlerbehebung viel größer, als einfach den betroffenen Domänencontroller neu zu installieren und wieder in Active Directory zu integrieren. Wenn Sie einen Domänencontroller aus Active Directory entfernen müssen, gibt es grundsätzlich drei Möglichkeiten:

1. Der Domänencontroller soll zu einem Mitgliedsserver herabgestuft werden, wenn zum Beispiel auf einem Server Exchange und Domänencontroller zusammen betrieben werden und Probleme bereiten, aber der Server noch eine Verbindung zu Active Directory hat.
2. Der Domänencontroller läuft zwar noch und verwaltet installierte Applikationen, hat aber seine Verbindung zu Active Directory verloren. Er soll heruntergestuft werden, ohne Verbindung mit Active Directory zu haben oder neu installiert zu werden. Active Directory muss dazu nachträglich bereinigt werden.
3. Der Domänencontroller ist komplett ausgefallen und funktioniert nicht mehr. Active Directory muss mitgeteilt werden, dass der Domänencontroller nicht mehr verfügbar ist.
4. Auf den folgenden Seiten sind die Abläufe der einzelnen Möglichkeiten beschrieben, einen Domänencontroller aus Active Directory zu entfernen.

Vorbereitungen beim Entfernen eines Domänencontrollers

Wird ein Domänencontroller aus Active Directory entfernt, sollten Sie einige Vorbereitungen treffen, damit die Anwender durch seinen Ausfall nicht betroffen sind:

- Stellen Sie sicher, dass der Domänencontroller nicht als bevorzugter oder alternativer DNS-Server von einem anderen Rechner der Domäne verwendet wird (auch nicht als DNS-Weiterleitungsserver)
- Entfernen Sie – falls möglich – vor der Herabstufung das DNS von diesem Domänencontroller. Haben Sie das DNS entfernt, überprüfen Sie auf einem anderen DNS-Server in den Eigenschaften der DNS-Zone, dass der Server auf der Registerkarte *Namensserver* nicht mehr aufgeführt wird. Entfernen Sie aber nicht den Hosteintrag des Servers, da dieser für die Herabstufung noch benötigt wird.
- Stellen Sie sicher, dass der Domänencontroller nicht an irgendeiner Stelle als Domänencontroller explizit eingetragen ist, zum Beispiel auf einem Linux-Server oder einem Exchange-Server
- Entfernen Sie alle Active Directory-abhängigen Dienste wie VPN, Zertifizierungsstelle oder andere Programme, die nach der Herabstufung nicht mehr funktionieren werden
- Verschieben Sie vor der Herabstufung zuerst alle FSMO-Rollen auf andere Server
- Wenn es sich bei diesem Server um einen globalen Katalog handelt, konfigurieren Sie einen anderen Server als globalen Katalog und entfernen Sie im Snap-In *Active Directory-Standorte- und -Dienste* unter *Sites/<Standort des Servers>/<Servername>/Eigenschaften der NTDS-Settings* das Häkchen bei *Globaler Katalog*

Domänencontroller herabstufen

Starten Sie als nächsten Schritt auf dem Server den Assistenten zum Entfernen von Active Directory über *dcpromo*, um den Server zu einem Mitgliedsserver der Domäne herabzustufen. Wenn es sich bei dem Domänencontroller, den Sie herabstufen wollen, um einen globalen Katalog handelt, werden Sie darüber mit einer Meldung informiert. Handelt es sich um einen globalen Katalog, können Sie auf der nächsten Seite auswählen, ob es sich bei diesem Domänencontroller um den letzten seiner Domäne handelt. In diesem Fall würde nicht nur der Domänencontroller aus der Gesamtstruktur entfernt, sondern die ganze Domäne.

Haben Sie Ihre Auswahl getroffen, beginnt der Assistent mit der Herabstufung des Domänencontrollers. Sobald Active Directory vom Server entfernt wurde, können Sie diesen neu starten. Nach der Herabstufung eines Domänencontrollers wird dieser als Mitgliedsserver in die Domäne aufgenommen. Wenn auf dem Server Applikationen installiert waren, zum Beispiel Exchange Server, stehen diese nach dem Neustart weiterhin zur Verfügung.

Abbildg. 40.8 Auswählen, ob beim Entfernen eines Domänencontrollers die ganze Domäne ebenfalls entfernt werden soll

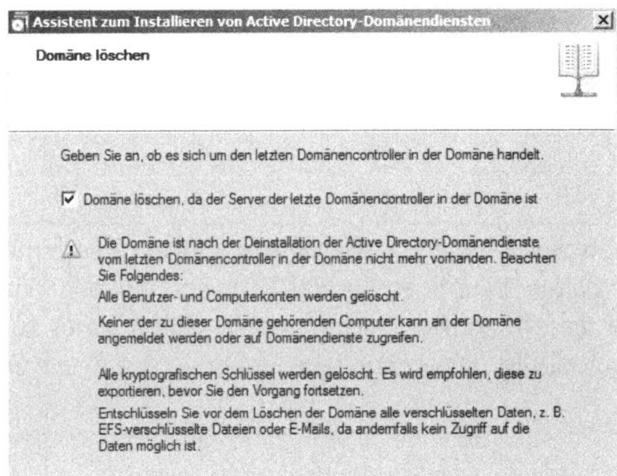

HINWEIS Auch wenn ein herabgestufter Domänencontroller im Anschluss noch als Mitgliedsserver verwendet werden kann, sollten Sie sicherheitshalber das Computerkonto aus der Domäne entfernen und das Betriebssystem neu auf dem Server installieren, um Altlasten zu entsorgen. Auch den Servernamen sollten Sie ändern, wenn aus dem Namen hervorgeht, dass es sich um einen Domänencontroller gehandelt hat.

Herabstufung eines Domänencontrollers erzwingen

Wenn Sie einen Domänencontroller, der die Verbindung mit Active Directory verloren hat, nicht neu installieren wollen, können Sie Active Directory trotz fehlender Verbindung entfernen. Starten Sie dazu den Assistenten zum Entfernen von Active Directory über *dcpromo* mit der Option */forceremoval*. Der Assistent startet und meldet, dass das Entfernen von Active Directory von diesem Server erzwungen wird. Verwaltet der Server FSMO-Rollen oder ist der DNS-Dienst installiert, erscheinen Fehlermeldungen. Starten Sie den Assistenten mit der Option */demotefsmo:yes*, werden diese Meldungen unterdrückt. Diese Einstellungen lassen sich auch in einer Antwortdatei konfigurieren.

Nach der erzwungenen Entfernung von Active Directory ist der Domänencontroller allerdings kein Mitgliedsserver, sondern ein alleinstehender Server. Sie können sich daher an diesem Server nicht mehr bei der Domäne anmelden. Als lokales Kennwort für den Administrator wird das Kennwort verwendet, das Sie auf diesem Server für den Verzeichnisdienstwiederherstellungsmodus beim Erstellen von Active Directory verwendet haben.

Nachdem Active Directory von dem Server entfernt wurde, wird in der Ereignisanzeige eine entsprechende Meldung protokolliert. Der Server wird bei diesem Vorgang allerdings nicht aus Active Directory entfernt. Sie müssen nachträglich die Active Directory-Metadaten bereinigen (wie im nächsten Abschnitt ausführlich beschrieben).

Abbildg. 40.9 Erzwungene Entfernung von Active Directory

HINWEIS Wenn Sie einen Domänencontroller zwingen, Active Directory lokal zu entfernen, aber das Betriebssystem oder die Applikationen zu erhalten, benötigen Sie das Kennwort für den Wiederherstellungsmodus von Active Directory. Wenn Sie dieses Kennwort nicht kennen, sollten Sie es zuvor ändern. Ohne die Anmeldung im Wiederherstellungsmodus ist das erzwungene Entfernen von Active Directory auf einem Domänencontroller nicht möglich.

Kennwort für den Wiederherstellungsmodus in Active Directory zurücksetzen

Um das Kennwort für den Wiederherstellungsmodus auf einem Domänencontroller wiederherzustellen, benötigen Sie das Tool *ntdsutil.exe*. Um das Kennwort für den Wiederherstellungsmodus zurückzusetzen, müssen Sie zunächst eine Befehlszeile öffnen und *ntdsutil.exe* starten:

1. Starten Sie *ntdsutil.exe.*
2. Geben Sie den Befehl *set dsrm password* ein und bestätigen Sie.
3. Geben Sie in der Zeile *DSRM-Administratorkennwort zurücksetzen* den Befehl *reset password on server <Servername>* ein. Beim lokalen Server können Sie auch den Wert *null* eingeben und bestätigen.
4. Geben Sie das neue Kennwort ein und bestätigen Sie.
5. Geben Sie das neue Kennwort erneut ein.
6. Mit zweimal *quit* verlassen Sie *ntdsutil.* Das Kennwort für den Wiederherstellungsmodus ist jetzt zurückgesetzt und dient als Kennwort des lokalen Administrators.

Active Directory-Metadaten bereinigen

Die Active Directory-Metadaten enthalten alle Einträge und Servernamen, die zu Active Directory gehören. Wenn ein Domänencontroller ausfällt oder erzwungen aus Active Directory entfernt wird, sollten die Metadaten nachträglich bereinigt werden. Für diese Bereinigung benötigen Sie wiederum das Befehlszeilenprogramm *ntdsutil.exe*, das Sie bereits beim Verschieben der FSMO-Rollen kennengelernt haben. Um die Metadaten von Active Directory zu bereinigen, starten Sie zunächst *ntdsutil.exe* in der Befehlszeile. Gehen Sie wie in den folgenden Schritten beschrieben vor:

1. Geben Sie nach dem Start von *ntdsutil* den Befehl *metadata cleanup* ein.
2. Geben Sie im Anschluss daran *connections* ein.
3. Geben Sie den Befehl *connect to server <Domänencontroller>* ein. Verwenden Sie am besten einen globalen Katalog und führen Sie diese Maßnahmen in einer Terminalsitzung auf dem Server aus.
4. Geben Sie dann einmal den Befehl *quit* ein, um wieder zum Menü *metadata cleanup* zurückzukehren.
5. Als Nächstes geben Sie *select operaton target* ein.
6. Es folgt der Befehl *list domains*. Damit werden alle Domänen der Gesamtstruktur angezeigt.
7. Geben Sie danach den Befehl *select domain <Nummer der Domäne>* ein. Wählen Sie als Nummer die Domäne aus, von der Sie den Domänencontroller entfernen wollen.
8. Geben Sie als Nächstes *list sites* ein. Daraufhin werden alle Standorte der Gesamtstruktur angezeigt.
9. Wählen Sie den Standort aus, von dem Sie einen Domänencontroller entfernen wollen. Verwenden Sie dazu den Befehl *select site <Nummer des Standorts>*.
10. Nachdem Sie den Standort ausgewählt haben, geben Sie den Befehl *list servers in site* ein. Es werden alle Server in diesem Standort angezeigt.
11. Dann müssen Sie mit *select server <Nummer des Servers>* den Server angeben, den Sie aus Active Directory entfernen wollen.
12. Nachdem Sie den Server ausgewählt haben, geben Sie *quit* ein, damit Sie wieder zum Menü *metadata cleanup* gelangen.
13. Geben Sie nun den Befehl *remove selected server* ein. Es folgt eine Warnmeldung, in der Sie das Entfernen des Servers bestätigen müssen. Nach der Bestätigung dieser Meldung wird der Server aus Active Directory entfernt.
14. In *ntdsutil* werden die einzelnen Vorgänge beim Entfernen des Servers angezeigt.
15. Im Anschluss können Sie *ntdsutil* mit *quit* beenden. Die Active Directory-Metadaten sind bereinigt.

Nachdem die Active Directory-Metadaten bereinigt wurden, sollten Sie noch die Einträge im DNS bereinigen. Entfernen Sie alle SRV-Records, in denen noch der alte Server steht, aus der DNS-Zone der Domäne. Gehen Sie bei der Entfernung vorsichtig vor und löschen Sie keine Daten von anderen Domänencontrollern. Entfernen Sie auch alle Hosteinträge des Servers. In allen Einstellungen und Einträgen auf dem DNS-Server und in der DNS-Zone sollte der Server entfernt sein. Nachdem Sie alle DNS-Einträge aus der Zone entfernt haben, können Sie das Computerkonto des Servers löschen, falls dies noch nicht geschehen ist. Löschen Sie das Konto aus der OU *Domain Controllers* im Snap-In *Active Directory-Benutzer und -Computer*.

Im nächsten Schritt müssen Sie den Domänencontroller noch aus dem Standort löschen, dem er zugeordnet war. Verwenden Sie dazu das Snap-*In Active Directory-Standorte und -Dienste*. Navigieren Sie zum Standort des Domänencontrollers und wählen Sie im zugehörigen Kontextmenü den Befehl *Löschen* aus oder drücken Sie die [Entf]-Taste. Der Server sollte sich ohne Probleme löschen lassen. Überprüfen Sie als Nächstes in den NTDS-Settings jedes Domänencontrollers in Active Directory, ob der Domänencontroller noch als Replikationspartner eingetragen ist, und entfernen Sie in diesem Fall die Verbindung. Der Server sollte sich mit keinem anderen Domänencontroller mehr replizieren.

Fehler beim Entfernen von Active Directory mit *dcpromo*

Wenn während des Vorgangs der Herabstufung eine Fehlermeldung kommt, ist Active Directory nicht erfolgreich von diesem Domänencontroller entfernt worden. Sie sollten sicherstellen, dass der Assistent fehlerfrei durchläuft. Beseitigen Sie daher alle Fehler, die eventuell auftreten, und starten Sie den Assistenten erneut. Häufig kann das Entfernen von Active Directory auf einem Domänencontroller aus folgenden Gründen nicht durchgeführt werden:

- Fehlerhafte Namensauflösung
- Falsche Authentifizierung
- Fehlende Berechtigung des ausführenden Administrators
- Fehlerhafte Replikation in Active Directory

Wenn Sie den Fehler beheben können, sollten Sie das tun. Falls dies nicht möglich ist, hilft nur die manuelle Bereinigung von Active Directory. Um einen Domänencontroller zur Herabstufung zu zwingen, stehen Ihnen zwei Möglichkeiten zur Verfügung:

- **Neuinstallation des Betriebssystems und Bereinigung von Active Directory** In diesem Fall gehen alle Applikationen auf dem Server verloren und müssen neu installiert werden
- **Erzwungene Herabstufung auf einem Domänencontroller** In diesem Fall muss auch Active Directory bereinigt werden, allerdings bleiben die Applikationen auf dem Server erhalten. Diesen Schritt sollten Sie aber nur in Ausnahmefällen durchführen.

Die Neuinstallation ist immer sauberer, da in diesem Fall auch Altlasten entfernt werden. Sollte dies nicht möglich sein, bleibt Ihnen nur die erzwungene Herabstufung auf dem Domänencontroller.

Zusammenfassung

In diesem Kapitel haben wir Ihnen ausführlich gezeigt, wie Sie Fehler in Active Directory beheben können und Ihre Domänen auf Funktionalität hin überprüfen können. Sie finden auch im Kapitel 39 Informationen zu diesem Thema. Im nächsten Kapitel gehen wir auf wichtige Punkte ein, die Sie bei der Migration zu Windows Server 2008 R2 beachten sollten.

Teil G

Migration und Aktualisierung

In diesem Teil:

Kapitel 41

Migration zu Windows Server 2008 R2

In diesem Kapitel:

In diesem Abschnitt gehen wir auf Aspekte ein, die eine besondere Rolle spielen, wenn Sie bereits ein Netzwerk betreiben und zu Windows Server 2008 R2 migrieren wollen. Sie können von allen Arten von Netzwerken und Windows-Versionen zu Windows Server 2008 R2 migrieren. Setzen Sie ein Netzwerk mit Small Business Server 2003/2008 oder ein Netzwerk mit herkömmlichen Servern mit Windows Server 2003 und Exchange Server 2003 ein, können Sie in das bestehende Active Directory integrieren und Daten übernehmen. Zur Datenübernahme zwischen Active Directorys verwenden Sie zum Beispiel das Active Directory Migration Tool (ADMT), welches wir ebenfalls in diesem Kapitel näher erläutern. Wir zeigen Ihnen in diesem Kapitel aber auch die Möglichkeit, Windows Server 2008 R2 in ein bestehendes Netzwerk zu installieren und dieses anschließend zu betreiben.

Windows Server 2008 R2 im Windows Server 2003/2008-Netzwerk betreiben

Stellen Sie vor der Integration sicher, dass alle Applikationen Ihrer Gesamtstruktur oder Domäne, die auf Active Directory aufbauen, kompatibel zu Windows Server 2008 R2 sind. Zusätzlich sollten Sie sicherstellen, dass alle Applikationen ebenfalls auf die neuesten Service Packs aktualisiert wurden. Im nächsten Schritt überprüfen Sie die Replikation in Active Directory. Sie sollten erst dann auf Windows Server 2008 R2 aktualisieren oder einen Domänencontroller mit Windows Server 2008 R2 im Netzwerk installieren, wenn sichergestellt ist, dass Active Directory fehlerfrei funktioniert und Daten problemlos repliziert werden. Achten Sie darauf, dass sich in den Metadaten von Active Directory keinerlei veraltete Daten wie zum Beispiel nicht mehr vorhandene Domänencontroller oder Domänen befinden.

Der nächste Schritt vor der Aktualisierung ist die Überprüfung der Ereignisprotokolle auf den Domänencontrollern. Beseitigen Sie alle gravierenden Fehler, bevor Sie auf Windows Server 2008 R2 aktualisieren. Achten Sie auf Fehler in Active Directory und der Namensauflösung mit DNS. Erstellen Sie vor der Aktualisierung einen Plan für eine eventuell notwendige Wiederherstellung. Stellen Sie sicher, dass Sie das Kennwort für den Verzeichnisdienstwiederherstellungsmodus der Domänencontroller kennen und vor der Aktualisierung eine Datensicherung von Active Directory durchgeführt wird. Wollen Sie einen Windows Server 2008 R2-Domänencontroller in ein Windows Server 2003-Active Directory integrieren, müssen Sie dieses Active Directory zunächst auf Windows Server 2008 R2 vorbereiten. Gehen Sie dazu folgendermaßen vor:

1. Melden Sie sich mit einem Benutzerkonto an, das Mitglied der Gruppen Organisations-Administratoren, Schema-Admins und Domänen-Admins der Stammdomäne ist.
2. Kopieren Sie den Inhalt des Verzeichnisses *\support\adprep* von der Windows Server 2008 R2-DVD auf den Domänencontroller, der die Rolle des Schemamasters verwaltet.
3. Öffnen Sie auf dem Server eine Befehlszeile und navigieren Sie in das Verzeichnis, in das Sie *Adprep* kopiert haben. Geben Sie den Befehl *adprep /forestprep* ein. Möchten Sie *Adprep* unter Windows Server 2003 in der 32-Bit-Version ausführen, müssen Sie statt *Adprep.exe* die Datei *Adprep32.exe* verwenden, die Optionen bleiben gleich.
4. Wollen Sie auch schreibgeschützte Domänencontroller (Read-Only Domain Controller, RODC) installieren, geben Sie noch den Befehl *adprep /rodcprep* ein.
5. Im Anschluss müssen Sie zusätzlich die Domänen vorbereiten, in denen Sie Domänencontroller unter Windows Server 2008 R2 installieren wollen. Kopieren Sie dazu wieder den Inhalt des Verzeichnisses *support\adprep*, diesmal jedoch auf den Domänencontroller mit der Infrastrukturmaster-Rolle.
6. Öffnen Sie auf dem Server eine Befehlszeile, navigieren Sie zum Verzeichnis, in das Sie *Adprep* kopiert haben, und geben Sie den Befehl *adprep /domainprep /gpprep* ein. Domäne und Gesamtstruktur sollten sich dazu im einheitlichen Modus befinden.

Abbildg. 41.1 Vor der Aktualisierung auf Windows Server 2008 R2 muss zunächst die Gesamtstruktur vorbereitet werden

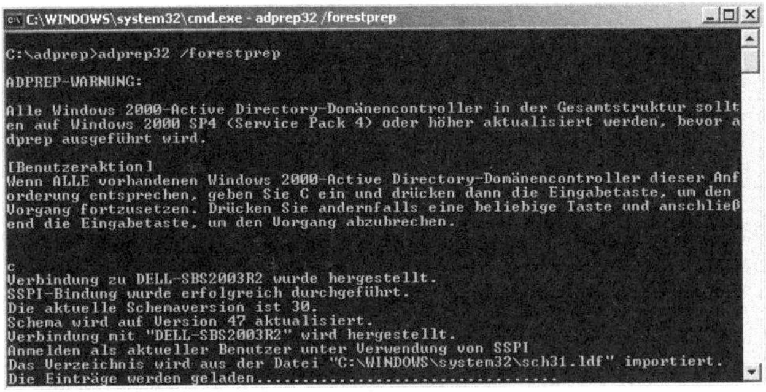

```
C:\WINDOWS\system32\cmd.exe - adprep32 /forestprep

C:\adprep>adprep32 /forestprep

ADPREP-WARNUNG:

Alle Windows 2000-Active Directory-Domänencontroller in der Gesamtstruktur sollt
en auf Windows 2000 SP4 (Service Pack 4) oder höher aktualisiert werden, bevor a
dprep ausgeführt wird.

[Benutzeraktion]
Wenn ALLE vorhandenen Windows 2000-Active Directory-Domänencontroller dieser Anf
orderung entsprechen, geben Sie C ein und drücken dann die Eingabetaste, um den
Vorgang fortzusetzen. Drücken Sie andernfalls eine beliebige Taste und anschließ
end die Eingabetaste, um den Vorgang abzubrechen.


c
Verbindung zu DELL-SBS2003R2 wurde hergestellt.
SSPI-Bindung wurde erfolgreich durchgeführt.
Die aktuelle Schemaversion ist 30.
Schema wird auf Version 47 aktualisiert.
Verbindung mit "DELL-SBS2003R2" wird hergestellt.
Anmelden als aktueller Benutzer unter Verwendung von SSPI
Das Verzeichnis wird aus der Datei "C:\WINDOWS\system32\sch31.ldf" importiert.
Die Einträge werden geladen..................................
```

7. Stellen Sie sicher, dass sich die Domänencontroller replizieren.

HINWEIS Windows Server 2008 können Sie direkt auf Windows Server 2008 R2 aktualisieren. Windows Server 2003 (R2) ermöglicht keine direkte Aktualisierung. Hier müssen Sie vor der Einführung von Windows Server 2008 R2 zunächst das Schema und die Domänen mit *Adprep* aktualisieren und Windows Server 2008 R2 auf einem zusätzlichen Domänencontroller im Netzwerk integrieren.

Dateiserver-Migrationstoolkit

Eine weitere, sehr effiziente Variante der Migration zu einer neuen Hardware ist das kostenlose Tool Dateiserver-Migrationstoolkit (Microsoft File Server Migration Toolkit). Sie können dieses Tool bei Microsoft auf der Seite *http://www.microsoft.com/downloads/details.aspx?familyid=d00e3eae-930a-42b0-b595-66f462f5d87b&displaylang=en* herunterladen. Mit dem Dateiserver-Migrationstoolkit können Sie sowohl DFS-Stämme als auch ganz normale Dateiserver migrieren. Der Ablauf ist ganz einfach:

1. Sie installieren einen neuen Server auf neuer Hardware.
2. Im Anschluss installieren Sie das Dateiserver-Migrationstoolkit und kopieren die Daten auf den neuen Server. Das Dateiserver-Migrationstoolkit kopiert die Daten, die Ordnerstruktur und die Berechtigungen auf den neuen Server.

Nachdem Sie das Dateiserver-Migrationstoolkit auf dem neuen Dateiserver installiert haben, rufen Sie über das Startmenü unter *Alle Programme/Microsoft Dateiserver-Migrationstool* das Programm *Dateiservermigrations-Assistent* auf. Dieser Assistent führt Sie durch die Migration.

Nachdem Sie den Assistenten gestartet haben, können Sie entweder ein neues Migrationsprojekt beginnen oder ein bereits gespeichertes Projekt fortsetzen. Wenn Sie ein neues Migrationsprojekt beginnen, erscheint zunächst der Willkommensbildschirm des Dateiserver-Migrationstoolkits. Nach der Bestätigung dieses Bildschirms können Sie einen Projektnamen und den Speicherort für die Projektdatei festlegen.

Abbildg. 41.2 Daten zwischen Dateiservern migrieren

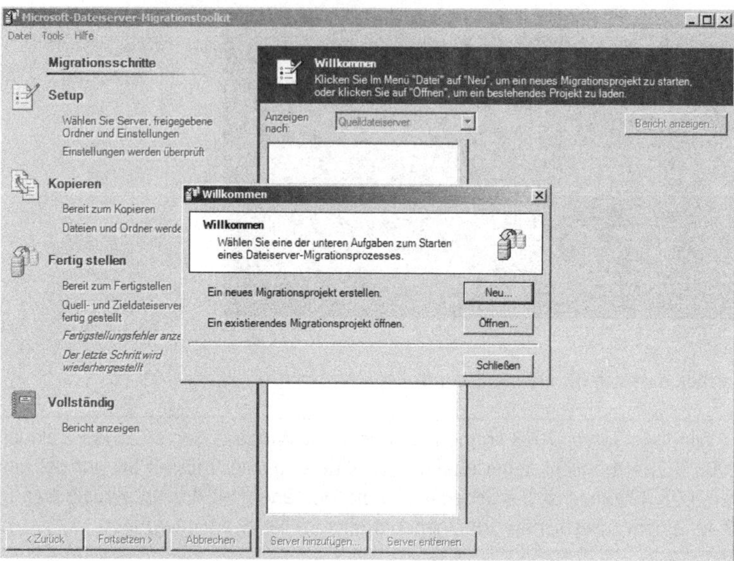

Die Daten des zu migrierenden Dateiservers werden nicht in dieses Verzeichnis migriert. Sie können später das Verzeichnis festlegen, in den die Daten kopiert werden. Hier legen Sie zunächst fest, wie das Projekt bezeichnet werden soll, und den Speicherplatz dieser Projektdatei. Sie können mit dem Dateiserver-Migrationstoolkit nicht nur Dateiserver migrieren, sondern ganze DFS-Stämme. Im nächsten Fenster des Assistenten können Sie festlegen, ob Sie einen DFS-Stamm migrieren wollen. Möchten Sie einen normalen Dateiserver migrieren, können Sie in diesem Fenster das Häkchen entfernen. Im folgenden Fenster legen Sie den Speicherort der Dateien und Ordner fest, die von dem zu migrierenden Dateiserver auf den neuen Server kopiert werden sollen. Haben Sie diese Angaben vorgenommen, können Sie den Assistenten mit *Fertig stellen* beenden. An dieser Stelle sind keine weiteren Maßnahmen notwendig und der Assistent ist bereit zur Migration. Sie sollten sicherstellen, dass Sie diese Migration außerhalb der Geschäftszeiten durchführen, da während des Kopiervorgangs alle Anwender von ihren Freigaben auf dem Quelldateiserver getrennt werden.

Bis zu dieser Stelle brauchen Sie nichts zu befürchten. Hier werden nur allgemeine Angaben gemacht. Erst nach dem Beenden des Assistenten beginnt die eigentliche Migration. Zunächst müssen Sie mit *Server hinzufügen* den Namen des zu migrierenden Quelldateiservers eingeben. Nachdem Sie den Server hinzugefügt haben und der Name aufgelöst werden kann, werden alle Freigaben auf diesem Server in der Liste angezeigt und automatisch markiert. Sie können entscheiden, welche Freigaben auf den neuen Server übernommen werden sollen. Bei der Durchführung der späteren Migration werden die Ordnerstrukturen und die Dateiinhalte der Ordner übernommen. Zusätzlich gibt der Assistent die Ordner wieder unter dem gleichen Namen frei wie auf dem Quelldateiserver. Auch die NTFS-Berechtigungen werden auf den neuen Dateiserver uneingeschränkt übernommen.

Abbildg. 41.3 Anzeigen der Freigaben des Quellservers

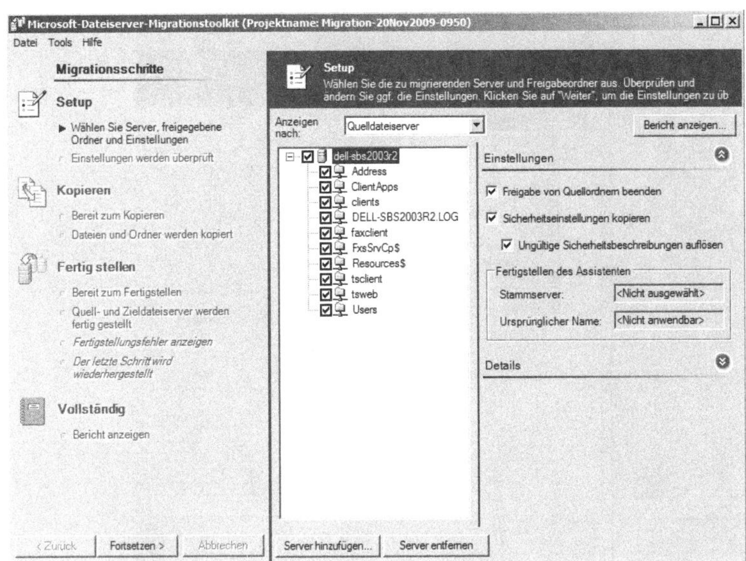

HINWEIS Wenn Sie mit dem Dateiserver-Migrationstoolkit Ordner auf einen neuen Dateiserver migrieren, werden auf dem Quelldateiserver alle Freigaben entfernt. Die freigegebenen Ordner bleiben auf dem Datenträger erhalten, auch die NTFS-Berechtigungen und der Inhalt bleibt bestehen. Das Dateiserver-Migrationstoolkit entfernt allerdings alle Freigaben, damit die Anwender nicht versehentlich auf die alten Freigaben zugreifen.

Stellen Sie sicher, dass in der Anzeige des Quelldateiservers alle Freigaben angezeigt und für die Migration markiert wurden. Wenn das sichergestellt ist, gelangen Sie mit *Fortsetzen* zur nächsten Seite des Assistenten. Sie können bei der Auswahl des Quelldateiservers auswählen, ob die NTFS-Berechtigungen kopiert und die Freigaben auf dem Quelldateiserver beendet werden sollen. Sie können an dieser Stelle mehrere Dateiserver auswählen und mit einem Schritt verschiedene Dateiserver auf den neuen Server migrieren. Dieser Vorgang kann zum Beispiel sinnvoll sein, wenn von einer verteilten Dateiserverstruktur auf ein SAN migriert werden soll. Nachdem Sie sichergestellt haben, dass Ihre Eingaben korrekt vorgenommen wurden, können Sie mit *Fortsetzen* zur nächsten Seite des Assistenten wechseln. Im nächsten Schritt überprüft der Assistent, ob auf alle Freigaben zugegriffen werden kann, und ob alle Freigaben verfügbar sind. Bei allen Freigaben, die migriert werden können, wird ein Häkchen gesetzt. Stellen Sie sicher, dass bei allen Freigaben die Möglichkeit der Migration besteht und beseitigen Sie bereits an dieser Stelle etwaige Berechtigungs- oder Zugriffsprobleme.

Der Assistent zeigt Ihnen nach der Überprüfung die Anzahl der Dateien und die Gesamtgröße der zu migrierenden Daten an. Vor allem bei Dateiservern mit einer großen Anzahl an Freigaben und vielen Daten sollten Sie zuvor genau evaluieren, wie lange der Kopiervorgang über das Netzwerk andauert. Während der Migration der Daten sollten keine Anwender auf den Quell- oder Zielserver zugreifen, um sicherzustellen, dass der Assistent alle Daten ungestört migrieren und die Berechtigungen so setzen kann, wie auf dem Quellserver. Vergleichen Sie die Gesamtzahl der zu migrierenden Dateien im Assistenten mit der tatsächlichen Anzahl von Dateien auf dem Quellserver. Nur so ist sichergestellt, dass der Assistent auch alle Daten übernehmen kann.

Abbildg. 41.4 Freigaben migrieren mit dem Dateiserver-Migrationstoolkit

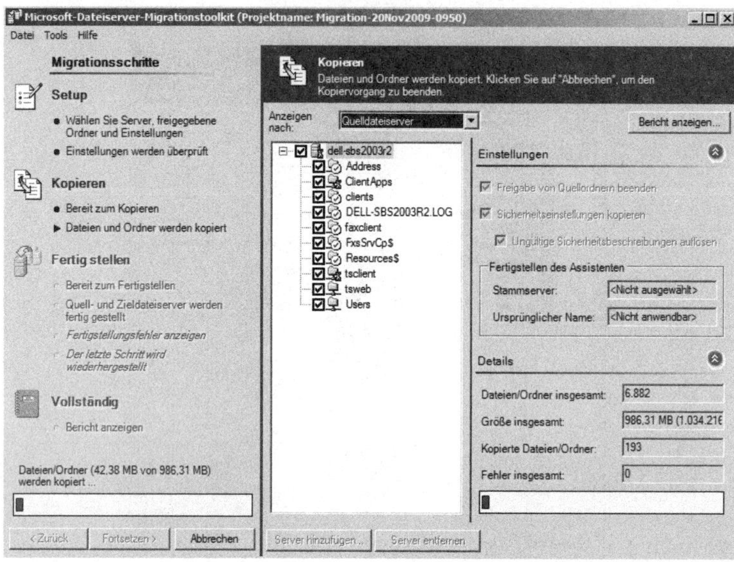

Im Anschluss können Sie mit *Fortsetzen* die Migration beginnen. Sie erhalten eine Warnmeldung, dass alle Anwender von ihren Freigaben getrennt werden und diese Freigaben zurückgesetzt werden. Im Anschluss beginnt der Assistent mit der Migration der Daten. Alle Ordner des Quellservers werden im konfigurierten Unterordner auf dem Zielserver angelegt und freigegeben.

Die NTFS-Berechtigungen auf dem Quellserver werden auf den Zielserver übernommen, bleiben aber auf dem Quellserver erhalten. Im Anschluss werden die Dateien vom Quellserver auf den Zielserver übertragen. Die Dateien werden bei diesem Vorgang kopiert und sind daher auch weiterhin auf dem Quellserver vorhanden. Die Freigaben auf dem Quellserver werden entfernt, wenn Sie diese Option ausgewählt haben. Nach dem erfolgreichen Kopiervorgang erscheint ein Fenster, das Sie über den Abschluss informiert. Parallel können Sie sich in diesem Fenster einen detaillierten Bericht über die Migration anzeigen lassen.

Drucken Sie den Bericht aus und speichern Sie ihn zusätzlich auf einem Laufwerk ab, damit Sie später nachweisen können, dass alle Daten auf den neuen Server migriert wurden. Im Anschluss finden Sie im Zielverzeichnis des Zielservers einen neuen Unterordner mit der Bezeichnung des Rechnernamens des Quellservers. Unterhalb dieses Verzeichnisses finden Sie alle Ordner in der gleichen Struktur wie auf dem Quellserver. Es wurden alle Dateien übernommen, die Ordner wurden freigegeben und die NTFS-Berechtigungen kopiert. Auf dem Quellserver sind weiterhin alle Daten vorhanden und die Freigaben wurden entfernt.

Abbildg. 41.5 Anzeigen eines Berichts nach erfolgreicher Übernahme der Daten

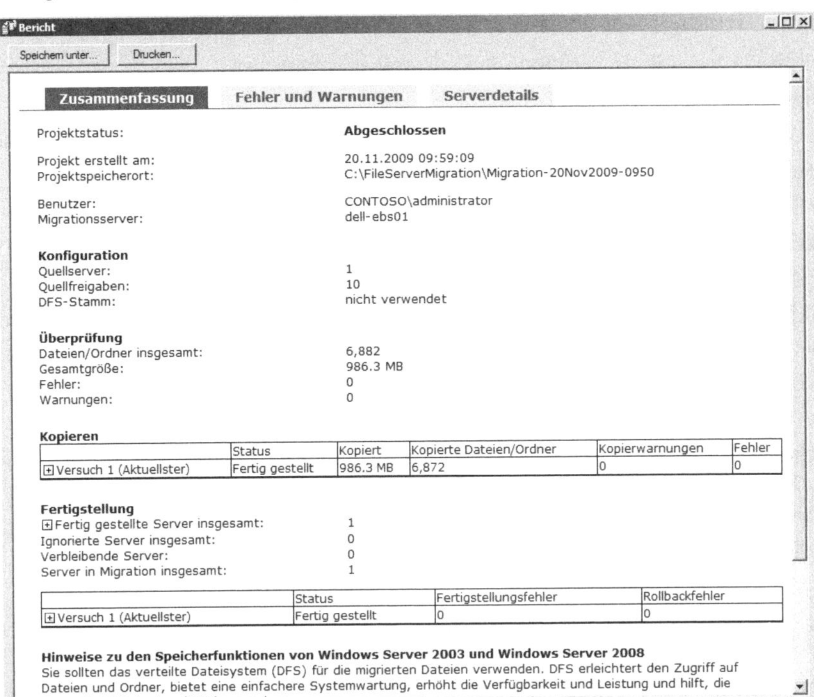

Bericht

Speichern unter... Drucken...

Zusammenfassung | Fehler und Warnungen | Serverdetails

Projektstatus: **Abgeschlossen**

Projekt erstellt am: 20.11.2009 09:59:09
Projektspeicherort: C:\FileServerMigration\Migration-20Nov2009-0950

Benutzer: CONTOSO\administrator
Migrationsserver: dell-ebs01

Konfiguration
Quellserver: 1
Quellfreigaben: 10
DFS-Stamm: nicht verwendet

Überprüfung
Dateien/Ordner insgesamt: 6,882
Gesamtgröße: 986.3 MB
Fehler: 0
Warnungen: 0

Kopieren

	Status	Kopiert	Kopierte Dateien/Ordner	Kopierwarnungen	Fehler
⊞ Versuch 1 (Aktuellster)	Fertig gestellt	986.3 MB	6,872	0	0

Fertigstellung
⊞ Fertig gestellte Server insgesamt: 1
Ignorierte Server insgesamt: 0
Verbleibende Server: 0
Server in Migration insgesamt: 1

	Status	Fertigstellungsfehler	Rollbackfehler
⊞ Versuch 1 (Aktuellster)	Fertig gestellt	0	0

Hinweise zu den Speicherfunktionen von Windows Server 2003 und Windows Server 2008
Sie sollten das verteilte Dateisystem (DFS) für die migrierten Dateien verwenden. DFS erleichtert den Zugriff auf Dateien und Ordner, bietet eine einfachere Systemwartung, erhöht die Verfügbarkeit und Leistung und hilft, die

Zertifikate migrieren

Die Migration selbst ausgestellter Zertifikate wird nicht unterstützt. Wenn Sie ein vertrauenswürdiges Zertifikat erworben haben und dieses für den Export verfügbar ist, können Sie das Zertifikat in Windows verschieben. Exportieren Sie das Zertifikat aus dem Quellserver, importieren Sie es auf dem Zielserver und führen Sie dann den Assistenten zum Hinzufügen eines vertrauenswürdigen Zertifikats aus, um das Zertifikat mit dem Remote-Webarbeitsplatz zu verbinden.

1. Klicken Sie auf dem Quellserver auf *Start/Ausführen*, tippen Sie *mmc.exe* ein und bestätigen Sie.
2. Klicken Sie in der Konsole auf *Datei* und dann auf *Snap-In hinzufügen/entfernen*.
3. Klicken Sie auf *Hinzufügen*, wählen Sie in der Liste den Eintrag *Zertifikate* aus, klicken Sie nochmals auf *Hinzufügen* und bestätigen Sie anschließend mit *OK*.
4. Klicken Sie im Dialogfeld auf *Computerkonto*, dann auf *Fertig stellen* und abschließend auf *OK*.
5. Erweitern Sie *Zertifikate*, erweitern Sie *Persönlich*, und klicken Sie dann auf *Zertifikate*.
6. Klicken Sie mit der rechten Maustaste auf das Zertifikat, das für Ihre Website ausgestellt ist, und wählen Sie im Kontextmenü den Eintrag *Alle Aufgaben/Exportieren*.
7. Klicken Sie im Assistenten auf *Weiter*.
8. Stellen Sie sicher dass *Ja, privaten Schlüssel exportieren* ausgewählt ist, und klicken Sie dann auf *Weiter*.
9. Stellen Sie sicher, dass die Kontrollkästchen *Wenn möglich, alle Zertifikate im Zertifizierungspfad einbeziehen* und *Alle erweiterten Eigenschaften exportieren* aktiviert sind, und klicken Sie dann auf *Weiter*. Aktivieren Sie nicht das Kontrollkästchen *Privaten Schlüssel nach erfolgreichem Export löschen*.

10. Geben Sie ein Kennwort ein, um die Zertifikatdatei zu schützen, und klicken Sie dann auf *Weiter.*
11. Wählen Sie einen Speicherort für die *.pfx*-Datei aus und klicken Sie auf *Weiter.*

Anschließend können Sie das Zertifikat auf dem Zielserver importieren:

1. Kopieren Sie die Datei auf den Zielserver.
2. Klicken Sie auf dem Quellserver auf *Start/Ausführen*, tippen Sie *mmc.exe* ein und bestätigen Sie.
3. Klicken Sie in der Konsole auf *Datei* und dann auf *Snap-In hinzufügen/entfernen.*
4. Wählen Sie in der Liste den Eintrag *Zertifikate* aus und klicken Sie auf *Hinzufügen.*
5. Klicken Sie im Dialogfeld auf *Computerkonto*, anschließend auf *Fertig stellen* und bestätigen sie mit *OK.*
6. Erweitern Sie *Zertifikate*, erweitern Sie *Persönlich* und klicken Sie dann auf *Zertifikate.*
7. Klicken Sie mit der rechten Maustaste auf *Zertifikate* und wählen Sie im Kontextmenü den Eintrag *Alle Aufgaben/Importieren.*
8. Klicken Sie auf der Willkommensseite des Assistenten auf *Weiter.*
9. Navigieren Sie zum Verzeichnis der gespeicherten *.pfx*-Datei und klicken Sie dann auf *Weiter.*
10. Geben Sie das Kennwort ein, das Sie auch beim Exportvorgang eingegeben haben. Stellen Sie sicher, dass die Kontrollkästchen *Schlüssel als exportierbar markieren* und *Alle erweiterten Eigenschaften mit einbeziehen* aktiviert sind, und klicken Sie dann auf *Weiter.*
11. Stellen Sie sicher, dass das Zertifikat in den Ordner *Persönlich* importiert wird.

Mögliche Vorgehensweise bei der Migration zu Windows Server 2008 R2

In diesem Abschnitt stellen wir Ihnen ein mögliches Szenario für die Aktualisierung vor, mit dessen Hilfe Sie die Aktualisierung zu Windows Server 2008 R2 durchführen können. In manchen Umgebungen können nicht alle Maßnahmen der folgenden Vorgehensweise berücksichtigt werden. Allerdings sind in diesem Fall die jeweiligen Tipps ein Denkanstoß, wie Sie die Aktualisierung in Ihrem Netzwerk durchführen können, um eine Domäne bzw. eine Gesamtstruktur auf Windows Server 2008 R2 zu aktualisieren. Überprüfen Sie die hier vorgeschlagene Vorgehensweise auf jeden Fall immer zuerst in einer Testumgebung:

1. Fangen Sie mit der Aktualisierung auf Windows Server 2008 R2 in einer Umgebung mit mehreren Domänen immer in der Rootdomäne der Gesamtstruktur an.
2. Melden Sie sich am Domänencontroller mit einem Administratorkonto an, das in der Gesamtstruktur in den Gruppen Organisations- und Schema-Administratoren sowie in der Gruppe Domänen-Admins der Domäne, die Sie aktualisieren, vorhanden ist. Wenn Sie in der Gesamtstruktur Exchange Server einsetzen, sollte der Benutzer zusätzlich volle Administrationsrechte für die Exchange-Organisation haben.
3. Stellen Sie sicher, dass die Zeiten aller Domänencontroller synchronisiert sind und sich die Domänencontroller möglichst in der gleichen Zeitzone befinden.
4. Verschieben Sie alle FSMO-Rollen auf einen einzigen Domänencontroller und machen Sie diesen zum globalen Katalogserver.
5. Deaktivieren Sie den installierten Virenscanner auf dem Server.
6. Konfigurieren Sie alle Domänencontroller der zu aktualisierenden Domäne zu globalen Katalogservern.
7. Sorgen Sie dafür, dass alle Änderungen auf alle Domänencontroller repliziert werden.
8. Verschieben Sie den Domänencontroller mit den FSMO-Rollen in ein Netzwerk ohne Verbindung zu Ihrem produktiven Netzwerk.

9. Fertigen Sie ein Image des Domänencontrollers an, den Sie auf Windows Server 2008 R2 aktualisieren wollen (funktioniert nur bei Windows Server 2008, nicht bei Windows Server 2003 und Windows Server 2003 R2).
10. Kopieren Sie den Inhalt der kompletten Windows Server 2008 R2-DVD auf die lokale Festplatte des Servers.
11. Führen Sie auf dem Domänencontroller *Adprep* mit den verschiedenen beschrieben Optionen aus.
12. Aktualisieren Sie den Domänencontroller auf Windows Server 2008 R2 oder installieren Sie einen zusätzlichen Domänencontroller, falls Windows Server 2003 oder Windows Server 2003 R2 installiert ist.
13. Stellen Sie den Domänencontroller wieder in das produktive Netzwerk und aktivieren Sie wieder den Virenscanner auf dem Server.
14. Aktualisieren Sie alle anderen Domänencontroller der Domäne und verteilen Sie die FSMO-Rollen, wie in diesem Kapitel beschrieben.
15. Falls bei der Aktualisierung etwas schief gehen sollte, ist die Gesamtstruktur nicht beeinträchtigt. Sie können in diesem Fall den Domänencontroller aus Active Directory entfernen.
16. Entfernen Sie überflüssige Domänencontroller aus dem Netzwerk.
17. Passen Sie den Betriebsmodus der Gesamtstruktur und der Domänen zu Windows Server 2008 R2 an.

Migration mit dem Active Directory Migration Tool (ADMT) 3.0 und 3.1

Sie finden die aktuellste Version des Tools auf der Seite *http://www.microsoft.com/downloads/details.aspx?familyid=AE279D01-7DCA-413C-A9D2-B42DFB746059&displaylang=de*. ADMT ist eine Anwendung, die auf die Migration von Informationen in Active Directory und zwischen verschiedenen Domänen von Active Directory ausgelegt ist. Die zu migrierenden Daten können aus verschiedenen Quellen kommen:

- Sie können aus Windows NT 4.0-Domänen stammen. Diese Option ist vor allem für komplexere Umstellungsprozesse von erheblicher Bedeutung.
- Sie können aus Domänen in anderen Active Directory-Gesamtstrukturen stammen
- Sie können aus Domänen in der gleichen Gesamtstruktur stammen

Mit ADMT können Sie Benutzer, Computer und Gruppen mit dazugehöriger SID und Kennwort von anderen Domänen oder Gesamtstrukturen in ein neues Active Directory kopieren. Dies hat den Vorteil, dass Sie parallel ein neues Active Directory aufbauen können und keine Altlasten der alten Domänen übernehmen. Diese Migration ist die professionellste, aber auch aufwändigste von allen.

Vorbereitungen für ADMT 3.1

Wenn Sie die Migration zu Windows Server 2008 R2 mit dem ADMT durchführen wollen, müssen Sie zunächst parallel auf neuer Hardware Server installieren und einrichten. Der Vorteil am parallelen Aufbau liegt darin, dass Sie mit dieser Umgebung ohne Weiteres experimentieren können, da noch keine Anwender damit arbeiten. Erst bei der Migration der Benutzer, Gruppen und Computer zu diesem Active Directory wird die Sache ernster, da die Anwender produktiv mit dem System arbeiten.

HINWEIS Achten Sie bei der Festlegung des NetBIOS-Namens der neuen Active Directory-Domänen darauf, dass diese nicht mit den Namen der zu migrierenden Domänen übereinstimmen, ansonsten ist eine Migration mit dem ADMT nicht möglich.

Namensauflösung zwischen den Domänen sicherstellen

Vor allem die Konfiguration der Namensauflösung zwischen den Systemen, die migriert werden sollen, ist extrem wichtig. Sie sollten zwischen den Domänen parallel zur Konfiguration der DNS-Server auch WINS-Server für die Namensauflösung vorsehen. Stellen Sie nach der Konfiguration der WINS-Server fest, ob sich alle beteiligten Domänencontroller untereinander auflösen können. Tragen Sie auf allen beteiligten Domänencontrollern und Servern sämtliche WINS-Server ein, die Sie konfiguriert haben, damit die Namensauflösung reibungslos funktioniert. Voraussetzung für die Nutzung des ADMT ist, dass die Zieldomäne, in die Informationen verschoben werden, im einheitlichen Windows 2000-, besser im Windows Server 2003-Modus von Active Directory betrieben wird. Informationen können nicht in Domänen verschoben werden, die sich im gemischten Modus befinden. Die Funktionen des ADMT lassen sich über das Kontextmenü des Konsolenstamms aufrufen.

Es gibt eine Reihe von Assistenten, mit denen verschiedene Funktionen der Migration durchgeführt werden können. Auch Berichte lassen sich anfertigen. Diese Berichte enthalten Informationen, die benötigt werden, um Domänen in eine Zieldomäne von Active Directory zu migrieren. Wie bei jedem der Assistenten müssen zunächst die Quell- und die Zieldomäne ausgewählt werden. Falls sich die Zieldomäne nicht im einheitlichen Modus befindet, wird eine Fehlermeldung angezeigt. Idealerweise sollten Quelldomäne und Zieldomäne unterschiedliche DNS-Namen haben. Tragen Sie in beiden Domänen die jeweilige andere Domäne als *Bedingte Weiterleitung* in der DNS-Verwaltung ein. Unter Windows Server 2003 und SBS 2003 finden Sie diese Einstellung in den Eigenschaften des DNS-Servers auf der Registerkarte *Weiterleitungen.*

Vertrauensstellungen zwischen beteiligten Domänen einrichten

Der nächste wichtige Schritt ist das Einrichten der Vertrauensstellungen. Mit dem ADMT 3.0 können Sie diesen Schritt auch umgehen. Jedoch müssen Sie dann ADMT 3.0 auf dem Quellserver mit Windows Server 2003 installieren, nicht das ADMT 3.1 auf dem Verwaltungsserver im Netzwerk. Sie sollten eine bidirektionale Vertrauensstellung von der neuen Domäne zu der zu übernehmenden Domäne einrichten. Stellen Sie sicher, dass die Vertrauensstellung fehlerfrei funktioniert.

Übernehmen Sie als Nächstes die globale Gruppen *Domänen-Admins* oder zumindest den Benutzer, mit dem Sie mit ADMT arbeiten, in die lokale Administratoren-Gruppe auf den Domänencontrollern der Ziel- und der Quelldomäne. Im Anschluss sollten Sie die globalen Domänen-Benutzergruppen beider Domänen jeweils in die lokale Benutzergruppe der anderen Domäne mit aufnehmen. Damit die Vertrauensstellungen eingerichtet werden können, sollten Sie zuvor sicherstellen, dass alle beteiligten Domänencontroller aller Domänen aufgelöst werden können und alle WINS-Server eingetragen wurden.

ADMT installieren und einführen

Nach der Installation können Sie das Programm über die Programmgruppe der Verwaltung aufrufen oder als neues Snap-In zu einer MMC hinzufügen. Das Programm trägt die Bezeichnung *Active Directory-Migrationsprogramm.* Der weit geläufigere Begriff ist jedoch ADMT. Unter diesem Begriff finden Sie im Internet auch die meisten Informationen. Wenn Sie auf den Knoten *Active Directory-Migrationsprogramm* im Snap-In mit der rechten Maustaste klicken, sehen Sie jedoch recht schnell die vielfältigen Möglichkeiten, die Sie mit diesem Programm haben. Wählen Sie im Anschluss den Assistenten für das Migrieren von Benutzerkonten aus:

- Der Assistent zum Migrieren von Benutzerkonten kann verwendet werden, um Benutzerkonten von einer Domäne in eine andere zu migrieren
- Der Assistent zum Migrieren von Gruppenkonten wird eingesetzt, um Gruppenkonten zu migrieren
- Der Computermigrations-Assistent wird analog für die Migration der Computerkonten verwendet
- Der Sicherheitskonvertierungs-Assistent kann erst nach dem Verschieben von Benutzer-, Gruppen- oder Computerobjekten eingesetzt werden und kann die Berechtigungen analog wiederherstellen

- Der Assistent zum Migrieren von Dienstkonten wird verwendet, um die von Diensten verwendeten Benutzerkonten zu migrieren, damit die Dienste in der Zieldomäne korrekt ausgeführt werden können
- Der Aufgabenwiederholungs-Assistent kann verwendet werden, um Aktionen, die den Einsatz von Agents bedingen, noch einmal zu starten. Dies ist immer dann erforderlich, wenn diese Aktionen gescheitert sind, weil die Agents nicht installiert werden konnten oder weil die Systeme, auf denen die Agents ausgeführt werden, nicht aktiv waren.

Abbildg. 41.6 Mit dem ADMT können Benutzer, Gruppen und Computer in eine Windows Server 2008-Domäne migriert werden

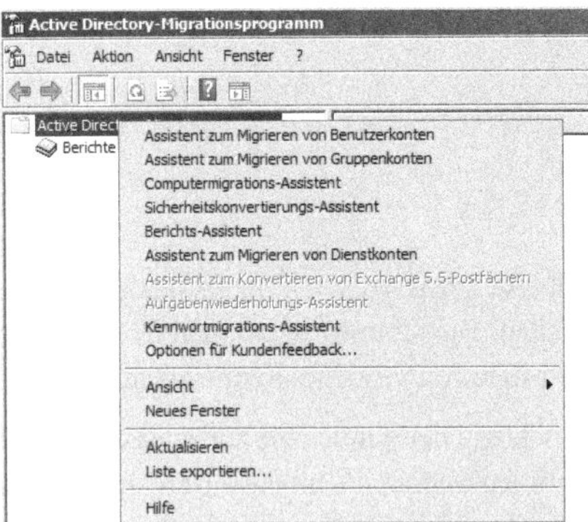

Vorteil der Assistenten ist, dass in den meisten Situationen die Möglichkeit besteht, zunächst den Ablauf der Migration zu testen und erst dann die eigentliche Durchführung zu starten. Dadurch lassen sich gezielt die Fehler erkennen, die auftreten würden.

Migration von Benutzerkonten mit dem ADMT

Der erste wichtige Punkt beim Umgang mit dem Programm ist der Menüpunkt *Assistent zum Migrieren von Benutzerkonten*. Zunächst erscheint das Startfenster des Assistenten. Im nächsten Fenster können Sie die Quell- und die Zieldomäne auswählen, von denen die Benutzer migriert werden sollen. Wählen Sie an dieser Stelle die entsprechenden Domänen und Domänencontroller aus und wechseln Sie zum nächsten Fenster. Wenn das Fenster ohne weitere Fehlermeldungen erscheint, haben Sie genügend Berechtigungen für die Migration der Benutzer. Falls Sie den Benutzer, mit dem Sie das ADMT ausführen, nicht in die lokale Administratorengruppe der Quelldomäne mit aufgenommen haben, erscheint eine Fehlermeldung, dass Sie nicht über genügend Berechtigungen verfügen, um den Vorgang weiterzuführen.

Wenn der Fehler nicht erscheint, verfügen Sie über genügend Berechtigungen. Wählen Sie im Anschluss alle Benutzer aus, die Sie migrieren wollen. Nachdem Sie die Benutzer ausgewählt haben, werden diese im Fenster angezeigt. Im nächsten Fenster können Sie festlegen, in welche Organisationseinheit (Organizational Unit, OU) die Benutzerkonten migriert werden sollen. Legen Sie am besten vor der eigentlichen Migration eine temporäre OU an, die nur für die Migration verwendet wird. Sie können nach der Migration die Benutzerkonten und Gruppen immer noch in eine andere OU verschieben. Wenn Sie die OU festgelegt haben, kommen Sie zum nächsten Fenster des Assistenten. Hier können Sie festlegen, was mit den Kennwörter der Benutzer geschehen soll.

Abbildg. 41.7 Nach Auswahl der Quell- und Zieldomänen werden die Benutzer migriert

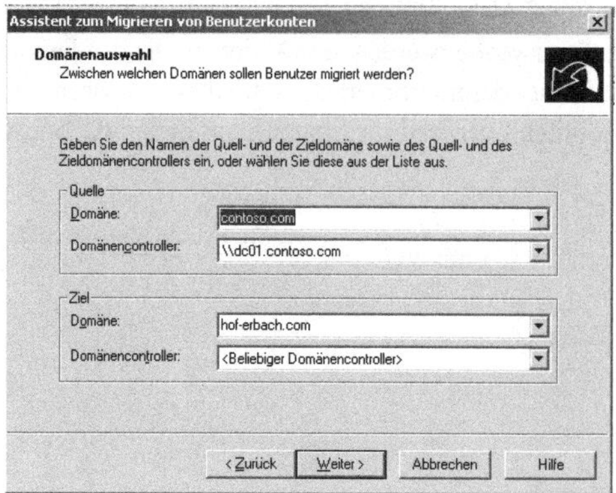

Wenn Sie die Kennwörter aus der Domäne nicht übernehmen wollen, können Sie den Assistenten auch veranlassen, Kennwörter für die Benutzerkonten zu erstellen. Die Kennwörter werden in einer Textdatei gespeichert und Sie können den Anwendern am besten vor der Migration ihr neues Kennwort mitteilen.

Das nächste Fenster des Assistenten ist besonders wichtig. Hier können Sie zunächst die Option aktivieren, dass die SIDs der Benutzer in die neue Domäne übernommen werden. Wenn Sie die SID nicht übernehmen, können die Benutzer nicht auf Freigaben oder ihre Exchange-Postfächer in der alten Domäne zugreifen, wenn Sie sich nach der Umstellung an der neuen Domäne anmelden, aber diese Ressourcen immer noch in der alten Domäne liegen. Das ADMT schreibt dazu die SID der Benutzerkonten in die SID-History in Active Directory. Auf diesem Fenster können Sie auch konfigurieren, was mit den Benutzerkonten in der Zieldomäne geschehen soll. Sie können die neu angelegten Konten deaktivieren lassen oder immer aktivieren. Zusätzlich können Sie durch die Option *Ziel- wie Quellkonten behandeln* die gesperrten und deaktivierten Konten der Quelldomäne in der Zieldomäne auch sperren lassen.

Wenn Sie viele Benutzerkonten migrieren, kann es durchaus sein, dass einige als Fehler ausgegeben werden. Lassen Sie sich diese Fehler anzeigen. Meistens handelt es sich um Konten, die bereits in der Zieldomäne vorhanden sind, wie Domänen-Admins oder Domänen-Benutzer. Die Konten und Gruppen bleiben in der alten Domäne erhalten und werden nur in Active Directory kopiert. Durch diese Übernahme können Sie bereits mit den Benutzerkonten arbeiten, obwohl ihre Benutzer noch mit der alten Domäne arbeiten. Das Tool kann auch Benutzer zwischen Windows Server 2008-Domänen migrieren, nicht nur zwischen Windows Server 2003 und Windows Server 2008.

ADMT ohne Vertrauensstellungen einsetzen

Wollen Sie das ADMT ohne Vertrauensstellungen einsetzen, installieren Sie die Version 3.0 auf dem Quellserver mit Windows Server 2003. Sie finden ADMT 3.0 auf der Seite *http://www.microsoft.com/downloads/details.aspx?displaylang=en&FamilyID=6f86937b-533a-466d-a8e8-aff85ad3d212* und auf dem Begleitmedium zu diesem Buch. Anschließend rufen Sie das Tool auf dem Server über eine Befehlszeile mit dem folgenden Befehl auf:

```
Runas /NetOnly /user:<EBS-Domäne>\<Administrator> "MMC \"%windir%\ADMT\Migrator.msc\"
```

Der Ablauf bei der Benutzerübernahme ist generell der gleiche. Sie wählen die Quelldomäne und den Quelldomänencontroller sowie die Zieldomäne und den Zieldomänencontroller aus.

Abbildg. 41.8 Benutzermigration mit ADMT 3.0 ohne Vertrauensstellung

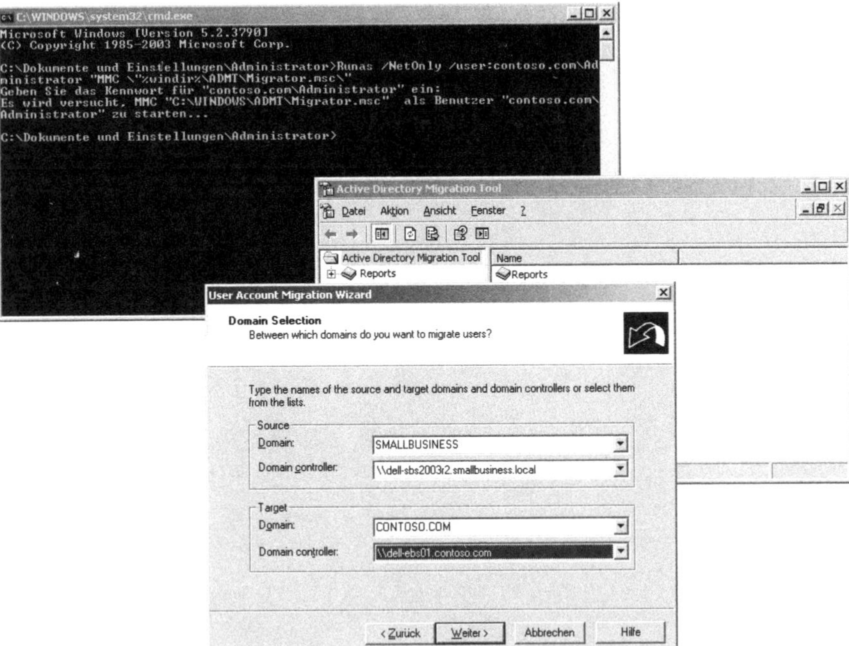

Zusammenfassung

In diesem Kapitel sind wir auf wichtige Vorgehensweisen und Tools eingegangen, die Sie bei der Einführung von Windows Server 2008 R2 im Unternehmen benötigen. In diesem Kapitel wurden die notwendigen Vorbereitungen für die Integration eines neuen Domänencontrollers mit Windows Server 2008 R2 erläutert und beschrieben, wie Sie Dateifreigaben problemlos zwischen Dateiservern verschieben können. Im nächsten Kapitel gehen wir darauf ein, wie Sie mit den Windows-Bereitstellungsdiensten Windows Server 2008 R2 oder Windows 7 automatisiert im Netzwerk bereitstellen.

Kapitel 42

Windows-Bereitstellungsdienste

In diesem Kapitel:

Mit der Fertigstellung von Windows 7 und Windows Server 2008 R2 hat Microsoft auch zahlreiche Technologien zur Verfügung gestellt, wie das neue Betriebssystem in Unternehmen verteilt werden kann. Eine dieser Technologien sind die Windows-Bereitstellungsdienste (Windows Deployment Services, WDS). Mit den WDS ist die Verteilung von Windows im Unternehmen einfach und effizient möglich. In diesem Kapitel erläutern wir Ihnen die mögliche Bereitstellung von Windows Vista oder Windows 7 in Unternehmen. Mit Windows 7 stellt Microsoft auch zahlreiche kostenlose Zusatztools zur Verfügung, über die sich das Betriebssystem effizient im Unternehmen verteilen lässt, zum Beispiel mit der neuen Version des Windows Automated Installation Kit (WAIK). Das neue WAIK ist optimiert für Windows 7 und Windows Server 2008 R2. Dieses kostenlose Werkzeug stellt eine Umgebung bereit, mit der auch Installationen in großen Stückzahlen ausgerollt werden können.

Außerdem stellt Microsoft noch das Microsoft Deployment Toolkit 2010 zur Verfügung, das Unternehmen ebenfalls bei der Migration zu Windows 7 unterstützt. Ebenfalls ein wichtiges Tool, das bei der Migration unterstützt, ist das Microsoft Assessment und Planning (MAP) Toolkit. Auf der Internetseite *http://blogs.technet.com/mapblog* finden Sie hierzu weitere Informationen und zusätzliche Tools für die Migration. Legen Sie zur Verteilung auch noch ein vorgefertigtes Standardprofil für die Anwender an, das Sie serverbasiert zur Verfügung stellen (siehe Kapitel 15), können Sie mit der automatisierten Installation über eine Antwortdatei, der Bereitstellung von WIM-Abbildern und den Einstellungen der Gruppenrichtlinien (siehe Kapitel 16) das Deployment mit einfachen Mitteln ohne Zusatzwerkzeuge automatisieren.

Von der Installation und der Möglichkeit der automatisierten Installation unterscheidet sind Windows Server 2008 R2 kaum von Windows 7. So lassen sich mit den Möglichkeiten, Windows 7 automatisiert bereitzustellen, auch Computer mit Windows Server 2008 R2 vollkommen automatisiert installieren. Auch die Möglichkeiten der Remotedesktopdienste und der Infrastruktur für virtuelle Desktops (Virtual Desktop Infrastructure, VDI), die wir in Kapitel 26 vorstellen, helfen beim Deployment. In Kapitel 1, 3 und 6 zeigen wir die Anbindung von VHD-Dateien, also virtuellen Festplatten an Windows-Computer. Auch diese Technik eignet sich für die Verteilung von Windows 7 in Unternehmen.

Das Windows-Abbildformat

Windows 7 arbeitet, wie auch schon Windows Vista, mit dem WIM-Abbildformat (Windows Imaging). Statt eines sektorbasierten Abbildformats ist das WIM-Format dateibasiert. Dies gilt auch für Windows Server 2008 und Windows Server 2008 R2 und hat mehrere Vorteile. WIM ist hardwareunabhängig, was bedeutet, dass Administratoren nur ein Abbild für verschiedene Hardwarekonfigurationen erstellen müssen. Mit WIM lassen sich mehrere Abbilder in einer zentralen Datei speichern. Außerdem nutzt WIM eine Kompression und das Einzelinstanzverfahren; dies reduziert die Größe von Abbilddateien deutlich. Beim Einzelinstanzverfahren handelt es sich um eine Technologie, bei der jede Datei nur einmal gespeichert wird. Wenn zum Beispiel Abbild 1, 2 und 3 alle die gleiche Datei A enthalten, dann sorgt das Einzelinstanzverfahren dafür, dass Datei A nur einmal tatsächlich gespeichert wird.

WIM-Abbilder ermöglichen die Offlinebearbeitung von Abbildern. So können Administratoren Betriebssystemkomponenten, Patches und Treiber hinzufügen oder löschen, ohne ein neues Abbild erstellen zu müssen. Auf diese Weise ist es beispielsweise möglich, einen Treiber auszutauschen, ohne das Administratorenabbild komplett neu erstellen zu müssen. Ein weiterer Vorteil des WIM-Formats ist das sogenannte »non-destructive Deployment«. Dies bedeutet, dass beim Einspielen des Abbilds die Daten, die sich bereits auf der Festplatte befinden, nicht gelöscht oder überschrieben werden müssen. Bei Windows XP verhinderten technische Einschränkungen die Erstellung eines einzigen Abbilds, das auf allen Computern funktioniert. Unterschiedliche HAL-Schichten (Hardware Abstraction Layer) bedeuteten, dass Administratoren mehrere Abbilder pflegen mussten. In Windows 7 bestehen diese technischen Einschränkungen nicht mehr; das Betriebssystem ist in der Lage, die benötigte HAL festzustellen und sie automatisch zu installieren.

Der Windows System Image Manager (Windows-SIM) ist ein Tool, mit dem Administratoren auf einfache Weise Antwortdateien für Windows Vista, Windows 7, Windows Server 2008 oder Windows Server 2008 R2 auf XML-Basis erstellen. Das Tool ist Bestandteil des WAIK (Windows Automated Installation Kit). Auch Netzwerkfreigaben lassen sich so konfigurieren, dass diese Einstellungen zur Verteilung von Windows 7 oder Windows Server 2008 R2 und zusätzliche Treiber enthalten. Die Antwortdatei enthält das Grundgerüst, das Windows für die einzelnen Konfigurationsphasen benötigt. Dadurch lassen sich Eingaben wie Partitionierung, Einstellungen, Computername, Seriennummer und weitere Eingaben in einer Datei vorgeben, sodass während der Installation keinerlei Eingaben mehr notwendig sind.

Die Katalogdatei eines Abbilds (*.clg*) enthält die Einstellungen und Pakete, die in einem Abbild auf WIM-Basis enthalten sind. Da auch die normale Installation von Windows 7 auf einem WIM-Abbild basiert, finden Sie auf der Windows 7-Installations-DVD im Ordner *\sources* die *.clg*-Dateien der verschiedenen Windows-Editionen. Dies gilt auch für Windows Server 2008 R2.

WIM-Abbilder haben als Dateityp die Bezeichnung *.wim*. In diesen Dateien ist festgelegt, welche Komponenten Windows bei den einzelnen Editionen installiert. Windows-Antwortdateien speichern Sie am besten als *AutoUnattend.xml*. Beim Starten der Installation durchsucht Windows 7 standardmäßig das Stammverzeichnis von Laufwerken (auch USB-Sticks) auf eine Datei *AutoUnattend.xml* und verwendet die hinterlegten Antworten zur Installation.

Abbildg. 42.1 Das Installationsabbild und die dazugehörigen Katalogdateien befinden sich auf dem Installationsmedium von Windows 7 und Windows Server 2008 R2

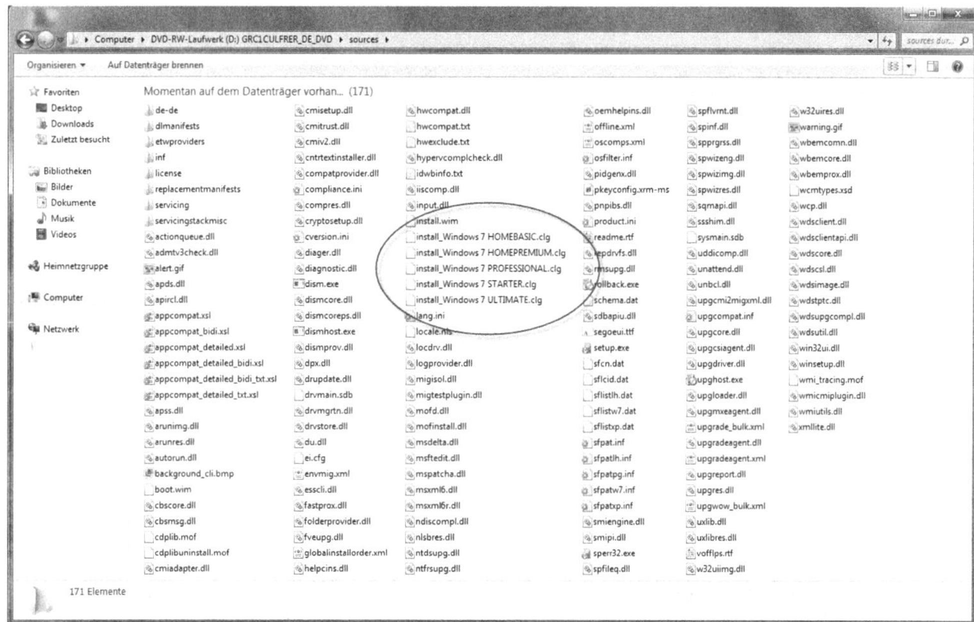

Grundlagen zur automatisierten Installation

Um Windows Vista oder Windows 7 und Windows Server 2008 R2 in Unternehmen zu verteilen, unterstützt Microsoft Administratoren mit dem Windows Automated Installation Kit (WAIK). Die neue Version des WAIK ist optimiert für Windows 7 und Windows Server 2008 R2 und enthält zahlreiche Tools, welche die Installation von Windows 7 und Windows Server 2008 R2 deutlich optimieren. Neue Hotfixes können extrem einfach in bestehende Abbilder integriert werden.

Sie können das WAIK von der Internetseite *http://www.microsoft.com/downloads/details.aspx?familyid=696DD665-9F76-4177-A811-39C26D3B3B34&displaylang=de* kostenlos herunterladen. Alternativ suchen Sie in einer Suchmaschine nach den Begriffen *WAIK* und *Download*. Achten Sie aber darauf, die neue Version speziell für Windows 7 und Windows Server 2008 R2 herunterzuladen. Mit der Version lassen sich auch Windows Vista und Windows Server 2008 installieren und automatisieren. Die Dateigröße beträgt in etwa 1,7 GB. Die Installation von Windows Vista oder Windows 7 von DVD basiert ebenfalls auf einem WIM-Abbild.

Alternativ können Sie ein Abbild mit *ImageX*, einer installierten Windows Vista oder Windows 7-Edition über die Windows-Bereitstellungsdienste (Windows Deployment Services, WDS) oder eine Netzwerkfreigabe auf PCs im Unternehmen verteilen. Die einzelnen Windows-Komponenten sind einzeln installierbar und beschreiben in XML-Dateien deren Installationsabläufe und Abhängigkeiten. Durch diese XML-basierte Steuerung der Installation wird die Verteilung deutlich flexibler gestaltet.

Es würde den Rahmen dieses Buchs sprengen, eine komplette Rolloutstrategie darzustellen bzw. den umfassenden Umgang mit den Werkzeugen zu erklären. Wir erläutern jedoch alle relevanten Werkzeuge und zeigen Ihnen die wichtigsten Möglichkeiten, wie sich die Installation von Windows Vista oder Windows 7 und Windows Server 2008 R2 automatisieren lässt.

Abbildg. 42.2 Das Windows Automated Installation Kit kann auch für die automatisierte Installation von Windows Server 2008 R2 verwendet werden

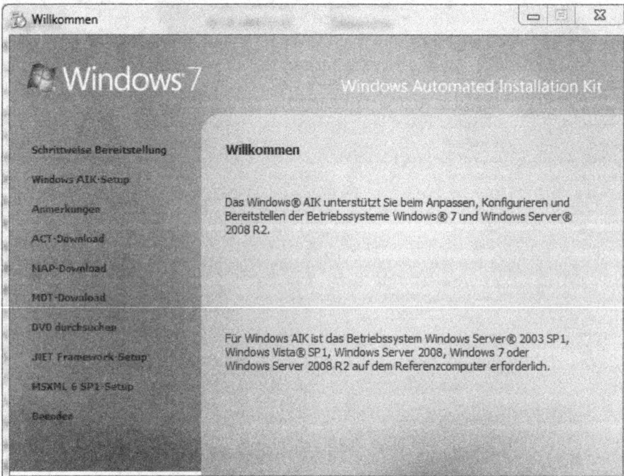

Zusatztools für die automatisierte Installation

In Windows Vista oder Windows 7 und Windows Server 2008 R2 werden einige Tools, die auch unter Windows XP und Windows Server 2003 im Einsatz sind, weiterverwendet. Zusätzlich gibt es neue Tools und Funktionen, einige Funktionen sind jedoch weggefallen.

In diesem Abschnitt gehen wir mit Ihnen eine Kurzbeschreibung der notwendigen Tools durch. Außerdem gehen wir auch kurz auf die Programme und Tools ein, die nicht mehr verwendet werden müssen. Alle benötigten Tools gehören entweder zu den Bordmitteln von Windows Vista oder Windows 7 und Windows Server 2008 R2 oder zum WAIK 2.0.

HINWEIS Bei Windows XP und Windows Server 2003 verhinderten technische Einschränkungen die Erstellung eines einzigen Abbilds, das auf allen Computern bereitgestellt werden konnte. Unterschiedliche HAL-Schichten (Hardware Abstraction Layer) bedeuteten, dass Sie mehrere Abbilder pflegen mussten. In Windows Vista oder Windows 7 und auch in Windows Server 2008 R2 bestehen diese technischen Einschränkungen nicht mehr; das Betriebssystem ist in der Lage, die benötigte HAL festzustellen und sie automatisch zu installieren.

Tabelle 42.1 Wichtige Tools für die Bereitstellung von Windows 7

Tool	*Funktion*
SYSPREP	Dies ist die aktualisierte, für Windows Vista und Windows 7 sowie Windows Server 2008 R2 abgeänderte Version. Das Tool befindet sich im Verzeichnis *\system32\sysprep* auf dem Computer.
IMAGEX	Befehlszeilentool zur Erstellung von WIM-Abbildern. Das Tool ist Bestandteil des WAIK.
Windows System Image Manager	Ein Tool zum Erstellen und Ändern von *Unattend.xml*-Dateien
PEIMG	Das Tool zur Anpassung von Windows PE 3.0-Abbildern
Windows Deployment Services	Die neue Version von RIS (Remoteinstallationsdienst), mit der die Bereitstellung von Windows Vista oder Windows 7 und Windows Server 2008 R2 – und Windows XP-Abbildern sowie Windows PE 2.0/3.0-Startabbildern ermöglicht wird. Hierbei handelt es sich um eine Serverrolle für Windows Server 2008 R2.
PNPUTIL	Mit diesem Tool können Treiber dem Treiberspeicher von Windows Vista oder Windows 7 und Windows Server 2008 R2 hinzugefügt sowie daraus entfernt werden
PKGMGR	Dieses Tool dient zur Wartung des Betriebssystems. Der Paket-Manager ist ein Befehlszeilentool, mit dem Sie Windows-Pakete offline bearbeiten können.
OCSETUP	Dieses Hilfsprogramm ersetzt *SYSOCMGR* und dient zur Installation von Windows-Komponenten
BCDEDIT	Ein Tool zum Bearbeiten von Startkonfigurationsdaten
Application Compatibility Toolkit 5.5	Mit diesem aktualisierten Tool können Sie feststellen, ob Ihre Anwendungen mit Windows Vista oder Windows 7 und Windows Server 2008 R2 kompatibel sind
User State Migration Tool 4	Ein aktualisiertes Tool zum Erfassen und Wiederherstellen von Benutzereinstellungen, das in Windows XP und Windows Vista oder Windows 7 sowie allen Versionen von Office einschließlich Office 2007/2010 eingesetzt werden kann
BCDBoot	Tool zum Reparieren der Systempartition und des Start-Managers. Das Tool kann einen neuen Start-Manager aus einem Windows 7-Abbild erstellen.
BootSect	Kann den Master Boot Record einer Festplatte wiederherstellen, um zwischen dem Windows 7-Start-Manager und NTLDR von Windows XP oder Windows Server 2003 wechseln zu können
Diskpart	Tool zum Bearbeiten der Festplatten (siehe Kapitel 3, 6 und 8)

Tabelle 42.1 Wichtige Tools für die Bereitstellung von Windows 7 *(Fortsetzung)*

Tool	*Funktion*
DrvLoad	Tool zum Integrieren von Treibern direkt in ein Startabbild mit Windows PE. Für das Integrieren eines Treibers in ein Offline-Windows-PE-Abbild ist *dism.exe* besser geeignet (siehe Kapitel 2 und 5).
Expand	Befehlszeilentool zum Extrahieren von komprimierten Dateien
Oscdimg	Tool zum Erstellen von ISO-Dateien aus WIM-Dateien, zum Beispiel zum Erstellen eines Windows PE-Datenträgers
PowerCFG	Tool zum Konfigurieren der Energieoptionen eines Rechners
Wpeutil	Tool zum Arbeiten innerhalb von Windows PE, zum Beispiel neu starten, oder Konfiguration der Firewall in Windows PE

Nicht mehr verwendete Tools

Nachfolgend sind jene Tools aufgelistet, die für das Deployment von Windows Vista oder Windows 7 und Windows Server 2008 R2 nicht mehr benötigt werden:

- **Remoteinstallationsdienste** RIS wurde durch die Windows Deployment Services (WDS) ersetzt, bietet unter Windows Server 2003 jedoch noch Legacy-Unterstützung; RIPREP und RISETUP können bei Windows Vista oder Windows 7 und Windows Server 2008 R2 nicht verwendet werden
- **Setup Manager/Notepad** Verwenden Sie zum Bearbeiten der Konfigurationsdateien für die unbeaufsichtigte Installation stattdessen den Windows System Image Manager
- WINNT.EXE **und** WINNT32.EXE Verwenden Sie stattdessen *Setup.exe*
- SYSOCMGR Ersetzt durch OCSETUP, PKGMGR
- **DOS-Startdisketten** Nicht mehr notwendig; verwenden Sie Windows PE

Windows System Image Manager, Antwortdateien und Kataloge

Der Windows System Image Manager (Windows-SIM) ist ein Tool, mit dem sich auf einfache Weise Antwortdateien auf XML-Basis erstellen lassen. Das Tool steht zur Verfügung, wenn Sie das WAIK auf einem Rechner installieren. Auch Netzwerkfreigaben können Sie so konfigurieren, dass diese Konfigurationen zur Verteilung von Windows Vista oder Windows 7 und Windows Server 2008 R2 enthalten.

Mit Windows-SIM können Sie auf einem Computer eine Antwortdatei auf XML-Basis erstellen, auf deren Basis Sie dann wiederum ein Installationsabbild anfertigen können. Dieses Abbild können Sie entweder über Netzwerkfreigaben auf Zielcomputern installieren oder durch die Windows-Bereitstellungsdienste (Windows Deployment Services, WDS) im Unternehmen verteilen.

Die Antwortdatei enthält das Grundgerüst, das Windows für die einzelnen Konfigurationsphasen benötigt. Dadurch lassen sich Eingaben wie Computernamen, Seriennummer und weitere Eingaben in einer Datei vorgeben, sodass während der Installation keinerlei Eingaben mehr erfolgen müssen. In diesen Dateien ist festgelegt, welche Komponenten von Windows Vista oder Windows 7 und Windows Server 2008 R2 bei den einzelnen Editionen installiert werden. Um eine Antwortdatei zu erstellen, wird in der Regel folgendermaßen vorgegangen:

1. Um eine Antwortdatei zu erstellen, sollten Sie die folgenden Vorgänge idealerweise auf einem Admin-PC durchführen, auf dem Sie das Windows Automated Installation Kit (WAIK) installiert haben.

2. Kopieren Sie auf diesem Admin-PC alle Dateien des Verzeichnisses *\sources*, vor allem die Datei *install.wim* und die dazugehörige Katalogdatei der Edition, die Sie automatisiert installieren wollen, von der Windows Vista-, Windows 7- oder Windows Server 2008 R2-DVD aus dem Verzeichnis *sources* in ein temporäres Verzeichnis auf der Festplatte, zum Beispiel *C:\Unattend*. Auf Basis der Standardinstallation lassen sich am besten Antwortdateien erstellen.
3. Starten Sie über *Start/Alle Programme/Microsoft Windows AIK* den *Windows System Image Manager*.
4. Zunächst wird mit Windows-SIM eine Antwortdatei auf XML-Basis erstellt. Öffnen Sie dazu im Windows System Image Manager über den Menübefehl *Datei/Windows-Abbild auswählen* die zuvor kopierte Datei *install.wim*.
5. Wählen Sie aus, welche Edition Sie innerhalb des Abbilds verwenden wollen. Beachten Sie, dass Sie über entsprechende Lizenzen dieser Edition verfügen müssen.
6. Nach dem erfolgreichen Ladevorgang wird das Abbild im Windows System Image Manager angezeigt und Sie können sich durch die einzelnen Funktionen und Pakete klicken. Erhalten Sie die Fehlermeldung, dass eine Katalogdatei fehlt, lassen Sie für das Projekt einfach eine neue Datei erstellen.
7. Anschließend starten Sie die Erstellung einer neuen Antwortdatei über *Datei/Neue Antwortdatei*.
8. Im Anschluss werden notwendige Komponenten hinzugefügt und bearbeitet. Dazu können Sie im Windows-SIM im Bereich des Abbilds das hinzugefügte Abbild öffnen und die Einstellungen vornehmen.

Speichern Sie Antwortdateien als *AutoUnattend.xml*. Beim Starten der Installation durchsucht Windows Vista, Windows 7 oder Windows Server 2008 R2 standardmäßig das Stammverzeichnis auf eine Datei *AutoUnattend.xml* und verwendet die hinterlegten Antworten zur Installation. Normalerweise werden Antwortdateien als *Unattend.xml* gespeichert.

Wenn Sie während der Installation auch die Datenträgerpartitionierung über die Antwortdatei automatisieren wollen, muss die Datei *AutoUnattend.xml* genannt werden. Die Einstellungen, die in der Datei *AutoUnattend.xml* vorgenommen wurden, werden während der Windows PE-Konfiguration durchgeführt, also vor dem Kopieren von Dateien auf den Datenträger.

Workshop: Erstellen einer Antwortdatei zur automatisierten Installation von Windows 7

In diesem Abschnitt zeigen wir Ihnen in mehreren Schritten, wie Sie eine automatisierte Installation von Windows 7, aber auch von Windows Server 2008 R2 über eine Antwortdatei erstellen können. Eine solche Antwortdatei lässt sich auch für Windows Vista und Windows Server 2008 erstellen. Die Antwortdateien lassen sich zur Installation über das Netzwerk, über USB-Sticks, aber auch zusammen mit den Windows-Bereitstellungsdiensten nutzen, die wir ebenfalls in diesem Kapitel besprechen.

TIPP Nach der Installation des Windows AIK finden Sie eine Beispielantwortdatei *Corp_autounattended_sample.xml* unter *C:\Programme\Windows AIK\Samples*.

Schritt 1: Windows-Installation automatisieren

Zunächst zeigen wir Ihnen, wie Sie eine Antwortdatei erstellen, um Windows automatisiert zu installieren:

1. Installieren Sie das WAIK auf einem Computer.
2. Kopieren Sie die Datei *install.wim* von der Windows 7-DVD aus dem Verzeichnis *\sources* in ein temporäres Verzeichnis auf der Festplatte, zum Beispiel *C:\Unattend*. Kopieren Sie auch die dazugehörige Katalogdatei der Edition, die Sie installieren wollen (*.clg).

3. Starten Sie über *Alle Programme/Microsoft Windows AIK* den *Windows System Image Manager.*
4. Öffnen Sie über *Datei/Windows-Abbild auswählen* die zuvor kopierte Datei *install.wim* auf der Festplatte.

Abbildg. 42.3 Öffnen des Windows-Abbilds und Auswählen der zu installierenden Edition von Windows 7

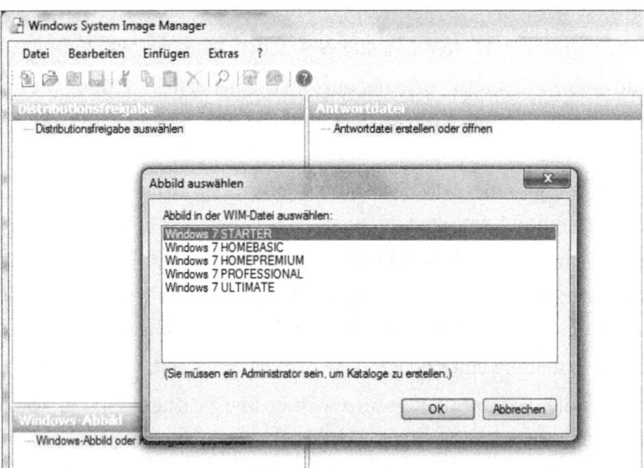

5. Wählen Sie aus, welche Windows 7-Edition Sie installieren wollen.
6. Bestätigen Sie das Erstellen einer neuen Katalogdatei, wenn ein entsprechender Fehler erscheint. Das Paket wird jetzt eingelesen und im Windows System Image Manager angezeigt. Das Erstellen des Katalogs kann einige Zeit dauern.

Abbildg. 42.4 Windows System Image Manager mit eingebundenem Abbild und erstellter Antwortdatei

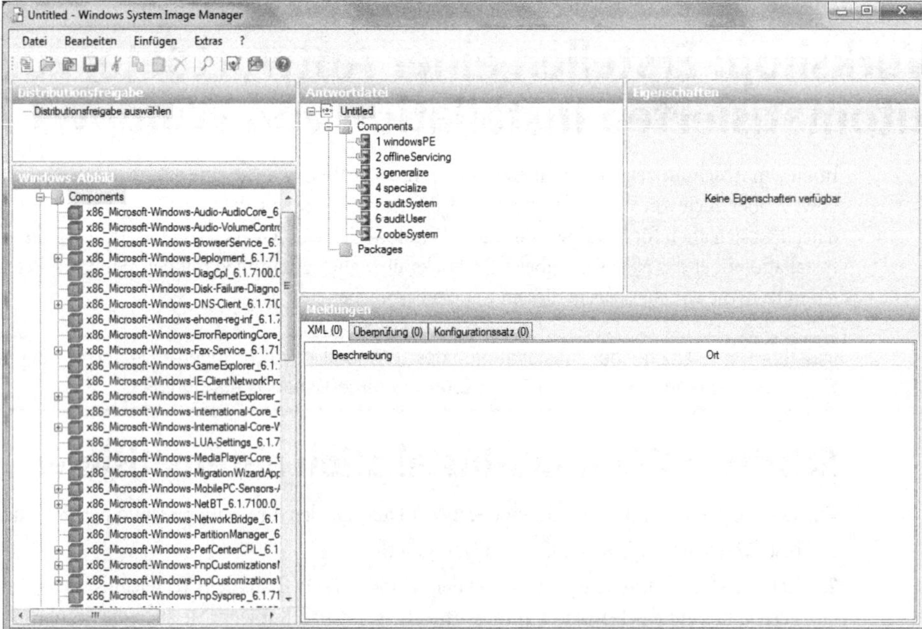

7. Anschließend starten Sie die Erstellung einer neuen Antwortdatei über *Datei/Neue Antwortdatei.*
8. Die Antwortdatei wird mit ihren sieben verschiedenen Bereichen in der Mitte des Fensters angezeigt. Die Bereiche stellen die verschiedenen Phasen während der Installation dar.

Im Bereich *Windows-Abbild* erweitern Sie *Components.* Hier können Sie verschiedene Einstellungen vornehmen, um die Installation an Ihre Bedürfnisse anzupassen. Die wichtigsten Beispiele zeigen wir Ihnen in der nachfolgenden Anleitung. Klicken Sie hierzu mit der rechten Maustaste auf die Komponente und wählen Sie die gewünschte Konfigurationsphase aus. So wird die Komponente der Antwortdatei in der Phase der Windows-Installation hinzugefügt und Sie können die Werte in der Antwortdatei bearbeiten:

1. Klicken Sie unterhalb von *x86_Microsoft-Windows-International-Core-WinPE_...* mit der rechten Maustaste auf *SetupUILanguage* und wählen *Einstellung zu Pass 1 windowsPE hinzufügen.*

Abbildg. 42.5 Hinzufügen der ersten Komponente zur automatisierten Installation

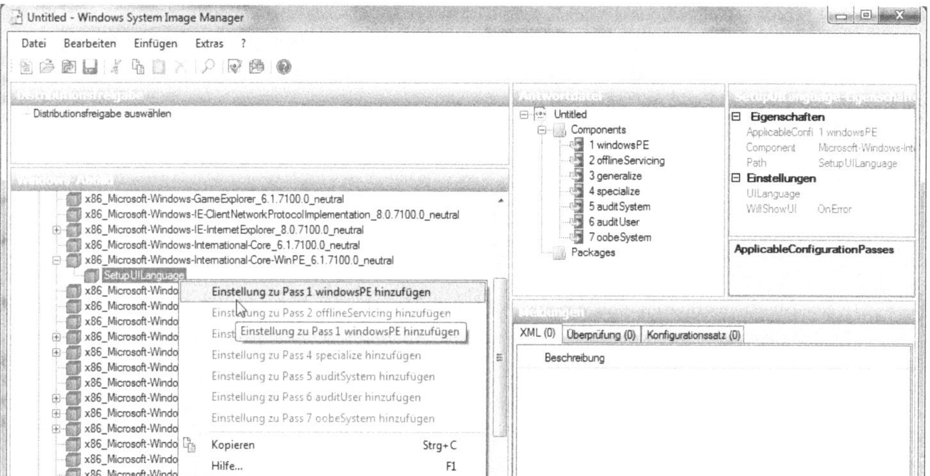

2. Anschließend fügen Sie noch den Bereich *x86_Microsoft-Windows-Setup\UserData* zum gleichen Bereich hinzu.

Abbildg. 42.6 Hinzufügen von weiteren Komponenten zur Antwortdatei

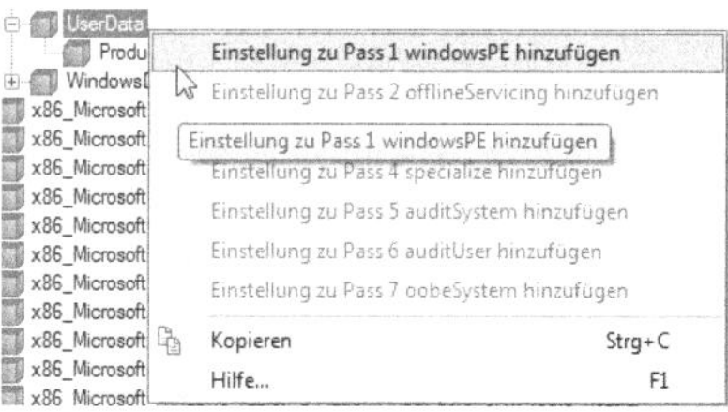

3. Die drei Bereiche *x86_Microsoft-Windows-Shell-Setup\OOBE* (zu Bereich 7), *x86_Microsoft-Windows-Shell-Setup\AutoLogon* (zu Bereich 7) und *x86_Microsoft-Windows-Shell-Setup* (zu Bereich 4) fügen Sie ebenfalls hinzu.

4. Im Bereich 4 bei der Antwortdatei können Sie über die rechte Maustaste alles unterhalb *x86_Microsoft-Windows-Shell-Setup_neutral* löschen, nicht jedoch den eigentlichen Hauptpunkt *x86_Microsoft-Windows-Shell-Setup_neutral*.

Abbildg. 42.7 Löschen nicht benötigter Komponenten aus dem Bereich der Antwortdatei

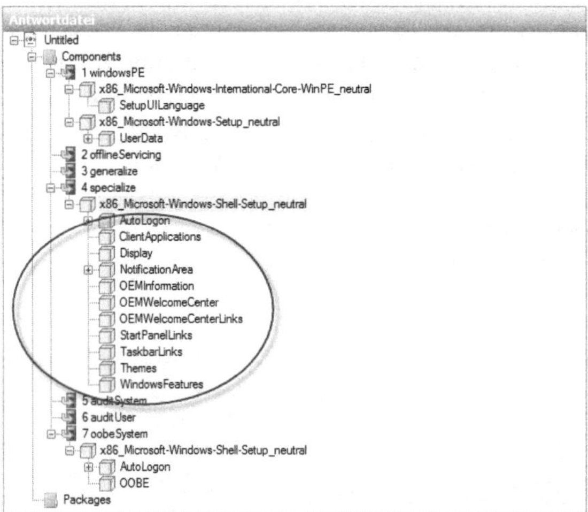

5. Anschließend füllen Sie die verschiedenen Bereiche der Antwortdatei mit den Daten, die für die Installation notwendig sind. Klicken Sie dazu auf *x86_Microsoft-Windows-International-Core-WinPE*.
6. Hier werden die Spracheinstellungen unterhalb des Bereichs *Einstellungen* gesetzt. Dabei spielen die Werte *InputLocale* (Eingabe während der Installation), *SystemLocale* (Standardsprache der Programme), *UILanguage* (Standardsprache der Benutzeroberfläche) und *UserLocale* (Benutzereinstellung für Datum, Zeit, Währung und Zahlen) eine wichtige Rolle. Tragen Sie bei diesen Werten jeweils *de-DE* ein.

Abbildg. 42.8 Einstellen der Spracheinstellungen des Betriebssystems

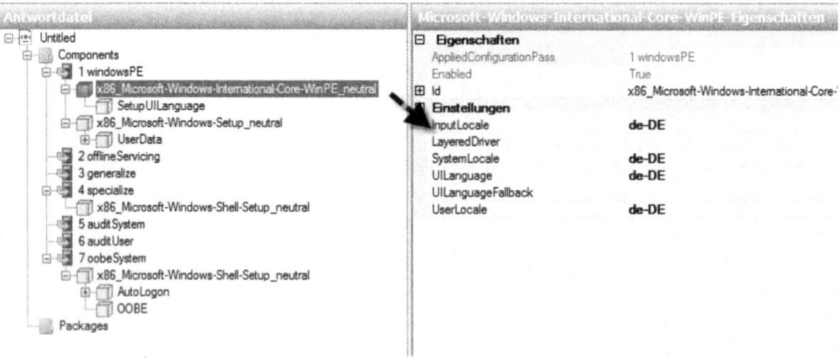

7. Klicken Sie dann im Bereich *Antwortdatei* auf den Wert *SetupUILanguage*.
8. Bei *UILanguage* (Sprache der Menüs während der Installation) tragen Sie ebenfalls *de-DE* ein. Bei *WillShowUI* (legt fest, wann ein Meldefenster erscheinen soll) tragen Sie *OnError* ein.

Abbildg. 42.9 Festlegen der Sprache während der Installation

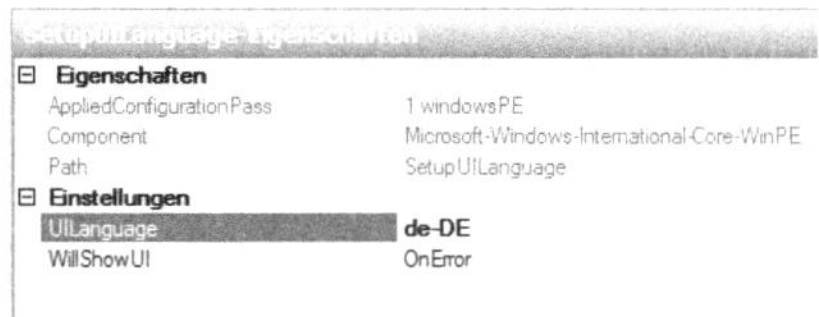

9. Klicken Sie als Nächstes bei *Antwortdatei* auf *UserData*.
10. Bei *AcceptEula* tragen Sie *true* ein. In diesem Fall werden die Lizenzbedingungen (EULA) automatisch bestätigt. Bei *FullName* und *Organization* tragen Sie ein, für wen das Betriebssystem registriert ist.

Abbildg. 42.10 Festlegen erster Automatismen in der Antwortdatei

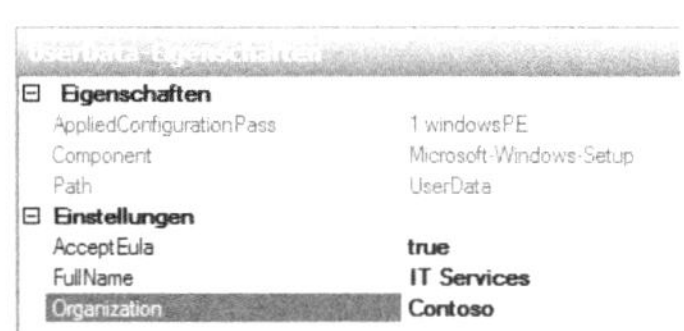

11. Klicken Sie danach bei *Antwortdatei* auf *ProductKey*. In den Einstellungen können Sie den Produktschlüssel und wiederum *OnError* bei *WillShowUI* eintragen.
12. Klicken Sie nun auf *x86_Microsoft-Windows-Shell-Setup_neutral* im Bereich 4. Bei *Computername* tragen Sie den Namen des Computers ein.
13. Klicken Sie als Nächstes auf *x86_Microsoft-Windows-Shell-Setup_neutral* im Bereich 7. Unter *TimeZone* tragen Sie *W. Europe Standard Time* ein.
14. Klicken Sie jetzt auf *AutoLogon* im Bereich 7.
15. Bei *Enabled* tragen Sie *true* ein. Bei *LogonCount* setzen Sie den Wert mindestens auf 1. Tragen Sie hier 2 ein, werden die ersten zwei Anmeldungen automatisch durchgeführt. Bei *Username* tragen Sie *Administrator* ein.
16. Klicken Sie dann im mittleren Bereich auf *Password* und geben im rechten Bereich das Kennwort unter *Value* an.
17. Wählen Sie im mittleren Bereich *OOBE*. Diese Option steht für die *Out-of-Box-Experience*, das Verhalten des Betriebssystems direkt nach der Installation.
18. Anschließend werden die Werte für *OOBE* auf der rechten Seite gepflegt. *HideEULAPage* wird auf *true* gesetzt. Bei *NetworkLocation* (Netzwerkstandort), entweder *Home* oder *Work* auswählen.
19. Bei *ProtectYourPC* wird das Sicherheitsverhalten festgelegt (1 = Empfohlene Einstellungen, 2 = Nur automatische Updates aktivieren, 3 = Schutz deaktivieren).
20. *SkipMaschineOOBE* legt fest, ob die Willkommensseite angezeigt wird, mit *true* wird diese ausgeblendet. Der Wert *true* bei *SkipUserOOBE* blendet das *Willkommenscenter* aus.

Abbildg. 42.11 Festlegen des Verhaltens von Windows beim ersten Start

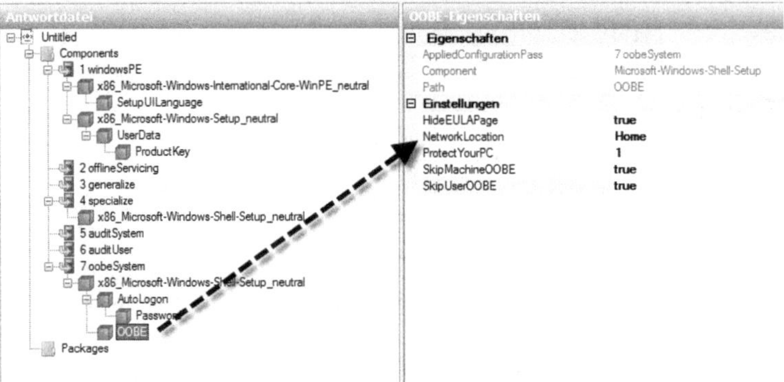

21. Im Anschluss daran überprüfen Sie die Antwortdatei über *Extras/Antwortdatei überprüfen* auf eventuelle Fehler.
22. Im Bereich *Meldungen* dürfen keine Fehler erscheinen. Nur die Meldung, dass die Einstellung *SkipOOBE* veraltet ist, stellt kein Problem dar.

Abbildg. 42.12 Antwortdateien lassen sich auf Konsistenz überprüfen

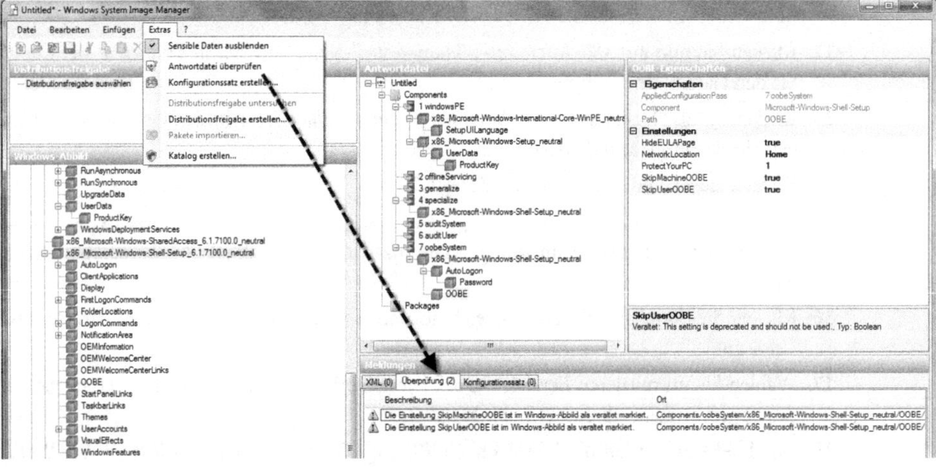

23. Speichern Sie Antwortdatei über *Datei/Antwortdatei speichern* als *AutoUnattend.xml* ab. Die Erstellung der Datei ist damit abgeschlossen.
24. Speichern Sie die Datei auf einem USB-Stick oder stellen Sie die Installation über die WDS zur Verfügung. Starten Sie von der Windows 7-DVD, verwendet der Setup-Assistent die Antwortdatei zur automatisierten Installation.

Die Installation über diese Antwortdatei ist allerdings noch nicht vollkommen automatisiert. Dazu müssen Sie auch die Festplattenkonfiguration automatisch steuern. Dahin kommen wir im nächsten Abschnitt.

Schritt 2: Antwortdatei zur automatisierten Partitionierung der Festplatten erweitern

Wollen Sie nicht nur die Windows-Installation automatisieren, sondern auch die Partitionierung, also die Aufteilung der physischen Festplatte in mehrere logische Bereiche, können Sie auch diese Vorgaben in der Antwortdatei hinterlegen:

1. Öffnen Sie die erstellte Antwortdatei *AutoUnattend.xml* im Windows System Image Manager.
2. Erweitern Sie im Bereich *Windows-Abbild* die Komponente *x86_Microsoft-Windows-Setup_neutral* und dann *DiskConfiguration.*
3. Klicken Sie mit der rechten Maustaste auf *Disk* und fügen Sie diesen Wert dem Bereich 1 hinzu.

Abbildg. 42.13 Hinzufügen der Festplattenkonfiguration zur Antwortdatei

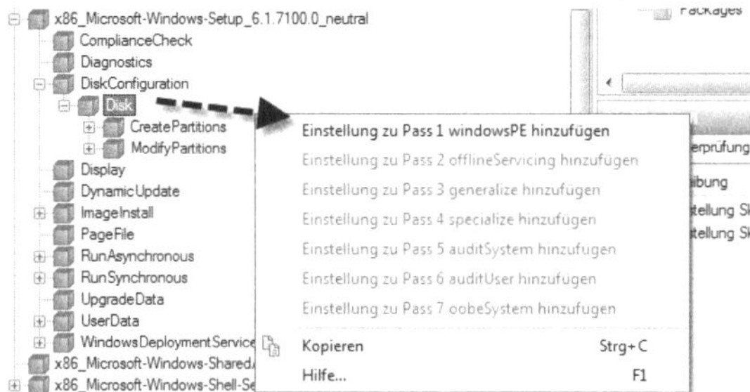

4. Fügen Sie dann noch die Option *InstallTo* unter *x86_Microsoft-Windows-Setup_neutral/ImageInstall/OSImage* zum Bereich 1 hinzu.
5. Die hinzugefügten Werte konfigurieren Sie jetzt wieder im Bereich *Antwortdatei.* Klicken Sie mit der rechten Maustaste auf *CreatePartitions* und wählen Sie *Neue CreatePartition einfügen.* Den Befehl können Sie so oft wiederholen, wie Sie Windows-Partitionen auf dem Rechner automatisch erstellen wollen.

Abbildg. 42.14 Erstellen von neuen Partitionen über die Antwortdatei von Windows 7

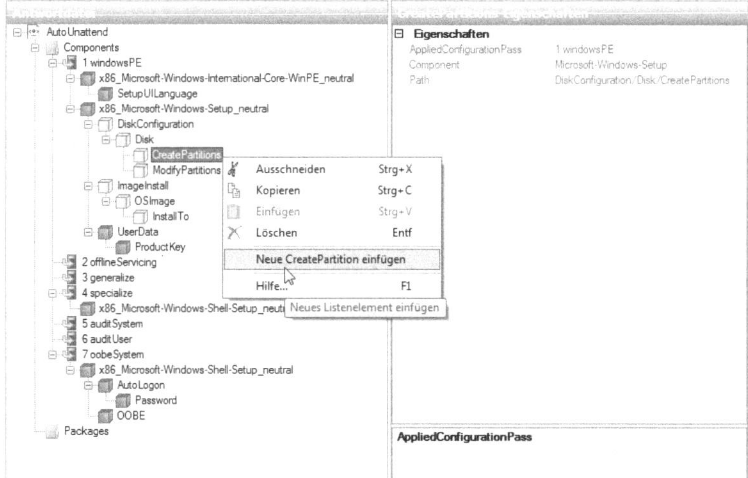

6. Klicken Sie mit der rechten Maustaste auf *ModifyPartitions* und wählen Sie *Neue ModifyPartition einfügen*. Den Befehl müssen Sie so oft wiederholen, wie es Partitionen auf dem Computer geben soll. Wollen Sie eine Konfiguration mit zwei Partitionen, fügen Sie der Antwortdatei eine zweite Komponente *CreatePartition* und eine zweite Komponente *ModifyPartition* hinzu, indem Sie im Bereich *Windows-Abbild* mit der rechten Maustaste auf die Komponente klicken und anschließend die entsprechende Konfigurationsphase auswählen.
7. Klicken Sie dann auf *DiskConfiguration* und legen für den Wert *WillShowUI* wieder *OnError* fest.
8. Klicken Sie dann auf *Disk*. Beim Wert *DiskID* tragen Sie 0 ein. Windows wird dann auf der ersten Platte im Computer installiert. Mit *true* bei *WillWipeDisk* wird vor der Installation der Inhalt der Platte gelöscht.
9. Klicken Sie im mittleren Bereich auf *CreatePartition* unterhalb von *CreatePartitions*. Mit dem Wert *Extend* legen Sie im Gegensatz zu *true* mit *false* fest, dass der Assistent die Partition nicht auf gesamte Festplattengröße erweitert. Bei *Size* geben Sie den Wert in Megabyte ein, wenn Sie nicht die ganze Platte bei *Extend* verwenden, also *true* eintragen. Mit *Type* legen Sie die Art der Partition fest, bei der ersten am besten *Primary*. Bei *Order* tragen Sie den Wert *1* ein.

Abbildg. 42.15 Erstellen einer leeren Partition für Windows 7

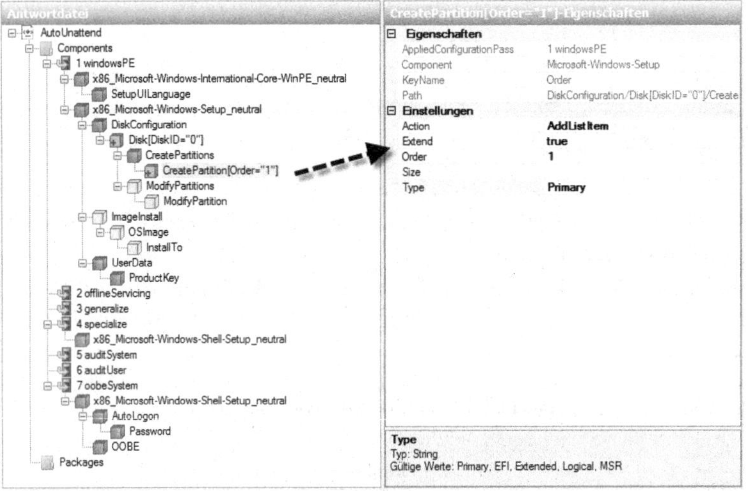

10. Als Nächstes klicken Sie den Eintrag *ModifyPartition* unterhalb von *ModifyPartitions* an. Hier konfigurieren Sie die erstellte Partition noch genauer. Der Wert *Active* setzt mit *true* die Partition auf aktiv, nur so kann Windows 7 von der Partition starten. Mit *Extend* und *true* verwendet Windows die gesamte Platte.
11. Die Option *Format* mit dem Wert *NTFS* legt das Dateisystem fest.
12. Mit *Label* können Sie den Namen des Laufwerks auf einen beliebigen Wert setzen.
13. Mit *Letter* konfigurieren Sie den Laufwerkbuchstaben, also am besten C.
14. *Order* auf 1 gesetzt gibt die Reihenfolge an, in der die Partition angepasst werden soll, wenn Sie mehrere Partitionen erstellen lassen.
15. *PartitionID* mit dem Wert 1 legt die ID der Partition fest, welche modifiziert werden soll.

Abbildg. 42.16 Konfigurieren der Partition von Windows 7

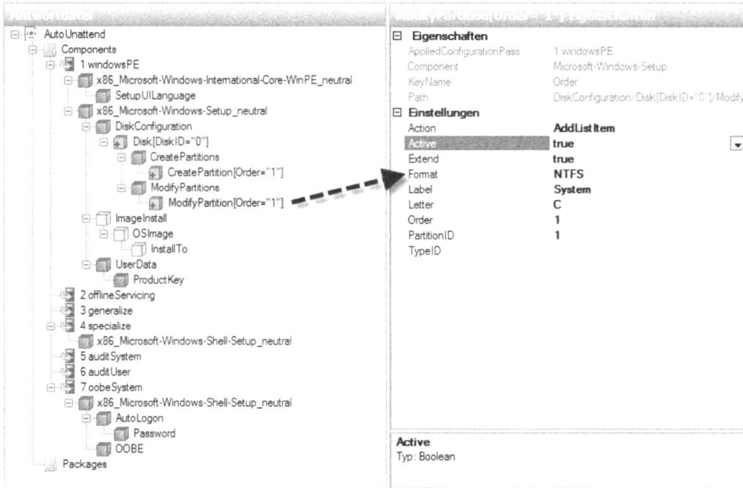

16. Nun klicken Sie im Bereich *Antwortdatei* auf *OSImage.*
17. Bei *InstallToAvaiablePartition* tragen Sie *false* ein. Dann verwendet der Assistent nicht die erste verfügbare Festplatte zur Installation des Betriebssystems, sondern die in der Antwortdatei konfigurierte Partition (siehe nächster Schritt). Bei *WillShowUI* aktivieren Sie wieder *OnError.*
18. Klicken Sie dann im Bereich *Antwortdatei* auf *InstallTo.* Hier legen Sie fest, auf welcher Platte daher bei *DiskID* der Wert *0* und auf welcher Partition Sie Windows 7 installieren wollen. Tragen Sie bei *PartitionID* den Wert *1* ein, also die erste Partition auf der ersten Platte.
19. Anschließend überprüfen Sie die Antwortdatei wieder über *Extras* und speichern anschließend wieder.

Schritt 3: Computerabbild installieren – Sysprep im Praxiseinsatz

Wollen Sie jetzt Windows 7 mit der erstellten Antwortdatei installieren, benötigen Sie eine Windows 7-DVD, die Sie in das DVD-Laufwerk des Rechners einlegen. Sie müssen sicherstellen, dass der Computer von diesem Laufwerk startet. Die weiteren Schritte zeigen wir Ihnen nachfolgend:

1. Schalten Sie den Computer ein, legen Sie die Windows 7-Produkt-DVD in das Laufwerk und schließen Sie den USB-Stick an, der die Antwortdatei enthält (*AutoUnattend.xml*). Schließen Sie den USB-Stick an einem der primären USB-Anschlüsse des Computers an. Diese befinden sich meistens auf der Rückseite des Rechners.
2. Starten Sie den Computer. Das Windows 7-Setup startet automatisch. Standardmäßig durchsucht das Setup-Programm das Stammverzeichnis aller Wechselmedien nach einer Antwortdatei mit dem Namen *AutoUnattend.xml.*
3. Um den Computer klonen zu können, sollten Sie nach der Installation noch den Befehl *Sysprep* mit der Option */generalize* verwenden sowie die Option */oobe*, um die Windows-Willkommensseite beim nächsten Neustart zu aktivieren. Wählen Sie aus der Liste *Systembereinigungsaktion* die Option *Out-of-Box-Experience (OOBE)* für *System aktivieren* aus. Aktivieren Sie noch *Verallgemeinern* und wählen Sie die Option

Herunterfahren aus. Durch die Ausführung des Befehls werden Standardgerätetreiber aus dem Windows-Abbild entfernt.

4. Wenn Sie während der Installation Standardgerätetreiber hinzufügen und das Windows-Abbild aufzeichnen möchten, legen Sie für die Einstellung *PersistAllDeviceInstalls* der Komponente *Microsoft-Windows-PnpSysprep* in der Antwortdatei die Option *True* fest. Bei Verwendung dieser Einstellung entfernt *Sysprep* die erkannten Gerätetreiber nicht.

Abbildg. 42.17 Vorbereiten eines Quellcomputers für das Klonen

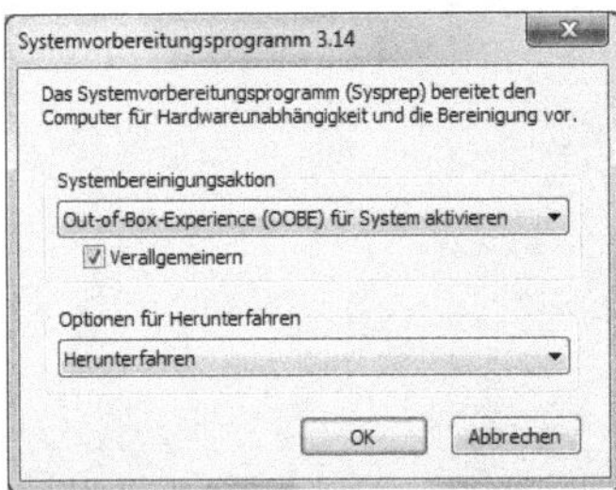

TIPP Sie können *Sysprep* auch über eine Eingabeaufforderung ausführen, indem Sie den Befehl *c:\windows\system32\sysprep\sysprep.exe /oobe /generalize /shutdown* eingeben.

Die meisten Clientapplikationen lassen sich ohne Probleme mit *Sysprep* zum Klonen vorbereiten, aber bei den Serverrollen in Windows Server 2008 R2 funktioniert das nicht in jedem Fall. Folgende Rollen unterstützen *Sysprep*:

- Anwendungsserver
- DHCP Server
- Routing und RAS
- Remotedesktopdienste (darf aber noch keiner Domäne angehören)
- Webserver (keine Unterstützung für Encrypted Credentials in *#applicationhost.config*)

Kein *Sysprep*-Support:

- Alle Active Directory-Rollen
- DNS-Server
- Fax-Server
- Dateidienste
- Netzwerkrichtlinien
- Druck- und Dokumentdienste
- Windows-Bereitstellungsdienste

Windows PE-CD erstellen und Windows-Abbild anfertigen

Bei Windows PE handelt es sich um eine Minimalversion von Windows 7, welche die Kernelfunktionen enthält. Auch die Basisinstallation von Windows 7 und Windows Server 2008 (R2) basiert auf Windows PE 3.0, es gibt keinen textorientierten Teil der Installation mehr. Windows PE gehört zum Lieferumfang von Windows 7 sowie Windows Server 2008 und muss nicht mehr gesondert heruntergeladen und installiert werden. Für die beiden Betriebssysteme gibt es daher keine DOS-Startdisketten mehr, diese werden ersatzlos durch Windows PE ersetzt.

Trotz aller Funktionsvielfalt ist Windows PE kein normales Betriebssystem, sondern dient lediglich zur Installation oder Diagnose. Während der Installation lädt die Installationsroutine die Windows PE-Version auf der DVD mit einer Größe von etwa 140 MB (*\sources\boot.wim*). Auch die Computerreparaturoptionen sind auf Basis von Windows PE aufgebaut. Mit Windows PE können Installationsvorbereitungen und Rollouts durchgeführt werden. Nachdem eine Antwortdatei erstellt und ein Master-PC installiert ist, erstellen Sie ein Abbild des Computers, auf dessen Basis Sie die Installation im Netzwerk verteilen können, zum Beispiel mit WDS.

Sie können eine CD erstellen, mit deren Hilfe Windows PE auf diesem Computer startet. Im Anschluss wird der Master-PC mit der Windows PE-CD gestartet und das Abbild erzeugt. Das Abbild sichert den kompletten Rechner und lässt eine Wiederherstellung oder ein Deployment zu. In diesem Fall sollten Sie den Rechner zuvor aber mit *Sysprep* verallgemeinern.

Windows-PE-CD vorbereiten und erstellen

Wollen Sie eine Windows PE-CD erstellen, um Computer im Netzwerk mit der neuen PE-Umgebung zu starten, können Sie ebenfalls das Windows Automated Installation Kit (WAIK) für Windows 7 und Windows Server 2008 R2 verwenden. Gehen Sie zur Erstellung einer solchen Datei entsprechend den folgenden Schritten vor. Auf der CD können Sie das Windows-eigene Tool ImageX kopieren, mit dem Sie ein Abbild des Betriebssystems erstellen können.

1. Installieren Sie das WAIK.
2. Klicken Sie auf *Alle Programme/Windows AIK/Eingabeaufforderung für Bereitstellungstools.*
3. Führen Sie den Befehl *copype.cmd <Systemvariante> <Verzeichnis>* aus. Als Systemvariante können Sie entweder *x86*, *amd64* oder *ia64* verwenden, abhängig davon, welches System Sie einsetzen. Als Verzeichnis geben Sie ein beliebiges Verzeichnis auf der Festplatte des Admin-PC an, zum Beispiel *C:\winpe*. Ein Beispiel für die Eingabe des Befehls ist: *copype.cmd x86 c:\winpe*. Das Verzeichnis müssen Sie vorher nicht erstellen, der Assistent erstellt dieses automatisch und legt die Dateien im Anschluss in diesem Verzeichnis ab.

Abbildg. 42.18 Kopieren der notwendigen PE-Daten

```
Administrator: Eingabeaufforderung für Bereitstellungstools
Updating path to include dism, oscdimg, imagex

   C:\Program Files\Windows AIK\Tools\PETools\
   C:\Program Files\Windows AIK\Tools\PETools\..\x86
   C:\Program Files\Windows AIK\Tools\PETools\..\x86\Servicing;


C:\Program Files\Windows AIK\Tools\PETools>copype.cmd x86 c:\winpe

===================================================
Creating Windows PE customization working directory

    c:\winpe
===================================================

        1 Datei(en) kopiert.
        1 Datei(en) kopiert.
C:\Program Files\Windows AIK\Tools\PETools\x86\boot\bcd
C:\Program Files\Windows AIK\Tools\PETools\x86\boot\boot.sdi
C:\Program Files\Windows AIK\Tools\PETools\x86\boot\bootfix.bin
C:\Program Files\Windows AIK\Tools\PETools\x86\boot\etfsboot.com
C:\Program Files\Windows AIK\Tools\PETools\x86\boot\fonts\chs_boot.ttf
C:\Program Files\Windows AIK\Tools\PETools\x86\boot\fonts\cht_boot.ttf
C:\Program Files\Windows AIK\Tools\PETools\x86\boot\fonts\jpn_boot.ttf
C:\Program Files\Windows AIK\Tools\PETools\x86\boot\fonts\kor_boot.ttf
```

4. Anschließend sollten Sie zusätzliche Tools in dieses Verzeichnis kopieren, die Sie beim Starten von Windows PE benötigen, zum Beispiel *imagex.exe*, das Sie für das Erstellen von Abbildern verwenden können. Sie finden *imagex.exe* unter *C:\Programme\Windows AIK\Tools\x86*. Der Pfad ist abhängig von der eingesetzten Systemvariante. Kopieren Sie das Tool in das Unterverzeichnis *ISO* im gerade erstellten PE-Verzeichnis auf Ihrer Festplatte.
5. Im nächsten Schritt erstellen Sie die ISO-Datei, die schließlich die Windows PE-Installation enthält. Um die ISO-Datei zu erstellen, geben Sie den Befehl *Oscdimg –n –bc:\winpe\etfsboot.com c:\winpe\ISO c:\winpe\winpe.iso* ein. Achten Sie darauf, das Verzeichnis *ISO* auch mit Großbuchstaben zu schreiben.
6. Brennen Sie im Anschluss diese ISO-Datei auf CD und starten Sie den Master-PC mit dieser CD.

Abbildg. 42.19 Erstellen einer ISO-Datei mit Windows PE

```
Administrator: Eingabeaufforderung für Bereitstellungstools

C:\Program Files\Windows AIK\Tools\PETools>oscdimg -n -bc:\winpe\etfsboot.com c:
\winpe\ISO c:\winpe\winpe.iso

OSCDIMG 2.55 CD-ROM and DVD-ROM Premastering Utility
Copyright (C) Microsoft, 1993-2007. All rights reserved.
Licensed only for producing Microsoft authorized content.


Scanning source tree
Scanning source tree complete (17 files in 8 directories)

Computing directory information complete

Image file is 28590080 bytes

Writing 17 files in 8 directories to c:\winpe\winpe.iso

100% complete

Final image file is 28590080 bytes

Done.

C:\Program Files\Windows AIK\Tools\PETools>
```

Abbilder mit ImageX erstellen

ImageX basiert auf der Windows Imaginging-Technologie (WIM) und ist das wichtigste Tool beim Rollout von Windows 7 und Windows Server 2008 R2. Idealerweise haben Sie das Tool in die Windows PE-CD integriert.

Nachdem Sie auf dem Master-PC Windows 7 installiert und mit *Sysprep* die Erstellung des Abbilds vorbereitet haben, starten Sie den Computer mit Windows PE. Anschließend geben Sie in der Befehlszeile den Befehl *Imagex.exe /compress fast /capture C: C:\mein-abbild.wim <Beschreibung> /verify* ein. Statt *mein-abbild.wim* kann eine beliebige Bezeichnung für das Abbild verwendet werden. Beim Starten mit Windows PE legt das Betriebssystem drei Partitionen an:

- C: In dieser Partition befindet sich die installierte Windows 7- oder Windows Server 2008-Version, von der ein Abbild erstellt werden soll
- D: Hierbei handelt es sich um die CD mit den Windows PE-Installationsdateien. Hier finden Sie auch ImageX.
- X: Dieser Laufwerkbuchstabe wird für die Laufzeitumgebung von Windows PE verwendet. Diese Partition wird im Arbeitsspeicher erstellt (RAM-Disk).

Nachdem die Erstellung des Abbilds gestartet wird, beginnt ImageX, die angegebene Partition zu scannen und das Abbild zu erstellen. Das Abbild kann dann über die Windows-Bereitstellungsdienste im Unternehmen verteilt werden.

Sie können das bereitgestellte Abbild auch bearbeiten – und zwar so wie jeden anderen Ordner. Sie können zum Beispiel ein Betriebssystemabbild bereitstellen, Gerätetreiber hinzufügen und die Bereitstellung wieder aufheben. Für das Mounten eines Abbilds wird zum Beispiel der folgende Befehl verwendet:

```
imagex /mountrw <Pfad zum Image und zur .wim-Datei> <Pfad, in den das Image gemounten wird>
```

Mit dem Befehl

```
peimg.exe /inf=<Pfad zur .inf-Datei des Treibers> <Gemounteter Pfad>
```

werden Treiber in das Abbild kopiert.

Über den Befehl

```
imagex /unmount /commit <Gemounteter Pfad>
```

wird die Bereitstellung wieder aufgehoben. Das Abbild enthält jetzt den kopierten Treiber. Um das erstellte Abbild wieder auf andere Computer zu installieren, werden Windows PE, ImageX oder am besten die Windows-Bereitstellungsdienste verwendet.

Windows 7 über ein ImageX-Abbild installieren

Wollen Sie ein Abbild nur auf einem einzelnen Computer ohne WDS installieren, starten Sie den Zielcomputer mit einem Windows PE-Datenträger und stellen Sie sicher, dass der Datenträger korrekt konfiguriert ist. Sollte die Festplatte des Zielcomputers noch vollkommen leer sein, können Sie mit dem Befehl *Diskpart* auf dem Zielcomputer eine ausreichend große, aktive Partition erstellen. Geben Sie dazu die folgenden Befehle ein:

```
diskpart
select disk 0
clean
create partition primary size=20000
select partition 1
active
format
exit
```

Im nächsten Schritt wird die Abbilddatei von der Netzwerkfreigabe auf die lokale Festplatte des PC kopiert. Im Anschluss wird das Abbild mit dem Befehl *Imagex.exe /apply C:\mein-abbild.wim c:* auf dem Computer installiert.

Weitere Optionen von ImageX

Welche Optionen neben den beschriebenen ImageX noch kennt, können Sie der Tabelle 42.2 entnehmen.

Tabelle 42.2 Befehlszeilenoptionen von ImageX

Option	Beschreibung
/append	Hängt ein Abbild an eine vorhandene WIM-Datei an
/apply	Stellt ein Abbild in einem bestimmten Laufwerk wieder her
/capture	Erstellt ein Abbild in einer neuen WIM-Datei
/commit	Übernimmt die Änderungen für eine WIM-Datei
/compress	Legt die Komprimierung auf »keine«, »schnell« oder »maximal« fest. Die genaue Syntax erfahren Sie durch *imagex /?*.
/config	Verwendet die in der angegebenen Datei festgelegten erweiterten Optionen
/delete	Löscht ein Abbild aus einer WIM-Datei mit mehreren Images

Tabelle 42.2 Befehlszeilenoptionen von ImageX *(Fortsetzung)*

Option	Beschreibung
/dir	Zeigt eine Liste der Dateien und Ordner in einem Abbild an
/export	Überträgt ein Abbild von einer WIM-Datei zu einer anderen
/info	Gibt die XML-Beschreibungen für eine bestimmte WIM-Datei zurück
/ref	Legt die WIM-Referenzen für das Wiederherstellen fest
/scroll	Gibt alle Ausgaben am Stück aus
/split	Unterteilt eine vorhandene WIM-Datei in mehrere schreibgeschützte Teile
/verify	Überprüft doppelte und extrahierte Dateien
/mount	Stellt ein Abbild schreibgeschützt in einem bestimmten Ordner bereit
/mountrw	Stellt ein Abbild mit Lese- und Schreibzugriff in einem bestimmten Ordner bereit. Durch diesen Befehl können Dateien ausgetauscht werden und Sie können auf den Inhalt des Abbilds zugreifen
/unmount	Hebt die Bereitstellung eines Abbilds in einem bestimmten Ordner auf
/?	Gibt die möglichen Befehlszeilenparameter von ImageX aus

Bei allen Vorteilen von ImageX sollten Sie auch die Einschränkungen des Tools berücksichtigen, wenn Sie Abbilder von PCs erstellen:

- Mit ImageX können ausschließlich nur Vollversionen der Betriebssysteme verteilt werden. Aktualisierungen lassen sich nicht verteilen.
- Mit ImageX können nur Abbilder verwendet werden, die mit dem Windows-Abbildformat (WIM) erstellt wurden. Es werden keine Abbilder von Drittherstellern unterstützt, die auf Sektorbasis erstellt wurden (Acronis True Image, Norton Ghost usw.).
- Es können nur Abbilder von Windows 7, Windows Vista, Windows Server 2008, Windows XP ab SP2 und Windows Server 2003 mit SP1 von ImageX gemountet werden. ImageX kann jedoch ohne Weiteres Abbilder von allen Versionen von Windows 2000, XP und 2003 erstellen und installieren, diese aber nicht zur direkten Bearbeitung mounten.
- Abbilder können zum Anpassen und Konfigurieren nur auf NTFS-Partitionen gemountet werden. Wenn Abbilder nur gelesen werden sollen, wird auch FAT, ISO und UDF unterstützt.
- Bevor ein Abbild auf einen anderen Datenträger zurückgespielt werden kann, muss dieser mit *Diskpart* erstellt und konfiguriert werden.

Grundlagen der Windows-Bereitstellungsdienste

Die Windows-Bereitstellungsdienste sind der Nachfolger der Remoteinstallationsdienste (Remote Installation Services, RIS) von Windows Server 2003. Windows Vista, Windows 7 und Windows Server 2008 R2 können nicht über die Remoteinstallationsdienst-Technologie installiert werden. Dies liegt daran, dass diese beiden Betriebssysteme über die Windows Imaging (WIM)-Technologie installiert werden. Die Windows-Bereitstellungsdienste (WDS) beherrschen im Gegensatz zu RIS die WIM-unterstützte Installation, doch dazu später mehr. Mit WDS kann auch Windows Server 2003, Windows XP und Windows 2000 Server automatisiert installiert werden.

Die Windows-Bereitstellungsdienste können kostenlos über das WAIK (Windows Automated Installation Kit) oder das Service Pack 2 auf einem Windows Server 2003 installiert werden. In Windows Server 2008 R2 ist WDS bereits integriert und kann ohne notwendiges Update aktiviert werden. WDS ist für den Microsoft System Center Configuration Manager 2007, den Nachfolger des SMS Server 2003 optimiert. Wir kommen am Ende des Kapitels noch näher auf die Möglichkeiten des System Center Configuration Managers zu sprechen.

Abbildg. 42.20 Nach der Installation der Windows-Bereitstellungsdienste steht ein neues Snap-In für die Microsoft Management Console zur Verfügung.

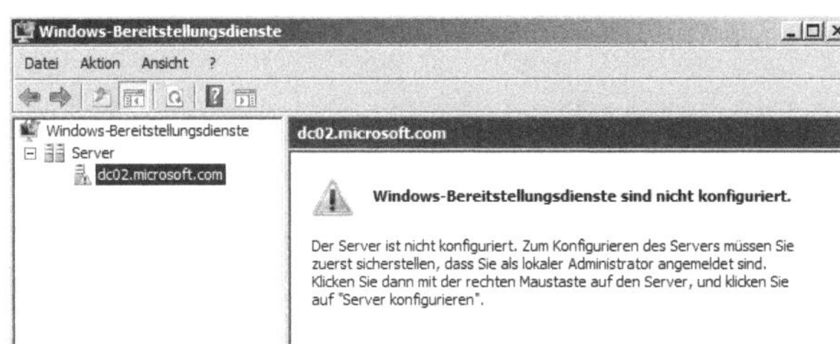

WDS kann auch 64-Bit-Betriebssysteme verteilen. Der WDS-Server muss einer bestehenden Active Directory-Domäne angehören oder ein eigenständiger Domänencontroller sein. Natürlich wird auch eine DNS-Namensauflösung benötigt, diese sollte aber innerhalb von Active Directory ohnehin zur Verfügung stehen. Der WDS-Server muss außerdem Zugang zu einem aktiven DHCP-Server haben. Der Server benötigt eine separate Partition, die mit NTFS formatiert wurde. In dieser werden die Abbilder zur automatisierten Installation abgespeichert.

Neuerungen in WDS von Windows Server 2008 R2

Die Windows-Bereitstellungsdienste (WDS) in Windows Server 2008 R2 unterstützen die Bereitstellung von virtuellen Festplatten (siehe hierzu auch Kapitel 1, 3 und 6). Virtuelle Festplatten (Virtual Hard Disks, VHDs) lassen sich über eine unbeaufsichtigte Installation bereitstellen.

Eine Multicastverbindung zu langsamen Clients kann ein WDS-Server automatisch trennen und so Übertragungen auf Basis der Clientgeschwindigkeit in mehrere Streams aufteilen. Außerdem wird Multicasting in Umgebungen mit IPv6 unterstützt. Mit einem Transportserver sind Netzwerkstarts und Datenmulticasting im Rahmen einer erweiterten Konfiguration möglich.

Der Transportserver ist ein eigenständiger Server der WDS und unterstützt vollständig PXE. Beim Verwenden eines Transportservers für Netzwerkstarts und Multicasting sind Sie nicht auf Active Directory oder DNS angewiesen. Die WDS unterstützen Netzwerkstarts von x64-Computern mit EFI, einschließlich Funktionen zum automatischen Hinzufügen, DHCP-Verweisen zum Weiterleiten von Clients an einen bestimmten PXE-Server sowie der Fähigkeit, Startabbilder mithilfe von Multicasting bereitzustellen. Treiberpakete lassen sich jetzt direkt in Startabbilder integrieren

Der Betriebsmodus von WDS

Die Vorgehensweise der Installation richtet sich vor allem danach, welchen Modus Sie für den WDS-Server vorsehen: Legacymodus, gemischter Modus oder einheitlicher Modus. Der Legacymodus sowie der gemischte Modus unterstützen noch RIS-Abbilder, während der einheitliche Modus nur WDS-Abbilder unterstützt.

Der einheitliche Modus kann sowohl unter Windows Server 2003/2008 als auch unter Windows Server 2008 R2 genutzt werden und ist die beste Möglichkeit, neue Abbilder im Unternehmen zu verteilen, vor allem dann, wenn keine RIS-Abbilder aus Kompatibilitätsgründen mehr benötigt werden. Die Konfiguration des WDS-Servers im Legacymodus erfordert mindestens Windows Server 2003 SP1. Bei der Verwendung von Windows Server 2008 R2 ist nur die Installation des einheitlichen Modus möglich. Eine Verwendung alter RIS-Abbilder ist nicht möglich.

Über die Konsole der Windows-Bereitstellungsdienste kann der WDS-Server konfiguriert werden. Klicken Sie mit der rechten Maustaste auf den Servernamen und wählen Sie im Kontextmenü den Eintrag *Server konfigurieren*. Nach der ersten Einrichtung steht der Server für die Verteilung von Windows zur Verfügung.

Abbildg. 42.21 Konfigurieren des WDS-Servers über einen Assistenten

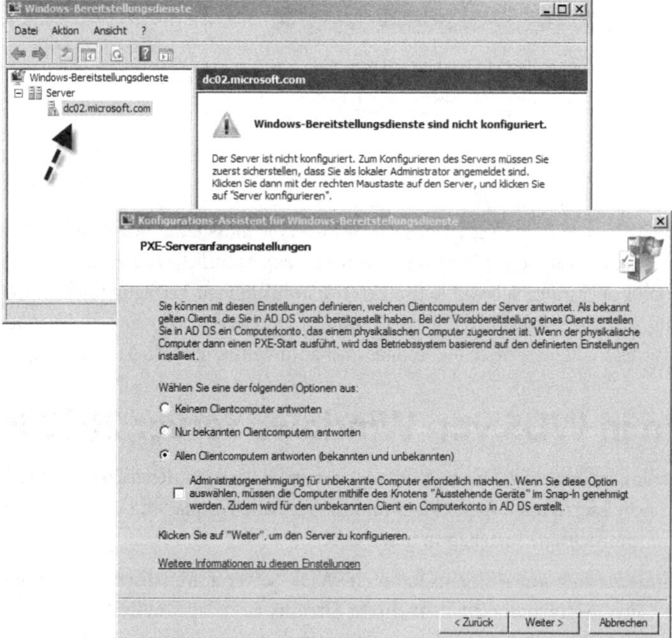

Abbilder in WDS verwalten

Sobald der WDS-Server installiert und eingerichtet worden ist, können Abbilder hinzugefügt werden. Hier gibt es verschiedene Typen. Ein *Startabbild* kommt zum Einsatz, wenn auf dem Client Windows PE starten soll. *Installationsabbilder* dienen der Installation von Windows und erfordern eine Abbildgruppe. Eine *Abbildgruppe* ist ein Ordner, der sich unterhalb des Knotens *Installationsabbilder* befindet.

Für alle Clientcomputer, die keine Unterstützung für PXE bieten, gibt es die Möglichkeit, ein Startabbild zu exportieren. Somit können auch diese Clientcomputer durch den WDS-Server bedient werden. Diese Abbilder werden *Suchabbilder* genannt und erhalten vor der Generierung die Information, welcher Bereitstellungsserver verwendet werden soll. Aufzeichnungsabbilder bieten eine Alternative zum Befehlszeilenprogramm *ImageX.exe*, wenn ein mit dem Dienstprogramm *Sysprep.exe* vorbereitetes Abbild aufgezeichnet wird.

Beim Start eines Clients mit einem *Aufzeichnungsabbild* wird das Aufzeichnungsdienstprogramm der Windows-Bereitstellungsdienste aufgerufen. Es führt den Benutzer durch die erforderlichen Schritte zum Aufzeichnen und Hinzufügen eines neuen Abbilds. Das Aufzeichnungsabbild muss als Startabbild hinzugefügt werden.

Abbildg. 42.22 Mit Assistenten können auf einfache Weise sogenannte Installationsabbilder hinzugefügt werden

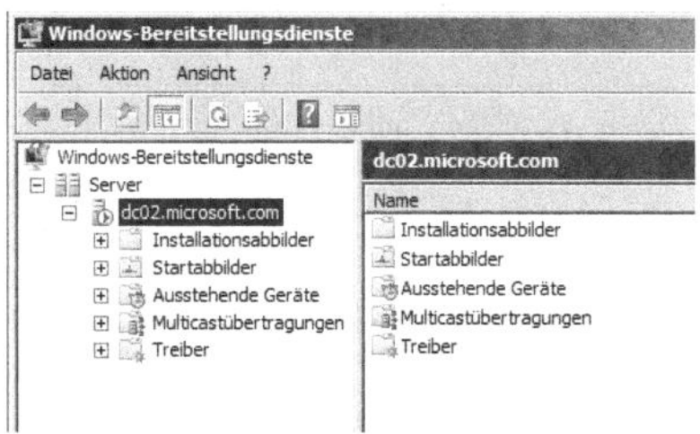

Für das Starten über das Netzwerk (PXE) stellen die Windows-Bereitstellungsdienste verschiedene Network Bootstrap-Programme (NBP) zur Verfügung. Um diese effektiv nutzen zu können, sollten alle Clients in Active Directory bereits mit eindeutigen IDs ausgestattet sein. Nur durch diese Identifizierung anhand der GUID oder der MAC-Adresse kann das Startverhalten der Clients durch die Zuweisung der NBP beeinflusst werden.

Das Tool *PXEboot.com* erfordert, dass der Benutzer beim Starten des Computers die Taste F12 drücken muss, um einen Netzwerkstart durchzuführen. Wird *PXEboot.n12* genutzt, erfolgt der Start über das Netzwerk ohne Drücken der Funktionstaste F12. *AbortPXE.com* legt fest, dass ein Computer direkt das nächst verfügbare Startmedium nutzt. Es erfolgt kein Netzwerkstart. *Wdsnbp.com* stellt Funktionen bereit, die zur Erkennung der Architektur und zur Verwaltung von Anfragen der Startberechtigung benötigt werden. Es wird noch vor *PXEboot.com* geladen.

Steht in der Startreihenfolge des Rechners das Starten über das Netzwerk vor dem Starten von Festplatte und wird *PXEboot.n12* genutzt, wird der Client bei jedem Hochfahren in den Netzwerkstart übergehen und nicht das eigentliche Betriebssystem laden. Dieses Verhalten lässt sich dadurch vermeiden, dass Sie *PXEboot.com* nutzen oder *AbortPXE.com* verwenden.

Wie funktioniert die automatisierte Installation von Windows Vista oder Windows 7 über WDS?

Ein Clientcomputer wird mit PXE wird im Netzwerk gestartet. Nach dem Laden des BIOS sendet das PXE-ROM auf der Netzwerkkarte eine Netzwerkdienstanforderung an den nächstgelegenen DHCP-Server. Mit der Anforderung sendet der Client seine GUID (Globally Unique Identifier). Der DHCP-Server erteilt dem Client eine IP-Lease mit Optionen für DNS (006), Domäne (015) und PXE-Server (060).

Als Nächstes startet das Startabbild mit Windows PE, das in das RAM geladen wird. Über einen Eintrag in der Antwortdatei wird die Festplatte angepasst. Das Setup führt die in der Antwortdatei enthaltene Anmeldung an den WDS-Server aus. Existiert dieser Eintrag nicht, wird um eine Authentifizierung gebeten. Soll eine unbeaufsichtigte Installation durchgeführt werden, darf immer nur ein Abbild in der Abbildgruppe existieren. Wurde die Antwortdatei mit Informationen wie Installationskey, Sprachversion und Domänenkonto korrekt konfiguriert, läuft die Installation völlig automatisiert ab.

Das Befehlszeilenprogramm *Wdsutil.exe* bietet eine erweiterte Funktionalität. Außerdem kann mit dem Tool auch ein bestehendes RIPREP-Abbild zu einem WIM-Abbild konvertiert werden. Die Windows-Bereitstellungsdienste bieten eine effektive Möglichkeit, Windows-Betriebssysteme ohne den Einsatz von Installationsmedien zu installieren. Durch den Einsatz von Antwortdateien lässt sich die Installation automatisieren.

In Kombination mit der *Lite Touch Installation (LTI)* beziehungsweise der *Zero Touch Installation (ZTI)* der Microsoft Depolyment Tools (MDT) 2010 kann der WDS-Server, ohne viel Speicherplatz zu verbrauchen, als reines Transportmittel für die verwendeten Startabbilder verwendet werden. Sie können die MDT über den Link auf der Startseite der WAIK-Installation herunterladen.

HINWEIS Beachten Sie, dass bei der Verwendung von Windows Server 2008 R2 nur noch die Installation des einheitlichen Modus möglich ist. Eine Verwendung alter RIS-Abbilder ist nicht möglich

Windows-Bereitstellungsdienste installieren

Um WDS auf einem Server zu installieren, sollten im Netzwerk zunächst die Voraussetzungen geschaffen werden. Es wird Active Directory, eine funktionsfähige DNS-Infrastruktur und ein DHCP-Server benötigt. Die Installation besteht aus der Installation der Serverrolle und der anschließenden Ersteinrichtung des Servers.

Als Erstes starten Sie den Server-Manager und installieren die Rolle *Windows-Bereitstellungsdienste*. Auf der nächsten Seite des Assistenten erhalten Sie einige Informationen zur Installation, die Sie auf jeden Fall durchlesen sollten. Als Nächstes werden die Rollendienste für den Server ausgewählt. Standardmäßig wird sowohl der *Bereitstellungsserver* als auch der *Transportserver* installiert. Danach wird die Installation abgeschlossen. Der Serverdienst ist jetzt installiert, aber noch nicht eingerichtet. Zur Installation gehört eine Ersteinrichtung, auch Initialisierung genannt, die über die Verwaltungskonsole der Windows-Bereitstellungsdienste durchgeführt wird.

Ersteinrichtung der Windows-Bereitstellungsdienste

Öffnen Sie für die erste Einrichtung die Verwaltungskonsole der Windows-Bereitstellungsdienste über *Start/Verwaltung* oder durch Eingabe von *wdsmgmt.msc* in das Suchfeld des Startmenüs. Der Server wird angezeigt, ist aber noch mit einem Warnzeichen versehen. Über das Kontextmenü wird der Befehl *Server konfigurieren* gestartet. Hierüber wird die Installation abgeschlossen. Es startet ein Assistent, über den der Server eingerichtet wird.

Auf der ersten Seite nach dem Begrüßungsfenster legen Sie den Speicherort fest, in dem die Installationsabbilder gespeichert werden. Es bietet sich an, dafür eine eigene Partition zu wählen, damit die Daten übersichtlich gespeichert werden. Statt über den Assistenten kann dieser Vorgang auch über die Befehlszeile mit dem Befehl *wdsutil /initialize-server /reminst:<Verzeichnis>* durchgeführt werden.

Auf der nächsten Seite werden die notwendigen Optionen für den DHCP-Server konfiguriert. Hier wird eingestellt, dass eine neue DHCP-Option 60 hinzugefügt wird und der Server nicht mehr den Port 67 abhört. Dies ist erforderlich, damit der DHCP-Server im Netzwerk von startenden Clients gefunden werden kann. In der Befehlszeile erreichen Sie diese Konfiguration über *wdsutil /Set-Server /UseDHCPPorts:no /DHCPoption60:yes.*

Auf der nächsten Seite des Assistenten legen Sie fest, auf welche Clients der PXE-Server antworten soll, wenn eine Startabfrage an den Server gestellt wird. Aktivieren Sie die Option *Nur bekannten Clientcomputern antworten*, können nur Computer, für die in der Domäne ein Konto erstellt wurde, diesen Server verwenden. Damit der Server ordnungsgemäß Clients anbinden kann, sollten Sie am besten die Optionen *Allen Clientcomputern antworten (bekannten und unbekannten)* und, falls gewünscht, das Kontrollkästchen *Admininstratorgenehmigung für unbekannte Computer erforderlich machen* aktivieren. So ist sichergestellt, dass kein Unbefugter auf eine Installation zugreifen kann. Diese Einstellung kann auch über die Befehlszeile mit dem Befehl *wdsutil /Set-Server /AnswerClients:all* durchgeführt werden.

Nach der Installation kann diese Einstellung in der WDS-Konsole in den Eigenschaften des Servers auf der Registerkarte *PXE-Antwort* konfiguriert werden. Anschließend wird die Ersteinrichtung über die Schaltfläche *Fertig stellen* abgeschlossen und der Server ist einsatzbereit für das Hinzufügen von Abbildern. Sobald sich ein Client mit dem WDS-Server verbindet, kann die Genehmigung über den Knoten *Ausstehende Geräte* durchgeführt werden. Für Testumgebungen, oder wenn diese Sicherheitsmaßnahme nicht gewünscht ist, kann die notwendige Genehmigung auch nachträglich deaktiviert werden.

TIPP Neben der Verwaltungskonsole bieten die Windows-Bereitstellungstools auch ein Befehlszeilenprogramm mit der Bezeichnung *Wdsutil.exe*. Viele Administrationsaufgaben, zum Beispiel das Verwalten von Abbildern, lassen sich neben der grafischen Oberfläche auch mit dem Tool durchführen. Eine ausführliche Hilfe über die Optionen erhalten Sie mit *wdsutil /?*. Bereits bei der Einrichtung des Servers kann über *Wdsutil.exe* einiges automatisiert oder über Skripts abgewickelt werden. Die einzelnen Befehle hierfür finden Sie im vorherigen Abschnitt dieses Kapitels.

Nach der ersten Einrichtung über den Assistenten können Sie in der WDS-Konsole über die Eigenschaften die Konfiguration des Servers anpassen.

Abbildg. 42.23 Anpassen des WDS-Servers in der WDS-Konsole

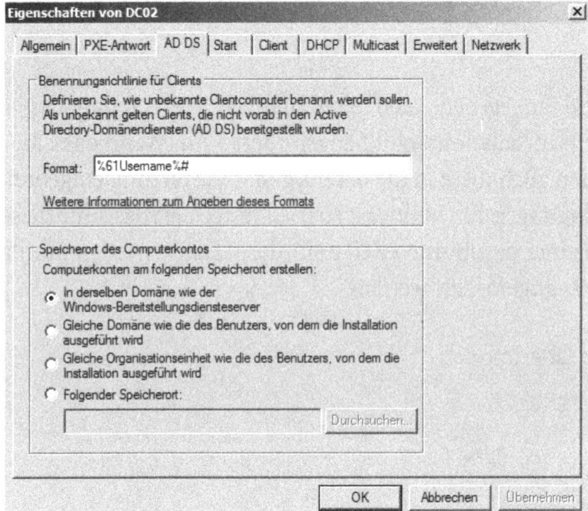

Multicast verwenden

Multicast wird dann verwendet, wenn sich nicht nur wenige Clients mit dem Bereitstellungsserver verbinden, sondern eine große Anzahl von Clients gleichzeitig. Beim Erstellen einer Multicastübertragung für ein Abbild werden die Daten nur einmal über das Netzwerk gesendet, wodurch eine deutliche Verringerung der verwendeten Netzwerkbandbreite erreicht werden kann. Achten Sie aber darauf, dass diese Funktion von den Routern im Netzwerk unterstützt werden muss.

Verwenden Sie mehrere WDS-Server im Netzwerk, müssen Sie darauf achten, dass die Multicast-IP-Adressen nicht kollidieren. Ansonsten besteht die Gefahr eines übermäßigen Datenverkehrs. Um neue Multicastübertragungen zu aktivieren, klicken Sie mit der rechten Maustaste auf den Knoten *Multicastübertragungen* und wählen im Kontextmenü den Befehl *Multicastübertragung erstellen* aus.

Anschließend geben Sie einen Namen der Übertragung ein und wählen das Installationsabbild aus, das verwendet werden soll. Interessant wird die Konfiguration auf der nächsten Seite des Assistenten, auf dem die Multicastübertragung ausführlicher konfiguriert wird.

Abbildg. 42.24 Konfigurieren der Multicastübertragungen im Netzwerk

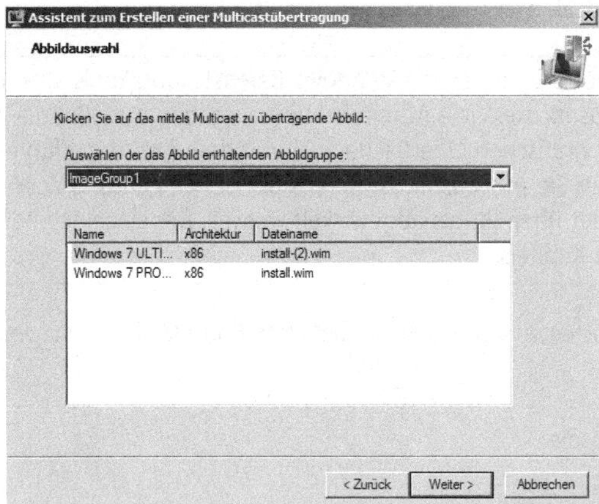

Mit der Funktion *Cast (automatisch)* wird angegeben, dass eine Multicastübertragung des ausgewählten Abbilds beginnt, sobald von einem Client ein Installationsabbild angefordert wird. Wenn dasselbe Abbild noch von anderen Clients angefordert wird, werden auch diese in die bereits gestartete Sitzung eingebunden. Mit der Option *Cast (geplant)* werden die Startbedingungen für Multicast speziell festgelegt. Basis für diese Einstellung ist die Anzahl der Clients, die ein Abbild zu einer bestimmten Zeit anfordern. Daten werden nur dann über das Netzwerk übertragen, wenn diese von Clients angefordert werden.

Abbildg. 42.25 Festlegen der Bedingungen für den Start der Übertragung

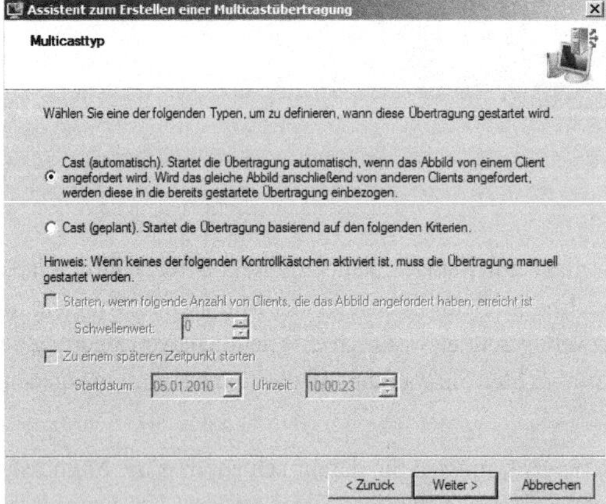

Wenn die Übertragung als geplante Umwandlung konfiguriert wurde, mindestens ein Client verbunden ist und die Übertragung noch nicht gestartet wurde, können Sie mit der rechten Maustaste die Übertragung auswählen und auf *Starten* klicken. Klicken Sie mit der rechten Maustaste auf die Übertragung, kann diese beendet werden. Die Clientinstallationen werden nicht dabei nicht gelöscht, sondern lediglich auf Unicast umgestellt.

Deaktivieren Sie die Übertragung über das Kontextmenü, wird die bereits begonnene Installation von Clients fortgesetzt. Es werden jedoch keine neuen Clients in die Übertragung eingebunden. Die Übertragung wird anschließend gelöscht, nachdem die Installation aller aktuellen Clients abgeschlossen ist. Clientcomputer können auch mit dem Tool *Wdsmcast.exe*, ein Befehlszeilentool des Windows AIK, an einer Übertragung teilnehmen. In den Eigenschaften des Servers kann auf der Registerkarte *Netzwerkeinstellungen* das Verhalten des Servers bezüglich Multicast konfiguriert werden.

TIPP Werden im Unternehmen mehrere WDS-Server für Multicast konfiguriert, sollte in den Eigenschaften jedes Servers auf der Registerkarte *Netzwerk* ein anderer IP-Bereich eingestellt werden, da sich sonst Datenpakete überlappen können und die Netzwerkbelastung stark ansteigt.

Abbildg. 42.26 Konfigurieren der Multicasteinstellungen für einen Server

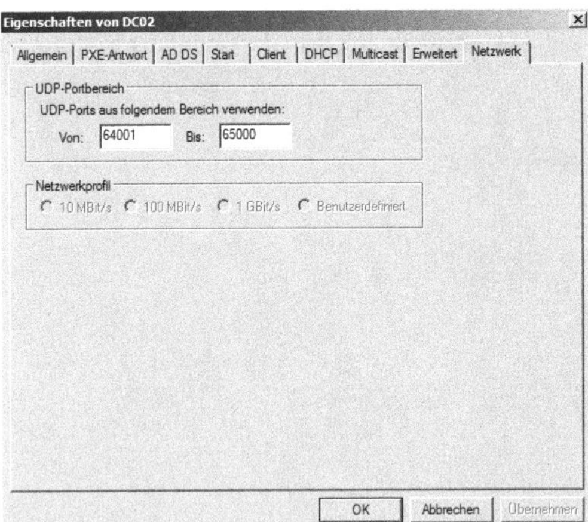

Abbilder verwalten und installieren

Die Installation von Clientcomputern über den WDS erfolgt über die bereits erwähnten Abbilder. Bei Startabbildern handelt es sich um Abbilder, die lediglich Windows PE, also die Installationsumgebung des Servers laden. Installationsabbilder sind schließlich die Abbilder, über die zum Beispiel Windows Vista oder Windows 7 installiert werden kann. Über die Abbilder lassen sich auch problemlos Windows Server 2008 oder Windows Server 2008 R2 installieren.

Startabbilder verwalten

Startabbilder kommen dann zum Einsatz, wenn Sie eine automatisierte Installation über Antwortdateien durchführen wollen und die Microsoft Deployment Tools (MDT) 2010 mit der Installationsmethode *Lite Touch Installation (LTI)* verwenden, wenn also Anwender selbst bei der Installation den einen oder anderen Menüpunkt auswählen können. Bei dieser Installationsmethode findet die Installation von Windows Vista, Windows 7 oder Windows Server 2008 R2 unabhängig von den Windows-Bereitstellungsdiensten über eine Antwortdatei statt. Der WDS startet dazu auf dem Client lediglich die Windows PE-Umgebung.

Die weitere automatisierte Installation wird über MDT oder eine Antwortdatei vorgenommen. Um ein Startabbild hinzuzufügen, wird zunächst die Verwaltungsoberfläche der WDS gestartet. Als Nächstes wird der Konsoleneintrag *Startabbilder* mit der rechten Maustaste angeklickt und über das Kontextmenü der Befehl *Startabbild hinzufügen* aufgerufen.

Abbildg. 42.27 Hinzufügen von Startabbildern zu den Windows-Bereitstellungsdiensten

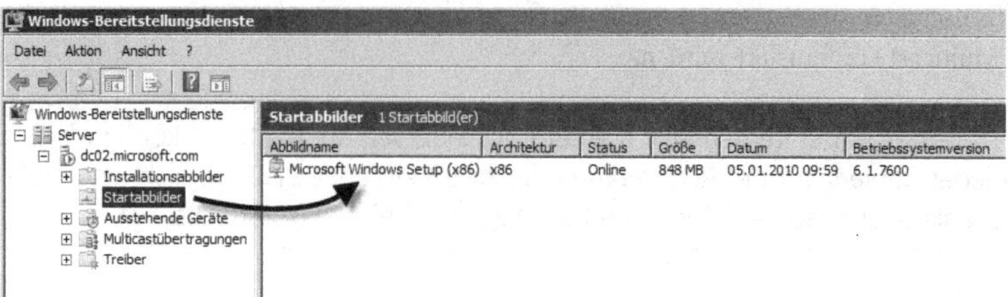

Im nächsten Fenster wird das Windows PE-Abbild ausgewählt, mit dem der Computer gestartet werden soll.

Abbildg. 42.28 Auswählen des Startabbilds

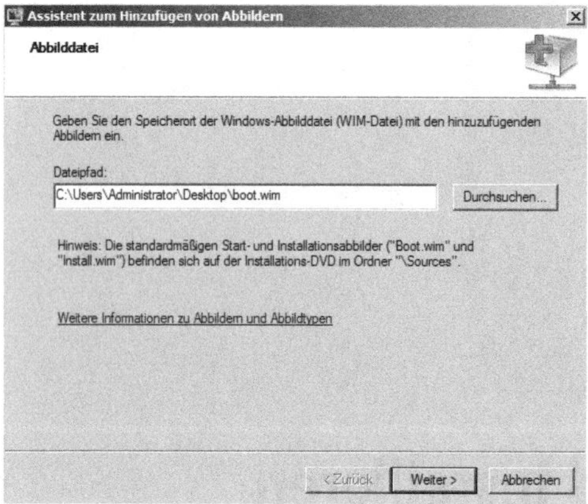

Hier kann entweder ein eigenes Abbild erstellt und bearbeitet werden, wie bereits in diesem Kapitel besprochen, oder es wird das Standardabbild *boot.wim* aus dem Verzeichnis *sources* auf der Windows Vista-, Windows 7- oder Windows Server 2008 R2-DVD verwendet. Dieses sollte vorher auf die Festplatte des Servers kopiert werden.

Auf der nächsten Seite werden der Name sowie die Beschreibung des Abbilds angezeigt und können bearbeitet werden. Bestätigen Sie die restlichen Fenster, damit das Startabbild dem Server hinzugefügt wird.

Abbildg. 42.29 Konfigurieren der Daten für das Startabbild

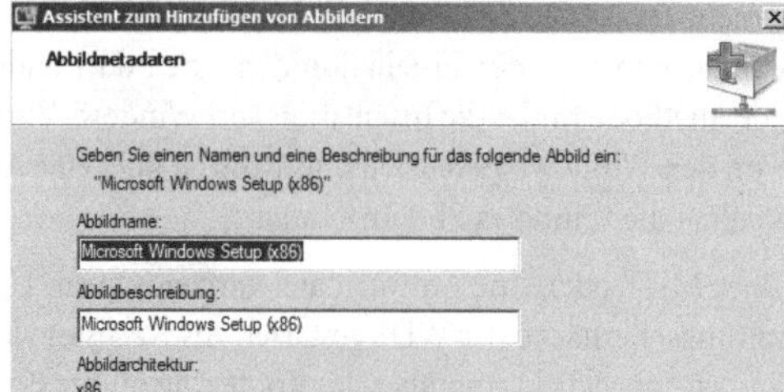

Sobald das Startabbild dem Server hinzugefügt ist, sehen Sie dies in der Verwaltungskonsole mit dem Status *Online* angezeigt. Über das Kontextmenü kann das Abbild bearbeitet oder es können andere Abbilder aus diesem Abbild erstellt werden.

Abbildg. 42.30 Anzeigen und Verwalten der Startabbilder

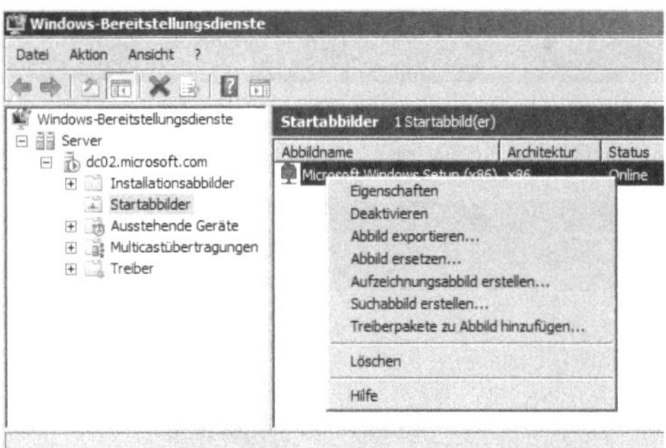

Über das Kontextmenü können Sie auch zusätzliche Treiber in das Startabbild hinzufügen. Startabbilder können auch über die Befehlszeile mit dem Befehl *wdsutil /Add-Image /ImageFile:<Pfad zur .wim-Datei> /ImageType:boot* hinzugefügt werden.

Computer über WDS starten und Fehler beheben

Sobald die Windows-Bereitstellungsdienste installiert und konfiguriert sind sowie ein Startabbild oder Installationsabbilder hinzugefügt sind, können Computer über das Netzwerk gestartet werden. Achten Sie darauf, dass die Netzwerkkarte des Computers PXE beherrscht und der DHCP-Server korrekt mit der Option 60 konfiguriert ist.

HINWEIS Haben Sie WDS und DNS auf dem gleichen Server installiert, besteht die Möglichkeit, dass das Starten der Clients fehlschlägt. Das Problem liegt daran, dass der DNS-Server die Ports des WDS-Servers blockiert. Mehr Informationen zu diesem Fehler erhalten Sie auf der Internetseite *http://support.microsoft.com/kb/977512*.

Die Clients erhalten zwar eine IP-Adresse durch den DHCP-Server, aber können anschließend keine TFTP-Verbindung zum WDS-Server aufbauen, um Abbilder zu laden. Sie können den Fehler folgendermaßen beheben:

1. In diesem Fall öffnen Sie den Registrierungs-Editor und navigieren zu *HKEY_LOCAL_MACHINE\System\CurrentControlSet\Services\WDSServer\Parameters*.
2. Öffnen Sie den Wert *UdpPortPolicy*.
3. Setzen Sie den Wert von *1* auf *0*.
4. Starten Sie den WDS-Dienst über das Kontextmenü zum Server in der WDS-Konsole neu.

Sobald sich der Computer erfolgreich mit dem WDS-Server verbindet, erhält er eine IP-Adresse zugewiesen und Windows PE wird auf diesem Computer gestartet. Nach Bestätigung des Netzwerkstartvorgangs startet der Computer mit dem Startabbild, das auf dem Computer hinterlegt worden ist.

Abbildg. 42.31 Starten eines Computers über das Netzwerk

Abbildg. 42.32 Ein Computer startet mit dem Abbild auf dem WDS-Server

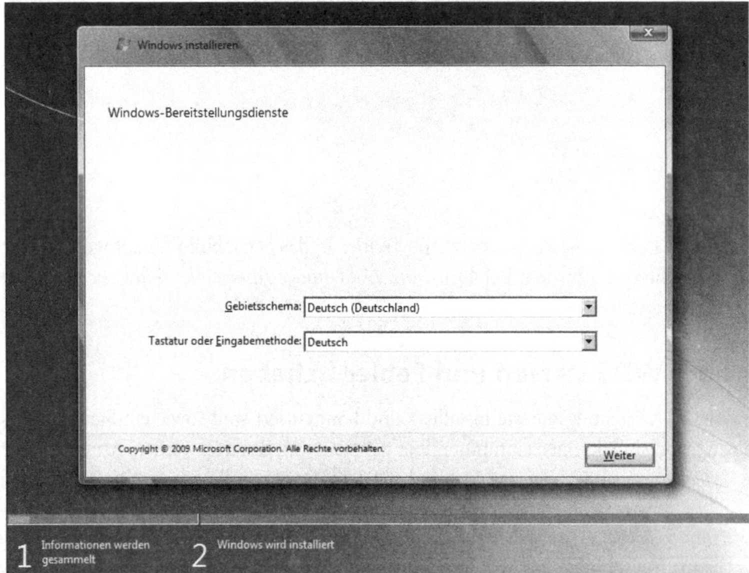

Windows PE wird anschließend gestartet. Ein nacktes Windows PE ohne angepasste Antwortdatei hat allerdings keinen Nutzen. Nur zusammen mit Mechanismen von Microsoft Deployment ist die Verwendung von Startabbildern sinnvoll.

Installationsabbilder verwenden

Installationsabbilder sind Abbilder, über die Windows Vista, Windows 7 oder Windows Server 2008 R2 auf Basis eines Abbilds installiert wird. Entweder erstellen Sie mit ImageX ein angepasstes Abbild, wie zu Beginn des Kapitels besprochen, oder verwenden Sie zu Testzwecken das Standardabbild *install.wim* von Windows Vista, Windows 7 oder Windows Server 2008 R2 aus dem Verzeichnis *\sources* auf der DVD.

Installationsabbilder werden in Abbildgruppen zusammengefasst. Bei der Erstellung des ersten Installationsabbilds wird automatisch eine erste Abbildgruppe erstellt. Um ein Installationsabbild zu integrieren, klicken Sie in der WDS-Verwaltungskonsole mit der rechten Maustaste auf *Installationsabbilder* und wählen im Kontextmenü den Befehl *Installationsabbild hinzufügen* aus. Im ersten Fenster wählen Sie die Abbildgruppe aus, in der Sie das Installationsabbild integrieren. Ist noch keine Abbildgruppe vorhanden, können Sie eine erstellen. Im nächsten Fenster wählen Sie die Abbilddatei aus.

Enthält ein Abbild mehrere Möglichkeiten und Windows-Editionen, legen Sie im nächsten Fenster fest, welche Edition Sie integrieren wollen. Entfernen Sie das Häkchen bei denjenigen Editionen, die Sie nicht verteilen wollen. Deaktivieren Sie das Kontrollkästchen *Standardname und -beschreibung für alle ausgewählten Abbilder verwenden*, wenn Sie eigene Namen festlegen wollen. Auf der nächsten Seite erhalten Sie eine Zusammenfassung Ihrer Auswahl angezeigt und das Abbild wird anschließend hinzugefügt.

Abbildg. 42.33 Auswählen der Abbilder, die in der Abbilddatei enthalten sind

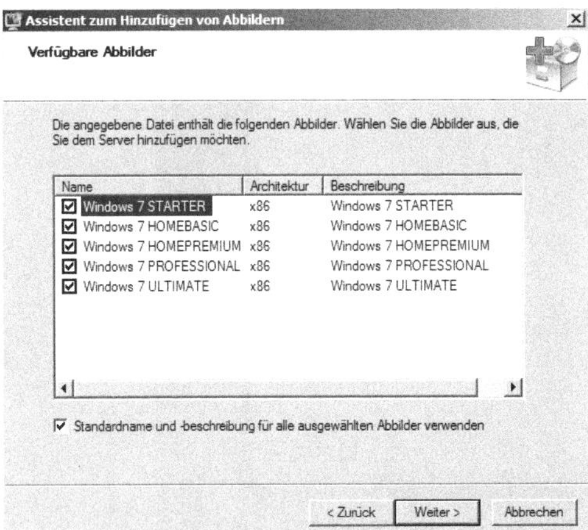

Das Installationsabbild wird unterhalb seiner Gruppe angezeigt und Sie können es nachträglich bearbeiten. Es lassen sich beliebige weitere Installationsabbilder hinzufügen, sodass bei der Betriebssystemauswahl auf dem Client weitere Optionen zur Verfügung stehen.

Abbildg. 42.34 Anzeigen der Installationsabbilder in der WDS-Verwaltungskonsole

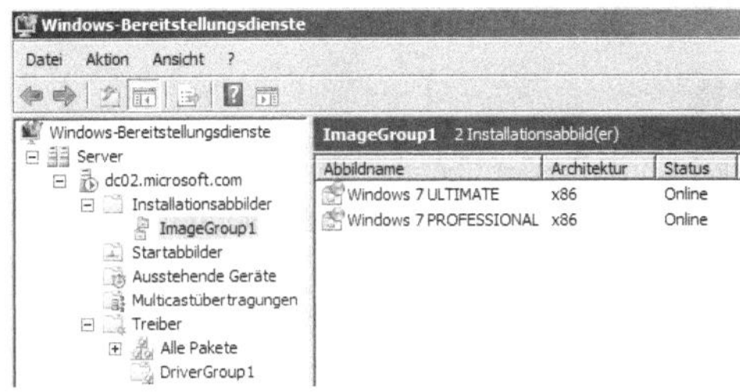

Nach dem Hinzufügen können Sie einen Computer einrichten und das Abbild installieren lassen. Durch das konfigurierte Startabbild wird der Computer gestartet und durch die integrierten Installationsabbilder kann das zu installierende Betriebssystem auf dem Computer ausgewählt werden. Diese Installation kann auch vollkommen automatisiert durchgeführt werden. Darauf kommen wir später in diesem Kapitel noch ausführlicher zu sprechen.

Über die Befehlszeile wird ein Installationsabbild mit dem folgenden Befehl hinzugefügt:

```
wdsutil /add-image /ImageFile:<Pfad> /ImageType:install /ImageGroup:<Abbildgruppe>
```

Mit der zusätzlichen Option */SingleImage:<Bezeichnung>* kann nur ein einzelnes Abbild der WIM-Datei ausgewählt werden.

Abbildg. 42.35 Windows über WDS installieren

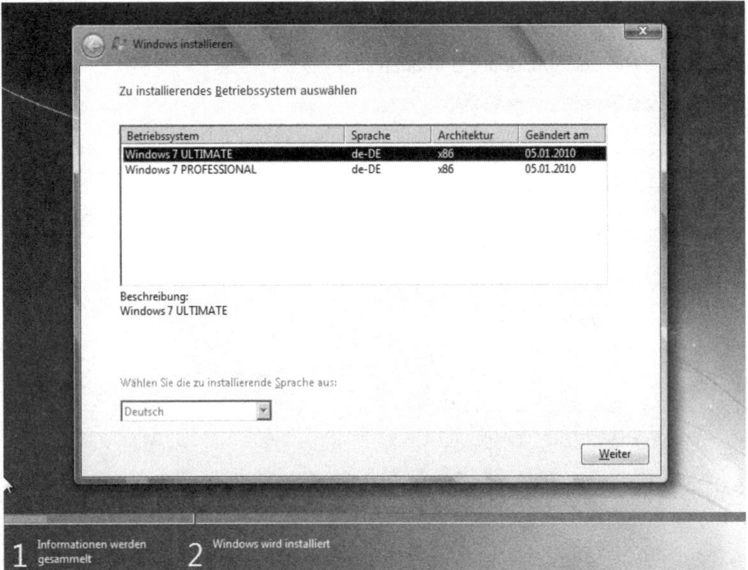

TIPP Auf der Registerkarte *Client* in den Eigenschaften des WDS-Servers können Sie Antwortdateien hinterlegen, welche die Installation automatisieren, wenn das hinterlegte WIM-Abbild nicht bereits automatisiert ist.

Suchabbilder verwenden

Suchabbilder sind Abbilder für Computer, die keinen PXE-Start über das Netzwerk beherrschen. Dazu wird ein Datenträger erstellt, mit dem der entsprechende Computer gestartet wird und sich mit dem WDS-Server verbinden kann. Suchabbilder werden über ein Startabbild erstellt. Klicken Sie dazu das Startabbild mit der rechten Maustaste an und wählen Sie im Kontextmenü den Eintrag *Suchabbild erstellen* aus.

Abbildg. 42.36 Starten des Assistenten zum Erstellen eines Suchabbilds

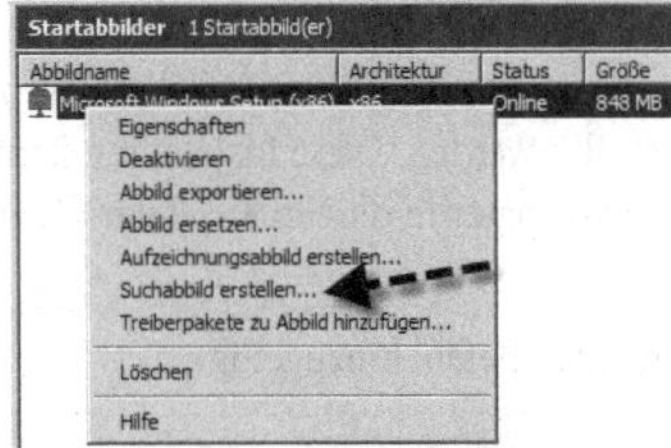

Es öffnet sich ein neues Fenster, auf dem mehrere Eingaben für das Suchabbild vorgenommen werden können. Legen Sie die Beschreibung des Abbilds sowie den Namen und den Speicherort der zu erstellenden WIM-Datei fest. Auch der WDS-Server, der auf Anfragen dieses Clients antworten soll, wird hier festgelegt. Achten Sie darauf, dass für Suchabbilder immer nur ein WDS-Server konfiguriert werden kann.

Abbildg. 42.37 Konfigurieren eines Suchabbilds

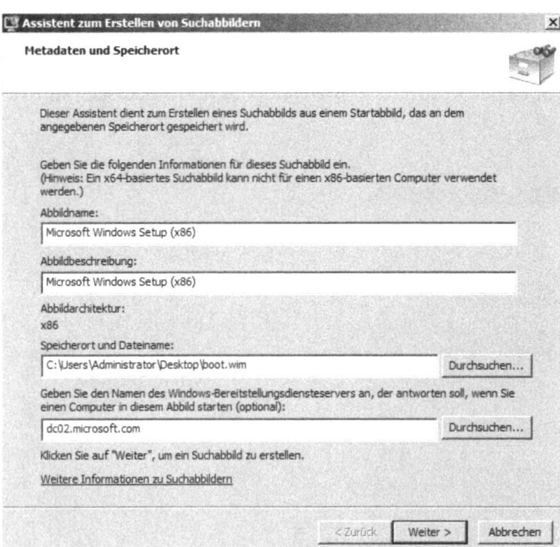

Haben Sie alle Daten konfiguriert, wird das Abbild über *Weiter* erstellt. Das Abbild ist allerdings nicht als startfähige ISO-Datei vorhanden, sondern wird als WIM-Abbild erstellt. Da sich aber der Client nicht mit dem WDS-Server verbinden kann, bringt das WIM-Abbild des Suchabbilds an dieser Stelle nicht viel und muss daher zunächst in eine ISO-Datei umgewandelt werden. Anschließend kann diese auf CD gebrannt und der Computer mit dieser CD gestartet werden. Um diese Datei in eine ISO-Datei umzuwandeln, verwenden wir den Weg, den wir bereits bei der Erstellung eines Windows PE-Datenträgers vorgeschlagen haben:

1. Kopieren Sie die Datei des Suchabbilds auf einen Computer, auf dem das WAIK installiert ist.
2. Öffnen Sie die Windows PE-Eingabeaufforderung.
3. Geben Sie den Befehl *copype x86 c:\winpe* ein. Der Befehl ist abhängig von der eingesetzten Systemvariante. Verwenden Sie 64-Bit-Systeme, müssen Sie die Option *amd64* oder *Ia64* verwenden.
4. Löschen Sie jetzt die Datei *boot.wim* im Verzeichnis *C:\winpe\ISO\sources.*
5. Kopieren Sie die WIM-Datei des Suchabbilds in dieses Verzeichnis und stellen Sie sicher, dass diese die Bezeichnung *boot.wim* hat.
6. Geben Sie den Befehl *oscdimg –n –bc:\winpe\etfsboot.com c:\winpe\ISO c:\winpe\winpe.iso* ein. Verwenden Sie als Verzeichnisnamen den Namen, den Sie bei sich verwendet haben und in dem sich die PE-Dateien befinden. Das Tool erstellt im Anschluss die ISO-Datei in der Befehlszeile.
7. Der Computer kann jetzt mit der CD gestartet werden und wird mit dem hinterlegten WDS-Server verbunden.

Aufzeichnungsabbilder verwenden

Aufzeichnungsabbilder sind eine Alternative zum beschriebenen Weg, über ImageX ein Abbild zu erstellen. Der Unterschied ist, dass mit diesem Aufzeichnungsabbild der Clientcomputer über PXE gestartet wird und ein Aufzeichnungsabbild auf dem WDS-Server erstellt wird. Aufzeichnungsabbilder werden wie Suchabbilder auf Basis von Startabbildern erstellt.

Klicken Sie in der WDS-Konsole mit der rechten Maustaste auf das Startabbild, auf dessen Basis Sie das Aufzeichnungsabbild erstellen wollen, und wählen *Aufzeichnungsabbild erstellen* aus. Im folgenden Fenster muss wieder der Name des Abbilds sowie der Speicherort für die WIM-Datei des Abbilds ausgewählt werden.

Abbildg. 42.38 Erstellen eines Aufzeichnungsabbilds

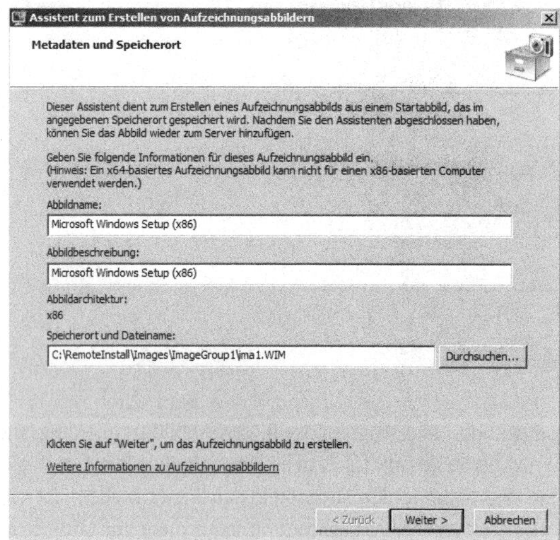

Nachdem das Abbild erstellt ist, müssen Sie dieses noch als zusätzliches Startabbild hinzufügen. Gehen Sie dazu genauso vor wie beim Hinzufügen des ersten Startabbilds weiter vorne in diesem Kapitel. Sind mehrere Startabbilder konfiguriert, kann auf den Clientcomputern standardmäßig ausgewählt werden, welches verwendet werden soll.

Abbildg. 42.39 Auswählen des Startabbilds, mit dem der Computer gestartet werden soll

```
              Windows Boot Manager (Server IP: 192.168.178.096)

Choose an operating system to start:
(Use the arrow keys to highlight your choice, then press ENTER.)

   Windows 7 installieren
   Windows aufzeichnen                                              >
```

Wird ein Computer über ein Aufzeichnungsabbild gestartet, erscheint der Assistent, mit dem ein Abbild des Computers erstellt und über das Netzwerk auf dem WDS-Server gespeichert werden kann.

Abbildg. 42.40 Starten des Assistenten zum Aufzeichnen einer Windows Vista- oder Windows 7-Installation

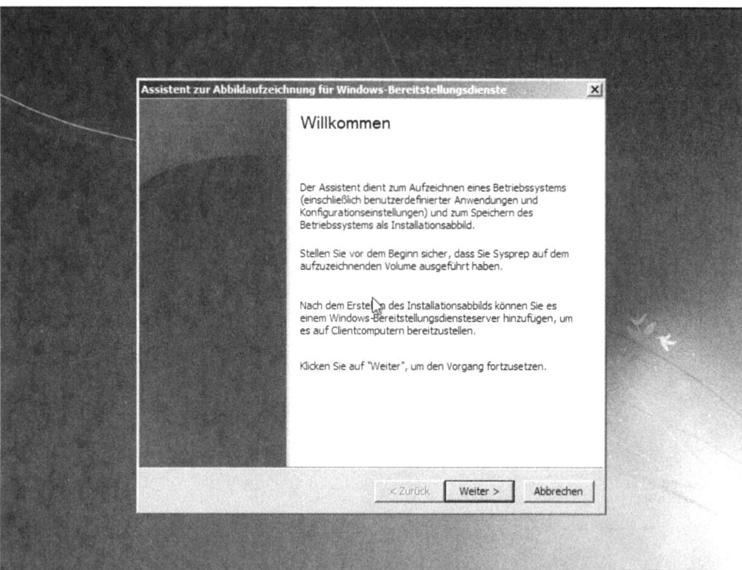

Auf der nächsten Seite des Assistenten wird die Partition ausgewählt, von der eine Aufzeichnung gemacht werden soll. Außerdem wird hier die Beschreibung des Abbilds konfiguriert. Nachdem die Partition ausgewählt wurde, gelangen Sie mit *Weiter* zur nächsten Seite des Assistenten.

ACHTUNG Vom Assistenten zur Abbildaufzeichnung für die Windows-Bereitstellungsdienste werden nur die mithilfe von *Sysprep.exe* vorbereiteten Laufwerke angezeigt.

Abbildg. 42.41 Auswählen der Partition, die aufgezeichnet werden soll

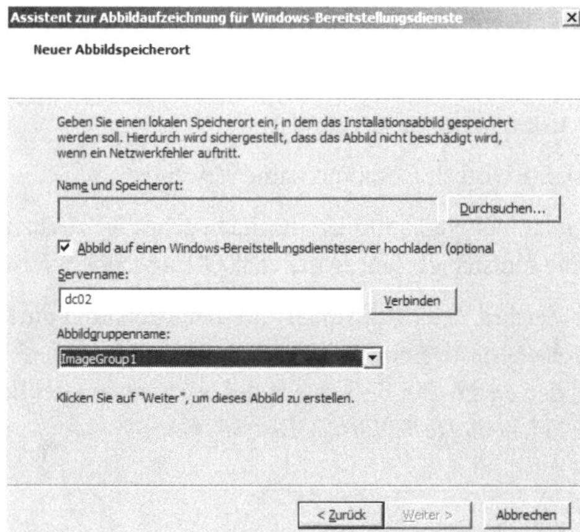

Als Nächstes wird festgelegt, ob die Daten der Aufzeichnung über den Explorer auf einem normalen Verzeichnis oder dem WDS gespeichert werden sollen. Auch die jeweilige Abbildgruppe kann an dieser Stelle ausgewählt werden.

Automatische Namensgebung für Clients konfigurieren

Clientcomputer werden bei der Installation über WDS automatisch an die Windows-Domäne angebunden und entsprechend benannt. In den Eigenschaften des Servers auf der Registerkarte *AD DS* können Sie diese Funktion konfigurieren.

Abbildg. 42.42 Konfigurieren der Benenennungsrichtlinie für Computer

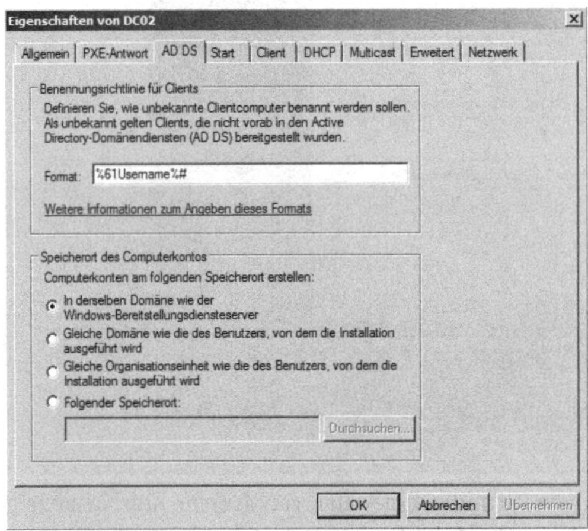

Wird die Installation nicht über eine Antwortdatei gesteuert, in der auch die Namen der Computer angegeben werden, besteht die Möglichkeit, an dieser Stelle in der WDS-Konsole eine Richtlinie zu konfigurieren.

Die automatische Benennungsrichtlinie basiert auf dem Namen des Benutzers, der sich am WDS zur Installation anmeldet. Dabei wird eine inkrementelle Zahl hinzugefügt, um sicherzustellen, dass der Computername eindeutig ist. Über Variablen kann der Name gesteuert werden:

- **%First** Der Vorname des Benutzers wird als Computername verwendet
- **%Last** Der Nachname des Benutzers wird als Computername verwendet
- **%Username** Der Benutzername wird als Computername verwendet
- **%MAC** Die MAC-Adresse der Netzwerkkarte wird als Computername verwendet
- **%[0][n]#** Wenn Sie die Zahl im Namen mit einer Null auffüllen möchten, geben Sie zusätzlich eine 0 an. Verwenden Sie zum Beispiel *%05#*, wird eine fünfstellige Zahl zwischen 00001 und 99999 verwendet.

Soll die Länge des Computernamens auf vier Zeichen des Nachnamens des Benutzers und einer angefügten dreistelligen Zahl begrenzt werden, geben Sie *%4Last%03#* ein. Soll der Computername aus den ersten drei Buchstaben des Vornamens des Benutzers und den ersten drei Buchstaben des Nachnamens des Benutzers und einer dreistelligen Zahl bestehen, geben Sie die Zeichenfolge *%3First%3Last%03#* ein.

ACHTUNG Ein Computername darf aus maximal 15 Zeichen bestehen. Mit der Standardrichtlinie sind jedoch Namen mit einer Länge von bis zu 63 Zeichen möglich. Wenn ein Name mit einer Länge von mehr als 15 Zeichen generiert wird, werden alle Zeichen abgeschnitten, die auf die ersten 15 folgen, und der Computer kann der Domäne in diesem Fall nicht beitreten. Im Computernamen dürfen nur Standardzeichen enthalten sein. Die zugelassenen Zeichen sind: alle Großbuchstaben (A–Z), Kleinbuchstaben (a–z), Zahlen (0–9) und der Bindestrich (–).

Berechtigungen für Abbilder verwalten

Über das Kontextmenü der Abbildgruppe erreichen Sie mit dem Befehl *Sicherheit* die Berechtigungsstruktur für die enthaltenen Abbilder. Wenn die Anwender im Unternehmen selbst das Abbild auswählen, achten Sie darauf, dass diese nur Leserechte für die Abbilder erhalten.

Abbildg. 42.43 Die Berechtigungen für Abbildgruppen lassen sich in der WDS-Konsole verwalten

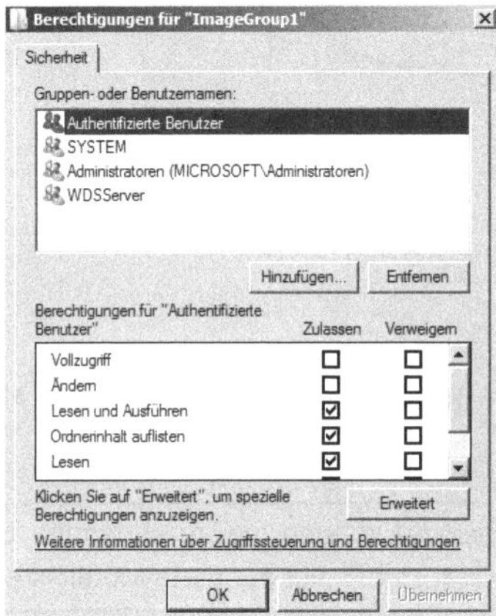

Virtuelle Festplatten in WDS verwenden

Windows Server 2008 R2 und Windows 7 unterstützen die direkte Einbindung von VHD-Festplatten in das Betriebssystem. Die beiden Betriebssysteme lassen sich sogar von virtuellen Festplatten starten (siehe Kapitel 1, 3 und 6). WDS in Windows Server 2008 R2 bietet die Möglichkeit, auch virtuelle Festplatten im Unternehmen bereitzustellen und so das Deployment zu verbessern.

VHD-Dateien erstellen und in WDS einbinden

VHD-Dateien lassen sich genauso verteilen wie WIM-Abbilder. Zur Einbindung benötigen Sie *wdsutil.exe*, da sich VHD-Dateien in WDS nur über die Befehlszeile einbinden lassen. Damit Sie eine VHD-Datei in WDS einbinden können, muss der WDS-Server konfiguriert und mit einem Startabbild versehen sein.

HINWEIS Nur Windows Server 2008 R2 und Windows 7 Enterprise und Windows 7 Ultimate unterstützen das Starten von virtuellen Festplatten. Auf der VHD-Datei darf sich nur ein Betriebssystem und nur eine Partition befinden. GPT-Datenträger sind nicht unterstützt. Für VHD-Dateien müssen Sie eigene Abbildgruppen erstellen, WIM-Dateien und VHD-Dateien lassen sich nicht vermischen.

Um ein Abbild zu WDS hinzuzufügen, öffnen Sie eine Befehlszeile mit Administratorrechten. Sie können die Abbildgruppe für VHD-Dateien auch in der Befehlszeile mit *wdsutil* erstellen. Verwenden Sie dazu den Befehl:

```
WDSUTIL /Add-ImageGroup /ImageGroup:<Name>
```

Abbildg. 42.44 Hinzufügen von Abbildgruppen über *wdsutil.exe*

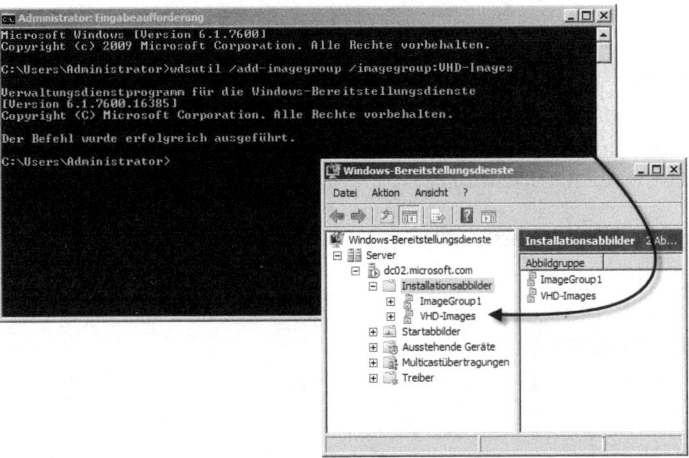

Anschließend können Sie mit *wdsutil* VHD-Dateien, die ein Betriebssystem enthalten, in die Abbildgruppe integrieren.

HINWEIS Mit dem kostenlosen Sysinternals-Tool *Disk2vhd* können Sie im laufenden Betrieb eine VHD-Datei eines Computers erstellen. Im Kapitel 8 gehen wir ausführlicher auf diese Möglichkeit ein.

Abbildg. 42.45 Erstellen einer VHD-Datei eines Rechners

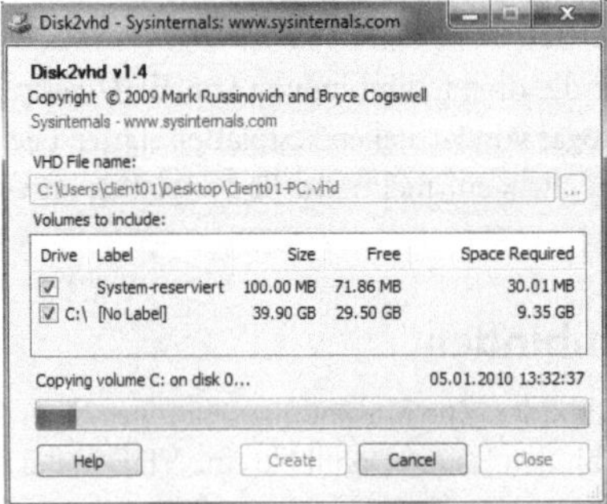

Mit dem folgenden Befehl können Sie eine VHD-Datei zur erstellten Abbildgruppe für VHD-Dateien hinzufügen:

```
WDSUTIL /Verbose /Progress /Add-Image /ImageFile:<Pfad> /ImageType:Install /ImageGroup:<Name>
```

Verwenden Sie differenzierende Festplatten, müssen Sie den Pfad zur differenzierenden Festplatte eingeben, nicht zur übergeordneten Festplatte. Die vollständige Syntax des Befehls lautet:

```
WDSUTIL /add-Image /ImageFile:<.vhd file path> [/Server:<Name>] /ImageType:install [/
ImageGroup:<Name>] [/Filename:<Neuer Dateiname des Images>] [/UnattendFile:<Pfad zur XML-Datei>]
```

Beispiel:

```
WDSUTIL /Verbose /Progress /Add-Image /ImageFile:"C:\vhd\Windows7.vhd" /Server:dc02
/ImageType:Install /ImageGroup:"VHD-Images"
```

Wollen Sie die Eigenschaften eines Abbilds anzeigen, verwenden Sie diesen Befehl:

```
WDSUTIL /Get-ImageGroup /ImageGroup:<Name> /Detailed
```

Mit dem folgenden Befehl passen Sie die Beschreibung des Abbilds an:

```
WDSUTIL /Set-Image /Image:<Name> /ImageType:Install /ImageGroup:<Name> /Description:<Beschreibung>
```

Unbeaufsichtigte Installation über eine VHD-Datei durchführen

Anhand von zwei Antwortdateien können Sie über VHD-Abbilder auch unbeaufsichtigte Installationen durchführen. Eine Antwortdatei automatisiert das Benutzerinterface, die andere den Rest der Installation. Beide Dateien können Sie mit Windows-SIM erstellen. Die Erstellung erfolgt ähnlich der Erstellung von Antwortdateien, wie im Workshop in diesem Kapitel erläutert. Mit dem weiter hinten gezeigten Befehl können Sie eine Antwortdatei an einen Computer anbinden, zu dem Sie zuvor ein Computerkonto mit einer entsprechenden GUID in Active Directory erstellt haben. Dieser Vorgang nennt sich Prestaging: Ein Computerkonto wird in Active Directory mit einer vorgegebenen GUID erstellt und dann über WDS installiert und angebunden.

Abbildg. 42.46 Erstellen eines Computerkontos und Vorbereiten für die automatische Installation

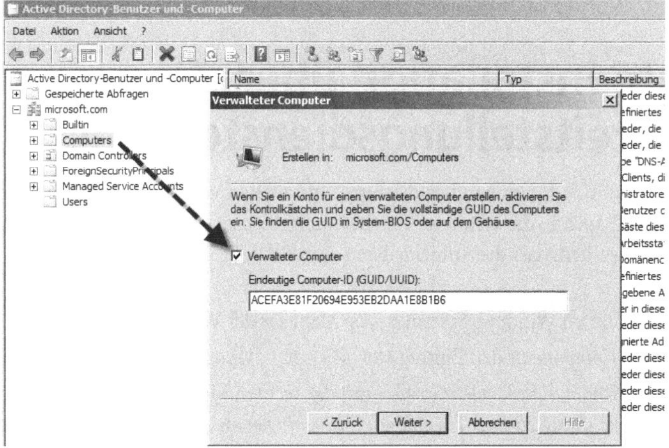

Mit dem folgenden Befehl, können Sie einen Client, den Sie über WDS installieren, an das erstellte Konto anbinden:

```
WDSUTIL /Add-Device /Device:<Name> /ID:<GUID oder MAC>
```

Beispiel:

```
WDSUTIL /Add-Device /Device:Client35 /ID:ACEFA3E81F20694E953EB2DAA1E8B1B6
```

Zusätzlich können Sie diesem Gerät eine Antwortdatei zuweisen:

```
WDSUTIL /Set-Device /Device:<Name> /WDSClientUnattend:<Pfad zur XML-Datei>
```

Beispiel:

```
WDSUTIL /Set-Device /Device:Client35 /WDSClientUnattend:WDSClientUnattend\Unattend.xml
```

Bevor Computer, die Sie nicht vorbereitet haben und die daher unbekannt in den WDS sind, eine Installation über den WDS durchführen können, müssen diese für den Zugriff auf den WDS und auf Abbilder berechtigt sein. Im Bereich *Ausstehende Geräte* sehen Sie solche Anfragen und können diese freischalten.

In den Eigenschaften des WDS-Servers können Sie auch unbekannten Clients automatisch den Zugriff erlauben. Sie steuern diese Konfiguration über die PXE-Eigenschaften des WDS-Servers. Antwortdateien lassen sich auch generell für alle Clients hinterlegen, die sich mit dem Server verbinden, also als Standard.

Treiberpakete in WDS verwenden

In Windows Server 2008 R2 können Sie in den WDS einzelnen Startabbildern Treiberpakete hinzufügen, die Clients beim Starten automatisch laden sollen. Sie steuern diese Funktion über das Kontextmenü von Startabbildern. Ein solches Paket kann aus mehreren verschiedenen Treibern bestehen und Sie können einen Filter festlegen, für welche Computer diese Treiber gültig sind. Achten Sie darauf die Treiber zu extrahieren, es darf sich nicht um *.msi*- oder *.exe*-Dateien handeln. Starten Sie die Erstellung eines Treiberpakets, können Sie bequem über einen Assistenten die Treiber hinzufügen.

Unbeaufsichtigte Installation über die Windows-Bereitstellungsdienste

Erstellte Antwortdateien lassen sich für eine unbeaufsichtigte Installation von Windows Vista oder Windows 7 oder Windows Server 2008 R2 auch in die Windows-Bereitstellungsdienste einbinden. Dazu muss die Antwortdatei allerdings so angepasst werden, dass die Anmeldedaten zum WDS-Server und das zu installierende Abbild angegeben werden:

1. Öffnen Sie die Antwortdatei im Windows System Image Manager des WAIK.
2. Erweitern Sie im Bereich *Components* den Eintrag *x86_Microsoft-Windows-Setup_6.1.7600.16385_neutral.*
3. Klicken Sie den Eintrag *WindowsDeploymentServices* mit der rechten Maustaste an und wählen Sie im Kontextmenü den Eintrag *Einstellung zu Pass 1 windowsPE hinzufügen* aus. Damit kann dieser Eintrag für die Antwortdatei konfiguriert werden.

Abbildg. 42.47 Erweitern einer Antwortdatei zur Integration in die Windows-Bereitstellungsdienste

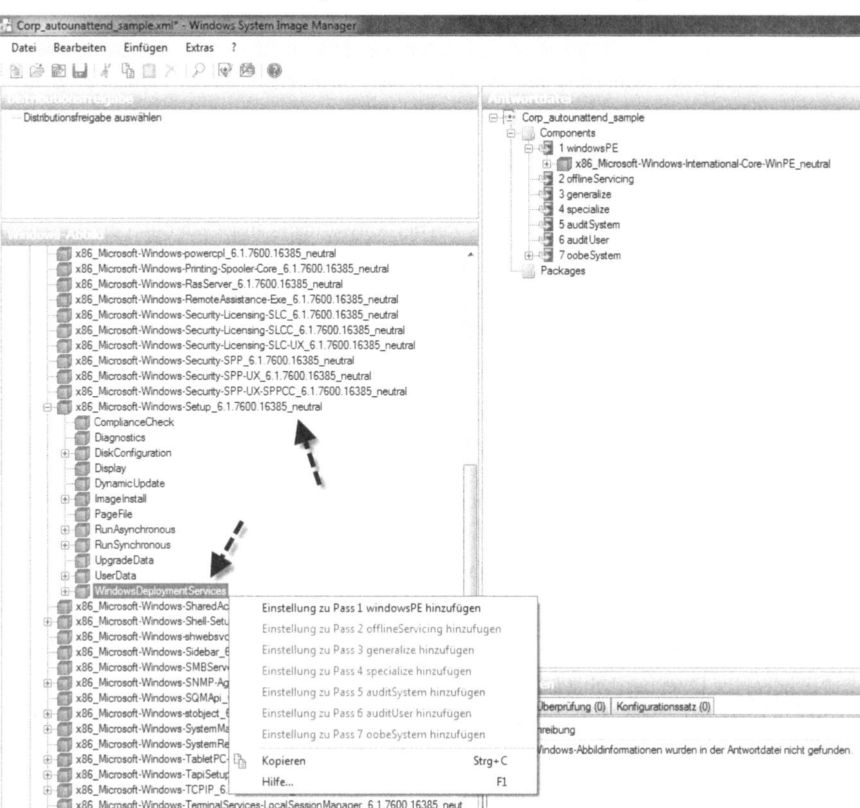

Nachdem Sie den Zusatz der Antwortdatei hinzugefügt haben, können Sie diesen konfigurieren. Dazu stehen verschiedene Möglichkeiten zur Verfügung, die Sie im mittleren Bereich des Fensters sehen.

Abbildg. 42.48 Bearbeiten der Antwortdatei zur Anpassung an WDS

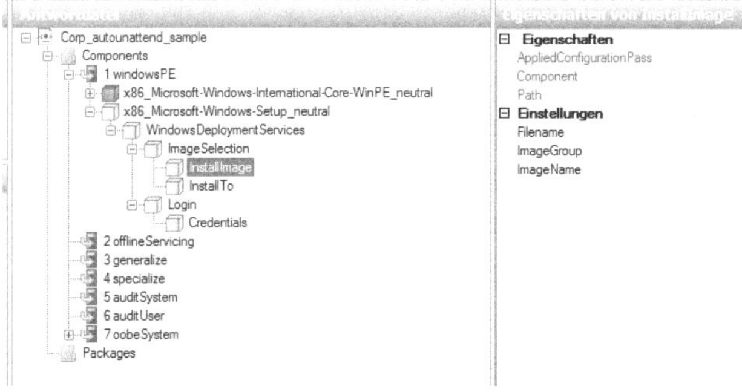

Um die Datei für WDS anzupassen, gehen Sie folgendermaßen vor:

1. Wählen Sie als Erstes den Eintrag *InstallImage* aus. Hier müssen verschiedene Eingaben erfolgen:

- Unter *Filename* tragen Sie den Dateinamen des Installationsabbilds ein, das durch diese Antwortdatei über den WDS installiert werden soll. Hier wird nicht der Name des Abbilds, sondern der Name der entsprechenden WIM-Datei ausgewählt. Der Dateiname kann in den Eigenschaften des Installationsabbilds auf dem WDS auf der Registerkarte *Allgemein* angezeigt werden. Es genügt, den Namen der Datei anzugeben, der Pfad wird nicht benötigt.
- Bei *ImageGroup* wird der Name der Abbildgruppe eingegeben
- Bei *ImageName* geben Sie die Bezeichnung des Installationsabbilds auf dem WDS ein

2. Als Nächstes wird der Punkt *Install To* in der Antwortdatei ausgewählt und die notwendigen Daten eingetragen:
   - Bei *DiskID* tragen Sie 0 ein, wenn die Installation auf der ersten Partition der ersten Festplatte durchgeführt werden soll. Hier wird die Festplatte ausgewählt.
   - Bei *PartitionID* tragen Sie 1 ein, wenn die Installation auf der ersten Partition der ersten Festplatte durchgeführt werden soll. Hier wird die Partition der ausgewählten Festplatte festgelegt.
3. Als Nächstes klicken Sie auf *Credentials*. Hier werden die Anmeldedaten für die Anbindung an den WDS hinterlegt. Die Anmeldedaten am WDS-Server werden in Klartext in der Antwortdatei abgelegt. Aus diesem Grund sollten Sie am besten einen Benutzernamen und ein Kennwort verwenden, das ausschließlich nur für die Installation über den WDS-Server verwendet wird:
   - Unter *Domain* tragen Sie den Domänennamen der Domäne des Anwenders ein, der Zugriff auf den WDS-Server hat
   - Unter *Password* legen Sie das Kennwort des Anwenders und unter *Username* den Benutzernamen fest

Nachdem die Datei bearbeitet ist, kopieren Sie diese in das Verzeichnis *WdsClientUnattend* des Remoteinstallations-Ordners auf dem WDS-Server. Anschließend lässt sich die Antwortdatei in den Eigenschaften auf dem WDS-Server integrieren. Rufen Sie dazu in der WDS-Konsole die Eigenschaften des Servers auf und wechseln Sie auf die Registerkarte *Client*. Schalten Sie das Kontrollkästchen *Unbeaufsichtigte Installation aktivieren* ein und wählen Sie die gespeicherte Antwortdatei aus.

Abbildg. 42.49 Hinterlegen einer Antwortdatei für die automatisierte Installation

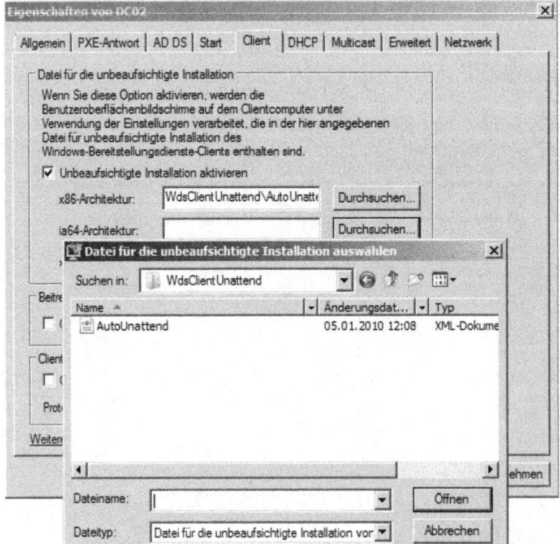

Die Automatisierung der Installation können Sie nicht nur in den Eigenschaften des WDS-Servers konfigurieren, sondern auch in den Eigenschaften des Abbilds. Auch hierzu müssen Sie die Antwortdateien für die Abbilder anpassen und für WDS optimieren.

In den Eigenschaften eines Installationsabbilds können Sie auf der Registerkarte *Allgemein* die Option *Abbildinstallation im Modus für unbeaufsichtigte Installation zulassen* aktivieren. Anschließend wählen Sie die entsprechende Antwortdatei aus. Die ausgewählte Datei wird automatisch in das Verzeichnis *\Images\<Abbildgruppe>\install\Unattend\ImageUnattend.XML* kopiert.

Abbildg. 42.50 Automatisieren der Installation über WDS auf Abbildebene

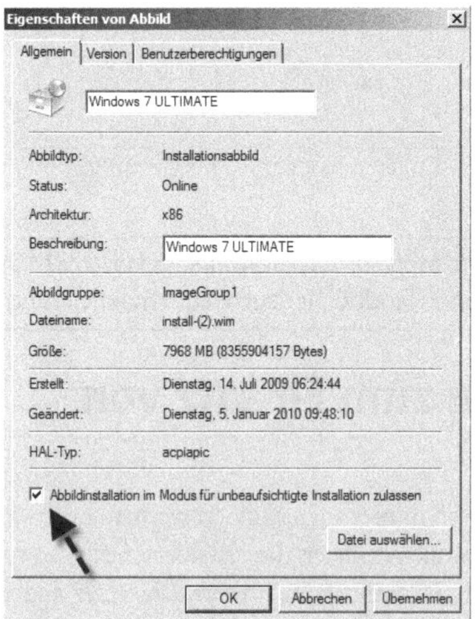

Aktivierung für Unternehmenskunden – Volumenaktivierung (VA) 2.0

Für Windows Vista oder Windows 7 gibt es keine Seriennummern, welche die notwendige Aktivierung von Windows Vista oder Windows 7 übergehen. Für Windows XP und Office 2003 hat Microsoft noch die Volumenaktivierung 1.0 eingesetzt. Bei dieser Aktivierung haben Unternehmenskunden Seriennummern erhalten, die keine Aktivierung benötigten. Bei der neuen Volumenaktivierung 2.0 gibt es solche Möglichkeiten nicht mehr.

Alle Produkte, die unter die Volumenaktivierung (VA) 2.0 fallen, müssen immer aktiviert werden. Microsoft stellt aber Tools und Funktionen wie das Tool für Volumenaktivierungsverwaltung (Volume Activation Management Tool, VAMT) oder den Schlüsselverwaltungsdienst (Key Management Service, KMS) zur Verfügung, über welche die Aktivierung automatisiert nach der Installation abgewickelt werden können.

HINWEIS Das Systemverhalten von Windows Server 2008 R2 und Windows Vista oder Windows 7 ist nahezu identisch. Das heißt, alle Bereiche in den folgenden Abschnitten gelten sowohl für Windows Server 2008 R2 als auch für Windows Vista und Windows 7.

Abbildg. 42.51 Das Tool für Volumenaktivierungsverwaltung im Überblick

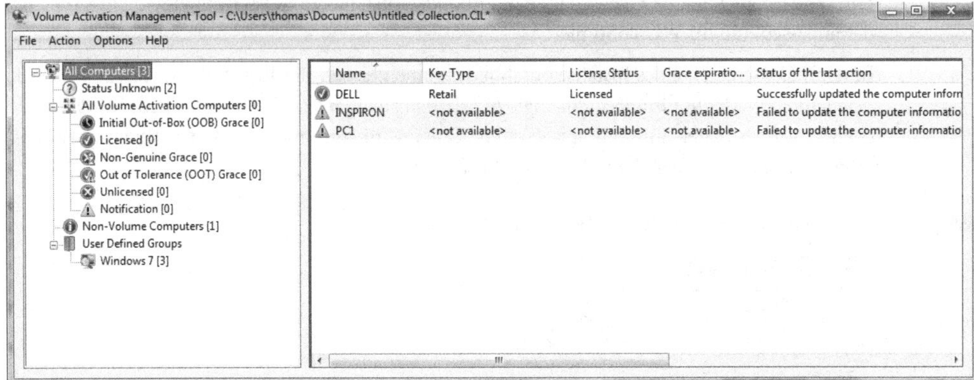

TIPP Auf der Internetseite *http://technet.microsoft.com/de-de/windows/dd197314.aspx* erhalten Sie umfassende Hilfestellungen, Videos, Whitepapers und Handbücher zur Volumenaktivierung.

Grundlegende Informationen zum Einsatz von Volumenaktivierung (VA) 2.0

Alle Versionen von Windows Vista oder Windows 7 müssen immer auch aktiviert werden. Auch wenn Sie einen aktivierten Windows Vista oder Windows 7-PC klonen wollen, müssen die installierten Klone erneut aktiviert werden. Zu diesem Zweck muss nach dem Klonen eines PCs mit *sysprep /generalize* unter anderem die Produktaktivierung zurückgesetzt werden. Bevor Sie einen PC klonen und *sysprep /generalize* ausführen, achten Sie darauf, dass der Registrywert *skiprearm*, den Sie im Schlüssel *HKLM\SOFTWARE\Microsoft\Windows NT\CurrentVersion\SL* finden, auf *0* gesetzt ist. Hat dieser Eintrag einen anderen Wert, führen Sie *Sysprep* mit folgenden Optionen aus:

```
sysprep.exe /generalize /oobe /shutdown
```

Größeren Unternehmen stellt Microsoft für die Aktivierung eine neue Serverfunktionalität zur Verfügung, sodass die Aktivierung der Arbeitsstationen nicht über das Internet, sondern automatisiert über das Netzwerk abgewickelt werden kann. Dieser Dienst kann auch auf einem Windows Vista oder Windows 7-PC installiert werden, setzt aber voraus, dass es im Netzwerk mindestens 25 PCs oder fünf Windows Server 2008 R2-Computer gibt, wobei jetzt auch virtuelle Maschinen mitgerechnet werden. Alternativ kann dieser Dienst unter Windows Server 2008 R2 installiert werden. Die Lizenzschlüssel für Unternehmen laufen auch nach Aktivierung nicht mehr unbegrenzt, sie erlauben aber eine mehrfache Aktivierung.

Mit der Volumenaktivierung 2.0 steht für Microsoft das Verhindern des Missbrauchs von Volumenlizenzschlüsseln im Vordergrund. Heute können sich Unternehmen nicht wirksam dagegen wehren, wenn ein Mitarbeiter, Dienstleister oder Dritte die eigenen Schlüssel weitergeben oder im Internet veröffentlichen. Zukünftig sind derartige Schlüssel wertlos, da nur der Originalinhaber die Verwendung der mit dem Schlüssel abgedeckten Lizenzen festlegen kann. Für Office 2007 gelten diese Einschränkungen nicht. Office 2007 fällt noch unter die Volumenaktivierung 1.0. Hier erhalten Unternehmenskunden eine Seriennummer, die keine Aktivierung erfordert.

Die Volumenaktivierung 2.0 unterstützt die zentrale Verwaltung der Volumenlizenzen über einen Schlüsselverwaltungsdienst (Key Management Service, KMS) oder über Mehrfachaktivierungsschlüssel (Multiple Activation Keys, MAK). Der KMS-Dienst wird auf einem Computer mit einem eigenen Schlüssel aktiviert, welcher lediglich auf dem KMS-Host und nicht auf jedem einzelnen Computer zu finden ist. Der MAK wird auf den einzelnen Computern gespeichert, ist jedoch verschlüsselt und in einem vertrauenswürdigen Speicher aufbewahrt, sodass Benutzer diesen Schlüssel nie zu sehen bekommen und auch nicht nachträglich auslesen können. Als Schlüssel verwendet Microsoft *Cipher Block Chaining Message Authentication Code (CBC-MAC)* mit dem *Advanced Encryption Standard (AES)* als grundlegende Verschlüsselungstechnologie.

Standardmäßig benötigen Windows Vista oder Windows 7-Volumenlizenzversionen keine Eingabe eines Produktschlüssels während der Installation – der Computer muss lediglich innerhalb von 30 Tagen aktiviert werden. Die Volumenaktivierung 2.0 erlaubt weiterhin Systemadministratoren die zentrale Verwaltung der eigenen Produktschlüssel. Dabei kann zwischen zwei verschiedenen Arten von Schlüsseln (MAK und KMS) und drei Aktivierungsmethoden (MAK Proxy Activation, MAK Independent Activation und KMS Activation ab 25 Windows Vista oder Windows 7-Clients) gewählt werden.

Für die Verwaltung und die Abfrage von Lizenzinformationen auf Windows Vista oder Windows 7- und Windows Server 2008 R2-Computern stellt Microsoft das Skript *Slmgr.vbs* zur Verfügung, welches Sie über *Start/Ausführen* aufrufen (siehe auch die Kapitel 2 und 4). Nach dem Aufruf ohne Angabe einer Option wird eine ausführliche Auflistung über alle möglichen Optionen angezeigt. Es werden allerdings nur die Optionen angezeigt, welche die Aktivierung basierend durch die eingegebene Seriennummer des Computers unterstützen, diese können daher differieren.

Abbildg. 42.52 Die Möglichkeiten der Lizenzverwaltung über das VBS-Skript *Slmgr.vbs*

```
Windows-Software-Lizenzverwaltungstool
Syntax: slmgr.vbs [Computername [Benutzerkennwort]] [<Option>]
        Computername: Name des Remotecomputers (Standard: lokaler
Computer)
        Benutzer:    Konto mit erforderlichen Rechten für Remotecomputer
        Kennwort:    Kennwort für das vorherige Konto

Globale Optionen:
/ipk <Product Key>
   Product Key installieren (ersetzt den vorhandenen Key)
/ato [Aktivierungs-ID]
   Windows aktivieren
/dli [Aktivierungs-ID | All]
   Lizenzinformationen anzeigen (Standard: aktuelle Lizenz)
/dlv [Aktivierungs-ID | All]
   Detaillierte Lizenzinformationen anzeigen (Standard: aktuelle Lizenz)
/xpr [Aktivierungs-ID]
   Ablaufdatum für aktuellen Lizenzstatus
```

Neben diesen Aktivierungsmethoden gibt es weiterhin die OEM-Aktivierung und die Aktivierung für die Einzelhandelsversion:

- Bei der OEM-Aktivierung erfolgt eine Aktivierung vorab durch den OEM-Hersteller. Man kann an dem Computer beliebige Änderungen vornehmen. Lediglich das BIOS des Mainboards muss die OEM-spezifischen Informationen enthalten. Es wird nie eine Aktivierung erforderlich.
- Die Aktivierung für die Einzelhandelsversion kann ebenfalls durch den OEM erfolgen – in der Praxis führt diese aber der Endbenutzer durch. Er übermittelt während der Aktivierung die Product ID und einen Hardwarehash von unterschiedlichen Teilen des PCs, die einzeln gewichtet werden. Im Gegensatz zu Windows XP ist bei Windows Vista oder Windows 7 keine Neuaktivierung erforderlich, solange die Festplatte nicht gewechselt wird.

Mehrfachaktivierungsschlüssel (Multiple Activation Key, MAK)

Bei der MAK-Aktivierung findet ein ähnlicher Prozess statt wie bei MSDN- oder Action Pack-Versionen für Microsoft-Partner. Jeder Produktschlüssel kann für eine bestimmte Anzahl an Computern verwendet werden, die dann auch aktiviert werden können. Die MAK-Aktivierung muss nur einmal durchgeführt werden und erlaubt beliebige Änderungen an der Hardware des Computers. Die MAK-Aktivierung kann über das Internet oder telefonisch durchgeführt werden. Vor allem bei mobilen Computern, die sich nicht ständig mit dem Netzwerk verbinden, ist die MAK-Aktivierung der bessere Weg, da keine ständige Verbindung zum KMS-Server benötigt wird und nur einmal aktiviert werden muss. Bei der Aktivierung über KMS müssen sich die Clients alle 180 Tage wieder mit dem Server verbinden können, der den KMS-Dienst zur Verfügung stellt. Wie viele Clients mit einem MAK aktiviert werden können, hängt vom individuellen Vertrag ab, den Ihr Unternehmen mit Microsoft geschlossen hat.

Wenn Sie die Aktivierung per MAK über das Internet durchführen und einen Proxyserver, zum Beispiel ISA Server 2004 oder 2006 oder das neue Microsoft Forefront Threat Management Gateway 2010, einsetzen, sollten Sie nicht mit der Standardauthentifizierung arbeiten, da der Aktivierungsprozess keine Authentifizierungsinformationen übertragen kann. Wenn Sie Regeln auf dem Server erstellen wollen, müssen Sie Clients den Zugriff auf die folgenden Internetseiten gewähren:

- *http://go.microsoft.com/**
- *https://sls.microsoft.com/**
- *https://sls.microsoft.com:443*
- *http://crl.microsoft.com/pki/crl/products/MicrosoftRootAuthority.crl*
- *http://crl.microsoft.com/pki/crl/products/MicrosoftProductSecureCommunications.crl*
- *http://www.microsoft.com/pki/crl/products/MicrosoftProductSecureCommunications.crl*
- *http://crl.microsoft.com/pki/crl/products/MicrosoftProductSecureServer.crl*
- *http://www.microsoft.com/pki/crl/products/MicrosoftProductSecureServer.crl*

Es gibt zwei verschiedene Varianten der MAK-Aktivierung:

- **MAK Proxy Activation** Bei dieser Variante können mehrere Computer durch eine Verbindung bei Microsoft aktiviert werden. Microsoft stellt dazu das Tool für Volumenaktivierungsverwaltung (VAMT) zur Verfügung. Mit dem Tool steht eine grafische Oberfläche zur Verwaltung der Produktschlüssel zur Verfügung.
- **MAK Independent Activation** Bei dieser Variante muss jeder Computer durch eine eigene Verbindung bei Microsoft aktiviert werden

Schlüsselverwaltungsdienst (Key Management Service, KMS)-Aktivierung

Bei dieser Variante der Aktivierung können Sie die Aktivierung der eingesetzten Windows Vista-, Windows 7- oder Windows Server 2008 R2-Computer über einen lokalen Server durchführen. Eine Verbindung zu Microsoft ist nicht notwendig. Dazu muss auf einem Computer mit Windows Vista, Windows 7 oder Windows Server 2008 R2 der Schlüsselverwaltungsdienst (Key Management Service, KMS) installiert werden. Die Clients müssen sich nach Aktivierung alle 180 Tage erneut beim KMS-Server reaktivieren. Ab einem Netzwerk von 25 Computern kann dieser Dienst zur Aktivierung verwendet werden.

Der Dienst lässt sich auch auf mehreren Domänencontrollern installieren, um die Ausfallsicherheit zu erhöhen. Beim Verbindungsaufbau versucht ein Client den ersten KMS-Host zu verwenden, der auf die Anfrage antwortet. Anschließend wird dieser KMS-Host in den Cache des Clients geschrieben. Bei der nächsten Aktivierung wird dann versucht, direkt diesen KMS-Host zu verwenden. Wenn ein KMS-Host nicht antwortet, versucht ein Client automatisch andere KMS-Hosts zu erreichen, für die SRV-Records zur Verfügung stehen. Wenn ein KMS-Host aus dem Netzwerk entfernt wird, muss dessen SRV-Record manuell gelöscht werden.

Computer, die durch KMS-Aktivierung aktiviert worden sind, müssen sich alle 180 Tage neu bei dem KMS-Server melden und die Aktivierung erneuern. Die Computer versuchen nach der Installation alle zwei Stunden eine Verbindung zum KMS-Server aufzubauen und müssen diesen innerhalb von 30 Tagen erreichen können. Die Computer können sich auf zwei verschiedene Varianten mit dem KMS-Server verbinden, dabei werden für jede Aktivierung ungefähr 250 Bytes übertragen.

Bei der Variante *Autodiscovery* wird die Verbindung durch einen SRV-Record auf den DNS-Servern gelöst, was innerhalb von Active Directory der beste Weg ist. Für die Unterstützung der Funktion müssen die dynamischen Updates für die DNS-Zone aktiviert werden. Der Standardport für den Verbindungsaufbau zur Aktivierung ist 1688. Es wird eine RPC-over-TCP/IP-Verbindung aufgebaut. Der Port kann auch angepasst werden.

Bei der Installation und Aktivierung des Schlüsselverwaltungsdiensts für die Volumenaktivierung 2.0 wird automatisch ein DNS-Eintrag erstellt, wenn die dynamische Aktualisierung der Zone aktiviert wurde. Sie können den SRV-Record für Autodiscovery auch manuell auf den DNS-Servern erstellen. Dazu sind folgende Daten zu verwenden:

```
Name=vlmcs._TCP
Type=SRV
Priority = 0
Weight = 0
Port = 1688
Hostname = <FQDN des KMS-Host>
```

Um die Funktionalität und den Verbindungsaufbau zu einem KMS-Host zu testen, können Sie mit *Nslookup* und der Syntax *nslookup –type=srv _vlmcs._tcp* die Namensauflösung testen. Der Client muss dann zum Beispiel folgende Antwort erhalten:

```
vlmcs._tcp.contoso.com SRV service location:
priority = 0
weight = 0
port = 1688
svr hostname = KMS1.contoso.com
```

Eine weitere Möglichkeit ist die manuelle Verbindung der Clients zum KMS-Host mit *Direct Connection*. Hier wird durch den Administrator ein spezieller KMS-Host und ein Port manuell festgelegt. Der Standardport für den Verbindungsaufbau zur Aktivierung ist auch hier 1688. Es wird eine RPC-over-TCP/IP-Verbindung aufgebaut. Mit Volumenlizenzschlüsseln ist es möglich, eine bestimmte Anzahl von Computern mit der gleichen Seriennummer zu installieren und anschließend zu aktivieren.

Mehrfachaktivierungsschlüssel (MAK) und Aktivierung per Schlüsselverwaltungsdienst (KMS) in der Praxis

MAK unterstützt die Aktivierung über das Internet und per Telefon. Für Unternehmen ist die Aktivierung über das Internet wesentlich bequemer. Wenn Sie allerdings keine Möglichkeit haben oder aus Sicherheitsgründen auf den Internetzugang verzichten wollen, können Sie auch die telefonische Aktivierung verwenden. Möchten

Sie die Aktivierung per Internet durchführen, müssen Sie lediglich dafür sorgen, dass sich die PCs mit dem Internet verbinden können. Auf welche Webseiten dazu ein Zugriff möglich sein muss, haben wir Ihnen bereits einige Seiten weiter vorne gezeigt.

Eine weitere Möglichkeit, mehrere Windows Vista-, Windows 7- oder Windows Server 2008 R2-Computer im Netzwerk zu aktivieren, ist das Tool für Volumenaktivierungsverwaltung (VAMT), welches eine batchbasierte Aktivierung über das Internet unterstützt. Wollen Sie sie telefonisch aktivieren, benötigen Sie zunächst eine Identifikationsnummer, die über das Telefon eingegeben wird. Auf Basis dieser Nummer erhalten Sie über das Telefon dann die Aktivierungsnummer, die Sie wiederum im PC eingeben, um Windows zu aktivieren. Sie erhalten die notwendige Identifikationsnummer zur telefonischen Aktivierung auch durch Eingabe des folgenden Befehls:

```
cscript \windows\system32\slmgr.vbs <Computer-Name> <Benutzer> <Kennwort> -dli
```

Mithilfe diesen Befehls können Sie die notwendigen Daten auch von Remotecomputern über das Netzwerk erhalten. Am besten verwalten Sie MAK-Produktschlüssel über das VAMT. Hier tragen Sie den zugewiesenen Lizenzschlüssel in das Tool ein. Verwenden Sie dazu den Menübefehl *Options/Manage MAK-Keys*. Anstatt die MAK-Keys auf den Clients einzutragen, werden diese direkt im Tool verwaltet. Der Rechner, auf dem das VAMT installiert ist, fungiert als MAK-Proxy. Anschließend werden die Clientcomputer über das Tool eingesammelt und nacheinander aktiviert. Dazu stellt das VAMT eine Verbindung zum Aktivierungsserver von Microsoft her und sendet die Aktivierungs-IDs zurück zu den Clients.

MAK-Keys lassen sich auch manuell auf den einzelnen Clients verwalten. Allerdings ist das wesentlich unkomfortabler. Außerdem wird der Status aller Clients im Tool angezeigt. Es muss für den Einsatz nicht immer eine Domäne vorhanden sein. In den Eigenschaften der einzelnen Computer können auch alternative Anmeldedaten verwendet werden. Die Computer können über den Menübefehl *Actions/Add Computers* hinzugefügt werden. Hier besteht die Möglichkeit, manuell Clients einzutragen, die Domäne zu durchsuchen oder eine Arbeitsgruppe zu verwenden.

Haben Sie über das Telefon manuell die Identifikationsnummer zur Aktivierung eingegeben, erhalten Sie durch den Telefoncomputer eine Bestätigungs-ID (Confimation-ID, CID). Mithilfe dieser CID können Sie Windows aktivieren. Sie können dazu entweder den manuellen Weg wählen, der bereits weiter vorne in diesem Kapitel beschrieben wurde, oder Sie verwenden ein Skript zur Aktivierung:

```
cscript \windows\system32\slmgr.vbs <Computername> <Benutzername> <Kennwort> -atp <Bestätigungs-ID>
```

Mit diesem Skript können auch Windows Vista oder Windows 7- und Windows Server 2008 R2-Installationen über das Netzwerk aktiviert werden. Für die Aktivierung eines Computers mit der MAK ist die Anmeldung mit einem Benutzerkonto notwendig, welches über administrative Berechtigungen verfügt. Wenn Sie auch Benutzerkonten mit Standardberechtigungen die Aktivierung erlauben wollen, müssen Sie in der Registry im Schlüssel *HKLM\SOFTWARE\Microsoft\Windows NT\CurrentVersion\SL* einen neuen DWORD-Registrywert mit der Bezeichnung *UserOperations* erstellen. Weisen Sie diesem den Wert 1 zu.

MAK über Windows verwenden

Wollen Sie MAK verwenden, können Sie die herkömmliche Oberfläche zur Aktivierung in Windows verwenden, wie bereits in diesem Kapitel beschrieben. Gehen Sie bei der Verwendung von MAK bei der Installation und Aktivierung folgendermaßen vor:

1. Installieren Sie Windows Vista oder Windows 7 oder Windows Server 2008 R2 ohne die Eingabe eines Produktschlüssels.
2. Klicken Sie nach der Installation im Startmenü mit der rechten Maustaste auf *Computer* und wählen Sie im Kontextmenü den Befehl *Eigenschaften* aus.

3. Im Bereich *Windows-Aktivierung* klicken Sie auf *Product Key ändern*
4. Geben Sie im folgenden Fenster den MAK-fähigen Produktschlüssel ein und lassen Sie diesen über das Internet aktivieren, wenn eine Internetverbindung besteht. Wenn die Verbindung zur Aktivierung fehlschlägt, versucht der PC automatisch, ständig eine Verbindung zum Aktivierungsserver bei Microsoft aufzubauen. Der angemeldete Benutzer muss dazu nicht über administrative Berechtigungen verfügen.

Wollen Sie diese automatischen Verbindungsversuche deaktivieren, müssen Sie den Wert *HKEY_LOCAL_MACHINE\SOFTWARE\Microsoft\Windows NT\CurrentVersion\SL\Activation\Manual* auf *1* setzen.

MAK über ein Skript verwenden

Sie können MAK auch über ein Skript verwenden, was bei der Bereitstellung von zahlreichen Clients sicherlich sinnvoller ist. Um MAK über ein Skript durchzuführen, gehen Sie folgendermaßen vor:

1. Installieren Sie Windows Vista, Windows 7 oder Windows Server 2008 R2 ohne die Eingabe eines Produktschlüssels.
2. Starten Sie den Computer und melden Sie sich mit einem Benutzerkonto an, das über administrative Rechte verfügt.
3. Starten Sie über *Start/Ausführen* den Befehl *cscript\windows\system32\slmgr.vbs ?ipk <Mehrfachaktivierungsschlüssel>*.
4. Im Anschluss versucht Windows, die Aktivierung über das Internet durchzuführen.

MAK über die Installationsroutine verwenden

Installieren Sie Windows Vista, Windows 7 oder Windows Server 2008 R2 unbeaufsichtigt, besteht auch die Möglichkeit, MAK bereits über die Installation des Betriebssystems durchzuführen. Zu diesem Zweck wird MAK bereits in die *Unattend.xml* eingebunden, über welche die automatisierte Installation per Windows Automated Installation Kit (WAIK) und die Windows-Bereitstellungsdienste durchgeführt wird. Die MAK wird zu diesem Zweck direkt in die Datei *Unattend.xml* integriert. Im folgenden Listing sehen Sie, wie MAK integriert werden kann.

Listing 42.1 Beispiel einer *Unattend.xml* mit MAK-Integration

```
<?xml version="1.0" encoding="utf-8"?>
<unattend xmlns="urn:schemas-microsoft-com:unattend">
    <settings pass="windowsPE">
        <component name="Microsoft-Windows-Setup" processorArchitecture="x86"
publicKeyToken="3333333333333333" language="neutral" versionScope="nonSxS" xmlns:wcm="http://
schemas.microsoft.com/WMIConfig/2002/State" xmlns:xsi="http://www.w3.org/2001/XMLSchema-instance">
            <UserData>
                <AcceptEula>true</AcceptEula>
            </UserData>
</component>
    </settings>
    <settings pass="specialize">
        <component name="Microsoft-Windows-Shell-Setup" processorArchitecture="x86"
publicKeyToken="3333333333333333" language="neutral" versionScope="nonSxS" xmlns:wcm="http://
schemas.microsoft.com/WMIConfig/2002/State" xmlns:xsi="http://www.w3.org/2001/XMLSchema-instance">
            <ProductKey>MAK Product Key</ProductKey>
        </component>
    </settings>
<cpi:offlineImage cpi:source="" xmlns:cpi="urn:schemas-microsoft-com:cpi" />
</unattend>
```

HINWEIS Beachten Sie, dass bei der Integration der MAK in die *Unattend.xml* der MAK-Schlüssel als Klartext in der Datei enthalten ist.

Aktivierung über den Schlüsselverwaltungsdienst (KMS)

Der KMS kann unter Windows Vista, Windows 7 sowie Windows Server 2008 R2, aber auch unter Windows Server 2003 mit SP1 installiert werden. Windows Vista oder Windows 7 Business Edition und Windows Vista oder Windows 7 Enterprise Edition sind bereits standardmäßig auf eine Aktivierung per KMS ausgelegt, ohne dass eine Benutzereingabe erfolgen muss. Die Computer versuchen sich in Active Directory per SRV-Record mit einem KMS-Server zu verbinden und sich selbständig zu aktivieren. Ein KMS-Server aktiviert erst dann die Clients, wenn sich mindestens 25 Computer mit diesem verbunden haben. Die Clients versuchen sich nach der Installation alle zwei Stunden automatisch beim KMS zu aktivieren und müssen diese Aktivierung alle 180 Tage wiederholen.

Auch virtuelle Maschinen können über KMS aktiviert werden, allerdings werden diese nicht zu der Liste der 25 benötigten Clients dazugezählt. Eine virtuelle Maschine kann auch als KMS-Host betrieben werden, zählt aber nicht zu den fünf physischen Servern dazu, ab der die Aktivierung erst unterstützt wird. Für diesen Vorgang wird auf dem entsprechenden Computer ein KMS-Schlüssel hinterlegt, der einmalig bei Microsoft aktiviert werden muss. Dieser Dienst verursacht keine größere Benutzerlast, sodass auch die Installation auf einem Server zusammen mit anderen Diensten in Frage kommt. Ein einzelner KMS kann hunderttausende Clients verwalten.

Bevor Sie die Aktivierung der Clients per KMS durchführen können, müssen einige Vorbereitungen getroffen werden:

- Sie müssen einen KMS-Host mit den zugewiesenen Clientlizenzen installieren und auch Windows Vista, Windows 7 oder Windows Server 2008 R2 mit diesen Produktschlüsseln installieren
- Mit einem Windows Vista- oder Windows 7-Schlüssel für KMS können nur Windows Vista- oder Windows 7-Computer aktiviert werden. Mit einem Windows Server 2008 R2-Schlüssel können nur Windows Server 2008 R2-Computer aktiviert werden. Das heißt, auf dem KMS-Host muss jeweils ein Schlüssel für Windows Vista, Windows 7 oder Windows Server 2008 R2 integriert werden.
- Damit sich die Clients mit dem KMS-Host verbinden können, müssen Sie sicherstellen, dass diese Verbindung zu dem KMS-Host über den TCP-Port 1688 aufgebaut werden kann. Schalten Sie diesen Port auf den Firewalls und Routern im Unternehmen frei.
- Das Ereignisprotokoll auf dem KMS-Host wächst stark an, da viele Meldungen geschrieben werden. Erhöhen Sie daher die maximale Größe der Ereignisprotokolle oder stellen Sie die Überschreibung ein, damit die Ereignisse verarbeitet werden können. Um das notwendige Ereignisprotokoll zu konfigurieren, gehen Sie folgendermaßen vor:
  1. Geben Sie den Befehl *eventvwr* über *Start/Ausführen* ein.
  2. Öffnen Sie den Zweig *Anwendungs- und Dienstprotokolle.*
  3. Klicken Sie mit der rechten Maustaste auf *Key Management Service* und rufen Sie im Kontextmenü den Befehl *Eigenschaften* auf.
  4. Setzen Sie den Wert bei *Maximale Protokollgröße* auf *10384* oder einen höheren Wert.

KMS-Host installieren und konfigurieren

Der erste und wichtigste Schritt bei der Aktivierung per KMS ist der KMS-Host. Gehen Sie zur Installation eines KMS-Hosts folgendermaßen vor:

1. Installieren Sie zunächst das zugewiesene Volumenlizenzmedium auf dem KMS-Host.
2. Starten Sie den Computer neu und melden Sie sich mit einem Benutzerkonto an, welches über administrative Berechtigungen verfügt.
3. Im nächsten Schritt wird der notwendige KMS-Schlüssel auf dem KMS-Host hinterlegt. Dazu stellt Microsoft keine grafische Oberfläche zur Verfügung, Sie müssen den Schlüssel über ein Skript integrieren. Verwenden Sie dazu den folgenden Befehl:

```
cscript c:\windows\system32\slmgr.vbs -ipk <Volumenlizenzschlüssel>
```

4. Im Anschluss muss dieser Schlüssel bei Microsoft entweder telefonisch oder über das Internet aktiviert werden. Um den KMS-Schlüssel über das Internet zu aktivieren, geben Sie über *Start/Ausführen* den Befehl *cscript c:\windows\system32\slmgr.vbs –ato* ein. Zur telefonischen Aktivierung geben Sie über *Start/Ausführen* den Befehl *slui 4* ein und folgen den Anweisungen.

KMS-Host anpassen

Nach der erfolgreichen Aktivierung können Sie auf dem KMS-Host noch notwendige Konfigurationsänderungen vornehmen. Auch für diese Konfigurationen verwenden Sie am besten wieder das bereits erwähnt Skript *slmgr.vbs*:

- **Ändern des Standardports** Standardmäßig reagiert der KMS-Host auf Anfragen zum TCP-Port 1688. Wenn Sie den Standardpfad ändern wollen, geben Sie den Befehl *cscript c:\windows\system32\slmgr.vbs –sprt <port>* ein. Nachdem Sie die Änderung vorgenommen haben, sollten Sie den KMS-Host neu starten. Alternativ können Sie in der Befehlszeile den KMS-Dienst über *net stop slsvc.exe* beenden und anschließend über *net start slsvc.exe* neu starten lassen. Clients, die sich über DNS automatisch verbinden, müssen dazu nicht konfiguriert werden.
- **Konfiguration der dynamischen DNS-Registrierung** Bei der Installation und Aktivierung des KMS wird der entsprechende SRV-Record automatisch erstellt, wenn für die Active Directory-integrierte DNS-Zone die dynamische Registrierung aktiviert worden ist. Sie können die dynamische Registrierung über den Befehl *cscript C:\windows\system32\slmgr.vbs –cdns* deaktivieren. Der Befehl *cscript C:\windows\system32\slmgr.vbs –sdns* aktiviert die dynamische Registrierung wieder.
- **Anpassen des Aktivierungsintervalls** Standardmäßig versuchen nicht aktivierte Clients alle 120 Minuten eine Verbindung zum KMS aufzubauen. Über den Befehl *cscript c:\windows\system32\slmgr.vbs –sai <Aktivierungsintervall>* können Sie diesen Zeitraum an Ihre Bedürfnisse anpassen.

Standardmäßig registriert sich der KMS in der DNS-Zone, in der sich der Server selbst befindet. Wenn Sie wollen, dass sich der KMS in weiteren DNS-Zonen registriert, müssen Sie die Registry bearbeiten:

1. Navigieren Sie zum Schlüssel *HKLM\SOFTWARE\Microsoft\Windows NT\CurrentVersion\SL.*
2. Erstellen Sie einen neuen REG_MULTI_SZ-Wert mit der Bezeichnung *DnsDomainPublishList*.
3. Tragen Sie als Wert jede DNS-Domäne in einer eigenen Zeile ein, in der sich der KMS registrieren soll.
4. Starten Sie den Lizenzdienst über die Befehle *net stop slsvc.exe* und anschließend über *net start slsvc.exe* neu. Sie können dazu auch den Befehl *net stop sppsvc* && *net start sppsvc* verwenden.

MAK-Clients in KMS-Clients konvertieren

Wenn Sie im Unternehmen MAK-Clients einsetzen, können diese zu KMS-Clients konvertiert werden. Um einen MAK-Client zu konvertieren, gehen Sie folgendermaßen vor:

1. Melden Sie sich am Client mit einem administrativen Benutzerkonto an.

2. Geben Sie in der Befehlszeile den Befehl *cscript \windows\system32\slmgr.vbs ?ipk <Produktschlüssel>* ein. Anschließend muss der Computer mit dem Befehl *cscript \windows\system32\slmgr.vbs –ato* erneut, diesmal über den KMS, aktiviert werden.

Standardmäßig ist in Windows Vista oder Windows 7 und Windows Server 2008 R2 die Windows-Firewall bereits aktiviert. Wenn Sie mit dem bereits besprochenen Skript *Slmgr.vbs* über das Netzwerk remote PCs aktivieren wollen, müssen Sie sicherstellen, dass die Windows-Firewalls auf den einzelnen PCs das Skript nicht blockieren. Um einen Client manuell zu konfigurieren, gehen Sie folgendermaßen vor:

1. Öffnen Sie die Systemsteuerung, zum Beispiel über *Start/Systemsteuerung*.
2. Klicken Sie auf *Sicherheit*.
3. Klicken Sie auf *Windows-Firewall ein- oder ausschalten*.
4. Klicken Sie auf *Ausnahmen*.
5. Setzen Sie das Häkchen bei *Windows-Verwaltungsinstrumentation (WMI)*.

Alternativ können Sie diese Einstellung auch über Gruppenrichtlinien aktivieren. Wenn Sie mehrere Subnetze im Unternehmen einsetzen, reicht die vorangegangene Konfiguration allerdings nicht aus. In diesem Fall müssen Sie die erweiterte Konfiguration der Firewall starten:

1. Die erweiterte Konfiguration der Firewall rufen Sie über *Start/Ausführen/wf.msc* auf.
2. Klicken Sie im linken Bereich auf *Eingehende Regeln*.

Ganzen unten finden Sie die folgenden drei Regeln. Für jede Regel gibt es eine Variante für das Profil *Domäne* und das Profil *Privat, Öffentlich*:

- *Windows-Verwaltungsinstrumentation (ASync eingehend)*
- *Windows-Verwaltungsinstrumentation (DCOM eingehend)*
- *Windows-Verwaltungsinstrumentation (WMI eingehend)*

Für alle dieser Einstellungen nehmen Sie für das entsprechende Netzwerkprofil (in Active Directory das Profil *Domäne*) die gleichen Einstellungen vor, wie nachfolgend beschrieben. Klicken Sie dazu doppelt auf die jeweilige Regel, um deren Eigenschaften aufzurufen:

1. Auf der Registerkarte *Allgemein* aktivieren Sie die Option *Verbindungen zulassen*.
2. Auf der Registerkarte *Bereich* geben Sie unten bei *Remote-IP-Adresse* die Subnetze ein, auf die von den Computern zugegriffen werden soll.
3. Auf der Registerkarte *Erweitert* legen Sie fest, für welche Profile diese Einstellung Gültigkeit hat.

TIPP Auf der Internetseite *http://technet.microsoft.com/en-us/library/dd772270.aspx* erhalten Sie ausführliche Anleitungen zur KMS/MAK-Aktivierung von Windows 7 und Windows Server 2008 R2.

KMS-Schnellanleitung

Im folgenden Abschnitt gehen wir noch mal zusammenfassend auf eine typische Installation einer KMS- oder MAK-Infrastruktur ein, die in den meisten Fällen ausreicht. Auf dem Server, den Sie als KMS-Host einsetzen, sollten Sie auf jeden Fall das Tool für Volumenaktivierungsverwaltung (Volume Activation Management Tool, VAMT) am besten in der neuen Version 2.0 installieren. Das Tool hilft bei der Verwaltung der Volumenlizenzen. Sie finden das Tool über die Internetseite *http://www.microsoft.com/downloads/details.aspx?FamilyID=8265fdef-b921-4dbf-ba8b-bb1cbe238ce6&displaylang=en*, oder indem Sie nach VAMT 2.0 im Internet suchen.

Abbildg. 42.53 Verwalten der Volumenlizenzen im Unternehmen mit VAMT 2.0

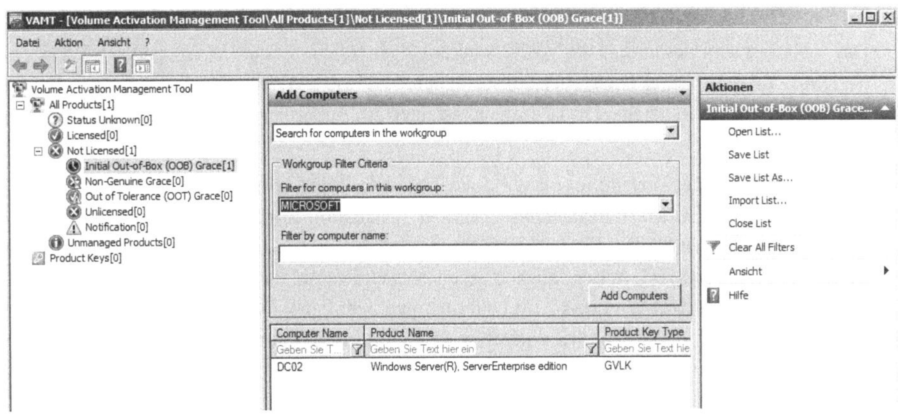

HINWEIS Achten Sie darauf, dass der KMS-Host über eine regelmäßige Verbindung zum Internet verfügt, da der Server alle 180 Tage eine Verbindung mit dem Internet aufbaut. Über KMS lassen sich nur spezielle Versionen aktivieren, die Volumenlizenz unterstützen. OEM-Lizenzen lassen sich nicht per KMS aktivieren.

VAMT funktioniert nur für MAK- und KMS-Schlüssel. Der zentrale Punkt der KMS-Lizenzierung ist der KMS-Lizenzschlüssel, den Sie von Microsoft erhalten. KMS-Clients sind automatisch für den KMS-Dienst eingerichtet, diese müssen Sie nicht mehr anpassen. Auf dem KMS-Server geben Sie diesen KMS-Schlüssel mit dem folgenden Befehl ein und aktivieren damit KMS:

```
C:\windows\system32\slmgr.vbs -ipk <KMS Key>
```

Nach der Installation des KMS-Schlüssels aktivieren Sie diesen bei Microsoft am besten über das Internet:

```
C:\windows\system32\slmgr.vbs -ato
```

Den Status der Aktivierung rufen Sie über den folgenden Befehl ab:

```
C:\windows\system32\slmgr.vbs -dli
```

Durch die Installation des KMS-Schlüssels und der Aktivierung setzt der Server die notwendigen DNS-Einträge automatisch. Allerdings muss dazu die dynamische Aktualisierung der Zone erlaubt sein, wie in Kapitel 10 und Kapitel 23 beschrieben. Überprüfen Sie regelmäßig in VAMT, ob neue Computer hinzugekommen sind und aktiviert wurden. Findet ein Client über einen DNS-Eintrag den KMS-Server, aktiviert sich das Betriebssystem automatisch. Unter Umständen müssen Sie noch eine Ausnahme in der Firewall für den Port 1688 eintragen. KMS-Clients suchen KMS-Server über DNS mit dem SRV-Eintrag *_VLMCS*.

Microsoft Deployment Toolkit (MDT) 2010

Über die Installationsstartseite des WAIK können Sie das Microsoft Deployment Toolkit 2010 herunterladen und auf einem Server installieren. Sie finden das MDT 2010 auch über den Link *http://go.microsoft.com/fwlink/?LinkId=126933*. Zum Download gehört die Installationsdateien für 64-Bit- und 32-Bit-Computer sowie Anleitungen und Dokumentationen zum Toolkit. Mit dem Toolkit können Sie alle notwendigen Aufgaben zur Verteilung von Windows 7 oder Windows Server 2008 R2 im Unternehmen durchführen.

Das Toolkit ist kein Bestandteil des WAIK, sondern ergänzt sich mit dem WAIK und den WDS. Für die Installation muss auf dem Server PowerShell 2.0 verfügbar sein. Unter Windows Server 2008 R2 ist das kein Problem, da hier die PowerShell bereits standardmäßig installiert ist. Außerdem benötigen Sie auf dem Server mindestens .NET Framework 2.0.

Die Konfiguration der Verteilung von Windows 7 über das MDT können Sie auch von einer Arbeitsstation aus steuern, wenn Sie das MDT installieren. Nach der Installation finden Sie die Tools in der Programmgruppe *Microsoft Deployment Toolkit*. Ein wichtiger Bestandteil des MDT ist die Distributionsfreigabe. Diese Freigabe steuern Sie über das MDT. In der Freigabe liegen notwendige Abbilder, Treiber, Antwortdateien und Tools, die Sie für das Verteilen von Windows 7 im Unternehmen benötigen. Damit kann das MDT die zentrale Schnittstelle der Verteilung darstellen. Das wichtigste Verwaltungsprogramm in MDT ist die *DeploymentWorkbench*, über die Sie alle notwendigen Bereiche des Tools erreichen.

Abbildg. 42.54 Die zentrale Verwaltungsoberfläche der MDT

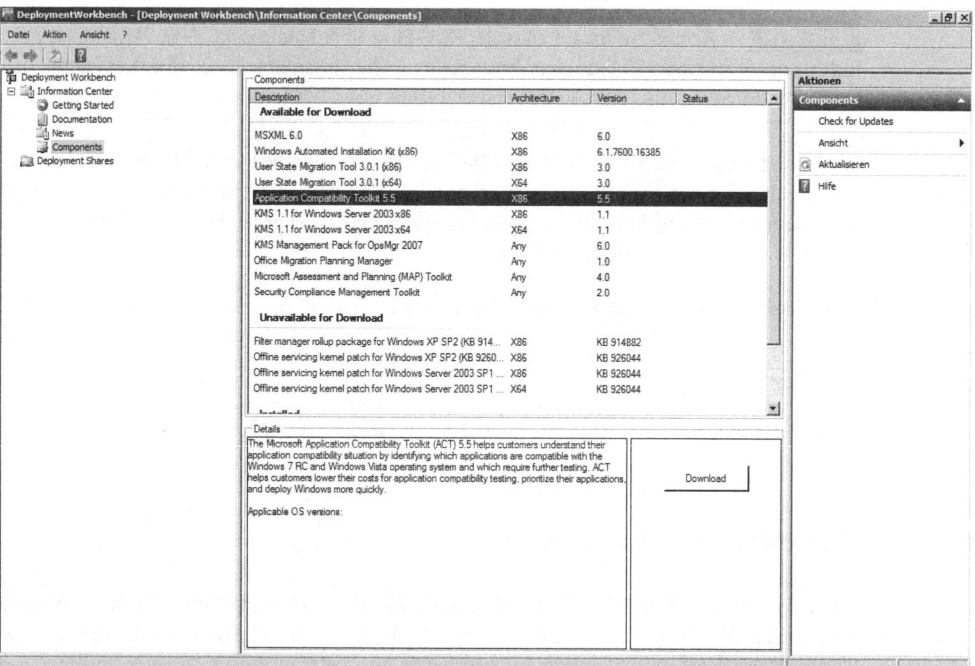

Klicken Sie auf *Components*, zeigt Ihnen MDT noch einige Tools an, die zur Migration und der Verteilung genutzt werden können. Sie können diese Tools direkt über die Verwaltungsoberfläche herunterladen und installieren. Über das Kontextmenü von *Components* können Sie noch Aktualisierungen herunterladen.

Lite Touch-Installation vs. Zero Touch-Installation

Mit den MDT 2010 können Sie zwei verschiedene Szenarien zur Verteilung von Windows 7 konfigurieren. Anhand der Lite Touch-Installation (LTI) starten Sie die Computer über Windows PE entweder von einem WDS-Server aus oder per CD oder USB. Anschließend beginnt die Installation von Windows 7 weitgehend automatisiert, aber mit der Möglichkeit, dass Benutzer eingreifen können. Die Zero Touch-Installation (ZTI) stellt eine vollkommen automatisierte Installation von Windows 7 dar. Damit Sie eine solche Verteilung im Unternehmen durchführen können, benötigen Sie neben MDT 2010 und WDS auch noch System Center Configuration Manager 2007.

Deploymentfreigabe anlegen

Der zentrale Datensammelpunkt für die Verteilung von Windows 7 im Unternehmen mit MDT 2010, WAIK 2.0 und WDS ist die Deploymentfreigabe, die Sie über den Menüpunkt *Deployment Shares* in der *Deployment-Workbench* erstellen. Sie müssen den Ordner und die Freigabe nicht vorher erstellen, sondern können bequem über die Verwaltungsoberfläche von MDT 2010 alle Einstellungen vornehmen.

Abbildg. 42.55 Erstellen einer Deploymentfreigabe für MDT 2010

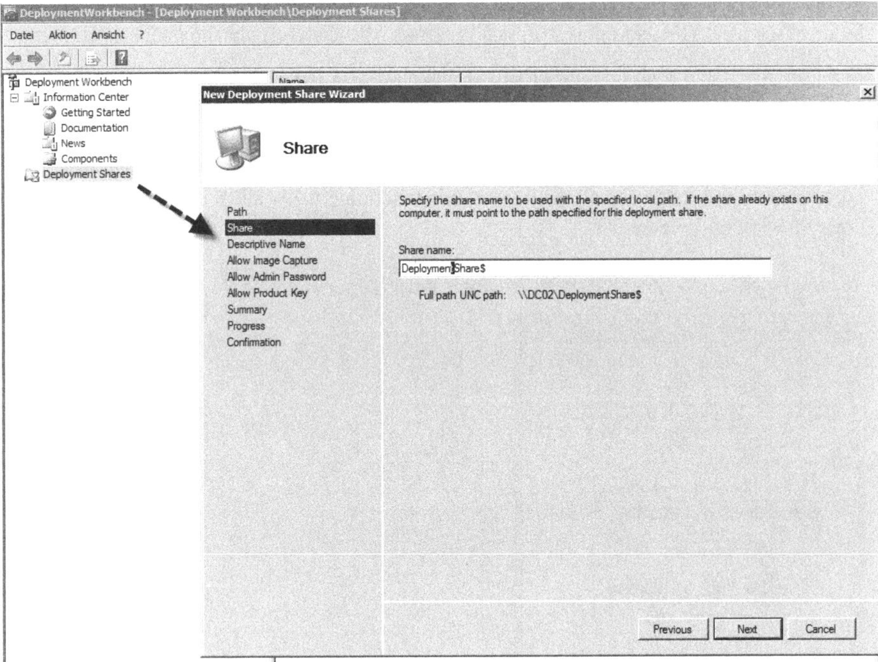

Haben Sie die Deploymentfreigabe angelegt, sehen Sie unterhalb der Freigabe verschiedene Menübefehle, über die Sie die Verteilung von Windows 7 im Unternehmen steuern.

Programmkompatibilität sicherstellen

Viele Programme, die unter Windows XP, Windows 98 oder Windows 2000 noch problemlos ihren Dienst verrichtet haben, funktionieren unter Windows Vista oder Windows 7 nicht mehr, oder nur eingeschränkt. In diesem Abschnitt gehen wir auf die häufigsten Probleme sowie deren Lösung ein. In Kapitel 8 zeigen wir Ihnen die Neuerungen, die Windows 7 im Bereich der Kompatibilität zu Windows XP über einen neuen, kostenlosen und virtuellen Windows XP-Computer bietet.

Auch wenn die meisten Anwendungen zum Laufen gebracht werden können, sollten Systemprogramme wie Virenscanner, Firewall, Registry- und Systemoptimierung oder Tuningprogramme, die vom Hersteller nicht ausdrücklich als Windows 7-tauglich klassifiziert wurden, nicht unter Windows 7 eingesetzt werden. Warten Sie in diesem Fall auf eine neue Version oder wechseln Sie das Programm.

Anwendungen auf ein anderes Betriebssystem zu portieren, bringt meistens keine Probleme. Entweder funktioniert das Programm oder es funktioniert nicht. Werden jedoch nicht kompatible Systemprogramme weiterverwendet, bieten diese im besten Fall keinen Schutz. Im schlimmsten Fall bringen solche Programme Windows zum Absturz, zerstören Daten oder machen die Windows-Installation unbrauchbar.

Kompatibilitätsmodus für Anwendungen aktivieren

Ein häufiges Problem, warum Anwendungen unter Windows 7 nicht funktionieren, ist die mangelnde Kompatibilität beim Zugriff auf Betriebssystemfunktionen. Was bei Systemprogrammen verheerend sein kann, ist für normale Anwendungen lösbar. Es besteht unter Windows 7 die Möglichkeit, Applikationen im Windows XP Mode zu starten. In diesem Fall verhält sich Windows 7 bei dieser Applikation nahezu wie Windows XP.

Es werden aber dann auch viele Sicherheitseinstellungen von Windows übergangen, um die Applikation starten zu können. Diese Einstellungen finden Sie in den Eigenschaften von ausführbaren Dateien oder Verknüpfungen auf der Registerkarte *Kompatibilität*. Hier können die kompatible Betriebssystemversion, die Auflösung und weitere Einstellungen speziell für diese Anwendung vorgegeben werden. Experimentieren Sie etwas mit den Einstellungen und testen Sie, ob die Anwendung funktioniert. Vor allem der Kompatibilitätsmodus für Windows XP wirkt oft Wunder.

Abbildg. 42.56 Anwendungen können in einem speziellen Kompatibilitätsmodus gestartet werden

Berechtigungsprobleme lösen

Startet eine Anwendung nicht, liegt es häufig auch an den eingeschränkten Rechten in Windows 7. Selbst Administratoren haben standardmäßig weniger Rechte. Unterstützt die Anwendung die Benutzerkontensteuerung nicht, könnten Sie diese unter Umständen deaktivieren.

Wollen Sie die Benutzerkontensteuerung nicht deaktivieren, können Sie die Berechtigungsprobleme unter Umständen auch dadurch lösen, dass Sie die Applikation über die Option *Als Administrator ausführen* im Kontextmenü der Datei starten. In diesem Fall wird die Benutzerkontensteuerung durch Windows aktiviert, nicht durch die Anwendung. Startet jetzt die Anwendung, können Sie in den Eigenschaften auf der Registerkarte *Kompatibilität* den Administratormodus dauerhaft für diese Anwendung aktivieren.

Datenausführungsverhinderung

Ein Feature, das bereits unter Windows XP eingesetzt wird, verhindert oft auch den Start von Anwendungen unter Windows 7. Hierbei werden Programme überwacht, um die sichere Verwendung des Systemspeichers durch die Programme sicherzustellen. Wenn ein Programm versucht, Code aus dem Speicher auf unzulässige Weise auszuführen, wird das Programm durch die Datenausführungsverhinderung (Data Execution Prevention, DEP) geschlossen.

Startet eine Anwendung nicht, hilft es entweder, diese Funktion zu deaktivieren oder die Anwendung von der Überprüfung auszunehmen. Zur Konfiguration der Datenausführungsverhinderung gelangen Sie mit den folgenden Schritten:

1. Rufen Sie über das Startmenü die *Systemsteuerung* auf.
2. Klicken Sie auf den Link *System und Sicherheit*, dann auf *System* und anschließend im Aufgabenbereich auf *Erweiterte Systemeinstellungen*.
3. Klicken Sie auf der Registerkarte *Erweitert* im Bereich *Leistung* auf die Schaltfläche *Einstellungen*.
4. Aktivieren Sie im Dialogfeld *Leistungsoptionen* die Registerkarte *Datenausführungsverhinderung*.
5. Wenn die Datenausführungsverhinderung ein Programm immer wieder schließt, dem Sie vertrauen, können Sie die Datenausführungsverhinderung für das geschlossene Programm deaktivieren.

Programmkompatibilitäts-Assistent

Manche Anwendungen, die Sie eventuell einsetzen möchten, sind unter Umständen nicht mit Windows 7 kompatibel. Mit dem Programmkompatibilitäts-Assistent können Sie dem jeweiligen Programm vorgaukeln, dass es unter einer anderen Betriebssystemversion läuft.

Abbildg. 42.57 Starten des Assistenten für die Programmkompatibilität

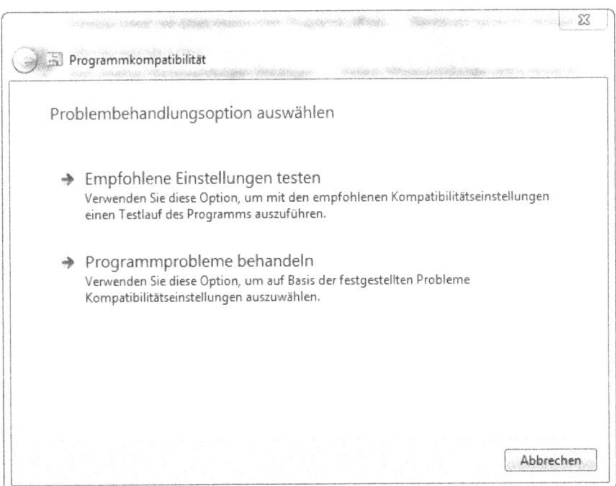

Systemprogramme von Drittherstellern sollten zwar auf diesem Weg nicht unbedingt installiert werden, aber es gibt durchaus Applikationen, die durch diesen Assistenten auch unter Windows Vista funktionieren, selbst wenn der Hersteller offiziell diese Windows-Version nicht unterstützt. Sie können diesen Assistenten über *Start/Systemsteuerung/Programme/Programme* ausführen und Anwendungen starten, die für vorherige Versionen von Windows entwickelt wurden. Im ersten Schritt müssen Sie die ausführbare Datei der Applikation auswählen. Dann wählen Sie aus, ob Sie die empfohlenen Einstellungen verwenden möchten oder selbst Optionen festlegen wollen.

Als Nächstes legen Sie die Probleme fest, welche die Applikation aktuell noch hat.

Abbildg. 42.58 Auswählen der Probleme von älteren Anwendungen

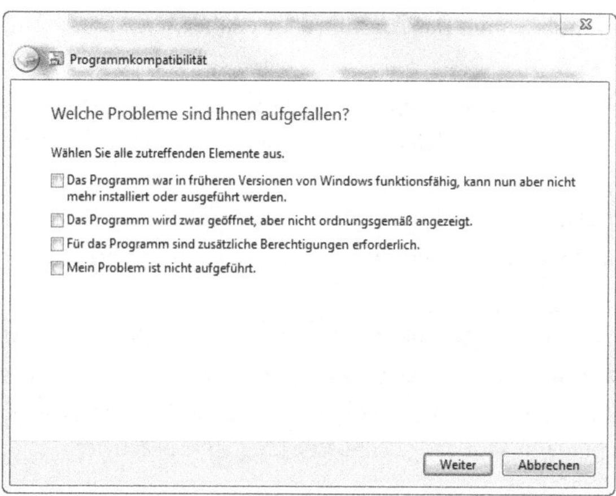

Als Nächstes legen Sie das Betriebssystem fest, in dem die Anwendung zuletzt noch funktioniert hat.

Abbildg. 42.59 Festlegen des Betriebssystems, unter dem die Anwendung noch funktioniert

Auf der nächsten Seite legen Sie die Anzeigeoptionen der Applikation fest. Zum Schluss wird die Applikation testweise gestartet, und Sie können die konfigurierten Optionen so speichern, dass die Applikation zukünftig in diesem Kompatibilitätsmodus eingesetzt wird.

Kompatibilitätstest von Anwendungen mit dem Application Compatibility Toolkit (ACT) 5.5

Eine interessante Sammlung ist das Application Compatibility Toolkit (ACT) 5.5 (*http://www.microsoft.com/downloads/details.aspx?familyid=24da89e9-b581-47b0-b45e-492dd6da2971&displaylang=en*). Hierbei handelt es sich um Anwendungen, die Ihnen bei der Analyse der Applikation und deren Kompatibilität zu Windows 7 helfen sollen. Eines dieser Programme ist der *Standard User Analyzer*. Mit diesem Tool wird getestet, ob Anwendungen auch unter Windows 7 lauffähig sind. Das Programm hat eine englische Oberfläche, da es hauptsächlich für Entwickler und Administratoren geschrieben wurde. Sie sollten sich die beiliegende Readme-Datei durchlesen. Der Ablauf ist im Grunde genommen immer der gleiche:

1. Starten Sie den *Standard User Analyzer*.
2. Klicken Sie auf *Browse* und wählen Sie die *.exe*-Datei des Programms aus, das Sie testen wollen.
3. Klicken Sie auf *Launch*.
4. Im Anschluss wird das Programm gestartet.
5. Führen Sie einige typische Aktionen durch, die Sie auch normalerweise mit dem Programm durchführen.
6. Nachdem Sie das Programm ausführlich getestet haben, schließen Sie es.
7. Im Anschluss gibt der Standard User Analyzer eine ausführliche Meldung aus und zeigt die Probleme an, die unter Umständen unter Windows 7 auftreten.
8. Auf den verschiedenen Registerkarten erhalten Sie ausführliche Informationen darüber, welche Aktionen Probleme mit Standardbenutzer-Berechtigungen haben.
9. Entwickler und Administratoren können durch diese Ausgabe recht schnell erkennen, welche Aktionen über normale Benutzerberechtigungen hinausgehen.

Abbildg. 42.60 Der Standard User Analyzer hilft bei Kompatibilitätsproblemen von Anwendungen

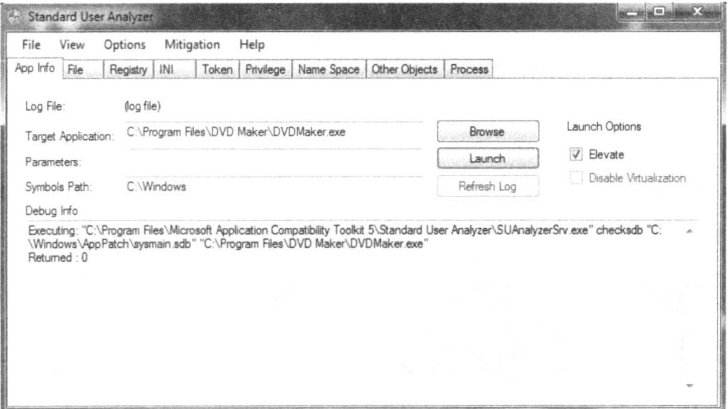

Das ACT enthält zahlreiche weitere Tools, deren Behandlung den Rahmen dieses Buchs sprengen würde. Sie erhalten durch die Installation auch Informationen und Links zu zahlreichen Whitepapers und Anleitungen.

Installationsabbilder über MDT bereitstellen

In der Distributionsfreigabe der MDT 2010 können Sie auch Windows 7-Abbilder bereitstellen. Ein solches Abbild können Sie zum Beispiel über die vorangegangenen Abschnitte in diesem Buch erstellen. Alternativ verwenden Sie das Standardabbild von Windows 7. Diese Datei mit der Bezeichnung *install.wim* und die dazugehörigen Katalogdateien (*.clg) finden Sie im Verzeichnis *\sources* der Windows 7-DVD. Um ein Abbild zu integrieren, klicken Sie in der *DeploymentWorkbench* von MDT 2010 mit der rechten Maustaste auf den Knoten *Operating Systems* unterhalb der Distributionsfreigabe.

Mit *Import Operating System* starten Sie den Assistenten zum Import. Sie können dazu die Windows 7-DVD, bereits angefertigte Abbilder oder Abbilder, die bereits in WDS eingebunden sind, verwenden. Haben Sie sich mit dem WDS-Server verbunden, zum Beispiel, indem Sie die MDT 2010 auch auf einem WDS-Server installieren, zeigt die *DeploymentWorkbench* die in WDS hinterlegten Betriebssysteme an.

Abbildg. 42.61 Auch Abbilder aus den Windows-Bereitstellungsdiensten lassen sich in MDT 2010 einbinden

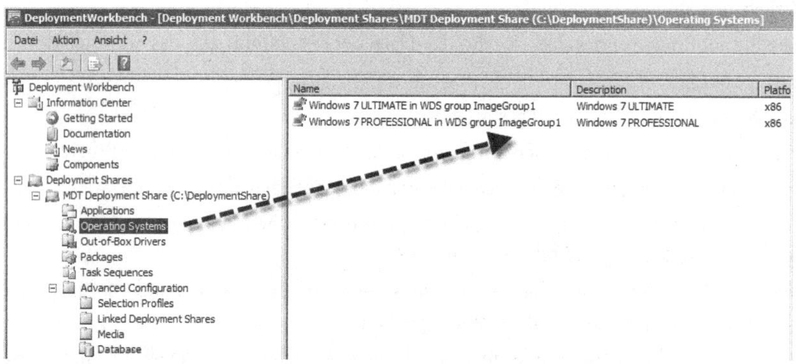

Anwendungen über MDT 2010 bereitstellen

Neben Betriebssystemen können Sie über den Menüpunkt *Applications* auch Anwendungen bereitstellen. Sie integrieren dazu die Installationsdateien auf den Server mit MDT, in dem Sie diese über das Kontextmenü einbinden. Skripts und Optionen zur automatisierten Installation müssen Sie zuvor außerhalb der MDT 2010 erstellen. Für *.msi*-Dateien können Sie dabei meist den Befehl *msiexec /qb /i app_name.msi* verwenden.

TIPP Auf dem Begleitmedium zu diesem Buch finden Sie die PDF-Datei mit der Bezeichnung *DeployingWindows7EssentialGuidance.pdf*. In diesem Dokument finden Sie auf über 330 Seiten ausführliche Informationen und Anleitungen rund um die Verteilung von Windows 7 über das Microsoft Deployment Toolkit 2010.

System Center Configuration Manager 2007 – SP2 und R3

Unternehmen, welche die Installation, Verwaltung und Inventarisierung ihrer Hard- und Software optimieren und automatisieren wollen, erhalten mit System Center Configuration Manager 2007 eine ideale Lösung. SCCM 2007 ist Bestandteil der System Center-Familie und arbeitet mit anderen Produkten aus dieser Familie zusammen. Neben der Verteilung und Verwaltung von Computern und Applikationen im Unternehmen führt SCCM 2007 auch Inventarisierungen für die Hard- und Software durch. Auch die zentrale Verwaltung von Patches erledigt SCCM 2007. Angebundene Computer lassen sich über eine Remotekonsole zur Fernwartung steuern.

Neben herkömmlichen Computern, Servern und Notebooks lassen sich auch mobile Geräte und Smartphones verwalten. Zusammenfassend lassen sich die verschiedenen Funktionen in Betriebssystembereitstellung, Softwareverteilung, Softwareupdateverwaltung, Software Asset Intelligence und Desired Configuration Management unterteilen. Mit dem Service Pack 2 machen Sie die Systemverwaltungs-Suite fit für Windows 7 und Windows Server 2008 R2. Das Service Pack 2 ist eine Erweiterung der Versionen SCCM 2007 und SCCM 2007 R2. Aktualisieren lassen sich alle Systeme mit bereits installiertem Service Pack 1 oder auch RTM. Durch die Unterstützung von Windows 7, Windows Server 2008 R2, Windows Server 2008 SP2 und Windows Vista SP2 können Sie jetzt auch Clients mit den aktuellsten Betriebssystemständen inventarisieren, mit Software bestücken, aktualisieren und verwalten. Mit dem Service Pack 2 hat Microsoft auch die Verzögerung beim Anwenden von Richtlinien, die derzeit bei 2 bis 10 Minuten liegt, abgeschafft. Dies bedeutet, dass Softwarezuweisungen und andere Richtlinien sofort nach der Anmeldung eines Anwenders oder dem Computerstart zur Verfügung stehen.

Vor allem beim Verteilen von virtualisierten Anwendungen über App-V wird profitiert, da Anwender nicht mehr warten müssen und Zuweisungen nahezu in Echtzeit möglich sind. Außerdem unterstützt SCCM 2007 R2 SP2 die neue BranchCache-Funktionalität von Windows 7 und Windows Server 2008 R2. Interessant ist auch die Möglichkeit, 64-Bit-Systeme optimal an SCCM 2007 anbinden zu können. So unterstützt SCCM 2007 R2 SP2 Windows Server 2003 x64, Windows XP x64 und die Möglichkeit, Management Packs des Operation Managers in 64-Bit-Versionen einzusetzen. Auch App-V-Clients lassen sich in 64-Bit-Versionen anbinden. Systeme mit der Intel vPro-Technologie, auch als Intel Active Management Technologie (AMT) bekannt, arbeiten sehr effizient mit SCCM 2007 R2 SP2 zusammen. Die Anbindung von Computern über bis zu acht verschiedene WLAN-Profilen und verschiedene Endgeräte lassen sich steuern. Auch 802.1x wird unterstützt und selbst Energieeinstellungen lassen sich über die SCCM-Konsole festlegen.

SCCM 2007 R2 SP2 baut auf das Basissystem als 64-Bit-Produkt auf. Selbst verwendet SSCM auch in der neuen Version kein 64-Bit, profitiert aber von der effizienteren Grundlage in Windows Server 2008 R2. Ein wichtiger Bereich der Neuerungen der neuen Version R3 ist die Steuerung des Energieverbrauchs von Clientcomputern über verschiedene Richtlinien und zentrale Energiesparpläne direkt über die SCCM-Infrastruktur im Unternehmen. Auf diesem Weg lassen sich Standby/Sleep-Szenarien erstellen, das Starten von Computer per Wake on LAN für die Verwaltung festlegen und zahlreiche weitere Möglichkeiten zur Energiesteuerung integrieren. Eine eigene Oberfläche, welche die zentrale Energieverwaltung aller angebundenen Computer erleichtert, eine Art Dashboard, bekannt aus System Center Operation Manager, erleichtert die Verwaltung. So lassen sich auch Berichte erstellen, welche den Energieverbrauch der verschiedenen Clientcomputer berücksichtigen. Die Berichte sind teilweise kaufmännische orientiert, sodass die Kosten vollkommen transparent gemacht werden können.

Ziel ist es, Energiekosten zu sparen, wenn Sie auf die neue Version des System Center Configuration Managers setzen. Basis dieser neuen Möglichkeiten ist ein neuer Power Management Agent, der speziell zur Steuerung der Energiesparpläne zur Verfügung steht. Dieser lässt sich auf Systemen, bei denen die Energieverwaltung nicht gesteuert werden soll, auch deaktivieren. Über den Agent lässt sich beispielsweise einstellen, wann Computer den Monitor ausschalten, in den Ruhezustand oder Standby wechseln und wann Geräte zur Verwaltung automatisch starten sollen. Eine weitere Neuerung des R3 ist die neue Technik, Active Directory schneller und öfter nach neuen Clients zu scannen. Derzeit führt SCCM einen solchen Scan nur alle 24 Stunden durch. Mit R3 und der neuen Deltadiscovery-Technik verkürzt sich der Intervall auf fünf Minuten. So lassen sich Mitgliedschaften in Sammlungen deutlich schneller zuordnen.

Für den Einsatz müssen Unternehmen eine Serverlizenz für jeden SCCM-Verwaltungsserver erwerben und für jeden angebundenen Client eine Managementlizenz (ML). Für die Überwachung von Servern benötigen Sie eine Enterprise-Lizenz. Clientcomputer und Netzwerkgeräte ohne Betriebssystem sind durch die Standardlizenz abgedeckt. Zusätzlich stellt Microsoft SCCM als Teil der Server Management Suite Enterprise (SMSE) zur

Verfügung. Diese enthält noch die System Center-Produkte Operations Manager 2007 R2, Data Protection Manager 2007 und Virtual Machine Manager 2008 R2.

Weitere Informationen zu diesem Thema finden Sie unter den folgenden Links:

- **SCCM 2007** *http://www.microsoft.com/Systemcenter/configurationmanager/*
- **Download SCCM 2007 SP2** *http://www.microsoft.com/downloads/details.aspx?displaylang=de&FamilyID=3318741a-c038-4ab1-852a-e9c13f8a8140*
- **System Center Management Suite** *http://www.microsoft.com/systemcenter/en/us/management-suites.aspx*

Zusammenfassung

Mit den Windows-Bereitstellungsdiensten und dem Windows Automated Installation Kit (WAIK) lassen sich Windows Vista- oder Windows 7-Arbeitsstationen und Windows Server 2008 R2 hervorragend automatisiert installieren und im Netzwerk verteilen. Wir haben Ihnen in diesem Kapitel gezeigt, wie Sie den Dienst installieren sowie einrichten und wie Sie Antwortdateien zur automatischen Installation erstellen. Im nächsten Kapitel erläutern wir Ihnen, wie Sie mit den Windows SharePoint Services 3.0 SP2 ein Intranet mit Dokumentenverwaltung im Unternehmen zur Verfügung stellen.

Kapitel 43

Service Pack 1 und Internet Explorer 9

In diesem Kapitel:

Mit dem Service Pack 1 für Windows Server 2008 R2 und Windows 7 bietet Microsoft eine erste Aktualisierung seiner neuesten Betriebssysteme an. Die Installationsdatei ist für Windows 7 und Windows Server 2008 R2 identisch, Sie müssen darauf achten, ob Sie die 32-Bit-Version oder die 64-Bit-Version benötigen. Für Windows 7 sind im Service Pack 1 keinerlei neuen Funktionen enthalten, sondern nur alle gesammelten Patches seit Release.

Wer das SP1 dagegen auf Windows Server 2008 R2 installiert, erhält die beiden neuen Funktionen *RemoteFX* und *Dynamic Memory*. Dynamic Memory verbessert die Speicherzuordnung für virtuelle Hyper-V-Maschinen. RemoteFX zeigt 3D- und Aero-Effekte auch in Remotedesktopsitzungen, zum Beispiel für virtuelle Windows 7-Computer. Beide Neuerungen liegen im Bereich der Virtualisierungslösung Hyper-V. In diesem Kapitel gehen wir auf die Neuerungen ein. Auf der Seite *http://go.microsoft.com/fwlink/?LinkId=194725* finden Sie eine ausführliche Liste der enthaltenen Verbesserungen und Patches.

SP1 für Windows Server 2008 R2 installieren und deinstallieren

Zur Installation laden Sie das SP1 von der Seite *http://go.microsoft.com/fwlink/?LinkID=199583*. Nach der Gültigkeitsüberprüfung für Ihr Betriebssystem haben Sie auf der Seite verschiedene Downloads zur Verfügung. Achten Sie vor dem Download darauf, dass Sie die korrekte Sprachversion herunterladen.

- **7601.17514.101119-1850_Update_Sp_Wave1-GRMSP1.1_DVD.iso** Diese *.iso*-Datei enthält das SP1 für Windows 7 und Windows Server 2008 R2 als 64-Bit- und als 32-Bit-Version. Sie können die *.iso*-Datei auf DVD brennen und erhalten dann einen Datenträger mit allen notwendigen Daten. Die Datei hat eine Größe von etwa 2 GB.
- **windows6.1-KB976932-X64.exe** Hierbei handelt es sich um die Installationsdatei von SP1 für Windows Server 2008 R2 und für Windows 7 x64 für alle Editionen. Die Datei ist etwa 1 GB groß.
- **windows6.1-KB976932-X86.exe** Diese Datei ermöglicht die Installation des SP1 auf den 32-Bit-Versionen von Windows 7 im Netzwerk. Da Windows Server 2008 R2 ohnehin nur als 64-Bit-Version verfügbar ist, können Sie diese Datei nicht für die Aktualisierung von Windows Server 2008 R2 verwenden.

Installation des SP1 vorbereiten

Bevor Sie das SP1 auf einem Server installieren, lesen Sie sich dieses Kapitel durch und achten Sie vor allem auf die Voraussetzungen für Dynamic Memory und RemoteFX. Auf den Computern muss genügend Festplattenplatz für die Installation zur Verfügung stehen (mindestens 4 GB). Es ist dringend zu empfehlen, vor der Installation eine vollständige Datensicherung des Servers durchzuführen. Auf den Computern sollten außerdem die aktuellsten Treiber sowie möglichst alle aktuellen Patches installiert sein.

Entfernen Sie Geräte für die unterbrechungsfreie Stromversorgung (USV) vor der Installation und stecken Sie auch serielle Kabel zu diesen Geräten aus. Viele USV-Geräte haben Probleme mit der Installation von Service Packs und melden Alarme beziehungsweise schalten auf den Batteriemodus. Wollen Sie die Geräte nicht entfernen, stellen Sie vor der Installation des SP1 sicher, dass die USV über genügend Batterieleistung verfügt, sodass die Installation des SP1 nicht unterbrochen wird. Sie sollten auch Antivirenlösungen deaktivieren, solange Sie das SP1 installieren. Dadurch wird das System entlastet und die Installation läuft wesentlich schneller ab. Setzen Sie Sprachpakete ein, installieren Sie nach der Installation des SP1 die aktuellste Version des Sprachpakets, wenn Microsoft ein neues zur Verfügung stellt.

Bevor Sie das SP1 installieren, empfiehlt Microsoft auch die Überprüfung des Dateisystems auf Fehler. Starten Sie dazu eine Eingabeaufforderung mit Administratorrechten und geben Sie den Befehl *chkdsk c: /F* ein. Nach dem erfolgreichen Test lassen Sie noch mit *sfc /scannow* wichtige Systemdateien überprüfen.

SP1 installieren

Die Installation ist relativ simpel; Sie müssen lediglich die *.iso*-Datei auf DVD brennen oder als ISO mounten, oder die *.exe*-Datei auf dem System ausführen. Zur Installation müssen Sie lediglich die Setup-Datei starten, diese erkennt automatisch, ob Sie das SP1 auf Windows 7 oder Windows Server 2008 R2 installieren. Die Installation gestaltet sich sehr einfach. Sie müssen einfach den Assistenten bestätigen und die Installation starten.

Sie können auch Testversionen von Windows 7 oder Windows Server 2008 R2 auf das SP1 aktualisieren, allerdings nur RTM-Versionen, keine Beta- oder RC-Versionen. Die Installation des Service Packs ist auch auf Servern mit Hyper-V-Server 2008 R2 und SBS 2011 möglich. Diese beiden Serverlösungen basieren ebenfalls auf Windows Server 2008 R2 und der Installations-Assistent erkennt das Betriebssystem. Sie benötigen für die Installation zwingend Administratorrechte auf dem System.

Abbildg. 43.1 Installieren von Windows Server 2008 R2 SP1

Bevor Sie das SP1 installieren, sollten Sie zunächst über Windows Update den Computer auf den aktuellsten Stand bringen. Um das SP1 auf einem Server mit Hyper-V zu installieren, sollten Sie alle virtuellen Maschinen ausschalten. Eine Speicherung ist nicht empfohlen, sondern die virtuellen Maschinen sollten komplett heruntergefahren und ausgeschaltet sein. Das liegt daran, dass das SP1 vor allem Hyper-V-Verbesserungen enthält.

Haben Sie virtuelle Server gespeichert, funktioniert die Aktualisierung zwar auch, aber es kann zu Inkonsistenzen kommen. Die Installation kann durchaus bis zu 30 Minuten oder länger dauern. Nach der Installation meldet das SP1 die erfolgreiche Installation. Abhängig von den bereits installierten Patches kann es sein, dass der Computer während der Installation mehrere Male neu gestartet wird. Wollen Sie den Neustart nicht automatisch durchführen lassen, deaktivieren Sie das standardmäßig aktivierte Kontrollkästchen *Computer automatisch neu starten*.

Abbildg. 43.2 Starten der Installation von Windows Server 2008 R2 SP1

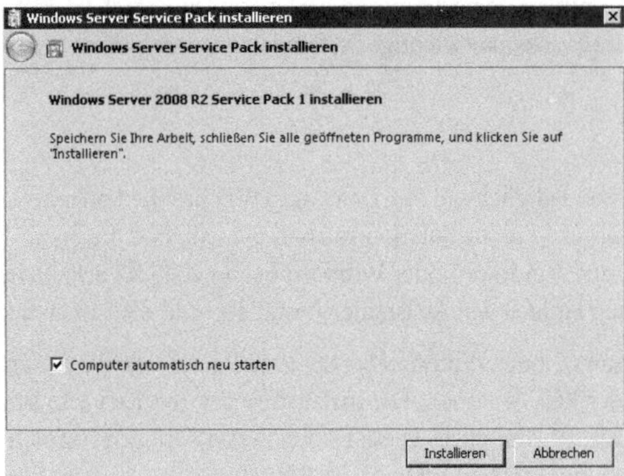

Klicken Sie auf *Installieren*, damit der Assistent den Server aktualisieren kann. Sie erhalten Informationen darüber, welche Aufgaben der Server durchführen muss. Eventuelle Neuinstallationen führt der Assistent automatisch durch.

Abbildg. 43.3 Durchführen der Installation von Windows Server 2008 R2 SP1

Haben Sie auf dem Server bereits eine Vorabversion von SP1 installiert, erhalten Sie eine entsprechende Meldung. In diesem Fall müssen Sie die Vorabversion zunächst deinstallieren, bevor Sie die RTM-Version des SP1 installieren können. Haben Sie nach der Installation der Vorabversion eine Datenträgerbereinigung durchgeführt, können Sie allerdings das SP1 nicht mehr deinstallieren. In diesem Fall müssen Sie den Server komplett neu installieren. Die Deinstallation einer Vorabversion nehmen Sie über *Start/Systemsteuerung/Programm deinstallieren* vor. Klicken Sie auf *Installierte Updates* anzeigen.

Abbildg. 43.4 Anzeigen von Updates auf einem Server mit Windows Server 2008 R2

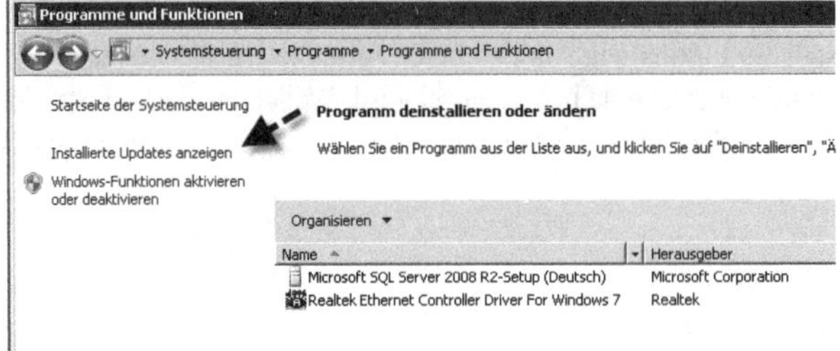

Um eine Vorabversion oder auch die RTM-Version des SP1 zu deinstallieren, klicken Sie auf das Update *Service Pack für Microsoft Windows (KB976932)* und wählen Sie *Deinstallieren*. Die Deinstallation kann einige Zeit dauern. Sie müssen nach der Deinstallation den Server neu starten.

Abbildg. 43.5 Deinstallieren von SP1 für Windows Server 2008 R2 oder einer Vorabversion des SP

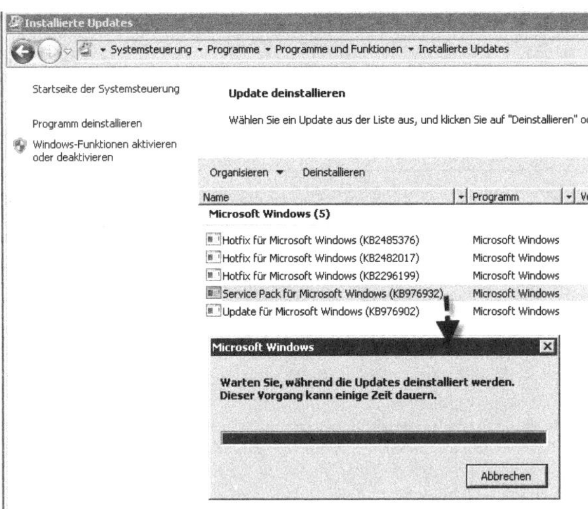

Der Assistent für die Installation kann nach Abschluss den Computer automatisch neu starten. Nach der Installation sehen Sie in den Eigenschaften von *Computer* im Startmenü den neuen Versionsstand. Außerdem finden Sie in der Ereignisanzeige im Protokoll *Installation* die erfolgreiche Installation des Pakets *KB976932*. Hier sollte kein Fehler erscheinen. Sie können auch *winver* im Suchfeld des Startmenüs eingeben, um sich den Versionsstand anzuzeigen.

Abbildg. 43.6 Anzeigen des Versionsstands von Windows Server 2008 R2 nach der Installation von SP1

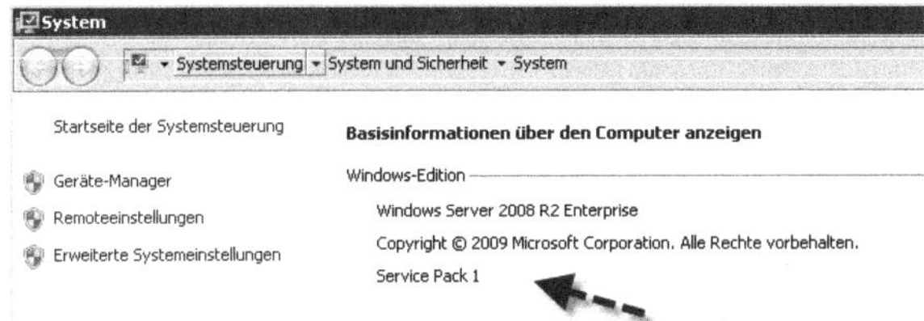

SP1 skriptbasiert und unbeaufsichtigt installieren

Sie haben auch die Möglichkeit, das SP1 über ein Skript oder eine Batchdatei mit verschiedenen Optionen zu installieren, zum Beispiel für unbeaufsichtigte Installationen. Dazu laden Sie die *.exe*-Datei herunter und führen diese mit einer oder allen der folgenden Optionen aus.

Sie können die Optionen in einem Skript, einer Batchdatei oder direkt in einer Eingabeaufforderung angeben. Achten Sie aber darauf, dass Sie das entsprechende Programm dann über das Kontextmenü mit Administratorrechten starten müssen.

Ein Beispiel für eine unbeaufsichtigte Installation, die keinen Neustart durchführt, ist zum Beispiel der Aufruf:

```
Windows6.1-kb976932-x64.exe /quiet /norestart
```

Tabelle 43.1 Windows Server 2008 R2 und Windows 7 – Befehlszeilenoptionen von Service Pack 1

Option zur SP1-Installation	Auswirkung
/forcerestart	Benötigt das SP1 einen Neustart, und eine Anwendung blockiert diesen, erzwingt der Installations-Assistent die sofortige Beendigung des Programms und startet den Server neu
/nodialog	Unterdrückt die Meldung einer erfolgreichen oder erfolglosen Installation nach der Beendigung des Setupprogramms
/norestart	Startet den Computer nach Abschluss der Installation nicht neu, auch wenn das notwendig ist
/promptrestart	Ist ein Neustart notwendig, zeigt das Setupprogramm ein Auswahlfenster für den Neustart an
/quiet	Diese Option zeigt keine grafische Oberfläche oder den Status der Installation an und führt eine unbeaufsichtigte Installation durch. Allerdings erscheint eine Meldung nach der Installation. Wollen Sie auch diese Meldung unterdrücken, verwenden Sie zusätzlich zu */quiet* die Option */nodialog*.
/unattend	Mit dieser Option sehen Anwender einen Fortschrittsbalken und kritische Fehler werden angezeigt. Der Computer startet automatisch neu, Lizenzbedingungen erscheinen nicht.
/warnrestart [:<Sekunden>]	Ist ein Neustart notwendig, blendet der Assistent einige Sekunden ein Fenster ein, der auf den Neustart hinweist und nach Ablauf der angegebenen Zeit auch durchführt
/? oder */help*	Zeigt eine Hilfe in der Eingabeaufforderung an

Sicherungsdateien von SP1 bereinigen

Während der Installation des SP1 legt der Assistent eine Sicherung aller Dateien an, die das SP austauscht. Wenn Sie sicher sind, dass Sie diese Dateien nicht mehr benötigen und das SP1 auch nicht mehr deinstallieren wollen, können Sie diese Dateien mit dem Befehl *DISM.exe /online /Cleanup-Image /spsuperseded* entfernen.

Abbildg. 43.7 Entfernen der Sicherungsdateien für das SP1

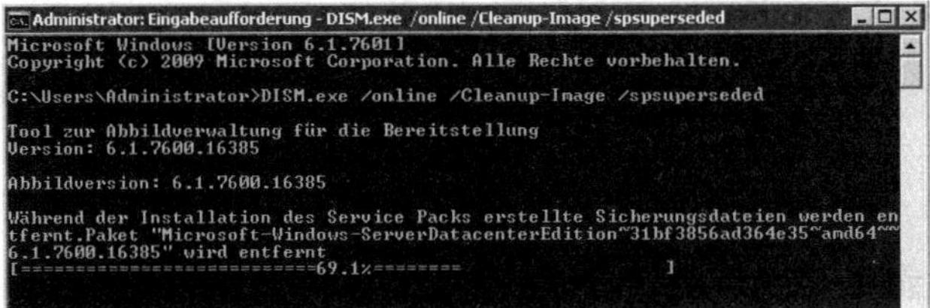

SP1 im Cluster installieren

Die Installation von SP1 im Cluster ist nicht komplizierter als eine herkömmliche Installation. In der Clusterverwaltung müssen Sie über das Kontextmenü zunächst den Knoten pausieren lassen, den Sie aktualisieren wollen. Anschließend verschieben Sie alle Clustergruppen des Knotens auf einen anderen Knoten im Cluster.

Als Nächstes installieren Sie das SP1 wie auf einem herkömmlichen Server auch. Ist die Installation erfolgreich abgeschlossen, setzen Sie den Knoten über das Kontextmenü wieder in Betrieb. Anschließend pausieren Sie den zweiten Knoten, verschieben auch hier die aktiven Gruppen auf einen anderen Knoten, aktualisieren den Knoten und setzen ihn wieder in Betrieb. Aktivieren Sie Dynamic Memory und RemoteFX allerdings erst dann, wenn Sie alle Clusterknoten auf SP1 aktualisiert haben.

SP1 deinstallieren

Sie haben die Möglichkeit, das SP1 für Windows Server 2008 R2 und Windows 7 zu deinstallieren und so den Versionsstand vor der Installation des SP1 wiederherzustellen. Sie können über diesen Weg die finale RTM-Version, aber auch Vorabversionen des SP1 deinstallieren. Achten Sie aber darauf keine Datenträgerbereinigung durchzuführen, bis Sie sicher sind, dass Sie das SP1 nicht wieder deinstallieren wollen. Nach der Installation des SP1 finden Sie unter Windows 7 keine neuen Funktionen vor. Nur wenn Sie SP1 auf Windows Server 2008 R2 installieren, erhalten Sie die beiden neuen Funktionen RemoteFX und Dynamic Memory.

Neben der Deinstallation über die Windows Update-Funktion können Sie das SP1 auch in der Eingabeaufforderung mit dem Befehl *wusa.exe /uninstall /kb:976932* deinstallieren. Sie müssen dazu die Eingabeaufforderung mit Administratorrechten starten. Während der Deinstallation stehen Ihnen die gleichen Optionen in der Eingabeaufforderung zur Verfügung wie bei der Installation. Zusätzlich haben Sie die Möglichkeit, in Windows 7 einfach den Systemwiederherstellungspunkt zurückzusetzen, den das Installationsprogramm von SP1 erstellt hat. Diesen finden Sie in der Systemsteuerung über *System und Sicherheit/System/Computerschutz* nach einem Klick auf die Schaltfläche *Systemwiederherstellung*. Wählen Sie als Wiederherstellungspunkt *Windows 7 Service Pack 1* aus.

Startet der Computer nach der Installation des SP1 nicht mehr, finden Sie diesen Bereich auch, wenn Sie den Computer mit der Windows 7-DVD oder einem Rettungsdatenträger booten und die Computerreparaturoptionen aufrufen. In Windows Server 2008 R2 ist diese Möglichkeit nicht vorhanden.

Problembehebung mit dem System Update Readiness Tool

In manchen Umgebungen schlägt die Installation des Service Packs fehl. Versuchen Sie in diesem Fall installierte Antivirenprogramme zu deaktivieren und auch sonst keine Systemsoftware parallel zur Installation zu verwenden. Hilft dies nicht, können Sie sich das System Update Readiness Tool (Systemupdate-Vorbereitungstool) (*http://windows.microsoft.com/de-de/windows7/What-is-the-System-Update-Readiness-Tool*) herunterladen. Das je nach Version zwischen 100 und 300 MB große Tool installieren Sie als Patch auf dem problematischen Computer, um Fehler im internen Servicing-Store zu beheben. Dieser ist ein häufiges Problem, wenn die Installation von Patches oder Service Packs fehlschlägt.

Das Tool gibt es für Windows 7, Windows Server 2008 R2, aber auch für Windows Vista und Windows Server 2008. Sie können das Tool in der aktuellen Version nur dann installieren, wenn noch kein SP1 für Windows Server 2008 R2 oder Windows 7 installiert ist. Sie müssen bei dem Tool nichts weiter tun als es einfach nur zu installieren. Nach der Installation des *System Update Readiness Tool* installieren Sie das SP1 erneut. Jetzt sollten keine Fehler mehr auftreten. Sie finden die Logdatei *cbs.log* des Tools im Verzeichnis *C:\Windows\Logs\CBS*. Auch hier sollten keine Fehler oder korrupte Dateien auftauchen. Im Knowledge Base-Artikel *http://support.microsoft.com/kb/947821* erhalten Sie weitere Informationen, welche Aufgaben das Tool durchführt.

Blockierungstoolkit für Windows Service Packs

Auf Computern mit Windows 7 oder Servern mit Windows Server 2008 R2 können Sie die automatische Installation von SP1 über das Blockierungstool verhindern. Dieses Tool hat die Aufgabe, die interne Windows Update-Funktion in Windows 7 und Windows Server 2008 R2 so zu konfigurieren, dass keinerlei automatische Installation von Service Packs stattfinden kann. Sie können das Tool von der Seite *http://www.microsoft.com/downloads/de-de/details.aspx?FamilyID=d7c9a07a-5267-4bd6-87d0-e2a72099edb7&displayLang=de* herunterladen.

Der Download des Tools besteht aus einem Archiv, das Sie entpacken. Anschließend liegen Ihnen drei verschiedene Dateien vor. Die Aufgabe besteht vor allem im Setzen eines neuen Registryschlüssels, der die automatische Installation von SP1 über Windows Update verhindert. Das Tool verhindert allerdings nicht die manuelle Installation von SP1 über heruntergeladene Installationsdateien, sondern nur die automatische Installation über Windows Update.

Mit den drei Komponenten haben Sie verschiedene Möglichkeiten, die Installation von SP1 zur verhindern:

1. Führen Sie die Datei *SPBlockingTool.exe* auf einem Computer mit der Option */B* aus, erstellt diese einen neuen REG-DWORD-Wert mit der Bezeichnung *DoNotAllowSP* im Registryschlüssel *HKLM\Software\Policies\Microsoft\Windows\WindowsUpdate* und setzt diesen Wert auf 1. Dadurch wird die Installation von SP1 auf diesem Computer verhindert. Mit der Option */U* entfernen Sie den Registrywert wieder, um das SP1 installieren zu können. Sie können das Tool nur auf dem lokalen Computer ausführen, zum Beispiel über ein Anmeldeskript.
2. Die zweite Möglichkeit ist das Skript *SPreg.cmd* im Archiv. Dieses führt die gleiche Aufgabe wie *SPBlockingTool.exe* aus. Der Unterschied besteht darin, dass Sie mit dem Skript den Registrywert auch über das Netzwerk auf anderen Computern setzen können. Die Syntax des Befehls lautet:

```
SPreg.cmd [<Computer>] [/B][/U][/?]
```

Abbildg. 43.8 Verhindern der SP1-Installation über Gruppenrichtlinien

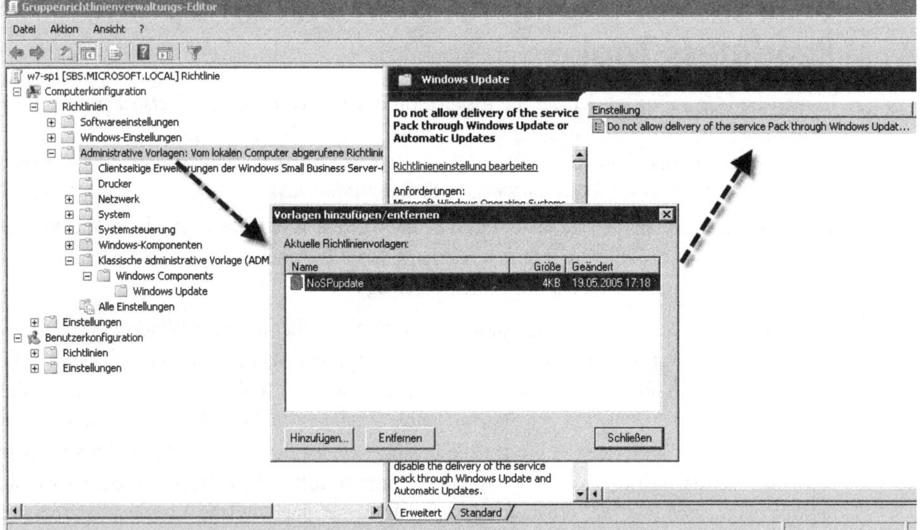

3. Die dritte Variante ist die Datei *NoSPupdate.adm*. Diese Gruppenrichtlinienvorlage können Sie auf Domänencontroller importieren und über Gruppenrichtlinien die Installation des Service Packs verhindern.

Dazu öffnen Sie entweder eine bereits vorhandene Gruppenrichtlinie oder erstellen eine neue. Klicken Sie mit der rechten Maustaste auf *Computerkonfiguration/Administrative Vorlagen* und wählen Sie im Kontextmenü den Eintrag *Vorlagen hinzufügen/entfernen*. Wählen Sie dann die Datei *NoSPupdate.adm* zum Import aus. Anschließend können Sie die neue Richtlinieneinstellung *Do not allow delivery of the service Pack through Windows Update* über *Computerkonfiguration/Richtlinien/Administrative Vorlagen/Klassische administrative Vorlage/Windows Components/Windows Update* setzen.

Fehler 0xc0000034 nach der SP1-Installation

Stürzt ein Computer nach der Installation von SP1 mit einem Fehler und der Nummer *0xc0000034* ab, bietet Microsoft ein Skript an, welches Einstellungen in Windows so setzen kann, dass der Computer funktioniert. Sie können das Skript von der Seite *http://support.microsoft.com/kb/975484/de* kopieren und in eine Textdatei einfügen. Geben Sie der Textdatei die Bezeichnung *<Name>.vbs*. Speichern Sie diese *.vbs*-Datei auf einem USB-Stick und verbinden Sie diesen mit dem nicht mehr funktionierenden Computer.

Starten Sie den Computer über die Computerreparaturoptionen und öffnen Sie eine Eingabeaufforderung. Geben Sie anschließend den folgenden Befehl ein:

```
cscript script.vbs <Laufwerksbuchstabe des Systems>:\Windows\winsxs\pending.xml
```

Überprüfen Sie, welcher Laufwerksbuchstabe in der Eingabeaufforderung dem Windows-Datenträger zugewiesen wurde. Sie sollten diese Möglichkeit aber nur als letzten Ausweg wählen und nur dann, wenn der Fehler *0xc0000034* erscheint. Löst dieser Vorgang den Fehler nicht, können Sie in Windows 7 den Systemwiederherstellungspunkt von SP1 zurücksetzen.

Eine weitere Möglichkeit, diesen Fehler zu beheben, besteht darin, die Registry des Computers zu bearbeiten. Auch dazu müssen Sie mit der Windows 7-DVD oder der Windows Server 2008 R2-DVD booten und eine Eingabeaufforderung öffnen. Alternativ booten Sie mit dem Diagnostic and Recovery Toolset (DaRT)-Datenträger aus dem Microsoft Desktop Optimization Package (MDOP). Hier haben Sie die Möglichkeit, mit einer grafischen Oberfläche auf die Registry des Computers zuzugreifen. In der Eingabeaufforderung geben Sie nacheinander die folgenden Befehle ein:

1. `Reg load HKLM\BaseSystem C:\Windows\System32\config\SYSTEM`
2. `Reg Delete "HKLM\BaseSystem\CurrentControlSet\Control\Session Manager" /v`
3. `SetupExecute`
4. `Reg add "HKLM\BaseSystem\CurrentControlSet\Control\Session Manager" /v SetupExecute /t REG_MULTI_SZ`
5. `Reg unload HKLM\BaseSystem`

Internet Explorer 9 und Windows Server 2008 R2

Internet Explorer 9 lässt sich als 64-Bit-Version auch auf Servern mit Windows Server 2008 R2 betreiben. Wollen Sie eine komplette Version herunterladen, die sich ohne Verbindung zum Internet installieren lässt, verwenden Sie den Link *http://windows.microsoft.com/de-de/internet-explorer/downloads/ie-9/worldwide-languages*.

Nach der Installation des Browsers müssen Sie den Computer neu starten. Während der Installation können Sie allerdings problemlos weiter mit Windows arbeiten. Sie finden im Startmenü eine Verknüpfung für den IE x64 und für die 32-Bit-Version.

TIPP Sie sollten auch in Windows Server 2008 R2 besser die 32-Bit-Version starten, da diese eine bessere Leistung aufweist. In der 64-Bit-Version ist aus technischen Gründen der Javascript-Compiler nicht integriert. Aus diesem Grund kann die Leistung der 64-Bit-Version deutlich einbrechen. Verwenden Sie daher möglichst immer die 32-Bit-Version des Internet Explorer.

Wollen Sie ein vollständiges Installationspaket erstellen, bietet sich das Internet Explorer Administration Kit (IEAK) an. Dieses kostenlose Tool kann ein angepasstes Installationspaket erstellen, inklusive Favoriten, Suchseite und spezifischen Einstellungen.

Internet Explorer 9 automatisiert installieren

Das Offlineinstallationsprogramm von IE9 verfügt über verschiedene Optionen, mit denen Sie die Installation konfigurieren und auch automatisieren können. Sie benötigen für diese Optionen aber das komplette Installationspaket. Dieses können Sie von der Seite *http://windows.microsoft.com/de-de/internet-explorer/downloads/ie-9/worldwide-languages* in allen verfügbaren Sprachen herunterladen. Das Installationsprogramm verfügt über folgende Optionen, die Sie in der Eingabeaufforderung über die folgende Syntax starten:

```
IE9-Windows7-x64-deu /<Option 1> /<Option 2>
```

Tabelle 43.2 Installationsoptionen des IE9 in Windows Server 2008 R2

Option	Auswirkung
/help	Zeigt die Hilfe an
/passive	Installation ohne Benutzereingabe, aber mit Installationsoberfläche
/quiet	Installation ohne Benutzereingabe und ohne Installationsoberflache
/update-no	Der Setup-Assistent sucht während der Installation nicht nach Updates für den IE9
/closeprograms	Schließt bei einem erforderlichen Neustart alle geöffneten Programme
/norestart	Führt nach der Installation keinen Neustart aus
/forcerestart	Führt einen automatischen Neustart nach der Installation durch
/log:<Pfad>	Erstellt eine Logdatei der Installation
/x:<Pfad>	Extrahiert die Inhalte des Installationspakets im entsprechenden Pfad

Internet Explorer 9 – Installation verhindern

Wie für das SP1 von Windows Server 2008 R2 und Windows 7 bietet Microsoft auch für den Internet Explorer 9 ein Toolkit an, mit dem Sie die automatische Installation von Internet Explorer 9 über Windows Update verhindern können. Benutzer von Windows 7, Windows Server 2008 R2, Windows Vista und Windows Server 2008 erhalten den Internet Explorer 9 als wichtiges Update über Windows Update. Das Tool steht in englischer Sprache zur Verfügung, funktioniert aber auch auf allen anderen Sprachen.

Arbeiten Sie im Unternehmen mit Windows Server Update Services (WSUS), müssen Sie die Installation nicht blockieren, da Sie in diesem Fall das Update direkt in der WSUS-Verwaltung verweigern können. In diesem Fall erhalten die Computer im Unternehmen keinen IE9 über WSUS.

Der Blockiermechanismus arbeitet über einen Registrywert wie beim Service Pack 1. Diesen Wert setzen Sie entweder über ein Tool, ein Skript oder eine Gruppenrichtlinieneinstellung. Sobald der Wert für die Blockierung gesetzt ist, deaktiviert Windows die automatische Bereitstellung des IE9. Der Wert trägt die Bezeichnung *DoNotAllowIE90*. Er befindet sich im Schlüssel *HKLM\SOFTWARE\Microsoft\Internet Explorer\Setup\9.0*. Mit dem Wert 1 blockieren Sie die Installation. Mit der integrierten Gruppenrichtlinienvorlage im Toolkit können Sie die Einstellung über Gruppenrichtlinien festlegen.

Wie bei SP1 hindert der Registrywert nicht daran, den IE9 manuell zu installieren, sondern der Wert verhindert nur die Anzeige des IE9 in der Windows Update-Funktion.

Entpacken Sie das Toolkit, finden Sie zwei Dateien im Verzeichnis. Mit *IE9_Blocker.cmd* können Sie manuell den Registrywert für das Blockieren auf dem lokalen und anderen Computern im Netzwerk setzen. Die Gruppenrichtlinienvorlage *IE9_Blocker.adm* importieren Sie auf dem gleichen Weg wie die Vorlage für das Blockieren von SP1. Die Syntax von *IE90Blocker.cmd* lautet:

```
IE90Blocker.cmd [<Computer>] [/B] [/U] [/H]
```

- /B Blockt die Installation von IE9
- /U Entfernt den Registrywert zum Blockieren
- /H oder /? Zeigt eine Hilfe zum Skript an

Wollen Sie die Blockierung über Gruppenrichtlinien konfigurieren, müssen Sie die mitgelieferte Gruppenrichtlinienvorlage in eine Gruppenrichtlinie importieren. Anschließend finden Sie die Einstellung *Do not allow delivery of Internet Explorer 9 through Automatic Updates* über den Pfad *Computerkonfiguration/Richtlinien\Administrative Vorlagen/Klassische administrative Vorlage/Windows Components/Windows Update\Automatic Updates Blockers v3*.

Internet Explorer Administration Kit (IEAK) 9 – Das eigene IE-Paket schnüren

Mit jeder neuen Version des Internet Explorer stellt Microsoft auch eine kostenlose Verwaltungssoftware des Browsers zur Verfügung, mit der Sie die Installation und das Verhalten des Browsers steuern können. Das Paket kann benutzerdefinierte Startdateien und auch alle lokalen Favoriten enthalten. Das IEAK für den IE9 erhalten Sie auf der Seite *http://technet.microsoft.com/de-de/ie/gg615601*. Den Download führen Sie am schnellsten über den Link *http://go.microsoft.com/?linkid=9762129* durch.

Mit dem IEAK können Sie eine angepasste Installationsdatei für den IE9 erstellen und diese im Unternehmen bereitstellen. Dazu können Sie entweder Gruppenrichtlinien verwenden, Anmeldeskripte mit angepassten Installationsdateien oder Windows Server Update Services 3.0 SP2.

Die Installation des Pakets besteht aus der Bestätigung weniger Fenster. Sie müssen auf dem Computer, auf dem Sie das IEAK 9 installieren, vorher den Internet Explorer 9 installieren. Nach der Installation können Sie das Verwaltungskit über die Programmgruppe *Windows IEAK 9* erreichen. Das Tool besteht aus den beiden Programmen *Assistent zum Anpassen von Internet Explorer 9* und dem *IEAK Profil-Manager*.

Assistent zum Anpassen von Internet Explorer 9 – Installationspaket erstellen

Der Assistent zum *Anpassen von Internet Explorer 9* ermöglicht über Assistenten mit Schritt-für-Schritt-Anleitungen die Erstellung von benutzerdefinierten Installationspaketen für den Internet Explorer 9. Ist dieser bereits auf den Clients installiert, können Sie mit diesem Assistenten auch ein Paket erstellen, das die Konfiguration des IE auf den Clients anpasst. Starten Sie den Assistenten, können Sie auf mehreren Seiten Einstellungen für das Paket anpassen. Anschließend können Sie den IE9 mit den im Paket vorgegebenen Einstellungen auf den Clientcomputern installieren und anpassen.

Abbildg. 43.9 Festlegen des Speicherorts für das neue Installationspaket

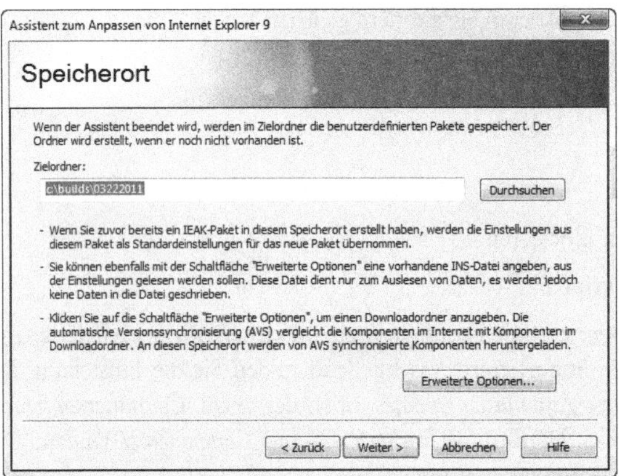

Auf der Seite *Speicherort* legen Sie fest, in welchem Verzeichnis auf dem Computer das Paket gespeichert werden soll. Nachdem Sie das Paket erstellt haben, können Sie es an jeden beliebigen Ort kopieren. Im Zielordner erstellt der Assistent Unterordner für die einzelnen Sprachversionen.

Klicken Sie auf *Erweiterte Optionen*, können Sie einen Pfad auswählen, in dem die *.ins*-Dateien gespeichert sind, die Sie importieren wollen. Diese Dateien enthalten Einstellungen für den Internet Explorer. In den meisten Fällen benötigen Sie dieses Fenster aber nicht. Haben Sie ein Paket erstellt, welches die *.ins*-Dateien enthält, können Sie diese Dateien bei einem weiteren Paket importieren lassen.

Auf der nächsten Seite legen Sie fest, für welche Plattform Sie das Paket erstellen wollen. Wählen Sie die Betriebssystem- und Prozessorarchitektur aus, für die Sie das Paket erstellen wollen. Das IEAK 9 unterstützt x86- und x64-basierte Versionen von Windows 7, Windows Vista mit Service Pack 2, Windows Server 2008 mit SP2 und Windows Server 2008 R2. Sie müssen für jedes Betriebssystem ein eigenes Paket erstellen.

Abbildg. 43.10 Auswählen der Plattform für das Installationspaket

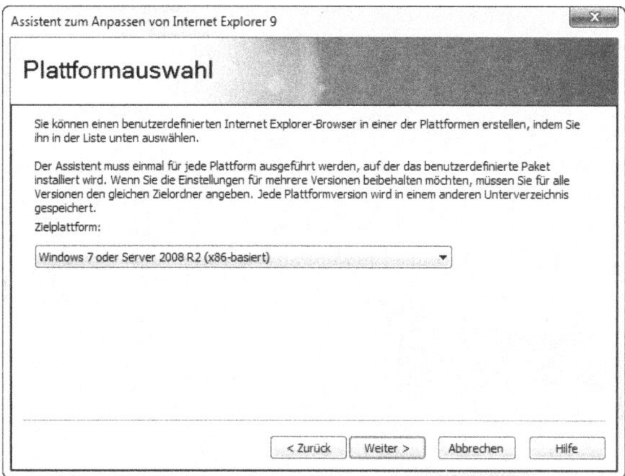

Wollen Sie die Einstellungen für die verschiedenen Betriebssysteme beibehalten, müssen Sie für jedes Paket denselben Zielordner verwenden. Nachdem Sie den Assistenten ausgeführt haben, können Sie die *.ins*-Datei erneut verwenden.

Auf der nächste Seite *Sprachauswahl* wählen Sie die Sprache aus. Sie müssen für jede Internet Explorer-Sprache, die Sie bereitstellen wollen, ein separates Paket erstellen.

Auf der Seite *Medienauswahl* wählen Sie die Installationsvariante aus, die Sie verwenden wollen, um den IE zu verteilen. Auf dieser Seite können Sie auch auswählen, ob Sie nur ein Konfigurationspaket zum Aktualisieren von Browsern erstellen wollen. Sie können auch mehr als einen Medientyp auswählen. Mit *CD-ROM (mit CD-AutoAusführen)* kopiert der Assistent alle notwendigen Dateien in das Verzeichnis *CD*. Diesen können Sie auf CD brennen oder auch über USB-Sticks zur Verfügung stellen.

Aktivieren Sie die Option *Datei*, um die Installation im Netzwerk mit einer Installationsdatei durchzuführen. Das Paket für diesen Medientyp erstellt der Assistent dann im Ordner *FLAT*.

Abbildg. 43.11 Auswählen der Medien, über die Sie das Installationspaket zur Verfügung stellen wollen

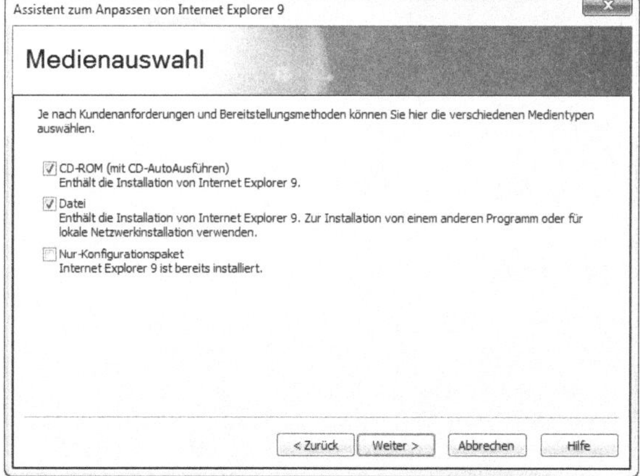

Migration und Aktualisierung

Verwenden Sie die Option *Nur-Konfigurationspaket*, können Sie bestehende Installationen des Internet Explorer 9 anpassen. Bei dieser Option erstellt der Assistent die Datei *Setup.exe* im Verzeichnis *BrndOnly*. Sie können diese Datei über beliebige Medien oder auf einem Server bereitstellen. Sie passt die Internet Explorer-Einstellungen an, ohne den Internet Explorer zu installieren. Sie können in ein Nur-Konfigurationspaket keine benutzerdefinierten Komponenten oder Verbindungs-Manager-Profile einbinden.

Als Nächstes wählen Sie auf der Seite *Featureauswahl* die Browserfunktionen aus, die Sie im Paket anpassen wollen.

Abbildg. 43.12 Auswählen der Funktionen, die Sie über das Paket anpassen wollen

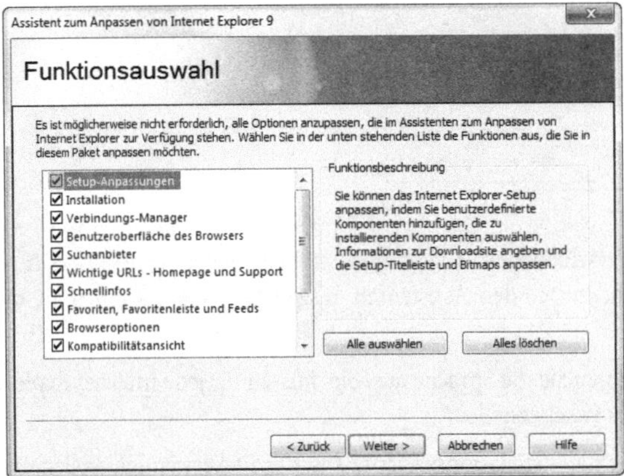

Als Nächstes lädt der Assistent die Setupdatei für Internet Explorer 9 auf Ihren Computer an den von Ihnen angegebenen Speicherort herunter. Die Installation enthält das vollständige Paket und das Expresspaket sowie die Sprache, die Sie ausgewählt haben. Die automatische Versionssynchronisierung ist notwendig, um die Installation fortzusetzen.

Abbildg. 43.13 Durchführen der automatischen Versionssynchronisierung

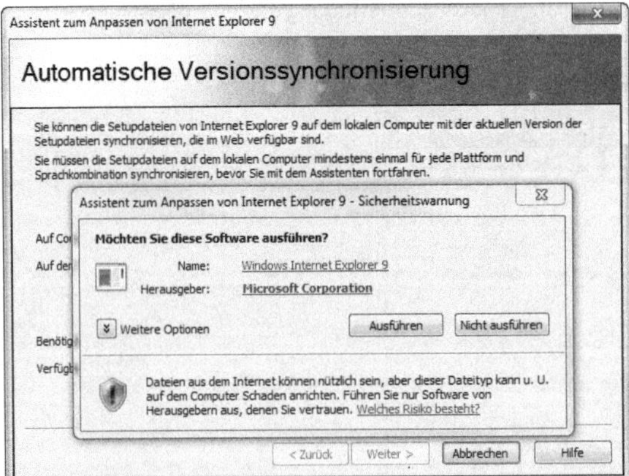

Stellen Sie nach der Synchronisierung sicher, dass die Version für den IE9 im Internet identisch mit der Version auf dem Computer ist. Über die Schaltfläche *Synchronisieren* können Sie einen neuen Synchronisierungsvorgang starten. Sie erhalten vor dem Download eine Sicherheitswarnung, die Sie bestätigen müssen. Ist die Version *Auf Computer verfügbare Version* älter als die Version unter *Auf dem Web verfügbare Version*, führen Sie mit *Synchronisieren* einen Aktualisierungsvorgang durch. Sie müssen diese Aktualisierung mindestens einmal für jede Plattform und Sprachkombination durchführen.

Auf der nächsten Seite des Assistenten können Sie benutzerdefinierte Komponenten installieren lassen und in das Paket integrieren. Sie können bis zu zehn Komponenten hinzufügen, die das Paket zusammen mit dem Internet Explorer installiert. Sie können komprimierte Cabinetdateien (*.cab*) oder selbstextrahierende Dateien (*.exe*) verwenden. Fügen Sie eine Komponente hinzu, können Sie auswählen, wann der Assistent die Komponenten während der Installation des Internet Explorer installiert.

Abbildg. 43.14 Integrieren von zusätzlichen Komponenten zur Installation des IE9

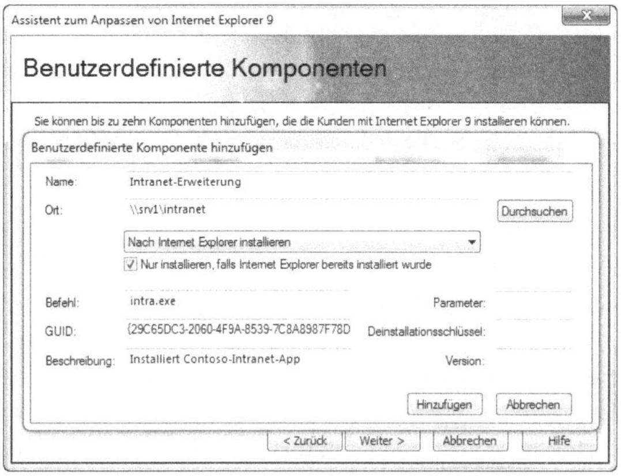

Auf der nächsten Seite des Assistenten können Sie auswählen, ob der Assistent zusätzlich die Installation des *Microsoft Windows-Tools zum Entfernen bösartiger Software* durchführen soll sowie die aktuellsten Updates für den Internet Explorer heruntergeladen werden sollen. Zusätzlich legen Sie fest, ob Sie den IE9 als Standardbrowser auf den Clients betreiben wollen, auf denen Sie das Paket installieren.

Haben Sie als Installationspaket auch die Installation über CD aktiviert, können Sie auf den nächsten drei Seiten noch den Begrüßungsbildschirm und das Verhalten der Installation über die CD anpassen. Hier können Sie zum Beispiel auch festlegen, ob der Anwender selbst Einstellungen ändern darf und ob der notwendige Neustart nach der Installation erzwungen werden soll.

Die nächsten Schritte bestehen anschließend in der Konfiguration des Pakets und dem Aussehen des Internet Explorer, wenn dieser installiert ist. Auf der Seite *Benutzeroberfläche* des Browsers können Sie festlegen, ob der IE in der Titelleiste einen Text einblenden soll und können diesen Text auch festlegen. Legen Sie einen Text fest, blendet der IE diesen in folgender Syntax ein:

Windows Internet Explorer bereitgestellt von <Titelleistentext>

Aktivieren Sie die Option *Vorhandene Symbolleistenschaltflächen löschen*, können Sie Symbolleistenschaltflächen im IE mit Ausnahme der Standardschaltflächen löschen.

Klicken Sie auf *Hinzufügen*, können Sie benutzerdefinierte Schaltflächen hinzufügen, mit denen Anwender vorgegebene Skripts oder Programme direkt über den Browser starten können. Geben Sie den Namen und Speicherort der ausführbaren Datei ein. Der Text und das Symbol für die Schaltfläche ist ebenfalls erforderlich. Das Symbol darf bis zu 20 x 20 Pixel groß sein. Sie haben im Fenster die Möglichkeit, mehrere Symbole hinzuzufügen oder zu entfernen.

Als Nächstes legen Sie die Suchanbieter fest, die Internet Explorer 9 verwenden soll. Bei Installationen von Windows 7 ist standardmäßig Bing als Suchanbieter eingerichtet. Wollen Sie weitere Suchanbieter integrieren, können Sie deren Daten in diesem Fenster eintragen.

Klicken Sie auf *Importieren*, um die aktuelle Liste der Suchanbieter aus der Internet Explorer-Version auf dem lokalen Computer in das Paket zu integrieren.

Klicken Sie auf *Hinzufügen* oder *Bearbeiten*, um einen neuen Suchanbieter hinzuzufügen oder einen vorhandenen Suchanbieter zu bearbeiten. Sie können anschließend die Daten für den Suchanbieter im Feld eingeben. Die URL zum Suchanbieter müssen Sie mit dem Präfix *http://* eingeben. Um einen Suchanbieter als Standardeinstellung vorzugeben, wählen Sie den Anbieter aus und klicken auf die Schaltfläche *Als Standard.*

Auf der nächsten Seite können Sie wichtige URLs im Internet Explorer hinterlegen, die bereits während der Installation verfügbar sind. Sie legen auf diese Weise zum Beispiel die Startseiten fest, die der Browser öffnen soll. Diese Seiten können Sie in Active Directory auch über Gruppenrichtlinien festlegen. Geben Sie mehrere Startseiten an, wird im Browser jede Seite in einer eigenen Registerkarte geöffnet. Legen Sie keine Startseite fest, öffnet der IE standardmäßig die Startseite *http://www.msn.com.* Aktivieren Sie die Option *Vorherige Homepage beibehalten (Update)*, verwendet IE9 als Startseite die Seite, die in der vorherigen Version des IE bei dem Anwender konfiguriert war.

Im Internet Explorer können Anwender über den Menübefehl *?/Onlinesupport* die Supportseite aufrufen. Sie können im Assistenten diese URL anpassen, zum Beispiel auf eine firmeninterne Seite.

Auf der nächsten Seite konfigurieren Sie die Schnellinfo-Funktion im IE. Anwender erhalten über diese Informationen Hilfen und Weiterleitungen zu ähnlichen Themen, wenn Sie einen Begriff anklicken. Schnellinfos können auch Begriffe in einem Wörterbuch oder eine Karte eines ausgewählten Gebiets sein. Haben Sie bereits Schnellinfos auf dem lokalen Computer festgelegt, können Sie diese im Fenster importieren. Klicken Sie auf die Schaltfläche *Hinzufügen*, um eine neue Schnellinfo zu erstellen. Informationen zum Erstellen von *.xml*-Dateien für Schnellinfos finden Sie unter *http://go.microsoft.com/fwlink/?LinkId=111952.*

Abbildg. 43.15 Integrieren von Favoriten in das Installationspaket

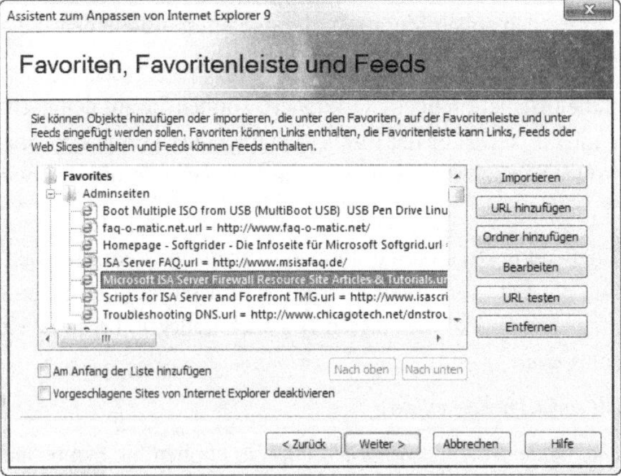

Als Nächstes können Sie bestimmte Favoriten, URLs oder auch RSS-Feeds direkt in die Installationsdatei des Internet Explorer hinzufügen. Sie können Favoriten aus der bestehenden Installation importieren oder eigene Favoriten anlegen. Auf dieser Seite können Sie bestehende Favoriten auch anpassen oder die URL auf Funktion testen.

Favoriten erscheinen im Favoritenordner. Die Favoritenleiste zeigt die Seiten direkt als Symbolleiste im oberen Bereich des IE an. Um einen bestehenden Ordner mit Links zu importieren, klicken Sie auf *Favoriten* oder die *Favoritenleiste* und dann auf *Importieren*. Die Favoriten des lokalen IE sind im Ordner *C:\Benutzer\<Benutzername>\Favoriten* gespeichert. Sie können bis zu 200 Favoriten für einen Ordner hinzufügen.

Um für einen Link ein benutzerdefiniertes Symbol anzuzeigen, geben Sie den Namen und den Speicherort der Datei in das Feld *Symbol* ein oder klicken auf *Durchsuchen*. Das Symbol sollte eine Größe von 16x16 Pixel haben. Neben der Aufteilung in verschiedene Ordner in den Favoriten können Sie auch die Reihefolge der URLs in den Favoriten anzeigen.

Als Nächstes können Sie die Willkommensseite anpassen. Diese Seite ruft der Internet Explorer das erste Mal auf, wenn Sie den Browser installiert haben. Auf der Seite *Kompatibilitätsansicht* können Sie festlegen, wie der Internet Explorer sich bei verschiedenen Internetseiten verhalten soll. Der IE9 kann sich auf Seiten daher so verhalten wie der IE7. Zusätzlich können Sie zu Statistikzwecken festlegen, dass der Browser mit einem benutzerdefinierten Text antwortet. Den Text des Benutzer-Agents sendet der Browser im Header jeder HTTP-Anfrage. Auf diese Weise erkennt der Webserver, welcher Browser sich verbindet. Diesen Text können Sie an dieser Stelle anpassen, um selbst Statistiken zu verfolgen. Aktivieren Sie *Internet Explorer 9-Standards-Modus verwenden (Standard)*, sendet der IE9 die Benutzer-Agent-Zeichenfolge des Internet Explorer 9. Bei Aktivierung von *Kompatibilitätsansicht verwenden* sendet der IE die Benutzer-Agent-Zeichenfolge von IE7.

Auf der nächsten Seite können Sie Verbindungs-Manager-Profile eintragen. Diese Profile erstellen Sie aber nicht mit dem IEAK. Mehr Informationen zum CMAK finden Sie auf der Seite *http://technet.microsoft.com/de-de/library/cc753977(WS.10).aspx*. In den meisten Fällen müssen Sie keine Profile als DFÜ-Verbindungen anlegen, sondern der IE verwendet die bereits vorhandene Verbindung zum Internet. Auf der Seite *Verbindungseinstellungen* können Sie die Einstellungen zum Verbinden mit dem Internet festlegen. Dazu können Sie die Einstellungen des Computers importieren, auf dem Sie das Paket erstellen. Aktivieren Sie die Option *Aktuelle Verbindungseinstellungen von diesem Computer importieren*. Der Assistent übernimmt dann die Einstellungen, die im Internet Explorer 9 festgelegt sind. Diese können Sie auf folgendem Weg überprüfen:

1. Klicken Sie im Menü *Extras* des Internet Explorer auf *Internetoptionen* und dann auf die Registerkarte *Verbindungen*.
2. Klicken Sie auf der Registerkarte auf *LAN-Einstellungen*, um die Netzwerkeinstellungen anzuzeigen.

Abbildg. 43.16 Überprüfen der Verbindungseinstellungen im lokalen Internet Explorer

Auf weiteren Einstellungsseiten können Sie die automatische Konfiguration, Proxyeinstellungen und Sicherheitseinstellungen konfigurieren. Weitere Seiten sind das Hinzufügen von Stammzertifikaten zum Browser und das Festlegen von Standardprogrammen. Auf der Seite *Zusätzliche Einstellungen* können Sie verschiedene Einstellungen festlegen. Dazu klicken Sie die entsprechende Option an und setzen die entsprechenden Einstellungen.

Abbildg. 43.17 Festlegen von zusätzlichen Einstellungen für IE9

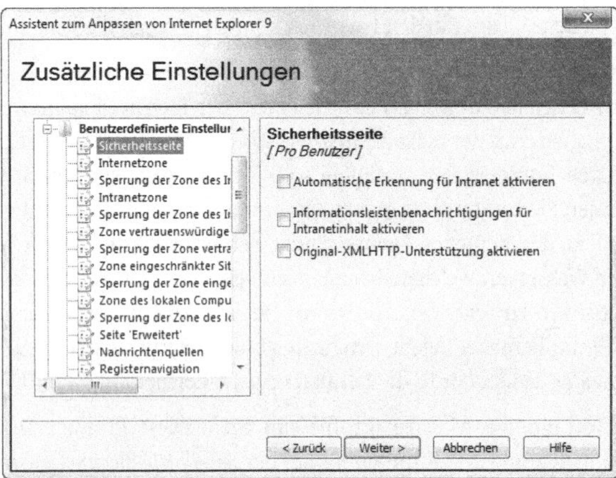

Haben Sie alle Einstellungen vorgenommen, erstellt dieser das Paket. Nach Abschluss dieser Aktion finden Sie das Paket im ausgewählten Verzeichnis. Im Verzeichnis finden Sie die verschiedenen Dateien zur Installation:

- CD Dieser Ordner enthält die Dateien, die Sie auf CD brennen können, um die Installation über CD durchzuführen.
- FLAT Dieser Ordner enthält die Dateien zur Installation, die Sie auch über das Netzwerk nutzen können.
- INS Enthält die Anpassungsdateien für den IE. Hierüber können Sie keinen IE installieren, nur anpassen.

IEAK9-Profil-Manager

Der IEAK-Profil-Manager ermöglicht die Einstellungen des Browsers, wenn dieser auf den Clientrechnern installiert ist. Sie können zwar auch die Gruppenrichtlinien zur Einstellung verwenden, mit dem Profil-Manager können Sie aber weitergehende Einstellungen vornehmen. Die Einstellung erfolgt auf Basis von *.ins*-Dateien. Dieser enthält Konfigurationseinstellungen, die der Browser auf dem Client verwendet. Mit dem IEAK-Profil-Manager können Sie *.ins*-Dateien für die automatische Konfiguration erstellen und bearbeiten. Haben Sie auf Clients den Internet Explorer installiert, können Sie den IEAK-Profil-Manager verwenden, um die Einstellungen der Browserkonfiguration auf den Computern zu verwalten. Diese Einstellungen laufen komplett parallel und außerhalb der Gruppenrichtlinien. Diese Einstellungen geben Sie mit *.ins*-Dateien weiter. Sie müssen den Assistenten zum Anpassen von Internet Explorer 9 mindestens einmal ausführen, bevor Sie den IEAK-Profil-Manager starten.

Um *.ins*-Dateien zu öffnen oder neue zu erstellen, starten Sie den IEAK-Profil-Manager. Mit dem Menübefehl *Datei/Neu* erstellen Sie eine neue *.ins*-Datei, mit *Datei/Öffnen* bearbeiten Sie eine bereits vorhandene Datei. Sie haben im IEAK-Profil-Manager die gleichen Möglichkeiten wie bei der Erstellung des Installationspakets und in den Gruppenrichtlinien.

Abbildg. 43.18 Erstellen eines Profils für den IE9

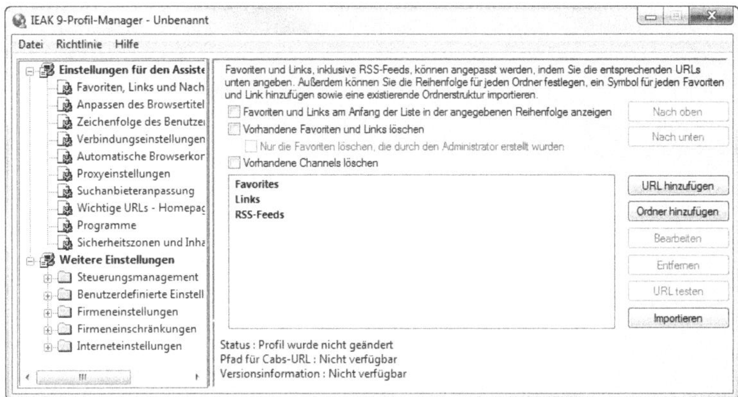

Klicken Sie sich im linken Teil des Fensters durch die Einstellungsbereiche und nehmen Sie anschließend im rechten Bereich die Einstellungen vor. Anschließend können Sie den Satz an Einstellungen, die Sie vorgenommen haben, als *.ins*-Datei speichern. Um die Einstellungen als Datei zu speichern, klicken Sie im Menü *Datei* auf *Speichern unter*. Auf diesem Weg können Sie auch die standardmäßige *.ins*-Datei öffnen und bearbeiten, die im Paket enthalten sind, welches Sie mit dem Assistenten erstellt haben. Dieses befindet sich im Verzeichnis *<Systemlaufwerk>\<Builds>\<Nummer>\INS\<Betriebssystem>\<Sprache>*.

Eigenen Suchanbieter für beliebige Websites erstellen – TechNet-Suche auf Servern aktivieren

Im IE9 geben Sie Suchbegriffe im Adressfeld ein, nicht mehr in einem eigenen Suchfeld. Bei der Eingabe durchsucht der Browser die hinterlegten Suchanbieter nach Ergebnissen.

Über das Einstellungsmenü können Sie auf der Registerkarte *Allgemein* im Bereich *Suchen* mit *Einstellungen* weitere Suchanbieter hinzufügen oder den Standardsuchanbieter ändern. Auch installierte Suchanbieter die Sie nicht mehr benötigen, können Sie an dieser Stelle über das Kontextmenü entfernen.

Die Standardanbieter lassen sich leicht installieren. Interessant ist aber die Möglichkeit, einen eigenen Suchanbieter mit einer selbst definierten Adresse festzulegen. Auf diese Weise können Sie zum Beispiel direkt eine Suche in der TechNet oder einem Intranet durchführen lassen. Die Konfiguration ist sehr einfach. Suchanbieter basieren auf einer einfachen *.xml*-Datei, in der die URL für die Suchmaschine hinterlegt ist. Wollen Sie einen eigenen Suchanbieter erstellen, rufen Sie die Seite *http://www.ieaddons.com/de/createsearch.aspx* im Internet Explorer auf. Die Erstellung nehmen Sie dann folgendermaßen vor:

1. Rufen Sie in einer anderen Registerkarte die Suchmaschine auf, in der Sie etwas suchen.
2. Suchen Sie nach dem Begriff *TEST*.
3. Kopieren Sie den Link, den die Suchmaschine jetzt anzeigt, in das Feld *URL* der Seite zum Erstellen eines eigenen Suchanbieters.
4. Klicken Sie auf *Suchanbieter installieren*.

Abbildg. 43.19 Erstellen eines eigenen Suchanbieters im IE9

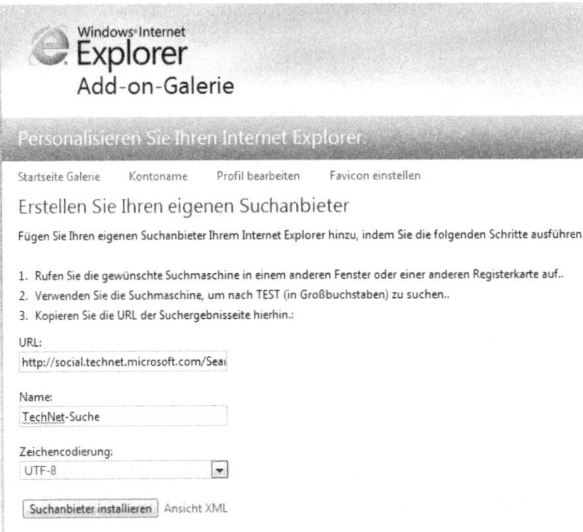

Klicken Sie auf den Link *Ansicht XML*, zeigt die Seite den Code des Suchanbieters an.

Abbildg. 43.20 Anzeigen des XML-Codes eines eigenen Suchanbieters

```
<?xml version="1.0" encoding="UTF-8"?>
- <OpenSearchDescription xmlns="http://a9.com/-/spec/opensearch/1.1/">
    <ShortName>Technet-Suche</ShortName>
    <Description>Technet-Suche provider</Description>
    <InputEncoding>UTF-8</InputEncoding>
    <Url template="http://social.technet.microsoft.com/Search/de-DE?query={searchTerms}
      &refinement=112&beta=0&ac=8" type="text/html"/>
  </OpenSearchDescription>
```

Den selbst erstellten Suchanbieter können Sie im Suchfeld auswählen oder auch als Standard definieren.

Abbildg. 43.21 Verwenden eines eigenen Suchanbieters

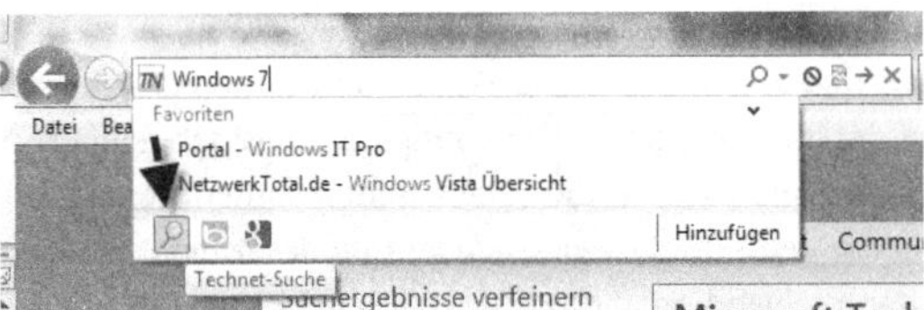

Entwicklungstools aufrufen – Fehler schneller finden

Vor allem für Administratoren, aber auch für Entwickler sind die Entwicklertools im IE9 interessant. Diese rufen Sie über F12 auf. Die Tools zeigen Quelltext zu einer Seite an und helfen bei der Fehleranalyse, wenn zum Beispiel eine Seite lange zum Laden dauert.

Abbildg. 43.22 Verwenden der Entwicklertools im IE9

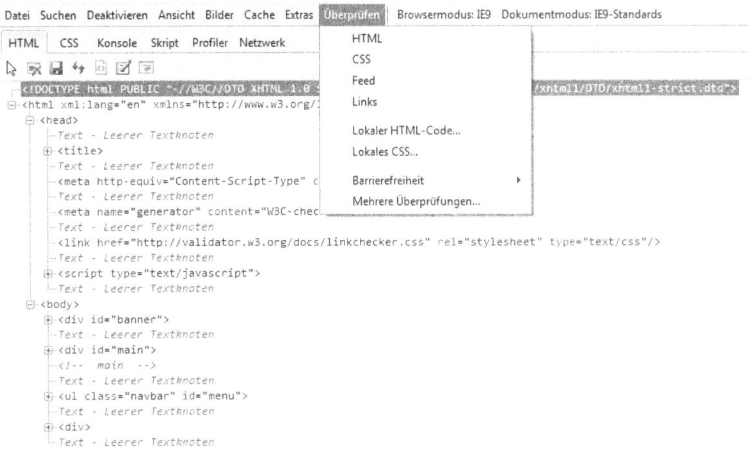

Über den Menübefehl *Netzwerk* können Sie die Ladedauern von Seiten überprüfen, um festzustellen, welche Bereiche einer Website das Laden verzögern.

Abbildg. 43.23 Messen der Ladezeit einer Seite

Um eine Seite auch nachträglich zu analysieren, können Sie die Ausgabe speichern. Um eine Analyse durchzuführen, können Sie die gespeicherte *.xml*-Datei nicht in den Entwicklungstools des IE9 einlesen. Sie können dazu aber das Freewaretool Fiddler von der Seite *http://www.fiddler2.com* verwenden:

1. Starten Sie Fiddler.
2. Wählen Sie *File/Import Sessions*.
3. Wählen Sie die Option *IE's F12 NetXML* und dann die abgespeicherte Datei aus.

Abbildg. 43.24 Analysieren eines Netzwerkdumps im Fiddler-Tool

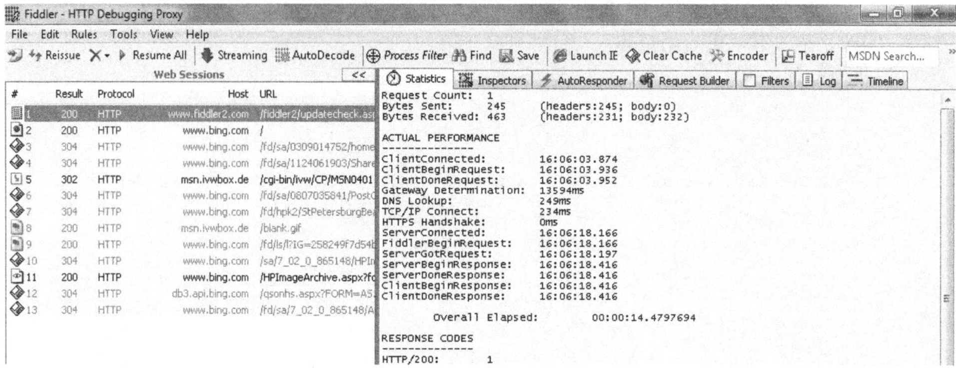

Sicherheit im Internet Explorer 9

Vor allem beim Betrieb auf Servern, aber auch Computern im Unternehmen, spielt die Sicherheit eine wichtige Rolle. Im IE9 können Sie dazu verschiedene Sicherheitsmaßnahmen aktivieren.

Tracking-Schutz und ActiveX-Filter – Werbeblocker im Internet Explorer 9

Eine Neuerung für die Sicherheit und den Werbeschutz im Internet Explorer 9 ist vor allem der neue Tracking-Schutz. Dieser blockiert bei Aktivierung gefährliche Seiten und lässt sich durch kostenlose Listen noch erweitern. Es ist zu erwarten, dass im Laufe der Zeit noch viele Listen hinzukommen werden. Ebenfalls neu ist der ActiveX-Filter, der aktive Elemente auf Webseiten blockieren kann. Beide Technologien funktionieren unabhängig voneinander:

1. Starten Sie den Internet Explorer 9.
2. Blenden Sie die Menüleiste mit der Taste `Alt` ein.
3. Klicken Sie auf *Extras/ActiveX-Filterung.*
4. Filtert der Internet Explorer 9 ein ActiveX-Element auf einer Seite, sehen Sie das am blauen Sperrsymbol in der Adressleiste.

Abbildg. 43.25 Gefilterte Webseite entsperren

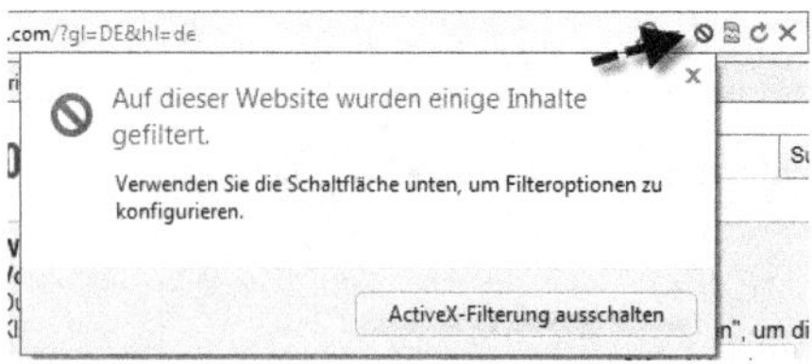

Klicken Sie auf das Symbol, öffnet sich ein Informationsfenster zur ActiveX-Filterung. Klicken Sie auf *ActiveX-Filterung ausschalten*, um zukünftig ActiveX-Elemente auf dieser Seite nicht mehr zu filtern. Auf dem gleichen Weg aktivieren Sie die Filterung für die entsprechende Seite wieder.

Internet Explorer 9 speichert die weißen Listen, also die Internetseiten, die ActiveX-Elemente darstellen dürfen, in der Registry. Sie finden diese im Bereich *HKEY_CURRENT_USER\Software\Microsoft\Internet Explorer\Safety\ActiveXFilterExceptions.*

Wollen Sie Listen auch auf anderen Computern nutzen, exportieren Sie diesen Schlüssel und importieren diesen per Doppelklick auf die entsprechende *.reg*-Datei auf dem Zielcomputer. Um über die Registry Webseiten der weißen Liste hinzuzufügen, erstellen Sie einen neuen DWORD-Wert mit dem Namen der Domäne und weisen Sie den Wert 1 hinzu.

Die weiße Liste löschen Sie über *Extras/Browserverlauf löschen* durch Auswahl der Option *Daten der ActiveX-Filterung und des Tracking-Schutzes.*

Neben der Active-X-Filterung spielt der Tracking-Schutz eine wichtige Rolle. Diesen konfigurieren Sie auf folgendem Weg:

1. Starten Sie den Internet Explorer 9.
2. Blenden Sie die Menüleiste mit der Taste [Alt] ein.
3. Klicken Sie auf *Extras/Tracking-Schutz.*
4. Klicken Sie auf *Ihre Personalisierte Liste* mit der rechten Maustaste und dann auf *Aktiveren.*
5. Über *Einstellungen für diese Liste* oder einen Doppelklick passen Sie die Liste an.
6. Aktivieren Sie die Option *Automatisch blockieren* für die *Personalisierte Liste.*
7. Die personalisierte Liste pflegt IE9 durch eine Analyse. Wenn Webseiten einen Schwellwert von 10 überschreiten, blockiert der IE9 diese. Im Bereich *Inhalte von Anbietern anzeigen, die von dieser Anzahl der von Ihnen besuchten Websites verwendet werden,* können Sie die Anzahl festlegen, nach welcher der IE die Seite blockiert.
8. Über den Link *http://iegallery.com/de/trackingprotectionlists* können Sie weitere Tracking-Schutzlisten herunterladen und in den IE9 integrieren. Standardmäßig sind noch keine Listen integriert, sondern Sie müssen diese manuell nachinstallieren. Achten Sie darauf, dass alle Listen, die Sie verwenden, auch aktiviert sind. Nur aktivierte Listen verwendet der Internet Explorer für die Filterung.

Um zusätzliche Listen in den Internet Explorer einzubinden, gehen Sie folgendermaßen vor:

1. Starten Sie den Internet Explorer.
2. Drücken Sie die [Alt]-Taste.
3. Wählen Sie *Extras/Tracking-Schutz.*

Abbildg. 43.26 Konfigurieren des Tracking-Schutzes

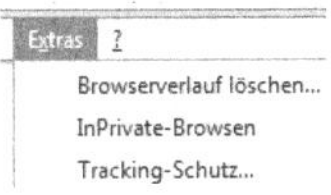

4. Klicken Sie auf *Liste für den Tracking-Schutz online abrufen.*
5. Klicken Sie bei der gewünschten Liste auf *Hinzufügen.*
6. Klicken Sie im neuen Fenster auf *Liste hinzufügen.*
7. Rufen Sie den Tracking-Schutz erneut über das Menü *Extras* auf.
8. Stellen Sie sicher, dass alle integrierten Listen den Status *Aktiviert* haben und deaktivieren Sie die Listen über das Kontextmenü.

Hyper-V R2 SP1 – Besonderheiten und Kompatibilität

Durch die Installation von SP1 für Windows Server 2008 R2 müssen Sie vor allem den Bereich Hyper-V beachten. Wir gehen im nächsten Abschnitt ausführlicher auf die verschiedenen Neuerungen ein und was Sie beim Einsatz des SP1 beachten müssen. Sie können zwar problemlos SP1 deinstallieren, allerdings nur, wenn Sie noch nicht die neuen Funktionen nutzen. Sobald Sie die Integrationsdienste von SP1 in den virtuellen Servern installiert und Dynamic Memory oder RemoteFX aktivieren, sollten Sie das SP1 nicht mehr deinstallieren.

Nach der Deinstallation sind alle Snapshots ungültig, die Sie nach der Installation des SP1 erstellt haben. Teilweise tauchen die virtuellen Server auch nicht mehr in der Hyper-V-Verwaltungskonsole auf. Nach der erneuten Installation von SP1 sind die virtuellen Server aber wieder verfügbar. Weder die Installation noch die Deinstallation von SP1 ändern Einstellungen der virtuellen Server.

HINWEIS Sie können virtuelle Server zwischen Hyper-V-Hosts mit Windows Server 2008 R2 und Windows Server 2008 R2 SP1 exportieren und importieren, solange Sie die neuen Funktionen Dynamic Memory und RemoteFX nicht nutzen. Sobald Sie eine dieser Funktionen nutzen, können Sie virtuelle Server nur zwischen Hyper-V-Hosts mit Windows Server 2008 R2 SP1 exportieren und importieren.

Snapshots und gespeicherte Zustände von virtuellen Servern sind ebenfalls zwischen Windows Server 2008 R2 und Windows Server 2008 R2 SP1 kompatibel, solange Sie weder Dynamic Memory noch RemoteFX aktivieren.

Sie müssen nach der Installation von SP1 auch die Integrationsdienste in den einzelnen virtuellen Servern aktualisieren, wenn Sie die neuen Funktionen nutzen wollen. Beabsichtigen Sie nicht die Aktivierung der neuen Funktionen, laufen virtuelle Server auch problemlos mit den alten Integrationsdiensten weiter. Die Aktualisierung ist nur dann notwendig, wenn Sie auch die neuen Funktionen nutzen wollen. Im Fenster des virtuellen Servers verbinden Sie über *Aktionen/Installationsdatenträger für Integrationsdienste einlegen* den Datenträger und installieren im Betriebssystem der Gastmaschine die Integrationsdienste.

Sie müssen die Gastsysteme nicht auf SP1 aktualisieren, damit diese Dynamic Memory unterstützen, nur die Integrationsdienste müssen aktuell sein. Zwar bietet es sich an, möglichst schnell alle Computer auf SP1 zu aktualisieren, um eine homogene Umgebung zu erhalten, Sie müssen das aber nicht.

Abbildg. 43.27 Einlegen des Datenträgers für die Integrationsdienste

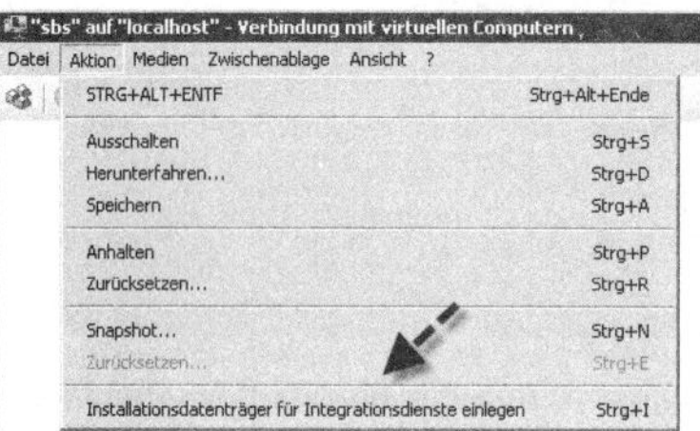

Nachdem Sie den Datenträger eingelegt haben, beginnen Sie die Aktualisierung der Integrationsdienste durch den Autostart oder indem Sie die Datei *setup.exe* im Verzeichnis *<Laufwerk>:\support\amd64* ausführen. Nach der Installation müssen Sie den Server neu starten. Anschließend rufen Sie den Geräte-Manager in der virtuellen Maschine auf. Hier finden Sie den neuen Eintrag *Virtueller dynamischer Arbeitsspeicher* unterhalb der *Systemgeräte*. Den Geräte-Manager starten Sie am schnellsten durch die Eingabe von *devmgmt.msc* im Suchfeld des Startmenüs.

ACHTUNG Verwalten Sie Hyper-V von einem Windows 7-Computer über die Remoteserver-Verwaltungstools (Remote Server Administration Tools, RSAT), müssen Sie RSAT SP1 auf dem Windows 7-Computer installieren. Ohne diese Erweiterung lassen sich über RSAT die neuen Funktionen nicht verwalten. Setzen Sie im Unternehmen System Center Virtual Machine Manager 2008 R2 ein, müssen Sie auch hier eine Erweiterung installieren. Ohne eine Aktualisierung kann auch diese Lösung Dynamic Memory und RemoteFX nicht verwalten.

Betreiben Sie Hyper-V in einem Cluster, können Sie problemlos eine gemischte Umgebung mit Windows Server 2008 R2 und Windows Server 2008 R2 SP1 betreiben. Natürlich ist es empfehlenswert, so schnell wie möglich alle Clusterknoten auf das SP1 zu aktualisieren. Solange Sie eine gemischte Umgebung betreiben, dürfen Sie für die virtuellen Server weder Dynamic Memory noch RemoteFX betreiben. Sobald Sie alle Clusterknoten auf SP1 aktualisiert haben, können Sie problemlos Dynamic Memory und RemoteFX einsetzen. Beide neuen Funktionen sind clusterkompatibel. Damit Sie die beiden neuen Funktionen problemlos zusammen mit der Livemigration einsetzen können, muss auf allen Servern SP1 für Windows Server 2008 R2 installiert sein. Setzen Sie RemoteFX ein, müssen alle Clusterknoten die gleiche Grafikkarte nutzen und auch der aktuellste Treiber der Karte muss installiert sein.

Eine weitere Neuerung in SP1 ist, dass die Anzahl logischer CPUs pro virtuellem Computer auf 12 steigen kann, wenn der Computer mit Windows 7 läuft. Logische Prozessoren entsprechen zum Teil den tatsächlichen physischen Kernen der eingebauten Prozessoren auf dem Hyper-V-Host. Ein physischer Prozessorkern lässt sich ohne SP1 in zwei logische CPUs aufteilen, Quad-Core-CPUs, also bis zu 8 logische Prozessoren. Installieren Sie SP1 und betreiben Sie Windows 7-Computer als virtuelle Computer, können Sie das Verhältnis auf 12:1 erhöhen. Ein Quad-Core-Prozessor kann also bis zu 96 logische Prozessoren für virtuelle Windows 7-Computer zur Verfügung stellen.

Dynamic Memory – Erweiterung für Hyper-V 2.0

Dynamic Memory ist sicherlich die wichtigste Änderung in SP1 für Windows Server 2008 R2. Diese neue Funktion ermöglicht es, dass virtuelle Computer, die nicht ihren gesamten zugewiesenen Arbeitsspeicher ausnutzen, diesen auch anderen virtuellen Computern zur Verfügung stellen können.

Dynamic Memory – Technik

Virtuelle Computer können über Hyper-V in Windows Server 2008 R2 und installiertem SP1 den Arbeitsspeicher teilen. Ohne SP1 liegt viel unnötiger Arbeitsspeicher auf virtuellen Hosts brach, da der zugewiesene Server diesen nicht braucht. Andere Server benötigen eventuell mehr Arbeitsspeicher, können diesen aber nicht nutzen, da dieser statisch einer anderen virtuellen Maschine zugewiesen ist. Mit SP1 und Dynamic Memory erhält jeder virtuelle Server soviel Arbeitsspeicher, wie er benötigt.

Ein weiterer Vorteil ist, dass Sie auf diese Weise mehr virtuelle Server auf einem Hyper-V-Host betreiben können. Die einzelnen virtuellen Server teilen dem Hypervisor mit, wie viel Arbeitsspeicher sie benötigen. Ist genug Arbeitsspeicher auf dem Server frei, teilt der Hypervisor den Arbeitsspeicher dem virtuellen Server zu, den er benötigt, und zieht ihn von anderen Servern ab, die derzeit keinen Bedarf haben. Sie können aber auch nach der Installation von SP1 und dem Nutzen von Dynamic Memory insgesamt allen Servern auf dem Host nicht mehr Arbeitsspeicher zuteilen, den der Host physisch besitzt.

Virtuelle Server starten mit dem Speicherwert, den Sie als Minimalwert für den Server in den Einstellungen für den Arbeitsspeicher auf dem Server angeben.

Abbildg. 43.28 Hyper-V startet virtuelle Server mit dem Minimalwert

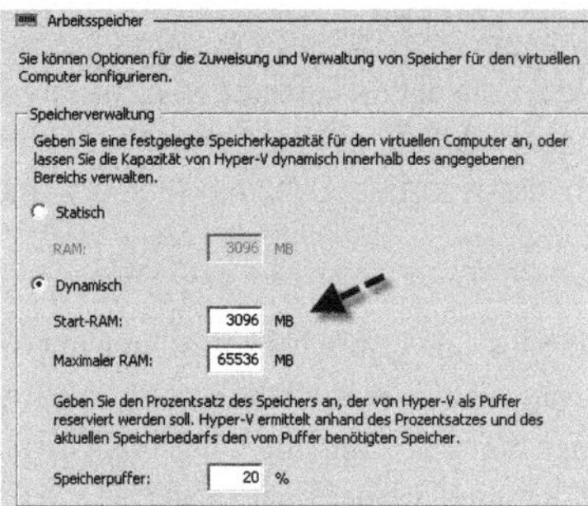

Sobald der Speicherbedarf des Servers steigt, fragt der Server den Speicher beim Hyper-V-Host an und erhält diesen, wenn der Speicher zur Verfügung steht. Umgekehrt teilen virtuelle Server ständig dem Hyper-V-Host mit, wie viel Arbeitsspeicher sie abgeben können. Ein Vorteil von Dynamic Memory liegt in der Virtualisierung von Desktops.

Sie können mit Dynamic Memory mehr virtuelle Computer auf einem Host betreiben. Sie können allerdings Dynamic Memory nicht für virtuelle Computer mit Windows XP oder Linux nutzen, Sie benötigen mindestens Windows Vista, besser Windows 7 SP2. Windows Server 2003 unterstützt allerdings Dynamic Memory; dies gilt auch für Windows Server 2008 und Windows Server 2008 R2.

Dynamic Memory – Praxis

Sie sehen den Unterschied in der Speicherverwaltung vor der Installation von SP1, wenn Sie die Eigenschaften einer virtuellen Maschine aufrufen und den Arbeitsspeicher konfigurieren. Hier haben Sie nur die Möglichkeit, dem virtuellen Computer einen gewissen Arbeitsspeicher zuzuteilen.

Abbildg. 43.29 Dynamisches Zuteilen des Arbeitsspeichers mit Dynamic Memory

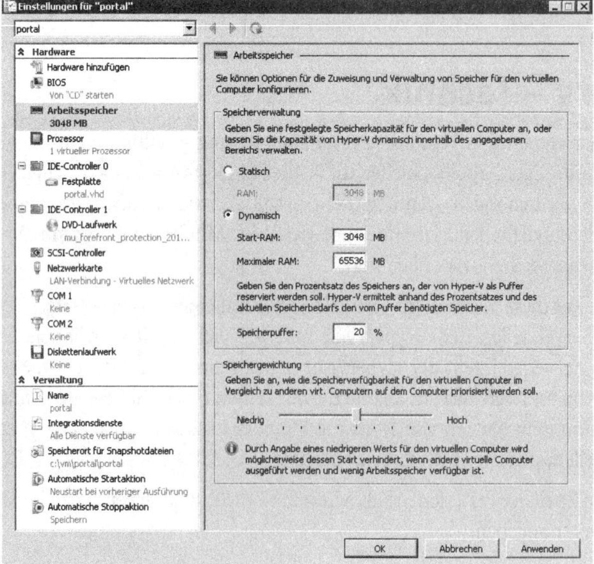

Nach der Installation sehen Sie die erweiterte Funktion dieses Bereichs. Sie können für virtuelle Computer jetzt einen Startwert und einen maximalen Wert für den Arbeitsspeicher zuteilen. Die Zuteilung des tatsächlichen Arbeitsspeichers steuert Hyper-V auch auf Basis der Prioritäten, die Sie den virtuellen Servern zuweisen.

Um Dynamic Memory zu nutzen, aktivieren Sie die Option *Dynamisch* in den Einstellungen des virtuellen Servers im Bereich *Arbeitsspeicher.* Geben Sie bei *Start-RAM* an, mit wie viel Speicher der Server starten soll, und bei *Maximaler RAM*, wie viel Arbeitsspeicher der Server maximal erhalten kann. Natürlich kann ein virtueller Server nie mehr Arbeitsspeicher tatsächlich erhalten, als der physische Host eingebaut hat.

Über den Speicherpuffer geben Sie an, wie viel zusätzlichen Arbeitsspeicher der virtuelle Server erhalten soll. Diesen Speicher kann der Server nutzen, um die Leistung zu erhöhen.

Über die Speichergewichtung legen Sie fest, wie sich Anfragen des Servers im Vergleich zu anderen Servern verhalten sollen. Ist er maximale Arbeitsspeicher des Servers bereits ausgelastet, erhalten höher priorisierte Server mehr Speicher, den unterpriorisierte abgeben müssen.

Bevor Sie aber Dynamic Memory nutzen können, müssen Sie in den virtuellen Server erst die Integrationsdienste aktualisieren. Erst die neuen Integrationsdienste von SP1 unterstützen Dynamic Memory in den Gästen. Nach der Installation der Integrationsdienste ist ein Neustart des virtuellen Servers notwendig.

TIPP Damit der Hyper-V-Host über genügend Arbeitsspeicher für sich selbst verfügt, sollten Sie einen entsprechenden Registrywert setzen. Über diesen stellen Sie sicher, dass der Hyper-V-Host selbst immer ausreichend Arbeitsspeicher zur Verfügung hat. Microsoft empfiehlt hier eine Zuteilung von 2 GB:

1. Öffnen Sie den Registrierungs-Editor durch Eingabe von *regedit* im Suchfeld des Startmenüs.
2. Navigieren Sie zu *HKLM\SOFTWARE\Microsoft\WindowsNT\CurrentVersion\Virtualization.*
3. Erstellen Sie einen neuen DWORD-Wert mit der Bezeichnung *MemoryReserve.*
4. Weisen Sie den Wert *2048* (Dezimal) zu.
5. Starten Sie den Server neu.

Abbildg. 43.30 Erstellen eines neuen Registryeintrags für Dynamic Memory

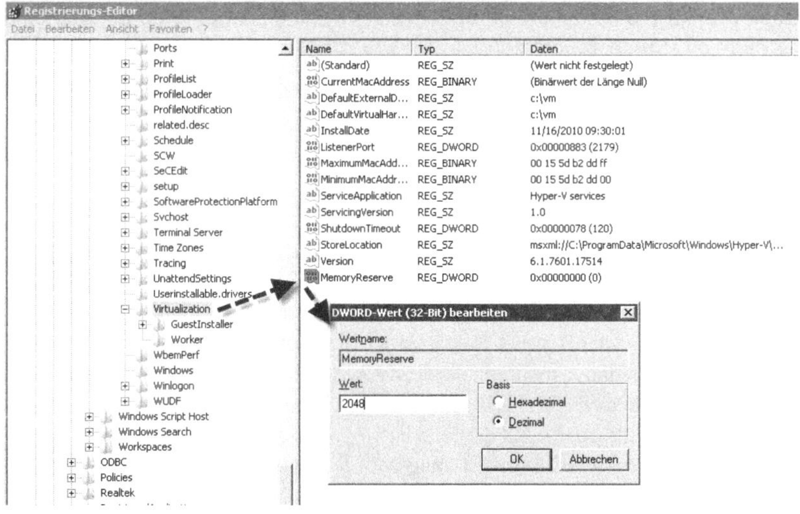

RemoteFX –Virtual Desktop Infrastructure und Remotedesktop-Sitzungshost

Die zweite neue Funktion in SP1 für Windows Server 2008 R2 ist RemoteFX. Hierbei handelt es sich um eine erweiterte Funktion des Remotedesktopprotokolls (RDP), das die bessere grafische Darstellung von Windows 7-Desktops ermöglicht, die Sie zum Beispiel über Virtual Desktop Infrastructure (VDI) zur Verfügung stellen. Sie können die Technik auch auf Remotedesktop-Sitzungshosts (Terminalserver) verwenden. Dazu muss dann auf dem Server ebenfalls das Service Pack 1 für Windows Server 2008 R2 installiert sein. Vor allem 3D-Grafiken, Audio und Animationen wie zum Beispiel Flash und Silverlight laufen schneller in der neuen Version.

Neben einer Verbesserung der grafischen Darstellung enthält RemoteFX eine Verbesserung der USB-Unterstützung von virtuellen Windows 7-Computern zur Anbindung von USB-Laufwerken, Smartphones oder Digitalkameras. Damit Sie RemoteFX nutzen können, muss auf dem Server SP1 für Windows Server 2008 R2 und auf dem virtuellen Computer Windows 7 Enterprise SP1 oder Windows 7 Ultimate SP1 installiert sein. Auf dem Clientcomputer, mit dem Sie auf den virtuellen Windows 7-Computer zugreifen, muss Windows 7 mit SP1 installiert sein, gleichgültig welche Edition. Auf dem Clientcomputer muss dazu der neue Remotedesktopclient von SP1 für Windows 7 enthalten sein. Sie benötigen keinen zusätzlichen Client, um RemoteFX nutzen zu können, sondern lediglich SP1 auf allen beteiligten Computern und den herkömmlichen Remotedesktopclient in Windows 7.

Wie genau diese Technik funktioniert, erklären die Hyper-V-Entwickler in ihrem Blog (*http://blogs.technet.com/b/virtualization/archive/2010/03/17/explaining-microsoft-remotefx.aspx*). Auch ein Demovideo (*http://www.brianmadden.com/blogs/videos/archive/2010/03/18/exclusive-video-microsoft-s-tad-brockway-discusses-and-demos-remotefx.aspx*) stellt Microsoft zur Verfügung. Auf der Partnerseite für RemoteFX (*http://blogs.msdn.com/b/rds/archive/2010/03/22/partners-support-microsoft-remotefx.aspx*) erhalten Sie weiterführende Informationen.

TIPP Microsoft bietet auf den folgenden Internetseiten ausführliche Anleitungen zu RemoteFX:

- **Deploying Microsoft RemoteFX on a Remote Desktop Session Host Server (Step-by-Step Guide)** *http://technet.microsoft.com/de-de/library/ff817595(WS.10).aspx*
- **Deploying Microsoft RemoteFX for Personal Virtual Desktops (Step-by-Step Guide)** *http://technet.microsoft.com/de-de/library/ff817611(WS.10).aspx*
- **Deploying Microsoft RemoteFX for Virtual Desktop Pools (Step-by-Step Guide)** *http://technet.microsoft.com/en-us/library/ff817591(WS.10).aspx*
- **Configuring USB Redirection with Microsoft RemoteFX (Step-by-Step Guide)** *http://technet.microsoft.com/de-de/library/ff817581(WS.10).aspx*

Grundlagen und Voraussetzungen von RemoteFX

Bevor Sie RemoteFX nutzen, sollten Sie den aktuellsten Treiber für die Grafikkarte auf dem Hyper-V-Host installieren. Natürlich muss der Hyper-V-Host dazu über eine leistungsfähige Grafikkarte verfügen. Alle Berechnungen zu 3D-Grafiken und Aero nimmt der Server vor und leitet diese an den Client weiter, der die Daten nur noch anzeigen muss. RemoteFX ist kein eigenständiges Remoteprotokoll, sondern nur eine Erweiterung des Remotedesktopprotokolls (RDP). Auf der Seite *http://go.microsoft.com/fwlink/?LinkId=191918* finden Sie mehr Informationen über die Hardwarevoraussetzungen für RemoteFX.

Sie können als Host für RemoteFX-Clients auch den kostenlosen Hyper-V-Server 2008 R2 einsetzen. Wollen Sie RemoteFX nicht nur für Hosted Desktops, sondern auch für Sessions eines Remotedesktopdienste-Sitzungshosts verwenden, muss auf dem Server ebenfalls SP1 für Windows Server 2008 R2 installiert sein. Damit Sie

RemoteFX nutzen können, muss der Prozessor Second Level Address Translation (SLAT) unterstützen. Intel verwendet hier auch die Bezeichnung *Extended Page Tables*, AMD nennt die Funktion *Nested Page Tables*. Der Grafikprozessor (GPU) muss DirectX 9.0c und DirectX 10.0 unterstützen. Beispiele sind ATI FirePro V5800, V7800, V8800 und V9800 und Nvidia Quadro 4000, 5000, 6000 und M2070Q. Verwenden Sie mehrere Grafikkarten pro Server, müssen diese identisch sein, das gilt auch für Clusterknoten in einem Hyper-V-Cluster. Microsoft empfiehlt maximal 12 virtuelle Computer pro physischer Grafikkarte.

Generell ist die Installation des Treibers vor der Installation der Serverrollen für die Remotedesktopdienste oder Hyper-V zu empfehlen. Ein Monitor für eine virtuelle Maschine (VM), den Sie für RemoteFX konfiguriert haben, wird auf dem Server genauso wie ein lokal angeschlossener Monitor behandelt. Das heißt, der Server muss den Bildaufbau berechnen. Jede Sitzung benötigt in etwa 200 MB Grafikkartenspeicher bei der Verwendung von RemoteFX (bei 1.024x768 etwa 75 MB, bei 1.920x1.200 etwa 220 MB). Betreiben Sie mehrere Monitore, verdoppelt sich nicht die Anforderung, sondern es kommen noch einmal etwa 50 bis 100 MB hinzu. Allerdings arbeiten die Karten nicht immer zusammen und können nur ihren eigenen Speicher nutzen. Sie ordnen nicht selbst die Sitzungen oder virtuellen Clients den Karten zu, sondern der Hyper-V-Host skaliert automatisch.

Wenn Sie Verwaltungsports an Servern mit einem speziellen Verwaltungsadapter auf dem Server verwenden, empfiehlt Microsoft die Installation des RemoteFX-Treibers, nachdem Sie RemoteFX auf dem Server installiert und aktiviert haben. Die Fernwartungskonsole auf Servern kann die RemoteFX-Verbindung stören. Dies liegt daran, dass diese Konsolen meist noch das alte XP-Treibermodell verwenden (XPDM). RemoteFX benötigt aber das neue Treibermodell Windows Display Driver Model (WDDM). Auf einem Server lässt sich immer nur eine Art Treiber installieren. Ist also ein XPDM-Treiber installiert, lässt sich kein WDDM-Treiber installieren. Aus diesem Grund müssen Sie solche alten Karten entweder deaktivieren oder Sie verwenden den speziellen RemoteFX-Treiber für diese Karten, wenn das Gerät kompatibel ist. Den Treiber installieren Sie in der Eingabeaufforderung durch Eingabe von:

```
dism /online /enable-feature /featurename:Microsoft-Windows-RemoteFX-EmbeddedVideoCap-Setup-Package
```

Probleme bereiten können I/O-Virtualisierung (Intel VT-d, AMD-Vi und IOMMU). Diese Funktionen sollten Sie im BIOS des Servers ausschalten. Auch Intel Trusted Execution Technology (TXT) kann Probleme mit RemoteFX auslösen. Data Execution Prevention (DEP) muss auf dem Hyper-V-Host aktiv sein. AMD nennt diese Technik Enhanced Virus Protection (EVP), Intel bezeichnet sie mit *No Execution (NX)*.

Der Treiber unterstützt RemoteFX auch beim Booten des Rechners, sodass Sie auf das BIOS zugreifen können. Damit Sie RemoteFX nutzen können, müssen Sie vorher auf dem Windows 7-Gastssystem SP1 für Windows 7 installieren. Anschließend können Sie dem virtuellen Computer eine neue Grafikkarte zuordnen, wenn Sie diesen ausgeschaltet haben. Dazu rufen Sie die Einstellungen des virtuellen Computers auf, klicken auf *Hardware*, wählen *RemoteFX-3D-Grafikkarte* aus und klicken auf *Hinzufügen*.

Abbildg. 43.31 Hinzufügen der RemoteFX-3D-Grafikkarte zu einem virtuellen Computer

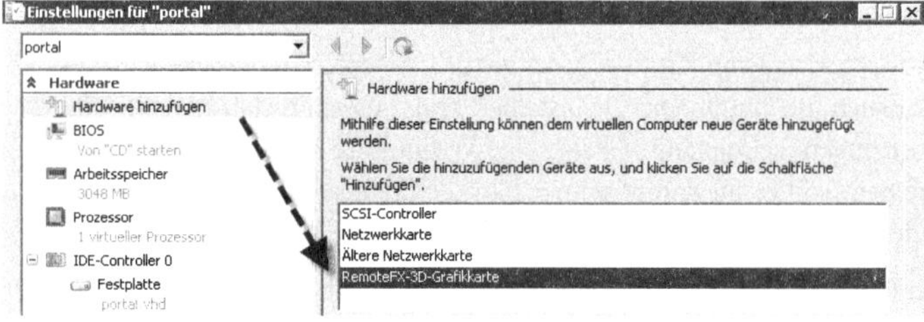

Ist die *Hinzufügen*-Schaltfläche deaktiviert, unterstützt die Grafikkarte oder der installierte Treiber diese Funktion nicht. Außerdem muss auf dem Server, auf dem Sie RemoteFX nutzen wollen, die Serverrolle *Remotedesktopdienste* mit dem Rollendienst *Host für Remotedesktopvirtualisierung* installiert sein. Dieser enthält die notwendigen Funktionen für RemoteFX. Sie müssen diesen Rollendienst auch installieren, wenn Sie RemoteFX auf einem Remotedesktop-Sitzungshost (Terminalserver) zur Verfügung stellen wollen.

Abbildg. 43.32 Installieren des notwendigen Rollendiensts für RemoteFX

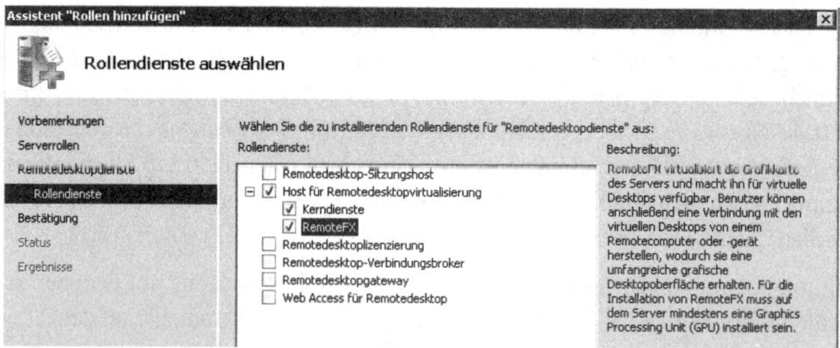

Haben Sie den notwendigen Rollendienst und aktuellen Treiber der Grafikkarte installiert, können Sie problemlos die RemoteFX-3D-Grafikkarte hinzufügen. Nach dem Hinzufügen haben Sie noch die Möglichkeit, die Anzahl der unterstützten Monitore sowie die Auflösung zu konfigurieren.

Abbildg. 43.33 Konfigurieren der hinzugefügten 3D-Grafikkarte

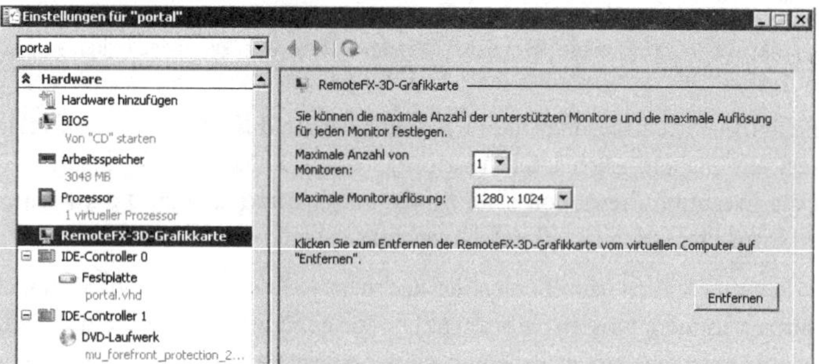

Damit Clients die neuen Funktionen von RemoteFX nutzen können, müssen sich diese mit dem Remotedesktopclient aus SP1 für Windows Server 2008 R2 oder Windows 7 verbinden und die Verbindung mindestens auf *LAN* auf der Registerkarte *Erweitert* stellen. Sie können RemoteFX nicht mit einer normalen Hyper-V-Verbindung im Hyper-V-Manager nutzen.

Achten Sie darauf, dass zur Nutzung von RemoteFX der virtuelle Clientcomputer mit Windows 7 SP1 installiert sein muss und auch die neuen Integrationsdienste installiert sein müssen. Erst dann sollten Sie die neue Grafikkarte hinzufügen. Beabsichtigen Sie mit Thin-Clients eine Verbindung zu virtuellen Computern auf Basis von Windows 7 SP21 aufzubauen, sollten Sie darauf achten, dass die Clients RemoteFX unterstützen, um die Benutzeroberfläche von Windows 7 optimal auf Thin-Clients einzubinden.

Ein weiterer Vorteil von RemoteFX ist die verbesserte Unterstützung von USB-Geräten auf den virtuellen Desktops. Verbinden Sie ein USB-Gerät mit dem Client, der über RDP mit dem RemoteFX-Gerät verbunden ist, installiert Windows 7 den Treiber. Es ist kein Treiber auf dem Client notwendig, der sich mit dem virtuellen Computer verbindet, sondern der USB-Stick ist lediglich auf dem virtuellen Windows 7-Client zu installieren. Diese Technik vermeidet Treiberprobleme auf den Clients und notwendige Umleitungen. Für Anwender ist die Umleitung der USB-Geräte absolut transparent.

RemoteFX produktiv einrichten und verwalten – VDI und Remotedesktop-Sitzungshost

Um RemoteFX nutzen zu können, müssen Sie also zunächst auf dem Hyper-V-Host Windows Server 2008 R2 SP1 sowie den Rollendienst *Host für Remotedesktopvirtualisierung* der Serverrolle *Remotedesktopdienste* installieren. Weitere Rollendienste müssen Sie auf dem Hyper-V-Host nicht installieren, um RemoteFX zu nutzen. Wollen Sie keine virtuellen Windows 7-Clients über Hyper-V und RDP mit RemoteFX anbinden, sondern Clients an einen Remotedesktopdienste-Sitzungshost (früher Terminalserver genannt), können Sie auch hier einfach den genannten Rollendienst installieren.

Auf dem Remotedesktopdienste-Sitzungshost (Terminalserver) muss dann ebenfalls SP1 installiert sein, damit Sie für die Sitzungen RemoteFX nutzen können. Nach der Installation des Rollendiensts müssen Sie den Server neu starten. Anschließend müssen Sie auf dem Server noch den RemoteFX-Treiber installieren. Dazu geben Sie in der Eingabeaufforderung den folgenden Befehl ein:

```
dism /online /enable-feature /featurename:Microsoft-Windows-RemoteFX-EmbeddedVideoCap-Setup-Package
```

Nach der Installation müssen Sie den Server neu starten. Als Clientmaschine installieren Sie einen virtuellen Computer mit Windows 7 und installieren hier ebenfalls das SP1. Zusätzlich müssen Sie auf dem Clientcomputer noch die Integrationsdienste aktualisieren. Auf dem Client, mit dem Sie sich mit dem RemoteFX-Client auf den Hyper-V-Server verbinden, muss ebenfalls SP1 für Windows 7 installiert sein. Das heißt, alle Komponenten müssen mit dem Service Pack 1 für Windows Server 2008 R2 und Windows 7 installiert sein. Windows XP, Windows Vista und Windows Server 2008 bleiben außen vor.

Auf dem Hyper-V-Server muss außerdem ein aktueller Grafikkarten-Treiber installiert sein, die Standard-VGA-Karte reicht hier nicht aus. In Notfällen können Sie auf Servern mit Windows Server 2008 R2 auch Treiber für Windows 7 x64 installieren. Allerdings sollten Sie in produktiven RemoteFX-Umgebungen besser auf eine optimale Grafikkarte setzen, die auch RemoteFX und Windows Server 2008 R2 optimal unterstützt. Die in Windows Server 2008 R2 enthaltenen Grafikkartentreiber unterstützen kein RemoteFX.

Abbildg. 43.34 Überprüfen des korrekten Treibers für die Grafikkarte auf dem Hyper-V-Host

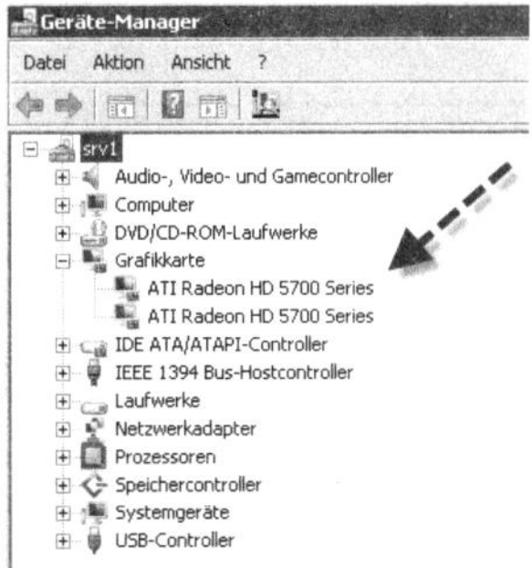

Haben Sie die notwendigen Vorbereitungen getroffen, können Sie für den virtuellen Client, auf dem Sie RemoteFX zur Verfügung stellen wollen, die Funktion integrieren:

1. Starten Sie den Hyper-V-Manager.
2. Schalten Sie den virtuellen Client aus.
3. Rufen Sie über das Kontextmenü die Einstellungen des virtuellen Clients auf.
4. Klicken Sie auf *Hardware hinzufügen.*
5. Wählen Sie *RemoteFX-3D-Grafikkarte* aus.
6. Klicken Sie auf *Hinzufügen.* Sie können immer nur eine RemoteFX-3D-Karte pro Client aktivieren.
7. Starten Sie den virtuellen Client.
8. Melden Sie sich am Client an.
9. Windows 7 installiert jetzt den Treiber im virtuellen Client für die RemoteFX-3D-Karte.
10. Starten Sie den Client neu.

Im Verbindungsfenster des Hyper-V-Managers bringt Ihnen RemoteFX nichts, Sie können nach der Installation der RemoteFX-3D-Karte auch diese Möglichkeit nicht mehr für den Verbindungsaufbau zum Client verwenden. Sie können RemoteFX nur über den Remotedesktopclient in Windows 7 SP1 oder kompatiblen Thin-Clients nutzen. Damit Thin-Clients RemoteFX auf dem Hyper-V-Server nutzen können, müssen diese RDP 7.1 unterstützen, welches in SP1 für Windows 7 und Windows Server 2008 R2 integriert ist.

Klappt der Verbindungsaufbau über das RDP-Protokoll nicht, rufen Sie die Einstellungen des virtuellen Clients auf und klicken auf *RemoteFX-3D-Grafikkarte.* Im rechten Bereich des Fensters können Sie jetzt die Karte entfernen. Sie können Einstellungen an der Hardware aber nur vornehmen, wenn der virtuelle Client ausgeschaltet ist. Anschließend können Sie sich wieder über den Hyper-V-Manager mit dem Client verbinden.

Sie sollten über das Kontextmenü des Desktops und der Auswahl von *Anpassen* ein Aero-Theme auswählen, damit die Anzeige optimal angepasst ist.

TIPP Betreiben Sie einen Pool mit mehreren RemoteFX-Clients in einer Virtual Desktop Infrastructure und mit Remote Service Web Access, müssen Sie die Webseite noch anpassen, damit Anwender die optimale Netzwerkgeschwindigkeit einstellen können:

1. Öffnen Sie auf dem Web Access-Server das Verzeichnis *C:\Windows\Web\RDWeb\Pages.*
2. Öffnen Sie die Datei *web.config.*
3. Navigieren Sie zum Bereich *AppSettings.*
4. Stellen Sie sicher, dass der Wert *true* in der folgenden Zeile gesetzt ist: *<add key="ShowOptimizeExperience" value="true" />*
5. Stellen Sie sicher, dass der Wert *true* in der folgenden Zeile gesetzt ist: *<add key="OptimizeExperienceState" value="true" />*

Damit Sie die USB-Umleitung von RemoteFX auch für Sitzungen auf einem Remotedesktop-Sitzungshost nutzen können, müssen Sie noch eine Gruppenrichtlinie oder lokale Richtlinie erstellen, die auf die Remotedesktop-Sitzungshosts gebunden ist. Die entsprechende Einstellung finden Sie über die Richtlinie:

Computerkonfiguration/Administrative Vorlagen/Windows-Komponenten/Remotedesktopdienste/Remotedesktopverbindungs-Client/RemoteFX-USB-Geräteumleitung

Hier finden Sie die entsprechende Einstellung, damit USB-Geräte, die Sie mit dem Client verbinden, der wiederum mit RDP-RemoteFX mit dem virtuellen Client oder der Remotedesktopsitzung verbunden ist, in die Sitzung umgeleitet werden. Haben Sie die Richtlinie aktiviert und wenden diese auf den Remotedesktop-Sitzungshost oder die virtuellen Clients an, sind alle USB-Geräte, die Sie mit dem Client verbinden, in der Sitzung verfügbar.

Abbildg. 43.35 Aktivieren der Umleitung für USB-Geräte

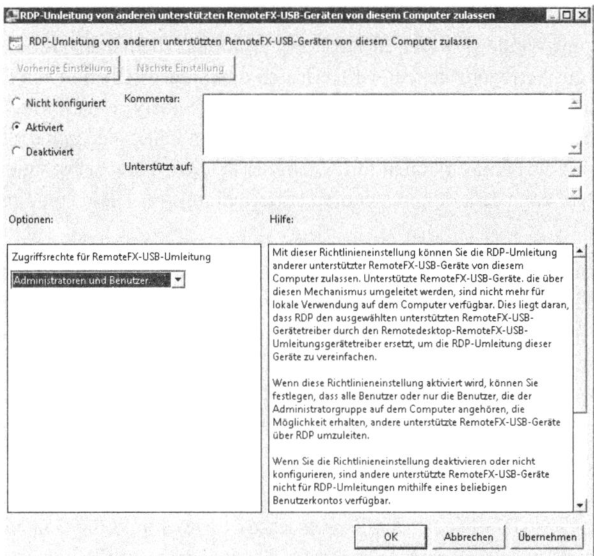

Um auf Servern, die Sie als Remotedesktop-Sitzungshosts verwenden, die optimale Leistung für RemoteFX herauszuholen, navigieren Sie noch zur Richtlinie *Computerkonfiguration/Administrative Vorlagen/Windows-Komponenten/Remotedesktopdienste/Remotedesktopsitzungs-Host/Umgebung für Remotesitzung.* Hier können Sie verschiedene Einstellungen vornehmen, um die Oberfläche optimal anzupassen. Aktivieren Sie die Option *Optimieren der visuellen Darstellung bei der Verwendung von RemoteFX.* Sie sollten bei den Einstellungen jeweils *Höchste Einstellung (beste Qualität)* wählen.

Abbildg. 43.36 Konfigurieren der Einstellung für RemoteFX

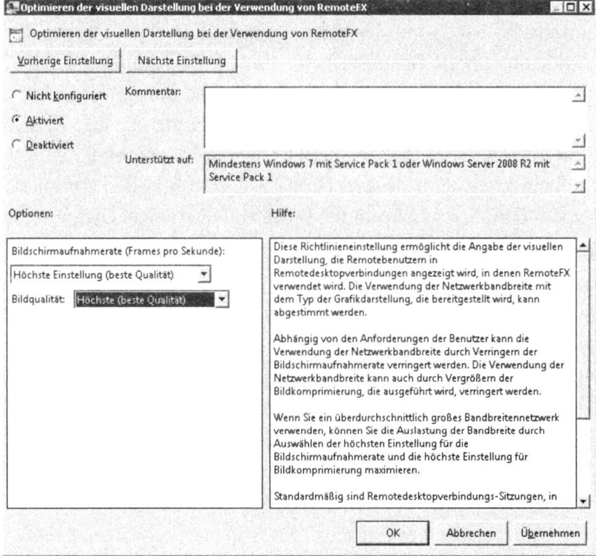

Weitere Verbesserungen von SP1

Unternehmen, die DirectAccess mit Windows Server 2008 R2 und Windows 7 betreiben, also die verbesserte VPN-Anbindung, die über IPv6 zur Verfügung gestellt wird, erhalten durch die Installation von SP1 eine Verbesserung der Leistung. Auch die neuen verwalteten Dienstkonten (Managed Service Accounts) in Windows Server 2008 R2 hat Microsoft verbessert. Diese funktionieren jetzt besser in DMZs (demilitarisierte Zonen). Managed Service Accounts können als Benutzerkonten für Systemdienste dienen und selbstständig ihr Kennwort in Active Directory verwalten, ohne dass Administratoren eingreifen müssen. Diese Funktion gibt es seit Windows Server 2008 R2.

Unternehmen, die Domänencontroller in langsameren Netzwerken mit schmalbandigeren Leitungen betreiben, zum Beispiel in den neuen Cloudservices von Microsoft, erhalten eine Verbesserung bezüglich des Datenverkehrs der Authentifizierung. In diesem Zusammenhang hat Microsoft auch die Kommunikation zwischen Clusterknoten verbessert. Wer HDMI-Geräte mit Windows 7 betreibt, freut sich, dass diese nach einem Neustart nicht mehr die Verbindung verlieren. Ohne SP1 kann dies auf einigen Computern passieren. Auch der DHCP-Server in Windows Server 2008 R2 soll nach der Installation von SP1 besser mit Adressleases umgehen und erhält eine Fehlerbehebung des neuen MAC-Filters.

Weitere Verbesserungen hat Microsoft beim Netzwerklastenausgleich (NLB), dem BranchCache, für Dateiserver mit Ressourcenmanagement, dem DNS-Dienst, den Remotedesktopdiensten und für Domänencontroller integriert. Auch der FTP-Server erfährt Verbesserungen sowie der Clusterdienst und die Kommunikation der Clusterknoten.

Windows HPC Server 2008 R2

Windows HPC Server 2008 R2 steht für High Performance Computing. Hierbei handelt es sich um eine spezielle Version von Windows Server 2008 R2 beziehungsweise um eine Zusatzlösung für das aktuelle Microsoft-Betriebssystem, die Sie nachträglich installieren. Die Aufgabe der Serverversion ist der Aufbau einer Serverinfrastruktur auf Basis normaler Server und Computer im Supercomputerbereich, um sehr schnelle und umfangreiche Berechnungen durchzuführen.

Die Bedienung ist dabei recht einfach. Sie bauen mit der Version einen Cluster auf, der die Rechenkapazität aller angebundenen Knoten nutzen kann, um die Gesamtrechenleistung für bestimmte Aufgaben zu erhöhen. Vor allem Computer mit mehreren Kernen laufen mit dem System zu Höchstleistungen auf. Damit Anwendungen diese Techniken nutzen können, müssen sie so programmiert sein, dass sie parallele Rechenoperationen unterstützen. Beispiele für die Entwicklung finden Sie zum Beispiel auch in Visual Studio 2010. Viele Anwendungen, die auf Berechnungen aufbauen, wie zum Beispiel Excel 2010, sind für HPC optimiert. HPC Server 2008 R2 ist der direkte Nachfolger von HPC Server 2008 mit erweiterten Funktionen. Dieser wiederum hat den Windows Compute Cluster Server 2003 (CCS) abgelöst.

Microsoft stellt auf seiner Internetseite verschiedene Benchmarks zur Verfügung, welche die Leistungsfähigkeit des Systems zeigen sollen. Sie finden diese Daten auf der Seite *http://www.microsoft.com/hpc/en/us/product/performance-benchmarking-hpc.aspx*. Da Sie für die Supercomputerlösung keine spezielle Hardware benötigen und sogar Rechenoperationen auf Windows 7-Computern auslagern können, haben auch mittelständische Unternehmen durchaus Vorteile durch diese Serverlösung. Dies insbesondere auch, weil eine Testumgebung sehr schnell aufgebaut ist.

Supercomputer-Cluster mit herkömmlichen Servern

Der Vorteil von Windows HPC Server 2008 R2 ist, dass Sie diesen auf herkömmlichen Servern installieren können, die dadurch ihre Rechenkraft bündeln können. Sie benötigen für den Einsatz keine besondere Hardware. Die Computer müssen allerdings als 64-Bit-System zur Verfügung stehen, Windows HPC Server 2008 R2 unterstützt keine 32-Bit-Systeme mehr. Eine neue Funktion in HPC Server 2008 R2 ist die Möglichkeit, Excel-Tabellen, die zum Beispiel im Finanzbereich eine extreme Rechenleistung benötigen, schnell auf HPC-Clustern berechnen zu lassen.

Excel User-Defined Functions (UDFs) in Excel 2010 können Sie mit dieser Technik auf einem HPC-Cluster berechnen lassen. Rechenoperationen, die auf normalen Computern mehrere Stunden dauern, lassen sich mit dieser Technik in wenigen Minuten berechnen. Eine wesentliche Neuerung in Windows HPC Server 2008 R2 ist die Möglichkeit, Windows 7-Computer im Cluster zu betreiben. Diese neue Technik trägt die Bezeichnung Cluster of Workstation (CoW). Mit ihr lassen sich Rechenoperationen an Windows 7-Computer auslagern, die Bestandteil des Clusters sind. Ebenfalls neu ist die Möglichkeit, HPC-Knoten in Windows Azure einzubinden, dem Cloudsystem von Microsoft. Das ermöglicht das Auslagern von komplexen Rechenoperationen in die Cloud. Diese Knoten lassen sich parallel zu den HPC-Clusterknoten im internen Netzwerk betreiben oder als kompletten Ersatz.

Die Übergabe der Berechnungen steuert dazu der Broker Node im Cluster, der parallel auch interne Server verwalten kann. Sie müssen zur Unterstützung von Azure SP1 für HPC Pack 2008 R2 installieren. Dieses finden Sie auf der Seite *http://www.microsoft.com/downloads/en/details.aspx?FamilyID=A78520F1-DE82-4442-B273-2FF7327B9140*. Alle Neuerungen des SP1 im Detail finden Sie auf der Seite *http://technet.microsoft.com/en-us/library/gg481751(WS.10).aspx*.

Vor allem, wenn Sie Excel-Berechnungen durchführen oder den internen HPC-Cluster an Windows Azure anbinden wollen, sollten Sie SP1 installieren. Dieses Service Pack hat aber nichts mit SP1 für Windows Server 2008 R2 zu tun, sondern aktualisiert lediglich die HPC-Komponente des Betriebssystems. Das Service Pack 1 für Windows Server 2008 R2 müssen Sie daher auf einem HPC-Cluster zusätzlich installieren.

Viele Aufgaben lassen sich in der neuen Version über die PowerShell auch als Skript durchführen. Dazu steht die neue HCP PowerShell zur Verfügung. Starten Sie diese und geben *Get-Command *–Hpc** ein, zeigt die Shell alle verfügbaren Befehle an.

Abbildg. 43.37 Verwalten von HPC-Clustern in der PowerShell

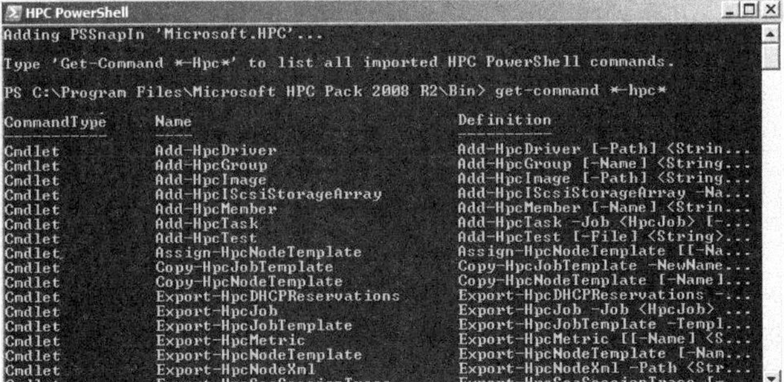

Verbessert hat Microsoft auch die Java-Unterstützung und die Verwaltung des Clusters. Auch die Zusammenarbeit der Knoten läuft jetzt wesentlich stabiler und leistungsfähiger ab. Vor allem beim Einsatz mehrerer Knoten bietet HPC Server 2008 R2 die Möglichkeit, über »Diskless Boot« das Betriebssystem von einem gemeinsamen zentralen System zu booten. Eine Möglichkeit dazu ist iSCSI.

Microsoft bietet die Möglichkeit, von Clustern mit HPC Server 2008 zu HPC Server 2008 R2 zu migrieren. Die entsprechenden Anleitungen zu diesem Thema finden Sie in Microsoft TechNet auf den Seiten *http://technet.microsoft.com/en-us/library/ff872105(WS.10).aspx* und *http://technet.microsoft.com/en-us/library/gg252516(WS.10).aspx*.

Head Node, Compute Node und Broker Node

In den Vorgängerversionen konnten Sie den Verwaltungsknoten des Clusters (Head Node) nicht vor einem Ausfall schützen. Diese Möglichkeit gibt es jetzt in Windows HPC Server 2008 R2, da Sie den Head Node jetzt auch clustern können. Auf diesem Node läuft zum Beispiel der Job Scheduler, der die Berechnungen aller Knoten steuert. Wollen Sie diesen ausfallsicher installieren, müssen Sie HPC Pack 2008 R2 auf der Enterprise- oder Datacenter-Edition von Windows Server 2008 R2 installieren.

Abbildg. 43.38 Rechenaufgaben im HPC-Cluster steuern Sie über Jobs

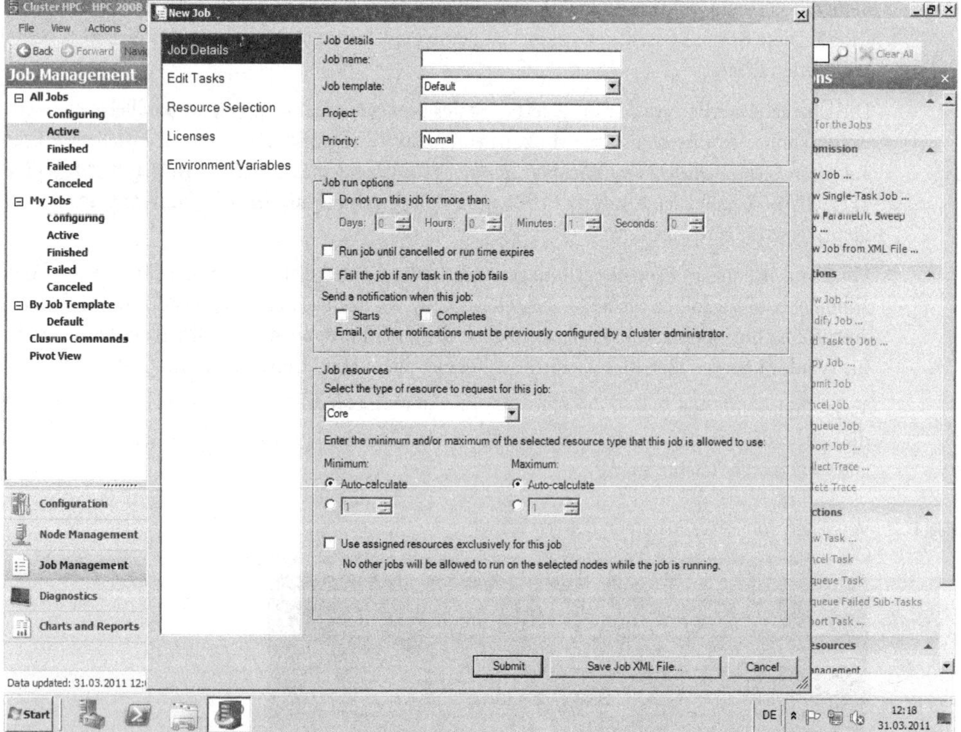

Die Verwaltungsaufgaben des Clusters und der Job Scheduler laufen auf diesem zentralen Element des HPC-Clusters. Die einzelnen Knoten des Clusters, welche die Berechnungen ausführen, die der Job Scheduler auf dem Head Node angibt, tragen die Bezeichnung *Compute Node*. Computer, die Anwendungen von externen Anwendungen an den Cluster zur Berechnung übergeben und die Endergebnisse wieder den Anwendern zur Verfügung stellen, sind die *Broker Nodes*.

Ein Glossar der Fachbegriffe finden Sie in der Microsoft-TechNet auf der Seite *http://technet.microsoft.com/en-us/library/dd463980%28WS.10%29.aspx*. Windows HPC Server 2008 R2 ist in englisch, chinesisch und japanisch verfügbar. Sie können HPC Pack 2008 R2 aber auch auf anderen Sprachen installieren. In diesem Fall ist die Oberfläche der Verwaltung in englisch. Die Knoten müssen Bestandteil der gleichen Active Directory-Gesamtstruktur sein. Ohne Active Directory können Sie keinen HPC-Cluster betreiben.

HPC Pack 2008 R2 (SP1)

Die eigentliche Technik hinter dem HPC-Server ist das HPC-Pack, welches auf den Knoten läuft und die Rechenoperationen der angebundenen Knoten steuert. Das HPC Pack 2008 R2 unterstützt bis zu 64 Kernen auf einem Server, egal auf welcher Serverversion Sie das Pack installieren. Installieren Sie das Pack auf einem Server mit Windows Server 2008 R2 HPC oder Windows Server 2008 R2 Standard, können Sie bis zu vier Prozessoren verwenden.

Sie können das HPC-Pack aber auch auf Servern mit Windows Server 2008 R2 Enterprise oder Datacenter installieren. In diesem Fall können Sie bis zu acht Prozessoren pro Server einsetzen, die Datacenter Edition unterstützt bis zu 64 Prozessoren pro Server. Microsoft stellt drei verschiedene Editionen von HPC Pack 2008 R2 zur Verfügung:

1. **HPC Pack 2008 R2 Express** Die kostenlose Express-Version laden Sie über das Downloadcenter von Microsoft herunter (*http://www.microsoft.com/downloads/en/details.aspx?FamilyID=65c22b61-be5a-4661-b19f-410a69f69597*). Dieses enthält nur die Funktionalitäten von HPC Server 2008 (nicht R2), zum Beispiel den Job Scheduler, SOA, MPI und die Clusterverwaltung. Der Installations-Assistent ermöglicht auch die Installation der Enterprise-Edition von HPC Pack 2008 R2.
2. **HPC Pack 2008 R2 Enterprise** Diese Version unterstützt alle Neuerungen in HPC Server 2008 R2 und zusätzlich die Funktionen der Express-Edition. Sie benötigen diese Edition zum Beispiel für die Anbindung von Windows 7-Computern oder für Excel-Berechnungen.
3. **HPC Pack 2008 R2 für Workstations** Hierbei handelt es sich um die Erweiterungen für Windows 7, um Clients an den Server anzubinden (Workstation Node). Damit können auch Windows 7-Computer Rechenoperationen für den Cluster durchführen. Voraussetzung ist die Verwendung einer 64-Bit-Version von Windows 7 Professional oder Enterprise.

Abbildg. 43.39 Installieren von HPC Pack 2008 R2 auf einem Server

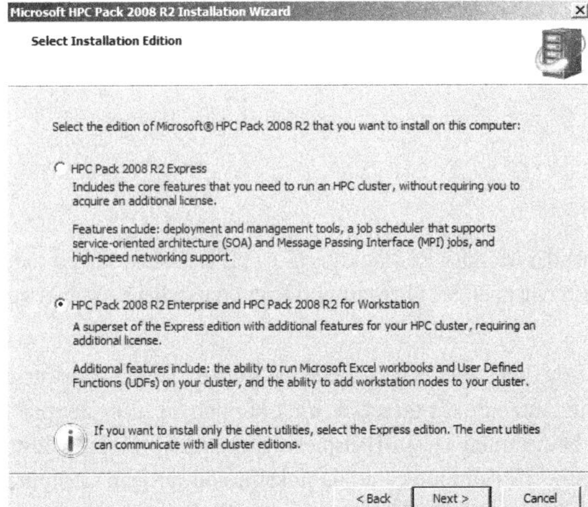

Installieren Sie HPC Pack 2008 R2, wird zusätzlich ermittelt, welche Anwendungen und Zusatztools Sie auf dem Server benötigen. Die notwendigen Erweiterungen installiert das Pack automatisch. Auf dem ersten Server, auf dem Sie das HPC Pack installieren, richtet der Assistent auch den Cluster ein und definiert den Computer als Head Node.

Der oberste Knoten des HPC-Clusters (Head Node) speichert seine Daten in einer SQL-Datenbank. Hier unterstützt der Server auch die kostenlose Express-Edition von SQL Server 2008 (R2). Steht dem Server keine Datenbank zur Verfügung, installiert das HPC Pack automatisch SQL Server 2008 Express Edition auf dem Server.

Haben Sie das HPC Pack installiert, können Sie über Assistenten die Konfiguration des Clusters vornehmen und mit dem HPC 2008 R2 Cluster Manager den Cluster erstellen und verwalten. Die Oberfläche erinnert an die Verwaltungskonsole von System Center-Produkten und haben nichts mit der Failover-Clusterverwaltung in Windows Server 2008 R2 gemeinsam.

Abbildg. 43.40 Verwalten des HPC-Clusters

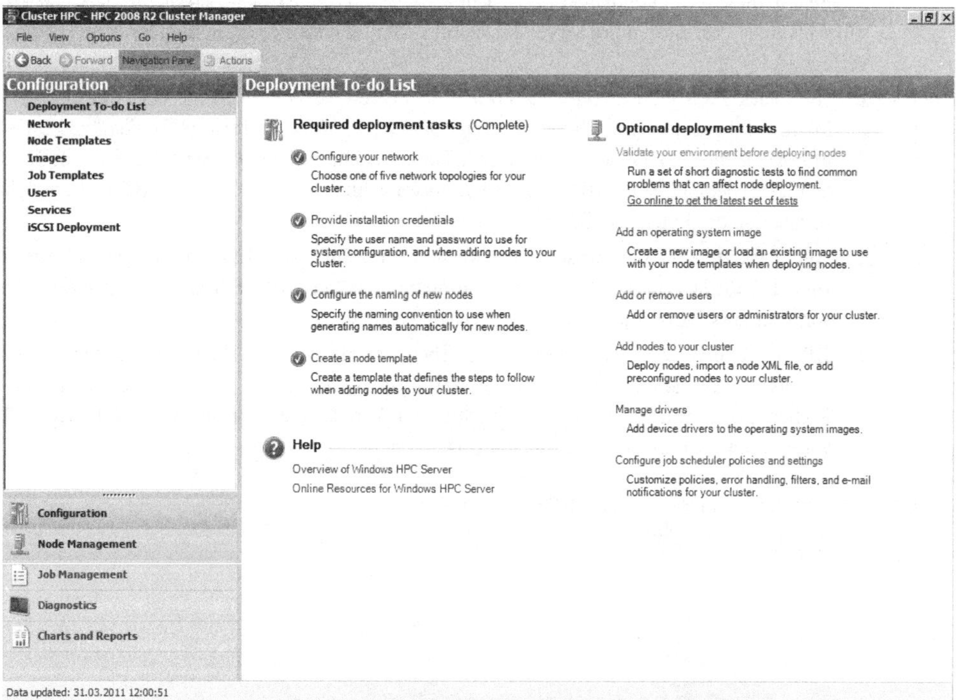

Ein wichtiger Punkt in diesem Pack ist das Message Passing Interface (MPI). Dieses steuert die Kommunikation zwischen den Clusterknoten. Im Cluster können Sie über tausend Knoten parallel betreiben und deren Rechenleistung gemeinsam nutzen.

Die Rechenaufgaben verteilt der Job Scheduler auf die verschiedenen Knoten. Dieser überwacht die Rechenoperationen auch und synchronisiert die Systeme. Mit dieser Technik können Sie zum Beispiel bestimmte Windows 7-Computer im Netzwerk zu bestimmten Zeiten (beispielsweise nachts) an den Cluster anbinden und Rechenoperationen durchführen lassen. Die Computer sind dann keine vollwertigen Compute Nodes, sondern stehen tagsüber Anwendern normal zur Verfügung. Nachts oder an Wochenenden können diese Computer aber durch den Job Scheduler im HPC-Cluster Aufgaben erhalten und Berechnungen für den Cluster durchführen.

Auf den Microsoft-TechNet-Seiten von Microsoft finden Sie unter *http://technet.microsoft.com/en-us/library/ee783547(WS.10).aspx* umfangreiche Anleitungen und Informationen. Den Blog der Entwickler erreichen Sie über die Seite *http://blogs.technet.com/b/windowshpc/*. Im TechNet stellt Microsoft ein Forum für HPC zur Verfügung. Dieses erreichen Sie über die Seite *http://social.microsoft.com/Forums/en-US/category/windowshpc*. Umfangreiche Informationen erhalten Sie auch direkt auf der amerikanischen HPC-Seite *http://www.microsoft.com/hpc/en/us/default.aspx*, die deutschen Informationen in diesem Bereich sind aktuell mehr als spärlich.

Microsoft stellt Testversionen zur Verfügung, sodass interessierte Administratoren ohne großen Aufwand einen Cluster aufbauen können. Diese finden Sie auf der Seite *http://technet.microsoft.com/de-de/evalcenter/ff949874*. Vor allem Unternehmen, die häufig umfangreiche Berechnungen durchführen müssen, die auch noch sehr zeitaufwendig sind, profitieren von der Lösung, da Ergebnisse schneller vorliegen und Anwender deutlich Arbeitszeiten sparen. Allerdings ist der Einsatz nur dann sinnvoll, wenn solche Berechnungen regelmäßig anstehen. Beispiele für Berechnungen von Excel-Tabellen in HPC-Clustern finden Sie in den Webcasts auf den Seiten *http://www.microsoft.com/germany/events/eventdetail.aspx?EventID=1032463680* und *http://www.microsoft.com/germany/events/eventdetail.aspx?EventID=1032463679*. Ein Whitepaper zu den technischen Möglichkeiten des Servers können Sie über die Seite *http://download.microsoft.com/download/A/2/C/A2C6AB4C-50E4-4AF0-AEF8-55040EB18D1F/WindowsHPCServer2008R2TechnicalOverview_final.docx* herunterladen.

Zusammenfassung

In diesem Kapitel haben Sie erfahren, wie Sie das SP1 für Windows Server 2008 R2 installieren, die Installation überprüfen oder Fehler beheben. Auch die unbeaufsichtigte Installation sowie die Deinstallation wurden in diesem Kapitel erläutert.

Weitere Themen waren die neuen Funktionen Dynamic Memory und RemoteFX, die vor allem für Hyper-V und Remotedesktop-Sitzungshosts eine Rolle spielen. Sie konnten erfahren, welche Voraussetzungen notwendig sind, damit Sie die neuen Funktionen nutzen können, und welche Verbesserungen darüber hinaus im Service Pack 1 für Windows Server 2008 R2 enthalten sind.

Kapitel 44

Microsoft Desktop Optimization Pack 2010

In diesem Kapitel:

Mit den Tools aus dem Microsoft Desktop Optimization Pack (MDOP) unterstützt Microsoft Software-Assurance-Kunden bei der Einführung von Windows 7 und Windows Server 2008 R2 im Unternehmen. Die Werkzeuge stehen Assurance-Kunden kostenlos zur Verfügung und sind auch über TechNet und MSDN verfügbar.

Wir gehen in diesem Kapitel auf die Werkzeuge und deren Nutzen für Netzwerke mit Windows Server 2008 R2 und Windows 7 ausführlicher ein. Am meisten verbreitet ist aktuell die Version 2009 R2 von MDOP sowie die neue Version 2010. Beide Versionen unterstützen Windows 7 und Windows Server 2008 R2, allerdings nicht für die Desktopvirtualisierung (MED-V). Hier ist aktuell MED-V Version 1.0 enthalten, welches noch kein Windows 7 unterstützt, sondern für Windows Vista entwickelt wurde. Die beiden wichtigsten Produkte im MDOP sind Application-Virtualization (App-V, ehemals Softgrid) und Microsoft Enterprise Desktop Virtualization (MED-V). Für beide Produkte bietet Microsoft neue Versionen, die vor allem für die Unterstützung von Windows 7, Windows Server 2008 R2 und Office 2010 wichtig sind. Ohne SP1 können Sie zum Beispiel MED-V 1.0 nur zusammen mit Windows Vista und Windows XP oder Windows 2000 als virtuelles Gastsystem einsetzen.

Die neueste Version 4.6 von App-V unterstützt die neuen Remotedesktopdienste von Windows Server 2008 R2 sowie die Virtualisierung von Office 2010 und steht auch als 64-Bit-Client zur Verfügung. Das ist vor allem beim Einsatz zusammen mit den neuen Remotedesktopdiensten von Windows Server 2008 R2 wichtig, da hier keine 32-Bit-Version mehr verfügbar sind. Für MED-V 1.0 gibt es das Service Pack 1, welches die Desktopvirtualisierung fit für Windows 7 und Windows Server 2008 R2 macht. Die Serverkomponente lässt sich unter Windows Server 2008 R2 installieren. Den Client installieren Sie auf einer Arbeitsstation mit Windows 7. App-V hilft bei der Virtualisierung von Anwendungen und kann die Remotedesktopdienste von Windows Server 2008 R2 deutlich erweitern.

Damit Anwendungen auf den Clients zur Verfügung stehen, müssen Sie diese beim Einsatz von App-V nicht lokal installieren, sondern können diese über App-V im Unternehmen verteilen. Egal, an welchem Computer sich die Anwender anmelden, finden sie für ihre Anwendungen die gleichen Einstellungen vor, da diese automatisch vom App-V-Server geladen werden. App-V ist kein Ersatz für Terminalserver, sondern eine ideale Ergänzung. Vor allem in Zusammenarbeit mit Office 2010 bietet App-V 4.6 eine deutliche Leistungsverbesserung, schnellere Starts und die Möglichkeit, einzelne Anwendungen von anderen zu isolieren. MDOP 2010 enthält für den Server die Version 4.5 SP1, da sich hier wenig geändert hat. Für den Client sind jedoch die neuen Features der Version 4.6 enthalten. Diese unterstützt Windows 7, Microsoft Office 2010 und Windows Server 2008 R2. Neben diesen Neuerungen unterstützt App-V noch 64-Bit-Computer, vor allem auf der Clientseite. App-V 4.5 SP1 unterstützt nur 32-Bit-Clients. Außerdem hat Microsoft die Verwaltung in App-V 4.6 moderner gestaltet und vereinfacht.

Microsoft Enterprise Desktop Virtualization (MED-V)

Mit MED-V aus dem MDOP können Unternehmen komplette virtuelle Computer mit Windows 2000 oder Windows XP im Unternehmen bereitstellen. Auf diese Weise können Anwender zum Beispiel einen virtuellen Windows XP-Computer erhalten, wenn bestimmte Anwendungen nicht unter Windows 7 laufen. Zwar gibt es für Windows 7 auch den Windows XP Mode, MED-V geht bei der Virtualisierung aber einen Schritt weiter und bietet zum Beispiel auch Richtlinien, eine zentrale Verwaltungskonsole und die Anbindung an Domänen.

Einfach ausgedrückt handelt es sich bei MED-V um einen zentral verwalteten Windows XP Mode für Active Directory-Domänen bis zu 5.000 Clients mit allen Vorteilen des Windows XP Mode und einigen sehr interessanten Erweiterungen.

Abbildg. 44.1 MED-V bietet eine zentrale Verwaltungsoberfläche für virtuelle Computer

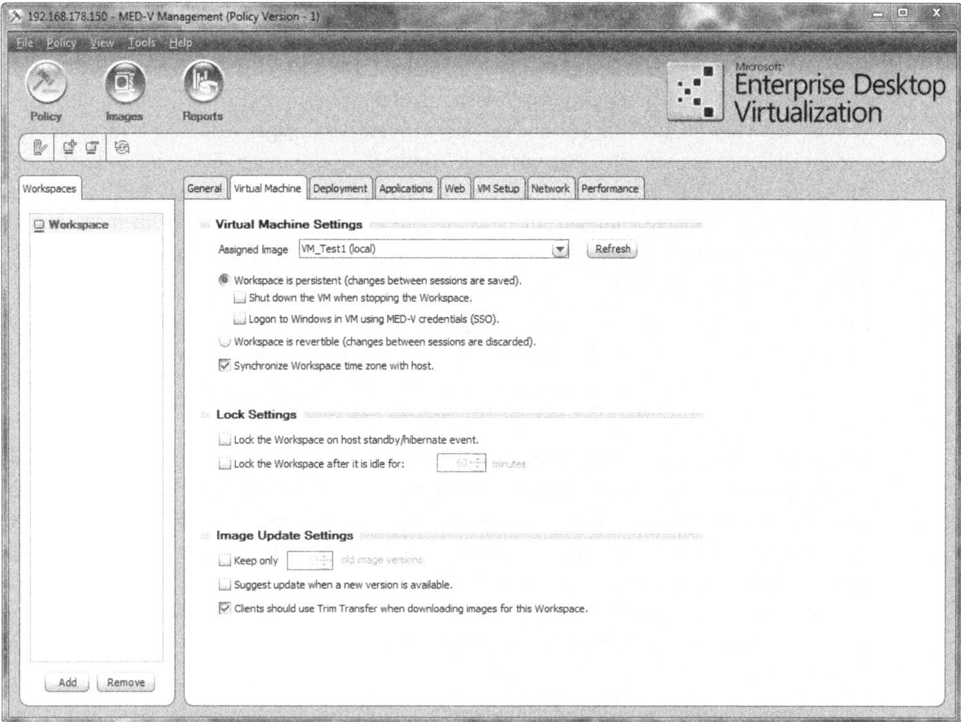

Grundlagen zu MED-V – Enterprise-Desktop vs. Windows XP Mode

Zentrale Aufgabe von MED-V ist die zentrale Erstellung von Betriebssystem-Images auf Basis von Windows XP oder Windows 2000 und deren Bereitstellung auf Clientcomputern auf Basis von Virtual PC 2007 SP1 und Windows 7 als Host. Der Sinn dahinter ist, dass Sie im Unternehmen Windows 7 verteilen können, und nicht kompatible Anwendungen im virtuellen Computer laufen. Dabei handelt es sich nicht nur um einen virtuellen Computer, sondern die installierten Anwendungen tauchen im Startmenü des Hostsystems auf und Anwender bemerken so gut wie nichts von dem parallelen Computer, sondern können ganz normal mit den Anwendungen arbeiten, als wären diese lokal installiert. Dafür ist zu hundert Prozent sichergestellt, dass virtuelle Anwendungen problemlos funktionieren, da diese unter Windows XP installiert sind.

Aktuell gibt es die Version 1.0 des MED-V, welches Bestandteil von MDOP 2009 R2 und MDOP 2010 ist. Der Nachteil dieser Version ist, dass Windows 7 und Windows Server 2008 R2 nicht unterstützt werden. Diese Version ist noch für den Einsatz von Windows Vista und Windows Server 2008 gedacht. Hier schafft das SP1 für MED-V Abhilfe, welches Microsoft zur Verfügung stellt, um den Serverpart von MED-V auch auf Windows Server 2008 R2 zu installieren. Mit MED-V 1.0 SP1 erhalten Sie eine vollständige Installation, müssen also nicht das SP1 nachträglich installieren. Bestehende Installationen lassen sich aber problemlos auf MED-V 1.0 SP1 aktualisieren. Mit dieser neuen Version können Unternehmen Windows XP und Windows 2000 als virtuelle Computer für Windows 7 verteilen, ohne auf den Windows XP Mode zu setzen. Während der Windows XP Mode eher für weniger PCs gedacht ist, hat MED-V durch die zentrale Verwaltung vor allem beim Einsatz in größeren Netzwerken erhebliche Vorteile.

Die zentrale Aufgabe von MED-V ist nicht die Möglichkeit, Windows 7 im Unternehmen als virtuellen Desktop zu verteilen. Hier bietet die Virtual Desktop Infrastructure (VDI) zusammen mit Hyper-V R2 und Windows Server 2008 R2 bessere Möglichkeiten. Anwender, die bereits mit Windows 7 arbeiten, erhalten mit MED-V einen virtuellen Computer, der auf Windows XP aufbaut. Die Anwender arbeiten aber nicht mit dem virtuellen Computer direkt, sondern mit den installierten Anwendungen auf dem virtuellen Computer. Grundlage dieser Technik ist Virtual PC 2007 mit SP1 und ein oder mehrere Basisimages, welche Sie zentral zur Verfügung stellen und im Unternehmen verteilen. Die virtuellen Windows XP-Computer lassen sich so konfigurieren, dass sich Anwender an Active Directory authentifizieren müssen, genauso wie an normalen PCs. Auf diese Weise lassen sich dann auch Gruppenrichtlinien auf virtuelle Computer anwenden, Applikationen automatisch installieren und eine Verbindung mit dem Netzwerk aufbauen. Auch spezielle Richtlinien, die Sie mit MED-V verteilen, unterstützen diese Computer.

Neben Windows XP können Sie auf den virtuellen Computern auch andere Windows-Systeme installieren, ab MED-V 1.0 SP1 ist auch offiziell Windows 7 als Host unterstützt. Wie beim Windows XP Mode in Windows 7 erscheinen Anwendungen, die Sie in der virtuellen Maschine installieren und freigeben, auch im Startmenü des Gast-Windows und verhalten sich wie lokal installierte Anwendungen.

Für Anwender ist der Betrieb vollkommen transparent, es sind keine Schulungen notwendig und der Umgang ist sehr leicht, da sich die Anwendungen genauso wie andere Programme verhalten. Im Gegensatz zum Windows XP Mode verfügt MED-V über eine zentrale Verwaltungskonsole und die Möglichkeit, virtuelle Computer automatisch zu installieren, und zwar über Netzwerk, DVD, USB-Stick oder eine Webseite. Außerdem lassen sich Richtlinien hinterlegen, welche über die Möglichkeiten von Gruppenrichtlinien hinausgehen. Darüber hinaus ist diese Lösung Active Directory-basiert, während der Windows XP Mode auf einer alleinstehenden virtuellen Maschine aufbaut. MED-V lässt sich aber problemlos auch auf Clients starten, die nicht Mitglied einer Domäne sind.

MED-V unterstützt bis zu 5.000 angebundene Clients. Für die Installation des Verwaltungsservers benötigen Sie Windows Server 2008 x86 oder x64 oder besser Windows Server 2008 R2. Ohne das SP1 für MED-V 1.0 müssen Sie auf Windows Server 2008 setzen. Die Installation auf Windows Server 2008 R2 ist bei der alten Version nicht möglich und bricht mit einem Fehler ab. Auf den Clientsystemen ist Windows Vista Business, Enterprise oder Ultimate ab SP1 und Windows XP Professional ab SP2 erforderlich, mit dem SP1 für MED-V 1.0 ist auch die Installation auf Windows 7 Professional, Enterprise oder Ultimate problemlos durchführbar. Allerdings ist der parallele Einsatz des Windows XP Mode für Windows und von MED-V nicht möglich. Dies liegt daran, dass der Windows XP Mode auf Virtual PC für Windows 7 aufbaut, MED-V aber auf Virtual PC 2007 SP1. Wollen Sie also virtuelle Images mit MED-V unter Windows 7 installieren, müssen Sie Virtual PC für Windows 7 vorher deinstallieren.

Virtual PC 2007 SP1 läuft problemlos mit Windows 7. Das Image des Windows XP Mode können Sie nicht für MED-V verwenden, sondern müssen für den Einsatz ein eigenes MED-V-basiertes Image erstellen. Auf dem virtuellen Computer können Sie Windows 2000 und Windows XP installieren, allerdings nur als 32-Bit-Variante. Standardmäßig blockiert die Firewall in Windows 7 den Netzwerkverkehr für Virtual PC 2007. Wollen Sie virtuellen Clients den Netzwerkzugriff ermöglichen, müssen Sie entweder lokal oder über Gruppenrichtlinien die Netzwerkkommunikation von Virtual PC 2007 SP1 zulassen.

TIPP Auf den folgenden Seiten erhalten Sie ausführliche Anleitungen und Beispielimages für MED-V:

- **Microsoft Enterprise Desktop Virtualization Planning, Deployment, and Operations Guide** *http://go.microsoft.com/fwlink/?LinkID=167079*
- **Microsoft Enterprise Desktop Virtualization Evaluation Guide** *http://go.microsoft.com/fwlink/?LinkId=168919*

- **Microsoft Enterprise Desktop Virtualization Quick Start Guide** *http://go.microsoft.com/fwlink/?LinkId=168930*
- **Microsoft Enterprise Desktop Virtualization Team Blog** *http://go.microsoft.com/fwlink/?LinkId=168932*
- **Quick Start guide (Quick start policy XML file)** *http://download.microsoft.com/download/2/7/8/278F740F-0CF5-45DA-AD68-6AB623566706/QuickStart_Policy.xml*
- **MDOP TechCenter** *http://technet.microsoft.com/en-us/windows/bb899442.aspx*
- **Microsoft Enterprise Desktop Virtualization (MED-V) Administration Video Series** *http://www.microsoft.com/downloads/details.aspx?FamilyID=1f0d3e54-25d1-4ec1-a844-3b508bd63ffa&displaylang=en*
- **Microsoft SQL Server 2008 Management Objects** *http://www.microsoft.com/downloads/details.aspx?displaylang=de&FamilyID=c6c3e9ef-ba29-4a43-8d69-a2bed18fe73c*
- **Internet Explorer Application Compatibility VPC Image** *http://www.microsoft.com/downloads/details.aspx?FamilyID=21eabb90-958f-4b64-b5f1-73d0a413c8ef&DisplayLang=en*
- **MED-V-Video** *http://technet.microsoft.com/en-us/windows/ee532035.aspx*

MED-V installieren und testen

Unternehmen mit Assurance-Vertrag können MDOP als Datenträger anfordern oder über TechNet bzw. MSDN als *.iso*-Datei herunterladen. MED-V ist eines der Tools auf dem MDOP-Datenträger. Auf den Clients muss Virtual PC 2007 SP1 mit einigen Sicherheitspatches installiert sein. Die notwendigen Dateien von Virtual PC 2007 finden Sie bei den MED-V-Installationsdateien. Virtual PC 2007 SP1 steht als 32-Bit- und als 64-Bit-Software zur Verfügung. Als Gastsystem können Sie jedoch nur 32-Bit-Betriebssysteme installieren.

Virtual PC 2007 SP1 mit den notwendigen Patches können Sie nicht mit MED-V im Unternehmen verteilen. Hier verwenden Sie entweder Gruppenrichtlinien, System Center Configuration Manager (SCCM) oder andere Serverlösungen zur Softwareverteilung. Auch die manuelle Installation ist möglich, um den Einsatz zu testen. Microsoft stellt verschiedene Betriebssystemimages kostenlos zur Verfügung, die sich mit MED-V im Unternehmen testen lassen.

Für Testzwecke am besten geeignet ist ein Image mit Windows XP SP3. Allerdings können Sie dieses Image nicht perfekt in MED-V einbinden, wenn Sie die Lösung produktiv einsetzen wollen, da diese kostenlosen PCs keine Volumenlizenzen haben. Für Testzwecke reichen die PCs aber. Die Vorgänge dabei sind nicht sehr kompliziert. Auf dem Server installieren Sie zunächst den Verwaltungsserver von MED-V, der später auch die Images hostet, welche die Clients herunterladen. Die Installationsdatei trägt die Bezeichnung *MED-V_Server_<Version>.msi*. Diese Installation ist schnell abgeschlossen und erfordert keine besonderen Einstellungen.

Die Verwaltungskonsole für MED-V können Sie nicht unter Windows Server 2008 R2 installieren. Hier müssen Sie einen Testclient verwenden, der sich über den Port 80 mit dem Server verbindet. In sicheren Produktivumgebungen können Sie an dieser Stelle auch den SSL-Port 443 verwenden. Diese Einstellung nehmen Sie auf dem Server mit dem MED-V Server Configuration Manager vor.

Abbildg. 44.2 Einstellungen für die Verbindung auf dem MED-V-Server

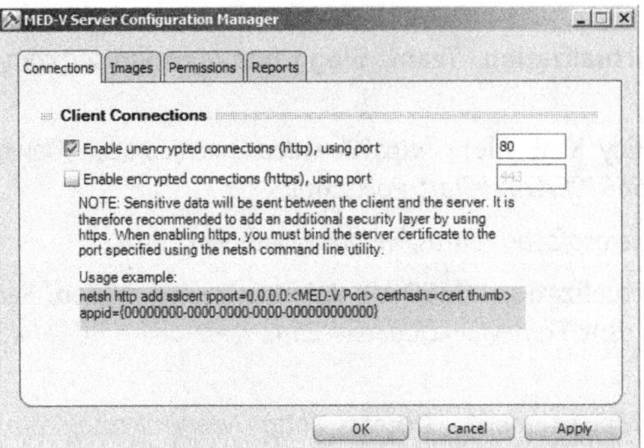

Einstellungen für die Verbindung auf dem MED-V-Server

Über den MED-V Server Configuration Manager steuern Sie auf dem Server auch den Pfad, in dem die Images abgelegt sind, wer Rechte für den Zugriff auf die Images besitzt und das Reporting. Das Berichtswesen von MED-V ist eine optionale Konfiguration, die auf SQL Server 2005 oder SQL Server 2008 aufbaut. Sie müssen zunächst einige zusätzliche Funktionen installieren, deren Downloadlink der Einrichtungs-Assistent angibt. Wollen Sie sich mit einem SQL-Server über das Netzwerk verbinden, müssen Sie als Datenquelle die Syntax in der Art *Data Source=<Servername>;Initial Catalog=<Datenbankname>;uid=sa;pwd=<Kennwort>* verwenden.

MED-V unterstützt auch die kostenlose Express-Variante von SQL-Server. In diesem Fall müssen Sie bei der Syntax auf die Bezeichnung *Data Source=<Servername>\sqlexpress* achten. Neben dem Serverbestandteil müssen Sie auf den Clients, die Sie an MED-V anbinden, den MED-V-Client installieren. Auch diese Installationsdatei finden Sie in den MED-V-Installationsdateien. Die Datei hat die Bezeichnung *MED-V_<Versionsnummer>.msi*. Während der Installation des Clients können Sie die Installation der Verwaltungskonsole auswählen, über die Sie den MED-V-Server steuern.

Haben Sie die Verwaltungskonsole installiert und starten die Verbindung, müssen Sie sich zunächst am Verwaltungsserver authentifizieren. Anschließend stellt die Konsole eine Verbindung zum Server her. Nach der erfolgreichen Installation des Servers und der Verwaltungskonsole definieren Sie sogenannte Workspaces. Dabei handelt es sich um virtuelle Computer auf Basis von *.vhd*-Dateien und einem Satz Richtlinien. Über diese Richtlinien sichern Sie die virtuellen Computer und legen verschiedene Rechte fest. Beispielsweise bestimmen Sie, welche Anwender den virtuellen Computer nutzen dürfen, ob auch ein Start bei Offlineverbindungen erlaubt ist und wie lange die *.vhd*-Datei genutzt werden darf. Außerdem können Sie über die Richtlinien die Zusammenarbeit zwischen Host und Gastsystem steuern.

Sie können eine URL-Umleitung konfigurieren, um festzulegen, dass bestimmte URLs, die Sie auf dem Host öffnen, mit dem (älteren) Browser im Gast gestartet werden sollen und ob ein Datenaustausch zwischen Host und Gast erlaubt sein soll. Die Workspaces verteilen Sie dann im Netzwerk entweder über die Internetinformationsdienste (IIS) des Servers oder die BITS-Datenübertragung.

Abbildg. 44.3 Die Verwaltungskonsole verbindet sich über HTTP oder HTTPS mit dem MED-V-Server

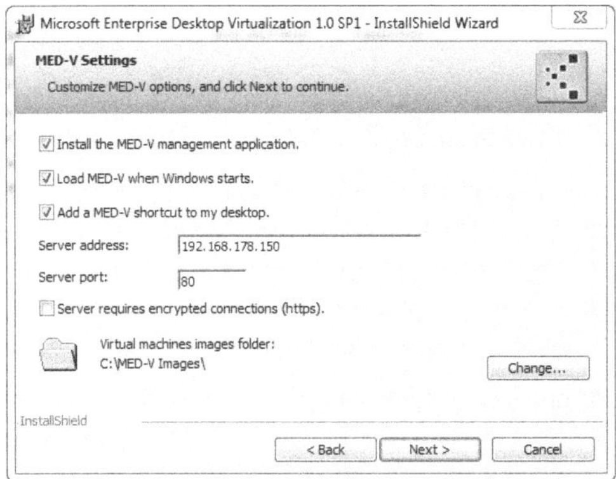

Virtuellen Computer für MED-V erstellen

Nachdem Sie den MED-V-Server und die MED-V-Verwaltungskonsole installiert haben, können Sie ein virtuelles Image für MED-V erstellen. Laden Sie am besten die *.vhd*-Datei auf einem Clientcomputer und richten Sie diese ein. Nach der erfolgreichen Installation kopieren Sie die Datei *Med-V-Workspace_<Version>.msi* von den MED-V-Installationsdateien auf den virtuellen Computer. Über diese Datei binden Sie den Computer an MED-V ein. Über den Workspace definieren Sie auch Richtlinien, die für den virtuellen Computer gelten.

Nach der Installation des Workspace im virtuellen Gast starten Sie das MED-V-Vorbereitungstool in der entsprechenden Programmgruppe auf dem virtuellen Computer. Damit die Vorbereitung funktioniert, müssen Sie aber vorher über den Menübefehl *Aktion* die neuesten *Virtual Machine Additions* installieren. Die Vorbereitung ist nicht notwendig, wenn Sie Testimages zur Verteilung verwenden. Das Vorbereitungstool von MED-V setzt eine Volumenlizenz voraus. Zum Testen von MED-V können Sie die kostenlose Version aber problemlos einsetzen.

Abbildg. 44.4 Hinzufügen eines virtuellen Computers zu MED-V

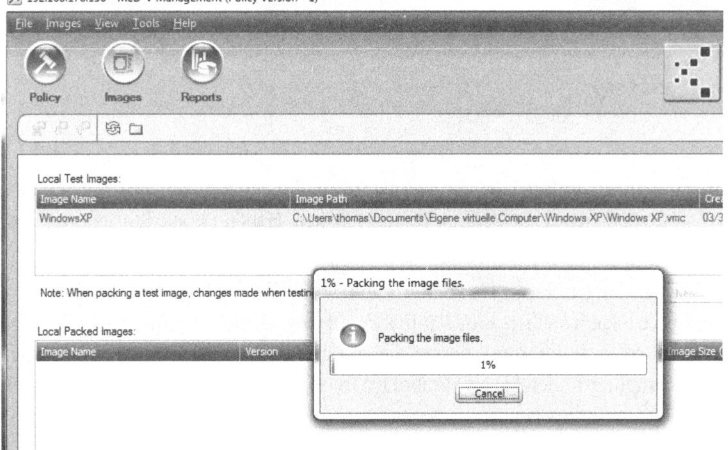

Haben Sie virtuelle Computer erstellt und auf dem Client die Verwaltungskonsole installiert, können Sie sich mit dem MED-V-Server verbinden. Über den Menübefehl *Policy* steuern Sie die Richtlinien, über Images die virtuellen Computer.

Haben Sie über *Images* virtuelle Computer hinzugefügt, steuern Sie über *Policy* die Richtlinien des Workplace. Hier haben Sie auch die Möglichkeit, mehrere Richtlinien zu erstellen und erstellte Richtlinien zu klonen.

Beim Hinzufügen von Images haben Sie mehrere Möglichkeiten. Im Bereich *Local Test Image* sehen Sie Images, die Sie lokal testen, aber nicht im Netzwerk verteilen können. Getestete Images können Sie packen, um diese für die Bereitstellung vorzubereiten. Anschließend können Sie gepackte Images auf den Server hochladen. Für einen ersten Test müssen Sie nach dem Hinzufügen des Image keinen Packvorgang starten, sondern können direkt nach dem Hinzufügen über den MED-V-Client eine Verbindung aufbauen.

Nachdem Sie einen virtuellen Computer erstellt und lokal getestet haben, binden Sie diesen in die lokale Konsole ein und packen den Computer, wenn Sie mit der Einrichtung fertig sind. Anschließend laden Sie das Image auf den Server hoch, um es im Netzwerk zur Verfügung zu stellen. Starten Sie dazu die Verwaltungskonsole und klicken Sie auf *Policy/Import*. Wichtig ist, dass Sie vorher ein Image erstellt und dieses zu MED-V hinzugefügt haben. Auf der Registerkarte *Virtual Machine* wählen Sie das Image aus, dem Sie die konfigurierten Richtlinien zuweisen wollen.

Abbildg. 44.5 Hinzufügen von Images zu einem Workplace

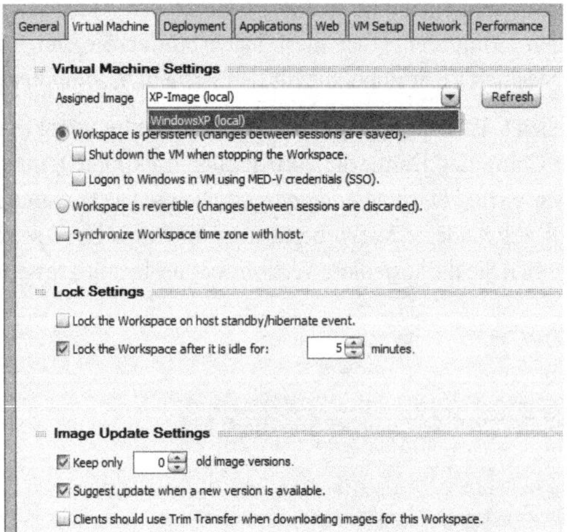

Über die Registerkarte *Applications* legen Sie fest, welche Anwendungen auf dem virtuellen Computer Anwendern über das Windows 7-Startmenü zur Verfügung stehen sollen. Haben Sie alle Einstellungen vorgenommen und gespeichert, können Sie über den MED-V-Client eine Verbindung zum Image herstellen.

Die veröffentlichten Anwendungen finden Sie im Startmenü von Windows 7. Starten Sie eine Anwendung, verhält sich diese so, als ob sie lokal installiert wäre, läuft aber auf dem virtuellen Windows XP-Computer im Hintergrund. Alle veröffentlichten Programme finden Sie in der Programmgruppe *MED-V Applications*. Den gestarteten virtuellen Computer finden Sie als Symbol im Infobereich der Taskleiste. Hierüber können Sie den Computer beenden, anhalten und sperren.

Microsoft System Center Desktop Error Monitoring

Microsoft System Center Desktop Error Monitoring (SCDEM) soll helfen, nachhaltige Fehlerlösungen für Probleme und Abstürze des Betriebssystems und von Anwendungen auf den Arbeitsstationen zu finden. Dazu lassen sich zentral die Fehler der einzelnen Computer und installierten Applikationen auch dann erfassen, wenn Anwender selbst durch einen Neustart versuchen, das Problem zu lösen, ohne die IT-Abteilung davon zu informieren.

Zwar lassen sich dadurch oft die Symptome eines Fehlers beheben, aber die Ursache des Problems bleibt unklar und kann jederzeit wieder zu einem Fehler führen. SCDEM hilft bei der Datensammlung und dem Finden von Fehlern. Grundlage des Produkts sind Techniken aus dem System Center Operations Manager 2007 (SCOM) R2.

Abbildg. 44.6 Die Verwaltungskonsole von SCDEM entspricht der Konsole von SCOM 2007 R2

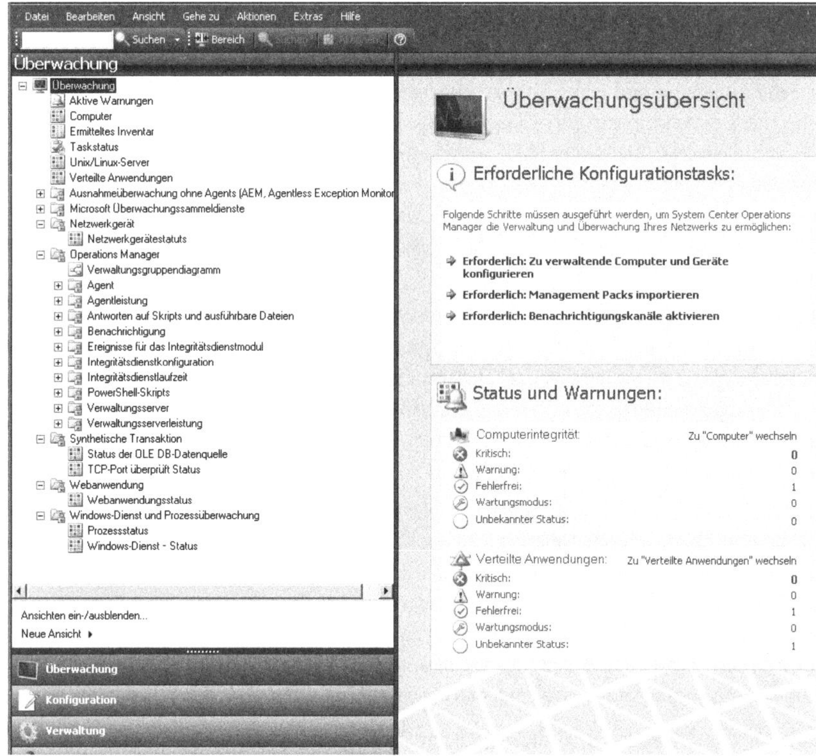

Generell handelt es sich bei SCDEM um eine Lightversion von System Center Operations Manager 2007 R2 ohne Agentenunterstützung und mit einer eingeschränkten Verwaltung. Die Administratoren bekommen auf einer grafischen Oberfläche den Status aller angebundenen Computer angezeigt und können sofort die Probleme lösen, wenn bestimmte Fehler auftauchen.

Da die Lösung alle angebundenen Computer überwacht, lassen sich zentral Fehler von Anwendungen oder von einzelnen Computern im Netzwerk nachverfolgen. Ohne eine automatisierte Überwachung fallen viele Fehler erst dann auf, wenn zum Beispiel die Benutzer keine Verbindung mehr mit einem Server aufbauen können. Die konsequente Überwachung ist einer der Bausteine, welche die Stabilität und Ausfallsicherheit eines Netzwerks gewährleisten und die Arbeitsfähigkeit der Anwender sicherstellt. Auch automatische Gegenmaßnahmen wie der Neustart eines Dienstes, das Ausführen von Skripts oder das Versenden von E-Mails lässt sich konfigurieren.

Da das Produkt im MDOP enthalten ist, sind keine weiteren Lizenzen für den Einsatz notwendig. Für die Installation von SCDEM benötigen Sie zunächst eine Datenbank auf einem SQL-Server. Empfohlen ist SQL Server 2005 SP1 oder SQL Server 2008 SP1. Die aktuelle Version SQL Server 2008 R2 steht nicht auf der Liste der kompatiblen Datenbanken. Außerdem müssen auf dem Server, auf dem Sie SCDEM installieren, die Internetinformationsdienste (IIS) installiert sein. Die Installation erfolgt auf Basis des Installations-Assistenten von System Center Operations Manager 2007 R2.

Damit Sie SCDEM verwenden können, müssen Sie aber keine Infrastruktur mit SCOM 2007 R2 aufbauen, SCDEM funktioniert vollkommen selbstständig. Auch die Konsole von SCDEM entspricht nach dem Start der Konsole von SCOM 2007 R2, benötigt aber keinen SCOM-Server. Administratoren können nach Fehlern von bestimmten Applikationen, zum Beispiel Outlook, im Netzwerk suchen, und erhalten eine Zusammenfassung aller gefundenen Probleme angezeigt. Auch Administratoren, die sich nicht mit SCOM auskennen, kommen mit der intuitiven Oberfläche schnell zurecht.

Die angezeigten Fehlermeldungen auf den Clientcomputern enthalten meist noch einen entsprechenden Hinweis zur Fehlerbehebung und einen Link zu entsprechenden Problemlösungen in der Microsoft Knowledge Base. Neben der Überwachung in der SCOM-Konsole können Administratoren auch Benachrichtigungen konfigurieren, zum Beispiel E-Mails oder SMS, wenn bestimmte Fehler auf den Clients auftauchen. Auch automatische Aufgaben beim Erscheinen von festgelegten Fehlern sind kein Problem, zum Beispiel das Hinterlegen und Starten von bestimmten Skripts. Eine weitere Funktion ist die Möglichkeit, Berichte erstellen zu lassen, zum Beispiel eine Liste aller Applikationen, die im Netzwerk und auf den Arbeitsstationen die meisten Fehler verursachen.

SCDEM nutzt zur Abfrage der Clientcomputer die Windows-Technologie »Windows-Fehlerberichterstattung« und kann Fehlerpopups auf den Clients erkennen und zum Server weiterleiten. Die Anbindung erfolgt über Gruppenrichtlinien, auf den Clients muss kein Agent installiert sein. Die entsprechenden Einstellungen liefert SCDEM als Gruppenrichtlinienvorlage mit, die Sie in Gruppenrichtlinien der Domäne importieren können. Die Überwachung entspricht dem *Agentless Exception Monitoring (AEM)* im System Center Operations Manager 2007 R2 und lässt sich exakt gleich verwalten.

Die Datenspeicherung auf dem SCDEM-Server erfolgt in einer SQL-Datenbank und ermöglicht dadurch detaillierte SQL-Berichte und -Abfragen. Unternehmen, die SCDEM einsetzen, können relativ leicht eine Aktualisierung auf SCOM 2007 R2 durchführen und dabei alle Daten aus der zentralen Datenbank übernehmen. Die Installation selbst gestaltet sich nicht so einfach wie bei den anderen neuen Produkten von Microsoft, die mit ausgefeilten Assistenten helfen. Fehlt der Software eine Voraussetzung, meldet der Assistent einen Fehler und Sie müssen sich durch die einzelnen Bedingungen hangeln, bis alles installiert ist. Sind aber erst einmal alle Voraussetzungen erfüllt, lässt sich die Lösung leicht installieren und die einzelnen Computer lassen sich anbinden.

Hilfreich bei der Installation der Vorbedingungen ist das Tool *prereqviewer.exe* im Verzeichnis *DEM\Installers\Prereq\amd64* der MDOP-Installations-DVD. Mit dem Tool können Sie überprüfen, was SCDEM alles benötigt und die notwendigen Voraussetzungen installieren, bevor Sie das Setupprogramm von SCDEM starten. Wählen Sie dazu einfach die Komponenten aus, die Sie auf dem Server installieren wollen, und klicken Sie dann auf *Prüfen*.

Zwar können Sie auch direkt mit der Installation beginnen, allerdings startet der Assistent zum Überprüfen der Voraussetzungen erst sehr spät, sodass Sie immer wieder von vorne anfangen müssen, bis auf dem Server alles installiert ist.

Abbildg. 44.7 Prüfen der Voraussetzungen für die Installation von SCDEM

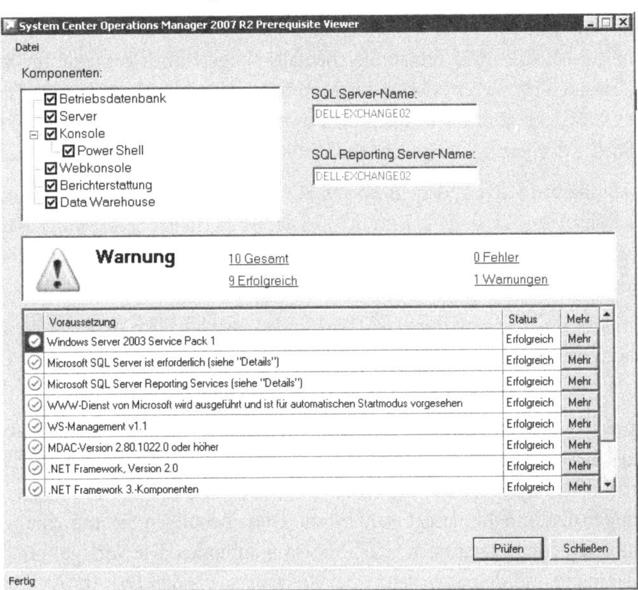

Wollen Sie keinen vollwertigen SQL-Server installieren, können Sie auch die kostenlose Express-Edition herunterladen und installieren. Für eine Testumgebung reicht diese vollkommen aus. Nach erfolgreichem Test starten Sie die Installation über die Datei *DEMSetup.exe* im Verzeichnis *\DEM\Installers*.

Die Installation ist nicht sehr kompliziert, Sie müssen nur ein paar Fenster bestätigen und Benutzerkonten mit entsprechenden Administratorrechten in der Domäne angeben. Wichtig ist die erfolgreiche Integration der Gruppenrichtlinienvorlage für SCOM. Sie finden die Vorlage nach dem Import über *Computer Configuration/ Administrative Templates/Microsoft Applications*. Nach der Installation können Sie über die Verwaltung von Gruppenrichtlinien die Clients für die Übermittlung der Fehlermeldung per Gruppenrichtlinie konfigurieren und verschiedene Einstellungen für die Fehlerübermittlung an den SCDEM-Server definieren.

Abbildg. 44.8 Anbindung der Clients an SCDEM

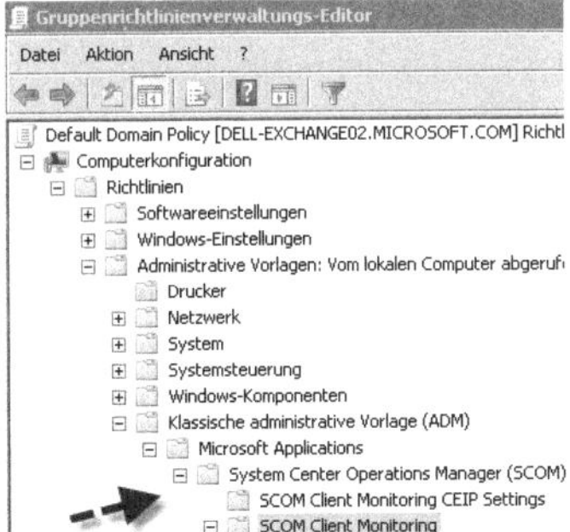

Über die Richtlinien legen Sie auch fest, ob Windows nur Fehler des Betriebssystems an SCDEM melden soll oder auch die Fehler der installierten Applikationen. Über die Seite *http://blogs.technet.com/b/momteam/ archive/2008/05/23/troubleshooting-agentless-exception-monitoring-aem-and-desktop-error-monitoring-dem-fea-*

tures.aspx erhalten Sie ein Word-Dokument zur Fehlersuche, wenn die Anbindung der Clientcomputer nicht funktioniert.

Im SCDEM-Verzeichnis auf der MDOP-DVD finden Sie ebenfalls einige Hilfsdokumente für System Center Operations Manager 2007, die auch für System Center Desktop Error Monitoring gültig sind. Neben der Verwaltung über die grafische Oberfläche können Sie auch die PowerShell verwenden. Zusätzlich zur grafischen Oberfläche und der PowerShell-Erweiterung steht auch eine Webkonsole für die Konfiguration zur Verfügung.

Generell entspricht die Verwaltung von SCDEM derjenigen von SCOM 2007 R2. Allerdings stehen nicht alle Möglichkeiten von SCOM in der Konsole zur Verfügung, zum Beispiel das Abfragen per SNMP von zusätzlichen Netzwerkgeräten oder verschiedene Assistenten zur Anbindung von Clientcomputern. Sobald Sie eine Funktion in der Konsole aufrufen, die durch SCDEM nicht abgedeckt ist, erhalten Sie eine entsprechende Meldung.

Die Überwachung der Computer im Netzwerk durch SCDEM findet ausschließlich ohne Agenten statt. Haben Sie die Serverlösung installiert, sollten Sie zunächst in der Verwaltungskonsole über *Verwaltung/Clientüberwachung konfigurieren* den Assistenten zur Erstellung der Überwachungsfreigabe durchführen.

Konfigurieren Sie die entsprechenden Einstellungen im Assistenten und erstellen Sie die Freigabe, in welcher die Computer die Daten zur Überwachung ablegen können. Diese müssen Sie nicht vorher erstellen, der Assistent erledigt nach entsprechender Eingabe alles automatisch. Im letzten Fenster des Assistenten legen Sie fest, wo die Vorlage für die Gruppenrichtlinie hinterlegt werden soll. Diese benötigen Sie, um eine Gruppenrichtlinie zu erstellen, mit der Sie Clientcomputer an den SCDEM-Server anbinden. Die Vorlage enthält alle spezifischen Einstellungen Ihrer Domäne und den Speicherort der Freigabe sowie den Port für die Verbindung der Clientcomputer.

Haben Sie die Vorlage erstellt, können Sie diese in eine Gruppenrichtlinie importieren. Klicken Sie dazu im Gruppenrichtlinienverwaltungs-Editor mit der rechten Maustaste auf *Administrative Vorlagen* und wählen Sie im Kontextmenü den Eintrag *Vorlagen hinzufügen* aus. Nach dem Import stehen die Einstellungen über *Administrative Vorlagen/Klassische administrative Vorlage/Microsoft Applications* zur Verfügung. Sie können an dieser Stelle die jeweiligen Einstellungen einfach aktivieren. Die Daten des Verwaltungsservers von SCDEM sind bereits automatisch hinterlegt, Sie müssen die gewünschten Einstellungen nur noch aktivieren.

Nachdem auf den Clients die entsprechende Richtlinie per Neustart eingelesen ist, findet bereits die Überwachung statt. Wichtig sind die Einstellungen für die verschiedenen Betriebssysteme vor Windows Vista und für Windows Vista beziehungsweise Windows 7. Die Einstellungen finden Sie in der Vorlage über *SCOM Client Monitoring node*. Die Konfiguration für Windows XP und Windows Server 2003 nehmen Sie über *Configure Error Reporting for Windows Operating Systems older than Windows Vista* vor. Stellen Sie sicher, dass die Einstellung aktiv ist und die Daten Ihres Servers korrekt hinterlegt sind. Für Windows Vista und Windows 7 sind die Einstellungen unter *Configure Error Reporting for Windows Vista or later operating systems* wichtig. Stellen Sie auch hier sicher, dass Ihr Verwaltungsserver hinterlegt ist.

Auf den Clients können Sie ab Windows Vista und Windows Server 2008 in der Registry über *HKEY_LOCAL_MACHINE\SOFTWARE\Policies\Microsoft\Windows\WindowsErrorReporting* kontrollieren, ob der Servername und Port korrekt sind. Im bereits erwähnten Word-Dokument finden Sie ausführliche Hinweise zur Anbindung der Clients, und die Hilfedateien auf der MDOP-DVD helfen ebenfalls bei der Clientanbindung. Vor allem die Anbindung der Clientcomputer und die Übertragung der Daten kann ein Netzwerk schnell auslasten. Außerdem sollten Sie SCDEM auf einer dedizierten Servermaschine installieren. Die Datenbank muss nicht unbedingt auf dem gleichen Server installiert sein, hier können Sie auch eine Datenbank auf einem anderen Server anlegen.

Microsoft Diagnostic and Recovery Toolset

Microsoft Diagnostic and Recovery Toolset (DaRT) enthält verschiedene Tools, die bei der Systemdiagnose helfen. Die Tools in der neuen Version sind vor allem für Windows 7 und Windows Server 2008 R2 optimiert. Setzen Sie im Unternehmen noch Windows Vista und Windows Server 2008 ein, können Sie auch die Version 6.0 von DaRT einsetzen. Auch diese Version ist Bestandteil des MDOP 2010. Sie finden die einzelnen Tools des MDOP direkt auf der CD und können die Installationsdateien einzeln für die anschließende Installation kopieren. Sie benötigen dazu nicht immer den vollständigen MDOP-Datenträger.

Die beiden zentralen Tools des DaRT sind der *Assistent für die Absturzanalyse*, ein Tool zur Untersuchung von Bluescreens, sowie der *ERD-Commander* (Emergency Recovery Disk), mit dem Sie eine Rettungs-CD für Windows Server 2008 R2 und Windows 7 erstellen können. Interessant ist, dass Sie auch den Assistenten für die Absturzanalyse auf eine solche Wiederherstellungs-CD integrieren können. Dadurch haben Sie die Möglichkeit, die Ursache für nicht startende Server direkt über die Rettungs-CD zu finden. Im folgenden Abschnitt gehen wir etwas genauer auf die Möglichkeiten dieser beiden Tools ein.

Assistent für die Absturzanalyse – Bluescreens verstehen

Die Installation von DaRT führen Sie über die Installationsoberfläche des MDOP durch. Nach der Installation starten Sie die Tools über eine eigene Programmgruppe. Bestandteil von DaRT ist der *Assistent für die Absturzanalyse*. Einfach gesagt lassen sich mit dem Tool die Dumpdateien von Bluescreens analysieren. Dazu greift das Tool auf die Freeware *Microsoft Debugging Tools* zurück und analysiert mithilfe dieser Tools die von Windows erzeugten Dumpdateien.

Die Debugging Tools müssen Sie getrennt zu DaRT herunterladen und installieren. Sie finden den Download auf der Seite *http://www.microsoft.com/whdc/DevTools/Debugging*. Die Tools stehen kostenlos zur Verfügung, Sie benötigen dazu nicht das MDOP. Für Windows 7 und Windows Server 2008 R2 installieren Sie die Debugging Tools über das Windows 7 SDK, welches Sie auf der vorher genannten Webseite herunterladen können. Während der Installation können Sie die Komponenten des SDK auswählen.

Abbildg. 44.9 Installation der Microsoft Debugging Tools x64 als Teil des Windows 7 SDK

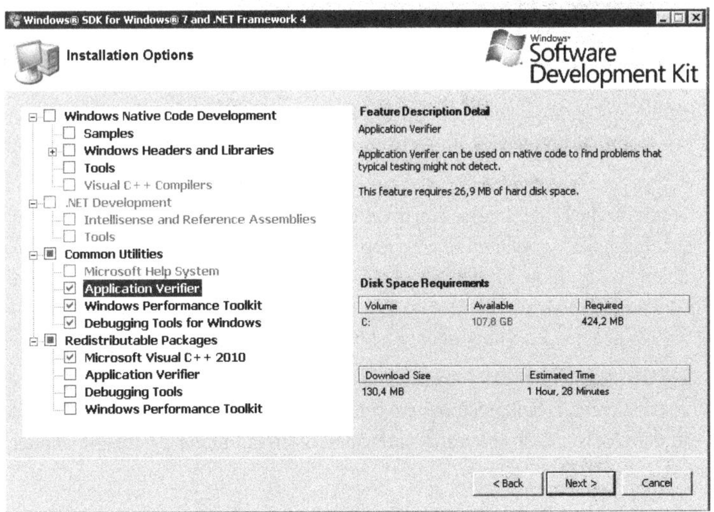

Bluescreens lassen sich auch ohne den Assistenten für die Absturzanalyse mit den Debugging Tools untersuchen. Windows Server 2008 R2 ist standardmäßig so eingestellt, dass nach einem Bluescreen automatisch der Rechner neu startet. Dies hat den Vorteil, dass der Server dann recht schnell wieder zur Verfügung steht. Allerdings können Administratoren in diesem Fall auch die entsprechende Fehlermeldung nicht lesen.

Erscheint der Bluescreen nach jedem Start, verfängt sich der Computer in einer Endlosschleife, da er nach jedem Bluescreen neu startet. Die möglichen Einstellungen, wie sich Windows nach einem Bluescreen verhalten soll, finden Sie unter *Start/Systemsteuerung/System und Wartung/System/Erweiterte Systemeinstellungen*. Klicken Sie im Bereich *Starten und Wiederherstellen* auf die Schaltfläche *Einstellungen*. Über den Bereich *Systemfehler* lassen sich die Einstellungen vornehmen. Zunächst sollten Sie das Kontrollkästchen *Automatisch Neustart durchführen* deaktivieren, wenn Sie wollen, dass ein Server oder ein Computer im Bluescreen stehen bleiben soll.

Im Bereich *Debuginformationen* wählen Sie über das Dropdownlistenfeld aus, welche Art der Informationen das Betriebssystem protokollieren soll. Am besten ist die Variante *Kleines Speicherabbild* geeignet, da andere Informationen ohnehin eher verwirrend sind. Die hier protokollierten Informationen können Sie mit den Microsoft Debugging Tools oder dem Assistenten für die Absturzanalyse auslesen. Hier legen Sie auch fest, in welchem Verzeichnis das Speicherabbild mit dem Fehler abgelegt werden soll. Um eine *.dmp*-Datei mit den Tools zu analysieren, laden Sie diese ganz normal in das Programm ein.

Abbildg. 44.10 Windows Server 2008 R2 für das Verhalten bei Bluescreens konfigurieren

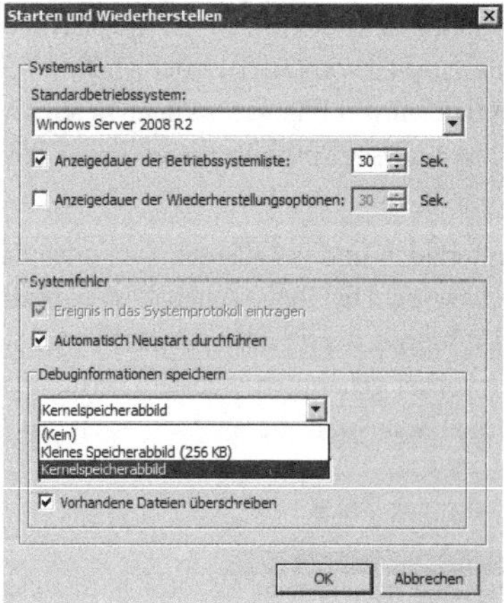

Die Microsoft Debugging Tools analysieren zusammen mit dem Assistenten für die Absturzanalyse die Protokolldatei, die Windows beim Auftreten des Bluescreens erzeugt hat. Der Inhalt lässt Rückschlüsse auf den Ursprung des Fehlers zu.

Setzen Sie den Assistenten für die Fehleranalyse ein, müssen Sie nicht die Debugging Tools starten, sondern den Assistenten. Zunächst müssen Sie auswählen, in welchem Verzeichnis die Debugging Tools installiert sind. Auf der nächsten Seite wählen Sie aus, in welches lokale Verzeichnis der Assistent Daten ablegen kann. Als Nächstes laden Sie die *.dmp*-Datei des Bluescreens. Standardmäßig legt Windows die Dateien im Verzeichnis *C:\Windows als memory.dmp* ab, Sie können den Pfad aber über den bereits beschriebenen Weg anpassen.

Als Nächstes analysiert der Assistent für die Absturzanalyse die *.dmp*-Datei und zeigt die Ursache des Bluescreens an. Klicken Sie auf *Details*, erhalten Sie weitere Informationen zum Bluescreen auf Basis der Debugging Tools. Die Analyse mit dem Assistent ist wesentlich einfacher als direkt mit den Microsoft Debugging Tools.

Abbildg. 44.11 Analyse von Dumpdateien mit dem Assistent für die Absturzanalyse

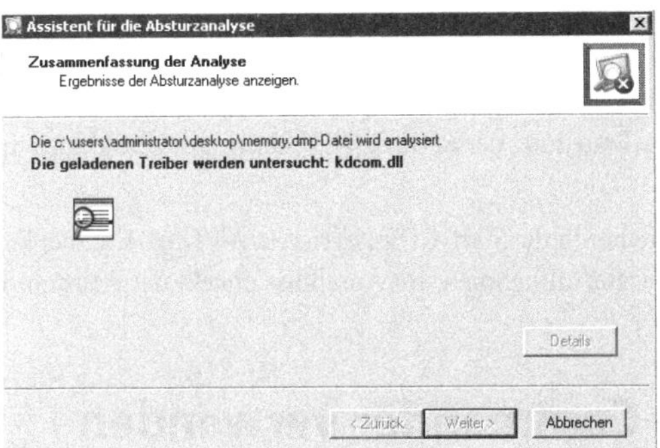

Rettungs-CD für Windows Server 2008 erstellen

Nach der Installation des DaRT steht auch der ERD-Commander auf dem Computer zur Verfügung. Mit diesem Tool können Sie eine Rettungs-CD auf Basis von Windows PE 3.0 für Server mit Windows Server 2008 R2 und Windows 7 erstellen. Bei Windows PE 3.0 handelt es sich um eine Minimalversion von Windows 7, welche die Kernelfunktionen des Betriebssystems enthält.

Auch die Basisinstallationen von Windows 7 und Windows Server 2008 R2 basieren auf Windows PE 3.0. Während der Installation von Windows 7 lädt die Installationsroutine über die Imagedatei *boot.wim* im Verzeichnis *Sources* die Windows PE-Version von der DVD. Auf dieser Basis wird Windows 7 anschließend installiert. Zur Erstellung einer solchen Rettungs-CD starten Sie den ERD-Commander. Zunächst benötigen Sie eine Installations-DVD von Windows 7 oder Windows Server 2008 R2. Sie müssen zur Erstellung der CD das gleiche Betriebssystem verwenden, auf dem Sie den ERD-Commander ausführen. Von dieser DVD lädt der Assistent die notwendigen Daten zur Erstellung der CD. Im nächsten Schritt kopiert der Assistent die notwendigen Dateien auf den Computer. Auf der nächsten Seite können Sie auswählen, welche Tools Sie aus dem DaRT auf der Start-CD integrieren wollen. Generell ist es zu empfehlen, möglichst alle Tools zu verwenden, da diese nicht viel Speicherplatz benötigen.

Abbildg. 44.12 Auswählen der Tools für die Rettungs-CD

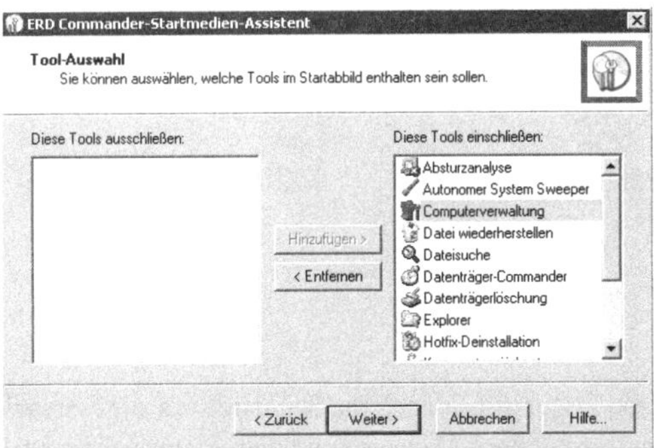

Damit Sie den Assistenten für die Absturzanalyse über die Rettungs-CD verwenden können, müssen auf der CD auch die Microsoft Debugging Tools verfügbar sein. Dazu installieren Sie auf dem Computer am besten die Tools.

Wählen Sie bei der Erstellung der Rettungs-CD mit dem ERD-Commander den Assistenten für die Absturzanalyse als mitzuinstallierendes Tool aus, werden Sie auf einem weiteren Fenster danach gefragt, wo sich die Microsoft Debugging Tools befinden. Auf diesem Weg lassen sich diese Tools dann leicht auf der Rettungs-CD integrieren. Außerdem können Sie noch den System Sweeper auf der Rettungs-CD integrieren. Dieser kann befallene Computer von Viren befreien. Zur Erstellung der Rettungs-CD können Sie die aktuellen Definitionsdateien für das Tool herunterladen.

Als Nächstes lassen sich noch zusätzliche Treiber in die Start-CD integrieren. Als Letztes schließlich können Sie auch eigene Tools oder Dateien in die *.iso*-Datei aufnehmen. Im Anschluss erstellt der Assistent die *.iso*-Datei und Sie können diese auf eine CD brennen.

Rettungs-CD mit ERD-Commander verwenden

Um die Rettungs-CD zu verwenden, booten Sie den Computer mit der CD. Anschließend können Sie noch einige Optionen wie die Netzwerkanbindung und die Spracheinstellungen auswählen. Nach der Auswahl des Betriebssystems, das Sie auf dem Computer reparieren wollen, können Sie mit den verschiedenen Tools arbeiten. Starten Sie die Eingabeaufforderung, können Sie die auf der CD installierten Tools verwenden. Geben Sie zum Beispiel *explorer* ein, können Sie Dateien mit der CD kopieren. Über den Explorer lassen sich auch auf der CD integrierte Anwendungen leicht starten.

Wählen Sie nach dem Booten die Option *Microsoft Diagnostic and Recovery Toolset* aus, öffnet sich ein neues Fenster mit den Tools, die Sie auf die Rettungs-CD integriert haben. Über diesen Bereich können Sie auch die Netzwerkanbindung manuell steuern, wenn Sie keinen DHCP-Server im Netzwerk zur Verfügung haben.

Abbildg. 44.13 Die Rettungs-CD des Microsoft Diagnostic and Recovery Toolset (DaRT) bietet zahlreiche Möglichkeiten zur Systemrettung

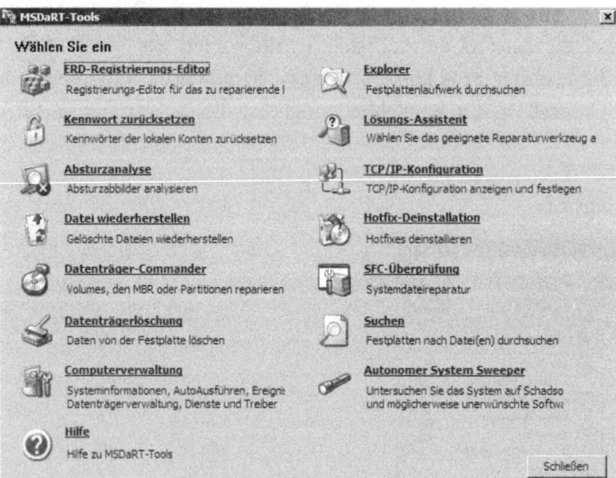

Neben den Spezialtools des DaRT enthält die Rettungs-CD auch die Standardtools zur Systemwiederherstellung wie die Eingabeaufforderung, die Reparatur des Boot-Managers und die Systemwiederherstellung.

Über das DaRT stehen Ihnen folgende Werkzeuge standardmäßig zur Verfügung, die Sie einzeln starten können. Außerdem ist auf der CD ein Lösungs-Assistent integriert. Dieser stellt Ihnen einige Fragen, welches Problem es auf dem Computer gibt, und schlägt entsprechende Lösungsmöglichkeiten vor. Das System ist multitaskingfähig. Das heißt, Sie können auch mehrere Programme gleichzeitig laufen lassen.

- **ERD-Registrierungs-Editor** Dieses Tool ermöglicht die Bearbeitung des Windows-Systems, auf dem Sie den Datenträger gebootet haben. Die Bedienung entspricht dem ganz normalen Registrierungs-Editor in Windows.
- **Kennwort zurücksetzen** Mit dem Tool können Sie lokale Kennwörter auf dem Computer zurücksetzen. Dazu können Sie über ein Dropdownmenü bequem das Konto auswählen und ein neues Kennwort setzen.
- **Absturzanalyse** Dieser Bereich startet den bereits behandelten Assistenten für die Absturzanalyse über die Microsoft Debugging Tools
- **Datei wiederherstellen** Mit diesem Tool startet ein sehr umfangreiches Suchfenster, mit dem Sie gelöschte Dateien wiederherstellen können
- **Datenträger-Commander** Das Tool ermöglicht umfassende Reparaturen an den Datenträgern und dem Master Boot Record (MBR)
- **Datenträgerlöschung** Mit diesem Tool können Sie Daten von Festplatten löschen. Zusätzlich bietet das Tool die Option, Daten mit vier Vorgängen endgültig zu löschen, sodass sich diese nicht mehr wiederherstellen lassen.

Abbildg. 44.14 Über die Computerverwaltung können Sie Datenträger verwalten und die Ereignisanzeigen lesen

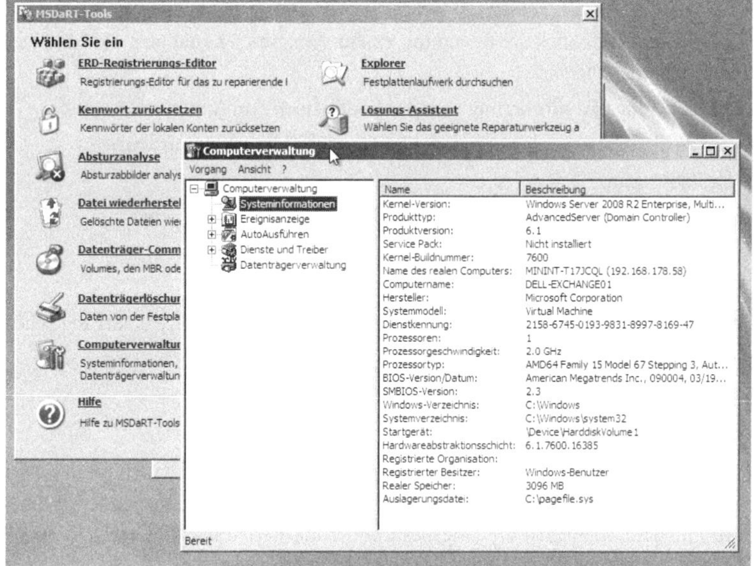

- **Computerverwaltung** Hierüber starten Sie die Computerverwaltung, die auch im normal gestarteten Windows zur Verfügung steht. Sie können Systeminformationen abrufen, die Ereignisanzeigen lesen, Dienste und Treiber konfigurieren und Festplatten mit der Datenträgerverwaltung konfigurieren. Die Ereignisanzeigen funktionieren auch auf Servern, die Mitglieder einer Domäne sind. Wir haben diese Funktion auch auf Servern mit Windows Server 2008 R2 als Domänencontroller und auf Servern mit Exchange Server 2010 getestet. Alle Daten lassen sich problemlos auslesen. Sie können über die Computerverwaltung auch die Systemdienste des Computers steuern. Das heißt, wenn ein Systemdienst den Server zum Absturz bringt, können Sie diesen über die Computerverwaltung deaktivieren und dann den Server starten.

- **Explorer** Mit dem Explorer können Sie Dateien kopieren, auch im Netzwerk. Der Umgang entspricht dem herkömmlichen Windows-Explorer.
- **Hotfix-Deinstallation** Macht ein System nach der Installation eines Patches Probleme, können Sie mit diesem Programm bequem Hotfixes vom Computer deinstallieren
- **SFC-Überprüfung** Mit diesem Tool können Sie defekte Systemdateien reparieren lassen. Das Tool scannt die Systemdateien und kann diese automatisch reparieren.
- **Suchen** Hierüber können Sie nach bestimmten Dateien auf dem Computer oder im Netzwerk suchen
- **Autonomer System Sweeper** Dieses Tool kann Viren und andere Schadsoftware vom Computer entfernen. Sie können die Definitionsdateien nach dem Start aktualisieren, sodass diese bei jedem Scanvorgang aktuell sind.

Rettungs-CD mit ERD-Commander über einen USB-Stick starten

Anstatt die *.iso*-Datei auf CD zu brennen, können Sie auch einen bootfähigen USB-Stick erstellen, mit dem Sie Computer über die mit dem ERD-Commander erstellte Rettungs-CD booten können. Gehen Sie dazu folgendermaßen vor:

1. Verbinden Sie den USB-Stick am besten mit einem Windows 7-Computer. Sie benötigen für den Betrieb das Befehlszeilentool *Diskpart.*
2. Starten Sie eine Eingabeaufforderung über das Kontextmenü im Administratormodus.
3. Starten Sie die Festplattenverwaltung in der Eingabeaufforderung mit *diskpart.*
4. Geben Sie *list disk* ein.
5. Geben Sie den Befehl *select disk <Nummer des USB-Sticks aus list disk>* ein.
6. Geben Sie *clean* ein.
7. Geben Sie *create partition primary* ein.
8. Geben Sie *active* ein, um die Partition zu aktivieren. Dies wird für den Bootvorgang benötigt.
9. Formatieren Sie den Datenträger mit *format fs=fat32 quick.*
10. Geben Sie den Befehl *assign* ein.
11. Beenden Sie Diskpart mit *exit.*

Kopieren Sie den Inhalt der erstellten *.iso*-Datei in das Stammverzeichnis des USB-Sticks. Sie können auf diesem Weg auch beliebig weitere Tools auf den USB-Stick kopieren und diese verwenden, wenn Sie den Computer starten. Dazu müssen Sie lediglich die Eingabeaufforderung starten und mit *explorer* den Windows-Explorer aufrufen. Über diesen können Sie auch per Doppelklick Tools starten.

Die *.iso*-Datei können Sie entweder als Archiv entpacken, zum Beispiel mit 7-Zip von der Internetseite *http://www.7-zip.org*. Es gibt aber auch Tools, die *.iso*-Dateien direkt als CD-Laufwerk in Windows einbinden können. Allerdings sind diese nicht immer legal, da sie auch für Raubkopien verwendet werden können. Ein legales Programm ist IsoBuster, das Sie auf der Seite *http://www.isobuster.com* herunterladen können. Auch mit dem kostenlosen Virtual CloneDrive von der Seite *http://www.slysoft.com/de/virtual-clonedrive.html* können Sie *.iso*-Dateien als DVD-Laufwerk in den Explorer einbinden. Verbinden Sie den USB-Stick mit dem Computer und stellen Sie im BIOS oder dem Bootmenü die Option ein, dass der Rechner von USB bootet. Starten Sie den Rechner und stellen Sie sicher, dass der Bootvorgang über USB startet. Booten Sie mit der CD, stehen verschiedene Laufwerke zur Verfügung. Alle lokalen Partitionen des Computers sind verfügbar; das gilt auch für CD- oder DVD-Laufwerke.

Das Dateisystem des USB-Sticks lädt Windows ebenfalls, sodass Sie auch Daten zwischen den lokalen Festplatten und dem USB-Stick kopieren können. Sie können auf dem Stick beliebige weitere portable Tools installieren und testen, ob diese funktionieren. Auf den Seiten *http://portableapps.com/apps* oder *http://www.pendrive-apps.com* finden Sie dazu eine Vielzahl von Erweiterungen. Auch die komplette Microsoft Sysinternals-Suite von der Seite *www.sysinternals.com* können Sie auf dem Stick kopieren und verwenden, da alle Tools ohne Installation aufrufbar sind. Über die Seite *http://de.wikipedia.org/wiki/Portable_Software* erhalten Sie zusätzliche Informationen und Links zu weiteren portablen Anwendungen.

Alternativen zur ERD-Commander-CD

Sie können problemlos mit dem WAIK und Windows 7 oder Windows Server 2008 R2 eine eigene CD erstellen. Diese enthält allerdings nicht die Rettungstools des DaRT. Weitere Alternativen sind frei verfügbare Rettungs-CDs. Diese haben allerdings meist den Nachteil, auf Linux zu basieren und weniger Hardware zu unterstützen. Haben Sie auf einem Rechner einen Virus entdeckt, den Sie mit dem lokalen Scanprogramm nicht mehr entfernen können, helfen kostenlose Rettungs-CDs mit integriertem Virenscanner. Es gibt verschiedene Hersteller, die solche CDs anbieten:

- **Kaspersky (empfehlenswert, da einfach, schnell und sicher)** *http://devbuilds.kaspersky-labs.com/devbuilds/RescueDisk*
- **BitDefender** *http://download.bitdefender.com/rescue_cd*
- **AntiVir** *http://dl.antivir.de/down/vdf/rescuecd/rescuecd.iso*
- **F-Secure** *http://www.f-secure.com/en_EMEA/security/security-lab/tools-and-services/rescue-cd*
- **AVG Rettungs-CD** *http://www.avg.com/ww-en/download-file-cd-arl-iso.tpl-empty*

Der Ablauf ist bei allen Rettungs-CDs immer der gleiche. Sie laden sich die *.iso*-Datei oder das ZIP-Archiv herunter und brennen die Daten auf CD.

Viren stellen aber nicht immer das Problem dar, wenn Windows nicht mehr ordnungsgemäß startet. Oft liegen andere Schwierigkeiten vor. Hier helfen Rettungs-CDs oder USB-Sticks, mit denen Sie den Computer booten und eventuelle Fehler beheben können.

Auf der Seite *http://www.sysresccd.org/Download* können Sie sich eine kostenlos Rettungs-CD für Profis herunterladen, in der eine Vielzahl von Tools zur Systemrettung integriert sind. Der Download besteht aus einer *.iso*-Datei. Booten Sie den Rechner mit der CD, können Sie auf Ihre Windows-Festplatten zugreifen, Daten kopieren und Daten retten. Die CD lässt sich auch auf einen USB-Stick integrieren. Ebenfalls ein bekannter Vertreter für die Systemrettung ist die Ultimate Boot CD von der Seite *http://www.ultimatebootcd.com*. Auch diese erhalten Sie als *.iso*-Datei. Bastler finden auf der Seite des Anbieters auch zahlreiche Anleitungen, wie sich die CD an die eigenen Bedürfnisse anpassen lässt. Aber bereits in der Standardausstattung lassen sich alle notwendigen Tests durchführen. Ein Vorteil der Ultimate Boot CD ist die hohe Anzahl für Tools zur Diagnose der Hardware des Computers.

Advanced Group Policy Management

Unternehmen, die verstärkt auf Gruppenrichtlinien in Active Directory setzen und parallel die Änderungen in den Richtlinieneinstellungen protokollieren und versionieren wollen, finden mit dem *Advanced Group Policy Management (AGPM)* aus dem Microsoft Desktop Optimization Pack (MDOP) ein effizientes Werkzeug. Durch das AGPM erhalten Unternehmen für die Verwaltung der Gruppenrichtlinien eine rollenbasierte Delegierung, Change-Management, eine Versionierung sowie eine Protokollierung. Gruppenrichtlinienobjekte (GPOs) lassen sich offline bearbeiten, reparieren, wiederherstellen und als Vorlage speichern.

Innerhalb zahlreicher Unternehmen gehört der Einsatz von ITIL (IT-Infrastructure Library) zum Alltag. ITIL ist eine Sammlung verschiedener Best-Practice-Richtlinien und Leitfäden, um das Zusammenwirken von Mitarbeitern, Prozessen und Technologie zu optimieren. ITIL steuert hauptsächlich zwei zentrale Bereiche des Service-Managements, den Service-Support (Incident-, Problem-, Configuration-, Change- und Release-Management) und Service Delivery (Service Level-, Availability-, Financial-, IT Service Continuity- und Capacity-Management). Auch im Bereich des Change Managements bietet sich die Integration von ITIL an. Änderungen führen Admins nicht mehr einfach durch, sondern beantragen diese zunächst.

Change-Mangement und Offlinebearbeitung von Gruppenrichtlinien

AGPM ist eine Erweiterung der herkömmlichen Verwaltung von Gruppenrichtlinien und der standardmäßigen Gruppenrichtlinien-Verwaltungskonsole. Dazu integriert AGPM ein vollwertiges Change-Management, inklusive Change-Requests und deren Genehmigung, sowie eine rollenbasierte Delegierung von Rechten in die Verwaltung der GPOs. Dabei erweitert das Tool die herkömmliche Verwaltungskonsole für die Gruppenrichtlinien um einen weiteren Knoteneintrag *Änderungssteuerung*. Über diesen Bereich finden Sie alle Einstellungen und Möglichkeiten von AGPM.

Abbildg. 44.15 Die Verwaltung von Gruppenrichtlinien lässt sich mit AGPM delegieren

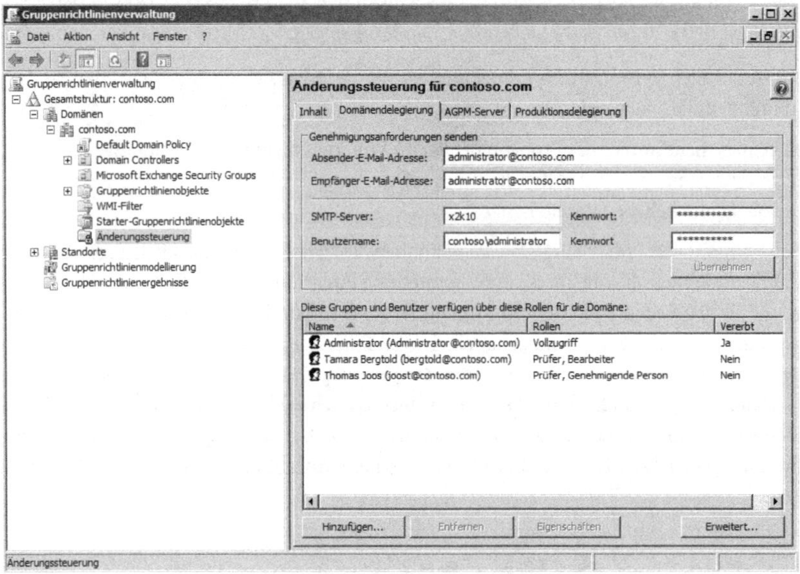

Sie müssen sich also nicht in ein neues Werkzeug einarbeiten, sondern können mit den bekannten Bordmitteln weiterarbeiten. Mit diesen Erweiterungen lassen sich auch Workflows definieren und E-Mail-Benachrichtigungen verwenden, die Sie alle über die zentrale Konsole verwalten.

Gruppenrichtlinien müssen Sie vor der Bearbeitung auschecken und später wieder einchecken. Bei diesen Vorgängen können Sie auch Kommentare zu den einzelnen Aktionen hinterlegen, die sich später auch anzeigen lassen.

Diese Funktion verhindert, dass mehrere Administratoren Änderungen gegenseitig überschreiben, und ermöglicht auch eine umfassende Dokumentation, welcher Mitarbeiter zu welchem Zeitpunkt Änderungen an einer Gruppenrichtlinie durchgeführt hat. Außerdem lassen sich Gruppenrichtlinien auch offline bearbeiten, da diese beim Auschecken Änderungen erst lokal und dann im Archiv übernehmen. Aktiv werden die neuen Einstellungen in Richtlinien erst dann, wenn ein Administrator diese Richtlinie mit entsprechenden Rechten im Netzwerk bereitstellt. Auf diese Weise können Sie Richtlinien testen, ohne die Produktivumgebung zu beeinträchtigen.

Nach dem Einchecken einer Richtlinie ist diese im Archiv verfügbar, muss über das Kontextmenü aber erst noch bereitgestellt werden. Administratoren mit weniger Rechten dürfen Richtlinien erstellen, welche sie mit mehr Rechten freischalten müssen. Die Änderungen in Gruppenrichtlinien können Sie über Berichte anzeigen lassen. So ist sichergestellt, dass Änderungen nicht unkontrolliert in das Produktionsnetzwerk gelangen, sondern durch Ein- und Auschecken und der notwendigen Genehmigung und Bereitstellung in mehreren Stufen durch Versionen gesichert sind. Der AGPM-Server speichert Gruppenrichtlinienobjekte offline im Archiv, welches sich auf dem Dateisystem des Servers befindet. Das Archiv legen Sie während der Installation des AGPM-Servers an. Beim Archiv handelt es sich um einen zentralen Speicher, der die gesteuerten Gruppenrichtlinienobjekte sowie einen Verlauf für jedes der Gruppenrichtlinienobjekte enthält. Ein Archiv besteht aus einer Archivindexdatei und den Daten für Gruppenrichtlinienobjekte. Aus diesem Archiv lassen sich auch ältere Versionen der Gruppenrichtlinien in der Produktivumgebung wiederherstellen. Auf diese Weise erhalten Unternehmen eine umfassende Dokumentation der Richtlinieneinstellungen, ein Änderungsprotokoll und die Möglichkeit einer Wiederherstellung. Aus diesem Archiv stellen Sie die Gruppenrichtlinie dann bereit. Erst nach der Bereitstellung ist die Gruppenrichtlinie aktiv. Ohne AGPM sind Richtlinien nach Änderungen sofort aktiv. Genehmigungen, Versionierungen und eine Nachverfolgung der Änderung sind ohne AGPM nicht ohne Weiteres möglich.

Am meisten verbreitet sind die Versionen 2.5, 3.0 und 4.0 des AGPM. Problematisch ist, dass diese Versionen nicht miteinander und nicht mit allen Betriebssystemen kompatibel sind. Aus diesem Grund müssen Sie vor einem Einsatz des AGPM genau darauf achten, welche Version Sie verwenden können. Setzen Sie im Unternehmen Windows 7 und Windows Server 2008 R2 ein, sollten Sie die aktuelle Version 4.0 des AGPM einsetzen. AGPM 4.0 unterstützt die neuen Versionen, aber auch noch Windows Server 2008 sowie Windows Vista und ist Bestandteil von MDOP 2010 und MDOP 2009 R2. Beide MDOP-Versionen enthalten auch die Version 3.0 des AGMP. Nur AGPM 4.0 kann alle Richtlinieneinstellungen der beiden aktuellen Microsoft-Betriebssysteme verwalten. Die Installation des Serverparts muss in diesem Fall auf einem Server mit Windows Server 2008 R2 oder Windows 7 erfolgen. AGPM unterstützt 32-Bit, aber auch 64-Bit-Installationen. AGPM 2.5 und 3.0 lassen sich nicht unter Windows 7 und Windows Server 2008 R2 installieren.

Sind noch Computer mit Windows Server 2008 oder Windows Vista im Einsatz, können Sie das AGPM 4.0 oder 3.0 installieren, die Version 2.5 ist nicht kompatibel. Beim parallelen Einsatz von Windows Server 2008, Windows Server 2008 R2, Windows Vista und Windows 7 bietet sich die Version AGPM 4.0 an. AGPM besteht aus einem Serverpart und einem Clientpart. Den Serverpart der Version 4.0 müssen Sie unter Windows Server 2008 R2 oder Windows 7 installieren. Den Client können Sie auch auf Windows Server 2008 und Windows Vista installieren, allerdings ist das nicht empfohlen. Der Client dient nicht der Anwendung von Gruppenrichtlinien auf einem Computer, sondern der Verwaltung der Gruppenrichtlinien auf dem AGPM-Server durch die verschiedenen Gruppenrichtlinienadministratoren. Unternehmen, die parallel noch Windows Server 2003 verwalten wollen, können das AGPM 2.5 einsetzen.

Mit allen Versionen von AGPM können Sie Gruppenrichtlinien für alle Computer einsetzen, die Gruppenrichtlinienobjekte unterstützen. Dazu gehören Windows Server 2008 R2, Windows 7, Windows Server 2008, Windows Vista, Windows Server 2003, Windows XP, Windows 2000 Server und Windows 2000 Professional. Die Version 2.5 kennt nur alle Richtlinieneinstellungen in Windows Server 2003 und Windows XP, AGPM 3.0 unterstützt alle Richtlinien der Version 2.5 und die neuen Richtlinieneinstellungen von Windows Server 2008 und Windows Vista.

Erst die Version 4.0 des AGPM kennt auch die Einstellungen von Windows Server 2008 R2 und Windows 7, beispielsweise Energieeinstellungen, BranchCache oder den neuen Remotedesktop. Am besten setzen Sie den aktuellen Server 4.0 und Client 4.0 unter Windows Server 2008 R2 und Windows 7 ein. Mit AGPM 4.0 können Sie die Gruppenrichtlinienobjekte nach bestimmten Attributen durchsuchen und die Anzeige filtern. Auf diese Weise können Sie nach einem bestimmten Namen, Status oder Kommentar suchen. Außerdem können Sie nach Gruppenrichtlinienobjekten suchen, die zuletzt von einem bestimmten Gruppenrichtlinienadministrator oder an einem bestimmten Datum geändert wurden. Mit AGPM 4.0 können Sie gesteuerte Gruppenrichtlinienobjekte zwischen Domänen kopieren. Das Gruppenrichtlinienobjekt können Sie als neues gesteuertes Gruppenrichtlinienobjekt importieren oder nur die Einstellungen in bestehende Richtlinien übernehmen.

AGPM installieren und testen

Wollen Sie das aktuelle AGPM testen, bietet sich die Installation auf einem Mitgliedsserver der Domäne unter Windows Server 2008 R2 an. Die Installation muss mit Domänenadmin-Rechten erfolgen. Auf dem Server muss das Feature *Gruppenrichtlinienverwaltung* installiert sein, da AGPM auf dieser aufbaut. Auf Domänencontrollern ist das automatisch der Fall. AGPM benötigt mindestens .NET Framework 3.5 oder höher, und installiert dieses automatisch nach, falls dieses auf dem Server nicht verfügbar ist.

Weitere notwendige Features installiert das AGPM ebenfalls nach, zum Beispiel den *Windows-Prozessaktivierungsdienst*. Der AGPM-Server verwaltet die eingesetzten Gruppenrichtlinien und speichert diese im Archiv, welches Sie während der Installation festlegen. Die Installation erfolgt über die MDOP-Installations-CD durch die Auswahl von *Advanced Group Policy Management*.

Abbildg. 44.16 AGPM installieren

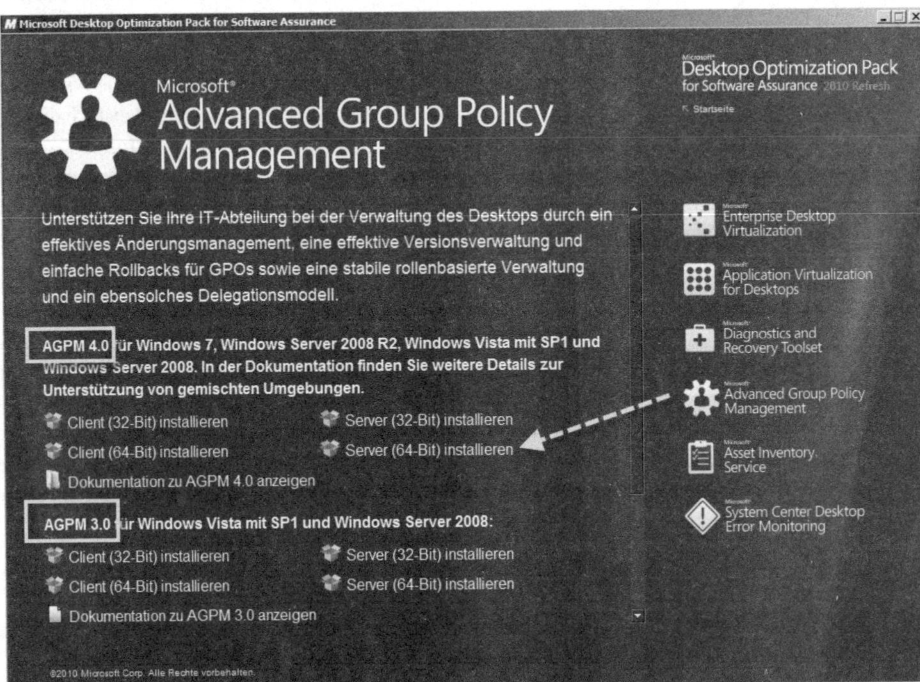

Wählen Sie die Serverinstallation und die Version aus, die Sie installieren wollen. Während der Installation legen Sie zusätzlich den Archivpfad fest, in dem das AGPM die angelegten Gruppenrichtlinien speichert. Auch das AGPM-Dienstkonto müssen Sie während der Installation bestimmen. Microsoft empfiehlt hierzu ein Konto mit Domänenadmin-Rechten.

Nach dem Server installieren Sie den Client, mit dem Sie die Richtlinien verwalten. Sie können Client und Server auf dem gleichen Server installieren oder den Client zusätzlich noch auf den Computer der Gruppenrichtlinienadministratoren. Die Version 4.0 des AGPM-Clients sollten Sie nur unter Windows 7 installieren, da Sie bei der Installation auf Vorgängerversionen nicht jene Richtlinieneinstellungen vornehmen können, die für Windows Server 2008 R2 und Windows 7 gelten. Vor der Installation des AGPM-Client müssen Sie unter Windows 7 noch die Remoteserver-Verwaltungstools installieren. Die Installation des Clients ist schnell abgeschlossen.

Nach der Installation des Clients müssen Sie diesen noch so konfigurieren, dass er eine Verbindung mit dem Server aufbauen kann. Rufen Sie dazu die Gruppenrichtlinien-Verwaltungskonsole auf und klicken Sie auf die angebundene Gesamtstruktur. Im unteren Bereich sehen Sie den neuen Menübefehl *Änderungssteuerung*. Klicken Sie auf diesen Befehl und brechen Sie die Anbindung an den Server ab. Anschließend können Sie auf der Registerkarte *AGPM-Server* den Servernamen und den Port für die Anbindung festlegen. Den Port erfahren Sie bei der Installation des Servers.

Abbildg. 44.17 Anbindung des AGPM-Clients an den AGPM-Server

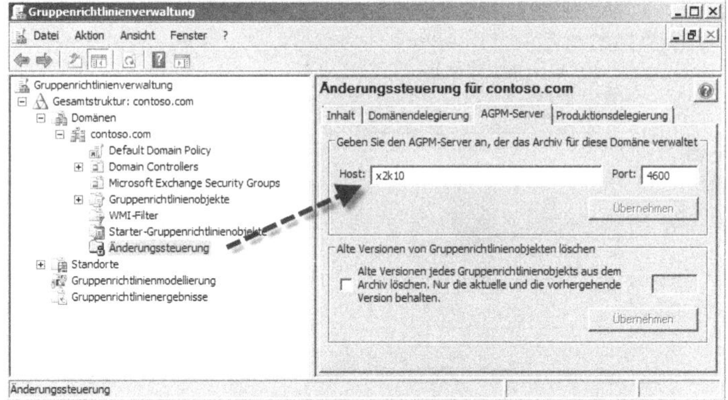

Auf der Registerkarte *Domänendelegierung* können Sie Benutzerkonten aus Active Directory auswählen, denen Sie Rechte zur Bearbeitung von Gruppenrichtlinien erteilen wollen. Auf dieser Seite legen Sie auch die E-Mail-Adressen fest, über die Anforderungen zur Änderung gesendet werden sollen, sowie den dazugehörigen SMTP-Server. Wenn Sie Administratoren hinzufügen, können Sie aus vier Rollen auswählen:

- **Prüfer** Anwender dürfen Richtlinien und deren Einstellungen lesen, aber nicht ändern
- **Bearbeiter** Anwender dürfen Richtlinien bearbeiten, alle Einstellungen lesen und bearbeiten sowie Vorlagen erstellen, aber keine eigenen Gruppenrichtlinien erstellen
- **Genehmigende Person** Anwender mit diesen Rechten genehmigen angeforderte Änderungen, dürfen alle Einstellungen lesen sowie Gruppenrichtlinienobjekte erstellen, bereitstellen und löschen
- **Vollzugriff** Diese Rolle ermöglicht volle Rechte auf die Gruppenrichtlinienverwaltung

Achten Sie darauf, dass Sie in der Gruppenrichtlinienverwaltung über den Menübefehl *Gruppenrichtlinienobjekte* auf der Registerkarte *Delegierung* keine weiteren Benutzer eingetragen haben. Diese Delegierung gilt nicht für AGPM, sondern gehört zu den Bordmitteln von Windows Server 2008 R2 und läuft vollkommen parallel, ohne dass das AGPM Änderungen protokollieren kann. Die Delegierung sollten Sie immer über den Menübefehl *Änderungssteuerung* durchführen.

Die standardmäßig vorhandenen Richtlinien *Default Domain Policy* und *Default Domain Controller Policy* sind nicht in das AGPM integriert. Sie können aber auch diese Standardrichtlinien integrieren. Dazu klicken Sie in der Gruppenrichtlinienverwaltung auf *Änderungssteuerung* und öffnen die Registerkarte *Inhalt.* Auf der Registerkarte *Ungesteuert* sehen Sie alle GPOs, die nicht mit AGPM verwaltet werden. Über das Kontextmenü einer solchen Richtlinie können Sie durch Auswahl von *Steuerelement* auch solche Richtlinien in AGPM integrieren. Die Einstellungen in den Standardrichtlinien sollten Sie ebenfalls nicht ändern.

Neue Einstellungen verteilen Sie am besten über neue Richtlinien, die Sie über das AGPM anlegen. Um eine neue Richtlinie in das AGPM einzubinden, klicken Sie in der Gruppenrichtlinien-Verwaltungskonsole mit der rechten Maustaste auf *Änderungssteuerung* und wählen im Kontextmenü den Eintrag *Neues gesteuertes Gruppenrichtlinienobjekt* aus. Im neuen Fenster geben Sie den Namen der GPO ein, die verwendete Vorlage und ob Sie die Richtlinie zunächst nur im Archiv oder gleich in der Produktionsumgebung erstellen wollen.

Abbildg. 44.18 Erstellen einer neuen gesteuerten Gruppenrichtlinie

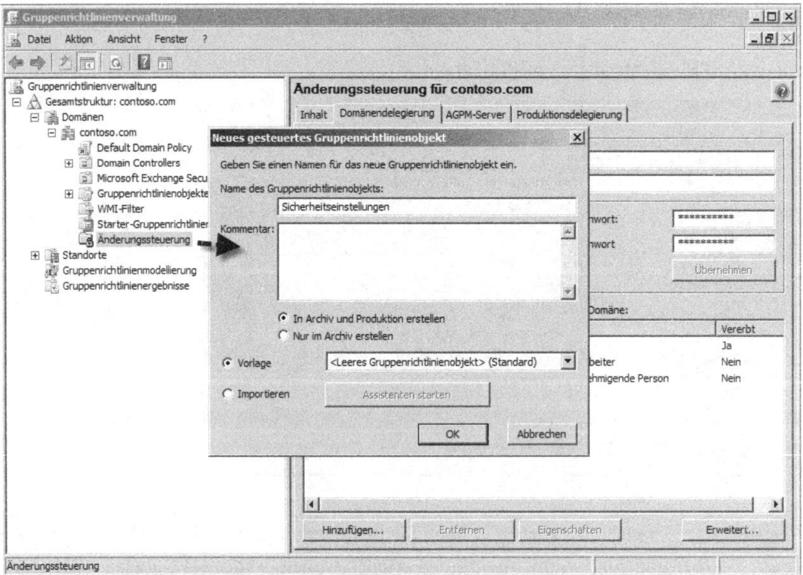

Erstellen Sie eine neue Gruppenrichtlinie, finden Sie diese in der Gruppenrichtlinien-Verwaltungskonsole über den Eintrag *Änderungsteuerung* auf der Registerkarte *Inhalt.* Im unteren Bereich sehen Sie die ungesteuerten Richtlinien, die gesteuerten Richtlinien und ausstehende Richtlinien, die erst genehmigt werden müssen. Über das Kontextmenü der Richtlinie können Sie die verschiedenen Aufgaben der AGPM-Verwaltung durchführen.

Sie können auf diese Weise eine Richtlinie zur Bearbeitung auschecken oder eine Richtlinie als Vorlage speichern, die andere Administratoren bei der Erstellung von Gruppenrichtlinien verwenden können.

Abbildg. 44.19 Verwalten einer neuen gesteuerten Gruppenrichtlinie

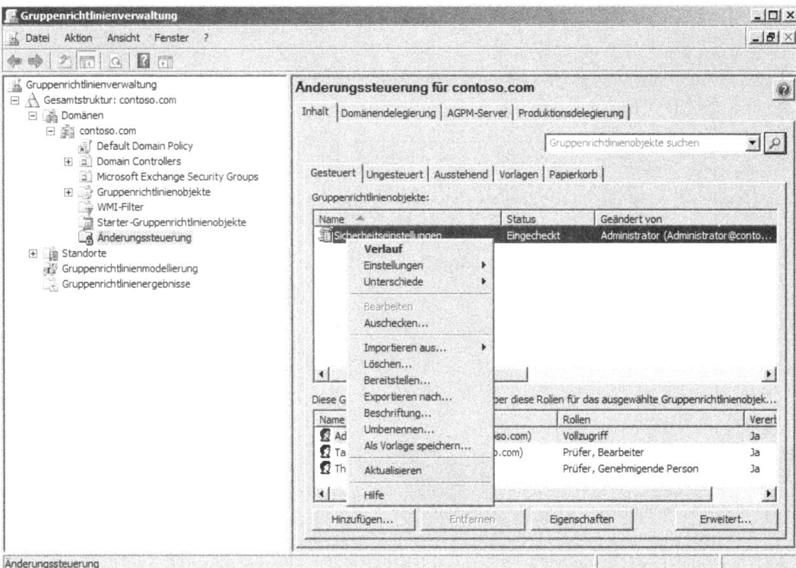

Ausgecheckte Richtlinien können Administratoren über das Kontextmenü genauso bearbeiten, wie normale Richtlinien ohne das AGPM. Das Auschecken verhindert, dass mehrere Administratoren die gleiche Richtlinie bearbeiten und deren Einstellungen überschreiben. Damit die Richtlinie angewendet wird, muss ein Administrator diese wieder einchecken und anschließend bereitstellen. Beides erfolgt über das Kontextmenü der Richtlinien in der Gruppenrichtlinienverwaltung. Erst dann verwenden Clients die Einstellungen in der Richtlinie.

Löschen Sie ganze Gruppenrichtlinien, finden sich diese auf der Registerkarte *Papierkorb* wieder. Über das Kontextmenü können Sie gelöschte Richtlinien mit einem Klick wieder herstellen. Die Änderungen in den Einstellungen einer Richtlinie lassen sich über das Kontextmenü als HTML- oder XML-Bericht anzeigen, sodass Sie sehen, welche Einstellungen geändert wurden und diese auf Wunsch genehmigen. Klicken Sie nach der Änderung einer Gruppenrichtlinie mit der rechten Maustaste auf die Richtlinie, können Sie im Kontextmenü über den Befehl *Unterschiede* den HTML-Bericht anzeigen lassen. Die Konsole zeigt neue Einstellungen, die sich von der Vorversion unterscheiden, mit einem grünen Pluszeichen an. Außerdem sehen Sie die Einstellungen in den Vorversionen der Richtlinien. Die Versionen legt AGPM automatisch an.

Wollen Sie eine Änderungshistorie einer Richtlinie anzeigen, klicken Sie diese mit der rechten Maustaste an und wählen Sie den Menüpunkt *Verlauf*. Auch hier können Sie wieder über den Kontextmenübefehl *Unterschiede* Abweichungen zu den verschiedenen Versionen anzeigen lassen und nachverfolgen. Über dieses Fenster können Sie auch vorangegangene Versionen des AGPM wiederherstellen und andere Versionen einsetzen, als aktuell gesetzt sind.

Abbildg. 44.20 Anzeigen des Verlaufs von Richtlinien

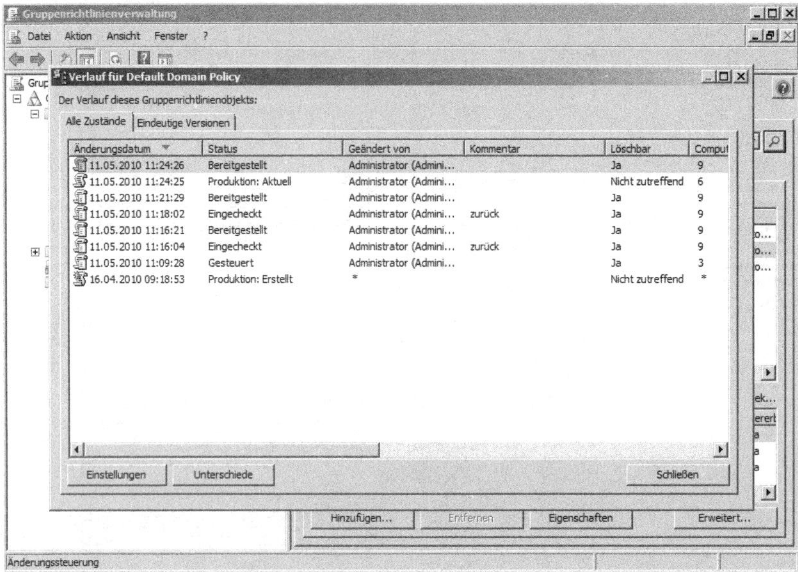

Auch beim Einsatz des AGPM gilt, dass neue Gruppenrichtlinienobjekte erst mit Domänen oder OUs verknüpft werden müssen, bevor die Einstellungen im Netzwerk aktiv sind. Die Verknüpfungen erstellen Sie beim Einsatz mit dem AGPM genauso wie ohne über die Gruppenrichtlinienverwaltung. Klicken Sie dazu in der Gruppenrichtlinienverwaltung mit der rechten Maustaste entweder auf die OU, mit der Sie dieses GPO verknüpfen wollen, oder auf die Domäne. Wählen Sie im Kontextmenü die Option *Vorhandenes Gruppenrichtlinienobjekt verknüpfen* aus. Es öffnet sich ein Fenster, in dem Ihnen alle Gruppenrichtlinien angezeigt werden, die in der Domäne bereits konfiguriert sind. Wählen Sie in dem Fenster das GPO aus und bestätigen Sie mit *OK*. Nach der erfolgreichen Auswahl wird die Verknüpfung des GPOs unterhalb der Domäne angezeigt.

Abbildg. 44.21 Anzeigen der verknüpften GPOs

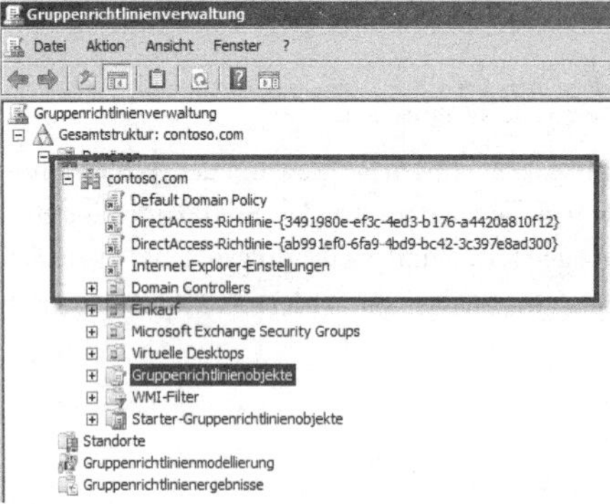

Sie können das GPO auch nur mit einzelnen OUs verknüpfen und so viele OUs verknüpfen, wie gewünscht. Wenn Sie später eine Änderung an dem GPO vornehmen, wird diese Änderung automatisch an alle verknüpften OUs weitergegeben. In der Gruppenrichtlinienverwaltung erkennen Sie durch die Baumstruktur unter jedem Container, welche Gruppenrichtlinien verknüpft worden sind und daher angewendet werden. Ab diesem Moment ist das GPO aktiv, da Einstellungen innerhalb des GPOs vorgenommen wurden und das GPO verknüpft ist.

Gruppenrichtlinien überprüfen und Fehler beheben

Beim Einsatz von Gruppenrichtlinien ist es notwendig, zu überprüfen, ob Einstellungen auf den Clients überhaupt verwendet werden und wie sich diese auswirken. Eine Fehlersuche bei Gruppenrichtlinien ist ebenfalls eine häufige Aufgabe, wenn bestimmte Einstellungen oder ganze Richtlinien nicht mehr wirksam sind. Wir zeigen in diesem Absatz, wie Sie Gruppenrichtlinien überprüfen, Fehler beheben und welche kostenlosen Zusatztools oder Cmdlets für die PowerShell dabei helfen.

Gruppenrichtlinien in Windows Server 2008 R2 und Windows 7

Viele Einstellungen der Gruppenrichtlinien in Windows Server 2008 R2 funktionieren nur auf Clients mit Windows 7, zum Beispiel die Einstellungen von BranchCache und DirectAccess. Die meisten Einstellungen übernehmen aber auch Arbeitsstationen mit Windows Vista und teilweise auch Windows XP. Sie sehen in der Beschreibung der meisten Richtlinien, mit welchen Betriebssystemen diese kompatibel sind. Beim Zusammenspiel von Windows Server 2008 R2 und Windows 7 lassen sich jetzt auch Gruppenrichtlinien automatisch anwenden, wenn sich ein Client per VPN mit dem Netzwerk verbindet. Dazu ist noch nicht mal eine direkte VPN-Einwahl notwendig, denn Windows 7 kann den Netzwerkverkehr kapseln und über das Internet zu einem veröffentlichten Server senden.

Ein so angebundener Computer verhält sich so, als wäre er im lokalen Netzwerk positioniert. Dafür sorgt die neue DirectAcess-Technik in Windows 7 und Windows Server 2008 R2. Das heißt, Gruppenrichtlinien lassen sich jetzt auch mit Heimarbeitsplatzrechnern anwenden, was die Überprüfung aber teilweise erschwert. Sie haben auch die Möglichkeit, die Verwaltungswerkzeuge von Gruppenrichtlinien, also vor allem die Gruppenrichtlinien-Verwaltungskonsole, auf einem Clientrechner zu installieren. Der Vorteil dabei ist, dass Sie Testtools nicht auf Servern installieren müssen, sondern Arbeitsstationen des Admins verwenden können. Auf einem Admin-PC sind Zusatztools wesentlich besser aufgehoben, als auf einem Server.

Damit Sie die Gruppenrichtlinienverwaltung von Windows Server 2008 R2 auf einem Computer mit Windows 7 ausführen können, benötigen Sie die Remoteserver-Verwaltungstools (RSAT), die Sie bei Microsoft herunterladen können (*http://www.microsoft.com/downloads/details.aspx?familyid=7D2F6AD7-656B-4313-A005-4E344E43997D&displaylang=en*). Über diese Tools lassen sich unter anderem die Richtlinien verwalten.

Damit Clientcomputer Richtlinien anwenden, benötigen PCs grundsätzlich keine zusätzliche Software. Entweder ist der Computer kompatibel mit der entsprechenden Richtlinieneinstellung oder nicht. Windows 7, Windows Server 2008 R2 und auch Small Business Server 2011 Standard bieten auch die Möglichkeit, Gruppenrichtlinien über die Windows-PowerShell zu verwalten. Dazu steht das neue PowerShell-Modul *GroupPolicy* zur Verfügung, das Sie mit dem Befehl *Import-Module GroupPolicy* in die Windows-PowerShell ISE oder einer normalen PowerShell-Sitzung importieren können. Die PowerShell 2.0 ist bei Windows Server 2008 R2 und Windows 7 automatisch installiert, die grafische Oberfläche (ISE) dazu müssen Sie aber über Features im Server-Manager manuell nachinstallieren. Dies gilt auch für Small Business Server 2011.

Sobald Sie das Modul für die Verwaltung von Gruppenrichtlinien geladen haben, können Sie mit der Verwaltung der Richtlinien in der Eingabeaufforderung beginnen. Die wichtigsten Cmdlets können Sie sich anzeigen lassen, indem Sie *Get-Command *gpo** eingeben.

Um Gruppenrichtlinien lokal zu testen, können Sie die Gruppenrichtlinie auf einer Windows-Arbeitsstation mit *gpupdate /force* in der Eingabeaufforderung übertragen. Alternativ können Sie auch die Arbeitsstation neu starten. Nachdem Sie die Einstellungen korrekt vorgenommen haben, lässt sich feststellen, ob die Arbeitsstation oder der Server die Richtlinie angewendet hat.

Abbildg. 44.22 Gruppenrichtlinien manuell übernehmen

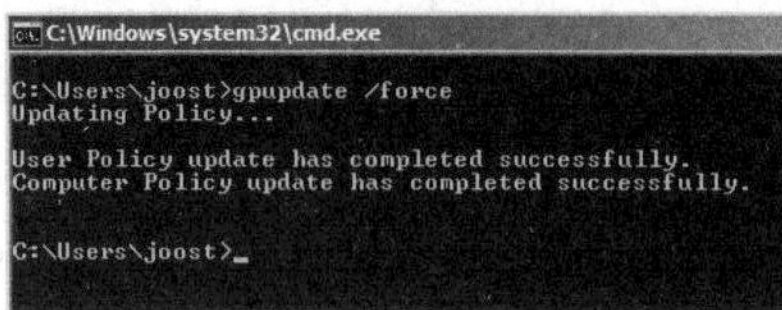

Sie sollten bei der Einführung von Richtlinien immer eigene Gruppenrichtlinien anlegen und bereits vorhandene Standardrichtlinien nicht bearbeiten. Dies hat den Vorteil, dass bei einem Problem auf jeden Fall der Weg frei bleibt, die eigenen Richtlinien zu deaktivieren. Wenn Gruppenrichtlinien nicht funktionieren, können die Ursachen sehr unterschiedlich sein. Sie sollten Schritt für Schritt untersuchen, wo das Problem liegen könnte.

Das Group Policy Help-Cmdlet

Mit Standardmitteln lässt sich nicht ohne Weiteres überprüfen, ob eine gesetzte Gruppenrichtlinie bei den Clients im Netzwerk auch ankommt und diese die Einstellungen auch übernehmen, die Sie in Gruppenrichtlinien gesetzt haben.

Der einzige Weg besteht über die Überwachung der Ereignisanzeige und dem Auswerten entsprechender Fehlermeldungen. Administratoren können von der Internetseite von SDMSoftware (*http://www.sdmsoftware.com/freeware*) das kostenlose Cmdlet *Group Policy Help* herunterladen. Nachdem Sie das Cmdlet in die PowerShell eingebunden haben, können Sie mit dem Befehl *Get-SDMGPHealth –computer <Computername>* überprüfen, ob gesetzte Gruppenrichtlinien funktionieren. Dazu verbindet sich das Tool mit dem Zielrechner, auf Wunsch auch mit mehreren, und überprüft, ob der Ablauf von Richtlinien auf dem entsprechenden Computer funktioniert. Nach dem Download installieren Sie das Tool zunächst.

Im nächsten Schritt müssen Sie noch eine *.dll*-Datei des Cmdlets registrieren. Auf 64-Bit-Systemen, also vor allem auf Windows Server 2008 R2 und SBS 2011, müssen Sie ein anderes Verzeichnis verwenden, als in 32-Bit-Servern wie zum Beispiel mit Windows Server 2008 oder Windows 7:

1. Öffnen Sie eine Eingabeaufforderung im Verzeichnis *C:\Windows\Microsoft.NET\Framework\v2.0.50727*. Sie können dazu im Windows-Explorer das Verzeichnis einfach mit der rechten Maustaste anklicken und dabei die [⇧]-Taste gedrückt halten. Anschließend finden Sie im Kontextmenü den Befehl zum Öffnen einer Eingabeaufforderung in diesem Verzeichnis vor. Setzen Sie ein 64-Bit-System ein, müssen Sie den gleichen Befehl im Verzeichnis *Framework64* durchführen.
2. Um die *.dll*-Datei zu registrieren, geben Sie den Befehl *installutil "C:\Programm Files (x86)\SDM Software\Group Policy Health Cmdlet\GetSdmGPHealth.dll"* ein. Achten Sie aber darauf, dass der Befehl nur in Eingabeaufforderungen funktioniert, die Sie mit Administratorrechten gestartet haben.

Um das Cmdlet zu verwenden, rufen Sie die PowerShell über den Befehl *Launch PowerShell with GP Health Snap-In* in der Programmgruppe *SDM Software* auf. Im Verzeichnis *C:\Program Files (x86)\SDM Software\Group Policy Health Cmdlet* finden Sie eine Hilfedatei zum Cmdlet. Der einfachste Weg, um zu überprüfen, ob ein Computer GPOs abruft, ist der Befehl *Get-SDMGPHealth –computer <Computername>*.

Abbildg. 44.23 Registrieren der *.dll*-Datei für das *Group Policy Help*-Cmdlet

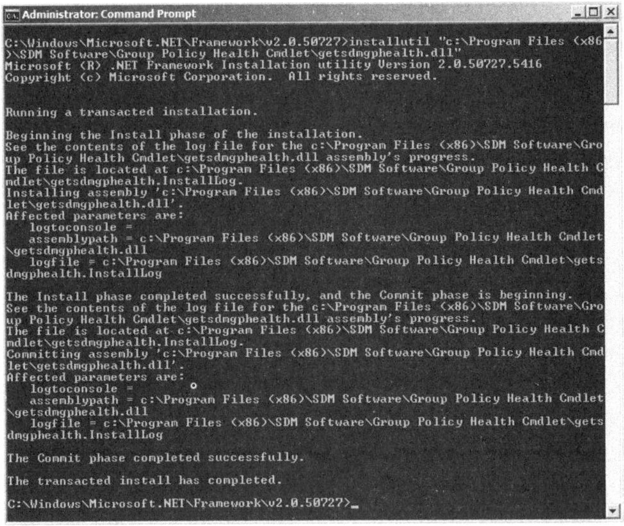

```
Administrator: Command Prompt
C:\Windows\Microsoft.NET\Framework\v2.0.50727>installutil "c:\Program Files (x86
)\SDM Software\Group Policy Health Cmdlet\getsdmgphealth.dll"
Microsoft (R) .NET Framework Installation utility Version 2.0.50727.5416
Copyright (c) Microsoft Corporation.  All rights reserved.

Running a transacted installation.

Beginning the Install phase of the installation.
See the contents of the log file for the c:\Program Files (x86)\SDM Software\Gro
up Policy Health Cmdlet\getsdmgphealth.dll assembly's progress.
The file is located at c:\Program Files (x86)\SDM Software\Group Policy Health C
mdlet\getsdmgphealth.InstallLog.
Installing assembly 'c:\Program Files (x86)\SDM Software\Group Policy Health Cmd
let\getsdmgphealth.dll'.
Affected parameters are:
   logtoconsole =
   assemblypath = c:\Program Files (x86)\SDM Software\Group Policy Health Cmdlet
\getsdmgphealth.dll
   logfile = c:\Program Files (x86)\SDM Software\Group Policy Health Cmdlet\gets
dmgphealth.InstallLog

The Install phase completed successfully, and the Commit phase is beginning.
See the contents of the log file for the c:\Program Files (x86)\SDM Software\Gro
up Policy Health Cmdlet\getsdmgphealth.dll assembly's progress.
The file is located at c:\Program Files (x86)\SDM Software\Group Policy Health C
mdlet\getsdmgphealth.InstallLog.
Committing assembly 'c:\Program Files (x86)\SDM Software\Group Policy Health Cmd
let\getsdmgphealth.dll'.
Affected parameters are:
   logtoconsole =
   assemblypath = c:\Program Files (x86)\SDM Software\Group Policy Health Cmdlet
\getsdmgphealth.dll
   logfile = c:\Program Files (x86)\SDM Software\Group Policy Health Cmdlet\gets
dmgphealth.InstallLog

The Commit phase completed successfully.

The transacted install has completed.

C:\Windows\Microsoft.NET\Framework\v2.0.50727>_
```

In der Ausgabe sehen Sie, welche Computerrichtlinien und Benutzerrichtlinien der Computer angewendet hat. Das heißt, die Gruppenrichtlinien in dieser Aufzählung kommen am Client an.

Abbildg. 44.24 Überprüfen eines Computers auf angewendete Gruppenrichtlinien

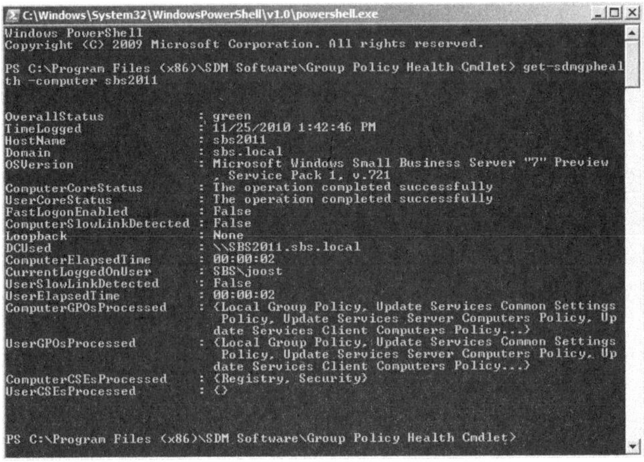

```
C:\Windows\System32\WindowsPowerShell\v1.0\powershell.exe
Windows PowerShell
Copyright (C) 2009 Microsoft Corporation. All rights reserved.

PS C:\Program Files (x86)\SDM Software\Group Policy Health Cmdlet> get-sdmgpheal
th -computer sbs2011

OverallStatus             : green
TimeLogged                : 11/25/2010 1:42:46 PM
HostName                  : sbs2011
Domain                    : sbs.local
OSVersion                 : Microsoft Windows Small Business Server "7" Preview
                            , Service Pack 1, v.721
ComputerCoreStatus        : The operation completed successfully
UserCoreStatus            : The operation completed successfully
FastLogonEnabled          : False
ComputerSlowLinkDetected  : False
Loopback                  : None
DCUsed                    : \\SBS2011.sbs.local
ComputerElapsedTime       : 00:00:02
CurrentLoggedOnUser       : SBS\joost
UserSlowLinkDetected      : False
UserElapsedTime           : 00:00:02
ComputerGPOsProcessed     : {Local Group Policy, Update Services Common Settings
                             Policy, Update Services Server Computers Policy, Up
                            date Services Client Computers Policy...}
UserGPOsProcessed         : {Local Group Policy, Update Services Common Settings
                             Policy, Update Services Server Computers Policy, Up
                            date Services Client Computers Policy...}
ComputerCSEsProcessed     : {Registry, Security}
UserCSEsProcessed         : {}


PS C:\Program Files (x86)\SDM Software\Group Policy Health Cmdlet>
```

Lokal auf einem Computer können Sie in der Eingabeaufforderung mit dem Bordmitteltool *gpresult /h <HTML-Datei>* einen HTML-Bericht erstellen, der anzeigt, welche Gruppenrichtlinien der Client anwendet und welche Einstellungen enthalten sind. Mit der Option */x* erstellen Sie wiederum eine *.xml*-Datei, die Sie in Programmen oder Skripts einlesen können. Ein Beispiel ist der Befehl *gpresult /h c:\temp\test.html*. Anschließend können Sie die Datei im Browser öffnen und sich den Bericht anzeigen lassen.

Das Tool kann noch weitere Berichte erstellen. Auf der TechNet-Seite von GPResult (*http://technet.microsoft.com/en-us/library/cc733160%28WS.10%29.aspx*) erhalten Sie Hilfe zu allen Optionen des Tools.

Asset Inventory Service – Inventarisierung und Fehleranalyse

Asset Inventory Service (AIS) ist ebenfalls Bestandteil des MDOP. Mit dem AIS können Unternehmen ein Softwareinventar erstellen, welches auch administrationsrelevante Informationen enthält. AIS ist nicht direkt über den MDOP-Datenträger verfügbar, sondern als Onlineservice, den Sie über die Seite *http://www.microsoft.com/systemcenter/sconline/default.mspx* erreichen. Auch die Daten des Scanvorgangs speichert AIS online vollkommen anonym.

Der Vorteil durch das Speichern im Internet ist die weltweite Verfügbarkeit der Berichte und des Inventars sowie der Anbindung von mobilen Rechnern. Durch das Hosten im Internet müssen Unternehmen keinen eigenen Server vorhalten, was durchaus einen Vorteil darstellen kann. Microsoft erklärt, dass die Daten der verschiedenen Kunden auch nicht miteinander verknüpft werden und auch Dritte keinen Zugriff erhalten. Der Zugang zum Webinterface ist SSL-gesichert, die Authentifizierung erfolgt über eine Windows Live-ID.

AIS scannt alle Rechner im Netzwerk, ohne dass Anwender durch den Scanvorgang beeinträchtigt werden. Anschließend erstellt das Tool ausführliche Berichte. Dabei greift AIS über das Internet auf die Microsoft Asset Inventory Service Application-Knowledge-Base zu, welche weitere Informationen zu den meisten kommerziellen Softwaretiteln enthält. Mit AIS erhalten Unternehmen einen vollständigen Überblick über die installierten Anwendungen im Unternehmen.

Die Inventarisierung lässt sich außerdem automatisieren, sodass Administratoren immer einen vollständigen Überblick über die installierten Anwendungen erhalten. Scanvorgänge dauern nur wenige Sekunden pro Rechner. Dabei sucht AIS über die installierten Programme der Systemsteuerung, MSI-Historie und des Startmenüs. Der AIS-Agent belastet nicht das Netzwerk, da die Rechner nacheinander gescannt werden. Mit AIS können Unternehmen auch Daten von mobilen Computern erfassen, die zwar mit dem Internet, nicht aber mit dem Netzwerk verbunden sind. Über die Berichte lassen sich umfassende Berichte erstellen, die Administratoren bis auf einzelne Computer und Benutzer herunterbrechen lassen.

Zusammenfassung

In diesem Kapitel haben Sie erfahren, welche Bestandteile das Microsoft Desktop Optimization Package (MDOP) für Unternehmen zur Verfügung stellt. Neben einer verbesserten Verwaltung der Gruppenrichtlinie, Notfall-CDs und einer Inventarisierung können Sie Fehler im Netzwerk leichter beheben und Abstürze analysieren.

Stichwortverzeichnis

B

C

D

E

F

G

J

K

L

M

N

O

P

Q

R

S

T

U

V

W

X

Z

Der Autor

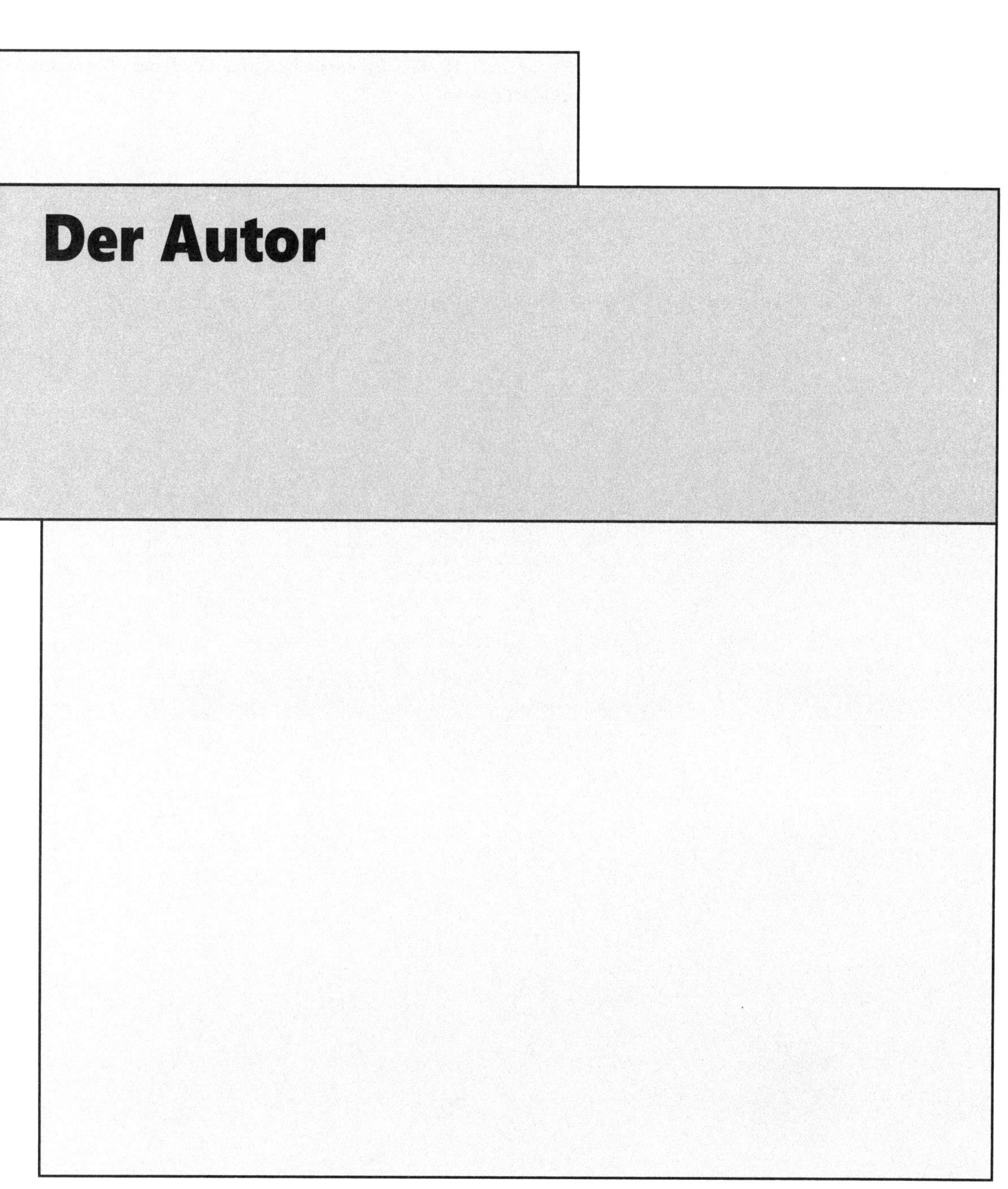

Thomas Joos

ist selbstständiger IT-Consultant und seit 20 Jahren in der IT-Branche tätig. Er schreibt Fachbücher und berät Unternehmen im Mittelstands- und Enterprise-Bereich in den Themenfeldern Active Directory, Exchange Server und IT-Sicherheit. Durch seinen praxisorientierten und verständlichen Schreibstil sind seine Fachbücher für viele IT-Spezialisten eine wichtige Informationsquelle geworden. Neben vielen erfolgreichen Büchern schreibt er für zahlreiche IT-Publikationen wie z.B. c't, iX, IT Administrator und tecchannel.de. Seinen Blog finden Sie auf *http://thomasjoos.wordpress.com/*.

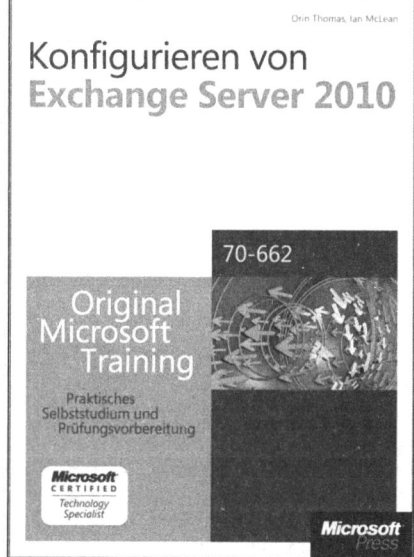

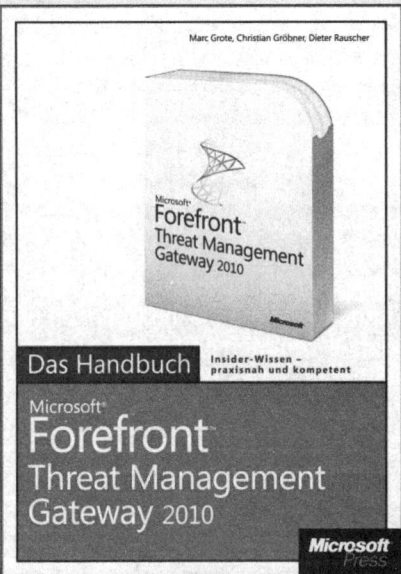

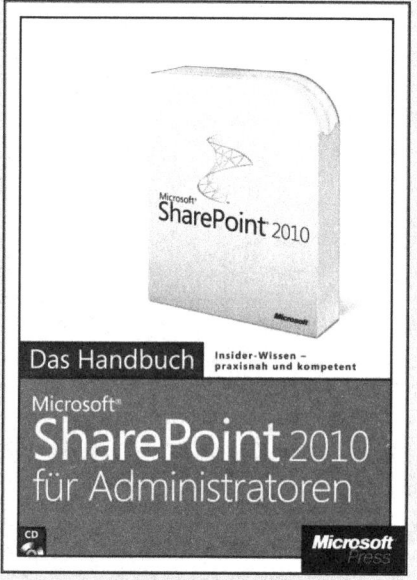

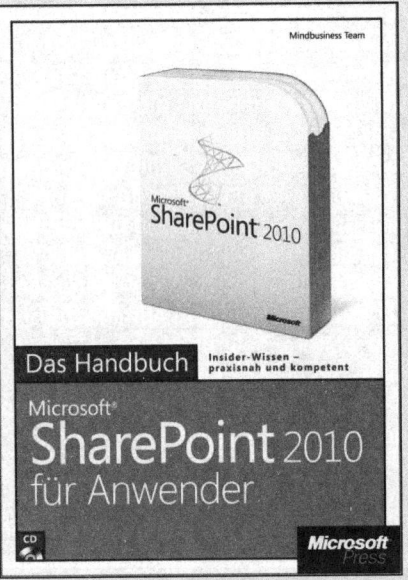

Wissen aus erster Hand

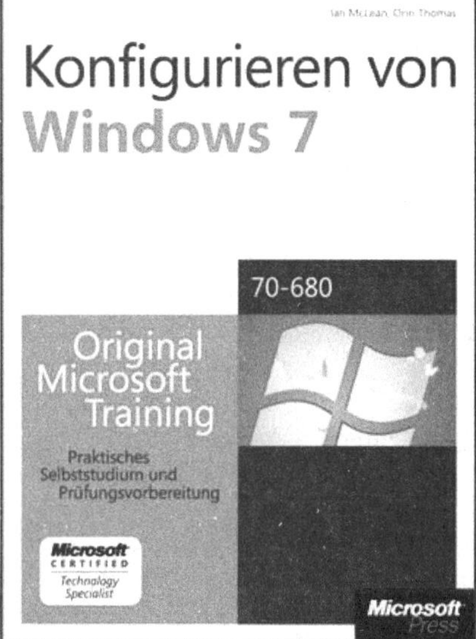

Dieses Buch zeigt Ihnen, wie Sie effizient vorgehen, um Windows 7 zu installieren, zu konfigurieren und zu verwalten. *Dieses Original Microsoft Training* dient dem Selbststudium zur Vorbereitung auf Examen 70-680 in Ihrem individuellen Lerntempo und ermöglicht Ihnen anhand von Übungen die praktische Umsetzung der vermittelten prüfungsrelevanten Fähigkeiten. Anhand von Fragen und Antworten haben Sie die Möglichkeit, die während des Selbststudiums erworbenen Kenntnisse zu überprüfen. Verbessern Sie so Ihre Qualifikationen und Ihre beruflichen Chancen mit der bewährten Lernmethode in einem *Original Microsoft Training*.

Autor	Ian McLean, Orin Thomas
Umfang	880 Seiten, 1 CD-ROM
Reihe	Original Microsoft Training
Preis	79,00 Euro [D]
ISBN	978-3-86645-980-9

http://www.microsoft-press.de

Microsoft Press-Titel erhalten Sie im Buchhandel.

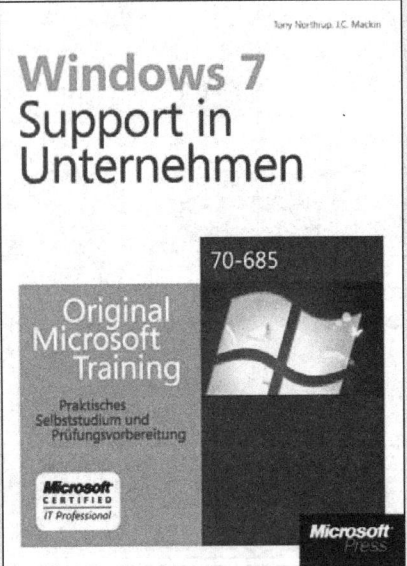